中華經史綱要

一統篇：中國歷代政治史鑒（上）

何光榮◎著

團結出版社

圖書在版編目(CIP)數據

中華經史綱要. 一統篇 : 中國歷代政治史鑒 : 上下/何光榮著.
— 北京 : 團結出版社, 2021.5

ISBN 978-7-5126-8503-1

Ⅰ. ①中… Ⅱ. ①何… Ⅲ. ①經學—歷史—中國②政治制度史
—研究—中國—古代 Ⅳ. ①Z126②D691.2

中國版本圖書館CIP資料核字（2020）第260170號

出版: 團結出版社

（北京市東城區東皇城根南街84號 郵編: 100006）

電話: （010）65228880 65244790（傳真）

網址: www.tjpress.com

Email: zb65244790@vip.163.com

經銷: 全國新華書店

印刷: 大廠回族自治縣德誠印務有限公司

開本: 145×210 1/32

印張: 94.25

字數: 1590千字

版次: 2021年5月 第1版

印次: 2021年5月 第1次印刷

書號: 978-7-5126-8503-1

定價: 598.00元（全八册）

序言

余與何光榮先生相知已歷二十有一年了，常與論道修德言政探教，無不契合。以是知其學術踐行通爲一體，今將其二十餘年之著述《儒道篇》《一統篇》《治國篇》《教育哲學篇》，輯爲《中華經史綱要·内篇》。觀其目録，知其規模明其卓見者有如次十端：一曰張揚我中華性善論，不僅深刻闡明了我中華立國之基，道德之本，政教之源，與夫百姓倫理日用言行俱出於善性，而且推而廣之及于人類無不適用。此乃中華古代所以産生大同觀之理論基石。二曰由經史結合，凝固了儒道兩家之道，通綱紀作立國之指導思想，此思想之核心内涵，即人之善性、良心、真情三者之結合，并於《治國篇》中詳爲闡明，論證其現實可行性。三曰將堯、舜、禹三帝相授受之十六字經，「人心惟危，道心惟微，惟精惟一，允執厥中」，創造性地以一數學公式示之，可通過實數計算，預知國之聘夫與治亂。四曰興衰成敗，乃事物自具之規律，不可逃遁。但可延緩，或識機運作而扭轉，唯有德者能之。五曰人皆可以爲堯舜，唯在於無私無我，終身行之不殆，便漸入聖域了。六曰天理人欲二者本爲一體，人欲存於天理之中，若無過與不及之患，則人欲亦天理。我中華一切政教禮法刑賞，無不在調劑理欲，控制其運行於合理的範圍之中。七曰修身，此中包含二大要素，格物致知與誠意正心，意不誠，心不正者，無以致知，即或有所知，不過接物之知而已；至於德性之知，父慈子孝之知，成德立業之知，治國安邦之知，世界大同之知，非意誠心正者不可致得，故修身乃人生之根本大計。八曰至誠，《中庸》揭示，「至誠、盡性」之最高修養境界（「盡人性，盡物性，贊天地之化育」）。周濂溪曰：「誠、神、幾，曰聖人。」二者之言同義。至誠乃成聖、成賢、成事、成功、成德、成仁之本；堅持至誠，金石爲開，此不易之理。爲人以至誠則身修而家齊，爲政以至誠則國治而天下平，此史實斑斑可考者。九曰「心生道也」。此宋儒程頤對中華哲學思想之卓見。可譯之爲心正則道正，生正道，生正德，生正法，生正功，道者由心所生，實乃人之善性、良心、真情之綜合表現，與時偕行而無窮盡，與世長新而無止境；持此以應事接物，無不中節契合於心物了。十曰原學之正脈在發揚性、心、情三位一體之正也。通過格物致知，涵養體認，純化善性，良知、真情變化人之氣質。令自生其道，自新其德，自立其志，自創其業，自樂其生。此《周易》臨象所示：「君子以教思無窮，容保民無疆」之大義。書此以爲序，或有近《中華經史綱要·內篇》之要旨。

癸巳 鐘靈

中華大一統賦

大一統之意何所起兮，何所指兮，原於天地神物人之一統也，不可分割也，惘兮惘兮，不可尋戚迹兮，重山疊嶂，其脈延綿，直入滄海，不知所終，神其居乎，化其生乎？四時交替，雷電風雨，其源兮初兮，弗知其始，動植之種何生，魚鱉之卵何孵，人類之生命何肇？俱弗知兮，歸之於生命一統觀兮可乎？曰可。據云已歷一百三十八億餘年矣。《禮記・禮運》曰：「人者，天地之心也，五行之端也，別聲被色而生者也。」今觀人類聲色之异同兮，適合契之矣。人類之大一統兮，初始之情蓋如此也。各民族種性與色貌之殊，深藴於人類大同之中矣。人倫之一統觀兮，中華禮數界之最嚴，「優優大哉兮，禮儀三百，威儀三千。」老吾老兮，尊之不违；幼吾幼兮，愛之彌徧。乃性心情之自然流露兮。反躬自視於内兮，唯見天性至善，人心至良，真情至厚。發而爲孝兮，則身修而家齊；移孝爲忠兮，則國治而天下平矣。故孝爲德本兮。乃教之所由生也。德成而行立兮，乃淑身淑世之實業，人生真諦之所見也。良知良能兮，不學而知不教而能者也。心之妙兮，不思而得，不慮而明者也。受之於先天，善之於修為，精之於處事，美之於德，成之於功者也。情兮情兮，受之於天。發之於性，蘊之於心者也。情也者，聖王之田兮，耕之耨之種之育之，培之溉之，收之藏之，使民享之。盡其情而樂其生。情兮情兮，喜怒哀懼愛惡欲兮。適其度而不越，與其過也寧不及兮！善性兮政教之源也！良知兮政教之蘊也！真情兮政教之達也。三合一兮道也，人道兮政爲大也！爲政兮愛與敬居先也。施教兮愛與啓爲上也。因才兮爲高也。興趣兮爲首也。立志兮動之力也，至誠兮無息也。盡人性盡物性之總綱也。蓋誠之爲物也，無終始，無際涯，無窮盡者也，故人與物之性可盡也又不可盡也；天不可盡也，地不可盡也，道不可盡也，彌天地之間者無有可盡者也，只可相对而言也，相得爲安也。只可自設限度也；大其心可也，不滿足可也，而且欲也，辨之兮難矣哉，抑之兮止之兮絶之兮尤難也，惟君子養之有素，處之以義，守之以貧，樂以忘憂。泰然兮習於恬淡，湛然兮澄其心靈，厭其物欲，浩然兮潔其方寸，寡其塵念，愉然守其赤子之心。希聖兮希天兮，代不乏人，君王兮有之，輔弼兮有之，大臣兮有之，胥吏兮有之。之所以爲中華兮，不可以利欲量其心，而當以天理責其行。淑身兮其始也，淑世兮其終也。故知中華一統之核心内函乃修齊充之于中，治平形之於外，擴而廣之，乃人類之一統也。何時何世實現人類之大同，有待人類之寡欲於内無争於外也，此正欲之途也。正欲兮修身兮，此乃人類進入大同世界必由之路也。中華一統之啓示兮，人類可資借鑒之明鏡也。大同兮，异者存其中；异者兮，與大同息息通。异同相處，萬物和通，天地一道，無息無窮，性心情同人類，道德行，促大同，和諧運於中，永無止境者也。

目録

緒論

「大一統」之辭首見於《春秋公羊傳》，其言曰：「元年者何？君之始年也。春者何？歲之始也。王者孰謂？謂文王也。曷爲先言王而後言正月？王正月也。何言乎王正月？大一統也。」何休解之曰：「統者，始也。夫王者，始受命改制，布政施教於天下，自公侯至於庶人，自山川至於草木昆蟲，莫不一一繫於正月，故云政教之始。」唐徐彦疏之曰：「所以書正月者，王者受命制正月以統天下，令萬物無不一一皆奉之以爲始，故言大一統也。」（《十三經註疏》，中華書局，一九八〇年版二二九六頁）

由此而知，此大一統之至義在一個「始」字。此「始」也，又包含宇宙、山川、草目、昆蟲、飛禽、走獸、人類、王者及其政教。此恰如孔子《周易·繫辭上》所言：「易有太極，是生兩儀，兩儀生四象，四象生八卦，八卦定吉凶（順逆也），吉凶生大業。」此「大業」者，王天下也，王天下之政教也。政教之敷施也，非僅化民也，更及於萬物也。蓋天地爲人之父母，民吾同胞，物吾與也，人與物俱稟天地之生機而生者也。人有存没，物有榮枯，然天地之生機長新而不息者也。同樣，政教有興替，王業有盛衰。大一統之局面或有圓缺，然其所稟之生機，則長新而不息者也。明此生機之奥妙，能順應而善馭之者，則爲聖、爲哲、爲帝、爲王，雖遭遇失利，亦自能扭轉乾坤，步入正道；唯無私、無我、無畏者能之。

述大一統之意，在於尋求歷史之活鮮足迹而光輝其生機也。逸詩曰：「周道挺挺，我心扃扃（明察也）。謀事不令（謀事不善也），集人來定（人者，賢能俊彦之才也）。」遡此周道，乃自伏羲畫八卦之後，經黄帝、堯、舜、禹、湯至周文王而發揚光大之大道統系也。至春秋之季，孔子集大成，而有《易》《詩》《書》《禮》《樂》《春秋》《孝經》《論語》。孟軻繼起，發揚大道，著《孟子》一書，稱之爲亞聖，孔孟之道立焉。賴有此道，以爲兩漢以後維繫大一統之道統。其後二千年之中華歷史驗證，凡稟此道統者則昌，違之者則亡，毫釐不爽。即使在大一統局面遭受破壞之際，或異族入侵竊取神器，凡存此道統者則興，遠者則敗。持此以觀中華歷史之盛衰隆替，雖「道隱小成，言隱浮僞」（唐玄宗《孝經序》），大道從未傍顧，唯似滔滔江河直奔大海，以蓄其生機，使宇宙無始無終，使大一統雖有時而蠶缺，終歸於一統也。此天地物人一統之理念之横斷表現也。

由此而獲得自然之啓示：一統之局，不問其局面之大小，乃自然而形成之者，其生滅興亡，非外力所可改變之者。欲以外力而加諸，徒勞而反有傷加之之者，蓋其内凝之力乃堅不可摧者也，觀中華歷代之史實可知矣。以此而求中華民族内凝之力，則知全蓄於人性、人心、人情之中，其本性既善而棄惡，則其政教皆從善性而出之者，其爲人之善性所悦服也，乃自明之理，孰能御之？由此而知中華一統力之源泉所在也。

第一章 一統觀之理論基礎

第一節 天地人物神一統觀

天地人物神五者爲一體，乃我中華一統觀之理論根源，此一統觀，可名曰政治一統觀，或曰政教一統觀，或曰權力一統觀，或曰政權整體觀。此政治權力既爲一整體矣，則其不可分割也明矣。此出於自然之理，非由外而加之者，猶之於鳥折其翅而不能飛，獸斷其肢而不能走，亦猶任何一物傷其體、損其神而不能全其生、續其命，其道深矣，其理見之於日常事物者則淺而明矣。故知一統觀者非空言臆説也，乃天地人物神五者一體之不可分割所示之全也。此全者固亦有其局部也，但不可以局部而孤立視之。如天者，不可孤言其天，此天乃是與地人物神四者不可須臾分離，亦不可毫釐分割之天；言其他局部亦復如是，孤言其曲，必傷整體，必害其全也。

此天地人物神五者中唯神之概念有辨明之者，《周易・繫辭》曰：「陰陽不測之謂神。」韓康伯注曰：「神也者，變化之極，妙萬物而未言，不可以形詰之者也。」（詰，禁也；治，問也。）所謂「不可以形詰之者」，謂具變化之妙，無形可拘，無體可尋，不知其所也，因其神幻滅無蹤，形響無據，其形體之變化不可言狀，無窮盡也。就連著《神滅論》之范縝亦不得不承認「形存則神存，形謝則神滅」。然究其萬物與人之形神而論，「形謝」而神實未滅，唯隨形謝，其神轉移而已。《説文》釋鬼曰：「人所歸爲鬼。」尸子曰：「古者謂死人爲歸人。」《禮運》曰：「魂氣歸於天，形魄歸於地。」鄭子産更詳論之曰：「鬼有所歸，乃不爲厲，人生始化曰魄，既生魄，陽曰魂，用物精多，則魂魄强，是以精爽，至於神明。匹夫匹婦强死，其魂魄猶能馮依人，以爲淫厲。况良霄，我先君穆公之胄，子良之孫，子耳之子，敝邑之卿，從政三世矣，三世執其政柄，其用物也弘矣，其取精也多矣；其族猶大，所馮厚矣，而强死，能爲鬼不亦宜乎？」孔穎達疏曰：「人之生也，魄盛魂强，及其死也，形消氣滅，魂氣歸於天，形魄歸於地，形有質而氣無質，尋形以和氣，是故魂魄之名爲鬼神也。」《左傳・昭公七年》由此而明形神者，實爲人與萬物之生命表現也，可視爲萬物之生機也。溯源萬物之始，亦可見神與天地人物同在也，而且實爲天地物人之生機也。

第二節　黄帝肇基中華政治

黄帝肇基中華政治，乃以司馬遷《史記·五帝本紀》爲據而言者也。如以班固《漢書·古今人物表》爲據，則應以炎帝爲首：「炎帝（神農氏）妃生黄帝。」今參照二書，以炎帝爲首，但叙述此家族之政績則以司馬氏《五帝本紀》爲據，故標題曰「黄帝肇基中華政治」；亦由此而明炎黄子孫稱謂之來歷也。《五帝本紀》曰：黄帝（有土德之瑞，土色黄，故稱黄帝，號有熊）者，少典之子（有熊國君少典之子，今河南新鄭），姓公孫，名曰軒轅，生而神靈，弱而能言（未七旬曰弱），幼而徇齊（徇，疾；齊，速），長而敦敏，成而聰明（成年二十而冠）。炎帝欲侵陵諸侯，諸侯咸歸軒轅，軒轅乃修德振兵，治五氣（五行之氣），藝五種（黍、稷、菽、麥、稻），撫萬民，度四方（度，法度），教熊、羆、貔、貅、貙、虎（此六者，猛獸也，俱可教戰），以與炎帝戰於阪泉之野，三戰然後得其志。蚩尤作亂，不用帝命，於是黃帝乃揮師諸侯，戰於涿鹿之野，遂擒蚩尤。諸侯咸尊軒轅爲天子（君天下曰天子，天子受天之命以統萬民），代神農氏，是爲黃帝。天下有不順者，黃帝從而征之，平者去之（平服者令其去而復國）。置左右大監監於萬國。舉風后、力牧、常先、大鴻以治民。黃帝身邊另有封鉅、大填、大山稽三師爲謀劃。順天地之紀（天地陰陽四時），幽明之占（陰陽五行之數，因占卜而明），死生之説（説，儀制也，死生之儀禮也），存亡之難。時播百穀草木，淳化爲鳥獸蟲蛾，旁羅日月星辰水波（利用日月星光水力）、土石金玉（地面地下礦産資源），勞動心力耳目，節用水火財物。其政教所及，東至於海，登丸山（丸山，在青州）及岱宗（即泰山）；西至崆峒（隴右），登雞頭（肅州）；南至於江，登熊湘（長沙益陽）；北逐葷粥（即匈奴）。（《二十五史·史記》第一册六至七頁，上海古籍出版社縮印本）

繼黃帝之業者爲黃帝之孫，昌意之子，帝顓頊高陽也。（班固《漢書·古今人名表》在黃帝與顓頊帝之間尚有少昊帝金天氏）帝顓頊「靜淵以有謀，疏通而在知事（通達人事政務），養材以令地（調養地力，以繁財用。），載時以象天（順天象以適農時），依鬼神以制義（鬼神，宗廟也；制，裁義，尊卑有别，昭穆有序也），治氣以教化（氣，四時五行之氣，治而明之以示萬民），絜誠以祭祀。北至於幽陵（幽州），南至於交阯（交州），西至於流沙（張掖居延之地），東至於蟠木（東海中之山）。」輔弼顓頊帝者有「八愷：蒼舒、隤敳、檮戭、大臨、龙降、庭堅、仲容、叔達，齊聖廣淵（齊，中也，率心由道；聖，通也，博達眾務庶事；廣，寬也，器宇弘大、度量寬弘也；淵，深也，知能周備、謀慮深遠也），明允篤誠（明，達也，曉解事務、照見幽微也；允，信也，終始不愆、言行相副也；篤，厚也，志性良謹、守信不失也；誠，實也，秉心純直、百行不偷也）。天下之民謂之八愷。」（《左傳·文公十八年》）

繼顓頊帝而起者爲黃帝之曾孫帝嚳高辛也（高辛之父曰蟜極），高辛之於顓頊為族子，生而神靈，自言其名曰岌，齠齔有聖德，年十五而佐顓頊，三十登位，都亳。普施利物，不於其身。聰以知遠，明以察微，順天之意，知民之急，仁而威，惠而信，修身而天下服。取地之財而節用之，撫教萬民而利誨之；曆日月而迎送之，明鬼神而敬事之。其色郁郁（色，服色也；郁郁，莊肅穆穆之狀），其德嶷嶷（嶷嶷，高大威敬之貌）。其動也時（動，發政敷教也），其服也士（服，心服也；士，慧而有德者。）。日月所照，風雨所至，莫不從服。所以致此者有賢臣八人：伯奮、仲堪、叔獻、季仲、伯虎、仲熊、叔豹、季貍，謂之八元（元，善也）。

右述三帝（黃帝、顓頊、帝嚳）之興起及其初試之政教，開拓疆土，宣揚德化，使我中華之政治體制一開始就建立了大一統之格局，東至海岱，西迄流沙，南延交阯，北服葷粥。其德大矣，《呂氏春秋·重己》頌之曰：「天地大矣！生而弗子，成而弗有，萬物皆被其澤，得其利而莫知其所由始，此三皇五帝之德也。」茲將五帝之世系詳列如次。

一、黃帝，少典之子，姓公孫名軒轅；

二、帝顓頊，高陽，黃帝之孫，昌意之子；

三、帝嚳，高辛，黃帝之曾孫，蟜極之子；

四、帝堯，放勳，帝嚳之子；

五、帝舜，重華，瞽叟之子（瞽叟之父橋牛，橋牛之父句望，句望之父敬康，敬康之父窮蟬，窮蟬之父帝顓頊）。自帝顓頊至帝舜已七世矣。

第三節　初試政教

一、順天知民修身節用

順天、知民、修身、節用，此乃帝嚳高辛施政敷教之綱也，其言曰「聰以知遠，明以達微。順天之義，知民之急。仁而威，惠而信，修身而天下服。取地之財而節用之，撫教萬民而利誨之。」聰以知遠者，言耳明爲聰，其由下而來，由遠而至之民聲，必細心體察，明疾苦，知其急切，有以勞之報之，則近悦遠來矣。明以察微，微者，民之隱憂遠患也，必善察而洞燭之，知人心欲惡之危，思有以防範之也。順天之義，乃循天道而不可違也，天道無私，則不可以私欲而悖之也；悖於天則悖於心，悖於良知，悖於人性，悖於民心民志矣。知民之急者，急於饑寒也，急於疾病死亡也，急於自然災害也，急於受陵辱，無以訴冤也，必有以解救之也。仁而威，惠而信者，既有仁政之恩澤，更有執政之權威，政無威，雖美政亦不能以自行，權無信則失政矣。修身而天下服，服其德也；以德服人者，心悦而誠服之也，取地之財而節用之，徧利天下之民，此資源共有共享之意，其中萌有大同思想之端芽焉。

二、「溉執中而徧利天下」

此語出自《帝嚳本紀》，唐諸王侍讀張守節曰：「溉，音既，言帝嚳治民若水之灌溉，平等而執中正，偏於天下也。」唐國子博士弘文館學士司馬貞曰：「即《尚書》『允執厥中』是也。」《尚書·大禹謨》曰：「人心惟危，道心惟微；惟精惟一，允執厥中。」孔安國傳曰：「危則難安，微而難明，故戒以精一，信執其中。」孔穎達疏曰：「因戒以爲君之法，民心惟甚危險，道心惟甚幽微，危則難安，微則難明，汝當精心（汝，舜對禹之稱也），惟當一意，信執其中正之道，乃得民安而道明耳。」此十六字心經，堯傳之於舜，舜傳之於禹，今溯其根源，實始於帝嚳，但此人心惟危之教，歷四千餘年，而於今猶未見其稍安者，乃在於物慾隨時代之進程而澎漲，未見有何收斂也。且待本篇依史料而分析以觀其詳情焉。

第二章　堯舜之禪讓

釋禪讓

禪，《説文》曰：「祭天也。凡封土爲壇，除地爲墠，後改爲禪，神之也。」讓，《説文》曰：「相責讓，經傳多以爲謙。」《康熙字典》引「《玉篇》謙也。《類篇》退也。《字彙》先人後己謂之讓。《書·堯典》允恭克讓。《左傳·文元年》卑讓，德之基也。應受而推曰讓。」禪讓，尊天神之意，以帝位讓與聖賢也。

第一節　禪讓觀之思想根源

一　公天下

考上古之人，初離禽獸，營造人類群居，唯求安定，私欲尚閉，少思利害，是以質樸；莊周之見最具深意：「道者為之公。」（《莊子·則陽》）王先謙注曰：「道者，天地陰陽所以公共，不可指之爲形，不可指之爲氣，是其大更爲無偶也。」莊子自釋之曰：「此天地之道，聖人之德也；故曰，夫恬惔、寂漠、虛無、無爲，此天地之平，道德之質也；循天之理，故無天災，無物累，無人非，無鬼責；無所於忤，虛之至也；不與物交，惔之至也；無所於逆，粹之至也。」（《莊子·刻意》）「故至德之世，其行填填，其視顛顛，當是時也，山無蹊隧，澤無舟梁，萬物群生，連屬其鄉，禽獸成群，草木遂長，同與禽獸居，族與萬物並，惡乎知君子小人哉！同乎無知，其德不離；同乎無欲，是謂素樸，素樸而民性得矣。」（《莊子·馬蹄》）「此之謂至一，當是時也，莫之爲而常自然；逮德下衰，及燧人、伏羲始爲天下，是故順而不一；德又下衰，及神農、黄帝始爲天下，是故安而不順；德又下衰，及唐虞始爲天下，興治化之流，梟淳散樸，離道以善，險德以行，然後去性而從於心，由是觀之，世喪道矣，道喪世矣，世與道交相喪也；雖聖人不在山林之中，其德隱矣，不當時命而大窮乎天下，則深根寧極而待，此存身之道也，正己而已矣。」（《莊子·繕性》）右録莊周之論唯在於説明堯舜之世，德有下衰，性有失樸，堯有見於此，以其聰明文思，故「允恭克讓，光被四表，格於上下。」）（孔穎達疏曰：「以此聰明之神智，足可以經緯天地，即文也；又神智之運，深敏於機謀，即思也；聰明文思，即聖性，行之于外，無不備知；此德充滿，政化有成。不懈于位曰恭，維賢尚善曰讓；持身能恭，與人能讓，自己即物，故光被四表，至於上下。」）由此而明，堯帝之禪讓其位於舜，内決於其所獨具之聖質，外源於公天下之卓見也。

二　重修己

上古之世，民局居一隅，在山者守山林果實，獵獐狼虎豹；傍水者則守魚蝦黿蚌；居平原丘陵者則播五穀，馴六畜，乏舟楫之利，缺乘騎之便，彼此少相往來，唯守質樸之性，内尚其德。老聃所見之「小國寡民，甘其食，美其服，安其居，樂其俗，鄰國相望，雞犬之聲相聞」，乃此時之真實描繪也。莊周言之更爲深邃，「彼人含其明，則天下不鑠矣（含，包容于内，不外露也；鑠，消壞也）；人含其聰，則天下不累矣（聰，智慧也；累，憂患也）；人含其知，則天下不惑矣（知，智也；惑，疑也）；人含其德，則天下不僻矣（僻，偏隘邪信也）。子獨不知至德之世乎？昔者容成氏、大庭氏、伯皇氏、中央氏、栗陸氏、赫胥氏、尊盧氏、祝融氏、伏羲氏、神農氏，若此之時則至治矣。」（《莊子・胠篋》）由此而明上古之世，尚德者象矣，修己相高，風氣成習，堯帝處上古之末，其爲君也，固重修己，孔子有言曰：「修己以安百姓，堯舜其猶病諸。」（《論語・憲問》）何晏曰：「病，猶難也。」孔穎達疏曰：「堯舜之聖，其猶難也，况君子乎？」孟子曰：「堯舜之道，孝悌而已矣。」（《孟子・告子》）漢趙岐注曰：「堯言仁義之言，堯行孝悌之行。」審之歷史、人心、人性、教化以及爲政之道，亦在孝悌而已矣；堯舜之所修己者可以化天下矣。古之修己矣，帝嚳之師赤松子，其所修者純道也，玄同也。不悔不滅者，足以成仙者也，堯帝之師許由、許由之師齧缺、齧缺之師王倪、王倪之師被衣，皆在省道修德，然其趣向各異，得道深淺亦殊；唯順其心也，適其性也，如其志也，窒其慾也，則一也。

三　尊賢哲

自黃帝而顓頊，而帝嚳，而堯，而帝舜，史稱五帝；五帝之爲政已效驗賢能者之於治化不可須臾缺也。黃帝之時有帝師封鉅、大填、大山稽爲之謀劃於上；有大臣力牧、風后、常先、大鴻、鬼臾區、封故、孔伯、岐伯、泠淪氏（淪，音鯀）輔弼於下。顓頊帝有帝師大欵、赤民、柏夷父、柏亮父、淥圖五人；有賢臣吴回、后土、蓐收、玄冥、熙柱、師味、允格、臺駘。帝嚳之世，有帝師赤松子、柏招；有賢臣舟人、句望。帝堯之世有帝師尹壽，又師許由（許由師齧缺，齧缺師王倪，王倪師被衣）；有賢臣羲仲、季熊等十八人。由此而知帝堯之師事哲人、舉賢任能以至於禪讓帝位於賢哲，蓋有自矣；其根深源遠，其前代諸帝行之久矣；力藏之於內，思出於行，自化自形，自成自彰，無假於外，更無求於嚳；言禪讓之政者必須明其根源之深與夫帝堯稟道之淳也。

帝舜受堯之禪讓，自感切至深，其尊賢任能，有甚於堯帝者遠矣。舜帝居位之時有賢臣二十二人，各光其業：棄司農，皋陶掌刑罰，契敷教，垂主工，益虞山澤，夔典樂，龍帥師，伯夷敬三禮，禹治水。另設四岳十二牧，分掌天下東西南北四方政教，朝廷上下輔弼百官，悉稱賢能，仁政善教，化成天下。

第二節　堯舜之治政

堯舜二帝之政，茲參照《史記·五帝本紀》與《書·堯典》《書·舜典》而述之，先簡述堯舜二帝小史。

何謂堯？何謂帝？集解《史記》之裴駰曰：「翼善傳聖曰堯。」鄭玄注曰：「德配天地，在正不在私曰帝。」虞舜本出身瞽叟之家，「父頑，母嚚，弟傲，以孝聞於堯帝，堯妻之以二女，以觀其德，舜飭二女於嬀汭，如婦禮。堯善之，乃使舜慎和五教，百姓從服，乃徧入百官，賓於四門，四門穆穆，諸侯、遠方賓客皆敬。堯使舜入山林川澤，暴風雷雨，舜行不迷，堯以爲聖，命舜攝行天子之政。」

一　明明德，親九族

《尚書·堯典》曰：「克明俊德，以親九族。」孔安國傳曰：「能名俊德之士，任用之，以睦高祖玄孫之親。」俊，同峻，大也。《禮記·大學》：「克明峻德，皆自明也。」孔傳之此言，雖亦中理，實嫌未全克明俊德之意。索《堯典》原文：若若稽古，帝堯曰放勳，欽明文思安安，允恭克讓，光被四表，格於上下。」此即謂堯德內聖，形於外者也；以其能克明俊德，爲天下楷模，故必能親天下人之九族，蓋天下人之心如堯之心一樣，具有孝悌之德。孔子於《孝經》更詳論了孝悌：「夫孝，天之經也，地之義也，民之行也。天地之性人爲貴，人之行莫大於孝。夫孝，德之本也，教之所由生也。教民親愛莫善於孝，教民禮順莫善於悌。」由此而明孝悌乃爲政之本。孟子據此而言：「堯舜之道，孝悌而已矣。」非謂堯舜能任用俊德之士以睦天下人之九族，而是堯舜以自己內具之聖德以睦高祖玄孫之親，自然能以孝悌而睦天下人九族之行。故後之君王，如唐玄宗於《孝經序》中所言：「聖人知孝之可以教人也，故因嚴以教敬，因親以教愛，於是以順移忠之道昭矣，立身揚名之義彰矣。」（《十三經註疏》二五四〇頁）深契堯舜以孝悌教化天下之大義也。闡發「克明俊德，以親九族」之大義，乃言堯舜爲政之核心也。可依「克明俊德，以親九族」之後的經文見之：「九族既睦，平章百姓。百姓昭明，協和萬邦，黎民於變時雍。」（《尚書・堯典》）九族既睦，百姓知盡孝悌，長者受尊，怡悅其心，益壽延年，幼者享愛，春風鼓發，性志如雲。人人自昭明德，敬愛相得，萬邦因以協和，百姓其樂融融。其教不嚴自成，其政不肅自化。此乃真正堯舜之仁政也。由此而知堯舜之仁政從親九族入手也。

舜受堯之禪讓而爲政，對契曰：「百姓不親，五品不遜，汝作司徒，敬敷五教在寬。」五品，謂五常也；五教，謂父義、母慈、子孝、兄友、弟恭；在寬，謂務以情爲本，寬厚而自化也。此比之於堯世「克明俊德，以親九族」更爲具體而明確。故孟子之言「堯舜之道，孝悌而已矣」，言堯舜爲政之本在孝悌，非言其政僅限于孝悌也。

二　定曆法，受民時

從黄帝至堯舜，期間顓頊帝之時初見曆數之起，《漢書·律曆志》曰：「曆數之起上矣，傳述命南正重司天，火正黎司地，而閏餘乖次，堯復育重、黎之後，使纂其業。」《尚書·堯典》曰：「乃命羲和，欽若昊天，曆象日月星辰，敬授人時。（孔安國注曰：「重黎，重爲少昊之後，黎爲高陽之後。羲氏、和氏，世掌天地四時之官，使敬順昊天。昊天，言元氣廣大。星，是四方中星；辰，日月所會，謂日月交會十二次也，子、丑、寅、卯、辰、巳、午、未、申、酉、戌、亥。」）分命羲仲，宅嵎夷，曰暘谷。（乃居東方之官，司春季始作之務，並繁養鳥獸。）申命羲叔，宅南郊，平秩南訛（訛，化也），敬致（敬行其教。），日永星火，以正仲夏。（此職掌南方官之務也。）分命和仲，宅西，曰昧谷，平秩西成（西方萬物成平，以政助物也），以殷仲秋。申命和叔，宅朔方，曰幽都，日短星昴，以正仲冬。（此北方官之務也。）」

帝堯對羲氏、和氏兄弟曰：「咨！汝羲暨和，期三百有六旬有六日，以閏月定四時，成歲。允釐百工，庶績咸熙。」約四千三百年來，我中華所用之農曆就是堯舜此次所頒行者，至今沿用未已。

三　昭典刑，罰罪惡

孟子有言：「徒善不足以爲政，徒法不能以自行。」（《孟子・離婁》）《周書・洪範》曰：「天子作民父母，爲天下王。」聖人取類以正名，而謂君爲父母，明仁愛德讓，王道之本也；愛待敬而不敗，德須威而久立，故制禮以崇敬，作刑以明威也。（《漢書・刑法志》）

《尚書·舜典》曰：「象以典型（象，法也；典，常也），流宥五刑（流，放也，以流放之法寬五刑之罪。五刑：墨、劓、宮、剕、大辟。），鞭作官刑（以作爲治官事之刑），扑作教刑（扑，榎楚也，不勤道業則撻之），金作贖刑（金，黄金也，誤而入刑，出金以贖罪），眚灾以肆赦（眚，過失也；灾，害也；肆，緩也。過而有還，當緩赦之），怙終賊刑（怙姦自終，當刑殺之）」。依據上述刑法，堯帝「流共工於幽州，放驩兜于崇山，竄三苗于三危，殛鯀于羽山，四罪罰，而天下咸服。」舜帝令臯陶曰：「蠻夷猾夏（猾，亂也；夏，華夏），寇賊姦宄（群行攻刼曰寇；殺人曰賊；在外曰姦；在内曰宄，無教所致），汝作士（士，理官也），五刑有服（服，從也，執刑罰之中正也），五服三就（五服，服五刑也；三就，謂行刑分散處行之，大罪于野，大夫于朝，士于市。），五流有宅，五宅三居（五刑之流，各有所居，五居之差有三等，大罪四裔，次九州之外，次千里之外），惟明克允（明，指五刑之等差；克允，嚴以行之）。」

《莊子·徐無鬼》篇叙述了一個故事：「黄帝與方明、昌寓、張若、謵朋、昆閽、滑稽六人乘車出游具茨之山，至于襄城之野，迷失了路，遇一牧馬童子，問他去具茨之山與大隗之處，他說都知道。黃帝心存詫異，試問他爲天下之事，小童回答說這有何難，亦不過像知道大隗、具茨之山一樣，說我從小游於六合之內，適得風眩之病，有長者告知我游于襄城之野，令予病稍痊，復游于六合之外；爲天下亦不過如此而已，又有什麼可難爲的呀！黃帝又問小童，小童辭而不答，黃帝再三問之，小童答曰：「爲天下之大事，與牧馬之小事，又有何區別呢？亦不過去害馬者而已矣！」黃帝聽了再拜稽首，稱小童爲天師而退。由此而明，爲天下施仁政，必刑罰有害仁政之姦宄，仁政刑罰並行，安良除暴，乃雙刃劍也；深慮利害並存，始可就利防害，此乃從黃帝至堯舜五世仁政之政治經驗也。

四　主典藥，教胄子

典樂，樂典也；主，職掌也；胄子，胄，長也，謂元子以下至卿大夫子弟也，教以歌詩，蹈之舞之，中和祗庸孝友，宮闕爲民表率也。

舜帝對大臣夔曰：「命汝典樂，教胄子，直而温（正直而温和），寬而栗（寬弘厚樸而莊栗），剛而無虐（性剛厲而不肆虐），簡而無傲（簡直而不外示傲氣）。詩言志（言，道也，以詩道其志），歌咏言（以歌咏唱其文才），聲依永（永，咏也，含有節拍之意，五聲宫、商、角、徵、羽，俱依節拍而行），律和聲（律，六律也，六律與聲相和諧也），八音克諧（八音：金、石、土、革、絲、木、匏、竹；諧，協調和諧），無相奪倫（倫，理也、秩也、序也，五聲、六律、八音不相爭奪，協和悦聽），神人以和。」夔曰：「予擊石拊石（擊，敲也，打也，重擊曰擊，輕敲曰拊），百獸聞樂起舞。」可見其時馴化鳥獸技藝之嫻熟以及對樂教認識之深邃。

五　咨四岳，協萬邦

咨：《説文》「謀事曰咨」，又引《左傳》注曰「訪問於善爲咨」；咨四岳，謀於四岳也。四岳者，乃居東西南北四方之最高之行政長官也。所以稱岳者，以四方有大山爲其標志。東岳泰山，西岳華山，南岳衡山，北岳恒山是也。《尚書·舜典》曰：「詢于四岳（岳與嶽通），闢四門，明四目，達四聰（廣視聽于四方，使無壅塞也），咨十有二牧（牧，《説文》養牛人也，引《左傳》曰『馬有圉，牛有牧』，引申爲牧民之牧），曰：『食哉惟時！柔遠能邇（柔，安也；邇，近也；對遠方之諸侯人民，行安撫則内附而親近矣），惇德允元（惇，敦厚也；允，信也；元，善也，信守厚德，則遠者從善而歸也），而難任人（難，卻涂兇惡也；任人，佞人也），蠻夷率服（蠻，未經禮教文化之者曰蠻；夷，四夷也；率，皆也、俱也；服，説服）。』」此段舜典之文其意爲：詢謀政治於四岳之長；大開四門，以廣納四方賓客。目司視，明見四方之民情；耳司聽，徧聽四方之呼聲。下情上達，上旨下傳，上下一體，天下無壅塞之弊，朝野有協和之美；政教播化，民心歸一。咨十有二牧，注重民生，唯食爲天，不可違農時。對邊遠之諸侯、人民，一律誠心安撫，深懷仁愛，使其感德内附，心悦誠服。敦厚之德，播惠四方，乃是仁政善教最有效之推動力。但必須注意防止讒佞者之姦計，使無所施其技，則蠻夷率服向化矣。

帝舜曾出巡天下四岳，「二月，東巡守（諸侯爲天子守土，曰守；天子出巡，巡者，考察政績也），至于岱宗，柴（燔柴，加牲于柴上而燔之以祭天），望秩于山川（秩，序也，山川高低走勢有序），肆覲東后，（肆，遂也；覲，下見上也；東后，東方之諸侯）。協時月正日（協，合定也，合正四時季節也），同律度量衡（律，音律與法律二者；度，長短也；

量，容積也；衡，輕重也；同，統一也，統一此四者之標準也）。修五禮、五玉（五禮，吉、凶、賓、軍、嘉五禮也；五玉，五等諸侯所執之玉），三帛、二生、一死贄（三帛，諸侯世子執纁，公之孤執玄，附庸之君執黄；二生，卿執羔，大夫執雁；一死，士執雉；玉帛、生、死俱曰贄）。如五器，卒乃復（器，圭璧也；卒，禮終也；復，歸還也）。五月南巡守，至于南岳，如岱禮。八月西巡守，至于西岳，如初。十有一月朔巡守，至于北岳，如西禮。歸，格于藝祖（藝，文也，文子之廟也），用特（特，牛也）。五載一巡守，群后四朝（群諸后每四年朝于方岳述職奏事），敷奏以言，明試以功，車服以庸。」此乃天子管理天下最簡便有效之法。道與德在天子，政與教在四岳，化與成在十二牧，三級仁政，普化華夷。堯舜之德，黄帝之道，至此而大明焉；仁政之立，禮樂之行，於此而奠基焉；一統之局，萬邦之和，於此而底定焉；天子發政教于上，諸后宣化于下之制于此而確立焉。大矣哉堯舜之功！惇矣哉禪讓之德！莊周引老聃之言曰：「黄帝之治天下使民心一，堯之治天下使民心親，舜之治天下使民心競，禹之治天下使民心變。」（《莊子·天運》）誠哉是言也！

六　齊七政，敷五教

何謂七政？是舜帝受禪讓堯帝之後，爲證驗其受禪合于天意，借助當時所使用之天文儀器，名「璿璣玉衡」者，以觀測天象日月五星，以其七政比照之。孔穎達釋之曰：「《易・賁卦・象》云：『觀乎天文以察時變。』日月星宿運行於天，是爲天之文；璣、衡者，璣爲轉運，衡爲横簫，運璣使動於下以衡望之，是王者正天文之器，漢世以來謂之渾天儀。」馬容曰：「渾天儀可旋轉，所以觀星宿也。」七政，擬之在天者，爲日月與五星也。舜帝之七政謂春、夏、秋、冬、天文、地理、人道也。審己之受禪，適當天心也。

敷五教，舜帝對契曰：「百姓不親，五品不遜，汝作司徒，敬敷五教在寬。」品，謂品秩也，一家之内，尊卑之差，即父母兄弟子是也；五品不遜，當教之以孝悌之道，誘之以慈愛之德、恭友之行，此皆人性、人心、人情之所本具者，鼓之、勵之，激之、發之，此「在寬」之意也。至春秋之季，孔子專著《孝經》詳發此「在寬」之意。唐玄宗則更懇切光大以孝治天下意，此乃人性、人心、人情之光輝，必見其普照天下也。

第三節　堯舜之睿哲與深憂

一　「野無遺賢，萬邦咸寧」（此語出自《大禹謨》，乃舜帝之言也）

堯舜之政，仁政也；仁政之行，必賴賢能；其知賢、選賢、任賢之道有二：一是自訪而得賢；二是舉薦。自訪者，如黄帝之依夢境而訪得風后于海隅，力牧于大澤；自舉者，如舜舉禹以治水，卒禪讓其帝位於禹。賢能隱于野者有之，隱于市者亦有之，野無遺賢，悉爲朝廷所用，乃帝王之願也，實則未可能也。

二　德惟善政、政在養民

「黎民敏德」，此乃堯舜當政之切身感受。「敏德」可作二解，一爲黎民敏受堯舜仁政之德，感而化之；二是黎民敏于自身所具之德，嚴以自昭明德。故仁政之施必以德化爲本，導之以道，則能啓黎敏之敏德，則德自在其中矣。故正德乃仁政之本，此本一備善政始彰；善政者，非外施之者也；乃内誘之者，誘發人之善性，使之人人向善、事事向善、時時向善也，但有一事必須置之於前提者，是養民也。民以食爲天，帝舜曰：「棄！（司農）黎民阻飢，汝後稷，播時百穀。」禹于《大禹謨》曰：「於！帝念哉！（帝，舜也）德惟善政，政在養民。」

三 「人心惟危，道心惟微」

堯舜以其睿哲洞燭人心之危而有深憂焉，帝堯生前曾以「人心惟危」誡舜帝，帝舜則以「人心惟危，道心惟微；惟精惟一，允執厥中」訓禹，後之儒者視此十六字爲儒學代代相傳之心經。孔穎達疏曰：「舜帝因诫禹為君之法，民心惟甚危險，道心惟甚幽微，危則難安，微則難明，汝當精心，惟當一意，信執其中正之道，乃得人安而道明耳。」余對此人心與道心之見思之久矣，歷代儒者對此論之亦詳且備矣，深知切矣；不僅爲四千三百年前堯舜二帝之深憂，實則中華史上之聖帝明君，亦無不深憂也，唯所憂之內涵及深淺有異耳。對「人心惟危」（此處所言之人心，實質是人欲）之分析，在儒家經典與道家經典中俱深注意焉，茲略舉一二以明之。

《禮記·禮運》曰：「何謂人情？喜、怒、哀、懼、愛、惡、欲七者弗學而能；」「飲食、男女，人之大欲存焉，死亡、貧苦，人之大惡存焉。故欲、惡者，心之大端也；人藏其心不可測度也，美惡皆在其心，不見其色也，欲一以窮之，舍禮何以哉？」儒家提出以禮克欲之主張，孔子於《論語》中更發揮「一日克己復禮，天下歸仁焉」之見解。

孟子曰：「養心莫善於寡欲，其爲人也寡欲，雖有不存焉者寡矣；其爲人也多欲，雖有存焉者寡矣。」（《孟子·盡心》）「學問之道無他，求其放心而已矣。」（《孟子·告子》）孟子所説的放心，就是堯舜所憂之人心、孟子所言之寡欲，就是堯舜所安之道心。

孔子曰：「君子喻於義，小人喻於利。」（《論語·里仁》）義，道心也；利，人心也。老子曰：「爲學日益，爲道日損，損之又損，以至於無爲，無爲而無不爲。」（《道德經》）爲道，稟道心而行也；日損，損人欲也。日損人欲，始可日近于道，日合于道心；損之又損，則人欲日退，道心日純；以無私無我之心去爲天下之事，則無不順矣，無不成矣。此乃無爲與無不爲之真諦也。

「五色令人目盲，五音令人耳聾，五味令人口爽，馳騁田獵令人心發狂。」（《道德經》）此目盲也、耳聾也、口爽也、心發狂也，皆人之恣欲至極也，實則目未盲也，耳未聾也。莊周對人欲之害論之最爲緊切、嚴厲，其有言曰：「自三代以下者，天下莫不以物易其性矣，小人則以身殉利，士則以身殉名，大夫則以身殉家，聖人則以身殉天下。伯夷死名于首陽之下，盗跖死利于東陵之上，二人者所死不同，其於殘生傷性均也。天下盡殉也，彼其所殉仁義也，則俗謂之君子，其所殉貨財也，則俗謂之小人，其殉一也。」（《莊子·駢栂》）此處莊子「聖人則以身殉天下」之論，未免欠妥。夫真正之聖人，無所求於外，唯求於内，得其心之所安，無人欲、無物累，何殉之有？以其君王之爲而妄以聖人自稱者，非真聖人也。當嚴以辨之。然而莊子對人之心危確有卓然之見，《在宥》有言曰：「僨驕而不可係者，其唯人心乎？天下脊脊（相踐籍也）大亂，罪在攖人心（攖，亂也）。」此論也，中華古今之史實，可爲鐵證也。莊子之深憂與堯舜同也，必然爲人類之良知所取代也，唯需時間耳。堯舜之此深憂，在中華學術史上成爲歷代學者所關注之中心問題；此問題，按堯舜之初衷乃是訓誡繼起之帝王在施政敷教中代代有所改善，而中華四千多年以降，爲政者對堯舜之教置若罔聞，而歷代學者則以誠敬之心研究堯舜之教，且屢闢新見。自《周易·損·象》揭示「懲忿窒欲」，即有孔孟之「克己」、「寡慾」，中經董仲舒之「正其誼不謀其利，明其道不計其功」，朱熹之

「存天理、滅人欲」，至戴震之「欲不可窮，非不可有」（戴震于《孟子字義疏證》論之曰：「性，譬則水也；欲，譬則流也；節而不過，則依乎天理，非以天理爲正，人欲爲邪也。天理者，節其欲而不窮人欲也。是故有而節之，使無過情，無不及情，可謂之非天理乎！」），始將人欲與天理同原之大義闡述清晰，無容爭論。此亦「道心惟微」之微義所在，孔穎達疏之曰「幽微」，實得堯舜用「微」字之本義；微則難辨，幽則難明，而且道之本身常處時空二者之變化中，又有人與物之常動因素滲入其變化，其複雜性亦復難辨也。但對堯舜遺教「人心惟危，道心惟微；惟精惟一，允執厥中」十六字經，近年常思欲以一數學簡式表之，因述之於友人冉毅群女士（著名數學家華羅庚教授、徐國志教授的研究生，時任科技部中國科學院科學技術發展戰略研究院研究員），依據此危微之意，推出如次公式。

$$Z=1/(1+x)\cdot y(x\geqslant 0,0<y\leqslant 1)$$

式中，x代表人心（私欲），y代表精一之程度（方略），Z代表治世或亂世。x越小，y越大，則治，民則富；x越大，y越小，則乱，民則贫。尧舜之此教也（人心危，道心微），经孔子之思虑而成「不患寡而患不均」之见。《論語・季氏》有言曰：「丘也聞有國有家者，不患寡而患不均，不患貧而患不安；蓋均無貧，和無寡，安無傾。」至漢班固則以此見爲撰寫《食貨志》之指導思想，兹録如次以證之：「洪範八政，一曰食，二曰貨，二者生民之本，興自神農之世，食足貨通，然後國實民富而教化成。黄帝以下通其變，使民不倦；堯命四子，以敬授民時；舜命后稷以黎民阻飢，是爲政首。《易》稱：『天地之大德曰生，聖人之大寶曰位。何以守位，曰仁；何以聚人，曰財。』財者，帝王所以聚人守位、養成群生、奉順天德、治國安民之本也。故曰不患寡而患不均，不患貧而患不安，蓋均亡貧，和亡寡，安亡傾。理民之道，地著爲本。」由此克明，聚人以德，富民以財，盡人力與地利；教之以禮樂，彰其道心，節其人欲，精一以制，遂其性，樂其願，適其情，正其心，乃治國安民之本也。

堯舜之教，重在「人心惟危」之危，爲君、爲帝、爲政、爲民者必致力於惟精惟一，且必允執厥中，始可有補於轉危爲安，化貧富爲均；此節制人欲乃是關鍵。人欲藏于人心，人心正，則私欲斂；私欲斂，則良知明；良知明，則心志定；心志定，則專一以精事功；事功成，則一生安；則大學教人誠意、正心、致知、格物之功以及修齊治平之效也。此亦誠如老子所示「爲學日益，爲道日損，損之又損，以至於無爲，而無不爲」也。由此而知，儒道之教，孔孟之言，尊之則内聖外王，修齊治平；違之則失德喪政，亡國、敗天下矣。此乃歷史之鐵則，詢之中華歷代之迹，斑斑可考，無一逃遁之者也。此中揭示一條無可置之法則；爲帝、爲君、當國治政者，更必須完全徹底無私、無欲、無求，此既爲治政之本，亦乃修身之本。捨此而言政，則無政可言矣；捨此而言修身，則無以自立矣。此乃堯舜十六字經中精一之要也，茲以井字格示儒家道、德、政、教、心、性、情、禮、法、財諸者之位置與關係焉。

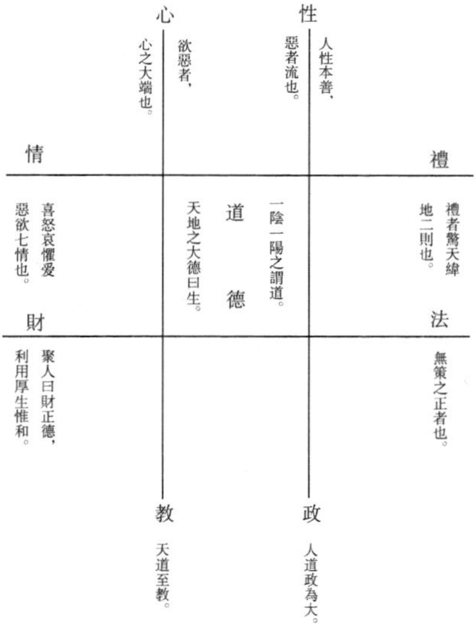

右圖之意一目瞭然，道德居中（此道也，天地人物一統之道也，亦王者之道也；此德也，天地大生之德也，亦王者之德也），發而爲人心善性（物性亦善），人之道心與人欲、人之七情，此人之内具者也；由此内具而外形之於禮也、教也、政也、法也、財也。道與德乃根也、本也，政與教乃綱也；而此二者，孰輕孰重，孰主孰次，孰本孰末，尤當辨明之者也。「人道政爲大」，則政爲重、爲主、爲本矣。但政必賴聖君賢相以舉之，善政則仁澤惠於民；善教則聖君、賢相、能臣、廉吏、高士、正紳盡出之矣；此悉爲仁政之基，故知教者乃仁政之基也。而且《禮記·文王世子》更揭示之曰：「君子曰德，德成而教尊，教尊而官正，官正而國治，君之謂也。」可見教之尊乃以德爲基也，德之函乃以道爲首也。《禮記·禮器》所言「天道至教，聖人至德」，即此之謂也。教尊而政善，此不易之理也。政善始可與言精一矣，始可與言允執厥中矣，始可與言以道心之「微」正人心之「危」而終致天下之平也。此乃堯舜殷切之意，寄厚望於來賢後王也。

第三章　夏商周三代之治

依據慣用的歷史分期，我亦采用夏商周三代之說，但細思其治政之道，夏商兑變也，周則定型爲封建之制也。經春秋戰國之動亂，儒、道理論體系趨於完備，明德親民、内聖外王之道統，依以確立，奠定了中華民族前進之指路明燈。

第一節　由天下爲公轉入家天下

一　孔聖非之

《禮記·禮運》（鄭玄云：「禮運者，以其記五帝三王相變易及陰陽轉旋之道。」）曰：「昔者仲尼與於蜡賓，事畢，出游於觀之上，喟然而嘆，言偃在側曰：「君子何嘆？」孔子曰：「大道之行也，與三代之英，（云英，俊選之尤也。《辨名》記云：「倍人曰茂，十人曰選，倍選曰俊，千人曰英，倍英曰賢，萬人曰傑，倍傑曰聖。」）丘未之逮也，而有志焉。」

孔子繼而直述大道與小康之別，曰：「大道之行也，天下爲公（公，共也，禪位授聖，不家之睦親也。），選賢與能，講信修睦。故人不獨親其親，不獨子其子，使老有所終，壯有所用，幼有所長，鰥寡孤獨廢疾者皆有所養；男有分（分，猶職也，無才者耕，有才者仕，各當其職，無失分也），女有歸（歸者，嫁也）。貨惡其棄於地也，不必藏於己；力惡其不出於身也，不必爲己。是故謀閉而不興，盜竊亂賊而不作，故外户而不閉，是謂大同（同，猶和也，平也；大同者，率土皆然，無私之謂也。）。」

「今大道既隱（隱，去也；干戈攻伐，各私其親，是大道也。），天下爲家（傳位於子），各親其親，各子其子，貨力爲己，大人（諸侯也）世及以爲禮（禮，制也），城郭溝池以爲固，禮義以爲紀（五帝以大道爲紀），以正君臣，以篤父子，以睦兄弟，以和夫歸，以設制度，以立田里，以賢勇智，以功爲己。故謀用是作，而兵由此起，禹、湯、文、武、成王、周公，由此其選也。此六君子者，未有不謹於禮者也；以著其文，以考其信，著有過，刑仁講讓（刑，型也，則也），示民有常。如有不由此者，在埶者（在位者）去（罪退之），衆以爲殃（禍患也），是謂小康（「康，安也，行禮自衛，乃得不去勢位，及不爲衆所殃，而比大道爲劣，故曰小安也。」—《十三經注疏》一四一四頁）。」

孔子用一百零七字以明大道，以宣大同，示天下以公。另用一百四十六字以道小康，以稱小安，以斥天下之爲私。此乃繼堯舜之十六字心經而發之者也，給中華歷史之發展橫畫了一道粗深的黑綫。自夏代開啓家天下之大門，王位傳子之制必然陷入紛爭，愈演愈烈，動輒屠君弑父，君臣無誠，父子無恩，五倫不寧，生靈塗炭，宫闕頹毁，以暴易暴，以姦甚姦，歷代史家只顧記其史實，而未以慧眼著意揭其私欲之兇殘罪惡。如孔子此大道小康之意亦未見有及之者，乃史家之失也，余將以此大道小康之意，並堯舜「人心惟危，道心惟微」之教作爲觀察三代以降中華政教人心之顯微鏡；欲以見中華大道之核心所在、生機所藴、靈魂所寄、精神所聚；以便明辨公私，精識邪正，審察善惡，灼見忠姦，以爲論述事變、人物之準繩，以見得失者有所本，成敗者有所歸，聖賢有其位，盗賊無所遁；忠姦自辨，正邪自明，善惡自見。

二 禹湯文武之政

《史記・夏記》所記：「夏禹名文命，字密身，西夷人也，禹之父曰鯀，鯀之父曰顓頊，顓頊之父曰昌意，昌意之父曰黃帝；禹者，黃帝之玄孫，而帝顓頊之孫也。」據《史記・五帝本紀》所記，帝堯亦爲黃帝之玄孫，則禹乃堯之同輩兄弟也。堯居帝位時，鯀即被推薦治洪水，以其「性傲狠，障洪水，」歷九載而無功，至舜帝時殛鯀于羽山，始「命禹作司空，平水土」。禹之爲人「敏給克勤，其德不違，其人可親，其言可信，亹亹穆穆，爲綱爲紀」；「傷先父之受誅，乃勞神焦思，居外十三年，啓呱呱而泣，過家門而無暇顧，薄衣食而致孝於鬼神。陸行乘車，水行乘船，泥行乘橇，山行乘檋；左準繩，右規矩，載四時以開九州，通九道，陂九澤，度九山。命益予衆庶稻，相給以均諸侯，禹行自冀州始，（堯都）從東循山理水而西，壺口治涼及岐，既修太原，至於岳陽，覃懷底績，至於衡漳；太行恒山至於碣石，入於海；九河既道，三江既入，震澤底定，海、岱及淮惟徐州；大野既豬（瀦），東原底平；荊及衡陽，江、漢朝宗於海；黑水、西河惟雍州。三危既宅，三苗丕敘，九州攸同，六府孔修；庶土交正，底慎財賦。」（見《尚書・禹貢》）。

《大禹治水圖》（玉雕、和田玉、七噸半，存故宮博物院。）

禹之治水也，疏導入海，歷十三年水洩土出；因土質定耕地及税賦等級，分天下爲九州，「外薄四海」。（《爾雅》云：「九夷、八狄、七戎、六蠻，謂之四海。」《釋名》云：「海，晦也，夷蠻晦昧無知故云四海也。」）禹之功高於皋陶、夔、益、稷遠矣，帝舜因薦禹於天，為嗣。及帝舜崩，三年喪畢，「禹辭避舜之子商均于陽城」，天下諸侯皆去商均而朝禹，禹遂即天子位，號曰夏后，姓姒氏。禹先舉皋陶授之政，皋陶卒而後舉益，任之政十年，帝禹東巡狩至於會稽而崩；以天下授益，益三年之喪畢，讓禹之子啓，而避居箕山之陽。禹子啓賢，天下屬意焉。諸侯皆朝啓曰：「吾君帝禹之子也。」於是啓遂即天子之位，是爲夏后帝。帝啓崩。子帝太康立，帝太康盤游無度，荒政失國，太康崩，弟中康立，是爲中康帝。由此而知，夏代之私天下始於啓，非始自禹，窺禹之意乃欲效堯舜之禪讓，惜皋陶先逝，而益佐禹日淺，德未洽于諸侯，天下歸啓，禪讓之風從此絶矣。此後中華之政步入家天下之軌道，經歷刀光劍影，血流成河，治亂相承，興亡相替矣。

夏自禹得天下，後歷十五帝至夏桀而亡，致亡之由，失德與淫逸也。淫逸之行，《尚書·益稷》記之曰：「丹朱傲，惟漫游是好，傲虐是作，罔晝夜頟頟，罔水行舟，朋淫于家，用殄厥世。」堯舜之世猶有此淫逸之主，他世可知矣，尊榮與糜爛並起，高貴與卑劣同生，驕奢必伴淫逸，功德必隨腐敗。故《夏書·五子之歌》誡之曰：「皇祖有訓，民可近，不可下，民惟邦本，本固邦寧，予臨兆民，懍乎若朽索之馭六馬，爲人上者，奈何不敬！」「内作色荒，外作禽荒，甘酒嗜音，峻宇雕墻，有一於此，未或不亡。」「惟彼陶唐，有此冀方。今失其道，亂其紀綱，乃厎滅亡。」此五子之歌，乃五帝以降首次失政之反思，其意深邃，宜有以彰揚之者，一曰民爲邦本，本固邦寧；二曰民可近之，不可賤之；三曰臨兆民若朽索之馭馬，當慎之敬之；四曰謹守王道，綱紀是張；五曰俭樸其德，卑宫室，節服飾；六曰戒聲色、酒畋。此六者亦三代以下爲政者之所當深戒也。

殷商乘夏桀之失政而得天下。《史記·殷紀》：「契乃殷之始祖，契母曰簡狄，爲帝嚳次妃。」則契乃帝嚳之子、黄帝之玄孫，與帝堯爲同輩兄弟。「契長而佐禹治水有功，帝舜乃命契曰：百姓不親，五品不訓，爾爲司徒，敬敷五教在寬，封於商。」自契至成湯，中經昭明等十三代，八徙其都，成湯之時，夏祚式微，諸侯多畔，夏桀不務德而武，重傷百姓，百姓不堪，乃召湯而囚之夏臺，已而釋之，湯修德，諸侯皆歸湯；湯遂率兵以伐夏桀；桀走鳴條，遂放而死，乃踐天子位；平定海内，湯歸至于泰卷陶。」自成湯至紂，凡二十八帝，其間德政可稱者，有帝太甲之修德，諸侯咸歸；有帝武丁之夢説得之于傅巖，舉以爲相，天下咸驩。太甲乃太丁之子而湯之孫也，帝太甲立，三年不明，暴虐不遵湯法，亂德，於是伊尹放太甲于桐宮，令太甲反省修德，寶位，伊尹並作《咸有一德》以規諫太甲：「嗚呼！天難諶，命靡常，常厥德，保厥位；厥德非常，九有以亡。夏王弗克庸德，慢神虐民；皇天弗保，監於萬方，啓迪有命，眷求一德，俾作神主。非天私我有商，惟天佑于一德。德惟一，動罔不吉；德二三，動罔不兇。今嗣王新服厥命，惟新厥德，終始惟一，時乃日新；任官惟賢材，左右惟其人。臣爲上爲德，爲下爲民，其難其慎，惟和惟一。德無常師，主善爲師；善無常主，協于克一。」太甲居桐宮三年，悔過、自責、反善，伊尹乃迎太甲而歸之政；諸侯咸歸，百姓以寧。伊尹嘉之，作《太甲》三篇：有嘉勵之言，如「王徂桐宮，居憂，克終允德。」亦有太甲自責之詞，「予小子不明於德，自厎不類，欲敗度，縱敗禮，以速戾於厥躬。天作孽，猶可違；自作孽，不可逭。」更有誡警之意，如「惟天無親，克敬惟親；民罔常懷，懷于有仁。德惟治，否德亂。與治同道，罔不興；與亂同事，罔不亂。有言逆于汝心，必求諸道；有言遜于汝志，必求諸非道。」帝武丁者，號稱高宗，殷中興之君也，「欲中興殷而未得其佐，三年不言，政事決定于冢宰，以觀國風。夜夢得聖人，名曰説，使臣工營求之野，得説于傅巖中，載歸，見于武丁，武丁曰是也。與之語，果爲聖人，舉以爲相。高宗謂説曰：「若金，用汝作礪；若濟巨川，用汝作舟楫；若歲大旱，用汝作霖雨。」説對曰：「惟木從繩則正，后從諫則聖。明王奉若天道，不惟逸豫，惟以亂（治也）民。治亂在庶官；官不及私暱，惟其能；爵罔及惡德，惟其賢。股肱惟人，良臣惟聖。慮善以動，動惟厥時。學於古訓，乃有獲。惟學遜志，務時敏，厥修乃來。非知之艱，行之惟艱。」」（《商書·説命》）由太甲、武丁之德，可見殷命之繫，依道則興，修德則化，諸侯以歸。

周之興也，以道以德以仁。《史記·周本紀》：「周后稷名棄，其母姜原，本爲帝嚳元妃，則棄爲帝嚳之子、顓頊帝之孫、黃帝之玄孫，與帝堯乃同輩兄弟也，爲堯帝之農師，天下得其利，有功于舜帝，封之于邰，號曰后稷，別姓姬氏。自后稷四傳至公劉，雖在戎狄之間，復修后稷之業，務耕種，行地宜，自漆沮（岐州）渡渭取材用，行者有資，居者有積畜，民賴其慶，百姓懷之，多徙而保歸焉。自公劉再九傳至古公亶父，復興后稷、公劉之業，積德行義，國人皆戴之。薰育、戎狄攻之，欲得財物，與之；已而復攻，欲得財物與民；民皆怒，欲戰，古公曰：有民立君，將以利之，今戎狄所爲攻戰，以吾地與民；民之在我與其在彼何異；民欲以我故戰，殺人父子而君之，予不忍爲，乃與私屬遂去豳，渡漆沮，逾梁山，止于岐下（岐山在扶風，其下有周原，邑于周地，故始改國號曰周）。豳人舉國扶老携弱盡復歸古公于岐下，及他旁國聞古公仁，亦多歸之。於是古公乃貶戎狄之俗，而營築郭室屋而邑別居之；作五官有司，民皆歌樂之，頌其德。（詩頌云：「后稷之孫，實維大王，居岐之陽，實始翦商。」）古公有長子曰太伯，次曰虞仲；太姜生少子季歷，季歷娶太任，生昌，有聖瑞，古公曰：我世當有興者，其在昌乎！太伯、虞仲知古公欲立季歷以傳昌，乃二人亡如荊蠻，文身斷髮，以讓季歷。古公卒，季歷立，是爲公季，公季修古公遺道，篤於行義，諸侯順之。公季卒，子昌立，是爲西伯，曰文王，尊后稷、公劉之業，則古公、公季之法，篤仁，敬老，慈少，禮下賢者，日中不暇食以待士，士一次多歸之，伯夷、叔齊在孤竹（今遼西），聞西伯養老，盍往歸之。大顛、閎夭、散宜生、鬻子、辛甲大夫之徒，皆往歸之，崇侯虎譖西伯於紂曰：「西伯積善累德，諸侯皆嚮之，將不利於帝。」帝紂乃囚西伯于羑里。（西伯益易之八卦爲六十四卦。伏羲制卦辭，周公爻辭，孔子十翼。）閎夭之徒患之，乃求有莘氏美女，驪戎之文馬，有熊九駟，他奇怪物，因殷嬖臣費仲而獻之紂，紂大悦，乃赦西伯，賜之弓矢斧鉞，使西伯得征伐；西伯乃獻洛西之地，以請紂去炮烙之刑，紂許之，西伯陰行善，諸侯皆來决平。後七年而崩（享年九十七），謚爲文王，其子發立，是爲武王。（《史記·周本紀》）

周之德周之道，乃岐周之道，王道也（「王者往也」），乃黄帝以降，堯舜之道也，中經夏、商，其間雖有堯舜之道存焉，但失德失道者，荒政禍及黎庶，周道鑒於其失而備全矣。武王得天下之後，大封諸侯，中央集權，駕馭天下，其道其德，廣溥浩蕩，敦厚無底，分封之澤，上追黄帝堯舜之裔，下及諸弟，以示天下非周獨有也。（武王追思先聖王，乃褒封神農之後於焦，黄帝之後於祝，帝堯之後於薊，帝舜之後於陳，大禹之後於杞；封尚父於營丘曰齊，封弟周公旦於曲阜曰魯，封召公奭於燕，封弟叔鮮於管，叔度於蔡，餘各以次受封。）就連商紂之子禄父也封之於殷，並使其弟管叔鮮、蔡叔度相禄父治殷。武王徵九牧之君，登豳之阜以望商邑，自夜不昧，周王旦即王所，曰：「曷爲不寐？」王曰：「至今我未定天保，何暇寐！」可見武王憂天下之心，深且切矣。武王初居鎬京，後選定雒、伊爲天室，營周居于雒邑。「縱馬于華山之陽，放牛于桃林之虛，偃干戈，振兵釋旅，示天下不復用也。」武王克殷後之二年，問箕子以天道及殷之所以亡，箕子對以「洪範九疇」（詳《周書·洪範》），爲周之治理天下綱目；）。周公又作《周禮》，立制度法規。成康之際，天下安寧，刑錯四十餘年不用，仁政敷化，道德自昭，五教大行，人心趨正；王道蕩蕩，物我揚揚，雖屬私傳天下，然人性之善，人心之淳，人情之誠，足以使周之德乃至德也；正是此至德，至春秋之際，經孔子之集大成而成爲儒家之道統綱常，爲歷代帝王之圭臬也。

三　周公之德

周公姬旦輔佐武王伐紂而建立周代之一統天下，又攝政成王七年，其功德與建樹不僅輝煌周德，而且光照後世，玆就《尚書·周書》與《周禮》二者觀之，以見其弘道修德、立政制禮之建樹。據《尚書》所載，《周書》共爲三十二篇，其中周公之作計十有三篇（金縢、大誥、康誥、酒誥、梓材、多士、無逸、君奭、蔡仲之命，多方、立政、周官等）。此十三篇之要義，可依下列引語中見之：「昔者（指周公）勤勞王家，惟予（成王自稱也）沖人弗及知。」（《金縢》）《大誥》（陳大道以告天下）有言曰：「天休於寧王（指文王）；天明畏（天之明命可畏），弼我丕丕業（丕，大也）。」《康誥》曰：「作新民；今民罔迪不適（無道可尊），不迪（無道）罔政（亂政）在厥邦。」（秉道，作新民，行新政。）「聽聽祖考之遺訓，經德秉哲，罔敢湎於酒，惟德馨香；人無於水監，當于民監。」（《酒誥》）《梓材》曰：「勤用明德，無胥戕（胥，互相也；戕，傷害也），無胥虐，至於敬寡，至於屬婦，惟王子子孫孫永保民。」《無逸》曰：「繼自今嗣王，先知稼穡之艱難，其無淫於觀、於游、於畋。）」《蔡仲之命》曰：「惟忠惟孝，克勤無怠，皇天無親，惟德是輔；民心無常，惟惠之懷；爲善不同，同歸於治；爲惡不同，同歸於亂。」《多方》曰：「天惟時求民主。」《立政》曰：「繼自今立政，其勿與憸人，其惟吉士，用勱相我國家。」《周官》曰：「周王撫萬邦，董正治官，綏厥兆民，三公論道經邦，燮理陰陽，六卿分職，訓迪厥官。冢宰掌邦治，統百官，均四海；司徒掌邦教，敷五典；司馬掌邦正，統六師，平邦國；司寇掌邦禁，詰姦慝，刑暴亂。」

右述引言可歸之曰四端：一曰弘道修德，以得天下；二曰廣求賢哲，以治天下；三曰嚴肅吏治，以防貪腐；四曰力戒驕逸，以免荒政。此四者乃周公之言也、周公之德也，亦周公之功也。周公之此三者（言、德、功）更詳見於《周禮》也。雖未得行之於實政，亦足見其謀慮之周密及規模之弘大也。（横渠曰：「《周禮》是的當之書，然其間必有末世增入者。」鄭樵《通志引典》曰：「周公攝政六年之後，書成歸豐，而實未嘗行。」）考其内涵，周監二代，郁郁乎文，象天地立官，綱紀周天下。《天官冢宰》曰：「惟王建國，辨方正位，體國經野，設官分職，以爲民極。乃立天官冢宰，使帥其屬而掌邦治。」「立地官司徒，使帥其屬而掌邦教，以佐王安擾（治也）邦國。」「立春官宗伯，使帥其屬而掌邦禮，以佐王和邦國。」「立夏官司馬，使帥其屬而掌邦政，以佐王平邦國。」「立秋官司寇，使帥其屬而掌邦禁，以佐王刑邦國。」冬官本名司空，此篇亡失，漢興購千金不得。「司空者，冬閉藏萬物，亦所以富立家，使民無空者也。」由此而知《周禮》者實乃周之大法也。此大法之大旨更體示職分之中：「大宰之職，掌建邦之六典，以佐王治邦國。一曰治典，以經邦國，以治官府，以紀萬民。二曰教典，以安邦國，以擾萬民（擾，治也，安也）。三曰禮典，以和邦國，以統百官，以諧萬民。四曰政典，以平邦國，以正百官，以均萬民。五曰刑典，以詰邦國，以刑百官，以糾萬民。六曰事典，以富邦國，以任百官，以生萬民。以九職任萬民：一曰三農（平地、山、澤也）生九穀（黍、稷、秫、稻、麻、大小豆、大小麥）；二曰園圃，毓草木；三曰虞衡，作山澤之材；四曰藪牧，養蕃鳥獸；五曰百工，飭化八材（珠曰切，象曰瑳，玉曰琢，石曰磨，木曰刻，金曰鏤，革曰剥，羽曰析）；六曰商賈，阜通貨賄；七曰嬪婦，化治絲枲；八曰臣妾，聚斂疏財；九曰閒民，無常職，轉移執事。」又大司徒之職，「施十有二教焉：一曰以祭禮教敬，則民不苟；二曰以陽禮（鄉射飲酒之禮）教讓，則民不爭；三曰以陰禮（男女婚姻之禮）教親，則民不怨；四曰以樂禮教和，則民不乖；五曰以儀辨等，則民不越；六曰以俗教安，則民不愉；七曰以刑教中，則敏不虣；八曰以誓教恤，則民不怠；九曰以度教節，則民知足；十曰以世事教能，則民不失職；十有一曰以賢制爵，則民慎德；十有二曰以庸制禄，則民興功。以鄉三物教萬民，而賓興之：一曰六德，知、仁、聖、義、忠、和；二曰六行，孝、友、睦、姻、任、恤；三曰六藝，禮、樂、射、御、書、數。以鄉八刑糾萬民，一曰不孝之刑，二曰不睦之刑，三曰不姻之刑，四曰不弟之刑，五曰不任之刑，六曰不恤之刑，七曰造言之刑，八曰亂民之刑。」（俱見《周禮》卷二、十。）

上所引言僅爲其綱要之精粹者；至於其官職分司人員設設置之周密精詳，即以當今之國家機構有司職能論之，《周禮》一書乃我中華三千年前完成之一部政府管理學。合二者（《周書》與《周禮》）以觀周公，則見周公完成了從政治理論到實踐之完備工程，其内涵系統是道、德、仁、哲、賢、政、教、禮、法、刑十大要義。此十要義歷夏商二代之成敗至周公攝政七年之體驗而完成，又爲周代成康以後之治亂所驗之富之，成爲觀察論説往後歷代政教得失成敗之準繩。其理論之光芒反射黄帝、堯、舜、禹、湯、文、武之德，照亮中華前進之路，益見其質樸淳厚之心，彷佛歷史囬歸于純真，囬歸到力牧、王倪、許由之時代了。

第二節　三代私傳之異同

一　夏開私傳之風

私傳之風非始於夏，實始於黄帝也，言夏開私傳之風者，蓋言其未繼禪讓以公天下相授受也。唐虞之世，唯知天下爲公，唯賢能是舉，唯勳功是禪，（「王功曰勳，國功曰功。」《周禮・小司馬》）聖德是讓，（大而化之曰聖）不以天下私人。孟子曰：「天子不能以天下與人。」（《孟子・萬章》）堯禪位於舜乃尊賢也；舜舉禹而禪其位亦猶是也；舜言之於禹曰：「克勤於邦，克儉於家，不自滿假，惟汝賢。汝惟不矜（自賢曰矜），天下莫與汝爭能；汝惟不伐（自功曰伐），天下莫與汝爭功。予懋乃德，嘉乃丕績；天之歷數在汝躬，汝終陟元后。」（《周書・大禹謨》）又得皋陶、益稷之弼輔；陶進九德（寬而栗，柔而立，愿而恭，亂而敬（亂，治也），擾而毅（擾，順也），真而温，簡而廉，剛而塞（塞，實也），强而義。），保仁政之敷天下；稷樹五穀，以足糧食之裕兆民，萬國爲治。禹先舉皋陶授之政，未幾而皋陶卒；繼又舉稷任之政，十年，帝禹東巡狩，至于會稽而崩，以天下授益稷，三年之喪畢，稷讓禹之子啓而避居于箕山之陽，啓賢，諸侯多歸之。帝啓傳之其子太康，暴虐，爲有窮酋長后羿所逐，其弟仲康嗣位，夏之天下從啓開始即家傳矣。我中華政權從此（前二一八九年）在家天下之軌道上運行長達四千一百年。

二 商貸之傳子弟交錯

商湯之先祖爲契，乃帝嚳之子，黄帝之玄孫，與帝堯爲同輩兄弟，舜帝曾命契爲司徒，敬敷五教，封于商。自契迄成湯，歷十有五世，則成湯爲黄帝之十九世孫也。值夏祚式微，夏桀肆虐，民怨之曰：「時日曷喪，予及汝偕亡。」而成湯德惠于民，遂率諸侯伐桀，黜夏命，歸亳踐天子位，作《湯誥》曰：「惟皇上帝，降衷（善也）於下民，兹朕未知獲戾于上下（上，天也；下，民也。）。慄慄危懼，若將隕于深淵；凡我造邦，各守爾典，以承天休（天休，善道）。」湯臣仲虺作《仲虺之诰》以申明湯德：「惟天生民有欲，無主乃亂；有夏昏德，民墜塗炭；天乃錫王勇智，表正萬邦；不邇聲色，不殖貨利；克寬克仁，彰信兆民；佑賢輔德，顯忠遂良；建中于民，以義制事，以禮制心；慎終惟始，欽崇天道，永保天命。」此二诰，實爲成湯踐天子位之政綱，比之于夏禹開國時之氣象遠勝矣。自成湯踐位（前一七六六年）至帝乙少子帝辛，即紂王而亡殷（前一一二二年），凡歷三十帝，歷時六百四十四年；與前代夏姒相比有二大特點，宜略論之。

一是傳位中子弟交錯，寓有唯賢是傳之意；索二十九帝中傳弟者十有二焉。如第十八帝陽甲居時衰微，諸侯不朝；帝陽甲崩，其弟盤庚嗣位，作《盤庚》三篇以教民：「古我先王亦惟圖任舊人共政（舊人，老成人也），遲任（故賢也）有言曰：『人惟求舊，器非求舊，惟新。』無總于貨寶，生生自庸（自用功德，則永保生生之朝氣）。式敷民德（以德藝式民，爲民楷模），永肩一心（一心肩負道義）。」殷道因以復興，諸侯來朝。

二是由於成湯與伊尹以道德仁義而得天下，建立了治理天下之大圖遠謀，垂訓于後嗣；王即偶有失德敗政者出，然前人之道之遺緒猶存，綱紀依舊，故其中興之主數出。周公之論最爲允當，於《周書·君奭》中有言曰：「昔成湯既受命，時則有若伊尹，格于皇天。（格，通也，通皇天之大道以御人事，以敷政教，以澤仁化。）在太甲，時則有若保衡。（指伊尹之輔保太甲）在太戊（太甲之孫），時則有若伊陟、臣扈，格于上帝。（伊陟、臣扈二大臣，稟上天帝王之志輔佐太戊。）巫咸乂王家。（乂，治也。）在祖乙，時則有若巫賢。（賢，咸之子。）在武丁，時則有若甘盤。（高宗即位之初有甘盤佐之，後又得傅説爲相。）由是而明，帝王明道修德與守綱紀，股肱之賢能忠正與廉勤，乃政教敷施之保障也；即便偶遇昏暗淫逸之君，只須輔弼忠賢，便可苟延國祚，從殷命之盛衰中，即可灼見此契機矣。

夏殷二代之政所異者就在於道德、綱紀之立與未立、固與未固也；殷命之長於夏者，以其道德綱紀之遺緒猶存，雖遭紂王之暴政，諫者相機而起，冒死諍諫，其悲壯之情，爲後世所莫及，足見其道隱而正氣横乾坤；箕子尤爲著焉，其在《周書·洪範》中爲回答周武王問所陳述之「洪範九疇」之見，實乃我中華政治哲學之總綱也，於今猶光芒四射焉。殷之所以亡者在紂王之失道喪德，而爲尊道修德者取而代之也，以牧野之戰而告終焉。

三 周傳嫡長

周武王姬發於牧野之戰勝殷之後，即采取三大措施以鞏固天下，具見於《周書·武成》、《洪範》、《旅獒》諸篇。

（一）宣揚周德。《周書·武成》之言曰：「惟先王建邦啓土（先王，指后稷也，啓土指封於邰也），公劉克篤前烈（繼承后稷之業也。），至於大王（指古公亶公），肇基王迹，王季其勤王家，我文考文王，克成厥勛。」誕德周之興而盛，以至於能「一戎衣而天下定。」亦賴此德之光也；今定而欲治，治而欲平，平而欲安，安而欲久，亦唯賴此德之發揚而光大也。

武王光大周德唯一急切之務乃偃武修文以示四方。偃武則是「歸馬於華山之陽，放牛于桃林之野」；修文之要則在於尊道修德，布仁政，敷五教，澤及華夷，化服兆民。

（二）明立綱紀。周德之興也，既已歷公劉、古公亶文、季歷、文王四時期矣，尤以文王演《周易》其道其德最爲深遠矣；明天人之際，通古今之變，觀法於自然，修德以御人事，布政以化天下，是乃王道之基也。綱紀即蘊于此基者，天之道也（陰與陽也），地之道也（柔與剛也），人之道也（仁與義也）。陰與陽也，乾與坤也，雄與雌也，男與女也，變化之本也；剛與柔也，變化之形也，君王適應變化之幾也，柔剛於變化中，自易其形也，自變其性也；仁與義也，變化之核也，以天地之道喻之於人事必固守之者也。此本也、形也、核也，乃文王、周公之大道與大德（「文王拘於羑里，作卦辭；周公作爻辭。」《周易折中》第一頁），亦周德之新義也，亦武王新政之綱紀也。

（三）厲戒淫逸。《周書・旅獒》記載，西戎有一名旅之國，貢大犬曰獒，時召公爲成王太保，作《旅獒》戒之曰：「玩人喪德，玩物喪志；志以道寧，言以道接，（在心爲志，發氣爲言，皆以道爲本。）不作無益害有益，功乃成；不貴異物賤用物，民乃足；所寶惟賢，則邇人安。」尤嘆之曰：「嗚呼！夙夜罔或不勤；不矜細行，終累大德，爲山九仞，功虧一簣。」周公則專作《無逸》以戒成王：「嗚呼！我聞曰：昔在殷王中宗，嚴恭寅畏天命（嚴格恭敬，畏天之命），自度（自尊法度）治民祗懼，不敢荒寧。其在高宗，三年不言（守喪不言政），言乃雍（雍，和也，天下和也），嘉靖殷邦，至於小大，無時或怨。」周公又舉文王勤勞王事以誡成王：「文王卑服，即康功、田功（康功，安人之功；田功，稼穡之功），懷保小民，惠鮮鰥寡（鮮，澤也）。自朝至日中昃（中昃，正午也），不遑暇食，用咸和萬民。」「繼自今嗣王，則其無淫於觀、於逸、於游、於畋，以萬民爲正之供。」此誡逸之教乃徵于夏、殷二代之失而發爲之者也，夏桀失之於荒淫妺喜，殷失之于暴淫妲己。武王周公引爲深戒也。

周武王得天下之後，即確立傳位嫡長之制。武王崩（前一一一六年），太子誦嗣位，是爲成王，成王懼太子釗之不任，遵周公所作《周官》之教，命召公、畢公爲師保以輔相太子釗，成王將崩，二公率諸侯群臣，以太子釗見于先王廟中，告以文王武王之所以爲王業之不易，務在節儉，毋多欲，以篤信臨天下，作《顧命》（臨終之命曰顧命）囑之曰：「今天降疾，殆弗興弗悟，爾尚明時朕言，用敬保元子釗，弘濟於艱難，柔遠能邇，安勸小大庶邦；燮和天下，用答揚文武之光訓。」是爲康王。自康王以下歷三十四王，多遵立嫡長之制，其間有周之第七任王懿王之叔辟方爲周之第八任王，是爲孝王，其後又有周匡王之弟姬瑜立爲周定王，列王姬喜崩弟扁立爲顯王，兄終弟及之例也。此外周之前史有長兄太伯奔荊蠻避讓少弟季歷，亦有少弟賢如吳季札之避讓諸兄者，此傳位適長之制更影響秦漢以後歷代帝位之嬗遞也。

第三節　諸侯紛爭

諸侯紛爭之根本原因究何在耶？此乃是一必須正確回答的具有世界意義之大問題，恰是我中華睿智所能圓滿回答之深奧而復雜之難題。從伏羲到黃帝，從堯舜到文武，從老、莊到孔孟，從漢唐之明君到宋明之學者，從遠古顒顒質樸之民到當今芸芸求生之衆，無不日日期盼解決之問題。解決之道何在？曰去私欲而已矣；紛爭之起何由？曰人欲橫流而已矣，豈有他哉？五帝之世，生民惇質，其色郁郁，其德嶷嶷，私欲少動，尚不知爭；堯舜之世，知識稍開，私欲少發，爭端初動，堯智深淵，窺察人心之危，以示之於舜，曰：「人心惟危。」舜識之愈深，誡之于禹，曰：「人心惟危，道心惟微，惟精惟一，允执厥中。」此人心實即人欲之謂，道心實即天理之謂；天理人欲本同一體，人欲存於天理之中，天理善，人欲亦善，但若任其氾濫，不自克制，則有流爲惡之危險，此堯帝「人心惟危」之意也。雖有此危，但人心聽令于道心；儒道兩家所稟之道，即此道心也；儒、道兩家所致力之修齊、治平，道家側重前者，儒家則前後兼顧，故莊子論之曰：「内聖外王也。」（《莊子·天地》）「儒以道得民」者，即此也，即此道心也。明乎此，則知諸侯紛爭之由矣，一切紛爭，不論其古往今來，都導源于人欲横流也；既如此，則亦同時明息爭之道矣。（於此，對人欲與人欲横流當有所界定：人欲者，自然之謂也，與生俱來者也，如孔子所言「食色性也」，蓋言人欲自然、正當、合情合理也。人欲横流者，指人欲恣肆無節，或假權財之力，驕縱氾濫，如洪水之不可御，危及人類之生存也，於今識此危害者乃寥若晨星，尤可憂者，於今全球之當政者處於人欲横流的紛爭漩渦之中，不見有醒悟之迹象也。）此息爭之道，恰如孔子所言：「一日克己復禮，天下歸仁焉。」克己者，克制人欲也，老子之言曰「爲道日損」也，日損人欲也。

一　失道失德失國

立國建邦，首要者立道也，此道也，先之以天道，繼之以地道，終之以人道，三者合一之道也。所謂有道之君者，乃明此三道（天之道陰與陽，地之道柔與剛，人之道仁與義），以人道爲本而善用之者也；所謂無道之君者，乃昧于三道，無德無義，喪失人性良知，倒行逆施，不貴民生疾苦者也。《左傳》有言曰：「國家之敗，失之道也，則禍興。」（《魯昭公五年》）故有國者不可失道與喪德也。「鄭子産寓書於子西以告宣子曰：「子爲晋國，四鄰諸侯不聞令德，而聞重幣，僑也惑之。夫令名，德之輿也；德，國家之基也，有基無壞，無亦是務乎！有德則樂，樂則能久。」（《魯襄公二十四年》）又《左傳》魯僖公十九年，宋人圍曹，討不服也，司馬子魚言於宋公曰：「文王聞崇德亂而伐之，軍三旬而不降；退修教而復伐之，因壘而降。今君德無乃獨有所闕，而以伐人，若之何？盍姑内省德乎？無闕而後動。」又《左傳》魯僖公七年，管仲言於齊侯曰：「臣聞之，招携以禮（携貳也），懷遠以德，德禮不易，無人不懷，合諸侯以崇德也，會而列姦，何以示後嗣。」由此可見周之德猶存於諸侯日常政務言行之中。

但考之周史，周室本身失道敗德却屢有所見，如周之第十七代王厲王，好利敗德，寵信榮夷公，大夫芮良夫諫曰：「王室其卑乎！夫榮公好專利而不知大難；匹夫好利，猶謂之盜；王若行之，其歸鮮矣。榮公若用，周必敗也。」厲王不聽，卒以榮公爲卿士。王行暴虐侈傲，國人謗王，召公諫曰：「民不堪命矣。」王怒，令衛巫使監謗者，以告則殺之，其謗鮮矣，諸侯不朝三十四年，道路以目，厲王喜告召公曰：「吾能弭謗矣。」召公曰：「是彰之也。防民之口，甚於防川，川壅而潰，傷人必多，民亦如之；是故爲川者决之使導，爲民者宣之使言。」厲王不聽，國人莫敢出言，積怨三年，叛襲厲王，厲王出奔于彘，周室由召公、周公二相攝政，諸侯奉和以行天子事，號曰共和，共和十四年，厲王死于彘。此公元前八二八年之事也。

中周宣王（在位四十六年），其子宫湼立，是爲幽王，幽王寵褒姒，敗德亂政，太史伯陽讀史記曰：「周亡矣！」蓋夏之史記中記述了一件奇異的故事：昔自夏后氏之衰也，有二神龍止於夏帝庭而言曰：「余褒之二君。」夏帝卜，殺之與去之與止之莫吉，卜請其漦而藏之，乃吉，於是布帛而策告之，龍亡（龍不見了）而漦在，櫝而去之（櫝，匱也；漦音其蚩，吐沫也）。夏亡，傳此器殷，殷亡，又傳此器周，比三代莫敢發之，至厲王之末，發而觀之，漦流于庭，不可除，厲王使婦人裸而譟之，漦化爲玄黿以入王后宫，后宫之童妾既齔而遭之（齔，七歲毁齒也），既笄而孕，無夫而生子，懼而棄之於路，其時適宣王居位，有女童謡曰：「檿弧箕服，實亡周國。」（山桑曰檿；弧，弓也）宣王聞之，有賣是器者執而戮之，逃於道，聞棄嬰夜啼，哀而收之，夫婦遂亡奔于褒，褒人有罪，請入童妾所棄女子贖罪。棄女子出於褒，曰褒姒。幽王三年之時，王之后宫，見而愛之，生子伯服，竟廢申后及太子，以褒姒爲后，伯服爲太子，太史伯陽曰：「禍成矣，無可奈何。」褒姒不好笑，幽王欲其笑，爲烽燧，諸侯至而無寇；褒姒乃大笑，幽王悦之，爲數舉烽燧，諸侯悉不至，申侯怒，與繒西夷犬戎，攻幽王。遂殺之于驪山下。

周室自幽王之後，周德始衰，諸侯紛爭之勢始成；齊、楚、秦、晉始大，政由方伯，周僖王三年（前六七九年）齊桓公始霸，以「尊王攘夷」爲號召，周天下從此進入五霸爭盟的春秋時期。當此時也（前七二二—四八〇年）「周室東遷，王綱不振。竊僭名號者，何國不然；專行征伐者，諸侯皆是。下陵上替，内叛外侵，九域騷然，三綱遂絶。」（《春秋正義序》）

此唐孔穎達的當之論也，今吾所當剖析者乃此歷史現象中所包藏之動因也。此中之動因，人欲也，由小而大，由弱而强，由利而名，由名而權，由權而位，由位而君臨天下，財富歸之，珠寶聚之，美女群之。生殺予奪，决之于喜怒；賞罰陟黜，出之于愛憎。人欲之惡與禍自春秋之世始告猖獗，據載，春秋二百四十二年中，「弑君三十六，亡國五十四。」爲何弑君？爲何弑父？爲何亡人之國？爲何滅人之邦？固私欲使然，更當以人欲横流狀之也。春秋之間，弑君之首惡者爲衛公子州籲，于魯隱公四年春（前七一九年），弑其君桓公而自立爲衛君。「不務令德，虐用其民，而欲以亂成，」自不能免於禍，是年「九月，衛人使右宰醜涖殺州籲于濮。」又如宋萬弑其君捷及其大夫仇牧（前六八三年）一案，宋萬弑閔公于蒙澤，遇仇牧於門，批而殺之，遇大宰督于東宫之西，又殺之，立子游（宋公子），群公子奔蕭，公子御説奔亳，南宫牛，猛獲帥師圍亳。冬十月，蕭叔大心，及戴、武、宣、穆、莊之族，以曹師伐之，殺南宫牛於師，殺子游於宋，立桓公。在此案中唯見群群相殺，層層相殺；國君之立廢中，刀光熠熠，血腥羶羶，有五人遭殘殺。殺人之惡性，其動因何在？在求君求位求權求榮之欲壑無窮也，其動力亦無息也，其害人之禍更無可計量也。爭位之例則更有吴公子光使專諸之刺僚王也。公子光之父諸樊，有弟三人，依次曰餘祭、餘昧、季札。季札賢，其祖父壽夢欲傳之君位。季札避而聘歷齊、魯、鄭、衛、晉諸國，乃立長子諸樊攝行政事，當國十三年，王諸樊卒，弟餘祭代立；在位十七年王餘祭卒，弟餘昧立；四年王餘昧卒，立子僚爲王。公子光夙有志于王位，嘗欲陰納賢士以乘隙，至是訪得勇士專諸以刺僚，於王僚十三年四月丙子，光伏甲於窟室，而謁王僚赴飲，使專諸置匕首于炙魚之腹中，遂弑王僚，公子光自立爲吴王，是爲闔閭。（事詳《史記・吴太伯世家》）

至于以淫色而亂國喪身者，則陳靈公是也：陳靈公與孔寧、儀行父，通於夏姬（夏姬，鄭穆公女，陳大夫御叔妻），皆衷其衵服（貼身内衣）以戲于朝。泄冶諫曰：「公卿宣淫，民無效焉（效，從也）。」次年（前五九九年），陳靈公與孔寧、儀行父飲酒于夏氏，公謂行父曰：「徵舒似爾。」對曰：「亦似君。」（徵舒，夏姬之子。）徵舒病之。公出，自其廄射而殺之，二子奔楚。冬十月，楚人殺陳夏徵舒，轘諸栗門。（轘，車裂于栗門。）（詳《左傳・魯宣公》）以淫色而喪身者尚有：前五十八年，齊大夫崔杼。齊大夫，棠公，見其妻棠姜而美之，使家臣東郭偃而取之。齊莊公如崔氏。見而起淫心，私通崔杼妻姜氏，崔杼弑其君莊公，立莊公弟杵臼爲君，是爲景公。（詳《左傳·魯襄公二十五年》）此爲國君淫於色而終致喪身之禍也。文天祥所作《正氣歌》中之「在齊太史簡」所勝表之者，即太史實書曰：「崔杼弑其君」，崔子殺之，以明君臣之分與太史之節也。魯襄公三十年（前五四三年），蔡景侯爲太子般娶于楚，通焉，太子弑景侯。此爲家庭之内亂倫而子弑其父之禍也。魯桓公十八年（前六九五年），公（指魯桓公）將有行，遂與姜氏（桓公夫人）如齊（回娘家）。申繻曰：「女有家，男有室，無相瀆也，（瀆，違也）謂之有禮，易此必敗（易，改變也）。」公會齊侯于濼（齊侯，姜氏之兄），遂及文姜如齊，齊侯通焉。公謫之，以告。（文姜以告齊侯。）夏四月丙子，享公（享，燕享），使公子彭生乘公（乘，爲桓公御車，乘機殺之），公薨於車。魯人告於齊，曰：「寡君畏君之威，不敢寧居，來修舊好，禮成而不反，無所歸咎，惡於諸侯，請以彭生除之。（除恥辱之惡也）齊人殺彭生。」（實爲滅口非爲懲惡也。）此爲齊襄公亂倫又殺其妹夫魯桓公之丑聞，亦宮闈中常見之事。綜觀上述私欲横流之禍，可以概見中華史上私欲横流之形態多矣，不可盡言。無論宮廷内外，朝野上下，市井之中，芸芸百姓，其所爭所求者悉可以權、位、錢、色四者概括之也；而且以此四者而辨歷代政教、禮樂、刑法、吏治之成敗得失，以辨公私、正邪、善惡、治亂，以鑒歷史，以彰良知，以揚正氣，以立賢良，乃準繩權衡也。

二　王室之德衰乃亂之源

周德之興，有其漸也；其衰也，亦有其漸也。其興也，以棄稷之德爲基，以公劉文王之德爲本；鑒於夏商之得失成敗，以周公之聖哲睿智，而醞釀成周德之完備體系，其綱要如次：以《周易》爲道體，以自然、社會心性變化爲本根，喻諸人事，以自昭明德，自强不息、生生不已爲動力；以《周禮》爲立政、立教、立禮、立法之綱；以《洪範》《周官》《無逸》爲施政、輔教、治官之要。此三者綜合構成了道統，完善了周德，影響及於後世者深且遠也，成爲儒家之理論基礎，《周禮·天官冢宰·大宰》有言曰：「儒以道得民。」當周祚運入於春秋之季，又有仲尼出而集儒家經典之大成，完成了周道周德之理論體系，曰《易》《書》《詩》《禮》《樂》《春秋》《論語》《孝經》，此理論體系即後世所稱之治國安邦之道統。此道統也，由伏羲畫八卦而立道，積黄帝、顓頊、帝嚳、堯、舜、禹、湯、文、武、周公爲政之德。歷三千餘年之化育，迄于仲尼，而弘而明之，而終成爲經典文獻而廣而傳之。其所醞藉之理論生機，歷萬世而不減損，而且具有愈發愈新之潛能，適如同天體、萬物、人類所具有之源泉滾滾之生機，長存長新，長新長長，長長長大，長大長强，永無窮極。其所以然者，蓋由伏羲黄帝所稟之道、所具之德，正是天地之心、萬物之性、人類之心性良知之表現也。只要有天地、萬物、人類之存在，只要有生機生命之存在，此伏羲、黄帝、堯、舜、禹、湯、文、武、周、孔之道之德，就一定會焕然發光，就一定會引導人心向善，就一定會促進政教清明，就一定會移風易俗，人心大化，化之於同，大同之世因以顯現。此理論之力、人心之力、道德之力，無可抗拒之者也。唯有可延誤時歲者也，以其有失道喪德之虞也，曷爲有此虞耶？以「人心惟危」人欲横流之可畏可懼也。周室之由興而衰、由盛而敗，乃人欲之未可遏制所致也；或曰周德漸衰乃是事物不可逃避之命運也，此亦誠然之理；但人事之力卻可於盛衰之中謀求中興也。此力何在耶？在於道惇德厚之明君賢相也；此二者中，君則居主導之位也。殷之高宗明且哲也，卒得傅説爲相而中興也；周之厲王暴且虐也，有賢相召公、周公同攝政事維持共和之政局長達十四年，卒使平庸的宣王居位四十六年之久。至周幽王敗德荒政，周祚遭厄，轉入困境，周德遂衰矣。恰如《周易·序卦》所言：「無不可以久居其所，故所受之以遯，遯者，退也。」退而轉入「困于石，據于蒺藜」之運。（《周易·困·象》）先之爲春秋五霸，空尊周室；繼之以戰國七雄，周室名存實亡；終之以秦滅六國，創建郡縣制度替代分封制之大帝國。按《周易·序卦》之意：「困乎上者必反下，故受之以井，井道不可不革，故受之以革。」革者，革除濁穢也，秦始皇之統一六國可視爲政治制度上之一大改革也。

三　五霸之消長

首先釋王與霸之義：「四王之王也（四王：禹、湯、文、武），樹德而濟同欲焉；五霸之霸也（齊桓、晋文、宋襄、秦穆、楚莊。），勤而撫之，以役王命（役，事也，勞也）。」鄭玄注曰：「天子衰，諸侯興，故曰霸。霸，把也，言把持王者之政教也。」（《左傳·魯成公二年》）對春秋五霸之名，説者不一，但余以爲還是以齊桓、晋文、宋襄、秦穆、楚莊一説更貼切史實。魯僖公七年秋七月，魯僖公會齊侯、宋公、陳世子款、鄭世子華盟於寧母。管仲言於齊桓公曰：「合諸侯以崇德也，會而列姦，何以示後嗣；夫諸侯之會，其德、刑、禮、義，無國不記，記姦之位（管仲視鄭世子華爲姦也），君盟替矣。」管仲之言（合諸侯以崇德也）乃爲齊桓称霸立論矣，亦爲五霸立論矣，即必以德爲會盟之宗旨；而且以此爲提高與會國之德爲歸宿點。「周惠王十年（前六六七年），賜齊桓公爲伯。」（《史記・周紀》）爲齊桓公之霸諸侯更以合法地位。魯僖公四年（前六五六年），「僖公會齊侯、宋公、陳侯、衛侯、鄭伯、許男、曹伯侵蔡，蔡潰，遂伐楚（伐楚之原由是周昭王南征而不回，昭王爲周之四任王，前一〇〇二年三攻楚，于漢水溺死），次于陘（八國聯軍駐于陘）。楚子使屈完如師（如，入也，至也），師退，次於召陵，齊侯陳諸侯之師，與屈完乘而觀之，齊侯曰：「以此衆戰，誰能禦之？以此攻城，何城不克！」對曰：「君若以德綏諸侯，誰敢不服；君若以力，楚國方城以爲城，漢水以爲池，雖衆，無所用之。（謂不習水戰，衆亦無用）」屈完與諸侯盟。屈以德説齊桓公，又以兩軍長短優劣相較、利害相衡示齊桓公，桓公明達，卒與楚盟而北歸，楚國遂解。屈完之智勇也，桓公之賢德也，綜桓公居位之四十二年中（前六八五—六四三年），凡九合諸侯（有北杏之盟、鄄邑之盟、幽邑之盟、扈邑之盟、召陵之盟、寧母之盟、洮邑之盟、葵丘之盟、牡丘之盟等），爲周室盡了「救患、分災、討罪」之責。葵丘之盟，齊侯曰：「凡我同盟之人，既盟之後，言歸于好，」緩和了諸侯之間的矛盾與國際之間的緊張局勢。

繼齊桓公而爲盟者爲宋襄公（？—前六三七年），得天時、地利、人和之宜也；天時者，以其適當齊桓之謝世，九合諸侯之遺緒猶存也；地利者，以宋居中國之中心位置，四方聯絡，會盟方便也；人和者，以其自身在諸侯中頗具德望也。唯其國小，稱霸日短（僅十三年）。影響於當時之國際形勢不大，然宋襄公之德行所示之古風猶存，却永遠光照史册，令讀史者三致敬焉。魯僖公二十二年（前六三八年）冬，十一月己巳，朔，宋公及楚人戰于泓，宋人既成列（擺正了陣勢），楚人未既濟（未盡渡泓水），司馬子魚曰：「彼衆我寡，及其未既濟也，請擊之。」公曰：「不可。」既濟而未成列，又告，公曰：「未可。」既陳（擺好了陣勢）而後擊之，宋師敗績，公傷股，門官殲焉（門官，在君左右之保衛人員）。國人皆咎公，公曰：「古之爲君也，不以阻隘也（不據險求勝），寡人雖亡國之餘（宋乃商紂之後裔），不鼓不成列（不鼓，不擊鼓進攻尚未擺好陣勢之敵軍）。」子魚曰：「君未知戰。明恥教戰，求殺敵也。」次年，宋襄公卒於與楚戰之傷股。

繼宋襄公而爲盟主者，晉文公（前六七九—六二八年）是也。文公亡外十九年，回晉而得國已六十二歲了，在位僅八年，其稱霸之心切，欲求於秦，狐偃言於文公曰：「求諸侯莫如勤王，周禮未改，今之王（時周襄王在位），古之帝也。」文公辭秦師歸晉，魯僖公二十五年三月甲辰，文公之師次于陽樊，右師圍温（誅叔帶），左師逆王（逆，迎也）。王入于王城，晉侯朝王。」）「王賜晉文公珪、鬯、弓、矢，爲伯，以河內地與晉。」（《史記·周紀》）魯僖公二十八年（前六三二年），與諸侯一歲三會：「夏四月己巳，晉侯、齊師、宋師、秦師及楚人戰于城濮，楚師敗績，楚殺其大夫得臣。五月癸丑，盟七國（魯僖公、齊侯、宋公、蔡侯、鄭伯、衛子、莒子）于踐土。冬，會九國（魯僖公、晉侯、齊侯、宋公、蔡侯、鄭伯、陳子、莒子、邾人、秦人）於温。」存稱霸之志，未見顯赫之迹。但晉文公霸諸侯之遺緒則留於諸侯之間。迄晉悼公十一年（前五六二年），晉會宋、魯、衛、曹、齊、莒、邾、滕、薛、杞、小邾等十一國救宋攻鄭，鄭乞和，盟于京邑（亳邑，鄭州），載書曰：「凡我同盟，毋蘊年（蘊，積也；毋蘊年穀而不分灾），毋壅利（毋專山川之利），毋保姦（毋藏罪人），救灾患，恤禍亂，同好惡，奬王室（將，助也）。或間兹命，司慎司盟，名山名川，群神群祀，先王先公，七姓十二國之祖，明神殛之，俾失其民，墜命亡氏，踣其國家。」此會之後七年，當魯襄公十九年，齊侵魯，晉聯軍伐齊，還自沂上，盟於督揚（即祝柯，屬濟南郡）曰：「大毋侵小。」此言之光芒照耀今之國際。爲答謝晉君主盟，魯使季武子如晉拜師，晉范宣子主政，在宴會上賦《詩·小雅·黍苗》曰：「芃芃黍苗，陰雨膏之。悠悠南行，召伯勞之。肅肅謝功，召伯營之。烈烈征師，召伯成之。」季武子稽首而言曰：「小國之仰大國也，如百穀之仰膏雨焉，若常膏之，天下輯睦，豈惟敝邑。」賦《六月》以致謝意。（《六月》之詩曰：「織文鳥章，白旆央央。元戎十乘，以先啓行。薄伐玁狁，至於大原。文武吉甫，萬邦爲憲。」）

秦穆公之爲五霸也，乃霸西戎，未及中國，穆公在位三十八年，用百里奚、蹇叔之謀，欲伐西戎，戎王聞穆公賢，使由余（其先爲晋人，能晋語）觀秦，秦穆公示以宫室積聚，由余曰：「使鬼爲之則勞神矣；使民爲之亦苦民矣。」穆公怪之，問曰：「中國以詩書禮樂法治爲政，然尚時亂，今戎夷無此，何以爲治，不亦難乎？」由余笑曰：「此中國之所以亂也，夫戎夷不然，上含淳德以遇其下，下懷忠信以事其上，一國之政猶一身之治，不知所以治，此真聖人之治也。」於是穆公退而問内史廖曰：「孤聞鄰國有聖人，是敵國之憂也；今由余賢，寡人之害，將奈之何？」内史廖曰：「戎王處僻匿，未聞中國之聲（指樂聲也）。君試遺女樂，以奪其志；爲由余請，以疏其間；留而莫遺，以失其期。戎王怪之必疑由余，君臣有間，乃可虜也，且戎王好樂，必怠于政。」穆公曰：「善。」因與由余曲席而坐，傳器而食，問其地形與其兵勢，盡察，而後令內史廖以女樂二八遺戎王，戎王受而説之，終年不還，於是秦乃歸由余，由余數諫不聽。穆公又數使人間要由余，由余遂去，降秦，穆公以客禮禮之，問伐戎之形。秦用由余謀，伐戎王，益國十二，開地千里，遂霸西戎。（《史記·秦記》）可知秦稱霸者，霸西戎也，蓋其地處西北邊陲，與中國相遠；而且所霸之者以力也，非以德以禮，懷遠而化致之也，以其自身道淺德薄也。秦之祖先雖爲帝顓頊之苗裔，然其子孫或居中國，或散在夷狄，甚至有鳥聲人言者，殷紂之世，始有蜚廉、惡來事殷，缺禮義之化，故太史公言曰：「君子曰：秦穆公廣地益國，東服强晋，西霸戎夷，然不爲諸侯盟主，亦宜哉！」另有一因則是穆公拒百里奚、蹇叔之諫，欲一戰而服晋，反爲晋全殲于殽。（事詳《左傳·魯僖公三十三年》）從此秦穆公不敢東窺中國諸侯之政，轉而西擴疆土了。

五霸之殿後者爲楚莊王芈（音彌）侶。其居位二十三年（前六一三—五九一年）適值晋文公之子黑臀晋成公主晋，秦人有言曰：「晋人，虎狼也。」楚莊王因其稱雄之心方興，對此虎狼實内懼而外厲，蓋其自身唯有吞食弱小之心（如前六〇一年「楚人滅舒蓼」），而無霸主「合諸侯以崇德」之氣度，故當其伐陸渾（前六〇六年）之師，次于雒。「觀兵于周疆，定王使王孫滿勞軍」時，莊王唯知問鼎之大小輕重，而却忘了自己以霸主帥師之德義；以至王孫滿輕視之曰：「在德不在鼎。昔夏之方有德也，遠方圖物，貢金九牧，鑄鼎象物，使民知神姦，用能協於上下，以承天休。桀有昏德，鼎遷于商，載祀六百。商紂暴虐，鼎遷于周。德之休名，雖小，重也；其姦回昏亂，雖大，輕也。天祚明德，有所底止。成王定鼎于郟鄏，卜世三十，卜年七百，天所命也。周德雖衰，天命未改，鼎之輕重，未可問也。」王孫滿此番鼎史而語含譏刺之論，乃楚莊王欲霸而無德之寫實也。

四　七雄之紛爭

七雄者，乃戰國之齊、楚、燕、趙、韓、魏、秦是也。因其長處于紛爭，戰禍頻仍，故曰戰國（西漢末，劉向編《戰國策》，始用戰國之名）。戰國時期一般始于周元王元年（前四七六年），迄于秦始皇二十六年（前二二一年）。

就時代所蘊之内涵及其表現形態而論，戰國時代迥異於春秋時代，昔春秋之時，雖亦常有討伐之戰，甚至有多國討伐一國之戰，然必出師有名，其中尚有德與禮存焉。及戰國之際，謬説並起，「天下之人，各爲其所欲焉，以自爲方。百家往而不反，必不合矣。後世之學者不幸，不見天地之純，古人之大體，道術將爲天下裂。」（《莊子·天下》）其中影響最大者，則爲《鬼谷子》。其爲書也，有《本經陰符》七篇，《捭闔、反應、内揵、抵巇、飛箝、忤合、揣篇、摩篇、權篇、謀篇、决篇、符言、轉丸、胠亂》十四篇。觀其篇目可窺其説之旨趣矣。兹略引其文以觀之。「自天地之合離終始，必有巇隙，不可不察也。察之以捭闔，能用此道，聖人也。聖人者，天地之使也。世無可抵，則深隱而待時；時有可抵，則爲之謀。」（《抵巇篇》）「古之善用天下者，必量天下之權，而揣諸侯之情。量權不審，不知强弱輕重之稱；揣情不審，不知隱匿變化之動静。故計國事者，則當審權量；説人主，則當審揣情。謀慮情欲，必出於此，謀之大本也。」（《揣篇》）觀其文，窺其意，明其趣，知其旨，在求索主臣、内政、外交、盛衰、强弱、遠近、利弊、取予的巇隙中益之以權謀，行之以詭譎，以售其姦，使戰國之亂局頻添亂緒，迷惘視聽，紛擾敵友，茫亡主流，坐誤時機。其弟子之著者，文有蘇秦、張儀，武有孫臏、龐涓；文武交錯爲害，觀孫、龐之勝敗可知矣，析蘇、張之得失可見矣；悉可類之爲營謀私利之小人也。

就戰國初七雄之國際形勢而論，東齊、西秦、南楚、北燕，韓、趙、魏居中；七雄中實力最强者秦、楚，戰略地位最要者韓、魏、趙也，齊、燕則後盾焉。各國盲於近利，不明强敵，更乏遠謀，未慮終局，陷入相互爭鬬之中，自損國力，搞亂静思，不明敵友，忘却大患；益之以鬼谷子之徒，文武交錯于其中，逞小智，肆私謀，加劇六國間之紛亂，罪莫大焉。唯秦孝公信用商鞅之謀，變立法度，國力以强，民心以振，東擴之志日張。唯一可與秦抗衡之楚國，「地方五千里，帶甲百萬，」適值楚懷王主政（楚懷王元年（前三二八年），秦惠王十年，任張儀爲相），暗於知己，不明楚國在七雄中之地位，以致惑於張儀之説，拒屈原、陳軫之諫，解齊楚之盟，終至自身客死於秦，釋秦東向之憂。又有孫臏、龐涓之鬬小智，使齊、魏、韓、趙四國之間戰禍不息。（前三五四年，魏龐涓圍趙都邯鄲，齊救趙，田忌爲元帥，孫臏爲軍師，戰於桂陵，魏軍大敗。前三四一年，魏又大舉攻韓，齊以田忌爲上將，孫臏爲軍師，攻魏救韓，大敗魏軍於馬陵道，生擒魏太子申，殺龐涓。）從外而觀之，似是韓、趙、齊三國與魏之間的紛爭；從内而析之，實乃鬼谷子之權謀小技，以孫龐鬬智在韓、趙、齊與魏之間之演習而已。其不察大勢，不明敵友，不慮後果，不思自身之安危，亦足見鬼谷立説之卑陋也，徒以遺笑後世耳！至於蘇秦、張儀之連横、合縱説，曾迷惑一世之視聽，亦鬼谷子之昧於大道、惑於時運、困於多欲、耽于名利所致也。其《本經陰符・養志》有言曰：「志者，欲之使也。」可見其爲人欲之奴隸也，其所志之者乃人欲之驅動者也。與孔子所言之「志於道」（《論語・述而》），孟子所言之「志，氣之帥也，志至焉，气次焉」（《孟子・公孫丑》），不可同日而語也。亦足見其志之卑污也；其志之卑污，見之于其弟子張儀者曰：「吾舌尚在不？」（《史記・張儀傳》）見之于其弟子蘇秦者則曰：「安有説人主不能出其金玉錦繡取卿相之尊者乎！」（《史記・蘇秦傳》）舌在，則能游説以誆人主。而得金玉錦繡，取卿相之位，此乃蘇張二人之志，亦其師鬼谷子之志，企於亂世以謬説而顛倒乾坤也。

揆當時七雄之形與勢、力與志，秦用商鞅之謀，國力强實，具有遠攻略地之大勢，然趙、魏、韓三國横據中原，南北東西綿延千里，既爲强秦東進之障礙，又爲齊燕之天然屏障；若此三國東與齊、北與燕、南與楚結盟，則六國一體矣，堅不可摧矣。六國共存無憂矣！六國爭則亡，合則存，是乃唯一出路也，無他選擇也，亦不必思考其他選擇也。然而歷史之進程實有太謬者，以邪説横行鬼谷子之門徒孫龐以鬬小智在齊、魏、韓、趙四國間釀成混亂製造紛爭；蘇、張則以權謀詭譎在齊、楚、燕、趙、韓、魏六國間製造分裂，於縫隙中施其姦謀。特别是主合縱抗秦之蘇秦，以揣摩權謀之小技以聯合六國攻秦之大事，雖一時幸掛六國相印，終以乏大謀長略而使六國解體；張儀之成也，亦非成於其連横之説也，其所秉之鬼谷子之權謀小技未足與語成大事也，乃是由於六國各懷小利之見，敗於無統一抗秦之志也，因而授秦以各個擊破之機，成破竹之勢，秦軍所向無敵矣。正如司馬遷所言：「秦無亡矢遺鏃之費而天下諸侯已困矣。於是從散約解，爭割地而奉秦。秦有餘力而制其弊，追亡逐北，伏屍百萬，流血漂櫓，因利乘便，宰割天下，分裂河山。强國請服，弱國入朝。及至秦王，續六世之遺烈，履至尊而制六合，執捶拊以鞭笞天下，威震四海。於是廢先王之道，焚百家之言，以愚黔首」。

自秦始皇元年（前二四六年）至統一六國（前二二一年），歷二十有五年，何暴之速也。從中可引出如何之啓示耶！一曰弱國爲求生存必須放棄弱國之間所有利害之爭鬬，以堅强之意志建立起牢不可破之聯盟，以共赴大國之周旋。此非僅作爲個體的國家，在特定條件之下求生存之道，國無論大小强弱，天賦之平等生存權力；而且具有施行仁政、善化德教之權力，不容剥奪。老子曰：「大國者下流。」（王輔嗣注曰：「江海居大而處下，則百川流之；大國居大而處下，則天下流之，故曰大國下流」。）故大國以下小國，則取小國（小國附之）；小國心下大國，則取大國（在國納之也）。大國不過欲兼畜人，小國不過欲入事人；夫兩者各得其所欲，大者宜爲下」。（大國修下以自廣，則天下歸之。）可知大國自大之道在謙退以修德，在示仁以廣道，在寬厚以懷遠，此乃仁政之所大、道德之無所不屈也。儒家言之更爲詳切：「凡爲天下國家，有九經：曰修身也，尊賢也，親親也，敬大臣也，體君臣也，子庶民也，來百工也，柔遠人也，懷諸侯也。」（《禮記·中庸》）

老子之大國讓小國與儒家之柔遠人、懷諸侯之論，乃是中華政治理論中處理國際關係之最高準則。亦是當代炎黄子孫面對國際關係所當奉行之準則，既是堯舜禹湯文武之政治哲學，也是戰國之際所當獲得之政治啓示也。二曰自私之志不足以當治國之大任。以蘇、張二人爲代表之合縱連横之説本屬二大政治主張，稟道戴德以行之，亦足以撥亂反正，扭轉乾坤矣。但蘇、張之輩，俱屬營營爲利之徒，唯知權謀用事，圖眼前之功利，乏遠大之戰略，其合縱也，朝合暮散，反目爲仇，愈演愈烈，傷害更深，此種以小人之志以禦大政之局。至李斯與趙高定計以殺太子扶蘇，卒招致秦帝國之覆亡，其罪惡之巨實難論也。歷史證明，凡治國安邦、力挽狂瀾、扭轉乾坤、救危扶傾之大事，非小人所可與力焉；機遇再佳如陳勝、吳廣者，亦惟有淹没於滄海横流之歷史波瀾中，難尋其迹矣。

第四節　分封之利弊

一　中央權力之削弱

由堯舜之禪讓於賢哲而轉向於分封，至周而大備。周得天下（前一一二二年）至周平王東遷於王城，周祚已歷時三百九十九年矣。此後周室衰微，諸侯强併，齊楚秦晉始大，政由方伯。平王四十九年，魯隱公（姬息姑）即位，周運進入春秋時代矣（前七二三年）。周之中央權力削弱，幾至於名存實亡。各諸侯之間或相盟誓，或相征伐，多獨自爲政，不與聞天子，或多國聚盟，或聯軍征討，一聽方伯；春秋時期先後形成五霸，乃中央權力削弱有以致之也。

如前七二〇年，周鄭交惡，鄭武公、莊公爲平王卿士，王貳於虢（西虢公亦仕王朝，王欲分政於虢，不專任鄭伯），鄭伯怨王，王曰無之，故周鄭交質，王子狐爲質於鄭，鄭公子忽爲質於周。王崩，周人將畀（畀，予也）虢公政。四月，鄭祭足帥師取温之麥。秋，又取成周之禾。（温與成周俱天子之領地）周鄭交惡。周平王，天子也；鄭，侯國也。侯國膽敢取天子領地之禾麥，而不興師問罪，亦足以見寬恕矣，豈容交惡哉！蓋周室已初式微矣。往後再過三百五十年，於周顯王之世，賀秦獻公稱霸；顯王四十四年，秦惠王公然自稱爲王，目無天子；其後諸侯皆稱王，周之中央權力，蕩然無存矣。此周之中央權力之削弱以至於徒存虚名，其所歷歲月已七百載矣，亦乃事物由興而敗、由盛而衰、無可逃避之鐵則也。應運而興者，則拭目以視其正邪善惡，但必有起而代之者；棄舊孕新也，即便怪胎，亦其母孕而成之者也。但有一根本觀點可以把握得穩，而且可以預言之者，即合乎道與德、仁與義者爲善爲正也，反乎是者，其禍無窮也。此亦評判歷史、臧否人物、明辨時勢、預見未來、進退出處、修身自安之正經也。

二　私欲之害與制心自斂

人欲與道心同出之於天，人欲包涵於道心之中，而且聽令於道心；當其聽令於道心時，人欲之表現則善矣；否則，不免流之於惡或形之於罪，釀之於禍。茲所論者，就其害而言之也。

一曰危。即堯舜所示之「人心惟危」之意也。此「人心」之真正含義乃人欲也。而且爲一切惡欲萌動之總根也。考人欲之動也，不問其大小深淺輕重，動之即危也；無論其危之於自身，危及於他人，或危及於家國，皆危也。欲免其害、止其危，唯在自覺靜其心、審其欲、抑其濫，是乃利群利已所必具之修養也。

二曰患。《禮記·禮運》曰：「講信修睦，謂之人利；爭奪相殺，謂之人患。」春秋、戰國兩大歷史時期，爭奪相殺慘絶人寰；春秋之季，爲爭奪君位，臣弑其君者、子弑其父者、兄弟相殺者無不有之；爲爭奪美色，君臣相殺、父子相殺、諸侯相殺者，皆有之也。戰國之際，則主要表現爲兩國之間或多國之間的大規模戰爭。有全軍覆没者，如秦軍覆之於殽）；有全軍被埋者，如白起之盡埋趙之降軍四十萬於长平，又于前二九三年，大敗韓魏攻秦之聯軍，斬二十四萬。《史記·白起傳》曰：「降秦之將，頭顱如山；歸秦之眾，骸骨如丘。」白起其人則於前二五七年爲秦昭襄王賜劍自裁而死。五百年以後何晏對此論之曰：「戰殺雖難，降殺雖易，然降殺之爲害，禍大於劇戰也；本自當戰殺，不當受降詐也」。以今日觀好戰者，若以核武器爭奪天下，則適足以毀滅其自身；而核對抗愈演愈烈者，足見「爭奪相殺之爲患」，尤遠甚於古人也；則必有甚於白起之拔劍以自刎，可知「善戰者服上刑」，乃不可逃脱之命運也。

三曰失。失道必失德，失德必失信，失信必失民，失民則無以自存矣。失道本也，道以立德，道以立言，道以立信，道以見誠，誠則民無不信矣。道者本也，誠者根也；本根一立，則無所不立。《中庸》言曰：「誠者，物之終始，不誠無物。」不誠則一切盡失矣。救失之法，唯誠而已。

四曰過。過者，過失也，非惡也，更非罪也，但亦私欲之發而成之者也；其發之也輕，其害之也淺，其改之正之也易。《周易·復·象》曰：「不遠之復，以修身也。」（孔穎達疏曰：「不遠速復者，以能修正其身，有過則改也」。）

五曰邪。邪，不正也，佞也，姦思也。《易·乾卦》：「閑邪存其誠。」（閑，防也，防邪惡之思行則存誠矣。）《大禹謨》：「去邪勿疑。」邪者，私欲表現之僞譎者也，以僞忠而形之外，姦佞藏其内；以艷辭飾其能，以矯行掩其惡。進讒飾姦，迷惑君王，莫此爲甚；敗德荒政，誤謀亡國，唯此難辨。辨邪去佞，除姦勿疑，乃興衰存亡之大事也。

六曰逆。逆者，起於私欲也。有六逆曰：「賤妨貴（妨，害也），少陵長（陵，辱也），遠間親（間，離也），新間舊，小加大（如小國加兵於大國），淫破義（破，壞也、裂也、損也）。」亦有六順曰：「君義、臣行，父慈、子孝，兄愛、弟敬。」去順效逆，所以速禍也。禍之根乃私欲之未制也。防逆之起，制欲而已矣。

七曰七情。《禮記・禮運》：「何謂人情？喜、怒、哀、懼、愛、惡、欲七者，弗學而能。」惟情中有欲，不節制之，則必有過之者矣；如喜極則悲生，怒甚而禮失，哀過則傷，懼甚而餒，愛極寵敗，惡甚而仇，欲甚傷德。必制心以禮，平情以道，無愧於德，無乖於情，無欲自適矣。

八曰害。害者，害道害德也。參照《莊子・庚桑楚》之見：「徹志之勃（徹，毀也；勃，亂也），解心之繆（繆，系縛也），去德之累，達道之塞。」此中標明富、貴、顯、榮、貪、讒、名、利八者爲道德之八害也。有求富之心，則必屈志以傷德；有圖貴之志，則必低眉而鮮恥；欲攫威顯之位，則必諂媚以事上；有求榮耀祖之意，則必卑躬以攀貴；有貪婪之心，則必八方鑽營，無孔不入；讒言者，或進讒以傷賢，爲自進開道；或誑言亂政，謀自售姦；僞爲忠直，包藏禍心，無所不用其極，其所害者賢德也，其所隳者政教也，其所毀者綱紀也；終害其自身也，此害人害物終害己，善人善物終善己之影與響，乃自然之律不可違也。

九曰淫。淫者，女色之禍也，亡身、亡家、亡國、亡天下之大罪深惡也。夏桀淫妺嬉（有施氏之女，夏桀攻有施氏而得之），荒政，爲湯所逐，夏祚以亡。商紂淫妲己（有蘇氏之女，紂攻有蘇氏而得之），唯妲已之言是聽，使師涓作新淫聲，北里之舞，靡靡之樂，以酒爲池，懸肉爲林，使男女倮，相逐其間，爲長夜飲，設炮烙之刑以懲諫者，卒爲周武王所滅。周幽王之淫褒姒，卒爲犬戎殺於驪山之下，從

此周德遂衰。齊襄公淫其妹，使彭生殺其妹夫魯桓公，自身卒爲齊大夫連稱、管至父所殺。楚平王芈棄疾佔有太子芈建所新娶之婦（秦哀公女孟嬴），卒招伍員鞭其屍。吳王夫差淫西施，卒以亡身亡國。蘇秦通於燕王之母文侯夫人，懼誅而避出使於齊，終以「蘇秦爲燕作亂於齊」爲齊王所誅。上所舉者，實萬惡淫爲首之例也。

十曰戒。戒之義，飭也，警也。《易・繫辭》：「聖人以此齋戒。」（洗心曰齋，防患曰戒）《朱子本義》：「湛然純一之謂齋，肅然警惕之謂戒。」十戒者，一曰欲，二曰貪，三曰利，四曰名，五曰位，六曰色，七曰讒，八曰慝，九曰奸，十曰逸。

戒之首要者曰欲。然欲乃人之與生俱來者也，有善惡益損之別焉，必須嚴以區分之，揚善而棄惡，守益而避損，以善己而利群也。堯舜視「人心惟危」者，乃有見人欲不節制之惡也，孔子所言之「克己復禮」乃在喚醒人之良知，克制己欲，使自己復歸於道心也。禮者，理也，道心之表現於人之行爲者以規矩禮節也，以節制人欲也。《易・損・象》曰「懲忿窒欲」，窒欲者，乃窒其惡欲，使之不禍己害群也。老子曰：「塞其兑，閉其門。（兑，事欲之所由生；門，事欲之所由從。）」「爲道日損。」塞者、閉者、損者，俱指人欲之惡者也。今之人以人欲之與生俱生又從而縱之，是乃戕害道德人性之大罪也。莊周曾嚴斥之曰：「僨驕而不可繫者，其唯人心乎！天下脊脊大亂，罪在攖人心。（攖，亂也）」（《莊子・在宥》）故當今之世，滔滔罪惡日益劇烈而爲萬歲憂者，乃在攖人心、從人欲也。吾在此大聲急呼：醒醒吧！人之良知！制心克欲，毋使人類自我埋葬於人欲也。此乃未來誠實正直之政治家、思想家之神聖使命也。

二曰戒貪。貪者，欲之原始表現形態也；有欲焉，此尚屬衝動，起於意識之初，而未見之於言與行也。及貪心狂，力趨於行，貪欲見於惡而罪已成矣。故戒貪必須嚴立一防線以自限制，此防線即道與德也，具體言之，正心也、修身也，崇禮也、守法也，秉公也，揚善也；胸中防線一立，則百貪之念必退，久之則貪念日消，百誘失色；如此修之養之、涵之潔之，終視貪爲惡，保節自安則德惇而道安矣，此乃爲國者於政教中所當求之者也。然今之世，將衆庶推入欲海之中，富貴者奪其大，詐與譎者攫其小，貧且誠者難以爲生矣。貪欲之惡所造成之危機，非有道德之復蘇，則無法順轉矣，解鈴還須繫鈴人，貪者自醒也。

三曰戒貪利。戒貪一己之私利也。一有求利之心，則必害義，故義與利二者必求其全，《易·乾卦》文言曰：「利者，義之和也。」又曰：「利物足以和義。」利物者，利人也，利群也，亦利物也。既利人、利群、利物矣，則己本包含於群中，亦自利矣，此乃義之和也，亦利物足以和義也。今所戒者一己之私利，有害於公、群、與物者也。故董仲舒斷然之曰：「正其義，不謀其利。」所指者以私損人害群也，以私傷公敗國也。故又曰：「明其道，不計其之德功也。精思之，董氏之此二言也，有商確之必要。

功。」此功也，非指眼前之小功也，乃長遠之利國、利民、利政、利教，淳風化俗、澤流子孫

四曰戒爭名。名者，考其内涵乃立德、立功、立言所形之於外者也，此三者德爲本，功爲幹，言爲枝葉矣。名則類别也，其爲針葉樹也，則冬夏長青，如松柏之傲霜雪，閲千年，骨架鐵質，生機不衰，觀之肅然而自覺渺小；其爲竹也，根節抓地，直幹衝天，拔節而上群竹成林，蔽日蔭地，有君子之氣，挹高雅之風，其名出之於自然也。今之求名者不惟德是務，惟功是立，惟言明道，捨本而趨末，惟求虚名，鑒之春秋戰國之際，有求霸主之名者，有求卿相之名者，有求縱横家之名者，有求將帥之名者，多未善終，名得之，命失之，適如莊子之言：「小人以身殉利，士則以身殉名，大夫則以身殉家，聖人則以身殉天下」。（《莊子·駢拇》）

五曰戒爭位。位之本義，《説文》曰：「列中庭之左右謂之位」。在朝廷中，三公九卿各居其位，内外百官、將帥軍校各守其職。戒爭位者，戒不安其所位而欲求升高之；或自以才高位卑，不得施展而欲求高位，凡此種種，見於宫廷之中。或爭君位，臣弑其君者有之，子弑其

父者有之；或爭太子之位，兄弟相殺者有之；或爭皇后之位，嬪妃相殘者有之；或爭卿相將帥之位，上下左右相讒相害者有之。視其表，所爭者位也；究其實，所求者利也、名也、權也、威也、富也、貴也。

六曰戒色。前已言淫亂之禍，兹不重述焉。

七曰戒讒。讒，《説文》曰：「譖也。」（《説文》）注譖曰愬，愬與訴同。）《康熙字典》：「讒，佞也。」《正字通》：「崇飾惡言，毀善害能也。」《書・舜典》：「朕堲讒説殄行。」《莊子・漁父篇》：「好言人之惡謂之讒。」《荀子・修身篇》：「傷良曰讒。」《説苑・臣術篇》：「蔽善者，國之讒也。」）此所論之者乃國之讒也。國之讒首當其衝者爲「元首明哉！股肱良哉！百工熙哉！」其間混入讒言以蔽良，則必變爲「元首叢脞哉！股肱惰哉！萬事墮哉！」（《書・益稷》）國之讒亦有害及宰輔與六卿間之和睦者，亦有害及太子與諸昆弟間之和睦者。形形種種，不一而足，若尋求史實以證之，楚平王之世有讒臣費無忌，讒誣忠良伍奢，禍及太子，卒招致伍奢之次子伍員引吴軍入郢，發平王墓而鞭其屍。由此可見，在廟堂之上三公六卿之中，防讒極關社稷之安危，爲天子國君者，當有以審察讒言，清除害群之馬也。

八曰戒慝。慝，邪也，積也，姦也，隱惡也。「隱情飾非曰慝，從匿從心，蓋惡之匿於心者也」。《周禮・秋官》：「詰姦慝」。《莊子・漁父篇》：「稱譽詐僞，以敗惡人，謂之慝。」讒與慝表裏也，讒形於外，慝隱於內；讒行於陽，慝潛於陰；讒慝互用，各掩其形，唯明君稟道具德，懷有睿智遠謀者能洞察無遺也；蓋讒慝俱屬邪姦也，有違大道至德者也，雖詐僞文飾，無以隱其奸，識之辨之亦易也。故統一號令，畫一政教，一兆民之心，君王必以大道爲最高之思想準繩，以厚德爲最高之行爲規範，以至誠爲處世日用之生活習慣，則朝野市井、群氓百姓率稟公忠正善，以別私姦邪惡，心如明鏡，慝者無以隱形藏身矣，至治之成可期而待矣。

九曰防奸。奸，犯也、亂也、僞也、邪也、惡也、陰也，非禮也，違法、逆度也。治國，平天下，首在立道統、明綱紀、正禮法、肅吏治、一教化、淳風俗；必君臣一心，百官一德，始可一政教，同上下，通朝野，親遐邇，諧內外，濟貧富，安孤寡，順長幼。其最忌者爲奸人、奸黨、奸謀隱於君臣之際，群僚之中，蠹敗人心，混亂視聽，敗壞禮法，動摇綱紀，扭曲政教，壅塞上下，奸於殷紂者有費仲惡來，奸於周厲王者有榮公，奸於周幽王者有虢石父，榮、虢之奸佞，助厲幽爲虐，大敗周德，促使周祚轉入滯泥敗亡之地。

十曰戒逸。周公作《無逸》曰：「嗚呼！我聞曰：昔在殷王中宗，嚴恭寅畏天命，自度（自用法度）。治民祇懼（爲政敬兢），不敢荒寧。我周太王王季，克自抑畏；文王卑服，即康功田功（即，親臨），徽柔懿恭，懷保小民，惠鮮鰥寡；自朝至於日中昃，不遑暇食，用咸和萬民。」此無逸而德興而政和之例也。逸則荒政喪國，如《夏書·五子之歌》怨「太康尸位以逸豫，滅厥德，黎民咸貳」。迄夏桀溺於淫逸，夏祚以亡。殷紂之逸酒淫色，殷祚以覆。周幽王逸樂淫姒，周德以衰，周祚日蹙，而終亡。逸豫之報，惟衰與亡，無他途可遁也。

綜觀前述私欲之害，害己、損人、敗家、亡國、禍天下、毒蒼生；救之之法，惟在尊道、儆心、明性、反思、昭明德、揚道心、誠意、正心、修己、安人十者上求之而已矣。

就尊道，儒道兩家所稟之道俱屬無私無我、自覺理性制欲之道，儒曰「懲忿窒欲」（《周易·損·象》），道曰「爲道日損」（《道德經》四十八章）。窒欲者，窒去有害之私欲也；損者，亦損去有害之私欲也。不去此有害之私欲，則不能得道也；得之則生，失之則死；順之則昌，逆之則亡，歷史驗之，毫釐不爽。

儆心者，儆飭惟危之心也，即去人欲也。

明性者，「自誠明謂之性，自明誠謂之教；誠則明矣，明則誠矣」；自教自明也，自求之者也。

反思者，「行有不得，反求諸已也」，自責也，自勵也，自强也，自謙也。

昭明德者，《周易·晉·象》曰「自昭明德」；《大學》曰「明明德」，其義一也，人人自具之明德，惟在自昭之耳。

揚道心者，揚無惡欲之心也；以欲當區別其善惡也，堯舜名此善欲曰道心，惡者曰人心；明王陽明稱此道心爲「良知」，曰：「致良知是學問大頭腦，是聖人教人第一義。」故知揚道心彰顯人之良知也，以良知克制人欲之惡也。

誠意者，誠其內發向善之意。堅毅不遷、不爲物誘，不爲人欲所述也。

正心者，正向善之志也。正向善之心也，正君王之志也。志立則政教張，政教張則庶物成，開物成務乃王者之天職也。

修己者，律己有道，責己以德，行己有禮，善己以文也。

安人者，難也，孔子有言曰：「修己以安百姓，堯舜其猶病諸。」（《論語・憲問》）

《大學》發「明明德、親民」之大義；《中庸》闡「盡人性、盡物性、成己成物」之宏旨。修己成己盡人性乃内聖之功，安民成物、盡物性實外王之效，此乃儒者之神聖使命也，必成之而後安焉。

三 中央集權根大道

中央集權之理論根據何在耶？曰根生於大道也。大道何謂也，曰天道也（陰與陽）、地道也（柔與剛）、人道也（仁與義），三道一統也，人道爲其主也。而且「人道政爲大」（《禮記・哀公問》），則其政也必是三道靈魂之政也；人爲天地之心，則其政必爲仁與義也，是乃王道也。王道之政，仁政也。仁，《説文》曰：「親也，親者密至也，從人二，會意。」《中庸》曰：「仁者，人也。」《孟子》：「仁也者，人也。」又曰：「仁，人心也。」輔周道治民者，將此仁 政推而行之於天下，則必宜之。義者，宜也，實行仁義之道於天下也，則必有强大之政權以推動之。此政權即中央集權，以中央集權推動地方分權；集權與分權結合構成完備之政權機構體系；其動力乃《易·乾》之卦「元亨利貞」，具體言之，則孔子所見之言：「元者，善之長也；亨者，嘉之會也；利者，義之和也；貞者，事之幹也。」由此而衍出之性善論，即堯舜所指明之道心也；性善論一立，則政與教之動力明矣；其力同出一源明矣；力源既明，則其滚滚而出之威無可禦之者矣。此排山倒海之威，即政權之威也，即人性、人心、人情之威也，人民意志之威也，故《易·繫辭》有言曰：「夫易，聖人之所以極深而研幾也。唯深也，故能通天下之志；唯幾也，故能成天下之務。」政權者，通天下之志，成天下之務者也。其通志成務也，不重政權之威而賴導之以德（「道之以德，齊之以禮」），秉之以正（「政者，正也」），先之，勞之，無倦。（「子路問政，子曰：先之勞之。請益，曰無倦。」）道家，如莊子則更重内修其德，以是竟於道，「道者，帝之所興、王之所起也。」（《莊子·知北游》）「道之真以治身，其餘緒以爲國家，其土芥以治天下；由此觀之，帝王之功，聖人之餘事也。」（《莊子·讓王》）合儒道兩家之見，則明政權之根生於道與德矣。帝王之功與聖人之德，俱歸之於道也，俱爲人道之體現也。修身也，本也；治平也，末也。唯莊周則尤重本而輕末；儒則本末兼重。由此而明，欲治國平天下則必大權集於中央，始可統一籌畫以正道統，以立綱紀，以一政教，以肅禮法，以廉官吏，以令諸侯，以柔遠人，此乃平天下之大政。權力必集於中央，威嚴必樹於朝廷，號令必出於天子，道德必扇之於上（「君子之德風」），淳俗始可風之於下（「風從草偃」），善化民心，仁乎四海，人人安其業、樂其生，萬物遂其意，真正物阜人愉，生機通於人樂物化中，極於天地人物一體之大化，唯集大權於中央方可致之也。然物各異其性，人有殊求，不可晝一也，則「大德敦化，小德川流」矣；此乃大與小、曲與全、强與弱、貧與富、文與野、先進與後進之大一統也；一統於道，一統於德，一統於仁，一統於義，一統於政，一統於教，一統於調濟，一統於扶持也。此大權之平安運行中則有失焉，其所失者，先於春秋之際，因周朝中央政府乏堅强之兵甲，以致五霸繼起，迄乎戰國，則七雄並稱於東西南北中矣。自魏鞅入秦（前三六一年）至秦始皇統一六國，此一百四十年各國陷入長期戰爭；特別是秦始皇在吞併六國之戰爭中屠戮帶甲之士百五十萬以上，實乃歷史之悲劇，當吸取教訓。

四　夏商周三代政治理論之成熟

三代之爲政也，上承堯舜之道，唯其異者，私天下也。亦有其成焉，至周而大備也。殷太甲反躬而自明，知「有言逆於心者，求之道；有言遜於心者，求諸非道；慎終於始，無輕民事」（《商書·太甲》）。殷中宗（太戊，殷第十帝），周公讚之曰：「我聞之曰，昔在殷王中宗，嚴恭寅畏，天命自度（自立法度），治民祗懼，不敢荒寧，肆中宗之享國七十有五年。」（《周書·無逸》）高宗（武丁，殷第二十三帝）三年不言，思有興治，終夢而得傅說，拜以爲相，其有言曰：「明王奉若天道，建邦設都。惟治亂在庶官；官不及私，暱惟其能；爵罔及惡，德惟其賢；慮善以動，動惟厥時。殷肱惟人，良臣爲聖。事不師古，以克永世，匪說攸聞。非知之艱，行之惟艱。」（《商書·說命》）此傅說之八項建言，可稱之為高宗之八政，較之箕子所陳之《洪範》八政早了二百年，距今已三千三百年了，猶光芒四射。由此而明殷政在理論上之成熟，可以《商書·說命》《周書·洪範》兩文爲標志，前者可稱之為中華古代政治哲學提綱，後者可稱之為中華古代政治實施綱目，其完備之情有如此也。

周之興也，適當夏桀之世，「周之祖先棄，好耕農，相地之宜，宜穀者稼穡焉，民皆法則之。帝堯聞之，舉棄爲農師，天下得其利，有功，帝舜封棄於邰，號曰后稷，别姓姬氏。后稷卒，子不窋立。不窋末年，夏后氏政衰，去稷不務，不窋失其官，奔戎狄之間。不窋卒，子鞠立。鞠卒，子公劉立，雖在戎狄之間，復修后稷之業，務耕種，行地宜，周道之興自此始。」約西元前一七九八年，當夏桀之世，公劉之後，傳有十世，至古公亶父立，（前一三五三—一二三一年）相當殷高宗武丁之世，「亶父復興后稷、公劉之業，積德行義，國人皆戴之，薰育戎狄攻之，欲得財物，予之；已復攻，欲得地與民，民皆怒欲戰，古公曰：有民立君，將以利之，今戎狄所爲攻戰以吾地與民，民之在我，與在彼何異，民欲與我故戰，殺人父子而君之，予不忍爲，乃與私屬遂去豳，度漆、沮，逾梁山，止於岐。豳人舉國扶老携弱，盡復歸古公於岐下，其他旁國聞古公仁，亦多歸之，於是古公乃貶戎狄之俗，而營築城郭室屋而邑别居之；作五官有司，民皆樂歌之頌其德。」（《史記·周紀》）此德也，迄文王而益彰。文王遵后稷、公劉之業，則古公、公季之法，篤仁、敬老、慈少、禮下賢者，日中不暇食以待士，士以此多歸之，大顛、閎夭、散宜生、鬻子、辛甲大夫之徒，皆往歸之。爲武王之克殷立下了德基，並儲存賢能，更爲周德之光大與周祚之綿延建立了理論基石。文王囚羑里，演《周易》，爲天地立心，爲生民立命，爲中華立學，爲萬世肇思，爲春秋百家啓蒙，爲儒道兩家催生，爲中華道統立魂。周德之生命力全蘊蓄於此，亦正因此，周德之有興衰恰似陰陽之有消長；陰陽之消長純由自然，道德之興衰、國祚之隆替則全決於帝王之明暗；文王之德本不當衰，以其子孫中有昏暗者出，失道敗德，荒政民怨；適如莊周之言：「世喪道矣，道喪世矣，世與道交相喪也。」（《莊子·繕性》）周道雖喪，周德雖衰，然未竭也，周道周德之生命力依然蘊於歷史發展之中。以三代觀之，周德與殷德、夏德同源流而益彰也。德者，道之華也，故德同於道；雖世異時殊，形差勢別，性汙心溺，其質同也，其本不遷也。所謂周德衰者，以周祚滯於其時運，人心遑遑於名利禄位，國君戚戚於生存爭奪；大國稱强，强國以霸；干戈四起，殺戮時至，戰則屍横遍野，圍則驚慌失措、守則易子而食，慘烈之情，哀怨之聲，歷千年猶似存耳目之間也。其罪在晉者，有晉獻公之吞虞虢，荀林父爲之謀也；在秦者，有孝公之蠶食東方諸國，而魏鞅爲之變法以教戰也。老子居春秋之世，已預見戰禍之必起，故戒之曰：「大國者下流（大國居大而處下，則天下流之），大國不過欲兼畜人，小國不過欲入事人，夫兩者各得其所欲，大者宜爲下。」（《道德經》六十一章）莊子則剴切指明：「天下脊脊大亂，罪在攖人心。」就晉獻公論之，可謂放縱其貪心，視滅人之國爲兒戲，喪盡天良也；就秦孝公言之，可謂放縱其吞滅六國之野心，而其野心傳至秦始皇，則以暴虐之行，外以武力滅六國之師，内以暴政坑諸國之儒，其放縱貪暴之心一也。可見周之德衰非其自衰也，乃受暴力之侵凌以致衰而亡也。

周之德以《周易》爲標志，更藴孕了新思想之産生，其代表人物爲老聃與孔子，老聃著《道德經》五千言，後衍尊爲道家學派之始祖（真正道家之始祖當爲黄帝）；孔子集六經之大成，爲儒家之代表（「儒以道得民」，其始祖應是文王，又周公作爻辭，比孔子早五百五十年）。初，儒道兩家同尊《周易》，待西元前六世紀，老、孔二人之著作問世以始，各有所宗，然其道根則一；如《道德經》首章曰：「元之又元，衆妙之門」，就是根於《周易·乾卦》「元亨利貞」。孔子所作之《十翼》，如《繫辭》（上、下）《説卦》《序卦》《雜卦》諸篇，其内涵豐富、博深，變幻萬化，實有勝於《道德經》遠矣。加之孔子集儒家之大成，纂定《易》《書》《詩》《禮》《樂》，又自著《春秋》《孝經》，儒家修身、齊家、治國、平天下之理論體系從此大備矣。此乃孔子對我中華文明所作之大貢獻也。從此儒家以六經爲内容之道統就建立起來了。此道統一立，就爲嗣後歷代之治國平天下提供了不可違背之理論體系與綱紀，此乃我中華之大功，亦對人類之大貢獻也。

周德崇文而輕武，「王來自商至於豐，偃武修文，歸馬於華山之陽，放牛於桃林之野，示天下弗服（服，用也）。」（《周書·武成》）此修文之德，自蘊於周道之中；但仁道仁政亦處於常變之中，春秋以後之歷史證明由於中央政府缺乏足夠强大之常備軍，以致大權旁落於五霸之手。至周定王十年，楚莊王芈侶回顧武王偃武修文之失，提出武之七德曰：「夫武，禁暴、戢兵、保大、定功、安民、和衆、豐財者也。故使子孫無忘其章（章，著之篇章也）。」（《春秋左氏傳·魯宣公十二年》）此七德中，除豐財一德外，悉可取也。

第四章　秦始皇一統之成敗

一統之義，古已尚矣，五帝所轄版圖不大，一統之念興焉；夏商有所擴展，北至鬼方，南極江漢，東臨萊州，西迄犬戎，一統之義大焉；周之世，東夷西戎，南楚北燕，一統之義無界限矣；柔懷遠人，四海皆兄弟。

第一節　七雄中之秦國

一　秦之世系

秦之先祖乃帝顓頊之苗裔，其孫曰女脩，女脩織（治絲曰織），玄鳥隕卵，女脩吞之，生子大業，大業生大費，大費與禹治水，又佐舜調訓鳥獸，是爲柏翳，賜姓嬴氏。其玄孫曰費昌，子孫或在中國，或在夷狄，費昌當夏商之際而佐殷，嬴姓多顯，遂爲諸侯，其後有蜚廉、惡來父子以才力事殷，蜚廉次子曰季勝，其孫曰造父，以善御幸於周穆王，西巡狩，樂而忘歸；徐偃作亂，造父爲穆王御，長驅歸周，一日千里，以救亂，穆王以趙城封造父，從此爲趙氏，晉趙哀爲其後也。蜚廉另有子曰惡來，生女防，女防之玄孫非子居犬丘，好馬，犬丘人言之周孝王，使主馬於汧渭之間，馬大蕃息，孝王封之於秦，號曰秦嬴。其後裔有秦仲，生子五人，周宣王召之，予兵七千，使伐西戎，破之，封爲西垂大夫。此後歷一百六十年至秦穆公始强大；至秦始皇二十六年統一中國，歷經四百三十八年。

二　秦穆公立基

立基者，立强國之基也，其中包涵幾個因素必須論説，一曰辨道，二曰人才，三曰謀略，四曰時運，五曰形勢。

一曰辨道。辨王、霸也，辨王道與霸道也。此辨也，在我中華史上乃首次也。自黄帝、顓頊、帝嚳、堯、舜、禹、湯、文、武所行之者，王道也，齊桓、晉文雖有欲霸之意，亦未敢遠離王道也。辨别王霸之凖則曰義與利也；言利者屬霸道，守義者王道也。孟子曰：「以力假仁者霸，霸必有大國；以德行仁者王，王不待大。以力服人者，非心服也，力不贍也；以德服人者，中心悦而誠服也，如七十子之服孔子也。」（《孟子·公孫丑》）「王者，往也，天下所歸往。」（《白虎通義》卷上）歸於道也，歸於德也，往沐其仁政也。以此而觀秦政，則知秦穆公用由余謀「益國十二，開地千里，遂霸西戎」，所行者霸道也，陰謀也。（實情是戎王使由余觀秦政，欲與通好。秦穆公懼由余賢能，問計於内史廖，以間戎王，逼由余降秦。事詳《史記·秦紀》）此以力假仁之霸者思想，歷二十二公（王）傳至秦始皇則最烈矣。二曰求賢。秦穆公時，得賢者由余、百里奚、蹇叔三人，用由余之謀，西拓疆域，造成稱霸之勢，於是野心勃發，欲一舉而霸東。秦穆公三十二年（前六二八年），任孟明爲帥（西乞、白乙副之），拒蹇叔馬前之哭諫（蹇叔哭之曰：「孟子！吾見師之出，而不見其入也。」），「秦師遂東」（次年春二月「秦人入滑」）。夏四月辛巳，晋「敗秦師于殽，獲百里孟明視、西乞術、白乙丙以歸」。自此以後秦師不敢東向矣。由此可知，百里奚、蹇叔雖賢，未得其用也。未得其用者，還有殉葬穆公之三良，即子車奄息、子車仲行、子車鍼虎，國人刺穆公以人從死，作《黄鳥》詩以哀之：「交交黄鳥，止於棘；誰從穆公，子車奄息。惟此奄息，百夫之特；臨其穴（穴，塜壙中也），惴惴其慄。彼蒼者天，殲我良人；如可贖兮，人百其身。交交黄鳥，止於桑；誰從穆公，子車仲行。維此仲行，百夫之防；臨其穴，惴惴其慄。彼蒼者天，殲我良人；如可贖兮，人百其身。交交黄鳥，止於楚；誰從穆公，子車鍼虎。維此鍼虎，百夫之禦；臨其穴，惴惴其慄。彼蒼者天，殲我良人；如可贖兮，人百其身。」（《詩經·秦風》）由此而見，穆公之爲人也，狂暴而乏遠謀，陪葬者一百七十七人，不乏賢良，以致其子康公嬴罃嗣位，乏良才輔弼，無振興之謀；誠「人存政舉，人亡政息」也，歷時二百四十年，秦無東向之師。

三曰謀略。穆公在位三十九年，於居位五年得百里奚，號五羖大夫，任以國政。百里奚薦蹇叔於秦穆公，秦穆公遂有東西並出之謀，及遭殽戰之秦軍全覆，秦寢東進之謀矣。究霸者之見而論，以其唯利是圖，唯力是恃，亦不可能有遠謀也。蓋遠謀生於道，孚於德，發於仁，成於義。離道德仁義而言謀者，詭譎之屬也。

四曰時運。秦穆公居位時（前六五九—六二一年）所遇之時運正值春秋鼎盛之季，齊桓、宋襄、晉文相繼下世，秦欲謀東西稱霸，所缺者德也，所失者速也，欲速則不達也。其所行之霸道，施之於西方，則足以壓服西戎諸國；施之於東方禮義之邦，則必遭聯合抗擊。穆公三十三年，敗秦軍者晉軍及姜戎也；陷秦軍於殽者鄭商人弦高以十二牛犒秦軍，使秦軍統帥孟明生疑而料敵有誤所至也。

五曰形勢，即形與勢也。形者，格局也；勢者，趨勢也，前進之方向與衝力也。秦穆公時之格局爲秦、楚、晉、燕、齊、魯、吳七大國並立，小國夾於大國之間。其發展趨勢是大國吞併小國，大國分裂爲小國（如魏、趙、韓分晉），其勢頭則緩慢也。

三　商鞅變法

商君者，衛之諸庶孽公子也，名鞅，姓公孫氏，其祖本姬姓。鞅少好刑名之學，事魏相公叔痤，痤知其賢，未及進薦魏惠王，會痤病，惠王親臨問病，曰：「將有何薦於社稷？」痤回答曰：「痤之中庶子公孫鞅，年雖少，有奇才，願王舉國而聽之。」王嘿然。王且去，痤屏人言曰：「王既不用鞅，必殺之，無令出境。」王許諾而去。公叔痤召鞅曰：「汝可疾去矣！」公叔既死。鞅入秦，因孝公寵臣景監以見孝公，三易其說，帝道、王道、霸道。鞅初以帝道說孝公，「其志不開悟」，弗聽；次說公「以王道而未入」，孝公不悅，景監亦怨鞅；三說孝公以霸道，其意大悅，孝公與鞅語數日不倦。景監問曰：「子何以中吾君，吾君之驩甚也」。鞅答之曰：「吾說君以帝王之道，比三代，君曰太遠，吾不能待，且賢君者，各及其身顯名天下，安能悒悒待數十百年以成帝王乎！故吾以強國之術說君，君大悅之耳。然亦難比德於殷周矣」。繼之而起者爲群臣之論，衛鞅辯之曰：「疑行無名，疑事無功。有高人之行者，固見非於世；有獨知之慮者，必見傲於民。愚者闇於成事，智者見於未萌。民不可與慮始而可以樂成。論至德者不和於俗，成大功者不謀於衆。是以聖人苟可以強國，不法其故；苟可以利民，不循其禮。」孝公曰善。大臣甘龍非之曰：「聖人不易民而教，智者不變法而治。因民而教，不勞而成功；緣法而治者，吏習而民安之。」衛鞅駁之曰：「龍之所言，世俗之言也。常人安於故俗，學者溺於所聞，此兩者居官守法可也，非所與論於法之外也。三代不同禮而王，五霸不同法而霸。智者作法，愚者制焉；賢者變禮，不肖者拘焉」。大夫杜摯辯之曰：「利不百，不變法；功不十，不易器。法古無過，循禮無邪」。衛鞅復駁之曰：「治世不一道，便國不法古。故湯武不循古而王，夏殷不易禮而亡。反古者不可非，而循禮者不足多。」孝公斷之曰：「善」。以鞅爲左庶長，定變法之令：（一）令民爲什伍（伍家爲保，十家相連），而相牧司連坐（牧司爲相糾發，有不糾者，連坐其罪）；（二）不告姦者腰斬；（三）告姦者與斬敵首同賞（告姦一人則得爵一級）；（四）匿姦者與降敵同罰（降敵者，誅其身，没其家）；（五）民有二男以上，不分異者，倍其賦；（六）有軍功者，各以率受上爵，爲私鬬者，各以輕重被刑大小；（七）勠力本業，耕織致粟帛多者，復其身；（八）事末利及怠而貧者，舉以爲收奴；（九）宗室非有軍功論，不得爲屬籍；（十）明尊卑爵秩等級，各以差次名田宅、臣妾、衣服以家次；（十一）有功者顯榮，無功者雖富無所芬華。爲得民信，立三丈之木於國都之南門，募民有徙置北門者，予十金，民怪之，復許曰予五十金。有一人持木至北門，取金五十而去，以示誠信。卒變法之令，佈之全國，嚴厲以行。有太子犯法，不可施刑，刑其傅公子虔，黥其師公孫賈，秦人見之皆趨令。行之十年，秦人大悦，道不拾遺，山無盜賊，家給人足；民勇於公戰，怯於私鬬，鄉邑大治。五年，秦人富强，天子致胙於孝公，諸侯畢賀。越二年，衛鞅説孝公曰：「秦之於魏，譬若人之有腹心之疾，非魏併秦，則秦併魏，不可兩立。今以君之賢聖，國已强盛，而魏東與齊爭，國力見弱，馬陵之敗，大將龐涓被戮，此攻魏之良機也。魏爲我敗，諸侯震恐，我東向而制之，此帝王之業也，不可失幾！」孝公以爲然，使衛鞅將而伐魏，魏使公子卬將而擊之；兩軍既已相接，衛鞅致書魏公子卬曰：「吾始與公子驩，今俱爲兩國不忍相攻，願與公子面相見盟，樂飲而罷兵，以安秦魏。」魏公子以爲然。會盟已飲，衛鞅伏甲士而襲虜魏公子卬，因攻其軍，盡破之以歸。魏惠王乃使使割河西之地與秦以和，魏始去安邑，徙都大梁。魏惠王始悟未聽公叔痤之言，以致招來此患。而衛鞅則因勝魏，封之於商十五邑，號爲商君。秦宗室貴戚多怨恨者，有趙良見商君警示之曰：「反聽之謂聰，内視之謂明，自勝之謂强，虞舜有言曰：自卑也尚矣。君不若道虞舜之道。五羖大夫之相秦也，勞不坐乘，暑不張蓋，行於國中，不從車乘，不操干戈；五羖大夫死，秦國男女流涕，童子不歌謡，此五羖大夫之德也。君之出也，後車十數，從車載甲，旁車而趨，此一物不具，君固不出。《書》曰：『恃德者昌，恃力者亡。』君之危若朝露，亡可翹足而待，何不歸十五都，灌園於鄙，養老存孤，可以少安。」商君勿從。後五月，孝公卒，太子立，公子虔之徒告商君欲反，發吏捕商君。商君亡至關下，欲舍客舍，客人不知其爲商君也，曰：「商君之法，舍人無驗者坐之。」商君喟然嘆曰：「嗟乎，爲法之弊，一至於此哉！」去之於魏，怨其欺公子卬而破魏師勿受。欲之他國，魏人曰：「商君秦之賊也，秦强而賊入，非歸不可。」遂復入秦，走商邑，與其徒屬，發邑兵北出攻鄭，秦發兵攻商君，秦惠王車裂之。

商鞅者，法家之代表也；法家者，追名逐利之徒也，以詭説詐謀欺騙人主者也，豈足與語帝道王道哉？其嘴皮上所掛之所謂帝道王道乃霸道之幫兇，爲虎作倀者也，最終則是亡身之道也。

四 嬴政之野心

秦始皇帝（嬴政）者，秦莊襄王之子也，莊襄王爲秦公子質於趙，陽翟賈人吕不韋見之，以爲「奇貨可居」，以其愛妾（已孕）獻於秦公子，生始皇（以秦昭襄王四十八年正月生於邯鄲，名政）。十三歲繼莊襄王之位，其爲人也，據尉繚於秦始皇十年入秦獻計，見嬴政，謂人曰：「秦王爲人蜂准（高鼻），長目，摯鳥膺（摯鳥，鶻；膺，突向前），豺聲，少恩，而虎狼心。使秦王得志於天下，天下皆爲虜矣。」王年少，初即位，委國事大臣。吕不韋爲相，封十萬户，號曰文信侯，招致賓客游士，欲以并天下。李斯爲舍人，蒙驁、王齮、麃公等爲將軍。

秦始皇十年，文信侯呂不韋坐嫪毒罪免，處憂懼中，十二年服毒自殺。秦人哭臨者奪其官爵，昭告之曰：「操國事不道，如嫪毒、不韋者，籍其門，視此。」索呂不韋招禍之由，在以商人而竊政柄也，足見其貪婪之甚也；貪者，無道無德，卑污其行，而立於廟堂之上，豈有不敗者乎！即貴如國君若秦始皇者，以無道失德，稱帝於廟堂之上，終必敗者，以貪欲無窮也；始於貪而終於敗者一也，秦始皇、呂不韋一也，無例外也，貪者必敗，此乃鐵則也，古往今來一也。

就在此年，有大梁人尉繚入秦獻賄賂侯豪臣之計，謂嬴政曰：「秦之强，諸侯譬郡縣之君臣，但恐諸侯合縱。願大王毋愛財物，賂其豪臣，亂其謀，不過亡三十萬金，則諸侯可盡。」嬴政從其計，令李斯行之。「陰遣謀士齊持金玉，以游說諸侯，可以下以財者厚結之，拒者以利劍刺之；離間其君臣；命良將率軍隨其後。」造成利誘於前、威逼於後之勢；即便如此，各國猶頑强抗擊秦軍，血戰到底，無不前仆後繼，戰死沙場。

嬴政蠶食六國之戰略，按七雄形勢，應先滅魏、趙、韓三國，造成威懾强楚之勢，齊、燕則孤立自弱矣。實戰進程雖不無小變，亦大體如是。十二年，桓齮攻趙平陽，殺趙將扈輒，斬首十萬。十四年，又攻趙，取宜安，殺其將軍。十五年，大興兵，一軍攻鄴，一軍攻太原。十七年，内史騰攻韓，得韓王安，盡納其地，爲郡，命曰潁川。十八年，大舉攻趙，王翦將上地，下井陘；端和將河内，羌瘣伐趙；端和圍邯鄲城。十九年，王翦、羌瘣盡定，取趙地東陽，得趙王。「秦嬴政之邯鄲，諸嘗與王生趙氏母家有仇怨者皆阬之。」二十年，燕太子丹使荊軻刺秦王，覺之，體解軻。即發兵，使王翦、辛勝攻燕。二十一年，王賁攻薊，乃益發卒詣王翦軍，遂破燕。二十二年，王賁攻魏，引河溝灌大梁，城壞，其王請降，盡取其地，魏亡。二十三年，嬴政復召王翦强起之，使擊荊楚，虜荊王，秦王游至郢、陳，荊將項燕立昌平君爲荊王，反秦於淮南。二十四年，王翦、蒙武攻荊，大破荊軍，昌平君死，項燕自殺。二十五年，使王賁攻燕遼東，得燕王喜。還攻代，虜代王嘉。王翦南定荊楚，東降越國，置會稽郡。五月，天下大酺，以其平韓、趙、魏、燕、楚五國也。二十六年，齊王建與其相後勝發兵守其西界，拒秦，秦使將軍王賁從燕南攻齊，得齊王建，至此六國俱爲秦所滅。秦以天下大定，今名號不更無以稱成功、傳後世，其議帝號。丞相王綰、御史大夫馮劫、廷尉李斯等與博士議曰：「古有天皇，有地皇，有泰皇，泰皇最貴，臣等昧死上尊號王爲泰皇。命爲制，令爲詔，天子自稱曰朕。」王曰：「去泰著皇，采上古帝位號，號曰皇帝，他如議。」制曰：「可。」追尊莊襄王爲太上皇。「朕爲始皇帝，後世以計數，二世、三世，至於萬世，傳之無窮。」（《史記·秦始皇本紀》）

秦之統一六國之概念，有兩點須辨明之者：一曰西周（前一一二二—七七一）、東周（前七七〇—二五六）俱爲周也；二曰周祚之運行，歷三期也，武王立國至春秋一期也，春秋二期也，戰國三期也。由此而明，不論秦昭襄王之滅東周（前二五六年），秦嬴政之滅六國，其所滅者周也；戰國七雄是在尊周天子之前提下而存在者也。大一統之概念，非生於秦滅六國之後，由秦而上溯之，周大一統也，殷大一統也，夏大一統也；虞舜、唐堯乃至帝嚳、顓頊、黃帝，莫不一統天下也。我中華祖先以天子自視，一立政權，即以包有天下之大一統氣度而臨御之，代代相傳，至秦始皇之時，已歷二千五百年矣。而秦嬴政之所以以始皇帝自命者，或視之爲小人得志，不知天高地厚也；或責之曰藐視祖先（其先祖爲顓頊之裔，即軒轅之後）之大道大德也；或揭之曰帝欲天下，私心捲地，辱先欺後，奚以自立。秦之一統天下不過是歷史上一統天下之延續，政權之更替也，亦興衰成敗之不斷推演之過程也。尊道盛德者則興，違道喪德者則亡；無欲忘我者則勝，貪婪狂暴者則敗。自軒轅立政以迄於周秦，此律則日益鮮明，秦始皇迷於其祖先穆、孝既定之謀，以武力征服天下。（孝公有言曰：「寡人思念先君意，常痛於心，賓客群臣有出奇計强秦者，吾且尊官與之分土。」衛鞅聞是令下，乃西入秦。）盲於此律則，自視一世之雄。驅趕百萬虎狼，馳騁中原，攻城掠地，擄君滅國，而不明違道喪德之師所得者其國之土地也，其所失者人心也，各國人民埋藏於心中之深仇大恨也。不知以斧鉞弩劍加之於人者，其力愈强，則其敗亡也必以等力倍速而至也。秦嬴政惡宰黔首之心既迷之久矣，復爲速勝所惑，不明違道喪德招禍之速，故其敗亡之不可逃遁也是促矣。

第二節 秦一統之改制

秦統一六國之際，即思有以改制：「五帝不相復，三代不相襲。各以治，非其相反，時變世異也」。鑒於周朝分封之弊，天子權力旁落，諸侯紛爭，先有五霸之相嬗，繼而演成七國之爭雄，終爲秦所滅，造成一統局面，改制勢在必行，茲論述如次。

一　建立郡縣制

秦始皇二十六年，統一功成之際，「丞相綰等言：諸侯初破，燕、齊、荊地遠，不爲置王，無以填之，請立諸子，唯上幸許。」始皇下其議於群臣，廷尉李斯議曰：「周文武所封子弟同姓甚衆，然後屬疏遠，相攻擊如仇讎；諸侯更相征伐，周天子弗能禁止。今海内賴陛下神靈一統，皆爲郡縣，諸子功臣以公賦稅重賞賜之，甚足易制，天下無異意。則安寧之術也。置諸侯不便。」始皇曰：「天下苦戰不休，以有諸侯王。賴宗廟，天下初定，又復立國，是樹兵也，求其寧息，豈不難哉！廷尉議是。」分天下爲三十六郡（三川、河東、南陽、南郡、九江、鄣郡、會稽、潁川、碭郡、泗水、薛郡、東郡、琅琊、齊郡、上谷、漁陽、右北平、遼西、遼東、代郡、鉅鹿、邯鄲、上黨、太原、雲中、九原、雁門、上郡、隴西、北地、漢中、巴郡、蜀郡、黔中、長沙、凡三十五，與内史爲三十六郡）。秦始皇初置三十六郡以監縣也。郡置守、尉、監。（郡守掌治其郡；有丞、尉掌佐守典、武職、甲卒；監御史掌監郡。）疆土擴展，東至海（渤海、東海）及朝鮮，西至臨洮、羌中，南至北向户，北據河爲塞，並陰山至遼東。

此中央集權之郡縣制，將行政權分爲三級：中央政府—郡守—縣令。中央直接管轄者爲三十六郡，郡置守、尉、監三人，全國外郡三十五，計一百零五人，無論任用、考核、監督、撤换、新補、調整，皆稱方便。郡以下之縣令，其選任、考核、調换、撤離等可由郡守上報中央核准，亦聽便焉。如此，則政下達，下情上聞；教化上敷下布，亦自暢通；加之馳道縱横全國，車騎一日千里，上之急令可二三日達，下之情迫亦可二三日聞。上下不壅塞，行政速效，亦一大改革也。

二 統一法度與度量衡

首先統一法度，周之法度，本自統一，但歷時八百年矣，自有破損，特别戰國時代，各國自爲其政，自立法度；今六國一統於秦，其法當一，令異者同歸於一，以便於布政敷教。

其次是統一度、量、衡。（度爲寸、尺、丈等；量爲升、斗、斛等；衡爲斤、兩、銖等。）

第三則是書同文、車同軌。

三　收天下兵器

古者以銅爲兵器，秦統一六國後，即全收天下兵器，聚之咸陽，銷以爲鐘鐻（鐻，樂器）金人十二，重各千石（石，讀旦，一百斤爲石）。《漢書·五行志》云：「二十六年，有大人長五丈，足履六尺，皆夷狄服，凡十二人，見於臨洮。故銷兵器，鑄而象之。」《三輔舊事》云：「聚天下兵器，鑄銅人十二，各重二十四萬斤，漢世在長樂宮門。《魏志·董卓傳》云：「椎破銅人十，及鐘鐻以鑄小錢」。可知東漢之末此金鑄巨人及鐘鐻猶存也。

四　修馳道

始皇二十七年，治馳道。「馳道者，天子之道也，道若今之中道。」然《漢書·賈山傳》曰：「秦爲馳道於天下，東窮燕齊，南極吳楚，江湖之上，濱海之觀畢至。道廣五十步，三丈而樹，厚築其外，隱以金椎，樹以青松。」

第三節　秦速亡之三禍

秦統一六國之後，僅存十五年（前二二一—二〇六）而亡，亡之如此其速也，此在中華史上所僅見，即從嬴政元年（前二四六）計，亦僅四十年而已。其故安在哉？太史公以爲，「廢王道，立私權」是也。賈誼以爲：「仁義不施，而攻守之勢異也。」（賈誼《過秦論》）二先賢之論均是也，凡「廢王道，仁義不施」必敗亡也。余則以爲於此之外又益之以「暴政而自招三禍」也。三禍者何耶？一曰焚書坑儒；二曰縱欲極奢；三曰養姦爲患。

一　焚書坑儒

秦始皇之焚書坑儒非偶發事件而引發之者，乃自秦穆公始行霸之政已歷四百年矣，益之嬴政狂懷吞併六國之野心，「廢王道，立私權」，酷刑詐力以暴虐天下，既與六國爲敵，更視萬民爲「黔首」（周稱民曰「黎民」，秦始皇二十六年更名民曰「黔首」），實含有賤民爲下之意。「儒以道得民」，其鄙視亦自然之理耳。且儒者以行王道、反霸道爲己任；其敵視者更是自然之理也；其蓄意消滅之者恰如六國之甲兵也；六國之甲兵既已滅之矣，則手無寸鐵之儒者豈不易於處置之乎！於是焚書坑儒之慘劇行焉。

三十四年，始皇置酒咸陽宫，博士七十人爲壽，僕射周青臣頌曰：「他時秦地不過千里，賴陛下神靈明聖，平定海内，放逐蠻夷，日月所照，莫不賓服；以諸侯爲郡縣，人人自安樂；無戰爭之患，傳之萬世，自上古不及陛下威德。」始皇悦。博士齊人淳于越進曰：「臣聞殷周之王千餘歲，封子弟功臣，自爲枝輔。今陛下一有海内而子弟爲匹夫，卒有田常、六卿之臣，無輔拂，何以相救哉？事不師古，而能長久者，非所聞也。今青臣又面諛以重陛下之過，非忠臣。」始皇下其議。丞相李斯曰：「五帝不相復，三代不相襲，各以治，非其相反，時變異也。今陛下創大業，建萬世之功，固非愚儒所知；且越言乃三代之事，何足法也。異時諸侯並爭，厚招游學；今天下已定，法令出一，百姓當家，則力農工，士則學習法令辟禁。今諸生不師今而學古，以非當世，惑亂黔首。丞相臣斯昧死言：古者天下散亂，莫之能一，是以諸侯並作，語皆道古以害今，飾虛言以亂實，人善其所私學，以非上之所建立；今皇帝並有天下，別黑白而定一尊；私學而相與非法，教人聞令下則各以其學議之；入則心非，出則巷議；誇主以爲名，異取以爲高，率群下以造謗，如此弗禁，則主勢降乎上，黨與成乎下，禁之便。臣請史官非秦紀皆燒之；非博士官所職，天下敢藏詩書百家語者，悉詣守尉雜燒之；有敢偶語詩書，棄市；以古非今者，族；吏見之不舉者，與同罪；令下三十日不燒，黥爲城旦。所不去者醫藥、卜筮、種樹之書；若欲有學法令，以吏爲師。」制曰：「可。」三十五年，「使御史悉案問諸生，諸生傳相告引，乃自除，犯禁者四百六十餘人皆阬之咸陽，使天下知之以懲後。始皇長子扶蘇諫曰：「天下初定，遠方黔首未集，諸生皆誦法孔子，今上皆重法繩之臣，恐天下不安，唯上察之。」觀太子扶蘇之見，知秦廷之内已存有王霸之爭、儒法之異，惜霸道當權，秦始皇固爲焚書坑儒之罪魁，李斯實亦不可逃其罪責，此亦其師儒者荀卿之學具有「小疵」之憾也。（王先謙《荀子序》曰：「昔唐韓愈氏以爲荀子大醇小疵。」）

二 縱欲極奢

秦始皇之縱欲極奢，一曰極宫室之堂皇富麗；二曰求長生不死之藥；三曰厚葬之靡費。

秦始皇之縱欲首先爲聚六國財富，「徙六國富豪於咸陽，十二萬户；諸廟、章臺、上林，皆在渭南；秦每破諸侯，寫放其宮室，作之咸陽北阪上，南臨渭，自雍門以東，至涇、渭，殿屋複道，周閣相屬，東西八百里，臺殿層疊」，錦繡朱紫，閃月耀日，何其皇哉！然各國王子皇孫，實哀然神喪！其次爲作前殿阿房宮，東西五百步，南北五十丈，上可坐萬人，下可建五丈旗。周馳爲閣道，自殿下直抵南山。表南山之巔以爲闕。爲複道，自阿房渡渭，屬之咸陽，以象天極，謂之阿房宮。隱宮徒刑者七十餘萬人；發北山之石，徵荊蜀之材，關中計宮三百，關外四百餘，於是立石東海，以爲秦東門。」（《史記・秦始皇本記》）《資治通鑒》云：「二十七年，作信宮渭南，已，更名曰極廟，自極廟道通驪山，作甘泉前殿，築甬道，自咸陽屬之。」（胡三省注曰：「甘泉宮亦名雲陽宮，始皇造，周匝十餘里。咸陽北至九嵕、甘泉，南至鄠、杜，東至河，西至汧、渭之交，東西八百里、南北四百里，離宮、別館，聯望相屬。）唐杜牧作《阿房宮賦》以諷之曰：「六王畢，四海一，蜀山兀，阿房出。覆壓三百餘里，隔離天日。驪山北構而西折，直走咸陽；二川溶溶，流入宮牆。五步一樓，十步一閣，廊腰縵迴，簷牙高啄。各抱地勢，鉤心鬥角。妃嬪媵嬙，王子皇孫，辭樓下殿，輦來於秦，朝歌夜絃，爲秦宮人。燕趙之收藏，韓魏之經營，齊楚之精英，幾歲幾年，剽掠其人，倚疊如山。

一旦不能有，輸來其間，鼎鐺玉石，金塊珠礫，棄擲邐迤，秦人見之，亦不甚惜。嗟乎！一人之心，千萬人之心也！秦愛紛奢，人亦愛其家，奈何取之盡錙銖，用之如泥沙。使天下之人不敢言而敢怒，獨夫之心，日益驕固。戍卒叫，函谷舉，楚人一炬，可憐焦土。嗚呼！滅六國者，六國也，非秦也；族秦者，秦也，非天下也。秦人不暇自哀，而後人哀之；後人哀之而不鑒之，亦使後人而復哀後人也。」杜牧之見，今猶儆後人，其儆之者唯縱其欲之無竟底，而其禍害之深且促也。

秦始皇私欲之甚者，莫過於求長生不死之藥。二十八年，有齊人徐市等上書，言海中有三神山，名曰蓬萊、方丈、瀛洲，仙人居之，請得齋戒與童男女求之。於是遣徐市發童男女數千人，入海求仙人。三十四年，又有盧生說始皇曰：「臣等求芝奇藥仙者常弗遇，類物有害之者，方中，人主時爲微行以辟惡鬼，惡鬼辟，真人至。人主所居，而人臣知之，則害於神；真人者，入水不濡，入火不爇，凌雲氣，與天地久長。今上治天下未能恬淡，願上所居宮，毋令人知，然後不死之藥殆可得也。」於是始皇曰：「吾慕真人，自謂真人，不稱朕。」乃令咸陽之旁二百里內宮觀二百七十，復道甬道相聯，帷帳、鐘鼓、美人充之，各案署不移徙，行所幸，有言其處者，罪死。自是後莫知行之所在。聽事，群臣受決事，悉於咸陽宮。侯生，韓客也，足見秦政已敗矣。

秦嬴政即位之初，「穿治酈山，及併天下徒（俘虜），送詣七十餘萬人，」營其墓，「穿三泉，下銅而致槨，宫觀、百官（塚内置百官位次）、奇器珍怪，徙藏滿之；以水銀爲百川江河、大海，機相灌輸，上具天文，下具地理；以人魚膏爲燭（人魚似人形，長尺餘，不堪食，出東海中，今台州有之），度不滅者久之；令匠作機弩矢，有所穿近者輒射之。」及秦始皇死，二世曰：「先帝後宫非有子不宜。」皆令從死，死者甚衆；葬既已下，塚中羨門盡閉，工匠無復出者，皆閉中，外樹草木以象山。（裴駰案：《皇覽》曰：「墳高五十餘丈，周圍五里餘。」）可知其厚葬靡費之巨也，今觀其出土之兵馬俑，更知其規模絶倫矣。

三　重用佞臣

佞者，巧諂捷給也，巧謅高材也；佞臣者，不以國事爲重，其所思慮者唯一己之利也，假公以濟私也。始皇重用之佞臣有三焉，吕不韋、李斯、趙高是也。斯、高罪惡最爲深重，亡秦者李斯、趙高是也，茲分別論之。

呂不韋，本陽翟大賈，積資於趙都邯鄲，見秦昭襄王之孫、孝文王嬴柱之子異人爲質於趙，曰：「此奇貨可居也。」乃往求見焉，並悦逗之曰：「吾能大子之門。」異人笑而答曰：「且自大君之門」。呂曰：「子不知也，吾門待子門而大！」異人心知其意，引以坐。呂不韋直言之，願出重金賂其庶母華陽夫人立異人爲太子，並願獻已妊娠之絶美之愛姬爲異人之夫人。異人感激曰：「必如君策，請得分秦國與君共之。」呂不韋與異人五百金，令結賓客；復與五百金買奇物玩好，自奉而西入秦，見華陽夫人，稱：「異人之賢孝，賓客徧天下，日夜泣思太子與夫人，以夫人爲天。」夫人大喜，因泣太子嬴柱立異人爲己子，太子許之，與夫人刻玉符，約以嗣，此乃秦昭襄王五十年（前二五七年）之事也。至昭襄王卒，太子嬴柱即位，曰孝文王，三日而卒。子異人嗣位，是爲莊襄王。次年，任呂不韋爲相國，封文信侯，秦之政權落入商人之手矣，及嬴政嗣位之後，更尊稱呂不韋爲仲父，其害於秦政者首爲其自身汙亂宫闈；繼又引淫棍嫪毐入宫，不僅汙亂宫闈，更釀爲反秦之禍，呂不韋之服毒自殺蓋有懼於嫪禍之牽連也。或亦有言曰呂不韋有善行稱於世，其爲《呂氏春秋》有功於世也，此非呂氏自身之言，乃其門客所爲者，屬雜家之説，多見其言利也。揚雄《法言》曰：「或問：呂不韋其智矣乎！以人易貨。曰：誰謂不韋智者歟！以國易宗。呂不韋之盜，穿窬之雄乎！穿窬也者，吾見擔石矣（齊人也），未見雒陽也。」揚子之言是也，呂不韋者，竊國之盜也。秦始皇佞臣之二爲李斯。李斯者，楚上蔡人也（今河南汝南縣屬之）。斯少年爲郡小吏，見倉鼠之肥，歎人之賢不肖與倉鼠無異。曾從荀卿學帝王之術（帝，《白虎通》云：「德合天地者稱帝。」《堯典》：「昔在帝堯，聰明文思，光宅天下。」疏曰：「帝者，天之一名，言天蕩然無心，忘於物我，公平通遠，舉事審諦，故謂之帝。」王，天下歸往，謂之王；仁義所往曰王。）。學已成，度楚王不足事，欲西入秦，辭於荀卿曰：「斯聞得時無怠，今萬乘力爭，時遊者主事；今秦王欲吞天下，稱帝而治；此布衣馳騖之時，而游説者之秋也。詬莫大於卑賤，而悲莫甚於窮困；久處卑賤之位、困苦之地，非世而惡利自託於無爲，此非士之情也」。觀李斯之言知荀卿「小疵」之病甚矣。《論語》中有「君子憂道不憂貧」「君子喻於義，小人喻於利」「大臣者以道事君，不可則止」「道不同不相爲謀」「三軍可奪帥也，匹夫不可奪志也」之訓，乃立身爲政之教，奈何出於荀門之李斯向業師述志時竟至於如此自惡卑賤，唯利是求，有辱儒者。他曰秦始皇置諸丞相之位，則何足以當之；即便行霸道之政，其不敗事者，安可得乎！秦始皇三十年崩於出巡途中之沙丘平台，胡亥、趙高、李斯伴駕，恐諸公子及天下有變，乃秘不發喪。先趙高謀於胡亥，密定詐以始皇命誅扶蘇而立胡亥爲太子，趙高以爲「不與丞相謀，恐事不成」。於是見丞相斯曰：「上賜長子書及符璽皆在胡亥所，定太子，在君侯與高之口耳。事將何如？」斯曰：「安得亡國之言，此非人臣之所當議也。」高曰：「君侯材能、謀慮、功高、無怨、長子信之，此五者皆孰與蒙恬？」斯曰：「不及也。」高曰：「然則長子即位，必用蒙恬爲丞相，君侯終不懷通侯之印歸鄉里明矣！胡亥慈仁篤厚，可以爲嗣，願君侯審計而定之！」丞相斯以爲然，乃相與謀，詐爲受始皇詔，立胡亥爲太子；更爲書賜扶蘇，數以罪，並將軍蒙恬，皆賜死；以兵屬裨將王離。扶蘇發書，泣，入内舍，欲自殺，蒙恬止之曰：「陛下居外，未立太子，使臣將三十萬衆守邊，公子爲監。此天下重任也；今一使者來，即自殺，安知其非詐；復請而後死，未暮也。」使者數趣之，扶蘇謂蒙恬曰：「父賜子死，尚安復請！」即自殺。蒙恬不肯死，吏繫於陽周。使者還報，胡亥襲位。從此秦祚運入敗亡之途矣。此中蘊含之因素固多，其決定之者則在李斯之背叛始皇也。上賜長子書及符璽，已表明始皇於臨崩之前已立扶蘇爲太子並「賜書及符璽」爲證，只待李斯以丞相主持發喪、迎太子嗣位二件大事之後，由新君主政而已。李斯之屈從趙高，則秦政之敗亡無可挽救矣，此乃李斯當謀慮於前者，而未及此，其罪責何逃哉！從此而推論之，亡秦者李斯也，蓋以其居丞相之位有以措天下之安也。

始皇之第三佞臣爲趙高。趙高者，生而隱宫，餘刑顯於市朝者也。始皇聞其强力，通於獄法，舉以爲中車府令，使教胡亥決獄，故亥幸之。趙高有罪，始皇使蒙毅治之，當法高應死，始皇以高敏於事，赦之，復其官。始皇崩於沙丘之後，先與胡亥密謀，繼而逼李斯就範，詐以始皇詔殺扶蘇與蒙恬，扶胡亥襲秦帝之位，此趙高之罪一也。此罪也動摇秦政之根基，蓋扶蘇賢哲，明治國之正道是王道，當焚書坑儒時扶蘇就曾諫始皇曰：「諸生皆誦法孔子，今上皆重法繩之臣，恐天下不安！」若非高、斯二佞詐殺扶蘇，則有可能變霸道爲王道，更不致於使秦速亡也。趙高二罪於秦者，在於誅滅大臣及宗室也。二世元年夏四月，趙高奏曰：「夫沙丘之謀，諸公子及大臣皆疑焉，今陛下初立，此其屬意皆怏怏不服，恐爲變，臣戰戰栗栗，惟恐不終。」二世曰：「爲之奈何？」趙高曰：「陛下嚴法而制刑，令有罪者相坐，誅滅大臣及宗室，然後收舉遺民，貧者富之，賤者貴之，盡除先帝之故臣，更置陛下之親信，害除而姦謀塞，群臣莫不被潤澤，陛下可以高枕肆志寵樂矣。」二世然之，於是公子十二人僇死咸陽市，十公主矺死於杜。（杜縣，屬京兆。）宗室相連逮者不可勝數。趙高之三罪於秦者，在斷絶二世與大臣之論政，使二世孤居禁中，以遂其專權之謀。趙高欺曚二世曰：「先帝臨制天下久，故群臣不敢爲非進邪説，今陛下初即位，奈何與公卿廷決事，有誤則示臣短也。」於是二世常居禁中，獨與趙高決事。而盗賊益多，右丞相馮去疾、左丞相李斯、將軍馮劫進諫曰：「關東群盗並起，發兵誅擊，殺亡甚衆，盗猶不止；盗賊皆以戍，轉作事苦，請且止阿房宫作者減省四邊戍。」二世曰：「今朕即位，二年之間群盗並起，君不能禁，又欲罷先帝之所爲，是上無以報先帝，次不爲朕盡忠力，何以在位？」下去疾、斯、劫吏，案責他罪，去疾、劫自殺，獨李斯就獄。二世屬趙高治之，責斯與子由謀反狀，腰斬咸陽市，夷三族。二世以趙高爲丞相，事無大小皆決焉。趙高四罪於秦者，弑二世胡亥也。先是二世夢白虎嚙其左驂馬，殺之，心不樂，怪問占夢，使使者責讓趙高，以盗賊事，高懼，乃陰與其婿咸陽令閻樂及高之弟趙成謀殺二世，立子嬰。詐稱有大賊入内，令樂召吏發卒追至望夷宫殿門，斬衛令直入，格者輒死。郎中令與樂俱入，射上幄坐帷，二世怒，召左右，閻樂前即二世，面數之曰：「足下驕恣，誅殺無道，天下共畔矣！足下其自爲計！」二世曰：「丞相可得見否？」樂曰：「不可」。二世曰：「吾願得一郡爲王。」弗許。又曰：「願爲萬户侯！」弗許。又曰：「願與妻、子爲黔首，比諸公子！」閻樂曰：「臣受命於丞相，爲天下誅足下，足下雖多言，臣不敢報。」麾其兵進，二世自殺；以黔首葬二世於杜南宜春苑中。乃立子嬰爲秦王。子嬰與其二子謀誅趙高於齋宮，三族其家。子嬰爲秦王四十六日，楚將沛公破秦軍入武關，至壩上，子嬰繫頸以組，白馬素車，奉天子璽符，降軹道旁。沛公入咸陽，居月餘，項籍兵至，殺子嬰及秦諸公子宗族，屠咸陽，燒其宮室，虜其子女，收其珍寶，秦亡。分其地爲三，雍王、塞王、翟王，號曰三秦。項羽爲西楚霸王。

第四節　秦一統成敗之啓示

一　爲中華一統之帝國立基

遡中華歷史，以皇帝爲政權最高權力之象徵。皇，《説文》：「大也。」《尚書序》：

「皇者，美大之名，言大於帝也。」《風俗通》：「三皇道德元泊，有似皇天，故曰皇。皇者，中也、光也、弘也，有天下者之通稱。」帝，《說文》：「諦也，王天下之號也。」《爾雅·釋詁》：「君也。」《白虎通》：「德合天者稱帝。」蔡邕《獨斷》：「皇帝，至尊之稱也。上古天子庖犧氏、神農氏稱皇。」自黄帝始，顓頊、帝嚳、堯、舜、禹俱稱帝；夏、商、周三代皆稱王。至秦嬴政統一六國，自以爲功高過於五帝，稱皇帝，猶嫌不足，冠之以始曰始皇帝。秦之統一六國，所造成之大一統之政治局面，此在中華史上乃首次也。而且分全國爲三十六郡，即三十六個行政區域，便於政令上通下達，益之以馳道，日行千里，實乃行政效力最高之政治制度，一大創舉也。儘管此創舉出於霸道，但依一定條件可使之轉爲王道，此條件者何，君王之道與德也；而且此種條件之嫩芽就在始皇眼前滋長，更爲始皇立爲嗣君；唯爲胡亥、趙高、李斯三姦之陰謀所毀而已；此非爲始皇坟墓中之幽憤、秦祚之悲哀，更是我中華史上第一個大帝國夭殞之悲哀！此幽憤與悲哀，唯有儒家之王道可資以化解之，惟有興衰存亡無定規之天地人合一之道能破解之。故以儒者而觀之，以霸力而得之者，其根本有悖王道，逆德、違性，拂民心、背仁政，反善教、惡美俗，其不可持久也，乃自然之理也，不可逃遁者也；益之以他故，其速亡也宜矣。

二　霸道失人心

古之政，得道者多助，失道者寡助，「儒以道得民者」。此道也乃就天道、地道、人道而言也。《周易・説卦》曰：「立天之道曰陰與陽，立地之道曰柔與剛，立人之道曰仁與義。」陰陽者，變化之根也、本也、基也、源也；剛柔者，内外轉換靈活之謂也；仁義者，仁其心，義其行（韓愈曰：「博愛之謂仁，行而宜之之謂義。」），善處人與事與物之關係者也，善處君臣、政教、國計、民生之協一和中者也。霸道者，「以力假人」，征伐擴張，滅人之國，奪人之疆土民人而有之者也。秦滅六國，遽爾而大，又猝爾而亡，其成之驟而亡之速者，必有深故存焉，何耶？一曰存於歷史法則之中；二曰存於人之善性與天良之内；三曰存於偶發事件，又有姦謀乘而毁之。

就歷史法則而論，周德之積與成也遠矣，早在殷帝（二十二任）小乙之世，周古公姬亶父爲避免戰爭災難，從豳邑（陜西彬縣）遷至岐邑（陜西岐山），從之者衆。鄰國聞古公仁，荷担而歸之者日益不絕，民皆歌樂之而頌其德。迄古公之孫姬昌，有賢德，爲殷紂王子辛所忌，囚姬昌于羑里，居囚二年，姬昌演《周易》八卦爲六十四卦，爲中華文明立哲學之基。姬昌之次子姬發，曾與八百諸侯觀兵于孟津，諸侯皆曰紂可伐矣。武王曰：「汝未知天命未可也。」乃還師歸。居二年，聞紂殺子比幹，囚箕子，殷之太師、少師持抱其樂器、祭器而奔周，於是武王與諸侯誓於牧野而伐紂。紂以七十萬之眾抗諸侯義師，多倒戈，紂退入鹿臺，遂滅紂，周有天下，庶邦冢君暨百工受命於周。武王乃偃武修文，「歸馬於華山之陽，放牛於桃林之野」；「示天下建官惟賢，重民五教，崇德報功，以撫萬方，此乃周德之積有二百餘年方告有成也。此中暗示一個鐵的法則，有德者昌（周興），失道者亡。秦始皇以暴力吞滅六國，血洗中原，九州嗚咽，豈能逃脱此鐵則乎？

再就人之善性與天良言之，此乃儒家理論體系之核心，經文王、周公啓之於前，孔孟發之於後，已成爲個人乃至君王言行準則，順之成，違之敗，蘇秦、張儀、李斯、韓非之所以敗者，蓋其言行有違善性天良也。茲舉韓非之言以觀之：「韓非入秦上秦王書曰：今秦地方數千里，師名百萬，臣冒昧願見大王，言所以破天下縱横之計，大王誠聽臣説，一舉而天下之縱不破，趙不舉，韓不亡，荊、魏不臣，齊、燕不親，霸王之名不成，四鄰諸侯不朝，大王斬臣以徇國，以戒爲王謀不忠者也。」（《資治通鑒》）韓非此違反天良之言終爲李斯所忌，假嬴政之旨藥死於獄中。將韓非之言衡之於性善與天良，則知其違之也深且遠矣；始皇之滅六國，其有悖善性天良之甚，自非語言所能狀其萬一者也。

存於偶發事件中之深故又爲姦謀所乘而毀之者，即指始皇於出巡中突崩於沙丘也，趙高與胡亥定姦謀逼李斯就範。殺扶蘇、蒙恬，終致毀壞秦之初建統一江山者，似出偶然，而實有必然，蓋以霸道之用人以利而不以德也，故其所倚重者不可能爲賢哲，必是唯利是圖之卑鄙小人，焉有不敗事哉！

三　明示人心惟危

人心惟危者，實指人欲之害與禍也。然人心與道心雖相對而爲言，實乃一體者也，即道心也，無色、無聲、無臭、無觸感者也。道心包有人心也。道心者，天理也，人心亦天理也。天之生人也，必具人性焉，人性之本質固善矣；人欲本於性，亦自善矣；人欲與天理初本一物也，俱善也。自堯帝提出「人心惟危」之後，論辯不絕；宋明以降，其論始漸趨一，至清季戴震，喻道心（天理）爲水，喻人心（人欲）爲流，其言曰：「性，譬則水也；欲，譬則水之流也。節而不過則爲依乎天理，爲相生養之道，譬則水由地中行也；窮人欲而至有悖逆詐僞之心，有淫佚作亂之事，譬則洪水橫流，濫於中國也。」（《孟子字義疏證》）堯、舜以「人心惟危」授之禹者，誡其爲帝必以政教令臣民自我控制人欲之氾濫，禮與法於此有力焉。故知「危」者，非指正常之欲，乃言縱肆之狂欲，損己而禍群者也。儒家經典之首《周易·損·象》曰：「君子以懲忿窒欲。」欲不可窒，窒則息矣，豈不反人性乎！余思辨久矣，方明其所言窒者之意，乃極言人欲之危必須極力節制之，毋使人欲之惡，以蔽道心之善也。由此而及朱熹「存天理，滅人欲」之見，亦知其滅之意，在極力節制恣肆之欲，使無傷於天理也。莊子對人欲之禍見之更爲深切：「僨驕而不可係者，其惟人心乎！天下脊脊大亂，罪在於攖人心。」此言也爲爾後之七雄爭强所證實也。由此而游説四起，蘇秦之合縱也，非真心抗秦也，乃爲其己「取尊榮」也。蘇秦自謂曰：「夫士業已屈首受書，而不能取尊榮，雖多亦奚以爲。」後提周書《陰符》而讀之，自揣摩之曰：「此可以説當世之君矣。」首説周顯王，左右輕之不信。乃西至秦，秦孝公卒，説惠王曰：「秦四塞之國，被山帶渭，東有關河，西有漢中，南有巴蜀，北有代馬，此天府也。以秦士民之衆、兵法之教，可以吞天下，稱帝而治。」秦王曰：「毛羽未成，不可以高蜚；文理未明，不可以並兼。」方誅商鞅，疾辯士，弗用。乃東之趙。此一史實揭示游説之徒本無堅定之政見，更無道德修養，其所求者唯一己之「尊榮」而已；有尊榮可求，同一蘇秦，卻有兩副不同之嘴臉，昨日在秦説「可以吞天下稱帝而治」，明日東之趙，遭趙肅侯與奉陽君之拒，無可奈何只得北走燕，燕文侯允縱，資蘇秦車馬金帛，復説趙肅侯，由此而韓、魏，而齊、楚，卒掛六國相印，取一時之尊榮，余所見於蘇秦者唯其一己之私欲而已。其所危者，禍及自身也，卒以「爲燕作亂於齊」之罪名爲齊湣王所誅。人欲之爲禍也，不問其爲君也、爲臣也，無一逃遁之者也。秦始皇也、胡亥也、韓非也、李斯也、趙高也，悉如是也，惟其所喪者不同而已矣，其所以喪之者無殊也。一切禍與亂之源皆出於私欲，故儒道兩家之治國理論特别要求爲君爲帝者、爲卿爲相者、爲臣爲官者，絶不允許懷有私欲，莊子有言曰：「上必無爲（無欲）而用天下；下必有爲爲天下用。」（《莊子·天道》）老子曰：「爲道日損（損人欲），損之又損，以至於無爲（無欲）。無爲而無不爲。」（《道德經》四十八章》）老莊之見，無爲者乃無欲也；無爲而無不爲者乃以無欲之心而開天下之務，則無有不成者也。儒家則主「懲忿窒欲」，與老莊之無爲其義一也；儒家則多一「懲忿」之詞其義何耶？蓋儒者於修齊之外更有治平之務；有君道焉，有臣道焉，更有開物成務、知幾識時、窮神知化之謀，稍有忿懥，則一言僨事也，故必自懲戒之。

堯舜示以「人心惟危」有二義焉：一爲君爲王者必絶去私欲；二正政教、嚴禮法，以節制臣民之私欲。周之德也蓋如此矣。春秋時期五霸存焉尚稱穩定；迨至戰國，法家之徒私欲狂張，游説諸侯，以利相靡，視聽悉亂；只重本國小利，不識大局；一味相爭，不知求互安之道；只聽浮泛之辯辭，不明亡國之隱憂；遡六國之所以亡者，亡於其只圖一己眼前之私利也；由於其私欲太甚，不足以同慮公患而共赴之也。故司馬光慨然曰：「縱衡之説，雖反復百端，然大要合縱者六國之利也。昔先王建萬國，親諸侯，使之朝聘以相交，饗燕以相樂，會盟以相接者，無他，欲其同心戮力，以保家國也。嚮使六國能以信義相親，則秦雖强暴，安得而亡哉！夫三晉者，齊楚之藩屏；齊楚者，三晋之根底。形勢相資，表裏相依。故以三晉而攻齊楚，自絶其根底也；以齊楚而攻三晉，自撤其藩蔽也。安有自撤藩蔽以媚盜，而曰盜將愛我而不攻，豈不悖哉！」（《資治通鑒》）倘使六國之君有如司馬光之見，以六國之生存爲至高之尊榮所繫，結成一體以相屏衛，北東燕、齊，中經三晉，南迄荊、楚，以十萬乘、百萬甲之精銳，統一指揮號令，造成連亘南北四千里之銅牆鐵壁，以十當一之勢以抗暴秦，焉有不勝哉！卒爲六國之私欲所誤。由此而明，滅六國者六國也，人心惟危之禍也！堯舜所見之深遠真切也！爲人君者可不慎哉！爲人臣者可不慎哉！爲人父子者可不慎哉！

更有當以明之者，事物之間，人群之際，國與國之間，莫不有公利存焉。既不可犯此公利，更不可存害人利己之心，儒家之德是「已欲立而立人，已欲達而達人」；至於欲滅人之國，奪人之疆土、民人、貨財者，則强盜之行也，必以自我毀滅而告終，此乃歷史之鐵則，不可逃遁者也。國際之間相處之理論，上古即已有之，黄帝有「撫萬民度四方」之教，帝堯有「協和萬邦」之訓。春秋時代老子主張：「大國者下流（江海居大而處下則百川集之），大國以下小國（下，謙讓）。」（《道德經》六十一章）儒家則「柔遠人，懷諸侯」（禮記·中庸》）。此乃自安安人之正道，未有掠奪他人（他國）而能自安者。故秦亡六國而自身亦速亡之啓示是：人心惟危，圖私利、縱欲者必亡。其過程則是因爭利，國與國之間戰爭不斷，終致多敗俱喪，坐視强敵不顧，共遭滅亡。其禍源唯一私欲而已。就秦之速亡而論亦猶是也。太史公則曰：「廢王道立私權，此秦之所以敗也。」（《秦始皇本紀》）此乃從爲君王之正道而言之也。自秦穆公始，所行之霸道，始者既已種下亂源禍根矣，歷四百年之積殃（「積不善之家，必有餘殃」），至嬴政而益厲，逐百萬虎狼之師馳騁中原，踐踏荊楚，蹂躪燕齊，併吞六國，虜其君王，淫其后妃，毁其祖廟，掠其珍寶，歷二十年之血洗九州，禍孽之深重詎有愈於此者乎！其亡之速也如是（統一後之秦帝國僅存十五年）亦宜矣。前曾述其偶因，終當歸之於必然；此必然就是縱欲必亡，而且速亡。阿房甫成，宫帷未暖，脂粉剛敷，江山已失色矣。此必然中所藴之深意何耶？霸道之不可行於天下也。爲何霸道不可行於天下？以其違反人之善性良知也。何謂人之善性？《易·乾·文言》：「元者，善之長也。」（元，謂天之體性，生養萬物，善之大者，莫善施生，施生之宗，故言善之長也。）可知人之善性乃天性之體現也，乃生之力也，乃人人同稟於自然之力也，此力也具有生生不息之義，且人人同有之者。仁由此而生焉，義由此而生焉，禮由此而生焉，智由此而生焉。仁義禮智，乃人之四德也，俱由此而生，其爲善也，其爲善之長乃自然之理也。儒家堅守之王道即源之於善性，其政教既發之於善性，復回歸於善性，使人之善性通過王道之教化更爲醇美也。秦嬴政所繼承之霸道以其本性之暴戾造成了不可遏止之天下怒怨，一夫舉義，天下齊反，無一救者，唯速亡而已。王道不可犯，此乃五帝三王之至德仁政善教所驗證之者也；此不可動摇之鐵則，更爲繼起帝王敬畏，並以之告誡後嗣也。

四　任人必須惟賢

鑒於秦之速亡，亡於小人之手，對於君王更有啓示者，唯賢者是尊也。所謂賢者道高、德厚、能强也。然亦有王者之賢與霸道之賢之區分也：王者之賢，明道厚德也；霸者之賢，趨利尚詐也。王者之賢福民，霸者之賢利己。此在秦史中歷歷可數者也，商鞅、吕不韋、李斯等人悉爲利己之小人，但在秦孝公眼里，商鞅是賢者；在秦始皇眼里，吕不韋、李斯均是賢者。蓋霸者之賢與王者之賢異趣也，其所以如此異者，以王者與霸者從根本上相反也，王道順而霸道逆也。王道順人性，安人心，暖人情；霸道逆人性，違人心，悖人情。王道之行也，盡人性，盡物性；霸道，則必以强力而方可見其流行也，戕人性、害物性者也。

王道之行也，必賴賢者謀劃以調協之，經史上論述甚豐。《商書·太甲》曰：「一人元良，萬邦以貞；君罔以辯言亂舊政，臣罔以寵利居成功。」《商書·咸有一德》曰：「任官惟賢材，左右惟其人；臣爲上爲德，爲下爲民；其難其慎，惟和惟一；終始惟一，時乃日新。」《商書·説命》：「股肱惟人，良臣惟聖；俊乂列於庶位，昔先正保衡，作我先王，乃曰：予弗克俾厥後爲堯舜，其心愧恥，若撻於市；一夫不獲，則曰時予之辜。」周公輔成王作《君奭》：「公曰：君奭，我聞在昔成湯既受命，時則有若伊尹，格於皇天；在太甲，時則有若保衡；在太戊，時則有若伊陟、臣扈，格於上帝，巫咸乂王家；在祖乙，時則有若巫賢；在武丁，時則有若甘盤。惟文王，有若虢叔，有若閎夭，有若散宜生，有若泰顛，有若南宫括。」周公作《立政》曰：「國則罔有立政用憸人（憸利之人），不訓於德，是罔顯在厥世。繼自今立政，其勿以憸人，其惟吉士，用勱相我國家。」

右所引言，其賢者之責，一在善任本職之務，二在有善於君德。《詩·小雅·南山有臺》樂得賢也，得賢則能爲邦家立太平之基矣，故咏之曰：「南山有臺，北山有萊；樂只君子，邦國之基；樂只君子，萬壽無期。南山有桑，北山有楊；樂只君子，邦家之光；樂只君子，萬壽無疆。」則聖君賢相日聚廟堂之上，論道經邦，布政敷教，王道蕩蕩，朝綱肅張。「元首起哉，股肱喜哉，百工熙哉！元首明哉，股肱良哉，庶事康哉！」（《尚書·益稷》）

第五章　兩漢固大一統之基

兩漢（西漢與東漢）固大一統之基，意謂其歷四百年之治亂反復之情，必有其深邃之歷史根源與現實緣由也。周德自厲、幽之後漸衰，經春秋、戰國，王道廢弛；漢繼秦而有天下，不可能立即回歸已亂五百年之王道；而新得天下之漢王朝雖欲爲治，亦難免治中生亂，不得遽爾而入王道。兩漢正是在治亂交替中建立起王道之制，而且鞏固了大一統之基石，開拓了歷史大一統之局面，以四百年之時間，積累了大一統之經驗，豐富了治國安邦之內涵。但縱觀其歷史，則可見其實乃一個治亂相推相涵之大過程。

一　漢高祖得天下之契機

時運變遷，治亂相承，天下逐鹿，必有王者潛於其中。《易·乾》「潛龍勿用」之意也。

機宜、變數蘊於其內。動而不息，固有必然之理，亦有偶發之宜；有待知幾者之德與智也，其人之殊質也。此殊質見之於高祖劉邦者如何耶？據班固《前漢書》所記：「高祖常繇（役也）咸陽，縱觀秦皇帝，喟然嘆息曰：「嗟乎！大丈夫當如此矣！」可見其志也。單父人（山陽縣）呂公見高祖有異相，以女妻之。生有二子，有善相者見之曰：「母子俱貴相也。」及高祖歸，告之相者之言，追及相者而問故焉，相者見高祖「隆準而龍顏，美鬚髯」，明高祖爲一家貴之根也。及高祖爲亭長，奉命送囚徒之驪山，徒多逃逸，及夜抵豐西澤亭飲酒，對囚徒曰：「公等皆去，吾亦從此逝矣」。徒壯士願從者十餘人，沛中子弟聞而來奔者日眾。秦二世元年，聞陳涉起蘄，至陳自立爲楚王。沛有吏蕭何、曹參等殺沛令，以樊噲迎高祖立爲沛公，得眾三千多人，成爲反秦勁旅之一。

由陳涉、吳廣首義之反秦戰火一經點燃，即成燎原之勢，其所以如此之速者，以秦始皇以刀鋸斧鉞宰制天下，囚徒塞道，屍殍遍野，黔首號饑，民怨沸騰。「天下之人，不敢言而敢怒，獨夫之心日益驕固，戍卒叫，函谷舉，楚人一炬，可憐焦土。」（《杜牧《阿房宮賦》）二年間（前二〇八—二〇七）即造成劉（邦）項（羽）逐鹿之勢。以霸力而論，項擁眾四十萬，號稱百萬。且擁戴義帝爲諸侯之長，固項羽爲强；以智謀觀之，劉邦則有張良、蕭何二賢運籌帷幄，足以取天下，後又得韓信，拜爲大將，强弱異勢，成敗只待時日。歷五年（前二〇六—二〇二）智與力、德與暴之反復較量，天下終歸於漢，亦其宜也。所謂宜者，秦之霸道轉入漢之王道，乃必然之理也。太史公有論曰：「羽起隴畝之中，遂將五諸侯滅秦（山東六國、而齊、趙、韓、魏、燕並起，從羽伐秦，故稱五諸侯），分裂天下，而封王侯，政由羽出，位雖不終，近古以來，未嘗有也。及羽背關懷楚（背關，謂背約，不王沛公於關中；懷楚，謂思東歸彭城），放逐義帝而自立，（前二〇五年，項王密使九江王黥布、衡山王吴芮、臨江王共敖擊義帝，殺之江中）怨王侯判已，難矣。自矜功伐，奮其私智而不師古，謂霸王之業，欲以力征，經營天下；五年卒亡其國，身死東城（東城縣，屬九江郡），尚不覺悟而自責，乃引『天下亡我，非戰之罪也』。（前二〇二年，項羽敗至東城，乃有二十八騎，漢騎追者數千人，項王自度不得脱，謂其騎曰：吾起兵至今，八歲矣，身歷七十餘戰，未嘗敗北，遂霸有天下；然今卒困於此，此天之亡我，非戰之罪也。遂刎而死。王翳取其頭。）豈不謬哉！（欲王天下者必以德，訴之力者必敗。）」揚子《法言》：「或問：楚敗垓下，方死，曰『天也』，諒乎！（諒，信也，謂真是天意嗎？）曰：漢屈群策（屈，盡也），群策群力；楚懷群策（懷，惡也），而自屈其力。屈人者克，而自屈者負，天曷故焉！（曷，何也，謂天何故出此也）」司馬温公曰：「何煩天事！」（《資治通鑒》三五四—三五五頁）

然漢之成也，亦從艱險中而出之者也。鴻門之宴，一險也；睢水不流，二險也；滎陽之困，三險也。居此三險而終能爲夷者，以智謀取勝也。

鴻門之宴，范增殺沛公之謀也，而沛公終能脱險者，以張良之智謀也。在鴻門宴中項莊舞劍，意在刺殺沛公，張良起而促樊噲衝入帳内，瞋目視項羽，羽壯其膽氣，賜以酒、彘肩，豪飲大嚼，並令從張良坐，范增氣怒拔劍撞玉斗罵曰：「豎子不足與謀，奪將軍天下者必沛公也，吾屬爲虜矣。」此漢王所歷一險也。

前二〇五年，漢王乘勝入項羽之老巢彭城，羽聞報引精兵來救，日中大破漢軍，漢軍南走，羽追擊至靈壁東睢水上，爲項軍所困，十餘萬皆擠入睢水，爲之不流；適大風從東北起，逆項軍，折木伐屋，沙石横飛，大亂項軍，漢王因得數十騎脱遁。道遇其子女孝惠與魯元公主，遂載與行，項騎追之急，漢王推墮二子車下，滕公（夏侯嬰）爲太僕，下車收載之者三，曰：「今雖急，不可以驅，奈何棄之？」漢王從容得脫。漢王所歷二險也。

前二〇四年夏四月，楚圍漢王於滎陽，緊急之際，漢王請和，割滎陽以西者爲漢，亞父勸羽急攻之，會陳平施反間計，具太牢以待羽使者，及羽使者至，佯驚曰：「吾以爲亞父使，乃項王使。」遂撤其太牢，更以惡食進待項王使者。使者告項王，項王果大疑亞父，急攻漢王稍解。將軍紀信言於漢王曰：「事急矣，臣請誑楚，王可以間出。」陳平又以女子二千餘人夜出東門，以亂之，楚軍四面出擊，紀信則乘王車，黃屋左纛，誑之曰：「食盡矣！漢王降。」楚軍皆呼萬歲，之城東觀；以故漢王得以數十騎出西門遁去。羽見紀信問曰：「漢王安在？」紀信答曰：「已出去矣！」羽燒殺信。此漢王所歷之三險也。

與此三險相得者，則有三諫以正漢王天下之大德與正道，一諫曰毋貪安逸，二諫曰韜光養晦，三諫曰重用將才。

前二〇六年冬十月，沛公至霸上，秦王子嬰素車白馬，繫頸以組（組者，天子韍也，繫頸，示欲自殺也），封皇帝璽、符、節，降軹道旁。（沈約曰：「高祖入關，得秦始皇藍田玉璽，螭虎紐，文曰『受天之命，皇帝壽昌』。」）諸將或言誅秦王，沛公曰：「始懷王遣我固以能寬容，且人已降，殺之不祥。」沛公入咸陽，諸將皆走金帛財物之府分之，蕭何獨先入秦丞相府，收其圖籍藏之。沛公見秦宮室帷帳、狗馬、重寶、嬪妃以千數，動貪逸之情，意欲留居宮內。樊噲諫曰：「沛公欲有天下耶？將爲富翁耶？凡此奢麗之物，皆秦所以亡也，沛公何用焉！願即還霸上，無留宮中。」沛公不聽，張良曰：「秦爲無道，故沛公得至此；夫爲天下除殘暴，宜縞素爲資，今始入秦，即安其樂，此所謂『助桀所虐』。且忠言逆耳利於行，良藥苦口利於病，願沛公聽樊噲言。」沛公乃還軍霸上。此諫也，乃救沛公之大失也，乃正沛公之帝德也，引沛公心入帝道也。

其二諫爲項羽分封十三王之同時，封沛公爲漢王，入蜀，都南鄭。羽與范增陰謀曰：「巴蜀道險，秦之遷人皆居之，巴蜀亦關中地也；因而三分關中（亡秦降將章邯封爲雍王，司馬欣爲塞王，董翳爲翟王），以距塞漢路，使不得出，以絶永患。」漢王洞悉此姦計，欲攻項羽，周勃、灌嬰、樊噲皆勸阻，蕭何又進而諫曰：「雖王漢中之惡，不猶愈於死乎！」漢王曰：「何謂乃死也？」何曰：「今衆弗如，百戰百敗，不死何爲？夫能絀於一人之下而信於萬乘之上者，湯武是也。臣願大王王漢中，養其臣民以致賢人，收用巴蜀，還定三秦（雍、塞、翟也），天下可圖也。」漢王曰「善」。乃遂就國，以蕭何爲丞相。（此時漢王遷張良歸韓，良爲漢王計曰：「燒絶所過棧道，以示項羽無東意。」）此諫也，使漢王立遠圖之志。

其三諫爲拜韓信爲大將也。韓信本爲項羽帳下之執戟郎中，不得志，爲張良所識，及漢王入蜀，信亡楚歸漢，未知名，經滕公（夏侯嬰）薦之漢王，拜爲治粟都尉，未予重用，信數與蕭何語，何奇其才，亦曾語薦漢王；漢王以信出身微賤，仍不重用。信亡去，何聞之，急追信，居二日始偕與歸。漢王怒何，罵之曰：「若亡何也？」何曰：「臣不敢亡，臣追亡者耳！」王曰：「若所追者誰？」何曰：「韓信也。」王復罵曰：「諸將亡者以十數，公無追，追信詐也。」何曰：「諸將易得耳，至如信者，國士無雙。王欲長王漢中，無所事信；王必欲爭天下，非信無可與計事者。顧王策安所決耳。」漢王曰：「吾亦欲東耳，安能鬱鬱久居此乎！」何曰：「計必欲東，能用信，信即留；不留信，終亡耳！」王曰：「吾爲公以爲將。」何曰：「雖爲將，信不留。」王曰：「以爲大將？」何曰：「幸甚！」於是王欲召信拜之。何曰：「王素慢無禮，今拜大將，如呼小兒，此乃信所以去。王必欲拜之，擇良日，齋戒，設壇堂，具禮，乃可耳」。王許之。諸將皆喜，人人各自以爲得大將；至拜大將，乃韓信也，一軍皆驚。信拜禮畢，上坐，王曰：「丞相數言將軍，將軍何以教寡人計策？」信拜謝，因問王曰：「今東向爭權天下，豈非項王耶？」漢王曰：「然！」信曰：「大王自料，勇悍仁强，孰與項王？」漢王默然良久，曰：「不如也。」信再拜賀曰：「惟信亦以爲大王不如也。然臣嘗事之，請言項王之爲人也。項王暗噁叱咤，千人皆廢，然不能任屬賢將，此特匹夫之勇耳。項王見人恭敬慈愛，言語嘔嘔，人有疾病，涕泣分食飲；至使人有功，當封爵者，印刓敝，忍不能予，此所謂婦人之仁也。項王雖霸天下而臣諸侯，不居關中而都彭城，背義帝之約，而以親愛，諸侯不平；逐其故主，而王其將相；又遷逐義帝，置江南，所過無不殘滅；百姓不親附，特劫於威强耳。名雖爲霸實失天下心，故其强易弱。今大王誠能反其道，任天下武勇，何所不誅！以天下城邑封功臣，何所不服！以義兵從思東歸之士，何所不散（謂以東歸之士擊東方之敵，此敵無不敗散也）！且三秦王爲秦將，將秦子弟數歲矣，所殺亡不可勝計；又欺其眾，降諸侯至新安，項王詐坑秦降卒二十餘萬，唯獨邯、欣、翳得脱，秦父兄怨此三人，痛入骨髓；今楚强，以威王此三人，秦民莫愛也。大王之入武關，秋毫無所害；除秦苛法，與民約法三章；秦民無不欲得大王王秦者。於諸侯之約，大王當王關中，關中民咸知之；大王失職入漢中，秦民無不恨者；今大王舉而東，三秦可傳檄而定也。」於是漢王大喜，自以爲得信晚。遂聽信計，部署諸將所擊，留蕭何收巴蜀租，給軍糧食。此諫也，爲未來漢家天下立下了根基宏圖。

契機之轉變，決於韓信之謀也。《周易·繫辭》曰：「幾者，動之微，吉之先見也，知幾其神乎？窮神知化，德之盛也。」識此幾者，首乃韓信也，明此幾之微而且窮神知化。運籌帷幄者，則張良、漢王也。過去史家多以韓信善用兵稱之，而未著意於其善於綜合分析政治、軍事、民心、軍心，從而定出戰略大謀。於是前二〇六年八月，漢王引兵從故道出襲雍，雍兵數敗，漢王遂定雍地，東至咸陽；塞王欣、翟王翳皆降。漢王之初出巴蜀，連降三秦，證實了韓信知幾之精。此後劉、項爭天下之大勢易位矣，在蕭、張、韓三傑「運籌帷幄之中，決勝千里之外」，歷四年苦戰，卒敗項羽於垓下，漢王獲勝，建立漢王朝，劉邦稱漢高祖。

帝置酒雒陽南宮，上曰：「通侯、諸將毋敢隱朕，皆言其情（情，實也），吾所以有天下者何？項氏之所以失天下者何？」高起、王陵對曰：「陛下慢而侮人，項羽仁而敬人；然陛下使人攻城掠地，所降下者，因以與之，與天下同利也；項羽妒賢嫉能，有功者害之，賢者疑之，戰勝而不與人功，得城而不與人利，此其所以失天下也。」上曰：「公知其一未知其二；夫運籌帷幄之中，決勝千里之外，吾不如子房；鎮國家，撫百姓，給餽餉，不絕糧道，吾不如蕭何；連百萬之衆，戰必勝，攻必取，吾不如韓信；三者人傑，吾能用之，此吾所以取天下者也。」（《前漢書・高帝紀》）於是高帝大封功臣，高祖六年（前二〇一年），已封大功臣三十餘人，其餘爭功未得行封者，議論不已；上居南宮，從復道上，見諸將偶語，問張良，良曰：「陛下與此屬共取天下，今已爲天子，而所封皆故人所愛，所誅皆平坐仇怨；今軍吏計功，以天下爲不足徧封，而恐以過失及誅，故相聚謀反耳！」（筆者以爲子房不應出此謀反之言）上曰：「爲之奈何！」良曰：「取上素所不快，計群臣所共知最甚者一人先封，以示群臣。三月，上置酒，封雍齒，因趣丞相急定功行封，酒罷，群臣皆喜曰：「雍齒且侯，吾屬亡患矣。」

竊觀高帝之所以得國者，本以聚天下之英才共赴之而有濟成者也，其於封功臣之後，當如高帝自已所言：「今吾以天之靈，賢士大夫定有天下，以爲一家，欲其長久，世世奉宗廟亡絕也。賢人已與我共平之矣，而不與我共安利之，可乎！賢士大夫有肯從我遊者，吾能尊顯之，佈告天下，使明知朕意！」（《高帝求賢詔》）準此以論，高帝之求治所最迫切之務，莫如得賢，「股肱惟人，良臣惟聖，一夫不獲，時予之辜。」（《商書·説命》）迅速轉秦始皇倒懸天下四十年之亂政爲仁政，此乃天下萬民喁喁之渴望，亦漢家天子亡秦立政之初志也，高帝求賢詔之至意也。

止亂以求治，必訴諸武；致治以養民，必求之以安。武將乃保平安之大屏障也。武有七德：禁暴、戢兵、保大、定功、安民、和眾、豐財者也。高祖之時正應廣其安民、和眾、豐財三德之時也，奈何高祖深居未央宮中，卻頻頻誅殺武將，雖未動摇國本，實亂了人心，損了帝德，且令千年以後致心治亂之人難解其意！兹舉三反將之實況以見高祖、呂后殺功臣之動機也。

「淮陰侯韓信，稱病，不從擊豨，陰使人至豨所，與通謀。欲發以襲呂后、太子，其舍人告信反狀於呂后，呂后乃與蕭相國謀，詐令從上所來，言豨已得，死，列侯、群臣皆賀，相國紿信曰：「雖疾，强入賀！」信入，呂后使武士縛信，斬之長樂鐘室；信方斬，曰：「吾悔不用蒯徹之計，乃爲兒女子所詐，豈非天哉！」遂夷信三族。司馬光書至此慨然歎曰：「韓信首建大策，與高祖起漢中，定三秦，遂分兵以北，擒魏，取代，仆趙，脅燕，東擊齊而有之，南滅楚垓下，漢之所以得天下者，大抵皆信之功也。觀其拒蒯徹之說，迎高祖於陳，豈有反心哉？良由失職怏怏，遂陷悖逆，豈非高祖亦有負於韓信哉！迄天下已定，信復何恃哉？夫乘時以徼利者，市井之志也；酬功而報德者，士君子之心也。信以市井之志利其身，而以士君子之心望於人，不亦難哉！是故太史公論之曰：「假令韓信學道謙讓，不伐己功，不矜其能，則庶幾哉！於漢家，勳可以比周、召、太公之徒，後世血食矣！不務出此，而天下已集，乃謀叛逆，夷滅宗族，不亦宜乎！」（《資治通鑒》）予則以爲韓信出身市井之中，自有貪利之心，漢高祖之得天下，實乏王者之氣度，其爲人也，亦「好酒好色」，並以欺騙嘩衆（如入呂公家，紿爲謁曰賀萬錢，實未持一文錢）。（《前漢書·高帝紀》）以市井之習待市井之人，雖貴爲天子，亦乏誠信包容之氣度；且韓信之反，初本無其心，乃高祖逼迫而漸形之者也；而對呂后之詭譎又疾之深且久矣，於忍無可忍之際，情緒失控，一時糊塗，作出愚蠢之行，亦乃人之常情也，當賜以悔罪之機，或廢爲庶民，以報其功也，此乃王者之仁，以示王恩浩蕩也。

高祖殺害之第二功臣爲梁王彭越。初「上之擊陳豨也，徵兵於梁，梁王稱病，使將將兵詣邯鄲，上怒，使人讓之，梁王恐，欲自往謝，其將扈輒曰：『王始不往，見讓而往，往則爲擒矣，不如遂發兵反。』梁王不聽。梁太仆得罪，亡走漢，告梁王與扈輒謀反。於是上使使掩梁王，梁王不覺，遂囚之洛陽。有司治，反形已具，請論如法。上赦以爲庶人，傳處蜀青衣，西至鄭，逢呂后從長安來，彭越爲呂后泣涕，自言無罪，願處故昌邑。呂后許諾，與俱來，至洛陽，呂后白上曰：「彭王壯士，今徙之蜀，此自遺患，不如遂誅之；妾謹與俱來。」於是呂后乃令其舍人告彭越復謀反；廷尉王恬開奏請族之。上可其奏。三月，夷越三族。」（《資治通鑒》）此段史料表明彭越既無反意於手握兵權之時，及至呂后令其舍人告彭越謀反已爲一庶人矣，一無與之謀者，二手無寸鐵，如何反乎！唯見梟越首於洛陽，詔曰：「有收視者輒捕之。」此乃中華史上高祖與呂后親手所羅織之一大冤案，於今已沉睡了二二〇五年了（漢高祖十一年，前一九六—二〇〇九年）。讀其史，即明此冤案乃呂后於鄭遇彭越時即已蓄意殺之矣；豈只彭越三族之悲哉！實乃漢高祖得天下後蓄意大殺功臣之悲與哀也；其所生之暗影響，乃爾後七國之亂源也。以此而觀漢高祖之王道帝德，則失之喪之遠矣。

高祖所殺害之第三大功臣爲淮南王英布。初淮陰侯死，布已心恐，及彭越又受誅，醢其肉以賜諸侯；使者至淮南，淮南王方獵，見醢，因大恐，陰令人部聚兵，候伺旁郡警急。上親自率軍擊淮南，上與布軍遇於蘄西，布兵精甚，與布相望見，遥謂布曰：「何苦而反？」布曰：「欲爲帝耳」。上怒罵之，遂大戰，布軍敗走，渡淮，上令別將追之，漢別將擊布軍洮水南、北，皆大破之。以故長沙成王臣使人誘布，僞欲與亡走越，布信而隨之，番陽人殺布茲鄉民田舍，淮南王反遂平。觀淮南王由不安而恐而反之內心變化，實乃外力所迫；淮陰侯之死也，彭越之醢至也，此皆高祖之所逼也；至於答高帝之所問「何苦而反？」「欲爲帝耳！」則乃陣前之氣話，非其衷腸，不應以此爲據而斷論其確有爲帝之反謀也。蓋爲帝之念必生於逐鹿之際，不萌於天下大定。且自身已封侯之局；從高帝得天下後之形勢論之，漢家江山已無有形之敵，唯在高帝與呂后憂危之思慮上嚴重存有三大無形之敵；此憂也，呂后尤甚於高帝，觀呂后騙彭越至洛陽而殺之可知矣；而且呂后之必除此三侯者，尤有其私謀存焉，高帝未知之也；爾後諸呂亂漢之史實有以明之也；呂后知之，他日三侯必保劉而反呂也。余以爲殺三侯之心，呂后比高帝尤惡也，若責高祖以王道帝德則失之遠矣。前有三皇五帝，近則有周德，對有功之臣懷仁而尊顯之，豈有心存惡意，而逼其無路可走，不反也得反，終以反者之名而誅滅之也哉！主之心如此鄙汙，遑論以大一統之勢廣施仁政以致平天下哉！儒家治國之道至漢初方立三百年，尚未被認識。但王道帝德則已流傳了二千五百年。凡爲帝爲君皆知以堯舜爲法，以文武周公是則；至孔子集儒學之大成，儒家經典始立矣。《禮記·中庸》曰：「凡爲天下國家有九經，曰修身也，尊賢也，親親也，敬大臣也，體群臣也，子庶民也，來百工也，柔遠人也，懷諸侯也」。以此而觀高祖之帝德，則足見其思天下之長治久安者少，著意於眼前小利恩怨者多，安足以論大亂之後而思大治也哉！由此而明漢初內亂頻仍之思想根源在於帝道未明、帝德不醇也。綜觀漢之興也，非興於長積德也，乃於諸侯力爭之際，以智取勝而幸得之者也。幸得之餘不僅有殺功臣之失，亦曾出現呂后專權與諸呂作亂等禍，此亦由大亂走向大治所不可避免之過程也。

二　文景之治

漢高祖居帝位十有二年（前二〇六—一九五年），太子劉盈嗣位，曰孝惠皇帝。居位七年（前一九四—一八八年），子劉恭嗣位，曰少帝，實爲高后聽政，高后四年（前一八四年）四月呂后殺少帝恭，五月立恒山王劉義爲帝，更名弘，是謂後少帝。後少帝五年（前一八〇年），呂后卒，太尉周勃殺諸呂，迎立高祖中子代王劉恒爲帝，是爲文帝，於前一七九年踐帝位，號前元元年，居位二十三年，政績斐然，開漢治之局，立漢治之基，史稱文景之治。文帝爲高祖中子，乃薄姬所生，高祖十一年誅陳豨，定代地，立爲代王。居代十七年，秋，高后崩，諸呂謀爲亂，欲危劉氏，丞相陳平、太尉周勃、朱虛侯劉章等共誅之，謀立代王。遂使人赴代迎焉。代王群臣多持疑議，唯中尉宋昌獨排眾議曰：「方今高帝子，獨淮南王與大王耳，大王又長，賢聖仁孝聞於天下，故大臣因天下之心而欲迎立大王，大王勿疑也。」代王報太后計，猶豫未定。卜之，遂決，代王乃遣太后弟薄昭見太尉周勃，勃等具言所以迎立王者。昭還報曰：「信矣！無可疑者。」代王遂令宋昌、張武等六人乘六乘傳詣長安。群臣至渭橋拜謁稱臣。太尉勃進曰：「願少間。」（少間，私語，不欲因眾顯論也。）宋昌曰：「所言公，公言可也；所言私，王者無私。」宋昌氣度恢宏，亦代王平日之德也，一言示群臣以天下爲公也。群臣拜，願代王即天子位，代王曰：「奉高帝宗廟，重事也，寡人不佞，不足以稱，願請楚王計宜者。（楚王名交，高祖之弟。）」群臣再拜請者三，丞相平等皆曰：「臣伏計之，大王奉高祖宗廟最宜稱，雖天下諸侯萬民皆以爲宜。」群臣奉天子璽符上，代王即天子位。皇帝即日夕入未央宮，夜拜宋昌爲衛將軍，領南北軍；張武爲郎中令，行殿中。元年正月，「有司請早建太子。」帝曰：「必子，人其以朕爲忘賢有德者，而專於子，非所以憂天下也。朕甚不取。」有司進之曰：「立嗣必子，所從来远矣，殷周用此道也，國以治安皆且千歲；高帝设之以撫海内；而更選於諸侯宗室，非高帝之志也。子啓最長，敦厚慈仁，請建以爲太子。」上乃許之。三月，詔曰：「方春和時，草木群生之物，皆有以自樂；而吾百姓鰥寡孤獨窮困之人或阽於死亡，而莫之省憂，爲民父母將何如？其議所以振貸之。」又曰：「老者非帛不煖，非肉不飽；今歲首，不時使人存問長老，又無酒肉之賜，將何以佐天下子孫孝養其親？今聞吏稟當受鬻者，或以陳粟，豈稱養老之意哉？具爲令。」有司請令縣道：「年八十已上賜米，人月一石，肉二十斤、酒五斗；其九十已上，又賜帛，人二疋，絮三斤，不稱者，督之。」二年冬，十一月，詔曰：「朕聞之，天生民爲之置君，以養治之。人主不德，布政不均，則天示之災，以戒不治。朕獲保宗廟，以微眇之身，託於士民君主之上，天下治亂，在予一人，唯二三執政，猶吾股肱也，朕下不能治育群生，上以累三光之明，其不德大矣；令至，其悉思朕之過失，及知見之所不及，匄以啓告朕（匄，乞也）。又舉賢良方正，能直言極諫者，以匡朕之不逮。」二年正月丁亥，詔曰：「夫農，天下之本也，其開籍田，朕親率耕，以給宗廟粢盛！」三月，又詔曰：「農，天下之大本也，民所恃以生也，而民或不務本而事末，故生不遂。朕憂其然，故今茲親率群臣，農以勸之，其賜天下民，今年田租之半。」由此而見，文帝明治國之要，知安民之本矣。

當此時也（文帝前元六年），即有雒陽才子賈誼上《治安策》，切中要害，實漢安利天下之急務也。其所言之大旨爲削弱諸侯之權力，「衆建諸侯而少其力，力少則易使以義，國小則亡邪心。令海內之勢，如身之使臂，臂之使指，莫不制從。諸侯之君，不敢有異心，輻湊並進，而歸命天子。」此策文外，更詳論爲治之綱與目：綱者，審取舍也；目者，一曰嚴太子之教以正其心，二曰隆禮以端教化，三曰安匈奴以解倒懸。審取舍者，取王道而舍霸道也，修帝德、布仁政、敷善教、化美俗也；由此而明，儒家道統之意初見于文帝之政也，此在中華史上乃第一次偉大實踐也。（周德之季，以其道與德孕育並成熟了中華道統，賈誼就胎出於此。）

取舍之極定於内，而安危之萌應於外。安者非一日而安也，危者非一日而危也，悉由積與漸所致也。周之德由古公亶父（前一三五三年）至文王（前一一四四年）積有二百年矣；秦之霸由秦穆公（前六五九年）至秦始皇之消滅六國（前二二一年）歷四百餘年而於十五年中猝爾敗亡，其故安在哉？蓋積之王道帝德則安，積之霸道力勝則危。安則雖有衰敗，猶存中興之望；危則日甚一日，終告滅亡，故知秦之霸也，以力勝人，外似强大，内伏危機；此王霸之利弊也。賈誼所言審取舍之至意也。其目中所言嚴太子之教以正其心，此乃關係於國家存亡、天下治亂、文教興衰、人民貧富之大事。《禮記·文王世子》曰：「教世子，凡三王教世子，必以禮、樂。樂所以修内也，禮所以修外也。禮樂交錯於中，發形於外，是故其成也懌，恭敬而温文。立太傅、少傅以養之，欲其知父子君臣道也；太傅審父子君臣之道以示之；少傅奉世子以觀太傅之德行而審喻之。太傅在前，少傅在后；入則有保，出則有師，是以教喻而德成也。師也者，教之以事而喻諸德者也；保也者，慎其身以輔翼之，而歸諸道者也。《記》曰：『虞、夏、商、周，有師保、有疑丞。設四輔、及三公，不必備，唯其人，語使能也。』君子曰德，德成而教尊，教尊而官正，官正而國治。是故知爲人子，然後可以爲人父；知爲人臣，然後可以爲人君；知事人，然後能使人。故學之爲父子焉，學之爲君臣焉，學之爲長幼焉。父子、君臣、長幼之道得，而國治。一有元良，萬國以貞，世子之謂也。」明乎此，則知賈誼太子之論即出于右文。「天子命懸于太子，太子之善，在於早諭教與選左右。夫心未濫，而先諭教，則易成也。開於道術智詣之旨，則教之力也；若其服習積慣，則左右而已。夫教得而左右正，則太子正矣；太子正，而天下定矣。」所言隆禮以端教化，誼曰：「以禮義治之者，積禮義；以刑罰治之者，積刑罰。刑罰積，而民怨背；禮義積，而民和親。道以德教者，德教洽而民氣樂；歐之以法令者，法令極而民風哀。哀樂之感，禍福之應也。湯武置天下於仁義禮樂，而德澤洽禽獸草木廣裕，德被蠻貊四夷，累裕子孫數十世，故天下之所共聞也。秦王置天下于法令刑罰，德澤亡一有，而怨毒盈于世，下憎惡之如仇讎，禍幾及身，子孫誅絶，此天下之所共見也。」所論安匈奴以解倒懸者，誼曰：「凡天子者，天下之首，何也？上也；蠻夷者，天下之足，何也？下也。今匈奴嫚侮侵掠，至不敬也，爲天下患，至亡已也。而漢歲致金絮采繒以奉之；夷狄徵令，是主上之操也；天子共貢，是臣下之禮也。足反居上，首顧居下，倒懸如此，莫之能解，猶謂國有人乎！」（《前漢書・賈誼傳》）文帝雖嘉誼之才，然其大臣如周勃、灌嬰、張相如、馮敬之等則毀之曰：「雒陽之人年少初學，專欲擅權，紛亂諸事。」「於是天子疏之，不用其議，以誼爲長沙王太傅。」嗚呼！大才者，不世而出之者也，不得其用，亦時勢使然也，非文帝之過也，然其影響已微見於漢政矣。

且文帝已專注思慮于治國安民，從具詔書可窺知矣。「間者數年比不登，又有水旱疾疫之災，朕甚憂之，愚而不明，未達其咎，意者朕之政有所失，而行有過歟！乃天道有不順，地利或不得，人事多失和，鬼神廢不享歟！何以致此？將百官之奉養或費、無用之事或多歟？何其民食之寡乏也？夫度田非益寡，而計民未加益，以口量地，其於古猶有餘，而食之甚不足者，其咎安在？無乃百姓之從事於末，以害農者蕃，爲酒醪以靡穀者多，六畜之食焉者衆歟？細大之義，吾未能得其中，其與丞相、列侯、吏二千石、博士議之。有可以佐百姓者，率意遠思，無有所隱。」（《文帝議佐百姓詔》）此詔足見文帝愛民之心切也；且辭意懇切謙卑，不稱朕而曰吾，此在歷代皇帝中乃所僅見者也。文帝持身亦崇尚儉樸。「帝居位二十三年，宮室、苑囿、車騎、服御，無所增益，有不便，輒弛以利民。嘗欲作露臺，召匠計之，值百金，上曰：『百金，中人十家之産也，吾奉先帝宮室嘗恐羞之，何以臺爲。』身衣弋綈，所幸慎夫人衣不曳地，帷帳無文繡，以示敦樸，爲天下先。治霸陵皆瓦器，不得以金、銀、銅、錫爲飾，因其山起墳。吳王詐病不朝，賜以几杖。群臣袁盎諫説雖切，常假借納用焉。張武等受賂金錢，覺，更加賞賜以媿其心。專務以德化民。」

文帝更主以孝化民，十二年春三月，詔曰：「孝悌，天下之大順也。《孝經》曰：『以孝事君則忠，以敬事長則順。』《孟子·告子》曰：『堯舜之道，孝悌而已矣。』力田，爲生之本也；三老，衆民之師也；廉吏，民表也。朕甚嘉此。其遣謁者勞賜三老、孝者，帛人五匹；悌者，力田二匹；廉吏，二百石以上率百石者三匹。及問民所不便安，率置三老、孝悌、力田常員，令各率其意，以道（導）民焉。」由此詔可知，文帝欲在民間建立廉吏、三老、孝悌、力田四位一體之教化實體，以勸力田、孝悌。

文帝之德更見于臨崩之《遺詔》：「朕聞之，蓋天下萬物之萌生，靡不有死，死者天地之理，萬物之自然，奚可甚哀！當今之世，咸嘉生而惡死，厚葬以破業，重服以傷生，吾甚不取。且朕既不德，無以佐百姓；今崩，又使重服久臨，以罹寒暑之數；哀人父子，傷長老之志，損其飲食，絶鬼神之祭祀，以重吾不德，謂天下何？朕獲保宗廟，以眇眇之身，託於天下君王之上，二十有餘年矣，賴天下之靈、社稷之福，方内安寧，靡有兵革。朕既不敏，常懼過行，以羞先帝之遺德，惟年之久長，懼於不終。今乃幸以天年，得復供養于高廟。其奚哀念之有？其令天下吏民：令到出臨三日，皆釋服；毋禁娶婦、嫁女、祠祀、飲酒、食肉；自當給喪事服臨者，皆無跣；絰帶無過三寸；毋布車及兵器；毋發民哭臨宫殿中；殿中當臨者皆以旦夕，各十五舉音，禮畢罷；非旦夕臨時，禁毋得擅哭臨；已下棺，服大功十五日、小功十四日、纖七日，釋服。他不在令中者，皆以此令比類從事。布告天下，使明知朕意。霸陵山川因其故，毋有所改，歸夫人以下至少使。」觀此遺詔，可知文帝律己之嚴，似憾未用賈誼之才，實已盡儒家道統正太子、正君心之意矣。而且觀文帝立身爲政，俱崇儉樸、謙卑、德化，深得老子「玄德」「三寶」「知雄守雌」之意，可見儒、道兩家内聖外王之德已滲透於文帝之政矣。

孝景皇帝（名啓，文帝長子竇太后所生）繼文帝之位（前一五六年），號曰前元元年，面臨兩大急務：一削藩，二治吏。初内史鼂錯，請間言事，景帝輒細聽之，寵信傾九卿。錯又曾上《論貴粟疏》，得爲治之要，景帝益重其言。關於削藩事，錯説上曰：「昔高皇帝初定天下，昆弟少，諸子弱，大封同姓，齊十餘城，楚四十餘城，吴五十餘城，封三庶孽，分天下半。今吴王前有太子之郤，詐稱病不朝，於古法當誅。文帝不忍，因賜几杖，德至厚也。當改過自新，乃益驕溢，即山鑄錢，煮海水爲鹽，誘天下亡人謀作亂。今削之反，不削亦反。削之，其反亟，禍小；不削，反遲，禍大。」廷臣方議削吴，吴王恐懼無已，因發謀舉事。聞膠西王勇，乃身爲使者往説膠西王，面約「共除患於天下」，並「兩主分割天下」。膠西王曰「善」，遂發使約淄川、膠東、濟南，共同起兵，皆許諾，楚、趙亦皆及。是謂七國之亂。文帝臨崩之際曾示太子，「即有緩急，周亞夫真可令將兵。」及七國反書聞，景帝即拜周亞夫爲太尉，將三十六將軍往擊吴、楚，遣曲周侯酈寄擊趙，將軍欒布擊齊，復召竇嬰拜爲大將軍，使屯滎陽，監齊、趙兵。昔鼂錯與吴相袁盎有隙，吴楚七國反，使盎赴京師謁景帝，行除錯之計，景帝屏左右，獨聽盎言：「吴、楚相遺書，言高皇帝王子弟各有分地，今賊臣鼂錯擅適諸侯，削奪之地，以故反，欲西共誅錯，復故地而罷。方今獨有斬錯，發使赦吴楚七國，復其故地，則兵可毋血刃而俱罷。」於是上默然良久，曰：「顧誠何如？吾不愛一人以謝天下。」盎曰：「愚計出此，唯上熟計之。」乃拜盎爲太常，密裝治行。後十餘日，上令丞相青、中尉嘉、廷尉歐，劾奏錯：「不稱主上德信，欲疏群臣、百姓，又欲以城邑予吳，無臣子禮，大逆無道。錯當腰斬；父母、妻子、同産，無少長，皆棄市。」制曰：「可。」錯殊不知。上使中尉召錯，紿載行市，錯衣朝衣，斬東市。謁者僕射鄧公爲校尉，上書言軍事，見上，上問曰：「道軍所來，聞鼂錯死，吳、楚罷不？」鄧公曰：「吳爲反數十歲矣，發怒削地，以誅鼂錯爲名，其意不在錯也。且臣恐天下之士箝口不敢復言矣。」上曰：「何哉？」鄧公曰：「夫鼂錯患諸侯强大而不可制，故請削之，以尊京師，萬世之利也。計劃始行，卒受大戮，内杜忠臣之口，外爲諸侯報仇，臣竊爲陛下不取也。」於是帝喟然長息曰：「公言善，吾亦恨之。」在鼂錯斬于東市之前十餘日，錯之父從潁川來，責錯削諸王之危，錯回答其父曰：「固也。不如此，天子不尊，宗廟不安。」父曰：「劉氏安矣，而鼂氏危矣！吾去矣！」遂飲藥死，曰：「吾不忍見禍逮身。」

觀鼂錯力主削諸王之見、七國作亂之由及景帝殺鼂錯之行，可以明見臣忠而君譎、臣直而君詐，今觀史者唯有長嘆帝王之道與德，今不如昔矣。然進一步剖析七國作亂之最深根源，則明見其權欲吞天也。遵高皇帝之約：「非劉氏不得王，非有功不得侯。」今劉氏子孫既已王矣，自當衛護中央之穩定，此乃封王之真諦所在，更不許生反中央之念，此乃王道之禮法也、諸王之職守也。今吳、膠（西）兩王密定計于下，企「兩主分割天下」，以推翻劉氏中央政府爲志，此非景帝之敵也，亦天下萬民之敵也。秦亂天下久矣，漢政已穩，人心思治，本亦無亂源可尋；不意患生于兄弟骨肉之間，禍肇于私心人欲之際，將其「分割天下」之陰謀，以袁盎之進言「欲西共誅錯，復故地而罷」。由此而明，七國之禍源發于私欲而已。即景帝之殺鼂錯也，亦私欲而已，蓋朝廷定謀削弱諸王之勢與力也，雖有鼂錯之意，但下令削之則景帝之斷也。殺錯，則認錯於諸王；不殺錯，則諸王不罷兵，危及自己之帝位。殺與不殺一時很難決斷，所以面對袁盎「默然良久」，卒斬之，私也。此私也，與七國之私也無異焉，稍有異者其地位與權勢不同而已矣。景帝雖「喟然長息吾亦恨之」，但予以爲景帝終未明其所失者者乃私心之隱也。

關於吏治問題，景帝後元二年（前一四二年）夏四月，詔曰：「雕文刻鏤，傷農事者也；錦繡纂組，害女紅者也。農事傷，則飢之本也；女紅害，則寒之原也。夫飢寒並至，而能亡爲非者寡矣。朕親耕，后親桑，以奉宗廟粢盛祭服，爲天下先，欲天下務農蠶，素有畜積，以備災害。强毋攘弱，衆毋暴寡，老耆以壽終，幼孤得遂長。今歲或不登，民食頗寡，其咎安在？或詐僞爲吏，吏以貨賂爲市，漁奪百姓，侵牟萬民（牟，食苗根之蟲）。縣丞，長吏也，奸法與盜盜，甚無謂也（無謂，即無異）。其令二千石各修其職；不事官職耗亂者，丞相以聞，請其罪。布告天下，使明知朕意。」五月，又詔曰：「人不患其不知，患其爲詐也；不患其不勇，患其爲暴也；不患其不富，患其亡厭也。其唯廉士，寡欲易足。」由此而明景帝洞察民之不免于飢寒者，在政之不正；政之不正者，在官之不正；官之不正者，在吏治之不嚴；吏治之不嚴者，在罰之不力；罰之不力，則詐僞爲吏、貨賂爲市、貪污横行、漁奪百姓、侵牟萬民。在吏治中，治縣丞尤爲重要，縣丞不正則藉推行政令爲奸爲盜，無所不用其極，百姓有苦無處訴，有冤無處申；民怨積於下，政滯危於上，久之誤之，大亂必生，無以爲治矣。故爲政之要治官爲先，《禮記·文王世子》曰：「德成（言君之德成也）而教尊，教尊而官正，官正而國治，君子之謂也。」其意爲帝王之德必成，其治官之教乃尊嚴而有威信，其官才信服而歸之於正，吏治之要在教也；教之以道而修之以德也，輔之以賞罰、考之以制度，則吏治得矣。

漢之治也，經「孝文、孝景清淨恭俭，安養天下，七十餘年之間，國家無事，非遇水旱之災，民則人給家足，都鄙廩庾皆滿，而府庫餘貨財；京師之錢累鉅萬，貫朽而不可較；太倉之粟陳陳相因，充溢露積於外，至腐敗而不可食。衆庶街巷有馬，而阡陌之間成群，乘字牝者擯而不得聚會。守閭閻者食粱肉，爲吏者長子孫，居官者以爲姓號。故人人自愛以重犯法，先行義而後詘辱焉。當此之時，綱疏而民富，役財驕溢，或至兼併；豪黨之徒，以武斷於鄉曲。宗室有土，公卿大夫以下，爭於奢侈，室廬、輿服僭于上，無限度。物盛而衰，固其變也；自是之後，孝武内窮侈靡，外攘夷狄，天下蕭然，財力耗矣。」（《資治通鑒》）

誠哉！温公之言是也。「物盛而衰」，文景以道與德使物盛，孝武以意氣，使漢之威力盛，盛中蘊衰歷二十餘年，天下蕭然矣；衰亦可轉變爲盛，唯其人而已矣。有賢者與則能扶危支傾，使之歸于正，復于盛。由此而知文景之世，「清淨恭儉，綱疏民富」而致大治者，非奉老莊書本之言而獲之者，乃鑒於秦之覆亡，親歷漢初之誅殺功臣與吕氏之亂政；文、景應運居其帝位，内發天良之純，外感圖治之急。非清淨無以節人欲、慮遠謀；非綱疏無以開民智、盡民力。行之正而合於老、莊與孔、孟之道也。由此而明，非以孔、孟、老、莊之道先設諸乎心，而後令其發之爲用，則稱之曰孔、孟或老、莊之道；乃是出於人之天良善性。而且節之於人欲邪惡，而形之於修齊治平者，則必入於孔、孟、老、莊之道也。或曰爲何非稱孔、孟、老、莊耶？答曰：不稱孔、孟、老、莊，亦可稱之謂自性、自心可也，此乃人皆可以爲堯舜之至意也。中華大道乃堯舜之道，乃人人皆可以爲堯舜之道，予之爲文以明此道者，期全人類明此道而自覺行之，他日普天之下，日月所照，光明所至，盡皆堯天舜日也。遡此道以理論形態而顯諸於世者已歷八大歷史時期矣，即軒轅、堯、舜、禹、湯、周、孔、漢（前二六九八年—前一四二年，漢景帝卒），順之則昌，逆之則亡；順之者雖歷衰亂而復昌，逆之即便處榮而終亡。「物盛而衰，固其變也；」但衰之終則有二途焉：一曰由衰而亡，二曰由衰而復興也。由衰而亡者，以乏道德濟世之才也；由衰而復興者，乃既具有道德之純正以服衆，又有知幾識變、旋轉乾坤之膽量與才能。此乃盛衰轉化之契機也，其核心内涵則道德與權變也。

三　武帝之功過

武帝名徹，景帝之中子，居帝位五十三年（前一四零年—八七年），易其年號十有一焉

（建元、元光、元朔、元狩、元鼎、元封、太初、天漢、太始、征和、後元）。觀其年號，知其謀慮；明其謀慮，揆其政尚，綜其功過。就尊儒、待賢、通西域、伐匈奴、求神仙五者論之。

（一）武帝之尊儒。漢之尊儒，始於文帝，然其終未用賈誼之策，蓋以竇太后「好黃老言，不悦儒術」；賈誼又早亡，實乃漢家天下之大失也。然漢室有異於秦廷，秦所行者霸道暴政也，漢則欲爲大治，其必求於儒、道之論。而且文、景之間雜用儒、道兩家之論，已初見明效矣，「綱疏民富」。其中，道甚於儒；竇太后好黃、老之言正矣，「不悦儒術」則錯也。倘能儒道並重兼用，則美且善矣。「人道政爲大」，孔子早言之於魯哀公矣。秦之亡於霸道、暴政，對漢之警啓極深。王天下而不亡者，惟儒術爲能。漢武帝有以求之，儒者亦有以效之（淮南王劉安之門客中亦多有儒者），賈誼既已發之於前，繼起者自不乏人。武帝元光元年（前一三四年）冬十一月，初令「郡國舉孝廉各一人」。（師古曰：「孝謂善事父母者；廉謂清潔有廉隅者。」）五月，詔賢良曰：「朕聞昔在唐、虞，畫象而民不犯（應劭曰：「畫衣冠、異章服而民不敢犯也。」），日月所燭，莫不率俾；周之成、康，刑錯不用（錯，置也），德及鳥獸，教通四海，海外肅昚（肅昚，東夷之國名），北伐渠搜，氐羌徠服。星辰不孛，日月不蝕，山陵不崩，川谷不塞，麟鳳在郊藪，河洛出圖書。嗚呼！何施而臻此歟！今朕獲奉宗廟，夙興以求，夜寐以思，若涉淵水，未知所濟。猗歟偉歟！何行而可以章光帝之洪業休德，上參堯舜，下配三王！朕之不敏，不能遠德，此子大夫之所睹聞也。（子者，人之嘉稱也。）賢良明於古今王事之體，受策察問，咸以書對，著之於篇，朕親覽焉。」

此次召對者百餘人，武帝親策問古今治道，此在中華史上乃首創也。廣川董仲舒對曰：「道者，所由適於治之路也；仁、義、禮、樂，皆其具也。故聖王已没而子孫長久，安寧數百歲，此皆禮樂教化之功也。夫人君莫不欲安存，而政亂國危者甚衆，所任者非其人，而所由者非其道也，是以政日以仆滅也。夫周道衰于幽、厲，非道亡也，幽、厲不由也。至於宣王，思昔先王之德，興滯補敝，明文武之功業，周道粲然復興，此夙夜匪懈，行善之所致也。孔子曰：『人能弘道，非道弘人。』故治亂廢興在於已，非天降命，不可得反；其所以操持悖謬，失其統緒也。爲人君者，正心以正朝廷，正朝廷以正百官，正百官以正萬民，正萬民以正四方，四方正，遠近莫敢不壹於正；而亡邪氣奸於其間者，是以陰陽調而風雨時，群生和而萬民殖，諸福之物，可致之祥，莫不畢至，而王道終矣。今陛下貴爲天子，富有四海，居得致之位，操可致之勢，又有能致之資；行高而恩厚，知明而意美，愛民而好士，可謂誼主矣。然而天地未應，而美祥莫至者，何也？凡以教化不立而萬民不正也。夫萬民之求利也，如水之走下，不以教化隄防之，不能止也。古之王者明於此，故南面而治天下，莫不以教化爲大務。立太學以教於國，設庠序以化於邑，漸民以仁，摩民以誼，節民以禮，故其刑罰甚輕而禁不犯者，教化行而習俗美也。聖王之繼亂世也，掃除其迹而悉去之，復修教化而崇起之。教化已明，習俗已成，子孫循之，行五六百歲，尚未敗也。秦滅先聖之道，爲苟且之治，故立十五年而亡，其遺毒餘烈至今未滅，使習俗薄惡，人民嚚頑，抵冒殊扞，孰爛如此之甚者也！竊譬之：琴瑟不調，甚者必解而更張之，乃可鼓也；爲政而不行，甚者必變而化之，乃可理也。故漢得天下以來，常欲治，而至今不能善治者，失之於當更化而不更化也。臣聞聖王之治天下也，少則習之學，長則材諸位，爵祿以養其德，刑罰以威其惡，故民曉於禮義而恥犯其上。武王行大義，平殘賊，周公作禮樂以文之；至於成康之隆，囹圄空虛四十餘年，此亦教化之漸，而仁誼之流，非獨傷肌膚之效也。至秦則不然，師申、商之法，行韓非之說，憎帝王之道，以貪狠爲俗，誅名而不察實（誅，責也），爲善者不必免，而犯惡者未必刑。是以百官皆飾虛辭而不顧實，外有事君之禮，内有背上之心，造僞飾詐，趨利無耻；是以刑者甚衆，死者相望，而姦不息，俗化使然也。今陛下并有天下，莫不率服，而功不加於百姓者，殆王心未加焉。夫不素養士而欲求賢，猶譬不琢玉而求文采也。故養士之大者，莫大乎太學。太學者，賢士之所關也、教化之本原也。臣願陛下興太學，置明師，以養天下之士，數考問以盡其材，則英俊宜可得矣。今之郡守、縣令，民之師帥，所使承流而宣化也；故師帥不賢，則主德不宣，恩澤不流。甚不稱陛下之意，皆長吏不明至於此也。臣愚以爲使諸列侯、郡守、二千石，各擇其吏民之賢者，歲貢各二人，以給宿衛，且以觀大臣之能。所貢賢者，有賞，所貢不肖者，有罰。夫如是，諸二千石皆盡心求賢，天下之士可得而官使也。偏得天下之賢人，則三王之盛易爲也，而堯舜之名可及也。毋以日月爲功，實試賢能爲上，量材而授官，録德而定位，則廉耻殊路，賢不肖異處矣。夫樂而不亂、複而不厭者，謂之道。道者，萬世亡敝；敝者，道之失也。道之大，原出於天，天不變，道亦不變。是以禹繼舜，舜繼堯，三聖相受而守一道，亡救敝之政也。由是觀之，繼治世者其道同，繼亂世者其道變。今漢繼大亂之後，若宜少損周之文致，用夏之忠者。夫古之天下，亦今之天下，共是天下，以古準今，壹何不相逮之遠也？安所繆盭

（盭，古戾字）而陵夷若是？意者有所失於古之道歟，有所詭於天之理歟？夫天亦有所分予：予之齒者去其角，傅其翼者兩其足，是所受大者不得取小也。古之所予禄者，不食于力，不動于末，是亦受大者不得取小，與天同意者也。夫已受大，又取小，天不能足，而况人乎！此民之所以囂囂若不足也。身寵而載高位，家温而食厚禄，因乘富貴之資力，以與民爭利於下，民安能如之哉！民日削月朘，寖以大窮！富者奢侈羡溢，貧者窮急愁苦，民不樂生，安能避罪！此刑罰之所以蕃，而奸邪不可勝者也。天子大夫者，下民之所視效，遠方之所四面而内望也；近者視而放之（放，依也），遠者望而效之，豈可居賢人之位，而爲庶人之行哉！《易》曰：「負且乘，致寇至！」（《易·解卦》六三之辭）乘車者，君子之位也；負擔者，小人之事也；此言居君子之位和爲庶人之行者，患禍必至也。《春秋》大一統者，天地之常經，古今之通義也。今師異道，人異論，百家殊方，指意不同，是以上無以持一統，法制數變，下不知所守。臣愚以爲，諸不在《六藝》之科、孔子之術者，皆絶其道，勿使並進，邪辟之説滅息，然後統紀可一而法度可明，民知所從矣。」（《資治通鑒》第二册五四九—五五六頁）

元朔元年冬十一月，詔曰：「公卿大夫，所使總方略、一統類、廣教化、美風俗也。夫本仁祖義，褒德禄賢，勸善型暴，五帝三王所由昌也。朕夙興夜寐，嘉與宇内之士，臻於斯路。故旅耆老，（旅耆老，加惠于耆老若賓旅也）復孝敬，選豪俊，講文學，稽參政事，祈進民心，深詔執事，興廉舉孝，庶幾成風，紹休聖緒。夫十室之邑，必有忠信；三人並行，厥有我師。今或至闔君郡不薦一人，是化不下究，而積行之君子壅於上聞也。將何以佐朕燭幽隱、勸元元、勵蒸庶、崇鄉黨之訓哉！且進賢受上賞，蔽賢蒙顯戮，古之道也。其與中二千石、禮官、博士議不舉者罪。」有司奏議曰：「古者諸侯貢士，壹適謂之好德，再適謂之賢賢，三適謂之有功，加九錫（應劭曰：「一曰車馬，二曰衣服，三曰樂器，四曰朱户，五曰納陛，六曰虎賁百人，七曰鈇鉞，八曰弓矢，九曰秬鬯。此皆天子制度。」）。不貢士，壹則黜爵，再則黜地，三則黜爵地畢矣。夫附下罔上者死，附上罔下者刑，與聞國政而無益於民者斥，在上位而不能進賢者退，此所以勸善黜惡也。今詔書昭先帝聖緒，令二千石舉孝廉，所以化元元，移風易俗也。不舉孝，不奉詔，當以不敬論；不察廉，不勝任也，當免。」奏可。（《前漢書・武帝紀》）武帝此詔乃依董議而發之者也；予之所以將武帝之三詔及董仲舒之《對策》一併録之於此者，爲保存史料以利論述有啓後賢也。

觀武帝之意，實出於求「五帝三王所由昌」之道也。此道也，乃王道也，武帝善董仲舒之對，「推明孔氏，抑黜百家。」後人依此言武帝「獨尊儒術，罷黜百家」，細味之，實有乖原意。「推明孔氏」乃闡明孔子六經大誼也，無獨尊之意，唯其微言大義乃王道之純，非他說所可及也，而且愈發愈明、愈驗愈效也；「抑黜」乃抑之也，非罷之也，雖一字之差，實有可思可辨者存焉。至於二十世紀「五四運動」以後，論者以中華近五百年科技停滯之罪歸咎於「獨尊儒術」，則更有違史實。蓋我中華文明在明代中葉之前遥遥領先於世，唯近五百年西方文藝復興促進了實證主義，引發科技猛進，中華始瞠乎其後矣。

後十年，元光五年（前一三零年），詔復徵賢良文學：「朕甚嘉之，子大夫修先聖之術，明君臣之道，講論洽聞，有聲乎當世。敢問子大夫，天人之道，何所本始；吉凶之道，安所明焉；禹湯水旱，厥咎何由；仁義禮智，四者之宜，當安設施；屬統垂業，物鬼變化，天命之符，廢興何如；天文地理，人事之紀，子大夫焉習？其悉意正議，詳具其對，著之於篇，朕將親覽焉，靡有所隱。」公孫弘對曰：「臣聞，上古堯舜之世，不貴爵賞，而民勸善，不重刑罰，而民不犯，躬率以正而遇民信也；末世貴爵厚賞，而民不勸，深刑重罰，而姦不止，其上不正，遇民不信也。夫厚賞重刑，未足以勸善而禁非，必信而已矣！是故因能任官，則分職治；去無用之言，則事情得；不作無用之器，則賦斂省；不奪民時，不妨民力，則百姓富；有德者進，無德者退，則朝廷尊；有功者上，無功者下，則群臣逡；罰當罪，則姦邪止；賞當賢，則臣下勸。凡此八者，治民之本也。故民者，業之即不爭，理得則不怨，有禮則不暴，愛之則親上，此有天下之急者也。故法不遠義，則民服而不離；和不遠禮，則民親而不暴。故法之所罰，義之所去也；和之所賞，禮之所取也。禮義者，民之所服也，而賞罰順之，則民不犯禁矣。今人主和德予上，百姓和合於下，故心和則氣和，氣和則形和，形和則聲和，聲和則天地之和應矣。故陰陽和、風雨時、甘露降、五穀登、六畜蕃、嘉禾興、朱草生、山不童、澤不涸，此和之至也。臣聞之，仁者愛也，義者宜也，禮者所履也，智者術之原也。致利除害、兼愛無私謂之仁；明是非、立可否謂之義；進退有度、尊卑有份謂之禮；擅生殺之柄、通壅塞之塗、權輕重之數、論得失之道，使遠近情僞畢見於上，謂之術。凡此四者，治之本、道之用也。皆當設施，不可廢也。得其要則天下安樂，法設而不用；不得其術，則主蔽於上，官亂於下，此事之情，屬統垂業之本也。」——（《前漢書·公孫弘傳》）時對者百餘人，太常奏弘第居下，策奏，天子擢弘對爲第一。召見，容貌甚麗，拜爲博士，待詔金馬門。弘復上書曰：「陛下有先聖之位，而無先聖之民；有先聖之民，而無先聖之吏，是以勢同而治異。先聖之吏正，故其民爲篤；今世之吏邪，故其民薄，政敝而不行，令倦而不聽。夫使邪治敝政，用倦令治薄民，民不可得而化，此治之所以異也。臣聞周公旦治天下，期年而變，三年而化，五年而定，唯陛下之所志。」書奏，天子以策書答問弘稱周公之治，弘之材能自視孰與周公賢，弘對曰：「愚臣淺薄，安敢比材於周公，雖然，愚心曉然見治道之可以然也。」武帝善其言，益尊之，「元朔中，代薛澤爲丞相。」武帝又詔：「封丞相弘爲平津侯。」「凡爲丞相御史六歲，年八十終。」

元朔元年（前一二八年），又有臨淄人主父偃、嚴安、無終人徐樂皆上書言事。主父偃言九事，其八事爲律令，一事諫伐匈奴。其辭曰：「《司馬法》曰：國雖大，好戰必亡；天下雖平，忘戰必危。夫匈奴難得而治，非一世也；行盜侵驅，所以爲業也；天性固然，禽獸畜之，不屬爲，此臣之所以大憂而百姓之所疾苦也。」嚴安上書曰：「今天下人民用財侈靡，車馬、衣裳、宮室，皆競修飾；調五聲使有節族，雜五色使有文章，彼民之情，見美則願之，是教民以侈也；侈而無節，則不能贍，民離本而徼末矣。臣願爲民制度，以防其淫，使貧富不相耀以和其心；心志定，則盜賊消，刑罰少，陰陽和，萬物蕃也。」徐樂上書曰：「臣聞天下之患，在於土崩，不在瓦解，古今一也。何謂土崩，秦之末世是也。陳涉無千乘之尊，尺土之地，身非王公大人名族之後，非有孔、曾、墨子之賢，偏袒大呼，天下從風，此其故何也？由民困而主不恤，下怨而上不知，俗已亂而政不脩，此三者，陳涉之所以爲資也。此之謂土崩。何謂瓦解？吳、楚、齊、趙之兵是也。七國謀爲大逆，號皆稱萬乘之君，帶甲數十萬，威足以嚴其境內，財足以勸其士民，然不能西攘尺寸之地，而身爲擒於中原者，此其故何也？當是之時，先帝之德未衰，而安土樂俗之民衆，故諸侯無境外之助，此之謂瓦解。故曰天下之患不在瓦解。此二者安危之明要，賢主之所宜留意而深察也。」書奏，武帝召見三人，謂曰：「公等皆安在！何相見之晚也。」皆拜爲郎中，主父偃尤親幸之，一歲四遷，爲中大夫，大臣畏其口，或謂偃曰：「太横矣！」偃曰：「吾生不五鼎食，死即五鼎烹耳！」（《資治通鑑》）觀偃其人，不過欲攫取利禄之小人，非武帝所求之賢者，其不得善終亦宜矣。

班固贊武帝曰：「漢承百王之弊，高祖撥亂反正，文、景務在養民，至於稽古禮文之事，猶多闕焉。孝武初立，卓然罷黜百家，表彰《六經》（師古曰：「百家謂諸子雜説，違背《六經》。」），遂疇咨海内，舉其俊茂，與之立功。興太學，修郊祀，改正朔，定曆數，協音律，作詩樂，建封禪，禮百神，紹周後，號令文章，焕然可述，後嗣得尊洪業而有三代之風。如武帝之雄才大略，不改文、景之恭儉，以濟斯民，雖詩書所稱，何有加焉。（師古曰：美其雄材大略，非其不恭儉也。）」觀武帝之德功，雖未臻三代，然體其問道、褒德、敬業、弘治之意，實有欲追五帝三王之聖迹，恢皇漢統也。

（二）武帝之待賢。賢者，聖賢睿哲之徒，乃儒家理想政治之實踐者。孔子曰：「君使臣以禮，臣事君以忠。」「君君、臣臣」者，蓋言此也。《尚書·益稷》更歌之曰：「元首起哉，股肱喜哉，百工熙哉！元首明哉，股肱良哉，庶事康哉！」進一步指明君明、臣良、百官、庶事之密切關係。君居指導之位，必聖且哲也、睿且明也；臣處輔佐之位，亦必聖哲睿明。故禮賢而下士，誠而信之，敬而愛之，爲君爲帝者之本分也。武帝既早蓄「雅嚮儒術」之志，自其尊賢崇能之德，曾數詔求賢，言辭懇切，但考之其實，則不免有闕焉。汲黯爲此諫曰：「陛下求賢甚勞，未盡其用，輒已殺之，以有限之士恣無已之誅，臣恐天下賢材將盡，陛下誰與共爲治乎！」黯言之甚怒，上笑而諭之曰：「何時無材？患人不能識之耳。苟能識之，何患無人？夫所謂才者，猶有用之器也；有才而不肯盡用，與無才同，不殺何施？」黯曰：「臣雖不能以言屈陛下，而心猶以爲非，願陛下自今改之，無以臣爲愚而不知禮也。」上顧群臣曰：「黯自言爲便辟則不可，自言爲愚，豈不信然乎！」然武帝視人才爲有用之器；有才而不肯用，與無才同，不殺何施？此乃非聖哲帝王之言也；動輒言殺，則霸者之惡也，失王者之仁德也。孔子有言曰：「君子不器；」「君子易事而難説也，説之不以其道，不説也；」「所謂大臣者，以道事君也，不可則去。」（俱見《論語》）不肯盡用，乃道不同也，當責君之稟道不正也，不用不失其才也，去之可也，何云殺之哉！子曰：「好剛不好學，其蔽也狂。」武帝豈手執生殺之權而近於狂也哉！觀武帝此言，則班固贊其「雄才大略」，過之矣。故司馬温公忿而言之曰：「有亡秦之失而免亡秦之禍。」（《資治通鑒》七四八頁）由此而明元光四年「魏其侯竇嬰有罪棄市」之故也。元朔二年，拜主父偃爲齊王相，因齊王自殺事，族主父偃；信之切，遷之速，殺之也驟，一唯武帝之喜怒是聽焉。司馬温公論之甚當：「天下信未嘗無士也，武帝好四夷之功，而勇鋭輕死之士充滿朝廷，使武帝兼三王之量，以興商周之治，其無三代之臣乎！」余應之曰「有」，唯在帝王善用之而已。蓋王道、仁德、善性、天良，本存人心；儒道經典，已閱千歲；文史資料，日臻完備；明師、正氣俱存人間；君子、國士隱於草莽之中，「天下有道則見，無道則隱」，「合則留，不合則去」。若武帝者，闕三王之量，其用之者，中材及其下者，上者則不納也。如董仲舒，大儒也，其論宏博，屈之以「爲江都相，事易王（易王景帝子，武帝之兄）」；公孫弘，小儒也，中其材也，擢之爲丞相，封爲平津侯；主父偃則小人也，唯圖利禄，不識治體，擢爲齊王相，「横行」上下，卒爲武帝所誅。由此而知，武帝之待賢，本有用賢之意，唯其高居帝位，復自視過高，不免小視天下之賢能，從《武帝求茂才異等詔》中可以窺知武帝偏愛，具有非常之才而能立「非常之功」的人。然而，治國、平天下之基業卻必依賴明大道、修大德、具大才、老成持重之賢者，而且君臣協一，假之以時日，始可見政教民風之大化，此大功則非「非常之才」所可致者。故此亦可見武帝御大才之不足也，待大賢之有失也。

（三）通西域之功。初匈奴降者言：「月氏故居燉煌、祁連間，為強國，匈奴冒頓攻破之，老上單于殺月氏王，以其頭爲飲器，餘衆遁逃遠去，怨匈奴，無與共擊之。」上募能通使月氏者。漢中張騫以郎應募，出隴西，經匈奴中，單于得之，留騫十餘歲，騫得間亡，鄉月氏（嚮，向也）西走，數十日，至大宛。大宛聞漢之饒財，欲通不得，見騫，喜，爲發導譯，抵康居，傳致大月氏，大月氏太子爲王，既擊大夏，分其地而居之，地肥饒，少寇，殊無報胡之心。騫留歲餘，竟不得月氏要領，乃還。並南山，欲從羌中歸，復爲匈奴所得，留歲餘。會伊稚斜逐於單，匈奴國內亂，騫乃與堂邑氏奴甘父逃歸。上拜騫爲太中大夫，甘父爲奉使君。騫初行時爲百餘人，去十三歲，唯二人得還。

張騫自月氏還，具爲武帝言西域諸國風俗：大宛在漢正西，可萬里，其俗土著耕田，有城郭、室屋，如中國。其東北則烏孫，東則于窴，于窴之西，則水皆西流注西海；其東，水東流注鹽澤；鹽澤潛行地下，其南則河源出焉。烏孫、康居、奄蔡、大月氏，皆行國，隨畜牧，與匈奴同俗。大夏在大宛西南，與大宛同俗。臣在大夏時見邛竹杖、蜀布，問曰：「安得此？」大夏國人曰：「吾賈人往市之身毒。」身毒在大夏東南，可數千里，其俗土著，與大夏同。以騫度之，大夏去漢萬二千里，居漢西南；今身毒國又居大夏東南，數千里，有蜀物，此其去蜀不遠矣。武帝既聞大宛及大夏，皆大國，多奇物，土著頗與中國同業，而兵弱，貴漢財物，其北有大月氏、康居之屬，兵强，可以賂遺設利朝也。（師古曰：「施之以誘令入朝。」）誠得而以義屬之（以義，不以兵革也），則廣地萬里，重九譯（九譯，多種語言之翻譯），致殊俗，威德徧於四海，欣然以騫言爲然。乃令騫因蜀、犍爲發間使（間使，求間隙而行），四道並出，出駹，出冉，出徙，出邛僰，指求身毒國，各行一二千里，其北方閉氐、莋，南方閉嶲、昆明。（服虔曰：漢使見閉于夷也。師古曰：昆明即今南寧州。）昆明之屬無君長，善寇盜，輒殺略漢使，終莫得通。於是漢以求身毒道，始通滇國（滇國地有滇池）。滇王當羌謂漢使者曰：「漢孰與我大？」不知漢之廣大。使者還，盛言滇大國，足事親附，武帝注意焉，乃復事西南夷。此乃通西域所獲之另一外交成果。

西域凡三十六國（其後分置五十餘國）：婼羌、鄯善、且末、小宛、精絕、戎盧、扜彌、渠勒、皮山、烏秅、西夜、蒲犂、子合、依耐、無雷、難兜、罽賓、烏弋山離、犂鞬、條支、安息、大月氏、大夏、康居、奄蔡、大宛、桃槐、休循、捐篤、莎車、疏勒、尉頭、烏孫、姑墨、温宿、龜茲、烏壘、尉犂、渠犂、危須、焉耆、烏貪訾離、卑陸、卑陸後國、郁立師、單桓、蒲類、蒲類後國、西且彌、東且彌、動國、山國、狐胡、車師前、後王是也。東西六千餘里，南北千餘里；東則接漢玉門、陽關，西則限以葱嶺。河南兩源，一出葱嶺，一出于寘，合流東注鹽澤；鹽澤去玉門、陽關三百餘里，自玉門、陽關出西域有兩道：從鄯善傍南山北，循河西行，至莎車爲南道；南道西逾葱嶺，則出大月氏、安息。自車師前王廷隨北山循河西行至疏勒，爲北道；北道西逾葱嶺，則出大宛、康居、奄蔡焉。漢於渾邪王故地置酒泉郡，後又置武威郡，以絶匈奴與羌通之道。天子得汗血馬，愛之，名曰「天馬」。使者相望於道以求之，漢率一歲中使多者十餘輩，少者五六輩，遠者八九歲，近者數歲而反。通西域一事乃武帝之謀、張騫之功也，漢之聲威遠播於西域與西南夷，特別張騫「賂遺」以「設利朝」之見乃儒道懷遠人之意也，其理論之生機當隨時運以自新也。

（四）伐匈奴。匈奴之爲邊患也久矣，自秦始皇與漢高帝俱無良策。及武帝居位，稟於其個性之不羈，欲建曠世之功，藉文、景之積累，府庫充盈，欲一舉而服匈奴，不忌有違道統（《中庸》曰：「凡爲天下國家有九經：曰修身也，尊賢也，親親也，敬大臣也，子庶民也，來百工也，柔遠人也，懷諸侯也。），亦不顧有負兄弟情誼（《前漢書·匈奴傳》曰：「匈奴其先夏后氏之苗裔，曰淳維，居北邊，其俗，寬則隨畜，田獵禽獸爲生業，急則人習戰攻以侵伐，乃天性也。」對具此天性之同宗，秦以前從未有徹底靖邊之策略。），更不納大臣反對用兵之見（元光二年，對北方邊患，王恢與韓安國在武帝面前有過一次對辯，王主「擊之」，韓主「弗擊」。並言，「臣聞高皇帝嘗圍於平城，七日不食，及解圍反位而無忿怒之心；夫聖人以天下爲度者也，不以己私怒傷天下之功，故遣劉敬結和親，至今爲五世利，臣竊以爲勿擊便。」），而斷然發兵。

元光二年六月，以御史大夫韓安國爲護軍將軍，衛尉李廣爲驍騎將軍，太僕公孫賀爲輕車將軍，大行王恢爲將軍，大中大夫李息爲材官將軍；發兵三十餘萬，匿馬邑旁谷中，約單于入馬邑縱兵。於是單于將十萬騎入武州塞，未至馬邑百餘里，见畜布野，而無人牧者，怪之。乃攻亭，得鷹门尉史，欲殺之，尉史乃告單于漢兵所居，單于大驚曰：「吾得尉史，天也。」以尉史爲天王。塞下傳言單于已去，漢兵追至塞，度弗及，乃皆罷兵。武帝怒，下恢廷尉，恢行千金丞相蚡，蚡不敢言於上而言於太后，太后以蚡言告武帝，武帝曰：「首爲馬邑事者恢，故發天下兵數十萬，今不誅恢無以謝天下。」恢聞之，以爲必死，乃自殺。自是之後，匈奴絕和親，漢對匈奴用兵自此始也。漢比歲發兵十餘萬擊胡，斬捕首虜之士受賜黃金二十餘萬斤；而漢軍士馬死者十餘萬；於是大司農經用竭，不足以奉戰士。

元朔六年六月，詔令民得買爵及贖禁錮，免臧罪。置賞官，名曰武功爵，級十七萬，凡直（值）三十餘萬金。諸買武功爵至千夫者，得先除爲吏。（臣瓚曰：茂陵中書有武功爵：一級曰造士，二級曰閑輿衛，三級曰良士，四級曰元戎士，五級曰首官，六級曰秉鐸，七級曰千夫，八級曰樂卿，九級曰執戎，十級曰政戾庶長，十一級曰軍衛。此武帝所制，以寵軍功。《索隱》曰：一金萬錢，初一級十七萬，自此上每級加二萬，至十七級合成三十四萬也。王莽時黄金一斤直錢萬，以此推之，則三十萬金爲錢三十餘萬萬矣。此當時鬻武功爵所值之數也。（《資治通鑒》六二二頁）吏道雜而多端，官職耗廢矣。」由此而知，武帝之伐匈奴歷二十年，耗盡文、景之積蓄，使國困民窮；因而賣官鬻爵，廢敗吏治，有失道統。蓋儒家之仁政善教賴賢能以行之，吏治之嚴，始足以保百官之廉。鬻官之禍有三，賢、能、廉三者俱遭敗廢矣！由此而知，武帝之政才雄其外，法峻其内；而北伐匈奴，形似大略，實則大失也；若以文、景財富之二三施惠匈奴上下，則恩及其心，世代相安，此乃柔遠人之至意，永絶邊患之大略遠謀也，亦史鑒之深惠也。至王莽之世，有討濊將軍嚴尤論之曰：「臣聞匈奴爲害，所從來久矣，未聞上世有必征之者也；後世三家，周、秦、漢征之，皆未有得上策者也；周得中策，漢得下策，秦無策焉。並陳征匈奴之五難：師老械弊，一難也；軍糧運，二難也；胡地乏水草，三難也；師有疾疫之憂，四難也；危殆不測，五難也。」（《前漢書·匈奴傳》）此五難也，即便以生命與財力集聚而共赴之，亦難爲功也，武帝之伐匈奴適足以明證之矣。

迷信神仙。武帝之迷神信神仙有過於秦始皇者遠矣。武帝居位五十三年中，好神仙之事屢有記載。早在元光二年（前一三三年）時，武帝年方二十三歲，有李少君者言於武帝曰：「祠竈則致物，致物而丹砂可化爲黃金，壽可益，蓬萊仙者可見，見之以封禪則不死，黃帝是也。臣嘗游海上，見安期生，食巨棗，大如瓜。安期生仙者，通蓬萊中，合則見，不合則隱。」從此海上、燕、齊怪異之方士多更來言神仙事矣。

方士欒大因樂成侯丁義見武帝曰：「臣常往來海中，見安期、羨門之屬，顧以臣爲賤，不信臣；又以爲康王諸侯耳，不足與方。臣之師曰：黃金可成，而河決可塞，不死之藥可得，仙人可致也。然臣恐效文成，則方士皆掩口，惡敢言方哉！」武帝曰：「文成食馬肝死耳！子誠能修其方，我何愛乎！」欒大曰：「臣師非有求人，人者求之。陛下必欲致之，則貴其使者，令爲親屬，以客禮待之，乃可使通言於神人。」於是上使驗小方，鬭旗，旗自相觸擊。是時上方憂河决，而黄金不就，乃拜大爲五利將軍，又拜爲天士將軍、地士將軍、大通將軍。夏四月乙巳，封欒大爲樂通侯，食邑二千户，賜甲第，僮千人，乘輿斥車馬、帷帳、器物以充其家，又以衛長公主妻之，齎金十萬斤，天子親如五利之第，使者存問供給，相屬於道。自太主（帝姑，竇太主）將、相以下，皆置酒其家，獻遺之。天子又刻玉印曰「天道將軍」，使使衣羽衣，夜立白茅上；五利將軍亦衣羽衣，立白茅上，受印，以示不臣。大見數月，佩六印（五利、天士、地士、大通、天道、五將軍並樂通侯，爲六印），貴震天下。於是海上燕、齊之間，莫不搤（捉也）腕，自言有禁方，能神仙矣。（《資治通鑒》六六一—六六二頁）

武帝元封二年（前一〇九年），公孫卿言仙人好樓居，於是上令長安作蜚廉、桂觀，甘泉作益壽、延壽觀，使卿持節設具而候神人。又作通天莖臺，（通天臺在甘泉宫，樓高五十丈，去長安二百里，望見長安城。）置祠具其下，更置甘泉前殿，益廣諸宫室。

由於武帝好神仙，方士及諸巫多聚京師，左道惑衆，變幻無所不爲，女巫出入宫中無禁，教宫妃埋木人祭祀之。有江充者爲武帝所信，陰謀爲姦，因而騙武帝疾祟在巫蠱，掘地求木人，宮中掘地縱橫，皇后、太子無置床處；坐巫蠱死者前後數萬人，太子怒斬江充，罵曰：「趙虜！前亂乃國王父子不足邪！（江充，趙人，曾告趙太子陰事，使太子見廢）乃復亂吾父子也！」武帝以太子斬其信臣，意在謀反；加之長安擾亂，有言太子反者，武帝疑甚，於是從甘泉駕幸建章宮。太子出亡，上怒甚！壺關三老茂上書曰：「臣聞父慈、母愛、子乃孝順，今皇太子爲漢嫡嗣，承萬世之業，體祖宗之重；江充布衣之人，陛下顯而用之，銜至尊之命迫蹴皇太子，造飾姦詐，群邪錯繆，是以親戚之路鬲塞而不通；太子進則不得見上，退則困於亂臣，獨冤結而無告，不忍忿忿之心，起而殺充，恐懼逋逃；子盜父兵，以救難自免耳！臣竊以爲無邪心。唯陛下寬心慰意，少察所親，毋患太子之非，亟罷甲兵，無令太子久亡！出一旦之命，待罪建章宮下。」書奏，天子感寤，然尚「未敢顯言赦之也」。天子既已感寤，何言「未敢顯言赦之」？太子本無罪，禍患之成，悉由武帝之失也；遠失於迷仙信神，宮闈巫祝無禁；近失則誤用騙子江充，攬權禍國，此皆武帝之所熟知者也。卒使太子東亡至湖縣，藏匿泉鳩里。主人家貧，賣屨以給太子。征和二年八月辛亥，吏圍捕太子，太子自度不得脫，即入室距户自經。由此而明殺太子者武帝也。據《前漢書・武帝紀》：「征和二年七月壬午，太子與皇后謀斬（江）充。八月辛亥，太子自殺于湖。」其間計日，實二十有八日。讀壺關三老令狐茂之上《書》云：「唯陛下寬心慰意，少察所親，毋患太子之非，亟罷甲兵，無令太子久亡！出一旦之命，待罪建章宮下。」就此而推論之，茂之言也，或言之於太子出亡三日之時，或言之於太子出亡五日之時，若武帝誠有感寤，而且立即「出一旦之命」令太子「待罪建章宮下」，尚有二十日以上之時日，太子早已及反歸矣。從史實判斷，朝野悄然，無有赦太子之傳聞，只有「吏圍捕太子」之記載，故吾曰殺太子者武帝也。司馬温公所記「書奏，天子感寤」，實非屬實，乃史家之諛辭也；於此亦足見武帝之薄情寡恩，更不識自己好神仙，錯用歹人之過，有虧聖帝之仁德也。

征和三年（前九〇年）九月，「上憐太子無辜，乃作思子宮，爲歸來望思之臺於湖，天下聞而悲之。」後元元年（前八八年）二月，武帝病篤，乙丑，詔立弗陵（鉤弋夫人所生）爲皇太子。丁卯，崩於五柞宮，居位五十四年，壽七十一。班固贊曰：「漢承百王之弊，高祖撥亂反正，文、景務在養民，至於稽古禮文之事，猶多闕焉。孝武初立，卓然罷黜百家，表章《六經》，遂疇咨海内，舉其俊茂，與之立功，興太學，脩郊祀，改正朔，定曆數，協音律，作詩樂，建封禪，禮百神，紹周後，號令文章，焕焉可述，後嗣得遵洪業，而有三代之風，如武帝之雄才大略，不改文、景之恭儉，以濟斯民，雖詩書所稱，何有加焉。」（《武帝紀》）司馬温公論之曰：「孝武窮奢極欲，繁刑重斂，内侈宫室，外事四夷，信惑神怪，巡游無度，使百姓疲弊，起爲盜賊，其所以異於秦始皇者者無幾矣。然秦以之亡，漢以之興者，孝武能尊先王之道，知所統守，受忠直之言，惡人欺蔽，好賢不倦，誅賞嚴明；晚而改過，顧托得人，此其所以有亡秦之失而免亡秦之禍乎！」（《資治通鑒》）

四　王莽篡漢之根由

根者，深遠之理；由者，近發之行。王莽篡漢之根由有四焉：一曰盛衰興替之則，二曰外戚擅權之禍，三曰佞臣求榮之奸，四曰王莽賊漢之心。

夫盛衰興替者，事物向其反面轉化乃是鐵則，非人力所可預之者也。國運政祚亦然，唯視當國者聖愚明暗，輔弼者之忠奸賢弱耳！漢之興也（前二〇六年）迄于王莽之篡（公元六年）適二百年矣，始有高祖之得天下，旋遇諸呂之亂，繼經文、景之治，七國之亂，武帝西北伐匈奴，東南平閩粵，形盛而内衰，延及昭、宣、元、成四帝，元氣不振，尤以成帝之世爲甚。成帝永始二年（前十五年），涼州刺史谷永之諫可見漢政衰敗之實焉。「臣聞王天下、有國家者，患在上有危亡之事，而危亡之言不得上聞；如使危亡之言輒上聞，則商、周不易姓而迭興，三正不變改而更用。夏、商之將亡也，行道之人皆知之，晏然自以若天有日，莫能危。（《尚書・大傳》曰：桀云：「天之有日，猶吾之有民。日有亡哉？日亡，吾亦亡矣。」）是故惡日廣而不自知，大命傾而不寤。《易》曰：「危者有其安者也，亡者保其存者也。」（《易・繫辭下》，言安必思危，存不忘亡，乃得保其安存。）王者必先自絶然後天絶之，今陛下棄萬乘之至貴，樂家人之賤事，厭高美之尊號，好匹夫之卑字。崇聚僄輕、無義小人以爲私客，數離深宫之固，挺身晨夜，與群小相隨，烏集雜會，醉飽吏民之家，亂服共坐，沈湎媟嫚，溷淆無别，黽勉遁樂，晝夜在路；典門户、奉宿衛之臣，執干戈而守空宫，公卿百僚不知陛下所在，積數年矣。王者以民爲基，民以財爲本，財竭則下畔，下畔則上亡，是以明王愛養基本，不敢窮極，使民如承大祭。今陛下輕奪民財，不愛民力，聽邪臣之計，靡敝天下；百姓愁恨感天，饑饉仍臻，流散冗食，餧死於道，以百萬數。公家無一年之畜，百姓無旬日之儲，上下俱匱，無以相救。言有不合者，臣當伏妄言之誅！漢興九世，百九十餘載，至於陛下獨違道縱欲，有危亡之憂，爲人後嗣，守人功業如此，豈不負哉！方今社稷、宗廟禍福安危之機在於陛下；陛下誠然遠寤，專心反道（反，還也），舊愆畢改，新德既章，社稷、宗廟庶幾可保，惟陛下留神反覆，熟察臣言。」（《資治通鑒》一〇〇八—一〇一一頁）此諫一上，成帝大怒，使御史收永，敕過交道廄勿追，使者還，上意亦解，自悔。但漢祚元氣已大傷矣。

成帝之後，哀、平幼沖，政權旁落，王莽乘之，毒弒平帝。（平帝元始五年冬十二月，莽因臘日上椒酒，置毒酒中，帝疾作，莽作策，請命於泰畤，願以身代，藏策金縢，置於前殿，敕諸公勿敢言。丙午，帝崩于未央宫，壽十四。）但不敢遽爾稱帝，以「居攝」之位扶立宣帝玄孫嬰爲皇太子。莽則陰令前煇光謝囂奏武功長孟通浚井得白石，上圓下方，有丹書著石，文曰：「告安漢公莽爲皇帝。」莽使群公以白太后，太后曰：「此誣罔天下，不可施行。」（《資治通鑒》）

莽之「居攝」也，歷二年，即篡漢祚，去漢號，自立年號曰「始建國」。莽策命孺子嬰爲定安公，封以萬户，地方百里；立漢之祖廟於其國。讀策畢，莽執孺子手，流涕歔欷，曰：「昔周公攝位，終得復子明辟（明辟，照臨四方曰明；辟，君也；明君臨照天下之帝王也），今予獨迫皇天威命，不得如意。」哀嘆良久。中傅將孺子嬰下殿，北面而稱臣。莽則按金匱封拜輔臣：以太傅、左輔王舜爲太師，封安新公；大司徒平晏爲太傅，就新公；少阿、羲和劉秀爲國師，嘉新公；廣漢梓潼哀章爲國將，美新公；是爲四輔，位上公。又封太保甄邯等七人爲公，凡十一公。是日（始建國九年春正月朔），又封拜卿大夫、侍中、尚書、官凡數百人，諸劉爲郡守者皆徙爲諫大夫。置二十七大夫，八十一元士。改長安曰常安，其餘百官、宫室，盡易其名，不可勝紀。莽「定諸侯王之號皆稱公」，於是漢諸侯王三十二人皆降爲公，王子侯者百八十一人，皆降爲子，其後皆奪爵焉。「漢諸侯王爲公者悉上璽綬，無違命者。」朝野肅然，王莽之篡漢有序而行。是以班固慨然嘆曰：「諸侯唯得衣食税租，不與政事，至於哀、平之際，皆繼體苗裔，親屬疏遠，生於帷墻之中，不爲士民所尊，勢與富室無異。而本朝短祚，國統三絶。（謂成、哀、平皆早崩，又無繼嗣。）是故王莽知漢中外殫微（殫，盡也），本末俱弱，無所忌憚，生其奸心，顓作威福于廟堂之上，不降序而運天下，詐謀既成，遂據南面之尊，分遣五威之吏，馳傳天下，班行符命，漢諸侯王厥角稽首，（厥，頓也；角，額也；稽首，首至地也。）奉上璽韍，惟恐在後，或乃稱美頌德，以求容媚，豈不哀哉！」此哀者也，發之於哀漢衰微也；昔日高祖之興也何其壯哉！今日哀、平之微也，漢祚之亡也，朝野悄然，何其哀哉！

但此哀也，非始于哀、平之際，實發于呂后擅權，外戚干政之初。考之史籍，外戚之禍政，實首見於漢初，先有呂后之擅權及諸呂之爲禍。高祖崩，惠帝立，呂后爲皇太后，乃令永巷囚戚夫人，髡鉗，衣赭衣，令舂。戚夫人舂且歌曰：「子爲王，母爲虜，終日舂薄暮，常與死爲伍，相離三千里，當誰使告汝！」太后聞之大怒曰：「乃欲倚汝子邪？」乃召趙王誅之。使者三還。趙相周昌不遣。太后召趙相，相徵至長安；使人復召趙王，王來；惠帝慈仁，知太后怒，自迎趙王霸上，入宮，挾與起居飲食，數月；帝晨出射，趙王不能早起，太后伺其獨居，使人持鴆飲之，遲帝還，趙王死。太后遂斷戚夫人手足，去眼、煇耳、飲瘖藥，使居鞠域中（窟室也），名曰「人彘」。居數月，乃召惠帝視「人彘」，帝視而問知是戚夫人，乃大哭，因病歲餘不能起，使人請太后曰：「此非人所爲，臣爲太后子，終不能復治天下。」以此日飲爲淫樂，不聽政，七年而崩。太后發喪，哭而泣不下。留侯子張辟疆爲侍中，年十五，謂丞相陳平曰：「太后獨有帝，今哭而不悲，君知其解未？」陳平曰：「何解？」辟疆曰：「帝無壯子，太后畏君等，今請拜吕台、吕産爲將，將兵居南北軍，及諸吕皆入宫，居中用事，如此則太后心安，君等幸脱禍矣。」丞相如辟疆計，請之太后，説（悦也），其哭乃哀！吕氏權由此起。乃立孝惠後宫子爲帝，太后臨朝聽制。復殺高祖子趙幽王，及共王恢，及燕靈王建。遂立周吕侯子台爲吕王，台弟産爲梁王，建城侯释之子禄爲趙王，台子通爲燕王，又封諸吕凡六人，皆爲列侯，追尊父吕公爲吕宣王，兄周吕侯爲悼武王。太后持天下八年，病犬禍而崩。病困，以趙王禄爲上將軍，居北軍，梁王産爲相國，居南軍。戒産、禄曰：「高祖與大臣约，非劉氏王者，天下共擊之。今王吕氏，大臣不平，我即崩，恐其爲變，必據兵衛宫，慎毋送喪，爲人所制。」「太后崩，太尉周勃、丞相陳平、朱虚侯劉章等共誅産、禄，悉捕諸吕男女，無少長皆斬之。」（《前漢書·外戚列傳》）吕后與諸吕之擅權乃漢外戚爲禍之始也。觀其情，實吕后之私欲與諸吕之貪婪所致也。堯曰「人心惟危」，其危至於滅族，亦可悲也！吕后深知「非劉氏者王，天下共擊之」之禍，奈何自作禍首耶？是權力之誘惑使人變得狂且愚耶！文、景專心致治，外戚之禍未形，然竇太后干政亦自植其根，惟武帝以威型臨天下，雖有竇嬰、田蚡居左右，卒未成勢，然外戚爲禍之暗流只待潛發耳。昭、宣之世，霍光首出（封爲博望侯），有說之者曰：「將軍不見諸呂之事乎？處伊尹、周公之位，攝政擅權而背宗室，卒至於滅亡；今將軍當盛位，帝春秋正富，反諸呂道，如是則可以免患。」光然之。此後雖專權自恣，亦常存戒懼。然光不學無術，闇於大道，立女爲后，沈溺盈溢之欲，以增顛覆之禍，死後三年，宗族誅夷，亦可悲也。司馬温公曰：「霍光之輔漢室可謂忠矣，然卒不能庇其宗，何也！威福者，人君之器也，人臣執之，久而不歸，鮮不及矣！以孝昭之明，孝宣之剛，而光久專大柄，不知避去；多置私黨，充塞朝廷，使人主蓄憤於上，吏氏積怨於下，切齒側目，其得免於身幸矣。況子孫以驕侈趣之哉！雖然，嚮使孝宣專以禄秩賞賜富其子孫，奉朝請，亦足以報盛德矣！乃復任之以政，授之以兵，及事叢釁積，更加裁奪，遂至怨懼，以生邪謀，豈徒霍氏之自禍哉？亦孝宣醞釀以成之也。光之忠勳不可不祀，遂使家無噍類，孝宣亦少恩哉！」（《資治通鑒》八二一頁）余以爲事物之利與害、政教之得與失、人臣之黜寵，亦在人主之善處也。外戚之於漢政也，禍與福亦在人主之善御而已矣。若霍光之於昭、宣二朝，雖其秉權傾朝，實未形禍端。温公之論「孝宣少恩」，得其宜也。

孝元、孝成二帝之朝，外戚王氏興焉，孝元於前四八年即帝位，立皇后王氏，封后父禁爲陽平侯，其子王鳳襲陽平侯。孝元帝崩，太子嗣帝位，以陽平侯王鳳爲大司馬，太僕王音爲御史大夫，王氏得權自此始也。郡國首相、刺史，皆出其門下；五侯兄弟爭爲奢侈（按《元后傳》，王鳳兄弟八人，有五人封侯），賂遺珍寶，四面而至，傾財施予，以相高尚，賓客滿門，競爲聲譽。劉向極諫曰：「臣聞人君莫不欲安，然而常危；莫不欲存，然而常亡，失御臣之術也。夫大臣操權柄，未有不爲害者也。今王氏一姓，乘朱輪華轂者二十三人；青紫貂蟬，充盈幄内，魚鱗左右。大將軍秉事用權；五侯驕奢僭盛，並作威福，依東宮之尊，假甥舅之親，以爲威重。尚書、九卿、州牧、郡守，皆出其門，管執樞機，朋黨比周。稱譽者登進，忤恨者誅傷，排擯宗室，孤弱公族，其有智能者恐其與己分權。歷上古至秦、漢，外戚僭貴，未有如王氏者。事勢不兩大，劉氏與王氏，且亦不並立。大明者起福於未形，消患於未然，宜發明詔，吐德音，援近宗室，親而納信，黜遠外戚，毋授以政，皆罷令就第，全其宗族，誠東宮之意、外家之福也。王氏永存，劉氏長安，褒睦内外，子子孫孫無疆之計也，唯陛下深留聖思！」書奏，孝成帝召見劉向，嘆息悲傷其意，謂曰：「君且休矣！吾將思之！」「然終不能用其言。」（《資治通鑒》九八七頁）孝成帝無斷，不用向言，以弱王氏之權，卒釀後三十年王莽篡漢之大禍，此亦治亂相承，運在其中，無力逆轉之勢也。及王鳳病篤，天子數自臨問，親執其手涕泣曰：「將軍病，如有不可言，平阿侯譚次將軍耳！」鳳頓首泣曰：「譚等雖與臣至親，行皆奢僭，無以率導百姓，不如御史大夫音謹敕，臣敢以死保之。鳳薨，以王音爲大司馬。孝成帝則沈溺趙飛燕姐妹，倦墮朝政，坐視外戚王氏權傾朝野，且於綏和元年（前八年）以莽首發大奸，稱其忠直，以莽爲大司馬，莽之篡漢自此始矣。亦成帝之闇溺所致也，漢運衰敗之必然也。奸者乘其隙，假正以掩邪，僞善以飾惡，篡漢之禍已成，只待時日耳。

佞臣求榮之奸，非形之於外也，乃掩之内也，借形與勢以粉飾奸惡，依權與貴而淆亂是非，肆辯與巧以僞奸爲忠，伺機與時而助邪暴以取寵，敏察顏色而貪爵以求榮，此種貪佞之徒，於王莽篡漢之時若蠅蚋之聚腥臭，而在平帝之朝尤若群蠅蠭動。平帝四年，群臣奏言：昔周公攝政七年，制度乃定，今安漢公輔政四年，宜升宰衡，位在諸侯王上，詔曰：「可。」仍令議九錫之法。王莽篡漢之步驟，只剩最後一步了。

王莽篡漢之賊心隱之最深者爲「王氏，虞帝之後也，出自帝嚳；劉氏，堯之後也，出自顓頊。」如此，以王氏取代劉氏，乃同屬黄帝之後，無所忌諱也。王莽本爲成帝王太后之弟王曼之子，曼早死，不侯，其母渠供養東宫；莽長，恭儉自持，勤心博學，儼如儒生，行甚敕肅，内侍諸父，曲具禮意。大司馬鳳病，莽侍疾，親嘗藥，亂首垢面，不解衣帶連月，鳳且死，以託太后及帝，拜爲黄門郎，遷射聲校尉，又封莽爲新都侯，遷光禄大夫，爵位益尊，節操愈謙，收贍名士，交結將相卿大夫甚衆，故在位者更推薦之，遊者爲之談説，虚譽隆洽，傾其諸父，敢爲激發之行，處之慭恧。嘗私買侍婢，昆弟或有聞知，莽辯曰：「後將軍朱子元無子，莽聞此兒種宜子。」其匿情求名如此。（《資治通鑒》一〇〇一頁）成帝綏和元年，擢拔爲大司馬，繼四父（鳳、商、音、根四人皆嘗爲大司馬）而輔政，益自克己，母病，公卿列侯遣夫人問疾，莽妻迎之，衣不曳地，見之者以爲童僕，其飾名如此。莽見成帝日益沈于酒色，更加緊其篡漢之陰謀；成帝綏和二年（前七年），莽詐稱「乞骸骨」，成帝賜莽黄金五百斤，安車駟馬，以莽爲特進、給事中，朝朔望，見禮如三公。成帝崩，哀帝嗣位，王莽小人依然玩弄故伎，以退爲進，攫取大權，騙得重賞。莽上疏乞骸骨，哀帝遣尚書令詔莽曰：「先帝委政於君，而棄群臣，朕得奉宗廟，誠嘉與君同心合意，今君移病求退，以著朕之不能奉順先帝之意，朕甚悲傷焉！已詔尚書待君奏事。」並且至於「大司馬不起，皇帝不敢聽政」。哀帝賜莽黃金五百斤；十日一賜餐，下詔曰：「新都侯莽憂勞國家，執義堅固，朕庶幾與爲治。」（《王莽傳》）歷哀帝六年之篡漢陰謀安排，至平帝即位時（年方九歲）已經成熟，故王莽於平帝元始五年冬十二月，因臘日上椒酒，毒弒平帝，此乃自春秋以後五百年中第一件篡弒大逆，王莽篡逆大罪亦漢以後中華史上所僅見者也。從此王莽御王冠，即真天子位，定有天下之號曰新，以十二月朔癸酉爲建國元年正月之朔，易服色，變犧牲，殊徽幟，異器制。至此，王莽篡漢之賊心大白于天下矣。其時玉璽猶藏太后所居長樂宮，太后堅守不授莽，莽使安陽侯舜諭旨，舜既見太后，太后知其爲莽求璽，太后怒罵之曰：「而屬父子宗族，蒙漢家力，富貴累世，既無以報；受人孤寄，乘便利時，奪取其國，不復顧恩義；人如此者，狗豬不食其餘，天下豈有而兄弟邪？且若自以金匱符命爲新皇帝，變更正朔制服，亦當自更作璽，傳之萬世，何用此亡國不祥璽爲。我漢家老寡婦欲與此璽俱葬，終不可得！」舜乃仰謂太后曰：「臣等已無可言者，莽必欲得傳國璽，太后寧能終不與邪！」太后聞舜語切恐莽欲脅之，乃出漢傳國璽投諸地，以授舜曰：「我老已死矣，而兄弟今族滅矣！」班彪贊曰：「三代以來，王公失世，稀不以女寵；及王莽之興，由孝元后歷漢四世爲天下母，饗國六十餘載，群小世權，更持國柄，卒成新都；位號已移于天下，而元后卷卷猶握一璽，不欲以授莽，婦人之仁，悲夫。」余對班彪此言惑焉，未解作《王命論》之班彪對王莽之篡漢曰「興」，對四世爲天下母之孝元后義守漢傳國璽拒不與莽賊，則斥之曰「婦人之仁」，何出此言邪？蓋王命者，王道之命也，王莽者，王道之賊也，不與賊漢之傳國璽，乃大義也，何言「婦人之仁哉」！又何「悲夫」！

莽之篡謀漢祚也，隱且深矣，僞而譎矣，唯恐天下識破其賊心，直至始建國元年春，以劉之爲字「卯、金、刀」也，詔：「正月剛卯、金刀之利皆不得行，乃罷錯刀、契刀。」從貨幣上清除劉氏之影響才暴露其滅劉家天下之賊心。天下看清了王莽之賊心以後便當群起而討之，但史實並非如此。首發討莽者爲東郡太守翟義（居攝元年）。其與姊子上蔡陳豐謀曰：「新都侯攝天子位，號令天下，故擇宗室幼稚者以爲孺子，依託周公輔成王之義，且以觀望，必代漢家，其漸可見。方今宗室衰弱，外無强蕃，天下傾首服從，莫能抗扞國難。吾幸得備宰相之子，身守大郡，父子受漢厚恩，義當爲國討賊，以安社稷；欲舉兵西，誅不當攝者；選宗室子孫輔而立之。設令時命不成，死國埋名，猶不可慙於先帝。今欲發之，汝肯從我乎？」豐年十八，勇壯，許諾，義遂與東郡都尉劉宇、嚴鄉侯劉信、信弟武平侯劉璜結謀，以九月都試日斬觀令。信子匡時爲東平王，乃並東平兵，立信爲天子。義自號大司馬，柱天大將軍；移檄郡國，言「莽鴆殺孝平皇帝，攝天子位，欲絶漢室，今天子已立，共行天罰！」郡國皆震，比至山陽衆十餘萬。繼起討莽者有徐鄉侯劉快，於始建國元年夏四月起兵於其國，攻即墨。天鳳五年琅邪樊崇起兵於莒，衆百餘人，轉入太山，群盜皆附之，一歲間至萬餘人。崇同郡人逄安、東海人徐宣、謝禄、楊音各起兵，合數萬人，復引從崇，共還攻莒，不能下，轉掠青、徐間。又有東海刁子都，亦起兵鈔擊徐、兖。十二年之間，討莽之師僅寥落數起，終未見巨浪連天者何耶？班固之見：「漢中外殫微，本末俱弱。」（殫，盡也。）余亦然之，然余以爲必須深溯歷史之根，始可明之透徹也。遡自周興迄前漢之衰，已歷一千二百年矣。其中有周之興衰于前，有秦之興衰繼之，又有前漢衰以移其祚也，三者之興衰雖同，然其義則有異也；周以積德而興，其衰也緩而久；秦之興也以霸，故其衰也驟而亡也速，終無救也；漢之興也，雜王霸而有天下，先盛於文、景，繼雜于儒、法，終以儒爲主導，其衰也漸，終則王莽乘之，歷時不過十五年，東漢繼之，可視爲前漢之中興也。由此而出現一鐵則焉，凡本王道而興者（或興而後漸入於王道者），即其衰敗也極，（「中外殫微，本末俱弱。」）其間猶存中興之機，唯在其人善御之而已矣！

五　光武復興

東漢光武帝復興漢祚，定鼎於公元二五年，建年號曰建武，《謚法》能紹前業曰光，克定禍亂曰武。世祖光武皇帝諱秀，字文叔，南陽蔡陽人，高祖九世之孫也。出自景帝，生長沙定王發，發生舂陵節侯買，買生鬱林太守外，外生鉅鹿都尉回，回生南頓令欽，欽生光武。年九歲而孤，養於叔父良。美須眉，大口，隆準，日角，性勤於稼穡；而兄伯升，好俠養士，非笑光武事田業，比之高祖兄仲。王莽天鳳中，乃之長安受《尚書》，略通大義。莽末，天下連歲災蝗，寇盜鋒起。地皇三年，南陽荒饑，諸家賓客多爲小盜，光武避吏新野，因賣穀于宛，宛人李通等以圖讖説光武云：「劉氏復起，李氏爲輔。」光武初不敢當，然獨念兄伯升素結輕客，必舉大事，且王莽敗亡已兆，天下方亂，遂與定謀。於是乃市兵弩。十月，與李通從弟軼等起於宛，時年二十八。伯升召諸豪傑計議曰：「王莽暴虐，百姓分崩，今枯旱連年，兵革並起，此亦天亡之時，復高祖之業，定萬世之秋也。」凡得子弟七八千人，自稱柱天都部。（《後漢書·光武紀》）伯升與秀及李通，與下江兵之首領王常面晤，陳以合兵之利，王常大悟，曉其將帥曰：「王莽殘虐，百姓思漢，今劉氏復興，即真主也。夫民所怨者，天所去也；民所思者，天所與也；舉大事，必當下順民心，上合天意，功乃可成；若負强恃勇，觸情恣欲，雖得天下，必復失之，以秦、項之勢，尚至夷覆，況今布衣相聚草澤，以此行之，滅亡之道也。今南陽諸劉舉兵，觀其議者，皆有深計大慮，王公之才，與之並合，必成大功，此天之所以佑吾屬也。」群將帥皆謝曰：「無王將軍，吾屬幾陷於不義，即引兵與新市、平林合。」（《資治通鑒》）是年（更始元年）春夏之交，光武師行至中山，諸將復上尊號，王不聽，耿純進曰：「天下士大夫損親戚、棄土壤，從大王於矢石之間者，其計固望攀龍鱗、附鳳翼以成其志耳！今大王留時逆勢不正號位，純恐士大夫絕望計窮，則有去歸之思，無爲久自苦也。大衆一散，難可復合。」純言甚誠切，王深感曰：「吾將思之。」又行至鄗，召馮異問四方動静，異曰：「更始必敗，宗廟之憂，在於大王，宜從衆議。」會儒生强華自關中奉《赤伏符》來詣王曰：「劉秀發兵捕不道，四夷云集龍鬭野，四七之際火爲主。」（四七二十八也，自高祖至光武初起，合二百二十八年，即四七之際也，漢火德，故火爲主也。）群臣同復奏請，六月乙未，王即皇帝位於鄗南。（設壇于鄗南之千秋亭五城陌。）改元爲建武，大赦天下。冬十月癸丑，車駕入洛陽，幸南宫，遂定都焉。當是時也，天下正處於莽暴政之餘，政令日變，官名月異，貨幣歲改，法令煩苛，民摇手觸禁，不得耕桑，徭役煩劇，吏民昏亂，不知所從；商旅窮窘，號泣市道；上下貪賄，徒隸殷積，關東人相食，餓殍遍地，長安皆臭。攻戰之所敗，苛法之所陷，饑饉之所夭，疾疫之所禍，以萬萬計，其死者則露尸不掩；生者則奔亡流散，寇盜蜂起。新市起於南陽，王匡、王鳳、馬武爲其首領；平林起而應之，陳牧、廖湛爲其首領。王莽遣太師王匡、更始將軍廉丹東討賊。樊崇等衆既寖盛，又初具嚴明之軍紀（「殺人者死，傷人者償創」），不欲與王莽軍亂，乃悉朱其眉，以相區别，因而號曰「赤眉」。東方爲之語曰：「寧逢赤眉，不逢太師；太師尚可，更始殺我！」何謂更始？更始者乃東漢復興初期一過渡皇帝之年號也，僅存二年。更始元年（公元二三年），舂陵戴侯曾孫玄，在平林兵中，號更始將軍，爲新市、平林將帥所擁立。更始元年二月辛巳朔，設壇場於淯水上沙中，玄即皇帝位，南面立，朝群臣；羞愧流汗，舉手不能言。於是大赦，改元，以族父良爲國三老，王匡爲定國上公，王鳳爲成國上公，朱鮪爲大司馬，劉縯爲大司徒，陳牧爲大司空。餘皆九卿將軍。由是豪傑失望多不服。

建武元年六月，赤眉立劉盆子爲帝，時年十五；劉盆子者，太山式人，城陽景王章之後也。赤眉過式，掠盆子及二兄恭、茂，皆在軍中；恭少習《尚書》，略通大義，拜爲侍中，自號建始元年，其衆益盛，稱百萬，入據長安。更始來降，盆子居長樂宫，諸侯將日會論功，爭言摭屋，拔劍擊柱，不能相一，至臘日，樊崇等乃設樂大會，盆子坐正殿中，公卿皆列坐殿上，酒未行，其中一人出刀筆書謁欲賀（古人用刀刻字于書故曰刀筆），其餘不知書者，起往請之（請書己名也），各各屯聚，更相背向，大司農楊音按劍罵曰：「諸卿皆老食傭也，今日設君臣之禮，反更殽亂，兒戲尚不如此，皆可格殺。」更相辯鬬，而兵衆遂各逾宫斬關，入略酒肉，互相殺傷；衛尉諸葛穉聞之，勒兵入，格殺百餘人乃定。盆子惶恐，日夜啼泣；兄劉恭見赤眉衆亂，知其必敗，自恐兄弟俱禍，密告盆子歸璽綬，習爲辭讓之言。建武二年正月朔，崇等大會，劉恭先曰：「諸君共立恭弟爲帝，德誠深厚。立且一年，殽亂日甚，誠不足以相成，恐死后無所益，願得退爲庶人，更求賢知，唯諸君省察。」崇等謝曰：「此皆崇等罪也。」恭惶恐起去。盆子乃下床，解璽綬，因涕泣噓唏。崇等及會者數百人莫不哀憐之。盆子乘王車駕三馬，從數百騎，乃自南山轉掠城邑。赤眉忽遇光武帝自將宜陽盛兵，驚震不知所爲，乃遣劉恭乞降，曰：「盆子將百萬衆降陛下，何以待之？」帝曰：「待汝以不死耳。」樊崇乃將盆子及丞相徐宣以下三十餘人肉袒降。上所得傳國璽綬，更始七尺寶劍及玉璧各一，積兵甲宜陽城西，與熊耳山齊。徐宣等叩頭曰：「今日得降，猶去虎口歸慈母，誠歡喜，無所恨也。」帝曰：「卿所謂鐵中錚錚，傭中佼佼者也。」（《後漢書·劉盆子傳》）

自王莽天鳳四年（公元十七年）新市、平林之亂作，迄光武十三年（三七年）「隴蜀平定」之後二十年間，光武帝所遇危及漢祚復興之業者，唯有二人而已：一爲「欲持兩端、不願天下統一、自稱西州上將軍」之隗囂（隴西天水成紀人也）；二爲「自立爲天子、號成家」之公孫述（建元曰龍興、扶風茂陵人也）。兹分別據史略論之。

隗囂，字季孟，少仕州郡，王莽國師劉歆引囂爲士（莽置九卿，每一卿置大夫三人，一大夫置元士三人），歆死，囂歸鄉里；季父崔素豪俠，能得衆，聞更始立，莽兵更敗，於是與兄義及上邽人楊廣、冀人周宗謀起兵應漢，囂止之曰：「夫兵，凶事也，宗族何辜？」崔不聽，遂聚衆數千人攻平襄，殺莽鎮戎大尹。崔、廣等以囂素有名、好經書，遂推舉囂爲上將軍。囂乃遣使聘平陵人方望爲軍師，立漢高祖太廟，稱臣奉祠；所謂神道設教，求助人神者也。割牲而盟曰：「凡我同盟三十一將，十有六姓，允承天道，興輔劉宗，如懷奸慮，明神殛之。」事畢，移檄告郡國，歷數王莽篡漢大罪，並指明今山東之兵二百餘萬，已平齊、楚，下蜀漢，定宛洛。囂乃勒兵十萬，擊殺雍州牧陳慶；而長安中亦起兵誅莽。囂遂分遣諸將攻隴西、武都、金城、武威、張掖、酒泉、敦煌，皆下之。囂等遂至長安，更始以爲右將軍。次年夏，赤眉入關，又流聞光武即位河北，囂即説更始歸政於光武。更始不聽，將兵圍囂，囂突圍，亡歸天水，自稱西州上將軍，並以鄭興爲祭酒，王元爲大將軍，由是名震西州，聲聞山東，會霸據四川之公孫述數出兵漢中，囂連破之，以故蜀兵不復北出。此時光武帝示囂其討蜀之意，囂則藉言推託，謂「未宜謀蜀」，由是光武帝明其「欲持兩端、不願天下統一」之志，於是稍黜其禮，以正君臣之儀。王元復以霸隴之計説囂，囂然王元之計，又懼光武帝識其計，遂遣稱臣於公孫述，述以囂爲朔寧王，至此囂之反光武帝之心，遂大白於天下矣。九年春（三十三年），囂病且餓，恚憤而死。

公孫述，字子陽，扶風茂陵人也，自立爲蜀王，都成都。功曹李熊說述曰：「蜀地方四千里，戰士不下百萬，見利，則出兵而略地；無利，則堅守而力農，東下漢水，以窺秦地，南順江流，以震荊揚；所謂用天因地，成功之資，今君王之聲聞於天下，而名號未定，志士狐疑，宜即大位，使遠人有所依歸。」述曰：「帝王有命，吾何足以當之。」熊曰：「天命無常，百姓與能，能者當之，王何疑焉。」遂自立爲天子，號成家，色尚白，建元曰龍興元年。以李熊爲大司徒，以其弟光爲大司馬，恢爲大司空。盡有益州之地，聚兵甲數十萬人，積糧漢中，築宮南鄭；又造十層赤樓，多刻天下牧守印章，備置公卿百官。光武帝曾數詔勸降，終無降意。建武十二年（三十六年），帝令吳漢攻之，述兵大亂，述被刺洞胸，墮馬，左右輿入城，是夜述亡。吳漢夷滅公孫氏，蜀平。

隴、蜀亂平，光武帝底定天下，歷十有二年。早在光武踐位前，值淮陽王更始元年，光武即與鄧禹定策，禹進言曰：「今山東未安，赤眉、青犢之屬，動以萬計，更始既是常才，而不自聽斷，諸將皆庸人崛起，志在財帛，爭用威力，朝夕自快而已。非有忠良明智、深慮遠圖，欲尊主安民者也。歷觀往古聖人之興，二科而已，天時與人事也。今以天時觀之，更始既立，而災變方興；以人事觀之，帝王大業，非凡夫所任，分崩離析，形勢可見。明公雖建藩輔之功，猶恐無所成立也。況明公素有盛德大功，爲天下所嚮服，軍政齊肅，賞罰明信；爲今之計，莫如延攬英雄，務悅民心，立高祖之業，救萬民之命，以公而慮，天下不足定也。」此更始元年之事也。（詳《資治通鑒》）次年，禹復進言曰：「方今海内殽亂，人思明君，猶赤子之慕慈母，古之興者在德厚薄，不以大小也。」此乃真識周德之言也，此乃得天下之奥祕也，此乃王道之精髓也，此乃歷史之鐵則也，光武之成賴此也。朝代更替賴此而獲得新之生命力也。自公元八年王莽篡漢，立其年爲初始元年，國號新，至公元二十四年，歷時十六年。光武帝自公元二十五年踐帝位，立年號爲建武，迄建武二十二年，歷時二十一年，此乃光武帝戡定内亂之時也。自光武建元二十三年至中元二年，此十年中乃光武帝「息民」「明德」「敦儒」之年也。「息民」則必偃武以修文。（建武二十七年夏，朗陵侯臧宫、揚虛侯馬武上書言用兵匈奴事。光武帝詔報曰：「柔能制剛，弱能制强。舍近謀遠者，勞而無功；舍遠謀近者，逸而有終。務廣地者荒，務廣德者强，有其有者安，貪人有者殘。殘滅之政，雖成必敗。今國無善政，災變不息，百姓驚惶，人不自保，而復欲遠事邊外乎？苟非其時，不如息民。」自是諸將莫敢復言兵事者。）「明德」則必謙躬以自勵。「敦儒」則必尊儒以崇學，（早在建武五年（公元二九年），即建立了太學，在洛陽城，故開陽門外，去宮八里，講堂長十丈，廣三丈。）「稽式古典，修明禮樂，焕然文物可觀矣。」光武帝此意，上承周德，中繼孝武，下啓明、章之治也。

六 明、章中興賴儒道

顯宗孝明皇帝，幼名陽，後改名莊，光武第四子，以太子即位，謚法：「照臨四方曰明。」居帝位十八年（五八—七五年），年號曰永平。明帝爲太子時，十歲通《春秋》，光武奇之，十九歲立爲皇太子，師事博士桓榮，學通《尚書》。年三十即皇帝位，明中興大任之重，謙躬自持：「朕承大運，繼體守文，不知稼穡之艱難，懼有廢失聖恩遺戒，顧重天下以元元爲首，其賜天下男子爵二級，三老、孝悌、力田人三級，鰥寡孤獨、篤癃粟人十斛。」永平二年又謙告曰：「朕以暗陋，奉承大業，仰惟先帝受命中興，撥亂反正，以寧天下，恢弘大道，被之八極。其令天下，自殊死以下，謀反大逆，皆赦除之。」明帝爲太子時受《尚書》於桓榮，及即帝位猶尊榮以師禮，嘗幸太常府，令榮坐東西、設幾杖、會百官，及榮門生數百人，上親自執業（勢經也），諸生或避位發難（發疑難也），上謙曰：「大師在是。」永平二年三月，明帝臨辟雍，初行大射禮（大射禮，屬于《儀禮》，列爲第七），王將祭射宫擇士以助祭也。是年冬十月壬子，上幸辟雍，初行養老禮，以李躬爲三老，桓榮爲五更。（《禮記·文王世子》：「遂設三老五更，群老之席位焉。」）乘輿至辟雍禮殿，御坐東廂，遣使者安車迎三老五更於太學講堂，天子迎於門屏，禮畢，引桓榮及弟子升堂，上自爲下説（下説，爲下語而講説也）。諸儒執經問難於前，冠帶縉紳之人圜橋門而觀聽者，蓋億萬計。（《漢官儀》曰：「辟雍，四門外有水，門外皆有橋，觀者在水外，故云圜橋門也。」）於是下詔賜榮爵「關内侯」。三老五更皆以二千石禄養終厥身。賜天下三老酒人一石、肉四十斤。」（《資治通鑒》一四三四頁）爲激勵内外中興之志，明帝於水平三年圖畫二十八宿將（又益以四人，合三十二人）於南宮雲臺，以鄧禹爲首，次馬成、吴漢、王梁、賈復、陳俊、耿弇、杜茂、寇恂、傅俊、岑彭、堅鐔、馮異、王霸、朱祐、任光、祭遵、李忠、景丹、萬脩、蓋延、邳彤、銚期、劉植、耿純、臧宫、馬武、劉隆，又益以王常、李通、竇融、卓茂，合三十二人。馬援以椒房之親，獨不與焉。「獨不與焉」者，戒外戚之禍也。爲使外戚子孫明道脩德、克己復禮、安分守己，免擅權干政之禍，明帝特於永平九年爲外戚樊氏、郭氏、陰氏、馬氏諸子立學，號四姓小侯，置五經師，可見明帝防患戒慎之精思也。肅宗孝章皇帝，諱炟，顯宗第五子，母賈貴人，謚法：「温克令儀曰章。」永平三年立爲皇太子，少寬容，好儒術，顯宗器重之。使受《尚書》於東郡太守汝南張酺，明治道之要，年十九即皇帝位，知謙躬之易於得人，故爲政以寬。建初元年（七六年），詔曰：「朕以眇身託於王侯之上，統理萬機，懼失厥中，兢兢業業，未知所寄，身爲守文之主，必建師傅之官，詩不云乎，不愆不忘，率由舊章。行太尉事，節鄉侯熹，三世在位，爲國元老，（趙熹，光武時爲太尉，明帝時行太尉事，故曰三世。）；司空融（牢融）典職六年，勤勞不怠。其以熹爲太傅、融爲太尉，並録尚書事；予違汝弼，汝無面從，股肱之正義也。群后百僚，勉思厥職，各貢忠誠，以輔不逮，申敕四方，稱朕意焉。」此謙躬之誠，亦數見於言談之中。建初五年，曾言曰：「今予小子，徒慘慘而已。」建初七年八月，又曰：「予末小子，質又菲薄，惟仰先帝烝烝之情。」如此謙誠之君在中華史上乃第一人也。建初四年，校書郎楊終建言：「宣帝博徵群儒，論定《五經》於石渠閣。（石渠閣爲漢高祖所建之藏書閣，在未央宮中，宣帝甘露三年，詔諸儒講五經同異於閣中。蕭望之等平奏其議，上親稱制臨決焉，乃立梁丘《易》、大、小夏侯《尚書》、穀梁《春秋》博士。梁丘賀，大夏侯勝，小夏侯建，穀梁赤。）方今天下少事，學者得成其業，而章句之徒，破壞大體，宜如石渠故事，永爲後世則。」帝從之。冬十一月，壬戌，詔太常：「將、大夫、博士、郎官及諸儒會白虎觀議《五經》同異。」使五官中郎將魏應承制問，侍中淳于恭奏，帝親稱制臨決，作《白虎議奏》，名儒丁鴻、樓望、成封、桓郁、班固、賈逵及廣平王羨皆與焉。固超之兄也。」建初八年十二月，東巡狩，幸陳留，返宮，詔曰：「五經剖判，去聖彌遠，章句遺辭，乖疑難正，恐先師微言，將遂廢絶，非所以重稽古、求道真也，其令群儒選高才生受學左氏、穀梁《春秋》《古文尚書》《毛詩》，以扶微學。」（《後漢書·章帝紀》）元和二年春，「帝東巡、幸東郡，引酺及門生並郡縣掾吏、並會庭中，帝先備弟子儀，

使酺講《尚書》一篇，然後脩君臣之禮。行過任城，幸鄭均舍，賜尚書禄以終身，時人號爲「白衣尚書」。（《資治通鑒》）

章帝之政治哲學要言之有四焉：一曰治民以食爲本。元和元年二月甲戌，詔曰：「王者八政，以食爲本。（《尚書·洪範》「八政，一曰食，是爲政本。」）故古急耕稼之業，致耒耜之勤，節用儲蓄，以備凶災；是以歲雖不登，而人無飢色。自牛疫以來，穀食連少，良由吏教未至，其令郡國無田欲徙它界就肥饒者，恣聽之，到在所，賜給公田，爲雇耕傭，賃種餉，貰以田器，勿收租五歲，其後欲還本鄉者勿禁。」（《後漢書·章帝紀》）二曰得賢方。元和元年七月，大鴻臚韋彪上議曰：「夫國以簡賢爲務，賢以孝行爲首，是以求忠臣必於孝子之門；夫人之才行少能相兼，忠孝之人，持心近厚，鍛煉之吏，持心近薄，士宜以才行爲先，不可純以閥閲。然其要歸，在于選二千石，二千石賢，則貢舉皆得其人矣。」帝嘉納之。（《資治通鑒》）三日肅吏治。元和二年春正月，詔曰：「夫俗吏矯飾，外貌似是而非；揆之人事則悦耳，論之陰陽則傷化，朕甚厭之，甚苦之。敕二千石各尚寬明。而今富奸行賂於下，貪吏枉法於上；使有罪不論，而無過被刑，甚大逆也。夫以苛爲察，以刻爲明，以輕爲德，以重爲威，四者或興，則下有怨心，吾詔書數下，冠蓋相接於道，而吏不加理，人或失職，其咎安在，勉思舊令，稱朕意焉。」（《後漢書·章帝紀》）此乃以懇切深沈之心肅教官吏百僚也，官正則政通教行，而萬民從化矣。四曰靖邊患。漢之邊患固在西域，孝武帝傾文、景之積聚，盡衛、霍之智勇，歷三十年而得稍安。章帝用班超之謀，「以夷狄攻夷狄，計之善者也，」歷五載之艱危，卻殊獲「倚漢使如父母，互抱超馬腳不得行」之效，可知對夷之策只宜「柔遠」，不可强征；征則失德矣。德者，服夷狄之正道也；以其同爲四海之兄弟，必和與平，始可求得共處而無虞也。班超久居絶域三十年（自明帝永平十六年至和帝永元十四年），老而思故土，上書乞歸曰：「臣不敢望到酒泉郡，但願生入玉門關。」朝廷久未報，及超妹昭爲之上書，「觸死爲超求哀」，言切動人，帝感之，徵超還。八月至雒陽，拜爲射聲校尉，九月卒。此亦足見班超功在漢朝而名垂千古也。

迨及孝和皇帝之時（公元八九—一〇五年），漢運轉衰；復經安帝（在位十八年）、順帝（在位二十年）之積弊，外戚與宦官合，群邪擅權，迄桓、靈衰敗不起，終至獻帝而亡。

七　桓、靈之衰敗

蓋後漢之政，積弊有自來矣，安帝時之戚宦權，乃起於五十年前光武帝所造成之隱患，仲統著《昌言》有曰：「光武皇帝慍數世之失權，忿强臣之竊命，矯枉過直，政不任下，雖置三公，事歸臺閣；然政有不治，猶如譴責；而權移外戚之家，寵被近習之豎，親其黨類，用其私人，內充京師，外布州郡，顛倒賢愚，貿易選舉；疲駑守境，貪殘牧民；撓擾百姓，忿怒四夷，招致乖叛，此皆戚、宦之臣所致然也。反以策讓三公，至於死免；足爲叫呼蒼天，號咷泣血者矣。」（《資治通鑒》一五七一頁）

此類戚、宦狼狽爲奸之禍，首見之於議立桓帝一事：「清河王蒜明德著聞，又屬最尊親，宜立爲嗣，朝廷莫不歸心。中常侍（宦者）曹騰嘗謁蒜，蒜不爲禮，宦者由此惡之。會帝崩，（此指質帝也，質帝方繼位，目梁冀曰：「此跋扈將軍也。」冀聞而深惡之。冀使左右置毒于煮餅而進之，帝苦煩盛，使促召太尉李固，固入前問帝得患所由，曰：食煮餅，今腹中悶，得水尚可活。時冀亦在側，曰：恐吐，不可飲水。語未絕而崩。」（《資治通鑒》一七〇六頁））梁冀（外戚）欲立平原王翼之子志，曹騰等聞之，夜往説冀曰：『將軍累世有椒房之親，秉攝萬機，賓客縱横，多有過差，清河王嚴明，若果立，則將軍受禍不久矣。不如立蠡吾侯（翼之子志，曾以蠡吾縣侯之），富貴可長保也。』冀然其言，明日重會公卿，冀意氣凶凶，言辭激切，莫不懾憚，皆曰：『惟大將軍令！』獨李固、杜喬堅守本議，冀厲聲曰：『罷會。』次日，先策免固。」由此而知，李固及朝廷重臣所欲立之新君乃明德著聞之清河王蒜；戚、宦合謀所欲立者乃年幼無知（年僅十五歲），可令其操縱、足長保其富貴者也。

由此而明，君非其人，必藴大禍：（一）此時漢室非真乏堪繼大統、足當中興漢祚之君也，清河王蒜明德著聞，動止有度，明察奸邪，公卿歸心，置之帝位，必大有作爲，卒不入選者，以其不利於戚宦之竊權也；而終立蠡吾侯者，以其年幼，可令戚、宦任玩於掌上也。社稷之利爲輕，權臣之位爲重，此一罪也；帝位爲輕，椒房爲重，此二罪也；宦官本居侍職，無權部政，曹騰卻有左右選嗣之力，以亂朝綱，此三罪也；李固太尉也，杜喬太傅也，俱公卿之位也，良佐之才也，竟然選嗣中不見重，嗣立後即被逐，乃外戚宦官狼狽爲奸之惡，此四罪也。（二）儒家之政治觀乃德政也，君臣一體也，乃「元首明哉，股肱良哉，百工熙哉」也，今則不然，後漢之政，冲、質二帝之後，帝位乃權臣手中之棋子；公卿則成爲權臣（戚、宦）擺弄此棋子之看客，順之者則留，逆之者則逐。後漢之衰也，非衰之祚運，乃衰之於外戚與宦官之勾結，衰敗於小人之手也。痛兮冤哉！

桓帝諱志，章帝之曾孫，於公元一四七年即帝位，乃毒弒質帝之外戚梁冀與宦官陰謀所立之者也。而「太尉李固之廢，朝野喪氣，群臣側足而立；唯光禄勳杜喬爲太尉，正色無所回橈，由是朝野倚望焉。」由是而見朝廷内在之形與勢：形者，三足鼎立也（外戚、宦官、清廉之仕）；勢者，朝野思治也。桓帝所臨者，此局面也；所馭者，此形勢也。此中之變數（數者，幾也。三者俱變，而各有其幾也），取决於桓帝之明暗强弱也。漢室之興衰視桓帝之道與不道、德與不德也。且據史實以論之。桓帝之世，外戚勢盛，梁冀擅權，「梁氏一門，前後七侯，（冀祖雍封乘氏侯，冀封襄邑侯，其子胤封爲襄邑侯，弟不疑潁陽侯，蒙西平侯，不疑子馬潁陰侯，胤子桃城父侯，是七侯也）其餘卿、將、尹、校五十七人。冀專擅威柄，凶恣日甚，宫衛近侍，並樹所親；禁省起居，纖微必知；其四方調發，歲時貢獻，皆先輸上第於冀；吏民齊貨、求官、請罪者，道路相望；百官遷召，皆先到冀門；牋檄謝恩，然後敢詣尚書。冀

秉政幾二十年，威行內外，天子拱手，不得有所親與。」（《資治通鑒》一七四二－一七四五頁）

桓帝既不平於心，又怒於色，因利用宦官以除冀。與中常侍單超、小黃門史左悺等計議，超等曰：「誠國奸賊，當誅日久，臣等弱劣，未知聖意爲何耳。」帝曰：「審然者，常侍密圖之。」對曰：「圖之不難，但恐陛下腹中狐疑。」帝曰：「奸臣脅國，當伏其罪，何疑乎！」於是召璜、瑗，五人共定其議。帝齧超臂出血爲盟。超等曰：「陛下今計已決，勿復更言，恐爲人所疑。」桓帝延熹二年，八月丁丑，帝御前殿，召諸尚書入，發其事，使虎賁、羽林、都侯、劍戟士合千餘人，共圍冀第，冀及妻壽皆自殺；悉收梁氏、孫氏中外宗親送詔獄，無少長皆棄市，故吏賓客免黜者三百餘人，朝廷爲空。事猝從中發，使者交馳，公卿失其度，官府市里鼎沸，數日乃定，百姓莫不稱慶。收冀財貨合三十餘萬萬，以充王府，減天下租稅之半。散其苑囿以業窮民。」（《資治通鑒》一七四二－一七四六頁）由此可見桓帝明於外戚之禍甚，一旦除之，固足稱幸，但隨之而起者則有宦官之禍日亟焉，此乃桓帝養奸信讒日漸形之爲患也。爲賞誅梁冀之功，桓帝詔封單超、徐璜、具瑗、左悺、唐衡皆爲縣侯，超食二萬户，璜等各萬餘户。世謂之五侯。又封小黄門劉普、趙忠等八人爲鄉侯，自是權勢專歸宦官矣。此乃桓帝之大失也。一失不應大封，除梁冀之功，宦官固與有力焉，賞之以物即可；二失之於以權轉歸宦官，以禍易禍也。白馬令李雲見宦官擅權之危，上書亟言曰：「今官位錯亂，小人諂進，政化日損，是帝欲不諦乎！」（諦者，審察於物也。）桓帝震怒，欲治李雲忠諫之罪。大鴻臚陳蕃上書爲辯解曰：「李雲所言雖不識禁忌，於上逆旨，其意歸於忠國而已。」時中常侍管霸陽爲李雲跪於桓帝之前曰：「李雲草澤愚儒，出於狂戇，不足加罪。」陰則獄辭置之以死，李雲遂死於獄中。自是宦官嬖寵益横，太尉黄瓊見桓帝昏暗，乃稱疾不起，又不得不上書奏明：「黄門挾邪，群輩相黨，陛下不加清甄，審别真僞，粉墨雜糅，所謂抵金玉於砂礫，碎珪璧於泥塗；四方聞之莫不憤嘆。臣世荷國恩，敢以垂絶之日，陳不諱之言。」桓帝之「碎珪璧於泥塗」更有甚者，「好微行近習之家，私幸宦者之舍，賓客市買，熏灼道路，因此暴縱，無所不容。」桓帝昵近宦官，爲靈帝之世宦官作亂埋下了禍根。

桓帝既已除梁冀之禍，又於延熹八年（一六五年）得封竇武之女竇貴人爲皇后，拜武爲特進、城門校尉，實乃難得之忠臣也。武少以經行著稱，在位多辟名士，見國政多失，永康元年上書諫曰：「臣聞明主不諱譏刺之言，以探幽暗之實；忠臣不恤諫爭之患，以暢萬端之事。近者，奸臣牢修造設黨議，遂收前司隸校尉李膺、太僕杜密、御史中丞陳翔、太尉掾范滂等，逮考連及數百人，曠年拘録，事無效驗。臣惟膺等建忠抗節，志經王室，此誠陛下稷卨伊呂之佐，而虛為奸臣賊子之所誣枉，天下寒心，海內失望，惟陛下留神澄省。」竇武所述「黨議」，嗣後演爲「黨錮之禍」，天下氣喪，人心解體，漢運速亡，桓、靈之罪也，而桓帝更有甚焉。

遡中華之太學，始於西周，《大戴禮・保傅》記曰：「帝入太學，承師問道。」「承師問道」乃帝者之職，此太學之宗旨也。漢武帝元朔五年（公元前一二四年），設五經博士，弟子五十人，此西漢太學建立之始也。東漢光武帝建武五年（公元二九年），「初起太學，車駕還宮，幸太學，稽古典，修明禮樂，焕然文物可觀矣。」（陸機《洛陽記》曰：「太學在洛陽城故開陽門外，去宮八里，講堂長十丈，廣三丈。）質帝本初元年（一四六年）夏四月庚長，「令郡、國舉明經詣太學。自大將軍以下皆遣子弟受業，歲滿課試，拜官有差。自是游學增盛，至三萬餘生。」胡三省注曰：「游學增盛，亦干名蹈利之徒，何足尚哉？」或問曰：「太學諸生三萬人，漢末互相標榜，清議此乎出也，子盡以爲干名蹈利之徒，可乎？」答曰：「積水成淵，蛟龍生焉，謂其間無其人則不可，然互相標榜者，實干名蹈利之徒所爲也，禍李膺諸人者，諸生見其立節，從而標榜，以重清議耳。」清議者之初意旌其重名節而漸及於議政也；而議政乃太學宗旨之本誼：「帝入太學，承師問道。」師者，帝師也；道者，道統也。道統者，君道也、臣道也、民道也、政道也、教道也、修身之道也，悉爲治國安邦之道也。清議者，無論其所議者何也，必有益於脩齊治平之道也。

《後漢書》作者范曄《黨錮列傳序》曰：逮桓、靈之間，主荒政謬，國命委於閹寺，士子羞與爲伍，故匹夫抗憤，處士横議，乃激揚名聲，互相題拂，品覈公卿，裁量執政，婞直之風於斯行矣。（覈，音核，驗也。婞，很也。）於是流言轉入太學，諸生三萬餘人，郭林宗、賈偉節爲其冠；並與李膺、陳蕃、王暢更相褒重。學中語曰：「天下模楷李元禮（李膺之字）；不爲强禦陳仲舉（陳蕃字仲舉）；天下俊秀王叔茂。」時有張成善説風角，推占當赦，遂教子殺人，李膺爲河南尹，憤而捕殺張成之子，成弟子牢脩因上書誣告膺等養太學游士，交結諸生徒，共爲部黨，誹訕朝廷，疑亂風俗；於是天子震怒，班下郡國，逮捕黨人，遂收執李膺等。

其辭所連及陳實之徒二百餘人。明年，尚書霍諝、城門校尉竇武，並表爲請，帝意稍解，乃皆歸田里，禁錮終身。

自是正直廢放，邪枉熾結；海内希風之流，共相標榜（希，望也；標榜，稱揚也），指天下名士爲之稱號：上曰三君，次曰八俊，次曰八顧，次曰八及，次曰八厨，猶古之八元八凱也。竇武、劉淑、陳蕃爲三君，君者，言一世之所宗也。李膺、荀昱、杜密、王暢、劉祐、魏朗、趙典、朱寓爲八俊，俊者，言人之英也。郭林宗、宗慈、巴肅、夏馥、范滂、尹勳、蔡衍、羊陟爲八顧，顧者，言能以德行引人者也。張儉、岑晊、劉表、陳翔、孔昱、范康、檀敷、翟超爲八及，及者，言其能導人追宗者也。度尚、張邈、王考、劉儒、胡母班、秦周、蕃嚮、王章爲八厨，厨者言能以財救人者也。又張儉鄉人朱並上書告儉刻石立墠共爲部黨，而儉爲之冠。靈帝詔刊章捕儉等。太尉掾范滂等百餘人皆死獄中，自此諸爲怨隙者因相陷害，睚眦之忿濫入黨中。其死徒廢禁者，六七百人。永昌太守曹鸞上書爲黨人辨解：「夫黨人者，或耆年淵德，或衣冠英賢，皆宜股肱王室，左右大猷者也；而久被禁錮，辱在塗泥；謀反大逆，尚蒙赦宥，黨人何罪，獨不開恕乎！宜加沛然，以副天心。」靈帝大怒，即詔司隸、益州檻車收鸞，送槐里獄，掠殺之。於是詔州郡更考黨人門生、故吏、父子、兄弟在位者，悉免官禁錮，爰及五屬。

兹略録黨人之德操賢能，以證桓靈之間禁錮殺戮黨人之失（一失於殺賢能，二失中興之機）。陳蕃爲三英之一，乃汝南平輿人也，有「清世之志」，其言曰「大丈夫處世，當掃除天下。」桓帝時徵爲尚書令，遷光禄勳，時封賞逾制，内寵猥盛，蕃乃上書諫曰：「臣聞有事社稷者，社稷是爲；有事人君者，容悦是爲。今臣蒙恩聖朝，備位九列，見非不諫，則容悦也。諸侯下應分土，藩屏上國。高祖之約，非功臣不侯。今封近習以非義，授邑左右以無功，至乃門之内，侯者數人。臣知封事已行，言之無及，誠欲陛下從是而止。」又諫桓帝之溺於畋臘曰：「當今之世有三空之戹，田野空、朝廷空、倉庫空，是謂三空。加之兵戎未戢，四方離散，是陛下焦心毁顔，坐以待旦之時也。今寇賊在外，四肢之疾；内政不理，心腹之患。臣寢不能寐，食不能飽，實憂左右日親，忠言以疎，内患漸積，外難方深。小黄門趙津、大猾張汜等肆行貪虐；小人道長，熒惑聖聽。」宦官由此疾蕃彌甚。九年，李膺等以黨事下獄，蕃因上疏極諫曰：「臣聞賢明之君委心輔佐，亡國之主諱聞直辭。伏見前司隸校尉李膺、太僕杜密、太尉掾范滂等，正身無玷，死心社稷，以忠忤旨，横加考案，或禁錮閉隔，或死徙非所；杜塞天下之口，聾盲一世之人，與秦始皇之焚書坑儒，何以爲異？今陛下臨政先誅忠賢，遇善何薄，待惡何優！夫讒人似實，巧言如簧，使聽之者、視之者皆昏。吉凶之效，存乎識善；成敗之機，在於察言。人君者，攝天地之政，秉四海之維，举动不可以違聖法，進退不可以離道規。讒言出口，則亂及八方。而宫女積於房掖，國用盡於羅紈；外戚私門貪財受賂，所謂禄去宫室，政在大夫。天之於漢，悢悢無已（悢悢，惆悵也），故殷勤示變，以悟陛下，除妖去孽，實在修德。」永康元年，帝（桓）崩，竇后臨朝，優詔太傅陳蕃輔弼先帝忠孝之美，德冠本朝，謇愕之操，華首彌固，今封蕃高陽侯。蕃書十上，竟不受封，范曄論曰：「桓、靈之世，若陳蕃之徒，咸能樹立風聲，抗論惛俗，而驅馳險阸之中，與刑人腐夫，同朝爭衡，終取滅亡之禍者，以遯世爲非義，屢退而不去；以仁心爲己任，雖道遠而彌厲。及遭際會，協策竇武，自謂萬世一遇也，懔懔乎伊、望之業矣；功雖不終，然其信義，足以携持民心；漢世亂而不亡，百餘年間，數公之力也。」（《後漢書·陳蕃傳》）

李膺，字元禮，潁川襄城人。桓帝徵膺爲度遼將軍，永壽二年，鮮卑寇雲中，羌虜及疏勒、龜兹，數出攻鈔張掖、雲中諸郡，自膺到邊，皆望風懼服，自是後，聲震遠城。延熹二年，遷河南尹，執法不撓，誅舉邪臣，衆庶稱宜，再遷，復拜司隸校尉。時張讓弟朔爲野王令，貪殘無道，至乃殺孕婦，聞膺厲威嚴，懼罪還京師，因匿兄讓第舍，藏于合柱中，膺知其狀，率將吏，卒破柱取朔，付洛陽獄，受辭畢即殺之。讓訴冤於帝，召膺入殿，御親臨軒詰以不先請、便加誅辟之意，膺以理對，帝謂讓曰：「此汝弟之罪，司隸校尉何愆。」自此諸黄門、常侍，皆鞠躬屏息，帝怪問其故，並叩頭泣曰：「畏李校尉。」是時朝廷日亂，綱紀頽阤，膺獨持風裁，以聲名自高，士有被其容接者，名謂「登龍門」。及遭黨事，自詣詔獄考死，妻子徒邊，「天下士大夫皆高尚其道，而污穢朝廷。」（《後漢書・李膺傳》）

郭林宗，太原介休人，家世貧賤，有大志，曰：「丈夫焉能處斗筲之役乎！」范滂論之曰：「隱不違親，貞不絶俗；天子不得臣，諸侯不得友。」范滂，汝南征羌人，「慨然有澄清天下之志，」其上書中有言曰：「農夫去草，嘉穀必茂；忠臣除姦，王道以清。」右列四子之志節德操與夫太學生徒黨人之道德風骨完全符合太學「師承問道」，與帝入太學所當遵循者無異，本當成爲効忠王室之善類而卒陷爲「黨錮」者以帝暗宦奸也。靈帝諱宏，肅宗玄孫也，曾祖河間孝王開，祖淑，父長，世封解瀆亭侯。桓帝崩，無子，皇太后與父城門校尉竇武定策禁中，使守光禄大夫劉儵持節，將左右羽林至河間奉迎。建寧元年（一六八年）正月壬午，城門校尉竇武爲大將軍，己亥，帝到夏門亭，使竇武持節以王青蓋車迎入殿中，庚子即皇帝位，年十二，改元建寧，以前太尉陳蕃爲太傅。蕃與武戮力同心，以重王室，徵天下名賢李膺、杜密、尹勳、劉瑜等皆列於朝，天下之士莫不延頸以望太平。但中常侍曹節、王甫等共朋結，陰謀不軌，蕃、武疾之，見其濁亂海内，後必難圖，欲亟除此大患，陳蕃上書曰：「今京師囂囂，道路諠譁，言侯覽、曹節、公乘昕、王甫、鄭颯等與趙夫人、諸尚書，並亂天下，附從者升進，忤逆者中傷，一朝群臣如河中木耳，泛泛東西，耽禄畏害。陛下今不急誅此曹，必生變亂，傾危社稷，其禍難量。」（《資治通鑒》）其時新君靈帝甫立，權在竇太后手中，太后不納，反爲所禍；被誣爲「廢帝，大逆」之罪，陳蕃、竇太后俱被害。東漢末年，一絲中興之生機，從此斷絶殆盡。此諸葛亮在《出師表》中所言：「親小人，遠賢臣，此後漢之所以傾頽也。先帝在時，每與臣論此事，未嘗不嘆息痛恨於桓、靈也。」小人指宦官也。隨後之五十年，漢運歷衰敗而滅亡者，亦盡其數而已，其歷程有如次所述之者也。主弱而暗，其政必亂；

綱紀一廢，祚必有隳。靈帝以十二歲嗣位，故言弱也；又遠居河間，一朝入朝不識君道政體，故曰暗也。弱則必依賴近親權臣，稱人擺弄；暗則不辨政之仁霸，不識臣之忠姦，不知形之利害，不明勢之安危，若不繫之舟，令人使舵，豈能御風避礁、履險如夷乎？且觀靈帝之言行以證之。靈帝居位十六年後，猶曰：「張常侍是我公，趙常侍是我母。」（《資治通鑒》）此其言也，暗且愚也，愚且恥也，恥而忘其位之尊也。靈帝光和四年，「帝作列肆於後宮，使諸采女販賣，更相盜竊爭鬭，帝著商賈服，從之飲宴爲樂，又於西園弄狗，著進賢冠、帶綬。（筆者案：以帝王之尊玩狗，而且以「狗著進賢冠」而辱賢者，此在中華史上從未有過之荒唐，而獨見之於漢靈帝，其將漢祚推入敗亡之境，非漢室之恥與哀也，抑且是中華民族之恥與哀也。）又駕四驢，帝躬自操轡，馳驅周旋，京師轉相仿效，驢價因與馬齊。」此靈帝自貶自賤之行也，天下豈有不亂哉！漢祚豈有救乎！漢祚本可救也，漢祚雖敗，猶可中興也，無奈桓帝敗之於前、靈帝則踐蹋摧殘之於後，故知後漢之亡也，非亡於其運數之已盡也，乃内亡於其君之不德，外亡於曹操簒漢之心日亟也，當持如此靜觀之心以透視歷史之運機也。主暗則愚，愚則不辨忠奸賢佞。忠賢者常直諫犯顔，不計身家性命，奸佞之徒，利禄是求，唯悦主上之心，迎主上之意，故暗愚之主必近奸佞，東漢桓、靈之際，特別靈帝之世，宦禍之烈，爲秦以降所僅見。靈帝光和元年，王甫、曹節等奸虐弄權，煽動内外，其父兄子弟爲卿、校、牧、守、令、長者布滿天下，所在貪暴肆虐。王甫養子吉，尤殘酷，爲沛相五年，凡殺萬餘人，夏月腐爛，以繩連其骨，周遍一郡乃止，見者駭懼。宦禍更爲狂烈者，靈帝中平六年八月，宦官張讓、段珪等謀殺大將軍何進，乘進入長樂宫之際，讓等詰進曰：「天下憒憒（大亂），亦非獨我曹罪也，今乃欲滅我曹種族，不亦太甚乎！」旋即有尚方監渠穆拔劍斬進于嘉德殿前。宦者如此張狂，乃靈帝之罪也。從桓、靈衰敗之勢，縱觀兩漢興衰之機，更足見桓、靈之失政有三焉：一曰有違道統，二曰有負忠賢，三曰有敗政教。此道統者，始於堯、舜，《大禹謨》曰：「人心惟危，道心惟微；惟精惟一，允執厥中。」此十六字經，乃道統最元始之義也。歷夏、商、周三代之發展，至孔聖出而集大成，則有《六經》爲道統之體系；漢武「獨尊儒術」，即此體系也；漢光武「初起太學，稽式古典，修明禮樂」，亦此道統之體系也；東漢太學生三萬餘人俱承此道統也，可見「焕然文物可觀矣」乃盛世也。明、章二帝昌之，安、順二帝守之，歷八十餘年，遵道統而行之者也。桓帝初因宦者之力而誅梁冀，除外戚之禍，亦合道統之義；

其所失者爲過分封賞宦官而致君權旁落，反爲宦者所制，終致背離道統，陷漢祚一蹶不振，桓、靈之罪大矣！既已背離道統則必有負忠賢。蓋道統者，賢能之所服膺不倦者也。東漢之世，賢能輩出，桓、靈之際，俊傑耆德薈萃，三萬太學生之中，卿、相、校、尉，絶逸之才，濟濟多士，何類無之？只因桓、靈之政已失道統，故視賢能爲寇仇，因而演成「黨錮」之禍，坐失攬賢中興之機。早在安帝之世（建光元年），司徒楊震上疏言曰：「臣聞政以得賢爲本，治以去穢爲務，願陛下勉求忠貞之臣，誅遠佞諂之黨，心存亡國所以失之，鑒觀興王所以得之。」（《資治通鑒》）十二年之後（順帝陽嘉二年），廣漢上計掾段恭上疏言太尉龐參之忠賢有言曰：「夫國以賢治，君以忠安，今天下咸欣陛下有此忠賢，願卒能寵任以安社稷。」又五年之後（順帝永和三年），李固遷將作大匠，上疏陳事曰：「臣聞氣之清者爲神，人之清者爲賢。養身者以練神爲寶，安國者以積賢爲道。」（《後漢書・李固傳》）二十年間，見三次論賢之疏，足證漢政正處外戚與宦官挾持之中，特别當幼主嗣位之後，二者平衡之力益張。但此二者亦不可等同視之；宦官以其身微賤，斗筲之徒，唯知名利是求，不識大義，絶不可委以大任，封以厚爵，有功者亦只可有限賞賜錢物，一次清了。外戚則不同，其出身名門望族，其中固有王莽、梁冀之大奸，亦有霍光、竇武之忠賢，唯在帝者御之而已。從歷史整體觀之，宦官之禍甚於外戚遠矣。就東漢而論，楊震、李固諸賢有見道統之要，察宦、戚之隱患，俱以得賢規諫帝上，以正政教，惜以主暗不察，坐失中興之機，亦漢祚之運數也。故知李固之見：「政教之跌，百年不復，」其義深且遠也。其釋之曰：「先聖法度，所宜堅守，今陛下之有尚書，猶天之有北斗也，北斗爲天下喉舌，尚書亦爲陛下喉舌。夫人君之有政，猶水之有隄防，隄防完全，雖遭雨水霖潦，不能爲變；政教一立，暫遭凶年，不足爲憂。誠令隄防穿漏，萬夫同力，不能復救，政教一壞，賢智馳騖，不能復還。譬之一人之身，本朝者，心腹也，州郡者，四肢也，心腹痛，則四肢不舉，故臣之所憂，在腹心之疾，非四肢之患也。本朝號令，豈可蹉跌，間隙一開，邪人動心，利競暫起，則仁義道塞，刑罰不能復禁，化導以之寢壞，此天下之紀綱，當今之急務，陛下宜開石室，陳圖書，招會群儒，引問得失，其言有中理，即時施行；顯拔其人，以表能者，則聖聽日有所聞，忠臣盡其所知。義路閉則利門開，利門開則義路閉，誠令王綱一振，道行忠立，則論者厭塞，升平可致也。」（《後漢書·李固傳》）

綜合所述，後漢在安、順二帝之前秉承道統，政教以張，賢能輩出，至桓帝之世太學三萬餘人英才俊士極於鼎盛，爲東漢之復興積蓄用之不盡的人才，可視爲中華史上第一次人才高峰。惜桓、靈二帝暗弱，視英才爲寇仇，以「黨錮」之禍，横加誅戮，善類含冤，天下喪氣，其禍之烈有甚於秦始皇之坑儒遠矣。而漢祚亦從此步入滅亡之途矣。悲夫哀哉！

八　曹操篡漢曹丕稱帝

曹操之先世，陳壽《三國志》記曰：「太祖武皇帝，沛國譙人也，姓曹諱操，字孟德，漢相國參之後。桓帝世，曹騰爲中常侍、大長秋，封費亭侯，養子嵩嗣官，至太尉，莫能審其生出本末。嵩生太祖。太祖少機警，有權數，任俠放蕩，不治行業，故世人未之奇也。唯梁國橋玄、南陽何顒異焉。玄謂太祖曰：『天下將亂，非命世之才不能濟也。能安之者，其在君乎！』年二十舉孝廉，爲郎，除洛陽北部尉，遷頓丘令。」

漢獻帝建安十五年冬，十二月己亥，操下令曰：「孤始舉孝廉，自以本非巖穴知名之士，恐爲世人之所凡愚，欲好作政教以立名譽。故在濟南，除殘去穢，平心選舉，以是爲强豪所忿，恐致家禍，故以病還鄉里。時年紀尚少，乃於譙東五十里，築精舍，欲秋夏讀書，冬春射獵，爲二十年規，待天下清乃出仕耳。然不能得如意，徵爲典軍校尉，意遂爲國家討賊立功。使題墓道言『漢故征西將軍曹侯之墓』，此其志也。而遭值董卓之難，興舉義兵。後領兗州，破降黄巾三十萬衆；又討擊袁術，使窮沮而死；摧破袁紹，梟其二子；復定劉表，遂平天下。身爲宰相，人臣之貴已極，群望已過矣。設使國家無有孤，不知當幾人稱帝，幾人稱王，或者人見孤强盛，又性不信天命，恐妄相忖度，言有不遜之志，每用耿耿，故爲諸君陳道此言，皆肝鬲之要也。然欲孤便爾委捐所典兵衆，以還執事，歸就武平侯國，實不可也。何者？誠恐己離兵爲人所禍，既爲子孫計，又己敗則國家傾危，是以不得慕虚名而處實禍也。然兼封四縣，食户三萬，何德堪之！江湖未静，不可讓位，至於邑土，可得而辭。今上還陽夏、柘、苦三縣，户二萬，但食武平萬户，且以分損謗議，少減孤之責也。」（《資治通鑒》）

上所引文乃曹操自明本志之令也。所以以令明本志者，意在平息謗議也。謗議者何？「言有不遜之志也。」曹操自辯之曰：「所以勤勤懇懇叙心腹者，見周公有金縢之書以自明，恐人不信之故。」人之不信者是也，以有見操之行也。操之行何如耶！建安十九年秋，「帝自都許以來，守位而已，左右侍衛莫非曹氏之人者。議郎趙彦常爲帝陳言時策，魏公操惡而殺之。操後以事入見殿中，帝不任其懼，因曰：『君能相輔，則厚；不爾，幸垂恩相捨。』曹操失色，俛仰求出。操出，顧左右，汗流浹背。自後，不復朝請。董承女爲貴人，操誅承，求貴人殺之。帝以貴人有姙，累爲請，不能得。伏皇后由是懷懼，乃與父完書，言曹操殘逼之狀，令密圖之，完不敢發。至是，事乃泄，操大怒，十一月，使御史大夫郗慮持節策收皇后璽綬，以尚書令華歆爲副，勒兵入宮，收后。后閉户，藏壁中，歆壞户發壁，就牽后出。時帝在外殿，引慮於坐，后被髮徒跣行泣過，訣曰：『不能復相活邪？』帝曰：「我亦不知命在何時！」顧謂慮曰：『郗公，天下寧有是邪！』遂將后下暴室，以幽死；所生二皇子，皆酖殺之，兄弟及宗族死者百餘人。」（《資治通鑒》二一三三——三四頁）

此十二行史料極爲重要，觀此可見曹操其人，口誦「周公有金縢之書以自明」，而心懷亂臣賊子之志，其篡漢之行之卑劣，查遍《春秋》弑君篡國之例，未有逾於操之狠毒者也。其狠毒之所在是殺盡漢獻帝以下之劉氏子孫，使欲扶漢室之仁人志士絶其依託之根，天下自然歸於曹氏矣，如此，則曹操其人無篡漢之罪名，而其子稱帝則得天下之實位。故終曹操之世不敢殺獻帝。

及至建安二十五年春正月庚子，曹操薨（建安二十二年夏四月，詔魏王操設天子旌旗；冬十月，命魏王操冕十有二旒，未敢稱帝，故曰薨），子曹丕（字子桓）襲位，獻帝奉璽綬詔册禪位於魏。十一月癸酉，奉漢獻帝爲山陽公，漢祚終。兩漢享國四〇一年。其所以能如此長久者以武帝「罷黜百家，獨尊儒術」，立了治國安邦之道統也。

第六章　三國、兩晉、南北朝之亂與化

三國（魏、蜀漢、吴，始公元二二〇年，訖二六五年）、兩晋（西晋二六五—三一六，東晋三一七—四二〇年）、南北朝（四二〇—五八九年），歷時三六九年，乃我中華史上由治而亂，由一統而分裂，由五胡入侵而華夷混處（實兄弟久别返歸故土），由一教獨尊而三教雜糅之混亂時期（比戰國前四七五年—二二一年還多出了一二四年）。居此之世，於思想、政治、文化、宗教諸端，引起巨大震蕩，影響深廣，彼此交錯，内外流通；形質變化，時運明晦；治亂相承，興替互繼；道隱而顯，德暗而明；綱毁而存，紀坍而復；政敗而興，教失而見。民困於水火，心繫於唐虞。儒隳於利欲之中，道輝於六合之外。芸芸衆生擾攘於市井，君主公卿縱欲於宫帷。千里血野，蔓草掩枯骨；一朝金殿，緞幃艷香魂。華夏依然歌舞，唯羌笛聲聲唤起故土悲凉；江左時聞雞鳴，擊楫慨慨激發北進豪情。國士之志，兆庶之心，衆士之願，廟堂之謀，莫不思治復國，除危求安。然而其亂何由，其安何求，必有以深思而探索之，始或有得焉！

第一節　亂源之探索

一　道統失與綱紀廢

（一）治國唯首立道統與綱紀

爲政而欲求治，而欲求大治，而欲致長治久安之功，而欲致衰而能興、敗而復勝之效，其前提曰立道統與綱紀，此在前已略有論及，茲徵漢末、三國、魏晋之亂，索其源而重申其義。

蓋道統者，道之統系也，有綱有目，有守有紀，立之固而守之嚴也。

道者何耶？必由之路也，由之者昌，違之則亡。「不可須臾離也，可離非道也。」（《中庸》）「立天之道曰陰與陽，立地之道曰柔與剛，立人之道曰仁與義。」（《周易・説卦》）孔子曰：「人道政爲大。」（《禮記・哀公問》）「道者帝之所興，王之所起也。」（《莊子・知北游》）「道者，萬物之所由也，庶物失之者死，得之者生；爲事逆之則敗，順之則成。故道之所在，聖人尊之。」（《莊子・漁父》）「天道無親，常與善人。」（《道德經》七十九章）「天之道利而不害，人之道爲而不爭。」（《道德經》八十一章）「道無所不在，在螻蟻，在屎溺，在瓦礫。」（《莊子・知北游》）道與名，「此兩者，同出而異名，同謂之元，元之又元，衆妙之門。」（《道德經》第一章）「彼道之在天下，猶川谷之於江海；」「道者萬物之奥、善人之實、不善人之所保；」「道常無爲而無不爲。」（《道德經》）此道也，發之於三皇五帝，無爲而治、道家思想由此而起；驗之於唐堯虞舜，道心、人心，允執厥中；效之于禹湯文武，仁政德治，賢能以立；儒家理論，用以萌興。迨及春秋，老子著《道德經》，孔子集《六經》大成，儒、道兩家之理論體系以立。戰國期間，儒有孟軻張揚性善之説，道有莊周揭櫫「攖人心」之罪，儒道兩家之理論體系臻於完備矣。後之所言道統者，即指儒家格物致知、誠意正心、修齊治平、善我善群爲主體之理論統系也。（道家亦重善我善群之意，老子有「愛民治國」（《道德經》十章）、「爲學日益、爲道日損、無爲而無不爲」之論；莊子則更有「聖治」之言，以爲「道之真以治其身，其餘緒以爲國家，其土芥以治天下，由此觀之，帝王之功，聖人之餘事也」（《莊子・讓王》），唯爲偏見所蔽，未入道統之正。）春秋之季，五霸之所秉者，此道統之要，用以維繫諸國之和平也。戰國期間，六國相爭者唯各自之利也，其所守者則此道統之要也。唯秦獨懷吞併六國之野心，日以蠶食六國爲務，則反此道統也，故其亡之也速，此乃莊周所言「爲事逆之則敗也」。西漢懲秦之失，於得天下之後，先用黄老之説，任天下之民休養生息，因而文、景二朝之大治，國富而民强。孝武之世「推明孔氏，抑黜百家」（《董仲舒傳》），去害政之言，政教步入正軌，道統從此而立，漢祚因此置於磐石之基。雖有王莽篡漢，僅存十六年，即爲光武帝所恢復，東漢重啓西漢之國運，其所以如此之速者，蓋道統内蘊無窮復興之力，具有轉衰爲興之能，唯在得其人耳。反之，其失也亦因其爲君者之暗弱而已。東漢之敗亡也，在於桓、靈、獻三帝之違此道統也，歷七十三年而爲曹魏所篡。其敗與亡所以能延滯如此之久者，同樣足以證明道統内蘊生命力，不是短期可以消耗殆盡者也。且桓、靈、獻三帝之敗而亡也，亦有遠因存焉，即在順帝永建元年（一二六年），宦官之勢日熾，東漢之敗也，觀其始末，先敗於外戚之擅權，復敗於戚宦之勾結，終敗於宦官之作亂。益之軍閥挾天子以令諸侯，爲曹操所篡。由此而明，道統之失，非一朝失之也，有其漸也，具體言之，失道則失德，失德則隳綱，隳綱則廢紀，廢紀則亂政，亂政則敗教；「政教一跌則百年不復矣，」此李固言之於順帝陽嘉之際（一三二年），驗之於獻帝建安之終，適近百年。而其影響所及，至於魏晋南北朝（一三三—五八七年），幾近五百年矣。有國者可不慎哉！多么深重之歷史教訓耶！

班固在《漢書·天文志》中曾有言曰：「夫天運，三十歲一小變，百年中變，五百年大變，三大變一紀，三紀而大備，此其大數也。」在此五百年中，人民流了幾百年之血，朝廷宫殿長了幾百年的草，皇子王孫於倉遑中告别長安九重宫闕，逃避江左，「顛顛癡癡，何成天子」（此語本爲狀梁晉帝之言，於此借用，見《資治通鑒》五一四七頁），促居于三吴（據《資治通鑒》記：「晉安帝自即位以來，内外乖異，朝政所行唯三吴而已。」三吴爲吴郡、吴興、義興）。失道（失德）與失國二者之害孰輕孰重，自判然昭昭矣，然多有失之者，何耶？究其原由亦有多端：如主弱臣佞，時艱勢迫，運乖幾咎，左右掣肘，内外違迕等等。此諸多因素，或同時而作，或個别突顯，或相繼而動，或前後輻輳，莫不靡之焉，漸積盛而極，漸極而衰，衰而敗，敗而廢，廢而亡；亡化而新之，新而形之，形而勢之，勢而立之，立而成之，成而盛之，無往而不順，無攻而不勝，事物之新形態備而見矣。由此而明，道有隱顯，德有暗彰，君有能弱，臣有賢佞，時有時晦，運有窮通，形有順扞，勢有舒逆。諸因素相得而彰、而順、而通、而益，則事興而成、而盛；諸因素相違則失之、敗之、衰之、廢之，亦在有國爲政者御之而已。御之善，則可轉危爲安，以弱而强；御之不以其道，則雖居有利之勢，亦不免坐失時機。《周易·繫辭》曰：「知幾，其神乎！窮神知化，德之盛也。」可知知幾必具盛德，薄德者不可與語知幾矣。故知有道之君必以德爲前提，秉道統與綱紀亦唯德是與；無盛德不足以當君位，即便置之君位之上，適足以敗政；歷代之敗政者，非他人也，君敗之也。可知儒家之道統雖善，悉敗于昏君暗主之手，稽之史實，無一例外。亂源何在？在於君也。此乃鐵則也。《禮記·文王世子》曰：「一有元良，萬國以貞。」《禮記·大學》曰：「一人定國。」均指有道盛德之聖君乃是致治之本。此二語經兩漢二十一帝（在位短者未計）之驗證，則成爲鐵則矣。此後歷朝之史實將進一步驗證其爲鐵則，信不誣也。然則綱紀之義又何所指耶？就政治而論，綱與紀連爲一體，其義有二：一曰理論之綱紀，二曰制度之綱紀。理論之綱記，首爲陰陽、柔剛、仁義，次爲正心修德，次爲「人道政爲大」，次爲敬與愛爲政之本，次爲教充以養賢能，以宣教化，次爲賞罰，次爲吏治，次爲化民成俗等。制度上之綱紀，首曰禮，（《禮記·禮器》曰：「禮也者，合於人心理萬物者也。」分爲吉、凶、軍、賓、嘉五禮。《周禮·地官·大司徒》：「以五禮防萬民之僞而教之中。」）次曰法，《尚書·堯典》：「象以典刑（象，法也），流宥五刑，鞭作官刑，撲作教刑，金作贖刑。」三曰官制，《周禮》一書乃最早最完備之官制。《周書·周官》：「玆維三公，論道經邦，協理陰陽。」四曰度、量、衡制。此四者乃綱紀之要，其常不可變也，其内含則因時而異。自周至漢固有異，桓、靈之後道統殆隳，及三國紛爭綱紀蕩然無存矣，蘇東坡有言曰：「綱紀一毀，何事不生！」寖及魏晋，則既不問道統爲何物，綱紀爲何事，唯事詭譎侵陵。益之佛教漸入廟堂以亂政，故南北朝之間，各國政教言佛、言道、言儒、言夷者，亦唯稱其君主之意矣。三教雜糅，於此爲盛，相互滲透固亦有之，唯其化也，則難言矣。遡其本源，儒、道乃我中華民族心性之表現，佛則爲外來之宗教，其入也、傳也，借助儒、道心性之所近者，以導入人心，亦自然之理也；然就佛教本身而論，其爲教也已神化自身，則不可與心、性論者之儒、道二家相融矣，奚言化之哉？若必欲言化，則從道與理上尋求之，唯有長處覺醒之心性具有化神之能與力；而神則無以化覺醒之心性，故南北朝期間乃民族雜處，文化大化之季，雖乏有形之道統綱紀爲廟堂君臣所尊，但其精神之要則悉隱存於臣民心性之中，發用於言談交接之時，其融也化無迹可尋矣；亂中之化實啓尔後定中之大治也。

（二）三國廢綱魏晋詐僞

東漢之末，桓、靈、獻三帝敗政，終成三國鼎立之局，曹魏（二二〇—二六五年）、蜀漢（二二一—二六三年）、東吴（二二二—二八〇年），歷時六十一年，相互征伐，道統綱紀蕩然無存矣。唯蜀漢以諸葛亮爲丞相，主持軍政大務，明道統之精，自定「治世以大德，不以小惠」之旨，其政績有可稱者。魏晋之間，道統既失，唯詐僞是肆，曹操首開詐僞之風，此乃其品性决定之者也，觀下述之論可知矣。「曹父嵩爲中常侍曹騰之養子，不能審其生出本末，或云夏侯氏之子也。操少機警，有權數，而任俠放蕩，不治行業，世人未之奇也。唯太尉喬玄及南陽何顒異焉，玄謂操曰：『天下將亂，非命世之才不能濟也；能安之者，其在君乎！』顒見操嘆曰：『漢家將亡，安天下者必此人也。』玄謂操曰：『君未有名，可交許子劭。』操往造劭而問之曰：『我何如人也？』劭鄙其爲人不答。操乃劫之，劭曰：『子，治世之能臣，亂世之奸雄。』操大喜而去。」（《資治通鑒》一八六九頁）其所喜者奸雄也，倘其宿有能臣之願，突聞奸臣之稱，必然怒激於心、愠形於色矣。漢末之大亂，終成三國鼎立之局，乃天下洞燭曹操之奸所致也。明辨忠奸賢愚，此乃儒家史觀之要，不辨忠奸，徒誇賢能，有違儒道遠矣，終爲歷史所淘没。由曹操之奸而開魏晉之詐，大道從此而隱矣，但其仍活在人之善性與天良中。所謂道隱者非其自隱之也，乃爲時晦與私欲所蔽，若烏雲之遮日也，日隱於雲層之中，光透於普天之下，日隱其形而光照萬物；除去晦與欲之蔽，良知湛然矣，大道依然照亮人心，詐僞無藏身之地；詐僞之所行者唯宫廷權力之爭，民間不與焉。曹操之詭譎不僅直接影響於魏政，同時也孕育了司馬氏之詭譎。晉之爲晉者亦如魏之爲魏者，史實俱在。《魏紀・邵陵厲公》：「正始九年（二四八年）冬，司馬懿封爲太傅，居家裝瘋僞癡，有河南尹李勝出爲荊州刺史，造府拜辭，懿令兩婢侍，持衣落地，指口言渴，婢進粥，懿不持杯而飲，粥皆流出霑胸，勝曰：『衆情謂明公舊風發動，何意尊體乃爾！』懿使聲氣纔屬説：『年老枕疾，死在旦夕，君當屈居并州，并州近胡，好爲之備，恐不復見，以子師、昭兄弟爲託。』勝曰：『當還忝本州，非并州。』懿乃錯亂其辭曰：『君方到并州。』勝復曰：『當忝荊州。』懿曰：『年老意荒，不解君言，今還爲本州，盛德壯烈，好建功業！』勝退，告爽曰：『司馬公尸居餘氣，形神已離，不足慮矣。』就在司馬公裝瘋之同時，『太傅懿與其子中護軍師、散騎常侍昭謀曹爽。』次年春正月甲子，帝謁高平陵，大將爽與弟中領軍羲等皆從。太傅懿以皇太后令閉諸城門，勒兵據武庫，授兵出洛水浮橋，因奏爽罪惡；懿使侍中高陽、許允，及尚書陳泰説爽，宜早自歸罪；又使爽所信殿中校尉尹大目謂爽曰，唯免官而已，以洛水爲誓。於是收爽、羲等下獄，劾以大逆不道，夷其三族。」自此，曹魏政權歸司馬氏矣。此時尚屬魏邵陵厲公嘉平元年（二四九年），距魏元帝曹奐讓位於司馬炎，西晉正式立國還有十五年。裝瘋篡政，如此詭譎，此在中華史上乃僅見者也。此一政治怪胎所蘊孕之詐僞必然醞釀出兩晉之大亂，是乃無可逃遁之惡運焉。種瓜得瓜，種豆得豆。「積善之家，必有餘慶；積不善之家，必有餘殃。」累世修德者必獲德報，其詭譎篡政者必招致大亂，此不易之理也。司馬懿之詐術固决之于本性，然其追隨曹操多年，習染成性，亦大受其害也。

二　佛、道之害心與儒風之隳敗

（一）佛教之迷心與害政

佛教之傳入東土，論者定於公元六十七年，適值東漢明帝永平十年，蔡愔偕西域僧歸爲期；實則早在漢武元狩中遣霍去病討匈奴至臯蘭，過居延，斬首大獲昆邪王，殺休屠王，將其衆五萬來降，獲其金人，帝以爲大神，列於甘泉宮。金人率長丈餘，不祭祀，但燒香禮拜而已。及開西域，遣張騫使大夏，還傳其旁有身毒國，一名天竺，始聞有浮圖之教。哀帝元壽元年，博士弟子秦景憲，受大月氏王使伊存口授浮屠經，中土聞之，未之信也。後孝明帝夜夢金人，項有白光，飛行殿庭，乃訪群臣，傅毅始以佛對，帝遣郎中蔡愔博士弟子秦景等使於天竺，寫浮屠遺範，愔仍與沙門攝摩騰、竺法蘭東還洛陽，中國有沙門及跪拜法，自此始也。愔又得佛經四十二章，及釋家立像。明帝令畫工圖佛像置清涼臺及顯節陵上；經緘於蘭臺石室。愔之還也，以白馬負經而至，漢因立白馬寺於洛陽城雍關西。摩騰、法蘭咸卒於此寺。

浮圖正號曰「佛陁」，華言譯之則謂「淨覺」。凡其經旨大抵言生生類，有過去、當今、未來，歷三世，識神常不滅。凡爲善惡必有報應，其始脩心，則依佛法，謂之三歸，若君子之三畏也。又有五戒，去殺、盜、婬、妄言、飲酒。大意與仁、義、禮、智、信同名爲異耳。云奉持之則生天人勝處，虧犯則墮鬼畜諸苦。所謂佛者，本號釋迦，文者譯言能仁，謂德充道備、堪濟萬物也。釋迦前有六佛，釋迦繼六佛而成道。釋迦即天竺迦維衛國王子。初釋迦於四月八日夜，從母右脅而生。釋迦生時當周莊王九年，《春秋》魯莊公七年（公無前六八八年）。釋迦三十成佛，導化群生四十九年，乃於拘尸那城娑羅雙樹間以二月十五日而入般涅槃。涅槃譯云滅度，或言常樂我淨，明無遷謝及諸苦累也。佛既謝世，香木焚尸，靈骨分碎，大小如粒，擊之不壞，胡言謂之舍利。後有弟子大迦葉、阿難等五百人，撰集諸録，阿難親承囑授，多聞總持，蓋能綜覈深致，無所漏失，乃掇文字撰成三藏十二部經，如九流之異；統其大歸，終以三乘爲本。後數百年，有羅漢菩薩相繼著論，贊明經義，以破外道。摩訶衍、大小阿毗曇、中論、十二門論、百法論、成實論等是也。

漢章帝時楚王英喜爲浮屠齋戒。桓帝時襄楷言佛陁、黄老道以諫，欲令好生惡殺、少嗜欲、去奢泰、尚無爲。魏明帝世，有天竺沙門曇柯迦羅入洛宣譯戒律，中國戒律之始也。晉世，洛中佛圖有二十四所，有常山衛道安，性聰敏，日誦經萬餘言，研求幽旨，正其乖謬。石勒時，有天竺沙門浮圖澄，爲石勒所宗信，號爲大和尚，軍國規謨頗訪之，所言多驗。苻堅時有胡沙門鳩摩羅什思通法門，道安思與講釋，謂之東方聖人。道安所正經義，與羅什譯出，符會如一，初無乖舛，於是法旨大著中原。魏太祖武帝拓跋珪好黄老，頗覽佛經，天興元年下詔曰：「夫佛法之興，其來遠矣，濟益之功，冥及存没。」太宗嗣踐位，遵太祖業，亦好黄老，又崇佛法，京邑四方建立圖像，仍令沙門敷導民俗；趙郡有沙門法果，永興中，前後授以輔國、宜城子、忠信侯、安成公之號。帝常親幸其居，泰常中卒，年八十餘。未殯，帝三臨其喪，追贈老壽將軍、越胡靈公。（《魏書·釋老志》，《二十五史》二五〇五—二五〇七頁）

魏以「沙門敷導民俗」，死後「追贈老壽將軍」。可見五胡亂華之季，北方諸國之無政也；亦見佛教之迷君心之深且重也。然魏朝廷之中亦有賢者存焉，其人爲魏司徒崔浩：「尤不信佛，與帝言，數加非毁，常謂虚誕，爲世費害。帝以其辯博，頗信之。」適會蓋吴反杏城，關中騷動，帝西征至於長安，沙門寺内種有小麥，御馬牧之，從官見其室内有弓矢矛盾，奏聞，帝怒，命有司案誅，查抄財物萬計，俱爲富人所藏，又發現窟室，與貴室女私淫，詔曰：「彼沙門者，假西戎虚誕，妄生妖孽，非所以一齊政化，布淳德於天下也。」

南齊太祖高皇帝之世，有顧歡者，被徵爲揚州主簿，上表曰：「臣聞舉綱提綱，振裘提領，綱領既理，毛目自張。然則，道德，綱也；物勢，目也。上理其綱，則萬機時序；下張其目，則庶官不曠。是以湯武得勢，師道則祚延；秦項忽道，任勢則身戮。」永明元年，又詔徵歡爲太學博士，復著《夷夏論》以辨儒道之正與佛道之乖，其言曰：「夫辨是與非，宜據聖典，以尋二教之源，故兩標經句。道經云：『老子入關之天竺，維衛國，國王夫人名曰淨妙，老子因其晝寢，乘日精入淨妙口中，後年四月八日夜半時，剖左腋而生，墜地即行七步，於是佛道興焉。』此出《玄妙内篇》。佛經云：『釋迦成佛，有塵劫之數。』出《法華》《無量壽》。或『爲國師道士、儒林之宗』。歡論之曰：五帝、三皇，莫不有師；國師、道士，無過老莊；儒林之宗，孰出周、孔？孔老非佛，誰則當之？然二經所説，如合符契，道則佛也，佛則道也，其聖則符，其迹則反。或和光以明近，或曜靈以示遠。道濟天下，故無方而不入；智周萬物，故無物而不爲。其入不同，其爲必異；各成其性，不易其事。且理之可貴者，道也；事之可賤者，俗也。捨華效夷，義將安取？佛教文而博，道教質而精。精非粗人所信，博非精人所能。佛言華而引，道言實而抑。抑則明者獨進，引則昧者競前。佛經繁而顯，道經簡而幽。幽則妙門難見，顯則正路易遵。此二法之辨也。聖匠無心，方圓有體；器既殊用，教亦異施。佛是破惡之方，道是興善之術。興善則自然爲高，破惡則勇猛爲貴。佛跡光大，宜以化物；道迹密微，利用爲己。優劣之分，大略在兹。孔、老、釋迦，其人或同；觀方設教，其道必異。孔老治世爲本，釋氏出世爲宗。發軫既殊，其歸亦異。明僧紹正二教論以爲『佛明其宗，老全其生，守生者蔽，明宗者通。今道家稱長生不死，大乖老莊立言本理』。老子云『聖人抱一以爲天下式』，一之为妙，空玄绝於有景，神化贍於無窮，爲萬物而無爲，處一數而無數，莫之能名，强號爲一。在佛曰實相，在道曰玄牝；道之大象，即佛之法身。以不守之守守法身，以不執之執執大象。聖雖十號千稱，終不能盡，終不能盡，豈可思議。」（《南齊書·顧歡傳》，《二十五史》二〇〇六—二〇〇七頁）觀顧歡對儒、道、釋三家之言，即可明佛説有迷於人心，有害於國政，對儒、道兩家則一言以蔽之矣：「孔、老以治世爲本。」此既爲漢以後之歷史所驗證，亦爲顧歡以後之歷史所驗證也。故孔、老之道顯，則民心静以安，而國治；孔、老之道晦，則民心競而亂，國必動蕩，以至於顛覆。魏晋南北朝之歷史如此，隋唐宋元明清莫不皆然。其所以如此者，道統之失與綱紀之敗也。故知朝代之興也，賴秉道統與綱紀；其敗亡也，則自損道統與綱紀，未有逃遁之者，此乃鐵則也。南北朝之季，非北方諸國之君主佞佛者衆，即早在西晋孝武帝，太元六年（三八二年）春正月，帝初奉佛法，立精舍於殿內，引諸沙門居之，尚書左丞王雅表諫，不從。此可視爲國君佞佛之先導。至梁武帝天監八年（五〇九年）十一月己丑，魏主於式乾殿爲諸生及朝臣講《維摩詰經》。時佛教盛於洛陽，沙門之外，自西域來者三千餘人。魏王別爲之立永明寺千餘間以處之。又擇嵩山形勝之地立閒居寺，極巖壑土木之美；由是遠近承風，無不事佛，州郡共有一萬三千餘寺。中書侍郎河東裴延上疏曰：「漢光武、魏武帝雖在戎馬之間，未嘗廢書，良以學問多益。《五經》治世之楷模，應務之所先，伏願陛下經書互覽，孔、釋兼存。」書奏，不聽。過了七年，當梁武帝天監十五年，魏世宗之世，胡太后又作永寧宫，皆在宫側，又作石窟寺，於伊闕口，皆極土木之美，而永寧尤甚，有金像高丈八者一，如中人者十，玉像二。爲九層浮圖，掘地築基，下及黃泉，浮圖高九十丈，上剎復高十丈，每夜靜，鈴鐸聲聞十里。佛殿如太極殿，南門如端門。僧房千間，珠玉錦繡，駭人心目，自佛法入中國，塔廟之盛，未之有也。揚州刺使李崇上表曰：「高祖遷都垂三十年，明堂未脩，太學荒廢。國子雖有學官之名，而無教授之實，非所儀型萬國也。」太后好事佛，民多絶户爲沙門，李瑒上言：「三千之罪，莫大於不孝（孔子曰：「五刑之屬三千，其罪莫大於不孝。」）；不孝之大，莫過於絶祀。安有棄堂堂之政而從鬼教乎？」

（《資治通鑒》四六三八頁）又魏自正光（孝明帝之世，當五二〇年）以後，四方多事，民避賦役，多爲僧尼，至二百萬人，寺有三萬餘區，至東魏始詔：「牧守、令長擅立寺者，計其功庸，以枉法論。」

右列史例足證佛法亂政之深，亦足證顧歡所見之明：「湯武師道則延祚，秦項忽道任勢則身戮。」此佞佛之迷迨至五七〇年後始有變化，五七三年，「周主（當爲北周武帝宇文邕建德二年）集群臣、沙門、道士，帝自升高座，辨三教先後，以儒爲先，道次之，釋爲後。次年（五七四年），周禁佛、道二教，經像悉毀，罷沙門、道士，並令還俗，禁諸淫祀，非祀典所載者盡除之。」（《資治通鑒》五三三二—五三三五頁）

（二）道家隱士消極抗政

道家之爲説，在中華思想史上，迄今當予正本清源；此本源則是道，因以名之曰道家。此道之具體内涵則是自在、自然、質樸、無爲、無私，形之於著述者在老聃是《道德經》，在莊周則是《莊子》。老、莊之先輩有太昊帝宓羲氏、女媧氏、共工氏、容成氏、大廷氏、柏皇氏、中央氏、栗陸氏、列山氏、歸藏氏、黄帝軒轅氏、方雷氏、嫘祖、彤魚氏、嫫母、封鉅

（黄帝師）、大填（黄帝師）、大山稽、帝摯。（《前漢書·古今人表》））

對於道家之道的最高含義，莊周假黄帝之言云：「無思無慮始知道，無處無服始安道，無從無道始得道。」（《莊子·知北游》）由是而明，道家所言之道乃是「無思無慮、無處無服、無從無道」之道。老、莊依其所處之歷史，發揚此義分别論著，見於《道德經》者雖僅五千餘言，實内含一完整之思想體系：有無觀、宇宙觀、物我觀、道德觀、無爲觀、相對觀、體用觀、政治觀。《莊子》之内含理論體系：道德論、認識論、適性論、政治論、學術論。（可參考拙著《中華大道·儒道篇》）由此而明中華思想，道家開其先河，而且老、莊俱重脩身與濟世，兹略舉其説以明之。老子以爲善政應是「其政悶悶，其民淳淳」，「不尚賢，使民不争；不貴難得之貨，使民不爲盗；不可見欲，使民不亂。」（《道德經》三章）此乃我中華最初最樸實的政治思想。老子審視三皇五帝之政治，總想回到樸實之狀態，故其感嘆「民之難治，以其智多，故以智治國，國之賊，不以智治國，國之福。知此兩者亦稽式，常知稽式是謂元德，元德深矣遠矣，與物反矣，然後乃至大順。」（六十五章）莊周之政治觀：「道之真以治其身，其緒餘以爲國家，其土苆以治天下；帝王之功，聖人之餘事也。」（《莊子·讓王》）「天下每每大亂，罪在於好知。」（《莊子·胠篋》）「僨驕而不可係者，其唯人心乎？天下脊脊大亂，罪在攖人心。」（《莊子·在宥》）由此而知道家之政治見解重在質樸、修身、無欲與無爲而治，其核心則是無欲，以黃帝和老子爲代表，又稱之曰黃老之學。道教之理論依據就是黃老之學，更加上古代之神仙方術之口授相傳，至東漢順帝之世（一二五—一四四年），張道陵在四川大邑之鶴鳴山（又名鵠鳴山），創立五斗米道，爲道教之始。東漢靈帝光和六年（一八三年），鉅鹿張角本事黃老，以妖術教授，號太平道。呪符水以療病，令病者跪拜，衆共神而信之。角分遣弟子周行四方，轉相誑誘。十餘年間，徒衆數十萬。自青、徐、幽、冀、荊、揚、兗、豫八州之人莫不畢應，或棄賣財産，流移奔赴，塡塞道路，反言角以善教化，爲民所歸。角遂置三十六方。方，猶將軍也，大方萬餘人，小方六七千，各立渠帥，訛言「蒼天已死，黃天當立，歲在甲子，天下大吉」。期會發於鄴。大方馬元義，數往來京師，以中常侍封諝、徐奉等爲内應，約以三月五日内外俱起。春，角弟子濟南唐周上書告之，於是收馬元義，車裂於洛陽，誅殺千餘人。角等知事已敗露，星夜馳敕諸方，一時俱起，皆著黃巾以爲標幟，時人謂之「黃巾賊」。二月，角自稱天公將軍，角弟寶稱地公將軍，寶弟梁稱人公將軍。靈帝召群臣議討黄巾，北地太守皇甫嵩以爲黨錮久積，人情怨憤，若不赦宥，與張角合謀，爲變滋大，宜解黨禁，帝懼而從之。赦天下黨人，唯張角不赦，發天下精兵，遣北中郎將盧植討張角，左中郎將皇甫嵩、右中郎將朱儁討潁川黄巾。朱儁之擊黄巾也，其護軍司馬北地傅燮上疏曰：「臣聞天下之禍不由於外，皆興於內。是故虞舜先除四凶，後用十六相，明惡人不去，則善無由進也。今張角起於趙魏，黄巾亂於六州，此皆釁發蕭墻而禍延四海者也。臣受戎任，奉辭伐罪，始到潁川，戰無不克，黄巾雖盛，不足爲廟堂憂也。陛下仁德寬容，多所不忍，故閹豎弄權，忠臣不進，臣之所憂，甫亦深耳。何者？夫邪正之人不宜共國，彼知正人之功顯而危亡之兆見，皆將巧辭飾説，共長虛僞，陛下宜行讒佞之誅，則善人思進，奸凶自息。」一「豫州刺史太原王允破黄巾得張讓（十常侍之一）賓客書，與黄巾交通，上之。上怒責讓，讓叩頭陳謝，竟亦不能罪也。」一相反之情則是：「皇甫嵩之討張角也，過鄴，見中常侍趙忠，舍宅逾制，奏没入之。又中常侍張讓，私求錢五千萬，嵩不與。二人由是奏嵩連戰無功，所費者多，徵嵩還，收左車騎將軍綬印，削户六千。」可見傅燮之見「禍興於內，邪正不宜共國」之言之真切也。此乃中華史上假道家思想爲害人心之一大禍殃也。真正繼承和發揚道家思想者，則爲隱逸之士，上古中古多矣，至兩晉隱者尤盛；且多博學高節之士，聲聞四海；且有官居要樞，終歸隱於巖穴者。竹林七賢爲士林之所仰慕者，以孤傲其性、高節其心也。更有陶淵明之隱於廛市（廛，《説文》「一畝半，一家之居。」），「結廬在人境，心遠地自偏，」一成爲士人風骨賢隱之楷模也。考我中華史乘，迄於魏晉之世，由於東漢之末政教一蹶不振，終爲曹魏所篡。而曹魏既以詭譎取天下，其得之易，其失之也速，而且亡之於詭譎。從三國之戰亂欺詐至魏晉之詭譎，人心受害之深重，已越一百餘年矣。道家老莊崇尚自然、追求適性之心復萌，則不計名利，渴於求心靈寧静之士，以「任性不羈，志氣宏放，介然不群，隱身自晦」。竹林七賢（嵇康、阮籍、山濤、向秀、阮咸、王戎、劉伶），乃名士中之佼佼者，其言論著述影響士林深遠，兹就玄風之利弊述之如次。所謂玄風者，實乃指老莊之學術思想之風也。玄之義，老子視之與元同，《道德經》首章末句：「元之又元（或曰玄之又玄），衆妙之門。」玄，《説文》注曰：「幽遠也。」元，《説文》：「始也，元者，氣之始也。」《康熙字典》：「元，始也。」由此而知，元與玄通也，幽遠之極，與始同也。《康熙字典》曰：「理之微妙者曰玄。」由此而明，玄學者，乃指道家所研深妙莫測之學問也；玄風者，乃言追研深妙學問之風尚也。魏晋之際此風甚盛，與王弼、何晏、夏侯玄三人倡導玄學有關，繼有向秀發之，終有郭象廣之，則魏晋玄學備矣。兹陳各家之言，以觀其同異與要歸焉。何晏（？—二四九年），三國魏之玄學家，何進之孫，官至侍中、尚書，典選舉，後爲司馬懿所殺。主「援老入儒」，以爲天地萬物以無爲本，「無也者，開物成務，無往而不存者也。」主張君主無爲而治。著有《道德論》《無名論》《無爲論》《論語集解》等。

王弼（二二六—二四九年），號輔嗣，曾任尚書郎，注《道德經》。熊克言曰：「王弼所注言簡意深，具得老氏清淨之旨。」陸德明曰：「唯王輔嗣妙得虛無之真。」認爲「道者，無之稱也。」「天地雖大，寂然至無，是其本也，無是宇宙萬物之本體，」「萬物皆由道而生。」闡明儒道兩家在脩身、治世、有爲、無爲之異同，欲以新的玄學激濁漢儒經學類瑣之滯泥。蓋其所著《周易注》《老子注》已徹明儒道之旨趣矣。

向秀（二二七—二七三年），字子期，魏晋之季哲學家，竹林七賢之一，官至黄門侍郎、散騎常侍。曾爲《莊子》「隱解發明奇趣，振起玄風。」惜其注本已佚，其見解尚散見於《世説新語》《列子注》等書中。認爲萬物自生自化、各任其性；人亦如此，令讀之者超然心悟，不自足一時也。人思五味五色，亦自然之理，但當「節之以禮」，從中領悟名教與自然一體之義，「合儒道爲一。」阮籍（二一〇—二六三年），字嗣宗，三國魏文學家、思想家，曾爲兵部校尉，志氣宏放，傲然獨得，任性不羈，常以白眼視禮俗之士，博覽群籍，好老莊，當其得意，竟忘形骸，時人多謂之癡。常言夫布衣韋帶之士孤居特立，王公大人所以禮下之者，爲道存也。籍本有濟世之志，以魏晉之世，天下多故，名士少有全者，籍由是不與世事，遂酣飲爲常；更不臧否人物，欲以自保。認爲：「天地生於自然，萬物生於天地；道者，法自然而爲化，侯王若能守之，應是在上而不淩乎下，處卑而不犯乎貴。」上下、尊卑、貴賤一體，此乃儒、道政教之大旨也。嵇康（二二五—二六四年），字叔夜，三國魏文學家、思想家，官中散大夫，世稱嵇中散，雅好老莊，爲竹林七賢之一，與阮籍齊名。聲言「非湯武、薄周孔」，遭鍾會構陷，爲司馬昭所殺。認爲：「元氣陶鑠，衆生稟焉，越名教而任自然；」「夫稱君子者，心不措於是非，行不違乎道者也。氣靜神虛者，心不存於矜尚；體亮心達者，情不係於所欲。矜尚不存乎心，故能越名教而任自然；情不係於所欲，故能審貴賤而通於物情。物情順通，故大道無違；越名任心，故是非無措也。是故言君子則以無措爲主，以通物爲美；言小人則以匿情爲非，以違道爲闕，何者？匿情矜吝，小人之惡；虛心無措，君子之篤行，是以大道言及吾無身，吾又何患。無以生爲貴者，是賢於貴生也，由斯而言，夫聖人之用心，固不存有措矣。故曰君子行道忘其爲身，斯言是矣。」此君子、小人之論，乃合儒、道兩家之義，亦孔子君子、小人之論之大發揚也。而其文行之如流水，一瀉千里而不知其所止，非體道之純真與夫文才横溢如嵇叔夜者，孰能與之？其卒爲俗夫所構陷者，非才之罪也，乃當權者之肆虐也。

郭象（？—三一二年），字子玄，河南洛陽人，西晉哲學家，官至黄門侍郎、太傅主簿。好老莊之學，善清談，對向秀所注《莊子》述而廣之，作《莊子注》。其《莊子序》曰：「夫莊子者，可謂知本矣。通天地之統，序萬物之性，達死生之變，而明内聖外王之道，上知造物無物，下知有物之自造也。其言宏綽，其旨玄妙；至至之道，融微旨雅；泰然遣放，放而不傲。故曰不知義之所適，猖狂妄行而蹈其大方；含哺而熙乎澹泊，鼓腹而游乎混芒；至人極乎無親，孝慈終於兼忘；禮樂復乎已能，忠信發乎天光。用其光則其樸自成，以神器獨化於玄冥之境，而源流深長也。觀其書超然，此其所以不經而爲百家之冠也。」此序言之大旨乃儒道合一之宏論，魏晉以前之所未見者也。

陶淵明（三六五—四二七年），一名潛，字元亮，自謚靖節，潯陽柴桑人。曾爲彭澤令，以「不爲五斗米折腰」，解印綬歸，其詩文編爲《陶淵明集》，梁昭明太子蕭統序之曰：「聖人韜光，賢人遁世。有疑陶淵明詩篇篇有酒，吾觀其意不在酒，亦寄酒爲迹者也。其文章不群，辭彩精拔，跌宕昭彰，獨超衆群，莫與之京。橫素波而傍流，干青雲而直上。語時事則指而可想，論懷抱則曠而且真。不以躬耕爲恥，不以無財爲病，自非大賢篤志與道隆污，孰能如此乎？有能觀淵明之文者，馳競之情遣，鄙吝之意祛，貪夫可以廉，懦夫可以立，亦有助於風教也。」右述老莊學説在魏晉時代之變化，可見其利弊，利多弊少，持老莊適性之論，以沈湎於放浪形骸之外，醉酒終日者，實有損於士風，有害於名教也。益則大矣，循自然之道，從而發儒、道同體而發用，明仁義禮智非外鑠我也，我固有之者，不必絶聖棄智亦能利民百倍。此乃儒、道發展史上一大創新，從理論上開闢了儒道同源、儒道一統之新局面。何晏、稽康之功曜照乾坤矣。

（三）儒道淪滯恢復惟艱

儒道之於漢祚，自光武帝中興，創立太學，一直順運而行；從順帝以後，以外戚擅權，宦官爲禍，以至二者勾結、狼狽爲奸，李固爲此曾出警言：「政教一跌，百年不復。」亦曾指明：「政教一立，暫遭凶年，不足爲憂。」可見道統綱紀不可須臾有失也。其爲此言，乃有見漢興三百餘年十八帝（始自高帝迄于殤、安帝）之政教隆替而言之者。茲録其言以觀其意：「夫后妃之家，所以少完全者，豈天性當然？但以爵位尊顯，顓總權柄，天道惡盈，不知自損，故致顛仆。今梁戚爲椒房，禮所不臣，尊以高爵，尚可然也；而子弟群從，榮顯兼加，宜令步校尉冀及諸侍中還居黄門之官，使權去外戚，政歸國家，豈不休乎！先聖法度，所宜堅守，政教一跌，百年不復。今與陛下共天下者，外則公卿尚書，内則常侍、黄門；譬猶一門之内、一家之事，安則共享福慶，危則通其禍敗。由此言之，本朝號令，豈可蹉跌，天下綱紀，當今之急務也。夫人君之有政，猶水之隄防，隄防完全，雖遭雨水霖潦，不能爲變；政教一立，雖遭凶年，不足爲憂。今隄防雖堅，漸有孔穴，譬之一人之身，本朝者，心腹也，州郡者，四肢也，宜罷退宦官，去其權重，方直有德者善事左右，如此則升平可致也。」（《資治通鑒》一六六七—一六六八頁）李固此言也，值順帝陽嘉二年（一三三年），此後之天下大亂迄於隋之統一（五八一年），歷有四百五十年，亦足見李固之預見深遠也。南北朝期間儒運日滯，晉元帝建武元年（三一七年），征南軍司戴邈上疏曰：「喪亂以來，庠序隳廢，議者或謂平世尚文、遭亂尚武，此言似之，而實不然。夫儒道深奥，不可倉猝而成，比天下平泰，然後脩之，則廢墜已久矣。又貴游之子，未必有斬將搴旗之才，從軍征戍之役，不及盛年使之講肄道義，良可惜也。世道久喪，禮俗日弊，猶火之消膏，莫之覺也。今王業肇建（謂東晉開國），萬物權輿，謂宜篤道崇儒，以勵風化。」「王從之，始立太學。」（《資治通鑒》二八五〇頁）

齊高帝蕭道成建元元年（四七九年），問爲政於前撫軍行參軍沛國劉瓛，對曰：「政在《孝經》。凡宋氏所以亡，陛下所以得者，皆是也。陛下若戒前車之失，加之寬厚，雖危可安；若循其覆轍，雖安必危矣。」帝嘆曰：「儒者之言，可寶萬世！」給事黄門郎清河崔祖思上言曰：「人不學則不知道，此悖逆禍亂所由生也。今無員之官，空受禄力，彫耗民財，宜開文武二學，課臺、府、州、國限外之人，各從所樂，依方習業。」（《資治通鑒》四二二六—四二二七頁）魏文帝孝和十二年（四八八年），訪群臣以安民之術，祕書丞李彪對曰：「國之興亡，在冢嗣之善惡；冢嗣之善惡，在教諭之得失。（冢，大也）高宗文成皇帝嘗謂群臣曰：

『朕始學之日，年尚幼沖，情未能專。既臨萬機，不遑温習，今日思之，豈唯予咎，抑亦師傅之不勤。』尚書李訢免冠謝。此近事之可鑒者也。臣謂宜準立師傅之官，以訓導太子。」（《資治通鑒》四二八三頁）魏文帝孝和十八年，謂陸叡曰：「北人每言『北俗質魯，何由知書？』朕聞之，深用憮然！今日知書者甚衆，豈皆聖人，顧學與不學耳。朕脩百官，興禮樂，其志固欲移風易俗。朕爲天子，何必居中原，正欲卿等子孫漸染美俗，聞見廣博；若永居恒北，復值不好文之主，不免面墻耳。」對曰：「誠如聖言。金日磾不入仕漢朝，何能七世知名。」（《資治通鑒》四三五九頁）梁武帝蕭衍天監四年（五〇五年）春正月癸卯朔，詔曰：「二漢登賢，莫非經術，服膺雅道，名立行成；魏、晋浮蕩，儒教淪歇，風節罔樹，抑此之由。可置五經博士各一人，廣開館宇，招内後進。（内，入也）」於是以賀瑒及平原明山賓、吴興沈峻、建平嚴植之補博士，各主一館，館有數百生，給其餼廩，其射策通明者即除爲吏。期年之間，懷經負笈者雲會。又選學生，往會稽雲門山從何胤受業，命胤門徒中經明行脩者，具以名聞。分遣博士祭酒巡州郡立學。」（《資治通鑒》四五四六頁）

北周武帝宇文邕建德二年（五七三年），集群臣及沙門、道士，帝自升高坐，辨三教先後，以儒爲先，道爲次，釋爲後。次年五月丙子，周禁佛、道二教，經、像悉毁，罷沙門、道士，並令還俗。（《資治通鑑》五三三一頁）

《晉書·儒林序》曰：「有晉始自中朝，迄於江左，莫不崇飾華競，祖述虛玄，擯闕里之典經，習正始之餘論，指禮法爲流俗，目縱誕以清高，遂使憲章馳廢，名教頹毁，五胡乘間而競逐二京。繼踵以淪胥，運極道消，可謂長太息者矣。」（《二十五史》一五一八頁）此處所言「習正始之餘論」，乃指魏邵陵厲公（曹方）正始四年十一月（三四三年），宗室曹冏上書大將軍曹爽，言「强公室，使内有深根不拔之固，外有磐石宗盟之助，」欲感曹爽以安魏祚。（詳見《資治通鑑》二三五五頁）曹爽不用。迄邵陵厲公嘉平元年（二四九年），曹爽終爲司馬懿以奸計所殺。

第二節　亂形之異同

所言亂形之異同者，以其時代、形勢之有異也。東漢之末不同於魏晉，魏與晉、晉與晉均有異也。其所同者，亂也；致亂之由，究其根本亦同也，同爲道統失、綱紀廢也。

一　三國之亂

三國之亂，孕於東漢「黨錮」之禍則起漢桓帝之失政，而其所以失之者則又緣於順帝以降，道統漸失，綱紀漸廢也，劃此時代界限可以李固之言：「政教一跌，百年不復。」（順帝陽嘉二年（一三三年）四月，京師地震，洛陽宣德亭地坼，帝引公卿所舉敦樸之士，問以當時之弊，李固進此言也。）秉此以觀三國之亂，則知道統之失乃其根源也，而桓、靈二帝之間兩次「黨錮」之禍，乃上亂朝廷之政教，下亂天下之民心，士氣全喪，加之獻帝之朝曹操挾天子以令諸侯，戰火滿神州，造成魏、蜀、吴三國鼎立之勢，兹分别而論之。曹操以奸凶之心，居宰輔之位，天下諸侯洞燭其篡漢之陰謀，乃起而反操，此乃三國之亂最直接、最深邃、最根本之原因。就當時之大勢而論，唯北方袁氏兄弟（紹、術）爲保漢討操之中流砥柱，曹操剿而滅之，天下本可暫告安寧。荊蜀三劉（表、璋、備）志在復漢；江東孫權有自保之志，無北進之心；設使曹操無篡漢之志，有保漢之心，肆其「治世能臣」之才，以中興漢，則孫（權）劉

（備）望風而内附，三國之亂局唯德而化，不兵自平矣。就按曹操自己所述之志「破降黄巾三十萬衆，又討擊袁術，使窮沮而死；摧破袁紹，梟其二子；復定劉表，遂平天下。身爲宰相，人臣之貴已極，意望已過矣。」既貴極人臣，意望已過，則自不負皇恩，不思僭篡，敬畏道統，圖有所報，無忝所位，賴何亟亟以弑獻帝之二子以絶其嗣君乎？其昭然於天下者，唯曹操篡漢之心也。東漢之歷史以獻帝二子之血寫下操心篡漢，令其以亂臣奸雄留名史書也。劉備，字玄德，涿郡涿縣人，漢景帝子中山靖王勝之後也。祖雄，父弘，世仕州郡，備不甚樂讀書，少言語，善下人，喜怒不形於色，喜交結豪傑，與關羽、張飛稱爲「桃園三結義」。又三顧諸葛得《隆中對》，明天下大勢與鬬爭方略，終建立蜀漢，與孫、曹成鼎立之勢。劉備之所志者，爲洞燭曹操篡漢之奸，欲以恢復漢室爲務；其所失者則以狹隘之復仇心理，傾力攻吴，卒至自敗，身隕白帝城，大損抗操之士氣，更削弱了實力。待諸葛氏勞瘁軍中，自隕五丈原之後，蜀漢孤剩後主，暗弱志弛；適值魏文帝力弱之際，劉禪之降魏也，非僅三國史上之悲劇，更是漢室中興之悲劇！「政教一跌，百年不復！」乃無可逃遁者也！道統之力無邊歟！江東之吴，孫策創業，孫權繼之以自保；歷孫亮、孫休、孫皓五主而亡。晋武帝太康元年（六〇年）

五月丁亥朔，吳主皓及其宗族與其太子瑾等泥頭面縛，詣東陽門，詔遣謁者解其縛，賜衣服、車乘、田三十頃，歲給錢穀、綿絹甚厚。拜瑾爲中郎，諸子爲王者皆爲郎中。吳之舊望，隨才擢叙。（《資治通鑒》二五六八頁）至此，三國分裂之局面終統一於西晉矣。

二　西晉之亂

西晉之得天下，始之以詭譎，終之以逼宫禪位，乃不道、不德、不義者也，其必然藴生惡果，此乃儒家之政治哲學經三次歷史驗而證之無妄者也。一爲暴秦以霸道取天下，歷十五年而亡也；二爲王莽篡漢，亦十五年而亡也；三爲曹魏以詭譎取天下，歷二十九年爲司馬懿裝瘋矯詔，陰移魏祚。三得三失，倏忽而逝，俱出不道、不德、不義者也，晉之竊取神器也，更爲鄙詐，其所歷亂程亦必更爲慘烈，人民所受之苦難自亦更爲深重，西晉僅存五十一年者，以八王之亂大傷國祚之元氣也。八王之肇起於晉惠帝元康元年（二九一年）三月賈皇后之發難。初，惠帝之立也，詔以太尉楊駿爲太傅、大都督、假黄鉞，録朝政。是時殘暴成性之賈妃已立爲皇后，宿有干政之心，爲太傅楊駿所抑。爲除楊駿，賈后於三月辛卯，挾持惠帝下詔，「誣駿謀反，中外戒嚴，遣使奉詔廢駿，段廣跪言於帝曰：楊駿孤公無子，豈有反理，願陛下審之。帝不答。時駿居曹爽故府，聞內有變，召衆官議之。駿素怯弱不決。尋而殿中兵出，燒駿府，又令弩手於閣上臨駿府而射之，駿兵皆不得出。駿逃於馬廄，就殺之。孟觀等遂收駿弟珧、濟，張劭、李斌、段廣、劉豫、武茂及散騎常侍楊邈、中書令蔣俊、東夷校尉文鴦，皆夷三族，死者數千人。」（《資治通鑒》二六〇五頁）參與賈后之謀者有荊州楚王瑋、淮南王允。隱者董養嘆曰：「天人之理既滅，大亂將作矣。」誠哉斯言也！繼而起之者有八王之亂也。

八王之亂一，賈后誣司馬亮謀反。司馬亮本爲汝南王，三月誅楊駿事發後，徵司馬亮爲太宰，入朝，與太保衛瓘，皆録尚書事，輔政。亮欲取悅衆心，論誅楊駿之功，督將侯者千八十一人。御史中丞傅咸遺亮書曰：「今封賞熏赫，震天動地，自古以來未之有也。無功而獲賞，則人莫不樂國之有禍，是禍原無窮也。人謂殿下既至，當有以正之，正之以道，衆亦何怒！衆之所怒者，在於不平耳！如今皆更倍論，莫不失望。公之姻家，夏侯長容，無功而暴擢爲少府，流聞四方，非所以爲益也。」（《資治通鑒》二六〇八頁）賈后族兄車騎司馬模、從舅右衛將軍郭彰、女弟之子賈謐，與楚王瑋、東安王繇，並預國政。賈后暴戾日甚，日愈依重此輩，其權勢愈盛。太宰亮，太保瓘，則以楚王瑋剛愎好殺，深惡之，欲奪其兵權。亮復與瓘謀，遣瑋與諸王之國，瑋益忿怨，遂自昵於賈后，后留瑋爲太子少傅。賈后亦患二公（亮與瓘）執政，己不得專恣。夏六月，后使帝作手詔，「免亮及瓘官」，賜瑋。瑋復矯詔：「都督中外討逆。亮、瓘官屬，一無所問，皆罷遣之，若不奉詔，便軍法從事。」遣公孫宏、李肇以兵圍亮府，遣侍中清河王遐收瓘。亮府中長史謂亮曰：「觀此必是奸謀，府中後乂如林，猶可力戰。」亮歎曰：「我之赤心，可破示天下。」遂爲肇所執，與世子俱死。汝南王亮之死，乃八王之亂一也；實作亂者賈后也，衛瓘之被圍也，其左右亦疑清河王遐之矯詔，請拒之，瓘不聽，被執，殺瓘及子孫共九人。此時楚王瑋舍人岐盛説瑋曰：「宜因兵勢誅賈謐、郭彰，以正王室，安天下。」瑋猶未決，而賈后則恐殺亮與瓘之後，司馬瑋居功難制，因誣瑋矯詔斬之。

此楚王瑋之被戮，史稱八王之亂二也，實則楚王司馬瑋並無亂心，乃賈后横加之罪名也。

自是後，賈皇后專政，任用親黨，肆虐朝政。賈后無子，又銜太子不遜己，欲廢之，因「宣揚太子之短，布之遠近」；又詐爲有娠，内稿物、産具，取妹夫韓壽子慰祖養之，欲以代太子。惠帝元康九年十二月賈后詐稱帝不豫，召太子入朝，遣婢陳舞以帝命賜太子酒三升，任盡飲之。太子醉，賈后令小婢承福與太子紙筆，使書：「陛下宜自了，不自了，吾當入了之。中宮又宜速自了，不自了，吾當手了之。」其字半不成，賈后補成之，以呈帝。壬戌，帝幸式乾殿，召公卿入，使黄門令董猛以太子書詔示之曰：「遹書如此，今賜死。」群臣力爭，「此國之大禍，願陛下詳之！」裴頠以爲宜先檢校傳書者，又請比校太子手書，恐有詐妄，議至日西不決。賈后懼真相敗露，乃表免太子爲庶人，詔許之，太子改服出拜受詔，幽於金墉城，晉政之敗，賈后之横，一至於此！

八王之亂三：太子司馬遹之廢也，群情凶凶，直指賈后與其黨羽，賈后懼，立令太醫令程據和毒藥，矯詔，使黄門孫慮至許昌毒太子，慮逼太子以毒藥，太子拒服，慮以藥杵椎殺之。右軍將軍趙王倫執有兵柄，起而討賈后。但在此前，卻有一段陰謀匿於其中。孫秀言於倫曰：「太子聰明剛猛，若還東宮，必不受制於人，明公素黨於賈后，道路皆知之，今雖建大功於太子，太子謂公特逼於百姓之望，翻覆以免罪耳，雖含忍宿忿，必不能深德明公，若有瑕釁，猶不免誅。不若遷延緩期，賈后必害太子，然後廢賈后，爲太子報讎，非徒免禍而已，乃更可以得志，倫然之。」「秀因使人行反間，言殿中人欲廢皇后，立太子，賈后數遣宫婢微服於民間

聽察，聞之甚懼。倫、秀因勸謐等早除太子以絕衆望。」（《資治通鑒》二六三九頁）

待賈后毒死太子，倫矯詔敕三部司馬曰：「中宫與賈謐等殺吾太子，今使車騎入廢中宫，汝等皆當從命，事畢，賜爵關中侯，不從者，誅三族。」衆皆從之，又矯詔開門，夜入陳兵道南，遣翊軍校尉齊王冏將百人排閤而入，迎帝幸東堂，以詔召賈謐於殿前將誅之。謐走入西鐘下，呼曰：「阿后救我！」賈后見齊王冏驚曰：「卿何爲來！」冏曰：「有詔收后。」后曰：「詔當從我出，何詔也！」后問冏曰：「起事者誰？」冏曰：「梁、趙。」遂廢后爲庶人，幽之於建始殿。詔尚書收捕賈氏親黨，八座皆夜入殿，尚書始疑詔有詐，倫等斬之以徇。倫陰與秀謀篡位，大殺忠賢，宰相張華、裴頠、解系、解結等先殺之，並夷三族。趙王倫稱詔赦天下，自爲使持節都督中外軍事，置府兵萬人，文武官封侯者數千人，百官總己以聽於倫。倫素庸愚，復受制於孫秀，秀爲中書令，威權振朝廷，天下皆事秀而無求於倫，以梁王肜爲太宰，何劭爲司徒，劉寔爲司空。相國倫矯詔遣尚書劉弘齎金屑酒賜賈后死於金墉城，此爲惠帝永康元年四月之事也。其時唯中護軍淮南王允，洞燭相國倫及中書令孫秀有異志，允養死士，謀討之。倫、秀深懼之，秋八月轉允爲太尉，外示優崇，内實奪其兵權，允稱疾不拜，秀劾以拒詔，大逆不敬，允視詔，乃秀手也。允大怒，遂帥國兵及帳下七百人，大呼直出：「趙王反，我將討之，從我者左袒。」歸之者甚衆，遂圍相府，因中詐計：「有詔助淮南王」，「下車受詔，」被殺；坐允夷滅者數千人。次年，惠帝永寧元年（三〇一年）正月，倫與孫秀逼宮，奪帝璽綬，作禪詔，禪位於倫，乙丑倫備法駕入宮，即帝位，赦天下，改元建始。帝自華林西門出居金墉城。此八王之亂三之故事也。

八王之亂四：乃三王（齊王冏，成都王穎，河間王顒）起兵討司馬倫之篡竊帝位也，先是齊王冏於惠帝永寧元年（三〇一年）五月首發討趙王竊據帝位，百姓應者日以萬計，冏移檄州、郡、縣、國，遣使告成都王穎、河間王顒、常山王乂。成都王穎召鄴令盧志謀之，志曰：「趙王篡逆，人神共憤，殿下收英俊以從人望，仗大順以討之，百姓必不召自志，攘臂爭進，蔑不克矣。」穎兵二十餘萬至朝歌。河間王顒合衆數十萬以應冏，自冏起兵，百官將士皆欲誅倫、秀，秀不敢出中書省，左衛將軍王輿與尚書廣凌公漼，帥營兵七百餘人，攻孫秀、許超、士猗於中書省，皆斬之。王輿屯雲龍門，召八坐皆入殿中，使倫爲詔曰：「吾爲孫秀所誤，以怒三王，今已誅秀，其迎太上皇復位，吾歸老於農畝。」遣甲士數千迎帝於金墉城，帝自端門，入升殿，群臣頓手謝罪，五月癸亥日赦天下，改元永寧。大酺五日，分遣使者慰勞三王。梁王肜等上表：「趙王倫父子凶逆，宜伏誅。」丁卯，遣尚書袁敞持節賜倫死。是日，成都王穎至；己巳，河間王顒至。六月乙卯，齊王冏帥師入洛陽，頓軍通章署，甲士數十萬，威震京都。自兵興六十餘日，戰死者近十萬人，甲戌，詔以齊王冏爲大司馬，加九錫；成都王穎爲大將軍，都督中外諸軍事，加九錫，入朝不趨，劍履上殿；河間王顒爲侍中、太尉，加三錫之禮。

八王之亂五：長沙王司馬乂起兵殺司馬冏。齊王冏既得志，頗驕奢擅權，大起府第，壞公私盧舍以百數，制與西宮等，中外失望；且眈於宴樂，不入朝見，諫者迭進。侍中嵇紹諫曰：「存不忘亡，《易》之善戒也，願大司馬無忘潁上，則禍亂之萌無由而兆也」，又曰：「唐虞茅茨，夏禹卑宮，今興第舍，及爲三王立宅，豈今日之急也。」南陽處士鄭方諫曰：「今大王安不慮危，宴樂過度，一失也；宗室骨肉，當無纖芥，今則不然，二失也；蠻夷不靜，大王謂功業已隆，不以爲念，三失也；兵革之後，百姓窮困，不聞賑救，四失也；大王與義兵盟約，賞不逾時，而今猶有功未論者，五失也。」孫惠諫曰：「天下有五難、四不可，而明公皆居之。冒犯鋒刃，一難也；聚致英豪，二難也；與將士均勞苦，三難也；以弱勝强，四難也；興復皇業，五難也。大名不可久荷，大功不可久任，大權不可久執，大威不可久居。大王行其難而不以爲難，處其不可而謂之可，惠竊所不安也。明公宜思功成身退之道，崇親推近，委重長沙、成都二王，長揖歸藩，今乃忘高亢之可危，貪權勢以受疑，愚竊謂危亡之憂。」冏不納，惠辭疾以歸，冏謂曹攄曰：「或勸吾委權還國，何如？」攄曰：「物禁太盛，大王誠能居高慮危，斯善之善者也。」冏不聽。王豹致牋於冏曰：「伏思元康以來，宰相在位未有一人獲終者，乃事勢使然，非皆爲不善也。今公克平禍亂，安國定家，乃復尋覆車之軌，欲冀長存不亦難乎！」長沙王乂見豹牋，謂冏曰：「小子離間骨肉，何不銅駞下打殺！」冏乃奏豹讒内間外，坐生猜嫌，不忠不義，鞭殺之。豹將死也，曰：「懸吾頭大司馬門，見兵之攻齊也！」潁川處士庾衮聞冏暮年不朝，歎曰：「晉室卑矣，禍亂將興！」（《資治通鑒》二六七〇—二六七三頁）惠帝太安元年（三〇二年）十二月丁卯，長沙王乂將左右百餘人馳入宫，閉諸門，以「大司馬謀反」，奉天子詔攻大司馬府。是夕，城内大戰，飛矢雨集，死者相枕，連戰三日，冏衆大敗。大司馬長史何勖執冏以降，冏至殿前，帝惻然欲活之，乂叱左右牽出，斬於閶闔門。同黨皆夷三族。長沙王乂主朝政、成都王穎、河間王顒仍守藩，故知乂之主政不可久也。

八王之亂六與八王之亂七賡續而起，惠帝太安二年（三〇三年），成都王穎與河間王顒同時起兵討乂，其故在穎恃功驕奢有甚於冏，尤嫌乂居朝微弱，不得逞其所欲，欲去之，河間王顒則密使李含與侍中馮蓀、中書令卞粹謀殺乂；皇甫商以告乂，收含、蓀、粹殺之，顒聞李含等死，即起兵討乂。八月，顒、穎共上表曰：「乂專擅朝政，殺害忠良，請誅其黨羽，遣乂還國。」乂將兵七萬，自函谷東趨洛陽。穎引兵二十餘萬，南向洛陽，穎列軍自朝歌至河橋，鼓聲聞數百里。洛陽被包圍，乂與穎、顒間之，戰鬬直至是年十二月猶在相持中。

及至惠帝永興元年（三〇四年），繼而起者又有八王之亂八，東海王司馬越執長沙王司馬乂，送右將軍張方，張方燒殺之。八王之亂起因於賈后，歷十四年而平，使西晉陷於一蹶不振之境地。繼八王之亂而起者則有十九國之亂，又使兩晉陷入另一分裂時期，自晉惠帝永興元年（三〇四年）迄於南北朝之末，歷時二八五年。

三　十九國之亂

十九國之亂始於西晉孝惠帝永興元年（三〇四年），八王之亂甫結束，即有匈奴左賢王劉淵（西晉楊駿輔政之時即以劉淵爲五部大都督，成都王穎曾表淵冠軍將軍，監五部軍事）自稱漢王，（淵曰：「今司馬氏骨肉相殘，此其時矣，但四方未定，且可依高祖稱漢王。」）先都離石，繼遷都於左國城。其子劉聰驍勇絶人，博涉經史，穎以聰爲積弩將軍。淵又有養子曜，有膽量，與衆不群，好讀書，「常自比樂毅及蕭、曹」，此乃十九國亂之首也，史稱漢趙。

十九國亂之二：惠帝永興元年（三〇四年）冬十月，李雄即成都王位，大赦，改元建興，除晉法，約法七章；以其叔李驤爲太傅，兄始爲太保，李離爲太尉，李雲爲司徒，李璜爲司空，李國爲太宰，尊父特爲成都景王，尊母羅氏爲王太后。

十九國之亂三：晉元帝太興二年（三一九年）冬十一月戊寅，石勒即趙王位，稱後趙，大赦，依春秋時列國稱元年。勒以世亂，令法曹令史貫志，作《辛亥制》五千言，施行十餘年，乃用爲律令。「重禁胡人，不得陵辱衣冠華族，」「號胡爲國人」，勸課農桑，朝會始用天子禮，樂衣冠，儀物從容可觀矣。以石虎爲單于元輔，都河北邢臺。

十九國之亂四：東晉元帝太興三年（三二〇年），凉州（甘肅武威）刺史張實爲巫師所殺，弟張茂代領其衆，稱平西公凉州牧，史稱前凉。

十九國之亂五：東晉成帝咸康三年（三三七年），遼東公慕容皝，自稱燕王，建都棘城（今遼寧義縣），在位四年，史稱前燕。

十九國之亂六：東晉穆帝永和六年（三五〇年）閏正月，後趙主石鑒密遣宦者賫書召張沈等，使乘襲鄴，宦者以告冉閔，冉閔廢石鑒殺之，並殺趙主虎二十八孫，盡滅石氏，自稱帝，國號大魏，史稱冉魏。

十九國之亂七：苻健於東晉穆帝永和六年（三五〇年）自稱晉征西大將軍，都督關中諸軍事。次年，其長史賈玄碩等表健爲大單于秦王，健陽拒之，陰使梁安促玄碩等上封號，健且辭讓再三，然後即天王、大單于位，國號大秦，改元皇始，置百官都長安，史稱前秦。

十九國之亂八：前秦天王苻堅於東晉武帝太元九年（三八四年），遣冠軍將軍慕容垂赴河北撫民，至河南滎陽，與燕之故臣謀復燕祚，群下固請上尊號，垂乃稱大將軍、大都督、燕王，史稱後燕。

十九國之亂九：前秦北地刺史慕容泓於東晉武帝太元九年（三八四年），於陝西華陰起兵，稱燕濟北王，史稱西燕。

十九國之亂十：是年（三八四年），前秦天王苻堅，遣鉅鹿滑公苻叡、龍襄將軍姚萇，攻西燕，兵敗，苻叡被殺，姚萇懼，奔渭北馬牧，於是天水尹維、尹詳，糾扇羌豪五萬餘家，推萇爲盟主，萇自稱大將軍、大單于、萬年秦王，改元白雀，史稱後秦。

十九國之亂十一：前秦乞伏國仁於東晉孝武帝太元十年（三八五年）自稱大將軍、大都督、單于，領秦、河二州牧，改元建義；置左右相、左右輔；分其地置武城等十二郡，築勇士城而都之，史稱西秦。

十九國之亂十二：前秦驍騎將軍呂光征西還，至姑臧（甘肅、武威），聞秦王已駕崩，舉軍縞素，諡曰文昭皇帝。遂於東晉孝武帝太元十一年（三八六年）冬十一月大赦，改元大安，稱酒泉宮，史稱後涼。

十九國之亂十三：鮮卑酋長，禿髮烏孤於東晉安帝隆安元年（三九七年）正月，自稱大將軍、大單于、西平王，改元太初，史稱南涼。

十九國之亂十四：匈奴部落酋長沮渠男成，爲後凉將軍，以「呂氏政衰，百姓無所依附」叛後凉，以建康太守段業爲大都督，於東晉安帝隆安元年（三九七年）改元神璽，史稱北凉。

十九國之亂十五：燕范陽王慕容德南奔滑臺，趙王麟上尊號於德，德用兄垂故事，於東晉安帝隆安二年（三九八年）改永康三年爲元年，以統府行帝制，置百官，史稱南燕。

十九國之亂十六：北凉王業以隴西李暠（暠好文學有令名）爲敦煌太守。北凉晉昌太守唐瑶叛，移檄六郡，推李暠爲冠軍大將軍，沙州刺史凉公領敦煌太守。暠於東晉安帝隆安四年（四〇〇年），赦其境内，改元庚子，置百官，史稱西凉。

十九國之亂十七：東晉益州刺史參軍譙縱於東晉安帝義熙二年（四〇六年）起兵反，殺益州刺史毛璩，據成都，稱成都王，史稱西蜀。

十九國之亂十八：魏主珪滅劉衛辰，其子勃勃奔秦，秦高平公以女妻之，秦王興與論軍國大事，寵遇逾於勳舊，興弟邕諫曰：「勃勃不可近也。」興曰：「勃勃有濟世之才，吾方與之平天下，奈何逆忌之！」乃以爲安遠將軍，又以爲安北將軍，鎮朔方。勃勃聞秦與魏通而怒，乃謀叛秦。勃勃自謂夏后氏之苗裔，於東晉安帝義熙三年（四〇七年）自稱大夏天王、大單于，大赦，改元龍升，置百官，史稱胡夏。

十九國之亂十九：後燕天王慕容熙於東晉安帝義熙三年（四〇七年）七月癸亥，葬其后苻氏，步行三十里，中尉將軍馮跋於龍城（遼寧朝陽）起兵，立夕陽公高雲爲帝，是爲惠懿帝，擒慕容熙斬之，後燕亡，立國二十四年。高雲之國仍稱燕，史稱北燕。

右列十九國之亂乃據柏楊《中國歷史年表》之見，比易風、范瑋所編之《中國歷史年代簡表》中所列東晉十六國多了三國：漢趙（劉淵）、後趙（冉魏）、西蜀（譙縱）。翦伯贊主編之《中外歷史年表》均有記述，唯缺西蜀。

第三節　五胡之亂與化

一　五胡之亂

五胡者本指匈奴、鮮卑、羯、氐、羌五個夷狄之民族也；歷史數以此爲邊患，至南北朝時有宋、齊、梁、陳、魏諸國久據中原；從表面視之是五朝亂了兩晉；從內在之血統追遡之，則是兩晉自亂，引入久居四夷之兄弟返回家園，雜處中國，雖亂了近三百年，實則在儒道式微之境況下兄弟民族化了三百年。茲就西域各國之歷史分析，以見華胡本屬同根，有血緣之親，形亂華，骨親華，從此邁入大中華一統之境地矣。茲按《二十五史・南北朝史》所列順序宋、齊、梁、陳、魏、北齊、周、南史、北史而簡述焉。僅溯其先世而明其源流，則渾入中華乃一家矣。

（一）宋　據梁•沈約撰《宋書・帝紀》，宋高祖皇帝諱裕，小名寄奴，彭城縣綏里人，漢帝弟、楚元王交之後也，交生紅懿侯富，富生宗正辟强，辟强生陽城繆侯德，德生陽城節侯安民，安民生陽城釐侯慶忌，慶忌生陽城肅侯岑，岑生宗正平，平生東武城令某，某生東萊太守景，景生明經洽，洽生博士弘，弘生瑯琊都尉悝，悝生魏定襄太守某，某生邪城令亮，亮生晉北平太守膺，膺生相國掾熙，熙生開封令旭孫，旭孫生混，始過江居晉陵郡丹徒縣之京口里，官至武原令，混生東安太守靖，靖生郡功曹翹，是爲皇考高祖，至宋高武皇帝，歷有二十六世。但據唐李延壽撰《宋史・本紀》，「宋高祖武皇帝諱裕，字德輿，小字寄奴，彭城縣綏輿里人。姓劉，漢元王交之二十一世孫也。」《資治通鑒》「宋紀高祖皇帝『注』亦因楚元王交二十一世孫之說。」俱比沈約所據史料少了五世。漢於西元前二〇六年得國，至宋武帝時（西元四二〇年）已歷六二六年，以二十一世計平均每世二十九年，以二十六世計平均每世二十四年，顯然沈說更合理，延壽與司馬氏之説或有誤焉。武帝之後歷少帝、文帝、孝武帝、前廢帝、明帝、後廢帝又順帝（計八帝）而終。

（二）齊　據梁蕭子顯撰《南齊書·本紀》，齊太祖高皇帝諱道成，字紹伯，姓蕭氏，漢相國蕭何二十四孫也。何子鄭定侯延生侍子彪，彪生公府掾章，章生皓，皓生仰，仰生御史大夫望之，望之生光禄大夫育，育生御史中正紹，紹生光禄勳閎，閎生濟陰太守闡，闡生吳郡太守永，永生中山相苞，苞生博士周，周生蛇丘長矯，矯生州從事逵，逵生孝廉休，休生廣陵府丞豹，豹生大中大夫裔，裔生淮陰令整，整生即丘令儁，儁生輔國參軍樂子，宋昇明二年九月贈太常，生皇考，皇考生齊高皇帝蕭道成，有二十四世。高帝而武帝，而鬱林王，而海陵王，而明帝，而東昏侯，而和帝，歷七帝，爲時二十四年（四七八至五〇二年）。高帝建元四年詔曰：「脩建教學，精選儒官，廣延國胄，以宣文教。」亦見其明爲政之要，尊儒爲先。

（三）梁　據唐姚思廣撰《梁書·武帝紀》，高祖武皇帝諱衍，字叔達，南蘭陵中都里人，漢相國蕭何之後，亦齊高帝蕭道成之族侄也（與齊同出淮陰令整，三世至順之，順之於齊高帝爲族弟，帝順之之子也）。竟陵王子良開西邸，招文學，高祖與沈約、謝朓、王融、蕭琛、范雲、任昉、陸倕等游焉，曰八友。融俊爽，識鑒過人，尤敬異高祖。每謂所親曰：「宰制天下，必在此人。」高祖益勤行仁義，以西伯自勵，天監元年（五〇二年），西邸八友中之范雲、沈約謀以「齊祚已終」，當立新主，時梁高祖武適任齊大司馬，已「內懷受禪之志」。是年正月甲寅，詔：「大司馬位相國，總百揆，備九錫之禮，封十郡，爲梁公，置梁百司。」二月辛酉，「梁公始受命」；丙戌，進爵爲王；癸巳，受命，大赦。齊和帝至姑孰，丙辰，下詔禪位於梁；丁卯，奉和帝爲巴陵王，宮於姑孰，優崇之禮，皆仿齊初。封文武功臣，車騎將軍夏侯詳等十五人爲公侯。詔：「凡後宮、樂府、西解、暴室諸婦女，一皆放遣。」梁武帝封宗室近臣，從容釋其取天下神器之意：「天下公器，非力可取，苟無期運，雖項籍之力，終亦敗亡。齊梁雖云革命，事異前世，我與卿兄弟雖復絕服，宗室未遠，齊業之初亦共甘苦，情同一家，豈可遽如行路之人。我起義兵，非唯自雪門恥，亦爲兄弟報仇，撥亂反正，我自取天下於明帝家，非取之於卿家也。」（《資治通鑒》四五一九頁）武帝身服浣濯之衣，常膳惟以菜蔬。每箇長史，務選廉平，皆召之於前，勖以政道，又著令：「小縣令有能遷大縣，大縣有能遷二千石。」由是廉能以勸，武帝天監四年（五〇五年）春正月癸卯朔，詔曰：「二漢登賢，莫非經術，服膺雅道，名立行成，魏晉浮蕩，儒道淪歇，風節罔樹。抑此之由，可置五經博士各一人，廣開館宇，招内後進。」於是賀瑒、平原明山賓、吴興沈峻、建平嚴植之各主一館，給其餼廪，其射策通明者，即除爲吏。於此可見，梁武帝崇儒尊賢之真誠矣。

（四）陳　據唐·姚思廉撰《陳書·本紀·高祖上》，高祖武皇帝諱霸先，字興國，吴興長城下若里人。漢太丘長陳寔之後也。世居潁川，寔玄孫凖晉太尉，凖生匡，匡生達，永嘉南遷爲丞相掾，歷太子洗馬，出爲長城令，悦其山水遂家焉，常謂所親曰：「此地山川秀麗，當有王者興，二百年後，我子孫必鍾斯運。」達生康，復爲丞相掾，康生盰眙太守英，英生尚書郎公弼，公弼生步兵校尉鼎，鼎生散騎侍郎高，高生懷安令咏，咏生安成太守猛，猛生太常卿道巨，道巨生皇考文讚，生高祖武皇帝。少俶儻，有大志，不治生産，卽長讀兵書，多武藝，明達果斷，爲當時豪俊所推服。初爲新喻侯，爲蕭暎所重，曰此人方將遠大。及暎爲廣州刺史，高祖爲中直兵參軍，隨府之鎮，暎令高祖召集士馬，至千人，從此轉戰南北，由粤入贛而浙，承制授高祖，使持節都督會稽、東陽、新安、臨海、永嘉五郡諸軍事，平東將軍，進軍次蕪湖，三月高祖與諸軍共剋姑孰。又任北大將軍，開府儀同三司，承制命高祖代鎮揚州，進高祖位司空，又進位相國，總百揆，封爲陳公，備九錫之禮，位在諸侯王上，梁敬帝蕭方智特表其功，《策》曰：「大哉乾元，資日月以貞觀；至哉坤元，憑山川以載物。故惟天爲大。今將授公典策，其敬聽朕命：日者昊天不吊，鐘亂於我國家，網漏吞舟；强胡內贔（贔，音備，侵入也），茫茫宇宙，惵惵黎元（惵，音牒懼也），方足圓顱，萬不遺一；上國光啓中興，此則公之大造於皇家者也。中國摇然，非徒如綫，公赫然投袂，匡救本朝，平戎王室，朕所以還膺寶歷，重履宸居，此又公之再造於皇家者也。」（《二十五史·陳書·高祖紀》二二八頁）此《典策》中還列高祖之十八功。辛未，梁帝禪位於陳，詔曰：「五運更始，三正迭代，司牧黎庶，是屬聖賢，用能經緯乾坤，彌綸區宇，大庇黔首，闡揚鴻烈，革晦以明，積代同軌，百王踵武，咸由此則。梁德湮微，禍亂薦發，鼎命斯墜，我皇之祚，有如綴旒，静惟屯剥，夕惕載懷。相國陳王，有命自天，降神惟岳，天地合德，拯社稷之横流，提億兆之塗炭；威加四海，仁漸萬國，復張崩樂，重興絕禮。今便遜位，一依唐虞、宋齊故事。」高祖於永定元年

（五五七年），即皇帝位於南郊，告天曰：「皇帝臣霸先，敢用玄牡昭告於皇皇后帝，梁氏以圮剥薦臻，歷運有極。夫肇有烝民，乃樹司牧，選賢與能，未常其姓。有梁末運，久移神器，天地蘯覆，紀綱泯絶。霸先自惟菲德，非可謙拒，畏天之命，用膺嘉祚，一匡天下，再造黔黎。」大赦天下，改梁太平二年爲永定元年（五五七年）。歷文帝蒨、廢帝伯宗、宣帝頊、後主叔寶四主而亡，享國三十二年。

（五）魏　據北齊尚書右僕射魏牧撰《魏書·帝紀·序紀》曰：「昔黄帝有子二十五人，或内列諸華，或外分荒服，昌意少子，受封北土，國有大鮮卑山，因以爲號，其後世爲長，統幽都之北，廣漠之野，畜牧遷徙，射獵爲業，淳樸爲俗，簡易爲化，不爲文字，刻木紀契而已，世事遠近，人相傳授，如史官之記録焉。黄帝以土德王，北俗謂土爲托、爲後、爲跋，故以爲氏，其裔入仕堯世，逐女魃於弱水之北，民賴其勤，帝舜嘉之，命爲田祖，爰歷三代以及秦漢，獯鬻、獫狁、山戎、匈奴之屬，累代殘暴，作害中州，而始均之裔，不交南夏，是以載籍無聞焉。積六十七世，至成皇帝諱毛立，聰明武略，遠近所推，統國三十六，大姓九十九，威振北方，莫不率服。（中經十二帝）至獻皇帝諱隣立，時有神人曰，此土荒遐，未足以建都邑，宜復徙居，帝時年衰老，乃以位授於聖武皇帝，諱詰汾，獻帝命南移，山谷高深，九難八阻，於是欲止，有神獸，其形似馬，其聲類牛，先行導引，歷年乃出，始居匈奴之故地。初聖武帝嘗率數萬騎畋於山澤，欻見輜軿，從天而下，既至，見美婦人，侍衛甚盛，帝異而問之，對曰：「我天女也，受命相偶。」遂同寢宿，旦請還，曰：「明年周歲，復會此處。」言終而別，及期，帝至先所畋處，果復相見天女，以所生男授帝曰：「此君之子也，善養親之，子孫相承，當世爲帝王。」語訖而去，子即始祖也。故時人言曰：「詰汾皇帝無婦家，力微皇帝無舅家。」聖武皇帝崩，始祖神元皇帝諱力微立，生而英叡，最初始祖力微遣子沙漠汗曰文帝，如魏觀風土。始祖享年一百四歲而崩，太子即位曰章皇帝，諱悉鹿；章皇帝之少弟立，曰平皇帝諱綽；文帝之少子諱弗立，曰思皇帝。昭皇帝立，乃始祖之子，諱祿官；昭帝崩，穆皇帝立；穆帝崩，平文皇帝立，諱鬱律，乃思帝之子也；惠皇帝立，諱賀傉，乃桓帝之子也；煬皇帝立，諱紇那，惠帝之弟也；烈皇帝立，諱翳槐，平文帝之長子也；煬帝復立，烈皇帝復立，昭成皇帝立，諱什翼犍，平文帝之次子也。計歷十一帝十三代，下迄於太祖道武皇帝，諱珪，乃昭成皇帝之嫡孫、獻明皇帝之子也（獻明皇帝於太子時遇刺身亡）。太祖於東晉孝武帝司馬曜太元十一年（三八六年）春正月戊申，大會於牛川即代王位，改元登國，托跋氏自此興矣。史稱托跋魏。魏太祖道武帝托跋珪皇始三年（三九九年），問博士李先曰：「天下何物最善，可以益人神智？」對曰：「莫若書籍。」珪曰：「書籍凡有幾何，如何可集？」對曰：「自書籍以來，世有滋益以致於今，不可勝計，苟人主所好，何憂不集！」珪從之。令郡縣大索書籍悉送平城。魏又分北魏、東魏、西魏。據唐李延壽所撰《北史》，北魏歷太武帝、景穆帝、文成帝、孝文帝、宣武帝、孝明帝、孝莊帝、節閔帝、廢帝、孝武帝計十一帝，歷時一〇九年；西魏歷文帝、廢帝、恭帝三代，爲時僅二十三年（起五三五年迄五五七年）；東魏國祚更短，高歡立元善爲帝，旋爲歡之子高洋所取代，僅存十七年（五三八至五五三年）。

（六）北齊　齊高祖神武皇帝，諱歡，高氏，字賀六渾，渤海蓨人也。六世祖隱，晉玄菟太守，歡生，少有人傑表，有澄清天下之志。西元五五〇年，高歡子洋，取東魏稱帝，國號齊，都鄴，史稱北齊。據有洛陽以東、晉、冀、魯、豫及内蒙古部分之疆土。西元五七七年，爲北周所滅。歷六帝（文襄帝、文宣帝、廢帝、孝昭帝、武威帝、後主），爲時二十八年。

（七）北周　周太祖文皇帝宇文氏，諱泰，字黑獺，代郡武川人也，其先出自炎帝，炎帝爲黄帝所敗，其子孫遁居朔野。其後有葛烏兔者，雄武多算略，鮮卑奉以爲主，遂總十二部落，世爲大人；及其裔孫，曰普回者，因狩得玉璽三紐，文曰皇帝璽，普回以爲天授己，獨異之。其俗謂天子曰宇文，故國號宇文，並以爲氏，普回子莫那自陰山南徙，始居遼西，是曰獻侯，爲魏舅甥之國；自莫那九世至侯歸豆，爲慕容晃所滅；其子陵仕燕，拜駙馬都尉，封玄菟公；及慕容寶敗，歸魏；累世傳至宇文泰，其子覺於西元五五七年取代西魏稱帝，國號周，都長安，史稱北周，又於五七七年滅北齊，統一中國北方，五八一年爲隋所代，共歷五帝（孝閔帝、明帝、武帝、宣帝、静帝），爲時二十五年。

二　五胡之化

五胡之化有二焉：一化於佛也，二化於儒也。化於佛者不具論也，以其外入之教也；化於儒者則盡論之，以其内化也，終歸一統也。兹就北魏、漢、前秦三國，以次論之。

（一）北魏　其先祖爲黄帝之孫、昌意之少子，外分荒服，居北土，國有大鮮卑山，因以爲號。至太祖道武皇帝珪，内遷，建立魏，曰北魏，姓托跋氏，時值東晋孝武帝司馬曜太元三年（三七七年）。道武帝天興元年（三九八年）詔曰：「昔朕遠祖，總御幽都，控制遐國，雖建王位，未定九州。逮於朕躬，處百代之季，天下分裂諸華之王，民俗雖殊，撫之在德，故躬率六軍，掃平中土，凶逆蕩除，遐邇率服，宜仍先號，以爲魏焉。佈告天下，咸知朕意。」秋七月，遷都平城，始營建宗廟，立社稷。二年（三九九年）初，令五經群書，各置博士，增國子太學生員三千人。三年（四〇〇年）十二月乙未，詔曰：「觀古今不義而求非望者，自喪其保家之道，而伏刀鋸之誅。有國有家者誠能推興廢之有期，審天命之不易，察徵應之潛授，杜競逐之邪言，絶姦雄之僭肆，思多福於止足，則幾於神智矣。」丙申（次日），復詔曰：「上古之治，尚德下名，有任而無爵，易治而事序，故邪謀息而不起，奸慝絶而不作。周姬之末，下凌上替，釁由此起，兵由此作，秦漢之弊，捨德崇侈，能否混雜，賢愚相亂，庶官失序，任非其人；於是忠義之道寢，廉恥之節廢，退讓之風絶，毀譽之義興，莫不由乎貴尚名位而禍敗及之矣。是故道義，治之本；名爵，治之末。名不本於道，不可以爲宜；爵無補於時，不可以爲用。用而不禁，爲病深矣。能通其變，而不失其正者，其惟聖人乎！來者誠思成敗之理，察治亂之由，鑒殷周之失，革秦漢之弊，則幾於治矣。」（《二十五史・魏書》二一七六—

二一七八頁）觀道武皇帝之諸詔，可見其化於儒道者深矣、實矣，既明五經群籍乃政教之本，此本中以德爲要，復明成敗治亂之由，此乃中華大道之精髓也；又洞燭殷周秦漢之得失，明取捨進退，乃兩漢以降六百年間帝王之第一文也。於此亦足以驗儒道之政教合乎人心人性，不論其爲何方異族，凡有國有家者則必善用之賴以爲治也。繼道武皇帝之位者爲太宗明元皇帝諱嗣，太祖之長子也，亦明大道，知「察民疾苦」，明百姓足則君有餘，未有民富而國貧之理。北魏第三代帝世祖太武皇帝，諱燾，太宗明元皇帝之長子，更有勵孝求賢之志，神䴥三年（四三〇年），詔曰：「夫士之爲行，在家必孝，處朝必忠，然後身榮於時，名揚後世矣。」其延和元年（四三二年）詔曰：「朕除僞平暴，征討累年，思得英賢，緝熙治道，故詔州郡搜揚隱逸，進舉賢俊。古之君子養志衡門，德成業就，才爲世使。或雍容雅步，三命而後至；或棲棲遑遑，負鼎而自遠。雖徇尚不同，濟世一也。諸召人皆當以禮申諭，任其進退，何逼遣之有也。自今以後，各令鄉閭推舉，首宰但宣朕虛心求賢之意；既至，當待以不次之舉，隨才文武，任之政事。」（《二十五史·魏書》二一八一頁）。北魏之第五代皇帝高宗文成諱濬，恭宗景穆帝之長子，其泰安元年（四五五年）詔曰：「夫聖人之教，自近及遠。是以，周文刑

（型）於寡妻，至於兄弟，以御家邦。爲治者因宜以設官，舉賢以任職，故上下和平，民無怨謗。若官非其人，奸邪在位，則政教陵遲，至於凋薄，思明黜陟，以隆治道。今遣尚書穆伏真等三十人，巡視州郡，觀察風俗，入其境，農不墾殖，田畝多荒，則徭役不時，廢於力也；耆老飯疏食，少壯無衣褐，則聚斂煩數，匱於財也；閭里空虛，民多流散，則綏導無方，疏於恩也；盜賊公行，劫奪不息，威禁不設，失於刑也；衆謗並興，大小嗟怨，善人隱伏，佞邪當途，則爲法混淆，昏於政也。諸如此比，黜而戮之；善於政者，褒而賞之。其不孝父母，不順尊長，爲吏奸暴，各具以名上；其容隱者，以所匿之罪罪之。（《二十五史·魏書》二一八六頁）北魏之第六代帝高祖孝文皇帝諱宏，顯祖獻文皇帝之長子，在其承明十三年（四八八年），「立孔子廟於京師」，十有六年，詔：「祀唐堯於平陽，虞舜於廣寧，夏禹於安邑，周文於洛陽，改謚宣尼曰文聖尼父，告謚孔廟。」十有九年（四九四年）詔：「選諸孔宗子一人，封崇聖侯，邑一百户，以奉孔子之祀。」二十有一年（四九六年），遣使者以太牢祭周文王於酆，周武王於鎬。北魏之第八代帝肅宗孝明皇帝，諱詡，乃世宗宣武皇帝第二子，以其正光元年（五二〇年）春正月乙酉，詔曰：「建國緯民，立教爲本；尊師崇道，茲典自昔。來歲仲陽，節和氣潤，釋奠孔顏，乃其時也。有司可豫繕國學，圖飾聖賢，置官簡牲，擇吉備禮。」（《二十五史》二一九八頁）觀北魏化於儒道之歷程，明建國緯民，立教爲本，尊儒學爲國學，謚宣尼曰「文聖尼父」，可爲南北朝內化與儒化之楷模。而且八帝崇儒賡續不衰，即兩漢盛世亦未見此美政善教也。是在亂中益顯儒道之光輝歟！抑黃帝之後裔同具良知、善性歟！當其回歸故土，自然習而行之，不假外力也。

（二）漢　漢主劉淵之先祖爲匈奴大單于，至西晉惠帝司馬衷即位之時（二九〇年），以太尉、太子太傅輔政，以劉淵爲五部大都督。八王之亂後，西晉陷於大分裂之局，皇太弟司馬穎又旌表匈奴左賢王劉淵爲冠軍將軍，監五部軍事。惠帝永興元年（三〇四年），淵從祖右賢王宣謂其族人曰：「自漢亡以來，我單于徒有虛號，無復尺土，今吾衆雖衰，獨不減二萬，左賢王英武超世，天苟不欲興匈奴，必不虛生此人也。今司馬氏骨肉相殘，四海鼎沸，復呼韓邪之業，此其時矣！」乃相與爲謀，推劉淵爲大單于。淵自洛陽歸至左國城（山西離石縣），劉宣等上大單于之號，有衆五萬，建國號曰漢，都於離石。淵謂群臣曰：「昔漢有天下久長，恩結於民；吾漢氏之甥，約爲兄弟，兄亡弟紹，不亦可乎？」「兄亡弟紹，不亦可乎？」劉淵之此言，乃目睹八王之亂，晉祚岌岌可危，引發劉淵欲乘勢奪取天下之野心也，此亦匈奴取漢之野心復活也，劉宣等之謀所包藏之禍心也。於是劉淵即漢王位，大赦，改元曰元熙。右賢王宣爲丞相，陳元達爲黄門郎，王宏爲太尉，以子聰爲鹿蠡王，族子曜爲建武將軍（曜早孤，養於淵，幼聰慧，有膽量，及長，與衆不群，好讀書，常自比樂毅、蕭曹）。淵建漢六年，值晉懷帝永嘉四年（三一〇年）而崩，其子聰嗣位，過三年，立貴婦劉娥爲皇后，爲之妻疎儀殿，廷尉陳元達切諫：「天生民而樹之君，使司牧之，非以兆民之命窮一人之欲也。晉室失德，大漢受之，蒼生引領，庶幾息肩，是以文光皇帝（淵謚文光）身衣大布，居無重茵，后妃不衣錦綺，乘輿馬不食粟，愛民故也。陛下踐祚以來，已作殿宫四十餘所，加之軍旅數興，餽運不息，飢饉疾疫，死亡相繼，而益思營繕，豈爲民父母之意乎！陛下釋此不憂，乃更爲中宫作殿，豈目前之所急乎！」聰大怒，曰：「朕爲天子，營一殿，何問汝鼠子乎？不殺此鼠子，朕殿不成。」命左右曳出斬之。時聰在逍遥園李中堂，元達先鎖腰而入，即以鎖鎖堂下樹，呼曰：「臣所言者社稷之計，陛下之殺臣，臣得與龍逢、比干游，足矣。」大司徒任顗等叩頭出血，曰：「元達爲先帝所知，受命之初即引置門下，盡忠竭慮，知無不言。臣等竊禄偷安，每見之未當不發愧。今所言雖狂直，願陛下容之。因諫諍而斬列卿，其如後世何！」聰默然。劉后聞之，密敕左右停刑，手疏上言：「今宮室已備，無煩更營，四海未一，宜愛民力。廷尉之言，社稷之福也，陛下宜加封賞；而更誅之，四海謂陛下何如哉！夫忠臣進諫者，固不顧其身也。陛下爲妾營殿而殺諫臣，使忠良結舌者由妾，遠近怨怒者由妾，公私困弊者由妾，社稷阽危者由妾，天下之罪皆萃於妾，妾何以當之！妾觀自古敗國喪家，未始不由婦人，心常疾之。不意今日身自爲之，使後世視妾猶妾之視昔人也。妾誠無面目復奉巾櫛，願賜死此堂，以塞陛下之過。」（《資治通鑒》二七九三頁）聰覽之變色，徐曰：「朕比年以來，微得風疾，喜怒過差，不復自制。元達忠臣也，朕未之察，諸公乃能破首明之，誠得輔弼之義也！朕愧戢於心，何敢忘之。」命顗等冠履就座，以劉氏表示之，曰：「外輔如公，內輔如后，朕復何憂。」賜顗等穀帛各有差。更名逍遥園曰納賢園，李中堂曰愧賢堂，聰謂元達曰：「卿當畏朕，而反使朕畏卿邪！」此忠諫與納諫所涉及之人物修養、氣度，俱稱善焉，尤以帝、后爲善，故能將一場無道誅殺轉變爲一殿正氣，可見漢主之化於儒道者，深且實也。

（三）前秦　前秦爲東晉十六國中最大之國。三五〇年，氐族貴族苻洪稱三秦王；三五一年，子健稱帝，號皇始元年，建都長安，史稱前秦。健之子，秦淮南王生，幼無一目，性麤暴，其祖父洪嘗戲之曰：「吾聞瞎兒一淚，信乎？」生怒，引佩刀自刺出血，曰：「此亦一淚也！」洪大驚，鞭之，生曰：「性耐刀槊，不堪鞭捶！」洪謂其父健曰：「此兒狂悖，宜早除之，不然必破人家！」健將殺之，健弟雄止之曰：「兒長自應改，何可遽爾！」及長，力舉千鈞，手格猛獸，走及奔馬，擊刺騎射，冠絕一時。秦主健以讖文有「三羊五眼」，乃立生爲太子。（《資治通鑒》三一四六頁）東海王苻堅（堅字永固，雄之子）素有時譽，與姚襄參軍薛讚、權翼善，二人密說堅曰：「主上猜忌暴戾，中外離心，方今宜主秦祀者，非殿下而誰？願早爲計，勿便他姓得之。」堅以問尚書呂婆樓，對曰：「僕刀環上人耳（意謂將爲生所殺），不足以辦大事，僕里舍有王猛，其人謀略不世出，殿下宜請而咨之。」堅因婆樓而招猛，一見如故，語及時事，自謂如劉玄德之遇諸葛孔明也，因密謀誅生，遂於東晉穆帝升平元年（三五四年）六月誅生，特進領御史中丞梁平老及特進光禄大夫强汪帥壯士數百潛入雲龍門；堅與呂婆樓帥麾下三百人，鼓譟繼進，宿衛將士皆舍仗歸堅。生猶醉寐，堅兵至，生驚問左右曰：「此輩何人？」左右曰：「賊也！」生曰：「何不拜之！」堅兵皆笑。生又大言：

「何不速拜，不拜者斬之！」堅兵引生置别室，廢爲越王。尋殺之，謚曰厲王，群臣皆擁堅繼皇帝位，堅乃去皇帝之號，稱大秦天王，即位於太極殿，大赦，改元永興。追尊父雄爲文桓皇帝，以世子宏爲皇太子，以清河王法爲都督中外諸軍事，吕婆樓爲司隸校尉，王猛爲中書侍郎。堅舉異材，修廢職，課農桑，恤困窮，禮百神，立學校，旌節義，繼絶世，秦民大悦。越二年八月，特進光禄大夫强德，太后之弟也，酗酒豪横，掠人財貨子女，爲百姓患。猛下車收德，奏未及報，已陳屍於市，疾惡糾案，無所顧忌。數旬之間，權豪、貴戚，戮殺、刑免者二十餘人，朝廷震栗，奸猾屏氣，路不失遺。堅歎曰：「吾始今知天下有法也。」（《資治通鑒》三一七六頁）永興五年（三六一年），秦王堅命牧伯守宰各舉孝悌、廉直、文學、政事，察其所舉，得人者賞之，非其人者罪之。由是人莫敢妄舉；而請托不行，士皆自勵，雖宗室外戚，無才能者皆棄不用，内外之官，率皆稱職，田疇修闢，倉庫充實，盗賊屏息。永興六年（三六二年），秦王堅親臨太學考第諸生經文，與博士講論，自是每月一至焉。似此督學求才，渴以爲治，雖漢家天子亦鮮見也。建元八年（三七一年），秦王堅詔曰：關東之民，學通一經、才成一藝者，在所以禮送之；在官百石以上，學不通一經，才不通一藝者，罷遣爲民。

王猛爲相，剛明清肅，善惡著白，放黜尸素，顯拔幽滯，練習軍旅，官必當才，刑必當罪，由是國富兵强，秦國大治。堅敕太子宏及長樂公丕等曰：汝事王公，如事我也。建元十一年（三七五年），秦王詔曰：新喪賢輔，百司未稱朕心，可置聽訟觀於未央南，朕五日一臨，以求民隱。今天下雖未大定，權可偃武修文，以稱武侯雅旨。其增崇儒教，禁老莊、圖讖之學，犯者棄市。妙簡學生，太子及公侯百僚之子，皆就學受業，中外四禁、二衛、四軍長上將士，皆令受學。二十人給一經生，教讀音句。後宫置典學以教掖庭，選閹人及女隸敏慧者詣博士授經。尚書郎王佩讀讖，堅殺之，學讖者遂絶。觀苻堅崇儒以治國近三十年，國富兵强，因以思霸，欲一統江南；遂於建元十八年（三八二年），會群臣於太極殿，議曰：「自吾承業垂三十載，四方略定，唯東南一隅未霑王化，今略計吾士卒，可得九十七萬，吾欲自將以討之，何如？」群臣俱持所見，各言利害，以爲不可，堅曰：「此所謂築舍道傍，無時可成，吾當内斷於心耳」。群臣皆出，獨留陽平公融（侍中、中書監，都督中外諸軍事，禄尚書事）謂之曰：「自古定大事者，不過一二臣而已。今衆言紛紛，徒亂人意，吾當與汝决之。」對曰：「今伐晉有三難：天道不順，一也；晉國無釁，二也；我數戰兵疲，民有畏敵之心，三也。群臣言不可伐者，皆忠臣也，願陛下聽之。」融更進諫曰：「知足不辱，知止不殆，自古窮兵極武，未有不亡者。江東雖微弱僅存，然中華正統，天意必不絕之。」堅素信沙門道安，詢之以伐晉之謀，亦勸阻「不必親涉江淮也」。次年（三八三年）八月甲子，堅發長安，戎卒六十餘萬，騎二十七萬，旗鼓相望，前後千里。秦兵既盛，晉都下震恐；但晉之指揮中心，卻安然不驚；謝玄（謝安侄，帥北應兵御秦）入問計於謝安，安夷然，答曰：「已別有旨。」既而寂然，玄不敢復言；乃令張玄重請，安遂命駕出游山墅；親朋畢集，與玄圍棋賭墅。安棋常劣於玄，是日玄懼，便爲敵手，而又不勝，安遂游涉，至夜乃還。桓冲深以根本爲憂，遣精鋭三千人衛京師，謝安固卻之，曰：「朝廷處分已定，兵甲無闕，西藩宜留以爲防。」冲對佐吏歎曰：「謝安有廟堂之量，不閑將略。今大敵垂至，方游談不暇，遣諸不經事少年拒之，衆又寡弱，天下事已可知，吾其左袵矣。」秦王堅與陽平公融登壽陽望之，見晉軍佈陣嚴整，又望八公山上草木皆以爲晉兵，顧謂融曰：「此亦勍敵，何謂弱也。」憮然始有懼色。秦兵逼淝水而陣，晉兵不得渡，謝玄遣使謂陽平公融曰：「君懸軍深入，而置陣逼水，此乃持久之計，非欲連戰者也，若移車少卻，使晉軍得渡，以决勝負，不亦善乎！」秦諸將皆曰：「我衆彼寡，不如遏之，使不上，可以萬全。」堅曰：「但引兵少卻，使之半渡，我以鐵騎殺之，蔑不勝矣！」融亦以爲然，遂麾兵使卻；秦兵一退，不可復止；朱序（晉將，於襄陽爲堅所執，有歸志）又於陣後大呼曰：「秦兵敗矣！」秦軍退勢山倒，潰不成軍，自相蹈籍而死者，蔽野塞川，其逃跑之勢聞風聲鶴唳，皆以爲晉兵追及，晝夜不敢息；草行露宿，重以飢凍，死者什七八。朱序與張天錫、徐元喜皆來奔，獲秦王堅所乘雲母車，謝玄等乘勝追擊，至於青岡。堅中流失，單騎至淮北，謂其張夫人曰：「吾今復何面目治天下乎！」潸然淚下。（《資治通鑒》三三〇一—三三一三頁）觀秦王堅之内化於儒道，未及善也，以三十年之治，致秦國强民富，兵聚百萬，頓生以武力吞食江東之野心，有悖儒道遠矣；不明天下非武力所可一之者也，必以道以德，以仁政，以教化，累世積年始克有濟也，令天下之民聞而服之，心悦而嚮往也，此乃儒道之真諦所在也。堅之所及於儒化者，乃强國之道，非王天下之道也。强國之道淺鮮而易爲功；王天下之道深惡而窮至善也。

第四节　否極泰來

此否也，指右述之亂與分也；此泰也，指亂、分之後之一統與大治也。魏晉南北朝之亂與分歷時三百三十年（二二〇—五八一年），其內蘊之幾如何，必作歷史之剖析以見其明也；必作理論之索隱，以探其幽而識其微也。

我中華史自周古公亶父積德而有文王之慧與德，以孚諸侯，而有武王之得天下，佈施仁政而有成、康之大治；中經春秋儒家之道統以立，五霸之所霸者秉道統以維繫不亂也；戰國七雄之所爭者，除秦而外，各自之利也；秦秉霸道以滅六國而終致速亡者，以悖王道，而犯道統也；西漢高祖以謀臣而幸得天下，中經文、景以仁政而獲大治，始有武帝之文治（推明孔氏，抑黜百家）與武功（征伐匈奴），迄於東漢之末而有三國之亂，而有曹魏之速亡，而有西晉之亂（八王），而有東晉之偏安（而北方雜以十九國之亂），而有南北朝之亂，計亂了三百六十一年（二二〇—五八一年）。治與亂混雜於其間者計七百八十七年，與周祚八百年相埒。以《周易》之《泰》《否》二卦觀之，則見其道使然也，自然法則之不可違也。《周易·序卦》曰：「物畜然後有禮，故受之以履；履而泰，然後安，故受之以泰，泰者通也；物不可以終通，故受之以否；物不可以終否，故受之於同人。」（《十三經注疏》九五頁）

再觀《泰》《否》二卦之卦名、彖、象以究之。《泰》乾坤上下，卦名曰：「泰，小往，大來，吉亨。」《疏》曰：「正義曰：陰出，故小往；陽長，故大來，以此吉而亨。」《象》曰：「泰，小往，大來，吉亨，是天地交而萬物通也，上下交而其志同也。內陽而外陰，內健而外順，內君子而外小人，君子道長，小人道消也。」《象》曰：「天地交，泰，後以財（剪裁也）成天地之道，輔相天地之宜，以左右民。」觀此而明內長外消之道矣。蘊於內者，生長之力也；形於外者，清退之象也；此乃易化萬物，萬物以長以消之理也。以之喻於人道政事，則興衰治亂之理也。無欲而德，則興則治；欲盛無節，則亂則衰。泰極則否，觀《否》乾坤上下卦之義；卦名曰：「否之匪人，不利君子貞，大往小來。」《疏》曰：「否之匪人者，言否閉之世，匪是人道交通之時，不利君子貞者，由小人道長，君子道消，不利君子之爲正也。陽氣往而陰氣來，故云大往小來。陽主生息故稱大，陰主消耗，故稱小。」《象》曰：「否之匪人，不利君子貞，大往小來，則是天地不交，萬物不通也。上下不交而天下無邦也，內陰而外陽，内柔而外剛，内小人而外君子，小人道長，君子道消也。」（《十三經注疏》二八一二九頁）由此而明，君子居内則君子之道長，小人之道消，小人居内則小人之道長，而君子之道消。據此以觀兩漢魏晉南北朝之政，及其治亂之幾，則立即可辨君子立於朝則治，文景、孝武、明、章諸朝是也，君明乃君子立朝之前提也；反之，君昏暗，即有君子居朝，亦爲小人所制，亂與禍由此而起也，故知盛衰治亂决之於君主之明暗勤惰也，此乃三代、兩漢以及魏晉南北朝之政所揭示之鐵則，兹就如次五端釋之，以見其詳。

一、道乃爲治之根。所言君明者，明此道也，守此道而不失也，用此道而不渝也。道者何也？儒道兩家論之詳矣盡矣、深矣遠矣。道家居先，以伏犧爲代表之最早最高之哲學思想，其質爲道家，其形爲儒家，以《周易》而繼承發揚光大。文王之演《易》，本屬道家，以自然之道爲核心，而外化爲王道人事。此乃儒者之職志也。《易・乾》爻辭「潛龍勿用」乃文王之韜晦也；「見龍在田」乃文王之修德也，修德則必須「終日乾乾，夕惕若厲，自强不息」；德有所進，方可「或躍在淵」，小試德能；德能充盈，方可「飛龍在天」，以明利天下之大至；見「群龍無首」，出而以大任自肩。故知儒家之道乃「内聖外王」之道，孔子所言之「人道政爲大」乃儒者之志責，不可旁貸者也。《周易》本體論之《中庸》開宗指明：「道也者，不可須臾離也，可離非道也。」《莊子·漁父》曰：「道者，萬物之所由也；庶物失之者死，得之者生；爲事逆之則敗，順之則成。故道之所在，聖人尊之。」《莊子·知北游》：「道者，帝之所興，王之所起也」。根據儒道兩家所論此道之內涵，不外人性、人心、人情、仁義諸端而已；由此發而爲之政，則其政之內含必然是由道而性（人性善物性善），而心（人心與道心，人心者人欲也，道心者天理也，道心主宰人心），而情（七情喜、怒、哀、懼、愛、惡、欲），而禮（禮者，天地之序、人倫之節），而樂（致樂以治心），而刑（道之以德，齊之以禮），而教（從世子以至於庶民，有教無類；德盛而教尊，教尊而官正，官正而國治）。由此而知，古之爲政者深明大道乃爲政之根，以大道而正君心，以道統爲君之所尊所守。則其政必治，教必化；反之，則禍亂隨之。細索其由，在爲君爲臣者之私欲橫行至極也。或爲皇室之爭君位，而致主弱且暗，大權旁落奸臣之手；或外戚擅權，忠賢不進；或后妃干政，妄讒售奸；或宦官弄權，禍出宮廷。其所貪爭不已者，在權位二字，卒至朝廷於亂中而亡，百姓於亂中屍橫遍野，千里無人煙。晉愍帝建興元年（三一三年）之長安，「户不盈百，高棘成林，公私有車四乘，百官無章服印綬，唯桑版署號而已。」（《資治通鑒》二七九四頁）由此亦可見，唯有食不裹腹、衣不被體，在風雨飄搖中蕭瑟之黎庶，無聲無淚，支撐著天地，謹守天道善德，不敢違背，艱苦地向土地尋求活路，心存大亂之後必復大治之善念，可見大治之微弱希望潛藏在庶民心靈深處，而不自生於深居皇宮昏君之心際。如晉惠帝戇騃，嘗在華林園聞蝦蟆聲，謂左右曰：「此鳴者爲官乎，爲私乎？」（《資治通鑒》二六二九頁）而漢靈帝則常說：「張常侍是我公，趙常侍是我母。」（《資治通鑒》一八六七頁）似此昏君主政，豈有不亂之理，其離以道爲治之根也遠矣。二、治亂相承之幾。《周易・繫辭》曰：「幾者動之微，吉之先見者也。知幾其神乎！窮神知化，德之盛也。」（《十三經注疏》六八頁）道之隱顯、時之明晦、勢之興替、事之順逆、君主之明暗、宰輔之忠奸、宗室之强弱、后妃之淑悍、太子之賢愚、外戚之廉貪、吏治之蕭弛、宦侍之勤佞，此十二者乃治亂之幾所深蘊之者也。非僅爲周秦漢魏兩晉南北朝之歷史所證驗之者，亦影響於後世之政教者也。所謂道之隱顯者，非其道之自身有隱顯之分也；道之自身不知其爲道也，更不知故作隱顯以示人也；「道法自然」，道乃自然而然者也，萬物不可違也，人類之行亦不可違也。違者必敗。道無私，人有私，違之者私欲之發所致也。聖君賢相明乎此，不敢有違也。而且平日已有節制私欲之素養，謹言慎行，如臨如履，亦自無違也。違之者是私欲横行之徒而且稟於手中之權位，飛揚拔扈，無所忌憚，則亂生禍起矣。西漢之政先有呂后所造成之諸呂之亂，繼有景帝欲削弱諸侯而引起的七國之亂，至末則有王莽之簒漢，可謂治亂相承；然其主明君强，亂作旋息，復歸於治，故西漢之政堪稱大治。東漢光武之興也，以其遺烈而有明、章之稟道以政，儒風以盛。惜乎和、安、順三帝政教下跌，迄於桓、靈之際，士民之氣以「黨錮之禍」而一蹶不振，爲此後四百年之大亂種下禍根矣。東漢之政則始治而中亂矣。魏晉乃大亂之世，無治可言矣。其中之幾多因輻輳亦難細論。但晉惠帝之「戇騃」及其賈后之暴悍，擅權干政所造成之八王之亂，乃是此後三百年大亂之禍首也。亦乃中華史上后妃干政之禍患最深烈者也。三、公私彰閉乃治亂之由。治亂之幾乃本此原由而生之者也。蓋我中華立國之大道本之於天，乃是至公無私之道、至正無邪之道、至善無惡之道，唯因人生而有私欲焉，則此道之公、正、善三義便長處於傷損之中，唯靠教養節欲以謀求補救也。終則必歸之於天。天者，自然之謂也，無私之謂也；天之生物也，生人也，豈有私乎！物物均等，物人均等，人人均等；萬物爲一體，人物爲一體，人類爲一體，宇宙爲一體；

此一體也，包羅群象，包羅群倫，亦復容納個體與天地爲一，個體與宇宙爲一，其間之聯繫，唯一的是自然法則。此自然法則維繫人與人之間關係。在中華史上，舊石器時代約一百七十萬年至一萬年，新石器時代約一萬年至四千年前。據柏楊《中國歷史年表》，黄帝姬軒轅立國爲西元前二六九八年，此時開始了中華原始政治，自然法則必然讓位於政治法則了。當堯舜之世（前二三五七—二二五五年）已提出了完備的治國安民之十六字經：「人心惟危，道心惟微；惟精惟一，允執厥中。」至今猶生機活潑，而且瞻望人類遠景，欲求人類平安前進，則益見此十六字經之活力無窮，其核心要義在自覺節制有害之人欲，以人欲之患而檢驗此魏晉南北朝之歷史，其興衰治亂，無一不與公私彰閉、正邪消長、善惡著亡三者密切相關。僅就苻秦一國之興衰治亂而論，足以證之，特別苻堅欲吞滅江左之東晉而招致淝水一戰之慘敗，越二年，終爲後秦王萇「遣使縊堅於新平佛寺」。司馬光評之曰：以驕主御疲民，未有不亡者也。（《資治通鑒》三三四八頁）《莊子·在宥》有言曰：「天下脊脊大亂，罪在攖人心。」人心者，放縱人欲也，非僅苻堅如此也，凡作亂者類皆人欲吞天也。唯儒道竭力制欲，老子力主「爲道日損」（損欲也），「塞其兑，閉其門」。《周易·損卦》：「懲忿窒欲」。唯節制私欲，始可去私奉公，公私關係得以正也；唯無欲無私，正邪可立辨也，言行可得而正也，或改惡而從善也。如此則公彰而私閉，正揚而邪抑，善著而惡匿矣。以之治政，則亂必轉爲治；以之敷教，則蔽必轉爲明；以之修身，則乖必轉爲善，無往而不通矣。四、治亂之内含。與外形因時而異，僅兩漢兩晉而論，其治亂之形勢與内函，就有不同；即以西漢而言，文景之治與孝武之治亦有殊焉，文與景亦異也，文帝以「孝悌、力田，廉吏」三者爲務，二十三中有治無亂。景帝繼文帝之政亦大治也，但其遠追賈誼之策「衆建諸侯而少其力」，近納晁錯「宜削諸侯」之議，因而有七國之亂，所以旋即平定者以主明將謀也；大治中之大亂，無損毫髮也，武帝之治則有異於文景也。文景之世，太后好黄老，文景從之，以無爲與民休養而有大治，武帝之文治，武功並進，文治則「推明孔氏，抑黜百家」，從此儒家道統與綱常成爲歷代君王秉政與教化之最高指導思想，觀歷代之治亂存亡，即以此爲唯一之準繩，魏晉雖處長期混亂之中，不見大氏之教，並化於儒道之中。

五、教化乃爲治之基。政與教乃相爲内外表裏之兩件不可分割終成一體之大事也。政爲形、爲外、爲表，教爲質、爲内、爲裏；反之亦可，教爲形、爲外、爲表，政爲質、爲内、爲裏。中華之教也，其内核實一政字也。何以言之！有孔子之言足以論證之也，孔子答哀公問曰：「人道政爲大。」（《十三經注疏》一六二二頁）季康子問政，孔子對曰：「政者，正也。子帥以正，孰敢不正。」（《十三經注疏》二五〇四頁）前者外也，後者内也；中華之教乃以政爲其核心内函也。審修齊治平之義，最終以治平爲鵠的也。教之義大焉，教君也，教民也，教官也，明道也，修德也，損欲也，彰公也，扶正也，揚善也，旌孝也，正忠也，孝悌也，勵悌也，此皆教之所務者也。但其所務者中最本至要者則爲教世子也。嗣君出之世子，「師也者，教之以事，使知父子君臣之道，而喻諸德者也；一有元良，萬國以貞，德盛而教尊，教尊而官正，官正而國治。」（《禮記・文王世子》）「天道至教，聖人至德。」（《禮記・禮器》）此教之至高要詣也；必有此教始可明道統綱紀之要，信而守之。始可與言政，始可與求治。以此而觀兩漢魏晉之政，唯文、景、孝武、明、章諸朝具此教養，故其政、治也；東漢之末，諸帝失此教養，故於亂中而亡矣。魏晉以詭詐爲政，未足與言教也。

第七章　隋之統一與速亡

隋高祖文皇帝，姓楊氏，諱堅，弘農郡華陰人也，漢太尉震八代孫。堅仕於周，有女爲周太子宇文贇之妃。北周武帝宇文邕帥軍伐突厥，五月疾甚還長安，六月丁酉朔，殂。戊戌，太子即位，是年（五七八年）閏六月乙亥，周主（贇）立楊氏爲皇后（楊堅之女也）。同年七月，以楊堅爲大司馬，五八〇年周主天元痞（不能言），召小御正劉昉屬以後事，昉以堅爲後父，有重名，謀引堅輔政；堅不敢當，昉曰：「公若爲，速爲之；不爲，昉自爲也。」堅乃從之，及天元崩，矯詔：「以堅總知中外兵馬事。」時静帝幼冲，堅畏相州總管尉遲迥，迥亦知堅不利於帝，欲舉兵討之。陳宣帝太建十二年（五八〇年）十二月甲子，周以大丞相爲相國，總百揆，進爵爲王，以安陸等二十郡爲隋國，堅受王爵十郡而已。次年二月甲寅，周主下詔遜居别宫，命兼太傅杞公椿奉册。大宗伯趙煚奉皇帝璽紱，禪位於隋。隋主入御臨光殿，大赦，改元開皇。依漢魏之舊，置三師、三公，及尚書、門下、内史、秘書、内侍五省；太常等十一寺，左右等十二府。以相國司馬高熲爲尚書左僕射，太尉趙煚爲右僕射；虞慶則爲內史監，李德林爲內史令。立王后獨孤氏爲皇后，立王太子勇爲皇太子。封周靜帝爲介公。

第一節　混一天下秉儒求治

自開皇元年至開皇九年始混一天下，詔曰：「今率土大同，含生遂性；太平之法，方可流行。凡我臣民，澡身浴德，開通耳目，宜從茲始。喪亂以來，緬將十載，君無君德，臣失臣道，父有不慈，子有不孝，兄弟之情或薄，夫婦之義或違，長幼失序，尊卑錯亂。朕爲帝王，至存愛養，時有臻道，不敢寧息；內外職位，遐邇黎人，家家自修，人人克念，使不軌不法，蕩然俱盡。兵可立威，不可不戢；刑可助化，不可專行。禁衛九重之餘，鎮守四方之外，戎旅軍器，宜皆停罷，世路既夷，群方無事，武力之子，俱可學文，人間甲仗，悉皆除毀。有功之臣，降情文藝，家門子侄，各守一經；令海內翕然，高山仰止。京邑庠序，爰及州縣；生徒受業，升進於朝，未有灼然明經高第，此則教訓不篤，考課不精，明勒所由，隆茲儒訓。官府從宦，曲園素士，心迹相表；寬弘爲念，勿爲跼促，乖我皇猷。朕君臨區宇，於茲九載，開直言之路，披不諱之心；形於顔色，勞於興寢，自頃逞藝論功，昌言乃衆，推誠切諫，其事甚疎，公卿庶士，非所望也；各啓至誠，匡茲不逮，見善必進，有才必舉；無或噤默，退有後言，頒告天下，咸悉此意。（《二十五史·隋書·高祖紀》三二五五頁）開皇十年十一月辛卯，「幸國學，頒賜各有差」。觀此詔及幸國學，款款懇誠，有弘教修文之義，以明大道，以進大治。此乃隋文帝於目睹數百年之大亂，有求速治之心也。此心此志亦見重於大臣，如尊左僕射高熲曰：「獨孤公猶鏡也，每被磨瑩，皎然益明。」治國爲政，必以尊賢爲務。先有國子祭酒元善言於上曰：「楊素粗疏，蘇威怯懦，元胄、元旻正似鴨耳；可以付社稷者，唯獨高熲。」吏部尚書牛弘曰：「選舉先德行而後文才，務在審慎，其所進用，並多稱職。」吏部侍郎高孝基鑒賞機悟，清審絶倫，然爽俊有餘，跡似輕薄，時宰多以此疑之，唯弘深識其真，推心任委。隋之選舉得人，於斯爲盛，時論彌服弘識度之遠。（《資治通鑒》五五六八頁）

文帝仁壽元年（六〇一年），「崇建庠序，開進仕之路」。六月乙卯，遣使十六人巡省風俗；乙丑，詔曰：「儒學之道，訓教生人，識父子君臣之義，知尊卑長幼之序；升之於朝，任之以職，故能贊理時務，弘益風範。朕撫臨天下，思弘德教，延及學徒，崇建庠序，開進仕之路，佇賢儁之人；而國學胄子，垂將千數，徒有名録，空度歲時，未有德爲代範，才任國用，良由設學之理，多而未精。今宜簡省，明加獎勵。」於是國子學唯留學生七十人。秋七月戊戌，改國子爲太學。

仁壽二年（六〇二年）十月乙丑，詔曰：「禮之爲用，時義大矣。道德仁義，非禮不成；安上治人，莫善於禮。自區宇亂離，綿歷年代，王道衰而變風作，微言絶而大義乖，與代推移，其弊日甚。宜弘風訓俗，導德齊禮，綴往聖之舊章，興先王之茂則。」

仁壽三年（六〇三年）六月甲午，又發長詔，其有言曰：「有漢之興，雖求儒雅，人皆異説，義非一貫；又近代亂離，唯務兵革，其於典禮，時所未遑。夫禮不從天降，不從地出，乃人心而已者，謂情緣於恩也。故恩厚者其禮隆，情輕者其禮殺；聖人以是稱情立文，别親疏貴賤之節。自臣子道消，上下失序，莫大之恩，逐情而薄；莫重之禮，與時而殺。」秋七月丁卯，復詔曰：「天地之大德，育萬物而爲功，人君於四海，睹物欲運，獨見而致治，不藉群才，未有之也。是以唐堯欽明，命羲、和以居岳；虞舜叡德，升元凱而作相。伊尹鼎祖之媵，爲殷之阿衡，呂望魚釣之夫，爲周之尚父，豈不由元首而有股肱乎！至於閭閻秀異之士，鄉曲博雅之儒，言足以佐時，行足以勵俗，遺棄於草野，堙滅而無聞，豈勝道哉！所以覽古而歎息者也。其令州縣搜揚賢哲，皆取明知今古，通識治亂，究政教之本，達禮樂之源。不限多少，不得不舉，限以三旬，咸令進路，徵召將送，必須以禮。」

仁壽四年（六〇四年）七月甲辰，上以疾甚臥於仁壽宮，與百僚辭訣，並握手歔欷。丁未，崩於大寶殿，時年六十四，遺詔曰：「嗟乎！自昔晉室播遷，天下喪亂，四海不一，以至周齊，戰爭相尋，年將三百。故割疆土者非一所，稱帝王者非一人，書軌不同，生人塗炭。上天降鑒，爰命於朕，用登大位，豈關人力。故得撥亂反正，偃武修文，天下大同，聲教遠被，此又是天意，欲寧區夏，所以昧旦臨朝，不敢逸豫一日，萬機留心親覽，晦明寒暑，不憚劬勞，匪曰朕躬，蓋爲百姓故也。但四海百姓衣食不豐，教化政刑，猶未盡善，興言念此，唯以留恨。人生子孫，誰不愛念，既爲天下，事須割情。勇及秀等，並懷悖惡，既知無臣子之心，所以廢黜。古人有言，知臣莫若於君，知子莫若於父，若今勇、秀得志，共治國家，必當戮辱偏於公卿，酷毒流於人庶。今惡子孫已爲百姓黜屏，好子孫足堪負荷大業。皇太子廣，地居上嗣，仁孝著聞，以其行業，堪成朕志。但令内外群官，同心戮力，以此共治天下。朕雖瞑目，何所復恨。」（《二十五史·隋書·高祖紀》三二五五—三二五七頁）

綜觀右録高祖五詔之意，上承兩漢之得失，中考魏晉之治亂，下察陳周之敗亡，自省承天景命所當行之作爲：一立儒道爲治國之本；二尊賢能爲政教之基；三崇禮儀爲正俗化民之根；四正嗣君爲大業之繼。僅此，亦足見文帝鑒三百年之混亂，欲保隋之統一大業固如磐石也。就連鐵面諫帝、編撰《隋書》之魏徵，亦大頌文帝之德政，「躬節儉，平徭賦，倉廩實，法令行，强無陵弱，不暴寡，人物殷阜，朝野歡娱，二十年間，天下無事，區宇之内晏如也，考之前王，足以參蹤盛烈。」同時亦指明文帝之所失：「素無術學，不能盡下；無寬仁之度，有刻薄之資；迄乎暮年，此風愈扇，又雅好符瑞，暗於大道，聽哲婦之言，惑邪臣之説，溺寵廢嫡，託付失所。滅父子之道，開兄弟之隙，縱其尋斧，翦伐本枝。墳土未乾，子孫繼踵屠戮；松檟纔列，天下已非隋有。惜哉！跡其衰怠之源，稽其亂亡之兆，起自高祖，成於煬帝，所由來遠矣。」魏徵之論，至爲衷懇。稽文帝之行，以文法自矜，明察臨下，恒令左右，覘視内外，得犯立斬；每於殿廷棰人，一日之中，或至數四。尚書左僕射高熲等諫曰：「朝堂非殺人之所，殿廷非決罰之地。」上不納。未幾，怒甚，又於殿廷殺人，兵部侍郎馮基固諫，上不從，竟於殿廷殺之，尋亦自悔，宣慰馮基，而怒群臣之不諫者。帝晚節用法益峻，御史於元日（正月一日）不劾武官衣劍之不齊者，帝曰：「爾爲御史，縱捨自由。」命殺之。帝既喜怒無恒，不復依準科律，信任楊素；素複任情不平，與鴻臚少卿陳延有隙。嘗經蕃客館，庭中有馬屎，又衆僕於氈上樗蒲，以白帝。帝大怒，主客令及樗蒲者皆杖殺之，棰陳延幾死。（《資治通鑑》五五二八—五五五六頁）

文帝之失也，更於廢太子一事見之。太子勇「性寬厚，無矯飾之情」，「參決軍國政事，亦時有損益」。文帝亦然之，唯因小事，妄生猜疑。加獨孤后爲晉王廣所迷，而生廢勇立廣之意。廣又賄賂楊素，從而間之，以堅文帝廢勇立廣之意，遂鑄成此廢立之隱患，從根基上動摇了隋祚。及勇廢，文帝召東宮官屬切責之，皆惶恐無敢對者，獨洗馬李綱對曰：「太子性本中人，可與爲善，可與爲惡，此乃陛下之過，非太子之罪也。自古廢立冢嫡，鮮不傾危，願陛下深留聖思，無貽後悔。」上不悦，罷朝，卒用李綱爲尚書右丞。對此廢立之意，更具遠見者唯監察御史房彥謙。初，帝之克陳也，天下以爲將太平，彥謙私謂所親曰：「主上忌刻而苛酷，太子卑弱，諸王擅權，天下雖安，方憂危亂。」其子玄齡亦密言於彥謙曰：「主上本無功德，以詐取天下，諸子皆驕奢不仁，必自相誅夷，今雖承平，其亡可翹足待。」（《資治通鑒》五五八五頁）。房玄齡之見更深切以道、以德取天下之理，以道以德而得天下者，即便有小亂，亦必能持久，以其根基正也；以詐以力而奪天下者，必無可長保也；悖而入心，悖而出之，此不易之理也。

第二節　錯立太子種下禍根

文帝之改立晉王廣爲太子也，非以見其德能度量有爲君王之威嚴氣象也，乃爲其詐僞所蒙騙也。廣之天性狡遹、詭辯，内奸其心，外飾其行，上迷君后，下交權臣，以售其詐。司馬光論之曰：「晉王廣彌自矯飾，唯與蕭妃居處，后庭有子皆不育，后由數稱廣賢，大臣用事者，廣皆傾心與交，上及后每遣左右至廣所，無貴賤，廣必與蕭妃迎門接引，爲設美饌，申以厚禮；俾僕往來者，無不稱其仁孝。上與后嘗幸其第，廣悉屏匿美姬於別室，唯留老醜者，衣以縵綵，給事左右，屏帳改用縑素；故絶樂器之絃，不令拂去塵埃。上見之，以爲不好聲色，還宫，以語侍臣，意甚喜，侍臣皆稱慶，由是愛之特異諸子。」廣爲揚州總管，入朝，將還鎮，入宫辭后，伏地流涕，后亦泫然泣下，廣曰：「臣性識愚下，常守平生昆弟之意，不知何罪失愛東宫，恒蓄盛怒，欲加屠陷。每恐讒譖生於投杼，鴆毒遇於杯勺，是以勤憂積念，懼履危亡。」后忿然曰：「睍地伐漸不可耐，我爲之娶元氏女，竟不以夫婦禮侍之，前新婦遇毒而夭，我亦不能窮治，何故復於汝發如此意！我在尚爾，我死後，當魚肉汝乎！」廣又拜，嗚咽不能止，后亦悲不自勝，自是后決意欲廢勇立廣矣。廣與安州總管宇文述素善，廣尤親任總管司馬張衡，衡爲廣畫奪宗之策，廣問計於述，述曰：「皇太子失愛已久，令德不聞於天下；大王仁孝著稱，才能蓋世，數經將領，頗有大功，主上之與内宫，咸所鍾愛，四海之望，實歸大王。然廢立者國家大事，處人父子骨肉之間，誠未易謀也。然能移主上意者，唯楊素耳。素所謀者唯其弟約，述雅知約，請朝京師，與約相見，共圖之。」廣大悦，多賫金寶，資述入關。「約時爲大理少卿，素凡有所爲，皆先籌於約而後行之。述請約，盛陳器玩，約大驚曰：「何爲爾？」述因通廣意，説之曰：「夫守正履道，固人之常致；反經合義，亦達者之令圖。自古賢人君子，莫不與時消息，以避禍患。公之兄弟，功名蓋世，當塗用事有年矣，朝臣爲足下家所屈辱者，可勝數哉！而欲危公者固亦多矣！今皇太子失愛於皇后，主上素有廢黜之心，此公所知也。今若請立晉王，在賢兄之口耳，誠能因此時建大功，王必永銘骨髓，斯則去累卵之危，成泰山之安也。」約然之，因此白素，素聞之，大喜，撫掌曰：「吾之智思，殊不及此，賴汝啓予！」約知其計行，復謂素曰：「宜因機早自結托，則長保榮禄；兄若遲疑，一旦有變，令太子用事，恐禍至無日矣！」後數日，素入侍宴，微稱晉王孝悌恭儉，有類至尊，用此揣后意，后泣曰：「公言是也！吾兒大孝愛，我所以益憐阿麼（廣小字阿麼）者，常恐其潛殺之。」素既知后意，因甚言太子不才，后遂遺素金，使贊上廢立。上遂疏忌勇，乃於玄武門達至德門，量置候人，以伺動静，皆隨事奏聞。又，東宫宿衛之人，侍官以上，名籍悉令屬諸衛府，有勇健者咸屏去之。勇愈不悦。晉王廣，私賂東宫幸臣姬威，令伺太子動静，密告楊素，於是内外諠謗，過失日聞。文帝開皇二十年（六〇〇年）冬十月乙丑，上使人召勇，勇見使者驚曰：「得無殺我邪！」上戎服陳兵，御武德殿，集百官立於東面，諸親立於西面，引勇及諸子列於殿庭，命内史侍郎宣詔，廢勇及其男、女爲王、公主者，勇再拜言曰：「臣當伏屍都市，爲將來鑒誡，幸蒙哀憐，得全性命。」言畢，泣下流襟，既而舞蹈而去，左右莫不憫默。楊素進曰：「伏望聖心同於螫手！不宜復留意。」及勇廢，上召東宮屬切責之，皆惶懼無敢對者，洗馬李綱獨曰：「廢立大事，今文武大臣皆知其不可而莫肯發言，臣何敢畏死，不一爲陛下別白言之乎！太子性本中人，可與爲善，可與爲惡，向使陛下擇正人輔之，足以嗣守鴻基。今乃以唐令則爲左庶子，鄒文騰爲家令，二人唯知以絃歌鷹犬娛悅太子，安得不至於是邪！此乃陛下之過，非太子之罪也。」因伏地流涕嗚咽，上慘然良久曰：「李綱責我，非爲無理，然徒知其一，未知其二，我擇汝爲宮臣，而勇不親任，雖更得正人，何益哉！」綱對曰：「臣所以不被親任者，良由奸人在側故也。陛下但斬令則、文騰，更選賢才以輔太子，安知臣之終見疏棄也，自古廢立冢嫡，鮮不傾危，願陛下深留聖思，無貽後悔。」（《資治通鑒》五五七四—五五七九頁）文帝廢了太子勇，賜楊素物三千段，借外力而廢太子，如文帝之行者也，此在中華史上乃僅見也。是年十一月戊子，立晉王廣爲皇太子。此廢立也，於故太子勇爲一大奇冤，於新太子廣乃一大騙局之告成。騙局公行，正道已不復存矣，邪惡當塗，主上欣然，危機四伏，社稷豈能長安乎！惜哉！文帝之政僅見治二十載，煬帝居位十二年，雖欲有所爲，然其立政非道，君行無德，不足以服天下，及滋亂釁，自取敗亡，此中興衰存亡之機，前有論明，隋運亦無可逃遁者也。

第三节　煬帝之功罪

就煬帝之資性而論亦有其善而可觀者，美姿儀，性敏慧，沈深嚴重；好學，善屬文，敬接朝士，禮極屈卑，由是聲名籍甚，冠於諸王。帝善屬文，不欲人出其右，自負才學，每驕天下之士，嘗謂仕臣曰：「天下皆謂朕承籍緒餘，而有四海，設令朕與士大夫高選，亦當爲天子矣。」帝從容謂秘書郎虞世南曰：「我性不喜人諫，若位望通顯而諫以求名，彌所不耐，至於卑賤之士，雖少寬假，然卒不置之地上，汝其知之。」（《資治通鑒》五六八四頁）此資性與才學，令其驕橫傲恣，不察禍害，不計成敗，唯所欲是肆；以致衆叛親離，陷於絶境，猶不省識，亦可悲也。稽其嗣位十二年，文治武功亦不無可觀者，兹述之如次。

一　功

（一）綏懷四方。對西域諸胡，遠近懷柔，商胡至者，集張掖交市，使禮部侍郎裴矩掌之。矩誘訪諸國山川、風俗，王公及庶人儀形、服飾，撰《西域圖記》三卷，合四十四國，縱横二萬里，發自敦煌，及於西海（從《隋時期全圖》觀之，此西海，應是位於阿拉木圖以南之熱海），分爲三道：北道從伊吾郡（今哈密），中道從高昌，南道從鄯善郡，總湊敦煌。且云：「以國家威德，將士驍勇，若服而撫之，務存安輯；皇華遣使，弗動兵車，諸藩既從，渾、厥可滅，混一戎夏，其在兹乎！」帝覽大悦，賜帛五百段，日引矩至御坐，親問西域事，矩盛言，胡中多諸珍，吐谷渾易可併吞。帝於是慨然慕秦皇漢武之功，經略西域，遣矩復至張掖，引致諸胡，啗之以利，勸令入朝。此煬帝大業三年之事也。及於大業六年丁丑，帝以諸蕃酋長，畢集洛陽，於端門街盛陳百戲，戲場周圍五千步，執絲竹八千人，聲聞數十里，自昏至旦，燈火燭光照天地，終月而罷，所費巨萬，自是歲以爲常。漢武用兵二十年未能征服之匈奴，至是以撫慰而歸之，其樂融融，乃煬帝綏遠靖邊之一大功也。此中亦應見南北朝期間内化儒化之效也。南服赤土：帝募能通絶域者，屯田主事常駿等請使赤土，據《隋書・南蠻傳》，赤土國扶南之別種也，在南中，水行百餘日而達。所都土色多赤，因此爲號，東、南、西俱爲波羅國，北拒大海，地方數千里，其王姓瞿雲氏，名利户多塞，在位十六年矣。有三妻，並鄰國之女也，居僧祇城。煬帝大業三年，屯田主事常駿、虞部主事王君政等請使赤土，帝大悦，賜駿等帛各百匹，時服一襲，而遣賫物五千段，以賜赤土王。其年十月，駿等自南海郡乘舟，晝夜二旬至赤土之界，其王遣婆羅門、鳩摩羅以舶三十艘來迎，吹蠡、擊鼓以樂隋使，導路至王宫。駿等奉詔書上國王，其大方丈因謂駿曰：「今是大國中人，非復赤土國矣。」尋遣那邪迦隨駿貢方物，駿以六年春與那邪迦於弘農謁帝，大悦。（《二十五史·隋書》三四六七—三四六八頁）此赤土國，查閲譚其驤主編《開明中國歷史地圖集》（中國社會科學院主辦，中國地圖出版社一九八五年版）《隋時期全圖》應屬日南郡，《隋時期圖説》云：「日南郡之南爲林邑國地，大業元年，曾用兵佔領，置比景、海陰、林邑三郡，數月後軍還，林邑王復其故地。」而此處所引述之《南蠻傳》中詳記了林邑、赤土、真臘、婆利四國，亦足以證赤土國屬於林邑郡境内，再查閲《中華民國時期全圖》對照其地理位置，則知隋之赤土國適在今越南之南端矣。東征流求：煬帝大業二年（六〇六年），使羽騎尉朱寬入海，求訪異俗，至流求國而還。據《隋書·東夷傳·流求國》云：「流求國居海島之中，當建安郡中，水行五日而至，土多山洞，其王姓歡斯氏，名渴刺兜，不知其由來、有國代數也，彼土人呼之爲可老羊。妻曰多拔荼，所居曰波羅檀洞。塹柵三重，環以流水，樹棘爲藩。王所居舍，其大一十六間，雕刻禽獸。國有四五帥，統諸洞，洞有小王，往往有村，村有鳥了帥，並以善戰者爲之，自相樹立，理一村之事，男女皆以白紵繩纏髮，從項後盤繞至額。其男子用鳥羽爲冠，裝以珠貝，飾以赤毛，形製不同。婦人以羅紋白布爲帽，其形正方。國人好相擊，人皆驍健善走，無賦斂，有事則均稅，用刑皆斷於鳥了帥，不服則上請於王。無文字，望月虧盈以計時節，候草榮枯以爲年歲。人深目，長鼻，頗類於胡。大業三年，帝復令朱寬慰撫之，流求不從，寬取其布甲而還。帝又遣虎賁郎將陳稜、朝請大夫張鎮州率兵自義安浮海擊之，流求不從，拒逆官軍，稜擊走之，至其都，頻戰皆敗之，焚其宮室，虜其男女數千人，載軍實而還。（《二十五史》三四六六頁）

（二）修通運河：大業元年三月戊申，詔曰：「聽采輿頌，謀及庶民，故能審刑政之得失，令將巡歷淮、海，觀省風俗。」辛亥，命尚書右丞皇甫議，發河南、淮北諸郡民，前後百餘萬，開通濟渠，自西苑引谷、洛水達於河，復自板渚引河歷滎澤入汴；又自大梁之東引汴水入泗，達於淮，又發淮南民十餘萬開邗溝至楊子入江。（春秋吳城邗溝通江淮，此亦固故道邗溝貫今揚州城中；山陽，今淮州；楊子，今真州。）渠廣四十步，渠旁皆築御道，樹以柳，自長安至江都（揚州）置離宫四十餘所。（《資治通鑒》五六一八頁）

（三）修撰文史：大業十一年（六一五年）春正月，「增秘書省官百二十員，（隋制：秘書省監、丞各一人，郎四人，校書郎十二人，正字四人，著作郎二人，佐郎八人，校書郎、正字各二人；帝增小監一人，減校書郎爲十人，加置佐郎四人，又置儒林郎十人，文林郎二十人，增校書郎員四十人，加置楷書郎員二十人，凡百一十七人）並以學士補之。帝好讀書著述，自爲揚州總管（開皇十三年，帝爲揚州總管），置王府學士至百人，常令修撰，以至爲帝，前後近二十載，修撰未嘗暫停；自經術、文章、兵、農、地理、醫、卜、釋、道乃至蒱博、鷹狗，皆爲新書，無不精洽，共成三十一部、萬七千餘卷。初，西京嘉則殿，有書三十七萬卷，帝命秘書監柳顧言等詮次，除其複重猥雜，得正御本三萬七千餘卷，納於東都修文殿。又寫五十副本，簡爲三品，分置西京、東都宫、省、官府，其正書皆裝翦華淨，寶軸錦標。於觀文殿前爲書室十四間，窗户床褥廚幔，咸極珍麗，每三間開方户，垂錦幔，上有二飛仙，户外地中施機發。帝幸書室，有宫人執香爐，前行踐機，則飛仙下，收幔而上，户扉及廚屏皆自啓，帝出，則垂閉復故。（《資治通鑒》五六九四頁）細味右引史料，可知煬帝在經術、兵、農、醫、卜、宗教諸端之修撰成就廣大，乃千年來之帝王所僅見者；而且從三十七萬卷書中精撰三萬七千卷，又令抄寫五十副本，分置西京、東都宫、省、官府，更是前史未見者，其於政教之功豈不大哉！惜乎其敗亡之速，未見其治理顯於天下，亦歷史之悲也！

二 罪

對煬帝之罪失，擬先引史臣魏徵之見以明之：「煬帝爰在弱齡，早有令聞，南平吳會，北卻匈奴，昆弟之中，獨著聲績，於是矯情飾貌，肆厥姦回，故得獻后鍾心，文皇革慮，天方肇亂，遂登儲兩，踐峻極之崇基，承丕顯之休命，地廣三代，威振八荒，單于頓顙，越裳重譯。赤仄之泉，流溢於都內；紅腐之粟，委積於塞下。負其富强之資，思逞無厭之欲，狹殷周之制度，尚秦漢之規模；恃才矜己，傲狠明德；内懷險躁，外示凝簡，盛冠服以飾其姦，除諫官以掩其過；淫荒無度，法令滋章；教絶四維，刑參五虐；鋤誅骨肉，屠勦忠良，。受賞者莫見其功，爲戮者不知其罪。驕怒之兵屢動，土木之功不息。頻出朔方，三駕遼左，旌旗萬里，徵稅百端，猾吏侵漁，人不堪命。乃急令暴條以擾之，嚴刑峻法以臨之，甲兵威武以董之，自是海内騷然，無聊生矣。俄而玄感肇黎陽之亂，匈奴有雁門之圍。天子方棄中土，遠之揚、越，姦宄乘釁，强弱相陵，關梁閉而不通，皇輿往而不反。加之以師旅，因之以餓饉，流離道路，轉死溝壑十八九焉。於是相聚萑蒲，蝟毛而起，大則跨州連郡，稱帝稱王；小則千百爲群，攻城剽邑。流血成川澤，死人如亂麻；炊者不及析骸，食者不遑易子。茫茫九土，並爲麋鹿之場；慄慄黔黎，俱充蛇豕之餌。四方萬里，簡書相續，猶謂鼠竊狗盗，不足爲虞；上下相蒙，莫肯言亂，振蜉蝣之羽，窮長夜之樂。土崩魚爛，貫盈惡稔，普天之下，莫非仇讎，左右之人，皆爲敵國；終然不悟，同彼望夷，遂以萬乘之尊，死於一夫之手；億兆靡感恩之士，九牧無勤王之師。子弟同就誅夷，骸骨棄而莫掩；社稷顛隕，本枝殄絶。自肇有書契以迄於兹，宇宙崩離，生靈塗炭，喪身滅國，未有若斯之甚也。書曰：「天作孽，猶可違；自作孽，不可逭。」《傳》曰：「吉凶由人，袄不妄作。」又曰：「兵猶火也，不戢將自焚。」觀隋室之存亡，斯言信而有徵矣。（《二十五史·隋書·煬帝紀》三二六二頁）魏徵之見，唯在訴煬帝之姦回（回，邪也、曲也），其形態爲「侍才矜己，傲狠明德，内懷險躁，外示凝簡」。一切罪失，俱從此而出也，具體言之有如次焉。一曰窮奢極侈，營造宮苑。隋之得天下也，以詐不以德；其御之也，以法術而不以正道。故其必敗也，亡之速也。煬帝之得嗣位也，以詐騙非以賢德也；其御之也，以詐術而非道德也。煬帝頗具文才，以之娛性猶可，以之治國則誤矣。馭天下則必以道以德也，道也者，道統之謂也，綱紀之要也，君臣之義也，君心之正也，臣心之公也，政教之善也，君臣一體以赴之；上鑒之，下諫之，不許有邪惡之行，有貪逸之念。而煬帝之心實反此，窮奢極侈，營建宮苑，苦天下之民以縱一己之欲，終致天下大亂，社稷傾覆。大業元年（六〇五年）三月丁未，詔「楊素與納言楊達，將作大匠宇文愷營建東京（洛陽），每月役丁二百萬人，徙洛陽郭内居民、諸州富商大賈數萬户以實之。廢二崤道，開菱册道。」三月戊申，敕宇文愷與内史舍人封德彝等營顯仁宫，南接皁澗，北跨洛濱（《隋志》河南郡壽安縣有顯仁宫）。發大江之南、五嶺以北奇材異石，輸之洛陽，又求海内嘉木異草、珍禽奇獸，以實園苑。五月，築西苑，週二百里，其内爲海，周十餘里；爲蓬萊、方丈、瀛洲諸山，高出水百餘尺，臺觀殿閣羅絡山上，向背如神。北有龍鱗渠，縈紆注海內。緣渠作十六院，門皆臨渠，每院以四品夫人主之。堂殿樓觀，窮極華麗。宮樹秋冬凋落，則翦綵爲華葉，綴於枝條，色渝則易以新者，常如陽春。沼内亦翦綵爲荷芰菱芡。乘輿游幸，則去冰而布之。十六院競以殽羞精麗相高，求市恩寵。上好以月夜從宮女數千騎游西苑，作《清夜游曲》於馬上奏之。（《資治通鑒》五六一七—二〇頁）

二曰揮金如土，游幸江都。煬帝於大業元年八月壬寅，游幸江都，發顯仁宫，王弘遣龍舟奉迎。乙巳，上御小朱航，自漕渠出洛口，御龍舟。龍舟四重，高四十五尺，長二百丈，上重有正殿、内殿、東西朝堂，中二重有百二十房，皆飾以金玉，下重内侍處之，皇后乘翔螭舟，制度差小，而裝飾無異，别有浮景九艘，三重皆水殿也。又有漾彩、朱鳥、蒼螭、白虎、玄武、飛羽、青鳧、陵波、五樓、道場、玄壇、板艙、黄篾等數千艘，後宫、諸王、公主、百官、僧、尼、道士、蕃客乘之，及載内外百司供奉之物，共用挽船士八萬餘人，謂之殿脚，皆以錦綵爲袍。又有平乘、青龍、艨艟、艚（舟+爰）、八櫂、艇舸等數千艘，並十二衛兵乘之，並載兵器帳幕，兵士自引，不給夫。舳艫相接二百餘里，照耀川陸，騎兵翊兩岸而行，旌旗蔽野，所遇州縣，五百里内，皆令獻食，多者一州至百轝（音餘，與輿同），極水陸珍奇；後宫厭飫，將發之際，多棄埋之。（《資治通鑒》五六二〇—五六二二頁）煬帝之此南幸江都也，其窮奢極欲，勞民傷財，在中華史上迄未見有如此之甚者，可謂空前絶後矣。窮奢者，龍舟長二百丈（近七百米），高四十五尺，四層其制，若宫殿，飾以金玉，後妃居者同制而小。挽船者七八萬人，皆以錦綵爲袍；十二衛兵乘船數千，計數萬人，「舳艫相接二百餘里，照耀川陸」。勞民傷財者，十餘萬人之飲食，「五百里以内，皆令獻食，極水陸珍奇，後宫厭飫，將發之際，多棄埋之」，百姓饑寒交迫，宫廷棄埋珍羞，其不亡者，天理不容也。

三曰用兵高麗，引發群盜並起。其所失者道也，與夫勞民傷財也。道者，《中庸》有言曰：「凡爲天下國家有九經。柔遠人也，懷諸侯也。」此乃對待鄰國遠邦之正道也，亦中華政治待四鄰遠邦不能動摇之外交原則也。漢武帝欲以武力征服匈奴，終未服也，服之之正道唯懷柔而已，此禮部侍郎裴矩撰《西域圖紀》已向煬帝以事實證明之者也。煬帝已忘之矣。煬帝之用兵高麗，一百餘萬，其餽運之力倍之，民力實三百萬也，外未挫高麗之志，内則啓盜心之禍，楊玄感之起兵乃諸亂之首也。帝伐高麗，命禮部尚書楊玄感於黎陽督運，遂與虎賁郎將王仲伯等謀。（此前，玄感陰遣家童至長安，召李密及弟玄挺赴黎陽，及舉兵，李密適至，玄感大喜，以爲謀主；玄感驍勇，好讀書，嘉賔客，與李密善，密嘗乘黄牛讀《漢書》，曾言於玄感曰：若决機兩陣之間，密不如公；驅策天下俊賢，公不如密。玄感深服之。）李密既至，以爲謀主。密曰：「天子出征，遠在遼外，公擁兵出其不意，長驅入薊，扼其咽喉，歸路既絶，高麗聞之必躡其後，不過旬日，其衆不降則潰，可不戰而擒，此上計也。」玄感曰：「更言其次。」密曰：「關中四塞，天府之國，今率衆鼓行而西，經城勿攻，直取長安，天子雖還，失其根本，可徐圖也」。密又曰：「簡精鋭，晝夜倍道，襲取東都，以號令四方，天下之兵四面而至，非僕所知也。」玄感曰：「今百官家口，盡在東都，若先取之，足以動其心，公之下計，乃上策也」。遂引兵向洛陽，遣楊玄挺將驍勇千人爲前鋒，經五戰，玄挺直抵太陽門。玄感屯上春門，每誓衆曰：「我身爲上柱國，家累鉅萬，至於富貴，無所求也，今不顧滅族者，但爲天下解倒懸之急耳。」衆皆悦，父老爭獻牛酒，子弟詣軍門請自效者，日以千計。（《資治通鑒》五六七一—五六七五頁）由此而明，隋煬帝之世，天下豪傑四起者，類皆志在解民之倒懸也，亦有起於盜賊自求自存者也，天下大亂，魚龍混雜，廓清之者待仁義之師也。煬帝大業十年，起爲盜賊者有：二月丁酉，「扶風賊帥唐弼立李弘芝爲天子，有衆十萬，自稱唐王。」夏四月，彭城賊帥張大虎於昌慮起事，榆林太守成紀董純大破之，斬首萬餘級。五月，庚申，「延安賊帥劉迦論，自稱皇王，建元大世，有衆十萬，與稽胡相表裏爲寇。詔左衛大將軍屈突通爲關内討捕大使，戰於上郡，斬迦論並將卒萬餘人，虜男女數萬而還。」十一月乙卯，「離石胡劉苗王反，自稱天子，衆至數萬。將軍潘長文討之，不克。」汲郡賊帥王德仁擁衆數萬，保林慮山爲盜。是月，又有東海賊帥彭孝才轉掠沂水，彭城留守董純討擒之。純戰雖屢捷，而盜賊日滋，或譖純怯懦，帝怒，鎖純詣東都，誅之。孟讓自長白山寇掠諸郡，至盱眙，衆十餘萬，據都梁宮阻淮爲固。江都丞王世充將兵拒之，爲五柵以塞險要，羸形示弱。讓笑曰：「世充文法小吏，安能將兵！吾今生縛取，鼓行入江都耳！」世充伺其懈，縱兵出擊，大破之，讓以數千騎遁去，斬首千餘級。齊郡賊帥左孝友衆十萬屯蹲狗山，郡丞張須陀列營逼之，孝友窘迫出降，須陀威振東夏，以功遷齊郡通守。涿郡賊帥盧明月，衆十餘軍次祝阿，須陀將萬人擊之，相持十餘日，糧盡將退，謂將士曰：「賊見吾退，必悉衆來追，若以千人襲據其營，可有大利，此誠危事，誰能往者？」衆莫對，唯羅士信及歷城秦叔寶請行，於是須陀委柵而遁，使二人分將千兵伏葭葦中，明月悉衆追之，士信、叔寶馳至其柵，柵門閉，二人超升其樓，各殺數人，營中大亂，二人斬關以納外兵，因縱火焚其三十餘柵。明月奔還，須陀回軍奮擊，大破之，明月以數百騎遁去，所俘斬無算。此大業十年所起之八例盜禍之大略也。煬帝昏蔽，不識禍之所在，妄殺功臣，致使天下大亂，終不可收拾。大業十一年，上谷賊帥王須拔，自稱漫天王，國號燕；又賊帥魏刀兒，自稱歷山飛，衆各十餘萬，北運突厥，南寇燕、趙。盜賊日熾，帝復惡聞盜，臣下更不敢以實告，內史侍郎虞世基容貌沈審，言多合意，特爲帝所親愛，以帝惡聞盜，諸將及郡縣有告敗求救者，世基皆抑損表狀，不以實聞，但云：「鼠竊狗盜，郡縣捕逐，行當殄盡，願陛下勿以介懷！」帝良以爲然，或杖其使者，以爲妄言，由此盜賊遍海內，陷没郡縣，帝勿知也。楊義臣破降河北賊數十萬，列狀上聞，帝歎曰：「我初不聞賊頓如此，義臣降賊何多也！」世基對曰：「小竊雖多，未足爲慮，義臣克之，擁兵不少，久在閫外，此最非宜。」帝曰：「卿言是也。」遽追義臣放散其兵，賊由是復盛。（《資治通鑒》五七一五頁）此情也有似於趙高之矇秦二世也，所異者趙高以姦，而虞世基以忠，然其所誤者一也，其結局亦一也，秦、隋俱速亡也，亡於天下大亂也；於此而觀天下敗亡之勢，姦臣當道固足以促速亡；忠臣主事亦無力回天也，蓋其所積傾亡之勢非人力一朝之功所可濟也，唯有國者慎之以始，不可有朝夕之縱欲與懈殆也，此乃歷史之鐵則，無惠於任何幸運者。

四曰烽火漫天下，再幸江都，身亡國滅。大業十二年（六一六年）秋七月，適江都新作龍舟成，送東都；宇文述勸幸江都，右衛大將酒泉趙才諫曰：「今百姓疲勞，府藏空竭，盜賊蜂起，禁令不行，願陛下還京師，安兆庶。」帝大怒，以才屬吏，旬日，意解，乃出之。朝臣皆不欲行，帝意甚堅，無敢諫者，建節尉任宗上書極諫，即日於朝堂杖殺之。甲子，帝幸江都，帝以詩留別宮人曰：「我夢江都好，征遼亦偶然。」奉信郎崔民象以盜賊充斥，於建國門上表諫，帝大怒，先解其頤，然後斬之。戊辰，車駕至鞏，敕有司移箕山、公路二府於倉內，仍築城以備不虞。奉信郎王愛仁復上表請還西京，帝斬之而行，至梁郡，郡人邀車駕上書曰：「陛下若遂幸江都，天下非陛下之有！」又斬之。就在此時，馮翊孫華舉兵爲盜，據有馮翊郡（舉兵者隋之叛臣也）。又有李子通據海陵，左才相掠淮北，杜伏威屯六合（六合屬江都郡），衆各數萬。八月乙巳，又有賊帥趙萬海衆數十萬，自恒山寇高陽。煬帝已處四面楚歌之中，猶不醒悟，是乃亡國之君，已近於瘋狂矣，視江山社稷如草芥然，視自身之安危若夢幻矣。蓋其所見「中原之亂」已不可救，欲「保據江東」，效東晉之偏安也，然而煬帝不明其自守者非其道，自御者不以德；不思天下大亂之中必蘊衆叛親離之患，而且發之如此其速也，更不察其所昵近之重臣實爲「無賴」之徒。（宇文述之子「化及、智及皆無賴」，以化及爲右屯衛將軍，智及爲將作少監）（《資治通鑒》五七〇六頁）自其駐蹕中國江都已在群雄義師包圍之中，無可逃遁；且江都糧盡，不能堅守，從駕驍果多關中人，久客思鄉，見帝無西意，多謀叛歸，郎將竇賢遂帥所部西走，帝遣騎追斬之，亡者不止。有人白蕭后曰：「外間人人欲反。」后曰：「任汝奏之！」宮人言於帝，帝怒斬之，后曰：「天下事一朝至此，徒令帝憂耳！」自是無復言者。而「煬帝則荒淫日甚，宮中爲百餘房，各盛供帳，實以美人，日令一房爲主人，江都丞趙元楷掌供酒饌，帝與蕭后及幸姬歷就宴飲，酒巵不離口，從姬千餘人亦常醉。然帝見天下危亂，意亦擾擾不自安，退朝則幅巾短衣，策杖步游，偏歷臺館，徹夜不止，汲汲顧景，唯恐不足，帝自曉占候卜相，好爲吳語，常夜置酒，仰視天文，謂蕭后曰：「外間大有人圖儂，然儂不失爲長城公，卿不失爲沈后（長城公陳叔寶，叔寶后沈氏）。」因引滿沈醉。又嘗引鏡自照，顧謂蕭后曰：「好頭頸，誰當斫之！」后驚問故，帝笑曰：「貴賤苦樂，更迭爲之，亦復何傷！」（《資治通鑒》五七七五頁）煬帝無心北歸，欲都丹陽，保據江東，命群臣廷議之，内史侍郎虞世基等皆以爲善，右衛大將軍李才極諫不可，請車架還長安，與世基忿爭而出。門下録事衡水李桐客曰：「江東卑濕，土地險狹，内奉萬乘，外給三軍，民不堪命，亦恐終散亂耳。」御史劾桐客謗毀朝政，於是公卿皆阿意言：「江東之民望幸已久，陛下過江，撫而臨之，此大禹之事也。」乃命至丹陽宮，將徙都之。此時江都宮内實已亂形，虎賁郎將司馬德戡、元禮與直閣裴虔通謀曰：「今驍果人人欲亡，我欲言之，恐先事受誅；不言，於後事發，亦不免族滅，奈何？」二人皆懼，曰：「然則計將安出？」德戡曰：「驍果若亡，不若與之俱去。」二人皆曰：「善！」因轉相招引，内史舍人元敏，虎牙郎將趙行樞、鷹揚郎將孟秉、符璽郎牛方裕、直長許弘仁、薛世良、城門郎唐奉義、醫正張愷、勳士楊士覽等與之同謀（筆者按此衆叛土崩之象也），日夜相結約，於廣座明論叛計，無所畏避。楊士覽，宇文智及之甥也，告智及衆作謀叛，智及喜，與之合謀，德戡等期以三月望日結黨西遁，智及曰：「主上雖無道，威令尚行，卿等亡去，正如竇賢死耳，今天實喪隋，英雄並起，同心叛者已數萬人，因行大事，此帝王之業也。」德戡等然之，世樞、薛世良請以智及兄右衛將軍許公化及爲主，結約既定，乃告化及，化及性駑怯，聞之變色流汗，既而從之。德戡使人告所識者云：「陛下聞驍果欲叛，多醞毒酒，欲因享會，盡鴆殺之，獨與南人留此。」（《革命記》曰：「帝知曆數將盡，意欲南渡江水，咸言不可，帝知朝士不欲渡，乃將毒藥醞酒二十石，擬三月十六日爲宴會而鴆殺百官，南陽公主恐其夫死，乃陰告之，而事泄，爲此始謀害帝以免禍。」）驍果皆懼，轉相告語，反謀益急。乙卯，德戡悉召驍果軍吏，諭以所爲，皆曰：「唯將軍命！」是夕，元禮、裴虔通直閤下，專主殿内，唐奉義主閉城門，諸門皆不下鍵，至三更，德戡於東城集兵數萬，舉火與城外相應，帝見火，且聞外諠囂，問何事，虔通對曰：「草坊失火，外人共救之耳。」時内外隔絶，帝以爲然，智及與孟秉於城外集千餘人，刦候衛虎賁馮普樂布兵分守衢巷。燕王倓覺有變，夜穿芳林門側水竇而入，欲以面稟帝，至玄武門爲裴虔通所執囚。丙辰，天未明，德戡授虔通兵，以伐諸門衛士，虔通自門將數百騎至成象殿，宿衛者傳呼有賊；千牛獨孤開遠帥殿兵數百人，詣玄覽門，叩閤請曰：「兵仗尚全，猶堪破賊，陛下若出臨戰，人情自定，不然禍今至矣！」竟無應者，軍士稍散，旋德戡等引兵自玄武門入，帝聞亂，易服逃於西閤。虔通與元禮進兵排左閤，魏氏啓之，遂入永巷，問：「陛下安在？」

有美人出，指之，校尉令狐行達拔刀直進，帝映窗扉謂行達曰：「汝欲殺我邪？」對曰：「臣不敢，但欲奉陛下西還耳！」因扶帝下閣，虔通本帝爲晉王時親信左右也，帝見之謂曰：「卿非我故人乎！何恨而反？」對曰：「臣不敢反，但將士思歸，欲奉陛下還京師耳！」虔通因勒兵守之。至旦，孟秉以甲騎迎化及，化及戰栗不能言，人有來謁之者，但俛首據鞍稱罪過，化及至城門，德戡迎接，引入朝堂，號爲丞相，裴虔通謂帝曰：「百官悉在朝堂，陛下須親出慰勞。」進其從騎，逼帝乘之，帝嫌其鞍勒弊，更易新者，乃乘之。虔通執轡挾刀出宫門，化及揚言曰：「何用持此物出，亟還與手（言與之毒手而殺之也）。」帝問：「世基何在！」賊黨馬文舉曰：「已梟首矣！」於是引帝還至寢殿，虔通、德戡等拔白刃侍立。帝歎曰：「我何罪至此？」文舉曰：「陛下違棄宗廟，巡游不息，外勤征討，内極奢淫，使丁壯盡於矢刃，女弱填於溝壑，四民喪業，賊盜蠭起，專任佞諛，飾非拒諫，何謂無罪！」帝曰：「我實負百姓，至於汝輩，榮禄兼極，何乃如是！今日之事，孰爲首邪！」德戡曰：「溥天同怨，何止一人！」化及又使封德彝數帝罪，帝曰：「卿乃士人，何爲首爾？」德彝赧然而退。帝愛子趙王杲，年十二，在帝側，號慟不已，虔通斬之，血濺御服，賊欲弑帝，帝曰：「天子死自有法，何得加以鋒刃！取鴆酒來！」文舉等不許，使令狐行達頓帝令坐。帝自解練巾授行達，縊殺之，蕭后與宮人撤漆床板爲小棺，與趙王杲同殯於西苑流珠堂。化及自稱大丞相，總百揆，以皇后令立秦王浩爲帝，居別宮，令發詔書敕書而已，仍以兵監守之。化及以弟智及爲左僕射，士及爲內史令，裴矩爲右僕射，隋祚告亡。此乃唐高祖武德元年（六一八年）三月乙卯之事也。

第四节　隋祚速亡之根由

一　隋之得國非道

中華歷史至魏晉南北朝之前已確然不移驗證，得國此以道，此道也，堯舜不同於禹湯，禹湯不同於周秦，周秦不同於兩漢，兩漢不同於魏晉，此不同者以時殊勢異，人乖心移也；但有根與本則必同也；此同者道與德也。契合於道與德深且廣者則國祚久遠，雖偶遭衰敗仍有復興之轉機；其淺而浮者則國祚短促，一經敗亂必告滅亡，即便暫存亦永無寧日，終歸於亡。兩晉南北朝之亂歷三百年乃慘重之教訓也。其亂源乃由於魏晉兩朝之得國因篡詐而成，其失道虧德也甚矣。

就隋文帝楊堅之得國而論，非稟道修德而致之者，乃以其長女爲周太子宇文贇之王妃，贇旋繼帝位改封爲皇后，造成了楊堅執掌朝政之機而竊得之者也。當周宣帝宇文贇瘖（不能言）陰而静帝宇文衍尚幼沖之際，召小御正劉昉與御正顔之儀入卧内屬以後事，昉以楊堅爲后父，有重名，遂與領内史鄭譯（譯曾與堅有同學之誼）等謀引堅輔政，堅辭不敢當（僞也，以退爲進也—筆者），昉曰：「公若爲，速爲之；不爲，昉自爲也。」堅乃從之。是日，宣帝崩，昉、譯矯詔以堅總知中外兵馬事，顔之儀知非宣帝之旨，拒之，厲聲曰：「主上升遐，嗣子幼沖，阿衡之任（商相伊尹輔太甲稱「阿衡」），宜在宗英（宗，宗室也；英，賢能也），方今趙王最長，以親以德，合膺重寄，公等備受朝恩，當思盡忠報國，奈何一旦欲以神器假人，之儀有死而已，不能誣罔先帝。」堅恐諸王在外生變，以千金公主將適突厥爲辭，徵趙、陳、越、代、滕五王入朝。堅索符璽，顔之儀正色曰：「此天子之物，自有主者，宰相何故索之！」堅大怒，命引出，將殺之，以其民望，出爲西邊郡守。丁未，發喪，静帝入居天臺，以漢王贊爲上柱國，以楊堅爲假黄鉞、左大丞相，堅初受顧命，鄭譯議以堅爲大冢宰，時衆情未一，堅引司武上士盧賁置左右，將之東宫，百官皆不知所從，堅潛令賁部伍仗衛，因詔公卿謂曰：「欲求富貴者，宜相隨。」衆偶語，欲有去就，賁嚴兵而至，衆莫敢動，相州總管尉遲迥知丞相堅不利於帝室，舉兵討之，登城北樓令之曰：「楊堅藉后之勢，扶幼主以作威福，不臣之迹，暴於行路，今欲與卿等糾合義勇，以匡國庇民，何如！」衆咸從命，迥弟勤舉其所統青、齊、膠、光、莒兵數十萬應之；榮州、申州、東楚州、潼州等刺史，皆舉兵應迥。隋主楊堅之有異圖，就連其長女楊皇后亦「意頗不平，形於顔色，及禪位，憤惋逾甚。」楊堅終於北周静帝宇文衍大定元年（五八一年）盡滅宇文氏，李德林固爭，以爲不可，隋主堅作色曰：「君書生，不足與議此。」於是周太祖孫譙公乾惲、冀公絢、閔帝子紀公湜、明帝子酆公貞、宋公實、高祖子漢公贊、秦公贄、曹公允、道公充、蔡公兑、荆公元、宣帝子萊公衍、郢公術等十三公皆死。（《資治通鑒》五三四二—五三四三頁）如此暴殄前朝宫室，史無前例也，「積不善之家，必有餘殃」，宜其速亡也。由右述史實，可知隋文帝楊堅之得國，非得之以道，取之以德；乃偶以外戚之便而伺機篡奪之者也，其命祚之短乃出於其先天之非義，僅存三十七年而終，成爲由大分裂向大一統之過渡朝廷，亦歷史之必然也。

二　驕奢必敗

驕、奢、淫、逸、貪利、圖名、求富、競貴、戀權、保位、竊功、爭顯、慕榮、仰高、諛上、欺心、寡廉、鮮恥、飾非、掩姦、進讒、害忠、結黨自固、喪道敗德，等等邪惡之言與行、術與詐，常見於朝廷之中、廟堂之上、宮闈之內、官僚之間、后妃之際、宗室之緒、親戚之交、侍衛之接。治亂安危，盛衰成敗，禍福吉凶，生殺存亡，固有錯縱内外諸因素之影響所致，但究其終極之决定因素，則在爲君爲帝者一人而已。「一有元良，萬邦以貞。」君正，則朝廷上下一切關係俱正矣。如何正君？曰道與德而已矣。以此而衡諸隋文、煬二帝，則見其所失於道者大矣，所喪於德者甚矣深矣；觀文、煬之德之行，則唯見其驕奢恣肆，而不思帝業之固，得意忘形，不明「天難諶（諶，信也），命靡常；」「常厥德，保厥位，厥德非常，九有以亡。」（《商書·咸有一德》）《周書·無逸》戒之曰：「無淫於觀、於逸、於遊、於田；不知稼穡之艱難，不聞小人之勞，惟耽樂之從。」

考之隋史，自文帝開皇十二年（五九二年）迄煬帝大業四年（六〇八年），十六年中，「帝無日不治宮室，兩京及江都，苑囿亭殿雖多，久而益厭，每游幸，左右顧矚，無可意者，不知所適，乃備責天下山川之圖，躬自歷覽，以求勝地可置宮苑者。大業四年夏四月，「詔於汾州之北、汾水之源，營汾陽宮。」在此之前，文、煬二帝其所營宮殿苑囿最著者有，開皇十二年（五九二年）二月，詔營仁壽宮，於是夷山堙谷，以立宮殿，崇臺累榭，苑轉相屬；役使嚴急，丁夫多死，疲頓顛仆，推填坑坎，覆以土石，因而築爲平地，死者以萬數。至開皇十四年，仁壽宮成，三月丁亥，上幸仁壽宮，時天暑，役夫死者相次於道，楊素悉焚除之。上聞之，不悦，及至見制度壯麗，大怒曰：「楊素殫民力，爲吾結怨天下。」（此言貌似有恤民之意，實則下詔建宮之時已定規模制度矣—筆者）素聞之，惶恐慮獲譴，告封德彝，曰：「公勿憂，俟皇后至必有恩詔。」明日，上果召素入對，獨孤后勞之曰：「公知吾夫婦老無以自娱，盛飾此宮，豈非忠孝！」賜錢百萬、錦絹三千段，連獨孤后驕奢之心，亦於無以掩飾矣。且此奢逸勞民之風亦更扇惡於煬帝也。至煬帝之時，驕奢淫逸可謂至極至窮也。大業元年（六〇五年），一年之内四建宮室，一幸江都，其苦民困國之甚，非筆墨所可形狀於萬一者也。三月丁未，詔楊素與納言楊達、將作大匠宇文愷營建東京（以洛陽爲東京），每月役丁二百萬人，徙洛州郭内居民及諸州富商大賈數萬户以實之。廢二崤道，開菱冊道。三月戊申，敕宇文愷與内史舍人封德彝等營顯仁宫，南接阜澗，北跨洛濵，發大江之南、五嶺以北奇材異石輸之洛陽，又求海内嘉木異草、珍禽奇獸，以實園苑。自西苑引谷、洛水達於河，復自板渚引河歷滎澤入汴，又自大梁之東引汴水入泗，達於淮，又發淮南民十餘萬開邗溝，自山陽至楊子入江。渠廣四十步，渠旁皆築御道，樹以柳，自長安至江都，置離宫四十餘所。庚申，遣黄門侍郎王弘等往江南造龍舟及雜船數萬艘。東京官吏督役嚴急，役丁死者什四五，所司以車載死丁，東至城皋，北至河陽，相望於道。又作天經宫於東京，四時祭高祖。五月，築西苑，周二百里，其内爲海，周十餘里，爲蓬萊、方丈、瀛洲諸山，高出水百餘尺，臺觀殿閣，羅絡山上，向背如神。北有龍鱗渠，縈紆注海内，緣渠作十六院，每院以四品夫人主之，煬帝月下從宫女數千騎游西苑，作《清夜游曲》於馬上奏咏之。八月壬寅，煬帝行幸江都，發顯仁宫，王弘遣龍舟奉迎。乙巳，御小朱航，自漕渠出洛口，御龍舟，官員、后妃、侍衛、雜役從者十餘萬人，舳艫相接，綿延二百餘里，旌旗蔽野，照耀川陸。所過州縣五百里内，皆令獻食，極水陸珍奇，后宮厭飫，將發之際，多棄埋之。黎民忍饑，而珍奇埋地，縱欲極奢，莫此爲甚；傾亡之危亦深伏於此驕奢忘憂之中矣。遍考中華史乘，就連極奢之秦始皇所造之阿房宮，其渭流漲膩，煙斜霧横，（杜牧《阿房宮賦》）與煬帝之南幸江都「旌旗蔽野，照耀川陸」相比，亦自慚形穢矣。豈有不亡之理歟！其所形之於外者爲驕奢，所藴之於内者則爲失道也。

三　民心思治群雄並起

民心思治，乃内藴之動力也；群雄並起，則形之於外者也。内藴之以道以德者則必取勝；内藴之以邪以惡私心之念者，初雖强而終必敗也。此乃孔子所言「政者，正也」（《論語·顔淵》）之至意也。遡魏晉迄於南北朝，天下大亂已逾四百年，道統失墜，綱紀毁壞，兵革不息，生靈塗炭，餓殍遍野，朝堂爲墟。朝廷驕奢淫於上，群吏貪婪漁肉於下，民無其所矣。隋混一天下，向治之心顒顒焉、殷殷焉，若大旱之望雲霓也。文帝之世，愛養百姓，勸課農桑，輕傜薄賦，其自奉養，務爲儉素，乘輿御物，故蔽者隨宜補用，自非享宴，所食不過一肉，後宮皆服澣濯之衣，天下化之。開皇仁壽之間，大夫率衣絹布，不服綾綺，無金玉之飾，故衣食滋殖，倉庫盈溢。受禪之初，民户不滿數百萬，末年逾八百九十萬。此合於萬民求治殷殷之願也，然以其信讒廢立，使詐僞飾姦之晉王廣執掌天下，不思爲治，唯知窮奢極欲，以天下奉一人，激憤天下英雄群起，以逐鹿中原；就在此危傾之際，游幸江都。煬帝至江都，「荒淫益甚，宫中爲百餘房，各盛供帳，實以美人，日令一房爲主人，帝與蕭后及幸姬，歷就宴飲，從姬千餘人亦常醉。」關於煬帝驕淫荒政之罪惡深重，祖君彦於數煬帝之《十罪》中有言曰：「罄南山之竹，書罪無窮；决東海之波，流惡難盡。」（《資治通鑒》五七二七頁）故知驕奢荒政之勢益甚，求治安民之志益篤，起而逐鹿之情益亟，三者互爲激蕩，其動力則爲求治安民之志，可於李密與李世民之言行中見之。密察諸帥唯翟讓最强，乃因王伯黨以見讓，爲讓畫策，讓悦；密因説讓曰：「劉、項皆起布衣爲帝王，今主昏於上，民怨於下，鋭兵盡於遼東，和親絶於突厥，方乃巡游揚、越，委棄東都，此亦劉、項奮起之會也，以足下雄才大略，士馬精鋭，席卷二京，誅滅暴虐，隋氏不足亡也。」世民聰明勇决，膽量過人，見隋室方亂，陰有安天下之志，傾身下士，散財結客，咸得其歡心。晉陽令武功劉文静見李世民而異之，深自結納，謂晉陽宫監裴寂曰：「此非常人，豁達類漢高，神武同魏祖，年雖少，命世才也。」文静坐罪，繫太原獄，世民就省之，文靜曰：「天下大亂，非高、光之才，不能定也。」世民曰：「安知其無，但人不識耳！我來相省，非兒女子之情，欲與君議大事也。計將安出！」文靜曰：「今主上南巡江、淮，李密圍逼東都，群盜殆以萬數，當此之際，有真主驅駕而用之，取天下如反掌耳。太原百姓皆避盜入城，文靜爲令數年，知其豪傑，一旦收拾，可得十萬人，尊公所將之兵復且數萬，一言出口，誰敢不從！以此乘虛入關，號令天下，不過半年，帝業成矣。」世民笑曰：「君言正合吾意。」乃陰部署賓客，淵不之知也。世民恐淵不從，猶豫久之，不敢言，會淵遣高君雅、王仁恭拒突厥於馬邑失利，憂以獲罪，世民乘間屏人以説淵曰：「今主上無道，百姓困窮，晉陽城外皆爲戰場，大人若守小節，下有寇盜，上有嚴刑，危亡無日。不若順民心，興義兵，轉禍爲福，此天授之時也。」淵大驚，曰：「汝安得爲此言，吾今執汝以告縣官。」因取紙筆，欲爲表。世民徐曰：「世民觀天時人事如此，故敢發言；必欲執告，不敢辭死！」淵曰：「吾豈忍告汝，汝慎勿出口。」明日，世民復説淵曰：「今盜賊日繁，遍於天下，大人受詔討賊，賊可盡乎！要之，終不免罪。且世人皆傳李氏當應圖讖。大人設能盡賊，則功高不賞，身益危矣！唯昨日之言，可以救禍，此萬全之策也。願大人勿疑。」

淵乃歎曰：「吾一夕思汝言，亦大有理，今日破家亡軀亦由汝，化家爲國亦由汝矣！」（《資治通鑒》五七二九—五七三二頁）觀李淵之意，其實處於兩難之中，一是大節與小節之取捨；二是功與罪之安危，對此二者，李世民一一爲之指陳明徹，故在一夕之中取大節而爲民建立新朝代而獻家獻身；李世民之見高矣哉！其功大矣哉！卒使大亂轉入大治！乃李淵決策之功也。

第八章 盛唐之政

以盛狀唐朝之政者，乃因其政其治堪以當之也。盛之爲義，《說文解字》曰：「盛，黍稷在器中，以祀者也。」段玉裁注曰：「引申，凡豐滿之稱。」《康熙字典》曰：「多也、長也、大也、茂也。」故知盛唐者，盛於道也，盛於德也，盛於政也，盛於教也，盛於文也，盛於武也，盛於心也（《易》曰：聖人感人心而天下和平），盛於物也，盛於威也，盛於化也。「雖唐堯、虞舜、夏禹、殷湯，周之文、武，漢之文、景，皆所不逮也。（唐吳兢《上〈貞觀政要〉表》）「皆所不逮也」，或言之過失，近之也，則可矣。

第一节 高祖之德

一 保節全忠

高祖孝皇帝，姓李氏，諱淵，其先隴西狄道人，梁武昭王暠七代孫也。暠生歆；歆生重耳，仕魏，爲弘農太守；重耳生熙，爲金門鎮將，領豪傑鎮武川，因家焉；熙生天錫，仕魏，大統中贈司空。皇祖諱虎，後衛左僕射，封隴西郡公，與周文帝及太保李弼、大司馬獨孤信等以功參佐命，當時稱八柱，周受禪，追封唐國公。皇考諱昞，周安州總管，柱國大將軍，襲唐國公，武德初追尊元皇帝，廟號世祖。高祖以周天知元年（五六六年）生於長安，七歲襲唐國公，及長，倜儻豁達，任性真率，寬仁容衆，無貴賤咸得其歡心，隋受禪，補千牛備身，文帝獨孤皇后即高祖從母也，由是特見親愛，轉譙、隴、岐三州刺史。有史世良者，善相人，謂高祖曰：「公骨法非常，必爲人主，願自愛，勿忘鄙言。」高祖頗以自負。大業初，滎陽、樓煩二郡太守，徵爲殿内少監，九年遷衛尉少卿，遼東之役，督運於懷遠鎮。及楊玄感反，詔高祖馳驛鎮弘化郡，兼知關右諸軍事。高祖歷試中外，素樹恩德，及是結納豪傑，衆多款附。時煬帝多所猜忌，人懷疑懼，有詔徵高祖詣行在所，遇疾未謁，時甥王氏在後宮，帝問曰：「汝舅何遲？」王氏以疾對，帝曰：「可得死否？」高祖聞之益懼。因縱酒納賄以混其迹焉。大業，煬帝幸汾陽宮，命高祖往山西、河東黜陟討捕，帥次龍門，賊帥母端兒帥衆數千薄於城下，高祖從十餘騎擊之，所射七十發皆應弦而倒，賊乃大潰。十二年，遷驍衛將軍。十三年，爲太原留守丞。時群盜蜂起，江都阻絶，於此時也，太宗與晉陽令劉文静首謀勸舉義兵；俄而馬邑校尉劉武周據汾陽宮起兵反，太宗與王威、高君雅將集兵討之。高祖乃命太宗與劉文静及門下客長孫順德、劉弘基各募兵，旬日間衆且一萬，密遣使召世子建成及元吉於河東。王威、高君雅見兵大集，恐高祖爲變（此時高祖確已定謀，舍忠於煬帝之小節，取撥亂反正、安定天下、與民生息之大任），相與疑懼，請高祖祈雨於晉祠，將爲不利，晉陽鄉長劉世龍知之，以告高祖，高祖陰爲之備。五月甲子，高祖與威、君雅視事，太宗密嚴兵於晉祠之外，遣開陽府司馬劉政會告威等謀反，即斬之以徇，遂起義。十一月丙辰，攻拔京城；癸亥，率百僚，備法駕，立代王侑爲天子，改元義寧（六一七年），遥尊煬帝爲太上皇。義寧元年十一月甲子，淵自長樂宮入長安，隋帝詔：「加高祖假黄鉞，持節大都督内外諸軍事，大丞相，進封唐王，總録萬機，以武德殿爲丞相府。」以隴西公建成爲唐國世子；太宗爲京兆尹，改封秦公；姑臧公元吉爲齊公。次年高祖武德元年（六一八年）三月丙辰，右屯衛將軍宇文化及弑隋太上皇楊廣於江都宮；戊辰，隋恭帝（侑）進高祖相國，總百揆，備九錫之禮；五月乙巳，天子詔高祖冕十有二旒，建天子旌旗。出警入蹕，王后、王子、王女爵命之號，一遵舊典；戊午，隋帝詔曰：「天禍隋國，大行太上皇遇盜江都，酷甚望夷。相國唐王膺期命世，扶危拯溺，自北徂南，東征西怨，致九合於諸侯，决百勝於千里，糾率夷夏，大庇甿黎，保乂朕躬，繄王是賴，德侔造化，功格蒼旻，兆庶歸心，歷數斯在，屈爲人臣。當今九服崩離，三靈改卜，大運去矣。今遵故事，遜於舊邸，庶官群辟，改事唐朝，宜依前典，趨上尊號，若釋重負，感泰兼懷，假手真人，俾除醜逆，濟濟多士，明知朕意！仍敕有司，凡有表奏，皆不得以聞。」遣使持節光禄大夫蕭造、兼太尉司農少卿裴之隱奉皇帝璽綬于高祖，高祖辭讓，百寮上表勸進，至於再三，乃從之。甲子，高祖即皇位於太極殿。丁卯，宴百官於太極殿。六月甲戌，太宗爲尚書令，裴寂爲尚書右僕射，劉文静爲納言。庚辰，立世子建成爲皇太子，封太宗爲秦王，元吉爲齊王，封隋帝（侑）離國公。

二　世民之謀

世民爲高祖之第二子，生於隋開皇十八年十二月戊午，母太穆皇后竇氏。年四歲，有書生自言善相，謁高祖，曰：「公貴人也，且有貴子。」見太宗曰：「龍鳳之姿，天日之表，年將二十必能濟世安民矣。」高祖懼其言泄，將殺之。忽失所在，因采濟世安民之義以爲名焉。司馬温公在《資治通鑒》論曰：「世民聰明勇決，膽量過人，見隋室方亂，陰有安天下之志。」其所以如此者，以明道崇德也。明道者，見魏晉南北朝長處於戰亂分裂之中，隋之有天下也本應步入長治久安之境，不意爲驕淫所敗，天下重新倒懸，乃失道喪德所致也，欲救天下蒼生，捨彰明道德無他途矣。以道而觀李淵之忠，則知其所忠者無道也；以德而審李淵之忠，則見其所忠者乃一淫亂之君也；此乃李淵自己所恥者，故世民以大節之義喻李淵時，一夕之頃即翻然而悟，蓋其自身已日有所省也。其爲隋臣，以有道事無道，固非其所願也，故世民之謀一出，如順水乘風之行舟然，於四五年中竇建德、王世充、劉黑闥、李子通諸雄即告平服，乃道大、德高、謀深之證驗也。

三 戡定之艱

隋祚板蕩，煬帝荒淫，盜賊漫天，四海鼎沸，唐公既已受禪爲帝，神器在手，唯以戡定海内為首務。而群雄中尤强者則有李密、王世充、竇建德、劉黑闥四凶，四凶一除，則海内平定矣。李密，字玄邃，遼東襄平人，魏司徒弼曾孫。祖曜，周太保，魏國公；父寬，隋上柱國。密以父陰爲親侍，嘗在仗下，煬帝顧見之，退而問宇文述，曰：「向者在仗下黑色小兒爲誰？」述對曰：「蒲山公李寬子密也。」帝曰：「箇小兒視瞻異常，勿令宿衛。」他日，述謂密曰：「弟聰令如此，當以才學取官。三衛叢脞，非養賢之所。」密喜謝，專以讀書為事，嘗乘牛掛角讀《漢書》，越國公楊素見於道，問曰：「何處書生，耽學若此？」密下牛再拜，具告姓名；又問所讀書，曰《項羽傳》，素奇之，與語大悦，歸告其子玄感等曰：「吾觀李密識度，汝等不及。」由是玄感與之傾心結托。

密謂玄感曰：「若决兩陣之間，使敵人震懾，密不如公；驅策天下賢俊，各申其用，公不如密。」此煬帝大業九年之事也。大業十二年，李密猶在游説之中，察諸帥唯翟讓最强，先爲之書策，旋爲翟讓等所擁戴。恭帝義寧元年（六一七年），讓等擁密爲主，上密號爲魏公；二月庚子，設壇場即位，稱元年（改大業十三年爲永平元年），大赦，其魏公府置三司、六衛，拜翟讓爲上柱國、司徒、東郡公。以單雄信爲左武侯大將軍，徐世勣右武侯大將軍，其餘封拜各有差。於是趙魏以南，江淮以北，群盜莫不響應，密悉拜官爵，道路以降者不絕如流，衆至數十萬。築洛口城，方四十里，密居其中，號令天下。並作書以傳郡縣，其言曰：「自元氣肇闢，厥初生人，樹之帝王以爲司牧，是以羲、農、軒、頊之後，堯、舜、禹、湯之君，靡不祇畏上玄，愛育黔首，乾乾終日，翼翼小心，馭朽索而同危，履春冰而是懼。一物失所，若納隍而愧之；一夫有罪，遂下車而泣之。謙德軫於責躬，憂勞切於罪己。普天之下，率土之濱，蟠木距於流沙，瀚海窮於丹穴，莫不鼓腹擊壤，鑿井耕田，治致昇平，驅之仁壽。是以愛之如父母，敬之若神明，用能享國多年，祚延長世，未有暴虐臨人克終天位者也。隋氏往因周末，預奉綴衣，狐媚而圖聖寶，胠篋以取神器。及纘承負扆，虎狼其心；先皇大漸，侍疾禁中，遂爲梟獍，便行鴆毒。天地難容，人神嗟憤，其罪一也。禽獸之行，在於聚麀；人倫之體，別於内外。而蘭陵公主逼幸告終，誰謂敫首之賢，翻見齊襄之恥，公卿宣淫，無復綱紀，其罪二也。荒湎於酒，俾晝作夜，廣召良家，充選宮掖，潛爲九市，親駕四驢，自比商人，内外驚心，遐邇失望，其罪三也。廣立池臺，多營宮觀，金鋪玉户，罄天下之資財，使鬼尚難爲之，勞人固其不可，其罪四也。科税繁猥，不知紀極，父母不保其赤子，夫妻相棄於匡床，萬户則城郭空虛，千里則煙火斷滅，其罪五也。長城之役，戰國所爲，追蹤秦代，板築更興，延袤萬里，屍骸蔽野，血流成河，積怨滿於山川，號哭動於天地，其罪六也。朝鮮之地，《禹貢》以爲荒服，苟欲愛人，非求拓土；强兵黷武，唯欲併吞，義夫切齒，壯士扼腕，其罪七也。妒賢嫉能，君子結舌，賢人緘口，不寤國之將亡，不知死之將至，其罪八也。設官分職，貴在銓衡，察獄問刑，無聞販鬻，君子在野，小人在位，其罪九也。宣尼有言，無信不立，凡百驍雄，誰不讎怨，二三其德，其罪十也。布告海内，咸所聞知。」（《舊唐書·李密傳》）此乃唐公李淵最具實力之對手，欲靖之而彌艱者也。適李密「負其强盛，欲自爲盟主」，因致書高祖，呼高祖爲兄，請合縱以滅隋，大略云與高祖爲孟津之會，「殪商辛於牧野，執子嬰於咸陽。」其旨以弑後主執代王爲意。高祖覽書笑曰：「李密陸梁放肆，不可以折簡致之。吾方安輯京師，未遑東討。宜卑辭推獎，以驕其志，使其不虞於我。」令記室温大雅作書報密曰：「頃者崑山火烈，海水群飛，赤縣丘墟，黔黎塗炭；布衣戎卒，鋤耰棘矜，爭霸圖王。天生蒸民，必有司牧，當今爲牧，非子而誰？老夫年餘知命，願不及此，欣戴大弟，攀鱗附翼，惟冀早應圖籙，（會有李玄英者，從東都逃來，經歷諸賊，求訪李密，云「斯人當代隋家」。人問其故，玄英曰：「比來民間謡歌，有《桃李章》曰：『桃李子，皇后繞揚州，宛轉花園裏。勿浪語，誰道許。』桃李子，謂逃亡者李氏子也；莫浪語，誰道許，密也。」（《資治通鑒》五七〇九頁））以寧兆庶。宗盟之長，非敢聞命，鋒鏑縱横，深慎垂堂，勉兹鴻業。」密得書甚悦，示其部下曰：「唐公見推，天下不足定也。」（《李密傳》）

武德元年九月，適王世充引兵五千與密決戰，密以無備，兵敗，騎遁武牢，謂伯當曰：「兵敗矣，久苦諸君，我今自刎，請以謝衆。」伯当抱密，號叫慟絶，衆皆泣，莫能仰視。密復曰：「諸君幸不相棄，當共歸關中，密雖身媿無功，諸君必保富貴。」其府掾柳奭對曰：「昔盆子歸漢，尚食均輸。明公與唐公同族，兼有疇昔之遇，使唐公不戰而據京師，此亦公之功也。」衆咸曰：「然。」於是決計入關投靠唐公。從入關者尚二萬人。高祖遣使迎勞，密大喜，謂其徒曰：「我有衆百萬，一朝至此，命也。」及至京師，禮數益薄，執政者又來求賄，意甚不平；尋拜光禄卿，封邢國公。未幾，聞其所部將帥不附世充，乃獻策於上曰：「臣虛蒙榮寵，安坐京師，曾無報效，山東之衆，皆臣故時麾下，請往收而撫之，憑藉國威，取王世充如拾地芥耳。」上亦以爲然。群臣多諫曰：「李密狡猾好反，今遣之放虎於山，必不返矣。」上曰：「帝王自有天命，藉使叛去，如蒿箭射蒿中耳，吾可以坐收其弊。」密請與賈閏甫偕行。命密與閏甫同升御榻，賜食，傳酒曰：「吾三人同飲是酒，以明同心，善建功名，以符朕意！有人確執不欲弟行，朕推赤心於弟，非他人所能間也。」上又以王伯當爲密副而遣之。密至稠桑得敕，謂賈閏甫曰：「敕遣我去，無故復召我還，天子曏云『有人確執不許』，此譖行矣，吾今若還，無復生理；不若破桃林縣，收其兵糧，北走渡河，吾已遠矣，苟得至黎陽，大事必成。公意如何？」閏甫曰：「主上待明公甚厚，不若且應朝命，以明原無異心，自然浸潤不行，更欲出就山東，徐思其便可也。」密怒曰：「唐使吾與絳、灌同列，何以堪之！且讖文之應，彼我所共，縱使唐遂定關中，山東終爲我有；天與不取，乃欲束手投人；公，吾之心腹，何意如是，若不同心，斬而後行。」閏甫泣曰：「明公雖云應讖，近察天人，稍已相違；今海內分崩，人思自擅，强者爲雄；明公奔亡甫爾，誰相聽受。願明公熟思之，但恐大福不再，苟明公有所措身，閏甫亦何辭就戮！」密大怒，揮刀欲擊之，王伯當等固請，乃釋之。伯當亦止密，以爲未可，密不從，伯當乃曰：「義士之志，不以存亡易心，公必不聽，伯當與公同死耳，然恐終無益也。」密因執使者斬之。李密紿桃林縣官著婦人衣而逃，旣渡陜，以爲餘不足慮，逾山南出，爲行軍總管盛彥師伏兵所執，斬密及伯當，傳首長安。（《資治通鑒》五八二四—五八三三頁）李密之亂從此平矣。平之智謀而非戰場，卑辭推奬以驕其志，而李密之敗亡，一敗於驕志輕敵，二亡於詐逃出京師。可見驕詐者違道喪德，不足與語爲政之道也。唯高祖稟道據德，智藴於内，洞察其姦，安坐於廟堂之上，靜待傳首李密之報。

王世充，字行滿，本姓支，西域胡人也，隨母嫁霸城王氏，因以冒姓焉。頗涉經史，尤好兵法，善事上，利口飾非。初仕至汴州長史，大業中累遷江都丞。煬帝數幸江都，世充事之尤勤，善候顏色，阿諛順旨，陰奏遠方珍物以媚於帝，由是益暱之。世充察隋政將亂，陰結豪俊，多收人心。在奉命討賊中，多建奇功。煬帝視其有將帥謀略，復遣其領兵討諸盜，所向盡平。及李密攻陷洛口倉，進逼東都，煬帝特詔世充大發兵於洛口拒密，前後百餘戰未有勝負；世充引軍渡洛水，與李密戰，世充敗績，自是密有輕世充之心，不設壁壘；世充夜遣三百餘騎，潛入北山，伏溪谷中，遲明而薄密，密陣未成列，兩軍合戰，密敗走，世充盡收密衆，振旅而還。越王侗嗣位，進拜世充爲太尉，以尚書省爲其府，備置百官。世充立三牓於府門之外，一求文才學識堪濟世務者；一求武藝絶人摧鋒陷陣者；一求能理寃枉壅抑不申者，於是上書陳事者日有數百。武德二年三月，始策授世充爲相國，總百揆，封鄭王，加九錫。四月，假爲侗詔，策禪位，廢侗於含涼殿，世充僭即皇帝位，建元曰開明，國號鄭，立子玄應爲皇太子。常輕騎徐行街衢，謂百姓曰：「昔時天子深坐九重，無由聞徹於下。世充非貪寶位，本欲救時，當與士庶共評朝政。」令西朝堂屈抑，東朝堂受直諫，於是獻書上事日有數百條。五月，禮部尚書裴仁基，左丞宇文儒童等數十人謀誅世充事洩，皆受害，夷其三族。六月，世充遣行本鴆殺侗，謚曰恭皇帝。衆始叛世充。世充見衆心日離，乃嚴刑峻制，家一人逃者，無少長，皆坐爲戮；又令五家相保，有全家叛去，誅及四鄰，而逃亡者日甚，每使諸將外出，亦收其親屬質於宮内。是年八月，秦王李世民帥師圍世充於青城宮，世充隔水謂世民曰：「隋室傾覆，天下分崩，長安、洛陽，各有分地，世充唯願自守，不敢西侵，王乃盛相侵軼，遠入吾地，三崤之道，千里饋糧，以此勞師，未見其可也。」太宗謂曰：「四海之内皆承正朔，唯公執迷，獨阻聲教。東都士庶，亟請王師；關中義勇，感恩致力。至尊重違衆願，有斯吊伐。若轉禍來降，則富貴可保；如欲相抗，無假多言。」世充無以報，太宗分道諸將攻其城鎮，所至輒下，河南州縣相以降附。世充孤立惶惑，不知所爲；將潰圍而出，南走襄陽，謀於諸將，皆不答，乃率其將吏軍門請降，於是秦王收世充黨羽段達、楊汪、單雄信等十餘人，皆戮於洛渚之上。秦王解世充至長安，高祖数世充罪，世充對曰：「計臣之罪，誠不容誅，但陛下愛子秦王許臣以不死。」高祖乃釋之，徙於蜀，將行，爲仇人定州刺史獨孤修所殺；子玄應及兄世偉等，在路謀叛，伏誅，世充自篡位，凡三年而滅。（《舊唐書·王世充傳》三七四三—三七四四頁）

竇建德，貝州漳南人，少時頗以然諾爲事，起於壠畝之中，見信於鄉里。大業七年，募人討高麗，本郡選勇敢尤異者以充小帥，遂補之，建德爲二百人長。同縣有孫安祖亦選在行中，遂與議，入高鷄泊中爲盜。招致數百人，由安祖率之，自稱將軍，遂與群盜交結。建德聞其家被屠滅，率部與高士達合，自稱東海公，兵至萬人。以高鷄泊爲巢穴，會隋遣太僕卿楊義臣討賊，殺士達，建德爲其發喪，全軍縞素，復得散卒數千人，建德勢益壯。武德元年冬至日，於金城宮設會，有五大鳥降於樂壽，群鳥數萬從之，經日而去，因改元五鳳，有宗城人獻玄珪一枚。景城丞孔德紹曰：「昔夏禹膺籙，天賜玄珪，今瑞與禹同，宜稱夏國。」建德從之，會宇文化及弒煬帝作亂，建德討之，連戰大破之，化及保聊城，建德四面攻城陷之。建德入城，先謁隋蕭皇后，稱臣，悉收弒煬帝元謀者，宇文智及、楊士覽、元武達、許弘仁等，斬之。化及並其二子同載檻車，至大陸縣斬之。建德每平城破陣，所獲資財，悉散賞諸將，一無所取；又不噉肉，所食唯蔬粟而已；其妻曹氏不衣紈綺，部署咸服焉。又與王世充結好，遣使朝隋越王侗於洛陽。武德三年，秦王攻王世充於洛陽。建德中書舍人劉斌説建德曰：「唐强鄭弱，其勢必破鄭，鄭破則夏有齒寒之憂，爲大王計，莫若救鄭，鄭拒其內，夏攻其外，破唐必矣。若却唐破鄭，此常保三分之一勢也，若唐軍破後而鄭可圖，則因而滅之，總二國之衆，乘唐軍之敗，長驅西入，京師可得，而有此太平之基也。」建德大悦，稱此良策也，適會世充遣使乞師於建德，即遣其職方侍郎魏處繪入朝，請解世充之危。遂進軍武牢，與秦王相持。秦王按甲不動，以挫其鋭，及建德結陣於汜水，秦王遣騎挑之，建德進軍而戰，秦王馳騎深入，反復四五合，然後大破之。建德中槍，竄於牛口渚。所領兵將一時奔潰，妻曹氏及其左僕射齊善行將百騎遁於洺州。餘黨欲立建德養子爲主，善行曰：「夏王平定河朔，士馬精强，一朝被擒如此，豈非天命有所歸也，不如委心請命，無爲塗炭生民。」遂以府庫財物，悉分士卒，各令散去。建德舉山東之地，奉傳國八璽等來降，秦王俘建德至京師，斬於長安，年四十九。自起兵至滅，凡六歲。其年劉黑闥復盜據山東。有贊曰：「世充簒逆，建德愎諫；二凶既誅，中原弭亂。」（《舊唐書·竇建德傳》）中原竇已亂平，唯劉黑闥仍據山東，待平之。

刘黑闥，贝州漳南人，無賴、嗜酒、好博弈，父兄患之，與竇建德少相友善，隋末亡命，從郝孝德為群盜，後歸李密為裨將；密敗為王世充所虜，黑闥既遍歷諸賊，善觀時變，驍勇多姦詐，在建德軍中號為神勇。五年正月，黑闥至相州，僭稱漢中王，建元爲天造，以范願爲左僕射，董康買爲兵部尚書，高雅賢爲右領軍，建德時文武悉復本位，都於洺州，其設法、行政皆師建德，而攻戰勇決過之。於是太宗又自請兵討之，三月太宗阻洺水列營以逼之，分遣騎兵斷其糧道，黑闥又數挑戰，太宗不應，以挫其鋒，黑闥城中糧盡，太宗度其必來決戰，預擁洺水上流，謂守堤吏曰：「我擊賊之日，候賊半渡而決堰。」黑闥果率步騎二萬渡洺水而陣，與官軍大戰而潰，水又大至，黑闥衆不得渡，斬首萬餘級，溺死者數千人，黑闥與范願等千餘奔於突厥，山東悉定。六月，黑闥借兵於突厥；七月，至定州，河北諸州降於黑闥。十一月，高祖遣齊王元吉擊之，滯留不進；又令隱太子建成督兵進討，頻戰大捷。六年二月，又大破之於館陶，黑闥敗遁，至饒陽，從百餘人，饒州刺史葛德威假意誠敬，延入城而執之，送於建成，斬於洺州，山東復平。有贊曰：國無紀綱，盜興草澤；不有隋亂，焉知唐德。（《舊唐書・劉黑闥傳》）

高祖以文武智謀，於五六年中廓清隋末之天下大亂，實乃中華史上之奇迹也。以高祖之明道而具大德也。此道也，堯舜禹湯周孔之道也，秦漢魏晉南北朝隋氏之道也；興衰成敗轉機之道也；「動之微，見幾而作，窮神知化」之道也。「德之盛」者，乃人事轉機之根本也。內稟文韜以啓之，外施武略經促之，則形與勢、弱與强、順與逆、勝與敗、興與亡易其位矣。神哉盛德也！奇兮謀略也！

四　崇尚儒道

高祖崇尚儒道，武德元年五月壬申，命裴寂、劉文靜等修定律令，置國子、太學、四門生，合三百餘員，郡縣學亦各置生員。（《唐六典》：國子生，文武官三品已上及國公子孫，從二品以上曾孫。太學生，文武官五品已上及郡縣公子孫，從三品曾孫。四門生，文武官七品已上及侯、伯、子、男子，若庶人子爲俊士生者。）武德二年六月戊寅，令國子學立周公、孔子廟，四時致祭，仍博求其後。武德七年二月，高祖幸國子學。冬十月癸酉，幸終南山謁老子廟。

第二節　玄武之變

唐武德九年六月丁亥迄庚申歷時四日所發生之玄武門之變，非僅爲唐李氏天下驚天地而泣鬼神之大事，亦中華史上宮廷內部爭奪權位空前絕後之大事。史家對此褒貶不一，無以判定是非、公私、正邪、善惡之準繩也；實則有之，道統是也，唯各是其所是、非其所非也。就連編纂《資治通鑒》之司馬温公論之亦欠允當也。茲引之如次：「臣光曰：立嫡以長，禮之正也，然高祖所以有天下皆太宗之功。隱太子以庸劣居其右，地嫌勢逼，必不相容。向使高祖有文王之明，隱太子有泰伯之賢，太宗有子臧之節，則亂何自而生矣！既不能然，太宗始欲使其先發，然後應之，如此，則事非獲已，猶爲愈也。既而爲群下所迫，遂至蹀血禁門，推刃同氣，貽議千古，惜哉！夫創業垂統之君，子孫之所儀刑（型）也，彼中、明、肅、代之傳繼，得非有所指擬以爲口實乎！」（《資治通鑒》六〇一二—六〇一六頁）

一 嫡賢並行

帝位君權之繼承，代代有之，自黄帝以迄堯、舜、夏、商、周，或嫡或賢，固不一也。推原其始，以賢爲先，其繼承主禪讓，五帝是也；三王之世，父傳其子，則嫡長爲主，輔之以賢，或弟、或侄、或叔、或伯均有之，乃儒家仕政德治之需也。具體言之，軒轅禪位於顓頊，乃其孫也（其子昌意之子）；顓頊禪位於帝嚳（高辛），乃其兄弟蟜極之子，即侄子也；帝嚳傳位於其子帝堯（放勳），以堯賢也；帝堯禪位於帝舜（重華），乃瞽叟之子，瞽叟乃帝顓頊五世孙也。可知五帝之世，傳與禪，俱屬聖賢也。夏傳十有六帝，弟與侄、孫繼之者有三帝（仲康、帝扃、廑）。殷湯計傳二十八帝，弟繼之者十有二焉。周武王姬發之嗣位，乃文王之次子也。於此可見，五帝三王之世繼帝位者以賢爲主，或長、賢並行也。秦漢以降，鑒於春秋戰國之季爲爭君權帝位篡弑不斷，宮廷內亂之弊，因而有嫡長之制興焉。兩漢行之，西漢有平帝之弱，遭王莽之鴆弑而篡位；東漢有獻帝之暗，終爲曹操所篡亡。歷魏晉迄於隋唐，莫不以立長傳嫡爲制，傳賢之善，則盲然爲宗室三公所忌，國運盛衰之機實深蘊於此。爲保禄位，或因循以苟安，或坐視危亡而不思救；不思選賢以延祚，遴能以振綱；目覩衰敗而麻木不仁，忍看危亡，而與之俱毁，此乃有漢以迄於唐八百年史實之腐敗面也。若以賢長並行，此八百年中固有興衰存亡之變，終可免洪水滔天之大動盪也，有違儒家選賢與能之道統也深矣！

二　秦王之賢與能

人之賢能與否，一與其天賦之厚薄有關，二與其個性之清濁有關。二者合而言之，實爲稟賦也。古今之賢能，悉屬此也。人皆可以爲堯舜者，必有其修養之功也，且含有激勵之意也。考之史料，秦王之天賦厚且殊也。高祖臨岐州，太宗時年四歲，有書生自言善相，謁高祖，曰：「公貴人也，且有貴子。」見太宗，曰：「龍鳳之姿，天日之表，年將二十，必能濟世安民矣。」（太宗生於開皇十八年（五九八年）十二月戊午，至唐高祖武德元年（六一八年），適二十歲）高祖懼其言泄，將殺之，忽失所在，因采濟世安民之意以爲名焉。李密初附高祖，令密馳傳迎太宗於豳州，密見太宗天姿神武，軍威嚴肅，驚悚歎服，私謂殷開山曰：「真英主也，不如此，何以定禍亂乎！」秦王之賢能，以其出於稟賦之厚且殊也，又受良善之庭教，深諳大道與至德；明鑒歷史，曉知興衰成敗之機，明察隋政荒怠，群雄並起之勢，因而有與劉文靜定策並向乃父唐公李淵建言之舉。秦王之賢能，不僅表現於決策上之雄才大略，更見於實踐中之足智多謀與英勇善戰。在平定諸亂中，歷大小數百戰，無不用兵如神。武德元年九月，擊薛仁杲，四面圍進，斬首數千級，投澗谷而死者不可勝計，太宗率左右二十餘追奔直趨折摭以乘之，仁杲大懼，嬰城自守將夕，大軍繼位，嚴密合圍詰朝仁杲請降，俘其精兵萬餘人，男女五萬口，諸將奉賀，因問曰：「始大王野戰破賊，其主尚保堅城，王無攻具，輕騎騰逐，不待步兵，徑薄城下，咸疑不尅，而竟下之，何也！」太宗曰：「此以權道迫之，使其計不暇發，以故尅也，此可謂成算，諸君盡不見耶！」諸將曰：「此非凡人所能及也。」又如武德四年，平定山東王（世充）竇（建德）聯軍之戰，太宗謂諸將曰：「賊起山東，未見大敵，有輕我心；我按兵不出，彼乃氣衰，陣久卒饑，必將自退，追而擊之，無往不克。我與公等約，必以午時後破之。」建德列陣，至午兵士饑倦，皆坐列，又爭飲水，逡巡斂退。太宗曰：「可擊矣！」親率輕騎，追而誘之，衆繼至，建德迴師而陣未及成列，世民先登擊之，所向皆靡，追奔三十里，生擒建德於陣，世充懼，率其官屬二千餘人，詣軍門請降，山東悉平。（《二十五史·舊唐書·太宗紀》）

三　兄弟鬩牆是非自存

是與非、正與邪、善與惡、公與私，自存於人事之際、道德之中，非不可辨也。其所淆亂者，在於論者之道德之不純不正，爲俗見所蔽，不辨公私、正邪、善惡也。就玄武門之事變而論，非起於事變之日，乃深蘊於道統者久矣，即深蘊於君道、臣道、子道、政道，以至於后妃之道之中者久矣。從隋政衰敗，群雄並起，逐鹿中原之大形勢而論，世民所慮所謀者，公也、正也、王也、帝業也，救民於倒懸也。隱太子及元吉則無此境界也，其所慮所謀者唯保太子之位與王位而已耳。故知公立則私見，正樹則邪露，善彰則惡形，審察史料，歷歷在目。

武德七年六月初，齊王元吉勸太子建成除秦王世民曰：「當爲兄手刃之。」世民從上幸元吉第，元吉伏護軍宇文寶於寢内，欲刺世民，建成性頗仁厚，遽止之，元吉慍曰：「爲兄計耳，於我何害？」建成擅募長安及四方驍勇二千餘人爲東宫衛士，號長林兵；又密使右虞侯率可達志從燕王李藝發幽州突騎三百，置宫中諸坊，爲人所告，上召建成責之，流可達志於巂州。上將幸仁智宫，命建成居守，世民、元吉皆從。建成使元吉就圖世民曰：「安危之計，決在今歲！」有寧州人杜鳳舉亦詣宫言狀。上怒，託他事，手詔召建成，令詣行在，建成懼，不敢赴，詹事主簿趙弘智勸之，貶損車服，屏從者詣上謝罪，以十餘騎往見上，叩頭謝罪，奮身自擲，幾至於絶；上怒不解，置之幕下，飼以麥飯，使殿中監陳福防守，楊文幹嘗宿衛東宫，建成與之親厚，上遣司農卿宇文穎馳召文幹，穎至慶州，以情告知，文幹舉兵反。甲子，上召秦王謀之，世民曰：「文幹豎子，計府僚已應擒戮；若不爾，正應遣一將討之耳。」上曰：「不然，文幹事連建成，汝宜自行，還，立汝爲太子。吾不能效隋文帝自誅其子，當封建成爲蜀王。蜀兵脆弱，他日苟能事汝，汝宜全之，不能事汝，汝取之易耳。」世民既行，元吉與嬪妃更迭爲建成請；封德彝復爲之營解於外，復遣建成還京師居守，惟責以兄弟不睦。高祖武德九年，建成夜召世民飲酒而鴆之，世民暴心痛，吐血數升。淮安王神通扶之還西宫。上幸西宫問世民疾。敕建成曰：「秦王不能飲，自今無得復夜飲。」因謂世民曰：「首建大謀，削平海內，皆汝之功。吾欲立汝為嗣，汝固辭，且建成年長，為嗣日久，吾不忍奪也。觀汝兄弟似不相容，同處京邑，必有紛爭，當遣汝還行臺居洛陽，自陜以東皆主之；仍命汝建天子旌旗，如漢梁孝王故事。」世民涕泣，辭以不欲遠離膝下，上曰：「天下一家，東西兩都，道路甚邇，吾思汝即往，毋煩悲也。」將行，建成、元吉相與謀曰：「秦王若至洛陽，有土地甲兵，不可復制，不如留之長安，則一匹夫耳，取之易矣。」乃密令數人上封事，言「秦王左右聞往洛陽無不喜躍，觀其志趣，恐不復來」。又遣近幸之臣以利說上，上意始移，事復終止。建成、元吉與後宮日夜譖訴世民於上，上信之，將罪世民。陳叔達諫曰：「秦王有大功於天下，不可黜也；且性剛烈，若加挫抑，恐不勝憂憤，或有不測之疾，陛下悔之何及？」上乃止。元吉密請殺秦王，上曰：「彼有定天下之功，罪狀未著，何以爲辭？」元吉曰：「秦王，初平東都，顧望不還，散錢帛，以樹恩；又違敕命，非反如何？但應速殺，何患無辭？」上不應。「上不應」三字其含義居殺與不殺之間，何等兇險！且何等危急！在元吉看來，上不應有可傳聖旨之據矣。高祖對元吉密請殺秦王之意應予重斥，且應立召建成進宮予以處置，此乃其二人合謀害秦王之直接而毋用置辯之鐵證；高祖之未及此也，從表層論之，可視爲高祖一時麻木，未見禍患之深，有危社稷之安，而且適足以壯建成、元吉公然爲惡之賊膽；從深層論之，高祖在元吉面前之「不應」，已使高祖墜入建成、元吉之陰謀中，與之沆瀣一氣，欲以謀害有大功於王業之次子秦王，且更違背了自己曾欲改立次子爲太子之許諾，危哉高祖之不應也！

當此危急、千鈞一髮之際，秦王世民自不得一無所備，且秦王生性機警，其所備之周密及所發之急驟亦情理中之自然耳。秦府僚屬皆憂懼不知所出，房玄齡對長孫無忌曰：「今嫌隙已成，一旦禍機竊發，豈惟府朝塗地，實乃社稷之憂，莫若勸王行周公之事，以安家國。存亡之機，間不容髮，正在今日（六月丁巳）。」無忌曰：「吾懷此久矣，不敢發口，今吾子所言，正合吾心，謹當白之。」乃入言世民。世民召玄齡謀之，玄齡曰：「大王功蓋天地，當承大業，今日憂危乃天贊也，願大王勿疑。」乃與杜如晦共勸世民誅建成、元吉。率更丞王晊密告世民曰：「太子語齊王，今汝得秦王驍將精兵擁數萬之衆，吾與秦王餞汝於昆明池，使壯士拉殺之於幕下，奏云暴卒，主上宜無不信。」世民以晊言告長孫無忌等，無忌等勸世民先圖之，世民嘆曰：「骨肉相殘，古今大惡，吾誠知禍在朝夕，欲俟其發，然後以義討之，不一可乎！」敬德曰：「人情誰不愛其死，今衆人以死奉王，乃天授也。禍機垂發，而王猶晏然不以爲憂，大王縱自輕，如宗廟社稷何！大王不用敬德之言，敬德將竄身草澤，不能留居大王左右，交手受戮也。」無忌曰：「不從敬德言，事今敗矣！敬德等必不爲王有，無忌亦當相隨而去，不能復事大王矣！」世民曰：「吾所言亦未可全棄，公更圖之。」敬德曰：「王今處事有疑，非智也；臨難不决，非勇也。且大王素所畜養勇士八百餘人，在外者今已入宫，擐甲執兵，事勢已成，大王安得已乎！」於是定計。此武德九年六月戊午日之事也。

觀秦王之定計，本憂於蒙骨肉相殘之罵名，實乃出於自衛以求存，迫於危急，不得不先發也。己未，太白復經天，傅奕密奏：「太白見秦分，秦王當有天下。」上以其狀授世民，於是世民密奏建成、元吉淫亂後宫，且曰：「臣於兄弟無絲毫負，今欲殺臣，似爲世充、建德報仇。臣今枉死，永違君親，魂歸地下，實耻見諸賊。」上省之，愕然報曰：「明當鞫問，汝宜早參。」次日，庚申，世民帥長孫無忌等人，伏兵於玄武門。張婕妤竊知世民表意，馳語建成，建成召元吉謀之，元吉曰：「宜勒宫府兵，託疾不朝，以觀形勢。」建成曰：「兵備已嚴，當與入參，自問消息。」乃俱入，趨玄武門，建成、元吉至臨湖殿，覺變，即跋馬東歸宫府，世民從而呼之，元吉張弓射世民，再三不彀，世民射建成，殺之。尉遲敬德將七十騎繼至，左右射元吉，墜馬。世民馬逸入林下，爲木枝所絓，墜不能起。元吉遽至，奪弓將扼之；敬德躍馬叱之，元吉步欲趣武德殿，敬德追射殺之。太子翊衛車騎將軍馮翊、馮立聞建成死，歎曰：「豈有生受其恩而死逃其難乎！」乃與副護軍薛萬徹、屈咥直護左車騎萬年、謝叔方帥東宮、齊府精兵二千馳趣玄武門，張公謹多力，獨閉關以拒之，不得入。守門兵與萬徹等力戰良久，萬徹鼓譟欲攻秦府，尉遲敬德提建成、元吉首示之，東宮府兵遂潰。萬徹與數十騎亡入終南山，時上方泛舟海池，世民使尉遲敬德入宿衛，敬德擐甲持矛直至上所，上大驚問曰：「今日亂者誰邪，卿來此何爲！」對曰：「秦王以太子齊王作亂，舉兵誅之，恐驚動陛下，遣臣宿衛。」上謂裴寂等曰：「不圖今日乃見此事，當如之何？」蕭瑀、陳叔達曰：「建成、元吉本不預義謀，又無功於天下，疾秦王功高望重，共爲姦謀，今秦王已討誅之，秦王功蓋宇宙，率土歸心，陛下若處以元良，委之國事，無復事矣。」上曰：「善！此吾之夙心也。」時宿衛及秦府兵於二宮左右戰猶未已，敬德請降手敕，令諸軍並受秦王處分，上從之。天策府司馬宇文士及自東上閤門出，宣敕，衆然後定，上又使黄門侍郎裴矩，至東宮曉諭諸將卒，皆罷散，上乃召世民撫之曰：「近日已來，幾有投杼之惑。」世民跪而吮上乳，號慟久之。（投杼之惑，注：「魯人有與曹參同名者殺人，人告其母，其母織自若也；及三人告之，其母投杼下機，逾牆而走。」高祖引此故事，以喻其對秦王之善信之未誠也。）是日下詔：「赦天下凶逆之罪，止於建成、元吉，自餘黨與，一無所問，國家庶事，皆取秦王處分。」癸亥，立世民爲皇太子。（《資治通鑒》六〇〇三—一一二頁）

從右所引述玄武門之變詳情中可以細見其公私、正邪、善惡清且明矣。綜而論之，世民公也、正也、善也；建成、元吉私也、邪也、惡也。分而論之，建成居長則當友愛諸弟，世民賢能而功大當有以推顯之、尊榮之，以利於繼位之後成爲賢輔良弼也；而不出此，反以忌賢妒能日甚，此乃由私邪之心演爲罪惡之行，終取滅身之禍也。元吉爲三弟，長兄爲太子，見其善揚之、法之，見其邪當規之、勸之以盡弟義，世民爲二兄待之亦應如是。反而乘長、二兄之嫌隙譖之攻之，爲一己之私而欲除之滅之，其邪惡之甚有毒於建成者遠矣。若無元吉之挑唆，建成與世民之間之仇怨不會惡化至極不可解，故玄武門之禍其元兇乃元吉也。高祖未能洞察元吉之惡，且無立即處置之斷（指元吉膽敢直面高祖密請殺秦王事），實屬縱姦之失也。世民始終無大過，終不免自責負有殺兄戮弟之罪名，以致於自罪終生，適足以見世民良知之純也，至於司馬温公罪世民「貽譏千古」（见《資治通鑒》六〇一三頁）之言则过矣。

第三節　貞觀之政

貞觀者，天地人之道也。（《易·繫辭下》曰：「天地之道貞觀者也，日月之道貞明者也。」韓康伯注曰：「明天地萬物莫不保其真以全其用也。」孔穎達疏曰：「謂天覆地載之道，以貞正得一故其功可爲物之所觀也。」此道也，見之於天曰陰與陽，見之於地曰柔與剛，見之於人曰仁與義，而「人道政爲大」。（《禮記·哀公問》）可知儒家之政乃出自於人之政，即爲人爲政，以人爲根爲本之政；敷政施教以仁爲本則無往而不義矣。太宗取貞觀爲其年號以示其爲政有深意焉。貞觀二年（六二八年），太宗曾向臣下申明其意：「梁武帝君臣惟談苦空，侯景之亂，百官不能乘焉，元帝爲周師所圍，猶講《老子》，百官戎服以聽，此深足爲戒！朕所好者，唯堯舜周孔之道，以爲如鳥之有翼，如魚之有水，失之則死，不可暫無耳。」

（《資治通鑒》六〇五四頁）對爲君爲帝者「堯舜周孔之道，不可暫無，失之則死」，三國兩晉南北朝之後，有此驗而形之言，見之於行，施之於政者，唯唐太宗一人耳；偉哉太宗！明哉太宗！聖哉太宗！蓋道統之立始於周、孔，尊於漢武，傳於光武，盛於明、章，滯於安、順，衰於桓、靈，廢於獻帝，魏篡政違道，晉雖曾有「鄭沖以儒宗登保傅，荀顗以制度贊維新」，但有晉始自中朝迄於江左，莫不崇飾華競，祖述虛玄，擯闕里之經典，習正始之餘論，指禮法爲流俗，目縱誕以清高，遂使憲章弛廢，名教頹毀，五胡乘間，競逐二京，繼踵以淪胥，運極道消，可爲長太息矣。（《二十五史・晉書・儒林傳序》五一八頁）太宗崇尚「堯舜周孔之道」者，正懲於兩晉南北朝「名教頹毀」之戒也。其所以標明貞觀爲政者，乃欲殫精竭力以恢弘頹毀四百年之儒道，以正「崇飾華競」之人心，以清濁流於人世之邪惡，以復爲私所蒙蔽之善性，使政與教建立於誘發善性之基礎上。貞觀其政，貞觀其教，貞觀其民風之美，貞觀其人物之和諧，貞觀其大道之流行，貞觀其大德之敦化，此乃貞觀之政之本義所寓也。

一　太宗之明哲

太宗之明，首明君道也。貞觀之初，太宗謂侍臣曰：「爲君之道，必先存百姓，若損百姓以奉其身，猶割股以啖腹，腹飽而身斃，若安天下必先正其心，未有身正而影曲、上理而下亂者。朕每思傷其身者不在外物，皆由嗜欲以成其禍；且復出一非禮之言，萬姓爲之解體；怨讟既作，離叛亦興，朕每思此，不敢縱逸。」貞觀二年，太宗復問魏徵曰：「人主何爲而明，何爲而暗？」對曰：「兼聽則明，偏信則暗。昔堯清問下民，故有苗之惡得以上聞；舜明四目，達四聰，故共工、鯀、驩兜不能蔽也；秦二世偏信趙高，以成望夷之禍；（指趙高命其婿弒二世於望夷宮也）隋煬帝偏信虞世基，以致彭城閣之變。是故人君兼德廣約，則貴臣不得擁蔽，而下情得以上通也。」太宗曰：「善。」魏徵之見亦猶是也，但未及爲君之根與本也。爲君爲帝之大者首者在立道統、綱紀與嚴守道統、綱紀也；道統、綱紀一立，爲君爲臣、爲父爲子、爲政爲教、爲人處世、遵禮守法、立身修德，君、臣、民之道，「壹是皆以修身爲本」，則修齊治平之道燦然和諧，何風不順！關鍵大事在守儒道之真，保儒道之純。故貞觀二年，太宗問王珪曰：「近代君臣理國多劣於前古，何也？」對曰：「古之帝王爲政，皆志尚清靜，以百姓之心爲心，近代則唯損百姓以適其欲，所以任用大臣，復非經術之士，漢家宰相無不精通一經，朝廷若有疑事，皆引經決定，由是人識禮教，理致太平。近代重儒，或參以法律，儒行既虧，淳風大壞。」太宗深然其言，自此「百官中有學業優長，兼識政體者，多進其階品，累加遷擢焉」。事實上，貞觀之初所行何道亦有論爭，魏徵主行王道，封德彝等則以爲不然，「若信魏徵之言，恐敗亂國家。」且聽魏徵所言：貞觀七年，太宗與秘書監魏徵從容論自古治政得失，因曰：「當今大亂之後，造次（匆忙也）不可致治。」徵曰：「不然！凡人在危困則憂死亡，憂死亡則思治，思治則易教，然則亂後猶饑人之易食也。」太宗曰：「善人爲邦百年，然後勝殘去殺，大亂之後，將求致治，寧可造次而望乎！」徵曰：「此據常人，不在聖哲；若聖哲施化，上下同心，人應如響，不疾而速，期月而可理，信爲不難，三年成功，猶謂其晚。」太宗以爲然。封德彝等對曰：「三代之後，人漸澆訛，故秦任法律，漢雜霸道，皆欲理而不能，豈能理而不欲？若信魏徵所說，恐敗亂國家。」徵曰：「五帝三王，不易人而治；行帝道則帝，行王道則王，在於當時所理，化之而已，若言人漸澆訛，不及純樸，至今應悉爲鬼魅，寧可復得而教化乎？」德彝等無以難之，然咸以爲不可矣。太宗每力行不倦，數年間海內康寧，因謂群臣曰：「貞觀初，人皆異論，云當今必不可行帝道、王道，唯魏徵勸我，既從其言，不過數載，遂得華夏安寧，遠戎賓服。突厥自古以來，常爲中國勍敵，今酋長帶刀宿衛，部落皆襲衣冠。使我遂至於此，皆魏徵之力。」顧謂魏徵曰：「玉雖有美質，藏於石間，不值良工琢磨，與瓦礫無別；若遇良工，即爲萬代之寶。朕雖無質，爲公所切磋，勞公約朕以仁義，弘朕以道德，使朕功業至此，亦公足以爲良工爾。」（《貞觀政要譯注》三三—三四頁）

儒家之仁政必賴賢能以行之，捨賢能則無以爲政，更無從言治矣。帝聖股賢，君明肱能，乃君臣一體之謂也，不可分也，更不可有病也。帝聖者，何謂也？帝者，達道通德，蕩然無心，忘於物我，公平通遠，舉事審微也。聖者，睿也，通徹天地人事之理，聞聲而知情，大而化之之謂也。具有帝聖之德者，則可識天下之賢者能者，囊括而任之，各盡其所長，各得其所也。太宗之世，文武賢能聚集於朝廷之中，濟濟焉，坦坦焉，錚錚焉，熙熙焉，以敷仁政德教，誠有「股肱喜哉！元首起哉！百工熙哉！」之氣象，縱觀中華之盛世，未有逾於貞觀之朝者也。故太宗於貞觀十七年（六四三年），「命圖畫功臣趙公長孫無忌、趙郡元王孝恭、萊成公杜如晦、鄭文貞公魏徵、梁公房玄齡、申公高士廉、鄂公尉遲敬德、衛公李靖、宋公蕭瑀、褒忠壯公段志玄，夔公劉弘基、蔣忠公屈突通、鄖節公殷開山、譙襄公柴紹、邳襄公長孫順德、鄖公張亮、陳公侯君集、郯襄公張公謹、盧公程知節、永興文懿公虞世南、渝襄公劉政會、莒公唐儉、英公李世勣、胡壯公秦叔寶等於凌煙閣。」（《南部新書》曰：「凌煙閣在西內三清殿側，畫功臣皆北面，臣禮也。）（《資治通鑒》六一八六頁）此二十四功臣中於貞觀之政尤著力者有魏徵、房玄齡、杜如晦、虞世南等四人。兹引其言行，以見其賢殊。魏徵自表願爲良臣，「勿使臣爲忠臣。」太宗曰：「忠、良有異乎？」魏徵曰：「良臣稷、契、咎陶是也；忠臣龍逄、比干是也。良臣使身獲美名，君受顯號，子孫傳世，福禄無疆；忠臣身受誅夷，君陷大惡，家國並喪，相去遠矣。」魏徵於貞觀中前後奏諫二百餘事，太宗嘗勞之曰：「非卿至誠奉國，何能若是？」考其奏諫中最具深義者唯「德、禮、誠、信，國之大綱」一疏，太宗「詔嘉美優納之」。嘗謂長孫無忌曰：「朕即位之初，上書者或言人主必須威權獨運，不得委任群下，或欲耀兵振武、攝服四夷，唯有魏徵勸朕偃武興文、布德施惠，中國既安，遠人自服。朕從其語，天下大寧；絶域君長，皆來朝貢，九夷重譯，相望於道，此魏徵之力也。」（《二十五史·舊唐書·魏徵傳》三七八三頁）

賢能既立於朝矣，則爲君者必有納諫之度量，而且更有渴求進諫之志。太宗可謂從堯以降誠心勵諫之君。貞觀初，嘗謂公卿曰：「人欲自照，必須明鏡；主欲知過，必藉忠臣。主若自賢，臣不匡正，欲不危敗，豈可得也。故君失其國，臣亦不能獨全其家。至如隋煬帝暴虐，臣下鉗口，卒令不聞其過，遂至滅亡，虞世基等尋亦誅死；前事不遠，公等每看事有不利於人，必須直言規諫。」貞觀二年，太宗謂侍臣曰：「正主任邪臣，不能致理；正臣事邪主，亦不能致理。惟君臣相遇，有同魚水，則海内可安。朕雖不明，幸諸公數相匡救，冀憑直言鯁議，致天下於太平。」諫議大夫王珪對曰：「臣聞木從繩則正，君從諫則聖，故古者聖主必有諍臣七人，言而不用，則相繼以死。陛下開聖慮，納芻蕘，愚臣處不諱之朝，實願罄其狂瞽。」太宗稱善，詔令自是宰相入内平章國計，必使諫官隨入，預聞政事，有所開說，必虛己納之。（《貞觀政要譯注》七四—七五頁）

貞觀二年，太宗謂侍臣曰：「明王思短而益善，暗主護短而永愚，煬帝好矜誇，護短拒諫，誠亦實難犯忤。朕今在君臣上下各盡至公，共相切磋，以成理道，公等各宜務盡忠讜，匡救朕惡，終不以直言忤意，輒相責怒。」貞觀三年，太宗謂司空裴寂曰：「比有上書奏事，條數甚多，朕總粘之屋壁，出入觀省，所以孜孜不倦者，欲盡臣下之情，每一思政理，或三更方寢，亦望公輩用心不倦，以副朕懷。」求諫之心，懇切之至。貞觀五年，太宗謂房玄齡等曰：「自古帝王多任情喜怒，喜則濫賞無功，怒則濫殺無罪。是以天下喪亂，莫不由此，朕今夙夜莫不以此爲心；恒欲公等盡情極諫。公等亦須受人諫語，豈得以人言不同己意即護短不納，若不能受諫，安能諫人。」（《貞觀政要譯注》七七—八〇頁）太宗既示己懇切求諫之意，亦教臣有納異見之心，君臣上下俱有傾聽衆議之胸懷，則下情上達，無壅塞之虞，有君臣民一體之實；人遂其志，物舒其情，「天地萬物莫不保其貞以全其用，」是乃貞觀之象也。由此而知，貞觀之政亦簡而明矣：一崇賢，二納諫。君臣同心，其利斷金；同心之言，其奥如蘭。

二　大臣之淳直

居貞觀之朝，大臣悉稱淳直，皆明太宗推誠求諫、宰心於仁政，有致天下太平之志；欲創堯、舜、禹、湯、文、武之郅治，以解四百年之倒懸也。尤以魏徵之淳直上感於君，中照於僚，影響最大。蓋道也者，淳也、直也；非淳無以明道，非直無以達意也；其稟道而行者，必淳且直也。玄武門喋血之隔日，秦王召徵謂曰：「汝何爲離間我兄弟？」（魏徵爲太子洗馬時常勸太子建成早除秦王。）衆爲之危懼，徵舉止自若，對曰：「先太子早從徵言，必無今日之禍。」秦王素重其才，改容禮之，引爲詹事主簿。徵既立貞觀之朝，每逢大政，必直言錚諫，即便太宗嫁女有欠儉樸，亦莫不直言以進，其淳直之德開貞觀一代諫風，照耀千古，兹舉一二以見之。

貞觀十一年夏四月乙卯，魏徵上疏曰：「人主善始者多，克終者寡，豈取之易而守之難乎！蓋以殷憂則竭誠以盡下，安逸則驕恣以輕物；盡下則胡、越同心，輕物則六親離德；雖震之以威怒，亦皆貌從而心不服故也。人主誠能見可欲，則思知足；將興繕，則思知止；處高危，則思謙降；臨滿盈，則思挹損；遇逸樂，則思撙節；在宴安，則思後患；防壅蔽，則思延納；疾讒邪，則思正己；行爵賞，則思因喜而僭；施刑罰，則思因怒而濫。兼是十思，而選賢任能，固可以無爲而治，何必勞神苦體以代百司之任哉！」（《資治通鑒》六一二八頁）

是年夏五月，魏徵又上疏曰：「陛下欲善之志，不及於昔時；聞過必改，少虧於曩日。譴罰積多，威怒微厲，乃知貴不期驕，富不期侈，非虛言也。昔隋之未亂也，自謂必無亂；其未亡也，自謂必無亡；故賦役無窮，征伐不息，以至禍將及身，而尚未寤也。夫鑒形莫如止水，鑒敗莫如亡國；伏願取鑒於隋，去奢從約，親忠遠佞，以當今之無事，行疇昔之恭儉，則盡善盡美，固無得而稱焉！夫取之實難，守之甚易；陛下能得其所難，豈不能保其所易乎！」（《資治通鑒》六一三〇頁）

是年秋七月，魏徵又上疏曰：「《文子》曰：『同言而信，信在言前，同令而行，誠在令外。』（《漢書・藝文志》曰：「文子，老子弟子，與孔子並時。」）自王道休明，十有餘年，然而德化未洽者，由待下之情，未盡誠信故也。今立政致治，必委之君子；事有得失，則訪之小人。其待君子也敬而疏，遇小人也輕而狎。狎則言無不盡，疏則情不上通。夫中智之人豈無小慧，然才非經國，慮非及遠，雖竭力盡誠，猶未免有敗，況內懷姦宄，其禍豈不深乎！夫雖君子，不能無過，苟不害於正道，斯可略矣。既謂之君子，而復疑其不信，何異立直木而疑其影之曲乎？陛下誠能慎選君子，以禮信用之，何憂不治；不然，危亡之期未可保也。」（《資治通鑒》六一三一頁）上賜手詔褒美之。

貞觀十四年，魏徵上疏曰：「夫委大臣以大任，責小臣以小事，爲治之道也。今委之以職，則重大臣而輕小臣；至於有事，則信小臣而疑大臣。信其所輕，疑其所重，將求致治，其可得乎！若任以大官，求其細過，刀筆之吏，舞文弄法，曲成其罪。自陳也，則以爲心不伏辜；不言也，則以所犯皆實。進退維谷，莫能自明，則苟求免禍，矯僞成俗矣。」（《資治通鑒》六一六一頁）上納之。

貞觀四年，群臣論對突厥之策，可以概見群臣之淳直與君臣之雍容。突厥既亡，其部落或比附薛延陀，或西奔西域，其降唐尚十餘萬口，詔群臣議區處之宜，朝士多言：「北狄自古爲中國患，今幸而破亡，宜悉徙之河南兗、豫之間，分其種落，散居州縣，教之耕織，化胡虜爲農民，永空塞北之地。」中書侍郎顏師古曰：「突厥、鐵勒，皆上古所不能臣，陛下既得而臣之，請皆置之河北，分立酋長，領其部落，則永遠無患矣。」禮部侍郎李百藥曰：「突厥雖云一國，然其種類區分，各有酋帥，今宜因其離散，各即本部署爲君長，不相臣屬。國分則弱而易制，勢敵則難相吞滅，各自保全。必不能抗衡中國，此安邊之長策也。」夏州都督竇靜曰：「戎狄之性，有如禽獸，不可以刑法威，不可以仁義教。況彼首丘之情，未易忘也，置之中國有損無益，恐一旦變生，犯我王略，莫若因其破亡之餘，施以望外之恩，假之王侯之號，妻以宗室之女，分其土地，析其部落，使其權勢分散，易爲羈制，可使常爲藩臣，永保邊塞。」温彦博以爲：「徙於兖、豫之間，有違物性，非所以存養之也，請准漢武故事，置降匈奴於塞下，全其部落，順其土俗，以實空虚之地，使爲中國扞蔽，策之善者也。」魏徵以爲：「突厥世爲寇盗，百姓之讎也；今幸而破亡，陛下以其降附不忍盡殺；宜縱之使還故土，不可留之中國，夫戎狄人面獸心，弱則請服，强則叛亂，固其常性。今降者衆近十萬，數年之後，蕃息倍多，必爲腹心之疾，不可悔也。」温彦博復辯之曰：「王者之於萬物，天覆地載，靡有所遺，今突厥來歸我，奈何棄之而不受乎？孔子曰：『有教無類。』若救其死亡，授與生業，教之禮義，數年之後，悉爲吾民，選其酋長使入宿衛，畏威懷德，何後患之有。」太宗卒用温彦博策。（《資治通鑒》六〇七六頁）蓋唯温彦博之見，更合王者之道：「凡爲天下國家有九經，柔遠人也。」（《中庸》）亦足以見論辯中群臣之淳直也。君之明哲與臣之淳直俱出於道、全藴於德；道與德本一體，君與臣則首腦與股肱同功也。君臣和衷共濟，猶道德之和諧同現，政教相融以化天下，此乃貞觀之政四溢堯舜之古風也，以其「敕天之命，惟時惟幾，元首明哉！股肱良哉！庶事康哉！元首起哉！股肱喜哉！百工熙哉！」《尚書·益稷》（《十三經注疏》

一四四頁）此乃魏徵論太宗「道高堯舜」之所本也，太宗亦以見貞觀二十二年之政績作《帝範》十二篇以賜太子，曰：《君體》《建親》《求賢》《審官》《納諫》《去讒》《戒盈》《崇儉》《賞罰》《務農》《閱武》《崇文》。觀其篇目，知其志趣，不僅自堯舜以降所未有，亦貞觀之後所不見也。

三 后德之賢卑

歷代后妃之爲患，深且遠也。近八百年中，兩漢曾有呂后一手培植之諸呂之禍，王莽之篡漢，梁冀之弑君，皆因后戚干政所致，西晉因賈后之擅權，内有八王之亂，外有十九國之禍，使中國陷入近三百年南北分裂之中。太宗有鑒漢晉后妃幹政之失適，逢長孫皇后之賢，深明守辱大義，謙卑自持，且力戒所親，守卑自保，切忌爭榮招禍，故貞觀之政既絶后妃干預之患，更見皇后勸贊之賢，此在中華二千年來之歷史中喜見文王、太姒之第二也。

貞觀六年，長樂公主將出降，太宗以公主長孫皇后所生，特愛之，敕有司資送倍於高祖之女永嘉長公主。魏徵諫曰：「不可。」太宗以爲合禮，入告皇后，皇后嘆曰：「妾亟聞陛下稱重魏徵，不知其故；今觀其引禮義以抑人主之情，乃知真社稷之臣也，妾與陛下結髮爲夫婦，曲承恩禮，每言必先候顏色，不敢輕犯威嚴，況以人臣之疏遠，乃能抗言如是，陛下不可不從。」因請遣中使賫錢四百緡、絹四百匹以賜徵，且語之曰：「聞公正直，乃今見之，公宜常秉此心，勿轉移也。」（《資治通鑒》六〇九五頁）太宗曾有一次罷朝回府，怒曰：「會須殺此田舍翁。」皇后問爲誰，太宗曰：「魏徵每廷辱我。」后退，具朝服立於庭，太宗驚問其故，后曰：「妾聞主明臣直，今魏徵直，由陛下之明故也。妾敢不賀！」太宗始轉慍爲悦焉。長孫皇后之賢卑更見於皇后疾篤之時（貞觀十年七月，房玄齡已譴歸第）與太宗永訣之言：「玄齡事陛下久，小心縝密，奇謀詭計未嘗宣洩，苟無大故，願勿棄之。妾之本宗，因緣葭莩，以致禄位，既非德舉，易致顛危，欲使其子孫保全，幸勿處之權要，但以外戚奉朝請足矣！妾生無益於人，不可以死害人，願勿以丘壟勞費天下，但因山爲墳，器用瓦木而已。仍願陛下親君子，遠小人，納忠諫，屏讒慝，省作役，止游畋。妾雖没於九泉，誠無所恨。兒女輩不必令來，見其悲哀，徒亂人意。」乙卯，崩於立政殿，長孫皇后嘗集《女則》奏之，太宗覽之悲慟，以示近臣曰：「皇后此書，足以垂範百世，朕非不知天命而爲無益之悲，但入宫不復聞規諫之言，失一良佐，故不能忘懷耳！」乃召房玄齡，使復其位，以符后之遺願也。皇后之賢卑更有見於外戚。貞觀七年十一月壬辰，以開府儀同三司長孫無忌爲司空，無忌固辭曰：「予忝預外戚，恐天下謂陛下爲私。」太宗不許，教之曰：「吾爲官擇人，惟才是舉，苟或不才，雖親不用，襄邑王神符是也；如其有才，雖讎不棄，魏徵等是也。今日所舉，非私親也。」無忌始釋然受任。

第四節　高宗之優柔

唐高宗諱治，小字雉奴，太宗第九子也。貞觀十七年九月，太宗廢太子承乾，徙之於黔州。十月，立治爲太子；但疑其仁弱，密謂長孫無忌曰：「公勸我立雉奴，雉奴弱，恐不能守社稷，奈何？吳王恪英果類我，我欲立之，何如？」無忌固爭，曰：「太子仁厚，真守文良主；儲副至重，豈可數易，願陛下熟思之。」太宗之疑遂止。（筆者以爲此處長孫無忌之言實乃屬於無形的外戚干政，作爲儲君，太宗所言「吳王英果」乃賢能大才，無忌所言，「太子仁厚」實不足以守文。「太宗之疑遂止，」而唐祚之禍實藴於此「止」字之中，惜哉！）貞觀十八年夏四月，太宗御兩儀殿，皇太子侍，謂群臣曰：「太子性行，外人亦聞之乎！」司徒無忌曰：「太子雖不出宫門，天下無不欽仰聖德。」太宗曰：「治自幼寬厚，諺曰：『生狼猶恐如羊。』冀其稍壯自不同耳！」無忌對曰：「陛下神武乃撥亂之才，太子仁恕，實守文之德；趣向雖異，各當其分，此乃皇天所以祚大唐而福蒼生者也。」貞觀二十三年六月甲戌，朔，高宗即位；次年春正月辛丑朔，改元永徽元年。徽者，美善也。永徽者，繼貞觀之政，永揚其美善也。無忌與褚遂良同心輔政，故永徽之政百姓阜安，有貞觀之遺風。

一 失君之道

太宗於貞觀二十二年作《帝範》十二篇以賜高宗，條明爲君之道，高宗當嚴以秉行，足以致治。太宗之朝以求賢納諫爲首務，君臣一體，政教休明。高宗不能守，長孫無忌、褚遂良本爲太宗顧命大臣，就在高宗永徽元年九月己未，褚遂良被劾以「抑買中書譯語人地」之過，左遷爲同州刺史，從此廟堂折一天柱，失一良臣，妖孽即乘時而萌作矣。永徽五年四月，武氏禍生焉。高宗之爲太子也，入侍太宗，見才人武氏而悦之，太宗崩，武氏隨衆入感業寺爲尼，太宗忌日，高宗詣感業寺行香，見之，武氏泣，高宗亦泣，王皇后聞之，陰令武氏長髮（適王皇后無子，蕭淑妃有寵於高宗），勸高宗納之後宫，欲以間淑妃之寵。武氏巧慧，多權數，初入宫，卑辭屈體以事后，后愛之，數爲之稱美於高宗。未幾大幸，武氏拜爲昭儀，而皇后及淑妃之寵皆衰，武昭儀又使高宗追贈其父武士彠爲功臣，同享尊榮。（顯慶元年（六五六年）二月辛亥，贈武士彠司徒，賜爵周國公。）

二　養武氏之姦

王皇后之寵雖衰，高宗並無廢后之意，適逢昭儀生女，（據《資治通鑒》所記：高宗於永徽五年太宗忌日（四月己巳）詣感業寺始見武氏，昭儀生女最早應在永徽六年二月，而通鑒所記在永徽五年十月，以此存疑。）后愛而弄之；后出，昭儀潛扼殺之，覆之以被，高宗至，昭儀陽歡笑，發被觀之，女已死矣。即驚啼，問左右，左右皆曰：「皇后適來此。」高宗怒曰：「后殺吾女。」昭儀泣訴皇后之罪，后無以自明。

高宗由是生廢后之意；又畏大臣不從，乃與昭儀幸太尉長孫無忌第，酣飲極歡，席上拜無忌寵姬子三人皆爲朝散大夫，仍載金玉繒錦十車以賜無忌，高宗因從容言皇后無子以諷喻無忌，無忌對以他語卻之，竟不順旨。禮部尚書許敬宗亦數勸無忌，無忌厲色折之。永徽六年六月，昭儀誣王皇后與其母魏國夫人柳氏爲厭勝，敕禁后母柳氏不得入宫，高宗此時正欲立武昭儀爲皇后，恐宰臣議阻未發耳。長安令裴行儉聞將立武昭儀爲后，以爲國家之禍必自此始矣。因與長孫無忌、褚遂良私議之，而衛尉卿許敬宗、御史大夫崔儀玄、中丞袁公瑜皆潛布腹心於武昭儀矣。高宗一日退朝，突召長孫無忌、李勣、於志寧、褚遂良入内殿，遂良曰：「今日之事多爲中宫，上意既决，逆之必死，太尉元舅，司空功臣，不可使上蒙殺元舅及功臣之失。遂良起於草茅，無汗馬之勞，致位至此，且受顧託，不以死爭之，何以下見先帝？」勣稱疾不入。無忌等至内殿，高宗顧謂無忌曰：「皇后無子，武昭儀有子，今欲立昭儀爲后，何如！」遂良對曰：「皇后名家，先帝爲陛下所娶，先帝臨崩執陛下手謂臣曰：『朕佳兒佳婦今已付卿。』此陛下所親聞，言猶在耳；皇后未聞有過，豈可輕廢，臣不敢曲從陛下，上違先帝之命。」高宗不悦而罷。明日又言之，遂良又言之於先曰：「陛下必欲易皇后，伏請妙擇天下令族，何必武氏。武氏經事先帝，衆所具知，天下耳目安可蔽也，萬代之后謂陛下爲何如？願留三思。臣今忤陛下，罪當死！」因置笏於殿階，解巾，叩頭流血曰：「還陛下笏，乞放歸田里。」高宗大怒，命引出。昭儀在簾中大言曰：「何不撲殺此獠。」無忌曰：「遂良受先朝顧命，有罪不可加刑。」韓瑗因間奏事，涕泣極諫，高宗不納，明日又諫，悲不自勝，上命引出，瑗復上書諫曰：「匹夫匹婦猶相選擇，况天子乎！皇后母儀萬國，善惡由之，故嫫母輔佐黄帝，妲己卿覆殷王，赫赫宗周，褒姒滅之；每覽前古，常與歎息。今日塵黷聖代，作而不法，后嗣何觀！願陛下詳之，無爲後人所笑！使臣有以益國，葅醢方辱臣之分也。昔吴王不用子胥之言，而麋鹿游於姑蘇。臣恐海内失望，棘荊生於闕庭，宗廟不血食，期有日矣！」又有來濟上表諫曰：「王者立后，上法乾坤，必擇禮教名家，幽閒令淑，副四海之望，稱神祇之意。是故周造舟以迎太姒，而興《關雎》之化，百姓蒙祚；孝成（漢成帝）縱欲，以婢爲后，使皇統亡絶，社稷傾淪。周之既隆如彼，大漢之禍又如此，惟陛下詳察。」高宗皆不納。

此時促成高宗意决者有二人，李勣與許敬宗。勣曰：「此陛下家事，何必更問外人。」許曰：「田舍翁多收十斛麥，尚欲易婦，况天子欲立后，何豫諸人事而妄生異議乎！」（筆者：

此乃十足小人之見，敗政者小人也。）此乃永徽六年十月之言也。就在同月己酉，下詔曰：「王皇后、蕭淑妃謀行鴆毒，廢爲庶人。」此乃武氏蓄謀已久之毒計也，扼殺自己親生之女嬰於繈褓之中，以嫁禍於王皇后，以奪取皇后之位。如此滅絶人性之女人，在中華史上唯武昭儀一人，其禍害於唐祚者固深且遠也。此詔一出，王、蕭二氏即遭武慘酷迫害，王氏、蕭氏並囚於別院，上嘗念之，間行至其所，見其室封閉極密，惟竅壁以通食器，惻然傷之，呼曰：「皇后、淑妃安在！」王氏泣對曰：「妾等得罪爲宮婢，何得更有尊稱！」又曰：「至尊若念疇昔，使妾等再見日月，乞名此院爲回心院。」武后聞之大怒，遣人杖王氏、蕭氏各一百，斷去手足，捉酒甕中，「令二嫗骨醉，」數日而死，又斬之。王氏初聞宣敕，再拜曰：「願大家萬歲！昭儀承恩，死自吾分。」淑妃罵曰：「阿武妖猾，乃至於此。願他生我爲貓，阿武爲鼠，生生扼其喉。」由是宮中不畜貓。尋又改王氏爲蟒氏，蕭氏爲梟氏。武后數見王、蕭爲祟，披髮瀝血，如死時狀；后徙居蓬萊宮，復見之。故多在洛陽，終身不歸長安。（《資治通鑒》六二九四頁）武氏之如此慘絶人寰，比之八百年前呂后之「人彘」，尤有過之矣。

歐陽修於《新唐書·太宗紀》有論曰：「以太宗之明，昧於知子，廢立之際，不能自決，卒用昏童。高宗溺愛衽席，不戒履霜之漸，而毒流天下，貽禍邦家，嗚呼！父子夫婦之間，可謂難哉！可不慎哉！」（《二十五史》四一四二頁）而高宗之貽禍邦家更於下列之事以見之：初，武后能屈身忍辱，奉順上意，及得志，專作威福。上欲有所為，動為后所制，上不勝其忿。有道士郭行真，嘗为厭勝之術，宦者王伏勝發之，上大怒，密召上官儀議之，儀因言曰：「皇后專恣，海内所不與，請廢之。」即命草詔，左右奔告於后，后遽詣上自訴，詔草猶在上所，上羞縮不忍，復待之如初；猶恐后怨怒，因紿曰：「我初無此心，皆上官儀教我。」（《資治通鑒》六三四二頁）由昏童而昏君，不僅貽禍邦國，更告發忠臣，昏庸至極。自是，「后垂簾於後，政無大小，皆與聞之，黜陟、殺生，決於其口，天子拱手而已，中外謂之二聖。」

至此，亦見太宗之二失焉：一失於立太子，未能自決，立吳王恪為太子；太宗本已洞察長孫無忌之私（吳王恪非其親外甥），卻屈就其私，是偶發之失耶！抑唐祚之隱患所寓，不可逃遁之劫難耶？二失於未重視太史令李淳風之預言，從身邊除之。太宗嘗密問李淳風：「《秘記》所云，信有之乎？」（貞觀二十二年六月，民間傳《秘記》云：「唐三世之後，女主武王代有天下。」）對曰：「臣仰稽天象，俯察曆數，其人已在陛下宮中，爲親屬，自今不過三十年，當王天下，殺唐子孫殆盡，其兆既成矣。」太宗曰：「疑似者盡殺之何如？」對曰：「天之所命，人不能違也，王者不死，徒多殺無辜。且自今以往三十年，其人已老，庶幾頗有慈心，爲禍或淺。今藉使得而殺之，天或生壯者，肆其怨毒，恐陛下子孫無遺類矣。」太宗聽之默然，乃止。余之指此爲太宗之失者，以太宗之明且精，既言之曰「女主武王」，又「在宮中爲親屬」，人物具體明確，稍一尋思，即的然發現自己身邊之才人中就有姓氏爲武者，疑而置之，問之以卜巫，詢之以骨相，亦近於知矣。奈何「止之」，若不「止之」，探求其奧，亂其變數，或轉禍爲福，或化妖爲祥也，《易·繫辭下》有言曰：「幾者動之蔽，知幾其神乎！窮神知化，德之盛也。」李淳風勸太宗之言或有違「幾」也。

第五節　武曌之篡唐

則天皇后武氏諱曌，并州文水人也，父士彠，隋大業末爲鷹揚府隊正，高祖行軍於汾晉，每宿其家，義旗初起，從平京城，貞觀中累遷工部尚書、荊州都督，封應國公。初，則天年十四，太宗聞其美容止，召入宮，立爲才人。及太宗崩，遂爲尼，居感業寺，大帝（高宗）於寺見之，復召入宮，拜昭儀。《舊唐書·則天皇后紀》武曌，曌音與義同照，乃武后自製十九字之一，雙目置空之上，用以爲名，意謂武曌照臨天下也。篡唐者，以其改國號爲周也。則天后天授元年（六九〇年）九月庚辰，太后可皇帝及群臣之請；壬午，御則天樓，赦天下，以唐爲周，改元，上尊號，曰聖神皇帝。則天后天册萬歲元年（六九五年）夏四月，天樞成，太后自書其榜曰「大周萬國頌德天樞」。

一　殺女嫁禍奪后位

武昭儀之扼殺親生女嬰一事，詳《資治通鑒》六二一八六頁。此行之罪有二焉：暴殘骨肉與陷害忠恩。用雙手掐死自己所生之女嬰，其心之毒也狠也，不可思議也，唯天良喪盡，近於瘋且狂者或可爲之也，中華史上迄今唯記載武昭儀爲奪皇后之位竟殘殺女嬰一例。後來，不僅奪取了皇后之位而且篡奪了大唐天子之位，其野心之狂何其瘋也！其行爲之詐何其劣也，何其毒也！其爭名、奪位、圖利、縱欲之私心何其烈也！觀武昭儀之竊入宮闈，一步步攀大周皇帝之位，其間貶夫、殺子、誅滅忠良、豢養酷吏、煽動誣告、殘害善類、宣淫播惡、毀綱敗紀，悉於瘋狂中行之。一切都踩在腳下，唯壘獨尊，唯武稱霸，唯李是仇，唯權是攫，唯僞爲天，唯忠是姦，唯姦爲忠，唯邪爲正，唯惡爲善，唯淫爲美，一切都顛倒了，唯在顛倒中始可遂其私、售其姦、掩其陰謀狡詐。而其卒未成者，以正氣存人心，以人心向李唐而反篡逆也。歷史中偶見有小人得志，姦佞擅權，亦不足怪也；以其蛇蠍之心，在公、正、善之間亦有隙可棲，大中至正之君子往往對邪惡疏於防患，此乃歷史上常見邪惡爲禍之由也。

二　殘殺太子

《新唐書・高宗紀》：「上元二年四月乙亥，天后殺皇太子。」（《二十五史》四一四一頁）

《舊唐書・高宗紀》：「上元二年四月乙亥，皇太子弘薨於合璧宮之綺雲殿。」（《二十五史》三四九六頁）

《資治通鑒》：上元二年，「皇太子弘仁孝謙謹，上甚愛之；禮接士大夫，中外屬心。天后方逞其志，太子奏請，數忤旨，由是失愛於天后。義陽、宣城二公主，蕭淑之女也，坐母得罪，年逾三十未嫁，太子見之驚惻，遽奏請出降，即以公主當上翊衛權毅、王遂古。乙亥，太子薨於合璧宫，時人以爲天后酖之也。」（六三七七頁）一月之後，「五月乙亥，追謚太子弘爲孝敬皇帝。」此乃心虚，欲掩酖殺之罪；且此時正居帝位，若太子自然死亡，何謚之有，是乃欲蓋而彌彰也。此與殺其女嬰之罪一也；掐之酖之，俱在逞其志也，亦足以見其慘毒之獸性與篡奪帝位之野心日趨暴烈也，赤裸裸有不擇手段之勢。

《新唐書·高宗紀》：「永隆元年八月甲子，廢皇太子爲庶人。（上元二年六月戊寅，立雍王賢爲皇太子。此廢之者，雍王賢也。）乙丑，立英王哲爲皇太子。」

《新唐書·則天后紀》：「光宅元年二月庚申，廢皇太孫重照爲庶人，殺庶人賢於巴州。」（四一四一—四一四二頁）

《舊唐書·高宗紀》：「永隆元年八月，廢太子賢爲庶人，幽於别所；乙丑，立英王哲爲皇太子。」（《二十五史》三四九六頁）

《舊唐書·則天后紀》：「改元文明，皇太后仍臨朝稱制。二月庚午，廢皇太孫重照爲庶人；三月，庶人賢死於巴州。」編撰《舊唐書》後晉劉昫不云殺，但言死於巴州，意爲武后掩罪，有虧史德焉。

《資治通鑒》：「則天后光宅元年二月，太后命左金吾將軍丘神勣，檢校故太子賢宅，以備外虞，其實風使殺之。三月，丘神勣至巴州，幽故太子賢於別室，逼令自殺。太后反歸罪於神勣。戊戌，舉哀於顯福門，貶神勣爲疊州刺史，追封賢爲雍王。」（六四一九頁）武后令殺太子是實，其他掩飾也。

三　刑暴忠直、佞讒彈冠

稽我中華歷史，武則天算是第三個刑暴忠直的皇后。第一個是西漢高祖之呂后，她殘殺了決定漢祚之大功臣韓信於未央宮。第二個是晉惠帝之賈后，她殺了太尉楊駿，引發了八王之亂。武則天刑暴忠直有甚於呂、賈兩后遠矣。早在高宗顯慶四年（六五九年），武后以太尉趙公長孫無忌，受得賜而不助己，深怨之。武后既立，無忌內不自安，后令許敬宗伺其隙而陷之，敬宗因誣奏太子洗馬韋季方與無忌横陷忠臣、近戚，使權歸無忌，伺隙謀反。上驚曰：「豈有此邪！舅爲小人所間，小生疑阻則有之，何至於反！」敬宗曰：「臣始末推究，反狀已露，陛下猶以爲疑，恐非社稷之福。」上泣曰：「我家不幸，親戚間屢有異志，往年高陽公主與房遺愛謀反，今元舅復然，使人慙見天下之人，兹事若實，如之何？」對曰：「無忌與先帝謀取天下，天下服其智；爲宰相三十年，天下畏其威。若一旦竊發，陛下遣誰當之？」上命敬宗更加審察，明日敬宗復奏曰：「臣參驗辭狀，咸相符合，請收捕準法。」上又泣曰：「舅若果爾，朕決不忍殺之。天下將謂朕何！後世將謂朕何？」敬宗對曰：「無忌今之姦雄，王莽、司馬懿之流也；陛下少更遷延，臣恐變生肘腋，悔無及矣！」上以爲然，竟不引問無忌。戊辰，下詔削無忌太尉及封，以爲揚州都督，於黔州安置，準一品供給。此案還牽涉褚遂良等多人。此冤案固由武后密令許敬宗羅織而成，然高宗昏暗實乃主因也。無忌、遂良均爲顧命大臣，高宗親鞫之，陰謀畢露矣。故知庸主敗國，佞臣亂政，禍起椒房，風播朝野，危亡無日矣。

則天后光宅元年，李敬業舉兵討武后，傳檄州縣。太后問計於宰相裴炎，對曰：「皇帝年長，不親政事，故豎子得以爲辭。若太后還政，則不討自平矣。」監察御史藍田崔詧讒之曰：「炎受顧託，大權在己；若無圖，何故請太后歸政。」太后命左肅政大夫騫味道、侍御史魚承曄鞫之，收炎下獄，炎下獄，辭氣不屈，曰：「宰相下獄，安有全理？」群臣多曰：「炎社稷元臣，有功於國，悉心奉上，天下所知，臣敢明其不反。」太后曰：「炎反有端，顧卿不知耳。」對曰：「若裴炎爲反，則臣等亦反也。」太后曰：「朕知裴炎反，知卿等不反。」文武間證炎不反者甚衆，太后皆不聽，卒斬裴炎於都亭，籍没其家，無甔石之儲。炎弟之子太僕寺丞伷先，年十七，太后召見，詰之曰：「汝伯父謀反，尚何言？」伷先曰：「臣爲陛下盡計耳，安敢訴冤！陛下爲李氏婦，先帝棄天下，遽攬朝政，變易嗣子，疏斥李氏，封崇諸武。臣伯父忠於社稷，反誣以罪，戮及子孫，陛下所爲如是，臣實惜之。陛下早宜復子明辟，高枕深居，則宗族可全；不然天下一變，不可復救矣！」命引出，伷先反顧曰：「今用臣言，猶未晚。」如是者三，太后命於朝堂杖之一百，長流瀼州。

四　羅織張天下冤獄哀朝中

則天后光宅元年春正月，有飛騎（貞觀十二年十一月丁未，初置左右屯營飛騎）十餘人，飲於坊曲，一人言：「向知別無勳賞，不若奉廬陵。」一人起，出詣北門（玄武門）告之。座未散，皆捕得，繫羽林獄，言者斬，餘以知反不告，皆絞。告者除五品官。告密之端從此開焉。告者除五品官，荒唐、鄙劣至極，則天后則實藉此維繫其統治。太后自光宅元年（六六四年）徐敬業之反，疑天下多圖己；又自以久專國事，且內行不正，知宗室大臣怨望，心深不服，欲大誅殺以威之，更盛開告密之門；有告密者，臣下不得問，皆給驛馬；一驛三十里，給五品食，使詣行在，雖農夫樵人皆得召見，廩於客館；所言或稱旨，則不次除官；無實者不問。於是四方告密者蜂起，人皆重足屏息。

則天后垂拱元年（六八五年）三月戊申，太后命鑄銅匭，其東曰「延恩」，獻賦頌求進者投之；南曰「招諫」，言朝政得失者投之；西曰「伸冤」，有冤者投之；北曰「通玄」，言天象災變者投之。命正諫、補闕、拾遺一人掌之。（《資治通鑒》六四三七頁）有胡人索元禮知太后意，因告密召見，擢爲游擊將軍，令案制獄，元禮性殘忍，推一人必令引數十百人，太后數召見，以張其權。於是尚書都事周興、來俊臣之徒效之，紛紛繼起；周興累遷至秋官侍郎，來俊臣累遷至御史中丞，相與私畜無賴數百人，專以告密爲事，俊臣與司刑評事萬國俊共撰

《羅織經》數千言，教其徒網羅無辜，織成反狀，構造佈置，皆有枝節。酷吏索元禮、周興、來俊臣三人，競爲暴刻，興、元禮所殺數千人，俊臣所破千餘家；中外畏此數人，甚於虎狼；太后以爲忠，寵任益甚，太后得告密者，輒令元禮推之。競爲訊囚酷法，有「定百脈」「突地吼」「求破家」「反是實」等名號，或以椽關手足而轉之，謂之「鳳凰曬翅」；或以物絆其腰，引枷向前，謂之「驢駒拔橛」；或使跪棒枷，累甓其上，謂之「仙人獻果」；或使立高木，引枷尾向後，謂之「玉女登梯」；或倒懸，石縋其首；或以醋灌鼻；或以鐵圈轂其首而加楔，至有腦裂髓出者。每得囚，輒先陳其械器以威之，皆戰慄觳觫，望風自誣，每月赦令，俊臣輒令獄卒先殺重囚，然後宣示，太后以爲忠。（《資治通鑒》六四三九—六四四〇頁）

麟臺正字陳子昂上書言告密羅織之禍，曰：「執事者疾徐敬業首亂唱禍，將息姦源，窮其黨與，遂使陛下察之。今滿朝側息不安，皆以爲陛下朝與之密，夕與之讎，不可保也。周用仁而昌，秦用刑而亡；願陛下緩刑用仁，天下幸甚！」）（《資治通鑒》六四八五—六四八六頁）就在周矩等上疏之同月（長壽元年五月癸丑），同平章事李游道、王璿、袁智弘、崔神基、李元素、春官侍郎孔思元、益州長史任令輝，皆爲王弘義所構陷，流嶺南。更有誘人奴婢密告其主者，長壽二年（六九五年）正月，户婢團兒爲太后所寵信，有憾於皇嗣，乃譖皇嗣妃劉氏、德氏、竇氏爲厭呪。癸巳，妃與德妃朝太后於嘉豫殿，既退，同時殺之，瘞於宮中，莫知所在。（德妃竇氏，即玄宗母也。）皇嗣畏忤旨，不敢言，居太后前，容止自如。德妃父孝諶，爲潤州刺史，有奴妄爲妖異，以恐德妃母龐氏，龐氏懼，奴請夜祠禱解，因發其事；下監察御史薛季昶按之，季昶誣奏，以爲與德妃同祝詛，先涕泣不自勝，乃言曰：「龐氏所爲，臣子所不忍道。」太后擢季昶爲給事中。（《資治通鑒》六四八八頁）他如告嶺南流人謀反，屠戮殘暴之象更是不忍直書，太后先遣司刑評事萬國俊往按之。至則召流人，矯制賜自盡，流人呼號不服，國俊驅就水曲，盡斬之。一朝殺三百餘人。然後詐爲反狀，還奏，因言諸道流人，亦必有怨望謀反者，不可不早誅。太后喜，擢國俊爲朝散大夫，行侍御史。更遣右翊衛兵曹參軍劉光業、司刑評事王德壽、苑南面監丞鮑思恭、尚輦直長王大貞、右武威兵曹參軍屈貞筠皆攝監察御史，詣諸道按流人。光業等以國俊多殺蒙賞，爭效之，光業殺七百人，德壽殺五百人，其餘少者不減百人。其遠年雜犯流人亦與之俱斃。（潘遠《記聞》曰：「補闕李秦授寓直中書，進封事曰：陛下自登極，誅斥李氏及諸大臣，其家人親放在外，以臣所料，且數萬人，如其一日同心，招集爲逆，出陛下不意，臣恐社稷必危。讖曰「代武者劉」，夫劉者流也，陛下不殺此輩，臣恐爲禍焉。」天后納之。夜中召入，謂曰：「卿名秦授，天以卿授朕也，何啓予心！」即拜考功員外郎，乃知制誥，賜朱紱，女妓十人，金帛稱是。天后度流人已死，又使使者安撫流人曰：「吾前發十道使，安慰流人，何使者不曉吾意，擅加殺害，深爲酷暴。其輒殺流人使並所在鎖項，將至害流人處斬之，以快亡魂；諸流人未死或他事繫者，兼家口放還。」）武氏之此謊言既不足以欺世，更不能欺史，唯一可欺者是其自身之僞心耳。

五　篡唐改周朝野蒙羞

武則天於天授元年（六九〇年）九月庚辰，御則天樓稱帝，「以唐爲周」，即篡唐改國號曰周，實現其窺竊神器之野心。乙酉，上尊號曰聖神。以皇帝（唐睿宗李旦）爲皇嗣，賜姓武氏。丙戌，立武氏七廟於神都（洛陽），追謚周文王曰始祖文皇帝，以壓群臣之反抗也。立武承嗣爲魏王，三思爲梁王，攸寧爲建昌王。士彠兄之孫攸歸、重規、載德、攸暨、懿宗、嗣宗、攸宜、攸望、攸緒、攸止皆爲郡王，諸姑姊皆爲長公主。冬十月，「制天下武氏咸蠲課役。」施小役於天下武氏，足見其乏王者之氣，知其不可久也。天授二年正月癸酉，朔，受尊號於萬象神宫，旗幟尚赤。甲戌，改置社稷於神都。

武氏篡位前後，先以酷吏嚴刑窒人心，繼以告密封人之口，欲使天下人俯首帖耳，稱其擺布，及至稱帝之後則以禄位官爵收買士人之心，軟其骨，弱其志，亂其神明，使善類淹没於小人之中，以售其姦。夫西周之興也，以德不以詐，以王道而不以權術，武氏雖欲以纂政之姦附於周德之體，恰似水火之不相容也，正邪之不相合也，善惡之不相混也。雖欲附之，實相拒也。儘管如此，武氏還是要强附之，其所行者，類皆此也。長壽元年（六九二年）春正月丁卯，武氏引見存撫史所舉人，無問賢愚，悉加擢用，高者試鳳閣舍人、給事中，次試員外郎、侍御史、拾遺、校書郎（唐校書郎爲正九品上）。試官自此始。人爲之語曰：「補闕連車載，拾遺平斗量；欋椎侍御史（欋，齊、魯之四齒杷也），盌脱校書郎。有舉人沈全交續之曰：「糊心存撫史，眯目聖神皇。」太后雖濫以禄位收天下人之心，然不稱職者，尋亦黜之，或加刑誅。

武氏天册萬歲元年（六九五年），獲嘉主簿劉知幾，表陳四事：其一以爲，皇業權輿（權輿，始也），天地開闢，嗣君即位，黎元更始，時則藉非常之慶，以申再造之恩。今六合清晏而赦令不息，近則一年再降，遠則每歲無遺，至於違法悖禮之徒、無賴不仁之輩，編户則寇攘爲業，當官則贓賄是求。而元日之朝，指期天澤，重陽之節，佇降皇恩，如其忖度，咸樂釋免。爲善者不預恩光，作惡者獨承徼幸。古人曰：「小人之幸，君子之不幸。」斯之謂也。望陛下而今而後，頗節於赦，使黎氓知禁，姦宄肅清。其二以爲，海内具僚九品以上，每歲逢赦，必賜階勳，至於朝野宴集，公私聚會，緋服衆於青衣（四品、五品服緋，九品服深青），象板多於木笏（五品以上笏用象，九品以上用木），皆榮非德舉，位罕才升，不知何者爲妍蚩，何者爲美惡。臣望自今以後稍息私恩，使有善者逾效忠勤，無才者咸知勉勵。其三以爲，陛下臨朝踐極，取士太廣，六品以下職事清官，遂乃方之土芥，比之沙礫，若遂不加沙汰，臣恐有穢皇風。」其四以爲，今之牧伯遷代太速，倏來忽往，蓬轉萍流，既懷苟且之謀，何暇循良之政！望自今刺史非三歲以上不可遷官，仍明察功過，尤甄賞罰。知幾另著《思慎賦》以刺時見志焉。（《資治通鑒》六五〇〇—六五〇一頁）由劉知幾之所諫四事，可明知武氏之政用人太濫，遷官過速，賞罰以情，意在培植私黨以固其皇帝之位也。

武氏更欲以建頌德碑以固其位、頌其德，於此亦可窺知武氏内心虛妄，日憂其名不正、言不順、威不立、位不穩也。質之經史「帝者諦也，王者往也」（諦，審也，察微妙之道，使物得其所也；往，歸之也），行仁政，而民人咸歸之，德在民心中，何須自頌哉！先是則天后延載元年（六九四年），武三思帥四夷酋長，請鑄銅鐵爲天樞，立於端門之外，銘紀功德，黜唐頌周，以姚璹爲督作使，諸胡聚錢百萬億，買銅鐵不能足，賦民間農器以足之。歷時一年，迄天册萬歲元年（六九五年）四月，天樞成，高一百五尺，徑十二尺，八面，各徑五尺。下爲鐵山，周百七十尺，以銅爲蟠龍、麒麟縈繞之，上爲騰雲承露盤，徑三丈，四龍人立捧火珠，高一丈，工人毛婆羅造模，武三思爲文，刻百官及四夷酋長名，太后自書其榜曰「大周萬國頌德天樞」，實藉此以自頌也。

六　淫亂宫闈丑聞厭佛

武氏淫亂宫闈之劣，乃前此未見之者也。先有僧懷義，繼有御醫沈南璆，復有張易之、昌宗兄弟。

僧懷義鄠人（鄠音户），本姓馮，名小寶，賣藥洛陽市，因千金公主（高祖女）以進得幸于太后，太后欲令出入禁中，乃度爲僧，名懷義，以其家寒微，令與駙馬都尉薛紹合族，命紹以季父事之。（薛紹尚后女太平公主。）故又名薛懷義，出入乘御馬，宦者十餘人侍從，士民遇之皆奔避；有遇之者輒撾其首流血，朝貴皆匍匐禮謁，武承嗣、武三思皆執童僕之禮以事之，爲之執轡，懷義視之若無人。僧懷義還多聚無賴少年，度爲僧，縱橫犯法，人莫敢言。太后於垂拱元年（六八五年）修白馬寺，以僧懷義爲寺主。太后託言僧懷義有巧思，故使入禁中，營造補闕。王求禮上表曰：「太宗時有羅黑黑善彈琵琶，太宗閹爲給使，使教宮人；陛下若以懷義有巧性，欲宮中驅使者，臣請閹之，庶不亂宮闈。」表寢不出，太后令僧懷義督造明堂。垂拱四年，明堂成，高二百九十四尺，方三百尺，下層法四時，中層法十二辰，上爲圓蓋，九龍捧之，上施鐵鳳，高一丈，飾以黄金，號曰萬象神宫。懷義以功拜左威衛大將軍、梁國公。初，明堂既成，太后命懷義作夾紵大像，其小指中猶數十人，於明堂北構天堂以貯之。堂始構，爲風所摧，更構之，日役萬人，采木江嶺，數年之間所費萬億計，府藏爲耗竭，懷義用財如糞土，太后一聽之，無所問，每作無遮會，用錢萬緡，士女雲集，又散錢十車，使之爭拾，相蹈踐有死者，所在公私田宅皆爲僧有。懷義頗厭入宮，多居白馬寺，所度力士爲僧滿千人。天册萬歲元年正月乙未，作無遮會於明堂，鑿地爲坑深五丈，結采爲宫殿，佛像皆於坑中引出之，云自地涌出。又殺牛取血，畫大像，首高二百尺，云懷義刺膝血爲之；丙戌，張像於天津橋南。時御醫亦得幸於太后，懷義心愠，是夕，密燒天堂，延及明堂，火照城中如晝，比明皆盡，暴風裂血像爲數百段，太后恥而諱之，但云「内作工徒誤燒麻主，遂涉明堂。」並令更造明堂、天堂，仍以懷義充使。又鑄銅爲九州鼎，皆高一丈，各置其方。（《資治通鑒》六四九九頁）則天后長壽二年二月庚午，以僧懷義爲代北道行軍大總管，以討默啜。三月甲申，更以僧懷義爲朔方道行軍大總管，以李昭德爲長史，蘇味道爲司馬，帥契苾明等十八將軍以討默啜。誠荒唐瘋狂至極，一賣藥洛陽之貧寒光棍，一朝進入宫闈爲武氏所幸，既命爲督造，用財如糞土，所費萬億計，府藏爲之耗竭，猶以爲禍亂不堪，更命爲行軍大總管，帥十八將軍出征，此乃我中華史上一大羞恥，夫復何言！

武氏之寵信張昌宗，爲其女太平公主所誘入，昌宗又引入其兄易之，以其年少，美姿容，又善音律，俱得寵幸，常傅朱粉，衣錦繡，出入禁中，驕横滿志，昌宗累遷至散射常侍，易之爲司衛少卿，拜其母臧氏爲太夫人，賞賜不可勝紀；仍敕鳳閣侍郎李迥秀爲臧氏私夫。武承嗣、三思皆候易之門庭，爭執鞭轡，易之爲五郎，昌宗爲六郎。張氏兄弟既獲殊寵，更以競豪奢，貸賂公行，其弟昌儀爲洛陽令，嘗早朝，有姓薛者，以金五兩，邀其馬而賂之，張氏兄弟之權勢可知矣；又有武三思等助虐，乃勢傾朝野。天后長安元年八月戊午，太子、相王、太平公主上表，請封昌宗爲王，制不許；壬戌又請，乃賜爵鄴國公。則天后長安四年八月庚申，鳳閣鸞臺三品唐休璟密言於太子曰：「二張恃寵不臣，必將爲亂。」同年十二月辛未，許州人楊元嗣告：「昌宗曾召術士李弘泰占相，弘泰言昌宗有天子相，勸於定州造佛寺，則天下歸心。」太后命韋承慶鞫之，司刑少卿桓彥範上疏曰：「昌宗無功荷寵而包藏禍心，自招其咎，此乃皇天降怒，陛下不忍加誅，則違天不祥，若云可捨，誰爲可刑！此乃陛下養成其亂也，苟逆臣不誅，社稷亡矣。請付鸞臺鳳閣三司考竟其罪！」疏奏，不報。宋璟復奏收昌宗下獄，太后曰：「昌宗已自奏聞。」對曰：「昌宗爲飛書所逼，窮而自陳，勢非得已。且謀反大逆，無容首免。若昌宗不伏大刑，安用國法！」太后溫言解之，璟聲色俱厲曰：「昌宗分外承恩，臣知言出禍從，然義激於心，雖死不恨！」楊再思恐其忤旨，遽宣敕令出，璟曰：「聖主在此，不煩宰相擅宣救命！」太后乃可其奏，遣昌宗詣臺。璟庭立而按之，太后遣中使召昌宗特赦之。（《資治通鑒》六五七六—六五七七頁）

譎乎，武氏之性也！哀哉，武氏之行也。中宗神龍元年，武后崩於上陽宮，年八十二。神龍二年五月，葬於乾陵。

第六節　中宗睿宗之式微

中宗諱顯（中更名哲），高宗第七子也，神龍元年己巳（七〇五年）春正月壬午朔，繼皇帝位。時太后疾甚，張易之、昌宗居中用事，張柬之、崔玄暐、桓彥範、袁恕己謀誅之，又與右羽林大將軍李多祚謀，遂定計。癸卯，柬之、彥範與左威衛將軍薛思行等，帥左右羽林兵五百餘人，至玄武門，遣多祚、李湛及駙馬都尉王同皎，詣東宮迎太子。太子疑不出，同皎曰：「先帝以神器付殿下，横遭幽廢，人神同憤，二十三年矣！今天誘其衷，北門、南牙，同心協力，以誅凶豎，復李氏社稷，願殿下蹔至玄武門以副衆望。」太子曰：「凶豎誠當夷滅，然上體不安，得無驚怛！諸公更爲後圖！」李湛曰：「諸將相不顧家族以徇社稷，殿下奈何欲納之鼎鑊乎！請殿下自出止之。」太子乃出。同皎扶抱太子上馬，從至玄武門，斬關而入，太后在迎仙宮，柬之等斬易之、昌宗於廡下，進至太后所寢長生殿，環繞侍衛。太后驚起，問曰：「亂者誰邪？」對曰：「張易之、昌宗謀反，臣等奉太子令誅之。」太后見太子曰：「乃汝邪？小子既誅，可還東宮。」彥範進曰：「太子安得更歸，願陛下傳位太子，以順天人之望。」甲辰，制太子監國，赦天下，以袁恕己爲鳳閣侍郎，同平章事，分遣十使賫璽書宣慰諸州。乙巳，太后傳位於太子。丙午，中宗即位。丁未，太后徙居上陽宮。戊申，帝帥百官詣上陽宮，上太后尊號曰「則天大聖皇帝」。庚戌，以張柬之爲夏官尚書，崔玄暐爲內史，袁恕己同鳳閣鸞台三品，自餘官賞有差。神龍元年二月甲寅，復國號爲唐。甲子，立妃韋氏爲后。

一　中宗昏瞶睿宗澹禪

自唐高宗麟德元年（六六四年）武后垂簾聽政，迄中宗復唐國祚，已四十二年矣，其間武氏篡唐於今亦十五年矣。有賴群臣不顧身家性命，一以復唐爲志，中宗當思奮力中興，以副臣民之至願。然昏瞶不明爲政之道，不辨忠姦，不戒史鑒，不識時務，以婦人之仁，償韋后之願。（中宗在房陵幽閉期間，備嘗艱危，曾與韋氏私誓曰：「異時幸復見天日，當惟卿所欲，不相禁制。」）稱令韋氏干政，傷復唐功臣之心，故桓彦範上表諫曰：「《易》稱，無攸遂，在中饋，貞吉。《書》稱，牝雞之晨，惟家之索。伏見陛下每臨朝，后必施帷幔坐殿上預問政事。臣竊觀自古帝王未有與婦人共政而不破國亡身者，伏願陛下覽古今之戒，以社稷蒼生爲念，令皇后專居中宫，治陰教，勿出外朝干國政。」（《資治通監》六五八五頁）張柬之等數勸中宗誅諸武，不聽，柬之等以表奏曰：「革命之際，宗室諸李，誅夷略盡，今賴天地之靈，陛下返正，而武氏濫官僭爵，安堵如故，豈遠近所望邪？願頗抑損其禄位，以慰天下。」又不聽。柬之等或撫床嘆憤，或彈指出血，曰：「主上昔爲英王，時稱勇烈，喜所以不誅諸武者，欲使上自誅之，以張天子之威耳。今反如此，事勢已去，知復奈何！」中宗不猶不聽，反數微服幸武三思第。監察御史崔皎密疏諫曰：「國命初復，則天皇后在西宫，人心猶有附會，周之舊臣列居朝廷。奈何輕有外游，不察豫且之禍？」中宗反將此洩之於武三思，其昏瞶不辨忠姦有至於此極也。更有甚之者，反擢武三思以太子賓客之位，爲司空同中書門下三品，大喪内外之心。尤有荒唐至極之者，「上官婉兒没入掖庭，辯慧，善屬文，明習吏事。及中宗即位，又使專掌制命，拜爲婕妤，三思通焉；故党於武氏，又薦三思於韋后，引入禁中。中宗遂與三思圖議政事。中宗使韋氏與三思雙陸（雙陸爲游戲），而自居帝爲之點籌，三思遂與后通，由是武氏之勢復振，張柬之等皆受制於三思矣。」（《資治通鑒》六五八七頁）此乃昏聵羞恥，自取遺笑於後世也，而且終以昏聵爲安樂公主與韋氏合謀所毒殺。散騎常侍馬秦客以醫術，光禄少卿楊均以善烹調皆出入宫掖，得幸於韋后，恐事泄被誅；安樂公主欲韋后臨朝，自爲皇太女；乃相與合謀，於餅餤中進毒。六月壬午，中宗崩於神龍殿，年五十五。韋后祕不發喪，自總庶政。癸未，召諸宰相入禁中，徵諸府兵五萬人屯京城；宗楚客與太常卿武延秀、司農卿趙履温、國子祭酒葉静能及諸韋，共勸韋后遵武后故事，南北衛軍、臺閣要司皆以韋氏子弟領之，廣聚黨衆，中外連結。宗楚客又密上書，稱引圖讖，謂「韋氏宜革唐命」。此酖殺中宗革唐命之陰謀，雖爲韋后所操演，然其謀始出於武三思也。而此陰謀終爲果敢之臨淄王李隆基（睿宗之三子），以迅雷不及掩耳之勢，一舉而平滅之矣。相王抱之泣曰：「社稷宗廟不墜於地，汝之力也。」（《資治通鑒》六六四六頁）

睿宗諱旦，高宗第八子也。睿宗景雲元年六月丁亥，韋后作亂之際，曾立殤帝，曰少帝，時年十六。旋以太平公主傳少帝命，請讓位相王，相王固辭，其子隆基入見相王，極言其事，相王乃許之太平公主曰：「天下之心已歸相王，此非兒座。」睿宗即位，立三子隆基爲太子，以許州刺史姚元之爲兵部尚書、同中書門下三品，宋州刺史韋嗣立、許州刺史蕭至忠爲中書令，絳州刺史趙彦昭爲中書侍郎，華州刺史崔湜爲吏部侍郎、同平章事。睿宗「王性恬淡，不以代事嬰懷（代事即世事），雖有天下，猶讓於人」，不以得失爲念。故其一切大政，依靠二人爲之謀畫，一是沈敏權略之太平公主，二是剛毅果斷之太子隆基。宰相奏事輒問：「嘗與太平議否？」又問：「與三郎議否？」而其自身則處於用賢、無爲之狀態中，深得儒、道「修身則道立」「無爲而無不爲」之旨要。以此爲唐祚蘊孕了中興之機。睿宗還召天臺山道士司馬承禎，問以陰陽術數，亦受深刻啓發，司馬承禎答曰：「道者，損之又損，以至於無爲，安肯勞心以學術數乎？」睿宗曰：「理身無爲則高矣，如理國何？」對曰：「國猶身也，順物自然而無所私，則天下理矣。」睿宗曰：「廣成之言，無以過也。」承禎固請還山，睿宗許之。睿宗實深明儒、道兩家修身治國之至義，以自己之無爲指導太子隆基之有爲，爲開元之治立了理論與實踐基礎，乃唐在位三年之明君，唯爲史家所忽視耳。

二 韋武爲姦

武三思因通上官婉兒，得與韋后通焉。又中宗昏瞶，視姦爲忠，而武三思等得承隙，「爲上畫策」，定下先殺五大臣（敬暉、桓彥範、張柬之、袁恕己、崔玄暐，事詳《資治通鑒》六六〇四—六六〇五頁）之陰謀，造成武黨與韋黨合流之大勢，韋、武肆虐，內外側目矣。朝邑尉劉幽求有見於此，嘗謂敬暉等曰：「武三思尚存，公輩終於無葬地，若不早圖，噬臍無及。」三思與韋后日夜譖暉等，恃功專權，將不利於社稷，中宗信之，則中宗亦偏爲韋、武之黨矣。彼以「外尊功臣、內實奪權」之毒計，封敬暉爲平陽王，桓彥範爲扶陽王，張柬之爲漢陽王，袁恕己爲南陽王，崔玄暐爲博陵王。武三思以敬暉、桓彥範、袁恕己三人尚居京師，忌之，於中宗神龍二年閏正月乙卯，出其三人爲滑、洺、豫三州刺史。武三思終令大理正周利用殺張柬之等五人，比至，柬之、玄暐已死，遇彥範於貴州，杖殺之，得暉咼而殺之，得恕己捶殺之。武三思既殺五大功臣，權傾人主，常言：「我不知代間何者謂之善人，何者謂之惡人，但於我善者爲善人，於我惡者爲惡人耳。」此言也，出之於武三思之口，實習之於武則天之心。武三思以己之利害爲善惡之心，乃是武周朝一切姦臣之心，以此心而量察歷代汙君姦臣之心，則無往而不准矣，溯之往古無一不適，預察未來無一不是。貞觀之光輝，武周之遺毒，足以判別仁政與暴政，亦足以見儒家之「明德親民，止於至善」，老子「爲道日損，知榮守辱」之至意焉。

三　太平忌賢

臨淄王之剛毅賢明，與太平公主之機敏謀斷，拯唐祚歸之於李氏，此乃翻天覆地之大功也。隆基不敢居功，唯以姑母太平之命是從，毫無嫌隙也，未識何故。睿宗景雲元年十月，太平公主以太子年少，意頗易之，既而憚其英武，欲更擇暗弱者立之以久其權，數爲流言云「太子非長不當立」。己亥，制戒諭中外，以息浮議。公主每覘伺太子所爲，纖介必聞於上，太子左右，亦往往爲公主耳目，太子深不自安。（《資治通鑑》六六五六頁）

景雲二年正月，太平公主與益州長史竇懷貞等結爲朋黨，欲以危太子，使其婿唐晙邀韋安石至其第，安石固辭不往，睿宗嘗召安石，謂曰：「聞朝廷皆傾心東宮，卿宜察之。」對曰：「陛下安得亡國之言，此必太平之謀耳，太子有功於社稷，仁明孝友，天下所知。願陛下無惑讒言！」睿宗矍然曰：「朕知之矣，卿勿言。」時公主在簾下竊聽之，以飛語陷安石，賴郭元振救之得免。公主又嘗乘輦邀宰相於光範門內，諷以易制東宮，衆皆失色，宋璟抗言曰：「東宮有大功於天下，真宗廟社稷之主，公主奈何忽有此議！」頃之，睿宗謂侍臣曰：「術者言五日中當有急兵入宮，卿等爲朕備之。」張說曰：「此必讒人欲離間東宮，願陛下使太子監國，則流言自息。」姚元之曰：「張說所言，社稷之至計也」。睿宗悅。（《資治通鑒》六六六二—六六六三頁）二月丁丑，命太子監國，此乃睿宗積儒、道之哲所做出之英斷也。唯太平公主之党禍猶未已也，待玄宗處置耳。

第七节　開元之治亂

玄宗諱隆基，睿宗第三子也。睿宗景雲二年八月庚子，玄宗即位。甲辰，赦天下，改元先天（七一二年），尊睿宗爲太上皇。丙午，立妃王氏爲皇后，以劉幽求爲右僕射，魏知古爲侍中。是年十二月，改元曰開元。元者始也，開元者獨開生面也，以新之大治洗涮三十六年來武、韋兩后給唐祚所蒙上之羞辱也。

一 恢復道統綱紀

儒家道統出於民心，綱紀行於朝廷，此乃治國爲政者之權力源泉與政治生命力之所繫也。開元元年三月，晉陵尉楊相如上書言時政，實得道統綱紀之要，其略曰：「煬帝自恃其强，不憂時政。雖制敕交行，而聲實舛謬；言同堯舜，迹如桀紂。舉天下之大，一擲而棄之。」又曰：「隋氏縱欲而亡，太宗抑欲而昌，願陛下詳擇之。」又曰：「人主莫不好忠正而惡佞邪，然忠正者常疏，佞邪者常親，以至於覆國亡身而不寤者，何哉？誠由忠正者多忤意，佞邪者多順指，積忤生憎，積順生愛，此親疏之所以分也。明主則不然，愛其忤以收忠賢，惡其順以去佞邪，則太宗太平之業，將何遠哉！」又曰：「夫法貴簡而能禁，罰貴輕而必行，陛下方興崇至德，大布新政，請一切除去碎密，不察小過。小過不察則無煩苛，大罪不漏則止姦慝。使簡而難犯，寬而能制，則善矣。」玄宗覽而善之。此中楊相如所言「興崇至德，縱欲而亡，抑欲而昌」；「忤旨則忠，順旨則佞」，實乃道統綱紀之至義，治亂之所關，興衰之所繫，存亡之所決也。君明則循道，道尊則德彰，德彰則賢見。得賢而正其位，則姦佞退而政理教化矣。

適於開元元年冬十一月甲辰，玄宗獵於渭川，遣中使召姚元之詣行在，公至，拜馬首，爲兵部尚書，同中書門下三品。時方獵，玄宗問曰：「卿頗知獵乎？」元崇曰：「臣少孤，居廣成澤，目不知書，唯以射獵爲事，四十歲方遇張憬藏，謂臣當以文學備位宰相，無爲自棄，爾來折節讀書，今雖官位過忝，至於馳射，老而猶能。」於是呼鷹放犬，遲速稱旨，玄宗大悦，曰：「朕久不見卿，思有顧問，卿可於宰相行中行。」公行猶後，玄宗縱轡久之，顧曰：「卿行何後？」公曰：「臣官疏賤，不合參宰相行。」玄宗曰：「可兵部尚書，同平章事。」公不謝。玄宗顧而訝焉，至頓，玄宗命宰臣坐，公跪奏：「臣適逢作弼之詔而不謝者，欲以十事上獻，有不可行，臣不敢奉詔。」玄宗曰：「悉數之，朕當量力而行，然後定可否。」公曰：「自垂拱已來（垂拱爲武則天擅權之年，六八五年），朝廷以刑法理天下，臣請聖政先仁義，可乎？」玄宗曰：「朕深有望於公也。」又曰：「聖朝自喪師青海，未有牽複之悔，臣請三數十年不求邊功，可乎？」又曰：「自太后臨朝以來，喉舌之任，或出於閹人之口，臣請中官不預公事，可乎？」玄宗曰：「懷之久矣。」又曰：「自武氏諸親，猥侵清切權要之地，繼以韋庶人、安樂、太平用事，班序荒雜，臣請國親不任臺省官，凡有斜封、待闕、員外等官，悉請停罷，可乎？」玄宗曰：「朕素志也。」又曰：「比來近密佞幸之徒，冒犯憲綱者，皆以寵免，臣請行法，可乎？」玄宗曰：「臣切齒久矣！」又曰：「比因豪家戚里，貢獻求媚，延及公卿、方鎮亦爲之，臣請除租、庸、賦稅之外，悉杜塞之，可乎？」玄宗曰：「願行之。」又曰：「太后造福先寺，中宗造聖善寺，上皇造金仙、玉真觀，皆費鉅百萬，耗蠹生靈，凡寺觀宮殿，臣請止絕建造，可乎？」玄宗曰：「朕每覩之，心即不安，而況敢爲者哉？」又曰：「先朝褻狎大臣，或虧君臣之敬，臣請陛下接之以禮，可乎？」玄宗曰：「事誠當然，有何不可。」又曰：「自燕欽融、韋月將獻直得罪，由是諫臣沮色，臣請凡在臣子，皆得觸龍鱗、犯忌諱，可乎？」玄宗曰：「朕非唯能容之，亦能行之。」又曰：「呂氏產、祿幾危而京，馬竇、閻、梁亦亂東漢，萬古寒心，國朝爲甚，臣請陛下書之史册，永爲殷鑒，作萬代法，可乎？」玄宗潸然良久曰：「此事真可爲刻肌刻骨者也。」公再拜曰：「此誠陛下致仁政之初，是臣千載一遇之日，臣敢當弼諧之地，天下幸甚，天下幸甚！」又再拜蹈舞稱萬歲者三，從官千萬皆出涕。（《資治通鑒》六六八九—六六九〇頁）

姚崇上舉十事，既得道統綱紀之要旨，又切中時弊，故玄宗一一允奏。而注《資治通鑒》的胡三省則以爲「似好事者爲之，難以盡信」，余則以爲可信，故全録之。余更以爲玄宗之得姚崇，猶太宗之得房、杜與魏徵也。開元四年十一月己卯，黄門監盧懷慎以疾甚，上表薦宋璟、李傑、李朝隱、盧從愿等四人。璟爲相，務在擇人，隨才受任，使百官各稱其職，刑賞無私，敢犯直諫，上甚敬憚之，雖不合意，亦曲從之。故唐朝賢相，前稱房、杜，後稱姚、宋。崇，善應變成務；璟，善守法持正。二人志操不同，然協心輔佐，使賦役寬平，刑罰輕省，百姓富庶。後又有高仲舒、齊瀚二人輔之，「欲知古問高君，欲知今問齊君，可以無闕矣。」（《資治通鑒》六五二五頁）

玄宗因有此輩賢臣，故能致開元之治，益之玄宗生性仁愛，於兄弟中極致友慕，此乃近世帝王未有及之者也。初即位，爲長枕大被，與兄弟同寢，諸王每旦朝於側門，退則相從宴飲，或獵於近郊，在禁中跪拜如家人禮，於殿中設五幄，與諸王或講論詩賦，或自執絲竹，諸王或有疾，上爲之終日不食，終夜不寢。薛王業，上之弟也，嘗有疾，上親爲之煮藥，回飆吹火，誤爇上鬚，左右驚救之，上曰：「但使王飲此藥而愈，鬚何足惜？」玄宗已在宗室朝廷中實行孝弟之道矣。

玄宗又於開元十年六月辛丑，始注《孝經》，頒天下及國子學；天寶二年五月，玄宗重注《孝經》頒天下。其序曰：朕聞上古其風樸略，雖因心之孝已萌，而資敬之禮猶簡。及乎仁義既有，親譽日著，聖人知孝之可以教人也，因嚴以教敬，因親以教愛，以順移忠之道昭矣，立身揚名之義彰矣。子曰：「吾志在《春秋》，行在《孝經》。」是知孝者，德之本歟。經曰：「昔者明王之以孝治天下也，不敢遺小國之臣，而況於公、侯、伯、子、男乎？朕嘗三複斯言，景行先哲，雖無德教加於百姓，庶幾廣愛形於四海。嗟乎！夫子没而微言絶；異端起而大義乖。況泯絶於秦，得之者皆煨燼之末；濫觴於漢，傳之者皆糟粕之餘。去聖逾遠，源流益別。近觀《孝經》舊注，踳駁尤甚，至於迹相祖述，殆且百家。業擅專門，猶將十室。希升堂者，必自開户牖；攀逸駕者，必馳殊軌轍。是以道隱小成，言隱浮僞。且傳以通經爲義，義以必當爲主。至當歸一，精義無二；安得不翦其繁蕪，而撮其樞要也。今故特舉六家（韋昭、王肅、虞翻、劉邵、劉炫、陸澄）之異同，約文敷暢，義則昭然；分注錯經，理亦條貫。寫之琬琰，庶有補於將來。且夫子談經，志取垂訓，雖五孝之用則別，而百行之源不殊。今存於疏，用廣發揮。

是年秋九月乙亥，制曰：「朕君臨宇内，子育黎元。内修睦親，以叙九族；外協庶政，以濟兆人。勳戚加優後之恩，兄弟盡友于之至。務崇敦本，克慎明德。自今以後，諸王公、駙馬、外戚家，除非至親以外，不得出入門庭，妄就言語，所以共存至公之道，永協和平之義，克固藩翰，以保厥休，貴戚懿親，宜書座右。」玄宗重誡奢靡之政，開元二年秋七月乙未制：「乘輿服御、金銀器玩，宜令有司銷毁，以供軍國之用。其珠玉錦繡，焚於殿前，后妃以下皆毋得服珠玉錦繡，四品以金，五品以銀，自餘皆禁之。婦人服飾，從其夫子，其舊成錦繡，聽染爲皂。自令天下毋得采珠玉，織錦繡等物，違者杖一百，工人減一等。罷兩京織錦坊。」司馬温公褒貶之曰：「明皇之始欲爲治，能自刻厲節儉如此，晚節猶奢敗，甚哉！靡之易以溺人也。《詩》云：『靡不有初，鮮克有終』。可不慎哉！」

玄宗尤明欲求治必崇學，開元九年十一月丙辰，國子祭酒元行冲上《群書四録》，凡書四萬八千一百六十九卷。開元十一年五月，玄宗置麗正書院，聚文學之士，秘書監徐堅、太常博士會稽賀知章、監察御史鼓城趙冬曦等，或修書，或侍講，以張説爲修書使以總之，有司供給優厚。中書舍人洛陽陸堅以爲此屬無益於國，徒爲靡費，欲悉奏罷之，張説曰：「自古帝王於國家無事之時，莫不崇宫室、廣聲色，今天子獨延禮文儒，發揮典籍，所益者大，所損者微，陸子之言，何不達也。」玄宗聞之，重説而薄堅。（《資治通鑒》六七五—六七六頁）修書、講學、明道、崇德、律己、正官，此乃爲政之基、治國之本也，賢能由此而出，明君由此而成，君臣一體，政教以立，民風以淳，不言治而治自致矣。

玄宗之政，先得姚、宋而治，如貞觀之房、魏也。玄宗之諸相，姚崇尚道，宋璟尚法，張嘉貞尚吏，張説尚文，李元紘、杜進尚儉，張九齡尚直，各具所長。唯張九齡以直獲罪，自是朝廷無復直言矣。自是諫爭路絶矣。直言一息，諫爭無門，讒佞日熾，禍亂叢生矣。

二　亂隱於驕淫

觀開元之亂，固起於直諫之熄，姦佞有以乘之，其源則在玄宗之失，概有三焉：一因亂而治，治則亂矣；二溺色必敗；三釀成安祿山之禍。

玄宗之失可依主、客觀之，開元之初，處於憂患之中，進則拔亂反正，繼承曾祖太宗之宏業；退則身家不保，因而有拼搏開創之鴻志，有求賢納諫之氣度，有戒奢從儉之精神，因而君臣協力，致四十三年之大治（開元二十九年至天寶十四年十月安祿山反）。然細考開元之政二十二年之後，玄宗之志日見懈怠矣。「方士張果自言有神仙術，誑人云堯時爲侍中，已數千歲；多往來恒山中，則天以來屢徵不至。恒州刺史韋濟薦之上，遣中書舍人徐嶠賫璽書迎之。庚寅，至東都輿與入宮，恩禮甚厚。」求仙必亂政，君志一懈，則讒言譖行興焉。李林甫之與武惠妃相勾結，開元之治始亂矣。（吏部侍郎李林甫，柔佞多狡數，深結宦官及妃嬪家，伺候上動靜，由是每奏對，常稱旨，上悅之，時武惠妃寵幸傾後宮，生壽王清，諸子莫得爲比，太子浸疏薄，林甫乃因宦官言於惠妃，願盡力保護壽王，惠妃德之，陰爲內助，由是擢黃門侍郎，五月戊子，林甫爲禮部尚書，同中書門下三品。）從此李林甫之姦，直欲巧伺玄宗之意，日思中傷之。開元二十四年冬十月，玄宗欲以林甫爲相，問於中書令張九齡，九齡對曰：「宰相繫國家安危，陛下相林甫，臣恐異日爲廟社之憂。」玄宗不從，自是以後，「李林甫日夜短九齡於上，上浸疏之。」於是上積前事，以耀卿、九齡爲阿黨，於二十四年十一月壬寅，以耀卿爲左丞相，九齡爲右丞相，並罷政事。從此，佞臣李林甫擅權，玄宗之政日見式微矣。

二爲玄宗溺淫之敗。楊貴妃爲蜀州司户楊玄琰女，開元二十三年十二月乙亥，册爲壽王妃。開元二十四年，武惠妃薨，後廷無當玄宗之意者。因高力士潛搜外宫，得楊玄琰女於壽王邸，容色冠代，宜蒙召見，遂召入禁中，號太真，更爲壽王娶韋昭訓女，而太真得幸。（《二十五史·新唐書·楊貴妃傳》四七六頁）天寶四年八月壬寅，册楊太真爲貴妃，贈其父玄琰爲兵部尚書，叔父玄珪爲光禄卿，貴妃有三姐皆賜第京師，一門赫然。貴妃之寵更日有加焉，中外爭獻器物珍玩，錦繡織工專供貴妃院者七百人。民間歌之曰：「生男弗喜女弗悲，君子有女作門楣。」玄宗之幸楊氏女也，其失始曰亂倫之惡，中爲溺淫而敗政，終招安禄山反唐之禍，以君王、道德、政治三者衡之，唐祚式微，生靈塗炭，悲哀滿神州，愛情失色矣。

三、安禄山之作亂。緣於玄宗之偏信養姦，與夫李林甫、楊國忠之陰謀所促成之也。自唐興以來，邊師皆用忠厚名臣，不久任，不遥領，不兼統，功名著者往往入爲宰相，其四夷之將不專大將之任，皆以大臣爲使以制之。及開元中，天子有四夷之志，李林甫包藏禍心，欲杜邊帥入相之路以免危己，乃奏曰：「文臣爲將，怯當矢石，不若用寒畯胡人，勇決習戰，孤立無党，陛下誠以恩洽其心，彼必能爲朝廷盡死。」玄宗悦其言，但不察其計，始用安禄山，諸道節度使亦盡胡人，精兵咸戍北邊，天下勢亦自偏重矣。玄宗中年以後，重色倦政，不思其危，乃大失也。一失於有吞四夷之志，王道之於四夷也，柔之撫之，以道服之，非以力臨之，則歸之而自安矣；二失於邊帥不以遠謀之大臣，而偏信佞臣，委任胡人，且對安禄山一再加封。天寶七年六月庚子，賜安禄山鐵券。天寶九年五月乙卯，又賜安禄山爵東平郡王，唐將帥封王此其始也。是年八月丁巳，又以安禄山兼河北道採訪處置使。天寶十年春正月，玄宗更命有司爲安禄山治第於親仁坊，敕令但窮壯麗，不限財力，既成，廚廏之物皆飾以金銀，雖禁中之物殆不及也。禄山入新第，玄宗常賜以美食，使者絡繹於途。是年（天寶十年）正月甲辰，安禄山生日，玄宗及貴妃厚賜衣物寶器，後三日又抬之入禁中，貴妃以錦繡爲大繈褓裹安禄山，使宮人以綵輿舁之。自是禄山出入於宮掖不禁，或與貴妃對食，或甚至於通宵不出，以致頗有醜聲聞於外，玄宗亦勿疑也。玄宗之寵禄山也，非無益以勵其忠，適足以張其權欲之發，傲慢自大，小視君王，朝中明臣多洞燭其姦。識其必反者有宰相張九齡，早於開元二十四年三月，已明察奏於玄宗矣，唯内姦李林甫與外反安禄山互掩其謀以蔽玄宗，益之以楊國忠唯恐天下不亂，共窺時機耳。安禄山專制三道，陰蓄異志，殆將十年，以上待之厚，欲使上宴駕後作亂，會楊國忠與禄山不相悦，屢言禄山且反，上不聽，國忠數以事激之，欲其速反，以取信於上。禄山由是决意遂反，獨與孔目官、太僕丞嚴莊，掌書記、屯田員外郎高尚，將軍阿史那承慶密謀，自餘將佐皆莫之知，但怪其八月以來屢饗士卒，秣馬厲兵而已。會有奏事官自京師還，禄山詐爲敕書，悉召諸將示之曰：「有密旨令禄山將兵入朝討楊國忠，諸將宜即從軍。」衆愕然相顧，莫敢異言。天寶十四年十一月甲子，安禄山發所部兵及同羅、奚、契丹、室韋凡十五萬衆，號二十萬，反於范陽。詰朝（明朝），禄山出薊城南，大閲誓衆，以討楊國忠爲名，牓軍中曰：「有異議扇動軍人者，斬及三族。」遂引兵而南，禄山乘鐵轝，步騎精鋭，煙塵千里，鼓譟震地。時海内久承平，百姓累世不識兵革，猝聞范陽兵起，遠近震駭，河北皆禄山統内，所過州縣，望風瓦解，守令或開門出迎，或棄城竄匿，或爲所擒戮，無敢拒之者。庚午（第七天），上聞禄山反，乃召宰相謀之，楊國忠揚揚有德色，曰：「今反者獨禄山耳，將士皆不欲也。不過旬日，必傳首詣行在。」上以爲然。大臣相顧失色，辛丑（第八日），玄宗議親征，制「太子監國」，謂宰相曰：「朕在位垂五十載，倦於憂勤。去秋已欲傳位太子，值水旱相仍，不欲以餘災遺子孫。不意朔胡横發，朕當親征，且使之監國，事平之日，朕當高枕無爲矣。」楊國忠大怯，退謂韓、虢、秦三夫人曰：「太子素惡吾家，專横久矣，若一旦得天下，吾與姐妹命在旦暮矣。」相與聚哭，使三夫人説貴妃。

三　平亂始末

首奮起平亂者，有平原太守顔真卿，召募勇士，旬日至萬餘人，諭以舉兵討安禄山，繼以涕泣，士皆感憤。河北郡守推真卿爲盟主，軍事皆稟焉，真卿之從兄杲卿，起兵方八日，守備未完，史思明、蔡希德引兵皆至城下，杲卿晝夜拒戰，糧盡矢竭，於肅宗至德元年正月壬戌，城陷，執杲卿等送洛陽，瞋目罵禄山曰：「我爲國討賊，恨不斬汝，何謂反也，臊羯狗，何不速殺我？」禄山大怒，並袁履謙等縛之於中橋之柱而冎之，顔氏一門死於刀鋸者三十餘人。

河西隴右節度使哥舒翰拜爲兵馬副元帥，將兵未入萬以討安禄山，仍敕天下四面進兵，會攻洛陽，翰重病不能治事，悉以軍政委田良丘，使王思禮主騎，李承光主步，無所統一，懈弛志。

朔方節度使郭子儀，使左兵馬使李光弼、右兵馬使高濬、左武鋒使僕固懷恩、右武鋒使渾釋之，擊安禄山大同軍取東京，選良將一人，分兵先出井陘，定河北。子儀薦李光弼。癸亥，以光弼爲河東節度使，分朔方兵萬人與之。李光弼將蕃、漢步騎出井陘，己亥至常山，常山團練兵三千人殺胡兵，執安思義出降。李光弼許安思義以不死，令其獻計，依其計，至逢壁，賊方飯，縱兵掩擊，殺之無遺。

肅宗至德元年（七五六年）春正月乙卯朔，安禄山稱大燕皇帝，於洛陽。肅宗至德元年五月乙丑，始唱幸蜀之策；甲午，百官朝者，十無一二，玄宗御勤政樓，下制云「欲親征」，聞者皆莫之信。即夕，命龍武大將軍陳元禮整比六軍，選閑廄馬九百余匹，外人皆莫之知。乙未黎明，玄宗獨與貴妃姐妹、皇子、妃、公主、皇孫、楊國忠、韋見素、魏方進、陳玄禮及親近宦官、宮人，出延秋門。是日，百官猶有入朝者，至宮門有漏聲三衛立使儼然，門既啓則宮人亂出，中外擾攘不知上所之，於是王公士民四出逃竄。山谷細民爭入宮禁及王公第舍盜取金寶，或騎驢上殿，又焚左藏大盈庫，崔光遠、邊令誠帥人救火，又募人攝府縣官分守之，光遠遣其子東見禄山，令誠亦以管鑰獻之。上過便橋，楊國使人焚橋，上曰：「士庶各避賊求生，奈何絶其路！」留内侍監高力士，使撲滅乃來。上遣宦者告諭郡縣置頓，至咸陽望賢宫，宦者與縣令俱逃。日向中，上猶未食，楊自市胡餅以獻，於是民爭獻糲飯，雜以麥豆。皇孫輩爭以手掬食之，須臾而盡，猶未能飽，上皆酬其值，慰勞之，衆皆哭，上亦掩泣。有老父郭從謹進言曰：「禄山包藏禍心，固非一日，亦有詣闕告其謀者，陛下往往誅之，使得逞其姦逆，致陛下播遷，是以先王務延訪忠良以廣聰明，蓋爲此也。臣又記宋璟爲相，數進直言，天下賴以安平。自頃以來，在廷之臣以言爲諱，惟阿諛取容，是以闕門之外，陛下皆不得而知。草野之臣，必知有今日久矣，但九重嚴邃，區區之心，無路上達。事不至此，臣何由得睹陛下之面而訴之乎！」上曰：「此朕之不明，悔無所及。」慰諭而遣之。夜將半，乃至金城（在京城西八十五里），縣令亦逃，時從者多逃，内侍監袁思藝亦亡去，驛中無燈，人相枕藉而寢，貴賤無以複辨。丙申，至馬嵬驛，壯士飢疲，皆憤怒，陳玄禮以禍由楊國忠，欲誅之，軍士圍驛，上聞諠譁，問外何事，左右以國忠反對，上杖履出驛門，慰勞軍士，令收隊，軍士不應，上使高力士問之，玄禮對曰：「國忠謀反，貴妃不宜供奉，願陛下割恩正法。」上曰：「朕當自處之。」入門，倚杖傾首而立。久之，京兆司録韋諤前言曰：「今衆怒難犯，安危在此刻，願陛下速決！」因叩頭流血，上曰：「貴妃常居深宫，安知國忠反謀？」高力士曰：「貴妃誠無罪，然將士已殺國忠，而貴妃在陛下左右，豈敢自安！願陛下審思之，將士安，則陛下安矣。」上乃命力士引貴妃於佛堂，縊殺之。輿屍寘驛庭，召玄禮等入視之，令曉諭軍士，楊國忠及妻、二子、韓國、秦國、虢國夫人，俱誅之。察玄宗此次逸出京師而幸巴蜀之舉，與夫官軍征討叛賊安禄山大勢，爲時六月之叛亂，「禄山大怯，議棄洛陽，走歸范陽」，而官軍則郭子儀、李光弼、哥舒翰、顔真卿等忠義之臣四方用命，已成對賊壓倒之勢，可窺知玄宗此西幸之行非其本決，乃楊氏一門爲保其性命所做出之「劫持」。及貴妃既死，玄宗心灰意冷，决意西行亦屬無可奈何者也，非其所願也，已似不繫之舟任其漂流也，此時之玄宗已不再是君王之玄宗，此時之玄宗已是「一别音容兩渺茫，兩處茫茫皆不見」（白居易《長恨歌》），不知如何處爲是，是日丁酉，「上將發馬嵬，衆將士皆曰：國忠謀反，其將吏皆在蜀，不可往，不如且至扶風，徐圖去就。」及行，父老皆遮道請留，曰：「宫闕，陛下家居；陵寢，陛下祖墓。今捨此，欲何之？」上爲之按轡久之，乃令太子於後宣慰父老，父老因曰：「至尊既不肯留，某等願帥子弟從殿下東破賊，取長安。若陛下與至尊皆入蜀，使中原百姓誰爲之主？」須臾，衆至數千人，太子不可，曰：「至尊遠冒險阻，吾豈忍朝夕離左右，且吾尚未面辭，當還白至尊，更稟進止。」涕泣跋馬欲西，建寧王倓與李輔國執鞚諫曰：「逆胡犯闕，四海分崩，不因人情，何以興復！今殿下從至尊入蜀，若賊兵燒絕棧道，則中原之地拱手授賊矣，人情既離，不可復合，雖欲復至此，其可得乎！不如收西北守邊之兵，召郭、李於河北，與之併力東討逆賊，克服兩京，削平四海，使社稷危而復安，宗廟毀而更存，掃除宮禁以迎至尊，豈非孝之大者乎！何必區區温情，爲兒女之戀乎！」廣平王俶亦勸留，父老共擁太子馬，不得行。太子乃使俶馳白上，上總轡待太子，久不至，使人偵之，還白狀，上曰：「天也！」乃分後軍二千人及飛龍廄馬從太子，且諭將士曰：「太子仁孝，可奉宗廟，汝曹善輔佐之。」又諭太子曰：「汝勉之，勿以吾爲念。西北諸胡，吾撫之素厚，汝必得其用。」太子南面號泣而已，且宣旨，欲傳位於太子。（俶、倓皆太子之子也。）是年七月甲子，肅宗即位於靈武（諱亨，玄宗第三子），尊玄宗爲上皇天帝，赦天下，改元（改天寶十五年爲至德元年），以杜鴻漸、崔漪並知中書舍人事，裴冕爲中書侍郎、同平章事，文武官員不滿三十人，披草萊，立朝廷，制度草創，武人驕慢。大將管崇嗣在朝堂，背闕而坐，談笑自若，監察御史李勉奏彈之，繫於有司，上特原之，嘆曰：「吾有李勉，朝廷始尊。」旬日間歸者漸衆，丁卯，上皇制：「以太子亨充天下兵馬元帥，領朔方、河東、平盧節度都使，南取長安、洛陽；永王璘充山南東道、嶺南、黔中、江南西道節度都使；盛王琦充廣陵大都督，領江南東路及淮南、河南等路節度都使；豐王琪充武威都督，仍領河西、隴右、安西、北庭等路節度都使。應須士馬、甲仗、糧賜等，並於當路自供。」先是，聞潼關失守，莫知玄宗所之。及是制下，始知乘輿所在，而玄宗此時亦已淡失貴妃之痛，寤然部署討賊大局，使各路將帥知所進退，最終消彌安史之禍，恢復一統河山。（是月庚辰，至成都，從官及六軍至者千三百人而已。）

顏真卿以蠟丸達表於靈武，以真卿爲工部尚書兼御史大夫，真卿頒下河北諸郡及河南、江淮，由是諸道始知上即位于靈武，明指揮中心之所在，郭子儀等將兵五萬自河北至靈武，軍威始盛大，有興復之望矣。八月壬午朔，以子儀爲武部尚書，以李光弼爲户部尚書，並同平章事。肅宗自靈武即位之後，使召布衣之交京兆李泌先生（口才敏著聞），謁見於靈武，上大喜，出則聯轡，寢則對榻，事無大小皆諮之，上問李泌曰：「今强敵如此，何時可定？」對曰：「臣觀賊所獲子女金帛，皆輸之范陽，此豈有雄據四海之志邪，今獨虜將或爲之用，中國之人惟高尚等數人，自餘皆脅從耳，以臣料之，不過二年，天下無寇矣。」上曰：「何故！」對曰：「賊之驍將不過史思明、安守忠、田乾真、張忠志、阿史那承慶等數人而已，今若令李光弼自太原出井陘，郭子儀自馮翊入河東，則思明、忠志不敢離范陽、常山，守忠、乾真不敢離長安，是以兩軍縶其四將也，從禄山者，獨承慶耳。陛下以所徵之兵，軍於扶風，與子儀、光弼互出擊之，彼救首則擊其尾，救尾則擊其首，使賊往來數千里，疲於奔命，我常以逸待勞，賊至則避其鋒，去則乘其弊，不攻城，不遏路。來春復命建甯爲范陽節度大使，並塞北出，與光弼南北犄角以取范陽，覆其巢穴，賊退則無所歸，不獲安，然後大軍四合而攻之，必成擒矣。」此乃決勝千里之討賊善謀也，惜肅宗未能即用李泌之謀。肅宗至德二年，泌求歸山不已，上固留，不能得，乃於是年十月聽歸衡山，敕郡縣爲之築室於山中，給三品料。

初，賊勢雖張，經一年征討，賊勢頓見衰微。加之安禄山自起兵以來，目漸昏盲，至是不復睹物，且更病疽，性益暴躁，對左右時加箠撻，以至殺戮，既稱帝，深居禁中，大將難得見其面，唯聽嚴莊白事，亦不免受其垂撻，閹宦李豬兒被撻尤多，左右尤不自保，莊與豬兒謀誅之。至德二年正月甲寅，豬兒執刀直入帳中，斫禄山腹，腸流出數斗，遂死，掘床下深數尺埋之。乙卯旦，莊宣言於外，云禄山疾亟，立晉王慶緒爲太子，尋即帝位，尊禄山爲太上皇，然後發喪。慶緒性昏懦，莊恐衆不服，不令見人。慶緒則日縱酒爲樂，賊酋如此，賊勢解體矣。只待各個擊破，收拾殘局而已，最急迫者，則先收復兩京。郭子儀以河東居兩京之間，得河東則兩京可圖，於是自洛交引兵趣河東。郭子儀以回紇兵精，勸肅宗益徵其兵以擊賊。懷仁可汗遣其子葉護及將軍帝德等帥精兵四千人來至鳳翔，上引見葉護。丁亥，廣平王俶，將朔方等軍及回紇、西域之衆十五萬，號二十萬發鳳翔。俶見葉護，約爲兄弟，葉護大喜，謂俶爲兄。庚子，諸軍俱發；壬寅，至長安，陳於香積寺北灃水之東。李嗣業爲前軍，郭子儀爲中軍，王思禮爲後軍。賊衆十萬陳於其北，李嗣業曰：「今日不以身餌賊，軍無孑遺矣。」乃肉袒執長刀立於陣前，大呼奮擊，如牆而進，當其刀者，人馬俱碎，所向披靡。朔方左廂兵馬使僕固懷恩引回紇就擊之，翦滅殆盡，賊由是氣索。李嗣業又與回紇出賊陣後，與大軍夾擊，自午及酉斬首六萬級，賊遂大潰，餘衆走入城，迨夜，囂聲不止。遲明諜至，賊皆已遁矣。癸卯，大軍入西京，廣平王俶備受各方頌揚，「真華夷之主」，肅宗聞之喜曰：「朕不及也。」俶留長安，鎮撫三日，引大軍東出，以太子少傅虢王巨爲西京留守，郭子儀、廣平王追擊安慶緒，嚴莊先入洛陽告安慶緒，官軍隨至。庚申夜，慶緒帥其党自苑門出，走河北，殺所獲唐將哥舒翰、程千里等三十餘人而去。壬戌，廣平王俶入東京，父老請率羅錦萬匹以賂回紇。丙寅，肅宗至望賢宫；丁卯，入西京，百姓出國門奉迎二十里不絶，舞躍呼萬歲，有泣者，上居大明宫，是日上皇發蜀郡。十一月，廣平王俶、郭子儀來自東京，上勞子儀曰：「吾之家國，由卿再造。」

肅宗乾元二年，郭子儀等九節度史，圍鄴城，安慶緒堅守以待史思明。慶緒以三百騎詣思明營，思明令軍士擐甲執兵以待之，引慶緒及諸弟入至庭下，慶緒再拜稽首曰：「臣不克荷負，棄失兩都，久陷重圍。不意大王以太上皇之故，遠垂救援，使臣應死復生，摩頂至踵，無以報德。」思明忽震怒曰：「棄失兩京，亦何足言，爾爲人子，殺父奪其位，天地所不容，吾爲太上皇討賊，豈受爾佞媚乎！」即命左右牽出，並其四弟及高尚、孫孝哲、崔乾祐皆殺之，思明勒兵入鄴城，收其士馬，以府庫賞將士，引兵還范陽。史思明猜忌好殺，又愛其少子，疏其表子，其部將駱悦等與其表子朝義謀，悦引兵於史思明寢所入之，適思明如廁，聞有變，逾牆而遁，爲悦等所擒，送思明於柳泉驛，旋縊殺之。史朝義即皇帝位，改元顯聖，時史朝義范陽節度使李懷仙已降唐，朝義至范陽不得入，欲北入奚、契丹，至温泉柵，李懷仙遣兵追及，朝義窮蹙，縊於林中。懷先取其首以獻。代宗廣德元年春正月甲辰，朝義首至京師。至此，歷時七年零三月之安史之亂，終告結束。於征討安史曾借用回紇、吐蕃等民族之力，及至代宗廣德元年便引來吐蕃入寇之患，吐蕃帥吐谷渾、黨項、氐、羌二十餘萬衆，九月戊寅入長安，剽掠府庫市里，焚閭舍，長安中蕭然一空、賴郭令公自商州將大軍至，全緒陰結少年數百，夜擊鼓於朱雀街，吐蕃惶駭，庚寅，悉衆遁去。

由安禄山之作亂而觀玄宗爲政之失，余以爲開元之治雖可亞比於貞觀，就其終始而論，則其失在於未能居安思危，處泰視履，禦奢以儉，侍驕以卑，漸淫以節，儆讒以察，燭姦以微，防反以嚴，辯邪以正，别惡以善，此乃爲政之日所當守者也。玄宗中年以後因治而忘亂，因功而思弛，配於聲色，倦於憂勤，不辯忠姦、正邪、善惡，厭直而喜佞，拒諫以迎諛，禄山之亂一起，百弊畢見矣。蓋國運之隆替，政教之治亂，固有其不可抗拒之勢，亦有其避轉之法，唯在識幾而善斷耳。《周易·繫辭》曰：「幾者動之微，吉之先見者也，知幾其神乎！窮神知化，德之盛也。」可知德之盛者，乃窮神知化之先决條件也，唯稟道守綱可致德而且臻於盛也，開元之治乃玄宗盛德之所致也。天寶之後，初見式微之勢，非出自然不可抗拒者，乃天寶三年寵幸揚貴妃始也，此一失也。二失之於不識李林甫之姦。有二例焉：一是天寶六年，玄宗欲廣求天下之士，命通一藝以上者皆詣京師，李林甫恐草野之士，對策斥言其姦惡，建言：「舉人多卑賤愚瞶，恐有俚言污濁聖聽。」令郡縣長官精加試練，既而至者皆試以詩、賦、論，遂無一人及第者，林甫乃上表賀「野無遺賢」。此事説明玄宗已失明察，爲其姦計所蔽，豈有天下之士無一人及第者哉！此乃上欺君王、下醜士林之惡行，玄宗竟然聞而不察。二爲同年十二月，李林甫欲塞邊帥入相之路，奏言：「文臣爲將，怯當矢石，不若用寒畯胡人；胡人勇决習戰，寒族則孤立無党，陛下誠以恩洽其心，彼必能爲朝廷盡死。」上悦其言，始用安禄山，諸道節度使盡用胡人，精兵咸戍北邊，天下之勢偏重，卒使安禄山傾覆天下，皆出於林甫專寵固位之謀也。此後，玄宗朝之禍亂多出楊貴妃之美色與李林甫之奸謀，女色與姦謀交織，國無寧日矣，玄宗亦從此昏湎焉。故自代宗之後，唐祚歷二百年戰亂，其禍根深肇於安史之亂，而蓄此禍根者，玄宗之亂倫與驕淫也，事文學者，有視此爲三郎與太真之愛情，卻不知自天寶十三年至代宗廣德二年（七五四—七六四年）十年動亂中户與口減少了十之八（天寶十二年户九百六萬九千一百五十四，口五千二百三十八萬四百八十八）。如此，則玄宗之此段愛情中包含著三千五百九十八萬冤魂與夫縊死於馬嵬驛之「天生麗質」，面對如此慘烈之生靈塗炭，不僅霓裳羽衣曲會嗚咽含悲，就是李白之御前傑作「雲想衣裳花想容」也會慘然失色矣。

第八節　德宗坐失中興之機

前事不忘，後事之師。太宗貞觀之治，即德宗爲政之師也。玄宗天寶之失，亦德宗所當戒者也，貞觀之治一日主聖臣賢，二日主明輔直，有「元首起哉，股肱喜哉，百工熙哉」之象，德宗之世，曆大亂而民心思治，處姦佞之禍而賢能勇出主客，君臣之際，初具中與致治之歲，唯德宗之道與德未洽，乏禦臣致治之德，坐失中與之歲，實歷史這遺憾，亦唐祚之運乖也。

一　德宗忌貪不辯忠姦

夫帝王必稟大道，始可與言大德，故大道大德乃帝王必蓄之於心而見諸於政教者也，君王具有大德大道之質則私欲無所藏匿矣。德宗性忌，初即位，崔祐甫爲相，務崇寬大，當時政聲藹然，及盧杞爲相，知上性多忌，因以疑離間群臣，始勸上以嚴刻御下，中外失望。可見德宗之失大道明德，不辨忠姦也，帝王必以無私，始可致天下爲公；德宗之爲帝也，有貪心焉。貞元四年二月，元友直運淮南錢帛二十萬至長安，李泌悉輸之大盈庫。然上數有宣索，仍敕諸道勿令宰相知，泌聞之，惆悵而不敢言。司馬温公論之曰：「王者以天下爲家，天下之財皆其有也，阜天下之財以養天下之民，己必豫焉。或乃更爲私藏，此匹夫之鄙志也。古人有言，貧不學儉。夫多財者，奢欲之所自來也。李泌欲彌德宗之欲，而豐其私財，財豐則欲滋矣，財不稱欲，能無求乎！是猶啓其門而禁出也。是德宗之多僻，亦泌所相之者非其道也」。（《資治通鑒》七五一〇頁）還有，上以奉天窘乏，故還宮以來，尤專意聚斂，藩鎮多以進奉市恩，皆云「税外方圓」（言於税分以外致貨財也），亦云「用度羨餘」。其實或割留常賦，或增斂百姓，或減刻利禄，或販鬻蔬果，往往私自入，所進纔什一二。李兼在江西有月進，韋皋在西川有日進，判官嚴綬掌留務，竭府庫以進奉。德宗因貪而遷官予爵，君之德威盡失矣，中興之幾亦因以盡失矣。而且因德宗之貪而縱爲宦官之掠；先是宫中市外間物，令官吏主之，隨給其值，比歲以宦者爲使，謂之宮市，率用值百錢物買人值數千物。名爲宮市，其實奪之，商賈有良貨皆深匿之。嘗有農以驢負柴，宦者稱宮市取之，農夫曰：「我有父母妻子，待此而食，今以柴與汝，又强要我驢，我有死而已。」由此可知德宗貪斂之禍深且烈矣，敗壞朝廷詎有甚於此哉！

二 賢能不用姦党亂國

德宗之朝，賢能之臣可稱者有劉晏之智、顔真卿之直、陸贄之賢與李泌之謀，其中尤以陸贄之直諫深宏而切要。德宗建中四年（七八三年）召爲翰林學士，迄德宗貞元十年（七九四年）罷爲太子賓客，次年又貶爲中州別駕，十一年中曾上疏諫十六次，兹引述其要者如次。德宗建中四年十一月，上問陸贄以當今切務，上疏略曰：「臣謂當今急務在於審察群情，若群情之所甚欲者，陛下先行之；所甚惡者，陛下先去之。欲惡與天下同，而天下不歸者，自古今，未之有也。夫理亂之本，繫於人心，况乎當變故動摇之時，在危疑向背之際，人之所歸則植，人之所去則傾。陛下安可不審察群情，同其欲惡，使億兆歸趣，以靖邦家乎！此誠當今之所急也。」又曰：「頃者竊聞輿議，頗究群情，四方則患於中外意乖，百辟又患於君臣道隔，郡國之志不達於朝廷，朝廷之誠不升於軒陛，上澤闕於下布，下情壅於上聞，實事不必知，知事不必實，上下否隔於其際，真僞雜糅於其間。聚怨囂囂，騰謗籍籍，欲無疑阻，其可得乎！」又曰：「總天下之智，以助聰明；順天下之心，以施教令。則君臣同志，何有不從；遠邇歸心，孰與爲亂？慮有愚而近道，事有要而似迂。」疏奏旬日，上無所施，亦不詰問，贄又上疏，曰：「臣聞立國之本，在乎得衆；得衆之要，在乎見情。故仲尼以爲人情者聖王之田，治道所由生也。《易》：乾下坤上曰泰（《泰》卦也）；坤下乾上曰否（《否》卦也）；損上益下曰益（《益》卦也）；損下益上曰損（《損》卦也）。夫天在下而地處上，於位乖矣，而反謂之泰者，上下交故也；君在上而臣處下，於義順矣，而反謂之否者，上下不交故也。上約己而裕於人，人必悅而奉上矣，豈不謂之益乎？上蔑人而肆諸己，人必怨而叛上矣，豈不謂之損乎？」又曰：「舟即君道，水即人情。舟順水之道乃浮，違則没；君得人之情乃固，失則危。是以古先聖王之居人上也，必以其欲從天下之心，而不敢以天下之人從其欲。」「天子之道，與天同方。天不以地有惡木而廢發生，天子不以時有小人而廢聽納。唯信與誠，有失無補。一不誠則心莫之保，一不信則言莫之行。馭之以智則人詐，示之以疑則人偷。上行之則下從之，上施之則下報之。若誠不盡於己而望盡於人，衆必怠而不從矣；不誠於前而曰誠於後，衆必疑而不信矣。是知誠信之道不可斯須而去身，願陛下慎守而行之有加。」「臣聞，仲虺讚揚成湯，不稱其無過而稱其改過；吉甫歌誦周宣，不美其無闕而美其補闕。是則聖賢之意較然著明，惟以改過爲能，不以無過為貴。侈言無驗不必用，質言當理不可違。皆考之以實，慮之以終。其用無他，唯善所在。」「爲下者莫不願忠，爲上者莫不求理。然而下每苦上之不理，上每苦下之不忠，兩情不通故也，九弊不去故也。所謂九弊者，上有六，而下有其三：好勝人，恥聞過，騁辯給，眩聰明，厲威嚴，恣强愎，此六者君上之弊也；諂諛、顧望、畏譓，此三者臣下之弊也。上好勝必甘於佞辭，上恥過必忌於直諫，如是則下之諂媚者順旨而忠實之語不聞矣。上馳辯必勦說而折人以言，上眩明必臆度而虞人以詐，如是則下之顧望者自便而切磨之辭不盡矣。上厲威必不能降情以接物，上恣愎必不能引咎以自規，如是則下之畏譓者避辜而情理之說不申矣。九弊居其間，則上下所通，鮮矣。上情不通於下，則人惑；下情不通於上，則君疑。疑則不納其誠，惑則不從其令。誠而不見納則應之以悖，令而不見從則加之以刑。下悖上刑，不敗何待！是使亂多理少，自古以然。諫者多，表我之能好；諫者直，示我之能容。諫者之狂誣，明我之能恕；諫者之漏泄，彰我之能從；是則諫者與人君交相益之道也。如此則納諫之德光矣。」（《資治通鑒》七三七九—七三八五頁）興元元年（七八四年），陸贄又諫德宗曰：「以一人之聽覽而欲窮宇宙之變態，以一人之防慮而求勝億兆之姦欺，役智彌精，失道彌遠。以虛懷待人，人亦思附；任數御物，物終不親。情思附則感而悅之，雖寇讎化為心膂矣；意不親則懼而阻之，雖骨肉結為仇慝矣。」又曰：「陛下智出庶物，有輕待人臣之心；思周萬機，有獨馭區寓之意。謀吞衆略，有過慎之防；明照群情，有先事之察。嚴束百辟，有任刑致理之規；威制四方，有以力勝殘之志。由是才能者怨於不任，忠盡者憂於見疑，著勳業者懼於不容，懷反側者迫於及討。馴致離叛，構成禍灾。願陛下以覆車之轍為戒，實宗社無疆之休。」此諫言德宗之短者細密入微，誠骨鯁之臣也。是年五月陸贄又奏：「君上之權，物異臣下，惟不自用，乃能用人。」此意出自《莊子》。「上必無為而用天下，下必有為為天下用。」上無為也，只問公、正、善、義，則無往而不德也、道也；下有為也，必為公、為正、為善、為義，合乎上之意也，是乃道也、德也。上下一志，君臣民同體也。貞元十年，陸贄上疏曰：「王者待人以誠，有責怒而無猜嫌，有懲沮而無怨忌，斥遠以儆其不屬，甄恕以勉其自新，不儆則浸及威刑，不勉而復加黜削。雖屢進退，俱非愛憎，行法乃暫使左遷，念材而漸加進敘，又知復用，誰不增脩！何憂乎亂常，何患乎蓄憾！」稱可，及群臣一有譴責，往往終身不復收用；好以辯給取人，不得敦實之士，艱於進用，群材滯淹。贄又諫之曰：「夫登進以懋庸，黜退以懲過，二者迭用，理如循環。進而有過則示懲，懲而改脩則復追，既不廢法，亦無棄人，雖纖介必懲，而用材不匱。明主不以辭盡人，不以意選士，如或好善而不擇所用，悅言而不驗所行，進退隨愛憎之情，離合繫異同之趣，是由捨繩墨而意裁曲直，棄權衡而手揣輕重，雖甚精微不能無謬。」又曰：「中人以上，迭有所長，苟區別得宜，付授當器，各適其性，各宣其能，及乎合以成功，亦與全才無異。但在明鑒大度，御之有道而已。」如陸贄之賢，諫說如此周密詳盡，雖魏徵亦不足與稱也。然德宗終不用者，以其之君王之道與德、氣與度也，開元之遺風流韵爲德宗養成中興群材，惜失其機，唐祚之運日乖矣，雖偶出濟世大才，已無力回天矣。尤有遺憾者，德宗反用姦臣之計，促其敗也。有盧杞者，貌醜色如藍，善口辯，德宗悅之，擢爲大夫，領京畿觀察使。郭子儀見盧杞則寒而栗，子儀每見賓客，姬妾不離側；杞嘗往問疾，子儀悉屏侍妾，獨隱幾待之，或問其故，子儀曰：「盧陋而心險，婦人輩見之必笑，他日杞得志，吾族無類矣。」德宗建中三年，以盧杞秉政，知上必更立相，恐分己權，上嘗從容與宰相論事，關播意有所不可，起立欲言，杞目之而止。還至中書，杞謂播曰：「以足下端愨少言，相引至此，向者奈何發口欲言邪！」播自是不復敢言。盧杞本恨太子太師顏真卿忠直，欲出之於外，真卿謂杞曰：「先中丞（杞父弈也）傳首至平原，真卿以舌舐面血，今相公忍不相容乎！」杞矍然起拜，然恨之益甚。建中四年春，適逆臣李希烈襲陷汝州，執別駕李元平，東都士民震駭，上問計於盧杞，杞乘機出顏真卿，但以善言對曰：「希烈年少驍勇，恃功驕慢，將佐莫敢諫止，誠得儒雅重臣，奉宣聖澤，爲陳逆順禍福。顏真卿名重海內，人所信服，真其人也。」上以爲然。建中四年春正月甲午，命真卿詣許州，詔下，舉朝失色。真卿與其子書，但敕以「奉家廟，撫諸孤」而已。至許州欲宣詔旨，希烈使其養子，千餘人環繞慢罵，拔刃擬之，爲將剸啖之勢。真卿足不移，色不變。希烈遽以身蔽之，麾衆令退，館真卿而禮之。希烈欲遣真卿還，會李元平在座，真卿責之，元平慚而起以密啓白希烈，希烈意遂變，留真卿不遣。次年，李希烈至蔡州殺顏真卿，中使曰：「有敕。」顏真卿再拜，中使曰：「今賜卿死。」真卿曰：「老臣無狀，罪當死，不知使者幾日發長安？」使者曰：「從大梁來，非長安也。」真卿曰：「然則賊耳，何謂敕也。」遂縊殺之，年八十一。嗚呼！顏真卿死於姦臣與逆臣之手，誠如李勉所言：「失一元老，爲國家羞。」李泌諫德宗曰：「願陛下勿害功臣。」蓋忠姦並立之朝，忠賢必爲姦佞所害，其故何邪，忠賢所秉行之者，道也、德也，所尊所諫者帝也，直道而行之者也，其必有拂於帝自不免也；所待於同僚者德也、正也、公也、善也，姦佞之徒所求者名也、利也，所掩之於心者，邪也惡也，所行之者權術也。故忠姦並立之朝無善政也，無正教也；亦無善終之賢相也，必爲姦佞所害，以遂其邪道也，故姦佞者，亂之禍首也。德宗之朝，「盧杞雖貶官，上心庇之。」由此而明，姦佞之所以得逞者，必君昏主暗有以庇護之也；此亦中華史上治世少而亂世多之真實原由也。欲求治世，則必先求明君賢相也；求之之法何在？唯教與育可以培養君子聖賢，此儒家所以主張格物致知、誠意正心、脩齊治平，並以此名之曰《大學》者，其意在「明明德、親民、止於至善」也。儒家之仁政有賴於聖賢以行之，乃是最理想之政治，唯有一代接一代之戮力以赴，可逐步實現者也。

第九節　唐祚亡於君暗宦橫

唐自德宗之後，歷憲宗（李純）、穆宗（李恒）、敬宗（李湛）、文宗（李昂）、武宗（李炎）、宣宗（李忱）、懿宗（李漼）、熹宗（李儇）、昭宗（李曄）、哀帝（李柷）等十帝而亡，爲時一百五十五年。其間既有欲有所爲以求中興之君，亦有明達賢能之臣，唯內有宦官之專橫，外有逆賊之叛亂，形與勢錯綜，上與下難一，左右掣肘，弗能爲也。

一　君暗

十帝之中唯宣宗、昭宗二帝頗有英氣，欲有作爲。宣宗思治，以尊賢納諫爲先，凡諫官論事，苟合於理多屈意從之，得大臣章疏，必「焚香盥手而讀之」。上詔刺史毋得外徙，令狐綯嘗徙其故人，爲鄰州刺史，便道之官，上見其謝表，以問綯，對曰：「以其道近，省送迎耳。」上曰：「朕以刺史多非其人，爲百姓害，故欲一一見之，訪問其所施設，知其優劣，以行黜陟，而詔命既行，直廢格不用，宰相可畏有權！」時方寒，綯汗透重裘。上臨朝接對群臣如賓客，雖左右近習，未嘗見其有惰容。每宰相奏事，帝旁無一人立者，威嚴不可仰視，奏事畢，忽怡然曰：「可以閒語矣！」因問閭閻細事，或談宮中游宴，無所不至，一刻許，復整容曰：「卿輩善爲之，朕常恐卿輩負朕，後日不復得相見。」乃起入宮，令狐綯謂人曰：「吾十年秉政，最承恩遇，然每延英奏事，未嘗不汗沾衣也。」宣宗性明察沈斷，用法無私，從諫如流，重惜官賞，恭謹節儉，惠愛民物，故大中之政，訖唐亡，人思咏之，謂之「小太宗」。（《資治通鑒》八〇七三—八〇七六頁）然「小太宗」無以中興唐祚者，以形勢江河日下，無力回天也。

昭宗體貌明粹，有英氣，好文學，以僖宗威令不振，朝廷日卑，有恢復前烈之志，尊禮大臣，踐祚之始，中外忻忻焉。大順元年，上從容與張濬論古今治亂，濬曰：「陛下英睿如此，而中外制於强臣，此臣日夜所痛心疾首也。」上問當今所急，對曰：「莫若强兵以服天下。」上於是廣募兵於京師，至十萬。但在十五年之後，乾寧二年（八九五年），昭宗卻坐失唯一之良機。李克用遣掌書記李襲吉入朝謝恩，密言於上曰：「比年以來，關輔不寧，乘此勝勢，遂取鳳翔，一勞永逸，時不可失。臣軍屯渭北，專俟進止。」此送上門來保衛朝廷之唯一强大之武力，只須昭宗當機立斷，頒詔令李克用入朝，即置唐祚於磐石之安矣。不意本「有恢復前烈之志」，明粹有英氣之昭宗反糊塗一時，「謀於貴近」（實爲小人），得出相反之結論：「沙陀大盛（指李克用），朝廷危矣。」上賜克用詔：「褒其忠款，當休兵息民。」克用奉詔而止，怏怏東歸，無奈表稱：「臣總帥大軍，不敢徑入朝覲，且懼部落士卒侵擾渭北居人。」明哉克用，千古流芳；惜哉昭帝，百世遺憾！此既倒之狂瀾亦自有漸也，實乃爲前述諸帝之昏暗荒政所致者也。如武宗之游獵，喜武戲，五坊小兒得出入禁中，荒敗朝政。懿宗之耽樂宴游，窮奢極欲，荒政罄財，大損唐運。「殿前供奉工近五百人，每月設宴不減十餘次，水陸皆備，聽樂觀優，賜與動及千緡，曲江、昆明、南宮、北苑、昭應、咸陽，所欲游賞，興起即行。有司常具帝樂、飲食、幄席；諸王立馬以備陪從，内外諸司，扈從者十余萬人，所費不可勝紀。」樂工李可及善爲新聲，封之爲左威衛將軍。曹確力諫不從。樂工李可及又作《嘆百年曲》（曆叙人自少而壯而老，其聲凄惋），舞者數百人，發内庫雜寶爲其首飾，以絁八百匹爲地衣，舞罷，珠璣覆地。（《資治通鑒》八六一頁）懿宗又好佛，遣敕使詣法門寺迎佛骨，群臣諫者甚衆，至有言憲宗迎佛骨而晏駕者，上曰：「朕得生見之，死亦無恨。」廣造浮圖、寶帳、香輿、幡花、幢蓋以迎之，皆飾以金玉、錦繡、珠翠，自京城至寺三百里間，道路車馬晝夜不絶。咸通十三年（八七二年）夏四月壬寅，佛骨至京師，導以禁軍兵仗，公私音樂，沸天燭地，綿亙數十里。迎佛骨入禁中，三日，出置安國崇化寺。如此荒政，前史未見，其敗唐運之甚，殊可言道之哉！

二 宦横

宦官之擅權，玄宗之世已漸見盛，歷德宗而憲宗，元和之末宦官益横，簡直天子在其掌握，威權出人主之右。穆宗、文宗皆宦官所立，人莫敢言。文宗太和二年（八二八年）春三月，賢良方正昌平劉蕡極言宦官之禍，曰：「陛下宜先憂者，宫闈將變，社稷將危，天下將傾，海内將亂。」又曰：「陛下將杜簒弑之漸，則居正位而近正人。遠刀鋸之賤，親骨鯁之直，輔相得以專其任，庶職得以守其官。奈何以褻近五六人總天下大政！禍稔蕭牆，姦生帷幄，臣恐曹節、侯覽復生於今日。」又曰：「忠賢無服心之寄，閽寺持廢立之權。陷先君不得正其終，致陛下不得正其始。」又曰：「威柄陵夷，藩臣跋扈。或有不達人臣之節，首亂者以安君爲名；不究《春秋》之微，稱兵者以逐惡爲義。則政刑不由乎天子，征伐必自於諸侯。」「陛下何不塞陰邪之路，屏褻狎之臣。」（《資治通鑒》七八五八頁）文宗太和九年（八三五年），「宦官氣益盛，迫脅天子，下視宰相，陵暴朝士如草芥。」

司馬温公對唐末宦官之禍曾論之曰：「宦官弄權，爲國家患，其來久矣。蓋以出入宮禁，人主自幼及長，與之親狎，非如三公六卿，進見有時，可嚴憚也。其間復有性識儇利，語言辯給，伺候顔色，承迎志趣，受命則無違忤之患，使令則有稱愜之效。除非上智之主，燭知物情，慮患深遠，侍奉之外，不任以事，則近者日親，遠者日疏，甘言卑辭之請，有時而從；浸潤膚受之愬，有時而聽。於是黜陟刑賞之政，潛移於近習而不自知，如飲醇酒，嗜其味而忘其醉也。黜陟刑賞之柄移，而國家不危亂者，未之有也。東漢之衰，宦官最名驕横，然皆假人主之權，依憑城社（如城狐社鼠，不畏重燒），以濁亂天下，未有能刼脅天子如制嬰兒，廢置在手，東西出其意，使天子畏之，若乘虎狼而挾蛇虺，如唐世者也；所以然者，非他，漢不握兵，唐握兵故也。太宗鑒前世之弊，深抑宦官，無得過四品。明皇始隳舊章，是崇是長，晚節令高力士省决奏章，乃至進退將相，自太子王公皆畏事之，宦官之禍自此熾矣。及中原板蕩，肅宗收兵靈武，李輔國以東宮舊隷參豫軍謀，寵過而驕，不能復制，遂至愛子慈父皆不能庇，以憂悖終。代宗踐祚，仍遵覆轍，程元振、魚朝恩相繼用事，竊弄刑賞，雍蔽聰明，視天子如委裘，陵宰相如奴虜。是以李光弼危疑憤鬱，以隕其生；郭子儀擯廢家居，不保丘壟；僕固懷恩冤抑無訴，遂棄勳庸，更為叛亂。德宗初立，頗振綱紀，宦官稍絀，而返自興元，猜忌諸將，悉奪其兵，而以竇文場、霍仙鳴爲中尉，使典宿衛，自是太阿之柄落其掌握矣。憲宗末年，吐突承璀欲廢嫡立庶，以成陳洪志之變，寶曆狎昵群小，劉克明與蘇佐明爲逆，其後絳王及文、武、宣、懿、僖、昭六帝，皆爲宦官所立，勢亦驕横，王守澄、仇士良、田令孜，楊復恭、劉季述、韓全誨爲之魁傑，至自稱「定策國老」，目天子爲門生，根深蔕固，疾成膏肓，不可救藥矣。文宗深憤其然，志欲除之，以宋申錫之賢，猶不能有所爲，反受其殃。況李訓、鄭注反覆小人，欲以一朝譎詐之謀，翦累世膠固之黨，遂至涉血禁塗，積屍省户，公卿大臣，連頸就誅，闔門屠滅，天子陽瘖縱酒，飲泣吞氣，自比赧、獻，不亦悲乎！以宣宗之嚴毅明察，猶閉目摇首，自謂畏之。況懿、僖之驕奢，苟聲色毬獵足充其欲，則政事一以付之，呼之以父，固無怪矣。賊汙宫闕，兩幸梁、益，皆令孜所爲也。昭宗不勝其耻，力欲清滌，而所任不得其人，所行不由其道。始則張濬覆軍於平陽，增李克用跋扈之勢；復恭亡命於山南，啓宋文通不臣之心（李茂本宋文通以軍功賜姓名）。終則兵交闕庭，矢及御衣，漂泊莎城，流寓華陰，幽辱東內，刼遷岐陽。崔昌遐無如之何，更召朱全忠以討之。連兵圍城，再罹寒暑，御膳不足於糗糒，王侯蘉踣於饑寒，然後全誨就誅，乘輿東出，翦滅其黨，靡有孑遺，而唐之廟社，因以丘墟矣！人主不當與之謀議政事，進退士大夫，使有威福足以動人。果或有罪，小則刑之，大則誅之，無所寬赦。如此，雖使之專横，孰敢焉！孔子曰：『人而不仁，疾之已甚，亂也。』斯之謂矣。」司馬温公之此論，既爲唐宦爲禍之真實寫照，亦乃宦害之歷史結論，但爲國家者有鑒之而免禍者，有失之而喪國者，亦在其人其勢而已耳。

第十節　五代十國之割據

唐自僖宗廣明元年（八八四年）黄巢入長安後，强藩野心日狂，藐視中央政府，割據之勢漸形，時值僖宗不親政事，專游戲，尤善擊毬，嘗謂優人石野豬曰：「朕若應擊毬進士舉，須爲狀元。」對曰：「若遇堯舜作禮部侍郎，陛下不免駁放。」（駁放，放黜也。）左拾遺侯昌業以盜賊滿關東，社稷將危，上疏極諫，賜死；其疏曰：「伏惟陛下暫停戲賞，救接蒼生，於殿內立揭諦道場，以無私財帛供養諸佛，用資世禄，共力攘災。」由此漸積爲大患，卒釀成唐末五代十國之割據局面，乃主闇、相姦、臣散、民怨所致也。五代者，梁、唐、晉、漢、周相繼之謂也；十國者，謂五代相繼期間，先後有吳、南唐、吳越、楚、閩、南漢、前蜀、後蜀、荊南、北漢十國存焉。形成國外有國，不相臣屬，且戰事頻仍，有吞噬之勢，自後梁太祖朱温開平元年始，迄南唐李煜立，歷時五十三年。兹就五代略述如次，十國則不具論矣。

一 後梁

後梁太祖朱温，碭山千溝里人，背黄巢歸唐，賜名全忠。碭山，戰國時屬梁地，國號梁，通鑒以前紀有蕭梁，故曰後梁。朱温之得唐之天下也，早在唐昭宗天祐元年（九〇四年）八月壬寅，即已遣人弑昭宗於寢宫。帝在椒殿，玄暉選龍虎牙官史太等百餘人夜叩宫門，言軍前有急奏，欲面見帝，夫人裴貞一開門見兵，曰：「急奏何以兵爲？」史太殺之，玄暉問：「至尊安在！」

昭儀李漸榮臨軒呼曰：「寧殺我曹，勿傷大家！」帝方醉，遽起，單衣繞柱走，史太追而殺之，漸榮以身蔽帝，太亦殺之。癸卯，蔣玄暉矯詔稱李漸榮、裴貞一弒逆，宜立輝王祚爲太子，更名柷，監軍國事。又矯皇后令，太子於柩前即位，宮中恐懼，不敢出聲哭。丙午，昭宣帝即位，時年十三，曆時三年，其間還有加九錫不敢受等僞裝欺騙程式。至西元九〇七年春，始揭下僞裝，稱神武元聖孝皇帝，曰後梁太祖，改元爲開平元年，都汴京，封唐昭宣帝爲濟陰王。九〇八年正月癸亥，酖殺之於曹州。乾化二年（九一二年）六月丁卯朔，帝命敬翔出友珪爲萊州刺史。戊寅，友珪易服微行，入左龍虎軍，見統軍韓京，以情告之，京亦見功臣宿將多以小過被誅，遂相與合謀，京以牙兵五百人從友珪，雜控鶴士入，伏於禁中，中夜斬關入，至寢殿，侍疾者皆散走。帝驚起問：「反者爲誰？」友珪曰：「非他人也。」帝曰：「我固疑此賊，恨不早殺之，汝悖逆如此，天地豈容汝乎！」友珪曰：「老賊萬段！」友珪僕夫馮廷諤刺帝腹，刃出於背，友珪自以敗氈裹之，瘞於寢殿。祕不發喪，遣供奉官丁昭溥馳詣東都，命均王友貞殺友文。己卯矯詔稱：「博王友文謀逆，遣兵突入殿中，賴郢王友珪忠孝，將兵誅之，保全朕躬，然疾因震驚，彌致危殆，宜令友珪權主軍國之務。」辛巳，丁昭溥還，聞友文已死，乃發喪，宣遺制，友珪即皇帝位。友珪之篡弑非義也，失中外之心，太祖之壻趙岩與太祖之甥袁象先密謀誅友珪，帥禁兵數百人突入宮中，友珪聞變，與妻張氏及馮廷諤均自殺。岩與象先賫傳國璽詣大梁，迎均王於大梁即帝位，稱均王，居位越十年。

二 後唐

後唐莊宗，諱存勖，晉王克用之長子也，克用爲赤心之子，赤心之父執宜始歸唐。執宜爲沙陀府都督拔野之六代孫，以朱邪爲姓，李氏乃賜也。存勖於西元九二三年即帝位，自以繼唐而有天下，國號曰唐。《通鑒》曰：「後唐以別於長安之唐。」明宗諱嗣源，應州人，世本夷狄，無姓氏，父電雁門都將，帝少名邈佶烈，太祖養以爲子，乃姓李，即位後改名亶。莊宗爲亂兵所害，嗣源監國，自不知書，內外機事皆決於李紹真，嘗問：「何謂國號？」對曰：「先帝賜姓於唐，爲唐復讎，繼昭宗後故稱唐，今梁朝之人不欲陛下稱唐耳。」明宗在位二年，性恬淡，與物無競，每夕於宮中，焚香祝天曰：「某胡人，因亂爲衆所推，願天早生聖人，爲生民主。」「在位年穀屢豐，兵革罕用，粗爲小康。」（《資治通鑒》九〇九五頁）（范仲淹曰：「我太祖皇帝應期而生。」）如此質樸之言出之於後唐明宗之口，唯其「不知書」，獨具純真之「道心」（又堯帝道心之義）故能出之也。此在中華史上祈求聖人爲民主乃第二次也。第一次曾見於《周書·多方》「天惟時求民主。」主同而有異也，所異者，一在天，一在人，且身居帝位之人，其可貴者此也。天成四年九月，明宗與馮道從容語及年穀屢登，四方無事，上問道曰：「今歲雖豐，百姓贍足否？」道曰：「農家歲凶則死於流殍，歲豐則傷於穀賤；豐凶皆病者，唯農家爲然。臣記進士聶夷中詩云：『二月賣新絲，五月糶新穀。醫得眼下瘡，剜卻心頭肉。』語雖鄙俚，曲盡田家之情狀，農於四人中最爲勤苦，人主不可不知也。」上悅，命左右録其詩，常諷誦之。長興四年十一月戊戌，明宗殂，年六十七。養子從珂，平山掠得之，養以爲子，原任鳳翔節度使，兼侍中，明宗殂之次年（九三四年）四月入立，稱潞王，改元清泰。

三 後晉

後晉高祖，諱敬瑭，姓石氏，其父臬捩雞，本出於夷，自朱邪歸唐，石氏自代北從晉王起太原，而得中原，故國號爲晉。高祖之得爲後晉主也，全仰仗於契丹之力。西元九三六年九月，契丹主將五萬騎，號三十萬，自揚武谷而南，旌旗不絕五十余里。辛丑，契丹主至晉陽，陳於汾北之虎北口。是夕，敬瑭出北門見契丹主。契丹主執敬瑭手，恨相見之晚，謂敬瑭曰：「吾三千里赴難，必有成功，觀汝器貌識量，真中原之主也。吾欲立汝爲天子。」敬瑭辭讓者數四，乃許之。契丹主作册書，命敬瑭爲大晉皇帝，自解衣冠授之。築壇於柳林。是日即皇帝位，割幽、薊、瀛、莫、涿、檀、順、新、媯、儒、武、雲、應、寰、朔、蔚十六州，以與契丹，仍許歲輸帛三十萬匹。乙亥，制改長興七年爲天福元年。時後唐主潞王爲密書，並厚賂契丹，欲與契結爲兄弟之國，許石敬瑭「常鎮河東」。石聞之大怯，亟使桑維翰見契丹主，說之曰：「大國舉義兵以救孤危，一戰而唐兵瓦解，退守一栅，欲貪毫之利而棄垂成之功乎！且使晉得天下，將竭中國之財以奉大國，豈此小利之比乎！」契丹主曰：「吾非有渝前約也，但兵家權謀不得不爾。」對曰：「皇帝以信義救人之急，四海之人俱屬耳目，奈何二三其命，使大義不終。臣竊爲皇帝不取也。」跪於帳前，自旦至暮涕泣爭之，契丹主乃從之，指帳前石謂德鈞使者曰：「我已許石郎，此石爛，可改矣。」

四　後漢

後漢高祖，姓劉，名知遠，其先沙陀部人，居於太原，及得中國，自以姓劉，遂言爲東漢顯宗第八子淮陽王昞之後，國號曰漢。《通鑒》以前有《漢紀》，此以《後漢紀》書之。自言未忍改晉，又惡晉開運之名，仍用後晉天福年號，稱即位之年曰天福十二年。至五月戊辰，帝下詔大赦，改國號曰漢，曰：「余不忍亡晉也。」然後漢高祖劉知遠性殘忍，好殺人，司馬溫公論之曰：「漢高祖殺幽州無辜千五百人，非仁也；誘張璉而誅之，非信也；杜重威罪大而赦之，非刑也。仁以合衆，信以行令，刑以懲奸，失此三者，何以守國！其祚運之不延也，宜哉！」高祖居帝僅二年而終，其次子承祐嗣位，歷三年而亡。

五　後周

後周太祖姓郭氏，諱威，邢州堯山人。父簡，事晉爲順州刺史。後漢太后下誥，授監國符寶，即皇帝位，制曰：朕周室之裔，虢叔之後，國號宜曰周。太祖廣順二年六月乙酉，帝如曲阜，謁孔子祠，既奠將拜，左右曰：「孔子陪臣也，不當以天子拜之。」帝曰：「孔子百世帝王之師，敢不敬乎！」遂拜之，又拜孔子墓，命葺孔子祠，禁孔子林樵采，訪孔子、顔回之後，以爲曲阜令及主簿。尊孔子爲「百世帝王之師」者，漢以降，後周太祖郭威乃第一人也。在唐祚歷二百年戰亂之後，儒教陵滯，學校廢絶之餘，思謁孔子祠墓，且訪孔、顔之後，擢爲曲阜令者，亦第一人也。難怪乎次年即有「蜀毋昭裔出私財百萬營學館，且請刻板印《九經》」之盛事出現，由是蜀中文學復盛。太祖應唐十八陵無發掘之害，屢誡晉王曰：「昔吾西征，見唐十八陵無不發掘者，此無他，惟多藏金玉故也。我死當衣以紙衣，斂以瓦棺，壙中無用石，以甓代之。工人役徒皆和雇，勿以煩民。葬畢，募近陵民三十户，蠲其雜傜，使之守視，勿脩下宫，勿置守陵宫人，勿作石羊、虎、人、馬。惟刻石置陵前，云：『周天子平生好儉約，遺令用紙衣、瓦棺，嗣天子不敢違也。』汝或勿違，吾不福汝。」

世宗諱榮，本姓柴氏，邢州龍岡人，柴氏女適太祖，是爲聖穆皇后，后兄守禮生帝，從姑長於太祖家，以謹厚見愛，太祖遂以爲子。帝常憤廣明以來中國日蹙，慨然有削平天下、開拓疆土之志。比部郎中王朴獻策，以爲：「中國之失吳、蜀、幽、并，皆由失道，今必先觀所以失之之原，然後知所以取之之術。其始失之也，莫不以君暗臣邪、兵驕民困、姦黨内熾、武夫外橫，因小成大，積微成著，今欲取之，莫若反其所爲而已。夫進賢退不肖，所以收其才也；恩隱誠信，所以結其心也；賞功罰罪，所以盡其力也；去奢節用，所以豐其財也。既附，然後舉而用之，功無不成矣。彼之人觀我有必取之勢，則知其情狀者，願爲間諜；知其山川者，願爲嚮導。民心既歸，天意必從矣。」（《資治通鑑》九五二五—九五二六頁）

世宗欣然納之，由是重其氣識，遷左諫議大夫，知開封府事。顯德四年冬十月戊午，設賢良方正、直言極諫，經學幽深、可爲師法，詳閑吏理、達於教化等科。上在藩，多務韜晦，及即位，人始服其英武。其御軍號令嚴明，人莫敢犯，應機決策，出人意表。勤於爲治，百司簿籍過目無所忘，發姦擿伏，聰察如神，然用法太嚴，群臣職事小有不舉，往往置之極刑。末年浸寬，登遐之日，遠邇哀慕焉。世宗於顯德六年六月癸巳，崩殂，年三十九。司馬温公論之曰：「或問臣：五代帝王，唐莊宗、周世宗皆稱英武，二主孰賢？臣應之曰：夫天子所以統治萬國，討其不服，撫其微弱，行其號令，壹其法度，敦明信義，以兼愛兆民者也。世宗以信令御群臣，以正義責諸國。江南未服，則親犯矢石，期於必克，既服，則愛之如子，推誠盡言，爲之遠慮。其宏規大度，豈得與莊宗同日語哉！《書》曰：『無偏無黨，王道蕩蕩。』又曰：『大邦畏其力，小邦懷其德。』世宗近之矣。」

夫道統者，非僅形之於經典而不可或違者也，乃蘊之於人性、人心、人情而不可相曲者也，更繩之於物理世事順而適其性者也。順之則昌、則治、則化、則盡人性、盡物性，逆之則人心動盪、政教解體、物欲横流、禮法陵滯；甚至屍骨遍野、血流成河，此乃見之於斑斑史實者也。太宗有鑒於歷代之盛衰興亡，貞觀之初即昭示臣輔遵行「堯舜周孔之道」，終致「道高堯舜」之治。其影響及於玄宗，益之以《孝經》之教，復見開元之政，與貞觀輝映！惜乎難逃盛衰之運，貞觀、開元敗於兩個女人之手，武則天篡唐而旋復，楊貴妃之敗唐（非其一人之罪也）而一蹶不振，陷唐祚於四大禍亂之中，主昏、臣奸、宦横、藩强，歷二百年而亡。其間並非缺忠賢之士，而卒無以濟世者，以其主昏暗縱姦，數失中興之機也。可知存亡之所關者，在君明道立也。「一有元良，萬國以貞。」「一言僨事，一人定國。」質之歷史，信然也。

中華經史綱要

一統篇：中國歷代政治史鑒（下）

何光榮◎著

團結出版社

第九章　大宋之道

第八章述唐之治亂，以「盛唐之政」標之，今述宋政則以「大宋之道」標之，以「盛大」二字，狀唐宋之氣象，以「政道」二字發其内涵，以明中華道統迄唐、宋已漸完備成熟；而就道而論，北宋發軔之道學研究，爲儒道兩家開闢了新途徑，由内生自新之力，以求自我光大，用大以象宋，宋秉道爲政施教，適足以當之也，宋太祖得國之初即謂侍臣曰：「朕欲武臣盡讀書以通治道，何如？左右不知所對。」此建隆二年（九六二年）春之言也。開寶九年（九七六年）又曰：「作相須讀書人，由是大重儒者。」儒者之可貴也，唐太宗已明言之矣：「朕所好者唯堯舜周孔之道，以爲如鳥有翼，如魚有水，失之則死，不可暫無耳。」秉道而脩德，而親民，而止於至善者也。道者内也，德者外也，道形之於外者也，以道爲德之内涵也；道者内也，政者外也，以道與德爲政之内涵也；道者内也，教者外也，以道與德與政爲教之内涵也。教者内也，政者外也；内者，明明德也，自昭明德也；外者親民也，化成天下也，以明德而化之也。故政必以教爲内，始可永保道與德爲本而無失也，此乃道、德、政、教爲一體之内外關係也。孔子曰：「人道政爲大。」似乎政居首位也，實則其發展程式乃爲道興則德盛，德盛而教尊，教尊而官正，官正而國治，國治而政淳，政淳而教善，教善而俗美，俗美而化成，民樂化而不自知也。王文公有言曰：「善教者藏其用，民化上而不知所以教之之源。」（《王文公文集·原教》）如萬物之生於春風化雨中，樂於欣欣向榮而不覺其樂，此和之至也。人處道德政教大化之中亦猶是也。但亦有殊焉。蓋人與物有異也。於人而言，其異也亦有差焉。視其物欲之淺深而定也。其物欲淺者可期近於自然之物也，物欲深者則必害以傷群以至於禍國殃民也，故知自學節制私欲乃爲道、修德、施政、敷教之要，此乃老子「爲道日損」之至義也。宋初諸儒有見於此，故致力於儒學之復興；其成效如日中天，燦然大明，輝煌人性，恢弘大道，使中華道統在近一千年中更照亮中華民族前進之道路。名之曰道學或理學，至明朝王陽明發揚光大，其形態可比之於西方文藝復興。但其内含之理性意義，則遠勝於文藝復興，文藝復興運動之實質在追求個性解放，而其内涵則是以我爲中心之個性解放；理學所論者乃節制物欲，善已而終善群的忘我奉獻精神。此種精神行之於日常生活中如吃飯、穿衣一樣尋常，乃中華民族魂之所寄也。

第一節　太祖立文治之基

宋太祖之得國也，以陳橋驛兵變（後周聞遼軍與後漢軍南下執政，命太尉殿前都點檢趙匡胤禦之，兵至阿南封丘東南之陳橋發動兵變）稱帝，國號宋，以其原爲宋州歸德軍節度使故也，祖籍河北，高祖眺仕唐，歷五世至太祖而有國，改元建隆，居位十六年（九六〇－九七六年），建立大宋文治之基。

一　鑒唐之失杯酒釋兵權

建隆元年（九六〇年）以穩定天下大局爲急務，分遣諸開國元勛鎮守四方，討平叛亂，十一月詔親征揚州，討叛賊李重進，南唐主怯，遣子從鎰來朝，十二月駕還。建隆二年，太祖召歸德節度使石守信等宴飲，酒酣屏左右，謂曰：「人生如白駒過隙，所爲富貴，不過欲多積金錢，厚自娛樂，使子孫不貧乏耳。卿等何不釋去兵權，出守大鎮，擇良田好宅，買之爲子孫立永久之業，多置歌兒舞女，日飲酒相歡，君臣之間兩無猜忌，不亦善乎！」衆皆拜謝，明日，均稱疾罷兵權。（柏楊《中國歷史年卷》四九四頁）太祖此謀，杜絶了藩鎮擁兵自重之患，兵權收歸中央。建隆三年，二月丙辰，太祖復幸國子監，甲午詔：「自今百官朝對，須陳時政利弊，無以觸諱爲怯。」壬午，太祖謂侍臣曰：「朕欲武臣盡讀書，以通治道。」此意深洽《尚書・皋陶謨》之要旨：「允迪厥德，謨明弼諧。」君哲弼賢，同洽治道，政善教美矣。《商書・説命》「股肱惟人，良臣爲聖」，亦此意也。《周書・洪範》「無黨無陂，尊王之義」，更崇帝王重賢尊輔之意。由此可知太祖之明可與唐太宗比哲而皇者矣。開寶三年（九七〇年），太祖詔：「民五千户舉孝悌彰聞、德行純茂者一人，奇才異行不拘，爲治裝詣闕。」自漢舉孝廉，一千年來，於科舉之外廣求孝悌奇才，如此誠切者乃首見也。參考宋哲宗元祐三年之户口數（户八百二十八萬八千七百八十五），太祖之朝可得孝悌德行之才一千六百五十七人，其影響於政教者可觀也，以孝、德治天下之義明矣大矣。此乃文治之至義也，亦道統、人倫、政教之核心也，亦足以見太祖之道洽天地、德澤人心也。

二 道高德劭者方可爲相

太祖開寶九年，見「蜀宮人鏡背有志『乾德四年鑄』者」，（太祖亦曾用「乾德」爲年號，歷六年）召竇儀等詰之，對曰：「此必蜀物，蜀主嘗有此號。」乃大喜曰：「作相須讀書人。」由是大重儒者。「儒以道得民」（《周禮·天官》），讀書人中之道高德劭，賢且能者方可爲相，爲輔弼，爲股肱之臣也，宋初諸帝亦多崇道重才。咸平二年（九九九年）閏三月丁亥，以久不雨，真宗諭宰相曰：「凡政有闕失，宜相規以道，毋惜直言」。七月甲辰，幸國子監，召學官崔偓佺講《尚書·大禹謨》，此篇内容廣泛豐富，記述堯舜之教乃萬世爲政之要，如「正德、利用、厚生、惟和」，「人心惟危、道心惟微，惟精惟一、允執厥中」，「罔違道以干百姓之譽，罔咈百姓以從已之欲」。無一非當政者之急務，不可稍事玩忽者也。又如「德惟善政，政在養民」，「可愛非君，可畏非民，衆非元后，何戴，后非衆，罔與守邦」，乃爲政者不可有違者也。仁宗景祐二年（一〇三五年）正月癸丑，「置通英、延義二閣，寫《尚書·無逸篇》於屏」，此篇乃周公戒成王即政所作。曰：「先知稼穡之艱難」，「昔在殷王中宗，治民祇懼，不敢荒寧」，「其在高宗，嘉靖殷邦，至於小大」，「其在祖甲，保惠於庶民，不敢侮鰥寡」。又曰：「我周太王、王季克自抑畏；文王卑服，懷保小民，自朝至於日中昃吳，不遑暇食，用咸和萬民。」真宗大中祥符三年（一〇一〇年）九月丁亥，作宗室座右銘賜諸王。大中祥符五年冬十月辛酉，真宗更作「《崇儒術論》」，刻石國學」。仁宗天聖四年（一〇二六年）七至九月，屢詔「諸路轉運使舉所部官通經術者」。由此可見，宋初諸帝求治崇儒之新氣象矣。劉昫《舊唐書·儒學傳序》曰：「古稱儒學家者流，本出於司徒之官，可以正君臣，明貴賤，美教化，移風俗，莫若於此焉，故前古哲王咸用儒術之士。漢家宰相無不精通一經；朝廷若有疑事，皆引經決定，由是人識禮教，理致昇平。近代重文輕儒，或參以法律，儒道既喪，故近代理國多劣於前古。貞觀二年始立孔子廟堂於國學，以宣父爲先聖，顔子爲先師，大徵天下儒士以爲學官，又於國學增築學舍一千二百間，增置生員三千二百六十人，四方儒士多抱負典籍雲會京師。高麗、百濟、新羅、高昌、吐蕃等諸酋長，亦遣子弟請入於國學。鼓篋而升講筵者八千餘人，濟濟洋洋焉，儒學之盛，古昔未之有也。」歐陽修《新唐書·儒學傳序》更指明：「武創業、文守成，百世不易之理也。若乃舉天下一之於仁義，莫若儒，儒待其人，乃能光明厥功，宰相大臣是已。」宋初諸帝所致力者正是崇儒育才，於科舉内外擢拔人才，致北宋賡續一百六十年大治。此在我中華史上尚屬首創，乃儒學之效也，亦北宋七帝（太祖、太宗、真宗、仁宗、英宗、神宗、哲宗）之明哲勤政，以及諸輔弼（趙普、王旦、呂夷簡、富弼、呂蒙正、呂端、文彦博、向敏中、范仲淹等）之賢能，戮力所致之者也。

第二節　尊道崇儒

太祖在位十七年，鑒漢晉隋唐盛衰存亡之迹，以尊道崇儒示來者。太宗（諱炅）繼帝位，不改太祖之志行之者，諸宰輔是也。先後有薛居正、沈倫、盧多遜、趙普、宋琪、李昉、呂蒙正、張齊賢、呂端等九人。其中，趙普爲開國元勳，少習吏事，寡學術，及爲相，太祖勸以讀書，晚年手不釋卷，每歸私第，闔户啟篋取書，讀之竟日，及次日臨政，處决如流。既薨，家人發其篋視之，乃《論語》二十篇也。宋初在相位者多齷齪（行爲曲謹）循默，獨趙普果斷清廉，乃《論語》之效也。呂蒙正，太平興國二年擢進士第一，質厚寬簡，有衆望，以正道自持，遇事敢言，每論時政有未允者，必固稱不可，與趙普爲相，普稱許焉，論征伐事言曰：「治國之要，在内脩政事，則遠人來歸，自致安静。」張齊賢孤貧，力學有遠志，太祖幸西都，齊賢以布衣獻策馬前，召至行宫，齊賢以手畫地條陳十事：曰下並汾，曰富民，曰封建，曰敦孝，曰舉賢，曰太學，曰籍田，曰選良吏，曰懲姦，曰慎刑。及還，太祖語太宗曰：「我幸西都，唯得一張齊賢爾，我不欲爵之以官，異時可使輔汝爲相也。」及爲太宗相，有奏疏曰：「臣聞家六合者，以天下爲心，是故聖人先本而後末，安内以養外，人民本也，疆土末也。五帝三王未有不先根本者也，堯舜之道無他，在乎安民而利之耳，民既安利則遠人斂衽而至矣。法貴有常，政尚清淨，名器不可以假人，賞爵不可以濫及，此乃聖人爲治之常道，非隨時變易之義也。」由此可見諸相之秉道崇儒輔佐太祖、太宗之誠也。

一 彰明《尚書》《論語》大義

孔子曰：「人道政爲大。」（見《禮記・哀公問》）《尚書》者，乃我中華之政治哲學史也。其中堯、舜各一篇，大禹三篇，夏書四篇，商書十七篇，周書三十二篇，共五十八篇。其內容涵蓋如次諸端：

（一）天命與道德之關係。「天難諶，（諶信也）命靡常。常厥德，保厥位。厥德非常，九有以亡。惟尹躬暨湯，咸有一德，克享天心，受天明命。非天私我有商，惟天佑於一德；非商求於下民，惟民歸於一德。德無常師，主善爲師；善無常主，協於克一。一哉王心，永厎烝民之主。」（《商書·咸有一德》）「惟天無親，克敬惟親；民罔常懷，懷於有仁。鬼神無常享，享於克誠，天位艱哉！先王惟時懋敬厥德，克配上帝。有言逆於汝心，必求諸道；有言遜於汝志，必求諸非道。」（《商書·太甲下》）

（二）建立大中至正之政。《周書·洪範》曰：「武王勝殷，殺受，立武庚，以箕子歸，訪於箕子，曰：『嗚呼！箕子，惟天陰騭下民，相協厥居，我不知其彝倫攸敘。』」箕子述洪範九疇（類也）之政，五曰建用皇極（大中之道）：「無偏無陂（陂，不正也），遵王之義；無有作好，遵王之道；無有作惡，遵王之路；無偏無黨，王道蕩蕩，無黨無偏，王道平平；無反無側，王道正直。會其有極，歸其有極（極，中也）。天子作民父母，以爲天下王。」

（三）建立君臣一體之股肱關係。《虞書·益稷》曰：「帝庸作歌曰：敕天之命（敕，正也），惟時惟幾！乃歌曰：股肱喜哉！元首起哉！百工熙哉！皋陶拜手稽首，颺言（大言而疾曰颺）曰：念哉！率作興事，慎乃憲（法也），欽哉！屢省乃成，欽哉！乃賡載歌曰：元首明哉！股肱良哉！庶事康哉！又歌曰：元首叢脞哉！股肱惰哉！萬事墮哉！帝拜曰：俞，往欽哉！」

（四）揚道心，抑惡欲，爲政者慎爲調節。《尚書·大禹謨》記述了堯、舜共定之十六字經：「人心惟危，道心惟微，惟精惟一，允執厥中。」此中之核心首在提高人之辨識善惡之覺性以及對義利之正確取捨，爲政者則必須以政、教二途定出適合於所在時代之精一標準，取而寬行之，以有益於義利之流行。董仲舒之見「正其誼不謀其利，明其道不計其功」可資參考。

（五）《大禹謨》還確立了均富思想之深根：「正德、利用、厚生、惟和。」孔子發展此思想曰：「丘也聞，有國有家者，不患寡而患不均，不患貧而患不安。蓋均無貧，和無寡，安無傾。」（《論語·季氏》）《前漢書》的作者班固則將此均富思想作爲編寫《食貨志》之指導思想：「《洪範》八政，一曰食，二曰貨。食足貨通，然後國實民富，而教化成。故《易》稱：『天地之大德曰生，聖人之大寶曰位。何以守位？曰仁；何以聚人？曰財。』財者，帝王所以聚人守位、養成群生、奉順天德、治國安民之本也。故曰：『不患寡而患不均，不患貧而患不安，蓋均亡貧，和亡寡，安亡傾。』」其所以能如此亡貧、亡寡、亡傾者，在於其植根於「正德、利用、厚生、惟和」之道德基礎上。正德者，必須合乎天道、地道、人道之一統之德也，能以此德指導一切合理利用地上地下資源之活動，其終極目的在厚生，在綜合利用，於長遠與眼前，各方均臻於和諧協調。

（六）「民爲邦本，本固邦寧。」夏太康失邦，兄弟五人作《五子之歌》，以夏禹之訓誡之曰：「皇祖有訓，民可近，不可下，民惟邦本，本固邦寧。予視天下，愚夫愚婦，一能勝予。臨兆民，懔乎若朽索之馭六馬，爲人上者，奈何不敬？內作色荒，外作禽荒（畋獵也），甘酒嗜音，峻宇雕牆，有一於此，未或不亡。今失厥道，亂其紀綱，乃底滅亡。鬱陶乎予心，顔厚有忸怩。弗慎厥德，雖悔可追。」

（七）董正治官（董，督正也。）「成王既黜殷命，滅淮夷，還歸在豐，作《周官》。董正治官，制治於未亂，保邦於未危。明王立政，不惟其官，惟其人。立太師、太傅、太保，兹惟三公，論道經邦，變理陰陽。六卿分職，各率其屬，以倡九牧，阜成兆民。以公滅私，民其允懷，學古入官，議事以制，政乃不迷。恭儉惟德，無載爾僞，作德心逸日休，作僞心勞日拙，居寵思危，罔不惟畏，弗畏入畏。推賢讓能，庶官乃和，不和政厖（厖，亂也）。無以利口亂厥官。戒爾卿士，功崇惟志，業廣惟勤，惟克果斷，乃罔後艱。」

（八）臨下以簡，御衆以寬。《尚書·大禹謨》曰：「臨下以簡，御衆以寬，罰弗及嗣，賞延於世，宥過無大，刑故無小。罪疑惟輕，功疑惟重。與其殺不辜，寧失不經（經，常也）！好生之德，洽於民心。」

右述八端，乃犖犖大者，足以見其内涵之體系嚴密全面也。但此理論體系積一千五百年之政治經驗（自黄帝迄西固）逐步完善者也。宋初諸帝彰明其義而行之，以見大治之效，證驗了經義精神之正善，使我中華此段歷史，光照千秋，亦一勝績也。

仁宗即位（十三歲）初，御崇政殿西閣講筵，命使侍講孫奭、馮元講《論語》，發孔子之微言大義也，要之有三焉：曰爲學之道，曰爲人之道，曰爲政之道。

一曰爲學之道。「子曰：學而時習之，不亦説乎！有朋自遠方來，不亦樂乎！人不知而不慍，不亦君子乎！」「子曰：弟子入則孝，出則悌，謹而信，泛愛衆，而親仁，行有餘力，則以學文。」「有子曰：其爲人也孝弟，而好犯上者，鮮矣；不好犯上，而好作亂者，未之有也。君子務本，本立而道生，孝悌也者，其爲人之本與！」子夏曰：「賢賢易色，事父母能竭其力，事君能致其身，與朋友交，言而有信，雖曰未學，吾必謂之學矣。」（《論語・學而》）「子曰：學而不思則罔，思而不學則殆。」（《論語・爲政》）「子夏曰：日知其所無，月無忘其所能，可謂好學也已矣。」（《論語・子張》）

二曰爲人之道。子曰：「君子不器。」（「器者各周其用，至於君子無所不施。」）子曰：「君子周而不比，小人比而不周。」（《論語・公治長》）「夫仁者，己欲立而立人，己欲達而達人。」「不義而富且貴，於我如浮雲。」（《論語・述而》）「子曰：三軍可奪帥也，匹夫不可奪志也。知者不惑，仁者不憂，勇者不懼。」（《論語・子罕》）「子曰：君子和而不同。」「子曰：君子名之必可言也，言之必可行也，君子於其言，無所苟而已矣。」（《論語・子路》）「子曰：邦有道，危言危行；邦無道，危行言遜。」（《論語・憲問》）「子曰：君子固窮，小人窮斯濫矣。」「子曰：志士仁人，無求生以害人，有殺身以成仁。」（《論語・衛靈公》）「有始有卒者，其惟聖人乎！」（《論語・子張》）

三曰爲政之道。「子曰：爲政以德，譬如北辰，居其所而衆星拱之。」「子曰：道之以政，齊之以刑，民免而無耻；道之以德，齊之以禮，有耻且格。」（《論語・爲政》）「季康子問政於孔子，孔子對曰：政者，正也，子帥以正，孰敢不正。」（《論語・顏淵》）「子路問政，子曰：先之，勞之。請益，曰：無倦。」「葉公問政，子曰：近者説，遠者來。」（《論語・子路》）「子曰：無爲而治者其舜也與！夫何爲哉？恭己正南面而已矣。」（《論語・衛靈公》）「子張問於孔子曰：何如斯可以從政矣？子曰：尊五美，屏四惡，斯可以從政矣。子張曰：何謂五美？子曰：君子惠而不費，勞而不怨，欲而不貪，泰而不驕，威而不猛。子張曰：何謂惠而不費？子曰：因民之所利而利之，斯不亦惠而不費乎？擇可勞而勞之，又誰怨？欲仁而得仁，又焉貪？君子無衆寡，無小大，無敢慢，斯不亦泰而不驕乎？君子正其衣冠，尊其瞻視，儼然人望而畏之，斯不亦威而不猛乎？子張曰：何謂四惡？子曰：不教而殺謂之虐，不戒視成謂之暴，慢令致期謂之賊，猶之與人也，出納之吝，謂之有司。」（《論語・堯曰》）

宋初諸帝明道統之核心内涵，大彰《尚書》《論語》之微言大義，使爲學、爲人（爲官）、爲政之道，上明於君王輔弼，中行於庶官衆士，下達於兆民童稚。將教與政緊密結合，寓政於教，天衣無縫，行儒道之真諦，正百世之學風。學風一正，文風自正，政風亦隨之而正。「君子之德風，小人之德草」（《論語・顏淵》），誠哉斯言也。而且學風之正必唤醒士子探求至理之良知，北宋理學之發軔，其動力源於此也，一個時代之思想活躍興旺有賴於學風以風之也。

二 科舉試經義

科舉取士始於隋文帝開皇七年（五八七年），設志行修謹、清平幹濟二科。煬帝始置進士科。唐代於進士科外復置秀才、明法、明經、明算諸科；又有一史、三史、開元禮、童子、道舉等科；唯進士科爲常設。唐宋進士科主要考試詩賦。宋神宗熙寧中，王安石改試經義。宋太祖志「欲武臣盡讀書」，又「明令作相須讀書人」，故重道尊儒成爲治國之本，亦成爲取士之本。真宗大中祥符五年，御制《崇儒術論》刻石國學，故經義取士成爲宋以後取士之制度矣。宋自仁宗慶曆二年起，歷屆進士名額予以公佈，天聖五年三月戊申賜禮部奏名進士諸科及第出身一〇七六人，天聖八年三月壬申七二四人，景祐元年三月壬午七八三人，景祐四年三月七二四人，慶曆二年三月八三九人，慶曆六年三月八五三人，皇祐五年三月一〇四二人，嘉祐二年三月八七七人，嘉祐四年三月三三九人，嘉祐八年三月三四一人。仁宗居位四十年（一〇二三－一〇六三年），此十次科舉取進士六六九六人，可謂人才濟濟矣。特別是北宋五大哲人邵雍（一〇一一－一〇七七年）、周敦頤（一〇一七－一〇七三年）、張載（一〇二〇－一〇七七年）、程顥（一〇三二－一〇八五年）、程頤（一〇三三－一一〇七年），俱著稱於仁宗之朝，在我中華史上實乃空前絶後也。至少歷時一千九百年之今天仍可以此狀之，誠乃歷史之幸會也。景祐元年正月癸未，詔「禮部所試舉人十取其二，進士三舉，諸科五舉嘗殿試，進士五舉年五十，諸科六舉年六十及曾經先朝御試者，皆以名聞。」足以見舉人取士之嚴以及對年長進士之尊重，成勵才之意。故知真宗、仁宗兩朝爲有宋之德治立基矣。可爲中華史上文德之光輝，千古不滅其色。而其内蘊之大道活力，適肇儒學之復興，推動理學之啓蒙，造成中化學術史上最光輝之一頁。

第三节　道學大明

元脱脱等所修之《宋史》以道學、儒林兩者並列，其意在突顯道學亦在明道居儒先、道爲儒根，蓋「儒以道得民」也。又以歷二千年（以周德爲始）之治國化民中自成爲道統綱常，不可有所偏廢也。道學則不然，更由其深邃難辯，而又不得不詳辯以發揚之者也。觀脱脱所撰之《道學序言》可知也。「道學之名，古無是也，三代盛世，天子以是道爲政教，大臣、百官、有司以是道爲職業，黨庠、術序師弟子以是道爲講習，四方百姓日用是道而不知，是故盈覆載之間，無一民一物不被是道之澤，以遂其性於斯時也。道學之名何自而立哉？文王周公既没，孔子有德無位，既不能使是道之用漸被斯世，退而與其徒定禮樂、明憲章、删詩、修春秋、讚易象、討論墳典，期使三五聖人之道昭明於無窮，故曰夫子賢於堯舜遠矣。孔子没，曾子獨得其傳，傳之子思以及孟子，孟子没而無傳。兩漢而下，儒者之論大道，察焉而弗精，語焉而弗詳，異端邪説起而乘之，幾至大壞，千有餘載，至宋中葉周敦頤出於舂陵，乃得聖賢不傳之學，作《太極圖説》《通書》，推明陰陽五行之理，命於天而性於人者，了若指掌；張載作《西銘》，極言理一分殊之情，然後道之大原出於天者，灼然而無疑焉。仁宗明道初年，程顥及弟頤實生，及長，受業周氏，已乃擴大其所聞，表彰《大學》《中庸》二篇，與《語》《孟》並行。於是上自帝王傳心之奥，下至初學入德之門，融會貫通，無復餘蘊。迄宋南渡，新安朱熹得程氏正傳，其學加親切焉。大抵以格物致知爲先，明善誠身爲要，凡詩書六藝之文與夫孔孟之遺言，顛錯於秦火，支離於漢儒，幽沉於魏晉六朝者，至是皆焕然而大明，秩然而各得其所，此宋儒之學所以度越諸子而上接孟氏者歟！其於世代之汙隆，氣化之榮悴，有所關係也甚大。道學盛於宋，宋弗究於用，甚至有厲禁焉。後之時君世主，欲復天德王道之治，必來此取法矣。」（《二十五史・宋史》六六一二—六六一三頁）

由此而明道學乃《周禮・天官・大宰之職》「儒以道得民」之道也。此道也，乃我中華先哲太昊帝宓羲氏賴以生之養之、育之長之、敬之亨之、治之廣之、明之揚之、怵之防之、富之堂之、中之和之、修之善之、統之綱之，不使妄之荒之者也。此道也，先爲宓羲氏審思以八卦象之，繼爲軒轅氏無爲（無私無我）而驗之，不言治而自治，不言教而自化，而道自在其中矣。（《莊子・知北游》）「黄帝曰：無思無慮始知道，無處無服始安道，無從無道始得道。」）顓頊、帝嚳、堯、舜所承繼者，亦此道也，質樸之道也，純真之道也，自守自善、自修自樂之道也；乃女媧氏、共工氏、容成氏、大廷氏以及被衣、王兒、齧缺、許由之道也。此乃原始之道家、春秋時之老聃、戰國時之莊周所稟承之道也。「儒以道得民」者，亦此道也。

故儒家與道家所宗者，乃同根同源之道也，唯儒晚出也。但儒與道亦有異也，其所異者可於《周易》與《道德經》悉見之也。演繹道之形式與方法有異也，而其道之本源同一也。即以演《周易》之文王而論，乃身兼儒道兩家也。由此明北宋道學開山祖師周敦頤所著《太極圖說》即融儒道兩家爲一體者也。其所倡明之道學，亦兼儒道兩家之異同焉。其所異者，儒守其道修其德，開物成務，範圍天地，曲成萬物，止於至善者也。道家則爲道日損，知榮守辱，視修身爲上務，以餘緒治天下國家，全真而純其性者也。儒道兩家自老莊、孔孟之後日見其分道揚鑣，唯漢初文景之際嘗見黄老之效；迨至魏晉，道家諸子本有濟世之志，以天下殺伐横行，名士高賢少有出者，遂酣入玄境；玄風之盛秀發之於前，象廣之於後，亦斐然成章，恢弘其道，成爲中華史上道學之異彩。唐興以後，魏徵立於貞觀之朝，政風以清，其學也，儒道兼之，其爲言也，則外儒而内道，利於德治風教也。高宗上元元年（六七四年）十二月壬寅，天請后上表曰：「國家聖緒出自玄元皇帝（老子姓李名耳，唐祖之，乾封元年尊爲玄元皇帝）。請令王公以下皆習《老子》。」從此在唐道教益受尊重。睿宗景雲二年，召天臺山道士司馬承禎，問以陰陽術數，對曰：「道者損之又損，以至無爲，安肯勞心以學術數乎！」上曰：「理身無爲則高矣，而理國何？」對曰：「國猶身也，順物自然，而心無所私，則天下理矣。」上嘆曰：「廣成之言，無以過也。」玄宗開元二十五年（七三七年）春正月初，「置玄學博士（崇玄學，習老子、莊子、文子、列子，亦曰道舉），每歲於明經舉。」道學既列入科舉試目，則學風自盛。五代末，有道士陳摶（八七一—九八九年），字圖南，自號扶摇子，亳州真源（今河南鹿邑）人，一説普州崇龕（今四川潼南）人，生於唐末，舉進士不第，隱居武當山，服氣辟穀二十餘年，後移居華山，宋太宗賜號希夷先生，著《無極圖》（刻於華山石壁）和《先天圖》，認爲萬物一體，只有超絶萬有的「一大理法」存在，周敦頤、邵雍繼其説。邵雍受道於李之才，表之才之墓曰：「求於天下得聞道之君子李公以師焉。」李之才受傳於穆修，穆修受傳於種放，種放受傳於陳摶。邵雍於道學具有卓越獨見，「别爲一家」，著有《觀物内外篇》。《内篇》有言曰：「是知，人也者，物之至者也；聖也者，人之至者也；人之至者，謂其能以一心觀萬心、一身觀萬身、一世觀萬世者焉。其能以心代天意、口代天言、手代天工、身代天事者焉；其能以上識天文、下盡地理、中盡物情、通照人事者焉；其能以彌綸天地、出入造化、進退古今、表裏人物者焉。」（《宋元學案》三七〇頁）邵雍之子伯温繼其學，從動静闡明大道：「道生一，一爲太極；一生二，二爲兩儀；二生四，四爲四象；四生八，八爲八卦；八生六十四，六十四具，而後天地萬物之道備矣。天地萬物以一爲本，原於一而衍之爲萬，窮天下之數而復歸於一。一者何也？天地之心也，造化之原也。備天地，兼萬物，而合德於太極者其唯人乎！日用而不知者，百姓也；反身而誠之者，君子也；因性而由之者，聖人也。故聖人以天地爲一體，萬物爲一身。一動一静者，天地之妙用也。一動一静之間者，天、地、人之妙用也。陽闢而爲動，陰合而爲静，所謂一動一静者也。不役乎動，不滯乎静，非動非静，而主乎動静者，一動一静之間者也。自静而觀動，自動而觀静，則有所謂動静，方静而動，方動而静，不拘於動静，則非動非静者也，然動静之間，間不容髮，豈間乎！惟其無間所以爲動静之間也。」伯温又論太極曰：「夫太極者，在天地之先而不爲先，在天地之後而不爲後，終天地而未嘗終，始天地未嘗始，與天地萬物圓融和會而未嘗有先後始終者也。是故知太極者，有物之先本已混成，有物之後未嘗虧損，自古及今，無時不存，無時不在。萬物無所不稟，則謂之曰命；萬物無所不本，則謂之曰性；萬物無所不主，則謂之曰天；萬物無所不生，則謂之曰心。其實一也。古之聖人窮理盡性以至於命，盡心知性以知天，存心養性以事天，皆本乎此也。」（《宋元學案》四七四—四七五頁）此北宋道學由五代陳摶所傳授之「康節之學別爲一家」之鱗爪也。

實則推究北宋道學之興，乃自有其原，黃宗羲以爲始於安定之學，全祖望案曰：「宋世學術之盛，安定、泰山爲之先河，程朱二先生皆以爲然；安定沈潛，泰山高明，安定篤實，泰山剛健，各得其性稟之所近。要其力肩斯道之傳則一也。安定似較泰山爲更醇。安定者，胡先生瑗也，字翼之，泰州如皋人，十三歲通《五經》，即以聖賢自期，神宗題先生像曰：「先生之道，得孔孟之宗；先生之教行蘇、湖之中。師任而尊，如泰山屹峙於諸峰；法言而信，如四時迭運於無窮。辟居太學，動四方欣慕，不遠千里而翕從；召人天章，輔先帝日侍，啓沃萬言而納忠。經義治事，以適士用；議禮定樂，以迪聖躬。敦尚本實，還隆古之淳風；倡明正道，開來學之顓蒙。載瞻載仰，誰不思公？誠斯文之模範，爲後世之欽崇！」（《宋元學案·安定學案》二二一—二二九頁）泰山乃孫復先生之號，字明復，晉州平陽人，四舉開封府籍進士不第，退居泰山學《春秋》，著《尊王發微》，徂徠石介師事之，石介既爲學官，作《明隱篇》以語於朝曰：「孫明復先生畜周孔之道聚徒著書，蓋有待也。守硜硜之節之所爲也，聖人之所不與也，先生非隱者也。」於是范文正、富文忠皆言先生有經術，宜在朝廷，除國子監直講，召爲邇英殿祇候説書，其所著《春秋尊王發微》有言曰：「欲治其末者必端其本，嚴其終者必正其始。」「孔子作《春秋》，專其筆削，損之益之，以成大中之法。」「賞所以勸善也，罰所以懲惡也，善不賞惡不罰，天下所以亂也。」「梁亡惡不用賢也。」其所著《睢陽子集》有言曰：「暴秦之後，聖道晦而復明者，仲舒之力也。」「國家踵隋唐之制，專以詞賦取人，故天下之士皆致力於聲病對偶之間，探索聖賢之閫奥者，百無一二。」「專守王弼韓康伯之説而求於《大易》，吾未見其能盡於《大易》也。」「文者，道之用也；道者，教之本也。自漢至唐，以文垂世衆矣，然多楊墨佛老虚無報應之事，沈謝徐庾妖艷邪侈之辭。始終仁義、不叛不雜者唯董仲舒、揚雄、王通、韓愈。」全祖望案曰：「泰山之與安定同學十年，而所造各有不同。安定冬日之日也，泰山夏日之日也。抑又可見二家淵源之不紊也。」（《與張洞書》）此濂溪先生之前北宋道學情況也。黃百家案語曰：宋興八十年，安定胡先生、泰山孫先生、徂徠石先生始以師道明正學，繼而濂洛興矣。

一　濂溪肇基

周敦頤，字茂叔，道州營道人。父輔成爲賀州桂嶺縣令，母鄭氏。少孤，養於舅龍圖閣學士鄭向家。景祐三年（一〇三六年）向奏授洪州分寧縣主簿，時有獄久不決，先生一訊立辨，部使者薦爲南安軍司理參軍。又知郴州桂陽縣，用薦改大理丞。知南昌縣，縣人喜曰：是能辨分寧獄者，吾無冤矣。初在合州，不爲部使者趙清獻公抃所知，及趙公爲虔守，熟視先生所爲，大服之，執其手曰：今而後乃知周茂叔也。移判永州已，權行邵州。熙寧初，用趙公及呂正獻公公著薦，轉虞部郎中，廣東轉運判官，提點本路刑獄，人跡所不到者，衝瘴而往以洗冤獄，以疾乞知南康軍，因家廬山蓮花峰下，取營道故居蓮溪名之。趙公將奏用，未及而卒，年五十七歲，熙寧六年六月七日也，葬江州德化縣之清泉社。先生官南安時，二程之父珦，視其氣貌非常，因與爲友，使二子受學焉。宋寧宗嘉定十三年（三二〇年）賜謚元公。宋理宗淳祐元年（三四一年）封汝南伯，從祠孔子廟庭，後改封道國公。明嘉靖中，祀稱「先儒周子」。百家案曰：「孔孟而後，漢儒只有傳經之學，性道微言之絕久矣。元公崛起，二程嗣之，又復橫渠諸大儒輩出，聖學大昌。故安定、徂徠卓乎儒者矩範，然僅可謂開之必先，若論闡發心性義理之精微，端數元公之破暗也。」（《宋元學案・濂溪學案》四八二頁）元公破暗之作有二：曰《通書》，曰《太極圖說》。《通書》之要義有：「誠者，聖人之本」。「大哉乾元，萬物資始」，誠之源也。「乾道變化，各正性命」，誠斯立焉，純粹至善者也。大哉《易》也，性命之源乎！聖誠而已矣。誠，五常之本，百行之原也。誠無爲，幾善惡。德，愛曰仁，宜曰義，理曰禮，通曰智，守曰信。性焉安焉之謂聖，復焉執焉之謂賢，發微不可見，充周不可窮之謂神。寂然不動者，誠也；感而遂通者，神也；動而未形，有無之間者，幾也。誠精故明，神應故妙，幾微故幽。誠、神、幾曰聖人。聖可學乎！曰：可。曰：有要乎？曰：有。請問焉，曰：一爲要。一者，無欲也。無欲則靜虛動直。欲，原是人本無的物，無欲是聖，無欲便是學，其有焉，奈之何！曰：學焉而已矣。其學焉何如？曰：本無而忽有，云其有而已矣。孰爲有處，有水即爲冰；孰爲無處，無冰即爲水。欲與天理，虛直處只是一箇，從凝處看是欲，化處看是理。「《易》止《五經》之源，其天地鬼神之奧乎！」「聖人之道，入乎耳，存乎心，蘊之爲德行，行之爲事業，彼以文辭而已者陋矣。」「聖人之道至公而已矣，或曰：何謂也？天地至公而已矣。」（《宋元學案・濂溪學案》四八二—四九〇頁）

太極圖說

「無極而太極，太極動而生陽，動極而靜，靜而生陰，靜極復動，一動一靜，互爲其根。分陰分陽，兩儀立焉，陽變陰合而生水火木金土，五氣順布，四時行焉，五行一陰陽也，陰陽一太極也，太極本無極也。五行之生也，各一其性，無極之真，二五之精妙合而凝，乾道成男，坤道成女，二氣交感化生萬物，萬物生生而變化者無窮焉，唯人也得其秀而最靈。形既生矣，五性感動而善惡分，萬事出矣，聖人定之以中正仁義，而主靜（自注云，無欲故靜），立人極焉。」故曰：「立天之道曰陰與陽，立地之道曰柔與剛，立人之道曰仁與義。大哉《易》也，斯其至矣。故聖人與天地合其德，日月合其明，四時合其序，鬼神合其吉凶。君子修之吉，小人悖之凶。」（《濂溪學案》四九七—四九八頁）綜觀《太極圖說》與《通書》之要微，其主要者乃儒家經典《周易》《論語》《中庸》諸經要微也。亦包含了《道德經》中「玄之又玄，眾妙之門」「爲道日損，以至於無爲」之深意焉。此二文可視爲孔孟以后之新闡明，揭開了心性義理之新篇章，亦可視爲道學研究之綱領，肇啟了儒學復興運動。其所初示之「無極而太極」即《易·乾·象》「大哉乾元，萬物資始，乃統天」與《道德經》首章「玄之又玄，眾妙之門」綜合之萬變絶綱也；將儒道兩家所本之道首合而論之，窺周子之原意亦復如此。但往後之學術討論多限於儒家諸子，必然導致儒家中幾個核心問題（性善、理欲、良知、知行等）大放異彩，開啟了儒學研究之新領域新途徑；因而必然引出儒學之思想大解放。惜剛一啟蒙之際，即內窒於科舉之桎梏，外因於明清政治之相制，於今歷五百年未有起色，使道學崛起之奇峰淹沒於茫茫功利重霧之中而不得一展「良知之明」。「所幸天理之在人心，終有所不可泯，」「但願今日國學復興之幾，「必有惻然而悲，戚然而痛，憤然而起，沛然若決江河而有所不可御者矣！非夫豪傑之士無所待而興起者，吾誰與望乎！」（《王陽明全集》五六頁）此五百年前王陽明先生之至願，庶幾其宜哉！

繼承濂溪之學者爲二程（顥、頤）先生，《明道學案》記曰：「程顥，字伯淳，世居中山，後徙河南。高祖羽，太宗朝三司使。父珦，太中大夫。先生生而秀爽，逾冠中進士第，調鄠縣主簿，改上元縣，移晉城令，先生視民如子，民以事至縣者，必告之以孝悌忠信。度鄉村遠近爲保伍，使之力役相助、患難相恤，而奸僞無所容。在縣三年，民無强盜及鬥死者。秩滿，吏夜叩上，稱有殺人者。」先生曰：「吾邑安有此，誠有之，必某村某人也。問之，果然。」或詢其故，曰：「吾嘗疑此人惡少之勿革者也。」熙寧初，用呂正獻公公著薦，爲太子中允，神宗素知其名，每召見，從容咨訪。將退，則曰：「卿可頻來求對，欲常相見耳。」及論人才，曰：「陛下奈何輕天下士？」神宗曰：「奈何敢如是！」前後進説，未有一語及於功利。嘗極陳治道，神宗曰：「此堯舜之事，朕何敢當！」先生愀然曰：「陛下此言，非天下之福也。」安石執政，議更法令，言者攻之甚力，先生被旨赴中堂議事，安石方怒言者，厲色待之。先生徐曰：「天下事非一家私議，願平氣以聽」。安石爲之愧屈。先生言：「自古興治立事，未有中外人情交謂不可而能有成者。就使僥倖小成，而興利之臣日進，尙德之風浸衰，尤非朝廷之福！」哲宗立，召爲宗正丞，未行而卒，元豐八年六月十五日也，年五十四。先生「逾冠中進士第，調鄠縣主簿」，卒前猶爲哲宗召爲宗正丞，畢生居官三十五年，其爲學也，悉在官任繁忙之中，此在中華學術史中乃唯一之獨例也。而其學術成就則耀爍古今也。茲錄其

《識仁篇》《定性書》《語錄》三者之要微如次。

學者須先識仁。仁者，渾然與物同體。義、禮、智、信皆仁也。識得此理，以誠敬存之而已，不須防檢，不須窮索，若心懈，則有防心，苟不懈，何防之有。理有未得，故須窮索，存久自明，安得窮索！道與物無對，「大」不足以明之。天地之用，皆我之用。孟子言「萬物皆備於我」，須「反身而誠」，乃爲大樂。若反身不誠，則猶是二物有對，以己合彼，終未有之，又安得樂。《訂頑》一書（橫渠《西銘》，舊名《訂頑》）乃備言此體，以此意存之，更有何事。「必有事焉，而勿正，心勿忘，勿助長」未嘗致纖毫之力，此其存之之道。若存得，便合有得。蓋良知良能，元不喪失，以昔日習心未除，卻須存習此心，久則可奪舊習，此理至約，惟患不能守。既能體之而樂，亦不患不能守也。（《誠仁篇》見《明道學案上》五四〇—五四一頁）劉蕺山曰：「程子首言識仁，不是教人懸空參悟，正就學者隨事精察力行之中，先與識個大頭腦所在，便好容易下工夫也。『誠敬存之』而已，勿忘勿助之間，其真用力候也。蓋天理微妙之中，着不得一毫意見伎倆，與之湊泊。」

《定性書》（黃百家案：橫渠張子問於先生曰：「定性未能不動，猶累於外物如何？」先生因作是篇。）：「所謂定者，動亦定，靜亦定，無將迎，無內外。苟以外物爲外，牽己而從之，是以己性爲有內外也，且以己性爲隨物於外，則當其在外時，何者爲在內？是有意於絶外誘，而不知性之無內外也。既以內外爲二本，則又烏可遽語定哉！夫天地之常，以其心普萬物而無心；聖人之常，以其情順萬物而無情。人之情各有所蔽，故不能適道，大率患在於自私而用智。自私，則不能以有爲爲應跡，用智則不能以明覺爲自然。今以惡外物之心，而求照無物之地，是反鑒而索照也。孟氏曰：「所惡於智者，爲其鑿也。」與其非外而是內，不若內外之兩忘也。兩忘則澄然無事矣。（《明道學案上》五四六頁）

《語錄》：「上天之載，無聲無臭。」其體則謂之《易》，其理則謂之道，其用則謂之神，其命於人則謂之性，率性則謂之道，修道則謂之教。孟子在其中又發揮出浩然之氣，可謂盡矣。《中庸》言誠，便是神。惟神也，故不疾而速，不行而至。神無速，亦無至。須如此言者，不如是，不足以形容故也。生生之謂易，生生之用則神也，窮神知化，化之妙者，神也。天地萬物之理，無獨必有對。皆自然而然，非有安排也，每中夜以思，不知手之舞之足之蹈之也。古今異宜，不惟人有所不便，至於風氣亦自別也。天下善惡皆天理。謂之惡者非本惡，但或過或不及便如此，如楊墨之類，事有善有惡，皆天理也。天理中物須有美惡，蓋物之不齊，物之情也，但當察之，不可自入於惡，流於一物。敬勝百邪。毋不敬，可以對越上帝。欲當大任，須是篤實，以己及物，仁也；推己及物，恕也，忠恕一以貫之。忠者天道，恕者人道。忠者體，恕者用，大本達道也。良知良能，皆無所由，乃出於天不系於人。人心莫不有知，唯蔽於人欲，則亡天德也。告神宗曰：「先聖後聖，若合符節。非傳聖人之道，傳聖人之心也；非傳聖人也，傳己之心也。己之心無異聖人之心，廣大無垠，萬善皆備。欲傳聖人之道，擴充此心焉耳。」性靜者可以爲學。「學者須學文，知道者進德而已。有德則『不習，無不利』，蓋先得是道矣，故此言可爲知道者言，不可爲學者言。」「能盡飲食言語之道，則可以盡去就之道，能盡去就之道，則可以盡生死之道。飲食言語去就生死，小大之勢一也。故君子之學，自微而顯，自小而章。」「太山高矣，然太山頂上已不屬太山。雖堯舜事業，亦只是如太虛中一點浮雲過目。」「人心常要活，則周流無窮，而不滯於一隅。」「有形總是氣，無形總是道。凡有氣莫非天，凡有形莫非地，觀天地生物氣象，」「生生之謂性，性即氣，氣即性，生之謂也。人生氣稟，理有善惡，然不是性中元有此兩物相對而生也，有自幼而善，自幼而惡，是氣稟自然也。」「惟善通變便是聖人。」「吾學雖有所授受，『天理』二字卻自家體貼出來。」（《明道學案上》五四八—五六八頁）先生居官三十五年，積有治政實驗，故於《陳治法十事》中指明其「非有古今之異者」十件當治之常事：一曰隆師友，以養「尊德樂善之風」；二曰正官秩，以興「綱紀太平之治」；三曰定恒產，以厚民生；四曰睦鄉黨之親，省刑罰之患；六曰興學育才，兼收化民之效；七曰除驕兵胥徒之毒，以安靖地方；八曰積穀防飢；九曰整治山澤漁鹽之利；十曰正車服器用之制，不得僭越。並指明「人人求厭其欲而後已，此大亂之道也。」（《明道學案下》五七一—五七二頁）高景逸曰：「先儒唯明道先生看得禪書透，識得禪弊真。」又曰：「《大學》者，聖學也；《中庸》者，聖心也。匪由聖學，寧識聖心！發二書之秘，救萬世無窮者，先生也，淵乎微乎！非先生，學者不識天理爲何物矣。不識天理，不識性爲何物矣。」唐一庵曰：「明道之學，嫡衍周派，一天人，合內外，主於敬而行之以恕，明於庶物而察於人倫，務於窮神知化而能開物成務，就其民生日用而非淺陋固滯。不求感而物應，未施信而民從。」劉安禮謂從先生三十餘年，未曾見其忿厲之容。而於興造禮樂，制度文爲，下及兵刑水利之事，無不悉心精練。使先生得志而有爲，三代之治不難幾也。富鄭公曰：

「伯淳無福，天下之人亦無福。」信哉！

全祖望案曰：「大程子早卒，向微小程子，則洛學之統且中衰矣！」蕺山先生嘗曰：「小程子大而未化，然發明有過於其兄者」。信哉！

程頤，字正叔，河南人，明道先生之弟也，年十八，上書闕下，勸仁宗黜世俗之論，以王道爲心。遊太學，胡安定瑗試諸生以「顏子所好何學」，得先生論，大驚，延見，處以學職。治平、熙寧間，大臣屢薦，皆不起。哲宗初，司馬溫公光、呂申公公著共疏上其行義，詔以爲西京國子監教授，力辭，尋召赴闕，擢崇政殿說書。奏言：「輔養之道，不可不至，一日之中，接賢士大夫之時多，親宦官宮女之時少，則氣質自然變化，不接儒臣，殆非古人旦夕承弼之意。」方是時，蘇子瞻軾在翰林，一時文士多歸之，文士不樂拘檢，迂先生所爲，遂分黨爲洛蜀。諫議孔文仲奏先生爲五鬼之魁，遂出管句西京國子監。崇寧二年，范致虛言程頤以邪說詖行，惑亂眾聽，事下河南府體究，盡逐學徒，復隸黨籍，四方學者猶相從不舍，先生曰：「尊所聞，行所知可矣，不必及吾門也。」五年，復宣義郎，致仕。大觀元年九月庚午卒於家，年七十五。嘉定十三年賜謚曰正公，淳祐元年封伊川伯，從祀孔子廟廷。其所著《顏子所好何學論》有言曰：「然則顏子所獨好者，何學也？學以至聖人之道也。聖人可學而至與？曰：然。學之道如何？曰：天地儲精，得五行之秀者爲人。其本也真而靜，其未發也，五性具焉，曰仁義禮智信。形既生矣，外物觸其形而動於中矣，其中動而七情出焉，曰喜怒哀樂愛惡欲。情既熾而益蕩，其性鑿矣，是故覺者約其情使合於中，正其心養其性，故曰『性其情』。愚者則不知制之，縱其情，而至於邪僻，梏其性而亡之，故曰『情其性』。凡學之道正其心，養其性而已，中正而誠，則聖矣。君子之學，必先明諸心，知所養，然後力行以求至，所謂『自明而誠』也。故學必盡其心，盡其心，則知其性，知其性，及而誠之，聖人也。聖人不思而得，不勉而中，從容中道。顏子則必思而後得，必勉而後中，性之者，生而知之者也；及之者，學而知之者也。」（《伊川學案》六四二—六四三頁）其著有《語錄》，錄其要微如次：「一人之心，即天地之心；一物之理，即萬物之理；一日之運，即一歲之運。」「學在先務，固在心志，人心不能不交感萬物，亦難爲使之不思慮，若欲免此，唯是心有主，如何爲主，敬而已矣。所謂敬者，主一之謂敬；所謂一者，無適之謂一。」「氣有善不善，性則無不善也。」「聞見之知非德性之知，物交物則知之，非內也，今之所謂『博物多能』者是也，德性之知，不假見聞」，「人思如涌泉，汲之愈新」。「格猶窮也，物猶理也，猶曰窮其理而已矣。窮其理然後足以致知，不窮則不能致也。物格者，適道之始歟！欲思格物，則因已近道矣。」「道孰爲大，性爲大，人之性則一大矣。噫！人之自小者，亦可哀也。論性不論氣，不備；論氣不論性，不明。性即理也，所謂理性是也。」「古之學者爲已，今之學者爲人。古之仕者爲人，今之仕者爲已。古之強有力者，將以行禮；今之強有力者，將以作亂。今之學者歧而爲三：能文者謂之文士，談經者謂之講師，惟知道者乃儒學也。」「聖人於天下事，自不合與只順他天理，茂對時育萬物。」「萬物無一物失所，便是天理謂中也。」「發於外者爲恭，有之中者爲敬。」「夫事外無心，心外無事。」（《伊川學案上》五九一—六三五頁）

濂洛一派尚有横渠先生之學。横渠先生名張載，字子厚，世居大梁，父迪，仕仁宗朝，殿中丞，知涪州，卒官。諸孤皆幼，不克歸，僑寓鳳翔郿縣横渠鎮。先生少孤自立，喜談兵。當康定用兵時，年十八，上書謁范文正公，公知其遠器，責之曰：「儒者自有名教可樂，何事於兵？」手《中庸》一篇授焉，遂翻然志於道。已求諸釋老，乃反求之於《六經》。嘉祐，至京師見二程子，乃先生外兄弟之子也。知二程子深明《易》道，淳如也，乃師之。熙寧初，用中丞呂正獻公之薦，召對問治道，對曰：「爲治不法三代，終苟道也。」神宗勵精於大有爲，悅之，曰：「卿宜日與兩府議政，朕且大用卿。」謝曰：「臣自外官赴召，未測新政所安，願徐觀旬月後當有所獻替。」上然之，除崇文院校書。時王安石執政，謂先生曰：「新政之更，懼不能任，求助於子，何如？」先生曰：「公與人爲善，孰敢不盡？若教玉人琢玉，則固有不能者矣。」安石不悅。告諸生以學必如聖人而後已，以爲知人而不知天，求爲賢人而不求爲聖人，此秦漢以來學者之大弊也。故其學以《易》爲宗，以《中庸》爲的，以禮爲體，以孔孟爲極。教童子以灑掃應對，於是關中風俗一變而至於古。著有《東銘》《西銘》《正蒙》，卒年五十八。淳祐初追封郿伯，從祀學宮。

《西銘》曰：「乾稱父，坤稱母，予茲藐焉，乃渾然中處。故天地之塞，吾其體；天地之帥，吾其性。民吾同胞，物吾與也。大君者，吾父母宗子；其大臣，宗子之家相也。尊高年，所以長其長；慈孤弱，所以幼其幼。聖其合德，賢其秀也，凡天下疲癃、殘疾、惸獨、鰥寡，皆吾兄弟之顛連而無告者也。於時保之，子之翼也；樂且不憂，純乎孝者也。違曰悖德，害仁曰賊。知化則善述其事，窮神則善繼其志。富貴福澤，將厚吾之生也；貧賤憂戚，庸玉汝於成也。存，吾順事；沒，吾寧也。」《東銘》：「戲言出於思也，戲動作於謀也。發乎聲，見乎四支，謂非己心，不明也。欲人無己疑，不能也。過言非心也；過動非誠也。失於聲，繆迷其四體，謂己當然，自誣也；欲他人從己，誣人也。或者以出於心者歸咎爲己戲，失於思者自誣爲己誠。不知戒其出汝者，歸咎其不出汝者。長傲且遂非，不知孰甚焉。」劉蕺山曰：「此張子精言心學也。戲言戲動，人以爲非心，而不知其出於心，思與謀，心之本乎人者也；過言過動，人以爲是心，而不知其非心，誠者，心之本乎天者也。心之本乎人者，當如何以省察之；而其不本乎天者，當如何以克治之，則學問之能事畢矣。今也指其本乎心者曰『吾戲耳』，而不知戒；又指其不本乎心者曰『是亦吾心也』，而不知咎。則戲而不已，必長其傲；過而不已，必遂其非。適以自欺其本心之明，不智孰甚焉。夫學，因明至誠而已矣。然則，《西銘》之道，天道也；《東銘》之道，其盡人者與！」（《橫渠學案》六六三—六六八頁）

《正蒙》計分《太和》《參兩》《天道》《神化》《動物》《誠明》《大心》《中正》《至當》《作者》《三十》《有德》《有司》《大易》《樂器》《王禘》《乾稱》等十七篇，茲擇錄其要微。「太和所謂有道，中涵浮沈陞降，動靜相感之性，是生絪緼相蕩、勝負相屈之始。其來也幾微易簡；其究也廣大堅固。起知於易者乾乎！效法於簡者坤乎！散殊而可象爲氣，清通而不可象爲神。不如野馬絪緼，不足謂之太和。語道者知此，謂之知道；學《易》者見此，謂之見易。「知虛空即氣，則有無、隱顯、神化、性命通一無二，顧聚散、出入、形不形，能推本所從來，則深於《易》者也。由太虛，有天之名；由氣化，有道之名；合虛與氣，有性之名；合性與知覺，有心之名。鬼神者，二氣之良能也。聖者，至誠得天之謂；神者，太虛妙應之目。凡天地法象，皆神化之糟粕而。性與天道云者，易而已矣，心所以萬殊者，感外物爲不一也。天大無外，其爲感者，絪緼二端而已。」（《太和篇》六六九—六七三）。「天道四時行、百物生，無非至教；聖人之動，無非至德。天何言哉！天不言而信，神不怒而威，誠故信，無私故威。運於無形之謂道，形而下者不足以言之。已誠而明，故能不見而章、不動而變、無爲而成。世人知道之自然，未始識自然之爲體爾！貞明不爲日月所眩，貞觀不爲天地所遷。」（《天道篇》六八一—六八三頁）「神，天德；化，天道；德，其體；道，其用，一於氣而已。神無方，易無體，大且一而已。虛明照鑒，神之明也，無遠近幽深，利用出入，神之充塞無間也。天下之動，神鼓之也。大而化之，能不勉而大也；不已而天，則不測而神矣。

神不可致思，存焉可也；化不可助長，順焉可也。惟神爲能變化，以其一天下之動也。人能知變化之道，其必知神之爲也。見易，則神其幾矣。」（《神化篇》六八三—六八九頁）「誠明所知，乃天德良知，非聞見小知而已。『自明誠』，由窮理而盡性也；『自誠明』，由盡性而窮理也。知性知天，則陰陽、鬼神皆吾分內爾！天性在人，正猶水性之在冰，凝釋雖異，爲物一也。上達反天理，下達徇人欲者與！」（《誠明篇》六九〇—七〇〇頁）「大其心，則能體天下之物。物有未體，則心爲有外。世人之心，止於聞見之狹；聖人盡性，不以見聞梏其心，其視天下無一物非我。天大無外，故有外之心，不足以合天心。見聞之知，乃物交而知，非德性所知。德性所知，不萌於見聞。成吾身者，天之神也；體物體身，道之本也。身而體道，其爲人也大矣；道能物身，故大。能以天體身，則能體物也不疑。成心忘（成心者，私意也），然後可與進於道。以我視物則我大，以道體物我則道大。故君子之大也，大於道。」（《大心篇》七〇〇—七〇四頁）「中正然後貫天下之道，此君子之所以大居正也。蓋得正，則得所止；得所止，則可以弘而致於大。君子之道，成身成性以爲功者也；未至於聖，皆行而未成之地爾。體正則不待矯而弘，未正必矯，矯而得中，然後可大。極其大而後中可求，止其中而後大可有。正己而物正，大人也；正己而正物，猶不免有意之纍也。有意爲善，利之也，假之也；無意爲善，性之也，由之也。天理一貫，則無意、必、固、我之鑿。意、必、固、我，一物存焉，非誠也。」（《中正篇》七〇四—七〇六頁）「德主天下之善，善原天下之一。善同歸治，故王心一；言必主德，故王言大。困辱非憂，取困辱爲優；榮利非樂，忘榮利爲樂。克己行法爲賢，樂己可法爲聖。聖與賢，跡相近，而心之所至有差焉。聖人不患爲政難，患民難喻。」（《有德篇》七二五—七二八頁）「《易》一物而三才：陰陽，氣也，而謂之天；剛柔，質也，而謂之地；仁義，德也，而謂之人。陰陽，天道，象之成也；剛柔，地道，法之效也；仁義，人道，性之立也。」（《大易篇》七二九—七三二頁）「凡可狀，皆有也；凡有，皆象也；凡象，皆氣也。氣之性本虛而神，則神與性乃氣所固有，此鬼神所以體物而不可遺也。感者性之神，性者感之體。惟屈伸、動靜、終始之能一也，故所以妙萬物而謂之神，通萬物而謂之道，體萬物而謂之性。在萬物爲性，在造化爲天道，性即天道也。」（《乾稱篇》七四八—七五二頁）

綜觀右述濂洛關學之要，一曰立道學之名，將儒道之學一並發揚，《太極圖説》實乃儒道合一之論。二曰重點論述《易》道，天地人三道以及誠性命心情欲諸大端，皆發前儒之所未發，啟後賢者大矣。其中程頤之見「道孰爲大，性爲大」，張載之見「見易，則神其幾矣」，此中「人欲與天理」成爲道學研究之中心問題，無論爲人之道、爲學之道、爲政之道，唯無欲始可見天理，唯無欲始可期有成，唯無欲乃正途也。濂洛關閩乃一脈相承者也。茲述閩學如次。

二 晦翁大明

朱熹（一一三〇—一二〇〇年），字元晦，一字仲晦，徽州婺源人，父松，第進士，歷官司勛、吏部郎。秦檜決策議和，松與同列上章極言其不可。檜怒，諷御史論松懷異自賢，出知饒州，未上卒。熹幼穎悟，甫能言，父指天示之，曰：「天」。問曰：「天上何物？」父異之。就傅授以《孝經》，一閱，題其上曰：「不若是，非人也。」年十八貢於鄉。並中是年（紹興十八年）進士第。主泉州同安主簿，選邑秀民充弟子員，日與講說聖賢修己治人之道。孝宗即位，詔求直言，熹上封事，言：「聖躬雖未有過失，而帝王之學不可以不熟講；朝廷雖未有闕遺，而修攘之計不可以不早定。夫金人於我，有不共戴天之讎，則不可和也明矣。」淳熙中，訪白鹿洞書院遺址，奏復其舊，後講學於白鹿洞書院，將道學中爲學修身之要，書爲《白鹿洞書院教條》：（一）五教之目：父子有親，君臣有義，夫婦有別，長幼有序，朋友有信。（二）爲學之序：博學之，審問之，愼思之，明辨之，篤行之。（三）修身之要：言忠信，行篤敬，懲憤窒欲，遷善改過。（四）處事之要：正其誼，不謀其利；明其道，不計其功。（五）接物之要：己所不欲，勿施於人；行有不得，反求諸己。全祖望曰：「楊文靖公（時）四傳而得朱子，致廣大而盡精微，綜羅百代矣。善讀朱子之書者，正當遍求諸家，以收去短集長之益。道學至晦翁而大明，見致廣大盡精微之效，收上集百家、下啟後賢之功，開申天理、去人欲之門，蘊張大道而鄙功利之風。其於道學，可謂居集大成之功。」集於《晦翁學案》之作有《中和說》《觀心說》《仁說》《語要》《晦翁文集》《白鹿洞書院教條》等。近代學者則有錢穆先生所編《朱子新學案》，分目敘述甚詳，亦足以見朱學之大而精焉。

黄百家案曰：「紫陽其爲學也，主敬以立其本，窮理以致其知，反躬以踐其實。而博及群書，除經史著述外，凡夫諸佛老、天文、地理之學，無不涉獵而講究也。其爲間時之巨儒，復何言哉！」

《中和說一》：「《與張敬夫》曰：人自有生即有知識，事至物來，應接不暇，念念遷革，以至於死，其間初無頃刻停息，舉世皆然也。然聖人之言有所謂未發之中，寂然不動者。於是退而驗之日用之間，則凡感之而通、觸之而覺，蓋有渾然全體、應物而不窮者，是乃天命流行、生生不息之機，雖一日之間萬起萬滅，而其寂然之本體則未嘗不寂然也。所謂未發，如是而已矣。夫豈別有一物，限於一時，拘於一處，而可以謂之中哉！」

《中和說二》：「《答張敬夫》曰：日前所見，纍書所陳者，只是儱侗見得大本達道底影象，便執認以爲是了。蓋只見得箇直截根源，傾湫倒海底氣象，日間但覺爲大化所驅，如在洪濤巨浪之中，以故應事接物處，但覺粗厲勇果，而無寬裕雍容之氣，雖竊病之，而不知其所自來也。今而後，乃知浩浩大化之中，一家自有一箇安宅，正是自家安身立命、主宰知覺處，所以立大本、行達道之樞要。所謂體用一原，顯微無間，乃在於此。道邇求遠，亦可笑矣。」

《中和說三》：「《答張敬夫》曰：近復體察，見得此理須以心爲主而論之，則性情之德、中和之妙，皆有條而不紊。蓋人之一身，知覺運動莫非心之所爲，則心者，所以主於身而無動靜語默之間者也。方其靜也，事物未至，思慮未萌，而一性渾然，道義全具。其所謂『中』，乃心之所以爲體，而寂然不動者也。及其動也，事物交至，思慮萌焉，則七情叠用，各有攸主；其所謂『和』，乃心之所以爲用，感而遂通者也。然性之靜也，而不能不動，情之動也，而必有節焉，是則心之所以寂然感通、周流貫徹，而體用未始稍離者也。雖人有是心而或不仁，則無以著此心之妙；人雖欲仁而或不敬，則無以致求仁之功。蓋心主乎一身而無動靜語默之間，是以君子之於敬，亦無動靜語默而不致其力焉。」（劉蕺山曰：「以心爲主及主敬之說，最爲諦當。」）

《中和說四》：「《答湖南諸公》曰：向來講論思索，直以心爲已發，而日用工夫，亦止察識端倪爲最初下手處，以故缺卻平日涵養一段工夫，使人胸中擾擾，無深潛純一之味，而其發之言語事爲之間，亦常急迫浮露，無復雍容深厚之風。蓋所見一差，其害乃至於此，不可不審也。」（《晦翁學案上》一五〇五—一五〇七頁）

《觀心說》：「或問：『佛者有觀心說，然乎？』曰：夫心者，人之主乎身者也，一而不二者也，爲主而不爲客者也，命物而不命於物者也。故以心觀物，則物之理得。今復有物以反觀乎心，則是此心之外復有一心，而能管乎此心也。然則所謂心者，爲一邪，爲二邪？爲主邪，為科邪？爲命物者邪，爲命於物者邪？此亦不待教而審其言之謬矣。或者曰：「若子之言，則聖賢所謂精一，所謂操存，所謂盡心知性，所謂見其參於前而倚於衡者，皆何謂哉？」應之曰：「此言之相似而不同，正苗莠、朱紫之間而學者之所當辨者也。夫謂人心之危者，人欲之萌也；道心之微者，天理之奥也。心則一也，以正不正而異其名耳；惟精惟一，則居其正而審其差者也，絀其異而反其同者也。能如是，則信執其中而無過不及之偏矣。」

《仁說》：「天地以生物爲心者也，而人物之生，又各得夫天地之心以爲心者也。故語心之德，一言以蔽之，則曰仁而已矣。蓋天地之心，其德有四，曰元、亨、利、貞，而元無不統；人之爲心，其德亦有四，曰仁、義、禮、智，而仁無不包。故論天地之心者則曰乾元、坤元，則四德之體用不待悉數而足，論人心之妙者，則曰「仁，人心也」，則四德之體用亦不待偏舉而該。蓋仁之爲道，乃天地生物之心即物而在。情之未發而此體已具，情之既發而其用不窮。誠能體而存之，則眾善之源，百行之本，莫不在是。此孔門之教所以必使學者汲汲於求仁也，其言有曰「克己復體爲仁」，言能克去己私，復乎天理，則此心之體無不在，而此心之用無不行也。又曰「居處恭，執事敬，與人忠」，則亦所以存此心也。又曰「事親孝，事兄弟，及物恕」，則亦所以行此心也。又曰「求仁得仁」，則以讓國而逃，諫伐而餓，爲能不失乎此心也。又曰「殺身成仁」，則以欲甚於生，惡甚於死，而能不害乎此心也。此心何心也？在天地則塊然生物之心，在人則溫然愛人利物之心，包四德而貫四端者也。（《晦翁學案》一五一〇—一五一一頁）

《語要》：「太極自是涵動靜之理，卻不可以動靜分體用，蓋靜即太極之體也，動即太極之用也。太極之有動靜，是天命之流行也。或疑靜處如何流行，曰：「唯是一動一靜，所以流行。如秋冬之時，謂之不流行可乎！若謂不能流行，何以謂之『靜而生陰』也？觀『生』之一字可見。」「陰陽只是一氣，陽之退便是陰之生，不是陽退了又別有箇陰生。陰陽只是一氣，陰氣流行即爲陽，陽氣凝聚即爲陰，非直有二物相對也。」「陰陽之始交，天一生水。物生始化曰魄，既生魄，煖者爲魂，先有魄而後有魂，故魄爲主，爲幹。人生初間是先有氣，既成形，是魄在先。形既生矣，神知發矣。既有形後，方有精神知覺。子產曰：『人生始化曰魄，既生魄，陽曰魂。』數句說得好！動者魂也，靜者魄也，動靜二字括盡魂魄。凡能運用作爲皆魂也，魄則不能也。今人之所以能運用，都是魂使之爾。魂若去，魄則不能也。《淮南子》云：『魂者陽之神，魄者陰之神。』魂屬木，魄屬金，所以説『三魂七魄』是金木之數也。《禮記》曰：『魂者，陽之盛也；魄者，陰之盛也。』《易》曰：『精氣爲物，遊魂爲變。』所謂精氣，即魄也，神與意與志，皆魂之所爲也。魂魄如何分別？曰：昭昭靈靈者是魂，運動作爲者是魄；魄依形而立，魂無形可見。一切爲厲者皆魄之所爲，魂無與焉。人之生，先有魄而後有魂；及其死也，有魂先去而魄尚存者。然則釋氏投胎之説有之乎？曰：有之，而不盡然也。史傳如羊叔子識環之事甚多，故不可謂之無。或者稟得氣厚，或者培養功深，或專心致志，透過生死，凶暴之徒，性與人殊，投入異類，亦或有之，此在億兆分之中，有此一分，其餘皆隨氣而散，散有遲速，總之不能留也。」「心，主宰之謂也。言主宰，則混然體統，自在其中，心統攝性情，非儱侗與性情爲一物，而不分別也。心、性、理拈著一箇，則都貫串，惟觀其所指處輕重如何。『養心莫善於寡欲，雖有不存焉者寡矣，』存雖指理言，然心自在其中。『操則存』，此存雖指心言，然理自在其中。」「書不記，熟讀可記；義不精，細思可精。唯有志不立，直是無着力處。只如而今，貪利祿而不貪道義，要作貴人而不要作好人，皆是志不立之病。直須反復思量，究見病痛起處，勇猛奮躍，不復作此等人，一躍躍出，見得聖賢所説千言萬語，都無一事不是實話，方是立得此志。就此積纍工夫，迤邐向上去，大有事在。爲學大要，只在求放心，須先就自心上立得定，決不雜，則自然光明四達，照用有餘。凡謂是非善惡，亦不難辨，況天理人欲，決不兩立。須得全在天理上行，方見人欲消盡。義之與利，不待分辨而明。此心須令純，不可令有外事參雜。遇事而發，合道理處，便與果決行去，勿顧慮。人之精神，習久自成；若真箇提得緊，雖半月見驗可也。」「有箇天理，便有箇人欲，天理人欲，分數有多少；天理本多，人欲也是天理裹面做出來。雖是人欲，人欲中自有天理。人只箇天理、人欲，此勝則彼退，彼勝則此退，無中立不進退之理。人只此一心，便看天理、人欲之消長何如爾。以至千載之前，千載之後，與天地相爲終始，只此一心，學者須是革盡人欲，復盡天理方始是學。」（《晦翁學案》一五一二—一五三四頁）

《晦翁文集》：「自聖學不傳，世之爲士者，不知學之有本，而惟書之讀，則其所以求於書，不越於記誦、訓詁、文辭之間，以釣聲名、干利祿而已。是以天下之書愈多而理愈昧；學者之心愈勤而心愈放；辭章愈麗，議論愈高，而其德業事功之實，愈無以逮乎古人。然非書之罪也，讀者不知學之有本，而無以爲之地也。」（《福州州學經史閣記》）「人之所以位天地之中而爲萬物之靈者，心而已矣。邵子謂『心者性之郛廓』，乃爲近之，但其語意未免太粗。須知心是身之主宰，而性是心之道理，乃無病爾，然亦知所謂誠心，非徒識此心之精靈知覺也，乃欲識此心之義理精微爾。」（《答姜叔權》）「治國、平天下與誠意、正心、修身、齊家，只是一理。所謂格物、致知，亦曰如此而已矣。此《大學》一書之本指也。今必以治國、平天下爲君相之事，而學者無與焉，則內外之道，異本殊歸，與經之本旨正相南北也。禹、稷、顔回同道，豈必在位乃爲爲政邪？」（《答江德功》）「性之始終，一於善而已，不當云性之初只有善也。若如所云，則謂性之終爲有惡，可乎？性之發用，非情如何？情之初，則可謂有善而無惡爾。」（《答王子合》）「心體固本靜，然亦不能不動，其用固本善，然亦能流而入於不善。夫其流而入於不善者，固不可謂心體之本然，然亦不可不謂之心也，但其誘於物而然爾。故先聖只說『操則存，舍則亡，出入無時，莫知其鄉』，只此四句，說得心之體用、始終、邪正，無所不備，又見得此心不操即舍，不出即入，別無間處可安頓之意。」（《答游誠之》）「至於孔、孟言性之異，則其說又長，未易以片言質。然略而論之，則夫子雜乎氣質而言之，孟子乃專言善之理也。雜乎氣質而言之，故不曰『同』而曰『近』，蓋以爲不能無善惡之殊，但未至如其所習之遠爾。譬如欲觀水之必清，而其源不自到，則諸流之未遠者，而源之必清可知矣。」（《晦翁學案》一五五七—一五七〇頁）

近代學者錢穆先生編纂《朱子新學案》，茲錄其思想、學術兩部之目錄，以觀晦翁道學之規模、氣象，以見其在宋明理學之地位與影響。「朱子學提綱：論理氣，論無極太極，論陰陽，論鬼神，論仁，論天人，論聖賢，論善惡，論天理、人欲，論道器，論體用，論性，論命，論數，論心與理，論情，論心與性情，論忠恕，論人心與道心，論未發與已發，論涵養與省察，論識心，論放心，論靜，論敬，論克己，論立志，論知行，論誠，論思，論幾，論心地工夫，論心雜掇，論格物，論當時學弊（上、中、下），論禪學（上、下），論讀書法（上、中、下），論學雜掇，朱子之經學（易學、詩學、書學、春秋學、禮學、四書學），朱子之史學，朱子之文學，朱子之校勘學，朱子之辨僞學，朱子之考據學，朱子格物遊藝之學，以及朱子評述孔門以下歷代諸儒並附其論莊老等。」可知朱子之學既是孔門之學集大成者，又是道學之承先啟後者，自是之後三百年便有王陽明心學、良知之説爲理學之研究樹立了里程碑，在世界學術史上具有劃時代意義。

茲擷朱子評述孔門以下歷代諸儒之論以明朱子道學之本根；又擷朱子與象山之學術異同以觀道學在宋元以後之發展趨向。

朱子對孔、顏、孟、曾四人之評述：「孟子雖未曾便道他是聖人，然學已到聖處。顏子去聖人尤近。如今人多將顏子做柔順善良底人看，殊不知顏子乃是大勇，反是他剛果得來細密，不發露，如箇有大氣力底人，都使出，只是無人抵得他。（莊周說顏子坐忘，是他亂說。）孟子則攘臂扼腕，盡發於外，論其氣象，則孟子粗似顏子，顏子較小（精細也）如孔子，孔子渾然無跡，顏子則微有跡，孟子其跡盡見。然學者須自粗以入細，須剛硬有所卓立，然後漸漸加功，如顏子聖人也。今人只見曾子唯一貫之旨，遂得道統之傳，此雖固然，但曾子平日是個剛毅有力量、壁立千仞底人。觀其所謂『士不可以不弘毅』『可以托六尺之孤，可以寄百里之命，臨大節而不可奪』『晉楚之富不可及也，彼以其富，我以吾仁，彼以其爵，我以吾義，我何慊乎哉』底言語，可見。雖是做工夫處比顏子覺粗，然緣他資質剛毅，先自把捉得定，故得卒傳夫子之道。聖門自曾顏而下，便須遜子貢。聖人之道，大段用敏悟，曉得時方擔荷得去。

子貢雖所行未實，然他卻極是曉得，所以孔子愛與他説話。自後世觀之，孔顔便是漢文帝之躬修玄默，而其效至於幾致刑措。孟子便如唐太宗，天下之事無所不爲，極力去做，而其效亦幾致刑措。」（錢穆《朱子新學案》一一三七—一一四五頁）

朱子對荀（卿）、揚（雄）、王（通）、韓（愈）四子之評論曰：「凡著書，須自有個規模，自有個作用處。且如王通，這人於世務變故、人情物態施爲作用處，極見得分曉，只是於這作用曉得處卻有病。韓退之則於大體處見得，而於作用施爲處卻不曉，如《原道》一篇，自孟子後無人似他見得，郊焉而天神格，廟焉而人鬼享；以之爲人則愛而公，以之爲心則和而平，以之爲天下國家，無所處而不當，説得極無疵，只見空見得個本源如此，下面工夫都空疎，更無事物撑柱襯簟，所以於用處不甚可人意。緣他費工夫去作文，所以讀書者，只爲作文用。自朝至暮，自少至老，只是火急去弄文章，而於經論實務，不曾究心，所以作用不得。兼他説我這個便是聖賢事業了，自不知其非。荀卿全是申韓，觀《成相》一篇可見；其要卒歸於明法制，執賞罰，他那做處粗，如何望得王通！揚雄説到深處，只是走入老莊窠窟裡去，如清靜寂寞之説皆是。又如玄中所説靈根之説云云，亦是老莊意思，只是説那養生底工夫爾。揚雄最無用，真是一腐儒。荀、揚二人，自不可與王、韓同日語。王通比荀揚又夐別，王通極開爽，說得極廣闊，緣他於事上講究得精，故於世變興亡、人情物態、更革沿襲、施爲作用，先後次第都曉得，識得個仁義禮樂都有用處。若用於世，必有可觀。只可惜不曾向上透一著，於大體處有所欠缺。」（《朱子新學案》一四九一一五〇頁）

朱子論漢儒董（仲舒）、劉（向）、賈（誼）、司馬（遷）四家之優劣：「漢儒董仲舒較稱，劉向雖博洽而淺，然皆不見聖人大道。賈誼、司馬遷皆駁雜，大意說權謀功利。說得深了，覺不是，又說一二句仁義，然權謀已多了，救不得。」（《朱子新學案》一一五〇頁）

朱子論本朝諸儒曰：「本朝道學之盛，亦有其漸，自范文正以來，已有好議論，如山東有孫復明，徂徠有石守道，湖州有胡安定。到後來遂有周子、程子、張子出來，故程子平生不敢忘此數公，依然尊他。」又曰：「歐陽、司馬之學其於聖賢之高致，固非末學所敢議者，然其所存、所守，皆不失儒者之舊，特恐有所未盡耳。至於王氏、蘇氏，則皆以佛老爲聖人，既不純乎儒者之學矣，而王氏支離穿鑿，尤無義味，至於甚者幾類俳優。本不足以惑眾，徒一時取合人主，假利勢以運之，至於已甚，故特爲諸老先生之所排詆。至若蘇氏之言，高者出入有無，而曲成義理；下者指陳利害，而切近人情。其智識才辨，謀爲氣槪，又足以震耀而張皇之，使聽者欣然而不知倦，非王氏之比也。然語道學，則迷大本；論事實，則尙權謀。衒浮華，忘本實；貴通達，賤名檢。此其害天理、亂人心、妨道術、敗風教，亦豈盡出王氏之下也哉！但其身與其徒，皆不甚得志於時，無利勢以輔之，故其說雖行而不能甚久，凡此患害，人未盡見，故諸老先生得以置而論。使其行於當世，亦如王氏之盛，則其爲禍，不但王氏而已，蘇學邪正之辨，乃其學儒不至，而流於詖淫邪遁之域。其始之闢禪學也，豈能明天人之蘊，推性命之原，以破其荒誕浮虛之說而反之正哉！熹竊謂學以知道爲本，知道則學純而心正；見於行事，發於言語，亦無往而不得其正焉。如王氏者，其始學也，蓋欲凌揚、韓，掩跡顏、孟，初亦豈據有邪心哉！特以不能知道，故其學不純。蘇氏之學，雖與王氏若有不同者，然其不知道而以爲是，則均焉。」（《朱子新學案》一一五二—一一五三頁）

由右述朱子論歷代儒者之見，可知北宋發軔之道學，及於朱子，明且純矣。茲復舉歷代《儒林傳序》之見以證道學於北宋肇基，於南宋發煌之理奧焉。《前漢書·儒林傳序》班固對儒學只爲賈誼、董仲舒、公孫弘、揚雄四人單獨立傳兼述其說。《後漢書·鄭玄傳》曰：

「鄭玄，字康成，北海高密人也。師事馬融，後歸鄉里，融喟然歎曰：『吾道東矣！』鄭亦以『述先聖之元意，整百家之不齊』爲志，終於達致『括囊大典，網羅衆家，删裁繁誣，刊改漏失，自學者略知所歸』。」（《二十五史》九一〇頁）如朱熹之見，前漢儒家學術思想平庸滯泥，及後漢末，因國祚困扼於宦戚擅權之桎梏中，「桓、靈之間，主荒政謬，國命委於閹寺，士子稟於聖人導人理性（范曄首次以「理性」稱王道），羞與爲伍，故匹夫抗憤，處士橫議，乃激揚名聲，互相提拂。流言轉入太學，諸生三萬餘人，郭林宗爲其冠，自公卿以下，莫不畏其貶議。」朝廷目之爲黨禍，逮捕黨人李膺、陳蕃等皆在其列。其「以仁心爲己任，雖道遠而彌篤，漢世亂而不亡，百餘年間數公之力也。」（《後漢書》九九二—九九四頁）「兩晉之世，自中朝迄於江左，莫不崇飾華競，祖述虛玄，擯闕里之典經，習正始之餘論，指禮法爲流俗，目縱誕以清高，遂使憲章弛廢，運極道衰，可爲長太息者矣。」（《晉書·儒林傳序》一五一八頁）唐初，雖有太宗稟儒道以成之貞觀之治，魏徵譽之謂「道高堯舜」，未幾，「高宗嗣位，政教漸衰，重文輕儒，於是醇醲日去，華競日張，猶火銷膏，莫之覺也。」縱所道者不免失之淺陋，唐之所失者正是儒家之道統綱紀也。宋得國之後，先有太祖立文治之基，太宗守之，真宗、仁宗尊之皇之，道學應運而興於仁宗之朝焉，造成北宋一百五十年之大治，此在中華史上首次出現如此成熟之大治，其氣象之盛、內涵之正、影響之深，遂有南宋雖歷內優外患，終蘊道學之大明，其故何耶？蓋儒家所倡明之大道存於人性人心之中，學脈傳於師友之間，聲聞播於四海，論道之風尤以江西爲正，其潤澤於元明者，更奇峰薄天，光照千古，茲述朱、陸之辨。

陸九淵，字子靜，自號象山，其八世祖希聲相唐昭宗，孫德遷五代末避亂居撫州之金溪。父賀以學行爲里人所宗，生有六子，長九思，次九敘，次九皐，次九韶（字子美，號梭山），次九齡（字子壽，號復齋），次九淵（字子靜，號存齋）。全祖望曰：「三陸子之學，梭山啓之，復齋昌之，象山成之。」由此而知，象山之學術成就大於其四哥、五哥矣。據《宋書·陸九淵傳》曰：九淵三四歲時，問其父天地何所窮際，父笑而不答，遂深思至忘寢食。及總角，舉止異凡兒，見者敬之。謂人曰：聞人誦伊川語，自覺若傷我者。又曰：伊川之言，奚與孔子、孟子之言不類。近見其間多有不是處。初讀《論語》即疑有子之言支離。他日讀古書至宇宙二字，解者曰：四方上下曰宇，往古來今曰宙，忽大省曰：宇宙內事，乃己分內事；己分內事，乃宇宙內事。又嘗曰：東海有聖人出焉，此心同也，此理同也；至西海、南海、北海有聖人出，亦莫不然；千百世之上有聖人出焉，此心同也，此理同也；至於千百世之下，有聖人出焉，此心此理，亦無不同也。後登乾道八年進士第，至行在，士爭從之遊。少聞靖康間事，慨然有感於復仇之義，遂陳五論：一論願博求天下之儁傑相與舉論道經邦之職。二論願致尊德樂道之誠。三論知人之難。四論事當馴致而不可驟。五論主不當親細事。帝稱善。未幾除將作監丞，爲給事中王信所駁，詔主管臺州崇道觀。還鄉，學者輻湊，每開講席，戶外履滿，耆老扶杖觀聽，嘗謂學者曰：汝耳自聰，目自明，事父自能孝，事兄自能弟，本無欠闕，不必他求，在乎自立而已。又曰：此道與溺於利欲之人言，猶易；與溺於意見之人言卻難。或勸九淵著書，曰：「《六經》注我，我注《六經》。」又曰：「學苟知道，《六經》皆我注脚。」光宗（趙惇）即位，差知荊門，軍民有訴涉人倫者，使自毀其狀以厚風俗；惟不可訓者始寘之法。其境內官吏之貪廉、民俗之習向、善惡，皆素知之。丞相周必大嘗稱「荊門之政，乃躬行之效。」此論甚當，秉道學而躬行之，以見之於政教者較之於見諸個人修養者尤難也。由此而明陸學之重躬行者原於其體道之出於人心而入於人心也。《六經》者，固人心人性人情之具體而微而妙之表述也，學之者固當誦《六經》之文，言《六經》之道，論《六經》之理，辨《六經》之源流中正，更吃緊之工夫乃是躬行《六經》之微言大義，內以觀自身之誠敬，外以求親民治政之公正，此乃《大學》「自天子以至於庶民，壹是皆以修身爲本」之至義焉，亦《中庸》學、問、思、辨、行之完整認識過程之至義焉。朱、陸之所爭論者正是知行中之輕重也。只可以輕重況之，不宜以分歧爲言也，蓋朱子非有輕於躬行也，只因「格物致知」、「道學問」在認識中佔有極重要之地位，以道學問爲基礎之躬行與以尊德行爲基礎之躬行，其間必有差別，唯難辨之而已耳。觀朱熹《論知行》之見，可明朱、陸在知行之爭中，其輕重之毫釐矣。朱熹曰：「知與行工夫，須著並到，知之愈明，則行之愈篤；行之愈篤，則知之益明，二者皆不可偏廢。如人兩足相先後行，便會漸漸行到；若一邊軟了，便一步也行不得；然又須先知得方行得。」「知行常相須，如目無足不行，足無目不見，論先後，知爲先；論輕重，行爲重。」「如今人管治心修身，若不見這個理，心是如何地治，身是如何地脩！」「格物者，知之始；誠意者，行之始。」（《朱子新學案》六二二—六二三頁）朱子論知行之微要可窺見其幽奧矣。

南宋淳熙二年（一一七五年），由呂祖謙邀集於信州鵝湖寺所舉行之哲學辯論會，主要議題是尊德性、道學問。朱熹主崇學問，「即物而窮其理。」陸九淵主「尊德性，發明本心」「心即理也」，不必多做讀書窮理工夫。更有復齋、象山、朱熹三先生之詩三首，以證其所見之差異所在也。復齋之詩曰：「孩提知愛長知欽，古聖相傳只此心。大抵有基方築室，未有無址忽成岑。留情傳注翻榛塞，著意精微轉陸沈。珍重友朋勤切琢，須知至樂在於今。」象山和韻之曰：「墟墓興哀宗廟欽，斯人千古不磨心。涓流積至滄溟水，拳石崇成太華岑。易簡工夫終久大，支離事業竟浮沈。欲知自下昇高處，真僞先須辨古今。」朱熹和韻之曰：「德義風流夙所欽，別離三載更關心。偶扶藜杖出寒谷，又枉籃輿度遠岑。舊學商量加邃密，新知培養轉深沈。卻愁說到無言處，不信人間有古今。」（《梭山復齋學案》一八七三頁）從此三人之詩中，可以見到復齋所慮者「留情傳注翻榛塞，著意精微轉陸沈」；象山所憂者「支離事業竟浮沈」，朱熹所喜者則爲「舊學（儒學）商量加邃密，新知培養轉深沈」。雙方所見確有深淺之差，亦有心態、意氣之異，所憂者有所誇大，以致視對方近於非也，所喜者則善於反思，聞過則喜，故朱熹晚年「紫陽乃有見於學者支離之弊，屢見於所與朋友之書札」。陸氏兄弟亦有

「追維曩昔，粗心浮氣，徒致參辰」之歎，「以是知盈科而後進，不礙殊途，其究朝宗於海，同歸一致矣。」後人有謂朱、陸終身不能相一，是其不知象山有克己之勇，紫陽有服善之誠。朱、陸此次之學術論辯，實乃中華學術史上首開之奇花。另一支更著色彩之奇花，則是朱、陸對周子（濂溪）《太極圖說》中「無極而太極（見《宋元學案》四九七頁）一語之辯論，此乃爲吾儒從來之大案」，詳見於《辯太極圖說書》（《象山學案》一八九七—一九一四頁）。

朱、陸歧見之大要如次：（一）梭山謂：「《太極圖說》與《通書》不類，疑非周子所爲；不然，或是其學未成時所作，不然，或是傳他人之文，後人不辯也。」（二）朱熹回梭山書曰：「不言無極，則太極同於一物，而不足爲萬化根本；不言太極，則無極淪於空寂，而不能爲萬化根本。」並指明無極而太極乃老氏《道德經》首章之大旨也。象山則駁之曰：「若實見太極，上面必不更加無極字，下面必不更著真體字。上面加無極，正是疊床上之床；下面著真體字，正是架屋下之屋。若於太極上加無極二字，乃是蔽於老氏之學。」雙方互以書辯論，前後計七書。筆者以爲周子濂溪「無極而太極」之說，既合老子《道德經》之旨要（如「無名天地之始，有名萬物之母」就是「無極而太極」；又四十章「天下萬物生於有，有生於無」

亦是無極而太極之意），亦全儒家《易·坤》之旨要（「資始」與「資生」就包函「無極而太極」之意）。故「無極而太極」，實乃儒、道兩家大道共有之根源。陸氏「疊床架屋」之見，實乃泥滯自然變化之微妙，未能妙徹「元之又元，眾妙之門」，失於以主爲客也。

第四節　變法之成敗

北宋由於太祖立了文治之基，端正了學風，恢宏光大了儒道，至仁宗之朝道學肇基，喚醒了理性與良知，清新了政治思想，啟迪了改革思潮。王安石之變法由之而起，此乃北宋政治光輝之一頁，亦乃中華政治獨有之一頁，乃儒學「日新之謂盛德」「苟日新，日日新，又日新」之必然表現，發之事物之內在者也，當細心研求其失敗之主客緣由以觀儒道政治之本也。

一　神宗之明

神宗諱頊，英宗長子，母宣仁聖烈皇后高氏，慶歷八年（1048年）四月戊寅生於濮王宮，嘉祐八年侍英宗入居慶寧宮，是年五月壬戌受經於東宮。「天性好學，請問至日晏忘食。」治平四年十月，制《資治通鑑》序賜司馬光，其言曰：「朕惟君子多識前言往行，以蓄其德，故能剛健篤實，輝光日新。《書》亦曰：王，人求多聞，時惟建事。《詩》《書》《春秋》皆所以明乎得失之跡，存王道之正，垂鑑戒於後世者也。」（《資治通鑑》二九一三〇頁）

王安石曾於仁宗嘉祐三年（一〇五八年）上《上皇帝萬言書》，主張變法，仁宗不納。安石本楚士，有傲骨，終英宗之世，召不赴，未知名於中朝。熙寧元年四月，始造朝入對，已歷十年矣。帝問爲治所先，對曰：「擇術爲先。」帝曰：「唐太宗何如？」曰：「陛下當法堯、舜，何以太宗爲哉？堯、舜之道至簡而不煩，至要而不迂，至易而不難，但末世學者不能通知，以爲高不可及爾。」帝曰：「卿可謂責難於君。朕自惟眇躬，恐無以副卿此意，可悉意輔朕，庶同濟此道。」一日講席，群臣退，留安石坐，曰：「有欲與卿從容論議者，因言唐太宗必得魏徵，劉備必得諸葛亮然後可以有爲，二子誠不世出之人也。」安石曰：「陛下誠能爲堯舜，則必有皋、夔、稷、卨；誠能爲高宗，則必有傅說。彼二子皆有道者之所羞，何足道哉？

以天下之大、人民之衆，百年承平，學者不惟不多，然常患無可助治者，以陛下擇術未明，推誠未至，雖有臯、夔、稷、卨、傅説之賢，亦將爲小人所蔽，卷懷而去爾。」帝曰：「何世無小人，雖堯舜之世，不能無四凶。」安石曰：「唯能辨四凶而誅之，此其所以爲堯舜也。若使四凶得肆其讒慝，則臯、夔、稷、卨亦安肯苟食以終身乎？」熙寧二年二月，拜王安石爲參知政事。神宗曰：「人皆不能知卿，以爲卿但知經術，不曉世務。」安石對曰：「經術正所以經世務，但後世所謂儒者，大抵皆庸人，故世俗皆以爲經術不可施於世務爾。」神宗問曰：「然則卿所施設以何爲先？」安石對曰：「變風俗、立法度，正方今之急務也。」神宗以爲然。（筆者以爲王安石此處對神宗之回答有欠當處。即以其《上皇帝萬言書》而論，當今之急務應是育人才、立法度，而不應以變風俗置之首位。蓋風俗之成乃歷百年而成之者，安有鋭意改革而先言變化風俗者哉？）於是設制置三司條例司，令判知樞密院事，陳昇之同領之，安石令其黨呂惠卿預其事，而農田、水利、青苗、均輸、保甲、免役、市易、保馬、方田諸役相繼並興，號爲新法。遣提舉官四十餘輩，頒行天下。（《宋史·王安石傳》二八九頁）

神宗以如此禮臣之真誠詢於賢能，亦足以見其明哲而鋭意善政之渴望，有過於其父祖者遠矣。而主修宋、遼、金史之元中書右丞相脫脫於《神宗本紀》末之讚詞中則以「偏見俗學起而乘之」，汚神宗對此次變法運動「行之不疑，卒致祖宗之良法美意變壞幾盡，自是邪佞日進，人心日離，禍亂日起」，實未識神宗啟用王安石變法思想根源之深遠所在也。

二 王安石之志

王安石（一〇二一—一〇八六年），字介甫，撫州臨川人，父益都員郎。安石少好讀書，一過目，終身不忘，其屬文，動筆如飛，初若不經意，既成，見者比服其精妙，蓋其思維縝密獨特。其於經義之理解更顯其獨到之見，細讀《雜著》可知也。其所以議論高奇，能以辨博濟其說，果於自用，慨然有矯世變俗之志者，更在於其博通經史、治道、世務、人才之犖犖大端也。仁宗嘉祐三年（1058年），時年方三十七，以磅礴之氣所上《上皇帝萬言書》，直陳時弊，而其所以具有如此深邃之目光者，更在於透穿經史、人心、政教、世俗，有以見時弊之源也。

茲錄其著《夫子賢於堯舜》足以窺其變法思想之深厚焉。其言曰：「孟子曰：可欲之謂善，有諸己之謂信，充實之謂美，充實而有光輝之謂大，大而化之之謂聖，聖而不可知之謂神。聖之爲稱，德之極；神之爲名，道之至。凡古之所謂聖人者，於道德無所不盡也。《易》曰：大人者，與天地合其德，與日月合其明，與四時合其序，與鬼神合其吉凶，此之謂也。宰我曰：以予觀夫子，賢於堯舜遠矣。昔者道發乎伏羲而成乎堯、舜，繼而大之於禹、湯、文、武。此數人者，皆居天子之位，而使天下之道浸明浸備者也。而又有正而繼之者焉，伊尹、伯夷、柳下惠、孔子是也。夫伏羲既發之也，而其法未成，至於堯舜而後成焉，堯雖能成聖人之法，未若孔子之備也。蓋聖人之心，不求有爲於天下，待天下之變至焉，然後吾因其變而制之法耳。至孔子之時天下變備矣，故聖人之法亦自是而後備也。故其所以能備者，豈特孔子一人之力哉，蓋所謂聖人者莫不預有力焉。孟子曰：孔子集大成者。蓋言集諸聖人之事，而大成萬世之法耳。此其所以賢於堯舜也。」（《王文公文集》卷第二十八，三二二—三二三頁）此文構思微妙，借宰我與孟子之言而引出結論：集諸聖人之事，而大成萬世之法。所謂集諸聖人之事則有：集伏羲、文王之事而《周易》成矣；集堯、舜、禹、湯、文、武之業，則《尚書》立矣；集周公之思而《周禮》傳矣；集各國之心聲而精刪之，《詩經》昌矣；紀春秋各國之內政外交而褒貶之，《春秋》大義張矣。此《五經》一成，則「萬世之法」立矣。北宋興起之道學，即從理論上弘大此「萬世之法」之根源也。神宗問王安石「爲治所先」，王安石對曰：「擇術爲先。」術者何也？道也，道術也，大道之術也，實指儒道之統系與綱紀也，此乃政教之本也。由此可明王安石所欲變之法，乃是植根於中華祖先思想而爲孔子集大成之「萬世之法」乃道統與綱常也。術之爲義，《説文解字》曰：「邑，中道也（邑，國也）」，引伸爲技術。」《康熙字典》曰「道也」，又引《人物志》曰「思通教化，策謀奇妙，是爲術家」。可知王安石所指「擇術」者乃擇道也，擇道統綱常也，亦指擇王道也。

在我中華史上歷來爲治之道就有王霸之分，王安石論《王霸》一文中曰：「仁義禮信，天下之達道，王霸之所同也。夫王之與霸，其所以用者則同，而其所以名者則異，何也？蓋其心異而已矣。其心異則其事異，其事異則其功異，則其名不得不異也。王者之道，其心非有求於天下也，所以爲仁義禮信者，以爲吾所當爲而已矣。以仁義禮信修其身而移之政，則天下莫不化之也。是故王者之治，知爲之於此，不知求之於彼，而彼固已化矣。霸者之道，則不然，其心未嘗仁也，而患天下惡其不仁，於是示之以仁；其心未嘗義也，而患天下惡其不義，於是示之以義。其於禮信亦若是而已矣。是故霸者之心爲利。而假王者之道以示其所欲；其有爲也，唯恐民之不見而天下之不聞也。故曰：其心異也。」（《王文公文集》三二六頁）類此辨王霸、闡大道之文，猶多見於其《雜著》之中。總王安石所撰《雜著》八十三篇，類皆辨道、立德、論學、爲政、設教、修身、救弊之言，無不深邃而獨特，近千年來鮮爲人知，亦歷史之憾事也。

至於王安石《上皇帝萬言書》乃切中時弊之鴻文，而仁宗不納，查考仁宗嘉祐三年之《本紀》，竟不見及錄王安石上書一事。過了十年之後，神宗熙寧元年四月，神宗召王安石入對，已事過境遷矣，唯其變法之志未移耳，唯其《上皇帝萬言書》所言變法之精神依然長新耳。其言猶在，錄之可明：「一曰患在不知法度。今朝廷法嚴令具，而臣言無法度者，何哉？方今之法度多不合先王之政故也。（筆者按：此見地非精於經、通於史、志於道者不可至也。）孟子曰：『有仁心仁聞而澤不加於百姓者，爲政不法於先王之道故也。』以孟子之説，觀方今之失，正在於此而已。然臣以謂當今之失患在不法先王之政者，以謂法其意而已。法其意則吾所改易更革，不至乎傾駭天下之耳目，囂天下之口，而固已合乎先王之政矣。二曰患在天下之能以一路數千里之間，在於明先王之政之人才而已。方今之急在於人才而已。推行朝廷之法令，知其所緩急者甚少，而不才苟簡貪鄙之人至不可勝數。三曰教之、養之、取之、任之不得其道也。教之之道，凡朝廷禮樂刑政之事，皆在於學，學士所觀而習者皆先王之法言德行，治天下之意，苟可以爲天下國家之用者，皆在於學。」

由右所引述之史料可見王安石之深謀遠慮及其所欲改革之志趣所在也，其志趣所在者發「萬世之法」之根源求有利於當今治道之革新也。此本爲一大系統工程，應有充分之思想、立法、人才與財力等準備。惜王安石倉促上陣，熙寧元年四月召對；二年正月，庚子，以王安石參知政事；甲子，陳昇之、王安石創置三司條例，議行新法。歷時未及一年，怱怱步入相位，無暇及其他。率爾推行新法，青苗、均輸、保甲、免役、市易、方田、均税等法，行之六年，至熙寧七年罷相。八年再相，九年再罷。變法八年，賦税愈重，天下騷然。論曰：朱熹嘗論安石「以文章節行高一世，而尤以道德經濟爲己任，被遇神宗，致位宰相，世方仰其有爲，庶幾復見二帝三王之盛；而安石乃汲汲以財利兵革爲先務，引用凶邪，排擯忠直，躁迫強戾，使天下之人囂然喪其樂生之心，卒之群奸嗣虐，流毒四海，至於崇寧、宣和之際，而禍亂極矣。」

此天下之公言也。昔神宗欲命相，問韓琦曰：「安石何如？」對曰：「安石爲翰林學士則有餘，處輔弼之地則不可。」神宗不聽，遂相安石。嗚呼！此雖宋氏之不幸，亦安石之不幸也。（《宋史·王安石傳》一一九〇頁）茲就所行之七法情況以窺其弊。

「青苗法」：亦稱「常平給斂法」「常平斂散法」。宋初在各地設置常平、惠民等倉，調濟民食。熙寧元年（一〇六八年），各路倉爲積存錢穀一千五百餘萬貫石（石，音擔）。王安石於熙寧二年推行青苗法，凡州郡各等民户，在每年夏秋兩收前，可至當地官府介貸現錢或糧穀，五户或十户爲保，貸分五等，一等户每欠不超過十五貫，末等户不過一貫五百文。所借貸隨當年夏秋兩稅於六月和十一月歸還。每期取息二分（即利率十分之二）。初行於山東、河北、淮南三路，後遍行諸路。有抑配和收取重息等弊，爲守舊官僚所反對。元祐元年（一〇八六年）停止執行。「均輸法」：此乃王安石新法之一。仿漢桑弘羊、唐劉晏所行而加以變通，於熙寧二年制定均輸法，授權總管六路財賦和茶、鹽、礬、酒稅發運使，據庫藏和收支情況，凡朝廷所需貨物可動用國庫拔款，並移用六路財賦，儘量在價廉處或近地收購，荒歉時同豐收區相調濟。有節省購價和運費，使國用充足，並具有調劑供需、平抑物價、減輕農民負擔等作用。守舊官僚認爲「與商賈爭利」，行之不力，範圍不廣，作用不大。

「保馬法」：一名「保甲養馬法」，王安石之新法之二。於熙寧五年行之，規定京東、京西兩路義勇保甲，每都保（五百家爲一都保）養馬五十匹；京東限十年，京西限十五年養足，每匹給錢十千，並免去每年校閱徵役。保甲可用馬捕盜，但不得遠行。守舊官僚紛紛反對，廢除保馬法。

「免役法」：一稱募役法、雇役法，王安石新法之三。宋職役負擔沈重，仁宗時屢議改革，有些地方曾行輸錢免役。王安石於熙寧四年規定在京畿內試行，一般平民都減輕負擔，但有官府假借名義，科派差役，多徵小戶役錢。守舊官僚及大地主，因新增負擔，堅決反對。司馬光於元祐元年（一〇八六年），恢復差役法，衙前仍用坊場錢募人充當，實則私下在行募役法。

「市易法」：王安石新法之四。宋豪商控制市場，對外地小商販運來之貨物壓價收購，高價售出。熙寧三年，王韶在隴西古渭寨，用官錢設市易司，控制西北邊境貿易；五年，王安石參照所行制定「市易法」，先在汴京試行。設都市易司，由監官或提舉官主持。凡市上可售或滯銷之貨物，由都市司平價收購，售主也可易取官物，商賈向官購貨，可用財物抵借官款，定期歸還，半年付息十分之一，全年加倍。後推廣於杭州、黔州、廣州、揚州、成都等二十一城市，後因守舊官僚反對，元豐八年廢除，以後興廢無常，南宋廢止。

「方田均稅法」：新法之五。北宋清丈土地，規定賦額，均平負擔，增加稅收，景祐至嘉祐年間，試行方田均稅，三試三罷。王安石於熙寧五年，堅決推行，爲新法之一。以東西南北千步爲一方。（相當於四十一頃六十六畝，一六〇步）每年九月，縣官派人仗量，按地勢、土質分五等定稅，受豪強地主反對，僅在數路試行，元豐八年廢止。共清丈田畝二四八四三四九頃。徽宗時復行，屢行屢罷。宣和二年廢止。已丈量之田地，照舊法納稅。

右述六法之中，筆者以爲唯市易法王安石思慮未盡善也。只慮及利民而未及其有纍朝廷也，更有違儒家之道統精神，在政以養民，敎以化俗，朝廷不直接參與經濟事務。

三 與時偕行

孔子在爲《易・乾》所作《文言》中有曰：「潛龍勿用，陽氣潛藏，見龍在田，天下文明，終日乾乾，與時偕行。」（王弼注曰：「與天時俱不息。」孔穎達疏曰：「同於天時，生物不息，故言與時偕行也。」）此言道，終日乾乾不息也，喻諸於人事則「君子終日乾乾，自強不息」，且必須「與時偕行」。故知儒家與道家所言之道，有二義必須剴切明之：一曰「道無終始」（《莊子·秋水》），以示道之絕對存在，見之於物性之表，蓄之於人性之中；二曰「日新之謂盛德」（《周易·繫辭》），湯之盤銘曰：「苟日新，日日新，又日新」（《禮記·大學》）「周雖舊邦，其命唯新。」（《詩·大雅·文王》）道本無終始，亦無新舊，但其萬物萬象悉依道而生滅消長變化；生則新也，長則穎也，變（謂後來改前，以漸移改，謂之變也）則化（化謂一有一無，忽然而改，謂之化也）也。由此而明，道亦處於變化之中，生生不息，新新不已；此生與新之力，生之於道，出之於物，新之於心，無力可以抵禦之者。從此義而申之，以觀神宗所主導之王安石變法運動，其是非、曲直、正邪、成敗，可立而辨也。

對此神宗主導之王安石變法運動，反對最力者爲龍圖閣直學士司馬光。「安石得政，行新法，光逆疏其利害，邇英進讀至曹參代蕭何事，」帝曰：「漢長守蕭何之法不變，可乎？」對曰：「寧獨漢也，使三代之君，常守禹、湯、文、武之法，雖至今存可也。」（《宋史·司馬光傳》）此言之意，已成之法不可改變也。歷史上從無不變之法，溫公之此言也，實有違其所纂《資治通鑑》之精神，歷史之所以成爲史鑑而資治者，以前王之得失成敗爲戒，知所取舍也，此亦溫公之所熟知也。從溫公之學、言、位，不應有阻礙神宗推行新政之舉，或以王安石長於經術而絀於治道，且有恃才傲物之短，不爲當朝老臣所重，故群而攻之新法。（河北安慰使韓琦，判尚書張方平，御史中丞呂公著，監察御史程顥、張戩，參知政事趙抃等紛上書攻新法，均貶爲地方官，更成爲各路抵制新法之強大阻力。）及至新法推行中又出現各種弊端，適更增添詆譭新法之口實。由此益知改革之難，其始也，保守者攻之於上，朝廷嘩然；其中也，百姓聞之，初則疑之，繼則議之，終則騷然；其末也，上下嘩騷，天下囂然。是非邪正莫辨矣，一切罪惡歸之於王安石改革派之黨羽矣，似乎連豪門巨室、富商大賈爲其私利之怨恨聲，都突然含有幾分正義矣；似乎神宗所主導之王安石新法運動已宣告失敗矣。然而，冷靜分析並把握住儒道中生生不息、日新不已之精神，則可清醒洞悉其進程中之阻力隨時而存，唯排除阻力，始可使儒道生生不息之動力不斷前進，在顛踣中取得成功，此乃是儒道中之正確改革觀。此中必須清除私欲，以無欲無私而觀內外，則可減少阻力，加速成功之步伐。真正的儒家改革派是仁者、智者、勇者。

四　元祐黨爭之辨

由神宗朝王安石之變法所引起之爭論，至哲宗元祐年間猶未已也。神宗崩於元豐八年（一〇八五年），哲宗（諱煦，神宗第六子，年十歲）嗣位，祖母高太皇太后臨朝，固反新法，召陳州知州司馬光入爲資政殿學士、門下侍郎，舊黨悉進，罷保甲法、市易法、保馬法，盡逐新黨。舊黨中除以司馬光爲首者外，更有程顥之洛黨、蘇軾之蜀黨、劉摯之朔黨，相互之間亦有爭鬥。直至元祐八年，哲宗親政，重行新法，召新黨章惇任尚書左僕射、門下侍郎，曾布任翰林學士，蔡京任戶部尚書。此時新黨亦專肆報復，盡竄舊黨。哲宗紹聖元年，詔：「大臣朋黨，司馬光以下，各輕重議罰，佈告天下，餘悉不問。」從此黨爭告息矣。

遡黨爭之爲患，處仁宗朝之宿學通儒嘗專爲《朋黨論》剴切嚴論之矣，以抨擊小人之朋，保護了杜衍、韓琦、范仲淹、富弼四大臣，造成仁宗朝之德政照耀千古。今讀《朋黨論》之論，細味其義，更知其萬世不磨也：「臣聞朋黨之說，自古有之，惟幸人君辨其君子小人而已。大凡君子與君子，以同道爲朋；小人與小人，以同利爲朋，此自然之理也。然臣謂小人無朋，惟君子則有之。其故何哉，小人所好者，利祿也，所貪者貨財也；當其同利之時，暫相黨引以爲朋者，僞也；及其見利而爭先，或利盡而交疏，則反相賊害，雖其兄弟親戚，不能相保，故臣謂小人無朋，其暫爲朋者，僞也。君子則不然，所守者道義，所行者忠信，所惜者名節，以之修身，則同道而相益；以之事國，則同心而共濟，終始如一，此君子之朋也。故爲人君者，但當退小人之僞朋，用君子之真朋，則天下治矣。」（《古文觀止》四一八—四一九頁）以歐陽修之朋黨觀，以觀宋以前之諸朋黨無不合矣，以觀宋諸朝之朋黨，亦無不合矣；惟辨别君子之黨與小人之黨則難言矣。適如莊子之所難言者：「是亦一無窮，非亦一無窮也。（郭象曰：「天下莫不自是而莫不相非，故一是一非，兩行無窮。」）故曰：莫若以明。（王先謙曰：「惟本明之照，可以應無窮，此言有彼此，而是非生，非以明不能見道。」）」準此以論神宗主導之王安石變法運動，以及哲宗朝之重行新法，與紹聖元年息黨爭之《詔》，則彼此立矣（指變法之新黨與反對變法之舊黨相對立矣），是非生矣（是指舊黨自以爲反對新黨之變法爲是，而新黨則更以爲變法本由皇帝神宗所主導，豈有不是之理，非指舊黨以新黨變法爲非，且認爲新黨競進威懾舊黨政治地位爲非，亦指新黨認爲舊黨反對變化爲非，反對變法就是反對皇上，乃是大逆也），互相詆譭囂然而起矣。朝廷內外、各路官紳、豪門巨室、百姓販夫各是其是，各非其所非，不管其所是所非者是否合乎道德、公正、良心、人情。當此公私、正邪、善惡、清濁不辨之時，莊子主張「莫若以明」。明就是人之善性與良知。此明也，有明透一切之力，秋毫不能逃也。能明察舊黨爲何極力詆譭新法之私心，也能明察新黨競進逐利之私心，就二者之私心而論，悉當全以清除。二者私心一除，則詆譭之聲息，變法之舉無阻力，可順利推行，新黨之私心既除，推行之中弊端無由而生，則順抵於成矣，此乃人皆可以爲堯舜之道也。由此而明，人皆可以爲堯舜者易也，去私去蔽而已矣。私者，私心也，私欲也；蔽者，偏見也，狹隘之心理也，陋習也，悉可開之導之，自覺而化者也。以此而反觀莊子之「相對論」：「是亦一無窮，非亦一無窮也」，亦釋然而解也；只要去私去蔽，是與非可變爲「是亦一有窮，非亦有一窮」，同達於天理之境，同居於性善之地，則盡人性盡物性矣，同參於天地之化育矣。以此而觀我中華之歷史，以此而觀人類之歷史，則知禍根全在於私與蔽。（莊子還提出了一個「好知」，其有言曰：「天下每每大亂，罪在於好知。」（《莊子·胠篋》）今不論，以俟他日。）去私與蔽，爲人爲政，悉簡而明矣。但考之實際政治活動中之人事關係又絶非如此單純，蓋人之「美惡皆在其心，不見其色也」。（《禮記·禮運》）忠奸正邪，善惡良佞，難於短期分辨也；信而任之者，或爲讒佞；疑而遠之者，實乃忠直，有待長期以驗之也。欲辨明元祐黨爭之內在因素，還必須對如次二大問題有正確之理解。

（一）傳道統之德與仁政之效。儒家之道統，自周孔之後日漸而備，順之則昌，逆之則亡，首次大驗於秦以暴政而亡，漢以仁政而興，文景以文而盛，武帝以武威震四方，以文確立道統，罷黜申韓。（丞相衛綰奏：「所舉賢良，或治申、韓、蘇、張之言亂國政者，請皆罷。」奏可。（《資治通鑒》五五六頁））東漢之敗亡，亦乃有失道統之驗也。魏晉南北朝以道統廢弛，大亂四百年。隋雖有統一天下之功，以道統不立而速亡。唐太宗鑒四百年失道統之弊，遵孔孟之道，造成貞觀之「道高堯舜」，爲玄宗開元之治立基，爲唐祚之三百年國運延年，實乃儒家道統之精神所致也。宋太祖鑒於唐之得失，確立文治之旨，立儒家道統之基，蘊育了儒學之復興，道學因以發軔，爲北宋之新政提供了理論基礎。王安石之《雜著》及其《上皇帝萬言書》，乃是儒家之政治理論見之於政治實踐之具體表現，當其初露頭角，即遭遇舊黨之詆譭，乃是本可避免者也。依此而論新舊黨爭之是非，亦判然矣，哲宗紹聖元年處理黨爭之《詔》是也，指明司馬光以下，各輕重議罰，既保護司馬光之體面，又責之以大義也。

（二）國祚興衰之運數與神宗哲宗所面臨之急務。北宋歷太祖、太宗、真宗、仁宗四朝一百年興盛之治，可謂久矣。正如《周易·序卦》之言曰：「恒者，久也，物不可以久居其所，故受之以遁，遁者，退也。」神宗、哲宗所遭遇之運數適乃遁也、退也：「物不可以終遁，故受之以大壯（陽盛陰消，君子道勝）；物不可以終壯，故受之以晉，晉，進也。」神宗、哲宗正處於衰退之際，並不是不可有所作爲，而是應盡人事去爭取進益，故神、哲二帝之急務應是革故鼎新。神宗已推行改革矣，因舊黨反對而失敗（設使將阻力化爲助力，滿朝全力以赴改革，必然有成，以此而論舊黨，則其罪大矣）。哲宗一親政，即全面恢復新政，乃圖強之主、有爲之君也。至於改革中新出現之問題，則應責之以當事之人，非改革本身之偏也；即便檢討改革本身，也只屬於思慮不周、措施不當、用人之失等細節而已。但神、哲二帝之朝，卻實有競進之徒興焉，其志在求個人之名利，遠不若仁宗以上之重臣輔弼，志於道，修於德，忠於社稷，勤於政務；此亦舊黨諸公鄙視新進人物品行之深刻原由，以此而遷惡於改革則愚矣。應將品德之不足以當重任與改革之勢在必行予以區分，少數可信賴之英才予以區別。哲宗以后之宋史證明，巨貪大奸就出之於此少數競佞者中，以致宋祚痛失中興之機，轉入衰敗，用人之失也。

第五節　御外方略

儘管儒家道統「凡爲天下國家有九經」中有「柔遠人，懷諸侯」之寬懷理論與政策要求，然邊患代代有之，戰乎、和乎、敵乎、友乎、威乎、撫乎、剛乎、柔乎，一視主客之勢、人才之忠奸賢否而定。主明臣賢，政和教洽，外力雖強而不敢妄逞，反向風而慕化；否則，其力固弱而常尋釁，索求不已，貪得無厭。有宋一代，西北之患，剛柔易形，強弱異位，和戰不決，終致屈於金而亡於元。其敗亡之數，非決於民氣實力，乃潰於主譎臣奸，使有志有勇之元元遭塗炭之禍，蒙亡國之辱。茲詳述之，以觀宋政由大治而漸亂，國運由興盛而衰亡之內因所在也。

一　外患有三

（一）西夏。李彝興，夏州人也，其先拓跋氏。貞觀初，有拓跋赤辭者歸唐太宗，賜姓李，置靖邊等州以處之。唐拓跋思恭以討黃巢有功，復賜姓李。宋初，李彝興擊退代北諸郡來寇，並遣使獻馬三百匹，太祖大喜，親問使者：「汝帥腰圍幾何？」使者答：「甚大」。太祖喜曰：「汝帥真福人也。」遂遣使以帶賜之。乾德五年，彝興卒，太祖廢朝三日，贈太師，追封夏王，子克睿立。宋仁宗景祐五年，元昊稱帝，寇邊爲患，時韓琦鎮西，畫攻守二策，馳入奏，仁宗欲用攻策，執政者難之。琦言元昊雖傾國入寇，眾不過四五萬人，吾逐路重兵自爲守勢，分力則弱，遇敵輒不支。若並出一道，鼓行而前，乘賊驕惰，破之必矣。適元昊來求盟，琦曰：「無約而請和者，謀也。」命諸將戒嚴，賊果犯山外。後范仲淹至，共防守西夏，以其在兵間久，名重一時，人心歸之。元昊亦稱臣自效，爲樞密副使，強邀索無厭，宰相晏殊等厭兵，將一切從之。琦陳其不便，並條所宜先行者七事：清政本、念邊計、擢材賢、備河北、固河東、收民心、營洛邑。又陳西北四策：以和好爲權宜，以戰守爲實務，繕甲利兵、營修都城，密定討伐之計。韓琦又請距北界十里爲禁地，其南則募弓箭手以居之，墾田至九千六百頃。

（二）契丹。其先東胡族，北魏以來，在今遼河上游一帶遊牧。唐以其地置松漠都督府，並任契丹首領爲都督。唐末，疊剌部首領阿保機統一契丹及鄰近各部，建立遼朝（九一六—一一二五年），與五代、北宋並立。其太祖即阿保機，姓耶律氏，諱億。歷太宗（諱德光，太祖之次子）、世宗（讓國皇帝長子）、穆宗（諱璟，太宗長子）、景宗（諱賢，世宗第二子）、聖宗（諱隆緒，景宗長子）、興宗（諱宗真，聖宗長子）、道宗（諱洪基，興宗長子）、天祚皇帝（諱延禧，道宗之孫），計有八朝，爲金所滅，享國二百〇九年。其爲禍北宋者大矣。唯富弼主北事，以其深謀遠慮，進退折衝，巧妙機智，妥善處理兩國爭端。慶歷二年（一〇四二年），契丹屯兵境上，情急，富弼即入對，叩頭曰：「主憂臣辱，臣不敢愛其死。」仁宗爲之動色。先以迎接英等入境，英托疾不拜，弼詰之，英矍然起拜。弼開懷與語，英感悅，亦不復隱其情，密以其主所欲得者告曰：「可從之，不然，以一事塞之足矣。」弼具以聞上。仁宗唯許增歲幣，仍以宗室女嫁其子。弼見契丹主，問其故，契丹主曰：「南朝違約，塞雁門，增塘水，治城隍，籍民兵，將以何爲？群臣請舉兵而南，吾以爲不若遣使求地而不獲未晚也。」弼曰：「北朝忘章聖皇帝之大德乎？澶淵之役，苟從諸將言，北兵無得脫者。北朝與中國通好，則人主專其利，而臣下無所獲，若用兵則利歸臣下，而人主任其禍，故勸用兵者皆爲身謀耳。今中國提封萬里，精兵百萬，法令修明，上下一心，北朝欲用兵，能保其必勝乎？就使其勝，所亡士馬，群臣當之與？抑人主當之與？若通好不絕，歲幣盡歸人主，群臣何利焉？」契丹主大悟，首肯者久之。弼又曰：「塞雁門者以備元昊也。塘水始於何承矩，事在通好前。城隍皆修舊，民兵亦補闕，非違約也。」契丹主曰：「微卿言，吾不知其詳。然所欲得者，祖宗故地耳。」弼曰：「晉以盧龍賂契丹，周世宗復取關南，皆異代事。若各求地，豈北朝之利哉？」既退，劉六符曰：「吾主恥受金帛，堅欲十縣，何如？」弼曰：「本朝皇帝言：朕爲祖宗守國，豈敢妄以土地與人，北朝所欲，不過租賦耳，朕不忍多殺兩朝赤子，故屈己增幣以代之，若必欲得地，是志在敗盟，假此爲詞耳。澶淵之盟，天地鬼神實臨之。今北朝首發兵端，過不在我。天地鬼神，其可欺乎！」明日，契丹主召弼同獵，引弼馬自近，又言得地則歡好可久。弼反復陳必不可狀，且言：「北朝既以得地爲榮，南朝必以失地爲辱，兄弟之國豈可使一榮一辱哉！」獵罷，六符曰：「吾主聞公榮辱之言，意甚感悟，今惟有結婚可謀耳。」弼曰：「婚姻易生嫌隙，本朝長公主出降，賫送不過十萬緡，豈若歲幣無窮之利哉？」契丹主諭弼使歸：「俟卿再至，當擇一事授之，卿其遂以誓書來。」及至，契丹不復求婚，專欲增幣，曰：「南朝遺我之辭當曰『獻』，否則曰『納』。」弼爭之，契丹主曰：「南朝既懼我矣，於二字何有？若我擁兵而南，得無悔乎！」弼曰：「本朝兼愛南北，故不憚更成，何名爲懼，或不得已至於用兵，則當以曲直爲勝負，非使臣之所知也。」契丹主曰：「卿勿固執，古亦有之。」弼曰：「自古唯唐高祖借兵於突厥，當時贈遺，或稱獻納。其後頡利爲太宗所擒，豈復有此禮哉？」弼聲色俱厲，契丹主知不可奪，乃曰：「吾當自遣人議之。」復使劉六符來。弼歸奏曰：「臣以死拒之，彼氣折矣，可勿許也。朝廷竟以納字與之。」富弼且「奉命主北事」，「上安邊十三策」。（《宋史・富弼傳》六三二六—六三二七頁）此一化戰爲幣之舌戰，富弼之膽識與辯才，足爲後世法。於此亦足以見主明臣賢，則政舉國平邊民安矣。

（三）金（一一一五（宋徽宗政和五年）—一二三四（宋理宗端平元年））。乃女真族完顏部領袖阿骨打所創建，都會寧（今黑龍江阿城南）。金太宗天會三年（一一二五年），滅遼。天會六年，逐北宋南遷，遷都中都（今北京），與南宋對峙，佔有中國北部。歷太祖、太宗、熙宗、海陵王、世宗、章宗、衛紹王、宣宗、哀宗及末帝完顏承麟等十帝，於一二三四年（南宋理宗端平元年），在蒙古與南宋之聯合進攻中滅亡。金太宗完顏晟天會五年，適宋徽宗宣和七年（一一二五年），金兵大舉南侵；宋徽宗傳位其子趙桓，是爲欽宗靖康二年（一一二七年），徽、欽二帝爲金所俘，徽宗死於五國城（今黑龍江依蘭）。欽宗子（構）嗣位於南京（今河南商丘），是爲宋高宗。史稱南宋，歷九帝，一百五十三年。

金之興也，適值北宋主弱臣奸之際，主弱者。弱於帝道、帝德、帝能也；臣奸者，奸於小人之擅權與主和賣國也。徽宗之書畫也，造詣絕古，然其爲帝也，道德才能遠不堪稱也。且尊信道教，自稱教主道君皇帝，荒怠於政；競進之小人從而乘之，相與爲奸，擅權則政必亂、風必邪，吏必馳，官必貪，朝廷衰微矣六十年前仁宗德政之流風遺韻蕩然無存矣。宋之由興而盛，從此因外力之摧折江河日下，不可復振矣。細察其故，非道德之惰也，非風俗之靡也，非民心之散也，非士氣之喪也；唯集於一點，主昏臣奸也，尤以主昏爲甚；主明則臣何由而奸乎！

二 主昏亂政臣奸賣國

宋自徽、欽之後，始見其主日昏，昏則道統失、綱紀廢、政教荒、吏治敗、賢正退、讒佞進，奸邪擅權，正氣壓抑，民心彷徨，士氣不張；雖有忠臣良將具有扭轉乾坤之志與指揮若定之謀，亦無以爲力焉。宋值高宗之朝，適逢中興之良機，然以高宗之昏，不明和戰之興敗，不辨忠奸之心跡，造成朝野處於上邪下正、內奸外忠之勢。戰可救國，被誣爲奸；將可敗敵，冤死獄中；和必亡國，置之於相位。秦檜之奸乃高宗養之縱之也；岳飛之冤亦高宗聽之任之也。史實俱在，斑斑可考，千古不磨。處中興之勢，而卒致敗徙江南，偏居臨安，高宗之罪也。或有論者以爲高宗意在保其帝位，不欲其因於金國之長兄欽宗（桓）南歸，故對金取不戰求和之策，那就更有辱其趙氏列祖列宗矣。

就高宗嗣位後宋金對峙之形勢與夫南宋之實力而論，取決戰之策，可穩操勝算。如李綱所言：「方今中國勢弱，君子道消，法度紀綱，蕩然無統；陛下履位之初，當上應天心，下順人意，攘除外患，使中國之勢尊；誅鋤同奸，使君子之道長。」正氣一伸，則民心振奮，大江南北勤王之師必然憤起，唯在統帥指揮，以共赴抗金前線耳！宗澤之遠謀「大明黜陟，再造王室」八字，更爲統一指揮提供將帥保證。「大明黜陟」者，乃「再造王室」之前提也，抗金之急務也，必須立即付諸實施，則君子道長。所陟者君子也，輔弼之才、將帥之任俱由此而出也；所黜者奸黨也、讒佞也、主和派也。朝廷之内一統於主戰，再造王室竟成矣，出號發令一無阻礙矣，抗金之力量不凝而聚矣。蓋愛國抗金之志本已積聚於人心，只待朝廷號召組織而已，此乃高宗之天職也。

具體言之，應黜者秦檜、張邦昌、耿南仲、黄潛善之徒也；當陟者，李綱、宗澤、岳飛、韓世忠文武諸賢也。誠如此，則主戰之權、統帥之令俱爲賢能所握掌矣，高宗中興宋祚之形勢成矣，宋、金强弱勝負之勢必易位矣。李綱向高宗進言《議十事》亦意在再造王室也：「一曰議國是，修政事，振士氣，圖大舉；二曰議巡幸，以慰天下之心；三曰議赦令；四曰議僭逆；五曰議僞命；六曰議戰；七曰議守；八曰議本政；九曰議久任，以責成功；十曰議修德，以致中興。」李綱更進言曰：「夫外禦强敵，内銷盜賊。修軍事，變士風；裕邦財，寬民力；改弊法，省冗官。誠號令，以感人心；信賞罰，以作士氣；擇帥臣，以任方面；選監司、郡守，以奉行新政。使吾所以自治者，政事修然後可以問罪金人，迎還二聖，此所謂規模也。至於所當急而先者，則在於料河北、河東，蓋河北、河東者，國之屏蔽也，然後中原可保，東南可安。河東所失者忻、代、太原、澤、潞、汾、晉，余郡猶存也。河北所失者，不過真定、懷、衛、濬四州而已，其餘三十餘郡皆朝廷守。兩路士民兵將，所以戴宋者，其心甚堅，皆推豪傑以爲首領，多者數萬，少者亦不下萬人，皆精兵也。宜於河北置招撫司，河東置經制司，擇有才略者爲之使，宣諭天子恩德，使自爲守；非唯絶其從敵之心，又可資其禦敵之力，使時行無北顧之憂，最合今日之先務也。」高宗善其言，問誰可以當此任者，綱薦張所、傅亮。所嘗任監察御史，在靖康圍城中，以蠟書募河北兵士，得十七萬人，聲震河北。傅亮嘗治兵河朔，都城受圍時率勤王之師三萬餘人，屢立戰功。高宗乃以張所爲河北招撫使，傅亮爲河東經制副使。李綱又進《三疏》：一曰募兵，二曰買馬，三曰募民。更面高宗曰：「人主之職在知人，進君子而退小人，則大功可成。」未幾，有詔幸東南避敵，綱極論其不可，曰：「自古中興之主，起於西北，則足以據中原，而有東南；起於東南則不能以復中原，而有西北。蓋天下精兵壯馬皆在西北，一旦委中原而棄之，豈唯金人將乘間以擾內地，盜賊亦將蜂起而爲亂矣。」

紹興五年，李綱上疏言曰：「陛下自臨御迨今，九年間，國不闢而日蹙，事不立而日壞。將驕而難御，卒惰而未練。國用匱而無贏余之蓄，民日困而無休息之期。陛下憂勤雖至，而中興之效，邈乎無聞，是群下誤陛下之故也。近年，閑暇，則以和議爲得計，而以治兵爲失策；倉卒，則以退避爲愛君，而以進禦爲誤國。上下偷安，不爲長久之計。臣聞朝廷者，根本也，藩方者，枝葉也，根本固則枝葉蕃；朝廷者，心腹也，將士者，爪牙也，腹心壯則爪牙奮。願陛下正心以正朝廷百官，使君子、小人各得其分，則是非明、賞罰當，自然藩方協力，將士用命，雖強敵不足畏也，逆臣不足憂也，此特在陛下方寸之間耳。臣昧死上條六事：一曰信任輔弼。夫興衰撥亂之主，必有同心同德之臣，如元首股肱之於一身，父子兄弟之於一家，乃能協濟。臣願陛下待以至誠，無事形跡，久任以責成功，勿使小人得以間之，君臣之美，垂於無窮矣。二曰公選人才。夫治天下者，必資以人才，而創業中興之主所資尤多；艱難之際，非得卓犖瑰偉之才，則未易有濟，必有不世出之才，參贊翊佐，以成大業。自昔抱不群之才者，多爲小人所忌嫉；或指之爲黨與，或誣之以大惡，而以道事君者，不可則止，難於自進，恥於自明，雖負重謗、遭深讒，安於義命，不復自辨。苟非至明之主，深察人之情僞，安能辨其非辜哉！陛下臨御以來，用人多矣；世之所許端人正士，往往閑置於無用之地，而陛下寢寐側息有乏才之嘆，盍不留意而致察焉。三曰變革士風。夫用兵之與士風似不相及，而實相表裏，士風厚則議論正而是非明，朝廷賞罰當功罪而人民服。考之本朝嘉祐、治平以前可知矣。數十年來，奔競日進，論議徇私，邪說利口，足以惑人主之聽，元祐大臣持正論如司馬光之流，皆社稷之臣也，而群枉嫉之，指爲奸黨，顛倒是非，政事大壞，馴致靖康之變，非偶然也。竊觀近年，士風尤薄，隨時好惡，以取世資，潝訿成風，豈朝廷之福哉！大抵朝廷設耳目及獻納論思之官，固許以風聞，至於大故，必須核實而後言。使其無實，則誣人之罪，服讒蒐慝，得以中害善良，皆非所以修政也。四曰愛惜日力。夫創業中興，如建大廈，堂室奧序可一日而成，鳩工聚財，則積纍並非一日所致。天下無不可爲之事，亦無不可爲之時；唯失其時，則事之小者日益大，事之易者日益難矣。五曰務盡人事。夫天人之道其實一致，人之所爲即天之所爲也；人事盡於前，則天理應於後，此自然之符也。今未嘗盡人事，敵至而先自退屈，而欲責功於天，其可乎！六曰寅畏天威。夫天之於王者，猶父母之於子，愛之至則所以爲之戒者亦至；故人主之於天戒，必恐懼修省，以致其寅威之誠，則變災而爲祥矣。」李綱之所以能如此忠貞，具有雄才大略者，蓋以其爲政和二年進士，一生明道修德，以天下社稷爲志，處安危之際，奮不顧身，自然正氣奮發，爲天下所尊，實乃中興之良弼也。惜高宗昏暗不悟，不予重用，居相位僅七十日，憂勤而逝，年方五十八。著有《易傳內外篇》《論語詳說》《建炎政記》等。足見其學術睿哲之深厚，惜哉！

在謀略上較之於李綱更爲深遠明徹者，宗澤（一〇六〇—一一二八年）是也。他直切提出：「大明黜陟，再造王室。」此明也，立行之意也。大明者，全而辨明正邪，立行黜陟，徹底強化王室，速圖中興之效也。此乃宋祚中興之唯一大計，舍此無以爲救也。惜高宗暗昏，又爲奸黨主和派所阻，卒不得行。但宗澤忠於宋祚之志彌堅，纍有進言，聞金人有割地之議，澤上書曰：「天下者，太祖、太宗之天下，陛下當兢兢業業，思傳之萬世。奈遽議割河之東、西，又議割陝之蒲、解乎！自金再至，朝廷未嘗命一將、出一帥，但聞奸邪之臣，朝進一言以告和，暮入一說以乞盟。（自古奸臣皆外爲恭順，而中藏禍心。）終致二聖北遷，宗社蒙恥。臣意陛下赫然震怒，大明黜陟，以再造王室。今即位四十日矣，未聞有大號令，但見刑部指揮云『不得謄播赦文於河之東、西，陝之蒲、解』者，是褫天下忠義之氣，而自絕其民也。」又上疏曰：「天下之事見幾而爲，待時而動，則事無不成。今收復伊洛，而金酋渡河；捍蔽滑臺，而敵國屢敗。河東、河北、山砦義民引領舉踵，日望官兵之至，以幾以時而言之，中興之兆可見，而金人滅亡之期可必，在陛下見幾乘時而已。」又上疏曰：「丁進數十萬衆願守護京城，李成願扈從還闕，即渡河剿敵。楊進等兵百萬，亦願渡河，同致死力。臣聞多助之至，天下順之。陛下及此時還京，則衆心翕然，何敵國之足憂乎？」（《宋史・宗澤傳》六四四四頁）宗澤上疏二十餘奏，每爲黄潛善等所抑，憂憤成疾，疽發於背而卒，無一語及家事，但呼過河者三而死。

岳飛（一一〇三—一一四二年），字鵬舉，相州湯陰人。世力農，父和，能節食以濟飢。少負氣節，沈厚寡言，家貧力學，尤好《左氏春秋》《孫、吴兵法》，生有神力，未壯挽弓三百斤，學射於周同，盡其術，能左右射。同死，朔望設祭於其家，父義之曰：「汝爲時用，其徇國死義乎！」宣和四年，應募入伍，以功遷秉義郎，隸宗澤部。戰有功，宗澤大奇之曰：「汝勇智才藝，古良將不能過，然好野戰，非萬全計。」因授以陣圖，飛曰：「陣而後戰，兵法之常；運用之妙，存乎一心。」澤是其言。康王即位，飛上書數千言，謂：「陛下已登大實，社稷有主，已足伐敵之謀，而勤王之師日集；彼方謂吾素弱，宜乘其怠擊之。黄潛善、汪伯彦輩不能承聖意恢復，奉車駕日南，臣恐不足繫中原之望。臣願陛下乘敵穴未固，親帥六軍北渡，將士作氣，中原可復。」書聞，以越職奪官歸。詣河北招討使張所，所待以國士，借補修武郎，充中軍統領。所問飛曰：「汝能敵幾何？」飛曰：「勇不足恃，用兵在先定謀。」定謀者，關係全局之戰略也。故岳飛雖居軍中卑位，對恢復中原，振興社稷，卻胸有遠略。紹興七年（一一三七年），入見高宗，從容與言，先問飛得良馬否，飛曰：「曾得之，乃致遠之材也。今所乘之馬則駑鈍之材矣。」飛數見帝，論恢復之略，大要謂：「金人所以立劉豫於江南，蓋欲荼毒中原，以中國攻中國，粘罕因得休兵觀釁。臣欲陛下假臣日月，便則提兵趨京、洛，據河陽、陝府、潼關，以號召五路叛將，既還，遣五師前進，彼必棄汴而走河北，京畿、陝右可以盡復。然後分兵濬、滑，經略兩河，如此則劉豫成擒，金人可滅，社稷長久之計，實在此舉。」高宗答曰：「有臣如此，顧復何憂，進止之機，朕不中制。」又召至寢閣命之曰：「中興之事，一以委卿。」命節制光州。

早在建炎三年，高宗曾以四失罪己：「一曰昧經邦之大略，二曰昧戡亂之遠圖，三曰無綏人之德，四曰失馭臣之柄。」至是當有所正之，方不失爲人君之誠。飛方圖大舉，會秦檜主和，詔詣都督府與張浚議事。飛奏：「比者寢閣之命，咸謂聖斷已堅，何至今尚未決？臣願提兵進討，順天道，因人心，以曲直爲老壯，以逆順爲強弱，萬全之效可必。」又奏：「錢塘僻在海隅，非用武地。願陛下建都上游，用漢光武故事，親帥六軍往來督戰，庶將士知聖意所向，人人用命。」紹興八年秋，召赴行在，命詣資善堂見皇太子，飛退而喜曰：「社稷得人矣，中興基業，其在是乎！」會金遣使將歸河南地，飛言：「金人不可信，和好不可恃，相臣謀國不臧（不善），恐遺後世譏！」紹興九年，授飛以開府儀同三司，飛力辭，謂：「今日事可危而不可安，可憂而不可賀，可訓兵飭士，謹備不虞，而不可論功行賞，取笑敵人。」三詔不受，帝溫言獎諭，乃受。又密奏，言：「先正國本，以安人心。」帝得奏，大褒其忠，授少保，河南府路、陝西、河東北路招討使，尋改河南、北諸路招討使。未幾，所遣諸將相繼奏捷。飛自以輕騎駐郾城，兵勢甚銳。兀朮大懼，欲誘致飛師，奮力一戰。中外聞之大懼，詔飛審處自固。飛曰：「金人技窮矣。」乃日出挑戰。兀朮合龍虎、蓋天大王之兵逼郾城，飛遣子雲領騎兵直貫其陣，鏖戰四十合，賊屍布野。兀朮有勁軍，皆重貫以韋索，三人爲聯，號拐子馬，官軍不能當。是役也，以萬五千騎來，飛戒步卒，以麻扎刀入陣，勿仰視，但斫馬足。拐子馬相連，一馬撲，二馬不能行，官軍奮擊，遂大敗之。兀朮大慟曰：「自海上起兵，皆以此勝，今已矣。」飛指揮如神，纍戰皆捷，中原大震。兀朮屢敗，遂令老少北去。飛乘此良機進軍朱仙鎮，距汴京僅四十五里，父老百姓爭挽車牽牛，載糗糧以饋義軍，頂盆焚香迎候者，充滿道路。自燕以南，金號令不行，兀朮欲簽軍以抗飛，河北無一人從者，乃嘆曰：「自我起北方以來，未有如今日之挫衄。」金帥烏陵思謀，素號桀黠，亦不能制其下，但諭之曰：「毋輕動，俟岳家軍來即降。」金統制王鎮、統領崔慶、將官李覬、崔虎、華旺等皆率所部將，以至禁衛龍虎大王下忔查千戶、高勇之屬，皆密受飛旗榜，自北方來降。金將軍韓常欲以五萬眾內附，飛大喜，語其下曰：「直抵黃龍府，與諸君痛飲爾。」方指日渡河，而秦檜欲畫淮以北棄之，風臺臣請班師。飛奏：「金人銳氣沮喪，盡棄輜重，疾走渡河。而抗金將領，豪傑向風，將士用命，精神大振，時不再來，機難輕失。」秦檜知飛志銳不可回，乃先請張浚、楊沂中等歸，而後言飛孤軍不可久留，乞令班師，一日奉十二金字牌。飛憤惋泣下，東向再拜曰：「十年之力，廢於一旦。」飛班師之際，民遮馬痛哭，訴曰：「我等戴香盆、運糧草以迎官軍，金人悉知之。相公去，我輩無噍類矣。」飛亦悲泣。取詔示之曰：「吾不得擅留。」哭聲震野。會兀朮棄汴去，有一書生叩馬曰：「太子毋走，岳少保且退矣！」兀朮曰：「岳少保以五百騎破五十萬，京城日夜望其來，何謂可守？」生曰：「自古未有權臣在內，而大將能立功於外者！岳少保且不免，況欲成功乎！」兀朮悟，遂留。飛既歸，所得州縣，旋復失之。飛力請解兵柄，不許，自廬入覲，帝問之，飛拜謝而已。兀朮遺檜書曰：「汝朝夕以和請，而岳飛方爲河北圖，必殺飛，始可和。」檜亦以飛不死終梗和議，己必及禍，故力謀殺之。以諫議大夫萬俟卨與飛有怨，風卨劾飛，又風中丞何鑄、侍御史羅汝楫交章彈論。何鑄鞫之，飛裂裳以背示鑄，有「精忠報國」四大字，深入膚理。既而閱案卷無佐驗，鑄明其無辜。改命萬俟卨，卨誣飛與憲書令虛申探報以動朝廷。飛坐繫兩月，無可證者。歲暮，獄不成，檜手書小紙付獄，即報飛死。時年三十九。（《宋史・岳飛傳》）另據《宋史・高宗紀（六）》：「紹興十一年十二月癸巳，賜岳飛死於大理寺，斬其子雲及張憲於市，家屬徙廣南，官屬于鵬等論罪有差。」（《二十五史》五二四九頁）

實則殺岳飛者，高宗也。獄之將上也，韓世忠不平，詣檜，詰其實，檜曰飛子雲與張憲書，雖不明其事體，「莫須有」。世忠曰：「『莫須有』三字何以服天下！」自是韓世忠口不言兵。部曲舊將不與相見。金國諸酋聞岳飛死，酌酒相賀。修宋史之元臣論曰：「西漢而下，若韓、彭、絳、灌之爲將代不乏人，求其文武全器，仁智並施，如宋岳飛者一代豈多見哉！」史稱關雲長通《春秋》左氏學，然未當見其文章。飛北伐，軍至汴梁之朱仙鎮，有詔班師，飛自爲表答詔，忠義之言，流出肺腑，真有諸葛孔明之風，而卒死於秦檜之手。蓋飛與檜勢不兩立，使飛得志，則金仇可復，宋恥可雪，檜得志，則飛有死而已。昔劉宋殺檀道濟，道濟下獄，嗔目曰：「自壞汝萬里長城。」高宗忍自棄其中原，故忍殺飛，嗚呼哀哉！嗚呼哀哉！異族異朝之史官見之如此之明，感岳飛之死，乃高宗之自招恥辱，自廢長城，自棄中原，自食其言，自惰自暗，自貽千古之罵名。殺岳飛者，非金兀朮也，非秦檜也（實秦檜也），乃高宗趙構也。既見高宗之昏與暗也，更見高宗之忍與殘也。此乃鐵之史實，千古不磨者也。

高宗之罪，非僅殺岳飛，更在於摧亡社稷也。此亦盛衰之命不可逃遁者也，亦不足以減輕高宗之罪責於絲毫也。元編宋史之官，有贊高宗之言，憫其才不足以撥亂反正，茲錄之如次，以備後賢之評論焉。贊曰：「昔夏后氏傳五世而後羿篡，少康復立，而祀夏。周傳九世而厲王死於彘，宣王復立而繼周。漢十一世而新莽竊位，光武復立而漢興。晉傳四世有懷、湣之禍，元帝正位於建鄴。唐傳六世有安史之亂，肅宗即位於靈武。宋傳九世而徽、欽陷於金，高宗纘圖於南京。六君者，史皆稱爲中興而有異同焉。夏經羿、浞，周歷共和，漢間新室、更始，晉、唐、宋則歲月相續者也。蕭王、瑯琊皆出疏屬，少康、宣王、肅宗、高宗則父子相承者也。至於克復舊物，則晉元與高宗視四君者餘責焉。高宗恭儉仁厚，以之繼體守文則有餘，以之撥亂反正則非其才也。況時危勢逼，兵弱財匱，而事之難處又有甚於數君者乎！君子於此，蓋亦有憫高宗之心而重傷其所遭之不幸也。然當其初立，因四方勤王之師，内相李綱，外任宗澤，天下之事宜無不可爲者。顧乃播遷窮僻，重以苗、劉群盜之亂，權宜立國，確乎難哉！其始惑於汪、黄，其終制於奸檜，恬墮猥懦，坐失事機。趙鼎、張浚相繼竄斥，岳飛父子竟死於大功垂成之秋。一時有志之士爲之扼腕切齒，帝方偷安忍齒，匿怨忘親，卒不免於來世之誚，悲乎！」（《二十五史》五二五五—五二五六頁）高宗之此失，其所招致之後患有如次三端。

一曰絕中興之望，國祚陷於厄運之中。高宗斫倒擎天柱，造成宋祚之天塌地陷，後之君王雖有孝宗之賢、理宗之德，只堪維持殘局，不足以有大作爲也。孝宗乾道八年（一一七二年），雖曾有過「帝諭已決策親征」（深受作「侄國」之辱，隆興二年與金帥府定爲叔侄之國），時陳僞卿、虞允文居相位，俱有恢復中原之志，唯乏將帥，缺財力也。此志存焉，此心存焉，雖力不贍也，猶思奮焉。高宗不思後患之深，惑於和議之罔，困於姦佞之邪，無以自雄，卒至於殺將屈敵，實可恨也。

二曰小人進，君子退。其禍必然是士氣衰，人心散。宰輔多爲中人之才，雜以姦佞；將帥乃爲平庸之輩，混以叛降。如寧宗開禧年間，韓侂胄用事十四年，威行宫省，權傾宇內，害政之烈可知矣。理宗開慶、景定年間之賈似道，歷理、度、恭宗三朝，權臣之烈，未有過者。

三曰堂堂仁治之強宋，屈而陷入稱臣稱侄之卑侍境地。乃朝野君民之奇恥重辱，長忍百年，禍及子孫，此從漢唐以降未曾有也。高宗紹興八年（一一三八年）十二月戊辰，王倫言金使稱「詔諭江南」，其名不正。秦檜以未見國書，疑爲封冊。帝曰：「朕嗣守祖宗基業，豈受金人封冊。」癸酉，館職胡珵、宋松等上書極論不可和。此可視爲金以宋爲臣之始。孝宗隆興二年（一一六四年）十一月丙申，遣國信所大通事王抃持周葵書如金帥府，請正皇帝號，爲叔侄之國，易歲貢爲歲幣，減十萬。割商、秦地，歸被俘人。繼承二千年中華大統、享國三百年之大宋，稱建國剛剛四十九年之金世宗爲叔，而自貶爲侄，其恥深辱重將何臉面見趙氏祖宗耶！又將何臉面見中華之聖帝先王耶！

第六節 正氣根於道

一 道學至南宋而大明

道學始於北宋周敦頤，適當宋仁宗景祐年間，周著《太極圖説》問世，歷二程、張載至南宋朱熹作《太極圖説解》，其所究及者廣深周全，源流通明，内外悉彰，古今一脈，體用俱見，興復創開，有形無迹，豐富充實，言性述心，闡理論欲，淳如天然，觀朱子之綱目可知矣。錢穆先生論之曰：「朱子崛起南宋，不僅能集北宋以來理學之大成，並亦可謂其乃集孔子以下學術思想之大成。」錢著《朱子新學案》列具八綱、四十目。八綱爲：一論理氣，二論體用，三論性、命、數，四論心與理，五論人心與道心，六論誠，七論格物，八朱子之經學。從此八綱中可見道學之全貌，亦可見朱子集道學之大成；大成則大明，大明則大用，大用則形之於政教，脩齊治平畢矣。正如朱熹在孝宗淳熙十年《韶州州學濂溪祠記》中所言：「秦漢以來，道不明於天下，而士不知所以爲學。言天者，遺人而無用；語人者，不及天而無本；專下者，不知上達而滯於形器；必上達者不務下學而溺於空虛；優於治己者，或不足以及人；而隨世以就功名者，又未必自其本而推之也。夫如是，是以天理不明而人欲熾，道學不傳而異端起。人縱其私智而馳鶩一世者，不至於老死則不止，而終一莫悟其非也。宋興，九嶷之下，舂陵之墟，有濂溪先生者作，然後天理明而道學之傳復續。蓋有闡夫太極陰陽五行之奧，而天下之爲中正仁義者得以知其所自來。言聖學之有要，而下學者知勝私復禮之可以馴致於上達。明天下之有本，而言治者知誠心端身之可以舉而措之於天下。其所以上接洙泗千歲之統、下啓河洛百歲之傳者，脈絡分明，而規模宏達矣。是以人欲自始有所制，而不得肆；異端有所避，而不得騁。蓋自孟氏既沒，而歷選諸儒受授之次，以論其興復開創、汛掃平一之功，信未有高焉者也。」（《朱子新學案》七八三頁）朱熹之所言，實乃道學興復一百五十年中之大效也。其所明者，明天下有所本，而言治者知誠心端身之可以舉而措之於天下。其所效驗於天下者，人欲自是有所制而不得肆，異端有所避而不得騁。此本者，道統也；此制者，人欲也。道統彰，人欲制，雖處外患之中，此南宋之所以能偏安江南一百五十年之原因所在也。由此而窺知學術與政治之關係焉。

二 道學賦政教以正氣

朱熹（一一三〇—一一八〇）之學術活動，起於高宗紹興中期之後，歷孝宗、光宗至寧宗慶元六年卒。生而穎悟，五歲讀《孝經》，題曰：「不若是，非人也。」十八歲，登紹興十八年進士第，授泉州同安主簿。孝宗即位，詔求直言，先生上封事，言：「帝王之學，必先格物致知，以極夫事物之變，使義理所存，纖悉畢照，則自然意誠心正，而可以應天下之務。」次言：「修攘之計，所以不時定者，講和之説誤之也。夫金人於我有不共戴天之讎，則不可和也明矣。願關絶和約，任賢使能，立綱紀、厲風俗，俟數年之後，國富兵强，徐起而圖之。」次言：「四海之利病，係斯民之休戚；斯民之休戚，係守令之賢否。監司者，守令之綱；朝廷者，監司之本。本源之地，亦在於朝廷而已。」隆興元年復召對，其一言：「大學之道，在乎格物以致其知。陛下未嘗隨事以觀理，即理以應事。平治之效，所以未著。」其二言：「君父之讎，不與共戴天，今日所當爲者，非戰無以復讎，非守無以制勝。」且陳「古先聖王所以强本折衝，威制遠人之道」。淳熙六年，上疏言：「天下之務，莫大於恤民，在人君正心術以立綱紀。蓋天下之綱紀不能以自立；必人主之心術公平正大，無偏黨反側之私，然後有繫而立。必親賢臣，遠小人，講明義理之歸，閉塞私邪之路，然後乃可得而正。今宰相、臺省、師傅、賓友、諫諍之臣，皆失其職，上以蠱惑陛下之心志，使陛下不信先王之大道，而悦於功利之卑説；不樂莊士之讜言，而安於私褻之鄙態。下則招集天下士大夫之嗜利無恥者，交通貨賂，所盗者皆陛下之財；命卿置將，所竊者皆陛下之柄。使陛下之號令黜陟，不復出於朝廷，而出於一二人之門。莫大之禍，必至之憂，近在朝夕，而陛下獨未之知。」孝宗讀之大怒。宰相趙雄曰：「士之好名，陛下疾之愈甚，則人譽之愈衆，無乃適所以高之，不若因其長而用之。彼漸當事任，能否自見矣！」孝宗以爲然，乃除先生提舉江西常平茶鹽，旋除直祕閣。光宗即位，詔「論撰之職，以寵名儒」，乃拜命。百家案曰：「紫陽之爲學也，主敬以立其本，窮理以致其知，反躬以踐其實。自經史著述而外，凡夫諸子、佛老、天文、地理之學，無不涉獵而講究也。其爲間世之鉅儒，復何言哉！」祖望案曰：「善讀朱子之書者，正當偏求諸家，以收去短集長之益；若墨守摒除一切焉，則非朱子之學也。」

道學直接影響朝政者，以下述諸事可見矣。理宗寶慶三年（一二二七年）正月己巳，詔曰：「朕觀朱熹集注《大學》《論語》《孟子》《中庸》，發揮聖賢蘊奧，有補治道。朕勵志講學，緬懷典型，可特贈朱熹太師，追封信國公。」三月，工部侍郎朱在進對，奏人主學問之要。理宗曰：「先卿《中庸序》言之甚詳，朕讀之不釋手，恨不與同時。」茲將朱熹《中庸章句序》録之如次，以窺理宗之意。「《中庸》何爲而作也？子思子憂道學之失其傳而作也。蓋自上古聖神繼天立極，而道統之傳有自來矣。其見於經，則『允執厥中』者，堯之所以授舜也。『人心惟危，道心惟微；惟精惟一，允執厥中』者，舜之所以授禹也。堯之一言，至矣盡矣，而舜復之以三言者，則所以明乎堯之一言，必如是而後可庶幾也。蓋嘗論之，心之虛靈、知覺，一而已矣。而以爲有人心、道心之異者，則以其或生於形氣之私，或原於性命之正，而所以爲知覺者不同；是以或危殆而不安，或微妙而難見耳。然人莫不有是形，故雖上智不能無人心；亦莫不有是性，故雖下愚不能無道心。二者雜於方寸之間，而不知所以治之，則危者愈危，微者愈微，而天理之公，卒無以勝人欲之私矣。精則察乎二者之間，而不雜也；一則守其本心之正，而不離也。從事於斯，無少間斷，必使道心常爲一身之主，而人心每聽命焉。則危者安，微者著，而動静云爲，無過不及之差矣。夫堯舜禹，天下之大聖也；以天下相傳，天下之大事也。以天下之大聖，行天下之大事，而授受之際，丁寧告戒，不過如此。則天下之理，豈有加於此哉！自是以來，聖聖相承，若成湯文武之爲君，皋陶伊傅周召之爲臣，既皆以此而接夫道統之傳，若吾夫子則雖不得其位，而所以繼往聖、開來學，其功反有賢於堯舜者。然當是時，見而知之者唯顔氏、曾氏之傳得其宗。及曾氏之再傳，而得夫子之孫子思，則去聖遠而異端起矣。子思懼乎愈久而愈失其真也，於是推本堯舜以來相傳之意，質以平日所聞父師之言，更互演繹，作爲此書，以詔後之學者。蓋其憂之也深，故其言之也切；其慮之也遠，故其説之也詳。其言『天命率性』，道心之謂也；其曰『擇善固執』，則精一之謂也；其曰『君子時中』，則執中之謂也。世之相後，千有餘年，而其言之不異，如合符節。歷選前聖之書，所以提挈綱維，開示藴奥，未有若是明且盡者也。自是而又再傳以得孟氏，爲能推明是書，以承先世之統，及其没而遂失傳焉。則吾道之所寄，不越乎言語文字之間，而異端之説日漸月盛，以至於老佛之徒出，則彌近理而大亂真矣。然而尚信此書之不泯，故程夫子兄弟者出，得有所考，以續夫千載不傳之緒，得有所據，以斥夫二家似是之非。蓋子思之功，於是爲大；而微程夫子，則亦莫能因其語而得其心也。惜乎！其所以爲説者不傳，而凡石氏之所以輯録，僅出於其門人之所記，是以大義雖明，而微言未析。至其門人所自爲説，則雖頗詳盡，而多所發明，然倍其師説而淫於老佛者亦有之矣。」（《四書集注》）

析朱序之要，可明理宗之意，在以道心制人欲。蓋理宗居君位，察人間之公私、邪正、善惡、禍福，鑒古今之興亡、治亂。雖原由輻輳，莫不皆因私欲之患也。私欲爲萬禍之源，乃不易之理也。爲政者欲正己必先去私欲，以公立己，以公正天下；天下者公也，不可得而私也，私之者必亡也，史實斑斑可考也。理宗環顧天下内外之勢，内懷中興之志，外存收復雪耻之心。故其讀朱序「不釋手，恨不與同時」，良可敬也。過了十五年之後，理宗更於淳祐元年（一二四一年）春正月庚寅朔，詔舉文武才。甲辰又詔曰：「朕惟孔子之道，自孟軻後不得其傳，至我朝周敦頤、張載、程顥、程頤，真見實踐，深探聖域，千載絶學，始有旨歸。中興以來，又得朱熹精思明辨，表裏渾融，使《大學》《論》《孟》《中庸》之書，本末洞徹。孔子之道，益以大明。於是朕每觀五臣論著，啓沃良多。今視學有日，其令學官列諸從祀，以示崇獎之意。」丙午，封周敦頤爲汝南伯，張載郿伯，程顥河南伯，程頤伊陽伯。戊申，幸太學，謁孔子，遂御崇化堂，命祭酒曹威講《禮記・大學》，制《道統十三贊》，就賜國子監，宣示諸生。道統之爲治國者所崇，三代以降，雖有中斷，迄於休絶；唯有暴政間雜而矣。唯理宗之崇尚若此，實漢武唐（太）宗之所莫及也；其爲君民張揚正氣，爲政教風化活力，爲衰退延緩生命，亦自在之理論也。

三　文天祥古道照顏色

文天祥（一二三六—一二八三），字體善，一字宋瑞，號文山，贛吉州吉水人也，理宗寶祐四年進士第一。歷任刑部郎官，知瑞贛等州。宋恭宗（㬎）德祐元年（一二七五年），聞元兵東下，於贛州組建義軍，入衛臨安，次年任右丞相。在抗元戰鬭中被俘，因於元大都兵馬司獄中，作《正氣歌》以明志。其正氣原於道，蘊於道統，激於道學，觀其《御試卷文》、《上皇帝書》（二）、《輪對答子》四書可知矣。

「臣聞聖人之心，天地之心也；天地之道，聖人之道也。分而言之，則道自道，天地自天地，聖人自聖人；合而言之，則道一不息也，天地一不息也，聖人一不息也。遡其本原言之，茫茫堪輿，坱圠無垠；混混元氣，變化無端；人心、仁義禮智之性未賦也；人心、剛柔善惡之氣未稟也。當是時，未有人心，先有五行；未有五行，先有陰陽；未有陰陽，先有無極、太極；未有無極、太極，則太虛無形，沖漠無朕，而先有此道。未有物之先，而道具焉，道之體也；既有物之後，而道行焉，道之用也。其體則微，其用甚廣。即人心，而道在人心；即五行，而道在五行；即陰陽，而道在陰陽；即無極、太極，而道在無極、太極。貫顯微，兼費隱；包小大，通物我，道何以若此哉?道之在天下，猶水之在地中，無往而非水，天下無往而非道，水一不息之流也，道一不息之用也。天以澄著，則日月星辰循其經；地以靜謐，則山川草木順其常；人極以昭明，則君臣父子安其倫。流行古今，綱紀造化，何莫由斯道也。聖人，體天地之不息者也。天地以此道而不息，聖人亦以此道而不息。聖人立不息之體，則斂於脩身；推不息之用，則散於治人。立不息之體，則寓於致知以下之工夫；推不息之用，則顯於齊家治國平天下之效驗。立不息之體，則本之精神心術之微；推不息之用，則達之禮樂刑政之著。聖人之所以爲聖人者，猶天地之所以爲天地也；以不息之心，行不息之道，聖人即不息之天地也。其所以曰治、曰政、曰禮、曰教、曰刑、曰事者，亦無非扶世道而不使之窮耳。」（《文天祥全集》四三—四五頁。）

在《輪對劄子》中，文天祥更論之曰：「聖人之作經也，本以該天下無窮之體，而常足以擬天下無窮之變。天地無倪，陰陽無始，人情無極，世故無涯，聖人亦安預窺逆覩，事事而計之。然後世興衰治亂之故，皆《六經》之所有。凡《六經》垂鑒戒以爲不可者，小犯之則關安危；大犯之，則决存亡；如赴水火之必斃，如食堇葛之必毒。是何哉？聖人知有理而已；合於理者昌，違於理者僵。所貴乎帝王之學，惟能不悖乎《六經》，無蹈乎大戒而已。」（《文天祥全集》六五頁）

《己未上皇帝書》詳論四事：一曰簡文法以立事；二曰仿方鎮以建守；三曰就團結以抽兵；四曰破資格以用人。（在此條中特指明：「本朝以道立國，以儒立政。凡有豪武特達之才，可以備總統之任，能擔當開拓，排難解紛，唯其才耳，以進英豪，於資格、經歷之外，重之以其任，而輕授其官，使其有功則漸加其官，而無易其位。」）

凡於此四書中所言之者，俱合於道統與道學，更可視之爲道學之大明在文天祥志與言、言與行中之體現。其在《言志》一詩中更表明：「以身殉道不苟生，道在光明照千古。平生讀書爲誰事，臨難何憂復何懼？」（《文天祥全集》三五〇頁）其在《正氣歌》序言曰：「吾善養吾浩然之氣，彼氣有七（言囚室中散發七種污穢之氣味），以一敵七，吾何患焉，浩然者，天地之正氣也。」在《正氣歌》中末四句「蒼天曷有極，典刑在夙昔，風檐展書讀，古道照顏色」，實言無可窮極之大道，有先聖之開創，有後賢之發揚，顏色歷久彌新，文天祥之正氣亦千秋浩然。

書罷，文天祥之正氣根於道，余不禁慨然而嘆曰：宋之得國也，鑒唐而立文治之基，上下景從，人文蔚起，道學以興，蘊孕仁宗之德政，培固基業，朱熹揚而大之，文天祥踐而實之。就連編纂宋史之元官也不得不贊曰：「宋三百餘年，取士之科，莫盛於進士，進士莫盛於倫魁，自天祥死，世之好爲高論者，謂科目不足以得偉人，豈其然乎！」

第十章　元之驟興與速亡

元本屬蒙古族，逐水草而居，畜馬羊爲生；各部落常處拼鬬殺戮之中；固有蒙文以記事述史，但治國安邦之道統綱紀則未備也。鐵木真之興也太驟，其馳騁亞歐疆場也太速，國土太廣；其爲治也，非其才智之所及，非其能謀之所駁，非其道之所明，非其德之所化；故其馬上得之者，非馬上可治也。唯有賴中國鴻儒賢達，明大道（明萬物人事興衰之道，國祚存亡之道，政權更替之道，敗而復興之道，正而壓邪、善以勝惡之道），知休咎（命有順舛，運有和逆，機有顯隱，事有消長），識時務（時不可逆而可待，勢不可擋而可轉，唯在知幾而斷），通德化（以德化民必仁以誠，中心環節，教也），以人民之生計爲重。其間中原儒者，屈辱獻策建言，有益於元政者，大有人在；神州黔首慘流之血與淚，士類深忍之屈與辱，唯大道大德者能明之。異族之入主中原，此在中華史上乃首次也；其來之驟而去之速，亦自存之理也。

第一節　草原鐵騎馳騁亞歐

一　鐵木真之崛起

鐵木真（一一六〇—一二二六年）之崛起也，以有其部落首領之根源；考之其祖先，十世祖爲脱奔咩哩犍，姓奇渥温氏，娶妻阿蘭果火，生有二子，長曰博寒葛答黑，次曰博合覩撒里直，既而脱奔咩哩犍亡故，其妻阿蘭果火夜夢與金色神人交有娠（非神，乃人也），生子孛端義兒，相貌奇異，沈默寡言，衆以爲癡，獨其母阿蘭果火語人曰：「此兒非癡，後世子孫必有大貴者。」其母没，諸兄分家，貲不及之，孛端義兒曰：「貧賤、富貴，命也，貲財何足道。」獨乘青白馬，至八里屯阿懶之地而居焉。居數月，有民數十家自統急里忽魯之野來遷，孛端義兒與之居，出入相助，自此生理稍足。一日，仲兄忽思孛端義兒生計之狀，即自來訪，邀與俱歸。孛端義兒中途謂其兄曰：「統急里忽魯之民，無所屬附，若臨之以兵，可服也。」兄以爲然。至家即選壯士，令孛端義兒帥之前行，果盡降之，從此爲首領。

孛端義兒没，子八林昔黑剌秃合必畜嗣，生子曰咩撚篤敦，娶妻曰莫挐倫，生七子而寡。

莫挐倫性剛急，時押剌伊而部之群小兒掘田間草根以爲食，莫挐倫乘車出適見之，驅車輾傷諸兒有至死者。押剌伊而忿怨，盡驅莫挐倫馬以去。莫挐倫諸子聞之，不及被甲往追之，六子俱爲押剌伊而部所斃，並滅莫挐倫家；唯一長孫海都尚幼，乳母匿於積木中得免。先是莫挐倫第七子納真於八剌忽民家爲贅婿，故未及難。聞其家被禍，歸來省視之，見病嫗十數，與海都尚在，計無所出，幸驅馬時見兄之黄馬逸歸，納真乘之，僞爲牧馬者，詣押剌伊而部，路逢父子二騎，臂鷹而獵。納真識此鷹爲其兄之擎者，知其爲仇人也，因以計而騙殺之。又前行，至一山下有馬數百，有童子數人，方擊髀石爲戲，納真熟視之亦兄家物也，紿問童子亦如之。於是登山四望，悄無來人，盡殺童子，驅馬臂鷹而還。取海都、病嫗歸八剌忽之地而止焉。及海都稍長，納真率八剌忽怯谷諸民共立爲君。海都既立，以兵攻押剌伊而部，臣屬之，形勢漸大，四傍部族歸之者漸衆。

海都没，子拜姓忽兒嗣。拜姓忽兒歿，子敦必乃嗣。敦必乃歿，子葛不律寒嗣。葛不律寒歿，子八哩丹嗣。八哩丹没，子也速該嗣，併吞諸部落，勢愈盛大。也速該生鐵木真。先是也速該征塔塔兒部，獲其部長鐵木真，宣懿太后適生帝，手握凝血如赤石，也速該異之，因以鐵木真名之，意在志武功也。

鐵木真繼承父位，其所臨馭者實舉步維艱；內有族人泰赤烏部舊之嫌隙日深，及近侍脱端火兒真之叛意日重，鐵木真泣留之，脱端曰：「深池已乾矣，堅石已碎矣，留復何爲？」竟帥衆馳去。外有札木合之侵淩，與泰赤烏諸部合謀，以三萬衆來戰，更有環國遠近諸部落之窺視，其心如狼似虎意在併吞。北漠酋長不知天道、人道與治道，亦不知睦鄰相安，以信服天下，以德化民，唯知「我勝則併彼，彼勝則併我」，此唯鐵木真一人「獨具有人君之度」。觀其責汪罕之言可證矣：「君爲叔父菊兒罕所逐，困迫來歸，我父即攻菊兒罕，敗之於河西，其土地、人盡收與君，此有功於君一也；君爲乃蠻所攻，西奔日没處，我請我兄薛徹別及與我弟大丑往殺之，此大有功於君二也；君困迫來歸時，我過哈丁里，歷掠諸羊馬貲財，盡以奉君，令君飢者飽、瘠者肥，此大有功於君三也。及君爲乃蠻所傾覆，我遣四將奪還汝民人，重立汝國家，此大有功於君四也；我征朵魯班、塔塔兒等五部，見無不獲，獲則必致於君，此大有功於君五也。是五者皆有明驗，君不報我則已，今乃易恩爲仇，而遽加兵於我哉？」汪罕兵至，帝與戰於哈闌真沙陀之地，汪罕大敗。帝移軍斡難河源，謀攻汪罕，終滅其所部，汪罕本人逃逸，逢乃蠻部將而被殺。帝大會於帖麥該川，議伐乃蠻。帝與乃蠻軍大戰，至晡，擒殺太陽罕諸部軍，一時皆潰；夜走絕險，墜崖者不可勝計；明日餘衆悉降。於是孕魯班、塔塔兒、哈答斤、散只兀四部，亦來降。大漠諸部之争告平。

元年丙寅（一二〇六年，適當宋寧宗開禧二年），鐵木真大會諸王群臣，建九斿白旗，即皇帝位於斡難河之源。諸王群臣共上尊號曰成吉思皇帝，史稱元太祖成吉思汗。始議伐金。先是金殺帝宗親咸補海罕，帝欲伐金，會金俘等俱言金主璟（金章宗完顏璟，居位十三年（一一九六—一二〇八））肆行暴虐，未敢輕動。

二　太祖世祖之擴張

（一）東南擴張。太祖於一二〇六年稱帝，於一二〇九年滅畏吾兒國，帝入河西，夏主李安全遣其世子帥師來戰，敗之，獲其副元帥高令公，剋兀剌海城，俘其太傅西壁氏。進至克夷門，復敗夏師，獲其將嵬名令公。薄中興府（今寧夏銀川），引河水灌之，堤決，水外潰，遂撤圍，還遣太傅訛答入中興，諭夏主李安全。夏主獻女察合公主李嵬名與鐵木真爲妃以求和。

六年（一二一一年）辛未二月，太祖自將南伐，敗金將定薛於野狐嶺。九月，拔德興府，入居庸關，遂入關，抵中都。太祖十三年（一二一八年），征西途中滅西遼，遼亡，立國三百年（柏楊《中國歷史年表》）。二十二年丁亥春，帝留兵攻西夏王城，自率師渡河，破臨洮府。五月，遣唐慶等使金；閏月，避暑六盤山。六月，金遣完顏合周、奧屯阿虎來請和。帝謂群臣曰：「朕自去冬五星聚時已嘗許不殺掠，遽忘下詔耶？今可布告中外，今彼行人亦知朕意。」是月，西夏主李晛降，西夏亡，立國一九六年。帝次清水縣西江。秋七月壬午，不豫；己丑，崩於薩里川哈老徒之行宮。臨崩謂左右曰：「金精兵在潼關，南據連山，北限大河，難以遽破；若假道於宋，宋金世仇，必能許我；則下兵唐鄧，直擣大梁；金急，必徵兵潼關；然其以數萬之衆，千里赴援，人馬疲弊，雖至，不能戰，破之必矣。」（太祖崩六年之後，適當太宗六年甲子春正月，金主傳位於宗室子完顏承麟自經而焚城，拔獲承麟殺之，宋兵取金主餘骨以歸，金亡。至是西夏、遼、金俱亡矣。）言迄而崩，壽六十六，在位二十二年。帝深沉有大略，用兵如神，故能滅國四十，其偉功奇勳多而大焉！惜當時史官不備，失於記載耳。

太祖既崩，擴張之志唯世祖繼之。世祖乃睿皇帝第四子，爲太祖之孫也。一二六〇年四月，忽必烈至開平（內蒙古正藍旗）稱帝，是爲世祖，改元中統。（其皇弟阿里不哥不服，亦於和林（蒙古哈爾和林）稱帝，庫里爾泰之制自此廢。）詔告天下曰：「唯祖宗肇造區宇，奄有四方，武功迭興，文治多缺，五十餘年於此矣。（太祖居位二十二年，中經太宗（窩闊臺）十九年，定宗（貴由）七年，憲宗（蒙哥）八年。）蓋時有先後，事有緩急；天下大業非一聖一朝所能兼備也。先皇帝即位之初，風飛雷厲，將大有爲，憂國愛民之心雖切，尊賢使能之道未得其人。方董夔門之師，遽遺鼎湖之泣；豈期遺恨，竟勿克終。肆予冲人，渡江之後，蓋將深入焉。乃聞國中，重以僉軍之擾，黎民驚駭，若不能一朝居者。予爲此懼，驛騎馳歸。目前之急雖紓，境外之兵未戢，乃會群議，不意宗盟輒先推戴，左右萬里，名王巨臣，不召而來者有之，不謀而同者皆是，咸謂國家之大統不可久曠，神人之重寄不可暫虛。求之今日，太祖嫡孫之中，先皇母弟之列，以賢以長，止予一人。雖在征伐之間，每存仁愛之念；博施濟衆，實可爲天下主；天道助順，人謨與能。祖訓傳國大典，於是乎在，孰敢不從。朕峻辭固讓，至於再三，祈懇益堅，誓以死請；於是俯徇輿情，勉登大寶。自惟寡昧，屬時多艱，若涉淵冰，罔知攸濟。爰當臨御之始，宜新弘遠之規。祖述變通，正在今日；務施實德，不尚虛文；雖承平

極規。敢忘烈祖之規。勳親斯托，欽應上天之命；曆數攸歸，嗚呼！而饑渴所當先務。未易遽臻，

誕建體元，與民更始；朕所不逮，更賴我遠近宗族、中外文武，同心協力，獻可替否之助也。誕告多方，體予至意。」此詔過去「武功迭興，文治多缺」，今後「宜新弘遠之規，祖述變通，務施實德，不尚虛文。」又申建元中統之意：「法春秋之正始，體大易之乾元。自庚申年五月十九日建元爲中統元年。內立都省，以總宏綱；外設總司，以平庶政。以興利除害之事、補偏救弊之方，隨詔以頒。」此頒詔、建元、總政三事，示世祖欲轉武功爲文治之「祖述變通」乃元立國之正途也；其與周、漢、唐、宋所秉之道統雖淳正敦厚有差，然步入爲政之正途則一也。故世祖之明於「存仁愛之念，博施濟衆，實可爲天下主」，不過是從草原步入中國廟堂之《三字經》而已，故是年五月乙未立十路宣撫司（燕京路、益都濟南路、河南路、北京路、平陽太原路、真定路、東平路、大名彰德路、西京路、京兆路），持詔往諭。中統二年四月丙午，詔「軍中所俘儒士聽贖爲民」。（儒士受俘，且須付贖金，始今歸爲民，亦太苛矣。此苛也，與世祖「博施濟衆，務施實德」相悖。）乙卯，詔：「十路宣撫使量免民間課程。命宣撫司官勸農桑，抑游惰，禮高年，問民族苦；舉文學才識可以從政及茂材異等，列名上聞，以聽

擢用。其職官汚濫及民不孝悌者，量輕重議罰。」八月，以許衡（許衡，字仲平，懷之河內人也，元之大道學家，在《宋元學案》中曰《魯齋學案》，全祖望案曰：「河北之學，傳自江漢先生，曰姚樞、曰竇默、曰郝經，而魯齋其大宗也，元時實賴之。」嘗語人曰：「綱常不可一日而亡於天下。」世祖出王秦中，乃召衡爲京兆提學；秦人欲學無師，聞衡來，人人喜幸來學，郡縣皆建學校，民大化之。中統元年世祖即皇帝位，召至京師，衡、樞輩入侍，言治亂休戚必以義爲本。）爲國子祭酒；丁未，以姚樞（姚樞亦元之大道學家，世祖在潛邸，遣趙璧召樞，至大喜，待以客禮。詢及治道，乃爲書數千言，陳二帝三王之道，以治國平天下之大經。彙爲八目，曰：修身、力學、尊賢、親親、畏天、愛民、好善、遠佞。及救時之弊，爲條三十，世祖奇其才，動必召問。）爲大司農；以竇默（字子聲，廣平肥鄉人，亦元初之大道學家。與姚樞、許衡朝暮講論，至忘寢食。世祖召之，問以治道，默首以三綱五常爲對。世祖曰：人道之端，孰大於此，失此，則無以立於世矣。又言：帝王之道，在誠意正心；心既正，則朝廷遠近莫敢不一於正。」世祖嘗謂侍臣曰：「朕求賢三十年，唯得竇漢卿及李俊民二人。」）爲翰林侍講學士。

世祖忽必烈自至元八年（一二七一年）十一月正式定國號爲大元，元朝之稱自此始。詔曰：「誕膺景命，奄四海以宅尊；必有美名，紹百王而紀統。肇從隆古，匪獨我家。唐之爲言蕩也，堯以之而著稱；虞之爲言樂也，舜因之而作號。馴至禹興而湯造，互名夏大以殷中。世降以還，事殊非古，雖乘時而有國，不以義而制稱。爲秦爲漢者，著從初起之地名；曰隋曰唐者，因即所封之爵邑。是皆徇百姓見聞之扭習，要一時經制之權宜。概以至公，不無少貶。我太祖聖武皇帝，握乾符而起朔土，以神武而膺帝圖，四震天聲，大恢土宇；輿圖之廣，歷古所無。頃者，耆宿詣庭，奏草申請，既成於大業，宜早定於鴻名。在古制以當然，於朕心乎何有？可建國號曰大元；蓋取《易經》乾元之義。茲大治流形於庶物，孰名資始之功；予一人底寧於萬邦，尤切體仁之要。事從因革，道協天人。於戲！稱義而名，固匪爲之溢美；孚休惟永，尚不負於投艱！嘉與敷天，共隆大號。」（《元史·世祖紀》）

此後十年，世祖專力於南向滅宋，因召史天澤同議，天澤對曰：「此乃國之大事，可命重臣一人，如安童、伯顏，都督諸軍，則四海混同，可計日而待矣。臣老矣，如副將者，猶足爲之。」帝曰：「伯顏可以任吾此事矣。」阿朮、阿里海牙因言：「我師南征，必分爲三。（西爲四川，中爲荊襄，東爲淮揚。）舊軍不足，非益兵十萬不可。」詔中書省簽軍十萬人。以假禍於宋爲詞，曰：「爰自太祖皇帝以來，與宋使介交通。憲宗之世，朕以藩職奉命南伐，彼賈似道復遣宋京詣我，請罷兵息民。朕即位之後，追憶是言，命郝經等奉書往聘，蓋爲生靈計也。而乃執之，以致師出連年，死傷相藉，係累相屬，皆彼宋自禍其民也。襄陽既降之後，冀宋悔禍，或起令圖，而乃執迷，罔有悛心，所以問罪之師，有不能已者。今遣爾等水陸並進，布告遐邇使咸知之。無辜之民，初無預焉，將士毋得妄加殺掠。有去逆效順，別立奇功者，驗等第遷賞；其或固拒不從，及逆敵者，俘戮何疑。」此文可視爲忽必烈滅宋之最後通諜，「假禍於宋爲詞。」宣布其對漢人之大張殺戮。對「固拒不從及逆敵者俘戮何疑」，欲滅人之國，不許其民抗拒，此乃草原喜殺成性之真實表現，剛學來的「務施實德」之言早就忘掉了。蓋道德本出於人之善性者也，非喜殺成性者之口頭語也。自元軍北來，南宋力弱，不戰而以城降者故亦有之；但堅城而守，敗而赴死者亦所在多有。至元十一年十月乙丑，伯顏督諸將破沙洋堡，生擒守將串樓王。翌日，次新城，伯顏遣順招都統邊居誼，不出，總管李庭破其外堡，諸軍蟻附拔之，居誼自焚死。

至元十三年正月丁卯朔，元軍克潭州，宋安撫使李芾盡室自焚死。同年二月，太學生徐應鑣父子四人同赴井死。最著名之囚而正氣益張者文天祥也。至元十三年正月癸未，宋恭宗趙㬎遣其保康軍承宣使尹甫、和州防禦使吉甫等，賫傳國玉璽及降表詣軍前，其辭曰：「大宋國主㬎謹奉表於大元仁明神武皇帝陛下：臣昨嘗遣侍郎柳岳、正言洪雷震捧表馳詣闕庭，敬申卑悃，伏計已徹聖聽。臣眇焉幼沖，遭家多難，權奸似道，背盟誤國，臣不及知，至勤興師問罪，宗社阽危，生靈可念。臣與太皇日夕憂懼，非不欲遷辟以求兩全，實以百萬生民之命，寄臣一身。今天命有歸，臣將焉往。惟是世傳之鎮寶不敢愛惜，謹奉太皇命戒，痛自貶損，削帝號，以兩浙，江東、西，湖南、北，兩廣，四川見在州郡，謹悉奉上聖朝，爲宗社生靈祈哀請命，欲望聖慈垂哀。祖母太后耄及，卧病數載，臣煢煢在疚，情有足矜，不忍臣祖宗社稷遽至殞絶，曲賜裁處，特與存全。大元皇帝再生之德，則趙氏子孫世世有賴，不敢弭忘。臣無任感天望聖，激切屏營之至。」伯顏既受降表、玉璽，復遣囊加帶以趙伊甫、賈餘慶等還臨安，召宰相出議降事。乙酉，元師次臨安北十五里，囊加帶、洪模以總管殷俊來報，宋陳宜中、張世傑等挾益、廣二王出嘉會門，渡浙江遁去，唯太皇太后、嗣君在宮。伯顏亟使諭阿剌罕、董文炳、范文虎諸軍先據守錢塘口，以精兵五千人追陳宜中等，不及而還。丙戌，伯顏下令禁軍士入城，違者以軍法從事。遣呂文煥齎黄榜安諭臨安中外軍民，俾按堵如故。又遣宣撫程鵬飛、計議孫鼎亨、囊加帶、洪君祥，入宫安諭太皇謝氏。宋主祖母謝氏遣其丞相吳堅、文天祥，樞密謝堂，安撫賈餘慶，中貴鄧惟善來見伯顏於明因寺。伯顏顧文天祥舉動不常，疑有異志，遂令萬户忙古帶、宣撫唆都羈留軍中。（非伯顏之顧有以窺文天祥之志也。乃文天祥「與大元丞相伯顏抗論皐亭山」有以示宋丞相之忠與抗元之志，且以其降表不稱臣，仍書宋號；伯顏而拘之也。」（《宋史·文天祥傳》）己亥，宋主㬎率文武百僚詣祥曦殿，望闕上表，乞爲藩輔，遣右丞相賈餘慶、樞密使謝堂、端明殿學士家鉉翁、簽樞密院事劉岊，奉表以聞。宋主祖母太皇太后亦奉表及箋。伯顏以臨安爲兩浙大都督府，都督忙古帶、范文虎入城視事。世祖既平宋，召宋諸將問曰：「爾等何降之易耶！」對曰：「宋有强臣賈似道擅柄，每優禮文士，而獨輕武官，臣等久積不平，心離體解，所以望風而送欵也。」帝命董文中答之曰：「借使似道實輕爾曹，特似道一人之過耳，且爾主何負焉？正如所言，則似道輕汝也固宜！」

三月甲戌，文天祥自鎮江遁去，與其客杜滸夜亡入真州，苗再成出迎且泣曰：「兩淮兵足以興復，特二闔小隙，不能合從耳。」天祥問計將安出，再成曰：「今先約淮西兵趨建康，彼必悉力以捍；瓜步既舉，以東兵入京口，西兵入金陵，要浙歸路，其大帥可坐致也。」天祥大稱善。即以書遺二制置，遣使四出約結。由此可知，文天祥於社稷危亡之際，更顯其風骨，堅懷復興之志，其忠韌不屈，寧有過於是哉！故其雖兵敗於五坡嶺，「楚囚纓其冠，傳車送窮北，」禁錮於北京四年，作《正氣歌》以明志；留言於衣帶曰：「孔曰成仁，孟曰取義，惟其義盡，所以仁至；讀聖賢書，所學何事，而今而後，庶幾無媿！」「宋三百餘年，取士之科莫盛於進士，進士莫盛於倫魁，自天祥死，世之好爲高論者，謂科目不足以得偉人，豈其然哉！」文天祥之所以爲文天祥，亦唯有在中華國運突遭異族野蠻破壞之際所表現之不屈之正氣也。此正氣也，人人皆有之，唯士尤然，唯孤臣孽子尤然，唯明於道據於德者尤然，唯愛民敬社稷者尤然，文天祥則備之矣。歷春秋秦漢二千年僅見其一人如此其烈也，如此其正也，亦其道其德、其性其質、其氣其骨、其魂其學之化也。世祖入主中原，初有求賢之意。但查閱至元十六至十九年之《世祖紀》，未見有一言語及文天祥。而且從文天祥《正氣歌序》中知文天祥囚室內七氣混濁，更足以見世祖爲君之淺隘；蓋文天祥者，乃宋之狀元宰相也，可殺也，但不應虐待之也；於此可窺世祖惜才之僞也。西征：蒙古鐵騎西馳始於太祖，自和林西達黑海之濵。繼而拔都西征（一二三五—一二四二），自察合台汗國西部出兵，越黑海而西（隆行）直至歐洲之巴爾干、波蘭、德國、匈牙利境。據《新元史》卷一百六《朮赤傳·附拔都傳》：太宗七年，以奇卜察克、斡羅斯諸部未定，出師討之，命拔都爲統帥，速不臺副之。九年，里海以北諸部悉降，遂入斡羅斯。十二年，斡羅斯之南部略定，乃謀攻波蘭及馬加，皆斡羅斯西南境之鄰國也，皆下之。十三年，分軍西略奥斯大里亞境，至地中海北維尼斯部。太宗凶聞至，乃馬真皇后稱制元年春，拔都率諸軍東返。拔都建斡爾朵於浮而嘎下游曰薩萊。每歲春溯浮而嘎河東岸，北至布而嘎爾之斡爾朵；秋則還駐薩萊，名曰阿勒泰斡爾朵，譯言金頂帳也。斡羅斯諸王皆受封於拔都，奉約束惟謹。憲宗二年（一二五二年），法蘭西王路易第九使其臣胡卜洛克來聘。未几，小阿美尼亞王海頓亦來朝，旭烈兀之西征則較拔都晚了十八年（一二五三—一二五九），即元憲宗（蒙哥）三年至九年，西征木剌夷國。木剌夷國在里海南，伊斯蘭教之別派，統治波斯大半部；攻下後又攻報達（伊斯蘭主都城）、西里亞（埃及屬國）。忽必烈封旭烈兀爲伊兒汗國。（鄭天挺《元史講義》）

第二節　三教之會大都

三教者，儒、道、釋也。但儒本爲天地物人之道也，人倫之道也，非宗教之屬也；但行之於世，驗之於人事政教，則遠非諸教之教義所能擬及之也。諸教之義，固亦有其道、有其理存焉，可資以思之慮之，辨之明之，信之行之；但必有戒律以規之範之，使信徒無犯焉；此無犯者，實則乃自由思考之桎梏也。諸教無不有此桎梏約之於外，而使其心拘守教義以漸化之於內矣。唯儒學則不然，外無强制之桎梏，內有馳思方外之自由；但亦有約束，乃出自良知之純與夫自覺之善，不使私欲邪念放縱，通儒學經典中無有戒律之迹。（道家老莊之學亦復如是。）儒學尚有其特點所當明之者，即其所稟之天道、地道、人道，既處於各自變化之中，又處於相互影響與變化之中。故儒道長處於變遷之中，與時偕行，隨日而新。故儒道乃長生之道、長新之道，此生與新之內含，包容於興衰存亡之過程中。當其興也，固屬於生命力旺盛之表現；即便處於衰敗之中，亦有勃勃生機存焉，唯在識之及時與運作得當而已。所以生命力之表現，興也固可喜，衰也亦不必悲；興衰榮敗俱屬自然，其中亦有人爲之功存焉，然細作考量，人之所欲爲濟者，幾近於無所濟也。儒家所識者、所著力者是在興衰成敗之際，識其幾，盡「窮神知化、德之盛也」之功。

一　儒以治國

大漠之野，鐵木真崛起，當併吞諸部之規模日大，所服之衆日增，爲君爲帝之念則日甚矣；同時也必自明爲君爲帝必有大道至德，此物唯華夏中原有之；至鐵木真時代，適已驗之二千年矣。鐵木真自己未親用儒道；待其兒（窩闊臺）孫（忽必烈）。

太宗（太祖第三子）之世，詔：「孔子五十一代孫元措仍襲封衍聖公。」太宗七年乙未（一二三五年），南伐，詔姚樞從楊惟中，即軍中求儒、道、釋、醫、卜者。會破棗陽，主將將盡坑之，樞力辯非詔書意，他日何以復命？乃蹙數人，逃入篁竹中脱死。拔德安，得名儒趙復，始得程頤、朱熹之書，因棄官去，欲盡程朱之學。時世祖在潛邸，遣趙璧召樞至，大喜，待以客禮，詢及治道，乃爲書數千言，陳二帝三王之道，以治國平天下之大經，彙爲八目。次及救時之弊，爲條三十：曰立省部，則庶政出於一，綱舉紀張，令不行於朝而變於夕；辟才行，舉逸遺，愼銓選，汰職員，則不專世爵而人才出；班俸禄，則贓穢塞而公道開；定法律，審刑獄，則收生殺之權於朝，諸侯不得而專，丘山之罪不致苟免，毫髮之過免罹極法，而寃獄有伸；設監司，明黜陟，善良姦窳，可得而舉刺；閣徵斂，則部族不横於誅求；簡驛傳，則州郡不困於需索；修學校，崇經術，旌節孝，以爲育人才、厚風俗、美教化之基，使士不媮於文華；重農桑、寬賦税、省徭役、禁游惰，則民力紓，不趨於浮僞，且免習工技者，歲加富溢，勤耕織者日就飢寒；肅軍政，使田里不知行營之擾攘；周匱乏，恤鰥寡，使顛連無告者有養；布屯田，以實邊戍；通漕運，以廩京都；停債負，則賈胡不得以子爲母，破稱貸之家；廣儲蓄，復常平，以待凶荒；立平準，以權物估；却利便，以塞倖塗；杜告訐，以絶訟原。」（《元史·姚樞傳》）世祖奇其才，動必召問。

世祖所尊重之第二位鴻儒許衡，字仲平，懷之河內人也。從柳城姚樞得伊洛程氏及新安朱氏書，尋居蘇門，與姚樞、竇默相講習；凡經傳、子史、禮樂、名物、星曆、兵刑、食貨、水利之屬無所不及，慨然以道爲己任，嘗語人曰：「綱常不可一日而亡於天下。苟在上者無以任之，則在下之任也。」世祖出王秦中，以姚樞爲勸農使，教民耕植，又思所以化秦人，乃召衡爲京兆提學，秦人莫不爭相來學，郡縣皆建學校，民人化之。至元二年（一二六五年），帝以安童爲右丞相，欲衡輔之，復召至京師。衡乃上書曰：「臣性識愚陋，學術荒疏，不意虛名偶塵聖聽。自甲寅至今十有三年，凡八被召。苟陛下知待如此其厚，敢不罄竭以陳：其一曰，自古立國，皆有規模，循而行之，則治功可期，否則心疑目眩，變易分更，未見其可也。考之前代，北方之有中夏者，必行漢法，乃可長久，今日之治，非此奚宜？以是論之，國之當行漢法無疑也。此在陛下尊信而堅守之，不雜小人，不責近效，不恤流言，則致治之功，庶幾可成矣。二曰，中書之務不勝其煩，然其大要在用人、立法二者而已矣。今之賢否，未知其詳，故不可得而遽用也。然爲政必因先王之道，豈天下之大、國家之重，而古之成法反可違邪？夫治人者，法也，守法者，人也。人法相維，上安下順，而宰執優游於廟廊之上，不煩不勞，此所謂省也。外設監司，以察污濫；內專吏部，以定資歷，則非分之求可斷息矣。再任三任，抑高舉下，則人才爵位，略可平矣。其三曰，民生有欲，無主乃亂，是以堯舜以來，聖帝明王，莫不兢兢業業，小心畏慎，孔子曰『爲君難，爲臣不易』；苟從大學之道，以修身爲本，凡一言一行必求其然與其所當然，不遷於愛，不蔽於憎，不因於喜，不激於怒，虛心端意，熟思而審處之，雖有不中者，蓋鮮矣。人之情僞，有易有險，險者難知，易者易知。然又有衆寡之分焉，寡則易知，衆則難知。在上者，難於知下；在下者，易於知上；處難知之地，御難知之人，欲其不見欺也難矣。人君處億兆之上，操予奪進退、賞罰生殺之權，不幸見欺，以非爲是，以是爲非，其害有不可勝既也。人君惟無喜怒也，有喜怒，則贊其喜以市恩，鼓其怒以張勢；人君惟無憎愛也，有憎愛，則假其愛以濟私，藉其憎以復怨。甚至本無喜也，誑之使喜；本無怒也，激之使怒；本不足愛也，而譽之使愛；本無可憎也，而短之使憎。若是，則進者未必爲君子，退者未必爲小人；予者未必爲有功，奪者未必爲有罪。人君以知人爲貴，以用人爲急；用得其人，則無事於防矣。既不出此，則所近者争進之人耳，好利之人耳，無耻之人耳。彼挾其詐術，千蹊萬徑，以蠱君心，欲防其欺，堯舜不能也。夫賢者以公爲心，以愛爲心，不爲利回，不爲勢屈，寘之周行，則庶事得其正，天下被其澤，其於人國，重固如此也。夫賢者遭時不偶，務自韜晦，世固未易知也，人君無由知也。雖或接之以禮，然而言不見用，賢者不處也。或用其言也，而後遭小人參之，責小利，期近效，有用賢者之名，無用賢者之實，賢者亦豈肯尸位素餐以取譏於天下哉！况夫姦邪佞倖，醜正而惡直，肆爲詆毁；自古迄今，端人雅士所以重於進而輕於退者，蓋以此耳。此任賢之難也。姦邪之人，其爲心也險，其用術也巧，其諂似恭，其訐似直，其欺似可信，其佞似可近。務以窺人君之喜怒而迎合之，竊其勢以立己之威，濟其欲以結主之愛，愛隆於上，威擅於下，大臣不敢議，近親不敢言，毒被天下而上莫之知，至是而求去之，已難矣。雖然，此特人主之不悟者也。猶有説焉。如宇文士及之佞，太宗灼見其情而不能斥；李林甫妬賢嫉能，明皇洞見其姦而不能退。邪之惑人有如此者，可不畏哉！必如古者大學之道，以脩身爲本，一言一動，舉可爲天下之法；一賞一罰，舉可爲天下之公；則億兆之心將不求而自得，又豈有失望不平之累哉！天之樹君本爲下民，則天之道恒在於下，恒在於不足也。君人者不求之下而求之高，不求之不足而求之有餘，斯其所以召天變也。其四曰，語古之聖君必曰堯、舜，語古之賢相必曰契、稷。夫天道好生而不私，堯與舜亦好生而不私，若克明峻德，至於黎民，於變時雍，敬授人時；至於庶績咸熙，此順承天道之實也。稷播百穀，以厚民生；契敬敷五教，以善民心，此輔贊堯舜之實也。臣常熟思之，古聖賢之言，無有不同；驗之歷代之迹，亦無不合。蓋此道之行，民可使富，兵可使强，人才可使盛，國勢可使重。今國家徒知斂財之巧，而不知生財之由；徒知防人之欺，而不知養人之善；徒患法令之難行，而不患法令無可行之地。誠能優重農民，勿擾勿欺，驅游惰之人歸之南畝，課之種藝，懇諭而督行之，十年之後，倉廩之積，當非今日之比矣。自都邑而至州縣，皆設學校，使皇子以下至於庶人之子弟，皆入於學，以明父子君臣之大倫、修己治人之要道。十年以後，上知所以御下，下知所以事上，上下和睦，又非今日之比矣。是道也，堯舜之道也。孟子曰：『我非堯舜之道不敢陳於王前。』臣愚區區，竊亦願學也。其五曰，天下之所以定者，民志定，則士安於士，農安於農，工商安於爲工商，則在上之人有安之理矣。民不安於白屋，必求祿仕；仕不安於卑位，必求尊榮；四方萬里，輻輳並進，各懷無厭無恥之心，在上之人可不爲寒心哉！臣聞取天下者尚勇敢，守天下者尚退讓。取也守也，各有其宜，君人者不可不審也。是以先王潛心恭默，不易喜怒，其未發也，雖至近莫能知其發也；雖至親莫能移。是以號令簡則無不中節矣。」（《元史·許衡傳》）書奏，世祖嘉納之。又詔與太保劉秉忠、左丞張文謙定官制。衡歷考古今分併統屬之序，凡省、部、院、臺、郡、縣與太后、妃、儲、藩、百司所聯屬統制，定爲圖。七年奏上之。翌日，使集公卿雜議中書院臺行移之禮。衡曰：「中書佐天子總國政，院臺宜具呈。」衡又奏曰：「用人，天子之大柄也，臣下泛論其賢否則可，若授之以位，則當斷自宸衷，不可使臣下有市恩之漸也。」世祖久欲開太學，會衡請罷益力，乃從其請。八年，以爲集賢大學士，兼國子祭酒，親爲擇蒙古弟子俾教之。衡聞命喜曰：「此吾事也。」乃請徵其弟子王梓、劉季偉等十二人爲伴讀，分處各齋以爲齋長。其爲教，因覺以明善，因明以開蔽，相其動息，以爲張弛。習禮，習書算；少者令習拜跪揖讓、進退應對，或射，或投壺，下至童子亦知五常爲生人之道。衡請還懷。世祖問翰林學士王磐，磐曰：「衡教人有法，諸生行可從政，此國之大體，宜勿聽其去。」後以疾還懷，已而卒，年七十三，有數千里來祭哭墓下者。衡善教人，其言熙熙，雖與童子語，如恐傷之。

與許衡同道者有竇默，字子聲，廣平肥鄉人，隱於大名，與姚樞、許衡朝暮講習，繼還肥鄉，以經術授徒，由是知名。世祖在潛邸，遣召之，默變姓名以自晦，使者俾其友人往見而微服踵其後，不得已乃拜命，既至，問以治道，默首以三綱五常爲對。世祖曰：「人道孰大於此，失則無以立於世矣。」默又言帝王之道，在誠意正心，心既正，則朝廷遠近莫敢不一於正。一日凡三召，與語，奏對皆稱旨。自是敬待加禮，不令暫去左右。世祖問今之明治道者，默薦姚樞，即召用之，俄命皇子真金從默學，賜以玉帶鈎，諭之曰：「此金内府故物，汝老人佩服爲宜，且使我子見之如見我也。」久之，請南還，命大名、順德各給田宅，有司歲具衣物以爲常。世祖即位，召至上都，問曰：「朕欲求如唐魏徵者，有其人乎？」默對曰：「犯顔諫諍，剛毅不屈，則許衡其人也。深識遠慮，有宰相才，則史天澤其人也。」天澤時宣撫河南，帝即召拜爲右丞相，以默爲翰林侍講學士。默上書曰：「臣侍陛下十餘年，數承顧問，與聞聖訓，有以見陛下急於求治，未嘗不以利生民、安社稷爲心。時先帝在上，姦臣擅權，總天下財賦操執在手，貢進奇貨，衒耀紛華，以悦聖心；其扇結朋黨、離間骨肉者皆此徒也。然平治天下，必用正人端士，脣吻小人，一時功利之説，不能定立國家基本，爲子孫久遠之計。其賣利獻勤、乞憐取寵者，使不得行其志，斯可矣。若夫鉤距揣摩以利害驚動人主之意者，無他意，在擯斥諸賢，獨執政柄耳。此蘇、張之流也，惟陛下察之。伏望別選公明有道之士，授以重任，則天下幸甚！」他日，默與姚樞俱在帝前，復面斥王文統曰：「此人學術不正，久居相位，必禍天下。」帝曰：「誰可相者？」默曰：「以臣觀之，無如許衡。」帝不悦而罷。文統深忌之，乃請以默爲太子太傅，默辭曰：「太子位號未正，臣不敢先受太傅之名。」乃復以爲翰林侍講學士。默俄以謝病歸。未幾，文統伏誅，帝追憶其言，謂近臣曰：「曩言王文統不可用者，唯竇漢卿一人，向使更有一二人言之，朕寧不之思耶？」召還，賜第京師。國有大政，輒以訪之。默之奏言：「三代所以風俗淳厚，歷數長久者，皆設學養士所致。今宜建學立師，博選貴族子弟教之，以示風化之本。」帝嘉納之。在帝前默又嘗言：「君有過舉，臣當直言，都俞吁咈，古之所尚。今則不然，君曰可，臣亦以爲可，君曰否，臣亦以爲否，非善政也。」辛年八十五。帝深嗟悼，謂侍臣曰：「朕求賢三十年，惟得竇漢卿及李俊成二人。」又曰：「如竇漢卿之心、姚公茂之才，合而爲一，斯可謂全人矣。」（《宋史·竇默傳》）

劉秉忠，字仲晦，初名侃因，從釋氏。世祖在潛邸，海云禪師被召，過雲中聞其博學多才藝，邀俱行，既入見，應對稱旨。秉中於書無所不讀，尤邃於《易》，及邵氏經世書，至於律曆三式六壬遁甲之屬，無不精通，論天下事如指諸掌，世祖大愛之。海雲南還，秉忠遂留藩邸，上書曰：「典章、禮樂、法度，三綱五常之教備於堯舜，三王因之，五霸敗之，漢興以來，至於五代，一千三百餘年，由此道者，漢文、景、光武；唐代宗、玄宗五君，而玄宗不無疵也。然治亂之道，係乎天而由乎人。天生成吉思皇帝，起一旅降諸國，不數年而取天下，勤勞憂苦，遺大寶於子孫。愚聞之曰：以馬上取天下，不可以馬上治。昔武王兄也，周公弟也；

周公思天下善事，夜以繼日，每得一事坐以待旦，以匡周室，以保周天下八百餘年，周公之力也。君之所任，在内莫大乎相相，以領百官化萬民；在外莫大乎將將，以統三軍安四域；内外相濟，國之急務，必先之也。然天下之大，非一人之可及；萬事之細，非一心之可察。當擇開國功臣之子孫，分爲京府州郡監守，督責舊官，以遵王法；仍差按察官守，治者升，否者黜。天下不勞力而定也。天子以天下爲家，兆民爲子，國不足取於民，民不足取於國，相須如魚水。有國家者，置府庫，設倉廩，亦爲助民；民有身者，營產業，闢田野，亦爲資國用也。禁横取，減税法，以利百姓；正税十五分取一，宜從舊制。古者庠序學校未嘗廢，今郡縣雖有學，並非官置，宜從舊制，修建三學，設教授，開選擇才，以經義爲上，詞賦論策次之。兼科舉之設，開設學校，宜擇開國功臣子孫受教，選達才任用之。天下莫大於朝省，親民莫近於縣宰，縣宰正，民自安矣。孔子爲百王師，立萬世法，今廟堂雖廢，存者尚多，宜令州郡祭祀，釋奠如舊儀；教以後學，使器備人存，漸以脩之，實太平之基、王道之本。宜訪名儒，循舊禮，國家廣大如天，萬中取一，以養天下名士宿儒。實國家養才勵人之大也。明君用人，如大匠用材，隨其鉅細長短，以施規矩繩墨。孔子曰：『君子不可小知，而可大受；小人不可大受，而可小知。』蓋君子所存者大，不能盡小人之事，或有一短；小人所居者狹，不能同君子之量，或有一長；盡其才而用之，成功之道也。君子不以言廢人，不以人廢言，大開言路，所以成天下、安兆民也。天地之大，日月之明，而或有所蔽。且蔽天之明者，雲霧也；蔽人之明者，私欲佞説也。常人有之，蔽一心也；人君有之，蔽天下也。常選左右諫臣，使諷喻於未形，忖畫於至密也。君子之心，一於理義，懷於忠良；小人之心，一於利欲，懷於讒佞。君子得位，有容於小人；小人得勢，必排於君子。明君在上，不可不辨也。孔子曰『遠佞人』，又曰『惡利口之覆邦家者』，此之謂也。今言利者衆，非圖以利國，是乃害民，實欲殘民而自利也。古者明王不寶遠物，所寶唯賢；如使賢者在位，能者在職，此皆一人之睿智，賢王之輔成也。古者治世均民產業，自廢井田爲阡陌，後世因之不能復。今窮乏者益損，富盛者益加。宜禁行利之人，勿恃官勢；居官在位者，勿侵民利；商賈與民和好交易，不生擅奪欺罔之害，真國家之利也。紀綱正於上，法度行於下，是故天下不勞而治也。今新君即位之後，可立朝省，中以爲政本。其餘百官，不在員多，惟在得人焉耳。」（《元史·劉秉忠傳》）世祖嘉納焉。中統元年，世祖即位，問以治天下之大經、養民之良法。秉忠采祖宗舊典，參以古制之宜於今者，條例以聞。於是立中書省、宣撫司，朝廷舊臣、山林遺逸之士咸見録用，文物粲然一新。秉忠雖居左右而猶不改舊服，時人稱之謂聰書記。至元元年，翰林學士承旨王鶚奏言：「秉忠久侍藩邸，參帷幄之密謀，定社稷之大計，忠勤勞績，宜被褒崇。」帝覽奏，即日拜爲光禄大夫，位太保，參預中書省事。秉忠既受命，以天下爲己任，事無鉅細，凡有關於國家大體者，知無不言，言無不聽。至元八年，建國號曰大元，如頒章服、舉朝儀、給俸禄、定官制，皆從秉忠發之，爲一代成憲。十年秋八月，秉忠端坐，無疾而終，年五十九。雖極人臣，齋居蔬食，終日澹然。自號長春散人。（《元史·劉秉忠傳》）世祖悼謂群臣曰：「秉忠事朕三十餘年，小心慎密，不避艱險，言無隱情。其陰陽術數之精，占事知來，若合符契，唯朕知之，他人莫聞也。」

右録姚樞、竇默、許衡、劉秉忠四人事元之言行旨趣，綜合觀之，有如下數端當予以分析指陳：（一）北宋肇端之道學，至南宋末年，歷二百五十年之發展已近於成熟，學者林立，在元入主中原之際，更有幾位通達之士，既明伏羲皇帝堯舜禹湯文武周孔之道統，又知將此道統與元朝之治國安民之急務密切結合。（二）在元興宋亡此一歷史之大轉折面前，儒士，特別是鴻儒，愛國愛民之心如何發揮，是一個必須正確决斷之大問題；一邊有鐵蹄野蠻入侵之痛，一邊有幾千年文明歷史形成之道統遽爾而斷之深憂。何時何幾而轉而復，其數安在。微微命脈，茫茫大道，何處而尋；士子之心，豪傑之志，酸苦憂傷，伊於胡底；億兆蒼生之命，在鐵騎弓矢之前懸於一綫，救之之道何在？不是以空拳對千軍萬馬，不是以熱血流溢江河，而是勸新君施仁政，使萬民得以休養生息。如四君子者，既得窩闊台、忽必烈之信賴，自當强息亡國短暫之痛，渴求新君早施仁政之安，乃救民之正道也。（三）元興之太驟，從鐵木真（一二〇六，元太祖元年）之興至世祖之坐定大元天下（一二七一年，至元八年，「建國號曰大元，取《易經》乾元之義。」），僅短短七十年，從漠北草原斡難河之源，千軍萬馬踏破黄河之冰，直越江淮，而及於南海，成爲横跨歐亞兩洲之大國。由馬上得之者，必轉爲文治，此不易之理也。變毡房而爲禮儀之廟堂，而且廟堂之上言必稱堯舜，政必效三王；誰與教之，如何治之，亦非朝夕之事也；但又是急迫而不可稍待之務也；否則廟堂之上龍椅就可能動摇，因此必須以至誠敬待通儒達士。世祖甚明，儒士亦爲之盡力。（四）儘管漢儒之竭誠事元與夫世祖之誠待漢儒，兩誠相照，曾形成世祖、成宗之治；但其爲治之道，非出於蒙族文化之力，以至於歷世祖之二十四年、成宗十四年，合計爲三十八年，遽爾而漸衰微，此中固有不可逃遁之由興而盛、由盛而衰之規律存於其中，同時亦足以見借助於漢族文化之支持，尚未化其本民族之特性，故而一衰而不振焉。兹就此四者而述淺見也。

四賢對元帝之獻策建言，其所及者之深廣詳略各具特色，然考其源流，無一不出自儒家之道統綱紀，歷春秋戰國、秦漢、兩晉、隋唐、大宋，而見諸歷史之效驗者也；特別見之於北宋道學肇端迄於南宋而抵於成熟之效驗者也。四賢之言俱足以證明遠源於伏羲黄帝堯舜禹湯文武孔孟之道，近發於周張程朱之學，特別許衡之言放洋恣肆而切實務，如對禮法之分析、對民生有欲、無主乃亂之見地，何其細緻入微；非在學術上養之有素，邏輯思維嚴密，又平日細察人欲之私者孰能與於此。其爲言也，對國君宰輔、忠臣佞讒、君子小人乃至於億兆黎庶，無不金石良言；可以修齊治平，可以消災免禍。他如姚樞之治平八目、救時弊之三十條欵。非精於道學者，孰能致之。竇默之以帝王之道、三綱五常、誠意正心諸大端對世祖，世祖感慨系之曰：「人道之端孰大於此！失則無以立於世矣。」乃至一日三召，不令暫去。劉秉忠之言：「蔽天之明者，雲霧也；蔽人之明者，私欲佞説也。常人有之，蔽一心也；人君有之，蔽天下也。」

「君子之心，一於理義，懷於忠良；小人之心，一於利欲，懷於讒佞。君子得位，有容小人；小人得勢，必排君子，明君在上，不可不辨也。」此既爲古來儒道兩家理論之結晶，亦是道學之新發展，更是現實政治生活之寫照；其有益於人君人臣及至於正心脩身者遠矣深矣。從人性之原而觀之，此人欲之損益，隨中華歷史以驗之，則惟見人欲日熾矣。人欲之熾則使人僞日甚，淫技詐巧日興，兩者相激，惟見人欲横行，濁流漫地，穢氣塞天，人之清思良知、惇德善性、公心正氣，幾全無容身之地。其危機如此之甚者乃斑斑史實可資以論證之者也，悉爲私欲佞説之禍也。劉秉忠之見豈只限於有益於元政乎！實發古哲之睿智，鳴萬世之警鐘，唤醒人之良知、善性、正氣，其有益於世道、人心、教化者，詎可以言語狀之哉！由此而見，道學之成熟已集中於核心點人欲之上了，即人欲之禍，其主要之表現形態則爲急功近利也，故此説有啓於明儒，至王陽明大伐功利之私，其所著文，光照千秋。

正因理學之成熟，使宋末元興之際的鴻儒達士經歷痛心疾首之轉變，將文天祥型之正氣，轉變爲冷静的愛護蒼生之思考。右述四賢乃典型之例也。史料上隱去了其心靈痛苦之記録，當予以深切理解。儒者趙復（《魯齋學案》之首）就曾有過痛不欲生之經歷：「太宗乙未歲，命太子闊出，帥師伐宋德安，以嘗逆戰其民數十萬皆俘戮無遺。時楊惟中行中書省，軍前姚樞奉詔曰：即軍中求儒、道、釋、醫、卜士，凡儒生掛俘籍者，輒脱之以歸。趙復在其中。樞與之言，信奇士也，以九族俱殘不欲北，因與樞訣。樞恐其自裁，留帳中共宿。既覺，月色皓然，惟寢衣在，遽馳馬周號積尸間，無有也。行及水際，則見復已被髮徒跣、仰天而號，欲投水而未入。樞曉以徒死無益。汝存，子孫或可傳緒百世；隨吾而北，必可無他。復强從之。先是南北道絶，載籍不相通，至是，復以所記程朱所著諸經傳註，盡録以付樞。自復至燕，學子從者百餘人。世祖在潛邸，嘗召問曰：『我欲取宋，卿可導之乎？』對曰：『宋，吾父母國也，未有引他人而伐父母者。』世祖悦，因不强之。楊惟中聞復論議，始知其學，乃與樞謀建太極書院。立周子祠，以二程、張、楊、游、朱六君子配食。儒學從此開始在元都傳播。」（《宋史・趙復傳》）值此國家存亡系於一綫之際，儒士之轉變者未有不經痛不欲生之苦難也，唯其輕重深淺容有不同耳，唯其公私之慮或有差耳！難以論其是非，亦不必重責以是非，蓋興衰存亡之運數實難言也，觀莊子之見「此亦一是非，彼亦一是非」，對此亦釋然矣。

由此可見四賢之於元政也，與有功焉，於華夏億兆黎庶亦有利焉。避免了戰爭中之大掠戮，醫治了滿目瘡痍，安定了人民生活，亦減輕了負擔。其功之顯著者尤在於四賢之謀畫各早熟慮於胸中，無論朝廷應對或疏奏、條陳無不得要且適合上意，更應下情，非熟運道統綱紀、政令吏識者，無以使上下左右以至於民心，路路皆通，一無虧礙也。四賢之立於朝實乃君師吏師、民之貼心人也。故元世祖成宗（鐵穆耳）四十年間之政可稱之爲大治，其平和之氣象，較之漢之文景、唐之貞開亦相近矣。特别許衡對世祖所作之爲臣不易、修身與用人等之分析入心入情入理入微，可以砭讒佞而動鬼神。其思維之縝密周嚴，其言論之懇切深沉，無微不發，此在中華政論文中乃所僅見者也。

四賢之建言乃我中華道統綱紀之寶。此寶也可通萬方之人性人心，亦可通萬國異域之政教；但與之於起自雄鷹鐵騎之新政權，畢竟爲屬於外來之思想禮儀，而此寶爲其治國之迫切所需；而且具有化其雄鷹鐵騎歸於禮儀、道德之力；但其終必走自性決定之路，亦無疑也。益之以興衰存亡乃無可逃遁之命運，其興之也驟，其亡之也速，亦自然耳。然考之元史，依然是中華道統之軌迹，由此而見中華之國脈有斷絶之時，而中華之道統則像黄河長江，自其源頭奔流而下，滔滔向前，勢不可擋，永無止息。

二 道釋安民

《元史·釋老序》曰：「釋老之教行乎中國也，千數百年，而其盛衰每繫乎時君之好惡，是故佛於晉、宋、梁、陳，黃老於漢、魏、唐、宋，而其效可觀矣。元興，崇尚釋氏，而帝師之盛，尤不可與古昔同語。維道家方士之流，假禱祀之說，乘時以起，曾不及其什一焉。宋舊史嘗志老釋，厥有旨哉！乃本其意作釋老傳。」

《釋傳》曰：帝師八思巴者，土番薩斯迦人。相傳自其祖朵栗赤，以其法佐國主霸西海者，十餘世。八思巴生七歲，誦經數十萬言，能約通其大義，國人號之聖童，故名曰八思巴。少長學富五明，故又稱曰班彌怛。歲癸丑，年十五，謁世祖於潛邸，與語大悅，日見親禮。中統元年，世祖即位，尊爲國師，授以玉印，命製蒙古新字，字成上之。其字僅千餘，其母字凡四十有一。其相關紐而成字者則有韵關之法；其以二合三合四合而成字者，則有語韵之法，而大要則諧聲爲宗也。至元六年，詔頒行於天下。詔曰：「朕惟字以書言，言以紀事，此古今之通制。我國家肇基朔方，俗尚簡古，未遑制作，凡施用文字，因用漢楷及畏吾字，以達本朝之言。考之遼、金以及遐方諸國，例各有字。今文治寖興，而字書有闕，於一代制度，實爲未備。故特命國師八思巴創爲蒙古新字，譯寫一切文字，期於順言達事而已。自今以往，凡有璽書頒降者，並用蒙古新字，仍各以其國字副之。」遂升號八思巴曰大寶法王，更賜玉印。十一年，八思巴請告西還，留之不可，乃以其弟亦憐真嗣焉。十六年，八思巴卒，訃聞，賻贈有加，賜號「皇天之下一人之上宣文輔治大聖至德普覺真智佑國如意大寶法王、西天佛子、大元帝師」。至治間（元英宗年號，一三二一—一三二三年），特詔郡縣建廟通祀。泰定元年（一三二四年，泰定帝即位），又以繪像十一頒各行省，爲之塑像。此「皇天之下、一人之上、西天佛子、大元帝師」，其地位之高可謂達於至極，嗣其位者有其弟亦憐真等十人，歷時五十年（一二七四—一三二四年）由善變惡，由國師變爲圖謀不軌者，坐誅。由此可見，任何地位之高而無極，任何權利之大而無制，必然向其反面轉化。釋教之徒不制其欲，亦無例外也。就元之釋徒國師爲禍之烈即可略見矣。至大元年（一三〇八年），上都開元寺西僧强市民薪，民訴諸留守李璧，璧方詢問其由，僧已率其黨持白梃突入公府，隔案引璧髮捽諸地，捶扑交下，拽之以歸，閉諸空室，久乃得脫，奔訴於朝，遇赦以免。二月，復有僧龔柯等十八人，與諸王合兒八剌妃忽禿赤的斤争道，拉妃墮車毆之，且有犯上等語。事聞，詔釋不問。而宣政院臣方奏取旨，凡民毆西僧者截其手，詈之者斷其舌。（中華史上從未見此酷刑，於此亦可見元之暴政。）仁宗居東宫聞之，亟奏寢其令。由此而知元政之腐敗已極，至於無力懲處西僧之惡行。

道教之勸善：有丘處機者，登州栖霞人，自號長春子。兒時有相者謂其異日當爲神仙，時有重陽王真人，一見處機大器之。金宋之季，俱遣使召，不赴。歲己卯，太祖自乃蠻命近臣札八兒、劉仲禄持詔求之，處機一日忽語其徒，使促裝，曰：『天使來召我，我當往。』翌日，二人者至，處機乃與弟子十八人同往見焉。明年宿留山北，先馳表謝，拳拳以止殺爲勸。又明年，趣使再至，既見，太祖大悦。處機每言，欲一天下者，必在乎不嗜殺人。及問爲政之方，則對以敬天愛民爲本；問長生久視之道，則告以清心寡欲爲要。太祖深契其言曰：「天錫仙君，以寤朕志，命左右書之，且以訓諸子焉。」處機卒年八十。有曰祁志誠者，居雲州金閣山，道譽甚著。丞相安童嘗過而問之，志誠告以修身治世之要。故安童之事世祖以清淨忠厚爲主，及罷相還第，退然無與於世者；後安童復被召入相，求志誠決之，堅辭不可。世祖詰之，曰祁真人之意也。世祖嘆異者久之！由此可見，處機與志誠之瞭事如神，視之爲神仙也，而其言行悉本於儒、道，絶無神秘色彩。

第三節　道學之深入與崇實

北宋肇端之道學，從其深廣而論，至南宋朱熹集大成，則廣矣周矣；從朱陸之辯難而論，則深矣約矣；其所及之者知行也。迄於元初諸儒，其見有所推進，劉秉忠提出「私欲佞説之蔽」，觸及道學中之核心問題。（劉秉忠雖非屬於《學案》之學者，其學歷則有勝於儒者，其先入全真道，旋出家爲禪，法名子聰，號長春散人，爲海雲薦入忽必烈王府出謀畫策。）人欲之患（禍），早爲堯帝所洞察，示舜帝以「允執厥中」之誡，舜帝則完善此意，益之三言以授禹，曰：「人心惟危，道心惟微；惟精惟一，允執厥中。」從禹湯文武周公孔孟，莫不著意人欲之患。《周易·損·象》警之曰：「懲忿窒欲。」可知人欲之禍早已爲聖哲帝王所深憂也。文武周孔所立之道統，其核心内容爲防止人欲之患。歷春秋、戰國、秦漢、兩晉，迄隋唐宋元，其興衰存亡之形雖代代有殊，然其衰亡之決定因素無不起於私欲之禍，此史實之昭昭可考者也。遠者勿論，即以南宋高宗敗中興之機而論，其人欲之禍也明矣。「當其初立，因四方勤王之師，内相李綱，外任宗澤，天下之事，無不可爲者。其始惑於汪黄，其終制於姦檜，恬惰猥懦，坐失事機。甚而趙鼎、張浚相繼竄斥，岳飛父子竟死於大功垂成之秋。一時有志之士爲之扼腕、切齒，帝方偷安忍恥，匿怨忘親，卒不免於來世之誚，悲夫！」（《宋史　高宗記》）就高宗而論，内有偷安忍恥之心，有匿怨忘親之私，（或有論者，更以爲高宗戀於帝位，不願其長兄欽宗回朝執政，故取主和之策。余亦以爲據歷朝争立太子之史實而窺高宗之心，其有戀帝位之志亦近矣。）此人欲之蔽於本心也；外有姦檜主和之議，此佞説蔽君之明也。而高宗背信於岳飛，此又私欲之蔽於本心也。（高宗曾召見岳飛於寢閣，命之曰：「中興之事一委於卿！」）二蔽之禍，敗宋中興之機，此非宋祚之憾，亦乃道統之憾。惟道學之研究，至宋末元初，有賴諸儒之精心，初具特色，兹述之如次。

一　各家之特色

據《宋元學案》所載，其目一百。前八十九屬宋，餘十一學案中，僅有魯齊、靜修、草廬、靜明寶峰、師山、蕭同諸儒六學案屬元。今據此六學案之史料論述元儒道學之成就。元儒之學，全祖望有言曰：「河北之學傳自江漢先生，曰姚樞，曰竇默，曰郝經，而魯齋其大宗也。元時實賴之。」黃百家云：「自石晉燕雲十六州之割，北方之爲異域也久矣，雖有宋諸儒疊出，聲教不通，自趙江漢以南冠之囚，吾道入北，而姚樞、竇默、許衡、劉因之徒，得聞程朱之學，以廣其傳，由是北方之學鬱起，如吳澄之經學，姚燧之文學，皆彬彬郁郁矣。」黃百家又於《靜修學案》中言曰：「有元之學者，魯齋、靜修、草廬三人耳。」「仁宗延佑元年（一三一四年）五月戊寅，京兆爲故儒臣許衡立魯齋書院，降璽書旌之。」

魯齋之學：《魯齋學案》將趙復置於首位，號江漢先生，江西德安人。元師伐宋，屠德安，姚樞在軍前，凡儒、道、釋、醫、卜，占一藝者，活之以歸。先生在其中，與之言，大奇之；而先生不欲生，月夜赴水自沉，樞覺而追之，方行積尸間，見有解髮脱屨呼天而泣者，即挽之出。至燕，以其學教授學子，從者百餘人。樞與楊惟中，建太極書院，立周子祠，選取遺書八千餘卷，請先生講授其中。先生以周程而後，其書廣博，學者未能貫通，乃原羲、農、堯、舜所以繼天立極，孔子、顏、孟所以垂世立教，周、程、張、朱所以發明紹續者，作《傳道圖》，而以書目條列於後。江漢所傳爲許衡魯齋先生。許衡經世之文爲世祖所重，已於本章第二節引述。玆録《魯齋遺書》以見其學：「慎思，君子有九思，思曰睿是也，要思無邪。」或問：「心中思慮多奈何？」曰：「不知所思慮者何事？果求所當知，雖千思萬慮可也。若人欲之萌，即當斬去，在自知之耳。人心虛靈，無槁木死灰不思之理，要當精於可思慮處。仁爲四德之長，元者善之長。四德之長，故兼亨利貞；仁者，五常之長，故兼義禮智信。天地間須大著心，不可拘於氣質，區限一己貧賤憂戚，不可過爲隕獲，貴爲公相不可驕，當知有天下國家以來，有多少聖賢在此位；賤爲匹夫不必恥，當知有古昔志士仁人多少屈伏甘於貧賤者，無人而不自得也，何戚戚之有？汲汲焉，無欲速也；循循焉，無敢惰也。非止學問如此，日用事爲之間，皆當如此，乃能有成。教人與用人正相反。用人當用其所長，教人當教其所短。」（《宋元學案·魯齋學案》）

魯齋學案中還有二位卓越儒者之見值得稱述，即張文謙與郝經。張文謙，字仲謙，邢州沙河人，與太保劉秉忠同學，薦文謙於世祖潛邸。召見稱旨，命掌王府書記，日見撫治徵求百出，民弗堪命。文謙與秉忠言於世祖曰：「今民生困弊，莫邢爲甚，盍擇人往治之，責其成效，使四方取法，則天下均受賜矣。」於是以近侍脱兀脱、尚書劉肅、侍郎李簡三人往治，洗滌蠹弊，革去貪暴，流亡者復歸，不期月戸增十萬。由是世祖益重儒士，任之以政。世祖征大理，國主高祥拒命，殺信使遁去，世祖怒，將屠其城，文謙、秉忠、姚樞同諫曰：「殺使拒命者高祥爾，非民之罪，請宥之。」由是大理之民賴以全活。己未，世祖帥師伐宋，文謙與秉忠進言：「王者之師，有征無戰，當一視同仁，不可嗜殺。」世祖曰：「期與卿等守此言。」既入宋境，分命諸將：「毋妄殺，毋焚人室廬，所獲生口，悉縱之。」中統元年，世祖即位，中書省首命王文統爲平章政事，文謙爲左丞；「建立綱紀，明利病，以安國便民爲務。」凡所陳於上前者，莫非堯舜仁義之道。早與秉忠洞究術數，晚交許衡，尤粹於義理之學；故其爲言也行也，莫不以利民安國爲慮。此乃道學經世務實之效也，亦處國祚轉換之際切誠積慮，由學而發之大仁、大智、大勇也。非文謙爲然，亦宋末諸賢之睿智良知之所見也。

二是郝經之化道學爲有效之軍事思想，乃卓越之創見也。郝經，字伯常，潞州人，家世業儒，其爲學也，「務有用及。」憲宗元年，世祖以皇弟召經，諮以經國安民之道，條上數十事，大悦，遂留王府。是時用兵於宋，下諸將議之，經曰：「古之一天下者，以德不以力，彼今未見有敗亡之釁；我乃空國而出，諸侯窺伺於内，小民凋弊於外，經見其危，未見其利也。王不如修德布惠，敦族簡賢，綏懷遠人；上慮天心，下繫人望，順時而動，宋不足圖也。」經所持論以説世祖之所本者，孔子爲《易・乾》所作之《文言》之意也，其言曰：「亢之爲言，知進而不知退，知存而不知亡，知得而不知喪，知進退存亡而不失其正者，其爲聖人乎？」本此而出之滔滔辯才不詳述焉。茲略引其要者以見其才識之高遠也，經之言曰：「夫取天下有可以力並，有可以術圖。並併之以力，則不可久，久則頓弊而不振；圖之以術，則不可急，急則僥倖而難成。且括兵率賦，朝下令而夕出師，躬擐甲胄，跋履山川，闔國大舉，以之代宋而圖混一；以志則鋭，以力則强，以土則大，而其術則未盡也。苟於諸國既平之後，息師撫民，致治成化，創法立制，敷布條綱。上下井井，不撓不紊，任老成爲輔相，起英特爲將帥，選賢能爲任使，鳩智計爲機衡，平賦以足用，屯農以足食。内治既舉，外禦亦備，如其不服，姑以文誥，拒而不從，而後伺隙觀釁，以正天伐。」回答兵家用奇，郝經曰：「夫攻其無備，出其不意，然後可以用奇。豈有連百萬之衆，首尾萬餘里，六飛雷動，乘輿親出，竭天下，倒四海，騰擲宇宙，軒豁天地，大極於遐徼之土，細窮於委巷之民，撞其鐘而掩其耳，囓其臍而閉其目，如是用奇乎？是執千金之璧而投瓦石也。夫取國之術與争城之術，異也，併力一向，争地之術也；諸道並進，取國之術也。豈有堂堂大國，師徒百萬而爲僥倖之舉乎！故王者之舉必萬全，以全吾力，是所謂坐勝也。時之一字最當整理，此乃時乘六龍之道也。」觀郝經論兵之見固知其卓爾不群，窺其用心，則更明其意在保宋愛民之初衷也。

静修之學：全祖望曰：「静修先生亦出江漢之傳，又别爲一派。蕺山先生嘗曰：『静修頗近康節。』」文靖静修先生，姓劉名因，雄州容城人，初從國子司業硯彌堅視訓詁疏釋之學，輒嘆曰：「聖人精義，殆不止此。」後於趙江漢復得周、程、張、邵、朱、吕之書，始曰：「我固謂當有是也。」二十八年，以集賢學士、嘉議大夫召，固辭不就。帝曰：「古所謂不召之臣者，其斯人之徒與！」（讀《静修學案》《靖修文集》附録，知文靖先生之所以不事元者，「文靖蓋知元之不足有爲也。其建國規模無可取者，故潔身而退。不然，文靖已受集賢之命非竟不欲出者。」而且文靖先生認爲「苟非行道之時，必不當出，亦不當擇地而居之，蓋立人之朝，即當行道，不僅以明道止。不能行道而思明道，不如居田間而明道止爲愈也。」《宋元學案》三〇二三頁）三十年卒，年四十五。贈翰林學士，謚文靖，學者稱爲静修先生，著有《静修文集》，其有言曰：「因自幼讀書，接聞大人君子之餘論，雖他無所得，至如君臣之義，自謂見之甚明，姑以日用近事言之。凡吾人所以安居暇食，以遂其生聚之樂者，皆君上所賜也。是以凡吾有生之民，或給力役，或出智能，亦必各有以自效焉；此理勢之必然，自萬古而不可易也。莊周所謂『無所逃於天地之間』者也。因生四十三年，未嘗效尺寸之力，以報國家養育生成之德，而恩命連至，尚敢偃蹇不出，貪高尚之名以自媚，而得罪於聖門中庸之教哉！且因之立心，自幼及長，未嘗一日敢爲崖岸卓絶甚高難繼之行；平昔交友，苟有一日之雅，皆知因之心者也。」（《静修學案》三〇二二頁）右引静修先生所稱「君臣之義」實乃君民之義，即民與國之義，「民有報國家養育生成之德，無所逃於天地之間」者也，簡明而深刻，史乘之鮮見者也，彌足珍貴，足以垂訓百世、啓迪良知也。

草廬之學：全祖望曰：「草廬出於雙峰，固朱學也，其後亦兼主陸學，然其著述終近乎朱。」草廬先生吴澄，字幼清，撫州崇仁人。年二十，應鄉試中選。越五載，而元革命，程鉅夫求賢江南，起先生至京師，以母老辭歸。至大元年（一三〇八年），召爲國子監丞，爲學者言：「朱子於道學問之功居多，而陸子以尊德性爲主，問學不本於德性，則其蔽必偏於語言訓詁之末，故學必以德性爲本，庶幾得之。」英宗即位，遷翰林學士，至治末，請老而歸。先生嘗曰：「道之大原出於天，神聖繼之，堯舜而上，道之元也；堯舜而下，道之亨也；洙泗魯鄒其利也；濂洛關閩其貞也。分而言之，上古，則羲皇其元，堯舜其亨，禹湯其利，文武周公其貞乎！中古之統，仲尼其元，顏曾其亨，子思其利，孟子其貞乎！近古之統，周子其元也，程張其亨也，朱子其利也，孰爲今日之貞乎？」其自任如此。此見獨出於草廬先生，亦頗爲新穎。元亨利貞可以解釋任何事物之過程，其始（動機）善者則其繼之者必亨也、利也、貞也。反之，其始不善者，則其繼之者未有亨也、利也、貞也，即欲求之，亦不可得也。考之歷史，無不善因得善果，其間或有惡存焉，則其終難言矣。此中所指善，乃無私欲邪念也。天無私覆，地無私載，人無私立，萬物無私以長以蓄。元亨利貞者，無私之謂也。草廬先生如此理解，乃獨到之見也。元惠宗元統元年（一三三三年）卒，年八十五。（生於宋理宗淳祐八年）追封臨川郡公，謚文正。玆就《草廬精語》擷英以見其學。「所謂性理之學，既知得吾之性，皆是天地之理，即當用功以知其性，以養其性。理者，非別有一物在氣中，爲氣之主宰者即是。無理外之氣，亦無氣外之理。人得天地之氣而成形，有此氣即有此理，所有之理謂之性。此理之在天地，即元亨利貞是也。其在人而爲性，則仁義禮智是也。性即天理，豈有不善。但人之生也，受氣有清濁之不同，成質有美惡之殊，此性之所以不能皆善，而有萬有不同也。孟子但論得理之無不同，不曾論到氣之有不同處，是其言之不備也。故曰論性不論氣不備。」「論性不論氣不備，」此乃程朱之見也，可名之性同氣異論，非徹底之性善論。就草廬先生在此之論辨而言，以徹底之性善論張之於前，（「性即天理，豈有不善。」）以「性同氣異論」亂之於後，陷入了不徹底之性善論泥潭中，亦一惑也。「知者，心之靈，而智之用也，未有出於德性之外者也。蓋聞見雖德於外，而所聞所見之理則具於心，故外之物格，內之知至。此儒者內外合一之學。固非記誦之徒，博覽於外而無得於內，實未嘗有知也。」「太極本無動靜體用也，然言太極，則該動靜體用在其中；因陽之動而指其動中之理爲太極之用耳；因陰之靜而指其靜中之理爲太極之體；太極實無體用之分也。若曰徒求之五經，而不反之吾心，是買櫝而棄珠也。」此則至論。黃百家曰：「其序《陸子靜語録》曰：『道在天地間，今古如一，當反之於身，不待外求也。不求諸己之身，而求諸人言，此先生之所以大憫也。』議者以爲草廬爲陸氏之學云。」「夫人之一身，心爲之主；人之一心，敬爲之主。主於敬，則心常虛，虛則物不入也；主於敬，則心常實，實則我不出也。主於天理則堅，徇於人欲則柔。堅者，凡世間利害禍福富貴貧賤，舉不足以移易其心；柔則外物之誘，僅如毫毛，而心已爲之動矣。夫學，孰爲要，孰爲至，心是已；天之所以與我，我之所以爲人者在是。不是之求而他求焉，所學何學哉？聖門之教，各因其人，各隨其事，雖不言心，無非心也；孟子始直指而言先立乎其大者。噫！其要矣乎！其至矣乎！邵子曰：『心爲太極。』周子曰：『純心要矣！』此皆得孟子之正傳者也。朱子嘗謂《大學》有二關，格物者，夢覺之關；誠意者，人獸之關。實悟爲格，實踐爲誠。物之格在研精，意之誠者慎獨，苟能是，始可爲真儒，可以範俗，可以垂世，百代之師也。心也者，形之主宰，性之郛郭也。此一心也，自堯舜禹湯文武周公傳之，以至於孔子，其道同。道之爲道，具於心，豈有外心而求道者哉！本心者，萬理之所根，以心爲學，非特陸子爲然，堯舜禹湯文武周孔顔曾思孟以逮周程張邵諸子，莫不皆然。周子言『聖人定之以中正仁義而主静』，與莊子言『萬物無足以撓心故静』，此静字則難。非用功聖賢學者，未之能也，即孟子所謂不動心也。」（《草廬學案》三〇三八—三〇四八頁）草廬先生尤長於經術，其所作《諸經序説》言簡切斷，爲後學釐清疑惑，乃信説也：「易，羲皇之易，昔在羲皇，始畫八卦，重之爲六十四，有圖而無書也。後聖因之，作《連山》，作《歸藏》，作《周易》。《連山》夏之《易》，《歸藏》商之《易》。三《易》亡其二，《周易》獨存。世儒誦習，至宋邵子始得而發揮之。《周易上、下經》二篇，文王、周公作；《彖辭》《象辭》《繫辭上下》《文言》《説卦》《序卦》《雜卦》十篇，孔子作。《尚書》二十八篇，漢伏生所口授者，鼂錯受之，（時伏生年九十餘，言不可曉，使其女傳言教鼂。）故曰今文書也。以爲漢儒所傳確然可信。」謝山《讀草廬易纂言》曰：「草廬著《易纂言》，累脱稾而始就。其自言曰：『吾於《易》書，用功至久，下語尤精。其象例皆自得於心，庶乎文、周《繫辭》之意。』又曰：『吾於《書》有功於世爲猶小，吾於《易》有功於世爲最大。』」（《草廬學案》三〇四九—三〇五一頁）

靜明寶峰之學：全祖望曰：「經畈殁而陸學衰，石塘胡氏雖由朱而入陸，未能振也。中興之者，江西有靜明，浙東有寶峰。」陳靜明先生苑，字立大，江西上饒人，人稱爲靜明先生。

幼業儒，不隨世碌碌。得象山書讀之，喜曰：「此豈不足以致吾知邪！又豈不足以力吾行邪！而他求邪！」於是盡求其書，益喜，並益知益行；一洗訓詁支離之習，於是人始知陸氏之學。浮沉里巷之間，而毅然以昌明古道爲己任，有憂天下後世之心。人之所是，不苟是也；人之所非，不苟非也，固其守也。靜明門人，祝蕃，玉山人，從游靜明最早，頗不羈，已而感悟，復從游焉。久而有省，痛自刻厲，大喜大信曰：「吾無隱乎爾，風霆流形，庶物露生，無非教也。」自是斯須不廢内觀，篤於陸氏本心之學，凡江西之士有志者，先生即而引而登之。靜明之門，一時推爲都講，重修象山講堂，帥同志舍焉。

趙寶峰先生偕，字子永，慈溪人也，學者稱爲寶峰先生，志尚敦實，不事矯飾，嘗習舉業，曰：「是富貴之梯，非身之益也。」棄之不治，及讀慈湖遺書，有見於「萬象森羅，渾爲一體，吾道一貫」之意，曰：「道在是矣，何他求爲！」乃確然自信，三代之治可復，而百家之説可一也。遂隱於大寶山之麓，其鄉之秀烏本良輩皆從之，日舉遺經之言，以裁狂簡。或勸之仕，曰：「吾故宋宗子也，非不欲仕，但不可仕；且今亦非行道之時也。」然嘗謂：「孔子以道設教，而未嘗一日心忘天下。」故雖處山林，時有憂世之色。慈令陳文昭執經請業，行弟子禮，先生以治民事宜告之，文昭以是得慈民心。元之亂也，方國珍據浙東，逼先生仕，不起。先生之學，以静虛爲宗，遺文有《寶雲堂集》，有名言曰：「萬物有存亡，道心無生死。」「人苟不大明堯舜之道，即百姓日用之心，豈能深信唐虞三代之政，可以行於今日。」（《静明寶峰學案》三〇九八頁）此道心，實乃堯舜相授受之十六字經中之道心，唯此無生死之道心（即天理）能主導、克制人心（即人欲），能克制人欲泛濫之危害；人心聽命於道心，此乃人之所以爲人，具有理性，以别於獸性；自生尊嚴，以日益完善自我兼及群我，此乃人之本也。儒家之人性善論就立基於此，人類日趨於善之力量源泉，蓋深藏於此也。

師山之學：「全祖望曰：『繼草廬而和會朱、陸之學者，鄭師山也。草廬多右陸，師山則右朱，斯其所以不同也。』」鄭師山先生玉，字子美，徽州歙縣人，幼敏悟嗜學，既長，覃思《六經》，尤邃於《春秋》，絶意仕進，而勤於教。受業者衆，所居至不能容。學者即其地構師山書院，以處焉。元惠宗至正十四年（一三五四年），朝廷除先生翰林待制、奉議大夫，遣使者賜以御酒、名幣，浮海徵之。先生辭疾不起，而爲表以進曰：「名器者，祖宗之所以遺陛下，使與天下賢者共之者，陛下不得私與人。待制之職，臣非其才，不敢受；酒與幣，天下所奉陛下，陛下得以私與人，酒與幣，臣不敢辭也。」則家居，日以著書爲事。十七年，明兵入徽州，守將將要致之，先生曰：「吾豈事二姓者邪！」因被拘囚。久之，親戚朋友携具餉之，則從容爲之盡歡，且告以必死狀。明日，具衣冠，北面再拜，自縊而卒。先生著有《春秋經傳闕疑》（四十五卷）、《師山集》等。《師山文集》有言曰：「自孟子殁，《詩》《書》出秦火中，殘壞斷缺，無一完備。重以漢儒章句之習，破碎支離；唐人文章之弊，浮夸委靡。雖有董仲舒、韓愈之徒，或知理之當然，而終莫知道之所以然，故二氏之學得以乘隙出入其間，以似是而實非之言，飾空虚無爲之説誘吾民。上焉者落明心見性之場，下焉者落禍福報應之末，而吾儒無復古人爲己之學，徒以口舌辯給，卒不能勝，使天下如飲如醉、病如狂者，千四百年。貞元會合之氣散而復聚，於是汝南周夫子出焉，河南兩程夫子接迹而起，相與昌明之而益大。至吾新安朱子，盡取群賢之書，析其異同，歸之至當，集其大成，使吾道如青天白日，康衢邸道，千門萬户，無不可見；而天地之祕，聖賢之妙，發揮無餘藴矣。然自是以來，三尺之童，即談忠恕，目未識丁，亦聞性與天道，一變而爲口耳之弊。蓋古人之學，是以所到之淺深，爲所見之高下，所言皆實事；今人之學，是游心於千里之外，而此身原不離家，所見雖遠，而皆空言，此豈朱子教世之意？其得罪於聖門而負朱子也深矣。」「天地一《易》也，古今一《易》也，吾身亦一《易》也。以天身而論之，心者，《易》之太極也；血氣者，《易》之陰陽也；四體者，《易》之四象也；進退出處之正與不正，吉凶存亡之所由應者，《易》之用也。近取諸身，《易》無不盡，雖無書可也。」（《周易大傳附註序》）「近取諸身，《易》無不盡，雖無書可也。」此言是極爲深刻之創見也。如《易·乾》之元亨利貞，如近取諸身，以善念善思善言善行赴之，則無論從事何業無不元亨利貞矣。無私之念、無私之慮、無私之言、無私之行，即群經之精義也。豈止《易》哉！「道外無文，外聖賢之道而爲文，非吾所謂文；文外無道，外《六經》之文以求道，非吾所爲道。」「陸子之質高明，故好簡易；朱子之質篤實，故好邃密。各因其質之所近，故所入之途不同；及其至也，同尊周孔，同排佛老，大本達道，豈有不同。後之學者不求其所以同，惟求其所以異。江東之指江西則曰：『此怪說之行也。』江西之指江東則曰：『此支離之說也。』此豈善學者哉！朱子之學，教人爲學之常也；陸子之學，才高獨得之妙也；又各不能無弊。陸學之弊，不能盡夫致知之功；朱學之弊，則無以收其力行之效。然豈二先生垂教之罪哉！蓋學者之流弊耳。」師山先生此處所言之

「同排佛老」之「老」應嚴予詮釋，乃指道教尊太上老君之「老」，帶有純宗教色彩；而非著《道德經》五千言之老子（老聃）。若論儒、道兩家之學術，則不僅可見其同根同源，俱本於伏羲、黃帝，而且兩家在個人修養與政治觀點上具有互補之理效，均可於《道德經》、《易經》、《莊子》、孔孟之著述中得到有力之證言。故儒、道兩家固有相互批評之言，實無排斥之理；大本達道，乃二家共創同享之者也。先生嘗謂學者曰：「斯道之懿，不在語言文字之間，而具乎性分之內；不在高虛遠廣之際，而行乎日常行爲之中。以此窮理，以此淑身，以此治民，以此覺後，庶乎無媿於古之人矣。」（《師山學案》三二二六—三二二九頁）引以況此，適然焉。

縱觀右述五家之學，固各具獨見，綜合言之，則見其對如次三大問題更爲深入明確：

（一）對儒家道統之源流、脈絡愈研愈明。兩宋諸儒對道統、脈絡偏重於理論之闡述；元儒則側重於道統之紹續承繼；趙復先生更作了《傳道圖》，詳列書目附之，使後學者於源流、脈絡中知所先後輕重，明澈儒學內在體系及其永不枯竭之生命力所在，此即寶峰先生所言「萬物有生死，道心無存亡」；此道心就是堯舜禹所相授受之十六字經中之「道心」，以道心制人心

（人欲），則人心聽命焉。隨人類理性之提高，制欲之力也必然提高；由人欲横流所生之禍患亦必然減輕，政治日漸清明，社會民俗亦自淳美矣。（二）更明自求之功。草廬先生之言「道之爲道具於心，豈有外心而求道者哉」是也；師山先生之言「心者，《易》之太極也」亦是也。求之於心，求之於《易》之太極，求之於心之元亨利貞，求之於心之自强不息、自昭明德、懲忿窒欲，則無入而不自得矣。奚求於外哉！求之自心，以道心克人心，克己以利天下，求仁而得仁，皆己心上求；則心中自有宇宙、自有古今、自有公正善，自與天地合德，自與萬物合化，夫復何求歟！無求矣，則動静語默無不合乎道，安矣定矣。（三）更明大道行於日常行為日用之中。此乃理學深致大道趨向日用之一大發展也。至元代已歷時三百年矣，亦可喜也。

二　元帝對道學之推崇

元帝之知有儒士、知有道學、知儒士儒道乃治國安邦之唯一依賴，乃崇尚儒學、尊重儒士，乃建立機構予以推動。元太宗窩闊台南伐（一二三五年），詔：「姚樞從楊惟中即軍中求儒、道、釋、醫、卜者。」世祖中統二年（一三六一年）夏四月丙午，詔：「軍中所俘儒士聽贖爲民。」至仁宗延佑七年（一三二〇年）五月乙未，群臣上諡曰：「仁宗天性慈孝，聰明恭儉，通達儒術，妙語釋典，嘗曰：明心見性，佛教爲深；修身治國，儒道爲切。」又曰：「儒者可尚，以能維持三綱五常之道也。」自太宗至仁宗歷八帝，爲時八十年，乃逐漸認識儒者能維持三綱五常之道，而我中華歷代奉行此道已越二千年矣。以一向游居朔方只識水草馬羊，以弓矢馳騁曠野、吞併他族爲勝之異族，一旦驟得中原神器，踏進殿堂，坐上龍椅，以號令天下，奚依哉？唯儒士儒道而已。其識之也漸，亦必然之理也。其中以世祖忽必烈識之最爲懇切。仁宗即位之初，以西僧藏不班八爲國師。詔諭省臣曰：「國子學，世祖皇帝深所注意，如平不忽木等皆蒙古人，而教以成才。朕今親定國子生額爲三百人，仍增陪堂生二十人，通一經者，以次補伴讀，著爲定式。」元之注意培養儒學人才，自此始也。仁宗元年正月壬戌，「陞翰林國史院秩從一品。」帝諭省臣曰：「翰林、集賢儒臣，朕自選用，汝等毋輒擬進。人言御史臺重，朕謂國史臺尤重。御史臺是一時公論，國史臺實萬世公論。」觀其國史院之職，實乃研究中華儒道及歷史之最高學術機構，其所致力者爲歷代興衰成敗之主客因素，故曰萬世公論也。仁宗又於皇慶二年六月辛未，「以參知政事許思敬綱領國子學。」綱領國子學是使國子學之教學與研究更得其綱領，而且與其施政結合更爲密切也。是年六月己卯，河東廉訪史趙簡言請「選方正博洽之士，任翰侍讀侍講學士，講明治道，以廣聖聽。」從之。早在世祖四年五月丁亥朔日，已敕上都重建孔子廟，尊孔之意，見之於行矣。至元五年冬十月壬午，敕從臣秃忽思等録《毛詩》、《孟子》、《論語》。成宗即位之年（一二九四年），詔：「中外崇孔子。」武宗即位之年（一三〇七年）八月辛亥，中書右丞，孛羅鐵木兒以國字（蒙文）譯《孝經》進。詔曰：「此乃孔子之微言，自王公達於庶民，皆當由是而行，其命中書省刻板模印，諸王而下皆賜之。」仁宗爲皇太子時，受金寶，遣使四方，傍求經籍，以識玉刻印章，命近侍掌之。時有進《大學衍義》者，命詹事王約等節而譯之，武宗曰：「治天下，此一書足矣。」用命與《圖像孝經》、《烈女傳》並刊行賜臣下。仁宗即位之年（一三一一年）六月己巳，覽《貞觀政要》，諭翰林侍講阿林鐵木兒曰：「此書有益於國家，其譯以國語刊行，俾蒙、色目人誦習之。」仁宗延祐四年三月，翰林學士承旨忽都魯都兒迷失、劉賡等譯《大學衍義》以進，帝覽之謂群臣曰：「大學衍義，議論甚嘉，其令翰林學士阿林鐵木兒譯以國語。」在此之前，仁宗延祐二年六月甲申，即已建崇閣於國子監，以宋儒周敦頤、程顥、程頤、張載、邵雍、司馬光、朱熹、張栻、吕祖謙及故中書左丞許衡（十賢）從祀孔子廟廷。文宗至順元年二月戊申，加封孔子父齊國公、叔梁紇爲啓聖王；母魯國太夫人顔氏爲啓聖王夫人，顔子兖國復聖公，曾子郕國宗聖公，子思沂國述聖公，孟子鄒國亞聖公，河南伯程顥豫國公，伊陽伯程頤洛國公。文宗是年十二月己酉，「以董仲舒從祀孔子廟，位列七十子之下。」一年之内兩次旌聖崇賢，亦足以見元帝思治之心。因而有實行科舉之行。早在仁宗皇慶二年冬十月己卯，致中書省「議行科舉」。甲辰，「行科舉，」詔「天下以皇慶三年（一三一三年）八月，天下郡縣興其賢者能者，充貢有司。」次年二月會試京師，中選者親試於廷，賜及第出身有差。對儒學雖見推崇，惜未入其心骨耳。

第四節　内腐民變終趨速亡

元之得有中原社稷者，蓋亦一時之幸也；而其所以速亡者，亦乃道之必然也；其興之驟，其亡之速，事理之必然也；以力奪之者易，其失之也輕，蓋不知貴守也。我中華大道，自軒轅堯舜禹湯周秦，即以效驗，得道者昌，失道者亡；又歷兩漢魏晉隋唐宋更進一步驗證禀道統綱紀而行則國祚隆而政教昌，堯舜之風可致，貞觀開元之治可期；反之，則倏忽而亡，秦隋可爲大鑒也。宋於南渡之後，雖積弱日衰，面對金、元兩大强敵，由於道統綱紀餘緒尚存，支撑國運近一百五十年，亦足以見儒家道統之力也。蒙古族本居北溟沙磧，水草之地，其先本屬北狄，距我中原六千里，唐世屢爲邊患，經太宗文武兼施，於貞觀二十二年（六四八年）各因其地，建立以回紇部爲都督府，僕骨爲金徽都督府等十三州，拜其酋長爲都督刺史，給玄金魚以符信；又置燕都護以統之，遣使朝貢不絶，其中有獻良馬十匹，太宗奇其駿異，爲之制名，號爲十驥，並爲文以叙其事；迄延陀叛後，朝貢遂絶，此段前史距鐵木真元年（一二一三年）約五百年矣。（《舊唐書·北狄傳》）於此叙其祖先者，以見蒙古族之特性與爲政之先天缺陷，欲觀其偶然之鐵騎優勢奪得漢家天下而終必歸於速亡之理存於其間也。其民族之特性好勇鬭狠，亦乃其歷史、地理、氣候、生産、生活以及思維方式諸因素所决定之者也。由於其祖先遠居漠北，風沙捲地，游牧爲生，早逐馬羊，藍天白雲，不知所界；夜宿氊房，風月爲伴；少與鄰交，孤僻自守，不知相助；惟人心相奪，爭鬬殘酷，以死拼殺，群大以吞小，部强則併弱，姦邪以用心，險惡以處鄰；不識和合，不明禮義；不知君臣之節，不諳政教之美；無修德之道，有殺戮之慘，内外懼力，上下畏威；與上國相交唯知金帛美女之利，不師其道統綱紀之肅，以善化劣習與惡俗。其爲政之先天缺陷，乃在於無善道美德，如華夏三四千年早已實行之者。此在蒙古以鐵騎入主中原之際，窩闊台與忽必烈之間幾近六十年中先後賡續有姚樞、許衡、劉秉忠、張文謙、郝經、竇默六賢爲之謀畫致治，其詳切之情，實乃中華史上所僅見者也。然卒無補於元政之長治久安者，以元政之内腐有失民心而民變四起，無以自救，終致敗亡也。

一　荒政亂倫

物必先腐而後敗，此不易之理也。腐與敗必有漸也；漸之時也，其短長速緩，未可一言而盡也。元之腐也，始見於世祖忽必烈朝二事：「至元二十年（一二八二年）七月庚午，熒惑犯司怪，新附官周文英入見，其贄禮銀萬兩、金四十錠，鐵木兒不花（時爲中書左丞）匿爲己有，詔即其家搜閱，没入官帑。敕捕阿合馬婦翁尚書蔡仲英侵用官鈔二千四百錠，折閱糧米七十三萬石，詔議其罪。」但世祖至元二十五年則擢升鐵木兒不花爲中書省平章政事，可見對其二十年匿貪一案未作懲處。因此而知，元政不以貪腐爲戒；不識一貪不懲，其勢必如燎原之火，貪風必熾，終致敗政而失民心，不可收拾矣。元之腐敗，至順帝之朝，益見其怠於政事，荒於游宴；其至極者乃皇宫之亂倫。此在歷代乃僅見者也。至正十四年（一三五四年），京師大饑，民有父子相食者。「帝於内苑造龍船，委内官供奉少監塔思不花監工，帝自製其樣船，首尾長一百二十尺，廣二十尺。前瓦簾棚、穿廊、兩暖閣，後吾殿樓子，龍身並殿宇，用五彩金粧，前有兩爪。上用水手二十四人，身衣紫衫金荔枝帶，四帶頭巾，於船兩旁下，各執篙一。自後宫至前宫山下海子内，往來游戲；行時，其龍首眼口爪尾皆動。又自製宫漏，約高六七尺，廣半之。造木爲匱，陰藏諸壺其中，運水上下，匱上設西方三聖殿，匱腰立玉女捧時刻籌，時至輒浮水而上，左右列二金甲神，一懸鐘，一懸鉦。夜則神人自能按更而擊，無分毫差，當鐘鉦之鳴，獅鳳在側者皆翔舞。匱之西東，有日月宫，飛僊六人立宫前，遇子午時，飛僊自能耦進，度僊橋，達三聖殿，已而復退立如前。其精巧絶出，人謂前代所鮮有。時帝荒於游宴，以宫女三聖奴、妙樂奴、文殊奴等一十六人按舞，名爲十六天魔。首垂髮數辮，戴象牙佛冠，身被纓絡、大紅綃金長短裙、金雜襖、雲肩、合袖天衣、綬帶鞋襪，各執加巴剌般之器，又宫女一十一人練槌。」（《元史·順帝紀》）似此溺游無度，實前史未見者也，自無逃於敗亡矣。

元帝之腐敗更見之於淫亂。至正十五年（一三五五年）正月，儒學教授建言：「蒙古乃國家本族，宜教之以禮，而猶行本俗，不行三年之喪；又收繼庶母、叔嬸、兄嫂，恐貽笑後世，必宜改革，繩以禮法。」不報。元宫闈之内如此荒淫亂倫，上烝母輩，下淫嫂侄，宫帷褻穢如此之甚者，亦根於其俗也，其敗亡必矣。

二　民變蜂起

蒙古鐵騎踏入中原大地之時，正值南宋抗金已歷百年之秋，内有主和之姦，外臨王國之危，其負重之深，實前史所未見者也。太宗（窩闊台）七年（一二三五年），定全面擴張之謀，遣諸王拔都、皇子貴由、皇侄蒙哥征西域；皇子闊端征秦、鞏；皇子曲出及胡土虎伐宋；

唐古征高麗。秋九月，諸王口温不花獲宋何太尉，窺知宋軍情。秋十月，曲出圍棗陽拔之，遂徇襄鄧入郢，虜人民牛馬數萬而還。其對宋所行者屠戮掠奪也。世祖至元十四年（一二七七年）十月，元軍攻興化（福建蒲田）屠城。次年二月，又屠城廣東潮州。至元十七年正月甲子，敕泉州行省所轄州郡山寨，未即歸附者率兵拔之，已拔復叛者屠之。屠閩、屠粤、屠城、屠山寨，屠殺之心畢見矣。此時何時矣，南宋丞相文天祥囚於大都已越二年矣，南方各省早已結束戰事，猶肆之屠戮，盡喪愛民之心極矣，其結怨於民也深矣廣矣，不可解矣，欲主其國，不愛其民，徒以屠戮爲事，以鎮之壓之，其能久者，未聞也。元之失也，失之於暴，只要對漢人南人施行暴政，其將國人分爲四等，蒙古人、色目人、漢人、南人。世祖至元二十三年六月戊申，「括諸路馬，凡色目人有馬者，三取其二，漢民悉入官；敢匿與互市者，罪之。」至元二十七年十二月己卯，命樞密院「括江南民間兵器」。由此可見，元之爲治既是以漢人南人爲主之國，而又欺之下之、鎮之壓之、迫之制之，其結局無他，唯有敗亡而已矣。仁宗即位之年六月，「帝覽《貞觀政要》，曰此書有益於國家，其譯以國語刊行，俾蒙古、色目人誦習。」順帝即位之年七月壬寅，詔：「蒙古、色目人犯盗者免刺。」蒙古、色目人享有特權，亦無益於元之敗亡，相反，則有助於激起民憤，理國者首要之務在尊民，「民爲邦本，本固邦寧」，此不易之理也。對民不尊之而先屠之，繼而下之賤之欺之踐之，是乃人民之賊也。民自當起而誅之除之。故自順帝至元三年之後，江南之人起而反元者迭續不絕，聲勢日大。是年正月癸卯，廣州增城縣民朱光卿反，其黨石昆山、鐘大明率衆應之，稱大金國，改元赤符。七月己亥，惠州歸善縣民聶秀卿、譚景山等造軍器，拜戴甲爲定光佛；與朱光卿相結，勢益大。同年，又有河南信陽胡閏兒起兵反，在四川有合州民韓法師起兵反。至元四年，袁州民周子旺、福建漳州民李志甫，先後起兵反。至正元年（一三四一年），湖南道州民何仁甫起兵反；山東、山西、河北起兵反者三百餘處。至正二年，慶遠（廣西宜州）民莫八起兵反。至正八年十一月丁亥，廣西民起兵反，掠道州。十一月辛亥，徭民吳天保率衆六萬佔領全州；浙江台州方國珍起兵反，聚衆海上。至正十二年，反元烽火遍及河南、湖北、湖南、江西、江蘇、浙江諸省，大有席捲全國、元廷摇摇欲墜之勢。據《元史·順帝紀》，是年，各省起兵反元者計有十五起：正月戊申，竹山縣民起兵反，陷襄陽路。同日，又有荊門州民起兵反，奪荊門州。正月丙辰，徐壽輝舉義，規模宏大，陷漢陽。山東民起兵反。四川興元金州民起兵反。二月甲申，鄒平縣馬子昭起兵反。丙戌，房州民起兵反，佔領歸州。辛丑，鄧州王權、張椿起兵奪取澧州。四月癸卯，江西臨川縣民鄧忠起兵陷建昌。丙辰，宜黄縣民涂佑起兵，與邵武、建寧義軍攻邵武。同月，永懷縣義兵攻陷桂陽。五月癸未，建昌民戴良起鄉兵克復建昌。七月，徐州民起兵佔領徐州。九月乙酉，脱脱至徐州。丁亥，命知行樞密院事阿剌吉討徐州。辛卯，脱脱復徐州，屠其城。冬十一月，常州民起兵反，其中以徐壽輝所領義軍規模最大，一年之内先陷漢陽，又陷沔陽。由湖北而南入湘，陷岳州，轉入江西袁州、瑞州，向東取饒、信等州，北攻徽州，東取杭州，成爲元廷之江南大患；亦爲爾後張士誠、朱元璋大張反元義旗之先聲，從此元朝政權已陷入四面楚歌，天下皆反，朝不保夕之危亡中矣。

第十一章　明政之失道

余以失道二字狀明政者，非全否之也，乃專明政之失之本根也，蓋有見於太祖幸得其國，實暗於漢唐大宋以降所賴以治平之儒家道統綱紀也。雖歷代稟此爲其立國治政之本，未足以稱善，然確見其明效大驗也。漢之文、景，唐之貞、開，宋之真、仁，元之世祖，皆有可稱者也。明承元祚，國初先有李（善長）、劉（基）之智謀取勝，繼有宋（濂）、解（縉）之道綱進言，已足以啓太祖立道統之宏志，而太祖卻以其沙門及自身狹隘之蔽，不諳道綱之大中至正可置國祚於永安之地，而獨持私疑，懼開國元勛動搖其國本，不明馭之有道，及可收「元首明哉，股肱良哉，庶事康哉」之效。明太祖以前歷代主政之經驗無不證明，唯有謹遵道統，嚴守綱紀，君心正於上，輔弼肅於中，百官廉於下，内外同德，兆民安其居、樂其業，太平可致，國祚永昌。太祖不明道統之深義遠效，以爲誅戮功臣即可削弱政敵，消除隱患，實乃愚而禍也。蓋帝王生殺之權切忌濫用，傷人則害己，此中禍福轉换之幾隱而深矣，施與受，其禍福等同也；此僅從形式而言也，實則禍福轉換之輕重及其影響之深淺，非億計之所可及也。稽之史實，明之失道，首爲太祖，次爲成祖，開國與二傳失其立國之基，則其後續之政必亂象聚生矣。倘使當日太祖稟道統，以治天下，本中和以馭輔臣，則成祖篡位之禍或免之無形矣。既無道統可遵，綱紀必守，則其篡賊之念生而日熾矣，又有姚廣孝以「臣知天道，何論民心」相禍亂，（姚廣孝年十四，度爲僧，名道衍，知陰陽術數之學，相者袁洪見之曰：「是何異僧，目三角，形如病虎，性必喜殺。」北平慶壽寺住持，出入燕王府中，時屏人語，及太祖崩，惠帝立，以此削奪諸王，道衍密勸成祖起兵，成祖曰：「民心向彼奈何？」道衍曰：「臣知天道，何論民心。」乃進袁珙及卜者金忠，於是燕王意益決。）遂有靖難篡位之舉。究其實，姚廣孝何知天道。其所云知天道者既非佛者之天道，更非儒家之天道，乃其陰陽術數之天道，實邪道也，唯有儒家之天地人合一之道，儒家之道統，可正一切邪術之道也。遺憾者乃太祖未立儒道統，故其死後未及四年，兒孫之間演此一場篡逆大禍，由此而明，得之不以其道者其名必不正，其根必邪，細讀明史，觀歷朝之政，雖歷二百七十六年，長處於内憂外患風雨飄搖之中，無有寧日，何故耶？虧其道而損其德也。

第一節　太祖暗於道統綱紀

太祖諱元璋，字國瑞，姓朱氏。先世家沛，徙句容，再徙泗州。父世珍，始徙濠州，之鐘離，生四子，太祖其季也。元至正四年（一三四四年），旱蝗，大飢疫，太祖年十七，父母兄相繼歿，貧不克葬，里人劉繼祖與之地，乃葬焉，即凰陽陵也。太祖孤無所依，乃入黃覺寺爲僧，逾日，游食合肥；道病，歷光、固、汝、潁諸州。三年後，復返寺。至正十二年，天下已大亂，郭子興與其黨孫德崖等起兵濠州。太祖年二十四，卜舉大事吉，乃以閏三年甲戌朔，入濠，見子興，奇其狀貌，留爲親兵；戰輒勝，遂妻以所撫馬公女，即高皇后也。是冬，元將賈魯圍濠，太祖與子興力拒之，太祖旋與徐達、湯和、費聚南掠定遠，達道遇李善長，與語大悅，遂與俱攻滁州，下之，旋又獲遇常遇春，其勢始大。元順帝至正十六年（一三五六年），大敗元兵於蔣山。太祖召官吏父老諭之曰：「元政濆擾，干戈蜂起，我來爲民除亂耳，其各安堵如故。賢士我禮用之；舊政不便者，除之；更勿貪暴殃吾民。」太祖謀取浙東，戒諸將曰：「克城以武，戡亂以仁。」由是各方誠服。至正二十四年（一三二四年）正月丙寅朔，李善長率群臣勸進，不允，固請，乃即吳王位。建百官，以善長爲右相國，徐達爲左相國，常遇春、俞通海爲平章政事；諭之曰：「立國之初，當先正綱紀。元氏暗弱，威福下移，馴至於亂，今宜鑒之。」立子標爲世子。洪武元年（一三五八年）春正月乙亥，即皇帝位，定有天下之號曰明，建元洪武，諭曰：「天下始定，民財力俱困，要在休養生息，惟廉者能約己而利人，勉之。」丁未，以太牢祀先師孔子於國學。三月辛未，詔儒臣修女誡，戒后妃毋預政。九月癸亥，詔曰：「天下之治，天下之賢者共理之。今賢多隱崖穴，豈有司失於敦勸歟，朝廷疎於禮待歟，抑朕寡昧，不足致賢，將在位者壅蔽，使下不上達歟！不然賢士大夫幼學壯行，豈甘沒世而已哉！天下甫定，朕願與諸儒講明治道，有能輔朕，濟民者，有司禮遣。」（《明史·太祖紀》）十一月乙亥，遣使分行天下，訪求賢才。洪武二年二月己巳，諸王子受經於博士孔克仁，令功臣弟子入學。十一月辛卯，詔天下郡縣立學。三年六月，命有司訪求通經術明治道者。七年二月戊午，修曲阜孔子廟，設孔、顏、孟三氏學。八年正月丁亥，詔天下立社學。十二年十二月，徵天下博學老成之士至京師。十四年正月癸丑，命公侯子弟入國學。丙辰，詔求隱逸。十五年四月丙戌，詔天下通祀孔子。二十年，帝曰：「所謂敬天者不獨嚴而有禮，當有其實，欲求事天，必先恤民，恤民者事天之實也；即如國家，命人、任守之事，若不能福民，則是棄君之命，不敬孰大焉！」又曰：「爲人君者父天母地，子民皆職分之所當盡，祀天地非祈福於己，實爲天下蒼生也。」（《明史·太祖本紀》）由上引諸端，亦足以見太祖尊重孔孟儒道之意，然余之所見「太祖暗於道統」者，非謂其不識孔孟之道也，乃謂其暗於儒家道統應成爲其治平之最高指導思想；即如《禮記·大學》所示：「大學之道，在明明德，在親民，在止於至善；」「自天子以至於庶人，壹是皆以修身爲本。其本亂而末治者，否矣；其所厚者薄而其所薄者厚，未之有也。此謂知本，此謂知之至也。」莊周論之曰：「内聖外王之道也。」（《莊子·天下篇》）内聖外王之基，捨修身之功，何以致治平之境哉，道統之義大焉！此漢武、唐宗、宋仁之所以拳拳服膺者也。

一　儒家道統之核心内涵

儒家道統歷五帝（黄帝、顓頊、帝嚳、堯、舜）、三王（夏、商、周），迄於孔孟，而大備矣；又歷兩漢、魏晉、南北朝、隋、唐、宋、元歷史驗證，尊之者昌，逆之者亡；期間興衰成敗之迹足爲戒守者深且富也。其要則有二焉。一曰《周書·洪範》所示「建用皇極」。即建立中央集權之尊道修德、守綱紀、聚賢能、雍容和穆之朝廷。「無偏無陂，尊王之義；無有作好，尊王之道；無有作惡，尊王之路；無偏無黨，王道蕩蕩；無黨無偏，王道平平；無反無側，王道正直。」（《十三經注疏》一九〇頁）二曰《中庸》所訓「凡爲天下國家有九經」。曰：「修身也，尊賢也，親親也，敬大臣也，體群臣也，子庶民也，來百工也，柔遠人也，懷諸侯也。修身則道立，尊賢則不惑，親親則諸父昆弟不怨，敬大臣則不眩，體群臣則士之報禮重，子庶民則百姓勸，來百工則財用足，柔遠人則四方歸，懷諸侯則天下畏之。」此二者一體，則道統綱紀立矣。

以此二者觀太祖之言與行，特別其晚年多疑與誅戮功臣，則可知太祖之暗於儒家道統綱紀之甚也，由此，亦可見太祖誅戮功臣之患深且遠矣。且儒家道統之核心内涵尚有如次諸大端焉：天道（陰陽）、地道（柔剛）、人道（仁義）；「人道政爲大」（孔子）；「道孰爲大，性爲大」（明道）；「心，性也；性，天也」（王陽明）；「天命之謂性，率性之謂道，修道之謂教」；「盡人性，盡物性」（《中庸》）；「善政不如善教之得人心」（孟軻）。此中性、政、教，三者一體，政與教（教與政）俱從人之善性而出之者也，政與教互爲表裏也，政爲教表，教爲政裏，教導政也，則政順，仁政形焉；政爲教裏，教爲政表，政制教也，則教乖而政亂，以爲政者之有私與蔽也。教導政，實以道以德導之也，則政入於正也，正則仁政出焉，人心安焉。此政教內在關係之辨也，亦人性曲直之辨也，亦道統彰昧之辨也。綜道統綱紀與性、政、教言之，則道統綱紀首腦也，政、教聽令焉；就政、教二者言之，教爲主，政從之。蓋帝者王者必具有內聖之素養者，教使之然也。性教之重要性可知矣。性者，善性也，誘而出之，教成矣。《禮記·文王世子》專論儲君之教，爲帝爲王之所必備也。「凡三王教世子必以禮樂，樂所以修內也，禮所以修外也，故其成也懌，恭敬而溫文。師也者，教之以事而喻諸德者也。君子曰德，德成而教尊，教尊而官正，官正而國治，君之謂也。」教世子，教之始也；教萬民，選其俊秀者入仕，教之中也；化民成俗，教之終也。「夫帝，諦也，（諦，審也，審諦於物也，別是非，必微妙而審諦也，唯帝爲能審萬物之理而得其正也。）王天下之號也」；「王，天下之所歸往也。」天地人而參通之者，王也。孔子曰：「一貫三爲王」。天下之所歸往者，帝之道也，帝王之德也，非與生俱來者，乃教之育之，養之修之，漸續而化成之者也。人皆可以爲堯舜聖賢者，教與修使之然也。由此而明，道統中之最核心之内涵，教也。教之義大矣哉，儒家道統中之仁政賴教以育聖賢而實現之者也。一言以蔽之，儒家之政治觀乃聖賢之政與治也，以此衡之明太祖，則知其暗於道統也明矣。對此，明太祖遺詔之言：「朕應天命，三十有一年，憂危積心，日勤不怠，務有益於民。奈起自寒微，無古人之博知，好善惡惡，不及遠矣。」（《明史·太祖紀》）不惟足以見太祖自知之明，且言之懇切，有助於對太祖之論德持正也。

二　太祖之帝王之德度

稽之儒家經典《尚書》，中華之政治哲學也，即堯舜禹湯周近二千年之政治哲學，亦道統綱紀之重要内涵。兹就君道、君德、君能、君度四端而述之，以觀太祖之德度，可以見其不足者矣。君道：《商書·仲虺之誥》曰：「惟天生民有欲，無主乃亂。」欲者，私之發，争之端，亂之始，禍之源也。堯舜之世有見於此，已揭示十六字經「人心惟危，道心惟微，惟精惟一，允執厥中」，以誡禹，以警後世。人心，包含人欲於其中；道心，朱熹曰「天理」，王陽明曰「良知」；精者，辨別其中也，與道心之界限；一者，因時代之異而畫一其標準，以便信執其中也。《皋陶謨》曰：「衆非元后何戴，后非衆罔以守邦。」（元后，君王也。）《夏書·五子之歌》曰：「民可近，不可下；民惟邦本，本固邦寧。」《大禹謨》曰：「惠迪吉，從逆凶，惟影響。」（惠，順也；迪，道也；吉凶之報，如影之隨形響之應聲。）「罔違道，以干百姓之譽；罔咈百姓，以從己之欲；無怠無荒，四夷來王。」（罔，不也；咈，拂也，戾也；四夷，四方鄰國也。）《商書·太甲》：「無越厥命以自覆。」（越，墜也，失也；命，國祚也；覆，顛没也。）《咸有一德》：「天難諶，命靡常；常厥德，保厥位；厥德非常，九有以亡。」（諶，信也；靡，無也；九，十之九，十有九亡也。）《周書·畢命》：「道有升降，政由俗革。」（升降，顯隱也；俗，眾民之願也。）由此，可明君道首在制欲，次在尊民，並遂民之願！

君德：《大禹謨》曰：「惟德動天，無遠勿屆，滿招損，謙受益，時乃天道。」《商書·太甲》：「天鑒厥德，用集大命，撫綏四方，慎乃儉德，惟懷永固；」「民罔常德，懷於有仁。」（常德，信仰也。）《皋陶謨》曰：「允迪厥德，謨明弼諧。」（允，信也；迪，蹈也；謨，君主之謀也；弼，輔佐之臣也。）《咸有一德》曰：「德惟一，動罔不吉，德二三，動罔不凶；」「德無常師，主善爲師；善無常主，協於克一；惟新厥德，時乃日新。」以此觀太祖之德，其始與終，實有二三之嫌。

君能：《皋陶謨》曰：「在知人，在安民，知人則哲，能官人；安民則惠，黎民懷之。」《大禹謨》曰：「任賢勿二，去邪勿疑，帝德罔愆，臨下以簡，御衆以寬，罰勿及嗣，賞延於世；宥過勿大，刑故勿小，罪疑惟輕，功疑爲重。」《周書・立政》：「立政，其勿以憸人（不訓子德者），其惟吉士，用以勵相我國家。」由此而知，君之能在知人，在官人。觀太祖之用楊憲、汪廣洋、胡惟庸三人爲相，卒俱敗之，亦足以見太祖之能有缺也。

君度：如殷高宗之謙卑以待傅説之言：「朝夕納誨，以輔臺德。若金，用汝作礪；若濟川，用汝作舟楫；若歲大旱，用汝作霖雨。啓乃心，沃朕心，若藥弗瞑眩，厥疾勿瘳；若跣弗視地，厥足用傷。惟暨乃僚，罔不同心，以匡乃辟；俾率先王，迪我高后，以康兆民。」説復於王曰：「惟不從繩則正，后從諫則聖；后克聖，臣不命其承，疇敢不祗若王之休命。」（《十三經注疏》一七四頁）必有高宗之大度始獲致傅説之忠心，如此，則「元首起哉！股肱喜哉！百工熙哉！元首明哉！股肱良哉！庶事康哉！」而避免「元首叢脞哉！股肱惰哉！萬事墮哉」之患。（《十三經注疏》一四四頁）以此而觀太祖之度，則知其晚年對功臣之疑純出於自身胸襟狹隘，而非功臣之有異志也。

右述之四者乃道統之要也，道統者乃《六經》之義也，《六經》者乃人性、人心、人情之表現也。立道統者，立自身性、心、情之正也。求合乎道統者，亦必於自身之性、心、情上求之；而非在自身性、心、情之外另立有一道統也，未之有也。所述儒家道統形成之歷史發展與《六經》之歷史發展同義，非於其外另有一道統也，所以强調道統綱紀者，純以治國安邦致天下之太平而爲言也；一言以蔽之，儒家之道統綱紀者，乃儒家之政治哲學也，儒家爲政之道也。（筆者以爲儒家之理論體系可以三語概之：爲人之道、爲學之道、爲政之道。）春秋之孝即已完備之矣，此後歷代自當承繼而發揚之。自漢武提出「獨尊儒術」以降，史實證明，尊之者昌，違之者亡，一無例外，元之以蒙古族入主中原，亦如是也。明之初立國也，因有通儒高道爲之輔弼，國運昌盛，太祖晚年褊於氣度，猜疑過甚，有損元氣，且啓成祖篡逆之隙，輕視道統綱紀，直接影響有明一代諸朝之政局，長處於君道不明，君德不修，甚至荒政敗國境地，故以爲其根在太祖之暗於道統也。

第二節　成祖之篡位蓄禍

太祖之崩也，有遺詔曰：「皇太孫允炆仁明孝友，天下歸心，宜登大位，内外文武臣僚，同心輔政，以安吾民。」三十一年（一三九九年）己卯閏五月，即皇位，（允炆，太子懿文第二子也，二十五年九月立爲皇太孫，洪武二十九年重定諸王，見東宫儀制，朝見後，於内殿行家人禮，以諸王皆尊屬也。命太孫省决章奏，佐寬大，嘗請於太祖遍考禮經，參之歷朝刑法，改訂洪武律，畸重者七十三條，天下莫不頌德焉。）大赦天下，以明年爲建文元年，以兵部侍郎齊泰爲本部尚書，翰林院修撰黄子澄爲太常卿，同參軍國事。秋七月，召漢中府教授方孝孺爲翰林院侍讀，詔：「行寬政，赦有罪，蠲逋賦。」建文元年七月，燕王棣舉兵反。

一　燕王竊竊神器

燕王棣之所以反者，其蓄謀蓋已久也。據《姚廣孝傳》所記：姚廣孝，本醫家子，年十四度爲僧，名道衍，事道士席應真，得其陰陽術數之學，嘗游嵩山寺，相者袁洪見之曰：「是何異僧，目三角，形如病虎，性必喜殺。」與燕王交語甚契合，請以從至北平，住持隆慶寺，出入燕王府中。及太祖崩，惠帝立，以此削奪諸王，道衍密勸燕王舉兵，燕王曰：「民心向彼，奈何？」道衍曰：「臣知天道，何論民心。」另據《成祖紀》云：「太祖崩，皇太孫即位，遺詔諸王臨國中，毋得至京師，王自北平入奔喪，聞詔乃止。時諸王以尊屬，擁重兵，多不法，帝納齊泰、黄子澄謀，欲因事，以次削除之，憚燕王强，未發。乃先廢周王橚，欲以牽引燕王。於是告訐四起，湘、代、齊、岷皆以罪廢，王内自危，佯狂稱疾。泰、子澄密勸帝除燕王，帝未決。建文元年六月，燕山百户倪諒告發，逮官校於諒、周鐸等伏誅。下詔讓王並遣中官逮王府僚，王遂稱疾篤。都指揮使謝貴、布政使張昺以兵守王宫。王密與僧道衍謀，命指揮張玉、朱能潛納勇士八百人入府守衛。秋七月癸酉，匿壯士端禮門，紿貴、昺入，殺之，遂奪九門。上書天子，指泰、子澄爲奸臣，並援祖訓：『朝無正臣，内有奸惡，則親王訓兵待命，天子密詔諸王統領鎮兵討平之。』書既發，遂舉兵，自署官屬，稱其兵曰「靖難」。拔居庸關，破懷來，執宋忠，取密雲，克遵化，降永平。二旬，衆至數萬。八月，天子以耿炳文爲大將軍，帥師致討。己酉，師至真定，前鋒抵雄縣。初，燕兵南下爲帝師所阻，戰不利，旋改爲不下城邑、直取南京之策。歷戰三載，於建文四年六月乙丑，燕軍陷南京。宮中起火，帝不知所終。或云帝出地道亡去。三十八年後，正統五年（一四四〇年），有僧自雲南至廣西，稱建文皇帝。此後滇黔、巴蜀間相傳有帝爲僧事云。燕王揮兵南下時，姚廣孝以方孝孺爲托曰：『城下之日，彼必不降，幸勿殺之；殺孝孺，天下讀書種子絶矣。』」

二　誅殺鴻儒有傷國本

南京既陷，燕王肆逞兇炎，誅戮善類，即便其妖師所囑之鴻儒方孝孺亦無以幸免，此在中華史上欲有國而期致治者之所未敢行者也，其獨夫嗜殺之性可知矣。據《方孝孺傳》所記：方孝孺爲燕王所擄，欲使其草詔，召至，悲慟聲響徹殿陛，成祖降榻勞曰：「先生毋自苦，予欲法周公輔成王耳。」孝孺曰：「成王安在？」成祖曰：「彼自焚死。」孝孺曰：「何不立成王之子？」成祖曰：「國賴長君。」孝孺曰：「何不立成王之弟？」成祖曰：「此朕家事。」顧左右授筆札曰：「詔天下，非先生草不可。」孝孺投筆於地，且哭且罵曰：「死即死耳，詔不可草。」成祖怒命磔諸市。孝孺慨然就死，作絕命詞曰：「天降亂離兮，孰知其由！奸臣得計兮，謀國用猶！忠臣發憤兮，血淚交流！以此殉君兮，抑又何求！嗚呼哀哉，庶不我尤！」時年四十有六。其門人德慶侯廖承忠之孫鏞與其弟銘，檢遺骸，瘞聚寶門外山上。其宗族、親友、門生受誅者十族，八百四十七人，乃中華史上最大之冤案。

據《明儒學案·諸儒學案》所記：方孝孺，字希直，台之寧海人，自幼精敏絕倫，八歲而讀書，十五而學文，二十游京師，從學於太史宋濂，濂以爲游吾門者多矣，未有若方生者也。濂返金華，先生復從之，先後凡六歲，盡得傳其學。建文帝召爲翰林學士。帝有疑問，不時召對，君臣之間，同於師友。金川失守，先生斬衰，哭不絕聲。先生直以聖賢自任，一切世俗之事皆不關懷。朋友以文辭相問者，必告之以道，謂文不足爲也。入道之路，莫切於公私義利之辨，念慮之興，當静以察之。舍此不治，是猶縱盜於家，其餘無可爲力矣。謂聖功始於小學，作《幼儀》二十首；謂化民必自正家始，作《宗儀》九篇；謂王治尚德而緩刑，作《深慮論》

十篇，謂道體事而無不在，列《雜誡》以自警。持守之嚴，剛大之氣，與紫陽直相伯仲，固爲有明之學祖也。蔡虛齋（蔡清，字介夫，號虛齋，福之晉江人，成化進士）曰：「如遜志者（方孝孺著有《遜志齋集》），蓋千載一人也。天地幸生斯人，而乃不終佑之，使斯人得竟爲人世用，天地果有知乎哉？痛言及此，使人直有追憾天地之心也。」

燕王篡位之後，又殺「國家養三十年唯得之一卓敬」。成祖既執卓敬，責其曾建議徙燕，離間骨肉，敬厲聲曰：「惜先帝不用敬言耳。」成祖命繫之獄，使人諷以管仲、魏徵故事。敬泣曰：「人臣委贄，有死無二。」適敬與姚廣孝有隙，曰：「敬言誠見用，上寧有今日。」乃斬之，誅其三族。

成祖更殺戮有功於洪武、永樂兩朝且上封事萬言之老臣解縉。其上封萬言略曰：「臣聞令數改則民疑，刑太繁則民玩，國初至今將二十載，無幾時不變之法，無一日無過之人。嘗聞陛下震怒，鋤根剪蔓，誅其奸逆矣，未聞褒一大善，賞延於世，復及其鄉，終始如一者也。臣見陛下好觀《説苑》《韵府》雜書與所謂《道德經》《心經》者，臣竊謂甚非所宜也。《説苑》出於劉向，多戰國縱横之論；《韵府》出元之陰氏，抄輯穢蕪，略無可采。陛下若喜其便於檢閲，則願集一二志士儒英，臣請得執筆隨其後，上溯唐虞夏商周孔，下及關閩濂洛，根實精明，隨事類別，勒成一經，上接經史，豈非太平製作之一端歟。又今《六經》殘缺，《禮記》出於漢儒，踳駁尤甚，宜及時删改。訪求審樂之儒，大備百王之典，作《樂書》一經，以惠萬世。尊祀伏羲、神農、黄帝、堯、舜、禹、湯、文、武、皋陶、伊尹、太公、周公、稷、契、夷、益、傅説、箕子於太學。孔子則自天子達於庶人，通祀以爲先師，而以顔、曾、子思、孟子配享。自閔子以下各祭其鄉，魯之闕里仍建叔梁紇廟，肇啓天朝之文獻，豈不盛哉！近年以來，臺綱不肅，以刑名輕重爲能事，以問囚多寡爲勳勞，甚非所以勵清要、長風采也。御史糾彈，皆承密旨；每聞上有赦宥，則必故爲執持，意謂如此，則上恩愈重。此皆小人趨昧劾勞之細術，陛下何不肝膽而鏡照之哉？陛下盡人不擇賢否，授職不量重輕，建不爲君用之法，所謂取之盡錙銖，用之如泥沙。監生進士，經明行脩，而多屈於下僚；孝廉人材，冥蹈瞽趨，而或布於朝省。椎埋嚚悍之夫，闒茸下愚之輩，朝捐刀鑷，暮擁冠裳，左棄筐篋，右綰組符。故賢者羞爲之等列，庸人悉習其風流。以貪婪苟免爲得計，以廉潔受刑爲飾辭。出於吏部者，無賢否之分；入於刑部者，無枉直之判。天下皆謂陛下任喜怒爲生殺，而不知皆陛下之乏忠良也。

且稅之輕重負擔不一，今日之土地，無前日之生植；而今日之徵聚，有前日之稅糧。土田之高下不均，起科之輕重無別，膏腴而稅反輕；瘠鹵而稅反重。欲拯困而革其弊，莫若行授田均田之法，兼行常平義倉之舉，積之以漸，至有九年之士食，無難者。」書奏，帝稱其才。已而復獻太平十策，文多不録。成祖入京，擢爲侍讀，命與黄淮、楊士奇等並直文淵閣，預機務。奉命總裁《太祖實録》，主修《永樂大典》。旋因議立儲事，縉稱皇長子仁孝，帝怒，謂其離間骨肉，恩禮寖衰。永樂八年，縉奏事入京。值帝北征，謁皇太子而還，爲漢王高煦所忌，帝震怒，逮縉下獄，拷掠備至。永樂十三年（一四一五年），錦衣衛帥紀綱上囚籍，帝見縉姓名曰：「縉猶在耶！」綱遂醉縉酒，埋積雪中。立死，籍没其家，妻子宗族徙遼東。（《明史解縉傳》）

三 刺探重臣君臣解體

太祖之季，疑臣謀反，密布暗探，竊取隱行，至洪武十五年（一三八二年）設置錦衣衛，外以護衛皇宮親軍爲名，內行刺探之實，特令兼管刑獄，賦以巡查緝捕權力，機構長官爲指揮使，常由功臣、外戚充任，設同知、僉事、鎮撫司鎮撫等官；下有官校，專司偵察。鎮撫司分南北兩部，北鎮撫司專理詔獄，直接取旨行事，用刑尤爲殘酷。中葉後，與東西兩廠並列，成爲廠衛並稱的專政機構、特務組織。此種凌駕於刑法之上的殺戮機構在中華史上從未有過，今先見之明太祖，復厲之於明成祖，則明之立政也，其骨髓裏爲何物可知矣，乃皇權霸道也，其有背於仁政也甚矣。「世宗嘉靖元年，革錦衣衛冒濫軍校三萬餘人，革錦衣衛所及監局寺廠司庫、旗校、軍士、匠役投充新設者，凡十四萬八千餘人。」（《明史·世宗紀》七八〇九頁）如此龐大之冤獄機構加之於官民頭上，其悲慘之情可知矣。

成祖之篡政以及狠殺忠臣，激起朝野極大義憤。爲鎮壓官民，於永樂十八年（一四二〇年），在東安門北設立東廠，用宦官爲提督，亦常以司禮監秉筆太監第二、第三人充任。屬官有掌刑千户、理刑百户各一員。由錦衣衛千户、百户充當，稱貼刑官、隸役緝事等官校，亦由錦衣衛撥給。諸事直接報告皇帝，權力在錦衣衛之上。（《辭海》五二頁，一九九〇年版）用刑之殘酷，聞者悚然。有明一代廠衛禍烈，國運長期不振，根源蓋在於太祖之不尊儒道，成祖之失德篡位，兩帝五十三年君風不正，無以法守也，而獨能延祚歷二百七十六年者，奚依之哉？一有經歷千五百年儒教之官民以爲維護。二有政權組織機構，朝廷内外官吏以資支撐。三有科舉取士，爲朝廷源源不絕供應人材，特別是宰輔稟儒道謀畫於上，百官尊法度行之於下。四有私塾學堂遍布城鄉，以儒學經典教習士子，上焉者考中舉人與進士，多入仕途；中焉者或考中秀才爲紳閭鄉，或從事村塾教育；下焉者亦初聞孔孟之道以之律己，以之事農商，莫不利焉。明代歷朝帝王荒政而卒能維持者，以宰輔百官慘澹經營，苟免危亡也。此亦足見儒道之入人心之深矣，君暴於上，或君亂於上，猶不致以速亡，以道心正氣長存於君臣之心也。

第三節　仁宣孝三朝之治

《明史》編者贊宣帝曰：「明有天下，傳世十六，太祖、成祖而外可稱者，仁宗、宣宗、孝宗而已。仁宣之際，國事初張，綱紀脩立，淳樸未漓，至成化以來，號爲太平無事。（揆諸史實，未足以稱太平。十二年七月乙丑，躬禱天地於禁中，以用度不節、工役勞民、忠言不聞、仁政不施四事自責。至苗猺作亂，國土不靖，不可具舉。）而晏安則易耽怠玩，富盛則漸至孝宗之時，天下已不太平，唯孝宗力圖政興，其德其度堪以嘉許也。

一 君明

仁宗、宣宗、孝宗俱可以明道有德稱之。仁宗高熾爲成祖長子，當其居太子位時，即曾遭其弟高煦、高燧之謀奪。郡王高煦、高燧，俱以惠黠有寵於成祖，而高煦有軍功；宦侍黃儼等復黨高燧，陰謀奪嫡，譖世子。會朝廷賜世子書，爲離間，世子不啓緘馳上之；而儼先潛報成祖曰：「世子與朝廷通使者至矣。」無何，世子所遣使亦至，成祖發書視之，乃嘆曰：「幾殺吾子！」（《明史・仁宗紀》）成祖數北征，命世子監國，裁決庶政，四方水旱飢饉輒遣賑恤，仁聞大著，曰：「不知也，吾知盡子職而已。」此言至誠也，雖知之，不以爲意，進退昇降一也，此乃君道、君德、君度之正者也，治國平天下之要也。宣宗在處置高煦之叛亂，亦盡顯其君道、君德、君度也：「宣德元年八月壬戌，漢王高煦反。丙寅，宥武臣殊死以下罪，復其官。己巳，親征高煦。辛未，發京師。辛巳，至樂安，帝兩遣書諭降。又以敕繫矢射城中論禍福。壬午，高煦出降。癸未，改樂安爲武定州。乙酉，班師。九月壬戌，至自武定州，錮高煦於西内。戊戌，法司鞫高煦同謀者，詞連晉王、趙王，詔「勿問」。非具大道、大德、大度之君，不足以爲此也。唯至誠感人，曉以禍福。一天之内，高煦降了，並供認晉王、趙王參與謀反，復「勿問」了。唯大度之君能宥大罪也。孝宗之道與德、能與度，則可於處理急務上見之。

孝宗諱祐樘，憲宗之第三子也。憲宗居位二十三年曾以「四失」自責，又遭外有寇盗之擾，内遇「廠衛横恣，盗竊威柄」之患。年十七即位，急務必先退小人，恢復權柄，始可使君子立於朝，即於丁未，斥諸佞，侍郎李孜省、太監梁芳、外戚萬喜及其黨，謫戍有差。十月丁卯，汰傳奉官，罷右通政任杰、蒯鋼等千餘人，論罪戍斥。革法王、佛子、國師、真人封號。十月癸巳，吏部左侍郎兼翰林學士徐溥入閣。十一月乙卯，詹士劉健爲禮部侍郎兼翰林學士，入閣預機務。朝廷面貌立即改觀，正邪易勢，威權移形，政令暢通矣！

然仁宗、宣宗在御政之氣魄、能度又如何哉？洪武二十八年，仁宗（高熾）册爲燕世子，太祖嘗問曰：「堯、湯時水旱，百姓奚恃？」對曰：「恃聖人有恤民之政。」太祖喜曰：「孫有君人之識矣。」當其嗣位之後僅一年，其施爲有斐然可觀者矣。（一）設三公、三孤，立賢能於朝。永樂二十二年八月，進楊榮太常寺卿，金幼孜户部侍郎兼大學士如故，楊士奇爲禮部左侍郎兼華蓋殿大學士，黄淮通政使兼武英殿大學士，楊溥為翰林學士。九月戊戌，賜吏部尚書蹇義及楊士奇、楊榮、金幼孜銀章各一，曰「繩愆糾繆」，諭以協力贊務，凡有闕失當言者，用印密封以聞。九月乙卯，詔中外官舉賢才。十一月甲戌，詔群臣言時政闕失。丙戌，又賜户部尚書夏原吉「繩愆糾繆」銀章。是月，諭蹇義、楊士奇、夏原吉、楊榮、金幼孜曰：「前世人主或自尊大，惡聞直言，臣下相與阿附，以至於敗。朕與卿等當用爲戒。」又諭士奇曰：「頃群臣頗懷忠愛，朕有過方自悔，而進言者已至，良愜朕心。」洪熙元年三月壬申，前光禄署丞權謹以孝行擢文華殿大學士。丁丑，求直言。（二）永樂二十二年十一月壬申朔，詔禮部：「建文諸臣家屬在教坊司、錦衣衛、浣衣局及習匠、功臣家爲奴者，悉宥爲民，還其田土。言事謫戍者，亦如之。」癸酉，詔：「條政令之不便民者以聞。」洪熙元年三月乙丑，詔曰：「刑者所以禁暴止邪，導民於善，非務誅殺也。或深文傅會，以致冤濫，朕深憫之！自今，其悉依律擬罪；或朕過於疾惡，法外用刑，法司執奏，五奏不允，同三公大臣執奏，必允乃已。諸司不得鞭囚背及加人宫刑，有自宫者以不孝論。非謀反不連坐親屬。古之盛世采聽民言，用資戒儆。今奸人往往摭拾，誣爲誹謗，法吏刻深，鍛煉成獄。刑之不中，民則無措。其除誹謗禁，有告者，一切弗治。」（三）洪熙元年四月壬寅，帝（仁宗）聞山東及淮徐民乏食，有司徵夏稅方急，乃御西角門召楊士奇草詔：「免今年夏稅，及秋糧之半。」士奇言：「上恩至矣，但須户、工二部預聞。」帝曰：「救民之窮，當如救焚拯溺，不可遲疑。有司慮國用不足，必持不決之意。」趣命中官具楮筆，令士奇就門樓書詔。帝覽畢，即用璽付外行之，顧士奇曰：「今可語部臣矣。」由右述三端，可見仁宗之明於治道，敬賢去譊，則朝廷上下内外一體矣。省刑輕賦，德澤天下，則民安其生、樂其業矣。慮有司或有不從，大書詔於門樓，以示帝恤民之至意，必令必行；國用不足則可另尋補救之法，帝德與氣度，天下共見之矣，帝心與民心融爲一體矣。惜其居帝位僅一年（享年四十八），「用人行政，善不勝書，使天假之年，涵濡休養，德化之盛，豈不與文、景比隆哉！」

宣宗諱瞻基，仁宗長子也，幼嗜書，及長，知識杰出。立爲皇太孫後，常隨軍，命學士胡廣等即軍中爲講經史，每語仁宗曰：「此他日太平天子也。」仁宗即位，立爲皇太子。五月，仁宗崩。六月庚戌，即皇帝位。七月乙丑，楊溥入直文淵閣。八月壬申，詔内外群臣舉廉潔公正堪牧民者。宣德元年春，遣侍郎黄宗載十五人清理天下軍伍。八月壬辰漢王高煦反，親征論降，錮高煦於西廠内，同謀者勿問。二年春正月丁未，有司奏歲問囚數，帝曰：「百姓輕犯法，由於教化未行。」命申教化。三年二月，作《帝訓》成。七年六月，又作《官箴》成，凡三十五篇，示百官謹守。四年十月，「論薦賢爲國之道」。八年夏四月戊戌，詔有司各舉賢良方正一人；巡按御史、按察使，糾貪酷吏及使臣生事者。七年三月庚辛，下詔：「行寬恤之政。」孝宗爲政之道其可稱者：「兇歲義當損上益下，必欲取盈，如病民何？」悉從之。「天下刑官，務存心仁恕，持法公平。詳審其情罪所當，庶不背於古聖人欽恤之訓。」諭吏部、都察院：「人才進退考核，務得實迹，不可偏聽枉人。」「諭講官進講，直言無諱。」

二　輔賢

仁、宣、孝三朝之輔弼均稱賢能，尤以仁宗朝之輔弼爲最；賢能而忠誠，堪稱俊彦群集，有楊士奇、楊榮、楊溥、金幼孜、夏原吉、黄淮、蹇義，堪稱七君子焉。《明史·三楊傳》贊曰：「成祖時，楊士奇、楊榮等同直内閣，溥亦同爲仁宗官僚，而三人逮事四朝，爲時耆碩。

溥入閣雖後，德望相亞。是以明稱賢，必首三楊；均能原本儒術，通達事幾，協力相資，靖共匪懈，史稱房、杜持衆美効之君，輔贊彌縫而藏諸用。又稱姚崇善應變，以成天下之務；宋璟善守文，以持天下之正。三楊其庶幾乎！」

楊士奇，名寓，泰和人，永樂六年帝北巡，命蹇義、黃淮留輔太子。太子喜文辭，以詩法進，士奇曰：「殿下當留意《六經》，暇則觀兩漢詔令；詩小技，不足爲也。」仁宗當政之時，大理少卿弋謙以言事得罪，楊士奇曰：「謙應詔陳言，若加之罪，則群臣自此結舌矣。」帝立進諫副都御史，而下敕引過。時有上書頌太平者，帝以示諸大臣，皆以爲然，楊士奇獨曰：「陛下雖澤被天下，然流徙尚未歸，瘡痍尚未復，民尚難食，更休息數年，庶幾太平可期。」帝曰：「然。」

楊榮，字勉仁，建安人，建文二年進士，授編修。成祖初入京，榮迎謁馬首曰：「殿下先謁陵乎？」成祖遽趣駕謁陵。既即位，簡入文淵閣，同值七人，榮最少，警敏。一日晚，寧夏報被圍，召七人，皆已出，獨榮在，帝示以奏，榮曰：「寧夏城堅，人皆戰，奏上已十餘日，圍解矣。」夜半，果奏圍解。帝嘆曰：「何料之審也。」江西盜起，遣使撫諭，令都督韓觀將兵繼其後，賊就撫，帝欲賜敕勞觀，榮曰：「計發奏時，觀尚未至，不得論功。」帝益重之。仁宗即位，釋出獄，擢翰林學士，常密言事，輔政有得，帝褒答賞賜之。是以三楊爲諸大人嘆服；時稱楊士奇有學行，榮有才識，溥有雅操，皆諸臣所不及。

楊溥，字宏濟，石首人。因故連坐入獄，益憤讀書，繫獄十年，讀經史諸子數周。

蹇義，字宜之，巴人。洪武十八年進士，授中書舍人。帝問：「汝蹇叔後乎？」義頓首不敢對。帝嘉其誠篤，爲更名以義（初名瑢）賜之。事太祖及成祖有功。仁宗即位，義與夏原吉（字維杰，其先德興人）皆以元老爲中外所信。姚廣孝還自浙西，稱原吉曰「古之遺愛」也。成祖命原吉侍太孫周行鄉落，觀民間疾苦，原吉取齊黍進，曰：「願陛下食此，即知民艱。」成祖宴義、原吉與群臣於偏殿，指二人謂群臣曰：「高皇帝善養賢以貽朕，欲觀古名臣，此其人矣。」原吉有雅量，人莫能測其際，同列有善即采納之，有小過必爲之掩護，與三楊同心輔政。義善謀，榮善斷，而原吉與楊士奇尤持大體，有古大臣風烈。

右述之君明辅賢，固在相得益彰，然論其本末主次，則首在君明；君明之所以明者必在嚴教也，非嚴則教不成，教不成則君暗政荒，國祚日漸式微矣，此乃歷代衰亡之同律，未有一例外者也。考之明代世子之教，唯仁、宣、孝三帝稱焉，明末之莊烈帝（朱由檢）雖未能救明祚於敗亡，然其質其教，竭盡忠誠，實無愧於其祖宗也。於此可見，教之外亦在乎其人矣。故君明乃主導也。君明則臣之忠直賢能畢見矣。明者，明大道也，君道也，人道也，敬民之道也。然居廟堂之上，處權力運作之巔峰，則更須洞察忠奸直佞之辨，此道不辨，則政教敗亂生焉。然辨之亦難也，外忠内奸，表直里譊，言善心惡所在多有；唯無私無蔽者能之，唯稟公居善者能之；亦觀其廉勤敬慎而已，謙卑退讓而已。

第四節　君墮臣奸政荒民亂

一　君墮綱廢

周公作《無逸》以誡成王：「君子所其無逸。先知稼穡之艱難。文王卑服，即康功、田功。自朝至於日中昃，不遑暇食，用咸和萬民，惠鮮鰥寡。」此乃君德也，爲君者必具此德，勤政愛民。以此而觀明代仁、宣、孝以下諸帝之德，幾悉與仁、宣、孝三帝相違，與無逸之誡相悖，其表現之形態雖殊，但悉歸荒墮。

英宗（朱祁鎮，宣宗長子）承帝位於仁、宣、之後，輔政皆累朝勳舊，綱紀未弛，唯以獨斷，輕率爲事，親征瓦剌也先，至鷂兒嶺陷伏，被俘，死者數十萬，朝廷空虛。其弟朱祁鈺即位，曰景帝，貪戀帝位六年，明政之亂，自景帝始也。以致忠臣于謙夾於兩帝之間，卒遭殺戮，山河飲淚。是非亂矣，綱紀廢矣，忠奸不辨矣，政荒内腐矣，其罪原於君也，君之無道失德也。考明之此後憲、武、世、穆、神、熹六帝其君德失可以次見之。憲宗有「忠言不聞，仁政不施」之失。武宗於正德十年病危之際悔之曰：「天下事重，皆由朕誤，非汝曹所能預也。」世宗迷於道教，荒政，嘉靖五年命道士邵元節爲真人；又重用佞倖之徒顧可學、陶仲文等訪求方士及符籙、秘書，得法秘數千册。穆宗暗弱，居位六年，朝綱隳廢，柄臣相斬，朋黨漸開，忠奸不辨，小人當道。神宗在位四十八年，二十餘年不上朝不理政，悉委輔臣，萬曆十二年（一五八四年），輔臣王家屏秉政，帝益深居不出矣，二十年家屏上書曰：「漢汲黯有言：天子置公卿輔弼之臣，寧令從臾承意，陷主於不意乎？每感斯言，惕然内愧。頃年以來，九閽重閉，宴安懷毒，郊廟不饗，堂陛不交，天災物怪，罔徹宸聰，國計民生，莫關聖慮。臣備員輔弼，曠職鰥官，久當退避。乃今數月間，請朝講，請廟饗，請元旦受賀，請大計臨朝，悉寢不報。臣犬馬微誠，不克感回天意，已可見矣。至豫教皇儲，自宜早計，奈何厭聞直言，概加貶謫。臣誠不忍明主蒙咈諫之名，熙朝有橫施之罰，故冒死屢陳。若依違保禄，洪泚苟容，臣死不敢出此，願賜骸骨還田里。」帝得奏不下。次輔趙志皋亦爲家屏具揭。帝遂責家屏希名託疾。家屏復奏，言：「名，非臣所敢棄，臣所希者陛下爲堯、舜之主，臣爲堯、舜之臣，則名垂千載，没有餘榮。若徒犯顔觸忌，抗争僨事，被譴罷歸，何名之有！必不希名，將使臣處高官，家享厚禄，主愆莫正，政亂莫匡，可謂不希名之臣矣！國家奚賴焉。更使臣棄名不顧，逢迎爲悦，阿諛取容，許敬宗、李林甫之奸佞無不可爲，九廟神靈必陰殛臣，豈特得罪於李獻可諸臣哉！」疏入。帝益不悦，遣内侍至邸，責以徑駁御批，故激上怒，且託疾要君。於是求去益力，或權少需就大事，家屏曰：「人君惟所欲爲者，由大臣持禄，小臣畏罪，有輕群下之心。吾意大臣不愛爵禄，小臣不畏刑誅，事庶有濟耳。」遂復兩疏懇請，詔馳傳歸。家屏柄國止半載。又强半杜門，以戇直去國，朝野惜焉。（《明史·王家屏傳》）昔日朝野惜焉，今日觀之，則益見其正氣凛然，大義炳焉。四十年夏四月丙寅，南京各道御史言：「臺省空虛，諸務廢墮，上深居二十餘年，未嘗一接見大臣，天下將有陸沉之憂。」不報。四十一年夏五月己巳，諭吏部、都察院：「年來議論紛亂，朝廷優容不問，遂益罔言排陷，致大臣疑畏，皆欲求去，甚傷國體」。何止傷也，乃國不成國矣。是年秋七月甲子，兵部尚書掌都察院事孫瑋拜疏自去。九月庚辰，吏部尚書趙焕拜疏自去。四十五年秋七月癸亥，吳道南以憂去。至熹宗之朝，已江河日下無力回天矣。有詞嘆曰：「明自世宗而後，綱紀日以陵夷，神宗末年廢壞極矣。雖有剛明英武之君，已難復振。而重以帝之庸弱，婦寺竊柄，濫賞淫刑，忠良慘禍，億兆離心，雖不亡何可得哉！」（《明史·熹宗紀》七八一七頁）

二　奸臣亂整

《明史·奸臣序》曰：「宋史論君子小人取象於陰陽，其説當矣。然小人世所恒有，不容概被以奸名。必其竊弄威權，構結禍亂，動摇宗祏，屠害忠良，心迹俱惡，終身陰賊者，始加以惡名而不敢辭。有明一代，巨奸大惡多出於寺人内豎，求之外廷諸臣蓋亦鮮矣。當太祖開國之初，胡惟庸兇狡自肆，竟坐叛逆誅死。陳瑛在成祖時，以刻酷濟其奸私，荼毒善類。世宗朝閹宦斂迹，而嚴嵩父子懷奸固寵，濟惡貪饕無厭，莊烈帝手除逆黨，而周延儒、温體仁懷私植黨，悮國覆邦。吁！可畏哉！」揆諸史册，奸臣代代有之，其爲奸也，亦因時而異。明開國之際，胡惟庸之爲奸也，遣明州衛指揮林賢下海招倭與期會，又遣元故臣封績致書於元嗣君，請兵爲外應。内則指使御史大夫陳寧、中丞涂節謀起事，陰告四方及武臣從己者。十二年九月，占城來貢。明年正月，涂節遂上變告惟庸，御史中丞商暠亦以惟庸陰事告，帝大怒，乃誅惟庸。既死，其反狀猶未盡露。至十八年，李存義（李善長之弟）爲人首告，免死，安置崇明。十九年十月，林賢獄成，惟庸通倭事始著。二十一年，藍玉征沙漠獲封績，善長不以奏。至二十三年五月，事發，捕績下獄。訊得其狀，逆謀益大著；會善長家奴盧仲謙首發善長與惟庸往來狀，帝大怒，肅清逆黨，詞所連及坐誅者三萬餘人。昭示奸黨録，布告天下，誅連蔓引，迄數年未靖。（見《明史・胡惟庸傳》）此案影響洪武及嗣後諸帝之政甚大，太祖晚年多疑有自來矣，適如《夏書・益稷》之所言：「元首叢脞哉，股肱惰哉！」太祖之後，惠帝即位僅四年即爲燕王棣所篡。成祖篡得天下，以刻薄寡恩御下，但寵陳瑛，召爲都察院左都御史。瑛天性殘忍，專以搏擊爲能。皇太子謂瑛曰：「卿用刻薄，不明政體，殊非大臣之道。」九年春，瑛下獄死，天下快之。蓋帝以篡得位，懼天下不服，多用重典，瑛則首承風旨，頻誣排陷者無算，一時臣工效其行者有之，如紀綱、馬麟是也。

當明祚運入其中葉之後，已呈日漸衰敗之象。世宗本中主，楊最諫曰：「權柄必落入奸臣之手。」嚴嵩適於二十一年，以禮部尚書兼武英殿大學士，入閣預機務。嵩爲弘治十八年進士，改庶吉士，授編修，移疾歸，讀書鈐山十年，爲詩古文辭，頗著清譽。返朝久之，進侍讀，署南京翰林院事，召爲國子祭酒，以賀萬壽節，至京師，會廷議，更修《宋史》，輔臣請留嵩董其事。夏言入內閣，命嵩還掌部事。嵩以其飽學，善察上下左右，初以悦帝，尋加太子太保。從幸承天，賞賜與輔臣埒。嵩歸日驕，南北給事、御使交章論其貪污大臣，皆首嵩。嵩每被論，亟歸誠於帝事輙已。帝必故稱賞，欲以颯止言者。二十一年八月，拜武英殿大學士，入直文淵閣。時嵩年已六十餘矣，精爽溢發，不異少壯。朝夕直西苑板房，未嘗一歸洗沐。帝嘗賞嵩銀記，文曰：「忠勤敏達。」尋加太子太傅，兼太子太師。久之，帝微覺嵩橫，乃復用夏言。言至，復盛氣陵嵩，頗斥逐其黨。嵩父子大懼，長跪泣謝，乃已。知陸炳與言惡，遂與比而傾言，疏遣言歸省墓。嵩尋加特進，再加華蓋殿大學士。嵩益爲恭謹。帝欲加嵩上柱國，嵩辭不敢受，乞陛下免授此官，著爲令典，以詔臣節。帝大喜，允其辭，而以世蕃爲太常卿。嵩無他才略，惟一意媚上，竊權罔利，以故因事激帝怒以成其私。張經、李天寵、王忬之死，嵩皆有力焉。前後劾嵩、世蕃者有謝瑜等十六人，比被譴，經錬用他過，置之死。嵩年八十，聽以肩輿入禁苑。帝自十八年即不視朝（居帝位四十五年），惟嵩獨承顧問，以故得逞其志。士大夫輻輳附嵩。嵩握權既久，遍引私人居要地。帝亦寖厭之，而漸親徐階；階因得間傾嵩。以此積失帝歡。會帝入方士藍道行，言有意去嵩，御史鄒應龍知其事，抗疏論嵩父子不法，曰：「臣言不實，乞斬臣首。」嵩竊政二十年，溺信惡子，流毒天下，人咸指恨，目爲奸臣。其坐世蕃大逆（以世蕃與羅龍文有通倭罪），則徐階意也。斬於市，籍没其家，黄金可三萬餘兩，白金二百萬餘兩，其他珍寶服玩所值數百萬。嵩年八十六，寄食墓舍以死。（《明史·奸臣傳·嚴嵩傳》）嚴嵩之禍根乃世祖之荒政有以養成之也。

周延儒，宜興人，萬曆四十一年會試、殿試皆第一，授修撰。莊烈帝即位，召爲禮部右侍郎。崇禎元年冬，錦州兵譁，督師袁崇煥請給餉。帝御文華殿，召問諸大臣，皆請發内帑。延儒獨揣帝意，進曰：「關門昔防敵，今且防兵。寧遠餉之，錦州譁，復餉之，各邊且效尤。」

帝曰：「卿謂何如？」延儒曰：「事迫不得不發，但當求經久之策。」帝頷之，降旨責群臣。居數日，復召問，延儒曰：「餉莫如粟，山海關粟不缺，缺銀耳。何故譁？譁必有隱情，安知非驕弁構煽以脅袁崇煥邪！」帝方疑邊將要挾，聞延儒言，大悅，由此屬意延儒。二年十二月，拜延儒禮部尚書，兼東閣大學士，參機務。三年十二月，延儒爲首輔。尋温體仁與之爭。六年六月，引疾歸，温遂爲首輔。十四年二月，詔起延儒。九月，至京師，復爲首輔；悉反體仁輩弊政。温、周二奸從此爭權，而温體仁生性黠詐，外曲謹而中猛勢，機深刻骨。延儒既罷，體仁居首輔，依帝寵而益忮横，帝則視爲樸忠，益親信之。居位八年，日與善類爲仇。是時，流寇躪京畿，擾中原，邊警雜沓，民生日困，未嘗建一策，帝弗覺也，反優厚有加，官至少師兼太子太師。劾者章奏不勝計，劉宗周劾其六奸、十二罪，皆有指實。帝皆不省，愈以爲孤立，每斥責言者以慰之，至有杖死者。於此亦足以見莊烈帝之不明，不辨忠奸正邪，用之非人，徒欲救亡，豈可得哉！縱觀明史，奸臣之亂政愈演愈烈中亦有君之惰暗所致者也。

三　宦閹竊權

明史宦官、閹黨分而傳之。《宦官傳序》曰：「太祖鑒前代之失，置宦者不及百人。定制，不得兼外臣文武銜，不得御外臣冠服，官無過四品，不得干預政事，預者斬。考其禍敗，其去漢唐何遠哉。」列名傳其惡者二十有七人。《閹黨序》曰：「明代閹宦之禍酷矣。然非諸黨人附麗之、羽翼之，張其勢而助之攻，虐燄不若是烈也。中葉以前，士大夫知重名節，至劉瑾竊權，焦芳以閣臣首與之比，於是列卿争先獻媚，而司禮之權居内閣之上。迨神宗末年，訛言朋興，群相敵讐，門户之争固結而不可解，衣冠填於狴犴，善類殞於刀鋸，而遺孽餘燼，終以覆國。莊烈帝之定逆案也，慨然嘆曰：『魏忠賢不過一人耳，外廷諸臣附之，遂至於此，其罪何可勝誅！』痛乎哉！患得患失之鄙夫，其流毒誠無所窮極也。」（《二十五史·明史》八六一—八六二頁）莊烈帝之言是也，患得患失之鄙夫乃歷代外戚、宦閹等禍賴以滋生之土壤也，其禍根在於該類小人逐名求利之私欲也。

宦者馮保，嘉靖中爲司禮秉筆太監。張居正於嘉靖二十六年取進士，固有才氣。而其所以得委任專國柄者，由馮保爲之左右也。保亦内倚太后，外倚居正，世宗不能去也。保善琴能書，帝屢賜牙章，曰「光明正大」，曰「汝作舟楫」，曰「風雲際會」，待之甚隆。由是保益橫肆，帝有所賞罰，非出保口無敢行者。已而張居正死，其黨益結保自固。未幾，太后歸政於帝，保失所倚，會御史李植劾保，遂謫之，南京安置，久之乃死。籍其家，金銀百餘萬，珠寶瑰異稱是。

陳增，神宗朝礦税太監。萬曆十二年，房山縣民史錦奏請開礦，礦税由此大興。天下通都大邑皆有税監，大珰小監，縱横繹騷，吸髓飲血。大率入公帑者不及什一，而天下蕭然，生靈塗炭矣。其最横者陳增及陳奉、高淮。陳增始至山東，兼徵山東店税，其黨内閣中書程守訓等，自江南北至浙江，大作奸弊，稱奉密旨，搜金寶，募人告密，誣大商巨室藏違禁物，所破滅什百家，殺人莫敢問。御史劉曰梧具以狀聞，帝勿省。久之，鳳陽巡撫李三才劾守訓奸贓。陳增懼，因搜得守訓違禁珍寶及賕銀四十餘萬，聞於朝。命械入京鞫治，乃論死。

陳奉，御馬監奉御也。萬曆二十七年二月，命徵荆州店税，兼采興國州礦洞砂及錢廠鼓鑄事。奉兼領數使，恣肆威虐，鞭笞官吏，剽劫行旅。商民伺奉自武昌抵荆州，聚數千人譟於途，競擲瓦石擊之。奉走免，因誣地方官煽亂。帝令逮治，其黨直入民家，姦婦女，或掠入税監署中。王生之女、沈生之妻被逼辱。以致士民公憤，萬餘人甘與奉同死，引發武昌民變；繼之漢口、黃州、襄陽等處變經十起，幾成大亂；立乞撤回，以收楚人之心。帝皆置不問。馬監監丞李道方督理湖口船稅，亦奏奉水沮商舟，陸截販賈，徵三解一，病國剥民，帝始召奉歸。奉在湖廣二年，慘毒備至，及去，金寶鉅萬計。

魏忠賢，肅寧人，少無賴，與群惡少博，少勝，爲所苦，恚而自宫。變姓名曰李進忠，後復姓，賜名忠賢。自萬曆中選入宫，求爲皇長孫母王才人典膳。長孫乳媪曰客氏，與通焉。光宗崩，長孫嗣立，是爲熹宗（由校）。忠賢、客氏並有寵。未逾月，封客氏爲奉聖夫人。天啓元年，詔賜客氏香火田，叙忠賢治皇祖陵功。客氏淫而狠，忠賢猜忍陰毒，兩相結益，帝復深信之，其勢始張。以司禮監王體乾等爲羽翼，宫中人莫敢忤。忠賢勸熹宗選武閹鍊火器，爲内操，密結大學士沈紘等爲援。又日引帝爲倡優聲伎，狗馬射獵。刑部主事劉宗周始劾之，帝大怒，賴大學士葉向高就免。初，神宗在位時久，怠於政事。廷臣漸立門户，以危言激論相尚，國本之爭，指斥營禁。内豎，自王體乾外，又有李朝欽等三十餘人爲左右擁護。外廷，文臣則崔呈秀、田吉、吳淳夫、李夔龍、倪文煥主謀議，號「五虎」；武臣則田爾耕、許顯純、孫雲鶴、楊寰、崔應元主殺僇，號「五彪」。又吏部尚書周應秋、太僕少卿曹欽程等，號十狗。更有「十孩兒」「四十孫」之號。而爲呈秀輩門下者，又不可數計。自内閣、六部至四方總督、巡撫，偏置死黨。海内争望風獻媚。諸督撫大吏閻鳴泰等争頌德立祠若不及，下及武夫、賈豎諸無賴子，亦各建祠。窮極工巧，强佔民田廬，斬伐墓木，莫敢控愬。而監生陸萬齡至請以忠賢配孔子，以忠賢配啓聖公，於是天下皆疑忠賢竊神器矣。熹宗則終年不理朝政，唯以斧鋸繩墨爲事，忠賢輩間以奏事，帝厭之，謬曰：「朕已悉矣，汝輩好爲之。」忠賢益以是恣威福，歲數出，輙坐文軒，羽幢青蓋，駟馬如飛。所過之處，士大夫遮道拜伏，至呼「九千歲」。熹宗崩，莊烈帝繼位，嘉興貢生錢嘉徵劾忠賢十大罪：一並帝，二蔑后，三弄兵，四無二祖、列宗，五尅削藩封，六無聖，七濫爵，八掩邊功，九朘民，十通關節。疏上，帝召忠賢，使内侍讀之。忠賢大懼，急以重寶啗信邸太監徐應元求解。十一月，遂安置忠賢於鳳陽，尋命逮治。忠賢行至阜城聞之，與李朝欽偕縊死。詔磔其屍，懸首河間，笞殺客氏於浣衣局。（《魏忠賢傳》）魏忠賢以一目不識丁之無賴，於萬曆中入宫，歷二三十年之上瞞下騙，其奸黨滿朝中遍天下，乃神宗「久怠於政事」與熹宗以「木工荒政」之積弊所孵翼之者也。故明之亡也，既亡於神、熹之荒政，亦亡於奸黨之誤國；而其最深遠之根源則在於太祖未能確立道統也。

閹黨之中有焦芳者，泌陽人，天順八年進士。大學士李賢以同鄉故，引爲庶吉士，授編修，選侍讀。芳粗陋無學識，性陰狠，動輒議訕，人咸畏避之。芳深結閹宦以自固。户部尚書韓文將率九卿劾劉瑾，疏當首吏部，以告芳。芳陰泄其謀於瑾，瑾遂逐文及劉健、謝遷輩。而芳以本官兼文淵閣大學士，入閣輔政，累加少師、華蓋殿大學士。居内閣數年，瑾濁亂海内，變置成法，荼毒縉紳，皆芳導之。每過瑾，言必稱千歲，自稱曰門下。裁閲章奏，一阿瑾意，四方賂瑾者先賂芳。子黄中，亦傲狠不學，廷試必欲得第一。李東陽、王鏊爲置二甲首，芳不悦。言於瑾，徑授檢討，俄進編修。芳以黄中故，時時詈東陽。瑾聞之曰：「黄中昨在我家，試石榴詩，甚拙，顧恨李耶？」後值張綵盡發芳陰事於瑾，瑾大怒，數於衆中，斥芳父子。芳不得已，乃乞歸。芳使子黄中齎金寶遺權貴，上章求復官，爲吏科所駁。於是吏部復奏，請械繫黄中法司。黄中狼狽遁走。（《焦芳傳》）

張綵，安定人，弘治進士，授吏部主事。綵議論便利，有將略，善伺權貴。焦芳力薦於瑾，瑾大敬愛，執手移時，曰：「子神人也。」綵自是一意事瑾，綵於朝臣言，敬瑾爲老者，衆臣以是益畏綵，見綵如瑾禮。賄賂肆行，海內金帛奇貨相望塗巷間。張綵性尤漁色。撫州知府劉介，其鄉人也，娶妾美。綵擢介太常少卿，盛服往賀，曰：「子何以報我？」介惶恐謝曰：「一身外皆公物。」綵曰：「命之矣。」即使人直入內，牽其妾，輿載而去。又聞平陽知府張恕妾美，索之不肯。令御史張綸按致其罪，擬戍，獻妾，始得論減。綵記瑾恩，見瑾擅權久，貪冒無厭，天下怨甚，因乘間說曰：「公亦知賄入所自乎？非盜官帑，即剥小民。彼借公名自厚，入公者未什一，而怨悉歸公，何以謝天下。」瑾大然之。會御史胡節巡按山東還，厚遺瑾。瑾發之，捕節下獄。少監李宣、侍郎張鸞、指揮同知趙良，按事福建還，饋瑾白金二萬。瑾疏納金於官，而按三人罪，其他因賄得禍者甚衆。苛斂之害爲少衰，中外或稱綵能導瑾向善。及瑾伏誅，綵改擬同瑾謀反，瘐死獄中，仍剉屍於市，籍其家，妻子流海南。

崔呈秀，薊州人，萬曆四十一年進士。天啓初，擢御史，巡按淮、揚。卑污狡獪，不修士行。東林勢方盛，將出都，力薦李三才，求入其黨，東林拒不納。呈秀在淮、揚，贓私狼藉。四年九月，還朝。高攀龍爲都御史，盡發其貪污狀。呈秀大窘，夜去魏忠賢所，叩頭乞哀，言攀龍、南星皆東林，挾私排陷，復叩頭涕泣，乞爲養子。其時忠賢爲群臣交攻，方思得外臣爲助，呈秀自至，恨相見爲晚，遂用爲心腹，日與陰謀。呈秀上疏，令京官自陳，由是清流多屏斥。又進《同志諸録》，皆東林黨人；進《天鑒録》，皆不附東林者，令忠賢憑以黜陟，善類爲一空矣。暮夜乞憐者，莫不緣呈秀以進，蠅集蟻附，其門如市。時有「五虎」之目，以呈秀爲魁，諸所傾陷不可悉數，雖其黨亦深畏之。熹宗崩，莊烈帝即位，其黨知忠賢必敗，呈秀亦自知不免，列姬妾，羅奇異珍寶，呼酒痛飲，盡一卮，即擲壞之，飲已自縊，詔戮其屍。

明之閹黨者，非悉閹宦聚之而爲黨禍也；乃以魏忠賢爲首，而内外諸臣爲保其禄位，寡廉鮮恥，相結亂政之盜賊奸臣也。按《明史》所列閹黨，焦芳等二十二人俱出身進士，位居要津，而卒頽淪爲閹黨者，以學風隳廢，士習不端，私欲縱馳，名利熏心，背道悖德所致也。乃人性之失，人心之悲也。

四　佞倖迷君

佞，《辭海》曰「用花言巧語諂媚人」；倖，《康熙字典》注曰「在博弈中，不專在行，優者有不遇，劣者有僥倖」。二字之原意如此。《明史·佞倖傳序》曰：「漢史所載佞倖，如籍孺、閎孺、鄧通、韓嫣、李延年、董賢、張放之屬，皆以宦寺弄臣，貽譏千古。未聞以武夫、健兒、貪人、酷吏、方技、雜流，任親暱、承寵渥於不衰者也。明興，創設錦衣衛，典親軍暱居肘腋。成祖即位，知人不附己，欲以威讋天下，特任紀綱爲錦衣，寄耳目。綱刺廷臣陰事，以希上指，帝以爲忠。被殘殺者不可勝數。英宗時，門達、逯杲之徒，並見親信。至其後，衛廠相表裏，清流之禍酷焉。憲宗之世，李孜省、僧繼曉以祈禱被寵。武宗日事盤游，不恤國事，一時小人並起，錢寧以錦衣幸，臧賢以伶人幸，江彬、許泰以邊將幸，馬昂以女弟幸。禍流中外，宗社幾墟。世宗入繼大統，一時方士紛然並進，凡此諸人，口銜天憲，威福在手，天下士大夫靡然從風。至於顧可學、盛端明、朱隆禧之屬，皆起甲科，致位通顯，乃以祕術干榮，爲世戮笑，亦佞倖之尤者。

紀綱，臨邑人，本爲學生。燕王起兵過其縣，叩馬請自効。王與語，悦之。綱善騎射，詭黠，善鉤人意向，王大愛之，授忠義衛千户。既即位，擢錦衣衛指揮使。都御史陳瑛滅建文朝忠臣數十族，親屬被戮者數萬人。綱覘帝旨，廣佈校尉，日摘臣民陰事。帝悉下綱治，深文誣詆。帝以爲忠，親之若肺腑。以是益横。僞爲詔下諸方鹽場，勒鹽四百餘萬，奪官船二十、牛車四百輛，載入私第，弗予值。構陷大賈數十百家，罄其資乃已。詐取交阯使珍奇。籍故吳王、晉王金寶無算，得王冠服服之，高坐置酒，奏樂、奉觴，呼萬歲。欲買一女道士爲妾，都督薛禄先得之，遇禄大內，撾其首。腐良家子數百，充左右。詔選妃嬪，綱私納其尤者。綱又多蓄亡命，造刀甲弓弩萬計，遂謀不軌。永樂十四年七月，內侍讐綱者發其罪，劾下都察院按治，具有狀，磔綱於市。

門達，豐潤人，襲父職，為錦衣衛百户。性機警沈鷙。正統末，進千户，達勢漸張。布旗校於四方，告訐者日盛，中外重足立，帝益以爲能。英宗崩，憲宗（見深）嗣位，達坐調貴州都勻，言官交論其罪，命逮治，論斬，没其貲鉅萬。

繼曉，江夏僧也。憲宗時，以祕術，因梁芳進，授僧録司左覺義。進通元翊教廣善國師，日誘帝爲佛事。帝初即位，即以道士孫道玉爲真人，其後西番僧劄巴堅參、其徒劄實巴皆爲國師，錫誥命，服食器用，僭擬王者。出入乘棕輿，衛卒執金吾仗前導，錦衣玉食幾千人。進劄實巴爲法王，班卓兒藏卜等五人爲法王，其他授西天佛子、大國師、國師、禪師者，不可勝計。成化二十一年，星變，言官極論其罪，始勒爲民。孝宗初，詔禮議汰，禮官言：「諸寺法王至禪師，四百三十七人；剌麻諸僧七百八十九人；華人諸僧官一百二十人；道士、真人、高士、道官一百二十三人，請俱貶黜。」而繼曉逮治，棄世。

江彬，宣府人。正德六年，畿內賊起，京師不能制，大同邊兵入，江彬與焉，七年賊平，武宗召見邊將，江彬以矢痕示帝，大説，擢都指揮僉事，出入豹房，同卧起。彬暱帝以自固，因導帝遠幸。數言宣府樂工多美婦，且可觀邊釁，瞬息馳千里；何鬱鬱居大内，爲廷臣所制。帝然之，十二年八月，急裝微服幸宣府。彬從帝數夜入民家，索婦女，帝大樂之，忘歸。十三年正月，返京。彬又導帝由大同渡黄河，次榆林，至綏德，由西安低太原；大徵女樂，納晉府樂工楊勝妻劉氏以歸，稱曰劉娘娘。又奪馬昂女弟、指揮畢春之妻入豹房，帝大寵之。召馬昂至京師，賜第太平倉，帝嘗幸昂第，召其妾，昂不聽，帝怒而起，昂結太監張忠進其妾，又進美女四人以謝恩。十四年八月，帝發京師。彬護帝南巡，十二月至揚州，即民居爲都督府，遍刷處女、寡婦（刷，清也），導帝漁獵。十五年十月，帝體憊甚還京。十六年三月乙丑，大漸；丙寅，崩於豹房。世宗即位，磔彬於市。

陶仲文，黄岡人，初名典真，嘗受符水訣於羅田萬玉山，與邵元節善，因薦仲文於帝。

嘉靖中，以符水噀（噴水）劍絶宮中妖。莊敬太子患痘，禱之而瘥（病愈也）。帝深寵異。十八年，南巡，有旋風繞駕，帝曰：「此何祥也？」對曰：「主火。」是夕行宮果火，宮人死者甚衆，帝益異之。封神霄保國弘烈宣教振法通真忠孝秉一真人。帝有疾，既而瘳，喜仲文祈禱功，特賜少保、禮部尚書，不二歲登三孤。帝自二十年遭宮婢變，移居西内，日求長生，郊廟不親，朝講盡廢，君臣不相接，獨仲文得時見。二十九年春，京師灾異頻見，帝以咨仲文，對言慮有冤獄，得雨方解。俄法司上纘宗等爰書，帝悉從輕典，果得雨，乃以平獄功封仲文恭誠伯，歲禄千二百石。三十五年，上皇考道號，爲三天金闕、無上玉堂、都先法王、玄元道德、哲慧聖尊、開真仁化大帝，又上皇妣號。帝自號靈霄上清、統雷元陽、妙一飛元真君，後加號九天弘教、普濟生靈、掌陰陽功過、大道思仁、紫極仙翁、一陽真人、元虛圓應、開化伏魔、忠孝帝君。仲文得寵二十年，位極人臣，小心慎密，不敢恣肆；三十九年卒，年八十餘，帝聞痛悼。顧可學，無錫人，舉進士，歷浙江參議。言官劾其在部時盗官帑，斥歸，家居二十餘年，瞷世宗好長生，嚴嵩方柄國，乃厚賄嵩，自言能煉童男童女溲，服之延年，嚴嵩爲言於帝，遣使賫金幣就其家賜之。可學詣闕謝恩，遂命爲右通政。嘉靖二十四超拜工部尚書，再改禮部，至太子太保。時盛端明亦以方術承帝眷，可學獨洋洋自喜。論者咸咎可學，適其年老，可學乞休，卒於家。端明負才名，晚由他途進，士論恥之，端明内不安，引去，卒於家。隆慶中，二人皆褫官奪謚。觀右録佞倖之行，固先發於小人之心，實原於君主之喪德失道也，尤以武宗爲甚。無道則政荒臣惰，喪德則賊心張，君臣解體，縱馳人欲，則朝廷之内，君臣之間，同僚之際，無道敗德，失仁寡義，損廉忘恥，棄是從非，居上者以權主生殺，處下者以利爲進退，正人君子無立足之地矣，君惰臣乖，何以爲治哉！悲夫！

五 廠衛殄善

廠者，東廠、西廠也；衛者，錦衣衛也，俱屬有明一代以帝權暴殄善類之黑暗機關也。考廠衛之設，衛在先，太祖洪武十五年設置，名錦衣親軍都指揮使司，原護衛皇宫之御林軍。掌管皇帝出入儀仗，後因太祖重疑大臣不忠，特令兼管刑獄，賦予巡察緝捕權力，其性質始變。最高長官爲都指揮使，由功臣外戚充任，設同知僉事、鎮撫司等官。其下有官校，專司偵察。鎮撫司分爲南、北兩部，北鎮撫司專理詔獄，直接取旨行事，用刑尤爲殘酷。中葉後，與東廠並列，鎮壓加强，成爲廠衛並稱之刑獄。東廠創設於成祖篡位之後，懼官民不服，欲以嚴刑臨之，於永樂十八年（一四二〇年）在京師東安門北建立東廠，用宦官爲提督。常以司禮秉筆太監第二、第三名充任，設掌刑千户、理刑百户，由錦衣衛千户、百户充任，稱貼刑官，隶役緝事等官校，亦由錦衣衛撥給，處理刑獄，直接取旨皇帝，權力在錦衣衛之上。西廠，明憲宗爲强化高壓統治，於成化十三年（一四七七年），在東廠之外增設西廠，由太監汪直任提督，其人員與權力超過東廠，活動範圍自京師遍及全國，後因遭受反對被迫撤銷。武宗時，宦官劉瑾專權，曾一度恢復，劉瑾被誅復廢。武宗崩於正德十六年三月，世宗（厚熜）即位於是年五月，六月戊子，誅佞臣江彬，並革錦衣衛冒濫軍校三萬餘人；七月丙子，又革錦衣衛所及監、局、寺、廠、司庫、旗校、軍士、匠役投充新設者，凡十四萬八千餘人，兩革合計近十八萬人，未革者不知凡幾，足見廠衛規模之大、人員之衆。如此兩個龐大而兇殘之刑獄機構壓在官民心頭之上，其恐怖終日之情可知矣。至於暴殄善類之殘酷，可於《解縉傳》見之：永樂十三年，錦衣衛帥紀綱上一囚籍，帝見縉姓名曰：「縉猶在耶？」綱遂醉縉酒，埋積雪中，立死。然解縉者，吉水人，幼穎敏，洪武二十一年進士，授中書庶吉士，甚見愛重，常侍帝前。一日，帝在大庖西室諭縉：「朕與爾義則君臣，恩猶父子，當知無不言。」縉即日上封事萬言，書奏，帝稱其才，已復獻太平十策。可謂太祖之得力近臣，猶遭活埋，廠衛之狠可知矣。於此亦可知奸臣亂政、宦官竊權、佞倖迷君、廠衛殄善四者乃明之内憂也，特別是廠衛之作惡乃歷代之所未見者，其傷害臣民之深，實乃明代速亡之重因也。

六 西北邊患

西北邊患，首禍起於也先。英宗正統十四年，七月己丑，瓦剌也先寇大同，參將吴浩戰死。下詔親征，吏部尚書王直率群臣諫，不聽。癸未，命郕王居守。甲子，發京師；乙未，次龍臺，軍士夜驚；丁酉，次居庸關。辛丑，次宣府，群臣屢請駐蹕不許。丙午，次陽和。八月戊申，次大同。鎮守太監郭敬諫議旋京師。己酉，廣寧伯劉安爲總兵，鎮大同。庚戌，師還。丁巳，次宣府。庚申，瓦剌兵大至，恭順侯吴克等戰没，成國公朱勇等救之。至雞兒嶺遇伏，全軍盡覆。辛酉，次土木，被圍；壬戌，師潰，死者四十萬；英國公張輔等十六人皆死，帝北狩（被俘而北）。甲子，京師聞敗，群臣聚哭於朝。侍讀徐珵請南遷，兵部侍郎于謙不可。

乙丑，皇太后命郕王監國。九月癸未，郕王即位爲景帝（諱祁鈺，宣宗次子），尊英宗爲太上皇，改元景泰，居位八年。景泰元年七月，也先許上皇歸。八月癸酉，上皇發瓦剌；甲申，遣侍讀迎上皇於居庸關；丙戌，上皇還京師，迎帝於東安門，入居南宮。景帝帥百官朝謁。在此次英宗被俘，景帝居位八年之禍患中，兄弟兩帝之間夾著一位大忠臣兵部侍郎于謙。終於天順元年爲英宗所殺。雖在九年之後憲宗「諭祭于謙」，卻終無以補失一忠賢大臣之遺憾也。

繼之而起者，有孝宗弘治元年三月乙亥小王子之寇蘭州，此之朝，小王子、火篩交相爲患，重者南掠四百餘里。有時遼東賊起，大掠常勝諸屯堡。武宗之季，小王子屢寇延綏、河套、固原，甚至入薊州、白羊口、宛平等京畿之地。正德六年六月，山西賊犯文安，京師戒嚴，是年自畿輔迄江、淮、楚、蜀，盜殺官吏。山東尤甚，至破九十餘城，道路梗絕。世宗之朝，小王子屢犯沙河堡、丁字堡等地，新入寇者又有嘉靖三年正月朵顔，九月丙戌，吐魯番圍肅州，十六年六月癸酉，吉囊寇宣府。二十年，俺答寇朔州。自是俺答屢犯黃崖口、龍門、大同、寧夏、三關、宣府、靈邱、浮圖峪、懷來、蘇鎮，終世宗朝，俺答爲患最烈。其中二十九年六月丁巳，俺答犯大同，攻占古北口，掠通州，駐白河，分掠畿甸州縣，京師戒嚴。

嘉靖中，新入寇者還有把都兒寇遷安，吉能犯延綏，辛愛掠大同。四十二年冬十一月丁卯，把都兒、辛愛復聯合破墻子嶺，入寇大掠畿甸順義、三河等州縣。京師戒嚴。至穆宗朝，又有土蠻爲患，掠遼陽、昌黎，至於灤河。穆宗隆慶四年十月癸卯，掩答把漢那吉來降。十一月丁丑，掩答乞封。十二月丁酉，掩答執叛人趙全等九人來獻。五年三月乙丑，封掩答爲順義王。自英宗正統十四年（一四四九年）迄穆宗隆慶五年（一五七一年）封掩答爲順義王，歷時一百二十二年，西北邊患始告平。此時清太祖努爾哈赤已年十二，初萌對明「用兵之志」矣。

七　東南倭寇

東南倭寇始於永樂十七年（一四一九年）五月戊子，劉江殲倭寇於望海堝（今遼寧大連金州東北）。世宗嘉靖二十九年四月丙子，倭寇浙江，始漸患甚。戊申，倭陷黄巖。三十三年二月乙丑，倭犯通泰，餘衆入青、徐界。四月乙亥，倭犯嘉興。五月壬寅，掠蘇州。八月癸未，倭犯嘉定。三十四年正月，倭陷崇德，攻德清。秋七月乙巳，倭陷南陵，流劫蕪湖。成化丙辰，犯南京；冬十月丁卯，倭掠寧波、台州，犯會稽。十一月庚申，倭犯閩興化、泉州。

三十六年五月癸丑，倭犯興化；庚申，倭犯福清。四十三年春二月戊子，倭犯仙游。穆宗隆慶四年正月，倭入廣海衛城。神宗萬曆九年三月己卯，倭寇温州。二十六年十二月，總兵官陳璘破倭於乙山，朝鮮平。倭之爲禍，江、浙、閩三省最烈，魯、粤二省亦曾波及。經名將譚綸、戚繼光、俞大猷多年征剿，至十六世紀八十年代始告平定。

八　中原板蕩

中原板蕩者指李自成、張獻忠之農民起義霍蕩中原，動摇明朝之根基也。李、張之起也，非猝然之行也，乃有深邃之歷史根源也。有明一代不斷有農民起義，武宗正德五年（一五一〇年）三月，江西賊熾；六年四月，淮安盜起；秋七月壬申，盜犯文安，京師戒嚴；八月甲申，賊劉六犯固安，是年從畿輔迄江、淮、楚、蜀，盜賊殺官吏，山東尤甚，至破九十餘城。農民起義之根本原因在飢饉，益之以重賦。農民無力承受，官貪逼民，無以爲生；朝廷失道喪德（「滅厥德，黎民咸貳，爲人上者奈何不敬」（《夏書·五子之歌》）），不恤民艱。反誣民爲「盜賊」，施以征剿，遂至愈剿愈熾，中原大地，風起雲涌，已成燎原之勢，對此，拒受太僕少卿之哲人劉宗周在應召入對文華殿時已稟明莊烈帝：「流寇本朝廷赤子，撫之有道，寇還爲吾民也。」（《明儒學案·蕺山學案》一五二二頁）莊烈帝若用劉宗周之言，對李自成、張獻忠行安撫與重用其勢之策，化「流寇」之師爲抗清之勁旅，則明之社稷亦可免遭覆亡之禍矣。莊烈帝未出此上策，非其形勢之所不許，實乃其道德氣度之所限；雖有欲保社稷之孤志，而乏弘濟蒼生之公道；有憂憤之深情，而貧乎衆之大德；有負重之犧牲精神，而短掌握乾坤之正氣；欲問計於高賢，而失用良謀之大度，終無免於覆亡，亦其祖德失道之必然結局也，悲夫！

九 清窺神器

滿清之興業，始自愛新覺羅第五祖努爾哈齊（赤），其族曰滿洲，明初置建州衛。其先歷肇祖、興祖、景祖，至顯祖，於明嘉靖三十八年（一五五九年）生太祖努爾哈齊（孕十三月），儀表雄偉，志意闊大，沈機内蘊，延攬大度。明萬曆十一年二十五，對明已有「用兵之志」焉。（《清史稿·太祖紀》）太祖三十四歲時，生太宗，諱皇太極，太祖第八子。太宗二十四歲時，諸貝勒勸進，遂於次年（一六一六年）丙辰即位，建元曰天命元年。太祖以上爲和碩貝勒，與大貝勒代善、二貝勒阿敏、三貝勒莽古爾泰爲四大貝勒。上居四，爲四貝勒。太祖崩，儲嗣未定，代善與其子岳託、薩哈廉以上才德冠世，與諸貝勒議請嗣位。上辭再三，久之，乃許。天命十一年丙寅（一六二六年）九月庚午朔，踐位於瀋陽，詔以明年爲天聰元年。辛未，誓告天地。以行正道、循禮義、敦友愛、盡公忠，勗諸大貝勒。早在天命三年（一六一八年），太宗伐明，以七恨告天祭堂。上帥右四旗兵趨撫順，明撫順游擊李永芳降，以爲總兵官，轄輯降人，毀其城。此乃滿洲侵明之始也。自此迄崇禎十七年明亡，中間僅歷二十六年，此乃明政長期荒敗積弱所致也，何速亡之甚也。右述明代之内憂四，外患四，其根由則在於太祖開國未立道統綱紀也，成祖篡位，有悖道統綱紀甚矣。大臣不服，兆民離心；倒行逆施，影響所及，諸帝敗德荒政，（其間雖仁、宣、孝三帝稱治，終無以統始終也。）幾及二百年，具體剖析明代歷朝之政，無不百孔千瘡，難以爲繼。唯在儒道不頽，不乏忠臣以匡濟之；雖大廈欲傾，未遽爾而毁耳。至崇禎之季，兩大憂患内外相攻，崇禎帝心胸狹窄，乏馭患之遠謀，無力自守，先亡於内，旋覆於外，明祚告終矣。縱觀明史，則知失道統與綱紀無以爲治矣，此不易之理也。

第五節 道學之光輝

道學者，大道之學也，恢弘大道之學也；蘊於大道，寓於人性物性，發於人心；形於伏羲，弘於文王，大成於仲尼，承傳於思孟，踐履於漢唐，闡發於周程，辯論於朱陸，光大於元明諸儒，而汪洋恣肆，至王陽明而奇峰突起。黄宗羲曰：「自姚江指點出『良知人人現在，一反觀而自得』，便人人有個作聖之路，故無姚江則古來之學脈絶矣。」然而道大無邊，深遠無涯，爲道屢遷，變動不居，明儒吕坤亦有體驗：「道無津涯，非聖人之言所能限；事有時復，非聖人之制所能盡。」此道也，愈窮而愈新，愈新而愈明，愈明而易行，愈行而易實，愈實而愈效，效窮而愈化，永無止境也。但「學術必原於心術。」（《明儒學案·馮全垓跋》）心術者，無私忘我之謂也，守窮無求之意也，其境界近乎黄帝之言「無思無慮始知道，無處無服始安道，無從無道始得道。」（《莊子·知北游》）兹據《明儒學案》歸納以次諸論而述之，以見有明一代道學之光輝。

一　生機論

生機者，不知何所起，不知何所化，唯見萬物以長以枯以亡，人類亦隨之，與物無異。有異者，唯人之心也；以思以慮以文以智。中華之智者首出伏羲，以三畫示天地人，重之而成卦曰乾，陽也；又以⚋爻示陰，以成坤；陰陽相交，乾坤相化，變在其中矣；物於興衰榮枯，生在其中矣，生死互轉，永無止息矣，一言以蔽之，生機不息矣，不滅矣，與時空長存矣。此説也，至明儒則又有新之論説。

何瑭，號柏齊，懷慶武陟人，著有《陰陽管見》，曰：「造化之道，一陰一陽而已矣。陽動陰静，陽明陰晦；陽有知，陰有形；陽無體，以陰爲體；陰無用，待陽而用。二者相合則物生，相離則物死。微哉！微哉！通於其説，則鬼神之幽，人物之著，與夫天文地理、醫卜方技、仙佛之藴，一以貫之而無遺矣。」「天爲陽，地爲陰，火爲陽，水爲陰；天陽之陽也，故神而無形，地陰之陰也，故形而不神；火陽之陰也，故可見，然初無形也；水陰之陽也，故能化，然終無知也。天變而爲風，地變而爲山，火變而爲雷，水變而爲澤，雨雪霜露，皆澤之類也，觀八卦之象，則可知矣。」「火，陽也，其盛在天；水，陰也，其盛在地。日爲火之精；日近則爲温爲暑，日遠則爲凉爲寒，四時之變，於是乎主矣。」「天宰之以神，地載之以形，水火二者交會變化於其間。萬物由是而生，由是而死，造化之能事畢矣。」（《明儒學案》一一六五—一一六六頁）何塘生機之説歸之於「天宰之於神，地載之以形」。此神也，可視爲生命之源，益之以「水火二者交會變化於其間」，（火可視爲適宜之温度，水則必要之水分以資生長。）如此則造化之能事畢矣。此説近於現代科學生命之起於水中之「單細胞説」。王時槐，字子植，號塘南，吉安安福人，嘉靖丁未進士，歷太僕、光禄，屬江右王門之學。著《論學書》有言曰：「生幾者，天地萬物之所從出，不顧有無，不分體用。此幾以前，更無未發，此幾以後，更無已發。若謂生幾以前，更有無生之本體，便落二見。陽明曰：『《大學》之要，誠意而已矣。』意本生生，宇宙萬古不息，只此生生之理。物體用可分，無聲臭可即，亦非可以强探力學而得之。」（《明儒學案·江右王門學案五》四七一頁）

湛若水，字元明，號甘泉，廣東增城人。從學於白沙，登弘治乙丑進士第，選庶吉士，擢編修。正德丁亥，奉母喪歸，廬墓三年。卜西樵爲講舍，士子來者，先令習禮，然後聽講，與起者甚衆。嘉靖初入朝，陞侍讀，歷南京禮、吏、兵三部尚書。平生足迹所至，必建書院以祀白沙，從游者殆遍天下。年登九十，猶爲南岳之游，將過江右，鄒東廓戒其同志曰：「甘泉先生來，吾輩當獻老而不乞言，毋有所輕論辯也。」庚申四月丁巳卒，年九十五。著《心性圖説》曰：「性者，天地萬物一體者也。渾然宇宙，其氣同也。心也而不遺者，體天地萬物者也，性也者，心之生理也，心性非二也。譬之觳焉，其生性而未發，故渾然而不可見，及其發也，惻隱、羞惡、辭讓、是非萌焉，仁義禮智自此焉始分矣，故謂之四端。端也者始也，良心發現之始也。是故始之敬者。戒懼慎獨以養其中也。中立而和發焉，萬事萬化自此興焉。達而位有不外是矣。故位育非有加也，全而歸之者耳。終之敬者，即始之敬而不息焉者也。曰：『何以小圈！』曰：『心無所不貫也。』『何以大圈！』曰：『心無所不包也。』包與貫實非二也。故心者包乎天地萬物之外，而貫乎天地萬物之中者也。中外非二也。天地無内外，心亦無内外，極言之耳，故謂内爲本心，而外天地萬物以爲心者，小之爲心也甚矣。」（《甘泉學案》八七五——八七八頁）右録湛甘泉之《心性圖説》，乃宋儒以後之學者對經典所蘊之生幾論最精闢之闡述，乃其學力之功所獨到也，又示之以圖，更一目瞭然矣。心無内外，天幾活潑於其中矣，永無止息也，唯見日新焉。

二　「天地人物皆己也」

李材，字孟誠，别號見羅，豐城人，登嘉靖壬戌進士第，授刑部主事。歷官至雲南按察使，著有《論學書》《大學約言》《道性善編》等。「天地人物，原是一個主腦生來，原是一體而分，故曰：『天地人物皆己也。』人己如何分析得？是故立不獨立，與人俱立；達不獨達，與人皆達，視人猶己，視己猶人，渾然一個仁體，程子所謂『認得爲己，何所不至』是也。若曰：『己立己達後，方能得天地萬物；吾未立，何暇立人，吾未達，何暇達人？』即此便是自私自利，隔藩籬而分爾我，與天地萬物間隔，不相關接，便不仁矣。所謂『若不爲己，便與己不相干』是也。」（《明儒學案·止修學案》六六六——六九一頁）

唐樞，字惟中，浙之歸安人。嘉慶丙戌進士，除刑部主事，疏諭李福達，罷歸。講學著書垂四十年，師事甘泉，又慕陽明之學，兩存而精究之。卒標「討真心」三字爲的。「夫曰真心者，即虞廷之所謂道心也。曰討者，學、問、思、辨、行之功，即虞廷之所謂精一也。真心即良知也。討即致也，於王學尤近。」其《語録》有云：「人只有一條命根，與物大同，無有異處。若二三，便是私己。直須光光淨淨，打疊到逼真，不添一物。然後變化不測。」其所著《真心圖》復闡明之曰：「真心是人實有之心，實有之心乃天地生人之根底，亘古今不變，不著一物。是謂中者，天下之大本。人孰無心，只因隨情逐物生心，非天地大中之本心，不得爲事物之主。今三尺童子，知事由心作；小生初學，知道由心傳，則認心不真。縱而不檢者，以爲隨俗任情，不礙立身，自昧其神明之靈，褻天違天；淺識者以見聞所習，信而爲當然，執以爲用，戾人罔人，不力考而思之，何以道出原生本體。天之生人，原是無所不知，無所不能。人之爲心，亦是不學而知，不慮而能，其所爲知，所爲能，有卻停停當當，增不得一些；徹古徹今，隨愚隨聖。無二道，無兩心。私欲起，知能爲物念所蔽，於是昏明强弱，低昂淺深雜出；然原生之知能與既壞之知能，總是一知一能。原生者全體定，而正用由此而發；既壞者偏於所便安，而用不得其正。全體定，是謂良知良能；苟不自爲主，深加精別，則妄與真混。不有命，則無以主，其生，不有二氣，則無以爲生。其爲生，心也；而主之者，真心也；於其生而思所以主之者，是討也。心無兩心，立乎其心之大，耳目口鼻四肢百體，從其所令，則爲真心。心一也，曷言乎真之與假也，心得其心之體爲真，有所困而動則受病而爲假。體病則用必不當。然而從其中以令五官百骸，其爲心，則未始不爲心也。真心不病。人與萬物同者，俱爲生物也；人與萬物異者，獨具思維之心也。」（《甘泉學案（四）》九五五——九六三頁）唐樞之謂真心者，無私欲之蔽也。可知去私欲乃正心之唯一途徑也。更可知一爲私欲所蔽，則原生之心無窮潛能便淹没殆盡矣。則窮理盡性，盡人性盡物性悉屬妄談矣。由此可明盡去私欲完全發揮心之潛能乃爲政爲教之大義。明儒有發真心之義，功莫大焉。

三 白沙之學

明儒有三大獨具特色之學派：曰白沙，曰姚江，曰東林。兹述白沙之學。黄宗羲曰：「有明之學，至白沙始入精微，（其吃緊工夫全在涵養。喜怒未發而非空，萬感交集而不動。）至陽明而始大。」羅一峰曰：「白沙觀天人之微，究聖賢之藴，充道以富，崇德以貴，天下物可愛可求，漠然無動於其中。」「信哉斯言也，故出其門者多清苦自立，不以富貴爲意，其高風之激遠矣。」陳獻章，字公甫，新會之白沙里人，臉有七黑子，如北斗狀。自幼警悟絶人，讀書一覽輒記。至崇仁，受學於康齋先生，歸即絕意科舉，築春陽臺。靜坐其中，不出閾外者數年。成化二年，復游太學，邢讓試和楊龜山《此日不再得》詩，驚曰：「即龜山不如也。」由是名動京師。歸而門人益進。布政使彭韶、都御史朱英交薦，召至京師，令就試吏部，辭疾不赴，疏乞終養，授翰林院檢討而歸。自後屢薦不起。弘治十三年二月十日卒，年七十有三。先生之學以虛爲基本，以靜爲門户，以四方上下往古來今穿紐凑合爲匡郭，以日用常行分殊爲功用，以勿忘勿助體認。遠之則爲曾點，近之則爲堯夫。作聖之功，至先生而始明，至文成而始大。先生自序爲學云：「僕年二十七，始發憤從吳聘君學，其於古聖賢垂訓之書，蓋無所不講，然未知入處，比歸白沙，杜門不出，專求所以用力之方，忘寐忘食，如是者亦累年，而卒未得焉。於是舍彼之繁，求吾之約，惟在靜坐；久之然後見吾此心之體，隱然呈露，常若有物；體認物理，稽諸聖訓，各有頭緒來歷，如水之有源委也。於是焕然自信曰：『做聖之功，其在兹乎！』」萬曆十三年詔從祀孔廟。稱先儒陳子，謚文恭。著有《論學書》曰：「孔子教人文行忠信，後之學孔聖者則曰『一爲要』，一者無欲也。無欲則靜虛而動直，然後聖可學而至矣。」「心地要寬平，識見要超卓，規模要闊遠，踐履要篤實。能此四者，可以言學矣。」

「宇宙内更有何事，天自信天，地自信地，吾自信吾，自動自静，自闔自闢，自舒自卷，甲不問乙供，乙不待甲賜；牛自爲牛，馬自爲馬；感於此應於彼，發乎邇見乎遠，故得之者，天地與順，日月與明，鬼神與福，萬民與誠，百世與名，而無一物奸於其間，嗚呼大哉！前輩云：『銖視軒冕，塵視金玉。』人争一個覺，纔覺便我大而物小，物盡而我無盡，夫無盡者，微塵六合瞬息千古。生不知愛，死不知忿，尚奚暇銖視軒冕而塵視金玉耶？日用間隨處體認天理；著此一鞭，何患不得到古人佳處也。」（《白沙學案》八二—八八頁）其所著《語録》有云：「三代以降，聖賢之人，邪説並興，道始爲之不明；七情交織，人欲横流，道始爲之不行。道不明，雖日誦萬言，博極群書，不害爲夭學；道不行，雖普濟群生，一匡天下，不害爲私意。爲學莫先於爲己、爲人之辨，此是舉足第一步。」（八九頁）其《贈彭惠安别言》曰：「忘我而我大，不求勝物而物莫能撓。孟子云：『我善養吾浩然之氣。』山林朝市一也，死生常變一也，富貴貧賤威武一也，而無以動其心，是名曰『自得』。自得者，不累於外物，不累於耳目，不累於造次顛沛；鳶飛魚躍，其機在我，知此者謂之善學，不知此者雖學無益也。」（九〇頁）其著《仁術論》曰：「天道至無心，比其著於兩間者，千怪萬狀，不復有可及，至巧矣，然皆一元之所爲。聖道至無意，比其形於功業者，神妙莫測，不復有可加，亦至巧矣，然皆一心之所致。心乎其此一元之所舍乎！昔日周公扶王室者也，桓、文亦扶王室者也，然周公身致太平，延被後世；桓、文戰争不息，禍藏於身者，桓、文用意，周公用心也。是則至拙莫如意，至巧莫逾於心矣。」《無後論》曰：「君子一心足以開萬世，小人百惑足以喪邦家。何者？心存與不存也。夫此心存則一，一則誠；不存則惑，惑則僞。所以開萬世、喪邦家者，不在多，誠僞之間而足矣。夫天地之大，萬物之富，何以爲之者也，一誠所爲也。蓋有此誠，斯有此物；則有此物，必有此誠。誠在人何所？具於一心耳。心之所有者此誠，而爲天地者此誠也。天地之大，此誠且可爲，而君子存之，則何萬世之不足開哉！作俑之人，既感而喪其誠矣，夫既喪其誠，而何以有後耶？」其所著《道學傳序》曰：「學者不但求之書，而求之吾心，察於動静有無之機，致養其在我者，而勿以聞見亂之，去耳目支離之用，全虚圓不測之神，一開卷盡得之矣，非得之於書也，得自我者也。」（九一—九二頁）

白沙門人之學，張詡，字廷實，南海人。登成化甲辰進士第，著有《文集》曰：「儒有真僞，故言有純駁，《六經》以真聖賢而演正道，所謂言之純，莫有尚焉者矣。繼此若濂洛諸書，有純者，有近純者，亦皆足以羽翼乎經書，而啓萬世之蒙，世誠不可一日而缺也。至於聖絶言湮，著述家起，頗多春秋吴楚之君，僭稱王者耳，齊桓、晉文假名義以濟其私者耳！非獨言之駁乎，無足取也。其蓁蕪大道，晦蝕性天，莫甚焉。非蕩之以江海，驅之以長風，不可以入道也。故我白沙先生起於東南，倡道四十餘年，多示人無言之教，所以救僭僞之弊，而長養夫真風也。其恒言曰：孔子聖人也，而欲無言。後儒弗及聖人遠矣，而汲汲乎著述；然則《六經》《四書》亦剩語耳，矧其他乎！或者以其不大用於世，焉可恨者。是未知天也，天生聖賢，固命之以救人心也，救人心非聖功莫能也。聖功叵測，其可以窮遠限耶！先生雖窮爲匹夫，道德之風響天下。天下人心潛移默轉者衆矣，其有功於世，其下於抑洪水驅猛獸哉！若此者天也，非人力也。」（九八頁）賀欽，字克恭，世爲定海人，成化丙戌進士，學事白沙，懸其像於書室，出告反面。著有《言行録》曰：「爲學先要正趨向，趨向正，然後可以言學；若趨向專在得失，即是小人而已矣。政事學問原自一貫，今人學自學，政自政，判而爲二，所學徒誦説而已，未嘗施之政事；政事則私意小智而已，非本之學問也。故欲政事之善，必須本之學問，爲學之要在乎主静，以爲應事建功之本。世風不善，豪杰之士挺然特立，與俗違拗，方

能去惡爲善。人於富貴之關過不得者，說甚道理。」（《白沙學案》一〇二頁）

四 陽明之學

王守仁，字伯安，學者稱陽明先生，餘姚人也。父華，成化辛丑進士第一人，仕至南京吏部尚書。先生娠十四月而生，五歲不能言，生性不羈，十五歲縱觀塞外，經月始還。十八歲過廣信，謁婁一齋，慨然以聖人可學而至。登弘治乙未進士，授刑部主事，改兵部，逆瑾矯旨逮南京科道官。先生抗疏救之。下詔獄，廷杖四十，謫貴州龍場驛丞。瑾誅，知廬陵縣。又奉敕勘處福建叛軍；值宸濠反，遂返吉安起兵討之，宸濠方圍安慶，先生破南昌，濠返兵自救，遇之於樵舍，三戰俘濠，命兼江西巡撫，明年升南京兵部尚書，封新建伯。先生幻夢謁馬伏波廟，題詩於壁。至征思、田歸，道出祠下，恍如夢中。時先生已病，至南安，門人周積侍疾，問遺言，曰：「此心光明，亦復何言。」頃之而逝，年五十七。先生之學，始汎濫於詞章，繼而徧讀考亭之書，循序格物，顧物理、吾心終判爲二，無所得入，於是出入於佛老者久之。及至居夷處困，動心忍性，因念聖人處此更有何道，忽悟格物致知之旨，聖人之道，吾性自足，不假外求。其學凡三變，而始得其門。自此以後，盡去枝葉，一意本源，以默坐澄心爲學的。有未發之中，始能有發而中節之和，視聽言動，大率以收斂爲主，發散是不得已。江右以後，專提「致良知」三字，默不假坐，心不待澄，不習不慮，出之自有天則。蓋良知即是未發之中，此知之前更無未發，此知之後更無已發。此知自能收斂，此知自能發散。收斂者，感之體，靜而動也；發散者，寂之用，動而靜者也。知之真切篤實處即是行，行之明覺精察處即是知。無有二也。居越以後，所操益熟，所得益化，時時知是知非，時時無是無非，開口即得本心，更無假借湊泊，如赤日當空，如萬象畢照，是學成之後，又有此三變也。先生以聖人之學，心學也。心即理也。故於致知格物之訓不得不言：「致吾良知之天理於事事物物，則事事物物皆得其理。」故必以力行爲功夫。良知感應神速，無有等待；本心之明即知，不欺本心之明即行也。不得不言「知行合一」。此其立言之大旨，不出於是。向外尋求終是無源之水，無根之木。試以孔孟之言證之。致吾良知於事物，事物皆得其理。非所謂人能弘道乎！若在事物則是道能弘人矣。黄宗羲曰：「自姚江指點出『良知人人現在，一反觀而自得』，便人人有個作聖之路，故無姚江則古來之學派絶矣。」隆慶初，贈新建侯，萬曆中詔祀孔廟，稱「先儒王子」。（《姚江學案》一七九—一八一頁）先生教人吃緊處在去人欲存天理，進之以知行合一之說，其要歸於致良知，雖累千百言，不出此三言爲轉注，是謂教法。先生之言良知也，近本於孔孟之説，遠遡之精一之傳，契聖歸宗，未有若先生之深切著明者也，是謂宗旨。本此以推之，先生之學可歸納之爲七大端：（一）光大性善論；（二）去人欲，存天理；（三）致良知；（四）知行合一論；（五）理無内外；（六）心學之義；（七）闢功利。（一）光大性善論。光大者，光輝而宏大之也。《傳習録》有言曰：「至善性也，性原無一毫之惡，故曰至善。」「知至善即吾性，吾性具吾心。吾心乃至善所止之地。」（《王陽明全集》二五頁）「性無不善，知無不良。良，性也，天也，一也。」（八六頁）「善惡只是一物，善固性也，惡亦不可不謂之性。」「善惡皆天理，謂之惡者本非惡，但於本性上過與不及之間耳。」（九七頁）「天命之謂性，粹然至善。」（二五一頁）「心，性也；性，天也。」（二六二頁）「道也者，性也，不可須臾離也。」（二六五頁）「天下無性外之理，理無内外，性無内外，故學無内外。」（七六頁）「孟子説性，直從源頭上説來，亦是説個大概如此。荀子性惡之説，從流弊上説來，也未可説他不是，只是見得未精耳。」此處所言從源頭上説來，亦包含有理論源頭之意，是指《易・乾・文言》「元者，善之長也」；《易・繫辭》「一陰一陽之謂道，繼之者善也，成之者性也。」此乃入學性善論之理論源頭也。（二）去人欲，存天理。《傳習録》中記門人希淵問曰：「聖人可學而至，然伯夷、伊尹於孔子才力終不同，其同謂之聖人者安在？」先生答曰：「聖人之所以爲聖，只是其心純乎天理，而無人欲之雜，猶精金之所以爲精，其成色足而無銅鉛之雜也。以夷、尹而廁之堯、孔之間，其純乎天理同也，皆可謂之聖人，猶分量雖不同，而足色則同，皆可謂之精金。所以爲聖者在純乎天理而不在才力也。故雖凡人而肯爲學，使此心純乎天理，不雜人欲，則亦可爲聖人，故曰人皆可以爲堯舜者以此。學者學聖人，不過是去人欲、存天理耳。後世不知作聖之本是純乎天理，卻專在知識才能上求聖人。而不明知識愈廣，人欲愈濫，才力愈多，而天理愈蔽。不識人一己百之功，及其成功一也。吾輩用功，只求日減，不求日增，減得一分人欲，便是復得一分天理，何等輕快脱灑，何等簡易。」（二八頁）（三）致良知。先生《答陸原靜書》首先釋良知之義：「良知者，心之本體，即所謂恒照者也。心之本體，無起無不起，雖妄念之發，而良知未嘗不在，但人不知存，則有時而或放耳，雖昏塞之極而良知未嘗不明，但人不知察，則有時而或蔽耳；雖有時而或放，其體實未嘗不在也，存之而已耳。雖有時而或蔽，其體實未嘗不明也，察之而已耳！若謂良知亦有起處，則是有時而不在也，非其本體之謂也。」（《王陽明全集》六二頁）「性無不善，故知無不良，良知即未發之中，即是廓然大公、寂然不動之本體，人人之同具者也。但不能不昏蔽於物欲，故須學以去其昏蔽。然於良知之本體不能有加損於毫末也。知無不良而中寂大公未能全者，是昏蔽之未盡去，而存之未純也。體即良知之體，用即良知之用，寧復有超然於體用之外者乎！」（六二—六三頁）「未發之中即良知也，無前後內外，渾然一體者也。有事無事可以言動靜，而良知無分於有事無事也；寂然感通可以言動靜，而良知無分於寂然感通也。動靜者所遇之時，心之本體固無分於動靜也。理無動靜者也，動即爲欲，循理則雖酬酢萬變，而未嘗動也。縱欲，則雖槁心一念，而未嘗靜也。動中有靜，靜中有動。又何疑乎！有事而感通，故可以言動，然而寂然者未嘗有增也。無事而寂然，固可以言靜，然而感通者未嘗有減也。動而無動，靜而無靜，又何疑乎！無前後內外而渾然一體，則至誠有息之疑，不待解矣！

未發在已發之中，而已發之中未嘗別有未發者在；已發在未發之中，而未發之中未嘗別有已發者存；是未嘗無動靜，而不可以動靜分者也。」「必欲此心存乎天理而無一毫人欲之私，此作聖之功也。良知即是道，良知在人心，不但聖賢，雖常人亦如此，若無有物欲牽蔽，但循著良知發用流行將去，即無不是道。良知本來自明。氣質不美者渣滓多、障蔽厚，不易開明；質美者渣滓原少，略加致知之功，此良知便自瑩澈。」（六八頁）在《答歐陽崇一書》中又云：「良知不由見聞而有，而見聞莫非良知之用；致良知而不滯於見聞，而亦不離於見聞，孔子云：『吾有知乎哉？無知也。』良知之外別無知矣。故致良知是學問大頭腦，是聖人教人第一義。今之專求見聞之末，則是失却頭腦，而已落在第二義矣。大抵學問功夫只要主意頭腦是當，若專以致良知爲事，則凡多聞多見，莫非致良知之功。盖思之是非邪正，良知未有不自知者。」（七一—七二頁）朱本思問：「人有虛靈方有良知；若草木瓦石之類，亦有良知否？」先生曰：「人之良知就是草木瓦石之良知，若草木瓦石無人之良知，不可以爲草木瓦石矣。豈惟草木瓦石爲然，天地無人之良知亦不可爲天地矣。蓋天地萬物與人原是一體，其發竅之精處，是人心一點靈明。風雨露雷、日月星辰、禽獸草木、山川土石與人原只一體，故五穀禽獸之類皆可以養人；藥石之類皆可以療疾，只爲同此一氣，故能相通耳。」（一〇七頁）

（四）知行合一之說。《傳習録（下）》有問「知行合一」。先生曰：「此須識我立言宗旨。今人學問因將知行分作兩件，故有一念發動，雖是不善，然却未曾行，便不去禁止。我今說個知行合一，正要曉得一念發動處，便即是行了。發動處不善，就將這不善的念頭克倒了；須要徹根徹底，不使那一不善之念潛伏在胸中，此是我立言宗旨」。（九六頁）先生在《答顧東橋書》曰：「知之真切篤實處便是行，行之明覺精察處即是知。知行工夫本不可離，只爲後世學者分作兩節用功，失却知行本體，故有合一並進之說，此雖吃緊救弊而發，然知行之體本來如是。知是行的主意，行是知的功夫。知是行之始，行是知之成。若會得時，只說一個知，已有行在；只說一個行，已有知在。」（四頁）「今人有偏，唯先求其知，專求本心，遂遺物理，此蓋失其本心者也。夫物理不外於吾心，外吾心而求物理，無物理矣；遺物理而求吾心，吾心又何物邪！心之體，性也，性即理也。故有孝親之心，即有孝親之理；有忠君之心，即有忠君之理，理豈外於吾心邪！心雖主乎一身，而實管乎天下之理；理雖散在萬事，而實不外乎一人之心。求理於吾心，此聖門知行合一之教。吾子又何疑乎！」（四二—四三頁）「夫學、問、思、辨、篤行之功，雖其困勉至於人一己百，而擴充之極，至於盡性知天，亦不過致吾心之良知而已；良知外豈復有加於毫末乎！而欲以外求，是猶目之不明者，不務服藥調理以治其目，而徒倀倀然求明於其外，明豈可自外而得哉？」（四六頁）

（五）理無内外。「夫理無内外，性無内外，故學無内外，講習討論未嘗非内也。反觀内省未嘗遺外也。夫謂學必資於外求，是以已性爲有外也。是義外也，用智者也；謂反觀内省爲求之於内，是以已性爲有内也。是有我也，自私者也；是皆不知性之無内外也。故曰：精義入神以致用也，利用安身以崇德也，性之德也，合内外之道也。此可以知格物之學矣。格物者，大學之實下手處，徹首徹尾，自始學至聖人，只此工夫而已。故格物者，格其心之物也，格其意之物也，格其知之物也；正心者，正其物之心也；誠意者，誠其物之意也；致知者，致其物之知也；此豈有内外彼此之分哉！理一而已。天下無性外之理，無性外之物，學之不明，皆由世之儒者，認理爲外，認物爲外，而不知義外之説，孟子蓋嘗闢之矣。」（七六頁）

（六）心學之義。先生於《象山文集序》曰：「聖人之學，心學也，堯、舜、禹之相授受曰：『人心惟危，道心惟微；惟精惟一，允執厥中。』此心學之源也。中也者，道心之謂也；道心精一之謂仁，所謂中也。孔孟之學惟務求仁，蓋精一之傳也，使之求諸其心也。迨於孟子之時，有墨氏之言仁，至於摩頂放踵，而告子之徒又有『仁內義外』之說，心學大壞。孟子闢義外之說而曰：『仁，人心也。』『學問之道無他，求其放心而已矣。』又曰：『仁義禮智，非由外鑠我也，我固有之弗思耳矣。』蓋王道息而霸術行，功利之徒外假天理之近似，以濟其私，而以欺人曰：『天理固如是。』不知既無其心矣，而尚何有所謂天理者乎！自是而後，析心與理而爲二，而精一之學亡。世儒之支離，外索於刑名器數之末，以求明其所謂物理者，而不知吾心即物理，初無假於外也。至宋周、程二子始復追尋孔、顏之宗，而有『無極而太極』、『定之以仁義中正而主靜』之說，動亦定、靜亦定，無內外、無將迎之論，庶幾精一之旨矣。自是而後，有象山陸氏，雖其純粹和平若不逮於二子。而簡易直截，真有以接孟氏之傳；故吾斷之以陸氏之學，孟氏之學也。而世之議者，以其嘗與晦翁之有同異，而遂詆以爲禪；夫禪之說，棄人倫，遺物理，而要其歸極，不可以爲天下國家。今禪之說與陸氏之說其書具存，學者苟取而觀之，則糠粃精鑿之美惡，入口而知之矣。」（《王陽明全集》二四四—二四六頁）筆者以爲，陽明先生對心學之源，堯、舜道心人心十六字經之論說，總體上正確，但其對「精一」之論證曰：「中也者，道心之謂也；道心，精一之謂仁，所謂中也。」此言之意可表述爲：「允執厥中之中，指的就是道心，必信守道心而行之，乃仁也，乃仁政也。」或有未盡善處。筆者同時對朱熹對此之論亦持異見，其言曰：「精則察乎二者之間而不雜也，一則守其本身之正而不離也。從事於斯，無少間斷，必使道心成爲一身之主而人心每聽命焉；則危者安，微者著，而動静云爲，自無過不及之差異。」（《朱子新學案·論人心與道心》四二七頁）朱熹此段話一是明「精一」二字之義，二是人心聽命於道心，三是動静云爲無有過與不及之差。筆者以爲堯、舜、禹相授受者，其意在爲政中充分估量道心之微（微者，微妙也，微則不易覺察，妙則能制約人心之危）與人心之危，精察二者之利害關係，以政、教二者之力調節之，並定出合理之界限，予以調節之，信執其中，此乃爲政者之職，基於此理解我在本卷第二章第三節「堯舜之睿哲與深憂」中寫道：「堯舜之初衷乃是訓誡繼起之君王，在其施政敷教中，注重人心（欲）之危，而中華四千多年以降，爲政者對堯、舜之教，多置若罔聞；而歷代學者多以誠敬之心，研究堯、舜理欲之教，且有新見；至戴震之「欲不可窮，非不可有」發天理與人欲同原之大義，闡説清晰，無容争論，此亦道心惟微之微義所在。並得出了一個「精一」之量化數學簡式，請參考。）在《重修山陰縣學記》一文中，先生對心學更發揮曰：「聖人既没，心學晦而人僞行，功利、訓詁、記誦、辭章之徒，紛沓而起，支離决裂，歲盛月新，相沿相襲，各是其非，人心復熾，而不知有道心之微。嗚呼！心學何由而復明乎！夫禪之學與聖人之學，皆求盡其心也，亦相去毫釐耳。聖人之求盡其心也，以天地萬物爲一體也。吾之父子親矣，而天下有未親者焉，吾心未盡也；吾之君臣義矣，天下有未義者焉，吾心未盡也；吾之夫婦别矣，長幼序矣，朋友信矣，而天下有未别、未序、未信者焉，吾心未盡也。吾之一家飽暖逸樂矣，而天下有未飽暖逸樂者焉；凡以裁成、輔相、成己、成物而求盡吾心焉耳。心盡而家以齊，國以治，天下以平。故聖人之學不出乎盡心。蓋聖人之學無人己、無内外，一天地萬物以爲心；今之爲心性之學者知專以存心養性爲事，則固聖精一之學也。」（《王陽明全集》二五七頁）

（七）闢功利。先生著《拔本塞源論》以闢功利之害，其言曰：「夫拔本塞源之論不明於天下，則天下之學聖人者將日繁日難，斯人淪於禽獸夷狄，而猶自以爲聖人之學；吾之説雖或暫明於一時，終將凍解於西而冰堅於東，霧釋於前而雲滃於後，呶呶焉危困以死，而卒無救於天下之分毫也。夫聖人之心，以天地萬物爲一體，其視天下之人，無外内遠近，凡有血氣，皆是昆弟赤子之親，莫不欲安全而教養之，以遂其萬物一體之念。天下之人心，其始亦非有異於聖人也，特其間於有我之私，隔於物欲之蔽，大者以小，通者以塞，人各有心，至有視其父子兄弟如仇讎者。聖人有憂之，是以推其天地萬物一體之仁以教天下，使之皆有以克其私，去其蔽，以復其心體之同然。其教之大端，則是堯、舜、禹之相授受，所謂『道心惟微，惟精惟一，允執厥中』。而其節目則是舜之命契，所謂父子有親，君臣有義，夫婦有別，長幼有序，朋友有信，五者而已。唐虞三代之世，教者惟以此爲教，而學者惟以此爲學，當時之時，人無異見，家無異習，安此者謂之聖，勉此者謂之賢；而背此者雖其啓明如朱，亦謂之不肖；下至閭井田野農工商賈之賤莫不皆有是學，而惟以成其德行爲務。何者？無有聞見之雜、記誦之煩、辭章之靡濫、功利之馳逐，而但使之孝其親，弟其長，信其朋友，以復其心體之同然。是蓋性分之所固有，而非有假於外者，則人亦孰不能之乎！學校之中惟以成德爲事，而才能之異，或有長於禮樂，或有長於政教，長於水土播植者，則就其成德，而因使益精其能於學校之中。迨乎舉德而任，則使之終身居其職而不易，用之者唯知同心一德，以共安天下之民，視才之稱否，而不以崇卑爲輕重，勞逸爲美惡，效用者亦唯知同心一德以共安天下之民；苟當其能，則終處之煩劇而不以爲勞，安於卑瑣而不以爲賤。當是之世，天下之人熙熙皡皡，皆相視如一家之親。其才質之下者，則安其農工商賈之分，各勤其業，以相生相養，而無有希高慕外之心。其才能之異若皋、夔、稷、契者，則出而各效其能，若一家之務。故稷勤其稼，而不恥其不知教，視契之善教，即己之善教也。夔司其樂，而不恥於不明禮，視夷之通禮，即己之通禮也。蓋其心學純明，而有以全其萬物一體之仁。故其精神流貫，志氣通達，而無有乎人己之分、物我之間，譬之一人之身，目視、耳聽、手持、足行，以濟一身之用。目不恥其無聰；而耳之所涉，目必營焉；足不恥其無執，而手其所探，足必前焉。蓋其元氣通周，血脈條暢，是以痒疴呼吸感觸神應，有不言而喻之妙。此聖人之學所以至易至簡，易知易從，學易能而才易成者，正以大端惟在復心體之同然也，而知識技能非所與論也。三代之衰，王道熄而霸術猖；孔孟既没，聖學晦而邪説成。教者不復以此爲教，而學者不復以此爲學，霸者之徒，竊取先王之近似者，假之於外，以内濟其私己之欲，天下靡然而宗之，聖人之道是以蕪塞，相仿相效，日求所以富强之説、傾詐之謀、攻伐之計，一切欺天罔人，苟一時之得，以獵取聲利之術，若管、商、蘇、張屬者，至不可名數。既其久也，鬬争劫奪，不勝其禍，斯人淪於禽獸夷狄，而霸術亦有所不能行矣。世之儒者，慨然悲傷，蒐獵先聖王之典章法制，而掇拾修補於煨燼之餘，蓋其爲心，良亦欲以挽回先王之道。聖學既遠，霸術之傳積漬已深，雖在賢知，皆不免於習染，其所以講明修飾，以求宣暢光復於世者，僅足以增霸者之藩籬，而聖學之門墻遂復不可覩。於是乎有訓詁之學，而傳之以爲名；有記誦之學，而言之以爲博；有辭章之學，而侈之以爲麗。若是者紛紛藉藉，群起角立於天下，又不知其幾家，萬徑千蹊，莫知所適。世之學者如入百戲之場，讙謔跳踉，騁奇鬥巧，獻笑争妍者，四面而競出，前瞻后盼，應接不遑。而耳目眩瞀，精神恍惑，日夜遨游淹息其間，如病喪狂心之人，莫自知其家業之所歸。時君世主亦皆昏迷顛倒於其説，而終身從事於無用之虚文，莫自知其所謂。間有覺其空疏謬妄、支離牽滯而卓然自奮，欲以見諸行事之實者，亦不過爲富强功利五霸之事業而止，聖人之學日遠日晦，而功利之習愈趣愈下。其間雖嘗瞽惑於佛、老，而佛、老之説卒亦未能有勝其功利之心；雖又嘗折衷於群儒，而群儒之論終亦未能有以破其功利之見。蓋至於今，功利之毒，淪浹於人之心髓，而習以成性也幾千年矣。相矜以知，相軋以勢，相争以利，相高以技能，相取以聲譽。其出而仕也，理錢穀者則欲兼夫兵刑，典禮樂者又欲與於銓軸，處郡縣則思藩臬之高，居臺諫則望宰執之要。故不能其事，則不得以兼其官；不通其說，則不可以要其譽。記誦之廣，適以長其傲也；知識之多，適以行其惡也；聞見之博，適以肆其辨也；辭章之富，適以飾其僞也。嗚呼！以若是之積染，以若是之心志，而又講之以若是之學術，宜其聞我聖人之教，而視之以爲贅疣枘鑿，則其以良知爲未足，而謂聖人之學爲無所用，亦其勢有所必至矣。嗚呼！士生於斯世，而尚何以求聖人之學乎！尚何以論聖人之學乎！士生斯世而欲以爲學者，不亦勞苦而繁難乎！不亦拘滯而險艱乎！嗚呼！可悲也已！所幸天理之在人心，終有所不可泯，而良知之明，萬古一日，則其聞吾「拔本塞源」之論，必有側掃而悲，戚然而痛，憤然而起，沛然若決江河而有所不禦者矣！非夫豪傑之士無所待而興起者，吾誰與望乎！」（《王陽明全集》五三一—五七頁）

右述陽明先生之學七端，可以「去人欲，闢功利，致良知」三語，一以貫之，唯有去人欲、除蔽障，始足以彰良知，良知一明，則人欲與功利二者之禍，昭然自見矣。致良知於事事物物，始可與言窮理盡性，始可與言格物致知，始可與言明德親民，始可與言誠意正心、修齊治平，始可與言成己成物，盡人性盡物性，贊化而參矣。

陽明之學影響及於全國，但以浙中、江右爲最，浙中王門學案有五，江右王門學案有九，另有姚江學案，南中王門學案三，楚中王門學案一，閩粵王門學案一，北方王門學案一，計二十一，佔明儒學案總數六十二之百分之三十。茲就浙中，江右學案中卓著者述之如次。

錢德洪，號緒山，浙之餘姚人，乃王門高弟，疏通王學大旨，稱之爲教授師。其於人心善惡之義發揮甚明：「人之心體一也，指明曰善可也，曰至善無惡亦可也，曰無善無惡亦可也。曰善，曰至善，人皆信而無疑矣。又爲無善無惡之説者，何也？至善之體，惡固非其所有，善亦不得而有也。至善之體，虛靈也，猶目之明，耳之聰也。虛靈之體不可先有乎善，猶明之不可先有乎色，聰之先有乎聲也。目無一色，故能盡萬物之色；耳無一聲，故能盡萬物之聲；心無一善，故能盡天下無事之善。今之論至善者，乃索之於事事物物之中，先求其所謂定理者，以爲應事載物之則，是虛靈之内先有乎善也。虛靈之内先有乎善，是耳未聽而先有乎聲，目未視而先有乎色也。塞其聰明之用，而窒其虛靈之體，非至善之謂矣。故先師曰『無善無惡者心之體』，是對後世格物窮理之學先有善者立言也，因時設法，不得已之辭焉耳。」（《明儒學案》二三四頁）

王畿，字汝中，別號龍溪，浙之山陰人，林下四十餘年，無一日不講學，卒年八十六。發良知之說，曰：「良知是造化之精靈，吾人當以造化爲造者自無而顯於有，化者自有而歸於無。吾之精靈生天生地生萬物，而天地萬物復歸於無，無時不造，無時不化，未嘗有一息之停。自元會運世，以至於食息微妙，莫不皆然。如此則造化在吾手，而吾致知之功，自不容已也。」（《明儒學案》二四五頁）「夫一體之謂仁，萬物皆備於我，非意之也。吾之目遇色自能辨青黃，是萬物之色備於目也。吾之耳遇聲自能辨清濁，是萬物之聲備於耳也。吾心之良知，遇父自能孝，遇兄自能知弟，遇君上自能知敬，遇孺子入井，自能知怵惕，遇堂下之牛，自能知觳觫。推之為五常，擴之爲百行，萬物之變，不可勝窮，無不有以應之，是萬物之變備於吾之良知也。夫目之能備五色，耳之能備五聲，良知之能備萬物之變，以其虛也，致虛則自無物欲之間，吾之良知自以萬物相爲流通而無所凝滯。後之儒者不明一體之義，不能自信其心，反疑良知涉虛，不足以備萬物，先取古人孝悌敬愛五常百行之迹，指爲典要，揣摩依仿，執之以爲應物之則，而不復知有變動周流之義，是疑目之不能辨五色也，而先塗之以丹臒，耳之不能辨五聲，而聒之以宮羽，豈惟失却視聽之用，而且汨其聰明之體，其不至聾且聵者幾

運轉，變化云爲，自見天則，不須防檢，不須窮索。」（二四四頁）

希。」（二四二頁）「致良知是從生機入手，乃是見性之學。良知是天然之靈竅，時時從天機

五　甘泉之學

黃宗羲曰：「王湛兩家，各立宗旨，分主教事，陽明宗旨致良知，甘泉宗旨隨處體認天理，湛氏門人雖不及王氏之盛，然當時學於湛者或卒業於王，學於王者或卒業於湛，亦猶朱、陸之門遞相出也。」其後源遠流長，王氏之外，名湛氏學者至今未絕，即未必仍其宗旨，而淵源不可沒也。

湛若水，字元明，號甘泉，廣東增城人，從學於白沙，弘治乙丑進士，初楊文忠、張東白在闈中，得先生卷，曰：「此非白沙之徒不能爲也。」拆名果然。選庶吉士，擢編修。著有《心性圖說》（已於本節一生機論詳述之矣）《求放心篇》《論學書》等。其於《論學書》中《答陽明論格物》有言曰：「僕之所以訓格者，至其理也；至其理云者，體認天理也；體認天理云者，兼知行合內外言之也。天理無內外也，求之即無內外也，吾之所謂隨處云者，隨心

隨意，隨身隨家，隨國隨天下，蓋隨其所寂所感時耳，一耳，寂則廓然大公，感則物來順應，所寂所感不同，而皆不離於吾心中正之本體。本體即實體也、天理也、至善也、物也，而謂求於外，可乎！致知云者，蓋知此實體也、天理也、至善也、物也，乃吾之良知良能也，不假外求也。但人爲氣習所蔽，故生而蒙，長而不學則愚，故學問思辨篤行諸訓，所以破其愚，去其蔽，警發其良知良能者耳，非有加也，故無用其絲毫人力也。如人之夢寐，人能喚之惺耳，非有外與之惺也，故格物則無事矣，《大學》之事畢矣。若守其心，而無學問思辨篤行之功，則恐無所警發，雖似正實邪，下則爲老、佛、楊、墨，上則爲夷惠、伊尹也。何者？昔曾參芸瓜誤斷其根，父建大杖擊之，死而復甦，曾子以爲無所逃於父爲正矣。孔子聖人也，天理之極致也，仁熟義精也，然必七十乃從心所欲不逾矩。人不學則老死於愚耳矣。若兄之聰明，非人所及固不敢測。然孔子亦嘗以學自力，以不學自憂矣。今吾兄望高位崇，其天下之士所望風而從者也，故術不可不慎，教不可不中正，兄其圖之，則斯道可興，此學可明矣。若兄今日之教，僕非不知也，僕乃嘗迷方之人也。且僕獲交於兄十有七年矣，受愛於兄，亦可謂深矣，嘗愧有懷而不盡吐，將爲老兄之罪人，天下後世之歸咎。乃不自揣其分，傾倒言之，若稍有可采，乞一俯察，若其謬妄，宜擯斥之，吾今可以默矣。」（《甘泉學案一》八八七—八八八頁）甘泉先生對陽明先生嘗懷而盡吐者唯兩語而已。（術之慎與教之中正。）未具體明言，亦足以見有明一代學者之正氣，亦資斯道之興，此學之明也。

甘泉高弟洪垣，字峻之，號覺山，徽之婺源人。嘉靖壬辰進士。執贄甘泉，甘泉曰：「是可傳吾釣臺風月者。」洪垣爲救師門「隨處」之失，故其功夫全在「幾」上用，爲調停王、湛之學，「以隨處體認，不離其根」爲尊，於其所著《理學聞言》有所發明：「父母，根也，根孝弟，是不離根發生處，故生生之謂仁，舍此便是無根之學。」「學者，覺也。」「體認天理，是不離根之體認。」「天地無心，却有主宰在，牛生牛而不生馬，桃生桃而不生李，要亦天地生生變化，只有此數而已。」「天地之大德曰生，生即仁也。生親、生義、生序、生別、生信，皆生機之不可已者。」「道在求自得爾，静體渾融，虛通無間，原不在喧寂上。故有用博約如有所立者，有用默坐澄心體認天理者，各隨其資稟，方便以入。其言静以養動者，亦默坐澄心法也。不善用之，未免絶念滅性，枯寂强制之弊，故古來無此法門。然則如之何？道以自然爲至，知其自然，動不以我，斯無事矣。故學在知止，不在求静。」（《甘泉學案三》

九二八—九三七頁）「不在求静」之言微含非白沙之意，但「學在知止」一止字，與「學者覺也」之一覺字，合成「覺而自止」，深有自然之義，其間自我修養之風光，豐富無限，王湛之教自樂於其中矣。

湛門高弟還有浙之德清許孚遠，字孟仲，號敬庵，嘉靖壬戌進士，任官，召爲南大理寺卿，其學以克己爲要。其訂正格物曰：「人有血氣心知，便有聲色，種種交害，雖未至目前，而病根尚在，是物也，故必常在根上看到方寸地，濯灑不挂一塵，方是格物。夫子江、漢以濯，秋陽以暴，此乃格物榜樣。」著有《原學篇》、《論學書》。其《原學篇》曰：「天然自有之謂性，效性動之謂學，性者萬物之一原，學者在人之能事，故曰天地之性人爲貴，爲其能學也。學然後可以盡性，盡己性以盡人物之性，則可以贊天地之化育，而與天地參而爲三才，故學之係於人者大也。天聰天明，非學不固；威儀動止，非學不端；剛柔善惡之質，非學不化；仁義禮智信之德，非學不完；君臣、父子、夫婦、昆弟、朋友之倫，非學不盡；富貴貧賤之遇，非學不達。學則智，不學則愚；學則治，不學則亂。自古聖賢盛德大業，未有不由學而成者也。性之理無窮，故學之道無盡，學而不厭，孔子之所以爲孔子也。然而三代以上，道明而學醇；三代以下，道喪而學雜，高之淪於空虛，卑之局於氣數，浸淫於聲利，靡濫於詞章。嗚呼！學其所學，非孔子之所謂學也。其卓然志於孔子之學，不爲他道所惑者，寥寥數千年之間，幾人而已。乃其見有偏全，言有離合，行有至不至，擇而取之，則又存乎其人焉。故學以盡性爲極，以孔子爲宗。所射之有的，若川之歸海，不至不已矣，夫然後可以語學。學之義大矣哉！」「孔子之學，自虞廷精一執中而來，其大旨在爲仁，其告顔子以克己復禮，最爲深切著明者也，己私一克，天理俱存，視聽言動，各有當然之則，故云復禮。一日克己復禮，則無我無人，平平蕩蕩，萬物一體，故曰天下歸仁。己最難克，仁最難言，因循牽繫，終身陷溺；剛毅深潛，一日可至；故曰爲仁由己，而不由人。出此入彼，即在身心之間，其機至嚴，其用至博，故曰非理勿視聽言動，此孔門學派也。他如言敬，言恕，言忠信，言閑邪存誠，言洗心藏密，言格物致知、誠意正心，無非此理，無非此學，神而明之，存乎人焉爾矣。是故舍仁而不求者，昧其本心，不可立人道於天地之間，不由克己復禮而言仁者，道不可勝欲，公不勝私，而徒以聞見湊泊氣魄承當，無强至於仁之理。知克己者，一私不容，氣質渾化，故功利權謀之説，非所可入。知復禮者，體用俱全，萬理森著，故空虛寂滅之教，非所可同。修此之謂天德，達此之謂王道。此孔子之學，自精一執中而來，爲萬世立人極者也。」「學不貴談説，而貴躬行；不尚知解，而尚體驗。是故性定者，其言安以舒；養深者，其容静以肅；内直者，其動簡；德盛者，其心下。蓋理欲消長之機，志氣清濁之辨，見於動静，徵於應感，如影隨形，不可掩也。故學者務實修而已矣。珠藏而淵媚，玉韞而山輝，德見於其中而發見於其外。故曰：『君子之道，暗然而日章；小人之道，的然而日亡。』『言忠信，行篤敬，雖蠻貊之邦行矣。』誠僞虚實，判若霄壤，其理甚明，内辨諸身心，外辨諸家國，學至終身，不至不已，斯學之道也。」（《甘泉學案五》九七四—九七六頁）此《原學篇》從道之原、性之原、心之原、欲之原、學之原、教之原説來，自然透徹；己私一克，天理具存，功利權謀自無容身之地，精一執中之教，爲萬世立極；克絶私欲，日見其迫，教之之要在此，學之之要在此，政之之更要在此，人之覺之之要尤在此也；學之者故在啓蒙識我，尤在克盡我中之欲，此乃萬世不易之理也；學之義大矣哉！其義全在制欲也；私欲一除，蔽無依存矣；二者並祛，則道心之光，良知之明，湛然若萬里無雲之長空，唯見陽光普照，人心潔白矣，何其快哉！

六　東林之學

東林之學，專就其學言之，即可明所謂「東林黨人」純屬政治誣陷。《明儒學案》之著者黃宗羲有言曰：「今天下之言東林者，以其黨禍與國運終始，小人既資爲口實，以爲亡國由於東林，此寱語也。」（寱音藝，寱語，夢語也）東林講學者，不過數人耳，其爲講院，亦不過一郡之內耳，凡一議之正，一人之不隨流俗，無不謂之東林，若似乎東林標榜，遍於域中，延於數世，東林何不幸而有是也？東林何幸而有是也？然則東林豈眞有名目哉！亦小人者加之名目而已矣，子言之「君子之道，辟則坊與」（坊，提防也），清議者天下之坊也，故小人之惡清議，猶黃河之礙砥柱也。「一堂師友，冷風熱血洗滌乾坤」，亦一世之正氣也。其尤著者有顧憲成、高攀龍、錢一本、孫愼行、顧允成、劉永澄、薛敷教、許世卿、耿廷懷、葉茂才、黃尊素、吳鍾巒、華允成、陳龍等。立東林學案以紀其學焉。顧憲成，字叔時，別號涇陽，常之無錫人。父學，四子，先生次三，其季允成也。初師事張源洛，繼師方山薛先生，授之以考亭《淵源錄》曰：「洙泗以下，姚江以上，萃於是矣。」萬曆庚辰進士，先生論學以世爲體，嘗言「官輦轂，念頭不在君父上；官封疆，念頭不在百姓上；至於水間林下，三三兩兩，相與講求性命，切磨德義，念頭不在世道上，即有他美，君子不齒也。」故會中亦多裁量人物，訾議國政，亦冀執政者聞而藥之也。天下君子以清議歸於東林，廟堂亦有畏忌。東林由是漸爲怨府。凡海内君子無論有無干係，一切指爲東林黨人。以御史石三畏言，削奪先生。崇禎二年，贈吏部右侍郎，謚曰端文。先生之學可於其《小心齋劄記》見之：「道者，綱常倫理也，所謂天叙有典，天秩有禮，根於人心之自然，而不容或已者也。心，活物也，而道心、人心辨焉。道心有主，人心無主，有主而活，其活也天下之至神也；無主而活，其活也天下之至險也。」「語本體，只是性善二字；語功夫，只是小心二字。史際明曰：『宋之道學在節義之中，今之道學在節義之外。』子曰：『宋之道學在功名富貴之外，今之道學在功名富貴之中，無或乎學之爲時詬也。』」（《東林學案一》一三七六－一三八七頁）。

高攀龍（一五六二－一六二六年），字存之，别號景逸，常州無錫人，萬曆乙丑進士，陞左都御史，與顧憲成復東林書院，（北宋楊時講學之所，元廢爲僧舍）講學其中，每月三日，遠近集者數百人，以爲紀綱世界，全要是非明白，小人聞而惡之。廟堂之上行一正事，發一正論，俱目之爲東林黨人，丙寅（一六二六年），以東林邪黨逮先生等七人，緹帥將至，先生夜半書遺書，自沈於水，三月十七日也，年六十有五。疏云：「臣雖削奪，舊係大臣，大臣受辱，則辱國，故北向叩頭，從屈平之遺則，君恩未報，結願來生。」崇禎初，逆奄崔呈秀伏誅，贈太子少保、兵部尚書，謚忠憲。先生之學，以爲「大聖賢必有大精神，其主静只是在尋常日用中。學者神短氣浮，須數十年静力，方得厚聚深培；而最受病處，在自幼無小學之教，浸染世俗，故俗根難拔；必埋頭讀書，使義理浹洽，變易俗腸俗骨，澄神默坐，使塵妄消散，堅凝其正心正氣，乃可耳。余以最劣之質，即有豁然之見，而缺此一大段工夫，其何濟焉！所幸呈露面目以来，纔一提策，便是原物。丙午（時年四十四），方實信孟子性善之旨，此性無古無今，無聖無凡，天地人只是唯最上根，潔清無蔽，便能信人。其次，全在學力，稍隔一塵，頓遥萬里，孟子所以示眩瞑之藥也。丁未，方實信程子「鳶飛魚躍，與必有事焉」之旨，謂之有事者，色色天然，非由人力，鳶飛魚躍，誰則使之；勿忘勿助，猶爲學者戒勉，若真機流行，瀰漫布濩，亘古亘今，間不容息，於何而忘，於何而助，所以必有事者，如植穀然，根苗花實，雖其自然變化，而栽培灌溉全非勉强學問。辛亥，方實信《大學》「知本」之旨。壬子，方實信《中庸》之旨。此道絶非名言可行。程子名之曰「天理」，陽明名之曰「良知」；

總不若「中庸」二字爲盡。中者，停停當當；庸者，平平常常。有一毫造作，便不停當；有一毫造作，便非平常。本體如是，工夫如是，天地聖人不能究竟，况於吾人豈有涯際？勤物敦倫，謹言敏行，兢兢業業，斃而後已云耳。此先生甲寅以前之功如此，其後涵養欲粹，工夫愈密，到頭學力，自云「心如太虛，本無生死」。先生之學一本程、朱，故以格物爲要；但程、朱之格物以心主乎一身，理散在萬物，存心窮理，相須並進；先生則謂：「纔知反求諸身，是真能格物者也。」是與程、朱之旨稍有異矣；深有近於陽明致良知之説，曰：「吾輩格物，格至善也，以善爲宗，不以知爲宗也，知之推極處即至善也。」先生格物之説本無可議，但欲自別於陽明，反覺多所扞格耳。（《東林學案一》一三九八—一四〇二頁）其著作有《語》《説》《辯》《論學書》《雜著》《講義》《會話》《劄記》等，多見其學之趨向也。「格物愈博，則歸本愈約，明則誠也。」「窮理者格物也，知本者物格也。窮理，一本而萬殊；知本，萬殊而一本。」「學者以知至爲悟，不悟不足以爲學。」「無工夫則爲私欲牽引於外，有工夫則意念束縛於中，故須物格、知至、誠正乃可言也。」「學者無窮工夫，心之一字乃大總括，心有無窮工夫，敬之一字乃總括。」「心至貴也，物至賤也，奈何貴爲賤役。」「政事本於人材，舍人材而言政，則無政矣。」「人不患無才，識進則才進；不患無量，見大則量大，皆得之於學也。」（《語》一四〇三—一四〇八頁）「知危者，便是道心。」「體即是用，用即是體，雖不容分，然用寂是體，體發是用，亦不容混。寂即是『易』，發即是『爻』。」（《論學書》一四二一頁）「中即吾之身心是也，庸即吾之日用是也。身心何以爲中？只潔潔淨淨，廓然大公便是。」「氣之精靈爲心，心之充塞爲氣，非有二也。心正則氣清，氣清則心正，亦非有二也。澄之則清便是理，淆之則亂便是欲。」（《講義》一四二九—一四三二頁）

錢一本，字國端，別號啓新，常州武進人，萬曆癸未進士，授廬陵知縣。先生之學「以工夫爲主，一粒穀種，人人所有，不能凝聚到發芽地位，種是死粒。人無有不才，才無有不善，但盡其才始能見到本體，不可以石火電光，便作家當。此言深中學者之病。」先生深於《易》學，演九疇爲四千六百八爻，有辭有象占驗吉凶，名《範行》。語録名《黽記》。「聖人教人求仁，無甚高遠，只是要人不壞卻心術，狂狷是不壞心術者，鄉愿是全壞心術者。」「心，三才主宰總名。天地之心，天地之主宰；人心，人之主宰。只單以人言心，一而不三則危，通天地以言心，一而三，三而一，便微。別無兩心。謂人心道心，八字打開，謂道心爲主，人心聽命。謂性是先天太極之理，心兼後天形氣；性是合虛與氣，心是合性與知覺，俱要理會通透。」「先須開闢得一箇宇宙匡廓，然後可望日月代明，四時錯行，於其中，故不格物，而求致知意誠者無之。」「不從格上起程，俱歧路也。種樹尋根，疏水尋源，其格乎！」「率從誠始，修從明始。自誠明，人人本體之明，故曰性；自明誠，人人工夫之誠，故曰教。」有性無教，有天無人，如穀不苗，如苗不秀，如秀不實。不是有一般天道，又有一般人道，又有一般不勉而中，不思而得，從容中道之聖人，又有一般擇善而固執之賢人，如無人道之擇執，其所中所得，不過電光石火之消息，天道且茫如，而惟聖罔念立狂矣。」（《東林學案二》一四三七—一四四五頁）

孫慎行，字聞斯，號淇奧，常之武進人，萬曆乙未進士第三人，累遷至禮部侍郎，著有《困思抄》《慎獨義》。「余嘗驗之，若思嗜慾，未思而中若燔矣；（燔，音煩，明也。）思詞章，久之亦有冲動者；倘思道理，便此心肅然，不搖亂。若思道理，到不思而得處，轉是水止淵澄，神情體泰，終身終夜，不知疲勞，不知何以故？且思到得來，又不盡思的時節，不必思的境路，僅有靜坐之中，夢寐之際，游覽之間，立談之頃，忽然心目開豁，覺得率性之道，本來原是平直，自家若向煩難搜索，是亦不思而得一實證。」（《東林學案二》一四五一—一四五二頁）「洗心者，戒慎恐懼也，心本純一，愈戒欲則愈無疵者也。退藏者，所以不睹不聞也，心本内斂，愈戒慎則愈不放者也。心猶近前，洗之而退以藏則後，故云密。舉世非之而不顧，擎拳撐脚，獨往來於天地之間，夫到得焉有所倚地位，乃是慎獨。」（同前一四八五頁）

顧允成，字季時，別號涇凡，涇陽先生之弟也，萬曆癸未舉禮部，歷國子監博士。先生所深惡者，鄉愿道學也，主張「學問須從狂狷起脚」。以爲血氣之怒不可有，義理之怒不可無，以義理而誤認爲血氣，則浩然之氣且無事養矣。近世鄉愿道學往往借此等議論，以銷鑠吾人之真元，而遂其同流合污之志，其害最遠。涇陽嘗聞先生工夫，答曰：「上不從玄妙門討入路，下不從方便門討出路。」「大本大原看得透、把得住，自得四通八達。」故先生見義勇爲，皆性命中流出。沈繼山稱曰：「義理中之鎮惡，文章之辟邪。」著有《小辨齋劄記》曰：「學者須在暗地里守介限，不可向的然處鋪張局面。」「心學之弊，固莫甚於今日，然以《大學》而論，所謂如見肺肝者也！何嘗欺得人來。獨是小人自欺其心耳。此心蠹也，非心學也。若因此諱言心學，是輕以心學與小人也。」「昔之爲小人者，口堯舜而心盗跖；今之爲小人者，心盗跖而罵堯舜。」（《東林學案三》一四六九—一四七三頁）

吳鐘巒，字巒穉，號霞舟，武進人也，崇禎甲戌進士。出入文社，講會四十餘年，海内推爲名宿。授長興知縣，南渡，陞禮部主事，未上，而國亡。著《霞舟隨筆》，有言曰：「人生只君親兩大本，凡日用應酬，宗族眷屬，無不本於親，本此之謂仁。凡踐土食毛，事上臨下，無不本於君，本此之謂義。」「人只除了利根，便爲聖賢。故喻利喻義，分别君子小人，小人所以喻利，只爲遂耳目口鼻之欲。士大夫爲盗賊關説（與税同）者，是即盗賊；爲倡優關説者，是即倡優。」（《東林學案四》一四九五—一四九七頁）

七　蕺山之學

黄宗羲於《蕺山學案·緒言》曰：「今日知學者，大概以高、劉二先生並稱爲大儒，可以無疑矣。」即高攀龍、劉宗周二先生也。高學已述之於前。蕺山之學則唯劉宗周先生一人。宗周先生，越之山陰人也，萬曆辛丑進士，授行人，上書言國本曰：「東林多君子，不宜彈射。」劾奄人魏忠賢、保姆客氏，轉光禄寺丞，尋陞太僕少卿，告病回籍。崇禎己巳，起順天府尹，上方綜核名實，先生以爲此刑名之術，不可以治天下，而以仁義之説進，上迂闊之。京師戒嚴，先生謂：「今日第一宜開示誠心，爲濟難之本，皇上以親内臣之心親外臣，以重武臣之心重文臣，則太平之業一舉而定也。」入對文華殿，上問人才、糧食、流寇三事，對曰：「天下原未嘗乏才，只因皇上求治太急，進退天下士太輕，所以有人而無人之用。加派重而參罰嚴，吏治日壞，民生不得其所，胥化爲盜賊，餉無從出矣。流寇本朝廷赤子，撫之有道，還爲吾民也。」上又問兵事，對曰：「臣聞禦外亦以治内爲本，此干羽所以格有苗也。皇上亦法堯舜而已矣。」上顧温體仁曰：「迂哉！劉某之言也。」先生以爲天下治亂，决不能舍道而別有手援之法，一涉功利，皆爲苟且。途中上書，以明聖學。未至，陞左都御史。召對中左門，上曰：「從前已不可追，今日事後之圖安在？國家敗壞已極，如何整頓！」先生對曰：「近來持論者，但論才望，不論操守，不知天下真才望，出於天下真操守；自古未有操守不謹而軍士畏威者。」未幾，國變南渡，清軍陷越，先生以爲世無逃死之宰相，亦豈有逃死之御史大夫乎！絶食二十日而卒，閏六月八日戊子，年六十八。著有《語録》《會語》《來學問答》《原心》《證學雜解》《生死説》《讀易圖説》《聖學吃緊三關》《大學雜繹》《論語學案》等。茲録其要如次。

「道本無一物可言，若有一物可言，便是碍膺之物。學本無一事可著，纔一事一著，便是賊心之事。如學仁便非仁，學義便非義，學中便非中，學静便非静，止有誠敬一門頗無破綻，天道即其人而已，學如其心而已矣。」「心無物累便是道，莫於此外更求道；此外求道，妄也。聖人所謂道者，率性而已矣。」「盈天地之間皆性也，性一命也，一天也，天即心，即理，即事，即物，而上下一致，無有乎上下精粗之岐，所以謂中庸之道也。」「誠者，不思而得，良知不慮而知；良知一誠也。致知誠之者也，此文成秘旨。」（《語録》一五一五—一五四〇頁）

「盈天地間皆萬物也，人其生而最靈者，生氣宅於虚，故靈，而心其統也，生生之主也。其常醒而不昧者，思也，心之官也。致思而得者，慮也；慮之盡，覺也。思而有見焉，識也；注識而流，想也。因感而動，念也；動之微而有主者，意也，心官之真宅也；主而不遷，志也。生機之自然而不容已者，欲也；欲而縱，過也，甚焉，惡也；而其無過不及者，理也。

其理則謂之性，謂之命，謂之天也。其著於欲者，謂之情，變而不可窮也。其負情而出，充周而不窮者，才也。或相十百，氣與質也。而其爲虛而靈者，萬古一日也。效靈於氣者，神也；效靈於質者，鬼也。又合而言之，來而伸者，神也；往而屈者，鬼也。心主神，豈爲是乎！子曰：『鬼神之爲德，其盛矣乎！』此夫子統言心也，而言豈一端已乎！約言之，則曰：心之官則思也。故善求於心者，莫先於識官，官在則理明，氣治而神乃尊。」（《原心》一五六五頁）「盈天地之間一性也，而在人專以心言性者，心之性也；心之所以同然者，理也。生而有此理之謂性，非性爲心之理也。如謂心但一物而已。得性之理以貯之而後靈，則心之與性，斷然不能爲一物矣。盈天地間一氣而已矣，氣聚而有形，形載而有質，質具而有體，體列而有官，官呈而性著焉。於是有仁義禮智之名，是孟子明以心言性也。而後之人必曰心自心、性自性，一之不可，二之不得，又展輾和會不得，無乃遁已乎？至《中庸》直以喜怒哀樂，逗出中和之名。惻隱之心，喜之變也；羞惡之心，怒之變也；辭讓之心，樂之變也；是非之心，哀之變也。是子思子又明以心之氣言性也。子曰：『性相近也。』此其所本也，而後之人必曰理自理，氣自氣，一之不可，二之不得。又展轉和會不得，無乃遁已乎？嗚呼！此性學之所以晦也。然則尊心而賤性，可乎？夫心囿於形者也，形而上者謂之道，形而下者謂之器也，上與下一體兩分，而性若踞於形骸之表，則已分有嘗尊矣。」（《原性》一五五五—一五五六頁）

「予請一言以進之曰：『天下無心外之性。』惟天下無心外之性，所以天下無心外之理也；惟天下無心外之理，所以天下無心外之學也。而千古傳心之統，可歸於一，於是天下還心之人矣。向之妄意以爲性者，原來即此心是；而其認定以爲心者，非心也，血氣之屬也。向也以氣血爲心，幾至仇視其心而不可邇，今也以性爲心，而心之體乃見其至尊而無以爲尚。故天高地下，萬物散殊，惟心之所位置而已矣。故大人與天地合德，與日月合明，四時合序，鬼神合吉凶，唯心之所統體而已矣。心愈尊此學之所以爲至也歟！」（《原學》一五六七頁）「心者，凡聖之合也，而終不能無真妄之殊，則或存或亡之辨耳。存則聖，亡則狂。故曰克念作聖，罔念作狂。遂有識心之說。余謂心自能識，而真處不易識，真妄雜糅處，尤不易識。正須操而存之耳，存久自明是也。夫子則曰：『操則存，舍則亡，出入無時，莫知其鄉。』孟子又言『養心』。存知養之説者，可以識心矣。學者之病莫大乎自私而用智。今之言覺者，鑿而已矣。」（鑿，「恣意不求合義理，謂之鑿。」）（《證學雜解》一五六九—一五七四頁）「今爲學者下一頂門針，即『向外馳求』四字，便做成一生病痛。」「自聖學不明，將天地萬物都置之膜外，此心生生之機早已斷滅種子了。天地萬物之始，即吾之始；天地萬物之終，即吾之終。終終始始，無有窮盡，原來生死，只是尋常事。於此有知，方是窮理盡性至命之學。」（《生死説》五八二頁）劉宗周先生，乃明末卓越之理學家，直道以行、節操千古之大政治家。其道之真也，學之純也，才之高也，能之實也，實足以當扭轉乾坤，濟危扶傾之大任。惜崇禎帝乏識大才之魄力與氣度，反目爲迂闊，失卻挽狂瀾於既倒之良機，悲夫！

八　聖學正脈窮理希聖

東林巨子高攀龍揭舉「聖學正脈，皆以窮理爲先」。《諸儒學案》李經綸《大學稽中傳》又提出「人人自聖」之見。余將此二者合論之，以見有明一代學者之學識所至也。聖學也，希聖希賢之學也。聖何以至？賢何以及？曰日盈日損也。日盈者，開其知，弘其志；日損者，損其欲，除其蔽。此二者乃爲學爲道之功，同時並進，畢生畢世，不可稍有懈怠苟且者也。爲學者，非求之於外也，必求之於内也，求之於吾心也、吾性也、吾德也、吾道也，求之於天地萬物也，求之於夫妻、父子、兄弟、長幼、君臣、朋友也，求之於日用酬酢也；俱非外也，悉出於吾心、吾悟、吾德、吾道者也。一體者也，天地物吾一體也，無外也。天大無外也，心大亦亦無外也；物微無内也，心細之亦無内也。性者，天也；吾性也，物性也，俱天也，俱道也，俱德也，固各有別也；然其爲天、爲道、爲德一也。心者，體此天、此道、此德、此性一無遺者也。學也者，覺也，覺此心者也，啓此心者也，發而出之於心者也。其覺之、啓之、發之之效，既視去欲之多寡深淺，亦視資稟清濁厚薄，以及用工之勤惰輕重；聖賢聰靈之差，由此諸因素決定之者也。此中日損之工極爲關鍵，其損之之效，既與日益之知有關，亦與其内在之反觀體驗有關；而此體驗又與其年齒之增長有關。（孔子之言而立、不惑、知天命、耳順、從心所欲之階段，各人所歷固有異也，不離其義則一也。）故知聖學之根脈，其希聖希賢之至義，在使心性二者達於盡善盡美也。此中必有長期涵養之功，白沙主静坐，陽明主致良知，其所期者一也。動静之工運之於一心，隨時而有動，隨時而有静，動静之間，難以介定，亦不必介定，動在静中，静在動中，動中有静，静中有動，生機活潑，不可捕捉；日有所益，日有所損，損益交錯；益中見損，損中見益，爲學爲道，相與輔益；爲道爲學，相得益彰，此乃心性止於至善之法也。心性既已止於至善矣，曷求聖賢之名乎哉！此乃人人自爲聖自爲賢之大義也。故知聖學根脈在於窮理，窮心之理，窮性之理；日益日損使之歸於道心之正，則理窮矣，性盡矣；聖賢之境，不期而自見矣。既如此，則復何求哉？此儒家學脈之真諦也。泰州學友羅汝芳曰：「古今學者曉得去做聖人而不曉得聖人即是自己。」其意亦在保有赤子之心，便是聖胎，便是聖人也。東林學友吳鐘巒直闢言曰：「人只除了根利，便是聖賢。」顧涇陽先生則主「與世爲體」。希聖之功必須立於世道、時代、君父、國政之上。莫徒託空言，此乃東林人之所以爲東林人也。

九　學以政爲大

學與政非二道，「學以政爲大」，此《諸儒學案（中三）》何塘（字粹夫，號柏齊，懷慶武涉人）之言也。然其根於孔子「人道政爲大」一語也。則聖學之根當窮政之理也，當希政之聖賢也明矣。考儒學經典《尚書》五十八篇，乃一完備之政學也，他如《周易》《周禮》《詩經》《孝經》《禮記》《春秋》《論語》《孟子》，莫不論及爲政、爲學、爲教。政、教、學三者，實乃爲儒學之經典内涵也。《周書·洪範》揭明必「建用皇極，用敷錫厥庶民，凡厥庶民，有猷有爲有守。人之有能有爲，使羞其行，而邦其昌。無偏無陂，尊王之義；無偏無黨，王道蕩蕩；無黨無偏，王道平平。皇極之敷言，是彝是訓。天子作民父母，以爲天下王。」（《十三經註疏》一八九—一九〇頁）

江右王門安福劉邦采釋之曰：「建極在君，修極在公卿，徵極在庶民。父慈子孝，兄友弟恭，庶民徵矣。少刑平税，敬老慈幼，守令遵矣。尊賢任能，謹度宣化，公卿修矣。敬天勤民，禮叙樂和，皇極建矣。惟皇作極，惟帝時克，一哉王心，協哉衆志，元氣充塞，保合泰和，治之極也。」（《明儒學案》四四一頁）

欲行此治極之政，人才乃根本也。而人才之出在學與教之正也。東林高攀龍直切言之：「政事本於人才，舍人才而言政者必無政。」此言切中明政之弊。明自開國之始未立道統綱紀，上無道揆，下無法守，雖歷朝輔弼不乏才德之士，因君王荒怠，終致累朝日下；迄於莊烈帝雖欲拯救危亡，以缺乏撥亂反正之雄才大略，不能有非常之決斷，終亡於内憂外患，實可哀也。

第六節　八股文與士習之弊

八股文亦稱「時文」、「制文」或「制義」，科舉考試明代出現之一種文體，終於清。依據題目，分八種格式運思寫作，即破題、承題、起講、入手、起股、中股、後股、束股，共八股。專用於科舉考試，破題以兩句説破題目。承題，承破題之意，進一步以明之，不限句。起講爲議論之開始。入手則爲切開議論之門户。起股則爲議論之初步展開；中股爲議論之高峰；後股爲議論之緩落；束股爲首尾相顧，俾議論圓滿結束。在後四股中，中股、後股各有其對偶排比之句，以見議論之深廣與文辭之精練，及二者之間自然而嚴密之邏輯。此種八股文必經長期訓練始可臻於簡練，而舉子之思想亦於平日之訓練中受了束縛而不自知，亦有知之者，明清二代道學家中，棄舉業而以道學自廣者，不乏其人。

一　八股文之一例

張居正中進士的文章《生財有大道》（此題出自《大學》）：

「善理財者，得其道而自裕焉。（破題）

蓋物本節用，生財之道也，果能此道矣，國孰以不足乎？（承題）

且夫聚人曰財，國而無財，非其國矣；理財曰義，財而不義，非其財矣。（起講）

是以君子之生財也，有道焉，故不必損下以益上，而經制得宜，自有以裕其國也。（入手）

然則何如？蓋天地本有自然之利，而國家本有惟正之供，惟其力之不勤，而用之不節，故恒見其不足耳。（起股）

誠能驅天下之民而歸於農，其生之也既無遺利矣；又且汰冗員，裁冗費，不使有浮實焉；盡三時之勤，以服乎耕。其爲之也既無遺力矣；又且量所入，爲所出，不使有侈用焉。（中股，排比句）

斯則勤以爲本，而財之入也無窮；

儉以爲用，而財之出也有限。（後股，排比句）

以無窮之財，供有限之用。（過渡句）

是以上常給而下常餘，雖國有大事，而内府、外府之儲，自將取之而無匱矣；百姓足而君亦足，雖年或大祲，而三年九年之蓄，自可恃之而無恐矣。（束股，排比句）

謂之大道，信乎！其爲謀國經久之計，而非一切權宜之術可比也。然則有國家者其必外本内末而後財可聚也哉！」（周新曙著《明清八股文鑒賞》二六頁。湖北人民出版社二〇〇八第一版）

深究題目出處及其前後文之旨趣，則立可判定八股文之定式框死了應考者之思想發揮，甚至有失題目大旨：「是故君子有大道，必忠信以得之，驕泰以失之。生財有大道，生之者衆，食之者寡，爲之者疾，用之者舒，則財恒足矣。仁者以財發身，不仁者以身發財。百乘之家不畜聚斂之臣，與其有聚斂之臣，寧有盜臣。此謂國不以利爲利，以義爲利也，長國家而務財用者，必自小人矣。」（《大學》，見《十三經注疏》一六七五頁）

以張居正之學與才而觀其此文之旨，乃至於有言不及義之病，非其才學之不逮也，受八股框式之困也，若以張居正之文與南宋文天祥考中狀元一文（宋理宗寶祐四年五月八日御試策一道：「豈道不足以御世歟，抑九裁推行有未至歟？子大夫熟之複之，不激不泛，以副朕詳延之意。」）相比，洋洋灑灑，縱橫捭闔，近萬言，其所論及，悉爲當之急者（解民困，裕禦敵之總寶力，厚士習以優治國之賢能）。卒爲狀元宰相，留其正氣千古照人間。張居正雖亦居明神宗首輔之位，然其功德之烈去文天祥遠矣。其故在八股文桎梏士人之心太甚矣

二　士習不端

明之爲士者二類其分也，絶大多數習舉業而欲入仕，其中未得仕者則曲居鄉里，以秀才爲多，少數人則既兼舉業，又心存道學，故《明儒學案》中多數學者都兼有進士出身。從上述人中觀士習，則端且純也，但大多則經舉入仕以求富貴，其習爲功名利祿所溺，則私欲日熾，士風自日見靡矣，生於道學之不端者，則形之爲異端也，泰州王艮認爲「聖人之道無異於百姓日用，凡有異者皆謂之異端」。（《明儒學案》七一四頁）劉宗周則認爲此種異端「莫大乎自私而用智，今之言覺者，鑿而已矣，鑿者賊也，害義而殘理也」。（同右書一五七四頁）顧炎

武則認爲：「鄉愿道學，以義理而認爲血氣，往往借此等議論以銷鑠吾人之真元，而遂其同流合污之志，其言最高，其害最遠。」（同右書一四七〇頁）高攀龍則曰：「學者神短氣浮，浸染世俗，俗根難拔。」（同右書一四〇一頁）王陽明則直指：「功利之毒淪浹於人之心髓，相矜以知，相軋以勢，相争以利，相高以技能，相取以聲譽。記誦之廣，適足以長其傲；知識之多，適以行其惡；聞見之博，適以肆其辨；詞章之富，適以飾其僞。且稱名僭號，未嘗不曰吾欲共成天下之務，而其誠心實意之所在，以爲不如是，則無濟其私而滿其欲也。」由此而洞明士風之敗，敗於私俗之萌；官風之敗，敗於君道之喪。而君道之喪，則爲朝野、君臣、士民、政教、刑法一切禍亂之根源也。

第七節　明亡之原由何在

明之興也出於必然，其亡也亦出於必然，盖興衰成敗之運不可逃也。前者之必然是異族統治中華，野蠻專制文明，無道强壓有道，故必然速亡。明之當其嘉運，亦中華之大幸也。但明之立國以馬上得之，且得之太速，歷十四年之疆場拼殺而有天下，而又以一文盲兼僧徒而有之者也，即便從洪武元年算起，亦尚處戎馬征戰之中。自洪武十五年四月丙戌，「詔天下通祀孔子」；八月丁丑，「設科起士，三年一行爲定制」，可視爲思治之始。至洪武三十一年明太祖崩，亦不過十六年，猶處草創爲治之紛亂中；對中華已立二千年之道統與明祚之盛衰，尚缺乏深切之理會，不知立此道統乃立國致治之根本。故有明一代之政，實是於倉促中之道統而運作，猶之無舵之舟不知駛向何方。然而終歷二百七十六年而亡者，則賴有通道統、明治道之宰輔與大臣之坐鎮廟堂也。加以明之十八帝中有八帝荒怠敗政，有三帝居位短暫，其治亂之情，不言而自明矣。英宗傲慢爲瓦剌所俘，舉朝皆亂，賴忠毅能臣于謙鎮而定之。景帝繼英宗居位八年，英宗復位，功臣于謙受誅，實損帝德，朝野寒心，民氣大喪，影響深遠。憲宗揮霍無度，工役勞民，忠言不聞；復設西廠，以殄善類，其禍深沉，雲水暗咽。武宗荒淫，幾及狂瘋；佞倖橫行，朝綱毀敗，身崩豹房，遺言曰：「前事皆由朕誤，非爾曹所能預也。」世宗居位四十五年，溺道迷佛，邊釁四起，權臣爲奸，明祚爭替，有江河日下之勢。穆宗居位六年，倏爾而逝，有繼體守文之志，乏剛明御下之能，柄臣相軋，無如之何矣。神宗居位四十八年，諸政廢馳，深居内宮二十餘年，未嘗一見大臣，天下瀕臨陸沉之憂，論者以爲明之亡，實亡於神宗，亦近之矣。光宗與熹宗七年而逝。莊烈帝欲以挽救明祚之覆亡，由於明政敗壞至極，已無力回天矣；加之莊烈帝只具小節末義而乏帝王之雄才膽略，不思農民造反之由，不明安撫旋轉之道，不識化百萬起義大軍轉爲抗清勁旅之幾，亦不思量征剿消耗國力，無以禦清，必遭亡國之禍。此中消長存亡之數，無人計及，滿朝盡屬鼠輩，唯劉宗周一人力主「天下治亂決不能舍道而別有手援之法」，「流寇本朝廷赤子，撫之有道，寇還爲吾民也」，莊烈帝又視爲「迂闊」而不用，卒於内憂外患夾擊之中而亡，悲夫！而且亡於驟興僅六十一年之滿洲愛新覺羅氏一族之手，尤可哀也。結束語：回顧所述明政諸多問題，歸總思之，其中最顯明者有二焉：一朝政荒怠，二道學光輝。此二者内在之關聯何在耶！朝政荒怠，君之暗迷也；暗於道，喪於德，迷於色，溺於教（道教）；道學光輝，儒道正，學風清，教法純。於此可見，國初太祖雖未立儒家道統，而道在士民心中，道在仕者心中，道在人人心中，政未干預學，亦未干預教，教與學循儒學之大旨在私塾與書院中自由發展，書生、秀才、舉人、進士由此出焉，學者紳士亦由此出焉，鄉風民俗由此淳焉，儒道見諸於民日用之間者由此備焉，帝力於我何有哉！雖有八股文束縛士子之思想，但其在常變不居、與時偕行之儒道面前必暗然失色；受桎梏者，只會是庸才俗士；通儒達道者如湛甘泉、王陽明、高攀龍、劉宗周四大家在道學上所綜合成就者，堪稱儒道之正中闡發，使四千年之儒道光輝普照中華史册。有明一代之道學史料，足夠繼起之賢聖，以其極爲嚴肅思、辨、行之態度，消化百千年。如何闡明自覺遏制惡欲橫流與庸俗功利泛濫，特别是富與貴者之爲害作惡，乃是人類面臨之首要問題，亦是學者之天職。明儒巨子之見，可資後賢啓示者遠矣深矣，非浮競之士所可理會者也。

第十二章　滿清之興亡與中華之命運

余以滿清之興亡與中華之命運言之者，以其興亡無不關涉中華之命運也，其興也關涉中華之命運有見於二百六十五年之史實矣，其亡也亦有見於一百年之史實矣；而其史實中所包含之中華命運當思考者有焉，雖歷史不容假設，惟留與人思考者則多矣，蓋有儒家道統時資以啓示人之思考也。

第一節　滿清之興也以恨以力

考歷代之興也，多以德義，無有捨德義而能興盛者也，唯清之興於滿洲也以恨以力也。

一　以七恨反明

滿洲，部族也，居長白山東，俄莫惠之野，俄朵里城，號其部族曰滿洲，滿洲自此始。元於其地置軍民萬户府，明初置建州衛。明神宗萬曆十七年（一五八九年），封太祖努爾哈齊（赤）爲建州衛都督僉事。太祖之始祖布庫里雍順，本出於金之遺部；歷肇祖（孟特穆）、興祖（福滿）、景祖（覺昌安）、六祖（寧古塔貝勒），至顯祖（塔克世），有子五，其長即努爾哈齊（赤），是爲太祖。生於明嘉靖三十八年（一五五九年），儀表雄偉，志謀高遠，沈機内蘊，延攬大度，年二十五，對明已有用兵之意焉。（《清史稿·太祖紀》二十三頁）以明邊城守兵殺景祖及其子若孫而生仇記恨也，明萬曆十四年始與努爾哈齊（赤）通好，歲犒銀幣等。萬曆二十五年，努爾哈齊使弟舒爾哈齊貢於明，次年冬十月努爾哈齊入貢於明。又次年春正月，明以滅哈達責努爾哈齊。十二月，努爾哈齊復入貢於明。萬曆三十三年，授努爾哈齊爲龍虎將軍。三十六年，明邊將與努爾哈齊盟，立石守界。明萬曆四十二年（一六一四年），明使至，努爾哈齊翻臉辱之曰：「吾識汝，汝遼陽無賴蕭子玉。吾非不能殺汝，恐貽大國羞；語汝巡撫，勿復相詐。」萬曆四十三年（一六一六年），努爾哈齊建國號曰金，以是年爲天命元年，諸貝勒大臣上尊號曰覆育列國英明皇帝。命次子代善爲大貝勒，弟子阿敏爲二貝勒，五子莽古爾泰爲三貝勒，八子皇太極爲四貝勒。命額亦都、費英東、何和里、扈爾漢、安費揚古爲五大臣，同聽國政；諭以「秉志公誠，勵精國治」。天命三年（明萬曆四十六年，一六一八年）二月壬辰（），努爾哈齊以「七大恨」告天祭社，誓師反明。自萬曆三十三年（一六〇五年），明授努爾哈齊爲龍虎將軍，至萬曆四十六年反明，足以證明一五八三年始萌發之侵明之志，至此已干戈相向，馬嘶人擁矣。至於所謂「七恨」，筆者細析《清史稿·太祖紀》，勉强檢得如次七事：（一）二祖（景祖及其子若孫）往視阿太，尼堪外蘭誘阿太開城，明兵入殲之，皆及於難。（二）太祖及弟舒爾哈齊没入兵間，明總兵李成粱妻奇其貌，陰縱之。（三）太祖及弟歸，五城族人龍敦等忌之，以畏明爲辭，屢侵害，遷恨於明。（四）龍敦等遣人中夜狙擊，侍衛帕海遭殺戮，記恨於明。（五）太祖要求明總兵執尼堪外蘭，拒之不執。（六）太祖討尼堪外蘭，明兵出之使遁。（七）明以滅哈達來責。從此七事，觀金伐明之志，以其出師無名，不能激勵士氣，故以七恨爲辭，以欺騙將士用命也。蓋恨則怨，怨則怒，怒則憤，憤則奮，奮則忘我捨生，捨生則無所畏懼，不畏不懼則所向無敵矣；此乃爾后八旗兵之戰鬭力之源泉所在也，由此窺知心胸狹隘者，其爭鬭之力實强也，歷史現象蓋亦如此淺薄可畏也。

二　力滅四鄰

努爾哈齊野心勃勃，爲欲奪取大明江山，必先滅絶四鄰。萬曆十一年癸未（一五八三年）五月，努爾哈齊出兵滅鄰部尼堪外蘭諾米納。萬曆十二年，努爾哈齊出兵攻兆佳城。十三年秋九月，攻安土瓜爾佳城，克之。十四年，攻渾河部播一混寨，下之。十五年夏六月，攻哲陳部，克山寨，殺寨主阿爾太；命額亦都帥師取把爾達城，城主扎海降。萬曆二十年秋九月，努爾哈齊擊敗葉赫所糾集之扈倫三部、蒙三部、長白三部，凡九部之聯軍三萬。十月，又征服朱合里部，執其部長，西北告平。萬曆二十一年，蒙古科爾沁部貝勒明安、喀爾喀部貝勒老薩遣使與之通好。至萬曆四十三年，蒙古科爾沁部莽古思更以其女嫁與皇太極，自是愛新覺羅與蒙古如一家。努爾哈齊視侵明之時機已經成熟，遂於萬曆四十六年（一六一八年）發動侵明之戰，努爾哈齊親帥右四旗兵趨撫順，左四旗則趨東州，

三　明祚衰微

明之衰也，至明神宗朱翊鈞尤甚，深居内宫，二十餘年不理朝政，政荒民飢，山東人相食，母食其死子，夫食其亡妻，民變四起，亟亟可危矣。又經熹宗朱由校之暗弱，魏忠賢亂國，朝廷解體，東林受害，滿洲兵臨，不知所措。延誤至思宗朱由檢元年又有陝西民變，聲聞朝廷，蓋因連年饑荒，官吏苛虐，民無以爲生，被迫紛紛起義，擁高迎祥爲闖王，旋李自成、張憲忠繼起，其勢益大，連山西州縣入河南，聲震華夏，朝廷已臨摇摇欲墜之勢。總督楊鶴「主撫」，王嘉胤拒之。（筆者按：主撫正也，愛民，存社稷之遠慮也；主剿者邪也，害民危國之行也。）面對此内憂與外患日亟之局勢，思宗由檢固有自奮拯救之志，但乏撥亂反正之大略；雖有總督楊鶴「主撫」雄圖而不知其「幾」，而左右輔弼大臣又多老朽奸險之徒（如禮部尚書兼東閣大學士温體仁，乃有明一代六大奸臣之一），一無猛志長策，唯順天府劉宗周一人頭腦清醒洞燭時艱，力主「天下治亂，决不能舍道而别有手援之法，一涉功利，皆爲苟且」，認爲「今日第一宜開示誠心，爲濟難之本，皇上以親内臣之心親外臣，以重武臣之心重文臣，則太平之業一舉而定也」，當是時也，小人乘時欲逆案，遂以失事者牽連入之東林，先生曰：

「東林以忠義著，是非定矣，奈何復起波瀾，用賢之路，由此而窮。」思宗曾召至先生於文華殿，問以人才、糧餉、流寇三事。先生對曰：「天下原未嘗乏才，只因皇上求治太急，進退天下士太輕，所以有人而無人之用。加派重，而參罰嚴，民生不得其所，胥化爲盜賊，餉無從出矣。流寇本朝廷赤子，撫之有道，寇還爲吾民也。」上顧温體仁曰：「迂哉，劉某之言也。」但宗周先生仍以所見弊政反覆言之，謂：「皇上但下一尺之詔，痛言前日所以致賊之由，與今日不忍輕棄斯民之意，遣廷臣賫内帑，巡行郡國，爲招撫使，以招其無罪而流亡者，陳師險隘，聽其窮而自解歸來，誅渠之外，猶可不殺一人而畢此役也。」上見之大怒，久之乃意解，復問之曰：「國家敗壞已極，如何整頓？」先生對曰：「近來持論者，但論才望不論操守，不知天下真才望出於天下真操守，自古未有操守不謹而遇事敢前者，亦未有操守不謹而軍事畏威者。」上曰：「事變之日，先才而後守。」先生對曰：「以濟變言，愈宜先守，即如范志完，操守不謹，用賄補官，所以三軍解體，莫肯用命，豈不信以操守爲主乎。」（《蕺山學案》一五一〇—一五一二頁）倘使思宗不以劉宗周言爲「迂闊」，奮志力排衆議，宸斷獨專，全權委總督楊鶴，内撫義軍，轉而禦外，以不當亡國奴激勵朝野，赴死抗敵，必能反轉形勢，徐圖長策。而卒致速亡者，當歸之於思宗徒具個人之剛烈，而乏君王運轉乾坤之鴻謀。蓋其長處於小人俗見庸言之中，不識道德仁政乃最大之安與利所寄也，不明道德仁政乃力量源泉之所蘊也，不深察道德仁政乃措國祚家運於衽席之安而永立於不敗之地之最善屏障也；更不能體認道德仁政具有起死回生之力，且能激發全民之智慧，擺脱困境與災難也，此乃我中華道統之德力之源泉也。仁政喚醒人心，浚發此源泉，無論因時空、情狀如何變化，都能適應生存，開闢前進之新途徑，永無止息。就人事以及修齊治平之務而言，唯在善馭之而已；唯在德盛而窮神知化而已矣。思宗之失，在於未善馭之也。滿清八旗之入關進京，實屬偶然也，非其國運之當興也；乃乘人之危也，乘明政之衰微也。國運之興必有賴於道，有依於德，有見於親民愛民，有驗於誠心實意，奉行我中華道統也。當其興兵滿洲之時，出師無名，不可服衆，因詐稱「七恨」，騙激士氣，此邪道惡意也；偶一獲勝，形同興隆，不可持久也，故論歷史之興衰成敗，不可不察此邪正善惡之辨也。更當深辨其動機之邪正善惡而觀其始終之效驗，不令有所逃遁也。此辨也，實王霸之辨也；以德以仁感人者王道也，以力以詐欺人者霸道也，在我中華史上明清之前已迭見王霸矣，或言之以王道而行之以霸道者之，或雜以王道，或雜以霸道亦有之。

但口頭稱之者則無不曰道統、仁政，無不稱堯舜、文武、周孔、孟荀，但行之則有私焉，以小利害大利，小私損大公，徇至於以一己之私，危及朝廷與社稷，或動摇國本，陷政教長期衰敗，終歸於覆亡。明祚之衰微則由累朝君昏臣奸，長期積弱所致，故努爾哈齊窺竊神器已歷三十五年矣（自萬曆十一年立對明「用兵之志」，至天命三年（一六一八年））不可謂不長也，亦有國者之所當深戒者也。

四　吳三桂賣國

李自成攻陷北京，擄吳三桂妾陳圓圓。（爲劉宗敏所掠。）吳三桂怒不可遏。當李自成進兵山海關討吳三桂時，吳三桂遣副將楊坤、游擊郭雲龍上書睿親王乞師，王方西征，次翁後，三桂使至，明日進次西拉哈拉，報三桂書，許之。多爾衮答三桂書曰：「我國欲與明修好，屢致書不一答，所以整師三入，蓋示意於明，欲其熟籌通好；今則不復出此，惟底定中原、與民休息而已。聞流賊陷京都，崇禎帝慘亡，不勝髮指，用率仁義之師（七恨之衆，何言仁義），沈舟破釜（多爾衮深憂山海關難破，至此有賣國賊引敵入關，信心倍增，故有沈舟破釜之言），誓必滅賊，出民水火。伯思報主恩，與流賊不共戴天，誠忠臣之義，勿因向守遼東，與我爲敵，尚復懷疑。昔管仲射桓公中鉤，桓公用爲仲父以成霸業。伯若率衆來歸，必封以故土，晉爲藩王；國讐可報，身家可保；世世子孫長享富貴。」清兵丁丑次連山，三桂復遣使請速進，夜逾寧遠抵沙河。戊寅，距關十里，三桂報自成兵已出邊，王令諸王逆擊，敗李自成將唐通於一片石。己卯，至山海關，三桂出迎，王慰勞之，令所部以布繫肩爲識，先驅入關。時自成將二十餘萬人自北山列陣，橫亘至海。我兵陣不及海岸，王令曰：「流賊橫行，久獷而衆，不可輕敵，吾觀其陣大，首尾不相顧。可集我軍鱗比伺敵陣尾，待其衰，擊之必勝，努力破此，大業成矣，勿違節制。」既成列，令三桂居右翼，後搏戰，大風揚沙，咫尺不能辨，力鬭良久，師譟風止，自三桂陣右突出，擣其堅，馬迅矢激；自成登高望見奪氣，策馬走；師無不一當百，追奔四十里，自成潰遁。王即軍前承制進三桂爵平西王，下令關内軍民皆薙髮，以馬步兵各萬人屬三桂，追擊自成，乃誓諸將曰：「此行除暴救民，滅賊以安天下，（待清軍入江南，揚州七日，嘉定三屠，何其暴也，救民乎，安天下乎？）勿殺無辜，掠財物，焚廬舍。不如約者，罪之。」（《清史稿·多爾袞傳》）

由此可知，明之朝廷京師亡於李自成，明之天下則亡於吴三桂之引狼入室與清軍之乘勢長驅直入。吴三桂深荷國恩封爲平西伯，本有守疆保土之責，爲一小妾陳圓圓（本姓邢名沅，字畹芬，爲蘇州名妓，善歌舞，李自成陷北京爲劉宗敏所掠，清軍入北京，仍歸三桂，從至雲南，晚年爲女道士，道名寂静，字玉庵），而不惜名節，賣國求榮，引清軍入關，覆亡大明江山，千古罪責永無可逃也。由此而明，節操之可貴也，爲人臣者、爲人子者，首重節操，爲立身立功（大公至正之功）之本，在是與非、正與邪、善與惡、仁與霸、降與死之間其所取者必然是正、善、仁、死而已矣，不可有絲毫動摇者也。讀聖賢書所學者即此也，捨此而欲求幸免之途者，必違道而捐德。此乃有殺身以成仁，無求生以害仁之至義也。吴三桂賣國之最終結果安在哉，以其入於非、邪、惡、降之途也。此乃理論之邏輯、歷史之邏輯，無可逃遁者也。

第二節　王霸兼施

考滿清之入主中原，以力以詐也；及其定鼎之後，對待漢人漢臣骨髓里岐視防範，但形之於語言文字者則必稱滿漢並重，其政則必王霸兼施，或曰外王內霸。蓋政不言王則不足以服人，亦有玷於帝號，更不可期其久遠，此乃秦以下之歷史一再驗證之者也，儒家道統之有利於治國安民同時亦有利於鞏固皇權，此乃不易之理也。擺在滿清統治者面前之尖銳問題是滿化漢抑漢化滿，按其本意當然是滿化漢，故一當其入關佔領了北京，便立即宣佈薙髮令，但旋即發現亦僅此而已。同時，却更深感受到欲坐穩北京金鑾殿之龍椅，以及治理偌大中國之天下，則必須真心實意向孔聖叩頭，還未來得及想以武力征服了漢人，殺得血流成河，屍骨堆山，一當刀槍入庫、馬放南山之際，立即要向中華道統畢恭畢敬，虔誠接受征服者被征服，此乃歷史一瞬間之事也。儘管初始未明其理，但必須以道以德以仁施政敷教，即便被動接受也得聽令漸漸漢化與儒化。況且儒化更是一件大好事，儒道者乃爲人之道也，爲學之道也，爲政之道也，善己善群之道也。就滿族而言，亦是善族之道也。各民族都具有自己固有之優點，借他民族之長以美化自身，亦一善事也；既有益於自身之發展，更有利於與鄰相善相安，豈不福哉！

一 内霸外王

孟子曰：「以力假仁者霸，霸必有大國；以德行仁者王，王不待大。」（《孟子·公孫丑上》）此言可視爲王道與霸道之定義也。考滿清立國之道、發展過程，最初見於天命元年（一六一六年）者有「秉志公誠，勵精圖治」八字。其次是太祖駕崩之年（一六二六年）九月辛未，太宗即位，誓告天地，以「行正道，循禮儀，敦友愛，盡忠公」十二字勗諸貝勒，可視爲滿清首次宣告以「正道禮儀」爲立國之指導綱領。雖似嫌不足，然已知「道禮」之大義，就算大有進步，此亦漢臣進言之功也。正道即儒家道統也，仁政之道也，非邪道霸道也，此在中華史上雖力主正道、王道，但考歷代之政，則實際所行之者多非純正之正道、王道，多雜以霸道，即如孟子所言「以力假仁者霸」之霸道，非「以德行仁」之王道。其所以如此不純不正者，以私欲與偏蔽之故也，但必須永遠秉持其正，堅求其純，以期符合大道純正之實也。而歷史上亦曾出現過王道之著者，如唐堯，虞舜，周文、武、成、康，漢之文、景、明、章，唐之貞觀、開元，宋之仁、神，皆堪稱頌焉。右所言漢臣進言之功，其著者有如次所述。最早進言者有范文程，天命三年（一六一八年），太祖攻下撫順，范文寀、文程兄弟，共謁太祖，與語，甚器之，知其爲范鏓之曾孫（鏓爲正德間進士，官至兵部尚書），顧謂諸貝勒曰：「此名臣後也，善遇之。」（曾祖父既明之大臣，事清有失名節矣。）當李自成破北京，報至，范文程進言曰：「闖寇塗炭中原，賊厥君后，此必討之賊也，雖擁衆百萬，横行無憚，其敗道有三：逼殞其主，天怒矣；刑辱縉紳，人忿矣；掠人貲，淫人婦，民恨矣。備此三敗，行之以驕，可一戰破也。」又曰：「好生者，天之德也。古未有嗜殺而得天下者，國家止欲帝關東則已，若將統一區夏，非乂安百姓不可。」翌日，馳赴軍中草檄諭明吏民，言曰：「義師爲爾復君父仇，非殺爾百姓，今所誅者唯闖賊（太祖以七恨伐明，今則漢臣摻入，將其伐明之目標改爲討闖，以欺騙吏民，此漢奸之害也）。吏來歸復其位，民來歸復其業，師行以律，必不爾言。」檄皆署文程官階姓氏。既克明都，百度草創，用文程議，爲明莊烈愍皇帝發喪，安撫孑遺，舉用廢官，蒐求隱逸，甄考文獻，更定律令，廣開言路，招集諸曹胥吏，徵求册集，再行鄉會試，廣其登進。（《清史稿・范文程傳》九八二六頁）

清太宗天聰三年（明思宗崇禎二年），又有遼陽人寧完我投清，太宗聞其通文史，召令直文館，尋授參將。天聰五年七月，上疏言：「自古設官定職，非帝王好爲鋪張。慮國事無綱紀也，置六部；慮六部有偏私也，置六科；慮君心宜啓沃也，置館臣；慮下情或壅塞也，置通政。數事相因，缺一不可。上不立言官，不過謂我國人人得以進言，何必言官？請明辨之！我國六部既立，曾見有一人抗顔論劾否？似此寂寞，豈國中真無事耶？舉國然諾浮沉，以狡猾爲圓活，以容隱爲公道，以退縮爲雅量，上皇圖治，亦何樂有此景象也！況今日秉政者，豈盡循理方正，屬僚既不敢非長官，局外誰敢議權貴。臣知國中事，上時得聞知，然不過猶古之告密，孰若置言官，興利除害，皆公之之爲愈耶！言官既設，君身尚須指摘，他人更何忌諱，苟不貪污欺誑，任其盡言，勿爲禁制，此古帝王明目達通之妙術，若謂南朝言官敗壞，此由其君鑒別不明，非其初定制之不善也。」（《清史稿·寧完我傳》九八二七頁）

迨江南既定，文程復上疏言：「治天下在得民心，士爲秀民，士心得則民心得矣。請再行鄉會試，廣其登進。」從之。寧完我疏論試士並以爲當「兼譯《孝經》、《大學》、《中庸》、《論語》、《孟子》、《通鑒》諸籍以試士」；謂：「我國貪惰之俗，牢不可破，不當祇以筆舌取人，試前宜刷陋習，試後宜察素行，且六部中滿漢官吏，當悉令入試，既可覘此等人才調，且令此等人皆從科舉目出，庶同貴此途，不相冰炭也。」（同前，九八二八頁）對范、寧二人之謀畫，史家譽爲：「有經綸草昧之績，視蕭曹、房杜，殆無不及也。」（同前，九八二九頁）由此而知，滿清勢大，即有通經史之漢士投向之。

及崇德七年二月，洪承疇降，清太宗大悅，即日賞賚無算，置酒，陳百戲，諸將或不悅，曰：「上何待承疇之重也？」太宗進諸將曰：「吾曹櫛風沐雨數十年，將欲何爲？」諸將曰：「欲得中原耳。」太宗笑曰：「譬諸行道，吾等皆瞽，今獲一導者，吾安得不樂？」但以洪承疇隨多爾袞南征督軍務，於朝政規畫，則無所發揮。

康熙八年，有一順治進士許三禮（安陽人）進言曰：「漢儒董仲舒，表彰六經，其言道之大原出於天，與禪宗異學專主明心者不同。故宋儒程顥有儒道本天、釋教本心之辨，宜視宋時六大儒從祀國學，進稱先賢。」下廷議，不果行。但許三禮於十九年之後，以大理寺卿被召對便殿，對康熙帝提出之問題，「河圖洛書，道治之原，一二三四五，六七八九十，忽金火易位，何也？」應對之曰：「此即一陰一陽之道也。天地之大德曰生，故河圖左旋，而相生爲順數；洛書右轉，而相尅爲逆數。一順一逆，位所由易也。」康熙曰：「既順何以逆？」對曰：「孤陽不生，獨陰不成。河圖自北而東，順以相生，木火土金水，就流行言；洛書自北而西，逆則相尅，上下四方中，就對待言。既五數在中，縱橫皆十五矣，惟尅乃所以生也。陰陽交則生變，變則生生不易。」康熙又問曰：「洪範九疇，皇建有極，謂人參三才，此說是乎？」對曰：「自天地開闢以來，賴有聖人，原治而不原亂者，天地之心；有治而不能無亂者，天地之數。數至則生聖人，撥亂而返之治；裁成輔相，以左右民，則聖人建極、會極、歸極之功也。聖人既撥亂而返之治，始副天地長治之心，此人參三才之說，實理也，亦實事也。」康熙帝嘉美之，遷順天府尹。（《清史稿·許三禮傳》）此次召對乃是由康熙帝親自主持闡發治道之原，皇權本於天，係民與物，贊天地化育之政治理論研討會。此見於中華史上之首次也，由此而確立了康熙帝為政之理論基礎，也奠定了有清一代之政治理論基礎，即儒家之道統也，王道之政也。

所謂康、雍、乾三朝之政，即在王道中雜以霸道而成之者也，就康熙朝而論乃先霸而後王，或曰王在霸內，或曰王霸雜糅，以其以霸力奪取明政，宰制漢族天下，其本民族缺乏王道素養也。即爾後雍乾之政，其實質則內霸外王也，其所以霸者乃其民族性所決定之者也，而在進軍江南之中，其民族蠻橫殘忍性之暴露，達於至極，有甚於蒙古之鐵騎遠矣。或曰，此乃多爾袞與其弟多鐸凶惡成性之罪歟！何其嗜殺如此之凶殘耶！

二 揚、嘉、江三城之屠

明崇禎十七年（一六四四年）甲申六月，睿親王多爾袞遣輔國公屯齊喀、和託、固山額真何洛會三人，迎順治定都燕京。明福王朱由崧稱帝江寧，遣其大學士史可法督師揚州，設江北四鎮，沿淮、徐置戍，多爾袞致書史可法曰：「予向在瀋陽，即知燕京物望，咸推司馬。後入關破賊，得與都人士相接，識介弟於清班，曾託其手勒平安，拳致衷緒，未審以何時得達。比聞道路紛紛，多謂金陵有自立者。君父之讎，不共載天。春秋之義，有賊不討，則故君不得書葬，新君不得書即位，所以防亂臣賊子，法至嚴也。闖賊李自成，稱兵犯闕，手毒君親，中國臣民，不聞加遺一矢。平西王吳三桂介在東陲，獨效包胥之哭，朝廷感其忠義，念累世之修好，棄近日之小嫌，爰整貔貅，驅除狗鼠。入京之日，首崇帝后謚號，卜葬山陵，悉如典禮。親、郡王、將軍以下一仍故封，不加改削；勳戚文武諸臣咸在朝列，恩禮有加。耕市不驚，秋毫無擾。方擬秋高氣爽，遣將西征，傳檄江南，聯兵河朔，陳師鞠旅，戮力同心，報乃君國之讐，彰我朝廷之德。豈意南州諸君子，苟安旦夕，不審事機，聊慕虛名，頓忘實害，予甚惑之。國家撫定燕京，得之於闖賊，非取於明朝也。賊毀明朝之廟主，辱及先人，我國家不憚徵繕之勞，悉索敝賦，代爲雪恥，孝子仁人，當知如何感恩圖報。兹乃乘逆寇稽誅，王師暫息，遂欲雄據江南，坐享漁人之利，揆諸情理，豈可謂平？將以爲天塹不可飛渡，投鞭不能斷流耶？夫闖賊但爲明朝祟耳，未嘗得罪於我國家也，徒以薄海同讐，特伸大義。今若擁號稱尊，便是天有二日，儼爲勍敵。予將簡西行之鋭，轉旝東征，且擬釋彼重誅，命爲前導。夫以中華全力，受制潢池，而欲以江左一隅兼支大國，勝負之數，無待蓍龜矣。予聞君子之愛人也以德，小人之愛人也以姑息。諸君子果識時知命，篤念故主，厚愛賢王，宜勸令削號歸藩，永綏福禄。朝廷當待以虞賓，統承禮物，帶礪山河，位在諸王侯上，庶不負朝廷伸義討賊、興滅繼絶之初心。至南州群彦，翩然來儀，則爾公爾侯，列爵分土，有平西王之典例，在惟執事實圖利之。晚近士大夫好高樹名義，而不顧國家之急。昔宋人議論未定，兵已渡河，可爲殷鑒。先生領袖名流，主持至計，必能深惟終始。應早審定，兵行在即，可西可東，南國安危，在此一舉，予實有厚望焉。敬布腹心，佇聞明教，江天在望，書不宣意。」（《清史稿　多爾衮

傳》）

多爾衮此書完全暴露其一副狼外婆之卑鄙嘴臉。其祖父努爾哈齊於建國號金之天命三年（一六一八年）以「七大恨」代明「告天祭堂」，至此已二十二年矣，怎麼會變成「得之於闖賊，非取於明朝也」呢，就你多爾衮指揮八旗兵攻城掠地不都是明朝之江山嗎？自己親手一天不息搶奪明朝土地財物，沾滿了中原人民之鮮血，一下就突變得之於闖賊呢？史可法在金陵抗清，你多爾衮既已扶順治「撫定燕京」，若滿清之「初心」真在「興滅繼絶」，則已不復存在轉旗東征之理；更不能有「兵行在即，南國安危，在此一舉」，逼「主持至計」之史可法「應早審定」。至此，多爾衮之僞詐昭然若揭矣。其祖父努爾哈齊吞滅明朝天下之野心將要實現；而多爾衮在致史可法信中所編造之誑言卻一一爲其屠戮江南之罪行撕得粉碎。還有稱「闖賊」一詞之深意必須予以揭明：闖王者，義民之稱也；「闖賊」者，以其義師威懾明朝之社稷國祚之生存視爲賊寇而稱之也。有識之士，特別是道德修養高厚飽學之士以至於朝廷之良弼賢輔，則視起義之師乃朝廷之子民，力主安撫以勸其回歸。準此而論，多爾衮與李自成之於明社稷國祚之威懾，多爾衮所代表之滿清大於李自成，以人民而視多爾衮乃外敵入侵也，人人必須奮起殺敵乃大義所在也。而多爾袞喋喋不休稱「闖賊」，欲以欺騙已有四千年堯舜之道、周孔之德教化之中原人民，何其愚哉！不意反將自己「外敵」之險獰凶殘心形盡無餘矣。揚、嘉、江三城之屠則以具體事實説明了此同母兄弟（多爾袞與其弟多鐸）何其凶惡，嗜殺成性爲中華亘古所未有；有清王秀楚之《揚州十日記》可謂鐵證也，兹略録如次。乙酉（南明福王朱由崧元年，清順治二年）四月十四日，督鎮史可法從白洋河失守，踉蹌奔揚州，閉城禦敵，至二十四日未破城前，禁門之内各有兵守。予住宅新城東，楊姓將守焉。越次早，督鎮牌諭至，内有「一人當之，不累百姓」之語，聞者莫不感泣。予急出詢諸人，至市上人言洶洶，忽數十騎自北而南，中擁一人，則督鎮也，始知敵兵入城無疑矣。予復至後窗窺城上，俄見有婦女雜行其間，服飾皆揚俗，予始大駭，還語婦曰：「兵入城，倘有不測，汝當自裁！」婦曰：「諾，有金若干，付汝收藏，我輩休想復生人世矣！」涕泣交下，值鄉人進，急呼曰：「至矣，至矣！」予趨出，望北來數騎，迫近，始知爲逐户索金也。（後乃知有捐金萬兩獻而卒受斃者。）俄而伯兄至，曰：「中衢血濺矣，留此待予，伯仲生死一處，亦可不恨也。」二十六日，三滿卒，搜予兄弟金皆盡，忽來婦人，二妾皆散髮露肉，一妾猶抱一女，卒鞭而擲之泥中，旋即趨走，一卒提刀前導，一卒橫槊後逐，一卒居中，或左或右以防逃逸，數十人如驅牛羊，稍不前，即加捶撻，或即殺之。諸婦女長索繫頸，一步一跌，遍身泥土，滿地皆嬰兒，或衬馬蹄，或藉人足，肝腦塗地，泣聲盈野。行過一溝一池，堆尸貯積，手足相枕，血入水碧赭，化爲五色，塘爲之平。二十七日，問婦避所，引予委曲至一柩後，古瓦荒磚，久絶人迹。予蹲亂草中，魂少定，而殺聲逼至，乃環顧嚮處，愴呼亂起；齊聲乞命者，或數十人，或百餘人。至於紛紛子女，百口交啼，更無論矣，至午後積尸如山，殺掠更甚。二十八日，喘驚未定，勿一紅衣少年，操長刀，直抵予所，舉鋒相向，獻以金，所擄一少婦、一幼女、一小兒，兒呼母索食，卒怒，一擊腦碎而死，挾婦與女而去。予復至婦所，婦與衆婦皆以血塗體，糞綴其髮，煙灰飾面，形如鬼蜮，鑒別以聲。户外有卒，一時手殺二人，途中亂屍山疊，血流成渠。予與婦、子並往臥冢後，泥首塗足。忽烈火四起，火勢愈熾，驚悸之餘，蓋已不知此身之在人世間矣。有數卒擄四五婦人，忽一卒將少婦負至樹下野合，余二婦亦被污，十餘人互爲姦淫，而其中一少婦已不能起走矣，驚駭之下，不勝嘆息。忽見一人紅衣佩劍，曰：「明日王爺下令封刀。」明日爲五月朔日，勢雖不甚烈，然未嘗不殺掠。初二日，傳府道州縣已置官吏，執安民牌，遍諭百姓，毋得驚懼。又諭各寺院僧人焚化積尸，查焚尸簿載數，共八十餘萬，其落井投河、閉門焚縊者不與焉，被擄者不與焉。憶予初被難時，兄、弟、嫂、侄、婦、子親共八人，今僅存三人。自四月二十五日起至五月初五日止，共十日，其間皆身所親歷，目所親覩，故漫記之如此；遠近風聞者不載也。」（《揚州地方文獻叢刊》一—十二頁）

嘉定三屠：順治二年，清軍掃蕩江南，在嘉定（今屬上海市）三次大屠殺。第一次，夏曆七月初四日，侯峒增領導之義兵敗，城破，屠殺二萬餘人。第二次，七月二十六日，清軍於城外葛隆鎮、外岡鎮屠戮鄉民。第三次，七月二十七日，朱瑛領導之義兵失敗，嘉定再遭清軍屠戮。（《辭海》六二五頁，上海辭書出版社一九九〇年版）

江陰之屠：「順治二年八月，清兵破松江、金山，圍江陰二月。屠城，殺十三萬餘人，典史閻應元等死之。」（柏楊《中國歷文年年表》六八二頁）

右舉揚、嘉、江三城之屠，喪及民命百萬，此豈多爾袞《致史可法書》中所稱之「王師」之行乎？燒、殺、淫、掠無所不用其極者，王爺之令也。（「明日王爺下令封刀」，可見必有開刀之令）此在我中華史上，未曾見有新興之主帥下令屠戮天生蒸民，而且殺得血流成河，尸堆如山。唯有滿洲之多爾袞兄弟獨如此凶殘，有甚虎狼，豈其「七恨」之外更有「恨民」一事存於其心乎？得民心者得天下，以屠戮爲務，豈可得之乎？何其暴虐之甚歟！以此而觀清初之政，則知其非興於仁而興於暴也；以此而觀清初之君，更見其非出於誠而實玩於詐也。由此而必深嘆之曰：「何施之暴也而飾之僞也！」是明政之積弊有啓其蛇吞巨象之狂欲耶？是毅宗之乏遠謀授以其擴展狼子野心之空隙耶！是李自成之失德而引發之禍根耶？是吳三桂之賣國引狼入室之罪行耶？是兩軍陣前狂飆驟起逆轉戰機耶？是李自成之臨陣逃遁耶？抑此中隱有不可明言之天機耶？若以滿清之暴與僞而論，其不足以當得天下者明矣，蓋得天下者必以道與德也。以此而觀晚清最高主政者慈禧太后「寧贈友邦，不與家奴」之言以及光緒二十七年（一九〇一年）方「命滿漢通婚」之政，則略可窺知其對漢人、漢官之真實態度及施政用心之實質矣！仁心德政乎？霸道權術乎？外仁内霸乎？以術寓霸乎？此乃稟承儒家道統所當思考者也。

三　疑降將而撤藩

自古降將貳臣多受疑，以其失節忠於異主也。吳三桂本爲名將，駐守山海關，號稱「鐵蕨」，乃清軍不可逾越之死障礙，清軍早欲拔除而不能。及李自成陷北京，擄吳三桂愛妾陳圓圓，又欲出兵與吳三桂決戰於山海關。如此，則吳三桂處於腹背受敵，且復恨李自成掠其愛妾，故決定降清，此乃清廷所夢寐以求之者也。山海關一破，吳三桂立即封爲平西王；在多爾袞之指揮下成爲清軍鷹犬，掃平西竄之李自成軍殘部，終駐守雲南，爲清朝之西南屏藩。嗣後與鎮守福建之耿精忠（靖南王耿繼茂之子）與鎮守廣東之平南王尚可喜，號稱三藩。清康熙帝親政之後，對此三藩即存芥蒂，有撤藩之意。至康熙十二年初，平南王尚可喜因有子女一百三十餘人，長子尚之信驕暴不能制，唯思免禍，三月壬午尚可喜請老，許之，請以子之信還駐遼東。秋七月庚午，平西王吳三桂疏請撤藩，許之；丙子，靖南王疏請撤藩，許之。遣侍朗折爾肯、學士傅達禮往雲南，尚書梁清標往廣東，侍郎陳一炳往福建，經理撤藩。十二月壬子，吳三桂反，殺雲南巡撫朱國治。丙辰，反聞至，命前鋒統領碩岱率勁旅守荊州。丁丑，召梁清標、陳一炳還，停撤二藩。（《清史稿·聖祖紀》）

此撤藩與停撤歷時十月，窺康熙之意，非欲撤藩也，乃忌漢人之爲西南屏藩也，懼三藩聯合危及朝廷也，以撤藩刺激吳三桂而誘之反。（不反，則藩撤而安，反則加之以兵剿而滅之，）以消除三藩之患，今三藩已剩二小藩，力弱而衰矣，不足爲患，故停撤焉，留之以屏閩粵，康熙心亦安矣。安雖安矣，而康熙則有損其君德矣，以詐術而求安，非有道之君也（有道者赤誠相見以化之也），終入邪道也，非帝王之正也。即便平日口出帝王之言，窺其心已失正也；審其志只欲口述王道，而實行霸道。既得聖君之名，以慰於當世，又書之史，可欺於後世，實亦已欺於後世矣，今之論者多以聖君譽之，以道統與帝王之真諦而衡之，則見其失之也遠矣。

四　大興文字獄

文字獄之興也，始於康熙二年之「明史案」。早在明熹宗天啓年間，有大學士朱國禎撰《史概》一書，明亡後，其子孫以此書稿售與雙目失明，以「盲史」自命之莊廷鑨，予以修改補充，改書名曰《明書》。未幾，莊廷鑨病故，其父莊允誠雇工自刻刊出。書中直稱清太祖努爾哈齊爲建州都督，稱明將孔有德、耿仲明降清曰叛。告發此案者爲因貪污被革職之歸安縣令吳之榮，因敲詐莊允誠未遂，心存怨報，將此書以有「毀謗朝廷」之罪，呈以杭州將軍松魁，松魁以此案轉給浙江巡撫，查出書中「毀謗朝廷」一百多處。莊允誠上下賄賂，此案得免於上報，經删改之後又出第二版。吳之榮以初刊本進京上告刑部，並誣告富户朱佑明與本書有關，莊允誠逮京，病死獄中，莊廷鑨戮尸梟首，其弟莊廷鉞處斬，朱佑明及其五子俱處斬，還誅及作序、校閲、刻字、印刷、賣書者，處以斬刑，杭州將軍松魁被革職，其幕僚程維藩處斬，計處斬死者七十多人。此案之處决如此暴虐，非案情本身之嚴重性所决定之者，乃是藉此爲由，不經嚴肅審理，草菅人命，大開殺戮，以示漢人凡有反滿之言行者，一經告發，即使是誣告，即便僅僅沾了一點邊（如本案之校閲印刷），不分青紅皂白，俱加處死，以期鉗制漢人，封死漢人之嘴，窒息漢人之心，使漢人皆變成啞吧白痴，則其朝廷就感到天下太平了。第二樁文字獄爲《南山集》案，即戴名世刊行《南山集》一書所引發之冤案。戴名世（一六五二—一七一三年），安徽桐城人，字田有，留心明代史事，訪問遺老，考訂野史，有自撰《明史》之志。康熙四十一年（一七〇二年）刊行《南山集》。康熙四十八年中進士，爲翰林院編修。康熙五十年，左都御史趙申喬參奏戴名世私刻文集「倒置是非，語多狂悖」。下刑部鞫訊，判决如次：戴名世淩遲處死，方孝標戮尸（方孝標著有《滇黔記聞》，戴名世曾參酌以成《南山集》），戴、方二人之祖父、子、孫、兄、弟、叔、侄，十六歲以上者，俱處斬，誅連三百餘人，康熙帝慮及有士類過甚，下令戴名世改爲處斬，其餘一律免死，與戴名世有學術往來者悉免予處分。由康熙對此案之處理，可以明顯看出，滿清政府敵視漢人之態度已有所轉，但文字獄仍在繼續發生。雍正年間之文字獄有「雍正砍頭」案。其緣起於雍正四年（一七二六年），查嗣廷任江西主考官，命考題爲「維民所止」，此語出自《詩·商頌·玄鳥》（祀高宗也）「邦畿千里，維民所止，肇域彼四海」。鄭《箋》曰：「止，猶居也；肇，當作兆。王畿千里之内，其民居安；乃後兆域，正天下經界，言其爲政自内及外。」論爲政自内及外，以仁化心，以心正俗，抵於至治，此乃命題之本意所在也。然而貪賞求榮之徒，昧其良心，邪念惡生，訐告「維止二字正是將雍正二字之首部去掉」，故名之曰「雍正砍頭」。雍正立即下令逮查嗣廷下獄嚴鞠，又疑單憑此定其罪不足以服衆，又下令查抄其日記文録，以「謗訕聖祖」、「非議朝政」、「趨附奸臣隆科多」定罪，戮尸、梟首，查子亦被斬，兄侄等流放三千里外。此案顯然爲一冤案，貪榮小人誣告於前，無道皇帝羅織於後。余之所以視此爲誣告者，以雍與維二字結構非一類也，維之構成由系與佳合成，雍去掉部首之後的結構，於《説文解字》與

《康熙字典》兩辭書中無從查找，所以以「雍正砍頭」一辭失其存在之依據。所言無道皇帝乃指作爲皇帝者，遇此案情首先應作冷静而嚴肅之分析與調查，特别對告發者之動機更應作縝密之分析，此案如一開始這樣做了，則案情不攻自破矣。正因其未能如此，且下令羅織罪名，故吾曰無道皇帝參與冤案也。其所如此者，以其對漢人漢官心存疑忌也，此乃由「七恨」所生者也。

雍正年間之最大文字獄，則是「吕曾」一案。吕留良（一六二九年—一六八三年），明清之際思想家，浙江桐鄉人，與黄宗羲等學誼深厚。明亡，散家財結英傑，圖謀復興，事敗，家居授徒。清廷舉博學鴻詞，誓死拒薦，後剪髮爲僧，卒前作《折死詩》六篇。學宗程、朱，尤崇朱熹之《辨夷夏》，以爲「華夷之辨」更大於「君臣之倫」，著有《吕晚村文集》、《東莊吟稿》。曾静（一六七九—一七三六年），湖南永興人，號蒲潭先生。讀吕留良遺著，反清思想愈烈。雍正六年，遣學士張熙携手書入陝勸川陝總督岳鐘琪反清，被岳告發下獄，供詞涉及宫廷諸王。雍正帝早知有陰謀奪位之事，朝野流傳，借此案之機將曾静等悔罪之供詞與其所書諭旨合刊成《大義覺迷録》，發至州府縣鄉，以消弭反清思想。同時窮究曾静、張熙等所聞有關雍正帝之傳聞出處，以加强其内部對諸王活動之控制，對曾静、張熙予以無罪開釋。其時吕留良與其子吕保中及其生嚴鴻逵，俱已故，剖棺戮尸；吕留良之另一子及嚴鴻達之學生沈在寛俱已砍頭，子孫遣戍，婦女爲奴。但雍正帝崩，乾隆即帝位之後，立即將曾、張等凌遲處死，並禁止《大義覺迷録》之流傳。乾隆朝之文字獄案有徐述夔獄案。徐述夔（一七〇三—一七六三年），江蘇東臺人，字賡雅，乾隆舉人，著有《一柱樓詩集》，有諷刺清政之言，如《咏正德杯》云：「大明天子重相見，且把壺兒（諧胡音）擱半邊。」死後被告發，與其子同被剖棺戮尸，孫處斬。告發之經過爲：徐家曾買過蔡家幾頃土地，蔡家子孫欲以低價贖回，徐家子孫不允，引出訴訟，蔡家告徐家所刻刊《一柱樓詩》有反朝廷之句，江寧布政使陶易令幕僚陸琰查處，察其有挾嫌誣告之意，批了「與汝何干」四字。蔡家又復上告，下令嚴究，徐述夔與其子俱剖棺剉尸，陶、陸判以斬監候。爲徐述夔作序的前禮部尚書沈德潛亦受株連，乾隆下令撤去御賜碑文，革去官銜，將其木主撤出賢良祠。

乾隆朝之第二文字獄案是乾隆十六年（一七五一年）有山西鄉士王肇基，向地方官呈遞頌皇太后生日之詩聯，附注中涉及朝中文武大臣與孔孟等人物，被地方官指責爲「借名獻頌，妄肆狂言，大干法紀」，乾隆一道諭旨：「立斃杖下。」乾隆此旨，未免過於凶暴，即便「狂言有干法紀」，亦不應使心存善意之頌壽者「立斃杖下」，責之可也。

第三大文字獄案是廣西生員吳英，一生爲私塾教師，深知民間疾苦。乾隆四十五年，其年六十，向皇帝獻策，（其所言者爲減免錢糧，設倉備荒，革除鹽商，制止盜匪，嚴禁種煙，裁減寺僧等，並言按其策行之，三年之內，必見治效。）攔轎呈文，求布政使代奏；只要有利「家國民人」，即使言出禍隨，亦在所不顧。策中有言朝廷臨時性減免錢糧「其恩未遠，其澤未長」；主張於各縣遍設義倉，以濟青黄不接，亦乃善策也，但地方官員視爲「狂悖」，又指控策書中「叠犯皇上御名」，卒予淩遲處死。此案之處理益見乾隆帝之凶暴殘忍，無道失德至於此極也。吳英之策切實而易施，不予采納可也，奈何以「狂悖」、「犯上」而處以淩遲耶！一片欲利「家國民人」之赤誠與帝王修齊治平之天職，本無他求也，而反遭殄滅，豈不有失帝王之道與德耶？而且遭此慘禍者更有賀世盛案，賀爲湖南來陽縣老秀才，乾隆五十三年已六十九歲，著《篤國策》上京投獻，何其壯哉！其中批評捐官之言又何其大無畏哉！終以此而獲罪，何其榮哉！以「妄議朝政」處斬，何其正氣凜然泣鬼神哉！而以十全武功自詡之乾隆皇帝則何其暗然失色歟！據孔立所著《清代文字獄》（中華書局一九八〇年版）一書所計，案九十，各級官員二十九，各生員四十三，平民二十七，罪狀十類：私修明史，指斥本朝；恃功不臣，懷有二心；攀援門户，黨羽諸王；妄議朝政，謗訕君上；隱寓譏諷，私懷怨望；詆毁程朱，倡爲異説；妄爲著述，不避聖諱；捏造妖言，狂誕不經；收藏禁書，隱慝不首；惑亂人心，潛謀大逆。

考之中華古代歷史，文字獄之禍唯清最烈，元代亦異族入主中原，在鐵蹄踐踏之下，雖也曾偶見屠城之慘禍，但未有若清兵入關，下江南，三城屠戮平民百萬，如此之暴虐也。康、雍、乾三朝文字獄之慘烈不過是霸道爲政之另一形態而已，細思清廷霸道思想之發展亦有其漸矣，其興之初也，太祖努爾哈齊不知有王道仁政可以和民，唯知以霸道征服四鄰，統一女真各部，造成南進侵明之勢。太宗皇太極繼之，適逢明祚亡於李自成之手，造成多爾衮以吴三桂爲前導長驅入關，且馬不停蹄直取江南；違之者殺，抗之者屠。及至康熙之朝，先以暴力清内憂（鰲拜）旋以暴力除外患（吴三桂）；文字獄之興也，以暴力處之，乃一貫霸者之道也，此歷時一百三十年之政，雖亦見有孔孟之道之文（如康熙朝之《周易折中》乾隆朝之《四庫全書》），然其爲治也，外飾仁德而内實暴僞，與儒家道統所要求者樸實之道、淳正之德相去萬里也，此乃歷史之真實，其虚僞性有晚清自己之歷史可爲鐵證，無須他人置喙也。細味文字獄史，但見廟堂之上皇皇治道，唯聞茅屋之仙戚戚幽怨。

五　太子廢立諸王爭位

康熙有子三十五，而立次子允礽爲太子，廢立者再，其故何耶？據史而觀之，《允礽傳》曰：理密親王（《清史稿目録》爲禮密親王）允礽，聖祖第二子，康熙十四年十二月乙丑，聖祖以太皇太后、皇太后命立爲皇太子。太子方幼，上親教之讀書，六歲就傅，令大學士張英、李光地爲之師，又命大學士熊士履授以性理諸書。太子通滿、漢文字，嫻騎射，從上行幸，賡詠斐然。二十九年七月，上親征葛爾丹，遘疾，召太子及皇三子允祉至行宫。太子侍疾無憂色，上不懌，遣太子先返。三十六年，上行兵寧夏，命太子居守，有爲蜚語聞上，曬比非人，上還京師，録太子左右用事者，置於法。自此眷愛漸替。四十七年九月乙亥，召太子及諸王大臣，諭曰：「允礽不法祖德，不遵朕訓，肆惡虐衆，暴戾淫亂，朕包容二十年矣。乃其惡愈張，僇辱廷臣，專擅威權，鳩聚黨與，窺伺朕躬起居動作。從前索額圖欲謀大事，朕知而誅之。今允礽欲爲復仇，朕不卜今日被鴆，明日被害，晝夜戒慎不甯。似此不孝不仁，太祖、太宗、世祖所締造，朕所治平之天下，斷不可付與此人。」上且諭且泣，至於仆地。即日執允礽，命直郡王允禔監之，誅索額圖二子格爾芬、阿爾吉善，及允礽左右；其罪稍減者，遣戍盛京。明日，上命宣諭諸臣及侍衛官兵「餘不推求，毋危懼」。上既廢太子，憤懣不已，六夕不安寢，召扈從諸臣涕泣言之，諸臣皆嗚咽；既又諭諸臣，謂觀允礽行事，與人大不同，類狂易之疾，似有鬼物憑之。尋以廢太子詔宣示天下，上並親撰文告天地、太廟、社稷曰：「臣祗承丕緒四十七年餘矣，於國計民生，夙夜兢業，無事不可質諸天地。稽古史册，興亡雖非一轍，而得衆心者未有不興，失衆心者未有不亡。臣以是爲鑒，深懼祖宗垂貽之大業自臣而隳，故身雖不德，而親握朝綱，一切政務不徇偏私，不謀群小，事無久稽，悉由獨斷，不敢少懈。不知臣有何辜，生子如允礽者不孝、不義，暴虐慆淫，若非鬼物憑附、狂易成疾，有血氣者，豈忍爲之？允礽口不道忠信之言，身不履德義之行，咎戾多端，難以承祀，用是昭告昊天上帝，特行廢斥，勿遺憂邦國，痛毒蒼生。臣更有哀籲者，臣自幼而孤，未得親承父母之訓，惟此心此念，對越上帝，不敢少懈。臣雖有衆子，遠不及臣，如大淸歷數綿長，延臣壽命，臣當益加勤勉，謹保終始，如我國家無福，即殃及臣躬，以全臣令名，臣不勝痛切謹告。」太子既廢，上諭諸皇子中如有謀爲皇太子者，即國之賊，法所不宥。諸皇子中皇八子允禩謀最力，上知之，命執付議政大臣議罪，削貝勒。十月，皇三子允祉發喇嘛巴漢格隆爲皇長子允禔厭允礽事，上令侍衛發允礽居室，得厭勝物十餘事。上幸南苑行圍，遘疾還宮，召允礽入見，使居閑安宮。上召諸大臣入見，諭以太子因魘魅失本性狀；諸大臣奏，上既灼知太子病源，治療就痊，請頒旨宣示。明日，召允礽及諸大臣同入見，命釋之，且曰：「覽古史册，太子既廢，常不得其死，人君靡不悔者。前執允礽，朕日日不釋於懷，自頃召見一次，胸中乃疏快一次。今事已明白，明日爲始朕當霍然矣，」四十八年正月，諸大臣復疏請，上許之。三月辛巳，復立允礽爲皇太子。五十年十月，上察諸大臣爲太子結黨會飲，嚴誅各大臣。五十一年十月，復廢太子，禁錮咸安宮。自是上意不欲更立太子。（《清史稿》二七九〇—二七九一頁）

細思康熙廢立太子允礽之失有三焉：一曰偏愛允礽，立之過早，受太皇太后、皇太后暱愛之害也。二則既立之矣，就當嚴以教之導之，訓之責之，任之刻之，勤之嗇之，使無不德，使無不克，以堅其志，以厲其力。康熙未及此也，任其懈惰沈倫，子不教父之過也，况太子乎？三曰既廢之後，當思在衆子中擇賢能者而立之，此乃爲君之正道也，而且康熙平日亦素知八王子允禩在兄弟中頗稱能，謀之亦「最力」，又有諸大臣之舉薦，就應順情而立之，以安君臣之心，奈何宣稱「有謀爲皇太子者，即國之賊」，如此大喪君道帝德之言，難道衆皇子無一人願承繼帝位者就是康熙最心安之事乎？而且果真執皇八子付議政大臣議罪，「削其貝勒，而降之爲民。」由此可見，康熙對立太子一事，其思想紛亂得無正理可説，無邏輯可尋，赤裸裸地唯見霸道與權術。此外值得思考分析者乃康熙之個性也，順治帝在其遺詔中對康熙之性格概言之曰：「岐嶷穎慧」，此乃知子莫若父之言也，穎慧易明，岐嶷者何謂耶？岐，《康熙字典》注：「山有兩岐者，又路岐也。又峻也。」《詩·大雅》：「克岐克嶷。」嶷，《説文解字》：「九嶷山也，其山九溪皆相似。」《康熙字典》：「九峰相似，望而疑之，謂之九嶷。」合兩注而理會之，言其個性穎慧而多峰壑也，以其心智多峰壑，觀其廢立太子一事，多謀而詭譎，終致不善，亦其宜也。諸王争位最力者，長子允禔、八子允禩，允禔張揚於外，允禩除藏於中且沉毅干練，爲大臣所歸。康熙四十七年九月，皇太子允礽既廢，允禔奏曰：「允礽所行卑污，失人心，術士張明德嘗相允禩必大貴，如誅允礽，不必出皇父手。」上怒，詔斥「允禔凶頑愚昧」。允禩三十七年封貝勒，四十七年九月署內務府總管，太子允礽廢後，力謀代立。諸皇子允禟、允䄉、允禵，諸大臣阿靈阿、鄂倫岱、揆叙、王鴻緒等皆附允禩。康熙執允禩議罪時，諸王皆奔赴求情，康熙大怒，出佩刀將誅允禵，允祺跪抱奮力哭勸乃止，仍諭諸皇子及議政大臣等「毋寬允禩」。觀此可見競爲太子之烈與夫康熙之失矣。

六 康、雍、乾之治

康、雍、乾三朝之治，以箝制漢民族思想，借鑒歷代興亡，外飾仁義，內施霸道而獲致之者也。清祚歷二百三十七年，不得不漢化，不得不儒化，考其實情則未真心漢化，更未真正儒化。但儒家道統既不問征服者之被征服，此非其初衷之所預，却爲江山穩固之所急需，不服也得服，因而外飾文以欺世，內行霸以專政。削三藩示信用漢官而深疑之也；行文字獄暗示士紳唯取功名以自保，不議朝政而免禍也；而儒家道統則以問政爲其核心也。（孔子曰：「人道政爲大。」）故知文字獄乃向士子之心上捅尖刀也，康熙之治乃是血劍與名禄同時並行之産物，此必須先辨明之者也，此乃王霸之辨，不得不辨也；《春秋》推見至隱之義，與道統純正之締，不得不辨明之，以見其皇冠上之卑污，昭示後人，知天理良知之純且正也

（一）康熙之政

康熙爲滿清入關後之第二帝，其父爲順治帝。關於順治之溺佛與出家，史論不一。余細讀《世祖本紀》，反復玩味其駕崩前之記述以及其遺詔「十四罪」所及之内容，而推斷之，認爲順治帝非駕崩於養心殿，乃出家前之安排也，其理有三：甲、駕崩六日之内只用三十四字記述了不豫、大漸、駕崩、大赦、發遺詔，於禮、於制、於理、於情，均不合。乙、細析其遺詔所叙十四罪之口氣，非臨終之囑，乃臨別致歉之意，言辭懇切，感動人心。丙、立其三子玄燁爲太子，年僅八歲，必有託孤之儀，但未見有託孤之舉，只記了順治帝之言：「伊等（指大臣索尼等三人）皆勳舊重臣，朕以腹心寄託。」（伊，彼也；伊等即彼輩也，他們也，可見非當面託孤也，乃遺詔安排也。）非時之不足以託孤，乃勢之使不可爲也，史乘俱在，可資考論。康熙之政初爲鰲拜所左右，從熊賜履之上書中可略觀其端倪。熊賜履，湖北孝感人，順治十五年進士，弘文院侍讀。康熙六年，詔求直言，熊上書近萬言，略謂曰：「民生困苦孔亟，

私派倍於官徵，雜項浮於正額。一旦水旱頻仍，蠲豁則吏收其實，而民受其名；拯濟則官佔其肥，而民重其瘠，然獨非守令之過也，上之有監司，又上之有督撫，朝廷方責守令以廉，而上官實從之以貪，方授守令以養民之職，而上實課以厲民之行。故督撫廉則監司廉，守令亦不得不廉；督撫貪，則監司貪，守令亦不得不貪，此又理勢之必然者也。伏乞甄別督撫，以民生苦樂爲守令之賢否，以守令貪廉爲督撫之優劣；督撫得人，守令亦得人矣。雖然，内臣者，外臣之表也，本原之地則在朝廷，其大者尤在立綱陳紀、用人行政之間。今朝廷之可議者，非止一端，擇其重者大者言之：一曰政事極其紛更，而國體因之日傷也。國家章程法度不務略加整頓，而急功喜利之人，又從意爲變更，但知趨目前尺寸之利，以便其私，而不知無窮之患已潛滋暗伏於其中。其敕議政王等詳議制度，參酌古今，勒爲會典，則上有道揆，下有法守矣。一曰，職業極其隳窳，而士氣因之日靡也，部院臣工，大抵緘默瞻顧，外託老成慎重之名，内懷恃禄養身之念，憂憤者謂之疏狂，任事者目爲躁競，廉静者斥爲矯激，端方者詆爲迂腐，聞有讀書窮理之士，則群指爲道學，誹笑抵排，欲禁錮其終身而後已。乞申斥滿漢諸臣，虚衷酌理，實心任事，化情面爲肝膽，轉推諉爲擔當。漢官不阿附滿官，堂官不偏任司員，宰執盡心獻納，勿以唯諾爲休容；臺諫極力糾繩，勿以鉗結爲將順。則職業修舉，官箴日肅，而士氣日奮矣。（按：此述士氣不振之象，實乃滿官輕淺漢官，而漢官猶不服滿清高壓鉗制之心。）一曰，學校極其廢馳，而文教因之日衰也。今庠序之教缺焉，不講師道，不立經訓，不明士子，唯揣摩舉業爲弋科名掇富貴之具，不知讀書講學，求聖賢理道之歸。高明者則泛濫於百家，沈倫於二氏（指佛老），斯道淪晦，未有甚於此時者也。乞責成學院、學道，統率士子，講明正學，特簡儒臣，使司成均；則道術以明，教化大行，人才日出矣。一曰，風俗極其淺濫，而體制因之日壞也。今一裘而費中人之産，一宴而糜終歲之糧，輿隸被貴介之服，倡優擬命婦之飾。夫風俗奢、禮制壞，爲飢寒之本原，盜賊、訟獄、凶荒所由起也。乞明詔内外臣民，一以儉約爲尚，則貪風自息，民俗漸醇矣。雖然，猶非本計也，根本切要，專在皇上，皇上生長深宮，春秋方富，正宜慎選左右，輔導聖躬，薰陶德性，優以保衛之任，隆以師傅之禮，毋徒事講幄之虛文，毋徒應經筵之故事。考諸六經之文，鑒於歷代之迹，實體諸身心，以爲敷政出治之本，直接二帝三王之心法，自足措斯世於唐虞三代之盛，又何吏治之不清、民生之不遂哉？」（《清史稿·熊賜履傳》九八九三頁）疏入，鰲拜惡之，請治以妄言罪，康熙不許。熊賜履此疏乃滿清得國以後所獲之最富有理論意義之漢臣之直言，向康熙直陳立道統、建綱紀之首務，對康熙啓示良深，漸有見於行。康熙十年二月戊申，命編纂《孝經衍義》。三月癸丑，置日講官。夏四月辛卯，始開日講。十三年九月，上御經筵，命每日進講如常。十六年二月乙亥，上御經筵。七月甲辰，上御便殿，召大學士等坐論經史，因及前代朋黨之弊。十七年正月乙未，詔曰：「一代之興，必有博學鴻儒振起文運，闡發經史，以備顧問。朕萬機餘暇，思得精通之士，用資典學，其有學行兼優、文辭卓越之士，勿論已仕未仕，中外臣工各舉所知，朕將親試焉。」於是大學士李蔚等薦曹溶等七十一人，命赴京師，齊集請旨。二月己未，上御經筵，製《四書講疏義序》。十九年四月己巳，上命南書房翰林每晚講《通鑒》。時高士奇、杜納均授翰林官。高士奇，浙江錢塘人，幼好學，能文，工書法，以明珠薦入內廷供奉，授詹事，尋擢禮部侍郎，以母老未赴。四十二年，上南巡，士奇迎駕淮安，上顧侍臣曰：「朕初讀書，作時文，得士奇，始知學問門徑，其裨朕學問者大也。」（《高士奇傳》）二十三年四月乙丑，諭講官：「講章以精切明晰爲尚，毋取繁衍，朕閱張居正《尚書、四書直解》，義俱精實，無泛詞，可爲法也。」二十四年二月庚子，命周公後裔東野氏爲五經博士。四月辛卯，予宋儒周敦頤孫五經博士。四十四年正月戊午，《古文淵鑒》成，頒賜廷臣。四月丙寅，上駐杭州；戊寅，御書「至德無名」額懸吳太伯祠，並書季札、董仲舒、焦先、周敦頤、范仲淹、蘇軾、歐陽修、胡安國、米芾、宗澤、陸秀夫，各匾額懸祠。五十二年，御纂《周易折中》、《周子全書》、《性理精義》，命李光地董其事。五十四年，書成，御製《周易折中序》有言曰：「能以正學爲事者自有所見歟！」又爲《周易折中》卷二十一御製《啓蒙》附論，爲該書二十二卷第二十二《序卦》、《雜卦》御製《明義》，具有深邃學術意義。五十六年十一月壬子，命停決囚。乙丑，皇太后不豫，上省疾慈寧宮；辛未，詔曰：「帝王之治，必以敬天法祖爲本，合天下之心以爲心，公四海之利以爲利，制治於未亂，保邦於未危，夙夜兢兢，所以圖久遠也。朕八齡踐祚，在位五十餘年，今年近七旬矣。當二十年時不敢逆計至三十，三十年時不敢逆計至四十，賴宗社之靈，今已五十七年矣，非凉德之能致也。齒登耆壽，子孫衆多，天下和樂，四海乂安，雖未敢謂家給人足，俗易風移，而欲民安物阜之心，始終如一；殫竭思慮，耗敝精力，殆非勞苦二字所能盡也。古帝王享年不永，書生每致譏評；不知天下事煩，不勝其勞慮也，人臣可仕則仕，可止則止，年老致仕而歸，猶得抱子弄孫，優游自適，帝王仔肩無可傍委，舜歿蒼梧，禹殂會稽，不遑寧處，終鮮止息。洪範五福，終於考終命，以壽考之難得也；《易·遯》六爻不及君主，人君無退藏之地也，豈當與臣民較安逸哉？朕自幼讀書，尋求治理，年力勝時，挽强決拾。削平三藩，綏輯漠北，悉由一心運籌，未嘗妄殺一人；府庫帑金，出師振飢，未敢妄費，巡狩行宮，不施采繢。少時即知聲色之當戒，佞倖之宜遠，幸得初致謐安。今春頗苦頭暈，形漸羸瘦，行圍塞外，水土較佳，體氣稍健，每日騎射，亦不疲乏。復以皇太后違和，頭暈復作，步履艱難，倘一時不諱，不得悉朕衷曲。死者人之常情，要當於明爽之時，舉平生心事，一爲吐露，方爲快耳。昔人每謂帝王當舉大綱，不必兼綜細務。朕不謂然，一事不謹，即貽四海之憂；一言不謹，即貽百年之患。朕從來涖事，無論巨細，莫不慎之又慎。唯年既衰暮，祇懼五十七年憂勤惕勵之心，隳於末路耳。立儲大事，豈不在念，但天下大權，當統於一，神器至重，爲天下得人至難，是以朕垂老而惓惓不息也。大小臣工能體朕心，則朕考終之事畢矣。茲特召諸子諸卿士詳切言之，他日遺詔，備於此矣。（《清史稿·聖祖紀》八八五一頁）

右所述者既見康熙帝平日之言行，又復見其自叙五十七年主政之用心，其要可知矣。雖未明言立道統綱紀，而道統綱紀在其中矣；熊賜履奏疏之意亦在其中矣。（六十年十月辛未，詔：「大學士熊士履，服官清正，學問博通，朕久勿忘，常令周恤其家，令其二子來京，觀其氣質，尚可讀書，宜加造就！可傳諭九卿知之。」）

（二）雍正之政

世宗雍正之政，《清史稿》編者譽之曰：「聖祖以寬仕，世宗以嚴明繼之，論者比之漢之文景。」此乃溢美之詞也，考其十三年之政實無可稱者，蓋其專用心於骨肉相殘太甚也；此固有康熙廢立失當之餘患存焉，實則乃其生性慘烈所致，缺帝王好生之仁德也。四年正月丁酉，宣詔更呼其八弟允禩之名爲阿其那（狗），更其子弘旺之名爲菩薩保，俱居宗人府。九月己亥，錫保奏「阿其那死於禁所」。四年五月癸巳，禁錮十四弟允禵及其子白起，於壽皇殿側。五月乙巳，改其九弟允禟之名曰塞思黑（猪），拘於保定。以狗猪名其兄弟手足，亦可窺知其心地卑污狠毒矣，如何設想以如此卑污狠毒之心地臨之與民時則就立即變成爲仁民愛物之心腸了。吾愚也，不知其變也。時有康熙五十二年進士孫嘉淦（山西興縣人，家貧，耕且讀，中進士而仕於康、雍、乾三朝），世宗初即位即上疏陳三事，「請親骨肉，停捐納，罷西兵」。上召諸大臣示之，且曰：「翰林院乃容此狂生耶！」大學士朱軾侍，徐對曰：「嘉淦誠狂，然臣服其膽！」良久，上笑曰：「朕亦服其膽。」上又語諸大臣曰：「嘉淦太戇，然不愛錢。」一擢國子監司業。雍正元年七月，頒行《孝經衍義》。二年三月乙亥朔，上詣太學釋奠，御彝倫堂，講《尚書》、《大學》。五月辛酉，詔川陝雲貴都撫提鎮：「朕聞各處土司鮮知法紀，苛待屬人，生殺任性，今海宇樂利，而土民獨切向隅，朕心不忍，宜嚴飭土司，勿得肆爲殘暴，以副朕子惠元元至意。」十三年三月戊子，詔曰：「地方編立保甲，必須俯順輿情，徐爲勸導，若過於嚴急，則善良受累矣。爲政以得人爲要，不得其人，雖良法美意，徒美觀聽，於民無濟也。」夏四月乙巳，《聖祖文集》刊成，頒賜廷臣。「爲政以得人爲要」，雍正帝之此言實乃儒家政治之核心也。仁政者，聖君賢相之政也，聖賢之政也，君子之政也，善性之發而爲政也，善性之發而爲教也，聖賢之出，君子之成，俱有賴於教育也。教者，人才之本也，政治之本也，辨明政與教乃爲學之大要也，亦爲政之大要也。

（三）乾隆之政

高宗乾隆居位六十年，享壽八十有五，其政可述者武功與文事兩大端。文事中有一事必述之於前者，乃左都御史兼吏部尚書孫嘉淦之上書《言皇上之心》也，此乃本朝開局之奇文，亦中華史上亘古之絶唱也，其言曰：「臣本至愚，荷蒙皇上聖恩，畀以風紀重任，日夜悚惶，思竭一得之慮。而每月以來捧讀聖訓，剴切周詳，仁政固已舉行，臣愚更無可言；所欲言者，皇上之心而已。皇上之心仁孝誠敬、明恕精一，豈復尚有可議，而臣猶欲有言者正於心無不純、政無不善之中，竊鰓鰓私憂過計而欲預防之也。治亂之循環如陰陽之運行，陰極盛而陽生，陽極盛而陰始。事當極盛之地，必有陰伏之機，其機藏於至微，人不能覺；及其既著，積重而不可返。此其間有三習焉，不可不慎戒也。主德清，則臣心服而頌；仁政行，則民身受而感。出一言而盈廷稱聖，發一令而四海謳歌，在臣民本非獻諛，然而人主之耳則熟於此矣。耳與譽化，非譽則逆，始而匡拂者拒，繼而木訥者厭，久而頌揚之不工者亦絀矣；是謂耳習於所聞，則喜諛而惡直。上愈智則下愈愚，上愈能則下愈畏。趨蹌諂脅，顧盼而皆然；免冠叩首，應聲而即是。此在臣下以爲盡禮，然而人主之目則熟於此矣。目與媚化，非媚則觸，故始倨野者斥，繼而嚴憚者疏，久而便辟之不巧者亦忤矣。是謂目習於所見，則喜柔而惡剛。敬求天下之事，見之多而以爲無足奇也，則高己而卑人；慎辨天下之務，閲之久而以爲無難也，則雄才而易事。質之人而不聞其所短，返之己而不見其所失。於是乎意之所欲，信以爲不逾；令之所發，概期於必行矣。是謂心習於所是，則喜從而惡違。三習既成，乃生一弊，何謂一弊，喜小人而厭君子是也。今夫進君子而退小人，豈獨三代以上知之哉？雖叔季之君，孰不思用君子。且自智之君各賢其臣，孰不以爲吾所用者必君子，而決非小人，乃卒之小人進而君子退者，無他，用才而不用德故也。德者，君子所獨，才則君子小人共之，而且小人勝焉。語言奏對，君子訥而小人佞諛，則與耳習投矣；奔走周旋，君子拙而小人便辟，則與目習投矣。即課事考勞，君子孤行其意，而恥於功，小人巧於迎合而工於顯勤，則與心習投矣。小人挾其所長以善投人主，溺於所習而不覺。審聽之，而其言入耳；諦觀之，而其顔悦目；歷試之，而其才稱乎心也；於是乎小人不約而自合，君子不逐而自離。夫至於小人合、君子離，其患可勝言哉！而揆厥所由，皆三習爲之蔽焉。治亂之機，千古一轍，可考而知也。我皇聖明，臨御如日中天，豈惟並無此弊，抑且並無此習。然臣正及其未習也而言之，設其習既成，則或有知之而不敢言，抑或言之而不見聽者矣。今欲預除三習，永杜一弊，不在乎外，惟在乎心，故臣願言皇上之心也。語曰：人非聖人，孰能無過。此淺言也。夫聖人豈無過哉，惟聖人而後能知過，惟聖人而後能改過。孔子謂五十學《易》可無大過，文王視民如傷，望道如未之見。是故賢人之過，賢人知之，庸人不知也；聖人之過，聖人知之，賢人不知也。欲望人繩愆糾謬，而及於其所不知，難矣。故望皇上聖心自懔之也。反之己真，知其不足，驗之世實，見其未能，不敢自是。此不敢自是之意流貫於用人行政之間。夫而後知諫諍切磋，愛我良深，而諛悦爲容者，愚己而陷之阱也；夫而後知嚴憚匡拂，益我良多，而順從不違者，推己而墜之淵也。耳目之習除，取舍之極定。夫而後衆正盈朝，太平可覩矣。不然，自是之根不拔，此念一轉，初亦似於天下無害，而不知嗜欲、燕安、功利之説，漸入耳而不煩；而便辟、善柔、便佞者，亦熟視而不見其可憎。久而習焉，或不自知而爲其所中，則黑白可以轉色，而東西可以易位，所謂機伏於至微，而勢成於不可返者，此之謂也。由此觀之，治亂之機，轉於君子小人之進退；進退之機，握於人主之一心。能知非，則心不期敬而自敬；不見過，則心不期肆而自肆。敬者，君子之招而治之本也；肆者，小人之媒而亂之階也。然則沿流溯源，約言蔽義，惟望我皇上時時事事常守此不敢自是之心，而天德王道舉不外乎此矣。」（《清史稿·孫嘉淦傳》九九六六頁）

孫嘉淦之此義「天德王道，治亂繫於君子小人之進退，握於人主之一心」，非僅對乾隆帝而言也，乃儒家政治理論經歷代檢驗之結論也，就乾隆朝而論，適其晚年用人弊病之預見也。乾隆之政，就其武功言之，有其自撰《十全記》中所列之十大武功：掃金川二，平準葛爾二，定回部一，定緬甸一，靖臺灣一，降安南一，降郭爾喀二。且命爲十全老人，玆於次略述之。掃大小金川二：乾隆十四年（一七四九年）正月辛亥，諭傅恒、岳鍾琪由黨壩進勦大金川，並以四月爲期，納降班師。丁巳，命傅爾丹、伊繼善等參贊大金川軍務。丁卯，大金川莎羅奔、郎卡，知岳鍾琪善用兵，乞降，大金川告平。迄乾隆三十六年（一七七一年）大小金川復叛。大金川土司（四川金川土司莎羅奔兄索諾木掌政事）與小金川（四川小金）土司澤旺子僧格桑相結，屢攻鄰境。乾隆帝新任侍郎桂林爲四川總督，又命大學士温福自雲南進兵夾攻。桂林出打箭爐（西康康定），温福出四川汶川，成夾攻之勢，桂林部將薛琮抵黑龍沟，三千人盡爲大金川軍所殲。桂林革職，任阿桂爲四川總督。阿桂軍陷小金川，僧格桑奔大金川，再攻陷底木達，擒獲澤旺，磔死於市。温福軍追擊至木果木，日置酒高會，剛愎不與衆，引發兵變，温福被殺，阿桂由小金川進兵大金川，圍孫克宗壘，索諾木大懼，鴆殺僧格桑，將其尸及妻妾獻軍前，乞赦己罪，阿桂不聽，攻益急，壘陷，索諾木逃往葛爾厓。阿桂圍葛爾厓，莎羅奔、索諾木出降，獻俘北京，寸磔於市。遂廢土司，於大金川設阿爾古廳，於小金川設美諾廳，後改懋功廳。大小金川併焉，歷時五年告平。平準葛爾亂二：乾隆十九年（一七五四年），準葛爾部內亂。五月辛巳，命清保爲黑龍江將，命兩路進兵取伊犁，召永常、策楞來京面授機宜。杜爾伯特部所屬之輝特部酋長（臺吉）阿睦撒納襲伊犁，殺準葛爾可汗達爾濟，立功臣大策零後裔達瓦濟爲可汗。尋欲吞併準葛爾部，達瓦濟擊之，阿睦撒納不能敵，率所部萬餘人降中國，願爲向導攻準葛爾部。乾隆帝命尚書班第爲定北將軍，阿睦撒納爲定邊左將軍副之，陝甘總督永常爲定西將軍，薩拉爾爲定邊右將軍副之。兵分兩路，長驅直入，未經陣戰，直陷伊犁，達瓦濟可汗奔烏什城。烏什城主霍吉斯縛之獻中國，並獲前青海和碩特可汗卜藏丹津。（柏楊《中國歷史年表》）乾隆帝以準葛爾部之亂既平，欲借此羈縻朔北各部，乃恢復厄魯特蒙古四部（杜爾伯特部、和碩特部、輝特部、綽羅斯部），各立可汗。而阿睦撒納不欲分立四可汗，欲自爲總可汗，遂起兵叛，攻陷伊犁，定西將軍永常擊阿睦撒納，敗之，復取伊犁。阿睦撒納奔哈薩克，旋和碩特部郡王青滾雜卜叛，自哈薩克歸，聚衆於博羅塔拉河（今新疆博羅）。兆惠出西路，成滾札布出北路，夾攻阿睦撒納，所至皆捷。適準葛爾部痘疫起，阿睦撒納復奔哈薩克。哈薩克可汗欲擒之，阿睦撒納徒步奔俄羅斯，尋患痘卒，俄人運其尸至哈克圖，天山北路及伊犁自是入中國版圖。但乾隆帝以準葛爾部終難羈縻，命兆惠屠其餘衆，搜剔縱殺，歷時四年，二十萬户、六十餘萬人，舉族殆盡，準葛爾滅矣。筆者以爲乾隆帝命兆惠屠戮準葛爾之舉乃是其祖德不純，其本民族殘忍性之表現，有違儒家道統「柔遠人，懷諸侯」之教也遠矣甚矣。從順治入關（一六四四年）至乾隆下令屠準葛爾部，一百一十年中，在江南與朔北兩地殺人一百六十萬以上，特別在朔北搜剔縱殺，血雨腥風亦屬盛世乎？文字獄横行亦稱太平乎！定回回部：天山南路回回部大和卓木（聖裔）布那敦與其弟小和卓木霍集登知天山北路準葛爾部之被屠，發兵守險，稱巴圖爾汗國。乾隆帝命靖逆將軍雅哈爾善擊之，圍庫車，霍集登夜遁。清軍僅得空城，乾隆帝怒斬雅哈爾善，命兆惠任定邊將軍，追擊，兆惠抵葉爾羌河，霍集登圍之，歷時三月，新疆東北巴巴里坤部大臣阿里衮率兵救兆惠還阿克蘇，時各路軍皆集，乃再進攻，陷葉爾羌城。布那敦與霍集登逾帕米爾而西，巴達克山可汗擒斬之，天山南路自是入中國版圖。

定緬甸：乾隆二十一年（一七五六年）十一月乙亥，雲南總督楊應琚奏緬甸大小猛育猛答各部頭人内附。三十二年，會緬軍以疾疫退去，楊應琚以爲緬軍易於輕取，遂進兵至緬甸八莫，傳檄命緬軍降，緬軍反攻，連陷木邦、景綫等城，楊應琚計窮，惟以屢捷聞。既而知其妄，捕楊應琚，令其自盡。乾隆帝命都統額爾登額趨救，額駐軍老官屯不敢進，明瑞以無援戰死，全軍盡没，乾隆帝怒，捕額爾登額磔死之，另任大學士傅恒爲雲南經略，統軍深入緬甸，奔走一百七十日，歷二千里，不見敵踪。還攻老官屯，不能克。會暹羅（泰國）華人鄭昭起兵驅緬軍，建新都於曼谷，緬甸懼南北受敵，遣使議和，定緬甸對中國行「表貢」之禮而還。緬甸始定。

歸臺灣：乾隆五十一年（一七八六年），臺灣彰化人林爽文聚衆結社，號天地會（三合會）。臺灣知府孫景燧遣兵往捕，不敢進，焚鄰近村莊以怵之，民皆怨怒林爽文，遂起叛，陷彰化、諸羅，圍攻臺灣府（臺南）。浙閩總督赴臺督師，總兵柴大紀收復諸羅，林爽文圍之，不懈，城中食盡，危殆萬分，乾隆帝命陝甘總督福康安出任將軍，内大臣海蘭察任參贊大臣，急馳援臺，海蘭察擊林爽文，嘉義圍解，進至集集鋪與箐谷，擒林爽文，臺灣平定。降安南：

乾隆五十三年（一七八八年）五月，安南人阮文岳、阮文平、阮文惠等叛，逐國王黎維祈，黎維祈奔匿民間，遣使求援。七月辛酉朔，安南牧馬官阮輝宿奉侍黎維祈之母及子來奔。乾隆帝命孫士毅赴廣西撫諭之。孫士毅入安南，大敗阮氏兄弟，遂取河内，黎維祈復位，清政府封之爲安南王。次年，命孫士毅班師，士毅貪俘阮光平（即阮文惠）以爲功，疏於防務，阮光平遣使詐約降，傾全力襲河内，清軍潰。乾隆帝大怒，革孫士毅職，命福康安前往督師。阮光平乞和，乾隆帝允於其八十壽誕入朝，於是封阮光平爲安南國王。

降廓爾喀二：乾隆五十三年十月庚寅，廓爾喀（尼泊爾）突發兵侵入後藏薩喀，命孫士毅出關督剿。五十四年九月己丑，廓爾喀貢使入覲，封拉特納八都爾王爵，巴都爾薩野公爵。五十六年九月甲午，以廓爾喀圍札什倫布，諭鄂輝等進剿。乾隆帝以理藩院侍郎巴東能西藏語，任爲監軍，統兵入藏。巴東自恃近臣，又昏庸畏葸，不敢進戰，私許廓爾喀歲幣一萬五千兩請和，廓爾喀允之；巴東則以廓爾喀乞降奏聞，乾隆帝准奏，以爲西藏事平矣。但廓爾喀久未幣至，以清廷違約，復大舉進攻，掠札什倫布（日喀則），全藏大震。達賴喇嘛飛章告急，巴東時侍乾隆帝於承德，聞變投井自殺。乾隆帝即命福康安爲大將軍，日夜兼進，限四十日抵乾隆帝命福康安引軍還，留兵鎮守西藏，命權與達賴班禪同。右述乾隆十大武功，歷四十二年，北、西、南邊靖疆安，且有拓土之功，可稱一世之雄也。然以儒家治國安邦之道統觀之，則非王者之氣也，王者之得民與土也，以德而懷遠也，不以力而征服之也，更不以屠戮而逞霸道也，必欲屠之而後快，乃其種性狠毒之表現也，亦其高曾祖王父以及其叔曾祖多爾袞輩屠戮漢人百萬之故伎重演也，其在史册上存留之斑斑血痕，萬世駭人心也。乾隆之政就文治而言，查考史料，其言之及於文治者有如次所列：乾隆元年（一七三六年）十月乙巳，申諭薦舉博學鴻儒。二年三月戊申，命翰林科道輪進經、史奏議。三年正月癸亥，命舉行經筵；二月丁亥，釋奠先師孔子；二月丙午，舉行經筵，自是每季仲月舉行一次，歲以爲常；三月甲寅，上詣太學釋奠，御彝倫堂，命講《中庸》、《尚書》。七年十一月乙亥，命持法寬嚴，務歸平允。十年六月辛未，普免全國錢糧，諭曰：「朕臨御天下，十年於兹，撫育蒸黎，躬行儉約，薄賦輕徭，孜孜保治，不敢稍有暇逸。今寰宇敉寧，左藏有餘，持盈保泰，莫先足民。天下之財只有此數，不聚於上，即散於下。我皇祖在位六十一年，蠲租賜復之詔，史不絶書，普免天下錢糧一次；我皇考無日不下減賦征之令，如甘肅一省正賦全行豁免者十有餘年。朕以繼志述事之心，際重熙累洽之後，欲使海澨山陬俱沾大澤，爲是特頒旨。」十四年，命傅恒、陳大受譯西洋等國番書。十五年二月辛丑，采訪經學遺書。五月，諭九卿科道直陳闕失。乾隆帝文治之最大舉措爲，三十八年閏三月己巳，命劉統勳等充辦理四庫全書總裁。其功萬世光輝，紀昀主其事，歷十年而成。《四庫全書》分經、史、子、集四部，故名四庫。共收書三千五百零三種，七萬九千三百三十七卷，内涵宏博豐富，中華學術之總匯也，古今文獻之精粹也。但其此舉之目的不正不純，心胸狹隘，目光短淺，對其統治有利者存之，無利者删之，或抽毁，或竄改，或斥而不録，或禁而不存，有違儒家「道並行而不相悖」之偉大胸懷。四十七年正月丙寅，《四庫全書》成；二月己巳，上御文淵閣，賜《四庫全書》總裁等官宴，賞賚有差。全書繕寫七部，分藏文淵、文源、文津、文宗、文匯、文溯、文瀾等七閣。康、雍、乾三朝，其祖孫三代，歷一百三十一年之穩定發展而稱盛世，由此而明，在我中華史上，只要遵循儒家道統，立其國本，以正君心，以清吏治，以端士習，以勵農工，以通商賈，以淳綱俗；書院讀經之聲不絶於耳，道路揖讓之禮常悦於心，盛世太平之氣象可立見矣。此乃中華經史發展之必然邏輯，唯歷代見之於世者常倏忽而逝，見之於康、乾者則外王而內霸也。

七 康乾之南巡

昔周公作《無逸》警戒成王：「治民祗懼，不敢荒寧」，「無淫於觀、於逸、於游、於畋」。唐魏徵《諫太宗十思》有言曰：「樂盤游則思三驅以爲度。」今康、乾二帝各下江南六次，雖曰南巡示盛世之象，然其沿途驚擾州縣，迎來送往，駐蹕所費，難以數計也，觀其每次所免數省錢糧則可窺知其一斑矣。康熙二十三年（一六八四年）九月丁亥，詔南巡，車駕所過，賜復一年；辛卯，上啓鑾。冬十一月壬寅，次泰安，登泰山祀東嶽。辛卯，次桃源，閱河工，慰勞役夫，戒河吏勿侵漁。臨視天妃閘，與河臣靳輔論治河方略。壬子，渡淮。甲寅，次高郵湖，登岸行十餘里，詢耆老疾苦。丙辰，幸焦山、金山，渡揚子江，舟中顧臣曰：「此皆戰艦也，今以供巡幸，然艱難不可忘也。」戊午，駐蘇州。庚申，幸惠山，諭巡撫：「百姓遠道來觀，其不能歸者資遣之。」十一月壬戌朔，駐江寧。癸亥，詣明陵，致奠。乙丑，回鑾，泊舟燕子磯，讀書至三鼓，侍臣高士奇請曰：「聖躬過勞，宜少節養。」上曰：「朕自五齡受書誦讀，恒至夜分，樂此不爲疲也。」辛未，臨閱高家堰，次宿遷，過白洋河，賜老人白金。戊寅，次曲阜。己卯，詣先師廟，入大成門，行九叩禮，至詩禮堂，講《易經》；上大成殿，瞻先聖象，觀禮器；至聖迹殿，覽圖書；至杏壇，觀植檜；入承聖門，汲孔井水，嘗之；顧問魯壁遺迹，博士孔毓圻占對甚詳，賜官助教；詣孔林墓前，酹酒，書「萬世師表」額，留曲柄黄蓋；賜衍聖公孔毓埏，以次日講諸經各一；免曲阜明年租賦。庚寅，上還京。

二十八年（一六八九年）己巳春正月庚午，康熙帝詔南巡。丙子，啓鑾，詔勿令民治道。甲申，上駐濟南。乙酉，望祀泰山。庚寅，次郯城。壬辰，次清河。乙未，駐揚州，詔曰：「朕觀風問俗，鹵簿不設，扈從僅三百人。頃駐揚州，民間結綵盈衢，雖自愛敬之誠，不無少損物力，其前途經過郡邑，宜悉停止。」辛丑，上駐蘇州。丁未，駐杭州，詔廣學額，賚軍士。辛亥，渡錢塘江，至會稽山麓。壬子，祭禹陵，親製祭文，書名，行九叩禮，製頌刊石，書額曰「地平天成」。癸丑，上還駐杭州。丁巳，次蘇州，故湖廣糧道葉映榴之子敷迎鑾，爲其父請謚，上書「忠節」二大字賜之。松江百姓建碑祈壽，獻進碑文，江南百姓籲留停蹕，獻土物爲御食，委積岸上；令取米一撮、果一枚，爲留一日。癸亥，上駐蹕江寧。甲子，祭明陵，賜江寧、京口駐防高年男婦白金。乙丑，上詣觀星臺，與學士李光地咨論星象，參宿在觜宿之先，恒星隨天而動，老人星合見江南，非隱現也。江寧士民籲留聖駕，爲留二日。三月戊辰朔，發江寧，閱高家堰，指授治河方略。丙戌，上還京。三十八年（一六九九年）已卯春正月辛卯，詔：「朕將南巡，察閱河工，一切供億由京備辦，預飭官吏，勿累閭閻。」癸卯，上奉皇太后南巡啓鑾。三月庚午，上次清口。辛未，上御小舟，臨閱高家堰。丙子，車駕至揚州。癸未，車駕至蘇州。辛卯，車駕次杭州。戊戌，上奉皇太后回鑾。夏四月庚子朔，廻次蘇州。乙酉，車駕次江寧。庚申，次揚州。丙寅，渡黄河，五月辛未，次仲家閘，書「聖門之哲」額，懸先賢子路祠。乙酉，上奉皇及后還宫。

四十二年（一七〇三年）癸未正月壬戌，上南巡，閱河工。庚午，次濟南，觀珍珠泉，賦三渡齊河詩。壬申，次泰安，登泰山，詔免蹕路所經及歉收各屬去年逋賦。已卯，自桃源登舟，偏閱河堤。甲申，渡江登金山。丙戌，次蘇州。庚寅，駐杭州。辛丑，次江寧。三月戊申，上閱高家堰、翟家壩隄工。己酉，閱黄河南龍窩、烟墩等堤。庚申，上還京。

四十四年二月癸酉，上南巡閱河，詔曰：「朕留意河防，屢行閱視，獲告成功。茲黄河水暢流，尚須察驗形勢，循河南下。所至勿繕行宮，其有科斂累民者，以軍法治罪。」三月乙亥，諭山東撫臣曰：「百姓歡迎道左者，日數十萬人，計日回鑾，正當麥秀，其各務稼穡，毋致妨農。」乙巳，上駐揚州，授河臣張鵬翮方略。辛亥，上駐蘇州，命選江南、浙江舉貢生監善書者入京修書。戊寅，御書「至德無名」額懸吳太伯祠，並書季札、董仲舒、焦先、周敦頤、歐陽修、胡安國、米芾、宗澤、陸秀夫各匾額懸其祠。乙酉，上駐江寧。四月癸卯，上閱高家堰堤工。辛酉，上還京。

四十六年丁亥春正月丁卯，詔：「南巡閱河，往返舟楫，不御室廬，所過勿得供億。」二月戊戌，次臺莊，百姓來獻食物，召耆老前，詳詢農事、生計良久，乃發。癸卯，上閱溜淮套，由清口登陸，如曹家廟，見地勢毗連山嶺，不可疏鑿，而河道所經，直民廬舍墳墓，悉當毀壞，詰責張鵬翮等，遂罷其役，道旁居民讙呼萬歲。命別勘視天然壩以下河道。三月己未，上駐江寧。乙巳，上駐蘇州。夏四月甲申，上駐杭州，詔曰：「頃朕因視河，駐蹕淮上。江、浙二省官民籲請臨幸，朕勉徇群情，涉江而南。方今二麥垂熟，百姓沿河擁觀，不無踐踏。其令停迎送，示朕重農愛民至意。」五月壬子朔，上次山陽，示河臣方略。癸酉，上還京。右列康熙之六次南巡，其中有四次詔明視河，且親臨現場（曹家廟）妥善處理有違民意事件，亦可見其勤政之精也，與夫慮患之深遠也。乾隆帝之南巡，乾隆十六年（一七五一年）春正月庚子，以初次南巡，免江蘇、安徽元年至十三年之逋賦，浙江本年額賦。辛亥，上奉皇太后南巡。癸丑，免經過直隸、山東本年額賦十分之三。自是南巡皆如之。二月丙子，上奉皇太后渡河，閱天妃閘。丁丑，閱高家堰。乙酉，上幸焦山。己丑，上駐蹕蘇州，諭三吳士庶「各敦本業，力屏浮華」。三月戊戌朔，上奉皇太后幸杭州。庚子，上幸敷文書院，觀潮樓閱兵。庚戌，諭浙江士庶「崇實敦讓，子弟力田」。乙卯，幸宋臣范仲淹祠，賜園名曰「高義」，賞後裔范宏興等貂幣。辛酉，上奉皇太后幸江寧府。壬戌，上祭明太祖陵。四月癸酉，上閱蔣家壩。丙戌，上駐蹕泰安府，祀東嶽。乾隆二十二年春正月甲午，以南巡免江、浙、皖三省年逋賦。癸卯，上奉皇太后南巡。丁未，免經過直隸、山東地方錢糧十分之三。二月癸亥朔，免經過江南、浙江地方本年錢糧十之三。丁亥，上奉皇太后渡河，至天妃閘閱木龍。乙亥，上奉皇太后渡江。癸未，幸范仲淹高義園。甲申，上奉皇太后幸蘇州府。乙酉，上奉皇太后臨視織造機房。丙戌，上閱兵於嘉興府後教場。丁亥，上閱兵於石門鎮。乙丑，上奉皇太后幸杭州府。

庚寅，上閱兵。三月庚子，上奉皇太后駐蹕蘇州府。乙酉，上奉皇太后幸江寧府。庚戌，上奠明太祖陵。己未，上奉皇太后渡河。夏四月丙寅，上至孫家集閱堤工。丁卯，上渡河至荊山橋、韓莊閘，閱河工。辛未，上至闕里，釋奠先師孔子。上奉皇太后駐蹕靈巖。丁酉，上詣藍靛廠迎皇太后居暢春園。乾隆二十七年春正月丙申，以奉皇太后巡省江、浙，詔免江、浙、皖逋賦。丙午，上奉皇太后南巡，發京師，免直隸、山東經過地方本年錢糧十分之三。二月壬申，上奉皇太后渡河，閱清口東壩、惠濟閘。庚辰，上奉皇太后渡江，閱京口兵。辛巳，上幸焦山。乙酉，上奉皇太后臨蘇州府。戊子，上謁文廟。三月甲午朔，上奉皇太后臨幸杭州府。乙未，上幸海寧閱海塘。戊戌，上閱兵。癸卯，上奉皇太后臨視織造機房。丙午，回蹕。甲寅，上奉皇太后渡江。己未，上祭明太祖陵。閱兵，幸兩江總督尹繼善署。壬戌，上奉皇太后渡江。夏四月庚午，上閱高家堰，奉皇太后渡河。庚辰，上祭孟子廟。辛巳，上謁孔林。戊子，皇太后登陸，駐蹕德州行宮。己丑，上送皇太后登舟。五月辛丑，上詣黃新莊，迎皇太后居暢春園。乾隆三十年春正戊申，以皇太后四巡江、浙，免江、浙、皖三省歷年因災未完丁漕。壬戌，上奉皇太后啓蹕南巡。二月戊子，上奉皇太后渡河，閱清口東壩木龍、惠濟閘。丙申，上奉皇太后渡江。丙午朔，上奉皇太后臨幸蘇州府，上謁文廟。壬子，上奉皇太后臨幸杭州府。三月丙子朔，上幸焦山。戊寅，上奉皇太后駐江寧府。壬午，上詣明太祖陵奠酒。幸尹繼善署。丙戌，上奉皇太后渡江。乙未，上閱高家堰堤。奉皇太后渡河。癸夘，上渡河。丁巳，上奉皇太后駐德州。丙寅，上還京師。庚午，上迓皇太后居暢春園。

乾隆四十五年春正月辛卯，上巡幸江、浙，免直隸、山東經過地方本年額賦十分之三。甲寅，免江南、浙江經過地方本年額賦十分之三。己未，上渡江，閱清口東壩堤工。戊辰，上幸焦山。壬申，上幸蘇州府。三月辛巳，上幸海寧州觀潮。壬午，上幸尖山。癸未，上幸杭州府。甲申，上幸秋濤宮，閱水師。丙午，上詣明太祖陵奠酒。夏四月己酉朔，上渡江。丁巳，上至武家墩，閱高堰隄工，渡河。五月丁亥，上還京師。

乾隆四十九年正月丁未，上南巡，免直隸、山東經過地方本年錢糧十分之三。二月壬戌，上幸泰安府，詣岱廟行禮。丙寅，上謁少昊陵，至曲阜謁先師廟。丁卯，釋奠先師，詣孔林酹酒。祭元聖周公廟。三月丙戌，祭江神，上渡江，幸金山。丁亥，上幸焦山。辛亥，上幸蘇州府。乙未，上詣文廟行禮。己亥，上幸海寧州，祭海神。以福建親賜進士郭鐘岳年屆一百四歲來浙迎鑾，賞國子監司業。庚子，上幸杭州府。癸卯，上詣聖因寺，祭聖祖神御。戊申，上閱福建水師。庚戌，上自杭州回鑾。甲寅，上駐蘇州府。三月壬戌，上幸江寧府。甲子，祭明太祖陵。戊辰，上渡江。丙子，祭河神渡河。夏四月庚寅，上祭禹廟。丁亥，上還京師。

古有巡守之制，《禮記·王制》「天子五年一巡守」，《孟子》「天子適諸侯曰巡狩」。舜帝曾出巡四岳，宣仁德，察四方之政。此後四千年中，雖有此制，歷代實少行之。清康、乾二帝，各六次南巡，具體言之，康熙之南巡重在閱河工，乾隆之南巡，雖兼閱河工，實則重在娛性，兼示天下孝德與揚盛之象，不免有徒鶩虛名之嫌，爲何止見南巡而無西北之憂乎？其間勞逸之分，不言而自喻矣。

八　君逸臣貪

君逸者，言乾隆帝中年後之淫逸也，正史雖乏紀實，然寵信香妃，聊可佐證。香妃亦稱容妃（一七三四—一七八八），和卓氏，回部台吉和札麥之女，清封輔國公圖爾都之妹。乾隆二十五年（一七六〇年）進宮，以貌美，初稱香妃，三十三年封爲容妃。在宮享有特殊地位。

臣貪者，言和珅周圍巨貪之網也。此網因和珅由朝廷蔓及地方，如乾隆四十七年監察御史錢灃所奏：「山東巡撫國泰、布政使于易簡，吏治廢弛，貪婪無厭，各州縣皆虧闕。上命大學士和珅、左都御史劉墉率灃往按，和珅庇國泰，悚灃，灃不爲撓，至山東發歷城庫驗帑銀。故事帑銀以五十兩爲一錠，市銀則否。國泰聞使者將至，假市銀補庫，灃按問得其狀，召商還所假，庫爲之空。復按章丘、東平、益都三州，縣庫虧闕如灃言，國泰、易簡罪至死，和珅不能護也。」（《清史稿·錢灃傳》）此貪網之成乃君逸有以縱之也。據印鸞章《清鑒》言：「自乾隆四十二年和珅尊寵用事，至於今二十有三年矣。當是時，廉正大臣如稽璜，元勳上公如阿桂，皆未嘗彈劾。以故終高宗之世，恩寵不衰；養成乾隆末年内外官吏貪墨之惡習，其党皆掊克聚斂，吸收民間脂膏，厚自封植，百餘年元氣爲之斷喪殆盡，人民因相率思亂，始有山東王倫之亂，繼則甘肅田五，終則川楚白蓮教。而珅復稽壓軍報，虛張功級，濫邀爵賞，致匪亂蔓延不可收拾。嘉慶帝，早深惡和珅爲人，即位，大權仍由太上皇操之。太上皇耄老，唯和珅之言是聽。珅則以嘉慶帝之立，己實有擁戴之功，益自持矜，而帝以太上皇寵珅甚專，畏其傾陷，遂虛與委蛇，隱忍不發。及本年正月初三日，太上皇崩，帝權在手；初八日，御史廣興王念孫等首上疏糾參和珅，列欵二十，嘉慶帝立下詔褫奪珅大學士職；逮其黨户部尚書福長安，同下獄。於是月十八日宣示和珅二十大罪於天下，賜和珅自盡。（福長安等伏誅。）籍没其家，其財産抄没者，凡百有九號，已估者二十六號值銀凡二百二十三兆八十九萬兩有奇。未估價者以比例法估之當得八百兆兩有奇。查政府歲入不過七千萬兩，和珅二十年之貪，總額比政府十年之歲入尤多。（史家言：以法王路易十四之暴，其私産不過二千餘萬兩，不及和珅四十分之一。）其禍朝敗吏之深，詎可以數字狀之耶？」（《清鑒》下册四九九—五〇〇頁，北京市中國書店，一九八五年三月第一版。）

清政之盛衰以此爲界綫，此後一百一十年則入衰亡之途矣。究其轉敗之機，則伏於乾隆帝驕逸之時矣。驕者必敗，逸者必亡，此周公作《無逸》之至意也，唯無驕無逸，「君子終日乾乾，夕惕若厲，無咎。何謂也？子曰：君子進德修業，忠信所以進德也；修辭立其誠，所以居業也；知至至之，可與幾矣，知終終之，可與存義矣。」（《易·乾·文言》）君子與有國者，唯「知終終之」，方可免於衰敗也，唯聖者居窮守樸，衰敗無與焉。

第三節 儒學尚實

中華思想横遭清廷禁錮，摧折而不毁，反益發其光輝者，以儒道兩家之道大而根深，出於人性、人心、人情，必化於人性、人心、人情；其内蘊之生命力源泉滚滚而出，與日俱新。只要人之一息尚存，就具有辨邪正、識善惡之理性。此理性形之於古者則有儒、道兩家經典；至北宋則有道學興起，以闡發古義，開拓新論，千年之間，學者輩出，論説心、性、理、欲、政、教諸大端詳矣、全矣，又有五千年之歷史爲驗證，順道統者昌，逆之者亡，未見有不驗者，或出現反驗者。有清一代之學者無論其居官爲士，或隱居著述，其於學也莫不秉承儒道經典與宋明理學之源流，闡發精微，清澈見底，疑義盡釋，兹據清儒研究之實，就下列四端論述之，以就正於海内外之賢明。

一 經世之論

經世致用本爲儒學之立足點，「觀乎天文以察時變，觀乎人文以化成天下。」（《易·賁·象》）「知周萬物，道濟天下」，「範圍天地，曲成萬物」。（《周易·繫辭上》）此乃儒學經世致用之最高指導思想。首倡道學之周敦頤在其《通書》亦剴切指明經世致用：「聖人之道，入乎耳，存乎心，蘊之爲德行，行之爲事業。彼以文辭而已者陋矣。」（《宋元學案》四九三頁）雖然宋明理學家，因太注重於天人之際、理欲之間、心性之蘊、知行之辨，諸端論説，對經世致用不免有所疏忽，其弊之至者，乃害及政教；明政之腐敗，固有其道統未立之病，實亦有學風不正、士習不端之弊存焉。清季學人敏於此者首推顧炎武（一六一三—一六八二年），初名絳，江蘇昆山人，明末時參加「復社」，反宦官權貴；清兵入關，又參加昆山、嘉定一帶抗清運動，魯王授爲兵部司務，不克，幸而得脱，遂去家不返，偏歷關塞，考察人情、地理，四謁孝陵，六謁思陵，始卜居陜之華陰，謂秦人慕經學，重處士，持清議；而華陰綰轂關河之口，足不出户，亦能見天下之人，聞天下之事，一旦有警，入山守險，不過十里之遥；有志四方，一出關門，即有建瓴之便，乃定焉。其學博據經史，實志在社稷，嘗云：「百餘年來之爲學者，往往言心性，而茫然不得其解也。是故性也、命也、天也，夫子所罕言，而今君子所恒言也；出處去就、辭受取與之便，孔子、孟子所恒言也，而今之君子所罕言也。愚所謂聖人之道者如之何？曰：博學於文，行己有恥，自一身以至於天下國家皆學之事也。自子臣弟友以至出入往來、辭受取與之間，皆有恥之事也。士而不先言恥，則爲無本之人，非好古多聞則爲空虛之學，無本之人而講空虛之學，吾見其日從事於聖人而去之彌遠也。」故其學主「斂華就實」。清初稱學有根柢者以顧炎武爲最。故其所致力者，凡國家典制、郡邑、掌故、天文、儀象、河漕、兵農之屬，莫不窮源、究委，改正得失，撰《天下郡國利病書》一百三十卷，晚年治經側重考證，開清代朴學之風，對往後考據學中之爾派、皖派俱有影響，其所主「經世致用」之見：「六經之旨與當時之務應予合爲一」，「宋明之理學乃經學也，今所謂理學，禪學也，舍經學無理學」。（《清史稿·顧炎武傳》一〇二九頁）此經世致用之見，使理學闡發經學六百年之後，使經學之大義全彰而返復於經學與理學之核心内涵經世致用之上。只要此經世致用之大義一與時務結合，就必然産生巨大之能量。惜乎顧炎武先生提出此見之二百五十年中正值我中華民族經歷大苦難、大動蕩、大混亂時期，内憂外患交相迭起，迄無寧日。而經世致用與當務之結合又須取決於主客諸多條件，特別近二百年來處於大動蕩、大混亂狀態之中，是非顛倒，正邪錯位，善惡不辨，真僞文飾。經世致用與當務之結合道斷途塞，門閉户阻，呼之不出，叩之不應，此亦暫時之亂象而已，其必然者則是亂極思治，思治則必有求於專鶩修齊治平之儒道，此轉變之機何時而成熟，則尚須靜心以待也。古之言經世致用者，恒言「正其誼不謀其利，明其道不計其功」（董仲舒語）以儆之，蓋以防其追求功利之欲也。誼既正矣，公利自藴於誼之中；道既明矣，則群功自藏於道内。爲私欲而言經世致用者有違道本也，吾不與語焉。

二　人倫庶物之説

人倫者，人道之大而道者也，「子曰：君子之道，造端乎夫婦及其至也，察乎天地。」（《禮記·中庸》）萬物莫不有倫；儒家之人倫觀曰五倫，夫妻也，父子也，兄弟也，朋友也，君臣也。庶物者，言衆人與萬事也；人倫庶物者言個人與家庭俱處於衆民與萬事之中，悉善處之乃修身齊家之道；擴而充之則爲治國平天下之道也。人倫庶物之説者乃言人日處應事接人待物之中，言動容止必須合乎道德、人情、禮法、俗習也。孟子曰：「堯舜之道，孝悌而已矣。」《孝經》曰：「孝可移於忠以事君，弟可移於順以事上。」孝悌盡於日用間則無不盡矣。清儒對此論述甚精。顧培，字均滋，無錫人。少從宜興湯之錡學，憣然悔曰：「道在人倫庶物而已。」及之錡歿，與同道金廠建書院於惠山之麓，晨夕講會，遵高攀龍静坐法，以整齊嚴肅爲入德之方，默識未發之中，篤守性善之旨，晚歲四方來學者日衆。施璜，字虹玉，休寧人，少應試，見鄉先生講學紫陽，瞿然曰：「學者當如是矣！」遂棄舉業，發憤躬行，日以存何念、接何人、行何事、讀何書、吐何語五者自勘教學者九容以養其外，九思以養其內，（君子有九思：視思明，聽思聰，色思温，貌思恭，言思忠，事思敬，疑思問，忿思難，見得思義。（《論語·季氏》））九德以要其成。（《皋陶謨》「行有九德：寬而栗、柔而立、愿而恭、亂而敬、擾而毅、直而温、簡而廉、剛而塞、彊而義。」）高愈，字紫超，無錫人，高攀龍之兄孫也。少年即富向學之志，憤發讀經，不尚議論，崇踐實踐，提出：「士求自立，須自不忘溝壑始！」故其事親孝，守窮而樂道，餟粥七日，貽始也。

黄宗羲，謂「明儒講學襲語録之糟粕，不以六經爲根柢，束書而從事於游談。故問學者必先窮經，經術所以經世者，以其見之於人倫庶物、日用酬酢之間。所以經世不爲迂儒，則必兼讀史，非史無以證理之變化，多而不求於心，則流爲俗學矣。」

三 理欲之辨

理欲之辨，乃是儒、道兩家理論體系中之核心内涵與主題，也是永恒窮之不盡，且隨人道之發展而日新之主題。堯舜倡之（人心危，道心微），文王憂之（懲忿窒欲），老莊修之（少私寡欲），孔孟儆之（孔曰義利，孟曰求放心），董仲舒正之（正誼，明道），周濂溪振之（無欲是堅），二程揚之（道孰爲大，性爲大），張載大之（大其心則能體天下之物），朱熹過之（存天理，滅人欲），許衡見之（物以利欲驅之），陽明呼之（致良知，純乎天理），蕺山號之（一涉功利，皆爲苟且），戴震導之（性水也，欲流也）。

歷四千年有文獻可稽之論辯，終以戴震之論爲當。其言曰：「性，譬則水也；欲，譬則水之流也。節而不過，則爲依乎天理，爲相生相養之道，譬則水由地中行也；窮人欲而至於有悖逆詐僞之心，有淫佚作亂之事，譬則洪水横流，泛濫於中國也。聖人教之反躬，以己之加於人，設人如是加於己，而思躬受之情，譬則禹之行水，行其所無事，非惡泛濫而塞其流也。惡泛濫而塞其流，其立説之工者且直絶其源，是遏欲無欲之喻也。口之於味也，目之於色也，耳之於聲也，鼻之於臭也，四肢之於安佚也，此後儒視爲人欲之私者，而孟子曰『性』也，繼之曰『有命焉』。命者，限制之名，如命之東則不得而西，言性之欲不可無節也。節而不過，則依乎天理，非以天理爲正，人欲爲邪也。天理者，節其欲而不窮人欲也。是故欲不可窮，非不可有，有而節之，使無過情，無不及情，可謂之非天理乎！」（戴震《孟子字義疏證》一〇一二頁）

從戴震論中，愚以爲獲得三點啓示：（一）人欲與天理同源，不可鄙薄對待，同時因歷史中之興衰成敗，也應嚴重注意 私欲破壞作用之慘烈；（二）禦欲之道，如大禹之治水，疏導之使入大海，即使面對人欲横流亦唯有疏之導之；（三）唤醒人之良知乃是節欲之有效途徑。

前述者中有「朱熹过之」一語，須作補充説明：朱熹對理欲之論本已相當明確：「有個天理便有個人欲，人欲隱於天理中，其機甚微；天理人欲二字，不必求之於古今王霸之迹，但返於吾心義利邪正之間，察之愈密，則其見之愈明，持之愈嚴，則其發之愈猛。」（《朱子新學案》二八一—二八五頁）於此可知朱熹「存天理滅人欲」之所旨也。

第四節　衰敗之根由

由興到盛，由盛到衰，由衰而敗，由敗而亡，乃歷代所同一之過程，唯其間形態有殊，長短有差耳，更須細察之者，正是興盛之中隱伏衰敗之機，恰如老子所言「福兮禍所伏，禍兮福所倚」。禍福相伏，盛衰相生，成敗相隨，存亡相承，貴賤相替，高下相傾，安危相奪，儉奢相消，盈虧之情，朝夕可見，消長之數，須臾無息，盛衰成敗，啻如曇花之現，防止之法唯日損其欲，時去其私，瞬懲其忿，倏除其蔽。而且長思其危，安守其卑，謹防其患，嚴節其驕，庶幾有緩其衰敗之速，有轉其倏亡之運，然其盛衰成敗乃不逾者，可善御之，順其勢，乘其時，識其機。窮神而知化，或亦可以逆轉其勢，變換其形，而出現新機與形勢。其間順逆，反復亦難言矣。唯視新之行與勢、義與理、人與事諸因素而定也。有清一代之興衰敗亡，因其仁暴兼施，王霸並用，漢必化滿而未化，滿以壓漢而不服；政教施於上，民怨結於下，盛世之象，炫於衆人之目，反抗之機，藏於志士之心。故乾隆帝之駕一崩，嘉慶帝繼位之元年（一七九六年）「二月己亥，湖北當陽教案起，戕官」。

一　白蓮教之禍

白蓮教，又名白蓮社，秘密宗教組織，起於宋，其教義混合佛教、明教、彌勒教之内容，崇向光明，戰勝黑暗；提倡不殺、不盜、不淫、不妄語、不飲酒五戒。立白蓮教祖庭於河南汲縣，無生老母廟。（至道光十八年毁之。）元、明、清三代常爲農民組織起義之號召力量，教名亦常改。清代就有清水教、八卦教、天理教等名目。嘉慶元年起義者爲白蓮教徒聶傑仁等起事於湖北枝江、宜都。初在川楚，旋蔓延於陜、川、鄂、豫等省，贛亦有之。夏四月丙子朔，命宜綿、永保、恒瑞、孫士毅等分剿之。又命額勒登保剿辦陜西教徒。嘉慶三年三月，白蓮教首齊王氏、姚之富等敗死。八月，教首王三槐被俘，解京磔死。嘉慶四年三月，白蓮教首冷天禄戰死。八月，教首龔文玉、卜三聘被俘。十二月，教首王登廷被俘。嘉慶五年二月，教首王金桂戰死。五月，教首劉允恭戰死。十二月，教首楊開泰、齊國謨戰死。嘉慶六年正月甲辰，德楞泰奏獲教首高二、王儒。三月庚辰，詔：「被賊裹脅，多係良民，凡投出者，悉貸其死。軍前大臣仰體朕意，廣爲宣示，務使周知。」八月丁巳，額勒登保奏：獲賊首冉學勝等。十二月又奏：斃賊苟朝獻。嘉慶七年壬戌春正月甲午，額勒登保奏獲首逆辛聰，餘黨悉平。十一月戊辰朔，德楞泰奏獲賊首陳傳學。十二月癸丑，詔：「額勒登保、德楞泰、勒保、惠齡、吳熊光會報，川、陝、楚、教匪蕩平。封額勒登保、德楞泰一等候，勒保一等伯，明亮一等男。賽春阿、楊遇春以次封賚。」白蓮教之患，至嘉慶九年額勒登保於陝甘邊界窮搜林壑九月獲首領苟文潤等，歷時九年高平。

二 鴉片戰爭之患

清祚之衰始於嘉慶，至道光而其勢益速。道光，諱旻寧，廟號宣宗，仁宗之次子，乾隆四十七年（一七八二年）八月初十日生。即帝位時已三十九歲，近不惑之年矣。居位三十年，享年六十九。正值西風東漸商業四張之際，教會傳之於前，商品隨之於後，鐵船火炮凌波乘風直逼國門，鴉片戰爭就是在英帝之利益驅動下而爆發的一場侵華戰爭，也是第一場侵華戰爭，此後則有西方列强更野蠻更慘暴、喪絶人性之聯合宰割中華之侵略行徑，賡續迭起，無所不用其極；我中華之近代史就是西方列强掠奪凌辱中國之歷史，史實斑斑俱在，以史爲鑒對我中華自己以及西方列强均爲有益。

鴉片乃毒品，其爲害於中國也久矣，道光十八年（一八三八年）「閏四月辛巳，鴻臚寺黄爵滋奏請將内地吸食鴉片者俱處死。」下中外大臣議。林則徐請用重典，曰：「此禍不除，十年之後，不惟無可用之餉，且無可用之兵。」宣宗深韙之，「命入覲召對十九次，授欽差大臣，赴廣東查辦。」十九春至，總督鄧廷楨已嚴申禁令捕拏煙犯，洋商查頓先避回國。此前，鄧廷楨已於道光十五年擢爲兩廣總督，正值鴉片盛行，漏銀出洋成爲大患。十六年，英吉利商人以躉船載煙，廷楨禁止，不許進口，猶泊外洋，並嚴旨驅逐沿海奸民，不許與英商勾結，猝難斷絶。廷楨與提督關天培整備海防，迭於大嶼山口急水洋獲蝌艇，載銀鉅萬，盡數充餉。又破獲囤煙私販。十八年，英船載屬番男婦五百餘人赴澳門居住，驅令回國。詔下禁煙議疏言：「法行於豪貴，則小民易從；令嚴於中土，則外貿自絀。」林則徐至，鄧廷楨自與之協力同心，查禁鴉片，從六月二日至二十五日，在虎門海當衆焚毁鴉片二百三十七萬餘斤；同時多次打退英軍之挑釁。一八四〇年六月，英國在美法兩國支持下，發動侵華戰爭；以廣州防守嚴密，英軍專攻廈門，被擊退，遂專攻浙江，攻佔定海；又沿海北上犯天津，要求清政府談判。時琦善適爲道光帝委派駐天津，籌辦防務，英兵船至海口，投書乞通商，並訴林則徐、鄧廷楨等燒煙啓釁，琦善招宴英領事義律及官兵，許以帶奏；遂入覲面陳，授欽差大臣赴廣東查辦，諭沿疆吏，但防要隘遇英船毋開礮，義律乃率船回粵。尋罷林則徐、鄧廷楨二人，命琦善署兩廣總督，兼粵海關監督。並琦善密疏臚陳粵事，略曰：「林則徐示令繳煙，許以賞犒，洋人頗存奢望，迨後每煙一箱，只給茶葉五斤，所得不及本銀百分之一；又勒具再販，貨船入官，人即正法甘結，迄未遵依，此釁所由起也。」一疏入報聞，林則徐因以獲罪，粵之防務頓弛，義律則益傲慢，堅持索還煙價，並增澳門、福州通商。並虛言回國以懈我防意；及見我防禦漸撤，數遣挑戰，琦善諭止抵抗。十二月，英犯我虎門外沙角、大角兩礮臺，副將陳連陞力戰死，遂陷敵手。提督關天培守靖遠礮臺，總兵李廷鈺守威遠礮臺，請援琦善不敢明發兵，夜遣二百人往。二十一年正月，敵進攻，守臺兵僅数百，遣將痛哭請益師，無應者，天培度衆寡不敵，乃決以死守，出私財餉將士，率游擊麥廷章晝夜督戰，敵入三門口，冲斷椿練，奮擊甫退，南風大作，敵船大隊圍横檔、永安二礮臺，遂陷，進攻虎門，自巳至酉，殺傷相當，而炮門透水，不得發，敵自臺後攢擊，身被數十創，事急，以印投僕孫長慶，令去，行未遠回，顧天培已殞絶於地，廷章亦同死。礮臺遂陷。長慶墜崖出，繳印於總督。復往尋天培尸，半體焦焉。（召以出，優卹，謚忠節，入祀昭忠祠，母吴氏，年逾八十，命地方官存問，給銀米以養餘年。）事聞，上震怒，下琦善嚴議。命御前大臣貝子奕山爲靖逆將軍，户部尚書隆文、湖南提督楊芳副之，率師赴粤協勦。義律數索香港，志在必得，琦善當事急，佯許之，而不敢上聞。及英人佔據香港，出示安民，巡撫怡良奏聞，琦善方疏陳：「地勢無可扼，軍械無可恃，兵力不固，民情不堅，如與交鋒，實無把握，不如暫事羈縻。」上益怒，詔斥琦善擅予香港、擅許通商之罪，褫職逮治，籍没家産。二月，英軍攻陷虎門。四月，奕山至廣州，英軍炮擊之，奕山求和，訂立《廣東和約》。廣州城郊三元里等地民衆數萬奮起抗英，斃傷英軍近五十名，迫使英軍退回軍艦。八月，英軍擴大侵略戰爭，攻陷廈門。十月，攻陷定海、鎮海。道光帝派宗室奕經援浙。道光二十二年（一八四二年），奕經反攻鎮海失敗，又派耆英伊里布向英軍求和。英軍志在長江，六月陷吴淞，提督陳化成戰死，七月陷鎮江，八月犯南京。道光帝命耆英伊里布趕赴南京議和，簽定《南京條約》，此乃我中華史上第一個飽含屈辱之條約。其所以致此者，非國力之不足也，民氣之不振也，乃衰敗之原由所示也。何謂衰敗之原由，一曰君之不明不公；二曰臣之譎而不忠；三曰賢能之不得其用。君之不明不公者，在禁煙及戰爭之全過程中道光帝之始用林則徐，表面似明也，實則未確信也，以其爲漢人也；以清諸帝之視漢臣，不過以禮待之之家奴耳，頤指氣使，聽命而已，予奪擢黜，唯其喜怒；當林則徐處英事捷報上聞時，則喜之曰：「不患卿等孟浪，但戒卿等畏葸。」當林則徐粵防嚴密，義律誣告禁煙，琦善以義律誣告上聞時，道光帝竟然以敵言爲信，以琦善之妄奏爲實，盛怒之下，功立成爲罪矣。何耶？偏見之毒也。琦善者，博爾濟吉特氏之屬，滿洲正黃旗也，譎而全信之；林則徐漢臣也，忠而見疑，功而獲罪。忠譎易位，唯在滿漢之差耳。就道光帝而言，明昏正邪亦蔽於滿漢之差耳。一樁禁煙之德政卒成成爲屈辱之敗局，實可悲也，西方列强對我公開而大規模之侵略從此肇端矣。二曰大臣之譎而愚。禁烟之初成（焚烟），乃林鄧之能與功，琦善之介入乃其詭譎之計適足以欺道光之昏也；及其至粵，既弛林鄧又唯義律之要求是從（更佯許以香港）欲以固其兩廣總督之職，乏抗英之深謀，足見其愚淺也。三曰賢能不得用，反遭罪黜。焚烟與粵防證明林鄧之賢與能足任大事而禦强敵也；三元里之民衆奮起抗英，足證全國民衆禦外之力量無窮也。林鄧之被罪黜，是清政府之自取敗亡也，非中華之民氣不振也、國力不足也，由此可見政府之廉能乃百姓之福也。此次禁鴉片煙之舉，若能任用賢能，自無英之勝，亦無《南京條約》之辱，反可獲致國運之威，此乃關乎興衰存亡之契機，唯有國者可與語也。

三　太平天國之亂

太平天國之興也，以清政府之腐敗至極，内憂外患之所傷者乃處於飢餓綫上之農民與社會最底層之窮苦大衆爲最甚。洪秀全（一八一四—一八六四年），廣東花縣人，其祖父耕讀傳家，自少讀書，聰明無比，無書不讀，十五六考試，常居十名内。丙申年（一八三六年），在廣府考試，逢一異人，著大袖衣，梳髻，傳書一部，名曰《勸世良言》，書中所言，教人信實上帝耶穌，遵守十誡。作詩一首以悔罪，曰：「吾儕罪惡實滔天，幸賴耶穌代贖全。勿信邪魔遵聖誡，惟崇上帝力心田。天堂榮顯人宜慕，地獄幽沉我亦憐。及早回頭歸正果，免將方寸俗情牽。」又詩曰：「神天之外更無神，何故愚頑假作真。只爲本身渾失卻，焉能超出在凡

塵。」甲辰歲（一八四四年），游廣西，作有《勸世真文》、《百正歌》、《改邪歸正》等共
五餘帙。丁未年（一八四七年），將向所得《勸世良言》同洪益謙到省城禮拜堂對驗。更學道
數月，受洗禮功食，復往廣西傳道，無可信從。故得上帝耶穌顯有神迹，又降童子言其名曰：
「三八二一，禾乃玉食，人坐一土，作爾民極。」（《太平天國・洪秀全來歷》神州國光社
一九五四年第三版六八九頁）

另據《辭海》所述：洪秀全，出身農民家庭，屢試不中，便以演卜游粵湘間，遇有朱九疇倡上帝會，遂從《勸世良言》中領會基督教教義，於一八四三年六月創立拜上帝會，次年四月與會友馮云山於廣州附近各縣及廣西桂平縣發展會員，爲官府所察，急捕之，秀全乃往香港入耶穌教。自撰《原道救世歌》、《原道醒世訓》、《原道覺世訓》號召人民信仰上帝，擊滅「閻羅妖」，直指滿清統治者，實現天下一家，共享太平。一八四七年（道光二十七年），進廣西紫荊山會見馮云山，制訂各種傳教儀式與《十欵天條》。楊秀清、蕭朝貴、韋昌輝家在桂平，相與結納，石達開家貴縣亦來入教，從此拜上帝會之首腦形焉。洪秀全嘗患病，云死七日而甦，能知未來事，謂上帝召之曰：有大劫，惟拜上帝可免。天父爲耶和華，耶穌其長子，

己爲次子，嗣是輒卧一室，禁人窺伺，不進飲食，數日而後出，出則曰與上帝議事，衆皆駭服。凡入會者男稱兄弟，女曰姊妹，人人平等，相與庇護。桂平知縣誘而執之，搜獲入教名册十七本，巡撫鄭祖琛不能决，遂釋之，洪秀全既出獄，楊秀清率衆迎歸，並召集亡命者貴縣秦日綱、林鳳祥、揭陽海盗羅大綱、衡山洪大全皆來附，衆至萬人。馮云山讀書多計，爲部署隊伍，攻守方略，遂乘勢於一八五一年一月十一日在桂平縣金田村起義，建號太平天國，洪秀全稱天王。清廷褫鄭祖琛之職。以廣西提督向榮專勦金田。四月，太平軍出桂平；七月，佔紫金山；八月，陷永安，即封王建制，洪秀全稱天王，其妻賴氏爲王后。楊秀清爲東王，主軍事，蕭朝貴爲西王，馮云山爲南王，韋昌輝爲北王，石達開爲翼王，馮大全天德王，秦日綱、胡以晃等四十八人任丞相、軍師，定年號曰天德，儼然一朝廷，與清廷對立，横掃「閻羅」爲宗旨。次年攻桂林，克全州，馮云山於簑衣渡中砲死，進軍湘、鄂。八月攻長沙，蕭朝貴死於南門。九月掘隧道於南門外，獲玉璽，衆軍呼萬歲，遂夜渡湘水，出洞庭，陷岳州，臨長江。十一月，陷漢陽；十二月，攻武昌。咸豐三年（一八五三年）一月，建高臺小別山下。洪秀全登臺演説，宣告吊民伐罪旨意。五十萬大軍順長江而東，直取金陵，於是年定都南京，擁精兵六十餘萬。群上頌稱明代後嗣，首謁明太祖陵，舉行祀典，其祝詞曰：「不肖子孫洪秀全得光復我大明先帝南部疆土，登極南京，一遵洪武元年祖制。」軍士夾道呼漢天子者三，頒登極制誥，大封將卒，王分四等，侯爲五等，設天地春夏秋冬六官，丞相爲六等；殿前三十六檢點爲七等；殿前七十二指揮爲八等，以次而下直至十六等。總計男女官三十餘萬，女官共六千五百八十四人。大抵爲朝內、軍中、守土三途。其大小相制，臂使指應，統系分明，甚得馭衆之道。自金田起兵至此僅歷時三年，既都金陵，欲圖河北，羅大綱曰：「欲圖河北，必先定河南，大駕駐河南，軍乃渡河，否則，先定南九省，然後三路出師，一出湘楚，一出漢中，疾趨咸陽；以徐陽席捲山左，再出山右，會獵燕都。若懸軍深入，必敗之道也。且既都金陵，宜多備戰艦，精練水師，可戰可守，若待粵之拖罟咸集長江，則運道梗矣。今宜先備木筏堵截江面，以待戰艦之成，猶可及也。」楊秀清方專政，不納。反遣林鳳祥、李開芳、羅大綱、曾立昌率衆東下，洪秀全詔之曰：「師行間道，疾趨燕都，無貪攻城奪地，縻時日。」大綱語人曰：「天下未定，乃欲安居此都，其能久乎！吾屬無類矣。」

是年八月，太平軍北伐，第一軍林鳳祥，入山西、陷平陽，又轉入河北直逼天津，北京大震。十月，太平軍北伐第二軍由丞相李開芳率領，從安慶出發，陷桐城。次年三月，太平軍北伐第一軍撤至河北阜城。五月，太平軍北伐第二軍入山東，陷高唐，清軍抵擋甚力，不能進。咸豐五年正月清僧格林沁破太平軍北伐第一軍於河北東光之連鎮，林鳳祥戰死。二月，太平軍北伐第二軍，退守茌平馮官屯，僧格林沁攻之，又決黃河水灌之，李開芳出降；械送北京磔死。至此，太平軍北伐軍孤進懸滅矣。此乃太平軍缺乏遠謀之軍事上第一次失敗，證明其主軍之東王楊秀清不知兵也，更證明其剛愎自用，不納善謀也。更因洪秀全出身農家，少乏大志，誤以讀書尚敏，可輕取功名，及試而不中，即淪爲「飲博無賴」之徒，流竄粵湘之間，偶得基督教《勸世良言》之啓示，創立拜上帝會；益之以生性詭譎，以上帝之次子騙得信徒成千，在短促之五年中造成金田起義及建都南京之勢。遽爾之富貴使太平天國首腦集團小人得志之劣性大爲爆發；此乃事物內在之本性所決定者也；其所表現於外者則是其興之驟者，其亡之速也。老子之言則是：「飄風不終朝，驟雨不終日。」（《道德經》二十三章）其敗亡之形勢主要爲內訌，自相殘殺，（南京城內爲自殺之戰場，南京城外則爲太平軍與湘淮軍廝殺之戰場，勝敗之數，不言明矣；人物之心與夫其間之是非曲直，不判自知矣。）無以自救自振。非太平軍内無賢能卓拔之才，羅大綱即是大戰略家，在小人手裏有何用也，惜哉！其禍根蓋在於洪秀全非社稷之才，一入南京就開始其君主之夢，忘却百萬太平軍之存亡也。故英武善戰之太平軍自一八五四年以後之十年中陷入於湘淮軍包圍之中，轉戰於湘、鄂、贛、皖、江、浙、閩、豫、滇、川十省之域，以保衛天津爲中心，磨礪干戈，血染丘壑，暴尸原野，葬身江河；另有幾萬人則爲洪楊之争屈死於金陵宫闕。内外爲洪楊之争而屈死者，悲怨何訴！從此，兩軍强弱易位，形勢倒置，太平軍由强而勢不可擋，遽爾而處於指揮不力四面包圍之中。十年之間湘勇淮軍效命沙場，曾（國藩）李（鴻章）二進士成爲將帥，指揮若定，確保清廷社稷之安。在一八六〇年三月，江南大營再潰，欽差大臣和春奔常州嘔血死，提督張國梁溺水死之後，以滿人爲主帥之清軍全覆，主帥之重任就安降於曾氏之雙肩矣。此時之戰略依然是點面並重，點爲强化南北兩大營，攻取太平天國之心臟，面則削弱各省太平軍之實力，並切斷其援衛金陵之渠道。對金陵四周之太平軍各個擊破，予以清除。如李鴻章利用太平軍部雲官有貳心，清除譚紹光及其部將八人，蘇州以歸。江北大營地處揚州，乃金陵之北大門也。一八五三年，太平天國定都南京，四月攻克揚州，欽差大臣琦善趕赴揚州，於城外建此大營，奪回揚州。次年琦善死，托阿明繼任欽差大臣，據大營以攻南京。一八五六年，太平軍秦日綱擊破復陷揚州，托阿明革職。清廷復命德興阿爲欽差大臣，重建之。一八五八年九月，又爲太平軍陳玉成、李秀成聯合攻破，德興阿革職。清廷命江南大營欽差大臣和春兼管江北營務。李秀成曾問長計於洪秀全，洪秀全答曰：「事皆天父排定，奚何計慮。」又與執掌天國大權之洪仁發等謀，留其助手守金陵，秀成不可，曰：「官軍既以長圍困我，當謀救困之法，俱死於此無益也。」故李秀成擊潰江北大營後轉戰江南，欲固金陵之南大門也。但以天國無長策，洪秀全已成爲金陵城中一具活僵屍矣。幾十萬轉戰於江南各省之太平軍已失去統一指揮，不知明日該竄向何方，更不計何日遭受殲滅焉！就連具有戰略思想之將帥大才只能在江南大營曲局之地，圖有所得，已失去大義矣。江南大營位南京城南之孝陵衛，乃欽差大臣向榮自湘鄂尾追太平軍於一八五三年之首建，與江北大營相呼應，對太平天國之首都造成南北夾擊之勢，一八五六年六月爲太平軍所破，向榮逃丹陽，旋病故，由和春繼任欽差大臣，於一八五八年一月復立大營於南京城外之小水關。一八六〇年五月復被太平軍擊潰，提督張國梁逃丹陽，和春在滸墅關嘔血死。其時曾國藩已出任兩江總督，欽差大臣，督辦江南防務，節制蘇皖贛浙四省軍務，江南大營軍務由曾國藩坐鎮。待至一八六四年正月，曾國荃部佔領天保城，合圍天京之勢成，金陵危在旦夕，四月洪秀全服毒死，以上帝教殮法，綉緞裹尸，無棺槨，厝宮內，祕不發喪。其子年十六，幼時即稱幼主，或曰本命天貴福（或稱洪福瑱），繼承天王之位。六月十六日，天京陷落，夜自焚天王府，李秀成携幼主從城垣倒口遁逃，並以己馬與之乘以行，行三十里遇清軍，李秀成命弟李名成護衛馳去，李秀成自爲殿後，率九騎登方山（江寧東南）。十七日薄暮，下山渡河，爲村民所覺，匿於澗西村。爲清提督蔣孚泗、清兵王三清查獲，執送曾國荃營，囚於站籠中，慷慨吮筆，計述太平天國起事始末，凡十日成數萬言，曾國藩視訊李秀成等供讞，恐民心未去，不敢解京，遂命斬之。村民聞李秀成死，夜劫王三清，殺而投其尸於河。八月，洪福瑱於江西廣信荒谷爲清軍所獲，磔於南昌。太平天國歷十四載而亡。

溯其所以速亡之由或可歸之以次四端：一曰宗旨不辨，二曰目標不明，三曰心術不正，四曰謀略不遠。此四者乃一整體之謂也。首端不正，其他諸端必隨之而偏邪矣。就洪秀全之初起事也，正值鴉片戰争失利之際，清廷面臨深重之内憂外患，内憂者有四川「國匪」，一八六四年六月有順天府「邪匪」，一八六四七月有四川「香匪」，一八四八年八月有廣西「劫匪」，一八四九年十月有湖南新寧李元發起事，「入城殺官」；還有活動於蘇、魯、豫、鄂、皖之捻軍。太平天國於此時出現。固應把握其原教義以吸收更多教徒，培育社會向善之力量；但一定都南京，以太平天國自勵之後，全部活動立即發生性質之轉變，不再是宗教性之勸善，而是政治主張之推行。李秀成之問長計於洪秀全者，即已認識到必有遠大之政治、軍事、外交、經濟、文化全方位之戰略，方可解天京之圍。而洪秀全答以「事皆天父排定」，適足暴露其一生虛僞之本性；由此可以推斷太平天國内訌之禍根在洪秀全之詭譎，太平天國之敗亡亦亡於洪秀全之墮落與昏庸，卑俗與無賴。首腦無能，一切免論。就天京陷落之後李秀成護幼主逃亡途中，於澗西村爲清兵王三清查獲，後爲曾國藩處死；澗西村民竟能將王三清刼殺而投之河，足見民心之向太平軍也。倘使當日定都金陵之時，即正其宗旨，必更得民心。但太平天國偏激反孔，視儒學與清廷無異，益見其淺薄也。在中華史上從未見過有反儒學之朝廷也，即在五胡亂華之年代裏，也未見有不行儒家之道者；中華歷史證明儒家道統不可違也。似此分析，反儒道者必敗也。太平天國既反儒，則其敗也宜矣。

二曰目標不明者，言其坐守金陵之後，是真欲推翻清廷耶，抑在金陵享有幾天金陵天王之夢耶？觀其內訌之發，似由楊秀清蓄謀奪位乃禍之首也，追溯其故則知罪在洪秀全之貪安圖逸，志墮意弛，終致大權旁落也。洪秀全入主金陵之後日漸昏聵，暗若愚頑。李秀成居京之時曾有議論曰：「曾國藩善用兵，將來七困天京必屬此人；爲保固京城，必多購糧食，爲持久之計。」秀全聞之，責李秀成曰：「汝怕死，我天生真主，不待用兵，而天下一統，何過慮也。」此乃欺枉成性而癲狂之言也；於此亦可知帝王之位可使智者愚，貪者狂，能者敝，德者賊也，以其喪心性惡也。

三曰心術不正，凡內訌之參與者無一不蛇蝎爲心也。但當具體言之，楊秀清自以「功高莫與勍，陰謀自立。」洪秀全自以爲「上帝之子，天生之主」，不論如何貪婪、淫逸、癲狂、昏暗、欺誑、詭譎都無危害，獨未自識詭譎、欺誑之尤者就在自己手下，此楊秀清所以脅洪秀全過其宅，令其下高呼萬歲，讓洪秀全親耳聞之之用心也；使其「聞之不堪」，必然拉開爭鬭之序幕也。殊不知心術邪惡者各用其極，禍害之深與數以及偶發意外，詎可計及之哉！當「韋昌輝由江西敗歸，秀清責其無功，不許入城，再請，始許之。」洪秀全即召韋昌輝密除之。韋昌輝亦自當先詣天王府覲見，秀全僞責之，陰授之計，趣赴東王府請命；昌輝既入東王府，見人呼萬歲者佯喜拜賀；秀清留宴，酒半，昌輝出不意，拔佩刀刺之，洞胸而死。令於衆曰：「東王謀反，吾陰受天王命誅之。」因出僞詔，糜其屍，咽群賊，令閉城搜索僞東王黨，前後死者三萬人。時石達開在湖北洪山，黄玉昆在江西臨江；聞亂歸。石達開頗誚讓昌輝，昌輝怒，將併圖之，達開縋城走寧國，昌輝悉殺其母妻子女；秀全責以太過；昌輝以誅秀清功大不服，率其黨圍攻天王府，秀全兵拒敗之，昌輝渡江，爲邏者所獲，縛送金陵磔之。夷其族，傳首寧國，甘言召達開回。既至，或謂達開兵衆功高，請留之京師，解其兵柄，否則，又一楊秀清也，秀全心動，乃命如秀清故事，輔朝政。達開危懼不自安；其黨張遂謀曰：「王得軍心，何鬱鬱受人制，中原不易圖，曷入川做玄德，成鼎足之業。」達開從之，乃遠走皖，約陳玉成、李秀成偕行，二人不從，益不能還金陵。洪楊亂後，太平軍陷於解體衰敗之中。其根源在於首腦集團之心術不正，可見儒家道統首重正君之心意義也。君心正，則輔弼大臣之心亦正也，群臣以至於朝廷内外上下方可期其正也。所謂正君心者乃去私制欲也。「克己復禮」也，禮者君臣之正常關係也，「君使臣以禮，臣事君以忠也」；「無偏無黨，王道蕩蕩，無黨無偏，王道平平，無反無側，王道正直」。（《周書・洪範》）以此而衡太平天國之君臣，唯見忠王李秀成一人之心術正也。

四曰無遠大而切實之戰略思想。太平天國之得勢也，歷三年而定鼎金陵矣。若於定都金陵之際即擬出一軍事戰略草案，舉行全軍戰略大會，若羅大綱、李秀成、陳玉成、石達開、譚紹光等人必胸中丘壑萬丈，會集成一切實必勝之戰略遠謀，乘勝北伐，銳不可擋，必會出現摧枯破竹之勢；一攻破北京，南北自成一體，大事可成矣。但反觀洪、楊、韋等人之個人修養及政治品德、氣度等，則知即便再現一統之局面，亦無法馭之，僅其反孔一事，就自外於政治也；中華史上從未見過輕儒反孔能立其國以行其政教者也。

四　捻軍之亂

捻之意「捏也」，喻小也，捻軍者三五人即可成軍也，太平軍期間乘時活動於北方；捻軍起時曰捻子，後稱捻黨，每一股爲「一捻子」，小捻子數人至數十人；大捻子一二百人，常活動於蘇、魯、豫、鄂、皖諸省。初護送私鹽，不斷與清軍衝突。咸豐二年（一八五二年），捻黨首領張樂行聚衆萬餘，攻克河南永城，其勢始大。次年，太平天國北伐軍攻皖、豫，捻軍紛紛響應，始與太平軍共同抗清。咸豐五年，張樂行於雉河集（皖、渦陽）召集各路捻軍首領會盟，推爲盟主，建立黃、紅、藍、白、黑五旗軍制。咸豐七年，張樂行與太平軍陳玉成與李秀成等會師霍丘、六安間，接受太平天國領導。此後捻軍轉戰豫、皖、鄂、蘇、魯各省，屢敗清軍；是年閏五月，捻軍首領韓狼子大敗勝保於正陽關。咸豐八年八月，捻軍孫葵心等破豐縣入山東；十一月捻軍蘇天福再佔豐縣入山東。咸豐九年二月，捻軍孫葵心等擊殺總兵邱聯恩於舞陽北舞渡。六月，捻軍龔樹會太平軍攻定遠。八月，捻龔得合太平軍攻佔盱眙、明光。咸豐十年十一月，捻劉二老大敗僧格林沁於巨野。咸豐十一年正月，捻軍趙浩然敗僧格林沁於菏澤。同治元年（一八六二年），捻軍張宗禹攻河南等地。同治二年三月，捻軍張宗禹與李秀成合攻宿松等地。十二月，捻軍陳大喜入湖北。同治三年，太平天國天京陷落，李秀成被殺，捻軍猶在戰鬭，十一月張宗禹等敗僧格林沁於鄧州。十二月，張宗禹等入鄂數次獲勝，走河南。同治五年九月，張宗禹入陝，於是捻軍分東西二部。東捻受太平軍賴文光領導；轉戰於運河以東，黃河上塘河之間。同治五年十一月，在山東壽光之南決戰失敗，突圍南下。同治六年一月，在江蘇揚州窑鋪被俘，就義於揚州，東捻告滅。西捻由張宗禹率領入陝，同治六年破延川，又與回軍破綏德。同治七年正月，宗禹入直隸，破饒陽，京師戒嚴。四月，逼天津。六月，張宗禹陷於包圍，劉銘傳等殲之於茌平，官書謂張宗禹投徒駭河死，西捻告滅。捻軍之亂歷時十六年平定。

五　太后專政與清祚之衰亡

慈禧太后（一八三五—一九〇八年），又稱「西太后」、「那拉太后」，咸豐帝妃，葉赫那拉氏。咸豐十一年（一八六一年）七月，文宗不豫，壬寅疾大漸，召御前大臣載垣、端華、景壽、肅順，軍機大臣穆蔭、匡源、杜翰、焦佑瀛，宣諭立長子載淳爲皇太子。命載垣、端華、景壽、肅順、穆蔭、匡源、杜翰、焦佑瀛贊襄政務。此乃咸豐帝臨終前之託。癸卯，文宗崩。召陳孚恩、文煜赴行在。諭軍機處於各摺片後，署襄政務。九月己卯，以擅改諭旨，力阻垂簾，解載垣、端華、肅順任，罷景壽、穆蔭、匡源、杜翰、焦佑瀛軍機。是日奪載垣、景壽、肅順爵職，逮問議罪，逮肅順解京。此乃兩宮太后（實則慈禧一人專權）所發動之宮廷政變，似此以「莫須有」之罪名遽殺顧命大臣，在我中華三千年之歷史中乃未見者也。此後清祚之生機被窒息，無復興之望矣，哀哉！中華之歷史從此步入女人專政四十餘年屈辱時期，國勢日微，瓜分日岌，危亂相繼，革新相失，黎民號飢，山河飲泣；其禍害流毒於後世，罪惡有過於呂后、賈后、武后者遠矣。蓋在此四十年中，復興之運、鼎新之幾數見，悉以女人之短視，民族之仇恨，「寧贈友邦，勿與家奴」而喪失殆盡，豈止可悲也哉！賴有儒、道思想、傳統精神，其本身深蘊自强之力、復興之幾、轉化之運，終能御化千劫百難，走出厄運。《詩·大雅》：「周雖舊邦，其命維新。」（《十三經注疏》五〇三頁）《詩·周頌》：「匪且有且，匪今斯今，振古如兹。」（同上書，六〇三頁）（且，此也；振，自也，亦古也。）按儒道立國治政之理：「入則無法家拂士，出則無敵國外患者，國恒亡。」（《孟子·盡心》）今敵國外患頻仍，若無慈禧之專横，則清祚之復興可立而致也。

就連文祥奏摺亦拒而不納。（文祥，滿洲正紅旗人，英法聯軍犯京，火焚圓明園，始設總理各國軍務衙門，恭親王領之，文祥與之。）文祥之奏摺曰：「洋人爲患中國愈久愈深，而其窺伺中國之間亦愈熟愈密，揣洋人之用心，馭外之大本，所係者在人心而已矣。溯自嘉慶年間，洋人漸行强悍，始而海島，繼而口岸，再及内地，蓄力厲精，以中國之間，一逞其欲；直至粵匪滋事，以爲中國有此犯上作亂，人心不一，得其間矣。於是其謀始洩，闖入津門；雖經小挫，而其意愈堅，致有庚申之警（一八六〇年英法聯軍入京）。然其時局固危，民心未二，勤王之師雖非勁旅，而聞警皆來；奸誘之徒雖被誘脅，而公憤同具。然而各國火器技藝日進，彼此相結之勢益固，使臣久駐京師，聞我一政之當則憂，一或不當則喜，其探測愈精，俄人逼於西疆；法人計佔越南，緊接滇粵；英人謀與印度入藏及蜀；蠢蠢欲動之勢，益不可遏，所伺者中國之間耳，所惎（毒也，忌也）中國之大本未摇而人心之難違耳。說者謂各國性近犬羊，未知政治，然其國中偶有動作必由其國主付上議院議之，所謂謀及卿士也；付下議院議之，所謂謀及庶人也。事必合乎民情而後决，然後行之。自治其國以此，觀他國之毀興亦以此。儻其國一切政治皆與民情相背，則各國始逞所欲，爲取之恐後矣。如土耳其、希臘等國，勢極弱小，而得久存於各大國之間者，其人心固也。强大如法國，而德國得以勝之者，以法王窮侈任性而民心已去，有以乘其間也。夫人必自侮而後人侮之，物必先腐而後蟲生焉。理之所在，勢所必至，外國無日不察我民心之向背；中國必求無事不愜於民心之是非。中國天澤分嚴，外國上議院、下議院之設勢有難行，而義可采取。凡我用人行政，一舉一動，揆之至理，度之民情，非人所共愜，則急止勿爲；事係人心所共快，則務期於成。總期人心永結，大本永固，當各外國環伺之時，而使之無一間可乘，庶彼謀不能即遂，而在我亦堪自立，此爲目前猶可及之計，亦爲此時不可稍緩之面。若待其間之既開而欲爲旋補苴之法，則和與戰俱不可恃；即使仍可苟安，而大局已不堪復問，則何如預防其間之爲計也。『皇天無親，惟德是輔』，《大學》『平天下』章三言得矣，首人心，次天命，而終以君心爲證，何其言之危且切歟！欲戢夷心，莫要於順民心；能順民心，斯足以承天心。臣受恩最重，辦理洋務最久，實有見於洋人居心積慮之處，而現時尤爲迫切緊要之關，外國求間在此，中國之彌間亦在此。在事諸臣僅謀其末，我皇上實操其本，用敢其陳，伏乞俯鑒，將此摺時置左右，力求端本之治，以迴隱患之蔭。天下幸甚！」在此之先，文祥即偕恭親王奕訢議興海防，條上六事：曰練兵，曰簡器，曰造船，曰籌餉，曰用人，曰持久。

迄光緒二年，文祥病甚，自知不起，乃密疏上曰：「馭外之端，爲國家之首務，現籌自强之計，爲安危全局一大關鍵，敵國外患，無代無之，然未有今日之局之奇，患之深，爲我敵者之多且狡也。果因此患而衡慮困心，自立不敗，原足作我精神，惺我心志，勵我志氣，所謂生於憂患者，正在於此。至此而復因循泄沓，一聽諸數，而莫爲之籌，即偶一籌念，而移時輒忘，或有名無實，大局將不堪設想，而其機不待智者而決矣。從前夷患之熾，由於中外之情相隔，和戰之見無定，疆吏有粉飾其事，不能上達於朝廷，坐是三失，而其患遂日久日深，無所底止。泰西各國，官商一氣，政教並行；各商舶遠涉重洋，初至中華，處處受我侮抑，事事被我阻塞，其情鬱而不能發者勢也；繼而見中國，官之阻之者可以通，抑之者可以伸，必不可破之格，或取勝於兵力之相迫，而卒無可破，此中國之爲其所輕而各國漸敢恣肆之機也。迨至立約通商，已有成議，而在内無深知洋務之大臣；在外無究心撫馭之疆吏；一切奏牘之陳，類多敷衍諱飾。敵人方桀驁而稱爲恭順，洋情方怨毒而號爲歡忭，遂至激成事端，忽和忽戰；甚且彼省之和局甫成，此省之戰事又起，賠欵朝給，捷書暮陳。乘遭風之船以爲勝仗；執送信之酋以爲擒渠。果至兩軍相交，仍復一敗不可收拾。於是夷情愈驕，約欵愈肆，中外大臣皆視辦洋務爲畏途。必至如唐臣杜甫詩中所謂『獨使至尊憂社稷』矣。夫能戰始能守，能守始能和，宜人人知之，及此真有食不下咽者，則自强之計尚可須臾緩哉！度勢揆時，料敵審己，實有萬萬不能不辦之勢，亦實有萬萬不可再誤之機，一誤即不能復，再不辦即不堪設想。」（《清史

稿·文祥傳》一三三二一—一三三三頁）

從文祥之奏疏中應引出如次之要務：曰用人，曰革新。務本者以儒道觀政之失，審君臣之過，察吏治之弊，開忠諫之路，更廷試之法。用人者，必使賢能有進身之階，考試其一也，薦舉其二也，徵聘其三也。革新者，革除故習、弊制也。君臣孤見決事，太后擅權干政故習也，必須立即革除之；審納新理、新政、新教、新技、新藝乃不可阻障之潮流也，唯在慎擇而已。但自光緒二年文祥死後之二十年中，內外日亟，文祥懇切之言猶存，迄未見清廷有任何改弦易轍之舉，此無他，慈禧之作梗也。及光緒二十一年「公車上書」，歷三年醞釀出「戊戌維新」，本旨在「保國維新」，既已還政於光緒帝矣，就應聽任其所作爲，何乃歸政未及八年，遽爾復垂簾乎；連皇帝之安全亦不保，遑論社稷之安哉！所見者唯有慈禧之專橫，亦已日薄西山無多生氣矣！唯其流毒化成苦難令我中華子孫代代承受不已。

就在康梁維新被鎮壓後七年，光緒三十一年，五大臣出國考察政治，戴鴻慈所撰之報告所言者與康梁維新之意一也：「歷十五邦，凡八月，輯列國政要百三十三卷；歐美政治要義十八章，各國治理大略以爲：觀其政體，美爲合衆，而專重民權；德本聯邦，而實爲君主；奥、匈同盟，仍各用其制度；法、義同族，不免偏於集權；英人循秩序而不好激進，其憲法出於自然之發達，行之百年而無弊，反乎此者，有憲法不聯合之國，如瑞典、挪威則分離矣；有憲法不完全之國，如土耳其、埃及則衰弱矣，有憲法不平允之國，如俄羅斯，則擾亂無已時矣。種因既殊，結果亦異，故有因改革而適亂者，此政體之不同也。覘其國力，陸軍之强莫如德；海軍之强，莫如英；國民之富，莫如美；此國力之不同也。窺其政略，則俄、法同盟，德、奧、義同盟，既互相依助，以求國勢之穩固；德、法、摩洛哥會議；英、俄、中亞之協商，其對於中國者，無有一國孤立可以圖存者，勢使然也。况人民生殖日繁，知識日開，內力亦愈膨脹，因投資本於世界均有深意存焉，此政略之不同也。驗其民氣，俄民志偉大而少秩序，其國失之無教。法民好美術，而流於宴逸，其國失之過奢。德民性倔强，而尚武勇，其國失之太驕。美民喜自由而多放任，其國失之複雜。義民尚功利而近貪詐，其國失之困貧。唯英人富於自治自營之精神，有獨立不羈之氣象，人格之高、風俗之厚爲各國所不及，此民氣之不同也。臣等觀於各國之大勢既如此，又參綜比較，窮其得失之源，實不外君臣一心、上下相維，然後可收舉國一致之益；否則名實相懸，有可以斷其無效者約有三端：一曰無開誠之心者，國必危。西班牙苛待殖民，致有菲律賓、古巴之敗；英鑒於美民反抗，而於澳洲、坎拿大兩城予人民以自治之權，致有今日之强盛，開誠故也。俄滅波蘭，而用嚴法，以禁其語言，今揭竿而起，要求權利者，即波蘭人也。又於興學，皆專制爲目的，今滿洲之役，不戰先潰，莫斯科、彼得堡之暴動，即出於軍人與學生也；防之愈密而禍即伏於所防之中，患更發於所防之外，不開誠故也。二曰無遠慮之識者，國必弱。俄以交通不便而用中央集權制，故其地方之自治日以不整；美以疆域大而用地方分權，故中央與地方機關同時進步；治大國與治小國不侔也。德以日耳曼法系，趨於地方分權，雖爲君主之國，而人民有參與政治之資格；法以羅馬法系，趨於中央集權，雖爲民主之國而政務操於官吏之手，人民反無自治之能力，兩相比較，法弱於德有由來矣。三曰無同化之力者，國必擾。美以共和政體，重視人民權利。雖人種複雜，而同化力甚强，故能上下和安於無事。土耳其一國之中分十數種族，語言宗教各相同，又無統一之機關，致有今日之衰弱。俄則種族尤雜，不下百數，語言分四十餘種，其政府又多歧視之見，致有今日之紛亂，奥、匈兩國雖同戴一君主，而兩族之容貌、習尚、語言、性情迴殊，故時起事端，將來恐不免分離之患。蓋法制不一，畛域不化，顯然標其名爲種族之國，未有能享和平、臻富强者矣。此考察各國所得之實情也。竊惟學問以相摩而益善，國勢以相競而日强，中國地處亞東，又爲數千年文化之古國，不免邪尊己卑人之見，未嘗取列國之變遷而比較之，故比較對於内，則滿盈自阻之心日長；對於外，則争存進取之志益堅；謀國者亦善用其比較而已。」又奏：「臣等曠觀世界大勢，深察中國近情，非定國是無以安大計；國是要約有六事：一曰舉國臣立於同等法制之下，以破除一切畛域。二曰國是采決於公論。三曰集中外之所長，以謀國家與人民之安全發達。四曰明宫府之體制。五曰定中央與地方之權限。六曰公佈國用及諸務。以上六事，擬請明降諭旨宣天下以定國是。約於十五年或二十年，頒布憲法，召集國會，實行一切立憲制度。今欲廓清積弊，明定責成，必先從官制入手。擬請參酌中外，統籌大局，改定全國官制，爲立憲之預備。」（《清史稿·戴鴻慈傳》一四一〇頁）（戴鴻慈，字少懷，廣東南海人，光緒二年進士，改庶吉士，以編修督學山東，又轉任户部侍郎。光緒三十一年，命五大臣出使各國考求政治，鴻慈與焉。）以此定國是六事，與慈禧太后所扼殺之康梁「維新」「定國是諸大端」相比較而觀之，則洞悉慈禧之五臟六腑矣。

光緒二十四年戊戌（一八九八年）六月十一日，光緒帝采納維新派康有爲、梁啓超等人之主張下詔「定國是」，接連發出數十道改革令，其除舊爲：廢八股改試策論，廢各省書院、祀廟改爲學堂，裁減綠營，裁撤詹事府等。布新：辦學堂，首先籌辦京師大學堂；設中國銀行、礦務、鐵路總局、農工商總局；倡辦各種實業；獎勵新著作、新發明；設立編譯局，編譯書籍；准許自由開設報館、學會；編制國家預算，公布歲出歲入；廣開言路，提倡上書言事；辦農會、商會等。（《辭海》）由此可見，維新派之主張温和，無危及帝權者，比之五大臣之「六事」「明宫府之體制，從官制入手，頒布憲法，召集國會，實行立憲制度」等項，皆屬政權之外的皮毛改革，奈何慈禧對這點光緒帝所運作之維新活動也不允許存活，只能以「權力狂」釋之；就因此「權力狂」之禍害而斷送了清祚一綫復興之機；更在十年之後，當其生命垂危之際，猶「命醫師下毒」毒死光緒帝。（柏楊《中國歷史年表》記：「一九〇八年，光緒三十四年十月，那拉太后有疾，腹瀉數日，有譖清帝載湉面有喜色，那拉太后怒曰：『我不能先爾死』。命醫師下毒。」）十月二十一日光緒帝先死，二十二日慈禧太后死。於此既見那拉氏慈禧之狠毒有過於蛇蝎。亦窺知宫廷内部之冷漠絶情，人性盡喪，皇帝被毒死竟無一人冒死而救之者，專制之罪惡，深且烈矣。在我中華史上后妃之擅權禍國計有四起：漢之吕雉、晉之賈妃、唐之武氏、清之慈禧。歷時最久、爲禍最深且遠者，慈禧也。前已述者有洋務與維新爲其所誤，茲當補述者爲先利用後鎮壓愛國反帝之義和團運動。義和拳源自於山東、直隸等地之民間健身拳術，亦有名梅花拳、大刀會者，乃民間練拳習武之自由結社。但自中日甲午戰爭以後，又有一九〇〇年之八國聯軍攻入北京燒殺搶掠，激起民間反帝愛國之心，身懷武藝志勇之士更欲躍躍一試。與手執洋槍洋炮之侵略者一决勝負，此乃義和團愛國反帝運動之緣起也。載漪等稱其術，太后信之，欲倚以排驅入侵者。福祥率甘軍攻使館，月餘不下，榮祿不能阻，載漪等益横；京師大亂，並戮忠諫大臣，榮祿踉蹌入言，「太后厲色斥之」。足見允義和團入京與又鎮壓之者乃慈禧之無信義之罪也。洋務運動人物中最著者有三人：李鴻章、張之洞、劉坤一是也。李鴻章（一八二三—一九〇一），字少荃，安徽合肥人，道光二十七年進士，從曾國藩游，講求經世之學，並建立淮軍，與曾國藩之湘軍共同鎮壓太平天國運動。一八七〇年以後，任直隸總督兼北洋大臣，掌外交、軍事、經濟大權，成爲洋務派之首領。首先開辦近代軍事工業，先後設立江南製造局，利用海關税收購買軍火艦炮，建立北洋海軍。「以西國新法導中國以求自强。」先急兵備，尤加以育才，與曾國藩合疏選幼童送往美國就學，歲百二十人，期以二十年學成。乃未及終學而中輟；隨分遣生徒至英、德、法諸國留學及建海軍將校，盡取材諸生。初在上海奏設外國學館，及在天津設武備海陸軍，是爲中國講求兵學之始。疏言：「西人專恃其礮輪之精利，橫行中土，於此而曰攘夷，固虛妄之論，雖欲保和局、守疆土，亦非無具而能保守之也。士大夫囿於章句之學，苟安目前，遂有停止輪船之議。臣愚以爲國家諸費皆可省，唯養兵設防，練習槍炮，製造兵輪之費，萬不可省。求省費，則必屏除一切，國無以立，終無自强之一日矣。歷代備邊，多在西北，其强弱之勢，主客之形實皆相埒，且猶有中外界限；今則東南海疆萬餘里，各國通商、傳教、往來自如，陽託和好，陰懷吞噬，一國生事，諸國橫煽，實爲數千年來未有之變局。輪船電報，瞬息千里；軍火機器，功力百倍，又爲數千年來未有之强敵。而環顧當世餉力、人才，實有未逮，雖欲振奮而莫由。《易》曰：『窮則變，變則通。』則戰守皆不足恃，而和亦不可久也。近世拘謹之儒，多以交涉洋務爲恥，巧者又以引避自便，若非朝廷力開風氣，破拘攣之故習，求制勝之實際，天下危局終不可支，日後之才，且有甚於今日者。以中國之大，而無自强自立之時，非惟可憂，抑亦可恥！」鴻章持國事力排衆議，在畿疆三十年，晏然無事，獨究討外國政學、法制、兵備、財用、工商、藝業。聞歐、美出一新器，必百方營購，以備不虞。安危存亡所係，莫不勉爲其難，積勞嘔血，年七十有九而卒。（《清史稿·李鴻章傳》一三六一一一三六三頁）張之洞（一八三七一一九〇九），字香濤，直隸南皮人，同治二年進士，以文儒致清要，遇事敢爲大言。與陳寶琛、張珮綸等輩蜂起，糾彈時政，號爲清流。之洞恥言和，陰自圖强；設廣東水陸師學堂，創槍炮，開礦務局，疏請大治水師；復立廣雅書院，武備文事並舉。光緒十五年（一八八九年），發表《勸學篇》，提出「中學爲體，西學爲用」。後值朝士日議變法，廢時文，改試策論，之洞曰：「廢時文，非廢《五經》《四書》也，改文體必正，命題之意必嚴；否則國家重教之旨不顯，必致不讀經文，背道忘本，非細故也。今宜首場試史論及本朝政法；二場試時務；三場以經義終焉。武科宜罷騎射刀石，專試火器，欲挽重文輕武之習，必使兵皆習字，勵行伍以科學。」八國聯軍亂後，乃與坤一合上變法之疏，詳論中國不振之故，宜變通者十二事，宜采西法者十一事。於是停捐納、去書吏、考差役、恤刑獄、籌八旗生計、裁屯衛、汰綠營、定礦律、商律、行銀圓、取印花稅、擴郵政；其尤要者則設學堂、停科舉、講游學，皆次第行焉。光緒二十八年（一九〇二年），充督辦商務大臣。二十九年，入覲，充經濟特科閱卷大臣，釐定大學章程，仍命還任，陛辭奏對：「請化除滿漢畛域，以彰聖德，遏亂萌。」上爲之動容。旋裁巡撫，以之洞兼之。三十二年，晉協辦大學士。未幾，内召，擢體仁閣大學士，授軍機大臣，兼管學部。由此而知，有清一代之漢臣，惟張之洞膽識最爲高遠，其所見「中學爲體，西學爲用」乃此後中國進入全球之林之立國大本，不可動摇者也；非「體用一元」之論也。又於遠任之際，陛辭直對「化除滿漢畛域」，此乃清廷二百六十年來無人敢觸及之大問題；滿人輕漢，鴻溝不可愈越，本爲一切禍患之根，而慈禧更在割地賠欵之際，口出惡言，「寧贈友邦，不與家奴」，其敵視漢人之真情已無法掩飾矣。史實俱在，夫復何言！劉坤一（一八三〇—一九〇一），湖南新寧人，廩生，初率團練時抗太平軍，轉戰贛、湘、桂三省。同治元年，升廣西布政使，擢兩廣總督。一八七九年，調任兩江總督兼南洋通商大臣。一九〇〇年，義和團運動，八國聯軍入京，與張之洞倡議東南互保。一九〇一年，又偕張之洞議請變法，以興學校爲首務，中法之應整頓變通者十二事，西法之應兼采並用者十一事，聯銜分三疏上之。詔下政務議行。是爲實行變法之始。（《清史稿·劉坤一傳》一二三六六頁）

本篇結束語

本著余在《中華大道》自序中所立之原則「以經觀史，以史效經，經史互驗，以弘大道，欲以張民族之靈魂，振中華之正氣，求以揚人性之善，通萬方之略」；參照《史記》《資治通鑒》《二十五史》及其他相關之參考文獻，劃分爲十二章，對軒轅以降迄於滿清爲止之中華興亡盛衰一統之政治、文教局面作了聯綴賡續之論說。索其源流，探其要歸，究其興亡盛衰之迹，的然明睹儒家道統貫穿於歷代政教民心之中，猶山川起伏，江河行地，直奔大海而不反。順之者青山緑水、鳥語花香、魚游淺底、鳶飛戾天，人物悉盡其性，生機異性其巧；逆之者山河失色、萬物嗚咽、生民塗炭、心靈死灭。興旺盛衰盡決於爲政者之明暗、勤惰、正邪、善惡八字之中，由此可解「人道政爲大」之深意焉。兹分十二端而有感焉。一曰道統綱紀之不可違也。道統始於軒轅氏，「修德振兵，撫萬民，度四方，順天地之紀、幽明之占、死生之説、存亡之難；時播百穀、草木，馴化鳥獸蟲蛾，勞動心力耳目，節用水火財務」。軒轅傳位於其孫（昌意之子）高陽，是爲顓頊，「有聖德，静肅以有謀，疏通而知事，治氣以教化，日用所照，莫不砥屬」。至堯與舜，乃行禪讓，並以十六字經「人心惟危，道心惟微，惟精惟一，允執厥中」傳禹，中庸之道立焉。後經周文王、武王以及周公旦之發揮，至孔子而集大成，《易》《詩》《書》《禮》《樂》《春秋》《孝經》《論語》等系統而出，道統之義始告完備。孟子又起而光大之，則軒轅、堯、舜、禹、湯、文、武、周公、孔、孟之道立焉，是謂道統。其大義有四：稟道修德，皇建其極，敷施政教，化民成俗。道其綱也，德其紀也。治國之最高指道思想也，最大之紀律，德也。無德之紀不可久也，亦不可尊也；惟以德爲基之紀，乃充滿生機，行之自如也。故有國者必先立道統以爲綱紀也。考道統之内涵，其尤要者在稟道修德也。儒家與道家同稟一道，其德均由此道出也；就其先後論之，儒家乃晚出者也；道家修德之嚴，尤有甚於儒者，應以道家之修行一併納入道統，則其義全而富矣，更有益於政教人心矣。但史上一直有儒、道分離之論，期今而後漸合之，以利於教化人心也。使人之私欲日漸自覺收斂也。二曰君道與臣道並嚴。君道者，臣道之帥也。軍肅於上，臣必嚴於下。中華歷史上，凡出現此情者，則其政必治，教必化，君臣關係亦必融如春風化雨。《周書·洪範》曰：

「無偏無黨，王道蕩蕩；無黨無偏，王道平平；無反無側，王道正直。」其意謂君道必大而無邊，廣而無際，深而無底，正而無邪，善而無惡，直而不曲，公而無私，純而無欲。所以《夏書·益稷》歌之曰：「元首起哉！股肱喜哉！百工熙哉！」在中華史上堯、舜、禹之際，周文、武、成、康之際，西漢文、景之際，唐貞觀、開元之際，宋真、仁之際以及明仁、宣之際，曾出現君道平平、臣道熙熙之和諧融融之景象。就經歷之時間而言，愈古而愈長（堯、舜、禹一百餘年）；愈近而愈短（明仁、宣僅十一年）。歷史之經驗揭示，君道正之於上，臣道從之於下；君道明之於前，臣道賢之於後；君道先之勞之，臣道急之奮之；君道仁之於政教，臣道勤之於化俗，故立國者先立君道也；正君道者先正君心也；正君心者日損其私欲也；治政者先治君心也；善教者先淳君德也。反之，君或有不逮，或失之於道，或薄之於德，或惰之於政，爲臣者有諫誡之責，有匡正之義，有彌縫之德，有善後之謀。孔子則曰：「君使臣以禮，臣事君以忠。」忠者，忠悦而誠服也；本此以怡悦之心忠於其政，敏於其事，察於其失，不失時宜以補救之者也。君者，獨也，不易自識己過也。臣者，群也，又有耳目之見聞，相爲之謀而彌之、縫之、塞之、籌之。其益之大而及時，有補君道君德者遠矣。三曰吏治。治官之謂也，治官首先在重教。教之、育之、涵之、蓄之，清其心，寡其欲，明其道，淳其得，一其志，固其義，此吏治之本，吏治之前提也。治之於爲官之前，自飭之於爲官之中，非見其貪而治之也。吏治在使君臣一體，賢能各得其所也。其中君尤爲重要，具有決定一切之作用。《禮記·文王世子》曰：「一有元良，萬國以貞，世子之謂也。」元者，君也；世子，嗣君也；元良者，聖君明君也；貞者，正也。聖君一旦君臨天下，則所有諸侯國皆歸於正矣，所有官吏皆歸於正矣。故「君子曰德。德成而教尊，教尊而官正，官正而國治，君之謂也。」《商書·説命》：「治亂在庶官；官不及私，昵惟其能；爵罔及惡，德惟其賢。」《禮記·禮器》曰：「天道至教，聖人至德。」謂教之本立於德而源於道也。以道治官，非智之也，善其德也，提高其道德修養也。使君臣（特別是位居宰輔之臣）咸知「天難諶（諶，信也），命靡常；常其德，保厥位；厥德非常，九有以亡。」（《商書·太甲》）「德惟一，動罔不吉；德二三，動罔不凶。」（《商書·咸有一德》）此乃長勵君臣修德之内省工夫，使其自德其德，自譽其名，自節其操，自制其欲，自潔其心，自審其形，此乃吏治之首義也。至於因貪婪有罪且行惡之官吏，則當嚴懲不貸，乃吏治之末者也，亦罰惡以彰善也。

四曰教君，教臣，教民。此三位一體之教，乃我中華教義至善至美之極也。教義何謂也，曰道與德也，仁與義也，言與行也，制欲也，去私也，去蔽也，孝親也，尊長也，愛幼也，友朋也，敬臣也，化民及物也。軒轅之時已知「教民時播百穀，馴化鳥獸」。舜帝之時對契曰：「百姓不親，五品不遜，汝作司徒，敬敷五教在寬。」文王之世，重世子之教。《禮記·文王世子》曰：「凡三王教世子，必以禮樂；樂所以修内也，禮所以修外也；禮樂交錯於中，發形於外，是故其成也懌，恭敬而温文。立太傅少傅以養之，故其父子君臣之道也，入則有保，出則有師，是以教喻而德成也。師也者，教諸以事而喻諸德者也。」此世子之教也，教之爲君也。教官之道則詳之於《大學》《中庸》《儒行》諸篇。「大學之道，在明明德，在親民，在止於至善；在致知格物，在誠意正心，在修身齊家，在治國平天下。」「自天子以至於庶人，壹是皆以修身爲本」，此乃最完備最切要之教育理論也。加之以《學記》重申「建國君民，教學爲先」與「君子化民成俗，其必由學乎」之義，就使教君、教臣、教民之理論臻於周全矣。此外，更有《尚書》薈萃了中華政治哲學之精華，尤爲歷代君王奉爲施政敷教之圭臬，專設經筵，定期講宣，皇帝躬親，乃至親自主講。再有科舉考試，自北宋以後迄於清末，每三年選拔進士一次，近千年中從未間斷，就使理論、學習、施政、敷教、修、齊、治、平與君、臣、民自然揉合爲一體了，雖鮮見大治之盛世，但治亂衰亡中可以清晰見到儒家道統貫穿於歷史發展之全程之中；具有萬劫不破之凝聚力，其力之原動力何在耶？近言之則蘊於人之善性、良知、真情之中，此不待教而人人之所同具者也；遠言之，則道也德也，亦通過人之性、心、情而體現之者也。由此觀之，中華之教也、政也，非外施之者，乃誘啓之者也，誘發人之善性，滔滔如江河之奔流者也，此教之之奥也。

五曰不許后妃外戚干政。此家天下之弊也，歷代雖知其患，均罹其禍，惟宋、明兩代較輕耳。商有妲己之亂政，以至國亡。周有褒姒之肆妖，以致幽王爲犬戎所殺。西漢先有吕后之亂政，既殺韓信又封諸吕，欲危漢室；繼有漢元帝以後妃外戚干政，終致藴王莽之篡漢改國號曰新，爲禍十六年。東漢外戚干政最烈者爲梁冀及其兩妹，禍亂朝政近二十年，公然鴆殺質帝，陰扶桓帝，致東漢從此陷入衰亡之機而絶中興之望也。西晉孝惠帝暗弱，兇殘暴戾之賈妃攫取后位，爲亂晉室；先殺宰輔楊駿，又殺太宰汝南王司馬亮，釀成歷時十四年之八王之亂，斷喪晉室元氣。由此而引起十九國之亂，造成南北分裂三百年之禍患，根源在一賈后擅權干政，亦中華史上一大悲哀也，中華大一統之局面爲一女人之權欲悄然而破，教訓多麼沉重而深遠兮！唐於太宗大治之後，慘暴之武后先垂簾干政二十五年，繼又稱周帝十五年，爲禍四十年。唐玄宗寵信楊貴妃，雖未見其干政，但豢養安禄山之禍實與有責焉。從此唐祚之運漸入衰敗而不複振矣。宋、元、明三代無明顯后戚干政之禍。清初雖以康熙之明亦不免潛存外戚干政之實。至清末慈禧專政之久而烈，戕害了清祚復興之機，其貽害後世之政，罪惡之深重不可言也。

六曰宦官之禍。宦，《説文》曰：《周易·頤卦》訓爲養。《釋詁》曰：頤養也。室之東北隅，食所居，飲食之處在焉。《康熙字典》注曰：「凡事人者皆曰宦。」由此而知，宦者乃宮廷之内管理飲食起居、灑掃應對、司門、守閫之雜役也。蓋知宮廷嬪妃盈闈，凡男子必閹而後始許任其役也，故又稱之曰閹宦。秦之趙高乃閹宦也，其威懾利誘丞相李斯，假傳始皇聖旨，賜死太子扶蘇與邊將蒙恬，使甫告統一之秦帝國遽爾而亡，乃宦官禍國之最深重者也。西漢懲秦之失，宦禍不萌，迨至東漢桓、靈之間宦戚勾結，構禍清議。以「誹訕朝廷」之罪，遂成兩次黨錮之禍，歷時十年誅戮善類，斷喪民氣，斬斷生機，動摇國本，將東漢推入敗亡之途，甚可悲也。唐之興也，以貞觀、開元之治，其勢旺盛，雖中歷武氏之横暴與安史之豪劫，然其仁政之流風餘韵尚存；唐德宗後之一百多年中，宦者之禍固亦賡續未斷，然唐運之衰亡乃藩鎮之武力所致也。明祚之困於宦者而終爲其所亡也，究其實而論，乃其歷朝君王荒廢其政，權落宦者之手所致也。若劉瑾之於明武宗誘其游惰荒政，引入私黨，斥逐大臣，侵吞民間土地。若閹宦魏忠賢，歷萬曆、熹宗兩朝，自稱九千歲，構識死黨，内閣六部，爪牙滿朝，至四方督撫，莫不與之；建其生祠，幾遍天下，曠中華史之所未聞。清代初中期未見宦禍，及慈禧專横，二者兼而有之，惟内外有直鯁之臣，其勢未張耳。

七曰對農民運動實行鎮壓。歷史上對各類民變及大規模之農民起義，一律以鎮壓爲先爲主，幾乎完全違背「子庶民」之原則（見《中庸》「凡爲天下國家有九經」）。溯農民起義之由，未有不出於飢寒無望與官府横徵暴斂所引發之者也。當農民生存瀕臨絶望之時，揭竿而起以求自存之機，此本屬於失政害民之罪，《湯誥》曰：「萬方有罪，在予一人。予一人有罪，無以爾萬方。」《周書・泰誓》曰：「天矜於民，民之所欲，天比從之；天視自我民視，天聽自我民聽，百姓有過，在予一人。」商、周之季，帝王尚有自責之心，尚有敢爲天下擔當罪責之氣慨；秦、漢以降以迄於明清，均將罪責推委於黎庶，而大加戡剿討伐。必須從道理與事實上考究清除，歷史上所出現之大小規模農民起義有哪一次不是因飢荒而起，不是因官貪吏逼，愈演而愈烈；有哪一次不是愈剿愈壯大，而其終歸於失敗者，非其出發點之不正也，乃其内有私欲以渙散其志，外有强力以乘其隙也。明末李自成領導之農民起義，滿朝一片剿滅之聲，唯順天府尹劉宗周稟「子庶民」之大義向崇禎帝建言「流寇本朝廷赤子，撫之有道，寇還爲吾民也」。崇禎顧温體仁曰：「迂哉！劉某之言也。」但農民起義亦有其短也，乏治國平天下之遠謀也，以其首領缺乏儒家道統之修養，無以内一其志，聚其力，以禦外之分裂瓦解也。

八曰興衰與中興之機，把握在人。蓋萬物與人與社會同處於變幻莫測、變化無窮之大機體之中，其興衰存亡均有其過程與軌迹；即使其亡也，亦非生命之結束，莊周有言曰：「萬物一齊，孰短孰長，道無終始，物有死生，不恃其成。」（《莊子·秋水》）物形之轉變，朝廷之更替，乃興衰存亡之勢與運不可抗拒者也，但可識其機，窺其變，觀其化。《周易·繫辭》曰：「幾者，動之微，吉之先見者也，知幾其神乎！君子見幾而作，不俟終日。窮神知化，德之盛也。」（《十三經注疏》八八頁）唯有盛德之人，方可知其幾，神而馭之，撥亂反正，轉亡爲存，化衰爲興。在中華史上此種幾宜，代代有之。漢高帝用韓信之計先據三秦，最後滅但楚，建立大漢王朝，此轉弱爲强終至功成之例也，其德盛者在蕭何之識幾薦才一稟大公也。但在中華史上，多有幾而失之者。東漢桓、靈之間清議剛正，士氣大振而不善馭之乘之，反禁錮善類，殺之戮之，終至衰亡，成三國割據之勢，肇南北朝分裂之局，成敗得失之間全在於君王之明暗聖愚。北宋之末，抗金形勢大勝，有宗澤、李綱之謀深，再造王室，統一政令將令，有岳飛之神勇遠略，收復河山、迎歸二帝指日可待；唯因高宗暗弱，懷私心而御戰和，自爲和議所迷；而不明唯戰乃固存之唯一道路，和則降而賣國，爲宗社國人所唾棄，此昏君失却中興良機之憾也。明末毅宗朱由檢有中興明祚之志，但乏其雄才大略。視劉宗周之深謀「開示誠心爲濟難之本；一涉功利，皆爲苟且；皇上以親內臣之心親外臣，以重武臣之心重文臣，則太平之業，一舉而定也。」「流寇爲本朝赤子，撫之有道，寇還爲吾民也。」爲迂闊，坐失化流寇爲抗清鐵軍之良機。如當時劉宗周謀定安撫重用一致對外，將清軍擋在關外，解除一時敗亡之危，徐籌中興之策，大轉機蘊於其中矣。清末先後有洋務、維新兩大運動，惟以慈禧心狠胸仄，仇漢太深，坐失自奮之良機，此乃中華史上之大憾事也。面對西學、西政、西技之大好改革之機，中國之政權却不幸落入一故步自封之女人之手，悲夫！

九曰外交上升爲首務。文祥深爲感慨曰：「馭外之端爲國家首務。」此乃面對十九世紀後半葉國際新環境之務實之言。儒家原有經典之言「來百工也，柔遠人也，懷諸侯也」，已不足以應付西方諸國急於求利之要求；此求利也，野心勃勃，有增無已，意在瓜分，劃定勢力範圍，將中國變爲西方列强殖民地或半殖民地。依此而論中國之儒家立政思想中對遠親近鄰之態度，「來百工也，柔遠人也，懷諸侯也」，在西方列强侵略面前顯得相形見絀。但以正常平等之外交而言，「柔遠人，懷諸侯」其中藴涵有豐富而不盡的仁德善意，確是不可動摇之外交原則，應當予以發揚而完善之；對日益發展之外交也是有利的；但對西方功利主義之利與害必須常持清醒而審慎之態度，切忌因利忘義而不可拔，乃至於招致禍患而無以獨立也。

十曰中央集權。具有天地人物一統之宇宙觀者，必然産生一統之道德、政教、禮法、言行觀；也必然産生政治上中央集權制，此在中華歷史上有效行之越四千年矣。但在清末西學、西教、西政、西技、西藝席捲而東，迫使我中華冷静而嚴肅思考。戴鴻慈所撰《五人出洋考查報告》中有言曰：「德以日耳曼法系趨於地方分權，雖爲君主之國，而人民有參與政治之資格；法以羅馬法系，趨於中央集權，雖爲民主之國，而政務操於官吏之手，人民反無自治之能力；

美以疆域大，而用地方分權，故中央與地方機關同時進步，治大國與治小國不侔也。」由此可見，不管其爲中央集權或地方分權，旨在更有效管理國家，其中歷史經驗尤爲重要。若中國積有四千餘年中央集權之經驗，應予珍存之，發揮其舉重若輕、公平天下、惟精惟一、允執厥中之中央集權之威力。須知天下大利，道之所指，義之所正，不有强大威力，則難以惠及黎庶，除暴安良，亦如此也。

十一曰「中學爲體，西學爲用」。此張之洞在其《勸學篇》中提出之處理中西兩大思想體系之指導原則，亦是其對待中西思想之根本態度；進一步言之，亦是其對待洋務、維新運動之根本態度，極言之，更是對待中西政治體制之根本態度。其所言之中學，直指《五經》《四書》也。（後值朝士日議變法，廢時文，改試策論。之洞曰：「廢時文，非廢《五經》《四書》也。」）其所言體者，本也，根也，基礎也，自身也，本體也。體，《說文》曰：「總十二屬也。」十二屬，著《說文》之許慎未詳言，注解《說文》之段玉裁解釋曰：「今以人體及許書覈之：首之屬有三：曰頂、曰面、曰頤。身之屬三：曰肩、曰脊、曰尻。手之屬三：曰厷、曰臂、曰手。足之屬三：曰股、曰脛、曰足。合說文全書求之，以十二者統之。」由此而明，體者，全身活之機體也；中學爲體者即以儒家道統爲體，即以國學體系爲體也；西學爲用者即以西學可資爲我所用者，擇善而取之，精慎而裁之；切之磋之，琢之磨之，變之化之，煉之治之，使爲我用，其間義利之辨，遠攻近效之較，當細心而用力焉。

十二曰人欲隨歷史之前進而日熾。四千年前，堯、舜二帝以其深憂提出了「人心惟危」之預見，從此以後，特別春秋之後，相繼出現老莊孔孟之學説，在中華史上便出現兩條平行綫。一條以宮廷爲代表，隨歷史之前進，人欲日熾，可憂之象也；另一條則主「爲學日益，爲道日損」「克己復禮」「寡慾」，可喜之道也。人欲日熾之象，代代有之，朝朝盛焉；争軍權者，奪后妃位者，搶太子位者，固宰輔位者，皆無所不用其極，禍患由此而發，戰亂由是而生，深重者更殃及平民百姓；翻開歷史，彼彼皆是；放眼看去，必然時進日熾，可憂者更在於未來也。另一條則是學術上自堯舜提出十六字心經之後，歷代學者對人欲與天理不乏其論，特别在理學倡明之中，八百年來論辨尤爲深入，積累了豐富資料，清戴震「性水欲流」論，可謂清澈見底之結論：「是故欲不可窮，非不可有；有而節之，使無過情，無不及情，可謂之非天理乎！」（《孟子字義疏正》二頁）唯在實踐中使人之言與行自覺節制，合乎天理，實甚難也；

特別手中握有行政大權或軍事大權者，或手中擁有壟斷社會財富和資源大權者令其自覺節制有符於天理，有合於良知，固可能也，但實難也；然其正道，亦唯有此也；喚醒人之良知，自學節制人欲以共赴天理之純，乃人類福音也。

中華經史綱要

治國篇：中國古代政治哲學

何光榮◎著

團結出版社

圖書在版編目（CIP）數據

中華經史綱要. 治國篇 : 中國古代政治哲學 / 何光榮著.

— 北京 : 團結出版社, 2021.5

ISBN 978-7-5126-8503-1

Ⅰ. ①中… Ⅱ. ①何… Ⅲ. ①經學–歷史–中國②政治哲學

–研究–中國–古代 Ⅳ. ①Z126②D092.2

中國版本圖書館CIP資料核字（2020）第259414號

出版: 團結出版社

（北京市東城區東皇城根南街84號 郵編: 100006）

電話: （010）65228880　65244790（傳真）

網址: www.tjpress.com

Email: zb65244790@vip.163.com

經銷: 全國新華書店

印刷: 大廠回族自治縣德誠印務有限公司

開本: 145×210　1/32

印張: 94.25

字數: 1590千字

版次: 2021年5月 第1版

印次: 2021年5月 第1次印刷

書號: 978-7-5126-8503-1

定價: 598.00元（全八册）

目録

緒論

《治國篇》乃《儒道篇》與《一統篇》之邏輯結論也。《儒道篇》明儒、道兩家經典之大義，具述雖略有异，而宏旨卒歸於修齊治平，此乃我中華思想之光輝也，亦人類同具之政治理想也。此種思想光輝經歷了中華歷史四千年實踐之檢驗益見其正確性與藴有不可征服之生命力，有清一代康乾之盛證明儒家道統之德化威力；鴉片戰争以後之五十年中，既有宫廷之内慈禧竊權專政，更有内憂外患賡續相來，而卒未傾覆者，以其保有内藴之生命力也？亦適在西學、西政、西教、西藝、西技東漸之時儒家道統面對以軍艦大炮爲武器的入侵者，甚至是傾西方列强之全力組成八國聯軍攻入北京搶掠故宫、圓明園，國珠寶玉爲之一空；圓明園之殘垣斷壁固黯然失色，飽含國耻，但照射它的陽光反射於歐美也不可能金璧輝煌，搶奪他國財物總不能算是體面之事。就在此外有列强伺釁瓜分，危機日亟之際，内有慈禧專政不許思變之秋，朝野先後出現了洋務派、維新派，俱主張先定國是。其中最爲安妥，影響深遠者乃張之洞之「中學爲體，西學爲用」也。（張之洞《勤學篇》。《辭海》張之洞條曰：一八九八年發表《勤學篇》提出「舊學爲體，新學爲用」，成說明顯竄改原意，是不妥的。）張氏在此所言之體用，非宋明理學所言「體用一原，顯微無間」之意，其所言之體乃本也根也，乃中華立國之本也，根也，基也。用他自己的話釋之：「廢時文，非廢《五經》《四書》也。故文體必正，命題之意必嚴。否則國家重教之旨不顯，必致不讀經文，背道忘本，非細故也。」（《清史稿·張之洞傳》）由此可知其所言之「中學爲體」者乃指儒家治國安邦之經典也，大道也，道統也，此在《一統篇》中已以歷代興亡之史實具論之矣；亦乃本篇之根本主旨也。其所言之西學爲用者舉凡學、政、技、藝，無不總括於其中；至於如何擇善詢實，則有賴行之者謹慎將事也。《大禹謨》之誡「任賢勿貳，去邪勿疑。疑謀勿成，百志惟熙」，值得銘記。中學之所及者固在經典之精神，其要則在深入研究，以盡其義，以通其變，與時偕行，切忌蜻蜓點水之功，杜絶言不及義輕薄爲言之病；一犬吠影，群犬吠聲，「跖之狗吠堯」，端正學風，厲行言之有據，言之合道，言必由衷。

孔子答魯哀公問：「人道政爲大。」必須立爲本篇主綫予以充分發揮；圍繞此主綫，老莊論政之見亦應重點論及，使儒、道兩家之政論臻於完善，且相得益彰煥其文采，以見我中華大道之寬平；更當驗之以史實，有助於開拓人之思路，鑒古而知來，發經而開務；使古今活躍在生機不息之長河中，人類日益相近，日益自覺融和。儒、道兩家之政，乃賢能之政，有道之政，君子之政，無爲與有爲合而爲一之政，因此培養賢能君子之教，具有特殊重要之地位。人才之成長無非兩途：自我修養與系統而賡續之教育。選拔人才之途徑主要是統一考試與定期舉薦，真正優异之才，則長期在實踐中磨礪而出。因而政與教兩者之主次先後輕重，表裏諸關係必須明辨，始克有益，切忌倒置，兩者俱誤。

儒家之立政視正君心、協股肱、建皇極三者，乃三位一體之事。其大旨爲大中至正之道，王者無私也；無偏也，無邪也，至正至純，至善也。如此則君正臣肅，中央政府之權威立，以之施政則政通天下，以之敷教，則風化閭巷，教入人心。此乃王道之行，人德之澤，百姓之福也。

第一章　辨道建統

第一節　釋道統大義

道：《説文》註曰：「所行道也。毛傳云：行道也，道者人所行，故亦謂之行，道之引申爲道理，亦爲引道。從辵首。首者，行所達也。一達謂之道。釋宮文，行部稱四達謂之衢，九部称九達謂之馗。」《爾雅·釋宮》：「一達謂之道也。」「衆妙皆道也。」《易·繫辭》：「一陰一陽之謂道。」「立天之道曰陰與陽，立地之道曰柔與剛，立人之道曰仁與義。」孔子曰：「朝聞道，夕死可矣。」老子曰：「道者萬物之奥（王弼註曰：奥猶曖也，可得庇蔭之辭。吴澄曰：室之西南隅曰奥，尊者所處，故以譬道之最貴也；有道之人命以君師之位，使爲天子三公，皆以道貴也），善人之寶（王弼曰：寶以爲用也），不善人之所保（王弼曰：保以全也）。」（《道德經》六十二章）「執古之道以御今之有能知古始，是謂道紀（王弼註曰：無形無名者，萬物之宗也。雖今古不同，時移俗易，故莫不由乎此，以成其治者也。故可執古之道，以御今之有。上古雖遠，其道存焉。故雖在今，可以知古始也）。」（同右書十四章）「人法地，地法天，天法道，道法然。」（同右書二十五章）「道常無爲（王弼曰：順其自然也），而無不爲（王弼曰：萬物無不由爲以治以成之也）。」（同右書三十七章）「反者道之動（王弼曰：高以下爲基，貴以賤爲本，有以無爲用，此其反也。動皆知其所無，則物通矣，故曰反者道之動也），弱者道之用。天下萬物生於有，有生於無（王弼曰：天下之物，皆以有爲生，有之所始，以無爲本，將欲全有，必反於無也）。」（同右書四十章）「道生一，一生二，二生三，三生萬物；萬物負陰而抱陽，冲氣以爲和。」（同右書四十二章）「爲学日益，爲道日損（筆者按：損者，損私欲也），損之又損，以至無爲（筆者按：無爲即無欲也），無爲而無不爲（筆者按：以無私之心而御萬事則未有不順者）。」莊周曰：「道者萬物之所由也。庶物失之者死，得之者生，爲事逆之則敗，順之則成；故道之所在，聖人尊之。」（《莊子·漁父》）「天地者，形之大者也，陰陽者，氣之大者也，道者爲之公。」（王先謙曰：「道者天地陰陽所公共。具大更爲無偶也。」）（《莊子·則陽》）「調而應之，德也；

偶而應之，道也。帝之所興，王之所起也。」（《莊子·知北游》）「道無終始，物有死生。」（《莊子·秋水》）「魚相造乎水，人相造乎道。……魚相忘乎江湖，人相忘乎道術。」（《莊子·大宗師》）「因是已，已而不知其然，謂之道。」（《莊子·齊物論》）「夫體道者，天下之君子所繫焉。……視之無形，聽之無聲，……所以論道而非道也（明道之無名也）。」（《莊子·知北游》）「道之真以治身，其緒餘以爲國家，其土苴（糞草）以治天下。由此觀之，帝王之功，聖人之餘事也。」「可傳而不可受，可得而不可見，自本自根。未有天地，自古以固存，神鬼神帝，生天生地，在太極之先而不爲高，在六極之下，而不爲深，先天地生而不爲久長，於上古而不爲老。……莫知其始，莫知其終。」（《莊子·大宗師》）司馬遷曰：「道高益安，勢高益危。」

統：《說文》註：「統，紀也。《淮南·泰族訓》曰：繭之性，爲絲，然非得女工煮以熱湯，而抽其統紀，則不能成絲。引伸其義，爲凡綱紀之稱，《周易》：乃統天。鄭註云：統本也。《公羊傳》：大一統也。何註：統，始也。」

紀：《說文》註：「紀，別絲也。……紀者，別理絲縷。……一絲必有其首，別之是爲紀。衆絲皆得其首是爲統。統與紀義互相足）。」本「衆絲皆得其首是爲統」之義而推論之則儒家之諸經（即《易》《詩》《書》《禮》《樂》《春秋》《孝經》《論語》《孟子》。）其所載者也，名之曰道統宜也；如以道家之《道德經》與《莊子》合儒家道統而稱之曰儒道之道統，亦無有不宜者也，以其大旨相同，俱在治國安邦也，其或有深淺曲全之差，無害其本根之一致也。

第二節　辨道

中華之道，非限於儒、道兩家，班固《漢書・藝文志》中依次詳列九家之所自。儒家「出於司徒之官」，道家「出於史官」，法家「出於理官」，名家「出於禮官」，墨家「出於清廟之守」，縱横家「出於行人之官」，雜家「出於議官」，農家「出於農稷之官」，小説家「出於稗官」。「諸子十家，其可觀者九家而已。皆起於王道既微，諸侯力政，時君世主好惡殊方，是以九家之術蠭出并作，各引一端，崇其所善，以此馳説，取合諸侯；其言雖殊，譬猶水火相滅亦相生也。」《易》曰：「天下同歸而殊途，一致而百慮；今異家者，各推其所長，……合其要歸，亦六經之支與流裔；……若能修六藝之術，而觀此九家之言，捨短取長，則可通萬方之略矣。」

一、内辨

内辨者，辨中華内部之道也，如前所述九家俱有所自出何爲而辨哉，亦乃是也，但其中法家，經過長期歷史之檢驗，有害於儒家仁政之大旨，不辨不足以明其是非、正邪、善惡，此辨之者一也；其次儒、道兩家大旨一也。但歷史上長期以來多視道家爲消極，我則欲正之，使儒、道兩家相得益彰，光輝其遠景，更有益於人類之未來也。

（一）儒家法家之辨

儒家主性善，崇人倫，尚人治；法家信性惡，輕人倫，重法治，此其矛盾者也。但儒家并不完全反對法治，孟子説過：「徒善不足以爲政，徒法不能以自行。」（《孟子·離婁上》）此儒法相近也；孔子曰：「道之以政，齊之以刑，民免而無恥；道之以德，齊之以禮，有恥且格。」（《論語・爲政》）他也没有否定「齊之以刑」。事實是：儒家僅有道、德、禮三者之爲政是不完備的，必須是「道、德、禮、法」四者稱完備，故法家出自理官者，乃儒家政治制度之産物也；蘊於其内者故相對立而存在也。今之欲辨明者亦此三端也。

性善論與性惡論非由善惡兩端不可調和之形態而爲言也；實則乃堯帝首先提出之人心惟危，危而不止之爲惡，此荀况主性惡立論之始基也；孟子則有見於堯帝王所提「道心惟微」，又參照《周易》「繫辭」「文言」諸義，首立性善惡論，荀子所欲一舉而將孟子批倒之者，實乃孟子已切切言之，「寡欲」與「求其放心而已矣。」（《孟子・告子》）由此而知，性善論包容了性惡論，猶之道心包含了人心；孟子所見者根也源也，荀子所見者習也流也；孟子所明者，人性之本質也；荀子所發者，人性之表象也。亦孔子「一日克己復禮，天下歸仁焉」之教。如按性惡論設教，雖嚴刑峻法不易爲效也。

儒、法在人倫上之對立，儒主父子有親，君臣有義；又曰「凡爲天下國家有九經，曰修身也、尊賢也、親親也」，將人倫之親列爲九經中之第三位以見人性化之治；法家則摒除一切人性人情，以法平準一切，固亦有其理也；但以仁德觀仁政、觀法治和以薄情寡恩觀仁政、觀法治，則况味必有大謬不同者，審查韓非之言可略知一二也：「古今异俗，新故异備，如欲以寬緩之政，治急世之民，猶無轡策而御駻馬，此不智之患也。今儒墨皆稱先王兼愛天下，則視民如父母之愛子。何以明其然也？曰：司寇行刑，君爲之不擧樂，聞死刑之報，君爲流涕。此所擧先王也。夫以君臣爲如父子則必治，推是言之，是無亂父子也。人之情性莫先於父母，父母皆見愛而未必治也；君雖厚愛，奚遽不亂！今先王之愛民，不過父母之愛子，子未必不亂也；則民奚遽治哉。且夫以法行刑而君爲之流涕，此以效仁，非以爲治也。夫垂涕不欲刑者，仁也。然而不可不刑者，法也；先王勝其法，不聽其泣，則仁之不可以爲治也亦明矣。且民者固服於勢，寡能懷於義。……今學者之説人主也，不乘必勝之勢，而務行仁義則可以王，……此必不得之數也。」（《韓非子・五蠹》）韓非此論乃法家之非人倫之議，其言之所及者，似亦合理，然以儒家仁政之心觀之則知法家之政不可取也。孟子曰：「人皆有不忍人之心，先王有不忍人之心，斯有不忍人之政矣；以不忍人之心，行不忍人之政，治天下可運之掌上。」（《孟子・公孫丑上》）孟子更進一步揭明「堯舜之道孝悌而已矣」。（《孟子・告子下》）孝悌二字乃人倫之最切要者，普天之下莫不通也。「夫《孝經》者孔子之所述作也」，乃百行之宗，五教之要，唐玄宗皇帝御註之。（唐玄宗《孝經序》曰：「朕聞上古其風朴略，雖因心之孝已萌，而資敬之禮猶簡，及乎仁義既有，親譽益著，聖人知孝之可以教人也，故因嚴以教敬，因親以教愛。於是以順移忠之道昭矣，立身扬名之義彰矣。子曰吾志在《春秋》，行在《孝經》，是知孝者德之本欤？《經》曰：昔者明王之以孝理天下，不敢遺小國之臣，而況於公、侯、伯、子、男乎？朕嘗三復斯言。景行先哲，雖無德教加於百姓，庶幾廣愛形於四海。嗟乎！夫子没而微言絶，异端起而大義乖。……希升堂者，必自開户牖；攀逸駕者必騁殊軌轍。是以道隱小成言隱浮僞。」）於開元十年六月頒行天下及國子學。天寶四載九月，刻石於太學，謂之「石臺孝經」。由此可明人倫所生孝悌思想在修齊治平中之作用。即以玄宗在位期間安史之亂而論，其對社會所造成之破壞以人員傷亡，生産及財富損失爲鉅；人民對政府之信賴無所動摇；若依韓非之見「且民者固服於勢，寡能懷於義」，則必衆叛親離。事實是將討賊之功仍歸于聖躬：杜甫詩曰：「汗馬收宫阙，春城鏟賊壕。……萬方頻送喜，無乃聖躬勞。」（《收京三首》，《杜詩詳註》第一册，四二三頁）故知儒家仁政之治乃得民心之唯一途徑，捨此而云得民心者，乃施小恩小惠而得之者，非道之以德順之以孝，化之於日常生活之中形之於國風民俗者也；此國風民俗蘊發於人之善性，良心與純朴的人情之中，非薄情寡恩，强詞奪理之論辨所能爲功者也。離開人性、人心、人情三者之任何雄辯都蒼白無力，無濟於事；相反，倒易於敗事，在中華史上最爲慘重之教訓，是靠縱横家（連横派）與法家之主張吞併六國之秦帝国，速亡於位居丞相之李斯之手，就當時李斯居相位之重，其權與勢優於趙高遠矣；李斯完全可以做到召回扶蘇與蒙恬，救秦帝國免於速亡。然出於私慮，李斯就範於趙高，可見李斯乃一小人耳。兹抄錄史書記載，以資參証。《史記·李斯傳》記載，「李斯者，楚上蔡人也，年少時爲郡小吏，見吏舍厠中鼠食不潔，近人犬數驚恐之。斯入倉，觀倉中鼠食積粟，居大廡之下，不見人犬之憂。於是李斯乃嘆曰：人之賢不肖譬如鼠矣。在所自处耳！乃從荀卿学帝王之術，学已成，度楚王不足事，而六國皆弱，無可爲建功者，欲西入秦，辭於荀卿曰：斯聞得時無怠，今萬乘方争時，游者主事。今秦王欲吞天下稱帝而治，此布衣馳騖之時而游説者之秋也。處卑賤之位而計不爲者，此禽鹿視肉，人面而能强行者耳。故詬莫大於卑賤，而悲莫甚於窮困；久處卑賤之位，困苦之地。非世而惡利，自託於無爲，此非士之情也。故斯將西説秦王矣。」李斯惡窮求榮之心暴露無餘矣；其從荀卿學者本帝王之術。但一絲帝王之味也未聞到，豈其師道寶有「小疵」哉？由此可見法家者俱屬小人之儔也。本不應立於朝；從歷史考察之，法家盛於秦，弱于漢，式微於唐，宋以後絶矣。

筆者按：敬請讀者註意此處所論者乃儒家仁政與法家所見之偏，非完全否定法治之爲用也；儒家之仁政，其本身就含有法一大端，即「道、德、禮、法」始臻完備，不可缺法；唯其立法之指導思想——法不離情（《禮记》曰：「情者，聖王之田也」）與法家有异耳。

關於儒家主人治，法家重法治，此兩者之辨乃是辨道之核心問題，亦是治國篇之核心問題；内辨與外辨中俱須明辨之，不得有絲毫含糊，此乃關係到儒道理論之純潔性與夫中華立國之嚴肅性與寬融性。

儒家之人治思想非空言之者也，有其深厚之理論基礎，植根於如次觀點之中：天、地、人、物四者統一觀而産生之一統天下觀，人爲其主；立人之道曰仁與義；人性善，物性善；盡人性與盡物性，贊天地之化育人之良知良能；「情者聖王之田也」；人具有十義（父慈、子孝、兄良、弟悌、夫義、婦聽、長惠右順、君仁臣忠）；人心與道心相爲包容與制約；（「人心惟危，道心惟微；惟精惟一，允執闕中。」）「天道至教，聖人至德」；「大學之道，在明明德，在親民，在止於至善」，在「致知格物」，在「修齊治平」；「自天子以至於庶人，一是皆以修身爲本」；「其本亂而末治者否矣」；「其所厚者薄而其所薄者厚，未之有也」；「此謂知本，此謂知之至也」。建立在以修身爲本之人治思想，自天子以至於庶人一無例外，皆以修身爲本之人治思想；非惟我中華獨有之政治理想，亦可供全人類參考或共享者也。從儒家經典窮索之，則知「誠者物之終始，不誠無物。誠者非自成己而已也，所以成物也；成己仁也，成物智也，性之德也，合内外之道也，時措之宜也。……君子之道本諸身，微諸庶民，考之三王而不謬，質諸鬼神而無疑，百世以俟，聖人而不惑。……萬物并育而不相害，道并行而不相悖；小德川流，大德敦化，此天地之所以爲大也。……唯天下至誠，爲能經綸天下之大經，立天下之大本，知天地之化育。……故君子之道暗然而日彰，小人之道，的然而日亡；君子之道淡而不厭，簡而文，温而理，知遠之近，知風之自，知微之顯，可與入德矣」。（《中庸》）

此人治思想中修身，包含了三層次：聖賢也，君子也，士庶也。聖賢之中，君位者必聖，任三公六卿，當輔弼之位者或聖或賢，充任各級官吏者必以君子，其中亦不乏賢者，甚至有聖者屈居其間焉。士庶居基層，其修養有等差，視其稟性良知、教育、環境、習染、閱歷等而异，其爲聖、爲賢、爲君子、爲孝子、爲良民乃至於淪爲刁謪之徒未可一言而盡也。但依據儒家所揭示之理論以人性善爲基石，以人心（人心惟危）道心爲表現形態，以人情人義爲其内含，則人之自尊，自覺與良知之自發表現必能引導人之向善，此乃不可逆轉之勢，見之於中華歷史者如此，此乃人皆可以爲堯舜之道也；其可擴而充之，推及於全人類，亦自然之理也，以其同爲人也，以其同具善性、良知、人情也；彼我异者，惟根於地域之不同，歷史、經濟、文化、習俗、食住等不同而已，其欲奔赴更完美之未來，乃一致耳，以此可明人治思想乃完善我中華民族素質之理想政治理論，其於人類有益，觀其具自然發展可也。

（二）王霸之辯

孟子曰：「以力假仁者霸，霸必有大國；以德行仁者王，王不待大。湯以七十里，文王以百里。以力服人者，非心服也，力不贍也，以德服人者，中心悦而誠服也。」（《孟子·公孫丑》）孟子更進一步提出王者所備之條件：「尊賢使能，俊傑在位，則天下之士皆悦，而願立於其朝矣；市廛而不征，法而不廛。則天下之商皆悦，而願藏於其市矣，關譏而不征，則天下之旅皆悅，而願出其路矣；耕者助而不稅，則天下之農皆悅，而願耕其野矣；廛無夫里之布，則天下之民皆悅，而願爲之氓矣。信能行此五者，則鄰國之民仰之若父母矣。」孟子更提出：「人皆有不忍人之心，先王有不忍人之心，斯有不忍人之政矣，以不忍人之心，行不忍人之政，治天下可運之掌上。」霸者則反此，以力假仁而肆之征伐，在中華歷史上先後用法家與縱橫家之言而强大而濫肆征伐，併吞六國，成爲强大之秦帝國，而卒遽爾而亡者（僅存十五年），以其施暴於民也。此天塌地陷之教訓。秦以後歷代帝王無有一人敢公然違犯者；雖其所施仁政不純，或雜以霸道，或兼施權術，但終不敢離開仁政之軌迹，即便有私念萌發，亦必飾之以公，蓋「王者無私也」（此言出自西漢中尉宋昌之口）以「普天之下莫非王土，率土之濱，莫非王臣」，何私之有？考之漢唐以降歷代政治，唯西漢文、景，（武帝北征匈奴，武功蓋世，實有遠王者之政。）東漢明、章；唐之貞觀、開元；宋之真、仁、英、神；明之仁、宣；清之康、乾（然其文字獄鉗制士人之心乃有悖「小德川流，大德敦化」也）略具王者之氣象也。即便處興隆之際，莫不内藴衰敗之勢，此自然之法則；其順轉或逆轉，則唯視其君之明暗强弱而定也。

（三）儒、道兩家之异同與歸一

儒、道兩家雖出處有异（儒家出於司徒之官，道家出於史官），然其尊者道也。其表述道之方式雖亦有异：（《易·繫词》）曰：「立天之道曰陰與陽，立地之道曰柔與剛，立人之道曰仁與義。」《易·乾》曰：「元亨利貞。」其卦辞曰：「乾道變化，各正性命。」老子《道德經》首章曰：「道可道，非常道；名可名，非常名。無名天地之始，有名萬物之母；常無，欲以觀其妙，常有，欲以觀其徼；此二者，同出而异名，同謂之玄，玄之又玄，衆妙之門。」但其同者元也。變也，衆妙之門也，陰陽剛柔，仁義諸因素交相爲用之妙也，用之之妙也，變者自然之象也；用諸人事之化也。有文字記載之中華史證明了儒、道兩家學術思想及修齊治平之軌迹，莊子之言更爲森張壁立，「道之真以持身，其緒餘以爲國家，其土苴以治天下」。由此觀之，帝王之功聖人之餘事也。可見道家修身之功深且厲也，如何修身，儒道思路有殊，然皆歸一也。老子之見：「爲學日益，爲道日損，損之又損，以至於無爲，無爲而無不爲。」（《道德經》四十八章）儒家之見則是：「古之欲明明德於天下者，先修其身；欲修其身者，先正其心；欲正其心者，先誠其意；欲誠其意者，先致其知。致知在格物，物格而后知至；知至而后意誠，意誠而后心正；心正而后身修，身修而后家齊；家齊而后國治，國治而后天下平。自天子以至於庶人，壹是皆以修身爲本，其本亂而末治者否矣，其所厚者薄而其所薄者厚，未之有也；此謂知本，此謂知之至也。」（《禮記·大學》）由二者對照可明：《大學》所言之「致知」，即《道德經》所言「爲學日益」之意也，「格物」即「爲道日損」之旨也；如此，則格物之「物」即物欲之意也；考儒學發展史，朱（熹）、王（陽明）初亦未盡此意也。而此意乃關乎「知」之真僞與利害也。聖賢之知真也，淳也，利天下者也，亦利誠意正心修齊治平也，以其物欲損之又損以至於無也，儒家稱之爲德性之知，發之於自我，發之於善性。良知、真情，不假外求者也。以此知而啓誘萬民之善性、良知、真情，使之發而爲言，則未有不合乎聖賢之教也；使之付諸行見之於日用酬酢之中，則未有不合乎家規禮法及社會道德者也；具有如此淳樸言行之人，居家則爲孝子，處事則爲君子，任公職則爲清官廉吏，事君則爲良輔忠臣；從朝廷之上以至於士庶之中，皆具君子之質，俱沐忠孝之風，人盡其性、展其才，民安其業、樂其生，國之治如順風之揚帆然，掌穩舵，在波平如鏡之海面上朝着既定之目標前進。致治之唯一關鍵是全民之修身。與此密切相關者有兩大問題：一立國之本，中華五千年治國安邦之理論體系即道統，絶不可遽爾輕然而廢，相反，則應立之索之弘之發之，使自新之。二創新以修身爲本之全民教育，提高在治國安邦中之地位。

二、外辨

外辨有二焉，一曰西學西政，二曰馬克思主義。十九世紀末，張之洞提出了「中體西用」之大原則；我認爲根據經典應補充如次三原則：一道并行而不相悖；二小德川流，大德敦化；三柔遠人懷諸侯；以示我中華之大度海量。

（一）西學西政

西學有本體論，其發而爲用也，主心在物先者曰唯心論，主物在心先者曰唯物論。在其發展過程中猶有唯理論、實證論、經驗論、存在論等。其本體論也，我中華哲學曰天地，具體言之，儒、道兩家俱稱之謂「元」。《易・乾》曰：「元亨利貞。」此四字將自然變化之性質與人事關係之處理藴涵爲一體矣。《道德經》曰：「玄之又玄，衆妙之門。」此衆妙亦應包涵思維在内；由此而論，思維亦如元一樣，自然而生者也；朱熹之言「理之所至，具心隨之」可資以釋此義也。《易・乾・彖》曰：「乾道變化，各正性命。」是言衆妙在變化中各受稟以命，各賦其性；此命也，性也，俱爲心與物統一之表現形態，不可孤立以言心在物先，或物在心先；所見者是心物同在，是物心共存，若單言心，則有物隨焉；若單言物，則有心存焉；由此而明，我中華之哲學觀乃心物統一論也。（上世紀八十年代初，筆者有幸以心物統一論就正於賀麟教授，得其嘉許。故在拙著《中國古代教育哲學》一書中首使用「心物一統論」一詞。）故此可見，中西哲學雖表述有異，然其源頭實乃同也。惟其在發展中，中西方哲學所趣有異也；西方趨之於外，故在近五百年中由文藝復興而出現實證哲學，導致科學技術之高度發展，大大提高了先進國家之生産力，促其向外擴張，造成今天世界不平衡的政治局面。我中華從明朝以後開始轉入落後狀態，此與我哲學一貫趨於内向有關，當借鑒西方，有所調整，使内外平衡，以期在三五百年之後在全球局勢中大爲改觀；此固與個人之特質、興趣、勤奮有關，但欲養成社會風尚，則必須有政教、學術、科研、企業等之合力予以推動，其中奬勵乃是富有鼓舞力之方式；修身則仍爲個人學術、事業之根本；個人一切活動必以利民福國爲前提，此乃未來國際社會發展之共同要求，可以預見者也。

（二）馬克思主義

馬克思主義本亦屬於西學範疇，以其內涵之特殊，又在一個多世紀內引發了歐、亞、美三洲部分國家以無産階級力量爲號召的革命運動并奪取了政權。歷半世紀，有自發棄者，其故何耶？以歷史之觀點與當今全球之政治觀綜合而觀之，可見其所失者，在專制主義自害也。其表現形態則爲尊上而薄下，重權而賤民，貪婪無憂，自大無極；盲御神器之聖，輕經史之根，唯利是圖，爲謊是務，不思危，不慮禍，唯苟且，唯偷安，遂至一敗而不可復起，非主義不真之故也，乃貪婪負民之罪也。考馬克思學說，有三個來源（德國的古典哲學、英國的古典政治經學、法國的空想社會主義）和三個組成部分（哲學、政治經濟学、社會主義）。縱觀今日全球各國之政治、經濟、文化、人權、社會發展之實情，及預見其發展之趨勢，反思馬克思學說，嚴謹求實以待之，爲我所用，其益亦大矣。馬克思認爲：「辯證法，在其現存事物的肯定的理解中，包含着否定的理解，它的必然消滅的理解；它對於每一個生成了的形態，都是在運動的流中，其本質是批判的、革命的。」（《資本論》第二版《跋》）此與《周易》之陰陽消長説近也；與《道德經》「反者道之動」近也；發揚其說，有助於中西哲學之相互推進也。馬克思在《資本論》所建立之「剩餘價值理論」乃不朽之真理，在治國利民中，當精心研究與善爲應用。馬克思論述之社會主義乃人類共同理想，與我先聖昭示之「大道之行也，天下爲公」相通，當精審以行之。故而用心研究馬克思主義乃是長遠之務，不可有所疏忽者也。

第三節　建統

建統者，建道統也，立治國之最高指導思想也，立人民之意志也，立全民之理想也，弘揚經典之精神也，光大先聖先賢之遺教也，鑒古振今之趨向也。與時偕行之鏡鑒也。歷史發展之承繼也。今言建統，必須遵「中學爲體，西學爲用」之原則，統一體用，豐富其內涵，内化西學、西政、西藝，今用與體和諧合一；外化中學中政，使體不失而用益弘。

道統者，經（如《易》《書》《詩》《禮》《春秋》《孝經》《論語》《孟子》《道德經》《莊子》）也，史（如「廿五史」、《宋元學案》、《明儒學案》）也兩大類者也，及經史之結合與學制也；及經史之結合與學術之發展也；其所研究之中心問題人性也，人心也，人情也，人欲之節制也；其旨歸爲爲人之道也，爲學之道也，爲政之道也；爲政乃其中心也。孔子曰：「人道政爲大。」此乃歷史與現實之所驗證之者也。

歷史上所言之道統，專指儒家經典者也；今則筆者既已在本章論辯了儒、道兩家之异同與同一，則道統中亦必納入道家經典，始足以稱完備焉。《道德經》曰：「道者，萬物之奧，善人之寶，不善人之所保（保以全也）。」又曰：「知其雄，守其雌；知其白，守其黑；知其榮，守其辱；復歸於樸。」此謙卑退讓之意也，嚴以律己之修養也。《莊子》曰：「調而應之，德也；偶而應之，道也。帝之所興，王之所起也。」（《知北游》）「天道運而無所積，故萬物成；帝道運而無所積，故天下歸；聖道運而無所積，故海内服。明於天，通於聖，六通四闢於帝王之德者，其自爲也。昧然無不静者矣。」「聖人之心，静乎天地之鑒也，萬物之鏡也。夫虛静恬淡、寂寞無爲者，萬物之本也。明此以南鄉，堯之爲君也；明此以北面，舜之爲臣也。以此處上，帝王天子之德也，以此處下，玄聖素王之道也；以此退居而閒游江海，山林之士服；以此進爲而才撫世，則功大名顯，而天下一也。静而聖，動而王，無爲也而尊，樸素而天下莫能與之争美。」「夫帝王之德，以天地爲宗，以道德爲主，以無爲爲常。無爲也，則用天下而有餘；有爲也，則爲天下用而不足。故古之人贵夫无为也。上無爲也，下亦無爲也，是下與上同德；下與上同德，則不臣；下有爲也，上亦有爲也，是上與下同道；上與下同道則不主。上必無爲而用天下，下必有爲爲天下用，此不易之道也。……以此事上，以此畜下，以此治物，以此修身，知謀不用，必歸其天，此之謂太平，治之至也。」（《莊子・天道》）道、儒俱以天地爲懷，特別莊子以天治謂太平，治之至尤爲高遠。《莊子・則陽》曰：「古之君人者，以得爲在民，以失爲在己；以正爲在民，以枉爲在己。」又曰：「今則不然，匿爲物而愚不識。」「民知力竭，則以僞繼之，日出多僞，士民安得不僞。」《莊子・盜跖》曰：「知爲爲而不知所以爲，是以貴爲天子，富有天下，而不免於患也。」《莊子・在宥》中更警告曰：「僨驕而不可係者，其唯人心乎。」又曰：「天下脊脊大亂，罪在於攖人心。」故莊子在《天下》篇憂憂感嘆曰：「是故内聖外王之道暗而不明，鬱而不發，天下之人，各爲其所欲焉以自爲方。悲乎！百家往而不反，必不合矣！後世之學者，不幸不見天地之純，古人之大體，道術將爲天下裂。」儒道之經典合而爲一，則道統之義備矣全矣。

第二章　厚德立政

首章已辨道立統矣，二章則必厚其德始資以承受之也。《易·坤·象》：「厚德載物。」適足以當之也。物者萬物也，萬事也，萬慮也，萬行也；非厚德不足以載也，發也，榮也，化也。《易·繫辭》曰：「天地之大德曰生。」德之爲義，生生不息之謂也。老子亦曰：「生之畜之，生而不有，爲而不恃，長而不宰，是爲玄德（王弼註曰：「凡言玄德，皆有德而不知其主出乎幽冥。」即自然而生之謂也）。」（《道德經》十章）可知儒、道兩家對德之見一也。但儒、道兩家之謂德也，亦有修爲而致之者也。《樂記》有言曰：「德者得也。」莊子亦曰：「養志者忘形，養形者忘利，致道者忘心矣。」（《讓王》）老聃則曰：「致虛極，守靜篤，萬物并作，吾以觀復，夫物芸芸，各歸其根（返其所始），歸根曰靜，是謂復命，復命曰常（復命則得性命之常）。」是以「上德不德，是以有德，下德不失德，是以無德，是以無德；上德無爲而無以爲，下德爲之而有以爲」。（《道德經》三十八章）將自然之德與修爲之德合而一之，厚而盛之，盛而化之，以普施濟衆，則至治自見矣。玆分四層次而述焉。

第一節　君德

君德乃最高層也，居統帥之位，乃爲政之本也。孔子曰：「政者正也，子帥以正，孰敢不正。」莊子則曰：「本在於上，末在於下，要在於主，詳在於臣。……夫天地至神，而有尊卑先後之序，而況於人道乎！」（《莊子・天道》）儒家雖視聖人爲道德完備，可「自昭明德」。但孔子在《易・乾・文言》中曰：「君子進德修業；忠信，所以進德也；修辭立其誠，所以居業也；知至至之，可與幾也；知終終之，可與存義也。」進德在立忠信，在全民面前立具忠信也，以得全民之信賴也，修辭者言敷施文教以化民，始可真正立誠以居其爲政之鴻業也；知之至於成熟始可識幾與見幾而作也，且必須貫徹始終，始足以見其初衷之大義也。蓋世之有爲者「靡不有初，鮮克有終」。唯有道守德者能慎終始，終底於成也。君德爲諸類人德之首也帥也，故必存大義以樹爲典範也。

周公（姬旦）所作《周禮》乃最早最完備之政治憲法。其開宗明義曰：「惟王建國，辨方正位（别四方正君臣之位），體國經野（體猶分也，經四野以里程計量之），設官分職（各具功能，百事悉舉），以爲民極（極中道也。庶民倚之，各得其所也）。乃立天官冢宰，使帥其屬，而掌邦治以佐王均邦國。……大宰之職，掌建邦之六典以佐王治邦國。一曰治典，以經邦國，以治官府，以紀萬民；二曰教典，以安邦國，以教官府，以擾（安與化也）萬民；三曰禮典，以和邦國，以統百官，以諧萬民；四曰政典，以平邦國，以均萬民，五曰刑典，以詰（治責譴等義）邦國，以刑百官，以糾萬民，六曰事典（事典司空之職也），以富邦國，以任百官，以生萬民。」（冬官亡失，補以《考工記》代之。）爲君爲帝者總攬六典（治、教、禮、政、刑、事）以治其官，則綱舉目張，禮教政刑畢具矣。於此可知《周禮》所示者以治官爲首務也；《禮記・文王世子》更指明：「德成而教尊，教尊而官正，官正而國治。」《禮記・禮器》又推進一步：「天道至教，聖人至德。」其所要求於君王者至道至德也，無以復加矣。然而適亦爲帝爲王者君臨天下所必具之者也。蓋普天之下莫非王土。率土之濱莫非王臣；天下滔滔者，芸芸衆生，莫不不有私焉；人心惟危，道心惟微，若無情之一之之功與夫允執厥中之效，則天下必脊脊大亂矣；防亂於未萌，致教教之於前，聖人至德化之於後，始可致太平之治也。莊子釋之曰：「太平，治之至也。」（《莊子·天道》）但考之史實，中華太平之世多見之於傳説時代（如堯、舜），進入半信史時代（夏禹迄周厲王）。以後太平之治間出，及入信史時代——西周共和（前八四一年）之後，亂多於治矣，其故何耶？君道不道，君德不德有以致之矣。君之道正德莊乃爲治之根與本也；「一人元良，萬國以貞（貞，正也）。」（《禮記·文王世子》）「百姓有過，在予人。」（《周書·泰誓》）此中確有御政之道存焉。《夏書·五子之歌》曰：「予臨兆民，懔乎若朽索之馭六馬，爲人上者也，奈何不敬。」孔子亦曰：「愛與敬，其政之本歟！」（《哀公問》）《中庸》更具體言之曰：「凡爲天下國家有九經，曰修身也，尊賢也，親親也，敬大臣也，體群臣也，子庶民也，來百工也，柔遠人也，懷諸侯也，修身則道立，尊賢則不惑，親親則諸父昆弟不怨；敬大臣則不眩；體群臣則士之報體重；子庶民則百姓勸。」由此而知，此九經中，修身、尊賢、敬大臣、體群臣、子庶民五者尤爲重要。《文王世子》曰：「凡三王教世子必以禮樂，樂所以修内也，禮所以修外也；禮樂交錯於中，發形於外，是故其成也懌（悦也）；恭敬而温文。立太傅少傅而養之，欲其知父子君臣之道也；……是以教喻而德成也；……學之爲父子焉，學之爲長幼焉；父子、君臣、長幼之道得而國治。」兹分別就此五者而述之。

關於修身：《大學》愷切言之曰：「古之欲明明德於天下者，先治其國；欲治其國者，先齊其家；欲齊其家者，先修其身；欲修其身者，先正其心；欲正其心者，先誠其意；欲誠其意者，先致其知；致知在格物。物格而后知至，知致而後意誠，意誠而后心正，心正而后身，修身修而后家齊，家齊而后國治，國治而后天下平。自天子以至於庶人，壹是皆以修身爲本，其本亂而末治者否矣，其所厚者薄而其所薄者厚，未之有也。此謂知本，此謂知之至也。」此修身之論也，只詳述了外在之過程，一是意志之表現：欲修其身者必正其心，誠其意致其知，格其物，始可明其道，道既明矣，則灼見有礙於修身者乃私與欲二者之蔽也；必去私與欲，始可知至、意誠、心正、身修。但《大學》之行文隱略了此過程（致知、格物、誠意、正心、修身）之内功（去其私與欲）故其功效之表現亦只述其外形，未揭明内功；而其内功即内含乃是決定外形之要素，此要素在《大禹謨》曰「人心惟危」；在《易・損・象》曰「懲忿窒欲」；在《道德經》曰「爲道日損」；在《莊子》則曰「僨驕而不可係者，其唯人心乎」。所謂修身者其內核在自我節制私欲也。其自覺之力度則視明道之深淺者行之切。莊子則更認爲與人之嗜欲深淺有關，在《莊子・大宗師》有言曰：「其嗜欲深者，其天機淺。」反推理而釋之，則嗜欲淺而天機深矣，故清心寡欲者，修身之功易見也。以此而論深居皇宮之君王，則必欲深矣，其修身之勞亦必倍增也。史實所見，亦比比皆是：明君固知修身，然而復隳於安逸酒色，終致敗政亂國者有之；昏暗之君沉湎酒色狗馬而敗政喪國者，更是無代無之，此乃值得深戒而終蹈覆轍者，亦興衰成敗之運數不可逃遁也。唯老子之見最高：「知其雄，守其雌；知其白，守其黑；知其榮，守其辱。」（《道德經》二十八章）此乃立於不敗之地的自安之道也，唯行惟艱耳。

尊賢乃儒家政治之根本，其核心爲聖賢治政。孔子以其時代所見，據實言之曰：「聖人吾不得而見之矣，得見君子者斯可矣。」「善人吾不得而見之矣，得見有恒者斯可矣，亡（無也）而爲有虛（空也）而爲盈，約（窮也）而爲泰（奢也）難乎有恒（常德也）矣。」（《論語・述而》）孟子對聖賢獨有發揮：「仁之於父子也，義之於君臣也，禮之於賓主也，知之於賢者也，聖人之於天道也，命也，有性焉；君子不謂命也。」「浩生不害問曰：樂正子何人也？孟子曰：善人也，信人也。何謂善？何謂信？曰：可欲（趙岐註曰：己之可欲，乃使人欲之，是爲善人；己所不欲，勿施於人也）之謂善；有諸己之謂信；充實之謂美；充實而有光輝之謂大；大而化之之謂聖；聖而不可知之之謂神。樂正子，二（二，指善與信也。中，居中等也）之中，四（四，指美，大，聖，神也；下，居下等也）之下也。」（《孟子・盡心》）老子亦言聖治：「聖人無常心，以百姓心爲心；善者吾善之，不善者，吾亦善之，（各因其用，則善不失也。）德善。（無棄人也。）信者吾信之，不信者吾亦信之，德信。聖人在天下歙歙（屏息也，謹慎之狀）爲天下渾其心（使和而無欲，勿用其智），聖人皆孩之（皆如嬰兒無欲也）。」（《道德經》四十九章）「爲無爲，事無事，味無味。（以無爲爲居，以不言爲教，以恬淡爲味，治極也。）大小多少，報怨以德，圖難於其易，爲大於其細；天下難事，必作於易；天下大事，必作於細，是以聖人終不爲大，故能成其大。夫輕諾必寡信，多易必多難，是以聖人猶難之；故終無難矣。」（《道德經》六十三章）但老子之聖治以「不尚賢」「不貴難得之貨」「不見可欲」爲前提，「是以聖人之治虛其心，實其腹，弱其志，强其骨，常使民無知無欲，使夫智者不敢爲也。爲無爲，則無不治。」（《道德經》三章）莊子對「聖人」

釋之曰：「以天爲宗，以德爲本，以道爲門，兆於變化，謂之聖人。」對聖道則曰：「聖道運而無所積，故海内服，明於天，通於圣，六通四闢於帝王之德者，其自爲也，昧然無不靜者矣。……聖人之心靜乎！天地之鑒也，萬物之鏡也。夫虚靜恬淡、寂寞無爲者，萬物之本也。……靜而聖，動而王，無爲也而尊。」（《莊子·天道》）莊子之論較之於老子者更爲深切爽澈，行之亦自簡約易效也。考之史實，尊賢求聖。無代不有；賢聖者多隱於草澤之間，求而不出者，聞而遯匿者，亦屢見也，在尊之者，求之者道德厚薄與夫誠懇之真僞也。若漢高帝之與張良，唐太宗之與魏徵，其間之真僞，細思史實内藴之經緯，亦自明也。

敬大臣乃尊輔弼，協股肱，治國安民之首務也。於此有四大爲政之綱，須牢爲把穩，不可懈怠：一曰爲政之最高目標，君臣之共同政治理想，至漢、魏、兩晋、隋、唐之後則稱之曰道統綱紀，「得之則百度惟貞，矢之則千里斯謬」，「斯乃前言往行，足以垂法將來者也」。（《尚書正義序》）《尚書》之《大禹謨》《皋陶謨》《益稷》三篇，詳記了虞舜、夏禹二帝與皋陶、益、稷、夔四大輔弼之臣論政教方針大計之對話，融洽而嚴肅，生動而慮遠。舜帝曰：「野無遺賢，萬邦咸寧。」益曰：「帝德廣運，乃聖乃神，乃武乃文。」禹曰：「惠迪

（道也）吉，從逆凶，惟影響。」益曰：「戒哉！儆戒無虞，罔失法度，罔游於逸，罔淫於樂；任賢勿貳，去邪勿疑；疑謀勿成，百志惟熙，罔違道以干百姓之譽；罔咈百姓以縱己之欲；無怠無荒，四夷來王。」禹曰：「德惟善政，政在養民；……正德、利用、厚生，惟和，九功惟叙，九叙惟歌。」舜帝曰：「皋陶！汝作士（官也），明於五刑，以弼五教，期於予治。」皋陶曰：「帝德罔愆（罔，無也；愆，過失也），臨下以簡，御衆以寬；罰弗及嗣，賞延於世。……罪疑惟輕，功疑惟重。……好生之德，洽於民心。」此可視爲帝王與輔弼大臣之間統一治國安民之政見也。其次則爲同心同德，在帝王與「元首起哉！百工熙哉！元首明哉！股肱良哉！庶事康哉」！第三，在朝廷上下政令教言，必須嚴格畫一，防止以言亂政。第四，更爲嚴厲者必須在輔弼中清除佞臣，在股肱間斥退小人；此乃禍國亂政之蟊賊也。故輔弼股肱之臣，自身修養必更高，自我約束必更嚴，以其處發政出令之地，言動語默，公私邪正，朝廷內外，影響深遠，切忌小識傷德，小行傷道；要大氣大度，上德若谷，有海納百川之量；更宜知榮守辱，無求利失德之憂，差可有副帝王之至意焉。

體群臣乃帝王御官之道，歷代所言之吏治者也。而《中庸》以一「體」字狀帝王與群臣之關係，實乃至精至切也。《說文》註：「體，總十二屬也。首之屬有三，曰頂，曰面，曰頤；身之屬三，曰肩，曰脊，曰臀；手之屬三，曰厷，曰臂，曰手；足之屬三，曰股，曰脛，曰足。」《康熙字典》註曰：「體，猶親也。」以一「體」字將元首與上下内外之群臣聯成一體，擴而充之，通群臣將黎民百姓與君王聯繫一體，其間唯見有愛與敬，恰如孔子答魯哀公問：「愛與敬，其政之本歟！」故箕子在《周書·洪範》中發揮之曰：「無偏無陂，遵王之義；無有作好，遵王之道；無有作惡，遵王之路；無偏無黨，王道蕩蕩；無黨無偏，王道平平；無反無側，王道正直；會其有極，歸其有極（中也）。《中庸》：「中也者，天下之本也。」曰：「皇極之敷言，是彝是訓，于帝其訓；凡厥庶民，極之敷言，是訓是行，以近天子之光；曰：天子作民父母，以爲天下王。」王者往也。民往而歸之也；然必正始見公也。故御官必以正；「木從繩則正。」孔子曰：「政者正也，子帥以正，孰敢不正。」唐貞觀十四年魏徵以所見群臣之「六正」「六邪」諫太宗曰：「然而今之群臣罕能貞白卓异者，蓋求之不切。勵之未精故也。若勖之以公忠，期之以遠大，各有職分，得行其道；……因其才以取之，審其能以任之，用其所長，掩其所短；進之以六正（聖臣、良臣、忠臣、智臣、貞臣、直臣），戒之以六邪（具臣、諛臣、奸臣、讒臣、賊臣、亡國之臣）。……賢臣處六正之道，不行六邪之術，故上安而下理，生則見樂，死則見思，此人臣之術也。」（《貞觀政要譯註》一七九—一八一頁）由此可知，御臣之道與人臣之術二者合於完美，則政通人和國治而天下平安矣。古猶今也，今猶古也，今古相嬗相推，不可止也；今古固有异也，時空有异也，萬物與人類生存內外主客條件亦有异也；社會組織國家形態亦隨內外形勢與時俱變也；但道與德也，表與衷也，道內德外也，萬物與人類生存之源也，一切生命形態之源也，永不停息之力也，則不可變也；道德長存於君臣之間，其淳其正，其厚其直，乃是一切時代之君臣（管理者）所當謹守者也。

君德之中「子庶民」最難行也，亦最易行也。難者在於帝王深居九重，雖言民爲邦本，實與民隔絕；易者，則在出令敷教中以民利爲先可也。考諸歷史，漢文景之世，與民生息，卒致國富民足，乃真子庶民也。「貞觀二年太宗謂侍臣曰：凡事皆須務本，國以人爲本，人以衣食爲本。凡營衣食，以不失時爲本。夫不失時者，在人君簡静（静，「虛静恬淡，寂寞無爲者，萬物之本也」），乃可致耳。若兵伐屢動，土木不息，而欲不奪農時，其可得乎？王珪曰：昔秦皇漢武，外則窮極兵戈，內則崇侈宮室，人力既竭，禍難隨興，彼豈不欲安人乎？失所以安人之道也。……太宗曰：公言是也。夫安人寧國，惟在於君；君無爲則人樂，君多欲則人苦，朕所以抑情損欲，克己自勵耳。貞觀二年，京師旱，蝗蟲大起。太宗入苑視禾，見蝗蟲，掇數枚而祝曰：人以穀爲命，而汝食之，是害于百姓；百姓有過，在予一人，汝其有靈，但當食我心，無害百姓。將吞之，左右遽諫曰：恐成疾，不可！太宗曰：所冀移灾朕躬，何疾之避！遂吞之。」（《貞觀政要譯註》四二四—四二五）亦見太宗君德之厚，愛民之深且切也。

第二節　大臣之德

子曰：「所謂大臣者，以道事君也，不可則止；今由與求也，可謂具臣（具臣，言備臣數而已）矣。」（《論語・先進》）孔子所謂大人者有道之人，即明大道且具大德之人也。茲引班固所著《漢書》中《古今人表》所舉之聖人、仁人、智人，以供參考，以推知孔子所言之大臣也。黃帝、堯、舜、禹、湯、文、武，聖人也；封鉅、義仲、夔、咎、伊尹、大顛、師尚父、管仲，仁人也；孔子、老子，聖人也；左丘明、顏淵、閔子騫、冉伯牛、仲弓，仁人也；孔子弟子宰我、子貢等二十一人列爲智人。由此可明，孔子所謂大臣者相當於班固眼中之仁人也，僅次於聖人；於此而明，儒家之政乃聖賢之政也。以道高德厚之聖賢治政，乃政治理論中上之上者也；就管見所及，乃知其爲全人類最完備之政治理想，切實而動力源泉愈發愈深，與時俱富，蓋人性本善，日發而無窮盡也。而且此政治理想經歷了四千三百餘年（從紀元前二三五七年堯帝起）的政治實踐。積累了二十五史所記載之豐富經驗，興衰存亡。軌迹斑斑，鮮活在目。我炎黃子孫，當引以自豪，在全人類面前，更當煥發奉獻精神，以期有益於人類。

輔弼大臣之道與德，卓著於史册者，代不乏人，此乃各代興盛與中興之決定因素，若商湯之興也，嗣君太甲失道闇惰，大臣伊尹放之桐，令其自醒，三年復歸其政。《尚書·太甲》三篇記其事。又商高宗（名武丁，德高思治）因夢得賢相說，使百工遍求諸野，得之於傅巖板築之中，用爲相。使攝大政。其治政之建樹有：「非知之艱，行之惟艱」；「木從繩則正，後從諫則聖」；「肱肱惟人，良臣惟聖」；「治亂在庶官，官不及私昵，惟其能；爵罔及惡德，惟其賢」；「時爲建事，學於古訓，乃有獲，事不師古，以克永世，匪說攸聞」。（《商書·說

命》）

周公（旦）上輔弼，其二兄武王，下扶持其侄成王，其德至矣，厚矣；武王有疾，周公作《金縢》：「爲壇於南方北面，周公立焉，植璧秉珪，乃告大王、王季、文王。史乃册，祝曰：惟爾元孫某，遘厉虐疾，若爾三王有丕子之責於天，以旦代某之身！……公歸，納册於金縢之匱中。王翼日乃瘳。武王既喪，管叔及其群弟乃流言於國，曰：公將不利於孺子。」「周公行政七年，成王長，周公反政成王，北面就群臣之位。」（《史記·周本紀》）又周厲王好利，近榮夷公（榮夷公，誘厲王好利之近臣）。大夫芮良夫諫厲王曰：「王室其將卑乎！夫榮公好專利而不知大難。……匹夫專利，猶謂之盜，王而行之，其歸（來歸之諸侯也）鮮矣。榮公若用，周必敗也。厲王不聽，卒以榮公爲卿士用事。王行暴虐侈傲，國人謗王，召公諫曰：「民不堪命矣。」王怒，得衛巫，使監謗者，以告則殺之，其謗鮮矣，諸侯不朝。三十四年，王益嚴，國人莫敢言，道路以目。厲王喜，告召公曰：「吾能弭謗矣，乃不敢言。」召公曰：「是鄣之也。防民之口甚於防水，水壅而潰，傷人必多，民亦如之；是故爲水者决之使導，爲民者宣之使言。」王不聽，於國莫敢出言，乃相與畔，襲厲王，厲王出奔於彘。……召公、周公二相行政號曰共和（諸侯奉和以行天子事，號曰共和）。共和十四年，厲王死於彘。太子靜長於召公家，二相乃共立之爲王，是爲宣王。宣王即位，二相輔之，修政，法文、武、成、康之遺風，諸侯復宗周。（《史記・周本紀》）此乃三代之遺風，君王無道失政，國祚大運有輔弼大臣敬守之，終保社稷之安，後之篡弒與竊國者，違道薄德，無容身之地矣。

唐貞觀之朝，集輔弼大臣之盛，聖矣，直矣，協矣，可稱得起「元首起哉！股肱喜哉！百工熙哉」。首先是君之聖明，有如下三事可見之矣。「初，洗馬魏徵常勸太子建成早除秦王，及建成敗，世民召魏徵曰：『汝何爲離間我兄弟？』衆爲之危懼，徵舉止自若，對曰：『先太子早從徵言，必無今日之禍。』世民素重其才，改容禮之，引爲詹事主薄。」（《資治通鑒》第十二册，六〇一三頁）此足見太宗之聖也。太宗又嘗謂侍臣曰：「君依於國，國依於民，刻民以奉君，猶割肉以充腹，腹飽而身斃，君富而亡。故人君之患，不自外來，常由身出。夫欲盛則費廣，費廣則賦重，賦重則民愁，民愁則國危，國危則君喪矣。朕常以此思之，故不敢縱欲也。」（《資治通鑒》六〇二六頁）此太宗之聖且明也，莊子之見則曰：「天下脊脊大亂，罪在攖（《康熙字典》：攖，拈也，亂也）人心。」太宗嘗與群臣論止盜，有請重法以禁之者，上哂之，曰：「民之所以爲盜者，由賦繁役重，官吏貪求，飢寒切身，故不暇顧廉恥耳。朕當去奢省費，輕徭薄賦，選用廉吏，使民衣食有餘，則自不爲盜，安用重法！」（《資治通鑒》六〇二六頁）此太宗發之肺腑之言也，所以正君心者乃去君王私慾也，邪念也。此二者一去，君心自正矣。君心正，則朝廷肅；朝廷肅，則政風清；教規嚴，吏治飭士習端，民俗淳矣。此至治之象也，君子之德風，小人之草，此乃君道無私，君德誠厚之大效也。此效也亦有以勵輔弼股肱之協於一德，不敢罔欺于民也。故貞觀之朝，輔弼之忠直協調，可謂歷代之冠。所以爲冠者以太宗向群臣宣明：「朕所好者，唯堯、舜、周、孔之道，以爲如鳥有翼，如魚有水，不可暫無耳。」（《資治通鑒》六〇五四頁）成爲之治政之最高指導思想，即道統綱紀也。貞觀二年太宗問王珪曰：「近世爲國者益不及古前，何也？」對曰：「漢世尚儒術，宰相多用經術士，風俗淳厚；近世重文輕儒，參以法律，此治化之所以日衰也。」「貞觀四年，諸宰相侍宴，上謂王珪曰：『卿識鑒精通，復善談論，玄齡以下，卿宜悉加品藻，且自謂與數子如何？』對曰：『孜孜奉國，知無不爲，臣不如玄齡。才建文武，出將入相，臣不如李靖，敷奏詳明，出納惟允，臣不如温彦博。處繁治劇衆務畢，臣不如戴胄。恥君不及堯、舜，以諫争爲己任，臣不如魏徵。至於激濁揚清，嫉惡好善，臣於數子，亦有微長。』上深以爲然。」王珪之所論者，實乃太宗輔弼之德，其特點各异，但忠於王事則一也。貞觀十二年，太宗問侍臣曰：「創業與守成孰難？」房玄齡對以創業難，魏徵對以守成難，曰：「自古帝王，莫不得之於艱難，失之於安逸。」太宗合言之曰：「創業之難既已往矣，守成之難方當與諸公慎之。」玄齡等拜曰：「陛下及此言，四海之福也。」（《資治通鑑》六一四〇頁）

宋仁宗之朝，亦治世也，因其恭儉仁恕出於天性，四十二年間吏治若媮惰，而任事蔑殘忌刻之人；刑法似縱弛，而决獄多平允之士，國未嘗無弊倖，而不足以累治世之體，朝未嘗無小人，而不足以勝善類之氣學以啓周？頤之儒道一元，政以發王安石之變法上書，君臣上下惻怛之心，忠厚之政，爲大宋培植三百餘年之基業。雖南宋偏安，長處强敵壓境終不免於敗亡。然狀元宰相文天祥囚禁燕獄所發之《正氣歌》照耀古今人心政教之顔色，先後居仁宗朝之輔相，計有王曾等二十人，其中在位久而德績可稱者有王曾、張知白、張士遜、吕夷簡、文彦博、富弼等六人。王曾（居相位十年）字孝先，青州益都人。由鄉貢試、禮部廷對，皆第一。楊億（翰林學士）見其賦曰：王佐器也。帝問曾曰：此臣僚請對，多求進者。曾對曰：惟陛下抑奔競而崇恬静，庶幾有難進而易退之之人矣。（《宋史·王曾傳》）張知白（居相位四年）字用晦，滄州清池人。幼篤學，中進士，進讀至修身治家之道，必反復陳之。在相位，慎名器，無毫髮之私，常以盛滿爲戒，雖顯貴，其清約如寒士。（《宋史·張知白傳》）張士遜（居相位六年）字順之，生百日始啼，淳化中舉進士。士遜與輔臣奏事，帝從容曰：朕昨放宫人，不獨閔幽閉，亦省浮費也，近復有獻孌女者，朕卻而弗受。士遜曰：此盛德之事也。帝徐曰：近言者至有毁大臣、揭君過者。士遜曰：陛下審察邪正，則憸訐之人，宜自戒懼矣。帝問曰：君子小人有黨（筆者按：此乃歐陽修之《朋黨論》所由而敢德喪道）乎？士遜曰：有之，第公私不同爾。帝曰：法令必行，邪正有别，則朝綱舉矣。（《宋史·張士遜傳》）吕夷簡（居相位十有二年）字坦夫，壽州人，進士出身。初，荆王子养禁中，既长，夷简请出之。太后欲留使從帝诵读，夷简曰：上當春秋，所親非儒學之臣，恐無益盛德。及帝親政，夷簡疏陳八事，曰：正朝綱，塞邪徑，禁贿賂，辨佞士，絶女謁，疏近習，罷力役，節冗費。既薨。帝見群臣涕下曰：安得憂國忘身如夷簡者，自仁宗初立，太后臨朝十餘年間，天下晏然夷簡之力爲多。贊曰：吕夷簡、張士遜皆以儒學起家，列位輔弼。仁宗之世，天下承平，因時制宜，濟以寬厚，相臣預有力焉。（《宋史・呂夷簡傳》）文彦博（居相位七年）字寬夫，汾州介休人。舉進士，逮事四朝，任將相五十年，名聞四夷。元祐間（哲宗年號）契丹使耶律永昌、劉霄來聘，入覲，望見彦博於殿門外，欲立改容曰：此潞公也。使者拱手曰：天下异人也，其爲外國所敬如此。彦博雖窮貴極富，而平居接物謙下，尊德樂善，如恐不及。其在洛也，洛人邵雍、程氏兄弟，皆以道自重，賓接之，如布衣交，與富弼、司馬光等十三人用白居易九老會故事，置酒賦詩，相樂，序齒不序官，爲堂繪像其中，謂之「洛陽耆英會」。好事者莫不慕之。年九十三而卒。（《宋史・文彦博傳》）富弼（居相位五年）字彦國，河南人。少篤學有大度，范仲淹見而奇之曰：王佐才也。其在仁宗朝之功主要爲防邊患，有言曰：主憂臣辱，臣不敢愛其死，帝爲之動色。因而他上書仁宗，提出當時之務十餘條及安邊十三策，大略以進賢退不肖、止僥倖、去宿弊爲本，欲漸易監司之不才者，使澄汰所部吏，於是小人始不悦矣。（《宋史・富弼傳》）

由上述商、周、唐、宋四代六例輔弼之功勲，可見輔弼大臣之德固因時因事，因内外形勢而异，但亦有其貫通於古今而不易者：一曰直道淳德，切忌「小識傷德，小行傷道」。（《庄子·缮性》），或曰：「道隱小成，言隱浮華。」（《孝經序》）若伊尹直道而行者也；若周公、召公淳德之至也。二曰上德若谷，知人則哲，傅説、房玄齡是也。三曰知榮守辱，知雄守雌，魏徵、文彦博是也

第三節　群臣之德

此「臣」之含義，指輔弼大臣以下，朝廷内外一切大小官吏之總稱也。其職位固有高低之别，亦有業務之專，或上傳下達之异。更有技藝精粗之殊，然其道德之要則一也。故擬就德、識、才、能四者而論之。

德：《尚書·臯陶謨》：臯陶曰：「亦行有九德，亦言其人有德，乃言曰載采采（載，行；采采，事也。稱其人有德，必以事驗之）。禹曰：何（問九德之品例）？臯陶曰：「寬而栗（性寬弘而莊栗），柔而立（和柔而能立事），愿而恭（慤愿而恭格），亂而敬（亂，治也；有治而能謀敬），擾而毅（擾，順也，致果爲毅），直而温（行正直而氣温和），簡而廉

（性簡大而有廉隅），剛而塞（剛斷而實塞）彊而義（無所屈撓，動必合義），彰厥有常，吉哉（彰，明也；吉，善也。明九德之常以擇人而官之，則政之善）。」《周書·洪範》又有三德之説：一曰正直（能正人之曲直），二曰剛克（剛能立事），三曰柔克（和柔能治，三者皆德）。平康正直（世平，安用正直治之）。彊弗友剛克（友順也，世彊禦不順以剛治之），變（變，和也）友柔克；沉潛（沉潛謂地雖柔亦有剛能出金石）剛克，高明（高明，謂天言爲剛德亦有柔克）柔克。」可爲九德之補充，乃相得益章者也。《易·晋·象》曰：「明出地上晋，君子以自昭明德（謂自顯其明德也）。」「大學之道，在明明德，在親民，在止於至善。」則以正心誠意、格物致知而達於修齊治平之過程，使自稟之明德升於至善之境；而且入於「惟德馨香」（《尚書·酒誥》）之域。「德無常師，主善爲師，善無常主，協於克一。」此言群臣衆官相處，上下左右之間，唯善爲師，唯善爲尊，爲善爲從，蓋善言善行能協一上下，諧合左右。使法令暢通，政教歸一也。所以「德惟一，動罔不吉；德二三，動罔不凶」，乃爲群僚所當戒儆者也。特别要戒儆細行，須知「不矜細行，終累心大德」。（《周書·旅獒》）更要明「居寵思危，作德心逸日休，作僞心勞日拙」。（《周書·周官》）

識：識之義。《説文》註曰：「識，常也。常當爲意，意者，志也，志者，心所以之也。意與志，志與識，古皆通用，心之所存謂之意，所謂知識者此也。」《康熙字典》曰：識，見識也。《詩·大雅》：「不識不知，順帝之則。」《莊子·繕性》：「道固不小行，德固不小識。」此識之意乃見識也。小識者乃狹隘，偏頗浮淺低陋之見非道德之精神所在者也。吾所謂之識者，乃合於道與德之核心内含，具發而出之者，乃關乎人性之善、人心之正、人情之淳者也。見識自以知識爲基礎，但知識又須分接物之知與德性之知。前者屬於物理，居於人性之外者也；後者發於人之性、心、情之内者也，二者形似對立，實則内外一體也。若從本源上求之，唯見天、地、人、物一體也，是則知與識一體也明矣。而且知與識之過程中更包含着行之過程，《中庸》揭示「學、問、思、辨、行」，實乃一完整之認識過程，可視爲我中華哲學之認識論。其完備之程度，無以復加矣。（知行學説在認識論中佔有極重要地位，乃具有發現檢驗真理之作用，其爲説也，始終商高宗之輔相傳説，曰：「非知之艱，行之惟艱。」）朱熹則主知行并重，他説：「知與行工夫，須着并到，知之愈明，則行之愈篤，行之愈篤，則知之益明。論先後，知爲先；論輕重，行爲重。」（《朱于新學案》五二一頁）王陽明則主知行合一，他说：「知之真切篤實處即是行，行之明覺精密處，即是知。」（《王陽明全集》四二頁）此説明示知中有行，行中有知，知行原爲一體；可分開言之，但是不可分割理解。至二十世紀初，孫中山先生在其革命實踐中體認到所以遭受挫折者，乃因革命黨人未知革命之艱辛與任重道遠也，因而提出「知難行易」之説。予則綜觀經、史，深惟知難行更難，此乃知行學説所歷之軌迹也。認識論之正確與完備則决定認識主客世界所獲致之知識之正確性，此正確性中包含了人心之善惡與正邪，而且此正確性所表現之知識又會遭遇來者之心與情所表現之善惡正邪之評論，因而百家之見興焉，各是其所是，非其所非，在莊子之見「此亦一是非，彼亦一是非」（《齊物論》）所由而發也，莊子又在《怯篋篇》中指明：「天下每每大亂，罪在於好知。」（但在叙述中他作了註解：「上誠好知而無道則天下大亂矣。何以知其然邪？夫弓、弩、畢、弋、機變之知多，則鳥亂於上矣；鈎餌、綱罟、罾笱之知多，則魚亂於水矣；削格、羅落、罝罘之知多，則獸亂於澤矣，知詐漸毒、頡滑堅白、解垢同异之變多，則俗惑於辨矣。」此註解甚善，非知與識之本身具有毒與害也，乃人之私欲，特别是「上好知道而無道」。（如兩次世界大戰對人類之灾難及今之核大國威懾全球之安寧。）内對本國人民所造成灾難，外對他國造成之侵略，史不絶書，今猶屢見。由此而知，道正、德正、德淳者，見識高遠而純正，必有利其職能之發揮，上以利政教之推行，中以利同僚之協和，下惠及百姓而民風以醇化矣。

鑒識：鑒者。《説文》曰：「鏡屬。《考工記》云：鑒亦鏡也。《毛傳》曰：鏡主照形。」引申之用以鑒心、鑒言、鑒行，是則鑒識者乃考察人之賢愚、善惡、忠奸、訥佞之見識與能力也，資之以任人，可免奸佞之患；資之以薦人，可免失察之嫌；資之以考績，可燭虚罔；資之以御下，則褒貶賞罰得其所矣。鑒識獲致之道，一曰明經盡道，二曰修德端行，三曰節欲静志，四曰體察人心，五曰反躬自省。失於其道，則鑒識自深矣。《莊子·列禦寇》所示九觀，有益於鑒識之完善。孔子曰：「凡人心險於山川，難於知天。天猶有春、秋、冬、夏、旦、暮之期；人者厚貌深情，故有貌愿（慤也）而益（驕益也），有長若不肖，順懁而達（柔順懁急而内通事理），有堅而縵（緩弱），有緩而釬（通悍，急貌），故其就義若渴者，其去義若熱（進鋭而退速）。故君子遠使之而觀其志，近使之而觀其敬，煩使之而觀其能，卒能問焉而觀其知，急與之期而觀其信，委之以財而觀其仁，告之以危而觀其節，醉之以酒而觀其側

（不正、不法也），雜之以處而觀其色（男女雜居，觀其邪正）。九徵至，不肖人得矣。九徵驗之，君子之輩出矣。」

辨識：辨者，《康熙字典》曰：「《說文》判也。《廣韵》別也。」《易·乾卦》：「問辨之。」《周禮·天官》：「弊群吏之治……六曰廉辨。」《註》：「辨謂辨然于事，分明無有疑惑也。」辨識者，居官守職所必具之知能也。此中有自身職位中所生之諸多情況，不細辨明識之，未足以得真情，有來自下屬之訊報，有不屬實者亦必問之辨之以責其實；因循苟且，或有違上意，或失察瀆職，有損民利，禍及自身。其失其誤，於公於私，詎可計之者哉。

膽識：膽之義，《說文》註曰：「膽，連肝之府也。肝主仁，仁者不忍，故以膽斷，仁者有勇也。《素問》曰：膽者中正之官，決斷出焉。」是則膽識者乃發之於內之果敢決斷之識；此識之中意志之成分强於知識之成分。在緊急之際或危難之秋，在衆說莫哀一是、面臨分裂關頭，必須有決斷之膽識，以求統一徐謀和協一致，此乃全大局之道，免分裂之患之唯一救急之良策也；唯道高德厚者能之。

臣德之第三內含才也。知既是識之基礎，更是才之決定要素。才之本義，《說文》註曰：

「才，草木之初也，引伸爲凡始之稱。《釋詁》：初哉，始也哉，即才。從丨上貫一。將生枝葉也。一，逗，地也；草木之初，而枝葉畢寓焉；生人之初，而萬善畢具焉。故人之能曰才，言人之所藴也。」《康熙字典》引《唐書·百官志》：「擇人以四才。」邵堯夫曰：臨大事然後見才之難，才者天之良質也，學者所以成其才也。」由此而明，人之天生所藴之才，必待學而後善，必待用而後發，必待鍛而後利，必待煉而後淳，驗之百事無不效。故於庶官群吏中留心人才特别是茂才异等乃各部首腦、各級主管之大責，各依其才，置之其位，或薦之高位，乃社稷之福也，時世之幸也。且命世之才，多起於卑官、草春之中，不爲俗眼所識也。此亦時勢使然，欲與蔽之患也，無可逃遁者也。但真正之大才异質，雖暫爲時勢所掩，終必有益於人民與國家，此亦不易之理也。

臣德之第四内含能也。能之本義，《説文》註曰：「能，熊屬，似熊。能，獸堅中，故稱賢（古文作臤。臤，堅也）能，而强壯稱能，傑也。」由此而明，能者本是一種屬於熊科而且似熊之猛獸，其能量固堅而强。故能臣包含了堅强有力之大義，其具體表現推行政令之力度强大，處理政務之剛毅果斷；監察、檢查及時，强而有力；賞罰嚴明得當，群僚庶官、上下左右自然相得益彰。但群僚之中亦不乏忌賢妒能之輩，無視庶官中群英薈萃，百能畢聚，壓之抑之，使能不得發，才不得展，志不得舒，學不得傳，政失民心，教誤生機，是乃歷代吏治大弊；加之貪官雜於其間，敗壞廉政，悔至於傷及國本，危及社稷，非朝廷之暗，乃吏治之失，由積弊而成之者不可不察也。

第四節　士民之德

士民之德，乃君德、臣德之根基。一是君也臣也，俱由士民之中脱穎而出之者也。當其爲民爲士之時，深受民德士習之陶冶，未然遽爾而忘。及其爲君爲臣矣，又必以士民之德爲德，士民之心爲心；蓋君心、臣心、士心、民心本爲一體也。本於此一體，始可與言修齊治平之道也。二是此修身也，既有君臣修身之特殊要求與修爲，更有與士民修身之統一要求與修爲；而且此統一之要求修爲做得愈樸實簡易、不見形迹，則愈合於君道君德、臣道臣德，愈合於人性、人心、人情，此乃由道與德本身之樸實簡明性所決定之者也。以此樸實性而觀民德士習則厚薄純澆立見矣。就民之修養而論，其要素可歸之爲三：一曰自身人性之善，良知之純與夫人情之厚，此乃人之所共具者，誘之發之激之揚之，其善自見；亦當有以見其清濁優劣之差异焉。二曰祖宗直傳之家教，其中祖與父（母）最爲直接，非限於祖與父也。貧與富，貴與賤，很難論其差別；細察之，則可見貧者更能保持純樸質直，而富與貴者則不免更易墜入驕逸也。三曰鄉閭社區之化，屬於民風習俗者也。其教與化，發於不知不覺之中，不可勿視也。士之德，《說文》註曰：「士，事也。凡能事其事者稱士。《白虎通》曰：『凡能通古今，辨然不，謂之士。』數始於一，終於十，孔子曰：『推十合一爲士。』學者由傳返經故云推十合一。博學、審問、慎思、明辨、篤行惟以求其至是也。若一以貫之，則聖人之極致矣。」《康熙字典》曰：「四民士爲首。《禮記·王制》：天子之元士，諸侯之上士、中士、下士。」由此而明士者，爲學明道且具有由博返約之學術能力者。以科举學制而觀士之差別，則考中秀才、舉人、進士者，皆士也，其差別之大可知矣；則論士德之難，實不可一言而盡也。而士德之修爲，盡出於其善性、良知與夫對於道德之心領神會，而且長期浸透經史體驗之中，反復思考與涵養，成爲自身之意志與言行。當其發之爲文，則似滔滔江河，一瀉千里，全從心靈流出；言教論政，率與道德契合，天衣無縫，如文天祥之《御試策對》「文思涌泉，連筆如飛」，洋洋灑灑萬言有餘，歷四時辰而成。豈有神助也哉！蓋道德政教家國安危、强敵壓境救亡之策，天蘊胸次有排山倒海之勢也。又如王安石之《上皇帝萬言書》，條分理析，行變法之道，躍然紙上，乃思之既久發之篤切者也！合於大道，日新其德，與時偕行者也！更如歐陽修之《明黨論》文僅六百十四字，所揭大義如日中天！「君子與君子同道爲朋，小人與小人同利爲朋」，道與利二者，善惡、是非、正邪判然自明矣；朝廷內外，孰取孰棄，不言而喻矣。由此而知，士之所以爲士者，以其所守者道也，所據者德也，所浸透者，經史之教也。故能達則兼善天下也！若吴澄（字幼清，撫州崇仁人）著有《草廬精語》《諸經序説》，學術深邃，德行高遠，局居草廬之中，召而不起，乃獨善其身者也。右述君德、大臣之德、群臣之德、士民之德，雖有所區分，實乃一體也。此中首尾本末主次則當分清。論首尾君首也；論本末，民本也；論主次，民主也。孟子之見「民貴君輕」是也，《五子之歌》「民惟邦本」亦是也，《文王世子》「一人元良，萬國以貞」亦是也，《湯語》「萬方有罪，在予一人」亦是也，《論語·顔淵》「君子之德風，小人之德草」亦是也。總之君民一體也，君臣一體也，有賴道、德、性、心、情一脈而貫通之也，有賴善、正、愛、敬、仁、義、禮、智、信充滿人間也。

第五節　立政

立政之最原始形態可上索至黃帝之世（前二六九八年）「置左右大監，監於萬國」；舉風后、力牧、常先、大鴻，以治民」，積五百年治民之經驗，已明「人心惟危，道心惟微，惟精惟一，允執厥中」之理；更深明「股肱喜哉，元首起哉，百工熙哉！元首明哉，股肱良哉，庶事康哉」之大義；而且有禹、皋陶、契、益、稷、夔等以九德踐其行，政與教大化其民俗風醇美。夏、商歷時千年，有中宗、高宗「嚴恭寅畏、治民祗懼」，政制大備；至周有周公之輔佐成王作《多士》《無逸》《立政》《周官》諸篇，以立政體（三宮六鄉），以用賢才（勿以憸人，其惟吉士），以試荒逸。秦漢之政，莫不以立政、用人爲首務。唯其用人（李斯、趙高）俱屬憸佞之徒，招致速亡，亦其爲政橫暴所致也。魏晉、隋篡詐爲政，或於長期分裂之局，或享國不永，其失在用人憸佞與自墜荒逸也；中華歷史之軌迹斑斑，雖各有异，然其失之者，無不憸佞誤國，貪婪喪民，荒逸無救也。從觀中華歷史，凡以黄帝、堯舜、禹湯、文武、周孔之道爲立政之最高指導思想者，則享國長久，人文蔚起，國力與盛，百姓樂業；亦有帝王未識此道統而立其政，亦享國長久者（如明朝），乃宰輔之德、群臣之德、士民之德以及歷代德治所積之功，有以致之也。明萬曆十七年朱翊鈞開始不視朝，與群臣不見一面，居位四十八載，僅在萬曆四十三年「梃擊案」中與群臣見一面，雖政無大亂，實将明祚推入覆亡之深淵。萬曆皇帝朱翊鈞死後二十四年，明亡於清。由此可明，立政之中首要之事，乃立道統爲最高指導思想也。此乃中華四千年之史實所明證之者也。

第三章　仁政

釋仁，《說文》曰：「仁，親也，從人從二。」（註：「會意。《中庸》曰：仁者，人也。」）以相人偶爲敬也。人偶能輔周道治民者。《論語》註：人偶同位。猶言爾我親密之辭，獨則無偶，偶則相親。孟子曰：「仁人心也（謂仁乃是人之所以爲心也）。」仁，古文仁從千心尽作。古文仁或從尸。《康熙字典》曰：「仁古文忎。《釋名》：忍也。《易・乾卦》：『君子體仁足以長人。』《禮記・禮運》：『仁者義之本也，順之體也，得之者尊。』程顥曰：『心如穀種，生之性便是仁。』《方書》：『手足痿痺爲不仁。』果核中實有生氣者亦曰仁。歐陽修《送吴子京南歸詩》：『我笑謂吴生，爾其聽我言。顏回不貳過，後世稱其仁。』《六書正訛》：『人所以靈於萬物者仁也。』」《孟子・盡心》曰：「君子所性，仁義禮智根於心。」

第一節　何謂仁政

《周易・説卦》曰：「昔者聖人之作《易》也，將以順性命之理，是以立天之道曰陰與陽，立地之道曰柔與剛，立人之道曰仁與義。」

天地人既一體矣，則陰陽、柔剛、仁義亦自不可分矣。而且互爲影響矣：陰陽、剛柔影響（或曰包含）仁義，或仁義克制陰陽、剛柔，不孤立而存在，全處於運動包融制約之流中。孔子在回答哀公問時更提出「人道政爲大」，并闡明「古之爲政，愛人爲大；所以治愛人，禮爲大；所以治禮，敬爲大；敬之至矣，大昏爲大。大昏至矣！大昏既至，冕而親迎，親之也。親之也者，親之也。是故，君子興敬爲親；舍敬，是遺親也。弗愛不親；弗敬不正。愛與敬，其政之本與」。（《禮記・哀公問》）

一、孟荀諸子論仁政

《孟子·公孫丑》曰：「以力假仁者霸，霸必有大國；以德行仁者王，王不待大。……以力服人者，非心服也，力不贍也；以德服仁者，心悅而誠服也。」荀子專立《王霸篇》以發王霸之意，其言曰：「國者，天下之制利用也；人主者，天下之利埶也。得道以持之則大安也，大榮也，積美之源也；不得道以持之，則大危也，大累也。有之不知無之，……故用國者，義立而王，信立而霸，權謀立而亡。三者明主之所謹擇也。仁人之所務白（白，明白也）也。……行一不義、殺一無罪而得天下，仁者不爲也。」王符《潛夫論·德化》曰：「人君之治莫大於道，莫盛於德，莫美與教，莫神於化。道者，所以持之也；德者，所以苞之也；教者，所以知之也。化者，所以致之也。民有性，有情，有化，有俗。情性者，心也，本也；化俗者，行也，末也。……是以上君撫世，先其本而後其末，則姦匿無所生，……邪意無所載矣。」劉向《說苑·政理》曰：「武王問於太公曰：『治國之道若何？』太公對曰：『治國之道，愛民而已。』曰：『愛民若何？』曰：『利之而勿害，成之勿敗，生之勿殺，與之勿奪，樂之勿若，喜之勿怒，此治國之道，使民之誼也，愛之而已矣。民失其所務，則害之也；農失其時，則敗之也；有罪者重其罰，則殺之也；重賦斂者，則奪之也；多徭役以罷民力，則苦之也；勞而擾之，則怒之也。故善爲國者，遇民如父母之愛子，兄之愛弟，聞其饑寒爲之哀，見其勞苦为之悲』」《淮南子·主術訓》曰：「故聖人事省而易治，求寡而易澹（澹，給也），不施而仁，不言而信，不求而得，不爲而成，塊然保真，抱德推誠，天下從之，如響之應聲，景之像形，其所修者本也。刑罰不足以移風，殺戮不足以禁姦，唯神化爲貴，至精爲神。」由此觀之，無爲者道之宗。右引五子之言（寶乃儒、道兩家也）以觀仁政大義，甚有啓焉，仁政必合於王道，此儒家之意也；王者無私必重於内修與踐行，則有爲之義盛焉。盛之甚者，則反傷物性也。或有違自然也，唯任物自喜，始可盡物性亦始可盡人性。但索人物之异者，物可任其性之所至，人則不然，以其爲萬物之灵，復禮爲仁，「一日克己復禮，天下歸仁焉」。（《論語·顔淵》）夫子此語也，乃仁政之大義焉。以仁爲政之出發點，得民心而化行天下，卒天下歸仁焉。此乃一最簡明之公理，已爲中華五千年之文明史所明證之者，史料斑斑可考也。堯、舜之元首股肱協一，禪讓之風以興；商高宗之尊賢崇德，政事惟醇；周成、康之節儉寡欲、刑錯不用四十年；漢文、景輕徭薄賦與民生息於前，明、章崇儒術、弘大道、勸農桑、敦孝悌於後；唐太宗尊堯舜、周孔之道，用賢納諫成貞觀之大治；唐玄宗卑以下賢，親序《孝經》刻石，卒致開元之治；宋仁宗尊經修德、聚賢納諫、激士勵學，肇啓儒學復興，造成千年學術活躍之大勢；其道統之基延綿至清朝之高壓鉗制，猶出現康乾盛世。於兹知仁政之力，深藴於歷史發展之大道中，而形之於人心向治之渴望，無時無不知此也，唯在執政者有以細察而善處之也。

猶有中之者，孔子揭示了「人道政爲大」。并闡明愛與敬乃爲政之本。可見愛與敬是仁政之核心内核也。以愛親、愛子、愛兄弟姊妹之心去愛百姓黎民，特别去愛鰥、寡、孤獨、顛連而無告者之民，使之免於飢寒之苦，豈有不加倍反愛之哉？以敬長敬親、敬鄉黨鄰里之心去敬疲癃殘疾、在死亡线上掙扎者，使之飢有所食，寒有所衣，病有所醫，生死有所葬，豈不反敬之如父老者哉；如此，君愛民，官愛民；民愛君亦愛官；君敬民，民亦敬君；官敬民，民亦敬官；上下相愛敬尊以純，不言治而自治矣，不曰化而自化矣。仁政之效見之於無形，索之於無迹，其道安在哉，在於君也，在於官也，在於君心正，在於官風清。君心何由而正，正於爲君之前稟道以修德，無私無我有王者之氣，無稱霸之心。官如何清，其途與君同其等有差焉。但必須嚴格恪守忠、信、勤、廉四德。

二、歷史檢驗之效

稽之中華史，隨處可見王霸雜揉之迹倚以監之準繩，則聖與權、賢與佞、公與私、義與利也。觀一代一朝之歷史，持此四者以繩之，則立見其王霸之迹以分。其粹乎？其駁（音剥，雜也）乎？其主乎？其偏乎？其全乎？其曲乎？其久乎？其暫乎？其遠而深乎？其近而淺乎！悉可一一而見也。以此觀堯舜之政，則可見其惇而粹也。以此觀文武周公之政，則見其末盡惇也。以此而觀秦穆公以降以迄始皇四百五十年之政，悉歸之於霸道也；以其出發點既爲利爲私也；而其手段又屬權謀詐術也。秦穆公「用由余謀伐戎王，益國十二，開地千里，遂霸西戎」，屬此也。秦孝公之時衛鞅入秦以帝道進，孝公「時時睡弗聽」；「以王道進而未入也」，終進之「以霸道語數日不厭」，更屬此也。秦始皇之行霸道也，乃承襲其祖訓，此中華史上乃僅此一例也。無怪乎其亡之速也，蓋違性太甚，民怨太深也。漢興之初，儒道并重，乃王道之政。文景居位三十八年，百姓家給人足牛馬盈野，皇宫府庫充盈，「貫朽而不可校」。

及武帝之季，納董仲舒之見，獨尊儒術，罷申、韓、蘇、張亂國之言，道統從此立矣。此後歷代之政，不管能否正確衽，一律以儒家道統爲施之綱紀。唯明太祖有諳於此，賴諸儒宿彦有以扶翼之，不失道統之效。兩漢以後，魏晋以及南北朝諸國之政無一不儒其處而霸其中；蓋以爭生存爲首要之務也。及隋文帝楊堅結束南北朝分裂局面之後，立即建立了以儒學道統爲考試内容之科舉取士制度。歷時一千三百餘年，爲爾後唐、宋、元、明、清五代培養選拔了大量賢能之才，爲王道之推行起了決定性作用。僅唐一代，就在一百二十七年中出現了兩朝（太宗貞觀年間，唐玄宗開元、天寶年間）爲時六十四年之大治。彰顯了王道之輝煌。宋興之後，明定儒家道統，確立文治方針。先是宋太祖於建隆三年（九六二年）謂侍臣曰：「朕欲武臣讀書，以通治道如何？」繼而開寶九年（九七六年）又曰：「作相須讀書人。」由是大重儒者。趙普爲相，太祖勸以讀書，每歸私第闔户取《論語》讀之，次日臨政，處決如流，上下左右稱焉，號曰「半部論語治天下」。真宗（趙恒）繼位後，於咸平二年（九九九年）論宰相曰：「凡政有闕失，宜相規以道，毋惜直言。」七月幸國子監，儒學官崔偓佺講《尚書·大禹謨》。大中祥符元年（一〇〇八年），「幸丘阜縣詣文宣王廟韡袍再拜，幸叔梁紇堂，近臣分奠七十二弟子，遂幸孔林，謚孔子曰玄聖文宣王」。大中祥符五年（一〇一二年）作「《崇儒學論》，刻石國學」。乃仁宗繼統之前之仁政也。及宋仁宗（趙禎）嗣位，就使其居佯四十七年之仁政及於鼎盛矣。仁宗之朝所以成爲北宋仁政之楷模，而爲後人所仰慕者，以其睿聖德洽天地，尊賢善任，又卑躬納諫也。如處理朋黨問題，納歐陽修之諫。歐陽修《朋黨論》以進曰：「君子以同道爲朋，小人以同利爲朋，此自然之理也。臣謂小人無朋，惟君子則有之。小人所好者利禄，所貪者財貨，當其同利之時，暫相黨引以爲朋者僞也。及其見利而爭先或利盡而交疏，則反相賊害，雖其兄弟親戚不能相保。故曰小人無朋。君子不然，所守者道義，所行者忠信，所惜者名節，以之修身，則同道而相益，以之事國，則同心而共濟，終始如一。故曰惟君子則有朋。」此一論述愷切而透明，將混濁了朝政而又是非給辨之朋黨問題，以道、利二義鑒别之。君子與小人二者立辨，有助於仁宗之决斷也，明矣。適杜衍等相繼以朋黨議罷去，歐陽修慨然上疏曰：「杜衍、韓琦、范仲淹、富弼天下皆知其有可用之賢，而不聞其有可罷之罪，自古小人讒害忠賢，其説不遠，欲廣陷良善，不過指爲朋黨；欲動摇大臣，必須誣以顓權，其故何也？去一善人而衆善人尚在，則未爲小人之利；欲盡去之，則善人小過，難爲一一求瑕；若指以爲黨，則可一時盡逐。……唯有顓權是上之所惡，必須此説方可傾之。正士在朝，群邪所惡，謀臣不用，敵國之福也。今此四人一旦罷去，而使群邪相賀於内，四夷相賀於外，臣爲朝廷惜之。」於是邪黨益忌修。仁宗獨獎其敢言，面賜五品服，顧侍臣曰：「如歐陽修者，何處得來？」一場關係仁宗朝盛衰之黨争，順利消之於歐陽修之高論與仁宗皇帝之寬懷之中。非仁宗之效，其就能興於此哉！

仁宗之仁政更有賴於滿朝君子，尤以宰輔之協力一德，其功最高。查立於仁宗朝之宰輔，先後計有二十一人，兹各以其功迹隨名記入焉，以觀其賢能之盛：馮拯（論事得要，直言辯理）、王曾（心正文正，怨尤歸己）、王欽若（《册府元龜》，姦邪憸爲）、張知白（乃心朝廷，貧如寒士）、張士遜（舊德之碑，邪佞自斂）、吕夷簡（憂國忘身，帝泪不止）、李迪（布衣宰相，聖篆遺直）、王隨（外嚴内寬，風迹有差）、陳堯佐（築池殖柳，以利黎民）、章得象（渾厚有容，清忠不附）、晏殊（神童清儉，舊學之冠）、杜衍（語不及私，樂居卑陋）、賈昌朝（大儒元老，備邊六事）、陳執中（明道得要，料敵如神）、文彦博（四朝將相，天下尊之）、宋庠（老不倦書，名擅天下）、龐籍（通曉律令，惠愛兆民）、梁適（莊肅其性，冷静其心）、富弼（安邊善策，不辱君命）、韓琦（備邊七策，保土珠功）、曾公亮（明練文法，治不藏盜）等。仁宗朝之仁政尤有意義深遠者，以其寬宏之政治氣度所蘊育之弘道精神，孵化了儒學之復興運動，肇啓了以周敦頤爲首的理學發端，此乃我中華人性之覺醒，從此千年來之學術，一直以儒家經典爲經（《説文》註曰：「織縱絲也」），以中華歷史爲緯（《説文》註曰：「織衡（横）絲也」），經緯交錯，探頤索隱。鉤深致遠，歷宋、元、明三代已見三次高峰矣，伊洛、關閩、姚江之學各具獨見，同貶功利；已有《宋元學案》《明儒學案》詳記其事，此乃中華學術史上之光輝也。黄宗義、全祖望二先生之功大矣。元代以异族入主中原，本闕中華治國安邦之儒家道統，但元世祖忽必烈以博大胸懷，誠納宋儒劉秉忠、郝經、姚樞、張文謙、許衡等人之進言，施之於政教，至元二十餘年間之治，亦有可稱者存焉耳。有明一代之政。由於其開國皇帝朱元璋對儒家道統治國安邦之重要意義認識不足，未能開國伊始建立道統綱紀，遂以有朱棣篡位之禍，永樂十八年（一四二〇年）又有東廠之建立，以鎮壓人民和官員中之反對派，明憲宗成化十三年（一四七七年）復建立西廠，人員、權力超過東廠，禍害殃民遍及全國，此在中華史上乃前所未見者也。由此而論可知，明之政自成祖朱棣而後，迄於明武宗正德五年（一五一〇年）宦官劉瑾被處死，東、西廠肆虐告止，一百年間，實乃暴力專政。有賴儒家道統本藏諸於君臣百姓心中，厚薄不等耳；思治居安，乃人人所同願者也。故仁政之言，於仁宗（朱高熾）、宣宗（朱瞻基）之朝，照耀明史也。明政腐敗至極，而享國卒歷二百七十六年之久者，以道在人心，德在臣民，有科舉取士（秀才、舉人、進士）充爲各級官吏，布之市井鄉野，德化黎庶，故能保持社會穩定，國祚平安也。清朝以「七恨」滅明而有政，殺人盈城，血流遍野，乃暴政也。康熙主政以後，知中華儒家道統之核心乃仁政也，漢人既不服其屠殺之虐，更不服其暴政之辱。反清復明之士氣，長期不消。觀太平天國三年之直抵金陵之勢可知矣。而康、雍、乾三朝「文字獄」之盛，欲以拑制漢人之心，實未見其真效。漢家士人以其儒家之寬大胸懷轉向考據，形成乾嘉學派，而戴震獨以其孤詣將心思轉向《孟子》，對「理欲問題」之見達於無偏頗之圓通境地。其言曰：「節而不過，則爲依乎天理，非以天理爲正，以人欲爲邪也。天理者，節其欲而不窮人欲也。是故欲不可窮，非不可有，有而節之，使無過情，無不及情，可謂之非天理乎！」（《孟子字義疏證》十頁）此論也，歷宋、元、明、清四代諸儒之論辯而達致之者也。可謂理學在理欲問題上之時代結論也。

清代晚期之政，自咸豐十一年皇帝駕崩宫廷政變之後，慈禧專政四十年，將清政推入絶境，其惡果影響二十世紀中國政治者不可言狀也；亦中華命運之悲哀也。嗚呼，右所述者乃中華仁政歷史發展之一般狀况也。縱觀中華從堯舜以降之仁政發展歷程是不平衡的；仁與暴犬牙交錯，或同時并存；唯總体态勢乃仁政日彰，暴政日消。秦之暴政，只存於秦地，六國被秦統一之日，也是秦面臨立即消亡之時。此後秦式暴政在中華史上完全绝迹，只在清朝鐵騎馳騁江南時，有過血流成河之大屠殺。故兩漢迄清朝二千年間，中華仁政崎嶇發展，亦曾幾次光輝燦爛、有啓於後世者，其要有三焉：一曰崇建儒家道爲立政治國綱紀；二曰君正臣賢，百官勤廉；三曰科舉取士，選賢用能。

（一）儒道之辨

儒、道兩家，同多异少，但亦當有辨明者存焉。道是其大者。儒家以《周易》之形式明發其道，曰：「乾，元亨利貞。」道家老子則以其《道德經》之形式以明之，如「元之又元，衆妙之門」。此二者之至義，乃同指宇宙萬物人類起源以迄於今之大道不息之過程也；唯人類對大自然之疯狂破壞實有損大道也，道家主張無爲（應含有二義：無欲與順物自然），蓋不欲人恣肆其欲，以求道遜而人安也。乃深見其遠者也。儒家亦重仁民愛物。《周禮》：「山虞掌山林之政令。物为之厉而为之守禁。仲冬斬陽木，仲夏斬陰木。仲冬斬陽木，仲夏斬陰木。凡服耜，斬季材，以時入之。令萬民时斬材，有期日。林衡掌巡林麓之禁令而平其守，以时計林麓而賞罰之。若斬木材則受法於山虞，而掌其政令。」老氏之政治觀是更高境界之仁政觀。《道德經》五十七章至六十一章綜合闡發了「我無爲而民自化，我好静而民自正，我無事而民自富，我無欲而民自樸」（《道德經》五十七章）之古代道家仁政觀，雖古猶新，其所指者正是二千餘年來中華歷史上爲政之失也；放眼全球，亦是國際政治之失也。如引《莊子》之言以證之，則更見老子之論，剴切深透也。《莊子·讓王》曰：「道之真以治身，其緒餘以爲國家，其土苴以治天下，由此觀之，帝王之功王之功，聖人之餘事也。」何謂莊子所見之爲常。曰：「無爲也。則用天下而有餘；有爲也，則爲天下用而不足。故古人之貴乎無爲也；上無爲也，下亦無爲也，是下與上同德；下與上同德，則不臣。下有爲也，上亦有爲也，是上與下同道；上與下同道則不主。上必無爲而用天下，下必有爲，爲天下用，此不易之理也。」何謂莊子所見之聖人？曰：「以天爲宗，以德爲本，以道爲門，兆於變化，謂之聖人。」此聖人之義與儒家所見「大而化之謂聖」（《孟子·盡心》）與《易·乾》所舉之「龍德」同，亦善於變化者也。由此可明儒、道兩家於修、齊、治、平之异有二焉：老莊更重修身與在上之無爲以用在下之有为也；此漢文、景之際試之見效者也。特別道家稟其無爲之説與儒家之制欲，二者乃一事也，對未來人類之融洽必然起決定性作用；人類要共存與優化，捨制欲無他途矣，捨和平相助無他途矣。

（二）儒墨之辨

戰國之際，韓非目儒、墨爲顯學，此後之歷史進入儒學獨尊時期，墨學尚賢、尚同、兼愛、非攻等論無爲儒學仁政所涵蓋，便日漸爲歷史所遺忘；昔日墨者之活動也地盤頓失；墨學之研究也沉入寂然無聲之地。直至十九世紀末，才有「瑞安孫詒讓仲容集諸説之成，著《墨子閒詁》。是者從之，非者正之，闕略者補之」。（俞樾《墨子序》）然而，今天面對國家與全球政治之發展形勢，細讀墨子諸篇論述（親士、修身、尚賢、尚同、兼愛、非攻、貴義、魯問等）適倍感親切而實用；特別全球長處於争鬬征伐之中，以大壓小、以强凌弱之現象，時有所見，足證墨家之言，猶有可用於今世者也。墨學主尚賢，儒學亦主尚賢，此乃儒墨之所同者也。「尚賢者政之本也」，（《諸子集成・墨子閒詁》二八頁）「故古者聖王之爲政，列德而尚賢。雖在農與工肆之人，有能則舉之，高予之爵，重予之禄，任之以事，斷予之令。曰：爵位不高，則民弗敬；蓄禄不厚，則民不信；政令不斷，則民不畏。舉三者授之賢者，非爲賢賜也，欲其事之成」。（二七頁）墨子更重舉「衆賢」，蓋政治乃一系統工程也，在在需賢，非衆賢協力同德，不可爲治也。墨子於衆説紛紜之際主尚同者，一异之謂也。其有言曰：「天下之人异義，是以一人一義，十人十義，百人百義，其人數滋衆，其所謂義者亦滋衆，是以人是其義，而非人之義，故相交非也。……天子唯能一同天下之義，是以天下治也。」（四六—四七頁）考人之所以异義者，以其私與蔽也；私則乖其正義，蔽則偏其己見；故對事物之异見生焉，异態形焉；如何一之，乃爲政者之急務也。不一不可爲治也，亦不能安民心也。民心解體，國之危亡亟亟矣。如何一之，則有待於有國者——君與宰輔，正之於上，一之於上，以爲國人楷模也。如孝悌之於家也。一家孝悌焉，其敬與愛行之於父子兄弟之間，其樂融融也；君王之家，宫廷之内，先行之以示邦國，百姓效之；家家如此，鄉鄉如此，州縣如此，邦國如此，天下一之矣。孝悌之德，上行下效，可一天下；其他之德，亦上行下效，均可一天下。如教天下人不相欺、不相詐、不相賊、不相僞，必以誠，君王與宰輔必先行之於上；發政以至誠，敷教以至誠，治官以至誠，自律以至誠，則至誠之德不言而自孚於天下矣；至誠之政不宣而自澤於天下矣；至誠之教不傳而自化於天下矣，須有申之者，此所謂一之者，亦不同同之意也，其差別依然存於大同之中，不可消除者也。蓋人之欲，因諸多因素而有所不同，乃無可一之者也；所能一之者乃趨善而避惡者也。

關於兼愛，墨子以爲「今諸侯獨愛己之國，不愛人之國」，（同右書，六四頁）應「以兼相愛，交相利之法易之」，使「天下之人皆相愛，强不執弱，衆不劫寡，富不侮貧，貴不傲賤，詐不欺愚」。（同右書，六五頁）觀今世之國際現象，亦猶是也；在兩次世界大戰中亦曾出現愛他國若己國之國際主義戰士，恰是墨家兼愛思想之表現，此足以說明兼愛思想不僅適合二千四百年以前之春秋戰國時期，也適用於當今之國際形勢。孟子在《滕文公》曰：「墨氏兼愛是無父也。」顯然偏激了。

墨家對國際之間戰爭頻仍之灾難，在二千多年前就發出了堅厲而勇敢之呼籲「非攻」。觀今之國際局勢，以强凌弱、以大欺小之戰爭時有發生，甚至於若干大國聯合進攻一小國，却不聞明確的非攻之言，不見實在的制止進攻之行；若將此沉寂了二千多年之「非攻」之見重宣於國際，對人類和平必有裨益；或者政府以促進人民外交爲由，允許組織「非攻」宣傳使團奔赴戰爭雙方，勸説停火，促成和談，或可起直接作用也。

關於節用，墨子以爲：「聖人爲政一國，一國可倍（畢沅云：「言利可倍」）也，大之爲政天下，天下可倍也。其倍之，非外取地也，因其國家去其無用之費，足以倍之。聖王爲政，其發令興事，使民用財也。無不加用爲者是故用財不費」。（同右書九九頁）「陶冶梓匠，使各從事其所能，曰：凡足以奉給民用則止。諸加費不加於民利者聖王費爲。」（同右書，一〇二頁）前者謂「去其無用之費，足以倍之」；後者謂「凡足以奉給民用則止」，不浪費資源也。此二者於今之社會生活，以利于生産活動均切於實用；而且展望未來，人類所面臨之生産與生活資料不足，必須厲行節用，或可稍解資源匱乏之虞。

墨子著有《經上》《經下》《經説上》《經説下》四篇，其論理特點爲概念與邏輯式孤立陳説，其中還包括近代物理學中光學論説。但綜其《經説》内涵却能找出孔子所作《周易·序卦》所示之哲學涵蓋之六要素（天道門、人事門、相因門、相反門、相須門、相病門）之素材。兹陳述如次，以就正於海内外賢哲。如「一體也」，「故（事之固然）所得而後成（所得于道而後形也）也」；「必不已也（必，必然之事物也；已，止也）」；「日中（日中，正午之時；正南，中國處赤道北，影正南也），正南也」。端（端，物之頂端也），體之無序，而最前者也；可歸入天道門。「禮敬（禮之所至，出於尊敬之心）也」；「行，爲也」；「孝，利親（賈子云：「子愛利親謂之孝。」）也」。此三例當歸入人事門。「義（義者，宜也；宜則利也），利也」；「聖白（此公孫龍聖白石之喻，不相外，言同體也），不相外也」；「力，刑（刑，同形，奮身則强力，形以力也）之所以奮也」；「聞，耳之聽（耳具聽力，故能聞也也」；）此四例可入相因門。「利，得是而喜，則是利也；其害也，非是也。害，得是而惡，則是害也；其利也，非是也。」此相反門之意也。「賞，上報下之功也；罰，上報下之罪也。」此相須門之例也。「在堯善治（在，哭也，察也）自今在諸古也，自古在之今，則堯不能治也。」此言可入相病門，以古本异勢而相病危。

（三）儒法之辨

法家之起源與發展可分兩個時期：前期法家起於春秋時代，代表人物有三，管仲、晏嬰、子産是也。觀其言，幾與儒家無異。管仲曰：「君之所慎者四：一曰大德不至仁，不可以授國柄；二曰見賢不能讓，不可與尊位；三曰罰避親貴，不可使主兵；四曰不好本事，不務地利，而輕賦斂，不可與都邑。此四者安危之本也。」（《管子校正》十頁）《晏子春秋》：「莊公問晏子曰：威當世而服天下時邪？晏子對曰：行也。公曰：何行？對曰：能愛邦内之民者，能服境外之不善；重士民之死力者，能禁暴國之邪逆；……安仁義而樂利世者，能服天下。」此實儒者之言也。其所以成爲法家之首倡者，乃有見於禮儀規範之外必有法律條文以資懲惡而扬善也。鄭子産於魯昭公六年（前五三六年）三月「鄭人鑄刑書（鑄刑書於鼎，以爲國之常法）」，叔向詒（遺）子産書曰：「今五子相鄭國，……鑄刑書，將以靖民，不亦難乎？……錐刀之末，將盡争之。亂獄滋豊，賄賂并行，終子之世，鄭其敗乎。」（《十三經註疏》二〇四三—二〇四四頁）此時之法家只欲於政、教、禮、樂之外完善刑罰體系，鄭子産「所鑄之刑書」即是當世之鄭國刑罰體系也。進入戰國時代有第二代法家出焉，則慎到、伊文、韓非、蘇秦、張儀、李斯是也，皆屬術勢之徒，乃鑽營刁奸之小人也。其所謂「法者，編著之圖籍，設之於官府，而布之於百姓者也」。（《韓非子·難三篇》），轉引自梁啓超著《先秦政治思想史》一六一頁。）但細研究之，其見亦有淺深之异也。如慎到（前三九五—三一五年）趙人，曾在齊國稷下學宫，負有盛名，主張法治，曰「民一於君，事斷於法，是國之大道也」，「治國無其法則亂」。而且認爲尚法必重勢，「賢者未足以服衆，而勢位足以詘賢者」；認爲有權有勢有法，即便平凡的君主亦可「抱法處世」，無爲而治天下。（《辭海》一九八九年版，九八三頁）伊文（前三六〇—二八〇年），齊宣王時居稷下，與宋鈃、彭蒙、田駢同學於公孫龍，著《大道》一篇，五千五百言。觀其文，知其爲儒、道、法之言，如「仁義禮樂名法刑賞，凡此八者，五帝三王治世之術也。」此屬儒家之言也。「道行於世，則貧賤者不怨，富貴者不驕，愚弱者不懾，智勇者不陵」，此道家思想之屬也。「政者，名法是也。」治世之法，逮易世而莫用。」此法家之言也。韓非者，韓之諸公子也，喜刑名法術之學，與李斯俱事荀卿，著有《五蠹》《孤憤》《難勢》等書。其法家之言曰：「抱法處勢則治，背法去勢則亂。今廢勢背法而待堯舜，堯舜至乃治；是千歲亂而一治也；抱法處勢而待桀紂，桀紂至乃亂，是千歲治而一亂也。」（《難勢》）蘇秦、張儀二人活躍於戰國末期，與其説他們爲法家，無寧指之爲「有奶便是娘」之政治騙子。蘇秦主連横（衡），合六國以攻秦，六國各爲其利，不能組成合力，卒爲秦所滅。張儀主合縱以護秦，明眼人不待思而知其「爲虎作倀」之騙局也。李斯者，楚上蔡人也。「年少時爲郡小吏，見吏舍厠中鼠食不潔，近人犬，数惊恐之。斯入倉，觀倉中鼠食積粟，居大廡之下，無人犬之憂。李斯乃嘆曰：人之賢不肖，譬鼠矣，在所自處耳。乃從荀卿学帝王之術。学已成，度楚王不足事，……欲西入秦，辭於荀卿曰：斯闻得时无怠，今万乘方争时，游者主事。今秦王欲吞天下稱帝而治，此布衣馳騖之時而游説者之秋也。處卑賤之位，而計不爲者此禽鹿視肉，人面而能強行者耳。故詬莫大於卑賤，而悲莫甚於窮困。久處卑賤之位，困苦之地，非世而惡利，自託於無爲，此非士之情也。故斯將西説秦王矣。」似此貪鄙小人，豈能獨當大任乎？李斯雖非大才，却精於小技，始皇十年（前二三七年）李斯上疏《諫除逐客令》爲秦始皇所動，官至廷尉二十年，卒爲丞相。三十七年七月丙寅於出巡中崩於沙丘平臺。病甚之際，始皇「令趙高爲書賜公子扶蘇曰：以兵屬蒙恬，與喪，會咸陽而葬」。書已封，未授使者，始皇崩，書及璽皆在趙高所。獨子胡亥、丞相李斯、趙高及宦官者五六人知始皇崩，餘群臣皆莫知也。趙高先與胡亥謀定，逼李斯就範，曰：「今定太子，在君侯與高之口耳。事將如何，唯君侯决之。」斯曰：「安得亡國之言，此非人臣所當議也。」高曰：「君侯自料，能孰與蒙恬？功高孰與蒙恬？謀遠不失孰與蒙恬？無怨於天下孰與蒙恬？長子舊而信之孰與蒙恬？」斯曰：「此五者皆不及蒙恬，而君責之何深也？」高曰：「皇帝二十餘子，皆君侯所知，長子剛毅而武勇，信人而奮士，即位必以蒙恬爲丞相，君侯終不懷通侯之印歸於鄉里明矣。高受詔教習胡亥，使學以法事數年矣，辯於心而詘於口，盡禮敬士，秦之諸子未有及此者，可以爲嗣君，計而定之。聽臣之計，即長有封侯。」於是斯乃聽高，乃相與謀詐，廢原詔，賜太子扶蘇與鎮邊大將蒙恬死。從此秦之江山落入小人之手，其敗亡無日矣。於兹可見李斯本屬卑賤之徒，雖居丞相高位，終非社稷之臣也。秦之統一遽爾而亡者，亦與此屑小之徒無能掌控國柄有關，故知社稷之臣只能於真儒、鴻儒中求得；由此亦可見，法家諸子爲名求利而張揚其法治術勢，最終必歸於敗亡，此亦法家之見在中華政治史上逐漸消亡之原因所在；蓋儒家道統已將法治精神包涵於其中了；獨言法治者，乃無源之水，無本之木也。法治必須以德治爲基，空言法治者，不知其所以也。

第二節　均富

仁政之大旨在均富，在富而後教；在教而化民；在化而成俗；在美俗中使人盡具其性，使物盡其性，用以贊天地之化育。是仁政之至意焉。細味《周易·繫辭》之言：「顯諸仁，藏諸用，鼓萬物而不與聖人同憂，盛德大業至（韓康伯註曰：「聖人功用之母體同乎道，盛德大業所以能至」）矣哉。富有（韓康伯註：「廣大悉備，故曰富有」）之謂大業，日新（韓康伯註：「體化合變，故曰日新」）之謂盛德，生生（韓康伯註：「陰陽轉易，以成化生」）之謂易。」則知富有乃仁政之核心内涵也，富有四海，一切資源，廣大悉備，俱歸王者所有，俱歸全民所有。「天下爲公」之義立焉，「大道之行也，天下爲公」之大同思想形焉；但「人心惟危」，其有私也有欲也；以損公焉，以危政焉，以傷教焉，如何善處？使人人悉以自制，使爲政者（帝王、卿相、百官）既知人人自制，更明全盤調濟之道，以有所遵循，使民逐利之心有所消滅；故堯、舜、禹三帝相授受而有「人心惟危，道心惟微，惟精惟一，允執厥中」十六字經成焉。明儒王陽明視此爲心學之源。曰：「聖人之學，心學也，此心學之源也；中也者道心之謂也，道心精一之謂仁，孔孟之學，惟務求仁，蓋精一之傳也。」（《王陽明全集》二四五頁）帝禹受禪之際，又與諸輔臣相議定下了仁政之經濟理論基礎：「正德、利用、厚生，惟和」（《大禹謨》）八字方針。班固於《漢書・食貨志》中全面總結了儒家仁政之經濟理論基礎。可名曰「均富論」。兹引述其原文以證之。

《漢書》：「《洪範》八政，一曰食，二曰貨。食謂農殖嘉穀可食之物，貨謂布帛可衣及金、刀、龜、貝，所以分財布利、通有無者也。二者生民之本，興自神農之世，斲木爲耜，煣木爲耒，耒耨之利以教天下而食足。日中爲市，致天下之民，聚天下之貨，交易而退，各得其所而貨通。食足貨通，然後國實民富，而教化成。黄帝以下，通其變，使民不倦。堯命四子以敬授民時，舜命后稷以黎民祖（始也）饑，是爲政首。禹平洪水定九州，制土田，各因所生遠近，賦入貢棐（竹器也）。楙（茂也）遷有無，萬國作乂（治也）。殷周之盛，詩書所述，要在安民，富而教之，故《易》稱『天地之大德曰生，聖人之大寶曰位，以守位曰仁，何以聚人曰財』。財者帝王所以聚人守位，養成群生，奉順天德，治國安民之本也。故曰『不患寡而患不均，不患貧而患不安，蓋均亡貧，和亡寡，安亡傾』，是以聖王域民，築城郭以居之，制廬井以均之，開市肆以通之，設庠序以教之，士農工商，四民有業。學以居位曰士，闢土殖穀曰農，作巧成器曰工，通財鬻貨曰商。聖王量能授事，四民陳力受職。故朝亡廢官，邑亡敖民，地亡曠土。理民之道，地著爲本。故必建步立畝，正其經界，六尺爲步，步百爲畝；……五家爲鄰，五鄰爲里，四里爲族，五族爲黨，五黨爲州，五州爲鄉，鄉萬二千五百户也。……於是里有序，而鄉有庠；序以明教，庠則行禮而視化焉。……八歲入小學，學六甲、五方、書計之事，始知室家長幼之節。十五入大學，學先聖禮樂，而知朝廷君臣之禮；其有秀异者，移乡学于庠序，庠序之异者，移国学于少学。诸侯歲貢少学之异者于天子，学於大學，命曰造士。……行人振木鐸徇於路以采詩，獻之大師，比其音律，以聞於天子。故曰王者不窺牖户而知天下。此先王制土處民，富而教之之大略也。」（《漢書》四七六頁）

由此而明均富之思想，乃我中華立政貫徹於歷代政教之唯一正確指道方針。欲正確實現之，則尚有賴於政教與工、農、商、學等社會組織之通力合作。政從上發布明令以及於基層政權組織，規定所施政事之利於民者何在，取於民者何度，各級官吏則必依據堯、舜所授之十六字心教與當年政府所掌握之財力與夫農工商之現實情況，以定出精一之標準，又須遵循帝禹所定之經濟运作之八字方針「正德、利用、厚生，惟和」綜合善於利用本地區可資利用之地上地下資源，最大限度厚生於民，達於兩和，資源利用惟和，厚生惟和，教之用大矣哉。就君臣而言，上以教君，使明君道，君正則股肱協一，君輔同德，則天下同心矣，同心而天下治矣，此不易之理也。中以教臣，使百官勤廉，治道清明矣。下以教民，導之以禮，化之以德，美之以風俗，入其國其教可知也，均富之政入於君心，行於群臣，澤於百姓，善於民心，化而向風焉，故知儒家仁政均富，非語之於口，乃踐之於實者也，西漢以降之《食货志》詳記其事也。

兹按史實，以索歷代之得失。

中國因所處之大陸地理與气候環境，從遠古立國一開始就被決定了必以農爲立國之本。《漢書·食貨志》曰：「民年二十受田，六十歸田。」漢文帝二年詔曰：「農天下之大本也，民所恃以生也……朕憂其然，故今兹親率群臣，以勸之，其賜天下民今年田租之一半。」又曰：「孝文皇帝承亡周亂秦兵革之後，天下空虛，故務勸農桑，帥以節儉，民始充實，未有并兼之害。」此在中華史上首見均富之效也。此均富之效中又有見節儉之美德作用於其中。儉德乃我中華美德之一，老子在《道德經》六十七章中曾論之曰：「我有三寶，持而保之，一曰慈，二曰儉，三曰不敢爲天下先。慈故能勇，儉故能廣（王曰：「節儉愛費，天下不匱，故能廣也」），不敢爲天下先，故能成器長（王曰：「唯後外其身，爲物所能，後乃能立成器，爲天下利，爲物之長也」）。」可知儉德能使天下不匱，廣保民生也。

故歷代百姓輔宰莫不在取之有度與節制開支二者上竭其思慮，此在歷代《食货志》上均有記述。如《舊唐書·食货志》曰：「先王之制度，地以居人，均其沃瘠，差其貢賦，蓋斂之必以道也，量入而爲出，節用而愛人，度財省費，蓋用之必有度也。是故既庶且富，而教化行焉。周有井田之制，秦有阡陌之法，二世發閭左而海内崩離。漢武税舟車，而國用以竭，自古有國有家興亡盛衰未嘗不由此也。隋文帝因周氏平齊之後，府庫充實，庶事節儉，未嘗虚費，開皇之初議者以比漢代文、景，有粟陳貫朽之積。煬帝即位，大縱奢靡，加以東西行幸，輿駕不息，征討四夷，兵車屢動，西失律於沙徼，東喪師於遼碣，數年之間，公私罄竭，財力既殫，國遂亡矣。高祖發迹太原，因晋陽宫留守庫物，以供軍用。既平京城，先封府庫，賞賜給用，皆有節制，徵斂賦役，務在宽簡。……開元已前事歸尚書省，開元已後權移他官。……得其人則有益於國家，非其才則貽患於黎庶。此又不可不知也。如裴耀卿、劉晏、李巽數君子，便時利物，富國安民，足爲世法者也。」《新唐書・食货志》言之剴切，曰：「古之善治其國而愛養斯民者，必立經常簡易之法，使上愛物以養其下，下勉力以事其上；上足而下不困。故量人之力而授之田，量地之産而取以給公上，量其入而出之以爲用度之數，是三者常相須以濟而不可失，失其一則不能守其二。及暴君庸主，纵其佚欲，而苟且之吏從之，變制合時以取寵於其上，故用於上者無節，而取於下者無限，民竭其力而不能供，由是上愈不足而下愈因，則財利之説興而聚斂之臣用。《記》曰：『寧畜盗臣。』盗臣誠可惡，然一人之害爾。聚斂之臣用，則經常之法壞，而下不勝其弊焉。唐之始時……凡授田者，丁歲輸粟二斛，稻三斛，謂之租。丁隨鄉所出，歲輸絹二匹，綾絁二丈，布加五之一，綿三兩，麻三斤，謂之調；用人之力，歲二十日，閏加二日，不役者日爲絹三尺，謂之庸。有事而加役二十五日者免調。三十日者租調皆免。」

唐之租、庸、調三項斂役民財力過重也，但遇有事以役三十日租調全免，相當於十二而税一，則又不太重也。《宋史・食货志》曰：「宋承唐五季之後，太祖興，削平諸國，除藩鎮留州之法，而粟帛錢幣，咸聚王畿，嚴守令勸農之條，而稻粱桑枲務盡地力。至於太宗，國用殷實，輕賦薄斂之制，日與群臣講求而行之。傳至真宗，內則升中告成之事舉，外則和戎安邊之事滋，由是食貨之議日盛一日。仁宗之世，契丹增幣，夏國增賜，養兵兩陲，費累百萬，然帝性恭儉寡慾，故取民之制，不至掊克。神宗欲申中國之威，革前代之弊，王安石之流進售其强兵富國之術，而青苗、保甲之令行，民始罹其害矣。哲宗元祐更化，斯民稍望休息；紹聖而後，章惇倡紹述之謀，秕政復作。徽宗既立，蔡京爲豐亨豫大之言，苛征暴斂，以濟多慾，自速禍敗。高宗南渡，雖失舊物之半，猶席東南地產之饒，足以裕國。然百五十年之間，公私粗給而已。考其祖宗立國初意，以忠厚仁恕爲基，向使究其所爲，勉而進於王道，亦孰能禦之哉！」宋之賦稅，「其類有五：曰公田之賦，凡田之在官，賦民耕而收其租者是也。曰民田之賦，百姓各得專之者是也。曰城郭之賦，宅稅、地稅之類是也。曰丁口之賦，百姓歲輸身丁錢米是也。曰雜變之賦，牛革、蠶鹽之類，隨其所出，變而輸之是也。」

《元史·食货志》曰：「《洪範》八政：食爲首，而貨次之。蓋食貨者養生之源也。……是以古之善治其國者，不能無取於民，亦未嘗過取於民。其大要在乎量入爲出而已。……以漢唐宋觀之，當其立國之初，亦頗有成法，及數傳之後，驕侈生焉，往往取之無度，用之無節。

於是漢有告緡、昇舟車之令，唐有借商、稅間架之法，宋有經、總制二錢，皆掊民以充國，卒之民困而國亡，可叹也已。元初取民未有定制，及世祖立法，一本於寬；其用之也，於宗戚則有歲賜，於凶荒則有賑恤，大率以親親愛民爲重，而尤惓惓於農桑一事，可謂知理財之本者矣。……元之取民，「大率以唐爲法，其取於內郡者，曰丁稅，曰地稅，此仿唐之租庸調也。取於江南者，曰秋稅，曰夏稅，此仿唐之兩稅也。……凡種田者，白地每畝輸稅三升，水地每畝五升。」（元之「歲賜」其爲制也，「尤厚之至者歟！凡諸王、后妃、公主皆有食采分地，另有銀緞賜與。如太祖弟搠只哈撒兒大王淄川王位，歲賜銀一百錠，緞三百匹，絲三千六百五十六斤。」元之俸秩：「至元二十二年（三八五年）百官俸例，各品分上中下三等：……從二品：四錠三錠三十五兩，三定二十五兩。」）

《明史·食货志》曰：「《記》曰：取財於地，取法於天。富國之本，在於農桑。……洪、永、熙、宣之際，百姓充實，府藏衍溢，……上下交足，軍民胥裕。不知国初之充裕在勤農桑，而不在鈔法也。夫𦆽本節用，爲理財之要。」有明一代，理財之道，始有所得，終致其失者，蓋貪腐敗政也。明之賦役，承唐租庸調未改，曰：「太祖爲吴王賦稅十取一，役法計田出夫。即位之初，定賦役法，一以黄册爲准，册有丁有田，丁有役，田有租；租曰夏税，曰秋糧，凡二等。夏税無過八月，秋税毋過明年二月。……年十六曰成丁。成丁而役，六十而免。又有職役優免者，役曰里甲，曰均徭，曰雜泛。」有明一代，自武宗以後主昏臣貪，道教亂政，宦官擅權，上下荒怠，積弊百年，民窮財竭，無以爲繼，卒陷於相率爲盗，此在中華史上自隋以降一千年中最慘痛之教訓也。

清《食货志》有言及之，曰：「明末苛政紛起，籌捐贈餉，民窮財困。」清廷以此深戒，「康乾之世，國富民殷，凡滋生人丁，永不加賦，又普免天下租税，至再至三，古来有也。……道咸以降，海禁大開，國家多故，耗財之途廣，而生財之道滯，當軸者昧於中外大勢，召禍興戎，天府太倉之蓄，一日蕩然，賠償兵費至四百餘兆。以中國所有財産抵借外債，積數十年不能清償，攤派加捐上下交困。乃改海運以節漕費，變國法以行國幣，講鹽政以增歲入，開鑛産以擴財源，以及創鐵路，改郵傳，設電局，通海舶，新政繁興，孳孳謀利，而於古先聖王生衆食寡、爲疾用舒之道，昧焉不講。夫以唐虞治平之世，而其告舜禹也諄諄。以「四海困窮，天禄永終」爲戒。有國者豈可忽哉。」（此處所言：「四海困窮，天禄永終。」見於

《大禹謨》。其意謂：與四海同困窮，則天禄永終矣，非謂「困窮謂天民之無告者也。」一）清代户别有四：曰軍，曰民，曰匠，曰竈（炊竈也，或曰户也）。「世祖入關，有編置户口牌之令。其法，州縣城鄉十户立一牌長，十牌立一甲長，十甲立一保長；户給印牌，書其姓名丁口，出則註所往；入則稽所來，其寺觀亦一律頒給以稽僧道之出入。……順治十八年會計天下民數，千有九百二十萬三千二百三十三口。康熙五十年，二千四百六十二萬一千三百二十四口；六十年，二千九百一十四萬八千三百五十九口，又滋生丁四十六萬七千八百五十口。乾隆二十九年，二萬五百五十九萬一千一七口；六十年，二萬九千六百九十六萬五百四十五口中（三十一年中，增丁口九千一百三十六萬九千五百二十八，增長了百分之三十點八，每年平均增長率爲百分之零點九九。光緒元年丁口數爲三萬二千二百六十五萬五千七百八十一口。至宣統元年丁口數爲二萬三千九百五十九萬四千六百一十八口，三十七年中丁口減少八千三百零六萬一千一百六十三。數據見《清史稿》三九二五三頁）可知在一九〇〇年，八國聯軍（英、美、德、法、意、奥、俄、日）侵華戰争中，中華兒女死難者八千萬，何其慘哉！

從右述歷代仁政之情況，可以看出如次諸主客因素：建立道統，一也；君明，二也；輔正，三也；官廉，四也；輕徭薄賦，五也；外患輕重，六也。此六者備，則仁政善矣。君明，固善矣；唯道統不立，君亦昏憻，則無足以言仁政矣！由此而明，此六者，唯道統立、君明正二者合一最爲重要，而此二者中，尤以君明正（或曰聖明）爲決定因素。仁政之易見也以君明，仁政之難見也以君闇，此乃中華仁政史之效驗也。其有啓於後賢者自多矣。

第四章　善教務本

善教者，善其教也，正其教也，以經爲本，以史爲誡，經史互證，以見教乃治國之根本大務也。此爲歷史之結論，不可動摇者也。「天道至教，聖人至德。」（《禮記·禮器》）「教思無窮，容保民無疆。」（《周易·臨·象》）此乃善教之最高之指導思想，天道至教者何謂也；言天道（包含了地道、人道、亦包含了「人道政爲大」以及人之自我完善與社會完善之道）乃教育思想之源泉，亦是一切思想之源泉也。聖人至聽者，乃天道、地道、人道三者最完美之體現。此最完美之體現，實質則是人之善性最完美之體現。此中給人以最深刻之啓示是：道德最高最完美之人，以之從事教育，則誘發人之善性，亦最完美。由此亦可明，道德修養之厚薄直接影響感化受教者之深淺，於此更可明，教育過程乃是德知雙化之于民，德則居基礎之位，蓋盛德誘發受教者之善性愈完美活躍，則其思維之速度與能量亦必愈增進，則其德化與知化之嘗試與速度亦必愈增强。受教者之氣質變化必愈爲完美。此天道至教，聖人至德内藴之要義也。而此義反之於施教者，則其所受之啓示廣矣、深矣、富矣，迄於無窮矣。此教思無窮之義也，蓋教者之善性亦受學者氣質之變化所誘發也，其能量與速度，難以估量也，此教學相長之義也；此非限於知識相長也，更爲重要者，乃道德之相勵與頭腦之相激也。

《文王世子》有言曰：「德成而教尊，教尊則官正，官正而國治。」此昭示後賢，欲治其國者必以教爲首務，而教尊必以德成爲前提，而德成則有賴於教與自我之嚴於修養，此古今無异也；教尊矣，受教者之心一焉，則專心致志以受教焉，以勤學焉，以修身焉，以進德焉而德成焉，品端焉，以之爲仕則官正矣，官正而廉，吏清而國治矣，德成而教尊之大義也。德，則根於道也。

善教者，王文公（安石）有言曰：「善教者藏其用，民化上，而不知所以教之之源；不善教者反此。民知所以教之之源，而不誠化上之意。善教者之爲教也，致吾義忠而天下之君臣義且忠矣，致吾孝慈而天下之父子孝且慈矣，致吾恩於兄弟而天下兄弟相爲恩矣，致吾禮於夫婦而天下之夫婦相爲禮矣。天下之君君臣臣、父父子子、兄兄弟弟、夫夫婦婦，皆吾教也。民則曰：『我何賴於彼哉？』此謂化上而不知所以教之之源也。不善教者之爲教也，不此之務，而暴爲之制，煩爲之防，劬劬於法令誥戒之間，藏於府，憲於市，屬民於鄙野，必曰臣而臣，君而君，子而子，父而父；兄弟者無失其爲兄弟也，夫婦者無失其爲夫婦也，率是也有賞，不然則罪。……顧有不服教而附於刑者，……此謂民知所以教之之源，而不誠化上之意也。善教者浹於民心，而耳目無聞焉，以道擾（擾，《説文》：治也。又《康熙字典》：安也）民者也。不善教者施於民之耳目，而求浹於心，以道强民者也（以道擾民者之道，乃道統之道也。以道强民者之道，則霸道也）。擾之爲言猶山數之擾毛羽，川澤之擾鱗介也，豈有制哉，自然然耳。强之爲言，其猶囿毛羽沼鱗介乎！一失其制，脱然逝矣。噫！古之所以爲古，無异焉，由前而已矣；今之所以不爲古，無异焉，由後而已矣。或曰：『法令誥戒不足以爲教乎？』曰：法令誥戒，文也；吾云尔者，本也。失其本求之文，吾不知其可也。」（《王文公全集·原教》三六九—三七〇頁）《原教》一文之隆義，乃言古之爲教也，出於大道至德也；出於大道至德，則外合於物理，内浹於人心。朱熹有言曰：「理之所至，其心隨之。」其情悦之，其性發之，故知儒家之教，發之於大道至德，誘之於善性、良知、人情（喜、怒、哀、懼、愛、惡、欲七者弗學而能）、人義（父慈、子孝、兄良、弟弟、夫義、婦聽、長惠、幼順、君仁、臣忠十者謂之人義）。教由此出者，善教也，政由此出者則善政也；儒家之政教悉由此出者也，非外加之也。

第一節　明大道至德

儒、道兩家俱以弘揚大道至德爲務，唯其所趣略見有殊耳。道家重獨善其身，兼論天下。儒家則二者并重，以善己爲始，以善群爲終，以修身齊家爲前提，以治國平天下爲歸宿，終生希聖希賢，固守大道而不移，永世「文行忠信」（邢昺疏曰：文謂先王之道，行謂德行，在心爲德，施之爲行，中心無隱謂之忠，人言不欺謂之信）而不越；博學而不窮，篤行而不倦，致力於大道至德也。三代以下之教，悉以道統爲本，綱紀是尊，順之者國運興隆，或撥亂而反正，或衰轉而中興；逆之者則盛而衰，衰而亡。此斑斑中華史可供考證者也。大道者儒、道兩家同根同源也，其於道家，則老子所著之《道德經》以及晚出之莊周所著之《莊子》一書也，其於儒家則伏羲所畫之《八卦》，經文王演繹而成之《周易》，又經孔子爲之作《十翼》而理論形態井然大備矣，成爲我中華思想之根與源，與老子之《道德經》成爲中華一體思想之雙幹（《詩詁》：「木旁生者爲枝，正出者爲幹」）樹。與中華祖先同時生根發芽，茁壯成長，根系佈滿神州大地，深入嚴層山岳、江海湖泊，枝葉上迎天日，下蔭大地，天風傳其聲濤，萬象隱其生機，炎黄子孫勤其耕織，謹其德行，以蓄以思以道以篤，全力養護此雙幹思想樹，使其活力長新，愈老愈華。

儒家之道統非僅限於以道爲核心思想之理論形態，而且以此爲指導思想，從堯、舜迄於三代歷二千年之政治實踐，形之於《尚書》（計五十六篇）者，乃中國古代之政治哲學也。周公（姬旦）作《周禮》，既是此政治哲學之補充，就其獨立之形態而主論，乃是一部《政府管理學》，設官居任職，甚至及於人數，周詳至極。禮節、禮儀乃是關係個人立身處世、家庭睦鄰、教育子女、族鄉風俗，以至於國家管理之大事；故而有《儀禮》立焉，僅此一項就包含有：士冠禮、士婚禮、士相見禮、乡饮酒禮、鄉射禮、燕禮、大射禮、聘禮、公食大夫禮、覲禮、喪服禮、士喪禮、既夕禮、士虞禮、特牲饋食禮、少牢饋食禮、有司徹第禮等十七種，「優優大哉，禮儀三百，威儀三千」，誠不虛也。禮之失則煩，煩則亂，此其弊也。《禮記》

所記者計四十九篇，内容極爲豐富，意義亦深刻而見諸日用，至南宋朱熹將其中之《大學》《中庸》與《論語》《孟子》編爲《四書》，從此始有《四書五經》之説，乃科举取士之核心教材也。《五經》中之《詩經》乃方志歌咏之作也，《毛詩正義序》曰：「夫《詩》者，論功頌德之歌，止僻防邪之訓，雖無爲而自發，乃有益於生靈，六情静於中，百物蕩於外，情緣物動，物感情遷。若政遇醇和，則歡娱被於朝野，時當慘黷，亦怨刺形於咏歌。作之者所以暢懷舒憤，聞之者足以塞違從正，發諸性情，諧於律侣，故曰感天地動鬼神，莫近於《詩》。」如《大雅·文王》頌曰：「周雖舊邦，其命維新。……濟濟多士，文王以寧。」（《十三經註疏》五〇三—五〇四頁）此詩已近三千年，其義猶新，激勵吾輩，善教育人，濟濟多士，維新國家，以寧萬邦。《孝經》者，孔子之所述作也。乃百行之宗，五教之要，雖居五經之外，實則人倫之至行，治國之要徑也。因此唐玄宗親自爲《孝經》作序并註之，曰：「聖人知孝之可以教人也，故因嚴以教敬，因親以教愛，於是順移忠之道昭矣，立身揚名之義彰矣。子曰：吾志在《春秋》，行在《孝經》。是知孝者，悳之本歟！」（《十三經註疏》二五四四頁）《孝經》曰：「夫孝，德之本也，孝之所由生也。」又曰：「夫孝，天之經也，地之義也，人之行也。……其教不肅而成，其政不嚴而治。」孔子所言，吾志在《春秋》者，以其大義在「褒善貶惡」也，「夫子内藴大聖，逢时若此，欲垂之以法則無位，正之以武則無兵，説之以道，則不用。……冀垂訓於後昆。因魯史之有得失，據周經以正褒貶，一字所嘉，有同華衮之贈，一言所黜，無异蕭斧之誅。……實永世而作則，歷百王而不朽者也。」加以《論語》縱論道德、仁義、政教、禮法、知行、進退、榮辱，有益於治道人心，北宋宰相趙普譽之：曰「半部《論語》治天下。」誠哉斯言也，非溢美之辭，乃首先仁義之化也，道統綱紀之力也，政教協一之效也，善教覺人成俗之美也。

右所述道統之義，包含着道、德、禮、教四層内容，爲國理政必立法，法必有基，其基乃道、德、禮、教也，而且法之對象是人，人則具有善性、良知、人情者也，而立法與執法者又是人，在此諸多因素中，即道、德、禮、法，——人（人則聖賢、君子、士民，亦有違理犯法之人）嚴加思考，人之因素居首位，且教之育之，誥之戒之，禮之導之，訓之化之，即有頑者，亦必歸於善，其違禮觸法者必少之又少矣；或有頑冥怙惡致犯者，更是極少而極少也，則刑而教之可也。由此而論，人治與法治孰爲輕重，不言而明矣。從此亦明儒家之政治觀，以教列於政之前，將教化之功能發揮至極，因教臣子而正君心，君心既正，則吏治必肅，吏廉而能則政通人和，民風士習必正，此大治之象也。皆有賴於道統綱紀之力，有以引導而規範之也；引導之方，則是以經、史二者爲教材，通行全國，上自廟堂，下迄閭巷，幼兒誦之讀之，講之習之，文之論之；大至於内政外交、兵戎對策，小至於父慈子孝、日用酬酢；士子或以推舉賢良方正，上達朝廷；爲將、爲官、爲吏，視其見識才能而定，依其機敏口辯而别；或適以各類科學考試而取得等級不同之功名，如秀才、舉人、進士，其爲小吏、知州、封疆大吏或將或相，一視其德才而舉。此儒道治國，歷代以教育才取士，任官之史實也。此以教育才取士之道，今後亦沿襲，只是教之内含與形式，因生産方式之轉變或資本佔有形式之轉變，取才與任用之方式亦必隨之變化，但教育在治國中之重要地位不可動摇，而且由於科技日新月异之發展，民主精神之日益覺醒，個人自由之空間與内含日益豐富，新生事物倏忽踊現，層出不窮，有應接不暇之勢，迫使人難逃應對。因此一個被迫的學習現象必然出現，但人之天性本屬於自由，反對外力之强迫。

可以預見，人類陷入内外不協調之心靈苦惱狀態必然日益加劇，加之現在科技爲利所逐，騙術日隱，受害者日衆，無處尋求栖息之地以安其身，逼迫人類反思，或求歸真反樸，躲入無欲之小天地裏，以自適其性、自娱其生，或尋求教學宗教，循迹清真寺，潛入巷廟以寄托心靈。由此可預見儒、道兩家修身捐欲之道德行爲，必然會發揚光大，也必然會順利地爲全人類所接受，蓋儒、道兩家經典所論述者乃全人之善性、良心、人情也。當初民之先聖先賢只知四海之内皆兄弟，未識地球之大，人類之繁；今則我們已明，與各國爲鄰，與全人類爲兄弟，我們先賢所論之人之善性（亦包含物性也善），即是人類之善性，所言之良知亦即是人類之良知，所言之人情，亦即是人類人人同具之情。此性、心、情三者，即《周易・説卦》：「立人之道曰仁與義。」此仁也，儒家經典釋之爲「仁民而愛物」。此仁也，與西學之博愛相近，但不盡相同。儒家之仁更務求實，必體現於仁政，因爲「人道政爲大」，堯舜之世就提出了「敬敷五教，協和萬邦」之偉大而切實之爲政宗旨；大禹之世又提出「正德、利用、厚生，惟和」則「四夷來王」矣。商太甲曰：「惟天無親，克敬惟親。民罔常懷，懷於有仁。」民所懷者仁政也，儒家所行者亦仁政也，徵諸歷代史實，則有未盡善焉者，此乃如傅説所言「匪知之艱，行之惟艱」耳歟！但仁政之方向與施行則從未改，未來更不會改變，以仁政蓋出於人之善性、良知、真情者也。日益覺醒之人，其性必更善，其心必更良，其情必更真，其所要求於仁政者必更高更純；而其個人之道德亦必更高更純，其所效力於社會，奉獻於人類亦必更多更富更深更美；其對仁政之推動亦必更嚴肅更合理。更完善之個性凝聚爲力量以推動仁政，以善化仁政，以純化仁政，以淨化仁政；使人民享受更高更美滿之惠澤，以盡其性，以舒其心，以適其情，儒家之仁政觀，就是有賴教育培養明道盛德之賢能而實現的。

北宋仁宗（趙禎）之朝史稱大治，居其朝者有賢輔良弼、博學能臣，可謂濟濟多士矣，填填著功矣，徽徽煥文矣，澈澈明道矣。其於治道可書讚者，有周敦頤、程顥師生二人，以及南宋孝宗朝之朱熹。

周敦頤（一〇一七—一〇七三）之學術與事業，成就於仁宗之朝，初「以舅龍圖閣學士鄭向任爲分寧主簿，有獄久不決，敦頤至，一訊即辨，邑人驚曰：『老吏不如也。』部使者荐之，調南安軍司理參軍。有囚法不當死，轉運使王達欲深治之。達悍吏也，衆莫敢爭，敦頤獨與之辨，不聽，乃委版歸，將充官去曰：『如此尚可仕乎？殺人以媚人，吾不爲也。』達悟，囚得免。移郴之桂陽令，治績尤著。郡守李初平賢之，語之曰：『吾欲讀書，何如？』敦頤曰：『公老無及矣，請爲公言之。』二年果有得。徒知南昌，南昌人皆曰：『是能辨分寧獄者，吾屬得所訴矣。』富家大姓、黠吏惡少，惴惴焉不獨以得罪於令爲憂，而又以污穢善政爲恥。歷合州判官，事不經手，吏不敢決，雖下之，民不肯從。部使者趙抃惑於譖口，臨之甚威，敦頤處之超然。通判虔州。抃守虔，熟視其所爲，乃大悟，執其手曰：『吾幾失君矣，今而後乃知周茂叔也。』」（《宋史·周敦頤傳》）

程顥（一〇三二—一〇八五）字伯淳，嘉祐進士，著有《定性書》《識仁篇》。「初任鄠、上元主簿，鄠民有借兄宅居者，發地得瘞錢，兄之子訴曰：『父所藏。』顥問幾何？曰：『四十年。』彼借居幾時，曰：『二十年矣。』遣使取十千視之，謂訴者曰：『今官所鑄錢，不五六年即遍天下，此皆未茂前數十年所鑄，何也？』其人不能答。……民以事至縣者，必告以孝弟忠信，入所以事其父兄，出所以事其長上。度鄉村遠近爲伍保，使之力役相助，患難相卹，而姦僞無所容。凡孤煢殘廢者，責之親戚鄉黨，使無失所，行旅出於其途者，疾病皆有所養；鄉必有校，暇時親至，召父老與之語，兒童所讀書，親爲正句讀，教者不善則爲易置，擇子弟之秀者聚而教之。鄉民爲社會，爲立科條，旌別善惡，使有勸有恥。在縣三年，民愛之如父母。病學者厭卑近而騖高遠，卒無成焉。故其言曰：『道之不明，异端害之也，昔之害近而易知。今之害深而難辯，昔之惑人也乘其迷暗，今之惑人也因其高明，自謂之窮神知化，而不足以開物成務；言爲無不周遍，實則外於倫理，窮深極微而不以入堯舜之道，天下之學，非淺陋固滯，則必入於此。自道之不明也，邪誕妖妄之説競起，塗生民之耳目，溺天下於污濁，雖高才明智，膠於見聞，醉生夢死，不自覺也，是皆正路之蓁蕪，聖門之蔽塞，闢之而後可入道。』顥之死，士大夫識與不識，莫不哀傷焉。文彦博采衆論，題其墓曰明道先生。其弟頤序之曰：『周公沒，聖人之道不行；孟軻死，聖人之學不傳。道不行，百世無善治；學不傳，千載無真儒。無善治，士猶得以明夫無善治之道，以淑諸人，以傳諸後；無真儒，則貿貿焉莫知所之，人欲肆而天理滅矣。先生生於千四百年之後，得不傳之學於遺經，以興起斯文爲己任，辯异端，闢邪説，使聖人之道焕然復明於世。蓋自孟子之後一人而已。然學者於道不知所向，則孰知斯人之爲功？不知所至，則孰知斯名之稱情也哉！』」（《宋史・程顥傳》）

右思二程兄弟之言。適足以見五百多年無真儒，亦無通儒。真者，正道也，直道也，純道也，湛湛清清之道也，質質樸樸之道也，日用生活之道也，知行益發之道也，不可窮極之道也。通者，通天、地、人（物）者也，通陰陽、剛柔、仁義者也，通性、心、情者也，通夫婦、父子、兄弟者也，通長幼、君臣、朋友者也，通變化、機遇、時空者也，通理欲、節縱、安危者也，通語默、進退、禍福者也，通興衰、成敗、存亡者也，通是非、正邪、善惡者也，通治亂、廉貪、謙驕者也，真乃通之前提，通乃真之依歸，真始也，通終也。真通，始終相互推動也。世之真儒、通儒所以難見者，以私欲太甚，雖日誦經史而不化其義也；唯日損其欲者，涵養久之，與天地合其德，則庶幾近矣。

南宋朱熹（一一三〇—一二〇〇），字元晦，年十八貢於鄉中，紹興十八年進士，「孝宗即位，詔求直言。熹上封事，言：聖躬雖示有過失，而帝王之學不可以不熟講，朝政雖未有闕遺，而修攘之計（修内政攘外患）不可以不早定。……帝王之學必先格物致知，以極夫事物之變，使義理所存，纖悉必照，則自然心正而可以應天下之務。」次言：「修攘之計不時定者，講和之説誤之也。夫金人於我有不可戴天之仇，則不可和也明矣。願斷以義理之公，閉關絶約，任贤使能，立紀綱，歷風谷，數年之後，國富兵强，……徐起而圖之。」十五年，淮罢相，遂入奏，……而其末言：「願陛下自今以往，一念之頃，必謹而察之，此爲天理耶，人欲耶？果天理也，則敬以克之，而不使其少有壅閼；果人欲也，則敬以克之，而不使其少有凝滯；推而至於言語動作之間，用人處事之際，無不以是裁之，則聖心洞然，中外融澈，無一毫之私欲得以介乎期間，而天下之事將爲陛下所欲爲，無不如志矣。」是行也，有要之於路，以爲正心誠意之論上所厭聞，戒勿以爲言。熹曰：「吾平生所學，惟此四字，豈可隱默以欺吾君乎！」熹嘗以為口陳之説有所未盡，乞具封事以聞，至是投匭進封事曰：「今天下大勢，如人有重病，內自心腹，外達四支，無一毛一發不受病者。且以天下之大本與今日之急務，為陛下言之：大本者，陛下之心；急務在輔翼太子、選任大臣、振興綱紀、變化風俗、愛養民力、修明軍政六者是也。」（《宋史·朱熹傳》）

朱熹所上奏於宋孝宗者從當時內外之形勢言之，實切中要政，從儒家爲人爲政之理論言之，君王之臨朝政，洞察理欲以及誠意正心，乃是關乎國政成敗興亡與國運隆替乃至國祚存亡之大問題。縱觀中華歷史，周順天理以興，秦縱人欲而敗；漢順天理以興，西晉賈后縱人欲釀成八王之亂，國運以衰，使中原陷入南北分裂三百年。隋以淫逸而亡，唐以儒道而盛（太宗曰：「朕所好者，唯堯舜、周孔之道。」玄宗親爲《孝經》作序）。大宋以崇儒而治（趙普爲相曰：「半部《論語》治天下。」真宗作《崇儒術論》刻石國學。仁宗景祐二年書《尚書無逸》於屏）。元代以淫逸宮廷而亡。明初以儒臣輔政而盛，中以昏君荒怠而衰，終以不尊儒謀而亡。清代則尊儒道時見隆盛，失儒道即傾敗亡。此朝朝代代，史實斑斑，無一訛謬者也。克制私欲，尊道修德者興，縱欲失道者亡，此不易之理也；應當揭示「人間正道是滄桑」，滄桑形也，就人事政道而論，私欲而立之心術則隱也，隱者乃禍患之原也，不揭其隱，唯言具形，乃蓄意以迷人也；且滄桑者有善惡之分也；動機之善者生善果，動機之惡者蘊禍患。隱其惡心而言滄桑者，乃欺世之説也，其有害於政也深矣。此朱熹虔虔寄望於孝宗者也，亦大道至德之核心内含，化私爲公之功也。

第二節　四維八德六行

依據儒道經典，參照管仲之見，於此提出四維、八德、六行，以爲教育中修身之核心内含。明萬歷壬午（一五八二年）三月前史官吴郡趙用賢《管子書序》曰：「知王者之法，莫備於周公，而善變周公之法者，莫精於管子。」張嵲曰：「《管子》天下奇文也；《心術》《白心》《内業》諸篇，是其功業所本。」孔子曰：「微管仲，吾其被髮左衽矣。」管子曰：「國有四維，一維絶則傾，二維絶則危，三維絶則覆，四維絶則滅。傾可正也，危可安也，覆可起也，滅不可錯也。何謂四維？一曰禮，二曰義，三曰廉，四曰恥。禮不逾節，義不自進（謂不由薦舉也）。廉不蔽惡（隱蔽其惡，非真廉也），恥不從枉（詭隨邪枉，無羞之人）。故不逾節，則上位安，不自進則民無巧詐；不蔽惡，則行自全；不從枉，則邪事不生。」（《管子・牧民》第一頁）考之中華史，無論何代何朝，其政之弊端莫不由帝王之不聖不明而引發之者也。一朝之内，巧詐、蔽惡、從枉、廢綱、敗紀、誣陷，甚至篡弑、殺伐之事，怪不得禍起蕭牆，國因以亂，政因以敗，民因以困，教廢俗頹，四維俱滅，無以自復，一旦外敵乘之，國祚隨遷，一部中華史就是如此敗亡興盛相繼，交相推演而未見其停息者也。細究其興衰成敗之原由。無一不是私欲所致，鐵之史實斑斑可考者也。儒道經典所提示者則爲「大道之行也，天下爲公」，而對私慾則必須日損（老子曰：「爲道日損」），不損則「人心惟危」矣。故知管子所但是之「四維」乃摒除私慾之言也，存私欲之念者不足與言「四維」之大德也。無私欲者，始可與言禮也，知自己之行必循規蹈矩而不逾節也。無私欲者始可與言義也；義者宜也，即有損私利，亦必損之，使其合於大義也。「君子喻於義」者，乃舍小利而全大義也。無私者始可與言廉（廉，《説文》註曰：「棱也。引伸之爲清也，儉也，嚴利也」）也。廉之義既如此嚴峻，則必平日具有嚴利之涵養，更於個人品質中生成有清儉之性德；如此私欲盡除，即便有物利所誘，亦不爲所動矣。歷代官場中廉隅者多矣，故雖不絕貪腐之象，終能舉而治之，即如明之巨貪張江陵，清之巨貪和紳均無逃綱，未聞有貪腐遍國中而無力治者，則管子之言「三維絶則覆」，實可深戒也。無私者始可與言恥也。恥（《説文》辱也，恥辱之也，亦聞過自愧之義）之於人也，其自强不息、自我激勵之義。恥之於國家民族也，則飽含全民奮起，全國圖强之力，勢不可擋，惟在當政者導之以道，馭之以德也。其在四維中是最具活力之因素，故管子曰「覆可起也」。前漢之覆，後漢光武帝起之，是乃明證也。亦有覆而不起者，如宋高宗（趙構）誤失中興之機，偏安江南，使南宋苟延國祚而亡，實一大憾也。

八德：誠、信、敬、聖、知、仁、忠、和。吾今提出此八字謂之八德者，乃融會了《周易》《尚書》《周禮》《中庸》《莊子》《周子·通書》之精義而爲言也。《周易》一書所言者，變也，化也，道也，德也，心也，業也，幾也，一言以蔽之：誠也聖也。《尚書》之大旨：政也，教也，德也，治也。而且揭明「九德」（寬而栗，柔而立，愿而恭，亂而敬，擾而毅，直而温，簡而廉，剛而塞，强而義）示民以此修養自身。《周禮》：「大司徒之職，以鄉三物教萬民：一曰六德（知、仁、聖、義、忠、和），二曰六行（孝、友、睦、婣、任、恤），三曰六藝（禮、樂、射、御、書、數）。」《中庸》大義，在發明《周易》精義：一曰本體論（誠説：「不誠無物」），二曰性善論（「自明誠謂之性」「盡人性，盡物性」）。《莊子·庚桑楚》曰：「徹志之勃（徹，廢也。勃，亂也），解心之繆（繆，繫縛也）。去德之累，達（通也）道之塞。富貴顯嚴（威也）名利六者，勃志也，容（貌也）、動（作也）、色（顔也）、理（詞也）、氣（息也）、意（情也）六者，繆心也；惡、欲、喜、怒、哀、樂，六者累德也；去、就、取、與、智、能六者，塞道也。此四六者，不蕩胸中則正，正則静，静則明，明則虚，虚則無爲而無不爲也。」《周子·通書》曰：「誠者，聖人之本，大哉乾元。萬物資始，誠之源也；乾道變化，各正性命，誠斯立焉。」「聖，誠而已矣。」「誠、神、幾，曰聖人。」「常人之心，首病不誠。不誠，故不幾而著，不幾故不神，物焉而已。」

「《洪範》曰：『思曰睿，睿作聖。』無思，本也；思通，用也。幾動於彼，誠動於此，無思而無不通爲聖人。不思，則不能通微，不睿則不能無不通。是則不通生於通微，通微生於思。故思者，聖功之本，而吉凶之幾也。」（《宋元學案》四八二—四八六頁）此八德以誠居其首者，以《中庸》之言「誠者天之道也，誠之者人之道也。……誠者物之終始，不誠無物。是故君子誠之爲貴，誠者非自成己而已也，所以成物也；成己仁也，成物知也，性之德也，合內外之道也，故時措之宜也」。由此而明，誠者乃立身之本也，立家之本也，立國之本也，立政之本也，立教之本也，立學之本也，立事之本也，立業之本也，立藝之本也，立術之本也；舉凡世之有所立者，舍誠無與語也。故誠爲八德之基；誠則信焉，《說文》：「誠，信也。」又曰：「信，誠也。」（段玉裁註：「人言無不信也。」）誠則信，信則敬，敬之義，《康熙字典》曰：「《說文》：肅也。《釋文》：敬，警也。《玉篇》：恭也，慎也。《易·坤卦》：君子敬以直內，義以方外。」《論語》：「修己以敬。」《禮記·哀公問》：「愛與敬，其政之本歟！」朱熹論敬曰：「敬字工夫之妙，聖學之所以成始成終者皆由此。」又曰：「敬字工夫，乃聖門第一義，徹頭徹尾，不可頃刻間斷。敬之一字真聖門之綱領，存養之要法，一主乎此，更無内外精粗之間。程先生所以有功於後學者，最是敬之一字有力。人之心性敬則常存。」（《朱子新學案》五六七—五七五頁）萬理具在於胸中則聖。《説文》：「聖，通也。」段玉裁註曰：「聖通而先識，……凡一事精通亦得謂之聖。」聖則知，《説文》：「知曰詞也。」段玉裁註曰：「識敏，故出於口者，疾如矢也。」（《説文》：「哲，智也。」）知、智通也。智則忠，《説文》註曰：「忠敬也，盡心曰忠。」忠則和，《説文》曰：「和，相應也。」《康熙字典》：「《廣韻》：『和，順也，諧也。』《中庸》：『發而皆中節謂之和。』《謚法》：『不剛不柔曰和。』」由此而見，此八德之内含，其内在邏輯嚴密，起於客觀，終於主觀，主客合一，以主宰客，統認識與修養爲一；認識易，修養難，認識屬於外功，修養乃内功也。可以分而言之，涵養則内外一也，以其道一也，德一也，無内外也。

六行：《周禮》所定者爲「孝、友、睦、婣、任、恤」。今取前三者而益之以儉、勞、苦三者，則「孝、友、睦、儉、勞、苦」構成爲六行，與「四維」「八德」合爲一體；就個人而言，行此三者，則道明、德修、品正，立於群體有益而無害矣，立於家中則和順以安，立於團體中則和諧以榮，立於國中則獻力以公。唯真正行之亦難矣。以「孝」言之，幾經六親不認之餘，家庭内部夫妻、父子、兄弟姐妹之間，親情之際傷痕累累，未及癒合，復之以唯利是圖，唯錢是尊，唯金是拜，唯生是求，何暇顧及親情哉！孝之一字已歷二「小變」（班固曰：「三十年一小變」），鮮見於教科書矣；知之者只在於良心發現之際，行之者則只限於少數有教養之個人與家庭了，真正可敬可佩呀！次如「友」，現在朋友之間能存有真正友誼者，於何尋哉！普天下之維繫友誼者，除了利字之外還能找出「淡如水」之友情嗎？三如「睦」，有家庭内之和睦，有鄰里之和睦，有鄉鎮之和睦，其間除了相爲利用之外，能找出原汁原味之和睦嗎？睦，《説文》註曰：「目順也，一曰敬和也。」

余之於六行中换置儉、勞、苦三字者，以此生静觀中西人文哲理，與夫科技所造成之自然和人類之心理失衡所隱藏之社會政治與教育危機，對人類之前途深感憂慮，對中華之復興更覺舍大道而無正途矣。故以自身之體會，提出此「儉」「勞」「苦」三字爲未來炎黄子孫必備之品德，以適應瞬息萬變之國内外政治經濟環境，使個人與國家長立於不敗之地，使歷史之經驗教訓長新，是乃余之願也。兹就字原考此三德之深意。「儉」，《説文》曰：「約也（注：「約者，纏束也。儉者，不敢放侈之意。《易》：儉德闢難」）。」引申之，謂其儉德者可免除灾難也。「勞」，《説文》曰：「勮也（注曰：勮作劇，甚也），……用力者勞。」引申之，謂遇事不惜力，親自勞之也。「苦」，《説文》曰：「大苦，苓也（注：「苓，蔓延生，葉似荷青，莖赤，此乃黄葯也，其味極苦，謂之大苦」）。」引申之，謂能吃大苦之人是不可戰勝的。此乃我中華鋼鐵之國民性也。

第三節　修爲涵養

修爲之基礎乃致知格物也。物格而後知致，知則有接物之知與德性之知；前者由格物而致，後者因德性而生，兩者雖同謂之知，卻有主從之别；以德性之知爲主導則意誠，意誠而心正，心正始可與言修爲矣。修爲中最吃緊之工夫，則是涵養，要害則在敬之一字。由敬而入於省察，則涵養之功備矣。宋明諸子對此論之甚詳，尤以朱子（熹）爲當。處今物欲横流、外誘日亟、人心浮競、不知所守之際，欲使自身良知不被湮滅。期有所奉獻於國家民族與人類，無他途矣。而且此涵養，非獨善其身之意也，要以教育爲正途，樹立風聲，端正士習，成爲全民修身之要徑也。唯此乃可顯現教育之大效，亦唯此始可造就數以百萬計之人才也。

朱熹曰：涵養、致知、力行三者，便是以涵養做頭，致知次之，力行次之，不涵養則無主宰。……既涵養，又須致知；既致知，又須力行。……亦須一時并了。非謂今日涵養，明日致知，後日力行。要當皆以敬爲本。敬之一字，真聖學之要，蓋古人由小學而進於大學，其於灑掃應對進退之間，持守堅定，涵養純——固已久矣。是以大學之序，特因小學已成之功，而以格物致知爲始。今人未嘗一日從事於小學，而必曰先致知，然後敬以有所施，則未知以何爲主而格物以致其知也。（《朱子新學案》四九六—四九七頁）八百年前朱熹之世，猶有涵養與致知脱節之憾，今者復求致知與涵養之一致，其豈能哉！然而今之必致重提修爲涵養而且甚望見其大效者，蓋以修爲涵養乃儒學之精髓所在，儒學所包含之内容首爲爲人之道，次爲爲學之道，終爲爲政之道；爲人是本，爲學是法，爲政是最高目的，篤行仁政，以實現大同。此三者，無一缺乏修爲涵養可致善績與明效者也。中華歷史鮮見至治之迹者，以君王宰輔缺乏首先涵養之深功也，以致道暗德薄，無洞察政失教乖之明，無善馭庶官百姓之德，無見幾而作之能，無思變而通之才，無撥亂反正之略，無於紛繁中見簡約之静（老子曰：「静爲躁君」）。

此乃於平日修爲涵養中可静致之者也。其中就包含了最初步之功：學、問、思、辨、行，此五者雖各有别，實乃一體也，即知行一體也，見之修爲涵養，則知之逐步加深、加寬、加密、加細，源流、首尾，層次畢張，行以隨之，則其效自然無微不入，無密不透。若時雨沛然之化者，涵養之功，見之於變化氣質者有如此也。

培養人才，無論古今，致知乃其中心環節：過去嘗有「一物不知，儒者之耻」以激勵士子博聞强記，《中庸》就提倡博學知識愈豐者，其思維必愈活躍，理解新知之速度與吸收能力亦必愈高，故培養學生之自學能力就成爲教學中之重要任務。今之教育之大病有失於此，必須徹底糾正，糾正之法在端正學風與文風，學風之病在於知而不行，文風之病在於淺陋而無文。救學風，則必知行一致，智德一體，經世致用，見之於日用之間。救文風，則必授以文詞簡潔而高雅之白話文，學生爲文以表現文才爲高；學者爲文應力戒套話廢話；必言之成理持之有故，力求具有文才，使文以載道，文風漸有所正，以利於致知與進德。在中華學術史上關於知與德二者關係之論述，見於孔子者有：「知之爲知之，不知爲不知，是知也。」（《論語・爲政》）「德之不修，學之不講，聞義不能徙，不善不能改，是吾憂也。」（《論語・述而》）

後者之旨更涉及修爲涵養範疇。至北宋道學之興，伊川先生首倡「接物之知與德性之知」，將知識分爲兩大範疇，適符合近代西方劃分爲自然科學與社會科學之意。以德性之知統率接物之知，亦乃科學發展之必然要求。不如此，道德與政治推動對自然科學發展之控制力，則必检查道德與政治是否已陷入邪惡之泥潭，而有以徹底糾正之。今之全球在普遍施行科學教育，亦不免受其各國傳統德行之知的影響，唯我國自「五四運動」以後九十余年中，前三十年國學被否定，中三十年國學被踐踏，後三十年國學被冷落，近年民間漸興國學熱，有不可逆轉之勢。其最深之根源無他，在於國學之種子本潛藏在中華炎黃子孫之心中，不管其長處大陸或僑居海外，無一不是天生之儒家和道家，蓋儒、道兩家之大旨俱直指人性、人心、人情也。終歸結爲爲人之道、爲學之道、爲政之道。今吾所論者，正是此三道之綜合者也，爲人乃爲學爲政之本，爲人立德也，希賢也。爲學通經融史，廣德積能，識幾應變，中正無私也。爲政「敬愛百姓」「首股協一」「正德、利用、厚生，惟和」「惟精惟一，允執厥中」也。此三道本屬統一體，不可分開者也。具體言之，確也存在認識、涵養、實踐等不同範疇與功效差异問題。但涵養之工，則超越範疇，無時無處不在。所以必須依據儒學之此特點，强調并且切實去做涵養之工，不如此，則不能完全、真正體會儒學之真諦，自不免招致偏頗歪曲之失。其有損於爲人、爲學、爲政者大矣，詎可細言之哉！

細爲省察則明涵養之功，實乃老子「日損」（「爲道日損」）之意。其所損者「惟危」之人欲也。朱熹分此焉已發未發而論之曰：「已發未發，只是説心有已發時，心有未發時。方其未有事時，便是未發，才有所感便是已發。卻不要泥着。」有問者曰：「涵養於未發之初，令不善之端旋消，則易爲力，若發後則難制。」朱熹答曰：「聖賢之論，正要求發處剃，惟子思説喜怒哀樂之未發謂之中。孔孟教人，多從發處説。未發時固當涵養，不成發後便多不管。」（《朱子新學案》五一七頁）可見涵養之功多在未發之前，至於已發之後者，無論其爲善惡正邪，或有平日思儉之者，或未及約束之者均爲其自身修爲之真實反映，其厚薄醇澆亦足見其涵養之功也。故修爲涵養之功非爲自身裝門面，示他人以光彩也，乃爲自身去私欲、敦品地、醇道德、善才能以期更多更美奉獻於國家人類也。由此推知修爲涵養之功深者，無論其已發未發均至善也，蓋其私欲日損既久，其品德必日純也；其修爲涵養之功淺者則其品德欠純也，則其已發亦必欠善也。此適足有以勵其向善，日深其涵養之功，積久而趨於至善至醇之境地也。故修爲涵養者，竟人之一生而無已者也。此儒學之博大精深所在，其知行涵養絶無窮盡也。

第四節　立千古正學

「千古正學」一語出自王時槐（字子植，號塘南，吉之安福人，嘉靖丁未進士）之《論學書》，其言曰：「虞廷曰中，孔門曰獨，舂陵曰幾，程門主一，白沙端倪，會稽良知，總無二理。雖立言似別，皆直指本心真面目，不沉空，不滯有，此是千古正學。」（《明儒學案·江右王門學案五》四七六頁）自堯、舜提出「人心惟危，道心惟微，惟精惟一，允執厥中」十六字治心治國大經之後，歷孔門迄於宋明理學，以至於今，四千二百五十年矣。人心之危，道心之微，論説迄未已時，而且還要繼續不斷辯論不已；唯有此學才是正學。只論知識之傳授與研究，乃至於推動了科學之發展，而未及人類本身私欲横流所造成之危害，則非正學也。由此而明正學者洞悉主客大道而且嚴以節制私欲，免以害己損群之學也，亦乃内外主客協調發展，善己善群之學也，弘道廣德之學也，促進人類和平發展之學也，盡人性、盡物性、與天地化育之學也。

何謂正學？今日動蕩不定，危機四伏，各謀其利，資源是奪，戲弄理性，褻瀆人權，口宣玉帛，心懷核懾，以大壓小，恃强凌弱，硝煙賡續，餓殍被野，壟斷財富，控制輿論，失道喪德，政教乖離，人欲橫流，不思自制，學俗澆戾。病在人心之世，當有以思變，立正學以正人心，立正道以淨人欲，立正德以正鄉愿（子曰：「鄉愿德之賊也」），立正教以彰善性，此吾中華學人歷四千年之論説所得之結論也，特别自北宋儒學復興以降，千餘年中參與討論之學者在四千人以上（（據《宋元學案》统计，宋、元兩代三千五百六十二人。據《明儒學案》统计，明代三百二十人。有清一代缺如也）。其爲言也，百萬有餘矣，兹録其精要者以資啓發焉。

「學也者，使人求于内也。不求于内而求于外，非聖人之學也。何謂不求于内而求于外，以文爲主者是也。學也者，使人求于本也；不求于本而求于末，非聖人之學也。何謂不求于本而求于末？考詳略，采同异者是也。是二者皆無益於吾身，君子弗學。道無精粗，言無高下。語高則旨遠，言約則義微。《六經》之言，在涵養中默識精通。《論語》《孟子》只剩讀著，

便自意足，學者須是玩味；若以語言解著，意便不足。」（《宋元學案·伊川學案》六二七頁）

《晦翁文集》曰：「自聖學不傳，世之爲士者不知學之有本，而惟書之讀，則其所以求于書，不越于記誦、訓詁、文辭之間，以釣聲名、干功利而已。是以天下之書愈多而理愈昧，學者之事愈勤而心愈放，詞章愈麗，議論愈高，而其德業事功之實，愈無以逮乎古人。然非書之罪也；讀者不知學之有本，而無以爲之地也。」（《福州州學經史閣記》）「人之所以位於天地之中而爲萬物之靈者，心而已矣。然心之爲體，不可聞見得，不可以思慮求，謂之有物則不得於言，謂之無物，則日用之間無適而非是也。」（《宋元學案·晦翁學案》一五五七頁）

「夫學，孰爲要？孰爲至？心是已。天之所以與我，我之所以爲人者在是。不是之求而他求焉，所學何學哉？聖門之教，各因其人，各隨其事，雖不言心，無非心也。孟子始直指而言先立乎其大者，噫！其要矣乎！邵子曰：『心爲太極。』張子曰：『心清時，視明德聰，四體不待羈束而自然恭敬。』周子曰：『純心要矣。』程子曰：『聖人千言萬語，只是欲人將已放之心約之，使人入心來。』此皆得孟子之正傳者也」。「主于天理則堅，徇於人欲則柔，堅者，凡世間利害禍福，寶貴貧賤，舉不足以移其心，柔則外揚之誘僅如毫毛，而心已爲之動矣。」（《宋元學案·草廬學案》三〇四三頁）

「爲學只在立志。志一放倒，百事都做不成，且如夜坐讀書，若立志得住，自不要睡，放倒下去，便自睡着。此非有兩人也。志譬如樹根，樹根既立，繞可加培溉。百凡問學，都是培溉底事，若根不立，即培溉無處施耳。」（《明儒學案·南中王門學案三》徐階《存齋論學語》六一八頁）

明處士（未應科舉者）王艮（字汝止號心齊，七歲受書鄉塾，貧不竟學，常銜《孝經》《大學》《論語》袖中，逢人質難）提出「聖學以安身爲本」「百姓日用即道」。其《心齊語録》有言曰：「止至善者，安身也。安身者，立天下之本也。本治而末治，正己而物正也，大人之學也。是故身也者，天地萬物之本也。天地萬物，末也。知身之爲本，是以明明德而親民也。身未安，本不立也。本亂而末治者，否矣。本既不治，末愈亂矣。故《易》曰：『身安而天下國家可保也。』……不知安身，則明明德亲民卻不曾立得天下國家之本，是故不能主宰天地，斡旋造化。立教如此，故自生民以來，未有盛於孔子者也。」關于「百姓日用即道」，王艮析之曰：「百姓日用處理處，即是聖人之條理處，聖人知便不失，百姓不知便爲失。」又曰：「人之天分有不同，論學則不必論天分。聖人之道，無异於百姓日用，凡有异者，皆謂之异端。」王艮更作《樂學歌》曰：「人心本自樂，自將私欲縛。私欲一時萌，良知還自覺。一覺便消除，人心依舊樂。樂是樂此學，學是學此樂。不樂不是學，不學不是樂。樂便然後學，學便然後樂。樂是學，學是樂。嗚呼！天下之樂，何如此學？天下之學，何如此樂？」（《明儒學案·泰州學案》七一〇—七一八頁）

明許孚遠（字孟仲，號敬庵，浙之德清人，嘉靖壬戌進士）著《原學篇》曰：「天然自有之謂性，效性而動之謂學。性者萬物之一原，學者在人之能事。故曰天地之性人爲貴，爲其能學也。學然後可以盡性，盡己性以盡人物之心一，則可以贊天地之化育，而與天地參而爲三才，故學之係於人者大矣。天聰天明，非學不固，威儀動止，非學不端；剛柔善惡之質，非學不化；仁義禮智信之德，非學不完；君臣、父子、夫婦、昆弟、朋友之倫，非學不盡；富貴貧賤之遇，非學不達。學則智，不學則愚；學則治，不學則亂。自古聖賢盛德大業，未有不由學而者也。故先師孔子特揭學之一言以詔來世，而其自名，惟曰學而不厭而已。性之理無窮，故學之道無盡。三代以上，道明而學醇；三代以下，道喪而雜；高之淪於空虛，卑之局於器數；浸淫於聲利，靡濫於詞草。嗚呼！學其所學，而非孔子之所謂學也。其卓然志於孔子之學，不爲他道所惑者，寥寥數千載之間，幾人而已。故學以盡性爲極，以孔子爲宗；若射之有的，若川之歸海，不至於已矣，夫然後可以語學。學之義大矣哉！」（《明儒學案·甘泉學案五》九七四頁）

方孝孺（字希直，台之海寧人，《明儒學案》尊之爲正學，列爲師說之第一人，又明史《方孝儒傳》有文曰：「成祖發兵北平，姚廣孝以孝孺爲託曰：『城破之日，彼必不降，幸勿殺之。殺孝孺，天下讀書種子絕矣』」）明初之通儒，其《侯城雜誡》曰：「人孰爲重？身爲重。身孰爲大？學爲大。天命之全，天爵之貴，備乎心，不亦重乎？不學則淪乎物，學則可以守身，可以治民，可以立教。學不亦大乎！學者，聖人所以助乎天也。天設其倫，非學莫能敦；人有恒紀，非學莫能序。故賢者由學以明，不賢者廢學以錯，大匠成室，材木盈前，程度去取，沛然不亂者，繩墨素定也。君子臨事而不眩，制變而不擾者，非學安能定心哉！學者，君子之繩墨也。治天下如一室，發於心見於事，出而不匱，繁而不紊，不學者其猶盲乎！手揣足行，物至而莫之應。治人之身，不若治人之心；使人畏威，不若使人畏義。治身則畏威，治心則畏義；古之仕者及物，今之仕者適己。及物而仕，樂也；適己而棄民，恥也。與其貴而恥，孰若賤而樂。故君子難仕，古之治其五：政也，教也，禮也，樂也，刑罰也。今亡其四，而存其末，欲治功之逮古，其能乎哉？不復古之道，而望古之治，猶陶瓦而望其成鼎也。三代之化民也，周而神，後世之禁民也，嚴而拙；不知其拙也，而以古爲迂，孰迂也哉？學術之微，四蠹害之也。文奸言，摭近事，窺伺時勢，趨便投隙，以貴富爲志，此謂利害之蠹。耳剽口銜，詭色淫辭，非聖賢而自立，果敢大言以高人，而不顧理之是非，是謂務名之蠹。鉤摭成說，務合上古，毁訾先儒，以爲莫我及也；更爲异義，以惑學者，是謂訓詁之蠹。不知道德之旨，雕飾綴緝，以爲新奇，鉗齒刺舌以爲簡古，於世無所加益，是爲文辭之蠹。四者交作，而聖人之學亡矣。必也本諸身，見諸政教，可以成物者，其惟聖人之學乎！去對不循，而惟蠹之歸，其哉其惑也。爲政有三：曰知體、稽古、審時，缺一焉非政也。何謂知體？自大臣至胥吏，皆有體，違之則爲罔。先王之治法詳矣，不稽其得失，而肆行之，則爲野。時時遠也，事相懸也，不審其當，而惟古之拘，則爲固。惟豪杰之士，智周乎人情，才達乎事爲，故行而不罔、不野、不固。儒者之學，其至聖人也，其用王道也。周公没，其用不行，世主視儒也，藝之而已矣。嗚呼！孰謂文、武、周公而不若商君乎？政之弊也，使天下尚法；學之弊也，使學者尚文。國無善政，世無聖賢，二者害之也，何尤乎人。」（《明儒學案·諸儒學案上》一〇四三—一〇四八頁）

顧憲成，字叔世，號涇陽，常之無錫人。其《小心齋劄記》有言曰：「心活物也，而道心，人心辨焉。道心有主，人心無主，有主而活，其活天下之至神也。無主而活，其活，天下之至險也。道者，綱常倫理是也。史際明曰：『宋之道學在節義之中，今之道學在節義之外。』予曰：『宋之道學在功名富貴之外，今之道學在功名富貴之中。無惑乎學之爲世詬也。』」其《論學書》又曰：「心在人欲上便是放，在天理上便是收。」（《明儒學案·東林學案一》一三八三—一三九五頁）

高攀龍字存之，號景逸，常之無錫人，萬歷已丑進士。以東林黨案「自沈止水」。其自序爲學之次第曰：「大聖賢必有大精神，其主静只在尋常日用中。學者神短氣浮，須數十年静力，方得厚聚深培。而最受病處，在自幼無小學之教，浸染世俗，故俗根難拔。必埋頭讀書，使義理浹洽，變易其俗腸俗骨；澄神默坐，使塵妄消散，堅凝其正心正氣乃可耳！餘以最劣之質，即有豁然之見，而缺此一大段工夫，其何濟焉！所幸呈露面目以來，繞一提策，便是原物。心至貴也，物至賤也，奈何貴爲賤役？政事本於人才，舍人才而言政者，必無政也。人不患無才，識進則才進，不患無量，見大則量大，皆得之於學也。在心之理，在物之理，一也。知危者便是道心，學問在知性而已。知性者，明善也，聖學正脈，只以窮理爲先，學問知性，性上不容一物，無欲便是性。」（《明儒學案・東林學案一》一四〇三—一四三二頁）

右録宋明八儒之見，雖各有其所側重者，就內涵言無非道也，德也，性也，心也，就修爲論，無非存天理，揚正道，識危機，制人欲，收放心也，就其所至而言，則變化氣質，入聖躋賢，淨心脱俗；就其工夫論，務本而實，重日用而弃虚名，乃人皆可以爲堯舜之正途也，故道德心性四者乃正學之體，此乃「天道至教，聖人至德」（《禮記・禮器》）之所由立也；而其用則見諸於日常酬酢之中與夫政教事功之際；就其淺近之義言之，則婦孺皆知而篤行也，及其至也，雖聖人亦有所不知也。兹就所得啓示之下列四個問題略陳己見。

一曰求本求內。《論語・學而》子曰：「『弟子入則孝，出則悌，謹而信，泛愛衆，而親仁，行有餘力，則以學文。』有子曰：『其爲人也孝弟，而好犯上者鮮矣，不好犯上而好作亂者，未之有也。君子務本，本立而道生，孝悌也者，其爲人之本歟！』」細味孝、悌二德，無古無今，人之所生，性之所成，心之所起，情之所發，悉自然然耳；一家之内，一庭之中，父慈母愛，兄友弟恭，其樂融融，名之曰孝悌，名之曰慈愛，均屬骨肉手足之情，至親至純者也；擴而充之，家庭以穆，鄉閭以和，州縣以靖，邦國以安矣，此乃自然之理也；其間不免起争奪者，乃私欲爲利之心興，引人誤入邪惡之途也；而其本則善也，此乃儒學具有遷善改過、化惡歸正之無窮威力者也。縱觀一百六十年來之人心演變，特别是近三十年來之物慾横流，道德淪喪，天良沉失，人心已不復識其善本，家庭之内，孝悌之風多爲利欲所取代；學校之中，德知行之序亦重爲功利所夺，同窗之誼，真理之求，亦已寒若冰霜，「爲學日益」唯見其私慾日增，在大學生、研究生中以天下爲己任者寥若晨星，以富貴是求者比比皆是，此乃最深刻之教育危機也，救之之法，唯有從小學教育開始，以國學固其基，培養高素質之人才，亦如構建高樓大廈，基礎不厚者不足以負重，唯國學稟大道厚德堪以載物，此不二之理也，不易之理也，爲中華五千年之歷史所明證之者；特别爲「五四運動」以後近一百年爲之歷史從反而所明證之者也。凡我中華具有良知與夫中西學及政教真知灼見之士，必起而贊襄是見，促成從小學普遍開設國學誦讀課。依筆者之見，還必須相應改革小學語文教學設計與方法等，必如此，才可期取得明顯效果（附《小學讀經目録》於本章之末）。

二曰「百姓日用即道」，此明儒王艮語也。言百姓日用者多矣，蓋於《中庸》曰：「君子之道費而隱，夫婦之愚可以與知焉，及其至也，雖聖人亦有所不能焉。」（《十三經註疏》一六二六頁）雖然如此，宋儒猶守《大學》「慎獨」之教爲主，「《六經》之言，在涵養中默識心通。」（《伊川學案》六二七頁）明儒陳獻章：「杜門不出，惟在静坐，久之，然後見此心之體，於是涣然自信曰：『作聖之功，其在兹乎！』」（《白沙學案》八一頁）獨王艮以處士之身，揭明「百姓日用即道」之大理，使儒學燦然質然與百姓日用同體，既開拓了儒者之眼界，端正了用力之方向，更使儒、道進入了廣袤之天地，無適而非道也，道在人性之中，在人心之内，在人情之際；無論其已發未發，抑無問其善與惡均屬道也；辨之者在心之放與收也，放之與禽獸無异，收之則希聖希賢之功也；放之則喪性敗事，收之則積德廣業，可期永遠立於不敗之地也。老子曰「爲道日損」者此也，所損必見於日用酬酢之間者也。《中庸》曰「學、問、思、辨、行」五者一體也。亦必見之於日用酬酢之間也，俱屬大道也正道也。綜觀儒、道兩家之道，其所表述雖殊，悉歸於天道、地道、人道也，而以人道統之也，而人道中莫不以人性、人心、人情三者爲核心，所誘掖衍化之禮樂刑政教化也。由此而明儒、道兩家所闡明之大道乃是以天地人統一體之人道，此人道之内涵曰：「仁與義。」（《周易·説卦》）此仁與義乃藴之於人性、人心、人情者也，亦我中華炎黄子孫人人之所同具者也。故吾以爲，凡我炎黄子孫，不管其所寓何地，亦无問其是否明確意識到了，一無例外，悉爲天然之儒家與道家，蓋其心性情中悉具有仁義之質；而且在生活日用中隨時隨地會自然形之于言行。如此，則儒、道兩家所彰顯之大道與百姓日用酬酢中之言行道德便渾然一體了。由此而知，道德涵養原胎於百姓之心性情之中，其藴藏乃無窮盡者也。

三曰如何「爲學日益，爲道日損」。（《道德經》四十八章）《論語》中之「德之不修，學之不講，聞義不能徒，不善不能改，是吾憂也」；「知之爲知之，不知爲不知，是知也」，「日知其所無，月毋忘其所能」；與《中庸》之「致中和，天地位焉，萬物育焉」；「學、問、思、辨、行」等五語可作爲「日益」「日損」之前提。「日益」「日損」之義與《周易》

「懲忿窒慾」「日新之謂盛德」同焉者也。爲學日益者，非僅日增知、識、見、聞之謂也，實曰拓思路，廣開道德之意也。細察人之識道、廣德之能力，本無可估量，然蔽於物欲與放心，使之有所損或大爲減損，亦難以量定也。又細遡知，識之類別與質地，亦確有接物之知與德性之知之不同，前者可稱爲物性之知，後者可視爲道德修養。物性之知由物性而生，固有其獨立性；就物之整體言之，則唯見其統一性，如動、植、礦、氣、水之類屬是也。然德行之知因出於人性、人心、人情，固有其共性。就個體而論，則獨見其特性，而且從教育觀觀之，更當獨尊其特性，以盡其性，以期有利於群已。更從儒道天、地、物、人一統觀觀之，此物性之知與德性之知乃一統之知也，俱統一於人之心也。統一於人之認識能力也；由此而明，人之求知也，乃人之認識能力之表現也，且隨知識道德之提高，而其認識能力與道德修養亦相應提高，形成一個加速的雪球，愈滾愈大的能量反復運動之前進過程；人類文明之進化，即積累此過程而逐步提高。此認識過程之所論述者，非唯我中華儒道所獨有，凡屬人類之所存者皆然也。蓋其人性、人心、人情之所蘊者，大同也。但亦不無小异焉；其小异者，在對天理與人欲二者制放、消長之態度也，中西道德由此而差异見焉；中西文化趨向由此見殊焉，其核心所在乃義與利之分也。此義與利之分，在我中華内部之歷史也，無時而不存也。故知彰天理、損人欲（或曰自覺制欲）乃是全人類共有之責任，或曰自覺制欲，益顯人類之理性，智慧與尊嚴，更能爲人類所樂於接受也。就今日我國之教育現狀而論，重知鄙行，尚利輕德，學風不端，文風乖戾；人才素質，江河日下，其病在小學缺乏國學根底。必須將「從娃娃抓起」這一教育指導思想，切實實現，真正做到以知促德，以德爲基，而且以德開知；以知篤行，以行廣德；將知德、知行二者在教與學中，教與育中渾爲一體，天衣無縫。使德才兼備之人才如原始森林中之巨木，俱可充當棟梁，成爲社會中堅，國無缺才之患矣。此乃造林必先育苗之理也，小學教育其重乎哉！小學生之讀經豈可一日有悮也哉！不要愁天下少明經之教師，現有之教師，無一不具有善性、良知與熱情（即性、心、情三者早已成爲儒道之理論源泉），只要令儒道經典與其善性、良知、熱情一接觸，即已可理解過半矣；益之以備課中可以相互啓發，創造性之發揮必克服前進中之困難。余以爲全國各級教師在教經典中學習經典，不出十年，通經之教師沛然而備矣。

四曰如何救治政與學之弊。明儒方孝孺指明政之弊「没法」，學之弊「尚文」，「國無善政，世無聖賢，二者害之也」。并指明「古之治其五：政也，教也，禮也，樂也，刑罰也」。於此而明「尚法」，乃失政、失教、失禮、失樂之謂也；然而時移世殊，救之之法，亦非以復禮復樂所可有爲也；唯於政與教中輸入道與德之精神，斯可見效也。孔子答哀公問曰：「人道政爲大。」又論之曰：「愛與敬，其政之本歟！」愛民敬民乃得民心這最老實之態度也，最充滿道德之誠心也。以道德誠心爲宗旨之政乃仁政也，救敝政之正方也。然則救教之法又何也耶？曰：「天道至教，聖人至德。」（《禮器》）「君子以教思無窮，容保民無疆。」（《周易·臨象》）天道至教，師即以天道爲至高的教育法則，「人法地，地法天，天法道，道法自然」。自然者，生命力之源泉，永無止息者也；萬物有榮枯，生命力則無始終，寓於此生命力之教思固無窮者也，其於保民之有德有道，有仁有孝，有情有義，有承有造，亦自無疆界也。此深遠無極之教思，唯運之得法，作之適性，必然産生良效。但今之教事，幾乎全效西法，教育指導思想、教材、教法，乃至於管理無不西化，益之以考試題海爲患，使活躍之思維受桎梏於反復機械勞動，精力時間隨之消損，此被浪費之時間、精力（據聞有在高三一年之中全肆力於復習者），年復年地大爲驚人，必須有以迅速糾正。糾正之法必以「中學爲體」以提高人之道與德之修養：道可使人眼界開拓，思維活躍，智慮潔淨，謀劃深遠；德可使人志氣沉凝，用力猛勇，競進不拔，剛毅木訥，凡事業、學業有成者無不具此品質也；即普通百姓日用酬酢之間，也必有競進不拔、剛毅木訥之精神，始可克服困難，持家立業。古人註重道與德之修養，在學術、政教、歷史、文化諸多領域留下足資借鑒之思想，當細思取舍，以利來學。

第五節　教育爲立國之本

根據儒家經典所訓：「天道至教，聖人至德」；（《禮記·禮器》）「君子以教思無窮，容保民無疆」；（《周易·臨象》）「建國君民，教學爲先」；（《學記》）「天命之謂性，率性之謂道，修道之謂教」；（《中庸》）「人求多聞，時惟建事，學於古訓，乃有獲，事不師古，以克永世，非説攸聞」。（《商書·説命》）《禮記·經解》對教育之功效更剴切言曰：「孔子曰：入其國，其教可知也。其爲人也，温柔敦厚，詩教也；疏通知遠，書教也；廣博易良，樂教也，絜静精微，易教也；恭儉莊敬，禮教也；屬辭比事，春秋教也。」處今全球國際交往頻繁，政、軍、經、文、科、教、學、藝、技、訊諸端，瞬息萬變之秋，更須各類人才具有「温柔敦厚、疏通知遠、廣博易良、絜静精微、恭儉莊敬、屬辭比事」之綜合素養，以便隨時隨地正確處置突發事變，以維護國家尊嚴，防禦外侮與各方利益，欲人才具此完善之素質，捨「經」「史」之教，無他途矣。故吾以爲必立「教育爲立國之本」之大略（道路）并堅持不渝而行之，則命世之才輩出矣。但吾以爲必就下列十大問題辯論清楚，則「教育爲立國之本」之大略湛然明矣。

一曰政教之辨。《周易・説卦》曰：「立天之道曰陰與陽，立地之道曰柔與剛，立人之道曰仁與義。」天、地（物）、人既相爲影響，則陰陽、剛柔、仁義三者六要素亦自相爲影響也；天、地（物）、人既爲一體，則陰陽、剛柔、仁義六要素亦自爲一體；在此一體中相爲融合者有之，相互排斥者有之；交錯相融相斥者亦有之，半融半斥者亦有之；或先融後斥，或先斥後融無不有之，其情多矣，難盡言其狀也；比自然之理也。喻之於人事，則更有人之性、心、情三者雜入於中，其繁雜之狀，更相倍蓰矣。孔子在回答魯哀公問時提出「人道政爲大」與「愛與敬其政之本」。（《禮記・哀公問》）此「人道政爲大」與「立人之道曰仁與義」合而思之，則儒家之政，其必爲仁政也無疑矣。如何行此仁政，則必有融於教焉。此政、教二者孰先孰後，孰輕孰重，必有以辨明之者也。論先後，無論其爲子也，士也，君也，臣也，教在先也；論輕重則政爲重，教爲輕；此亦僅從外形而言也；從内質而論教爲生，蓋教之内核包涵了政也。再從政、教二者作用上觀之，政者陽也，剛也，外施之者也；教者陰也，柔也，内化之者也；外施者得其名也，内化者得其心也；得其名者，有失之者也，不得其心者也；更從政、教二者之出發點觀之，政有私慮存焉，因而有失道敗德之象生焉，有敗亡與興替之變發焉；教則無此病也，以其無私而純正也，以其稟道修德，涵養踐行，身教爲重者也（儒家本有《大學》之教，以修齊治平爲志，考之歷史，多爲私慾所誤）。以其以純道誘人之善性良知，激勵學者希聖希賢之志，終身憤發不倦，自求完善，非政之力所可期及之者也。而且政衰運晦，教可救之扶之，扶助之復者也；唯在當政者有興復之志，稟道勵教，修德待民也。孝之史實，多爲形勢所格，物欲所蔽而坐失復興良機，終致敗亡。《周書・周官》：「立三公，論道經邦，變理陰陽。」可視爲政教一統之典範。足資啓迪焉，控頤索源，政教本一體也，俱原於道也。三代以上帝德通天，政以仁化，教在官府，政教合一；政以導教，教以宣政，相得益彰，此堯、舜、湯、周至治之期也。迄乎春秋戰國，政在官府，各國俱爲私利而争奪不息；教在民間，卻尊道而崇德，孔孟適於此時完成了儒家道統經典之編撰著述，又遍游各國，廣爲流傳；從此開始出現政教分道揚鑣，各歷其坎坷曲折之途。就政而論，兩漢及爾後之歷代政權，無一不爲私所逐，雖言曰行孔孟之仁政，實雜以霸術，未見純真之王道。唯西漢文、景樸實，堪以稱之；唐之貞觀、開元，居其下也；北宋仁宗寬厚，獨啓儒學之復興，使理學進入詳論「理欲之辨」「深明功利之害」之新時代；。近千年來使中國之明儒戴上了綜觀世事，深察時變的望遠鏡與顯微鏡，清澈見底，細密知源，人間一切禍患，悉由私慾而起，俱爲功利而生，即初欲隱蔽其動機，則其廣告必不自覺揭露無遺也，此乃歷史之必然邏輯，無有逃脱之者也。就教（或曰學術，蓋學術乃爲教之先導）而論，兩漢以後一直以孔孟之道爲宗，其流弊爲註釋章句，限於本義之理解，不免有弘道而忘經世致用與見之日用之失。迄乎北宋周子濂溪倡明道學，開闢儒學研究之新天地，以人性、人心、人情三者爲中心，歷宋、元、明、清四代，學者輩出，成果豐碩卓拔，爲中華學術積累了消化西學、西政、西教、西藝之豐富酶素，同時培育了犀利的攻克科學堡壘的求實精神；唯因清朝當政者之對内高壓之炮艦，遂使清廷屈辱於西方列强之諸條約。及二十世紀初孫中山先生領導之革命取得勝利欲以實行三民主義最終實現「天下爲公」「世界大同」。但在「五四運動」中出現極左思潮，有人高喊出「打倒孔家店」口號，造成近百年之思想混亂，直接害了政教，故必須有以辨明之。以期政教歸於一統也。此二者亦優劣乎，曰：有也。孟子有言曰：「善政不如善教之得民也；善政民畏之，善教民愛之，善政得民財，善教得民心。」（《孟子·盡心》）有國者，其善政乎？其善教乎？吾爲之言曰二者兼之，欲善政則必先善教；此乃教育爲立國之本之至意也，願有國者尊之、行之，以利國善民也。

二曰知德之辨。知與德二者，孰先孰後，孰輕孰重，孰主孰從，必予辯明。論先後，知先德後，由知而德；但在知德積累到一定程度，則會産生新情况，德轉化爲志力；志力又轉爲毅力；毅力又轉爲終生理想；理想更强化毅力，堅定意志，此中良性内化之狀，既變化人之氣質，提高人之素養，終至改變人之宇宙觀、世界觀、人生觀、事業觀等等；以此而論知與德之輕重、主從，則顯而易見德爲重，德居主矣。但知仍然重要：細析之，初可分爲接物之知與德性之知；前者出於物性、物理也；後者生於人性、良知與人情也，此二者非孤立而存者也，亦相爲影響而感應者也，蓋天、地、人三者本屬一體者也；人爲萬物之靈，獨言其具有思維與創造能力也。萬物亦各有其靈性，足以啓迪人德而令人類自愧也；蓋人有自私之欲，而令其道不真德不純也。故求知德之進，必先自覺制欲，此老子「爲學日益，爲道日損」之至意也。日損乃日益之前提也；日益則爲日損之動力也；兩者互爲消長也。此中尤當指明者，即無日損之功，則無日益之效；更可能曲解正道。而生异端；法家玩弄權術而入霸道，其根源乃私欲之禍害也。其禍害之最深者有二人焉，韓非、李斯是也（韓、李同師事荀卿，爲法家主要代表人物。韓非赴秦欲效力秦始皇，反爲其所殺。韓非主張「爲治者不務德而務法」「賞厚而信，刑重而必」。李斯事秦始皇，位居丞相，屈服趙高，殺太子扶蘇及大將蒙恬，促使秦政速亡）。二千多年來之中華政治實踐史，明確證實，唯儒、道兩家以嚴肅修身之態度方堪擔當治平之重任。《中庸》有「小德川流，大德敦化」之教，儒道者大道大德，足以化民成俗，走向大同也。《莊子・天下》誡之曰：「弱於德，强於物，其途隩（隩，《説文》曰：水隈厓也。厓，山邊也。註曰：引申之謂水邊，傳曰：隩，隈也。毛曰：芮，水厓也，鞫，究也。鄭曰：芮之言内水之内曰隩，水之外曰鞫）矣。」由此而明其途隩者，進入水厓之内也，乃無途可進也，入於死胡同矣；知者必明此理也，必明物與德二者强弱之勢也。物者，物欲也，功利也，野心也，貪圖金銀、財物、資源，以至於竊取神器滅亡他國也。必須遏制物慾，清除私惡，人心方可静，神志方可寧；德念随之而可生，善性方可蘇，良知方可見；知者明此也。惟此是務，則近於德，幾於道矣。今之學者被捲入於功利大漩渦之中，爲勢所趨，唯利是求，多出於不得已也；雖有極少有志之士，欲「志於道，據於德，依於仁，游於藝」，亦無法安其心，寧其志，守其窮，終其學，竟其業，此乃今之學子所以憂困之最深絶望也。欲從物役中解脱出來，走向自由之天空，已不可得，唯有呼唤「康齋精神」，或能稍得希望與鼓舞。所謂「康齋精神」是指《明儒學案·崇仁學案一》吴康齋先生守道修德之精神也。康齋名與弼，撫州之崇仁人也。十九歲覲親於京師，讀《伊洛淵源録》，慨然有志於道，遂棄舉子業，謝人事，獨小樓，玩《四書》《五經》諸儒《語録》，不下樓二年，居鄉，躬耕食力，弟子從游者甚衆。雨中被蓑笠，負耒耜，與諸生并耕，談乾坤及坎離并震兑异，於所耕之耒耜可見。歸則解犁，飯糲蔬豆共食。陳白沙自廣東來學，晨光繞先生手簸穀，白沙未起，先生大聲曰：「秀才若爲懶惰，即他日何以到伊川門下？又何從到孟子門下？」一日刈禾，鐮傷厥指，先生負痛曰：「何可爲物所勝？」竟刈如初。省郡交薦之，不赴。明英宗天順初，先生年近古稀，召至京師以收人望，上問李文達當以何官官之，文達曰：今東宮講學須老成儒者，司其輔導，宜莫與弼，遂召對文華殿。上曰：「聞高義久矣！特聘卿來，煩輔東宮。」對曰：「臣少賤多病，杜迹山林，本無高行，徒從聲聞過情，誤塵薦牘，聖明，東日帛丘園，臣實内愧，力疾謝命，不能供職。」文達曰：「與弼不受官者何故？必欲歸，需秋凉而遣之。」先生因上干事，上復召對。賜璽書銀帛，命有司月廩之。」（《明儒學案》一四－一六頁）「康齋精神」所啓於後人者，志道據德之人，既不爲物欲所動，亦不爲官爵所感。「固守清貧」，即便「夜大雨，屋漏無乾處，吾意泰然」。（同右書，二四頁）

三曰知行之辨。《中庸》言：「博學之，審問之，慎思之，明辨之，篤行之。」此五者（學、問、思、辨、行）乃構成儒家哲學完備的認識論，而知、行二者，於此中又佔極重要之地位，殷高宗（武丁）宰輔傅説約公元前一一〇〇年首揭「匪知之艱，行之惟艱」之「知易行難」之説，歷二千六百年，至王陽明始立知行合一之説。（「知之真切篤實處，即是行；行之明覺精察處，即是知。」（《王陽明全集》四二頁）爾後孫中山先生又提出「知難行易」之說，我則體會知難行亦難；以科技發展日新月异，知識總量成倍增長，而事物内外構成之因素又日益複雜。致使任何問題之知行過程都增加了難度，但知、行二者在整個認識過程中之重要性質，則依然未變，此乃儒學理論之優點與特點，亦是其生命力之永葆青春所依托者也。知之長新，行之長新，而且知行長新之綜合，更會産生新之認識與體念，此新之認識與體念付之於行動，更必産生新之良性循環；如此往復，不斷深化，永無已時矣。如親情中之孝悌，爲子者知孝，爲兄者知悌，善盡孝於父母，父母必受感動而益愛子女焉，善盡兄道於弟，弟必受感動而益尊從兄長焉。又如對朋友之誠信，既知之矣，則必如實行之，既行之矣，朋友必以更深之誠信相待焉，如此良性循環而至誠信，以達於真純境地，誠如乎足兄弟，以見知行之實效也。然而歷史上爲何出現知行難易之差別哉？細思之乃出於其聞有私欲之害存焉。此害一存，則知之不深不切矣，則行之亦自不能真切矣，由此而明「學、問、思、辯、行」這一完備之認識論必以去私去蔽爲前提，才可知之真，行之切，才可真正獲得知行之實效也。由此而明知行之說，還是王陽明之見爲妥。其説知中有行，行中有知，推究日用應酬之間現象亦復如是。難曰用之間足窺人之道德修養，但絶非人之知行之全貌，蓋人之所處社會地位不同，其所學、所思、所養、所司、所職、所行自有其意；從歷史發展觀之，有爲君者，有爲三公六卿者，有爲大臣者，有爲小臣者，國運之盛衰，政治之王霸，官吏之廉貪，教化之正邪，士習之端乖，民風之厚薄全繫於爲君者一人，其理何在邪？在於政權全集於君主帝王之手中也。一言以蔽之，君正則天下正，故正君心成爲儒家安邦之頭等大事。而帝王之君臨天下，吏治乃爲政之首務，此首務則在治貪。見貪而不治者，乃縱貪爲惡，自敗其政，自危社稷也。大矣出哉君之知行也；君之所知者一曰知天命，明大道，修至德；二曰尊高賢，擇良輔；三曰敷正教，導民心；四曰肅吏治，杜貪奸；五曰均財富富（《前漢書·食貨志》：不患寡而患不均，不患貧而患不安，蓋均亡貧，和亡寡，安亡傾），保民生；六曰睦四鄰，靖邊患；七曰等遠邦，稱兄弟；八曰宣大同，享和年。臣之所知者本與君之所知者無異，唯其地位與權力有天壤之別，則其行之也，有主動與被動之差耳。雖然，君臣必一其德，協其力，和其手，指則「惟時惟幾，股肱喜哉，元首起哉！百工熙哉！元首明哉！股肱良哉！庶事康哉」致矣。此乃君臣同德協一之最高境界，可貴之至。中華四千年之政治哲學證明任何朝代，君臣之間特別是三公六卿與夫首腦與股肱之際，必如自然人体之協調一樣，才可見大治也，其爲利而知行之者，霸道也，其爲義而知行之者王道也，必有以明辨之也。

四曰中西教育之辨。前三辨，以觀西學、西政、西教、西技、西藝則判然矣。我中華之學之政之教之藝，悉尊道敬德，以人性善爲軸心，誘而啓之，使自發之，對人心之危，則損之抑之，節之窒之，使自制之。由此可見，我中華之學與教向内收斂，以修身爲本。西方之學與教，特别是近代五百年來，實證科學之發展，推動了科學技術之革命；更借助於教育，加速了此發展之進程。從而造成了资本主義的生産力，無限制擴大殖民統治，巨額吞食全球資源與財富，掠奪文化珍寶，形成了帝國主義集團，十九世紀末，二十世紀初我中華大地四面八方，成了列强之固定勢力範圍，利欲之得逞，大大激起了西人貪婪之心，鼓動冒險精神，入我國土者，大盗有大得，小偷有小利；以我文化積淀深厚寶藏無窮也。這些史實俱萌發於教育，不得不辨也。及一八四七年以後，先有容閎之赴美，嚴復之赴英，繼起出國留學者日衆，二十世紀初留學之風盛行，留歐者吹歐風，留美者扇美風，各是其所是；西化之説興焉。使我中華思想處於混亂之中至少經歷了一百年，欲澄而清之，使混者濁者明澈見底，使亂者曲者，復歸其原形，以收正本清源之效，固有其自静自澄之時間，亦有分析討論之必要。本此，故作中西教育之辨，以觀其短長取舍。

儒家之教育觀建立於性善論基礎之上，其爲教也，在誘發其善性，《中庸》曰：「天命之謂性，率性之謂道，修道之謂教。」「自誠明謂之性，自明誠謂之教，誠則明矣，明則誠矣。」「誠者物之終始，不誠無物。」故知以誠爲貴。「誠者非自誠而已也，所以成物也。成己仁也，成物智也，合内外之道也，故時錯之宜也。」此中所述及之命也，性也，教也，誠也，均可以一道字概括之：唯自誠明指道本身之運動（或曰發展）過程，自明誠則言人之尊道以求明人之存在意義以及自我完善之途；聖者，性之者也（不事修爲之謂也），賢者擇善而固執之者也，皆達於道也，合内外之道也（外者自然人物一體一道也，内者專指人之性、心、情三者獨有之道也）。故能時措之宜也。其結論是「天地之道博也，厚也，高也明也，悠也久也」。唯至誠者可以前知此道：「國家將興必有禎祥，國家將亡必有妖孽；禍福將至，善必先知之，不善必先知之，故至誠如神。」必明此理，唯至誠者方能如神；神而化之，則更必有賴德之盛也，《學記》所謂「建國君民，教學爲先」，其終極目的在「君子如欲化民成俗，其必由學乎」。（《十三經註疏》一五二一頁）儒道之教，其終極目的在化民成俗，化民之法則在施教；教者外所施也。必誘發受教者之善性，喚醒受教者之良知，激勵其求知之熱情與興趣，通過教材（中華古代之教材有《經》《史》《詩》等）啓其思辨，增其識見，開其智門，正其志向，知所爲守，明其取舍，弘道立德，進退惟義，榮辱不變，貴賤淡然，此儒家教人重個人修養爲本之道也。老子對爲學爲道更提出了兩大相爲依存之原則：「爲學日益，爲道日損。」（《道德經》四十八章）與《中庸》所表述者（「天命之謂性，率性之謂道，修道之謂教」「自誠明謂之性，自明誠，謂之教」「故至誠如神」）相得益彰，欲「爲學日益」，必「爲道日損」。爲學與爲道同時進行，統一進行，無間然也。亦與《大學》所言，「正心，誠意，格物致知」以至於「修身，齊家，治國平天下」乃一統之德，一統之行，無間然也。此亦中華教育思想之特點與優點所在也。縱觀中華歷史，雖未見賡續不斷之太平盛世，然二千多年中，既一直保持大一統之政局，又間出文景，貞觀，開元，宋仁，清康、雍、乾之治，而且完整保存并光大儒學傳統理論體系，即在急风板蕩、神器危亡之際，猶見此傳統理論體系所發之灼灼光華照明成敗善惡之内蘊，其警誡之力，從未或減，此道德之化化於無形之中，不可尋其迹，唯一可畏者，不可違也，違之則敗，只可順也，但必無私而順；始可期順之則昌，此昌中猶蘊有興亡成敗之因，唯無私者能引導之、圖救之，以走出厄運也。

西學、西教其根在西哲。最早西哲有米利都學派，其代表人物有三：泰利士（Thalis），米利都（Mileto）人，鼎盛年約公前五八五年，無著作傳世；阿拉克西曼德（Amaximandros），米利都人，約公元前五七〇年，著作失傳；阿拉克西美尼（Anaximenes），米利都人，約公元前五四六年，著作佚，留有殘篇。據文獻記載，泰利士曰：「視水爲萬物之本原，地浮在水上，萬物有以濕的東西爲養料，萬物的種子都有潮濕的本性。」（《亞里士多德·形而上學》一六頁）阿克西曼德則以爲：「萬物的本原是無限者，一切都生自無限者，一切都入無限者，無限者是没有本原的；它包羅一切，支配一切，它是不死的，不滅的。」（《亞里士多德·物理學》一七頁）阿拉西美尼認爲：「自然界的基質是氣，它很稀的時候就形成火，濃的時候就形成風，然後形成雲，再濃就形成水、土和石頭，變化是永遠的運動所造成的。」（《亞里士多德·物理學》一七頁）。稍後則有畢泰戈拉斯（Pythagoras）学派，毕氏系薩摩斯（Samos）人，鼎盛期約在公元前五三二年。他認爲：「數是萬物的本原，一是萬物的本原，從一生出二，二是從屬於一的質料；一是原因，產生出四種元素（水、火、土、氣），以各種不同的方式，互相轉化。」（第歐根尼·拉爾修《著名哲學家的學説》）第三有赫拉克利特学（Herahleitos）派，赫氏乃愛非斯（Ephesos）人，他認爲：「世界是一團不斷轉化的活火，一切都遵循著道，一切皆流，萬物常新，相反者相成；凡事都有兩面，智慧就在於認識真理，并且按照自然行事，人的幸福在於爲正義而鬥争。」第四，希腊早期哲學至蘇格拉底（Sokrates，468—400B.C）始見由自由而轉向人事，他研究什么是虔誠的、公道的、明智的、剛毅的以及其反面；什麼是治國之本，什么是善於治人者之品質。他説：「金錢并不能帶來個人美德，美德却可以給個人带来金錢。」他認爲人的德性就是知識，美德是由教育而獲至的，他主張以問答法教學，教學是學生和老師共同尋求正確答案的過程。蘇氏提出了「哲學家的使命，在於無私并關心發送自己的靈魂，研究人之智慧和真理」。其高徒柏拉圖著《理想国》一书，「詳考了國家制度中之道德品質，認爲哲學家當國王，才稱得起榮譽經濟或榮譽政制」，并提出「政治家必須同時是哲學家」。此義寶與儒家聖賢之政治理想相輝映。柏拉圖（Plato，427—347B.C）的弟子亞里士多德（Aristotle，384—322B.C）提出，「研究哲學是爲了求知，不是爲了實用，它是唯一的一門自由的學問，因爲研究原因（四類原因：形式因、質料因、動力因、目的因），彼此互爲原因，互为相反的結果的原因）。美德是一種適中，對於政治，亞氏認爲「中等階級統治的國家最好」。最早的古希腊哲學至蘇門三代而告一完滿之結束。他們確立了哲學思維方法，由現象而求其本體；由自然而及於人事，由人事而及政教，由政教而觀其品德善惡，由品德善恶而提出理想政治。柏拉圖之《理想国》之作，蓋爲此也；但其比之於我中華哲學之形成（如以《周易》爲創始），就時間言要晚五百年，就理論形態之完備而論遠不及《周易》之原始要終也。然對人類認識主客世界，各民族之間固有其所同，更有其所异，不可强求一致也；唯不同而同之，始足見其大也。但事物之理及其發明之勢，亦有不同然者，更有不可苟同，而不得不指明其爲害之深，足以導致兩敗俱喪者。如西方哲學發展至近現代，屈膝於資産階級之拜金主義，公然變爲其掠奪各國財富與資源之理論工具，直至二十世紀九十年代，猶出現美、英、法等八國聯軍合攻伊拉克之战争現象，帝國主義聯合掠奪弱小（也包括大國）民族之劣行，至少横行了兩個世紀。此乃掠奪他人私欲之所驅動者也，其失卻正義性乃是不争的事實，乃是毋庸置疑之罪惡，已污歷史之史册。我中華則不然，對异國他邦之態度，四千年前，堯帝已立「協和萬邦」之訓；《中庸》

又重申「柔远人，怀諸侯」之義；孔子又明「己所不欲，勿施于人」「己欲立而立人，己欲達而達人」之教。《大學》更昭「善己」（修身）與「善群」（齊家、治國、平天下）之通，適與西哲、西學、西教之以利己爲核心而運轉之各種觀點大相徑庭，故而不得不辯也。其所辯之實質，不過在於理性（或曰自覺）節制與否耳。據我個人研究所得，認爲自覺節制物欲，乃是全人類所面臨之最大問題，尤其是富與貴這兩個階層之人，必須嚴以克己之嚴肅問題，切不可得意忘形，當而忘憂，貴而忘危，必須用心細思，富從何來而貴從何起？富與貧，貴與賤，本長處運動之中，老子之言：「禍兮福之所倚，福兮禍之所伏。」（《道德經》五十八章）最已極明事物之正反面相倚而且必然向反面轉化。衰隆存亡，由此而定也。余之所以作此深辨者，在欲以糾正西學東漸以後「言必稱希臘，教必求歐美」之病也。我們辯千事百政必以「中學爲體」站定腳跟，同時以中學爲用，打好知德之基礎，以利於人才之健康成長；此乃近三十年之教育經驗所剴切啓示於世者，唯有德者先知之，此更爲老一輩科學家、教育家以自己之深切體驗所認同之者也。不以民族精神爲主骨，不以道統爲理論體系之教育，則不可能培養具有雄才偉略，足以承當民族復興重任之人才，是乃此辨之真義所在也。

五曰繼承與創新之辯。首先必明，凡物與事，均有其類，始可類比，非其類而比之，無以言繼承之關係也；盲言之者，不明倫理之道者也。今言教育，則有古今之別，中西之异，各國之殊也；上下前後者，可言繼承新舊；左右我他者，只可言信效借鑒，故明之於此。論我國教育上之繼承與創新，則必先翻開歷史，「探頤（深也）索隱」，無此探索之功，則難明教思之源頭起自何處，歸於何方？以及運行歷史之中，其得失何在也。《禮記・禮器》曰：「天道至教，聖人至德。」其意謂教思深藴於天道之中，聖人至德之内。《周易・臨・象》《周易・觀・象》亦曰：「君子以教思無窮，容保民無疆。」又曰：「觀天之神道，而四時不忒，聖人以神道設教，而下服矣。」孔穎達對神道疏之曰：「神道者，微妙無方，理不可知，目不可見，不知所以然而然，謂之神道。」對教化善與不善，孔穎達則釋之曰：「教化善，則天下有君子之風，教化不善，則天下著小人之俗。」小人之俗一但形成，亦難治矣，孔子所謂「鄉愿德之賊」者指此也。苟且則天下無是非矣，必難治也。故正本清源必從教始。教必真也，誠也，不可有一絲之僞也；爲教者之言也行也必合而爲一也，身教重於言教也。《中庸》有言曰：「誠者物之終始，不誠無物。」又曰：「自誠明謂之性，自明誠謂之教，誠則明矣，明則誠矣。」又曰：「天命之謂性，率性之謂道，修道之謂教。」或曰「自明誠謂之教」，或曰「修道之謂教」，其義一也；唯其理深且廣矣，思之踐之體之驗之，迄無窮盡也。「修道之謂教」，而道無始無終也，無深無廣也，修之者自無際涯也。「自明誠謂之教」，謂誠亦道也，或進一步説，「誠」乃道之本體也；自明者，自求以明道也，所明之者只能是由表及裏，由淺及深，漸入漸澈，漸明漸彰也，最終成之爲教者也，先以教己，後以教人，教己者自明也，自覺也，自驗也，自得也，自强不息也；教人者，則啓之示之，誘之掖之，激之勵之，使自發之也。而這些源遠流長，根深基厚，十大精密，活力無窮之教育思想，歷二千餘年之教育實踐既培養了大量的政教人才，更豐富了理論體系，使之成爲道統，代代相傳，順之則昌，違之則喪，無一例外。其所以如此者，蓋以道統之内涵不是文字上之教條乃活生生的血淋淋的人之善性、良心、熱情三者之綜合表現，此乃儒道力量源泉不息之所在者也，此亦我中華民族能産生「四海之内皆兄弟」之謙和平等思想之根源所在也；「己所不欲，勿於人」「己欲立而立人，己欲達而達人」之利他思想，其根亦源於此，乃誠摯懇切，發之於善性，良知與覺悟的國際主義胸懷，其純真正直，乃毋庸置疑者也。此立國、立政、立教之思想統系，已傳之二千餘年矣，非當知之明之，更當躬之行之以見其大效，始可與言繼承也；徒託空言曰繼承者，非真心繼承也，乃欺世盜名，趁一時之風尚也。儒家道統者既是思想體系，博大而精深，完備而周詳，更要求學者身體而力行之，竟之終生而無已也，此乃儒學與他學迥然不同者也。不明此義，不足與論儒學也。蓋儒學者乃務實之学也，經世致用之學也，要言之，乃爲人之學也；爲學之學也；爲政之學也；最終必能引領全人類進入大同世界之学也。由此而明，只有用心研究之，誠信之，篤行之，喚醒自身之善性與良知，與之化爲一體，方可言繼承矣。繼承之久而有化者，方可言創新也。不在繼承而化上下工夫，侈言創新者，非真有創而新之也，或沽其名而釣其譽也；或流爲异端，反相害也；或其所創之者非驢非馬面目可憎也。夫創新者，非易事也；常見科技上之創新，一技一藝，一部件，一操作小過程之修改其涉及者少，似易爲也；至於人之藝術乃至於政教上之創新，其所及者面廣而事繁，不易爲也。且創新之義，必須是在原有成就之基礎上有所創見，当有新意可立也，此乃新舊之間自然推陳出新之過程，非假外力所可濟者，乃其内在生命力之自然流露而形之於外者，永不枯竭也。今之人，無論從事何種專業訓練，傳統之基本功，尚未盡極其精巧，猶之於登堂而尚未入室，即遽言創新，實則乃棄其舊就也，棄其傳統中之精粹也；舍絶活而不惜，視浮飾爲金玉，倘不自明其失，亦時代之悲也。就我中華傳統教育之理論與實踐言之，繼承與創新二者之辯證關係深藴於其内也；即繼承愈深愈透澈者，其創新亦愈深愈圓滿愈見實效也。如蔡元培先生以其雄厚之國學素养於一九〇七年赴德國專攻其古典哲學，具有极高融會能力，於一九一二年一月任南京臨時政府教育總長，發表《對於教育方針之意見》，成爲臨時政府制定教育方針之依據，主张「以美育代宗教」。在一九一七年以後出任北京大學校長，又主張對新舊思想「兼容并包」，提倡「學術自由」；此論学者多以爲來自於西學，而不知源本於《中庸》之言「萬物并育而不相害，道并行而不相悖」；「小德川流，大德敦化，此天地之所以爲大也」。由此而明繼承與創新之正確關係也；益見創新意義之生，大也。

六曰道統與日用之辯。道統者，天、地、人一體之學也；人性、人心、人情一體之學也，爲人，爲學，爲政，爲全人類描繪大同世界之學也；一言以蔽之，自覺節制人欲，善己，善群，善物之學也；盡人性，盡物性，贊天地化育之學也，致中和（「中者天下之大本，和者天下之達道」）之學也，至誠而無妄之學也，其道永無止息之學也；與時偕行，日新又新之學也。孔子曰：「君子之道，費而隱，夫婦之愚，可以與知焉，及其至也，雖聖人亦有所不知焉；夫婦之不肖可以能行焉，及其至也，雖聖人亦有所不能焉。」（《中庸》）漢唐諸儒對儒道之論述，尚多限於經義之註釋，及北宋道學勃興，諸儒對道統與日用始漸有所及，至明儒泰州王艮提出「百姓日用即道」，又曰：「聖人之道，無异於百姓日用，凡有异者，皆是异端。」（《明儒學案·泰州學案》七一〇頁）。深刻而近切，非湛明大道者，孰能與於此？

「至于读书治田、管家、濟物，畏法令，謹租賦，如禮、樂、射、禦、書、數之類，皆可爲之，過失相規。過失謂犯義之過六，犯約之過四，不修之过五。犯義之過：一曰酗博鬧訟，二曰行止踰违，三曰行不恭遜，四曰言不忠信，五曰造言誣毀，六曰私營太甚。犯約之過：一曰德業不相勵，二曰過失不相規，三曰禮俗不相成，四曰患難不相恤。不修之過：一曰交非其人，二曰游戲怠情，三曰動作無儀，四曰臨事不恪，五曰用度不節。禮俗相交：禮俗之交，一曰尊幼輩行，二曰造請拜揖，三曰請召送迎，四曰慶吊贈遺。患難相恤：患難之事七：而曰水火，二曰盜賊，三曰疾病，四曰死喪，五曰孤弱，六曰誣枉，七曰貧乏。」（《明儒學案吕範諸儒學案》一〇九七—一一〇二頁）

此百姓日用即道之論具體，見諸宋儒考另有吕东萊之《舍人官箴》一文，詳論爲官之正道，曰：「當官之法，唯有三事：曰淸、曰愼、曰勤。知此三者，可保祿位，可以遠恥辱，可以得上之知，可以得下援。然世之仕者，臨財當事，不能自克，常自以爲不必敗。持不必敗之意，則無所不爲矣，然事常至于敗而不能自已。故設心處事，戒之在初，不可不察。」「司馬子微《坐忘論》雲：與其巧持於末，孰若拙戒於初。此天下之要言，當官處事之大法，用力簡而見功多。」「事君如事親，事官如事兄，與同僚如家人，使群史如奴仆愛百姓如妻子，處官事如家事，然後爲能盡吾之心。如有毫末不至，皆吾心之有所未盡也。」「當官處事，常思有及人。……自不與人争者，常得多利，退一步者常進百步；取之廉者，得之常過其初；……惟不能自忍者必敗……當官之法，直道爲先……此非特小官然也，爲天下國家儻知之……當官既自廉節，又須防小人，如文字历引之类，须明白，以防口伤。不可不至謹……凡事只怕待，待者，详处之謂也……嘗見前輩作州縣或獄官，每一公事難决者，必沉思静慮，一日忽然若有得者，則是非判矣。是道也，唯不苟者能之。……孫思邈常言：憂於身者不拘於人，畏於己者不制於彼，慎於小者不懼於大，戒於近者不侈於遠。知此，則人事畢矣，當官之要也。」「當官大要，直不犯禍，和不害義，在人消詳斟酌之耳；然求合於道理，本非私心專爲己也。」「百種姦僞，不如一實；反覆變詐，不始愼始；防人疑衆，不如自愼；智数周密，不如省事，不易之道。」「忍之一字，衆妙之門。當官處事，尤是先務。《書》曰：必有忍，其乃有濟，此處事之本也。……王沂公嘗說：喫得三斗釅醋，方做得宰相。蓋言忍受得事也。」世之學者，忘邇而遥遠勿卑而升高，虚詞大言，行不過實，「而不知言必行，行必果，守節共學，行仁義之爲先務也。嘗謂仁人所處，能變虎狼如人類，如虎不入境，不害物，蝗不傷稼之類是也。如其不然則變人類如虎狼。凡若此類，及告訐中傷謗人，則欲置於死地是也。」（《明儒學案・紫微學案》一二三六—一二四〇頁）

明儒對於道統與日用之間只論除泰州王艮之外，尚有豫之吉水鄒元標：「學問原是家常飯，濃釅不得，有一毫濃釅，與學便遠。」（《江右王門學案八》五三七頁）

吉之永豐宋儀望：「古學平易簡實，不離日用，誠明二字實其樞紐。近裏著己時時從獨覺處著察，俾與古人洞無間隔。」（《江右王門學案九》五六四頁）

浙之德清許孚遠：「學不貴談說，而貴躬行；不尚知解而尚體驗。」（《甘泉學案五》

九七五頁）

俱語焉不詳，從此一角，亦可窺知宋儒學風之病，未能務實於日用之際。期於政風之影響也不可低估，顧憲成就敏鋭地嘆曰：「宋之道學，在功名富貴之外；今之道學，在功名富貴之中。在節義之外，則其據彌巧，在功名富貴之中，則其就彌下。無惑乎學之爲世詬也。」（《東林學案》一三八七頁）

七曰知德基礎與自學能力之辨。知德基礎愈深厚者，自學能力愈高愈强，不可以倍徙計；反之亦然，此歷史之常見者也。如何可獲致深厚而堅實之知德基礎，亦在勤奋而已。古者唯以背誦熟讀《經》《史》，背誦爛熟，則有出口成章之功；熟讀廣記，則有下筆是文之效。近代中西文化交融，門類繁增，内函廣博，科技雜陳，深淺自新，實用居先，唯利是求，眼目繚亂，不知所適，益以政教失衡，是非易位，知德顛倒，大話破天，名實不辨，混沌濁人生，不知所向，唯有向錢，苦熬心田，學子惶惶，以酸爲甜；實則唯有兩文（外文與古文），乃是學根，求外文與歐美，熟讀古文於《經》《史》；古文乃根本，背誦熟讀是捷徑，小學六年可完成；端正思想是關鍵，編好教材是門徑，背诵牢記於心，則大功告成。留待异日反復思辨，融之於心，化之於情，體之於德，驗之於行，形之於志，懫之於勤，發之於意，收之於明，開之於智，入之於神；如此知德之基礎具矣。此知德基礎中有巨大而豐富之自學能量；此能量由如此十大心理品質構成：清晰之記憶力，活躍之想像力，嚴密之思辨力，合於邏輯之推理能力，堅毅之志向，真理是從之理性，至誠之敬畏精神，虛已之謙卑，尊民如父母之愛心，忘我無私之氣度。由此而生之綜和力量，用之於各科學習，則必然優秀，自無疑矣，且人之成才也，學校教育固然重要，而學校教育所當致力者，培養自學能力乃是全教育過程之中心任務也；其年級愈高者，其責愈繁重，悉歸於善於啓示誘導也。就個人而論，其成才也，不聞其是否通過正規學校，全靠自學成才也，全在自學中不斷提高自學能力也。

然則此知德之基礎何時以及如何致之？既曰基礎，自是人之幼年，即小學階段。如何致之？則中華教育歷史經驗可資借鑒，唯在糾正偏見而已。須知用心研究古舊事物，必然會獲致新啓示，越是古者之物，其生命力越旺盛。古者六歲啓蒙《周易·蒙·彖》曰：蒙以養正，聖功也。（《十三經註疏》二〇頁）

明儒常德蔣信發之曰：赤子之心，便是聖胎。（《明儒學案·楚中王門學案》六二九

頁》）

明清兩代，書院私塾遍佈鄉村，悉以王應麟所作《三字經》、朱熹所定《四書》《五經》爲教材，令生徒以滚動认知方式（實爲以舊帶新），日日背誦。雜以學字課，以資調濟。大致五至六年即可背誦完畢。授課中註意分量，遵循一小口，一小步之原則，個別教學，適合各個人接受能力，不求一律，各有所得。稱其智愚，不加褒貶。自奮其學，自體其樂。此種以背誦儒學經典爲主要形式之教學，適合於兒童心理發展，由機械記憶向理解記憶過渡；迨至十二歲以後，便進入講授與作文階段了。

基礎教育之教材如何編好亦非易事，更非個人之能力所及，我謹依《四書》《五經》之宏旨，提起大要，以供參考。全文附於十辨之末。

八曰國學根底厚薄與融化外來思想能力强弱之辨。國學根底深厚者，或曰通曉儒道統系者，通曉儒與道兩家之异同者，通曉《經》《史》者，通曉哲學與宗教者，通曉性善論者，通曉政教之辨者，其對外來思想之識辨能力則强，否則，半途而未及全者，則識别能力弱矣，甚至會盲目附和，人云亦云矣。如上世紀初中期「中國無哲學論」（即無西方以形式邏輯推理之哲學），我在上世紀七十年代還親聞此言。今日細思之，其意并非完全否定中國有哲學，只是包含著盲目媚外心理，此乃由於國學根底薄弱所致者也；蓋不精通國學者，不能洞悉我中華民族之思辨特點也。其特點何耶？曰整體觀念也。一理萬殊也，萬流歸一也，心物一統也，心統物而非物統心也，心役物而非物役心也，天、地、人一體也，人爲萬物之靈也，人性、人心、人情三者一體也，統一於人性善也，物性亦善也，乃徹底之性善論也，通全宇宙一體也，統全球之環境，人、物一體也，森林與樹木一體也，整體與個體一體也，整體之完善與個體之完善相得益彰，不可孤立獨言個體之完善，個體獨特之性與質亦自然會充分呈現；至誠爲能盡人性，盡物性，以至於贊天地之化育與天地參矣，此乃道行德化之大功也。明乎此，則無論遇到何種外來思想都能不卑不亢，從容應對。《中庸》有言：萬物并育而不相害，道并行而不相悖。小德川流，大德敦化。準此以待物，以處事，以論學，以批評政教，未有不中節者。唯人間萬事亦有難辨者，即以美言包藏私慾也。雖理欲之辨，至宋明理學而大明，迄清戴震更指明，非以天理爲正，人欲爲邪也；欲不可縱非不可有而節之，使無過情，無不及情。由此而明，節縱私慾，非惟關係國運安危治亂，抑且個人事業成敗所繫；唯義、利二字可資以補就之，但必是以義爲利也。

九曰學風之正與人才之真之辨。學風之論，名儒備矣，無以加矣。號稱天下讀書種子之方孝孺曰：人孰爲重，身爲重，身孰爲大。學爲大，天命之全，天爵之貴，備和心身，不亦重乎？不學則淪乎物，學則可以守身，可以治民，可以立教。學不亦大乎？學者，聖人所以助乎天也。天設其倫，非學莫能敦，人有恒紀，非學莫能序。故賢者由學以明，不賢者廣學以昏。學者，君子之繩墨也。治天下如一室，發於心見於事，出而不匱，繁而不紊。不學者猶盲乎！手揣足行，物至而莫應。儒者之學者，其至聖人也；其用王道也；周公没而其用不行，世主視儒也。藝之而已矣。政之弊也，使天下尚法；學之弊也，使天下尚文，國無善政，世無聖賢，二者害之也，何尤乎人。（《明儒學案》一〇四三—一〇四八頁）

南京兵部主事王時槐（吉之安福人進士）著《論學書》有言曰：虞廷曰中，孔門曰獨，春陵曰幾，程門主一，白沙端倪，會稽良知，總無二理，難立言似別，皆直指本心真面目，不沉空，不滯有，此是千古正學。（《明儒學案·江右王門學案五》四七六頁）

此正學乃心學也，其根源乃堯、舜、禹相授受之「人心惟危，道心惟微，惟精惟一，允執厥中」十六字真經之發展歷程也；至王陽明之论「致良知」是「學問大頭腦」，是「聖人教人第一義」（《王陽明全集》七一頁）實乃儒學之奇峰突起，直刺霄漢，群儒思辨一新。其要旨有二：一曰良知之純天理也，二曰功利有害良知也。由此而知正學者，彰天理，制私慾之學也；明乎此，則可洞悉今之學風之弊矣。明儒唐伯元（廣之澄海人，萬曆甲戌進士）在所著《論學書》中就曾指陳當時學風弊端之一，曰：弥邇來士大夫工於速化之術，一以彌縫世情，諂上諛下爲通才，爲遠器，無論道理何如，即本來稟受偏氣，亦消磨殆盡，猶然世共賢之，而彼亦若自以爲得計者，世風至此，可爲太息。（《明儒學案·甘泉學案六》一〇二三頁）

而明儒顧憲成（字叔時，常之吴錫人，萬曆年間進士）在其《小心齋劄記》引史際明之言曰：宋之道學，在功名富貴之外，今之道學，在功名富貴之中。在節義之外，則其據彌巧，在功名富貴之中，則其就彌下。無惑乎學之爲世訴也。（《東林學案》一三八七頁）

今之學人則有甚於此，幾全爲名利所溺，不知人間正學所在，更不知自身之心性所尊；恰如明儒章懋（字德懋，金之蘭溪人，成化丙戌會試第一）在其《原學》中所言，心性之教不明，而功利之私遂淪而不可解，傳訓詁以爲博，侈辭章以爲靡，相矜以智，相軋以勢，相争以利，相高以技能，相取以聲譽，身心性竟不知爲何物；間有覺其謬妄，卓然自奮，欲以行能功實表現於世，則又致飾於外，無得於內，其去聖學也遠矣。（《明儒學案·諸儒學案上三》一〇七七頁）

所謂聖學者，明儒李經綸（字大經，建昌南豐人）在所著《大學稽中傳》曰：聖賢之學，其主曰思誠，其志可立也，其道不可强也。故學先之於窮理，而後性可得而盡也；通聖明之德，類萬物之情，即上智且難之，以此爲教，是天下之絕學，人人自聖，盡人道而已矣。行主知資者，學之本；知漸行漸遠者，學之法；行熟知精，知明行至者，學之效；故聖人之立教也，誠正修齊治平之外無餘學；君子之致知也，誠正修齊治平之外無餘格。（《明儒學案·諸儒學案中六》三五五頁）

明儒高攀龍對此「人人自聖」之過程以其親生體驗作了生動的解說：各人病痛不同，大聖賢必有大精神，其主靜只在尋常日用中。學者神短氣浮，須數十年靜力，方得厚聚深培。而最受病處，在自幼無小學之教，侵染世俗，故俗根難拔。必埋頭讀書，使義理浹洽，變易其俗腸俗骨。澄神默坐，使塵妄消散，堅凝其正心正氣，乃可耳。余以最劣之質，即有豁然之見，而缺此一大段工夫，其何濟焉；所幸早露面目以來，繞一提策，便是原物。丙午，方實信孟子「性善」之旨。此性善無古無今，無聖無凡，天、地、人只是一個。惟最上根潔清無蔽，便能信人。其次全在學力，相隔一塵，頓遥萬里。孟子所以瞑眩之樂也。丁未，方信程子「鳶飛魚躍，與必有事焉」之旨。謂之性者，色色天然，非由人力。鳶飛魚躍，則誰使之？所以必有事者，如植髮然，根苗花實，雖其自然變化，而栽培灌溉非勉强學問。辛亥，方實信《大學》「知本」之旨。壬子，方實信《中庸》之旨。此道絶非名言可形。程子名之曰「天理」，陽明名之曰「良知」，總不若「中庸」二字未盡。中者停停當當，庸者平平常常。有一毫走作，便非平常，本體如是，工夫如是，天地聖人不能究竟，況於吾人，豈有涯際。勤物盾輪，謹言敏行，兢兢業業，死而後已雲爾。此高氏甲寅以前之功如此，其後涵養愈粹，工夫愈密，到頭學力，自雲「生如太虛，本無生死」。子劉子謂：「先生心與道一，盡其道而生，盡其道而死，是謂無生無死。」（《明儒學案·東林學案一》一四〇一—一四〇二頁）

明儒吕維祺（字介儒，河南新安人，萬曆癸醜進士）對此釋之曰：天下萬世所以常存而不毀，只爲此道常存，此道之存，人心之所以不死也。人心不死，所以持世之人，力爲擔任，將

一副精神，盡用之於此道；此道至平至易，見前即是。（《明儒學案·諸儒學案下二》一三三一頁）

正如王艮所言：「百姓日用即道。」今之國學熱所以興自民間者，蓋以此道長存於民心，長存於百姓日用之中；百姓深感在父子、兄弟、長幼、戚友之間缺乏孝悌忠信，覺出失去人生意義，因而呼喚人性、人心、人情歸來，回到父母、爺爺、奶奶、兄弟、朋友中間來。大家共用天倫友情之安慰。本來此道應由執政者來引導，以風行天下。《論語·顏淵》：孔子答季康子問政曰：「子欲善而民善矣。君子之德風，小人之德草，草上之風必偃。」明布衣陳真晟（字剩夫，福之鎮海衛人）在其《論學書》中曰：「朝廷風化攸關，故以道學鼓天下，則天下皆道學，而義風盛；以俗學鼓天下，則天下皆俗學，而利風熾。」（《明儒學案·諸儒學案上四》一〇九一頁）

今利風席捲全球，道學何存乎？何尋乎？存於人性之中，人心之中，人情之中；欲尋後之，喚醒之，彰顯之，亦唯有在此三者細下苦工，不可急，不可惱，要深信正道可壓邪道，善德可化惡念，真理可勝僞妄，是非終有辨，理欲必自明；唯在於長期教育涵養耳，學風之正於此十分重要。所謂正者正道也；天下之道多矣，古有九流十家，經二千餘年中華歷史之檢驗，唯見儒、道兩家爲正，自當遵守而堅持之，至於西學之種種，亦當本中體西用之原則，學之問之思之辨之行之；此五者可視爲中國哲學之完備認識論，其中知行問題又是認識論中心環節，所謂學風之正，實指兩要素，一是道正，二是知行合一。明儒劉宗周著《儒學喫緊三關》以明「人己」「敬肆」「迷悟」三大問題。其中就包含了知行這一重要環節。爲己則必知行統一；爲人則可表現於外飾詞藻以沽名釣譽。余之所欲辨者，唯學風之正與人才之真。由右述聖學之旨。知今之學風之不正之源於道之不明也。其所表現者在於不修德、不克己欲、不内善於心，而務外求於利；知之者，寫在書上的理而不欲行之也，故其才德不統一也；德弱而才浮，終必流於虛妄也。救之之法，在於善道正風，則人才輩出矣。

十曰文風與士習之辨。文風者，寫文章之風格與態度也；由個人而及於群體。積而久之，成爲風尚，則曰文風也。一旦成爲文風，其對個人之影響則日漸深矣。今之文風之病，形於外者，非爲文也，而寫話也。析其内，究其根，則見道不明，理之不清，學之不正，工夫不力也。文風之病乃學風之病之直接反映也。考今之士，其長其成也輕而速，由小學而中學而大學而研究生而大學教授，其學程中未見《經》《史》，失卻中華文化之精神，將何以爲人？何以立業？何以爲學？何以爲政？僅就爲文一事而論，由於未熟讀經文，腦子裡沒有文章之種子，自不會生文；加之現代的白話文已淺白到陷入只會寫口頭話的泥潭中；再益之以傳業理論不清不澈，有些學術論文甚至於專著都令人讀之費解；至於碾轉抄襲乃至剽竊成風，乃學術水準下降之表現，其根在於小學未背誦經文，以及往後之學習，下苦工夫不夠所致也。由此而道盲德浮，士習澆競。出路無他，在士之自覺自奮、自强自勵，以剛毅不屈精神，開物成務，立德立功，以貢獻於社會、國家與人類。在此我願以懇切而至誠之心，寄語於中華士子著意於三件大事：一是我中華先聖先賢爲炎黄子孫積累了博大精深、切於實用而且取之不盡、愈發愈新之精神財富，這就是經歷了二千餘年政治實踐檢驗的儒家道統——「修齊治平」之道與「大同世界」之説，下大力氣，深工夫研究之，發揚之。二是深刻認識當前中華復興大運之機遇，堅定全心投入於其中，腳踏實地中能夠学习和研究中外治邦安國之道，站穩中國立場，堅持社會主義，慎審對待西方民主，千萬不要忘記全球落後民族和國家，將中國治好，乃是對落後民族和國家之最堅强可靠的支持。要真正復興好中國民族，固應著重經濟之發展，但最爲重要的還是確立治國安邦的指導思想，弘揚道統，切實通過政、教兩大途徑實現誠、正、修、齊、治、平六大完善個人、家國之修養與治理之功效，以便建立德治之基。三是要將中華先賢所定「大同」理想融入全人類之心中，只能説融入，而且必須謙卑做到「己欲立而立人，己欲達而達人」。更必須卑下而大度，「柔遠人也，懷諸侯也」，「大國者下流，大者宜爲下」，始足以將中國融入世界，與全人類融爲一體，進入「人相忘於道術」之境地。

茲將前文辨七所述及之《五經》《四書》之精選内容附録如次，建議作爲小學背誦經典教材。

甲、《五經》

《周易·乾卦》：乾，元亨利貞。《文言》曰：「元者，善之長也；亨者，嘉之會也；利者義之和也；貞者，事之幹也。君子體仁，足以長人；嘉會，足以合體；利物，足以和義；貞固，足以幹事。君子行此四德者，故曰：乾，元亨利貞。」《乾·象》曰：「大哉乾元，萬物資始，乃統天。雲行雨施，品物流行，大明終始，六位時成，時乘六龍以禦天，乾道變化，各正性命。」《乾・象》曰：「天行健，君子以自強不息。」《坤・象》曰：「至哉坤元，萬物資生，乃承順天，坤厚載物，德合無疆，含弘光大，品物鹹亨，牝馬地類，行地無疆。」《坤象》曰：「地勢坤，君子以厚德載物。」《周易・賁・象》曰：「觀乎天文，以察時變；觀乎人文，以化成天下。」《周易・晉・象》曰：「君子以昭明德。」《周易・損・象》曰：「君子懲憤窒欲。」《周易・繫辭》曰：「子曰：幾者動之微。吉之先見者也，知幾其神乎！君子見幾而作，不俟終日。窮神知化，德之盛也。」「神而化之，使民宜之。易窮則變，變則通，通則久。」「一陰一陽以謂道，繼之者善也，成之者性也。」「盛德大業至矣哉！富有之謂大業，日新之謂盛德，生生之謂易；天地之大德曰生。」「知周乎萬物而道濟天下，範圍天地之化而不過，曲成萬物而不遺。探賾索隱，鉤深致遠，神以知來，知以藏往。」「君子知微知彰知柔知剛，萬物之望。」《周易・説掛》曰：「昔者聖人之作易也，將以順性命之理。是以立天之道曰陰與陽，立地之道曰柔與剛，立人之道曰仁與義。」「神也者，妙萬物而爲言也。」《周易・雜卦》曰：「君子道長，小人道憂。」（《十三經註疏》三一九六頁）

《尚書》《堯典》曰：「允恭允讓，克明俊德，以親九族，協和萬邦，黎民於變時雍。」（《十三經註疏》二九頁）

《舜典》曰：「契，百姓不親，五品不順，敬敷五教在寬。」帝曰：「夔，命爾典樂，教胄子。直而温，寬而栗，剛而無虐，簡而無傲，詩言志，歌咏言，聲依咏，律和聲，八音克諧，無相多倫，神人以和。」「人心惟危，道心惟微，惟精惟一，允執厥中。」「可愛非君，可畏非民，衆非元後何戴，後非衆罔以守邦。侮慢自賢，反道敗德。」（一三五—一三六頁）

《益稷》曰：「股肱喜哉，元首起哉！百工熙哉！股肱良哉！庶事康哉！」（二四頁）

《五子之歌》曰：「滅厥德，黎民鹹貳。皇祖有訓，民可近，不可下；民惟邦本，本固邦寧；予臨兆民，懔乎若朽索之馭六馬爲人上者，奈何不敬。」（一五六頁）

《仲虺之誥》曰：「克寬克仁，彰信兆民。德日新，萬邦惟懷，志自滿，九族乃離。王懋昭大德，建中於民，以義制事，以德制心，垂裕後昆。」（一六一頁）

《太甲（下）》曰：「惟天無親，克敬惟親，民罔常懷，懷於有仁。德惟治，否亂德；與治同道罔不興，與亂同事罔不亡；君罔以辨言亂政，臣罔以寵利居成功。」（一六五頁）

《鹹有一德》曰：「非天私我有商，惟天佑於一德；非天求於下民，惟民歸於一德。惟新厥德，終始惟一，時乃日新。德無常師，主善爲師，善無常主，協於克一。」（一六六頁）

《說命》曰：「惟木從繩則正，後從諫則聖。後克聖，臣不命其承。治亂在庶官，爵罔及惡，德惟其賢。無啓寵納侮，無恥過作非。惟厥攸居，政事惟醇。非知之艱，行之惟艱。事不師古，以克永世，匪說攸聞。股肱惟人，良臣惟聖。」（一七四一七六頁）

《周書·泰誓》曰：「天矜於民，民之所欲，天必從之。天視自我民視，天聽自我民聽，百姓有過，在予一人。樹德務滋，去惡務本。」（一八一一一八二頁）

《洪範》曰：「天乃錫禹洪範九疇，彝論有述：初一曰五行；次二曰敬用五事；次三曰農用八政；次四曰協用五紀；次五曰建用皇極；次六曰乂用三德；次七曰明用稽疑；次八曰念用庶徵；次九曰嚮用五福，威用六極。」（一八七一一九三頁）

《蔡仲之命》曰：「惟忠惟孝，克勤無怠；皇天無親，惟德是輔；民心無常，惟惠之懷；爲善不同，同歸於治；爲惡不同，同歸於亂。」（二三七頁）

《詩經》：《周南》《召南》，正始之道，王化之基。是以關雎樂得淑女以配君子，愛在進賢，不淫其色，哀窈窕，思賢才，而無傷善之焉，是關雎之意也；《關雎》曰：「關關雎鳩，在河之洲。窈窕淑女，君子好逑。參差荇菜，左右流之。窈窕淑女，吾寐求之。求之不得，寤寐思服。悠哉悠哉，輾轉反側。參差荇菜，左右采之。窈窕淑女，琴瑟友之。參差荇菜，左右芼之。窈窕幼女，鐘鼓樂之。」（《十三經註疏》二七三—二七四頁）

《魏風·碩鼠》刺重斂也。「碩鼠碩鼠，無食我黍！三歲貫女，莫我肯顧。逝將去女，適彼樂土。樂土樂土，爰得我所。碩鼠碩鼠，無食我麥！三歲貫女，莫我肯德。逝將去女，適彼樂國。樂國樂國，爰得我直。碩鼠碩鼠，無食我苗！三歲貫女，莫我肯勞。逝將去女，適彼樂郊。樂郊樂郊，誰之永號？」（一二七四—一二七七頁）

《王制》曰：「王者之制祿爵，公、侯、伯、子、男，凡五等也。諸侯之上大夫卿，下大夫、上士、中士、下士凡五等。」（一三三七頁）

「國無九年之蓄曰不足，無六年之蓄曰急，無三年之蓄，曰國非其國也。」（一三三四頁）

「司徒修六禮以節民性，明七教以興民德，齊八政以防淫，一道德以同俗。養老日老以致孝，恤孤獨，以逮不足上賢以崇德，簡不肖以絀惡。……大樂正論造士之秀者以告于王，而升諸司馬，曰進士。」（一三四二頁）（註：「六禮：冠、婚、喪、祭、鄉、相見。七教：父子、兄弟、夫婦、君臣、長幼、朋友、賓客。八政：飲食、衣服、事爲、异別、度、量、數、製。」）

《文王世子》曰：「三王教世子必以禮樂，樂所以修於內也。禮樂交錯於中，發形於外，是故其成也懌，恭敬而温文。」

「君子曰德，德成而教尊，教尊而官正，官正而國治。」（一四〇六—一四〇七頁）

《禮運》曰：「禮之於人也，猶酒之有樂也。君子以厚，小人以薄。故聖王修義之柄，禮之序人情。故仁者聖王之田也，修禮以耕之，陳義以種之，講學以耨之，本仁以聚之，播樂以安之。故治國不以禮，猶無耜耕地也；惟禮不於義，猶耕而弗種也；合之以仁而不安之以樂，猶穫而弗食也；安之以樂而不達於順，猶食而弗肥也。四禮既正，膚革充盈，人之肥也。父子篤，兄弟睦，夫婦和，家之肥也；大臣法，小臣廉，官相序，君臣相正，國之肥也；天子以德爲本，以樂爲御；諸侯以禮相與，大夫以法相序；士以信相考，百姓以睦相守；天下肥之也，

是謂大順。大順者，所以養生送死事鬼神之常也。」（一四二七頁）

《經解》：「孔子曰：入其國其教可知也；其爲人也温柔敦厚，詩教也；疏通知遠，書教也；廣博易良，樂教也；絜静精微，易教也；恭儉莊敬，禮教也；屬辭比事，春秋教也。」

「禮之於正國也，猶衡之於輕重也。繩墨之於曲直也，規矩至於方圓也；君子審禮，不可誣以姦詐。孔子曰：安上治民，莫善於禮，此之謂也。」（一六〇九—一六一〇頁）

「《哀公問》曰：『敢問人道誰爲大？孔子愀然作色而對曰：『君之及此言也，百姓之福也。固臣敢無辭而對：『人道爲大。』公曰：敢問何謂爲政？』孔子對曰：『政者，正也。愛與敬，其爲政之本與！』」（一六一一頁）

《春秋》（有三傳焉，《左傳》《公羊》《穀梁》具有録之。）

《左傳》：「爲國家者見惡如農夫之務去草焉，芟夷蘊崇之，絶其根本，勿能使殖，則善者信矣。」（《十三經註疏》一七三一頁）

「國家之敗，由官邪也；官之失德，寵賂彰矣。」（一七四三頁）

「公（魯恒公）會齊侯于濼，遂及文姜如齊。齊侯通焉。公謫之，以告。夏四月丙子，享公。使公子彭生乘公，公薨于車。魯人告于齊曰：寡君畏君之威，不敢寧居，來修舊好，禮成而不反，無所歸咎，惡於諸侯。请以彭生除之。齊人殺彭生。」（一七五九頁）

「晉郤缺言於趙宣子曰：日衛不睦，故取其地，今已睦矣，可以歸之。判而不討，何以示威；服而不柔，何以示懷；非威非懷，何以示德？無德何以主盟？子爲正卿，以主諸侯，而不務德，將若之何？宣子説之。」（一八四六頁）

「怨之所聚，亂之本也；多怨而階亂，何以在位。」

《夏書》曰：「怨豈在明，不見是圖。」（一九二一頁）

「宰庀（音仳，具也）家器爲葬備，無衣帛之妾，無食粟之馬，無藏金玉。無重器備，君子是以知季文子之忠於公室也。相三君矣，而無私積，可不謂忠乎！」（一九三七頁）

「庚寅，鄭子國、子耳侵蔡，獲蔡司馬公子燮。鄭人皆喜，唯子產不順曰：小國無文德，而有武功，禍莫大焉。」（一九六七頁）

「子產謂范宣子曰：夫令名，德之輿也；德，國家之基也。有基無壞，無亦是務乎！」（一九七九頁）

「韓宣子曰：兵，民之殘也，財用之蠹，小國之大菑也。將或弭之……」（一九九五頁）

「穆子曰：善人富謂之賞，淫人富謂之殃。……夫民生厚而用利，於是乎正德以幅之，使無黜嫚，謂之幅利。利過則爲敗。吾不敢貪多，所謂幅也。」（二〇〇一頁）

「吴季札觀《周樂》至《大雅》曰：廣哉熙熙乎！曲而有直體，其文王之德乎！爲之歌《頌》曰：至矣哉！直而不倨，曲而不屈；邇而不偪，遠而不攜（貳也）；遷而不淫（過蕩），復而不厭（常日新），哀而不愁，樂而不荒，用而不匱，廣而不宣（不自顯）；施而不費（國民所利而利之）取而不貪；處而不底（守之以道），行而不流（制之以義）。五聲和，八風平（八方之氣）；節有度，守有序。盛德之所同也！」

「見舞《韶箾》者，曰：『德至矣哉！大矣，如天之無不幬也。如地之無不載也！雖有盛德，其蔑以加於此矣。觀止矣！若有他樂，吾不敢請已。』（二〇〇七—二〇〇八頁）

「善人國之主也。」（二〇一三頁）

「取國有五難：有寵而無人，一也；有人而無主，二也；有主而無謀，三也；有謀而無民，四也；有民而無德，五也。」

「齊恒，衛姬（齊僖公妾）之子也。有寵於僖，有鮑叔牙、賓須無、隰朋以爲輔佐，有莒、衛以爲外主，有國、高（國氏、高氏具爲上卿）以爲内主，從善如流，下善齊肅，不藏賄，不從欲，施舍不倦，求善不厭，是以有國，不以宜乎！」（二〇七〇—二〇七一頁）

「富而不驕者鮮，驕而不亡者，未之有也。」（二一五〇頁）

「魯哀公十六年（前四七八年）夏四月己丑，孔丘卒。公誄之曰：旻天不吊，不慭（音銀，願，且也）遺一老，俾屏余一人以在位，載芃余在疚，嗚呼哀哉！尼父，無自律（法也）。」（二一七七頁）

乙、《四書》

《論語》：《學而》：子曰：「學而時習之，不亦説乎！有朋自遠方來，不亦樂乎！人不知而不愠，不亦君子乎！」有子曰：「其爲人也孝弟，而好犯上者鮮矣；不好犯上而好作亂者，未之有也。君子務本，本立而道生。孝弟也者。其爲人之本與。」《爲政》：子曰：「爲政以德，譬如北辰，居其所而衆星共之。」子曰：「道之以政，齊之以刑，民免而無恥，道以以德，齊之以禮，有恥且格。」子曰：「君子不器。」子曰：「君子周而不比，比而不周。」子曰：「學而不思則罔，思而不學則殆。」子曰：「攻乎异端，斯害也矣。」子曰：「由，誨汝知之乎！知之爲知之，不知爲不知，是知也。」《八佾》：「定公問：君使臣事君，如之何？」孔子對曰：「君使臣以禮，臣事君以忠。」「天下之無道也久矣，天將以夫子以木鐸。」子曰：「苟志於仁矣，無惡也。富貴是人之所欲也，不以其道得之，不處也；貧與賤是人所惡也，不以其道得之，不去也。君子去仁，惡乎成名？君子無終食之間違仁，造次必於是，顛沛必於是。」子曰：「朝聞道，夕死可矣，士志於道而恥惡衣惡食者，未足與議也。君子喻於義，小人喻於利。君子見賢思齊焉，見不賢而自省也。」曾子曰：「夫子之道忠恕而已矣。」《公治長》：子謂子貢曰：「女與回也孰愈？」對曰：「賜也何敢望回，回也聞一以知十，賜也聞一以知二。」子曰：「弗如也，吾與女弗如也。」子貢曰：「我不欲人之加諸我也，吾亦欲無加諸人。」《雍也》：子曰：「賢哉回也，一簞食一瓢飲；在陋巷，人不堪其憂，回也不改其樂，賢哉回也。」子曰：「誰能出不由户，何莫由斯道也。」子曰：「知之者不如好之者，好之者不如樂之者。」「中人以上可以語上也，中人以下，不可以語上也。」子曰：「夫仁者，己欲立而立人，己欲達而達人，能近取譬，可謂仁之方也已。」《述而》：子曰：「默而識之，學而不厭，誨人不倦，何有於我哉！德之不修，學之不講，聞義不能徙，不善不能改，是吾憂也。」子曰：「不憤不啓，不悱不發，舉一隅，不以三隅反，則不復也。我非生而知之者。好古敏以求之者也。聖人吾不得而見之矣，得見君子者，斯可矣。善人吾不得而見之矣，得見有恒者，斯可矣。」「若聖與仁，則吾豈敢！抑爲之不厭，誨人不倦，則可謂云爾已矣。」「君子坦蕩蕩，小人長戚戚。」《泰伯》：子曰：「泰伯其可謂至德者也已矣，三以天下讓，民無得而稱焉。」子曰：「士不可以不弘毅，任重而道遠；仁以爲己任，不亦重乎！死而後已，不亦遠乎！民使可由之，不可使知之（邢昺疏曰：言聖人之道深遠，人不易知也，以百姓能日用，而不能知故也）。」子曰：「篤信好學，死守善道，危邦不入；亂邦不居；天下有道則見，無道則隱；邦有道，貧且賤恥也；邦無道，富且貴焉，恥也。」子曰：「大哉堯之爲君也，魏魏乎，唯天爲大，唯堯則之，蕩蕩乎，民無能名焉！魏魏乎！其有成功也，煥呼其有文章！」「禹，吾無間然矣。」《子罕》：「子絶四：毋意，毋必，毋固，毋我。」太宰問於子貢曰：「夫子聖者與！何其多能也！」子貢曰：「固天縱之將聖，又多能也。」子聞之曰：「太宰知我乎？吾少也賤，故多能鄙事，君子多乎哉？不多也。」顔淵喟然嘆曰：「仰之彌高，鑽之彌堅。瞻之在前，忽焉在後。夫子循循然善誘人，博我以文，約我以禮，欲罷不能。既竭吾才，如有所立卓爾。虽欲從之，末由也已。」子曰：「三軍可奪帥也，匹夫不可奪志也。」「知者不惑，仁者不憂，勇者不懼。」

《鄉黨》：「孔子於黨，恂恂如也，似不能言者。其在宗廟朝廷，便便言，惟謹爾。」「朝，與下大夫言，侃侃如也；與上大夫言，誾誾如也。君在，踧踖如也，與與如也。」《先進》子曰：「先進欲禮樂野人也；後進於禮樂，君子也。如用之，則吾從先進。」子曰：「從我於陳、蔡者，皆不及門也。」「德行：顔淵，閔子騫，冉伯牛，仲弓。言語：宰我，子貢。政事：冉有，季路。文學：子游，子夏。」「回也非助我者也，於吾言無所不説。」季康子問：「弟子孰爲好學？」孔子對曰：「一有顔回者好學，不幸短命死矣，今也則亡。」顔淵死，子哭之慟。從者曰：「子慟矣！」曰：「有慟乎？非夫人之爲慟而誰爲！」「季氏富於周公，而求也爲之聚斂而附益之。子曰：『非吾徒也。小子鳴鼓而攻之，可也。』」《顏淵》：「顏淵問仁，子曰：『克己復禮爲仁，一日克己復禮，天下歸仁焉，爲人由己，而由人乎哉？』顏淵曰：『請問其目。』子曰：『非禮勿視，非禮勿聽，非禮勿言，非禮勿動。』顏淵曰：『回雖不敏，請事斯語矣。』」「齊景公問政於孔子。孔子對曰：『君君，臣臣，父父，子子。』公曰：『善哉！信如君不君，臣不臣，父不父，子不子，雖有粟，吾得而食諸？』季康子問政於孔子。孔子對曰：『政者，正也。子帥以正，孰敢不正？』季康子問政於孔子曰：『如殺無道，以就有道，何如？』孔子對曰：『子爲政，焉用殺？子欲善而民善矣。君子之德風，小人之德草。草上之風，必偃。』」《子路》：「子路問政。子曰：『先之勞之』請益。曰：『無倦。』子路曰：『衛君待子而爲政，子將奚先？』子曰：『必也正名乎！』子路曰：『有是哉，子之迂也！奚其正？』子曰：『野哉，由也！君子於其所不知，蓋闕如也。名不正，則言不順；言不順，則事不成，事不成，則禮樂不興；禮樂不興，則刑罰不中；刑罰不中，則民無所錯手足。故君子名之必可言也，言之必可行也。君子於其言，無所苟而已矣。』」子曰：「其身正，不令而行；其身不正，雖令不從。」子曰：「君子和而不同，小人同而不和。」子曰：「君子易事而難説也。説之不以道，不説也。」

《憲問》：「憲問耻。子曰：『邦有道，穀；邦無道，谷耻也。』『克、伐、怨、欲不行焉，可以爲仁矣？』子曰：『可以爲難矣，仁則吾不知也。』」子曰：『士而懷居，不足以爲士矣。」子曰：「邦有道，危言危行；邦無道，危行言遜。」子曰：「有德者必有言，有言者不必有德仁者必有勇，勇者不必有仁。」子曰：「君子而不仁者有矣，未有小人而仁者也。』子曰：「貧而無怨難，富而無驕易。」子曰：「晋文公譎而不正，齊恒公正而不譎。」子曰：「恒公九合諸侯，不以兵車，管仲之力也。如其仁，如其仁。」「微管仲，吾其被發左衽矣。」子曰：「君子上達」子曰：「古之學者爲己，今之學者爲人。」子曰：「君子道者三，我無能焉：仁者不憂，知者不惑，勇者不懼。」子貢曰：「夫子自道也。」《衛靈公》：「在陳絶糧，從者病，莫能與。子路愠見曰：『君子亦有窮乎？』子曰：『君子固窮，小人穷斯濫矣。』」子曰：「志士仁人，無求生以害仁，有殺身以成仁。」子曰：「人無遠慮，必有近憂。」子曰：「君子矜而不争，群而不黨。」子曰：君子不以言舉人，不以人發言。」子貢问曰：「有一言而可以終身行之者乎？」子曰：「其恕乎！己所不欲，勿施於人。」子

「有教無類。」子曰：「人能弘道，非道弘人。」曰：「巧言亂德。小不忍，則亂大謀。」《季氏》：「丘也聞有國家者，不患寡而患不均，不患貧而患不安。蓋均無貧，和無寡，安無傾。」孔子曰：「天下有道，則禮樂征伐自天子出；天下無道，則禮樂征伐自諸侯出，蓋十世希不失矣；自大夫出，五世希不失矣；陪臣執國命，三世希不失矣。天下有道，則政不在大夫。天下有道，則庶人不議。」孔子曰：「益者三友，損者三友直，友諒，友多聞，益矣。友便闢，友善柔，友便佞，損矣。」孔子曰：「君子有三戒：少之時，血氣未定，戒之在色；及其壯也，血氣方剛，戒之在鬬；及其老也，血氣既衰，戒之在得。」孔子曰：「君子有三畏：畏天命，畏大人，畏聖人之言。小人不知天命而不畏也，狎大人，侮聖人之言。」孔子曰：「生而知之者上也，學而知之者次也；困而學之，又其次也；困而不學，民斯爲下矣。」孔子曰：「君子有九思：視思明，聽思聰，色思温，貌思恭，言思忠，事思敬，疑思問，忿思難，見者思得。」《陽貨》：子曰：「性相近也，習相遠也。」子曰：「唯上知與下愚不移。」「……君子學道則愛人，小人學道則易使也。」子張問仁於孔子。孔子曰：「能行五者於天下爲仁矣。」請問之。曰：「恭、寬、信、敏、惠。恭則不侮，寬則得衆，信則人任焉，敏則有功，惠則足以使人。」子曰：「由也！女聞六言六蔽矣乎？」對曰：「未也。」「……好仁不好學，其蔽也愚；好知不好學，其蔽也蕩；好信不好學，其蔽也賊；好直不好學，其蔽也絞；好勇不好學，其蔽也亂；好剛不好學，其蔽也狂。」子曰：「禮云禮云，玉帛云乎哉？樂云樂云，鐘鼓云乎哉？」子曰：「色厲而内荏，譬诸小人，其猶穿窬之盜也與？」子曰：「鄉原，德之賊也。」子曰：「道聽而途説，德之棄也。」子曰：「鄙夫可與事君也與哉？其未得之也，患得之。既得之，患失之。苟患失之，無所不至矣。」子曰：「古者民有三疾，今也或是之亡也。古之狂也肆，今之狂也蕩；古之矜也廉，今之矜也忿戾；古之愚也直，今之愚也詐而已矣。」子曰：「巧言令色鮮矣仁。」子曰：「惡紫之奪朱也，惡鄭聲之亂雅樂也，惡利口之覆邦家者。」子曰：「予欲無言。」子貢曰：「子如不言，則小子何述焉？」子曰：「天何言哉？四時行焉，百物生焉。」《微子》：「微子去之，箕子爲之奴，比干諫而死。」孔子曰：「殷有三仁焉。」「柳下惠爲士師（典獄之官），三黜。人曰：『子未可以去乎？』曰：『直道而事人，焉往而不三黜？枉道而事人，何必去父母之邦？』」「楚狂接輿歌而過孔子曰：『鳳兮鳳兮，何德之衰？往者不可諫，來者猶可追。已而，已而！今之從政者殆而！』孔子下，欲與之言。趨而闢之，不得與之言。」《子張》：子夏曰：「日知其所亡，月無忘其所能，可謂好學也已矣。」子夏曰：「博學而篤志，切問而近思，仁在其中矣。仕而優則學，學而優則仕。」子夏曰：「大德不逾閑，小德出入可也。」衛公孫朝問於子貢曰：「仲尼焉學？」子貢曰：「文武之道，未墜於地，在人。賢者識其大者，不賢者識其小者。莫不有文武之道焉。夫子焉不學？而亦何常師之有？」叔孫武毀仲尼。子貢曰：「無以爲也！仲尼不可毀也。他人之賢者，丘陵也，猶可逾也；仲尼，日月也。無得而逾焉。人雖欲自絕，其何傷於日月乎！」子貢曰：「君子一言以爲知，一言以爲不知，言不可不慎也。夫子之不可及也，猶天之不可階而升也。夫子之得邦家者，所謂立之斯立，道之斯行，綏之斯來，動之斯和。其生也榮，其死也哀，如之何其可及也。」《堯曰》：堯曰：「咨！爾舜！天之歷數在爾躬，允執其中。四海困窮，天永終。」舜亦以命禹。曰：「予小子履，敢用玄牡，敢昭告於皇皇后帝：有罪不敢赦。帝臣不蔽，簡在帝心。朕躬有罪，無以萬方；萬方有罪，罪在朕躬。」「周有大賚，善人是富。雖有周親，不如仁人。百姓有過，在予一人。謹權量，審法度，修廢官，四方之政行焉。興滅國，继絕世，舉逸民，天下之民歸心焉。所重：民、食、喪、祭。寬則得衆，信則民任焉，敏則有功，公則説。」子張問於孔子曰：「如何斯可以爲政矣？」子曰：「尊五美，屏四惡，斯可以從政矣。」子張曰：「何謂五美？」子曰：「君子惠而不費，勞而不怨，欲而不貪，泰而不驕，威而不猛。」子張曰：「何謂惠而不費？」子曰：「因民之所利而利之，斯不亦惠而不費乎？擇可勞而勞之，又誰怨？欲仁而得仁，又焉貪？君子無衆寡，無小大，無敢慢，斯不亦泰而不驕乎？君子正其衣冠，尊其瞻視，儼然人望而畏之，斯不亦威而不猛乎？」子張曰：「何謂四惡乎？」子曰：「不教而殺謂之虐；不戒視成謂之暴；慢令致期謂之賊；猶之與人也，出納之吝謂之有司。」孔子曰：「不知命，無以爲君子也；不知禮，無以立也；不知言，無以知人也。」

《中庸》：「天命之謂性，率性之謂道，修道之謂教。」「自誠明謂之性，自明誠謂之教。誠則明矣，明則誠矣。」「道也者，不可須臾離也，可離非道也。……喜怒哀樂之未發，謂之中；發而皆中節，謂之和。中也者，天下之大本也；和也者，天下之達道也。致中和，天地位焉，萬物育焉。」「君子之道費而隱。夫婦之愚，可以與知焉；及其至也，雖聖人亦有所不知焉。夫婦之不肖，可以能行焉；及其至也，雖聖人亦有所不能焉。」「誠者，天之道也。

誠之者，人之道也。誠者不勉而中，不思而得，從容中道，聖人也。誠之者，择善而固執之者也。……唯天下至誠，爲能盡其性；能盡其性，則能盡人之性；能盡人之性，則能盡物之性；能盡物之性，則可以贊天地之化育；可以贊天地之化育，則可以與天地参矣。其次致曲。曲能有诚，诚则形，形则著，著则明，明则動，動則變，變則化。唯天下至誠爲能化。」「誠者自成也，而道自道也。誠者物之終始，不誠無物。是故君子誠之爲貴。誠者非自成己而已也。所以成物業。成己仁也；成物知也；性之德也，合内外之道也，故時措之宜也。故至誠無息。不息則久，久則徵，徵則悠遠，悠遠則博厚，博學則高明。博厚所以載物也；高明所以覆物也；悠久所以成物也。博厚配地，高明配天，悠久無疆。如此者，不見而章，不動而變，無爲而成。天地之道可壹言而盡也：其爲物不貳，則其生物不測。天地之道：博也，厚也，高也明也，悠也，久也。」「至誠之道，可以前知。國家將興，必有禎祥。國家將亡，必有妖孽。見乎龜，動乎四體。禍福將至，善必先知之，不善必先知之。故至誠如神。」「博學之，審問之，慎思之，明辨之，篤行之。有弗學，學之弗能弗措也；有弗問，問之弗知弗措也；有弗思，思之弗得弗措也；有弗辨，辨之弗明弗措也；有弗行，行之弗笃弗措也。人一能之己百之，人十能之己千之。果能此道矣，雖愚必明，雖柔必强。」「唯天下至誠，爲能經綸天下之大經，立天下之大本，知天地之化育。夫焉有所倚？肫肫其仁！淵淵其淵！浩浩其天。苟不固聰明聖知達天德者，其孰能知之？詩曰：衣錦尚絅，惡其文之著也。故君子之道，闇然而日彰；小人之道，的然而日亡。君子之道，淡而不厭，簡而文，温而理，知遠之近，知風之自，知微之顯，可與入德矣。……故君子内省不疚，無惡於志。君子之所不可及者，其唯人之所不見乎！……故君子不動而敬，不言而信。……不賞而民勸，不怒而民威於鈇鉞。……是故君子篤恭而天下平。」「是故君子動而世爲天下道，行而世为天下法，言而世爲天下則。遠之則有望，近之則不厭。……君子未有不如此，而蚤有譽於天下者也。」「君子尊德性而道問學，致廣大而盡精微，極高明而道中庸。温故而知新，敦厚而崇禮。」「萬物并育而不相害，道并行而不相悖；小德川流，大德敦化，此天地之所以爲大也。」「凡爲天下國家有九經，曰：修身也，尊賢也，親親也，敬大臣也，體群臣也，子庶民也，來百工也，柔遠人也，懷諸侯也。修身則道立，尊賢則不惑，親親則諸父昆弟不怨，敬大臣則不眩，體群臣則士之報禮重，子庶民則百姓勸，來百工則財用足，柔遠人則四方歸之，懷諸侯則天下畏之。」

《大學》：「大學之道，在明明德，在親民，在止於至善。知止而后有定，定而后能靜，靜而后能安，安而后能慮，慮而后能得。物有本末，事有終始。知所先後，則近道矣。古之欲明明德於天下者，先治其國；欲治其國者，先齊其家；欲齊其家者，先修其身；欲修其身者，先正其心；欲正其心者，先誠其意；欲誠其意者，先致其知；致知在格物。物格而后知至，知至而后意誠，意誠而后心正，心正而后身修，身修而后家齊，家齊而后國治，國治而后天下平。自天子以至於庶人，壹是皆以修身爲本。其本亂而末治者否矣。其所厚者薄，而其所薄者厚，未之有也。」「此謂知本，此謂知之至也。」「所謂誠其意者，毋自欺也。如惡惡臭，如好好色，此之謂謙。故君子必慎其獨也。小人閑居爲不善，無所不至，見君子而后厭然，揜其不善而著其善。人之視己如見其肺肝然，則何益矣。此謂誠於中，形於外，故君子必慎其獨也。曾子曰：『十目所視，十手所指，其嚴乎！』富潤屋，德潤身，心廣體胖，故君子必誠其意。」「《詩》云：『瞻彼淇奧，菉竹猗猗。有匪君子，如切如磋，如琢如磨。瑟兮僩兮，赫兮咺兮。有匪君子，終不可諠兮。』如切如磋者，道學也；如琢如磨者，自修也。瑟兮僩兮者，恂慄也；赫兮咺兮者，威儀也。有匪君子，終不可諠兮者，道盛德至善，民之不能忘也。」《詩》云：『於戲，前王不忘！』君子賢其賢而親其親，小人樂其樂而利其利，此以没世不忘也。《康誥》曰：『克明德。』《大甲》曰：『顧諟天之明命。』《帝典》曰：『克明峻德。』皆自明也。湯之《盤銘》曰：『苟日新，日日新，又日新。』《康誥》曰：『作新民。』《詩》曰：『周雖舊邦，其命維新。』是故君子無所不用其極。《詩》云：『邦畿千里，维民所止。』《詩》云：『緡蠻黄鳥，止于丘隅。』子曰：『於止，知其所止，可以人而不如鳥乎？』《詩》云：『穆穆文王，於緝熙敬止。』爲人君止於仁，爲人臣止於敬，爲人子止於孝，爲人父止於慈，與國人交止於信。子曰：『聽訟，吾猶人也。必也使無訟乎！』無情者不得盡其辭。大畏民志。此謂知本。所謂修身在正其心者：身有所忿懥，則不得其正；有所恐懼，則不得其正；有所好樂，則不得其正；有所憂患，則不得其正。心不在焉，視而不見，聽而不聞，食而不知其味。此謂修身在正其心。所謂齊其家在修其身者：人之其所親愛而闢焉，之其所賤惡而闢焉，之其所哀矜而闢焉，之其所敖惰而闢焉。故好而知其惡，惡而知其美者，天下鮮矣。故諺有之曰：『人莫知其子之惡，莫知其苗之碩。』此謂身不修不可以齊其家。所謂治國必先齊其家者，其家不可教，而能教人者，無之。故君子不出家而成教於國：孝者所以事君也，弟者所以事長也，慈者所以使衆也。《康誥》曰：『如保赤子。』心誠求之，雖不中不遠矣。未有學養子後嫁者也。一家仁，一國興仁；一家讓，一國興讓；一人貪戾，一國作亂；其機如此。此謂一言僨事，一人定國。堯舜率天下以仁，而民從之。桀紂率天下以暴，而民從之。其所令反其所好，而民不從。是故君子有諸己，而后求諸人。無諸己，而后非諸人。所藏乎身不恕，而能喻諸人者，未之有也。故治國在齊其家。《詩》云：『桃之夭夭，其葉蓁蓁，之子於歸，宜其家人。』宜其家人，而后可以教國人。《詩》云：『宜兄宜弟。』宜兄宜弟，而后可以教國人。《詩》云：『其儀不忒，正是四國。』其爲父子兄弟足法，而后民法之也。此謂治國在齊其家。所謂平天下在治其國者：上老老而民與孝，上長長而民與弟，上恤孤而民不倍，是以君子有絜矩之道也。所惡於上，毋以使下；所惡於下，毋以事上，所惡於前，毋以先後，所惡於後，毋以從前；所惡於右，毋以交於左；所惡於左，毋以交於右：此之謂絜矩之道。《詩》云：『樂只君子，民之父母。』民之所好好之，民之所惡惡之，此之謂民之父母。《詩》云：『節彼南山，維石巖巖。赫赫师尹，民具爾瞻。』有國者，不可以不慎。闢則爲天下僇矣。《詩》云：『殷之未喪师，克配上帝。儀監於殷，峻命不易。』道得衆則得國，失衆則失國。是故君子先慎乎德。有德此有人，有人此有土，有土此有財，有財此有用。德者本也，財者末也。外本内末，争民施奪。是故財聚則民散，財散則民聚。是故言悖而出者，亦悖而入；貨悖而入者，亦悖而出。《康誥》曰：『惟命不于常。』道善則得之，不善則失之矣。《秦書》曰：『楚國無以爲寶，惟善以爲寶。』舅犯曰：『亡人無以爲寶，仁親以爲寶。』《勤誓》曰：『若有一个臣，斷斷兮無他技，其心休休焉，其如有容焉。人之有技，若己有之；人之彦聖，其心好之，不啻若自其口出。寔能容之，以能保我子孫黎民，尚亦有利哉。人之有技，娼嫉以惡之；人之彦聖而違之，俾不通，寔不能容，以不能保我子孫黎民，亦曰殆哉。』唯仁人放流之，迸諸四夷，不與同中國。此謂仁人爲能愛人，能惡人。見賢而不能舉，舉而不能先，命也；見不善而不能退，退而不能遠，過也。好人之所惡，惡人之所好，是謂拂人之性，菑必逮夫身。是故君子有大道，必忠信以得之，驕泰以失之。生財有大道。生之者衆，食之者寡，爲之者疾，用之者舒，則財恒足矣。仁者以財發身，不仁者以身發財。未有上好仁而下不好義者也；未有好義其事不終者也；未有府庫財，非其財者也。孟獻子曰：『畜馬乘，不察雞豚；伐冰之家，不畜牛羊；百乘之家，不蓄聚斂之臣。與其有聚斂之臣，寧有盜臣。』此謂國不以利爲利，以義爲利也。長國家而務財用者，彼为善之，小人之使为国家，菑害并至。虽有善者，必自小人矣。亦無如之何矣！此謂國不以利爲利，以義爲利也。」

《孟子》：《梁惠王》：「孟子見梁惠王，王曰：『叟！不遠千里而來，亦將有以利吾國乎！』孟子對曰：『王何必曰利。亦有仁義而已矣。王曰何以利吾國？大夫曰何以利吾家？士庶人曰何以利吾身？上下交征利，而國危矣。萬乘之國，弑其君者必千乘之家。千乘之國，弑其君者，必百乘之家。萬取千焉，千取百焉，不爲不多矣。苟爲後義而先利，不奪不饜。未有仁而遺其親者也；未有義而後其君者也。』王亦曰：『仁義而已矣，何必曰利？』『……王如施仁政於民，省刑罰，薄税斂，深耕易耨，莊者以暇日修其孝悌忠信，入以事其父兄，出以事其長上，可使制梃以撻秦楚之堅甲利兵矣。彼奪其民時，使不得耕耨以養其父母；父母凍餓，兄弟妻子離散。彼陷溺其民，王往而征之，夫誰與王敵？故曰：仁者無敵。王請勿疑。』」「孟子見梁襄王，出，語人曰：『望之不似人君，就之而不見所畏焉。卒然問曰：天下惡乎定？吾對曰：定于一。孰能一之？』對曰：不嗜殺人者能一之。孰能與之？對曰：天下莫不與也。王知夫苗乎？七八月之間旱，則苗槁矣。天油然作雲，沛然下雨，則苗浡然興之矣。其如是，孰能禦之？今夫天下之人牧，未有不嗜殺人者也。如有不嗜殺人者，則天下之民皆引領而望之矣！誠如是也，民歸之，由水之就下，沛然誰能禦之？』」「『……老吾老，以及人之老，幼吾幼，以及人之幼，天下可運於掌。……故推恩足以保四海，不推恩無以保妻子。』」「『無恒產而有恒心者，惟士爲能。若民則無恒產，因無恒心。苟無恒心，放僻邪侈，無不爲已。及陷於罪，然後從而刑之，是罔民也。焉有仁人在位，罔民而可爲也？謹庠序之教，申之以孝悌之義，頒白者不負戴於道路矣。老者衣帛食肉，黎民不飢不寒，然而不王者，未之有也。』」「『老而無妻曰鰥，老而无夫曰寡，老而無子曰獨，幼而無父曰孤。此四者，天下之窮民而無告者。文王發政施仁，必先斯四者。……』」

《公孫丑》：「行仁政而王，莫之能禦也。」「當今之時萬乘之國，行仁政，民之悅之，猶解倒懸也；故事半古之人，功必倍之，惟此時爲然。」「夫志，氣之帥也；氣，體之充也。夫志至焉，氣次焉。故曰：持其志，無暴其氣。既曰志至焉，氣次焉，又曰持其志，無暴其氣者，何也？曰：志壹則動氣，氣壹則動志也。今夫蹶者趨者是氣也，而反動其心。『敢問夫子惡乎長？』曰：『我知言，我善養吾浩然之氣。』『敢問何謂浩然之氣？』曰：『難言也。其爲氣也。至大至剛，以直養而無害，則塞於天地之間。其爲氣也，配義與道，無是，餒也。是集義所生者，非義襲而取之也。行有不慊於心，則餒矣。我故曰告子未嘗知義，以其外之也。必有事焉而勿正，心勿忘，勿助長也。……『何謂知言？』曰：『詖辭知其所蔽，淫辭知其所陷，邪辭知其所離，遁辭知其所窮。生於其心，害於其政；發於其政，害於其事。聖人復起，必從吾言矣。』……孟子曰：『以力假仁者霸，霸必有大國。以德行仁政者王，王不待大……以力服人者，非心服也，力不贍也。以德服人者，中心悦而誠服也，如七十子之服孔子也。』孟子曰：尊賢使能，俊傑在位，則天下士皆悦，而願立於朝矣。市，廛而不征，法而不廛，則天下之商皆悦而願藏于其市矣。關，議而不征，則天下之旅皆悦而願出於其路矣。耕者助而不税，則天下之農皆悦而願耕於其野矣。廛，無夫里之布，則天下之民皆悦而願爲之氓矣。信能行此五者，則鄰國之民仰之若父母矣。率其子弟，攻其父母，自生民以來未有能濟者也。如此，則無敵於天下。無敵於天下者天吏也。然而不王者未之有也。』孟子曰：『人皆有不忍人心。先王有不忍人之心，斯有不忍人之政矣。以不忍人之心，行不忍人之政，治天下可运之掌上。所以謂人皆有不忍人之心者，今人乍見孺子將入於井，皆有怵惕、惻隱之心，非所以內交於孺子之父母也，非所以要譽於鄉黨朋友也，非惡其聲而然也。由是觀之，無惻隱之心，非人也；無羞惡之心，非人也；無辭讓之心，非人也；無是非之心，非人也。惻隱之心，仁之端也；羞惡之心，義之端也；辭讓之心，禮之端也；是非之心，智之端也。人之有四端，猶其有四體也。有是四端，而自謂不能者，自賊者也。謂其君不能者，賊其君者也。凡有四端於我者，知皆擴而充之矣。若火之始然，泉之始達。苟能充之，足以保四海；苟不充之，不足以事父母。』」『孟子曰：天時不如地利，地利不如人和。……得道者多助，失道者寡助。寡助之至，親戚畔之；多助之至，天下順之。以天下之所順，攻親戚之所畔，故君子有不戰，戰必勝矣。』《滕文公》：公都子曰：『外人皆稱夫子好辯，敢問何也？』孟子曰：『予豈好辯哉，予不得已也。……世衰道微，邪説暴行有作，臣弒其君者有之，子弒其父者有之。……聖王不作，諸侯放恣，處士橫議。楊朱墨翟之言盈天下，天下之言不歸楊則歸墨；楊氏爲我，是無君也；墨氏兼愛，是無父也；無父無君，是禽獸也。……楊墨之道不息，孔子之道不著，是邪説誣民、充塞仁義也。仁義充塞，則率獸食人，人將相食。吾爲此懼，閑先聖之道，距楊墨，放淫辭，邪説者不得作……我亦欲正人心，息邪説，距詖行，放淫辭，以承三聖者。豈好辯哉！予不得已也。能言距楊墨者，聖人之徒也。』《離婁》：『堯舜之道，不以仁政，不能平治天下。今有仁心仁聞，而民不被其澤，不可法于后世者，不行先王之道也。故曰：徒善不足以爲政，徒法不能自行。』『孟子曰：規矩，方圓之至也；聖人，人倫之至也。』『孟子曰：愛人不親反其仁，治人不治反其智，禮人不答反其敬。行有不得者，反求諸己；其身正而天下歸之。……人有恒言，皆曰天下國家。天下之本在國，國之本在家，家之本在身。』『孟子曰：桀紂之失天下也，失其民也；失其民者，失其心也。得天下有道：得其民，斯得天下矣。得其民有道：得其心，斯得民矣。得其心有道：所欲與之聚之，所惡無施爾也。民之歸仁也，猶水之就下、獸之走壙也。……』『孟子曰：自暴者，不可與有言也；自棄者，不可與有爲也；言非禮義，謂之自暴也；吾身不能居仁由義，謂之自棄也。仁人之安宅也；義，人之正路也。曠安宅而弗居，舍正路而不由，哀哉！……道在邇而求諸遠，事在易而求諸難，人人親其親，長其長，而天下平。……諸侯有行文王之政者，七年之内必爲政於天下矣。……君仁莫不仁，君義莫不義，君正莫不正。一正君而定矣。……『孟子曰：仁之實，事親是也；義之實，從兄是也；智之實，知斯二者弗去是也；禮之實，節文斯二者是也；樂之實，樂斯二者，樂則生矣；生則惡可已也。惡可已，則不知足之蹈之，手之舞之。』所以孟子曰：『大人者，不失其赤子之心者也。君子深造之以道，欲其自得之也；自得之，則居之安；居之安，則資之深；資之深，則取之左右逢其原，故君子欲其自得之也。』『孟子曰：人之所以异於禽獸者幾希，庶民去之，君子存之。舜明於庶物，察於人倫；由仁義行，非行仁義也。』『君子异於人者，以其存心也。君子以仁存心，以禮存心；仁者愛人，有禮者敬人；愛人者人恒愛之；敬人者人恒敬之。……是故君子有終身之憂，無一朝之患也。』《萬章》：萬章曰：『尧以天下与舜，有諸？』孟子曰……天與之。『天與之者，諄諄然命之乎？』曰：否。天不言，以行與事示之而已矣。……天之生此民也，使先知覺後知，使先覺覺後覺也。予，天民之先覺者也；予將以斯道覺斯民也，非予覺之而誰也？……孟子曰：伯夷聖之清者也；伊尹聖之任者也，柳下惠聖之和者也，孔子聖之時者也。孔子之謂集大成；集大成也者，金聲而玉振之也；金聲也者，始修理也；玉振之也者，終修理也。始修理者，智之事也；終修理者，聖之事也。智譬則巧也；聖譬則力也。由射於百步之外也，其至爾力也；其中非爾力也。……《告子》：「惻隱之心，人皆有之；羞惡之心，人皆有之；恭敬之心，人皆有之；是非之心，人皆有之。惻隱之心，仁也；義也；恭敬之心，禮也；是非之心，智也。仁義禮智，非由外鑠我也，我固有之也，弗思耳矣。故曰：求則得之，舍則失之。或相倍蓰而無算者，不能盡其才者也。……富歲子弟多賴，凶歲子弟多暴，非天之降才而殊也，其所以陷溺其心者然也。……口之於味也，有同耆焉；耳之於聲也，有同聽焉；目之於色也，有同美焉。至於心，獨無所同然乎？心之所同然者何也？謂理也，義也；聖人先得我心之所同然耳。故理、義之悅我心，猶芻豢之悅我口。孟子曰：「仁，人心也；義，人路也；舍其路而弗由，放其心而不知求，哀哉！……學問之道無他，求其放心而已矣。……心之官則思，思則得之，不思則不得也；此天之所與我者，先立乎其大者，則小者不能奪也。」孟子曰：「……今之所謂良臣，古之所謂民賊也。……雖與之天下，不能一朝居也。」孟子曰：「天將降大任於是人也，必先苦其心志，勞其筋骨，餓其體膚，空乏其身行，拂亂其所爲，所以動心忍性，增益其所不能。……入則無法家拂士，出則無敵國外患者，國恒亡。」

《盡心》：「孟子曰：萬物皆備於我矣，反身而誠，樂莫大焉。……古之人得志，澤加於民；不得志，修身見於世。窮則獨善其身，達則兼濟天下。」孟子曰：「仁言不如仁聲之入人深也；善政不如善教之得民也；善政民畏之，善教民愛之；善政得民財，善教得民心。」「孟子曰：人之所不學而能者，其良能也；所不慮而知者，其良知也。……君子所性，仁義禮知根於心。」「孟子曰：民爲貴，社稷次之，君爲輕。」「浩生不害問曰：樂正子何人也？孟子曰：善人也，信人也。何謂善？何謂信？曰：可欲之謂善，有諸己之謂信；充實之謂美，充實而有光輝之謂大，大而化之之謂聖。聖而不可知之之謂神。樂正子，二之中，四之下也。」

右録《五經》《四書》之精要，約一萬二千三百字，若從小學三年級語文课中開設誦《經》課，至六年級而訖，每年三千字。每周設誦《經》課五節。全年以三十六周計，每日誦《經》十六字，適相當於背誦四句四言詩之量，不會造成負擔；而且在四年誦《經》的全過程中培養和提高了學生之記憶能力，其有利於往後自學能力之提高，是難以估量的。至於教師問題，始則不免有喊難之聲，及進入「教中學」之後，亦自漸消耳。關鍵問題在中央政府之重視與決心推行，遇有問題，具體妥善解決之。

書至此，適有學生郵來三套上世紀之初小教材百年老課本，分別由商務（莊俞等編寫，張元濟校訂）、世界（魏冰心等編，薛天漢等校訂）、開明（葉聖陶編，豐子愷會）三大書局出版；在上海圖書館塵封半世紀以上，今有上海科學技術文獻出版社重刊問世，亦乃當前教育之幸也。上海作家協會副主席趙長天在重刊《序》中指出：「人的智力的開發，道德情操的培養，人格的確立，最重要的是在幼兒，小學時期，最不能糊弄的是孩子。」誠哉，斯言也。葉聖陶對編寫小學國語教材宗旨有言曰：「給孩子們編寫語文課本，當然要着眼於培養他們的閱讀能力和寫作能力，因而必須符合語文訓練的規律和程序；但是這還不夠，小學生既是兒童，他們的語文課本必是兒童文學，才能引起他們的興趣，使他們樂於閱讀，從而發展他們多方面的智慧。」此種見地生於上世紀之初，固適於當時文教之實情，於今之視野（中華民族已進入全球大運動中，儒道統系已納入全人類之命運）觀之，則必須培養有深厚儒學根底之人才，始足以担当内以修齊治國，外以協和萬邦之大任，此吾所以主張小學三年級以上背誦儒家經典之用意所在也。誠然有及於此，我敢斷言：胸懷遠大，剛柔相濟，謙恭屈己，以全人類利益爲尊之士必相機輩出矣。

背誦經典古文詩詞乃是中華歷代之成功之經驗，上世紀五十年代以後學校驟起「不要死記硬背」之歪風，敗壞了博聞强記的好習慣，其害深重，語言學家趙元任之親身體驗可資佐證：他在《從家鄉到美國》一書中記述曰：「讀諸子諸經典時，不懂就老念，念熟了過一會兒，過一陣，過幾年，他就不知不覺的懂起來。有名成語説：『熟讀唐詩三百首，不會做詩也會吟。』我給它改了幾個字，可以説『熟讀經書十三部，不通文章也會通。』我好寫書，都是先背熟了後來才慢慢兒懂的。這個方法有一定的科學性，根據神經系統科學，理解的記憶，只動用了表層大腦，只有大量反復的朗讀和背誦可以幫助打開大腦由表層到深處的記憶回路，記憶的素質因而得以改善，北京大學教授章正坤認爲民國以前的兒童，在七八歲時需要背誦《千字文》《大學》《中庸》《論語》等古典文獻，但這種教育方式在民國時期就被認爲是封建的落後的。其實，從語言、文學本身的存在規則來看，漢語文字没有太多的詞法與規則，教學的重點可以放在直接記憶上。兒童的機械記憶强，成長後，理解記憶增强，社會生活體驗日益豐富的時候，便容易融會貫通。」（見《中國社會科學報》，二〇一一年三月八日第二十版，《清華大學四大國學導師讀書方法》。）

第五章　吏治

吏治，始於堯。《尚書·堯典》曰：「允（信也）釐（治也）百工（官也），庶績（功也）咸（皆也）熙（廣也）。」詳於周，《周禮》曰：「以八法治官府：一曰官屬，以舉邦治；二曰官職，以辨邦治；三曰官聯，以會官治；四曰官常，以聽官治；五曰官成，以經邦治；六曰官法，以正邦治；七曰官刑，以糾邦治；八曰官計，以弊（斷也）邦治。」「以聽官府之六計，弊群吏之治：一曰廉善，二曰廉能，三曰廉敬，四曰廉正，五曰廉法，六曰廉辨。」漸備於歷代之官治與吏治。

第一節　君正

「一人元良，萬國以貞。」（文王世子）此乃中國政治哲學之核心内涵。「天道至教，聖人至德。」（《禮記·禮器》）此乃帝王之道之道德與修養；「立人之道曰仁與義。」（《周

易・説卦》）

「人道政爲大。」（《禮記・哀公問》）此乃帝王之天職；「德成而教尊，教尊而官正，官正而國治。」（《文王世子》）此乃帝王實行仁政之途徑也。吏治者爲政之要務也。君正方可期吏治清，此先決條件也。

一、聚賢以道

欲期朝廷内外吏治一體，必先立三公六卿以爲民極，坐而論道，以敷設仁政善教，建立協和一統之「元首明哉，股肱良哉」之德力同心之聖賢集體，以推動吏治之開展。由於儒家主張賢能政治，故對賢能之選用極爲重視，雖不一定能做到野無遺賢，但舉賢薦能，確已成爲古之社會風尚或知情者之責任。堯帝曰：「咨四岳，朕在位七十載（堯年十六以唐侯升爲天子，其時年已八十六矣。有求代之意）。汝能用命，巽（順也）朕位。」岳曰：「否德忝帝位。」（帝）曰：「明明陽側陋。」（堯知子不肖，有禪位之志，故明舉明人在側者，廣求賢也。）師（衆也）錫（與也）帝曰：有鰥（老大無妻曰鰥）在下，曰虞舜。」帝曰：「俞（然也），予聞（我亦聞之），如何？」岳曰：「瞽子，父顽，母嚚，象傲，克谐以孝，烝烝乂（烝，進也。乂，治也。進以善自治），不格奸（不姦惡）。」帝曰：「我其試哉！」女于時（及時以二女妻舜），觀其刑（法度也）于二女。釐（講明義理也）降（謙卑也）二女於嬀（水之名）汭（內也），嬪（婦也）于虞。帝曰：「钦哉！」（值得敬佩，以舜「能修己安人，則其所能者大矣」。）此乃中華史上一個仁孝化人之故事，亦選賢與能之典範也。舜受堯禪，居帝位「五十載，陟方乃死」。壽一百一十二，葬於蒼梧之野。舜居帝位期間，賢能薈萃，禹、皋陶、契、社、稷、夔龍等各司其職，盛極一世，乃中華史上最光輝燦爛之世，治國富民之大政遠謀（「正德、利用、厚生，惟和」）於茲而定，治心節欲之十六字真經（「人心惟危，道心惟微，惟精惟一，允執厥中」）於茲而立，此萬世不滅，放之四海而皆準之真理。尊之則福，違之則禍；彰之則存，敗之則亡，此乃累經檢驗而未見絲毫差繆者也。有聖明之君王，股肱正之於上，則吏治亦必正而順矣。

歷史證明，君之識賢乃國運以昌之首務也。周之興而成也。有文王之識姜尚：「太公望呂尚者，東海上人也。其先祖嘗爲四岳，佐禹平水土有功，虞夏之際封於呂，姓姜氏。呂尚蓋嘗窮困，年老矣，以魚釣奸（音干，以禮交人也）周西伯。西伯將出獵。卜之曰：『所獲非龍非彲，非虎非羆，所獲霸王之輔。』於是周西伯獵，果遇太公於渭之陽，與語大説曰：『吾先君太公曰：當有聖人適周，周以興，子真是邪！吾太公望子久矣。』故號之曰：『太公望』。載譽具歸，立爲師。與呂尚陰謀修德，以傾商政。文王崩，武王即位。師尚父。誓於牧野，滅商紂而有天下，封師尚父於齊營丘。」（《史記·齊太公世家》）。即以常態守成之君而論，亦以求賢，用賢而政舉，殷高宗武丁因思賢而夢其人，令遍訪之，得説於畈築傅巖，卒以爲相，建言平實，而成高宗之大治。高宗懇切言曰：「朝夕納誨，以輔台（我也，朕也）德。若金，用汝作礪；若濟巨川，用汝作舟楫；若歲大旱，用汝作霖雨；啓乃心，沃朕心。若藥弗瞑眩，厥疾弗瘳。……俾率先王，迪（蹈也）我高后，以康兆民。嗚呼！欽予时命，其惟有終。」説復於王曰：「惟木從繩則直，后從諫則聖。后克聖，臣不命其承，疇（誰也）敢不祇（敬畏也）若王之休（善也）命。」（觀殷高宗與傅説懇談之誠，未有不感動者也。）説進言於高宗曰：「惟治亂在庶官，官不及私昵，惟其能；爵罔及惡德，惟其賢。慮善以動，動惟厥時，無啓寵納，無恥過作非。」説拜稽首曰：「非知之艱，行之惟艱！」「時惟建事，學於古訓乃有獲，事不師故，以克永世。匪說攸聞。」（《尚書・商書・說命》）至唐則有太宗之識賢與重用魏徵。「魏徵，鉅鹿人也。武德末爲太子洗馬，見太宗與隱太子陰相傾奪，每勸太子早爲之謀。及誅隱太子，太宗召徵責之曰：『汝離間我兄弟，何也？』衆皆爲之危懼。徵慷慨自若，從容對曰：『皇太子若從臣言，必無今日之禍。』太宗爲之斂容，厚加禮儀，擢拜諫議大夫。太宗數引之臥內，訪以得失；徵雅有經國之才，性又抗直，無所屈撓。太宗每與之言，未嘗不悅；徵亦喜逢知己之主，竭其力用。『卿罪重于中鈎，我任卿逾於管仲，近代君臣想得，寧有似我于卿者乎？』又勞之曰：『卿所諫前後二百余事，皆稱朕意；非卿忠誠奉國，何能若是。』太宗嘗謂曰：魏徵亦曰：『陛下導臣使言，臣所以敢言；若陛下不受臣言，臣亦何敢患龍鱗、觸忌諱也。』貞觀十二年，以誕皇孫，詔宴公卿，帝極歡，謂侍臣曰：『貞觀以前，從我平定天下，周旋艱難，玄齡之功，無所與讓。貞觀之後，盡心於我，獻納忠讜，安國利人，成我今日功業，爲天下所稱者，惟魏徵而已。古之名臣何以加也。』於是親解佩刀以賜二人。貞觀十七年，授太子太師，徵自陳有疾，太宗謂曰：『太子宗社之本，須有師傅，故選中正，以爲輔弼。知公疹病，可臥護之。』徵乃就傅。」（《貞觀政要譯註》五五—五六頁）

王珪，太原祁縣人也，太宗即位，召拜諫議大夫。「太宗謂曰：『卿所論朕，皆中朕之失，自古人君莫欲社稷永安，然不得者，只爲不聞己過，或聞而不能改也，今朕有所失，卿能直言，朕復聞過能改，何慮社稷之不安乎？卿若常居諫官，朕必永無過失。』貞觀二年，進拜侍中，時房玄齡、魏徵、李靖、温彦博、戴胄與王珪同知國政，太宗謂珪曰：『卿識鑒精通，尤善談論；子玄齡等，咸宜品藻，又可自量，孰與諸子賢？』對曰：『孜孜奉國，知無不爲，臣不如玄齡；每以諫諍爲心，恥君不及堯舜，臣不如魏；才兼文武，出將入相，臣不如李靖；敷奏詳明，出納惟允，臣不如温彦博；處繁理據，衆務畢舉，臣不如戴胄。至於激濁揚清，嫉惡好善，臣於數子亦有一日之長。』太宗深然其言，衆公亦各以盡其所懷，謂之確論。」（《貞觀政要譯註》五六—五七頁）

北宋有仁宗之聖明尊賢，而致大治，且開啓了儒學之復興，賢能聚集一朝如此之威，乃中華史上所僅見者也。其中賢之賢者有「歐陽修，字永叔，廬陵人。四歲而孤，母鄭氏，守節自誓，親誨之學。家貧，至以荻畫地學書。幼敏悟過人，讀書輒成誦。及冠，嶷然有聲。宋興且百年，而文章體裁猶仍五季餘習，鎪刻并偶，淟涊弗振，士因陋守舊，論卑氣弱。蘇舜元、舜欽、柳開穆修輩，咸有意作而張之，而力不足。修游隨，得唐韓愈遺稿於废書簏中，讀而心慕焉。苦志探賾，至忘寢食，必欲并轡絶馳而追與之并。舉進士，……以文章名冠天下。及朋黨之論起，修乃爲《朋黨論》以進。其略曰：『君子以同道爲朋，小人以同利爲朋，此自然之理也。臣謂小人無朋，惟君子則有之。小人所好者利禄，所貪者財貨；當其同利之時，暫相黨引以爲朋者，僞也。及其見利而争先，或利盡而反相賊害，雖兄弟親戚不能相保，故曰小人無朋。君子則不然，所守者道義，所行者忠信，所惜者名節。以之修身則同道而相益，以之事國則同心而共濟，終始如一，故曰惟君子則有朋。故爲君，但當退小人之僞朋，用君子之真朋，則天下治矣。』修論事切直，人視之如讎，帝獨奬其敢言，面賜立品服。顧謂侍臣曰：『如歐陽修者，何處得來。』……方是時杜衍等相繼以黨議罷去，修慨然上書曰：杜衍、韓琦、范仲淹、富弼，天下皆知其有可用之賢，而不聞其有可罷之罪。自古小人讒害忠賢，其説不遠，欲廣陷良善，不過指爲朋黨，欲動摇大臣，必須誣以顓權。其故何也？去一善人而衆善人尚在，則未爲小人之利；欲盡去之，則善人少過，難爲一一求瑕；惟指以爲黨，則可以一時盡逐。至如自古大臣，已被主知而蒙信任，則難以他事動摇，唯有顓權是上之所惡，必須此説方可傾之。正士在朝，群邪所忌，謀臣不用，敵國之福也。今此四人一旦罷去，而使群邪相賀於內，四夷相賀於外，臣爲朝廷惜之。」（《宋史·歐陽傳》一一六九—一一七〇頁）

此剴切之見與卓絶之文，可振古以爍今；道德之最高表現，萬世不磨者也。

二、擇官惟賢

《皋陶謨》曰：「九德咸事，俊乂在官。百僚師師，百工惟時。」《商書·咸有一德》曰：「任官惟其才，左右惟其人。」貞觀元年唐太宗謂房玄齡等曰：「致治之本，惟在於審。……若得其善者，雖少亦足矣；其不善者，縱多亦奚爲？古人亦以官不得其才，比於書地作餅，不可食也。……且千羊之皮，不如一狐之腋。」「……豈得待夢傳説，逢吕尚，然後爲政乎？且何代無賢，但患遺而不知耳！」貞觀六年，唐太宗謂魏征曰：「古人云：王者須爲官擇人，不可造次即用；……用得正人，爲善者皆勸；誤用惡人，不善者競進。賞當其勞，無功者自退；罰當其罪，爲惡者戒懼；故知賞罰不可輕行，用人彌須慎擇。」魏徵對曰：「知人之事，自古爲難。故考績黜陟，察其善惡。……誤用惡人，假今强干，爲害極多。但亂世惟求其才，不顧其行。太平之時，必須才行俱兼，始可任用。」貞觀十三年太宗復謂侍臣曰：「能安天下者，惟在用得賢才。」魏徵對曰：「知人者智，自知者明；知人既以爲難。自知誠亦不易。且愚培之人，皆矜能伐善，恐長澆競之風，不可令其自舉。」次年，魏徵上疏曰：「臣聞知臣莫若君，知子莫若父；父不能知其子則無以睦一家，君不能知其臣則無以齊萬國。萬國咸寧，一人有慶，必藉忠良作弼。俊乂在官，則庶績其凝，無爲而化矣。……然而今之群臣，罕能貞白卓异者，蓋求之不切，勵之未精故也。若勖之以公忠，期之以遠大，各有職分，得行其道。貴則觀其所舉，富則觀其所養，居則觀其所好，习則觀其所言，窮則觀其所不受，賤則觀其所不爲；因其才以取之，審其能以任之；用其所長，掩其所短。進之以六正，戒之以六邪，則不言而自励，不劝而自勉矣。行六正則榮，犯六正則辱。何謂六正，一曰萌芽未動，行兆未見，昭然見存亡之機，得失之要，預禁乎未然之前，使主超然立乎榮顯之處，如此者，聖臣也。二曰虛心盡意，日進善道，勉主以禮義，諭主以長策，將順其美以匡救其惡，如此者，良臣也。三曰夙興夜寐進賢不懈，數稱往古之行事，以厲主意，如此者，忠臣也。四曰明察成敗，早防而救之，塞其间，絕其源，轉禍以爲福，使君終以無憂，如此者，智臣也。五曰守文奉法，任官職事，不受贈遺，辭祿讓賜，飲食節儉，如此者，貞臣也。六曰家國昏亂，所爲不諛，敢犯主上之嚴顔，面言主之過失，如此者，直臣也。是謂六正。何謂六邪？一曰安官貪祿，不務公事，與世浮沉，左右觀望，如此者具臣也。二曰主所言皆曰善，主所爲皆曰可，隱而求主之所好而進之，以快主之耳目，偷合苟容，與主爲樂，不顧其後害，如此者，諛臣也。三曰内實險詖，外貌小謹，巧言令色，妒善嫉賢，所欲進，則明其美、隱其惡，所欲退，則明其過、匿其美，使主賞罰不當，号令不行，如此者，奸臣也。四曰智足以飾非，辯足以行説，内離骨肉之親，外構亂於朝廷之乱，如此者，讒臣也。五曰專權擅勢，以輕爲重，私門成黨，以富其家，擅矯主命，以其貴顯，如此者，賊臣也。六曰陷主以佞邪，陷主於不義，朋黨比周，以蔽主明，使黑白無別，是非無間，使主惡布於境内，聞於四鄰，如此者亡國之臣也。是謂六邪。」（《貞觀政要譯註》一七九—一八〇頁）由此而明擇官（特別是輔弼、股肱之官）之審否，乃國祚隆替存亡之所繫也，庶官之賢否亦如此；吏治之得失更關乎全盤矣。

三、養賢惟德

養賢非造器而用之也，乃發其善性，啓其良知，自昭明德，大其氣度也。自古育才養賢之教莫不有矣，在於爲教者未能彰明「人心惟危」之誡，「道心惟微」之至義；微可克「危」，「危」可轉安，更可進善。此「人人自聖」（明儒南豐李經綸語）之理也，亦人皆可爲堯舜之道也，亦儒家道統之真諦所在，世界大同理想之核心内函也。

北宋王安石（一〇二一—一〇八六）慶歷進士，主張變法。仁宗嘉祐三年（一〇五八）《上仁宗皇帝萬言事書》中極言「天下之才不足」，提出「教之、養之、取之、任之」之道，「慮之以謀，計之以數，爲之以漸，勉之以成，斷之以果」，以成天下之才。最後引貞觀故事以駁當時視變法爲「迂闊」之論。「昔唐太宗貞觀之初，人人异論，如封德彝之徒，皆以爲非雜用秦漢之政，不足以爲天下。能思先王之事，開太宗者，魏文正公一人爾。其所施設，雖未盡當先王之意，抑其大略，可謂合矣，故能以數年之間，而天下幾置刑措，中國安寧，蠻夷順服，自三王以來，未有如此盛時也。唐太宗之初，天下之俗，猶今之世也，魏文正公之言固當時所謂迂闊而熟爛者也，然其效如此。賈誼曰：『今或言德教之不如法令，胡不引商、周、

秦、漢以觀之？然則，唐太宗之事，亦足以觀矣。」（《王文公文集》一一—一六頁）

觀乎貞觀之政，固諸輔之賢能所致，然魏獨見卓拔者，審其所言，惟見其不顧流俗之重，直道而行也，其稟道之純、持氣之正、奮力之勇、無畏之德可見矣。貞觀之初，太宗嘗嘆曰：「今大亂之後，其難治乎？」谏议魏徵對曰：「大亂之易治，譬饑人之易食也。……聖哲之治，其应如響，期月而可，蓋不其難。」封德彝曰：「不然，三代之後澆詭日滋，秦任法律，漢雜霸道，皆欲治而不能，非能治不欲。徵書生，好虛論，徒亂國家，不可聽。」徵辯曰：「五帝三王不易民以教，行帝道而帝，行王道而王，顧所行何如爾！……若人漸澆詭，不復反樸，今當爲鬼爲魅，尚安得而化哉！」太宗納之不疑。「於是天下大治，蛮夷君长袭衣冠，带刀宿卫。东薄海，南逾岭，户闔不閉，行旅不賫糧，取給於道。帝謂群臣曰：此徵勸我行仁義，既效矣。」論及刑賞，徵上疏曰：「君有一德，臣無二心，夫刑賞之本，在乎勸善而懲惡。帝王所譽天下画一，不以親疏貴賤而輕重者也。今之賞罰，或由喜怒，或出好惡，喜則矜刑於法中，怒則求罪於律外，好則鑽皮出羽，惡則洗垢索瘢。蓋刑濫則小人道長，賞謬則君子道消；小人之惡不徵，君子之善不勸，而望治安刑措，非所聞也。且瑕豫而言，皆敦尚孔老，至於威怒，則專法申韓；故道德之旨未弘，而鍥薄之風先搖。昔州犂上下其手，而楚法以蔽；張湯輕重其心，而漢刑以謬；況人主自高下乎頃者罰人，或以供張不贍，或不能從欲，皆非致治之急也。夫貴不與驕期而驕自至，富不與奢期而奢自至，非徒語也。且我之所代，實在有隋。以隋府藏。況今之資儲，以隋甲兵況今之士馬，以隋户口況今之百姓，絜長度大，曾何等級焉。隋以富强而喪，動之也；我以貧寡而安，静之也。静之则安，动之则乱，人皆知之，非隐而难见，微而難察也。不蹈平易之塗，而遵覆車之轍何哉？安不思危，治不念亂，存不慮亡也。方隋未亂，自謂必無亂；未亡，自謂必不亡。所以甲兵亟動，徭役不息，以至戮辱而不悟，滅亡之所由也。豈不哀哉！……今之動静以隋爲鑒，則存亡治亂，可得而知。思所以危，則安矣；思所以亂，則治矣；思所以亡，則存矣。存亡之所在，在節嗜欲，省游畋，息靡麗，罷不急，慎偏聽，近忠厚，遠便佞而已。夫守之則易，得之實難。今既得其所難，豈不能保其所易？保之不固，驕奢淫逸有以動之也。」（筆者按：此處所指明「所嗜欲」，乃爲治之本也。歷代之敗亡，就在於欲之不節以致人欲横流，政教潰決，道德淪喪，邪惡吞噬天良，正氣無存，人心不知所安，流焉爲盗賊；悉爲私慾不節之罪也，惜明此禍者鮮矣。）魏徵又陳事曰：「臣聞爲國基於德禮，保於誠信。誠信立則天下無二情；德禮形則遠者來格。故德禮誠信，國之大綱，不可斯須廢也。《傳》曰：『君使臣以禮，臣事君以忠。自古皆有死，民無信不立。』又曰：『同言而信，信在言前；同令而行，誠在令外。』然則言而不行，言不信也；令而不從，令無诚也。不信之言，不誠之令，君子弗爲也。自王道休明，緜千余載，倉稟愈積，土地益廣。然而道德不日博，仁義不日厚，何哉？由待下之情未盡誠信；雖有善始之勤，而無克終之美。故便佞之徒得肆其巧，謂同心爲朋黨，告訐爲至公，强直爲擅權，忠讜爲誹謗。謂之朋黨，雖忠信可疑；謂之至公，虽矯僞無咎。强直者畏擅權而不得盡忠，讜慎者慮誹謗而不敢與之争；熒惑視聽，鬱於大道，妨化損德，無斯甚者。今將致治則委之君子，得失或訪诸小人，是譽毁常在小人，而督責常加君子也。」（《新唐書·魏徵傳》一五一九頁）從觀魏徵立太宗之朝，致貞觀之治，諫諍之中，其所持論唯直道而已，稟直道者剴切而中時弊，行之則盛世立見，棄之敗亡漸形，終致於不可救也。阻梗大道不得行者，其爲俗見，誣直道爲迂闊；而俗見之實，無一不爲私慾所遂也；此天下所以嚣嚣而混亂者也；其裏則爲君不明直道之善，有乏决斷之才，以致於在中華史上屢屢喪失中興之機。魏徵之稟直道有啓於後賢者，爲儒道本於天，靈於人，與時偕行，適用於任何時代，無以窮極；且生機勃勃，與萬物同消長。

准乎此，則今之利欲，紛之以偏見，异之以政教；唯我儒道以「道并行而不相悖」「小德川流大德敦化」臨之。苟不深根固本，通其大道，培其享德，剄其正氣，憤其初志，則將何以馭群學，正科技，辨利害，審取捨，則必須通達大道。此中含義有二：一曰儒道同根（即儒家所言之道與道家所言之道，同根同源）。二曰儒道同旨（其所言者均爲爲人之道，爲學之道，惟輕重詳略有差耳）。儒學更重於性、心、情三者之研究；北宋理學興起之後，論之尤詳。對人心與道心之論，自帝堯首示「人心惟危」，繼有《易·損》之「懲忿窒欲」，朱熹之「存天理，滅人欲」，王陽明之「致良知」，迄於戴震之「節其欲而不窮人欲」，似可庶幾抵於定論矣。但節與窮之間，其適中點何在，又如何定之，使個群之間利害適得其所，猶舜十六字經之所示者，蓋亦難矣；唯在執政者依「道、德、仁、義」之真諦高下其心，以致中和耳。故「道、德、仁、義」四者乃儒道之綱，猶魏徵立太宗之朝以「德、禮、誠、信」爲綱者也。余之所以持此論者，以今之世與太宗之世有异也。「儒以道得民。」（見《周禮》卷二）其所求而力行之者道也。此道也含有三道焉：天道（曰陰與）、地道（曰柔與剛）、人道（曰仁與義）是也。孔子曰：「人道政爲大。」（《禮記·哀公問》）《禮器》曰：「天道至教，聖人至德。」可知陰陽、柔剛、仁義、政教、聖德十大要義之綜合，構成了儒家以知行爲核心之道統。發此道統之至義以教以養，廣績而進，不出家學五十年，人才三輩得尽出，滿朝盈野，濟濟多士，不嚴而治，不肅而成之政，自然顯現矣。

余以今「養賢惟德」之意，在技能所面臨者，爲全球群國也，其所稟以其治国、安其民者，亦天道、地道、人道以及由此而派生之政道、教道也。

由於各民族獨具其思維特點，其見道之内外、淺深、曲全、利害亦自不同；從整體、深邃、切實、平易而論，唯我中華儒、道兩家之道爲真爲正爲善爲美，直入人心，精辨善惡邪正，質樸其情，積四千五百年以上之政治實踐，益顯其完備大效。故可大膽勇猛行之；近年儒學熱從民心上自然升起，就預示人之善性、良知、真情三者所蘊藏之向善精神動力無窮，無可抑制者也。道之自然呈現就是德。《周易·繫辭》曰：「天地之大德曰生。」「生生之謂易。」道即德，德即道；道無形，德有形；同時德亦處於無形與有形之間；獨言德時，無形；具體論之則有形；如曰孝德、弟德、夫德、妻德、師德，則有形也；如言德者得也，無形也。

此無形之德，乃民族精神所寄、貫徹於學養之全過程之中。至志賴以此而明焉，毅力賴川此而固焉，專業賴以此而定焉，眼界賴以此而開焉，氣度賴以此而宏焉，德行賴以此而著焉，信譽賴以此而立焉；以之爲官則官正，以之爲士則士端，以從事任何專業或事務，莫不能稱美；利群益身矣。此乃明道立德之效也，儒學真諦所蘊，人之善性良知自見也，亦令之爲教者，所當留意者也。

四、納諫唯明

諫，《説文》曰：「證也。」（諗，《説文》曰：「深諫也。言人之所不能言也。」）《康熙字典》曰：「諫者多别善惡以陳於君。」「干也，干君之意而告之。」「諫諍，直言以悟人也。」《商書・説命》曰：「后（君也，帝）從諫則聖。」余謂「納諫惟明」，明以道統爲納諫之準繩而免謀聽不全之失。業考之史乘，中華帝王之求諫乃一貫之傳統也；始自帝堯，其間最著，文獻史料完備者有唐太宗、宋仁宗、元世祖三朝。兹論述如次。

太宗之朝，「每見臣奏事，必假借顔色，冀聞諫諍，知政教得失。貞觀初嘗謂公卿曰：

『人欲自照，必須明鏡；主欲知過，必藉忠臣。主若自賢，臣不匡正，欲不爲敗，豈可得也？故君失失國，臣亦不能獨全其家；至如隋煬帝暴虐，臣下鉗口，卒令不聞其過，遂至滅亡，虞世基等，尋亦誅死。前事不遠，公等看事有不利於人，必須直言規諫』。貞觀元年，太宗謂侍臣曰：『正主任邪臣，不能致理，正臣事邪主，亦不能致理。惟君臣相遇，有同魚水，則海内可安。朕雖不明，幸諸公數相匡救，冀憑直言鯁議，致天下太平。』貞觀二年，太宗曰：『人君必須忠良輔弼，乃得身安國寧。煬帝豈不以無忠臣，身不聞過，惡積禍盈，滅亡斯及。君臣諫，危亡不遠。朕今志在君臣上下，各書至公，共相切磋，以成理道。』貞觀五年，太宗謂房玄齡等曰：『自古帝王多任情喜怒，喜則濫賞無功，怒則濫殺無罪。是以天下喪亂，莫不由此。朕今夙夜未嘗不以此爲恒欲公等盡情極諫。公等亦須受人諫語，豈得以人言不同己意，即便護短不納。若不能受諫，安能諫人。』貞觀四年，詔發卒修洛陽之乾元殿，以備巡狩。給事中張玄素上書諫曰：『陛下智周萬物，囊括四海，何往不應！志之所欲，何事不從？微臣竊思秦始皇之爲君也，藉周室之餘，因六國之盛，將貽之萬葉，及其子而亡，諒由逞嗜奔欲，逆天害人者也。是知天下不可以力勝，惟當弘儉約，薄賦斂，慎終始，可以永固。』并詳諫五不可之由，與夫勞民傷國之弊曰：『臣嘗見隋室初造此殿，楹棟宏壯，大木非近道所有，多自豫章采來，二千人拽一柱，其下施轂，皆以生鐵爲之，中間若用木輪，動即火出。略計一柱用數十萬，切則餘費又過於此。臣聞阿房成，秦人散；章華就，楚衆離；乾元畢工，隋人解體。且以陛下今時功力，何如隋日？承凋殘之後，役瘡痍之人，費億萬之功，襲百王之弊，以此言之，恐甚於隋煬帝遠矣。深願陛下思之，無爲由余所笑，則天下幸甚。』」（《史記·秦本紀》：由余所笑：「戎王使由余于秦，秦穆公示以宮積聚，由余曰：使鬼爲之則勞神矣，使人爲之亦苦民矣。穆公怪之。由余曰：此乃中國所以亂也。」）」由張玄素之諫觀其言之直，可知貞觀之政，稟直道而行，亦足以見太宗之明矣。

北宋仁宗之朝四十年間，聚集宰輔王曾、文彦博、韓琦等二十二人之衆，盛極一世，天下稱治，諫諍之形式雖不盡同，然其爲諫也則一，兹述之如次：吕夷簡，字坦夫，先世萊州人。真宗崩，仁宗尚未即位之際，太后欲留養于宮中，荆王之子爲仁宗伴讀，夷簡曰：「上富春秋，所親非儒學之臣，恐無益聖德。」即日命還邸中。迄仁宗親政。夷簡手疏陳八事曰：「正朝綱，塞邪徑，禁貨賂，辨佞壬（佞也），絶女謁，疏近習，罷力役，節冗費。」（《宋史・呂夷簡傳》）此八事者似未涉及軍國政教當務之急，實則乃關係國家長治久安不容忽視之蟻穴穿長堤潰之存亡大事也；非諳於歷史，敏於世變者，不足與語也，如正朝綱乃政治之本，朝綱一日不正，則政邪而教廢，民散而失其所歸矣。塞邪徑者，堵塞一切惡念邪欲之泛濫也。《易・損》：「懲忿窒欲之意也。」

韓琦，字稚生，相州安陽人。立仁宗朝，「以直諫爲志，每以明得失，正紀綱，親忠直，遠佞爲急，前後七十余疏，與范仲淹在兵間久，名重一時，人心歸之，天下稱爲韓范。」「西夏元昊稱臣，召爲樞密副使；元昊介契丹爲援，强要所無厭，宰相晏殊等厭兵將，一切從之。琦陳其不便，條所宜先行者七事：一曰清政本，二曰念邊計，三曰擢財賢，四曰備河北，五曰固河東，六曰收民心，七曰營洛邑，又陳捄弊八事：欲选將帥，明按察，豐財利，遏僥倖，進能吏，退不才，謹入官，去冗食。帝悉嘉納。又陳西北四策，以爲今當以和好爲權宜，戰守爲實務。繕甲厲兵，營修都城，密定討伐之計，帝獨識之。」（《宋史・韓琦傳》）

范仲淹，字希文，唐宰相履冰之後，其先邠州人也。徙江南，遂爲蘇州吴縣人。二歲而孤，母更適長山朱氏，從其姓，名説。少有志操，既長，知其世家。乃感泣去，之應天府，依慼同文學，晝夜不息，冬月備甚，以水沃面，食不給至，以糜粥繼之，人不能堪，仲淹不苦也。舉進士第，爲廣德軍司理參軍。迎其母歸養。改集慶軍節度推官，始還姓更其名，仲淹泛通《六經》，長於《易》，學者多從質問，爲執經講解，無所倦。嘗推其奉以食四方游士。諸子至易衣而出，仲淹晏如也。每感激論天下事，奮不顧身，一時士大夫矯厲尚風節，自仲淹倡之。仁宗方鋭意太平，數問當世事，仲淹語人曰：「上用我矣，事有先後，久安之弊，非朝夕可革也。」帝再賜手詔，又爲之開天章閣，召二府條對，仲淹惶恐退，而上十事：一曰明黜陟（二府非有大功善者不遷）；二曰抑僥倖；三曰精貢舉；四曰擇長官；五曰均公田；六曰厚農桑；七曰條武備；八曰推恩信；九曰重命令；十曰減徭役。天子方信嚮仲淹之諫。悉采之，宜著令者，皆詔書。書一頒下。又建言「周制三公兼六官之職，今上非三公論道之任，無六卿佐王之職，非治法也」。仲淹内剛外和，樂善好施。死之日四方聞者皆爲嘆息，爲政尚忠厚，所至有恩。邠慶二州之民與屬羌，皆畫像立生祠事之。及其卒也，羌數百人哭之如父，齋三日而去。既葬，仁宗皇帝親書其碑：「褒賢之碑」。（《宋史·范仲淹傳》）

蔡襄，字君謨，興化仙游人。舉進士，爲西京留守推官。范仲淹以言事去國。余靖論就之，尹洙請與同歐陽修移書責司諫若納，由是三人者皆坐譴。襄作《四賢一不肖》詩，都人士爭相傳寫，鬻書者市之得厚利。襄喜言路開而慮正人難久立也。乃上疏曰：「朝廷增用諫臣，修、靖、素一日并命，朝野相慶；然任諫非難，聽諫爲難；聽諫非難，用諫爲難。三人忠誠剛正，必能盡言。臣恐邪人不利，必造爲禦之之說，其禦之之說，不過有三，臣爲陛下辨之。一曰好名。夫忠臣引君當道論事，唯恐不至，若避好名之嫌，無所陳，則土木之人皆可爲焉矣。二曰好進。前世諫者之難，激於忠憤，遭世昏亂，死猶不辭，何奸進之有？近世獎拔太速，但久而勿遷，雖死是官，猶無悔也。三曰彰君過。諫諍之臣，蓋以司過舉耳；人主聽而行之，足以致從諫之譽，何過之能彰；至於巧者亦然，事難言，則喑而不言，擇其無所忤者，時一發焉。猶或不行，則退而曰：吾嘗論某事矣。此之謂好名。默默容容，無所愧恥。躡資累級，以揾顯仕，此之謂好進。君有過失，不就之未然。傳之天下後世，其事愈不可掩，此之謂彰君之過。願陛下察之。毋使有好諫之名而無其實。不顓聽斷，不攬威權，使號令不信於人，恩澤不及於下，此陛下之失也。持天下之柄，司生民之命，無嘉謀异書以矯時弊，不盡忠竭誠以副任使，此大臣之失也。朝有弊政而不能正，民有疾苦而不能去，陛下寬仁少斷而不能規，大臣循然避事而不能斥，此臣等之罪也。陛下既有過之言，達於天地神祇矣，願思其實以應之。」疏出，闻者皆悚然。進直史館兼修起居註。襄益任職論事，無所回撓。適夏竦罷樞密使，韓琦、范仲淹在位，襄言：「陛下罷竦而用琦、仲淹，士大夫賀於朝，庶民歌於路，至飲酒叫號以爲歡，且退一邪進一賢，豈遂能觀天下輕重哉！蓋一邪退，則其類退；一賢進，則其類進；衆邪并退，衆賢并進，海內有不泰乎！」（《宋史·蔡襄傳》）觀乎蔡襄之道德文章，骨節操守，其或有逾於魏徵也歟。

元之興也，成吉斯汗馳騁草原數十年，廓清漠北；及鐵騎南向，中原板蕩；其孫世祖忽必烈（睿宗第四子）揮師大江南北，底定中原，建立元朝。賴納漢臣劉秉忠、張文謙、郝經、姚樞、許衡等五人之直諫，依儒道以治國，使元祚延續近百年。

劉秉忠，字仲晦，其先瑞州人也。生而風骨秀异，八歲入學，日誦數百言。年十七，一日投筆嘆曰：「吾家累世衣冠，乃汨没爲刀筆吏乎！丈夫不過於世，當隱居以求志耳。」隱武安山中。久之爲海雲禪師所識，因薦之於世祖，入對，論天下事如指掌，世祖大愛之，因面陳之曰：「治亂之道，係乎天，由乎人。愚聞之，以爲上取天下，不可以馬上治。天子以天下爲家，兆民爲子，國不足取於民，民不足取於國，相須如魚水。今地廣民微，民不聊生；率天下百姓務農桑，營産業，實國之大益，古者庠序學校未嘗廢，今郡縣雖有學，并非置，宜從舊製修建三學，設教授，開選擇才，以經義爲上，兼科舉之設，選達才任用之。孔子爲百王師，禮萬世法，今廟堂雖廢，存者尚多，宜令州縣祭祀，明君用人如大匠用材，視其巨細長短以施繩墨規矩。孔子曰：君子不可小知而可大受，小人不可大受而可小知。蓋君子所忖者大，不能盡小人之事。或有一短；小人所拘者狹，不能同君子之量，或有一長，盡其才而用之，成功之道也。君子不以言廢人，不以人廢言，大開言路。所以成天下安兆民也。天地之大，日月之明，而或有所蔽；且蔽天之明者雲霧也，蔽人之明者私慾佞説也。常人有之蔽一心也；人君有之，蔽天下也。常選左右諫臣，諷諭於未形，忖畫於至密也。君子得位有容於小人，小人得勢，必排於君子。明君在上，不可不辨也，孔子曰遠佞人，又曰惡利口之覆邦家者，此之謂也。今言利者衆，非國以利國害民，實欲殘民而自利也，今窮之者益損，富盛者增加，宜禁行利之人勿侍官勢，居官在位者勿侵民利，商賈與民和好交易，不生擅奪欺罔之害，真國家之利也。……紀綱正於上，法度行於天下，是故天下不勞而治也。」（《宋史·劉秉忠傳》）

張文謙，自仲謙，邢州沙河人。世祖居潛邸，爲劉秉忠薦入掌王書記。時徵求百出，民不堪命，逃逸四方，或訴於王府，秉忠與文謙諫於世祖曰：「今民生困弊，莫邪爲甚，蓋擇人往治之，責其成效，使四方取法，則天下均受賜矣。」於是乃選近侍脱兀脱、尚書劉隶、侍郎李簡往，三人至邢，協心爲治，洗滌蠹弊，革去貪暴，流亡之。……復归不期月，户增十倍。又是世祖益重儒士，任之以政，皆自文谦发之。世祖徵大理，主高祥拒命，殺信使，遁去，世祖怒，將屠其城。文謙與秉忠、姚樞諫曰：「殺使拒命者高祥耳，非民之罪，請宥之。」由是大理之民賴以全活。己未，世祖帥師伐宋，文謙與秉忠言：「王者之師有征無戰，當一視同仁，不可嗜殺。」……既入宋境，分命诸将毋妄杀，毋焚人室廬，所獲生口悉縱之。

五、止奢貪杜讒

奢、貪、讒三者，乃敗政亡國之禍根也，質諸中華史乘其爲禍於開國之初者有之，中者亦有之，而以國終者爲甚。見於《五子之歌》者。太康（啓之長子，禹之長孫，以貪逸畋樂，不恤民事，爲羿所逐，不得返國）失邦也。見於明初者，有太祖第四子燕王朱棣篡奪其二侄恭閔帝（允炆）之皇位也。在歷代國運中期因貪讒驕奢而政敗亂興者，在晋有惠帝之賈后貪婪專權而釀成大王之亂，晋祚從此一蹶不振。在唐則有致治開元之唐玄宗，因一旦墜入貪戀女色，卒招致安史之亂，使唐祚式微。在宋有宋高宗趙構因貪圖皇位，竟致於與奸臣秦檜合謀殘殺抗金名將岳飛，偏安臨安，使南宋君民抗金之志無力施展，終抑化爲文天祥之《正氣歌》流傳千古。明代中業，適昏主武宗（朱厚照）敗政，宦官劉瑾、馬永成、高鳳、羅祥、古大用、張永等號稱「八虎」，擅權上下，以致武宗批示匿名狀尾曰：「汝謂賢，吾故不用；汝謂不賢，吾故用之。」君暗如此，其政不可就也。故明祚從武宗居位之日始，便江河日下矣。清祚之運，其形之於外者雖有异於明，其所内蘊者實爲主溺於驕奢，佞臣竊於饕貪。適於中葉之始，乾隆居位之晚期已入衰敗之途；唯乾隆好勝釣名之群小貪功之心有掩飾之耳。「乾隆末年，内外官吏貪墨之惡習，其黨皆掊克聚斂，吸取民間脂膏，厚自封殖百餘年之元氣，爲之斲喪殆盡；人民因相率思亂，始則有山東王倫之亂，繼則甘肅田五，終則川楚白蓮教，而和珅復積壓軍報，虛張功績，濫邀爵賞。」（印鸞章《清鑒》四九八頁）故嘉慶（顒琰）四年己未「正月初三日太上皇崩，帝親政，初八日御史廣興、王念孫等首上疏糾參和珅，列欵二十。是月十八日，以珅二十大罪，宣示天下，賜自盡，福長安等皆伏誅。其子額駙豐紳殷德奪爵，并籍其家財入宮，其財產先後抄没者，凡百有九號，已估價者二十六號，值銀凡二百二兆八十九萬兩有奇，未估價者尚有八十三號（以比例法算之，當得八百兆兩有奇，兩者合計則千兆有奇）。從古貪婪蠹國之臣，未有如和珅之甚者。」清廷之政從此江河日下不復有振興之望矣。更有甚者，自文宗（咸豐帝奕詝）崩后，「懿貴妃（即後來之慈禧太后葉赫那拉氏，安徽寧池廣太道惠徵之女）與孝貞皇后尊爲皇太后。是時怡親王載垣、鄭親王端華、協辦大學士尚書肅順等以文宗遺命，稱贊襄政務王大臣擅政，兩太后患之，御史董元醇，請兩太后權理朝政，兩太后召載垣等人入議；載垣等以本朝未有垂簾難之。侍郎勝保及大學士賈楨等疏繼至，恭親王留守京師，聞喪奔赴，兩太后爲言載垣等擅政狀。九月奉文宗喪還京師，即下詔罪載垣、端華、肅順，皆至死，并罷黜諸大臣預贊襄政務者。授奕訢議政王，以上旨命大臣條上垂簾典禮。十一月乙酉朔，上（穆宗載淳）奉兩太后御養心殿，垂簾聽政。諭曰：「垂簾非所樂爲，惟以時事多艱，王大臣等不能無所稟承，是以姑允所請，俟皇帝典學有成，即行歸政。」（《清史稿》九八〇頁）一場以懿貴妃導演之清宮內之政變，此後演成爲慈禧太后專政四十年，使清廷一切復興、改良之機喪失殆盡，給我中華民族前進途中埋下之禍根，非聖賢睿智所可識者也；其所釀成灾難之深重與道路之陝曲乃相倍徙是也。

在右述三者中，讒佞之禍尤爲身絶，貞觀初，太宗謂侍臣曰：「朕觀前代讒佞之徒，皆國之蟊賊也。或巧言令色，朋黨比周。若暗主庸君，莫不以之迷惑……如隋文帝之輔佐高熲有經國之才，爲文帝贊成霸業，知國政者二十餘載，天下賴以安寧。文帝唯婦言是聽，特令擯斥，及爲煬帝所殺，刑政由是衰坏。……前史云：『猛獸處山林，藜藿爲之不采；直臣立朝廷，奸邪爲之寢謀。』此實朕所望於群公也。」魏徵曰：「《禮》云『戒慎乎其所不睹，恐懼乎其所不聞。』《詩》云：『愷悌君子，無信讒言，讒言罔極，交亂四國。』又孔子曰：『惡利口之覆邦家。』盖为此也。臣嘗觀自古有國有家者，若曲受讒譖，妄害忠良，必宗廟丘墟，市朝霜露矣。願陛下深慎之。太宗以聖明，讒佞絶迹於貞觀之朝，但在此一百五十年之後，德宗之朝，雖有直臣如陸贄（字敬與，蘇州嘉興人，特立不群，頗勤儒學，年十八登進士第，召爲翰林學士）者，德宗以佞讒所蔽，只用贄之文才，（建中四年，朱泚謀逆，天下叛亂，徵發指蹤，千端萬緒，一日之内詔書數百，贄揮翰起草。初若不經思慮，既成之後，莫不曲盡事情，中于机会。）而不能用遠謀。贄上奏言：「克敵之要，在乎將得其人；馭將四方，在乎操得其柄，將非其人者，兵雖衆不足恃，操失其柄者，將雖材不爲用。將不能使兵，國不能馭將，非止費財豫之弊，亦有不戢自焚之灾。」（《資治通鑒》七三四八頁）「不戢自焚」，贄之慮患何其深也！而得宗卒不能用者，以其溺於盧杞之佞讒也。「盧杞字子良，故相懷慎之孫，杞以門蔭，節度使僕固懷恩闢爲掌書記，歷刑部員外郎等，杞貌陋，而色如藍，人皆鬼視之，頗有口辯。建中初徵爲御史中丞。時尚父子儀病，百官造問，皆不屏姬侍；及聞杞至，子儀悉令屏去，獨隱几以待之。杞去，家人問其故，子儀曰：杞形陋而心險，左右見之必笑，若此人得權，即吾族無類矣。既居相位，忌能妬賢，迎吠陰害，小不附者必致之於死，……天下無賢不肖，視杞如讐。……杞作相三年，矯誣陰賊，排斥忠良，朋附者欻唾立至青雲，睚眦者顧盼已擠溝壑，傲很背德，反亂天常，播越鑾輿，瘡痍天下……百揆失序，惡直醜正，亂國殄人，天地神祇所知，蠻夷華夏同棄……三軍將校願食其肉，百闢卿士嫉之若讐……忠良痛骨，庶士寒心……物議沸騰，行路驚嗟；人之無良，一至於此……德宗謂宰臣曰：『朕欲授杞一小州刺史，可乎？』李勉對曰：『陛下授杞大郡亦可，其如兆庶失望何？』上曰：『衆人論杞奸邪，朕何不知！』勉曰：『盧杞奸邪，天下皆知，唯陛下不知，此所以爲奸邪也。』……盧寻卒於澧州。」（《舊唐書·盧杞傳》）盧杞之奸邪所以能蔽德宗者，以德宗自身所稟者非正道也，因此而不明「有言逆於汝心必求諸道，有言遜於汝心必求諸非道」之大旨。由此而明歷代所以奸邪佞擅權而終致傾覆者，其根在君王失道悖德也，證之史實，無代無之，可謂鐵則；其中尤以貪讒不治，必致覆亡，乃鐵則中之鐵則也。由此而見，吏治者，簡言之有二焉：一曰正君心，君正則官正；二曰治貪讒，朝廷清於上，政教肅於下，無爲而治矣。

第二節　股肱惟賢

《尚書·益稷》首發元首、股肱一體協作之義：「股肱喜哉！元首起哉！百工熙熙哉！」君、輔、臣三位一體；輔弼居承上統啓統下之位，乃致治之關鍵也。《周禮》對股肱之職能作了詳盡之規定；《尚書·周官》又對三公六卿之職能作了綜合性之概括：「茲惟三公，論道經邦，燮理陰陽。……少師、少傅、少保曰三孤，二公弘化，寅亮天地，弼予一人。……冢宰掌阻梗而置之弗用，連劉向亦爲之悼痛：「賈誼言三代與秦亂之意，其論甚美，通達國體，雖古朝，歷時二十有三年，初見大治，但對賈誼所諫之《治安策》却因周、灌、馮、張等諸大臣之軍，領南北軍，張武爲郎中令，行殿中。周勃、灌嬰、馮敬、張相如等老成持重之臣俱立於無和可奈何！」幽王舉燧火兵莫至，犬戎殺幽王於驪山下。兩漢文景之治：文帝以宋昌爲衛將下安寧，刑錯四十餘年不用。周幽王寵褒姒，又以佞人虢石父爲卿，太史伯陽曰：「禍成矣，季朝京師也」）。」周成王幼，召公爲保，周公爲師，攝政七年還政成王，造成康之至治，天始已具此雛形，至舜帝更親巡守於四岳，并定爲制度。「五載一巡守，群后四朝（鄭云：「四有無上權威、足以號令天下諸侯之中央政府，出政則仁心動百姓，敷教則慈孝感萬民。從堯帝

細察中華歷史，舉凡治世，必然是君王有道盛德，輔弼睿智哲誠直，組成一德一心、具

以公滅私，民其允懷。」（《十三經註疏》二三五頁）

地利。六卿分職，各帥所屬，以倡九牧，阜成兆民，……明王立政，不惟其官，惟其人，……下。司馬掌邦政，統六師，平邦國。司寇掌邦禁，詰姦慝，刑暴亂。司空掌邦土，居四民，時邦治，統百官，均四海。司徒掌邦教，敷五典，擾（安也）兆民。宗伯掌邦禮，治神人，和上

之尹管未能遠過也。使時見用，功化必盛，爲庸臣所害，甚可悼痛！」此亦文帝之一失也。及景帝居位十六年賡續實行輕徭薄賦，與民生息之仁政，民富國盈，同時納晁錯削藩之言：「今削之亦反，不削亦反；削之，其反亟，禍小；不削，其反遲，禍大。」遂定削藩計。及吳楚七國反，使詭計，佯稱誅晁錯，以蒙景帝，袁盎多受吳王金錢，專爲蔽匿，説景帝曰：「吳楚相遺書，言高皇帝王子弟各有分地，今賊臣晁錯擅謫諸侯，削奪之地，以故反，欲西共誅錯復故地而罷。」後十餘日，上令丞相青、中尉嘉、廷尉歐（陶青，嘉失其姓，張歐）劾奏錯：「不聽主上德信，欲疏群臣、百姓，又欲以城邑予吳，無臣子禮，大逆無道。錯當要（腰也）斬，父母、妻子同產無少長皆棄市。」制曰：「可。」錯殊不知。壬午，上使中尉召錯，紿載行市，錯衣朝斬東市。謁者僕射鄧公爲校尉。上書言軍事，上問曰：「道軍所來，聞晁錯死，吳楚罷不？」鄧公曰：「吳爲反數十歲矣！發怒削地，以誅晁錯爲名，其意不在錯也。且臣恐天下之士拑口不敢復言矣。」上曰：「何哉？」鄧公曰：「夫晁錯患諸侯强大不可制，故請削之，以尊京師，萬事之利也。計畫始行，卒受大戮，内杜忠臣之口，外爲諸侯報仇，臣竊爲陛下不取也。』於是帝喟然長息曰：「公言善，吾亦恨之。」（《資治通鑒》五二二—五二三頁）於此可見景帝處置晁錯以殺戮相加有失首與股肱之大義，是無道損德，背信棄義之表現。晁錯捨身忘家忠於漢室，於今猶存其光明磊落。景帝則令丞相、中尉、廷尉俱居股肱之高位者羅織錯罪，其辭空虛，令後人讀之唯生强加之罪，何患無辭之嘆；而且「紿載行市，衣朝衣斬東市」，就連愚夫愚婦都能猜得此中必有蹊蹺。故班固贊曰：「晁錯鋭於爲國遠慮而不見身害，其父睹之，悲夫！錯雖不終，世哀其忠！」（《前漢書・晁錯傳》二一七頁）

稽之漢以下之歷史，元首與股肱協一同德者遠以貞觀之朝爲上，更以太宗之明爲導。貞觀初，太宗謂侍臣曰：「爲君之道，必須先存百姓，若損百姓奉其身，猶割股以啖腹，腹飽而失斃。若安天下，必須先正其身；未有身正而影曲，上理而亂著。朕每思，傷其身，不在外物，皆由嗜欲，以成其禍，所欲既多，所損益大。且後出一非理之言，萬姓爲之解體，怨讟既作，叛離亦興。朕每思此，不敢從逸。」諫議大夫魏徵對曰：「古者聖哲之主，皆近取諸身，故能遠體諸物。昔楚聘詹何，問其治國之要，詹何對以修身之術。楚王又問以理過何如？詹何曰：『未聞身理而國亂者。』陛下所明，實同古義。」貞觀四年，群臣論區處突厥降唐十餘萬口，乃君臣議政之善例：「朝士多言狄自古爲中國患，今幸而破亡，宜悉徙之河南，兗豫之間，分其種落，散居州縣教之耕織，可以化胡虜爲農民，永空塞北之地。中書侍郎顔師古以爲：『突厥、鐵勒皆上古所不能臣，陛下既得而臣之，請皆置之河北。分立酋長，領其部落，則永永無患矣。』禮部侍郎李百藥曰：『突厥雖云一國，然其種類區分，各酋帥；今宜因其離散，各即本部署爲君長，不相臣屬；國分則弱而易制，各自保全，必不能抗衡中國。仍請於定襄置都護府，爲其節度，此安邊之長策也。』夏州都督竇静曰：『戎狄之性，不可以以刑罰威，不可以以仁義教，置之中國有損無益，恐一旦變生，犯我王略。莫若因其破亡之餘，施以望外之恩，假之王侯之號，妻以宗室之女，分其土地，析其部落，使其權弱勢分，易爲羈制，可使常爲藩臣，永保邊塞。』温彦博以爲：『徙於兖豫之間，則乖違物性生，非所以存養之也。請準漢建武故事，置降匈奴於塞下，全其部落，順其土俗，以實空虚之地，使爲中國扞蔽，策之善者也。』魏徵曰：『突厥世爲寇盜，百姓之讐也，今幸而破亡，宜縱之使還故土，不可留之中國。夫戎狄之心，弱則請服，强則叛亂，固其常性，今降者衆十萬數年之後蕃息倍多，必爲腹心之疾，不可悔也。』彦博曰：『王者之於萬物，天覆地載，靡有所遺，今突厥窮來歸我奈何棄之而不受乎？孔子曰『有教無類』，若就其死亡，授以生業，教之禮義，數年之後，悉爲吾民。選其酋長，使入宿衛，畏威懷德，何後患之有？』上卒用温彦博策，處突厥降衆，東自幽州，西至靈州，置順、祐、化、長四府；又分頡利之地爲六州，左置定襄都督府，右置靈中都督府，以統其衆。」（《資治通鑒》六〇七五—七七頁）

右引諸輔臣對區處内附突厥之論多慮利害，唯温彦博從王者之仁心善教化民立論，故太宗納而善處之，實乃「元首明哉！股肱良哉！庶事康哉」。此可謂吏治中核心環節，不可或缺者也。

第三節　庶官十二德

余以爲吏治中最根本之問題，乃庶官群吏必須具備嚴謹而切實之道德修養，此種修養又必以完美之學養爲基礎，是則教育必以道德高厚，志趣自遠，智慧四開，意氣風發，正氣凛然矣。兹以十二德厲群吏曰誠、信、忠、孝、仁、義、公、勤、正、廉、儉、謙。

一曰誠。誠有二義焉：一曰本體。《中庸》所言：「誠者，物性之終始，不誠無物。」

（物，萬物也，亦事也，大任無誠萬物不生，小人無誠則每事不成。）誠者乃萬物資生之本體也。此本體之存在，聖哲者一目瞭然，生而知之者也。「誠者，非自成己而已也，所以成物也；成己仁也，成物智也，性之德也，合內外之道也，故時措之宜也。」由此而明誠之義深矣遠矣，大道之所發矣，大德之所蘊矣。故《中庸》又曰：「自誠明謂之性，（萬物化育，自形其性命。）自明誠謂之教，誠則明矣，明則誠矣。」此明性至教與夫明則誠，誠則明之過程，乃人之自我覺醒之過程，亦自哲自睿，自聖自賢，自德自能，自忘自善之過程，於此八自中，唯自忘無其形迹。故《中庸》又言：「唯天下至誠，爲盡物之性，則可以贊天地之化育；則可以與天地參矣。」此乃天、地、物、人一體，各遂其性，并且窮理盡性（盡人性，盡物性，復歸於天，與天地同化育，之最高境界）是徹底之性善論。（人性善與物性善一體，乃同根同源者也。）故余以爲我中華民族對全人類文明所作之最大貢獻就是「性善論」。政與教由善性而出，科學與技術由善性而發，宗教、哲理、以及舉凡一切意識形態之無，乃至經濟活動之始終，合於善性者昌，違之者亡，此不易之理。無可逃遁者也。二曰誠信。《説文》：「誠，信也。」《康熙字典》：「誠，信也，敬也，純也，無僞也，真實也。」立誠，乃爲人爲官之根本也。

二曰信。《説文》：「信，誠也。會意，人言則無不信者。」《康熙字典》：「信，慤也，不疑也，不差爽也。」《商書・仲虺之誥》曰：「克寬克仁，彰信兆民。」（言湯以寬仁之德，明信於天下。）《管子・立政》曰：「臨事不信於民者，則不可使任大官。」（九頁）至唐貞觀十年魏徵在上《疏》中曰：「德禮誠信，國之大綱，在於君臣父子，不可斯須而廢也。孔子曰：『君使臣以禮，臣事君以忠。』又曰：『自古皆有死，民無信不立。』」人如無信，從事任何事業與生計必無相與者，何能立足於官宦乎？上下左右都無信者，何取信於民乎！

三曰忠。《説文》：「盡心曰忠。」註曰：「敬者，肅也，未有盡心而不敬者。」《康熙字典》：「忠，敬也，直也，竭誠也，無私也，又厚也，內盡其心而不欺也。」《論語・學而》：曾子曰：「吾日三省吾身，爲人謀而不忠乎？與朋友交而不信乎？傳不習乎？」可目古人每日修養大事以忠爲首也；爲官任職者，忠於其守，忠於其上乃必備之品德也。歷代吏治無不以忠厲臣節也。「疾風知勁草，板蕩識誠臣」者也。「武德中有馮立者，爲東宮率，甚爲隱太子親遇。太子之死也，左右多逃散，立嘆曰：『豈有生受其恩，而死逃其難乎！』於是率兵犯玄武門，苦戰，殺屯營將車敬君弘，遂解兵遁於野，俄而來請罪，太宗慰勉之，授左屯衛中郎將。未几突厥至，馮率數百騎，與虜戰於咸陽，所向皆披靡，太宗聞而嘉嘆之。」「貞觀二年，將葬故息隱王建成、海陵王元吉，尚書右丞魏徵與黃門侍郎王珪，請豫陪送，上表曰：『陛下德先四海，道貫前王，陟罔有感，追懷棠棣，明社稷之大義，申骨肉之深恩；瞻望九原，義深凡百；望於葬日，送至墓所。』太宗義而許之，於是宮中舊僚吏，盡令送葬。」此忠而事主懷舊之例也；但吏治中則在於忠其職守，善其事能，以收仁政教化成俗之效。

四曰孝。《説文》：「孝，善事父母者。」《祭統》：「孝者，畜也。順於道，不逆於倫，是之謂畜。」「從老省，從子，子承老也。」《孝經》：子曰：「夫孝，德之本也。教之由生也。」曾子曰：「甚哉！孝之大也。」子曰：「夫孝，天之經也，地之義也，民之行也，天地之經而民是則之。則天之明，因地之利，以順天下，是以教不肅而成，其政不嚴而治。」此孝道經曾子在《禮記・祭義》中之發揮：「身也者父母之遺體也，行父母之遺體，敢不敬乎！居處不莊，非孝也；事君不忠，非孝也；涖官不敬，非孝也；朋友不信，非孝也；戰陳無勇，非孝也。五者不遂，災及於親，可不敬乎！夫孝，置之而塞乎天地，溥之而橫乎四海，施諸後世無朝夕，推而放之東海而準，推而放諸四海而準，推而放諸南海而準，推而放諸北海而準。夫子曰：斷一樹，殺一獸，不以其時，非孝也。」就更顯孝德豐富而完備矣。曾子更在《孝經》中問孔子曰：「敢問聖人之德，無以加於孝乎？」子曰：「天地之性，人爲貴；人之行，莫大於孝。」又曰：「君子之事親孝，故忠可移於君；事兄悌，故順可移於長；居家理，故治可移於官。孝悌之至，通於神明，光於四海，無所不通。」《詩大雅·既醉》曰：「孝子不匱，永錫爾類。」孝之義大矣哉！刑昺《孝經註疏序》曰：「孝經者有百行之宗，五教之要。」唐玄宗《孝經序》曰：「聖人知孝之可以教人也，故因嚴以教敬，因親以教愛，是以順移忠之道昭矣，立身揚名之義彰矣。」勒之於石碑，曰《石臺孝經》是也。後之歷代擢拔官吏者亦以孝行著於鄉閭者爲尚焉。

五曰仁。《説文》：「仁，親也；親者，密至也。從人從二，《中庸》曰：『仁者，人也。人相偶，敬也。』《詩·匪風》箋云：『人偶能輔周道治民者。』獨則無偶，偶則相親。孟子曰：『仁者，人也。謂能行仁恩者，人也。』又曰：『人，人心也。謂仁乃是人之所以爲心也。』」《康熙字典》：「仁，古文忎。」《释名》：忍也。《易·乾卦》：『君子體仁，足以長人。』」《禮記·禮運》：『仁者，義之本也。順之體也，得之者尊。』」《周易·説卦》曰：「立人之道曰仁與義。」孔穎達《疏》曰：「天地既立，人生其間，立人道者有二種之性，曰愛惠之仁，與斷刮之義也。」《孟子·盡心》揭明「君子所性，仁義禮智根於心」。性善論賴以立焉，爾後朱熹更以爲：「孔門之學，所以必以求仁爲先，蓋此萬理之原，萬物之本。」「仁者，天地生物之心。」「此心之仁，即是天德之元。」（《朱子新學案》三四〇—三四七頁）程明道專著《識仁篇》以闡明仁之大義。宋明理學家宗之，於今更覺燦然勝初：「學者須先識仁。仁者，然與物同體，義、禮、智、信皆仁也。識得此理，以誠敬存之而已，不須防儉，不須窮索。若心懈，則有防，心苟不懈，何防之有！理有未得，故須窮索，存久自明！此道與物無對，「大」不足以明之。天地之用，皆我之用，孟子言「萬物皆備於我」，須「反身而誠」，乃爲大樂。若反身未誠，則猶是二物有對，以己合彼，終未有之，又安得樂！《訂頑》（横渠《西銘》舊名《訂頑》）意思，乃備言此體，以此意存之，更有何事。「必有事焉而勿正，心勿忘，勿助長」，未嘗致纖毫之力，此其存之之道，若存得，便合有得，蓋良既能，元不喪失。以昔日習心未除，欲須存習此心，久則可奪舊習。此理至約，惟患不能守，既能體之而樂，亦不患不能守也。（《明道學案》五四〇頁）程朱之論，雖甚周密，具有新意，但細嚼體會，終不如孔子之言之顗且削立也。《論語・顏淵》：「顏淵問仁，子曰：克己復禮爲仁，一日克己復禮，天下歸仁焉。」《論語・里仁》又曰：「君子無終食之間違仁，造次必於是，顛沛必於是。」《論語・衛靈公》更曰：「志士仁人，無求生以害仁，有殺身以成仁。」歷代仁人志士無不稟孔子之教，（「智者不惑，仁者不憂，勇者不懼。」）慷慨就義；乃其尤著有文天祥之高唱《正氣歌》雄死於元大都，有譚嗣同之闡明《仁學》血濺於清北京。乃同一仁也，同一地也，更是同爲「楚囚」也。

六曰義。《説文》：「義，己之威義也。」（以字之從我也。古者儀作義，今仁義字用之。誼者人所宜也。義之本訓謂禮容各得其宜，禮容各得其善矣。義善矣，引申之，訓也。董子曰：仁者，人也；義者，我也。從羊者與善美同。）《康熙字典》：「義，從我羊，與善同意。《釋名》義，宜也。裁制事物，使各宜也。《易・乾卦》：『利物足以和義。』」《易・坤象》曰：「君子敬以直内，義以方外。」此外柔内剛之象也，此象也具有普遍意義，必外柔内剛始可善處庶物而不失其正，使之合於道而全其德也。貞觀元年，太宗曰：「朕看古來帝王，以仁義爲治者，國祚延長；任法御人者，雖就一時，敗亡亦促。今欲專以仁義爲治，望革近代之澆薄也。」貞觀二年，太宗謂侍臣曰：「朕謂亂離之風俗難移，比觀百姓漸知廉恥；官人奉法，盜賊日稀，故知人無常俗，但政有治亂耳。是以爲國之道，必須撫之以仁義，示之以誠信，因人之心，去其苛刻，不作异端，自然安静。公等宜共行斯事也。」异端最害正道；但我中華歷史發展却日益證明在儒、道兩家大道面前顯得蒼白無力；特别在政治上儒道所受之干擾不是异端，而是皇室内部之争權與夫大權傍落於外戚，佞讒於宦官之手。今則不然，自西學西藝東漸以來，异端暴行有作，近二百年中，大戰小戰未已，先是列强瓜分中國，二戰及冷戰之後則是包圍中國，其間欲滅人之國者俱在以西方民主欲以取代民族文化之陰謀也，欲以强權取代仁義也，此乃儒家仁政之核心，吾濟當清醒而長守之。

七曰公。《説文》：「公，平分也。八猶背，八厶，背私也。韓非曰：『背厶爲公也。』八厶爲公，六書之會意也。」《康熙字典》：「《爾雅·釋言》：無私也。《書·周官》：『以公滅私，民其允懷。』《禮記·禮運》：「大道之行也，天下爲公。」（孔穎達《疏》

曰：「天下爲公謂天子位也。爲公謂揖讓而授權德，不私傳子孫也。即廢朱均而用舜，禹是也。」）西漢代王（劉恒之）中尉宋昌曰：「王者無私。」孔子對天下爲私之現象，在《禮運》篇中予極嚴肅之批評，其言曰：「今大道既隱（隱猶去也），天下爲家（傳位于子）。各親其親，各子其子，貨力爲己，大人世及以爲禮，城郭溝池以爲固，禮義以爲紀，以正君臣，以篤父子，以睦兄弟，以和夫婦，以設制度，以立田里，以賢勇知，以功爲己，故謀用是作，而兵由此起。禹、湯、文、武、成王、周公，由此其選也。此六君子者，未有不謹於禮者也，以著其義，以考其信，著有過，刑仁講讓，示民有常，如有不由此者，在執者去，衆以爲殃，是謂小康。」此一大段話乃是孔子對家天下之最嚴厲之批評。自三代至孔子雖已歷時一千五百年，已不可逆轉家天下之走勢；但孔子稟天下爲公之大道，不得不指斥從堯舜開創之禪讓製爲禹改爲家天下之非。此非也乃歷史之大罪，孔子言曰：「衆以爲殃，是謂小康。」何謂衆以爲殃？此須從大道行也説起：「使老有所癢，壯有所用，幼有所長……是故謀閉而不興，盜竊亂賊而不作，故外户而不閉，是謂大同。」衆人對大同世界感到簡樸安寧。今大道既隱，天下爲家，貨力爲己，城郭溝池以爲固（自不免徵發勞民），禮義以爲紀（紀則約束人，自感不適），而兵由此起（兵起則謀用是作，民無以安生矣）。」戰爭引發之禍殃，則難以盡言矣。何謂小康？（鄭氏註曰：「康，安也，大道之人以禮於忠信爲薄，言小安者，失之則賊亂將作矣。」）由此而明稟公者無私也。無憂也，大度也，無所畏懼也。

八曰勤。《説文》：「勤，勞也。」《康熙字典》：「《爾雅疏》：『勤者，勞力也。』」韓愈《進學解》曰：「業精於勤荒於嬉，行成於思毀於隨。」業如此，其他凡百類千職務莫不皆然。爲官者亦發號施令，或權力本身，使其職責具有權威性，易於滋生傲慢與懶惰；久之則腐敗官風，以致於失政害民，此在官僚機構中乃屬俯拾不暇之現象。救之法唯一勤字而已。實則此勤政（職）之心生於公忠、體國與愛民之志，勤於思考、妥善處理而安之法，勤於檢查實效之方，思有以補救之途等等。

九曰正。《説文》：「正，是也。」《康熙字典》：「《新書·道術篇》：『方直不曲謂之正。』」《易·乾卦》：『剛健中正。』又備也，足也。《説苑》：『人臣之義有六正，謂聖臣、良臣、忠臣、智臣、貞臣、直臣。』」《論語·顔淵》：「季康子問政於孔子，孔子對曰：『政者正也，子帥以正，孰敢不正。』」老子曰：「以正治國，以奇用兵，以無事取天以道治國則國平，以正治國則奇正起也，以道治國則崇本以息末；以正治國立闢以攻末。」（王弼註曰：「以道治國則國平，以正治國則奇正起也，以道治國則崇本以息末；以正治國立闢以攻末。」）王弼所見，亦猶是也。儒家之仁政即以道治國者也。孔子所答魯哀公問：「人道政爲大。」蓋直言大道中之人道也。孔子答季康子之問：「政者，正也。」亦直言大道也。唯此大道見之於儒家之政者，乃仁政也，此起也，而與正對立者，則有邪佞讒諛之分也。立朝之官長處正邪忠佞之間，正直則邪佞不入矣。歷代君昏臣亂之際，唯聞正人君子懔烈昂然不動，或建撥亂反正之功，或扶大廈將傾之效，唯賴所稟道德正氣焉耳。

十曰廉。《説文》：「廉，仄也。（註：「偪仄也。引申之爲清也。儉也，嚴利也。仄者圻堮陖陗之謂。」）《康熙字典》：「《釋名》斂也，自儉斂也，斂者，潔不濫濁也。《禮記·儒行》：『砥礪廉隅』」凡爲仕者，廉清自守，最見品德精神。初入仕途者，以尚處上進途中，多能克制私慾萌動，及其一帆風順，四察上下左右清濁之情，賞罰失實之壯，又適遇指混亂之機，便不免墜入貪鄙之地。歷代貪風不絕，廉政無以長存者，其根蓋在私慾不除隨機萌發也。隨歷史之進程，尤見人之私慾有增無已；西風東漸以後，更有人欲横流之勢；近則人心寡廉鮮恥，貪風日熾，無孔不入，更似星火燎原，無可懲治之態，此實乃前史未見者也。乾隆帝豢養之巨貪和珅（貪污總數值銀三百壹拾兆八十九萬兩），在嘉慶帝（顒琰）親政後之十五日即以二十大罪宣示天下，藉没其家。於兹可見貪官之危政，懲治與否，完全取决於帝王與貪佞者之親疏，和珅以佞鄙取悦乾隆，乾隆庇之；嘉慶洞察和珅之奸佞，一旦親政即除之。可知爲官者唯廉可保位與平安也。

十一曰儉。《説文》：「儉，約也。」（註：「約者，纏束也。儉者不敢放侈之意。」）《禮·檀弓》：「國奢之以儉，國儉示之以禮。」《左傳·莊公二十四年》：「儉，德之共也。」《道德經》：「我有三寶，持而保之：一曰慈，二曰儉，三曰不敢爲天下先。慈故能勇，儉故能廣（王弼註：節儉愛费，天下不匱，故能廣也）。不敢爲天下先，故能成器長（爲物之長）。」（六十七章）儉之義大矣哉！非儘限於古人儉德之謂也。乃爲天下立儉德也；爲官者爲天下立儉德乃其天職也；爲府節約錢物，乃其義務也；爲天下人揚儉德之楷模，乃其本分應有之修養也。今則不然，爲利資本家之利益，宣揚西方之消費觀有悖儉德治國齊家、立身之宗旨，其惑亂人心之害，詎可估量之哉！當揚我傳統之儉德，以養成風化，則世世受益矣。

十二曰謙。《説文》：「謙，敬也。」（敬，肅也。）《康熙字典》：「《全篇》：「讓也。」《增韵》：「致恭也，不自滿也。」《易·乾卦》：「謙亨君子，有終。」《釋文》：「卑退爲義，屈己下物也。」《朱子本義》：「有而不居之義。」唐太宗之言自謙，正見此有而不居之義。貞觀二年，太宗謂侍臣曰：「『人道惡盈而好謙。』朕每出一言，行一事，必上畏皇天，下懼群臣，天高聽卑，何得不畏？群公卿士，皆見瞻仰，何得不懼？以此思之，但知常謙常懼，猶恐不稱天心，及百姓意也。」魏徵曰：「古人云：『靡不有初，鮮克有終。』但願陛下守此常謙常懼之道，日慎一日，則宗社永固，無傾覆矣。堯舜所以太平，實用此法。」貞觀三年，太宗聞給事中孔穎達曰：「《論語》云：『以能問於不能，以多問於寡，有若無，實若虛。』何謂也？」孔穎達對曰：「聖人設教，欲人謙己；己雖有能，不自矜大。仍就不能之人；己之才能雖多猶以爲少。己之雖有，其壯若無；己之雖實，其狀若虛。非惟匹庶，帝王之德。亦當如此。」太宗曰：「誠如卿所言。」詔賜物二百段。（《貞觀政要》）此所引者帝王之謙德，一般官吏之謙德，當更爲嚴謹以行之耳。

右舉十二德，若能行之於官吏中，則政清人和矣。近之官風不正，政風浮競，或使人悲觀，以爲天下韜韜，芸芸衆生，悉已捲入逐利之大漩渦之中，其勢若海嘯大潮，無力可以回天；不知此回天之力就蘊藏在人之良知與夫中央政府所當推行之仁政善教之中，其醇化之功適如「君子之德風，小人之德草，草上之風必偃」，（《論語・顔淵》）在政教中深研堯舜遺教「人心惟危，道心惟微，惟精惟一，允執厥中」十六字真經，「允執厥中」，必見大效，吏治之用，於兹爲重：治官治其心，政教自醇矣。

第四節　官制

中華歷史上第一部官制乃《周禮》也，其詳備要實可稱之謂世界史上第一部官制，或曰世界第一部政府管理學，爲周公所定，其欲「致太平之迹」，盡在於斯矣。析其内涵結構，可分爲四個層次：一曰建立中央政府之意義；二曰設官分職；三曰定職責；四曰所司定員。

一建立中央政府之意義。「惟王建國，辨方正位，體國經野，設官分職，以爲民極。」箕子在《周書・洪範》發明「民極」之義曰：「天子作民父母以爲天下王；無偏無陂，遵王之義；無有作好，遵王之道，無有作惡，遵王之路；無偏無黨，王道蕩蕩；無黨無偏，王道平平。無反無側，王道正直；會有其極，歸其有極（極，中也。言會其有中而行之則天下歸其有中矣）。」《中庸》有言曰：「喜怒哀樂之未發謂之中，發而皆中，謂之和；中也者，天下之大本也；和也者，天下之達道也；致中和，天地位焉，萬物育焉。」於此可明建立中央政府之意義，不僅在建立中央政府之權威，極其重要者，是建立中央政府之指導思想—大本達道，致中和，王道蕩蕩，無黨無偏，天地位焉，萬物育焉。

二設官分職。設立六官：天官、地官、春官、夏官、秋官、冬官。分職：「立天官冢宰，使帥其屬，而掌邦治，以佐王均邦國。」「立地官司徒，使帥其屬，而掌邦教，以佐王安擾（擾，亦安也）邦國。」「立春官宗伯使帥其屬而掌邦禮，以佐王和邦國。」「立夏官司馬，使帥其屬，而掌邦邪正，以佐王平邦國。」「立秋官司寇，使帥其屬，而掌邦禁，以佐王刑邦國。」（《冬官考工記》。陸曰：鄭云：「此篇司空之官也。司空篇亡，漢與購千金不得。此前世識其事者記録，以備大數爾。」）「國有六職，百工與居一焉。或坐而論道，或作而行之，或審曲面執，以飭五材，以辨民器，或通四方之珍异，以資之，或飭力以長地財，或絲麻

以成之。坐而論道謂之王公；作而行之，謂之士大夫；審曲面執以飭五材，以辨民器，謂之百工。」（《周禮》）

三明定職責。「大宰（即冢宰）之職，掌建邦之六典，以佐王治邦國。（鄭氏註曰：「大曰邦，小曰國，邦之所居亦曰國。典常也，經也，法也。」）一曰治典，以經邦國，以治官府，以紀萬民。二曰教典以安邦國，以教官府以擾（擾，安也）萬民。三曰禮典，以和邦國，以統百官，以諧萬民，四曰政典，以平邦國，以正百官，以均萬民。五曰刑典，以詰邦國，以刑百官，以糾萬民。六曰事典，以富邦國，以任百官，以生萬民。」「以八法治官府！一曰官屬，以舉邦治；二曰官職，以辨邦治；三曰官聯，以會官治；四曰官常，以聽官治；五曰官成，以經邦治；六曰官法，以正邦治；七曰官刑，以糾邦治；八曰官計，以弊（弊，斷也）邦治。」大司徒之職，掌建邦之土地之圖，與其民人之數，以佐王安擾邦國，以天下土地之圖，周知九州之地域廣輪之數，辨其山、林、川、澤、丘、陵、墳、衍、原、隰之名物；以土會之法，辨五地之物生。一曰山林，其動物宜毛物；其植物宜早物；其民毛而方。二曰川澤，其物宜鱗物，其植物宜膏物，其民黑而津。三曰丘陵，其動物，宜羽物，其植物宜覆物，其民專而長。四曰墳衍，其動物宜介物，其植物宜莢物，其民皙而瘠。五曰原隰，其動物宜贏物，其植物宜叢物，其民豐肉而庳。因此五物者民之常，而施十有二教焉。一曰以祀禮教敬，則民不苟，二曰以陽禮（「陽禮，謂鄉射飲酒之禮也」）教讓，則民不爭。三曰以陰禮（「陰禮謂男女之禮，婚姻以時，則男不曠，女不怨」）教親，則民不怨。四曰以樂禮教和，則民不乖。五曰以儀（「儀謂君南面臣北面，父坐子伏之屬」）辨等，則民不越。六曰以俗（「俗謂土地所生習也」）教安，則民不偷。七曰以刑教中，則民不虣（虣，音暴，虐也，猛也，亂也）。八曰以誓（誓，謹敕也。恤，灾危相憂也）教恤，則民不怠。九曰以度（「度，衣服宫室之等，尊卑不同」）教節，則民知足。十曰以世事（世事，祖父所爲之業，子孫述而行之，不失本職）教能，則民不失職。十有一曰以賢制（制，爵也）爵，則民慎德。十有二曰以庸（庸，功也）製禄，則民興功。」右所述録者爲天官，地官之職，此外尚有春官大宗伯，夏官司馬，秋官司寇之職，俱有明定，不詳録焉。

四所司定員，如天官冢宰之屬，設大宰卿一人，小宰中大夫二人，宰夫下大夫四人，上士八人，中士十有六人，旅下士三十有二人，府六人，史十有二人，胥十有二人，徒百有二十人。如地官司徒，設大司徒卿一人，小司徒中大夫二人，鄉師下大夫四人，上士八人，中士十有六人，旅下士三十有二人，府六人，史十有二人，胥十有二人，徒百有二十人。餘如春、夏、秋、冬四官不具録矣。

歷代仿《周禮》之制，各因其時設官職，或曰丞相，或曰宰輔，或曰僕射，各异其名，各建其制，亦不具述矣。

第六章　尊賢

《中庸》昭誥：「凡爲天下國家有九經，曰：『修身也，尊賢也，親親也，敬大臣也，體群臣也，子庶民也，來百工也，柔遠人也，懷諸侯也。修身則道立，尊賢則不惑，親親則諸父昆弟不怨，敬大臣則不眩，體群臣則士之報禮重，子庶民則百姓勸，來百工則財用足，柔遠人則四方歸之，懷諸侯則天下順之。齊明盛服，非禮不動，所以修身也；去讒遠色賤貨而貴德，所以勸賢也；尊其位，重其禄，同其好惡。所以勸親親也；官盛任使所以勸大臣也，忠信重禄所以勸士也；時使薄斂，所以勸百姓也；日省月試，既稟稱事，所以勸百工也；送往迎來，嘉善而矜不能，所柔遠人也；繼絶世，舉廢國治亂持危，朝聘以時，厚往而薄來，所以懷諸侯也。』」於兹可見，尊賢列於九經之第二位，乃儒家賢能政治之至意焉，亦乃明儒高攀龍所見之至意焉，其言曰：「政事本於人才，舍人才而言政者，必無政；人不患無才，識進則才進；不患無量，見大則量大，皆得之於學也。」（《明儒學案·東林學案》一四〇七頁）人才（賢與能者）者政之本也，此儒家不二之理也；皆得之於學者，亦不二之理也；唯學之途有殊焉，修爲之功有淺深焉，其成才之質有异焉，其無私忘我之度有純駁之差焉，然其致力於聖賢，欲有淑於世者則一也。

然而，由於歷史時期不同尊賢之義亦有别焉，就我中華近一百五十年之歷史而觀之從鴉片戰争迄辛亥革命，賢者之命在尋求推翻帝制，建立民主政權；自「五四運動」高喊打倒孔家店迄七十年代之批林批孔，至少六十年中，家庭父子兄弟之間已不聞孝悌之聲，有之者，乃良知良能，人倫之情雖遭踐踏，終不泯滅也。在善惡、正邪、是非、貪廉、忠奸、義利、誠僞、榮恥、寵辱、貴賤面前，能明辨而取捨進退者有幾人能不昧其良知、苟厠其位、以利爲圖，賢者落魄，能者失魂，朝野上下何處尋乎哉！遯遯兮不可覓其迹矣！與俗同化矣！哀哉！

今世之所奇缺者唯以天下爲己任、不計個人利鈍成敗之純儒、通儒、真儒也。純者稟道醇正，德行質樸者也；通者通經史明中西，善於審時度勢，見幾應變者也；真者至誠動天，善御群賢，同心一德，共赴正鵠者也。漢儒扬雄有言：「用真儒無敵於天下。」（《諸子集成·揚子法言》二十頁）稽我先聖先賢之遺教及其歷史實踐之迹，彰顯真儒之義，乃是當今内以中興圖强、外以禦侮宣德之要務也。

第一節　真儒無敵

《揚子法言》曰：「孔子用於魯，齊人章章，歸其侵疆，魯不用真儒故也，如用真儒無敵于天下，安得削。」扬雄之此言於今近二千年矣，已有豐富之經史實踐史料，對其真儒內涵，應予以充實。予以爲六通四闢乃當今真儒所應具備之修養也。六通者：（一）通儒學之經典也。五經六經云者，今則謂《四書五經》，清嘉慶《十三經註疏》全矣。（二）通班固所言九流十家之旨義也。（《前漢書·藝文志》所示。）（三）通秦漢以降諸子百家之義也。（四）通經典历史也，以經觀史，以史論經，經史互驗，以見其成。（五）通經史之源流，或尋源而及流，或索流而見源，知所優劣短長，明其取捨厚薄也。四闢者：（一）闢道之新義。道之新義何謂也？難道有道之舊義存焉乎？曰：非也，道無新舊也，以其無始終，無曲直，自行其是也，天有其道，地有其道，物有其道，人有其道，綜合言之，亦自有其道；分別言之，天已非原有之天，地已非原有之地，物已非原有之物，人已非原有之人。特别是西風東漸，人物有异，异在於心者多矣，其爲人也喻於利，其爲教也求於外。（外能以克物，而非内養以修己。）其爲政也以强種殖民，其爲國也以霸權侵凌；此全球近代史之輪廓也。余之所見聞闢道之新義者，要在原三道（天之道陰與陽，地之道柔與剛，人之道仁與義）之中更張陽剛、仁義四者之至義。順此分別申之。陽：《説文》：「高明也。」（《中庸》：「天地之道博也，厚也，高也，明也，悠也，久也。」明此陽之至義，當一掃百五十年來民族虚無主義之心理，從根本上端正全盤西化思想，大力宣揚儒學根於人心人情之理念。剛：《説文》：「彊斷也」（有力而斷之也。）《周書・洪範》：「六曰三德：一曰正直，二曰剛克，三曰柔克。彊弗友剛克；燮友柔克，沉潛剛克，高明柔克。」此義謂吾道正直，剛克乎？柔克乎？一視形勢而定，期「無害于而（汝也）家，凶于而國」。（十三經註疏）一九〇頁）其有啓于吾人者在特定歷史時期突顯陽剛盛氣乃宜，絶無害於該柔則柔也。仁：《説文》：「親也，人偶，爲敬也；人偶能輔周道治民者。孟子曰：仁也者，人者；又曰：仁，人心也，謂仁乃是人之所以爲心也。」廣其意，一個仁字將全人類聯繫爲一家人了。正如韓愈《原道》所言：「博愛之謂仁，行而宜之謂義。」綜上所述陽剛、仁義四者言之儘具有時代的特徵，從儒道之本質而論，其淑世與利他性所具有之包容大度與相互融入之化力，尽矣。（二）闢德之新義。《周易·繫辭》曰：「天地之大德曰生，日新之謂盛德。」闢德之新義者無他，只可言面對時代現實，啓日新之門，應日新之需，富其内涵正其形式，焕其色，澤鼓其精神。（三）闢政教之新義。孔子曰：「人道政爲大，愛與敬，其爲政之本歟。」（《禮記·哀公問》）孟子曰：「善政不如善教之得民也；善政民畏之，善教民愛之，善政得民財，善教得民心。」（《孟子·盡書》）可知美政與善教悉由人之善性、良知、深情三者誘掖而出之者也。性、心、情三者猶水之源，木之根，滚滚而出，生生不息者也，其表現於政也教也，亦生生不息者也；其在新之歷史時期的表現形態亦必自求其新也，此乃不易之理也；萬物皆知因時因勢而應變以適其生存，而爲萬物之靈的人類自更知日新其德，日新其政教，以謀求更美善之發展遠景。（四）闢人類未來之新義。基於儒家仁教與大同思想，可視爲人類理想之最高理念；參照馬克思所闡明的法國社會主義宗旨，鑒於全球戰争不息，特别是二戰慘烈教訓，以及美帝近二十年來，東復活日本侵略勢力，西欲以消滅阿拉伯文化，先發動對伊拉克戰争，繼而顛覆利比亞政權，又佔領阿富汗，焚其《古蘭經》，更幕後操縱叙利亞存亡，此乃其二十世紀末之戰略要旨也。近年忽覺我中華睡獅有醒起之勢，欲以遏制之，立即戰略東移，拉攏亞太地區急謀近利之小國鼓躁而起，殊不知以利爲朋者不可久也。「其暫爲朋者僞也。及其見利而争先，或利盡而交疏，則反相賊害。」（歐陽修《朋黨論》）此曾實見於戰國七雄之消亡者也。唯我中華之仁政與大同思想，以至誠之心，敬信之義，與全人類融洽相處，和穆以尊，遵《九經》之義，「柔遠人，懷諸侯」；聽老子之言「大國者下流，大國以下小國」，（《道德經》六十一章）則世界和平自見，國際争端自消，武力相奪自弭矣。此乃儒、道兩家處理國際問題之原意也，今重提之，明其本意足矣；若謂在新時代發其新義則唯有我中華民族主動踐行《中庸》所示之至誠精神，爲全球大小各國示範，則可期造成國際相互信賴之政治氛圍，亦今日儒者之責也。

第二節　育賢與養賢

育賢者，謂遵照一定教育目的、模式、内容、方法、修爲要求等由正規學校培育人才也。

其賢者所及之内涵，亦因時代而异。參考班固在《漢書・天文志》所作之預言：「夫天運三十歲一小變，百年中變，五百年大變，三大變一紀，三紀而大備，此其大數也。」（《二十五史》縮印本，四九三頁）可將十九世紀「鴉片戰争」發生之年代（一八四〇年）作爲中華近代歷史的開端。歷百年大變而建立起中華人民共和國，也正是在此一百年中我中華四千多年積累之立國精神，（班固稱之「三紀而大備」，大備著，成熟之謂也，完備之義也。）遭受了無法彌補之顛踣與踐踏以致於重傷人之心靈，醫治此傷之法無他，唯求之於「爲道日損」（「損之又損，以致於無爲，無爲而無不爲。」《道德經》四十八章）與「克己復禮（「一日克己復禮，天下歸仁焉。」《論語・顔淵》）。」治世必先治其心，堯發「人心惟危」之教，舜、禹完善之，曰：「人心惟危，道心惟微，惟精惟一，允執厥中。」垂訓百代。成湯之時則曰：「以義制事，以禮制心。」文王則曰：「不顯亦臨，無射亦保。」（此語出於《詩經・大雅・思齊》鄭玄《箋》云：「臨，視也；保，猶居也。文王之在闢雍也，有賢才之質而不明者，亦得觀於禮；於六藝無射才者，亦得居於位；言善使之，積小成高大。」見《十三經註疏》五一三頁。）「不聞亦式，不諫亦入。」（此語出處如前，言性與天合也。鄭玄箋曰：

「式，用也。文王之祀于宗廟。」有仁義之行而不聞達者，亦用之助祭；有孝悌之行而不能諫爭者，亦得入言，其使人器之，不求備也。同頁。）從文王一道一德以觀人、以處事、以施教、以爲政、以治世，其成效必然是一人心，齊智愚、平理欲、正爭貪。故武王之世，敬受丹書之戒：「敬勝怠者吉，義勝欲者從。」周公繫《易》爻之辭曰：「敬以直内，義以方外。」敬者，文王之所以制心也；義者，文王之所以制事也。中華儒、道兩家之經典所探究者就是制心制事之法則也；中華歷史之所記録者就是此制心制事之系統而又合乎法則之軌迹也。此軌迹者何？對待异族他國則「柔遠人也，懷諸侯也」。但此友善之心，却遭受西方帝國船坚利砲之侵略，我中華民族從此進入了與西方帝國抗爭之新的歷史時代。

自進入時代門檻，至今日（二〇一二年）已歷時一百七十年，適一中變又半，才使我炎黄子孫逐步認清必須嚴肅審視主客諸端問題之异同優劣及其取捨、共存榮辱等旨歸，兹一一論述，以明吾之時代使命，以預見未來，以副班氏「大備」之願。

主者，我也。我自伏羲畫八卦已立道之基，中歷黄帝、堯、舜、禹、湯、文、武、周公之政教實踐，迄孔子而集大成，孟軻起而發揚之，儒家道統因以立焉。秦以暴政違之，倏忽而亡；漢高祖繼之，文、景以富，武帝罷黜申韓，獨尊儒術，兩漢國祚賡續四百二十四年。魏晉南北朝三百六十年雖處於分裂、漢化中，道統懸於一綫而終未斷绝。隋而唐、唐而宋、宋而元、元而明、明而清，其治亂之形態或有异焉，然道統之繼承一也，雖元、清兩代屬异族入主中原，然其稟道統建國立政不敢違也。故中華稟道統建國立政而且始終保持大一統之政局，此在世界史乃僅見者也。此一獨特性向全球昭示我中華論理之内涵焉：誠、道、德、性、義、禮、智、信、教、政、夫妻、父子、兄弟、朋友、君、臣、百官、庶民一體者也；格物、致知、誠意、正心、修身、齊家、治國、平天下一體者也；淑身與淑世、利我與利他、利物與利天下、窮理與盡性以至於命與天一體者也。由此而明中華之思想核心，以人爲中心；人性善、物性亦善，一切以善爲核心，發而爲用，發而爲言，發而爲行，發而爲理性，發而爲政教、爲工、爲農、爲士、商、爲文事、爲藝術、爲科技，其内核只見善與良知，其終也必善，固無疑也。然而在歷程中亦有見罪、惡、邪、罔、欺、詐、奸盗等情出現，此無他，俱生於私欲貪念而不知節制者也，甚至成爲大亂之源。故制欲克己乃中國人「三省吾身」之日用課目，實亦禮儀之邦之正常修養也。持此以觀我中華歷史上之治亂，目然已明其緣由矣。

客者，异國之意也。從十九世紀四十年代以後，以洋槍大砲相繼叩開我中國之國門，并瘋狂掠奪珍寶，焚燒舉世無雙的萬園之園，其殘垣斷壁於今猶在風雨飄摇中日夜詛詈百年受辱之耻。窮遡西帝如此瘋狂掠奪之由，有其近因，更有遠根。論其近因，則近五百年來西方資本主義發軔，自哥倫布於一四九二年西航發現新大陸始；資本之原始積累及資本主義之壯大成熟，最後進入帝國主義時代；無年無月無日無時無分無秒，資本所至，吸血隨之，無不是全球之血滋養了資本主義，使之具有巨艦大砲，武力肆虐，掠奪全球。就其遠根言之，則在於西方缺乏整體的宇宙物人一統觀。考古代希臘哲學之起源，最早是米利都學派，泰利士（約公元前五八五年）把水看成本原，宣稱「地浮在水上」。在此學派中又有阿拉克西曼德主張「萬物的本原是無限者，一切都生自無限者，一切都滅入無限者，它是不死的、不滅的」。此學派中還有阿拉西美尼主張「自然界的基質是氣，它很稀的時候就形成火，濃的時候就形成風，然後形成云，再濃就形成水，土和石頭變化是永恒的運動造成的。我們的靈魂是氣。」與米利都派同時的有畢达戈拉派，認爲「數是萬物的本原，萬物的本原是一，從一生出二，……從數生出點，從點生出綫，從綫生出面，從面生出體生出感覺所及的一切形體，以及産生出四種元素：

水、火、土、氣。此四元素以各種不同的方式互相轉化，於是創造出有生命的精神的球形世界。」稍晚則有赫拉克利特派，認爲「世界是一團不斷轉化的活火；一切都遵循着道；一切皆流，萬物常新，相反者相成；凡事都有兩面；智慧就在於認識真理；（聽自然的，按照自然行事。）鬭争是普遍的；人的幸福在於爲正義而鬭争」。稍晚，又有阿那克薩戈拉派（約公前五〇〇—四二〇年）著有《自然論》曰：「每一件東西，本都是既大又小；每件事物中都包含着其自身的一部分，而心則是無限的、自主的、獨立的，它是旋轉的推動者。」最晚的希臘學派則有「原子論」者，以德謨克利特爲代表，認爲一切事物本原是原子和空虛；没有一樣東西是無中來的，也没有一樣東西在毁之後歸於無；靈魂是精細的原子構成的。」（《西方哲學原著選讀》北京大學哲學系編，商務印書館一九八一年六月第一版）上述古希臘諸家哲學之宇宙觀、天地觀、有無觀、變化觀、人物觀、心物觀、認知觀、知行觀，其所見亦各有得焉，但得之不全。初不全者，則往後之學術發展中欲求其全固不可能也。此乃西方哲學歧爲唯心論、唯物論之原故也；往後繼之者則有唯理論、實證論，以至於經驗論、存在論、分析論等等。故知西方哲學將人與物、心與物、人與自然分開了，人與物之間、人與自然之間、心與物之間有縫隙了，利己主義就從此縫隙中滋長出來；因缺乏利他之思考，利己之思慮隨環境之利誘，尤其是資本主義之利誘，爲冒險家、政客等提供了充滿最具刺激之機遇，戰爭爲資本開道，此乃近代史上不宣之秘密，亦乃我中華民族所面臨之國際形勢。淑身淑世之思想與天下爲公之大同理念同西方唯利是圖的實用主義相對而立，而且其矛盾必然是長期的，在此矛盾面前應以儒家之大度待之。「萬物并育而不相害，道并行而不相悖，小德川流，大德敦化；己欲立而人，己欲達而達人；柔遠人，懷諸侯；大國者下流，大國宜爲下；惟天下至誠，爲能盡其性，能盡其性則能盡人之性，能盡人之性，則能盡物之性；能盡物之性則可以贊天地之化育；可以贊天地之化育，則可以與天地參矣！」我中華大同之志、爲公之願，「民吾同胞，物吾與也」；長期相處，友善畢見。協和一之，成化隨之，主客泯之，彼此忘之；無他歧也，皆人也，皆仁人也，一言以蔽之，造乎道也，不知其然而然也。如班固之言，一紀足矣。

從右所述，已明主客條件，所當致力者則是如何育賢與養賢，茲分述如次。

一、育賢

以正規學校教育育賢，則必須從小學一年級始，而且必須將小學一年直至大學畢業之十六年中，視爲人之一生而能獨立成才、成賢、成聖（古聖今聖一也）之德業基礎。爲此必須嚴肅而冷静、虚心而誠敬古聖先賢所以成才之道，千萬不可輕狂妄論，一語而非之。秦以前之聖賢姑勿真論，漢以下者，如賈誼之深，如董仲舒之學，如諸葛武侯之明，如曹子建之才，如謝靈運之文，如陶淵明之質，如李世民之正，如魏徵之直，如李隆基之實，如歐陽修之醇，如周敦頤之通，如程顥之樸，如朱熹之厚，如文天祥之節，如吴澄之淡，如許衡之精，如方孝孺之剛，如王陽明之澈，如嚴家淦之巧，如戴東原之平等等，無一不是從幼年開始即下苦工背誦儒家經典與史料而得之者，無一不是如朱子（熹）所總結之讀書法六條「曰循序漸進，曰熟讀精思，曰虚心涵泳，曰切記體察，曰着緊用力，曰居敬持志」而得之者，雖各人情况有殊，所得多少，深淺有异，然其方法途徑大致相同。此中關鍵一環在熟讀，此亦培養、開發兒童記憶能力之要徑也；蓋兒童六至十二歲之間，正處於機械記憶向理解記憶迅猛發展之旺盛階段，提高其背書能力，直接有益於記憶，更有利於培養提高其自學能力，對人之一生意義巨大，無可估量。故隋唐以後之書院，特別南宋朱熹定出《四書》《五經》爲科舉考試必讀之教材以後，大小書院及村中私塾，莫不於六歲至十二歲之六年中背誦完《四書》《五經》。十二歲以後，始爲開講讀史、文、詩、詞、歌、賦及學習作文。十八歲以後即可參加各級科舉考試，如朱熹就於年十八登紹興十八年（一一四八年）進士第。於此可見熟記經史，通達大義，傍及百家，註重實用，見效之速也。近年民間日見儒學升温，多從幼兒教育開始，雖星星點點，却見書院遍國中，可視爲善性之流露，良知之自覺，真情之自見（音現），蓋性、心、情三者之一體乃人之本質也，亦儒學之核心内涵也。遍考儒家經典，博之擴之則爲《五經》《六經》之文，收之約之，則爲善性、良知、真情三者歸一而已。三者歸一之意，人也。儒家之道人道也，儒家之學人學也，《五經》之所言者人也；陸象山之言「六經註我，我註六經」，適此意也。由此而明，爲人者必學人之道也，必認識自我也：認識自我之共性，亦認識自我之特殊性；知自我之優劣長短，明其取捨，知所戒懼；更明所奮馳，盡己之長，以淑於世；使善群、善我二者和諧一致，俱臻於完善，此乃教育之理想境界也。今之教者不識此道，不是之務，唯以外知加於其心，而又缺乏激勵學者内發向善憤進之教。加之瞻望前途暗然失色，畏視所學，厭然棄之，分數落後，更乏追趕之力，心靈之負荷日重，厭學情緒時興，焉能靜心寧志，以力赴所學乎！唯儒學之經典言性則性善，其爲教也，旨在誘導自發其善性以思之，見之於言，形之於行，如王應麟所作《三字經》開篇即言：「人之初，性本善。」此其理論深度雖難言矣，但啓蒙之幼童對善惡、是非、好歹、正邪已早有所聞而且知所分辨，讀之誦之，反復觸其心靈必有所啓沃焉。他如《論語》第一篇《學而》第一章：「子曰學而時習之不亦説乎；有朋自遠方來，不亦樂乎？」其義實與幼童之天性良知相通；蓋喜學乃人之天性，動物猶知習飛、學步、自游、和鳴；人居萬物之靈，更知隨義起思而動情，所以「朱熹五歲讀《孝經》，即題曰『不若是，非人也』」。（《宋元學案・晦翁學案》一四九六頁）雖其穎悟獨具，實亦善性、良知、真情人人之所同也。遍考儒學經典之文，無論其屬於何經何義，無不與心、性、情息息相通，無不與爲人之道、爲學之道、爲政之道密切相聯；無不與學子爲人之體驗、爲學之體驗與夫對政之期求密不可分，此正如孔子所言：「君子之道費而隱，夫婦之愚，可以與知焉，及其至也，雖聖人亦有所不知焉；夫婦之不肖可以能行焉，及其至也，雖聖人亦有所不能焉。」（《禮記・中庸》，《十三經註疏》一六二六頁）故後之儒者，無論其爲官爲民多於生活日用上註重小節，以見經世致用之效，至於學子則當責以學、問、思、辨、行，以養成德致賢之效，爲真正實現成德致賢之目標，我建議成立「中華君子學院」一所，所以以君子名之者在欲標其新，立其异也。標何新？欲以久廢於人們記憶中之君子之義，令其乍然出現於人之目下，不免驟覺視聽一新，而且欲以在若干年後，令真正君子之道德文章以及嘉言懿行有見於商業充斥、科技流行之世，使古風與時俗并存而其新意發於人心之中。立何异？非欲以立异也，僅爲喚醒人之善性良知真情，以有補於世道人心，使我中華復興大業穩立於君子道德根基之上，其必蒸蒸蔚起者可見也。

抑有更申之者，此學院既以培養君子爲務，則首先必以彰明君子之大義爲前提。茲將儒學論君子之義臚列如次：

見於《周易》有：「天行健，君子以自强不息。」（《乾象》）《文言》曰：「元者善之長也，亨者嘉之會也，利者義之和也，貞者事之幹也。君子體仁，足以長人，嘉會足以合禮，利物足以和義，貞固足以幹事。君子行此四德者，故曰元亨利貞。」「君子進德修業，忠信所以進德也；修辭立其誠，所以居業也；知至至之，可與幾也；知終終之，可與存義也。」「亢之爲言也，知進而不知退，知存而不知亡，知得而不知喪，其唯聖人乎；知進退存亡而明」（《坤象》）「君子以自昭明德。」（《晉象》）「君子以懲忿窒慾。」（《損象》）「君子以教思無窮，容保民無疆。」（《臨象》）「子曰：君子居其室，出其言善，則千里之外應之，況其邇者乎！居其室，出其言不善，則千里之外違之，況其邇者乎！言出乎身，加乎民，行發乎邇，見乎遠，言行君子之樞機。」（《繫辭》上）「子曰：勞而不伐，有功而不德，厚之至也，語以其功下人者也。」（同上）「子曰：君子安而不忘危，存而不忘亡，治而不忘亂，是以身安而國家可保也。」（《繫辭》下）「君子知微知彰，知柔知剛，萬夫之望。」（同上）「君子道長，小人道憂。」（《雜卦》）

見於《論語》有：「有子曰：君子務本，本立而道生，孝悌也者，其爲人之本歟。」「子曰：君子不重則不威，學則不固，主忠信，無友不如己者，過則勿憚改。」（《學而》）「子曰：君子食無求飽，居無求安，敏于事而慎於言，就有道而正焉，可謂好學也已。」「子曰：君子不器。」「子曰：君子周而不比，小人比而不周。」（《爲政》）「子曰：君子無終食之間違仁，造次必於是，顛沛必於是。」「子曰：君子喻於義，小人喻於利。」「子曰：君子欲訥于言而敏于行。」（《里仁》）「子曰：君子坦蕩蕩，小人長戚戚。」（《述而》）「子曰：君子成人之美，不成人之惡。」（《顏淵》）「曾子曰：君子以文會友，以友輔仁。」（同上）「子曰：君子和而不同，小人同而不和。」「子曰：君子易事而難説也，説之不以其道不説也。」「子曰：君子泰而不驕，小人驕而不泰。」（《子路》）「子曰：君子上達，小人下達。」「子曰：君子恥其言而過其行。」（《憲問》）「子曰：君子固窮，小人窮斯濫矣。」「子曰：君子不以言舉人，不以人廢言。」（《衛靈公》）「孔子曰：君子有三戒，少之時，血氣未定，戒之在色；及其壯也，血氣方剛，戒之在鬬；及其老也，血氣既衰，戒之在得。」「孔子曰：君子有三畏：畏天命，畏大人，畏聖人之言。」「孔子曰：侍於君子有三愆，言未及之而言謂之躁，言及之而不言謂之隱，未見顏色而言謂之瞽。」「孔子曰：君子有九思：視思明，聽思聰，色思温，貌思恭，言思忠，事思敬，疑思問，忿思難，見得思義。」（《季氏》）

見於《禮記·儒行》者，亦可視爲君子之修養，有：「言必先信，行必中正。」「不寶金玉，忠信以爲寶。」「見利不虧其義，見死不更其守。」「可親而不可劫，可近而不可迫也，可殺而不可辱也。」「忠信以爲甲冑，禮義以爲干櫓，戴仁而行，抱義而處，雖有暴政，不更其所。」「今人與居，古人與稽，身可危也，而志不可奪也，猶將不忘百姓之病也。」「博學而不窮，篤行而不倦。」「内稱不避親，外舉不避怨；苟利國家，不避富貴。」「聞善以相告，見善以相示，爵位相先，患難相死，久相待，遠相致也。」「澡身浴德，陳言而伏，不臨深而爲高，不加少而爲多，世治不輕，世亂不沮，同弗與異弗非也。」「上不臣天子，下不事諸侯，愼靜而尚寬，强毅以與人。」「久不相見，聞流言不信。」（《十三經註疏》一六六八—一六七一頁）

綜觀右述君子之德，可知古之君子乃是具有剛毅之獨立意志，自强不息之奮鬭精神，唯知民命是遵，真理是從之勇者，唯知奉獻是務，無私無我之賢能；是乃時代之精英，社會之中堅，國家之棟樑，人類之先知先覺，政教與社會之領導人物。培養此種賢能必須經由君子學院這一關鍵環節，予以較長時間（八年）自我修養，方可期其有成，足以擔當重任。我意宜在下列四方面苦練基本功：一曰多能鄙事；二曰親民以敬；三曰儉樸成習；四曰通變達用。多能鄙事者學孔夫子親手做瑣碎小事也；凡能任大事者必有善處細務之功；蓋大事之中必有小務，善處小務則大事之理豁然自見；且小事時見眼前必有及時處置之，方不妨事；大事涉及面廣，且影響深遠，更不容坐失時機，此善處小事之正義所在也。二曰親民以敬者，《大學》之言如「在親民，止於至善」者，乃孔子「人道政爲大」之正確體現也。敬之義，誠也，謹也，忠也，信也，愛也，勤也，無倦也。須於在校學習之同時與工、農、鰥、寡、孤、獨、顛連無告者建立固定而密切之聯系，爲之排憂解難，提供切實幫助；知其心，知其性，明其情，通其心靈，怡之悦之，使自得之。凡出自心聲之言必詳録之，以窺政教之得失。四曰通變達用者，首在通字。通者謂經、史、源、流、諸子百家、古今、中外，無不融會貫通也。用者體用也，體用一元（中西各有其體用，而且顯微無間也）也。學問思辨行也；經世致用也；修齊治平也；内聖外王也。

但此人人均具之質，必待經史以及諸子百家所藴藏之道德、智慧有以唤醒啓迪之，因而君子學院之課程設置以嚴格之教學諸活動，實乃一知行之系統工程也。欲明之如次：

（一）嚴設課程（以八年爲期）。

甲、背誦之經典：《周易》（二萬四千二百七十字）、《尚書》（二萬五千七百字）、

《毛詩》（三萬九千二百二十四字）、《論語》（一萬二千七百字）、《孝經》（一千九百三字）、《曲禮》（五千六百四十五字）、《檀弓》（九千四百四十五字）、《王制》（四千八十字）、《月令》（三千三百字）、《文王世子》（二千二百十字）、《禮運》（二千二百二十五字）、《內則》（三千四百八十字）、《學記》（一千二百二十二字）、《樂記》（四千九百字）、《祭義》（三千三百四十五字）、《經解》（七百三十字）、《哀公問》（一千七十字）、《孔子閒居》（九百十字）、《中庸》（二千五百六十五字）、《緇衣》（一千五百三十字）、《儒行》（一千四十五字）、《祭統》（二千一百字）、《大學》（一千四百三十三字）、《冠義》（三百五十字）《射義》（九百四十字）、《婚義》（七百十五字）、《孟子》（三萬四千六百八十五字）、《道德經》（五千二百七十六字）。

上列背誦經典總數爲二十萬四千七百七十三字。每年有效背誦經典的時間以三百天計，每天背誦八十五字，實適量也；有了此背書之基本功，其今後駕御理論與文字之能力裕然矣。

乙、精讀之經典：《春秋》三傳（《左傳》《公羊》《穀梁》）、《周禮》、《爾雅》、《莊子》。

丙、精讀之史書：《史記》《前漢書》《後漢書》《三國志》，《二十五史》中之歷代《本紀》《食貨志》《藝文志》《儒林傳序》（宋有《道學傳序》《文苑傳序》及宰輔、大臣之傳記等。精讀的諸子著作，詳見《諸子集成》，計八册。）

丁、泛讀之書：司馬光《資治通鑒》，黄宗羲《宋元學案》《明儒學案》。

（二）講論并舉，通達爲先。無論經史雖各有殊，然皆藴道而顯德。經之爲言也，可領略其旨要，不可窮其意歸，可步步深入，不可極其際崖，蓋其本無際崖可及也。史之爲言，固已有定，可言而不可疑，可信不可惑，可遵而不可奪；但事物發展之任何過程，因其必受内外諸因素之制約，其間之必然性與偶然性何時爆發，如何爆發；偶然性本被包含於必然性之中，但偶發事件甚至改變某過程之歷史進程；就經而論，或就史而論，或就經史二者之結合點而論，都必須顧及之。而且教育之對象，因其主觀意識上之差异，對經、史理解之廣狹、深淺亦自不同；欲一之近之，合之同之，捨講論并舉、互相啓發，無他途矣。

（三）敬叩原文，正發其意。古聖先賢，立意用詞精準簡約，經典之文更是寓意深遠，窮之彌幽，發之愈明，故於經、史之文，不可主觀隨意猜測，更不應望文生義，以致一知半解，誤會經史。必須細讀註疏全文，如尚未明透，可查許慎著《說文解字》或《康熙字典》以助之；或置之案首，不斷思之辨之，以俟异日一旦豁然貫通焉。

（四）虛心涵融，切己踐行。朱熹曾總結其讀書法六條：「曰循序漸進，曰熟讀精思，曰虛心涵泳，曰切己體察，曰著緊用力，曰居敬持志。」此六法於兹也全合用；但我認爲於君子之教更突出涵融與踐行；蓋《中庸》所示「學、問、思、辨、行」，乃我中華哲學中一完備之認識論，此論也對於君子之德業無比重要，且儒家所言之道，必隨時見之於生活日用之中，君子之言不可空發，其所言之義理，必具體見之於行，君子儒者必須是稟道履德、誠正而任勞怨、堅毅而不中止之實踐家，此乃儒學力量之源泉所在，以其歷百代之賡續奮進，而實現其政治理想——大同世界。

（五）無私忘我，制欲正行，乃能實見其效。首先正確理解經典真諦必以無私之心；大道者無私之謂也；天覆地載，其私何存？唯人爲有私焉。以有私對無私，如方圓之不枘也。從堯舜提出「人心惟危，道心惟微、惟精惟一，允執厥中」之教，《周易·損象》又曰「懲忿窒慾」，至孔子之「克己復禮」，迄朱熹之「存天理、滅人欲」，王陽明之「致良知」，歷四千年之辯説，至清戴震「天理者，節其慾而不窮人慾也，始告認同焉」。節人慾，使無害群則合歸於天理矣。必如是始可以言近道、明道、合道、違道；必如此始可以言領會經史之義，始可以識經史結合所示之時代機遇。若懷有私心，則當言之者不敢言矣，當進之者不敢進矣；以至造成思想混亂，是非錯謬，大道不明也。

（六）主次先後，各得其所。經典中之理論邏輯必有主從先後之序，内外上下之分；經史所顯隱之興衰存亡，亦必循然有序，如何在論説經史過程中抓住掌控决定全局性之理論問題，開展全面的、反復的、深入再深入的、形式多樣性的討論，都是必要的；如性善、性惡之辯，天理、人欲之辯，義利之辯，政教之辯，古今之辯，知行之辯等等，俱屬學術中之大問題，必須使在校學習之君子對學術中重大問題一通百通，能自圓其説，千辯不倒，萬駁不窮，待將來進入職位，能通權達變，駕馭自如，有所創新，則無愧於所學矣，無愧於君子矣。

（七）探索源流，專題論説。儒學博大精深，有本有原，無始無終；上遡之不知其所始，下探之不知其所終，旁求之四無崖際；放目觀之，上則天穹蒼茫，高兮大兮無窮止兮；下則高山大川縱横相繆，草木葱蘢，萬物勤動，生機奔發；馳思之則知「魚相忘於江湖，人相忘於道術」；（《莊子·大宗師》）縱觀當今之國際大勢，大國稱霸之風日熾，爲虎作倀之象屢見；儒者之天良日激，其憂慮日深，其責任感自重矣。所謂源流者，經典之所論，史乘之所記，俱有源與流，不可混淆也。而可立專題討論，以明其走向也。如就中西方經典之真諦而論，二千多年之歷史啓示，今後如何共同合作走和平發展之道路。就上世紀五十年代之前曾發生兩次世界大戰，繼之以歷時四十年之冷戰，今美國又以獨霸全球之勢，歷時六十餘年之豢養，復活日本軍國主義之侵略野心，背叛了反法西斯精神，欲窒息發展中國家之生機，其用心之毒，已昭然於世人之慧眼矣。似此外患之深憂，應激起愛國義憤，坐而論之起而行之爲民前鋒，有利於國家安全與人類和平，乃儒者之責也。

（八）聖學自新與時代使命。「周雖舊邦，其命維新。」聖學亦然，「與時偕行」，自新其義以應時變，時變者何？如何自新？見之於時變者，由於科學日新，開啓了信息時代，地球村日僞，經濟趨向一體；財富集中，貧富日遠；大國稱霸，軍事威懾日急；文化殊异日顯，强化之風日熾；資源匱乏，掠奪日盛，人口巨增，糧食危機日劇；人心趨利日滋，道德江河日下，青年犯罪日厲。面對如此巨變欲求國之治，世之安，捨自新儒學無他途矣。自新儒學稟如次四綱八目，以馭内政外交，乃其要也。四綱：一曰誠，二曰柔，三曰仁，四曰義。八目：一曰通變，二曰尊大，三曰扶弱，四曰厚生，五曰民主，六曰廉政，七曰與教，八曰和平。誠者物之終始，不誠無物，乃一切事物生存發展之前提也，亦立國、立政、外交、學術發展之前提也，《中庸》論之甚高，以爲盡性，贊天地化育之正途也。誠之所至可以感天地、動鬼神，消疑釋誤，化敵爲友，除芥蒂之嫌，使一切事物俱在陽光下見其真實面貌。「柔」之真諦正義，《道德經》曰：「守柔曰强。」（五十二章）「弱之勝强，柔之勝剛。」（七十八章）「天下之至柔，馳騁天下之至堅。」（四十三章）列子曰：「天下有常勝之道，有不常勝之道；常勝之道曰柔，不常勝之道曰强。欲剛必以柔守之；欲强必以弱保之；積於柔必剛，積於弱必强；觀其積，以知禍福之鄉。」（《列子・黄帝》）《尚書・洪範》曰：「三德：一曰正直，二曰剛克，三曰柔克。平康正直，强弗友剛克，變友，柔克。沉潛，剛克；高明，柔克。」此三家剛柔之見，俱爲以柔克剛或剛柔并濟，使剛轉化爲柔乃事之善者也。考事物萬象之根，本無敵對之勢，惟因利欲滋生，只見單方之利，或只見表面之利，盲於利與害、禍與福等等同時并存，且互爲表里，互相包含，互相轉化之實；柔之所以克剛者是柔主静，「静爲躁君，重爲輕根。」（《道德經》二十六章）輕易轉向重，躁易轉向静，剛易轉向柔，乃理之所必至，勢必所必然，反之亦是，「守柔曰强」之理，蘊於此也。仁者，《説文》曰：「仁，親也。」又引《中庸》之言釋之曰：「仁者，人也。」又舉古文仁從千心作以明之，可知仁乃孔子所言：「弟子入則孝，出則弟，泛愛衆而親仁。」（《論語·學而》）韓愈曰：「博愛之謂仁。」（《原道》）以千心而博愛人類乃儒學自新其義之偉大胸懷，應廣爲宣傳，使全人類明知此「仁」所藴含之大義，令博愛長存人類之心中，發揮消弭戰争與保衛全球和平之作用。今之人類應有此覺醒，將起而行之，以反對大國所發動之侵略戰争。義與八目則不俱論矣。

右述者爲學校教育育賢之一途也，且主張獨建中華君子學院以成之；第二途徑則有社會教育廣闊天地，可發行教材，令有志者自學或參加有組織的業餘學習班，或以某某命名的學校，其宗旨是以經史養育賢能；吸收有志於經史、無求於名利者入學，或以耕讀，或以工讀，使其敬業樂群，淑身淑世，於恬淡生活中蓄積長志，毅力與賢能，類以隱者，實則如《禮記·儒行》所示：「儒有席上之珍以待聘，夙夜强學以待問，懷忠信以待舉，力行以待取。」國家對散伏於田野、車間、工地、市井中之賢能，應建立相應之考試制度，録之擢之培之琢之，使適其性，遂其志，展其才，盡其能。

二、養賢

古者養贤多出自養，自養其德，自修其道；或孤處，或群聚，其情不一；有志在社稷者，有獨舒其性者，有待於明主者，有徵而不就者。古賢中出而建功立業尤著者首推帝舜。其次有傅説之輔佐殷高宗，姜尚之佐周文、武，漢有張良之佐劉邦，三國有諸葛武侯之佐劉備。今則异於古者多矣，人心逐利，有所守者鳳毛麟角，善性、良心、真情喪失殆盡，是非善惡正邪真僞不辨，聖賢君子，不明其義，反成爲笑柄，正因如此，故必須大力唤醒人之善性、良知、真情，使之轉向聖賢君子之途，漸入明道，修德之域，終歸克己全性，自聖自賢。所謂養賢，當今之世，亦唯有自賢而已，自賢之法，不外乎學、問、思、辨、行五者一體而已矣，尤以辨、行二者爲吃緊工夫。辨者辨道也；行者踐之、驗之、成之、享之也，安身立命也，窮理盡性也；窮則淑身也，達則淑世也。唯至誠者爲能之，唯無欲者爲能之。《中庸》曰：「誠者，非自成己而已也，所以成物也，成己仁也，性之德也，合内外之道也，故時措之宜也。唯天下至誠，爲能經綸天下之大經，立天下之大本，知天地之化育，故君子之道本諸身，徵諸庶民，考諸三臣而不繆建諸天地而不悖，質諸鬼神而無疑，百世俟聖人而不惑。是故君子動而世爲天下道，行而世爲天下法，言而世爲天下則。故君子尊德性而道問學，致廣大而盡精微，極高明而道中庸，君子之道，淡而不厭，簡而文，温而理，知遠之近，知風之自，知微之顯，可與入德矣。」（《十三經註疏》一六三三—一六三五頁）「可與入德矣。」此語甚善，可與自入道德之謂也；亦自出於人性良知之謂也；亦反求自身之謂也。長期反求諸己，思之復之，心之情之，撫之觸之，涵之咏之，默之行之，驗之明之，終必見效焉。前面我曾提及唯無欲者能之，意謂無欲者非絶無欲也，乃言其自覺制欲也，如老子所云「爲道日損」，日損其欲也。如此，則自賢者乃希聖希賢之實踐者，乃是走着人皆可以爲堯舜的平凡之路的淑身淑世者。

第三節　考賢之法

當今之世，賢者所具備之條件應與古賢大不相同。古賢崇德尚才，重能通變；今賢則必於德能之基礎上，特別註重綜合知識之機敏應用效能與夫科技專業之應變智慧。考選之法可分三：一筆試；二録取後，送入專業部門實習；三試用。此一般考賢之法也。但賢者之才與能更有奇特而蘊之於内，遠略而困之於位者；而欲建立「非常之功，必待非常之人」，「故馬或奔踶而致千里，士或有負世俗之累而立功名；夫泛駕之馬。」「故君子遠使之而觀其忠，近使之而觀其敬，煩使之而觀其能，卒然問焉而觀其知，急與之期而觀其信，委之以財而觀其仁，告之以危而觀其節，醉之以酒而觀其側，雜之以處而觀其色，九徵至，不肖人得矣。」（《莊子·列禦寇》）考之史實，用人者多喜庸才，乏於知人；故晋之者多不稱職；而獨具雄才大略之志質者或以少言寡語，或以卑視俗風瑣事，或以其傲骨錚錚，爲鼠輩所忌，終不見大用，亦賢者之常運也；有時招致敗亡，亦史之不絶其例也。甚者，在歷史上爲形勢所扞格，雖有賢能之才而不能盡其用，遂其志，以致文天祥囚禁於北京，正氣凛然，其節義震古爍今。明末劉宗周亦以賢能被視爲迂闊，輾轉至浙，終以絶食二十日死義，皆可長太息也。

第四節　打破門閥廣開納賢之路

改革開放之政已越三一年矣，唯納賢之門尚在開掩之間，不利賢能之出入；不打破門閥之見，雖口吟納賢之調，實乏納賢之誠，賢能之士，猶逡巡而卻步；唯至誠始足以動人，始足以得賢者之心，定其意，安其神。蓋賢者雖懷「席上之珍以待聘，夙夜强學以待問，懷忠信以待舉，力行以待取」，（《禮記·儒行》）然終如孔子所言「君子易事而難説也，説之不以其道不説也」。（《論語·子路》）予以爲悦賢能之道有三：一曰至誠，二曰謙卑，三曰盡其才志。何謂至誠？至者真也，樸也，醇也，無絲毫矯之意也，心貼心之親近也，如洞察肺肝然也。何謂謙卑？禮賢也，崇德也，尊道也，用才也，美政也，善教也，敬民也，醇俗也，一化也，見真情也。何謂盡其才志也？才者，個性之獨特表現也，專業之至精至全之修養也，蘊有巨大創新之潛能也，善馭突變之局面有化險爲夷之謀也。志者，道德才能之集中表現也，無私也，忘我也；志在天下國家也；一心唯思淑身淑世也。使之盡其才志則怡之悦之矣，拂其才，抑其志，則雖授之以高位厚爵，勿取也，不説而去也，孔子所言「沽之哉！沽之哉！我待賈者也」之至意也。

由此而明尊賢乃納賢之前提，是則開門尊賢之一點微微誠意之表示；唯有大破門閥，而且是真心實意之大破門閥，才是尊賢之第一步。此一步也必須將賢者置於主人之地位，使之清除「客卿」之感，特別置之高位時，只許安排副職，則易生此念；尤其在正副之間德才倒置、衆望懸殊、氣度高下、瞻識相遠時，更足以見尊賢不誠之病。《中庸》之言「不誠無物」乃不可或違之鐵則也。歷史上或有違者無不速敗也。如元世祖忽必烈謝世以後之政，歧視漢人，鄙薄漢官，卒致速亡。清朝入主中原以後以儒家道統爲立國之本，享祚二百七十年，依然賤視漢官，鉗製漢官，終致敗亡。故知尊賢必興，用賢必昌，勵賢政舉教善，親賢百業森張，國勢勃强，此乃《中庸》昭示「凡爲天下國家有九經」，而將「尊賢」列入第二位之至意也。

我中華經歷了五千年之文明史，以獨有之形態完善了以大道指導社會實踐之歷史進程，其間興衰成敗存亡復興，不知凡幾，有經史爲證，有諸子百家之言記其軌迹與源流，更爲歷史之前進指明了方向，亦爲後賢明明確了使命。班固於《前漢書·天文志》有言曰：「夫天運三十歲一小變，百年中變，五百年大變，三大變一紀，三紀而大備，此其大數也。」（《二十五史》上海古籍出版社，四九三頁）此言也，實富有預言之意，三紀適四千五百年，大備矣。大備者，完備之謂也，亦成熟之意也，我中華經史一體之義，其外形者爲一統之大國，其内涵者爲凝聚之力，化民之力，化心之覺或曰大化大同之願，何以具有如比之力乎？無他焉，蓋以我中華之學乃人學也；而儒學所深究者乃性、心、情三者綜合之學也。從人性出發，引出之結論必然人性善；天、地、物、人既一體矣，則物性亦必善也；如此由人性善、物性善構成之性善論，乃是徹底完備之性善論也。既如此，則此性善論已破除一切畛域，已將全人類全物類統一於善的概念之中。人也文也，政也教也，科也技也，形而上也形而下也，一切都在善的概念之中，一切出之者俱出於善也，一切入之者俱入於善也。然則惡者何由存乎？何由而生乎？曰惡存於善中，生於人欲發動之際。如同陰陽之消長一樣，惡存於善中，與善互爲消長；惡增一分則善減一分，反之亦如是。特别應當指明是，當人欲萌動之際不宜指爲惡，若能自覺克服之，則復歸於善矣，但若過而不改，任私慾泛濫，第一冲破自己之良心關，第二冲破道德關，第三冲破禮節關，第四冲破刑罰關，最終陷入罪惡之淵藪。由此可見私慾者，百禍之源也，萬惡之根也。性善者，善教之本也，仁政之根也，百聖千賢之德行也；破除門閥者，彰顯善教美政於天下也，亦即激勵賢者上承先聖，中當時代使命，下啓後賢賡續，勠力奉獻於中華復興與世界大同也。

就當前國内外之形勢而論，適處於内憂外患之中，憂患臨頭，唯一之出路是激勵全民奮起，以大無畏精神，以泰山壓頂不彎腰之豪氣共赴國難。但必須下苦功以完善自我使其賢能之質，有應變内政外交之才，有取信於民之誠，有馭衆協和上下之德，有導民向善從公之道；爲此，我誠懇向青年進言，於如下四個方面作長期艱苦卓絶之努力，以奉獻一生。

第一，認清歷史，現實與使命。任何事物莫不有其歷史之繼承性。今之視昨日歷史，明之視今亦曰歷史，故不可輕率否定歷史，招致歷史否定自己而不自知；必須樹立正確之歷史觀，特別我中華民族受大道指導實踐之歷史，歷五千年之積累形成了整套爲人、爲學、爲政之理論體系，諸子百家弘之翼之，源之流之；當政者尊之守之，教之宣之；黎民百姓行之習之，傳之益之，構成中華文明史，古人今人以至後人無不在此觀念形態下受着深淺不同、厚薄各异之熏陶，其影響所及豈不一致乎！而且其出發點同出於人性、人心、人情，能不一致乎！以同一之人性、人心、人情去理解同一之人性、人心、人情所發出之概念、思想、理論，能有异乎？曰無以异也，乃同源之水也，同根之本也，雖有古人、今人、未來人之异；然其爲人性也，爲人心也，爲人情也；今之人猶古之人也，其所异者所處之外在條件略有不同也，此异也或有影響於内在之心靈也。（性、心、情三者之綜合表現也。）《莊子・知北游》之言曰：「古之人外化而内不化，今之人内化而外不化。」實惕然指明今之人内化者乃其物欲太盛所致也。由此而知，今之人實有异也，异在於爲物欲所役也。由此更知一個社會問題凸顯了：物質生産越提高，人之物欲越增長，政與教之負荷也隨之日益加重，如有推波助瀾者，則江河日下矣。出路何在？解救之法何尋？仍在於人自身之理欲之中，亦在於以理克欲而已，毋容外求也。堯、舜、禹早已昭示十六字教誡矣。雖歷代帝王未予厲行，但學派日隆。宋儒朱熹發之曰：「精則察乎二者之間而不雜也；一則守其本心之正而不離也。從事於斯，無少間斷，必使道心常爲一身之主，而人心每聽命焉；則危者安，微者著，而動静云焉，自無過補寄之差矣。」（《朱子新學案》四二七頁）明儒王陽明則直指此十六經爲：「聖人之學，心學也，心學之源也；中也者，道心之謂也；道心精一之謂仁，所謂中也。孔孟之學惟務求仁，精一之傳也。」（《王陽明全集》二四五頁）務求以道心克人心，故王陽明之心學極力對治功利主義，嘗著《拔本塞源論》以闡之。（詳見《王陽明全集》五四—五六頁。）迨至清儒戴震以節欲之見「節而不過，則依乎天理，非以天理爲正，人欲爲邪也」。（《孟子字義疏正》十頁）始得孔子以降理欲之辨一平允之結論焉。這就是我中華之思想史，也是我炎黃子孫所當繼承和發揚之歷史使命。不意此歷史使命卻因十九世紀中葉以後遭受了內外兩因之破壞：先是鴉片戰爭之失敗，暴露清朝政府盲目自大閉關鎖國之弊端；繼而一八六一年咸豐帝駕崩，兩宮政變，慈禧專政，扼殺光緒時代一切改革之生機；埋下了二十世紀前半業政局混亂、社會動蕩、思想無宗之禍根。中華人民共和國建立之前三十年受錯誤思想指導，誤了治國興邦之大計；后三十年改革開放中，經濟上固獲致高速發展，但指導思想令少數人先富而失之均富；更失之於在拜金主義面前喪魂失魄，見利忘義，造成當今社會是非難辨，善惡莫分，正邪倒置，貪廉渾濁，鄉原滿市，善類無地自容；居此道德淪喪，忠奸不辨的境遇，欲令青年人辨清歷史與使命，委實大難，唯有勸青年朋友求之於自身，即自我喚醒善性、良知、真情則自然透過雲層，灼見湛藍的天空與溫暖的陽光，用以鼓舞自己在正途上奮勇前進。

第二，認清鴉片戰爭中英法聯軍火焚圓明園，八國聯軍欲瓜分中國，中日甲午海戰諸多國恥以及帝國主義之侵掠本性；特別要認清二戰以後美國扶植日本及其戰略東移之野心；更進一步研究英、法、德、意、加諸帝國主義之動向；在東北亞更要特別研究日本軍國主義，深思其國民性「黠悍」所包藏之禍害，非常情所可逆料者，必知之深且切，始可以智慧御之，以謀略勝之。此乃未來之青年所必然遭受之問題，必有知幾應變之素養與能力，才能使國家民族永保安全。

第三，對於民族、國家、人類大義要有敢於擔當之能力氣魄。余已及復論證了由於中華徹底的性善論，全人類、全物類已成爲一體，雖存有民族國家之差异與茅盾，乃至於衝突，終屬於走向世界大同途中之暫時現象，要以深邃的目光，勇於擔當重任，以有益於推進人類的大同事業。

第四，要有不畏艱難險阻之毅力與磨練，任何大小事業無不有其艱險，不具備勤、儉、韌、苦四德者，未足與語也。特別韌、苦二者，能堅持者則事抵於成；不能者則功敗垂成。觀今之青年品質，遇事輒欲取捷徑，求速成，缺之長期埋頭苦干之韌性，不知成功就藏于韌苦之中。

第五節　建立考賢制度與考試科目

稽我史乘，中華選賢與考賢制度曆有二千年矣，西漢以後舉孝廉，選方正之於今猶可行也，唯在修改選舉之方法、程序耳。隋文帝建立之科舉制度，经宋明兩代，不断完善，逐渐定型，据不完全統計，在實行科举制的一千三百多年间，进士总数近十万人，举人、秀才以百万計爲历朝之政提供了基本所需之人才保證，就連明萬曆朱翊鈞二十六年（一五八九—一六一五年）不視朝，其大政方針由輔弼執掌亦保證了内外上下不亂。但考其歷史衰敗情狀，萬曆之政已將明祚推入不可挽救之深淵，其科考制度乃不可不究之矣。

一、建立考賢制度

賢能之士，固屬少數，但其遍佈之範圍區域則廣矣，而且賢能之類別、等第、品格亦相去遠矣。因而建立考賢制度亦必分等級以區別之。以中央、省部、地縣三級爲宜。名額中央一千人，省部二千人，地縣三千人。三年爲期選薦并考試一次，録取比例均爲百分之六十。中央録取者稱進士，省部録取者稱舉人，地縣録取者稱秀才。所以沿用舊名者，尊重人才與習慣，適於社會心理，便於百姓接受也，進士上可任京官，直至被選入最高領導地位，舉人和秀才，亦復如是，只要具有經天緯地之才，服膺天、地、物、人一統之道，窮神知化之德，與夫無私無我，唯識江山社稷之懷，終必爲國人所敬仰，被選入最高領導地位，使賢者盡其能，播其善，德化於民，道顯於世。三級推舉之内容與方法可同，但考試之内容與要求則有异焉，以其所處之位置有殊故。在考試安排上，如第一年爲進士，第二年爲舉人，第三年則爲秀才，造成年年有大比、處處出賢才、人人自修德明道之上進氣氛；官風、民風、學風俱向上焉，民志自盛，民俗自醇矣，此考賢推動政風之效也，亦善教之德也。考試之内容與要求則有高、中、低三者之不同。中央級者考試内容可設四科：中國文學、中西哲學、中西政治、中西教育。要求通經（儒、道、墨、法諸家之經典。西方哲學則为古希臘哲學、康德學、黑格爾、馬克思哲學、實證哲學等）、通史（中華《二十五史》，西方古希臘史、羅馬史、歐洲各國史、美國史、亞洲各國史、阿拉伯各國史、非洲各國史）、通政（孔子曰：「人道政爲大。」全球各國之政體國體，興衰得失）、通教（各國教育之指導思想、方針制度及成敗得失等）。及此四者之綜合貫通也，若經、史、政、教貫通於心中則平日對治國安邦之大略遠謀必能應時而發，因事而起；得失之間，成敗之際，無不瞭若觀火然。以之應試，必言之有物，才登金榜；用之處事，必能惠政教，澤及黎庶。

編寫四科教材及相關參考書目極爲重要，起點要高，理論體系要完備，邏輯要嚴密，文字要簡約，富有啓示性與創新精神。參考書目面要廣，量宜大，質宜高；特别在史料方面要精選新鮮高雅之作，切忌平淡之文。哲學專著更宜註重思維縝密深遠，平實無華之文。以長期的終生自我完善的涵養工夫來提高賢能之品格，上以期於入聖域，下則長保清廉，終則晚節無瑕，一身正氣，一生清廉，淑身淑世及於完美，就個人無愧於天地父母，就國家人類言，公示了人類之理想——天下爲公，是可能實現的，惟在於當政者選賢與能，身正而教美，吏肅而官廉，上下從風，民俗醇厚，善政自立矣。

二、鐵定學習制度

古者朝廷，君臣聚首，議政之中，多及道德，《尚書·大禹謨》記述尤詳，曰：「后克艱厥后，臣克艱厥臣，政乃乂。黎民敏德。」（后，帝也。艱，難以做到的事，指私心也。謂帝王必克制私心乃能稱得起帝王，臣下必克其私心乃够臣之格。）「罔游於逸，罔淫於樂。任賢勿貳，去邪勿疑；疑謀勿成，百志惟熙。」「德惟善政，政在養民。正德、利用、厚生，惟和。」（《十三經註疏》一三四一一三五頁）此風至北宋以後便變爲「經筵」（宋代爲皇帝講解經傳史監特設之講席，以每年二月至端午節，八月至冬至節爲講期，逢單日入侍，輪流講讀，講官有大學士、翰林侍讀學士、翰侍講學士及崇政殿説書，均可充任。元、明、清三代仍用之）。處今之科技發達時代，網絡淆亂世情，輿論有失正邪，是非易為錯位，善惡常呈倒置，人心不知所安，言行無所適從，世風失范，必立正學以導之。正學者何？曰儒家道統也。具體言之曰經典也，曰《四書》《五經》也；曰史也，分而言之，乃《二十五史》也；乃歷史人物之正氣、事功、言行、精神也。乃以經爲導，以史爲鑒也。

此種官員的學習制度在中華人民共和國建立之初就曾實行過，甚見成效，培養了广大工农干部學習興趣，提高了革命群众之理論修養，增强了各族人民之大團結，培育了党政领导人员理論聯繫實踐的自覺性。干部学习一般可分高、中、初三級；高級班主學哲學，中級班主学政治經濟學，初級班主学社會發展史。此種分級形式，適合於我前所言三級考試，以此分作三級學習。

教材及參考書目：

中央級教材：（一）經部：《五經》《四書》《孝經》《論語》《周禮》《道德經》《莊子》《墨子》《管子》。要求背誦。

（二）史部：《二十五史》：精讀歷代《本紀》《食貨志》《傳記》（宰相傳、儒林傳、文苑傳等）。

（三）子部：《諸子集成》中所列諸子之文，梁蕭統編《文選》。

（四）集部：《楚辭》《陶淵明集》《二程集》《王文公文集》《朱子語類》《文天祥全集》《王陽明全集》《船山遺書》《戴氏遺言》。

（五）文論：賈誼《過秦論》《治安策》，董仲舒《春秋繁露》，歐陽修《朋黨論》，元《許衡傳》，王陽明《拔本塞源論》，清《熊賜履傳》、孫嘉淦《三習一弊論》。

三級教材可以統一，但由於基礎，知識結構，個人修養，勤惰精粗之異，所得之深淺以及賢能才氣之厚薄亦殊焉；此古之科舉制度所以分爲進士、舉人、秀才三級之意也。今效行之，亦可也。

第七章　均富

稽之史乘，首言民生，始於《史記·五帝本紀》曰：「舉風后，力牧，常先，大鴻以治民。時播百穀草木，淳化鳥獸蟲蛾，旁羅日月星辰水波，土石金玉，勞勤心力耳目，節用水火材物。」（《二十五史》上海古籍出版社縮印本，七頁。）曆長期修齊治平而大明「黎民敏德，民爲邦本，利用厚生，政在養民，人心惟危，允執厥中」之道，此認識過程，亦乃均富思想確立之過程。

第一節　均富觀之確立

一、養民之要

養民之要有九焉，曰：「水、火、金、木、土、穀、惟修；正德、利用、厚生，惟和。九功惟敍，九敍惟歌。戒之用休，董之用威，勸之以歌俾勿壞。」（《尚書·大禹謨》，《十三經》一五頁）此中水、火、金、木、土五行也，綜合爲用，生穀、生物、生財、生人、生德、生智，取之無盡，用之無竭之自然寶藏也。惟修者，珍惜而善用之；更蓄意開增殖之，使自然資源無匱乏之虞，且於取之過程中萌生孳長之效。正德者，正愛物愛人、愛智之德，有瞻前顧後之遠慮。利用者，善用資源也；慮其大用，更慮其微損也；慮其減更慮其新也。厚生者，厚民生也，厚物生也。厚生之道大焉，有本族、本邦、本國之民焉；有异族、异邦、异國之民焉；一以視之，「民吾同胞，物吾與也」。（張横渠語）「四海之内皆兄弟也」，此乃儒者之胸懷也。惟和者，言正德、利用、厚生三者之協和也，亦言九者一體之協和也。由此可知我中華之經濟思想，一肇基就明「德惟善政，政在養民」。由此而推論及之，「后克艱厥后，臣克艱厥臣，政乃乂，黎民敏德。」后，君也，帝也；克艱，克其不利於爲君爲王之私欲、言行也；必如此，君乃無愧其爲君，政乃克言治（乂）也。具體言之必「罔失法度，罔游於逸，罔淫於樂，（夏帝啓之子，太康失邦，就因「太康尸位以逸豫」。見《夏書·五子之歌》。）更不許「周違道以干百姓之譽，罔咈百姓以從己之欲」。唯有堅行「無怠無荒」，時或可得「四夷來王」。

二、富有之旨

前所述養民之要意指以德爲基，善利物利民也，兹進而求經典之意則見富有、日新、生生之義躍然璀璨。《周易·繫辭》曰：「盛德大業至矣哉！富有之謂大業，日新之謂盛德，生生之謂易。」（《十三經註疏》七八頁）此四語也，乃一焉，一以貫之也。盛德大業也，廣大悉備也，無所不包也，無所不容也；概言之心與物也，有形與無形也，體與用也，神與妙也，妙與化也，不知其然也，自然而然也；日新也，生生也，神也妙也，化也，統之爲一，其無形者盛德也，有形者大業也，王也帝也。故知帝王之所臨者盛德大業也。盛德者，窮神知化之謂也，亦聖德之謂也；有自聖者，天賦之者也；有性本善，（私欲淺者）又從而日積之，終入聖域而化之；成爲盛（聖）德，足以當此大業而化天下者也；是則其心長處於日新之態也，長處於生生不息之流中。此態也，此狀也，適與其瞬息萬變之態勢合，足以應付自如；若大艦之浮游海域，安然太平也。故知聖王之量度必大，大至於海納百川，廣至於天地無垠；與萬物同道、同德、同心、同呼吸、同浮沉、同化育，以至於同命運；此乃儒家教化之至善境界也。

三、人心惟危

《尚書・大禹謨》記：「帝曰：來，禹！降水儆予！成允（允，信也）成功。惟汝賢。克勤于邦，克儉于家，不自滿假，惟汝賢，汝惟不矜，天下莫與汝争能；惟汝不伐，天下莫能與汝争功。予懋乃德，嘉乃丕績。天之歷數在汝躬，汝終陟元后。」舜帝對大禹説了這些話之後，才説出十六字經：「人心惟危，道心惟微，惟精惟一，允執厥中。」隨即曰：「無稽之言勿聽，弗詢之謀勿庸，可愛非君，可畏非民，衆非元后何戴？后非衆罔以守邦，欽哉，慎！乃有位，敬修其可願，四海困窮，天禄永終。」（《十三經註疏》一三六頁）後賢論者多説堯帝只對舜帝提出了「人心惟危」一語，後三語乃舜與禹共成之者，亦見中庸之道，首用於三帝而垂教於來哲也。

四、不患寡而患不均

前述堯、舜、禹之教，厲殷周之治，至於孔子，「丘也聞有國有家者，不患寡而患不均，不患貧而患不安，蓋均無貧，和無寡，安無傾」。（《十三經註疏·論語·季氏》二五二〇頁）均則無貧者，非真無貧也；乃俱處貧中，因均而争心息焉，不覺貧之爲患也，故曰均無貧也。實則均中之貧亦當亟謀速轉，使之變爲均中之富，即均富。考古今生産力發展以及財富增長之歷史，在近代西方資本主義生産方式確立之前，全球各國幾乎同處於均富狀態，我中華則一直民富國强。孔子之論，於確立古代均富思想以有力焉。

五、班固之功

班固著《前漢書》，於《食貨志》系統闡明了均富思想之發展歷程，確立了均富理論：「洪範八政，一曰食，二曰貨。食謂農殖嘉穀可食之物；貨爲布帛可衣，及金刀龜貝，所以分財布利通有無者也。二者生民之本，興自神農之世，斲木爲耜，煣木爲耒，耒耨之利以教天下而食足。日中爲市，致天下之民，聚天下之貨，交易而退，各得其所而貨通，食足貨通而後國實民富，而教化成。黄帝以下通其變，使民不倦，堯命四子，以敬授民時。舜命后稷，以黎民祖饑，是爲政首。禹平洪水、定九州、制土田，各因所生，遠近賦入貢棐。楙遷有無，萬國作乂。殷周之盛，要在安民而教之。故《易》稱天地之大德曰生，聖人之大寶曰位，何以守位曰仁，何以聚人曰財；財者聖人帝王所以聚人守位，養成群生，奉順天德，治國安民之本也。故曰不患寡而患不均，不患貧而患不安。蓋均亡貧，和亡寡，安亡傾。是以聖王域民、築城郭以居之，制廬井以均之，開市肆以通之，設庠序以教之，士農工商四民有業，學以居位曰士，闢土殖穀曰農，作巧成器曰工，通財鬻貨曰商。聖王量能授事，四民陳力受職，故朝亡廢官，邑亡敖民，地亡曠土；理民之道，地著爲本，故必建步立晦，正其經界。六尺爲步，步百爲晦，晦百爲夫，夫三爲屋，屋三爲井，井方一里，是爲九夫，八家共之。各受私田百晦。公田十晦，是爲八百八十晦，餘二十晦，以爲廬舍。出入相友，守望相助，疾病相就，民是以和睦而教化齊，同力役生産，可得而平也，圜廬樹桑，菜茹有畦，瓜瓠果蓏。雞豚狗彘，毋失其時。女修蠶織，則五十可以衣帛，七十可以食肉。在楙曰廬，在邑曰里。五家爲鄰，五鄰爲里，四里爲族，五族爲黨，五黨爲州，五州爲鄉，鄉萬二千五百户也。於里有序而鄉有庠、序以明教，庠則行禮，而視化焉。民三年耕而餘一年之畜，衣食足而知榮辱，廉讓生而爭訟息，故三載考績。賈誼說上曰夫積貯者天下之大命也，苟粟多而財有餘，何爲而不成，以攻則取，以守則固，以戰則勝，懷敵附遠，何招而不至。今毆（驅也）而歸之農，皆著於本，使天下各食其力，末技游食之民，轉而緣（趨也）南晦，則畜積足而人樂其所矣。可以爲安天下，而直爲此稟稟也。（此意謂何乃不爲，而常不足，危懼若此。）鼂錯復說上曰：聖王在上而民不凍饑者，非能耕而食之，織而衣之也，爲開其資財之道也，地有遺利，民有餘力，生穀之土未盡墾，山澤之利未盡出也，游食之民未盡歸農也。民貧則姦邪生；貧生於不足，不足生於不農，不農則不地著，不地著則離鄉輕家，人如鳥獸，雖有高城深池，嚴法重刑，則猶不能禁也。夫腹饑不得食，膚寒不得衣，雖慈母不能保其子，君安能以有其民哉！明主知其然也，故務民於農桑，薄賦斂，廣畜積，以實倉稟，備水旱，故民可得而有也。……武帝末年，悔征伐之事，迺封丞相爲富民侯，下詔曰：方今之務在於力農，以趙過爲搜粟都尉。」（《漢書》四七六——四七七頁）

體驗右述史料，應得如次啓示：（一）古之均富思想，以民爲本而且深藴於社會結構體系之中。井田制以里、族、黨、州、鄉社會結構體系，集士、農、工、商及政教爲一體，此種内涵，即於今之社會結構與政教亦可窺其生命力。（二）開資財之道。此乃一永恒之課題，任何個人、社會、國家都長存開資財之道，以其有生存之需，事業發展、社會改革、國家計劃之需，而且地有遺利不可任其受損；民有餘力，應善爲引導與利用，使力盡其才，物盡其用。（三）游食之民未盡歸農。由於生産社會之發展，城市漸次興起與擴大，必然在社會結構與社會生活縫隙間滋生游食之民，自古已然，今尤爲烈；古曰未歸農，今曰未歸業可也。此乃城鄉不安之病，有賴當局妥爲安置，訓之技，授之以業，以自食其力。（四）積畜與富民。此二者皆富國富民之要也，言積、畜必首彰顯儉德，儉德不立，珠錙必計之思從何而起，日積一文之行從何而生，量入爲出之習如何而成？生今之世，更有西方提前消費之風，日扇日熾，爲害之甚，詎可言哉！余以爲恢復勤、儉二德，乃醫治當今社會病症之一劑良藥。勤、儉二德大彰於國中，其行其習大見於個人之學習、事業與家庭生活之中，其益其幸，豈可盡言之哉！富民者乃富其衣，富其食，富其生財之道，富其知足之願是也；所謂均富者，均之於貧富懸殊之前，而非均之於後也。防止之法在「惟精惟一，允執厥中」也。如何允執厥中，余在拙著本書第二卷《一統篇》第二章十九頁中所示之數學簡式可供參考，玆録如次：

$$Z=1/(1+X)\cdot y$$

式中

$X>=0,\ 0<=Y<=1$

X代表人心（私欲）

Y代表精一之程度（方略）

Z代表治世或亂世

當X越小，Y越大則治，民則富；

當X越大，Y越小則亂，民則貧。

又老子之言：「知足常樂。」（《道德經》三十三章）亦可爲富民之參考。王輔嗣註之曰：「知足，自不失，故富也。」莊子曰：「天下不淫（淫，過也，放也）其性，不遷其德，有治天下者哉。」（《莊子·在宥》）意謂復其性、歸其德，則内外自適而無憾，無不足也，無不富也即便顛沛流離，亦其心之所安宅也。

六、王霸之辯

據司馬温公《資治通鑒》所記，漢武帝用兵匈奴，「始元二年（前一三三年），王恢主戰，韓安國主和，卒用王恢議，伏軍三十萬于馬邑谷中。爲匈奴單于所疑，得鴈門尉史，告以漢兵所伏，單于退兵，伐匈奴之序幕以啓，及元光五年（前一三〇年）匈奴入上谷，掠殺吏民，武帝遣車騎將軍衛青出上谷，騎將軍公孫敖出代，輕車將軍公孫賀出雲中，驍騎將軍李廣出鴈門，征伐匈奴自此始也。」「渾邪王既降，漢兵繫逐匈奴於幕北，自鹽澤以東空無匈奴，西域道可通。」（見《資治通鑒》武帝元鼎二年）可知武帝用兵匈奴十三年。在此期間北逐匈奴，南征百越，耗盡文、景積蓄，徵税關市，課算舟車，侵凌百姓，萬端俱起，外内窮困，無以爲濟，暮年方始覺悟，下哀痛之詔，儘以壽終，幾致大亂。昭帝（劉弗陵）即位後，於始元六年徵文學、賢良問以治亂，遂與御史大夫桑弘羊對辯於朝廷之上。此在中華史上乃首次也。文學參與人數六十餘人，亦足見昭帝之重視也。有詔書曰：使丞相、御史與所舉賢良、文學語，問民間所疾苦。文學對曰：「竊聞治人之道，防淫佚之原，廣道德之端，抑末利而開仁義，毋示以利；然後教化可興，而風俗可移也。今郡國有鹽鐵、酒榷、均輸，與民爭利；散敦厚之樸，成貪鄙之化，是以百姓就本者寡，趨末者衆，夫文繁則質衰，末盛則本虧，末修則民淫；本修則民愨，民愨則財用足，民侈則饑餓生。願罷鹽鐵、酒榷、均輸，所以進本退末、廣利農業，便也。」（桓寬《鹽鐵論校註》中華書局一九九二年版，一頁）大夫曰：「匈奴背叛不臣，數爲寇暴於邊鄙，備之則勞中國之士，不備則侵盜不止。先帝哀邊人之久患，若爲虜所係獲也。故修障塞，飭烽燧，屯戍以備之邊；用度不足，故興鹽鐵、設酒榷、置均輸、蕃貨長，以佐邊費。今議者欲罷之，内空府庫之藏，外之執備之用，使備塞乘城之士饑于邊，將何以贍之？罷之，不便也。」（同右書二頁）文學曰：「孔子曰：『有國有家者，不患寡而患不均，不患貧而患不安。』故天子不言多少，諸侯不言利害，大夫不言得喪，畜仁義以風之，廣德行以懷之；是以近者親附，而遠者悦服。故善克者不戰，善戰者不師，善師者不陣。修之於廟堂，而折衝遠師。王者行仁政，無敵於天下，惡用費哉！」大夫回答曰：「匈奴桀黠，擅恣入塞，犯厲中國，殺伐郡縣，朔方都尉，甚悖逆不軌，宜誅討之日久矣。陛下垂大惠，哀元元之未贍，不忍暴士大夫於原野；縱難被堅執鋭，有北面復匈奴之志，又欲罷鹽鐵、均輸，擾邊用，損武略，無憂邊之心，於其義未便也。」（同右書二頁）

觀右録文學與大夫之論辯，文學所揭示「行仁政無敵於天下；廣道德、開仁義」，乃其本也；與民争利，則其末也。此乃董仲舒正其誼不謀其利，明其道不計其功之意也。大夫方則未有力，詞以對仁德治本，一開場就處於守勢，只能以邊費之需聊作應對，顯出理短之勢。桓寬以《鹽鐵論》六十篇記其事，論辯甚豐，宜觀其他論辯之情。

卷一《力耕》篇大夫曰：「古者塞天財，禁關市，執準守時，以輕重御民。豐年歲登，則儲積以備乏絶；凶年惡歲，則行幣物，流有餘而調不足也。禹以歷山之金，湯以莊山之銅，鑄幣以贖其民，而天下稱仁。往者財用不足，戰士或不得禄；而山東被災，齊趙大饑，賴均輸之畜，倉稟之積，戰士以奉，饑民以賑。故均輸之物，府庫之財，非所以賈萬民而專奉兵師之用，亦所以賑困乏而備水旱之災也。」文學曰：「古者十一而税，澤梁以時入而無禁，黎民咸被南畝而不失其務，故三年耕而餘一年之蓄，九年耕而有三年之蓄，此禹湯所以備水旱而安百姓也。是以古者尚力務本而種樹繁，躬耕趣時而衣食足。故衣食者民之本，稼穡者民之務，二者修，則國富而民安也。詩云：『百室盈止，婦子寧止。』」大夫曰：「賢聖治家非一寶，富國非一道，昔管仲以權譎霸，而紀氏以强本亡（紀氏之國，强本而節用亡，其穀豐滿而不能理，見《春秋》莊公四年）。故善爲國者，天下之下我高，天下之輕我重，以末易其本，以虛蕩其實。是則外國之物内流，而利不外泄也，异物内流則國用饒，利不外泄，則民用給矣。」（同右書二七一二八頁）觀右録大夫與文學之論辯，終達於同一之目標——「百室盈止，婦子寧止」，民受其惠也，何以民受其惠乎？無他焉，以鹽鐵、均輸之利歸之於公也。惠及於民也。可知此公之義，乃是王霸之間之橋樑也；還必須擴張其義，使之成爲大公，則所行者即便爲霸道亦可成爲王道；反之，若失去大公，爲私欲所取代，則所行之者，雖初爲王道，亦必日褪其色，漸變其質，終墜入於霸道。故知觀王霸之分野不在其言，而在其行，而在判明其動機之大私或大公。但王霸二者之形態亦有可析之者，二者形似對立，實一體也。王，天下所歸往也。孔子曰：『一貫三爲王。』董仲舒曰：「古之造文者，三畫而連其中謂之王；三者，天、地、人也；而叅通之者王也。」（《説文解字》九頁）《前漢書》載有漢文帝中尉宋昌「王者無私」之言。班固在《東都賦》中云：「王者無外。」（見蕭統《文選》中華書局一九七七年版，三五頁。）可知王道者，天下無私之道也，即天下至公之道也；此至公之道將有私之霸道包容於其中；其情狀有如天理包容了人欲，亦如善性中存有惡質一樣。準此而推論義利，亦猶是也。義中包含了利，尤其包含了大利。準此而論董仲舒之言：「正其誼不謀其利，明其道不計其功。」則其論亦有欠安之處；若涉及大利而不謀，大則影響國計民生，小則減少府庫存量；亦有違《周易·繫辭》「聖人之大寶曰位，何以守位曰仁，何以聚人曰財，理財正辭，禁民爲非曰義」之大義；於此可明正此大義則必謀其利。董賢之見不免有偏，予之析此者亦僅在指明其所偏。非對其立論反功利有异議也。蓋儒學大誼，旨在修身、爲學、爲政。此三者最忌私欲淫心。必淨去之，始利於爲人、爲學、爲政。故不言功利乃純儒之大氣。然而儒者既以經世致用爲己任，以内聖外王自期。以「明明德、親民、止於至善」爲終極鵠的，則「開物成務，範圍天地之化而不過、曲成萬物而不遺」之「盛德大業」，無一而非功利也，而且俱爲爲政、爲教、爲民、爲世之大功利也，長遠之大功利也。絶無私意雜揉其中之大功利也，欲謀成大功利則必須正其誼而謀其利，明其利而計其功。而且以《周易》所示之大通變精神，「神而化之，使民宜之，易窮則變，變則通，通則久。」持此以衡文學之論，則見其唯知守本而昧於通變；持此以觀大夫之論，則見其通變有餘，失之於逐利太甚。一個利字，或曰重利輕義，就能判定王霸之分野；或曰隨之以漸，日久就能察出王霸之端倪；再假之以歲月，終能具見王霸之完備形態。據此上遡以觀春秋戰國之秦政，則一目瞭然，秦之霸也，穆公具雛型。孝公立基礎，始皇成霸業，倏忽而終，固有遺憾；然違道悖德、拂人性、背良知、滅真情、寡恩愛，不可救也。據此下察漢唐之治，武帝雖有用兵匈奴之失，但「罷黜申韓，獨尊儒術」爲百世立道統；至唐而有貞觀、開元之治；宋有仁宗之治；宋有仁宗之治，且啓道學之風，將儒學研究崛起層層高峰，廣及諸多心性、天理、人欲、政教等理論問題。這些問題的論辯雖因西學之冲擊，有的已暫告中斷，必然會在更大規模上恢復；以不可遏止的儒家思想之活力，必將在新的歷史時期重掀研究新高潮；蓋其理論之源出自人性、人心、人情三者一體之中也。

第二節　歷史之實踐

有論者曰：「總統一代謂之政，隨時維持謂之事；前漢之政，尚有三代之遺意，光武所設施，皆是事耳；前漢有政，後漢無政。」（吕祖謙《麗澤講義》，見《宋元學案》卷五十一，一六五九頁。）諸葛武侯亦曰：「親賢臣，遠小人，此先漢之所以興隆也；親小人，遠賢臣，此後漢之所以傾頽也；先帝在時，每與臣論此事，未嘗不嘆息痛恨於桓靈也。」（《古文觀止》二六八頁）最爲痛恨者乃靈帝之言：「張常侍（指張讓）是我公，趙常侍（指趙忠）是我母。」（見《資治通鑒》靈帝中平元年，一八六七頁。）漢祚之敗，於此岌岌可危矣。三十五年之後，爲曹魏所篡，從此我中華歷史便進入了一個大紛争、大混戰，同時也是大融化的時代，歷時三百五十年。居此時也，固有刀光映日、風聲鶴唳之慘景，田園荒蕪、離鄉背井之萋涼；亦有堯舜典章、廟堂禮儀之肅穆；更有個性舒張、書文競天之逸趣。唯見治亂相繆，文禮互進，心性馳逸，漢化萬千也。

一、唐之租庸調

《舊唐書・食貨志》曰：「先王之制，度地以居人，均其沃瘠，差其貢賦，蓋斂之必以道也。量入而爲出，節用而愛人，度財消費，蓋用之必有度也。是故既庶且富而教化行焉。」（《二十五史》上海古籍縮本三七二五頁）《新唐書》曰：「古之善治其國而愛養斯民者，必立經帝簡易之法，使上愛物以養其下，下勉力以事其上，上足而下不困。故量人之力而授之田，量地之產而取以給公，上量其入而出之，以爲用度之數，是三者常相須以濟而不可失，失其一則不能守其二。及暴君庸主縱其佚欲，而苟且之吏從之變制，合時以取寵於其上。故用於上者無節，而取於下者無限，民竭其力而不能供，由是上愈不足而下愈困，則財利之説興而聚斂之臣用，則經常之法壞，而下不勝其弊焉。唐之始授人口分世業田，而取之祖庸調之法，其用之也有節，蓋其畜兵以府衛之制，故兵雖多而無所損，設官有常數，故官不濫而易祿，雖不及三代之盛世，然亦可以爲經常之法也。凡授田者，丁歲輸粟二斛，稻三斛，謂之祖。丁隨鄉所出，歲輸絹二匹，綾絁二丈，布加五之一，棉三兩、麻三斤，非蠶鄉，則輸銀十四兩，謂之調。用人之力，歲二十日，閏加二日，不役者，日爲絹三尺，謂之庸。有事而加役二十五日者免調；三十日者租調皆免。通正役不過五十日。自王公以下皆有永業田。」（《二十五史・新唐書》四二七三頁）此「租庸調法」行之於唐百六十年後流弊日深，至德宗（李適）建中元年「用楊炎議。約百姓丁產，定等級，改作兩税法（楊炎作兩税法，夏輸無過六月、秋輸無過十一月，視大曆十四年墾田數爲定）。比來新舊徵科色目，一切罷之；二税外輒率一錢者，以枉法論」。司馬光析之曰：「賦斂之法曰租庸調，有田則有租，有身則有庸，有戶則有調。玄宗之末，版籍浸壞，多非其實。及至德兵起，所在賦斂，迫趣取辦，無復常準。賦斂之司增數而莫相統攝，各隨意增科，自立色目，新故相仍，不知紀極，民富者丁多，率爲官、爲僧，以免課役；而貧者丁多，無所伏匿，故上戶擾而下戶勞。吏因緣蠶食，旬輸月送，不勝困弊，率皆逃徙爲浮戶，其土著百無四五。至是炎建議作兩稅法，先計州縣每歲所應費用及上供之數，而賦於人，量出以制入。戶無主、客，以見居爲薄，人無丁、中，以貧富爲差；爲行商者，在所州縣稅三十之一。使與居者均，無僥利。居人之稅，秋夏兩徵之，其租、庸、調雜傜悉省，皆總統於度支上用其言，因赦令行之。」（《資治通鑒》七二七五—七二七六頁）

德宗貞元十年（七九四年）陸贄「請均節財賦、凡六條：其一論兩稅之弊，其略曰：竭胡亂華。黎庶雲擾，版圖墮於避地，賦法壞於奉軍。建中之初，再造百度，執事者知弊之宜革，而所作兼失其原，知簡之可從而所操不得其要。凡欲拯其弊，須窮致其弊之由，時弊則但理其時，法弊則全革其法，所爲必當，其悔乃亡。兵興以來，供億無度，此乃時弊。非法弊也。而遽更租、庸、調法，分遣使者。搜擿郡邑，校驗薄書，每州取大曆中一年科率最多者以爲兩稅定額。夫財之所生必由人力，故先王之制賦入必以丁夫爲本，不以務穡增其稅，不以輟稼減其租，則播種多；不以殖産厚其征，不以流寓免其調，則地著固；不以飭勵重其役，不以窳怠蠲其庸，則功力勤。如是，故人安其居，盡其力矣。兩税之立，惟以資産爲宗，不以丁身爲本。其二請二税以布帛爲額。不計錢數，其略曰：凡國之賦税必量人之力，任土之宜，故所入者爲布、麻、繒、纊與百穀而已。是以國朝著令，租出穀，庸出絹，調出繒、纊、布。曷嘗有人鑄錢，而以錢爲賦者也！今之兩税獨异舊章，但估資産爲差，便以錢穀定税。又曰：夫地力之生物有大限，取之有度、用之有節，則常足。生物之豐敗由天，用物之多少由人，是以聖王立程，量入爲出，雖遇灾難，下無困窮。其三論長吏以增户、加税、闢田爲課績。其四論税限迫促。其五，請以税茶錢置義倉，以備水旱。近者有司奏請税茶，歲約得五十萬貫，元敕令貯户部，用救百姓凶饑。今以蓄糧，適副前旨。其六，論兼并之家，私斂重於公税，其略曰：今京畿之内，每田一畝，官税五升，而私家收租殆有畝至一石者，是二十倍於官税也。夫土地王者之所有，耕稼農夫之所爲，而兼并之徒，居然受利。望還所占田，約为條限，裁減租價，務利貧人，此乃古者安富恤窮之善經，不可捨也。」（《資治通鑒》唐紀五十。七五五六—七五五九頁。）於兹可見，從孔子揭明之「不患寡而患不均，不患貧而患不安；蓋均無貧，和無寡，安無傾」之均富思想，經千餘年之歷史實踐檢驗，已證其正確。「安富恤窮」，此唐人之經驗，「不可捨也」。

二、宋先治後憂，農民最苦

《宋史・食貨志》曰：「昔武王克商，訪箕子以治道，箕子爲之陳《洪範・九疇》。五行五事之次，即曰農用八政。八政之目，即以食貨爲先。五行天道也，五事人道也。天人之道治，而國家之政興焉。是故食貨而下五卿之職，備舉於是矣。宗伯掌邦禮祀，必有食貨而後儀物備，賓必有食貨而後委饋豐；司空掌邦土，民必有食貨，然後可奠於厥居；司徒掌邦教，民必有食貨而後可興於禮義，司寇掌邦禁，民必有食貨，而後可遠於刑罰，其曰農用八政。農，食貨之本也。唐杜佑作《通典》，首貨而先田制，其能推本洪範八政之意歟！宋承唐五季之後，太祖興，削平諸國。除藩鎮留州之法，而粟帛、錢幣咸聚王畿；嚴守令、勸農之條，而稻糧桑枲，務盡地力。至於太宗，國用殷實，輕賦薄斂之制日與群臣講求而行之。傳至真宗，內則升中告成之事舉，外則和戎安邊之事滋；由是食貨之議日甚一日。仁宗之世，契丹增幣，夏國增賜；養兵兩陲，費累百萬，然帝性恭儉寡慾，故取民之制，不至掊克。神宗欲伸中國之威，革前代之弊，王安石之流進售其强兵富國之術，而青苗、保甲之令行，民始罹其害矣。哲宗元祐，更化斯民。稍望休息；紹聖而後，章惇倡紹述之謀，秕政復作。徽宗既立，蔡京爲豐亨豫大之言，苛征暴斂，以濟多慾，自速禍敗。高宗南渡，雖失舊物之半，猶席東南地之饒，足以裕國。然百五十年之間，公私粗給而已。考其祖宗立國初意，以忠厚仁恕爲基，向使究其所爲，勉而進於王道亦孰能禦之哉！然終宋之世，享國不爲不長，其租税征榷、規撫節目，繁簡疏密，無以大异於前世。何哉？內則牽於繁文，外則撓於强敵，供應既多，調用不繼，勢不但已徵求於民，謀國者處乎其間，又多伐异而黨同，易同而輕變；殊不知大國之制用，如巨商之理財，不求近效，而貴遠利。宋臣於一事之行，初議不審，行之未幾，即區區然較其失，得尋議廢格，後之所議，未有以瘉於前；其後數人者，又復訾之如前，使上之爲君者莫之適從，下之爲民者無自信守因革紛紜，非是貿亂而事弊日益以甚矣。世謂儒者論議多於事功，若宋人之言食貨，大率然也。又謂漢文景之殷富得諸黄老之清静；爲黄老之學者，大忌於紛更。宋法果能然乎？時有古今，世有升降，天地生財，其數有限，國家用財，其端無窮；歸於一是，則生之者衆，食之者寡，爲之者疾，用之者舒，之外無他技矣。宋舊史志食貨之法，離爲上下篇：一曰農田，二曰方田，三曰賦田，四曰布帛，五曰和糴，六曰漕運，七曰屯田，八曰常平義倉，九曰課役，十曰振恤。或出或入，動關民生，國以民爲本，固列之於上篇焉。其一曰會計，二曰銅鐵錢，三曰會子，四曰鹽，五曰茶，六曰酒，七曰坑冶，八曰礬，九曰商税，十曰市易，十一曰均輸，十二曰互市舶法。或損或益，有係國體；國不以利爲利，故列之下篇焉。……上田人授百畝，中田百五十畝，下田二百畝，并五年後收其租，亦只計百畝，十收其三。一家有三丁者，請加受田，如丁數；五丁者從三丁之制，七丁者給五丁，十丁給七丁，至二十、三十丁者，以十丁爲限。若寬鄉田多，即委農官裁度以賦之。其室廬蔬韭及梨棗榆柳種藝之地，每戶十丁者給百五十畝，七丁者百畝，五丁者七十畝，三丁者五十畝，不及三丁者三十畝。除桑功五年後計其租，餘悉蠲其課。哲宗即位，司馬光爲門下侍郎，委之以政，詔天下臣民皆得以封事言民間疾苦，光抗疏曰：四民之中，惟農最苦，寒耕熱耘，霑體塗足，戴日而作，戴星而息，蠶婦治繭，績麻紡緯，縷縷而積之，寸寸而成之，其勤極矣。而又水旱霜雹，蝗蜮間爲之灾，幸而收成。公私之債，交争互奪，穀未離場，帛未下機，已非己有，所食者糠粃而不足，所衣者綈葛而不完，直以世服田畝，不知舍此之外有何可生之路耳。而況聚斂之臣於租稅之外巧取百端，以邀功賞；青苗則强散重斂、給陳納新；免役則刻剥窮民，收養浮食；保甲則勞於非業之作；保馬則困於無益之費，可不念！今者濬發德音，使畎畝之民得上封事，雖其言辭鄙雜，皆身受實患，直貢其誠，不可忽也。……建炎（宋高宗趙構年號）以來，内外用兵，所在多逃絶之田。紹興二年四月詔兩浙路收買牛具，貸淮東人戶。……」（《二十五史・宋史・食貨志》五七一〇—五七一二頁。）由此而明宋之開國，由於太祖立忠厚仁恕爲基之政，因襲唐賦稅之制，造成宋初諸帝近一百五十年之大治，靖康之後即陷入内外用兵之災難中，百姓四處逃竄，田園荒蕪，廬舍爲虚。高宗偏居臨安，歷孝宗、光宗、寧宗、理宗、度宗、恭宗、端宗等七朝，在强敵壓境、警報頻傳中度過風雨霜雪的一百一十五年之日日夜夜，其淒苦詎可言之哉！

三、元兼租庸調與兩稅法

《元史・食貨志》曰：「洪範八政，食爲首，而貨次之。蓋食貨者養生之源也。民非食貨則無以爲生，國非食貨，則無以爲用。是以古之善治其國者，不能無取於民，亦未嘗過取於民。其大要在乎量入爲出而已。傳曰：生財有大道，生之者衆，食之者寡，爲之者疾，用之者舒，此先王理財之道也。後世則不然，以漢、唐、宋觀之，當其立國之初，亦頗有成法，及數傳之後，驕侈生焉，往往取之無度，用之無節，於是漢有告緡、算舟車之令，唐有借商、稅間架之法，宋有經、總制二錢，皆掊民以充國，卒之民困而國亡，可嘆也已。元初取民未有定制，及世祖立法，一本於寬。其用之也，於宗戚則有歲賜（「自昔帝王於其宗姻戚必致其厚者，所以明親親之義也。元之爲制，其尤厚之至者歟！凡諸王及后妃公主，皆有食采分地。則五戶出絲一斤，不得私徵之，皆輸諸有司之府，視所當得之數而給與之，其歲賜則銀幣各有差。至於勳臣亦然，所以大報功也」），於凶荒則有賑恤，大率以親親愛民爲重，而又惓惓於農桑一事，可爲知理財之本者矣。世祖嘗語中書省臣曰：凡賜與雖有朕命，中書其斟酌之。成宗亦嘗謂丞相完澤等曰：每歲天下金銀鈔幣所入几何？諸王駙馬賜與及一切營建所出几何？其會計以聞。完顏對曰：歲入之數金一萬九千兩，銀十萬兩，鈔三百六十萬錠。然猶不足於用。又於至元鈔本中供二十萬錠矣。自今敢以節用爲請，帝嘉納焉。……元之取民大率以唐爲法，其取於内郡者，曰丁稅，曰地稅，此仿唐之租庸調也；取於江南者，曰秋稅，曰夏稅，此仿唐之兩稅也。丁稅、地稅之法，自太宗始行之。初太宗每戶科粟二石，後又以兵食不足增爲四石。至丙申年乃定科徵之法，令諸路驗民戶成丁之數，每丁歲科粟一石；凡種田者，白地每畝輸粟三升，水地每畝五升。……農桑，王正政之本也。太祖起朔方，其俗不待蠶而衣，不待耕而食，初無所焉。世祖即位之初，首詔天下，國以民爲本，民以食爲本，衣食以農桑爲本，於頒《農桑輯要》之書于民，俾民崇本抑末，其睿見英識與古先王無异，豈遼金所能比哉！中統元年，命各路宣撫司擇通曉農事者充隨處勸農官。二年立勸農司，以陳邃崔斌等人爲使。至元七年立司農司，以左丞張文謙爲卿。……凡五十家立一社，擇高年曉農事者一人爲之長，……以教督農桑爲事。」（見《二十五史·元史·食貨志》七五〇七頁。）

四、明入無法，出無度

《明史·食貨志》：「《記》曰：取材於地，而取法於天，國之本在於農桑。明初沿元之舊，錢法不通而用鈔，又禁民間以銀交易，宜若不便於民，而洪、永、熙、宣之際，百姓充實，府藏衍溢，蓋是時劭農務墾闢，土無萊蕪，人敦本業。又開屯田，中鹽以給邊軍，餫餉不抑藉於縣官。故上下交足，軍民胥裕。其後屯田壞於豪强之兼并，世宗以後耗財之道廣，府庫匱竭。神宗乃加賦重徵，礦税四出，中涓群小，横斂侵漁，民多逐末，海内困疲，而儲積益以空乏。……夫强本節用爲理財之要，明一代理財之道，始得而終失。……采造之事，累朝侈儉不同，大約靡於英宗，繼以憲武，至世宗、神宗而極其事。名目繁瑣，徵索紛紜，最鉅且難者曰采木。歲造最大者曰織造，曰燒造，而最爲民害者，率由中官。明初上供簡省，郡縣貢香米、人參、葡萄酒，太祖以爲勞民。却之。仁宗初，光禄卿井泉奏，歲例遣正官往南京采玉面狸，帝叱之曰：「小人不達政體！朕方下詔，盡罷不急之務以息民，豈以口腹細故，失大信耶。」（《明史·食貨志》，《二十五史》第十册，七九八〇—七九九三頁）由此可見明初尚儉朴。英宗以後入奢靡，神宗之時徵索紛紜，民不堪命，促明祚之速亡也。

五、清行一條鞭法

《清史稿·食貨志》曰：「明末苛政紛起，等捐增餉，民窮財困。有清入主中國，概予蠲除，與民更始。逮康、乾之世，國富民殷，凡滋生人丁，永不加賦，又普免天下租稅至再至三。嗚呼，古未有也。道咸以降，海禁大開，國家多故，耗財之途廣，而生財之道滯；當軸者昧於中外大勢，召禍興戎，天府大倉之蓄，一日蕩然，賠償兵費至四百餘兆。以中國所有財産抵銷外債，積數十年不能清償，攤派加捐，上下交困；乃改海運以節漕費，变圜法以行国币，講鹽政以增歲入，開礦産以擴財源；以及創鐵路、改郵傳、設電局、通海舶，新政繁興，孳孳謀利；而於古先聖王生衆食寡、爲疾用舒之道，昧焉不講。夫以唐、虞治平之世，而其告舜、禹也，諄諄以『四海困窮天禄永終』爲戒，有國者，其可忽哉！賦役：順治三年諭戶部稽核錢糧原額彙爲賦役全書，悉復明萬曆間之舊，計天下財賦，江南浙江江西爲重。三省中尤以蘇松嘉湖諸府爲最，采用明萬曆一條鞭法。一條鞭者，以一府州縣一歲中夏税秋糧存留起運之額，均徭里甲士貢雇募加銀之額，通爲一條，總徵而均支之，至運輸給募，皆官爲支撥，而民不與焉。頒易知由單於各花戶，由單之式，每州縣開列。上中下則，正雜本折錢糧，末綴總數，於開徵一月前頒之。戶口之數。經累朝休養生息，歲有加增，約而舉之：順治十八年會計天下民數千有九百二十萬三千二百三十三口；康熙五十年二千四百六十二萬一千三百二十四口；

六十年二千九百一十四萬八千三百五十九口；又滋生丁四十六萬七千八百五十口。雍正十二年二千六百四十一萬七千九百三十二口，又滋生丁九十三萬七千五百三十口。乾隆二十九年二萬五百五十九萬一千一十七口。六十年二萬九千六百九十六萬五百四十五口。嘉慶二十四年三萬一百二十六萬五百四十五口。道光二十九年四萬一千二百九千八萬六千六百四十九口。咸同之間兵革四起，册報每缺數省其可稽者，只二萬數千萬口。光緒元年三萬二千二百六十五萬五千七百八十一口。」（《清史稿·食貨志》，見《二十五史》第十一册，九二五二—九二五三頁。）右録人口增長數，從順治十八年（一六六一年）至光緒元年（一八七五年）二百一十四年間人口增長十一倍有奇。可知清代康、雍、乾三朝之治實減輕了人民之負擔，令百姓有心有力、自生自息。

縱觀中華仁政之發展史，自堯舜授以「人心惟危，道心惟微，惟精謂一，允执厥中」之誠，經禹、湯、文、武，迄於孔子集大成，而揭示「有國有家者，不患寡而患不均，不患貧而患不安；蓋均無貧，和無寡，安無傾」。（《論語·季氏》）在治國、安邦之大業中，能守住「均、和、安」三字，善處寡貧之情，則傾覆之憂自消矣。按自堯舜算起，經夏、商、周、

（春秋戰國）秦、兩漢、（三國）魏、晉、（南北朝）隋、唐、（五代十國）宋、元、明、清，四千五百年中大的政權更替不過十五次，平均三百年一次，其所賴者中庸之道與均富思想也。其間雖不免有豪强掠奪，終未動摇均富之大局，可知均富乃安定民心之善政也，行均富之政，必保長治久安也，此中華歷史之鐵證也。

第三節　孫中山之民生主義

爲撰此文我讀了《孫中山選集・三民主義》，頗受啓發，兹就如次三問題，略抒管見。

一、社會生理與社會病理之辨

孫中山先生對政治之定義是：「政是衆人之事，治是管理衆人之事。」（《孫中山選集》中華書局二〇一一年十二月第二版八二二頁。）遡此義也，近則源於西方之民權政治觀，用之中國之政治；遠則出自孔子之言「人道政爲大。」（《禮記・哀公問》，見《十三經註疏》

一六一一頁。）特別值得指明的是孔子在回答魯哀公・問話所包函之深意。「孔子對曰：古之爲政愛人爲大，所以治愛人，禮爲大，所以治禮，敬爲大。敬之至矣，大婚爲大。是故君子興敬爲親；舍敬是遺親也；弗愛不親，弗敬不正，愛與敬，其政之本與！」（同右書一六一一頁）由此可見，儒家經典在二千五百年以前早已將愛與敬視爲政之必備修養與前提條件；較之近代西方之民權政治要完善得多。由此亦知儒學乃淑身淑世之學，其於社會、國家，乃至人類。有益而無害，有利而無弊；有補而無損，有德而無賊，可稱之为社會生理學。徵之中華歷史亦復如是。治世可謂之社會健康時代，亂世可謂之社會罹病時代；其重者可視之爲險病，瀕臨存亡之秋，必施行搶救，始有甦蘇之望。中華史上恰是治世與亂世更迭相乘，互爲取代。何爲如此耶！從内部而窺之，則見任何事物無法逃遁其興衰存亡之法則；從外部而察之，則見事物多受人欲人爲之影響，無不有病焉。孫中山在講《民生主義》時説：「所以社會進化的定律，是人類求生存。人類求生存才是社會進化的原因。階級戰爭，不是社會進化的原因；階級戰爭是社會當進化的時候所發生的一種病症。這種病症的原因，是人類不能生存。因爲人類不能生存，所以這種病症的結果，便起戰爭，馬克思研究社會問題所有的心得，只見到社會進化的毛病，没有見到社會進化的原理，所以馬克思只可説是一個『社會病理家』，不能説是一個『社會生理家』。」（《孫中山選集》八四七頁）孫中山自己屬於何家？他未直言；但於理而論，可謂屬於「社會生理家」或無疑也，蓋吾炎黄子孫一進入社會生活即以道、儒思想爲指導，明天理之純，知人欲之雜；伏羲畫八卦，揭陰陽消長之奥，即將理欲消長之數包函於其中；黄帝首明無思無慮始知道；堯舜更垂十六字經之誡「人心惟危，道心惟微，惟精惟一，允執厥中」，於今猶未見盡善也，甚至未見正確理解也，但其不害爲「社會生理家」之理論基礎也。直至孔子爲《周易》作《文言》曰：「元者，善之長也。」才賦予「元」（實乃變化之始也）以「善」的哲學概念。孔子又在《周易繫辭》（上）曰：「一陰一陽之謂道，繼之者善也，成之者性也。」（《十三經註疏》七八頁）爾後孟子立性善論，即以此二善之概念爲立論之基石也。孔孟之性善論一立，儒學即大放异彩，人從善出，教從善發，政從善播，俗從善化，百善互益，天下萬物萬事，無不善也，此乃最爲完美之社會生態也，其表現於人性、人心、人情者，無有不善也；其表現人言、人行、人德者，無有不善也，此中善者可克不善者，則化於善矣。由上述者可明以至誠之道，發揚人之善性、良知、真情，使五倫遜、風俗淳；擴而廣之，推及一切社會組織、人事機構及其關係悉處於和順之中，造成最温馨之社會生態，以儒家之經典所及中華之歷史所示，只要當政者具此修養，發德音，播澤惠，則君子之德風，無不景從者也，是乃社會生理家之所期待而孫中山未便自鳴者也。考察社會現實，總是社會生態與病態同時并存，其各占比例如何亦難言矣。蓋害社會與病社會之主客因素多而雜也；但究其要者不外兩端：一曰私欲汎濫，二曰好智詐僞。私欲汎濫，可致社會動蕩，發生戰争；小者引發地區紛亂，大者演成人類灾難；積年加深，心靈創傷，長期不治。經濟危機也，禍及全球，貧者凍餒溝壑，富者財富滚翻。至於私欲爲患於其他方面者，則書不勝書矣。關於好知詐僞之論，可參酌《莊子》之見：「知詐漸毒，頡滑堅白、解垢同异之變多，則俗惑於辯矣。故天下每每大亂，罪在於好知。故天下皆知求其所不知，而莫知求其所已知者；皆知非其所不善，而莫知非其所已善者，是以大亂。夫好知之亂天下也，自三代以下者是已。」（《莊子·胠篋》六一一—六二二頁）由此而知，好知之亂天下，在我中華史上已歷三千年了。西學東漸以後，雖爲時短暫（近二百年），但其科技日新月异，加諸於我，引起之思想大亂、道德淪喪、志趣浮競、風氣詐僞，詎可以文字狀言之哉！天下滔滔者，已陷入逐利之深淵；其難以挽救之狀，好知者比之於私欲汎濫者，更甚千百倍也。故救治之法不可急近功，唯有期遠效一途而已矣。所謂當期遠效者，以爲好知詐僞之病，非受之於一時一世也，其有自來者遠矣；西學東漸以後，復受西方好知好技之惑，尚利而賤義。詐僞公行，人心日薄幾近行尸。欲使之反樸，歸於其本原，非積累世之功，不可期也。累世之功何積耶？曰逐步喚醒人之善性、良知、真情也，此乃治世之本根也。故有志於治世，而且致力於研究社會生理、病理者，必須於人類之性、心、情三者持正確態度、有正確認識，這就是「人之初，性本善」。「致良知是學問大頭腦，是聖人教人第一義。」（《王陽明全集》七一頁）「情者，聖王之田也。」（《禮記·禮運》一四二六頁）中華儒家思想體系既以此三字爲始終，復發揚此三者無窮無盡之至義，時見其於新之歷史時期，長新其義，不滯於物，恰似滾滾淵泉，永無止息。故吾儕於此三者必長新其義。於當今之世，必首新人性善之至義。不僅人性善，物性亦善，此乃完備之性善論也。不僅昔日光照於《中庸》（《中庸》有言曰：「唯天下至誠爲能盡其性，能盡其性，則能盡人性；能盡人之性，則能盡物之性；能盡物之性則可以贊天地之化育；可以贊天地之化育，則可以與天地參矣。」）《十三經註疏》一六三二頁）更使之今日光照於人類之心靈與物類之心靈。此乃社會生理家之大任也。使社會每一分子以健康之心態生活於其所處的社會中，造成優良的社會生態環境，使此二者處於良性循環之中，互爲作用，影響不止；考之社會生活實際，無論家庭、學校、文化組織、企業團體，絕大多數處於良性循環之中；故知如何發揮社會生理與病理家之作用，極爲重要。而且社會生理與社會病理二者非對立之物，乃相爲補救也。蓋任何社會形態在其發展過程中必然受病，如能獲得及時醫治，則必不致演成社會大病，考之儒學真諦，其有「修、齊、治、平」之道，又有「克己復禮」之教乃完美之社會生理家也；即便社會受病，亦易於醫治也。

二、推動人類前進之動力何在

中山先生在其民生主義第一講中，提出：「古今一切人類之所以要努力，就是因爲要求生存；人類因爲要有不間斷的生存，所以社會才有不停止的進化。所以社會進化的定律，是人類求生存。人類求生存才是社會進化的原因。」（《孫中選集》（下）八四七頁）中山先生之此見，只見表而未反底，只見人生之欲、人生求利因而奮力求存、有促進社會發展之一面，而未見私欲有危害群體、社會、國家乃至人類之一面。唯堯帝睿哲，所見深遠，告誡帝舜，「人心惟危」，继經舜、禹反復慮辯而成爲十六字經：「人心惟危，道心惟微，惟精惟一，允執厥中。」（《尚書·大禹謨》）此乃千古不磨之當政者之大任也，亦推動社會進化之動力也。所謂「人心」者，實指人欲無窮，欲壑難填，其害己也，害人也，爲害於社會、國家、天下也。不可遽盡以言也。道心者，乃人之良心也，乃人心之得其正者也。朱熹曰：「天理。」王陽明曰：「致良知，學問之大頭腦也，聖人教人第一義也。」張横渠曰：「大其心，則能體天下之物。天大無外，故有外之心不足以合天心。德性所知，不萌於見聞。」（《宋元學案·横渠學案》七〇〇頁）至於普通百姓則所謂道心者，乃指是非中之「是」、善惡中之「善」、正邪中之「正」是也。由此而明，道心可以克制人心，是心可糾正非心，正心可匡正邪心，善心可感化惡心。道心之大義明矣。當將儒學經典中華歷史一結合（其實與人類歷史一結合，亦猶是也），一個鐵的活生生的事實，便呈現在眼前：天地之心，人爲貴；人爲萬物之靈，其所靈者心也。孟子曰：「心之官則思，思則得之，不思，則不得也，此天之所與我者，先立乎其大者，則其小者不能奪也。」（《孟子·告子》，見《十三經註疏》二七五三頁。）荀卿曰：

「心者，形之君也。而神明之主也，出令而而無所受任，自禁也，自使也，自奪也，自取也，自行也，自止也。故口可劫而使墨云，形可劫而使詘伸，心不可劫而使易意，是之則受，非之則辭。」（《荀子・解蔽篇》，見《諸子集成》（二）二六五頁。）朱熹專就人心與道心詳述己見曰：「自上古聖神，繼天立极，而道統之傳有自來矣。其見於經則，允執厥中者，堯之所以授舜也。『人心惟危、道心惟微，惟精惟一，允執厥中』者，舜之所以授禹也。盖嘗論之，心之虛靈知覺，一而已矣，而以爲有人心道心之异者，則以其或生於形氣之私，或原於性命之正，而所以爲知覺者不同；是以或危殆而不安，或微妙而難見耳。然人莫不有是形，故雖上智不能無人心；亦莫不有是性，故雖下愚不能無道心。二者雜於方寸之間，而不知所以治之，則危者愈危，微者愈微；而天理之公，卒無以勝夫人欲之私矣，精則察夫二者之間而不雜也，一則守其本身之正而不離也。從事於斯。無少間斷，必使道心常爲一身之主，而人心每聽命焉，則危者安，微者著。而動静云爲，自無過不及之差矣。夫堯、舜、禹，大聖也，以天下相傳，大事也。而其授受之際，丁寧告戒，不過如此，則天下之理豈有加於此哉？」（《朱子新學案・論人心與道心》四二七頁）王陽明曰：「聖人之學，心學也。堯、舜、禹之相授受曰：

『人心惟危，道心惟微，惟精惟一，允執厥中。』此心學之源也。中也者，道心之謂也；道心精一之謂仁，所謂中也。孔孟之學惟務求仁，蓋精一之傳也。」右列三子之論，可見心者，乃自世之有生靈以來所出現之最活躍之因素也；其活躍之最特出之表現，則爲創造耳；人類之心創造了人類之整體文明，此文明中蘊藏了人類的無窮智慧，隨時啓迪富於創造性的人類之心，此心乃精一之道心也，非雜以人欲有害人事之人心也。至此可見儒學所言之道心，乃是推動人類進步之動力也，明矣。

三、民生主義之實質何在

中山先生在《民生主義》第一講中覬切指明：「民生就是政治的中心，就是經濟的中心，和種種歷史活動的中心，好像天空以內的重心一樣。」（《孫中山選集》八五六頁）在第三講裏又指明：「民生主義和資本主義根本上不同的地方，就是資本主義以賺錢爲目的，民生主義是以養民爲目的。」（同右書八九三頁）此種以養民爲目的之政，最早見於《尚書・大禹謨》：「德惟善政，政在養民，水、火、金、木、土、穀，惟修；正德、利用、厚生，惟和。

九功惟敍，九敍惟歌。」（《十三經註疏》一三五頁）《夏書・五子之歌》立「民可近，不可下，民惟邦本，本固邦寧」之教。（《十三經註疏》一五六頁）至孟軻之世發「民貴君輕」之說；孟子見梁惠王與論政時則曰：「養生喪死無憾，王道之始也。」「黎民不饑不寒，然而不王者，未之有也。」「老吾老以及人之老，幼吾幼以及人之幼，天下可運於掌。」「無恒產而有恒心者，惟士爲能。若民則無恒產，因無恒心；苟無恒心，放闢邪侈，無不爲已，及陷於罪，然後從而刑之，是罔民也，謹庠序之教，申之以孝悌之義，頒白者，不負戴於道路矣。」（《十三經註疏》二六六六—二六七一頁）說到底，儒家之仁政，就是養民之政，孫中山本天下爲公之道，在三民主義中既吸取了西方的民有、民治、民享之政治思想，又繼承和發揚了儒家之仁政精神。此乃民生主義之真諦所在；亦是樸實的均富理論，可視爲人類之理想政治與經濟理論體系，有待研究與宏揚。

第八章　美俗

《禮記·學記》開宗明義即曰：「君子如欲化民成俗，其必由學乎！玉不琢不成器，人不學不知道。是故古之王者建國君民，教學爲先。」（《十三經註疏》一五二一頁）《論語》有「不學禮無以立，不學詩無以言」之教。稽之儒學經典，禮之所及者，真如《中庸》所言：「大大聖人之道，洋洋乎發育萬物，峻極於天；優優大大，禮儀三百，威儀三千；待其人然後行。」（《十三經註疏》一六三三頁）蓋古之爲人、爲言、爲行、爲教、爲政，其所遵循者，道德禮法習俗而已。今雖有异於古，其所遵者能有違古之道者乎，亦唯賦予新意而已矣。

第一節　五倫之禮數乃習俗之基礎

釋辭：數：《説文》：「計也。」《康熙字典》：「《易·節卦》：君子以制數，度議德行。《疏》：數度謂尊卑禮命之多少。又《繫辭》：極數知來之謂占。」風：《康熙字典》

見《河圖》：「風者天地之使。」《元命包》：「陰陽怒而爲風。」《玉篇》：「散也，教也。」《書畢命》：「彰善癉惡，樹之風聲。」《詩·關雎·序》：「風之始也。」《箋》：「風是諸侯政教也。」俗：《康熙字典》：「上所化曰風，下所習曰俗。」習：《說文》：「數飛也。」《康熙字典》：「習，重也。」慣：《康熙字典》：「習也。」由此而明禮數、風俗、習慣之義矣。古之禮數、風俗、習慣所以具有傳承性者，以其本基於人性、人心、人情者也。

儒家治國平天下也，立基於修身齊家；其修身齊家，立基於禮數也；其禮數則道德爲基。故《禮記正義·序》曰：「夫禮者，經天緯地，本之則大一之初，原始要終，體之乃人情之欲。夫人上資六氣，下乘四序，賦清濁以醇醨，感陰陽而遷變，故曰人生而靜，天之性也，感物而動，性之欲也。喜怒哀樂之志，於是乎生；動靜愛惡之欲，於是乎在。精粹者，雖復凝然不動；浮躁者，實亦無所不爲。是以古先聖王鑒其若此，欲保之以正直，納之於德義；道之以德，齊之以禮。禮者，體也，履也，故曰人之所生，禮爲大也。非禮無以事天地之神，辯君臣長幼之位，是禮之時義大矣哉！」（《十三經註疏》一二二二頁）《禮記正義》曰：「夫禮者經天地，理人倫，本其所起，在天地未分之前。故《禮運》云：夫禮必本於大一。是天地未分之前，已有禮也。禮者理也。其用以治，則與天地俱興。故昭公二十六年《左傳》稱晏子云：「禮之可以爲國也，久矣；與天地并，但于時質略物生，則自然而有尊卑，若羊羔跪乳，鴻鴈飛有行列，豈由教之者哉！自伏羲以後至黄帝吉、凶、賓、軍、嘉五禮始具。皇氏云：禮有三起：禮理起於大一，禮事起於遂皇，禮名起于黄帝。按《舜典》云：「類於上帝則吉禮也；百姓如喪考妣則凶禮也；群后四朝，則賓禮也；舜征有苗，則軍禮也；嬪於虞，則嘉禮也。是舜時五禮具備。周之禮，其文大備。聖人之王天下，道德仁義及禮并藴于心，周禮爲本，則聖人履之；儀禮爲末，則賢人履之。《六藝論》云：「今禮行於世者，戴德戴聖之學也。」（同右書，一二二三—一二二六頁）由此而明，禮與道德一也，唯禮重行，統之于心曰體，踐而行之曰履。

《尚書·舜典》：「帝曰：契！百姓不親，五品不遜，汝作司徒，敬敷五教，在寬。」五品者父、母、兄、弟、子是也。可知古聖之施教，從人倫始也。其所施者父義、母慈、兄友、弟恭、子孝，非從外而施之也；乃從内，從人之本性、良心、真情之元始狀態而啓之發之培之育之也。當其初生始長之時，未有子不愛其親也，弟不恭其兄也；天倫之間，其樂融融。其義親親也；及其長也，步入社會生活之後，利害之念生焉，私欲之見形焉。矛盾之勢現焉。彼此影響加焉，天倫之際、朋友之間，利害相向，善惡交織，正邪相混，是非相繆，雖欲清之，反相濁亂也。此五品不遜之由也。治此不遜之道，初則禮數行之於天倫之際，即可消除隔閡與誤會，恢復天倫間之善意、良知與真情。《禮記·内則》所述者可供思考。

「后王命冢宰，降德于衆兆民。子事父母，雞（鷄）初鳴，咸盥漱，櫛縰（韜髮也）笄（簪髮也）總（束髮也），拂髦冠（戴也）緌（系冠纓也）纓，端韠（韍也，長服也）紳（大帶），搢（插也）笏（古者無貴賤皆執笏，有事记以备忘，不用时则插之于腰帶）。」此所述者，爲爲人子者之每日之生活習慣，其所内函者則是爲人子者所當行之孝道與當所具有之德行也，已屬於禮數之範疇矣，不論其有無明文之禮節規範也。《内則》繼而述之者則是爲人婦之行：「婦事舅姑（《爾雅·釋親》：婦稱夫之父曰舅，稱夫之母曰姑），如事父母。鷄初鳴，咸盥漱，櫛（梳髦也）縰、笄、總、衣、紳，以適父母、舅姑之所。及所，下氣怡聲，問衣燠寒，疾痛苛（瘠也）癢，而敬抑（按也）搔（摩也）之。出入，則或先或後，而敬扶持之。進盥，少者奉槃，長者奉水，請沃盥，盥卒授巾，問所欲而敬進之，柔色以温之。饘酏（粥也）、酒醴（甘酒也）、芼（菜也）羹、菽麥、蕡稻、黍粱、秫，唯所欲。棗、栗、飴、蜜以甘之。堇荁、枌、榆，免薧滫瀡以滑之；脂膏以膏之。父母舅姑必尝之而後退。」（同右同頁）更記述「男女未冠笄者，鷄初鳴，咸盥漱，櫛縰、拂、芼、總角、衿纓，皆佩容臭。昧爽而朝。問何食飲矣？若已食，則退；若未食，則佐長者視具（其饌也）」。唯「孺子蚤寢晏起，唯所欲，食無時」。（同右書，一四六二頁）

右引述之史料將一普通家庭聞雞初鳴即起床漱洗、整裝、美容及侍奉長輩起床、漱洗、飲食之全過程记录下来；如此質樸入微，似乎每一舉手投足、眼神輕言，莫不充滿尊敬愛護之親情，使全家老少悉處於濃郁的天倫氣氛中，彼此關切，長幼一體；一幅天倫樂圖，映入腦際，予后人以深切之啓示：古能行之者，今亦能行之。曰不可；社會變了，人心變了。誠如是也。但就一家而言，爲父母者，爲子女者，其人性、人心、人情三者乃可回歸者也；蓋向善向惡聽之於己也；迷誤之際，或不免沉淪；一旦覺醒，則立地成佛矣。竊嘗觀世人常懷惰性之心，遇事因循苟且，彼進取之志，且相爲泄氣，造成思想昏亂局面，不知路在在何方？我則認爲，依據儒學求之於內之思想，人人喚醒自己之善性，日日向善；人人喚醒自己之良知，事事光明磊落；人人喚醒自己之真情，言必信，行必誠；人人俱如此行之，則善德善行日日見之於個人。家庭之中，普遍洋溢於社會交往之際，豈不美哉！我認爲此乃糾正當前思想混亂之有效途徑也。

五禮中僅儀禮一項，就包含了士冠禮等十七目。何謂儀禮？唐弘文館學士賈公彦《儀禮序》曰：「竊聞道本冲虚，非言無以表其疏，言有微妙，非釋無能悟其理。是知聖人言曲，事資註釋而成。至於《周禮》《儀禮》，發源是一，理有終始，分爲二部，并是周公攝政大平之書，周禮爲末，儀禮爲本，本則難明，末便易曉。」（《十三經註疏》九四五頁）玆引《儀禮》十七目中之第二目《士昏禮》有關史料，以見古婚禮之風俗焉。「昏禮，下達納采，用鴈。主人筵於戸西，西上右几。使者玄端至。擯者出，請事，入告，主人如賓服，迎於門外，再拜，賓不答拜。揖入，至于廟門。揖入，三揖，至于堦，三讓。主人以賓升西面，賓升西堦。當阿。東面致命。主人阼堦上北面再拜，授于楹間。南面，賓降，出，主人降，授老鴈。」（《十三經註疏》九六一—九六二頁）此爲男方使者向女方娘家送采禮及女方娘家受禮之禮節。再引：「昏辭曰：吾子有惠，貺（音況，賜也）室某也。某有先人之禮，使某也請納采。對曰：某之子惷愚，又弗能教，吾子命之，某不敢辭。致命曰：敢納采。問名。曰：某既受命，將加諸卜。敢請女爲誰氏。……賓至，擯者請對曰：吾子命某以初昏，使某將請承命。對曰：某固敬具以須。父送女。命之曰：戒之敬之，夙夜毋違命。母施矜結帨，曰：勉之敬之，夙夜無違宮事。庶母及門内施鞶（音槃，小囊盛帨中者），申之以父母之命。命之曰：敬恭聽宗爾父母之言，夙夜無愆，視諸矜鞶。」（同右書，九七二—九十三頁）

由右所述，可明「未有物之先而道具焉，道之體也；既有物之後，而道行焉，道之用也。其體則微，其用甚廣，即人心而道在人心」。（《文天祥全集·對策》四五頁）道體之於人心者德也，見之於人之言行者禮也，習之化之以成常態者風俗也。風俗者雖歷時而變，世殊事异，然其具有傳播性則一也。且「君子之德風也，小人之德草也」，亦不易之禮也。故《禮記正義》四十九篇詳述禮之義大矣哉。其最大者，在政教風化也。

第二節　政教在美俗中之地位

「建國君民，教學爲先；君子如欲化民成俗，其必由學乎！」此《禮記·學記》所揭示之理也。《禮記・哀公問》：「孔子問坐於哀公，哀公曰：敢問人道誰爲大？孔子愀然作色而對曰：君之及此言也，百姓之德也，固臣敢無辭而對。人道政爲大。古之爲政，愛人爲大，所以治愛人禮爲大；所以治禮，敬爲大，愛與敬其政之本歟！」（《十三經註疏》一六一一頁）此政、教二者之義也。而教之義則更有《中庸》所揭示者二焉：一曰「天命之謂性、率性之謂道，修道之謂教」。二曰「自誠明謂之性，自明誠謂之教。」誠則明矣，明則誠矣。」（同右書，一六二二頁）漢鄭玄註「誠」曰：「自由也；由至誠而有明德，是聖人之性者也；由明德而有至誠，是賢人學以知之也。有至誠則必有明德，有明德則必有至誠。」此註前半段，未能指明性與教之關係似有欠安處。余則以爲「自誠明謂之性」者，誠指本體也。由本體而自然演化而成爲人，則謂之性；乃天命之謂性也。自明誠謂之教者，言人自覺認識自我，則謂之教，「修道之謂教」之意也。此乃儒學政、教二者之大義也。

子曰：「立愛自親始，教民睦也；立教自長始，教民順也。教以慈睦，而民貴有親；教以敬長，而民貴用命。孝以事親，順以聽命。錯諸天下，無所不行。」「先王之所以治天下者五，貴有德，貴貴，貴老，敬長、慈幼。此五者，先王之所以定天下也。貴有德何爲也？爲其近於道也；貴貴，貴爲其近於君也；貴老，爲其近於親也；敬長，爲其近於兄也；慈幼，爲其近於子也。是故至孝近乎王，至弟近乎霸。至孝近乎王，雖天子必有父；至弟近乎霸，雖諸侯必有兄；先王之教因而弗改，所以領天下國家也。」（《禮記·祭義》，《十三經註疏》一五九四頁）祭義者何耶？「鄭云：名祭義者，以其記齋戒薦羞之義。」齋戒薦羞者祭之形也；懷恩廣德者祭之至義也。家國諸侯皆有祭焉，其義一也。古今异時殊見，恩德厚薄不一，感之深淺濃淡有差；然祭之本義不因時而變可知也。其所以如此者，人倫之形態不變也。父子有親、君臣有義、夫婦有別、長幼有序、朋友有信五者乃恒理也。今所見者或有缺失，此乃社會一時趨利之歪風所造成之暫時現象，非人之向善本性所決定之者也。故先王之所以治天下也，自美善五倫始。前所引史料，綜合觀之，乃全面之五倫也。故知治國安邦必自美善五倫始，非古者爲然，今亦必如此也，然而今之未能及此者，乃爲西學東漸，儒家道統被沖決，學淺德陋之儒者又迷於西方形而下者之物誘，又從而自毁之，以致引發百年思想紛亂，實則亂政也。此觀念一立，則百年來之中華思想紛亂現象，便一眼清澈見底了，儒家道統之堤壩被毁壞了。正之之法無他，恢復儒家道統而已矣。具體言之恢復儒家之仁政與善教而已矣；更進一步言之，恢復人之善性、良知、真情而已矣。蓋儒學之核心内函實乃人之性、心、情三者之統一體而已矣。

《禮記·禮運》有言曰：「故人情者，聖王之田也，修禮以耕之，陳義以種之，講學以耨之，本仁以聚之，播樂以安之，故禮也者，義之實也；仁者，義之本也。故治國不以禮，猶無耜而耕也；爲禮不本於義，猶耕而弗種也；爲義而不講之以學，猶種而弗耨也；講之於學而不合之以仁，猶耨而弗獲也；合之以仁而不安之以樂，猶獲而弗食也；安之以樂而不達於順，猶食而弗肥也。四體既正，膚革充盈，人之肥也；父子篤、兄弟睦、夫婦和，家之肥也；大臣法、小臣廉、官職相序、君臣相正，國之肥也。天子以德爲車，以樂爲御；諸侯以禮相與，大夫以法相序，士以信相考，百姓以睦相守，天下之肥也。是謂大順。大順者，所以養生、送死、事鬼神之常也。」（《十三經註疏》一四二六—一四二七頁）右所引之論述，綜合了由人性、人心、人情三者所兼發之仁義禮樂以及由政教而生之順睦；使聖王、君臣、諸侯、大夫、士民聯成爲一個大国親睦之統一體，此在儒家經典中，唯《大學》經文二百一十五字内蘊之邏輯嚴密性，可與之相媲美。最終提出唯「順之至也，然後能守危也」。《易》曰：「危者安其位也。」乃長勝之道也。

此中當進一步發明之者乃禮樂二者之大義也。《禮記・經解》曰：「禮之于正國也，猶衡之於輕重也，繩墨之於曲直也，規矩之於方圓也。」孔子曰：「安上治民，莫善於禮。」（《十三經疏》一六一〇頁）孔子於《哀公問》又曰：「禮者何也？即事之治也。君子有其事必有其治，治國而無禮，譬猶瞽之無相與，倀倀乎其何之，譬如終夜有求於幽室之中，非燭何見，若無禮，則手足無所錯，耳目無所加，進退揖讓無所制。」（同右書，一六一二頁）「樂者。音之所由生也。其本在人心之感於物也。禮以道其志，樂以和其聲，政以一其行。刑以防其姦。禮樂刑政其極一也，所以同民心而出治道也。禮節民心，樂和民聲，政以行之，刑以防之，禮樂刑政四達而不悖，則王道備矣。」（《十三經註疏》一五二七—一五二九頁）

王道備矣者，言禮樂刑政之正也。何謂禮樂刑政之正者耶，诚如前所引述《禮記・祭義》之論是圓滿的回答：「先王之所以治天下者五：貴有德，貴貴、貴老、敬長、慈幼。此五者，先王之所以定天下也。貴有德何爲也？爲其近於道也；貴貴，爲其近於君也！貴老，爲其近於親也；敬長爲其近於兄也；慈幼，爲其近於子也。是故聖王至孝近乎王，至弟近乎霸，至孝近乎王，雖天子必有父；至治近乎霸（鄭元註曰：「天子哀諸侯興，故曰霸」），雖諸侯必有兄。孔穎遠疏曰：「孝能感物，故近乎王；弟能親愛，故近乎霸。」）先王之教，因而弗改，所以領天下國家也。」「子曰：立愛自親始，教民睦也。立教自長始，教民順也。教以慈睦，而民貴有親，教以敬長，而民貴用命（尊長出教令者）。孝以事親，順以聽命，錯諸天下。無所不行。」（《十三經註疏》一五九四頁）此孝、順二者，乃治心之本也，乃潤情之根也。孔子著《孝經》旨在「以孝易忠，以弟移長」。「唐元宗明皇帝御註，開元十年六月，《孝經》頒天下及國子學。天寶二年五月御重註，亦頒天下，」三復斯言。」亦此誼也。「夫孝，天之經也，地之義也，民之行也。」（《孝經》）「曾子曰：孝有三：大孝尊親，其次弗辱，其下能養。身也者父母之遺體也。行父母之遺體，敢不敬乎！居處不莊非孝也，事君不忠非孝也，涖官不敬非孝也，朋友不敬非孝也，戰陳無勇非孝也，五者不遂，裁及於親，敢不敬乎！……夫孝，置之而塞乎天地，溥之而横乎四海，施之後世而無朝夕，推而放之東海而準，推而放諸西海而準，推而放諸南海而準，推而放諸北海而準，曾子曰：樹木以時伐焉，禽獸以時殺焉。

夫子曰：斷一樹，殺一獸，不以其時。非孝也。孝有三：小孝用力，中孝用勞，大孝不匱。思慈愛忘勞，可謂用力矣。尊仁安義，可謂用勞（猶功也）矣。博施備物，可謂不匱矣。」（《十三經註疏》一五九，八頁）可見以孝治國，曾盛極有唐一代，玄宗倡孝道淳民風，雖歷安史之亂，正氣猶存。由此而明某種道德觀念一經風化而爲習俗，則家家相效，人人相習，代代相因，便成美俗矣。太宗貞觀二年「上問王珪曰：近世爲國者益不及前古，何也？對曰：漢世尚儒術，宰相多經術士，故風俗淳厚；近世重文輕儒，參以法律，此治化之所以日衰也。上然之」。（《資治通鑒》六〇五八頁）崇尚儒術者則風俗淳厚，重文輕儒者則治化日衰，此乃歷史有示於後賢者，可不警哉！儒之教人最切近者，莫過於孝弟二者，尤以孝當先。「夫孝德之本也，教之所由生也。」（《孝經·開宗明義第一章》）孔子示曾子所言，「放諸四海而皆準」（《禮记》）之至義也。天下之大，全球之遍，民族之繁，人種之雜，風俗之殊，政教之异固難論矣；然人倫之一也，人心之良也，人性之善也，人情之愛也，悉同也，則敢大膽言之矣，故曾子「孝有三」之言不可駁也；唯其异者不必細論也；終歸於大同也，久而融之化之，消亡其异者，新之風俗習慣因以立也；猶之舊風俗習慣賴以立之過程也；此亦一般事物之發展規律，或推陳出新，或吐故納新，而所异形態不可細論也。

由右所述，須進一步闡明政、教二者在美俗中之作用，首先須分析政教之關係。略舉經典史料，關於政之論説有：「人道政爲大，愛與敬，其爲政之本歟！」（《禮記·哀公問》）「政者正也。子帥以正，孰敢不正。」（《論語》）「立政：任人、準夫、牧作三事。繼自今立政，其勿以憸人，其吉士，用勱相我國家。」（《尚書·立政》）「茲惟三公，論道經邦，燮理陰陽。六卿分職，各率其屬。以倡九牧，阜兆民。」（《尚書·周官》）關於教之論説有：「天命之謂性，率性之謂道，修道之謂教。」「自誠明謂之性，自明誠謂之教；誠則明矣，明則誠矣。」（《中庸》）論説政、教二者關係的有：「建國君民，教學爲先。」（《學記》）「德成而教尊，教尊而官正，官正而國治。」（《禮記·文王世子》）「政之不行也。教之不成也。」（《禮記·緇衣》）由此而知，「惟王建國，辨方正位，體國經野。設官分職，以爲民極」（陸德明釋曰：「極，中也。令天下之人各得其中，不失其所。」）者，必以政、教二者系統工程之完善爲前提也。政者，仁政也；教者，修道也，明德也。故孟子曰：「仁言不如仁聲之入人深也，善政不如善教之得民也；善政民畏之，善教民愛之；善政得民財，善教得民心。」（《孟子・盡心》）（由孟子之言亦可知政者具剛性，以其以命令下達也；教者则柔也，以其感人心而動人情也。實則二者俱出人之善性、良知、真情者也。本質均柔，無以异也。而行政者卒以强力加之者，以政權之初立，其權字即自見剛性也。特别當政令有違民意民利之時，雖强力行政亦必遭民怨，或起而抗拒之也；故有「政之不行也，教之不成也」之嘆，亦歷史上之所常見者也。故知仁政善教從道與德之高度（或曰深度）而格物致知，而誠意正心，而修齊治平，而政通人和，而兆民大順，而風俗淳厚，而人性人心人情復歸於自然，其間所歷之政治教化過程多麼漫長而艱辛，實難言之矣，此非今之一般政治家、教育家所可理解透徹者也。其真諦、深義尚幽藏於「天命之謂性，率性之謂道，修道之謂教」之教育哲理之中，幽藏「自誠明謂之性，自明诚謂之教；誠則明矣，明則誠矣」之自然發展與教育哲學之中，亦幽藏於唯天下至誠爲能盡人性盡物性與參與天地化育之哲理之中。此乃爲迄今所見最深邃完美之教育理論，未見有專著問世，期有待於來賢也。

唯孔聖對此作了美滿之描述。《禮記・經解》：「孔子曰：入其國，其教可知也。其爲人也，温良敦厚，詩教也；疏通知遠，書教也；廣博易良，樂教也；絜静精微，易教也；恭儉莊敬，禮教也；屬辭比事，春秋教也。」（《十三經註疏》一六〇九頁）此種境界（如絜靜精微）之出現，豈遽爾淺嘗可致之者哉？捨久於其道，反覆涵養體念，苦其心志，浸透筋骨，變化氣質，無以見其功。由此而明，教之切與學之勤，實乃持之以恒之終身修養，不可懈怠間斷者也。

特別是學之一義可於兆民本身尋求答案。蓋人出生也，即進入自學過程，此自學之力乃其本能所存者，日見其發揮增長。其性也日見其完善成熟，其心也日靈。其情日富，其思日活了。及其長也，以之爲學，以之事生以之爲政，固有所專，然其爲兆民者一也；其所居人倫中之地位不變也；其所思所慮或因其業而有所异，但其性之善、其心之良、其情之真與人之所言者一也。此一也，乃社會、民族、地區、國家之風俗習慣所同之道德基礎也，亦兆民自我教育美德之表現也。

由此可見政與教在社會、民族、國家風俗習慣之形成中所起之作用，更見教優於政，其故安在哉？以教所禀以育人者，道也，德也，禮也，樂也，知也，思也；政所施於人者，權也，威也，命也，令也，法也，刑也，二者性質不同也。教者以道德誘導人修身；自明其德；

以知啓心，以心開智；以德廣才，以才美德；促人淑身淑世，是人據百利而無一害之善事也。而且教之本身以修德儲才爲依歸，其本身自生防腐劑；「德盛而教尊！」（《禮記·樂記》）希聖希賢猶恐不及，奚暇於顧念邪惡哉！政則不同，位高而貴，貴而富，富而貪，貪而危，危而亡；君貪則亡國，臣貪則敗家，此歷代屢見者也。如此則政悖於教矣；教不聽令於政矣。相反，教必與政相背叛矣，此亦常見於史者也。故知政在歷史中常存闕失之患。如東汉「桓靈之間，主荒政缪，國命委於閹寺，士子羞與爲伍，故匹夫抗憤，處士横議」，太學嚣然，卒釀成「黨錮」之禍，此教正而政乖之一例也。明代末葉亦以閹寺擅政，魏東賢爲禍，儒者講學東林。清議也，卒釀成「東林黨禍」，高攀龍死焉，此學正而政乖之例也。清光緒二十一年康有爲「公車上書」，欲維新，得光緒帝贊許，卒爲慈禧所廢，六君子死難，此學正而政乖之又一例也。

處常態之中，政教一體也，或曰同體也，政即教也，教即政也；其源出於「人道政爲大也」，「立人之道曰仁與義」。「仁者，人也」；仁者，仁政也；教之以仁政也，教之施仁政也；教之以「明明德、親民、止於至善」也。其致一也，其極一也，政即教也，教即政也，政與教同義也。二者和諧一體也，兆民之大順也。順之通之，由道而德，由德而禮而樂而風而俗，其政也教也，有其形無其迹也。美教善政行之於始，淳風樸俗化之於終；天、地、物、人、道、德、性、命、心、情、政、教、禮、樂、風、俗諸多因素綜合爲用於此，而知者不識，不識者不思，不知其所以然也。此儒家大道出之於天然，其修爲之功，亦此天然而致之者也。故「貫顯微、兼費隱、包小大、通物我」一無恚礙矣。是乃天下之大順也。

第三節　性、心、情乃美俗中之核心内涵

儒家之見，人爲天地之心，而人之所以能中正立於天地之間，以道以德建功立業、垂範於後世者，以其有性、心、情三者爲綜合之精神源泉也。故人心者爲一生之主也。兹分識心、立志、涵養三端以論之。

一、識心

余之所言識心者乃指人性、人心、人情三者綜合之功用也。人性者善也，此從根本上而言也，從宇宙發展之過程而言也。《易·乾·文言》曰：「元者，善之長也。」其意謂元者乃宇宙發軔之始初，善之善者也。《易·繫辭》曰：「一陰一陽之謂道，繼之者善也，成之者性也。善成性説。」合此二説，則性善論立矣，人性善論一立，物性善論也順理成章而立，可稱之為「完備的性善論」。儒家此論一立，一切理論皆無不善，皆無不順矣。即便推之於今日之全球全人類，也莫不立見全人類之一切理論，在性善論之光輝照耀下頓麗顔色。

分析性善論在儒學經典中之學術地位，立可發現其與諸經相論述也，無有不相融洽者。如與《孝經》開宗明義之論：「夫孝，德之本也，教之所由生也。」德之本者何耶？德之本者道也；兩者立見通也，融也，而且通之融之於根本也，即道也。反之，如用性惡論之見「人之性惡，其善者，僞也」與「夫孝德之本也，教之所由生也」相匹而論之，則兩者之間相斥焉，無融與洽之縫隙也，此荀子之所不知也，不知其立論之謬也。再以性善論之見與《禮記》之精神相論「人生而静，天之性也，感物而動，性之欲也。夫禮者經天地理人倫，本其所起在天地未分之前。禮者，理也，其用以治，則與天地俱興；禮之可以爲國也久矣」，則性善論恰與治國之理性相融洽。儒家理想之政治，是由善性誘發而出之仁政與由善性誘發而出之教思，二者結合構成與性善論三位一體之晶體：善性與政教，可以説，非僅爲儒學之結晶，亦可化爲人類之理想。唯於今識此者尚未鮮也。

識心之第二項内容是人心與道心之分，此其一也；還有心之獨特性：一曰「心之官則思」，二曰「人者天地之心也」。（《禮記・禮運》）上列「心」之内函，兹逐一析之。

人心與道心之分，此乃堯、舜、禹三帝之共同遺教：「人心惟危，道心惟微，惟精惟一，允執厥中。」此教也，經歷史之檢驗已成爲執政者之永恒法則了。此法則余於拙著本書第二卷《一統篇》第二章中以一數學簡式示意，又曾於本篇第七章《均富》中重述過，此外不另。但爲政者如認真研究人心道心之利弊，因利除弊，可於政教中致之，亦可量化以觀實效。所謂識人心者乃識人欲也，爲政者識之，以明治道；爲君者識之以正君心；爲官者識之以滅貪心，爲士者識之，以端士習；庶民識之，以正家風。所謂識道心者，乃發揚人之良知以克服私欲邪念也。道心人人皆存，私欲隨事而生，邪念因情而起，有賴良知明覺，洞察其害，勇猛精進而除之，既不害己，更免於殃人；惟在强行之，其德進矣。中華學術史上以道心制（導）人心之論多矣。兹舉朱熹之論以明之，「心之虚靈知覺，一而已矣。而以爲有人心道心之异者，則以其或生於形氣之私，或原於性命之正，而所以爲知覺者不同；是以或危殆而不安，或微妙而難見耳。然人莫不有是形，故雖上智不能無人心，亦莫不有是性；故雖下愚不能無道心。二者雜於方寸之間，而不知所以治之，則危者愈危，微者愈微，而天理之公，卒無以勝夫人欲之私矣。精則察夫二者之間而不雜也；一則守其本心之正而不離也。從事於斯，無少間斷，必使道心常爲一心之主，而人心每聽命焉；則危者安，微者著，而動静云爲，自無過不及之差矣。」（《朱子新學案》四二七頁）又進一步析之曰：「心則一也，操而存，則義理明而謂之道心；舍而亡，則物欲肆，而謂之人心。亡不是無，只是走出逐物去了；自人心而收回便是道心；自道心而放出便是人心。」（同右書四三八頁）朱子更指明人心與道心之另一層關係：「以道心爲主，則人心亦化爲道心矣。」（同右書四三七頁）此道心化人心之説，乃教育之最深邃之理論也，亦《易·臨象》「教思無窮，容保民無疆」之意也；亦周子（濂溪）「聖希天，賢希望，士希聖」（《通書》之意也，亦古諺「人皆可爲堯舜」之意也。

《禮記・禮運》曰：「人者，天地之心，五行之端也，食味、別聲、被色而生者也。故聖人作則，必以天地爲本，以陰陽爲端，以四時爲柄，以日星爲紀，月以爲量，鬼神以爲徒，五行以爲質，禮義以爲器，人情以爲田，四靈以爲畜。」（《十三經註疏》一四二四頁）孔穎達疏曰：「天地高遠在上，臨下四方，人居其中央，動靜應天地。天地有人，如人腹內有心，動靜應人也，故云天地之心也，人乃生之最靈、其心五藏之最聖也。」此一「聖」字，將「天地之心」這一句話點活了。縱觀宇宙、萬物、人類之消息變化及人類文明所加於其上之影響，無非心也；善者向之則生善果，人物孳焉；惡者踐之，則人物刑焉。若就個體言之，其事業、學術、技藝之成敗，一決於其心之正邪善惡與夫毅力之厚薄。一言以蔽之，人類之進化賴此心也；個人之榮辱亦賴此心也。今人物欲太甚，見物不見心，正此觀念，正心以御物，乃人類脱離困境唯一出路也。

關於「人者天地之心」，宋儒論之最爲深刻而具體，兹略述及之，程頤曰：「一人之心即天地之心，一物之理即萬物之理。」（《宋元學案・伊川學案》五九一頁）又曰：「心，生道也；心，道之所在；微，道之體也；心與道渾然一也。對放其良心者言之，則謂之道心，放其良心則危矣。」（六一五頁）對心學之關係則曰：「凡學之道，正其心，揚其性而已，學以至聖人之道也，中正而誠，則聖矣。故學必盡其心，盡其心則知其性。」（六四三頁）邵雍曰：「心爲太極，道爲太極。先天之學，心也，後天之學，迹也。出入有無死生者，道也。心一而不分，則能應萬變，此君子所以虛心而不動也。」「先天學，心法也，圖皆從中起，萬化萬事生於心也。」（《百源學案》三八〇三九一頁）由此而知邵雍以其對《周易》之深邃研究所得之獨見，來論述心之作用，故其言高旨遠，意隱而實也。南宋李延平亦曰：「心者，貫幽明，通有無。」（《豫章學案》延平答問）一二八九頁。此語類邵雍，貫幽明、通有無者，乃通費包顯微也。南宋胡宏（五峰先生）指明：「心性二字，乃道義淵源，當明辯不失毫釐，然後有所持循，未發只可言性，已發乃可言心。心妙性情之德。誠者命之道乎；中者性之道乎；仁者心之道乎。惟仁者爲能盡性至命。」（《五峰學案》一三七八頁）由此而明，心妙性情之德，是乃《中庸》之要諳所在誠、命、性、心、情五者，統攝於心，而心爲其主也。永嘉進士陳埴曰：「心居性情之間，向裏即是性，向外即是情，心居二者之間而統之，所以聖賢工夫只在心裏著到，一舉而兼得之。横渠謂心統性情，此語大有功。」（《木鐘學案》二二〇四頁）「此語大有功」，其功者何耶？袁燮回答曰：「人生天地之間，所以超然獨貴於物者，以是心爾。心者，人之本也。此心存，則雖賤而可貴；不存，則雖貴而可賤。大哉心乎！與天地一本；精思以得之，兢業以守之，則與天地相似。直者天德，人所以生也；本心之良，未嘗不直；回曲繚繞，不勝其多端者，非本然也。心本不偏，制行而原於心，斯不偏矣。道不遠人，本心即道。人心至神，翳之以欲，則不神矣。此心此理，貫通融會，美在其中，不勞外索。」不勞外索則自求也，反求諸己，反求之於心，乃儒者修身之根本，自覺也，自敬也，自學也。「學者覺也，覺由於心。」（範淩《香溪文集》）敬者，「人之一心，敬爲之主，主於敬則心常實，實則我不出也。」（吴澄《草廬精語》）故南宋熊禾曰：「天下之治亂繫風俗，風俗之美惡繫人心。三代固皆有道之長也，而商之一代風俗爲最美。每讀商書之終篇，紂之亡，三仁寧死、寧遯、寧佯狂爲奴，所以自靖自獻者，不敢負先生之心，夷齊扣馬一諫，凜凜乎萬世君臣之大義，雖聖人復起，不可易也。」（《潛庵學·勿軒文集》二〇七八頁）

由右所述，可見建國君民中政教、刑法、禮樂、風俗、民心（正、邪、儉、奢、勤、惰）等諸多因素，民心乃起主導作用者，即人心向義還是逐利，必以政教引導兆民向義而避利。

《論語·顔淵》有言曰：「季康子問政於孔子曰：如殺無道以就有道，何如？孔子對曰：子爲政，焉用殺，子欲善而民善矣。君子之德風，小人之德草，草上之風必偃（偃，仆也）。」上好之，下必有甚焉者矣。當今之世，内有洶涌趨利之心，外有唯利是圖之勢，内外相乘，其勢益張；西方資本主義更張大虎口，欲一口吞没全球。在此惡欲滔天之危機面前，凡我爲政爲教者，當必有以静思，在儒學克制人欲與西方放縱人欲之間，尋求適應時代的政教平衡點，謹慎而行之，以張揚我中華民族精神，推進我大同思想在全球之傳播。

二、立志

志者類别繁矣，不可盡言也。余於此所言立志者與前述「識心」之論緊相聯者也。識心之義多矣。但其要者則爲識帝堯之所誡「人心惟危，道心惟微，惟精惟一，允執厥中」也。朱熹之理解是「雖下愚不能無道心，雖上智不能無人心；精則雜夫二者之間而不雜也，一則守其本身之正而不離也。必使道心常爲一身之主，而人心每聽命焉」。（《朱子新學案》四二七頁）南宋袁燮《絜齋粹言》曰：「道不遠人，本心即道。人心至神，翳（掩也，屏也）之以欲，克，則不神矣。」（《宋元學案・絜齋學案》二五二七頁）余之所言立志者，立穩道心之志，克制人欲之孽生蔓長也。欲立定此志，《禮記・祭統》之言：「其德盛者其志厚，其德薄者其志輕。」（《十三經註疏》一六〇頁）可視爲金科玉律焉。

考之史乘，德高志厚者多矣，玆舉數人以明之：

唐魏徵字玄成，鉅鹿曲城人也，少孤貧，落拓有大志，好讀書，見天下漸亂，尤屬意縱横之説。初應李密召，徵進十策，密雖奇之而不能用。及與裴矩西入關，隱太子聞其名，引直洗馬甚禮之。徵見太宗勛業日隆，每勸建成早爲之所。及敗，太宗使召之，謂曰：「爾離間我兄弟何也。」徵曰：「皇太子若從徵言，必無今日之禍。」太宗素器之，引爲詹事主薄，貞觀三年任秘書監，參預朝政。後一度任侍中，封鄭國公。立朝直言忠諫，開貞觀大治之正風，力主君王「兼聽則明，偏信則暗」；言「水能載舟，亦能覆舟」；「居安思危，戒奢以儉」；「薄賦斂，輕租税」。太宗嘗勞之曰：「卿所陳諫，前後二百餘事，非卿至誠奉國，何能若是。」魏徵向太宗表示願爲良臣，不願使爲忠臣，太宗問曰：「忠良有异乎？」徵曰：「良臣稷契、皋、陶是也。忠臣龍逄、比干是也。良臣使身獲美名，君受顯號，子孫傳世，福禄無疆。忠臣身受誅夷，君陷大惡，家國并喪，空有其名，以此而言，相去遠矣。」太宗深納其言，賜絹五百匹。太宗嘗曰：「貞觀之後，盡心於我，獻納忠讜，安國利民，犯顔正諫，匡朕之違者，唯魏徵而已，古之名臣何以加也。」稽魏徵一生之功績在於其德高志厚，不計個人得失安危，一以君明政清爲上，一顆赤心爲社稷，正哉心乎！

颜真卿（七〇九—七八四年）字清臣，琅邪臨沂人也。五代祖之推，北齊黄門侍郎。真卿少勤學，有詞藻，尤工書。開元中舉進士登甲科。事親以孝聞。四命爲監察御史。安禄山逆節頗著，真卿時爲平原太守，以霖雨爲託修城浚池。安禄山亦密偵之，以爲書生不足慮也。未幾安禄山果反，河朔盡陷，獨平原城守，真卿力募勇士，旬日得萬人。是時從父兄杲卿爲常山太守，斬賊將李欽凑等，自歸颜真卿爲盟主。地括十七郡，擁兵二十萬，軍威大振，絶燕趙，詔即戶部侍郎，佐李光弼討賊。肅宗已即位靈武，真卿數遣使以蠟丸裹書陳事，拜工部尚書兼御史大夫。復爲河北招討使，奸臣盧杞恨真卿切骨，伺機陷害。適叛將李希烈陷汝州，杞立建真卿「四方所信，若往諭之，可不勞師而定」。詔可。公卿皆失色。李勉以爲失一元老貽朝廷羞，密表固留，至河南，河南尹鄭叔則以希烈反狀明，勸不行。答曰：「君命可避乎？」既見希烈，宣詔，希烈養子千餘拔刀争進；諸將皆謾罵，將食之。真卿色不變。希烈以身扞麾，其衆退，乃就館，逼使上疏雪己，真卿不從。希烈遣李元平説之，真卿叱曰：「爾受國委任，不能致命，顧吾兵戮汝，尚説我邪。若等聞颜常山否，吾兄也，禄山反，首舉師，後雖被執，詬賊不絶於口，吾年且八十，官太師，吾守吾節，死而後已。」乃作遺表墓志祭文。李希烈使閹奴縊殺之，年七十六。有贊曰：「當安禄山反，哮噬無前，魯公獨以烏合嬰其鋒，功雖不成，其志有足稱者，晚節偃蹇。爲姦臣所擠，見殞賊手，毅然之氣，折而不沮，可謂忠矣。」（《新唐書》，見《二十五史》四六三六—四六三七頁。）

歐陽修（一〇〇七—一〇七二年）字永叔，號醉翁，吉州永丰人，四歲而孤，母鄭守節，自誓親誨之學。家貧，至以荻畫地學書。幼敏悟過人，讀書輒成誦。及冠嶷然有聲。交游中隨得唐韓愈遺稿於廢書簏中，讀而心慕焉。苦志探頤，至忘寢食，必欲并絶馳而追與之。舉進士南宫第一擢甲科，調西京推官。旋朋黨之論起，因作《朋黨論》，朝廷爲之耳目一清，仁宗嘉之。其略曰：「君子以同道爲朋，小人以同利爲朋，此自然之理也。臣謂小人無朋，惟君子則有之。小人所好者利禄，所貪者財貨，當其同利之時，暫相黨引，以爲朋者僞也。及其見利而爭先，或利盡反相賊害，雖兄弟親不能相保，故曰小人無朋。君子則不然，所守者道義，所行者忠信，所惜者名節，以之修身則同道而相益，以之事國，則同心而共濟，始終如一。故曰君子有朋。紂有臣億萬惟億萬心，可謂無朋矣，而紂用以亡。武王有臣三千惟一心，可謂大朋矣，而周用以興，蓋君子之朋雖多而不厭故也。故爲君但當退小人之僞朋，用君子之真朋，則天下治矣。」修論事直切，人視之如讎。帝獨奬且敢言，顧侍臣曰：「如歐陽修者，何處得來。」是時杜衍等相繼以黨議罷去，修慨然上書曰：「杜衍、韓琦、范仲淹、富弼，天下皆知其有可用之賢，而不聞其可罷之罪。自古小人讒害忠賢其説不遠，欲廣陷良善，不過指爲朋黨，欲動摇大臣必須誣以顓權。其故何也，去一善人而衆善人尚在，則未爲小人之利，欲盡去之，則善人少過，難爲一一求瑕，唯指以爲黨，則可一時盡逐。唯有顓權是上之惡，必須此説。方可傾之。正士在朝，群邪所忌，謀臣不用，敵國之福也。今此四人一旦罷去，而使群邪相賀於内，四夷相賀於外，臣爲朝廷惜之。」修在翰林八年，對當時由「五季遺襲」之文風亦致力正之。其爲文也「鎪刻駢偶，淟涊弗振」，「險怪奇澀」，「論卑氣弱」。修痛排抑之，凡如是者輒黜。（《宋史·歐陽修傳》，見《二十五史》六三四一—六三四二頁。）由此可見歐陽修的道德高厚，學識淵博，志趣超凡，秉性忠直。蘇軾叙其文曰：「論大道似韓愈，論事似陸贄，記事似司馬遷，詩賦似李白。」識者以爲知言。

文天祥（一二三六—一二八三年）字宋瑞，又字履善，吉之吉水人也。體貌豐偉，美皙如玉。自爲童子時，見學宫所祠鄉先生歐陽修，楊邦人、胡銓像皆謚忠，即欣然慕之曰：「没不俎豆其間，非夫也。」年二十舉進士，對策集英殿，天祥以法天不息爲對，其言計八千三百六十六字，文思泉涌，運筆如飛，歷四時辰（辰、巳、午、未），一揮而成。宋理宗親拔爲第一。主考官王應麟奏曰：「是卷古誼若龜鑒，忠肝如鐵石。」其《對策》始曰：「臣之所望於陛下者，法天地之不息而已。」此全文之大旨也。首言大道之義。「臣聞聖人之心，天地之心也；天地之道，聖人之道也。分而言之則道，天地自天地，聖人自聖人，合而言之，則道一不息也，天地一不息也，聖人亦一不息也。臣請遡其本源言之，茫茫堪輿，坱圠無垠，渾渾元氣，變化無端，人心仁義禮智之性未賦也，人心剛柔善惡之氣未禀也，當是時未有人心，先有五行；未有五行，先有陰陽；未有陰陽，先有無極太極；未有無極太極，則太虚無形，冲漠無朕，先有此道，未有物之先而道具焉，道之體也。既有物之後，而道行焉，道之用也。其體甚微，其用甚廣，即人心而道在人心，即五行而道在五行，即陰陽而道在陰陽，即無極太極，而道在無極太極。貫顯微，兼費隱，包小大，通物我，道何以若此哉！道之在天下，猶水之在地中；地中無往而非水，天下無往而非道。水一不息之流也，道一不息之用也。天以澄著，則日月星辰循其經；地以靖謐，則山川草木順其常；人極以昭明，則君臣父子安其倫。流行古今，綱紀造化，莫不斯道也。……聖人體天地之不息者也。聖人立不息之體，則斂於修身；推不息之用，則散於治人；立不息之體，則寓於致知。以下之工夫，推不息之用，則顯於齊家治國平天下之效驗；立不息之體，則本之精神心術之微；推不息之用，則達之禮樂刑政之著。……道在天地之間者常久而不息，聖人之於道，豈可頃刻息邪！言不息之理者，莫如《大易》，莫如《中庸》。大易之道，至于乾道变化，各正性命，保合太和，而圣人之论法天，乃歸之自强不息。《中庸》之道，……歸之不息則久。……蓋有一分之道心者，固足以就一分之事功；有一分之人心者，亦足以召一分之事變；世道污隆之分數，亦繫於理欲消長之分數而已。……士習厚薄最關人才，從古以来，甚法如此。……臣願陛下，持不息之心，急求所以爲淑士之道，則士風一淳，人才或於是而可得矣。」（《文天祥全集·對策》四三—四八頁）由右述文天祥之從天道至人事、理欲、人才之論其滔滔不绝如江河之下百川，左右逢源，透徹入微，實乃宋儒之僅見者也。其年方二十，學養如此之深，見國事如此之切，察人才之病如此之明，足證其平日之志在廟堂蒼生也。故其當國難之際英勇抗敵，被俘之瞬則寧死不屈，被囚之中既作《正氣歌》以明志，臨刑之前置書衣帶中以自贊：「孔曰成仁，孟曰取義，惟其義盡，所以仁至，讀聖賢書，所學何事，而今而後，庶幾無愧。」宋史論曰：「自古志士欲信大義於天下者，不以成敗利鈍動其心。孔子賢之曰求仁而得仁，宋至德祐亡矣。文天祥往來兵間，初欲以口舌存之，事既無成，奉兩孱王，崎嶇嶺海，以圖興復，兵敗身執，從容伏質，視死如歸，是其所欲有甚於生者，可不謂之仁哉！好爲高論者謂科目不足以得偉人，豈其然哉！」（《宋史·文天祥傳》，見《二十五史》六五九三頁。）

由右述魏、颜、歐陽、文四賢之道德、文章、氣節、事功，可窺知其志向高遠、凝謐、堅毅、剛直，故其爲人也，貧賤不能移，富貴不能淫，威武不能屈。其爲事也，唯見其義，不問其利。其爲言也，只知直道，不取曲折。其爲行也，唯一往無前，不計成敗利鈍。故求仁而得仁，徇義而義至。據善而善始善終，守正則邪不入矣。若長處於得失利害中而不决，則必終歸於失義，無他善可求也。此乃道與德、與夫個性，所決定之者也。考四賢之個性與夫成夫事業者之個性，未有不冷熱至極而又相濟至中者也。故志者個性之表也，志之不竭之力量源泉，蘊於個性之中也。

三、涵養

此言涵養之義，乃具體指道與德之涵養，識心與志之涵養，此涵養之功與人之一生修齐治平之涵養，乃渾爲一體者也，只可言其特殊處，不可分開言之也。如識心之涵養，固首先要强調認識過程，即當意識到某種私欲萌動之時，即應生儆戒之念，尤要在行動上産生有效克制之措施，使之不見於行；此種意識之生滅過程便可謂之涵養；反覆愈深，見效愈明，則其涵養愈深，以致於不重生此念，則涵養之功明矣。

涵養之念由何而起？涵養之意由何而升？但涵養之力又由何而生成？細作分析，必求之於道與德之涵養之高低厚薄。首先言道。「道者萬物之奥。」「玄之又玄，衆妙之門。」此老子之見也。儒家則是「一陰一陽之謂道」，「乾道變化，各正性命，萬物資始，萬物資生」，

「天行健，君子以自强不息」，「人者天地之心」。合儒、道兩家之道而言之，則天者道也、地者道也、物者道也、人者道也，綜合言之（固不可單獨言之），則天、地、物、人一體乃正道也；此乃中華獨有之觀天、觀地、觀物、觀人、觀心、觀神之一體觀，或曰整體觀。此整體觀驗之於當今全球之世，正相適合，全球之天一也，全球之地一也，全球之物一也，全球之人一也，全球之心一也。雖有异也，但可求同而存异也；同與异并存也；不同之同之謂大，是謂大同也。此大道必歸於大同也。然吾於此所欲明者，乃涵養之力生於大道也，欲求涵養必明道也。道既明矣，德日積之則必見高厚焉，道明德高，涵養之念必强，意必深，則涵之功必著明矣，積而久之，必達於淳正矣。涵養淳正，則能體天下之善而盡之於己之性，己性自善矣；體天下之良知而盡之於己之心，己心自良矣；體天下真情盡之於己之情，己情自真矣。體天下之性心情，盡之於己之性心情，己之性、心、情自善、自良、自真矣，自淳、自樸、自質矣。以之應對於日常五倫之中，則五倫穆；以之酬酢於朋友賓客交往之際，則關係順；以俯仰於朝廷州府上下左右之間，則尊卑遜。蓋涵養之切功深，無私無欲幾乃於純正者，無往而不利於怡己悦人也，無往而不利於睦鄰美俗也，無往而不近於盡物性與盡人性也。

第九章　外交

天地之道也，但體之於人者則因人種、膚色、地域、氣候、山川、水土、物産等因素之不同而有差异，可名曰民族特性。由此特性而派生出民族文化特點，而導致思維方式之异，而形成文字之殊，而有哲學之异、宗教之异、文化内函之异；由此而演成宇宙觀、世界觀、人生觀、教育觀、政治觀等之不同，最終成爲文化差异。在國際關係中，由於此種差异而生誤解、不信任，乃至爆發戰争，形成長期對峙與分裂，造成國際和平的最大威脅。故外交之作用在近現代史上顯得尤爲突出，由此亦可見他皆多思其利，唯我中華以義爲上。

第一節　經典理論

一、九經之訓

「凡爲天下國家有九經：曰修身也，尊賢也，親親也，敬大臣也，體群臣也，子庶民也，來百工也，柔遠人也，懷諸侯也。修身則道立，尊賢則不惑，親親則諸父昆不怨，敬大臣則不眩，體群臣則士之報禮重，子庶民則百姓勸，來百工則財用足，柔遠人則四方歸之，懷諸侯則天下畏之。」（《十三經註疏》一六二九—一六三〇頁）此乃五帝三王之政治結晶也。

綜思右録九大政治綱領，實乃一體者也，其内外之邏輯性乃緊密鏈扣而分之不開，割之不斷者也；其狀如流水然，抽刀斷水水更流也，此大道之流行於宇宙而長不息者也。在此不息之流中有形之於天者曰天道，形之于人者曰人道。孔子則有見於「人道政爲大」「愛與敬乃爲政之本」；是則此九大政治綱領之施行中，必徹底貫徹愛與敬之精神。稽之史實，亦復如是。《史記·五帝本紀·黄帝》曰：「置左右監，監萬國。」（《二十五史》七頁）《史記·舜帝紀》曰：「於是帝堯老，命舜攝行天子之政，以觀天命。舜乃在璿璣玉衡，以齊七政（鄭玄曰：璿璣玉衡，渾天儀也。七政：日、月、五星也），修五禮（吉、凶、賓、軍、嘉），五玉（五瑞也）三帛二生一死（雉也，不可生爲贄）爲贄。五歲一巡狩，群后四朝（后，國君也。四朝，四方諸侯四年一朝）。」（《二十五史》八頁）群后四朝之盛况，張平子（即張衡，南陽西鄂人也）於其《東都賦》詳爲述焉，兹引數語，以見其隆威雄壯。「於是孟春元日，群后旁戾（旁，四方也；戾，至也），百僚（百官相師法也）師師，于斯胥洎藩國奉聘，要荒來質。具惟帝臣，獻琛執贄，當覲乎殿下者，蓋數萬以二（分於闕下，夾以爲二行也）。……天子乃以三揖之禮禮之，穆穆焉，皇皇焉，濟濟焉，將將焉，信天下之壯觀也。」（蕭統《文選》五六—五八頁）此信天下之壯觀也，由此壯觀而窺見我中華政治氣度之包容性。此種包容性已概入於前引九大政綱中，曰「柔遠人也，懷諸侯也」。此懷遠之德，欲行之於民族之間、國際之中亦難矣。其所難者，在義利之分野有謬焉；尚義則和，逐利則掠。《前漢書》以三傳《匈奴傳》《西域傳》《西南夷兩粤朝鮮傳》詳記其事，玆分別論之。

據《匈奴傳》所載：匈奴其先夏后氏之苗裔曰淳維。唐虞以上，有山戎、獫允、薰粥居於北邊，隨草畜牧而转移。……其天性也……苟利所在不知禮義……貴壯健，賤老弱。……戎狄攻太王亶父……武王伐紂而營雒邑，复居于酆镐，放逐戎夷涇洛之北，周懿王時王室遂衰，戎狄交侵暴虐中國。及宣王興師，出車彭彭，城彼朔方，四夷賓服。迨至秦穆公得由余，西戎八國服於秦。秦末，天下大亂，楚漢逐鹿中原，以故冒頓得自强，控弦之士三十餘萬圍高帝於白登七日。文帝即位，復修和親，下詔曰：「漢與匈奴約爲昆弟，無侵害邊境。」所以輸遺匈奴甚厚。孝文前六年（前一七四年）遺匈奴書曰：「皇帝敬問匈奴大單于無恙。使係虖淺遺書云：『願寢兵休士，除前事，復故約，以安邊民，世世平樂，朕甚嘉之。』此古聖王之志也。」文帝復遣宗人女翁主爲單于閼氏。使宦者中行說傳翁主。說不欲行，漢强使之，說曰：「必我也，爲漢患者。」景帝復與匈奴和親，終景帝世，時時小人盜邊無大寇。武帝即位，明和親約束，實遠謀對匈奴用兵。建元二年（前一三三年）六月武帝以王恢、韓安國等七人爲將，領兵三十萬伏於馬邑，爲單于入塞覺之，無功而還。自是而後，匈奴絶和親，往往入盜於邊不可勝數。武帝亦以征伐對之，於二十年中先後以衛青、霍去病帥精騎横掃匈奴，是後匈奴遠遁，而幕南無王庭矣。五十年後，匈奴始悟「事漢則安存，不事則危亡」。諸大人相難久之，呼韓邪乃從此計，引衆南近塞，遣子右賢王銖婁渠堂入侍。郅支單于亦遣子右大將駒于利受入侍。是歲，宣帝甘露元年也（前五三年）。單于於次年正月朝天子于甘泉宫。漢寵以殊禮，位在諸侯王上，贊謁稱臣，而不名。賜以冠帶衣裳，黄金璽盭綬、玉具劍、佩刀、弓一張、矢四發、棨戟十、安車一乘、鞍勒一具。馬十五匹、黄金二十斤、錢二十萬、衣被七十七襲、錦繡綺縠雜帛八千匹、絮六千斤。被畢，使使者道單于先行，宿長平。上自甘泉宿池陽宫上登長平，詔單于毋謁。其左右當戶之群臣，皆得列觀；及諸蠻夷君長王侯數萬，咸迎于渭橋下夾道陳，上登渭橋，咸稱萬歲。單于就邸，留月餘，遣歸。是歲郅支單于亦遣使奉獻，漢遇之甚厚。明年兩單于俱遣使朝獻，漢侍呼韓邪使有加。明年呼韓邪單于復入朝，禮數如初；加衣百一十襲，棉帛九十匹，絮八千斤。元帝初即位后，呼韓邪單于復上書言民衆困之，漢詔雲中五原郡轉穀二萬斛以給焉。漢臣韓昌、張猛見單于民衆益盛且服漢心誠，即與盟約曰：「自今以來，漢與匈奴合爲一家，世世毋得相詐相攻，有竊盜者相報行其誅，償其物。」昌猛與單于及大臣俱登匈奴諾水東山刑白馬，單于以徑路刀、金留犁撓酒，以老上單于所破月氏王頭爲飲器，共飲血盟，從此長無匈奴憂矣。元帝末，竟寧元年（前三三年）以後宮良家子王牆字昭君，賜單于，單于驩喜，上書，願保塞上谷以西至敦煌傳之無窮，請罷邊備吏卒以休天子人民。天子令下有司議，議者皆以爲便，獨郎中侯應習邊事以爲不可，言十不可以對。天子有詔勿議罷邊塞事，使車騎將軍口諭單于，所進罷邊塞事，朕甚嘉之。中國四方皆有關梁險塞，非獨以備塞外也，亦以防中國姦邪放縱出爲寇害，故明法度以專衆心也。單于謝曰：「愚不知大計，天子幸使告語甚厚。」哀帝建平四年（前三年）單于上書願朝，五年時哀帝被疾，或言匈奴從上游來厭人，自黃龍竟寧時單于朝中國輒有大故，上由是難之。黃門郎揚雄上書諫曰：「臣聞六經之治，貴於未亂，兵家之勝，貴於未戰。二者皆微，然而大事之本，不可不察也。今單于上書求朝，國家不許而辭之，臣愚以爲漢與匈奴從此隙矣。匈奴本北地之狄，五帝所不能臣，三王所不能制，其不可使隙甚明。臣不敢遠稱，請以秦以來明之。以秦始皇之彊，蒙恬之威，帶甲四十餘萬，然不敢窺西河，乃築長城以界之。會漢興，以高祖之威靈，三十萬衆困於平城，或七日不食，時奇譎之士、石畫之士甚衆，卒其所以脫者，世莫得而言也。然後匈奴之結解，中國之憂平，迨至孝武興師數十萬，使衛青、霍去病操兵，歷十餘年，於是浮西河、絕大幕、破真顏、襲王庭，窮極其地，追奔逐北，以臨翰海，虜名王貴人以百數，自是之後，匈奴震怖，益求和親，然而不肯稱臣也，故北狄不服中國，未得高枕安寢也。臣竊爲國不安也。」書奏天子寤焉。召還匈奴使者，更報單于書而許之。賜繒帛五十匹，黃金十斤。明年單于來朝，從者二百餘人。單于又上書言，蒙天子神靈，人民盛壯，願從五百人入朝以明天子盛德，上皆許之。元壽二年（前一年）單于來朝，舍之於上林苑蒲陶宮，加敬於單于，加賜衣三百七十襲，錦繡繒帛三萬匹，絮三萬斤，它如河平時。王莽篡漢之後，其將嚴尤著論匈奴曰：「臣聞匈奴爲害所從來久矣。未聞上世有必征之者也。後世三家、周秦漢征之、然皆未有得上策者也。周得中策，漢得下策，秦無策焉。當周宣王時，獫允内侵，至於涇陽。命將征之，盡境而還，其視戎狄之侵，譬猶蝨蝱（蝨，古蚊字，蝱，音盲）之螫，敺（驅也）之而已。故天下稱明，是謂中策。漢武帝選將練兵，約賫輕糧，深入遠戍，雖有克獲之功，胡輒報之，兵連禍結三十餘年，中國罷耗，匈奴亦創艾；天下稱武，是爲下策。秦始皇不忍小恥，而輕民力，築長城之固延袤萬里，轉輸之行，起於負海，疆境既完，中國内竭，以喪社稷，是爲無策。」嚴尤之論當矣。「夫匈奴之地不可耕而食也，其民不可臣而畜也，政教不及其民，正朔不加其國，來犯則懲而御之，去則備守之，其慕義而貢獻者則接納之；以禮讓羈靡之，使曲在彼，蓋聖王制御蠻夷之常道也。」（《前漢書·匈奴傳》，見《二十五史》第一册七一一——七一九頁。）

據《西域傳》记載，「西域本三十六國，其後稍分至五十餘國，以孝武時始通」。漢武帝建元二年（前一三九年）命張騫出使西域大月氏，約與夾擊匈奴。（大月氏王爲匈奴單于所殺，用其頭臚作飲器。）下葱嶺，歷大宛、康居至大月氏，留月氏期間終未得要領而歸，過匈奴爲其所擄，滯十一年，携妻子以歸，拜爲大中大夫。騫爲人强力、寬大、信人，其所過大宛、大夏、康居，傳聞不絶。騫對武帝曰：「臣在大夏時見邛竹杖、蜀布。問安得此！大夏國人曰：吾賈人往市之身毒國。」天子既聞大宛及大夏、安息之屬皆大國，多奇物，土著頗與中國同俗，天子欣欣以騫言爲然，故于元狩四年（前一一九年）二次被遣使烏孫，并遣副使出使大宛、康居、大夏、安息等國。兩次出使，進一步促進了漢朝與中亞各國之友好關係，更開拓了絲綢之路，亦爲尔後三百年之民族大融合創造了精神條件。

據《西南夷兩粵朝鮮傳》记載，「南夷君長以十數，夜郎最大，其西靡莫之屬，以十數，滇最大。自滇以北君長以十數，邛都最大。此皆椎結（髮結如椎也），耕田有邑聚，其外西自桐師以東、北至葉榆，名爲巂（巂，巂州也）昆明，編髮，随畜移徙，地方可數千里，自巂以東北，君長以十數，徙莋都最大。自莋以東北，君長以十數，冉駹最大。其俗或土著，或移徙。在蜀之西，自駹以東北，君長以十數，白馬最大，皆氐（羌也）類也。此皆巴蜀西南外蠻夷也。始，楚威王時使將軍莊蹻將兵循江上，略巴黔中以西。莊蹻者，楚莊王苗裔也。蹻至滇池方三百里。旁（池邊也）平地肥饒，數千里，以兵威定屬楚，欲歸報，會秦擊奪楚巴黔中郡。道塞不通，因乃以其衆王滇變服，從其俗以長之。秦时尝破，略通五尺道，諸此國頗置吏焉。十餘歲，秦滅及漢興，皆棄此國而关蜀，故徼（猶塞也，以木柵水爲蠻夷界）。巴蜀民或竊出商賈，取其筰馬，棘人僮旄牛，以此巴蜀殷富。建元六年（前一三五年）大行王恢擊東粵，東粵殺王郢以報。恢因兵，威使鄱陽令唐蒙風曉南粵。……及元鼎五年（前一一三年）始滅之。

「朝鮮王滿、燕人。秦滅燕，屬遼東外徼（界也）。漢興，爲遠難守，修遼東故塞，至浿水爲界，屬燕，燕王盧綰反入匈奴。滿亡命，聚黨千餘人，魋結蠻夷服而東走，出塞，渡浿水，居秦故空地，上下障，稍役屬真番、朝鮮蠻夷及故燕齊亡命者王之，都王險（地名）。會孝惠、高后时天下初定，遼東太守即約滿爲外臣，保塞外蠻夷，毋使盜邊。蠻夷君長欲入見天子，勿得禁止。以聞，上許之，以故滿得以兵威財物侵降其旁小邑，真番、臨屯皆來服屬，方數千里。傳子至孫右渠，所誘漢亡人滋多，又未嘗入見；真番旁众國欲上書見天子，又雍閼弗通。元封二年（前一〇九年）漢使涉何譙諭右渠，終不肯奉詔，……經一年之戰爭，至元封三年夏，尼溪相參乃使人殺朝鮮王右渠來降，告諭其民，遂定朝鮮爲真番、臨屯、樂浪、玄菟四郡。贊曰：豈古所謂招携以禮，懷遠以德者哉！」

綜觀右述三傳史料可明顯看出古代由自然條件所決定之生產方式、生活習慣所產生之文化差异，是化與不化之最大障碍。我中華文化乃安土重遷之農耕文化，農耕則心性靜而信，靜則思，思則得之；信則守，守則積而富之；道以興焉，德以立焉，仁義禮智乃君子之所性，發之於心，傳之以情，成之以教，明之以政，故「孔子曰：入其國其教可知也；其爲人也温柔敦厚，詩教也；疏通知遠書教也；廣博易良，樂教也；絜静精微，易教也；恭儉莊敬，禮教也；屬辭比事，春秋教也」。（《禮記・經解》，見《十三經註疏》一六〇九頁。）詩、書、易、禮、樂之教行之於三代也久矣，唯《春秋》之教與孔子同時，但至漢武時已歷五百年矣。此教也速化於西南夷兩粤者何耶？以同属於農耕文化也。而滞化於匈奴、西域文化者，以其爲畜牧遷徙文化，心不静，性好鬬，無所信，而失其守也。雖有「柔遠人、懷諸侯」之善意，不置信也。即以至誠之願，封之以高位，賜之以厚賚，亦心懷貳也。此乃歷史之真實，其所圖者利也；不知義之所在，今之言外交者亦宜三致意焉。然「柔遠人，懷諸侯」之原則，必須堅持，在圖利者面前，此原則乃克敵制勝之智慧也。

二、大國下流

老子曰：「大國者下流。天下之交，天下之牝。牝常以静勝牡，以静爲下。故大國以下小國。則取小國；小國以下大國，則取大國。故或下以取或下而取。大國不過欲兼畜人，小國不過欲入事人，夫兩者各得其所欲，大者宜爲下。」（《道德經》六十一章）

此章之本意在大國讓小國，以免大欺小，强壓弱。開頭一句「大國者下流」，謂大國必須氣度博大，道德高厚。譬猶大海居江河之下有容納百川而不溢之雅量，如此則大國必永保其大而不衰敗。最末一句「大者宜爲下」，是在分析了大小國之所欲之後得出之結論，大國宜爲下，無論就小國之生存或大國之富强，均爲有益。此在任何歷史時期都宜也，特别隨人性覺醒日益提高之時，更要求大國捐棄一己之私，放下大國稱霸之態勢，謙恭平和，與小國站在同一之平等綫上共商國際和平安寧大計，更完美正善發揮大國之作用，以保證大小國之間無戰争之憂，無吞併之虞。

古之立國於天下者必以大道與厚德也；五帝如是焉，三王亦如是焉；小國如是焉，大國尤要稟大道積厚德；周之興也，蓋如是焉。《史記·周本紀》曰：「公劉立，雖在戎狄之間，復修后稷之業，務耕種，行地宜，行者有資，居者有畜積，民賴其慶，百姓懷之，多徙而保歸焉。周道之興自此始。古公亶父立，复修后稷公劉之業，積德行義，國人皆戴之。戎狄攻之，徙止於岐下，旁國聞古公仁，亦多歸之。古公乃貶戎狄之俗而營築城郭室屋而邑別居之。作五官有司，民皆歌樂之，頌其德。古公有孫曰昌，有聖瑞。古公曰：我世當有興者，其昌乎！昌立，是爲西伯，曰文王。遵后稷公劉之業，古公公季之法，篤仁敬老慈少，禮下賢者，日中不暇食以待士，士以此多歸之。太顛、閎天、散宜生、鬻子、辛甲大夫之徒，皆往歸之。」（見《二十五史》一七頁。）此從王道以論大國之例也。孟子則從王與霸二者以論大國曰：「以力假仁者霸，必有大國；以德行仁者王，王不待大。湯以七十里，文王以百里。以力服人者，非心服也，力不贍也，以德服人者，中心悦而誠服也。如七十子之服孔子也。尊賢使能，俊傑在位，則天下之士皆悦而願立於其朝矣。市廛而不徵，法而不廛，則天下之商皆悦而願藏於其市矣。關譏而不征，則天下之旅皆悦而願出於其路矣。耕者助而不稅，則天下之農皆悦而願耕於其野矣。廛無夫里之布則天下之民皆悦而願爲之氓矣。信能行此五者，則鄰國之民仰之若父母矣。率其子弟，攻其父母，自生民以來未有能濟者也。如此則無敵於天下，無敵於天下者，天吏也，然而不王者，未之有也。」（《孟子公孫丑》，見《十三經註疏》二六八九—二六九〇頁。）

從右引史料，可知成爲大國之前提乃是稟道修德，稟道則德有所本，德有所本方可行仁政。蓋仁政者出自大道也。霸道者有違大道者也，如孟子之言「霸必有大國」，但不可持久也，以霸道有悖大道，有違人性、良知、真情也。中華五千年之史實證明。唯王道仁政符合人之善性、良知、真情，此三者乃仁政之根，乃一切政治理論之出發點與歸宿點，一切離開此三者之政治理論，都屬於不正確的理論。若强欲行之，必使社會受病，人心受病。今之社會之病、人心之病、政治之病，多因治之不得其法。資本主義之政治理論，不問其形式如何，其行之於美洲者，行之於歐洲者，或行之於亞、非者，其病根在爲資本利益服務，而非爲人之善性之完善，人之良知之發揚與夫人情之完美而導之、教之、修之、養之，使自得之；先之以修身，次之以淑世，以有益於政教。故當今世界各國之政，悉以利爲旋轉之中心，其與道也、德也、仁也、義也，遠矣。特別是大國之政，不僅與此四者（道、德、仁、義）相去遠矣，直與霸道相近，乃是直接影响國際安寧之大問題，值得參照中華儒、道兩家之政治觀予以深入研究。

儒家經典對政治觀之發揮深刻而完備，兹將有關史料集中引述於此，以供分析參考。

「孔子侍坐於哀公，哀公曰：『敢問人道誰爲大？』孔子愀然作色而對曰：『君之及此言也，百姓之德也，固臣敢無辭而對：人道政爲大。』公曰：『敢問何謂爲政？』孔子對曰：『政者正也，君爲正，則百姓從政矣。』公曰：『敢問爲政如之何？』孔子對曰：『夫婦別、父子親、君臣嚴。三者正，則庶物從之矣。』公曰：『寡人雖無似也，願聞所以行三言之道，可得聞乎？』孔子對曰：『古之爲政，愛人爲大，所以治愛人，禮爲大，所以治禮，敬爲大，愛與敬，其政之本歟！』」（《禮記・哀公問》，見《十三經註疏》一六一一頁。）

「誠者，自成也，而道自道也。誠者，物之終始，不誠無物。是故君子誠之爲貴。誠者，非自成而已也，所以成物也。成己，仁也；成物，知也；性之德也，合内外之道也，故時措之宜也。故至誠無息。不息則久，久則徵，徵則悠遠，悠遠則博厚，博厚則高明；博厚所以載物也，高明所以覆物也，悠久所以成物也。博厚配地，高明配地，悠久無疆。如此者不見而章，不動而變，無爲成。天之道可壹言而盡也：其爲物不貳，則其生物不測。天地之道，博也厚也，高也明也，悠也久也。」（《禮記・中庸》，見《十三經註疏》一六三三頁。）

「唯天下至誠爲能經綸天下之大經，立天下之本，知天地之化育。夫焉有所倚？肫肫其仁，淵淵其淵，浩浩其天。苟不固聰明聖知達天德者，其孰能知之？故君子之道，暗然而日章；小人之道，的然而日亡。君子之道，淡而不厭，簡而文，温而理。知遠之近，知風之自，知微之顯，可與入德矣。君子之道本諸身，徵諸庶民，考諸三王而不繆，建諸天地而不悖，質諸鬼神而無疑，百世以俟聖人而不惑。質諸鬼神而無疑，知天也；百世以俟聖人而不惑，知人也。是故君子動而世爲天下道，行而世爲天下法，言而世爲天下則，遠之則有望，近之則不厭。」（《中庸》，同右書，一六三四—一六三五頁。）

「大哉聖人之道，洋洋乎發育萬物，峻極於天，故曰苟不至德，至道不凝焉。故君子尊德性而道問學，致廣大而盡精微，極高明而道中庸；温故而知新，敦厚以崇禮。萬物并育而不相害，道并行而不相悖；小德川流，大德敦化，此天地之所以爲大也。」（同右書，一六三三—一六三四頁。）

「自誠明，謂之性，自明誠，謂之教；誠則明矣，明則誠矣。唯天下至誠爲能盡其性。能盡其性，則能盡人之性；能盡人之性，則能盡物之性；能盡物之性，則可以贊天地之化育；可以贊天地之化育，則可以與天地參矣。」（同右書，一六三二頁。）

「治大國如烹小鮮（王弼註曰：不擾也。躁則多害，静則全整，故其國彌大，其主彌静，然後乃能廣心矣）。以道莅天下，其鬼不神（筆者按：鬼不神，謂鬼無法肆其妖術）。非其鬼不神，其神不傷人（神不害自然也，亦自不傷人）。非其神不傷人，聖人亦不傷人（使不知神聖之謂神聖，道之極也）。夫兩不相傷，故德交歸焉。（老子《道德經》六十章）

右引儒、道兩家關於大國以及如何治理大國之史料，從誠神聖洋洋乎化育萬物，到道德仁義，到成己成物，到川流敦化、盡人性、盡物性、致廣大而盡精微，若烹小鮮，考之三王而不繆、質諸鬼神而無疑，其間萬物萬事，悠悠變化，萬千頭緒，綱目何在？内核何在？如何掌控？如何修養？亦在其要而已。一曰天、地、物、人一統觀（立天之道曰陰與陽，立地之道曰柔與剛，立人之道曰仁與義）；二曰性、心、情三者一體觀（由性而引出性善論，將全人類，全物類包涵於其内，曰人性善論物性善論。由心而引出人心與道心，以道心節制人欲；由情而引出七情六欲之欲望）；三曰爲人、爲學、爲政之道一統觀（爲人之道以孝以修身爲本；爲學之道以學、問、思、辨、行爲本；爲政之道以修、齊、治、平爲本）。由此三者一統觀所集合組成之宇宙觀、世界觀、國家觀、大國觀、國際觀系統，以之處理任何國内國際事務必公正善平，此乃我中華大同思想之根正、源深、流遠、響大之不竭力量所在也。此亦爲我中華大同思想必然進入人類之心靈并同全人類一起進入大同世界之充分理由也。蓋我中華先哲一開始致力尋求之者，即人類自身也。具體言之，即性、心、情三位一體也。此三者經二千餘年諸子百家反復討論，與夫中華二千餘年之歷史驗證，從源到流已積累了系統史料，足供全球學者審核質疑，或者新闢研究途徑，別開生面，有待來賢耳。

在我中華史上亦有與此相反之例證。就是背離大道，扭曲人性，違反良心，有負真情，實行霸道，高壓榨民，人人處於危殆之中，一夫作難而七廟毀，秦統一六國之後僅存十五年而亡。天大之教訓，中華史上僅此一例。他則多为先王後霸、先霸後王。王霸雜揉者有之，亦難細辨也。

三、「民吾同胞，物吾與也」

張横渠《西銘》曰：「乾稱父，坤稱母，予兹藐焉。雜然中處，故天地之塞，吾其體，天地之帥，吾其性；民吾同胞，物吾與也。大君者，吾父母宗子，其大臣，宗子之家相也。尊高年，所以長其長；慈孤弱，所以幼其幼。聖其合德，賢其秀也。凡天下疲癃殘疾、惸獨鰥寡，皆吾兄弟之顛連而無告者也。於時保之，子之翼也。樂且不憂，純乎孝者也。違曰悖德，害仁曰賊。濟惡者不才，其踐形唯肖者也。知化則善述其事，窮神則善繼其志。不愧屋漏爲無忝，存心養性爲匪懈。惡旨酒，崇伯子之顧養，育英才，潁封人之錫類。不弛勞而底豫，舜其功也；無所逃而待烹，申生其恭也。體其受而歸全者參乎！勇于從而受令者，伯奇也。富貴富澤，將厚吾之生也，貧賤憂戚，庸玉女于成也。存吾順事，沒吾寧也。」（《宋元學案・橫渠學案》六六五—六六六頁）

劉蕺山曰：「此之謂立命之學，至此而君子真能通天地萬物以爲一體矣。」「民吾同胞，物吾與也。」此乃「真能通天地、萬物、人類」三者一體，更能通「聳立在人類生產關係之上」的社會制度與意識形態等上層建築之關係；此一通將人類之「性、心、情」三者統一爲一體了；也將由此三者而孳生的意識形態之异同統一爲一體了，或曰通爲一體了；此通也，同固通也，异亦通也，至少應保持其在「理性上」已通也。如在中華學術史上自孟軻以後即確立了性善論，至王陽明而光輝燦爛。此性善論還包含了物性善論於其中，成爲完備徹底的性善論，成爲全人類之理論財富。本此以言政教，則政從善出，教從善出；政從善入，教從善入，天下之政教，無論其爲大國小國莫不稱善矣，莫不稱美矣；其在外交、軍事上，無論遠近莫不見平、莫不見和矣。國際爭端奚由起哉，奚難平哉。此乃從政教之本原上而言之者也，從人之善性決定政教而言之者也。

但涉及人心問題，則在中華學術史上逞見出複雜的情況：即人欲隨時代之進展而增長。二十五史也旁證了此問題之嚴重性。同時也突顯了自覺制欲（或曰「正欲」）之嚴肅性、迫切性，絕不可玩忽懈怠。自堯、舜、禹三代立下「人心惟危，道心惟微，惟精惟一，允執厥中」十六字經之後，歷代學者對「人心惟危」、私欲之禍，無不致力批判。《莊子》一書更是直接撻伐，指斥「天下脊脊大亂，罪在攖人心」。（《在宥》）其他諸子莫不多致力於節欲之論。至清戴震節欲之論始臻完備：「節而不過，則依乎天理，非以天理爲正，人欲爲邪也。天理者節其欲而窮人欲也。是故欲不窮，非不可有；有而節之，使無過情，無不及情，可謂之非天理乎！」（《孟子字義疏正》一一頁）儘管我中華學術之共識如此足以減輕中西方在國家利益上之异同，尚不足以消弭差异。西方唯利是圖之心，依然未變，此乃大亂之原也，亦人類之大患也，人類之大憂也，特別是我覺悟了的中華民族之大憂也。我之所以云「覺悟了」者乃指堯帝揭示「人心惟危」教誡之後，特別是孔子集大成與老聃著《道德經》之後，先覺的諸子百家，在「人欲」面前，一無例外「克己」「爲道日損」，歷代如此，不乏其人；澹泊名利，乃至成爲社會正氣與士風。特別北宋道學興起，四代（宋、元、明、清）千年之間，士君子以耕讀爲志，著作不磨者，代不乏人；今正觀其迹，惟見其正氣凜然，有《宋元學案》一百案、《明儒學案》六十二案，其學術淵源所自、言論、品格、涵養斑斑可考。此乃我中華哲學思想之薈萃，人才精英之聚集，政教思想之方向，士習端正之楷模。學風之清，文風之正，足爲後世法。舉例以觀之。周濂溪曰：誠者，聖人之本。誠、神、幾，曰聖人。聖希天，賢希聖，士希賢。聖可學乎？曰可。曰有要乎？曰有。請問焉。曰：一爲要。一者，無欲也。無欲便是學。其有欲焉奈之何？曰學焉而已矣。其學焉何如？曰本無而忽有，去其有而已矣。（見《通書》載《宋元學案·濂溪學案》四八二—四八九頁。）上所論者在辯明心之爲用也，因有人欲之患而表現爲有是非、正邪、善惡之兩面性；此兩面性乃產生中西文化差异之根源。解決之道，一曰普遍正欲，去其有害者（非者、邪者、惡者屬之），存其正善者。二曰以先知覺後知，以先覺覺後覺。三曰中西方在交往中以誠相待，官民兩途相互取長補短，積久而化，積化而同，异者自消，不見其迹；同者歸一，不存其痕。是謂大同；民吾同胞，物吾與也；或僅存膚色之別而已。

第二節　加强邊防以自衛

邊患之存，自古有之。周有玁允、山戎，戰國有匈奴、西域，漢有匈奴、西域、西南夷、兩粵、朝鮮。歷代均有邊患，對策則是加强邊防以自衛。自衛乃是目的，加强不過手段而已。在中華史上除漢武曾主動對匈奴用兵，引爲歷史詬病；武帝生前亦曾自罪；一切邊防或交兵，均屬自衛，未見有主動出擊之例證。但在自衛反擊中，英勇戰鬬、奮不顧身、以死報國，青史未留其名者，不知凡幾，其有功于國、有澤于民者，不可忘也。玆從歷代之形勢以析之。

一、民族内化賴懷柔

王莽時代之大將嚴尤對匈奴之見甚善，曰：「臣聞匈奴爲害所從來久矣，未聞上世有必征之者也，後世三家，周、秦、漢征之，然皆未得上策者也。周得中策，漢得下策，秦無策焉。當周宣王時有獫允内侵，至於涇陽，命將征之，尽境而還。其視戎狄之侵，譬猶蟊蝱之螫，敺之而已。」（《前漢書·匈奴傳》，見《二十五史》七一八頁，）「尽境而還，驅之而已」，則得中策，若進一步懷柔之、安撫之、周濟之、育導之，或可得上策乎？如不成，益之以「至誠」，至誠感人；至誠有成己成物之效，「成己仁也，成物智也，性之德也，合内外之道也，故時措之宜也」；此中仁智化人之德未可估量也；愈誠則化人之德愈顯，故曰至誠也。故知至誠可臻上策也。周得中策，可窺知當事人未及至誠之境。僅將入侵者驅之出境，尽界而歸。了事而已，再生之患復存則不計也。由此而明至誠之德，乃檢驗儒家理論之唯一之試金石，亦檢驗經史真僞之唯一尺度。對遠親近鄰之正道，《中庸》有言曰：「柔遠人也，懷諸侯也；柔遠人則四方歸之，懷諸侯則天下畏之。」惟行之必以誠，效之必以漸耳。不可期求速成也；蓋其化必見諸于心也性也情也，三者俱化，則全矣安矣一矣。

二、大亂則大化

大亂者是專指西晉惠帝元康元年（一九一年）三月辛卯由賈皇后發動之誣太尉楊駿謀反而誅殺之，所引出八王之亂與十九國之亂；拙著本書第二卷《一統篇》第六章第二節《亂形之异同》曾詳論之矣。茲欲申論之者乃其所以化之之原也。

其原約有四端：一曰儒學之思維特點整體觀；二曰儒學所研究之核心內涵爲人性、人心、人情三者之綜合表現；三曰儒學在歷史實踐中所形成的禮樂行政及典章制度富含人心、人性、人情；四曰儒學乃爲人、爲學、爲政之道。

關於儒學之思維特點整體觀，無容諱言，此乃人類文明中所僅見，唯一完善之思維方法。其視天、地、神、物、人爲統一的整體發展過程，無始無終，永無止息。就天而言一體也，無止息焉；就地而言，一體也，無止息焉；就神（神者非神也，乃「妙萬物而爲言也。陰陽不測之謂神」。《周易・繫辭》）而言，一體也，無止息焉；就物而言，動植、飛游、鑛藏、水流，一體也，無止息焉；就人而言，不問膚色人種，（故人者天地之心也，五行之端也，食味、別聲、被色而生者也。《禮記・禮運》）一體也，無止息焉。此思維特點之結論必然引出大同世界觀，蓋其内在邏輯如此也。

關於儒學研究之核心内涵，可一言以蔽之曰性、心、情三者之綜合理性也；宋儒張横渠云：「心統性情者也。」細析之，由人性必然引出人性善論；同時也必然引出物性善論，成爲完備之性善論，此其内在之邏輯也，孔孟倡之於前，荀卿以「性惡論」逆之，揚雄「以善惡混」亂之，韓愈以「性三品」雜之，諸子以性善論一之，至王陽明之論「至善者性也，性元無一毫之惡，故曰至善」出，歷二千年性善論之辯止矣。此性善論（人性善與物性善）一立，即爲全人類各門學科及科技理論立下了統一的無所不包的理論基礎；人類文明一切意識形態之屬，無一例外，莫不從善性出發而復歸於善性者也；其源其流，悉如此也。由人出發，必然引出人心與道心同爲一心而必區分之。何謂人心云乎哉！曰人心者人欲也。有害群我之惡欲也。何謂道心云乎哉？曰道心者無私無我之正欲也。正欲可克邪念也。堯舜有「人心惟危、道心惟微，惟精惟一，允執厥中」之教。朱熹曾論之曰：「人欲隱於天理中，甚几甚微。只是一人之心，合道理底是天理，徇情欲底是人欲。人心惟危，道心惟微，惟精惟一，允執厥中；只就這心上理會，也只在日用動静之間求之。」（《朱子新學案》二八〇—二八二頁）朱子之論固有其理，但余以爲「允執厥中」十六字之教乃是對其後賢當政者而言也，令他們在道心與人心（即天理與人欲）之間尋求精一度，「允執厥中」。考之中華史，歷代執政者未見有以制度而行之者，只見治世之民多少享受一點生計與文化之福澤而已。但我却仿佛看到未來科技發達之中華或能於天理人欲之間尋得精一之度，「允執厥中」，以造福於民并示範全球焉。「何謂人情？喜怒哀懼愛惡欲，七者弗學而能。人情者，聖王之田也。」（《禮記·禮運》）《禮運》篇也三百二十字的長文闡明「修禮以耕之，陳義以種之，講學以耨之，本仁以聚之，播樂以安之」。按照心統性情之内在邏輯，則道心（天理）主宰善性和人情；而人情又爲仁義禮樂，通過講學所化；則性、心、情三者便變成一純天理之邏輯實體了。以之言性則性純善矣，以之言心，則唯見純天理而無人欲之雜矣；以之察情，則唯見情之真善美者矣。此乃美政善教之所出入者也。善哉乎性也！美哉乎情也！妙哉乎心統性情者也！

關於禮樂、刑政、典章、制度之富含人性、人心、人情問題，它既原之於性心情，又經幾千年歷史之檢驗者也。孟子曰：「君子所性，仁義禮知根於心。」（《孟子·畫心》）《樂記》曰：「樂者，音之所由生也。其本在人心之感於物也。」《尚書·大禹謨》曰：「罰弗及嗣賞延于世宥过无大，刑故无小；罪疑惟輕，动疑惟重；與其殺不幸，寧失不經（不常之罪）；好生之德，洽於民心，兹用不犯于有司。」舉此數例，足以明其立法（罰）之意善，與夫執行之心良。歷代每逢大慶必有大赦以宥之。唐貞觀五年（六三一年）十二月「上謂侍臣曰：朕以死刑至重，故令三覆奏，蓋欲思之詳熟故也。而有司須臾之間，三覆已訖，又，古刑人，君爲之徹樂減膳。朕庭無常設之樂，然常爲之不啖肉，但未有著令。丁亥，制決死囚者，二日中五覆奏，下諸州者三覆奏；行刑之日，尚食不進酒肉。内教坊及太常不舉樂。有據法當死而情可矜者，録狀以聞。由是全活甚衆。」（《資治通鑑》六〇九〇頁。）貞觀六年（六三二年）。十二月辛未，「帝親録繫囚，見應死者，閔之，縱使歸家，期以來秋來就死。仍敕天下死囚，皆縱遣，使至期來詣京師。」（同右書，六一〇〇頁）「貞觀四年，是歲大稔，斷死刑才二十九人。」（翦伯贊主編《中外歷史年表》二六五頁）此三例乃是儒家人性善論、良心、真情與夫仁政之綜合體現也。

關於爲人、爲學、爲政此三爲之道，實乃内在一體之邏輯也。請詳爲析之。儒學本言大道之學；此學也發軔於伏羲。初識陰陽，畫八卦；文王演繹爲六十四卦。周公作爻辭，孔子作十翼，《周易》之理論體系備矣。「立天之道曰陰與陽，立地之道曰柔與剛，立人之道曰仁與義。」《周易・説卦》）「開物成物成務，範圍天地之化而不過，曲成萬物而不遺。」《周易・繫辭》：「君子道長，小人道憂也。」「誠者物之終始，不誠無物。中也者，天下之大本也，和也者，天下之達道也，致中和，天地位焉，萬物育焉。道者不可須臾離也，可離非道也。」（《中庸》）道家老子著《道德經》以論道德，兼及爲人爲學爲政之道，曰：「道者萬物之奥，善人之寶，不善人之所保（用以全身也）。」（六十二章）「道可道，非常道；名可名，非常名。無名天地之始，有名萬物之母。故常無欲以觀其妙；常有欲，以觀其徼。此兩者同出而异名，同謂之玄，玄之又玄，衆妙之門。」（一章）「道大、天大、地大，王亦大，域中有四大而而王居其一焉。人法地，地法天，天法道，道法自然。」（二十五章）「道生之，德畜之，物形之，勢成之，是以萬物莫不尊道而貴德。道之尊，德之貴，夫莫之命而常自然。生而不有，爲而不恃，長而不宰，是謂玄德。」（五十一章）「爲學日益，爲道日損，損之又損，以至於無爲，無爲而無不爲。」（四十八章）道家的莊周著《莊子》一書，其言道曰：「道者萬物之所由也，庶物失之者死，得之者生；爲事逆之則敗，順之則成；故道之所在，聖人尊之。」（《漁父》）「道之真以治其身，其緒餘以爲國家，其土芥以治天下，由此觀之，帝王之功，聖人之餘事也。」（《讓王》）「孔子曰魚相造乎水，人相造乎道。故曰魚相忘乎江湖，人相忘乎道術。」（《莊子·大宗師》）右所引列者爲儒、道兩家論道之説，從中可領會爲人、爲學、爲政之道，原本爲一；其中尤以修身爲本；不修身，何以爲學，如何爲政，此乃《大學》要義「自天子以至於庶人，壹是皆以修身爲本」之至意焉。

由右述四端（思維特點，性、心、情一體，禮樂、刑政、教化符合人心，儒、道兩家之道又是三爲之道）所及綜合觀之，則大化之原昭然瞭徹於胸次矣。其化力全存於每一個人之善性之中、良心之内，真情深處；是善性之相善，良心之相促，真情之相感，彼此相化；但可歸結爲外化於内；蓋儒道思想及典章制度，早已行於中國也。面對當今之國際形勢，昭示我炎黄子孫者唯在於堅守此經歷數千年歷史檢驗之儒道思想，并依據現實情況，予以光大發揚，以期有益於人類。

三、北宋防邊由和而戰

北宋邊防，西有夏國，李彝興（夏州人也，本姓拓跋氏，唐太宗賜姓李），置靜邊等州以處之。夏雖未稱國，而王其土久矣。宋興，太祖（即西平王）加彝興太尉德明，在祥符間已追帝其父子國中，逮元昊始顯稱帝，厥後因之。概其歷世二百五十八年，常爲邊患。自熙寧（宋神宗年號）用兵以來，期間靈州、永樂之役，官軍熟羌義保死者六十萬人，神宗臨朝痛悼，而夏人亦困弊矣。適夏西南都統昂星嵬移書劉昌祚，示求「朝廷與夏國歡好如初，主民重見太平，豈獨夏國之幸，乃天下之幸也」。昌祚上其書，帝喻答之。六年（一〇七三年）二月，夏人大舉圍蘭州。願决聖心爲兆民計，時异議者衆，唯文彥博與光合，遂從之，以樂天事小也。

宋之邊患，北有金。金之興也甚驟，約當宋哲宗之世，其始祖和內部之爭，娶六十處女爲妻，生二男一女。天會十四年追謚景元皇帝廟號始祖。太祖完顏旻始入史，是歲爲宋徽宗（趙佶）政和五年（一一一五年）（見翦伯贊《中外歷史年表》）金兵侵宋，於宋欽宗靖康二年俘宋徽宗欽宗北去，金宋群情激憤，抗金義師四起；而且以韓世忠、岳飛爲首的抗金鬭爭也取得節節勝利，呈現出决勝之軍事形勢，恰當此關鍵時刻，朝廷突以十二道金牌召回岳飛，遽爾處死，其用心之所自，識史者無不瞭徹於胸也。故余以爲殺岳飛者非秦檜也，實宋高宗也，爲一己之私也。鑒古而知今，今之國際大局，從整體言，必須堅守和平；從局部而觀，則必須有決戰決勝之遠謀，以確保國防安全，故必須大力加强國防建設和全民教育。

四、明代之商業外交

明成祖朱棣奪位之後，由於趕下侄子恭閔帝，妄殺社稷之臣方孝孺，引起政治大震動，疑惠帝亡海外，欲蹤迹之，且欲耀兵异域，故有遠航西洋之舉。鄭和者雲南人也，初事燕王於藩邸，助燕王起兵有功，累擢太監，堪當此令。但鄭和遠航所携帶者，實我中華之特産瓷、茶、絲綢等貨，所换回者皇宫所需之珠寶玉器，并帶回各國朝貢之使節。故我名曰商業外交，亦明代之以大政績也，建立了與西洋各國之歷史友誼。六百年後之今天回顧之，彌足珍貴。

據《明史·鄭和傳》記載「永樂三年（一四〇五年）六月命鄭和及其儕王景弘等，通使西洋，將士卒二萬七千八百餘人。多賫金幣；造大舶，修四十四丈，廣十八丈者六十二，自蘇州劉家河泛海至福建；復自福建五虎門揚帆首達占城，以次遍歷諸番國，宣天子詔，因給賜其君長。五年九月和等還，諸國使者隨和朝見，帝大悅，爵賞有差。六年（一四〇八年）九月再往錫蘭山，國王亞烈苦奈兒，誘和至國中，索金幣發兵劫和舟；和率所統二千餘人出其不意，生擒亞烈苦奈兒及其妻子官屬，九年六年獻俘於朝，帝赦釋歸國。十年（一四三年）十一月復命和等往使至蘇門答剌，其前僞王子蘇幹剌者，方謀弒主自立，怒和賜不及己，率兵邀擊官軍；和力戰，追擒之并俘其妻子，以十三年七月還。朝廷大喜，賚諸將士有差。十四年（一四一六年）冬，滿剌加古里等十九國，咸遣使朝貢，辭還，復命和等偕往，賜其君長，十七年七月還。十九年（一四二一年）春復往，明年八月還。二十二年（一四二四年）正月舊港酋長施濟孫，請襲宣慰使職，和賚敕印往賜之。比還，而成祖已晏駕。宣德五年（一四三〇年）六月，帝以踐阼歲久，而諸番國遠者猶未朝貢，於是和、景弘復奉命歷忽魯謨斯等十七國而還。和經事三朝，先後七奉使，歷占城、爪哇、真臘、舊港、暹羅、古里滿剌、加渤泥、蘇門答剌、阿魯柯枝、大葛蘭、小葛蘭、西洋鎖里、鎖里加、异勒、阿撥把丹、南巫里、甘把里、錫蘭山、喃渤利、彭亨急蘭丹、忽魯謨斯、比剌、溜山、孫剌、木骨都、剌麻林剌、撒祖法兒、沙里灣、泥竹、步榜葛剌、天方、黎伐、那孤兒，凡三十餘國。所取無名寶物，不可勝計，而中國

耗廢亦不貲。稱三保太監下西洋。爲明初盛事云。」（《二十五史》八六二一頁）

鄭和七下西洋之意義，起了耀兵异國、宣揚禮儀文教乃至平息内亂、安定友邦之作用。同時沿途通商也啓示人思考，不追求暴利之自由貿易，給社會以互通有無之利，亦便於結交友國。而此後四百年之資本主義商品則以炮艦爲後盾席捲全球，亞洲更是飽受其害。今則大國稱霸，其形勢與危機，更有甚于往昔，禍根則在於利與知。利者縱欲以趨利也，不計其害也；知者，玩科技以逞强，似脱韁之野馬，失其理性，禍患之深詎可計量之哉！

五、明之倭患

有明一代倭患深重，延續幾越二百年。洪武二年（一三六九年）三月帝遣行人楊載，詔諭其國，且詰以入寇之故。日本王良懷不奉命，復寇山東。轉掠温、台、明州。遂寇福建沿海諸郡。五年（一三七二年）寇海鹽、澉浦，又寇福建海上諸郡。成祖永樂五年（一四〇七年）封義持爲日本國王。十七年（一四一九年）倭寇數千人分乘二十舟，直抵馬雄島，進圍望堝，都督劉榮擊敗之，斬首七百四十二，生擒八百五十七。自是倭不敢窺遼東。倭性黠（《説文》

曰：黠，堅黑也，黑之堅者也。引申爲奸巧之稱。」余以爲「倭性黠」一語，非僅限於言倭之性也；窺其骨髓，乃泛言其國民之性也），時載方物戎器，出没海濱，得間，則張其戎器而事侵略；不得，則陳方物而稱朝貢。加之明政海防不嚴，兵非素練，船非專業，又有内奸乘隙爲禍；嘉靖三十二年（一五五三年）汪直勾諸倭大舉入寇，連艦數百，蔽海而至，浙東西江南北，濱海數千里同時告警。犯大倉，破上海縣，掠江陰，攻乍浦。三十三年掠蘇州、攻淞江；四月陷嘉興、破崇明、常熟、嘉定；及江陰、無錫，出入太湖；深入徽州、歙縣，幾懾中國腹地；犯江寧鎮，徑侵南京。倭賊不過六七十人，而徑行數千里，横衝直撞似入無人之區，殺戮戰傷者幾數千人；歷八十餘日始滅，此三十四年（一五五五年）九月事也。十月倭自樂清登岸，流劫黄巖、仙居、奉化、餘姚、上虞，被擄者無算，至嵊縣乃殲之，亦不滿二百人。顧深入三府歷五十日始平。其先一枝，自山東日照流劫東安衛至淮安、贛榆、沭陽、桃源至清河阻雨。爲徐邳官兵所殲，亦不過數十人，流害千里，殺戮千餘，其悍如此。後徵俞大猷、戚繼光、劉顯諸將合擊破之，倭患乃息。終明一代，至神宗朱翊鈞二十六年（一五九七年），二二八年間，倭寇肆虐可謂至烈矣。歷史乃寶鑑也，二百年中獲得二字，一曰黠，二曰悍。此乃日本國之國民性也，成之久遠而不可移者也。我中華以性善立國，以仁義待天下，對「黠悍」之本質，必須有刻骨銘心之認識，不可掉以輕心。往後之歷史，特別是近一百五十年之歷史，更證實日本已蓄亡我之心，且付之實施長達半世紀之久，唯我中華精神不可戰勝，歸於失敗耳。觀當今日本政要之言行，公然否認其侵略他國之野心與罪行，正躍躍欲試加緊步伐恢復其昔日宰制他國之「榮光」，此在世人眼裏乃有目共睹之事也，值得全人類警惕；其隱患更深藏於未發，故甚望後賢有以深致意焉。

六、清末之外交

由於内外二因，清末無外交。内因慈禧專政之顢頇，内施高壓，箝制思想；外媚列强而無主張。外因列强礮艦臨門，東西南北四面皆伏毒蛇猛獸，必欲吞噬瓜分中國而後快。一八四〇年的鴉片戰爭肇啓了帝國主義侵略中國之戰争序幕。接踵而至者有英、法聯軍之攻陷北京，火焚圓明園，大肆搶劫，火光冲天，連日不息。除訂《天津條約》外，再分别訂約。英約：償軍費四百萬兩，租九龍，開天津、九江等地爲商埠。法約：償軍費四百萬兩，兩國并派公使，領事駐中國。又有一八九四年日本挑衅所引發之甲午海戰，中國戰敗，日軍肆意屠殺中國平民；「十月日軍陷鳳凰城，再陷旅順，屠殺四日，中國人盡死，僅三十六人生存，美國報紙指責：『日本爲一蒙文明皮膚而具野蠻筋骨之怪獸』。」（柏楊著《中國歷史年表》七七六頁）更有一九〇〇年（庚子）六月由英、德、奥、日、法、俄、意、美八國所組成之八國聯軍，攻陷北京，恣意姦淫燒殺，縱火焚頤和園。十一月李鴻章與各國議講和大綱十二款，史稱《庚子賠款》。此乃清末所遭受之幾大樁外交事件，一言以蔽之曰侵略。蓋資本主義之本質就是剥削與侵略；這就是帝國主義之近代史，這就是列强之近代史。與此對立者則是遍及全球的大小殖民地或半殖民地國家。隨時代之推移，國際形勢，固有某些新的變化，但帝國主義剥削與侵略的本質是無法改變的；以其索求者最高利潤也，以其所守者列强大國之主導地位也，有一己之私也，而非稟天下之至公也；天下至公之精神，唯我中華經典中深藏之思想富礦，有待開發與人類共享焉。

第三節　當今之務

前所論者乃外交上之經典要義與夫歷史之實踐狀況。本節所當論述者乃世界早已肇啓的由資本主義進入壟斷的帝國主義時代。在經濟上，壟斷金融，追求暴利，引發危機，爲害全球。在政治上，以利爲中心，結成同盟，稱霸一方，發動戰爭，强行民主。我則是民吾同胞，物吾與也；大國下流，以大事小；柔遠懷近，仁政大同於天下。内外相較，主客相權。差之遠矣。我所慮者仁也義也，彼所求者利也名也。兩者相敵，顯然矛盾也。既不可捨仁以就名，亦不可捨義以就利也。細析事物之存在有兩面焉。求其利不害其義者則得之矣，蓋未有義而不含其利者。未有陰而不舍陽者，事物正是正反兩面相依而存而向其反面轉化者也。在國際交往中，必須建立互相包容諒解、信賴、依存的寬大胸懷，且以至誠爲基石，捨至誠而言外交，則不成矣。《中庸》曰：「不誠無物。」以不誠而言外交，乃敷衍罔責之行，於事無益也。當今全球外交活動中，不誠之象累見。唯我中華以誠立國，内政外交一以篤誠爲本，將爲國際所信賴焉。

一、五項基本原則

中華人民共和國建立後，對外交工作極爲重視，總理兼任外交部長周恩來於一九五五年四月「萬隆會議」上提出了「中華人民共和國外交五項基本原則」。內容是：「一互相尊重主權和領土完整，二互不侵犯，三互不干涉內政，四平等互利，五和平共處。」五者一體，既符中華經典之旨，又合現實情況之需，行之至今，晏如也。當然，爲了適應瞬息萬變之國際形勢，有必要隨時隨地調整，但不離原則精神，爲國際所心服，則正矣。

二、建立長遠的治國方略

關於立國之基與長遠的治國理念，本篇前數章已具論之矣。於此而再提者，意在外交乃內政之延續，而我中華之仁政，則更具有爲國際示範之意義；非僅治國利民也，尤要用心於利他淑世也。我中華律己處事的原則，非僅「己所不欲，弗施於人」。（《論語・公治長》）更爲重要的是「己欲立而立人，己欲達而達人」。（《論語・雍也》）以此精神，以事外交，行之既久，必然會被理解；深與廣更有待時日矣。然則治國方略之要，何所指耶？一曰以儒家道統爲立國之理論基礎；二曰吸取馬克思主義之來源與組成部分之精神，以與道統相結合，使之中國化，令中國特色之社會主義頻放异彩。三曰西式民主中國化：從十九世紀西學西政東漸，影響中國最大者是民主革命。先是二十世紀初孫中山先生所領導的舊民主主義革命，庚續其後的是中國共産黨所領導的新民主主義革命。中華人民共和國成立後，逐漸轉向社會主義建設。以一九七八年爲標志的改革開放，三十餘年來，既在經濟上取得突飛猛進舉世矚目之成就；更在政治上積累了建設社會主義的豐富經驗；其中就包含西式民主中國化的經驗。人民代表的選舉與政協委員的選舉都可以在現有基礎上加以改進。國家主席之選舉，更可在多黨合作的機制下民主協商解决。從現有的經驗而論，已初見選賢與能之效，且避免了以金錢買選票之弊。若能於現有選舉基礎上益之以考試，則賢能益彰矣。

三、當今國際形勢之分析

在綜合思考當今國際形勢分析之時，從主客内外，我檢出有影響的十要素以資分析：一曰儒家之性善論；二曰節欲論；三曰馬克思主義之深遠影響；四曰君子以義爲朋可久也，小人以利爲朋不可久也；五曰以個人發展爲中心；六曰向外求；七曰宗教差异；八曰二戰以後之人類反思；九曰冷戰思維與聯盟形勢；十曰財富不均。

對當今之界定，余以爲取二十世紀初最爲恰當。一是一九一四年爆發了第一次世界大戰，二是適於此大戰中爆發了以馬克思主義爲宗旨之俄國無産階級革命成功，建立起鞏固的蘇維埃政權，與全世界資産階級政權相對峙，給國際無産階級及被壓迫民族以極大之激勵。一九二一年，在東方大國中國，又建立了領導中國無産階級革命的中國共産黨。這樣，横跨歐亞的中蘇就自然形成爲世界資本主義之對峙。

二十世紀三十年代，在東北亞有日本軍國主義已羽翼豐滿，按其陰謀，先吞我東北三省，次圖華北自治，終發動全面侵華戰争，以迅雷之勢，迫使中華屈服，成爲其殖民地，故由一九三一年「九・一八事件」悍然发动侵略战争，及至一九三七年製造濾溝橋事變全面侵華；與此同時，在歐洲有德、意法西斯主義生成。以希特勒爲代表先後發動了侵蘇、英、法之歐洲大戰，直至一九四一年日軍偷襲珍珠港，全面的第二次世界大戰爆发。歐洲戰場先於一九四五年五月宣告結束。亞洲戰場於一九四五年八月十五日，以日本天皇宣布投降而告結束。此次世界大戰警醒了全人類，要和平不要戰争；要性善論，不要性惡論；要節制人欲，不要放縱人欲；要彰顯良知，不要扭曲良知；要發揚正氣，不要壓抑正氣；要立正道，不可開异端；渴望仁政，厭惡暴政；要德治，不要利誘；要心教，不要役心；要真民主，不要獨裁專制；要均富，不要以富役民；要己所不欲勿施於人，不要動輒以侵略加之於弱國；要公平，不要愚弄；要平等，不要以强凌弱；要自由，不要以勢干涉他人；大國應居下，不應肆虐；要至誠待天下，不可言行不一；要談判協商，不要陰謀詭譎；要科學利用全球有限資源，不可浪費人類財富；要求人類全安，不宜樂於富强者苟安；要全面消毁核武器；要從根上消除各大國之武器生産與出售；要大同不要小同；要完善聯合國之作用。右述人類之覺醒應視當今時代思想之主流，乃人類善性良知之表現，不可逆轉者也；雖前進道路阻塞，終必然開山闢徑，艱難向前；虽有惡勢阻梗，亦见東方既白矣。

歐洲哲學之根在古希臘，究古希臘哲學之根而論，其所研究對象偏向於自然現象，代表西方人之思維特點，爲爾後之科學發展準備了方法論。就西方哲學發展本身而論，經萊布尼兹（一六四六—一七一六年）的同中國「先天八卦」相吻合的二進制到黑格爾（一七七〇—

一八三一年）的「絕對精神是萬事萬物的本原與基礎」，不但成爲馬克思主義哲學的先驅；而且像恩格斯所描述的「黑格爾把整個自然的、歷史的和精神的世界描寫爲一個過程，即把它描寫爲外在不斷的運動、變化、轉變和發展中，并企圖揭示這運動和發展的內在聯系」。（《馬克思、恩格斯選集》第三卷，六三頁）更加接近《周易》之精神。唯《周易》之理論光輝照耀人之心靈早了二千多年。此哲理上之相通實導源於人類性、心、情三者之同一性，此乃全人類文明互通互利之至高原則也；至於其差异性尚可姑置勿論，蓋小异無害於大同也。據此而論中歐文化哲學則源遠流長，終走進匯合點，（通過黑氏與馬氏之闡發。）特別是馬克思一八七三年《資本論·第二版跋》中之教诫「在現存事物的肯定的理解中，包含着它的否定的理解，它的必然消滅的理解」，恰如《周易》所揭示的「陰陽推移、興衰替變，禍福相倚」之道合矣。此乃無可逃遁者也。唯我中華儒、道兩家，有履險如夷之法、逢凶化吉之方。這就是「知榮守辱」「居安思危」。如此而觀中歐之觀念形態，意識主流，其淵源合流已明矣，其有利於未來融洽者亦可預見矣。由此而明，中國與歐洲各國之友好以至於同盟非爲利也，乃義也，乃義使之然也，歷史之必然也。期爲政者有所察焉。更致力於推動中歐哲學研究，促見其實效焉。

美國在第二次世界大戰中初守中立，坐收軍火之利，及日本偷襲其珍珠港，被捲入大戰；以擁有雄厚的經濟基礎和强大的軍事實力，在歐亞的兩大戰場起了決定性作用，并在幾次重要的國際會議（如《開羅宣言》《波茨坦公告》）中主持正義，爲戰後國際形勢之穩定發揮重要作用。在一九四五年八月一十五日本天皇宣布投降以後，一切受降事宜悉由美軍當局主持。未幾，一九四八年六月九日，敏感的北京高校师生即聚會北京大學并示威游行高喊「反對美國扶殖日本」的口號，於今已逾六十五年矣。美國扶日之狀態如何呢？日本極右勢力已羽翼豐滿，不認二戰中之侵略罪行，加速恢復軍國主義之步伐，企圖稱霸亞洲，逞雄世界，其野心已昭然於世矣。此乃半世紀以來美國豢養縱容所致。加之美國欲遏制中國之崛起，陳兵于中國門前，曰戰略東移；日本右翼自然心領神會，此乃恢復軍國主義千載不遇之機也。故知在前台表演者日本右翼也，而在後台操縱主謀者美國也。其所恢復者日本軍國主義也，東條英機也；更可預見有害于全人類也。美國對此若熟視無覩，最終必然害及美國。歷史的發展是無情的，靜觀其變可也。且美國之遏制中國也，實乃霸道之行徑也。國與國之間相處本屬平等，是上帝給你權力遏制中國之發展嗎？足見其淺薄，有失大國氣度也。我中華是大國，儒家之教爲「柔遠人也，懷諸侯也」。（見《中庸》。）道家之見爲「大國者下流，大者宜爲下」。（《道德經》六十一章）合儒、道兩家而言之，大國讓小國也。由是而明中美之間之矛盾乃屬於立國宗旨之差异。就美國而論，一切以利爲中心；就中國而論，一切以義爲中心，「己所不欲勿施於人」，而且要更進一步做得十分完美，「己欲立而立人，己欲達而達人」；還要更進一步益之以「至誠」，唯至誠最能感人。唯我中華文明具有感天動地、震撼人心、改造人之心靈之融化力。此力也原之于善性、良心、真情，以仁政善教誘啓而發爲之者也。今大國唯利是圖，乃世界大亂之原也；反誣中國爲「威懾」，此乃國際政治修養淺薄，造謡生事亦有輕信之者也。中國尊循先聖之教，卑之惟恐不及，奚暇威懾他國哉！國際上之是非、善惡、正邪、真僞，朝夕不可定也，必待歷史之長期檢驗始可見其真面目也。中國以及世界歷史都證明：凡以利爲朋者，利盡而朋散；以義爲朋者，義行而朋信。此不易之理也。今環太平洋地區，在美國强勢推動下而拉帮結伙者，其初至是向善耶？爲惡耶？其結果亦必隨之。六十年前之美國以其大國之地位成爲國際安定因素；而今六十年後之美國要將其海、陸、空十分之六的武裝力量部署於環太平洋，劍鋒所指，一目瞭然，必然引起此地區之不安，甚至於全球之不安，此乃仁者之所忌，智者之所憂也。與其逼友爲仇，孰若用心剖析友邦之歷史、現狀和將欲何爲；不要以利己之心，忖他人亦必有長思利己之念。中華先聖「大同」之教、「至誠」之訓、「克己復禮」之制，「己所不欲勿施於人」「己欲立而立人，己欲達而達人」之修養……所有這些構成了中國學術史，可以成立一個「中國研究所」對中國進行徹底研究，作爲國策諮詢，其益必大也。總之，天下大勢，全球七十億人民之心靈渴求和平，厭惡戰爭；亞太地區幾近全球人口之半，當美軍傾力壓境之際自是恐慌萬狀，唯恐和平不保，猜不透奧巴馬及特朗普政府是何居心，唯有等待歷史來回答吧。

阿拉伯地區諸國有自己的宗教——伊斯蘭教，形成爲一個獨特的宗教地區。但自上世末，美國似有動向對其用兵，以武力推行美國式的民主。在伊拉克虽然强行推翻了薩達姆政權，亦終以失敗而告終。在利比亞復以强力支持反對派摧毁了卡扎菲政權，亦以失敗而告終。近年在叙利亞内戰中不便抛頭露面公開支持反對派；一直伺機尋找藉口，最近找到一個政府軍使用「化武」而未經證實經不起推敲的藉口，便慌忙宣布支持叙反對派；不意在八國分會上爲俄羅斯總統普京以有力言詞所駁，終歸無詞以對。我之所以舉上述数例者，以明强權外交必然失敗也。唯我中華先聖之教最合乎人性、人心、人情也。曰「繼絕世舉灭國」；曰「柔遠人也，懷諸侯也」；曰「大國者下流，大者宜爲下」；曰「民吾同胞，物吾與也」；曰「普天之下同此性也，同此心也，同此情也，同此理也，同此道也，同此德也」。以之推而及于東海則東海服以之；行于阿拉伯，則阿拉伯人喜之，以之施于非洲大陸，則非洲大陸人民欢迎之。自東自西、自南自北無往而不利也，唯在我嚴以律己，肅以治國，謙以教民而已矣。

當前非洲大陸正處在飢餓與貧困之中，我中華之外交應以至誠之心與至高之熱忱傾力予以救助，「民吾同胞，物吾與也」，此乃真正切切之善心、善事、善舉也。將援非之大事辦好了，我們的外交就取得一半的勝利，就向世人證明我中華外交是無私的，不帶附加條件的，是真正與人爲善的，是全人類所可信賴的；是國際不可動摇的和平力量，特別是發展中國家摯友，可以長期同舟共濟，永賴無匱。

四、以柔克剛，以不變應萬變

何謂以柔克剛？《尚書・周書・洪範》：「六、三德：一曰正直（能正人之曲直）；二曰剛克（剛能立事）；三曰柔克（和柔能治）。」此三言之義，謂正確處理問題之三種情況，稱之曰「三德」。一德曰正直，其人之正直，足以正他人之不正，直他人之不直。二德曰剛克，以剛克柔以立事也。三德曰柔克，以和柔之法能治理大事也。茲取柔克以應當今群雄并立之勢也。《道德經》曰：「天下之至柔，馳騁天下之至堅，無有入無間，吾是以知無爲之有益。」（四十三章）「天下莫柔弱於水，而攻堅强者莫之能勝，以其無以易之。」（七十八章）當今以美國爲首西方七國（美、英、法、德、意、加、日）加上俄羅斯，號稱八國，壟斷全球政治，我中華尚屬發展中國家，加之美國公然意欲遏制我發展，陳兵於我國門之前，又常唆使亞太幾個小國尋釁，欲以一戰相威懾。當此時也，我唯有一心一意謀發展，不可與之争鋒。但要沉着冷静，時刻做好應付突發事變之準備，外柔而内剛，外弱而内强，戰則必勝，正義必張；此乃中華之國威所繫，厲軍教民，戮力以赴，揚我軍威民氣。

何謂以不變應萬變？不變者乃我先聖之教也：世界大同思想、人性善論與物性善論之完備理論。至誠可盡人性、盡物性，贊天地化育之境界，節制人欲復歸於天理之修養功夫乃是全人類走出困境的必由之途等重大問題，乃是堅持不變的大原則問題。應萬變者則是在國際交往中與時偕行，知几識微，窮則變，變則通之應變能力，「窮神之化，德之盛也」。識「几」（「几者，動之微，吉之先見者也。君子見几而作，不俟終日」）能力：此几也，無時不在，無處不存；唯識之不易；惟無私無利者、道高德厚者能識之；但制之控之，而又善用之，則不易也；往往其几之來也，一見即逝，一縱即失，故有以不變應萬變之意與焉。但事有必至，理有固自然，萬變不離其宗，死守此宗，其几必見；乘風破浪，必會有時，此以不變應萬變之至義也；此以至德大道建功立業、治國安邦、教化人心、化解异見、進小同爲大同與人類融合爲一體之要徑也。

第十章　加强國防保衛大同

加强國防，一目瞭然，易於理解。何謂保衛大同？大同者乃我立國、施政、敷教之根本目標，必然引出世界大同也。先聖垂教已四千年，踐而行之亦已越三千餘年矣。益之我爲大國，人口总数的佔全球之四分之一。大國有義務保衛全球之和平與安寧。

據《春秋左傳》魯宣公十二年（前五九七年）記曰：「夫武，禁暴、戢兵、保大、定功、安民、和衆、豐財者也。故使子孫無忘其章。」（見《十三經註疏》一八八二頁。）於今之國際形勢，思此七德，則其内涵就更爲豐富清晰而急迫了。何謂豐富？昔之三軍之從形式而言之者，今之三軍則從海、空、陸三位一體之整體而言之者也；而空軍一詞還包含了在太空運轉之人造衛星之指控作用。何謂清晰？今之國際形勢，由於大國之稱霸，更由大國之拉帮結伙搞軍事同盟，將全球大小國捲入軍事競賽之大漩渦中，無力自脱，而大國坐收出售軍火之暴利，其罪惡詎可勝數之哉？何謂急迫？既然已造成了軍備競賽之大勢，則相互之間急迫之情自生，誰也不敢自甘落後，多急迫向前，以争得有力地位，而民生大計或被淡忘延誤，此乃大國唯利是圖之罪也，小國唯屈己以圖存而已矣。

《論語・子路》：子曰：「善人教民七年，亦可以即戎矣。」子曰：「以不教民戰，是謂棄之。」（見《十三經註疏》二五〇八頁。）善人者，指君子也，明君也，君子、明君之爲政，必教民以戰，孔子時代早已有六藝（禮、樂、射、御、書、數）之教，射、御兩項即教民習戰事也。教之七年，熟習射御，即可使之担當戎事。如果以不教之民去擔當戰鬬任務，無异於逐不習戈矛之人令敵人射殺也，「是謂棄之」。此種亦武亦文之教育思想至晚清猶存，清末更名之曰軍國民教育，以示自强之意。今之國際形勢，以美帝爲首之戰略東移，陳兵我國門，明示與侵略成性之日本軍國主義聯合，圖謀遏制我中華之崛起，是乃我中華之奇耻大辱也。具有悠久文明、善性、良知、熱血、激情，且對全人類負有大同之責的中華兒女，豈可受制於暴力而不思奮起者哉！全民皆兵，銅墻鐵壁，天羅地網，精神團結，同心同德，政教軍一體，乃是今後從容應對國際萬變唯一正確之宗旨。目前統一國難當前之認識，掃除有害幻想，唤醒全民之善性、良知、真情，以共赴國難；責之以實行，勵之以愛國，獎之以功德。顯其所能，人人效勇，全民蒸蒸日上矣。

「人者，天地之心也。」（《禮記·禮運》）「萬化萬事生於心也。」（邵雍語）「心，生道也。」（程伊川語）心之爲物也，良心也，天理也，智慧也，創造也，合於道與德者也；因時因地因勢而變者也，置之死地而後生者也；其力量之源泉，蘊于天道地道人道之中，蘊於人民之心中，蘊於至誠之中，蘊於無私無我之中，蘊于聖、神、灵之中，蘊于「窮神知化，德之盛也」之中。具體言之，蘊於政與教之中。務求政與教壹以修身爲本，壹以正己爲本，壹以身體力行爲本，壹以廉政爲本，壹以身教爲本。如此，「君子之德風，小人之德草」，未有不上行下效者也。政教既正，則其他行業未有不正者焉。此全民皆兵之力量源泉所在者焉。

特別鳴謝

鄒　竣　馮　哲　孫福萬　李　冬　王振江

王承先　馬震宇　劉林竹　曲力慧　陳垂培

高　斌　董建勤　何少英（排名不分先後）

（讀者郵箱：qiandewenhua@qq.com）

中華道統，追本溯源，發諸經之微旨，明子史之宏義，創「心、性、情」學説，的為修齊治平之理論綱要，儒學發展之時代巨作。

己亥歲，《中華經史綱要》竣稿，先生囑余出版。余甚覺难堪此重任，然弘揚聖賢大道，義之所在，乃與諸同仁，加以校讎，付梓刊行。唯余德學淺陋，又精力不濟，恐疏漏難免，望諸同仁不吝賜教為盼。

蘭陵後學蕭祥劍

庚子初冬於北京謙德山房

《中華經史綱要》跋二

《中華經史綱要》八卷巨著，為當代鴻儒蒙山老人何光榮先生一生治學之大成，積七十載學力，凝五十年心血，而成此彪炳千秋之偉業，為歷代諸儒所罕見，堪稱新時代儒家著述之第一流者也。

先生幼承庭訓，少讀私塾，青年求學北大，一生奉獻於教育事業。自上世紀七十年代潛心中華學術，迄今五十餘年矣。先後追隨梁漱溟、賀麟、陳友松等諸多大家，一生守孤、守苦、守窮，雖在斗室，心懷天下；身為庶民，不忘憂國，年逾九旬，不知老之將至，提攜青年，誨勉後學，昌明聖學，念茲在茲。

余初拜見先生，其年已九十有三，然聲如洪鐘，身康體健，日日讀經習書，已達忘我境界。所著《中華經史綱要》八卷，逾百萬言，皆以小楷恭敬書寫而成，見聞者莫不歎為觀止。觀覽其書，縱横經史，觸幽見微，推陳出新，文辭溫雅，發前人所未發，見常人所未見。其於見，充周不可窮之謂神。誠、神、幾，曰聖人。聖希天，賢希聖，士希賢。聖可學乎？曰：可。曰：有要乎？曰有。請問焉。曰一為要。一者無欲也。無欲是聖，無欲便是學。其有欲焉，奈之何？曰：學焉而已矣。其學焉何如？本無而忽有，去其而已矣。」明儒之學，以五養（心、性、氣、知、志）為一體，至劉宗周則視「萬徑千蹊吾道害，四書六籍聖賢心。」驗之吾人之心，則惟張子（載）之言：「心統性情者是也。」惟心統性情之深意不易為人了然於心中。古聖先賢俱往矣。惟待時日，寖潤深遠，以及人心之良知醒悟，有以自漸也，自覺也，自廣也，自雄也，自勵也，自德也。

何光榮

二〇二〇年十二月二十一日

《中華經史綱要》首版跋

中華古國，北京舊都，六朝閱歷，千秋於兹。煌煌華夏，千秋萬代。伏羲畫卦，八物呈姿。軒轅稱帝，大展雄圖，堯舜嗣統，安安文思。大禹治水，九州分途。夏商立統，周德扶蘇。孔孟聖學，文脈正統。秦建郡縣，同文同途。五霸相爭，七國雄圖。大漢一統，王者無私。罷黜百家，獨尊儒宗。孝武絕域，張騫和胡。汗血之馬，舒展天姿。李廣之劍。蘇武之牧。孝武之雄。光武之樸。曹魏之奸。司馬之毒。賈后之專。八王之孤。西晉之衰。東晉之懦。隋文之詐。煬帝之淫。李淵之霸。秦王之純。貞觀之平。天寶之誠。以孝稱治，以和御物。「國無賢臣，聖亦難理；山有猛虎，獸不敢窺。」宋以文開國，儒學復興；元以武拓疆，不廢道統。濂溪之本誠，程朱之彰明，魯齋之周密，草廬之精誠。中華大道之根本，以無欲主靜立人極，胸懷灑落，如光風霽月，雅意林壑，初不為人窘束。周濂溪《通書》復有言曰：「誠者，聖人之本，天之道也。聖，誠而已矣。性焉安焉之謂聖，復焉執焉之謂賢，發微不可道害，四書六籍聖賢心。」惟為舉疉而讀書，不免病道。人心道心，只是一心，氣質義禮只是一性，識得心一、性一，則工夫亦可一。靜存之外，更無動察；主敬之外，更無窮理。人心無一妄而已。故人未有过而不自知者，只不肯自認為知爾。明處是心，暗處是过，明中有暗，暗中有明。明中之暗即是暗中之明，即是改。纔明白便無事。聖學吃緊三關：一是為己為人；二是義利，三是工夫。聖學本心，維心本天，維玄維默，體乎太虛。誠中之識見是大識見，誠中之擔當是大擔當，故君子非有才之難而誠之難。

浩然與天地同流，不覺精神困憊，心蓋本來原無一事，凡有事皆人欲也，若能行所無事，則人而天矣。大抵學者肯用工夫處，即是本體流露處。其善用工夫處，即是本體正當處。非工夫之外，別有本體，可以兩相湊泊，則亦外物而非道也。乃知孔門授受只在彝倫日用討工夫。聖，誠而已；學以至乎聖人之道者，思誠而已矣。思之思之，鬼神通之，所以精義也。學問者，致知之路也。心外無知，故曰良知。知外無學，故曰：「致知。」原來即本體即工夫也。先生於《原性》中昭示：盈天地之間，皆萬物也，人其生而最靈者也。生氣宅於虛故靈，而心其統也，生生之主也。其常醒而不昧者，思也，心之官也。致思而得者，虛也。虛之盡，覺也。夫性，因心而名者也。盈天地之間者，一性也，而在人則專以心言。性者，專以心言，心之性也。心之所同然者，理也。生而有此理之謂性，非性為心之理也。極天下之尊，而無以為尚，享天下之潔淨精微，純粹至善，而一物莫之或攖者，其惟人心乎？向也委其道而去之，歸之曰性。人乃眩驚於性之説而倀倀以從事焉，至畢世而不可遇，終坐此不解之惑以死，可不謂之大哀乎？自良知之説倡，而人皆知此心此理之可貴，約言之曰：「天下無心外之理。」舉數千年以來晦昧之本心，一朝而恢復之，可謂取日虞淵，洗光咸池，然於性猶未辨也。「萬徑千蹊吾誠布公，先豁疑關，公天下以為好惡，則思過半矣。』上曰：『國家敗壞已極，如何整頓？』先生對：『近來持論者，但論才望，不論操守，不知天下真才望出於天下真操守。自古未有操守不謹而遇事敢前者，亦未有操手不謹，而軍士畏威者。』上曰：『濟變之日，先才而後守。』先生對：『以濟變言，愈宜先守。』由此觀之，豈不信以操守為主乎？」上始色解。南渡，起原官，先生上言：「今日宗社大討，舍討賊、復讎無以表陛下渡江之心，非陛下決策親征，亦何以作天下忠臣義士之氣？」……先生絕食二十日而卒，年六十八。儒者人人言慎獨，惟先生始得其真。識者謂：五星聚奎，濂、洛、關、閩出焉；五星聚室，陽明子之說昌；五星聚張，子劉子之道通。豈非天哉，豈非天哉！離獨一步，便是人偽。天者，萬物之總名，非與物為君也；道者，萬器之總名，非與器為體也；性者，萬形之總名，非與形為偶也。覺有主，是先生創見。思者，聖功之本，而吉凶之機也。為學莫先於辨誠偽。苟不於誠上立脚，千修萬修。只做得禽獸路上人。不誠則無物，何從生出事業來。習染日降，而人心萬古如一日，敬則心中無一事。心中無一事，浩然與天地同流。學不外日用動靜之間，但辨真與妄耳。心須樂，而行惟苦，學問中人無不從苦處打出。為學之要，一誠盡之矣。日來靜坐小庵，胸中無一事，秘，依然無從發現。唯有揭露本體，見其微用，擴而充之，始可見其大用，則體用之認識始可初告一過程矣。言心學者，率以「何思何慮」為悟境。蓋以孩提知能，不學不慮，聖人中得不思不勉。一落思慮，便非本體。未知人心有見成的良知，天下無見成的聖人，聖人中得，原是孩提愛敬。孩提知能，到不得聖中得。故不思不勉，只說個見成聖人，非所為聖人也。

⑥劉宗周之心、性、情論

劉宗周，字起東，號念臺，越之山陰人，萬曆辛丑進士，授行人，上書言國本。言東林多君子，不宜彈射。崇禎乙巳，起順天府尹。上書言政，謂：「今日第一宜開示誠心，為濟難之本，皇上以親內臣之心親外臣，以重武臣之心重文臣，則太平之業，一舉而定也。」上又於文華殿復問人才、糧食、流寇三事，對曰：「天下原未嘗乏才，只因上求治太急，進天下士太輕，所以有人而無人之用，流寇本朝廷赤子，撫之有道，寇即還為吾民也。」先生以為天下治亂決不能舍道而別有手援之法，一涉功利皆為苟且，途中上書，以明聖學，並指出「十五年來皇上處分未當致有今日敗局，乃不追原禍始，更絃易轍，欲以一切苟且之政牽補罅漏，非長治之道也。上變色曰：『從前已不可追，今日事後之圖安在？』先生對：『今日第一義在皇上開不合一，都無根。萬物皆備我也，體物不遺，心也。際天蟠地，皆人道也。特分幽明而謂之人與鬼神耳。盈天地间，皆化育流行，人试自省化不化？育不育？但有不化，真是頑礫；有不育，直是僵塊。于此不知，知于何致？举世非之而不顧，擎拳撑脚，獨往來于天地之间，夫到得焉有所倚地位，方是慎獨。至誠，誠也；至聖，明也。人生而静，天之性也。」

④顧允成之心、性、情論

顧允成，字季時，别號涇凡，兄則涇陽先生也。主「血氣之怒不可有，義禮之怒不可無」。近世鄉愿道学往往借此等議論，以銷鑠吾人之真元。王少湖曰：「人心惟危，危之一字，是『常明燈』一息不危，即墮落矣。」

⑤史孟麟之心、性、情論

史孟麟，字際明，常州宜興人，萬曆癸未進士。曰：今世講學，主教者率以當下指點學人，此是最親切語，及叩其所有説：「飢來吃飯困來眠」，都是自自然然的，全不費工夫，學人遂欣然以為有得。不知本體工夫分不開的，有本體自有工夫，無工夫自無本體。舍工夫則體用之全過程便無法打通，通不了體用則事物真善美之内在本質便無從揭露，則其内涵之真藏神萬物資始；「成之者性」，是各正性命。元為善之長耳，政事本於人才，舍人才而言政者，必無政。人不患無才，識進則才進；不患無量，見大則量大。皆得之於學也。《易》之本體，只是一「生」字，工夫只是一「懼」字。窮至無妄處方是理。道無聲臭，體道者，言行而已。」聖人之學，乃所謂性學。知危者，便是道心。寂即是《易》，發即是爻。學問在知性而已，知性者，明善也。默而識之曰悟，循而體之曰修。中即吾之身心是也，庸即吾之日庸是也。氣之精靈為心，心之充塞為氣，非有二也。心正則氣清，氣清則心正，亦非有二也。聖學正脈以窮理為先。不窮理便有破綻。要問先要知性，性上不容一物，無欲便是性。」

③錢一本之心、性、情論

錢一本，字國端，別號啟新，常州武進人。萬曆癸未進士。「心，三才主宰總名。天地之心，天地之主宰，人心，人之主宰，通天地人以言心，一而三，三而一，便微別無兩心。謂人心、道心，八字打開，謂『道心為主，人心聽命』。謂性是先天太極之理，心兼後天妙氣；性是合虛與氣，心是合性與知覺，俱要理會通透。以三才言，生理性也；以三才言，主宰心也。一而不三無主，心非其心矣；一而不三不生，性非其性矣。君子所性，仁義禮智根於心，心性功。余以最劣之質，其何濟焉。」子劉子謂：「先生心與道一，盡其道而生，盡其道而死，是謂無生無死。」先生之學一本程朱，故以格為要。吾輩格物，格至善也。以善為宗，不以知為宗也。知之推極處，即至善也。致良知，正是指至善，安得謂其相遠也。先生著有《要語》。錄之如次：「格物是隨事精察，物格是一以貫之。人心之靈莫不有知，良知也，因其已知而益窮之，至乎其極，致良知也。格物愈博，則歸本愈約，明則誠也。窮理者，格物也；知本者，物格也。窮理，一本而萬殊；知本，萬殊而一本。學者，以知至為悟，不悟不足以為學，故格物為要。無工夫則為私欲牽引於外，有工夫則為意念束縛于中，故須物格知至，誠正乃可言也。朱子曰：「致知格物，只是一事，格物以理言也，致知以心言也。」由是觀之，可見物之格即知之至，而心與理一矣。今人說着物，便以為是外物，不知不窮其理，物是外物，物窮其理，理即是心，故魏莊渠曰：「物格則無物矣。」學者無窮工夫，心之一字乃大總括；心有無窮工夫，敬之一字乃大總括。心無一事之為敬，無適自然有主，不假安排。不知敬之即心，而欲以敬存心。不識心，亦不識敬。無妄之謂誠。無適之謂敬，有適皆妄也。人心放他自由不得。心中無絲髮事，此為立本。心，至貴也；物，至賤也，奈何貴為賤役？「繼之者善」，是顧憲成，字叔時，別號涇陽，常之無錫人，婁江謂先生曰：「近有怪事知之乎？」曰：「何也？」曰：「內閣所是，外論必以為非，內閣所非，外論必以為是。」先生曰：「外間亦有怪事。」「外論所是，內閣必以為非。」相以笑而罷。先生為學與世為體。曰：官輦轂，念頭不在君父上；官封疆，念頭不在百姓上；至於水間林下，三三兩兩相與，講求性命，切磨德義，念頭不在世道上；，即有他美，君子不齒也。」故會中亦多裁量人物，訾議國政，亦冀執政者，聞而樂之也。天下君子以清議歸於東林，廟堂亦有畏忌。東林由是漸為怨府。凡海內君子，不論有無干涉，一切指為東林黨人。一堂師友，冷風熱血，洗滌乾坤。無智之從，竊竊然從而議之。「心活物也，而道心、人心辯焉。道心有主，人心無主，有主而活，其活也，天下之至神也；無主而活，其活也，天下之險也。可悲也夫！道者，綱常倫理是也。曰：『宋之道學，在功名富貴之外；今之道學在功名富貴之中，無惑乎學之為世詬也。』」

②高攀龍之心、性、情論

高攀龍，字存之，別號景逸，常州之無錫人，萬曆乙丑進士。自序曰：「吾年二十有五，始志于學，適江右羅止庵來講學，津津樂道。甲辰顧涇陽先生作東林精舍，大得朋友講習之昨既過，今又待，何日始回頭？」自古聖賢，何人不由學問涵養？而必曰生知云云，則自棄甚矣。只要認定一路，一直硬肩做去，日新不已，即吾儕自有聖諦。然眼界不開，由骨力不堅，以此思之，則學問下手處可味也。

61黄道周之心、性、情論

黄道周，字幼玄，號石齋，福之鎮海人，讀書羅浮，天啟壬戌進士。上御經筵，問：「保舉考選孰為得人？」先生對：「樹人如樹木，須養之數十年，始堪任用。」彈劾楊嗣昌奪情入閣，陳新甲奪情起宣，大總督方一藻以遠撫議和。……知意身心，生千万物，此千萬物各印尔知，此是博約路頭，通天徹地。（《榕壇問業》一三五四頁）

62東林諸子之心、性、情論

一堂師友，冷風熱血，洗滌乾坤，無智之徒，竊竊然從而議之，可悲也夫。

①顧憲成之心、性、情論

與人爭是非，已自可笑。況將眼前聞見自己聰明，翹然不肯下人，尤可笑也！今人無事不苟且，只于虛道搪塞，竟不咀嚼真味。不能從學問中來，縱有掀天揭地事業，都是氣質作用，氣象豈炫赫可觀？一入聖賢秤尺，坐定不妥帖。學問之要如何？隨事用中而已。「無所為而為」五字是聖賢根源，學者入門念頭，就要在這上做。人才不甚相遠，只看好學不好學，用心不用心耳。人各有抵死不變之天質，慣發而不自由之熟病。天地萬物之理，皆於從容，而卒於急促。心放不放，要從邪正上說，不在入出上說。懶散二字，立身之賊也。聖狂之分，只在苟不苟二字。有天欲，有人欲。吟風弄月，傍花問柳，此天欲也。天欲不可無，無則寂；人欲不可有，有則穢。天欲即好的人欲，人欲即不好的天欲。

60 呂維祺之心、性、情論

呂維祺，字介孺，號豫石，河南新安人。萬曆癸丑進士，著《論學書》。曰：天下萬世所以常存而不毀者，以為此道常存，此道之存，人心所以不死也。所以持世之人，力為擔任，將一幅精神盡用之於此道。弟有聯云：「人只此人，不入聖，便作狂，中間難站脚；學須就學，孜孜講學，多所自得，著《呻吟語》，曰：道者，天下古今公共之理，人人都有分底。道不自私，聖人不私道，而儒者本私之，曰聖人之道。然道無津涯，非聖人之言所能限；事有特復，非聖人之制所能盡。後世苟有明者出，發聖人之所未發而嘿契聖人所欲言之心，為聖人所未為而吻合聖人必為之事，此固聖人之深幸，而拘儒之所大駭也。

呻吟語

乾坤是毀底，故開闢後必有混沌；所以主宰乾坤是不毀底，故混沌還成開闢。主宰者何？元氣是已。元氣亘萬億歲年終不磨滅，是形化氣，化之祖也。道者，天下古今公共之理，人人都有分底。道不自私，聖人不私道，而儒者每私之，然道無津崖，非聖人之言所能限，事有時復，非聖人之制所能盡。形神一息不相離，道器一息不相無，故道無精粗。言精粗者，妄也。推之耕耘簸陽之夫，炊爨烹調之婦，莫不有神化性命之理，都能到神化性命之極。學者把神化性命看得太玄，把日用事物看得太粗，只因不曾理會，理會得橫竪推行，撲頭蓋面，腳踏身坐的，都是神化性命。無萬則一何處著落？無一則萬，誰為主張？此二字一時離不得。今人不如古人，只是無學無識，學識須從三代以上來。纔正大、纔中平。今只將秦、漢以來見識，抵死性也。良知之發無有不善，或流為邪妄，心亦無不自知之，但習於利欲，而不能反正耳！而謂其本身者，否也。常戒慎則心體自明，務平恕則物宜自順。知行一，中人以上事也；知而行，中人以下事也。君子之道雖費而實隱，以見求道者，但當於隱求之，正不必泛求於費，使有遠人為道之過也。隱者無聲無臭之謂，言道之本體也，道之本體不睹不聞，即之無朕，而萬物萬象隨在各足。心之本體，渾然中涵，不落方體，若虛而甚實，似寂而甚神，纔放下便沉滅昏雜，纔提起知覺靈明，自非私欲蔽錮，梏之反覆，其真體固在也。悟，非意見想像之謂，此心生機也。生機發動則有自然之明覺。惟澄心凝慮，生機潛通是自然有得，自然有得，然後無思而無不通。喜怒哀樂，率吾性曰道，視聽言動。行吾敬曰德。飢欲食，渴欲飲者，人心也；不以飢渴之害為心害者，道心也。欲生惡者。人心也，欲惡有甚於生死而不為苟得者，道心也。

59 呂坤之心、性、情論

呂坤，字叔簡，號心吾，河南寧陵人，隆慶辛未進士。八十三歲卒。先生資魯鈍，少時讀書不能誦，乃一切棄之，澄心體認，久之了悟，入目不忘。年十五讀性理書，欣然有會，一生正脈，故著《大極繹義》曰：濂溪、考亭皆吾道正統而為天地之心者，王道之大，一天德之純也。人之生者，曰理、曰氣、曰質、曰數，四者而已。性之善惡出乎理，神之清濁出乎氣，才之優劣出乎質，壽之短長出乎數，四者同出于太極，自太極而論人，則人性宜無不善。太極形而上者，人物形而下者也。人又人，物又物，所謂源遠而未益分，其終，烏得不稍異？氣以理行，故理之在天者若有知覺，在人為此心之靈也，聖人有教，以覺庸愚，謂之「為天地立心，為生民立命」者以此。天之太極主乎動，聖人之太極主乎靜，所謂動而生陽，動極而靜，靜而生陰，靜極復動者。蓋復者，還其舊之謂也。

58 盧寧忠之心、性、情論

盧寧忠，字獻甫，號冠嚴，嶺南人也。不詳其所至官。有曰：性者，天之命；心者，性之宅。性只是天地之性，性無不善，其為不善氣雜之也。心只義理之心，無所謂利欲之心，心無不正，其為不正，習移之也。天地間有是氣，則有是性，性為氣之官，而綱維乎氣者。氣或時得而拘之，不可得而泯之，氣有不美，惟固然轉移之也。人之所不慮而知者，是為良知，知即外無事。事外無理，學者要思而得之。聖學之功，只是一個存養為本，省察是存養內一件，常時存此本心不失，便是存養。思無邪者，存養之全功也。袁燮曰：人心與天地一本，精思以得之兢業以守之，則與天地相似，可謂得象山之意矣。生生之謂仁，存存之謂學。

56薛蕙之心、性、情論

薛蕙，字君采，號西原，亳州人。正德甲戌進士，授刑部主事，著有《約言》等。有曰：觀人心之同，可以知天矣。觀人心之感應，可以知神矣，人心之神與天之神，非有二也。天之神，盈乎天地；吾心之神，盈乎天地，非滯於塊然之軀而已。故人能格於天地者，以此理本同一體，充塞而無不在也。若心滯在形體，何由格於天地乎！亦非心往至於天地，心未嘗動也，蓋天地之間，心無不在。涵養本源，窮理在其中矣，存久自明，心學之要也。

57舒芬之心、性、情論

舒芬，字國裳，號梓溪，江西進賢人，正德丁丑進士。授翰林修撰。先生以濂溪得斯道之而已。氣本一也，而分陰分陽，一闔一闢，積微而著，由著而微，往復不已者，乃四時之溫寒涼暑。變化於道理之中永無止息者也。

54 張邦奇之心、性、情論

張邦奇，字常甫，號甬川，浙之鄞人也。弘治進士。授翰林檢討。出為湖廣提學副使。後《大學》言心，以無所忿喜憂懼謂之正，《中庸》言性以喜怒哀樂未發謂之中，此心法也。後之儒者，以靜歸佛，以虛歸老，譬則舉家珍而委之地也。豈不悲乎！

55 李中之心、性、情論

李中，字中庸，吉水人。谷平，所居里名也。正德甲戌進士，授刑部主事。總督南京糧儲。著《谷平日錄》。有曰：古之學者只是誠實，今之學者只是遷就。復其見天地之心乎？人得是心以為心，人之心天地之心也。一去其私心，則我之心即天地之心，聖人之為聖人，全此心而已。識得此心則真是天下之廣居，非形容之言。下學而上達，蓋下學者事，上達者理，理

52王廷相之心、性、情論

王廷相，字子衡，號浚川，河南儀封人，弘治壬戌進士。先生主張「天地之先，元氣而已矣，元氣之上無物，故元氣為道之本。博粗而約精，博無定而約執其要，博有過不及而約適中也。此為學心法。性生於氣，萬物皆然」。明道曰：「性即氣，氣即性，生之謂也。」又曰：「論性不論氣不備，論氣不論性不明，二之便不是。」又曰：「惡亦不可謂之性」，此三言者於性極為明盡。有形亦是氣，無形亦是氣，道寓其中矣。有形生氣也，無形無氣也，元氣無息，故道亦無息。是故無形者，道之柢也；有形者，道之體也。天內外皆氣，地中亦氣，物虛實皆氣，通極上下造化之實體也。是故虛受乎氣，非能生氣也。理載於氣，非能始氣也。

53黃佐之心、性、情論

黃佐，字才伯，號泰泉，廣之香山人，正德庚辰進士，授編修，擢侍讀學士。掌南京翰林院事。著有《論學書》等。「道也者，無有精粗、大小、遠迩、微顯，格天地，濟民物，日費而用之不可得而盡也。正萬目以視之而莫知其所繇也。理即氣也，道通天地亘古今，無非一氣體也。是故虛受乎氣，非能生氣也。理載於氣，非能始氣也。萬物巨細剛柔，各異其材，聲色臭味，各殊其性。閱千古而不變者，氣種之有定也。人不肖其父則肖其母，數世之後必有貌姿同其祖輩者，氣種之復其本也。

51李經綸之心、性、情論

李經綸，字大經，建昌南豐人。生而有文在手，墳起如方印，以理學自負。上書當道，言當待士以禮。著《大學稽中傳》，曰：「聖賢之學，其主曰思誠，其志可立也，其道不可強也。學先之於窮理，而後性可得而盡也。通神明之德，類萬物之情，即上智且難之，以此為教，是天下之絕學。人人自聖，行主知資者，學之本；知漸行漸者，學之法；行熟知精、知明行至者，學之效故聖人之立教也，誠正修齊治平之外無餘學。心也者，神明之舍，心不可以專神，而神則寓宅於心者也。神貴靜，靜則性全而仁義之體立；神貴明，明則思睿而仁義之用行。曰寂曰明，而心之本體正矣。欲多則蕩，動極則昏。君子之動也，通萬物於一身，則理一而仁存。散一理於萬物，則分殊途而義盡。

學，以程朱為的，以陽動陰靜流動而不息者為心，性雜空無一物，萬化皆從此出。道散於天下，而具於人之心，所謂性也。性非他，人命是以。聖人之心，未發之中也；赤子之心，發而未遠於中也；衆人之心，則皆已發者也。聖人之心，道也；言者，心之聲；行者，心之迹。《六經》之為教，皆出於聖人之心，故曰心，道也。常人之心，去道遠矣。於是乎有學必窮理讀書、廣見聞，而後理可明。必克己治心強恕，而後性可復。學而至於成性，而後聖人之心可言也。今始學者，知習靜以入德，亦一門徑。道者，事物當然之理，而其實體在我，何事何物不出此心。

50王廷相之心、性、情論

王廷相，字子衡，號浚川，河南儀封人，弘治壬戌進士。天地之先元氣而已矣。正氣之上無物，故元氣為道之本。性生於氣，萬物皆然，知魂魄之道則神與性可知矣。有形亦是氣，無形亦是氣，道寓其中矣。有形，生氣也；無形，元氣也。元氣無息，故道亦無息。是故無形者，道之柢也；有形者，道之體也。天內外皆氣，地中亦氣，物虛實皆氣，通極上下造化之實崇義方，有以也。若君子自學，苟立志有定，則無不可者也，何俗焉？

48羅欽順之心、性、情論

羅欽順，字允升，號整庵，吉之泰和人，弘治癸丑進士，授翰林編修。著《困知記》，曰：「道心，性也；人心，情也。心一也，而兩言之者，動靜之分，體用之別也。自夫子贊《易》，始以窮理為言，理者，蓋通天地、亘古今無非一氣而已，竊以性命之妙，其理惟一，常在分殊之中，聖人復起，必有取于吾言矣。神化者，天地之妙用也。天地間非陰陽不化，非太極不神，張子曰：「一故神，兩故化。蓋化言其運行者也，神言其存主者也，合而言之謂神，分而言之謂化。故言化則神在其中矣，言神則化在其中矣，言陰陽則太極在其中矣，言太極則陰陽在其中矣。一而二，二而一者也。

49汪俊之心、性、情論

汪俊，字升之，號石潭，弋陽人也。弘治癸丑進士。選庶吉士，選翰林院編修。先生之

46張元禎之心、性、情論

張元禎，字廷祥，別號東白，南昌人。少為神童，以聞多書，父攜之入閩。登天順進士。家居，潛心理學二十年，上疏勸行王道，陞南京侍讀學士，著有《語要》，曰：「斯道在天地，不患踐之不力，所患知之弗真。」

47陳真晟之心、性、情論

陳真晟，字剩夫，其後以布衣自號。福之鎮海衛人。年十七八即能自拔于俗，入長泰山中，從進士唐泰治舉子業。旋改，務為聖賢踐履之學，初讀《中庸》，繼讀《大學》。嘗語人曰：「《大學・誠意章》為鐵門關。」著《心學圖》，其一為天地聖人圖，其二為君子法天圖，並著《論學書》，曰：「夫學一也，豈有道俗之分，所以分者，在乎心而已矣。故志乎義則道心也，志乎利則俗心也。以道心而為俗學，則俗學即道學。以利心而為道學則道學即俗學，只在義利之間而已矣。惟在朝廷則不然，朝廷風化攸繫，故以道學鼓天下，則天下皆道學，而義風盛，以俗學鼓天下，則天下皆俗學，而利習熾。此程、朱所以皆欲朝廷革俗習，而矣。」諸子皆親農事，邑令來見，諸子輟耕跪迎，先生官祭酒，其子往省，道逢檢笞之，知而請罪，先生笑曰：「君子垢衣敝履，宜爾不識，又何罪焉！」著有《原學》。其文曰：「人生而靜之謂性，得乎性而無累於欲焉之謂學。學在於人，而於性未嘗損。學有純正偏駁，而於性未嘗雜。性本不學而能者也。學以求完乎性者也。而顧戕乎性，學之失其原也。蓋人之性也，即天之命也，於穆不顯，命之本體，而四時五行，萬化出焉，至靜無感，性之本體，而四端無常，百行具焉。本體藏於寂，妙用通於感，運之於心，為思慮，發之于身，為貌言視聽，施之於家，為父子昆弟，措之於國與天下，為君臣上下禮樂刑政。以性為有內也，何性非物也，以性為有外也，何物非性也。得乎性之體，則意可誠，心可正，身可修，家可齊，國治而天下平也。據此之謂德，履此之謂道，學此之謂學，勉之則賢，安之謂聖。堯曰執中，明其體之無所偏耳……心性之教不明，而功利之私遂淪浹而不可解，其去聖學也遠矣。身心性命不知為何物，必求真靜之體，以立吾心之極，懲忿懲此也，窒欲窒次也，改過改此也，遷善遷此也，斯為聖學也矣。

44 黃潤玉之心、性、情論

黃潤玉，字孟清，號南山，浙之鄞縣人，著有《海涵萬象錄》曰：「道有體用，體即理，用即事，人得是理于心曰德，服是事於身曰行。何謂德，知仁、聖、義、中和是也。何謂行？孝友、睦姻、任恤是也。天地間生生不息為仁，此天理流行也。人心只天理流行便是仁，私欲間斷便不仁。教學者，於自己體認性情發見處，便能知道。古者士農工商各一其業，子孫世守而民志定，今也農工商之貪黠者，皆奔競仕途而謀吏胥出身，往往資其貪黠，卒獲仕途以終其身，莫若自民間俊秀，取入庠校者，三年大比，分上中下三等取士，使儒法兼通，去貪黠之風矣。

45 章懋之心、性、情論

章懋，字德懋，金華蘭谿人，成化丙戌會試第一，選庶吉士，授編修。人形天地之氣，性天地之理，須與天地之體同其廣大，與天地之流同其周流，方可謂之人。學者須大其心胸，蓋心大則萬物皆通，必有窮理工夫，心纔會得小，不至狂妄矣。格君心，收人才，固民心，然後政事可舉。居敬於專一見功。應璋問學，先生曰：「勉齋真實心地，刻苦工夫，八字盡之盡傳其學，當世文章先生為第一。姚廣孝嘗囑文皇曰：孝孺必不降，不可殺之，殺之天下讀書種子絕矣。文皇既慚德此舉，欲令先生草詔，以塞天下人之心，先生以周公之說窮之。文皇亦降志乞草，先生怒罵不已，磔之聚寶門外，年四十六。坐死者凡八百四十七人。崇禎末謚文正。為有明之學祖也。著有《侯城雜誡》警世焉。

43 曹端之心、性、情論

曹端，字正夫，號月川，河南之澠池人，自幼不妄言動，永樂戊子舉于鄉，明年登乙榜第一。著有《語錄》傳世。曰：事事都於心上做工夫，是入孔門底大路。人要為聖賢，須是猛起，如服瞑眩之藥，以黜深痼之疾。一誠足以消萬偽，一敬足以敵千邪，所謂先立其大者，莫切于此。聖人之所以為聖人，只是這憂勤惕勵之心，須臾毫忽，不敢自逸。道無形體可見，而聖人一身，渾然此道，故無形體之道，皆聖人身上形見出來。

性情，化天下，而《詩》具矣；學以為帝者師，為王者佐，而《書》具矣；學以脩身齊家，錯之天下，而《禮》具矣；學以驗天應人，明微維分，而《春秋》具矣；其理相通，其義各別，《樂》無經，非失也，有《詩》在也。《樂》章存而器數猶可考也。無聖人之志，不可解經，讀世俗之書，不可解經。韓子曰：「非三代兩漢之書，不敢讀，非聖人之志不敢存。」可為讀經之法。兩漢近三代，若董仲舒、揚雄、劉向、鄭玄、徐幹，皆其傑然者。其緒論往往可考也。養心莫善於誠，《書》之作「德日休」。聖人教人，性非所見，《魯論》之「性與天道，不可得聞也」。邇來士大夫工於連化之術，一以彌縫世情，諂上諛下，為通才，為遠器，無論道理何如，即本來稟受偏氣，亦消磨殆盡，猶能世共賢之，而彼亦若自以為得計者，士風至此，可為太息。

42方孝孺之心、性、情論

方孝孺，字希直，台之寧海人。自幼精明絕倫，八歲而讀書，十五而學文，二十遊京師從學於太史宋濂，濂以為遊吾門者多矣，未有若方生者也。濂返金華，先生復從之先後凡六歲，下，必人人親親長長，而天下始平，不在國之富不富，兵之強不強也。以富強為治平，此千載不破之障。

41 唐伯元之心、性、情論

唐伯元，字仁卿，號曙臺，廣之澄海人。萬曆甲戌進士，知泰和，陞南京戶部主事。著有《醉經樓集解》，有言曰：性，天命也，惟聖人性其心，而心其身。道無體，性無體，仁無體，誠無體，總之以物為體，外物無道。無性、不仁、不誠，此吾道與異端之辨。道者，治人之道也，以人治人，執柯伐柯，未足為擬，子思之苦心亦至矣。程子謂「制行不以己，而道猶未盡」。此之謂也。以性之欲為性，不知天命之性，是世俗所謂性也。以氣質已定之命為命，不知受中以生之命是世俗所謂命也。在世俗則可，在君子則不可。君子者，反本窮源、盡性至命者也。故言性曰善。言命曰天，去此取彼。惟天生民有欲，欲不必無，亦不能無，為無欲之說者，惑也。聖人中焉，賢者寡焉。寡者，擇其中之謂也。至於中，則一欲不棄，一欲不留，欲我當欲，與人同欲，是謂中和位育之道。經者學之具也，學以明道，而《易》具矣。學以理天明，非學不固，非學不明。學不貴談説，而貴躬行，不尚知解，而尚體驗。《易》曰：「默而成之，不言而信，存乎德行。」「珠藏而淵媚，玉韞而山輝。」德聚於其中，發見於其外。自心妙用，即是涓涓之流，亦即是汪洋浩大之海。涓流浩海，乃是自然，不用人力也。更倡「無心之説」，以為人之心體本空，無利、無義、無善、無惡者，其本體也。一切總歸于無心，方合本體耳。

40馮從吾之心、性、情論

馮從吾，字仲好，號少墟，陝之長安人。萬曆己丑進士，選庶吉士，改御史。倡「無心之説」，以為人之心體本空，無利、無義、無惡、無善者，其本體也。大庭廣衆中，如一人稱人善，如一人稱人惡，則稱人善者為君子，而稱人惡者為小人。一人稱人善，一人和之，一人阻之，則和者為君子，而阻者者為小人。一人稱人惡，一人和之，一人不答，則不答者為君子，而和者為小人，以此觀人，百不失一。吾儒事業不外齊治均平，若以家道厚富為齊，天下富強為平，此五霸之治平，非帝王之治平也，推而一國，必一國興仁，興讓而始謂之治，又推而天無以為生。其為生，心也；而主之者，真心也。心無兩心，立乎其心之大，則為真心。宇宙真光景，自古流傳迄今。風日雨雷山川草木，今猶古也；文物聲名，衣冠居處，今猶古也。真心即是良知，良知是活機，活為性，機為欲，惟陽能活，惟陰能機。命從愛生，愛因欲有，此亦就所生所化而交，嚴決取舍。人只有一條命根，與物大同，無有異處，人之所以为仁，主之以心，而本之於性，故性是心之所以為心，性之本體，自然而無聲無臭者，天也。性之生生而不容自己者，道也。廓然寂然，故曰太虛；絪緼屈伸，摩盪兼制，日運而不滯，故曰氣化。天者性之本，道者性之體，心者性之郛廓，天命之謂性，言其心也。率性之謂道，言其體也。性者，萬物之一原。人只有一條命根與物大同無有異處。

39 許孚遠之心、性、情論

許孚遠，字孟仲，號敬庵，浙之德清人。嘉靖壬戌進士，授南工部主事。著有《原學篇》。曰：「天然自有之謂性，好性而動之謂學。性者，萬物之一原；學者，在人之能事。故曰天地之性人為貴，為其學也。學然後可以盡性。盡己性以盡人物之性，學之義大矣哉！天聰矣。故善學者以粗淺入細微。事從心生，故天下之從心轉。宇宙之內渾然粹然而已，渾然粹然而猶有所不可入者，人耳。有人斯有己，有己斯有意，己與人對，意則天下萬物對，物感而意發焉。各得其所，無所着於念，而率乎純粹之原者，道也。物與知無不善者，是故在致而格之，其排決疏瀹而所謂咽喉者沛然矣。夫排決疏瀹者，水之汚而非水也；去其不誠以歸于誠者，物之意而非物也。故入門之功其要在意，其本在知，其用力之總會在格物。

38 唐樞之心、性、情論

唐樞，字惟中，號一庵，浙之歸安人，嘉靖丙戌進士。除刑部主事。著有《禮玄剩語》《三一測》《真心圖説》。曰：「真心是人實有之心，實有之心乃天地生人之根底，亘古今不變，不着一物，是謂「中者，天下之大本」，人孰無心，只因隨情逐物生心，非天地火中之本心，不得為事物之主，心尋討精神，辨其真而用之。今三尺童子，知事思作；小生初學，知道由心傳。天之生人，原是無所不知，無所不能；人之為心，亦是不學而知，不慮而能，徹古徹今，隨愚隨聖，無二道，無兩心。全體定，是謂良知良能。不有命則無以主其生，不以氣則

37 洪垣之心、性、情論

洪垣，字峻之，號覺山，徽之婺源人。嘉靖壬辰進士，以知縣入御史，著有《理學聞言》。曰：父母根也，根孝弟，是不離根發生處，故生生之謂仁。舍此便是無根之學。仁義禮樂，何實之有？從人欲起念，便踏危機，從天理上起念，便踏安機。經綸大經，其大不在功業而在此心，心無私，則日用細微皆大經也。志氣一舟也，志至氣次，是有舵之舟。盡性無工夫，工夫在盡心上。吾人與萬物為體，身之精靈，萬物之根也，反身而誠，天機流行。發育萬物，故樂，仁體也。行之著，是生機露，習之察，是生機精到神處。命之流行有剛柔純駁，而生生之本，未嘗不在，故剛柔純駁可以言偏，而不可以言惡。思從意起則滯，思從心體則通。聖人亦何嘗有過，人的念慮，有過人的事功。自耕稼陶漁以至於為帝，滿眼生意，竹頭木屑皆家計也。學者無天下之志，即是無為己之志。先輩語言，須虛心細玩，不可輕忽置去。一擔黃連通喫了，方說甜語。自私者必用智。真知流行，即是知行並進。道在求自得爾！靜體渾融，靈通無間，原不在喧寂上。故有用博約而有所立者，有用默坐澄心體認天理者，有各隨其資稟方便以入。其言靜以養動者，亦默坐澄心法也，道以自然為至，知其自然，動不以我，斯無事說》，曰：「性者，天地萬物一體者也。渾然宇宙，其氣同也，心也者，體天地萬物而不遺者。性也者，心之生理也，心性非二也。譬之穀焉，具生意而未發，未發故渾然而不可見。及其發也，惻隱羞惡，辭讓是非萌焉，仁義禮智自此焉始分矣。故謂之四端。端也者，始也。良心發現之始也，是故始之敬者，戒懼慎獨以養其中。中立而和發焉，萬事萬化自此焉，達而位育不外是矣。故心也者，包乎天地萬物之外而貫夫天地萬物之中者也。天地無內外，心亦無內外。故欲心之勿蔽，莫若寡欲，莫若主一。」

36呂懷之心、性、情論

呂懷，字汝德，號巾石，永豐人。嘉靖壬辰進士，遷南太僕寺少卿，初受學於甘泉。「知者行之主，行者知之用。良知良能，其體一也；致知格物，其工夫亦一也。學者能使其明覺之幾，歸於精實，則知行一矣。夫學，性情而已矣。不怨不尤，孔子所以學天也；不遷不貳，顏子所以學聖也。性，天命也，弘之存乎人，不慮而知，其誰命之？弘之亦奉天時，非人力爾。故不信天，則學無從，不竭人，則道不致。知天焉，盡矣。」

33 周汝登之心、性、情論

周汝登，字繼元，別號海門，嵊縣人，萬曆丁丑進士，授南京工部主事，著有《證學錄》。曰：「此心一刻自得，便是一刻聖賢；一日自得，便是一日聖賢；常常如是，便是終身聖賢。」

34 陶望齡之心、性、情論

陶望齡，字周望，會稽人，萬曆己丑進士。授翰林編修。曰：百姓日用處，即聖神地位處。聖神地位處，即學者入乎處。道之不明於天下也，事事而道道也。事事則道妨事，道道則事妨道，是道也，堯謂之中，孔謂之仁，陽明曰良知，皆心而已，中也、仁也，心之徽稱也；良之者，心之圖繪也。

35 湛若水之心、性、情論

湛若水，字元明，號甘泉，廣東，增城人。從學於白沙。弘治乙丑進士。創《心性圖其心，而理則心之良也。

31何克齋之心、性、情論

何祥，號克齋，四川內江人，官至正郎。著有《講義》。有言曰：人於良心上用，則聰明日增，於機心上用，則聰明日減。

32祝世祿之心、性、情論

祝世祿，字延之，號無功，鄱陽人，由進士而為南科給事中，著有《祝子小言》，有言曰：人知縱欲之過，不知執理之過，執理是是非種子，是非是利害種子。理本虛圓，執之太堅，翻成理障。不縱欲亦不執理，恢恢乎虛己以遊世，世孰能戕之。天之運、川之流、木之華、鳥之韻、目之盼、鼻之息、疾病之呻吟，其固名義為之，自有不能已也。吾志吾道，乃因人為起滅，不名為志。人必身與心相得而後身與世亦相得。權勢之門，其利害入幕之客不能見，而千里之外見之，仁義之門其是非摳衣之士不能定，而百世之下定之。

亂之，恭之至也。與愚夫愚婦同其智能者，真聖人之道也；然而不為愚夫愚婦者，以其能使天下萬世各安于愚夫愚婦之智能耳。明德不離自身，自身不離目視、耳聽、手持、足行，此是天生來真正明德，至於心中許多道理，卻是後來知識意見，今吾儕一堂之上，何其可欲如此也。目之所視因可欲而加明，耳之所聽因可欲而而加聰，聲之所發，因可欲而加暢；心之所思，因可欲而加敏。何善如之，但能信此可欲之善，原有諸己，由可欲而充之。心為萬物主，其大無對，獨往獨來，無能操者。

30方學漸之心、性、情論

方學漸，字達卿，號本庵，桐城人。少而嗜學，壯而彌敦，老而不懈。有言曰：一言一動，一切歸而證諸心。人心道心，非謂心有二也。心危而微，乃其精一也。心外無性，心外無天，誠者善之本體，幾者誠之發用。識仁則見本原。性具於心，謂之道心。善學者，求道於心，不求道於事物，善事心者，日用事物皆心也。著有《桐川語錄》。有言曰：知其所由，由而能知，乃為聖學。道形上，器形下，謂器不能該乎道者非也。天理人欲原無定名，凡欲能蔽士。授編修。曰：君子亦心平學而已矣。真學真志真修，真修至虛，至虛至謙，至虛無見，見即是我。至謙無我，我不可見，終日乾乾，學此而已矣。夫真學也者，不昧、不落、不著、不倚也。不倚也者，無我之謂也。夫誠之者，性也，非見也。聖人者，羣言之家，而道之岸也。

28 羅汝芳之心、性、情論

羅汝芳，字惟德，號近溪，江西南城人。嘉靖三十二年進士。知太湖縣。曰：古今學者曉得去做聖人，而不曉得聖人即是自己。故往往去尋作聖門路，殊不知門路一尋便去聖萬里矣。

29 楊起元之心、性、情論

楊起元，字貞復，廣東歸善人，萬曆進士。歷國子監祭酒。曰：以學淑人，大指為：明德本體，人人所同，與愚夫愚婦同其知能，便是聖人之道。先生之事近溪，遇事必告而後行，顧涇陽曰：羅近溪以顏山農為聖人；楊復所以羅近溪為聖人，其感應之妙，錙銖不爽如此。天下之人性固已平矣，好智者欲為之平，適所以亂之也。聖人以常平者視天下，而不敢以有為

26徐波石之心、性、情論

徐樾，字子直，號波石，貴溪人，嘉靖十一年進士。陞雲南左布政使，心齋常謂先生曰：「道與身孰尊？身與道何異？」曰：「至善？」曰：「至善，即性善。」曰：「性即道乎？」曰：「然。」曰：「何謂至善？」曰：「一也。身與道原是一件，至尊者此道，至尊者此身。尊身不尊道，不謂之尊身，尊道不尊身，不謂之尊道。道尊身尊，纔是至善。故曰：天下有道，以道徇身，天下無道，以身徇道。若以道徇人，妾婦之道也。夫道也者，性也；性也者，心也；心也者，身也；身也者，人也；人也者，萬物也；萬物也者，道也。夫道一而已矣。人得之一也而靈，是靈也則性也，以生理名則天也，以溥博名則心也，以主宰名，則人也，以色象名則萬物也，以變見之迹名會之曰道，宗之曰一。世之萬物皆我也，而不知曰我者一也。世之知心性為道也，而不知靈外無我，我外無性，心也，惟得其一，而宇宙之道備矣。」

27趙大洲之心、性、情論

趙貞吉，字孟靜，號大洲，蜀之內江人，生而神穎，六歲誦書，日盡數卷。嘉靖十一年進理處，即是聖人之條理處，聖人知便不失，百姓不知便為失。有心於輕功名富貴者，其流弊至於無父無君；有心於重功名富貴者，其流弊至於弑父與君。即事是學，即事是道，人有困於貧而凍餒其身者，則亦失其本而非學也。明哲者良知也，明哲保身者良知良能也。知保身者，則必愛身。能愛身，則不敢不愛人；能愛人，則人必愛我；人愛我，則吾身保矣。能愛身者，則必敬身；能敬身，則不敢不敬人。能敬人，則人必敬我，人敬我，則吾身保矣。故一家愛我，則吾身保；吾身保，然後能保一家；一國愛我，則吾身保。吾身保，然後能保一國；天下愛我，則吾身保；吾身保，然後能保天下。知保身而不知愛人，必至於適己自便。利己害人，人將報我，則吾身不能保矣；吾身不保，又何以保天下國家哉？能知愛人，而不知愛身，必致于烹身割股，舍生殺身，則吾身不能保矣；吾身不能保，又何以保君父哉？人心本自樂，自將私欲縛；私欲一萌時，良知還自覺。一覺便消除，人心依舊樂。樂是樂此學，學是學此樂。不樂不是學，不學不是樂，樂便然後學，學便然後樂。樂是學，學是樂。嗚呼！天下之樂，何如此學？天下之學，何如此樂？人心本無事，有事心不樂，有事行無事，多事亦不錯。知得良知却是誰，良知原有不須知，而今只有良知在，沒有良知之外知。

用也。本一也，為君在君，為臣在臣，為父在父，為子在子，與國人交在交國人。若是其無定方也。故善一也。君曰止仁，臣曰止敬，子曰止孝，父曰止慈，與國人交曰止信，日錯縱於人倫事物之交，亦日歸宿於根源命脈處，此經世之實學，而盡性至命之正宗也。

25 王艮之心、性、情論

王艮，字汝止，號心齋，泰州安豐場人。從父商於山東。常銜《孝經》《論語》《大學》於袖中，逢人質難其父受役，天寒起盥冷水，先生見之痛哭曰：「為人子而令親如此，尚得為人乎？」於是有事或身代之。為學師事陽明，曰：「百姓日用即道。」著有《心齋語錄》。有言曰：人之天分有不同，論學則不必論天分。聖人之道，無異於百姓日用；凡有異者皆謂之異端。人性之體，本自活潑。鳶飛魚躍，便是此體。愛人直到人亦愛，敬人直到人亦敬，信人直到人亦信，方是學無止法。天性之體，本自活潑，鳶飛魚躍，便是此體。天下之學，惟有聖人之學，好學不費些子氣力，有無邊快樂。若費些子氣力，便不是聖人之學，便不樂。「不亦說乎？」說是心之本體。天理者，天然自有之理也。纔欲安排如何？便是人欲。百姓日用條

23薛侃之心、性、情論

薛侃，字尚謙，號中離，廣東揭陽人。正德十二年進士。從学王文成于贛而後歸。歸田，從遊者百餘人。曰：「侃惟一良知而已，烱然無物也。」著有《語錄》，曰：「良知自存自照渾無方體，無涯限，若着個良知，亦是障。王道即是天德，即是眼前學問。廓然大公，物來順應，一言盡矣。自其廓然，名曰『天德』。自其順應名曰『王道』。非有甚高難行之事。無染則本體自淨，無著應用自通，故經綸大經、立大本、知化育，只在夫「焉有所倚」，一倚便不能。所向有物，即為物縛；所存有善，即為善累。吾心之本體，即是誠，即是忠信，即是一，此體常存，便是主一便是思誠。學未知頭腦，不是認賊作子，便是指玉為石。以心安心；即不安，有心可安，亦不安。客有問知識不足，故其心未明者，先生曰：去其知識則明矣。」

24李材之心、性、情論

李材，字孟誠，號見羅，豐城人。嘉靖壬戌進士。有言曰：知即是行，行只是知，此知行所以本來合體也。知到極處，只體當得所以行，行到極處只了當得所以知。此知行所以本來同遂通者也。時時即心所安，是謂時時集義，時時集義，是謂時時有事，時時有事，是謂時時浩然。是謂時時為天地立心，是謂時時塞天地，緣天地間本如此其廣大，亦本如是其易簡，或者知氣塞天地，而不求諸心，而不本之集義。心非真心，氣非浩然，欲希天地我塞，難矣。

22 楊晉庵之心、性、情論

楊東明，好晉庵，河南虞城人。萬曆庚辰進士，得陽明之肯綮，著有《晉庵論性臆言》，曰：「盈宇宙只是一塊混淪元氣，生天生地，生人物萬殊，都是此氣為之，而此氣靈妙，自有條理，便謂之理。人稟氣以生，因而有氣質之性，雜揉偏勝由此而異焉，自此而人不皆善也。夫氣者，理之質也，人性之善惡由此質而異也。氣質之性四字乃宋儒之見，實得吾性之真體，有補於前人所未發者也。氣質者義理之體段，義理者氣質之性情，舉一而二者自備矣。」

不必兼舉也。今謂義理之性出於氣質則可，謂氣質之性出於義理則不可。善字有二義，本性之善乃為至善，如眼之明、鑑之明，明即善也。此外有意之感動而為善者。性主靜，心主動，故心可言有無，而性不可言有無也。

精一，亦非別有一道也。衆人之蔽在利欲，賢者之蔽在意見，意見是利欲之細塵。天理人情本非有二，但天理無可捉摸，須於人情驗之，故不若求人情為言，雖愚夫愚婦亦可易曉，究其極至，聖人天地有不能盡也。人情本然，只是相親相愛，如忠君、孝親、敬兄、友弟、刑家、睦鄰、恤孤、賑窮，是上愛下，下愛上，不得已而去惡，只為保全善類，莫非仁也。若世人惡人，全是勝心，是亦不仁而已矣。」

21孟文選之心、性、情論

孟化鯉，字叔龍，號雲浦，河南新安人，由進士授南戶部主事。

論學書

人者天地之心，而人之心即浩然之氣。浩然者，感而遂通，不學不慮，真心之所溢而流也。吾之心正，則天地之心正，吾之氣順，則天地之氣順。是故愛親敬長達之天下，怵惕惻隱保和四海。愚、不肖、夫婦之與知與能，察乎天地者以此。君子居室，言行之加民見遠，動乎天地者，以此。其功在於必有事，其幾在於集義，集義者，即乎心之所安，不學不慮，感而

19孟秋之心、性、情論

孟秋，字子成，號我疆，山東茌平人，隆慶辛未進士。知昌黎縣。著有《我疆論學語》。

自聖學不傳，而性善之旨日晦，入聖無門，人是其見，雖盡力洗滌，渣滓尚在，以故終日盤桓，只在改過間，就其所造，僅以小儒而止。人欲無窮，去一日生一日，去一年生一年，終身去欲，終身多欲。勞苦患難，何日是清淨寧一時耶！道有本門，路無多歧，會道以心，不泥文字間。性原有本，利原無根，端本澄源則萬派千流，一清澈底矣。又何塵垢之染乎？

20尤時熙之心、性、情論

尤時熙，字季美，號西川，河南洛陽人。先生因讀《傳習錄》始信聖人可學而至。著有《擬学小記》。有曰：「義理無窮，行一程見一程，非可以預期前定也，故但言致良知。天命者，本然之真，是知謂性，無所使之，無所受之。凡物對立，則相形為有二也。道一而已，見即隱，無有見乎隱；顯即微，無有顯乎微。見顯隱微，物相有然，道一而已，故謂之獨。道理只是一個，諸子論學，謂之未精則可，謂別有一種道理則不可。聖人之學，較之諸子，只是

17蔣信之心、性、情論

楚學之盛，惟耿天臺一派，自泰州流入。天臺之派雖盛，反多破壞良知學派，惡可較哉！

蔣信，字卿實，號道林，楚之常德人。先生築精舍於桃花岡，學徒雲集，遠方來者，即以精舍学田廩之。先生讀《論語》與《定性》《西銘》，領得「萬物一體，是聖學立根處」。「聖賢之學，全在好惡取舍上用力，隨所好惡取舍此心皆不失其正，便是存養。」並揭明「赤子之心，便是聖胎」。闡述心性之內涵：「心是人之神氣之精靈知覺者也。命之曰心，本取主宰之義，心之活潑潑處是性，故性字從心從生，指生生之心而言者也。」

18穆孔暉之心、性、情論

穆孔暉，字伯潛，號玄庵，山東堂邑人，弘治乙丑進士。陽明主試山東，取先生為第一。曰：「性中無分別想，何老何佛？」

15徐階之心、性、情論

徐階，字子升，號存齋，松江華亭也，嘉靖癸未進士。授翰林編修。兼文淵閣大學士，參預機務。自分宜敗後，先生秉國政，八十而卒，贈太師謚文貞。著有《文齋論學語》。曰：為學只在立志，志一放倒，百事都做不成，志譬如樹根，樹根既立，纔可加培溉。凡百問学都是培溉底事，若根不立，即培溉無施。

16楊豫孫心、性、情論

楊豫孫，字幼殷，華亭人，嘉靖丁未進士。出為福建監軍副使，移督湖廣學政，陞河南參政。入為太僕寺少卿。「人者，天地之心；天地者，人之本。人纔反本，便知乾父坤母之義，知天便是人，仁便能孝，未有仁而不孝者，若止言孝，則未必有仁也。人愛父母也，以其為身之本也。乾坤與父母，初無二本。故曰事天如事親。領得萬物一體，是聖學立根處。」

13 章潢之心、性、情論

章潢，字本清，南昌人。著有《論學書》。其《學箴》條曰：一曰《大學》明德、親民、止至善，《中庸》經綸立本，知化育。此是聖人全學。庶幾學有歸宿。一曰虞廷危微精，孔子操存舍亡，此是心學正傳，庶幾學有入路。一曰顏子「欲罷不能」，曾子「死而後已」。此是為學真機，不廢半途。一曰明道每思「彝倫間有多少不盡分處」，象山「在人情物理事變上用功夫」，此是為學實地，庶幾不惑異端。

14 薛應旂之心、性、情論

薛應旂，號方山，武進人，嘉靖進士。東林之學導源于此，豈可沒哉？著有《薛方山紀述》。嘗曰：古之學者，知即為行，事即為學。今之學者，離行言知，外事言學。一言不敢自恕，斯可謂之脩；一語不敢苟徇，斯可謂之直，一介不敢自取，斯可謂之廉。治世之教也，上主之，故德一而俗同；季世之教也，下主之，故德二三而俗異。

何曾費些商量？大人只是不失這個真心便是。不知議論日繁，去真心日遠。象山云：「縱不識字，終是還他堂堂大人。」

11宋儀望之心、性、情論

宋儀望，字望之，吉之永豐人。由進士知吴縣。有言曰：程子曰：「心如穀種，心生道也。」人之心只有此箇生理，故其真誠惻怛之意，流行于君臣、父子、兄弟、夫婦、朋友；以至萬事萬物之間，親親、疏疏、厚厚、薄薄，自然各有條理。不俟安排，非由外鑠，是所謂天命之性，真實無妄者也。自堯、舜以來，其聖君賢相、名儒哲士，相與講求而力行者，亦僅完得此心生理而已。此學術之原也。

12鄧元錫之心、性、情論

鄧元錫，字汝極，號潛谷。江西南城人。

古學平易簡實，不離日用，「誠明」二字，實其樞紐。

心迷則天理為人欲，心悟則人欲為天理。人心本自樂，自將私欲縛，私欲一萌時，良知還自覺，一覺之便消除，此心依舊樂。樂便然後樂，學便然後學。

名世不係名位，每一代必有此道之柄者，即名世也。

有學可循是曰洗心，無心可洗是曰藏密。

萬古學脈，人人所公共的，漁樵耕牧，均是覺世之人，即童子之一斟酒處，俱是學之所在。若曰「我是道，而人非道」，則喪天地之元氣也。夫道一而已矣。以為有一卻又是萬，以為有萬却又是一，一即萬，萬即一，如學者云，以一貫萬，一是一，萬是萬，豈非兩件。」

鄉原是一副精神，只在媚世，東也好，西也好，全在毀譽是非之中，聖人精神，不顧東，不顧西，惟安我心之本然。超出毀譽是非利害之外。學不知止，漫言修身，如農夫運石為糞，力愈勤而愈遠矣。

善與人同，不是將善去同人，亦不是將人善來同我，人人本有，箇箇圓成，魚遊於水，無物能間之也。

赤子之心，真心也。見著父母，一團親愛；見著兄弟，一團歡心。何嘗費些擬議思慮，

10鄒元標之心、性、情論

鄒元標，字爾瞻，號南皋，豫之吉水人。萬曆丁丑進士。著有《會語》。有曰：五倫是真性命，辭氣是真涵養，交接是真心髓，家庭是真政事，父母就是天地，赤子就是聖賢。奴僕就是朋友，寢室就是明堂。平旦可見唐、虞。村市可觀三代，愚民可行古禮，貧窮可認真心，疲癃皆我同胞，四海皆我族類。魚鳥皆我天機，要荒皆我種姓。

學者有志於道，須要鐵石心腸，人生百年轉盼耳，貴乎自立。

橫逆之來，愚者以為遭辱，知者以為拜賜。毀言之集，不肖以為罪府，賢者以為福地。小人相處，矜己者以荊棘，取人者以為砥礪。

目無青白則目明，耳無邪正則耳聰，心無愛憎則心正，置身天地間，平平鋪去，不見崖異，方是為己之學。學者好說嚴毅方正，予思與造者遊，春風習習，猶恐物之與我拂也。

學問原是家常茶飯，濃釅不得，有一毫濃釅，與學便遠。

識仁便是格物。恕者如心之謂，人只是要如己之心，不思如人之心，如己如人，均齊方正，更說甚一貫？

易；以其為天地人物之胚胎，如果核之含生，謂之仁。「自本性之中涵生理曰仁。自本性之中涵靈通曰知，此仁知皆無聲無臭，故曰性之德也。」

8 鄧以讚之心、性、情論

鄧以讚，字汝德，號定宇，南昌新建人。南京祭酒，至禮部侍郎。有言曰：「澄神內照，洞澈性靈。」「學問須求自得。」著有《定宇語錄》《論學書》等。

9 胡直之心、性、情論

胡直，字正甫，號廬山，吉之泰和人。嘉靖丙辰進士。謂：「吾心者所以造天地萬物者也。匪是，則黝沒荒忽，而天地萬物熄矣。故鳶之飛，魚之躍，雖曰無心。然不過為形氣驅之使然，非鳶魚能一一循乎道也。此與文成一氣相通之旨，一能相似矣。謂心、性、情三者異文則可。謂為異體則不可也。性之文從心從生，夫人心惟覺則生，弗覺則弗生，惟則理，弗生則弗理。」

即無一刻無事，事即本心，故視聽言動，子臣弟友，辭受取予，皆心也。學者終日乾乾，只默識此心之生理而已。時時默識。內不落空，外不逐物，無有零碎本事之分是也。虞廷曰中，孔門曰獨，春陵曰幾，程門主一，白沙端倪，會稽良知，總無二理。雖立言似別，皆直指本心真面目，此是千古正學。道心體也，故無改易，人心用也故有去來。孔子所謂操存舍亡，「出入無時，莫知其鄉」，亦是指人心而言。若道心，為萬古天地人物之根，豈有存亡出入之可言？性本無欲，惟不悟自性，而貪外境，斯為欲矣。情識即意也。意安從生？從本心虛明中生也。故誠意在致知。知者，意之體也。若又以情識為知，則誠意竟為無體之學。而聖門盡性之脈絕矣。陽明以意之所在為物，此義最精，蓋一念未萌則萬境俱寂，念之所涉，境則隨生。且如念不注於目前，則雖泰山視而不睹；念苟注于世外，則雖蓬壺遙隔而成象矣。故意之所在為物。此物非內非外，是本心之影也。盈天地之間皆物也，何以格之，惟以意之所在為物，則格物之功，非逐物亦非離物也。至博而至約矣。宇宙此生理，以其萬古不息，謂之命，以其為天地人物所從出，謂性，以其不可以有無言，謂之中；以其純粹精致極而不可名狀，謂之至善；以其無對，謂之獨；以其不二，謂之一；以其天則自然，非假人力，謂之天理；以其生生，謂之其言，志于開來者，不足以盡其性命，志于性命者足以開來。惟虛故神，惟敬乃虛。動出於至誠，惻怛為王道，動責之我為大人之業。知者，心之神明也。

7王時槐之心、性、情論

王時槐，字子植，吉之安福人。嘉靖丁未進士。除南京兵部主事。高忠憲曰：「塘南（時槐）之學，八十年磨勘至此。」可謂洞澈心境者矣。有言曰：靜中欲根起滅不斷者，是志之不立也。凡人志有所專，則雜念自息，如人好聲色者當其蠱治奪心之時，豈復有他念乎！此心湛然至虛。廓然無物，是心之本體，原如是也。所謂「欲根盤結」，理原于性，是有根者也。欲生于染，是無根者也。生幾者，天地萬物之所從出，不屬有無，不分體用，此幾以前，更無未發，此幾以後，更無已發。此心之生理，本無聲臭而非枯槁，實為天地萬物所從出之原，所謂性也。生理之呈露，脈脈不息，亦本無聲臭，所謂意也。善自性生，惡自外染，程子所謂「善固性，惡亦不可不謂之性」者，猶言清固水，濁亦不可不謂之水耳。然水之本性豈有濁乎？其流之濁，乃染於外物耳。夫本心常生者也，自其生生而言，即謂之事，故心無一刻不生，常定而明，常應而照，知也。見聞之知，其糟粕也；象著之物，其凝滬也；念慮之意，其流澌也；動靜之心，其遊塵也。心不失無體之心，則心正矣；意不失無欲之意，則意誠矣；物不失無往之物，則物格矣；知不失無動之知則知致矣。身、心、意、知、物者，工夫所用之條理，格、致、诚、正、修者，條理所用之功夫。知所先後者，始條理也，天序也。

建極在君，修極在公卿，遵極在守令，徵極在庶民，父慈子孝，兄友弟恭，庶民徵矣；省刑平税，敬老慈幼，守令遵矣；進賢任能，謹度宣化，公卿脩矣；敬天勸民，禮序樂和，皇極建矣；惟皇作極，惟帝時克，一哉王心，協哉衆志，元氣充塞，太和保合，人感天應，雨旸時若，寒暑不侵，治之極也。

6 劉三五之心、性、情論

劉陽，字一舒，號三五，安福縣人。泊舟野水，風雪清苦，不以為惡。陽明見之，顧謂諸生曰：「此生清福人也。苟不能甘至貧至賤，不可以為聖人。」著有《洞語》。清明在躬，知之至也。善学者，不易其惡，不止也。水之激，失水之真矣；情之激，失情之真矣。君子不激是天命自主。常能慎獨常依中庸，常服膺於此一善，是謂先幾。

之言，言惟幾，故別善惡，能知幾，非一言之善所能盡吉之先見，蓋至善也。常以至善為主，

5 劉邦采之心、性、情論

劉邦采，字君亮，號思全，吉之安福人，思聖為志。曰：「學在求諸心，科舉非吾事也。」著有《劉師泉易緼》，曰：「夫學何為者也？悟性、脩命、知天地之化育者也。惟悟也，故能成天地之大；惟修也，故能體天地之塞。悟實者，非修性，陽而勿駁也；修達者，非悟命，陰而弗窒也。性隱於命，精儲于魄，是故命也有性焉；君子不淆諸命也，性也有命焉。君子不伏諸性也，原始反終；知之至也。」

夫學何為者也？悟性、脩命、知天地之化育者也。往來交錯，庶物露生，寂者無失其一也；冲廓無為，淵穆其容，頤者無失其精也。惟悟也，故能成天地之大；惟脩也，故能體天地之塞。性隱于精，儲于魄，原始要終，知之至也。

有感無動，無感無靜，心也；常感而通，常應而順，意也；常往而來，常化而生，物也；

使之發而中乎?使之發而中者，宋人助長之故智也。

4 羅念庵之心、性、情論

羅洪先，字達夫，號念庵，吉水人。先生以濂溪「無欲故靜」為聖學的傳。陽明聖學，其私淑而有得者，莫如念庵。全無伎倆，始見真才。欲根不断，常在世情上立足，未足脫離得尽。如此根器縱十分斂矣，亦是有此意思，非歸根也。感無常，寂有常，寂其主也。周之「靜」，程之「定」皆是物也。曰：「靜虛動直義是動定」，以時言也。內外兩忘，乃千古入聖秘密语，凡照應掃除，皆屬內境。二境了不相干，此心渾然中存，非所謂止其所乎，此非靜極，何以入悟。心感事而為物，感之之中須委曲體道，乃是格物。理固在心，亦即在事。事不外心，理不外事，無二致也。《易》言洗心，非惟有染著，《易》言藏密，非惟有滲漏，除却洗心藏密，更無功夫，十分發揮，乃是十分緊固，方是堯舜兢業過一生處。謂良知與物無對，故謂之獨，誠是也。獨知之明，良知固不泯矣。卜度擬議，果皆良知矣乎?來論云：「獨指天命之性言。」得之矣。知幾其神！幾者動之微也，微者，道心，而謂有惡幾可乎?周子幾善惡先生之學，獄中久靜極後，忽見此心真體，光明瑩徹，万物皆備。乃喜曰：「此未发之中也，守是不失，天下之理皆從此矣。」出獄後，與來學，立靜坐法，使之歸寂以通感。執體以應用。是時，同門為良知之学者以為「未發即在已發之中」，蓋發而未嘗發，故未發之功在發上用，先天之功却在後天上用。

雙江論學書

知者，心之體，虛靈不昧，即明德也。致者，充滿其虛靈之本體，江陽濯之，秋陽暴之，致知即致中也。寂然不動，先天而天弗遺者也。格物者，致知之功用，物各付物感而遂通天下之故。何思何慮，後天而奉天時也。格其不正以歸於正。乃是先師為下学反正之漸，故为是不得已之辭。夫無時不寂，無時不感者，心之體也。感惟其時，而主之以寂者，學問之功也。故惟寂感有二時者，非也。謂功夫無分于寂感，而不知歸寂以主夫感者，又豈得為是哉！自有人生以來，此心常發，如目之視也，耳之聽也，鼻臭口味，心之思慮營欲也，禁之而使不發，不可得也。乃謂發處無自有功，将助而使之發乎？抑懼其發之過禁而使之不發也？且將抑其過，引其不及，使之發而中乎？夫節者，心之則也，不識不知，順帝之則，惟養之豫者能之。豈能足之能持行，皆是氣質，天性從此處流行。

2歐陽德之心、性、情論

歐陽德，字崇一，號南野，江西泰和人。文成呼為小秀才。嘉靖二年進士。先生以講學為務，世稱「南野門人半天下」。學徒雲集至千人，其盛為數百年所未有。嘗曰：「天理者，良知之條理；良知者，天理之靈明。知覺不足以言之也。」著有《南野論學書》。認為：「宋儒主靜論，使人反求而得其本心。知者，心之神明，知是知非而不可欺者也。雖小人閑居為不善，無所不至者，其「見君子而厭然，無所不至者，亦不可不謂之良知也。良知本虛，致知即是致虛，真實而無一毫邪妄者，本虛之體也。物物慎其獨知而格之不以邪妄自欺者，致虛之功也。」

3聶雙江之心、性、情論

聶豹，字文蔚，號雙江，永豐人也。正德十二年進士，知華亭縣累以边功加至太子少傅。

敬也者，良知之精明而不雜以塵俗者也。吾性體行于日用倫物之中，流行之合宜處謂之善，蓋一忘戒懼，則蔽障壅塞矣。

東廓論學書

良知之教，乃從天命之性，指其精神靈覺而言，古人理會利害，便是義理，今人理会義理，猶是利害。聖門要旨，只在修己以敬，敬也者，良知之精明而不雜以塵俗也。戒慎恐懼，常精常明，敬也者良知之精明而不雜以私欲也。天理人欲同行異情，此心毫釐千里之幾。

東廓語錄

古人以心體得失為吉凶，今人以外物得失為吉凶。作德日休，作偽日拙。方見影響不爽。奉身之物，事事整飾。而自家身心先就破蕩，不祥莫大焉。性字從心從生，這心之生理，精明真純，是發育峻極的根本。自天子至於庶人，皆有中和位育，中和不在戒懼外，只是喜怒哀樂大公順應處；位育在中和外，只是大公順應與君臣父子交接處；人倫庶物，日與吾相接，無一刻離得，故庸德之行，庸言之謹，兢業不肯放過，如織絲者，絲絲入簆，無一絲可斷，乃是經綸大經。天性與氣質，更無兩件，人此身即是氣質用事，目之能視，耳之能聽，口之能言，手汲汲營營於身外暫生暫滅之浮漚乎！吾邑蕭靜庵曰：目的有餘，則當徧讀《六經》，以窺聖賢之心事，足力有餘則當縱遊五嶽，以觀天地之形骸。有壁立萬仞之節慨，乃可語光風霽月之襟懷。善樹木者，芟其枝葉，則其木盛矣；善為學者，斂其英華，則其神凝矣！眼前一草一木，皆欣欣向榮；一禽一鳥，皆嚶嚶自得。滿腔子是惻隱之心。以禍福得喪付之天，以贊毀予奪付之人，以脩身立德責之己，豈不至易至簡乎！

（八）江右王門學案

姚江之學惟江右為得其傳，東廓、念庵、兩峰、雙江其選也，蓋陽明一生精神俱在江右。亦其感應之理宜也。

1 鄒守益之心、性、情論

鄒守益，字謙之，號東廓，江西安福人。正德六年會試第一，廷試第三。其學得力於敬。

生也，氣合靈為心，動則有間，自少至老，自興至寢，利害是非，酬酢擾動，其習無窮，故聖人之學，獨以其澄瑩昭徹之體常照于中，炯然不昏于知，不起於意。

6 張元忭之心、性、情論

張元忭，字子蓋，越之山陰人。父天復，行太僕卿，幼讀《朱子格致補傳》，曰：「無乃倒言之乎？當云之心全體大用無不明，而後物之表裏精粗無不到也。」著有《不二齊論學書》《志學錄》等。有言曰：幾，一而已矣。自聖人言，則為神化之幾；自吾人言，則為善惡之幾，其實非有二也。作聖之功，則必由粗以入精，由可知以進於不可知。知幾之學畢矣。生生不已者，天地之心也。人之生，以天地之心為心，虛而靈，寂而照，常應而常靜。謂其有物也，而一物不容；謂其無物也。而萬物皆備。無物，無我，無古今，無內外，無始終，謂之無生而實生，謂之有生而實未嘗生，渾然廓然凝然、炯然，仁之體，倘若是乎！

志學錄

當思父母生我之時，光光淨淨，只有此性命，一切身外物真如水上漚，奈何拋我之本來而

4 程文德之心、性、情論

程文德，字舜敷，婺之永康人，嘉靖乙丑進士第二，授翰林院編修。南京國祭酒。有言曰：此心不真，辯説雖明，畢竟何益？大抵學問只是一真。天之生人其理本真，有不真者，人雜之耳。今只全真以返其初，日用間，視聽言動，都如穿衣服吃飯，要飽要暖，真心略無文飾，但求是當，纔不是説影，纔不是弄精，纔不是見聞，乃為解悟合一。不然，雖《六經》《四書》之言，而非聖人之真心，亦不免于説影弄精矣。

5 王宗沐之心、性、情論

王宗沐，字新浦，號敬所，台之臨海人。嘉靖甲辰進士。學以求其不息而已。著有《論學習》，有言曰：「學術參差，千古所歎。若实落從本體用功，則自開闢以至今日，惟有一心，更何不同之有？即于此有疏密迂徑之差。亦不過目前殊異，至其收功結局，當亦不遠。道之簡易，不待于外襲，而心之本體，不萌于聞見。是孔門之的傳，而吾儒之上乘也。然理合內外，而事無精粗，故此理在人，本自各足，氣稟生質之清濁不能皆同，譬之厚薄寒熱各異也。人之聖學，只從一念誠明識取，當下保此一念誠明便是學，以此觸發感通便是教。隨事不昧此一念靈明，謂之格物。不欺此一念靈明，謂之誠意，一念廓然，無有一毫固必之私，謂之正心，此是易簡直截根源。人之所以為人神與氣而已矣。神為氣之主宰，氣為神之流行。神為性，氣為命。良知者，神氣之奧，性命之靈樞也。良知致，則神氣交而性命全。其機不外於一念之微。獨知便是本體，慎獨便是功夫。寂之一字，千古聖學之宗，感生於寂，寂不離感，舍寂而緣感，離感而守寂，謂之泥虛。夫寂者，未發之中，先天之學也。

3 黃久庵之心、性、情論

黃綰，字叔賢，號久庵，台之黃岩人。官至侍讀學士，出為南京禮部右侍郎兼翰林院學士。享年七十有五。作《書經原古序》曰：「古言功業之大，道德之盛，無過於唐、虞、三代；言君則無過於堯、舜、禹、湯、文、武，言臣則無過於皋、夔、稷、契、伊、傅、周、召，人皆知其大矣，而不知其所以大；皆知其盛矣，而不知其所以盛。夫功業由道德，道德由其學，其學由其心，必知其學，然後其心可知也。

折安排，益見繁難，到底只求得霸者技倆，而聖賢易簡之學，不復可見。

耿楚侗曰：陽明拈出良知二字，固是千古學脈，亦是時節因緣，春秋之時功利習熾，天下四分五裂，人心大壞，不復知一體之義，故孔子提出仁字，便是孔氏學脈，集義便是後來的孟氏學脈，横渠汲汲以禮為教。執禮便是宋儒學脈。禮非外飾，人心是條理也。陽明提出良知以覺天下，使知物理不外于吾心，致知便是今日學脈。良知是造化之精靈，人當以造化為學，造者自無而顯于有，化者自有而歸于無。吾之精靈生天地生萬物，而天地萬物復歸于無。無時不造，無時不化，未嘗有一息之停。自元會運世以至於食息微渺，莫不皆然如此則造化在吾手，而吾致知之功，自不容已矣。聖學原是無中生有，顔子從裏面無處做出來，子貢從外面有處做進去。無者難尋，有者易見，故子貢一派之學術流傳後世而顔子之學遂亡。良知者，性之靈根，本體也。良知不學不慮。人心虚明湛然，其體原是活潑，其容執得定。天生蒸民，有物有則，良知是天然之則，物是倫物所感應之跡。如有父子之物，斯有慈孝之則。有視聽之物，斯有聰明之則。感應跡上循其天則之自然，而後得其理，是之謂格物。非即以物為理也。人生而静，天之性也。良知之主宰，即所謂神。良知之流行，即所謂氣，其機不出於一念之微。千古遇父自然知孝，遇兄自然知弟，遇君上自能知敬，遇孺子入井自然能知怵惕，遇堂下之牛自能知觳觫，推之為五常，擴之為百行。萬物之變不可勝窮，無不有以應之是萬物之變備於吾之良知也。夫目之能備五色，耳之能備五聲，良知之能備萬物之變，以其虛也，致虛則自無物欲之間，吾之良知自與萬物相為流通而無所礙滯，後之儒者，不明一體之義，不能自信其心，反凝良知涉虛，不足以備萬物。（《宛陵會語》，見《明儒學案》二四二頁）

論工夫，聖人亦須困勉，方是小心緝熙；論本體，衆人亦是生知安行，方是真機真達。致良知是從生機入手，乃是見性之學。人心要虛，惟虛集道。常使胸中豁豁，無些子積滯，方是學。靜者心之本體，濂溪主靜，以無欲為要。良知是天然之靈，竅時時從天機運轉，變化无為自見天則，不許防检，不許窮索，何嘗照管得，又何嘗不照管得。知者心之本體，所謂是非之心人皆有之，是非本明，不必假借，隨感而應，莫非自然。聖賢之學，惟自信得及，是是非非，不從外來，故自而是，斷然必行，雖遯世不見是而無悶。自信而非斷然必不行。雖行一不義，殺一不辜而得天下不為。如此方是毋自欺，方謂之王道。何等簡易直截。後世學者，不能自信，未免依靠于外，動於榮辱，則以毀譽為是非，惕於利害，則得失為是非，攙和假借，轉體當切實，著衣吃飯，即是盡心至命之功。

2 王龍溪之心、性、情論

王畿，字汝中，別號龍溪，浙之山陰人。嘉靖癸未下第，歸而受業於文成。先生林下四十餘年，無日不講學；自兩都及吳、楚、閩、越、江、浙，皆有講舍，莫不以先生為宗盟。年八十猶周流不倦，卒年八十六。

有所不為不欲者良知是也，無為無欲者致知也。

古者教人，只言藏脩游息，未嘗專說閉關靜坐。若日日應感，時時收攝精神，和暢充周，不動于欲，便與靜坐一般。

立志不真，故用力未免間斷，須從本原上徹底理會，種種嗜好，種種愛慕，種種貪著，種種奇特技能，種種凡心習態，全體斬斷。今乾乾淨淨從混沌中立根基，始為本來生生真命脈。此志既真，工夫方有商量處。夫一體之謂仁，萬物皆備於我，非意之也。吾之目遇色自然辨青黃，是萬物之色備於目也。吾之耳遇聲自然辨清濁，是萬物之聲自然備於耳也。吾心之良知，不拂人性，便是徇人忘己。良知不假於見聞，故致知之功從不睹人聞而入，今只念念在良知精察，使是是非非無容毫髮欺蔽。良知廣大高明，原無妄念可去，纔有妄言可去，已自失卻廣大高明之體矣。今只提醒本體，羣妄自消。人只有一道心，天命流行，不動纖毫聲臭，是之謂微。至純而無雜者，性之本體也，兢兢恐恐有事勿忘者，復性之功也。心之本體，純粹無雜，至善也。良知者，至善之著察也，良知即至善也。心無體，以知為體，無知即無心也。知無體，以感應之是非為體。無是非即無知也。

論學書

良知天理原非二義。以心之靈虛昭察而言謂之知，文理條析而言謂之理。靈虛昭察，無事學慮，自然而然，故謂之良。今曰良知，不用天理，則知為空知。……吾心本與民物同體，此是位育之根，除卻應酬更無本體。苟於應酬之中隨事隨處不失此體，眼前天地何處非黃金。人之心體一也。至善之體，虛靈也。目無一色，故能盡萬物之色。耳無一聲，故能盡萬物之聲。心無一善，故能盡天下萬事之善。格物之學，即良知見在工夫，先儒所謂過去未來徒放心耳。見在工夫時行止，時默時語，念念精明，毫釐不放，此即行著習察，實格物之功也。於此

（七）浙中王門學案

1 錢德洪之心性論

錢德洪，字洪甫，號緒山，浙之餘姚人。時四方之士來學於陽明者甚衆，先生與龍溪疏通陽明之學。一時稱為教授師。

「充塞天地間只有此知。天只此知之虛明，地只此知之凝聚，鬼神只此知之妙用，四時日月只此知之流行，人與物只此知之合散，而人只此知之精粹也。此知運行萬古有定體，故曰太極，原無聲臭可即，故曰無極。太極之運無跡而陰陽之行有漸，故自一生二、生四生八，以至庶物露生，及其萬而無窮焉。」

此心從無始中來，原是止的，雖千思百慮，只是天機自然，萬感萬應，原來本體常寂。聖人於紛紜交錯之中，而指其不動之真體，良知是也。至變而無方，至神而無跡者，良知之體也，人心感應無時不有，而無一時之住，其有住，即為太虛之障矣。故正心之功，不在他求，只在誠意之中，體當本體明徹，止於至善而已矣。只求不拂良知，於人情自然通得，若只求意障礙不得，常人與聖人同。定者，心之本體，天理也，動靜所遇之時也。聖人之所以為聖，只是此心純乎天理而無人欲之雜，猶精金之所以為精，但以其成色足而無銅鉛之雜也。人到純乎天理方是聖，金到足色方是精。然聖人之才力亦有大小不同，猶金之分兩有輕重，所以為精金者，在足色而不在分兩。所以為聖者，在純乎天理而不在才力也。學者學聖人不過是去人欲存天理，猶鍊金而求其足色耳，後世不知作聖之本，却專去知識才能上求聖人。敝精竭力從冊子上鑽研，名物上考索，行迹上比擬，知識愈廣而人欲愈滋，才力愈多而天理愈蔽。正如見人有萬鎰精金，不務鍛鍊成色，而乃妄希分兩，錫鉛銅鐵雜然投之，分兩愈增而成色愈下，及其梢末無復有金矣。目無體以萬物之色為體，耳無體以萬物之聲為體，鼻無體以萬物之臭為體，口無體以萬物之味為體，心無體以天地萬物感應之是非為體。人生一時離不得七情，七情即良知之魄，若謂良知在七情之外，則七情又從何處來。「已後講學，不可失了我的宗旨。無善無惡心之體，有善有惡意之動，知善知惡是良知，為善去惡是格物。」「至善只是盡乎天理之極，而無一毫人欲之私。教上根人只在心上用工夫，下根人只在意上用工夫。」

者也。謂反觀內省，謂求之於內，是以己性為有內也，是有我也，自私者也。是皆不知性之無內外也。故曰：「精義入神，以致用也，利用安身，以崇德也。」性之德也，合內外之道也。此可以知格物之學矣，格物者，大學實下手處，徹首徹尾，自始學至聖人，只此工夫而已，非但入門之際有此一段也。夫正心誠意致知格物，皆所以脩身而格物者，格其心之物也，格其意之物也，格其知之物也。正心者，正其物之心也。诚意者，诚其物之意也。致知者，致其物之知也。此豈有內外彼此之分哉。慎獨即是致良知。晦菴謂人之所以為學者，「心與理而已矣，心雖主乎一身，而實管乎天下之理，理雖散於萬事，而實不外乎一人之心。」天下古今之人，其情一而已矣。先王制禮，皆因人情而為之節文，是以行之萬古而皆準。人者，天地萬物之心也。心者，天地萬物之主也。心即天，言心則天地萬皆舉之矣。致良知只是存天地之本然。良知即是天理。體認者，實有諸己之謂耳。

傳習錄

天理人欲四字，是朱、王印合處。奚必晚年定論？知是心之本體，心自然會知。見父自然知孝，見兄自然知弟，見孺子入井自然知惻隱，此便是良知，不假外求。既謂之良知，决然私一」、「致良知」，將心學推向於草木瓦石之靈，喚醒儒學於大道之初，即生機萌發之處。「性無不善，故知無不良，良知即未發之中，即是廓然大公，寂然不動之本體，人人之所同具者也，但不能不昏蔽于物欲故須學以去其昏蔽，然于良知本體，初不能有加損于毫末也。理，無動者也，常知常存，常主於理，即不睹不聞無思無為之謂也。不睹不聞，無思無為，非槁木死灰之謂也。睹聞思為，即是動而未嘗動也，所動亦定靜亦定，體用一原者也。

必欲此心純乎天理，而無一毫人欲之私，此作聖之功也。

心之本體，即天理也，天理之昭明靈覺，所謂良知也。（愚案：心之本體，道也。老子云：「道者，萬物之奥。」）知之真切篤實處即是行，行之明覺精察處即是知。本心之明即知：不欺本心之明，即行也。不得不言知行合一。向外尋理，終是無源之水，無根之水。在物為理，處物為義，在性為善，因所指而異其名，皆實吾之心也。心外無物，心外無事，心外無理，心外無義，心外無善，吾心之處事物，純乎理而無人偽之雜謂之善，非在事物有定所之可求也。性無彼此，理無彼此，善無彼此也。理無內外，性無內外，故學無內外。講習討論，未嘗非內也，反觀內省，未嘗遺外也。夫謂學必資於外求，是以己性為有外也，是義外也，用智

（五）吕涇野之心、性、情論

吕柟，字仲木，號涇野，陜之高陵人，正德戊辰進士，逆瑾以鄉人賀，却之，師事薛思菴，所至講學。先後築東林别墅，東林書屋，以迎四方學者，朝鮮國聞先生名，奏請其文為式國中。主見聞之知通德性之知，認為「欲根在心，一時也難以拔得去」，孔子聖人也，一輩子在講個人脩養，至七十始「不逾矩」。先生曰：「人能反己，則四通八達皆坦途也，若常以貴人為心，則舉足皆荊棘也。」

（六）王陽明之心、性、情論

王守仁（一四七二——一五二九年），明哲學家，教育家，字伯安，浙江餘姚人，世稱陽明先生。早年反宦官劉瑾，被貶為貴州龍場驛丞，平宸濠之亂封新建伯，官至南京兵部尚書，謚文成。初習程朱，後轉陸學終立陽明心學，主「理不外于吾心」「心外無物」「知行合

「知終終之」，盡性以至於命也。絕謀利計功之念，其心超然無繫。四方上下往來古今，實理實氣，無絲毫之空隙，無一息間斷。天道流行，命也；命賦於人，性也。性與心俱生者也。性體無為，人心有覺，故心統性情。性命一理也，有善而無惡也明矣。心每有妄發，以經書聖賢之言制之。一息之運，與古今之運同，一塵之土與天地之土同；一夫之心與億兆之心同。鬼神者，天地陰陽之靈，魂魄者，人身陰陽之靈。

（四）王鴻儒之心、性、情論

王鴻儒，字懋學，號凝齊，河南南陽人，成化丁未進士，授南户部主事。著有《凝齊華語》，曰：「乾道變化者，五月一陰生，乾道變矣，六月二陰生，乾道再變矣。至十月乾道變極，陽盡而純陰，已成坤卦所謂化也；此正秋冬之時，百穀草木各正性命、保合太和，乾之利貞也。」

概為《太極圖說》《西銘》《正蒙》之義疏，認為水清則見毫毛，心清則見天理。喻理如物，心如鏡，鏡明則物無遁形，心明則理無蔽迹。

讀書錄

統體一太極，即萬殊之一本；各具一太極，即一本之萬殊。統體者，即大德之敦化；各具者，即小德之川流。人心有一息之怠，便與天地不相似。為學之要，莫切於動靜；動靜合宜者，便是天理；不合宜者是人欲。人心一息之頃，不在天理便在人欲，未有不在天理人欲而中立者也。少欲覺身輕。心中無一物，其大浩然無涯。二十年治一怒字，尚未消磨得盡，以是知克己最難。無欲非道，入道自然無語始。少年沉默最好。厚重、靜定、寬緩，進德之基。水清則見毫毛，心清則見天理。心一操而羣邪退聽，一放而羣邪並興。下學人事，上達天理也。三代之治本諸道，漢唐之治詳於法。細看植物亦似有心，但主宰乎是使之展葉、開花、結實者即其心也。人只於其心內求道，殊不知心外皆道，渾合無間，初無乃外也。方為一事，即欲人知，淺之尤者。理明則心定。理明後見天地萬物，截然各安其分。學至於約，則有得矣。天下無無理之物，無無物之理。必使一言不妄發，則庶乎寡過矣。「知至至之」，窮理也；

功至先生而始明，要在於自得。「心地要寬平，識見要超卓，規模要闊遠，踐履要篤實，能此四者，可以言學矣。」（《白沙學案》八五頁）為學莫先於為己為人之辨，此是舉足第一步。君子一心足以開萬世，小人百惑，足以喪邦家，何者？心存與不存也。夫此心存則一，一則誠；不存則惑，惑則偽；所以開萬世，喪邦家者，不在名，誠偽之間而足矣。夫天地之大，萬物之富，何以為之也？一誠所為也。誠在人何所具於一心耳。心之所有者此誠，而為天地者此誠也。天地之大此誠且可為，而君子存之，則何萬世之不足開哉？其道學傳序又曰：「學者不但求之書，而求之吾心，察於動靜有無之機，致養其在我者，而勿以聞見亂之，去耳目支離之用，全虛圓不測之神，一開卷盡得之矣。非得之書也，得自我者也。

（三）薛瑄之心、性、情論

薛瑄，字德溫，號敬軒，山西河津人，膚理如水晶，五臟皆見，家人怪之。祖聞其啼聲，曰：「非常兒也。」自幼詩史過目成誦。先生之學以復性為宗，濂洛為鵠，所著《讀書錄》大

複余子積論性書

性合理與氣而成，固不指氣為性，亦不可專指理為性。理在天地間本非別有一物，鳥之有鳳，獸之有麟，鱗之有龍，介之有龜，皆天地間氣所出，畢竟是渣滓中精英，故終與人不相似也。人稟二五精英之氣，故能具得許多道理，與天地同然。惟聖人陰陽合德，純粹至善，其性無不全，可以位天地育萬物，自大賢以下，精英中不能無渣滓，這個性便被他蔽隔了。各隨其所得渣滓之多寡以為等差，而有智愚賢不肖之別，故學而不至於聖人，皆自暴自棄者也。

（二）程白沙之心、性、情論

「有明之學，至白沙始入精微，其吃緊工夫全在涵養。」陳獻章，字公甫，新會之白沙里人。身長八尺，目光如星，右臉有七黑子，如北斗狀。自幼警悟絕人。讀書一覽輒記，至崇仁，受學於康齋先生，歸即絕意科舉，築春陽臺，靜坐其中，不出閾外者數年。成化二年，複遊太學，颺言於朝，以為真儒複出，由是名動京師。歸而門人益進。自後屢薦不起，作聖之亦有靈矣。其在于人此虛靈者氣也，虛靈中之主宰即理也。

體仁説

天之主宰曰帝，人之主宰曰心，敬只是吾心自做主宰處。今之持敬者，不免添一個心來治此心。卻是別尋主宰，春氣融融，萬物發生，急迫何緣生物。把捉太緊，血氣亦自不得舒暢，天理其能流行乎？木必有根，然後千枝萬葉可從而立，水必有源，然後千流萬派其出無窮，人須存得此心，有個主宰，則萬事可以次第治矣。渾厚則開文明，澆薄則開巧偽，學須涵養本源。天地渾渾一大氣，萬物分形其間，實無二體。彼若百果纍纍，總是大樹生氣貫徹；又如魚在水中，內外皆水。人乃以私欲間隔，豈復能與天地萬物合一乎？道體浩浩無窮，人被氣質限住，罕能覩其純金。若只據自己之見，持養將去，終是狹隘孤單，難得展拓。須大著心胸，廣求義理，盡合天下聰明為我聰明，庶幾規模闊大，氣質不得而限量之。理者氣之主宰，理非別有一物，在氣為主，充宇宙全體，渾是一理，充塞流行，隨氣發用。理氣合則一，違則二。悉破羣，私合為天下大公。

則學時與道離了。費盡一生工夫，終不可得道。孔門之教，惟博文、約禮二事。博文是讀書窮理事，不如此則無以明諸心，約禮，是操持力行事，不如此則無以有諸己。太極者，理也，陰陽者，氣也；動靜者理氣之妙運也。王道之外無坦途，仁義之外無功利。古人老而德愈進者，是持守得定，不與血氣同衰也。今日才氣之人，到老年便衰，是無持養之功也。天理有善而無惡，惡是過與不及上生來。人性有善而無惡，惡是氣稟物欲上生來。才昏惰，義理自喪；人莊敬，體即立，大本即在，不然，則昏然無本。學知為己，亦不愁你不戰戰兢兢。（見《崇仁學案》二九——四二頁）

婁諒，字克貞，別號一齋，廣信上饒人。少有志于聖學。鄙舉業曰：率舉子學非身心學也。聞康齋在臨川，乃往從之。康齋一見喜之，云：老夫聰明性緊，賢也聰明性緊。」一日康齋治地，召先生往視，云：學者須親細務，先生由此折節，洒掃之事，必躬自為之，先生以收放心為居敬之門。以「何思何慮」，「勿助勿忘」為居敬要指，姚江之學以先生為發端也。

魏校，字子才，別號莊渠，崑山人。弘治乙丑進士，授南京刑部主事。先生私淑于胡敬齋，其宗旨為天根之學。所謂天根，即是主宰，貫動靜而一之者也。氣既能主宰而靈，則理無歷浙，入金陵，從彭蠡而返。歸而與鄉人婁一齋、羅一峰、張東白為會於弋陽之龜峰、餘干之應天寺。諸生又請講學於貴溪桐源書院。又請主白鹿書院。家世為農，至先生而窶甚，蕭然自得，以仁義潤身，怡如也。

居業錄

人心一放，道理便失，一收道便在。「正其誼不謀其利，明其道不計其功。」學者以此立心，便廣大高明，充之則是純儒，推而行之，即純王之政。程、朱開聖學門庭，以主敬窮理，便教學者有入處。氣之發用處即是神，陳公甫説無動非神，他只窺測至此，不識裏面本體，故認為理。釋氏見道，如漢武帝見李夫人，非真見也，只想像這道理，故勞而無功，儒者便即事物上窮理。敬為存養之道貫徹始終，所謂「涵養須用敬，進學則在致知」是未知之前，先須存養，此心方能致知。又謂識得此理，以誠敬存之而已，則致知之後，又要存養，方能不失。蓋致知之功有時，存養之功不息，當然處即是天理。所以為是心者，理也；所以具是理者，心也。故理是處心即安，心存處理即在。非但在己如此，在人亦然。所行合理，人亦感化歸服。非但在人如此，在物亦然。苟所行合理，庶物亦各得其所。今人為學多在聲價上做。如是，

吳康齋先生語

聖賢所言無非存天理，去人欲。聖賢所行亦然。學聖賢者，舍是何以哉？鄒子所言，心靜方能知白日，眼明始會識清天。力除閑氣固守貧，屢有逆境，皆順而處。凡事須斷以義，物較利害便非。人須于貧賤患難上立得腳住，克治粗暴，使心性純然。上不怨天，下不尤人，物我兩忘，惟知有理而已。應事後即須看書，不許此心頃刻走作。精白一心，對越神明。苟一毫不盡其道，即是自絕於天。涵養本源工夫，日用間大得。貧困中事事纏人，然不可不免，一邊處困，一邊進學。寄身於從容無競之境，遊心于恬澹不撓之鄉，日以聖賢善行沃潤之，則庶幾其有進乎！十一月，單衾，徹夜寒甚，腹痛，以夏布帳加覆，略無厭貧之意。三綱五常，天下元氣，一家亦然，一身亦然。動靜語默，無非自己工夫。事往往急便壞了。胡文定公云：「世事當如行雲流水，隨所遇而安。毋以妄想戕真心，客氣傷元氣。佇看風急天寒夜，誰是當門定腳人。無時無處不是工夫」。

胡居仁，字叔心，饒之餘干人也。學者稱為敬齋先生。弱冠時奮志聖賢之學，往遊康齋吳先生之門，遂絕意科舉，築室於梅溪山中，事親講學之外，不豫人事。久之，欲廣見聞，適閩

七、明儒諸子之心、性、情論

（一）崇仁諸子心、性、情論

吳與弼，字子傳，撫州之崇仁人也，八九歲已負氣岸。十九歲覲親于京師，讀《伊洛淵源錄》慨然有志于道，謝人事，獨小樓玩《四書》、《五經》，諸儒《語錄》不下樓者二年。居鄉躬食力，弟子從遊者衆。太息曰：「宦官，釋氏不除，而欲天下之治難矣。」先生上無所傳，而聞道最早，身體力驗，只在走趨語默之間。出作入息，刻刻不忘，所謂「敬義夾持，誠明兩進」者也。一切玄遠之言絕口不道。學者依之。臨川章袞謂「其《日錄》為一人之史，皆自言己事。」顧涇陽曰：先生一團和氣，可追太古之樸。」先生自辭宮諭歸，絕不言官。以民服力田。先生樂道安貧，直如鳳凰翔于千仞之上，下視塵世，曾不足遇而覽焉。（見《崇仁學案》一）

學哉？聖門之教各因其人各隨其事雖不言心，無非心也。邹子曰「心為太極」，周子曰「純心要矣。」張子曰：「心清時視明聽聰，四體不待羈束而自然恭敬。」程子曰：「聖賢千言萬語，只是欲人将已放之心約之使入身來。」此皆得孟子之正傳者也。」純乎天理之實為誠，徇乎人欲之妄為不誠，惟能以天理勝人欲，一念不妄思，一事不妄行，仰無所愧，俯無所作，庶幾其誠乎！朱陸二師之為教一也。而二家庸劣之門人，「各立標榜，互相詆訾，至于令學者猶惑。嗚呼！甚矣！道之無傳，而人之易惑難曉也，盛衰興替，亦何常之有，惟自立之為貴。」「心也者，形之主宰，性之郛郭也。此一心也，自堯、舜、禹、湯、文、武、周公傳之，以至於孔子，其道同，道之為道，具于心，豈有外心而求道者哉！操舍存亡，惟心之謂。孔子之言也。」讀書當知書之所以為書，知必好，好之必樂，既樂，則書在我。苟至此，則書在我，苟至此，雖不讀，可也。「宋三百年，禮儒臣，尚經訓，雖季世，家法猶未替。」

性。此理在天地，則元亨利貞是也。其在人而為性，則仁義禮智是也。性即天理，豈有不善？但人之生也，受氣有或清或濁之不同，成質有或美惡之不同。氣之極清，質之極美者為圣。蓋此理在清氣美質之中，本然之真無所汙壞，此堯舜之性所以為至善，而孟子之道性善，所以必稱堯、舜以實之也。具氣之至濁，質之至濁，質之至惡者為下愚，上聖以下，下愚以上，或清或濁，或美或惡，分數多寡，有萬不同。此性之所以不能皆善而有萬不同也。知者心之靈而智之用也，未有出於德性之外者也。曰德性之知曰聞見之知，蓋聞見雖得於外，而所聞所見之理則具於心，故外之物格，則內之知致，此儒者內外合一之學，固非如記誦之徒，博覽於外，而無得於內；亦非如釋氏之徒，專求於內，而無事於外也。是以識愈多而心愈窒。若曰徒求之五經而不反之吾心，是買櫝而棄珠也。此則至論，切切然惟恐其墮此窠臼也。仁，人心也，敬則存，不敬則亡。夫人之一身，心為之主，人之一心，敬為之主。主於敬則心常虛，虛則物不入也；主於敬，則心常實，實則我不出也。主於天理則堅，徇於人欲則柔；堅者，凡世間利害禍福、富貴貧賤，舉不足以移其心；柔，則外物之誘，僅如毫毛，而心已為之動矣。夫學，孰為要，孰為至，心是已。天之所以與我，我之所以為人者，在是。不是之求而他求焉，所學何

（九）吳澄的心、性、情論

吳澄（一二四九——一三三三年）宋元之際學者，字幼清，撫州崇仁人。因所居草屋，程鉅夫題曰草廬。故學者稱「草廬先生」。入元曾任國子司業。翰侍郎、編修、集賢直學士等。為學主折衷朱（熹）陸（象山）兩派，而終近於朱。認理在氣中，原不相離，理是氣的主宰。提倡「存心」「明理」，重「尊德性」，推崇熹之「格物誠意」之說，強調「持敬」、「主一」。其對道之見獨步千古：「道原出於天，神聖繼之，堯舜而上，道之元也；堯舜而下，道之亨也；洙泗、魯、鄒，其利也；濂、洛、關、閩，其貞也。分而言之，上古則羲皇其元，堯舜其亨，禹湯其利，文武周公其貞乎！中古之統，仲尼其元，顏、曾其亨，子思其利，孟子為貞乎？近古之統，周子其元也，程、張其亨也。朱子其利也，孰為今日之貞乎？」其自任如此。元統元年卒，年八十五。一代宗師隕沒，傷之者義人歟！

草廬精語

無理外之氣，亦無氣外之理。人得天地之氣而成形，有此氣，即有此理，所有之理謂之聖人是因人心固有良知能上扶接将去，後世卻将良知良能去斷喪了。壞卻天下人才。及去做官，于世事人情殊不知遠近，不知何者為天理民彝。民何由嚮方，如何養得成風俗。他家本性已自壞了，如何化得了人！蓋人人之初心，本自無惡，物以利欲驅之，其始甚微，其終至于不可救。故議之必從始失之地言之，而救之則在樂于自勉，奮發為新。

附録

先生積長，益嗜學，然遭世亂，且貧無書，嘗從日者遊，見《尚書疏義》請就宿手鈔以歸。既避難徂來山。始得王弼《易注》，夜思晝誦言動必揆諸義而後發。

庚申，上即位應詔北行，至上都，入見，問所學，曰「孔子」。問所見，曰「虚名無實，誤塵聖聽。」問所能曰「勤力務農，教授童蒙。」問科舉何如，曰「不能」。上曰：「卿言務實，科舉虛誕，朕所不取。」

魯齋遺書

仁為四德之長，「元者，善之長」，前人訓元為廣大，直是有理。心胸不廣大，安能愛敬？安能「教思無窮，容保民無疆」？仁與元俱包四德，而俱列並稱，所謂合之不渾，離之不散。仁者，性之至而愛之理也；愛者，情之發而仁之用也；公者，人之所以為仁之道也；元者，天之所以為仁之至也。仁者，人心之所固有，而私或蔽之，以陷於不仁。故仁者必克己，克己則公，公則仁，仁則愛。未至於仁，則愛不可以充體。若夫知覺，則仁之用，而仁者之所兼也，元者四德之長，故兼亨利貞。仁者，五常之長，故兼義禮智信。此仁者所以必有知覺，不可便以知覺名仁也。」（《魯齋學案》二九九六頁）

天地間須太著心，不可拘于氣質，局于一己貴賤憂戚，不可過為隕穫，貴為公相不可驕，當知有天下國家以來，多少聖賢在此位賤為匹夫不必耻，當知有古昔志士仁人多少屈伏甘于貧賤者，無人而不自得也。何辛戚之有！凡事理之際，有兩件，有由己底，有不由己底。由自己底有義在，不由自己底，有命在，歸于義命而已。汲汲焉，毋欲速也，循循焉，毋散惰也，非止學問如此日用事為之間皆當如此，乃能有成。

然後令他奮發植立。若田地不淨潔，則奮發直立不得。古人為學即讀書，然後為學可見。然田地不淨潔，亦讀書不得，若讀書則是假寇兵，資盜糧。萬物森于方寸之间，滿心而發，充塞宇宙，莫非此理。君子役物，小人役於物。

（八）魯齋之心、性、情論

許衡（一二〇九——一二八一年），宋元之際學者，字仲平，號魯斋，河内人（河南沁陽人。）與姚樞、竇默講程朱理學。忽必烈（元世祖）為親王時，任京兆提學，於關中大興學校。平章王文統以利進；姚、許入侍，每言治亂休戚必以義為本，文統患之。先生嘗謂「教人與用人正相反，用人常用其所長，教人當教其所短。」又言「學者治生，最為先務，苟生理不足，則於為學之道有所妨，士君子當以務農為生，商賈雖逐末，果處得不失義理，或以姑濟一時亦無不可。」

宙內事，乃己分內事，己分內事，乃宇宙內事。」又嘗曰：「東海有聖人出焉，此心同也，此理同也；西海有聖人出焉，此心同也，此理同也；南海北海有聖人出焉，此心同也，此理同也。千百萬世之上有聖人出焉，此心同也，此理同也；千百萬世之下有聖人出焉，此心同也，此理同也。」乾道八年登進士第，指明「今天下學者惟有兩途：一途樸實，一途議論。」足以明人心之邪正，破學者之窟宅矣。」具學以「尊德性」為宗，發明人心之善，以立德為本，與紫陽之學「正心誠意」為本，俱得儒學之要，只在踐行上用功之力度或有差異處，從儒學發展之總體上觀之，不足以輕紫而褒陸焉。或有人勸其著書，回答曰：「六經注我，我注六經。」又曰：「學苟知道，六經皆我注腳。」卒前謂家人曰吾將死矣。又告僚屬曰：某將告終，會禱雪，乃沐浴更衣端坐後二日中而卒。會葬者以千數，謚文安。門人楊簡、袁燮、舒璘、沈煥能傳其學。

語錄

「凡欲為學，當先識義利公私之辨。今所學果為何事，人生天地間為人自當盡人道。學者所以為學，學為人而已。激厲奮迅決破羅網，焚燒荆棘，蕩夷污澤。學者須是打疊田地淨潔，

（七）陸象山心、性、情論

陸象山（一一三九——一一九三年）南宋哲學家，教育家，字子靜，自號存齋。撫州全溪人。曾結茅講學于象山，學者稱象山先生，乾道進士。曾任靖安崇縣主簿，國子正，官至奉議郎，知荊門軍。心學創始人。提出「心即理」說。斷言「天理、人理、物理只在吾心之中，心是唯一的實在，「宇宙便是吾心，吾心即是宇宙。」認為心和理是永久不變的。「千万世之前有聖人出焉，同此心同此理也；千萬世之後有聖人出焉，同此心同此理也。」治學方法為「立大」「知本」，「發明本心」認為只要悟得本心，不必多讀書。「學茍知本，六籍皆我注脚，並有「六經注我，我注六經」之言廣傳于世。在「太極」、「無極」等問題上，與朱熹多有辯論，譽為嘉話。

據《象山學案》所載：陸九淵，字子靜，金溪人。三四歲時問其父賀：「天地何所窮際？」父奇之。聞人誦伊川語，自覺若傷我者，嘗曰：伊川之言，奚為與孔子、孟子之言不類？」他日讀古書至宇宙二字，解者曰：「四方上下曰宇，往古來今曰宙。」忽大省曰：「宇

而四端之説于是而立。」（《朱子新學案·論性》三〇四——三二一頁）

「孟子之言性，盖亦溯其情而逆知耳。仁者，仁之本體；禮者，仁之節文；義者，仁之斷制；智者，仁之分別，猶春夏秋冬之不同，而同出於春。春則春之生也，夏則春之長也，秋則春之成也，冬則春之藏也。性相近以氣質言，性善以理言。須是「一陰一陽之謂道，繼之者，善也；成之者，性也」處，方是説性與天道耳。」（《朱子新學案·論性》三〇四——三二九頁）

朱熹之心、性、情論·論情

「大抵仁義禮智，性也；惻隱羞惡是非辭遜，情也。心則統乎性情者也。情者，性之所發。性是根，情是那芽子。有這性，便發出這情，因這情，便見得這性。因今日有這情，便見得本來有這性。惻隱是情，惻隱之心是心，仁是性，三者相因。横渠説心統性情此説極好。性是體，情是田。性者指其未發。性如水，情如水之流。」（《朱子新學案·論情》三七七——三八五頁）

而其用之微妙，實不外乎一人之心，初不可以內外精粗而論也。理雖在物，用實在心。」「心非仁，心之德是仁，愛非仁，愛之理是仁。」「仁，人心也，不是把仁來形容人心，乃是把人心來指示仁。」（見《朱子新學案》三六一——三七六頁）

朱熹之心、性、情論·論性

伊川性即理也。自孔孟後無人見得到此，亦是從古無人敢如此道。此四字顛撲不破，其後諸公只聽得便說。人物之性，本無不同，而氣稟則不能無異。性同氣異，只此四字包含無限道理，幸試思之。天之生物，其理固無差別，但人物所稟于形氣不同，故其心有明暗之殊，而性有全不全之異。五行太極，便與生之謂性相似；以為同，則同中有異；以為異，則未嘗不同。天地之生物，有有血氣知覺者，人獸是也；有無血氣知覺而但有生氣者，草木是也。有生氣已絕，但有形質臭味者，枯槁是也。是雖其分之殊，而其理則未嘗不同。性最難說，要說同亦得，要說異亦得。一草一木，皆天地和平之氣。性是天生成許多道理。性是許多理散在處。性者，人之所稟於天以生之理也。渾然至善，未嘗有惡。性是太極渾然之體，本不可以名字言，但其中含具萬里。而綱理之大有四，故命之曰仁義禮智。孔門未嘗備言，至孟子而始備言之，

頁）

語要

陰陽只是一氣，陰氣流行即是陽，陽氣凝聚即為陰，非直有二物相對也。陰陽只是一氣，陽之退便是陰之生，不是陽退了，又別有箇陰生。天地始初混沌未分時，想只有水火二者，水之滓脚便呈地。今登高而望羣山皆為波浪之狀，便是水泛如此。

朱熹之心、性、情論·論心

心者氣之精爽。心者，天理在人之全體，心與理一，理無心，則無着處。心者，人之神明，所以具衆理而應萬事。心之理是太極，心之動靜是陰陽。一心具萬理，能存心而後可以窮理。不能存得心，便不能窮得理。大凡道理皆是我自有之物，非從外得。所謂知者，便只是知得我之道理，非是以我之知去知彼道理也。道理本自有，用知方發得出來。若無知，道理何從而見。妙衆理，猶言能運用衆理。大凡理只在人心，此心一定則萬畢見。亦非能目見也。心是矣，則是是非非自然別得。聖賢與衆人皆其此理，衆人自不覺察耳。人心私欲之為害與否，則在於心之能宰與不能宰。「心雖主乎一身，而其體之虛靈足以管乎天下之理，理雖散在萬物，

仁說

「天地以生物為心者也，而人物之生，又各得夫天地之心以為心者也。故語心之德，雖其總攝貫通，無所不備，然一言以備之，則曰仁而已矣。請試詳之：蓋天地之心，其德有四，曰元、亨、利、貞，而元無不統，其運行焉，則為春夏秋冬之序，而春生之氣無所不通，故人之為心，其德亦有四，曰仁義禮智；而仁無不包，其發用焉則為愛恭宜別之情，而惻隱之心無所不貫。故論天地之心者，則曰『乾元』，則四德之體用不待悉數而足，論人心之妙者，則曰『仁，人心也』，則四德之體用亦不待徧舉而該。蓋人之為道，乃天地生物之心即物而在。情之未發，而此體已具，情之已發，而其用不窮誠能體而存之，則衆善之源，百行之本，莫不在是。此孔門之教所以必使學者汲汲於求仁也。其言有曰「克己複禮為仁。」又曰：「居處恭，執事敬，與人忠」則亦所以存此心也。又曰「事親考，事兄弟，及物恕。」則亦所以行此心也。又曰：「求仁得仁。則以讓國而逃，諫伐而餓，為能不失乎此心也。」又曰「殺身成仁。」則以欲甚於生，惡甚於死，而能不害乎此心也。此心何心也？在天地則快然生物之心，在人則溫然愛人利物之心，包四德而貫四端者也。」（《晦翁學案》一五一〇——一五一一者也。故以心觀物，物之理得。今複有物以反觀乎心，則是此心之外復有一心，而能管乎此心也。然則此為心者為一邪？為二邪？為主邪？為客邪？為命物者邪？為命於物者邪？此亦不待教而審其言之謬矣。或者曰：「若子之言，而聖賢所謂精一，所謂操存，所謂盡心知性，存心養性，所謂見其參于前而倚于橫者，皆何谓哉？」應之曰：此言之相似而不同，正苗莠、朱紫之間，而學者之所當辨者也。夫謂人心之危者，人欲之萌也；道心微者，天理之奧也。心則一也，以正不正而異其名耳。惟精惟一則居其正而審其差者也，絀其異而反其同者也。能如是，則信執其中而無過不及之偏矣，非以道為一心，人為一心，而又有一心以精一之也。夫謂操而存者非以攸操此而存之也，舍而亡者，非以彼舍此而亡之也，心而自操則王者存，舍而不操則存者亡耳。然其操之也，亦曰不使旦晝之所為，得以梏亡其仁義之良心云爾。非塊然兀坐以守其炯然不用之知覺而謂之操存也。若盡心云者，則物窮理、廓然貫通而有以極夫心之所具之理也；存心云者，則敬以直內，義以方外，若前所謂精一操存之道也。故盡其心可以知性知天，以其體之不蔽而有以究夫理之自然也。」（《晦翁學案》一五〇九頁）

去國，行誼為學者所師。先生自幼穎悟，五歲讀《孝經》即題目：「不若是，非人也。」十八歲，登紹興十八年進士第。孝宗即位，詔求直言，先生上封事：「帝王之學，必先格物致知，以極乎事物之變，使義理所存，纖悉畢照，則自然意誠心正。而可以應天下之務。」「君父之讎，不與共戴天，今日所當為者非戰無以復讎，非守無以制勝。」並向孝宗奏明。平生所學唯「正心誠意」四字。並向孝宗進言六事：大本者陛下之心，急務，則輔翼太子，選任大臣，振舉綱紀，變化風俗，愛養民力，脩明軍政，六者是也。凡此六事本在于陛下一心。一心正則六事無有不正矣，侂胄勢益張，「偽學」之稱遂起。理宗寶慶三年贈太師，追封信國公。紹定末秘書郎李心傳乞以司马温公、周濂溪、邵康節、張橫渠、程明道、程伊川及先生七子列於從祀，不報。淳和元年正月，理宗視學，手詔以張、周、二程及先生從祀孔廟。明洪武初詔以先生之書立於學宮。天下學者咸宗之，先生之墓在崇安之九峯山下。著作《觀心說》《仁說》乃千古不磨之文也。

觀心說

「夫心者，人之所以主乎身者也。一而不二者也，為主而不為客者也，命物而不命於物有無，如「有生於無」，則分而為二矣。又如「自無而有，自有而無」皆老、莊之陋也。）

《易》一物而三才：陰陽氣也，而謂之天；剛柔質也，而謂之地；仁義德也，謂之人。開物於幾先，故曰「知來」；明患而弭其故，故曰「藏往」。極數知來，前知也。前知其變，有道術以通之，君子所以措於民者遠矣。天下之理得，元也；會而通，亨也；說諸心，利也；一天下之動，貞也。乾之四德，終始萬物，迎之隨之不見其首尾，然後推本而言，當父母萬物。仁統天下之善，禮嘉天下之會，義公天下之利，信一天下之動。」《性理拾遺》天下凡謂之性者，如言金性剛，火性熱，牛之性，馬之性也，莫非固有。心統性情者也。有形則有體，有性則有情。接物處，皆是小德，總會處，便是大德。（《近思錄》拾遺。）「為天地立心，為生民立命，為往聖繼絕學，為萬世開太平。」

（六）朱熹之心、性、情論

朱熹（一一三〇——一二〇〇年）南宋哲學家，教育家，字元晦，號晦庵，別稱紫陽，江西婺源人。僑寓建陽（今福建）。曾任祕閣修撰等職。曾師事李侗，為二程（顥、頤）四傳弟子，集道學之大成，世稱程朱學派。父韋齋先生松，第進士，歷官吏部郎，不附和議忤秦檜，誠明所知，乃天德良知，非聞見小知而已。所謂誠明者，性與天道，不見乎小大之别也。義命合一存乎理，仁智合一存乎聖，動靜合一存乎神，陰陽合一存乎道，性與天道合一存乎誠。「自明誠」由窮理而盡性也，「自誠明」由盡性而窮理也。天能為性，人謀為能，大人盡性，不以天能為能，而以人謀為能。故曰：「天地設位，聖人成能。」大其心則能體天下之物，物有未體，則心為有外。聖人盡性，不以見聞梏其心，其視天下無一物非我，天大無外，故有外之心，不足以合天心。天下有道，道隨身出；天下無道，身随道屈。困辱非憂，取困辱為憂；榮利非樂，忘榮利為樂。聖人不患為政難，患民難喻。為政不以德，人不附且勞。為政必身倡之，且不愛其勞，又益之以不倦。富而不治，不若貧而治；大而不察，不若小而察。報者，天下之利，率德而致，善有勸，不善有沮，皆天下之利也，小人私己利于不治，君子公物利于治。大易不言有無，言有無，諸子之陋也。（張南軒曰：形而上者謂之道，形而下者謂之器。《易》之論道器，特以一形上下言之也。然道雖非器，而道必託於器，如禮樂刑賞，是治天下之道也……形而上者之道，託于器而後行，形而下者之器，得其道而無弊。故聖人悟、悟《易》于心，覺《易》于性，在道不溺於無，在器不墮于有，是《大易》不言有無明矣，言

《太和篇》「不如野馬絪緼，不足謂之太和。語道者如此，謂之知道。學見此，謂之見易。不如是，雖周公才美，其智不足稱也已。」

高忠憲曰：太和陰陽會合沖和之氣也。蓋理之與氣一而二，二而一者也，理無形而難窺，氣有象而可見。太和即陰陽也，易即道也。

凡氣清則通，昏則壅，清極則神。不行而至，通之極與？

運於無形之謂道。神，天德；化，天道。德其體，道其用。一於氣而已。鬼神，往來屈伸之義，故天曰神，地曰示，人曰鬼。神示者，歸之始；歸往者，來之終。神化者，天之良能，非人能。故大而位天德，然後能窮神知化。大而化之，能不勉而大也，不已而天，則不測而神矣。先後而不違，順至理以推行，知無不合也。大、幾，聖矣，化則位乎天德矣。大則不驕，化則不吝。無我而後大，大成性而後聖，聖位天德，不可致知謂神。故神也者，聖而不可知。見幾則義明，動而不括則用利，屈伸順理則身安而德滋。窮神知化，與天為一，豈有我所能勉哉？乃德盛而自爾。精義入神，事豫吾內，求利吾外也。利用安身，素利吾外，致養吾內也，「窮神知化」，乃養盛自致，非思勉之能彊。故崇德而外，君子未或致知也。

張載（一〇二〇——一〇七七年）北宋哲學家，字子厚，陝西眉縣橫渠鎮人，世人稱橫渠先生。

二程于先生為外兄弟之子，卑行也。嘗曰：吾道自足，何事旁求，于是盡異學，淳如也。著有《東銘》《西銘》《正蒙》等，茲略引之以見其大誼焉。

西銘

乾稱父，坤稱母。予茲藐焉，乃渾然中處。故天地之塞，吾其體，天地之帥，吾其用，民其同胞，物吾與也。大君者，吾父母宗子，其大臣，宗子之家相也。尊高年所以長其長；慈孤弱所以幼其幼。聖其合德，賢其秀也。凡天下疲癃、殘疾、惸獨、鰥寡，皆吾兄弟之顛連而無告者也。於時保之，子之翼也。樂且不憂，純乎孝者也。違曰悖德，害仁曰賊。濟惡者不才，其踐形唯肖者也。知化則善述其事，窮神則善繼其志。不愧屋漏為無忝，存心養性為匪懈，惡旨酒，崇伯子之顧養；育英才，潁封人之錫類。存吾順事，沒吾寧也。」（《橫渠學案》六六五——六六六頁）

正蒙

養之而已矣。天地安有內外，人之在天地，如魚在水，不知有水，直在出水，方知亂不得。靜中便有動，動中便有靜。凝然不動，便是聖人。忿欲忍與不忍，便是有德無德。人皆可以至聖人，而君子之學，必至於聖人而後已。懈心一生，便是自暴自棄。古之學者為己，今之學者為人。今之學者歧而為三，能文者謂之文士，談經者謂之講師，惟知道者乃儒學也。聖人於天下事，自不合與，只順他天理，茂對時，育萬物。聖人憂勞中其心則樂，安靜中卻有至憂。善學者取諸身而已。自一身以觀天地。

顏子所好何學論

聖人之門，其徒三千，獨稱顏子為好學。然則顏子所獨好者何學也？學以至聖人之道也。正其心，養其性，中正而誠，則聖矣。故學必盡其心。盡其心則知其性，知其性，反而誠之聖人也。顏子之與聖人，相去一息。……後人不達，以為聖本先知，非學可至。而為學之道遂失。榮華其言，鮮有至于道者，則今之學與顏子所好異也。」（以上史料引自本學案三八九——六五二頁）

（五）張載之心、性、情論

哉？

大抵人有身，便有自私之理，宜其與道難一。

學也者，使人求於內也，不求於內而求於外。非聖人之學也。何謂不求于內而求于外？以文為主者是也。學也者，使人求于本也。不求于本而求於末，非聖人之學也。何謂不求於本而求於末？考詳畧、採同異者是也。是二者皆無益于吾身，君子弗學。道無精粗，言無高下。

語高則指遠，言約則義微。大率六經之旨，涵蓄無有精粗，欲言精微，言多則愈粗。六經之言，在涵養中默識心通。文字上無間暇，終是少工夫。然思慮則儘不廢。于外事雖奔迫，然思慮儘悠悠。古之學者先由經以識義理，蓋始學時儘是傳授，後之學者，卻須先識義理，方始看得經。蓋不得傳授之意云耳，如《易繫辭》所以解《易》，今人須看了《易》，方始看《繫辭》解義理，若向靠書策，何由得居之安、資之深？不惟自失，無以誤人。《論語》，《孟子》只詳讀著，便已意足。學者須是玩味，著以語言解著，意便不足。某始作此二書文字，既而思之，又似賸。只有先儒錯會處，卻待與整理過，善學者要不為文所拘。故文義雖解錯而道理可通行者，不害也。心具天德。心有不盡處，是天德處未能盡。何緣知性、知天、盡己心直離了陰陽，更無道。陰陽者，道也，陰陽，氣也。

稱性之善謂之道，道與性一也。性之本謂之命，性之自然謂之天，性之有形者謂之心，性之有動者謂之情。凡此數者皆一也。道孰為大，性為大。噫，人之自棄者亦可哀也。夫人之性一也，而世之人皆曰「吾何能為聖人」是不自信也。其亦不察乎？

動物有知，植物無知，其性自異，但賦形於天地，其理則一。

論性不論氣不備，論氣不論性不明。

性即理也，所謂理性是也。天下之理，原其所自，未有不善，喜怒哀樂之未發，何嘗不善，發而中節，則無往不善，發不中節，然後為不善。故凡言善惡，皆先善而後惡；言是非，皆先是而後非；言吉凶，皆先吉而後凶。

「人心惟危，道心惟微」心，道之所在，微，道之體也，心與道渾然一對，放其良心者言之謂之道心，放其良心則危矣。「惟精惟一」所以行道也。

心，生道也，有是心斯有是形，以生惻隱之心。人之生道也，雖桀、跖不能無是以生，但戕賊之以滅天耳。始則不知愛物，俄而至於忍，安之以至於殺，充之以至於好殺，豈人理也

語錄

一人之心即天地之心，一物之理即萬物之理，一日之運即一歲之運。天地之化既是二物，必動已不齊，譬之兩扇磨行，便其齒齊。不得齒齊，既動，則物之出者何可得齊。從此參差萬變，巧歷不能窮也。

聞見之知非德性之知，物交物則知之，非內也，今之所謂「博物多能」者是也。德性之知，不假見聞。

人思如泉湧，汲之愈新。

不深思則不能造於道，不深思而得者，其得易失，然學者有無思無慮而得者，何也？以無思無慮而得者，乃所以深思而得之也。以無思無慮為不思，而自以為得者，未之有也。

隨事觀理而天下之理得矣，天下之理得矣。天下之理得，然後可至於聖人，君子之學將以反躬而已矣。反躬在致知，致知在格物。

格，猶窮也。物，猶理也。猶曰窮其理而已矣。窮其理，然足以致知，不窮則不能致也。物格者，適道之始與。欲思格物，則固已近道矣。是何也，以收其心而不放也。

用之言，三代之治可運之掌，惜惑于王安石而不能用也。明道先生有此高見于今猶光照古今，震爍幽微，照明人心，如「《大學》者聖學也，《中庸》者聖心也」，乃千載不磨之貞言也。

（四）程伊川之心、性、情論

程頤（一〇三三——一一〇七年），北宋哲學家，教育家，字正叔，學者稱伊川先生，洛陽人。曾任秘書省校書郎，官至崇政殿說書，反王安石新政。與兄程顥學於周敦頤，並同為理學之奠基者，世稱二程。講學達三餘年。主「一物之理即萬物之理」「此理在天為命，在人為性，論其所主為心。其實只是一個道。」主「涵養須在敬，進學在致知」「去人欲，存天理」，稱為程朱学派。

伊川先生敏感朝政，年十八，上書闕下，勸仁宗黜世俗之論，以王道為心。先生在經筵，每當進講，必宿齋豫戒。呂申公、范堯夫入侍經筵，聞先生講說，退而嘆曰：「真侍講也。」方是時蘇子瞻在翰林，有重名，一時文士多歸之，兩家門下迭起標榜，遂分洛、蜀兩黨。

互為興替，大道亦互為隱顯，人文亦互為隆衰，索其根由關鍵還在人心之正邪與善惡，左右人心之決定因素則在君王之聖闇正邪。君聖則大道顯輔弼正，股肱強，庶官和熙，君民一體，朝野無間。

二曰：未有不親師友而成其德者。

三曰：王者受天建官，而理萬化。

四曰：天生烝民，立之君，使司牧之。

五曰：政教始乎鄉里，比閭族長。

六曰：古者府史胥徒，受祿公上，而農兵未始判也。

七曰：古者有三十年通餘，九年之食以制國用。

八曰：古者四民各有常識，而農者居十之八九焉。

九曰：山虞澤衡，各有常禁，夫是以萬物阜豐而財用不乏也。

十曰：今禮制失脩，大亂相承，人人求厭其欲而後已。百家案曰：先生所上神宗《陳治法十事》觀其文彩，似乎不足，案其時勢，悉中肯綮，無一語非本此中至誠之流露也。實明體察

五〇〇頁）

2.定性書

所謂定者，動亦定，靜亦定，無將迎，無內外，苟以外物為外，牽己而從之，是以己性為有內外也。具以己性為隨物於外，則當其在外時，何者為在內，是有意於絕外誘。而不知性之無內外也。夫天地之常以其心普萬物而無心，聖人之常以其情順萬物而無情，故君子之學，莫若廓然而大公，物來而順應。人之情各有所蔽，故不能適道，大率患在於自私而用智。自私則不能以有為為應跡；用智，則不能以明覺為自然。今以惡外物之心，而求照無物之地，是反鑑而索照也，與其非外而是內，不若內外之兩忘也；兩忘則澄然無事矣……夫人之情易發而難制者，惟怒為甚，第能於怒時遽忘其怒，而觀理之是非，亦可見外誘之不足惡，而于道亦思過半矣。」（《明道學案》五四六——五四七頁）（劉蕺山曰：此伯子發明「主靜立極」之說，最為詳盡而無遺也。可分六點觀之。）

3.陳治法十事

一曰盡其大道則大治，用其偏者則小康，王道無限，霸道亦無限，二者互為消長，治亂亦包犧也。」又曰：「宛然一孔子也。」「《太極圖說》真與《河圖》《洛書》相表里。」

（三）程明道之心、性、情論

程顥（一〇三二——一〇八五年），北宋哲學家，教育家，字伯淳，學者稱明道先生，洛陽人。嘉祐進士。神宗時為太子中允監察禦史，反對王安石新政，曾與弟頤師事周敦頤，同為理學奠基人，世稱「二程」在洛陽講學十餘年，弟子有「如坐春風」之喻。

1. 識仁篇

學者須先識仁，仁者渾然與物同體，義、禮、智、信，皆仁也。識得此理，誠敬存之而已，不須防檢，不須窮索；若心懈則有防；心不懈，何防之有？理有未得故須窮索；存久自明，安待窮索？此道與物無對，「大」不足以明之。天地之用皆我之用。孟子言：『萬物皆備於我』，須反身而誠，乃為大樂。若反未誠則猶是二物，有對以己合彼，終未有之，又安得樂……若存之，便合有得。蓋良知良能，元不喪失。此理至約惟患不能守。」（《明道學案》

物咸若，以宣八風之氣，以平天下之情，故樂聲淡而不傷，和而不淫，入其耳感其心，莫不淡且和焉。樂者本乎政也。政善民安，則天下之心和。故聖人作樂以宣暢其和心，達於天地，天地之氣感而大和焉；天地和而萬物順，故神祇格而鳥獸馴。聖可學乎？曰：可。曰：有要乎？曰：有。請問焉。曰：一為要，一者，無欲也。欲原是人本無的物。無欲是聖，無欲便是學。其有焉奈之何？曰：學焉而已矣。其學焉何如？曰：本無而忽有，去其有而已矣。天地間至尊者道，至貴者德而已矣。至難得者人。人而至難得者，道德有於身而已矣。求人至難得者有于身，非師友則不可得也矣。人即是天，爾法爾天，不必更尋題目了。後來周子理會得。聖人之精，畫卦以示，聖人之蘊，因卦以發，卦不盡；卦不盡，聖人之精不可得而聞。《易》何止《五經》之源，其天地鬼神之奧乎？聖學之要，只在慎獨，獨者，靜之神，動之幾也。動而無妄曰靜，慎之至也，是之謂主靜立極。治天下有本，身之謂也；治天下有則，家之謂也。道德高厚，教化無窮。」（見《宋元學案·濂溪學案》四八三——四九四頁）程太中為先生像贊曰：「道喪千載，聖遠言湮，不有先覺，孰開後人，書不盡言，圖不盡意，風月無邊，庭草交翠。」真西山贊曰：「元公直指無極、太極，殆與伏羲始畫八卦同功。」顧涇陽曰：「元公三代以下之斯立焉。純粹至善者也。故曰：『一陰一陽之謂道，繼之者善也，成之者性也。』元亨，誠之通也；利貞，誠之復也。大哉易也，性命之源乎！」（劉蕺山曰：濂溪為後世儒者鼻祖，《通書》一篇将《中庸》道理又翻新譜，直是勺水不漏。聖，誠而已矣。誠五常之本，百行之原也。靜無而動有，至正而明達也。五常百行非誠，非也，邪暗塞也。故誠則無事矣。至易而行難。聖，誠而已矣。誠無為，幾善惡，性焉、安焉之謂聖，復焉、執焉之謂賢，發微不可見，充周不可窮之謂神。寂然不動者，誠也；感而遂通者，神也；動而未形、有無之間者，幾也。誠精故明，神應故妙，幾微故幽。誠、神、幾曰聖人。動而正曰道，用而和曰德。匪仁、匪義、匪禮、匪智、匪信，悉邪也。惟中也者，天下之大本也；和也者，天下之達道也，聖人之事也，故聖人立教，俾人自易其惡，自至其中而止矣。故先覺覺後覺，暗者求於明，而師道立矣，師道立則善人多，善人多則朝廷正而天下治矣。《洪範》曰「思曰睿，睿作聖」無思，本也；思，通用也。幾動於彼，誠動於此，無思而無不通，為聖人。故思者，聖功之本而吉凶之幾也。《易》曰：「君子見幾而作，不俟終日。」聖希天，賢希聖，士希賢。實勝，善也；名勝，恥也。君子日休，小人日憂。古者聖王制禮法，脩教化，三綱正，九疇敍，百姓大和，萬其實一時具足，如有形則有影。萬物無所不稟，則謂之曰命；萬物無所不本，則謂之曰性；萬物無所不主，則謂之曰天；萬物無所不生，則謂之曰心。其實一也；古之聖人『窮理盡性以至於命』，盡心知命以知天，存心養性以事天，皆本乎此也。」（同右書，四七五頁）

（二）周敦頤之心、性、情論

周敦頤（一〇一七——一〇七三年），字茂叔，道州營造縣人，曾官大理寺丞國子博士。因築室廬山蓮花峯下的小溪上，取營造故居濂溪以名之，後人遂稱謂濂溪先生。他繼承《易傳》，《中庸》和道教思想，依托道士陳摶《無極圖》演為《太極圖》，並作《太極圖說》以彰其大旨。仿太極而立人極，以「誠」為道德最高境界，「純粹至善」「五常之本」「百行之源」也。著有《太極圖說》《通書》等成為北宋道學之開山祖師。茲将《通書》之大義節錄如次以見其旨歸：

「誠者，聖人之本。『大哉乾元，萬物資始』，誠之源也。『乾道變化，各正性命』，誠聲色氣味者，萬物之體也；耳目口鼻者，萬人之用也。體無定用，惟變是用。體用交，而人物之道於是乎備矣。然則人亦物也，聖亦人也；生一人之人，以當兆人之人者豈非聖乎？是知人也者，物之至也；聖也者，人之至也。人之至也，惟其能以一心觀萬心，以一性體萬性，以一情形萬情。是知心、性、情者乃人人之所同具者，亦人人之有所異也；一娘生九子，九子九樣心；言子，則其同也；言心則異也；言性言情亦異也。故知人各異其形，亦各異其心、性、情也。形者見之於外，可自識者也；不形者，隱之於內，適時應境而發也。利至則害生，名興則實喪；利至名興而無害生喪實之患，唯有德者能之，君子賢人可當也，由此可知邵雍之心、性、情長處於利害無喪、名實不損的完美狀態之中，安焉、性焉者也。邵夫子所能致此者，以其觀物之正也，「非觀之目，而觀之以心也，非觀之以心，而觀之以理也。聖人所以能一萬物之情者，謂其能反觀也，所以謂之反觀者，不是我觀物也。不以我觀物者，以物觀物之謂也，既然以物觀物，又安有我於其間哉！」（見《宋元學案·百源學案》三七二頁）

「夫太極者，在天地之先而不為先，在天地之後而不為後，終天地而未嘗終，始天地而未嘗始，與天地萬物和會而未嘗有先後始終者也。雖曰太極生兩儀，兩儀生四象，四象生八卦，

六、宋儒諸子之心、性、情論

北宋道學肇啟，開闢了中華學術史上之新局面，展現了道學研究之無限風光，首擎「道為天地之本」大旗。開闢道學研究之先河者，為身居百泉之上的康節邵堯夫先生也。（先生之《先天卦圖》傳自陳摶，摶以授种放，放授穆修，修授李之才，之才以授先生。）先生著《觀物內篇》與《觀物外篇》以自廣其學，又著《漁樵問答》以明物我之異同與夫天性、利害之本質。以為利至則害生，名興則實喪；利至名興而無害生喪失之患，唯有德者能之。「父子之道天性也，利害猶或奪之，況非天性者乎？」明道嘗謂先生乃「振古豪傑」，「內聖外王之道」也。

（一）邵堯夫之心、性、情論

觀乎天，日為暑，月為寒。寒暑晝夜交而天之變盡之矣，雨風雷露交而地之化盡之矣。

論，則心正，性純情誠三者乃不易之理也，乃良知良能本質之自現也，不假於外力乃人之精神自然外化者也，乃心之外化之德也，光也，澤也，心之本能也，性之善質也，人之真善美之综合表現也，人之心、性、情一體之美質也，美德也，美操也，美行也；蘊之於內者心、性、情也，形之外者仁義禮智信也，孟子則曰「仁義禮智根於心。」（《盡心篇》）

臣為良臣，毋俾臣為忠臣。」太宗曰：「忠良異乎？」曰：「良臣稷、契、咎陶也；忠臣龍逢、比干也。良臣身倚美名，君都顯號子孫，傳承流祚無疆；忠臣已嬰禍誅，君陷昏惡，喪國夷家，祇取空名，此其異也。」太宗曰：「善因問為君者何道而明，何失而暗。」徵曰：「君所以明兼聽也，所以暗，偏信也。煬帝信虞世基，賊遍天下而不得聞也。」太宗嘗嘆曰：「今大亂之後天下難治乎？」魏徵曰：「大亂之易治，譬飢人之易食也。」太宗納之，終致貞觀之大治焉。魏徵又奏事曰：「臣聞為國基於德禮，保於誠信，誠信立，則下無二情，德禮形則遠者來格，故德禮誠信，國之大綱，不可斯須廢也。自王道休明，緜十餘載，倉廩愈積，土地益廣，然道德不日博，仁義不日厚，何哉？由待下之情未盡誠信，雖有善始之勤而無克終之美，故便佞之徒得肆其巧，謂同心為朋黨告奸為至公，彊直者為擅權，忠讜為誹謗，謂之朋黨，雖忠信可疑，謂心至公，熒惑視聽，鬱於大道，防化損德者，今將致治委之君子，得失則訪之小人，是譽毀常在小人，而督責常加君子也。使竭力盡誠猶未免傾敗；況內懷姦利，承顏順旨者乎！今為善人矣，猶慮其不信，何異立直木而慮其影之曲乎？故上不信則無以使下，下不信則無以事上。信之為義大矣。」由魏徵之論，可見其心正，性惇情誠矣。由此可證，從其本質而於三皇，功美於五帝，若此故獵乃可喜也，從此觀之，齊楚之事，豈不哀哉，地方不過千里而囿居九百，是草木不得墾辟而民無所食也，夫以諸侯之細，而樂萬乘之所侈，僕恐百姓被其尤也。侈靡多過，且非義理所止，故歸正道而論之。」以正道而論人之心、性、情，則其心、性、情所得之者厚矣、美矣、幽矣、遠矣；而其所發之者明矣、清矣、高矣、潔矣；東南西北中及乎上下無不充塞而周徧矣；其用心之妙，用辭之精，冠絕無倫，歷千年而彌珍。

（四）魏徵之心、性、情論

魏徵（五六〇——六四三年）字玄成，巨鹿人，少孤貧，曾為道士，隋末參加瓦崗軍，李密敗降唐。任起居舍人。入唐，為太子洗馬，太宗即位，擢為諫議太夫，前後陳諫二百餘事。貞觀三年（公元六二九年）任秘書監，參預朝政。後一度任侍中，封鄭國公。曾提出「兼聽則明，偏信則暗」。多次勸太宗以隋亡為鑑，「水能載舟，亦能覆舟」，力戒「居安思危，戒奢以儉」「薄賦斂輕租稅」，每當朝議大政，無不盡心極諫，而後止。嘗對太宗曰：「願陛下俾泉，召雄待召。雄待詔承明之庭。雄賦以風，其辭曰：「建道德以為師友，仁義與為朋，萬物權輿於內，徂落于外，以終始顓頊玄寅之統，立君臣之節，崇賢聖之業。」（見《前漢書・揚雄傳》）可見揚雄用其心、性、情于辭賦之細且深也。

（三）司馬相如之心、性、情論

司馬相如（？——前一一八年）自長卿，西漢辭賦家，蜀郡成都人，景帝時為武騎常侍，與枚乘等遊，其所作《子虛賦》為武帝賞識，因得召見，又作《上林賦》武帝用為郎中，其為文也，推陳事理，鋪設文彩，尋求根源，探索脈絡，追求走向，預其結局，觀其影響，察其子嗣，悉賴其條條文思，織織絲路，文字之工，思慮之密，為文者鮮有與之匹敵者，惟細讀其文者可領略一二也，茲抄錄《司馬相如傳》中末尾一小段文字以供參考，見其心、性、情之論，有曰：「脩容乎禮園，翱翔乎書圃，述易道，登明堂，坐清廟，恣羣臣，奏得失，四海之內，靡不受穫，於斯之時，天下大說，鄉風而聽，隨流而化，卉然興道而遷義，刑錯而不用，德隆無其情，猶言天已陽而無其陰也……聖人之性不可以名性，斗屑之性又不可以名性，名性者，中民之性。性待漸於教訓而後能為善，善教訓使然也，性者，天質之樸也，善者王教之化也，無其質，則王教不能化，無其王教質樸不能善。」（見《董仲舒傳》）

（二）揚雄之心、性、情論

揚雄（前五三——後一八年），一作揚雄，西漢文學家、哲學家，字子云，蜀成都人。為人口吃，曾作《長揚》《甘泉》《羽獵》諸賦，著有《法言》《太玄》，以「玄」作為宇宙根源。主「人性善惡混，修其善則為善人，修其惡則為惡人」，嘗作《反離騷》，其辭曰：「有周氏之蟬嫣兮或鼻祖於汾隅。……正皇天之清則兮，度后土之方貞……愍吾纍之觽芬兮，遭季夏之凝霜兮，慶夭顇而喪榮，橫江湘以南兮，云走乎彼蒼梧，馳江潭之汎溢兮，将折衷乎重華（重華，舜也，莽蒼梧之野）……鳳凰翔於蓬陼兮，豈駕鵞之能捷。臨汨羅而自隕兮，恐日薄于西山……夫聖哲之遭兮，固時命之所有。」孝成帝時，客有荐雄文似相如者，上方郊祠甘

五、漢唐諸子之心、性、情論

（一）董仲舒之心、性、情論

董仲舒（前一七九——一〇四年）。西漢經學大師廣川（今河北景縣）人值漢武帝之世承秦滅學之後，六經離析，下惟發憤，潛心儒學，三年不窺園，卒成大業，為武帝徵兆「推明孔氏，抑黜百家」；立學校之官，州郡舉茂材，孝廉皆自仲舒發之。其學之核心內涵為「仁人者，正其誼不謀其利，明其道不計其功，是以仲尼之門，五尺之童羞稱五伯」。

董仲舒之心性論依兹可見其思路，其論心曰：「為人君者正心以正朝廷，正朝廷以正百官，正百官以正萬民；正萬民以正四方；四方正，遠近莫敢不一於正。而亡有邪氣奸其間者。」其論性之言曰：「性者，質也……故性比於禾，善比於米，米出於禾中，而禾未可全為米也。善出於性中，而性未可全為善也。」「身之有性情也，若天之有陰陽也；言人之質，而心、性、情本於道，就其內在之關係而論，「心統性情者也」。堯為政之世，已明確區分為人心與道心矣。道心主公，人心已趋私矣，歷夏（立國四四〇年），商（立國六六四年）周（立國八六六年）三代共計一九六〇年。在此二千年间之政悉為私也。進入戰國七雄之際，合縱連衡之說，交相為禍，為公之政論，早已淹沒于歷史長河之中，不復再見于史册矣。堯天舜日，僅存于聖賢幻想之中。期其再現于中華歷史之中不可絕望。歷史上理想政治之種子既曾出現，異日必會再發芽孳長，更可期待愚潛寢於儒道經史已近半世紀矣，深知道德思想根系錯縱複雜。心、性、情三者交相盤結，互為作用，神思累見。此五者（道、德、心、性、情）交織一體則俊彥聖哲輩出矣。

為言之之謂德，愛人利物之謂仁，不同同之之謂大，行不崖異之謂寬，有萬不同之謂富，故執德之謂紀，德成之謂立，循於道之謂備，不以物挫志之謂完。君子明於此十者，則韜乎其事心之大者也。」（見《天地》篇）

從帝王治天下之效觀之其用心之不同，其見之於治效者亦異；莊子《天運》篇曰：「黃帝之治天下使民心一（以無為也，順其自然而已矣），堯之治天下使民心親（使民之心、性、情悉安其所也）；舜之治天下使民心競（以舜之世「百姓不親，五品不遜，敬敷五教在寬」）禹之治天下使民心變。」是禹之心先變也。堯舜之世「禪讓」之風猶存焉；而禹之世，家天下興焉，公天下之風蕩然無存矣。孔子於《禮運篇》中論之曰：「今大道既隱，天下為家，各親其親，各子其子，貨力為己；大人世襲以為禮，城郭溝池以為固；禮義以為紀，以正君臣，以篤父子，以睦兄弟，以和夫婦，以設制度，以立田里，以賢勇智，以功為己，故謀用是作，而兵由此起。禹、湯、文、武、成王、周公，由此其選也。此六君子者，未有不謹於禮者也，以著其義，以考其信，著有過，刑仁講讓，示民有常，有不由此者，在勢者去，衆以為殃。」其殃者悉為私欲所致也，人心使然也。

四、道家之心、性、情觀

老子主張「道法自然」，其思路是「人法地，地法天，天法自然」。因為追本索源，人之本身就是自然之產物，儒家經典《尚書》就説得很老實：「惟天地萬物父母，惟人萬物之靈。」此一靈字就直指人之心、性、情三者一體不可分説之整體內涵。説其心必連其性與情，説其性必連其心與情。張載則以「心統性情者也」一語正其關係矣。愚則欲張此「心統性情」之大義用以內觀治國安邦，外觀人類覺悟之狀，以預見未來也。

正確內導全民心、性、情之健康發展，從道家老子《道德經》言之，「五色令人目盲，五音令人耳聾，五味令人口爽，馳騁畋獵，令人心發狂，難得之貨令人行妨。是以聖人為腹不為目，故去彼取此。」（《道德經》十二章）若以人之心、性、情衡之，則心、性、情之覺悟高者必有抵拒之行；即使嗜欲深者亦可施教以止其邪也。故扶正止邪乃善導心、性、情健康發展之正途也。弘道而進德，進德而刳心（洗心），莊子提出十刳心之見：「無為為之之謂天，無追索中華心、性、情之根和源曰道也，道在物先；宇宙之起源，先有道而後宇宙形焉，萬物生焉，人類出焉，心性明焉，情感交焉，心、性、情作焉，三者一體而動，整體動靜隨焉，人物交相影響，存亡生滅興焉。但「萬物有存亡，道心無生死」見《靜明寶峯學案》（三〇九九頁）心、性、情三者秉道而生，因人而起；人固有生死，但心、性、情三者却長存而不滅，「人生自古誰無死，長畄丹心照翰青。」

有宋諸儒論心、性、情更富卓見。張載直言「心統性情者也」（《宋元學案》《横渠學案（下）》七六七頁）此乃儒學發展史上一晴天霹靂之見，將儒學之核心內涵一語點破，並將心、性、情三者之內在關係端正。以當今之世界觀衡之，此心、性、情三者一體之義已躍入人類整體範疇之中了。如就人類心、性、情三者一體思之則必然引起世界觀念翻天覆地的變化，使心、性、情三者走出其狹隘的領域，一步邁入全人類、全世界的範疇中。即以全人類心、性、情之胸懷來觀察處理全球問題而不受地域、國家利益之限制以致於影響大公。

降，心學論説中，對此無異議矣。

我則近年以來常反覆致思於儒道兩家以及諸子百家之見，悉可以心、性、情函盖而概括之，因此稱經典為聖賢心、性、情之結晶；而以經典為指導之全民經濟、政教、文化、藝術實踐，則可稱之曰史，經典史之全面結合，就構成了中華文明史，心、性、情三結合之能動思維體系具有無限之創新性，乃是中華活力之無盡寶藏也。

當今世界日益緊縮，人類交往日見頻繁，其心、性、情之交流亦日臻親密，人類心、性、情之接觸自然日見交融，可以視人類心、性、情為交通橋樑，智慧紐帶；更可視為消除偏見臆斷、誤會的解毒劑。但必須依據歷史檢驗的結論指明：當今世界思想體系中，唯有發源于中華思想體系的總根——大道——自伏羲指明「陰陽」「八卦」之後，中經黄帝《陰符經》之解説爾後分為儒、道兩大支流，恰如黄河、長江同源於喜馬拉雅山南麓飛奔而下歧分為黄河、長江之源。不知流淌了多少億年，滋生了以伏羲、黄帝、堯、舜為代表的儒、道兩家同根同源之思想體系。愚於拙作《中華大道·儒道篇》詳述了不贅。此處欲申之者是此心、性、情，三者一體進入全人類整體之後所發生之變化，即如何闡明人類心、性、情這一重大課題之內涵。

爭輝，大道金光照耀中華民族前進的道路，歷史如此未來耿光益然。《周易》乃中華心學之總源頭也。

此總源頭必須有深遠創造之見，《易・乾・文言》曰：「乾元者，始而亨者也；利貞者，性情也。」元亨利貞說的是由自然的大抉轉化為具有生機的大抉，儒曰：「元亨利貞。」老曰：「元之又元，衆妙之門。」列子曰：「有生不生，有化不化，不生者能生生，不化者能化化。故常生常化。」心物一統也，心物一體也，與此並行者，則心、性、情一統也，一體也，無虧欠也，無罣礙也，各家之見，雖有差異，但就其本原而論則一也，諸子百家所歸一也，以其心、性、情同源也。

儒者之論心、性、情，至北宋張載而大明，其所著《性理拾遺》有言曰：「天下凡謂之性者如言『金性剛』『火性熱』『牛之性』『馬之性』也，莫非固有。凡物莫不有是性，由通蔽開塞，所以有人物之別；由蔽有厚薄開塞，是以有智愚之別。塞者牢不可開，厚者可以開，而開之也難，薄者開之也易，開則達於天道，與聖人一。」「心統性情者也。」（《宋元學案・橫渠學案（下）》七六七頁）心統性情將三者之主從關係指明了。意義深遠矣。千年以

三、儒學經典之論心、性、情

儒學肇始論心之言乃伏犧之陰陽八卦説，此乃心物統一論之根與源也。陰陽者心之兩面也；陽者曰道心，陰者曰人心。《禮運篇》所言「人為天地之心」者，道心也。堯曰：「人心惟危」者，人心也。儒學理論之核心内涵是以道心制人心，儒學脩齊治平之功，最根本的是將脩身之功貫徹於齊治平之中，不得稍有懈怠，一朝有所懈怠，則禍患必生，危亡必至矣，此乃驗之於中華歷史大至於朝廷興衰存亡，中至於家族盛衰強弱，小至於個人順逆浮沉，一無例外，勤奮則進，懈怠則退，即便進入暮年，亦是勤進懈退，一切决於心。故儒學实質可稱之謂心学。自堯、舜、禹相授受提出「人心惟危，道心惟微，惟精惟一，允執厥中」。此意四千年來（前二三九七年）成為中華心學之源，實則非源也，乃流也。

堯舜之後，心學之流日見疏通增大，夏商之後，周文王被囚於羑里，積其遐思演為六十四卦，益之以周公（旦）作爻辭，孔子作《繫辭》《十翼》，使《周易》此中華理論殿堂與日月由此而明，《尚書》諸篇所涉及者既悉為道德、政教、典章、制度、史料，則其所包涵之者無不屬於心、性、情三者一體之內含也明矣。

又六年王乃時巡，考制度於四岳，諸侯各朝于方岳，大明黜陟。此《周官》實乃《周禮》一經最簡要之縮寫（《周禮》全文四萬五千八百字，周官才五二三字）。亦得其要矣。

《尚書》肇始于堯帝（前二三九七年），終于《秦誓》秦穆公伐鄭（前六二七年）其間歷史跨度為一六七〇年。其間歷堯舜禹（夏十九帝桀）、商（三十一帝）。周襄王二十五年，適晉伏兵崤山，盡滅秦軍，擄孟明之年。就《尚書》而論，名篇有《皋陶謨》《五子之歌》《說命》（上中下）《洪範》《金縢》《無逸》《周官》等多篇中求其心、性、情三者綜合發展之史料，莫不俯拾即是，然而得之不易者，以切、錯、琢、磨之工亦難矣。如《洪範》中「貌、言、視、聽、思」五者中所蘊藏之珠玉之富，一望而明之矣，但鑿金之不易者以玉石交相輝暎也。如《洪範》中之五事：「一曰貌（容儀），二曰言（詞章），三曰視（觀正），四曰聽（察是非），五曰思（心慮趣向）。貌曰恭，言曰從，視曰明，聽曰聰，思曰睿，恭作肅，從作乂，明作哲，聰作謀，睿作聖。」其中貌、言、視、聽四者為有形，而思則無形也。而且明、聰、睿、肅、乂亦無形也。而其中內蘊之心、性、情三者之綜合活動極其纖微而不見也。

以揚武王之大烈。」（《十三經注疏》二三二頁）

周官：成王既黜殷命，滅淮夷，還歸在豐，作周官。惟周王撫萬邦，巡侯甸，四征不庭，綏厥兆民。六服羣辟，罔不承德，歸于宗周，董正治官。

立太師、太傅、太保，茲惟三公，論道經邦，燮理陰陽。

少師、少傅、少保曰三孤，二公弘化，寅亮天地，弼予一人。

冢宰掌治，統百官，均四海。

司徒掌邦教，敷五典，擾（安也）兆民。

宗伯掌禮，治神人，和上下。

司馬掌邦政，統六師，平邦國。

司寇掌邦禁，詰姦慝，刑暴亂。

司空掌邦土，居四民，時地利。

六卿分職，各率其屬，以倡九牧，阜成兆民。

六年五服（侯、甸、男、采、衛）一朝。（會京師）

寅畏，天命自度，治民祇（敬也）懼，不敢荒寧，肆中宗之享國七十有五年。」「其在高宗時舊勞於外，爰曁小人。作其即位，乃獲亮陰，三年不言。其惟不言，言乃雍，不敢荒寧。嘉靖殷邦，至於小大，無時或怨。肆高宗之享國，五十有九年。其在祖甲，不義惟王，舊為小人。作其即位，爰知小人之依，能保惠於庶民，不敢侮鰥寡。肆祖甲之享國，三十有三年。自時厥後立王，生則逸。不知稼穡之艱難，不聞小人之勞，惟耽樂之從。自時厥後，亦罔或克壽。或十年，或七八年，或五六年，或四三年。周公曰：嗚呼！厥亦惟我周太王、王季，克自抑畏。文王卑服，即康功田功。徽柔懿恭，康保小民，惠鮮鰥寡，自朝至於日中昃，不遑暇食，用咸和萬民。文王不敢盤于遊田，以庶邦惟正之供。文王受命惟中身，享國五十年。周公曰：嗚呼！繼自今嗣王，則其自無淫于觀、于逸、于遊、于田，以萬民為正之供。」（《十三注疏》二三一——二三二頁）

《立政》：周公作立政。周公戒于王曰：「王左右常伯、常任、準人、綴衣、虎賁。嗚呼！休茲，知恤鮮哉！」「古之人，迪惟有憂，乃有室大競，籲俊尊上帝，迪知忱恂于九德之行。繼自今立政，其勿以憸人（憸利之人）其惟吉士，用勱相我國家。」「以覲文王之耿光，直；會其有極，歸其有極。曰皇極之敷言，是彝是訓，于帝其訓。凡厥庶民，極之敷言，是訓是行，以近天子之光。曰：天子作民父母，以為天下王」。六、三德：一曰正直，二曰剛克，三曰柔克。平康正直，彊弗友剛克，燮友柔克。沈潛剛克，高明柔克。七、稽疑：擇建立卜筮人。汝則有大疑，謀及乃心；謀及卿士，謀及庶人，謀及卜筮」。乃心，卿士，庶人，卜筮。四者，其起決定作用者，實乃當事人之心也，然古人信天、神、鬼、巫之力，多受其害，實乃認識過程中之誤因也，於今猶存於重利者之渴求而無法完全擺脫也。八、庶徵，曰雨，曰暘，曰燠，曰寒，曰風，曰時。（雨以潤物，暘以乾物，暖以長物，寒以成物，風以動物，五者各以其時。）五者來備，各以其敍，庶草蕃蕪。一極備凶，一極無凶。九五福：一曰壽，二曰富，三月康寧，四曰攸好德，五曰考終命。六極：一曰凶、短、折，二曰疾，三曰憂，四曰貧，五曰惡，六曰弱。

《無逸》，周公作《無逸》（中人之性好逸豫，逸者，勤政之賊也，敗亡之漸也，有國者之深戒也），宋仁宗景祐二年（公元一〇五〇年）正月，「置通英、延義二閣寫《尚書·無逸篇》於屏。以戒朝廷。周公舉其前賢之勤政以昭無逸之義。」「我聞曰：昔在殷王中宗嚴恭

《洪範》為箕子所作。武王勝殷，殺受立武庚（紂王之子也）以箕子歸，作《洪範》。箕子曰：我聞：「鯀殛死，禹嗣興，天乃錫禹洪範九疇彝倫攸敘。」（原注曰：「天興禹，洛出書，神龜負之而出，列於背者有數至于九，禹逐因而第之，以成九類常道。」）此九類常道：一曰五行，二曰五事（貌、言、視、聽、思），三曰八政，四曰五紀，五曰皇極，六曰三德，七曰稽疑，八曰庶徵，九曰五福。茲逐一述其所旨：一曰五行：「水、火、木、金、土。水曰潤下，火曰炎上，木曰曲直，金曰從革，土爰稼穡，潤下作鹹，炎上作苦，曲直作酸，從革作辛，稼穡作甘。」二、五事：貌、言、視、聽、思：貌曰恭，言曰從，視曰明（清審），聽曰聰（微諦），思曰睿（通于微），恭作肅，從作乂，明作哲，聰作謀，睿作聖（于事無不通）。三、八政：一曰食，二曰貨，三曰祀，四曰司空，五曰司徒，六曰司寇，七曰賓，八曰師。四、五紀：一曰歲，二曰月，三曰日，四曰星辰，五曰厤數。（厤數節氣之度，以為厤敬授民時）五、皇極：皇建其有極。（大中之道，大立其有中，謂行九疇之義）凡厥庶民、有猷、有為有守，汝則念之。曰予攸好德，汝則錫之福。無偏無陂，遵王之義，無有作好，遵王之道；無有作惡，遵王之路；無偏無黨，王道蕩蕩；無黨無偏，王道平平；無反無側，王道正時間跨度為一千七百三十年。

於此五十七篇中，含義豐厚、深遠，關乎興衰成敗，生死存亡者無不涉及指明也。其中《皋陶謨》《洪範》《無逸》《立政》《周官》諸篇，尤當申明其微言大義，彰顯其旨歸。如《皋陶謨》首先彰明「九德」：「寬而栗（『性寬弘而能莊立。』），柔而立和柔而能立事。」，願而恭（「慤願而恭恪」），亂而敬（亂，治也），擾而毅（擾，順也），直而溫（「行正直而氣溫和」），簡而廉（「性簡大而有廉隅」），剛而塞（剛斷而實塞），彊而義（「無所屈撓，動必合義」）」此九德固為輔為臣為官為辟者之必具，亦為士為民之所當仿效者也。《皋陶謨》又提出了「人心惟危，道心惟微，惟精惟一，允執厥中」之均富思想，為繼起的執政者所當秉承之圭臬。後之學者視此為心學之源。實質乃脩身中一個根本問題：老子曰「為道日損」，誠此意也。《皋陶謨》同時提及了「臨下以簡，御衆以寬」，「罰弗及嗣，賞延於世」，「宥過無大，刑故無小，罪疑惟輕，功疑惟重」，「好生之德洽於民心」諸多刑賞處理之原則問題。貫徹「刑期於無刑」之精神。並提出了「無稽之言勿聽，勿詢之謀勿庸」。於此次首腦聚會中。益贊於禹曰：「惟德動天，無遠弗屆；滿招損，謙受益，時乃天道。」

正面（陽）去解説人之心、性、情，而是從反面（陰）去解説。（注：《陰符經》只言心性二者，而不言情也，惟儒家重情，獨立專篇論「情者，聖王之田也」。）《陰符經注》以清李光地之見為善，其言曰：「《陰符經》亦衰世之書，大抵老氏之苗裔，知其意者為之也，五賊三盜之云，其尤嶮惡，然其本旨則老子所謂『反者，道之動』云尔。通以儒者之言，則豢養者，酖毒也；患難者，药石也。逆制其性，所谓害我之贼，然而可以昌，德之昏明，命之融短，國之興衰，軍之成敗，孰不由是……非昊羲文王孰能于此見天見地之心哉？于是有得，然後可以察盈虛之義，語屈伸之感，萬象變滅，不以撓其志亂其胸矣。雖曰陰陽勝，而道主於陽，故曰陰符也」。（《陰符經集釋》，四一四頁）

自黄帝（軒轅）之後，中華歷史依據司馬遷《史記》就進入有文字可考的年代了。據柏楊所編《中國歷史年表》黄帝居位一百年（前二六九八——二五九八年），傳位於少昊（己摯），居位八十三年；傳位於玄帝（姬）顓頊，居位四十八年；傳位於帝嚳姬俊，居位一百三十年，傳位於帝摯姬摯，居位十一年；傳位帝堯放勳。《尚書·堯典第一》所載即堯政也。《尚書》總計五十七篇，始於《堯典》（前二三五七年），終於《秦誓》（前六二七年）

二、伏羲陰陽八卦之説

伏羲陰陽八卦之説，出自天意，非人心、人性、人情所可及也。其時自然規律，統治宇宙，唯伏羲獨具慧眼卓見陰陽八卦（前二九六五年）歷黄帝堯舜夏商，至周文王，被紂王囚於羑里（河南湯陰）演繹成六十四卦（前二四四年），《周易》之理論體系因而大備，孔子又為之作《十翼》，中華之理論殿堂《周易》美輪美奂照耀人類文明已歷二千五百年矣。「一陰一陽謂之道，繼之者善也，成者性也」，人性善論由此立焉，物性善論亦由此立焉；人與物之性俱善論由此立焉；則立于此性善論之上的「惟天地萬物父母，惟人萬物之靈」。（《尚書·泰誓》，《十三經注疏》一八〇頁）此一「靈」字就將人類之責任提高到了仁民愛物之境地，同時又批判地指明了達尔文之「物競天擇，優勝劣汰」必然導向侵略與國際戰爭與我中華「柔遠人也，懷諸侯也」、「大國者下流」背道而馳焉。

此一「靈」字已將人之心、性、情三者包含無餘矣。但是黄帝所作之《陰符經》不是從故聖人尊之，以天命愚其人而智其聖，故曰天機張而不死，地機弛而不生。觀乎陰符，造化在手，生死在乎人，故聖人藏之於心，所以陶甄天地，聚散天下而不見其迹者，天機也，故黃帝得之，以登雲天，湯武得之以王天下，五霸得之以統諸侯。夫臣易而主難，不可以輕用。太公九十非不遇，盖審其主焉。若使哲士執而用之，立石為主，刻木為君，亦可以享天下，無賢君則義士自死而不仕，莫若散志巖石以養其命，待生於泰階。故聖人藏諸名山，傳之同好，隱之金匱，恐小人竊而弄之。（《黃帝陰符經集釋》（上古，黃帝著，商、伊尹等注）觀諸葛亮之見，其所言「天機」即「天道」即最初之天體出現也，當今之天文界以一百三十億年視之，待九十億年之後地球出現了便可并稱為天地了，「氣之輕輕上浮者為天，氣之重濁下凝者為地」，這就是我中華遠古之天地觀，由天地而內蘊大道，由大道而內藏生機，生機即心也；由此而知道即心也；心生萬物，亦生人類，亦生人類心、性、情三者綜合之智慧寶藏也。此智慧寶藏也，經歷了幾個重要歷史階段，終歸於完善也。

據柏楊所編《中國歷史年表》所記：伏羲之後有女媧氏，「時四極廢，九州裂，天崩，女媧氏斷鼇足以立四極，煉五色石以補天」。（見該書四頁）其時（前二八七二年），閃族阿迦德部落酋長薩尔恭一世，自阿拉伯半島侵入美索不達米亞，滅蘇美尔帝國（前三六〇〇年）。女媧氏之後繼起者為神農氏，教民播種五穀作陶器斧斤，被推為中國元首，傳位八代至榆罔，有熊部落入侵，戰於阪泉之野（山西運城附近）。三戰而敗亡。此後中華歷史進入了有年代可考的正史時代。就心、性、情而論也，已進入了有文獻可考之始初之期了。

故知心、性、情三者乃隨人類之出現而完備之者也。只是當時出現之初反映之情粗疎而已。待人之思維日漸由粗而精之際則推理日密，條貫日細，人之思維如蠶之吐絲然，先後順序井然而不亂，嚴密而不紊先有人心之出現，此人心之初出現也，必具思維之能力，但可設想其思維能力必然如木葉盡脫之「三秋樹」，枝幹蕭踈挺直，思路因人之心、性、情而往下擴張而完善，縝密而富有創造力，其軌跡可尋者既有黃帝之《陰符經》，又有參與解釋的羣神衆仙之見，將求仙學道之人帶入神妙之域，給人以道行高妙，德洽無疆之啟示，對於提高個人之道德素養定然有益無害者也。觀諸葛亮《黃帝陰符經集注序》曰：「所謂命者，性也，性能命通，統言之曰：道也，道乃心、性、情之根也源也。此根也源也，與枝也葉也流也乃經歷了。

自然與人文之發展過程，其自然之過程必以億年言之。其人文過程以千年稱之即可。具體論之，如宇宙之出現與存在即可視為道之出現與存在；我中華學術史稱此為「無極而太極，太極本無極」。此意在説明：出現之際充滿眇眇無際之空間為一氣而已；此種狀態經歷了一百多億年，適值中華史上公元前二九六五年伏羲氏出生了，提出陰陽八卦（天、地、雷、風、水、火、山、澤）變化有序的學説，經周文王於羑里（前二四四——二四二）演繹為六十四卦；又經孔子（前五五一——四七九年）作十翼，其理論體系大備於《周易》。故《周易》一書可視為宇宙大道之完備理論體系。此體系之總綱曰「元亨利貞」。孔子所作之《文言》釋之曰：「元者善之長也，亨者嘉之會也，利者義之和也，貞者事之幹也」。由此可知伏羲將此自然之道轉化為人文之道，而文王則將此人文之道以周之西岐立國，壯大富強，終以武王滅紂興周之大功告成而相呼應；乾卦之「潛龍勿用」，即示周德之興也艱危，「見龍在田」則示周德之興也壯大；「君子終日乾乾夕惕若厲。」示周德影響日大，問之者感親之者銘受之者益。此乃我中華學術史上有据可按之史實也。

素，太易者，未見氣也；太初者，氣之始也；太始者，形之始也；太素者，質之始也。氣形質具而未相離，故曰渾淪，渾淪者，言萬物相渾淪而未相離也」。（《諸子集成（三）·列子》二頁）觀之，亦可知其見其道之深遠而論述之深切著明也。而對其自身之見則曰：「吾誠無二心，不知形體之所措，利害之所存，心一而已，物亡迕者，如斯而已」。（《列子·黃帝》十八頁）

《前漢書·藝文志》將中華學術分為九流十家。經二千餘年之歷史檢驗，今儒道兩家猶為顯學。經與史昭示世人，此無他故，乃儒道兩家之經典正確承繼了大道，五千年來中華歷史也證明了大道之光輝照耀了中華前進道路。當今中華民族仍邁著雄健的步伐與人類比肩前進，其言行為人類所信賴，無他故也，賴我中華之心、性、情與世界各國人民之心、性、情息息相通也。脈脈相貫也，毛毛相吸也，聲聲相應也。進一步言之，我中華民族之文化雖有其自身之獨特性，此獨特性就是儒道兩家理論體系既同根同源——同尊道也。歷二千五百年之歷史检驗，證明兩家理論體系闇然而日彰，而其歧見則的然而日亡。這個獨特性在未來國際交往中必然融化為國際準則之心靈因素。此因素可名之曰心、性、情，三者同體而不須臾分言之者也。只可

一、心、性、情之根——道

心、性、情之根與源乃大道也，此道也，乃宇宙之根也，源也，本也，基也，自然而出之者也。打一開始（一百三十八億年）就包含生機於其內而進入了變化與發展之過程也。一此道也，伏犧名之曰陰陽，老子名之曰道德，孔子名之曰克己。陰陽演為《周易》，《周易》化為道德，政教以及形上，形下之理論體系。典章制度，思想方法乃至於應變萬物，處之泰然而不驚，行之久遠而長受其益。老子於《道德經》之所宣者一是，「元之又元，眾妙之門」，「萬物之奧」；二是，「重為輕根靜為躁君」；三是，「人法地，地法天，天法道，道法自然」；四是，「大國者下流，小國者居上」，此乃由大道蘊發而出之大德也。驗之以五千年之經史檢驗，可以雄辯見其潛力深厚，而且愈開發益見此道脈之深不可測，源無止境也。

考之中華學術史，涉此道者之論多矣，即以列子之論：「有太易，有太初，有太始，有太

心、性、情論

為聯合的帝國主義如十九世八國聯軍搶掠中國，如二十世紀德意日之屠掠亞歐，遠在太平彼岸的美國在日帝襲擊珍珠港後被捲入大戰。二次大戰結束後美國獨謀稱霸全球，扶殖戰敗國日本為其羽翼以抗衡全世界的共産主義。時至今日，全球力量格局起了根本變化，主要是我中華在一百六十年的艱難苦難中覺醒，到走中華先聖先賢所開闢之康莊大道乃是中華唯一出路，行之四年全球稱善。溯其根由興起乃在於我中華所行者乃是心也。其體言之有幾條必須遵守的根本原則：已所不欲勿施於人」；「已欲立而立人，已欲達而達人」；對友邦之關係則「柔遠人而懷諸侯」。「继绝世舉發國」；對大小國之關係：「大國者下流，大國以下小國」。這些原則的實現，都有賴於國際平定，人類安靜，假我時日與世紀，令我有所作為，令全球有所靜思，讓人心有所吞吐，讓歷史有所消化與結晶，唯有歷史檢驗，才是事物正確之結論，輿論之屬淺薄之見，適足以傷理害事，小則誤己，大則害羣，誤國以及禍人類，豈可不慎也夫。

運！中和！中和！人類心靈上永不消逝的天命的電波：

7.「新哲學以人和自然為唯一最高對象。」（四八九頁）費氏之此言（人與自然）為新哲學最高對象。今日細思之，必須以「克欲去私」為前提，中華從堯舜教識「人心惟危」（公元前二三五七年）於四千中無時不在「克欲去私」，而且積澱了豐富可資參考之經史，造成了強烈的「自天子以至於庶人，一是皆以修身為本」的文化傳承，以此為外在的推動力，以此靜觀西方似乎只見天下滔滔者皆為利來，天下嚣嚣者皆為利往，中華子孫今者亦不免在全球大潮中有推波助瀾之失，但其心、性、情三者綜合觀之，在是非善惡正邪面前還是能明辨篤行。此中西之差異乃矛盾之根。雖視之人與自然無二致完之中西差距甚深：中之利也，以利己兼利他；西之利也，以自我為中心，不顧損他以利己，願中西方哲人，有以顧及之也。

8.「世界只對于開放的頭腦才是開放的，而開放的，就是感官。」（四九五頁）此言也只説對了前一半，後半句應改為「開放的門戶是道心」。道心者無欲之謂也，感官者五色，令人目盲，五欲令人心發狂也最終乃利己主義者也。中華五千年歷史證明利己主義必害他害家，害昏，害國，害人類，害天下，西方三百年之歷史證明以利己主義為核心的資本主義最後發展一行，一舉一動都能見其時效獲其受益。既然哲學家能明此理（顛倒宗教見哲理），宗教家不是易識破此理嗎？未見有宗教家起而揭破此真相者，制度之桎梏也，此外宗教信仰已成為人之精神生活的不可分割的一部分。歷三四千年而不衰乃是宗教長存的心理基礎。

6.「上帝，就是放到人以外客觀化了惡人的本質。」（四七五頁）作為頭腦里沒有上帝的中華學者來說，這句話減縮為：「上帝就是人的本質」，就了解得直截了當了。這樣同中華的大道相對照而論之上帝就是大道就是老子眼中之「元之又元，眾妙之門」就是孔子心中之「元者善之長也」。就是伏羲頭腦中之陰陽乾坤」。這樣就將中西方思想統一在一元論之下，中華曰「道」，西方曰「造物主」；中華曰「自然」，西方曰上帝；中華曰「心物一統論」；西方曰「精神外化為物」。（黑格尔語）不管中西各有所側重，但中西均可以一元論一之，可謂無疑義矣，在一元論之前提下，不僅可以開展廣泛的學術研究活動，甚至可在有矛盾的情況下達成戰略合作，唯在雙方的政治家具有遠見卓識而已矣。爭端解決之道在一和字而已。《中庸》曰：「中者，天下大本也，和者天下之達道也，致中和，天地位焉，萬物育焉。」（《十三經注疏》一六二五頁）此乃一元論所應終歸之政治結論。此乃人類應為之拼搏而牢牢把穩住的命一切，而人心能説明一切。心能説明道中之理。理中之紋，紋中之脈，以及一切光合作用，生理由此而明科，心由此彰也，性由此純也，情由此真也。此一切皆人學也。由吾而靈，由靈而神由神而心，由心而性，由性而情，三者合一，而心統一之此中華之人學也，只須在心上立一信字，一切過程均結束了.所以今日只須中西哲學一撮合上帝就立起來了，至於信與不信，深淺如何，不作計較可也，上帝也不一定會怪罪也，故知我中華無上帝，唯有心，幾千年或曰上萬年來。我中華民族唯賴道心克制人心、以漁、以獵、以耕、以文、以恩、以倫，積澱經驗，開發智慧，辨方定位，理國經野，建立歷制法治，創立了完美的人學，但當今人類的正道為少數利己主義正科所顛倒，必待二三百年人類正氣正義伸張之後，始可漸見，妖霧散去，彤日照空，我中華人學之溫馨與澤惠始可為全人類所享有。

5.「只要把宗教的關係顛倒過來，就得到了真理。」（四八二頁）費氏在此言之後加了兩個注解，一曰：「上帝是妒忌人的。」二曰：「宗教是妒忌道德的。」因為道德是人心、人性、人情實實在在的自我克制；宗教雖也在遵從清規戒律上做其工夫但宗教最終于空，不若道德之落於實處也。若將宗教的一切關係顛倒過來，就等於正常人講修養（如修齊治平）。一言但其本質，利己主義永遠不會變，因而思維模式與對待國際問題的態度與戰略也不會變，唯獨我中華稟承整體的大道觀所產生的內聖外王的人生觀。兼顧利己與利他、如「己所不欲，勿施于人」；「己欲立而立人，己欲達而達人」，「修己以安人」，在幾千年的實踐記載中，不管經史、源流，亦復如是。就當前的國際交往靜观而深思之，唯獨我中國之外交活動與言論本於「道統」出于「诚」。歷史是检驗各國言行唯一標准，五十、一百年即可看出何國之言行出于利己主義，何國之言行有利于全人類，敵人預言，唯我中國的外交言行有利於國際大聯合，有利於人類大團結。因為中國所奉行的大戰略，對內治國安邦以公诚，對外世界大同以诚敬。

4.「神學的秘密就是人學。」（四六三頁）費氏之此言也，若以我中華之干干淨淨（一點神學的雜質異味都未嘗沾染）之人學相對照來分析，一眼就看透了人學就是西學之神學。我們所見之「人為萬物之靈」不是上帝造的，而是「有天地然後萬物生焉，盈天地之間者，唯萬物故受之以屯，屯者盈也，屯者物質始生也，物生必蒙，故受之以蒙，蒙者蒙也，物之穉也，物穉不可養也，故受之需，需者飲食之道也」。（《周易序卦》）此書乃我中國的思想之源，其思想之乃萬物之源，人類之根，天地之心，萬物之心，人類之心，最終結論不是上帝創造了學就完完全全顯露出來了，中華無神學，只有純正的人學，由此推論開去，則全人類之有關「人」的學問，唯我中華為真為純為正為樸，他者，則偽也，至少可言帶有神秘色彩也；驗之中華經典，縈其源流發展，猶可見其批判斑跡尚存，從堯舜以降迄於目前「私欲」二字成為公私大患、政教大賊、社會大病、學術大疵，隨處可見。中華人學尚且弊病如此，其人學不純不正者禍患之深更可想而知也。由此言之，當前人類面臨之迫切問題是「正」人學，就每個人而論，又是正人心、正人性、正人情三者同時並正：張載曰：「心統性情者也，則其本，在正心也。」直截說在正各國領導人之心，聯合國未來應引此為其功能之一。

3.「統治國家的不是神，只是利己主義。」費爾巴哈掀起了西方政治的老底。西方政治大致可分兩大段：一四九二以前神權統治，此後進入了資本主義生產方式時代，便是利益主義所統治了。十九世紀開始了帝國主義之大聯合，形成大拖拉司壟斷帝國主義。在十九世紀後半葉則成為八帝稱霸的帝國主義，各自的殖民地遍佈全球。二十世紀初以後的第一次與第二次世界大戰前的二十年間曰：德、意先後在亞歐發動侵略戰爭，最終戰火延及美國，直至一九四五年八月日第二次世界大戰結束，於今已愈七十年矣，昔日帝國主義所構成的國際形勢雖有所異，

五、費爾巴哈（Ludwing Feuerbach，一八〇四——一八七二年）

著有《黑格爾哲學批判》《基督教本質》《未來哲學原理》《宗教的本質》等，德國人。關於費爾巴哈哲學中華及與黑格爾哲學等之關係問題擬從如次等八方面來探討。

1.「東方人見到統一忽略了差異；西方人見到差異忽略了統一。」費爾巴哈更進一步指明：「前者把自己永恒的一致性，所抱的一視同仁態度。一直推進到白痴的麻痹狀態；後者則把自己對於差異性和多樣性感受擴張到無邊幻想的狂熱地步」。（四四九頁）我則直截了當稱東方人的統一觀為演繹法，西方人差異观為歸納法。前者一理萬殊，由普遍而及於個別，由本而由根而兩枝葉。由森林而樹木，生機貫天地，道理通古今，上承日月星辰，中接風雷電，下吸山川水上，萬象萬理萬變化，演繹其中，無盡無窮。哲理藏于其中，類别幻於其外種族消長於其間，物理存焉，化作運焉。心理交焉，萬學與焉，由此和論演繹法豈不活於歸納法遠矣也哉；

2.「神學的秘密就是人學。」（同前書，四六三頁）如此，剝去神學那層神秘的衣，人豈有閒暇顧及與美，爭雄稱霸哉：有的則不過被迫自衛而已矣；有的，則不過為捍衛人類理性與保衛世界和平而已矣。中華「道統」指引中國政府與人民，同全人類結成一條心（大同之心）奔赴共贏同榮的康莊大道。

8.「歷史屬於客觀精神。」（《歷史哲學講演錄》四四五頁）

歷史所記述者，不管其起於何種門類，實乃客觀規律之反應。故可將歷史視為客觀精神，但有一個重要問題必先注意，這就是史觀必正，史觀正者則其史實結論方可正也。其史料方具有參考價值。举例以明之。如興衰成敗。榮枯消長乃事物普遍規律，可以認識、把握、探求改進之道，乃至於尋求避免之方，均屬肯能，但不可拒而不認識、唯在此種史觀指導下之史料具有客觀精神的作用，亦唯有此類史料始可稱謂客观精神。正確史觀中還包含有另一因素必須揭明：就是有害的私欲在歷史實踐中所起的作用。人類實踐不管其居於任何地域和國家都創建了自己的客觀精神，其中就包含了私欲在內。當其成為客觀的歷史精神之後，它就曾經影響过昨天之歷史實踐，也有可能正在作用當今之實踐。因此對于客觀精神與歷史結晶的東西必須要以當值正確衡量之。

萬物育焉。」和中西二者而言之，則正其道，張揚其理性則中西方和焉，安焉，晏焉、休焉。今中西方不和之患，非患起於雙方也。究其實，乃患起於西也。俗言兩個巴掌才拍得響，今中美之失衡適一掌獨運，在于美之以其六成之武裝陳兵我中華門首，司馬昭之心，世人如見肺肝然，夫何言哉；就我中華而論，一言以蔽之，在遭受一百五十年列强之侵略欺凌，痛定思痛，驚悟唯我中華積全民五千年實踐之大道大德大憲大綱以及先聖先賢之睿智辛勞所凝成的「道統」，乃是引領我中華民族完成治國安邦大業的無窮理論寶庫；同時縱觀宇宙發展，人類歷史、文成以人類心、性、情三者综合潛能，也可预窥其未來方向，順之中華道統則興，逆之則乖；而且在《禮記·禮運》篇中就有一段預言色彩的經典曰：「大道之行也，天下為公，選賢與能，講信修睦。故人不獨親其親，不獨子其子，使老有所終，壯有所用，幼有所長，矜寡孤獨廢疾者，皆有所養。男有分，女有歸。貨惡其棄於地也，不必藏於己；力惡其不出於身也。不必為己，是故謀閉而不興，盜竊亂賊而不作，故外戶而不閉，是謂大同。」（《十三經注疏》一四一四頁）細味此大同觀，實可謂之人類理性與大道的自然表現；此在中華經典里已至少存在二千五百年以上。中華當前迫在眉尖之兩大任務：內以治國安邦，外以促進世界和平，我完善——通過政教之實踐，達於人心精神本質。西哲曰「自由」。中哲曰「從心所欲不逾矩」。作如是概括大致符合黑格爾邏輯思路。以為中西哲學思维之差異不可能短期消失。必有待于長期磨合方可消除。只能寄希望于中西哲學家之长期努力。费爾巴哈對黑格爾之批评持論公允。「向往西方而貶抑東方則是黑格爾及學派的一個特徵。」值得讚許。

6.「合理的就是現實的，現實是就是合理的」。

黑格爾闡述曰：「每一個天真意識，都像哲學一樣，懷着這種信念；哲學正是從這一信念出發，來考察不論是精神世界或自然世界的。最關緊要的是在有時間性的瞬間即消逝的假像中去認識內在的實體和現存事物中的永久的東西，其實由于理性的東西在它的現實中同時達到外部實存，所以它顯現出無限豐富的形式、現象和形態。」這就是説内含的理性與外在的表現形式永遠都是一致的，《道德經》首章「元之又元，衆妙之門」即此意也。

7.理性是宇宙的无限權力。理性是萬物的無限內容，是萬物精華與真相。可知，充宇宙之內，理性無所不在，無所不至，大器於無垠，細及於無論，無所不入，無所不存，中華哲學則稱之謂「道」，「道者萬物之奥」，「道者不可須臾離也；可離非道也。致中和天地位焉，绝對本質的东西。」「真理只有一個——這乃是理性的本能所具有根深蒂固的直覚和信念。我們必须講明白哲學系統的分歧和多樣性，不僅對哲學本身和哲學的可能性没有妨碍而且對于哲學這門科學之存在，是绝對必要的，哲學是關于真理的客观科學，它不是意見，也不是意見的產物，在哲學真理面前一切意見都褪色了。」黑氏此見甚善。在科技、人文等領域中，真理所至，無不啞然失聲，但在權力、政治面前，哲學真理亦無可奈何；唯我中華哲學遵「道」為至高無上之真理，歷四五千年之全民實踐，已成為「道統」，為歷代施政之最高指導原則，此原則已包含了施政之大綱大目，只有在施政中，根據當前之現實情況作適宜調整即可。西方對此不甚理解還因其急功近利缺乏政治耐心，不明政教之改善即便在正確的思想指導下亦必經歷漸變過程。

5.黑格爾所言的「絕對是本質」「理念是自在自為的真理」。「自然是理念的外在化」，「從自然揚棄中產生出精神」。「精神的本質就是自由」等一系列概念中可以理出其內蘊之邏輯順序：宇宙的本質——絕對精神——真理之源——自然萬象，萬理，萬化——人類之倫理性、社會性、創造性自我認識與修養——心、性、情三者之自個自己恢復自己的同一性，或在他物中回到自己的復歸。——而非元始的統一性或直接的統一性本身。這才是真东西。這就是成為自己。這就是以终点為目的而又以终點為起点的循环。這循环只有在完成以後，在這到它的终点以後才是現實的。」（三六七頁）

3.哲學史上無一個體系都是哲學本身一個环節。

「那在時間上最晚出的哲學體系，乃是前此一切體系的成果。因而必定包括前此各體系的原則在內。所以一個真正的名副其實哲學體系，必定最淵博、最豐富和最具體的哲學體系。真正自有的思想，本省就是具體的，而且就是理念換言之，真理就全體。哲學若沒有體系就不能成為科學，真正的哲學是包括一切特殊原則于自身之內為原則，哲學的每一個部分都是一個哲學全體，一個自身完整的圓圈，因此全體便有许多圓圈所構成的大圓圈。每一個圓圈都是一個必然的環節。這特殊因素的體系構成了整個理念。理念也同時表現在每一個環節之中。」（三七六頁）

4.「在真理面前一切意見都褪色了。」

「個人的信念，事實上就是理性或理性的哲學從主观性出發，在知識方面所要求的最後的間才使人類相信被称為經驗的那種對現世事物的注意。是有益和有效的。人的目光是過於执着於世俗事物了。人的神已顯示出極端貧乏，像在沙漠中旅行渴望獲得一口水。急盼對神聖事物獲得一點點感受。」（三六二頁）

「科學作為一個精神世界的王冠，也决不是一開始就完成了的。新精神的開端，乃是各種文化形式一個徹底变革的產物，乃是走完各種錯綜複雜的道路並作出各種艰苦的奋斗努力而後取得的代價。」（三六五頁）

「科學的知識性形式，是向一切人提供的，為一切人铺平的通往科學的道路；而通过知性以求獲取理性知識乃是向科學的意識是正當要求，因為知性一般説來即是思维即是纯料的自我，而知識性的东西即是已知的东西，和科學與非科學意識共有的东西非科學的人通过它就能直接進入科學。」（三六六頁）

2.應該把真正的實體理解為主體。

「活的實體，又是存在，只要它是自己建立自己的運動，這存在實際上就是主體，就是現實的。作為主體的實體是纯粹的单纯否定性是单纯者的一分為二，或树立面的二重化，只有這

跡。」（三五六—三五七頁）

「自我意識的運動：主客體統一变成了自我——自己的客體——客體的主體兼客體——有機結構。通過此四階段。作為心智的自我，就完成了。」（三五八页）

四、黑格爾（Georg Wilhelm Hegel，一七七〇——一八三一年）

德國人，著有《精神現象學》《邏輯學》《哲學全書》《法哲學剛要》《歷史哲學講演錄》等。

黑格爾哲學內涵豐富史料翔實，擬就如次八個要點論說。

1. 哲學必須上升為科學的真理體系。

「科學的真理體系，只能是真理存在的真面目。出一把力氣，是哲學接近科學的模樣，终于能够丟掉愛智的稱號成為真心的知識，這就是我所要做的工作。知識就是科學。這有內在的必然性，出於知識的本性，要令滿意地說明這一點就只有陈述哲學本身。」（三六一頁）

「据說，哲學不必那麼着重於提供洞見，而主要在于给予啟發或啟示。……费了很久是時的，只不过是它們的規律，這些規律在大宇宙中之實現，即是天體運行机械作用。完整的自然理論应當是那種可以全部自然熔化為一種心智的理論。所谓死寂是自然，只是一種不成熟的心智。因此，在自然現象中仍然透露着心智的性質，雖然是無意識的。自然將自己完整地变為客观的东西的最高目標—就是人。就是我們所谓的理性，自然借助于理性，才第一次完全回後到它自身。自然與我們在自身内所認作的心智和意識的那種东西原來是一回事。」（三五二—三五三頁）

「『我在』及『我』外有『物』這兩個命題，在通常意識中是混合在一起的，先驗的思维方式是主观的东西一種继续不斷的自己变成為自己的對象。」（三五五頁）

「自我意識有一個發展过程：整個先驗惟心論體系使兩頭跑的，一頭叫做心智直观，另一頭叫做鑑賞直观，唯一具有绝對客观性的是藝術。可以説如果你把绝對客观性從藝術里拿掉，它就不是藝術，變成哲學了。如果你把客观性给予哲學，它就不再是哲學，变成藝術了。——哲學雖然夠得上最高的东西，但是它只能把少数人帶到那里去。藝術是把所有惡人，把是人都能帶到那里去。它能使人人都認識最高的东西，這就是藝術不可磨減的特色，這就是藝術的奇

三、謝林（Friedrich Wilhelm Loseph Schalling，一七七五—一八五四年）

德國人，著有《自然哲學思想》《自然哲學體系初稿》《先驗唯心論體系》《我的哲學體系的陈述》等。

「自然與精神同一，但機械運動只是第二性的。」（三四七頁）

「在一切自然產物中都可以覺察到精神的东西與實在的东西最完美地熔成一片。」（三四七頁）

「把實在东西統統歸結為精神的东西，這就產生了所谓先驗哲學。」（三四八頁）

「先驗哲學從主观引出客观，從心智引出自然。」

「一切知識都是從客观的东西與主观符合為其基礎，因為我們所知道的，只是真理，而所谓真理，則普遍地认為是表象與它的對象之間的符合。」（三五一頁）

「心智如何添加到自然里面去，或者説自然如何被表象：一切自然科學的必然趋势是從自然出发而达到心智。自然科學的最高成就应當是把一切自然定律即彻底心智化為直观的思想規律。現象，也就是物質的东西必须完全消失，留下的只是那些規律。萬有引力現象，剩下

「實践理性有三條公设：靈魂不死，意志自由，上帝存在。」（三一八頁）

二、费希特（Lohanm Gattliab Fiahte，一七六二——一八一四年）

著有《全部知識學的基礎》《知識引論第一篇》《知識引論第二篇》《人的天職》《告德意志民族》等。

「哲學的任務在説明經驗的根據。」（三二〇頁）

「哲學所要談的，不是在你外面的东西，而是只是你自己。」（三二〇頁）

「在經驗中，物和理智是不可分割地結合在一起的，抽去物而保留理智自身者曰唯心論，抽去理智而保留物自身者曰獨斷論。」「唯心論和獨斷論的爭執的本質，哪一個是第一性的。」（三三三頁）

「自我设定它自己，自我设定非我，非我與自我統一。」（三三四，三三八，三四七頁）

是實質的，一類是形式的。實質的哲學又分為兩種：一種是自然的規律，一種是自由的規律。研究前者名物理學，研究後者名倫理學。物理又稱自然學，倫理學又可稱道德學。邏輯學不能有任何經驗的成分，凡是主立於經驗根据的哲學，可稱谓經驗哲學。凡是僅僅依据先天原則立論的哲學即可稱之曰純粹哲學，後者，如果只是形式的，就叫邏輯學。如果局限于某些理智對象，就叫形而上學。這樣，我們就想到有兩種形而上學，一是自然形而上學，一是道德形而上學。所以說，物理學有它的經驗部分，却也有一個理性部分，倫理學也是一樣，它的經驗却部分可以有一個特名称，叫做實用人學；它的理性部專門称谓道德學。」（三〇八—三〇九頁）

「好意是评定行為价值的绝對標準。」（三〇九頁）

「道德行為必须處於義務，而非出于爱好。」（三一三頁）

「要把人當作目的看待，决不要把人當作手段使用。」（三一七頁）

「人，總之一切理性的動物是作為目的本身而存在的，因為没有人就根本没有什麼具有绝對价值的东西了，實践的律令就是下面這句话：你的行動，要把人性，不管是你，身上的人性，還是別人身上的人性。永遠當作目的看待。」（三一八頁）

判斷，我們僅僅把它叫做知覚判斷後者不需要純粹理智概念，自在的客體是永遠不可知的。但是客體既然給我們的感性提供了表象，當這些表象的連接被理智概念規定成為普遍有效時，它就通过這個關係而被規定成為對象。而且判斷就是客观的了。」（二七九頁）

「總之，感官之所司是直观，理智之司是思维。不过思维是把諸表象在一個意識里結合起來。把表象結合在一意識里，就是判斷。所以判斷可以使主观的，也是客观的。經驗就是現象。（知覚），在一個意識里相互連接和補充。」（二八四頁，康德《未來形而上學導論》）

「批判的目的，在建立科學的形而上學。」（三〇五頁）中華《周易》：「形而上者谓之道，形而下者谓之器，化而裁之谓之变，推而行之谓之通，舉而錯之天下之民谓之事業。……推而行之，存乎通。神而明之，存乎其人；默而成之，不言而信存乎德。」（《系辭［上］》七一頁）中西哲學均有其概念、范畴，用以說明其理論體系，其間異同優劣式不可避免的，主要在求同，以光大人類學術，使道光宇宙，德孚天地。

「道德形而上學是依据先天原則立論的。」（三〇八頁）

「古希腊哲學分為三門學問：物理學、倫理學、邏輯學。一切理性知識都分為兩類：一

「任何直观，都只能通过感官而发生，理智並不去直观，而只是去思索。外物的很多屬性並不屬於自在之物本身，而僅僅屬於自在物的現象，這些属性在我們的表象之外，没有单獨的存在性，這樣説并無損于外物的實际存在性。」（二六九—二七〇頁）

「感性認識决不是按照本身那樣表象物，而僅僅是按照物感染我們的感官的樣子表象物。因此它提供给理智去思考的只是現象，而不是物本身。」（二七一頁）

「當現象提供給我們時，我們任然完全有自由去随便怎樣判斷，因為現象是根据感官的。而判斷則是根据理智的。」（二七二—二七三頁）

「因為現象無非是表象而人們却把它當成了自在物本身。」（二七四頁）

「純自然科學是怎樣可能的。」（二七五頁）

「從質料方面來説，自然就是經驗之一切對象的總和，我們管的是自然知識，它的實在性是能够由經驗證實的，雖然它是先天可能的，並且是先于一切經驗而存在的。」（二七六頁）

「先天的純粹理智概念，使普遍有效判斷成為可能。」（二九八頁）

「經驗的判斷在其有客观有效性時，就是經驗的判斷。但是，那些只有在主觀上才有效的

第五部分　十八十九世纪德國哲學

一、康德（Immanuel Kant，一七二四—一八〇四年）

著有《自然史和本體論》《純粹理性批判》《實踐理性批判》《判斷力批判》《任一種能夠作為科學出現的未來形而上學導論》《道德形而上學的基礎》等。

「我們的時代要求理性不許對自己進行批判。」（二三七頁）

「理性先天地認識到的，就是它自己按照概念放進去的東西。」（二四〇頁）

「從純粹理性得來的知識是怎樣成為可能的。經驗不過是知覺的不斷積累（綜合）。」（二五八頁）

「純粹數學是怎樣可能的？」（二六三页）

「空間和時間是我們感性的形式條件。」（二六六頁）

「我們承認物的存在，但只認識物的現象，不能認識物本身。」（二六九頁）

「歷史事件也都是物理原因的不然結果。」（二三四頁）「人是社會環境的產物而社環境又是人們的意見造成的。」綜觀霍氏之思想體系（著述及摘要），結論是「社會生活是人的幸福所必須的」，此言也可視為西方哲學與政治哲學的代表。

才能和美德的地位上。」（一九〇頁）

八、霍尔巴赫（Paul Henri Third Halback，一七二三——一七八九年）

德國血統的法國人。著有《自然體系》《社會體系》《神聖瘟疫》《自然政治》等。

「基督教依靠的是欺騙、無知和輕信。」（一九二頁）

「無知和恐懼是宗教迷信的來源。」（一九八頁）

「宗教唯一之目的是使暴政永存。」（二〇一頁）

「宗教自古以來唯一的作用就在于它束缚人的理性，使它無法認識人之一切正確的社會關系，真正義務和實在的利益，神學是一口潘多拉的箱子。」（二〇一——二〇三頁，《健全的思想》二〇六頁）

「人是自然的產物，決不能越出自然一步。」（二〇三頁）

「一切事物的生滅變化都是由於物質運動。」（二一六頁）

「所謂靈魂只不過是身體的一部分。」（二三一頁）

七、愛尔維修（Claude Adrian，一七一五—一七七一年）

著有《論精神》《論人》等。

「肉體的感受性和記憶，是產生我們一切观念的原因。」（一六七頁）「所谓靈魂無非就是感覚能力。」（一七三頁）「我們的一切错誤，都是感情或無知的結果。」（一七四頁）「人的推動力是肉體快樂和痛苦。」（一七八頁）「然而在一切快樂中，對我們作用最强给予我們靈魂，鼓舞最大的毫無問題是女色的快樂。」「愛情不怕任何危险、任何勞苦，它是生命之源，欲望衰退，人也就失活力。」（一七九—一八〇頁《論人》Ⅳ4）作者在一七九页有一長注曰：「身體会衰弱，想像從不衰退。」

「利益支配着我們在道德上和認識上的一切判斷。」（一八二頁）

「法律不完善，財富太不平均，是國家不幸的原因。」（一八四頁）

「教育萬能。」（一八八頁）「教育科學也许就在于把人們放在迫使他們取得其所渴望的

「如果要獻身哲學，就該對付種種精神上的阻碍。」（一二三頁）

「應该嚴格審查各種流行的偏見。」（一二五頁）

「物質是與運動不可分的。」（一二七頁）

「物質的異質性，造成了現象紛紜。」

「感受性，是物質的基本性質。」（一三七頁）

「只承認自己的感覚，是唯心主義形而上學的原則。」（一五二页）

「哲學家應當由思想和行動結合起來。」

「實驗以各種方式拷問對象，使之联成一氣。」

「猜測和假设如果經不住事實的考驗，就破產了。」（一六〇頁）

「政權雖為君主所掌握，本質上却只屬於人民。」（一六四頁）

「沒有一個從自然得到支配別人的權力。……其他任何權威，全都來自一種異于自然的來源。所以真正合法的權力必定有限度。《聖經》也向我們說：你們的服從要合乎理性。任何來自神的權力，都是一種有節制的權力。並不是國家屬於君主，而君主屬於國家。」

「感覚能力，也是物質的一種本質屬性。」（九九頁）

「廣延和運動力，是物質的兩種本質特性，第三種本質属性是感覚能力。」（《心靈的自然史》。）

「只有观察實驗，才能揭明心靈是什麽？」（一〇一頁）观察實驗這些心靈活動固然也能體察心靈内在之活動状態，但畢竟流於膚淺，不若中華儒道两家之經典所及深切著明也：如《大學》所言之「慎獨」。曾子所云：「十目所視，十手所指，其嚴乎」；如《莊子・讓王》曰「：道之真以治身，其绪餘以為國家，其土芥以治天下，由此观之帝王之功，聖人之餘事也。」

「人腦這個器官之構造，產生了思想的功能。」（一一一頁）

「真正的無神論是駁不倒的。」（一一九頁）

六、狄德羅（Denis Diderot，一七一三——一七八四年）

著有《論解釋自然》《關于物質和運動的哲學原理》等。

化，各正性命。」《道德經》首章曰：「无之又元，衆妙之門。」衆妙之門就是萬物变化之第一因，此反面之見解，歷史证明中哲高于西哲耳，盧氏之「无意志的真實活動是沒有的」「因此，我認為是一個意志推动着宇宙，鼓勵着自然，這就是我的第一号教條或第一號信條」。正是此信條將盧梭引上了有神論，使其活躍的自由思想受制于神學意志。「因此，我認為世界為一個強大而且智慧的意志所統治」，在中華的聖賢則認為是一種自然力量所驅動，「草不谢榮於春風，木不怨落於秋天。谁揮鞭策驅四運，萬物與歇皆自然」。（李白：《日出入行》，見《李太白全集》［上］二一一頁）多麼鮮動活躍自然之力呀；此力一遇到神就死了。西方的聖者；盧梭！惜哉！還是我中華之文化環境活躍，它永遠處於創造性的氣氛中，不識約束為何物，乃真正之自由王國也。咀嚼中華文化中之經史這兩類文化干果。必能健康長壽，永葆青春。「我們天賦的良心，是萬無一失的善惡評判者。」（八五頁）

五、拉美特里（Jalien Off do la Mettrie，一七〇九—一七五一年）

法國人，著有《靈魂的自然史》《人是機器》《人是植物》等。）

四、盧梭（Lean Lacquas Rausseau，一七一二—一七七八年）

法國人，著《社會契約》《人間不平等的起源和基礎》《忏悔録》《愛彌兒》等。

「社會秩序是由人民約定的。」（六六頁）

「私有制的產生是人間不平等的來源。」（七五頁）

「不平等的來源經过三個發展階段。」（七五頁）

「法律和所有权的制定，為第一階段；官職的设立為第二階段；合法以权力变成為专利的權力，為第三階段。貧與富的狀態，應是第一階段認可的；强與弱的狀態，是第二時期認可的。第三階段所認可的則是主與奴狀態，這是不平等的最後階段。」（《論人間不平等起源和基礎》七七—七八頁）（筆者认為盧氏此三段之論斷最真切，經過帝國主義三百年的政治實践，於今資產階级民主之虛伪性與欺骗性已暴露無遺了。）

「我存在。外物也存在。」（七八頁）

「我是能動的理智實體，運動的第一因不在物質之內。」筆者以為運動的第一因就在物質之力。中華《易經》《道德經》俱從理論上證了其第一因都在之內。《易・乾・篆》「乾道變

「地理條件规定着民性和制度。」（四六頁）

「人們的勞動和良好法律，可以改造自然造福人類。」（四九頁）

三、伏爾泰（Maric Arcuct [Vataic]，一六九四——七七八年）

法國人。著有《哲學通讯》《形而上學論》《哲學词典》等。

「若干人的暴政，比單獨一個人的暴政更可恶。」（五〇頁）「一個專制主總有某些好的時刻，但一個专制集體，則從來不可能有好的時候。一個人沒有非常柔軟的膝蓋，長大了是会覺得非常討厭的。」中國人則重氣節。「富貴不能淫，貧賤不能移，威武不能屈。」

「一切观念都是通过感官得來的。」（但中國人對待观念的东西則認為還應受良心、善性、真情三者之综合影響）。

「外界對象是實際存在的。」（五八頁）

「思想是由神授予的一種屬性。」（六一頁）中華經典《禮記·禮運》則曰：「人為天地之。」即人具有思維能力可以用人之思維能力來完全正確表達天地、人物、鬼神之一切道理。

萬物的物的本性所派生出來之必能關係。一切實體都有其法。神有神之法，物質世界有物質世界之法，天使有天使之法，禽獸有禽獸之法，人有人之法。必須承認公道关係。先于确定這些关係的制定法。但理智界遠不如自然界治理得那樣好。其理由在特殊的理智實體受到自己本性的局限。因而会犯错誤，而另一方面他們的本性又使他們凭自己行动。我們看到植物既无知知識也没有感覚，它們都比禽獸更守自然法。《法的精神》第一卷）

「在人類進入社會之前，和平是一條自然法。」

「人們感到力不如人，不会打算互相攻擊，和平乃是第一條自然法。」

「人們又會感到匱乏，有养活自己的願望，這是第二條自然法。」

「彼此之間的結合包括两性依戀因而祈求，乃是第三條自然法。」

「共同結合以利于共営社会生活，乃是第四條自然法。」（四一頁）

「戰爭狀態是從人間立法的原因。」

「自由就是有权去做法律的允许的事。」

「三权分立的國家體制，有利政治自由。」（四五頁）

些在人類社会中创造骚乱，是人們生活不幸的一切恶事的根源。這就是那些不幸传遍全球的一切謬誤。一切欺骗，一切迷信。虛構的神靈和偶像崇拜的起源。……同樣，這也就是領主。諸侯、國王、君主、總督等一切高貴職銜和封號的根源和起源。他們的代理人治理你們。他們在公共福利借口下，劫夺你們最美最好的东西。他們在法制。权力的借口下壓迫你蹂躪你們，掠奪和搶劫你們。」（二一一—二二頁）

「不平等，是人類第一個大禍害。」（二十八页）

「神根本就不存在。」（三二頁）

「物質自身存在着運動着，是萬物的始因。」（三四页）

二、孟德斯鳩（Mentesquicu，一六八九—一七五三年）

法國人，著有《法的精神》《波斯人信扎》等。孟氏生活的年代，相當清康熙二十七年至清高宗十六年，適值康、乾鼎盛時期。

「法就是出於事物本性之必然關係。」（三七頁）（法，就是最廣泛的意義言之，就是由

第四部分　十八世紀法國哲學

一、梅利葉（Lean Mesliar，一六六四——一七二九年）

法國鄉村教士，有《遺言》。

「暴政和宗教是世間一切災難的根源。」（二一一頁）「為了愚弄人民，以便更容易達到自己的目的，非法利用孤立這兩種人，都不僅巧妙地使用强力和暴力，而且用時使用陰谋诡计，非法利用孤立無援的和未受教育的人民群眾的懦弱，輕信與無知，毫不費力地使迫使群眾相信他們所需的一切，然後敬畏地和恭順地自願地或不自願地接受强加於自己頭上的種種法律。這種兩人利用這些阴谋诡计变得十分有權有勢，十分威嚴……公開地殘暴地迫使自己的同胞屈從自己的法律。」（二一一頁）

「同時，大多数人由於各自的性情、才智和爱好，彼此不同，因而不能長期共處而無口角，及爭執，常常发生的人間不和、争吵與仇視，這邊给那些野心家以巨大的帮助。這就是那

十三、休謨（David Hume，一七一一—一七七六年）

著有《性論》《人類理智研究》《道德原則研究》《自然宗教對话録》等

「我們都是一切觀念都是來自感覺。」（五一七頁）

「因果性理論基礎是經驗。」（五一九頁）

「原因與結果的發現，是不能通過理性，衹能通过經驗的這個命題，是很容易被人接受的。」（五二〇頁）

「習慣是人生的偉大指南。」（五二六頁）

「必然聯系這一觀念是心靈的習慣。」（五二八頁）

「宗教迷信的浮誇，是危險的，應當加以懷疑。」（五三一頁）

活的形體，有一個統治着的隐德來希。這就是動物中的靈魂。（四八九頁）「心靈則又是神本身或自然創造主本身的形象，能夠認識宇宙的體系。每個心靈在它自己的范围恶、内颇象一個小小的神。」（四九二頁）

十二、巴克萊（George Berkely，一六八五—一七五三年）

著《人類知識原理》，《視覚新理論》，《希勒斯和斐洛斯三篇對话》等。

「人類知識對象是各種观念。」（五〇二頁）

「存在就是被感知。」（五〇二頁）「這樣一個能感知的主動實體，就是我們所谓的心靈。精神靈魂或自我。」（五〇三頁）「真正講來，對象和感覚是同一個东西，两者是不能彼此分離的。」（五〇四页）

「观念的原因，只能是能動的精實體。」（五一三頁）

「假定心外有物，是懷疑論的根源。」（五一五頁）

（筆者按：不是懷疑論的根源，乃是心物對立，不能以心融物，化物機械論所制者也。）

真理，離開自己的幸福真是的，太遠了。（《真理的探求》，第一卷序。）似此情況，中華宋儒袁燮有言教誡曰：「人心至神，翳之以欲，則不神矣。」

十一、萊布尼茲（Gattfried Wilhelm Leibnizz，一六四六—一七一六年）

著有《單子論》《人類理智新論》《神正論》《新系統》等。

「單子是自然界的真正原子。」（一切創造出來的東西都有變化。……單子的自然變化是來自一個內在的本原，因為一個外在的原因不可能影響到單子內部。使我們與單純的動物分開使我們具有理性和各種科學，將我們提高到認識自己和上帝的東西，則是對于必然和永恒的真理的知識。這就是我們之內的所謂理性靈魂或精神。）

「有兩種真理：推理的真理和事實的真理。」（四八二頁）

「上帝不僅是存在的源泉，而且本質的源泉，是實在事物的源泉，也同樣是處在可能性中實在事物的源泉。」（四八三頁）

在物質的最小部分中也有一個創造物，生物，動物，「隱德來希」，靈魂的世界，每一個

「複雜的观念是心靈用簡單观念任意造的。」（四五一頁）

「直覚的知識和證明的知識。」（四六一頁）

「人類知識的範圍。」（四六三頁）

十、馬勒伯朗士（Nieolas Malebranche，一六三八—一七一五年）

法國教士，著有《真理的探求》，《關于形而上學的對话》等。

「感性和理性，各有各的用處，應該分清。」（四六六頁）

「心靈通过與神的結合，才能認識真理。」（四七一頁）「最高本體與人的心靈之間的距離雖然無限大，也並不妨碍两者接合，使人之心靈高於萬物。就是凭着這一接合，它才得到它的生命、它的靈明以及它的全部幸福。這是心靈最自然最本質的接合。與此相反心靈與形體的結合，則無限地貶低了人，這就是今天人類一切错誤，一切苦難的主要原因。」（四七一—四七二頁）所以一個人如果根据自己的感官來判斷一切，事事順從情欲的冲動，只看見自己感覺到的东西只喜歡自己满意的东西，那就處在極其可悲的精神境中了。再次種狀態中，它離開

「自然目的論是虚妄的成見。」
「思想和廣延都是神的属性。」（四三〇页）
「观念的次序就是事物的次序。」
「真理和错誤。」（「凡是由心靈中本身正确的观念推演出來的观念，也是正確的」。）
「要以科學的態度考察情感的性質。」（四三九頁）
「不能控制情感，就是不自由。」（四四〇页）
「達到自由的途径。」（四四四頁）《倫理學》

九、洛克（Lohn Locke，一六三二——一七〇四年）

英國人，著有《人類理智論》等。
「我們的知識並不是天賦的。」（四四七頁）
「我們的观念來自感覚和反省。」（四四九頁）
「簡单的观念不是心靈所能制造的。」（四五一頁）

是感覺得來的。」（三九五頁）（中華哲學：「有接物之知，有德性之知，前者因接物而致，後者因德性而生。」）

八、斯賓諾莎（Beneolictus Spinza，一六三二——一六七七年）

荷蘭人。著有《簡論神，人和人的幸福》《笛卡尔哲學原理》《理智改進論》

「哲學是目的在於使人永享無上的幸福。」（四〇二頁）「那些被人們公認為最高幸福的歸纳起來，大约不外三項：资财、荣誉、感官快樂。」（四〇三頁）

「經过深長的思索，使我確切地見到：如果我彻底下决心放棄迷乱人心之資財、榮譽、肉體快樂這三種东西，則我所放棄的必定是真正的恶，而我所獲得的必定是真正的善。」（四〇四頁）

「知識可以分為四類：傳闻之知，泛泛的經驗之知、事物本質的知、推論之知。」（四〇六頁）

「神是唯一的實體。」「一切都在神之內。」

七、霍布斯（Thomas Hobbes，一五八八—一六七九年）

主要著作《論人性》。《利維坦》等。

「哲學是推理的知識。」（三八二頁）（物體—活的—理性的。）或「人」的次序，這樣。我們就看出心靈的各種观念是怎樣组合起來的了。（三八三頁）

「哲學是為人生谋福利的。」（三八四頁）（「人類最大的利益就是各種技術，哲學是這一切利益的原因。」）

「哲學的對象是物體。」（筆者按：霍氏生活的年代，在我中華已是明末清初之际，宋明心學之研究已深入到：知草木瓦石皆具有良知，而「人為天地主心」，這個哲學研究的主題早在公元前五百年孔子就提出來了，霍氏猶將「哲學研究的對象是物體」（就在西哲中也屬粗浅）。

「哲學研究的方法是分析和综合。」（三八七页）

「空間是心外之物的影象。」（三八七頁）（中華哲學：「心外無物。」）「一切知識都

六、笛卡爾（Rene Descartes，一五九六—一六五〇年）

主要著作作者：《談方法》《形而上學的沉思》《哲學原理》

「要認識真理必須應用正確的方法。」（「良知是世界上分配得、最匀的东西。每個人都有充分的秉賦。它使人異於禽獸，它在每人身上都是完整的。」）為了給科學打下牢固基礎，必須破除舊有的意見。」（《談方法》）

「我思故我在。」「這個「我」，即我賴以成為我的那個「心靈」。縱然身體不存在，心靈也仍然不失其為心靈。凡是我們十分明白，十分清楚地设相到的东西都是真的。（三六九頁）

「心靈比形體更容易認識。」（三六九頁）

「真理和错誤的來源。」（三三七頁）（「意志本身既然對這些东西是一視同仁，于是就极于限入迷途，把假的當真的把恶的當善的，這就使我错誤、犯罪了。」）（笛卡尔《形而上學的沉思》）

「物質性的东西本質是廣延的。」「物質和運動。」（三八一頁）

（「因此，唯一的希望就在于一種真正歸納法。要深到自然內部深處，不必須採取一種更好的和更確快地運用理智的方法。」「尋求和發現真理的道路只有兩條：也只能用兩條。一條是從感覚和特殊事物飛到最最普遍的公理。把這些原理看成固定的和不变的真理，從這些原理出發，判斷和發現中間的公理，這是現代流行的道路。另一條道路是從感覚與特殊事物，把公理引伸出來，然後不斷地逐漸上升最後才達到最普遍的公理，這是真正的近路。但是還沒有过。」）（三五八頁）

「真正的科學是實驗與理性密切結合。」（三五八頁）（歷來研究科學的人要末是經驗主義者，要末是獨斷主義者，經驗主義者，好象是螞蟻，它們只是收集起來使用。理性主義者好象是蜘蛛它們將自己網造出來。但是蜜蜂象是走中間道路。用自己的力量改造自己收集之材料。真正的哲學就象蜜蜂一樣，使實驗與理性獲得更美好的結合。」）（上述引語俱見培根《新工具》。）

「消滅無非是產生，產生無非是消滅。」（三三五页）按中華之表述：「一陰一陽之謂道」「乾坤其易之門也」「有無相生、雜易相成。音聲相和、前後相隨」。

五、佛蘭西斯·培根（Franci Bacon，一五六一——一六二四年）

英國人。主要著作：《新工具》《論科學的增進》

「我們的科學要來一個偉大的復興。」「使心靈在認識事物的本性方面可以發揮它本來F具有的權威作用。」（科學上這個拿來主義的做法，無非是出于少數人是自負和其他人的懈怠而已。）

「知識就是力量。」（人的知識和力量合二為一。）

「科學的任務在于發現自然的規律。」（原因分為四種：質料因、形勢因、動力因、目的因）（三四六頁）（亞里士多德他用他的逻辑毁坏了自然哲學，因為他用各種范畴來形成世界，給人的靈魂這種最高貴的實體上加上一種由第二概念的語词得來的實體。經驗派哲學，比诡辩派或理性派所產生的教條还要丑恶和怪诞。）「現有逻辑並不能幫助發現新科學。」

四、布鲁諾（Giordano Bruno，一五四八——一六〇〇年）

意大利人，著有《原因、本原和一》，《谕无限宇宙和眾多的世界》等。

「普遍的理智指導自然產生萬物，它既是外因又是內因。」（三三一頁）「普遍理智是世界靈魂內部最實在的特有的能力，是世界靈魂起作用的部分。因之它只產自然萬物，就猶如我們的理智相应地產生各種观念、事物那樣，——這個理智從肉身將某種東西传递和转移给物質。」「萬物都存有生機。」（三三三页）

「自然物質是沒有任何形式的。」（三三五頁）

「宇宙是統一的，它就是一切。」（三三二頁）「它不是界限，它不是形式的形式，它不是物質的物質，他不是靈魂的靈魂。因為它是沒有差異的一切。所以它是統一的。宇宙是太一。」（三三二頁）

按中華之表達：它是「元亨利貞」「生生之谓易于」；它是「元之又元，眾妙之門」「對立物吻合于一」。（三三三頁）

律，為法則，「一切都遵循着道」，就像我中華對道的認識「天之所覆，地之所載，無聲無臭」，「天何言哉，四時行焉，萬物育焉」，認為「地法天，地法道，道法自然」，此中只有自然的力，自然生長之力。自然枯萎之力，自然規律之力，視此自然規律之力為创造者，為上帝均無不可。但必須就此止步，不能再往前邁了。硬要往前邁，將一切都神化起來，甚至將一切權力都神化起來，乃至於金錢、權勢都神化起來，則變成為愚蠢了。我中華理性之所以正確，就是在神化面前止步了，止于聖賢了。「人皆可以為堯舜」，「聖希天，賢希聖，士希賢」，變成了一種鼓舞力，此種鼓舞力量又通過教育的作用喚醒人之良知，善性、真情、使心、性、情三者在教育中诱發得淋漓盡致，變成與政治所造成之良性循環，中華大道幾千年來，就是由聖君賢相所領導之全民實踐，在此實践中由政教二者之良性循所推動之心、性、情三者之淨化、美化所結晶成之豐厚之理性成就有了此豐厚的理性成就所構成中華道統就顯現出强大无比力量，就能保证我中華民族經得起劫难，置于之死地而後生、置之危地而復兴，這就是我中華民族正在經歷之鳳凰涅盤，其排山倒海之風，壁立千仞之勢，益之以十三億人口之意志與創新力，其前進步伐是不可遏制的。

起作用。」

「热衷于實践而不要理論的人好像一個水手上了一只没有舵和羅盤的船，拿不稳该往那里航行。實践永遠应當建立在正確的理論上，透視學就是正確理論的向导和門径。没有它在繪畫上就一事無成。」

「科學是将、帥，實践是士兵。」

「最大的不幸是理論脱離實践。」

三、愛拉斯謨（ERasmus RoHerdamus，一四六九——一五五六年）

荷蘭人，著有《愚神頌》。

「神學家，使徒，僧侶，教皇，主教，都是愚蠢的。」「基督教就是一種愚蠢和癲狂。」

「信仰就是發疯。」「各種有錢有勢的人都愚蠢。」（三一一——三一九頁）

各種有錢有勢的見解是正確的。他既然將神學家，使徒，僧侶，教皇，主教，基督教，各種有錢有勢的人都視為愚蠢，把信教視為發疯，他必然視存在為真實，視自然為真實，為規七百三十卷影印出版。（《辭海》一九九五年，上海辞書出版社十二次印刷）中西文化兩相對比其差距表現于哲學者可知矣。此時的中華哲學已在北宋理學兴起後之四百年，已進入了心、性、情三者之综合研究的時代，已經處在王陽明心學登峰造極的前夜了。

二、達・芬奇（Leonardo Da Vincl，一四五二—一五一九年）

意大利思想家、科學家、藝術家。無成篇著作。留下大量笔記。

「應當有所發明不可人云亦云。」「感覺經驗是知識的唯一來源。」「經驗是一切可靠知識的母親。」「經驗是沒有错，犯错誤的只是我們的判斷。它会让經驗去办超出能力范围的事情。」「自然界充满着无数未曾在經驗中顯現的原因。」「真理才是時間的女兒。」「科學必須是經驗與理性相結合。」（三〇九—三一〇頁）

「我們所谓科學，就是這樣一種理性探討，它以最本的本原為出发點，除了這些本原以外再也找不到别的东西构成這門科學的部分了。」「經驗這一沟通大自然與人類的译員告诉我們。大自然在受制于必然性的凡人身上所出的一切，都只能以理性這一舵手教它做的那種方式

第三部分　文藝復興時期的哲學

一、庫薩的尼古勞（Nicolaus Cusanus，一四〇一—一四六四年）

著有《論有學問的無知》。

「哲學是一種有學問的無知。」「絕對真理是不能為我們把握的。」「極大就是極小。極大的統一性，是最大的真理。」「相等和聯繫是在統一中產生的。」（同前書，三〇三頁）

庫氏生活的年代，適當我中華明代建文帝三年，歷明成祖、仁宗、宣宗、英宗四帝，其間重大的文化建設有《永樂大典》問世，此乃世界第一大百科全書也。收各類圖書七八千種，輯成二萬二千八百七十卷，凡例、目錄六十卷，定名《永樂大典》，始于永樂元年（一四〇三年）成於六年。全書按韻目分列單字依次編入與此字相聯系的各項文史記載。嘉靖隆慶間又依永樂時所繕正本，另摹刻本一份，正本毀於明亡之際，副本至清咸豐時也漸散失。八國聯軍侵入北京，副本大部遭焚毀。未毀的，幾全部劫走。一九六〇年，中華書局據歷年徵集的

六、羅吉尔·培根（Roger Bacon，一二一四—？年）

英國僧侶。著作：《小著作》《大著作》「掌握真理有四大障礙：權威、習慣、成見、虛誇。」「要認識真理，必須進行實驗。」「經驗有兩種：一種經由外部感官獲得的，一是理智的。我們獲得知識有兩條道路其一是經由哲學的經驗，另一經神聖的啟示。」（二八九頁）

七、奧康的威廉（William of Occam，一三〇〇—一三五〇年）

英國僧侶，著有《邏輯大全》。

「對個別事物是認識是一切認識的基礎。」「就認識的起源論個別事物是感官的第一個對象。所以就知識的起源論。個別事物才是首先被認識是東西。」（二九二頁）

要是超于人類理性的優美至上的东西，而其他科只注意人之理性所能把握的东西。而神學的目的就其實踐方面説，則在於永恒的幸福。所以説神學高於其他科學。」（二六〇—二六一页）

「從五方面證明上帝的存在：

1.從事物的運動或變化，論證第一推動者：上帝。

2.從運動的性質來討論上帝的存在。

3.從可能性和必然性討論上帝的存在。

4.從事物中发現事物真實性的等級論證上帝的存在。

5.從世界秩序（或目的因）論證上帝的存在。」（二六一——二六四頁）

五、鄧斯·司各脱（Lohn Duns Scotus，一三〇八年）

英國僧侶。著作有《巴黎論著》。《牛津論著》。「哲學並不能證明上帝存在。」「人並不能認識上帝的存在。」「人凭理智可以認識確定的原理。」

「存在心中的未必存在於現實中。」（二四八页）

「最偉大的東西未必不能被设想為不存在。」（二五三页）

三、阿伯拉耳（Pierre Abslard，一〇七九—一一四二年）

法國人，著有《是與否》《神聖的統一性和三位一體》《認識你自己或倫理學》「共相也可以具有概念的意義。」（二五一页）「共相是實在的，但也单纯地包含在理智中。」（二五二頁）「有些共相只存在感性事物中，有些共相與感性事物完全全無關。」「共相既非名词，也非事物，而是概念。」

四、托馬斯·阿奎那（Thomas Aquinas，一二二五—一二七四年）

意大利僧侶著有《神學大全》《及異教大全》，「除了哲學真理以外還需要有神學真理。」（二三八頁）「神學高於哲學，哲學是神學的奴僕。」（二六〇頁）「神學分為兩部分：一是思辨的神學，一是實踐的神學；它在思辨和實踐兩方面，都超過其他科學。神學所探究的主

第二部分　歐洲中世紀哲學

一、安瑟尔謨（Anselmus，一〇三三—一一〇九年）

意大利人，英國，坎伯雷人主教，著有《真理的對話》，《上帝何以化為人》。「只有信仰上帝，才能理解上帝。」（二四〇頁）「只有偉大無比的東西，不能僅僅存在於心中。」（二四一頁）「最偉大的上帝是不可能被設想為不存在的。」（二四二頁）「即使在思想上也不能把上帝看成不存在。」（同右頁）

「上帝是可能设想的最偉大的存在者」。（二四三页）

二、高尼羅（Gaunilon）

十一世紀法國僧侶著有《為愚人辯》。

「我們所理解的東西，並非必定已在我心中。」（二四四页）

後開始用無極而「太極」，亦太一之意也。《中庸》則用「誠」，「誠，天之道誠之者人之道也」。可見中西哲人對本體之認識乃一致也，唯中哲之認識早于西哲二千多年也。

八、奥古斯丁派

奥古斯丁（Aurel Augustisus，354—430），北非達迦斯特人著作甚富，主要有《忏悔録》，《上帝之城》《教義手冊》等。

「一切存在物都是好的。」（同右）「上帝能從恶事中結出善果來。」（二三〇頁）「人得救全靠信仰上帝的恩典。」（同右）「因為人有罪，所以奴役制度是合理的。」（二三一頁）「幸福就在於擁有真理。」（二三三頁）「上帝的光，使我們認識真理。」（二三四頁）

七、新柏拉圖派

波羅丁（Plotinos，二〇五-二七〇年），埃及人，主要活動在羅馬。著有《九章集》。「一物的存在，就在於它的統一。」「太一是什麼？」（二二一頁）「實在的存在，既有生命又有心智。心智不能是第一性的……太不能是一切事物，我們的知識是建立在形式和概念上的。」「創造萬物的太一本身，並不是萬物中的一物，所以它既不是一個東西，也不是性質，數量、心智、靈魂、運動或靜止既不在空間中，也不在時間中，而絕對只有一個形式的東西，或者無形式的東西，先於一切形式，先於運動，先於靜止，因為這些東西屬於存在存在創造了這些繁多的東西。」（二二四頁）

「太一是一切之父。」「太一是完滿的，充溢的，流溢出來的東西，便形成為別的實體。」（二二五頁）「太一是最完滿的原始力量。」「常住不變的太一，首先流溢出偉大的心智。」「右心智里再噴射出靈魂。」「靈魂回到太一，獲得解脫。」（右述引語，俱見《九章集》）

西哲之用「太一」也，恰如中華上古之「天之覆，地之載。無聲無臭」，北宋理學興起以

一氣，故能相通耳。」（王陽明全集一〇七頁）

六、盧克萊修派

盧克萊修（Lacreting Carcis，前九八—前五三年）羅馬人，著《物性論》

「萬物都由原始的物體構成。」「宇宙間無一事出於神靈擺布。」「要知道大自然有不可違抗的規律。」「元始物體是不毀滅的。」「沒有虛空，就不可能有運動。」「世界是由原子的偶然運動形成的。」

「原初胚種既不是由计谋而建立自己，不是由什麼心靈的聰明作為，而各落在自己的适當地位上。它們也不是订立契约規定各自如何運動；而是因為有極多的胚種以許多不同的方式移動在宇宙中，它們到處被驅迫着；在试过了所有各種運動和結掷後，它們重于達到了那些偉大的排列方式；由這些方式這個事物的世界，就被建立起來。」（二〇一頁）「自然是運動的，還有别的世界。」「除了我們的世界外，還有别的世界。我們用不着怕死。」（二〇九頁）

哲理：「靈魂擺脫了肉體的桎梏才有智慧。」（見前書，一八七頁）此外西氏又說「公正的靈魂，離開了軀殼就直升天府」，可視為諸宗教靈魂歸天之理論基礎。

本學派阿里安之見解：「尽力而為之後，一切聽任自然。」「好的地應用在我們能力範圍以內的东西，别的就聽任自然。」「你是神的一部分。」「神是有益的，善也是有益的，神的本質在哪裡善的本質就在那里。神的本質是—智慧、知識、健全的理性。」

西方哲學因受宗教的影響就誇大了神的作用，中華哲學則稟承「道」之自然規律。客观冷靜地對待心、性、情三者統一之作用以及其獨特表現之規律，而将心作為指導。在經典著作中，或諸子百家的論述里對心之本質。特點：人性之意義。潛能：人情之作用。影響，從發軔之源頭到流經之歷史軌跡，無不周備深刻，特别北宋理學興起之後，經二程張載發之于前，朱陸继之於中，王陽明先澤于後，神之本質不僅見諸于知識、智慧健全的理性。「人的良知。（即神的作用）就是草木瓦石為然，天地無人是良知，亦不可為天地矣。蓋天地萬物與人原是一體，其發竅之最精處是人心一點靈明。風、雨、露、雷、日、月、星、辰、禽、獸、草、木、山、川、土、石與人原只是一體，故五穀禽之類可以養人药石之類，皆可療疾，只為同此克吕西普《論主要的善》是以一種順從自然的方式生活。「順從一個人的自己的本性和順和順從普遍的本性。」那共同法律與普及萬物的正确性是同一的，而這正確理性，也就是宙斯。萬物主宰與主管。（一八二頁）

克雷安德主張：「美德是心靈的一種傾向，永遠是一貫的，和諧的人應該為了自身的目的把它发現出來。……並且快樂也在美德里面。因為它在心靈里產生出永遠與生命自身一致的生命的和諧。」（一八二頁）「他們認為有智慧的人是没有虛荣心的，因為他把他、荣耀與不荣耀等同看待。一切有道德的人，都是嚴肃的。」「美德相互跟随着，一個人有了一種美德就有了全部，因為所有的美德之教訓都是共同的。」

西塞羅的見解：「我們的靈魂本是天上的东西，降落到地上。它如此迅速活潑，能記憶过去，推測未來，能通解藝術科學、能有如许之發明。……靈魂既是纯粹而無雜質或異質雜于其間，所以靈魂也永遠不会分散。當然不會消滅。小孩子學習很難的事物，很快就學會了；好像不是初次學習，而是唤醒过去的記憶一般，這就是绝好的理由證明人之許多知識是在有生以前就有的這大致也是柏拉圖的遺教。」西塞羅最後説出了一句以西方之方式表述的人類共同的

7.使人們完全解脱是很難的。

8.我下功夫做一個诚實的人。

五、斯多葛派

斯多葛派之人数較多，其最著有芝諾（Zenon）、西塞羅（Ciceron）、塞內卡（Seneca）等人。該派視哲學如一動物之形體結構、自然哲學比作有肉的部分，倫理哲學比作靈魂。又将哲學比作雞蛋。稱邏輯學為蛋殼，倫理學為蛋白、自然哲學為蛋黃。以耕種的田地比作哲學，逻辑學是围繞田地的籬笆。倫理學是果實，自然哲學是土壤與農作物。（一六八—一七七頁）

在認識論上，该派首先討論知覚與感覚。因為確定事實之真理性之唯一標準是知覚，知覚是領的，然是思想。（一八〇頁）

「道德就是过順應人之本性的生活。」（一八一頁）芝諾第一個在其《論人之本性》里主張主要的善，就是認定去按自然而生活，就是按照德性而生活。因為自然引着我們到這上面。

是不可知的。」（一七五頁）「不作任何判斷才能使靈魂安寧。」（一七七頁）此二者可視之為其學術思想之總綱。据此總綱作了以次之阐述：

1.萬物一致而不可分別：因此，我們既不能從感覚，也不能從意見來說事物是真的或是假的。所以我們不應當相信它們，而應當毫不動摇堅持不發表任何意見，不作任何判斷，對任一件事物都說它既不不存在，也不存在；或者它既不存在而也存在，或者說它既不存在，也不不存在。

2.它既不是這樣的，也不是那樣的，也不是這樣和那樣的。

3.沒有任何事物是美或丑的，正當的或不正當的：這只是相對于判斷而言的。

4.沒有一件事情可以固定下來當作教訓，因為我們對任何一個命題都可以說出相反的命題來。

5.最高的善就是不作任何判斷隨着這種態度而來就是靈魂的安寧。就像影子隨着形體一樣。

6.死與生之間並無分別。

秋·左傳》中亦有論說。子產曰：「鬼有所歸，乃不為厉，吾為之歸也。」「及子產適晉，趙景子問焉，曰伯有猶能為鬼乎。子產曰：能：人生始化曰魄。既生魄，陽曰魂。」正義曰：人禀五氣以生，感陰陽以靈，有身體之質，名之曰形。有嘘吸之動，謂之為氣。形氣合而為用知力，以此而强，故得成為人也。既生魄内自有陽氣，氣之神者，名之曰魂，魂魄神靈之名，本從形氣而有。形氣既殊魂魄亦異，附形之靈為魄附氣之神為魂也。附形之靈者為初生之時。耳目心識，手足運動，啼呼為聲，此則魄之靈也，附氣之神者谓精神性識。漸有所知，此則附氣之神也。是魄在于前而魂在于後，故玉既生魄曰魂。魂魄雖具是性靈，但魄識少，而魂識多，人之生也魄盛魂强，及其死也，形消氣减。《郊特牲》曰：魂氣歸于天形，歸于地，以魂本附氣，氣必上浮，故言魂歸于天。魄本歸形，形既入土，故曰魄歸于地。」（見《十三經注疏》二〇五〇頁）

四、皮羅之疑論

皮羅（Prsshon，前三四〇-二七〇年）之懷疑論有如次一些觀點：「懷疑主義認為真理家最好」，其實質則是哲王（或曰聖賢）所領導的政治具遠見卓識，不為近利所迷，「正其義（誼）不谋其利，明其道不計其功。」此乃是真正的政治理論。

三、伊璧鳩魯的感覚説

伊璧鳩魯（Eplkoaros，前三四二—前二七〇年）主張感覚為推理之基礎，此在西方之認識論上可視為第一人。「我們就是根据它推知感覚不到的东西。……我説的真正存在乃是完備的本性，並非什麼偶發性。」（一六二頁）「我們用感官观察到的，或用心靈通过一種認識而把握到的，才是真實的。」（一六八页）「永遠要以感覺，以及感觸做根据。因為這樣你将獲得最可靠的，確信的根据。你应该認為靈魂是散布在整個構造中間的一團精細之微粒。很像混合着熱力風，在某些方面像風在另一些方面像热。还有一部分在组织的精微上甚至比這兩部分（热和風）還遠高出許多倍。因此它（指無名的實體）更能够與整個构造的其他部分保持密切接觸……靈魂離開了身體，身體就不会再有感覺。只要靈魂留在身體里，即使身體某個其他部分失掉了靈魂也不会没有感覚」（一九一頁）伊璧鳩魯所説之靈魂問題，在中華經典《春研究實體的本性。與確定的原則的學問。」（一一九頁）「柏拉圖學派，设定與事物分離的理念，是不妥的。哲學的任務，在於研究原因。四類原因：質料用動力因，彼此互為原因。相反結果的原因。」「自然變化的本原。」「實體是存在物的基础。」（一四三頁）「自然的活動也是由目的的。」「感官接受事物之感性形式，有如蜡头块接受圖章之印跡。」「思维是一種被動的接受。」「美德是一種適中。」「美德是兩種惡行由於过度和由于不足而引起的恶形—之間的中道。」（一五六頁）「中等阶级統治的国家最好。」「在任何國家中，总有三種成分：一個階級十分富有，一個十分貧窮，第三個則居于中間。那些享有太多的幸運、體力、財富、朋友及諸如此類东西的人，是既不願意，也不願意服從政府的。這種病根是从家中間始的。因為當他們还小孩子的時候，由于生活奢侈豪華中从來學不到服從的習慣。甚至在學校中也没有學到。反之那些貧窮的人，則是太下賤了，……不懂得為何指揮别人，必须像奴隶一樣受統治，……更没有什麼比這個國家里面的同胞感情和友誼更是致命伤的了。……當人們彼此敵視的時候、他們是連走路也不願意走同一条的。」（一五七—一五八页）

柏拉圖的理想國家是「哲王治國」，在此，亞里士多德之理想政治是「中等階級統治的國

這套制度就永不会實現永遠不可能實現，永遠見不到天日。只能停留在口頭上。（柏拉圖《國家》八一一八頁）

在中華史料上與柏氏「理想國」「哲學王」相對應之思想可謂極豐厚周備。一部五十八篇之《尚書》，歷堯、舜、禹、湯、周、五代。跨越歷史（前二三五七年—前八〇〇年）一千三百年，積累禹十二位哲王（堯、舜、禹、啟、湯、太甲、高宗、周文、武、周公、成王）之盛世，積累豐富的治國安邦的經驗，內以「敬敷五教」以安百姓，外以「協和萬邦」以懷諸侯，以柔遠人，似此內外協和一致之思想實則導源于自然發展，導源天地人物神之統一發展观，故當堯舜禹三聖在一起討論經濟發展問題時已經認識到了正德、利用、厚生惟和這些關係了，進一步認識金、木、水、火、土與粮食生產之综合利用了。而且更進一步明白了君臣同心同德之重要性，稱之曰九德，所以以《尚書》乃中華古代之政治哲學經典也。

3.亞里士多德（Aristotle，前三八四—前三二二年）

亞氏曰：「研究哲學是為了求知，不是為了實用。」「它是唯一的一門自有學問，我們也想不出哪一門學問比它更可貴，因為神聖的學問是人間最寶貴的故哲學最神聖。」「哲學是混花的感官體認出其中之原本。」「認識就是靈魂的回憶。」「靈魂在取得人形以前，就早已在肉體以外就存在。并且具有知識。」（八三页）「個體事物是處在實在和不實在之間的。」格老贡問：「哪些人是真正的哲學呢？」苏格拉底：「就是那些真心喜欢知道真理的人。」「我們可以斷言：绝對存在的东西是绝對可以认識的；绝對不存在的东西，是绝對不能認識的。」「知識和意見，永遠各自表現為一種不同的能力。」（八五页）

柏氏認為：「知識是一切能力中最强之能力。」（八六頁）「可見世界與可知世界是對立的。」（九〇頁）「有這兩樣东西存在：一個統治着可知世界，一個統治着可見世界，現在你記住這兩類东西。一類是可以看見的，一類是可以理解的。」（九一頁）

柏氏提出「理想的國家」。那就是「智慧的，勇敢的，有節制的，公道的」。「治國的知識體現在統治者身上，我們把這些人稱為完善監國者。」（二〇頁）「政治家必須同時是哲學家。」（二八頁）柏氏認為除非是哲學們當上了王，或者是現今號称君主的人象真的哲學家一樣研究哲學，集權力和智慧于一身，让現在是那些只搞政治不研究哲學，或只研究哲學不搞政治的庸才統統靠邊站，否則國家是永無寧日的，人類是永遠永無寧日的，不那樣，我們擬定的幹的人。討論問題時見解最深刻的人，其所最关心的事，不是自然而是人事。他研究什麼是最虔诚的，什麼是适宜的，什麼是最公道的。什麼是最明智的。什麼是刚毅的，什麼是适宜的，怯儒的，什麼是治國之本，什麼是善于治人者之最高品質，通晓這些事理的人是高尚的。對此一窍不通的人，則完全可以説不如奴隶，（同前书，六一頁）我首先看准一種最強的道理，不管是原周方面的，还是别的方面的，然後肯定：还是我覺得合乎此道的我就把它看成真的。「哲學家的使命：朋友：你是偉大强盛的，像你城邦雅典的公民，只圖名利，不关心智慧和真理，不求改善自己的靈魂，难道不覺得羞耻吗？我告诉你們金錢并不能美德，美德却可以给人帶來金錢以及個人和國家其他一切好事。」（同前书六八—六九頁）

2.柏拉圖（Plalon，前四九七—前王四七年）

雅典人，相當于中华周考王十四年至周顯王二二年，享年八十。

柏氏首先舉出事物內蘊之理念：「事物的原因是理念。」「人是怎樣，人是理念的。通过理性，把紛然雜陈的感官知覺集纳成一個統一體，從而認識理念。」「抬頭望見了那真正的本體。」「正義知慧，以及靈魂所珍視的一切在它們的地上摹本中是暗無光的，只有少數人通过曾在雅典活動。著有《真理或毀滅性的言論》《偉大的话》《論神》《相對主義》等。「人是萬物的尺度，是存在者存在的尺度，也是不存在的尺度。」（同前书・五四頁）

縱觀右述八個古希腊學派，其所經歷之時間為公元前五八五—四〇八年，約二百五十年相當中華史上周之二十二任王周簡王元年迄於周之第二十九任王周威烈王十八年恰好當孔子生活之年代，即孔子集儒學經典《五經》大成之年代。如以此衡量中西方哲學，則中華已進入經典周備時期，而西方則尚處于文化發軔階段。但就此一百五十年而論，則其進展迅速提出了「一切都遵循着道」，此乃中西方哲學之統一基礎，本此理論基礎來探討中西方哲學之發展軌跡，以求其異同優劣。

二、蘇—柏—亞三聖時期（前四六八—三二二年）

1.蘇格拉底（Sokratas，前四六八—前四〇〇年）相當于中華周貞定王元年

蘇氏首先提出辯證法一词，源于人的一種認識活動，對現象加以分析，辨認，成為最有才

德謨克利特哲學：「一切事物的本原是原子和空虛，世界有无数個。它們有生有滅，没有一樣东西从無中來的；也没有一樣东西在毀滅之後歸于無。原子在大小和数量上都是无限的。它們在宇宙中處於漩滑運動中，因此形成各種複合物。靈魂也是由這種原子構成，靈魂就是心。」「智慧生出三種果實：善於思想，説话和行动。」（同前书・五二頁）

中華哲學，在遠古甚少見到研究自然宇宙秩序等方面之歷史文獻，加之余之偏向經史，陋于科技。貧于史料，無法列举；但經典論及心、性、情三者則極為精到而深刻：《礼記・礼運》曰：「何谓人情，喜、怒、哀、懼、愛、惡、欲七者弗學而能。何谓人義：父慈、子孝、兄良、弟悌、夫義、婦聽、長惠、幼順、君仁、臣忠十者谓之人義。講信、修睦、谓之人利。争奪相殺，谓之人患。故聖人之所以治人七情、修十義，講信、修睦、尚辞讓、去爭奪，舍禮何以治之；飲食男女，人之大欲存焉。死亡貧苦，人之大惡存焉。故欲惡者心之大端也，人藏其心不可測度也，美惡皆在其心，不見其色也，一以窮之，舍礼何以哉。「故人情者，聖王之田也。」（《十三經注疏》一四二二頁）

8.智者：普逻泰戈拉（Prolagoras）

之主也，出令而無所受令，自禁也，自使也，自奪也，自取也，自行也。

6.恩培多克勒學派：（Empedokles）

著有《論自然》：「大、氣、土、水，是化生萬物之四個根。」「它們的生命并不是常住的，变化永不停息，它們處在永不動搖的生存循环中。」（同前書，四三頁）

中華哲學：夫易者变化之總名，改換之殊稱，自天地開闢阴陽運行、寒暑迭來，日月更出，孚萌庶類，亭毒羣品，新新不停。生生相续，莫不资变化之力，換代之功。「易」舍三義：易简一也，交易二也，不易三也。（《周易正義》，《十三經注疏》七頁。）

7.原子論者學派

留基波（Lukippos）著有《宇宙秩序》《論心》。德謨克利特（Demckritor）著有物理學、倫理學、数學等方面之著作。並著《大宇宙秩序》《小宇宙秩序》《輪自然》《論人性》《論心》等。留有殘篇。

留基波之宇宙論：「宇宙是无限的，其中一部分充满，一部分空虚，這就是元素。无数世界由這些元素構成，又分解為元素。」（同前后，九五頁）

乎？」（《周易・系辭》）「幾者動之微，吉之先見者也。知幾其神乎。」（《周易・系辭（下）》）對于神的理解中，西方差距很大；中華哲學視神為生機、生命、心、靈巧等，西方則視神為創造者，最終西方走上了有神論，創立了宗教。中華則視神為心，除道教變成了宗教，儒學堅持心物統一論，將儒學引向聖賢的德政，以心、性、情三者作為結晶，引入人類之心，成為全人類之共同政治理論基礎。

5.阿那克薩戈拉派（Anaxagoras）

主要活動在雅典，著《自然論》。「每一種東西都是既大又小。」「結合物中包含着各式各樣的东西，萬物的種子帶有各種形、色、氣味；人就是這樣组合而成的。」「每件事物中都包含着心的作用。」「而心則是无限的，自主的。」「對于一切具有靈魂的东西，不管是大的或小的，都有支配力。」「心又是運動推動力。」（同前書，三九頁）。此學派之最大的成就在於發現心之作用，中華哲學思想之潛具優勢者在更早發現了心之主宰作用與心之作用中欲望之有害性。《禮記・禮運》中最早出現之「人為天地之心」，其合義最為深遠與豐富。孟子曰：君子所性，仁、義、礼、智根于心」。「萬物皆備于我」。荀子曰：心者，形之君而神明

二不為久長於上古而不為老，莫知其始，莫知其終。」（《莊子·大宗師》四〇—四一頁）

「人法地，地法天，天法道，道法自然。」（《道德經》二十五章）

「天下無二道，聖人無兩心。」（《荀子·解蔽篇》二五八頁）

「天生天殺，道之理也。」（黃帝《陰符經集釋》五頁）

4.愛利亞學派

克賽諾芬尼（Xenophnes）鼎盛時期約公元前五四〇—五七〇年。巴門尼德著有哲學詩《論自然》。克賽諾芬《著作殘篇》有：《諷刺詩》：「凡人們幻想着神是誕生出來的。」（同前書，二九頁）「神並沒有在最初將一切都秘密告訴凡人，而是人經探索而得到的。」《巴門尼德著作殘篇》：「字在我看來存在是一個共同體，我就從這裡開始。」「研究的途徑，第一條是存在者存在，它不可能存在，因為能被思維者和能存者是同一的。存在者不是產生出來，也不能消滅：因為它是完全的，不動的。無心境的。無始亦無終。」（同前書，三二—三三頁）「有物混成先天生寂分廖分，獨立而不改，周行而不殆，可以為天下母，吾不知其名，字之曰道。」（《道德經》二十五章）「子曰：知變化之道者，其知神之所為

支配一切的主宰，人們都顯得生疏）。編者案：道原是「話」。轉義為「道理」「理性」「規律」。（同前書，二三頁）

「一切皆流，萬物常新。」（「我們不能兩次踏進同一條河。也不能兩次摸到一模一樣的变遷的實體。太陽每天都是新的」。）

「相反者相成。」（「相反的東西結合在一起，不同的音调造就最美的和諧」。）「看不見的和諧比看得見的更好。」善和惡是一回事。

「凡事都有兩面。」（驴愛草料，不要黃金。「最美的猴子同人相比是丑的。」）「智慧就在於認識真理。」「按照自然行事听自然的话。」「靈魂的世界是找不到的。其根是那么深。」「博學並不能使人智慧。一個人最优秀我看他抵得上一萬人。」（同前書，二七—二八頁）

中華哲學：「道者萬物之奥。」（《道德經》六十二章）「一陰一陽之謂道。」（《周易系辞》上）「夫道有情有信，无為无形，可傳而不可受，可得而不可見。自本自根，未有天地，自古已自存；神鬼神帝，生天生地在太極之先而不為高，在六極之下而不為深，先天地生

「一是萬物的本原。」「二是本原，二產生各數目，从数生出點，點生出线，线生出面，面生出體，體生出形體予以人之感覺所及之一切形體。」產生出四種元素：水、火、土、氣。「此四種元素互相转化，于是造出有生命的精神球形世界。」（同前書，二十頁，拉尔修《著名哲學家的生命和學説》）

中華哲學史料：

《道德經》（二章）曰：「故有無相生，難易相成，長短相較，高下相傾，音聲相和，前後相隨。是以聖人處無為之事，行不言之教。」《尚書·大禹謨》曰：「水、火、金、木、土、穀惟修。」（《十三經注疏》一三五頁）右述中西哲學相對照，可見中方之見深且遠也。早于西方者近二千年也。

3.赫拉克利特派

赫拉克利特著作殘篇：「世界是一團不斷轉化是活火。」「火的转化，首先化為海，海的一半化為土，另一半化為熱風，沿着同一之道转化。火↓↑氣↓↑水↓↑土。」

「一切都遵循着道。」（這道雖然萬古長存，可是理解不了。對那片刻不能離的道，對那

「元亨利貞。」「乾道變化，各正性命。」（《周易》）「一陰一陽之謂道。」（陰陽合言之曰氣。）（同右書，《系辭》）「黃帝書曰：玄牝之門，是謂天地之根，故生物者不生，化物者不化。」（《列子・天瑞》二頁）「通天下為一氣耳。人之生氣之聚也；聚則為生，散則為死，故萬物一也。」（《莊子・知北遊》三二頁）

右列史料說明中西哲學之見雖有其異，但大體則同也。

2.畢泰戈拉派

創始人畢泰戈拉（Pythagoras），古文獻記載：「數是萬物的本原。」也有人提十個本原者：

有限　奇　一　右　陽　靜　直　明　善　正方

無限　偶　多　左　陰　動　曲　暗　惡　長方

結論：對立是存在物的本原。

第一部分　古希臘羅馬哲學

一、文化肇開時期

1.米利都學派：其創始人泰利士（THALES）

「萬物的本原是水。」（《西方哲學原著選讀》北京大學系編，商務，一九八一年版十五頁）

「萬物的本原是無限者。」（阿拉克西愛德語，十六頁，同右書。）

「無限者是沒有本原的。」「它是不死的不滅的」。

「無限者是氣。」（十七頁，同右書。）

中華哲學：老子曰：「上善若水，水利萬物而不爭。」（《道德經》八章）

「天下萬物生于有，有生于無。」（《道德經》四十章）

「元之又元，衆妙之門。」（同右，第一章）

乙　西方哲學之特點

西方哲學進入理論思辨時代。晚於中華哲學約二千五百年，史料記載，西方最早出現的米利都學派為公元前五百八十五年。中華哲學，伏羲書八卦之年代為公元前二千九百六十五年。中華哲學一發軔即以整體觀論事物，天地人物乃大一統之整體也。不可孤立分而論之。西方哲學，則從單個事物現象進行分析，此種思維方式或曰「只見樹木，不見森林，只見沙粒，不見太陽」。但對此從現象入手而求其底蘊方法也不可全否了，將分散的見解集中起來亦可窺見全貌，但從認識論而言，它終歸有缺陷，不如整體观之完備周全也。茲举西方最早的七大學派之觀點以與中華哲學對照以見其優劣短長也。

也，自成之生命也。自聰之心、性、情也，自明之良知也，自善之天性也，自正之真情也。故《禮記·禮運》曰：「故人者，天地之心也，五行之端也，食味、別聲、被色而生者也。故聖人作則必以天地為本以陰陽為端，以四時為柄，以日星為量，鬼神以為徒，五行以為質，禮以為器，人情以為田，四靈以為畜。故飲食有由也。」（注：「四靈：麟鳳龜龍。」）（見《禮記·禮運》，《十三經注疏》一四二四頁）「人者，天地之心也」，乃是人類文明對「人」之最正確而完善之定義也。「唯人為萬物之靈」的炎黃子孫對人類獨具慧眼有如此睿哲之理解。其最切實的含義是人之心（人賴以思維之頭腦）具有反應主客事物的創造性之天質（或曰功能）。此天質雖直接由人而表現于思維。但其本質則是借助于大腦而反映事物之本質或曰規律性，起到了開發大腦的作用。此作用固屬無窮，大腦的潛能亦不可窮盡也；兩者均不可窮盡；思維與被思維既無窮矣，是乃大道之無窮所決定者也：大道之無窮本也，思維之無窮末也，大道之無窮靈根也，思維之無窮是靈根之發用也，靈根無窮，其發用亦自無窮矣。

中，喪失大國風度，自貶大國形象，何其惜哉！我只所以在此提出「人道政為大」者以有感於國际政治究以何種指導思想為依據，始可導引人類進入坦途安航？審視歷史，予以為中華希聖希賢，以克制有害人欲為中心任務之修齊治平思想是值得全球政治所取法者也。我之所以出此言者是有見於當今各國政治尤其世界大國政治，未能以天地之心為心，未能以天下心為心，未能以人類之心為心，未能以本國人民之心為心；獨有我中華經歷百年艱苦探索與實踐，終於良知覺醒，反求諸己，近年來大膽行之，卓見成效，中外稱頌，全人類同心同德共同創建人類的理想政治，此乃孔子所言「人道政為大」之真諦也。須將「大道之行也，天下為公」一義擴而充之，使天下一詞名副其實，使全人類之心、性、情凝為一體，如張載之意全人類「心統性情者也」。

③「心統性情者也」。（此張載之言見于《性理拾遺》）此言首明心、性、情三者之正確關係，心則居統率地位，性情二者聽命焉。任何人莫不具有心、性、情三者之完備體系，莫不隨時處于三者聯動狀態之中，未可須臾離也。活則同活，死則同死，但細為考察實有差異存焉。其所言之心乃天心也，乃「人為天地之心也」。天地之心何意也？乃宇宙自蘊之生機

②「人道政為大」，此孔子在之言也，（《禮記·哀公問》見《十三經注疏》一六二頁）亦儒道之政治觀也；孔子在魯哀公面前詳論了愛與敬乃為政之本也；愛民與敬重為民之神聖偉業乃天子與聖賢之天責；此天責之所以由聖賢來擔任，是因為聖賢具有幾點特殊之天賦和與眾不同之修養；何謂聖：《説文》曰：「聖，通也，叡也，凡一事精通，亦得謂之聖，聖而不可知之之謂神。」漢陸賈曰：「聖人成之，所以能統物通變，治性情，顯仁義也。聖人王世，賢者建功。」「萬事不亂，仁義所治也。」（《新語》）及至北宋道學肇端，其創始人周敦頤鑑於歷史驗於經典。徵於現實，對聖之一字，予以定義：「誠者，聖人之本。誠、神、幾，曰聖人。」「性焉安焉之謂聖，復焉執焉之謂賢。」（見《通書》，《宋元學案》四八三頁）聖賢之義於此而備矣，是歷三至四千年之政治實踐之成敗得失而完備之者也，具有益於世界政治理論之完善自不待言也。依當今世界政治形勢而論，自二戰結束以來之七十年中，世界形勢主流未能走向更加團結，倒有大戰岌岌可危之象，此乃主導二戰以後大局之強國私心太重，缺乏帶領全球諸強國創立世界新秩序之鴻圖，放棄時代賦予大國之新使命，將自己局限于地緣政治，以有三五友邦為滿足，將全人類之共同繁榮與發展棄而不問，使自己陷入與小國開戰的泥澤

盛況也。全由人之善性，物之善性自然誘發而生之者也。具體言之乃人心之表現也，物心之表現也；乃人性之所化者也，物性之所化者也；乃人情之復活也，物情之復活也。此心、性、情三者之重複表現也。變化也，非原質之重現也，實有新意新質存於其中而非短期所可見者也。但此理論基礎一立，立即就正了人類之認識態度，使人能正（貞）觀自我，貞觀他人，並正觀羣我與物我。雖曰綿綿觀、層層觀，更能曲盡事物之本質，但面面層層中亦自由正觀存焉。一部中華學術史就完全證明正觀在性善論建立過程中之作用。孟子持正觀一下就建立起了性善論，此正觀直指性善之本質。一百多年以後，荀卿以非正觀之態度，只見到人性惡之表面現象，即以「人之性惡，其善者偽也」。在二千多年學術辯論中，凡持正觀態度看人性善者其結論必曰人性善，如王陽明曰：「至善者，性也。性原無一毫之惡，故曰至善。」亦有主有善有惡者，如王允曰：「論人之性，定有善有惡，其善者固自善矣，具惡者固可教告率勉，使之為善。」則其正觀有雜也。故依今之全球之勢，在人類之心中建立起人性善論作為全人類之理論基礎，對全人類認識自我價值與使命是有深意的，足以喚醒人類之良知，善性與真情，以赴一共目標—世界和平。人類幸福，萬物遂生，道光宇宙。

式中

X代表治者之心（私欲）

Y代表精一之程度（方略）

當X越小，Y越大，則治，民則富。

當X越大，Y越小，則亂，民則貧。

有經濟學家聽了此算式之口頭介紹後，稱此實有中華古代均富思想之特色，具有參政價值。錄于左以就正海於內外賢達。

面對當今之國際形勢，治國安邦不可孤立謀劃安排，必有全面战略始可兼利國際，造福全人類，特別是經歷五千年文明實踐、經史陶冶之中國不僅精神文明結晶深厚，而且理性之潛能無窮無盡，唯在善于開發利用以資全人類之發展，於此我提出三個關乎全人類長遠戰略的大問題供全球賢達思考。

①立全球之人性善論與物性善論之統一論為全球文化之理論基礎。一切人類意識形態，形態，一無例外，悉由此理論基礎而生、而榮、而開花、而結實、而繁衍，此乃今日全球文化之

我認為將黨和政二渠道運作起來，以推動心、政、教三者，其力量則未敢估量也。在黨內，喚醒人心、人性、人情三者綜合之精神力量，使之聚焦為一個目標—治國，又將此良知、善性、真情（或曰激情、熱情）三者變為德行，意志、毅力、與忘我精神，使之在黨政各個崗位上，以創造性思維進行工作，積而久之，必能見其功效與建樹開闢新局面、彰顯新政績。以之継往，則無愧於經史；以之開來，則有啟于後賢。由此觀之，則知治國之本在心，而心則有人心與道心之別；人心者，私心也，有害於公德與私德者也。堯、舜、禹王朝之明君早已指明之矣，曰「人心惟危」；道心者，公心也，有克制私欲之作用，但如何發揮此作用則尚無定論。故堯、舜、禹三聖綜合此意為十六字經以導後賢。曰：「人心惟危，道心惟微，惟精惟一，允執厥中」。自夏（前二三〇五年）迄今四千餘年，歷代學者只視此十六字經為心學之源，未有統一之結論。筆者在拙者《中華大道》第三卷《一統篇》中求數學家華羅庚教授的研究生冉毅羣女士根據此十六字經之內含演繹出了一可資計算之公式（見十九頁）茲抄錄如左，敬乞海內外同仁教正焉。

謂知本，此謂知之至也。」（見《十三經注疏》一六七三頁）

何謂知本？何謂知之至也？知本者，謂「自天子以至於庶人，壹是皆以修身為本」也；而且此中更包含了四個層次的功夫：修、齊、治、平。而且此四個層次中，孰為厚孰為薄，在平日修練過程中都要辨明清楚。辨得清者，便可謂之知本。在行之過程中，本末先後，厚薄辨之明者，謂之知本，行之實者，謂之知之至也，即至真至高之知，至精至實之行。完美無缺之知行合一也，完美無缺之認識論也；學、問、思、辨、行之完美認識論之實現也，其曰「此謂知之至也」宜矣，天下鮮有如此邏輯嚴密之思慮也。

4.治國安邦

治國必先知心，知心必先去私，去私必先立公，立公必先正心，心正則能辨明是非，是非明矣則善惡分焉；善惡分矣，則正邪明焉，正邪明矣，則紅彤彤之心亮于人之眼前，人人均以此紅彤彤之心齊其家則家齊（以此紅彤彤之心為父，則子女稱孝焉，以此紅彤彤之心為夫，則妻賢焉敬焉；以此紅彤彤之心為兄，則弟敬焉；以此類推，則一家順焉；則鄰里和睦焉，則社區安焉。只在一心字，一教字而已。）此心字，此教字，行之渠道甚廣且繁、，唯在未用耳。

3.重铸國魂

重鑄者謂原本有之，只是由於歷史原因而遭受了破壞，不修復之，不足以當新之重任也。魂者，心也；國魂者，愛國之心也，愛民之心也。此心也，非平空而生之者也，乃行之於身見之於父母之遺體者也。曾子曰：「身也者，父母之遺體也，敢不敬乎？居處不並非孝也。事君不忠非孝也。莅官不敬非孝也，朋友不信非孝也，戰陣無勇非孝也。五者不遂，災及於親，敢不敬乎。」（《禮記・祭義》，見《十三經注疏》一五九八頁）《大學》經文二百一十五十字。

「大學之道，在明明德，在親民，在止於至善。知止而後有定，定而後能靜，靜而後能安，安而後能慮，慮而後能得，物有本末，事有終始，知所見後，則近道矣。古之欲明明德於天下者先治其國，欲治其國者先齊其家，欲齊其家者，先脩其身，欲脩其身者，先正其心，欲正其心者，先誠其意，欲誠其意者，先致其知，致知在格物。物格而後知至知至而後意誠，意誠而後心正，心正而後身脩，身脩而後家齊，家齊而後國治，國治而後天下平，自天子以至於庶人，壹是皆以脩身為本。其本亂而末治者否矣，其所厚者薄，而其所薄者厚，未之有也。此一樣的，如此，則全人類都是兄弟姐妹了。在帝國主義之肆虐全球之殘渣餘孽不肯退出歷史舞臺也。特別是後起的帝國主義以為稱霸世界之美夢倏尔而滅。不甘一枕黃粱，借助于老帝國主義，期图苟延殘喘。此乃當今世界形勢之本質。我們要日新聖學，以敏锐之目光燭見此帝國主義頹敗之勢。靜觀其變自立必勝之心，堅毅而又所為也。

2.以心、性、情喚醒全民之自尊

張載曰：「心純性情者也。」又曰：「為天地立心，為生民立命，為往聖継絕學，為萬世開太平。」將此二者之內涵融合為一體，即立心，立命、継絕學、開太平四者供以心，性，情三者之結晶為其內涵，為天地所立之心乃是人之良心、人之善性、人之真情三結晶之光明所照者也；為生民立命，此三晶之智慧；所継絕學則是此三晶在新之歷史時期所理解之新學也；為萬世開太平則自是三晶指導下之與時偕行之新太平也。以此而喚醒全民憑自己的良心、善性、真情說話辦事。待人接物內以和五倫之親，外以協朋友，上下左右之善，在公私是非，邪正善惡，利害面前以良心、善性、真情待之，知所取捨進退，則是非明矣，邪正判矣，善惡分矣，人各歸其心矣。

用；通道與德；通天地人；通心、性、情，通政與教，通人才素質與任責担當之一致性。即通修齊治平之一致性，通無私無我之終身性，通「為學日益，為道日損」，二者相互推進，相互提高之無止境性，一言以蔽之：人心我們惇化。人性致善與夫人情至真之無心境性，修齊治平就建立在心、性、情三者統一善化、美化、惇化之基础上，純化人性，同時純化物心物性此乃中華性善論之本質，亦是聖學之精髓。日新聖學就是日損人欲，日揚人之善性美質，使人日日長處于淨化過程之中而不自知，善政和善教乃是人類淨化靈魂之兩大法寶，我炎黃未來政教之本質，只有真正識透了此本質才能找到我中華引領人類步入大同軌道之正確途徑。此途徑就是人之心、性、情。故此心、性、情三者，縱观之則上接天通，下接地氣，地氣者庶民也，兆民也；上承經史，下通生活日用；由于通天道读經史可以加深對天道，經史之理解，用以開拓，純化心、性、情。即使不通天道，不读經史，獨以反思而誠，自問良心，自審善性，自責真情也一樣可以上通天道，經史，只不过通得不那磨透徹，純正而已，故知不读經史也可略通天道地道人道，以人人都具有良心善性真情。由此而知，心、性、情三者可推及於全人類，他們不读我中華之經史，一樣可以理解中國人之心、性、情，同樣推理，全人類之心、性、情都是以志。以全民之利益高於一切，全人類之利益高於一切，則在前進道路上無論遇到何種艱難險阻莫不產生自我克服之力，自我調濟之方。自我轉換之道，自我解救之法，蓋以吾儕所從事者乃國家，民族以至全人類之整體事業，非一國一族者之受其宗教、國家、民風、習俗所限之畛域也。我中華先聖先賢之教形之於經典者，與夫全民五千年之歷史實踐所昭告於炎黃子孫者，唯兩大任務而已：一曰治國安邦，民富國強；二曰：「大道之行也，天下為公。選賢與能，講信修睦。故人不獨親其親，不獨子其子，使老有所終，壯有所用，幼有所長，矜寡孤獨廢疾者皆有所養，男有分，女有歸。貨惡其棄於地也，不必藏於己；力惡其不出於身也，不必為己，是故謀閉而不興，盜賊亂臣而不作。故外戶而不閉，是謂大同。」（《禮記・禮運》，見《十三經注疏》一四一四頁）此二重任固以治國安邦為先為基；大同任務之實現雖事關未來，實亦近務所當處及者也。

1.日新聖學

面對五千年之雄厚經史積澱，首要者在日新聖學。日新之道曰通，通經：通儒道之經，通諸子之經；通源和流；通經和史；通古和今，通中和外，通體和用，通知與行，通接物與日後孫中山先生採取聯共、聯俄、扶助農工三大政策，建立起黃埔軍校，國共兩黨合作，舉兵北伐，從此中華先進分子改變了思考中華出路的方向，以俄為師，以馬克思主義是從。一九二七年八月一日南昌起義以後，八七會議決定「開展武裝斗争」。朱德、毛澤東所領導的紅軍會師井岡山，建立了第一個革命根據地。歷二十二年以農村包圍城市；中間又有八年抗日戰爭烽火鍛煉，更有抗戰勝利後獲得各民主黨派及知識階層熱烈擁護與廣泛支持，故作於一九四九年十月一日毛主席在天安門城樓上豪邁而雄壯宣告：中華人民共和國之成立，從此中國人民昂首闊步走在自己的大道上。審時我們忖勢，內視歷史之成敗得失，外察心性，政經之正邪優劣，思有所取舍進退於今越六十餘年，亦已成熟矣。

（十六）走自己的路

中華人民共和國立足於二十世紀全球大國之林適足五十年，乃知天命之年也，乃能把握住自己命運之年也，故以「走自己之路」的新姿態進入了新世紀，歷世紀之初十有餘年更為審慎之觀察思考，瞻前顧後，忖勢衡心、量性、度情、求經、撫史、弘道、宣德、廣政、美教、啟新、開悟、揚善、拒惡、祛邪、正欲；倘能綜合發揮全民，全人類之正能量，益智以毅，以敬勇，其国失之太驕；美民喜自由而多放任，其國失之複雜。意民尚功利而近貪詐，其国失之困貧。唯英人富于自治自營之精神，有獨立不羈之氣象，人格之高，風俗之厚，為各國所不及，此民氣不同也。臣等觀于各國之大勢既為此，又参综比較窮其得失之源，實不外君臣一心，上下相维，然後能收舉國一致之益。否則名實相继，有可以斷其無效者，约有三端。一曰無開誠之心者國必危，二曰無慮遠之識者國必弱；三曰無同化之力者國必擾。」結論是：定國是，國是之要有六事：一曰舉國臣民立於同等法制之下，以破除一切畛域；二曰國是採決于公論；三曰集中外之所長，以謀國家與人民之安全發達；四曰明宫府之體制；五曰令中央與地方之權限；六曰公佈國用及諸政務。約于十五年或二十年頒布憲法。召集國会實行一切立憲制度。此光緒三十一年（一九〇五年）之事也。二曰京外各省都府之洋務運派：南有陳葆楨，北有李鴻章，中有張之洞；三曰改革派：先有一八九五年康有為領導的「公車上書」；繼有康梁為首的戊戌變法，均未奏效。唯有孫中山先生領導民主革命于一九〇四年以後彰明「驅除韃虜，恢復中華，創立民國，平均地權」，革命旗幟，始于一九一一年取得推翻滿清。建立中華民國的成功。此後立即陷入缺乏實權與武裝兩難之中，歷時十二三年、待一九二一年中國共產黨成立之撫端方，商務右丞紹英。光绪三十年（一九〇五年）命五大臣出使各国考求政治。歷十五邦几八阅月，歸國與载泽、端方、尚其亨、李盛鐸等裒辑列国政要、百三十三卷；欧、美、政治要義十八章、会同進呈、奏言各治理大略。「以為观其政體。美為合衆而專重民權。德本联邦，而實為君主，奥、匈同盟，仍各用其制度。法、意国族，不免偏于集權。唯英人循秩序而不好激進。其憲法出于自然之发達。行之百年而無弊，反乎此者有憲法不聯合之國，如瑞典、挪威則分離矣。有憲法不完全之國如土耳其，埃及則衰弱矣。有憲法不允之國，如俄羅斯則擾乱無已時矣。種因既殊，結果亦異，故有雖革改而適以召亂者，此政體之不同也。观其國力。陸軍之強莫如德，海軍之強莫如英，國民之富莫如美，此國力不同也。窺其政略，則俄、法同盟，德、奥、意同盟，既互相依助，以求國勢之稳固。德、美海军之擴张。美、法屯軍之增額，又審利害以為商業之競爭。蓋列強對峙之中，無有一國孤立可以國存者，勢使然也。況人口生殖日繁，知識日開，内部亦愈以膨漲，故各國政策或因殖民而造，西伯利亞之铁路或因商務而開，巴拉馬之運河或因國富而投資本于世界，均有深意存焉，此政略之不同也。驗其民氣俄民志偉大而少秩序，其國失之無教法，民好美術而流晏逸，其国失之过奢；德民性倔强而尚武人欲而至於悖逆詐伪之心，有淫泆作乱之事，譬則洪水横流，氾濫於中國也。欲不可窮，非不可有；有而節之，使無过情。無不及情，可謂之非天理乎！」（《孟子字義疏证》一〇—一一頁。）

（十五）文字獄之禍

滿清之入關亡明，二百多年統治為禍最烈、影響最深者莫過於鉗制人之思想的文字獄也，北宋道學肇啟之後，學界思想極為活躍，文學藝術超越前古；宋词元曲三大名著（《三国演義》《水浒传》《西游記》）应運而生，《牡丹亭》一花獨放、《竇娥冤》震古鑠今。清政暴虐之後，文壇啞然。嘉道以降適值西帝东掠。鴉片戰爭之际，適逢道光衰敗。咸豐處太平軍興之際國本動摇，及其駕崩，慈禧擅權，清政處於風雨飄搖之中。非無濟世之才，而乏中兴之主，光緒雖有此志，卒為慈禧所殺。予谓清之亡也，亡于慈禧之手，检視同治與光绪二帝之歷史（一八六二—一八九八年），三十六年中兴之機，如滔滔長江黄河之水付之东流了，當時中華之精英，仁人志士所思所行者何耶？

一曰朝庭内部的中兴派五大臣：镇国公載澤，户部侍郎戴鴻慈，兵部侍郎徐世昌，湖南巡義，確将知行者絞緊為一體了，不可脱開了。言知即已為行，言行即已為知，二者相得益彰，故在日俄海戰中，日方取勝，指揮此次海战日方統帅东鄉脱口高呼：「王陽明思想的勝利。」以知行統率『致良知』「心物一統」「非功利」三者以赴「治国安邦」。或保衛人類和平與安全的重大使命，則無不成竹在胸游刃有餘矣。

（十四）戴震之性水欲流論

自孟子立性善論後，中華學術史上討論最多、歷時最長、至今猶未結束的大問題，就是人性善恶的問題。但縱觀諸家之説北宋迄今千余年間，則以戴震之見：「性水欲流論」為多数人所贊同。戴震，字东原、清安徽休寧人，（一七二四—一七七七）著作编為《戴氏遺書》有《孟子字義疏證》乃論人性之專著也。兹録其序言一警於世人。「是後私智穿鑿者，亦警於亂世或以其全身而遠禍，或以其能誘人心，有治無亂，而謬在大本，舉一廢百，意非不善，其言祇足以賊道。孟子於是不能已於與辯，當時，羣共稱孟子好辯矣。遊於聖人之門者難為言。……吾用是懼，述《孟子字義疏證》三卷：求观聖人之道，必自孟子姓。」戴曰：「性，譬則水也；欲，譬則流也。節而不过，則為依乎天理，為相生養之道，譬則水由地中行也。窮利之毒淪浹於人之心髓，而習以成性也几千年矣，相矜以知，相軋以勢，相爭以利，相高以技能，相取以聲譽。其出而仕也，理錢穀者則欲兼夫兵刑。典禮樂者又欲與於銓軸，處郡縣則思藩臬之高，居台諫則望宰執之要。故不能其事，則不得以兼其官；不通其說，不可以要其譽；記誦之廣，适以長其敖也，知識之多适以行其恶也；聞見之博，适以肆其辨也；辭章之富，适以飾其偽也；是以皐、夔、稷、契所不能兼之事，而今之初學小生皆欲通其說，究其術，其稱名僭號，未嘗不曰吾欲以供成天下之務，而其诚心實意之所在，以為不如是則無以濟其私而滿其欲也。嗚呼，以若是之積染，以若是之心志，而又講之以若是之學術，宜其聞吾聖人之教，而視之以為贅疣枘鑿；則其以良知為未足，而谓聖人之學為無所用，亦其勢有無所必至矣，呜呼，士生斯世，而尚何以求聖人之學乎？尚何以論聖人之學乎？士生斯世而欲以為學者，不亦勞苦而繁難乎？不亦拘滯而險艱乎？嗚呼！可悲也已！所幸天理之在人心，終有所不可泯；而良知之明，萬古一日。則其聞吾拔本塞源之論，必有惻然而悲，戚然而痛，憤然而起，沛然若決江河而有所不可禦者矣。非夫豪傑之士無所待而興起，吾誰與望乎！」（同上书，五六頁）

王陽明「知行合一」之說：「知之真切篤實處即是行，行之明覺精察處即是知。」细味其學問大頭腦，是聖人教人第一義。今云專求之見聞之末，則是失却頭腦而已落在第二義矣，近時同志中蓋已莫不知有致良知之説，然其功夫尚多鶻突者，正是欠此一問。大抵學問功夫，只要主意頭腦是當，若主意頭腦專以致良知為事，則凡多聞多見莫非良知之功。蓋日用之間，見闻酬酢，雖千頭萬緒，莫非良知之发用流行，除却見闻酬酢，亦無良知可致矣。良知是天理之昭明靈覺處。故良知即是天理。盖思之是非邪正，良知未有不自知者。」「良知本來自明，氣質不美者，渣滓多，障蔽厚，不易開明，質美者，渣滓原少，无多障蔽，略加致知之功，此良知便自瑩徹，些少渣滓，如湯中浮雪，如何能作障蔽，此本不甚難曉。」（同右书・七一頁）「朱本思問：人有虛靈方有良知，若草木瓦石，亦有良知否？先生曰：人的良知就是草木瓦石的良知。若草木瓦石無人的良知，不可以為草木瓦石矣。豈惟草木瓦石為然，天地無人的良知，亦不可為天地矣。蓋天地萬物與人原是一體，其发竅之最精處，是人心一點靈明。風雨露雷日月星辰禽獸草木山川土石與人原只一體。故五穀禽獸之類皆可以養人，藥石之類皆可以療疾，只為同此一氣，故能相通耳。」（同上书・一〇七頁）

陽明先生為長文《拔本塞源論》以宣功利之害，兹録其至要者供思考：「盖至於今，功本身，力量之源泉發自于非功利；非功利乃是最大之功利，此功利唯國家能當之，唯人類能當之。凡為國家謀功利者，為人類謀功利者，無往而不順也，無往而不勝也。

如何論證「心外無物」，「九川疑曰：『物在外，如何與身心意知是一件？』先生曰：『耳目口鼻四肢，身也，非心，安能視聽言動？心欲視聽言動，無耳目口鼻四肢亦不能，故無心則無身，無身則無心。但指其充塞處言之謂之身，指其主宰處言之謂之心，指心之發動謂之意，指意之靈明處謂之知，指意之涉着處謂之物，只是一件。意未有懸空的，必着事物，故欲誠意則隨意所在某事而格之，去其欲而歸於天理，則良知之在此事者無蔽而得致矣，此便是誠意的工夫。』九川乃釋然，破數年之疑。」（《王陽明全集》九〇——九一頁）「夫理無內外，性無內外，故學無內外，講習討論，未嘗非內也；反觀內省，未嘗遺外也。夫謂學，必資於外求，是以己性為有外也，是義外也。用智者也，謂反觀內省為求之內，是以己性為有內也，是有我也，自私者也，是皆不知性之無內外也。故曰精義入神以致用也，利用安身以崇德也；性之德也，合內外之道也，此可以知格物之學也。」（·七六頁）

關于「致良知」，陽明子曰：「良知不由見聞而有，而見聞莫非良知之用。故致良知是玉膚也。皆假借而為稱者也。真實无妄曰誠，全體自然曰天。主宰造化曰帝，妙用不測曰神，付與萬物曰命。物受以生曰性，得此性曰德，具于心曰仁，天地萬物之統會曰太極。道也、理也、誠也、天也、帝也、神也、命也、性也、德也、仁也、太極也，名雖不同，其實一也。極，屋棟之名也。屋之脊檩曰棟，就一屋言，惟脊檩至高至上，無以加之，故曰極。而凡物之統會處，因假借其義而名而為極焉，辰極之類是也。道者天地萬物之極也，故曰太極。邵子曰：『道為極。』太祖問曰：何物最大？荅者曰：『道理最大。』其斯之謂與！然則何以謂之無極？曰：道為天地萬物之體而無體。故曰：無極。然則無極而太極何也？道也者無形無象，無可執着，雖稱曰極，而實無所謂極也，故曰無極而太極也。」（《宋元學案・濂溪學案》五一一——五一二頁。）

（十三）王陽明心學之奇峰突起

王陽明之心學所以奇峰突起者以其有四大理論基石構成了理論殿堂之四大支柱，（一曰心外無物，二曰致良知，三曰非功利，四曰知行合一。）立依此四大支柱之上的理論殿堂永遠金碧輝煌，光照宇宙，其本身就具有更新與時偕行之動力，此動力就是心之本身，就是心學之學；文學；格物遊藝之學等。由此可知其為孔子沒後一千六百年間成為新儒學（道學）集大成者，當之無愧也。

朱熹之後道學之研究軌跡集中於心學（性情包涵于其中）其間通儒相繼出焉，最著者有撫州 崇仁 吳澄。其論心曰：「夫學，孰為要？孰為至？心是已。天之所以與我，我之所以為人者，在是不是之求，而他求焉，所學何學哉！聖門之教，各因其人，各隨其事，雖不言心，無非心也。」「夫人之一身，心為之主，人之一心，敬為之主，主於敬，則心常虛，虛則物不入也；主于敬，則心常實，實則我不出也。」「主于天理則堅，徇于人欲則柔，堅者，凡世間利害、禍福、富貴貧賤、舉不足以移易其心；柔則外物之誘，僅如毫毛，而心已為之動已矣。」「若曰從求之五經，而不反之吾心，是買櫝而棄珠也。」（《宋元學案》三〇四三——三〇四四頁）

吳澄論道見地之明，亦是宋、元以降諸子所未及之者也。其言曰：「太極者何也？曰：道也。道而稱之曰太極何也？曰假借之辭也。道不可名也。故假借可名之器以名之也；以其天地萬物之所共由也，則名之曰道。道者，大路也。以其條派縷脈之微密也，則名之曰理；理者，心大無外，天大無外。天體物而不故，物有未體，則心為有外，有外之心不足以合天心也。心存無盡性之理，故聖不可知為神。」「以我視物，則我大，以道體物我，則道大。故君子之大也，大于道。」

統濂、洛、關三家之論，可見道學者乃修齊治平之學也，乃心、性、情自我完善之學也，乃心統性情之學也，或曰心學。自茲而後中華心學大明矣。

（十二）朱（熹）子集道學之大成

稽我中華學術史，集儒學之大成者為孔夫子，集道學之大成者為朱夫子（熹）。錢穆先生立專著《朱子新學案》詳述其事。茲將其綱目錄之如次以見其邏輯及規模：朱子學提綱；論理氣，論無極、太極；論陰陽；論鬼神；論仁（上）；論天人；論聖賢；論善惡；論天理人欲；論道器；論體用；論性；論命；論數；論心與理；論情；論心與性情；論仁（下）；論忠恕；論人心與道心；論未發與已發；論涵養於省察；論識心；論放心；論靜；論敬；論克己；論立志；論知與行；論誠；論思；論幾；泛論心地工夫；論心雜綴，論格物；論當時學弊（上、中、下）；論讀書法（上、中、下）；朱子之經學、易學、詩學；書學；春秋學；禮學；史然。學之道如何？曰：天地儲精，得五行之秀者為人。其本也真而靜，其未發也，五性具焉，曰仁義禮智信。形既生矣，外物觸其形而動其中矣。其中動而七情出焉，曰喜怒哀懼愛惡欲。情既熾而益蕩，其性鑿矣。是故覺者約其情。使合於中，正其心，養其性。愚者則不知制之，縱其情而至於邪僻，梏其性而亡之。然學之道必先明於心，知所養，然後力行以求至，所謂自明而誠也。誠之之道，在乎信道篤，信道篤則行之果，行之果則守之固，仁義忠信不離乎心，造次必於是，顛沛必於是，出處語默必於是。久而弗失，則居之安，動容周旋中禮，而邪僻之心無自生矣。後人不達，以謂聖本先知，非學可至，為學之道遂失。不求諸己而求諸外，以博聞强記巧文麗辭為工，榮華其言鮮有至於道者。則今之學，與顏子所好異也。」瑗得其文大驚異之。

闕者，言張載也，其父迪卒于官，其家滯留于鳳翔郡。於道學之功以心説為大。《大心篇》曰：「大其心，則能體天下之物。物有未體，則心為有外。世人之心，止於聞見之狹。聖人盡性，不以見聞梏其心，其視天下，無一物非我。天大無外，故有外之心，不足以合天心。見聞之知，物交而知，非德性所知。德性所知不萌於見聞。（高憲忠曰：心與天一而已矣。）

濂者，濂溪之作《通書》與《太極圖說》也。前者言為聖之本、去欲之要與夫為學之道也，後者為儒、道兩家對大道之綜合理解。合此二者而言之，則對大道之定義也。

洛者，指二程兄弟也。明道，兄也；伊川，弟也。明道修養高遠，司馬溫公自愧不及也。其所《陳治法十事》一曰「盡其道則大治，用其偏則小康」，二曰「天子庶人俱有師友」，三曰「建官化民」，四曰「均產地以厚生」，五曰「設教鄉里」，六曰「胥吏定祿」，七曰「積糧備饑」，八曰「四民各有常業」，九曰「山虞水澤各有常禁」，十曰「婚喪禮數以儉樸為尚」。具體周備。明道更見之深遠：「道之不明也，異端害之也。道不行，百世無善治；學不傳，千載無真儒，無善治，士猶得以明夫善治之道，以淑諸人，以傳諸後。無真儒則貿貿焉，莫知所之人，欲肆而天理滅矣。」明道以興起斯文為己任，「辨異端闢邪說，使聖人之道煥然復明於世，蓋自孟子之後一人而已。然學者於道不知所向，則孰知斯人之為功，不知所至，則孰知斯名之稱情也哉！嘉定十三年賜謚曰純公。惇祐元年對河南伯，從祀孔子廟庭。」

伊川，程頤，字正叔，年十八，上書闕下，欲天子黜世俗之論，以王道為心，游太學，見胡瑗問諸生以《顏子所好何學》，頤回答曰：「學以至聖人之道也。聖人可學而致歟？曰：

不被是道之澤以遂其性。於斯時也，道學之名何自而立哉？文王、周公既沒，孔子有德無位，既不能使是道之用漸被斯世，退而與其徒，定禮樂，明憲章，删詩，修春秋，讚易象，討論墳典，期使三五聖人之道，昭明於無窮，故曰「夫子賢於堯舜遠矣」。孔子沒，曾子獨得其傳，傳之子思以及孟子。孟子沒，而無傳。兩漢而下，儒者之論大道，察焉而弗精，語焉而弗詳。異端邪說起而乘之。幾至於大壞千有餘載。至宋中葉，周敦頤出于舂陵乃得聖賢不傳之學。」）

周敦頤（一〇一七——一〇七三），字茂叔，道州，營道人。以舅龍圖閣學士鄭向任為分寧主簿，有獄人不決，敦頤至，一訊立辨。邑人驚曰：老吏不如也。部使者薦之調南安軍，司理參軍，有囚法不當死，轉運使欲深治之，衆莫敢爭，敦頤獨與之辨，不聽，將葉官去，曰：「如此尚可仕乎？殺人以媚人，吾不為也。」以疾求知南康軍，因家廬山蓮花峯下，取營道所居濂溪以名之。卒年五十七。著《太極圖說》《通書》以明其道學大義。二程（明道、伊川兄弟）從其學焉，嘉佑初又有張載至京師，見二程子（張載之表侄）與語道學之要，因渙然曰：「吾道自足，何事旁求。」道學之基：濂、洛、關三者形焉。

注視每一個字，則精力充沛，心神活潑之個體躍然於紙上；如果縮小到只專注於一點、一捺、一撇、一鉤、一橫一豎，則無不飽滿其力，充足其神，高巧其技，妙發其韵。顏字中更獨具拙中之美，剛中之柔，笨中之靈，曠中之妙。

右述盛唐之詩，書二端，雖各僅舉四子以論之，但其造詣之美歷千年香遠益清，足見文化之深與人才之盛，開啟了宋代之文運。

（十一）北宋道學之肇興

北宋理學之肇興非無本之木也，無源之水也，其源有所自也。韓愈《原道》有言曰：「堯以是傳之舜，舜以是傳之禹，禹以是傳之湯，湯以是傳之文、武、周公，文、武、周公傳之孔子，孔子傳之孟軻、軻之死不得其傳焉。荀與揚也。擇焉而不精，語焉而不詳。」由此可知韓愈欲光大儒家之道也。適宋太祖（趙匡胤）得國以後，鑑前代之失，以文立國，積六十年之儒治，學風大正，至仁宗朝周敦頤出而倡明道學。（《宋史・導學傳序》）曰：「道學之名，古無是也，三代盛世，天子以是道為政教，大臣百官有司以是道為職業，黨庠術序師弟子以是道為講習，四方百姓日用是道而不知，是故盈覆載之間，無一民一物

多採納之」。（見《舊唐書·褚遂良傳》）

觀其《臨蘭亭序》則知褚書類二王者也。秀外而慧中，柔而剛，健而美，潤而澤，韻而色；活力流于筆書之中，光輝翳于形體之外，如落日照晚霞，海天飄彩虹，晶瑩剔透，心入書中，神遊天外，不知所止。乏王氏之聖功者，心無此境也，欲求生之，亦不可得也。故知心——功——境三者乃長期修養之精神產物也，非坐求可致者也。

顏真卿（七〇八——七八四）字清臣，書法家，京兆萬年（西安）人，開元進士。任殿中侍御史，與楊國忠不和，出為平原太守。安祿山叛亂，與從兄常山太守顏杲卿起兵平亂，被推為盟主。集兵二十萬勤王。德宗時李希烈叛亂，前往勸諭，被縊死，書法初學褚遂良，後從張旭得筆法，正楷端莊雄偉，氣勢開張，古法為之一變，開其新風格，人稱顏體，與柳公權並稱，影響中華書法一千餘年。

顏真卿在書法上之特點，直如其人之個性表現其為人，直道而行，不計身家性命，其為人也，觀其銜命勸諭李希烈可知也，其在書跡上之表現，讀其《東方朔書贊碑》可知也。讀贊碑的全文，一個不畏生死，不思利害，不計得失，無私無我的巨人之形象出現在眼前：如果凝神書，嘗遣使求之。高祖嘆曰：不意詢之書名遠播夷狄，彼觀其跡，固謂其形之魁梧耶？武德七年詔與裴矩、陳叔達撰《藝文類》，聚一百卷奏之。貞觀初，官至太子率更令。弘文館學士，封渤海南，年八十餘卒。」（見《舊唐書·歐陽傳》）其書法刻碑者有《九成宮碑》《化度寺舍利塔銘》等。以《銘》書為善。

細味詢之一生遭遇，則知其個性之形成與夫志趣之確立，書跡者則其個性（心、性、情）與道德修養之綜合表現也。予習其字歷三四十年矣，略知其特點：一曰一筆不苟，歐體字帖，無論其字體大小，一以不苟貫之。二曰强勁挺拔，特別字體方正者，既見其强勁，復見其挺拔。三曰险而自然，险可謂歐字一大特色，有些筆畫似有危而欲傾之勢，實属自然也。四曰圓潤靈秀，不僅每個字之造形有整體圓潤之美，每一筆一畫莫不圓潤其外，靈秀其中。

「褚遂良，散騎常侍亮之子也。貞觀十年，自秘書郎遷居郎。遂良博涉文史，尤工隸書，父友歐陽詢，甚重之。太宗嘗曰，虞世南死後，無人可以論書，魏徵曰：褚遂良下筆遒勁，甚得王逸少體。太宗出御府金帛購求王羲之書跡，書至，莫能辯其真偽，遂良備論所出，一無舛誤。遂良曾上疏言：信為國本，百姓所歸；信，國之寶也，民之庇也。遂良前後奏諫數十，上重，未足以言書也。

虞世南之書師承智永，妙得王書之「體」乃是其最大特點，為各家所不及者，乃知王書之所以為「聖」者之所在也。《說文》：「聖，通也，睿也，深明也。」書聖者通古今之書體，深明其美學、藝術之真諦也。故王書美學含意最深，藝術性最高，淺薄者未可窺其堂奧也。浮躁者未足以精心凝志，不得其門而入也。不知聖之所以為聖；唯提高修養者可近之，且可升堂入室也，人皆可以為堯舜也。今則不然，學之者不是以精一之功，以人一己十，人十己百之勤，以向上之力推動專業之提高與發展，相反，以謀利之實損壞書法之名，以粗劣不堪入目，非行非草之字，冠之以書法界領導者官名，就變為名家了，是以書風日靡。幸見有一批年輕書者繼起，注重基本功，或能領會書聖之精神為書道之發展做出新貢獻。

「歐陽詢，潭州臨湘人，陳大司空頠之孫也。父紇陳廣州刺史，以謀反誅。詢當從坐，僅而獲免。陳尚書令江總，與紇有舊，收養之。教以書計。雖貌甚寢陋而聰悟絕論。讀書即數行俱下。博覽經史尤精三史。仕隨為太常博士，高祖微時，引為賓客。及即位累遷給事中。詢初學王羲之書後漸變其體，筆力险勁，為一時之絕。人得其尺牘，文字咸以楷範焉。高麗甚重其商略古今，有一言之失，未嘗不悵恨，其誠懇若此，朕用嘉焉。羣臣皆若世南，天下何憂不理。又稱世南有五絕：德行、忠直、博學、文辭、書翰。」（《二十五史》上海古籍出版社三七八四頁）

揚雄曰：「言為心聲，書為心畫。」是則每個人寫的字就是其心靈之直接圖像，就是心、性、情三者之綜合反映，即字為心畫也。其次，臨帖練字乃是學書者畢生之功不可暫停者也。第三，童子功之優勢見之於始終。第四，博通羣書與道德旨在清心寡欲，極於靜也。第五，求完美，乃書者最終之歸宿也，細味完美與創造二者孰善，予以為完美乃任何事物不斷自我完善之自在過程也，何庸創造哉！用外力所創造之物加之於任何物事之上終歸兩張皮也，如何使之一體而成乃善之善者也。

特右舉五觀（心畫、功、字之整體性、博通與寡欲、力求完美）以體味虞世南之刻碑《孔子廟堂碑》則頓覺心靜二字引入入於空徹虛無之境，漫遊於神筆妙畫之中：每一字體自然天成，每一筆之運作輕如鴻毛，其點勾撇捺之出也，順之毫端一流而成，不見其跡，不顯其功，天成者也。蓋其功績之於長期，非三年五載十年八年可致者也，乃終生之事也。淺識者以利為聲，滿座重聞皆掩泣。座中泣下誰最多？江州司馬青衫濕。

仕之貶出京城與女之失色下嫁其命一也，此《琵琶行》之所以作也，「江州司馬青衫濕」者此也。以其心、性、情三者同也。經也、史也、詩也、賦也，真正動心之作，動性之文，動情之言未有不引起共鳴者也。今之詩文所以乏味者，以其缺此三要素，更缺至誠之意也。故周濂溪之《通書》開宗明義曰：「誠者，聖人之本。」江州司馬以至誠之意寫出了千古不磨之作，今天讀之，令人激動不已。

大唐之書法亦舉四子以論之。

虞世南（五五八——六三八），字伯施，唐初書法家、文學家、越州餘姚人，官至秘書監。書法得王羲之七代孫智永之傳授、繼承二王真傳，筆致圓融，內剛外柔，潤于色，勁於骨，與歐陽詢、諸遂良、薛稷並稱唐初四大書家。《舊唐書·虞世南傳》曰：「世南性沉靜，寡欲，篤志勤學，少與兄世基受學於吳郡顧野王，經十餘年，精思不倦，或累句不透櫛，善屬文。同郡沙門智永善王羲之書，世南師焉，妙得其體。世南容貌懦懦，若不勝衣，而志性抗烈，每論及古先帝王為政得失，必存規諷，多所補益。太宗嘗謂侍臣曰：朕因暇日與虞世南事。輕攏慢撚抹復挑，初為霓裳後綠腰。大弦嘈嘈如急雨，小弦切切如私語。嘈嘈切切錯雜彈，大珠小珠落玉盤。間關鶯語花底滑，幽咽泉流冰下難。冰泉冷澀弦凝絕，凝絕不通聲暫歇。別有幽愁暗恨生，此時無聲勝有聲。銀瓶乍破水漿迸，鐵騎突出刀槍鳴。曲中收撥當心畫，四弦一聲如裂錦。東船西舫悄無言，唯見江心秋月白。沉吟放撥插弦中，整頓衣裳起斂容。自言本是京城女，家在虾蟆陵下住。十三學得琵琶成，名屬教坊第一部。曲罷曾教善才伏，妝成每被秋娘妒。五陵年少爭纏頭，一曲紅綃不知數。鈿頭銀篦擊節碎，血色羅裙翻酒污。今年歡笑復明年，秋月春風等閑度。弟走從軍阿姨死，暮去朝來顏色故。門前冷落鞍馬稀，老大嫁作商人婦。商人重利輕別離，前月浮梁買茶去。去來江口守空船，繞船月明江水寒。夜深忽夢少年事，夢啼妝淚紅闌干。我聞琵琶已嘆息，又聞此語重唧唧。同是天涯淪落人，相逢何必曾相識。我從去年辭帝京，謫居臥病潯陽城。潯陽地僻無音樂，終歲不聞絲竹聲。住近湓江地低濕，黃蘆苦竹繞宅生。其間旦暮聞何物，杜鵑啼哭猿哀鳴。春江花朝秋月夜，往往取酒還獨傾。豈無山歌與村笛，嘔啞朝夕難為廳。今夜聞君琵琶語，如聽仙樂耳暫明。莫辭更坐彈一曲，為君翻作琵琶行。感我此言良久立，卻坐促弦弦轉急。淒淒不似向前絕，蓬萊宮中日月長。回頭下望人寰處，不見長安見塵霧。惟將舊物表深情，鈿合金釵寄將去。釵留一股合一扇，釵擘黄金合分鈿。但令心似金鈿堅，天上人間會相見。臨別殷勤重寄詞，詞中有誓兩心知。七月七日長生殿，夜半無人私語時。在天愿作比翼鳥，在地愿為連理枝。天長地久有時盡，此恨綿綿無絕期」。

（天地之間唯見道也、物道、人道、事道、心道、性道、情道、莫不有其興衰、成敗、榮枯、隆替之狀，唯儒道兩家俱明守黑、守雌。愛與恨，善與惡，莫不皆然。樂生之作此《長恨歌》也，詳盡事之本末，筆墨所至，思慮所窮，有勝於李杜者遠矣，可知李唐盛世人才之衆也，郁郁乎文哉！《長恨歌》視為長思歌可乎！）

4.琵琶引

潯陽江頭夜送客，楓葉荻花秋瑟瑟。主人下馬客在船，舉酒欲飲無管弦，醉不成歡慘將別，別時茫茫江浸月。忽聞水上琵琶聲，主人忘歸客不發。尋聲暗問彈者誰？琵琶聲停欲語遲，移船相近邀相見，添酒回燈重開宴。千呼萬喚始出來，猶抱琵琶半遮面。轉軸撥弦三兩聲，未成曲調先有情。弦弦掩抑聲聲思，似訴平生不得意。低眉信手續續彈，説盡心中無限頭。君王掩面救不得，回看血淚相和流。黃埃散漫風蕭索，雲棧縈紆登劍閣。峨眉山下少人行，旌旗無光日色薄。蜀江水碧蜀山清，聖主朝朝暮暮情。行宮見月傷心色，夜雨聞鈴腸斷聲。天旋日轉迴龍馭，到此躊躇不能去。馬嵬坡下泥土中，不見玉顏空死處。君臣相顧盡沾衣，東望都門信馬歸，歸來池苑皆依舊，太液芙蓉未央柳。芙蓉如面柳如眉。對此如何不淚垂？春風桃李花開夜，秋雨梧桐葉落時。西宮南苑多秋草，落葉滿階紅不掃，梨園弟子白髮新，椒房阿監青娥老。夕殿螢飛思悄然，孤燈挑盡未成眠，遲遲鐘鼓初長夜，悠悠生死別經年，魂魄不曾來入夢。臨邛道士鴻都客，能以精誠致魂魄。為感君王輾轉思，遂告方士殷勤覓。排空馭氣奔如電，升天入地求之遍，上窮碧落下黃泉。兩處茫茫皆不見。忽聞海上有仙山，山在虛無縹緲間。樓閣玲瓏五雲起，其中綽約多仙子。中有一人字太真，雪膚花貌參差是。

金闕西廂叩玉扃，轉教小玉報雙成。聞道漢家天子使，九華帳裡夢魂驚。攬衣推枕起徘徊。珠箔銀屏邐迤開。雲鬢半偏新睡覺，花冠不整下堂來。風吹仙袂飄飄舉，猶似霓裳羽衣舞。玉容寂寞淚闌幹，梨花一枝春帶雨。含情凝睇謝君王，一別音容雨渺茫，昭陽殿里恩愛悔，且喜老身今獨在。不然當時瀘水頭，身死魂飛骨不收。應作雲南望鄉鬼，萬人冢上獨呦呦。老人言，君聽取。君不聞開元宰相宋開府，不賞邊功防黷武。又不聞天寶宰相楊國忠，欲求恩幸立邊功，邊功未立生人怨，請問新豐折臂。

3.長恨歌

漢皇重色思傾國，御宇多年求不得。楊家有女初長成，養在深宮人未識。天生麗質難自棄，一朝選在君王側。回眸一笑百媚生，六宮粉黛無顏色。春寒賜浴華清池，温泉水滑洗凝脂。侍兒扶起嬌無力，始是新承恩澤時。雲鬢花颜金步摇，芙蓉帳暖度春宵。春宵苦短日高起，從此君王不早朝。承歡侍宴無閑暇，春從春遊夜專夜。後宮佳麗三千人，三千寵愛在一身。金屋妝成嬌侍夜，玉楼宴罷醉和春。姊妹弟兄皆列土，可憐光彩生門戶。遂令天下父母心，不重生男重生女，驪宮高處入青雲。笙樂風飄處處聞。緩歌慢舞凝絲竹，盡日君王看不足。

漁陽鼙鼓動地來，驚破霓裳羽衣曲。九重城闕煙塵生，千騎萬乘西南行。翠華摇摇行復止，西出都門百餘里。六軍不發無奈何，宛轉蛾眉馬前死。花鈿委地無人妝，翠翹金雀玉搔

1.賣炭翁（體恤下民之苦也。）

賣炭翁！伐薪燒炭南山中，滿面塵灰烟火色，兩鬢蒼蒼十指黑，賣炭得錢何所營，身上衣裳口中食，可憐身上衣正單，心憂炭賤願天寒。夜來城外一尺雪。曉駕炭車碾冰轍。牛困人饑日已高，市南門外泥中歇。翩翩兩騎來是誰？黃衣使者白衫兒。手把文書口稱敕，回車叱牛牽向北。一車炭，千餘斤，宮使驅將惜不得。半尺紅綃一丈綾。係向牛頭充炭值。

2.新豐折臂翁（折臂以逃兵役也。）

新豐老翁八十八，頭鬢眉須皆似雪，玄孫扶向店前行。左臂凭肩右臂折，問翁臂折來幾年，兼問致折何因緣？翁云貫屬新豐縣，生逢聖代無征戰，慣聽梨園歌管聲，不識旗槍與弓箭。無何天寶大征兵，戶有三丁點一丁。點得驅將何處去，五月萬里雲南行。聞道雲南有瀘水，椒花落時瘴烟起。大軍從涉水如湯，未過十人二三死。村南村北哭聲哀，兒別爺娘夫別妻。皆云前後征蠻者，千萬人行無一回。是時翁年二十四，兵部牒中有名字，夜深不敢使人知，偷將大石錐折臂。張弓簸旗俱不堪，從茲始免征雲南。骨碎筋傷非不苦，且國揀退歸鄉土。折臂來來六十年，一肢雖廢一身全。至今風雨陰寒夜，直到天明痛不眠。痛不眠，終不荊溪白石出，天寒紅葉稀，山路元無雨，空翠濕人衣。

（蘇軾謂此詩，詩中有畫，畫中有詩。「荊溪白石出，天寒紅葉稀」此詩中之畫也，白石出、紅葉稀，此畫中之詩也，二者相為意景，則詩畫無窮也。）

21.酬張少府（酬者「君問窮通理，漁歌入浦深」，難以一言而盡也。）

晚年惟好靜，萬事不關心。自顧無長策，空知返舊林。

松風吹解帶，山月照彈琴。君問窮道理，漁歌入浦深。

22.送別

下馬飲君酒，問君何所之。君言不得意，歸臥南山陲。但去莫復問，白雲無盡時。（不得意者深矣，非僅歸臥南山所可釋之者也，悠悠無盡之白雲如同不得意之幽思滾滾而起也。）

白居易（七七二——八四六），號樂天，其先太原，後遷下邽，貞元進士；元和年間任左拾遺，因得罪權貴，被貶為江州司馬，主張「文合為時而著，詩合為事而作」。反對嘲風雪、弄花草。與元稹善，史稱「元白」。《與元九書》乃詩論綱領，亦文學批之重要文獻。其名作有《長恨歌》《琵琶行》。

採菱渡頭風急，策杖村西日斜。杏樹壇邊漁父，桃花源里人家。

其四

萋萋芳草春綠，落落長松夏寒。牛羊自歸村巷，童稚不識衣冠。（芳草春綠、長松夏寒、牛羊自歸、不識衣冠，從人及物一切都處于自然狀態，乃心樂也、天樂也、極樂也、神樂也。）

其五

山下孤烟遠村，天邊獨樹高原。一瓢顏回陋巷，五柳先生對門。（遠村、高原、陋巷、五柳、一瓢，守窮、守苦、守孤，非僅樂也，而且安也，寧也，聖也，神也）

其六

桃紅復含宿雨，柳綠更帶春烟。花落家童未歸，鶯啼山客猶眠。（桃花之嫩色因輕含宿雨而益著柔豔；柳之薄綠，更增春烟。落花聚首，懷春鶯唱，山歌酣客夢，萬籟寂然。田園樂添，王維心天。）

20. 山中

草色全經細雨濕，花枝欲動春風寒。世事浮雲何足問，不如高卧且加餐。

（面對世俗人情翻覆之波瀾，不管其按劍、弹冠、雨湿、風寒、俱不足問，惟有酌酒自寬，才是解脱世俗羈絆之唯一途徑，高卧加餐，自求寧靜，則出淤泥而不自擾矣。）

17.臨高臺送黎拾遺（臨高臺樂府古題。黎拾遺，黎昕也。）

相送臨高臺，川原杳何極。日暮飛鳥還，行人去不息。

（以川原空曠之象，飛鳥歸巢之心，行人急切回家之情烘托依依惜別之意。人雖遠去了，情影留印于心中。）

18.山居秋暝

空山新雨後，天氣晚來秋。明月松間照，清泉石上流。

竹喧歸浣女，蓮動下漁舟。隨意春芳歇，王孫自可留。

（新雨後之空山、晚秋之暮景，松間之明月，流淌石上之清泉，交織成之自然畫面，益之以浣女漁舟，竹喧蓮動，王孫自可留也。）

19.田園樂其三

矣，心繫于思也，常矣。惆悵情何極，不知其何為景耶！何為情耶！）

其五・鹿柴

空山不見人，但聞人語響。返景入深林，復照青苔上。

（詩意，畫景，或曰畫意詩景，二者不可分野，語之于王維則詩乎畫乎，更不知分也。詩即畫。畫即詩，不必分也。空山非空也不見人，有人語也，就連日日復照有苔之返景也，似乎有生意了。）

其十七・竹里館（此中有三層幽深靜謐心情境。竹杯之靜，一也；館之幽，二也；心之謐，三也。但靜中有動，弹琴長嘯是也。動中復有靜也，深林明月是也。故獨坐耳。）

獨坐幽篁里，弹琴復長嘯。深林人不知，明月來相照。

其十八・辛夷塢

木末芙蓉花，山中發紅萼。澗戶寂無人，紛紛開且落。

16.酌酒於裴迪

酌酒與君君自寬，人情翻覆似波瀾。白首相知猶按劍，朱門先達笑彈冠。

積水不可極，安知滄海東。九州何處遠，萬裏若乘空。
向國唯看日，歸帆但信風。鰲身映天黑，魚眼射波紅。
鄉樹扶桑外，主人孤島中。別離方異域，音信若為通。

13.送元二使安西

渭城朝雨裛輕塵，客舍青青柳色新。勸君更盡一杯酒，西出陽關無故人。（情勝于景，感人至深，廣為傳唱，稱陽關三疊，動人者，非王維之妙筆也，乃其真情也。）

14.相思（紅豆又名相思子，生于嶺南，其故事曰：一女子之丈夫死于邊地，哭于樹下而死，化為紅豆，被稱之謂相思子。）

紅豆生南國，春來發幾枝。勸君多採擷，此物最相思。

（相思者乃人也，非物也，多擷與少擷無異也，多情者一粒足以動之以至于久遠也。）

15.輞川集·其二·華子岡

飛鳥去不窮，連山復秋色。上下華子岡，惆悵情何極。

（華子岡乃網川一景也，王維居之玩之習之思之情景交融，與心為一，是則情重于景也明大漠孤煙直，長河落日圓，蕭關逢候騎，都護在燕然。

8.哭孟浩然（故人既沒，蔡洲亦空，悲喪無窮，哭之何終。）

故人不可見，漢水日東流，借問襄陽老，江山空蔡洲。

9.登辨覺寺（一「寺」字造出佛境梵音，觀世即變，可見禪林之力也。）

竹徑從初地，蓮峰出化城。窗中三楚盡，林上九江平。

軟草承趺坐，長松響梵聲。空居法雲外，觀世得無生。

10.終南山（詩乃文字之畫，畫乃景物之詩，終南山靜謐其外，道彌其中，白雲青靄交相和合，陰晴壑殊自見其美。非王維之華，孰能與於此哉！）

太乙近天都，連山到海隅。白雲回望合，青靄入看無。

分野中峰變，陰晴眾壑殊。欲投人處宿，隔水問樵夫。

11.班婕妤其二（據史漢成帝曾令班婕妤同游，班氏拒之因而失寵，王維為詩以頌之。）

宮殿生秋草，君王恩幸疏。那堪聞風吹，門外度金輿。

12.送秘書晁監還日本國

（讀古人書，經可正心，實欲史可借鑑免禍，詩可厲志靜情，王維勉之者在玆乎？）

4.戲題磐石（戲題喚醒磐石識春意也。）

可憐盤石臨泉水，復有垂楊拂酒杯。若道春風不解意，何因吹送落花來。

5.歸嵩山作（荒城古渡，落日秋山，滿日淒涼，故閉門不出，令心靜謐為上。）

清川帶長薄，車馬去閑閑。流水如有意，暮禽相與還。

荒城臨古渡，落日滿秋山。迢遰嵩高下，歸來且閉關。

6.獻始興公（時拜右拾遺）

寧栖野樹林，寧飲澗水流。不用坐粱肉，崎嶇見王侯。

鄙哉匹夫節，布褐将白頭。任智誠則短，守仁固其優。

側聞大君子，安問黨與仇。所不賣公器，動為蒼生謀。

賤子跪自陳，可為帳下不？感激有公議，曲私非所求。

7.使至塞上（情由心生，景由心起，詩中之畫，美于心中之詩，天賦使然，唯王維能之。）單車欲問邊，屬國過居延，征蓬出漢塞，歸雁入胡天。

中年後居藍田輞川，亦官亦隱，兼工詩書，蘇東坡稱之「詩中有畫，畫中有詩」。董其昌推為「南宗」之祖，並稱「文之畫，從王右丞相始」。存世之作有《雪溪圖》《伏生授經圖》等。

茲以詩畫二者為縱軸，以心、性、情三者為人之綜合心理基礎，参以王維獨特之天賦與心理特質：玄思靜美，将此七心理要素置於王維一生之人事物之反映之中，便構成了王維之詩與畫了。按此思路舉王維之詩，逐一以論之。

1.《息夫人》（春秋時期，息侯夫人，陳莊公之女也，楚文王滅息占為己有。並生有二子，終日默默以對楚王。可知身可辱也，但心不可屈也。）

莫以今時寵，能忘舊日恩。看花滿眼淚，不共楚王言。

2.《少年行》其三

一身能擘兩雕弧，虜騎千重只似無。偏坐金鞍調白羽，紛紛射殺五單于。

3.送孟六歸襄陽（孟六，即孟浩然，以其排行第六。）

杜門不欲出，久與世情疏。以此為長策，勸君歸舊盧。

醉歌田舍酒，笑讀古人書。好是一生事，無勞獻子虛。

勝於《宮中行樂詞》遠矣，引入如次：

其一

雲想衣裳花想容，春風拂檻露華濃。若非羣玉山頭見，會向瑤臺月下逢。

其二

一枝紅豔露凝香，雲雨巫山枉斷腸。借問漢宮誰得似？可憐飛燕倚新妝。

其三

名花傾國兩相歡，長得君王帶笑看。解釋春風無限恨，沉香亭北倚闌干。

此乃詩之絕唱，非有「乘雲馭風之仙，化工肖物之聖」（清 乾隆 天台 齊召南語）者不可為也。世之揚杜抑李者，當自知其失也。盖李、杜之質性有異也，故徐而菴之見是也：「詩總不離乎才也，有天才，有地才，有人才，吾於天才得李太白，於地才得杜子美，於人才得王摩詰。太白以氣韻勝，子美以格律勝，摩詰以理趣勝。太白千秋逸調，子美一代規模，摩詰精大雄氏之學，句句皆合聖教」。

王維（七〇一——七六一），字無功，號摩詰，山西蒲州人，開元進士，官至尚書右丞，

其五

繡戶春風暖，紗窗曙色新。宮花爭笑日，池草暗生春。

綠樹聞歌鳥，青樓見舞人。昭陽桃李月，羅綺自相親。

其六

今日明光裏，還須結伴遊。春風開紫殿，天樂下珠樓。

豔舞全知巧，嬌歌半欲羞。更憐花月夜，宮女笑藏鉤。

其七

寒雪梅中盡，春風柳上歸。宮鶯嬌欲醉，簷燕語還飛。

遲日明歌席，新花豔舞衣。晚來移綵仗，行樂好光輝。

其八

水綠南薰殿，花紅北闕樓。鶯歌聞太液，鳳吹遶瀛洲。

素女鳴珠佩，天人弄綵毬。今朝風日好，宜入未央遊。

卷之五，更有《清平調詞》三首，乃李白以仙純之思，直筆贊美太真之豔質絕美者也。有具有「觀變窮太易，探元化羣生」之經濟偉略者也。

《李太白全集》卷之五有《宮中行樂詞》八首，全錄如次。

小小生金屋，盈盈在紫微。山花插寶髻，石竹繡羅衣。
每出深宮裏，常隨步輦歸。只愁歌舞散，化作綵雲飛。

其二

柳色黃金嫩，梨花白雪香。玉樓巢翡翠，珠殿鎖鴛鴦。
選妓隨雕輦，徵歌出洞房。宮中誰第一，飛燕在昭陽。

其三

盧橘為秦樹，蒲挑出漢宮。烟花宜落日，絲管醉春風。
笛奏龍鳴水，簫吟鳳下空。君王多樂事，還與萬方同。

其四

玉樹春歸日，金宮樂事多。後庭朝未入，輕輦夜相過。
笑出花間語，嬌來燭下歌。莫教明月去，留著醉姮娥。

樂，會須一飲三百杯。岑夫子，丹丘生，將進酒，杯莫停。與君歌一曲，請君為我傾耳聽。鐘鼓饌玉不足貴，但願長醉不用醒。古來聖賢皆寂寞，惟有飲者留其名。陳王昔時宴平樂，斗酒十千恣歡謔。主人何為言少錢，徑須沽取為君酌。五花馬，千金裘，呼兒將出換美酒，與爾同銷萬古愁。」

又有《行路難》三首，錄其三，曰：「有耳莫洗潁川水，有口莫食首陽蕨。含光混世貴無名，何用孤高比雲月。吾觀自古賢達人，功成不退皆殞身；子胥既棄吳江上，屈原終投湘水濱，陸機雄才豈自保？李斯稅駕苦不早，華亭鶴唳詎可聞？上蔡蒼鷹何足道？君不見吳中張翰稱達生，秋風忽憶江東行，且樂生前一杯酒，何須身後千載名。」

又有《日出入行》曰：「草不謝榮於春風，木不怨落於秋天，誰揮鞭策驅四運，萬物興歇皆自然。」

《李太白全集》卷之四，有《樂府》三十七首，其二十四首《君道曲》曰：「大君若天覆，廣運無不至。軒后爪牙常先太山稽，如心之使臂。小白鴻翼於夷吾。劉葛魚水本無二，土扶可城墻，積德為厚地。」由此數語可知李白非僅神於詩，被尊之為詩仙者也，且貫通經史，波，開流蕩無垠。廢興雖萬變，憲章亦已淪。自從建安來，綺麗不足珍，聖代復元古，垂衣貴清真。群才屬休明，乘運共躍鱗。文質相炳煥，眾星羅秋旻。我志在刪述，垂輝映千春，希聖如有立，絕筆於獲麟。」李所述孔子之「志在刪述」，於孔子所處之時代實也；經孔子刪述之後，六經備焉立矣。今則歷中華全民二千五百年之政教實踐，已積累豐富而獨特之經驗，已到了內以治國安邦為務，外以促進世界大同為任之新的歷史時期：德敷全球，道光宇宙，乃是歷史賦予我中華之使命，對此有清醒之認識，且虛己修德，明道正心以待之，乃是對全人類應盡的義務和應作之貢獻也。

其十二首，誦嚴子陵曰：「松柏本孤直，難為桃李顏。昭昭嚴陵子，垂釣滄波間。身將客身隱，心與浮雲閑。長揖萬乘君，還歸富春山。清風灑六合，邈然不可攀。使我長嘆息，冥棲巖石間。」

《李太白全集》卷之三，有《将進酒》一首，乃千古絕唱也，玆錄之如次：

「君不見，黃河之水天上來，奔流到海不復回。君不見，高堂明鏡悲白髮，朝如青絲暮成雪。人生得意須盡歡，莫使金樽空對月。天生我材必有用，千金散盡還復來。烹羊宰牛且為籬」。其氣勢之高亢，遐思之瘋狂，情趣之電奔，心思之雷放，猛張其力，無有禦抗，輕扇其翅，遮陽散光，翱青天，逐狂飈，縱横萬里，六合震蕩，莊子驚嗟，忘却「天之天」，唯嘆人之心，可以翻山倒海，驚李白之妙筆仙骨，贊後生之獨領風騷。

如《大獵賦》中之筆鋒以轉曰：「俄而君王茫然改容，愀然有失於居安思危，防險戒逸，斯馳騁以狂發，非至理之弘術；且夫人君以端拱為宗，玄妙為寶，暴殄天物，是謂不道。乃命去三面之網，示六合之仁，已殺者皆犯命，未殺者，全其天真，解鳳凰於鸞鷟，旋騶虞與麒麟。」對君王之樂盤遊，夏有《五子之歌》之怨，周有《無逸》之誡。對仁民愛物，《禮記·祭義》有「斷一樹，殺一獸，不得其時，非孝也」之教，況君王發兵，大獵於山林，暴殄天物也哉？李白論之曰：「豈比夫《子虛》《上林》《長陽》《羽獵》計麋鹿之多少，誇苑囿之大小哉！」「君王于是囬蜺旌，反鑾輿，訪廣成于至道，問大隗之幽居，使罔象掇玄珠於赤水，天下不知其所如也。」

《李太白全集》卷二古風五十九首，第一首述孔子之志曰：「大雅久不作，吾衰竟誰陳，王風委蔓草，戰國多荊榛。龍虎相啖食，兵戈逮狂秦。正聲何微茫，哀怨起騷人。揚馬激頽夜郎，中途遇赦，晚年漂泊，卒于當塗。李白生性不羈，恃才傲世，即便召入宮內，在玄宗貴妃面前，猶卑四座，令高力士脫靴，從容自若，一揮而就《清平調》三首，寫心狀情，其美其真，乃中華詩史之絕唱也。命之曰「詩仙」者，乃仙風仙骨之外化也。有《李太白全集》供世人玩味焉。

《李太白全集》卷一列出八大賦，觀其賦名（《大鵬》《擬恨》《惜餘春》《愁陽春》《悲清秋》《劍閣》《明堂》《大獵》）即知雖述事、敘情、寫心、狀景、繪史各有不同，但內蘊之指導思想乃是其道其德，其養其度，其心其性，其情其趣之綜合表現也。如《大鵬賦》乃有感於《莊子·逍遙遊》而出之者也。其大鵬之勢，即李白參照莊子之筆而遐想之者也。「六月一息，至于海湄，欻翳景以橫翥，逆高天而下垂，憩乎泱漭之野，入乎汪湟之池。猛勢所射，餘風所吹，溟漲沸渭，巖巒紛披，巨鼇冠之而却走，長鯨騰海而下馳。不曠蕩而縱適，何拘攣而守常？未若茲鵬之逍遙，無厥類乎比方，參玄根以比壽，飲元氣以充腸。俄而希有鳥見謂之曰：偉哉鵬乎？此之樂也，吾右翼掩乎西極，左翼蔽乎東荒，跨躡地絡，周旋天綱，以恍惚為巢，以虛無為場，我呼爾同我翔。于是乎大鵬許之，欣然相隨，而斥鷃之輩空見笑於藩

「詩是吾家事，人傳世上情。」
「爐之以仁義，鍛之以賢哲。」
「公侯終必復，經術竟相傳。」
「古來遭喪亂，賢聖盡蕭索。」
「州小經亂亡，遺民實困疲。大鄉無十家，大族命單羸。
朝餐是草根，暮食乃樹皮。出言氣欲絕，意速行步遲。」
「八荒開壽域，一氣轉洪鈞。」

右所列詩句，碎略見凌亂無序，却益顯率真豪放，其聖之所以為聖者，惇如也，縱觀古今詩人其道其德，其養其度，其風其骨，其憂其患，有誰浸厲如此純徹者？正是以道德為內核之杜氏心、性、情三者，鍊就了詩中之大聖，歷久而彌新也。

李白（七〇一——七六二）字太白，號青蓮居士，自稱隴西成紀人也。隋末其先人流寓碎葉（在今吉尔吉斯坦），即出生於此。幼年随父遷入四川綿州昌隆。幼年即顯才華，博聞强記，尤雅愛詩賦。天寶三年（七四四年）在洛陽與杜甫結交。安史亂中，追随璘王，璘敗，流

「濟時敢愛死，寂寞壯心驚。」

「喜酒愛風竹，卜居必林泉。」

「雄筆映千古，直氣橫九州。」

「水深魚極樂，林茂鳥知歸。」

「文章千古事，得失寸心知。」

「天意君須會，人間要好詩。」

「流落同千古，風騷同一源。」

「安得鞭雷公，滂沱洗吳越。」

「近識峨眉老，知余懶是真。」

「越女天下白，鑒湖五月涼；剡溪蘊秀異，欲罷不能忘。」

「向來憂國淚，寂寞灑衣巾。」

「昔聞洞庭水，今登岳陽樓。吳楚東南坼，乾坤日夜浮。親朋無一字，老病有孤舟。兵馬關山北，憑軒涕泗流。」

「高賢世未識，固合嬰饑貧。」
「此身醒復醉，乘興即為家。」
「閱書百氏盡，落筆四座驚。」
「自古聖賢多薄命，姦雄惡少皆封侯。」
「烈士惡苟得，後傑思自致。」
「歸路從此迷，涙盡湘江岸。」
「聖賢兩寂寞，眇眇獨開襟。」
「道為詩書重，名因賦詞雄。」
「為人性癖耽佳句，語不驚人死不休。」
「欲傾東海洗乾坤。」
「百年歌自苦，未見有知音。」
「情窮造化理，學貫天人際。」
「志士幽人莫怨嗟，古來才大難為用。」

「廢邑狐狸語，空村虎豹爭。」

「窮巷悄然車馬絕，案頭乾死讀書螢。」

「天機近人事，獨立萬端憂。」

「豈無濟世策，終竟畏羅罟。」

「文章憎人達，魑魅喜人過。」

「自古皆悲恨，浮生有屈伸。」

「筆羅驚風雨，詩成泣鬼神。」

「欲填溝壑唯疏放，自笑狂夫老更狂。」

「眼邊無俗物，多病也身輕。」

「濁醪誰造汝，一酌散千愁。」

「大兒九齡色清澈，秋水為神玉為骨。」

「敏捷詩千首，飄零酒一杯。」

「秦時任商鞅，法令如牛毛。」

「細推物理須行樂，何容浮名絆此身。」

「喜見淳樸俗，坦然心神舒。」

「紅入桃花嫩，青歸柳葉新。」

「寬心應是酒，遣興莫過詩。」

「桃花一簇開無主，可愛深紅愛淺紅。」

「政簡移風速，詩清立意新。」

「日月籠中鳥，乾坤水上萍。」

「我師嵇叔夜，世賢張子房。」

「乾坤未毀吾尚在，肯與蟪蛄論大年。」

右列詩句表明物無高低貴賤，唯在於得其正，適其性，遂其心，明其道，則詩酒貧困無不快然欣其所遇，趣其所之而忘其憂慮焉。

「長安苦寒誰獨悲，杜陵野老骨欲折。」

「朱門酒肉臭，路有凍死骨。榮枯咫尺異，惆悵難再述。」

「猛将宜嘗膽，龍泉必在腰。」

「達士如弦直，小人似鈎曲。」

右列詩句可見忠臣烈士之出身、品格、修養等。

「物性無鉅細，自適固其常。」

「惜君只欲苦所留，富貴何如草頭露。」

「牢落乾坤大，周流道術空。」

「甫昔少年日，早充觀國賓。讀書破萬卷，下筆如有神。」

「賦料揚雄敵，詩看子建親，李邕求識面，王翰願為鄰。」

「此身飲罷無歸處，獨立蒼茫自吟詩。」

「思飄雲物外，律中鬼神驚，毫髮無遺憾，波蘭獨老成。」

「詞源倒流三峽水，筆陣獨掃千人軍。」

「人生丰哀樂，天地有順逆。」

「醉里從為客，詩成若有神，兵戈猶在眼，儒術豈謀身？」

「上有明哲君，下有行化臣。」

「嬌嬌龍性多變化，卓立天骨森開張。」

「含弘知四大，出入見三光。」

「大哉乾坤內，吾道長悠悠。」

右列詩句可窺杜甫廟堂之心也。

「有美生人傑，由來積德門。」

「致君堯舜上，再使風俗淳。」

「乾坤含瘡痍，憂虞何時畢。」

「元帥歸龍種，司空握豹韜。」

「學業醇儒富，辭華哲匠能。」

「自古求忠孝，名家信有之。」

「忠臣詞憤激，烈士淚飄零。」

「用拙存吾道，幽居近物情。」

（十）大唐之詩書

大唐文化之登峰造極者有二焉：一曰詩，二曰書法。二者皆可稱之曰獨步絕代也。詩之盛，尤勝于書也。玆各舉其代表人物，以見其特色特性特立獨行也。

詩：舉四子為代表以論之。

杜甫（七一二——七七〇）字子美，祖籍襄陽，杜審言之孫，自幼好學，抱負遠大，天寶三年（七四四）在洛陽與李白接交。及安祿山叛亂，逃至鳳翔，謁見肅宗，官左拾遺，又移家成都，築草堂於浣花溪上。一生窮困，晚年攜家出蜀，病死湘江途中。史稱「詩聖」。聖者，通也，通詩也，通文也，通經也，通史也，通政也，通教也，通人也，通人之心、性、情三者一體也。玆舉其詩作精粹者以見其心也、志也、趣也。憂國憂民之情懷也。

「廟堂知至理，風俗盡還淳。」（俱擷自《杜詩詳注》）

「孝理敦國政，神凝推道經。」

「經綸皆新語，足以正神器。」

「先王作法皆正道，詭怪何得參正謀。」

無彩，其美唯真，其香惟清。其故安在哉？在于「無為」。一切神妙變化，都蘊予「無為」之中，可視無為為「無所不為」，既「無所不為」矣，則一切神妙變化，都在此中發生，可曰「神之又神」，亦可曰「不神之神」。王書陶詩可視之為「神之又神」，亦可曰「不神之神」，即平淡無奇。故知在一箇思想活躍之時代可能會產生命世之人物與劃時代的作品。在中華歷史上四世紀是箇政治上處於混亂的世紀，但在士林思想上恰又是一追求個性自適之時期，是文化燦爛、人物輩出的世紀，非止「竹林七賢」也。而流風遺韻，越二百年，歷南北朝，經隋入唐，一百年中連續出現兩大盛世（貞觀、開元），將大唐推向詩歌之巔峯，並蘊啟兩家詩詞之極盛，更孕育了北宋理學之肇興。在此一千年中只積累了宋明理學豐富之史料，其內蘊之文化哲學以及蘊藏於人之心、性、情三者中之巨大潛能。當今之世，知之者能有幾人？放眼于未來五百年，一千年，能知之者更有何人？吾為此懼，更為此憂。值得慶幸者，五月十七日發表了習近平主席《在哲學社會科學工作座談會上的講話》此乃一篇內含豐富理論精湛的講話，其中明確指出：「中華民族有着深厚文化傳統，形成了富有特色的思想體系，體現了中國幾千年來積累的知識智慧和理性思辨，這是我國獨特的優勢。」我便順着歷史軌跡，以述其優勢。

（《晉書·王戎傳》）

劉伶，字伯論，沛國人。身長六尺，容貌甚陋，放情肆志，常以細宇宙、齊萬物為心。澹然少言，不妄交游，與阮籍、嵇康相遇，欣然神解，攜手入林，初不以家產貧富為意。常乘鹿車，攜一壺酒，使人荷鍤而隨之。謂曰死便埋我，其遺形骸如此。嘗渴甚，求酒於其妻，妻捐酒毀器，泣涕諫曰：「君酒太過非攝生之道，必宜斷之。」伶曰：「善！吾不能自禁，惟當祝鬼神自誓耳。便可具酒肉。」妻從之。伶跪祝曰：「天生劉伶，以酒為名。一飲一斛，五斗解酲。婦兒之言，慎不可聽。」仍飲酒御肉，隗然復醉，著《酒德頌》一篇。泰始初對策，盛言無為之化，時輩比以高第得調，伶獨以無用罷，竟以壽終。（《晉書·劉伶傳》）

右簡錄魏晉玄學諸子文章旨趣，意在追尋老莊之自然哲學，特別莊學唯求發展「天之天」，而鄙棄「人之天」以自適其性，易為一些嗜深者所敏感，如竹林七子之嗜酒也。但玄學畢竟活躍了士林思想，不僅在哲學上推動了士林之思想解放而且在文化藝術方面造就了若干登峯人物，於今未有能逾越之者也。如王羲之書法可謂神乎技矣，進乎藝矣，工乎天矣，無言可形狀矣。如陶淵明之詩，澹然無味，黯然無色，然以無欲之心品賞之，則其味無窮，其色秀欲注，嵇康曰：「此書詎須復注，正是妨人作樂耳。」及成，示康曰：「殊復勝不？」又與康論養生，辭難往復，盖欲發康高致也。康善鍛，秀為之佐，相對欣然，傍若無人。又共呂安灌園於山陽。康既被誅，秀應本郡計入洛。文帝問曰：「聞有箕山之志，何以在此？」秀曰：「以為巢、許狷介之士，未達堯心，豈足多慕？」帝甚悅，秀乃自此役作《思舊賦》云：「余與嵇康、呂安居止接近，其人竝有不羈之才，嵇意遠而疎，呂心曠而放，其後竝以事見法。」（《晉書・向秀傳》）

王戎，字濬沖，臨沂人也。祖雄 幽州刺使，父渾，淳州刺使。戎幼而穎悟，神彩秀徹，視日不眩。年六七歲，於宣武場觀戲，猛獸在檻中，虓吼震地，眾皆奔走。戎獨立不動，神色自若，魏明帝於閣上見而奇之。又常與羣兒戲於道側，見李樹多實，羣競趣之，戎獨不往，知樹在道邊而多子，必苦果也，為人短小，任率不修威儀，善發談端，賞其要會。每與籍為竹林之遊，戎常後至。籍曰：「俗物復未敗人意。」鐘會伐蜀，過與戎別，問計將安出？戎曰：「道家有言：為而不恃，非成功難也，保之難也。」及會敗，議者以為知言。襲父爵，辟相國掾，歷禮黃門郎，遷豫州刺使加建威將軍。奉詔伐吳、戎參軍羅尚、劉喬領前鋒進攻武昌。」

山濤，字巨源，河內懷人也。父曜宛句令，涛早孤居貧，少有氣量，介然不羣，性好《老》《莊》。每隱身自晦。與嵇康、呂安善，後遇阮籍便為竹林之遊，著忘年之契。嵇康後坐事，臨誅，謂子曰：「巨源在，尔不孤矣。」文帝（司馬昭）與山涛書曰：「足下在事清明，雅操邁時，念多所乏，今致錢二十萬，穀二百斛。」魏帝嘗賜景帝春服，帝（文帝）以賜涛；又以母老拜贈藜杖一枚。晚與尚書和通交，又與鐘會（前曾進讒殺嵇康之人）、斐秀竝申款昵。以二人居勢爭權，涛平心處中各得其所，而俱無恨焉。遷大將軍。鐘會作亂於蜀，文帝将西征，帝謂涛曰：「西偏吾自了之，後事深以委卿，以本官行軍司馬，給親兵五百人鎮鄴。」初涛布衣家貧，嘗謂妻韓氏曰：「忍饑寒，我後當作三公，但不知卿堪作夫人不耳？」及居榮貴，貞慎俭約，雖爵同千乘而無嬪媵禄賜之親，以太康四年歸薨，享年七十又九。（《晉書·山涛傳》）

向秀，字子期，河內懷人也。清悟有遠識，少為山涛所知，雅好老莊之學。莊周著書數十篇，歷世方士雖有觀者，莫適論其旨統也。秀乃謂之隱解，發明奇趣，振起玄風，讀之者超然心悟，莫不自足一時也。惠帝之世，郭象又述而廣之，儒墨之跡見鄙，道家之言遂盛焉。始羣籍，尤喜老、莊，嗜酒能嘯，善彈琴，當得意，忽忘形骸，時人多謂之癡。籍本有濟世之志，適魏、晉之際，天下多故，名士少有全者，籍由是不與世事，遂酣飲如常。文帝時，有司有言子殺母者，籍曰：嘻，殺父乃可，殺母則禽獸不如也。眾聞悅服。籍又能為青白眼，見禮俗之士以白眼，由是禮法之士多疾之，外坦蕩，內淳至，皆類此也。觀楚、漢戰處，歎曰：「時無英雄，使豎子成名。」登武牢山、望京邑而歎，於是賦《豪傑詩》。著《大人先生傳》，略曰：「世之所謂君子，惟法是修，惟禮是克。上欲圖三公，下不失州牧，獨不見群蝨之處褌中，逃乎深縫，匿乎壞絮，君子之處域內何異羣蝨之處褌中乎！」此亦籍之胸懷本趣也。景元四年冬卒年五十四。」（《晉書・阮籍傳》）

阮咸，字仲容，咸任達不拘，與叔父籍為竹林遊。咸與籍居道南阮氏，居道南者貧，居道北者富。咸歷仕散騎侍郎，山涛舉咸典選曰：「阮咸真素寡欲，深識清濁，萬物莫能移，若在官人之職，必絕於時。」武帝以咸耽酒浮虛遂不用。咸妙解音律，善彈琵琶，以得意為歡，酣歌弦宴而已。荀勗每與咸論音律，自愧弗如也。諸阮皆嗜酒惟咸為甚，宗族聚飲時，咸不用杯而用大盆盛酒，怡如也，以寿終。（《晉書・阮咸傳》）

嵇康，字叔夜，譙國銍人也。其先姓奚，會稽上虞人也。康早孤，有奇才，遠邁不羣，美詞氣，有風儀，以為龍鳳姿，天質自然，恬靜寡欲，含垢匿瑕，寬簡有大量，學不師受，博覽無不該通，長好老、莊，彈琴詠詩，自足於懷，以為神仙稟之自然，非積學所得，其所著《養生論》曰：「夫稱君子者，心不措乎是非，而行不違乎道者也。夫氣靜神虛者，心不存於矜尚，體亮心達者，情不繫於所欲，故能審貴賤而通物情，物情順通而大道無違，越名任心，故是非無措也。夫至人之用心固不存有措矣。」康居貧，嘗與向秀鍛于樹下以自贍，潁川鍾會，貴公子也。精鍊有才辯，故往造焉。康不為之禮，而鍛不輟。良久會去，康謂之曰：「何所聞而來？何所見而去？」會曰：「聞所聞而來，見所見而去。」會以此憾之，及是言于文帝曰：嵇康卧龍也，不可起，公無憂天下，顧以康為慮耳。因譖康昔魯誅少正卯，誠以害政亂俗，帝既昵聽信會，遂害之。康將刑，大學生三千人請以為師，勿許。時年四十，海內之士，莫不痛之，帝尋悟而恨焉。」（筆者案：此鐘會之褊譏也。）

阮籍，字嗣宗，陳留，尉氏人也。父瑀，魏丞相，知名一世，籍容貌瑰傑，志氣宏放傲，然獨得，任性不羈，而喜怒不形於色，或閉戶視書，累月不出，或登臨山水，經日忘歸，博覽

下篤俗者也。表德章義，率世厲俗乃聖王之制也。（《漢書·公孫弘傳》）

右述董（仲舒）公孫（弘）二子之論，就其內涵言，二子各自發揮了堯舜禹湯文武周孔孟荀之王道，就切於當世之實務言則公孫氏有勝于董氏，故公孫位列宰相，將西漢之治推入王道之軌，造成尔後「獨尊儒術」之統系，歷二千餘年不衰者，其本質在王道之合乎人心人性人情也。蓋王道之本在化民，而不在治民也。化民之政先重教，教則誘發人之善性以促民之自覺，故孟子有「善政不如善教之得民也，善政得民財，善教得民心」之感歎也。

（九）魏晉玄學

何晏（？——二四九年）三國魏玄學家之首，字平叔，南陽 宛縣人，何進之孫，好老、莊之學，與王弼等倡導玄學，開清談之風，後為司馬懿所殺，他援老入儒。「天地萬物以無為本，無也者，開物成務，無往而不存者也。」主張君主無為而治。重自然而輕名教。著有《道德論》《無為論》《無名論》等。至晉則有向秀發之于前，郭象廣之於後，玄學之風日盛，漫延於學，政教以致於文學書畫藝術領域，以見其清澹雅逸，非消極論者之囿見所可望其項背者也。

無私謂之仁；明是非、立可否謂之義；進退有度、尊卑有分謂之禮；擅生殺之柄，通壅塞之塗，權輕重之數，論得失之道，使遠近情偽必見於上謂之術。凡此四者治之本，道之用也，皆當設施，不可廢也。得其要則天下安樂，法設而不用；不得其術，則主蔽於上，官亂於下，此事之情、屬通垂業之本也。」天子擢弘對為第一。召對，容貌甚麗，拜為博士，待詔金馬門。弘復上疏曰：「陛下有先聖之位，而無先聖之民；有先聖之民，而無光聖之吏，是以勢同而治異。先聖之吏正，故其民篤。今世之吏邪，故其民薄。政弊而不行，令倦而不聽，夫使邪吏行弊政，用倦令治薄民，民不可得而化，此治之所以異也。臣聞周公旦治天下，朞年而變，三年而化，五年而定，唯陛下之所志。」書奏，天子以冊書答曰：「問弘稱周公之治，弘之材能自視孰與周公賢？」弘對曰：「愚臣淺薄，安敢比材於周公。雖然，愚心曉然，見治道之可以然也。夫虎豹馬牛禽獸之不可制者也，及其教馴服習之至，可牽持駕服唯人之從。臣聞揉曲木者不累日，銷金石者不累月，夫人之於利害好惡，豈比禽獸木石之類哉？朞年而變，臣弘尚竊遲之。」上異其言。一歲中至在內史。漢興以來股肱在位，身行儉約，輕財重義，未有若公孫弘者也。位在宰相封侯而為布被，脫粟之飯。俸祿以給故人賓客，無有所餘，可謂減於制度而率也，未離於人之真情也。雖在中央政府之踐行中有見其弊端，或有見其亂世，此乃其君闇臣昏之罪，非王道之失也。

（八）公孫弘

公孫弘，淄川薛人也，少時為獄吏，有罪免家貧，牧豕海上。年四十餘，乃學《春秋》雜說。武帝初即位，招賢良文學士，是時弘年六十，以賢良徵為博士。使匈奴還，報不合意，上怒，以為不能，弘乃移病免歸。元光五年武帝復詔徵賢良，弘對曰：「臣聞堯舜之時，不貴爵賞，而民勸善；不重刑罰，而民不犯，躬率以正而遇民信也。末世貴爵厚賞，而民不勸，深刑重罰，而姦不止，其上下不正，遇民不信也。夫厚賞重刑，未足以勸善，而禁非必信而已矣。是故因能任官則分職治，去無用之言則事情得；不作無用之器，則賦斂省；不奪民時，不妨民力，則百姓富；有德者進，無德者退，則朝廷尊；有功者上，無功者下，則羣臣逡；罰當罪，則姦邪止；賞當賢則臣下勸。凡此八者，治民之本也。故民者業之即不爭，理得則不怨，有禮則不暴，愛之則親上，此有天下之急者也。故法不遠義，則民服而不離；和不遠禮，則民親而不暴。臣聞之，仁者，愛也；義者，宜也；禮者，所履也；智者，術之原也。致利除害、兼愛易位，而堯舜之名可及也。堯兢兢日行其道，舜業業日致其孝。天令之謂命，命非聖人不行；質朴之謂性，性非教化不成，人欲之謂情，情非度制不節。是故王者上謹於承天意以順命也；下務明教化民以成性也，正法度之宜，別上下之序以防欲也，修此三者而大本舉矣。道者，萬世亡弊；弊者，道之失也。（師古曰：言有弊，非道，由失道，故有弊）夫仁人者正其誼，不謀其利；明其道，不計其功。是以仲尼之門，三尺之童羞言五霸。」武帝初立，魏其武安侯為相而隆儒矣，及仲舒對冊，推明孔氏，抑黜百家，立學校之官，州郡舉茂材孝廉皆自仲舒發之。（《前漢書·董仲舒傳》二三四——二三六頁）

通觀董賢之言，所論甚合秦漢由霸轉王之實，起了巨大之推動作用；從此我中華歷史就入於王道之軌運行不息，雖有興衰隆替，包括異族入主中原，其道統終未敢變，因而「大一統」之局面也未見改變（只在兩晉之際亂了三百五十年）。此乃我中華道統代代相繼之成功經驗，以其內涵為王道也，由此而知，我中華自黃帝軒轅（前二六九八年）以迄於今之全部歷史除春秋（前七二二年——前四八一年）和戰國（前四八〇年——前二二一年）期間（五〇一年）霸道橫行之外，悉屬王道史。雖治亂相承，未離於王道也，未離於人之良知也，未離於人之善性也。是故教化立而姦邪皆止者，其隄防完也。教化廢，而姦邪並出，而刑罰不能勝者，其隄防壞也。古之王者明於此，是故南面而治天下，莫不以教化為大務，立太學以教於國，設庠序以化於邑，漸民以仁，摩民以誼，節民以禮，故其刑罰甚輕，而禁不犯者，教化而習俗美也。今漢繼秦之後，如朽本糞牆矣，而欲善治之，亡可奈何！法出而姦生，令下而詐起，如以湯止沸，抱薪救火，愈甚亡益也，為政如不行甚者，必變而更化之，乃可理也。當更張而不更張，雖有良工，不能善調也；當更化而不更化，雖有大賢，不能善治也。故漢得天下以來，常欲善治而至今不可善治者，失之於當更化而不更化也。古人有言曰：『臨淵羡魚，不如退而結網』，今臨政而七十載矣，不如退而更化，更化則可以善治，善治災害日去，福祿日來，仁義禮智信五常之道，王者所當修飭者也。」「朕夙寐晨興，推前帝王之憲，永思所以奉至尊，章洪業，皆在力本任賢，今子大夫待詔百有餘人，各悉對著于篇，以稱朕意。」董仲舒對曰：「臣聞堯受命以天下為憂，而未以位為樂也。故誅逐亂臣，務求賢聖，是得舜、禹、稷、契、咎、繇眾聖輔德，賢能佐職，譬猶不琢玉而求文采也。太學者，賢士之所關也，教化之本原也。臣願陛下與太學置明師，以養天下之士，則英後宜可得矣，偏得天下之賢才，則三王之盛行，刑輕而姦改，百姓和樂政事宣昭。何修何飾，而膏露降，百穀登，……子大夫其盡心，靡有所隱，朕将親覽焉。」仲舒對曰：「陛下發德音，下明詔，求天命與性情，皆非愚臣之所能及也。臣謹案《春秋》之中視前世已行之事，以觀天人相與之際，甚可畏也。國家将有失道之敗，而天乃先出災害以譴告之，不知自省，而又出怪異以警懼之，尚不知變而傷敗，乃至以此見天心之仁，愛人君而止其亂也。自非大亡道之世者，天盡欲扶持而全，安知事在强勉而已矣。強勉學問，則聞見博而知益明；強勉行道，則德日起而大有功，此皆可使還至而立有效者也。《詩》曰：『夙夜匪解！』《書》曰：『茂哉茂哉！』皆强勉之謂也。道者，所繇適於治之路也。仁義禮樂，皆其具也。故聖王已沒，而子孫長久安寧數百歲，此皆禮樂教化之功也。王者功成作樂，樂其德也。樂者，所以變民風，化民俗也，其變民也易，其化民也著。夫人君莫不欲安存而惡危亡，然而政亂國危者甚眾，所任者非其人，所繇者非其道，故為人君者，正心以正朝廷，正朝廷以正百官，正百官以正萬民，正萬民以正四方。四方正，遠近莫敢不壹於正，而罔有邪氣奸其間者。今陛下貴為天子，富有四海，然而天地未應，而美祥莫至者，何也？凡以教化不立而萬民不正也。夫萬民之從利也，如水之走下，不以教化隄防之，不能止

（七）董仲舒之論

董仲舒（前一七九——前一〇四年）西漢哲學家，今文經學大師。廣川人，專治《春秋公羊傳》。曾任博士，江都相，膠西王相。漢武帝詔舉賢良，董對策而出焉。著有《春秋繁露》《董子文集》等。

「制曰：朕獲承至尊休德，傳之無窮而施之罔極，任大而守重，是以夙夜不皇康寧，永惟萬事之統，猶懼有闕，故廣延四方之豪儁，郡國諸侯公選賢良，修絜博習之士，欲聞大道之要，至論之極。今子大夫褎然為舉首，朕甚嘉之。子大夫其精心致思，朕垂聽而問焉。蓋聞五帝三王之道，改制作樂，而天下治和，百王同之。當虞氏之樂莫盛於《韶》，於周莫盛於《勺》。聖王已沒，鐘鼓管絃之聲未衰，而大道微缺陵夷，至乎桀紂之行，王道大壞矣。夫五百年之間，守文之君，當塗之士，欲明先王之法，以戴翼其世者甚眾，然猶不能反日以仆滅（仆滅赴也。）至後王而後止，豈其所持操或悖繆而失其統與！故天降命不可復反，必推之於大衰而復息與？烏乎！凡所為屑屑，夙興夜寐務法上古者，又將無補與！三代受命其將安在？災異質變何緣而起？性命之情，或夭或壽，或仁或鄙，習聞其號，未燭厥理，伊欲風流而令引導全民儉樸，造成風氣，化為美德良俗則可也已。第四可持續發展乃是保證富國之有利條件，如資源之匱乏，特別是水資源之匱乏，人民生活都難以為繼，遑論經濟發展也哉！此乃早為之計者也。

8.論道：荀卿在《解蔽篇》首直言「天下無二道」已為本書宗旨，姑不異論。

自孟（軻）荀（卿）論王霸之道以後，荀卿謝世為前二三〇年，九年之後秦始皇統一六國（前二二一年），前二一〇年秦始皇駕崩。前二〇六年楚漢爭霸，漢祚自此始，王道亦自此始也。文（前一七九年——前一五七前）景（前一五六年——一四一年）之治可視為王道盛世。漢武帝（建元元年（前一四〇年），丞相衛綰奏：「所舉賢良或治申商韓非蘇秦張儀之言，亂國政，請皆罷。」於是元光元年六月武帝詔曰：「今朕獲奉宗廟夙興以求，夜寐以思，若涉淵水，未知所濟，猗與偉與，何時而可章先帝之洪業休德，上參堯、舜，下配三王，朕之不敏，不能遠德，此子大夫之所睹聞也。賢良明於古今王事之體受策察問，咸以書對，著之於篇，朕親覽焉。於是董仲舒、公孫弘等出焉。」（《漢書》）自是而後，獨尊儒術，罷黜百家矣。中華之政在至道指引下運行，歷久而彌新焉。

7.國富論：予取荀卿《富國篇》之意及予此生所學所思所見而為此國富論。意為措國於長治久安也。遡我中華史，自黃帝軒轅氏（前二六九八年）歷少昊等四帝至堯、舜之世（前二二〇八年）積五百年之政治實踐經驗已揭示「人心惟危，道心惟微，惟精惟一，允執厥中」十六字心經，又歷夏、商、周三代至孔子之世，則化為中華之均富思想。「丘也聞，有國有家者不患寡而患不均，不患貧而患不安，蓋均無貧，和無寡，安無傾。」（《論語·季氏》）當今國際經濟影響國内經濟，財富集中于少數人手中，此乃潛而未發之社會危機，當政者必須日以為念，用均富思想消除寡傾危機，一國如此，國際亦如此，均富則安，獨富則危，人類不可能長期忍受人人有分的資源與財富為少數幾家財閥所竊據。其次，由於資本主義生產方式賴有科技之發展以提高生產力，其決定因素是心，儒者對心之研究遠於登峯造極；《禮運》曰：「人為天地之心」，橫渠曰「大其心則能體天下之物」，伊川曰「心生道也」，袁燮曰「人心至神，翳之欲，則不神矣」，濂溪曰「無欲便是學」。學也者，去除私欲，開啟大腦之神明，使創造性思維達於極限至於神之又神之境域；令科技之發展達於聖潔而不滯於物欲也。苐三倡導全民節約之風，節儉乃我中華之傳統美德，不意在三十年來之改革開放中横遭破壞，宜從中央政府也，明君所尊厚也，傳曰：從道不從君，以德復君而化之大忠也。通忠之順，權險之平，禍亂之從聲，三者非明主莫之能知也。」

吾取荀卿《子道》《修身》兩篇之大詣，以論其「民道」之見，使「君道」「臣道」「民道」三者體系一統，以見其政治觀也。《子道》曰：「入孝出弟，人之小行也；上順下篤，人之中行也；從道不從君，從義不從父，人之大行也。若夫志以禮安，言以類使，則儒道畢矣，雖堯舜不能加毫末於是矣，孝子所以不從命有三：從命則親危，不從命則親安，孝子不從命乃衷；從命則親辱，不從命則親榮……明於從不從之義則可謂大孝矣。傳曰：從道不從君，從義不從父，此之謂也。」《修身篇》曰：「士君子不以貧窮而怠乎道，體恭敬而心忠信，術禮儀而情愛人，横行天下，雖困四夷，人莫不貴，勞苦之事則爭先，饒樂之事則能讓，端慤誠信，拘守而詳，是是非非謂之知，非是是非非謂之愚，是謂是，非謂非曰直，治氣養心之術，血氣剛强則柔之以調和，知慮漸深則一之易良，勇膽猛戾則輔之以道順，狹隘褊小則廓之以廣大，卑溼重遲貪利則抗之以高志，要之，以公義勝私欲也。」

右述三道，一以大道統之，則身修家齊，國治而天下平矣，荀卿之見可謂完備已矣。

凡三百九十人，無人督帥，皆如期自詣朝堂，無一人匿者，上皆赦之」。（白居易《樂府》云：「死囚四百來歸獄」。）

6.三道論：三道論者在新歷史條件下，光大荀卿之君道，臣道民道三論之大詣也。

《荀子・君道篇》曰：「有亂君，無亂國，有治人，無治法，故法不能獨立，類不能自行，得其人則存，失其人則亡，法者，治之端也，君子者法之原也。故有君子，則法雖省，足以徧矣，無君子，則法雖具，失先後之施，不能應事之變，足以亂矣。不知法之義，而正法之數者，雖博，臨事必亂，故明主急得其人，而闇主急得其埶；急得其人，則身佚而國治，功大而名美，上可以王，下可以霸；不急得其人，而急得其埶，則身勞而國亂，功廢而名辱，社稷必危，故君人者勞於索之，而休於使之，君子者治之原也，原清則流清，原濁則流濁；賞不用而民權，有司不勞而事治，政令不煩而俗美。百莫敢不順上之法，象上之志，而安樂之矣。」「道存則國存，道亡則國亡。」

《荀子・臣道篇》曰：「人臣之論，有態臣者，有篡臣者，有功臣者，有聖臣者，故用聖臣者王，用功臣者強，用篡臣者危，用態臣者亡。故諫爭輔拂之人，社稷之臣也，國君之寶年中所見所聞者多為王霸之道，與夫合縱連衡之説，其聞見之真切，論辨之妥帖，其踐之于歷史者亦不誣也。如秦自穆公始，用由余之計，「伐戎益國十二，開地千里」棄周之王道，大行其霸道，此當周惠王十八年（前六五九年）之事也。前三六一年，秦孝公用衛鞅變法，完成了霸道法制，加强了國禮，完善了武裝力量之組織准備。前二四六年，秦始皇當國，滅六國之箭于弦上了，前二三五年逼吕不韋自殺，消除了制肘之患，前二三二年大舉攻趙拉開吞食六國之序幕。至前二二一年即告統一，為時十一年。秦統以六國復僅存十五年而亡，一夫發難而天下應，陳勝吴廣義旗一揮，驪山及天下囚徒風起雲湧，秦氏社稷土崩瓦解矣，應證了荀卿之言「上一而王，下一而亡」之後半句。可知有國者一定要做到「上一、上中下合其德，政教明正，風淳俗美」，則國祚永昌矣。我中華漢以後之歷史，轉入王道規範上運行，雖不免偶有亂世，但儒道兩家合其德之道統為歷代有國者所謹守，使我中華自古至今四千餘年之歷史一直保持大一統之局面，我在拙著《中華大道》第二卷《一統篇》以三十五萬字之規模逐代詳論其興衰得失，可供參考，但特別值得指出的是：歷代享國長者越四百年（如兩漢），短者如隋三十八年。其間出現盛世七次，全民稱頌，貞觀之間更澤及囚犯，貞觀七年「去歲縱天下死囚是其外矣，故百里之地足以竭埶矣。致忠信、箸仁義足以竭人矣。人服而埶從之，人不服而埶去之，故王者已於服人矣。」「上一而王，下一而亡。」此荀卿王霸之辨也。孟子王霸之辨則曰：「以力假仁者霸，霸必有大國，以德行仁者王，王不待大。湯以七十里。文王以百里。以力服人者，非心服也。力不贍也；以德服人者，中心悅而誠服也，如七十子之服孔子也。尊賢使能，俊傑在位，則天下之士皆悅而願立于其朝矣。市廛而不征，法而不廛，則天下之商，皆悅而願藏于其市矣，關譏而不征，則天下之旅皆悅而願出於其路矣。耕者助而不稅，則天下之農皆悅而願耕於其野矣。廛，無夫里之布，則天下之民皆悅而願為之氓矣。信能行此五者，則鄰國之民仰之若父母矣，率其子弟，攻其父母自生民以來，未有能濟者也，如此則無敵於天下。無敵于天下者，天吏也，然而不王者，未之有也。」（《孟子·公孫丑》《十三經注疏》二六九〇頁）

孟（前三七二——前二八九年）、荀（前三一三——前二三〇年）俱生於戰國時代（前四六八年——前二二一年）之晚期，在其前曾有春秋五霸時期（前七二二年——前四八一年）在二百五十一年中相继稱霸者有齊桓公、晉文公、宋襄公、秦穆公、楚莊王。孟、荀於此五百不如無之，及其綦也（極也，窮也）。索為匹夫不可得也。」此數語也，言政權建立之三要素：國、主、道三者缺一不可也。道者，立國之指導思想體系也。《禮記·禮運》曰：「大道之行也，天下為公，選賢與能，講信修睦，故人不獨親其親，不獨子其子，使老有所終，壯有所用，幼有所長，矜寡孤獨廢疾者皆有所養，男有分，女有歸……」（《十三經注疏》一四一四頁）此「大道之行也」之大義可稱之曰：中華大同觀，亦可視為中華立國指導思想之理論體系大綱，其中所包含之目及其典章制度則有待歷代至政治實踐有以完善之。繼而荀子指明：「用國者，義立而王，信立而霸，權謀立而亡。三者明主之所謹擇也。所謂義立而王，是綦定也（綦基心，本也。）綦定而國定，國定而天下定。挈國以呼功利，不務張其義，齊其信，唯利之求，內則不憚詐其民，外則不憚詐其與，內則不修正其所以有然常欲人之有；如是則臣下百姓莫不以詐心待其上矣，上詐其下，下詐其上，則是上下析也；如是，則敵國輕之與國疑之，權謀日行，而不免危削綦之而亡。」「治國有道，人主有職。人主者，以官人為能者也，匹夫者以自能為能者也。大有天下，小有一國，論德使能而官施之者，聖王之道也，儒之所謹守也。道足以壹人而已矣。賢士一焉，能士官焉，好利之人服焉，三者具而天下盡，無有德也。私蔽公也，勢蔽權也，集而言之，非蔽是也，惡蔽善也，邪蔽正也。一言以蔽之，欲蔽道也。習近平主席主政以後以高屋建瓴之勢，雷霆萬鈞之力，立道統樹威權，清除治國安邦之大障礙——貪腐和建立培養新時代建設人材之新教育，則教育改革勢在必行，予以為教育之積弊形之為蔽者有三焉：曰西蔽中也；名利蔽道德也，普遍蔽特異也。何謂西蔽中也？言辨教育之指導思照搬西教也且以西教為主也，一查教育專著言中華教育理論體系者有多少；或有之，令其充分發揮作用者又有多少，再環顧國內教育理論界真正在研究中華教育理體系的學者又幾何，則知此蔽之深及其為害之烈矣。二曰名利蔽道德者何謂也。謂教育已失培養德才兼備人才之大義，推究其實，人才之骨髓里所隱藏者乃名與利也，蓋在學校教育全過程中未系統輸入足以形成道德理念與行為之根基元素，而此種根基元素唯深藏于經史與現實人之心性之中也。三曰普遍蔽特異者何謂也？謂當今教育之蔽只注重了受教育者之共性而未及其特異性，因材而施教也。適逢今之盛世，教育改革乃當務之急，可以預見教育積弊必一一妥善糾正。

5.王霸論：《荀子・王霸篇》開門見山曰：「國者，天之制利器也。人主者，天下之利執也，得道以持之則大安也，大榮也，積美之源也；不得道以持之，則大危也，大累也，有之啟示：為學不走當今追名逐利之路，而以修齊之道律己，守窮，樂道善我，恬淡自得為安。此種陶淵明之境界與生活情趣，在中華大地代不乏人，而於今人欲橫流之秋，我則視之為新生事物，可以預見隨中華反思日甚，書院與起日熾，經史之風日隆，自我完善以求個性解放者必日多，善於引導乃是今後為學之中心任務，此中心任務在於依據經史之精，諸子百家之善，诗词歌赋之美者编出一套教材以資學者啟發，玩味，選擇。

4.解蔽：何謂蔽？言不能通明，滯於一隅，如有物壅蔽之也。荀子曰：「凡人之患，蔽于一曲而闇於大理。故為蔽。欲為蔽，惡為蔽，始為蔽，終為蔽，遠為蔽，近為蔽，博為蔽，淺為蔽，古為蔽，今為蔽，凡萬物異，則莫不相為蔽。此心術之公患也。墨子蔽於用而不知文，宋子蔽於欲而不知得，慎子蔽於法而不知賢，申子蔽于埶而不知知，惠子蔽于辭而不知實，莊子蔽于天而不知人。」此皆道之一隅而未乏能識也。（《荀子・解蔽篇》三五八——二六二頁）近二百年來，由于西教西學西政西藝西技之相繼湧入中華大地，適值清政由盛入衰敗之秋，益之慈禧專權，不思改革，反壓制洋務與維新，四十餘年之中，民氣窒息殆盡，士林之明達者又失之於媚外而詬己，棄我中華道統之長，屈彼縱欲功利之短，此無他，利蔽義也，欲蔽此荀子論學之大詣也。周敦頤論學則更精之，其言曰：「誠者，聖人之本，誠、神、幾曰聖人，聖希天，賢希聖，士希賢。聖可學乎？曰：可。曰有要乎？曰有。請問焉。曰：一為要。一者無欲也。欲原是人本無的物，無欲便是學。其有欲焉奈之何？學焉而已矣。其學焉何如？本無而忽有，去其有而已矣。」（周敦頤《通書》見《宋元學案（一）》四八二頁）一言以蔽之，去欲謂之學，去欲即治心也，當今人欲橫行之季，欲言學，則治心之難，必有倍徒於往昔者矣。故為學之道必先淨化心性。陸象山曰：「學者須是打疊田地淨潔，然後令他奮發植立。若田地不淨潔，則奮發植立不得。」「古人為學，即讀書，然後為學可見。然田地不淨潔，亦讀書不得，若讀書，則是假寇兵，資盜盜糧」「染習深者難得淨潔」。「學者須是有志讀書，只理會文義便是無志」「自得自成自道不倚師友載籍」。莫厭辛苦，此是學脈（《宋元學業·象山學業》一八九〇頁）近年我中華大地小書院如雨後春笋，幼童背誦經典者比比皆是。有福建漳州漳浦陳仲毅先生攜妻摯女（陳晴暄）來京，於二〇〇九年創辦了明道書院，其時晴暄剛四歲，已開始背誦《四書》，且識字過千了，現在她已十歲了，《四書》《五經》已背誦一遍，正開始初讀《說文解字》。她不僅提高了自學能力，還主動學習家務，其行為更給父母式。我中華精英亦同時向西方尋求自强之道。認定民主於科學二者能錯中華於富强之域，故在一九一九年「五四」運動中向全世界昭告了中華兒女兩大奮鬥目標。在中國共產黨領導下，經歷了革命與建設兩大艱苦實踐，終於找到了在馬克思主義指導下創造性地活用中華四千年道統所結晶之內以治國安邦，外以促進世界大同的永不枯竭的智慧泉源，曰中國特色的社會主義。其內核為中華道統。中共領導開創盛世，協和和萬邦，習近平主席主政以來，政績斐然，全球稱善，雖偶聞雜音，終非大道，若輕雲蔽日，倏尔自消；中華大道所昭示者：順之則昌，逆之則亡。順逆全係一心，治心之義於兹而明矣。

3.論學：荀卿著書三十二篇。首篇曰《勸學》，可知其旨趣矣。一曰：「木受繩則直，金就厲則利，君子博學而日參省乎己，則知明而行無過矣。」二曰：「下越、夷貉之子，生而同聲，長而異俗，教使之然也。」三曰假於物而善積也：「積土成山，風雨興焉，積水成淵，蛟龍生焉，積善成德，而神明自得聖心備焉，是故無冥冥之志者，無昭昭之明，無惛惛之事者，無赫赫之功。君子生非異也，善假於物也。神莫大於化道，福莫長於無禍，是故權利不能傾也。天下不能蕩也，夫是謂德操。」（《荀子・勸學篇》見《諸子集成（二）》一至一二頁）

的治理良好的國家，是近代民主轉型的致命問題。相反，中國和新加坡等國家能够提供高質量服務，這使得它們在世界各地的聲望不斷提高，美國分別于二〇〇一和二〇〇三年，侵略戰領了阿富汗和伊拉克，隨後美國在兩國組織民主選舉，產新的政府，然而阿富汗和伊拉克都沒有發展成現代化國家，無法保衛領土免遭內外部敵人侵犯，也無法公平公正提供公共服務。然而創建一個可行的民主政權，還需兩大階段。其一是將社會組織動員起來，建立起有參與權和競性的政黨，第二階段則是必須建立國家權力機構，處理政務，發揮合法權力，向民衆提供基礎服務。」（《參考消息》二〇一五、三、廿八、第三版）此兩文意義重大，特別布氏之文具有劃時代意義，以其出於首相之思憲，且為開啟近代西方史，曾號為不落日國之首相，背景之深遠，當三思焉。兩文所論及之問題僅限于民主，實質東西方之根本差異在于心（根本所同亦在于心，予之為《世界哲學一元論》之初衷，欲于同中見異，于異中求同，從源頭上理順東西方意識形態與實踐之間的關係，先求東西方心、性、情三者之同，以正三者之異，以明其優劣短長，資以自覺取長補短之助力，幸賴東西方哲人有以致力焉）。即就民主而論。東西方各有其民主觀，一百多年來，西方以宗教、商品、礮艦開路極力推行其民主、自由及資產階級生活方今已越四千二百年矣。由此可見我中華治心之深矣。

此心學之發展，至宋、明諸子而更入精微。如王陽明曰：「聖人之學，心學也。堯、舜、禹之授受曰「人心惟危，道心惟微，惟精惟一，允執厥中」，此心學之源也。」其論述屬於微觀理解。朱熹亦復如是，微觀理解此十六字經。吾意則以為應從宏觀上理解之。堯、舜、禹三帝之所以相為授受者意在垂訓繼起之君王也。令後世君王重視研究以道心之微克制人欲（心）之危，惟精惟一制訂出利民利國的方略，代代相傳，此乃善政之造福於民，並開盛世之坦途也，禀此十六字之心經以觀當今之國際政治以及分析各國治國理政之情況豈不甚有益乎哉！而且西聖西賢亦已開始反思，更有助於我中華學人理解西學西政西教之優劣短長，以及觀吾自身之不足。兹舉英國前首相布萊尔《民主已死？》和美政學者弗朗西斯・福山《為何民主在全球表現如此差勁》兩文之精神以明之。布氏之文曰：「如今民主國家之日子不好過，除了民主制度失靈，還出現了一系列挑戰。民主體制光給民衆投票權是不够的，不應坐視選民在獨裁和民粹之間做選擇。如果真的相信民主，就讓我們着手拯救它」。（《參考消息》二〇一五、一一、一一、第十版。）福山氏之文曰：「在我看來，民主遭遇衆挫折與制度化失敗是由於未能建立現代化突，正迫切需要性善論這樣的清醒劑，當好勝者一時衝動瀕臨絕境時，大喝一聲：「人性至善，懸崖勒馬；喚醒良知，拯救生靈；予以為唯中華性善論足以致之者耳。」

2.論心：《荀子·正名篇》有言曰：「心者，道之工宰也；道者，治之經理也。」此揭示心與道之關係，道與治之關係也。在《解蔽篇》曰：「心者，形之君，而神明之主也，出令而無所受令；自禁也，自使也，自奪也，自取也，自行也，自止也；故口可劫而使墨云，形可劫而使詘申，心不可劫而使易意，是之則受，非之則辭；故曰心容其擇也。無禁必自見，其物也雜博，其情之至也不貳。故曰心枝則無知，傾則不精，貳則疑惑；以贊稽之，萬物可兼知也。故知者擇一而壹焉……故仁者之行道也，無為也；聖人之行道也，無疆也；仁者之思也恭，聖人之思也樂，此治心之道也。」（《諸子集成（二）》二六五——二六九頁）荀子同時提出了「天下無二道，聖人無兩心」之最高治心原則。何謂此是治心之最高原則？道也，心也，一也，「心生道也」「人心至神也」。「大其能體天下之物也。心之作用大矣哉！何須治耶！」蓋有堯、舜、禹三帝之教，有「人心、道心」邪正之別，「神與不神」之異也。（袁燮曰：「人心至神，翳之以欲，則不神矣。」）故中華之學心學也。肇啟於堯（前二三五八年），於原」，王船山曰「性者天道也」。於此可見中華學風之正與夫學術思想之活躍，如戴東原在其所著《孟子字義疏證》一書曰：「性，譬則水也；欲，譬則水之流也。節而不過則依乎天理，非以天理為正，人欲為邪也。」其頭腦何其冷靜，思維何其縝密，論辯何其精到，實踐何其合乎天則也哉：二是性善、性惡二者，非為森嚴對立之概念，性善其本也，根也，性惡其表也，習染也；善可包化惡，反之則不可，三是有善有惡，可善可惡或無善無惡諸論，在辯論與實踐之歷史長河中自然消失了，蓋以其本屬無根之論故也。而性善論則經過四九六五年前伏犧立陰陽，畫八卦，肇端於前，周文王演《周易》光大之，周公作爻辭完善之，孔子作《十翼》以完成之，性善論之理論基礎立焉。孟子恢弘孔子《文言》《繫辭》，建立起性善論，又經歷了二千多年中華學術之大辯論與夫政、教實踐之歷史检驗，使性善論在理論形態上臻於完善，而且擴而充之，旁及物性也善，此乃順理成章之事也；使我中華之性善論天衣無縫地從心、性、情三者合一之心靈管道自然融入全類之心靈，而無絲毫心靈之礙。所以吾以為中華性善論乃是全人類心靈相通之天橋；此天橋乃由心、性、情三種心靈材料構結而成的，此中性善論可視為橋樑學之理論基礎，情可視為電動力，心則成為國際間矛盾衝突之理性力量。當今國際矛盾衝地，在學術史上永遠無法救失，其根本原因在於對天地（神）物人之一統大道未能澈底通曉也，無心孔子之教：「元者，善之長也」，「乾道變化，各正性命」，不明「心也，性也，天也，一也」。荀主「人之性惡，其善者偽也。今人之性，生而有好利焉，順是故爭奪生而辭讓亡焉；生而有疾惡焉，順是故殘賊生而忠信亡焉；生而耳目之欲，有好聲色，順是故淫亂生，而禮儀文理亡焉。然則從人之性，順人之情，必出於爭奪，合於犯分亂理，而歸於暴；故必有師法之化，禮義之道，然後出於辭讓，合於文理而歸於治，用此觀之，然則人之性惡明矣，其善者偽也。」（《荀子・性惡篇》）從荀子以降，歷秦、漢、唐、宋、元、明、清諸代，二千三百年中對性善論之討論迄未停止過。我在拙作《中國古代教育哲學》第二篇《人性論》中列舉了漢董仲舒等十一家之人性觀，以見我中華人性觀歷史發展軌跡：如董仲舒之「性禾善米論」，王充之「有善有惡論」；韓愈之「性三品論」、二程之「性同氣異論」、朱熹之「性氣兼論論」，王陽明「天為性原論」，王船山之「性者天道一論」，戴東原「性水欲流論」。道家：老子之「嬰孩説」，莊子之「無以人滅天説」，《淮南子》之「修本持內説」。從右述十一家之論説中可以看到如次幾點現象，一是性善之本質，愈辯而愈明。王陽明曰「天為性誣民充塞仁義也，仁義充塞，則率獸食人，人将相食，吾為此懼，閑先王之道，距楊墨，放淫辭，邪說者不得作；作於其心，害於其事；作於其事，害於其政。聖人復起，不易吾言矣。我亦欲正人心，息邪說，距詖行，放淫辭，以承三聖者，豈好辨哉，予不得已也。」（《孟子・滕文公》，《十三經注疏》二七一四頁）於今論之，正人心，息邪說，亦有其現實意義。遡西學東漸，肇始於明末萬歷十年（一五八二年）利瑪竇（Motteo Ricci 一五五二——一六一〇年）來華傳教，利氏意大利人，曾任在華耶穌會士的領袖。初在廣東肇慶傳教。二十九年到北京。主張将孔、孟之道和宗法敬祖思想同天主教相融合。並以拉丁文翻譯四書五經，傳入歐洲。

（六）荀卿諸論

荀卿（前三一二年——二三〇年），名況，趙人，方、齊、宣王、威王之時，聚天下賢士於稷下講學，備受尊崇，若鄒衍、田駢、淳于髡皆與之遊，曰列大夫。咸作書刺世，羣賢競秀，學術盛極一時，李斯、韓非皆出其門下。荀卿善為《詩》《書》《易》《禮》《春秋》。曾三為祭酒，著《荀子》三十二篇，韓愈以為「大純而小疵」焉。

1.性惡論：荀況持「性惡論」，欲以批倒孟子之「性善論」，却未知自己陷於淺薄之境凡多聞多見莫非致良知之功。「蓋日用之間，見聞酬酢，雖千頭萬緒，莫非良知之發用流行，除却見聞酬酢，亦無良知可致矣，故只是一事。」（《王陽明全集》六一、六二、七一、一〇七頁等）右錄王陽明致良知之論已將我中華學術與全人類之良知心、性、情聯繫在一起了，将我中華之經史與人類之命運聯繫在一起了；而我中華之經史與治國安邦及世界大同之理念乃是中華民族之特性——心、性、情三者之結晶——所孕育之文明善果，乃是迄今人類文明善果中最能經得起社會實踐與歷史之長期检驗，以其既是自我克制的，又是利他的。關于自我克制，從經典、學術以至於個人修養，莫不以制欲當先。關於後者，中華人生哲學從來就是「窮則獨善其身，達則兼善天下」；處事原則是「己所不欲，勿施於人」，「己欲立而立人，己欲達而達人」。世人對這些道德善行良知俱不甚瞭解，視當今崛起的中國如昔日横行的帝國亦不足為怪，有待時日與歷史之檢驗了。

10.正人心，息邪説：孟子曰：「聖王不作，諸侯放恣，處士横議，邪説暴行有作，臣弑其君者有之，子弑其父者有之，楊朱墨翟之言盈天下，天下之言不歸楊則歸墨，楊氏為我，是無君也；墨氏兼愛，是無父也，無父無君是禽獸也。楊、墨之道不息，孔子之道不著，是邪説人有虛靈，方有良知，若草木瓦石之類，亦有良知否？先生曰：人之良知，就是草木瓦石的良知。若草木瓦石無人的良知，不可為草木瓦石矣。豈惟草木瓦石為然，天地無人之良知，亦不可為天地矣。蓋天地萬物與人原是一體。其發竅之最精處，是人心一點神明；風雨露雷日月星辰禽獸草木山川土石與人原只一體，故五穀禽獸之類皆可以養人，藥石之類皆可以療疾，只為同此一氣，故能相通耳。」「良知者，心之本體，即前所謂照者也。心之本體，無起無不起，雖妄念之發，而良知未嘗不在，但人不知存，則有時而或放耳；雖昏塞之極，而良知未嘗不明。但人不知察，或有時而或蔽耳；雖有時而或放，其體實未嘗不在也，存之而已耳，雖有時而或蔽，其體未嘗不明也，察之而已耳。」「性無不善，故知無不良，良知即是未發之中，即是廓然大公，寂然不動之本體，人人之所同具者也。但不能不昏蔽於物欲，故須學以去其昏蔽，然於良知之本體，初不能有加損於毫末也，知無不良，而中寂大公未能全者，是昏蔽之未盡去，而之未純耳，體即良知之體，用即良知之用，寧復有超然體用之外者乎！」「良知不由見聞而有，而見聞莫非良知之用，故良知不滯於見聞，而亦不離於見聞，良知之外，別無知矣。故「致良知」是學問大頭腦，是聖人教人第一義。大抵學問功夫，只要主意頭腦是當，則事，且一人之身，而百工之所為備，如必自為而後用之，是率天下而路也。（是率導天下人齊入羸困之道路也。）故曰：或勞心，或勞力；勞心者治人，勞力者治於人；治於人者食人，治人者食於人，天下之通義也。」（《十三經注疏》二七〇五頁）此通義者，指職業之分工，行業之互補，而且随人類文明之進化與科技之發展，日見其精密，完美也。更就中華之立國經野、治政設教之經史言之，其間固有勞心勞力之分工不同，尤有道德修養，厚薄醇澆之差，與夫聖賢将帥之別，其德才度量等第，非俗眼所可参與置喙之者也。

9.良知良能：孟子曰：「人之所不學而能者，其良能也；所不慮而知者，其良知也。孩提之童，無不知愛其親者，及其長也，無不知敬其兄也；親親，仁也；敬長，義也。無他，達之天下也。」（《孟子・盡心（上）》，《十三經注疏》二七六五頁）於今觀之，達於全人類也，入於全人類之心、性、情中也。且看五百年前王陽明對良知之論説「道即是良知，良知原是完完全全是的還他是，非得還他非，是非只依着他，更無有不是處，這良知還是你的明師」。「良知是造化的精靈，這些精靈，生天生地，成鬼成帝，皆從此出，真是與物無對，人若復得他完完全，無少虧欠，自然不覺手舞足蹈，不知天地間更有何樂可代。」「朱本思問：

本。」

「凡三王教世子，必以禮樂，樂所以修內也，禮所以修外也；禮樂交錯於中，發形於外，是故其成也懌，恭敬而溫文，知為人子，然後可以為人父，知為人臣，然後可為人君，知事人，然後能使人。」（《十三經注疏》一四〇六頁）此乃教育對政治所起之作用也。但政治對教育，由於「人道政為大」之原則，從形勢而論，政有凌駕於教之態，以致掩蓋了政教二者平行的實質，甚至抑制了教育這一最活躍思想因素之發揮；蓋教育所要求於受教育者之核心內涵有二：一曰啟迪其開拓創造性思維；二曰克制有害之私欲、淨化其心靈；如此之教育才是生機活潑富有創造性；此創造性在特定之條件下會產生教衝擊政之現象，善於處理則政教依然協調；處理不善則政受損，而教依然順着大道斬棘而行，此種情況在中華史上曾發生二次清議（東漢大學生和明末東林黨）對政曾產生不良影響。從儒道之根本而論，人道政為大是專賴教育培養人才而實現的，善教得民之奧秘蓋原於此也。

8.「勞心者治人。」孟子在批評有為神農之言者許行「賢者於民並耕而食，饔飧而治」說：「且百工之事，固不可耕且為也，然則治天下，獨可耕且為與？有大人之事，有小人之其有四體也。有是四端而自謂不能者，自賊者也；謂其君不能者，賊其君者也。知皆擴而充之矣，若火之始燃，泉之始達，苟能充之，足以保四海，苟不充之，不足以事父母。」（《十三經註疏》二六九〇－二六九一頁）如此，孟子就將仁義禮智根於心，露於端，發于心，擴而充之，修之於身，事之父母，齊之於家，治之於國，化之于天下，心之為用大矣哉！仁義禮智之化天矣哉！孟子之言近矣遠矣哉！

7.善政不如善教之得民也：孟子《盡心（上）》曰：「仁言不如仁聲之入人深也；善政不如善教之得民也。善政民畏之，善教民愛之，善政得民財，善教得民心。」（《十三經註疏》二七六五頁）此孟子論政、教之得民也，予則欲擴而充之，藉此以論政、教二者之關係。「孔子侍坐於哀公，哀公曰：敢問人道誰為大？孔子愀然作色而對曰：君之及此言也，百姓之德也，固臣敢無辭而對，人道政為大。」（《十三經註疏》一六一二頁）《禮記・緇衣》直白指明：「政之不行也，教之不成也。」（《十三經註疏》一六四九頁）《文王世子》則具體指明：「德成而教尊，教尊，教尊，而官正，官正而國治。」《學記》曰：「建國君民，教學為先。」「大學之道，在明明德，在親民，在止於至善。自天子以至於庶人壹是皆以修身為

5.「養心莫善於寡欲。」（《孟子·盡心》）「其為人也寡欲，雖有不存焉者，寡矣。」此意乃謂寡欲之人，平日不好逐利，因而遭受禍患而亡之機遇就少了；「其為人也多欲，雖有存焉者，寡矣」，謂多欲謀利者，其敗亡之機率高而能幸存者少。故曰「養心莫善於寡欲」，寡欲之人，不逐利，不求名，清淨而處，恬淡而生，心靈輕平，與時俯仰，時遇而安，自然延年益壽，故知養身者先養心，養心者先寡欲，寡欲者則「塞其兌，閉其門，終身不勤。」（《道德經》五十二章）《易·損》則曰：「懲忿窒慾。」

6.「君子所性，仁義禮智根於心。」孟子在《盡心篇》指明：「仁義禮智根於心」又在《公孫丑》「以不忍人之心行不忍人之政」中。對仁義禮智作了具體之分析，其言曰：「人皆有不忍人之心，先王有不忍人之心，斯有不忍人之政矣。以不忍人之心，行不忍人之政，治天下可運之掌上。所以謂人皆有不忍人之心者，今人乍見孺子將入於井，皆有怵惕惻隱之心，非所以內交于孺子之父母也，非所以要譽於鄉黨朋友也，非惡其聲而然也。由是觀之，無惻隱之心非人也，無羞惡之心非人也，無辭讓之心非人也，無是非之心非人也。惻隱之心，仁之端也；羞惡之心，義之端也；辭讓之心，禮之端也；是非之心，智之端也。人之有是四端也，猶

《孟子・盡心》（上）有言曰：「萬物皆備於我矣。」（《十三經註疏》二六八六頁）萬物皆備於我者謂反映萬事萬物之大道，從我一個人身上就能說清楚。莊子則曰：「天地一指也，萬物一馬也。」（《莊子・齊物論》）《禮記・禮運》則曰：「人者，天地之心也，五行之端也，食味、別聲、被色而生者也。」並且詳述了人情，人義，人欲等諸多具體表現，歸結為「情者，聖王之田也」。《禮運》用了三百二十一字詳答了此問題。結語是：「明於順，然後能守危也。」此聖王之責也。至於庶民又當如何認識自我，並力求完善自我，以奉獻自我於家國天下呢？孟子之回答是：「心之官則思，思則得之，不思則不得也，先立乎其大者，則其小者不能奪也。」（大者，善性也；小者，情慾也）發揚其大者，具體言之，養其浩然正氣也。孟子曰：「夫志，氣之帥也；氣，體之充也。夫志至焉，氣次焉，故曰持其志，無暴其氣。志一則動氣，氣一則動志也。我知言，我善養吾浩然之氣，其為氣也，至大至剛，以直養而無害，則塞乎天地之間，其為氣也配義與道，無是餒也。是集義所生者，非義襲而取之也。」（《十三經註疏》二六八五頁）「當今之世，舍我其誰？」正是其獨有之浩然正氣之表現。

乎！」（《孟子字義疏證》十頁）上述舉例足以證明兩千三百年中華學術史上關於性善論之辯，終於得出了可服當前眾心之結論：就是陽明、船山、東原三家綜合之見。此在中華學術史上乃是僅見者也；發揚求真求是精神，乃中華復興之美德，亦道光宇宙之學養也。

關於②非性惡也，乃私欲之害也，首先必須將性惡之涵義澄清，在①之論證中既已證明了「有善者性之體，無惡者性之用」則「性惡」一詞已失其存在的位置了。那末荀子所言之「性惡論」必須賦予它以恰當的內涵，始可使今後之論辯安於實質，足以服人；二十年前，我在拙作《中國古代教育哲學》中曾指明：「荀子之性惡論正是在人性之「欲」上立論，天下滔滔，濁流排空，欲利橫行，心穢行污者，比比皆是也。荀子之所見所思者，蓋如是也。」今重新指明：「非性惡也，乃私欲之害也」，意在於清掃性善論聖地：「人無有不善，水無有不下」（《孟子·告子（上）》，《十三經註疏》二七四八頁），以此激濁揚清，集三江之水，發經史之奧，勵全民之志，除私欲之穢，重鑄國魂，開創盛世，內以治國安邦，外以促進世界大同，此乃我中華當今迫切雙重任務也。

4.萬物皆備於我與善養浩然之氣：

矣；中焉者，可導而上也；下焉者，惡焉而已矣。」韓論之意蓋取孔子之言「中人以上，可以語上也。」

未識人性善之原旨也。二程（顥、頤）之「性同氣異論」，明道曰：「生之謂性，性即氣，氣即性，生之謂也。」伊川曰：「道孰為大？性為大。千里之遠，數千歲之日，其動靜起居，隨若忘矣，然時而思之，則千里之遠，在于目前，數千歲之久，無異數日之近。人性亦大矣，噫！人之自小者，亦可哀也已。」「性者，自然完具。論性不論氣不備，論氣不論性不明，二之則不是。」（《河南程氏遺書》第二十五卷三四七－三五九頁）二程之論性本氣度高遠，但所失者在撰出一「氣」字，實屬畫蛇添足也。王船山論性曰：「言性之善，言其無惡也；既無有惡，則粹然一善而已矣。有善者，性之體，無惡者，性之用」「性善者，天道也；習者，人道也。」（《船山遺書・知性論》）及《思問錄・俟解》船山之論性歸之于天道，實光大揚明論性之見也。戴東原之性水欲流論：「人道本於性，而性原於天道。性，譬則水也；欲，譬則水之流也。節而不過，則依乎天理，非以天理為正，人欲為邪也。天理者，節其欲而不窮人欲也。是故欲不可窮，非不可有，有而節之，使無過情，無不及情，可謂之非天理茲就此四者二引申之，以見性善論辯論之歷史軌跡也。

關於「元者，善之長也」所包容之內涵，實指無始無終之大道而言也，老子在《道德經》首章中用的也是這「元」字，「元之又元，眾妙之門」，有的版本用「玄」字，則「玄之又玄，眾妙之門」，更富於想象力。此善之長就是至善之意，眾妙之門既指變化之妙，更指變化過程之至善與與至純也；「乾道變化，各正性命」，人性善物性善俱由此而出者也。故王陽明曰：「心也，性也，天也，一也」（《王陽明全集》八六頁）「至善者，性也。性元無一毫之惡，故曰至善。」可見王陽明之言性與孟子之言性俱從人性、物性之本原上而言之者也。茲舉例以明之：董仲舒主性禾善米論：「性者，質也，……性譬於禾，善譬於米……聖人之性不可以名性，斗屑之性又不可以名性，名性者中民之性……性待漸於教訓，而後能為善，性者天之樸也，善者，王教之化也。」董之論性雜亂，邏輯不存，言不及義。王充之論性有善有惡，「人性有善有惡，猶人才有高有下也。人之性，善可變為惡，惡可變為善，蓬生麻間不扶自直，白紗入緇，不練自黑。人之性，猶蓬紗也。」王充之論性，未見人性之本原也。韓愈之論性主性三品：「性也者，與生俱生也；情也者，接于物而生也。性之品有三，上焉者善焉而已論，以與孟子之性善相論辯，其言曰：「人之性惡，其善者僞也。今人之性生而有好利焉，順是，故爭奪生而辭讓亡焉，生而有疾惡焉，順是，故殘賊生而忠信亡焉，生而有耳目之欲，有好聲色焉，順是，故淫亂生而禮義文理亡焉，然則縱人之性，順人之情，必出於爭奪，合於犯分亂理而歸於暴，故必將有師法之化，禮義之道，然後出於辭讓，合於文理，而歸於治，由此觀之，然則人之性惡明矣，其善者僞也。」（《荀子·性惡篇》，《諸子集成（二）》，二八九頁），從孟荀善惡二論展開辯論之後，中華學術史上二千三百年中性善性惡之辯迄未停止，就筆者親眼所見，親耳所聞，研究倫理學的老教授猶拒性論，可知討論性善論之現實意義了。予於此提出四方面之問題就正於海內外同仁。

①「元者，善之長也。」《周易·文言》

「至善者，性也，性元無一毫之惡，故曰至善。」（《王陽明全集》二十五頁）

②非性惡也，私欲之害也。

③非善惡混也。

④善可包容惡，非善惡對立者也。

此乃僅就國家構成之三要素而言之者也，將人民置之三者之首，在《夏書・五子之歌》早已見之矣，其言曰：「民可近，不可下，民惟邦本，本固邦寧。」若就國家行政之功能與作用而論，則君者首也；大臣者肱股也；羣臣者，政體上下，內外五臟六腑，四肢，百體，血脈，經絡也；人民者，基礎也，大地也，羣山也，江河也，海洋也，政權力量之源泉也，生命綫也。若就最高正最深最純最完備之政治理念而論，君者，天也，道也，德也，人民之良知也，人性之至善者，人情之至真純者，都化為最完善之政治理念，成為聖王施政最切實的指導思想與責任，此乃中華儒家聖君與黎民之真切內涵也。

3.立性善論，全人類成為兄弟姐妹：性善論思想之根早蘊於伏羲陰陽學說之中，而發之於孔聖。《周易・文言》曰：「元者，善之長也。」其意謂無始無終之道，乃是善之最完美表現也。《周易・繫辭（上）》曰：「一陰一陽之謂道，繼之者，善也，成之者性也。」合此二者言之，則性善之論立焉。進一步言之，不僅人性善，物性也善，合而言之人性物性俱善也。如此則完備之性善論立矣，此不僅為中華學術史上開闢了一個新的研究課題，且為全人類之心性打開一扇大門了。自此之後，中華學術便活躍起來，六十年之後繼孟子而起者有荀況主性惡見梁（魏）惠王時，王曰：「叟，不遠千里而來，亦將有利吾國乎？」孟子對曰：「王何必曰利，亦有仁義而已矣。」此次談話中，孟子陳述：「黎民不飢不寒，然而不王者，未之有也。王若施仁政於民，省刑罰，薄稅斂，深耕易耨。壯者以暇日修其孝悌忠信，入以事其父兄，出以事其長上，可使制梃以撻秦楚之堅甲利兵矣。」（《孟子・梁惠王》，見《十三經註疏》二六六七頁）次年（前三一九年）孟子拜見梁惠王之子梁襄王，「望之不似人君，就之而不見所畏焉，卒然問曰：天下惡乎定，吾對曰：定於一。孰能一之？不嗜殺人者能一之。孰能與之？對曰：天下莫不與也，王知夫苗乎？七八月之間旱，則苗槁矣。天油然作雲，沛然下雨則苗勃然興之矣。其如是，孰能禦之？今夫天下之人牧，未有不嗜殺人者也，如有不嗜人者，則天下之民皆引領而望之，誠如是也，民歸之猶水之就下，沛然孰能禦之？曰：德何如則可以王？曰：保民而王，莫之能禦也。老吾老以及人之老，幼吾幼以及人之幼，天下可運於掌。故推恩足以保四海，不推恩無以保妻子。謹庠序之教，申之以孝悌之義，頒白者不負載於道路矣，老者衣帛食內，然而不王者，未之有也。」（《十三經註疏》二六七〇頁）

2.民貴君輕之說：《孟子・盡心（下）》曰：「民為貴，社稷次之，君為輕。」

華道術發展之大略也。此大略證明莊子之憂乃未能透澈有見大道之真，是不可抗拒之生命力之源泉，對此源泉之任何岐見都不能成為抗拒力量，因而道術不可能為天下裂；不僅過去了的歷史如此，就是持此以觀未來，道術亦不可以裂天下，以其道不周全，不可能凝聚此威力也；而道之周復歸為一，化生萬物，德化萬類兆民，天衣無縫，異力無所依而存焉，亦無所從而入焉。

（五）孟子諸論

孟子（前三七二－前二八九年），名軻，字子輿，鄒人，受業於子思之門人，由此他全面發揮子思的思想，史稱思孟學派，更由他發揚了孔子「繼善成性」之核心思想而建立起儒家之完備性善論，身居亞聖，史稱「孔孟之道」，茲述起學術大要如次：

1.天下定於一：何謂一？曰王道也，曰仁政也，曰仁者無敵也。蓋孟子出生之世，正處於春秋與戰國交替之際，其中年學術、政治成熟也，正值蘇秦以合從策略（各國結盟抗秦）遊說六國，取得成功並佩燕、趙、魏、韓、秦、楚六國相印高歌猛進之時，與蘇秦相對抗者則有魏人張儀以連横和解策略取得秦惠王（嬴駟）之信賴，尊為客卿，卒任為相。故孟子五十歲拜四帝，為時二百四十七年，便進入中華歷史上以天下為公之第一盛世－唐堯虞舜之禪讓政治，為時一百五十四年。莊子評之曰：「黃帝治天下，使民心一，堯之治天下，使民心親；舜之治天下，使民心競；禹之治天下，使民心變。」（《莊子・天運》）此心變之義，指天下為公之治自禹之後變成天下為私了。孔子亦批之曰：「禹、湯、文、武、成王、周公，此六君子者，由此其選也。」（《禮記・禮運》）俱參與家天下之鞏固化。歷時約一千一百年（自夏、禹前二二〇八年－周武一一二二年）莊子層為此發出「世喪道矣，道喪世矣」之浩嘆，深究其實，道何曾喪乎世，世亦何曾喪乎道，蓋「文滅質，博溺心，然後民始禍亂，無以反其性情而復其初。」（《莊子・繕性》）故愚以為周有天下八百年，不見道喪世，但見世喪道，以及世喪之自喪也；春秋歷戰國俱可視為世喪道，以及世自喪之例證也，出於人欲以謀眼前之淺利者也，春秋以降二千五百年間中華史跡唯見世喪道也，不見道喪世也。由於孔子之集儒家五經之大成，老莊集道家之大成，益之以諸子百家並出，燦烈羣星滿天，中華學術之盛引發中華文化之繁榮。特別北宋周敦頤倡導道學，引發儒家復興運動，於是伊洛關閩並出，朱子（熹）集大成於前，姚江王氏出奇峰於後，宋、明理學之盛，冠於古今；心學理欲之辯明於心性。此乃我中外王之道，闇而不明，鬱而不發，道術將為天下裂。」表面視之，其言必有其理存焉，細析內聖外王之道，回顧歷史，瞻望人類則虞慮盡釋矣。夫道者，古今中外唯一道也，至於理解上之差異，見仁見智，各是其所是，各非其所非。或曰各是其所非，非其所是。乃是認識過程中之暫時現象或自我糾正或受他因啟示而正之，不可豫求者也。此乃認識之深化，由此及彼，由表及裏使之然也，特別對一種理論體系之認識必經長期反復討論而無已也，而更須與時偕行，觀其在新歷史條下之效應也。如我中華之大道，從「盤古開天闢地為中國人始祖（太初，天地混沌如雞蛋，盤古生其中，天地開闢，陽清為天，陰濁為地，天日高一丈，地日厚一丈，如此一萬八千歲，天極高，地極厚，盤古極長，其死也，頭為五獄，目為日月，脂膏為江海，毛髮為草木，泣為江河，氣為風，聲為雷，瞳為電，喜為晴，怒為陰。）」（柏楊《歷史年表》）歷天皇氏，地皇氏，人皇氏，有巢氏，燧人氏迄伏羲氏（前二九六三年）始畫八卦，進入以文字記事之歷史時期。中經女媧氏，神農氏，以迄於黃帝姬軒轅（前二六九八－前二五九八年）可視為正式有組織之中央政府發號施令之肇始也；而且黃帝親著《陰符經》計四百三十八字，言治國之要在清淨自化，深得大道之旨微也。此後歷少昊、玄帝，帝嚳、帝摯察也。」（見《莊子·在宥》）莊子深察天道與人道之異，又得「心養」之教，在「無為而物自化」上用真功夫。何謂心養？曰：養心也，「養心莫善於寡欲」，儒道一途也。莊子在寡欲上用力更苦，其體會也更深，「道之真以治其身」一語就是功夫的話。何謂道之真？此真字具有表裡兩層含義，其表曰自然，或曰自然而然，此自然者於天道，地道而言，曰天覆地載，日月行焉，四時序焉，曰無為也。於物而言，曰萬物育焉，此「育」字在中華《尚書》曰：「惟天地萬物父母，惟人萬物之靈」，在《禮記·禮運》曰：「人者，天地之心也，五行之端也，食味別聲，被色而生者也。」與人之形體俱生者則有人性人，人欲人情稱之謂七情六慾。「何謂人情？喜、怒、哀、懼、愛、惡、欲」（見《十三經》四二三一-四二四頁），此七情六慾就是「心養」，最常生之煩惱，也是莊子最下功夫而得以達到的境界，「獨往獨來」無往而不適，無適而不合於道。「澹然獨處與神明居，其靜若鏡，其動若雲，古之閑逸博大真人哉！」

「道術將為天下裂」，此莊子之言也，見《莊子·天下》。莊子以為「天下之治方術者多矣，皆以為其有為不可加矣，譬如耳目口鼻皆有所明，不能相通，多得一察以自好；天下大亂，賢聖不明，百家往而不反，必不合矣；後世之學者，不幸不見天地之純，古令大體，內聖將不得問，又三年，東遊過有宋之野，而適遭鴻蒙、雲將大喜，行趨而進曰：天忘朕邪！天忘朕邪！再拜稽首，願問於鴻蒙。鴻蒙曰：浮游不知所求，不知所往（自得所求，自適所往）遊者鞅掌，以觀無妄，朕又何如。雲將曰：朕也自以為猖狂，而百姓隨予所往，朕也不得已於民，願聞一言。鴻蒙曰：亂天下之大經，逆物之情，玄天弗成，解獸之羣，而鳥皆夜鳴，災及草木，禍及止蟲，意治人之過也。雲將曰：然則吾奈何？鴻蒙曰：噫！毒哉！僊僊乎歸矣。雲將曰：吾遇天難，願聞一言。鴻蒙曰：噫！心養！汝徒處無為，而物自化！墮爾形體，吐爾聰明，倫與物忘，大同乎涬溟（自然氣也）解心釋神，莫然無魂！萬物芸芸，各復其根；各復其根而不知渾渾沌沌，終身不離，若彼知之，乃是離之，無問其名，無闚其情，物故自生。雲將曰：天降朕以德，示朕以默，躬身求之，乃今也得。再拜稽首，起辭而行。世俗之人皆喜人之同乎己，而惡人之異於己也，悲夫！有土者，有大物也，有大物者也，不可以物物而不物，故能物物，明乎物物者之非物也，豈獨治天下百姓而已哉！出入六合，遊乎九州，獨往獨來，是謂獨有，獨有之人，是謂至貴。」「不明於天者，不純於德，不通於道者，無自而可。（動輒得咎也）不明於道者，悲乎！無為而尊者，天道也，有為而累者，人道也，相去遠矣，不可不有是非。道隱于小成，言隱于榮華，故有儒、墨之是非，以是其所非，而非其所是。」

並生為一說：莊子曰：「天地與我並生，萬物與我為一。」（《齊物論》）此「天地與我並生」之意乃莊子之獨見也。在莊子之前《尚書・泰誓》曰：「惟天地萬物父母，惟人萬物之靈」，而此處莊子則曰：「天地與我並生。」通過此「並」字，可窺測到莊子欲明天地內蘊之生機（或曰神妙）必然化生出人類。人類一出，以其為萬物之靈，具有思維能力，必能將天、地、物、神、人之奧妙，惟妙惟肖地表現出來。全球各國之文學、藝術、詩詞、政教、哲學、宗教、天文、科技以至書畫，無不極盡能事違於心形之美、色彩之富、音聲之妙，想象之豐，陶醉乎超乎現實的美妙中。使當今之科技具有再造自然的夢幻能力，使聖者憂之恐未來人類陷入於偽造之中，令人心人性人情三者都失去了本有之靈性，使全世界變成為冰川。

獨立精神：莊子之此獨立精神深藏於「處無為而物自化」的外殼之中，而欲剝開其外殼，則必須細心分析一長段對話：「雲將東遊，而適遭鴻蒙，方將拊髀雀躍而遊，雲將見之，倘然止，贄然立，曰：叟何人邪？何為此？鴻蒙吁雲將曰：天氣不合，地氣鬱結，六氣不調，四時不節，令我願合六氣之精，以育羣生，為之奈何！鴻蒙拊髀雀躍掉頭曰：吾弗知，吾弗知，雲與倫比也。然斥鴳笑之曰：「彼且奚適也，我騰躍而上，不過數仞而下，翱翔蓬蒿之間，此亦飛之至也。」以盡其力，適其性也，故莊子曰：「物固有所然，物固有所可，無物不然，無物不可」；一切都以暫時之生存條件為准，並隨此條件而物化。古之人外化而內不化，以保其性也。今之大內外俱化者，以內欲太甚也，於是正邪生焉，是非形焉，故莊子曰：「是亦彼也，彼一是也；彼亦一是非，此亦一是非。果且有彼是乎哉，果且無彼是乎哉……是亦一無窮，非亦一無窮也，故曰：莫若以明。」（此「明」者，道也）莊子又舉例以明之，曰：「既使我與若（若，汝也）辯矣，若勝我，我不若勝，若果是也，我果非也邪？我勝若，若不吾勝，我果是也，而（汝也）果非也邪？其或是也，其或非也邪？其俱是也，其俱非也邪？我與不能相知也。則人固受其黮闇，吾誰使正之。使同乎若者正之，既與若同矣，惡能正之？使同乎我者正之，既同乎我矣，惡能正之？使異乎我與若者正之，既異乎我與若矣，惡能正之？使同乎我與若者正之，既同乎我與若矣，惡能正之。然則，我與若與人俱不能相知也而待彼也邪？」（《莊子·齊物論》）莊子此「彼」所指者「道」也，唯有「道」可回答天地物神人一切疑問題，包括未來人類實踐中將會出現之任何問題。故莊子曰：「道惡乎隱而有真偽，言惡乎隱而天下之物」（橫渠語），「人心至神」（袁燮語）及諸子學術之中，代不乏人，於今為甚。道家所見者為「無為」（道法自然之為也。）益之修煉，反歸自然，歸真反樸，值此人欲橫流之際，固然易於成為時尚，然就其「無為」之本義而論，以莊子之言「帝王無言而天下功」，此於往古或可敘其功，於今之世，此功之立，或曰不可能也。何哉？蓋今之世，身居國家領導大位者，必有其豐厚之歷史遺產為其施政之最高理念，如我中華古老帝國積累五千年者也；其在上者，絕不能以「無為」為其指導思想，必須有為也；而且上下有為，相為互補促進也；以其上下均各蘊有以資上下利用之豐富潛能；而且，上下合力，又進一步加大了合力之能量，由此而論，則上下齊有為也優於莊子之原論（上無為以利用下之「有為」）遠矣，有待踐行以驗之也。

5.學術觀

相對論：追索莊子之思路，其所論事物之相對性，是從道大（道無始終，且無所勿屈）、天大、地大之前提下所推演而出者也，不管其有形與無形，一以概括其中。有形有象者，如物之大小、輕重、結構疏密、精粗，一律相對視之。無形者，如觀念形態等亦復如是。如《逍遙遊》之中鯤鵬，「背若泰山，翼若垂天之雲，摶扶搖而上者九萬里」，其形態之大，力量之無道家之思維圓滿表述了儒家之道德、君臣、百姓上下一體之政教主張，是儒、道一體之代表作，是伏羲、黄帝、堯、舜、禹、湯、周、孔、老、莊一體之代表作，更是中華大道一體之代表作。在中華學術史上曾有過揚儒抑道之現象；見仁見智，今後亦或不免；但推究中華學術經典《周易》以「元、亨、利、貞」表述大道之始也；《道德經》亦以「元之又元，眾妙之門」表述大道之始也。二元合而歸一，變成了一元，儒道兩家合而歸一，正適其時也。予正在撰寫《世界哲學一元論》即以《周易》與《陰符經》二者結合，論其一元之道也。

然則，在此莊子論帝王之治中亦有一處與儒家有異者，當予以辯清，這就是上有為與無為之問題。道家所言「無為」之大義指「自然而然」，天衣無縫者也。據此以求之於自然之物則可，儒家亦以為然。天覆地載，無聲無臭，四時行焉，萬物育焉，乃妙之又妙，神之又神者也；但求之於人則不然，蓋人有嗜欲深淺之差，天機厚薄之異，復有修為之殊，更有境遇之變，諸多因素，非人之意識所能控制者。更有，儒與道兩家雖同根同源，同稟於一道而立之者，但儒家所見者為「有為」，以此「有為」去「開鑒」「創新」。此「新」也蘊藏於「人為天地之心」中（《禮記・禮運》）。發揚於「心生道也」（《伊川語錄》）「大其心，則能體論帝王之治，歸結為「乘天地，馳萬物，用人之道」三語焉。具體如何實施之，則觀莊子如次之闡說：「本在於上，末在於下；要在於主，詳在於臣；三軍五兵之運，德之末也；賞罰、利害，五刑之辟，教之末也；禮法、度數、形名、比詳，治之末也；鐘鼓之音，羽毛之容，樂之末也；哭泣、衰經隆殺之服，哀之末也；此五末者，須精神之運，心術之動，然後從之者也。君先而臣從，父先而子從，兄先而弟從，長先而少從，男先而女從，夫先而婦從，夫尊卑先後，天地之行也。故聖人取象焉。天尊地卑，神明之位，春夏先，秋冬後，四時之序也。萬物化作，萌區有狀，盛衰之殺，變化之流也。夫天地至神，而有尊卑先後之序，而況人道乎！宗廟尚親，朝廷尚尊，鄉黨尚齒，行事尚賢，大道之序也。語道而非其序者，非其道也，語道而非其道者，安取道。是故古之明大道者，先明天而道德次之；道德已明而仁義次之；仁義已明而分守次之；分守已明而形名次之；形名已明而因任次之；因任已明而原省次之；原省已明而是非次之；是非已明而賞罰次之；賞罰已明而愚知處宜，貴賤履位，仁賢不肖襲情，必分其能，必由其名，以此事上，以此畜下，以此治物，以此修身，知謀不用，必歸其天，此之謂太平，治之至也。」（《莊子・天道》）莊子在其《天道》篇中所闡明之「帝王之治」，乃是以乃久，沒身不殆。」（《道德經》十六章）據此莊與老兩者之見相對照以觀明王之治，表面視之，似無現實意義，不可取也，但其深義在虛與靜二字，此乃道根德基、公、王、天、久之源也，其關乎治道者遠矣深矣，其及乎人心、人性、人情者近矣切矣，「化貸萬物，而民弗恃」者以心、性、情俱化於德也，融於道也。故物自喜也，心、性、情自悅也。

帝王之治：「夫虛靜恬淡，寂寞無為者，萬物之本也。聖人之心靜乎天地之鑑也，萬物之鏡也。虛靜恬淡，寂寞無為者，天地之平而道德之至，故帝王聖人休焉。以此進為而撫世，則功大名顯而天下一焉。靜而聖，動而王無為也而尊，樸素而天下莫能與之爭美，夫帝王之德，以天地為宗，以道德為主，以無為為常，無為也，則有天下為有餘；有為也，則為天下而不足。上無為也，下亦無為也，是下與上同德；上與下同德，則不臣。下有為也，上亦有為也，是上與下同道；上與下同道，則不主。上必無為而用天下，下必有為，為天下用，此不易之道也。故古之王天下者，雖知落天地，不自慮也；辯雖雕萬物，不自說也；能雖窮海內，不自為也。天不產而萬物化，地不長而萬物育，帝王無為而天下功。故曰莫神於天，莫富於地，莫大於帝王。故曰帝王之德配天地，此乘天地，馳萬物，而用人之道也。」上所引之一大段莊子何也？子高曰：昔堯治天下，不賞而民勸，不罰而民畏，今子賞罰而民且不仁，德自此衰，刑自此立，後世之亂，自此始矣。夫子闔行耶？無落吾事，侶侶乎耕而不顧。」（《莊子·天地》）伯成子高有見於「德自此衰，侶侶乎耕而不顧」之故事，於當今人心，政教有啟示乎？無啟示乎？古人之心與今人之心有同乎？同於何處？今與古固有異也，異中求同可乎？所同者何？曰人心良也，人性善也，人情厚也。美政善教均立基於人之心、性、情三者之上，且致力於誘發人之良知、善性、真情，然中華歷代未能置政教於完美者，以闇君昏相誤之也，為政者只須認清當今之使命，稟道修德以號令全民，同心一德以赴大任，則君子之德風，未有不聞風而動者也。德風於上，民化於下，此聖治之力也，無古今之異也，在道之正，德之淳，與民休戚與共也。

明王之治，莊子所見，明王之治：「功蓋天下似不自己，化貸（施也）萬物，而民弗恃，有莫舉名，使物自喜，立乎不測，而遊於無有者也。」（《莊子·應帝王》）此種境界近似于老子之「致虛極，守靜篤，萬並作，吾以觀復。夫物芸芸，各復歸其根，歸根曰靜，是謂復命，復命曰常，知常曰明，不知常，妄作凶。知常容，容乃公，公乃王，王乃天，天乃道，道不為也。」（《莊子・庚桑楚》）必如此，始可達於「執道者德全，德全者形全，形全者神全，神全者，聖人之道也。」……「功利機巧必忘乎人之心，天下之非譽乎益焉，是謂全德之人哉！」（《莊子・天地》）二曰切忌好知，好知害修養以至於亂天下也。前有所論及，茲不贅言。莊周之適性觀，此處須作高其所視者「為上與造物者遊，而下與外死生者為友，其於本也，宏大而辟，深閎而肆」（《莊子・天下》）無為而無所不為也。

4.政治觀

聖治：「大聖之治天下也，搖蕩民心，使之成教易俗，舉滅其賊心，而皆進其獨志，若性之自為而民不知其由然。」「官施而不失其宜，拔舉而不失其能，畢見其情事，而行其所為，行言為天下化；手撓顧指，四方之民，莫不俱至，此之謂聖治。」「至治之世，不尚賢，不使能，上如標枝，民如野鹿，端正而不知以為義，相愛而不知以為仁，實而不知以為忠，當而不知以為信，蠢動而相使，不以為賜，是故行而無跡，事而無傳。」「堯治天下，伯成子高立為諸侯，堯授舜，舜授禹，伯成子高辭為諸侯而耕。禹往見之，則耕在野。禹趨就下風，立而問焉。曰：昔堯治天下，吾子立為諸侯，堯授舜，舜授予，而吾子辭為諸侯而耕，敢問其故

3.適性觀

萬物各有其性，人亦各有其性，此性也從何而生，從命而生。《周易・乾彖》曰：「乾道變化。各正性命。」《中庸》曰：「天命之謂性。」命也者，道之所賦與萬物及人類者也。依莊子之見，萬物有四大共同的特性：「量無窮，時無止，分無常，始無終故。」由此而成形之動植之物，黿鱗魚羽之殊，無論其小大巨細，一律均循其特性，求其自適焉。「鳶飛戾天，魚跃于淵」自適其性也。鯤鵬一舉幾千里，怒而飛不知所止，適其性也。也；燕雀啾啾于竹籬灌木之間，亦適其性也。「唯蟲能蟲，唯蟲能天」（《莊子・庚桑楚》）言萬物自適其性之天然狀態也。「魚相忘於江湖」，自然者也；「人相忘於道術」，亦自然者也。但必有註解焉，莊子之自適觀：「以得性為至，以自盡為極」，形之外者，「獨往獨來」，蘊之於內者，「獨與天地精神往來，而不傲倪於萬物」就必須做好爾方面之修養：一曰克制人欲，具體做好「徹志之勃，解心之繆，去德之累，違道之塞，富、貴、顯、嚴、名、利六者，勃志也；容、動、色、理、氣、意六者，繆心也；惡、欲、喜、怒、哀、樂六者，累德也；去、就、取、與、知、能六者，塞道也。此四六者，不蕩於胸中則正，正則靜，靜則明，明則虛，虛則無為而無下，是故順而不一。德又下衰，及神農黃帝始為天下，興治化之流，澆淳散朴，離道以善，險德以行，然後去性而從于心。心與心識，知而不足以定天下，然後附之以文，益之以德，文滅德，博溺心，然後民始禍亂，無以反其性情而復其初，由是觀之，世喪道矣，道喪世矣，世與道交相喪也。道之人何由興乎世，世亦何由興乎道哉！道無興乎，世世無以興乎道，雖聖人不在山林之中，其德隱矣。……道固不小成，德固不小識，小識傷德，小行傷道。」（《莊子・繕性》見《諸子集成》三，九八頁）此莊子之論德也，古之人，心淳而性善，性善而德全，自然也；待歷社會生活之熏陶，此亦不可逃避者也，人欲交織，澆淳散朴，積污納垢以迄於今，人欲橫行，性傷德敗，故莊子發出「世與道相交喪也」之浩歎，然救之之法仍歸之於人，何謂歸之於人？五千年之中華史，二千餘年之古代史，特別是一百餘年之近代史，日甚一日，年復一年加速了人欲膨脹的步伐與危害性。近代帝國主義之軍事侵略與商品剝削，使整個國際政治與全人類自陷欲壑難填的海洋中，無以自救。但必須人類自醒自覺，始可言自救。中華文獻經典積累有成熟完備的節制人欲與夫修齊治平之豐富理論體系，乃人類自救之善道也。唯必須華人行之於先，置中國大治于人類之前，方可不言而天下皆服焉。

文字大義與儒家之見機無異也，其結論應當是「禮樂偏行，則天下治」。莊子對此之結論則截然相反，曰：「禮樂偏行，則天下亂矣。」（《莊子・繕性》）於此只能用朱熹對莊子批評的話可以勉強得以順解：朱熹曰：「莊子却將許多道理掀翻說，不拘繩墨。」（《朱子新學案》二五八頁）「掀翻說」之實質，是不順着大道大德內蘊之理，邏輯嚴密，層層推進，順水得出結論，往往是急轉一百八十度大灣，得出相反之結論。此種情狀在老子《道德經》中亦見過，如「大道廢，有仁義；慧智出，有大偽；六親不和，有孝慈；國家昏亂，有忠臣。」（十九章）此實屬過激之言。然冷靜而索之，一則大道本身並不會廢，大道者何謂也？大道者乃無始無終，無為而無不為，無存無亡之大自然也。「唯天地萬物父母，唯人萬物之靈」，「人為天地之心」（《禮記・禮運》）「心統性情者也」（張載語）「心生道也」（程伊川語）由此大道本身已內蘊仁義、孝慈矣，何用廢而始見之者哉？由此而知，老、莊都有「掀翻」而說道之病，但莊子在《繕性》中則欲以「亂」字引出歷史上「德」下衰之情狀，其言曰：「古之人在混芒之中，與一時而得澹漠焉，當是時也，陰陽和靜，鬼神不擾，四時得節，萬物不傷，羣生不夭，人雖有知，無所用之，此之謂至一。莫之為常自然，逮德下衰，及燧人，伏羲始為天禽走獸之交，在細菌病毒之間，舉不勝舉，無非道也。此道也，視之不見，聽之不聞，抓之不得，但可用之隨心，思之即獲，存於腦溝之中，逸於腦神經末稍與事物之際，馳騁於經史邏輯之中，遊蕩於聖哲思維之神，迂迴曲折，無非思也，無非道也，無非物理人心也，無非千頭萬緒之聯繫也。莊子所言者，雖表面膚淺俗物，實則所指乃天也，道也，生也，神也。「萬物皆出於機，入於機」之奧也，天理人欲一體，而人欲為患之惱也，而天理主導人欲之德也，化也，治也。「魚相忘於江湖，人相忘於道術」也。物相忘於榮枯死生也。

2.德觀

莊子之德觀可以一言概括之：「弱於德，陳於物，其途隩矣。」（王先謙《莊子集釋》見《諸子集成》三，二二四頁）陳者，曲而隱也。於個人之修身論之，弱於德而陳於物，則無以自立矣；於家而論，逞於物，弱於德，則家散矣；於國而論，競於物，逐於利，貪心滿天下，物欲塞六合，國不治矣，教不立矣，風俗靡矣，化育不成矣。莊子之見「治道者，以恬養知，以知養恬，知與恬交相養而和理出其性。夫德，和也，道，理也；德無不容，仁也，道無不容，義也；義明而物親，忠也；中純實而及乎情，樂也；信行容體，而順乎文，禮也。」此段道，則天下大亂矣。天下每每大亂，罪在於好知。」古且如此，今世科技昌明，好知之徒千倍萬倍于往昔，進入網絡之後，更是花樣翻新，人類墮入好知之深淵，無以自拔了。悲夫！四曰：「物固相累。」此物之義亦包括人事於其中。吾故廣其義曰人固相累，以其互有私欲也。私欲深者，相累亦甚矣。

「至人無己」（無己故順物，順物而至矣）「神人無功」（順而不助，與至理為一，故無功）「聖人無名」（物得性之名，未足以名其所得也）此三者俱足於道也，唯其足中有見其等差耳，亦一般常人所難明者也。

「道在螻蟻」此莊子論道之言也，一日，「東郭子問於莊子曰：所謂道惡乎在？莊子曰：無乎不在？東郭子曰：期而後可。莊子曰：在螻蟻。曰：何其下邪？曰：在稊稗。曰：何其愈下邪？曰：在瓦甓。曰：何其愈甚邪？曰：在屎溺。東郭子不應，莊子曰：夫子之問也，固不足質，汝唯莫必，無乎逃物，至言若是，大言亦然，周徧咸三者，異名同實，其指一也。」一也者，道也。道也者，生也，心也，神也，物也，人也，良知也，善性也，真性情也，無為也，無所不為也，無所不在也。在日月星辰之中，在風雨雷電之際，在山川海洋之濱，在飛陶者曰：「我善治埴，圓者中規，方者中矩。匠人曰我善治水，曲者中鉤，直者應繩，夫埴木之性，豈欲中規中矩鉤繩哉！此亦治天下者之過也。」莊子之意非匡治天下，而虞其過也，其所非之者未足以順物性也。二曰人欲為萬禍之源，通《莊子》一書論及者多矣，小則有害於言行，有傷於性天，大則有失於功德，有害於政事，「天下脊脊大亂，罪在攖人心」。莊子甚至喊出了「天下盡殉矣」（《莊子·駢拇》）觀其所論是也：「自三代以下者，天下莫不以物易其性矣，小人則以身殉利，士則以身殉名，大夫則以身殉家，聖人則以身殉天下。故此數子者，事業不同，名聲異號，其於傷性，以身殉一也。」此言符合歷史之真實也。翻閱《禮記·禮運》就可赫然見到孔子對家天下之批評。「今大道既隱，天下為家，各親其親，各子其子，貨力為己，大人世及以為禮，城郭溝池以為固，禮義以為紀，以正君臣，以篤父子，以睦兄弟，以和夫婦，以設制度，以立田里，以賢勇知，以功為己。故謀用是作，而兵由此起，禹、湯、文武、成王、周公由此其選也。此六君子者，未有不謹於禮者也，以著其義，以考其信，著有過，刑仁講義，示民有常，如有不由此者，在執者去，眾以為殃，是謂小康。」（《十三經註疏》一四一四頁）三曰好知之亂天下，莊子於《胠篋》中曰：「上誠好知而無去其必要性也。七所言者，謂其假設性根本就不存在了。七者之中，唯五者可成立，欲推倒也是不可能的，其鐵則是「無始無終」在此無始無終之過程中蘊藏着另一鐵則：「由無而之有」，為人類思維之創造性敞開了一扇永不關閉之大門。

在論及人之生也時，莊子曰：「天地與我並生，萬物與我為一。」（同前書，一三頁）此義也，言人之生也與天地之生命同一無界，然亦僅僅就此可言也，若進一步究之則天地所代表者乃無始無終之道也，而人之個體所代表者，不過如寤寐之間相若也。所以莊子自己就回答了「道無終始，物有死生」。（見《莊子·秋水》）從人類進入人倫，家庭，社會之後，莊子提出了「人之生也，與憂俱生」。（見《莊子·至樂》）其意與老子所言「吾所以有大患者，為吾有身」。（見《道德經》十三章）相近似，由此而引出其自視與外觀之四大體驗：一曰天為貴，地為患；二曰人欲為過根，三曰好智偽亂源，四曰物固相累。如何從此中解脫出來，且分析其論說。關於一曰天與人。天者，不施修飾者。人者，施以修飾，使之就範也。如「絡馬首」、「穿牛鼻」者是也。《莊子·馬蹄》曰：「馬之真性，蹄可以踐霜雪，毛可御風寒。」及至伯樂曰：「我善治馬，燒之剔之、雒之連之以羈焉，編之以皁棧，馬之死十二三矣。……

之，終古不息……黃帝得之，以登雲天；顓頊得之，以處玄宮，莫知其始，莫知其終；傳說得之，以相武丁。」（同上書，四十頁）此言得道者之可以為帝為王為相，亦可為君子、為士、為黎民、為工匠。終至於「魚相忘乎江湖，人相忘於道術」。「天地與我並生，萬物與我為一。」於是而後能入於無古無今之狀，進於不死不生之態，此莊子體道之境界也。莊子體道之深，還有見于「至人無己，神人無功，聖人無名」之意！「無己，言忘己順物」也；「無功者順而不助，與至理為一，故無功」也；「聖人者，物性之名耳，未足以明其所以得也」。（郭慶藩註見《諸子集成》一一頁）

對於大道生成之過程，莊子亦盡其心機矣，其對大道生成之過程區分為七種假設：「一曰有始也者。二曰有未始有始也者。三曰有未始夫未始有始也者。四曰有有也者。五曰有無也者，六曰有未始有無也者，七曰有未始夫未始有無者也。」（「俄而有無矣，而未知有無之果孰有孰無也。」）（同上書，一二－一三頁）此七者，一所言者，謂萬物有其始也，始於何時，不可知也。二所言者謂不一定有其始也，以其為時太深遠，不可測度也。三所言者則謂此假設失去了存在之理也。四所言者，直言有也。五所言者，直言無也。六所言者謂言有無已失從而義無反顧、一直向着目標前進之人，乃是最堅強的勇者。強行者有志何謂也！一言以蔽之，此乃志向高遠，毅力堅固，勤奮無已之豪傑也。

（四）莊子之論道

莊子（前三六九－前三八六）名周，宋國蒙（今河南商丘）人，曾任蒙漆園吏，著有《莊子》，道教尊為《南華經》茲述其學術之要如次。

1.道觀

道觀者，述其有關論道之諸觀點也，《莊子·漁父》曰：「道者，萬物之所由也，庶物失之者死，得之者生，為事逆之則敗，順之則成。」《齊物論》又曰：「道行之而成，物謂之而然。天地一指也，萬物一馬也。」（見《諸子集成·莊子》一〇－一二頁）莊子在《大宗師》又進一步論述了此道之生成，內涵及尊道之益等方面之情狀。「夫道有情有信，無為無形，可傳而不可受，可得而不可見。自本自根，未有天地，自古以固存，神鬼神帝，生天生地。在太極之先而不為高，在六極之下而不為深，先天地生而不為久，長於上古而不以為老。豨韋氏得之，以挈天下；伏戲氏得之，以襲氣母；維斗（北斗為眾星之綱）得之，終古不忒，日月得人」成為定論已千年矣。

第十、「自知者明，自勝者強，強行者有志。」（《道德經》三十五章）「自知者明」此乃中華諸子共同之見也，非僅儒、道然也，何謂自知？曰：知天、知地、知神（生機也）知物、知人，知其為統一體者也；然各有其性、命、心、情，而以心為主導者也；而此心必須遵循由原始發展所產生之最初規律，老子名之曰：「元之又元，眾妙之門。」《易・乾》曰：「元亨利貞」「乾道變化，各正性命。」儒道兩家尊稱此總規律曰道，尊稱表現總規律的現象曰德。（天地之大德曰生）由此可明，自知者知道、知德、知天、知地、知人、知我（心、性、情）自知者明：一曰明道德，二曰明天地，三曰明性命，四明自我之禀赋特質，五曰明自我之志趣，六明自身之弱點，並自生化弱為強之毅力，方可稱「自知者明也，自勝者強」，何謂也？通俗言之能戰勝自己之弱點，奮起而自強者是也。但窺老子之意，前既已明「自知者明」，明則有力用于己以克服自己之弱點短板，固屬有力，用于幫助他人，則未必能起作用，故王輔嗣註解亦曰：「用其智于人，未若用其智于己也；用其力于人，未若用其力于己也。」「用于己則物無所避焉，無改焉。」由此而明，在老子之思慮中，能自覺克制惡習、戰勝自己也；天地之道與人道通也。《禮記・禮運》曰「人為天地之心」，可知人心通天心也，不僅通也，而且人心要善於窺測天心之奥，與細察人心之妙，創造性地使天心與人心無縫合一，此在五千年中，中華先聖先賢使經史合一，治亂善惡、興衰、存亡、聖君賢相、忠姦讒佞，否正其位，斑駁可考，少見出入，雖有非論，多屬狂議，不足為史鑑，自消其聲可也，以其未足以合天心人心也。《周易・説卦》雖分別説：「立天之道，曰陰與陽；立地之道，曰柔與剛；立人之道，曰仁與義。」稽其實，陰陽者相吸之力也，内向之力也；剛柔者，隨内外條件之轉化而形之為剛柔也，水降之零度以下成冰則剛矣，升至零度以上則柔矣。仁義也亦然，天理純然，無私欲之雜則純仁而義正矣。有私欲之雜，則假仁假義矣。由此而明「中庸」所示「唯天下至誠為能盡其性」之至義也。此「唯」之義，取《康熙字典》之註曰「獨」也，「唯一也。」「至誠者，至高無上和無以復加之意，故知誠之一字，乃覆蓋全經者也，不可孤其意而視之也。以至誠之意而視天地人三道，則天地之心與人心一體也，但人欲雜於其間，乃大礙也，故「天道無親，常與善人」，善人者，制欲之人也，正欲之人也。或曰無欲之人也，更為允當。蓋無欲則聖也，故周敦頤在所著《通書》中直書曰「誠者聖人之本」又曰「誠、神、幾曰聖守其黑；知其榮，守其辱。」在《道德經》二章中專論了「天下皆知美之為美斯惡矣，皆知善之為善斯不善已。故有無相生，難易相成，長短相較，高下相傾，音聲相和，前後相隨，是以聖人處無為之事，行不言之教，萬物作焉而不辭，生而不有，為而不恃，功成而不居，夫唯弗居，是以不去。」除此，天下事物中相生相克尚有許多，不勝枚舉，僅從歷史發展上看，興衰成敗、富窮貧賤、安危聖闇、貪廉忠奸、仁惡正邪等等舉不勝舉，凡相輔相成，相關相依，相因相利之事物，在其發展之過程中必向其反面轉化，故居安思危者，日惕夕乾，修其道德，斂其驕逸，謹其言行，嚴其家教，安其祿位，節其操守，示人樸誠，庶幾可苟安一時，但興衰榮枯之大運則不可抗也，作為再次興隆之文化之基則可也。此乃符合大自然運動發展之規律者也，考之戰國七雄之歷史，俱出于軒轅之後裔，無一例外也。

第九、「天道無親，常與善人。」（《道德經》七十九章）善人者，具有善德之至道聖賢也，具有以百姓之心為心之至誠至樸之聖賢也。正如《商書·大甲》所示：「惟天無親，克敬為親」（《十三經註疏》第五十三頁）《商書·咸有一德》曰：「天難諶（諶，信也），命靡常（靡，無也。），常厥德，保厥位，厥德匪常，九有以亡。」（同頁）由此而天道與地道通類實踐歷史之檢驗，我認為既已明於此也，就應當以性善論之觀點來分析國際關係，就能看透當前國際風雲詭譎和人類未來遠景，最終必歸於世界大同。此乃我先聖先賢之遺教，亦我中華五千年之政治實踐之結晶所示者也。

第七、「五色令人目盲。」此《道德經》十二章「不以順性命，反以傷自然」之感歎之言，而欲求解脱之道也。其全文曰：「五色令人目盲，五音令人耳聾，五味令人口爽，馳騁畋獵，令人心發狂，難得之貨，令人行妨，是以聖人為腹不為目，故去彼取此。」（六頁）僅就此章解説之道而言，是消極的，而且非根本的。於《道德經》五十二章中，老子提出「塞其兌，閉其門，終身不勤」，看似較佳，實也不可終身塞閉。蓋天理、人欲二者同時存於一機體之中，難辨其是非正邪，唯有其本身之自覺及長期修養可致之者也。唯《道德經》四十章「為學日益，為學日損」之意，可致明效大驗也。此在儒道兩家修養上實是殊途同歸者也。

第八、「禍兮福之所倚，福兮禍之所伏。」（《道德經》五十八章）此老子論説事物相互轉化之關係，教誡世人處於長變境遇之中必須頭腦清醒，預見事物向其反方向易位而思有以預防之道。所以老子在《道德經》二十八章提出「三守」之道：「知其雄，守其雌；知其白，年，以公元前五百年為準，老子至少見過魯、秦、陳、蔡、鄭、宋、楚、齊、晉、燕等十四國的存在，而秦、楚、燕、晉、齊為大國）二曰大國者下流，下流者居卑處下也，此出於老子之不爭哲學觀，老子在《道德經》中三處論此不爭之道：二十二章曰：「夫唯不爭，天下莫能與之爭。」十一章曰：「天之道，利而不害；聖人之道，為而不爭。」綜合論之，爭者，物欲鼓動，傷德害道，違反自然，破壞生態平衡，以致引起社會動蕩和邦國傾危也。此不爭之哲學根源更深蘊於「惟天地萬物父母，惟人萬物之靈。」（《周書・泰誓》）物物之爭，人人之爭，似均存於物物人人之中，但「惟人萬物之靈」此一「靈」字確喚醒了人之尊嚴，更喚醒了我先聖先賢之心志，使形諸於言：「子曰：君子矜而不爭，群而不黨。」（《論語・公冶長》）「夫仁者己欲立而欲人，己欲達而達人。」（《論語・雍也》）對「仁」之定義，孟子曰：「仁者，人也。」韓愈曰：「博愛之謂仁。」（《原道》）由此引出「仁民愛物」之結論，益之孟子據孔子「繼善成性」説而建立之「性善論」（不僅人性善，物性也善），此性善論一立，全人類就變成一家人了。所以我認為人性善，物性善之一體論，乃是我中華民族所作之最大之理論貢獻，可視之為全人類之理論基礎，建立此基礎上之一切人類理論，必然會經得起人

（四十頁）在《道德經》七十八章則以柔弱之水可以勝剛強以啟示人曰：「天下莫柔弱於水，而攻堅強者莫之能勝，以其無以易之。弱之勝強，柔之勝剛，天下莫不知，莫能行，是以聖人云：『受國之垢，是為社稷主，受國不祥，是為天下王。』柔之勝剛，弱之勝強，此過程乃非速速可見之者也。蓋兩對強弱之勢非常態各隨其內在條件長處於變易之中，受其內在規律所制約，或此消彼長，或彼消彼長，平行與交叉互現，強弱與消長相乘，優劣相攻，此中勝負之機，頻頻出現，有大勝者，有小勝者，有一勞永逸者，有積小勝而為大勝者，君子見幾而作，視其德之深淺厚薄而識其幾之良否善惡，惟德盛者能窮神知化，故有德之君雖受垢，終為社稷主，受國不祥，終為天下王。

第六、「大國者下流」，此老子之大國觀，可視為今之「新的大國關係」之理論基礎。《道德經》六十一章曰：「大國者下流。天下之交，天下之牝，牝常以靜勝牡，以靜為下，故大國以下小國，則取小國；小國以下大國，則取大國。故或下以取，或下而取，大國不過欲兼畜人，小國不過欲入事人，夫兩者各得其所欲，大者宜為下。」（三七頁）此章要義宜從如下層次釋之：一曰以比喻方式提出問題，當前天下國與國之間交往頻繁（查歷史年表老子有生之第四、於《道德經》五十六章，老子又詳論了「元同」大義，其言曰：「知者不言，言者不知，塞其兌，閉其門，挫其銳，解其分，和其光，同其塵，是謂元同，故不可得而親，不可得而疏，不可得而利，不可得而害，不可得而貴，不可得而賤，故為天下貴。」元同者何耶？曰：同於道也，同於德也；當萬物尚處於原始狀態之際，渾渾沌沌，不見銳質，不顯其光華，塊然寂然，與無同體。故不見親疏，不形利害，不分貴賤，元同者狀此者也。但物事人心不會固守常態，長居霹靂變化之中，其故何耶？乃「開其兌，濟其事，終身不救」（見老子《道德經》五十二章）使之然，猶之當今中西國際交往，縱慾肆情於物質、精神、文化各國領域，人欲橫行天下，虛偽盡透心靈，長此以往，人類必自廢也。救之之法無他，亦如《道德經》五十二章所言「塞其兌，閉其門，終身不勤」終身不勤者乃道正德端，終身安順，無禍患之虞，有樂業欲後之寶也。

第五、《道德經》六十六章所言，可視為是對聖王明君之教，其言曰「江海之所以能為百谷王者，以其善下之，故能為百谷王。是以欲上民，必以言下之；欲先民，必以身後之。是以聖人處上而民不重，處前而民不害，是以天下樂推而不厭，以其不爭，故天下莫能與之爭」

第三，老子在《道德經》中詳述了「元德」之大義，其五十一章曰：「道生之，德畜之，物形之，勢成之。是以萬物莫不尊道而貴德。道之尊，德之貴，夫莫之命而常自然，故道生之，德畜之，長之育之，亭之毒之，養之覆之，生而不有，為而不恃，長而不宰，是謂元德。」（王弼註曰：「有德而不知其主也，出乎幽冥，是以謂之元德也。」）引申之，則可謂由無生命到有生命；由無萬物迄有萬物，由無人類進而有人類；而且天地萬物人類構成為一個相互依賴的統一的整體，聚則相生相益，分則相損相害；和則相親相愛相扶持；鬥則相奪相暴相殺戮。古今歷史可為鏡鑑；眼前現實，尤觸目驚心。有負天賜之元德，更有愧人類同具之良知，善性真情。於此可見，以全人類同具之元德，喚醒全人類之良知，善性與真情。綜合地化為人類處於二十一世紀（二〇一六年以後）欲走出困境（大國－美、中、俄不和，中等國交惡者眾，恐怖主義猖獗一時等）之新覺醒，進一步轉化了此新覺醒為建立新型大國關係之強大動力，以推動消弭全球之軍事競賽，化干戈為玉帛，淨化國際政治環境；大國之間以至誠相待，建立高層對話機制，通過外交途徑及時解決重大爭端，更宜發揮聯合國之作用，制止國際間的武裝衝突，此乃發揚人類之元德所可及之者也。

《易·乾》「元亨利貞」具體而生動的註解。其有異者，唯老子站在自然發展之角度言之，而孔子則有見于自然與人事發展之連續性者也。而人事之發展更重在義理與禮法也。

其次，老子之《德經》曰：「上德不德，是以有德；下德不失德，是以無德；上德無為而無以為，下德為之而有以為。」（見《道德經》三十八章，二三頁）此乃《德經》之大義也，其內蘊有三焉：一曰德本於道「道法自然」，德亦自然而然者也。《易·繫辭》曰「天地之大德曰生」是德也，具有三重含義。生之謂德，道之表現物性與人性之特質，此可視之為道體也，德用也，此乃老子視之為上德者也，與天地合其德，與聖人合其行者也。二曰上無為之義蘊何在？所言上無為者，非言居高位之聖人飽食終日，朝夕安於遊逸，無所用心也；相反，而是要勤於思考「道之真以治其身」，使聖心長處於虛靜恬淡之中，無欲無求，唯知順其自然，則無一不合乎道與德，無往而不順，無棲而不適焉。此上無為在順天適性之深意也。三曰「下德不失德，是以無德」者，非其無德也，非其一無自得也，經過正心誠意，格物致知之啟迪者，必然會從心志上自得其德，自束其行，自養其氣，自大其度。以使自我符合于道德之修為，符合於老子以道德訓示眾生之至意也。

人類心、性、情處于綏靖之中，心清而正，性純而善，情端而深。合而言之，則心統性情者也；性則聽命於心而左右其情，亦反作用於心與性，三者交相作用，使心更正更純，使人心更近夫道心，此過程通之曰修養或曰變化氣質，亦有輕言之曰脱胎換骨，或曰洗腦者。就心、性、情之本質而言，即良知之天性而言，外誘固可生效，然對天機之深者而言，其效亦不過淺而表者已焉耳，未可入深也，一可視人之心、性、情之本質而定也。

（三）老子道德説之諸大義

老子著《道德經》首章曰：「元之又元，眾妙之門」。王弼注曰：「謂之元者，取于不可得而謂之然也，定乎一元而已，元之又元，眾妙皆同而出，故曰眾妙之門也。」在《道德經》六十二章老子補充曰：「道者，萬物之奧。」（見《道德經》三八頁）王弼註曰：「奥，猶曖也。」《康熙字典》曰：「曖，猶翳也。」在《道德經》二十五章老子详述此道曰：「有物混成，先天地生，寂兮寥兮，獨立不改，周行而不殆，可以為天下母，吾不知其名，字之曰道。強為之名曰大，大曰逝，逝曰遠，遠曰反。故道大、天大、地大、王亦大。域中有四大，而王居其一焉，人法地，地地法天，天法道，道法自然。」老子此「道法自然」之描述，可視為對西方肇啟資本主義，歷三百年之資本積累和二百年的實證科學之發展，為資本生產方式之形式提供了科學技術條件，造成了規模巨大的生產力，從而積累了技術精美的大量商品近銷本國，远销外洋，利潤像潮水流入資本家金庫，資本成為吸血鬼，初以商品吸血，繼以炮艦佔領，終以散布亞非、中東以及南美遍布全球，英倫三島則稱之曰「日不落國」，美國以其地理位置優越，初則行門羅主義，二戰之後則扶日自重，令遠東無寧日，東南亞不安。而且美國以其言行難掩其獨霸全球之雄心蓄志，觀其扶日所造成的今日美日聯盟之東亞形勢，其趨向必然是欲擴張東盟以造成排華之勢，可以預見，我中華以經、史二者積纍五千年之文化之力飽蓄於心、性、情三者之中，乃是真儒無敵之王道也。「宋昌言王者無私」（見《前漢書》）乃一往無前之力量也。追溯我中華史，曾不斷出現王霸二道；王者行德政，黎民聞風而向之，雖千里，猶大旱之望雲霓也。中國近代史上之「闖關東」即此意也。求生路也；動物皆知求生之路，不懼千里奔徙，況人乎！當今之世欲全球之安定，欲求人類心、性、情之靜謐，惟在大國以安寧人類之心、性、情為重，以保持世界和平為最高原則，以有助於大小國均衡發展為安。以確保亞非拉美貧國發展為務，消弭核禍為急，令飢餓線上之災民早脫苦海，恢復其人道生活狀態，讓

非不可有，有而節之使無過情，無不及情，可謂之非天理乎？」（《孟子字義疏證》十頁）

但必須頭腦清醒，理論上的認識永遠不可能會有久而不變的結論，意識之流永遠處於常變之中。心是最活潑的因素，中國的哲學家無一例外莫不盛讚人心之靈，只有北宋袁燮加了一句註解：「醫之以欲則不神矣。」神之義比靈之義要深奥許多。心比性情之活潑程度是無法以數字來表現的，故張載只好説：「心統性情者也。」即性情聽命於心也；可否厚薄由心來定也。

中華之心如是，然則人類之心又是何種狀態呢？人類之心、性、情亦復如是也。如最近南美委內内拉建立了馬杜羅為總統的新政府，全球各國讚同者居多，唯以美國為首少數政府反對，亦可見其政府之心所起之相反作用也。由此可見轉化人類心、性、情之作用的重要性。就人類整體分析，其心、性、情自然傾向正義，和平，共同繁榮，平等享有資源，生存，教育權利，是自然而不可剝奪者也；應以我中華「人為萬物之靈」（《周易・泰誓》）為人類之思想、行為圭臬，以取代孽生帝國主義之達爾文主義；「以己所不欲，勿施於人」，「己欲立而立人，己欲達而達人」，取代見得思利，見利忘義，以大壓小，以強淩弱，以結盟稱霸，以權霸影響地區乃至全球。縱觀歷史發展，横觀全球大勢，從一四九二年哥倫布發現新大陸以後，者，無不屬之。黃帝之此言也，「觀天之道，執天之行，盡矣。」豈可遽以一言而盡之哉！以老子之見，大道無形無名，故《道德經》首章曰「道可道，非常道」「元之又元，眾妙之門」，儒家則以「天道乾元，覆陰無偏，天者，陰陽之總名也」。故伏羲畫八卦，文王演為六十四卦，周公作爻辭，孔子作十翼，《周易》之理論體系備矣。儒、道互補，天之道無心也，天之行無為也，萬物內外，莫不是道，因而天在身「人為天地之心矣」（見《禮記・禮運》）「性命之道亦天道也」。「情者，聖王之田也」，心、性、情三者人性之大備也。俱由道而生者「人身喻似天地之用也」。道之為用也，既已體用一全，天衣無縫，不見其跡也，則觀與執亦自無跡可尋矣。既如此，則無觀無執，天道自得矣。亦如黃帝所言「盡矣」。盡者美也，善也，是也，正也，悠也，久也；然而人世間事，往往與道相違，大繆於道於德者何耶？以人欲生於眼耳鼻舌身是也；亦古今中外宗教所致力研究而無止訖者也。就中華歷史而論，儒、道兩家諸子從先秦歷漢唐，以訖於宋元明清乃至當今之事，討論天理人欲之文，不絕於史，不止於目，其中見解允當者為清戴震：「性譬則水也，欲譬則水之流也。言性之欲，不可無也，節而不過則依乎天理，非以天理為正，人欲為邪也。天理者，節其欲而不窮人欲也。是故欲不窮，大」，欲以中央政府通過善政美教令全民自覺節制人欲，堯、舜、禹三帝於相授受之中形成了十六字之經以教誡來者之帝王與臣民，其詞曰：「人心惟危，道心惟微，惟精惟一，允執厥中。」（《尚書·大禹謨》見《十三經註疏》一三六頁）以我中華之政治哲理：「惟天地萬物父母，惟人萬物之靈。」（《周書·泰誓上》見《十三經註疏》一八〇頁）既尊天地萬物為父母，乃尊大道為道統，又明「惟人萬物之靈」，則自應惟謹惟慎以盡人之此靈之天責。就中華五千年文明史而論，從大道之源頭探索與流之歷史考察，莫不以三條紅線貫穿於始終：一曰大道由自然而人倫而家邦而國際；二曰興衰成敗乃是不可逃遁之鐵則，個人家國無一例外，但此鐵則可以認識掌控以至於逆轉。三曰製欲乃是修齊治平一點不可放鬆的工夫，且須終身如此；論說天理人欲之文充斥經史。

10.「觀天之道，執天之行，盡矣。」

觀者，何謂也?仰觀俯察之謂也，靜思遐想之謂也，極深研幾之謂也，心領神會之謂也，洞徹幽明之謂也，感而遂通之謂也，知幾其神乎之謂也，格物致知之謂也，回光反照之謂也，明察秋毫之謂也，見微知著之謂也，等等不一而足，凡屬觀與思，察與辨，謀與劃，操與控已。殊不知此神乃後天之神而神，甘入於輪迴，不知先天不神之神，能保乎性命，無怪乎盜我之炁而罔覺也。」（同上書三三四－三三五頁）清李光帝《陰符經註》曰：「人知性之巧，可以運用，是知神之神也。不知性之拙，可以伏藏，是不知不神之所以神也。」（同上書四二頁）

從右錄諸子之説中可以更進一步論述不神之神。何謂不神之神？曰道也，曰不神之母也，無為也，不神之根總出而蘊之於天地之心者也。老子視之「道常無為而無不為」，「無為」不神也，「無不為」則神也；儒家視之「天之所覆，地之所載，日月所照」，光明所臨，「無聲無臭」無作無為，而萬物以生、以長、花以開、鳥以唱，其美其神，自然天成，工無以奪其巧，藝無以繪其形，形神之妙，唯天獨造，此不神之神也。此神與妙，形之於外者，目視之而悦於心，耳聽之而悦於性，還有其神與妙藏之內、寓之於心者，賴感應而神往者，則其神之又神之狀情識之乎？此或屬於神仙之境界，吾未得聞焉由此而得出一邏輯結論：發揮大道無為不神之神的作用比之芸芸眾生，熙熙而來，皆為利來；碌碌而往，皆為利往，將一個國家之社會或一個全球社會搞得人欲橫流，無有寧日，既破壞了生態平衡，更破壞了人類本身所固有的心、性、情三者之平衡，尤破壞了天道、地道、人道三者構成大道之平衡；儒家主「人道政為感人，故神無方也。有物感物，在人感人，具一切萬法，在在處處，目擊而道存，是神之所為矣。」（同上書一〇六頁）綏德軍道民任照一註曰：「至幽而無形者神也，合自然之體性也，應機接物者情也，故神性本乎一體，情性分為二用。獨之情之為用者，往往事神在彼而不知我能神而神也；知性通至幽而無形者，知神用在我而不以彼神為仰也。故學道者將全精神欲達性命，則性命之源不可不知也。故命者性之本而性其根也，精者神之母而神其子也。精全則神王，盡性則至於命矣。故神恬則性靜，性靜則心和，心和純素之道可守，而不失與神為一也。能與神為一者，精不離人而神不離炁也。神炁相合，則形全而通乎無方之用，即知不神之神在我，而不在彼也。」（同前書一五頁）蔡氏註曰：「神者，靈怪不測也；不神者，天地、日月、山川、動植之類也，人知靈怪之為神；天地、日月、山川、動植、耳目所接，不知其神也。」（同上書一三九頁）吳江徐大春註曰：「天下之人，但見體道者之功效，以為神妙，而不知其所由致神妙之術，全在知三盜生殺之理，而能錯置得宜，故無往而不安也。」（同上書三二二頁）大清嘉慶王附青、云峰甫註曰：「不知不神而所以神，一本不知不神之所以神也。古今學人皆認昭昭靈靈之識神，以為本來之元神，故着空執相，千奇百怪，到老無成，有死而陽，為至神矣。」又疏之曰：「神者，妙而不測也。《易》曰：陰陽不測之謂神。人但見萬物從陰陽日月而生謂之曰神，殊不知陰陽日月從不神而生焉。不神者，何也？至道也。言至道虛靜，寂然而不神，此不神之中能生日月陰陽，三才萬物，種種滋榮，而獲安暢皆從至道虛靜中來，此乃不神之中而有神矣。」（《陰符經集釋》五三頁）鐘離曰：神者妙而無方，陰陽不測之謂也。但知萬物從陰陽而生長，殊不知陰陽自不神而生焉，不神者，至道也。虛寂者，無為也。故曰「不神」，是不神而所以神也。（同上書七三頁）子房曰：「道常無為而無不為，以其無為，是明正道，是以杳杳冥冥，其中有精，恍恍惚惚，其中有物，此乃至道。不神之中而有至神之理。」子房復頌之曰：「人盡知神故使神，神離飛盤似風雲。不神自掛留年樂，方知大道復歸根。」（同上書七四頁）赤松子《小重山》云：「壞壞垓垓利與名，竭聰傾智力漫營。搖精損炁敗元神，形神善，財命誰兩親。大道坦然平，無謂為妙，用用為昏。杳冥之內隱神精，除玄覽方，始見圖明」（同上書七四頁）蹇昌晨《黃帝陰符經解》曰：「神者，妙用無方，人不得而知之，彼神而自不知其神，則人與神是有無也：人有而無也，神無而有也。有無無有，是人與神而共之，總出心之蘊也。潛天而天，潛地而地，惟心神其能耶？是誠之至則神

（《十三經註疏》四一四頁），今二十一世紀，我中國正處于光大「時物文理」風雲際會之機，內以治國安邦為急務，外以促進世界大同為天職，雖當今國際社會由於治國理念不一，歷史發展差異見仁見智，重利重義或輕信寡恩等有所不同，造成當前國際關係混亂，是非不辨，善惡難明，正邪罔利。我中華禮義之邦，富庶之國，近二百年來由自身之積弱淪為發展中國家，今雖奮起圖強，有龍騰虎躍之勢，自不免引起全球震驚，友者歌之迎之，可謂朋友遍五洲；疑者憂之評之，遏之臨之。其乃「周雖舊邦，其命惟新」必然之事，惟聽之任之而已。但吾儕所當致力者則有三大端焉：一曰光大我中華之性善論，為全人類同心同德共赴大同之理論基礎；二曰以「人道政為大」（孔子答魯哀公問見《十三經註疏》六二二頁）為人類各國之政治基礎；以人類所同其心、性、情三者之綜合（心統性情者也）作用，為人類文化之基礎；四曰以正欲為人類個體之道德修養基礎，誠能致此，則人類自由地進入大同世界矣，此乃黃帝期待之大同之哲也。

9.「人知其神而神，不知其不神之所以神」

唐少室山李筌釋之曰：「陰陽生萬物，人之謂神；不知有至道靜默而不神，能生萬物陰共享之治國安邦豐富理論財富，這就是由軒轅黃帝發軔之中央政府以天道（「立天之道曰陰與陽」）地道（「立地之道曰柔與剛」）人道（「立人之道曰仁與義」）三結合，以陰陽，柔剛，仁義六者相交揉搓，混合為用，以民為邦本，本固邦寧為最高政治原則。自天子以致於庶人，一是皆以修身為本，中經堯、舜、禹相授受，定出了十六字經，「人心惟危，道心惟微，惟精惟一，允執厥中」教誡後之王者。待孔子出，集儒學之大成，經典備焉，道統立焉。漢武獨尊儒術之後，歷唐、宋、元、明、清五代，除元祚短暫之外，俱享國近三百年，其故安在哉？在本道統以立政，以敷教，以養民，以化俗，俱以誘導人之善性為依歸則政善矣。教美矣，民樂業安生矣，俗淳而自化矣。如此，明君善政則盛世出，中主臨朝則兆民安，昏君荒政則黎民困。此二千來中華政教之大略也。此黃帝所言「時物文理」之內在情狀也。但在儒家經典《禮記·禮運》中二千年前就提出了大同世界觀問題與修齊治平並行：「大道之行也，天下為公，。選賢與能，講信修睦。故人不獨親其親，不獨子其子，使老有所終，壯有所用，幼有所長，矜寡孤獨廢疾者，皆有所養。男有分，女有歸，貨惡其棄於地也，不必藏於己；力惡其不出於身也，不必為己。是故謀閉而不興，盜亂竊賊而不作，故外戶而不閉，是謂大同。」

妙驗也。王陽明對此論説更為妙絕：「朱本思問：人有虛靈，方有良知，若草木瓦石之類，亦有良知否？先生曰：人的良知就是草木瓦石的良知，不可以為草木瓦石矣。豈惟草木瓦石為然，天地無人的良知，亦不可為天地矣。蓋天地萬物與人原是一體，其發竅之最精處，是人心一點靈明。風、雨、露、雷、日、月、星、辰、禽、獸、草、木、山、川、土、石，與人原只一體。故五穀禽獸之類，皆可以養人，藥石之類，皆可以療疾，只為同此一氣，故能相遇耳。」（《王陽明全集》一〇七頁）

8.「愚人以天地文理聖，我以時物文理哲。」

天地文理者何耶？竊黃帝之意乃言天地神（生機）物人一統之自然規範，倫理規範，社會道德規範，適如老子所言之「人法地，地法天，道法自然」者也。亦如《莊子·徐無鬼》所言：「以天待人，不以人入天。」「不以人事變天然之知也。」又「我以時物文理哲」何謂也？首先要正確理解黃帝所指「時物文理」之涵義，即黃帝自製《陰符經》時代的「時物文理」非伏羲時代之「時物文理」。今天我等生活於二十一世紀，以理解「時物文理」其間，在我中華史上已歷四千七百一十三年，就我中華歷史所積凝之經驗而論，內有十三億炎黃子孫所無所為，萬慮不能感，求死不可得，長生之門於斯可致。」（同上書同頁）葛仙翁頌曰：「生門死戶少人知，運用抽天在坎離。二八消時陽炁長，九三榮處定精微。」（同上書同頁）崔明公白鶴子曰：「若覓神仙道，先當識本根。心生神必散，境滅慧還清。天地為爐鼎，陰陽作炭薪。煉成天上藥，功滿去朝真。」（同上書八十二頁）「生死在人，如晝夜不息，此生者死之本；有生必死，死者又為生之本。死既去矣，必又生焉，死生果有議耶？無有也，蓋在聖人棄之六合之外，論而不議。蓋人之道則不然，是不出生死之路，以至於輪回。」（同上書一〇四頁）。道家對養生有勝於儒家。晉葛洪著《抱朴子》五十篇，約二十萬言，可視為道家養生學子之完備總結，具要可歸結謂「寶精愛炁，最其急也」（《微旨》卷第六）在《道意》卷第九又標明「明德惟馨，無優者壽」，在《仙樂》卷第十一中還記述了一些人服藥大見奇效之情況：「南陽酈泉山中有甘谷水，甘菊墮入其中，谷中居民長飲此水，老壽高百四五十歲，下者不失八九十歲。韓終服昌蒲，十三年身生毛，日視書萬言，皆誦之。趙他子服桂二十年，足下生毛，日行五百里，陵陽子服遠志二十年，有子三十七人，開書所視不忘。」（《諸子集成》（八）五〇一五一頁）蓋草木之性與人之性在天地物人之發展過程中早已相通了，故有此奇效運》還記述了中華大同思想之雛形：「大道之行也，天下為公，選賢與能，講信修睦，故人不獨親其親，不獨子其子，使老有所終，壯有所用，幼有所長，矜寡孤獨廢疾者，皆有所養，男有分，女有歸，貨惡其棄於地也，不必藏於己；力惡其不出於身也，不必為己。是故謀閉而不興，盜竊亂賊而不作，故外戶而不閉，是謂大同。」（見《十三經註疏》一四一四頁）此大同理想雖興之於古代中國，實則是儒道諸先賢聖哲有感於天道、地道、人道之深遠仁厚與開物成務之無窮光明以及人類所共具的心、性、情三者所深蘊之創造理性與強大的內凝能量乃是人類邁向大同之不可遏制的力量源泉，唯在於喚醒而已矣。

7.「死者生之根，生者死之根。」

對黃帝之言「生者，死之根；死者，生之根。」廣成之釋之曰：「生巧者死於命，人能定心除六欲七情者，神定道生也；若心生欲情巧者，神散命亡，死之根本也。心死永得復生，乃生死之根本也。」（《陰符經集釋》一七五頁）曹真人曰：「謀生者先生而後死，習死者先死而後生。」（同上書，八十一頁）張子房曰：「謀生者景物牽纏，勞神役炁，貪求榮富，孽火焚燒，殃及禍種，不死何俟？習死者，心冥冥兮，無所知，神怡怡兮，無所之，炁熙熙兮者乃是一切誘人神往之外來刺激因素都是通過視神經進入心靈，如女色珍寶等，引起心搖意亂，老子則謂之「五色令人目盲」，盲則心動，非終養純正深厚者不能自持矣，其結局必然是心生於物，久而不悟，不思改正，必死於物矣。斯乃此三語之內蘊之邏輯也，然人有五賊，其防者多矣，舍嚴以制欲，外無他途矣。故儒者之可取者，亦在於終身以節欲律己為能事也。

6.「天之至私，用之至公」

伊尹曰：「天之至私，治極微也。」「用之至公」，張良曰：「其機善，雖不令天下而行之，天下所不能之，天下所不能違。」李筌曰：「天道曲成萬物而不遺，椿蘭鵬鷃，巨細修短，各得其所，至私也。雲行雨施，雷電霜霓，生殺之均，至公也。聖人則天法地，養萬民，察勞苦，至私也。行政令，旋法象，至公也。」（俱見《陰符經集釋》八頁）審此文原意及「集釋」之義，知黃帝「陰符」之欲明者，適乃儒學所已明之者也。天之所覆，地之所載，日月所照，光明所至，四時行焉，萬物生焉，無私也，無為也，無求也，自然而然者也。儒道兩家從正反兩面將天道、地道、人道及其綜合之大道說得天衣無縫，不綜合窺之，不足以見其大美。此大美有二焉：一曰儒家倡修齊治平之說，從而打開了通向人類心靈之大門，《禮記・禮

5.「心生於物而死於物，機在目。」何所指耶?

赤松子釋之最當，曰：「機在目者，令人戒慎其目，勿妄視也。故太上曰：不見可欲，使心不亂是也」。許真人曰：「道德之士，心不妄生，機不妄動，下愚之德，貪婪萬物，欲資一身，反被所盜而傷正性。是心生於物死於物也。」張子房頌曰：「心生萬物景千纏，富貴貪求孽火煎，心主杳冥神不敢，自然道體合先天。崔明公云：吾家玄道知之者，貴家安國修身，帖然烹煉守神精，悟來機在目心目兩俱明」。（上引論説俱見《陰符經集釋》七八頁）這些解釋首見于儒家經典者有尧、舜、禹三帝相授受之言：「人心惟危，道心惟微，惟精惟一，允执厥中。」（《尚书・大禹謨》見《十三經註疏》一三六頁）宋明諸子視為心學之源，朱熹主「存天理，滅人欲」，王陽明著《拔本塞源論》以拒功利。遡中華四千年之政治發展史，夏之第三任帝太康失國於游田，正心生於物而死於物之例證也，自是而後克制帝王「私欲」之誡，無代不有，然效驗鮮見，治世少而亂世多者，以帝王之品質不齊，有以致之也。恰如老子之見：「天下有始，以為天下母。既得其母，以知其子，既知其子，復守其母，沒身不殆。塞其兑，閉其門（兑、門皆為心也），終身不勤。」（不為外物所動也。）由此而明所謂「機在目者」

一版）所之，萬物稟命而活躍，而滋長。老子曰：「道生之，德畜之，物形之，勢成之」。儒經《周易·序卦》曰：「有天地然後萬物生焉，盈天地之間者惟萬物。」《周書·泰誓》曰：「惟天地萬物父母，惟人萬物之靈。」黄帝在其所製《陰符經》中從陰面提出：天地、物、人三者相為盜害之問題，亦乃實實在在，相互所依存者也。從自然和人類社會以及人類欲望日益增長之勢頭分，三者五盜之平衡，必然被打破。從一四九二年哥倫布發現美洲新大陸五百多年以來由於實證主義之興起，推動了科學技術的發展，從而產生了資本主義生產方式，為帝國主義橫行全球積累了資本與砲艦；資本流經之處，便吸乾其血液，砲艦所臨之地便征服其人民，以武力推廢他國政權強行「民主」之事。本世紀初猶在重演，而且催生了伊斯蘭國之暴力，使全人類陷入恐怖之中。然則出路何在耶？在於喚醒人類之良知、善性與真情，特別喚醒各國政要之良知、善性與真情，以全人類之根本利益為施政設教之出發點與歸宿點，中華之聖哲或曰「以天下之心為心」或曰視「一人之飢為己之飢，一人之溺為己之溺」，或曰「仁民愛物」，或曰「觀乎人文以化成天下」。如此則可使三者互盜之害可望有所減輕；至少人類互盜之海必有所減輕，而且隨人類覺醒之速度，日見其減輕。

而「五賊」之所表現者或因本身之修養化賊患為德行；或因本身放松了修養而賊害了自身乃至禍及他人。由此而知，五賊之是否為患，決定於個體之是否稟道修德也。「見之者昌」即此意也。見者，明也；明乎放縱「耳、目、鼻、舌、身」之五害，併而修德以嚴約束之，則化害為利矣，故昌也，順也，悠也，久也。賊與不賊，在乎德與不德，道與不道也。順德合德，則五賊在心，施行於天，宇宙在乎手，萬化生乎身，此黃帝之元意也。論者多有違之，愚以為視此為我中華學術史上一段案可乎！從吾始也，愚願擔此責焉。

4.「天地，萬物之盜；萬物，人之盜；人，萬物之盜。三盜既宜，三才既安。故曰：食其時，百骸理，動其機，萬化安。」此三盜者也，乃黃帝從反面（陰面）提出之問題也。蓋事物之生成與發展，從來具有正反兩面性。如上下、高低、內外、曲直等是也。老子曰：「萬物負陰而抱陽。」（《道德經》四十二章）。然從整體以及先后次第而論，「道生一，一生二，二生三，三生萬物」，不可亂也。天無不覆，地無不載，大而無外，細而無內，「生神」（「黃帝曰：一者何也？天真皇人曰：一者天地之根，陰陽之祖，萬物之首，乃生神也。子能知真一之炁，而萬物白生則不死，故曰一也」（見《陰符經集釋》，中國書局，二〇一三年七月，第特注重鰥、寡、孤、獨，顛連而無告者）水、火、木、金、土五者多為百姓直接賴以生產生活之資源與糧並稱為六府。即使將五行獨孤立物化之外，其相生相克之作用亦不可能消失，更不可能淪為五賊之患。由此我認定黃帝所言「五賊在心」，是指賊之藏于內者，而非存於心外之客事物「五行」也。然則可於人心之內尋覓出心之「五賊」乎？曰何在？曰：即人人所具之眼、耳、鼻、舌、身是也。身者何所指耶？即男女之性器官也。一言以蔽之，曰人欲也。孔子所言之食色性也，明儒呂坤曰「天欲也」。老子則稱之曰「兑」曰「門」。（「塞其兑，閉其門，終身不勤。」）（《道德經》五十二章）

具體言之，老子則曰：「五色令人目盲，五音令人耳聾，五味令人口爽，馳騁畋獵令人心發狂，難得之貨令人行妨。是以聖人為腹不為目。故去彼取此。」（《道德經》十二章）老子之謂「為腹不為目」固不失為一防止之法，但不若莊周之：「道之真以治其身」，（《莊子·讓王》）之積極真切也；更不如《中庸》「為天下至誠為能盡其性」之徹底也。蓋人之生於天地之間與物之生於天地之間固有其共同點：曰遂生也，發育強固也，適性也，傳種也；而對於善思之人類，明其要求自多，且與時俱增也。其所增者皆隨歷史凝結於時代文化之中矣。

者昌。五賊在心，施行于天。宇宙在乎手，萬化生于身。」通讀此全文，體會其內蘊之義，則五賊在心，必指存于心之五賊。五害、五病、五蠹、五毒等等是也。但讀朱熹《陰符經考異》則曰：「天有五賊，五賊，五行也。天下之善由此五者而生，而惡亦由此五者而有。故即其反而言之曰五賊。五賊雖天地之所有，然造天地者亦此五者也。降而在人，則此心是也，能識其所以然，則可施行于天地，而造化在我矣。故曰見之者昌。」又《附朱子曰》：「陰符說那五個物事，在這裡相生相克，曰五賊在心，施行于天，用不好心去看他，便都是賊了。五賊乃言五性之德，施行于天，言五行之氣，陳子昂《感遇詩》亦略見得這般意思。」進而讀遍《陰符經集釋》則唯見參與注釋和討論之人上自廣成子下迄朱熹，一無例外俱說「五賊」即「五行」。如此，我只有訴之於儒、道其他經典，以求辨明。《尚書·大禹謨》「禹曰：於！帝念哉：德惟善政，政在養民；水、火、木、金、土、穀惟修；正德、利用、厚生惟和；九功惟敘，九敘惟歌；戒之用休，董之用威；勸之以九歌，俾勿壞。帝（舜也）曰：俞！地平天成，六府三事，允治，萬世永賴，時乃功！」此中善政三也，一曰：正德。（正君之德，正宰輔之德，正羣臣之德。）；二曰利用（利用水土、礦藏、糧油等資源）；三曰厚生（厚民之生計，耶？可作兩解：一曰天之性，就是人之性；天之性屬於自然，人之性如天之性然，亦屬自然。二曰人性本於天，自然之謂也。「人心，機也」。（《說文》「幾，微也。」《繫辭》曰：「幾者，動之微，吉凶之先見者也。」幾，神妙也。）人心，機也，可直譯為人心乃最機敏神妙之物，儒道諸家論心者多矣，不勝枚舉，姑不具論，唯堯、舜、禹三帝相授受以誡後王之十六字經「人心惟危，道心惟微，惟精惟一，允執厥中」，不得不大舉也。此後十六字經成為中華學術史上心學之源，「存天理，節人欲」之議，貫徹古今从未止息。「立天之道，以定人也」；謂天道決定人道也，此第一要義也；人道不可有違天道，此第二要義也；人對天道必以誠敬待之，此第三要義也。然則人道有其獨立性曰有。其大小之狀何估之哉。視其對天道理解之深淺以及對天道誠敬之度而定也。可以大至于無邊，無往而不順也。亦可小至於動輒得咎，以其私欲過甚也。若以天地之心為心，則如老子所言無為也而無不為也；不與人爭，世人無與爭，在心之無欲而至神也。

3.「天有五賊，見之者昌。」

按《黃帝陰符經》原文，開宗明義曰：「觀天之道，執天之行，盡矣。故天有五賊，見之可也，雷霆行焉，山川秀焉無不可也。待人類一出，此「靜」也，依然靜其所靜，寂其所寂，無礙天地萬物之生也，但新之現象出現於人的頭腦之中：記憶、思維與創造能力，進過歷史之積累，思維之成果，便將我中華民族帶入文明之歷史時代。伏羲氏（前二九六五年）始作八卦，可視之為此「靜」境之完備之注解。

2.「天性，人也；人心，機也。立天之道，以定人也。」

《幼學瓊林》曰：「氣之輕輕，上浮者為天。氣之重濁，下凝者為地」；此乃中華歷史上推論之辭也，非科學研究之結論也。科學的結論是：「地球的誕生四十五億年。地球史經歷了二十五個最偉大的轉折點。在二十四個轉折點上才開始通向人類的道路（七八萬至一千三百萬年前）在二十五個轉折點（二十萬年）才出現會思考的猿。（英媒譯出《地球史二十五個最偉大轉折點》見《參考消息》二〇一五年元月二十七日第七版）據此可知會思考的猿歷近二十萬年自然進化才登上人類文明發展之新階段。一旦登上（假定為一萬年），此階段就以黽勉之遠度日新月異地往前飛奔。特別是近三百年來進入科技發展之新時代，機器生產之流水綫將勞動者變成為機器的附屬物，有背人性。正是《黃帝符經》所不取者也。「天性，人也」，其旨何

曰陰符。」（《陰符經集釋》四十五頁）

1.「自然之道靜，故天地萬物生。」

自然之道靜，此「靜」之含義何謂也？《道德經》十六章全文之義，曲盡委婉地注釋了「自然之道靜，故天地萬物生」之內涵。「致虛極，守靜篤」，意謂力求得虛靈原始之道，篤守靜謐之真純與質樸。「萬物並作，吾以觀復。」當萬物並作之時，識道者要精心靜觀其反復間之同異。有必起於虛，動必起於靜。雖並作，卒歸于虛靜。是乃物之極篤也。「夫物芸芸，各復歸其根」，各返其始也。此始，即虛也靜也。「歸根曰靜，是謂復命，復命曰常。」歸根曰靜，此乃道家哲學一個基礎概念。如《道德經》二十六章所言「重為輕君，靜為躁君」。凡物之性，輕者拽不動重者，小者鎮不住大者；不動者可以制動，故重為輕根，靜必躁君者也。知曉了萬物由生而死、由死而生的現象乃是一種常態就明白了大道。就不會輕舉妄動招來禍患；相反，就會變得雍容大方，如此，氣度便恢宏公平；進而至于通達周徧；量大如天，與天地合德，與日月合明。窮極虛無得道之要，曆久而不衰，此自然之道也，唯「靜」之境界而已。此「靜」也，不知何名狀也；曰萬象肅然可也，萬籟寂然可也，萬物躍然可也，日月升焉知。國家將興，必有禎祥；國家將亡，必有妖孽。見乎蓍龜，動乎四體。禍福將至，善，必先知之；不善，必先知之。故至誠如神。」君子稟不易之道，本至誠之心，見幾而作，故處事必成，遇難必安，遭逆必順，逢滯必泰。蓋道通而德孚，窮神而知化，其功績于平日，其用驗於旦夕也。

孔子在《十翼》《說卦》中曰：「立天地之道，曰陰與陽，立地之道曰柔與剛，立人之道曰仁與義。」此六言也可綜合觀之，綜合言之與綜合行之。蓋天地人三道，非孤立而自行其是者也，乃三者相互作用而生生不息之道德內函貫徹于天、地、物人之心、性、情之中。其表現形態唯人類者最為獨特，而我中華尤為獨特。它將陰、陽、剛、柔、仁、義六者，通過道德形態無所不至地充分表現于人倫、家國、政教、風化中；或用之于國際交往之中。

（二）《黃帝陰符經》大義

黃帝（公元前二六九八年），《史記·五帝本紀》曰：「黃帝者，少典之子，姓公孫名軒轅，居軒轅之丘，在今河南新鄭西北。」著《黃帝陰符經》清劉一明曰：「為古今來修道第一部真經。」李筌《黃帝陰符經·釋題》曰：「陰，暗也；符，合也。天機暗合於行事之幾，故彰其正義。予則以此十六字經乃三帝誡後王之教也；必稟無私之道心，以美政善教節制有害于公私之人欲；以精一為度，允執厥中，使之化民成俗，此聖帝明君保其大位之正途也。故孔子曰「理財正辭，禁民為非曰義」，乃為政之正道也。

三曰：道，長處變中，易亦長處變中，為政者善用「易窮則變，變則通，通則久」與「神而化之，使民宜之」二者之間的內蘊邏輯，乃是一件深層的理論思考與實踐的大事。窮則思變固善，不窮也應體察事物初變之徵兆以識其變之機，「知機其神乎？」「君子之道，闇然而日彰；小人之道，的然而日亡。」而且其變也，還受內外因素之影響，增之減之，重之輕之，難以遽然而斷。但必須明白在察變與伺機的過程中首先運籌好「神而化之，使民宜之」。主要在神而化之之功。此功必以德為前提，始可致之者也。蓋「窮神知化，德之盛也」，德之不盛，既無以言窮，更無以言知化也。

四曰：「幾（機，幾同義）者，動之微，吉之先見者也。君子見幾而作，不俟終日。」（見《十三經註疏》七十六頁）「知幾其神乎？」遡此幾者，乃所涉及之事物以及人與事變化之幾也。「吉之先見者也」乃指吉凶悔吝之表現也。亦如《中庸》所言：「至誠之道，可以前一曰：「天地之大德曰生。」此一「生」字將宇宙之中，六合內外，一切生機都喚醒了，包括心靈上之無限創造性，都躍躍欲試。因為它們本來就神靈萬分，不僅此也，此一「生」字還將歷史上固化之物喚醒了，欲求舊貌換新顏。事實上是可以將歷史起死回生的，只要還歷史以真實面貌，不事粉飾，不予扭曲，則視聽言動，必栩栩如生；功過得失，必曆曆可考：而且古今一體。始終不斷，今昔若一。滾滾歷史長河，其道如初，有增減者哉！有消長者哉！有盈涸者哉！有遲速者哉！唯一的是亘古亘今，生生不息。

二曰：「聖人之大寶曰位，何以守位？曰仁。何以聚人？曰財。理財正辭，禁民為非曰義。」人類社會進入有組織的管理形式之後，邦國立焉，諸侯出焉，帝王位焉，君臣序焉，等級分焉，貴賤別焉。貴則必驕，高者必危；唯居安思危者戒驕戒逸或免於傾。據《史記》所記，黃帝軒轅（前二六九八年）堯、舜、禹（前二二〇五年）等八帝，由於行禪讓之政未出現爭奪帝位大肆殺伐，而且堯帝在位時即已提出「人心惟危」之誡，中經舜禹之完善，成為儒家為政之十六字經：「人心惟危，道心惟微，惟精惟一，允執厥中。」（《尚書・皋陶謨》，見《十三經註疏》一三四頁）後之儒者視此為心學之源，研究甚力，惜唯限於微觀之理解，終未友述五者之內涵發現邏輯，可知任何事物之發展，無一不依其內蘊之規律，開闢其前進的道路，六十四卦之順序就正確反映了此規律者也。

我們還應進一步探討《周易·繫辭（上）》所蘊涵之道義。孔子明確定義曰：「一陰一陽之謂道，繼之者善也，成之者性也。仁者見之謂之仁，智者見之謂之智，百姓日用而不知，君子之道鮮矣。」（見《十三經註疏六十六頁》）此中含有三層深意：一曰一陰之謂道，此可視為儒家對「道」所下之最真準的、符合萬物與人類本性之定義。二曰由此引出了一個人性善與物性善的重大理論問題，可簡稱之為「性善論」；此論一立，就將全人類説成為一家人了；不問其膚色、語言、文化、地區、宗教、政制、民族習俗存有何等差異，一律以家人視之，其共同的理論基礎將全球之物性人性以一善字貫通之，使之成為親密的整體，利害相依，榮枯與共，同舟共濟，化異為同；將全球之物心人心，以一良正之天助也。亦孔子《系辭（上）》所示：「聖人立象以盡意，設卦以盡情偽，系辭焉以盡其言，變而通之以盡利，鼓之舞之以盡神。乾坤，其易之緼也。」順此附加一語，陰陽其變之神也。

孔子所作《繫辭（下）》之精要可於下列所述之問題見之。

《大同》之章以表述人類大同之理想矣。

第三，在《繫辭（上）》中孔子論及天助，他說：「易曰：自天佑之，吉無不利。」「利者，助也。天之所助者順也，人之所助者信也。履信思乎順，又以尚賢也。是以自天佑之，吉無不利也。」（見《十三經註疏》七十頁）實則天助者，非天有意施惠予以獨助之者也，乃行其自然之力、順其自然之理。依其自然之勢，合其自然之因，乘其自然之機：「亨者，嘉之會也」。

此段大意有二。一為由夫婦父子而君臣上下，「然後禮義有所錯」；二為夫婦之道守恒為本，乃家風之基也。此乃國之本在家之至道也。四曰，「《睽》者，乖也。乖必有難，故受之以《蹇》。物不可以終難，故受之以《解》。《解》者，緩也。緩必有所失，故受之以《損》，《損》而不已必益，故受之以《益》。益而不已必決。」由這些過程（睽－乖－難－解－緩－損－益）可以儆醒賢能君子，無論處於何等境地都是以道德至誠之力，因勢利導必會有所作為，改善狀態或撥亂而反之正也。五曰「有過物者必濟，（「行過乎恭，禮過乎儉」，可以矯世勵俗，有所濟也。）故受之以《既濟》。物不可以窮也，故受之以《未濟》終焉。」《既濟》者，述六十四卦所納之變化過程也。《未濟》者，物不可以窮也，道法無邊也。綜觀情溢乾坤；漫之夫妻之間則忘其愛情之所在，唯覺春風輕拂心扉，蕩漾性靈，如夢如醉，似醒似神，此乃伉儷之幸，子孫之福，人倫之愛，「教思無窮」之佳境也，亦家庭教育之善之善者也。故《中庸》更推進一步曰：「唯天下至誠為能盡其性，能盡其性，則能盡人之性；能盡人之性，則能盡物之性；能盡物之性，則可以贊天地之化育；可以贊天地之化育，則可以與天地參矣。」（見《十三經註疏》四百四頁。）三曰：「百姓日用而不知，故君子之道鮮矣。」百姓日用而不知，乃「魚相忘乎江湖，人相忘乎道術」之意。「君子之道鮮矣」謂能正確見道之君子極少，而見仁見知者多矣。

其次，在《周易繫辭》（上），孔子明確回答：「夫易何為者也？夫易開物成務，冒天下之道，如斯而已者也。是故聖人以通天下之志，以定天下之業，以斷天下之疑。」具體言之，「盛德大業至矣哉！富有之為大業，日新之為盛德，生生之謂易。」「知周乎萬物而道濟天下；範圍天地之化而不過，曲成萬物而不遺。」（見《十三經註疏》六十五頁）由此而明「聖人通天下之志，斷天下之疑」「知周萬物，道濟天下」「開物成務，曲成萬物而不疑」斯六言也，實則治國安邦六大要務，兼以澤及四夷之整體使命也；殆及《禮記·禮運篇》出，則專立即以今之中華兒女論之，吾儕都來做踐行「元亨利貞」之君子，則何德不興？何業不盛？何事不成？由此可見，兩千五百年以前經孔子親手為《周易》寫下之《文言》，猶熠熠生輝，此亦吾輩之福也，國家之幸也。

孔子在《十翼》中著有《序卦》詳述了《周易》六十四卦內在的邏輯性，茲略舉要點以明之。一曰：「有天地然後萬物生焉，盈天地之間者唯萬物，故受之以《屯》。《屯》者，盈也；《屯》者，物之始生也。物生必蒙，故受之以《蒙》，《蒙》者，蒙也，物之稚也；物稚不可不養也，故受之以《需》，《需》者，飲食之道也。」（見《十三經註疏》八十三頁）此言物生必有精養之道，人之生也，精養之道更甚焉。二曰：「物畜然後有禮，故受之以《履》。履而泰然後安，故受之以《泰》，《泰》者，通也。物不可以終通，故受之以《否》。」此意有二：物畜有禮，禮則踐而行之者也；行實則泰而安，但物不可以終泰，久之則向反方向發展。三曰：「有天地，然後有萬物，有萬物然後有男女，有男女然後有夫婦，有夫婦然後有父子，有父子然後有君臣，有君臣然後有上下，有上下然後禮義有所錯，夫婦之道，不可以不久也，故受之以《恒》。」（八十四頁）。發全人類之真情使之至誠滿天下，真象、上象、下象，上繫、下繫、文言、説卦、序卦、雜卦，十翼之作也。」不僅使用理論體系大備，且全面反映了宇宙大道之總規律。由此而明《周易》之所以成為儒家思想之總根源者，乃是指宇宙大道之核心內涵聚焦於此也。茲舉十一翼中之《文言》一項所包函之理論體系及其人文精神以明之。

《文言》曰：「元亨利貞，元者，善之長也；亨者，嘉之會也；利者，義之和也；貞者事之幹也。君子行此四德者，故曰元亨利貞。」（《十三經註疏》三頁）此段《文言》可釋之曰：宇宙賴以發展之生機或原動力，稱之曰元者，乃是至高之善，或曰善之善者也。以此至善之動力，推開乾坤變化之大門。其變化之形式則為陰陽相交，乾坤相激，萬物生焉，人類蕃焉，子孫衍焉，人文興焉，人事繁焉，禮儀生焉，長幼分焉，五倫別焉，尊卑形焉，君臣位焉，政教立焉，刑法行焉，利害出焉，修為明焉。元亨利貞四德，將此歷億萬年及未來之發展歷程包含無餘，可舉而言之者，如神妙的，自然的，生理的，心理的，種類的，人倫的，社會的，禮法的，情感的，慾望的，政教的，創新的，協調的，全盤的，慮遠的，理性的等等裝入元亨利貞四者之前無其始、後無其終的宇宙之內，索孔子所定之義，適合于前，亦符合于後，

甲　中華哲學之特點

一、源

所謂源者，指對宇宙大道提出獨見，爾後沿用，曆久不衰而且闇然而日彰也。如伏羲所立陰陽之説以及劃八卦演繹為六十四卦，在實踐中獨見其真理之光輝不褪其色也，反見其變化之道日逐細密、深化、廣博、高明，為科學之發展日益所需，為心靈之美化日見其神妙也。如《晉・象傳》之「自昭明德」，如《賁・彖傳》「觀乎天文以察時變，觀乎人文以化成天下」。於當今之實用，處處都具現實意義。

（一）伏羲立陰陽説，《周易》備焉

伏羲劃八卦之年代依據史料可以假定在前二九六五年（柏楊著《中國歷史年表》），周文王演《周易》則可定在前一一四四年。實際參與完善《周易》者尚有周公旦與孔子。周公旦具體作了那些貢獻無可考定，孔子之功在《十翼》則詳列於《周易正義序》中，曰：「上彖、下

緒論

予之欲為全球哲學一元論之宿願萌動久矣，早在上世紀九十年代末構思儒、道兩家哲學體系同根同源之際即已萌動，近年反復思考我中華經史所示唯在在於內以治國安邦，外以實現世大同，此願日益強烈，適值西方著名政界人士英國前首相布萊尔發表反思文章《民主死了嗎》（見《參考消息》二〇一五年一月一日第版）。我認為此文具有劃時代的意義。正是我中華民族積淀五千年以經史為指導的全民實踐之歷史經驗，向全人類講述政治與教化之歷史時代了；正是中華民族向全人類一起討論實現世界大同的時代了。我認為首先要討論的是建立正確認識人類歷史與現狀的思想方法，因而研究討論哲學一元論，就顯得迫切必要了。

日前思之再三，得一提綱：一宇宙大道一也；二人性物性俱善也；三心物一統一也；四理欲同根一也。茲按此提綱論述，期海內外同仁不吝指正。

二〇一五年十二月二十日歲次乙未十一月初十

东西哲學一元論

心、性、情論

目録

圖書在版編目（CIP）數據

中華經史綱要. 東西哲學一元論、心性情論 / 何光榮著.

— 北京：團結出版社, 2021.5

ISBN 978-7-5126-8503-1

Ⅰ. ①中… Ⅱ. ①何… Ⅲ. ①經學—歷史—中國②一元論—研究

. ③哲學—研究—中國 Ⅳ. ①Z126②B089③B2

中國版本圖書館CIP資料核字(2020)第259412號

出版： 團結出版社

（北京市東城區東皇城根南街84號 郵編：100006）

電話：（010）65228880 65244790（傳真）

網址： www.tjpress.com

Email： zb65244790@vip.163.com

經銷： 全國新華書店

印刷： 大廠回族自治縣德誠印務有限公司

開本： 145×210 1/32

印張： 94.25

字數： 1590千字

版次： 2021年5月 第1版

印次： 2021年5月 第1次印刷

書號： 978-7-5126-8503-1

定價： 598.00元（全八册）

東西哲學一元論　心性情論

中華經史綱要

何光榮◎著

團結出版社

高忠憲曰：「心與天，一而已矣。心大無外，天大無外。」就當今之現實論之，亦復如是。心未有體，則物爲有外也；若用心體之，則內外一也，如心性情三者之一體也。上遡三代之上，由軒轅直遡至伏羲。陰陽、八卦之提出至軒轅《陰符經》之論説，乃心性情三者之綜合體現也，下逮三代，歷春秋諸子以及孔子之金聲玉振，而儒家經典出焉，其結晶也。一言以蔽之，心性情三者之成果也，此後之學術與文化之歷史發展乃心性情三者之完備結晶。故心性情三者（横渠先生曰：「心統性情者也。」），故余以爲，心性情三者上承經史，下接民心；內結同胞，外通人類；內流血脈，外達情理；內明治國安邦之要，外曉遠親近鄰之善。一以至誠之心待之，悉以至善之禮賓之，久之則化，純之則安；心大而善則和，情真而厚則樸，必然真誠之友誼日新，萬邦之信賴日固。善哉，大心之義也。

《正蒙》

太和篇第一

「太和所謂道，中涵浮沉升降，動靜相感之性，是生絪縕相盪勝負屈伸之始。其來也，幾微易簡，其究也，廣大堅固。起知于易者乾乎，效法于簡者坤乎！散殊而可象爲氣，清通而不可象之謂神。不如野馬絪縕，不足謂之太和。語道者知此，謂之知道。學易者見此，謂之見易。不如是，雖周公才美，其智不足稱也矣。」（見《橫渠學案》六六九頁）

高忠憲曰：「太和，陰陽會合冲和之氣也。張子本《易》，以明器即是道，故指太和以名道。余則以爲橫渠之立論『太和第一』，乃貫穿於其全文者也。余以爲，若用唐玄宗示唐肅宗之言：『至和育物』，則美且善矣，純正其十八標題之大義矣。」

「大其心，則能體天下之物。物有未體，則心爲有外。世人之心，止於聞見之狹。聖人盡性，不以見聞梏其心，其視天下無一物非我。孟子謂盡心則知性、知天，以此。天大無外，故有外之心，不足以合天心。見聞之知，乃物交而知，非德性所知，德性所知不萌於見聞。」（同前書，七〇〇頁）

才，其踐形唯肖者也。知化則善述其事，窮神則善繼其志，不愧屋漏爲無忝，存心養性爲匪懈。惡旨酒，崇伯子之顧養，育英才，潁封人之錫類。不弛勞而底豫，舜其功也，無所逃而待烹，申生其恭也。體其受而歸全者，參乎！勇于從而順令者，伯奇也。富貴福澤，將厚吾之生也，貧賤憂戚，庸玉女于成也。存吾順事，沒吾寧也。」（見《橫渠學案》六六五——六六六頁）

《東銘》

「戲言出於思也，戲動作於謀也，發乎聲，見乎四支，謂非己心，不明也；欲人無己疑，不能也。過言非心也，過動非誠也。失于謬迷其四體，謂己當然，自誣也。欲他人己從誣人也。或者以出於心者歸咎爲己戲，失于思者自誣爲己誠，不知戒其出汝者，長傲且遂非，不知孰甚焉。」（見《橫渠學案》六六八頁）

劉蕺山曰：「此張子精言心學也。戲言戲動人以爲非心，而不知其出於心。思與謀，心之本乎人者也。過言過動，人以爲是心，而不知其非心。誠者，心之本乎天者也。心之本乎人者，當如何以省察之；而其不本乎天者，則何以克治之！則學問之能事畢矣。」

張載（一〇二〇——一〇七七），字子厚，陝西鳳翔郿縣橫渠鎮人。父迪，仕仁宗朝，殿中丞，知涪州，卒官。諸孤皆幼，不克歸，先生少孤自立，志氣不群，上書謁范文正公，公知其遠器，責之曰：「儒教自有名教可樂，何事於兵。」手《中庸》授之，遂翻然志於道。反求之《六經》。嘉祐初，至京師，見二程子。二程於先生爲外兄弟之子，卑行也。先生與語道學之要，厭服之，因渙然曰：「吾道自足，何事旁求！」於是書棄異學，惇如也。所著曰《東銘》《西銘》《正蒙》。關學鬱興，伊、洛比肩，終則成爲「濂、洛、關、閩」，開闢了道學研究之浩浩蕩蕩大勢，心學之高峯拔地而起，有時羣峯爭秀，有時獨峯直刺雲霄——人心至神——道光宇宙，橫渠之學蘊藏了有益的微量元素。

《西銘》

「乾稱父，坤稱母，予茲藐焉，乃渾然中處。故天地之塞，吾其體，天地之帥，吾其性。民吾同胞，物吾與也。大君者，吾父母宗子，其大臣，宗子之家相也。尊高年，所以長其長，慈孤弱，所以幼其幼，聖其合德，賢其秀也。凡天下疲癃殘疾，惸獨鰥寡，皆吾兄弟之顛連而無告者也。于時保之，子之翼也，樂且不憂，純乎孝者也。違曰悖德，害仁曰賊。濟惡者不語默猶晝夜，晝夜猶死生，死生猶古今。

凝然不動，便是聖人。

忿欲忍與不忍，便見有德無德。

人皆可以至聖人，而君子之學，必至於聖人而後已；不至於聖人而後已者，皆自棄也；孝其所當孝，悌其所當悌，自是而推之，則亦聖人而已矣。

懈心一生，便是自暴自棄矣！

古之學者爲己，今之學者爲人，古之仕者爲人，今之仕者爲己。古之強有力者，將以行禮；今之強有力者，將以作亂。

聖人於天下事，自不合與，只順他天理，茂對時育萬物。

善學者取諸身而已，自一身以觀天地。（見《伊川學案》五九一——六三五頁）

（四）張橫渠之學

祖望謹案：「橫渠先生勇於造道，其門戶雖微有殊於伊洛，而大本則一也。其言天人之故，間有未當者，梨洲稍疏澄焉，亦橫渠之忠臣焉。」

者言之則謂之道心。放其良心則危矣。惟精惟一，所以行道也。

公則一，私則万殊。至當歸一，精義無二。人心不同如面，正是私心。

大而化，則己與理一。一，則無己。

大抵人有身，便有自私之理，宜其道難一。

學者爲氣所勝，習所奪，只可責志。

學也者，使人求於內也，不求於內而求於外，非聖人之學也。何謂不求於內而求於外，以文爲主者是也。學也者，使人求於本也，不求於本而求於末，非聖人之學也。何謂不求於本而求於末，故詳略，採同異者是也。是二者皆無益於吾身，君子弗學也。道無精粗，言無高下。

語高旨遠，言約義微，欲言精粗，言多愈粗。

居之安，資之深。

《論語》《孟子》，只詳讀著，便自意足。學者須是玩味，若以語言解著，意便不足。善學者，要不爲文字所拘。故文義雖理解錯了，而道理可通行者，不害也。

安有識得《易》，不知退藏於密。

聞見之知，非德性之知，德性之知不假見聞。

觀物理以察己，既能燭理，則無往而不識，天下物皆可以理照。

學莫貴於自得，非在外也，故曰得。

稱性之善謂之道，道與性一也。以性之善如此，故謂之性善。性之本謂命，性之自然者謂之天。性之有形者謂之心。性之有動者謂之情。凡此者皆一也。聖人因事以制名，故不同若此。

道孰爲大，性爲大，人之自小者，亦可哀也。夫人之性一也。而世之人皆曰「吾何能爲聖人」！是不自信也。其亦不察乎！

論性不論氣不備，論氣不論性不明。

性即理也，所謂理性是也，天下之理，原其所自，未有不善；喜怒哀樂之未發，何嘗不善，發而皆中節，則無往而不善。發不中節，然後爲不善，故凡言善惡，皆先善而後惡，先是而後非，先吉而後凶。

「人心惟危，道心惟微。」心，道之所在，微，道之體也；心與道渾然一也，對放其良心性靜者可以爲學。

（三）程伊川之學

祖望謹案：「大程子早卒，向微小程子，則洛學之統且中衰矣。」蕺山先生嘗曰：「小程子大而未化，然發明有過於其兄者！」信哉！

程頤（一〇三三——一一〇七），字正叔，河南人。明道先生之弟也。年十八，上書闕下，勸仁宗：「黜世俗之論，以王道爲心。」明道嘗謂曰：「異日能使人尊嚴師道者，吾弟也。若接引後學，随人才而成就之，則余不得讓焉。」嘉定十三年，賜謚曰：「正公。」淳祐元年封伊川伯，從祀孔子廟庭。明稱「先儒程子」。

語録

一人之心即天地之心，一物之理即萬物之理。一日之運即一歲之運。

天地之化，雖廓然無窮；然而陰陽之度，日月寒暑晝夜之變，莫不有常，此道之所以爲中庸。

學者先務，固在心志。

宜賑救其患。山虞澤衡各有常禁，以成其長久之利。禮制未修，奢靡相尚，人人求厭其欲而後已，此大亂之道也。」（同前書，五七一——五七二頁）

百家謹案：「先生所上神宗《陳治法十事》，觀其文彩，似乎不足，案其時勢，悉中肯綮，無一語非此中至誠之流露也。」胡敬齊曰：「若依他做，三代之治可運之掌，惜惑於王安石而不能用也。」

語録

中庸言誠便是神。

生生之謂易，生生之用則神也。

窮神之化，化之妙者神也。

天下善惡皆天理，謂之惡者非本惡，但或過或不及，便如此。

學者須敬守此心，不可急迫。當栽培深厚，涵養於其間，然後自得。欲當大任，須是篤實。

良知良能，皆無所由，乃出於天，不繫於人。

其情順萬物而無情，故君子之學，莫若廓然而大公，物來而順應。人之情各有所蔽，故不能適道，大率患在自私而用智。自私則不能以有爲爲應迹，用智則不能以明覺爲自然。孟氏曰：「所惡於智者，爲其鑿也。」以其非外而是内，不若内外之兩忘也。兩忘則澄然無事矣。無事則定，定則明，明則尚何應物之爲累哉！聖人之喜以物之當喜，聖人之怒，以物之當怒，是聖人之喜怒，不繫於心而繫於物也。是則聖人豈不應於物哉！（見《明道學案》五四六——五四七頁）

《陳治法十事》

「聖人創法，皆本諸人情，通乎物理，二帝三王之盛，曷嘗不随事因草稱事爲制乎！至於爲治之大原，牧民之要道，理之所不易，人之所賴以生，則前聖後聖，未有不同條而共貫者。後世盡其道則大治，用其偏則小康，此歷代彰灼著明之效也。古者自天子達於庶人，未有不須師友而成其德者。王者奉天建官，所以修百度而理萬化者也。天生烝民，立之君，使司牧之。古者政教始乎鄉里，行于族黨，統治其民，民安於親睦，廉恥易格，無古今之異也。府史胥徒之毒徧天下，不更其制，何以善後？古者四民各有常職，而農居十八九，今京師浮民逾百萬，生。「純祐元年封河南伯。其著述有《識仁篇》、《定性書》、《陳治法十事》。

《識仁篇》

「學者須先識仁，仁者渾然與物同體，義、禮、智、信，皆仁也。識得此理，以誠敬存之而已。不須防檢，不須窮索。若心懈，則有防，心苟不懈，何防之有。理有未得，故須窮索，存久自明，安得求索。此道與物無對，天地之用，皆我之用。孟子言：『萬物皆備於我』，須『反身而誠』，乃為大樂。若存得便合有得，蓋良知良能，元不喪失。以昔日習心未除，即須存習此心，久則可奪舊習。此理至約，唯患不能守。既能體之而樂，亦不患不能守也。」（見《明道學案》五四〇——五四一頁）。

《定性書》

百家謹案：橫渠張子問於先生曰：「定性未能不動，猶累於外物，何如？」先生因作是篇。

所謂定者，動亦定，靜亦定，無將迎，無內外。苟以外物為外，牽己而從之，是以己性為有內外也。且以己性為隨物於外，則當其在外時何者為在內？是有意於絕外誘，而不性之無內外也。既以內外為二本，則又烏可遽語定哉！夫天地之常以其心普萬物而無心，聖人之常，以縣者告之孝悌忠信。欲辨事者或不持牒，徑至庭下，先生從容理其曲直，無不釋然。凡孤煢殘廢者，責之親戚鄉黨，使無失所。行旅出於其途者，疾病皆有所養。鄉皆有校，暇時親至，召父老而與之語，童兒所讀書，親爲正句讀。教者不善，則爲易置。在縣三年，民無強盜及鬬死者。吏夜叩門，稱有殺人者，先生曰：「吾邑安有此，誠有之，必某村某人也。」問之，果然。或詢其故，曰：「吾嘗疑此人惡，少之勿革者也。」熙寧初爲太子中允、監察御史，神宗素知其名，每召見，從容咨訪，將退，則曰：「卿可頻來求對，欲常相見耳。」及論人才曰：「陛下奈何輕天下士？」神宗曰：「朕何敢如是？」前後論說未有一語及於功利。嘗極陳治道，神宗曰：「比堯、舜之事，朕何敢當。」先生愀然曰：「陛下此言，非天下之福也。」王安石執政，議更法令，言者攻之甚力，安石方怒言者，厲色待之。先生徐曰：「天下事，非一家私議，願平氣以。」安石爲之媿屈。新法既行，先生言：「智者，若禹之行水，行所無事。自古興治立事，未有中外人情交謂不可，而能有成者。就繳倖小成，而興利之臣日進，尚德之風漸衰，尤非朝廷之福。……先自十五六時與弟正叔從汝南周茂叔論學，慨然有求道之志，泛濫於諸家，出入於老釋者幾十年，返求諸《六經》而後得之。」文潞公表其墓曰：「明道先

「夫所以謂之觀物者，非以目觀之也，非觀之以目，而觀之以心也；非觀之以心，而觀之以理也。聖人之所以能一萬物之情者，謂其能反觀也。所以謂之反觀者，不以我觀物也。以物觀物之謂也，既能以物觀物，又安有我於其間哉？」（見《宋元學案·百源學案》三六八——三七二頁）

（二）程明道之學

程顥，字伯淳，世居中山，後徙爲河南人。高祖羽，太宗朝三司使。父晌太中大夫。先生生而秀爽，叔祖母任抱之，釵墜不覺，後數日方尋之，先生未能言，以手指示其處，得之。踰冠，中進士第，調鄠縣主簿。南山有石佛，歲傳其首放光，遠近聚觀。先生謂其僧曰：「吾有職事，俟復見，爲吾取其首來觀之。」自是光不復見。改上元縣，盛夏隄决，法当言之府，府言之漕司，然後興作。先生曰：「若是苗槁久矣。」竟发民塞之，歲乃大熟。茅山有龍池，其龍如蜥蜴而五色，自昔嚴奉，以爲神物，先生捕而脯之，使人不惑。移晉城令，河東財賦窘迫，先生度所需，使富室豫儲以待，及期定價買之，貧富咸利。縣庫有雜納數百千，常借以補民力，部使者至則告之曰：「此錢令自用而不私，請一切不問。」先生視民如子。民以事至善惡而已矣。是知善也者，無敵於天下，而天下共善之；惡也者，亦無敵于天下，而天下共惡之。天與人相爲表裏，天有陰陽，人有邪正，上好德則民正，上好佞則民用邪。」

「夫天下將治，則人必尚行也，天下將亂，則人必尚言也。尚行，則篤實之風行焉；尚言，則詭譎之風行焉。天下將治，則人必尚義也；天下將亂，則人必尚利也。尚義，則謙讓之風行焉；尚利，則攘奪之風行焉。三王，尚行者也；五霸，尚言者也。尚行必入於義也，尚言必入於利也。義利之相去，亦何遠之如是邪！是知言之於口，不若行之於身，行之於身，不若盡之於心。言之於口，人得而聞之，行之於身，人得而見之，盡之於心，神得而知之。人之聰明猶不可欺，況神之聰明乎？是知無愧於口，不若無愧於身，無愧於身，不若無愧於心。無口過易，無身過難，無身過易，無心過難。既無心過，何難之有！吁！安得無心過之人，與之語心哉！是知聖人所以能立無過之地者，謂其善事於心者也。」

天由道而生，地由道而成，人物由道而行。天、地、人、物則異也，其於由道則一也。夫道也者，道也。道無形，行之則見之於事矣。如道路之道坦然，使千億萬年行之，人知其歸者也。

石與星本乎一體也。在天成象辰也，在地成形土也，自日月星辰之外，高而蒼蒼者，皆辰也，自水火石之外，廣而厚者，皆土也，辰與土本乎一體也。天地之間猶形影、聲響之相應，象見乎上體必應乎下，皆自然之理也。蓋日月星辰，猶人之有耳目口鼻，水火土石猶人之有血氣骨肉，故謂之天地之體。陰陽剛柔，則猶人之精神，故謂之天地之用。」

「人所以靈於萬物者，有一物之物，有十物之物，有百物之物，有千物之物，有萬物之物，有億物之物，有兆物之物。生一物當兆物之物者，豈非人胡！生一人當兆人之人者，豈非聖乎！是知人也者，物之至者也；聖也者，人之至者也。人之至者謂其能以一心觀萬心，一世觀萬世者焉。其能以心代天意，口代天言，手代天工，身代天事者焉。其能以上識天時，下盡地理，中盡物情，通照人事者焉。其能以彌綸天地、出入造化、進士古今、表裏人物者焉。」

「道爲天地之本，天地爲万物之本。以天觀万物，則万物爲物，以道觀天地，則天地亦爲万物。道之道盡于天矣，天之道尽于地矣。天之能盡物，則谓之昊也，人之能盡民，則謂之聖人。」

「夫古今者，在天地之間猶旦暮也。天之道，人之情，又奚擇于周、秦、漢、楚哉？擇乎

《觀物內篇》

「物之大者，無若天地，然而亦有所盡也。天之大陰陽盡之也，地之大剛柔盡之也。陰陽盡而四時成焉。夫四時四維者，天地至大之謂也。凡言大者，無得而過之也。動之始則陽生焉，動之極則陰生焉。一陰一陽交而天之用盡之矣。靜之始則柔生焉，靜之極則剛生焉。一剛一柔交而地之用盡之矣。動之大者，謂之太陽，動之小者謂之少陰。太陽爲日，太陰爲月，少陽爲星，少陰爲辰，日月星辰交而天之體盡之矣。太柔爲水，太剛爲火，少柔爲土，少剛爲石，水火土石交而地之體盡之矣。」

「混成一體謂之太極。太極既判，初有儀形，謂之兩儀。兩儀又判，而爲陰陽剛柔，謂之四象。四象又判，而爲太陽、少陽、太陰、少陰、太剛、少剛、太柔、少柔而成八卦。太陽、少陽成象于天，而爲日月星辰。太剛、少剛、太柔、少柔成形于地，而爲水火土石。八者具備，然天地之理備焉。天地之體備，而後變化生成萬物也。所謂八者，亦本乎四而已。在天成象日也，在地成形火也。陽燧取於日而得火，火與日本乎一體也。在天成象月也，在地成形水也，方諸取於月而得水，水與月本乎一體也。在天成象星也，在地成形石也，星隕而爲石，公著從遊甚密，乃理學象數學派創立者。依據易傳關於八卦的解釋，參以道教思想構成其學說體系，以推衍釋人事變化，形成其先天學。宇宙本源爲太極、道、心。太極不動，性也；發則神，神則數，數則象，象則器，器則變，復歸於神。太極永恆不變者也。遇人無貴賤賢不肖，一接以誠。故賢者悅其德，不賢者喜其真，久而益敬之。嘉祐中詔舉遺逸，授試將作監薄，不赴。熙寧初復求逸士，補潁州團練推官，仍不赴。於夫津橋聞杜鵑聲，先生慘然不樂曰：「不二年南士當入相。天下多事矣。禽鳥得氣之先者也。」橫渠問疾、論命，先生曰：「天命則已知之，世俗所謂，則不知也。」伊川曰：「先生至此，他人無以爲力，願自主張。」先生曰：「平生學道，豈不知此。然亦無可主張。」伊川曰：「從此永訣，更有見告乎。」先生舉兩手示之。伊川曰：「何謂也？」曰：「面前路徑須令寬。」明道當謂先生「振古之豪傑。」「內聖外王之道也。」有問朱子曰：「康節心胸如此快活廣大，安得如之？」答曰：「他是甚麼樣工夫？」又有問朱子：「學者有厭拘檢，樂放舒，惡精詳，喜簡便者，自謂慕堯夫爲人。何如？」曰：「邵子這道理，豈易及哉！他胸襟中這個學，能包括宇宙、始終、古今，如何不做得大，放得下。今人欲恃箇甚，敢復如此。」（見《百源學案》三六五——三六七頁）

「誠者，聖人之本，天之道也；聖，誠而已矣。性焉安焉之謂聖，復焉執焉之謂賢，發微不可見，充周不可窮之謂神，誠、神、幾曰聖人。聖希天，賢希聖，士希賢。聖可學乎？曰可。曰有要乎？曰有。請問焉。曰一爲要。一者無欲也。無欲是聖，無欲便是學。其有欲焉奈之何？曰學焉而已矣。其學焉何如？本無而忽有，去其有而已矣。」如此，既不失《通書》大義，又便於流傳矣。

六、道學奠基者

道學奠基人有五：百家謹案：「周、程（二）、張、邵五子並時而生，又皆知交相好，聚奎之占，可謂奇驗，而康節獨以《圖書》象數之學顯。」

（一）邵康節之學

邵雍（一〇一一——一〇七七），字堯夫，謚康節。其先范陽人，幼隨父遷居共城（今河南輝縣），隱居蘇門山下百泉之上，後人稱爲百源先生。屢授官不赴。後居洛陽興司馬光、呂肇立道學之鴻文有二，一曰《太極圖説》（全文二百四十八字），乃《周易》最精簡之言也；「大哉易也，斯其至矣！」劉蕺山言之切要，「太極之妙，生生不息而已矣。」二曰《通書》（全文二千五百五十一字），吴草盧詳爲之注曰：「太極者，何也？」曰：「道也。道而稱之曰太極，何也。曰假借之辭也。道不可名也，故假借可名之器以名之也，以其天地萬物之所共由也，則名之曰道，道者大路也。以其條派縷脈之微密也，則名之曰理。理者玉膚也，皆假借而爲稱者也。真實無妄曰誠，全體自然曰天，主宰造化曰帝，妙用不測曰神，付以萬物曰命，物受以生曰性，得此性曰德，具於心曰仁，天地萬物之統會曰大極。道也，理也，誠也，天也，帝也，神也，命也，性也，德也，仁也，太極也，名雖不同，其實一也。極，屋棟之名也。屋之脊檁曰棟，就一屋而言，惟脊棟至高至上，無以加之，故曰極。而凡物之總會處，因假借其義而名爲極焉，辰極、皇極之類是也。道者，天地萬物之總會，至尊至貴，無以加者，故亦假借屋棟之名而稱之曰極也。然則何以謂之太？曰：太之爲言，大之至甚也。道者，天地萬物之極也。」邵子曰：「道爲太極。」（見《宋元學案·濂溪學案》五二一頁。）

周子《通書》我將其要義壓縮爲如次一百十八字：

的元中書右丞脫脫曰：「道學之名，古無是也，三代盛世，天子以是道爲政，教大臣百官有司以是道爲職業，黨庠術序師弟子以是道講習，四方百姓日用是道而不知，是故盈覆載之間無一民一物不被是道之澤，以逐其性於斯時也。道學之名何自而立哉？文王周公既沒，孔子有德無位，既不能使是道之用，漸被斯世，退而與其徒定禮樂、憲章，刪《詩》，修《春秋》，讚《易》象，討論墳典，期使叁伍聖人之道，昭明於無窮。故曰夫子賢於堯舜遠矣。孔子沒，曾子獨得其傳，傳之子思以及孟子。孟子沒而無傳。兩漢而下，儒者之論大道察焉而弗精，語焉而弗詳，異端邪說起而乘之，幾至大壞，千有餘載。至宋中葉周敦頤出春陵，乃得聖賢不傳之學，作《太極圖說》《通書》推明陰陽、五行之理，明於天而性於人者，瞭若指掌。張載作《西銘》，又極言理一分殊之情，然後道之大原出於天者，灼然而無疑焉。」道學之由來早已。見於《周易》者，有「一陰一陽之謂道」。見於《道德經》一者，有「道可道，非常道」。見於《荀子》，有「天下無二道，聖人無兩心」。見於《禮記·禮運篇》者，曰：「大道之行也，天下爲公。」今周敦頤所言之「道」與道學，最透徹最妥善的理解，是中華的大道，更是人類的大道。

午，同皇太后幸御書院，觀太宗、真宗御書。天聖七年，二月壬子，復制舉六科，增高蹈、邱園沉淪、草澤、茂才異等科，置書判、拔萃科，及試武舉。八月己丑，以呂夷簡爲昭文館大學士。

明道元年春二月癸卯，呂夷簡上《三朝寶訓》。庚戌以張士遜同中書門下平章事，集賢殿大學士。

景祐元年，春，正月癸未，詔：「禮部所試舉人十取其二進士，三舉諸科，五舉嘗經殿士進士，五舉年五十、諸科，六舉年六十，及曾經先朝御試者，皆以名聞。」辛丑，詔禮部貢院諸科舉人七舉者，不限年，並許特奏名。

五、仁宗之性靈誘發道學之肇興

道學者何謂也？昭明大道之謂也，光大大道之謂也，踐行大道之謂也。恰恰是在一千年前，北宋真宗（趙恆）天禧元年（一〇一七年）降生了周敦頤，成了道學的倡導者。主修宋史拔萃科，及試武舉。八月己丑以呂夷簡爲昭文館大學士。辛卯，夏竦復爲樞密副使。

明道元年春二月癸卯呂夷簡上《三朝寶訓》。八月辛丑以晏殊爲樞密副使，丙午晏殊參知政事。八月乙丑詔君臣直言闕失。

慶曆六年七月癸亥，策試賢良方正能直言極諫，八年三月甲辰，詔翰學士三司使知開封府御使中丞曰：「朕躬闕失，左右朋邪中外險詐，州郡暴虐，法令有不便於民者，朕欲聞之，其悉以陳。癸亥又以朝政得失，兵農要務，邊防備豫，將帥能否，財賦利害，錢法是非，與夫讒人害政，姦盜亂俗及防微杜漸之策，召知制誥諫官御史等諭之，使悉對於篇。」

嘉祐六年七月癸巳，詔：「臺諫爲耳目之官，乃聽險陂之人，興造飛語、中傷善良，非忠孝之行也。中書門下其申儆百工，務敦行實，循而不改者絀之。」

四、勵學

天聖三年，十二月癸丑，以張知白同中書門下平章事集賢殿大學士。天聖五年，七月甲論》之大義略引如次，以見其歷史與現實意義焉。

「臣聞朋黨之説，自古有之，惟幸人君辨其君子小人而已。大凡君子與君子，以同道爲朋，小人與小人，以同利爲朋，此自然之理也。然臣謂小人無朋，惟君子則有之。其故何哉？小人所好者利祿也，所貪者貨財也，當其同利之時，暫相黨引，以爲朋者僞也，及其見利而爭先，或利盡而交疏，則反相賊害，雖其兄弟親戚，不能相保。故臣謂小人無朋，其暫爲朋者僞也。君子則不然，所守者道義，所行者忠信，所惜者名節，以之修身，則同道而相益，以之事國，則同心而同濟，終始如一，此君子之朋也。故爲人君者，但當退小人之僞朋，用君子之真朋，則天下治矣。」（見《古文觀止》四一八——四一九頁）

天聖四年（一〇二六年）七月至九月，屢詔薦擢通經者：七月壬申詔諸路轉運使舉所部官通經者。蓋惟通經者具有深刻理解與切實利用經典之能力，此中尚存千錘百煉之功，有待通經者去完成，舍通經者，他人無法替代焉。九月乙卯詔孫奭、馮元舉京朝官通經術者。庚申詔禮部貢院諸科通三經者薦擢之。録周世宗從孫柴元會，爲三班奉職。七年二月丁卯以夏竦、薛奎參知政事，陳堯佐樞利使。閏月壬子復制舉六科增高蹈、邱園沉論草澤，茂才異等科，置書判在位四十二年之間，吏治若媮惰，而任事蔑殘刻之人，刑罰似縱弛，而決獄多平允之士。國未嘗無弊，倖而不足以累治世之體；朝未嘗無小人，而不足以勝善人之氣。君臣上下，惻怛之心，忠厚之政，有以培壅宋三百餘年之基。子孫一矯其所爲，馴至於亂。傳曰：『爲人君，止於仁。』帝誠無愧焉！」（見《宋史·仁宗紀》，四三頁。）

三、勤政

仁宗十三歲即位，初御崇政殿，即命侍講孫奭、馮元講《論語》，蓋前有宰相趙普以半部《論語》治天下之美傳也。

景祐二年春正月，癸丑，置邇英、延義二閣，寫《尚書·逸篇》於屏，此乃《周書》，爲周公所作，誡成王毋耽逸豫也。

景祐四年，十月丙寅「詔戒百官朋黨」。因而有歐陽修《朋黨論》出焉。歐陽修（一〇〇七——一〇七二）江西吉水人也，天聖進士，慶歷任諫官，有直言之度。其《朋黨太宗五年夏，四月癸未，親試應百篇，舉趙昌國賜及第。

真宗（太宗第五子）咸平二年詔：「凡政有闕失，宜相規以道，毋失真言。」七月幸國子監，召學官崔偓佺講《尚書·大禹謨》。五年十二月壬午，賜京城百歲老人祝道喦爵一級。大中祥符元年十一月幸曲阜縣，詣文宣王廟，鞾袍再拜。幸叔梁紇堂。近臣分奠七十二子，遂幸孔林。加謚孔子曰「玄聖文宣王」。遣官祭以大牢。大中祥符五年十月辛酉，作《崇儒論》，刻石國學。

二、恭儉仁恕出于天性

史臣贊仁宗曰：「恭儉仁恕出于天性。一遇水旱，或密禱禁廷，或跣立殿下。有司請以玉清舊地爲禦苑。帝曰：『吾奉先帝苑囿，猶以爲廣，何以是爲？』燕私常服澣濯，帷帟衾裯，多用繒絁。宮中夜飢，思膳燒羊，戒勿宣索，恐膳夫從此戕賊物命，以備不時之需。大辟（處決死囚），疑者皆令上讞，歲常活千餘。每論輔臣曰：『朕未嘗詈人以死，況敢濫用辟乎。』

心之趨向合而爲一。曆代之史料，詳記其事，歷歷可考，得失非在民間，俱在朝廷居安而不知思危，處泰而忘其憂患。唯聖君賢相，經不釋手，史不離心，爲能少失耳。太祖期武臣讀書之教，唯趙普銘之于心，踐之于行，乾德二年（公元六九四年）任宰相，不數年終傳「半部論語治天下」之美名。

開寶三年（九七〇年）春正月癸卯，詔：「民五千戶舉孝弟彰聞德行純茂者一人，奇才異行不拘此限，里閭郡國遞審連署以聞，仍爲治裝詣闕。」三月庚戌，詔：「閱進士十五舉以上司馬浦等百六人，並賜本科出身。辛亥賜處士王詔素國子博士。」由此可見開國伊始，百業待興，萬物並舉，需才孔急之狀也。

宋太祖之居位也，雖僅十有七年，考其聲明文物之治，道德仁義之風，以文治國之氣度，以儒育才之純正，以聖君賢相協力同心，開創至治之雄心，使其子孫繼統承業，不敢稍殆，雖漢唐之盛亦不讓也。惟適值蒙古鐵騎驟興，亞歐大陸，形同無人之境，卒爲忽必烈所取代。然中華正氣長存，不及百載，江山復歸於明矣，朱元璋重振河山。

太祖開寶九年確立了一條「作相需讀書人」的原則，由是大重儒術。

己、北宋仁宗之治

一、仁宗即位前之歷史背景

宋仁宗，北宋之第四帝也，諱禎，初名受益，真宗第六子，母李宸妃也。大中祥符三年四月十四日生。章獻皇后無子，取爲己子養之。天性仁孝寬裕，喜怒不形于色，講學于資善堂。天禧元年九月丁卯冊爲皇太子，以參知政事。李迪兼太子賓客，癸酉謁太廟。四年詔五日一開資善堂，太子秉笏南向立，聽輔臣參決諸司事。乾興元年二月戊午，真宗崩，遺詔太子繼皇帝位，尊皇后爲皇太后。權處分軍國事。優賞諸軍山陵，諸費無賦于民。

宋太祖（趙匡胤），建隆三年，春，二月壬午，上謂侍臣曰：「朕欲武臣盡讀書，以通治道，何如？」左右不知所對。其意謂欲明治道，必讀經典與曆史。經典彰明治道，讀之則明綱常、禮樂、教化之要，行之則知修、齊、治平之目，與夫人心正邪之理，使朝廷之政教與民其祭祀，蓋士之孝也。」曾子：「甚哉！孝之大也！」子曰：「夫孝，天之經也，地之義也，民之行也。天地之經，而民是則之。其教不肅而成，其政不嚴而治。」曾子曰：「敢問聖人之德，無以加於孝乎？」子曰：「天地之性，人爲貴。人之行，莫大於孝。」子曰：「君子之事親孝，故忠可移於君；事兄悌，故順可移於長；居家理，故治可移於官。」故孔子曰：「君子之事上也，進思盡忠，退思補過，將順其美，匡救其惡，故上下能相親也。」故孔子曰：「吾志在《春秋》，行在《孝經》。」實踐人之最高最完美之德行也。玄宗暮年猶示肅宗曰：「至和育物，大孝安親。」乃天人之際之意境也。

之意焉。成王即政，周公慮其豫逸，故作《無逸》以戒之。注曰：「中人之性好豫逸以戒之也。」周公曰：「嗚呼！我聞曰：昔在殷王中宗，嚴恭寅畏天命，自度，治民祗懼，不敢荒寧。（爲政敬身，不敢荒怠自安。）繼自今嗣王，則其無淫於觀、於逸、於游、於田，以萬民爲正之供。」無皇曰：「今日耽樂，乃非民攸訓，非天攸若，時人丕則有愆。」只知逸樂是大過也；玄宗亦有此失，雖知自悟，但已大喪國之元氣，置生民於塗炭也，其有違先聖之教也遠矣。

但縱觀唐史，自貞觀元年（六二七年）至天寶十四年（七五五年）之一二八年中，歷貞觀二十三年，開元二十九年，天寶十四年，三者合計六十六年。貞觀之指導思想，太宗已明言之矣：「朕所好者，唯堯、舜、周、孔之道，以爲如鳥有翼，如魚有水，失之則死，不可暫無耳。」玄宗之指導思想可爲「以孝治天下」。早在開元十年六月辛丑，「上注《孝經》頒布天下。」「天寶三年，詔天下民間家藏《孝經》一本。」《孝經·開宗明義》曰：「夫孝，德之本也，教之所由生也。」《天子章》曰：「愛敬盡於事親，而德教加於百姓，刑於四海，蓋天子之孝也。」「以孝事君則忠，以敬事長則順，忠順不失，以事其上，然後能保其祿位而守同軌。西番君長越繩橋而競欵玉，闕北狄酋渠捐毳幕而爭趨雁塞。象郡炎州之玩，雞林鯷海之珍，莫不結輒於象胥，駢羅於典屬，膜拜於丹墀之下，夷歌於立仗之前，可謂冠帶百蠻，車書萬里。天子乃覽雲臺之義，草泥金之札，然後封日觀禪雲亭，訪道於穆清，怡神於玄牝，與民休息，比屋可封。於是垂髫之倪皆知禮讓，戴白之老不識兵戈。虜不敢乘月犯邊，士不敢彎弓抱怨。康哉之頌，溢於八紘，所謂世而後仁，見於開元者矣。年逾三紀，可謂太平。於戲！國無賢臣，聖亦難理；山有猛虎，獸不敢窺。得人者昌，信不虛語。齊桓公行同禽獸，不失霸王之名，盖得管仲，則淫不害霸。開元之初，賢臣當國，四門俱穆，百度惟貞，俄而朝野怨惢，政刑紕繆，何哉？用人之失也。自天寶以還，小人道長，以百口百心之讒諂，蔽兩目兩耳之聰明，苟非鐵腸石心，安得不惑，而獻可替否，靡聞姚、宋之言。妬賢害功，但有甫、忠之奏。豪猾因茲，而睥睨明哲，於是乎卷懷。故祿山之徒得行其僞，厲階之作，非降自天，謀之不藏，前功併棄。惜哉！贊曰：開元握圖，永鑑前車，景氣融朗，昏氛滌除，政纔勤倦，妖集廷除，先民之言，靡不有初。」（見《舊唐書·玄宗紀》三五頁）

從右引玄宗之言，亦知其清醒明察，但誘於女色，則致昏闇矣。由此而知周公作《無逸》

世爲唐臣，祿位皆唐有，雖爲汝所奏，豈從汝反邪？我爲國討賊，恨不斬汝，何謂反也。臊羯狗何不速殺我！」祿山大怒，并袁履謙等縛于中橋之柱而冎之。杲卿、履謙比死，罵不虛口，顏氏一門死於刀鋸者三十餘人。已已加顏真卿戶部侍郎兼本郡防禦使。

玄宗避難入蜀，隨從者僅軍士一千三佰餘人，宮女二十四人。途中誅楊國忠，又於馬嵬坡賜楊貴妃自縊。明年九月，郭子儀收復兩京。十月肅宗遣中使啖廷瑤入蜀奉迎上皇。丁未至京，文武百寮，京城士庶，夾道歡呼，靡不流涕。時太廟爲賊所焚，故移居西內。高力士、陳玄禮等遷謫。上皇寖不自懌。上元二年四月甲寅崩於神龍殿，時年七十八。以廣德元年三月辛酉葬於泰陵。

史臣曰：「我開元之有天下也，糺之以典刑，明之以禮樂，愛之以慈儉，律之以軌儀。黜前朝徼倖之臣，杜其姦也。焚后庭珠翠之玩，戒其奢也。禁女樂而出宮嬪，明其教也。賜酺賞而放哇淫，懼其荒也。敘友于而敦骨肉，厚其俗也。蒐兵而責帥，明軍法也。朝集而計，最校吏能也。廟堂之上無非經濟之才，表著之中皆得論思之士。而又旁求宏碩，講道藝文，昌言嘉謨，日聞於獻納，長轡遠馭，志在於昇平。貞觀之風，一朝復振，于斯時也。烽燧不驚，華戎世不識兵革，貞觀盛世去此僅百年而已，猝聞范陽兵變，河北皆祿山統內，所過州縣望風瓦解，守令或開門出迎，或棄城逃匿，或爲所擒戮，無敢逆之者。庚午，上聞祿山反（已反第七天了），猶以爲惡祿山者詐爲之，未之信也。乃召宰相謀之。楊國忠乃揚揚有德色，曰：「今反者獨山耳，將士皆不欲也，不過旬日，必傳首詣行在。」辛未（第九日），西安節度使封常清入朝，上問以討賊方略。常清大言曰：「今太平積久，故人望風憚賊，然事有順逆，勢有奇變，臣請走馬詣東京，開府庫，募驍勇，挑馬箠渡河，計日取逆胡之首獻闕下。」上悅。壬申（第九日）以常清爲范陽、平盧節度使，常清即日乘驛詣東京募兵旬日，得六萬人。

首起討賊者爲常山太守顏杲卿及其從弟平原太守顏真卿。真卿募勇士，旬日萬人，諭以討安祿山，繼以涕泣，士皆感憤。又執祿山部將段子光腰斬以徇。真杲兄弟連兵斷祿山歸路，以緩其西入之謀。河北十七郡皆歸朝廷，其附祿山者唯范陽、盧龍、密雲、漁陽、汲鄴六郡而已。杲卿晝夜拒戰，糧盡矢竭，壬戌城陷。賊縱殺萬餘人，執杲卿及袁履謙等送洛陽。杲卿至洛陽，祿山數之曰：「汝自范陽戶曹，我奏汝爲判官，不數年超至太守，何負於汝而反邪？」杲卿瞋目罵曰：「汝本營州牧羊羯奴，天子擢汝爲三道節度使，恩幸無比，何負於汝而反？我國忠既居要地，中外餉遺輻湊，積縑至三千萬匹。」

天寶十三年（七五四年），春，正月，己亥，安祿山入朝，見上於華清宮，泣曰：「臣本胡人，陛下寵擢至此，爲國忠所疾，臣死無日矣。」上憐之，賞賜巨萬，由是益親信安祿山，國忠之言不能入矣。

天寶十四年（七五五年），春，二月，辛亥，安祿山使副將何千年入奏，請以蕃將三十二人代漢將，上命立進畫，給告身。韋見素謂楊國忠曰：「祿山久有異志，今又有此請，反明矣。」上從之，已草制，上留不發，遣中使輔璆琳，以珍果賜祿山，潛察其變，璆琳受祿山厚賂，盛言祿山竭忠奉國，無有二心。上謂國忠等曰：「祿山，朕推心待之，必無異志，朕自保之，卿等勿疑也。」事遂寢。

是年冬，十月，安祿山專制三道，陰蓄異志，殆將十年，以上待之厚，欲上晏駕後作亂。十一月甲子，安發所部兵及同羅、奚、契丹、室韋凡十五萬衆，號二十萬，反於范陽。諸將皆引兵夜發。詰朝，安祿山出薊城南，以討楊國忠爲名，牓軍中曰：「有異議扇動軍人者，斬及三族。」於是引兵而南。祿山乘鐵轝，步騎精鋭，煙塵千里，鼓譟震地。時海內承平，百姓累悔之，遣中使賜以御膳。妃對使者涕泣曰：「妾罪當死，陛下幸不殺而歸之。今當永離掖庭，金玉珍玩，皆陛下所賜，不足爲獻，惟髮者父母所與，敢以薦誠。」乃剪髮一繚而獻之。上遽使高力士召還，寵待益深。

天寶十一年（七五二年）十月庚申，以楊國忠爲右相，兼文部尚書。其爲人也，強辯而輕燥，無威儀，既爲相，自視尤高，以天下爲己任，裁決機務，果敢不疑，居朝廷攘袂扼腕，公卿以下頤指氣使，横行無忌，莫不震慴。自侍御史至右相，凡領四十餘使，集威權政於一身，恣驕氣霸氣於一心，日積月累，内外交織，以色事人，以權詐人，豈有不敗亡也哉！加之玄宗自己态衰意馳，自恃承平，以爲天下無復可憂，不知深憂就在女色與巨姦之中而不自省也，不知正是自己放縱人欲而以女色、禄位、鐵卷、盲信，忘卻居安思危、養姦爲患而不自明也。

楊國忠與虢國夫人居第相鄰，晝夜往來，無期度，或並轡走馬入朝，不施障幕，道路爲之掩目。三夫人將從車駕幸華清宫，會於國忠第，車馬僕從，充溢數坊，錦繡珠玉，鮮華奪目。國忠謂客曰：「吾本寒家，一旦緣椒房至此，未知税駕之所，然念終不能致令名，不若極樂耳。」楊氏五家，隊各爲一色，衣以相别，五家合隊，粲若雲錦，國忠仍以劍南旌節引於其前。

開元二十五年武惠妃薨，玄宗悼念不已，後宮數千無當意者，是侍臣宦官傳言壽王妃楊氏之美，絕世無雙，安排玄宗見之。一見而傾心焉，雖有違人倫，禍害天下，亦在所不計矣。特別是宦官侍臣只顧取悅聖心，哪管有損朝綱，橫生姦邪禍亂，乃至動搖根基國本者哉！故敗玄宗之德者，實玄宗有以自損也；撼玄宗之政者，實玄宗自取之者也。縱觀中華歷代聖君，初政曰善者不乏其人；玄宗之寵愛楊氏，一開始即百禍潛伏，此後即百病日見，無有寧日矣。

天寶四年（七四五年）八月壬寅，「冊楊太真爲貴妃，及貴妃三姐，皆賜第京師。」「贈其父玄琰兵部尚書，以其叔父玄珪爲光祿卿，從兄銛爲殿中少監，錡爲駙馬都尉。民間歌之曰：生男勿喜女勿悲，君今看女作門楣。」「妃欲得生荔枝，歲命嶺南驛馳致之，色味不變。」「至是，妃以妬悍不遜，上怒，命送歸兄銛之弟。是日，上不懌，比日中，猶未食，左右動不稱旨，橫被捶撻。高力士欲嘗上意，請悉載院中儲侍送貴妃，凡百餘車；上自分御膳以賜之。乃夜力士伏奏，請迎貴妃歸院，遂開禁門而入。自是恩遇逾隆，后宮莫得進矣。」

天寶九年（七五〇年）二月楊貴妃復忤旨，送歸私第。戶部郎中吉溫因宦官言於上曰：「婦人識慮不遠，違忤聖心，陛下何愛宮中一席之地，不使之就死，豈忍辱於外舍邪？」上亦四千八百一十四萬三千六百九。海內富安，行者雖萬里不持寸兵。」在此十四年中，戶增一百三十四萬三千三百零六，口增六百七十二萬三千三百七十八。（《資治通鑒》）注曰：「以開元之承平，而戶口猶不及漢之盛世，唐興以來，治日少，亂日多也。」見是書六八四三頁）「是時州縣殷富，倉庫積粟帛動以萬計。楊釗奏請所在糶變爲輕貨，及徵丁租地稅皆變布帛輸京師。屢奏帑藏充牣，古今罕儔，故上率群臣觀之，賜釗紫衣金魚以賞之。上以國用豐衍，故視金帛如糞壤，賞賜貴寵之家，無有限極。」「時諸貴戚，競以進食相尚，上命宦官姚思藝爲撿校進食使，水陸珍饈數千盤，一盤費中人十家之產。中書舍人賓華嘗退朝，值公主進食，列於中衢，傳呼按轡出其間，宮苑小兒數百奮梃於前，華僅以身免。」

尤有甚者，玄宗於天寶九年，令有司爲安祿山治第於親仁坊，敕令：「但窮壯麗，不限財力。」既成。具幄帟，具皿，充牣其中有怗白檀床二，皆長丈闊六尺；銀平脫屏風，帳方丈六尺。於厨廄之物皆飾以金銀，金飯罌二，銀淘盆二，皆受五斗、織銀絲筐笊篱各一，他物稱是。雖禁中服御之物，殆不及也。上每令中使爲祿護役，常戒之曰：「胡人眼大，勿令笑我。」祿山入新第，玄宗合宰相赴之，上每食一物稍美，即賜之，中使走馬絡繹於途。

唯玄宗也。

開元十一年五月玄宗置麗正書院，聚文學之士，秘書監徐堅、太常博士會稽賀之章、監察御史趙冬曦等，或修書或侍講，以張説爲修書使以總之。有司供給優厚。中書舍人洛陽陸堅以爲此屬無益於國，徒爲靡費，欲悉奏罷之。張説曰：「自古帝王於國家無事之時，莫不重宮室，講聲色，今天子獨延禮文儒，發揮典籍，所益者大。」上聞之，重説而薄堅。

玄宗於學術，非獨尊儒，亦崇道玄。開元二十五年春正月，初置玄學博士，崇玄學，習《老子》《莊子》《文子》《列子》，亦曰道學，每歲依明經舉，可知唐之取士兼及道玄。此舉於今亦有現實意義。昌明玄學，不僅可資繁榮中華固有學術，促進儒道緊密結合，以利思想體系之內在完善。此內在完善之結果，就自然提高了對外來思想侵蝕之消化能力，故此可明活躍思想，發展有益於心、性、情三者之學術體系，乃是歷史的必然。

由於學術和政治之和諧，造成政通人和之盛世，人口以繁。開元十四年（七二六年）戶部奏：「今歲戶：七百六萬九千五百六十五；口：四千一百四十一萬九千七百一十二。」開元二十八年（七四〇年）戶部奏：「今歲戶：八百四十一萬二千八百七十一；口：

侯，子貢黎侯，子游吳侯，子夏魏侯。曾參成伯，顓孙师陈伯，澹臺滅明江伯，宓子賤單伯，原憲元伯，公冶長莒伯，南宮适郯伯，公晳哀郳伯，曾點宿伯，顏路杞伯，商瞿蒙伯，高柴共伯，漆雕開滕伯，公伯寮任伯，司馬牛向伯，樊遲樊伯，有若卞伯，公西赤郃伯，巫馬期鄫伯，梁鱣梁伯，顏柳蕭伯，冉孺郜伯，曹恤豐伯，伯虔鄒伯，公孫龍黃伯，冉季產東平伯，秦子南少梁伯，漆雕斂武城伯，顏子驕瑯邪伯，漆雕徒父須句伯，壤駟赤北徵伯，商澤睢陽伯，石作蜀郈邑伯，任不齊任城伯，公夏首亢父伯，公良孺東牟伯，后處營丘伯，秦開彭衛伯，奚容箴下邳伯，公肩定新田伯，顏襄臨沂伯，裹單銅鞮伯，句井疆淇陽伯，罕父黑乘丘伯，秦商上洛伯，申黨召陵伯，公祖子之期思伯，榮子期雩婁伯，縣成钜野伯，左人郢臨淄伯，燕伋漁陽伯，鄭子徒滎陽伯，秦非汧陽伯，施常乘氏伯，顏噲朱虛伯，步叔乘淳于伯，顏之僕東武伯，原亢籍萊蕪伯，樂欬昌平伯，廉潔莒父伯，顏何開陽伯，叔仲會瑕丘伯，狄黑臨濟伯，邦巽平陸伯，孔忠汶陽伯，公西與如重丘伯，公西箴祝阿伯。

右錄一公、九侯、六十七伯，合計七十七人，比常數七十二賢多出五人，則此五人應歸入三千弟子之內，余手邊乏此可供考證之史料，憾付闕如。考之歷史，崇儒尊孔如此之嚴肅者，玄宗盛世之開拓，尤有姚、宋以後諸賢相之協力同心。卒成開元二十九年之盛世。史臣歌頌宰輔之功勳，曰：「魏知古、盧懷慎、源乾曜、李元紘、杜暹、韓休、裴耀卿，悉縕器能，咸居宰輔，或心存啟沃，或志在荐賢，或出愛子爲外官，或止屯田於關輔，或不受蕃人之賂，或堅劾伯獻之姦，或廣漕渠以充國用，此皆立事立功有足嘉尚者也。盧、李、杜三君子又以清白垂美簡書，公孫弘之流也。乾曜職當機密，無所是非，持祿保身，焉用彼相。贊曰：盧、魏、乾、曜弼違進賢，裴、韓、李、杜遠財劾姦，汗簡書事，清風肅然，萬世之後，其名不刊。」（《舊唐書·列傳》九八、三七一頁）

四、崇儒尊孔及於至善

開元二十七年（七三九年），秋，八月，甲申追謚孔子爲文宣王。先是，祀先聖先師，周公南向，孔子東西坐。制：「自今孔子南向坐，被王者之服，釋奠用宮懸。」追贈弟子皆爲公、侯、伯。顏淵兗公，閔子騫費侯，冉伯牛鄆侯，仲弓薛侯，冉有徐侯，季路衛侯，宰我齊稱治。姚崇嘗有子喪，謁告十餘日，政事委積，懷慎不能決，惶恐，入謝於上。上曰：「朕以天下事委姚崇，以卿坐鎮雅俗耳。」崇既出，須臾裁決俱盡，頗有得色，顧謂紫薇舍人齊澣曰：「余爲相可比何人？」澣未對。崇曰：「何如管、晏？」澣曰：「管、晏之法雖不能施於後，猶能沒身，公所爲法，隨復更之，似不及也。」崇曰：「然則竟如何？」澣曰：「公可謂救時之相耳！」崇投筆曰：「救時之相，豈易得乎！」

姚、宋相繼爲相，崇善應變成務，璟善守法持正，二人志操不同，然協心輔佐，使賦役寬平，刑法清省，百姓富庶。唐時賢相，前稱房、杜，後稱姚、宋，他人莫得比焉。二人每進見，上輒爲之起，去則臨軒送之。及李林甫爲相，雖寵任過於姚、宋，然禮遇殊卑薄矣。紫薇舍人高仲舒，博通典籍；齊澣練達時務；姚崇、宋璟二人每坐必質所疑，既而歎曰：「預知古問高君，欲知今問齊君，可以無闕政矣。」由此可見貞觀、開元先後輝映，房、杜、姚、宋上下承風，前者道光宇宙二十三載，後者日月爭輝四十一春。而流風移韵使盛唐振古爍今，內以蘊北宋之道德文章，外以張儒學之道，深厚無窮，內以窺心學之源，細密無倫。此乃爲相之功，政治有啟于道德文章者也。

「比來近密佞幸之徒，冒犯憲綱者，皆以罷免。臣請行法，可乎？」上曰：「朕切齒久矣。」又曰：「比因豪家戚里，貢獻求媚，延及公卿，方鎮亦爲之。臣請涂租、庸、賦之外，悉杜塞之，可乎？」上曰：「願行之。」又曰：「太后造福先寺，中宗選聖善寺，上皇造金仙玉真觀，皆費鉅百萬，耗蠹生靈。凡寺观宮殿，臣請止絕建造，可乎？」上曰：「朕每观之，心即不安，而況敢爲者哉。」又曰：「先朝褻狎大臣，或虧君臣之敬。臣請陛下接之以禮，可乎？」上曰：「事誠當然，有何不可？」又曰：「自燕欽融、韋月將獻直得罪，由是諫臣沮色。臣請凡在臣子，皆得觸龍鱗、犯忌諱，可乎？」上曰：「朕非唯能容之，亦能行之。」又曰：「呂氏產祿，幾危西京，馬竇閻梁，亦亂東漢，萬古寒心，國朝爲甚。臣請陛下書之史冊，永爲殷鑑，作萬代法，可乎？」上乃潸然良久曰：「此事真可謂刻肌刻骨者也。」

姚崇本武則天時代之直臣，敢直面揭露周興、來後臣之羅織冤獄，令武則天知失政於天下，並大悅曰：「以前宰相皆順成其事，陷朕为淫刑之主，闻卿所言，甚合朕心。」其日遣中使送银千兩以賜之。俄遷鳳閣侍郎。玄宗任崇爲相，戒崇「務修德政」，軍國庶務，一以委之。崇獨當重任，政教方略，無不竭盡全力以事之。崇明於吏道，任使裁割，無不得當，一時月，已卯盧懷慎疾亟，上表薦宋璟、李傑、李朝隱、盧從愿並明時重器，望垂矜錄，上深納之。」乙未（四日後），薨。家無餘蓄，惟一老蒼頭，請自鬻以辦喪事。

三、得賢相則大治

玄宗即位後，即於開元元年冬，十月甲辰，遣中使召姚元之詣行在，既至，上方獵，引見，即拜兵部尚書，同中書門下三品。姚崇跪奏：「至奉作弼之詔而不謝者，欲以十事上獻，有不可行，臣不敢奉詔。」上曰：「悉數之，朕當量力而行。」崇曰：「自垂拱以來，朝廷以刑法理天下，臣請聖政先仁義，可乎？」上曰：「朕深心有望於公也。」又曰：「聖朝自丧师青海，未有牽服之悔，臣請三數十年不救邊功，可乎？」上曰：「可。」又曰：「自太后臨朝已來，喉舌之任，或出于閹人之口，臣請中官不預公事，可乎？」上曰：「懷之久矣。」又曰：「自武氏諸親猥侵清切榷要之地，繼以韋庶人、安樂、太平用事，班序荒雜。臣請國親不任臺省官，凡有斜封、待闕、員外郎等官，悉請停罷，可乎？」上曰：「朕素志也。」又曰：

故事，出刺外州。六月，丁巳以宋王成器兼岐州刺史，申王成義兼幽州刺史等。

玄宗疾風俗奢靡，開元二年（七一四年）七月乙未制曰：「乘輿服御，金銀器玩，宜令有司銷毁，以供軍國之用，其珠玉錦繡焚於殿前，后妃以下皆毋得服珠玉錦繡。」越三日，戊戌，敕：「百官所服帶及酒器、馬銜、鐙，三品以上，聽飾以玉，四品以金，五品以銀，自餘皆禁之。婦人服飾從其夫、子，其舊成錦繡，聽染爲皂。自今天下更毋得采珠玉織錦繡等物，違者杖一百，工人減一等，罷兩京織錦房。」（司馬溫公論之曰：「明皇之始欲爲治，自刻厲節儉如此，晚節猶以奢敗，甚哉！奢靡之易以溺人也。詩云：『靡不有初，鮮克有終。』」）

是年，民間訛傳，言玄宗采擇民女以充掖庭，玄宗聞之，八月乙丑，令有司具車牛於崇明門，自選后無用者載還其家。敕曰：「燕寢之內，尚罷遺，閭閻之間，足可知悉。」由此可見清理后宫乃行儉樸之治的德政也。

在此儉樸爲政之方針指導下，諸宰輔莫不儉樸爲德，成爲羣臣的表率。茲例以證之。

開元三年，春，正月，癸卯「以盧懷慎吏部尚書兼黄門監，懷慎清謹儉素，不營資產，雖貴爲卿相，所得俸賜，隨散親舊，妻子不免饑寒，所居不蔽風雨。怡如也，樂如也。次年十一惡、彰邪正也。二爲玄宗所言「希升堂者，必自開戶牖，攀逸駕者，必馳殊軌轍」。此乃玄宗鼓勵臣民打破常規，發揮創新精神，此在中華史上乃僅見者也。三曰玄宗指明了「道隱小成，言隱浮僞」之警告，乃行大道大德之偉大胸懷也，乃直道而行之大氣度也，乃聖君之高瞻遠矚也。

《禮記·禮運》有言曰：「何謂人義？父慈、子孝、兄良、弟悌……十者謂之人義。」玄宗於兄弟間情義尤篤焉，可謂天下兄弟之典範矣。據開元五月所記：「宋王成器，申王成義，上之兄也；岐王范、薛王業，上之弟也；幽王守禮，上之從兄也。上素友愛，近世帝王莫能及。初即位，爲長枕大被與兄弟同寢。諸王每旦朝於側門，退則相從宴飲、鬥雞、擊球，或獵於近郊、游賞別墅，中使存問相望於道。上聽朝罷，多從諸王遊。在禁中拜跪如家人禮，飲食起居，相以同之。於殿中設五屋，與諸王更處其中；或講論詩賦，間以飲酒、博奕、遊獵；或自執絲竹，成器善笛，范善琵琶，與上更奏之。諸王或有疾，上爲之終日不食，終夜不寢。業嘗疾，上方臨朝，須臾之間使者十返。上親爲煮藥，回飆吹火，誤爇上須，左右驚救之。上曰：「但使王飲此藥而逾，須何足惜。」成器尤恭慎，未嘗議及時政，與人交結。上逾信重之，故讒間之言，無自而入。然專以聲色畜養娛樂之，不任以職事。群臣以成器等地逼，請循先哲。雖無德教加於百姓，庶幾廣愛形於四海。嗟乎！夫子沒而微言絕，異端起而大義乖。況泯絕於秦，得之者，皆煨燼之末，濫觴於漢，傳之者，皆糟粕之餘，故魯史《春秋》，學開五傳，《國風》、《雅》、《頌》，分爲四詩，去聖逾遠，源流益別。近觀《孝經》舊注，踳駁尤甚，至於跡相祖述，殆且百家，業善專門，猶將十室，希升堂者，必自開戶牖，攀逸駕者，必馳殊軌轍。是以道隱小成，言隱浮僞。且傳以通經爲義，義以必當爲主；至當歸一，精義無二，安得不翦具繁蕪，而撮其樞要也。韋昭、王肅，先儒之領袖，虞翻、劉邵，抑又次焉。劉炫明安國之本，陸澄譏康成之注。在理或當，何必求人。今故特舉六家之異同，會五經之旨趣，約文敷暢，義則昭然。分注錯經，理亦條貫，寫之琬琰，庶有補於將來。且夫子談經，志取垂訓，雖五孝之用則別，而百行之源不殊，是以一章之中，凡有數句，一句之內意有兼明，具載則文繁，略之又義闕，今存於疏，用廣發揮。

玄宗此序中有三點當予闡明之者，一爲「孔子曰：『吾志在《春秋》，行在《孝經》。』」《春秋》之大義何在耶？《春秋正義序》曰：「據周經以褒貶，一字所嘉，有同華衮之贈，一言所黜，無異蕭斧之誅，歷百王而不朽者也。」夫子意春秋大旨在于寓褒貶、別善危、榮枯、福禍，存亡繫焉；玄宗之朝，無論君王宰輔，莫不於抑縱之間，見其忠姦正邪。

二、以孝悌簡樸治天下

考之中華君王史，明以孝悌治天下者不乏其例，而在《孝經》之研究與付諸教化全民如此之親切者，則未之見也。如《孝經註疏序》曰：孔安國、鄭康成兩家之注「多鄙俚下經」，或「十謬七惑」，其餘諸家註解「皆榮華其言，妄生穿鑿，明皇遂於先儒注中採摭精英，芟去煩亂，撮其義理允當者，用爲註解，至天寶二年注成，頒行天下。」茲恭錄玄宗《孝經序》如左，以見其言之切切，教之諄諄也。

朕聞：上古其風朴略，雖因心之孝已萌，而資敬之禮猶簡。及乎仁義既有，親譽益著：「聖人知孝之可以教人也，故因嚴以教敬，因親以教愛。」於是以順移忠之道昭矣；立身揚名之義彰矣。子曰：「吾志在《春秋》，行在《孝經》。」是知孝者德之本歟！經曰：「昔者明王之以孝治天下也，不敢遺小國之臣，而况於公、侯、伯、子、男乎！臣嘗三復斯言，景行

「統物通變」（漢陸賈語），儒道兩家之大旨，則相得益彰矣。

一、縱慾者亡，抑慾者昌

玄宗先天元年（壬子，七一二年），晉陵尉楊相如上疏言時政，略曰：「殤帝自恃其強，不憂時政，雖制敕交行，而聲实舛昌，願陛下詳擇之。人主莫不好忠而惡佞邪；然中正者常疏，佞邪者常親，以至於覆國而不寤者，何哉？誠由忠正者多忤意，佞邪者多順指。積忤生憎，積順生愛，此親疏之所以分也。明主則不能，愛其忤以收忠賢，惡其順以去佞邪。則太宗太平之業，將何遠哉！夫法貴簡而能禁，罚貴輕而必行。陛下方興崇至德，大布新政，请一切除去碎密，不察小過；小過不察則無煩苛，大罪不漏則止姦慝，使簡而難犯，寬而能制，則善矣。」玄宗覽而嘉納之。

抑欲者乃我中華五千年史中一條根本法則也；貫徹於修齊治平之全過程中，上自君王下迄平民，貴爲朝廷，賤居茅屋，未見有能逃脫此法則也；抑居富貴者更是如此，抑縱之際，安

戊、玄宗開元天寶之治

三個思想來源

予以爲玄宗之治國也，先繼承了三個思想來源：

一曰貞觀之治的指導思想：周孔之道；以及貞觀之治的結晶：「元首起哉！股肱良哉！百工熙哉！庶事康哉！」

二曰唐元宗明皇帝御注《孝經》，開元十年六月頒天下，勒于石碑，即《石臺孝經》是也。

三曰玄宗之父睿宗召天台道士司馬承禎問以陰陽、數術，對曰：「道者，損之又損，以至於無爲，安肯勞心以學術數乎！」睿宗曰：「理身無爲則高矣，如理國何？」對曰：「國猶身也，順物自然，而心無所私，則天下理矣。」睿宗歎曰：「廣成之言，無以過也。」

陽相互轉化，倏忽不已，變化莫測，無窮無盡，無始無終，無形無迹，無影無踪，無以名之，曰陰陽而已。伏羲據此以畫八卦，文王演繹成六十四，變化之形與神備矣。周公作爻辭，孔子作《十翼》，《周易》之理論形態詳且全矣。以之觀察陰陽變化無不驗矣；以之預測成敗得失無不明矣。陰陽互轉，成敗相乘，治亂互換，貧富相傾，榮枯相替，此不易理也。貞觀盛世之中已悄然暗胎。太宗生前早已覺察了。貞觀二十二年六月，太宗問太史令李淳風：「《秘記》所云：信有之乎？」對曰：「臣仰稽天象，俯察曆數，其人已在陛下宫中，爲親屬，自今不过三十年，當王天下，殺唐子孫殆盡，其兆既成矣。」太宗曰：「疑似者盡殺之，何如？」對曰：「天之所命，人不能違也。王者不死，徒多殺無辜。且自以往三十年，其已老，庶幾頗有慈心，爲禍或淺。今借使得而殺之，天或生壯者肆其怨毒，恐陛下子孫無遺類矣。」太宗乃止焉。明知其禍殃將至，欲求防避之道，亦不知如何求之也。哀哉！

煩中國，內爲前代雪恥，外爲新羅報讎，豈非所存者小，所損者大乎？願陛下許高麗自新；焚凌波之船，罷應募之衆，自然華夷慶賴，遠肅邇安。臣旦夕入地，倘蒙録此哀鳴，死且不朽！」玄齡子遺愛尚上女高陽公主，上謂公主曰：「彼病篤如此，尚能憂我國家！」上自臨視握手與訣，悲不自勝。

貞觀二十三年五月己巳，太宗崩于含風殿，享年五十三。《新唐書》贊曰：「甚矣！至治之君不世出也。禹有天下傳十有六王，而少康有中興之業；湯有天下傳二十八王，而甚盛者號稱三宗；武王有天下傳三十六王，而有成康之治與宣之功；其餘無所稱焉。雖詩書所載，時有闕略。然三代千有七百餘年，傳七十餘君，具卓然見於后世者，此六七君而已！嗚呼！可謂難得也。唐有天下，傳世二十，其稱者三君，玄宗、憲宗皆不克其終；盛哉太宗之烈也。其除隋之亂比迹湯武致治之美，庶幾成康！自古功德兼隆，由漢以來，未之有也。至其牽於多愛，復立浮圖，好大喜功，勤兵于遠，此中材庸主之所常爲，故春秋之法常責備於賢者，是以後世君子之欲成人之美者，莫不歎息於斯焉！」（見《新唐書・太宗本紀》十三頁。）

遡我中華之道最深遽、最核心、最活躍、最變化莫測，同時也是最簡明之規律，就是陰稷》曰：「股肱喜哉！元首起哉！百工熙哉！乃賡續歌曰：元首明哉！股肱良哉！庶事康哉！又歌曰：元首業脞哉！股肱惰哉！萬事墮哉！」（見《十三經注疏一四四頁》）合政道與君道，益之以天道（人爲天地之心。天行健，君子以自強不息。）地道（地勢坤，君子以厚德載物。），則「君體」之內涵足矣。

太宗將《建親》列爲《帝範》之第二位，乃活用了《中庸》之教。「凡爲天下國家有九經，曰：修身也，尊賢也，親親也。」將尊賢與親親調換了位置。深究之，則尊賢應重於親親也，聖君尤明此道也，太宗亦明此道也。貞觀之朝之彰顯尊賢之德有過於前朝者遠矣，賢能仁政，貫徹始終。

貞觀二十二年六月，房玄齡疾篤謂諸子曰：「吾受主上厚恩，今天下無事，唯東征未已，羣臣莫敢諫，吾知而不言，死有責。」乃上表諫曰：「老子曰：『知足不辱，知止不殆。』陛下功名威德，亦可足以，拓地開疆，亦可止矣。且陛下每決一重囚，必令三覆五奏，進素膳，止音樂者，重人命也。今驅無罪之士卒，委之鋒刃之下，使肝膽塗地，獨不足愍乎！向使高麗違失臣節，誅之可也；侵擾百姓，滅之可也；他日可爲中國患，除之可也。今無此三條，而坐即將繼位之高宗。）。曰《君體》《建親》《求賢》《審官》《納諫》《去讒》《戒盈》《崇儉》《賞罰》《務農》《閲武》《崇文》。且曰：「脩身治國，備在其中。」又曰：「汝當更求古之哲王以爲師，如吾，不足法也。夫取法於上，僅得其中；取法於中，不免爲下。吾居位已來，不善多矣，錦繡珠玉，不絕於前，宫室臺榭，屢有興作，犬馬鷹隼，無遠不致，行遊四方，供頓煩勞，此皆吾之深過，勿以爲是而法之。顧我弘濟蒼生，其益多；肇造區夏，其功大。益多損少，故人不怨；功大過微，故業不墮；然比之盡美盡善，固多愧矣。汝無我之功勛而承我之富貴，竭力爲善，則國家僅安；驕惰奢縱，則一身不保。且成遲敗速者，國也；失易得難者，位也。可不惜哉！可不慎哉！」

觀此《帝範》十二目，既是儒家政治理論體系中君道之大綱，也是貞觀二十二年來君道之結晶也。書之以遺太子，既以豫告太子作好祠位準備，亦自知體衰力損，難以久長矣，故戒太子曰「竭力爲善」，亦僅僅可保政權之稍安，若驕惰奢縱，則「一身不保」矣，「可不惜哉！可不慎哉！」太宗戒之初切者如此！

遡之儒家理論體系，「人道政爲大」。（《禮記·哀公問》）政道君爲首。《尚書·益懿公虞世南、渝襄公劉政會、莒公唐儉、英公李世勣、胡壯公秦叔寶等二十四人。

貞觀二十一年五月庚辰，太宗御翠微殿論五功。先，太宗問侍臣曰：「自古帝雖平定中夏，不能服戎狄。朕才不逮古人而成功過之，自不諭其故，諸公各率意以實言之。」群臣皆稱：「陛下功德如天地，萬物不得而名言。」太宗曰：「不然。朕所以能及此者，止由五事耳。自古帝王多疾勝己者，朕見人之善，若己有之。人之行能，不能兼備，朕常棄其所短，取其所長。人主往往進賢則欲寘諸懷，退不肖則欲推諸壑，朕見賢者則敬之，不肖者則憐之，賢不肖各得其所。人主多惡正直，陰誅顯戮，無代無之。朕踐祚以來，正直之士，比肩於朝，未嘗黜責一人。自古皆貴中華，賤夷狄，朕獨愛之如一，故其種落皆依朕如父母。此五者，朕所以成今日之功也。」顧褚遂良曰：「公嘗爲史官，如朕言，得其實乎？」對曰：「陛下盛德不可勝載，獨以此五者自與，蓋謙謙之志耳。」

右錄太宗之五功，乃君王必備之善德也，特別視中華與夷狄爲一家，於當今之世「地球一村，人類一體」更具有現实意義，發揚太宗此精神，令全人類爲一家，大同世界指日可待也。

貞觀二十二年正月己丑，太宗作《帝範》十二篇以賜太子（晉王，諱治，太宗第九子，故吾以太子承乾之諸多表現，不可僅以狂愚殘暴言狀之，其心靈深微細密處，或有更爲亂雜之凝固存焉，其所形之於言行者，不過其思緒觸角萬千之一二也，或有遠比狂愚、殘暴爲甚者存焉，非其理智之所控，實乃形勢之所困者也。史料之所示者，僅可供參考而已。心者人利人患之所擊也，人藏其心，不可測度也，太子承乾之心，詎可測度也哉！

貞觀十七年夏四月庚辰朔，告太子謀反，勅長孫無忌、房玄齡、蕭瑀、李世勣與中書、門下，參鞫之，反形已具，上謂侍臣曰：「將何以處承乾？」群臣莫敢對。通事舍人來濟進曰：「陛下不失爲慈父，太子得盡天年，則善矣。」上從之。乙酉，詔廢太子承乾爲庶人。是月丙戌，詔立晉王治爲皇太子。己丑，詔以長孫無忌爲太子太師，房玄齡爲太傅，蕭瑀爲太保。是年九月，徙已废太子承乾於黔州。

是年二月戊申，太宗为表彰功績於不朽，命畫工圖畫功臣像於凌煙閣，順序如次：趙公長孫無忌、趙郡元王孝恭、萊成公杜如晦、鄭文貞公魏徵、梁公房玄齡、申公高士廉、鄂公尉遲進德、衛公李靖、宋公蕭瑀、褒忠莊公段志玄、夔公劉弘基、蔣忠公屈突通、鄖節公殷開山、譙襄公柴紹、邳襄公長孫順德、鄖公張亮、陳公侯君集、郯襄公張公謹、盧公程知節、永興文髮爲突厥，委身爲思摩。」左庶子于志寧，右庶子孔穎達數諫之，太子陰使人殺之，未果。若以經典所揭示之人之心理表現，與太子承乾之幼年所見所聞對照，思之析之，則似乎可找出其心理及常所賴以形成之心理因素。貞觀十七年，承乾之子已五歲了，則知生於貞觀十二年，由是而知玄武門事變之時太子至少已六歲，正值記事與幼年判別事理、是非單純之際，因此對其父太宗埋下了不滿以至於仇視心理，而對自己之太子地位，則產生了厭惡情緒，由此而進一步自暴自棄，不聽師教及生仇視，狂愚暴行有作，以至於思反作亂，在所不計也。我所依據之經典是《禮記・禮運》所言：「何謂人情？喜、怒、哀、懼、愛、惡、欲七者，弗學而能。何謂人義：父慈、子孝、兄良、弟弟、夫義、婦聽、長惠、幼順、君仁、臣忠，十者謂之人義。講信脩睦，謂之人利。爭奪相殺，謂之人患。飲食男女，人之大欲在焉。死亡貧苦，人之大惡存焉。故欲惡者，心之大端也。人藏其心，不可測度也。美惡皆在其心，不見其色也。欲一以窮之，舍禮何以哉。」太子承乾六歲之幼童，即遭遇父輩之間刀光劍影，伯叔隕命，父爲君王，身爲太子，由五六歲長大爲自生子女了，其間表現悉由其內心所定，見其行，思其心，窺其德，亦一目了然矣。

立太子，遇物則誨之。見其飯，則曰：「汝知稼穡之艱難，則常有斯飯矣。」見其乘馬，則曰：「汝知其勞逸，不竭其力，則常得乘之矣。」見其乘舟，則曰：「水所以載舟，亦所以覆舟，民猶水也，君猶舟也。」見其息於木下，則曰：「木從繩則正，后從諫則聖。」太宗所言之諸理，對具有人生體驗者言之，則一聽自明，可能產生正面影響。對於不識人生意義，唯見皇宮富貴，且知自身已是太子，過了若干年後，其父皇老矣，自己便變成不可替代的新皇帝了，太宗具有哲理之教，則如同太子耳邊掠過之清風，些微作用也不會發生。不惟此也，太子身邊還有人勸太子反。漢王元昌亦勸太子反，且曰：「比見上側有美人，善彈琵琶，事成，願以垂賜。」太子許之。且同謀者多太宗之親人，如尚城陽公主之杜荷（杜如晦之子）謂太子曰：「天文有變，當速發以應之，殿下但稱暴病危篤，主上必親臨視，因茲可以得志。」

太子承乾狂愚、殘暴，所爲奢靡，喜好聲色、畋獵。嘗作八尺銅爐，六隔大鼎，募亡奴盜民間馬牛，親臨烹煮與所幸廝役共食之。又好效突厥語及其服飾，五人爲一落，辮髮羊裘而牧羊，設穹廬，太子自處其中，斂羊而烹之，抽佩割肉相唱，謂左右曰：「我試作可汗死，汝曹效其喪儀。」因僵臥於帝，眾悉號哭，曰：「一朝有天下，當帥數萬騎獵於金城西，然後解信其所輕而疑其所重，將求致治，其可得乎！若任以大官，求其細過，刀筆之吏，順旨承風，舞文弄法，曲成其罪。自陳也，則以爲心不伏辜；不言也，則以爲所犯皆實；進退惟谷，莫能自明，則苟求免禍，矯僞成俗矣。」

魏徵所彰明之爲治之道：委大臣以大體，責小臣以小事。何謂大體？曰國體與政體；曰指導國體政體之理論體系——道統；曰元首之要：「性焉安焉之謂聖」；「誠神機曰聖」；「復焉執焉之謂賢」；曰股肱之要；曰「人道政爲大」；曰「善教之得民心」，此六者可視爲立國之大體。君以此六者委大臣是不易做到的，必須君王本身具有聖賢之資質與脩養。此質與養也，原本於天，非天與之者不足以明天，不足以明地，不足以明物，不足以明人，不足以明天地物人之綜合關係，不足以明道，不足以明道統之義，更不知御事御物御人御心之道，尤不知「統物通變」（漢陸賈語）之妙。魏徵之意：既委大臣以大體，若有責之者必以大義，則其正之者必大政方略是也。若責之小義，則無益於世道人心焉。旨哉斯言也，魏徵得之矣！太宗納之焉！

貞觀中，大宗對太子之成長可謂曲盡其意矣。十七年閏六月辛亥，上謂侍臣曰：「朕自定《五經》疏，謂之《正義》，令學者習之。《五經正義》今行於世。二月，乙未，詔求近世名儒梁皇甫侃、褚仲都、周熊安生、沈重、陳沈文阿、周弘正、張譏、隋何妥、劉炫等子孫以聞，當加引擢。

崇儒尊孔之志，太宗在十二年前公開向羣臣宣告了，何遲遲未見之於行耶？今一旦行之，就引起國內外如此巨大響應，可知儒道之得人心也，特別域外如大旱之望雲霓也。

無論古今，各國人民對儒道之如此敏感，其根本緣由在於儒道所言者爲：心性情三者乃人人之所同具者也，且歸於人同此心，心同此性，心同此情，心同此理者也；心同此道，心同此德者也；而且心同此政，心同此教者也；心同此禮，心同此俗者也。雖有異焉，但各安其禮俗也，今之人類與昔無異也，唯在化其所同，同其所異，久之異者漸近而趨于同而終化之也。唯在仁政與善教長浸潤人心，撫育善性，培養真情耳。

貞觀十四年十二月，魏徵上疏曰：「在朝羣臣，當樞密之寄者，任之雖重，信之未篤，是以人或自疑，心懷苟且。陛下寬於大事，急於小罪，臨時責怒，未免愛憎。夫委大臣以大體，責小臣以小事，爲治之道也。今委之職，則重大臣而輕小臣；至於有事，則信小臣而疑大臣。

服，朕不疑卿，故語卿，何更恨邪！」上又嘗謂敬德曰：「朕欲以女妻卿，何如？」敬德叩頭謝曰：「臣妻雖鄙陋，相與共貧賤久矣。臣雖不學，聞古人富不易妻，此非臣所願也。」上乃止。

右錄二事中，適足以見太宗之君臣觀未及至誠，而其家庭觀未臻至善，俱有違周孔之道也。《尚書·益稷》昭告於後世者：元首與股肱同心同德，以致治爲最高目標，戮力建功立業，何來元首憂臣下反叛，而思以刑罰之者乎！此其病之者一也。尉遲敬德夫妻好合，太宗何出以女妻之，若非敬德婉拒，不適足以啟其夫妻之嫌隙乎！日夜思出盛世之太宗何其輕率乃爾哉！

貞觀十四年（六四〇年），上幸國子監，觀釋奠，命祭酒孔穎達講《孝經》，賜祭酒以下至諸生高第帛有差。是時上大徵天下名儒爲學官，數幸國子監，使之講論，學生能明一大經已上皆得補官。增築學舍千二百間，增學生滿二千二百六十員。自屯營飛騎，亦給博士，使授以經，有能通經者，聽得貢舉。於是四方學者云集京師，乃至高麗、百濟、新羅、高昌、吐蕃諸酋長亦遣子弟請入國學，升講筵者至八千餘人。上以師說多門，章句繁雜，命孔穎達與諸儒撰難，失之於安逸，守成難矣。」上曰：「玄齡與吾共取天下，出百死，得一生，故知創業之難。徵與吾共安天下，常恐驕奢生於富貴，禍亂生於所忽，故知守成之難。然創業之難，既已往矣，守成之難，方當與諸公慎之。」玄齡等拜曰：「陛下及此言，四海之福也。」我則以爲創業困難，守成亦難，長期守成更難。而且就天道本性而論，其爲物也，長處於運動的流中，其爲形也屢遷，不可把捉，馭之者，唯隨時應對，因形而變，因勢而利導之。所謂守成，根本就不存在一成不變之事物，忽而形變，忽而勢遷，忽而本末倒置，忽而內外異形。守成者何所守乎，名之曰再創業可乎？曰可。名之應時而安可乎，曰可。《易・繫辭》曰：「唯變所適。」《易・文言》曰：「與時偕行。」其旨一也，萬變不離其宗也，萬遷不離其道也。守住周孔之道，直道而行之，固理直氣壯，與日月同輝也；守住周孔之道，躓赴於坎坷之中，顛踣於流離之際，亦不失君子本色，聖賢氣象也。

貞觀十三年（六三九年），二月庚辰，以光祿大夫尉遲敬德爲鄜州都督，上嘗謂敬德曰：「人或言卿反，何也？」對曰：「臣反是實！臣從陛下征伐四方，身經百戰，今之存者皆鋒鏑之餘也。天下已定，乃更疑臣反乎！」因解衣投地，出其瘢痍。上爲之流涕，曰：「卿復治！不然，危亡之期，未可保也。」上賜手詔褒美曰：「昔晉武帝平吳之後，志意驕恣。何曾位極臺司，不能直諫，乃私語子孫，自矜明智，此不忠之大者也。得公之諫，朕知過矣。當置之几案以比弦韋。」

魏徵之此諫也，提出了一個歷十一年王道休明而德化未洽于民心的現實問題，推原其故，在于爲上者之誠信有不足之失也，誠之於人也，難矣哉！誠之於君也亦難矣哉！誠之於唐太宗也亦難亦哉！惟其如此，故《中庸》曰：「唯天下至誠，爲能盡其性。」惟天下至誠，爲能化民成俗，非至誠不能，僅掛在嘴上説説而已，不能入皮、入肉、入骨，更不能入心；既不入心，何以動心，何以感人，何以化人，何以成俗，何以移風易俗。此中關鍵的一環是去私立公。是其本人自覺去而立之者，非他人可越俎代庖之者也。此番工夫之難在於以理性去替換私欲，日日行之，時時思之，不斷改進之，長期反復于《大學》修身八目之中，雖頑劣者自化矣，蓋持之以恒，終身不倦，必有自得者矣。

貞觀十二年（六三八年），秋八月，甲寅，上問侍臣：「創業與守成孰難？」房玄齡曰：「草昧之初，與羣雄並起角力而後臣之，創業難矣。」魏徵曰：「自古帝王，莫不得之於艱是年五月壬申，魏徵上疏，以爲：「陛下欲善之志不及於昔時，聞過必改少虧於曩日，譴罰積多，威怒微厲，乃知，富不期侈，貴不期驕，非虛語也。且以隋之府庫、倉廩、戶口、甲兵之盛，考之今日，安得擬倫！然隋以富強動之而危，我以寡弱靜之而安，安危之理，皎然在目。昔隋之未亂也，自謂必無亂；其未亡也，自謂必無亡。故賦役無窮，征伐不息，以至禍將及身而尚未之寤也。夫鑑形莫如止水，鑑敗莫如亡國。伏願請鑑於隋。去奢從約，親忠遠佞，以當今之無事，行疇昔之恭儉，則盡善盡美，固無得而稱焉。夫取之實難，守之甚易，陛下能得其所難，豈不能保其所易乎！」

秋，七月魏徵又上疏曰：「《文子》（老子弟子，與孔子同時）曰：『同年而信，同令而行，誠在令外。』自王道休明，十有餘年，然而德化未洽者，由待下之情未盡誠信故也。今立政致治，必委之君子；事有得失，或訪之小人。其待君子也敬而疏，遇小人也輕而狎；狎則言無不盡，疏則情不上通。夫中智之人，豈無小慧，然才非經國，慮不及遠，雖竭力盡誠，猶未免有敗；況內懷姦宄，其禍豈不深乎！夫雖君子不能無小過，苟不害於正道，斯可略矣。既謂之君子而復疑其不信，何異立直木而疑其影之曲乎！陛下誠能慎選君子，以禮信用之，何憂不后嘗采自古婦人得失事爲《女則》三十卷，又嘗著論駮漢明德馬后以不能抑退外親，使當朝貴盛，徒成其車如流水馬如龍，是開其禍敗之源，而防其末流也。及崩，宫司并《女則》奏之。上覽之悲慟，以示羣臣曰：「皇后此書，足以垂範百世。朕非不知天命而爲無益之悲，但入宫不復聞規諫之言，失一良佐，故不能忘懷耳。」

貞觀十一年春，上作飛山宫。庚子，特進魏徵上疏，以爲：「煬帝恃其富强，不虞後患，窮奢極欲，使百姓困窮，以至身死人手，社稷爲墟。陛下撥亂返正，宜思隋之所以失，我之所以得，撤其峻宇，安於卑宫；若因基而增廣，襲舊而加飾，此則以亂易亂，殃咎必至，難得易失，可不念哉！」

夏，四月己卯，魏徵上疏曰：「人主善始者多，克終者寡，豈取之易而守之難乎！蓋以殷憂則竭誠以盡下，安逸則驕恣而輕物；盡下則胡、越同心，輕物則六親離德。雖震之以威怒，亦皆貌從而心不服故也。人主誠能見可欲則思知足，將興繕則思知止，處高危則思謙降，臨滿盈則思挹損，遇逸樂則思撙節，在宴安則思後患，防壅蔽則思延納，疾讒邪則思正己，行爵賞則思因喜而僭，施刑罰則思因怒而濫，兼是十思，而選賢任能，固可以無爲而治。」

由陛下之明故也，妾敢不賀。」上乃悅。

貞觀十年，長孫皇后仁孝儉素，長孫皇后性仁孝儉素，好讀書，常與上從容商略古事，因而獻替，裨益弘多。上或以非罪譴怒宮人，后亦佯怒，請自推鞫，因命囚繫，使上怒息，徐爲申理，由是宮壼之中，刑無枉濫。豫章公主早喪其母，后收養之，慈愛愈於所生。妃嬪以下有疾，后親撫視，輟己之藥膳以資之，宮中無不愛戴。訓諸子，常以謙儉爲先，太子乳母遂安夫人，嘗白后，以東宮器用少，請奏益之，后不許，曰：「爲太子，患在德不立，名不揚，何患無器用邪！」

后疾篤，與上訣，時房玄齡已譴歸第，后言於帝曰：「玄齡事陛下久，小心愼密，奇謀秘計，未嘗宣泄，苟無大故，願勿棄之。妾之本宗因緣葭莩，以致祿位，既非德舉，易致顛危，欲使其子孫保全，愼勿處之權要，但以外戚奉朝請足矣。妾生無益於人，不可以死害人，願勿以丘壟勞費天下，但因山爲墳，器用瓦木而已。仍願陛下親君子，遠小人，納忠諫，屏讒慝，省作役，止遊畋。妾雖沒於九泉，誠無所恨。兒女輩不必令來，見其悲哀，徒亂人意。」已卯崩于立政殿。

是年十二月，上嘗與侍臣論獄，魏徵曰：「煬帝時嘗有盜發，帝令於士澄捕之，少涉疑似，皆拷訊取服，凡二千餘人，帝悉令斬之。大理丞張元濟怪其多，試尋其狀，内五人嘗爲盜，餘皆平民，竟不敢執奏，盡殺之。」上曰：「此豈唯煬帝無道，其臣亦不盡忠，君臣如此，何得不亡。公等宜戒之。」太宗之慮深矣、遠矣，遡古之爲治也，首重君聖，次求君臣一體，如身之使臂，臂之使指，三則責臣以誠以忠。就權力之發用而論，君爲首也，發令者也，就作用而言，臣爲寶也，必竭全力，盡其誠忠而不計得失安危也。

貞觀六年（六三二年）長樂公主將出降，上以公主皇后所生，特愛之，敕有司資送倍于永嘉長公主。魏徵諫曰：「昔漢明帝欲封皇子，曰：『我子豈得與先帝子比。』皆令半楚、淮陽。今資送公主，倍於長公主，得無異於明帝之意乎！」上然其言，入告皇后。后嘆曰：「妾亟聞陛下稱重魏徵，不知其故，今觀其引禮義以抑人主之情，乃知真社稷之臣也。陛下不可不從。」因遣中使賚錢四百緡、絹五百匹以賜徵，且語之曰：「聞公正直，今乃見之，故以相賞。公宜常秉此心，勿轉移也。」上嘗罷朝，怒曰：「會須殺此田舍翁。」后問爲誰。上曰：「魏徵每廷辱我。」后退，具朝服立於庭，上驚問其故，后曰：「妾聞主明臣直，今魏徵直，矣，人主安得而治之！」上卒從徵言。

是月房玄齡奏：「閱府庫甲兵，遠勝隋世。」上曰：「甲兵武備，誠不可缺；然煬帝甲兵豈不足邪！卒亡天下。若公等盡力，使百姓乂安（乂，治也，又俊也，賢也。引申之，開明也，富有創新精神也。），安於國治，善於創造，則胜似甲兵矣。」

貞觀五年夏四月，「隋末，中國人多沒於突厥，及突厥降，上遣使以金帛贖之。」「五月乙丑有司奏，凡得男女八萬口。」乃聖君仁政，愛民如手足也。

是年十二月，上謂執政曰：「朕常恐因喜怒妄行賞罰，故欲公等極諫。公等亦宜受人諫，不可以己之所欲、惡違之；苟自不能受諫，安能諫人。」又謂侍臣曰：「治國如治病，病雖愈，猶宜將護，儻遽自放縱，病復作，則不可救矣。今中國幸安，四夷俱服，誠自古所希，然朕日慎一日，惟懼不終，故欲數聞卿輩諫諍也。」魏徵曰：「內外治安，臣不以爲喜，惟喜陛下居安思危耳。」魏徵之言是也，不僅處君位、帝王者須長懷憂危之心，有臨深履薄之懼，明道高可安，位高必危之勢，而思有以避免之策焉，無他可求者也，唯在清心寡欲，以天下心爲心而已矣，益之以誠，敏之以幾，尊民濟貧，則堯天舜日，同享平安矣。

降眾，東自幽州，西至靈州，分突利，故所統之地，置順、祐、化、長四州都督府，又分頡利之地爲六州，左置定襄都督府，右置雲中都督府，以統其眾。」由此論突厥十萬歸眾之處置一事，太宗卒用溫彥博策者，以其獨具懷仁而化物之寬厚胸懷也，此乃真正的堯舜周孔之道也，亦乃中華史上對待東夷西戎南蠻北狄之仁德也，更爲貞觀議政之善例也。五月辛未，以突利順州都督。壬申，以阿史那蘇尼失爲懷化郡王。

貞觀四年九月上讀《明堂針灸書》，云：「人五臟之系，咸附於背。」戊寅，詔自今毋得笞囚背。太宗之仁德廣及囚犯也。

貞觀四年十二月，上之初即位也，嘗與羣臣語及教化。上曰：「今承大亂之後，恐斯民未易化也。」魏徵對曰：「不然！久安之民驕佚，驕佚則難教；經亂之民愁苦，愁苦則易化。彼猶飢者易爲食，渴者易爲飲也。」上深然之。封德彝非之曰：「三代以還，人漸澆訛，故秦任法律，漢雜霸道，蓋欲化而不能，豈能之而不欲邪。魏徵書生，未識時務，若信其虛論，必敗國家。」徵曰：「五帝、三王不易民而化，昔黃帝征蚩尤，顓頊誅九黎，湯放桀，武王伐紂，皆能身致太平，豈非承大亂之後邪！若謂古人淳朴，漸至澆訛，則至于今日，當悉化爲鬼魅而易制，勢敵則難相吞滅，各自保全，必不可抗衡中國。仍請於定襄置郡都護府，爲其節度，此安邊之長策也。」夏州都督竇靜以爲：「戎狄之性，有如禽獸，不可以刑法威，不可以仁義教，况彼首丘之情，未易忘也。置之中國，有損無益，恐一旦變生，犯我王略。莫若因其破亡之餘，施以望外之恩，假之王侯之號，妻以宗室之女，分其土地，析其部落，使其權弱勢分，易爲羈制，可使常爲藩臣，永保邊塞。」温彦博以爲：「徙於兗、豫之間，則乖違物性，非所以存養之也。請準漢建武故事，置降匈奴於塞下，全其部落，順其土俗，以實空虚之地，使爲中國扞蔽，策之善者也。」魏徵以爲：「突厥世爲寇盜，百姓之仇也；今幸而破亡，陛下以其降伏，不忍盡殺，宜縱之使還故土，不可留之中國。夫戎狄人面獸心，弱則請服，強則叛亂，固其常性。今降者衆近十萬，數年之後，蕃息倍多，必爲腹心之疾，不可悔也。晉初諸胡與民雜居中國，郭欽、江統皆勸武帝驅出塞外以絶亂階，武帝不從。後二十餘年，伊、洛之間，遂爲氈裘之域，此前事之明鑑也！」彦博曰：「王者之於萬物，天覆地載，靡有所遺。今突厥窮來歸我，奈何棄之而不受乎？孔子曰：『有教無類。』若救其死亡，授以生業，教之禮義，數年之後，悉爲吾民，選其酋長，使入宿衛，畏威懷德，何後患之有。上卒用彦博策。處突厥貞觀二年（六二八年）夏，四月戊子，上謂侍臣曰：「朕觀《隋煬帝集》，文辭奧博，亦知是堯舜而非桀紂，然行事何其反也！」魏徵對曰：「人君雖聖哲，猶常虛己以受人，故智者獻其謀，勇者竭其力。煬帝恃其俊才，驕矜自用，故口誦堯舜之言而身爲桀紂之行，曾不自知，以至覆亡也。」上曰：「前事不忘，吾屬之師也。」歷千四百年來，言不顧行之兌變，口是心非之惡習，似已成爲正常社會現象，若不於政教中大力推行至誠之德，則私欲膨脹至極，必致吞噬人心人性人情之良知殆盡矣。故余以爲彰揚人之良知善性真情，重鑄國魂，已迫在眉尖。君子之德風，小人之德草，關鍵還在於中央政教之推動。

貞觀四年（六三〇年），突厥既亡，其部落或北附薛延陀，或西奔西域，其降唐者尚十萬口，召羣臣議區處之宜。朝士多言：「北狄自古爲中國患，今幸而破亡，宜悉徙之河南兗、豫之間，分其種落，散居州縣，教之耕織；可以化胡虜爲農民，永空塞北之地。」中書侍郎顏師古以爲：「突厥、铁勒皆上古所不能臣，陛下既得而臣之，請皆置之河北，分立酋長，領部落，則永無患矣。」禮部侍郎李百藥以爲：「突厥雖云一國，然其種類區分，各有酋帥。今宜因其離散，各即本部署爲君長，不相臣屬，縱欲存立阿史那氏，唯可存其本部而已。國分則弱澆，悉有賴焉。

貞觀二年二月上謂侍臣曰：「人言天子至尊，無所畏憚。朕則不然，上畏皇天之監臨，下憚羣臣之瞻仰，兢兢業業，猶恐不合天意，未副人望。」魏徵曰：「此誠致治之要，願陛下愼終如始，則善矣。」

上神采英毅，羣臣進見者，皆失舉措，上知之，每見人奏事，必假以辭色，冀聞規諫。嘗謂公卿曰：「人欲自見其形，必資明鏡；君欲自知其過，必待忠臣。苟其君愎諫自賢，其臣阿諛順旨，君既失國，臣豈能獨全？如虞世基等諂事煬帝以保富貴，煬帝既弑，世基等亦誅。公輩宜用此爲戒。事有得失，毋惜盡言！」筆者感言：太宗此番言語意在求諫，實教戒羣臣珍其權位，重其社稷，君臣一體，「勑天之命，惟時惟幾！股肱喜哉！元首起哉！百工熙哉！元首明哉！股肱良哉！庶事康哉！」（《尚書・益稷》）太宗此亦君亦師之風，適用於任何歷史時期，行之則盛世出焉，違之則濁世見焉！願我當今之盛世法之；行亦君亦師之政，唱亦聖亦賢之教，養亦道亦德之士，勸亦勤亦儉之民，立亦經亦踐之學，啟亦心亦性亦情之覺。勵亦修亦齊亦平之德，可以預知今日盛世之有啟於道德人心者，或有遠過於貞觀者遠矣。

我，乃附下罔上，爲孝孫遊説邪？」彥博拜謝，珪不拜曰：「陛下責臣以忠直，今臣所言私曲邪！此陛下負臣，非臣負陛下！」上默然而罷。明日，上謂房玄齡曰：「自古帝王納諫，誠難。朕昨責溫彥博、王珪，至今悔之。公等勿爲此不盡言也。」

玄齡明達政事，輔以文學，夙夜盡心，惟恐一物失所，用法寬平，聞人有善，若已有之，不以求備取人，不以已長格物，與杜如晦引拔士類，常如不及。至于臺閣規模，皆二人所定。上每與玄齡謀事，必曰：「非如晦不能決。」及如晦至，卒用玄齡之策。蓋元齡善謀，如晦善斷故也。

上問魏徵曰：「人主何爲而明，何爲而暗？」對曰：「兼聽則明，偏聽則暗。昔堯請問下民，故有苗之惡得以上聞。舜明四目，達四聰，故共、鯀、驩兜不能蔽也。秦二世偏信趙高，以成望夷之禍。梁武帝偏信朱异，以取臺城之辱。隋煬帝偏信虞世基，以致彭城阁之變。是故人君兼聽廣納，則貴臣不得擁蔽，而下情得以上通也。」此見固亦善也。然明君之明也，尚有其內在之主觀修養存焉，如明主綜合養成的宇宙觀、世界觀、政治觀、君臣觀、君民觀、道統觀等等，諸觀之正邪純雜就直接關乎君之明暗賢庸與夫政之成敗得失；民之貧富、風俗之淳者尚多，豈惟虛費衣食，且陰氣鬱積，亦足致旱。」上曰：「婦人幽閉深宮，誠爲可愍，洒掃之餘，亦何所用，宜皆出之，任求伉儷。」於是遣尚書左丞杜正倫，於掖庭西門簡出之，前後所出三千餘人。

上問王珪曰：「近世爲國者，益不及前古，何也？」對曰：「漢氏尚儒術，宰相多用經術士，故風俗淳厚，近世重文輕儒，參以法律，此治化之所以益衰也。」上然之。夫經術者人道之本，本之所發者乃人心之質樸所在者也，乃人性之質樸所在者也，乃人情之質樸所在者也，合而言之乃人之心性情三者至純、至善、至真之表現也。由此三者綜合演繹出來的政教則至聖、至善、至美矣，故其俗淳厚，乃心性情三者本質之表現也。近世則不然，重文輕儒，兼以法家重利，其爲政也逐利而害民，故其民俗澆薄而人欲日熾矣。

魏徵狀貌不逾中人，而富有膽略，善會人主意，每犯顏苦諫，或逢上怒，神色不移，上亦爲霽威。上嘗得佳鷂，自臂之，望見徵來，匿懷中，徵奏事固久不已，鷂死懷中。

上使太常少卿祖孝孫教宮人音樂，不稱旨，上責之，溫彥博、王珪諫曰：「孝孫雅士，今乃使之教宮人，又從而譴之，臣竊以爲不可。」上怒曰：「朕置卿等於心腹，當竭忠直以事冑前後犯顔執法，言如泉涌，上皆從之，天下無冤獄。

是年五月有上書請去佞臣者，上問：「佞臣爲誰？」對曰：「臣居草澤，不能的知其人，願陛下與羣臣言，或佯怒以試之，彼執理不屈者，直臣也，畏威順旨者，佞臣也。」上曰：「君源也，臣流也，濁其源而求流之清，不可得矣。君自爲詐，何以責臣下之直乎！朕方以至誠治天下，見前世帝王好以權譎小數接其臣下者，常竊恥之。卿意甚善，朕不取也。」以至誠治天下，乃聖治也，唯堯舜之治足以稱之。《中庸》有言曰：「唯天下至誠爲能盡其性，能盡其性，則能盡人之性，能盡人之性，則能盡物之性，能盡物之性，則可以贊天地之化育，可以贊天地之化育，則可以與天地參矣。」距今一千三百八十年之際，我中華大地已出現過欲盡人性盡物性的至誠之政。此至誠之政感人之深，可依貞觀六年（六三二年）除夕縱死囚回家過春節一事見之。貞觀七年記此事曰：「去歲所縱天下死囚凡三百九十人，無人督帥，皆如期自詣朝堂，無一人亡匿者；上皆赦之。」白居易《樂府》云：「死囚四百來歸獄。」可知此事轟動了朝野，震撼了天庭，感動了民心。

是年，天少雨，中書舍人李百藥上言：「往年雖出宮人，竊聞太上皇宮及掖庭宮人，無用諫。」可知貞觀之諫，非止限於下諫上也，臣諫君也，正諫邪也，善諫惡也。諫之本義謂正，有不正之，謂之諫。無上下、君臣、老小、尊卑之别，諫則從之，不失改正之機，不從則貽后患矣。《尚書·説命》：「后（君也）從諫則聖。」《曲禮》：「爲人臣之禮不顯諫，三諫而不聽則逃之。子之事親也，三諫而不聽則號泣隨之。」貞觀之諫也，則全面上下縱横貫澈於二十三年始終之狀態，予以歷史的考察，以彰貞觀盛世之義，以見進諫納諫、互諫互納之效。

元年，上命吏部尚書長孫無忌等與學士、法官更議定律令，寬絞刑五十條爲斷右趾，上猶嫌其慘，曰：「肉刑廢除已久，宜有以易之。」蜀王法曹參軍裴弘獻請改爲加役流徙三千里，居作三年，詔從之。

上以兵部郎中載胄忠清公直擢爲大理少卿，上以選人多詐冒資陰，敕令自首，不自首者死。未幾，有詐冒事覺者，上欲殺之，胄奏：「據法應流。」上怒曰：「卿欲守法而使朕失信乎？」

對曰：「敕者出於一時之喜怒，法者國家布大信于天下也。陛下忿選人之多詐，而欲殺之，而既知其不可，復斷之以法，此忍小忿而存大信也。」上曰：「卿能執法，朕復何憂。」

司馬光對此事論之曰：「遂至喋血禁門，推刃同氣，貽譏千古，惜哉。不若蕭瑀、陳叔達之義正言肅，立於道德功業，燭見小人之姦謀，不沾俗氣，唯尊。」

二、貞觀之治

唐太宗嗣其皇位於武德九年，立其年號爲貞觀。據《舊唐書・太宗本紀》，太宗四歲之時，有書生自言善相，謁高祖，曰公貴人也，且有貴子。見太宗曰：龍鳳之姿，天日之表，將二十必能濟世安民矣。因採濟世安民之意，以爲名焉。

貞觀元年（六二七年）正月乙酉改元，丁亥上宴羣臣，奏秦王破陳樂，對羣臣曰：「朕昔受委專征，民間遂有此曲，雖非文德之雍容，然功業由茲而成，不敢忘本。」封德彝曰：「陛下以神武平海內，豈文德之足比。」上曰：「戡亂以武，守成以文，文武之用，各隨其時，卿謂文不及武，斯言過矣。」

建立諫官之制：己亥，制曰：「自今中書、門下及三品以上入閣議事，皆官隨之，有失輒吉至臨湖殿覺變即跋馬東歸宮府，世民呼之，元吉張弓射世民，再三不彀，世民射建成殺之，尉遲敬德將七十騎繼至，射殺元吉。尉遲敬德持建成、元吉首示衆，宮府兵遂潰。

上方泛舟海池。世民使尉遲敬德入宿尉，敬德擐甲持矛，直至上所，上大驚，問曰：「今日亂者誰邪？卿來此何爲？」對曰：「秦王以太子齊王作亂，舉兵誅之，恐驚動陛下，遣臣宿衛。」上謂裴寂等曰：「不圖今日乃見此事，當如之何？」蕭瑀、陳叔達曰：「建成、元吉本不預義謀，又無功於天下，疾秦王功高望重，共爲姦謀。今秦王已討而誅之，秦王功蓋宇宙，率土歸心，陛下若處以元良，委之國事，無復事矣。」上曰：「善！此吾之夙心也。」時宿衛及秦府兵與二宮左右戰猶未已，敬德請降手敕，令諸軍并受秦王處分。上從之。天策府馬宇文士及自東上閤門出宣敕，衆然後定。上又使黃門侍郎裴矩至東宮曉諭諸將卒，皆罷散。上乃召世民撫之曰：「近日以來，幾有投杼之惑（爲輿論所惑也）。」世民跪而吮上乳，號慟久之。對餘黨之處置，尉遲敬德固爭曰：「罪在二凶，既伏其誅，若及支黨，非所以求安也。乃止。是日下詔赦天下。凶逆之罪止於建成元吉，自餘黨與，一無所問。」癸酉（第四日）立世民爲太子，又詔：「自今軍事庶事，無大小悉委太子處決。」

元吉。世民猶豫未決，問於李靖，李靖辭，問於李世勣，世勣辭，世民由是重二人，無忌等勸世民先事圖之。世民嘆曰：「骨肉相殘，古今大惡（筆者案：建成與元吉無具此德也。），吾誠知禍在朝夕，欲使其發，然後討之，不亦可乎！」敬德曰：「人情誰不愛其死，全衆人以死奉王，乃天授也。禍機垂發，而王猶晏然不以爲憂，大王縱自輕，如宗廟社稷何！大王不用敬德之言，敬德將竄身草澤，不能留居大王左右，交手受戮也。」無忌曰：「不從敬德之言，事今敗矣，敬德等必不爲圖之。」敬德曰：「王今處事有疑，非智也，臨難不決，非勇也。且大王素所畜養勇士八百餘人，在外者今已入宮，擐甲執兵，事勢已成，大王安得已乎！」世民訪之府僚皆曰：「齊王凶戾，終不肯事其兄，比聞護軍薛實嘗謂齊王曰：大王之名合之成『唐』字，大王終主唐祀。」齊王喜曰：「但除秦王，取東宮如反掌耳。彼與太子謀亂未成，已有取太子之心，亂心無厭，何所不爲？若使二人得志，恐天下非復唐所有。以大王之賢，取二人如拾地芥耳。奈何徇匹夫之節，忘社稷之計乎？」世民猶未決。令卜之，適張公謹自外歸，取龜投地，曰：「卜以決疑，今事在不疑，尚可卜乎？」遂定計。是月己未，傅奕密奏：「太白見秦分，秦王當有天下。」庚申（即次日），世民率帥長孫無忌等人，伏兵於玄武門。建成、元东皆主之。仍命汝建天子旌旗，如汉梁孝王故事。」世民涕泣，辭以不欲远离膝下。上曰：「天下一家，东、西两都，道路甚邇，吾思汝即往，毋烦悲也。」将行，建成、元吉相与谋曰：「秦王若至洛阳，有土地、甲兵，不可复刺，不如留之长安则一匹夫耳。取之易矣。」乃密令数人上封事，言秦王左右聞往洛阳，无不喜悦，观其志趣，恐不復来。又遣近幸之臣，以利害说上，上意始移，事复中止。其时，建成、元吉与后宫日夜譖诉世民於上，上信之，将罪世民。陳叔達谏曰：「秦王有大功於天下，不可黜也。且性剛烈，若加挫抑，恐不勝憤或有不測之疾，陛下悔之何及！」上乃止。

武德九年六月，元吉密請殺秦王，上曰：「彼有定天下功，罪狀未著，何以爲辭。」（筆者按，一、元吉不深知李淵之心，何敢面請爲辭？二、李淵面聞其殺機之言，不加怒斥與斷然處置，是縱其爲惡，亂政、禍家、敗國遺臭天下后世也；三、反面回答曰：罪狀未著何以爲辭是墮自己帝位、嚴父之身於亂臣賊子之行也。何不明尊卑利害至於此極也。此時已臨武德九年，逼近劍拔弩張之時，未能抑之，反而扇之，惜哉！

世民腹心唯長孫無忌與其舅高士廉在府中，還有侯君集、尉遲敬德等日夜勸世民誅建成、爾，正應遣一將討之耳。」上曰：「不然。文幹事連建成，恐應之者眾，爾宜自行，還，立爾爲太子。吾不能效隋文帝自誅其子，當封建成爲蜀王。蜀兵脆弱，他日苟能事爾，汝宜全之；不能事汝，汝取之易也。」是年秋，上校獵城南，太子、秦、齊王皆從，上命三子馳射角勝，建成有胡馬，肥壯而蹶，以授世民曰：「此馬甚駿，能超數丈澗，弟善騎，試乘之。」世民乘逐鹿，馬蹶，世民躍立於數步之外，馬起，復乘之，如是者三，顧謂宇文士及曰：「彼欲以此見殺，死生有命，庸何傷乎。」建成聞之，因令妃嬪譖於上，曰：「秦王自言，我有天命，方爲天下主，豈有浪死。」上大怒，先召建成、元吉，然後召世民入，責之曰：「天子自有天命，非智力可求，汝求之一何急邪！」世民免冠頓首請下法司案驗，上怒不解。上每有寇盜命世民討之，事平之後，猜嫌益甚。

高祖武德九年（六二六年），六月，建成夜召世民飲酒而酖之，世民暴心痛，吐血數升，淮安王扶之還西宮。上幸西宮問世民疾，敕建成曰：「秦王素不能飲，自今無得復夜飲。」因谓世民曰：「首建大谋，削平海内，皆汝之功，吾欲立汝为嗣，汝固辞，且建成年长，为嗣已久，吾不忍夺也。观汝兄弟似不相容，同处京邑，必有纷竞，当遣汝还行臺，居洛阳，自陕以

一、唐高祖李淵之得國

（一）襲封唐國公

唐，古國名，周成王母弟封於唐，其地爲堯、舜、夏禹所都之墟，太原、太岳之野。李唐之先，李虎、李弼等八人，佐周代魏有功，號八柱國家。李淵襲封，隋世曰唐。隋末羣雄并起，逐鹿中原，戰火紛飛，生靈涂炭，歷十有餘年，是淵之次子李世民建謀叛隋有大功焉；又在剿滅羣雄中戰功顯赫，爲兄弟所忌，終釀大禍。

（二）兄弟鬩墻，玄武喋血

李建成爲李淵之長子，立爲太子，李世民爲次子，立爲秦王，三子李元吉立爲齊王。初，（武德七年，六二四年）元吉勸太子建成除秦王李世民曰：「當爲兄手刃之。」（元吉首露殺機。）世民從上幸元吉第，元吉伏護軍宇文寶于寢內，欲刺世民，建成性頗仁厚，遽止之。元吉慍曰：「爲兄計耳，於我何有！」未已，建成使元吉就圖世民，曰：「安危之計，決於今歲。」是年六月甲子上召世民謀之，世民曰：「文幹豎子，敢爲狂逆，計府僚已應擒戮，若不

丁、貞觀之治

唐太宗貞觀二年對羣臣曰：「朕所好者唯堯、舜、周、孔之道，以爲如鳥有翼、如魚有水，失之則死，不可暫無耳。」

釋貞之義：《康熙字典》曰：《說文》「卜，問也。卜人事。」《易·乾》「元亨利貞。」《文言》曰：「貞者，事之幹也。」「貞，正也。」《書·太甲》：「一人元良，萬邦以貞。」謂天子有大善，萬邦得其正矣。《釋名》：「貞，定也。精定不動惑也。」觀者，思想也，態度也。正觀者，唐太宗以堅定不移之態度踐行其所好，「堯、舜、周、孔之道」也。

三代政化淳一，故能直道而行，傷今不然。）信哉！周秦之敝，網密文峻而姦軌不勝。漢興掃除煩苛，與民休息；至於孝文加之恭儉，孝景遵業，五六十載之間，至於移風易俗，黎民醇厚，周云成康，漢云文景，美矣。」

美哉！其大旨何蘊乎！何啟於後賢乎？曰，有二焉。一曰政綱之密也則生姦，姦者難防也，若堤壩蟻漏然，初見水线，既而成流，終致潰堤也。政綱之寬疏也，若魚之暢游江湖洋海也；且民者心寬則思遠，心靜則思清，靜清之功乃入道修德之正途也，亦化民成俗之途徑也。孔子曰：「人道政爲大」，誘發人之良知、善性、真情於自我修养之中，乃善政之始也。文景之政爲漢祚立極，享國四百年（西東兩漢），乃此美所蘊之精神力量之釋放也。二曰爲漢武帝靖邊大略積聚豐厚之物質基礎，開闢了西向的絲綢之路，建立了通向西域各國之文化走廊。啟迪了漢武帝罷絀申韓諸説，獨尊儒術，爲中華二千年來之政治首立道統。

長，義而利，益而廣。切忌「事愈煩天下易亂，法愈滋而姦愈熾。」（陸賈《新語》）

（四）務勸農桑：景帝後元三年（前一四一年）正月詔曰：「農天下之本也，黃金珠玉饑不可食，寒不可衣，以爲弊用，不識其終始，歲或不登，意爲末者衆，農民寡也，其令郡國務勸農桑，益種樹，可得衣，食物。吏發民若取庸采黃金珠玉者，坐臧爲盜。二千石聽者與同罪。」在漢唐時代，治國養民之根本大計是饑有食，寒有衣，及時服納徭役，則國泰民安矣。文景兩朝積四十年之承平，民富國強，黃河上下，菽稷李粱盖地；大江南北，魚米荔桂飄香，爲漢武帝雄才大略之施展，積聚了豐厚的物質基礎。

（五）各業并舉：景帝後元二年（前一四二年）四月詔曰：「雕文刻鏤傷農事者也，錦繡纂組，害女紅者。農事傷則饑之本也，女紅害則寒之原也。夫饑寒并至而能亡無非者寡矣。朕親耕，后親桑，以奉宗廟粢盛祭服，爲天下先，欲天下務農，素有畜積，以備災害。強毋攘弱，衆毋暴寡，老者以寿終，幼孤得遂長。」各業互存互長，但以農桑，以其關乎饑寒，保障衣食者也。

歷史的結論：《前漢書》著者班固贊曰：「孔子稱：三代之所以直道而行也。（師古曰：

亡罪者失職（職，帝也。），朕甚憐之；有罪者，不伏罪，姦法爲暴，甚亡謂也。諸獄疑，若雖文致於法，於人心不厭者，輒讞（議）之。」由此可知景帝洞燭官吏執法之病，因而嚴肅吏治，乃成爲政治之首務也。

（二）嚴正吏治：首先正官之體，立其威儀，正其衣冠。中元六年五月詔曰：「夫吏者民之師也，車駕衣服宜稱。吏六百石以上，皆長吏也，亡度者，或不吏服，出入閭巷，亡吏體者，皆上丞相御史請之。」次則對貨賂爲市，以苛爲察，以克爲明者，視其情節，一一糾正之。

（三）治綱寬松：「民之於政也，如魚之於水也，魚相忘於江湖，民相忘於道術，水寬魚樂。政疏民勤，勤則富，富則教，教則善，善則真，真則美，美則誠，誠則窮理盡性，道光宇宙，德充四海，心馳萬物，萬理畢張，萬造畢舉；善無聲而化惡，正無跡而清邪；道心自行，善性自張，真情自發，生滅榮枯，都出於自然，有爲乎，無爲乎？莊子之意甚善，上可無爲，留有廣大的天地、充裕的時間，令居下者依據其主客條件，發揮其勢，施展其能，有作有爲，有創有成。上者亦非不可爲也，惟在於爲之簡而明，精而要，綱而疏，善而妙，開而放，育而

「方今之務，莫若使民務農而已矣。欲民務農，在於貴粟；貴粟之道，在于使民以粟爲賞罰。今募天下入粟縣官，得以拜爵，得以除罪。如此，富人有爵，農民有錢，粟有所渫，所謂損有餘而補不足，令出而民利者也。順於民心，所補者三：一曰主用足，二曰民賦少，三曰勸農功。粟者之大用，政之本務。令民入粟受爵，爵者上之所擅，出於口而無窮；粟者，民之所種，生於地而不乏。夫得高爵也免罪，人之所甚欲也，使天下人入粟於邊以免罪，不過三歲，塞下之粟必多矣。」

立綱者，立開創盛世之綱也。定制者，確定實現大綱之規制也。據《前漢書·景帝本紀》所載，可明景帝之政矣。

五、景帝之政

（一）章憲法度：中元五年（前一四五年）九月詔曰：「法令度量所以禁暴上邪也。獄人之大命，死者不可復生，吏或不奉法令，以貨賂爲市，朋黨比周，以苛爲察，以克爲明，令

「聖王在上，而民不凍飢者，爲開其資財之道也。堯、禹有九年之水，湯有七年之旱而國無捐瘠者，以畜積多而備先具也。今海内爲一，地有餘利，民有餘力，生穀之未盡墾，山澤之利未盡出也，遊食之民未盡歸農也。民貧則姦邪生，貧生於不足，不足生於不農，不農則不地著，不地著則離鄉輕家，民如鳥獸。夫寒之於衣，不待輕煖；饑之於食，不待甘旨。人情一日不再食則飢，終歲不製衣則寒。夫腹饑不得食，膚寒不得衣，雖慈母不能保其子，君安能以有其民哉！明主知其然也，故務民農桑，薄賦斂，廣畜積，以實倉廩，備水旱，故民可得而有也。民者，在上，所以牧之趨利如水走下，四方無擇也。粟米、布帛生於地，長於時，聚於力，非可一日成也。是故明君貴五谷而賤金玉。今農夫五口之家，其服役者不下二人，其能耕者不過百畝，百畝之收不過百石（石，音担，一石穀重一百斤）。四時之間，無日休息，勤苦如此。急政暴虐，賦斂不時，朝令而暮改，當其有者，半價而賣，亡者取倍稱之息；於是賣田宅、鬻子孫以償債者矣。而商賈大者積貯，小者坐列販賣，乘上之急，所賣必倍。此商人所以兼并農人，農人所以流亡者也。今法律賤商人，商人已富貴矣；尊農夫，而農夫已貧賤矣。故俗之所貴，主之所賤也；吏之所卑，法之所尊也。上下相反，好惡乖迕，而欲國富法立，不可得也。

爲中華史上元首、股肱之間留下了一塊永遠不可癒合之傷口。晁論《貴粟疏》其音響於今猶存也。

（二）一詔一疏，立綱定制

一詔者何謂也，專指景帝即位之年，前元元年（公元前一五六年，乙酉年）所發之第一詔也。「詔曰：蓋聞古者祖有功而有德，制禮樂各有由。歌者所以發德也，舞者所以明功也。高廟耐（正月旦作酒，八月成曰耐）奏《武德》《文始》《五行》之舞，孝惠廟耐，奏《文始》《五行》之舞。孝文皇帝臨天下，通關梁，不異遠方；除誹謗，去肉刑，賞賜長老，收恤孤獨，以遂羣生；減耆欲，不受獻，罪人不帑，不誅亡罪，私其利也；除宮刑，出美人，重絕人之世也。朕既不敏，弗能勝識。此皆上世之所不及，而孝文皇帝親行之，德厚侔天地，利澤施四海，靡不獲福。明象乎日月而廟樂不稱，朕甚懼焉，其爲孝文皇帝爲昭德之舞，然後祖宗之功德，施於萬歲，永永無窮。朕甚嘉之。」此詔也既列舉了文帝之德政，實八百年來所未見堪稱盛世之蹟，亦用啟景帝之新政，在新的歷史條件下開創景帝之盛世。

「一疏」指晁錯《論粟疏》。此文計八百十六字，乃古代一篇重農之佳作，兹節錄如次：

曰：可。」

（一）戡亂立威，平叛致治

前元二年（丙戌年，公元前一五五年）景帝意有覺文帝對賈誼之《治安策》有所失，以此年春三月始立皇子德爲河間王，閼爲臨江王，餘爲淮陽王，非爲汝南王，彭祖爲廣川王，發爲長沙王。

就在景帝彌補歷史之失時，七國謀反作亂之警報傳入長安未央宮。景帝以太尉周勃爲統帥，率軍戡亂，以大將軍竇嬰副之。前元三年（公元前一五四年）二月壬子「諸將破七國斬首十餘萬級，追斬吳王濞于丹徒；膠西王卬、楚王戊、趙王遂、濟南王辟光、菑川王賢、膠東王雄渠，皆自殺。」夏六月詔曰：「乃者吳王濞等，爲逆起兵，相脅詿誤吏民，吏民不得已。今濞等已滅，當坐濞等及逋逃亡軍者，皆赦之。楚元王子埶等，與濞等爲逆，朕不忍加法，除其籍，毋令汙宗室。」歷時半載七國之亂告平。景帝在平亂中以寬大爲懷，得聖君之體，而且將大亂速反之正，步入大治之局，繼續文帝開拓之盛世，亦堪稱明矣聖矣。但在吳楚七國初反紛亂之際，失察於袁盎之陰謀，誤殺了功臣晁錯，其所喪者如同景帝自殘股肱也，無情無痛乎！

四、景帝之武功文治

文帝於后元七年（公元前一五七年），甲申，夏六月己亥崩於未央宮（文帝于二十二歲即位，居位二十三年，享年四十六也。）。景帝，文帝太子也，母曰竇皇后，文帝崩後八日，太子即皇帝位，號曰孝景皇帝，名啟，以前元年乙酉年爲爲元年。元年冬，十月詔曰：「蓋聞古者，祖有功而宗有德，制禮樂各有由。歌者所以發德也，舞者所以明功也。孝文皇帝臨天下，除誹謗，去肉刑，賞賜長老，收恤孤獨，以遂羣生；減耆欲，不受獻，罪人帑（刑不及妻子），不誅亡罪，不私其利也；除宮刑，出美人（釋放皇宮內之宮女），朕既不敏，弗能勝識。此皆上世之所不及，而孝文皇帝親行之。德厚侔天地，利澤施四海。靡不獲福，而明象乎日月，而廟樂不稱，朕甚懼焉。其爲孝文皇帝廟，爲昭德之舞。然後祖宗之功德施於萬世，永永無窮，朕甚嘉之！」奏丞相臣嘉等奏曰：「陛下，永思孝道，立昭德之舞以明孝文皇帝之盛德，皆臣嘉等愚所不及。臣謹議：世功莫大於高皇帝，德莫盛於孝文皇帝。請宣布天下。制惟幾，股肱喜哉，元首起哉，百工熙哉。」（元首君也。股肱臣也。時，順時也。幾，慎微也。喜，樂盡忠元首之政也。元首、股肱、百官猶頭腦四肢，百體歸一也。）構成文帝之朝的元首、股肱者：文帝、周勃、灌嬰、張相如、馮敬、賈誼是也。《前漢書·賈誼傳》曰：「於是天子議以誼任公卿之位，絳、灌、東陽候馮敬之屬盡害之，乃毀誼曰：「雒陽之人年少，初學，專欲擅權，紛亂諸事，於是天子後亦疎之，不用其議，以誼爲長沙王太傅。」賈誼之處境大變，上有元首疎之，不用其議，并黜之爲長沙王太傅，左右有絳、灌等讒之害之。可見文帝之朝，元首、股肱已非一體也，已非同道同德同心同氣者矣，此乃余所見文帝之失也。其失有三：一曰乏培育棟樑之材的遠見與御大才之術；二曰不明股肱之間新老差異，從而協調之；三曰不識大才之器度高遠，可廣而不可抑，可鼓而不可泄，黜誼爲長沙王太傅，無異於賜劍令自刎也，誼三十二歲而夭折，非其天寿固短也，乃孤憤而死者也。觀其文（著述五十八篇），知其器，明其志，曉其趣，周立國以後，中經春秋、戰國八百年间其才略之雄偉未有遠過谊者，文帝遇之实千載之獨機，惜未展其才，故余以爲乃文帝之大失也，其所失者乃文帝盛世之豐富、膏腴而多彩也。

翼之，使與太子居處出入，故太子乃生而見正事、聞正言、行正道，左右前後，皆正人也。孔子曰：『少成若天性，習慣如自然』，及太子少長則入於學。入於東學，上親而貴仁，親疏有序，而恩相及矣。入南學，上齒而貴信，長幼有差而民不誣矣。入北學，上貴而尊爵，則貴賤有等而下不踰矣。入太學，承師問道，則德智長而治道得矣。三代之所以長久者，以其輔翼太子有此具也。秦世之所亟絕者，在於秦王置天下法令刑罰，德澤已亡，怨毒盈于世，下憎惡之如仇，禍幾及于身。今或言禮誼之不如法令，教化之不如刑罰，人主胡不引殷、周、秦事以觀之也。顧行而忘利，守節而仗義，故可以託不御之權，可以寄六尺之孤，此厲廉恥、行禮義之所致也。主上何喪焉。故曰可爲太息者此也。」（上錄史料，悉見《前漢書·賈誼傳》。）傳有《贊》曰：「劉向稱：賈誼言三代與秦治亂之意，其論甚美，通達國體，雖古之伊、管未能遠過也。使時見用，功化必盛，爲庸臣所害，甚可悼痛。追觀孝文玄默，躬行以移風俗，誼之所陳，略施行矣。誼亦天年早終，雖不至公卿未爲不遇也。」這些論斷固亦宜也。但鄙見欲以申之者在指明文帝御才之失也，言其失也，必有古訓以尊之。《尚書·臯陶謨》曰：「允迪厥德，謨明弼諧。」（言人君當信蹈古人之德謀，廣聰明以輔諧其政。）《益稷》曰：「惟時也，至冒上也。進計者猶曰：『毋爲。』可爲長大息者，此也。商君遺禮義、棄仁恩并心於進取，行之二歲，秦俗日敗，故秦人家富子壯則出分，家貧子壯則出贅。借父耰鉏，慮有德色。母取箕箒，立面誶語，抱哺其子與公併倨，婦姑不相説則反唇而相稽，其子嗜利，不同禽獸者亡幾耳。天下大敗，衆掩寡，智欺愚，勇威怯，壯凌衰，其亂至矣。昔之爲秦者今轉爲漢矣，然其遺風餘俗，猶尚未改，今世以侈靡相競；而上亡制度、棄禮義、捐廉恥日甚，可謂月異而歲不同矣。夫移風易俗，使天下回心而向道，類非俗吏之所能爲也。陛下又不自憂，窃爲陛下惜之。夫立君臣，等上下，使父子有禮，六親有紀。管子曰：『禮義廉恥，國之四維，四維不張，國乃滅亡。』秦滅四維，凡十三年而社稷爲虚。今四維猶未備也。姦人幾幸而衆心疑惑。此業一定，歲歲常安，而後有所持循矣。若夫經制不定，是猶度江河而亡維楫，中流而遇風波，船必覆矣。可爲長大息者此也。昔者周成王幼，在繈抱之中，召公爲太保，周公爲太傅，太公爲太師。保，保其身體；傅，傅之德義；師，道之教訓。此三公之職也。於是置三少，皆上太夫也。曰少保、少傅、少師，是與太子宴者也。故乃孩提有識，三公三少固明孝、仁、禮、義，以道習之，逐去邪人，不使見惡行，於是皆選天下之端士，孝悌博聞、有道術者以衛以少其力，力少則易使義，國小則亡邪心。今海內之勢，如身之使臂，臂之使指，莫不制從，諸侯之君，不敢有異心，輻湊并進，而歸命天子。雖在細民且知其安。今天下之勢方病大瘇，脛之大幾如腰，一指之大幾如股，失今不治，必爲痼疾。後雖有扁鵲，不能爲已。故曰：非徒病瘇也，又苦跖戾，可痛哭者此病是也。」

「天下之勢，方倒懸也。天子者，天下之首也，何也？上也。蠻夷者，天下之足也，何也，下也。今匈奴嫚侮、侵掠，至不敬也。而漢歲致金、絮、采、繒以奉之，足反居上，首顧居下，倒懸如此，莫之能解。斥侯望烽燧不得臥，將吏被介胄而睡，臣故曰一方有病矣。醫能治之而上不使，可爲流涙者此也。陛下何忍以帝皇之號爲戎人諸侯勢，既卑辱而眡不息，長此安窮，進謀者率以爲是，固不可解也，亡具甚矣。臣窃料匈奴之衆不過漢一大縣，以天下之大，困於一縣之衆，甚爲執事者羞之。陛下何不試以臣爲屬國之官以主匈奴，行臣之計，請必係單于之頸而制其命；伏中行説而笞其背，舉匈奴之衆，唯上之令。今不獵猛敵而獵田彘，不搏反寇而搏畜兔，翫細娱而不圖大患，非所以爲安也。可爲流泪者此也。」

賈誼所言「長大息者六」，实際只陳述了三。兹引述如次：「夫俗，至大不敬也，至亡等庶每生。至人遺物，獨與道俱。真人恬漠，獨與道息。德人無累，知命不憂。後歲餘，文帝思誼，徵之至入見，上方受釐坐宣室，上因感鬼神事而問鬼神之本，誼具道所以然之故，乃拜誼爲梁懷王太傅。數问以得失，誼數上書，陳政事，多所欲匡建。其大略曰：「臣窃惟事勢：可爲痛哭者一，可爲流泪者二，可为长太息者六。」進言者皆曰：「天下已安已治矣，臣獨以爲未也。曰安且治者，非愚則諛也，皆非事实知治乱之體者也。夫抱火厝之積薪之下而寢其上，大未及燃，因謂之安。方今之勢，何以異此。本末舛逆，首尾衡決，國制搶攘，非甚有紀（理也），胡可爲治。因陳治安之策，試詳擇焉。」

「天子春秋鼎盛，然而天下少安何也？大國之王幼弱未壯，漢之所置傳相，方握其事，數年之後諸侯之王大抵皆冠，血氣方剛，漢之傳相稱病而賜罷。此時如欲爲治安，雖堯舜不治。高皇帝以明聖威武即天子位，割膏腴之地以王諸公，其後十年之內，反者九起。……故親者必危，疏者必亂，已然之效也。其異姓負強而亂者已勝之矣，同姓襲是跡而動，既有徵矣，……夫仁義恩厚，人主之芒刃也，權勢法制，人主之斤斧也。今諸侯王皆眾髖髀也，釋斤斧之用，而欲嬰以芒刃，臣以爲不缺則折。臣窃跡前事，大抵強者先反，欲天下之治安，莫若眾建諸侯灌嬰也。東陽侯，張相如也。）乃毀誼曰：雒陽之人年少，初學，專欲擅權，紛亂諸事。於是天子後亦疎之，不用其議，以誼爲長沙王太傅。誼既以適去，意不自得。及渡湘水爲賦以弔屈原，其終篇曰：已矣！國亡，人莫我知也。誼追傷之。因以自諭。其辭曰：「恭承嘉惠兮（師古曰：恭，敬也。嘉惠，詔令也。）竢罪長沙，（竢，待也。）反聞屈原兮自湛汨羅，造託湘流兮，敬弔先生，遭世罔極兮，乃隕厥身。嗚乎哀哉！逢時不祥！鸞鳳伏竄兮，鴟鴞翱翔，闒茸尊顯兮，讒諛得志，賢聖逆曳兮，方正倒植，謂隨夷溷兮，謂跖蹻廉。……」誼爲長沙三年，有服飛入誼舍，止於坐隅，服似鴞，不祥鳥也。誼自傷悼，以爲壽不得長。乃爲賦以自廣。其辭曰：單閼之歲四月孟夏庚子日，斜服集余舍，坐於坐隅，貌甚閒暇。異物來萃兮，私怪其故，發書占之讖言其故。曰野鳥入室，主人將去。問於子服，予云何之，吉乎告我，凶言其災，淹速度，语予其期。服乃太息，举首奮翼，口不能言，請對以意。……憂喜聚門，吉凶同域。禍之與福，何異糾纏。天不可與慮，道不可與谋。且夫天地爲罏，造化爲工，陰陽爲炭，萬物为銅，合散消息安有常則，千變萬化，未始有極。忽然爲人，何足控揣，化为異物，又何足患。小智自私，賤彼貴我，達人大觀，物亡不可。貪夫徇財，烈士徇名，夸者死權，品御也」。針對秦始皇之失，不愛民、保民而役民，統一六國（前二二一年）後，僅存十五年而秦亡。文帝深察「保民而王」之大義，居位二十三年與民修養生息，卒成大治，爲漢景帝之盛世樹立了楷模，且積累了物質基礎。

三、文帝之失

文帝之失有二：一曰未洞燭權臣之奸；二曰未用賈誼之策。

賈誼（公元前二〇〇——一六八年）西漢之政論家、文學家，雒陽人也，年十八以能誦詩書屬文稱於郡中。河南守吳公聞其秀才，召置門下，甚愛。文帝初立，召以爲博士。是時年二十餘，最爲少，每詔令下，諸老先生未能言，誼盡爲之。對人人各如是意，於是以爲能。文帝說之。超遷，歲中至太史大夫。誼以爲漢興二十餘年，天下和洽，宜當改正朔、易服色、制度、定官名、興禮樂，乃草具其儀法。文帝謙讓，未皇也。然諸法令所更定及列侯就國，其說皆誼發之，於是天子議以誼任公卿之位。降灌東陽侯，馮敬之屬盡害之。（降，周勃也。灌，天下君王之上，二十有餘年矣。賴天之靈，社稷之福，方內安寧，靡有兵革，朕既不敏，常畏過行，以羞先帝之遺德，惟年之久長，懼于不終，今乃幸以天年得復供養于高廟。朕之不盟，與嘉之，其奚哀念之有？其令天下吏民，令到出臨三晶皆擇服，無禁取婦、嫁女、祠祀、飲酒、食肉。自當給喪事服臨者，皆無踐。經帶無過三寸，無布車及兵器。無發民哭臨宮殿中。它不在令中者，皆以此令比類從事。布告天下，使明知朕意。」贊文亦書曰：「孝文皇帝即位二十三年，宮室、苑囿、車騎、服御無所增益。有不便，輒弛以利民。嘗欲作露臺，召匠計之，值百金，上曰百金中人十家之產也，吾奉先帝室常恐羞之，何以臺爲。」身衣弋綈。所幸慎夫人衣不曳地，惟幔無文繡，以示敦朴，爲天下先。治霸陵皆瓦器，不得以金銀銅錫爲飾。因其山不起墳。」百金露臺，視爲十家之產，計而不興，其儉德有過於常民遠矣，無怪乎其爲君也日衣弋綈而不覺儉，后宮衣不曳地而不覺窘，惟幔無文而不覺下，此在中華皇宮君王生活中所未見者也，亦足以見文帝性樸德厚，欲以儉質化民之心切也。

文帝之所以具有如此惇厚之道德修養，還應追遡深受《孟子》王道的影響。《孟子》一書從一開始與梁惠王論王道就説：「王何必曰利，亦有仁義而已矣。」并提出「保民而王莫之能一百二十歲，中寿一百歲，下寿八十歲），廉吏民之表也⋯以戶口率置三老、孝悌、力田常員，令各率其意，以道民焉。」此可視爲由文帝發現的，可於村村寨寨廣泛推行的農業技術指導小組，由三老、孝悌、力田三種人組成，有推動農業生產。聖哉！文帝有勝於后稷者遠矣！

三曰「農爲天下之本」。文帝前元二年（前一七八年）春正月丁亥詔曰：「夫農天下之本也。其間籍田（籍，古者天子爲籍千畝。），朕親率耕，以給宗宙粢盛。」九月又詔曰：「農天下之大本也，民所恃以生也。而民或不務本而事末，故生不遂。朕憂其然，故今茲親率羣臣農以勸之，其賜天下民今年田租之半。」一年之中兩詔勸農，并免是年田租之一半，以資鼓勵焉。可見文帝爲政之誠且實也。

四曰謙虛節約。文帝之本性謙謹，虛懷若谷，雖居帝位，猶守節儉之德，此在中華君王中最爲卓顯者，讀其遺詔，感人之深，千古一色也。「朕聞之，蓋天下萬物之萌生，靡不有死，死者天地之理，此之自然，奚可甚哀。當今之世咸嘉生而惡死，厚葬以在破業，重服以傷生，吾甚不取。且朕既不德，無以佐百姓，今崩又使重服，久臨以罹寒署之數，哀人父子傷長老之志，損其飲食，絕鬼神之祭祀，以重吾不德，謂天下何。朕獲保宗廟，以眇眇之身，託於元前一五七年），即令西漢王朝進入盛世，爲文、景之治立下根基，并爲漢武帝在中華史上開拓的文治武功準備了足夠的物力財力，追索文帝速致盛世之政，曰有如次五端焉。

一曰開直諫之門：前元二年（公元前一七八年）十一月告羣臣曰：「朕獲保宗廟，以微眇之身，託於士民君王之上，天下治亂，在予一人，唯二三執政猶吾股肱也，朕下不能治育羣生，上以累三光之明，其不德大矣。令至，其悉思朕之過失，及知見之所不及，匄以啟告朕。又舉賢良方正、能直言極諫者，以匡朕之不逮。」此乃周德式微近千年間中華史上所僅見者也。

二曰治國首務在治民心，治民心之要莫先於孝悌。《孝經》曰：「夫孝，天之經也，地之義也，民之行也；天地之經而民是則之，以順天下，其教不肅而成，其政不嚴而治。」文帝前元十二年（前一六八年）詔曰：「道民之路在於務本，朕親率天下農，十年于今，而野不加辟（開闢也），歲一不登，民有饑色，是從事焉尚寡而吏未加務也。吾詔書數下，歲勸民種樹，而功未興，是吏奉吾詔不勤而勸民不明也。且吾農民甚苦而吏莫之省，將何以勸焉。其賜農今年租稅之半。又曰：孝悌天下之大順也，力田爲生之本也，三老眾民之師也（三老指上寿天下。故大臣因天下之心而欲迎立大王，大王勿疑也，卜之，得「大横」。（古曰：「大横庚庚，余爲天王，夏啟以光。」）於是大王乃遣太后弟薄昭見太尉勃，勃等具言所以迎立王者。昭還報曰信矣。可知文帝居代已賢聖仁德聞於天下矣。

文帝之帝道帝德還見之於尊老。前元二年三月有司請立太子母竇氏爲皇后，詔曰：「方春和時，草木羣生之物皆有以自樂，而吾百姓鰥寡孤獨窮困之人或阽於死亡，而莫之省憂，爲民父母將何如，其議所以振貸之。又曰老者非帛不煖，非肉不飽，今歲首不時使人存問長老，又無酒肉布帛之賜，將何以佐天下子孫孝養其親。今聞吏稟當受鬻者，或以陳粟，豈稱養老之意哉！其爲令！有司請令縣道：年八十以上賜米，人月一石，肉二十斤，酒五斗。其九十以上又賜帛人二疋，絮三斤。」（《前漢書·文帝本紀》）

二、文帝之四政

文帝居位二十三年（始于前元元年，即公元前一七九年，計十六年，終于後元七年，即公

丙、王道重興，盛世立見

周德之興以迄其得國，享祚歷千有餘年，春秋五霸可謂由王道轉霸，進入戰國則是七雄爭霸，王道盡喪之季也。秦滅六國之後，楚漢相爭六年，漢高祖（劉邦）於公元前二〇六年得國，恢復王道，漢文帝於公元前一七九年即位，可視爲盛世之始也，距周之得國（前一一二二年）適近千年矣。可謂王道重興，盛世立見也。

一、文帝之帝道帝德

孝文帝，諱恒之，高祖之中子也，母曰薄姬。高祖十一年誅陳豨，定代地，立爲代王。諸呂謀爲亂，爲丞相陳平、太尉周勃、朱虛侯劉章所平，謀立代王，羣臣多疑之，獨中尉宋昌進曰：羣臣之議皆非也。方今天下獨淮南王與大王爲帝子，大王又居長，賢聖仁孝聞於可分也，道統人類者也，不可分也。然而，事實上已分也，而且分得很嚴重也，是利已之心使然也，而且經歷了幾千年血與火、劍與砲的浩刦，靈活之心性似乎失去昔日之靈氣，變成了心性情三元素之綜合化石，適足以窒息人類固有之三元素之活力。用以及拯救人類，我要大聲疾呼：喚醒全人類之良知、善性與真情。特別當前民粹主義席捲歐美之際，我中華秉「道統」立國，更要大氣擔當，內以道統立國，將我國建設成爲具有中國特色的社會主義國家。對外則要堅持先聖先賢所立之大同世界觀，使之與馬克思所揭示的國際主義相結合，完成人類未竟的事業。就當前的國際形勢而論，當提出建立新型的大國關係的偉大戰略，爭取與美歐亞非建立廣泛的統一戰线，推進全人類之大同進程，此乃鄙見「周雖舊邦，其命維新」之用意所在也。

能。」「惇信明義，崇德報功，垂拱而天下治。」在《康誥》中昭示：「作新民。」（弘王道，安殷民，順天命，爲日新之教。）在《酒诰》中誡曰：「罔敢湎于酒。」「水監可見人形，民監可窺得失。」「惟德馨香。」在《梓材》示「子子孫孫永保民，至於萬年爲王。」

（二）立《洪範》大法

武王勝殷，殺受，立武庚（受子），以箕子（紂王諸父，官太師，封于箕。）歸，箕子陳天地之大法爲政教軌範，可謂周德之最完備形態也。洪範一立，則庶政百事，綱舉目張矣。周祚延續八百年，中經春秋、戰國兩大歷史階段，周之遺烈雖失，但其影響積澱於人心、人性、人情者猶活躍于現代人之心性情三者之中，雖以古今爲辨也，有別之者唯時勢不同而已也。道也，德也，與時偕行而已矣，心也，性也，情也，與時偕行而已矣。心之本性思也、善也、欲也、惡也、邪也，未變也。性之本性善也、惡也、欲也，未變也，與時偕行也。情之本性七情（喜、怒、哀、懼、愛、惡、欲）六欲（五官之欲，加男女生殖器官之欲）未變也，與時偕行也。故知心性情三者上承經史，下接庶民，上通道德，下通人心，古今一體不可分，道德人心不可分，人類一體也，不可分也；心、性、情三者一體也，不可分也，心統性情者也，不道謂之王公，作行之謂之士大夫，審曲面執以飭五材，以辨民器，謂之百工。通四方之珍異以資之謂之商旅，飭力以長地財謂之農夫，治絲磨以成之謂之婦功。巧者述之，守之勢，謂之工。」《周禮》所列之職能詳矣備矣，無以復加矣，列入《十三經》宜矣。

四、武成之治

周之得國始作於武王滅殷紂王（受），適值公元前一一二三年，武成之治，乃指武王居位五年（一一二三——一一一六年），成王居位五十七年（公元前一一一六——一〇七九年），其間周公攝政七年，即成王獨掌政權五十年（前一一〇九——一一七九年）。

（一）偃武修文

武王伐紂之始迄滅紂之後，曾三次昭告諸侯，其文曰《泰誓》（一）（二）（三）。在《泰誓》（三）中昭告曰：「偃武修文。歸馬於華山之陽，放牛於桃林之野，示天下弗服。」服者，用也。示天下此後弗用也。同時提出「立德務滋，除惡務本。」「建官惟賢，位事惟

三、周公旦之功

周公旦之功有三焉：一是盡忠竭誠輔佐武王，武王重病中，周公旦置書《金縢》求以代武王之命。二是攝政七年歸政于成王，并作《無逸》以誡成王。《無逸》大義略陳如次：周公曰：「嗚呼！君子所其無逸，先知稼穡之艱難乃逸，則知小人之依。我聞曰：昔在殷中宗嚴恭寅畏，天命自度，治民祇懼，不敢荒寧，肆中宗之享國七十有五年。其在高宗三年不言，不敢荒寧，嘉靖殷邦，至小大無時或怨，肆高宗享國五十有九年。自殷王中宗及高宗及祖甲及我周文王，兹四人迪哲，皇自敬德。」此《無逸》篇，歷代制度多開講筵以誡君臣逸豫敗政。三是作《周禮》，此乃中華政治史上最早最完備的一部政府管理學，以治官爲首務。「立天官冢宰，掌邦治，以佐王均邦國。」「立地官司徒掌邦教，以佐王安擾（治也）邦國。」「太宰之職掌建邦之六典：一曰治典，二曰教典，三曰禮典，四曰政典，五曰刑典，六曰事典。」「地官司徒掌邦教，以佐王安擾邦國。」又立春夏秋冬四卿：「春官宗伯掌邦禮。以佐王和邦國。夏官司馬掌邦政，以佐王平邦國。秋官司寇掌邦禁，以佐王刑邦國。」冬官考工記：「坐而論

（不爲世俗所移也。）九二曰：見龍在田，利見大人。何謂也？子曰：龍德而正中者也。九三曰：君子終日乾乾，夕惕若厲，無咎。何謂也？子曰：君子進德修業。忠信，所以進德也；修辭立其诚，所以居業也。」古公亶父之世（前一三五三年），周之立德尚屬純樸，文王之世，周德已明確意識到是以龍之表現形態爲特色的王者之修德也。及至武王之至德，足以號召諸侯組成聯軍，盟于孟津，一舉而滅殷紂王矣。

二、周德重史尊賢

周德重史，可於分封諸侯一事見之也。周武得國之後，分封諸侯計有十國：追遠先聖，褒封神農之後于焦，黃帝之後于祝，帝堯之後于薊，帝舜之後于陳，大禹之後于杞，封功臣尚父于營丘曰齊，封弟周公旦于曲阜曰魯，封召公奭于燕，封弟叔鮮于管，封弟叔度于蔡。十封國中追遠先聖者居半，亦可想見武王追遠之厚也。

論之，則明《易・乾》所示龍之變化、乾以龍御天、坤以馬行地、以物象而喻人事者也。益之以孔子爲《易》作《十翼》，導之以天地、物象、人事之道，則道德政教，爲事俱通，纖理悉明，萬化畢張矣。如初九「潛龍勿用」，潛伏之能量（龍）處于幼弱之狀態，何言其作用乎？然而公劉生活於庶民之中，目有所見，耳有所聞，聲有所發，情有所感，形之於民歌，亦自然耳。收入於《詩經》之中，流傳至今，成爲古代之德音，千古磨者也。文王在演《周易》時已思慮及此，故曰：「初九，潛龍勿用」；「九二，見龍在田」；「九三，君子終日乾乾，夕惕若厲」；「九四，或躍在淵」；「九五，飛龍在天」。此五德之遞進與夫周之公劉、古公亶父、季歷、文王、武王五聖德業之開展適相對應，故知《易・乾》者乃周德理形態之最高與最完備之表現也。故我認爲：「潛龍勿用，陽在下也；見龍在田，德普施也；終日乾乾，反復道也；或躍在淵，進無咎也；飛龍在天，大人造也；亢龍有悔，盈不可久也。」這些文義，全出于文王之手筆，以其對祖上之德瞭如指掌也。此外《易・乾》之《文言》悉屬《十翼》之一，乃孔子所作也。如此，則《易・乾》之文盡矣，无他人之筆雜于其間矣。

讀孔子《文言》之義，「初九曰潛龍勿用。何謂也？孔子曰：龍德而隱者也，不易乎世。

《中國歷史年表》十一頁。）

及王季之世，周德厚且廣矣，有聞于朝廷矣，適當殷二十九任帝武乙之世，從而褒獎之。《詩・大雅・旱麓》序曰：「周之先祖，世修后稷、公劉之業，大王、王季申以百福、千祿焉。」其詩曰：「瞻彼旱麓，榛楛瞻彼旱麓，榛楛濟濟。豈弟君子，干祿豈弟。」「瑟彼玉瓚，黃流在中，豈弟君子，福祿攸降。」（《十三經注疏》五一五——五一六）

至文王之世，周德備矣，能承受天降之命矣。故《詩・大雅・文王》曰：「文王受命作周也。」鄭氏箋曰：「受命，受天命而王天下，制立周邦。」其詩曰：「文王在上，於昭于天。周雖舊邦，其命維新。思皇多士，生此王國；王國克生，維國之楨；濟濟多士，文王以寧！宜鑑於殷，駿命不易！上天之載，無聲無臭，儀刑文王，萬邦作孚。」（《十三經注疏》五〇二——五〇五頁）「率由舊章威儀抑抑，德音秩秩，無怨無惡，率由群匹，受福無疆，四方之綱；百辟卿士，媚于天子，不解於位，民炎攸塈。（急也。）」（《十三經注疏》五四〇——五四一頁）此文王積德之效見之於詩歌形態者足以感人之心也。

文王積德之效更有形之於理論形態而永遠發人心者也。若以周德與《易・乾》大義比照而公元前一七九八年，夏桀之世。）周之興自此始也。傳十二世，古公亶父立，生長子泰伯（避位江南，後爲吳國之祖。），次子虞仲，少子季歷。季歷子昌立，是爲文王。太子發立，是爲武王。文王立，遵后稷、公劉之業，篤仁敬老，慈幼禮下，賢者來歸，日中不暇食以待士。伯夷、叔齊在孤竹，盍往歸之。殷佞臣崇侯虎，譖西伯於紂曰：西伯積善累德，諸侯皆歸之，將不利於帝。紂乃囚西伯于羑里（公元前一一四四年）。文王居囚中演《易》八卦爲六十四卦，經周公參與作爻辭，又經孔子作《十翼》，《易》之理論形態周備矣。故稱《周易》，或曰：爲周聖之功而稱周易，其理亦通。文王長子發立，率衆諸侯伐殷紂王而滅之，號周武王而有天下，始于公元前一一二六年。

周之積德也，始于公劉。《詩·大雅·公劉》記其事：「美公劉之厚于民。」公劉居於邰，遭夏人之亂，迫逐公劉而遷其民而邑於豳。其詩曰：「篤公劉，匪居匪康，乃埸乃疆，乃積乃倉，乃裹餱糧，于橐于囊，思輯用光。」「弓矢斯張，干戈戚揚，爰方啓行。」「篤公劉，于胥斯原，既庶既繁，既順乃宣，而無永歎。」（《十三經注疏》五四一——五四二頁）是時乃當夏桀之世。「前一八一九年，周部落酋長公劉遷于豳邑（今陝西旬縣）。」（柏楊

乙、周雖舊邦，其命惟新

一、周之簡史

據司馬遷《史記·周本紀》所記：「周之先祖帝嚳乃軒轅黄帝之曾孫，其母有邰氏女曰姜原，姜原爲帝嚳元妃。姜原出野，見巨人跡，心忻然悅，欲踐之，踐之而身動如孕者，居期而生子，以爲不祥，棄之隘巷，馬牛過者皆避不踐。徙置之林中，適會山林多人遷之，而棄渠中水中，飛鳥以其翼覆薦之，姜原以爲神，遂收養長之。初欲棄之，因名曰棄。棄爲兒時，屹如巨人之志，其遊戲好種樹、麻、菽麻、菽美，及爲成人，遂好耕農，相地之宜。宜穀者稼穡焉。民皆法則之。帝堯聞之，舉棄爲農師。天下得其利有功。舜曰：棄，黎民始饑，爾后稷播時百穀，封棄於邰，號曰后稷，别姓姬氏。后稷之興，在陶唐虞夏之際，皆有令德。后稷卒，子不窋立，不窋卒，子鞠立，鞠卒，子公劉立。公劉雖在戎狄之间，復修后稷之業。」（約誠正。說曰：「王，人求多聞（人求增廣見聞。），時惟建事（及時立業），學于古訓，乃有獲。事不師古以克永世，非說攸聞（攸，所也）。」惟学遜志（遜，順也，亦立也，固也，深也，強也。），務時敏（以與時务、現实相結合，才會領會道理更透澈，更实效），厥脩乃來（見之于個人脩養與變化氣質等才會更顯明效。）「允懷于茲，道積于厥躬」（堅懷此志不懈，才可積道成德于身。）。「惟斅學半，念終始典于學，厥德脩，罔覺」。（斅，教也，教乃學之一半也。因教而知困，而明學之所失與所不足也。因而精思學之終始過程中之得失，忱于學習則道自明，德自立于不知不覺之中，氣質變化而罔覺也。）

監于殷之先王祖宗立其憲章，代有遵循，保證了政惇無愆，說相遵循敬承而且四方招賢納乂，列於庶位，使吏治廉肅，成爲中華史上第一盛世。高宗感歎直呼曰：「嗚呼！說四海之內，咸仰朕德，時乃風！股肱惟人，良臣惟聖！昔先正保衡，作我先王。乃曰：予弗克俾厥后惟堯舜，其心愧恥，若撻于市。一夫不獲，則曰時予之辜！佑我烈祖，格于皇天！爾尚明保予，罔俾阿衡，專美有商，惟后非賢不乂，惟賢非后不食！其爾克紹乃辟于先王，永綏民！說拜稽首曰：敢對揚天子之休命。」（見《十三經注疏》一七四——一七六頁）

事神則難。」事神之要在敬，禮則如數可矣。

殷高宗聽了説相所陳右列施政綱領，嘉之曰：「旨哉！説乃言惟服，乃不良于言，予罔開于行。」説拜稽首曰：「非知之艱，行之惟艱。」説相此「知易行難」之説，在中華學術史上乃首見者也。説相此言之意在于，心之慮，形之於言易爲也；但要踐之于行，以見其實效則難矣，獨未明澈高宗之「忱」，故有曰：「王忱（至誠之心也）不艱，允協于先王成德。」「惟説不言，有厥咎。」説相對高宗之深意未及透澈理解，也不能點破，故不免有其咎也。

《説命（下）》主要爲殷高宗與説相論師古與追遠殷之祖德受天命的問題。「王曰：來，汝説！台小子舊學於甘盤！」（殷高宗曰：説相，請過來，予告汝往昔小人學于甘盤。（即高宗之父居帝位時帝相盤庚也，高宗即位時甘盤佐之。此時已故矣。）既乃遯于荒野，入宅于河。自河徂亳（往居亳）暨厥終（及今之意）罔顯（無明德大功顯于朝廷）。汝惟訓于朕志（惟有汝以高道训教我，使我志高遠通達），若作酒醴，爾惟麴蘖，若作和羹，爾惟鹽梅（盐，鹹味梅醋類），爾交修予（交，多方誘導；修，修養，促進等意。），罔予棄（不放棄予），予惟克邁（邁，行也，克邁，競進而行也。）。訓（汝之教導）高宗之此言也，懇切而草蔓；懶者憻者貪者讒者逸者逃者叛者，不一而足。歷殷高宗之朝，尊説相之法，盛世首見於中華史冊矣。

官，特别居要職者，要長處於深思熟慮之中，發布政令之時一定要選最佳時機，做到「憲善以動，動惟厥時」，蓋在適其天時地利人和也。當其見善有功時，不要自稱其善，自矜其功，須知「有其善者喪其善，矜其能者喪厥功」。居功自矜者必然走向反面，蓋天道惟知惠物，不知有功也。

居官位者，不問其職位高低必處於事務之中，必常思有備、有防、有作爲，即使遭遇突發事變，亦應對裕如也。對居官之個人品格上之修養，説相誡曰：「無啟寵納侮，無恥過作非。」蓋啟寵者，必卑躬而屈膝，阿諛以奉承，口是而心非，貌恭以取悦，文過而飾非，思進以讒賢；卑污其心，僞裝其行，上欺君，下壓臣，以恣其虐，以肆其奸；混亂視聽，莫此爲甚。説相以爲，只有將這些正反之言行悉歸其正態，始可辨奸立忠，揚善退惡，祛邪扶正，政清人和。

祭祀祖先亦屬國政之一，説相亦必慮及之。其言曰：「黷於祭祀，時惟弗欽。禮煩則亂，前述戒逸豫與治民乃爲政二前提也。繼之四句「惟天聰明，惟聖時憲，惟臣欽若，惟民從乂」，乃樹立为政之最高指导思想。具体言之则天道也。天道无所不包，无所不至，故曰聰明、聖君要將此天道及時昭示臣民，或形之憲章法典以爲獎懲之依據，庶民百姓自知從善矣。「惟口起羞，惟甲胄起戎，惟衣裳在笥，惟干戈省厥躬。」惟口起羞，言教令不可從口出也，出之不慎則遭禍辱也。甲胄者武裝之屬也，不可輕動也，動則意在興戎發兵也。戎服置笥中，非具人不與也；干戈，國之利器也，非其才不任也。君王在這些用人選才，特別強軍擇將帥等重大問題上要戒慎儆謹，明察秋毫，豫審利害，消除隱患于未來。

聖王明君更要把穩好「治亂在庶官」，此乃一個國家政權成敗、安危、存亡、毀興所繫，亦是一個時代之明晦、榮枯所繫，亦是道傷世矣，世傷道矣，道與世交相傷也之所繫，有可辨者也，有難辨者，不管內外上下條件如何復雜難辨，但「治亂在庶官」，乃不辨自明，可掌控操作促其轉換之者也。説相以爲「官不及私，呢惟其能；爵罔及惡，德惟其賢」，乃治官之道也。官不及私者何謂也。曰君王之親近也，或曰宗室，或曰外戚，或曰朋友；宗室有遠近，外戚有親疏，朋友有厚薄。予之官爵有高低，祿位有上下，德才有忠拙，積久則百弊叢生，萬奸

二、履位立綱

相位居百官之首，總攬國政，千頭萬緒，必綱舉而目張始可政通人和、教化天下。說相踐位之初，即提出：「不惟逸豫，惟以亂民。」亂者，安也。就治國安邦而言，此二者乃最高綱領也。逸豫者，人性之惡習也，好逸惡勞，古今皆然，說相有見於此者，以其自身勞苦成習，傳巖板築不過其千辛萬苦之一也。教民棄逸務勞，不怕辛苦，不畏風霜雪雨，能忍饑挨餓，乃有國者之首務，識得此理，善導民而行之乃真正愛民之君也，真正愛民之相也，亦乃提高社會生產力與防止社會腐敗之有效辦法。農諺曰「人勤地不懶」，古爲富民之道，今則強國之經也。今之爲國者一定看透人性之墮落從逸豫始。逸之本義，《康熙字典》曰：「失也，過也，奔也，縱也。」豫之本義，《康熙字典》曰：「安也，樂也，怠也，佚也，遊也。」逸豫所含之九病：失、過、奔、縱、安、樂、怠、佚、遊，有眈之其一者足以傷德敗行，誤國荒政。此處說相所言亂民者，乃安民、治民之謂也。（《康熙字典》《立政》「丕乃俾亂之類皆訓治。」）

一、拜相授命

命之曰：「朝夕納誨，以輔台德。若金（指金屬工器或兵器），用汝作礪（磨刀石也）；若濟（渡也）巨川，用汝作舟楫；若歲大旱，用汝作霖雨；啟乃心，沃朕心；若藥（治病用藥）弗瞑眩，厥疾弗瘳（病愈也）；若跣（赤足而行）弗視地，厥足用傷。惟暨（及也）乃僚，罔不同心，以匡乃辟（乃辟，汝君也）。俾率先王（備先王之道），迪我高后（迪，啟迪引導。后，君王也。），以康（安也）兆民。嗚呼！欽予時命（敬我是命），其惟有終。」

（貫徹到底以見實效）

傅說敬受高宗面詔欣然回稟曰：「惟木從繩則正，君從諫則聖；后克聖，臣不命其。誰敢不敬順王之美令而諫者乎。」

甲、非知之艱，行之惟艱

殷高宗（公元前一三二五——一二六六年）居位五十九年，乃殷之二十三任帝也，名小乙。其父小辛崩，守孝三年，默而不言。及繼帝位，復默而不言。羣臣咸諫之曰：「嗚呼，知之曰明哲，明實作則。天子爲萬邦之君主，乃百官尊承的楷模。君王之言就是命令，君王不言，臣下沒有遵從之命令，就無所適從了。」於是高宗乃作書，以誥羣臣，曰：「以我之言，爲四方諸侯遵從之準繩，恐怕我之爲人與道德修養差的太遠，所以不敢輕言，倒不如恭恭敬敬用心思道更爲妥當。近日夢得天帝賜我一良相，其相貌似此，精審而繪圖之，馳往四方尋找。」說版築於傅巖之下，對照圖相惟妙惟肖。遂載入朝，名之曰傅説，爰立作相。《尚書・商書・説命》三篇詳記其事。

緒論

「孔子侍坐於哀公。哀公曰：『敢問人道誰爲大？』孔子愀然作色而對曰：『君之及此言也，百姓之德也。固臣敢無辭而對，人道政爲大。』公曰：『敢問，何謂爲政？』孔子對曰：『政者正也，君爲政，則百姓從政矣。君之所爲，百姓之所從也，君所不爲，百姓何從哉？』公曰：『敢問爲政如之何？』孔子對曰：『夫婦別，父子親，君臣嚴，三者，則庶物從之矣。』公曰：『寡人雖無似也，願聞所以行三言之道。可得聞乎？』孔子對曰：『古之爲政，愛人爲大，所以治愛人。禮爲大，所以治禮。敬爲大，弗愛不親，弗敬不正，愛與敬其政之本與。』」（《禮記・哀公》見《十三經注疏》一六二二頁）

愛與敬其政之本與，愛與敬其盛世之本與，唯聖君賢相在位始可獲見焉？

目録

圖書在版編目（CIP）數據

中華經史綱要. 盛世篇：中國古代盛世經驗 / 何光榮著.

— 北京：團結出版社，2021.5

ISBN 978-7-5126-8503-1

Ⅰ. ①中… Ⅱ. ①何… Ⅲ. ①經學—歷史—中國②中國歷史—古代史—研究 Ⅳ. ①Z126②K220.7

中國版本圖書館CIP資料核字（2020）第259759號

出版：團結出版社

（北京市東城區東皇城根南街84號 郵編：100006）

電話：（010）65228880　65244790（傳真）

網址：www.tjpress.com

Email：zb65244790@vip.163.com

經銷：全國新華書店

印刷：大廠回族自治縣德誠印務有限公司

開本：145×210　1/32

印張：94.25

字數：1590千字

版次：2021年5月 第1版

印次：2021年5月 第1次印刷

書號：978-7-5126-8503-1

定價：598.00元（全八冊）

中華經史綱要

盛世篇：中國古代盛世經驗

何光榮◎著

團結出版社

中華經史綱要

教育篇：中國古代教育哲學

何光榮◎著

團结出版社

圖書在版編目（CIP）數據

中華經史綱要. 教育篇：中國古代教育哲學 / 何光榮著.
— 北京：團結出版社, 2021.5

ISBN 978-7-5126-8503-1

Ⅰ. ①中… Ⅱ. ①何… Ⅲ. ①經學–歷史–中國②教育哲學
–研究–中國–古代 Ⅳ. ①Z126②G40-02

中國版本圖書館CIP資料核字（2020）第259415號

出版： 團結出版社
（北京市東城區東皇城根南街84號 郵編：100006）

電話：（010）65228880 65244790（傳真）

網址： www.tjpress.com

Email： zb65244790@vip.163.com

經銷： 全國新華書店

印刷： 大廠回族自治縣德誠印務有限公司

開本： 145×210 1/32

印張： 94.25

字數： 1590千字

版次： 2021年5月 第1版

印次： 2021年5月 第1次印刷

書號： 978-7-5126-8503-1

定價： 598.00元（全八册）

于北辰序（注）

「建國君民，教學爲先」，此《禮記·學記》之訓也；國力之競爭，實爲人才之競爭，此當今之論也。可知教育、學校，誠爲天下國家之命脈，不可不致力以求其至善也。至善之要津何在？經費也，師資也，此誠犖犖大端者，不可不備也。然尤爲至切至要者，乃在於以民族精神和民族傳統文化精華啟迪後學，使其明知内負興邦富民之重責，有敬業樂群之品德；外臨協和萬邦之大任，具機敏應變之慧智。余有機緣於病房中獲讀何君所撰中國古代教育哲學初稿，意在弘揚中華傳統文化；其所論之本體－人性－認識－教育－道德修養－人生意義諸論，既自成邏輯，又深發中華傳統文化之精微，其有益於教育指導思想之完善，自可期待；然亦有賴於教育界各級領導者及各類學校校長、特别是大學校長，致力研讀，付諸實踐，以求提高人才素質而見其明效大驗也。其中有些論見，實有發前人之所未發者，雖屬一家之言，卻有發學人深思者存焉，此固有待於學界之探討也。何君求爲之序，余畢生從事青年思想和高教領導工作，痛感教育理論之重要，然如此稿之言之精煉切要者，實未多見，殷望刊行於世，是爲序。

前内蒙大學校長暨

前中央教育行政學院常務副院長

于北辰

一九九五年元月於北京

（注）本册曾以《中國古代教育哲學》之名单独刊行，今次收入《中华经史纲要》，保留原有序和跋。文中书名不变，特此说明。）

自序

我國應當有自己的教育哲學，應當建立自己的教育哲學體系。因爲我中華的教育思想本來就出自哲理，特別是人生哲理；哲學之於教育，不是從外部提供方法論，而是哲學本身就有教育之大義存焉；教育亦不限於徒具孤立之含義，而是在實踐哲學，故哲學與教育渾爲一體。《中庸》所言「自誠明，謂之性；自明誠，謂之教」（注一），就足以説明教育與哲學渾爲一體之關係，唯在於發明耳。而且經歷了三千多年有文字記載的教育實踐，積累了極其豐富的經驗，將其細作整理，條分理析，其理論體系即粲然大備，我們應當爲此而創造性地工作。

人類文明的歷史證明，我中華民族的思想自有特點，更有優點；這些優點不僅蘊於特點之中，闡發特點，則優點益顯其光輝；而且檢討人類文化的歷史，循其思路軌跡，展望人類文明的發展，預測人類的未來，就愈覺我中華文化與全人類的思想情感，息息相通，脈脈相應，岌岌相求，冥冥相融。至少可以説，人性是相同的，理性是相近的，而我中華文化的最高精神境界——個人的自我完善與社會的自我完善的一致性，應是人類的完美理論之一。

具體言之，我認爲中華民族的思想特點有三：一是全方位的、統觀的、徹上徹下的、至大至微的、統一於一體之整體觀，如視天地人物爲一體、爲一完整的大體系的觀點；二是充滿於這個大體系中的無遠勿屆、無微不入、無時不存、無幾不乘的生生不息、變化不窮、發展不已的觀點；三是人爲天地之心、人爲萬物之靈、人爲自然的主宰、人爲主體的主人、人爲社會國家的主人和公僕的觀點。

一個民族之思想特點決定著一個民族的文化特點，同樣，我中華民族之思想特點決定著我中華民族的文化特點。我認爲中華文化特點有三：一是人本主義的文化，即以人爲主體的文化；二是人性善的文化，即表現人的本質、弘揚人性的文化；三是人心主宰著物的文化，即人心役物而不爲物所役的文化。

哲學是思想、文化最集中最深邃最周遍的表現，中國哲學即是此種表現，亦自有其特點。要而言之，則有二焉：一曰自然觀、宇宙觀、社會政治觀與人生觀之統一；二曰本體論、物性論與倫理論之統一。

進一步就哲學與教育、或教育與哲學的關係論之，其特點與西方迥異；中國之哲學深蘊著教育思想，中國之教育思想體現著完備的哲理；二者關係極爲密切，幾乎可以說一而二、二而一，二者統一於一體之中。故中國教育哲學體系較易建立和完善；而西方則幾乎用了一百五十年時間始達到今天的水準。（注二）

余之寫此中國教育哲學一稿，就是意在作此嘗試，並以此就正於海内外同仁。

【注解】

（注一）見《十三經疏》一六二五頁。

（注二）西方教育哲學，論者多從德國教育學者盧盛克讓茲（Rosenkranz1805–1879）著《教育學體系》（Die Padagogikals system）一書算起。

目録

第三篇　認識論

第四篇　教育論

第一篇　本體論

本體論乃整個哲學體系的一個組成部分，《辭海》定義爲「哲學中研究世界的本原或本性的部分」，我對此界説基本同意，但應引申其義。即研究世界的本原，在哲學中佔著極其重要的地位，這乃是哲學中之基礎部位，或曰基石部位；哲學中之其他觀點都是從對這基石的態度、看法而產生的。

本體論一詞出自西哲，Ontology譯爲本體論。此詞爲十八世紀德國哲學家沃爾佛所介紹（注一），指明此乃哲學中之一個分枝，意在於論述存在的理論。具體言之，則在於闡明真正的存在與看起來似乎存在、永久存在和暫時存在、獨立無條件存在和依賴有條件存在之間的差別。故本體論與形而上學，實乃同一含義（注二）。據沃爾佛之見，本體論一詞流行於世，哲學第一次分成爲理論的和實踐的兩部分，前者曰形而上學，又分爲總體部分（泛論普遍存在，不問其爲物質的或精神的）和特殊部分（專論上帝、世界和心靈）（注三）。直至第二次世界大戰之際，哲學教科書一般採用沃爾佛的分類：邏輯學、神秘直觀學、本體論、倫理學、宇宙論和神學（注四）。於此可見，本體論乃是近代哲學史上出現的一分枝所用的名詞。

我中華哲學雖無本體論之名，但有本體論之實。《周易・系辭》有雲：「形而上者謂之道，形而下者謂之器」（注五），此形而上者，其實質即本體也。故中華哲學有體即有用，恰如西哲之存在與現象，乃一體之表底也。程伊川曰：「體用一源，顯微無間。」此中之體、微，即存在也，即本體也；用、顯，即現象也，即表現也。體用一源者，即存在與現象之統一也。有是體，即有是用；有此存在，即有此現象；二者名稱不同，其實質則一，其所見則一。若就其所見之先後言之，則中華哲人之見在先；若就其所見之深淺論之，則中華哲人之見爲深；當中華哲人提出「道」、「器」概念的時候，柏拉圖只見到屬於現象範疇的辯證法，還未意識到現象後面的本體的存在，更未意識到本體又是如何變化而來的。

中華哲學的本體觀又有其特點，各家所見之不同，則使其特點豐富多彩，茲分述之。

一、儒家之本體論

儒家的本體觀主要表現在《周易》八卦中，特別是乾坤二卦，乃是八卦之首，亦是八卦之根。其次，則《中庸》之論誠，實亦言本體，然其理論之本，仍在乾卦，故可視爲「乾道變化，各正性命」的詳審注腳。茲分别論之。

（一）周易乾坤

《易經》又有稱變經者（熊十力先生語），其爲我中華民族思想之源、儒家哲學思想之根，乃古今學術之定論，毋庸置疑，故吾今日討論儒家哲學之本體論，亦必先從《易經》開始。

《易經》以八卦爲基，演繹爲六十四卦，而此八卦中，又以乾坤二卦爲根。乾代表陽，代表天，代表物質變化和精神變化之内部動力，代表變化之主導傾向，代表主動精神。坤代表陰，代表地，代表物質變化和精神變化之内部動力，代表變化之被導傾向，代表被動配合力量。無乾，則變化不生，運動不起；無坤，則變化不成，運動不繼。乾，不可孤而立；坤，不可孤而存。二者必相倚而立，相濟以存，相推以動，相感以變，相應以化。這樣，構成一個統一的大變化概念。所謂大者，指無所不包，無所不容，無所不屆，無所不及，無所不化，無所不成，無所不新者也，乾坤之爲概念，看似抽象，實則具體實在，表明宇宙間，物質變化和精神變化的動力之兩種表現形態，交互作用，互爲推動，促進物質、精神之統一變化和發展。此種動力，亙古亙今，無時不存，無物不具，大極於無垠，微及於無倫，無有不備者也。無此動力，則乾坤息矣，變化息矣，運動息矣。凡言哲理、探變化之奧者，未有不思尋此動力者也。在黑格爾的頭腦里是Being（存在），Nothing（無）以及由此而引起的Becoming（變化）（注六）。《易經》中關於存在的概念，實有近於此，而其實際變化的活躍情景，則遠過於黑氏所描述之者也。《易經》所陳述的精神推動物質之變化，由乾坤而肇其端，通過心物萬象而見其幾，此中之辯證關係，由此幾而推知蘊於物質內部的精神力量，又由於此精神力量之推動，而廣察宇宙、物質以至於人類本身之變化，其所見之博大精微、完備縝密、瞬息萬狀、須臾千姿，遠勝於黑氏由精神外化爲物質之論不知幾千萬里矣。此乃心物統一發展之最合理之表述也。

余於此欲進一步考察八卦所代表的物質形態的具體情況，以探明推動變化的原動力。

乾　代表天
坤　代表地
震　代表雷
巽　代表風

坎 代表水

離 代表火

艮 代表山

兌 代表澤

此八種物質形態，依據科學研究之成就和參照宗教文獻之記述，考之宇宙之起源、發展，地球之形成，以及萬物生長的漫長幽遠的過程，則可推知，天地雷風水火山澤，確爲最最最原始的物質形態，伏羲氏據此以劃八卦，以象變化，以推測天地人物一體之大道，以窺人事於興亡盛衰之幾，以昭善惡邪正之戒，以垂倫理忠孝之範，即以今日文明之眼光視之，亦得赫然驚悚，嘆爲睿智深邃，無以倫比的卓越天才。此八種物質形態，不僅原始地構成了統一的物質世界，而且孕育著一個種類繁雜、支脈漫衍的龐大而統一的物種世界，萬物育焉，人類出焉。此乃宇宙間至善之事也。但今日余之目光所注意者，余之所致力欲以探究者，既不是人們所見之此物質世界，也不是此物質世界之變化本身；余之所欲求説明之者，是其變化所賴以發生之原動力，即此種動力之所自。很顯然，不是來自物之外部，而是蘊於物之内部，藏於物之本身。故必須於事物之本身做縝密之探索，始可求得此動力，始可據以説明宇宙變化之道，人與物進化和發展之跡；從而對於宇宙、萬物、人類，對於人類本身之自我完善，以及此完善之過程與宇宙、萬物之關係有深切之瞭解，並能尋出正確的途徑，此乃是教育哲學中最深層、最根本之問題。這也是教育哲學首先必須探究宇宙本體之原因所在，這同樣是我在論述教育哲學時首先討論宇宙本體之原因所在。蓋欲知其來必先究其往，欲明其表必先窮其底，欲發其精必先闡其蘊，本體者，乃誠也底也蘊也。誠者真實無妄之謂也。

現在來討論乾坤諸卦中論誠之具體見解。

「乾，潛龍勿用。」（注七）

王弼注曰：「文言備矣。」

孔穎達正義曰：「潛者，隱伏之名；龍者，變化之物。言天地自然之氣。」

此處所雲潛者，實有物存焉。王弼以一備字概括之，實得其要。隱伏之狀，似屬靜止，實非靜也，是相對靜也，是靜中有動也，是靜而待動也，是積小動而爲大動也，是靜之狀態而動之過程也，是大動之前奏也，是靜之轉化也，是靜轉向動也，是物質運動形態之轉變也，是運動之交替也。從宏觀言之，則所謂隱伏者，靜止者，乃物質運動之一種形態也；而且動靜之間並非截然劃分其界限也，絕對的動與絕對的靜也；而是撲朔迷離、動靜難稽也。實其形態多變也，多姿也；呈現出許許多多過渡形態、過渡環節，由隱而之顯，由靜而及動，其間經歷著複雜的、微弱的、小步的、小點的、曲折的、迴旋的、漫長的漸變過程，非一旦而突變也。突變者，漸變之積也，條件之聚也，臨界點之突破也。變之有自，變之有基，變之有物，變之有幾，此乃誠之用也，誠之表現也，誠之有物也，誠之必化也，誠之實在也。

乾：「彖曰：大哉乾元，萬物資始，乃統天，雲行雨施，品物流形，大明終始，六位時成，時乘六龍以御天。乾道變化，各正性命。」（注八）

坤：「彖曰：至哉坤元，萬物資生，乃順承天；坤厚載物，德合無疆，含弘光大，品物鹹亨。」（注九）

將乾坤兩象詞合而思之玩之，則知所謂乾元、坤元者是乃分別言之有其方便也，非乾元爲一獨立之元，亦非坤元爲一獨立之元也，應合而言之，實乃一元也。一元論，此乃《易經》唯一之主旨，此主旨一立，實開中華哲學一元論之風，造成了中華哲學一大特點，發展至宋明，直指心性，遠爲西哲所不及，更爲人類文明提出了迫切的哲學和人生課題而爲當代有識者日漸有所覺悟者也。

「大哉」者，無所不包也，無所不容也，無所不窮也；「至哉」者，無所不載也，無所不覆也，無所不化也。萬物資始者，始，鴻濛也，開拓也，萬物賴以茲發之始基也，始基之動力勃發奮進也。萬物資生者，生，息息變化也，承受乾元之動力而運載不窮，生機勃發而最終化物成人也。由始而生，或曰始生合德，則品物流形矣。而且大明始終，心性獲得發展，人類因以出現；含弘光大，品物鹹亨，萬物和人類，各得其所，各遂其化，各衍其族，各繁其類，「人類自居世界頂峰」（注十）。

「乾道變化，各正性命」者，此處乾之本義爲天、爲健，「乾卦本以象天，乾者，體用之稱，乾，健也，言天之體，以健爲用」。故乾道者，實指天道也。天道變化的結果，既化生動植飛潛，逐步進化，而有高等動物，而有人類。物有其性，人亦有其性；雖各各有别，然人物之性，既是同根而生，自亦有其共同點，名之曰善，人性善、物性善之理論蓋源於此也。命者，定數也，物命有定數，人命自亦有定數，此定數也不過是生命所經歷的生-壯-老-死的時間過程而已，並沒有包含任何不可思議的神秘色彩於其中，此不過是自然過程，天道之力也，非人之主觀意志或其他神力所可改變者，亦只有順之而已。一言以蔽之，性和命俱出自天也，出自誠也，故《中庸》之言「自誠明，謂之性」者，實「乾道變化，各正性命」的具體注釋也。

（二）中庸誠説

誠之概念有多義焉（注十一），此處所論者，僅依《中庸》之誠説而求有符其原意也。余以爲其要義有三：一是表現哲學和自然科學中之實在也；二是表現人生哲學之誠實也；三是表現教育哲學之淵源也。

誠，在儒家哲學中，作爲一種概念，其含義近乎西方哲學中之Reality（實在）、Being（存在）等詞之意。但中西哲學有其相異處，故亦只可以近乎之意況味之，而其旨趣，實有深淺生死之差矣。即以中華哲學論之，儒道兩家於誠之見，實亦存有異同深淺之辨，亦應注意及之。

《中庸》之論誠有如下述。

「誠者，天之道也。」

孔穎達疏云：「明至誠之道，天之性也。」

將此經文與疏言統一而論之，則知其所謂「誠者，天之道也」，乃是言天之道實實在在存在也。同前所述《易經》乾道之義，其旨一也。儒家哲學所言道者，即今之所言規律之意也。天則含自然和廣大之義，天道者，即至高至大至廣至深至微至妙至幾至神之規律也。此規律普遍存於宇宙之總體中，亦貫穿於物類人類，具體言之，雖各有殊，但從總體言之，則唯一道而已，一理而已。合總體與具體言之，則曰一理萬殊，或萬理歸一。不管一理也好、萬殊也好，俱歸於誠。此誠者，亙古亙今，乃永存不變者也。人之對規律之認識，因主客條件有異，或許有變，但誠之存在，則是永遠不變的。

再進一步探索《中庸》推進誠之本義之論。

「誠者，物之終始，不誠無物」。

這兩句話乃是中西哲學本體論的最簡明最深刻的定義，非僅中華哲學爲然也，非僅儒家哲學爲然也。所謂誠者，實在也，實體也，存在也，宇宙之生成變化也，物質運動之形式也，推動物質運動之原動力之表現也，物中有心、心中有物、兩者無先無後之統一表現也，說物時心在、說心時物在，一而二、二而一之表現也，最終歸於一也，歸於誠也，誠者，心物一統之謂也，存在、生息、進化、發展之奧也。有存在始有萬物，萬物始於此、原於此、根於此、生於此、長於此、榮枯於此、再生於此、再繁於此、再衍於此、再新於此。始於此、終於此；始終循環往復於此，擴大、進化、提高、優化於此。誠、實在、存在乃萬物（包括）人類資始資生發榮繁衍進化優生於此的物質基礎。故曰「誠者，物之終始」。於此，余以爲有二義應予發明：一是就普遍而言，包括人類在內的萬物總體的全過程，不管其經歷何種變化，不管此種變化在相互關係上產生何等深刻的影響，以致於引起質變，離其發源處愈來愈遠，有不辨種別之虞，但其始也必歸之於誠，以明其本，知其所自出，只要此本原一清，則其發展脈絡自清，歸宿亦自清矣。二是就個別而言，在總體之上的個別，也有其發展的全過程，在其全過程中之變化，既有其根基、脈絡，亦有其枝葉、果實；不管其暫時榮枯消長情況如何，總趨勢則是愈演愈繁，愈繁愈新，愈新愈奇，愈奇愈神，然最終歸於誠，歸於其本原。此二者，雖分別言之曰普遍，曰個別，但合而言之則物也，則物之過程也。物，物也；人，亦物也；由人與物相接而產生之事，亦物也。而其原，則誠也。誠者，物之原也、本也；物之始也、發也；物之終也、歸也；物之本末始終一貫也。無處而非誠，無體而非誠，無事而非誠，無念而非誠，是誠貫徹於物事、人事之全過程也，是誠貫徹於人之心靈、思想、言行、事功、品德之全過程也。故曰：「不誠無物」。此中哲學之見與西方哲學有相近似者，如老巴門尼德曾說過：「無存在則無思想」，而波格里奧洛則認爲「無存在則無主體」。（注十二）

然細作推玩，此誠之概念，實乃前述乾坤變化的物質基礎。因爲，在說乾坤變化時，其前提就是指物質之變化，所謂變化，就眼前而言，似是脫離物質，實則是指在物質之中的變化，就是物質變化本身，非謂在物質之外有何變化也。故此，若將「誠者，物之終始」置於乾道變化之前一併思考，則其義理似更完備。因此可見《中庸》論誠，不僅是對乾道的注釋和發揮，而是對乾道提供了一個重要論點，簡直可視爲其必要之前提論點。

更有一義當予闡發，即「誠者，物之終始」中，含有人對事物之態度問題，對窮究物（事）理人情之態度問題，有此態度，則誠之含義中真誠虔敬之意就體現了。有誠敬謹微之意，則事物之理可窮了，人情之微可察了，人道之大可盡了；物之終始、人之終始、事之終始可預知，可謹行，並參與於事物之終始的過程中，與物同體，與物同化，與物長存，使自我完善之過程達於至高至善之域，此誠之完美之本義也。

對於「不誠無物」之理解，還應當做如是觀，一是視誠爲唯一存在，是則無存在即無物矣。二是視誠爲態度，無誠真敬敏之心則無物矣；如此，則既無以知物，更無以知我，昧於物我，昧於物我之間的關係，則不知其倫類矣，豈不悲哉！

再進而細玩《中庸》對誠之概念如何豐富其義、開拓其用。

「故至誠無息，不息則久，久則徵，徵則悠遠，悠遠則博厚，博厚則高明；博厚所以載物也，高明所以覆物也，悠久所以成物也。博厚配地，高明配天，悠久無疆。如此者，不見而章，不動而變，無爲而成。天地之道、可一言而盡也。其爲物不貳，則其生物不測。天地之

道，博也、厚也、高也、明也、悠也、久也」。（注十三）

此一大段文字的真諦，正是論説本體和現象（注十四）、存在和表現（注十五）、體和用（注十六）之間的關係。從人類思想發展之歷程言之，此乃是最早出現之關於本體和現象之理論，即後於孔子而出的柏拉圖，亦只見現象而未及本體，只見到了事物萬象的辯證法，而未洞悉萬象的本原，所以他只用了Dialectic（辯證）一詞，而未用Ontology（本體論）這個詞。從人類認識深度廣度及宏觀微觀等之縱横關係言之，則迄今爲止，實未有論見如此周密詳備、博大精深、活躍神化、萬而歸一者。茲就管見所及，指明其要義如次。

一、所謂至誠無息者，此乃宇宙、萬物、人類起源發展以至於不斷完善、達於高之又高、美之又美、永無止境之原動力也。誠者，存在也；至誠者，對此存在容許置疑、但實無可置疑之隙也；實有物而存在也，非虛空也，非馳心而冥想之者，乃憑物而思也，依象而論也，推變而悟也，窺理而明也，見幾而妙用也，妙用之中而見慧心也；此心本與物同體，而又主導著物，表現著物，並促進物之完善和心之完善也；是乃宇寅、萬象、人類起源、發展、完善以達於至善之境地永不枯竭。而且愈浚愈新、愈發愈大之原動力也，是乃心物一統也，是乃心物之正確關係也。在此正確關係之中，唯心唯物之偏見無所入，亦無有其置身之地，更無其作用之所；至誠無息之永不停滯的過程之中，唯見有物之不息地變化及推動此變化之動力之顯現，它們之存在形態是一體的，因而是互相依賴、互相推動、互爲表里、相得益彰的，絕不可能獨立存在。說心時，則有物存在，而且心存在於物中；說物時，則有心存在，而且物中無處不有心。故心物不可歧分爲二，更不可設想二者分離；心離物，則二者同枯矣；物離心，則二者同槁矣。因而二者俱失去生命矣，變化隨之而不生矣。故知心物乃一事也，乃一體也，乃一理也，乃一形也，乃一神也，乃一變也，乃一化也，乃一幾也，乃物之本身也，乃心之本身也；乃心物之本身也。故不可分也。強分開言之，可曰心也，可曰物也；實則無意義也，不知所旨也。因爲言心則有物在，言物則有心存；未有無心之物，亦未有無物之心。劈開心物而獨言唯心唯物者，是猶欲劈涇渭之水而獨言涇水渭水也，豈可得乎？抽刀斷水水更流，抽刀者徒望水興歎，江河不毀萬古流；劈心物而獨言唯心唯物者，亦如抽刀斷水者然，亦只能望萬象興歎，宇宙間事物依然是唯知心物一體之理，不停息地向前發展、完善，而無暇顧及唯心唯物之爭，心先物後、或物先心後、心主導物、或物派生心等種種之辯論。於此可見，不從本體上窮究事物之道，只見現象枝葉，片面務求，自不免陷入唯心、唯物之辯爭，而無以登高望遠，求得哲學上之解放，此乃古今哲學、特別是西方哲學流於浮泛之大病也。

二、所謂無爲而成者，乃事物按其內在的固有規律，向前發展、變化、消長、榮枯、生生不息、不假外力、直以其內部之動力，形成自己的面貌、狀態、種族、延續秩序和發展趨勢也。此種不可抗拒不可逆轉（或螺旋上升）之規律，不僅蘊於萬物萬象之中，而且寓於人事心態之際，自然界和社會現象，均有其共同規律，以支配制約其各自之特殊規律，實大同而小異也。小異者何在？就自然界而言，以聽任爲主，就社會現象言，則人之意志力量多少起了些作用，但此作用之大小，要視順逆自然規律之程度而定。諺言：有心栽花花不發，無心插柳柳成蔭，可以況味之。不發者，逆了花之性也；成蔭者，順柳之性，任其自然生長也。然考察社會現象，確有過分強調人之意志力量之現象存焉，英雄造時勢之論多出於此，姑不具論焉。唯孔子老子諸大哲，在規律面前頭腦冷靜，不敢輕舉妄動。孔子雖有「知其不可爲而爲之」之言，實亦謹慎之言也，謂竭誠盡力可以做成之事也。故於此可見，儒家之「無爲而成」之見，實有勝於老子之「爲而不有」，以儒家之態度屬於積極進取者也。

三、天地之道，博也、厚也、高也、明也、悠也、久也。此中有兩層含義存焉。一是從時空上言之，博也、厚也，指地言之也；高明，指天言之也；悠久，指時間言之也。綜觀事物的發展，均在時空的進程中也。二是就天地之道本身而言之也，謂天地之道充實於時空之全過即程，凡有時空存在，即有道存於其中；無離時空之道，亦無無道之時空。唯一應當區分者，即人道有別於天道，雖人道從天道而出，且必須服從於天道也。下面我就進一步來探討天道和人道之淵源關係及其區別。

「自誠明，謂之性；自明誠，謂之教。誠則明矣，明則誠矣」。（注十七）

這段經文，按漢・鄭元的注解，則實部分地但確主要地曲解其意，其注曰：「自，由也。由至誠而有明德，是聖人之性者也。由明德而有至誠，是賢人學以知之也。有至誠則必有明德，有明德則必有至誠。」余之所云部分曲解原義者，是其注中亦有正確之見存焉，如「有至誠則必有明德，有明德則必有至誠」是也。余之所云主要曲解原義者是指「自由也。由至誠而有明德，是聖人之性者也。由明德而有至誠，是賢人學以知之也」。此注不但於此處歪曲其原義，而且從根本上歪曲了孔孟繼善成性與人無有不善學說。就此處經義而言，自者，實指本體而言也。誠者，繼續不斷發展之過程也；即宇宙本體繼續不斷之前進運動也。明者，明朗也、明確也、明定也、心之光華也，人性之表現也。故曰「自誠明，謂之性」。此一句經文，同孔子在《周易・系辭》中所言者：「繼之者，善也；成之者，性也」，實則乃同一含義也，而且是同出一轍也。自明誠三字之義，余之理解是：自者，人也；明者，探求也；誠者，宇宙本體及其運動發展而至於出現人類而至於有天道人道之分而至於人可以認識物理人情而至於人有自我完善之自覺也，故曰「自明誠，謂之教」也。於此可見，「自明誠，謂之教」其義，較之《中庸》之開宗明義之言：「天命之謂性，率性之謂道，修道之謂教」，似更爲深遠完美，故德人衛西琴對此評論之曰：「若中庸第二十一章之所言，自明誠謂之教者，則人類有教育以來最爲深切之界說也」（注十八）

教之用大矣哉！一可以自明也，自明矣則可以識天、可以識天之道；更可以識人，識人之道。二可以盡人之性，盡物之性，可以成己、成物，可以贊天地之化育，可以與天地參矣。故知教非人類之目的也，乃是啟發人之自我認識能力，激勵人之自我完善志趣，謀求人類理想之推進和實現也。是乃屬於方法也，過程也，必由之路也。但此認識過程是嚴肅而漫長的，而且必須堅持不懈，始克有濟也。何故哉？其故在於：

一、識天道、識人道、識自我，皆非易爲之者也。雖然天-人-我三者其理一貫，實則其間差别存焉，不可不明，不可不辯。首先天道與人道之殊，《中庸》有言：「誠者天之道也；誠之者人之道也」。此一誠字，其要義有三，一曰真實無妄之謂也；二曰自然發展之過程也；三曰規律存於發展過程之始終，而且永不停息也，是乃「誠者天之道也」之簡明含義也。其次

「誠之者」三字，其要義亦有三焉：一曰體認天道也；二曰體認人道與天道之殊也；三曰實踐人道也。人道大矣繁矣難矣煩矣。獨就認識人道而言，既要明天道與人道在本原上之統一，更要識其差別上之萬殊。不辨本原，其弊必流於愚盲之偏，此乃宗教所乘之隙也；不識差別，其弊必流於出世之隘，此乃老莊所見之失也，不識差別，將天道套用於人類，此乃社會達爾文主義之病也，其貶低人之尊嚴和有損人性之自覺，其禍害之深重，識者鮮矣，嗚呼！余之所以發此浩歎者，蓋有見於人道有勝於天道，必須發揚人道，始可引導人類走出具有迷人魔力之權和利之深淵也。如何發揚人道？必須科學地喚醒人之自覺，促進人類之反思，使其明知人道之集中表現者乃人心人性人情耳。此心性情三者中既有天道存焉，更有人道醒焉；既有天道之不可違背，更有人道之迫切覺悟，人之所以爲人者賴此也，人類之所以和平共處、共謀完善者亦賴此也。儒學實乃人類自覺之學也，其對如何順應天道、弘揚人道，言之詳矣盡矣，然其要者有如「人心惟危，道心惟微，惟精惟一，允執厥中」者，實乃正確解決天道人道之異和人類相安以處、相善以覺之大道也；又如「人無有不善」、「仁義禮智根於心」者，更是弘揚人道之根本理論也；又如「致知格物」、「明明德、親民、止於至善」者，乃自我完善和人類完善之最完備理論，亦人世間所僅見之理論也。

盡人之性、盡物之性、成己、成物、與天地參者，實本體發用至於其極也，但又無極可抵也。因爲盡人性、盡物性，無論盡到何等完美的程度，都是無極限可言的，只可相對言之也。如《中庸》所言之學、問、思、辨、行；人一己百、人十己千之功；尊德性、道問學、致廣大、盡精微之悟，是乃達於自我完善與社會完善之要津也，亦只可相對而言之也。然就當今人類文明程度、科技發展水準、生產力之解放狀況，確也見到了盡人性、盡物性之曙光，但默察人類自覺程度、面對全球之爭奪，實未敢樂觀，人類依然處於權利、私蔽的污泥濁水之中，致使人類社會面臨著諸大端問題，最大的問題就是核威脅、霸權、資本吸血、貧富懸殊、文明異化等。余之前所言「教之用大矣哉」者，意在於喚醒人心人性人情，此乃人類之力之源泉所在，亦人類自求解放之根本也。

二、道家之本體論

道家學說，老子發其端，莊子繼其緒，故論述道家之本體觀時，亦依此序分別言之。

（一）老子之本體觀

老子的思想集中於《道德經》中，王弼注老，被譽爲「真得老子之學」（注十九），「言簡意深，真的老氏清淨之旨（注二十）。故於論述中有所引及之。

余於老子之本體觀，擬依三概念：本、象、動而論之。

老子所見之本

余以爲老子所見之本，即宇宙之本，萬象萬物之本，人類所賴以起源和發展之本，比之於儒家所見者，更覺深入一層，可以說是世界哲學中最早最深邃的見解。茲引用其文以分析之。

「天下萬物生於有，有生於無」（注二一）。

王弼曰：「天下之物皆以有爲生，有之所始，以無爲本」。

此種無中生有，有生於無，以見之於二千五百年前的老子，實是人類大智之窺測，令人驚歎而敬服的天才思想。黑格爾不過是邏輯地從「有」的概念中推論出其「無」的概念，又從其「有」、「無」的概念中推論出「變」的概念。（注二二）但老子所見者並非全同於黑格爾之邏輯也，窺老子之意，在於追溯事物之根也，萬象之本也。老子之意，此可見可思之「有」，僅屬於現象範疇，比於此現象後面尋索出產生現象之本原，而此本原無以名之，遂名之曰無。王注深得其義，曰「有之所始，以無爲本」。此義實符合宇宙起源發展的規律。眼前事物固不能無中生有，一切皆屬有中生有，然放開眼界，馳思宇宙，此有又從何來？則不能劈口回答的問題出焉，總得回答。但又不能簡單地回答説有從有出，這等於沒有回答。老子之見地「有生於無」，雖今日科學也無法圓滿回答，但他把「有」之本原推進了一步，使「有」立於「無」之本原上，這是老子對人類思想所作的偉大貢獻，也是哲學中之一大創見。至此，可以説老子的本體觀是「無」。據此，可以引申老子之無爲思想，其本義是「無」爲，是「無」在爲，是「無」在動，是「無」在變，是「無」在化，是「無」在生，是「無」在長，是「無」在亡，是「無」在成，是「無」在敗，是「無」在推陳出新，是「無」在推動不斷完善。一言以蔽之，是自然推動一切，是自然之力推動一切，是自然規律推動一切，支配一切。「無」爲者非無爲也，自然在爲也，自然規律在爲也。於此可見自然、自然之力、自然規律，在老子思想中所占之地位，從而可知《道德經》之中心思想就是自然、自然力、自然規律。據此可知，老子之無爲思想乃是從其本義派生之第二義，即順其自然。在自然、自然力、自然規律面前，人之主觀意志顯得蒼白無力。因此，在一切事物面前，不可過分強調主觀意志，以致事與願違或適得其反，此乃驗諸於政事人生以至日常細務大抵不爽之道也，有心者無不識之，有識者無不察之，老子思想之具有現實意義者，於此可見也。

從無到有，從有到化，從化到生，從生到物，從物到人，從人到歸真返樸，這是老子的宇宙觀和人生觀的大化流行的自然辨證觀。在此自然辨證觀中，發展的每一個階段、每一環節以至每一小步上，老子都有其具體的見解。如從「無」到「有」這一大過程的概念上，老子就設想爲「天下有始，以爲天下母」、「有物混成，先天地生」（注二三）。爲無到有建立了中間環節，爲其發展變化創設條件，蓋一切事物若無中間的、過渡的條件、環節，是很難出現遽變的，自然界如此，人世間亦復如是。如一粒穀種，若無適度的水分、氣溫、土壤，又適逢其季節等綜合條件，是既不會發芽、更不會生長結實的。老子同時更見到了體之爲用，見到了體用一原之生機玄妙之狀。「穀神不死，是爲元牝，元牝之門，是謂天地根，綿綿若存，用之不勤」（注二四）。此處既有體，又有用，亦體亦用，同出一原。「元之又元，眾妙之門」（注二五），此元中又元，乃指體中之體，眾妙之門，實發用中之用的奧義，其生機靈通、活躍激發、層出不窮、妙用萬變之狀，實令人神往。

老子所見之象

象，乃指現象而言，萬象之總稱也。象在中外哲學中幾乎同用來表示本體之象，萬物之象，雖各派哲學對本對象之見各有差別，但大抵相同。儒家《周易》以此名象，道家老子《道德經》亦以此名象，然其見亦自有差異。老子之見則是：

「大象無形。」（注二六）

「混而爲一，……無狀之狀，無物之象。」（注二七）

大象無形，大音希聲，此乃老子對象之大概念、總概念也。既是大象，而又無形；既是大音，而又無聲，此乃有與無之統一也，體與用之統一也，本與象之統一也。此統一也，比無與有之統一已躍進了一個領域，即已經由無到有而變成了有與無之統一，使「有」之腳跟穩立於「無」之上了。在從無到有的過程中，老子是在往上追溯，有從無來。現在，「大象無形」的有與無，老子在沉思，具體的像是有形的，而大象（無所不包的象、或曰象之總體）的本原何在，則復歸於無，故曰無形。此乃已前進到有的領域之辯證思維。故「大方無隅」、「大音希聲」、「無狀之狀」、「無物之象」者，乃老子馳騁於「無有」與「有無」之間的思辨活動也。具體言之，應是有狀之狀，有物之象，有本之象也。實則老子之意亦是如此。

正是此有本之象，表現爲活潑的生機，此生機充滿於物界，令其自在自適，自變自化，自消自長，自衍自新；只見其象而不見其力，只見其顯而不見其隱，只見其形而不見其神，只見其德而不見其元。而事實上是，此中所謂力也、隱也、神也、元也，皆居於主導也，皆起促進作用也，一言以蔽之，是物界變化之原動力也，老子謂之「元德」。其言曰：「生之畜之，生而不有，爲而不恃，長而不宰，是謂元德。」（注二八）又曰：「生之畜之，長之育之，亭之毒之，養之覆之，……是謂元德。」（注二九）此元德者，自然之表現也，自然之力也，物之變化發展之原動力也，本體之力也，賴有此力而有象也；象者，此力之表現也。

老子所見之動

動者，自然之動也，自然力之動也。老子所見之動，其涵義有四：一曰「周行而不殆」（注三十）；二曰「動而愈出」（注三一）；三曰「萬物負陰而抱陽」（注三二）；四曰「道生之，德畜之，物形之，勢成之」（注三三）。此四義構成了老子所見之動的完整的概念。所謂「周行而不殆者」，言動之普遍性也，既是「無所不至」也，又是永無停息，雖刹那間歇，莫不有動焉；無處不有動，無時不有動，無物不有動，故曰周行而不殆。所謂「動而愈出」者，以其虛而不屈也。既虛矣，故有動之廣闊場所，自不得窮屈，亦不可窮屈，是以動而愈出，出則相虛、相激、相蕩，處於更爲活躍、更爲交互影響、更爲廣袤深澈的動的範圍和因素中，余以爲動而愈出之見，乃是迄今爲止所見的辯證法的最高概括。所謂「萬物負陰而抱陽」者，是指矛盾統一於一體，既是動之原動力，又是動之表現形式也。未聞有不動之事物，未見有不動之現象，故矛盾乃存在於事物之中和事物之間的普遍現象也。無矛盾，則運動竭矣，無陰陽，則乾坤息矣。所謂「物形之、勢成之」者，物，固指物也，因動之結果而見諸於形態、形狀也。勢成之者，乃指事也；因動之結果，由諸多條件、造成某種形勢，而使某種事情，達於某種成敗狀態。總之老子所見之動，是從事物内部見其原動力，以推動事物之前進和發展。

（二）莊子之本體觀

莊周的思想集中表現在《莊子》一書中，郭象《莊子序》云：「通天地之統，序萬物之性，達死生之變，而明内聖外王之道，上知造物無物，下知有物之自造也。其言宏綽，其旨玄妙，至至之道，融微旨雅，泰然遣放，放而不敖，故曰不知義之所適，猖狂妄行，而蹈其大方……而源流深長也。故其長波之所蕩，高風之所扇，暢乎物宜，適乎民願，……雖復貪婪之人，進躁之士，暫而攬其余芳，味其溢流，仿佛其音影，猶足曠然有忘形自得之懷，況探其遠情而玩永年者乎。」（注三四）甚得莊子之要。

予於《莊子》之本體觀，亦擬依三義：本、象、動而論述之。

莊子所見之本

余以爲老莊之本體觀是一脈相承的，唯莊子論述周備，略有所發展而已。如老子云：「天下萬物生於有，有生於無。」莊子則云：「萬物出於無有，有不能以有爲有，必出乎無有。」一

（注三五）此乃老莊之同處，俱言萬物從無到有，而在此從無到有的過程中，包涵了極爲活躍豐富的運動和變化的辯證法，莊子詳爲論之矣。

「有始也者，有未始有始也者，有未始有夫未始有始也者；有有也者，有無也者，有未始有無也者，有未始有夫未始有無者也。俄而有無矣，而未知有無之果孰有孰無也。今我則已有謂矣，而未知吾所謂之其果有謂乎？其果無謂乎？」（注三六）

莊子在《齊物論》中，於回答「知有所至」的問題時指明「有以爲未始有物者，至矣、盡矣，不可加矣」，但他認爲僅此還不足以完全說明本體之存在以及無-有、有-有等的辯證關係，故有此一大段議論之發揮，「有始也者（生有其所自來），有未始有始也者（生於自然，不知其自來），有未始有夫未始有始也者（生於不知其自來，唯知其生而已），有有也者（有之所以爲有，因其有也），有無也者（有從無而出也），有未始有無也者（有不一定從無而出也），有未始有夫未始有無也者（有就是有，根本不知無從何來也）」等諸種窺測。所以莊子緊接著就說，即使一下肯定說有或肯定說無，但不知此有無，何爲真正的有，何爲真正的無，現在我雖說了此話，但不知我是真的說了，還是沒有說呢，總之，是有無難辨，但又不得不辨，而且一定要辯論得清楚明白，儘管有諸種窺測或假設，面對萬物萬象，究其根底，乃是哲理思維之必然。故莊子之此論，可謂備矣詳矣，用心良苦矣，然余以爲其最終之結論還是要回到「有不能以有爲有，必出乎無」上去，即有出於無。莊子又進一步指明由無之有的八德，其言曰：「夫道未始有封，言未始有常，爲是而有畛也。請言其畛：有左有右，有倫有義，有分有辯，有競有爭，此之謂八德。六合之外，聖人存而不論；六合之內，聖人論而不議；春秋經世先王之志，聖人議而不辯。」（注三七）在這裡，左右、方位也；倫義，次序也；分辯，形態也；競爭，運動也。六合之外者，無之所在也，別說聖人存而不論，即今科學昌明之際，欲有所論，亦未必能論得清楚，亦只有存之而已。例如喬治·格蘭特·麥克考蒂近著《人類起源》（注三八）也只能從地質出現的冰河時期開始。

莊子又進一步論辯，「有先天地生者，物邪？物物者非物，物出不得先物也，猶其有物也；猶其有物也，無已」。

在這裡，莊子以「猶其有物也」來回答先天地生者物邪，回答極妙，生動地呈現了由無之有的變化發展的辯證法。又在《大宗師》中描繪道：「自本自根，未有天地，自古以固存，……在太極之先而不爲高，在六極之下而不爲深，先天地生而不爲久，長於上古而不爲老」，爲何如此呢？「夫道有情有信，無爲無形。」（注三九）正是此有情有信、無爲無形之道，乃是先天地生者，乃是猶其有物也，既有物也，既變化發展也，則無已矣，則動植飛潛蘊於其中矣，則人類之化蘊於其中矣，此乃是莊子之本體觀及發展觀。

於茲可見，莊子視此有情有信、無爲無形、可傳而不可受，可得而不可見之道爲萬物之本，萬象之源，萬變之力，在《天下篇》又云「虛靜恬淡，寂寞無爲者，萬物之本也」；在《至樂篇》中又云「萬物職職，皆從無爲殖，故曰天地無爲也而無不爲也」。無爲也，萬物職職，人類芸芸；無不爲也，亦萬物職職，亦人類芸芸。既如此，萬物職職，無爲而無不爲也；人類芸芸，亦無爲也無不爲也。是則人類芸芸者第一要義自是無爲也；只有真正做到了無爲，才有第二要義出焉，無不爲也。然無爲者何也？順其自然也，聽任自然之力也，遵從自然規律也，在自然規律面前不輕舉妄動也，誠如此，則一切順理成章，萬事如意，萬愿以遂，無不爲之效而自至矣。於此可見，無爲而無不爲之道明矣，無不爲出於無爲，欲無不爲則必無爲；處無爲之地則無不爲矣，此自然之理也，亦實踐之效也，當今之科學技術就是明驗大效也，就是嚴肅遵從自然規律、一絲不苟之明驗大效也。世人有不察此者，反無爲之道，不遵從自然規則，不尊重科學精神，欲爲所欲爲，是必致損物敗事也。

此爲莊子從無之有、由本成象、因物及人、自人而行的辯證觀。

莊子所見之象

莊子所見之象，是有其之象而不見其根，有其門之象而不見其門；象與根一體，門同象一原；可見者象，常存者根，常開者門，可見者、常存者、常開者渾然一體也，其變其守、其象其存，中間活躍激蕩，無有停息，不辨形跡，常起常伏，態式屢遷。此是萬物消長榮枯之象，亦是莊子頭腦中思維過程的結晶。發揚莊子思想的光輝，亦有助於爲人類之精神和物質文明之發展注入新的思想和啟迪新的思維方法。

如莊子所云：「萬物皆出於機，皆入於機。」（注四十）物乃象也，機乃根也、門也；出者，表現也，發生也，繁榮也，入者歸也、聚也、結晶也。萬物萬象出於機入於機之過程不是簡單的往復循環運動，而是擴大的螺旋式上升的發展。而此種發展之具體表現，據莊子之見是：「昭昭生於冥冥，有倫生於無形，精神生於道，形本生於精，而萬物以形相生。故九竅者胎生，八竅者卵生，其來無跡，其往無崖，無門無房，四達之皇遑也。邀於此者，四肢強，思慮恂達，耳目聰明，其用心不勞，其應物無方，天不得不高，地不得不廣，日月不得不行，萬物不得不昌，此其道歟！」「惛然若亡而不存，油然不形而生，萬物畜之而不知，此之謂本根。」（注四一）此處所言昭昭者，象也；此種萬象表現爲萬物，表現爲日月星辰，表現爲人之四肢百體及其思慮行爲，資質運量，健而不匱；形神變化，妙而常新；有來有往，見跡見崖；無門無房，惟行惟昌；由本而象，因象而章，冥冥之中，獨見神光。此爲莊子所見之本和象，以及本象之間妙化之契機。

對此妙化的契機，莊子還有進一步之論說：「有自也可，有自也而不可；有自也而然，有自也而不然。惡乎然？然於然；惡乎不然？不然於不然。惡乎可？可於可；惡乎不可？不可於不可。物固有所然，然固有所可。無物不然，無物不可。萬物皆種也，以不同形相禪，始卒若環，莫得其倫，是謂天均。天均者，天倪也」。（注四二）莊子所言之天均，就是本象之間、萬象萬物之際，妙化之契機，就是無以見之於眼而確存於萬物萬象之中，賴以發展變化的自然而然之力，此自然力，固無物不有，而且是平均而有；因無時無處不存，而且是普遍而存；故名之曰均，曰天均。天均者，自然之均也，無私也，無意也，自然而然之也；天啟示於人之、視之不見、思之可稽之一絲生命信息之端倪也，故又名之曰天倪。而此天倪者，雖曰思之可稽，實無定在，不可把捉，動而不居，化而無形，神之又神，而不離於象，與物同在，隨物而化。其狀其態，倏忽而遷，物固有所然，物固有所可者，言其現狀也，言其必如是也。但物亦有所不然，亦有所不可者，是乃言其內外因素、條件，處於交相作用之中，造成錯綜複雜之勢，多方位、多層次、多元化集中於一時，或遷延漫衍，在必然性之鏈條上出現偶然性，而使物非其物，形非其形，出現必不如是之狀態也。

莊子所見之動

莊子所見之動，有從本而言者，有從象而言者，有從形而言者，有從物而言者，有從心而言者，有從性而言者，其言雖殊，然其所見，由本體而萬象萬物而萬品萬類而萬心萬變，契幾天成、形神自然則一也；動貫其中而達於和，性表其外而歸於樸，心脫於物累而返於真，是莊子所獨有之獨往獨來之至貴思想也。

「虛則靜，靜則動，動則得矣。……夫虛靜恬淡、寂寞無爲者，萬物之本也。」

「天道運而無所積，故萬物成。」（注四三）

在此，莊子視靜爲動，光輝思想也。視寂寞無爲爲萬物之本，此靜寂之狀即本體也，本體處於長動之中。但莊子在此用了一虛之概念，取無虛則不入之意，不入則不動。因虛而入，入則動矣，動則天道運行而無所積礙，萬物因遂其生，賦其形，稟其性，衍其族，繁其類，精其心，開其智。此中之動，由靜而起，靜者，寂也、無也，「寂寞無爲者，萬物之本也」，此乃莊子對老子之無的概念之發揮；莊子之可貴者，在於引入了動的概念，並且昭示動因靜而起，此與儒家之乾動坤靜、乾主坤受之說，似相對立，實則不悖，研究儒道二家動靜之說者，當有以注意及之。

莊子所見之動，有從象而言之者，如云「神明至精，與彼百化，物已死生方圓，莫知其根也。扁然而萬物自古以固存，六合爲巨，未離其內，秋毫爲小，待之成體，天下莫不浮沉，終身不故。陰陽四時，運行各得其序。惛然若亡而存，油然不形而神，萬物畜之而不知，此謂之本根，可以觀於天矣」。（注四四）此言者象也，此之爲象也，根於本體，發於至精之神明，生於六合百化，天使之然也。

莊子所見之動，有從形而言之者，如云「形非道不生，生非德不明，存形窮生，立德明道，非王德者邪？蕩蕩乎忽然出，勃然動，而萬物從之乎！」（注四五）「泰初有無，無有無名，一之所起，有一而未形。物得以生謂之德。未成者有分，且然無間謂之命。留動而生物，物成生理謂之形。形體保神，各有儀則，謂之性。」（注四六）此處其所言者，一是動之自然發展過程，如留動而生物，形非道不生，忽然出，勃然動是也。二是精神之啟示，如存形窮生，立德明道是也。

莊子所見之動，有從物而言之者，如云「萬物職職，皆以無爲殖」，「夫物，量無窮，時無止，分無常，始終無故」，萬物有乎生而莫見其根，有乎出而莫見其門等是也。

莊子所見之動，有從心而言之者，如云「人心排下而進上，……僨驕而不可系者，其唯人心乎」，「天下脊脊亂，罪在攖人心，絕聖去智，而天下大治」（注四七）等是也。莊子之見，有其是者亦有其非者，人心僨驕不可系，是其是者也；絕聖去智，是其非者也。

莊子所言之動，有從性而言之者，如云「若性之自爲，而民不知其所由然」（注四八），「喪己於物，失性於俗」（注四九）者，就一定範圍、條件而論之，是正確的；而且愈是物慾橫流，就當愈加頭腦清醒，不爲物慾溺其心、淫其性。當人性愈爲自覺、愈爲解放，則其保持素樸之能力就愈強。默察人物一體之實、生態平衡之勢、人類自救之道，中間雖必然會經歷人類自己所造成之苦難浩劫，但堅信，人類最終會走向人性解放之途，因而可見莊子關於人性之論，其意義是久遠的。

【注解】

（注一）本體論，哲學中研究世界的本原或本性的問題之部分。此詞最早見於德意志哲學家郭克蘭紐（Rudolphus Goclenius,1547–1628）和法國哲學家杜阿姆爾（Jean Baptiste Duhamel,1624–1706）的著作中，爲十八世紀德國唯心主義哲學家沃爾佛（Christian Wolff,1679–1754）所採用，至今仍在資產階級哲學界流行。見《辭海》。

（注二）參考《大英百科全書》，一九七三年版，第十六冊，九七六頁。

（注三）參考《哲學和心理學辭典》，一九二五年版，二〇三頁。

（注四）參考意人波格里奧洛著《人類學的哲學思考》【導論】，一九八四年印度版。

（注五）見《十三經注疏》，八三頁。

（注六）參考黑格爾著《邏輯學》，第一冊。

（注七）見《十三經注疏》，一三頁。

（注八）見《十三經注疏》，一四頁。

（注九）見《十三經注疏》，一八頁。

（注十）參考意人波格里奧洛著《人類學的哲學思考》，第二章「Man,the Summit of the World」，二六頁。

（注十一）「誠者，信也，純也，真也，實也，確也，審也，敬業」諸義，見《說文》、

《中文大辭典》。

（注十二）參考意人波格里奥洛著《人類學的哲學思考》【導論】，一頁。

（注十三）見《十三經注疏》，一六三三頁。

（注十四）《哲學心理學辭典》對「本體論」注云：「本體論乃是關於實在的根本生命力的學說或科學」。（Ontology：「The Doctrine or Science of Reality in its Ultimate Nature.」）

（注十五）薩特認爲：「存在本身表現其自己」。（「Being itself appears.」）見《哲學百科全書》，一九六七年版，二九〇頁。

（注十六）熊十力著《體用論》有云：「宇宙實體，簡稱體，實體發動，遂成宇宙萬象，是爲實體之功用，簡稱用。此中宇宙萬象一詞爲物質和精神種種現象之通稱」。一九五八年版，二頁。

（注十七）見《十三經注疏》，一六三二頁。

（注十八）德人衛西琴（Aefoed Westharp）著有《中國教育議》于一九一四年呈北京中央教育會，經嚴復譯成中文，刊于天津《庸言報》，第二卷，第三、四號，十八頁。

（注十九）晁説之語，見《諸子集成》三，《道德經》，四七頁。

（注二十）熊克語，同右書，四九頁。

（注二一）《道德經》第四十章，同右書，二五頁。

（注二二）參考黑格爾著《邏輯學》。

（注二三）《道德經》，第五十二章，第二十五章。

（注二四）《道德經》，第六章。

（注二五）《道德經》，第一章。

（注二六）《道德經》，第四十一章。

（注二七）《道德經》，第十四章。

（注二八）《道德經》，第十章。

（注二九）《道德經》，第五十一章。

（注三十）《道德經》，第二十五章。

（注三一）《道德經》，第五章。

（注三二）《道德經》，第四二章。

（注三三）《道德經》，第五十一章。

（注三四）《諸子集成》三，《莊子集釋》，第二頁。

（注三五）同右書，三四八頁。

（注三六）同右書，三八頁。

（注三七）同右書，四一頁。

（注三八）「Human Origins」,by George GrantMacCurdy,P24,1924。

（注三九）《諸子集成》三，《莊子集釋》，一一二頁。

（注四十）同右書，二二七頁。

（注四一）同右書，三二三——三二四頁，三二一頁。

（注四二）同右書，四〇九頁。

（注四三）同右書，二〇五頁，二〇四頁。

（注四四）同右書，三二一——三二二頁。

（注四五）同右書，一八四——一八五頁。

（注四六）同右書，一九〇頁。

（注四七）同右書，一六九——一七〇頁。

（注四八）同右書，一九三頁。

（注四九）同右書，二四七頁。

第二篇　人性論

因本體之存在，而萬象生焉，而萬物形焉，而萬性具焉；人之性亦因以備焉。故對人之認識，對人類整體之認識，對人類文明之認識，乃至對人類未來、對人類最終歸宿之認識（不帶宗教色彩之認識），必自人性始。對人性研究愈透徹，則對人之理解、對人類之理解就愈全面而深入，就愈正確而精密；不僅研究教育理論、教育哲學必須首先這樣作，就是研究政治、法律、經濟、社會、乃至於文學、藝術、環衛等等，也有必要這樣作。因爲組成社會、民族、國家，以至於國際社會，其根本就是人，其所要解決之任何問題，無論巨細，都與人有關，都必須符合人性。一切科學研究，其所涉及者，不管直接或間接，無不與人有關，或甚至以人爲中心，以人性爲中心。故知研究人性問題極端重要。因此，態度必須嚴肅認真，苦下工夫。那種簡單地以階級性替代或抹殺人性的觀點是片面的狹隘的有害的，是經不起理論和歷史的檢驗的。

古之研究人性者多矣，對人性之見繁矣，著述浩如煙海，歷代著名學者未有不論及人性者，迄今猶爭論不休。一部中華學術史，乃至於世界學術史，人性論問題，始終佔有極重要的地位、或首要的地位。就中華而論，人性之見，辯論交錯，令人眼目繚亂，不辨源流，難衡是非；實則窮溯歷史，便一望可知，大致可歸納爲三類見解。一是性善論，二是性惡論，三是中間派之論見：如有善有惡論，無善無惡論，可善可惡論，性三品論等是也。尤應特別指明者，即此三類論見中，性善論與性惡論二者非發自對立之兩極之論也，乃是同一源流走向之論也。性善論所見者源也，人之源也，物之源也，人性之源也，物性之源也，性之德也，合外內之道也；天也，遠也，繼也，源流一體也。性惡論所見者流也，人之流也，物之流也，人性之流也，物性之流也，性之偏也，非合外內之道也，欲也，近也，污也，見流而不見源也，不明性之天也。二者相去遠矣。對中華古代人性論之探討，明乎此則各得其所矣，但爲敘述方便，將儒、道兩家分別論述之。

一、儒家之人性論

孔子在《周易・說卦》已提綱挈領指明了儒學之根本任務在「窮理盡性」（注一）。而《禮記・中庸》又進一步闡明此種窮理盡性之工必達於「致廣大而盡精微，極高明而道中庸」（注二）的至窮至極的程度。必達此程度，始可「盡人之性」、「盡物之性」；始可「贊天地之化育」，始可「以與天地參矣」（注三）。於茲可見儒學對「窮理盡性」之要求之高，亦可知人性在此中之重要地位。故儒學所見人性之深邃以及其論辯之迄無休止，就不難理解了。余之欲就人性之辯論中，理出其源流異同者，亦有感於人性在中華理性中之地位重要也。

（一）孔子之繼善成性說

孔子之論人性，首先是從宇宙之起源、萬物之發生發展和人類之出現這一總過程上著眼的。在《周易・系辭》他說：「一陰一陽之謂道，繼之者善也，成之者性也。仁者見之謂之人，知者見之謂之知，百姓日用而不知，故君子之道鮮矣。」（注四）

一陰一陽之謂道者，指宇宙、萬物、人類之起源、發展之動力和規律也。繼之者善也，指此起源。變化、發展過程及其動力爲善也；善在此爲一哲學概念，其含義爲自然的變化和發展，永遠處於相繼相續、相交相聯、無止無休之過程中，而且還包含著推動此變化之動力；此種善之表現貫穿於萬物和人類之生成之全過程中，因而物性具焉，人性備焉；物性善焉，人性善焉。在這裡，善之概念，從靜之觀點理解，是乃純粹的哲學概念；從動之觀點理解，實是宇宙、萬物、人類起源、變化和發展之動力，是一種物質力量，同時又是精神力量，是兩者統一於一體之力量，不可分開言之。從根本上探索，此種力量是自然存在的，日本學者西田幾多郎在其所著的《善的研究》一書中，視此種力量爲「宇宙的偉大精神，在實在的根基里有精神的原理，沒有主觀和客觀的區別，精神與自然合一的東西，是宇宙統一者和實在的根本」（注五）。予對西田此見，實深讚同，正是此種自然的東西，推動著宇宙的變化和萬物的起源，進而有人類之出現，并賦予物性和人性以精神，此種精神，孔子名之曰善。是則，非僅人性善也，物性亦善也，是乃徹底的性善論也。此善之概念，實乃性善論之理論基礎也。孔子雖未直截提出性善論，而且預見到在人性問題上會有不同見解，故曰仁者見之謂之仁，知者見之謂之知。但若細味孔子「性相近，習相遠」之言，則知孔子實是性善論之先驅。而且賦予人性以精神。而其倡言之「窮理盡性」，窮理者，窮此精神也；盡性者，亦盡此精神也。

此精神者何耶？曰善也。善之爲念者，乃是自然而然者也，乃是自然之理也，自然之力也。人性中、物性中，都具有此自然之理、自然之力也。或者說，人性和物性，俱是此自然之理、自然之力之表現也；特别是人之性，更是此自然之理、自然之力之最精最純最美最高之表現也。因爲人類超乎萬品，成爲萬物之靈，自尊於萬物之上，自覺於本性之中，自醒於理性之端，自弘於認識之內，自勵於德行之間，自明於群我之際，自謙於交往之時，自奮於事功之林，自獻於人類之大，自忘於利鈍之微，此乃人之所以爲人者之所在也。孔子畢生殫精竭力以事之者，政教也；以孝弟忠恕教民者，以仁愛博施致君者，悉本於人性也，悉本於人性之善也、尊也、高也、貴也。舍此人性，則無教矣，則無政矣。有之者，余不知其何爲也。

（二）孟子之性善論

孟子之論性是繼承孔子之論性而又完善其說，在理論上作了創造性之發展，奠定了性善論之理論基礎。朱熹贊之曰：「孟子有大功於世，以其言性善而已。」（注六）信哉是言也。

孟子之論性善，詳見於與告子之論戰。這是一場性善論與性無善無惡論之大辯論，雙方唇槍舌劍，機智而精彩，尤其孟子的雄辯，更富有說服力，實爲世界學術史上罕見的辯難文獻。茲錄之如次。

告子曰：「性猶杞柳也，義，猶桮棬也；以人性爲仁義，猶以杞柳爲桮棬。」

孟子曰：「子能順杞柳之性，而以爲桮棬乎？將戕賊杞柳，而後以爲桮棬也。如將賊杞柳而以爲桮棬，則亦將戕賊人以爲仁義與？率天下之人而禍仁義者，必子之言夫！」

告子曰：「性，猶湍水也，決諸東方則東流，決諸西方則西流；人性之無分於善不善也，猶水之無分於東西也。」

孟子曰：「水信無分於東西，無分於上下乎？人性知善也，猶水之就下也，人無有不善，水無有不下。今夫水，搏而躍之，可使過顙，激而行之，可使在山，是豈水之性哉？其勢則然也，人之可使爲不善，其性亦猶是也。」

告子曰：「生之謂性。」

孟子曰：「生之謂性也，猶白之謂白與？」

告子曰：「然。」

孟子曰：「白羽之白也，猶白雪之白，白雪之白，猶白玉之白與？」

告子曰：「然」。

孟子曰：「然則犬之性，猶牛之性，猶人之性與？」（注七）

其時，公都子也參與此論，孟子乃爲之具體列舉人性善之本質表現，曰：「惻隱之心，人皆有之；羞惡之心，人皆有之；恭敬之心，人皆有之；是非之心，人皆有之。惻隱之心，仁也；羞惡之心，義也；恭敬之心，禮也；是非之心，智也。仁義禮智，非由外鑠我也，我固有之也，弗思耳矣。」（注八）孟子又在《盡心篇》中指明「君子所性，仁義禮智根於心」。（注九）這樣，孟子通過理論上之辯論，就確立了人性善說。這不僅是孔子繼善成性說知發展與完備，而且具有普遍意義，適用於全人類。明澈了人之本性，肅立了人之尊嚴，開啟了人之心靈，激發了人之美德，鼓勵了人性之自我完善，振奮了人性之自覺自醒。其對人類之貢獻是無可估量的。由於人性善論一確立，就把治國、平天下的兩件大事——政與教——建立在正確的、顛撲不破的、施諸於人類而無不順的理論基礎上了。特別是在人類日益自醒自尊之時代，人性善論就愈益顯現其光輝，吾儕應努力闡發之，期以有益於人類之自醒自明。

還有須指明之者，孟子之性善論立足於人之本原、人性之本原之上，故其説歷二千餘年之辯論，愈辯而愈明，愈辯其影響愈大，可以預見，將必爲全人類所接受。

（三）荀子之性惡論

荀卿，趙人也，後孟子百余年，著《性惡論》以非孟子，在中華學術史上造成性善論與性惡論形同對立的兩大派，實亦思想界之盛事也。這樣，就將論人性之其他見解，如有善有惡論、無善無惡論、可善可惡論等均歸之爲中間派了，不管其中偏善，或中偏惡，一律以中間之見視之，則眼目清明，思慮明晰。但若進一步尋溯，則立即發現，此善惡對立之兩派，論其實質，並不對立；其形式上表現爲對立者，不過是源與流、本與象、質與染之差別而已；實則兩者之所向乃同一方向也。荀子持論之起點恰是孟子所見之「自暴自棄」和「放心」之意也。

（孟子有言：「自暴者，不可與有言也，自棄者，不可與有爲也。言非禮義，謂之自暴者也，吾身不能居仁由義，謂之自棄也。仁，人之安宅也；義，人之正路也，曠安宅而弗居，舍正路而不由，哀哉！」（注十）又曰：「富岁子弟多赖；凶岁子弟多暴，非天之降才尔殊也，其所以陷溺其心者，然也。」「雖存乎人者，豈無仁義之心哉，其所以放其良心者，亦猶斧斤之於木也，旦旦而伐之，可爲美乎！」「人有雞犬放，則知求之，有放心而不知求，學問之道無他，求其放心而已矣。」）（注十一）因而益足以證明性善論之高深博大，涵蓋性惡論而有之矣。其勢如滾滾長江，容納萬流，豐資内涵，浩然入海，蔚爲人性論之壯觀，瀚淼無際，不可窮盡也。

茲引荀子之言分析其《性惡論》。

「人之性惡，其善者偽也。今人之性，生而有好利焉；順是，故爭奪生而辭讓亡焉。生而有疾惡焉；順是，故殘賊生而忠信亡焉。生而有耳目之慾，有好聲色焉；順是，故淫亂生而禮義文理亡焉。然則從人之性，順人之情，必出於爭奪，合於犯分亂理而歸於暴。故必將有師法之化，禮義之道；然後出於辭讓，合於文理而歸於治。用此觀之，然則人之性惡明矣，其善者，偽也。」（注十二）

「凡性者，天之就也，不可學，不可事。禮義者，聖人之所生也。人之所學而能，所事而成者也。不可學不可事而在人者，謂之性。可學而能、可事而成之在人者，謂之偽，是性偽之分也。」（注十三）

荀子在《性惡論》中還列舉了八個方面的理由以論證人之性惡，其善者偽也。但其中心思想是人之所以性惡者，乃在利和欲所致之也。而師法之化、禮義之道，則屬聖人之所啟，人所爲之者，偽也。於茲可明荀子人性惡論之出發點、立足點及其要旨矣。

其出發點、立足點何在？曰人性之表也，非底也；曰人性之一個方面也，而且是非主要之方面也；曰人性之流也，非人性之源也；曰人性之習染也，非人性之本也、質也。予之所指其表者、流者、習染者，是指其所見者，淺也、近也、目光之所及也，非思慮之所至也，非尋根溯源之工也，非睿智明察之效也。固然，其所見者，亦非不重要、亦非無意義也；天下滔滔、濁流排空、欲利橫行、心穢行污者，比比皆是也，荀子之所見所思者，蓋如是也。荀子雖著有解蔽之文以警世，卻不明自己恰爲近所蔽、淺所蔽（荀有《解蔽篇》），言：「凡人之患，蔽於一曲，而暗於大理。又指出十蔽：欲爲蔽，惡爲蔽，始爲蔽，終爲蔽，遠爲蔽，近爲蔽，博爲蔽，淺爲蔽，古爲蔽，今爲蔽。」（注十四），致使自己在論人性問題上，不免蹈入蔽於一曲而闇於大理之病。予之所見荀子之蔽於一曲者，是其爲人之社會行爲之一部分（全部中之一部分也）所迷，即使此一部分荀子視之爲惡而據以立論大發其性惡論者，冷靜觀之思之度之衡之舍之寶之，亦當明察本末源流，而知此表現爲惡者，雖亦人性之屬，但當辨其本末源流也。正如清儒戴震所見：「性，譬則水也；欲，譬則水之流也，節而不過，則爲依乎天理……非以天理爲正，人欲爲邪也。天理者，節其欲而不窮人欲也。」（注十五）荀子之性惡論正是在人性之欲上立論，而且更是在欲之表現最爲惡劣之現象上立論，余之所指荀子之性惡論，實乃人性之流也、習也、染也，而非人性之本也、天也，於此可明矣。所以，余以爲荀子之人性論，只見人性之近者淺者，未見人性之遠者深者，故言其惡，曰性惡論，而不明其善，對性善論之孟子，橫加批駁，卻不識其批駁之論，適足以暴露其所見之近視而淺薄也。

前述者，意在辨明孟荀論性之異，一在性上立論，一在情上立論，一在天理上立論，一在人欲上立論，相去遠矣。然異中有同，孟荀之間亦自有其相通和相同者。相通者何也？乃性與欲一體也。蓋天理或性，必有人欲從中流出，即人欲亦乃性之不可分割者也，孟子有見於此，故力主「寡慾」（孟子之言：「養生莫善於寡慾。其爲人也寡慾，雖有不存焉者寡矣。其爲人也多欲，雖有存焉者寡矣。」（注十六），使不害於天理。孟子之寡慾所指者，正是荀子之性惡論所云云者也。相同者何也？乃共同主張有「師法之化，禮義之道，而歸於治」。然此同中又有異者存焉，即此師法之化，禮義之道，在孟子是順人之性，覺而化之；在荀子則是逆人之性，強而化之。在孟子是禮義生於心（「君子之所性，仁義禮智根於心」），在荀子是禮義加諸心（「今人之性，固無禮義，強學而求有之也」）。然此異中又有同者存焉，一曰人皆可以爲堯舜，孟子之言也；一曰「塗之人可以爲禹」，荀子之言也。此中同同異異者，既出於論性之立脚點之差異及其所見之深淺不同，又出於所論者同一人性也，其結論必同歸於重教化也。荀子之講學稷下，在教育理論上有光輝之建樹，余非其性惡論，是其教育論。

（四）董仲舒之性禾善米論

董仲舒論性之言，引述如次。

「性者質也，……故性譬於禾，善譬於米。米出於禾中，而禾未可全爲米也。善出於性中，而性未可全爲善也。……身之有性情也，若天之有陰陽也，言人之質，而無其情，猶言天已陽而無其陰也。性如繭如卵，卵在覆而爲雛，繭在繅而爲絲，性待教而爲善。……民受未能善之性於天，而退受成性之教於王，王承天命以成民之性爲任者也。天所爲有所至而止，止之內謂之天，止之外謂之王教；王教在性外，而性不得遂，故曰性有善質而未能爲善也。以性爲善，此皆聖人繼天而進也，非性情質樸之能至也。故不可謂性。使萬民之性皆已能善，善人者，何爲不見也。觀孔子言此之意，以善難當甚，而孟子謂萬民之性皆能當之，過矣。聖人之性不可以名性，斗屑之性又不可以名性，名性者中民之性。性待漸於教訓，而後能爲善，善，教訓之使然也。性者，天質之樸也；善者，王教之化也。無其質，則王教不能化，無其王教，則質樸不能善。」（注十七）

細析董仲舒上述論性之言，可謂瑜瑕間雜，概念混亂，其離孔孟之見遠矣，似荀卿又不似荀卿，不似告子又似告子。余之謂其瑜者玉者，是指其「性者質也」之言也；謂其瑕者疵者，是指其「善出於性中，而性未可全爲善也」之言也。余之所謂其概念混亂者，是指其「聖人之性不可以名性，斗屑之性又不可以名性，名性者中民之性」之言也。此語與其「性者，天質之樸也」之言，實相悖違。按「性者，天質之樸也」而推論之，則聖人之性，天質之樸也；斗屑之性，亦天質之樸也；中人之性，亦天質之樸也，三者俱屬天質之樸也，應悉可名性也，何謂只有中民之性始可名性哉？概念混亂，邏輯不存，竟有至於斯極者耶？

（五）王充之有善有惡論

王充論性之見，可視爲中間派之代表，著有《率性篇》、《本性篇》，其要引述如次。

「論人之性，定有善有惡，其善者，固自善矣；其惡者，固可教告率勉，使之爲善。」（注十八）

「人性有善有惡，猶人才有高有下也。」

「人之性，善可變爲惡，惡可變爲善；蓬生麻間，不扶自直；白紗入緇，不練自黑。夫人之性，猶蓬紗也，在所漸染而善惡變矣。」

「余固以孟軻言人性善者，中人以上者也。孫卿言人性惡者，中人以下者也。揚雄言人性善惡混者，中人也。」「情性者，人治之本，禮樂所由生也。故原情性之極，禮爲之防，樂爲之節。性有卑謙辭讓，故制禮以適其宜；情有好惡喜怒哀樂，故作樂以通其敬。禮所以制，樂所爲作者，情與性也。」（注十九）

論性而持中間之見者，其典型説法，不外有善有惡、無善無惡、可善可惡、善惡相混等，告子、董仲舒、王充等均屬此類也。考察此類人性之論，均未及人性之本，索人性之原，僅就耳目所見聞於天下滔滔者、世間芸芸者，立其論，張其説，而獨不運思於天人之際、變化之奥、人性之純、性情之繆、理欲之辨，故其説雖有合於世俗之見，卻大失於鄙淺，於教化人心，無所裨益，於人性之發揚和完善，鼓舞甚微；最多不過就善避惡、或捨惡從善而已，陷於中人之標準，「高不可下，下不可高」之言，更是庸俗之見也，淺陋之見也，貶低人性之見也，有卑人心之見也，有害教化之見也。此種淺陋之見，把人看死了，把人性之靈看死了，一切聽令於環境、外因之影響，一切決之於人之外部世界，人之主體成了被動之物，人之創造潛能、人性之靈、人心之美、人情之善，全消失於視野，其有害於人心人性者之深，未可一言而盡也。豈不哀哉！豈不悲乎！故孟子有「率天下而禍仁義者，必子之言乎」之指斥，蓋其所慮深遠也。

（六）韓愈之性三品論

韓愈著有《原性》，其論性之要，略引如次。

「性也者，與生俱生也；情也者，接於物而生也。性之品有三，而其所以爲性者五；情之品有三，而其所以爲情者七。曰何也？曰性之品有上中下三：上焉者，善焉而已矣；中焉者，可導而上也；下焉者，惡焉而已矣。其所爲性者五：曰仁、曰禮、曰信、曰義、曰智。上焉者知於五也，主於一而行於四；中焉者於五也，一不少有焉，則少反焉，其於四也混；下焉者之於五也，反於一而悖於四。性之情視其品，情之品有上中下三，其所以爲情者七：曰喜、曰怒、曰哀、曰懼、曰愛、曰惡、曰欲。上焉者之於七也，動而處其中；中焉者之於七也，有所甚有所亡，然而求合其中也；下焉者之於七也，亡與甚直情而行之者也。上之性，就學而愈明，下之性畏威而寡罪，是故上者可教而下者可制也。」（注二〇）

從上述韓愈論性之言，可知其論見乃雜孔孟之意而出之者也。然其取孔子之意，僅見其及之膚淺者而未能致其深幽者也；僅知孔子之「中人以上可以語上也，中人以下不可以語上也」之言，而未識孔子「繼之者善也，成之者性也」之微旨。對孟子論性之意，韓愈有得其要者，但非立腳於人性之本原而得之也，而且得之者少，失之者多。而其持性三品之說，既與孔子之意相悖，又與孟子人無有不善之義相違。蓋孟子之言性善者，指人性之天也、純也、全也，無有例外也，何云上中下哉！所以韓愈之論性，是站在孔子早年論性之立腳點上（多是從教育的角度，就人之智力高下而論者，非性也），而未取孔子晚年哲理成熟之見（近代哲人熊十力有言：「孔子之學，不妨總分爲兩方面。兩方面者，十五至四十，孔子用力處大概屬於人生論方面。從五十學易，而知天道，則由人生論而進入宇宙論。窮大極深，沛然充實不由己，窮徹乾元性海，即於小體而識大體，乃更進而主張成人之能，以弘揚天道。此孔子所以獨超越千聖而獨尊也。」）（注二一），其所著文雖曰《原性》，而其所得者實則僅爲孔孟論性之折光，并未窮極原性之底蘊，非原性也，更非性原也，乃韓愈前人論性之雜什也。

（七）二程之性同氣異論

兩宋乃儒學復興時期，亦儒學哲理光華初照時期，近數十年來，有道學爲官宦哲學嗡嗡之聲，實學術上之淺見和偏蔽之言也，其必自行消失，當可預言矣。二程（程顥、程頤）兄弟承周學（周濂溪）而發孔孟，確立了儒學復興之方向，其功可謂大矣（對於宋學之評論，余以爲熊十力先生之言最得其要，他說：「魏晉以後，中國學術思想，幾被印度佛家排斥殆盡，有宋諸儒，起而恢復儒家思想，於是中國人始認識自己。自典午之禍，北中國全淪於胡虜，唐太宗起而振之，未幾而天寶之亂，浸淫成藩鎮之局，藩帥又多胡人，自是迄五代，與夫遼金夏之割據，中國之危亡也久矣。宋儒於衰絕之餘，提倡孔孟，躬行力踐，拔人於鳥獸之中（試讀南北史、及五代史，當時吾民族悉染胡風，人皆懷離心也），使民族精神團聚，外有強夷，內無叛變（間有小寇賊，然一起即滅，無能爲大患者，以群眾所不與故。），其功不可謂不大。」（注二二）。

而其論性亦有獨見，於下列引語中可窺知。

「道孰爲大，性爲大。千里之遠，數千歲之日，其動靜起居，隨若忘矣。然時而思之，則千里之遠，在於目前，數千歲之久，無異數日之近。人性亦大矣！噫！人之自小者，亦可哀也

已。」（注二三）

明道曰：「生之謂性，性即氣，氣即性，生之謂也。」

「性出於天，才出於氣，才有善不善，性則無不善。」

「人生氣稟，理有善惡，然不是性中元有此兩物相對而生也。有自幼而善，有自幼而惡，是氣稟有然也。善固性也，然惡亦不可不謂之性也，蓋生之謂性。人生而靜以上不容說，才說性時，便已不是性也。凡人說性，只是說繼之者善也，孟子言人性善是也。夫所謂繼之者善也者，猶水流而就下也。水之清，則性善之謂也，不是善與不善在性中爲兩物相對，各自出來。」

「性，即理也。理也、性也、命也，三者未嘗有異。窮理則盡性，盡性則知天命矣，命者，造化之謂也。」

「性者，自然完具。道即性也，若道外尋性，性外尋道，便不是。」

「論性不論氣不備，論氣不論性不明。二之則不是。」（注二四）

二程之論性，確有其創見處，一曰「道孰爲大，性爲大」；二曰「人之自小者，亦可哀也」；三曰「性者自然完具」。此三者綜合論之，實孔孟以降，人性論之小結也。其內容和義旨之完備，實中外論性之絕唱也。尊嚴人性至於如此之高者，實前賢所未見也。細味其義，充宇宙之間者，人性爲大，人性至尊；此於今觀之，更見其理論深邃，目光遠大，極符合今之人類日益自覺弘揚人性之不可遏止的思潮，吾儕應在人性自尊與弘揚上竭盡全力以赴之。

然二程論性之見，亦有其失者，在性之外，自撰出一個「氣」字，實有畫蛇添足之嫌，倒不如道即性也、性即理也之直截了當也。然其有此駁難之累者，以其所慮於人性之流者過甚，遂生此橫出枝節之病，亦認識之偶偏也。

（八）朱熹之性氣兼論論

考察朱熹論性之認識發展過程，卻見到一種奇異的現象，即既有他自己的見解，又有師承牽累的痕跡，以致於造成其論性之見出現性氣二元論，此亦學術史上一大憾事也。且先看其自己論性之見。

「性者，人之所受之天理。夫道者，天理自然之本體，其實一理也。性只是理，萬理之總名。」

「生之理爲性，性只是此理，性是許多理數在處爲性。人性本善而已，才墮入氣質之中，便熏染得不好了，雖熏染得不好，然本性卻依舊在此，全在學者著力。今人卻言有本性，又有氣質之性，此大害理。」

「性則純是善底。」

「須知性之源本善，而其發亦無不善，則大傳孟子之意，初無不同矣。」（注二五）

朱熹這些論性之見，余以爲是正確的，「性只是理」，「生之理謂性」，「人性本善」，「性則純是善底」，這些立論都是動搖不了的，經得起理論上之千辯萬難的，是自孔孟愈益見其光輝的。論性至此，可謂思路清晰、概念明確、立論有據矣。然朱熹因受二程之學術影響，不僅未能明辨二程性同氣異論之雜，而且將其說向前推進了一步，認爲「須兼性與氣說方盡」，將性和氣等同視之，可於如次引語中見其對此觀點之發揮。

「論性不論氣不備，論氣不論性不明，蓋本然之性只是善。然不以氣質而論之，則莫知有其昏明開塞剛柔強弱，故有所不備。徒論氣質之性，而不自本原言之，則雖知有昏明開塞剛柔強弱之不同，而不知至善之原未嘗有異，故其論有所不明，須是合性與氣觀之然後盡。蓋性即氣，氣即性也。」（注二六）

朱熹之兼性與氣之說，於此段引語中具見明白和圓到。錢穆先生對此評之曰：「朱子則祧明道，宗伊川，兼理氣而言之，而論性始臻於圓密也。」（注二七）余則以爲朱子此論適見其論性之説陷於概念混亂之中而無以自圓，而且歧入雜亂無以自明矣。更與其早年之論（錢穆先生云「此乃朱子較早時之説法」）相對立，而無以自釋。而從人之認識過程論之，一般多是從偏到全、由淺入深、從雜到醇、由濁而清、因博漸約、綜殊歸一，此種認識上之思辨淨化之力，隨年齒體驗而進，未聞愈老而愈昏亂者；而此處有見於朱子者，又適如是，其故何耶？曰有二因焉。一者囿於師承之見，二者朱子失於思慮過泛，疏於精察論性之要。以致於造成性氣二元論，又從而推導出「性即氣，氣即性」之謬誤結論，實朱子學術上之大失也，亦中華學術史上之一憾事也。一代祖述孔孟之大宗師，不意至晚年在論性問題上有遠孔孟之瑕。

（九）王陽明之天爲性原論

王陽明之論性直指性天，一掃程朱論性之贅，使人頭腦清新、思慮明達，痛快之至。中華近二千年間論性之爭，至此而雲霧全消，天空湛藍；大河滔滔，百川相接；視野空遠，萬流無息。讀其論性之言，自會油然而生心澈性靈之感，是乃人性之覺醒，人心之共鳴也。故王學之興，在中華學術史上具有劃時代意義；而且可以預見，其意義將因乾坤旋轉、風雲際會、人類覺醒而必愈益顯現其光輝，此無他也，蓋其所言者，理也，人也，人性也，人心也，人之良知良能也，人類之靈性尊嚴也，人類認識自己至大至高之務也。

「性是心之體，天是性之原。盡心即是盡性，惟天下至誠，爲能盡其性，知天地之化育。」

「心外無物，聖人之學，心學也。堯舜禹之相授受曰：人心惟危，道心惟微，惟精惟一，永執厥中，此心學之源也。……王道息而霸術行，功利之徒，外假天理之近似以濟其私而欺於人曰天理固如是。不知既無其心矣，而尚何有所謂天者乎？自是而後析心與理而爲二，而精一之學亡。世儒之支離，外索於刑名器數之末，以求其所謂物理者，而不知吾心即物理，初無假於外也。」

「至善者性也，性原無一毫之惡，故曰至善。緣天地之間，原只有此性，只有此理，只有此良知，只有此一件事耳。」

「天下無性外之理，無性外之物，學之不明，皆由世之儒者，認理爲外，認物爲外，而不知義外之說，孟子嘗闢之。」

「夫理無内外，性無内外，故學無内外，講習討論未嘗非内也，反觀内省未嘗遺外也。」

「良知之外，别無知矣。故致良知是學問大頭腦，是聖人教人第一義。某於此良知之說，從百死千難中得來。此良知二字，實千古聖聖相傳一點滴骨血也。」

「性無不善，故知無不良，良知即是未發之中，即是廓然大公、寂然不動之本體，人人之所同具者也。」（注二八）

綜觀王陽明論性之見，知其將性原與良知、與仁義禮智根於心、與學與教統洽爲一。這樣，在論性中之一切模糊混亂概念，就幾乎澄清無遺了。從體到用，從源到流，從性到心，從心到知，一脈相承，一目了然，粲然於胸中。一個性字，包涵宇宙，人性大矣、尊矣，文章奥矣、妙矣，不可窮盡矣，《周易・説卦》所云「窮理盡性」者，亦只相對而言，隨文明程度之提高而日漸深化也。故余以爲中華古代之人性論，是一本藴藏萬理而又窮之不盡的書，也是一本通達人類、喚醒人性、必爲人類所接受而尚未被理解的書；余更以爲中華文化對人類所作之貢獻中以人性善論之意義最爲深遠。王陽明論性之説，直指性天，彰揚性善，爲人類認識道路上廓清了迷霧和開闊了視野，亦與有功焉。又就性與教之統一關係而論，王陽明闡發了《中庸》之義，其識見有勝於其前人者遠矣，他説：「子思性、道、教皆從本原上説，天命於人，則命便謂之性；率性而行，則性便謂之道；修道而學，則道便謂之教。率性是誠者事，所謂自誠明謂之性也。修道是誠之者事，所謂自明誠謂之教也。」於此而明，教由性出，性自道成，道-性-教三者，其本原一體也，必如此，教始可入人心也，教始可覺人性也，教始可有益于人道治道也。王臨川之著《原教》，發「善教者藏其用，民化上而不知所以教之之原」，「自然然耳」之論（注二九），實深諳道—性—教本原一體之蘊，亦可與王陽明之論，互相輝映也。

（十）王船山之性者天道論

王夫之本爲抗清志士，不敵而隱匿，著説四十年，有《船山遺書》二百五十卷，爲明末三大思想家（黃宗羲、顧炎武）之一，其論性之言直澈，專作《知性論》，對其前之論性之見多有評説。茲舉其要者而觀之。

「言性者，皆曰吾知性也。折之曰：性弗然也。猶將曰：性胡不然也。故必正告之曰：爾所言性者，非性也。謂山雞爲鳳，山雞不能辭，鳳不能競也。以惡爲性，人固非無惡，惡固非無自生也。以善惡混爲性，欻然而動，非無混者也。以三品爲性，要其終而言之，三品者，非無自成也。以無善無惡爲性，人之昭昭靈靈者，非無此不屬善不屬惡者也。情有之，才有之，氣有之，質有之，心有之，孰得謂其皆誣然，而皆非性也。故其不知性也，非見有性而不知何以名之也。」

「孟子言性，孔子言習；性者天道，習者人道。」

「蓋性者，生之理也。均是人也，則此與俱有之理，未嘗或異。故仁義禮智之理，下愚所不能滅，而聲色臭味之慾，上智所不能廢，俱可謂之爲性。」

「言性之善，言其無惡也；既無有惡，則粹然一善而已矣。有善者，性之體；無惡者，性之用。」

「性者，善之藏；才者，善之用。」

「有性之理，有性之德。性之理者，吾性之理，即天地萬物之理，論其所自受，因天因物，而仁義禮智渾然大公，不容以我私之也。性之德者，吾既得之於天而人道立，斯以統天而首出萬物，論其所既受，既在我矣，惟當體之知能爲不妄，而知仁勇之性情功效效乎志以爲撰，必實有我以受天地萬物之歸，無我則無所凝矣。」

「從善而視之，見性之無惡，則充實而不雜者顯矣；從無惡而視之，則將見性之無善，而充實之體墮矣。故必志於仁而後無惡。誠，無惡也，皆善也。」（注三十）

從這些議論中，可明知王夫之論性之見，實宗紹孔孟而有以發明之者。如「有善者，性之體也，無惡者，性之用也」，實其前人之所未言者也。他如「對以惡爲性、以善惡混爲性、以性三品爲性」以及「以情、以才、以氣、以質、以心」爲性之評論，指明皆爲非性，亦其前人之所未著意一一論及者也。於此可見王夫之之爲學之嚴與夫辨性之論之明也。惟一覺其言之有失者，是其在《知性論》中，將王陽明與浮屠、老子、莊周、列御寇、告不害、荀卿、揚雄、荀悅、韓愈等並列之，指其「各取一物以爲性」，適與其本人性論之大旨有相悖違，不明其用意何在也。

（十二）戴東原之性水欲流論

戴東原之論性，述作備矣，《孟子字義疏證》中專言性者九章，又《原善》和《緒言》之中心思想皆言性也。故其見有獨到處，其對前人之論性，亦多評論有當，具有大儒之風。茲錄其要者如次。

「人道本於性，而性原於天道。在天道爲陰陽五行，在人物分而有之以成性。」

「性，譬則水也；欲，譬則水之流也。節而不過，則依乎天理，非以天理爲正，人欲爲邪也。天理者，節其欲而不窮人欲也。是故欲不可窮，非不可有；有而節之，使無過情，無不及情，可謂之非天理乎！」

「善，以言天下之大共也；性，言乎成於人人之舉凡自爲。性其本也。所謂善，無他焉，天地之化，性之事能，可以知善矣。明乎天地之順者，可以語道；察乎天地之常者，可以語善，通乎天地之德者，可以語性。荀揚所謂性者，古今同謂之性，即後儒稱爲氣質之性者也。

但不當遺理義以爲惡耳。宋儒立説，似同於孟子而實異，似異於荀子而實同。孟子不曰性無有不善，而曰人無有不善。性者，飛潛動植之通名，性善者，論人之性也。

「是故人也者，天地至盛之徵也，惟聖人能盡其盛。天地之德，可以一言盡也，仁而已矣；人之心，其亦可以一言盡也，仁而已矣。」

「凡遠乎《易》、《論語》、《孟子》之書者，性之説大致有三：以耳目百體之慾爲説，謂理義從而治之者也；以心之有覺爲説，謂其神獨先，沖虛自然，理欲皆後也；以理爲説，謂有慾有覺，人之私也。」（注三一）

據此可明戴震論性之見有如下特點：一是人道本於性。見世間一切人道之表現，皆從人性而出，仁義禮智也，出於人性也；五倫教化也，出於人性也；風俗習慣也，出於人性也；文學藝術也，出於人性也；舉凡人之一切生產、生活、思維等等之活動，無不出於人性也。二是性譬水、欲譬水之流。水和水之流，不可分割者也，一體也。人之性本善，人之欲亦自善矣。但此慾不可窮，更不可縱，縱則惡矣，必有節制，使不流於惡；此節制之力，亦乃人之善性中所固有之者，非外加之也。持此而論性，則人性之真諦得矣，人性之自覺啟矣，人性之發揚見矣，進則止於至善之域，退則抵於改過從善之地，而終歸於善。三是指明宋儒之論性有兼論氣質之失，似同於孟子而實異，似異於荀子而實同，一語道破其要，乃千載之灼見也。四是總結自古論性駁雜之見大致有三：以耳目百體之欲爲説者，以心之有覺爲説者，以理爲説者，適得其要，亦其創見也。

縱觀前述儒家論性之説，歷二千余年而辯論不衰者，蓋以天地之間，人物之所稟者，唯以人性爲至高至大至善至美者也。益之以儒者窮理之志彌堅，盡性之心彌篤，故能隨學術思想之推進，論性之辯，益日見完備；此亦同時説明人之認識之難，而人之認識自己、認識人性尤難也。迄今人類文明史表明，人之認識自我之内在世界，較之認識外部世界更難也。在此恕我冒昧言之，西方文明表明，幾乎還未開始認識人之内部世界。考之儒家人性論之發展，此種認識過程，實亦隨主客觀認識之發展而逐步深化和完備，其要或可概括如次。

性善論之爲説愈辯而愈明。前述各家持論，似不免有異，如有主性惡者，有主有善有惡者，有主無善無惡者，有主性三品者，有主氣質之性者，但循其旨歸，析其源流，即可灼見各家持論之雜，蓋亦有其所自也；其與性善論之根本區别，在於源和流、本和習、性和欲。故知於本源而言性者，必歸性善論也；於流習而言性者，必歧爲各異説也（用此異字，非有貶意也）。然各異説亦與性善論相通相連，不應視之爲惡爲異，其最終必歸之於性善，必歸於性善論，此乃論性諸説内在之邏輯結論，是無可逃避者，故余之所言性善論愈辯而愈明者，實本諸前述歷史思想資料而有領悟之者也。

善性和政教在本體上之統一乃是一本蘊藏萬理之天書，窮之不盡。中國古代教育理論是建立在性善論的理論基礎上的，此乃公認之者；同樣，中國古代政治理論亦是建立在性善論之理論基礎上的（道孰爲大，性爲大；人道本於性；人道政爲大；這些乃是政教一體之論），卻鮮爲人所闡發之。如從體用上觀之，則性是體，教是用，同樣，性是體，政是用。政和教，俱爲性之用，政教同體明矣。故《中庸》開宗明義就是「天命之謂性，率性之謂道，修道之謂教」，在認識上，固知教從性出之理，然從本體上專發性教一體之義者，卻未見其論也。臨川先生雖爲《原教》，欲發此義，但語焉不詳，窺其意者亦鮮矣。性與教一體之大義迄未彰明也。余之欲立此意者，蓋有見於中外教育之説雖繁，惟性教同體之論爲貴，故不憚煩詳引各家論性之要，以敬陳於讀者、賢達之前，期有以賜教；亦期有以唤醒注意，以明斯説於國際思想界和人類至善至美之心靈。故余捧出這性教一體、蘊藏萬理、窮之不盡之書，而且認爲欲窮此理此書，舍教育無他途矣，舍誘發於善性上之教育無他途矣，舍尊重人性無他途矣，舍尊重人之善性之政治無他途矣。説到底，離開人性之善、人性之尊，則無教矣，亦無政矣。此乃中華哲理之深邃所在，中華人理之深邃所在，中華人性之深邃所在，中華之教之深邃所在，吾儕自知有責向國人同時也向人類打開中華哲理和教理之這一頁，乃至這一本書，期以有惠於人類。

由此而灼見性惡論之立論之謬和論見之非（其立論固有其所自，其論見亦有其所自持，毋庸非之也。非之何益？）由前述論證，知性惡論之立論，實於人性之流上，而人性原於天，其本既善矣，則其流自不應視之爲惡，而在此流之過程中，所以成其爲惡者，非流之本身具有此惡也，是乃未節制之過也。此一界限必須劃清，不得混淆。一旦此界限不明，則論性之其他諸說，都難辨其是非矣。堅守此界限，則一切論性之説之是非，不辨自明矣。余之言性惡之説，其論見之非者，是指其所論適屬未能節制之過也。應從教育上喚醒人性之自覺，使知自反，收其放心，遷善改過，而歸於善，則性惡論亦自成爲性善論之注解矣。

二、道家之人性論

在研究道家論性諸説時，發現其一共同點，即道家乃是徹底的純一的性善論者。此與儒家見仁見智、各持其異者，有所不同。其所以如此者，余以爲道家之論性，悉發於人性之本原，而且從此上探人生真諦，用力最深，而其下行人生日用之工，則取旁觀立場，形同逃遁，反多所批評，故其論純而不雜。細味其説，實覺其於現實政教、人生，深有補益；其喚醒人性自覺之巨大理論潛力，尚不爲世人所察。余以爲儒道兩家，實乃我中華大地土生土長之思想，無論於古於今，乃是一脈相承之炎黄思想，有著不可分割之血肉聯繫，而且儒道兩家，其理論本身，又有下學上達（儒家固有其自己之下學上達）互補之效，構成一個完整之認識和實踐之活力長新之理論體系，是乃我中華獨有的思想之花，必爲人類所寶貴者也。

（一）老子之嬰孩説

從老子之《道德經》中尋求其專論人性之章節，實未得見。只能就其論性之意，取其言分析而論述之。

「見素抱樸，少私寡慾。」（《道德經》，第十九章）

「不見可欲，使民心不亂。」（同右，第三章）

「五色令人目盲，五音令人耳聾，五味令人口爽，馳騁畋獵，令人心發狂。」（同右，第十二章）

「道生之，德畜之，物形之，勢成之。是以萬物莫不尊道而貴德。道之尊，德之貴，夫莫之命而常自然。」（第五十一章）

「聖人欲不欲，不貴難得之貨。學不學，復衆人之所過。以輔萬物之自然，而不敢爲。」（第六十四章）

「載營魄抱一，能無離乎！專氣致柔，能嬰兒乎！滌除元覽，能無疵乎！」（第十章）

「含德之厚，比於赤子。」（第五十五章）

「修之於身，其德乃真。」（第五十四章）

右所引老子論性之見，其要可歸結爲如次三點。

老子之性説出於自然。此自然者，道也。「道生之，德畜之，物形之，勢成之」，此乃言宇宙、萬物、人類形成和發展之過程也。其義與孔子「繼善成性」之説無異。老子還在《道德經》二十五章中著重指明道法自然之義：「故道大、天大、地大、王亦大。域中有四大，而王居其一焉。人法地，地法天，天法道，道法自然。」可見自然這一概念，在老子哲學中，居於根本，道則從自然而出之者也。老子在《道德經》中第一章開宗明義所揭示之「道可道」之道，即此自然也；「元之又元」之元，亦即此自然也。由於此自然之發展，至「牝牡之合而全作，精之至也」之時，萬物生焉，人類出焉，人性具焉，其「含德之厚，比於赤子」，赤子所者，自然也，天真也，素樸也，此乃老子所持之性論也，亦老子所守之見素抱樸也，亦老子所

「修之於身，其德乃真」也，亦老子所求之「專氣致柔，能嬰兒乎」者也。故余命老子論性之見爲嬰兒説者，取此自然之意也，是反復玩味老子立説之要而初得之者也。

老子認爲人性之大害私慾也。此種觀點實有與孔孟之見相通者，只能用此通字，而不能在此用同字，蓋有其異也。由近而及遠，老子從自身發現，「吾所以有大患者，爲吾有身」，故而他認爲「五色令人目盲，五音令人耳聾，五味令人口爽，馳騁畋獵，令人心發狂，難得之貨，令人行妨」；繼而他又認爲「金玉滿堂，莫之能守；富貴而驕，自遺其咎；功遂身退，天之道也」。由天之道又進一步悟出「弱者道之用」，以此而有推出「柔弱勝剛強」之理。故其對人生取退讓之態度。此種態度，原本正確，唯爲俗人所拒，亦社會渾濁之故也；但這無礙其正確性，歷史的發展、人性之覺醒、社會之弊病，終會把人召喚到理性面前，其必聽令於理性者可以預言矣。老子更深明「大成若缺，其用不弊，大盈若沖，其用不窮」之義，故堅守「知其雄，守其雌，知其白，守其黑，知其榮，守其辱」，使其性「復歸於嬰兒，復歸於樸」。

從老子之「見素抱樸，少私寡慾」，可窺知老子見理之實和處世之深也。其著《道德經》之初衷，在深寓警世之大義，教人清醒思慮，慎於作爲也。其所言「無爲」者，非窒人之性，木人之智，捆人之手腳，不使有爲也，而是意在尊道而行而不妄爲也。故其有「爲無爲，則無不治」之言，足可證此意也。其所言「絕聖去智，絕仁棄義，絕巧棄利，絕學無憂」者，實非欲絕而棄之也，蓋針鍼用智用巧以暴取強奪、魚肉百姓、禍害羣黎也。世之論者多有曲解，未審其言外之意，唯願賢哲有以察之也。

（二）莊子之無以人滅天說

莊周著有《莊子》以發道家之論，論性頗爲詳備，有若孟子之於儒家，此亦中國古代學術史上之一大盛事、一大奇跡也。儒之孔孟，道之老莊，其思想光輝照耀中華思想史，非僅中華民族思想之結晶，亦乃全人類共同之思想財富也。唯在發其大旨幽微，以覺醒人類逃出紛爭沉溺而自善其德，自適其性，以開闢人類之新徑也。

「北海若曰：牛馬四足，是謂天；落馬首，穿牛鼻，是謂仁。故曰無以人滅天，無以故滅命，無以得殉名，謹守而弗失，是謂反其真。」

「不開人之天，而開天之天。開天者德生，開人者賊生，不厭其天，不忽於人，民幾乎以其真。」

「且夫待鉤繩規矩而正者，是削其性者也。自三代以下者，天下莫不以物易其性矣。小人則以生殉利，士則以身殉名，大夫則以身殉家，聖人則以身殉天下。故此數子者，事業不同，名聲易號，其於傷性以身爲殉，一也。」

「夫失性有五：一曰五色亂目，二曰五聲亂耳，三曰五臭亂鼻，四曰五味濁口，五曰趣舍滑心，使性飛揚。此五者，皆性之害也。」

「文滅質，博溺心，然後民始惑亂，無以反其性情而復其初。由是觀之，世喪道矣，道喪世矣，世與道交相喪也。」

「禮者，世俗之所爲也；真者，所以受於天也，自然不可易也，故聖人法天貴真，不拘於俗。」

「繕性於俗學，以求復其初；滑欲於俗思，以求致其明，謂之蔽蒙之民。」

「同乎無知，其德不離；同乎無慾，是謂素樸，素樸而民性得矣。」（注三二）

觀莊子論性之見，著力於人與天之辨。所謂人者，人欲也，物染也，俗念也，發之於五官百體者也。所謂天者，自然也，本原也，素樸也，人性之本來狀態也。無以人滅天者，不以物慾喪其性也。莊子於此人天之際，更發進一層之義，即「不開人之天，而開天之天」。此義甚善，不使人欲泛濫，而永保人之本性日益純真而達於至善。此種見地，比之於其先驅老子，更富有淨化純化意義。老子所見「含德之厚，比於赤子」。赤子，天也，樸也；而莊子之「開天具體言之天」，其義自深於赤子矣。開天之天者，實人性之解放聖化也，人性之美化善化也。其在《逍遙遊》中所言之者「絕雲氣，負青天」、「扶搖羊角而上者九萬里」，屬於幻想也；而其在《天地篇》中所言之者「忘乎物，忘乎天，其名爲忘己，忘己之人，是之謂入於天」，「獨與天地精神往來，而不傲倪於萬物」，是乃其致力以求、而確有裨益於純化其性者，其於完善和升華人性之功，豈可小視之哉？

其次，莊子認爲俗思俗學有大礙於繕性之功也，此二者俱爲物所累、爲物所役也，必有淫於性也。故莊子認爲必守天全，使神無隙，私慾不起，物無從入，始可「壹其性，養其氣，合其德，以通乎萬物之所造」。以達於「乘天地之正，而御六氣之辯，以遊無窮」，「不將不迎，應而不藏，故能勝物而不傷」。此種勝物不傷之思想，實具有現實意義，是人類自覺自善之精神醯體。

（三）淮南子之修本持内説

道家之學，在老莊時代，幻想色彩尚濃，迨至漢季趨於淡薄，《淮南子》中之論，有切近現實之感，既易爲人所接受，行之亦自切實；其所論人性之說，比之老莊之見，更近於人性，茲引述其言以論之。

「聖人內修其本，而不外飾其末，保其精神，偃其智故，漠然無爲而無不爲也；澹然無治而無不治也。」

「人生而靜，天之性也；感而後動，性之害也。物至而神應，知之動也。知與物接，而好憎生焉。好憎成形，而知誘於外，不能反己，而天理滅矣。故達於道者，不以人易天；外與物化，而內不失其情。」

「故聖人不以人滑天，不以欲亂情。不謀而當，不言而信，不慮而得，不爲而成。精通於靈府，與造化者爲人。」

「夫世人之所以喪性命，有衰漸以然，所由來者久矣。是故聖人之學也，欲以返性於初，而遊心於虛也。達人之學也，欲以通性於遼廓，而覺於寂寞也。」

「寂寞恬淡，所以養性也。和愉虛無，所以養德也。外不滑內，則性得其宜。」

「至人之治也，心與神處，形與性調，靜而體德，動而理通，隨自然之性，而緣不得已之化，洞然無爲，而天下自和；澹然無欲，而民自樸。」（注三三）

淮南子認爲人生而靜，天之性也；但又不能無接於外物，既接之，必有感焉，既感矣，必好惡生焉；既好惡之矣，必外化而去焉；外化而不能反己者，則天理滅矣，本性喪失矣。惟達於道者，則能反己，不以人易天，外雖與物化，而内無所傷。要達於此境界，唯有「内修其本」，「保其精神」，「不以人滑天，不以欲亂情」。唯達於道者爲能也。可知達道乃關鍵也。道者何也？又如何達道也？「道者，一立而萬物生矣，其全也，純兮若樸，若無而有，若亡而存，萬物之總，皆閲一孔；百事之根，皆出一門。其動無形，變化若神。以中制外，百事不廢」，則能達道。「中能得之，則外能收之；中之得則五藏寧，思慮平。」中者心也，「心者，五藏之主頁，所以制使四肢，流行血氣，馳騁於是非之境，而出入於百事之門戶者也。」有得於道，則有主於心，有主於心，則不待萬物之推移，中既得矣，内既定矣，則外無所動矣，性命之情，處其所安矣。是則修本治内之功見矣，此淮南子論性之要也。

綜觀儒道論性之見，可明知其同異矣。從本原上言，儒道俱屬性善論者，此乃大同也。俱認物慾害性、俱主修本持内，此乃小同也。但亦有異焉者，儒家認爲欲從性出，只可節而不可窒也。又修本持内之法，儒家致力於格物致知、修齊治平，道家則主爲道日損而歸真返樸，此乃大異也。餘不俱論矣。

【注解】

（注一）見《十三經注疏》，中華書局，一九七九年版，九三頁。

（注二）同右書，一六三三頁。

（注三）同右書，一六三二頁。

（注四）同右書，七八頁。

（注五）參閱「日」西田幾多郎著《善的研究》，商務印書館，一九八九年版，七二—七五頁。

（注六）《朱子遺書》第九冊《孟子精義綱領》，一頁。

（注七）見《十三經注疏》，二七四七—二七四八頁。

（注八）同右書，二七四九頁。

（注九）同右書，二七六六頁。

（注十）見《十三經注疏》，二七六六頁。

（注十一）同右書，二七四九—二七五二頁。

（注十二）《諸子集成》二，《荀子集解》，《性惡篇》，中華書局，一九八六年版，二八九頁。

（注十三）同右書，二九〇頁。

（注十四）同右書，二五八—二五九頁。

（注十五）見《孟子字義疏證》，中華書局，一九六一年版，一〇—一一頁。

（注十六）見《十三經注疏》，二七七九頁。

（注十七）見《春秋繁露》，《實性》，三六頁。

（注十八）見王充著《率性篇》，《諸子集成》七，一九八六年版，一五頁。

（注十九）見王充著《本性篇》，同右書，二八頁。

（注二〇）《原性》，見《韓昌黎全集》，中國書店出版，一九九一年版，一七五頁。

（注二一）見熊十力著《原儒》，上卷。

（注二二）見熊十力著《十力語要》，卷三，七—八頁。

（注二三）見《河南程氏遺書》，第二十五卷，三四七—三五九頁。

（注二四）見《近思錄》即《河南程氏遺書》，第二十一卷下，二九九—三〇二頁。

（注二五）見錢穆著《朱子新學案》上，巴蜀書社，一九八六年版，三〇五—三一八頁。

（注二六）同右書，三一二頁。

（注二七）同右書，同右頁。

（注二八）見《王文成公全書》，卷三十三。

（注二九）見《王文公文集》，上海人民出版社，一九七四年版，三六九頁。

（注三十）見《船山遺書》，《薑齋文集》《知性論》及《思問錄·俟解》。

（注三一）見戴震著《孟子字義疏證》，中華書局，一九六一年版，六一－七七頁。

（注三二）俱引自曹礎基著《莊子淺注》一書。

（注三三）見《淮南子·原道訓》，《諸子集成》，一九八六年版，一－一六頁。

第三篇　認識論

認識論所欲探討者乃是正確認識物我及其關係之諸大問題也。此乃人類文明的一個根本問題，非僅哲學家須首先正確解決此問題，他如文學家、藝術家、教育家、以致於科學家，也必須具有正確的物我關係觀。因爲任何研究領域所涉及者都屬認識之深化和發展過程，其所從事之一切構思、假設、設計等活動，時時處處，都會涉及物我問題，大至於天人之際、人類命運之所攸關者，小至於人事交往之中，言談舉止，莫不有物我關係存於其間；一切研究成果之歷史價值、一切言行、事功之歷史功過，一以認識之真妄深淺爲衡。所謂物我，分而言之，物者，客觀世界也；我者，主觀世界也。合而言之，主客之間的正確關係也；認識與被認識、反映與被反映、主動與被動之運動、變化和發展也；此發展之過程永無窮盡也，因而，認識之過程亦無窮盡也。

然則物我兩者均等乎？對立乎？曰非也。從物我兩者言之，似是均等，貌相對立；但考之物我發展之歷史，我本存於物中，愈往上推，愈見我淹沒於物中。我本物也，但不可言物亦我也，只可言物我同原也。於此可見，物我非均等也，非對立也。物大我小，物先我後，物祖我孫，物重我輕。我被包容於物之中，與物爲一體也，與物同體而且同根也。但事物是永遠處於運動之中的，而且是不斷發展前進的，又在此前進過程中生滅繁衍、自新不息的。當著我—人—人類，進入有文字記載的歷史階段以後，特別是依據人類文明史的文獻資料以及人類當前所從事的政治、科學、教育諸方面的全部社會活動來考察，就會立即發現，此種物我界線和關係，實際發生了人類日益意識到的深刻變化。可以這樣認爲，此種變化的情境，隨著宇宙、大自然前進的步伐，我與物之關係，日見其分離，主客之形式，日見其對立；主（我）觀之能動性，日見其增強；人之認識能力，日見其提高，認識之深廣精密度，日見其擴大，似乎我要與物分離而去，並且反過來要主宰物。實質這是一種錯覺，一種由人類文明、特別是近代科技發展所造成之錯覺。而事實是：我—人—人類，確已提高了認識能力，確已增強了對物界的能動性，但是，此種能力和能動性，無論高到何種程度，我—人—人類，最終不可能與物分離，而且恰恰相反，更日見依賴於物，只能藉此種能力和能動性之提高，更深刻地來認識物我及其關係，更協調更完善地來改善物我之間的關係，此種關係隨人之自覺性之提高，就愈能獲得改善。因此在這裡有一點必須指明：物我二者既非均等，也非對立，但主客之輕重形式已經易位了，主動與被動、反映與被反映、認識與被認識之形勢昭然明確了。當然，物我仍處於統一體中，而且此種統一，永遠也不會改變。正是在此前提下，來探討認識論，來探討中華之認識論，從而也同時可以看到中華認識論之一些特點，正是在此認識論之上，建立其中華之教育觀、人生意義觀。

在認識論上，亦按儒道兩家分別論述之。

一、儒家之認識論

儒家之認識論擬就如次六個組成部分論述之。

（一）格物致知

此言出自《禮記·大學》，但須先了解其前後文，始可見格物致知之涵義，茲引之如次。

「大學之道，在明明德，在親民，在止於至善。知止而后有定，定而後能靜，靜而後能安，安而後能慮，慮而後能得。物有本末，事有終始，知所先後，則近道矣。古之欲明明德於天下者，先治其國；欲治其國者，先齊其家；欲齊其家者，先修其身；欲修其身者，先正其心；欲正其心者，先誠其意；欲誠其意者，先致其知。致知在格物。物格而後知至，知至而後意誠，意誠而後心正，心正而後身修，身修而後家齊，家齊而後國治，國治而後天下平。自天子以至於庶人，壹是皆以修身爲本，其本亂而末治者否矣；其所厚者薄，而其所薄者厚，未之有也。此謂知本，此謂知之至也。』」（注一）

如果將此段經文之要義，作左列簡明圖示，就立即可見格物致知之涵義及其在誠意、正心、修身、齊家、治國、平天下中之地位了。

此段經文所論，乃是明明德和親民兩件大事，而且要將此兩件大事做到盡善盡美之境地，此乃綱也。具體者，如格物、致知、誠意、正心、修身、齊家、治國、平天下諸端認識和實踐活動乃目也，朱熹稱之爲八目。此種認識和實踐活動，既屬於成己，也屬於成物；既屬明明德，也屬於親民；明明德，成己也；親民，成物也；非明德，無以親民，非親民，無以明明德；非成己，無以成物，非成物，無以證成己；是以在親民中以明明德，在成物中以成己；成己小也，成物大也，舍成物，無以成己及成物也，此乃此經之要也；此乃中華民族思想之大公所在也。然其基礎必本於認識，即對物我之認識，對真理之認識；而慾獲致此認識，則在格物而致知，所以致知格物在此綱目中佔著極其重要之位置，余於前列圖示中置之中心位置者以此也。但在學術史上卻有誤解而不爲後人所察者。對於格物之涵義，漢朝鄭元注云：「格，來也；物，猶事也。其知於善深，則來善物，其知於惡深，則來惡物，言事緣人所好來也。」（注二）此注之見，唐之孔穎達於其「疏」中仍緣用之。鄭孔二人均未得格物致知之全。而且，若順其注疏推論，適見其有悖於大學誠意、正心、修身、齊家、治國、平天下之本義。如其所言，「其知於善深，則來善物；其知於惡深，則來惡物，言事緣人所好來也」，則來惡物者亦其所好也，是則惡如何能誠人之意，如何能正人之心，又如何能致人修、齊、治、平之功。故余以爲鄭元和孔穎達之注疏，非僅有曲解格物之嫌，實有誤後學之害，不可取也，因以指陳之。迨至宋朱熹對此始有所理正，他注云：「致，推極也，知，猶識也；推擴吾之知識，欲其所知無不盡也。格，至也。物，猶事也。窮至事物之理，欲其極處無不到也。」（注三）余以爲朱之此注亦有未盡善處，所指爲「格，至也」一語，不若改爲格，窮究也，更爲貼切。而且《大學》所欲發明者，正是根於《周易·說卦》中之「窮理盡性」之大義也。故格物者，實應理解爲窮盡事物（包括人之本身）之理也。於此可見，朱訓格爲至，其意含昏，不若理解爲窮究，其義真切著明也。

這樣，格物致知，就可認作是一個認識（此中自有實踐之義）之全過程，而且在此過程中

（不管説格物致知，或致知格物），物在先，知在後。此既符合人之認識之一般規律，物先知後，也符合《大學》所揭示的誠意、正心、修身、齊家、治國、平天下之具體要求。當然，若以現代人類文明所積累之思想資料考量之，則此「物」之涵義就更廣泛豐富了。於此可見我中華認識論之特點不僅從物出發，而且包含著實踐過程，受著個人之修養實踐和付諸於奉獻社會實踐之雙重實踐之檢驗。此與西方純屬邏輯推理之認識論，實迥然不同，其優缺點俱存於此不同之中，唯在此，不擬詳論。

對於此認識過程中之格物之義，猶有進一步申言之者，《周易・系辭》有云：「知周乎萬物，而道濟天下」；「範圍天地之化而不過，曲成萬物而不遺」，此既屬認識中之重要内容，更足以説明我中華民族盡心力於協和萬物萬事、萬類萬邦的偉大胸懷。欲知周乎萬物，欲範圍天地之化，欲曲成萬物而不遺，由此而道濟天下，則首先必須探究物理，研究大自然之規律，故此格物之物，第一義應是自然界，應是自然的物質世界。但要道濟天下，則必有社會之關係存焉，人事物欲生焉，管理制度興焉，教化禮樂行焉，故此格物之物，第二義必屬於政教之範疇也。第三義則正確反映前二者之思維之物，可名之爲哲學範疇也。第四義可稱之曰德性之物（注四），至此，物之義始可云全矣。

由格物而致知，或曰因致知而格物，此知字之義，既包含著合乎科學的知識，但更重要者則是窮理之理和盡性之理。應當明確知識與道理二者之同與區別，更爲重要者是區別，即道和理之至深内涵。因爲僅僅獲得一般的知識，就絕然起不到誠意、正心之作用，也絕然不足與語修、齊、治、平之個人完善與宏圖大業。故余以爲致知之知，主要是窮理盡性、安身立命之至理。

因此，不可視格物致知此一認識過程，僅僅爲探求物理而獲取知識之過程，而應視爲窮究天人之際的至理，窮理盡性（盡人性和盡物性）之至理；只有求得此至理，才可真明明德，真親民，真正止於至善。故要而言之，格物者，格天格地格物格人之物也，特别是格人心人性之物也。致知者，實乃窮理也，盡性也，致人之良知也，以明明德於天下也。讀者不宜簡單地認爲這是不合時宜的、沒有人愛理的、無法實現的理論。不是的，這確是符合人性人心之理論，是須有高度的人性人心之自覺才能理解之理論，是人類必須經歷大劫難（像二戰，尚屬小劫難）之後、頭腦清醒起來，才可理解而實行之理論，實質是早熟之理論；然對先知先覺言之，自不難喚起理論上之共鳴也。

由此而知，上述余所言之格物致知中物和知二者，是不可截然分之者也，其根原在於主客二者，是不可截然分之者也。特别從主體考察，更是如此，故物中有知，知中有物。就物而論，客固是物也，主亦物也；主來自於客也，又反照於客也，主來自於物也，又反照於物也；而此反照，又非若鏡之照物也；主非鏡也，鏡乃屬無意識之物也；而主則有意識之物也，是人也，人則有人之心也，有人之性也，亦自有人之德也；有此人心人性人德，以之去認識客體，去認識客觀事物，則必然摻入人心人性人德之因素於其認識過程之中，因而其所見所得所感者，就絶非若鏡之照物也；乃人心人性人德之體認物也，體驗物也，窺物之情，悟物之理，窮物之道，盡物之性，以反思於吾身，以反問於吾心，以反究於吾性，以反求於吾德，故其所得之知也，既有純屬客觀之知，更有人心人性人德之知，依此而教生焉，而政出焉，而宗教起焉。於此可見，格物致知之知，必涵蓋兩大範疇：一是主客統一之知，二是發自德性之知；前者屬於科學認識範疇，後者屬於人心人性人德之反思範疇。有此二者之結合，始可促進人之誠意、正心、修身、齊家、治國、平天下；始可促進人心人性人德之完善；始可促進人類社會之完善。我炎黄祖先立下之「知周乎萬物，而道濟天下」、「範圍天地之化而不過」、「曲成萬物而不遺」、「開物成務」之鴻圖大業，亦在於盡人之性、盡物之性也；而格物致知，乃是正確的認識途徑和過程，使吾儕獲得符合主客規律之全面科學理論也。

依此，應進一步探討德性之知。所謂德、所謂性，俱出於天也，與人俱生也，孟子所倡言之良知良能也。

（二）良知良能

孟子曰：「人之所不學而能者，其良能也；所不慮而知者，其良知也。孩提之童，無不知愛其親者，及其長也，無不知敬其兄也。親親仁也，敬長義也，無他，達之天下也。」（注五）

孟子良知良能之說，乃蘊於人之本性之中、與人俱生之固有德性也，此種德性之知，孟子而後之千余年間無人發之，宋儒程頤雖有「德性之知，不假見聞」之論，然其後亦未見昌明。迨至明儒王陽明始悟澈《大學》格物致知之微奥大旨，實與孟子良知之見一脈相承，故將致之之功與良知之純結合爲一，提出致良知之說，謂此乃其「百死千難中得來，實千古聖聖相傳一點滴骨血也」。（注六）王陽明還說：「吾半生講學，只是致良知三字。」於兹可見，致良知是王陽明一生學問之大要，更是其根源儒學之大要，亦自是儒學哲理之大要。哲學中之根本問題是正確解決認識論之問題，而王陽明之致良知所欲解決的正是認識論中之一個内外輕重之問題，易言之，即認識論中之源流本末問題；以及由認識而引出之實踐之先後厚薄問題。

故余以爲孟子倡良知之說，實乃儒學認識論中之一大卓見，而王陽明致良知之說，更將儒學之認識論發展到一個新的高峰，使儒學湛然約然成爲心性之學，此實回歸到了儒學之根基上。詳考儒學發展之歷史，細析其源流，執五經之綱，玩諸之百家之要，察民風百行之德，必能從浩瀚之文獻中，灼見心性之光華，良知之春風，如日月之經天，江河之行地，其燦燦者、拂拂者，皆人心人性之表現，良知良能之發揚也。故余以爲探討儒學之認識論，若於格物致知之物和知中，忽略了良知良能此一重大内涵，則其物和知便立即失去了靈魂，形同槁木死灰矣。其所謂知，不過是知之骷髏而已，僅具外殼而無生命、無活力，失去啟迪思維、開發智慧、感動人心、激勵向善之作用。其所謂物，亦不過主客分離、無生命之死物而已。故良知良能者，乃人之所獨具而又富有靈性者也。必須珍視之，若抛開良知良能而言認識論，必然是貶低人之品格而等同於飛禽走獸之屬也，其有違人性、不合科學乃不言而喻也。就孟子倡言良知良能之原旨而論，孩提之童有不愛其親者乎，曰無有也，此良知之表現也。就當今科學所達到之成就與全球性之消廢核武器之迫切呼聲而論，此非人類良知之表現乎？曰是也。是科學家良知之表現也，是政治家良知之表現也，是全人類良知之表現也，是人類天良在同邪惡搏鬥也。故余以爲凡知必具良知，不具良知之知，不得謂之真知。言認識論者，必求良知良能之發揮，然而此良知被歷史所扭曲，以致邪惡公行，禍害恣張，其踐踏人性之烈，而不識來自認識論上之誤，實亦人性之悲也，人之自誤也。於此亦可略有領悟於王陽明之致良知之説於百死千難中得來之原意所指也。故余以爲研究儒學之認識論，必當闡發此良知之説，這不僅此良知之説謂我中華文化所獨具，而且良知之於人類亦自天然地所具有，彰明此良知，不僅爲理論之所必須、認識論中邏輯内涵之不可或缺者，而且爲喚醒世人良知、促進人類天良之自覺所必須也。

（三）弘道識仁

道，乃儒道兩家哲學的一個共同的根本概念，也是我中華祖先對主客世界一個最原始最根本之認識，認爲宇宙世間萬象萬物萬品萬類萬性萬事，必有其道焉。儒家之見：「一陰一陽之謂道」；「立天之道曰陰與陽，立地之道曰柔與剛，立人之道曰仁與義」；「形而上者謂之道，形而下者謂之器」；「明乎天之道，而達于民之故」。（注七）道家之見：「道者萬物之奥」。於此可見道之含義以及明道之目的，上以識陰陽之奥、識變化之幾、識性命之原、識仁義之根；下以崇德廣業、舉而措諸天下之民，以求至治，以遂天地之大德。對此道之探索歷五千年而未休，伏羲劃八卦立其本，文王演《易》成六十四卦定其規，孔子《系辭》明其旨，其所傳者道也，「朝聞道夕死可矣」，其所言者，亦此道也，北宋理學家們所探尋者，亦此道也，程顥爲發明此道，著《識仁篇》，其言曰「學者須先識仁，仁者渾然與物同體，義禮智信皆仁也」；其弟程頤更發仁之大義曰「心譬如穀種，生之性便是仁」，「仁自是性」。於此可見仁之内涵，乃如種子具有生生不息、繁衍無窮之生命力。孔子在《論語》中，言仁者有九十二次，足見仁説在儒學中之地位。余以爲儒學所言之道，乃宇宙起源、萬物進化、人類發展之總規律也，其所言之仁，則是此規律之核心也，是道之最集中最根本之體現也。於兹可見，在儒家思想體系中，道歟仁之關係極爲密切，特别是仁在倫理、道德範疇中之地位，以及弘道識仁在研究儒學和儒家教育理論中之重要意義。仁是由人而生的，根據人與物一體之理論，自不可將物排之外，物類豈無仁乎！但此處所論之者是人之自覺狀態也，因而可知，仁乃是發於人心、人性、人情者也；由此更可明，仁乃是人之思想之本源，乃是人類一切思想之本源，證之以人類文明史，實不誣也。故余以爲徵諸中華學術思想之發展，仁之大義有三焉：一曰自然生長之力也，如種子果實之仁，此種生長力與物長存、與人長存。二曰人際關係之最高原則也，考仁之文字起源含義，《説文解字》曰：「親也，從人從二」，兼愛；古文仁從千心」。由二人之心而擴及千心萬心以至於人類，仁民而愛物，博愛生焉。三曰仁爲萬德之本也。故仁道二者，乃儒學内涵之核心也，生命力之源泉也。識得仁道之義，從而行之履之，是乃仁義、仁德、仁愛、仁行、仁政也。但要真正實現之則難矣，故曾子有言：「士不可以不弘毅，任重而道遠，仁以爲己任，不亦重乎！死而後已，不亦遠乎！」然而孔子有「我欲仁斯仁至矣」之教，意在勵來者之「造次必於是，顛沛必於是」，「有殺身以成仁，無求生以害仁」也。

（四）心之作用

在儒學之認識論中，心之作用極爲重要，孔孟以降，歷代大儒，無有不論心者，心之論備矣詳矣；今謹擇其要者，以見此歷史發展之脈絡，有助於世人對我中華文化正確理解，更直接有益於教育理論和實踐之參考。

孟子之心之官則思

孟子有言，「耳目之官不思，而蔽於物；物交物，則引之而已矣。心之官則思，思則得之，不思則不得也；此天子所與我者。先立乎其大者，則其小者不能奪也。」（注八）

這段話，孟子爲答公都子問大人與小人而言之者也。其大意爲：一耳目之官能，無思慮之功，只可接應外界事物，且往往爲外物所誘，因其不能控制物欲故也。二心之官則有思慮之功，對外界物誘有控制之能，以其有是非取捨之辨也，此乃人之所賦於天而獨具者也。三先立其大者，指人之善性明德也；小者，則物誘人欲也。只要立定發揚善性明德之志，則其小者自被克制矣。於此可見心之功能在於正確認識物我，它不是一個簡單反映內外事物之器官，以其本於人性，在其反映過程中，卓見其內省之功，在內外事物面前有所趨避，知所取捨，而且反復思考，過濾淨化，更不斷擴大深入，層層推進，步步提高，使認識逐步完善，而漸入於真善美之域，使人之認識活動包涵著人心人性和踐履篤行兩大要素，因而見諸於社會行為，必符合於科學和道德軌範。正是認識了心在認識物我過程中無所不屈、一無所遺之作用，以及心所自然而然表現之天然內容人之善性，故孟子又進一步體認到「萬物皆備於我矣」。（注九）所謂萬物皆備於我者，乃言物我之統一而無內外之分也。人心人性可視之為內，其所反映者可視之為外，然此內者（人心人性），乃外在之理之至純至粹至精至微之表現也，是則內外之理一也；唯內者精微，而外者粗放；內者反映外者，中經心之作，終至於精微，此萬物皆備於我之亦明矣，此致廣大而盡精微之義明矣，此窮理盡性之義明矣，此科學日昌之義明矣。

荀子之心者形之君

荀子有言：「心者，形之君也，而神明之主也，出令而無所受令，自禁也，自使也，自奪也，自取也，自行也，自止也。故口可劫而使墨云，形可劫而使詘申，心不可劫而使意易，是之則受，非之則辭，故曰心容，其擇也無禁。」（注十）此處所明確揭示者，心是認識過程中之主體，永遠處於主動裁奪地位，取捨受辭，一任其自定；是非、正邪、真偽、愛憎為其準繩；

而且心之容量大無邊際，可容萬物，連心之主體亦包容其中。

荀子在《解蔽篇》中又揭明：「心生而有知，知而有異，同時兼知之。」此意謂心之爲物也，天然具有感知和認識主客體之本能，而且在認識過程中具有辨明真僞取捨之本能。

如何使認識正確以及如何判别認識之真僞，荀子又進一步指明：「心不可以不知道。」道者，天之道也，地之道也，人之道也；知道云者，明此道也，明天道地道人道也，明道之共同性也，明道之特殊性也，明道之同異之際相聯系又相區别之情狀也。又曰：「心知道，然後可道；可道，然後能守道以禁非道。」此則心在認識中之具體内容及慎思明辨而擇善固守之功也，亦人之主體、主觀意識之表現也，人心人性人情之表現也，認識論中之精髓也。

朱熹之心具萬理論

朱熹是儒學復興、崇尚哲理研究、拓開心性之學的承先啟後的集大成之宗師，其在中華學術史上之地位，孔孟之後，第一人也。其著述宏博，辯論詳備，心存宇宙，志匡教化，近千年來，對學術界及士林影響極深。雖其哲學思想亦不免有失龐雜而不精、繁駁而不醇者，然無損其發展儒學之光輝。其所論心與心在認識中之作用之見，更有其獨到處，兹引述如次。

「心猶鏡也，但無塵垢之蔽，則本體自明，物來能照，今欲自識此心，是欲以鏡見鏡

也。」（注十一）

「夫心者，人之主乎身者也，一而不二者也，爲主而不爲客者也，命物而不命於物者也。故以心觀物，則物之理得。今復有物而反觀乎心，則是此心之外而多有一心而能管乎此心也。然則所謂心者，爲一耶，爲二耶？爲主耶？爲客耶？爲命物者耶？爲命於物者耶？此不待教而審其言之謬矣。」（注十二）

「大抵聖人之學，本心以窮理，而順理以應物，如身使臂，如臂使指，其道夷而通，其居廣而安，其理實而行自然。」（注十三）

此三段文字，在於說明心之反映功能，而且指明心爲主而不爲客，命物而不命於物，此亦僅就反映之義而極言之也，是乃徹底之反映論也。然此，就儒家認識論言之，反映僅僅是認識之第一步，而且是儒家認識論中之一個非主要之組成部分。下述朱熹所闡明之心具眾理、理無心則無著處等論，實乃發儒學認識論之蘊，是其核心部分者也，人之依據認識所發之言行，俱由此而出也。

「心者，人之神明，所以具眾理而應萬事。」

「虛靈不昧，以具眾理而應萬事，虛靈自是心之本體。」

「心官至靈，藏往知來。」

「心包萬理，萬理具於一心。不能存得心，不能窮得理；不能窮得理，不能盡得心。」

「大凡道理皆是我自有之物，非從外得。所謂知者，便只是知得我底道理，非是以我之知去知彼道理也。道理本自有，用知方發得出來。若無知，道理何從而見。妙眾理，猶言能運用眾理。」（注十四）

「天道無外，此心之理亦無外；天道無限量，此心之理亦無限量。天道無一物之不體，而萬物無一之非天；此心之理亦無一物之不體，而萬物無一非吾心。天下豈有性外之物而不於吾心是理之中也哉？」

「此心之所以至靈至妙，凡理之所至，其心隨之，無所不至，大極於無際而無不通，細入於無倫而無不貫。前乎上古，後乎萬古，而無不徹。近在硅步，遠在萬里，而無不同。雖至於位天地、育萬物，亦不過充吾心體之本然而非外者，此張子所謂有外之心不足以合天心者也。」（注十五）

「大其心，則能體天下之物，蓋盡心則只是極其大，心極其大，則知性知天，而無有外之心矣。」

「心之於仁，亦猶水之於冷，火之於熱。心之本體無不仁。」（注十六）

此數段文字所論之者，其要有四：一心具衆理，而理待知發，三大心體物，四心之本體無不仁。此四義者，索其内在邏輯，則見其相互關聯而歸一也。所謂一者，心之本體也，本體者，道也；道者，天地物人之所從出也。在天之道，自然也，賦於人物者，性也，主於人之身者，心也，心之體於德者，仁也；仁又有二義焉，一曰生之謂仁，若果實之仁，生機包含於其中，生生繁衍不息；二曰仁爲德本，人之一切明德善行皆本於仁。深入體認心之本體，細味仁之微義，著意理會仁（心）是一個生機活潑之事物則朱子所發之心之大義，便躍然腦際，了徹心中矣。如此可知，心之於認識、於認識過程、於認識論，不僅有若鏡之照物之主客異形之外在邏輯作用，而且因心非一簡單之物鏡也，實乃一萬理所藴之心鏡也，則其照物也，反映也，造成形象概念以至於知之過程也，必然是一個衆理畢陳、萬德俱現之内容豐富之過程，既識客體，又識自我，此中既有知又有德，知德統於一體而不可分；此中既有物，又有我，物我渾然一體而無形跡之辨。依此而形成一個知天知人、知物知我、知客知主、知性知情、知心知德之完備認識過程，恰如《大學》所揭示者。至此，可見儒家哲學認識論之内涵核心所在了。一言以蔽之，道－性－心之一體也。心之反映作用及内容、心之體認作用及内容，於兹明矣。至此，亦可見朱子所發心之見解，既符合儒家認識論之原旨，尤有其獨到之見，其論述之精詳有過孟荀者遠矣。

依茲可見，心之爲物，既作爲反映事物、認識萬理之工具而存在，而其本身又蘊藏萬理，而且後者在認識過程中尤爲重要，不了解此點，就等於不真正懂得儒家之認識論；不闡明此點，就等於未能發揮儒家認識論之精義；此乃我中華民族思維之特點所在，優點所在，由此而引出我中華文化之特點和優點，亦正是此特點和優點，伴之而起的，便是缺點和弱點，此乃事物之兩重性，有正即有副，無可避免者，但卻可促之轉化調整者也。此特點優點爲何？一曰整體全面，宏觀和微觀之統一，主客之統一，物我之統一，二曰心性道德之統一，合而言之，內外之統一，然考其實際，證之以認識論之發展史，此內外之統一，實有重內輕外之病，由於重內，心性之學發展到登峰造極，由於輕外，自然科學之發展，比之於西方文藝復興以後之歷史，卻大爲落後了。必須正視此現實，下大力氣糾正此認識論上重內輕外之病，則其釋放我炎黃子孫潛在之睿智及創造之偉力，可期以近功和遠效矣。

陸象山之吾心宇宙論

陸象山在認識論上繼承和發揚孟子「萬物皆備於我」之説，他説：「心官不可曠職」，

「萬物皆備於我，只要明理；然理不解自明，須是隆師親友」，「萬物森然於方寸之間，滿心而發，充塞宇宙，無非此理。」其最著名之言論是：「四方上下曰宇，古往今來曰宙。宇宙便是吾心，吾心即是宇宙。千萬世之前，有聖人出焉，同此心同此理也；千萬世之後，有聖人出焉，同此心同此理也。」（注十七）

細味此「吾心即是宇宙」之見，實遠比孟子「萬物皆備於我」之言要清澈透闢。在此，心有二義，一爲吾心包含萬理，二爲認識萬理有賴吾心。而在認識過程中，實際是認識吾心所包含之萬理，而此理適又充塞宇宙，按順序說，充塞宇宙在先，包含吾心在後，而且吾心所包含之者乃是最爲精晶而具性靈者也。因而認識之目的是在盡性也。故他說「宇宙內事是己分內事，己分內事是宇宙內事」。此乃爲對人類責任感之高度認識，而且將此認識付之實踐，故反躬踐履爲陸學之「血脈骨髓」，亦乃陸學之一大特色也。

王陽明之心外無物論

王陽明之哲學觀點，在宋明理學發展史上，論者多持程朱、陸王對立之見，余則認爲此種見解未免失之於偏。

程朱與陸王，固有其異者，然從根本上言之，則實相同也。即從王陽明之心外無物論言之，其與朱熹心具萬理之見有何異也，與程伊川所言「自理言之謂之天，自稟受言之謂之性，自存諸人言之謂之心」，「道之外無物，物之外無道，是天地間無適而非道也」，又有何異也。於此可見，王陽明只不過進一步發揮了程朱之見。當然發揮得很出色，可謂光芒四射矣。

但在考察王陽明之心外無物論時，首先要注意者，是其心外無物之物，非常人所見之身外之物也，非常人所思之心外之物也，其所言之心外無物者，乃是從人與萬物爲一體這個哲學前提推論而得之邏輯結論也。茲引述其原論如次。

「蓋天地萬物與人原是一體，其發竅之最精處是人心，一點靈明。風雨露雷日月星辰禽獸草木山川土石與人原只一體，故五穀禽獸之類，皆可以養人；藥石之類，皆可以療疾，只爲此同一氣，故能相通耳。」（注十八）

王之論證心外無物之一個最著名的例子是花樹不在心外：「先生遊南鎮，一友指岩石中花樹問曰：天下無心外之物，如此花樹在深山中，自開自落，於我心亦何相關？先生曰：你未看此花時，此花同爾心同歸於寂，你來看此花時，則此花顏色一時明白起來，便知此花不在你的身外。」（注十九）此處不易理解者是同歸於寂之寂字，此乃指本體之狀，寂然不動者也。人物同此本體，人物之發展，其所稟賦雖有精粗靈拙明闇之殊，然同此體也，同此原也，其本一也，無内外之别也；心之所反映者，形似在心外，實則同原同體也，不可視之有内外也，此乃人物一體、擴而充之、天地人物一體、有其内無其外之大概念和大視野也；此乃王學心外無物之本意也，唯精思者能神會之。茲再引王陽明之論以證其説。

「夫在物爲理，處物爲義，在性爲善，因所指而異其名，實皆吾之心也。心外無物，心外無事，心外無理，心外無義，心外無善。聖人之學心學也。天下無性外之理，無性外之物，學之不明，皆由世之儒者，認理爲外，認物爲外，而不知義外之説，孟子蓋嘗闢之，乃至適陷其内而不覺，豈非亦有似是而難明者矣，不可以不察也。」（注二十）

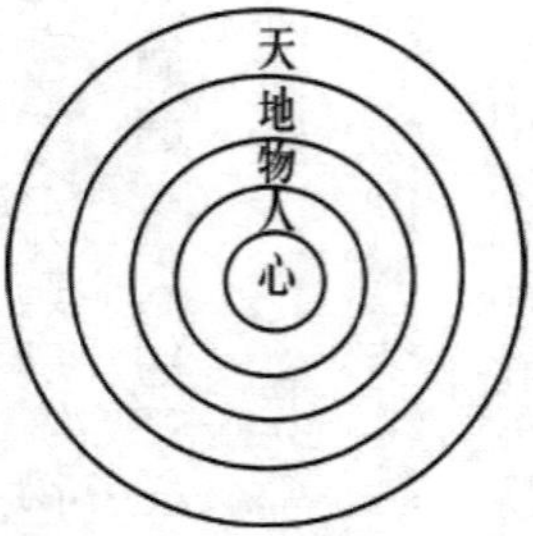

天地・萬物・人・心一體圖

如右圖所示，則天地人物同原、心物一體，昭然在目矣。但此乃是從本原上言之者也，實則從發展階段上言之，亦有異者存焉。王陽明之論證有欠周詳者，即在此異上也，而世之所見者，亦多在此異上也。此異者何？乃指物之質地、結構、形式、精粗、明晦、通塞、神闇、靈愚之别也，因有此别，故物在身外，物在心外，固亦明矣。世之論者亦陷目光於此，多見此别，亦不足怪也，以其多從表現形式看問題而不及事物之底藴，有失於膚淺，亦自難免也。故余以爲，王陽明心外無物之論，非見其之偏、言之極也，是其論證未盡詳備明澈也。而非之者，非及其本也，乃言其末也，其不達儒學之真諦也明矣。

於茲可見，王陽明之認識論之見，乃深邃全面、適得儒學之要者也。深邃者，言其認識之極於本原也，窮心物之根底也；全面者，言其所旨包羅萬有，涵蓋古往今來，而將經得起科學之考驗也。余之所以爲此言者，乃有見於王學將心性之學發展到足以解釋一切科學無不依心性而窮究之而復歸於心性者也。

（五）學問思辨行——完備的認識過程

《禮記·中庸》揭示了一個完備的認識過程，這就是學、問、思、辨、行，此乃儒學認識論之總結，與前述之格物致知互爲表里，實儒學之光輝也。然究其實質而論，格物致知自是里，而學問思辨行當爲表也。茲引《中庸》之言，以見學問思辨行在認識論中之地位及其自身之完備性。

「誠者，天之道也；誠之者，人之道也。誠者不勉而中，不思而得，從容中道，聖人也，誠之者，擇善而固執之者也。」

「博學之，審問之，慎思之，明辨之，篤行之。有弗學，學之弗能，弗措也；有弗問，問之弗知，弗措也；有弗思，思之弗得，弗措也；有弗辨，辨之弗明，弗措也；有弗行，行之弗篤，弗措也。人一能之，己百之；人十能之，己千之。果能此道矣，雖愚必明，雖柔必強。」

「自誠明，謂之性；自明誠，謂之教。誠則明矣，明則誠矣。」

「唯天下至誠爲能盡其性，能盡其性，則能盡人之性；能盡人之性，則能盡物之性；能盡物之性，則可以贊天地之化育；可以贊天地之化育，則可以與天地參矣。」（注二一）

此數段文字，内容連貫，邏輯嚴密。具體言之，其所言學之者、問之者、思之者、辨之者、行之者，俱以天道、人性、認識、知德等爲其核心内容也。是體天道、體人道、體物道、體萬事萬理、諸德諸行之功也。沒有此五者互爲關聯、密不可分之認識環節，構成完備之認識過程，要認識天人之際、物我之間、人心人性之至道大德乃不可能也。在此五環節中，篤行最爲重要。知可因學而致，疑可因問而釋，德可因思而立，理可因辨而明，唯行爲難也。行者必去私去欲，此一難也；必堅持到底，不可半途而廢，此二難也；必孤立特行，且無止境，此三難也。故必篤之，篤其始也，篤其終也，無時無處而不篤之者也，篤行之義在此也，篤行之功在此也，既貫徹於學問思辨行之全過程之中，而行之本身又獨有風光，自有體驗，道之大、性之善、心之仁、德之淳，於此全得之矣，湛然於胸，豁然於意表，與物同在，與物同化，物我又同歸一體矣，唯誠者能行之、能得之也。此種認識論，此種實踐哲理，非西方任何主義哲學所可與之同日而語者也。

然猶有一義欲申之者，即認識之最終目的在於盡人性盡物性，在於使人性和物性處於和諧發展之中，此種和諧非人之主觀所意者，乃天之所賜、純出自然者也，更非人力之加而可補救之者也。因此人性之盡，必符合此自然之律，既見人，又見物，既見人性之微，又見物性之妙，更見人與物及人性與物性之統一；兩者均不可傷也，一傷則俱傷，同受其病矣。故知盡人性，必同時慮及盡物性，兩相受益，則人性物性俱盡矣。故生之者、養之者，固天地之德也，亦盡人性盡物性之本也，所謂贊天地之化育、與天地參者，其大義在此也，儒學認識論中此種盡人性與盡物性、贊天地化育之見之高遠，實人類最早最完備之生態平衡理論也，自當發明之，以期造福於人類。

（六）知行合一

在儒學之認識論中，更有知行問題，應予論及。據《尚書．商書》記云：商高宗因夢求得傅悅爲相，以言行問於傅悅，傅拜稽首曰「非知之艱，行之惟艱」（注二二）。因此，知易行難之說立矣。此乃我中華古代認識論之一大特點，由重實踐之哲學觀所決定之者也。孔子就重行，「弟子入則孝，出則悌，謹而信，泛愛眾，而親仁，行有餘力，則以學文」。可以說《論語》一書之中心思想就在於教人行仁。重踐履、篤躬行，乃我中華民族思想之特點，源深流長，至宋儒復發揚之，陸九淵尤重躬行，其言曰「古人皆是明實理，做實事」，「莫厭辛苦，此學脈也」。朱熹則有知行並重之言：「知與行工夫，須著並到。知之愈明，則行之愈篤，則知之愈明。知與行，須是齊頭做，方能互相發。」此說至陽明，發展更臻於完備。茲錄其知行之論如次。

「或問知與行分明是兩件事，先生曰：此已被私欲隔斷，不是知行的本體了。未由知而不行者，知而不行，只是未知。就如稱某人知孝，某人知悌，必是其人已曾行孝行悌，方可稱他知孝知悌。知行如何分得開，此便是知行的本體，不曾有私意隔斷，此卻是何等緊切著實的工夫。某嘗說知是行的主意，行是知的工夫；知是行之始，行是知之成。若會得時，只說一個知，已自有行在；只說一個行，已自有知在。某今說個知行合一。知之真切篤實處即是行，行之明覺精察處即是知。」（注二三）

王之論知行，直指其本體，無私欲雜於其間也。此點極爲重要，雜以私欲，則所知者非真知也，所行者非淳行也，均有人僞之雜，而知行亦不能合一也。必真知純行，無一絲人僞之雜，始可言知行合一，始可稱知行合一；始可言致知格物，始可言誠意正心修齊治平，始可言贊天地之化育；故知行合一在認識論中之地位於茲明矣。

（七）認識中之兩大障礙——私與蔽

在儒學之認識論中，論述認識過程中之病者不乏其人，其最著者，前有孟荀，中有朱陸，後有戴震；唯戴之言更爲精到盡善矣。諸家之見不擬俱述，僅舉荀戴之論以明其發展軌跡。

荀況著有《解蔽篇》，其言曰：

「凡人之患，蔽於一曲，而闇於大理。……故爲蔽，欲爲蔽，惡爲蔽，淺爲蔽，古爲蔽，今爲蔽。凡萬物異則莫不相爲蔽，此心術之公患也。……墨子蔽於用而不知文，宋子蔽於欲而不知得，慎子蔽於法而不知賢，申子蔽於執而不知知，惠子蔽於辭而不知實，莊子蔽於天而不知人，此數具者，皆道之一隅也。夫道者，體常而盡變，一隅不足以舉之。曲知之人，觀於道之一隅，而未之能識也。內以自亂，外以惑人，上以蔽下，下以蔽上，此蔽塞之禍也。……以其不可道之心與不道人論道人，亂之本也。……故治之要在於知道。人何以知道曰心；心何以知？曰虛一而靜。未得道而求道者，謂之虛一而靜；虛一而靜，謂之大清明。……仁者之思曰恭，聖人之思曰樂，此治心之道也。」（注二四）

荀子之論蔽可謂詳矣，他所列舉之十蔽（欲、惡、始、終、遠、近、博、淺、古、今），指明了治心之道，虛一而靜，以達於大清明；然其持論之失，在於未能將蔽之種種表現之根加以指明，其論述過程中雖亦有「私其所積」、「倚其所私」之言，然未論證詳澈。故荀子之論，只及「蔽」字，而未及「私」，未臻全面，乃大失也。

戴震之論，直指私於蔽，有勝於荀況之論遠矣。其所以能如此者，蓋有鑒於二千余年歷史所造成之人心人性之扭曲而有感其心、有增其識、有富其見、有澈其思也。觀其文，玩其趣，知余之所言不誣也。

「人之不盡其材，患二：曰私，曰蔽。私也者，其生於心爲溺，發於政爲黨，成於行爲慝，見於事爲悖，爲欺，其究爲私己。蔽也者，其生於心爲惑，發於政爲偏，成於行爲謬，見於事爲鑿，爲愚，其究爲蔽己。去私，莫如強恕；解蔽，莫如學。不惑於心，不疑於德行，夫然後樂循理，樂循理者，不蔽不私者也。得乎生生者仁，反於是而害仁之謂私；得乎條理者智，隔於是而病智之謂蔽。」（注二五）

戴震之見是，欲得真知，必須具有正確之認識論；欲有正確之認識論，必須去私解蔽。去私之法爲恕，解蔽之道爲學。恕則仁也，仁者生生也，親親也，博愛也，何私之有。學者，效也，覺悟也；認識物我、窮理盡性之工也。前述所及之格物致知者，學也，認識也；學問思辨行者，學也，認識也；知行合一者，學也，認識也。俱在實踐中之學也認識也。而此所述之私也，蔽也，乃學之大礙也，認識之大礙也，亦實踐之大礙也。必盡去私與蔽，始可與語正確之認識，始可獲得正確之認識論。此乃驗之百代不易之論也。

二、道家之認識論

余以爲，道家之認識論，乃我中華民族最原始、最樸實、最深邃、最與自然相吻合之認識論。雖其所見不免有偏，而終究傳不衰者，即其說之本性使然也。而且隨著人類文明日益發展，在日益顯其有悖人性物性之趨勢面前，人類之反思，道家之認識論，適又日益獲得廣泛理解和風行之勢，此乃出自人心人性之自覺選擇，是道家之認識論合乎人心崇尚自然之要求所致耳，乃理論力量之表現也。今擬就老子、莊子、淮南子、抱樸子四家之論分別而論述之，以明其各自之特點及發展脈絡。

（一）老子之認識論

老子之認識論，其旨趣，要而言之，重在自然哲學。重客輕主，見物不見人，見奧不見物，與前述儒學之主客並重，以主禦客，窮理盡性，開物成務，大異其趣。細味老子《道德經》，可以明確見到如下幾個邏輯性嚴密的完整概念，構成其認識論。

道者萬物之奧

「道者，萬物之奧」，見於老子《道德經》六十二章，余以爲此乃老子學説之總綱也。道者，是萬物之總規律，是探求之總目標；奧者，是道的性態表現，是探求中所當縝密注意者。此道貫穿於萬物及其變化發展之全過程中，若日月之經天、江河之行地，歷萬古而不渝；奧者，乃道之具體表現於萬物變化發展之每一細節小步片斷瞬間之際，其性態之千變萬化、千差萬别、千奇萬幻、千姿萬色，實遠非思慮所可企及之者。故此道、此奧者，乃進入老子思想之門也，乃道家認識論中之前提和目標也。

有生於無

老子在《道德經》第四十章言：「天下萬物生於有，有生於無」，而在《道德經》第一章對此有無作了精闢之闡明：「道可道，非常道，名可名，非常名；無名天地之始，有名萬物之母。故常無，欲以觀其妙；常有，欲以觀其徼。此兩者同出而異名，同謂之元，元之又元，眾妙之門。」對於「始」、「母」、「元」三概念，王弼注之曰：「在首則謂之始，在終則謂之母。元者冥也，默然無有也；始，母之所出也，元之又元也，眾妙皆從同而出，故曰眾妙之門也。」此深得老子之意者也。老子此種從無到有之概念，符合自然發展規律，符合當今科學成就，符合宇宙生成、萬物起源之實際，符合人之認識規律。西哲黑格爾有言，「有」與「無」，作爲對立又統一之兩個環節來説，雙方是不可分離的，它的統一體便是變，於是，變便是「有」與「無」的真理。

道法自然

道，在老子哲學中就是規律，自然規律，萬物變化規律，人類起源進化規律，擴而充之，也是人心人性、人群相生相處之規律，國家社會之管理規律。老子《道德經》第二十五章云：「人法地，地法天，天法道，道法自然」。於兹可見，道之概念包含於自然概念之中，即自然就是規律，自然自有其規律。故在老子哲學中，自然這一概念，居於最高最根本的地位，或曰自然是最原始的、最根本的概念。吾人之認識，是在認識地、天、物、人、事之總規律、共同規律，此規律曰道，而道出於自然，或曰道就是自然。可知認識自然，乃是道家認識論之依歸。而人則是自然之最高最精靈之表現；認識了自然與人之關係，就知人之最后歸宿了，就知人之真諦所在了，故道家主歸真返樸者，其理論根據蓋出此也。

道常無爲而無不爲

道既是自然、自然規律，則一切象、物、人、事，乃自然而然地表現出來，此中看不出一絲一毫的人爲痕跡。萬物之消長榮枯，人事之代謝廢興，一切都自然而然地進行著，無人爲之痕跡可尋。故老子《道德經》三十七章所言「道常無爲而無不爲」，其意在，無爲者，自然也，自然規律也；無不爲者，自然規律之表現也。無爲者，言自然規律之靜態也；無不爲者，言自然規律之動態也。所謂靜動，亦相對而言也，實無絕對意義之動靜也；言靜即包含了動，言動則實有靜義存焉；是則言無爲者，即包含了無不爲之意，言無不爲者，則因無爲而有以致之也。自然界是如此，一切都順其規律而表現，人工無以施其巧，人志無以肆其力，是無爲也；人事間亦應如此，順其自然，循其規律，則一切人事均各守其所，各得其安，似是無爲，實則有爲，不強加意志於自然，不濫施人力於規律，此即是爲也，而其所獲功效，乃無不爲也；此實老子無爲而無不爲之真義所在，明乎此中無爲而無所不爲之辯證關係，就了然道家無爲於胸中矣，明乎此，就掌握了道家認識論之核心，以之應用於實務，無不受益，證之歷史，毫釐不爽，可不慎哉。

動而愈出

順其自然，是道家認識論之核心，然此自然處於常動之中，故順之者亦必常動，而且應首先識此常動之理、明此常動之道。老子《道德經》第五章所揭示者：「天地之間，其猶橐籥乎？虛而不屈、動而愈出。」此動而愈出之見多麼光輝！不僅動也，而且愈動愈新，愈新愈精，愈精愈妙，愈妙愈速。中國五千年之文明史，世界幾千年之文明史，無論就認識自然、認識人類本身、或認識人類社會而言，無不證明一切都處在動的狀態中，一切物質的形態種類，一切精神的觀念模式，都是動而愈出，出規律，出觀念，出精神，出物質，出一切滿足人心人性需要之物事；此種動而愈出之見，比之於認定一般物質和精神都處於動中之觀點，要深邃完備得多。持此以衡道家之認識論，則不難明白，道家在認識論道路上，其向前的步伐有多麼大，正是在此大步伐面前，在此動而愈出的原理面前，有所恐而卻步，故調轉身來，不敢往前，而向後看，要回到自己的出發點上去，不惜埋葬此動而愈出的光輝認識，硬要行其絕聖去智，實中華思想史上一大憾事也。

爲道日損

既要回到其真和樸上去，故老子在《道德經》第四十八章説：「爲學日益，爲道日損，損之又損，以至於無爲；無爲而無不爲。」損者，損其物慾也，而且要損之又損，以至物慾盡除。此種損之又損，亦有積極之義，即物慾既盡，在心自安，與孟子養心莫善於寡慾之意，甚相契合，於自我完善亦有大裨益也。

（二）莊子之認識論

莊子之認識論源於老子，而異於老子。源於老子者，如由無之有，大天小人是也；異於老子者，如天道與人道之别、真理相對之論是也。莊子之論恣肆閎博，今之所及者，亦僅其精要而已矣。

徘徊於有無之間

由無而之有，原於老子之見，然莊子言之似覺精詳，實則徘徊，在《莊子·齊物論》中，莊子言曰：「有始也者，有未始有始也者，有未始有夫未始有始也者；有有也者，有無也者，有未始有無也者，有未始有夫未始有無也者。俄而有無矣，而未知有無之果孰有孰無也。今我則已有謂矣，而未知吾所謂知其果有謂乎？其果無謂乎？」（注二六）

莊子此段文字之義，簡而言之，是在論有、無，論存在與不存在也。但具體按其敘述順序釋之，則其所云「有始」，便是有和存在之意；「有未始有始」，便是言未曾有、或未曾存在之意；「有未始有夫未始有始」，便是未有之前、或未曾存在之前的意思。很顯然，這些設想都是希望對宇宙、自然現象作出正確的推論和解釋。莊子在說這段話之前有一段話可引以參考：「古之人，其知有所至矣。惡乎至？有以爲未始有物者，至矣盡矣，不可以加矣。其次，以爲有物矣，而未始有封也。其次，以爲有封焉，而未始有是非也。」於茲可見，莊子對於無和有之際，存在和不存之交，持懷疑觀點、或相對觀點。其意謂，若說有，則有從何來，因而推出無；而無以及無之前又是何等狀態呢？因爲懷疑或相對的觀點就產生了。故莊子言：「俄而有無矣，而未知有無之果孰有孰無也」。至此，可見莊子之論不若老子之見明確曉暢，老子剴切言之：「無名天地之始，有名萬物之母。」雖屬推論，實更覺思路明晰。此無非莊子之意，僅指明其相對觀點在此之表現也。

事物彼此是非之相對性

莊子之相對論，深閎而透闢，是中華古代哲學思想中一枝永不凋謝的奇花，達用無窮；持此以論事理，則生機活潑之態立現矣；認識事物之真理無窮矣；認識活動本身亦豐富多姿矣；認識過程中無處不充滿活力矣。觀其文，析其旨，見其思想活躍煥發矣。

「物無非彼，物無非是。自彼則不見，自知則知之。故曰：彼出於是，是亦因彼。彼是方生之說也。雖然，方生方死，方死方生；方可方不可，方不可方可；因是因非，因非因是。是以聖人不由而照之於天，亦因是也。是亦彼也，彼亦是也。彼亦一是非，此亦一是非，果且有彼是乎哉？果且無彼是乎哉？彼是莫得其偶，謂之道樞。樞始得其環中，以應無窮；是亦一無窮，非亦一無窮也。故曰莫若以明。」（注二七）

此一大段話之要義，是指明彼此、是非、生死、可否這些對立的概念，都是有區別又有聯繫，都是相互依存、互爲條件而運動而轉化而互換位置；它們不能同時存在，不能說同時是是，又同時是非；只能是存在其一面，如此刻說是就是是，非就是非，生就是生，死就是死；不能同時是又是非，同時是生又是死。但它們會依一定條件而轉化，如在是的過程中同時就存在著非得因素在活動，在生的過程中同時就包涵著死的因素；此種互相轉化的活動是活躍的、無窮的，所以莊子說：「是亦一無窮，非亦一無窮。」人之認識，實質是在認識和體驗此無窮，不斷深化認識，豐富認識，提高認識；並且創造和積累用以提高與擴大認識的物質和思想條件。人類文明之發展，就經歷了而且正在經歷著此認識過程；愛因斯坦的相對論，就是此認識過程中之一大發現；就莊子之相對論而言，此一發現適以證明其正確性，莊子只不過早在兩千年前就說出了此種理論的胚芽罷了。

天地一指、萬物一馬

人類認識物我，確實經歷著由近及遠、從簡到繁、自淺入深、稽古推今的認證過程。西哲主由印象而感知而概念而推論的認識過程。我國古代則有名家（以公孫龍爲代表）所見之「指非指」、「白馬非馬」的認識過程。莊子在《齊物論》中，針對此見而提出了「以指喻指之非指，不若以非指喻指之非指也；以馬喻馬之非馬，不若以非馬喻馬之非馬也；天地一指也，萬物一馬也」。（注二八）爲明白此論，須稍作解釋。公孫龍所說知「指非指」、「白馬非馬」，其意爲：具體的事物不能代表一般的概念。白馬是具體的馬，它不是馬的概念；馬的概念包括了所有的馬，其內涵大而豐富；認識之規律本由具體到一般。而莊子之意：以由概念所轉化之事物（即抽象的事物），來說明概念之不正確。換言之，以抽象的概念來論證概念之不正確；

不如以具體的事物來論證概念之不正確。所以莊子的結論是天地一指也，萬物一馬也。其意謂天地爲一大概念，萬物亦各有其概念，人類之認識，就是由具體而抽象而推理而結論而成爲學說，西哲則曰主義。莊子正是因其在此認識過程中體察到了事物概念之相對性，以及此相對性中之無窮變化，則其見之深邃可知矣。

各持一端，往而不返

由於對事物之認識各有所見，各有所偏，所以在結論上會顯出多樣性，此種多樣性乃由主客兩者之異所造成的。就客體言，有事物本身之多樣性，如質地、形態、顏色、方位之差；就主體言，有思維之多樣性，如深淺、好惡、偏全之異。莊子在《天下篇》中蓋嘗詳論之矣，他說：「天下大亂，聖賢不明，道德不一；天下多得一察焉以自好。譬如耳目口鼻，皆有所明，不能相通；猶百家衆技也，皆有所長，時有所用。雖然，不該不遍，一曲之士也。判天地之美，析萬物之理，察古人之全，寡能備於天地之美，稱神明之容。是故内聖外王之道，闇而不明，郁而不發，天下之人，各爲其所欲焉以自爲方。悲夫！百家往而不反，必不合矣！後世之學者，不幸不見天地之純，古人之大體；道術爲天下裂。」（注二九）上述莊子之論，考之中外學術史之發展，實見其不誣也。然而，各家雖各持一端，各執一見，自宏其說，往而不反；但綜核其歧之要，亦只見其於天人之際、物我之間、主客之交，各有所重而已。考之莊子之論，適見其重天、重物、重客，此亦認識論上之一偏也。

獨與天地精神往來，遨遊物外

莊子之認識論，大天小人，乃其核心內容，由此而引出的結論，必然是茫茫然不知所適，必然是最終無我、忘生死，必然寄神於物外，尋求天地精神，以爲寄託，其於《逍遙遊》中所描述的「扶搖而上者九萬里」之大鵬遨遊，實乃其自身幻想之表現也。然其思想之主線，在其最後一文《天下篇》中，始扼要陳述出來。

「寂寞無形，變化無常，死歟？生歟？天地并歟？神明往歟？芒乎何之？忽乎何適？萬物畢羅，莫足以歸。古之道術有在欲世者，莊周聞其風而悅之。獨與天地精神往來，而不遨倪於物，不譴是非，以與世俗處。上與造物者游，而下與外死生、無終始者爲有，其於本也，弘大而闢，深閎而肆；其於宗也，可謂稠適而上遂矣。雖然，其應於化而解於物也，其理不竭，其來不蛻，芒乎昧乎，未之盡也。」（注三〇）

於茲可明，莊子之見，輕我戲物，而寄神於天地立，遨遊於物外，故其所論雖博而精，然終歸醉翁之意不在酒，其有言曰：「道之真以治身，其緒餘以爲國家，其土苴以治天下。由此觀之，帝王之功，聖人之餘事也，非所以完身養生也；養志者忘形，養形者忘利，致道者忘心矣。」心何所之？與天地精神往來，遨遊於物外也。

（三）淮南子之認識論

淮南子名安，厲王長子也。長，高皇帝子之子也。襲封淮南王，「安爲人辨達，善屬問，與蘇飛、李尚、左吳、田由、雷被、毛被、伍被、晉昌等八人，及諸儒大山小山之徒，共講論道德，總統仁義，而著此書，其旨近老子。」（注三一）故知《淮南子》乃集體之作，儒道合論，但以道家思想爲主導。茲就如次三個問題論述之。

認識之對象—道

「夫道者，覆天載地，廓四方，柝八極，高不可際，深不可測；包裹天地，稟授無形；源流泉浡，沖而徐盈，混混滑滑，濁而徐清。故植之而塞於天地，橫之而彌於四海，施之無窮，而無所朝夕。舒之幎於六合，卷之不盈於一握。約而能張，幽而能明；弱而能強，柔而能剛；橫四維而含陰陽，紘宇宙而章三光。甚淖而滒，甚纖而微。山以之高，淵以之深，獸以之走，鳥以之飛；天運地滯，輪轉而無廢。無爲爲之而合於道，無言言之而通乎德；恬愉無矜而得於和，有萬不同而便於性。纍之而不高，墮之而不下，益之而不眾，損之而不寡，斲之而不深，填之而不淺，斲之而不薄，殺之而不殘；忽兮怳兮，不可爲象兮；怳兮忽兮，用不屈兮；幽兮冥兮，應無形兮；遂兮洞兮，不虛洞兮；與剛柔卷舒兮，與陰陽俛仰兮。執道要之柄，而游於無窮之地。是故天下之事不可爲也，因其自然而推之；萬物之變不可究也，秉其要歸之趣」。（注三二）

《淮南子》論道之觀點，基本上是老子之觀點，唯略有發揮，言之具體而已。其中也摻雜一些儒家之觀點，如陰陽、剛柔、道德是也。至於論道而及於人時，則其觀點便重道而輕儒矣。如其所言：「人生而靜，天之性也，感而後動，性之害也；物至而神應，知之動也；知與物接，而好憎生焉；好憎成形，而知誘於外，不能反己，而天理滅矣。故達於道者，不以人易天，外與物化而內不失其情」。（注三三）此處，人生而靜，天之性也，是儒家觀點，淮南子活用之也；感而後動，性之害也，是道家觀點，淮南子推至極端矣。細玩上述淮南子論道之言，確乎具體透徹，融合儒道兩家之意，其在理論上之功明矣，後之論道者，未有與匹者也，故知高誘之言「學者不論淮南，則不知大道之深也」，誠不誣也。

認識之目的—體道

所謂體道者，明道於胸中，踐履於行爲，不鶩外求，唯安內適，若「魚相忘於江湖，人相忘於道術」，處於道中，而似不識道，精於神明，而似不曉神明。「寂寞恬澹，所以養性也；和愉虛無，所以養德也；外不滑内，則性得其宜；性不動和，則德安其位；養生以經世，抱德以終年，可謂能體道矣。」這裡，養生以經世，抱德以終年，既可視爲融合了道家思想之儒家思想，又可視爲融合了儒家思想之道家思想。古之治天下也，必達乎性命之情，其舉措未必同也，其合於道一也，此論乃是儒道思想之共同精髓也，更是洗煉了的道家思想也。「誠達於性命之情，而仁義固附矣，趨舍何足以滑心。若夫神無所掩，心無所載，通洞條達，恬漠無事，無所凝滯，虛寂以待，勢利不能誘也，辯者不能説也，聲色不能淫也，美者不能濫也，智者不能動也，勇者不能恐也，此真人之道也。」「故聖人之學也，欲以返性於初，而游心於虛也；達人之學也，欲以通性於遼廓，而覺於寂寞也。」此亦儒道融合之思想也，唯道家之氣味更濃，不馳神於物誘，舍聲色耳目之好，返性於初，始可真正體道、達道而覺於寂寞之境也。

如何認識

心是思維器官，乃認識之工具，欲識物我、辨認本性，從而守之，使返性於初，舍心無他途矣。《淮南子·精神訓》有言：「心者，形之主也，而神者，心之寶也，形勞而不休則蹶，精用而不已則竭，故聖人貴而尊之。」在《俶真訓》中又云：「神者，智之淵也，淵清者，智明矣。智者，心之府也，智公則心平矣塵。」心平則如鑑，「鑑明者，塵垢弗能薶，神清者，嗜慾弗能亂，心有所至，而神喟然在之，反之於虛，則銷鑠滅息，此聖人之游也。」於此可知，《淮南子》主心平神清，則嗜慾不侵，因而純一，故可明道。因爲「天地運而相通，萬物總而爲一，能知一則無一之不知也；不能知一，則無一之能知也」。必心平神明，始可自思自得之。「自得則天下亦得我矣，自得者，全其身者也，全其身則與道爲一矣。」所謂全其身者，實全其性也，全其性則與道爲一矣。此乃道家認識論之至高境界，而《淮南子》發之若是其完備也。

（四）抱樸子之認識論

抱樸子者，姓葛，名洪，生於晉朝，著有《抱樸子》内篇二十，「言神仙方藥鬼怪變化養生延年禳邪卻禍之事」，屬道家之言；外篇四十九，「言人間得失世事臧否」，屬儒家之言。然究其旨趣，雖自云「忝居儒者之末」，實乃其表爲儒而其里爲道也。

勖學以識道

抱樸子曰：「飾治之術，莫良乎學」「無術學，則安能見邪正之真僞。」（注三四）「夫學者，所以清澄性理，簸揚埃穢，雕鍛鑛璞，礱煉屯鈍，啟導聰明，飾染質素，察往知來，博涉勸誡，仰視俯察，於是乎在，人事王道，於是乎備，進可以爲國，退可以保己，是以聖賢，罔莫孜孜而勤之，夙夜以勉之，命盡日中而不釋，饑寒危困而不廢，豈以有求於當世哉！誠樂之自然也。」（注三五）「非養生難也，聞道難也，非聞道難也，行之難也，非行之難也，終之難也。」「若能愛之於微，成之於著，則幾乎知道矣。」而知道之目的在治身養性，而「治身養性務謹其細，不可以小益爲不平而不修，不可以小損爲無傷而不防」，此乃融合了儒道修身養性之論也。

論道之於儒道之異

抱樸子對道所作之界說：「道者，所以陶冶百氏，範鑄二儀，胞胎萬類，醞釀彝倫者也。」（注三六）是乃融合儒道兩家對道之見，本無病也；但抱樸子站在道家立場上來看儒道兩家對道之理解，且寓意褒貶，實貶儒捧道也，且觀其言：「道者，儒之本也，儒者，道之末也」；「儒者，易中之難也，道者，難中之易也」，（注三七）「儒者，博而寡要，勞而少功，唯道家之教，使人精神專一，動合無形」，「包儒墨之善，總名法之要；黃老執其本，儒墨治其末也」；「儒者所愛者，勢利也；道家所寶者，無欲也；儒者汲汲於名利，而道家抱一以獨善」。這一番議論，似屬新穎，實則以新的說法，表述老莊之原意也。

【注解】：

（注一）内聖外王，借用莊子對儒之評語。見《十三經注疏》，一九七九年版，一六七三頁。

（注二）同右書，一六七三頁。

（注三）朱熹編注《四書・大學》，齊魯書社，一九九二年版，二頁。

（注四）程頤有言：「聞見之知，非德性之知。物交物則知之，非内也，今之所謂博物多能者是也。德性之知，不假聞見。」見《河南程氏遺書》，第二十五卷，三四七頁。

（注五）見《十三經注疏》，《孟子・盡心上》，中華書局，一九七九年版，二七六五頁。

（注六）王陽明言：「譬之人有冒别姓墳墓爲祖墳者，何以爲辨？只得開墳，將子孫滴血真僞無可逃矣。我此良知，實千古聖聖相傳一點滴骨血也。」見《王文成公全書》，卷三十三。

（注七）見《十三經注疏》，九三頁。

（注八）《孟子·告子上》，見《十三經注疏》，二七五三頁。
（注九）《孟子·盡心》，同右書，二七六四頁。
（注十）《荀子·解蔽篇》，見《諸子集成》二，二六五頁。
（注十一）《朱子節要·存養》，卷四，四頁。
（注十二）《朱子大全》，《觀心説》，卷六十七，一八－二〇頁。
（注十三）錢穆：《朱子新學案》，巴蜀書社，一九八六年版，五三三頁。
（注十四）同右書，三六二－三六九頁。
（注十五）《朱子全書》，卷四十四，一一頁。
（注十六）《朱子全書》，卷四十四，一一頁。
（注十七）《陸象山先生全集》，卷二十二，十頁。
（注十八）王陽明：《傳習錄》中，見《王文成公全書》，卷之三，二七頁。
（注十九）同右書，同頁。
（注二十）見《王文成公全書》，《答羅整菴》、《與王純甫》，卷之二，二十。
（注二一）見《十三經注疏》，一六三二頁。

（注二二）見《十三經注疏》，一七五頁。
（注二三）見《王文成公全書》，《傳習錄》，卷一。
（注二四）見《諸子集成》二，二五八—二六九頁。
（注二五）戴震：《孟子字義疏證》，中華書局，一九六一年版，一九七—一八〇頁。
（注二六）《莊子齊物論》，見曹礎基注《莊子淺注》，二九頁。
（注二七）同右書，二二頁。
（注二八）同右書，二三頁。
（注二九）同右書，四九四頁。
（注三〇）同右書，五〇八頁。
（注三一）高誘敘《淮南子語》，見《諸子集成》七，一頁。
（注三二）《淮南子》《原道訓》，同右書，一—三頁。
（注三三）同右書，四頁。
（注三四）《抱朴子・崇教》，見《諸子集成》八，一一二—一一三頁。
（注三五）同右書，《抱朴子・勖學》，一一〇頁。

（注三六）同右書，《抱朴子·明本》，四二頁。

（注三七）同右書，四一頁。

第四篇　教育論

教育論，乃認識論之自然發展和完善；更是人性論之展開、解放與醇化；同時，亦是本體論之精神領域之最高體現。於此可明中國古代教育論是建立在本體論的基礎上的；其二，教育是從人之善性出發而又歸宿於此善性；其三，教育之目的在於完善小我和大我，而小我之完善則是大我完善之基礎，明乎此，則可了然教育論之内在邏輯於胸中矣。

一、教育之目的

余以爲中國古代教育之目的是深藴於自然哲學和人生哲理之中的，唯其如此，故必須於哲理中尋索，余以爲在《周易・説卦》中所言「窮理盡性」，一語乃是至高至深之教育目的之内涵而爲前人所未詳發之者也。

（一）窮理盡性

「窮理盡性」一語，首見於《周易・説卦》，其全文如次：

「昔者聖人之作易也，幽贊於神明而生蓍，參天兩地而倚數，觀變於陰陽而立卦，發揮於剛柔而生爻，和順於道德而理於義，窮理盡性以至於命。」（注一）

此「窮理盡性」，乃中華思想之光，亦中華學術之根本，爲中華學人所探索，爲吾儕所當致力發揚者也。窮理者，窮天地人統一之理也，窮人之所以爲人之理也，窮物之所以爲物之理也，窮其相同相通之理也，窮其相異相殊之理也，窮其同中有異、異中有同之理也，窮其同異異之理也，窮其一理萬殊、萬理歸一之理也，窮其瞬息萬變與處於常態之理也，窮其簡單與複雜交錯變化之理也，窮其有形可稽與幽冥莫測之理也，窮其是是非非、又是又非、似是似非之理也。盡性者，盡人之性也，盡人之善性也；盡物性也，盡物之善性也，盡人與物統一之性也，和諧發展之性也。此兩者，構成了中華民族之理性，乃中華民族之魂，亦人類理性之重要内涵也。窮理固非易也，盡性則尤難矣。此乃我炎黄祖先爲後人留下之大課題，亦人類所面臨之大課題也，有待一代一代地去窮盡去無盡無竭地深化之，此乃是永無終止的認識過程和逐步自覺自勵的過程。愈窮理則理愈明，理愈明，則性愈開；愈盡性則性愈醇，性愈醇，則理愈開。理性愈明，則欲獲得完善，人類自覺愈高矣；人類自覺愈高，則愈能推動理性之發展與完善，此中辯證關係固應當認識，然因尤爲重要者，是認識教育在窮理盡性過程中之決定性作用，教育者，啟導和喚醒人性之自覺，以明理達用也。

《中庸》開宗明義就揭櫫此作用，「天命之謂性，率性之謂道，修道之謂教」，此中命、性、道、教四者說明了人類起源、發展及自我完善的完整過程，此過程是因教育而完善的，故就教育而言，其作用是無可替代的，此乃是對教育所下的最爲確切完備、最爲深邃高遠的定義。但將此義與「窮理盡性」合而推究之，則知「率性之謂道，修道之謂教」，實乃是「窮理盡性」之注解和具體内容。而細玩《中庸》一書大旨，實爲「窮理盡性」在理論上作了最透闢的闡明，此意可於《中庸》一書中隨處見之。如「自誠明，謂之性，自明誠，謂之教。誠則明矣，明則誠矣。唯天下至誠爲能盡其性，能盡其性，則能盡人之性；能盡人之性，則能盡物之性；能盡物之性，則可以贊天下之化育；可以贊天地之化育，則可以與天地參矣」。此段文字中之「自誠明」，乃本體之運動發展而有萬物人類之出現、各具其性也，因此，誠、明、性、教與前述之命、性、道、教之含義乃相一致也。須是通過教育之功夫和過程，始於啟導人性之自覺，以發揚人之性善之質，完善人之善性之品；從而使物之善性之品質同樣獲得完美之發展，以達人與物之善性之和諧發展，以使人類和物類兩者之生態獲得最完美的平衡，而且造成兩者永遠處於良性循環的發展過程中，人類自覺參與造化，人之善性獲得最完美的發揮。

（二）修齊治平

窮理盡性，是教育目的之最高境界，但欲使之完美地體現於德行，則必另立一整套理論和實踐體系，以保證在思想上樹立起正確認識，在道德修養上有正確的軌範可依，《禮記·大學》就是這樣一整套完備的理論和道德修養的軌範，其大旨恰恰體現了窮理盡性之具體要求和步驟，宋朝朱熹將《大學》、《中庸》列爲《四書》（《四書》之另兩篇爲《論語》、《孟子》）即有見於此也。玆引《大學》經文，以資論證。

「大學之道，在明明德，在親民，在止於至善。知止而後有定，定而後能靜，靜而後能安，安而後能慮，慮而後能得。物有本末，事有始終，知所先後，則近道矣。古之欲明明德於天下者，先治其國；欲治其國者，先齊其家；欲齊其家者，先修其身；欲修其身者，先正其心；欲正其心者，先誠其意；欲誠其意者，先致其知，致知在格物。物格而後知至，知至而後意誠，意誠而後心正，心正而後身修，身修而後家齊，家齊而後國治，國治而後天下平。自天子以至於庶人，壹是皆以修身爲本，其本亂而末治者否矣，其所厚者薄，而其所薄者厚，未之有也，此謂知本，此謂知之至也。」

爲從理論上闡明修齊治平與窮理盡性之間的内在邏輯和理論上之必然發展，則必須剖析此段《大學》經文之大要，其要義如次：一、核心内涵是致知格物。欲致知，必格物；格物矣，始可期致知也。格之義爲何？孔穎達疏曰：「致知在格物者，言若能學習，招致所知。格，來；已有所知，則能在於來物，若知善深，則來善物；知惡深，則來惡物；言善事，隨人行善而來應之；惡事，隨人行惡亦來應之；言善惡之來，緣人所好也。」（注二）朱熹則注曰：「格，至也，物，猶事也；窮致事物之理，欲其極處無不到也。」（注三）余亦以爲，格者，研究也，探索也，實驗也，反思也；内以求於心，外以求於物，内外相合；德性之知與事物之知相合；則明人倫物理，明天文地理，明天地萬物人類統一之理，知人性，知物性，知人物之共性和特殊性。共性者何？曰性善也，人性善，物性亦善也。明乎此，則物格知至矣，知至意誠矣，意誠心正矣，心正身修矣，身修家齊矣，家齊國治矣，國治天下平矣。二、在修齊治平中，修身是本，本立，則齊治平可期及矣。修身者，成己也；齊治平者，成物也。成己者，盡人性也；成物者，盡人性和盡物性統一於一體也。三、自天子以至於庶人一是皆以修身爲本，此全民教育之義，全生教育之義也，個體完善和群體完善統一之義也，盡人性和盡物性達於和諧境地之義也。四、物有本末，事有始終，此事物内具之運動契幾，可識可馭，而不可違反者也。察其終始，諳其本末，知其先後，明其厚薄，順而推之，力而行之，無失其時，無誤其幾，則百事可成，萬願可諧矣。切不可倒本爲末，先其所後，厚其所薄，終始亂序。此中本最爲重要，乃樞幾也，立其本，則末自順，先其所先，厚其所厚，則厚薄隨之，終始自得其序矣，此謂知本，此謂知之至也，此《大學》經文之精髓也。

前述已明修身爲本，然治國亦同等重要也。個體之完善，固必有賴修身以見之，但修身僅爲個體完善之一環，當然是重要之一環；然修身之純真，更須於治國之實踐中見之，此個體完善必須融合於群體完善之中而且受後者之檢驗，是不易之理也；孤立言個體之完善者，終必有缺陷也，唯論者未細慮及之也。而個體之完善，又必須有己之獨立獨到之工，弱此獨立之工，則參與群體之完善，必兩受其害矣，此乃個體完善與群體完善二者正確關係之辯證法，不可不明也。固國治不僅應視爲個體完善之最高目標，而且應視爲個體完善過程中之必然結果，乃是個體完善之發用也，實爲個體完善全過程中之一個重要組成部分也。在這里，對於治國以至平天下之涵義，可理解爲爲群體奉獻和服務，而且要做到盡善盡美，此乃是「大學之道，在明明德，在親民，在止於至善」之要義也；此亦是一切從政者所必具之政治理論修養和必有之政治品質。就此意義而論，中國古代之教育理論中之目的論，涵蓋了政治，又與之並行，具有超乎政治的獨立性，是包羅萬有之大教育概念；但是，教育又明顯地受政治指導，而且隸屬於政治，此乃是教育與政治二者關係之辯證法，不得不辨也，不得不明也，此亦是研究中國古代教育理應予注意的大問題。

（三）法和教乃治國之要

治國，乃群體完善之要途和保障，亦個體完善之推動和保障，舍治國、舍社會組織之完善，則個體之完善和群體之完善，俱屬罔議矣。即言治國，而不得其要，兩者之完善，亦屬罔議矣。即知其要，而不有效措諸於天下，二者之完善，亦不免陷於阻滯之狀態矣。即知措諸天下，而令其湮沒於邪説沈務之中，而不知致力於人心人性之端正、發揚與覺醒，則二者之完善，仍不免走入歧途矣。即知正人心、醒人性之要，但缺乏正確的指導思想，則二者之完善亦或陷入不健康之軌道矣。故唯有正確之治國思想，正確之教育思想，而且有正派之官員充實於國家社會各組織機構之中，以正確推行之，始可期其有成。考之中國歷史上之朝代與興衰隆替之跡，莫不由於綱馳法傾，教失統緒，民心盡散，上下作亂，而不可收失有以致之也。故東漢末年荀悦有言：「故凡政之大經，法教而已矣。」（注四）此實金石之言，乃有見於漢末之弊政，明其得失之幾而有以發之也。荀悦復釋之曰：「教者，陽之化也；法者，陰之符也。仁也者，慈此者也；義也者，宜此者也；禮也者，履此者也；智也者，知此者也；信也者，守此者也。」於此可明，在法和教此二大政中，教起著主導和決定作用。仁義禮智信，這些道德觀念，乃是民族、國家和社會生活的內部凝聚力，乃是個體和群體賴以自我完善之精神力量，唯賴教育始可使得在人之心靈上生根，而終生樂化。於此可進而體認出，此中實深蘊著教育立國之思想。何以言之？蓋爲政之大經，教法而已，是則法之行，亦有賴於教也。何耶？執法者，必賴教以立之也；守法者，必賴教以育之也。考之歷史，法之頹廢崩壞，不在於下，而在於上，不在於守法者，而在於執法者。而且細味孔子之意，「道之以政，齊之以刑，民免而無恥；道之以德，齊之以禮，有恥且格。」亦可明法與教，在治國中之地位，孰爲輕重矣。故可知治國之要務非止一端，然究其經要，實法和教而已也，而教尤重焉，屬於本也。證之西漢《鹽鐵論》之爭，其賢良文學與御史大夫桑弘羊所見有歧者，非其見之有不實也，實乃對治國之要，以何者爲重，有其歧也，自以文學所言，得爲政之要，其言曰：「竊聞治人之道，防淫佚之原，廣道德之端，抑末利而開仁義，毋示以利，然後教化可興，而風俗可移也。」（注五）治國之要、固應注重生產力之發展，促進經濟之繁榮，此乃一切精神文明之物質基礎也；然衡量其輕重，分析義利對人心所產生之精神影響，則知教化之重要矣。

（四）恢弘至道，有賴賢能

儒家之教育目的體現於人才者，乃是培養賢能和君子也，此乃由其政治目標所決定之也。其政治目標爲何？曰恢弘至道。以現代的白話文譯之，乃是實現主義之意也。其至道者何？前述窮理盡性中之理性，是至道也；孔子在《論語》中之言，「人能弘道」之道，亦至道也；「朝聞道，夕死可矣」，「君子謀道不謀食」之道，亦至道也。具體言之，此道也還必須體現於「知周乎萬物而道濟天下」，體現於「開物成務」、「範圍天地，曲成萬物」，更高地要體現於大道之行也，「天下爲公」。這些乃是我中華民族之偉大而理想的政治目標，「人道政爲大」，就是有賴這些目標之實現，而抵於「大同世界」。

然而，此偉大的政治目標之實現，必有賴於人才以推行之，「明王立政，不惟其官，惟其人」，可見其對人才之重視。儒家之人才觀，大致可分爲三個層次：一是聖哲，二是賢能，三是君子。所謂聖哲，乃是最高層次的，是爲君、爲帝、爲元首之才。這裡不要把聖人狹隘地理解爲只有像孔子那樣學通天人、德照古今的人才配成爲聖人，《尚書·商書》中《說命》有言，「股肱惟人，良臣惟聖」，可見其聖之概念就不拘泥學術、道德地位。對哲人也是如此，《商書·伊訓》中亦有言，「敷求哲人，俾輔於爾後嗣」，這裡的哲人也並非指哲學家，而是指賢能之士。故賢能可視爲儒家人才觀中之核心内容，這可從《尚書》中獲得證明。《周書·武成》有言，「建官惟賢，位事惟能」；《周書·周官》亦有言，「推賢讓能，庶官乃和」。從此賢能中可概見儒家之賢人政治觀，儒家之政治理想，就靠賢者以推行，而達於「光被四表，協和萬邦」。這一層人才在政治上處於各級領導地位，乃是前述法和教的執行者和推動者。這些人才的成長自是通過嚴格的教育和審慎的選拔而獲致的，但教育非指完全的學校教育，選拔亦非限於考試。

政令之推行，教育之敷施，政治理想之實現，還必須有基礎的精神力量作爲支柱和助力，此種精神支柱就是「君子喻於義」的君子。儒家對君子看得十分重要，視義和利爲區別君子與普通人之最根本的標準。孔子在《論語》反復論述君子所應具備的品德，《禮記》中更立有《儒行》篇，專論儒者之修養，均可視爲君子之德行修養，綜合言之，君子之性德表現爲宇宙觀、社會政治觀和人生觀之統一及其徹底性。

君子之宇宙觀應是：明命知道。孔子有言，「不知命無以爲君子」，「朝聞道，夕死可矣」，「志於道，據於德，依於仁，遊於藝」，「君子謀道不謀食，憂道不憂貧」，「人能弘道，非道弘人」。君子道者三，「仁者不憂，知者不惑，勇者不懼」，明乎道，又從而弘之，乃爲君子。故君子必知天達命，明天道、地道、人道；明人性、物性；成己、成物，成己，内聖也，成物，外王也；合内外而統一於身也。此乃贊天地化育之功也。

君子之社會政治觀應是天下爲公。《禮運》有言，「大道之行也，天下爲公」，此乃最高之社會政治觀也。具體論之，《禮記・哀公問》孔子對曰：「人道政爲大，政者，政也。古之爲政，愛人爲大，所以治愛人，禮爲大，所以治禮，敬爲大，愛與敬，其政之本歟！」在《論語》中，孔子又提出忠恕，揆其意，乃以忠恕安天下也。在《孝經》中，孔子有言，「夫孝，天之經也，地之義也，民之行也」，「夫孝，德之本也，教之所由生也」，於此可明忠、孝、恕乃人之善心善性之表現，實社會之凝聚力之源泉而爲政者所當深察之者也。《尚書》乃是一部政治理論和經驗之總匯，思想資料極其豐富，如「德惟善政，政在養民」，「惟德動天，無遠弗屆」，「民可近，不可下，民惟邦本，本固邦寧」，「惟天生民有欲，無主乃亂」，「人心惟危，道心惟微，惟精惟一，永執厥中」，乃君子之所服膺之要者也。《禮記・禮運》更揭櫫情爲聖王之田論，其論曰：「何謂人情？喜怒哀懼愛惡欲，七者弗學而能。何謂人義？父慈、子孝、兄良、弟弟、夫義、婦聽、長惠、幼順、君仁、臣忠，十者，謂之人義。講信修睦，謂之人利。爭奪相殺，謂之人患。故聖人之所以治人七情，修十義，講信修睦，尚辭讓，去爭奪，舍禮何以治之。飲食男女，人之大欲存焉，死亡貧苦，人之大惡存焉；故欲惡者，心之大端也，人藏其心，不可測度也；美惡皆在其心，不見其色也，欲一以窮之，舍禮何以哉？故人情者，聖王之田也。修禮以耕之，陳義以種之，講學以耨之，本仁以聚之，播樂以安之。故治國不以禮，猶無耜而耕也，爲禮不本於義，猶耕而弗種也，爲義而不講之以學，猶種而弗耨也，講之以學而不合之以仁，猶耨而弗獲也，合之以仁而不安之以樂，猶獲而弗食也。」（注六）故「禮之所興，衆之所治也，禮之所廢，衆之所亂也；君子明於禮樂，舉而措之而已；禮節民心，樂和民聲，政以行之，刑以防之，禮樂刑政，四達而不悖，則王道備矣；禮樂刑政，其極一也，所以同民心而出治道也；故聖人耐以天下爲一家，以中國爲一人者，非意之也，必知其情，辟於義，明於其利，達於患，然後能爲之」。於茲可明，君子之社會政治觀，實乃儒家之社會政治觀之體現，此種體現是有賴教育而獲致的，過去如是，今後亦必如是，以其符合人心人性也。

君子之人生觀：修己安人。具體言之，「君子喻於義，小人喻於利」；「己所不欲，勿施於人」；「己欲立而立人，己欲達而達人」；「君子和而不同，群而不黨」；「君子求諸己，小人求諸人」；「君子病無能焉，不病人之不己知也」；「君子無終食之間違仁，造次必於是，顛沛必於是」；「三軍可奪帥也，匹夫不可奪志也」；「仁者不憂，知者不惑，勇者不懼」；「富貴不能淫，貧賤不能移，威武不能屈」；「君子坦蕩蕩，小人長戚戚」。類此等等，俱屬君子人生觀中之品格和氣節修養，其内容之豐富，簡直書不勝書，而且歷代均有發展，君子之形象，亦精英輩出，群賢輝映。

二、教育之内容

教育内容乃是保證教育目的實現之根本，其理論系統而完備，既爲教育目的所決定，又豐富教育目的所期以達到之境界。它與教育目的相一致，然又有其獨立性。

（一）以鄉三物教萬民

《周禮》大司徒之職，掌邦教，「以鄉三物教萬民而賓興之。一曰六德，知、仁、信、義、忠、和。二曰六行，孝、友、睦、婣、任、恤。三曰六藝，禮、樂、射、御、書、數」。（注七）茲循教育發展過程之序，按六藝、六德、六行之次第論述之。

六藝

六藝者，禮樂射御書數是也。此六藝中，禮樂二者又居於主導地位，其他四藝均未得充分發展，蓋不被重視也。其故甚明，緣於我中華民族之人生哲學向内走了，加之歷代統治者，唯知保其私權，凡於教化成俗無關宏旨者，悉予輕視，唯禮樂二者，於政權之鞏固有直接利害關係，故歷代教育多注重焉。

現今之人，包括教育理論工作者，對於禮多有偏見和曲解，此乃因經歷了歷史上之兩大運動（五四運動之反舊禮教和文化大革命之批孔）而有以致之也。人們多不了解禮之本義所旨，故提供有關參考資料，以供思考，以正視聽。

「夫禮者，經天緯地；本之，則大一之初，原始要終；體之，乃人情之欲。禮者，履也，順之，則宗祐固、社稷寧、君臣序、朝廷正；逆之，則綱紀廢、政教煩。」（注八）

「禮者，理也，其用以治，則與天地俱興。禮者，體也，履也；統之於心曰體，踐而行之曰履。」（注九）

「夫禮者，所以定親疏、決嫌疑、別異同、明是非也。道德仁義，非禮不成；教訓正俗，非禮不備；分爭辯訟，非禮不決；君臣上下，父子兄弟，非禮不定；宦學事師，非禮不親；班朝治軍，蒞官行法，非禮威嚴不行；禱祠祭祀，供給鬼神，非禮不誠不莊。」（注十）

「禮之於正國也，猶衡之於輕重也，繩墨之於曲直也，規矩之於方圓也。安上治民，莫善

於禮。」（注十一）

「治國而無禮，譬如瞽之無相與，倀倀乎其何之。譬如終夜有求於幽室之中，非燭何見。若無禮，則手足無所錯，耳目無所加，進退揖讓無所制。禮之所興，衆之所治也；禮之所廢，衆之所亂也。」（注十二）

「禮者，合於人心，理萬物者也。」（注十三）

據此可明，禮者，乃出於人心物理而又爲人心物理之所需者也，乃治國安民之要者也，乃處事爲人之準則也；禮之所起，隨人群社會之交往相尊而生之也，而且因交往之日益頻繁，人類之日益自覺自尊，禮之爲用，日益見其不可須臾離也；必然地，禮日益成爲表示人之文化修養之重要標誌，成爲人之生活習慣，不可疏忽之者也。那種非禮之見，實未知禮之真諦所在也，惜哉！

關於樂之大旨，《禮記·樂記》論之透闢，茲述其大要。

「樂者，音之所由生也，其本，在人心之感於物也。是故治世之音，安以樂，其政和；亂世之音，怨以怒，其政乖；亡國之音，哀以思，其民困。聲音之道，與政通矣。是故先王慎所以感知者，故禮以導其志，樂以合其聲，政以一其行，刑以防其奸，禮樂刑政，其極一也，所以同民心而出治道也。」

「凡音者，生於人心者也，樂者，通倫理者也。故曰樂者，樂也；君子樂得其道，小人樂得其欲，以道制欲，則樂而不亂，以欲忘道，則惑而不樂。」

「人生而靜，天之性也；感於物而動，性之欲也；物至而知，然後好惡形焉。好惡無節於內，知誘於外，不能反躬，天理滅矣。夫物之感人無窮，人之好惡無節，則是物至而人化物也；人化物也者，滅天理而窮人欲者也。是以有悖逆詐僞之心，有淫佚作亂之事。是故強者脅弱，眾者暴寡，知者詐愚，勇者苦怯，疾病不養，此大亂之道也。」

「樂也者，情之不可變者也；禮之不可易者也。樂統同，禮辨異，禮樂之說，管乎人情矣。窮本知變，樂之情也；著誠去僞，禮之經也。樂也者，聖人之所樂也，而可以善民心，其感人深，其移風易俗，故先王著其教焉。」（注十四）

據此，可明禮樂之爲教，其旨深遠，而其所以導民化俗，有益於治道者，乃在於其合乎人心、適於人情者也。於此亦可知，凡合於人心人情之事物，必然具有經得起時代震盪、衝擊之生命力，細研典籍，凡具有社會國家形態之處，其必興禮樂，乃無疑義矣。至於因地域之異、時代之變、思潮之興，而禮樂之形式和內容，亦隨之有所變者，亦乃人心人情之所趨，而非主觀意志之所可左右一時也。如中國近代史上五四運動之反舊禮教，是舊禮教之不合於當時受西方個性解放之心態，非禮教之可廢也，非禮樂之可廢也。時至於今，對禮樂之爲治，在認識上猶有曲解之者，亦非其本身之不正，而是宣教之不力也。

據此以窺六藝，則禮樂二者在六藝中之重要地位明矣。其他四藝（射御書數），非不重要也，乃屬於技藝，易學易爲者也。依此可知，教之爲事，技藝者易，道德者難，蓋其需要長期涵養自化之工也，此亦士先器識而後文藝之意也。

六德

六德者，「知仁聖義忠和是也」。此六德，據漢鄭元注：「知，明於事；仁，愛人以及物；聖，通而先識；義，能斷時宜；忠，言以中心；和，不剛不柔。」此六德大義，若參照其他辭書所注，則其義備而益明矣，以知言之，《中文大辭典》所注者，有如下數義可取：「知，覺也，發也，爲也，識性也，智慧也。」（注十五）《康熙字典》注云：「知人則哲，能官人。」以仁言之，《中文大辭典》注云：「仁，諸德之總稱；仁，心之本體也，性也，理也，覺也；上下相親之謂仁；德教，德化，善政；愛之理，心之德也。」以聖言之，《孟子》云「大而化之謂聖」；《大戴禮》云「所謂聖人者，知通乎大道，應變而不窮，能測萬物之情性者也」；荀子云「聖人者，道之極也」。以義言之，《中文大辭典》注云：「義，制裁事物，使合宜也；事得其宜之謂義；與衆共之曰義，合衆物爲之曰義。」以忠言之，《中文大辭典》注云：「忠，敬也，中也，中心也，謂出言於心，皆有忠實也；愛也，竭誠也，爲下克忠，事上竭誠；不貳也，無私也，教人以善謂之忠，盡心曰忠；厚也，危身奉上，險不辭難曰忠。」以和言之，《中文大辭典》注云：「和，相應也，調也，諧也，溫也，協也，順也，平也，睦也，齊也，適也，合也，同也，心不爭也，君子和而不同，不剛不柔曰和，可否相濟曰和。」據此以論，六德者，乃萬德之本也、源也，乃爲人處事之根本原則也，乃修齊治平之最高準繩也，乃内聖外王之至要修養也。於此可知，古之以鄉三物教民、以六德導民者，非僅以此要求於民、要求於下也，其精神所至，實上下一體，君民一德也。而在此六德之中，仁又爲其本也。蓋從本原上言之，仁爲心之本體，從表現於外而言之，則仁者，博愛之謂也，同情心之體現也，己所不欲，勿施於人也，推己及人，仁民而愛物也，成己成物也，個體與羣體同時獲得完善也。

六行

六行者，孝友睦婣任恤是也。據漢鄭元注：「善於父母謂孝，善於兄弟謂友，睦，親於九族，婣，親於外親，任，信於友道，恤，振憂貧。」此六行之中，孝爲本焉。故孔子著《孝經》，以明孝行乃百行之宗、五教之要；孔子自云：「欲觀我褒貶諸侯之志，在春秋；崇人倫之情，在孝經。」茲引述《孝經》之言，以明孝爲六行之本。「夫孝，德之本也，教之所由生也」；「夫孝，始於事親，中於事君，終於立身」；「夫孝，天之經也，地之義也，民之行也；則天之明，因地之利，以順天下，是以其教不肅而成，其政不嚴而治」；「天地之性，人爲貴，人之行，莫大於孝」；「教民親愛，莫善於孝；教民禮順，莫善於悌；移風易俗，莫善於樂；安上治民，莫善於禮」。（注十六）於此可見，孝乃出自人心人性者也，與前述之仁而論之，則孝實爲德之核心内涵而體現於愛親者也。由此而考之六行中之其他五行，友睦婣任恤，實此孝行（愛、敬之心）擴而充之者也。擴而充之於兄弟朋友，則友之大義，内涵備矣；擴而充之於九族（上至高祖下迄玄孫），則睦之大義實矣；擴而充之於外親，則婣之大義明矣。

綜觀此三物（六德、六行、六藝），核其大義，則仁孝禮樂而已。而此四者中，仁又爲其根本，孝則仁之表現，禮樂亦仁之表現也。於此可明，古之施教，在教人以明仁也，教人以行仁也，教人普施仁於人民大衆也，教人施仁政於中國、擴而充之於四海也，此内聖外王之功之具體内涵也。而仁之大義，一曰博愛，二曰生機（仁如種子）；據此二義，仁實出自人心人性之源泉滚滚之愛，此乃人之生命力所在。教育之功，在教人認識此生命力也，在教人開發此生命力也，在教人完善此生命力也，此乃教育之至精至深之義，而鮮爲人所明之者也。宋儒程明道著《識仁篇》，發此真諦，其有功於治道人心者大矣，惜未得彰明也。

（二）「五經」和「四書」

《易經》

「五經」中，《易經》應居首焉，此乃中華思想之源也，此乃中華民族之魂也。

《易》之所言者，哲理也，自然哲理也，社會哲理也，政治哲理也，教育哲理也，人生哲理也，哲理之大觀也，統觀也，微觀也，妙觀也；此哲理名之曰道，一以道貫之，則一理萬殊之象，萬理歸一之情，形諸於物界之中，見諸於人心、人性、人情、人事之際，紛然躍然，此焉彼焉，推移無窮，消長無定，若如左圖所示，則知易道之所自所往矣。

此道也，《周易・説卦》有云：「立天之道，曰陰與陽；立地之道，曰柔與剛；立人之道，曰仁與義。」（注十七）韓康伯注云：「在天成象，在地成形；陰陽者，言其氣，剛柔者，言其形；變化始終氣象，而後成形；萬物資始於天，成形乎地，故天曰陰陽，地曰柔剛也。」此陰陽乃變化之根也，本也，元也，原也。具體言之，則乾代表陽，坤代表陰，乾坤合則變化生。就乾而言，則又自有其陰陽，就坤而言，亦自有其陰陽。如乾卦的符號爲☰，三爻各代表天地人，上三爻爲陽，下三爻爲陰，陰陽同處於同一事物之中。其變化如《彖》所言，「大哉乾元，萬物資始，乃統天。雲行雨施，品物流形，大明終始，六位時成，時乘六龍以御天；乾道變化，各正性命。」如坤卦的符號爲☷，其變化如《彖》所云，「至哉坤元，萬物資生，乃順承天。坤厚載物，德合無疆，含弘光大，品物咸亨，牝馬地類，行地無疆。」（注十八）乾爲萬物資始，坤爲萬物資生，此一始一生之義，熊十力先生在其所著《乾坤衍》一書中釋之云：「乾陽坤陰者，此言生命、心靈，有剛健炤明等性。人之生也，秉乾以成其性，稟坤以成其形，陰陽性異，而乾坤非兩物；性異者，以其本是一元實體內部含義之複雜性故。非兩物者，乾坤之實體是一故。余於此，頗悟生命力之強大，能戰勝堅硬閉塞之頑石，洋洋乎發育；偉哉生命，大生廣生，其勢足以自舉。挾頑以從化，豈不奇哉。物質若無生命力斡運其間，即頹然莫由自舉。是故物質之性，順承生命、心靈之主導，乾爲生命爲心靈，坤爲質爲能。」（注十九）於此可知，乾坤之資始資生者，乃言物質變化發展之動力及其具體過程也。此過程是極其漫長的，不知其始，不知其終；其始者，未曾見之，其終者，亦不可得而見也。可見者，乃古今之有文字記載和正在繼續發展之物質與精神文明也。於此可以推知，在此過程中，包含了宇宙之起源和發展，萬物之起源和發展，人類之起源和發展。此發展過程，經歷着雲行雨施、品物流行、坤厚載物、含弘光大、各正性命之重大階段，它純屬一自然歷史的過程，人類之出現亦在此過程之中，當然，人類自屬於自然；老莊立論就在此自然之上，就此而論，儒道兩家哲學之基礎是同一的。人類作爲萬物之靈，雖已拜别了自然，進入了人類文明的社會生活，這只是從人與自然對立的關係上而言，究其實質，人類並未超脱自然，亦不可能超脱自然，人類之臍帶還在自然之中，一旦超脱自然，人類就無法生存了；人類與自然永遠是一體，而且人類永遠要從自然中吸取智慧，獲得啟示，故余以爲，人類在其發展途程中，不應太急進了，還是把一半身子留在自然中更美滿，或者把半個腦袋留在自然中，專注於思考物類和諧生活，既可汲取自然的源源生機，又可免除人生中之諸多煩惱，永葆人類之青春。

《易經》所揭明者，非僅自然哲理也，此自然哲理之延伸一進入人類社會生活，便隨之而有社會哲理、政治哲理和人生哲理，實則一理也，具體化爲人之理也，人之所以爲人之理也，人性完善之理也，人類社會完善之理也，一言以蔽之，以人心人性人情爲核心之理也。《周易·説卦》把這道和理之永無休止之運動發展，歸結爲一句話：「窮理盡性。」此乃中華思想之結晶中之結晶，精華中之精華。理性，乃爲中華民族之魂。理性，乃是吾人全力窮之盡之之大學問大課題。但我中華理性之內涵，有別於西哲之理性者，學者對此不可不細察也。此理者，與道同義，貫徹於宇宙、萬物、人類及其社會之整體中；此性者，指物性也，人性也，人性善，物性亦善也。窮理必以盡性爲前提，理始可明矣；盡性必以窮理爲依據，性始可得其純而完善矣。二者相互輝映，相得益彰。不可孤立以言窮理，亦不可孤立以言盡性。言理時，自有性在；言性時，自有理存。於此可明，既無性外之理，亦無理外之性。理爲性之體，性爲理之用；體用一原，不可分割也。在此理性指導下，必毓發出具體的社會、政治、人生哲理。如「開物成務」，「知周乎萬物而道濟天下」，「範圍天地之化而不過」，「曲成萬物而不遺」等等，此最高之社會政治哲理也。如「天行健，君子自強不息」，「君子終日乾乾，夕惕若厲」，「利用安身，以崇德也」，此最高之人生哲理也。

易者，變也，故《易經》所揭明者爲變化之哲學，一切處於變化的過程中，但其變化之幾又是可以把捉的，故必須懂得觀其會通，窮神知化，故《周易・繫辭》有云：「化而裁之存乎變，推而行之存乎通，神而明之存乎其人。」子曰：「知幾其神乎，幾者，動之微，神也者，妙萬物而爲言者也」；「夫易，聖人之所以極深而研幾也；唯深也，故能通天下之志，唯幾也，故能成天下之務」。於此可知，欲把捉變化之幾，須有極高之智慧，而智慧之開啟，必於鈎深致遠、探頤索隱而得之，而且用之於開物成務，則大智大謀見矣，大仁大勇立矣，大德大業成矣；欲弄權術、謀私利而求易者，即或徼一時之幸，終不可久也；此公私誠僞之辨，不可不察也。故《易》之爲教也，在識變、明化、知幾、成務也。

《禮記》

禮者有三：一曰《周禮》，治國之典章制度也；二曰《儀禮》，行爲禮節之軌範也；三曰《禮記》，立己治國之理論修養也。三者備，則内聖外王之教立矣。但此三禮，從立教言之，禮記最爲重要，宋儒朱熹編定《四書》，爲科舉取士必讀之教材，其中《大學》、《中庸》兩篇，就取自《禮記》，於此可見一斑。就《禮記》之内容而論，其大旨有五：一曰人類之理想政治，如《禮運》所揭櫫之大同觀；二曰實現理想政治之理論，如《大學》所闡明之格物致知、明德親民、修齊治平之道，如《中庸》所闡明之成己成物、盡人性盡物性、贊天地化育之道；三曰愛民之政，如《哀公問》中所闡明之人道政爲大，政者正也，爲政，愛民爲大；四曰體察人心人情之道，如《禮運》所闡明之人心人情人義、人情者聖王之田也；五曰教人之道，如《中庸》所闡明之在人性上立教，如《學記》所闡明之爲學爲教之失和長善救失之義。從此五者中可以明確認識到《禮記》者以及《周禮》、《儀禮》者，乃治國安邦之理論和典章制度也，乃教人之理論和立己修養之指導思想也，乃人類依歸於大同理想而贊天地化育也，其教育意義之巨大，豈可估量之哉。

《尚書》

《尚書》者，乃施政之大綱及經驗總結也。大綱者，如《堯典》中之「允恭克讓，光被四表，克明峻德，以親九族，百姓昭明，協和萬邦」；如《周書》中之《洪範九疇》，《九疇》中之五事和八政。五事者：「一曰貌（容儀），二曰言（詞章），三曰視（觀正），四曰聽（察是非），五曰思（心慮所行）。貌曰恭，言曰從，視曰明，聽曰聰，思曰睿（必通於微）。恭作肅（心敬），從作乂（可以治），明作哲，聰作謀，睿作聖。」此五事者，乃選賢與能之標準也，用賢能，乃爲政之首務，得賢能，則政令暢通矣。八政者：一曰食（勤農業），二曰貨（寶用物），三曰祀（敬鬼神以成教），四曰司空（主空土以居民），五曰司徒（主徒衆教以禮義），六曰司寇（主姦盜使無縱），七曰賓（禮賓客務外交），八曰師（主國防）。（注二十）此八政者，實施政中之要者也，其中尤以食、貨、教三者，爲施政主軸也。

所謂經驗總者，如《大禹謨》中之「德惟善政，政在養民；人心惟危，道心惟微，惟精惟一，允執厥中；無稽之言勿聽，弗詢之謀勿用」等是也。如《夏書》中之「民可近，不可下，民爲邦本，本固邦寧」是也。如《周書》中之「天視自我民視，天聽自我民聽，百姓有過，在予一人」是也。又如《周書》中之「位不期驕，祿不期侈，恭儉惟德，無載爾僞，作德，心逸日休，作僞，心勞日拙」是也。這些爲政之經驗，可以三語概括之，一曰爲政愛民，二曰爲政以誠，三曰爲政在教。於此可見，古之士者，必先培養重政愛民、爲政以誠之思想，此亦儒家教育思想之一大特色，應予發揚。

《詩經》

「夫詩者，論功頌德之歌，止僻防邪之訓，六情靜於中，百物盪於外，情緣物動，物感情遷，作之者所以暢懷舒憤，聞之者足以塞違從正，故曰感天動地莫近於詩。詩之爲用，其利大矣。」（注二二）於此，可以更深刻地理解《禮運》篇中所云「情者，聖王之田也」的含義了。正確引導人情，提高人之品格修養，陶冶人之德性情操，詩歌乃是藝術形式中之最佳者也。考之《詩經》中之詩，雖來自民歌，是情志之最樸質之表現，但經刪修之後，實未免有損其生動活潑之情調矣。儘管如此，但古代以《詩經》爲士子必須背誦之教材，其風教之深，乃無可置疑者也。

《春秋》

《春秋》有三傳，《左傳》、《公羊傳》、《穀梁傳》是也。其所記者爲魯史，採用編年法，以事繫日，以日繫月，以月繫時，以時繫年。孔子曾說過，「我志在春秋」，可見其致力於治世之大道也。《春秋》，史鑑也，忠奸正邪，無不真像畢呈，爲後世者戒。故《春秋》大義，在於寓褒貶、別善惡，其於風教化、正人心之功大矣遠矣。古之士子以此爲必讀教材，明褒貶之義，戒奸邪之心，知「德之所自，雖賤必興，義之所抑，雖貴必屈」之理，有所擇守，終亮其節，此大道之力也，亦教育之漸也。

右之所述者，乃五經之爲教之大義也。對此大義所產生之效驗，《禮記·經解》作了最扼要之說明：「孔子曰：入其國，其教可知也，其爲人也，溫柔敦厚，詩教也。疏通知遠，書教也。廣博易良，樂教也。絜靜精微，易教也。恭儉莊敬，禮教也。屬辭比事，春秋教也。其爲人也，溫柔敦厚而不愚，則深於詩者也。疏通知遠而不誣，則深於書者也。廣博易良而不奢，則深於樂者也。絜靜精微而不賊，則深於易者也。恭儉莊敬而不煩，則深於禮者也。屬辭比事而不亂，則深於春秋者也。」（注二二）於此可明五經教人之義大矣深矣，當致力發揚矣。然經後人編纂，遂成現今之《十三經》矣。宋儒朱熹，又將《論語》、《孟子》、《大學》、《中庸》四篇，獨編爲《四書》，因而遂有《五經》《四書》問世，成爲士子必讀教材。總之，經教者，乃使學者明中華思想之源泉，是乃立教之根基，亦致治之本也，故知古之爲教之意在致治也。

（三）史

史者，乃指中華民族政治思想和政治實踐之成敗得失之記錄也，就其實質而言，乃儒家思想之實踐史也；然又不可籠統言之，此中既有儒家思想本身之大道與小康之别，又有歷代儒者闡述儒家思想不及其義之病，更有歷代統治者囿於私利對儒家思想之歪曲，常見者是掛羊頭賣狗肉，呈現出極其複雜之現象，亦頗難一言而盡也。但有一點是可以完全肯定的，即不管史實之真僞，皆可爲鑑。

因此，歷史之作爲教材，自古極受重視。具體言之，有《春秋》、《史記》，有《資治通鑑》，還有各斷代史，這些都是必讀之物，尤其是歷代本紀，記述了歷代興替成敗之跡，更是士子所當熟知者。至於歷代人物傳記，忠奸邪正，歷歷在目，對於勵飭士風，作用極大，學者無不好之。

古之人材素質，其知識結構，品行修養，史佔之份量甚重。在致知格物和修齊治平之全過程中，絕不能離開史鑑。士子之於歷史，必須瞭如指掌，洞察前人之成敗得失，知所取捨進退。即上層統治者，亦極重前人成敗之契機，唐太宗在與羣臣論隋朝之敗於權術時提出以誠治天下之見，就是著名的例證。

縱觀事物，任何一枝一葉、一哲一教、一文一武、一法一政、一家一族，莫不有其縱向發展之歷程，欲探其源流及其發展軌跡，必須研究其歷史。即朝代興亡隆替之交、政權革故接替之際，雖有其共同之規律可尋，然其特定的諸種歷史和現實條件，又使此種規律呈現出特殊性。如宋末與明末，雖同爲異族入侵，但其興亡更替之契機以及在此契機之關節時刻，其關鍵人物之表現，恰成相反的對比，宋末是文天祥之正氣，而明末則是洪承疇之變節於前，吳三桂之投降於後。故對於歷史之教訓，必須以活的思想和活的態度對待之，切不拘於一隅，因各歷史時期之具體條件不同，不可一語概之也。但有一共同點是不變者，即得民心者昌，失民心者亡。就個人功德而言，則忠於民者，功高千古，德澤萬民，與日月同光，永垂不朽。正是這些共同的道和德，培育着一代又一代的學風和士風，創造着中華輝煌文化，使中華民族精英羣星曜天。

（四）文藝

文者，指文學也，文、詩、詞、歌、賦俱包含於其中矣。藝者，指藝術也，主要琴、棋、書、畫是也。然在此文藝中，尤以文、詩、詞、書、畫五者，影響士風士習最深。歷代之雄文、清詩、雅詞、神書、妙畫，其於陶冶情操之功，不可狀之於言詞也。但最爲士林愛好而廣泛用之於交遊中者，莫過於詩、詞、書三者。士之所謂才華橫溢者，皆以此三者美之也。是乃孔子所云不學詩無以言之至意也。古之文人學士，不工於書者有之，不長於畫者亦有之，然不精於文、不善於詩詞者，則未足以語文人學士也。故古之教極重此三者。世有唐詩、宋詞、漢文章之譽，誠不誇張也。有唐一代，詩有李杜，文有韓柳；韓文尊稱爲「文起八代之衰」，唐宋八大家之中，宋有其六，巴蜀、豫章平分秋色，各佔其三，特别三蘇父子，獨秀文壇，此亦中華文壇歷史中僅見之盛事也。在中華文明史上，吟詩作賦善文章，成爲士子文人之天職與僻好，至今不衰，其故安在？固有施教者導之誘之，然最根本者，還在於士子之情有所感，意有所激，心有所思，志有所勵，因而發之抒之，泳之放之，吟之唱之，情操因以陶冶，氣質因以純化，此教育之一大特殊功效也。

（五）啟蒙教材

蒙者，蒙昧也，啟者開啟也。啟蒙者，開啟人之智慧和誘導人之善性也。善性者，乃智之本和德之源也。故啟蒙教材，在教學内容中佔着基礎的位置。又由於中國文字和中華民族思維特點，就使啟蒙教材的重要性愈加突出。就文字之特點而論，因其基本爲象形文字，呈方形，又兼有形聲假借諸特點，使得識字教學難度增大，故以背誦教材之法用以克服之。而且啟蒙教學首先重開智敦品，《易·蒙卦》彖曰：「蒙以養正，聖功也。」於此可見儒家之教育觀在希聖希賢。養正者，意謂啟蒙之初，必使志趣品行端正，立定根基，始可期及聖功也。若種樹然，根基正，則直立向上，可成參天之木，以資大用也。故童蒙教材，其所包涵之内容，一開始，就直入大道，廣涉哲理，旁及史鑑，終至人倫士習，儘管幼稚之童，尚乏理解之力，但先令其背誦，熟之於口，銘之於心，待其年與知長，智逐理開，心隨行成，品同德純，自然理解其真諦，奉爲圭臬，漸入聖賢之途矣，此乃中國古代教育之一大特點，它符合認識論之科學性，不是單一地直接認識外部世界，而是漸進反覆、内外統一地認識物我，認識物我間可窮而不盡之哲理。所以中華古代之啟蒙教育，乍一視之，似有違童子認識之規律，實則細思幼兒至青少年期間之智力發展過程，恰又符合其認識規律。蓋童稚之時，強於機械記憶，正適宜背誦教材，可令終生受益，待其智力漸開，轉向於抽象思維時，施之以講論，又恰有助於抽象思維之發展。於此可明中華古代如此重視基礎教育之意義所在了。

此早期基礎教育之鵠的有二：一是啟迪智慧，二是誘揚善性。而啟迪智慧之法，是令童子，背誦啟蒙教材，積累富有理性和具有大仁大智大勇之知識，使之長期孕之於思慮之中，處之於義利之際，用之於濟世之間，逐漸神而化之，養成雍容大度之風，以期能擔當大任於非常之時，使其具有慮大圖遠之謀，積之既久，發之自新，持之自力。這樣培養智慧之教育方式及其過程，自非教育之淺見者，所可識之於萬一也。誘發善性之方，一是賴教材之誘力以導之，二是賴自覺之力行以體驗之，後者更爲重要。善言、善行、善品、善德，非僅日誦之於口、思之於心也，乃日踐諸於身、履諸於行也。從童子之灑掃應對到學成之後之經世致用，或進退出處，必以見自己之言行事功是否合於人心人性之正、人情人倫之微爲最高準繩。因此，啟蒙教材之積累和發展，歷二千餘年，極其豐富多彩。近年北京師範大學古籍所之徐梓和王雪梅二先生將歷代啟蒙教材，輯成爲《蒙學輯要》，實啟蒙教育之一大理論功績也。

綜觀啟蒙教材，見其具有三大特點：一是形式靈活，多姿多彩；二是内容縱貫天地人物古今；三是重在身體力行。就形式靈活論之，不管其爲三字經、四字經、五字經，其要在於使蒙童讀之誦之，朗朗爽口，便於記憶。就内容而論，不管周宣王時期太史籀所作之《史籀篇》，或秦朝李斯之《倉頡篇》，或漢朝史游之《急就篇》，或南朝梁武帝命周興嗣所韵之《千字文》，或宋王應麟所作之《三字經》，或明朝李廷機之《五言鑑》，或宋程端蒙之《性理字訓》與王柏所作之《伊洛精義》，無一不涉及天道、地道、人道、人心、人性、人情、人義、歷史、政治、教育之法、個人修養之方等等。此種哲理、善性、美德、嘉行，非求之於近功，乃期之以長效，其思想之深邃，非西哲之教育理論所可望其項背者也。

三、教育方法論

中華古代論教育方法之見，乃以統一而兼系統之觀點，貫穿於學習進度、學習興趣、學習習慣、學習方法的整個過程中；而且依據學習者的年齡特點、知識水平、理解和接受能力以及學習者之主觀意志而靈活運用之。把學習者之心理與學習内容、學習活動之特點融合爲一，實效顯著。雖然中華古代尚無心理學之專著，然諸子百家之説，無有不論及人心者，其所見之深廣周備，較之西方實驗心理學之學術水平有遠勝之者矣。西方心理學有助於教育之方法論者，僅限於認識過程中之簡單反映論，而我中華古代心理理論乃以智慧充實於教育方法論也。

再進而推究此方法論之源，實乃前所論述人性論與認識論也。蓋中華古代教育思想，建立於人性論之理論基礎之上，按照認識論之規律施教，形成爲獨有之教育方法論，值得用心研究發揚者也。就教育之對象與實質言之，必以人、人心、人性爲出發點，而且必以此爲歸宿點。就出發點而論，教育之最高宗旨，在於變化人之氣質，提高人之認識自我、完善自我之能力；並擴而充之，提高人之認識羣體、完善羣體之能力；並視此二者之完善，乃一體之務也，相互推進之務也，實不可分開言之之同一過程也。在此同一過程中，具體言之，則提高和完善人心、人性、人情之品格與素養也。於此，就心而言，在於啟迪、淨化人之心靈；所謂啟迪者，在使人覺悟，人之所以異於禽獸者，賴此心之靈也；此心之靈，既表現於識自我之尊嚴，在此尊嚴中蘊藏有促人向上、自強不息之動力源泉，更表現於德化此心靈之過程中，日益開拓德之視野和新領域，而且不斷豐富和充實德之内涵。就性而言，在於自覺地發揚和完善人性之真、人性之善、人性之美，祛除人性之僞、人性之惡、人性之醜者，以淨化人之生存之精神環境，開闢人類共同之理想社會之新途徑。就情而言，在於發揚人情之純，祛除人情之患，講求人情之義，修好人情之利。再加之認識過程中之致知格物、窮理盡性、學問思辨行之工，則教育方法論始可得其正而致其要矣。其要者有五焉：一曰及時啟蒙，引發興趣；二曰循序漸進，鍥而不捨；三曰發揚善性，啟迪智慧；四曰遷善改過，長善救失；五曰内省踐行，變化氣質。茲分別論之。

（一）及時啟蒙，引發興趣

中國古代教育，科學地窺察到了嬰幼智力之發展，而且注意到及時的教育，視此發展過程爲一隨年齡而發展之漸次提高之過程，因而教育之内容與方法亦隨之變化。在古代此種啟蒙前之嬰幼教育之故事很多，最著名之有唐朝之白居易和劉晏二人，白居易六個月就能認識知無二字，而劉晏七歲已能通達詩文，視爲神童，受唐明皇之特封，授以翰林院「正字」學位。至於古代所謂正式啟蒙，其年齡一般爲六至七歲，早者五歲，晚者八歲。蒙者，昧也，物皆蒙昧，《易·蒙》曰：「蒙，亨。非我求童蒙，童蒙求我。」（注二三）亨者，願亨通也，故童求教乃是一生一件亨通之大事也；參照西方之教育觀點，受教者乃是邁向幸福之途也。於此可明，中國古代之教育觀點，初則啟蒙。啟者，開也，發也，開其蒙昧之智力，引發其學習之興趣，教授以學習之方法，漸而趨於獲得自學、自覺、自立、自强之志力也。中國古代引發兒童興趣的方法，簡樸而卓見實效，即寓興趣於教材之中，雖教材本身並不富於適合兒童胃口之興趣，然教材之編寫形式既符合中華民族之思維特點，而授之之法，恰能引出、推動和啟蒙兒童之興趣。如兒童有愛唱歌之興趣，啟蒙教材受詩經之影響與啟示（詩經本爲民歌，四言詩，短而有韻，易於上口，便於背誦），三字或四字成句，韻律和諧，讀之朗朗上口，誦之句句成串，反復背誦，既悅之於耳，不覺疲勞，又銘之於心，反生興趣。而且從培養記憶力考察之，幼年背誦之物，幾乎終生不忘，確有其不可取代之優點；而此種背誦之物，積累多了，藏蘊於腦中，反覆運作於思維之際，若釀蜜然，不僅有助於理解力之提高，更有益於智慧之啟迪，以至於在學習中觸類旁通，運用自如，若現代之大型電子計算機那樣，輸入之信息愈豐，其運算愈速，其功效愈大。於茲可見，此種熟讀成誦之教學方法是科學的可取的，使學者於啟迪之際，即養成熟記事物之良好習慣，不斷提高記憶能力，並且記儲了豐富之理論資料，有利於其創造力之發揮，若蜜蜂之採花粉然，必有大量的花粉，始可釀蜜，釀蜜就是創造。近幾十年來之教育，受不要死記硬背之害，學生頭腦中空空如也者有之，基礎不實，欲求其高深，不可得矣，此乃教育之一大失也。殊不明學習過程中之兒童之智力發展之辯證關係，死可以化爲活，硬可以變爲軟，如練習毛筆字然，先死後活，先硬後軟，此乃習書所必經之歷程，不可期有躐等，一蹴而就也。行遠必自邇，登高必自卑，欲求學有所得，藝有所成者，必勤苦作業，鍥而不捨。故中國古代此種注重基礎知識之教學方法，其生命力永遠是源泉滾滾的。

在中華古代教育中，引發兒童學習興趣之門徑與方法者，還有書畫一途。令啟蒙之學童於朗讀、背誦課文之餘，習之以書法或繪畫，既引發了興趣，轉換了大腦之思維方式，解除了疲勞，提高了學習效果，更爲重要的是培養了一絲不苟的學習習慣，煥發了才智和潛能，開拓了視野，爲未來的發展廣闢了新徑。中國古代之名書名畫，至今成爲人類文明瑰寶者，即此法所結之碩果也；而且其流風遺韻，於今猶在發揮作用，唯不爲世人所察，更不爲教育當局所重耳，亦乃當今教育之一失也，惜哉！兒童愛書愛畫之天性未獲啟迪和發展，實個體完善中之一大缺陷也。

在引發興趣方面，孔子之見甚高，「知之者，不如好之者，好之者，不如樂之者」，此意較之於西方之興趣主義，境界高遠，終生長樂不倦者，乃自我完善之內外一統也。

（二）循序漸進，鍥而不捨

循序漸進，主要就教材內容而言也，同時也照顧到學習者之智力之發展，既是一個自然的過程，又是一個啟迪的過程，後者之工顯得更爲重要，但必須符合其自然發展。因此，就教材內容言之，初則朗讀並背誦啟蒙讀物，繼則熟讀並背誦《四書》、《五經》。待這些教材熟透於胸中時，學習者之智力徐之日漸開發，抽象思維日逐增進，理解能力日益提高，則可開始講述《四書》、《五經》之大義，並輔以諸子百家之論，在粗識儒學源流之基礎上，導之以文，習之以作，擴之以議論，詠之以詩賦；益之以藏焉修焉息焉遊焉之功，學習者眼界爲之大開，智力爲之大進，興趣爲之大增，思想爲之大明，議論爲之大辯，不出四五年，高者有豁然貫通、左右逢源、運用自如之勢，躍躍欲試於科場矣。

在此方法論之範疇中，還包有一種意志力量的因素，此因素極爲重要，必有此，始可言修齊治平，始可言成己成物，必有此精神（意志堅定、鍥而不捨）貫徹於方法論之中，始可使此方法論内涵充實，獲得生命力，具有靈魂。

（三）發揚善性，啟迪智慧

中華古代之教育思想是從人之善性出發的，《中庸》開宗明義云，「天命之謂性，率性之謂道，修道之謂教」，可知教從人性出發。《中庸》還有一句話亦說明此義：「自誠明，謂之性；自明誠，謂之教。」又《周易・繫辭》，除有繼善成性之説，更有「成性存存，道義之門」（注二四）。唐孔穎達疏曰：「性謂稟其始也，存爲保其終也。」此保其終之過程中，貫穿着教和覺的作用；教之作用在喚醒覺，即喚醒人性之自覺、自尊、自愛和自我完善；此自我完善之過程，即内外教育因素相結合之過程。孟子於此之功大矣。他在孔子「繼善成性」之理論基石上，完善其説，明確提出「人無有不善」，進而闡發「仁義理智根於心」，指出「君子異於人者，以其存心也；庶民去之，君子存之；君子以仁存心，以禮存心」，此存之者道義也。孟子又言：「天之生此民也，使先知覺後知，使先覺覺後覺也；予天民之先覺者也，予將以斯道覺斯民也。」此存者覺者，存於性也，覺於性也。使之存之覺之者，教育也，乃是從人性上出發之教育也。不從人性上出發之教育，必然是外加之者，外加者則乏啟迪之功也，亦爲儒家所不取也；此乃儒家教育理論之一大特點，而此特點又導源於儒家哲學也。

故啟迪智慧乃爲儒家教育思想及其方法論之一大目標，因爲儒家之教人，其最終鵠的在達於窮理盡性，此爲中華之理性，就其内涵所藴，實乃人類最高之理性，唯須作理論上之論證而已。窮其理，盡其性，舍啟迪、開發人之智慧良知，無他途矣。所謂智慧者，即超越自我之私與蔽，洞察事物底藴，澈見諸事物、諸因素相互之間的聯繫、影響、變化之幾，作出創造性之思維判斷，正確抓住時機，善謀處理之法，使之趨利避害，具見於預計之功業。此中起主導作用者，爲直覺思維。所謂良知者，乃稟之於天之善性善德而有覺於人物同體、精察其道、自明於心者也。孔子所言之「不憤不啟，不悱不發。舉一隅不以三隅反，則不復也」，論者多以此爲啟發之典型例子視之，而吾之所見啟迪智慧之義，實乃更高境界之意也。此更高境界之要求，非吾意之也，實乃教材之綜合内涵深廣精密、智慧無窮，有以致之也，吾之爲此言者，不過有所體悦於心而已。

（四）遷善改過，長善救失

孔子有言，「見賢思齊焉，見不善而内自省也」，「人非聖賢，孰能無過，過而能改，善莫大焉，過則勿憚改」，這些見解，似屬目的論，但就教育和認識的過程細作推敲，則可明，更多地屬於方法論。蓋教育之目的，在於啟發和唤醒人之自覺，必有所覺、有所悟，才可激發人之内在動力，或趨之知識之增長，或致力於品德之提高，或力求能力之完善以赴於事功之建立，有了此類内在動力之發軔，始可見之於思齊，始可行之於勿憚過，此乃教之誘之啟之導之之功也。故《學記》中更提出「教也者，長善而救失也」，而且更指明「知其心，然後能救其失也」，所謂知其心者，知其智力高下，知其秉性剛柔，知其志趣愛憎，知其識見量度，知乎此，始可與語長善而救失也。「善歌者，使人繼其聲，善教者，使人繼其志」，可知長善救失之難，在於教者之引導啟示得法也。故遷善改過者，學者主體内在之認識與行爲也；長善救失者，教者之善喻也；有此内外之結合，則善之善矣。

（五）內省踐履，變化氣質

由於中華教育思想之核心，乃從人性善而展開之者，又受內外並重之認識論之知道，旨在於使小我和大我獲得最完美之完善，使成己成物、窮理盡性之功達於至善之域，因而教育之過程中，必取內省之法；不如此，則不足以爲功。譬如孟子所見之「收放心」，無內省之功，則何以知心之放，何以知在何處心放了，何以知在何種情況下心放了，是內縱乎，抑外誘乎，何以知放到何種程度了，又何以知如何能收放心，以及收放心之意志力量有多大，等等，都必須經內省、反思、自我覺悟，始可獲致正確之認識與態度。此處所難於做到者是反求諸己之誠意，同時亦須從內外創造促進自省之條件，並導之以自省之法，始克有濟。孟子有見於是，在《告子》中說了一段精闢的話，可資識放心和收放心之啟示：「牛山之木嘗美矣，以其郊於大國也，斧斤伐之，可以爲美乎？是其日夜之所息，雨露之所潤，非無萌蘖之生焉，牛羊又從而牧之，是以若彼濯濯也。人見其濯濯也，以爲未嘗有材焉，此豈山之性也哉？雖存乎人者，豈無仁義之心哉？其所以放其良心者，亦猶斧斤之於木也，旦旦而伐之，可以爲美乎？其日夜之所息，平旦之氣，其好惡與人相近也者，幾希？則其旦晝之所爲，有梏忘之矣，梏之反覆，則其夜氣不足以存，夜氣不足以存，則其違禽獸不遠矣，人見其禽獸也，而以爲未嘗有才焉，是豈人之情也哉？」（注二五）准此，以反觀自己德行之失，實乃根由於良心之放；而良心之放，多緣於外因之起，而又乏內心之正以克制之，是以外馳也。如此自省，則收放心之意油然生矣，此從內省而發之念，乃理性之念，自覺自悟之念，轉化爲意志之力，乃收放心不可遏止之動力也，亦踐履力行之動力也；如此自省和力行，循環往復，日趨於善，以達於至善；由個體之至善而臻於羣體之至善，是則大同之理想可期矣。

四、教師之地位、作用和修養

教師之地位、作用和修養是由教育之本質、整體、全過程所決定的，具體言之，是由隔日完善之規律所決定的、亦由教育之目的、教材內容、教學任務所決定的。中國古代，由於把人視爲希聖希賢之能動的、自覺的個體，並視個體之完善爲羣體完善之基礎和推動力。而羣體則以社會、國家爲代表，因而產生社會政治理想，此理想乃治國安邦之理論體系及其典章制度。教育則被視爲推行此政治理想之最有效的無以替代的理性力量。因此，就教育之作用言之，實有重於政治；然就教育與政治之外在關係言之，則教育受政治的指導，而深察其實質、內涵，則又可見教育涵蓋並且推動政治，此中辯證關係多爲人所忽視。因爲教育內容不僅包涵了政治理想及其典章制度，更包涵了人類智慧和文明；正是有賴教育培養人材，去有效地實現政治理想和開發人類智慧，以豐富和提高人類文明。在此教育之過程中，教師之地位和作用之重要自無疑義矣。

（一）教師之地位和作用

據《尚書》所載，舜繼堯位之後，命契爲司徒，「敬敷五教」。考此司徒之職，僅次於帝舜，於此可見教育地位之重要。又據《周禮》，天官冢宰居百官之首，掌國政；地官司徒居其次，掌邦教。亦可證教育在國家官能中之重要地位。故哉《禮記・學記》就明確規定教師之地位，「當其爲師，則弗臣也」，「凡學之道，嚴師爲難，師嚴然後道尊，道尊然後民知敬學，是故君之所不臣於其臣者二：當其爲尸，則弗臣也，當其爲師，則弗臣也。大學之禮，雖詔於天子，無北面，所以尊師也」。（注二六）後來孔子被稱爲至聖先師，且建孔廟於帝都，明尊師之意也。孟、荀之被尊，董仲舒之被尊，程、朱、陸、王之被尊，以迄晚清翁、康之被尊，俱尊其道也，亦尊其人也，蓋其人其道，堪稱師事也。唯不重道者，不尊師也，不識尊師之義也。

師之作用，孔子言「三人行，必有我師焉，擇其善者而從之，其不善者而改之」；荀卿云

「非爲而當者，吾師也」；韓愈著《師説》，有言曰「師者，所以傳道、授業、解惑也，道之所存，師之所存也，聞道有先後，術業有專攻。弟子不必不如師，師不必賢於弟子」，意美言善，傳誦不絕。

（二）教師之修養

教師之修養廣矣繁矣，無所不包矣，要而言之，則可概括爲四大端：一曰理論上之通達透貫；二曰政治上之天下己任；三曰道德上之高風亮節；四曰教風上之善誘啟導。

理論上之通達透貫

理論修養，是爲學爲人爲教爲政之根本問題，中國古代之理論，無論儒道墨，首先是爲人之理論，古之學者爲己，就是致力於理論修養而反躬篤行之意也。尤以儒道兩家，自始位居顯學，迄今不衰，瞻望人類未來，默察國際大運，深覺其學之光輝四射，其淵源之深遠，其理論體系之嚴密，其融入於人心人性之切要者，可以窺見矣。作爲教師，對此兩家之學，必具有深透之理論修養。當然，在古代佛學傳入中土之後，一方面既受儒道思想之影響，另一方面又以其思想影響於儒道。然考其民族思維特點和學術上之内外源流，唯儒道兩家乃我中華民族自己的思想。此思想即是古人之思想、炎黃祖先之思想，就其思維之特點、思想之延續言，自然也是今人之思想，今古血肉相連的、活生生的、不可分割的中國人自己的思想。此思想之根源，發自於宇宙、天地、自然、萬物、人心、人性。道家謹守自然，希冀歸真；儒家則順應自然，發揚人之良知和善性，完善自我，也同時完善物性，期人物二者達於至善。教師在理論上之修養，必須通達天人之際，人性之欲，政教之要，道德之基，學術之純，修養之美，透貫於內外，見諸於知行；無此純厚之理論修養，則不足以爲人師，特别不足以爲高才者之師。中國歷代大師，多具此修養，故保證道統延續不絶，學風純樸有加，造就一代一代之英才，推動社會前進，提高文明品質。特别在學術上承先啟後，推陳出新，二千餘年間，其最著者，有北宋之周濂溪啟之於前，二程繼之，朱陸發揚光大，至王陽明心性、知行之説一立，儒學之復興達於高峯矣。其間雖存有異同之辯，然其學紹先賢，下啟後學，相繼成統，發揚創新，功在教化人心者，蓋出其學之純正，愈傳愈明，愈發愈新也。學不純，則術不正，不正不純，則無灼見，無灼見，則無以啟後學，爲師之難，難在此也。

政治覺悟上之以天下爲己任

爲徹底實現教育之本質在促成個體與羣體、小我與大我之完善，即將内聖外王之功、修齊治平之業，達於至善之境地，則於此可明，小我之完善（修齊、内聖），實乃大我完善（治平、外王）之基礎和條件，而歸宿於大我之完善，此中華民族人生意義之理論依據和思想源泉。於此可見，教育過程中藴涵豐富的政治内容，而且此政治内涵構成了教育内涵之核心，此乃邏輯的内在結論，無任何理論力量可以改變之者，唯教育同仁多有不察，外政治於教育，而又囂囂乎以言人才之政治素質，舍内而外求，安可得乎？作爲教師必須内求此修養，具備愛國愛民、以天下爲己任之思想修養和政治覺悟，以及明辨大是大非、臨危不亂、不辱大節之高貴品質。必有此修養，始可發教材之精粹，使學者獲得真知，受到啟示，篤行不倦，勇於創建，成就事功，造福社會。

道德上之高風亮節

就教師之全面修養而論，道德上之修養更顯得突出重要，其故在身教重於言教也，蓋教育之功在習之以漸也。中華古代教育思想，既重道，更重德，道德渾爲一體，道中必有德，而德更足以體現道。深藴於教材中之道德内涵，既要學者在認識上透澈了然於胸次，更要在行動上有自覺的表現。因而要求教與學一致，師與生一致，道與德一致，德與知一致，知與行一致，使整個教學過程變成一個生動活潑的、貫穿着師-生-道-德-知-行一體德完整過程，教師於此過程中，欲起主導作用，道和德之修養，就顯得十分突出。教師必須具備高尚而完美德道和德之修養，必須是以自己畢生之心力體道修德，必須是知行統一之楷模，始可爲學者所敬所師，所仰所慕，起着潤物細無聲之陶冶作用；學者則如坐春風化雨之中，藏焉修焉息焉遊焉，日漸化其氣質而達於完備之道德修養不自覺也。此種教學過程中之嚴肅要求，是由中華民族之思想特點、哲學内涵、教育理論之重内省、重躬行所決定的。中華歷史上之明師宿儒，類皆具有完備的道德修養，特别在山河動盪，人心傷敗之際，是非義利之間，生死存亡之關，表現出富貴不淫、威武不屈之高風亮節，代表着天地正氣、時代精神。

教風上之善誘啟導

教風之正，來自於學風之純，學風之純，來自於哲理之深。考之中華學術發展史，學風雖亦有不純之時，（幾乎代代有之），然因哲理之深，終必歸於正。故知學風不純之時，教風隨之，此在中國歷史上亦代代有之。然總有正氣存焉，總有正者守焉，故教風之正，一脈相承，如學風之正，一脈相承，未嘗斷也。然教風所涉及者亦繁矣，余以爲其要者，唯善誘啟導二端而已。善誘者，從人性之善上而善誘之者也。從人性之善上使學者識己之善性，而自覺發揚之、完善之；若有不善者萌焉，人慾熾而心放焉，則自知惡之，去之，修之，正之，無傷自己之善性、善德、善言、善行。啟導者，啟其智慧，導其神思，使之開物成務，道濟天下也。中國歷代之教育，其精神所至，莫不於平日啟其大智，鼓其大勇，發其大仁，而導之以識時務，明大任，赴大義，濟世救弊，此中國歷史上所常見之英雄豪傑、明君賢相、良臣謀士撥亂反正、撫定四方、解民倒懸，所發揮之作用，亦賴明師有以啟導之也。至於一藝一學之得，一言一德之立，舍明師之啟導，不可得而致也。大矣哉！善誘啟導之功也。

【注解】

（注一）見《十三經注疏》，九三頁。

（注二）同右書，一六七三頁。

（注三）見《四書章句集注》，齊魯書社，一九九二年版，二頁。

（注四）荀悅著《申鑑》，《諸子集成》八，中華書局，一九八六年版，一頁。

（注五）桓寬著《鹽鐵論·本議》，見《諸子集成》七，一頁。

（注六）見《十三經注疏》，一四二二－一四二七頁。

（注七）《周禮》，同右書，七〇七頁。

（注八）《禮記正義序》，同右書，一二二二頁。

（注九）《禮記正義》，同右書，一二二三—一二二六頁。

（注十）《曲禮》，同右書，一二三三頁。

（注十一）《禮記·經解》，同右書，一六一〇頁。

（注十二）《禮記·仲尼燕居》，同右書，一六一三—一六一五頁。

（注十三）《禮記·禮器》，同右書，一四三〇頁。

（注十四）《禮記·樂記》，同右書，一五二七—一五三六頁。

（注十五）《中文大辭典》，第二十三冊，二六二頁。

（注十六）《孝經》，見《十三經注疏》，二五四五—二五五三頁。

（注十七）《周易·説卦》，同右書，九三頁。

（注十八）同右書，一四—一八頁。

（注十九）熊十力：《乾坤衍》，一—七頁。

（注二十）《周書·洪範》，見《十三經注疏》，一八八—一八九頁。

（注二一）《毛詩正義序》，同右書，二六一頁。

（注二二）《禮記・經解》，同右書，一六一〇頁。

（注二三）《周易・蒙卦》，同右書，二〇頁。

（注二四）《周易・繫辭》，見《十三經注疏》，七九頁。

（注二五）《孟子・告子》，同右書，二七五一頁。

（注二六）《禮記・學記》，同右書，一五二四頁。

第五篇　道德修養論

本篇標題曰道德修養論，其內容包涵兩個部分，一曰道德，二曰修養，自然是道德修養。故首先應闡明道德之含義。

一、道德之本義

中國古代文獻中，專論道德之經典有老子之《道德經》，經者常道也；儒則有《五經》，亦載述常道也。所謂常道者，乃最根本、最高層次之理也，乃普遍規律也，乃理之總綱頁，乃自然界和人類社會，永不枯竭之內在原動力也，此原動力曰道。

（一）道

老子《道德經》有言曰，「道者萬物之奧」（六十二章），可視爲對道之內涵所作之最高最深之定義。孔子在《周易・繫辭》中亦有言，「一陰一陽之謂道」，同樣可視爲對道所作之至明至要之定義，或曰根本定義。此乃儒道兩家對道之最深切而完備之理解，有其共同點，可視爲我中華民族思想之源；於此可窺知我中華祖先之睿智，其對宇宙、萬物、人類所見之深邃，隨人類文明之提高而日證其正確。孔老一眼就看出了此蘊藏至深、冥不可見之規律，名之曰道，此乃一切規律之總規律也，一切規律之根本和源泉也。可以肯定：人類有史以來，迄今一切真理之發現，包括科技之發明創造，無不屬於此道所涵之具體規律。運思至此，有句似屬體外之話，如鯁在喉，不得不吐，一九九三年八月三日，中國中日關係史學會，邀請日本早稻田大學依田熹家教授來京作題爲《日中兩國近代化和儒學》之演説，其結論是：「儒學對經濟之發展是無效的，其效用僅限於道德範圍的狹窄領域。」引起與會者之非議；其根源於依田熹家其人尚不悟自己實未明儒學之大道；似此情況，非僅依田氏一人也，亦非僅日本有是論頁，國内亦有之，均在於不明儒之大道，囿於偏見而不思以求自脱也。故余以爲，明此大道之義，乃是打開儒道兩家理論寶庫之金鑰匙也；明此大道之義，乃是真正理解道與德之關係、與夫道德内涵之門津也。

老子之論道至爲精要，《道德經》之首章言曰：「道可道，非常道；名可名，非常名。無名天地之始，有名萬物之母。故常無，欲以觀其妙；常有，欲以觀其徼。此兩者，同出而異名，同謂之元，元之又元，衆妙之門。」（注一）元之又元，第一個元字，指有也；第二個元字，由有而上推而出之者，指無也。故《道德經》第四十章即明言「天下萬物生於有，有生於無」；第二十五章又言「有物混成，先天地生；寂兮寥兮，獨立不改，周行不殆，可以爲天下母，吾不知其名，字之曰道」，皆言由有而推之無，又由無而發展至有，元之又元之變化之道也。此道也，視之不見，聽之不聞，「道隱無名」（第四十一章）；「道之爲物，惟恍惟惚；惚兮恍兮，其中有象；恍兮惚兮，其中有物」（第二十一章）；「道生一，一生二，二生三，三生萬物，萬物負陰而抱陽」（第四十二章）；「人法地，地法天，天法道，道法自然」（第二十五章）；最終將道歸之於自然。自然者，道之所生也，道之所出也，道之所隱也，道之所藏也；自然即道也，自然即規律也；此規律又有本末源流、普遍具體之分也。順其自然，即遵循規律；遵循規律，則「道常無爲而無不爲」矣。無爲就是規律之自然運行，對於此自然運行之規律，不施以人爲之工，即無爲之意也，道家所見者，實此意也。但老子並未停留在此點而不前進，他亦主張「爲無爲」（第六十三章），此爲之意有二焉：一曰體認規律，二曰順循規律；體認之深，順循之當，則不僅有所爲也，而且無所不爲也。故可見老子在規律面前，持十分謙謹之態度，不妄加人工，唯順水行舟，以收「爲無爲，則無不治」之效（第三章）；「是以聖人處無爲之事，行不言之教，爲而不恃，功成而不居」。（注二）一言以蔽之，遵道而行，則事無不成，德無不立矣。於茲可明，德者，道之華也，道者，德之基也，道與德之關係，蓋如此也。

儒家孔子之論道，見於《周易．繫辭》者有：「一陰一陽之謂道，繼之者善也，成之者性也。仁者見之謂之仁，智者見之謂之智，百姓日用而不知，故君子之道鮮矣」；「形而上者謂之道，形而下者謂之器，化而裁之謂之變，推而行之謂之通，舉而措之天下之民謂之事業」；「昔者聖人之作易也，將以順性命之理，是以立天之道曰陰與陽，立地之道曰柔與剛，立人之道曰仁與義」（《說卦》）；「易之爲書也，廣大悉備，有天道焉，有人道焉，有地道焉」；「其道甚大，百物不廢，懼以終始，其要無咎，此之謂易之道也」；「易之爲書也，不可遠，爲道也屢遷，變動不居，周流六虛，上下無常，剛柔相易，不可爲典要，唯變所適」；「知變化之道者，其知神之所爲乎」？「幾者動之微，吉之先見者也，知幾其神乎？君子見幾而作，不俟終日，君子知微知彰，知柔知剛」；「神而化之，使民宜之，易窮則變，變則通，通則久」。（注三）孔子之論道見於《中庸》者有「天命之謂性，率性之謂道，修道之謂教，道也者，不可須臾離也，可離非道也」；「君子之道費而隱，夫婦之愚，可以與知焉，及其至也，雖聖人亦有所不知焉；夫婦之不肖，可以能行焉，及其至也，雖聖人亦有所不能焉。君子之道，造端乎夫婦，及其至也，察乎天地」；「誠者，天之道也；誠之者，人之道也。誠者，不勉而中，不思而得，從容中道，聖人也；誠之者，擇善而固執之者也。誠者，自成也，而道自道也。誠者，物之終始，不誠無物。是故君子誠之爲貴。誠者非自成己而已也，所以成物也，成己仁也，成物知也，性之德也，合外内之道也，故時措之宜也」；「故君子之道，本諸身，徵諸庶民，考諸三王而不繆，建諸天地而不悖，質諸鬼神而無疑，百世以俟聖人而不惑。君子之道，闇然而日彰，小人之道，的然而日亡。君子之道，淡而不厭，簡而文，溫而理，知遠之近，知風之自，知微之顯，可與入德矣。大哉！聖人之道，洋洋乎，發育萬物，峻極於天，優優大哉，禮儀三百，威儀三千，待其人而後行。故曰苟不至德，至道不凝焉」。（注四）孔子之論道，見於《禮記》者有：「孔子侍坐於哀公，哀公曰：敢問人道誰爲大？孔子愀然作色而對曰：君之及此言也，百姓之德也，固臣敢無辭而對。人道政爲大。公曰敢問：何謂爲政？孔子對曰：政者正也，君爲正，則百姓從政矣。君之所爲，百姓之所從也，君所不爲，百姓何從。公曰：敢問爲政如之何？孔子對曰：夫婦別，父子親，君臣嚴，三者正，則庶物從之矣。公曰：寡人雖無似也，願聞所以行三言之道，可得聞乎？孔子對曰：古之爲政，愛人爲大，所以治愛人，禮爲大，所以治禮，敬爲大。愛與敬，其政之本歟」。（注五）於茲可明，孔子所見之道，最終體現於德，而且有見於無至德則不能載至道，使道與德二者之關係渾然一體。

在孔、老之前，有管子之論道，其言曰：「虚無無形之謂道」「凡道，無根無莖，無葉無榮，萬物以生，萬物以成，命之曰道。」（注六）此論道之見，適與孔、老無異。

在孔、老之後，有韓非之論道，「道者，萬物之所以然也，萬理之所稽也」，「道者，萬物之所成也，故曰道，理之者也。」（注七）其見與孔、老亦無異也，唯其將道與理並列，更近於儒之窮理盡性之大義也。

繼老子之説，有莊子之論道，其見閎博，其言奔肆，論之所至，激揚動人。如云：「道，覆載萬物者也」；「已而不知其然曰道」；「道，理也；德，和也」；「夫道，有情有信，無爲無形，可傳而不可受，可得而不可見；自本自根，未有天地，自古以固存；神鬼神帝，生天生地；在太極之先而不爲高，在六極之下而不爲深，先天地生而不爲久，長於上古而不爲老」；「何謂道？有天道，有人道；無爲而尊者，天道也；有爲而累者，人道也；天道之與人道也，相去遠矣，不可不察也」。莊子在此所言天道與人道相去遠矣之見，及其所言有爲而累者人道也，其實質同孔子所言之人道政爲大，乃互爲表裏之論也；莊子所見累者，是人道之表也，孔子所見之政者，以及爲政以愛敬爲本，是人道之裏也；出於天道而又體現和完善天道也，使天道和人道之間差異之跡無從尋覓也。於茲可知，儒家所見之人道中之人之意識，既合於人道，又順於天道。孔子所言之「立人之道曰仁與義」者，誠萬古不滅之大義也。本於仁義而行，何累之有？莊子之所慮者是人欲之患也，而不識仁義之化具有自覺節制之效也。然莊子論道之見尚有值得引述者，其言曰：「東郭子問於莊子曰：所謂道，惡乎在？莊子曰：無所不在。東郭子曰：期而後可。莊子曰：在螻蟻。曰：何其下邪？曰：在稊稗。曰：何其愈下邪？曰：在瓦甓。曰：何其愈甚也？曰：在屎溺。東郭子不應。」此對話，將道之無所不在，說得通俗透澈。但莊子更以對話的方式指明，道雖無所不在，但不可名狀，其有言曰：「泰清問乎無窮曰：子知道乎？無窮曰：吾不知。又問乎無爲，無爲曰：吾知道。曰：子之知道，亦有數乎？曰：有。曰：其數若何？無爲曰：吾知道之可以貴，可以賤，可以約，可以散，此吾所以知道之數也。泰清以之言也問乎無始曰：若是，則無窮之弗知與無爲之知，孰是而孰非乎？無始曰：不知深矣，知之淺矣；弗知內矣，知之外矣。於是乎泰清仰而嘆曰：弗知乃知乎？知乃不知乎？孰知不知之知？無始曰：道不可聞，聞而非道也，道不可見，見而非也，道不可言，言而非也。知形形之不形乎？道不可名。」（注八）此處發人深思者，是對話中之幾個假設之名字，泰清代表有形之物也，無窮代表此道之無窮也，無爲代表道家之主旨也，無始代表道家元之又元之元也。泰清先問無窮，次問無爲，最後質疑於無始。可知無始乃最高者，其所指明之，不知者深，知之者淺，知之者外，不知者內，悉爲道家立論之根基也。由此而推之，則除泰清之外，其餘三個名字，可排列成如次之順序：無始－無窮－無爲，此適道家立論基礎——道之內涵。於此可見，莊子將老子對道之見解形象化具體化了，將無爲之理論根底表述得透澈無遺了。

列子之論道，旨趣源於老莊，然有其獨到之見，其言有曰：「無所由而常生者，道也；有所由而常死者，亦道也。不生者，能生生，不化者，能化化；故常生常化。陰陽爾，四時爾，其際不可終。有太易，有太初，有太始，有太素。太易者，未見氣也；太初者，氣之始也；太始者，形之始也；太素者，質之始也。故天地之道，非陰則陽；聖人之教，非仁則義；萬物之宜，非柔則剛，此皆隨所宜而不能出所位者也。物自違道，道不違物，善若道者，亦不用耳，亦不用目，亦不用力，亦不用心，惟默而得之而性成之者得之；知而忘情，能而不爲，真知真能也。」（注九）

前漢，又有《淮南子》之論道，其言細入，其見廣袤，漢高誘譽之曰：「學者不論淮南，則不知大道之深也。」（注十）可知《淮南子》之論道之工矣。茲引其要者而觀之：「夫大道覆天載地，稟授無形，舒之幎於六合，卷之不盈一握，橫四維而含陰陽，紘宇宙而章三光。道者，一立而萬物生矣，是故一之理，其全也，純兮若樸，其散也，混兮若濁。萬物之總，皆閱一孔；百事之根，皆出一門。夫形者，生之舍也，氣者，生之充也，神者，生之制也，一失位，則三者傷矣。」「天下者，亦吾有也，吾亦天下之有也，天下之與我，豈有間哉？！吾所謂有天下者，自得而已，自得，則天下亦得我矣。所謂自得者，全其身者也，全其身，則與道爲一矣。夫得道已定，而不待萬物之推移也。吾所謂得者，性命之情處其所安也。夫性命者，與形俱出其宗，形備而性命成，性命成而好憎生矣。」（注十一）觀其所論，實雜之以儒家之見也，但終歸於道家之論矣。

晉有葛洪著《抱朴子》，雖自云：「洪忝爲儒者之末。」然其論道之見，自歸屬於道家，「道者，涵乾括坤，其本無名，道也者，所以陶治百氏，範鑄二儀，胎胞萬類，醞釀彝倫者也。道者，儒之本也，儒者，道之末也。道者，萬殊之源也；儒者，大淳之流也。三皇以往，道治也，帝王以來，儒教也。儒者，博而寡要，勞而少功；墨者，儉而難遵，不可偏修；法者，嚴而少恩，傷破仁義；唯道家之教，使人精神端一，動合無形，包儒墨之善，總名法之要，與時遷移，應物變化，指約而易明，事少而功多，務在全大宗之樸，守真正之源者也。凡言道者，上自二儀，下逮萬物，莫不由之，但黃老執其本，儒墨治其末耳。」（注十二）據其所論，亦雜有儒家之見，但其言之大旨所趨，則道家之意也。下列其言，更足以證明葛洪論道之旨歸矣。「夫道者，其爲也，善自修以成務，其居也，善取人所不爭，其治也，善絕禍於未起，此所謂百家之尊長，仁義之祖宗也。修儒墨而毀道家，何異子孫而罵詈祖考哉！是不識其所自來，已甚矣。」（注十三）葛氏之出此言也，亦已甚矣，然其不自識者何哉？以其未能真正通曉儒道兩家論道之立足點，本同根同源，而儒道學說之孕育滋長，實中華思想之一胎兩子也。其評論儒道之言，曰「道者儒之本也，儒者道之末也」，實有未當。其所見之道者儒之本，不過是道者之往上走，追求歸真返樸，適如儒家之君子上達之意也；其所見儒者道之末也，實乃儒者實踐大道之鴻圖，以道濟天下之偉大氣魄，開物成務，窮理盡性，曲成萬物，盡人性盡物性，贊天地之化育，使儒道同源之大道，生機活潑，鳶飛魚躍，而無孤寂體道、生計枯竭之病。此種弘道精神，正是道之本身所蘊之者，正是識其所自來而力揚之也，正是子孫繼祖考之志而光大之也，何云末哉？何云子孫而罵詈祖考哉？爲使後人明吾此意，茲將儒道兩家同道同源與夫上行下達之異，圖示如左，則儒道兩家之異同與夫葛之評論當否，便一目瞭然矣。

道

道家—（無—有—元）—自然（有物混成）—物性—人（性、心、德）—教（我、真）—政（無為）—歸真返璞

儒家（無—有—太極）—自然（乾坤運轉）—物（性）—人（性、心、德）—教（内聖外王）—政（民、義、利）—世界大同

從右圖可知，儒道兩家之道，蓋同根同本同元同源也，而且上行下達，構成一個完整之哲學體系，有志於研究中華哲學思想發展之源流者，當主義探尋儒道兩家，在新的歷史條件下，開闢未來發展之共同途徑，以光大中華文化之精粹，使融入於人類心性之中，創作出新之貢獻也。

儒家之論道，除前所陳述之孔子之見外，尚有孟子以下諸家，茲分别論之。

孟子之一生，以弘揚孔子之道爲職志，故其言虚之者少而實之者多，此可視爲孟子論道和孟學之一大特點，其所以爲後人尊之爲亞聖者亦在此也。孟子論道，主要闡明了性善論，從此確立了人性善之理論，後來朱熹稱此有安社稷之功。「君子所性，仁義禮智根於心」，此乃孟子論道之總綱也。由此而見人之四心也，由此而明仁義之處身立國之要義也，由此而知義利之取舍也。孟子見梁惠王曰：「王何必曰利，亦有仁義而已矣。」並指出「上下交征利，而國危矣」之大患。通《孟子》一書，貫穿仁義精神，實《周易·説卦》中之立人之道曰仁與義之理

論體現也。故孟子有言：「由仁義行，非行仁義也」；「窮不失義，達不離道」；「君子深造以道，欲其自得之也」；既自得之矣，則「天下有道，以道殉身，天下無道，以身殉道，未聞以道殉乎人者也」。此道、此仁義，體之於爲政，則「君仁莫不仁，君義莫不義」，而且進一步言之，則「仁言不如仁聲之入人深也，善政不如善教之得民也；善政民畏之，善教民愛之；善政得民財，善教得民心」。可知教之爲道，在孟子言之，即「由仁義行」也，仁義自行者，乃因教之導之、育之誘之而行之也，非仁義自行也，乃以仁義之道覺斯民而大行於天下也，故孟子有言：「天之生此民也，使先知覺後知，使先覺覺後覺；予天民之先覺者也，予將以斯道覺斯民也，非予覺之而誰也。」可見孟子社會責任心之強，以天下爲己任之切也。其答公都子之言「予豈好辯哉，予不得已也」；「世衰道微，邪說暴行有作」；「楊墨之道不息，孔子之道不著，是邪說誣民，充塞仁義也；仁義充塞則率獸食人，吾爲此懼」。（注十四）更足以見其赤子之心矣。

荀卿之論道，有益於孟子，他既重天道，更重人智。他認爲，「天有常道，……天行有常，不爲堯存，不爲桀亡。應之以治則吉，應之以亂則兇。強本而節用，則天不能貧；養備而動時，則天不能病；修道而不貳，則天不能禍。」他力主「大天而思之，孰與物畜而制之；從天而頌之，孰與製天命而用之；望時而待之，孰與應時而使之；因物而多之，孰與馳能而化之；思物而物之，孰與理物而勿失之也。願於物之所以生，孰與有物之所以成；故錯人而思天，則失萬物之情」。他更指明：「道者，非天之道，非地之道；人之所以道也，君子之所道也。」（注十五）於兹可明，荀子之見極重人道，極重人之主觀能動行之發揮，是乃儒家論道獨樹一幟者，實可貴也。唯其所當審慎者，一不宜離天道以論人道，二是主觀能動性之發揮必須符合於道，不使生過與不及之病。

唐有韓愈專論《原道》，其言曰：「博愛之謂仁，行而宜之之謂義，由是而之焉之謂道，足乎己無待於外之謂德。」此意甚善，其所言之道符合原道之意；但於此文中對老子之批評，實有欠周密處，如云「其所謂道，非吾所謂道也」，則不免有所偏激，其實韓所見之「由是而之焉之謂道，適與老子之「道法自然」相類。細思儒道兩家之異，不在於對道之理解有何歧見，而在於在同一之道、同一之起點上，道家往上走論，而儒家既往下走，亦往上求。故道家非儒家所見之仁義者，非如韓愈所云小之也，是乃無視仁義也。然韓氏此文，對北宋儒學之復興確起了先導作用，故而在學術上享有「文起八代之衰，道濟古今之溺」之盛譽，亦足以當之矣。

北宋儒學復興之開山祖師周濂溪之論道，實質是將儒道兩家關於道之基本觀點融合爲一。如其所著《太極圖説》中之第一句話「無極而太極」，就是儒道兩家觀點之融合，太極是儒家觀點，而無極則是道家觀點，即《道德經》中所云「萬物生於有，有生於無」；無極而太極之意，正是指明由無而之有的發展過程。《太極圖説》中往下的全文，俱在闡由無而之有、在有的範疇和過程中之變化情況。此變化之觀點基本是儒家的，故北宋之儒學復興，主要乃儒家哲學之復興，因其所窮究者道也，故曰道學。

周濂溪弟子程顥之論道，則首見萬物之生機，一個仁字，在他眼里看得生機勃勃，其言曰：「觀天地生物氣象，不靜觀不知萬物之理；萬物之生意最可觀，此元者善之長也，斯所謂仁。萬物之生意始於元，元即仁。天地萬物之理，無獨必有對，皆自然而然，非有安排也。每中夜以思，不知手之舞之，足之蹈之也。」（注十六）他還著有《識仁篇》專以闡明天地大道與夫一己之修養同爲一體之理論，不愧爲程朱學派之泰斗。

朱熹之論道，則綱目條理分得精細，如道與理、理與氣、氣與形、形與性、性與情、情與心、心與理，無不貫通於一體。對於道與理，他認爲「道是統名，理是細目。道字包得大，理是道字里面許多理脈。道字宏大，理字精密」，「太極只是一個理字」。如論理與氣則曰：

「有是理便有是氣，但有此氣，則理便在其中。若論本原，即有理然後有氣，若論稟賦，則有是氣，而後理隨而具。天地之間，有理有氣。理也者，形而上之道也，生物之本也。氣也者，形而下之器也，生物之具也。是以人物之生，必稟此理，然後有性，必稟此氣，然後有形。其性其形，雖不外乎一身，然其道器之間，分際甚明，不可亂也。」（注十七）其他不俱論了，於此可見朱熹正確發揮了儒家哲學思想，具有創見，不愧爲儒學復興運動之集大成者，不愧爲承先啟後之大師。

綜合儒道之見，可以明其異同之所在矣。其立足點爲道，此乃同者也。但對道之理解，儒家只見其有，道家則見其無，此乃同中之異也。但不管從無而到有，或僅着眼於有之中，其變化發展，均出於自然而然，其間絕無外因之影響，此則爲同中之同也。但變化之形式，儒曰陰陽，道曰動靜，似有差異，此乃大同而小異也。其次，儒道兩家對人之理解、對人性之理解，儒家主人性善，道家曰人性樸，二者接近，可謂小同。但儒家主張在人之社會生活中，通過致知格物、修齊治平，以完善自我（大我和小我），而道家則趨向脫離社會生活，通過致虛寂守靜篤，以求歸真返璞，此實小同而大異也。有見於上述之異同，故余欲以左圖示之，以清耳目。

真樸←㊣道←道→㊣儒→社會

右圖之意在於説明儒道兩家都從道出發，儒家往下走，面向社會生活，致力於解決社會問題；道家往上走，追求真樸，表面視之，似有脱離現實之病，無可取者，實則並非盡然，道家所守，不爲物欲所役，返歸自然，在任何時代，或對生活在任何國度的人，都是有益的，而且是人們所可接受的。因此應當發揚儒道兩家之共同點，而且在理論上尋求兩家之結合與互補，期以有益於人類。

（二）德

德之涵義，儒道之見，各有其歧，然其要者，不外二焉：一德是道之體現，是自然而然地體現；二德是依據於道而爲之之修養工夫，實有得於心者。大抵道家崇尚自然，儒者則注重修養；但兩者之間並非截然如此，道家重視修養之功，其拘泥刻板之態，在理論上遠不如儒家靈活適情。反之，儒家亦並非不崇尚自然，而是在自然之道理上更克盡人事而已。兹分别論之。

孔子在《周易·繫辭》中寫道：「天地之大德曰生。」可見在其視野里，德是自然的表現，是自然而然之表現，據此而論，人之德，乃是人之自然表現，乃是人性之自然表現，人情之自然表現，人心之自然表現也。因而孔子在此《繫辭》中更感慨地説：「作易者，其有憂患乎？」並舉出履、謙、復、恆、損、益、困、井、巽九卦之義，來説明德之基、柄、本、固、修、裕、辨、地、制之九種不同内涵。（注十八）若具體研究之，「復，德之本也」，查閱《復卦》，則見有「反復其道，天行也，復見其天地之心乎，不遠之復，以修身也，中行獨復，以從道也」。（注十九）卦意所言，道爲德之本明矣。老子之《道德經》亦本此意而發揮之者，其上篇爲《道經》，下篇爲《德經》，自成一體也，以示德由道而生之意也，孔子所見之者亦此意也。

《尚書》中之《虞書》記載，皋陶封禹所述之九德之言，既包涵人之自然之德，更包涵人之修養而致之德。皋陶曰：「亦行有九德：寬而栗，柔而立，愿而恭，亂而敬，擾而毅，直而溫，簡而廉，剛而塞，強而義。」（注二十）寬者，性寬宏也；栗者，莊嚴也；柔者，和也；立者，立事也；愿，謹善也；恭者，恪守也；亂者，治也；敬者，慎也；擾者，順也，馴也；毅者，果敢堅韌也；直者，正直也；溫者，和悅也；簡者，寬大率略也；廉者，廉隅也；剛者，志強不屈也；塞者，充實也；強者，無所屈撓也；義者，物之所宜也。細味此釋義，則可明寬、柔、直、簡、剛、強諸品德，多出於人性之稟賦；而栗、立、恭、敬、毅、溫、廉、塞、義等之表現，則主要由致力修養所得之者也。

又如「大學之道，在明明德」，明德者，乃天性之所稟也，人人所具有之者也。明之者，乃修養之功也。明德而益之以修養之功，則德愈明矣。故《大學》所論之格物致知、正心、誠意、修身、齊家、治國、平天下，實乃一整套修養之功，先有其內，而後弘其外。故可知儒家之論德，實包涵天賦與修養二者之統一；崇尚自然，但更需假以修養之功，不斷完善之，是乃爲儒家所言之德也。《中庸》所云「尊德性而道問學」者，即包涵人所稟有之美德與修養之功之統一也。還有，如《中庸》所言「小德川流，大德敦化」，既言自然之德淳樸活潑，又言修養之德影響深遠，而且更含有激勵人們潛心修養以成大德之深意也。下列之言，就描繪了此修養之功效：「君子之道，淡而不厭，簡而文，溫而理，知遠之近，知風之自，知微之顯，可與入德矣。」（注二一）此乃對德之最高要求，不僅要尊道而行以見德，更要本德而思、默察天道人道之歸、深諳人情事理之勢、預見其發展之幾以見智，此智乃知與德之最完美之結合，惜今之人識此鮮矣，然亦待於先覺者之覺之也。

此外，儒家尚有他人論德者，亦不外乎崇尚自然和注重修養之功之見，如賈誼之《道德論》有言：「德者，離無而之有。」此崇尚自然之論也。韓愈之論德曰「足乎己而無待於外之謂德」，是言修養工夫之必深也。

下面再論道家對德之見。

老子在《道德經》下篇首章云：「上德不德，是以有德；下德不失德，是以無德。上德無爲，而無以爲，下德爲之，而有以爲。」這四句話，包含着兩層意義：上德是自然之德，體道而無修之德，下德是有爲之德，是修飾了之德，此其一也。上德爲有德，真誠之德，下德爲無德，虛妄之德，此其二也。換言之，老子視自然之德爲有德，此見與孔子「天地之大德曰生」之見，通而同也。然而老子之視下德爲無德之見，實肇儒道兩家之歧，故其有「失道而後德，失德而後仁，失仁而後義，失義而後禮」，以及「絕仁棄義」之言；然細作推敲，老子此下德無德之見，實有違老子自己之由道而德、由德而行、由行而歸於道之自然發展邏輯。再就老子「爲道日損」之意細作分析，亦可見老子理論上之疏漏。何以言之？蓋道者，自然也，自然之理也，何爲之有？爲之者，主觀意志之表現也，此老子自陷於自立之邏輯矛盾者一也。曰損者，非自然損之者也，亦主觀意志有以損之也，此老子自陷邏輯矛盾者二也。余在此雖指其疏漏，然老子道德一體之見是順理成章的，在《道德經》之五十一章中闡述最爲明確：「道生之，德畜之，物形之，勢成之；是以萬物莫不尊道而貴德。道之尊，德之貴，夫莫之命而常自然。故道生之，德畜之，長之育之，亭之毒之，養之覆之。生而不有，爲而不恃，長而不宰，是謂元德。」元德者，自然之德也，德之根也本也，德之所自出者也。仁義禮智者，老子視之爲爲之而出之者也，孟子則論證爲根於人心者也，亦從道而出之也；此儒道之大異，爭論之中心問題也。

莊子之論德，其言曰：「通於天地者，德也；行於萬物者，道也。」又曰：「形非道不生，生非德不明。存形窮生，立德明道，非王德者邪？」（注二三）此處王德之王應理解爲至高至上和出於自然之意，是則其論與老子同之也。故莊子又有「性修反德，德至同於初」和「小識傷德，小行傷道」之見，其義與老子「上德有德，下德無德」之見，如出一轍也。

至此，對儒道兩家關於道德二者之含義及其關係之論述已粗具輪廓了；於是可見儒道之異同，於此亦可知；即其異者，也不應視爲對立之見，不可調和之者；或視爲向相反方向發展之物，愈走愈遠；從本原上言之，不是這樣，儒道兩家之源流，用得着四句話來概括，即對立統一，殊途同歸，下學而上達，道並行而不相悖。而且應更進一步，在儒道二者之理論研究上，更着力於其所以異者，力求其異中之同，以期更有益於教化。在我國學術發展史上有是儒非道之偏，應予日漸正之，以使爲中華民族思想在人類文化中，更顯現其光輝，在未來的新的世紀中，更顯現其博大精深的融合力，此力深蘊於我中華哲理之中，是永不涸竭的，此乃爲中華民族潛力之所在，西哲有云我中華民族神祕者，即此也。願學者留意焉。

二、修養之目的

修養之目的，在前述道德本義中已略涉及，儒道兩家之見截然相反。儒家順着人類起源和發展之規律，在世俗的社會生活中繼續前進，在前進的途程中，不斷完善其個體和羣體，以推動人類向更美好、更理想之境界前進。在此過程中，自然充滿着善與惡的搏鬥，真與僞的論辨，美與醜的鑑別。道家，一方面向前看，有見於人欲之私，與夫道德之濁；一方面回首向後，又有見於人性之樸，與夫天道之遠，故選取後者，於此可見，在修養之目的上，儒道兩家持截然相反之態度，此就形式上觀之，確然無疑。但就實質而論，道家之所見「爲道日損」，其所損者，物欲也，與儒家之所行「修、齊、治、平」者，亦必須損物欲（或曰寡欲，或曰懲忿窒欲），乃殊途而同歸也。不僅此也，如道家之往上走一樣，儒家之「君子上達」，其趨向與道家者同，唯其旨趣有別耳。

具體言之，儒家修養之最高鵠的是窮理盡性，是則欲窮天理必盡人性，而且必須兼及物性，《中庸》一書發明此意甚爲深切詳備，其開宗明義第一句話就説：「天命之謂性，率性之謂道，修道之謂教。」又言：「自誠明謂之性，自明誠謂之教。」於此可見，命-性-道-教之順序，其理論邏輯應是道-命-性-教，此乃爲儒家修養之出發點，最終則是通過教而窮理而盡性而知命而明道，而上通下達。而在《大學》一書中則可見到對此修養過程之富於理性之理論闡發。在此過程之中心環節-格物致知-中，知字之内涵是道，而物之内涵是本體，由本體而識道，又由道而見本體，此乃是知之最深根源，此點，雖在朱熹編定《四書》、對《大學》注釋時亦未見及。他只作了這樣的注釋：「致，推及也。知，猶識也。推極吾之知識，欲其所知無不盡也。格，致也。物，猶事也。窮至事物之理，欲其極處無不到也。」

由此可知，必須把知之内涵置於萬物本體之上，始可更透澈地明道，始可真正窮理盡性。而由這樣的知所產生之意志（誠意、正心），由此意志而產生之行爲（修身、齊家），由此行爲而表現之事功（治國、平天下），始可更爲自覺地、更爲理想地符合儒學窮理盡性之本義；不如此理解，就有使儒學庸俗化之虞。由此可以對儒學之修養理論獲得一個正確而清新之理解，即儒家之修養乃是大道之弘揚，人性之舒展，物性之和協，道德之發揮。世人多視道德修養有束縛個性之論者，乃無知，特别對儒家無知之表現也。推進一步言之，實爲私欲和偏見所蔽也；令一己之良知爲物欲所役，不識自明之道，不明自明之德，怠作修養之工，而唯囂囂然附和庸俗之見，悲夫！

《中庸》還有兩處指明此修養之目的，一曰「君子之道闇然而日彰」，二曰「君子尊德性而道問學，致廣大而盡精微，極高明而道中庸」。於此可明，前述格物致知之工，旨在於使闇然之道，日益彰明，以達於真正尊德性，始可煥發內在之道問學之渴望，問者，內心之衝動，驅之以事外求也，學者，竭力以致之也。此致之工，必貫徹於廣大和精微之中，有廣大始有精微，先廣大而後精微；廣大者，無所不包容，無所不涵蓋也，有此氣度、有此識見，則始知道之大、人之尊、性之善、德之淳，始明於經世致用中，盡其精微，善其法度，正其人倫，純其學風，彰其教化，以有善於治平之業，有利於人心人情之舒展，有益於人之善性之發揚，以極於贊天地之化育，此種認識和實踐境界，唯至誠者能至之也，此大道之儒之風範也，論儒家修養者必肆力以闡明之者也。

道家修養之目的，專旨於歸真返樸，其修養之工雖亦有足爲世人所法者，然其有離社會生活、有悖人性之病，不具論矣。

三、修養之内容

修養之内容，擬就下列三個主要問題：意志和氣節、人格和情懷、公德和私德，分别論述。

（一）意志和氣節

意志爲人生之根基，氣節則爲人生之脊樑，人無志不立，此人生之第一大事也。人如無志，則學問不講，德行不修，事功不立，思想不著，故志者，人生之本也，前進方向也，奮鬥之動力也。人生活於羣體之中，處事待人，必有所本，利害是非、禍福榮辱之際，必有趨舍，此乃人性之稟，道德之要，若無氣節，則必搖擺，故知氣節者，乃人生之脊樑也。此實爲人心人性之表現，人之精神所在，中華民族之文化光輝，賴有此精神而永不褪色也。

自孔孟以後，立志之言，見於經傳者，不知凡幾。即以《論語》而論，孔子之專言立志者，就有六處，而兼有立志和氣節之言，則更多了。孔子自云「吾十有五而志於學」，此言很符合青少年之認識和思維發展之規律，確定志向，明立奮進目標。對孔子而言，此方向就是識道。所以他説：「士志於道，而恥惡衣惡食者，未足與議也。」孔子於此所言之道，乃前已所論述之儒家所見之道也，孔子自極爲重視，而終身以求之也，故有「朝聞道，夕死可矣」之感慨。孔子還常與弟子論立志，如「顏淵季路侍，子曰盍各言爾志，子路曰願車馬衣輕裘與朋友共，敝之而無憾。顏淵曰願無伐善，無施勞。子路曰願聞子之志。子曰老者安之，朋友信之，少者懷之」，其氣氛隨和活躍，足見師生感情融洽。孔子之教弟子志於道，其思想既嚴肅又開放，如「志於道，據於德，依於仁，遊於藝」，把道德仁義統一起來，視德藝爲一體，實今日職業道德之深厚之理論基礎也。

孟子對志氣獨有一番深刻論述，「夫志，氣之帥也；氣，體之充也。夫志至焉，氣次焉，故曰持其志，無暴其氣。」孟子又將此氣擴而充之，發揮成浩然正氣，曰「我善養吾浩然之氣」，「其爲氣也，至大至剛，塞於天地之間，其爲氣也，配義與道，無是餒也，是集義所生者」，於此可知孟子所見之高遠，氣魄之雄渾。故他力主從艱難困苦中磨勵意志，「天之將降大任於是人也，必先苦其心志，勞其筋骨，餓其體膚，空乏其身，行拂亂其所爲，所以動心忍性，增益其所不能。」（注二三）孟子此浩然之氣和勵志之教，二千餘年以降，對士林之影響極深，包括對科學家之影響，如現在物理學家楊振寧於一九九三年春季在新加坡一次講話中還回憶起青年時期在昆明西南聯大附中讀《孟子》對這段話（苦其心志）所受之教益。

歷代學者，立志之論多矣，我所見者中，其最著者，有朱熹和王陽明之論。朱熹之論曰：

「學者必以立志爲本」，「書不記，熟讀可記，義不精，細思可精，唯有志不立，直是無着力處。」（注二四）王陽明對其子弟立志之教，更是深刻而懇切：「夫學莫先於立志，志之不立，猶不種其根而徒事培壅灌溉，勞苦無成矣。夫志，氣之帥也，人之命也，木之根也，水之源也。源不浚則流息，根不植則木枯，命不續則人死，志不立則氣昏。是以君子之學，無時無處而不以立志爲事。……或怠心生，責此志即不怠；忽心生，責此志即不忽；……貪心生，責此志即不貪；傲心生，責此志即不傲；……蓋終生學問之功，只是立得志而已。」（注二五）

所謂立志，非徒託空言，形諸於口也，必有所趨止，見之於行也。前述孔子之言，「志於道，據於德，依於仁，遊於藝」，此大致指趨也；朱王之言，志於學也，見於行也，乃具體作爲也。作爲之內涵雖可不盡相同，然士之所事者，不外以天下爲己任，此《中庸》所示成己成物之意也；《大學》之教，修齊治平之事也。孔子所言「志於」者，其義有二焉：就其上者言之，是明天道地道人道也；就其下者言之是行天道地道人道也，此經世致用、修齊治平之功也。然就儒學之根本大旨而論，實乃一生機活潑之仁而已矣。一部《論語》可以說是一部主要論仁之學，也可說是一部如何行仁之學，歷史上有人云「半部論語治天下」者，是指施仁政也。苟施仁政，則君仁吏仁民仁，上下通仁，天下不治而治矣。有問孔子之思想核心是仁乎？

是禮乎？余曰仁也。持孔子之思想核心爲禮之見者，是見其表而未明其裏也，乃淺見也；不明「一陰一陽之謂道」之大義，不明「繼之者善，成之者性」，不明「立人之道曰仁與義」之至意也。

志之所向，行之所趨，固在於體道也，行仁也，此理想至善，然實非易事也；自古迄今，聖賢之徒，仁人志士，一直在同邪僞奸佞，苦鬥拼搏，雖從歷史進程之整體觀之，最終必然忠貞戰勝奸佞，正直鎮懾邪惡，然歷史每前進一步，不知要經歷多少挫折、危難，付出多少血淚、犧牲。正是在此苦鬥拼搏中顯現出正人君子之正氣，英雄豪傑之本色。此種正氣本色，乃歷長期體道之功、磨勵涵養而得之者也。此乃我中華民族精神之剛毅所在，賴有此剛毅，使歷代民族氣節，動天地、泣鬼神；個人清操，撼人心、厲冰雪，使我中華民族雄風長存，正氣彌張。

此種氣節上之磨礪涵養，要而言之，其内涵有三：一是表現於個人生活方面者，即人生觀；二是表現於政治態度方面者，即社會政治觀；三是表現於人類世界方面者，即世界觀。屬於人生態度方面者，主要是明物我，辨理欲，正義利，堅持清廉自守，清心寡慾，安貧樂道，獨善其身，孤節自勵。屬於政治態度方面者，主要是辨是非，分邪正，明利害，堅持貧賤不移，富貴不淫，威武不屈，道義不虧，德行無傷。屬於人類世界方面者，主要是講平等，施仁愛，行大道，明大公，求大同，堅持四海之内皆兄弟，民吾同胞，和平相處，風雨同舟，共贊化育，同體大道，同樂大同。在此三方面，識見深邃、氣節如虹、光照日月、垂範後世者，如明初之方孝孺，不懾朱棣之淫威，拒爲起草登極詔書，不計身家九族性命，此士林之所仰慕感佩者；如南宋之文天祥，兵敗被拏，囚之燕京，利誘不屈，大義凜然，並作正氣歌以明志，至今令人讀之，無有不肝膽雄壯、胸懷激烈、膜拜不已者，此民族氣節之最厲而影響最爲深遠者也。

（二）人格和情懷

人格者，乃人之品格和品位也；此種品格和品位，則視其知識和氣度、道德修養之高下而定，非富貴之所可期及之者也。考之歷史、察之現實，因其明理義、通人性、察於天人之辨，鑑於正邪之微，有人格高超而脱於流俗者，即在庶民之中，因其樸實勤儉，深知人生之艱，力戒損人利己之行，唯知以助人爲樂，雖無令譽傳於鄉里，卻有嘉德澤於人心，其人品於質樸中見高超，實有可垂範於人世者也。然此兩類人之品位，雖不見之於經傳，卻合之於大道，通之於人心人性、人德人情，故其遺風流韵默默地有益於教化人心，自然成爲世間美談。於此可見，論人品之高下，唯在其實際行爲，不問其社會地位之尊卑；事實上，尊者不盡稱賢，不一定有德；相反，卑者倒是質樸見德，卑下見志，此乃真純無飾之人格也，人人易學易爲之者也。

在人格修養上，最難爲之者，乃「不淫、不移、不屈」也。一有淫、移、屈而浸之，則人性曲矣，人格傷矣，故語人格者，不可不及此意也。

欲求人格修養之完善，必有情懷之超逸坦蕩以潤滋之。孔子之言：「君子坦蕩蕩」，乃人格涵養之素工也。欲情懷之坦蕩，非訴之空言可致也，必有宇宙觀、社會政治觀以及人生觀之通達統一，瞭然於天人之微，灼然於義利之辨，篤然於言行之實，敏然於思過之勤，力然於自强之勵，始可豁然自奮，怡然自得，而無纖芥之礙，則心物一體，情義合一，無往而不適矣。具體言之，必須聞過則喜，見利不虧其義，博學而不窮，篤行而不怠，自强而不息。

（三）公德和私德

前述之修養，乃涵蓄之於内者，德行則形諸於外者，猶道與德亦有内外也。此亦相對而言，不可截然而視也。是則德和行，亦可視爲有其内和外也，其意謂有其内必形諸外，有其德必見諸行；同樣，觀其外必可窺其内，見其行必可知其德，於此可明敬學、致知、明道、修德、躬行，蓋一系列之工夫，其内外關係，亦處於自然之系列也。

公德者，主要表現於公共事務之德行也，非謂僅限於公共場合所表現者爲然也；私德者，主要表現於個人立身處事之德行也，然非僅限於此也，公德之表現，無處不以私德爲其内涵也，故知私德者乃公德之根也基也，公德者乃私德之表現也，故不可孤立以言公德或私德，言私德時必有鑑於公德，言公德時必有窺於私德，故對於公德和私德二者，必須作統一觀，不可偏言之也，蓋其德爲一也，其修養之功亦一也。故余於此先論私德之修養。

考察人之認識自然、社會、自我、道德諸種關係之秩序，總是由近及遠、由表及底、近取諸身、遠取諸物，故余以爲私德之修養，實可視之以孝爲始，以孝爲本。《孝經》記述了一段孔子和曾子的對話，生動地闡明了私德修養之根和源，子曰：先王有至德要道，以順天下，民用和睦，上下無怨，汝知之乎？曾子避席曰：參不敏，何足以知之。子曰：夫孝，德之本也，教之所由生也。夫孝，始於事親，中於事君，終於立身。《孝經》中還記載有曾子向孔子之發問。曾子曰：敢問聖人之大德無以加於孝乎？子曰：天地之性，人爲貴，人之行，莫大於孝。子曰：教民親愛，莫善於孝；教民禮順，莫善於悌；移風易俗，莫善於樂；安上治民，莫善於禮。（注二六）於茲可明，孝者，萬德之本也，更是教之所由生也。《論語》亦有言：孝悌也者，其爲人之本歟。實亦言此根基也。

孝德之所以成爲萬德之本者，以其人之從嬰幼至成年，生活於充滿情愛之家庭中，自然感受愛親敬長之熏陶，培養起了孝悌之美德和慈幼敬長之意識，經歷致知篤行之修養就會逐漸轉化成爲高尚之情操，擴而充之，必然表現爲愛國愛民之偉大情操。考之中華歷史，一切愛國愛民之忠臣將帥，以至於平民之思想美德，未有不經歷此修養過程者，在家爲孝子，在國爲忠臣，幾乎視爲定論。

在私德修養上，誠之爲德，亦爲根本，周濂溪有言：「誠者，聖之本也」，「聖，誠而已矣」，「誠，五常之本，百行之原也」。（注二七）《中庸》之論誠，至精至備矣，前雖有所引述，此處欲更引申之者，是其「誠者物之終始，不誠無物，成己誠物」之義，乃私德修養中所不可或缺之者也。無比誠德，或不明不誠無物之至義，不辨成己成物之關係，則雖志在修德，而終未可入德矣。故歷代教育家，多視誠爲修德之本、立德之基。朱熹論之曰：「誠是天理之實然，更無纖毫作爲」，「一則誠，雜則僞，只是一個心，便是誠，才有兩個心，便是自欺」，「若自始至終，皆誠心，則徹頭徹尾皆爲虛僞，又豈復有物之可言哉」。（注二八）近代教育家、南開大學校張伯苓之論誠，更爲懇切而動人，他說：「我們希望於諸位牢記而守之終身焉者無他，『誠』之一字而已。權術可以欺一時一世，而不能欺世界至萬世。不誠者，未有能久而不敗也。用權而偶濟，用誠豈不所濟更大更遠。中國近來最大患，即事事好用手段，用手段爲行權術也。權術遍大地，中原人格墮。不誠之弊極，足以亡國滅種。是故『誠』之一字，爲一切道德事業之本源」。（注二九）中華士林明此道者多矣，行此道者亦多矣，中華庶民，特別是農民，其所言所行，本於誠心誠意者更多矣，賴有他們保持此誠，使正氣不墮。正氣長存人間，這就是歷史，這就是現實，余所理解者就是如此，私德之於此豈可薄之哉。

與誠相伴之美德，爲「已所不欲勿施於人，已欲立而立人，已欲達而達人」之謙卑胸懷。對此，老子之卑退與孔子之謙讓是一致的，然亦有異焉者，老之卑退爲保真也，孔之謙讓爲修身也，然而，俱向自己之主觀而求之者也。

向自己的主觀而求之者，乃反思而致之也，行有不得，反求諸己，日行三省，「不遠復」（注三十）者是也。此種自覺思過、日戒己非、尋求主客統一之思想，既符合認識規律，更是自我完善之正道。若無此反思，責己日新之思想，則必自作禁錮，無以自廣。而且人生活於羣體實踐之中，俯仰進退，人際事間，蛛網牽連，因緣紛繁，何爲主次，何爲因果，何爲關鍵所在，何爲幾微所蘊，必有反思，去其私蔽，始可頭腦清醒，思慮明察，馭之裕然；踣而復起，失而復得，挫而復興。於茲可見反思之功於私德修養之意義矣，豈可不嚴肅以自勵自律之哉。

私德之修養固必蘊之內，始可發而形諸於外，此內外之一致已明之矣，然人之生活於社會關係中，其形諸於外者，或與之相適應，或與之相齟齬，其間是非臧否，實未可一言而盡也。但有一點必須肯定，即私德之修養必須合乎大道，始可與公德互爲表裏，相得益彰。但由於社會之層面紛繁，要求於公德之表現者，亦自如是，豈堪縷述，姑就公德中之大者要者，分述如次：

余以爲愛自己之祖國、並奮力保衛之，乃公德之最高表現，往古爲烈，於今亦然。但默察現實，因國際交往之頻繁，特别經濟、貿易之發展，利益所驅，無遠勿屆；他如科學、文化、藝術以至旅遊之交往，更覺屬於人類心性之共同財富，無嚴格之國界可稽，而且由於通訊科學之進步，似乎地球在縮小，地球村之感覺日益迫近，鄰居冷暖安危，朝夕可知，瞭解加深，人類相感之情自然增進，由此可見，愛國主義之觀念，似有淡化之勢。特别值得注意者，是人們之思想、感情，受此淡化之影響必然日漸加深；在缺乏對祖國傳統文化深切理解之情況下，對此淡化之侵蝕，更覺抵抗力之薄弱。余以爲，救之之道，在於大力弘揚傳統文化，特别是儒、道兩家之哲學，使人人浸潤於此文化之中，並真正認識到我中華傳統文化是人類最優秀之文化，是全人類共享之文化，是人類邁入理想社會必然起指導作用之文化。

公德之另一重要内涵是忠於職責、精於業務、勤於建功、廣福萬民。各行各業，均有其職責、業務，均需要創造性工作，建立事功，以利國利民，並爲社會發展、人類進步開創基業，此《周易·繫辭》「開物成務」之至意也，亦承先啟後之應有天職也。在任何情況下，通過教育和自我修養，以提高這方面之自覺和公德水平，其意義實有遠勝於法規制度之爲力也。

公德之第三個重要内涵是廉潔自守。我國古代教育對此極爲重視，從幼年開始，即教之以爲清官、爲忠臣，故士子之步入仕途者，多能做到清廉自勵、潔身自守。今之朝野有痛心疾首於物欲横流、寡廉鮮恥、唯利是圖、以權謀利、貪污成風、賄賂公行，而欲有以治之肅之者，還應灼見其源於教育之失也，學之不講，德之不修，聞義不能徙，不善不能改，孔子之所深憂者，乃有見於必然成爲社會大患也。治之之道有二焉，法以治其標，教以培其本，法以除其病，德以固其基，舍此無他途矣。故余以爲站在治國之高度，由中央推動，大力弘揚傳統文化之精萃，爲今日之教育注入民族精神、宇宙大道、人生大義、個人大德，修之養之，積數十年之功，必可致大治久安矣。

公德之第四個内涵是尊重社會規律，此項範圍極廣，唯前述私德修養之至者能自覺遵守之，茲不擬詳述矣。

【注解】

（注一）見《諸子集成》三，一九八六年版，一頁。

（注二）同右書，二頁。

（注三）《易·繫辭》，見《十三經注疏》，八六頁。

（注四）《禮記·中庸》，同右書，一六三三頁。

（注五）《禮記·哀公問》，同右書，一六一一頁。

（注六）《管子·心術》，見《諸子集成》五，二二七頁。

（注七）《韓非子集解·解老》，同右書，一〇七頁。

（注八）《莊子·知北游》，見曹礎基著《莊子淺注》，中華書局，一九八二年版，三三六頁。

（注九）《列子》，見《諸子集成》三，一－四九頁。

（注十）高誘：《淮南子敘》，見《諸子集成》七，二頁。

（注十一）《淮南子・原道訓》，同右書，一－一三頁。

（注十二）《抱朴子・明本》，見《諸子集成》八，四一－四四頁。

（注十三）同右書，四三頁。

（注十四）《孟子・滕文公》，見《十三經注疏》，二七一四頁。

（注十五）《荀子・天論篇》，見《諸子集成》二，二〇五－二一三頁。

（注十六）朱熹：《近思錄》《道體》。

（注十七）錢穆：《朱子新學案》，巴蜀書社，一九八六年版，一七三－一七五頁。

（注十八）《易・繫辭下》有云：「易之興也，其於中古乎？作易者，其有憂患乎？是故，履，德之基也；謙，德之柄也；復，德之本也；恆，德之固也；損，德之修也；益，德之裕也；困，德之辨也；井，德之地也；巽，德之制也」。見《十三經注疏》，八九頁。

（注十九）《易・復卦》，同右書，三八－三九頁。

（注二十）《尚書・皋陶謨》，同右書，一三八頁。

（注二一）《禮記・中庸》，見《十三經注疏》，一六三五頁。

（注二二）《孟子・天地篇》，見《莊子淺注》，一六一—一六三頁。

（注二三）《孟子・告子下》，見《十三經注疏》，二七六二頁。

（注二四）錢穆：《朱子新學案》，六一八頁。

（注二五）《示弟立志說》，見《王文成公全書》，卷七，四七—四九頁。

（注二六）《孝經》，見《十三經注疏》，二五五三—二五五六頁。

（注二七）周濂溪：《通書》，見《宋元學案》，中華書局，一九八六年版，四八二—四八三頁。

（注二八）錢穆：《朱子新學案》，六四八頁。

（注二九）見《張伯苓教育言論選集》。

（注三〇）《易・復卦》云：「不遠之復，以修身也。復其見天地之心乎」。見《十三經注疏》，三九頁。

第六篇　人生意義論

宇宙、萬物、人類、人生是一個整體，故不可孤立論人生意義；欲求人生真諦，必於此整體中作全面觀，方可期有所得。而且還必須排除習染和俗見，使心地湛然無所蔽，始可漸入於真善之域，暢然無毫釐虧礙，無往而不適，無入而不自得。

一、人生意義原於天地人之一體

天地人一體之見，前文已多所發明，此處更欲有進者，乃就人生意義而論之也。任何事物莫不有其根源，有其歷史發展過程，一草一木之生，一蟲一蟻之衍，莫不皆然，況人之生也及其意義者乎？人者，乃天地之心也，萬物之至高至靈至美至善至妙至神者也，其人生之意義，實未可一言而盡也；而且隨着科學（也包括人學）、技術之發展，人類自覺自悟程度之提高，人類自我認識之日益完善，則其人生意義更不可一言而盡也。而西方對此深邃之人生意義，因爲實用主義觀點只逐眼前之利，失之於淺薄，不見人生之底蘊，更囿於商品價值觀念，視人生等同於商品，貶低人生意義，名之曰價值觀，企圖以之隨同商品推行全球，特别推行東方，殊不知有比價值觀念更高者存焉，其淺陋狂妄自不必論之，而其必遇評論，亦自然之理也。予厭之甚者，乃有見於媚外之烈，深卑自貶人生意義等同商品價值之見。誠然，商品席捲全球，充塞人類生活，商品之價值觀念，包括人之精神世界亦有席捲而去、或浸透殆盡之勢，然商品價值終歸爲人所創造，今日雖暫見有商品統治人之現象，然人類之睿智，終必馴服商品，使人類走出商品價值觀念禁錮之牢籠，恢復人類靈魂之聖潔，發揚人生真諦。不思人御物之道，爲物所役而猶囂囂然侈論西方價值觀，亦可悲也。予之爲此言也，亦意寓鍼砭，激勵國人自愛，超越價值觀念，珍重人生意義，予之以此人生意義名篇者，用心亦在此也。

予之所言人生意義原於天地人之統一者，是有鑑於人生實乃天地萬物之一部分，一有機組成部分；人與天地萬物同體，而又脱然獨立於天地萬物之上者（亦自然地生活於天地萬物之中，既脱然而又不脱然，蓋臍帶未斷也），乃因其具有思維認識能力，創造能力，完善物我之能力，爲物我之完善開闢新天地之能力；而且此種能力無窮無盡，愈發愈強，愈浚愈活，愈燃愈明，愈煉愈精。此種能力之根源力，深蘊於動而愈出、變而無跡的宇宙發展之動力之中，必須深察人之認識和創造能力之此深邃之根源。此根和源，是一種精神力量，是一種物質力量，是此二者（精神和物質、或曰心和物）統一爲一體之力量，不可將此二者之中任何一方孤立而論之，必作統一觀，偏於何方，均屬謬誤，違反此根和源之本性；此本性就是心物二者合一而發展中，出現新的形態，二者合於一體之性質與狀態，則永遠不變；唯見其心物之統一、心物之一體，不見其分離也。强論其一方者（或曰唯物，或曰唯心），均非確當全面之見，重心有所偏，識見有所蔽也；或蔽於物、或蔽於心，終歸有蔽也；去其蔽，則心物一統之見明矣，心物統一之論立矣。

此種心物統一、存於宇宙之内、不見形跡、但睹其變化之動力、表現於萬物者，爲生長繁衍、或種類發展之能力；表現於人類者，則爲大腦所獨具之思維創造能力，此種創造能力之發展及其創造成果之積累，結晶爲人類文明，推動着人類向前發展，同時爲人之大腦提供日益豐富之思維資料，敞開人類智慧之寶庫，激勵人類創造之自覺性，提高人類思維創造能力，促進人類日益重視人生之意義，並注重自我修養與完善，此乃一條正確之認識道路，即認識物我、特别是認識自我之正確道路。中華古代儒道兩家的先哲，以冷静的頭腦認識物我，並切實闡明人類本身個體和羣體完善之道，雖其趨向有歧，然其大旨，役物而不爲物所役，是乃大同也。

近一百五十年以降，由於西方商品和權力之價值觀念侵入，濁亂視聽，特別近十餘年來，西方濁流氾濫，拜金主義迎合利己主義，腐蝕人之心靈、人生意義日見灰暗墮落，當大聲疾呼喚醒朝野，須知國人對人生意義之正確理解和力踐躬行，乃國民道德之大堤，此堤一決，則洪水滔滔，無道德之迹可尋矣。欲求人之自我完善、國之長治久安，難矣。

因此，超越實用主義和利己主義，把目光注入於人物一體、心物一統之根源上，馳思於人之所以爲人之意義探討之中，堅持人性本善、人心自明之大義，在自我修養上下苦工，勇於進取，勤於自勵，深於反思，慎於明辨，恆於踐履，則人生內涵豐富充實，益之以淨化過濾之功，和之以精思約煉之效，則人生之意義臻於完善矣。

二、理解人生意義之辯證法

所謂理解人生意義之辯證法者，乃如前所述，既應窮盡人生意義根源於宇宙萬物之理，更應探求人性人心發展完善之道；若唯知重前者，則小我汩於萬物之中，人生意義之光暗然失色，人之本身必然缺乏前進之動力，成己成物均陷於滯鈍狀態，人心人性之發揚必大受其困，在這方面，道家之見，實大有病焉；反之，則小我與萬物脫離，唯知個體之存在，則人生成爲無源之水，無本之木，必槁然無生氣矣，又何論人生意義哉？更有甚者，不知人物同原，唯視人生爲唯一存在，誇大之極，必致小我至尊，成爲卑羣體之極端個人主義，西方之存在主義、實用主義，均屬於此類，其有害於羣體，而最終必損及個體者，其理自明矣。唯儒家思想最爲完備，並重人物而尤重人，兼顧大我和小我，更重小我潛能之發揮與作用之意義。

儒家《中庸》對此論述最爲詳備，提出了「盡人性」和「盡物性」的大課題，此乃迄今東西方大哲所僅見的大課題，在此大課題下，又提出「成己成物」之具體要求；最終歸宿於「贊天地之化育，與天地參」的至高至善境界。所謂「盡人性」者，乃指正確認識人性，充分而完善地發揚人性，最大限度地發揮人性，使人性之完善達於至善之域。

在「盡人性」中，又包涵兩義，即個體與羣體，盡個體之性與盡羣體之性。就個體而言，應使個性獲得最完善的發展，就此而論，西方發展個性之見，其中有與此相合者，但非其全部，應予明辨。就羣體而論，則屬於社會的完善，民族特性和素質的完善，國家文明程度的完善，以至於全人類和國際關係之完善。此兩者，又是相互依存和相互促進的。個體的完善是羣體完善之基礎，羣體完善則是個體完善之推動力和模式，特別是羣體作爲國家存在形式的時候更是如此。但在此二者中，最活躍的因素，還是個體，羣體的内容和形式，是由個體決定的。所以一個民族文化之優劣和文明程度之高低，取決於個體之智愚與強弱，就此而論，必須認識到，在盡人性時，首先注意盡個性，即充分發揮個性，而在儒家之見，人性本善，是則發揚此善性，使之達於至高至善之域，是乃第一步，亦是關鍵性之一步，教育在此過程中起着極大的作用，它喚醒人，發揚善性之自覺性，向着完善自我之方向邁進。

必須有盡人性之自覺，始可與言盡物性，而且必須明人性與物性之一致性，此種一致性，非言人性與物性之同一也，乃指其由歷史的發展、生物進化之連續、繼承而產生之者也，即人性乃是物性之產物，是物性發展到至高至精至妙至靈時之產物；人性自高於物性，但人性中必包涵有物性，而且會隨處表現出物性。但表現物性並非全屬惡也，就人之理性言之，似有悖之者，視爲有違人性，有違人之道德觀念，故有貶低之意；荀卿之性惡論，多寓此意。然就物性與人性之歷史發展之一致性而言，儒家之人性本善論，實際也適用於物性，可名之曰物性善論。如此，則儒家性善論就徹上徹下徹底徹外無往而不適矣。考之孔子立此論之原意亦復如是，「繼之者，善也；成之者，性也」，就確切闡明此意，繼者，繼續不斷、連綿不絕、變化發展也；成者，形之也，完備之也，結晶之也，神妙之也；由物性發展而爲人性，乃晶之精也，形之神也，神之明也，明之靈也，是乃宇宙萬物萬事中，善之善者也；善之概念於此立矣，人性善物性善於此明矣。孟子又從而論證之，人性善之説，益以昌明，非僅功貫儒學，亦功在人類也。明乎此，則知盡人性與盡物性乃一事也，成己成物亦一事也；《中庸》所言「成己仁也，成物知也，性之德也，合内外之道也」，即此之謂也。所謂仁者，藴之於内、諸德之本也，成己者，求之於内、反躬修德也，個體之完善、個性之發揚、盡人性也；知者，物性之表現及其關係也，求之於外、求之於物者也，盡物性之依據也；物自可盡其性，然人爲之影響，不可不計也；此影響自有損益之分，必有人性之高度自覺，去其所損、廣其所益，使物之生滅得其時，遂其命，則盡物性矣，恰如今之生態平衡論之所旨而爲全人類所致力者也。此種表現，即是性（人性與物性）之德也，合内外（人内外、物内外）之道也。

於是可知，盡人性乃盡物性之前提和條件。人性猶不能盡者，遑論盡物性哉？故當今之世，迫切需要提供盡人性之條件，必人性裕然而盡，始可同時而言盡物性。盡人性者，個體羣體同時並進、不斷完善也，此中尤以羣體之完善關係於盡物性，至密至要也。特别作爲國家形式之羣體，尤爲重要，因其具有强大權力，以推動科教文衛之發展、綜合合理利用資源、發展生産、保證合理分配、促進生態平衡等重大的盡人性盡物性之事業，在此諸大事業的發展過程中，開拓人之視野，張大人心人性，發展人之個性，修養私德和公德，卓見人生意義之所在。以促進其體現人生意義之諸端修養。

三、體現人生意義之十個主要問題

體現人生意義之思想、言論、品德、行爲、態度等項甚繁，今就其要者，歸納成爲十個主要問題而論述之。

（一）道和德：

此乃人生意義之最高體現，明於道而修於德也。所謂明於道者，即是對人在宇宙發展中之地位與夫人之所以爲人者有正確的認識，對人與物之關係有正確的認識，對物我之完善有正確的認識，從而推動物我完善以見自己之品行，最終歸之於我。使我必合乎道而發之爲德。此發者，有二義存焉，一是人之生也，自有其明德，二是由存養之功而有得之於心者也，必有得之於心而發之，則其德始見純矣，此《大學》「明明德」之大旨也。明之之義大矣，此乃人之畢生之功也，盡畢生之力以修德，使我日漸於善以盡人之性，因人而及物，亦以盡物性，使成己成物一體而化，其人生意義之高，孰有過於此者。於此可見，人生之最大意義在明道修德，是在致知中以明道，在事功中以立德，此儒學遠勝於道家之孤寂者也。故《中庸》「天命之謂性，率性之謂道，修道之謂教」，專以闡明教在體道、致知、事功、修德全過程中之意義。唯此教之義，大而廣之也，舉凡一切含有教育之行和事無不包涵之，此乃真正的不帶任何宗教色彩的大教育概念也，考之人類文明，東西方教育思想，其所涵蓋之深廣備至未有能及之者，此中華文化之生命力所在也。

（二）名和實：

此循名而責實也。是乃思想方法，亦爲行爲依據也。所謂思想方法者，乃認識之基礎也。人之認識歷程，非先起於幻想，而實立於事物。由事物而引起聯想，而激發探求，而喚起睿知，而導入精思，而獲知因果，而擴大視野，而洞察聯繫，而窺知變化，而發現規律，而窮極本體。此近取諸身、遠取諸物、仰則觀象於天、俯則觀法於地之探頤索隱、鉤深致遠之認識過程，自亦包含有幻想，道家之從無到有，儒家之陰陽，俱屬此也，此乃認識過程中之必有之因素也。由於本體之運動永不停息，認識過程亦自隨之而無止境也，運動常新，認識亦常新，此自然之理也。在此永無終止的運動和認識過程中，既有實存焉，自應賦與其名，而且必須使之相符，此名實之原也，認識之要也，知識系統所賴以建立之基礎也，亦是人之德行所依以出發之立足點也。老子之言曰「無名天地之始，有名萬物之母」者，乃言名實也，名者母也，實者萬物也。循名以責實，因實而賦名，如此，則人之知、人之德、人之行、人生之意義，建立於科學認識之基礎上矣，而無謬誤之患、荒唐之失、自誤之憾矣。去其虛名，不爲浮光掠影所迷，務求人生真諦之實現，則辨名實之功實乃不可稍事疏忽者也。

（三）知和行：

知者，知人之所以爲人之理也；知道之所旨，知德之歸也；知知之所由起、知知之所以積、知知之者乃人心人性、人之睿智之表現也。知者，行之先導也，行者，行所知也，行所求也，行其所需也，行其志也，行其德也；知與行一體也，知與行同原也；知中有行，行中有知；知即是行，行即是知；知中之行，是更理性之行，行中之知，是更智慧之知；知者，明道也，行者，體道也，知者，道也，行者，德也；知行者，道德也。知行一體也，道德一體也，道德知行一體也，知行道德一體也，不可分也，不可辨也，分而言之者，是爲了説明問題之便也。予之於此極言知行之内涵者，是欲明知行之本體與夫道德之本體之一致也，知之真切必行之篤實也，此王陽明蓋已言之於前矣，今之予所見之者，所謂知之真切，乃發自於内的德性之知而言也；所謂德性之知，乃自人心人性而發之者，乃自人之天良善性而發之者，乃人之感於無、經反覆體驗而徹悟之者也；則其行亦自發之於內、亦自受良知善性之驅動而達於篤實明覺也，而達於果敢自奮、明澈忘我也。

（四）理和欲：

理者，天理也，欲者，人欲也。天理者，道也，理也，自然之理也，人之所以爲人之理也；人欲者，亦人之所以爲人之理也，隨人之生存而表現之欲望也。是則天理和人欲同時而生之者，同本同原、同一體也，雖可區分而言之也，然而又不可不區分而論之也，蓋關係到人之道德修養和人生之意義也。人之生存於羣體之中，必與人結成羣體關係，在此關係中，個體與羣體相對而出焉，，隨之，個體與羣體之利益亦相對而出焉。天理固同，人欲亦同；然在羣體中，個體所表現之人欲，必得無害於羣體和無損於個體，始可相安以生，相護以存。否則，相爭以起，相奪以危，羣體與個體，俱處於動盪中矣。故必有外以立法，以資維繫，內以喚醒理性，以爲克制，至此，天理與人欲就發展成爲對立之矛盾，解決之法無他，唯訴諸和聽令於理性也，理性亦確有天然地約束人欲之能力，而且此種約束力隨道德修養之高低而見其大小。然事實上亦有與此太謬不然者，則惟繩之以法也。於茲可見，自覺地以理制欲，持之有度，則德稱而道著，人生之義涵內洽於心而外適於群矣，稍有逾越，則必有傷德損道之患矣，足知其修養之功之重要也。

（五）義和利：

義和利，乃由理和欲所派生的一對道德概念；義生於理，利出於欲，此適對應而言之也。如同理欲之不可分，義利亦不可分也；如同理欲之對立，義利亦屬對立也；既要見其對立，亦要見其統一；既無絕對之義，亦無絕對之利也。必然的結論是義中有利，利中有義也，唯在認識與處理得宜耳。所謂認識者，即應將義置於主導地位，以義率利，此乃不易之原則，不可稍有動搖者也。孔子所言「見得思義」，意在此也，孟子所言「王何必曰利，亦有仁義而已矣」，其意亦在此也。但實際社會生活與活動之複雜性，人之道德修養之不可能脫離現實中之利害關係，以及善處義利，始有可能更好地調整各方關係，更順利地推動社會之發展，更完善地體現人之道德修養之純正，在無損大義之前提下，重利反而更有利於義，如取其利以辦教育，以濟民困，以興民利，是大義也，是乃昭大義於天下也，利不違義，義利相安也。董仲舒「正其誼不謀其利，明其道不計其功」，其見實未免有偏也。後人理解者，愈遠愈偏，宋明諸儒尤甚。須知絕不言利之見是行不通的，而且有害於義。即以正其誼不謀其利而論，一旦真正誼正了，其利則大矣，甚至大至難以言狀也。因此，不可狹隘理解義利，要以大功利主義之眼光對待之，而且不要爲拜金主義所囿；義者，宜也，宜於道也，宜於德也，宜於言也，宜於行也，即爲大義也，即爲人生大義所寄也，何懼之有。

（六）善和惡：

善和惡，亦是由天理和人欲引發的一對道德範疇，唯其既帶有理智之成份，更富有感情的色彩。在此二者中，善爲根爲源，惡爲枝爲流，前已有詳論，此處所欲探討者，是在人生意義上論善惡，有所局限也。因此，若考之現實生活，證之歷史記載，善惡之爭，縱貫古今；所見者，其主流固屬真善美滋潤人心人性，正氣長存，仁德永昌；然而也不可否認，充塞人間者，實有斑斑淚痕、漫漫污穢、滔滔惡行存焉。某些歷史時代、或某種特定之社會環境中，善心善意、善言善行、善德善政，往往爲惡風所襲、惡浪所淹，似乎天下滔滔者盡污濁也；而真善之天地，只有在獨坐靜室中，在思慮湛明時，始可於天良深處尋得。特別在人欲横流，濁浪排空之際，善德善言，更避於僻靜深處，懼爲人所知。儘管如此，然真善之德性，畢竟爲生民賴以自立之根本，即使一時爲惡風所迷，惡浪所淹，然天良不滅，時可醒復；即使爲惡之徒，亦良心猶存，終有自責之時，此乃人之善性之根所決定者也。至於獨持善心善行、不爲濁流所污者，雖進不足以安人，退卻可以獨善，而且此種沒沒不聞之德性，正是人間正氣所存，其大有裨益於世道人心者，正是此沒沒不聞、無聲無色之善德也。善之爲人所寶、爲社會所保者，以此也；惡之爲人所棄、爲社會所貶者，亦以此也。縱觀人類文明史，雖邪惡充斥其間，然銘刻於人之心靈之上、流傳於天地之間者，乃發自於人心人性之真善美也。於茲可知，善者乃歷萬劫而不褪色也，惡者，雖逞兇於一時，終必消聲匿跡也，或留作千古之罵名也。故知善惡關係人生意義大矣，善與惡之分界綫，在私與蔽，能盡祛此二者，則至善也。儒家之見是過而能改，善莫大焉，唯在對人生意義之態度而已。

與善惡密切相聯之道德範疇，還有美與醜、真與僞、愛與憎，姑不俱論矣。

（七）忠與奸：

忠與奸這對道德範疇，雖亦發自人之内心，但大抵表現爲人之行爲。主要表現爲事君事上之含義，非僅限於上和君也，下和左右以至於親朋均可包括也。《論語》中之每日「三省」，其中之一就是「爲人謀而不忠乎」！所以忠之義，乃是辦事的一種絲毫不苟、盡心盡力之態度，其所應用之範圍自然很廣，忠於人也，忠於職守也，忠於事也，忠於行也，忠於言也，忠於志也，忠於信仰也，忠於黨也，忠於國也，俱是人之美德也。但在中國歷史上，由於統治者之私慮，不惜曲解忠之原義，亦由於人臣之私利，既歪曲忠之本義，又違背自己之良心，粉飾忠言，上以欺君，下以騙民，中矇左右，終害自己，以「愚忠」欺世，實則售其奸，此乃奸之至者也。中國歷史唯有魏徵一人，公然宣稱，不願爲忠臣，願爲良臣（注一），表現出誠實的態度，是乃真忠臣也。可是由於歷史、事理、人物、形勢、幾運、認識、實踐之複雜性、相互制約影響等之變化難測，忠奸之際，確有一時莫辨之迷，視忠爲奸、視奸爲忠者，亦往往有之。唯歷史乃是真正的試金石，是照明忠奸的鏡子。在中國歷史上之人物、事件，雖因見仁見智，或有認識上之差異，但基本上是忠奸分明，邪正得所，爲後人樹立了行爲楷模和道德準繩，亦爲人生意義提供了取捨選擇。

（八）剛與柔：

剛與柔看起來似屬處人處事之方，離人之心靈較遠，更近於人之稟性，實則爲一甚高之自我修養境地，其必發之内心而又復歸於内心、並在内心反復煅煉者，自無疑也。蓋人之稟賦，其初之個性，確可見有剛柔之異者，此乃未計因教育而變化氣質之功也。因具剛或柔之性，其應於人與事者，亦自有剛柔之異。然考其剛柔之本質及其關係，從表面論之，似乎剛處於主導地位，柔則用以相濟也。可是，進一步細索天理、物理、人理、事理以及其關係，却會立即發現，天理相順以生，物理相諧以長，人理相和以安，事理相洽以平。此中雖有剛性之表現，但體認其中瀰漫於事物之全過程者，柔之作用實大矣，此老子「弱者道之用」，「天下之至柔馳騁天下之至堅」之至意耶？！故在中華人民之道德修養方面，剛柔二者之間，不置褒貶，不論主次，在修養中呈現除複雜縝密、交錯爲用之現象：以剛爲表，以柔爲底；以剛爲底，以柔爲表；剛中有柔，柔中有剛；剛柔相濟，互得其體；剛爲主，柔爲輔；柔爲主，剛爲輔；剛中之柔，柔中之剛；剛中之剛，柔中之柔；剛而不柔，柔而不剛；既剛又柔，既柔又剛，等等，不一而足。道家主以柔克剛，儒家主剛柔相濟，此亦大致而言之也。但在歷史和現實中則可窺測出：以柔克剛者常勝；柔者謀，剛者直；柔者靜，剛者燥；柔者久，剛者敗；於此可知，在道德修養中，柔難而剛易，柔深而剛淺，柔遠而剛近，柔強而剛弱，此亦就其大體言之，實未可一言而定也，作爲人生意義而論，亦在人之取捨有其道也。

（九）是與非：

是與非是一對涵蓋極大極深的概念，簡直可將世間事物之理概括無餘。但就認識而論，有大是大非和小是小非之別。大是大非，有其多層次，小是小非，亦有其多層次。此處不詳論其層次，但當舉例以明大小之別。如蘇軾詩云「世俗昡名實，至人疑有無」（注二），就認識而論，有無屬大是大非，名實屬小是小非；就道德修養而論，名實又屬大是大非。如前述之義利、忠奸，雖屬大是大非，然排其次序，自應列入名實之後。所以在人之現實生活中，在道德修養内容上，哪些事物、言行，屬於大是大非，哪些屬於小是小非，應注意區別，以使自己識大體、顧大局、全大節、當大任、建大功、立大業，以福於民；但也不應忽視小是小非，有時，正是在小是小非上，見大是大非，在小節上敗大節。因此要明確辨清，大小之間本有界限，但又不可截然劃分，大中有小，小中亦復有大。是與非亦如此，天地間萬事萬物、其倫其理，交織成體，相互制約，互爲條件，運動迅速，轉化瞬生，萬變莫測，是其是，非其非，不相淆亂；是其非，非其是，互相轉化；似其是，似其非，相與滲透；不似其是，不似其非，相與轉化而不化，相與滲透而未透；亦是亦非，亦非亦是，一切都處於全動、局動、多變繁化、常態異象、日新月替的變化和運動過程中，一切都處於是非之歷史的流中，一切都隨時間條件而變化不居。既要認定是非，又不可拘泥於是非，既要有判斷是非之道德標準，又要明白就連此標準亦在常變之中。儘管如此，但必須依據自己的認識和修養程度，確立判别是非之標準，是是而非非，以定自己之語默行止。前所分析者，在於指明是非之相對性，以免進退中受拘束也。

（十）進與退：

進與退、出與處，其衡量之準則，唯繫於對國家、民族、人民之利害，以及對個人之榮辱譽毀，此中華士林之氣節也，亦儒者之特立獨行也，乃歷長期教育與修養而成之者也。《禮記·儒行》有言：「儒有今人與居，古人與稽，今世行之，後世以爲楷，上弗援，下弗推，讒諂之民，有比黨而危之者，身可危也，而志不奪也，不忘百姓之病也。儒有内稱不避親，外舉不避怨，程功積事，推賢而進達之，不望其報，苟利國家，不求富貴。澡身浴德，世治不輕，世亂不沮，同弗與，異弗非，其特立獨行有如此者」。（注三）在《論語》中孔子有言：「富與貴，是人之所欲也，不以其道得之，不處也；貧與賤，是人之所惡也，不以其道得之，不去也」。（注四）孟子則更直言：「窮則獨善其身，達則兼濟天下」，「窮不失義，達不離道。」（注五）華夏士林，以至於平民百姓，都深明此進退有則、出處有節之大義，且身體而力行之。在我中華歷史上，不管治世亂世，其主流大致如此。至於出於私欲、或迫於利誘，進退之際，不思其節者，亦代有之，不予論焉。

【注解】

（注一）《資治通鑑》卷一九二，太宗貞觀元年，魏徵曰：「臣幸得奉事陛下，願使臣爲良臣勿爲忠臣」。太宗曰：「忠良有異乎？」對曰：「稷、契、皋陶，君臣協心，俱享尊榮，所謂良臣。龍逄、比干，面折廷爭，身誅國亡，所謂忠臣」。中華書局，一九五六年版，六〇四〇頁。

（注二）蘇軾：「故周茂叔先生濂谿。」《蘇東坡全集》，中國書店，一九八六年版，二四八頁。

（注三）《十三經注疏》，中華書局，一九七九年版，一六七〇頁。

（注四）《論語・里仁》，同右書，二四七〇頁。

（注五）《孟子・盡心》，同右書，二七六四頁。

原版跋

余之構此作也，歷十有餘年矣，其間特別值得追憶而書之者，一爲師事梁漱溟先生期間所親聆之教誨：「從中華文化之老根上窮索」（注一）和「敬志道」；二爲業師陳友松先生「五全教育論」（注二）之啟示。以闡發心物統一論而言，余曾先以此請教北京大學哲學系賀麟教授，深獲肯同；又曾以此數向梁漱溟先生求證，甚表嘉許。溯思路之發展，得聞梁先生之論道，實乃余此構之醘櫱也。惜三哲俱已謝世矣，回顧愴然！在成稿之後，喜獲原北京師範大學教育系同系學長郭齊家教授之安排，對北京師大教育系研究生作過三次學術講述；此次出版，又蒙他鼎力薦言，適得具有深邃專業修養之北京師大出版社蘇渭昌副社長所鑑識，於此一併敬致謝意！復蒙深諳祖國傳統文化之新加坡至友陳慧麟先生惠致補貼，促成順利付梓，謹此敬致誠摯之謝忱！

（注一）梁漱溟先生一貫認爲：「中國的老道理不但能站得住，並且要以此見精采，開出新局面，爲世界人類所依歸。」見《梁漱溟全集》第一卷。

（注二）陳友松先生爲享譽國內外之教育家，其教育思想至晚年而純青，著有《我的教育觀》，詳論五全教育：全人、全生、全民、全盤、全球。

恃：恃，賴也。《韓诗》云：「恃，負也。」

悟：悟，覺也。見覺下曰：悟也，是為轉注。

憸：憸，憸詖也。憸利于上佞人也。

丕：丕，大也。假借字。

吏：吏，治人者也。从一从史。會意也。兼形聲也。

二：二，高也。

帝：帝，谛也。王天下號。

旁：旁，溥也。司馬相如《封禅文》曰：「旁魄四塞。」

示：示，天烝象，見吉凶。所以示人也。日月星也。「觀乎天文以察時变。」示神事也。言天縣象、著明以示人，「聖人因以神道設教。」

祜：祜，上諱。祜福也。

朘：朘，赤子陰也。《老子》：「未知牝牡之合而朘作。」

悃：悃，悃愊，至誠也。

愿：愿，謹也。

恕：恕，仁也。仁者，親也。

慈：慈，悉也，各本作愛，悉，惠也。

忱：忱，誠也，信也。

惟：惟，凡思也。《方言》曰：「惟思也。慮，謀思也。願，欲思也。念，常思也。」

懷：懷，念思也。念思者不忘之思也。

惀：惀，欲知之貌。心思求晓事。

想：想，覬思也。覬望之思也。

㥦：㥦，深也。㥦与邃，音義皆同。从邃者，室之深。从心者想之深。

懼：懼，恐也。古文。眀者，左右視也。轉注字。

怙：怙，恃也。《韓诗》云：「怙，賴也。」

腜：，婦孕始兆也。莫桮切。腜腜，美也。《廣雅》曰：「腜腜，肥也。」

肧：，婦孕一月也。《文子》曰：「一月爾膏，二月血脈，三月爾肧，四月爾胎，五月爾筋，六月爾骨，七月爾成形，八月爾動，九月爾躁，十月爾生。」匹桮切。

胎：，婦孕三月也。假借字。

肌：，肉也。居夷切。假借字。

臚：，皮也。刘熙《釋名》：「腹前肥者曰臚。」

腎：，水臧也。

肺：，金臧也。

脾：，土藏也。今醫病之灋，以肝為木，心為火，脾為土，肺為金，腎為水。

肝：，木藏也。則有瘳也。若反其術，不死為剧。楊雄《太玄》：「木臧脾、金臧肝、火臧肺、水臧腎、土臧心。」从《古尚書》説：「脾，木也；肺，火也；心，土也；肝，金也；腎，水也。」

胃：，穀府也。

以舞降神者。」

觋：，能齊肅事神明者。其知能上下比義，其聖能光遠宣朗，其明能光照之，其總能聽徹之，如是則明神降之。在男曰覡，在女曰巫。巫覡見鬼者，統言則《周禮》男亦曰巫，女非不可曰覡。

甘：，美也。甘為五味之一，爾五味之可口皆曰甘。所謂味道之腴也。

旨：，美也。，古文旨。从千甘者，謂甘多也。

嘗：，口味之也。引申凡經过者为嘗。

曰：，詈也。詈者，意内爾言外也。《釋詁》：「粵、于、爰，曰也。」故粵、于、爰、曰四字可互相訓。

曷：，何也。假借字。

肉：，胾肉。下文曰：胾，大臠也。謂鳥獸之肉。何以先言肉也，曰以為部首，不得不先言之也。生民之初，吃鳥獸之肉，故肉字最古。制人体之字，用肉為偏旁，假借也。象形。

都：都，有先君之舊宗廟曰都。無曰邑。都鄙，公卿大夫之采邑。《周禮》：「距國為都。」

鄰：鄰，五家為鄰。親密之偁。

酇：酇，百家為酇。聚也。

鄙：鄙，五酇為鄙。邦之所居曰國，都之所居曰鄙

郊：郊，距國百里為郊。

工：工，巧飾也。凡善其事曰工。

式：式，灋也。

巧：巧，技也。

巨：巨，規巨也。大學絜矩之道。

玨：玨，極巧視之也。工為巧，故四工為極巧。極巧視之，謂如「離婁之明，公輸子之巧，既竭目力也。《玉篇》曰：「玨今作展。」知衍切。

巫：巫，巫祝也。示部曰：祝，祭主贊辭者。《周禮》：「巫、祝分職。女能事無形，

革：革，獸皮治去其毛曰革。革，更也。引申為凡更新。卅年为一世而道更也。

爪：爪，丮也，持也。覆手曰爪。仰手曰掌，覆手曰爪。象形。

史：史，記事者也。《玉藻》：「動則左史書之，言則右史书之。」从又持中。中正也。「君舉必書，良史書瀏不隱。」

臣：臣，牵也。事君者。臣，堅也。志自堅固也。

貝：貝，海介蟲也。居陸名猋，在水名蜬。古者貨貝而宝龟，至秦毁貝行錢。

贛：贛，赐也。又曰赉予也。

販：販，買賤卖貴者。

邑：邑，國也。鄭莊公「吾先君新邑於此。」《左傳》曰：「凡偁人曰大國，凡自偁曰敝邑。古國邑通偁。」會意。

邦：邦，國也。《周禮》：「大曰邦，小曰國。」許云：「邦，國也；國，邦也。」

郡：郡，《周制》：「天子地方千里，分為百縣，縣有四郡。周時縣大郡小。至秦始皇兼天下，初置三十六郡，郡以监縣耳。《春秋傳》曰：「上大夫受縣，下大夫受郡。」

茻：茻，眾草也。四七頁

牛：牛，事也，理也。事也者，能事其事也。牛任耕。理也者，謂其文理可分析也。庖丁解牛，「依乎天理。」

牡：牡，畜父也。

詩：詩，志也。《毛詩序》曰：「詩者，志之所之也。在心為志，發言为詩。」

詖：詖，辨論也。假借詞。

謀：謀，慮難曰謀，咨難為謀。

謨：謨，議謀也。

詁：詁，訓故言也。故言者，旧言也。十口所識前言也。訓者，説教也。訓故者，訓釋其故言也。藹臣盡力之美。《釋訓》曰：「藹藹萋萋，臣盡力也。藹藹猶濟也，濟，多威儀也。」

誼：誼，人所宜也。周氏作誼，漢氏作義。

譎：譎，權詐也。欺天下曰譎。

示：示，天垂象，見吉凶，所以示人也。三垂，日月星。觀乎天文，以察時變。示神事也。言天縣象著明以示人，聖人因以神道設教也。

福：福，備也。《祭統》曰：「賢者之祭也，必受其福。非世所謂福也。福者，備也。備者，百順之名也。無所不順者之謂備。」

禄：禄，福也。福禄實別。此古義也。

神：神，天神，引出萬物者也。三頁

祖：祖，始廟也。《釋詁》曰：「祖，始也。」

瑞：瑞，以玉為信也。瑞，節信也。引申為祥瑞者，亦謂感召若符節也。

靈：靈，巫也。楚人名巫为靈。好祭鬼神曰靈。曾子曰：「陽之精氣曰神，陰之精氣曰靈。」毛公曰：「神之精明者稱靈。」从玉巫能以玉事神，故其字从玉。會意屬。

气：气，雲气也。象形。象雲起之皃。

葬：葬，臧也。从死，在茻中。一，其中所以荐之。荐草席也，《易》曰：「古者葬，厚衣之以薪。」上古厚衣以薪，故其上下皆草。會意字。

六：六，易之數，侌变於六，正于八。此謂六為陰之變，八為陰之正也。六為陰之變。九為陽之變。圣人以九六系爻，而不以七八。故象占七八，爻占九六。一爻變者以變爻占，是爻占九六也。會意。

七：七，易之正也。易用九不用七，亦用變不用正也。凡筮陽不變者，当为七。从一，微从中衺出也。

八：八，别也。象分别相背之形。象形。

九：九，易之變也。九究也。象其屈曲究盡之形。許書多作詰詘，此屈曲。

十：十，數之具也。《漢志》：「协于十。」一為東西，丨為南北，則四方中央備矣。

百：百，十十也。从一白。十十为一百。百白也。白告白也。數長于一百，可以詈言白人也。十百為一貫。貫章也。章明也。百，古文百。會意之字。

千：千，十百也。

釋：釋，解也。《廣韵》曰：「捨也，鮮也，散也，消也，廢也，服也。」按：其實一解字足以包之。假借。

農：農，房星。《爾雅》曰：「天駟，房也。大辰，房心尾也。於天官為東官蒼龍。為民田時者。」《周語》曰：「農祥。」

一：一，惟初太極，道立于一，造分天地，化成萬物。《漢書》曰：「元元本本。數始于一。」一之形，于六書為指事。玉裁作六書。弌，古文一。

二：二，高也。此古文丄。今正丄為二。指事也。象形者實有其物，日月是也。指事者不泥其物而言其事，丄丅是也。天地為形，天在上，地在下。皆為事。

三：三，數名。天地人之道也。一下曰道立于一，二下曰地之數，王下曰三者，天地人也。老子曰：「一生二，二生三，三生萬物。」於文一耦二為三，成數也。弎，古文三。

四：四，侌數也。象四分之形。謂囗象四方，八像分也。𠔀，古文四如此。亖，籀文四。

五：五，五行也。古之聖人知有水火木金土五者，而後造此字也。天地間交午也。釋古文之意。水火木金土相克相生，陰陽交午也。古文五如此。小篆益之以二耳。古文象陰陽午贯之形。

傳》曰：「夫舞所以節八音爾行八風。」服注：「八卦之風也。」《诗序》曰：「風，風也，教也。風以動之，教以化之」。

土：，地之吐生萬物者也。二象地之上，地之中。地之上，謂平土面者也。丨，物出形也。此謂引而上。合二字象形为會意。

地：，元氣初分，輕清昜為天，重濁侌為地。《陰陽大論》曰：「黃帝问於岐伯曰：地之為下否乎。岐伯曰：地為人之下，大虛之中者也。黃帝曰馮乎？岐伯曰：大氣舉之也。」按：地之重濁而包舉乎輕清之氣中，是以不墜。萬物所陳列也。陳者列也。

日：，實也。月令正義，日之为言實也。《釋名》曰：「日實也，光明盛實也。大昜之精不虧。故曰實。」，古文，象形。

月：，明也。大侌之精，象形。

朔：，月一日始蘇也。晦者，月盡也。朔方始萬物者也。

曐：，萬物之精，上為列星。《管子》云：「凡物之精，此則為生。下生五穀，上為列星。流于天地之間謂之鬼神，藏于胷中謂之聖人。」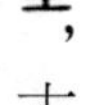，古文象形。

螟：，蟲食穀心者。食心曰螟，食葉曰蟘，食根曰蟊，食節曰賊。

蝗：，螽也。蝗也。是为轉注。《漢書・五行傳》曰：「介虫之孽者。」

螯：，蟲行毒也。亦作蜇。

蛟：，龍屬，無角，曰蛟。《山海經》傳曰：「似蛇，四足，細頸，頸有白嬰，大者數圍，卵生，能吞人。池魚滿三千六百，蛟来為之長，置笱水中即蛟去。」假借。

蟲：，有足謂之蟲，无足謂之豸蟲者蝡動之總名。豸者，獸長肩行，豸豸然欲有所伺殺。

蠱：，腹中蟲也。注云：「毒蠱，蟲物而病害人者。」《左氏正義》曰：「以毒藥人，令人不自知。」《地理志》曰：「主人行食飲中殺人，人不覺也。」會意。《春秋傳》曰：「皿蟲為蠱。晦淫之所生也。天有六氣，淫生六疾。陰淫寒疾，陽淫热疾，风淫末疾，雨淫腹疾，晦淫惑疾，明淫心疾。」蠱，蠱惑亂也。萬事从惑而起，从蟲从皿。會意也。

風：，八風也。東方曰明庶風，東南曰清明風，南方曰景風，西南曰涼風，西方曰閶闔風，西北曰不周風，北方曰廣莫風，东北曰融風。《樂記》：「八風從律而不姦。」《左氏

統。統与紀義互相足也，《禮器》曰：「眾之紀也。紀散而眾亂。紀者，絲縷之數有紀也。」引申之為凡經理之稱。《詩》：「綱紀四方。」箋云：「以綱罟喻為政。張之為綱，理之為紀。」《詩》：「滔滔江漢，南國之紀。」箋云：「南國大川紀理，眾水使不壅滯。」會意。

絕：，斷絲也。引申之，凡横越之曰絕，如絕河而渡是也。又絕則窮。从刀糸，斷絲以刀也。會意。

繼：，續也。虞翻注《易》曰：「續，統也。」謂以糸連其絕也。

紫：，帛，青赤色也。

彝：，宗廟常器也。《周禮》六彝：雞彝、鳥彝、黄彝、虎彝、蜼彝、斝彝。以待祼将之禮。

素：，白致繒也。繒之白而細者也。致同緻。《伐檀》毛傳曰：「素，空也。」象形。

虫：，一名蝮，博三寸，首大如擘指。即大指。象其卧形。象形。

虺：，以注鳴者。似蜥易。象形。

规：，規巨，有灋度也。灋者刑也。度者灋制也。《字統》曰：「丈夫識用必合規矩。」故規从夫。會意也。

立：，佢也。佢者，立也。會意。

端：，直也。用為发耑、假借也。

糸：，細絲也。絲者蠶所吐也。細者，微也。細絲曰糸。象束絲之形。象形。

系：，縣也。縣者系也。系与縣二篆者為轉注。系者垂統于上爾承于下也。系与係可通用。系之義引申为世系。系之以姓爾弗別。亦系之假借。

孫：，子之子曰孫。會意。

經：，織从絲也。織之从絲謂之經，必先有經而後有緯，南北曰經，東西曰緯。

統：，纪也。《淮南子・泰族訓》曰：「繭之性为絲，然非得女工煮以热湯而抽其統紀，則不能成絲。」引申凡綱纪之稱。《周易》：「乃統天。」鄭注云：「統，本也。」《公羊傳》：「大一統也。」何注：「統，始也。」

紀：，别絲也。紀者，别理絲縷。一絲必有其首，别之是为紀。眾絲皆得其首是为

廟：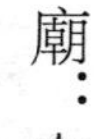，尊先祖皃也。古者廟以祀先祖，凡神不為廟也。

碑：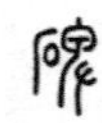，豎石也。鄭注：「宮必有碑，所以識日景引陰陽也。」秦人但曰刻石，不曰碑。後此凡刻石皆曰碑。指事也。

能：，熊屬。《左傳》、《國語》皆云「晉侯夢黃能人入于寢門。」章注曰：「能似熊。能獸坚中，故稱賢能。而彊壮稱能傑也。」指事。

黔：，黎也。老人面凍黎，若垢。謂涤黑也，秦謂民为黔首，謂黑色。周謂之黎民。大學黎民皆訓眾民。假借也。

囱：，在牆曰牖，牖，穿壁以木为交窗也。在屋曰囱。象形。以交木為之，故象其交木之形。

亢：，人頸也。肮，頸大脈也。張晏曰：「亢，喉嚨也。」亢之引申為高也，舉也，當也。《東方朔画贊》云：「苟出不可以直道也，故頡頏以傲世。」轉注。

夲：，進趣也。趣者疾也。从大十。會意。大十者，犹兼十人也。言其進之疾，如兼十人之能也。

十日为旬。此偏中之一义也。自甲至癸而一徧。會意屬。

包：，妊也。妊者孕也。孕者，褁子也。凡外褁之偁亦作包。象人褁妊，巳在中，象子未成形也。元氣起于子，子人所生也。男左行三十，女右行二十，俱立于巳，為夫婦。褁妊于巳，巳為子，十月而生，男起巳至寅，女起巳至申，故男年始寅，女年始申也。

胞：，兒生裹也。胞為胎衣。

鬼：，人所歸為鬼。《释言》曰：「鬼之为言歸也。」郭注引《尸子》：「古者謂死人為归人。」子產曰：「鬼有所歸。」《礼運篇》：「䰟氣歸于天形魄歸于地。」假借屬。

篡：，屰而奪取曰篡，夺當作敚。敚者，彊取也。逆爾敚者，下取上也。屬指事。

山：，宣散也。謂能宣散氣也。，當作。有石爾高，象形。

崇：，山大爾高也。

庠：，禮官养老。夏曰校，殷曰庠，周曰序。指事。

序：，東西牆也。《释宫》曰：「東西牆謂之序。」文部曰：次第謂之序，序为绪之假借詞。

嘉谷也。民食莫重于禾。」

稼：，禾之秀實为稼。一曰稼家事也。一曰在野曰稼。種穀曰稼。象形。

火：，焜也。燬也，火也。南方之行，炎爾上。木曰東方之行，金曰西方之行，水曰北方之行。象形。

焜：，火也。《詩》曰：「王室如燬。」《釋言》曰：「燬，火也。」

燬：，火也。《春秋傳》曰：「衛侯燬。」

黠：，堅黑也。黑之堅者也。引申為奸巧之偁。《貨殖列傳》云：「傑黠奴，謂其性堅而善藏也。」《方言》曰：「慧，自关而東趙魏之間謂黠或謂之鬼。」會意屬。

邑：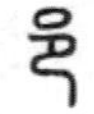，國也。《白虎通》曰：「夏曰夏邑，商曰商邑，周曰京師。」

邦：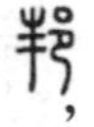，國也。《周禮》注曰：「大曰邦，小曰國。邦之言封也。」

辟：，瀍也。傳皆曰：「辟，瀍也。」引申之为罪也。又申之为辟除。或借为僻，或借为避，为闢。

旬：，徧也。《大雅》：「王命召虎。来旬来宜」。傳曰：「旬，徧也。」又均也。

馨，明德惟馨。」馨者，香之遠聞者也。香者，芳也。象嘉穀在裏中之形。謂白也。《毛傳》謂苗為嘉穀，許書謂禾為嘉穀。連裏曰穀、曰粟，去裏曰米。米之馨香曰皀。會意屬。

合：，亼口也。三口相同是為合，十口相傳是為古。象形屬。

倉：，穀藏也。蒼黄取爾藏之，故謂之倉。口象倉形。

缶：，瓦器，所以盛酒將水。象形屬。

昆：，同也。傳曰：「昆者，眾也。」从日者，明之義也，亦同之義也。屬會意。

旦：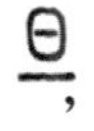，明也。明當作朝。朝者，旦也。《衛風》「信誓旦旦。」《毛傳》曰：「旦旦，明也。」屬會意。

朙：，照也。照，明也。《大雅・皇矣》傳曰：「照臨四方曰明。」屬會意。

囧：，窻牖麗廔，闓朙也。象形屬。

鼎：，三足两耳，和五味之寶器也。象形屬。

鼐：，鼎之絕大者。《周頌傳》曰：「大鼎謂之鼐。」

禾：，嘉穀也。《公羊何注》曰：「未秀為苗，已秀為禾。」《生民傳》曰：「黃，

盛：盛，黍稷在器中以祀者也。盛者實于器中之名也，引申凡丰滿之偁。會意。

盡：盡，器中空也。會意屬。

血：血，祭所薦牲血也。《郊特牲》曰：「毛血告幽全之物也。」會意屬。

丹：丹，巴越之赤石也。巴郡南越皆出丹沙。《蜀都賦》：「丹沙赩熾出其坂。」《吴都賦》：「赬丹明璣謂越也。」蜀、吴《二都賦》注：「皆云出山中，有穴。」指事屬。

青：青，東东方色也。《攷工記》曰：「東方謂之青。」木生火，从生丹。丹赤石也。赤南方之色也。丹青之信言必然。

靜：靜，宷也。分布五色，疏密有章，則雖絢爛之極，而無淟涊不鮮，是曰靜。人心宷度得宜，一言一事必求義理之必然，則雖緐勞之極而無紛亂，亦曰靜。引申假借之義也。

丼：丼，八家为一丼，《穀梁傳》曰：「古者公田为居，二十畝为一井，因為市交易，故称市井。」皆謂八家为一井也。孟子曰：「方里爾井，井九百畝，其中為公田。」此古井田之制，古者伯益初作井。屬象形。

皀：皀，穀之馨香也。穀，粟也，粟者嘉穀實也。《左傳》引《周書》曰：「黍稷非骨：，肉之覈也。覈，實也。肉曰肴，骨覈。《周禮》：「丘陵其植物宜覈物。」覈物，梅李之屬。指事屬。

典：，五帝之書也。从册，在丌上，尊閣之也。閣猶架也。典大册也。會意屬。

奠：，置祭也。置酒食而祭也，奠高山大川。

工：，巧飾也。凡善其事曰工。

巫：，巫祝也。祝，祭主贊詞者。《周禮》：「巫祝分職，二者相須为用，不得以祝释巫也。」

豐：，豆之豐滿也。謂豆之大者也。引申之，凡大皆曰豐。凡物之大皃曰豐。从豆象形。

虎：，山獸之君。从虍从儿。會意。虎足象人足也。孔子曰：「在人下，故詰屈，謂人之股脚也。虎之股脚似人，故其字上虍，下儿。虍謂其文，儿謂其足也。」象形与會意兼之。

皿：，飯食之用器也。象形。与豆同意。

大則肥美。羊在六畜主给膳也。馬牛羊豕犬雞也。羊者祥也。故美从羊。會意屬。

鸞：，赤神靈之精也。赤色五彩。五采畢具也。朱鳥也。蔡衡曰：「多赤色者，多青色者鸾。雞形，鳴中五音。」頌聲作則至。

幾：，微也。《繫辞傳》曰：「幾者動之微，吉凶之先見者也。」又曰：「颜氏之子其殆庶幾乎？」虞曰：「幾，神妙也。」从𢆶从戍。兵守也。𢆶而兵守者危也。會意屬。

幽：，隐也。隐蔽也。从山𢆶，，幽從山𠂤，隐从，取遮蔽之意。會意屬。

玄：，幽遠也。《老子》曰：「玄之又玄，眾妙之門。」高注《淮南子》曰：「天也。象幽而覆之也，黑而有赤色者为玄。」《周禮》曰：「玄色者，在緅、缁之間，七入为缁：染色者一入謂之源，二入謂赬，三入謂之纁，五入为緅，七入为缁。」會意屬。

殛：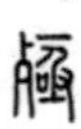，殊也。殊謂死也。殊，殺字也。《虞书》曰：「殛鲧于羽山」此引經言假借也。

死：，澌也。水部澌，水索也。方言澌索也，盡也。人尽曰死。人所離也。形体与魂魄相离。

借。

正：正，是也。从一，一以止。

齒：齒，口齗骨也。鄭注《周禮》曰：「人生齒而體備。男八月女七月而生齒。」

牙：牙，壯齒也。壯齒者，齒之大者也。統言之皆偁齒，析言之則前當脣者稱齒，后在輔車者偁牙。屬指事。

册：册，符命也。諸侯進受於王者也。蔡邕《独斷》曰：「策，簡也。其制長者一尺，短者半之。」《聘禮記》云：「百名以上書于册，每簡一行而已。百名書于方。」方即牍也。牍，書版也。簡册竹為之。牍，木為之。一册不容則累册為之。

古：古，故也。《逸周書》：「天為古，地為久。」《尚書》：「稽古為同天。」从十口識前言者也。識前言者口也。至于十則辗转因袭，是為自古在昔也，指事。

世：世，三十年为一世。《論語》：「如有王者兴必世而後仁。」孔曰：「三十年曰世。」按：父子相繼曰世。指事。

美：美，甘也。甘者五味之一，而五味之美皆曰甘。引申之凡好皆謂之美。从羊大。羊荷：荷，扶渠葉。高注《淮南子》云：「荷夫渠也，其莖曰茄，其本曰蔤，其根曰藕，其華曰夫容，其秀曰菡萏，其實莲，莲之藏者菂，菂之中心曰薏。」屬象形。

萌：萌，艸木芽也。《尚書大傳》：「周以玉動，殷以萌，夏以牙是也。」

芽：芽，芽逗萌也。

藪：藪，大澤也。《地官・澤虞》曰：「每大澤大藪，中澤中藪，小澤小藪。澤水所鍾也。」正謂地多水少，艸木所聚。九州之藪、楊州具區，禹貢謂之正澤，今謂之太湖。荊州云夢，在華容。豫州甫田，在中牟。青州孟諸，在睢陽。雝州玄圃為汧。幽州奚养，在長廣。冀州楊紆，在冯翊池陽。并州昭餘祁，是也。屬太原郡。

物：物，萬物也。牛為大物。天地之數起于牵牛。故物从牛也。屬會意。

吻：吻，口邊也。《曲禮注》云：「口旁口咡。」《廣雅》云：「咡謂之吻。」《攷工記》：「锐喙决吻。」鄭曰：「吻，口腃也。」屬象形。

止：止，下基也。象草木出有阯。故以止為足。此引申假借之法。

歲：歲，木星也。五星：水曰辰星，金曰太白，火曰熒惑，木曰歲星，土曰填星。屬假璿：璿，美玉也。《山海經》：「西王母之山，有璿瑰瑶碧。」《左傳》：「贈我以璿瑰。」《春秋傳》曰：「璿弁玉纓。」弁，馬冠也，纓，马鞅也。轉注屬。

士：士，事也。凡能事其事者從士。《白虎通》曰：「士者，事也，任事之稱也。」故傳曰：「通古今辯然不，謂之士。」數始于一終于十，从一十。孔子曰：「推十合一为士。」會意也。學者由博返約惟以求其至是也，若一以贯之，則聖人之極致矣。

屮：屮，草木初生也。象丨出形有枝莖也。丨读若囟，引而上行也。柱为丨也。古文或以为艸字。屬象形，也屬假借。

艸：艸，百卉也。艸之總名也。轉注屬。

蘭：蘭，香艸也。《易》曰：「其臭如蘭。」《左傳》：「蘭有國香。」屬會意。

苦：苦，大苦，追苓也。甘艸名大苦，又名苓。追卷耳也。就則大苦卽卷耳與?毛傳、《爾雅》皆名卷耳、苓耳。苦為五味之一，引申為勞苦。屬會意。

苞：苞，草也。《生民》傳曰：「苞，本也。」此苞字之本義。《詩》云：「苞栎苞棣」，《書》云：「草木蕲苞。」屬假借。善學古者，不泥于古可也。

「翰，高也。」謂羽長飛高，文翰，若翬雉，一名鷐風。周成王時蜀人獻之。翰飛鳥之豪俊也。轉注屬。

翳：翳，華盖也。薛综曰：「華蓋星覆北斗，王者瀍而作之。」蔡邕曰：「凡乘與車皆羽蓋金華爪。」張衡曰：「羽蓋葳蕤」，又曰：「樹翠羽之高蓋」，羽蓋以翠羽覆車蓋也。屬指事。亦可象形。

雅：雅，楚烏也。一名鸒。一名卑居。秦謂之雅。鳥部曰：卑居，即此物也。説文謂之雅烏。指事。

鳳：鳳，神鳥也。天老（黄帝臣）曰：「鳳之像也。麐前鹿後，蛇頸魚尾，龍文龜背，燕頷雞喙，五色備举。出于東方君子之國。翱翔四海之外，过崐崘，饮砥柱，濯羽弱水，莫宿風穴。見則天下安寧。」古文鳳，象形。鳳飛，羣鳥以萬數，故以為朋黨字。

玉：王，石之美有五德者。润澤以温，仁之方也。䚡理自外可以知中，義之方也。其聲舒揚，専以遠闻，智之方也。不橈而折，勇之方也，鋭廉而不忮。絜之方也。會意。玊，朽玉也，从玉有點，读若畜牧之畜。會意屬。

眚：眚，目病生翳也。不以一眚掩大德。

眛：眛，目不明也。眛，莫佩切。形聲屬。

瞽：瞽，目但有眹也。眹俗作眹。引申之凡缝皆作眹。《釋名》曰：「瞽，鼓也。瞑瞑然目平合如皮合如鼓皮也。」眄者目合而能見，瞽者目合而無見。鄭司農曰：「無目眹謂之瞽。」象形屬。

省：省，視也。省者察也。《释詁》曰：「省，善也。」大夫有大事省于其君。察之爾得其大善也。屬會意。

盾：盾，瞂也。所以扞身蔽目。毛傳曰：「干扞也。」用蔽目，故从目。从目。象形。

自：自，鼻也。象鼻形。此以鼻訓字。會意屬。己也，自然也。皆引申之義。

鼻：鼻，所以引氣自畀也。象形字。口下曰所以言食也，舌下曰所以言别味也。《老子注》曰：「天食人以五氣，从鼻入；地食人以五味，从口入。」《白虎通》引《元命苞》曰：「鼻者，肺之使。」按：鼻一呼一吸，相乘除，而引氣于無窮。

翰：翰，天雞也。釋鳥，鶾，天雞。鶾，訓雉肥。天雞名山雞。赤羽。《小宛傳》云：

值：，持也。持各本作措。措者置也。引申为当也。凡彼此相遇相當曰值价值亦是相當意。一曰逢遇也。會意。

弔：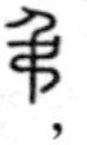，問終也。《褉記》曰：「弔者東面致命曰：寡君聞君之喪，寡使某如何不淑。」鄭注曰：「説者有弔辭曰：皇天降災，子遭罹之、如何不淑！」淑，善也。从人弓，會意。「古之葬者厚衣之以薪」，故人持弓會毆禽也。

僊：，長生僊去。僊去，疑当为䙴去。《莊子》曰：「千歲猒世，去爾上僊。」《小雅》：「屢舞僊僊」，屢，數也。僊，舞袖飞揚之意。引申假借之義也。从人䙴，䙴，升高也。从人䙴會意。《釋名》曰：「老爾不死曰仙。」仙，遷也。遷入山也。故其制字人旁，作山也。

虛：，大丘也，昆侖丘谓之昆侖虛。昆侖丘，丘之至大者也。《釋水》曰：「河出昆侖虛。」《海内西经》曰：「海内昆侖之虛，在西北。帝之下都。」毛曰：虛，虛也。乃空虛，非丘虛也。會意。

身：，躳也。吕部曰：躳，身也。躳为身之傴，主于脊骨也。象形屬。

假：假，非真也。六書假借，謂本無其字依聲讬事也。

俗：俗，習也。習者數飛也。引申之，凡相效謂之習。《周禮·大宰》：「禮俗以馭其民。」注云：「昏姻喪祭，舊所行也。」《大司徒》：「以俗教安。」俗謂土地所生習也。《曲禮》：「入國而問俗。」俗，謂常所行与所惡也。《漢地理志》曰：「凡民函五常之性，其剛柔緩急，音聲不同。系水土之風氣，故謂之風。」指事。

傳：傳，遽也。辵部曰：遽，傳也。与此为互訓，此二篆之本義也。《周禮》：「行夫，掌邦國傳遽。」傳遽若今時乘傳騎驛而使者也。漢有置傳、驰傳、乘傳之不同。轉注。

儔：儔，翳也。翳者華蓋也。引申为凡覆蔽之偁。儔，隱也。轉注。

侈：侈，掩脅也。掩蓋其上。脅制其旁。凡自多以陵人曰侈。轉注。一曰奢泰也。奢者張也。泰者滑也。轉注。

偽：偽，詐也。詐者，欺也。月令云詐偽淫巧。偽者，人為之，非天真也。轉注。

咎：咎，災也。天火曰災。凡失意自而至曰災。《釋詁》曰：「咎，病也，过也，惡也。」从人各。各者，相違也。會意之字。

俊：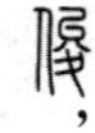，材过千人也。《尹文子》曰：「千人才曰俊，萬人曰傑。」《淮南子・泰俗訓》：「智过萬人者謂之英，千人者謂之俊，百人者謂之豪，十人者謂之傑。」《春秋繁露》曰：「萬人者曰英，千人者曰俊，百人者曰傑。十人者曰豪。」《皋陶謨》鄭注曰：「才德千人为俊，百人为乂。」《呂氏春秋・孟秋記》高注曰：「才过萬人曰傑，千人曰俊。」王逸注《懷沙》曰：「千人才為俊，一國高為傑。」《月令正義》引蔡氏《辨名記》云：「十人曰选，倍选曰俊，萬人曰傑。」《禮運》及《左傳》皆引《辨名記》云：「倍人曰茂，十人曰选，倍选曰俊，千人曰英，倍英曰賢，萬人曰傑，倍傑曰聖。」《白虎通》引《别名記》：「五人曰茂，十人曰选，百人曰俊，千人曰英，倍英曰賢，萬人曰傑，萬傑曰聖。」轉注。

伊：，殷聖人阿衡也。殷聖人之上當有伊尹二字。毛傳曰：「阿衡，伊尹也。尹治天下者。」指事。

倨：，不遜也。遜者逡循恭敬之意。《戰國策》：「何前倨爾後恭。」《左傳》：「直而不倨，曲而不屈。」

傅：，相也。傅之德義。指事。

者，謂中直或引爾上或引而下，皆入其内也。

和：，相应也，象形。

感：，動人心也。許书有感無憾。《左傳》、《漢書》憾多作感。蓋憾淺于怨。怒才有動于心而已。會意。

憸：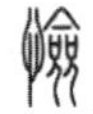，憸詖也。憸蓋险之字錯。詖同頗。古文以詖為頗。憸利于上佞人也。《立政》曰：「國則罔有立政用佞人。」會意。

耻：，辱也。辰部曰：辱，耻也。二篆為轉注。

仕：，學也。訓仕為入官，此今義也。古義宧訓仕，仕訓學。屬轉注。

儒：，柔也。鄭《目録》云：「儒行者，以其記有道德所行。儒之言优也，柔也，能安人，能服人。又儒者，濡也，以先王之道能濡其身。」《玉藻》注曰：「舒儒者，所畏在前也。術士之稱。」《周禮》：「儒以道得民。」注曰：「儒有六藝以教民者。大司徒以本俗六，安萬民。四曰联師儒。」注曰：「師儒鄉里教以道藝者。」《周禮》謂六德六藝六行。六藝曰德行道藝。自真儒不見，爾以儒病矣。指事。

欲：，貪欲也。感于物而動，性之欲也。欲而當于理，則為天理。欲而不當于理則為人欲。欲求适可斯已矣，非欲之外有理也。屬會意。

羨：，貪欲也。《大雅》：「無然歆羨。」傳云：「無是貪羨。」此羨之本儀也。傳曰：「羨溢也。」《周禮》：「以其餘為羨。」鄭司農云：「羨，饒也。」屬假借。

河：，河水。出敦煌塞外昆侖山。發源注海。江、河、淮、濟為四瀆。河大昆崙處色白。形声。

國：，邦也。邦國互訓，渾言之也。《周禮注》曰：「大曰邦，小曰國，邦之所居亦曰國。」象形。

圖：，畫計難也。《國語》曰：「夫謀必事見成事焉，而俊履之。」象形。

新：，取木也。取木者，新之本義，引申之，為凡始基之称。《采芑》傳曰：「田一歲曰菑，二岁曰歲田。」其一耑也。

中：，內也。俗本和也，非是。当作內也。宋麻沙本作肉也。入部曰：入者內也。然則中者別于外之辭也，別于偏之辭也，亦合宜之辭也。从口丨下上通也。會意之恉，云下上通意：，志也。志即識，心所識也。意之訓為測度，为記。訓測者，如《論語》：「毋意毋必」，「不逆詐，不億不信」，「億則屢中」，从心音。會意。

忠：，敬也。敬者，肅也。未有尽心而不敬者。盡心曰忠。屬會意。

念：，常思也。《方言》曰：「念思也。」又曰：「念常思也。」許云：「懷，念思也。」《左傳》引《夏書》曰：「念茲在茲，释茲在茲，名言茲在茲，允出茲在茲。」

憖：，肎也。《小爾雅》曰：「憖，願也。謹，敬也。」一曰説也；一曰且也。郑箋云：「憖者心不欲自强之詞。」左傳：「不憖遺一老。」杜注云：「且也。」《春秋傳》曰：「昊天不憖。」《左傳・哀十六年》魯哀诔孔子曰：「旻天不吊，不憖遺一老。」又曰「兩軍之士皆未憖。」憖，鱼覲反，鱼辖反。假借。

慊：，疑也。疑者惑也。今字多作嫌。不平于心也。

快：，不服懟也。快然倔強之意。快然自大之意。王逸少《蘭亭序》曰：「快然自足。」自来石刻如是。本非快字，而學者尟知之。於亮切。屬會意。懟，怨也。

愾：，大息皃。口部嘆下：口大息。大息者，呼吸之大者也。許旣切。屬形声。

謂頟腔也。《內則注》曰：「夾囟曰角。」象形。《內則正義》引此云：「囟，其字象小兒腦不合也。」息進切。

性：，人之昜氣性。善者也。《論語》曰：「性相近。」孟子曰：「人性之善也，猶水就下也。」董仲舒曰：「性者，生之質也。質樸之謂性。」

心：，人心，土臧也。在身之中，象形。博士说，目为火臧。土臧者，《古文尚書》說。火臧者，今文家說。

情：，人之侌氣有欲者。董仲舒曰：「情者，人之欲也；人欲之謂情。情非制度不節。」《禮記》曰：「何謂人情，喜怒哀惧愛恶欲，七者不學而能。」《左傳》曰：「民有好恶喜怒哀樂，生于六氣。」《孝經援神契》曰：「性生于陽以理執，情生于阴以繫念。」屬指事。

志：，意也。从心㞢。㞢亦聲。古文作志，則志者記也。知也。《論語》：「賢識其大者」，《左傳》曰：「以志吾过。」又曰：「且曰志之。」又曰：「歲聘以志業。」又曰：「吾志其目也。」《詩序》曰：「詩者，志之所之也。在心為志，发言為詩。」屬會意。

者。象屈服之形。

斆：，覺悟也。斆、覺疊韵。

教：，上所施下所效也。教效疊韵。从攴从孝。凡教之屬皆从教。

禪：，祭天也。封者增天之高，歸功于天。禪者，廣土地。应劭亦云：封为增高，禪為祀地。惟張晏云天高不可及，于泰山上立封，又禪而祭之，冀近神靈也。屬會意。

社：，地主也。今《孝經説》曰：「社者，土地之主。土地廣博不可偏敬，封五土以為社。」《春秋傳》曰：「共工之子句龍为灶神，各樹其土所宜木。」屬轉注。

公：，平分也。从八。八厶背私也。八猶背也。韓非曰：「背私為公。」倉頡之作書也，自環者謂之私，背私者謂之公。自環为厶，六書之指事也。八為公，六書之會意也。

思：，睿也。各本作容也，或以伏生《尚書》：「思心曰容」説之。谷部曰：容者，深通川也，引申之，凡深通皆曰容。思心之不容，是謂不聖。《韻會》曰：「自囟至心如絲相貫不絕也。」屬會意。

囟：，頭會堖蓋也。首之會合處，頭髗之覆盖。玄應引蓋下有「顖空」二字。顖空，

賢：，多財也。財，各本作才。称賢能，因習其引申之義，廢其本義矣。傳曰：「賢，勞也，謂事多而勞也。」屬會意。

君：，尊也。从尹、口，尹，治也。口以發号。，古文象君坐形，屬象形。

命：，使也。从口令。令者，發號也，君事也。非君而口使之，是亦令也。故曰命者，天之令也。會意。

名：，自命也。从口夕。夕者，冥也。幽也。冥不想見，故以口自名。屬會意。

周：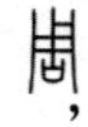，密也。忠信为周，謂忠信之人無不周密者。从用口。善用其口則密。屬轉注。

唐：，大言也。引申為大也，如說《尚书》者云：「唐之為言蕩蕩也。」見《論衡》。又為空也。屬轉注。

哭：，哀聲也。从吅，从獄省聲。本為犬嗥，而移以言人也。屬會意。

喪：，亡也。亡逃也。亡，非死之意，故《中庸》曰：「事死如事生，事亡如事存。」

臣：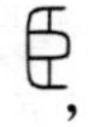，牽也。臣，堅也。《白虎通》曰：「臣者，繵也。屬志，自堅固也。」事君

之假借也。

王：王，天下所歸往也。董仲舒曰：「古之造文者，三畫而連其中謂之王。三者，天地人也，而參通之者王也。」孔子曰：「一貫三为王。」屬象形也。

皇：皇，大也，見《毛诗傳》。从自、王。自，始也。始王者三皇。燧人為燧皇，伏羲為義皇，神農為農皇。《白虎通》曰：「三皇者何？伏羲、神農、燧人。」鄭依《春秋緯》，伏羲、女媧、神農为三皇。大君也。始王天下是大君也，故號之曰皇。屬會意。亦可視為假借。

理：理，治玉也。《战國策》：「鄭人謂玉之未理者为璞。」是理為剖析也。玉雖至堅而治之得其鰓理以成器不難，謂之理。凡天下一事一物，必推其情至于无憾爾後即安，是之謂天理。是之謂善治，此引申之義也。《孟子字義疏證》曰：「理者，察之而幾微必區以別之名也，是故謂之分理。在物之質曰肌理曰腠理曰文理。得其分則有條而不紊，謂條理。古人之言天理何謂也，曰理也者，情之不爽失也，未有情之不得而理得者也。天理云者，言乎自然之分理也，自然之分理以我之情絜人之情，爾無不得其平是也。」

倉頡乃有其字。坤顨特造之，乾震坎离艮兌以音義相同之字為之，故文字之始作也。有義而後有音，有音而後有形，音必先乎形。名之曰乾坤者，伏羲也。字之者，倉頡也。畫卦者，造字之先聲也。是以子得云三即坤字。

化：，「教行也」。教行于上，則化成于下。賈生曰：「此五學者既成于上，則百姓黎民化辑于下矣。」《老子》曰：「我無為而民自化。」屬會意。

倫：，輩也。軍發車百兩为輩。引申之同類之次曰輩。鄭注《曲禮記》曰：「倫，猶類也。」會意。

人：，天地之性最貴者也。按：禽草木皆天地所生，不得為天地之心。惟人為天地之心，故天地生此為極貴。天地之心謂之人，能與天地合德。仁者，人之德也。不可謂人曰仁。其可謂果人曰果仁哉？人以從生貴于横生。屬象形。

仁：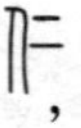，親也。親者。密至也。會意。人耦，《诗经·匪風》箋云：「人偶能烹魚者，人偶能輔周道治民者。」人偶，猶言汝我親密之辞。

帝：，諦也。《毛诗故訓傳》曰：「審谛如帝，王天下之號。」，古文帝。六書

中：中，内也。凡丨之屬皆从丨俗本和也。入部曰：内者入也，入者内也。然則中者，别于外之詞也，别于偏之辭也。亦合宜之辭也。从口丨下上通也。會意之恉。

誠：誠，信也。从言成聲。屬形聲。

贊：贊，見也。謂彼此相見，必資贊者。《士冠礼》贊冠者，贊，佐也，進也。屬會意。

地：地，元氣初分，輕清易为天，重濁陰为地。《陰陽大論》曰：「黄帝問于岐伯曰：地之為下否乎？岐伯曰：地為人之下，大虛之中者也。黄帝曰：馮乎？岐伯曰：大氣舉之也。」按：地之重浊，而包舉乎輕清之氣中，是以子墜。萬物所陳列也。地以土生物，故从土。屬象形。

坤：坤，地也。《易》之卦也。从土申，會意。土位在申也。《説卦傳》曰：「坤也者，地也。萬物皆致養焉，故曰致役乎坤。」坤正在位，自倉頡造字已然，後儒乃臆造乾南坤北為伏羲先天之學。《説卦傳》所定之位為文王後天之學，甚矣人之好怪也。或問伏羲畫八卦，卽有乾坤震巽等名與不？曰有之，伏羲三奇謂之乾，三耦謂之坤。而未乾字坤字，傳至于禮：，履也。足所依也。引申之凡所依皆曰履，此假借之灋。所以事神致福也。

樂：，五聲八音總名。《樂記》曰：「感于物而動，故形于聲。聲相應，故生变。变成方謂之音。比音而樂之，及于戚羽旄謂之樂。」音下曰：「宫商角徵羽，聲也。絲、竹、金、石、匏、土、革、木，音也。」樂之引申为哀樂之樂。樂器多矣者春分之音。《易》曰：「雷出地奮，豫；先王以作樂崇德。」是其意也。

論：，議也。論以侖會意。部曰：侖，思也。侖部曰：侖，理也。思如玉部：鰓理自外可以知中之鰓。毛曰：「論，思也。」于六書為假借。凡言語循其理，得其宜謂之論。故孔门師弟子之言，謂之《論语》。

大：，天大地大人亦大焉。《老子》曰：「道大，天大，地大，人亦大。人灋地，地灋天，天灋道。」象形。

學：，篆文斆省。覺悟也。《学記》曰：「學然後知不足，知不足，然後能自反也；教然後知困，知困，然後自强也。故曰教学相長也。《兑命》曰：學學半。其此之謂乎？」上學曰教，下學曰学。

道：，所行道也。道者，人之所行，故亦謂之行。道之引申为道理。从辵首。首者，行所達也。一達謂之道，九達謂之馗。此屬會意。

彳：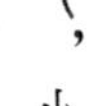，小步也。象人脛三屬相連也。三屬者上为股，中为脛，下为足也。中以该上下也。脛動而股与足随之。凡彳之屬皆從彳。

德：，外也。升當作登。辵部曰：遷，登也。德訓登者，《公羊傳》：「公曷为遠而观魚，登來之也。」何曰：「登讀言得。得來之者，齐人語。齐人名求得为得來。今俗謂用力徙前曰德，古語也。」此于六數为形聲。

易：，蜥易，蝘蜓，守宮也。虫部蜥下曰蜥易也。堰下曰：在壁曰蝘蜓，在草曰蜥易。其在澤中者謂之易蜴。南楚謂之蛇醫。桂林之中守宮大者而能鳴，謂之蛤解。易本蜥易，語言假借，而难易之義出焉。象形。《祕書》說曰：「日月為易，象侌易也。」謂上从日象陽，下从月象陰。然下體上非月也。一曰从曰从勿。凡易之屬，皆从易。

詩：，志也。《毛詩序》曰：「詩者，志之所之也。在心為志，發言為詩。」此于六書為會意。

附录：《説文解字》初探

一：一，「惟初大極，道立於一，造分天地，化成萬物。凡一之屬，皆從一」。一之形，于六書為指事。以字形為書。俾學者因形以考音與義，實始于許，功莫大焉。玉裁作六書，自倉頡造字時至唐虞三代秦漢，以及許叔重造《説文》曰某聲，曰讀若某者，皆條理合一不紊。

式：古文一。凡言古文者，為倉頡所作古文也。此書法後王，尊漢制以小篆為質，而兼錄古文籀文。所謂今敘篆文，合以古籀也。小篆之于古，籀或仍之，或省改之。仍之者之十之八九，省改之者十之一二而已。仍則小篆皆古、籀也。

元：元，始也。見《爾雅・釋詁》。《九家易》曰：「元者，氣之始也。」謂于六書、為形聲也。

天：天，顛也。丕大也。顛者，人之頂也，臣于君，子于父，妻于夫，民于食皆曰天是也。至高無上，从一大。至高無上，是其大無有二也。于六書為會意。

藪：藪，大澤也。澤，水所鍾也。《地官・澤虞》曰：「每大澤大藪，中澤中藪，小澤小藪。」九州之藪：楊州具區，荊州雲夢，豫州甫田，青州孟诸，兗州大野，雝州弦圃，幽州奚養，冀州楊紆，并州昭餘祁是也。

牛：牛，事也，理也。事也者，謂能事其事也。牛任耕，理也者，謂其文理可分析也。庖丁解牛，依乎天理，順乎牛體之結構，斫之辟之，自然解體矣。

牡：牡，畜父也。或曰：土當作士，士者夫也。

牝：牝，畜母也

口：口，人所以言食也。言語飲食者口之兩大耑。

呻：呻，吟也。呻者吟之舒。

吟：吟，吟者呻之急也。渾言之則二者無别也

喟：喟，大息也。歎聲也。

君：君，尊也。

愿：愿，謹也。《咎繇謨》曰：「愿而恭。」

怡：怡，龢也。龢者調也。《玉篇》曰：「怡者，悅也。」

木：木，冒地而生，東方之行。下象其根。

楷：楷，楷木也。孔子冢蓋樹之者。《皇覽》云：「冢塋中樹以百數，皆異種。傳言弟子各持其方樹來種之。」按：楷亦方樹之一也。《儒行》：「今世行，後世以為楷。」

桔：桔，桔梗，藥名。《本草經》曰：「桔梗味辛，微溫，主胷脅痛，如刀刺、腹滿、腸鳴幽幽、驚恐氣。」《戰國策》曰：「今求柴胡、桔梗於沮澤，則絫世不得一焉。」一曰直木。

楓：楓，楓木也。厚葉弱枝，善搖。一名。大風則鳴。

檜：檜，柏葉松身。禹貢作栝。

艸：艸，百芔也，艸之總名。

芽：芽，萌也。

苗：苗，艸生於田者。《魏風》「無食我苗。」

蒜：蒜，葷菜也。菜之美者，雲夢之葷菜。

其形聞其聲矣，上有蒼穹覆之，下有實地載之。中有萬物形之喧之誘之思之勞之怡之，趨之，趣之，目不暇接，手不暇應，心不暇思，足不暇步，冒口鼻之欲，身家名利之求，修齊治平之憂，報效不力之憾，率聚於心性情心物交織，化為文字。編入於《說文解字》之中既合於「六書」之律，又歸於形聲之要。考其形跡驗其聲韻，莫不生機活潑。字字皆然。試舉例以明之：

三、六書舉例

心：，人心，土臧也。在心之中，凡心之屬皆從心。

性：，人之昜气性。善者也。《論語》曰：「性相近也」。《孟子》曰：人性之善也，猶水就下也」。董仲舒曰：「性者，生之質也。質樸之謂性」。

情：，人之陰气有欲者。董仲舒曰：「情者，人之欲也；人欲之謂情。情非制度不節。」

志：，意也。《周禮・保章氏》注云：「志，古文識。識，記也。」識，知也。《左傳》曰：「以志吾過。」《詩序》曰：「詩者，志之所之也。」

第二章　六書內蘊之義原於事物之形聲義

一、何謂六書

何謂六書？「一曰指事，二曰象形，三曰形聲，四曰會意，五曰轉注，六曰假借。細味此六者之含義不同與每一漢字對照而思之，比較而驗之就立發現某字屬象形、某字屬會意，判然無誤矣。更進一步而知指事、象形、形聲、會意四者乃六書之本體主體則其大用順矣。善用六書則《說文解字》內蘊之義幾盡矣。

二、六書所涵蓋之事物莫不歸於形聲

如「一」之為字也，初唯見其形未聞其聲，俄如細味「惟初大極，道立於一」。立即見也。

（三）綜合觀

綜合者，有同類之綜合也，有異類之綜合也，有包羅萬象之綜合也。就《説文解字注》而言，則多屬於偏旁部首之綜合。其中包括同類事物之綜合，如水部所綜合者不僅是全部帶水之字，而且綜合了我中華由北迄南之水系詳圖。

以「性」為例：

《説文》曰：「性：人之昜氣性。善者也」。《論語》曰：「性相近也」。孟子曰：「人性之善也，猶水之就下也」。董仲舒曰：「質樸之謂性」。人有人之性，物有物性。萬物各秉其性于天；性有共性，亦有個性，萬物皆然。即就個性而論，共性顯於外，個性囿於內；從個性中可見共性之所存，亦可見個性之所發。不管其言個性，均以整體而存焉，人與物均如是也。其形其體其心其性其情其意其志其力。莫不以整體而顯示者也，人與物不二也；山與水不二也，森林樹木不二也。日月星辰亦不二也。

以類為例，如牛之可以馴化耕田，馬之可以馴化馭車，亦猶是也。

（二）類倫觀

類者，區別種類而言之者也，横觀之謂也；倫者，同一種類，垂直并交叉而觀之謂也，任何物種都有類倫二者交錯存焉，其雜交所生者，繁衍不息生驴、生骡、生馬未敢一言而盡也。魚類、犬類、鳥類、花卉類等之同類親交生育者唯生物學家盡之矣。非吾寡陋之徒所可企及者也，唯許慎編撰《説文解字》，或以一二三為序，或以偏旁部首為標，無不盡納之不使遺漏也」。儒者之見，認一切變化始于元。《易·乾》曰：「元、亨、利、貞」。此元者亦指變化之始也。《道德經》首章曰：「元之又元」，亦始之意也；「元之又元，眾妙之門」，言變化之妙幻，晶精神冥，無以形狀，非心力之所可濟，乃天工之不可奪也。

以王為例：

王：《說文》曰：「王，天下所歸往也」。董仲舒曰：「古之造文者，三畫而連其中謂之王；三者，天、地、人也，而三通之者王也」。孔子曰：「一貫三為王」。謂王者須通天地物人之道也。《周易·說卦》：「立天之道曰陰與陽，立地之道曰柔與剛，立人之道曰仁與義」。王者對此三道六義應豁而贯之，融而化之，一而通之，整而合之，使大旨歸一；并借助王權之威力，以踐之行之德化及於海內外，仁義之澤潤於黎庶之心田性情之中；發其天良，誘其善性，激其真情，導之出入於政教；使善教與美政源出於一，流復歸于一；此中華王權政教之核心内涵也。聖君主之則治世出，闇君操之則亂世見；益之以興衰成敗之運，莫不隨時乘隙而入，有識時務者起，拯之救之，則歸于中興焉；失之者則必終至於敗亡而政權更替矣，此中華史之軌跡也。

「一」，《説文》曰：「一，惟初大極，道立於一，造分天地，化成萬物」。段玉裁注曰：（一下悉稱段注。）「《漢書》曰：『元元本本。數始于一』。」今之理解：「惟初大極」，初者，始也。此始也，或上溯至「地球的誕生」（四十五億年前）（見《地球史二十五個最偉大轉折點》）（《参考消息》二〇一五・一・廿七第七版。）此文只説了地球的誕生。還未及天體銀河系之誕生。由此而明其初與太極之時空概年則遠非二十五億年可擬也。

我中華文明始于伏犧之畫八卦、文字之創造則始於倉頡，後賢繼之，不斷補充完善，開始雖免不了仰觀俯察，從獸類鳥跡中尋求形聲會意。歷二十餘年接力賡續之文字創造之功，終於在東漢鼎盛之世（明、章、和三帝），有許慎出而編纂成《説文解字》一書，為中華士人讀經寫史方便使用了一千五百年以上，至清段玉裁（一七三五—一八一五）出，為《説文解字》詳注，並以《六書》貫於每字之注釋之中，使每一字之出歸，釋義，形聲，演變都在完備形態中結束；此固段氏之功也。更是我中華文字獨具之特色，由其內涵充實完所必然之表現也。

以「元」為例：

「元」：《説文》曰：「元，始也」。見《爾雅・釋詁》《九家易》曰：「元者，氣之始遍溯之於諸經。如《周易・乾卦》卦名「元、亨、利、貞」。孔子之《文言》曰：「元者，善之長也；亨者，嘉之會也；利者，義之和也；貞者，事之幹也。」此四語也，將自然，人事、社會、心理、性情諸規律概括無遺也。綜觀宇宙、萬變、兆化、其為物也，其為事也，其為人也，其為心也，其為性也，其為情也。其為一己之善也，其為社會、國家、人類之公也，欲求其發展過程之順暢，舍元亨利貞不可言也，不可論也。但稽察任何事物之消長，榮枯、變化、存没，無不歷經苦難，掙扎，搏擊，沉浮；優化了自我品質、健壯了自我體魄，增强了自我適應能力；在品物流形中，淳化了心性，特別人類之心性，誠如此也。故我中華祖先以其特質之心性進入了人類文明創造，首先創造了以六書為法規之含義豐富形態優美之漢字，漢代文字學家許慎按其偏旁部首編入於中華第一辭書《說文解字》中，計「九千三百五十三文」。「解說凡十三萬三千四百一十四字」。今觀其全書之形式結構及內涵，大致遵循了「整體觀」「類倫觀」「綜合觀」三原則，茲舉例以明之。

（一）整體觀

以「一」為例：

如四也。

五：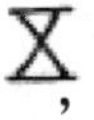，五行也。从二象天地。陰陽在天地間交午也。，加天地則成為也。

六：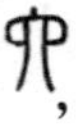，昜之數，陰變於六，正於八。聖人以九六繫爻。

七：，昜之正也。笠陽不變者當為七。

八：，別也。象分別相背之形。以分別物也。

九：，昜之變也。九究也。象其屈曲究盡之形。

十：十，數之具也。《漢志》「協於十。」一為東西，丨南北則四方中央備矣。

第二節　《説文》書所示中華心性特質之內涵

中華思維之整體觀

中華思維之整體觀，固亦可從《説文》一書中得之，如對「一」之注釋曰：「一，惟初大極，道立於一，造分天地，化成萬物」。（見許慎著《説文解字》一頁）如欲求其全義，則必壬：壬，善也。从人士。會意。士事也。人各事其事，善也。一曰象物出地挺生也。他鼎切。凡壬之屬皆从壬。六書象形、會意也。

癸：癸，冬時，水土平，可揆度也。揆癸疊韵。《律書》曰：「癸之為言揆也。」《律曆志》曰：「陳揆於癸。象水從西方流入地中之形。」居誄切。六書象形會意也。

金：金，五色金也。黄之為長。生於土，西方之行。（以五行言之。）

木：木，冒地而生，東方之行。从中，下象其根。謂也中象上出。

水：水，準也。天下莫平於水，北方之行。象眾水并流，中有微陽之氣也。

火：火，焜也。焜火也。炎而上、南方之行。

土：土，地之吐生萬物者也。二象地之上，地之中。丨物出形也。

一：一，惟初大極，道立於一，造分天地，化成萬物。

二：二，高也。此古文丄。

三：三，數名，天地人之道也。

四：四，侌數也。象四分之形。口象四方，八象分也。此古四也。籀文亖此算法之二二戊：戊，中宮也。鄭注《月令》曰：「戊之言茂也。萬物皆枝葉茂盛。豐茂於戊。象六甲五龍相拘絞也。」六甲者，《漢書》「日有六甲」是也。五龍治在五方為五行神、曰五行之龍也。莫侯切。六書象形、會意也。

己：己，中宮也。戊己皆中宮。故中央土，其日戊己。己，皆有定形可紀識者也。引申之義為人己，言己以別於人者。己在中，人在外，可紀識者也。《論語》：「克己復禮為仁」。克己言自勝也。象萬物辟藏詘形也。辟藏者，盤辟收斂，字像其詰詘之形也。己承戊像人腹。居擬切。六書象形、會意也。

庚：庚，位西方，《律書》曰：「庚者，言陰氣更萬物。」《律曆志》：「斂更於庚。」《月令注》曰：「庚之言更也。萬物皆肅然更改，秀實新成。象秋時萬物庚庚有實也。」古行切。六書象形、會意也。

辛：辛，秋時萬物成而飄。《律書》曰：「辛者言萬物之新生。」《律曆志》曰：「悉新於辛。」《釋名》曰：「辛，新也。物初新者，皆收成也。金剛味辛，謂成孰之味也。」息鄰切。六書會意也。

气至戌而盡，故烕从火戌。」此以烕釋戌之恉也。《律書》曰：「戌者萬物盡烕。」《淮南子・天文訓》：「戌者，烕也。」《律曆志》：「畢入於戌。」《釋名》：「戌，恤也。」物當收斂矜恤之也。九月於卦為剝，五陰五盛，一陽將盡，陽下入地。」辛聿切。六書會意也。

甲：，東方之孟，昜气萌動。《史記・曆書》曰：「甲者，言萬物剖符於甲。」《月令注》曰：「日之行，春東从青道發生，月為之佐。」《月令》曰：「孟春之月，天氣下降，地氣上騰，天地和同，草木萌動。」

乙：，象春草木冤曲而出，陰气尚彊，冤之言抑，曲之言詘。乙乙，難出之皃。《史記》曰：「乙者，言萬物生軋軋也。」《漢書》曰：「奮軋於乙。」《文賦》曰：「思軋軋其若抽」。軋軋為乙乙之假借。乙之言軋也。時萬物皆抽軋而出，物之出土艱屯，如車之輾地澁滯。於筆切。六書會意、假借也。

丙：，位南方。萬物成炳然。陰气初起，陽气轉虧。兵永切。六書象形也。

丁：，夏時萬物皆丁實。丁壯成實也。鄭注《月令》曰：「萬物皆強大。」當經切。六書象形會意也。

故五齊三酒掌於酒人，六飲掌於漿人。盎黍酒乃醫中酏，為粥清。一曰酤也。賈侍中說：「酏為粥清。」移尔切。六書象形、會意也。

醬：，醢也。从肉酉。从肉者，醢無不用肉也。即亮切。六書形聲、會意也。

醢：，肉醬也。《周禮》：「醢人掌醓醢。麋臡、鹿臡、麇臡、蠃醢、蠯醢、蚳醢、魚醢、兔醢、鴈醢。」凡醢皆肉也。鄭曰：「作醢及臡者，必先膊乾其肉，乃復莝之，䅘粱麴及盐，漬以美酒，塗置甀中，百日則成矣。」呼改切。六書象形、會意也。

酋：，繹酒也。繹之言昔也。昔，久也。从重夕多也者，則繹酒謂日久之酒，《周禮·酒人》三酒注曰：「事酒，酌有事者之酒。今之醳酒也。昔酒，今之酋久白酒白酒也。清酒，今中山冬釀接夏而成。」禮有大酋掌酒官也。字秋切。六書會意也。

尊：，酒器也。凡酒必實於尊，以待酌者。从酋，廾以奉之。廾者，竦手也。《周禮》六尊：「犧尊、象尊、箸尊、壺尊、大尊、山尊。以待祭祀賓客之禮。」六書象形、會意也。

戌：，威也。九月，昜气微，萬物畢成，昜下入地也。《毛詩傳》：「火死於戌，昜

醧：醧，宴厶歓也。厶，私也。宴私，宴以報私恩、盡私意也。祭而與族人燕飲。或宗室有慶夜宴均屬之。君子可以宴可以醧，不可以沈不可以湎。許云醧宴私之飲也。夫禮之立成者為飫，將以講事成章，建大德立大業也。招大物也，飫以顯物，燕以合好，歲飫不倦時燕不淫，是則飫之禮大於宴醧，故飫主於敬，宴醧主於和。飫在晝宴在夜，飫必屨而升堂，宴醧必跣飫以建大德昭大物，公之至者，不得云私。宴醧主飲酒以親親。故日宴私。宴醧則惟有同姓而已。依据切。六書象形、會意也。

醫：醫，治病工也。《周禮》有醫師、食醫、疾醫、瘍醫、獸醫。醫之性然，得酒而使，酒所以治病也。《周禮》有醫酒。酒人辨四飲之物。醫非酒也，而謂之酒者，醫亦酒類也。醫本酒名也。古者巫彭初作醫。於其切。六書會意也。

醨：醨，薄酒也。吕支切。六書會意也。

酸：酸，酢也。《月令》：「春三月，其味酸。」《鴻範》：「曲直作酸。」素官切。六書會意也。

酏：酏，黍酒也。《周禮》四飲：「四曰酏。」注曰：「今之粥也。」按：飲非酒也。

可為耐酒。耐者三重酒也。丣為春門，萬物已出。丣為秋門，萬物已入。一，閉門象也。與久切。六書象形、會意也。

酒：，就也，所以就人性之善惡。賓主百拜者酒也。淫酗者，亦酒也。以水泉於酉月為之。一曰造也，吉凶所造起也。古者儀狄作酒醪，禹嘗之美也，遂疏儀狄。杜康作秫酒。子酉切。六書指事、會意也。

醿：，生衣也。䴵麴也，所以為酒也。莫紅切。六書指事、會意也。

醪：，汁滓酒也。魯刀切。六書象形、會意也。

醇：，不澆酒也。凡酒沃之以水則薄，不雜以水曰醇。常倫切。六書會意也。

醹：，厚酒也。而主切。六書會意也。

醰：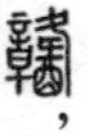，酒味淫也。謂淫液深長。古禫切。六書會意也。

酷：，酒味厚也。酷又極也。教令窮極也。苦沃切。六書會意也。

醮：，冠娶禮祭也。子肖切。六書象形、會意也。

酖：，樂酒也。所樂在酒也。丁含切。六書會意也。

辰：，震也。三月昜气動，靁電振，民農時也，物皆生。震振古通用。振奮也。律書曰：辰者，言萬物之蜄也。《律曆志》曰：「振美於辰。」辰伸也，物皆伸舒而出也。季春之月生气曰盛，陽發泄，句者畢出，萌者盡達。直鄰切。六書形聲、會意也。

午：，啎也。啎者屰也。五月陰气，啎屰昜，冒地而出也。《律書》曰：「午者，陰陽交，故曰午。」《天文訓》曰：「午，仵也。陰氣從下上，與陽相仵逆也。四月純陽，五月一陰逆陽，冒地而出。」故製字以象其形。古者橫直交互謂之午，即一縱一橫為午。疑古切。六書象形、會意也。

未：，味也。六月滋味也。《律書》曰：「未者言萬物皆成有滋味也。」《釋名》曰：「未，昧也。日中則昃，向幽昧也。五行木老於未。」《天文訓》曰：「木生於亥，壯於卯，死於未。」此即昧蔓之説也。無沸切。六書象形、會意也。

申：，神也。淺人妄改為神。《律書》曰：「申者言陰用事。七月侌氣成體，自申束。」从臼，自持也。吏以餔時聽事，申旦政也。失人切。六書會意。

酉：，就也。就高也。酉者萬物之老也。《天文訓》：「酉者，飽也。」八月黍成，

孺：孺，孺子也。幼者曰孺子，一曰輸孺，輸孺尚小也。而遇切。六書象形也。會意也。

孽：孽，庶子也。人之支子曰孽。何注《公羊》曰：「庶孽，眾賤子。」魚列切。六書會意也。

丑：丑，《釋名》曰：「丑，紐也。」寒气自屈紐也。一曰結而可解。十二月陰气之固結已漸解，故曰紐也。十二月萬物動用事。陽氣上通，象手之形。人於是舉手有為。敕九切。六書指事、會意也。

寅：寅，髕也。當作濥。言萬物始生螾然也。《天文訓》：「斗指寅則萬物螾。」螾，動生皃。《釋名》曰：「寅，演也。」長流也。正月陽气欲上出，如水泉欲上行也。侌尚强也。弋真切。六書象形、會意也。

卯：卯，冒也。萬物二月冒地而出。《律書》曰：「卯之為言茂也。」言萬物茂也。《天文訓》曰：「卯則茂茂然。」葢陽气至此而出地。故二月為天門。莫飽切。六書象形、會意也。

際：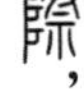，壁會也。兩牆相合之縫也。凡兩合皆曰際。子例切。六書指事、象形、會意也。

隍：，城池也。有水曰池，無水曰隍。隍，城下之溝也。乎光切。六書指事、象形、會意也。

陸：，依山谷為牛馬圈也。去魚切。六書指事、象形也。

隧：，塞上亭，守㷭火者也。徐醉切。六書象形、會意也。

子部

子：，十一月陽气動，萬物滋。子者滋也。萬物滋於下也。《律曆志》曰：「滋萌於子。」一人以為稱。萬物莫靈於人。六書象形也。象物滋生之形，亦象人滋生之形。

孕：，裹子也。从子，乃聲。以證切。六書象形也。

字：，乳也。人及鳥生子曰乳，獸曰犍。極置切。在宀下，六書會意也。

㝅：，乳也。生而乳哺之也。乃苟，奴豆切。六書會意也。

孿：，一乳兩子也。孿，連也。呂患切。六書象形也。

蹊」，皆即陘字。河北八陘：一曰軹關陘，二曰太行陘，三曰白陘，四曰滏陘，五曰井陘，六曰飛狐陘，七曰蒲陰陘，八曰軍都陘。凡天下之地勢，兩山之間必有川焉，則兩川之間必有山焉。是謂坎象。坎者，陷也。陘者，一山在兩川之間，故山絕坎。户經切。六書象、形會意也。

阢：，石山戴土也。五忽切。六書象形、會意也。

隈：，水曲也。烏恢切。六書象形、會意也。

隴：，天水大阪也。《地理志》：「天水郡有隴縣，有大阪名隴坻。」力踵切。六書指事、象形、會意也。

陜：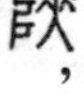，弘農陜也。古虢國，王季之子所封也。失冄切。六書指事也。

陼：，如渚者陼丘，水中高者也。水中可居者曰州，小州曰渚。陼如水中小州然也。當古切。六書指事、象形也。

陶：，再成丘也。在濟陰。定陶縣是也。《夏書》曰：「東至於陶丘。」陶丘有堯城，堯嘗所尻，故堯號陶唐氏。徒刀切。六書指事、象形、會意也。

言私曲，言昵近者，皆引申假借也。烏何切。六書象形、會意兼假借也。

陂：陂，阪也。陂與坡音義皆同。凡陂必邪立，故引申之義為傾斜。《易》：「無平不陂。」《洪範》：「無偏無陂。」彼為切。六書象形、會意也。

阪：阪，坡者曰阪。坡陂異部同字也。一曰澤障也。一曰山脅也。府還切。六書象形、會意。

陗：陗，陵也。凡斗直者曰陗。斗俗陡也。七笑切。六書象形、會意也。

陖：陖，陗高也。斗直而高也。是峻陖之別也。或言高者未必陗矣。私閏切。六書象形、會意也。

陟：陟，登也。陟陞也。升者登之假借。竹力切。六書會意、假借也。

隤：隤，下隊也。杜回切。六書會意也。

瀆：瀆，通溝。以防水者也。通者疾流也。免水患也。徒谷切。六書象形、會意也。

防：防，隄也。引申為凡備禦之稱。符方切。六書象形、會意也。

陘：陘，山絕坎也。連山中斷。陘者，領也。山徑，山領也。楊子《法言》作「山峌之

𨸏部

𨸏：𨸏，大陸也。《釋地》：「大陸曰阜。」李巡曰：「高平曰陸。」《秦風》傳曰：「阜，大也。《鄭風》傳曰：「阜，盛也。」《國語》注曰：「阜，厚也。」皆由土山高厚演之。房九切。六書指事象形也。

陵：陵，大𨸏也。《釋地》：「大阜曰陵。陵隆也，體隆高也。」引申之為乘也，上也，躐也，侵陵也，陵夷也。皆夌字之假借也。力膺切。六書象形兼會意也。

阞：阞，地理也。《攷工記》曰：「凡溝逆地阞謂之不行。」注曰：「溝謂造溝，阞為脈理。」按：力者，筋也。筋有脈絡可尋，阞者，地理也。朸者，木理也。泐者，水理也。手部有扐，亦同意也。盧則切。六書會意也。

陰：陰，闇也。闇者閉門也。水之南為陽，山之北為陰。日之所照為陽，於今切。六書會意也。

陽：陽，高明也。與章切。六書會意也。

阿：阿，大陵曰阿。凡曲處曰阿。《毛詩》：「菁菁者莪，在彼中阿。」曲則易美，凡軒：軒，曲輈藩車也。謂曲輈而藩蔽之車也。虛言切。六書象形會意也。

轀：轀，臥車也。秦始皇崩沙血丘尸陳轀涼車中。烏魂切。六書象形會意也。

輬：輬，臥車也。呂張切。六書象形會意也。

輣：輣，樓車也。薄根切。六書象形會意也。

䡴：䡴，陷陳車也。陳者列也。尺容切。六書象形會意也。

轈：轈，兵車高如巢以望敵也。鉏交切。六書象形會意也。

輪：輪，有輻曰輪。無輻曰輇。力屯切。六書象形會意也。

轘：轘，車裂人也。注曰：「車轘也。」胡慣切。六書象形會意也。

斬：斬，截也。截者，斷也。斷首也。注曰：「斬以鈇鉞。」側減切。六書象形也。

輀：輀，喪車也。如《喪大記》所載：「致為緐縟」。而之切。六書象形也。

轟：轟，轟轟，羣車聲也。呼宏切。六書形聲包會意也。

鐸：鐸，大鈴也。金鈴金舌謂之金鐸。金鈴木舌謂之木鐸。大司馬職曰振鐸，徒洛切。六書形聲。

鏞：鏞，大鐘謂之鏞。余封切。六書形聲、會意也。

鍠：鍠，鐘聲也。《詩》曰：「鐘聲鍠鍠。」乎光切。六書象形、形聲會意也。

鏓：鏓，鎗鏓也。《學記》曰：「善待問者如撞鐘，叩之以小者則小鳴，叩之以大者則大鳴。待其松容，然後盡其聲。」松容謂其重撞擊也。倉紅切。六書象形、形聲會意也。

鏜：鏜，鐘鼓之聲也。《詩》曰：「擊鼓其鏜。」土郎切。六書象形、形聲會意也。

鎧：鎧，甲也。古曰甲，漢人曰鎧。苦亥切。六書象形、形聲會意也。

鑾：鑾，人君椉車四馬鑣八鑾。洛官切。六書象形、形聲會意也。

鉞：鉞，車鑾聲也。《詩》曰：「鑾聲鉞鉞。」呼會切。六書象形、形聲會意也。

車部

車：車，輿輪之總名也。言輪而軸見矣。夏后時奚仲所造。六書象形會意也。

鐃：鐃，鐵文也，謂鐵之文理也。呼鳥切。六書象形、會意也。

鏡：鏡，景也。景者，光也。鐵有光可照物謂之鏡。居慶切。六書象形會意也。

鑑：鑑，大盆也。盆者，盎也。《淩人注》云：「春始治鑑。鑑如甀，大口，以盛冰，置食物於中，以御溫氣。」《攷工記》云：「鑑亦鏡也。」莫懺切。六書象形會意也。

銖：銖，權十絫黍之重也。權，五權也。五權，銖兩斤鈞柘也。兩部曰：二十四銖為一兩。十六兩為一斤。鈞三十斤也。禾部曰：柘，百二十斤也。許說與《漢律曆志》合。《志》曰：「一龠容千二百黍，重十二銖。兩之二十四銖為兩，十六兩為斤，三十斤為鈞，四鈞為石。」此許所本。言十絫黍者，謂百黍也。市銖切。六書象形會意也。

錙：錙，六銖也。鄭注《禮記・儒行》曰：「八兩為錙。」側持切。六書會意也。

錘：錘，八銖也。直埀切。六書經會意也。

鈞：鈞，三十斤也。斤者，十六兩。三十斤，為銖萬一千五百二十，為絫二十七萬六千四百八十。《漢志》曰：「鈞者，均也。陽施其气，陰化其物，皆得其成就，平均也。」居匀切。六書會意也。

六書象形也。

鐵：鐵，黑金也。天結切。六書象形也。

鑄：鑄，銷金也。之戍切。六書象形也。

銷：銷，鑠金也。相邀切。六書象形也。

鍊：鍊，冶金也。冶者，冶之使精曰煉也。郎甸切。六書象形包會意也。

釘：釘，煉鉼黃金也。《爾雅》：「鉼金謂之鈑，凡物匾之曰餅。」当經切。六書象形會意也。

錮：錮，鑄穽也。穽作塞，誤。今正。凡銷鐵以窒穿穴謂之錮。《漢書》曰：「下錮三泉。」古慕切。形聲包會意也。

鑲：鑲，作型中腸也。型者鑄器之灋也。其中腸謂之鑲，猶瓜中腸謂之瓤也。瓤亦用為句鑲，兵器也。汝羊切。六書象形、形聲包會意也。

鎔：鎔，冶器灋也。冶者銷也，鑄也。猶泥之在鈞也，唯甄者之所為。師古曰：「鎔為鑄器之模範也。」余封切。六書象形會意也。

协：協，同眾之龢也。同眾之和一如同力，从劦十。十眾也。胡頰切。六書象形、會意。

金部

金：金，五色金也。白金、青金、赤金、黑金，合黃金為五色。黃為之長。久薶不生衣，百煉不輕，此二句言黃金之德也。從革不違，以五行言之为西方之行。生於土，从土左右注，象金在中形。謂土旁二筆也。金，古文金。居音切。六書象形、形聲、會意也。

银：銀，白金也。《爾雅》曰：「白金謂之銀，其美者謂之鐐。」語巾切。六書象形也。

镣：鐐，白金之美者也，《毛詩》傳曰：「大夫鐐琫而鐐珌。」洛蕭切。六書象形也。

铅：鉛，青金也。與專切。六書象形也。

铜：銅，赤金也。《食貨志》曰：「金有三色，黃金為上，白金為中，赤金為下。」孟康曰：「赤金，丹陽銅也。即吳王濞傳章郡銅山。」《貨殖列傳》「章山之銅也。」徒紅切。

功：，以勞定國也。保全國家若伊尹。古虹切。六書指事會意也。

勍：，彊也。《春秋傳》曰：「勍敵之人。」渠京切。六書會意也。

勝：，任也。保也。當也。凡能舉之，能克之者曰勝。識蒸切。六書會意也。

勠：，勠力，幷力也。或曰勠力同心也，力竹切。六書會意也。

劮：，尤劇也。勀又劇之尤者。苦得切。六書會意也。

飭：，致臤也。臤者堅也。致者送詣也。致之於堅，是之謂飭。《攷工記》曰：「審曲面世，以飭五材。」謂五材皆必堅緻也。又曰飭力以長地材。謂整頓其人力也。凡人物皆云飭，飭人而筋骸束矣，飭物而器用精良矣。飭與飾二者義近，飾外而飭內也，恥力切。六書會意也。

劾：，灋有辠也。灋者以灋施之也。劾，推窮罪人也。胡槩切。六書會意也。

劦：，同力也。同力者和也。和調也。劦音戾，力制切。六書會意也。

協：，同心之龢也。同心一如同力，胡頰切。六書象形兼會意也。

書》：「秦襄公居垂，作西時，祠白帝。右扶風雝有五時。好時鄜時皆黃帝時築。」周布切。六書象形也。

畯：，農夫也。孫云：「農夫，田官也。」《周禮》：「田畯，古之先教田者。」子峻切。六書象形、會意也。

甿：，田民也。甿為田民，農為耕人。武耕切。六書象形、會意也。

男：，丈夫也。周制八寸為尺，十尺為丈。人長一丈故丈夫。《白虎通》曰：「男，任也。」任，功業也。从田力。言男子力於田也。那含切。六書象形、會意也。

力部

力：，筋也。筋下曰肉之力也。筋者其體，力者其用，非有二物。凡精神所勝任皆曰力。象人筋之形。象其條理也。人之理曰力，木之理曰朸，地之理曰阞，水之理曰泐。林直切。六書會意也。

勳：，能成王功也。王功曰勳。許云切。六書象形、形聲兼會意也。

注曰：「一井為疇。」杜預注曰：「並畔為疇。並畔則二井也。」引申之疇類也。人與人相疇，家與家相疇。物各有疇也。從田𠷎，象耕田溝詰詘也。直由切。六書象形、會意也。

畮：，六尺為步，步百為畮。《司馬法》如是。《王制》曰：「方一里者為田九百畮。」謂方里而井。秦田二百四十步為畮。（秦孝公之制也。）莫后切。六書象形也。

甸：，天子五百里內田。《禹貢》：「五百里甸服。」《商頌》曰：「邦畿千里惟民所止。」《王制》：「千里之內曰甸，京邑在其中央。」堂練切。六書象形也。

畿：，天子千里地。即天子五百里內田也。自其一面言也，千里自其四面言也，商頌：邦畿千里。形聲中包會意。巨衣切。六書象形、形聲、會意也。

畦：，田五十畝曰畦。班固以為畦田五十畝也。户圭切。六書象形也。

畹：，田三十畮曰畹。於阮切。六書象形也。

畔：，田界也。田之竟處也。薄半切。六書象形也。

界：，竟也。古拜切。六書象形、會意也。

畤：，天地五帝所基止祭地也。謂祭天地之五帝立基止於此而祭之也。考《封禪

田部

田：，陳也。田與陳古皆音陳，取其陳列之整齊謂之田。凡言田田者即陳陳相因也。樹穀曰田。種菜曰圃，樹果曰園，囗十，千百之制也。謂囗與十合之，所以象阡陌之一縱一橫也。《周禮・遂人》曰：「凡治野：夫閒有遂，遂上有徑。十夫有溝，溝上有畛。百夫有洫，洫上有涂。千夫有澮，澮上有道。萬夫有川，川上有路，以達於畿。百夫之涂謂之為百，千夫之道謂之為千，言千百以包徑畛路也。南畝則畝縱遂橫，溝縱洫橫，澮縱川橫，遂徑畛涂道路縱橫同之。東畝則畝橫遂縱，溝橫洫縱澮橫川縱徑畛道路之橫縱同之。」故十與囗皆象其縱橫也。凡田之屬皆從田。六書象形會意也。

町：，田踐處曰町。賈逵曰：「原防之地九夫為町，三町而當一井。」《急就篇》：「頃町畍畞。」顏注：「平地為町。一曰町，治田處也。町謂畎畞也。」从田丁聲。他頂切。六書象形、會意也。

疇：，耕治之田也。耕者，犂也。犂其田而治之，其田曰疇。有謂麻田曰疇者，賈逵

象形也。

垍：，徒隸所凥也。徒隸，賤者之稱。一曰女牢。一曰亭部。鄉亭之繫也。曰犴，朝廷之繫曰獄。从土肙聲。古泫切。六書象形會意也。

堋：，喪葬下土也。謂下棺於壙中也。《春秋傳》曰：「朝而堋，夕而窆。主人哭踊無算。」窆，下棺也。封之。方鄧切。六書象形會意也。

塋：，墓地。余倾切。六書象形會意也。

墓：，丘墓也。孝子所思慕之處。莫故切。六書象形會意也。

墳：，墓也。墓為平，坟為高處。孔子曰：「古者墓而不墳。」符分切。六書象形會意也。

圭：，瑞玉也。以玉為信也。上圜下方，法天地也。以圭為陰陽之始。公執桓圭九寸。侯執信圭，伯執躳圭，皆七寸。子執穀璧，男執蒲璧，皆五寸。以封諸矦。楚爵有執圭。古畦切。六書象形會意也。

堯：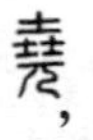，高也。堯猶嶢嶢，至高之貎。五聊切。六書象形會意也。

埱：埱，气出土也。气之出土滃然。故埱與歡音義皆略同。引申為凡气出之偁，《周頌》曰：「有飶其香。」飶芬香也，椒犹飶也。飶與埱皆為香气突出觸鼻。一曰始也。昌六切。六書象形會意也。

培：培，培敦，土田山川也。培增也。敦厚也。左氏但言土田。《魯頌》：「錫之山川。」毛傳曰：「諸侯有大功德，賜之名山土田附庸。」按：封建所加厚曰培敦，蒲回切。六書象形會意也。

壘：壘，軍壁也。萬二千五百人為軍，行軍所駐為垣曰軍壁。趙鞅使尹鐸墮晉陽壘培。韋曰：「壘壂曰培。」力委切。按力委。六書象形會意也。

圮：圮，毀也。廣韵，岸毀，又覆也。《虞书》曰：「方命圮族。」符鄙切。六書象形會意也。

垔：垔，窫也。按：此字古書多作堙，作陻。垔字廢矣。于眞切。《商書》曰：「鯀垔洪水。」六書象形也。

坏：坏，丘一成者也。一曰瓦未燒。俗謂土坏。坏者，土器未燒之總名。芳梧切。六書埴：埴，黏土也。土黄而細密曰埴。志一切。六書象形會意也。

基：基，墻始也。阯者，基也。居之切。六書象形會意也。

堵：堵，垣也。五板為堵。《詩》毛傳曰：「一丈為版，五板為堵。」今《戴禮》：「八尺為版。」

堂：堂，殿也。古稱堂，漢以後曰殿。唐以後人臣無有稱殿者矣。吐郎切。六書象形會意也。

垛：垛，門堂孰也。門側之堂也。門側之堂謂之塾。夾門堂也。丁果切。六書形象會意也。

壎：壎，樂器也。以土作六空。亦謂之塤。六孔。况袁切。六書象形形聲會意也。

封：封，爵諸侯之土也。寸，守其制度也。公侯百里，伯七十里，子男五十里。有容切。六書指事會意也。

璽：璽，王者之印也。印者，執政所持信者也。王者所执則曰璽。斯氏切。六書象形也。

型：型，鑄器之法也。以木為之曰模，以竹曰範。引申之為典型。户經切。六書象形假借也。

乎。」岐伯曰：「大氣舉之也。」按：地之重濁而包舉乎經清之氣中，是以不墜。萬物所陳列也。从土也聲。坤道成女，玄牝之門，為天地根，故其字从也。徒四切。六書象形會意。

坤：坤，地也。《易》之卦也。《象傳》曰：「地勢坤，君子以厚德載物。」《說卦傳》曰：「坤，順也。」按：伏羲取天地之德為卦，名曰乾坤。从土申。苦昆切。六書象形包會意也。

垓：垓，兼晐，八極地也。兼備八極之地謂之垓。古哀切。六書象形也。

墺：墺，四方之土可定尻者也。於六切。六書象形也。

坶：坶，朝歌南七十里地。《周書》曰：「武王與紂戰于坶野。」坶野即牧野。六書指事也。

均：均，平偏也。平平舒也。偏者，帀也，均也。居匀切。六書會意也。

壤：壤，柔土也。《周禮》：「辨十有土壤之名物，以教稼穡樹蓺。」如兩切。六書指事會意也。

壚：壚，黑剛土也。黑而剛則疏之义。亦見矣。凡土皆得而攘之。洛乎切。六書會意也。

圭聲。烏媧切。六書象形形聲會意也。

鼃：鼃，先鼃，詹諸也。一物四名。曰蝌鼃，曰先鼃，曰詹諸，曰䵶鼃。許主名詹諸其鳴詹諸，蝦蟆能作呷呷聲，詹諸象其謇吃之音，其皮鼃鼃，其行鼃鼃。七宿切。六書象形也。

鼈：鼈，甲蟲也。外骨，龜屬。實介屬也。并列切。六書象形也。

黿：黿，大鼈也。魚袁切。六書象形也。

鼉：鼉，水蟲。似蜥易，長丈所。皮可為鼓。徒何切。六書象形也。

土部

土：土，地之生萬物者也。《釋名》曰：「土，吐也，吐萬物也。」二象地之上，地之中。土字上十下一也，上橫直之長長為土字，下短為士字，合二字象形為會意。他魯切。六書象形會意也。

地：地，元氣初分，輕清昜為天，重濁侌為地。元者，始也。《陰陽大論》：黃帝問於岐伯曰：「地之為下。否乎。」岐伯曰：「地為人之下，大虛之中者也。」黃帝曰：「馮颲：，颲颲，風雨暴疾也。从風利聲。力質切。六書形聲會意也。

颲：，颲颲也。暴風也。風雨驟至也。良薛切。六書形聲會意也。

龜部

龜：，舊也。龜，古音姬，亦音鳩。舊古曰。劉向曰：「蓍之言耆，龜之言久。龜千歲而靈，蓍百年而神。以其久，故能辨吉凶。」龜之大者曰敖龜。敖與久音相近。龜鼈之類，以它為為雄。六書象形會意也。

黽：，鼃黽也。《周禮》：「蟈氏掌去鼃黽。」鄭司農云：「蟈，蝦蟆也。」《月令》曰：「螻蟈鳴。」鼃黽，蝦蟆屬。今御所食蛙也。齊魯之間謂鼃為蟈。黽，耿黽也。蟈與耿黽尤怒鳴。人耳故去之，鼃一名長股，俗名土鴨。其色青，腹細，後腳長。善躍。其聲曰蛙。此鼃與黽之別。莫杏切。六書象形形聲也。

鼃：，蝦蟆屬。蝦蟆與詹諸小別，鼃則與蝦蟆大別。《漢書・武帝紀》：「元鼎五年，鼃與蝦蟆鬥」，可知其別矣。鼃者，《周禮》所謂蟈。今南人所謂水雞，亦曰田雞，从鼃

風、融風，一也。八卦、八節、八方，一也。《通卦驗》始於條風，許終於融風者，許依易八卦之次終於艮也。「艮者，萬物之所以成終而成始也。」風之用大矣。故凡無形而致者皆曰風。《詩序》曰：「風，風也，風以動之，教以化之。」劉熙曰：「風，氾也，放也。」孚音切。六書象形包會意也。

飆：，北風謂之飆。《爾雅》：「南風謂之凱風，東風謂之谷風，北風謂之涼風，西風謂之泰風。」从風京聲。呂張切。六書象形兼會意也。

飊：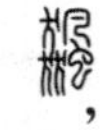，扶搖風也。上行風謂之扶搖。扶搖謂之猋。暴風从下上，从風猋聲。甫遙切。六書形聲也。

颯：，風聲也。《九歌》曰：「風颯颯兮木蕭蕭。」《風賦》曰：「有風颯然而至。」穌合切。六書形聲包會意。

飂：，高風也。《呂氏春秋·有始覽》曰：「西方曰飂風」力求切。六書形聲會意也。

颺：，風所飛揚也。从風揚聲。與章切。六書形聲包會意。

蟲：，蟲者，蠉動之總名。茲引《爾雅·釋蟲》之文，豸者，獸长脊行。豸豸然欲有所伺殺形也。人三為眾，蟲三為蟲，蟲猶眾也。直弓切。六書象形會意。

風部

風：，八風也。東方曰䫻風，東南曰清䫻風，南方曰景風，西南曰凉風，西方曰閶闔風，西北曰不周風，北方曰廣莫風，东北曰融風。《樂記》：「八風從律而不姦。」鄭註：「八從律，應節至也。」《左氏傳》：「夫舞所以節八音而行八風。」服注：「八風八卦之風也。乾音石其風不周，坎音革，其風廣莫。艮音匏，其風融。震音竹，其風明庶。巽音木，其風清明。離音絲，風景。坤音土，其風凉。兑音金，其風閶闔。」《易通卦驗》曰：「立春，調風至。春分，明庶風至。立夏，清明風至。夏至，景風至。立秋，凉風至。秋分，閶闔風至。立冬，不周風至。冬至，廣莫風至。」《白虎通》「調風」作「條風」。條者，生也。明庶者，迎眾也。清明者，芒也。景者，大也，言陽氣長養也。凉，寒也，陰氣行也。閶闔者，咸收藏也。不周者，不交也。言陰陽未合化矣。廣莫者，大莫也。開陽氣也。按：調風、條螟：，蟲食穀心者也。吏冥冥犯瀳即生螟。《釋蟲》、《毛傳》皆曰：「食心曰螟，食叶曰蟘，食根曰蟊，食节曰賊。」莫經切。六書象形會意也。

蟘：，蟲食苗業者。吏气貣則生蟘。气貣皆求也。貝部曰：从人求物也。《左傳》曰：妖由人興也，人無釁焉，妖不自作。故螟蟘蟊之害皆由吏。鄭笺云：「明君以正己而去之。正己可去，則不正己可招。」李巡、孫炎皆謂由政所致也。徒得切。六書象形會意也。

蛭：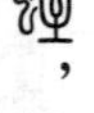，蟣也。今江東呼水中蛭蟲入人肉者為蟣，实名蝚蟥。之日切。六書象形也。

蛟：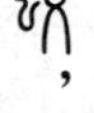，龍屬，無角曰蛟。鳞蟲之長。《山海經》曰：「似蛇，四脚，细頸，頸有白嬰，大者數圍，卵生，能吞人。」古肴切。六書象形會意也。

螭：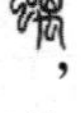，若龍而黄，《南都賦》曰：「惮夔龍怖蛟螭。」蛟螭，水神也。六書象形也。

虯：，龍無角者。渠幽切。六書象形也。

蜦：，它屬。它者，虫也。黑色潜於神淵之中，能興雲致雨。六書象形也。

蚰：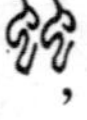，蟲之總名也。蟲下曰：有足謂之蟲，無足謂之豸，渾言之則無足亦蟲也。或行或飛，或毛或蠃，或介或鳞。皆以虫為象。古蒐切。六書象形也。

維：，車蓋維也。引申之凡相系者曰維。管子曰：「禮義廉恥，國之四維。」六書會意也。

績：，緝也。績之言積也。積短為長，積少為多。績，繼也，事也，業也，功也，成也。《左傳》曰：「遠績禹功。」《大雅》曰：「維禹之績。」則力切。六書會意也。

彝：，宗廟常器也。《周禮》：「六彝：雞虎鳥黃蜼斝。」六書象形也。

虫部

虫：，一名蝮，博三寸，首大如擘指（大指也）。今之蝮蛇非《爾雅》之蝮蛇也。象其卧形。物之微細，或行或飛，或毛或蠃，或介或鱗，以虫為象。六書象形也。

螾：，側行者。今觀之丘蚓實卻行，非側行也。余忍切。六書象形會意也。

蛹：，繭蟲也。蛹之為物，在成繭之後，化蛾之前。余隴切。六書象形也。

蛕：，腹中長蟲也。从虫有聲。户恢切。六書象形也。

纓：纓，冠系也。冠系，可以系冠者。以二組系于冠卷結頤下是謂纓，玄冠朱組纓，天子之冠也。緇布冠繢緌，諸侯之冠也。玄冠綦組纓，士之冠也。於盈切。六書會意也。

紳：紳，大帶也。紳大帶之垂者也。失人切。六書象形會意也。

綬：綬，韍維也。《玉藻》曰：「天子佩白玉而玄組綬，世子佩瑜玉而綦組綬。」六書形象也。

組：組，綬屬也。玉藻綬必連組，曰玄組綬、朱組綬是也。六書象形會意也。

緺：緺，綬紫青色也。《後漢・百官公卿表》曰：「丞相，金印組綬，組綬名緺綬，其色青紫。」按：紫者，水剋火之間色。又因水生木而色青，是為紫青色。古蛙切。六書象形也。

纂：纂，似紫而赤。作管切。六書象形也。

綱：綱，网紘也。孔穎達云：「紘者，网之大繩也。《商書》曰：「若罔在綱，有條而不紊。」《詩》曰：「綱紀四方。张之為綱，理之為紀。」古郎切。六書象形也。

編：編，次簡也。以絲次第竹簡而排列之曰編。布玄切。六書象形也。

喻為政。張之為鋼，理之為紀。南國之大川。紀理眾水，使不壅滯。」六書象形會意也。

縮：，亂也。《釋詁》曰：「縮，亂也。物不申曰縮。不申則亂。亂者自治。」所六切。六書會意也。

總：，聚束也。謂聚而縛之也。作孔切。六書象形會意也。

絿：，急也。《詩》曰：「不竞不絿。」戶鳩切。六書會意也。

紙：，柭絲也。柭，散也。分離也。水之衺流別曰𠂢，別水曰派。血理之分曰衇。散絲曰紙。匹針切。六書象形會意。

絑：，純赤也。赤，南方色也。天子朱市，諸侯赤市。朱與赤深淺不同。鄭注《禮經》曰：「染絳一入謂之縓，再入謂之赬，三入謂之纁。朱則四入與？」是則朱乃深纁者也。六書會意也。

纁：，淺絳也。許云切。六書會意也。

絳：，大赤也。大紅也。純赤者朱红也。朱紅淡，大紅濃。大紅如日出之色，朱紅如日中之色。日中貴於日出，故天子朱市，諸侯赤市。赤即絳也。古巷切。六書會意也。

純：純，絲也。《論語》：「麻冕禮也，今也純。」孔安國曰：「純，絲也。」此純之本義也。美絲美酒，其不襍同也。常倫切。六書會意也。

綃：綃，生絲也。生絲繒也。相幺切。六書象形也。

經：經，織從絲也。《大戴禮》曰：「南北曰經，東西曰緯。」九丁切。六書形象也。

織：織，作布帛之總名也。布者麻縷所成也。帛者絲所成也。作之皆謂之織。經與緯相成謂之織。之弋切。六書會意也。

緯：緯，織衡絲也。衡，橫也。經軸，緯在杼。杼，機之持緯者也。六書象形會意也。

統：統，紀也。《淮南子·泰族訓》曰：「繭之性為絲，然非女之煮以熱湯而抽其統紀，則不能成絲。」引申為凡綱紀之稱。《周易》：「乃統天。」鄭注：「統，本也。」《公羊傳》：「大一統也。」何注：「統，始也。」他綜切。六書象形會意也。

紀：紀，別絲也。紀者，別理絲縷。一別絲必有其首，別之是為紀。眾絲皆得其首，是為統。統與紀義互相足也。《禮器》曰：「眾之紀也。紀散而眾亂。」注曰：「紀者，絲縷之數有紀也。」此紀之本義也。引申之為凡經理之稱。《詩》：「綱紀四方。」箋云：「以罔罟以炊蒸米為飯者。其底七穿。故必以箅蔽甑底。而加米於上。而餴之，而餾之。从瓦曾聲。子孕切。六書形聲會意也。

系部

系：系，細縣也。系者，蠶所止也。細者微也。莫狄也。六書象形也。

糸部

繭：繭，蠶衣也。衣者依也。蠶所依曰蠶衣。蠶不自有其衣，而以其衣衣天下，此聖人之所取瀼也。工殄切。六書會意也。

繅：繅，繹繭為絲也。穌遭切。六書象形會意也。

繹：繹，擂絲也。擂者，引也。引申為凡駱驛，温尋之稱。繹繹善走也。六書會意也。

緒：緒，絲耑也。耑者，草木初生之題也。抽絲者得緒而可引，引申之，凡事皆有緒可纘。徐呂切。六書會意也。

匰：，宗廟盛宔器也。宔木主也。都寒切。六書象形也。

瓦部

瓦：，土器已燒之總名。凡土器未燒之素皆謂之坏。已燒皆謂之瓦。凡燒瓦器之竈曰窯。五寡切。六書象形也。

瓬：，周家搏埴之工也。《攷工記》曰：「搏埴之工陶瓬。」鄭曰：「搏之言拍也。埴，黏土也。」按：手部搏：持也。拍，拊也。是搏之本義。从瓦方聲，分兩切。六書象形會意也。

甄：，匋也。匋者作瓦器也。董仲舒曰：「如泥之在鈞，惟甄者之所為。」舜陶甄河濱。其引申之義為察也，勉也。假借由此出焉。六書形象會意也。

甍：，屋棟也。棟者，極也。屋之最高處也。棟从屋中言之故，从木。甍笸表言之故瓦。《釋名》曰：「甍，蒙也。在上覆蒙屋也。」莫耕切。六書象形會意也。

甂：，甗也。《攷工記》：「陶人為甂。實二鬴。厚半寸。唇寸。七穿。」按：甂所賊：，敗也。周公作《誓命》曰：「毀則為賊。」叔向曰：「殺人不忌為賊。」六書會意也。

武：，夫武。定功戢兵故止戈為。文甫切。六書象形會意也。

我：，施身自謂也。謂用己廁身於眾中而自稱也。五可切。六書象形會意。

義：，己之威義也。義之本訓謂訓。禮容各得其宜。禮容得宜則善矣。故《文王》毛傳皆曰：「義，善也。」此引申之訓也。董子曰：「仁者，人也；義者，我也。謂仁必及人，義必由中斷制也。」从羊者，與善美同意。宜寄切。六書象形會意也。

匚部

匚：，受物之器。此其器蓋正方。今人皆作圓者，視其所需。府良切。六書象形也。

匠：，木工也。工者，巧飭也。百工皆称工称匠。疾亮切。六書會意也。

匡：，飲器。筥也。引申義廣，如《小雅》：「王子出征，以匡王國。」六書會意也。

匱：，匣也。匱之義引申為竭。「如孝子不匱，永錫尔類。」求位切。六書會意也。

母，黄妃，生蒼林。」荀卿詩《四子講德論》曰：「嫫母倭傀，善譽者不能揜其醜。」莫胡切。六書象形會意也。

淫：淫，厶逸也。厶作私，姦衺也。逸者，失也。失者，縱逸也。余箴切。六書會意也。

姘：姘，除也。《論語》曰：「屏四惡。」屏除也。漢律：齊民與妻婢姦曰姘。普耕切。六書會意也。

奸：奸，犯淫也。此謂犯姦淫之罪也。古寒切。六書形聲中有會意也。

姅：姅，婦人污也。謂月事及免身及傷孕皆是也。

奻：奻，訟也。爭也。《易・睽》傳曰：「二女同居，其志不同行。」《革傳》曰：「二女同居，其志不相得。」女還切。六書象形兼會意也。

戈部

戈：戈，平頭戟也。《攷工記》「冶氏為戈。廣二寸，内倍之，胡三之，援四之戟也。或謂雞鳴。或謂擁頸。从戈，謂柲長六尺六寸。古禾切。」六書象形也。

媛：，美女也。人所欲援也。《詩》曰：「邦之媛兮。」玉春切。六書象形會意也。

妝：，飾也。宋玉賦曰：「體美容冶，不待妝飾。」側羊切。六書會意也。

妎：，妬也。胡蓋切。六書會意也。

妒：，婦妒夫也。當故切。六書會意也。

娟：，夫妒婦也。《大學》曰：「娟疾以惡之。」娟妬也。太史公論布曰：「禍之興自愛姬，生於妬娟。妬夫娟婦生則忿怒鬥訟不息矣。」莫報切。六書會意也。

媄：，巧也。《詩》曰：「桃之媄媄。」女子笑貌。依喬切。六書象形會意也。

佞：，巧調高材也。巧者，技也。調者，诶也。六書會意也。

媮：，巧黠也。託侯切。六書會意也。

嫖：，輕也。輕疾也。匹招切。六書象形會意也。

婡：，得志婡婡也。一曰婡息也。一曰少气也。呼帖切。六書會意也。

媿：，醜也。醜者，可惡也。一曰老嫗也。六書象形會意也。

蔓：，蔓母。蔓，莫后切。古帝妃都醜也。民所聚曰都。《漢書·古今人表》：「悔

之，則吾雠也。畜媚之義大焉。」丑六切。六書轉註包會意也。

媌：媌，目裏好也。目里好者在匡之裏也。媌状目好乃纖細之美也。莫交切。六書象形包會意也。

嫿：嫿，靜好也。靜者，審也。神女賦曰：既姽嫿於幽靜。呼叁切。六書會意也。

⿰女贊：⿰女贊，白好也。白色玉潤之美也。出於自然。則旰切。六書象形會意也。

婧：婧，竦立也。一曰有才也。妾婧者，齊相管仲之妾也。七正切。六書象形會意也。

婚：婚，面腼也。意謂無无面目見人也，古切。六書會意也。

嫺：嫺，嫺雅也。雍容嫺雅。户閒切。六書會意也。

如：如，從隨也。幼從父，嫁從夫，夫死從子。故《白虎通》曰：「女者，如也。」引申之義也。六書會意也。

⿰女攵：⿰女攵，三女為⿰女攵。《唐風·綢繆》曰：「今夕何夕，見此粲者。」毛傳：「三女我粲。」大夫一妻妾。夫獸三為羣，人三為众，女三為粲。夫粲，美之物也。眾以美物歸女，何德以堪之。倉案切。六書會意也。

媧：，古之神聖女化萬物者也。古蛙切。六書象形會意也。

娀：，帝高辛之妃，偰母號也。偰高辛氏之子，堯司徒，殷之先也。《商頌》：「天命玄鳥，降而生商。」傳曰：「春分玄鳥降。汤之先祖有娀氏女簡狄。配高辛氏帝。帝率與之祈於郊禖而生契。有娀氏之國於始廣大。」故《長發》傳曰：「有娀，契母也。」息弓切。六書象形會意也。

娥：，帝堯之女，舜妻娥皇字也。《方言》：「娥，好也。秦晉謂好曰娙娥。」五何切。六書象形聲會意也。

嫄：，邰國之女，周棄母字也。邰者，炎帝之後，姜氏外家國也。愚袁切。六書形聲會意也。

始：，女之初也。此與為互訓。如基者，墻之始也。六書會意也。

媚：，説也。《大雅》毛傳曰：「媚，愛也。」姜秘切。六書形聲會意也。

嫡：，媚也。嫡有媚悦之義。孝者，畜也。順於道不逆於倫是之謂畜。《周書》曰：「民善之則畜，不善則讎。」孔子曰：「夫通達之國皆人也。以道導之，則吾畜也。不以道導

切。六書象形指事也。

娣：，同夫之女弟也。同夫者同事一夫（俱嫁事一夫）也。徒禮切。六書指事會意也。

姪：，女子謂兄弟之子也。今男子謂兄弟之子為姪，是名之不正也。六書會意也。

姨：，妻之女弟同出為姨。同出，俱已嫁也。妻之姊妹曰姨。六書指事也。

媾：，重婚也。《易》曰：「匪寇婚媾。」古厚切。六書形聲會意也。

婢：，女之卑者也。从女卑，六書會意也。

奴：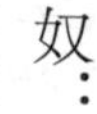，奴婢皆古辠人。《周禮》曰：「其奴，男子入於辠隸，女子入於舂稾。」《秋官·司厲》文。鄭司農云：「謂坐為盜賊而為奴者，輸於罪隸。」由是觀之，古之為奴婢者，古之罪人也。六書會意也。

媥：，《甘氏星經》曰：「大白號上公，妻曰女媥，尻南斗，食厲，天下祭之曰明星。」《天官書》曰：「大白，大臣也。其號上公。妻曰女媥，居南斗食厲，未聞。」《论衡》所引《山海經》「度朔山二神人，主閱領万鬼。鬼之惡害人者，執以葦索而用飤虎。」殆與相類。昨先切。六書會意也。

姻：姻，壻家也。《釋親》曰：「婿之父為姻。婦之父母，婿之父母，相謂為婚姻。婿之黨為姻兄弟。女之所因故曰姻。因者，就也。」於眞切。六書指事會意也。

妻：妻，婦與己齊者也。持事，妻職也。妻，古文妻从肖女。肖，貴也。六書會意也。

婦：婦，服也。《大戴禮・本命》曰：「言如男子之教而長其義理者也。故謂之婦人。婦人，伏於人也。是故無專制之義，有三從之道。从女持帚灑掃也。」六書會意也。

妃：妃，匹也。《左傳》曰：「嘉耦曰妃。」妃，媲也。芳非切。六書象形會意也。

妊：妊，孕也。孕者，褢子也。如甚切。六書象形也。

娠：娠，女妊身動也。凡从辰之字皆有動意，震、振是也。妊而身動曰娠，重而後動，動而後生。詩大任有身，生此文王。失人切。六書象形也。

母：母，牧也。凡能生之以啟後者皆曰母。六書象形會意也。

姑：姑，夫母也。《釋親》曰：「婦稱夫之父曰舅，夫之母曰姑。男子稱父之姐曰姑，稱妻之母曰外姑。不可假借者，父母是也。」从女古聲。古胡切。六書指事會意也。

妣：妣，殁母也。《曲禮》曰：「生曰父，曰母，曰妻。死曰考，曰妣，曰嬪。」卑履妞：，人姓也。从女丑聲。呼到切。六書指事也。

娸：，人姓也。从女其聲。去其切。六書指事也。

妊：，少女也。《廣韵》曰：「美女。」坼下切。六書象形會意也。

媒：，謀也，謀合二姓者也。《周禮・媒氏注》曰：「媒之言謀合異姓使之和成也。」六書指事也。

妁：，酌也，斟酌二姓者也。欲其調和成也。六書指事也。

嫁：，女適人也。《白虎通》曰「：嫁者，家也。婦人外成以出適人為家。至夫之家曰歸。」《喪服經》謂「嫁於大夫曰嫁，適士庶人曰適。皆可曰適，皆可曰嫁。」六書指事也。

娶：，取婦也。从女取聲。形聲包會意也。七句切。

婚：，婦家也。《釋親》曰：「婦之父為婚，婦之黨為婚兄弟。禮娶婦以昏时，婦人侌也，故曰婚。」呼昆切。六書指事也。

姓：姓，人所生也。因生以為姓。从女生。

姜：姜，神農凥姜水，因以為姓。炎帝神農氏姜姓，母女登遊華陽，感神而生炎帝。从女羊聲。長於姜水，按姜姬字蓋後而製也。六書指事也。

姬：姬，黃帝凥姬水，因水為姓。从女叵聲。

姞：姞，黃帝之後伯鯀姓也，后稷妃家。

嬴：嬴，帝少皞之姓也。以成切。六書指事也。

姚：姚，虞舜凥姚虛，以為姓。或為姚，嬈也。《史籒篇》以为：「姚，易也。」

嬀：嬀，虞舜凥嬀汭，因以為氏。六書指事也。

妘：妘，祝融之後姓也。

㜪：㜪，殷諸侯為亂，昭元年《左傳》曰：「王伯之令也，猶不可壹。於是乎虞有三苗，夏有觀、扈，商有㜪、邳，周有徐、奄。皆為當時作亂之諸侯也。」疑姓也。所臻切。六書指事也。

嫐：嫐，人姓也。奴見切。六書指事也。

擾：，煩也。煩者，熱頭痛也。引申為煩亂也。擾得訓馴，亂得訓治，徂得訓存，苦得訓快，皆窮則變，變則通，通則久之理也。而沼切。六書象形會意也。

攫：，扟也。《倉頡篇》曰：「攫，搏也。手把曰攫。」《淮南子》曰：「鳥窮則搏，獸窮則攫。」扟居逆切。凡者，持也。从手矍聲。居縛切。六書象形會意也。

摩：，揅也。揅與摩互訓。《学記》曰：「相觀而善之謂摩。」六書會意也。

摎：，縛殺也。以束縛殺者也。凡懸死者曰縊，亦曰雉經。凡以繩帛等物殺人者曰縛殺，亦曰摎，亦曰絞。亦曰糾。居求切。六書指事也。

捭：，兩手擊也。謂左右兩手橫開旁擊也。北買切。六書象形也。

扣：，牽馬也。馳放不扣。《史記》：「伯夷叔齊扣馬而諫。」六書象形也。

女部

女：，婦人也。指已適人者之子女也。女呂切。六書象形也。

掄：掄，擇也。《晉語》：「君掄賢人之後有常位於國者而立之。」《周禮》：「凡邦入山林而掄材不禁。」盧昆切。六書象形象會意也。

搤：搤，捉也。《楊雄傳》曰：「搤熊羆，拕豪猪，搤其咽，炕其氣。皆捉之也。」六書會意也。

揃：揃，搣之也。搣謂搣也。《急就篇》「沐浴揃搣寡合同。」《莊子》「眥搣可以休老。」一史游與沐浴寡合同。類，言寡合同即嗇金寡欲之説也。即淺切。六書會意也。

捊：捊，引堅也。堅，聚也。築墻者捊聚壤土，盛之以虆，投註版中，此引堅之正义，步侯切。六書會意也。

承：承，奉受也。承受承繼之義。署陵切。六書會意也。

攩：攩，朋羣也。此假借字也。鳥部鵬下曰：古文鳳也。鳳飛，羣鳥从以万數，多郎切。

揣：揣，量也。量者，稱輕重也。稱者，銓也。銓者，衡也。一曰度也。一曰剟也。度高曰揣。六書會意也。

摽：摽，擊也。一曰挈鬭牡也。鬭牡，一物也。挈者，提而啟之也。符少切。六書會意也。

指：指，手指也。手非指不為用。大指曰巨指，次曰食指，中曰将指。次曰无名指。次曰小指。假借為指。心部曰：恉，意也。職雉切。六書象形會意也。

掔：掔，手掔也。掔者，手上臂下也。臂者，手上也。肘者，臂節也。楊雄曰：「掔，握也。握者，搤持也。烏貫切。六書象形會意也。

撎：撎，舉首下手也。凡不跪不為拜也。跪而舉其首惟下其手是曰肅拜，漢人曰撎。周禮九拜：九曰肅拜。鄭注《少儀》曰：「肅拜，拜不低頭也。」但俯下手。於計切。六書象形也。

揖：揖，攘也。一曰手箸匈曰揖。應遠於胸也。伊入切。六書象形會意也。

拱：拱，斂手也。沓手也。立時敬則拱手，如《檀弓》「孔子與門人立拱」，六書象形與會意也。

搹：搹，把也。《喪服》注曰：「搹扼也。中人之扼圍九寸，則其徑約三寸。」於革切。六書象形會意兼假借也。

措：措，置也。置者，赦也。立之為置，捨之亦為置。倉故切。六書會意假借也。

聲：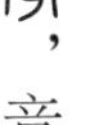，音也。音下曰：聲也。生于心有節於外謂之音。宮商角徵羽，聲也。絲竹金石匏土革木，音也。《樂記》曰：「知聲而不知音者，禽獸是也。」書盈切。六書形聲會意也。

聞：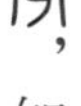，知聲也。往曰聽，来曰聞。《大學》：「心不在焉，聽而弗聞。」六書形聲會意也。

聵：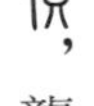，聾也。韋云：「耳不別五聲之和曰聾，生而聾曰聵。」六書象形會意也。

聉：，無知意也。言聉無所聞知也。五滑切。六書指事也。

聑：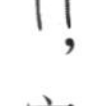，安也。二耳之在人首，帖妥之至也，六書象形假借也。

聶：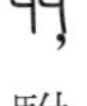，駙耳私小語也。尼輒切。六書形聲會意也。

手部

手：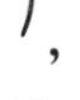，拳也。舒之為手，卷之為拳，其實一也。象形也。象指掌及擘也。古文手。

掌：，手中也。手有面有背，背在外則面在中，故曰手中。《左傳》曰：「有文在手者，在掌也。」六書象形也。

聑：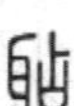，小𦕒耳也。丁兼切。六書象形也。

耽：，耳大𦕒也。《淮南子·墜形訓》：「夸父耽耳在其背。以兩手攝其肩之耳。」六書象形也。

聃：，耳曼也。曼者，引也。耳如引之而大也。他甘切。六書象形也。

耿：，耳箸頰也。頰者，面旁也。耿之言黏也，黏於頰也。古杏切。六書象形也。

聊：，耳鳴也。《楚辞》曰：「耳聊啾而戃慌。」王注曰：「聊啾，耳鳴也。」洛肖切。六書形聲也。

聖：，通也。《小雅》傳云：「人有通聖者，有不能者。」聖通而先識。聖者，聲也。言聞聲而知情也。凡一事精通亦得謂之聖。式正切。六書會意也。

聽：，聆也。凡目所及者云視，凡目不能徧耳所及者曰聽。如聽天下聽事是也。六書形聲兼會意也。

聆：，聽也。聆者，聽之知微者也。郎丁切。六書形聲會意也。

也。

閻：，里中門也。别于閭閉為里外門也。于廉切。六書象形會意也。

闠：，市外門也。薛綜《西京賦》注曰：「闠，市營也。闠，中隔門也。」劉逵《蜀都賦》注曰：「闠，市巷也。闠，市外内門也。」胡對切。六書象形會意也。

闢：，開也。引申为凡開托之稱。《虞書》曰：「闢四門。」房益切。六書象形會意也。

閜：，開也。引申凡大之稱。《上林賦》曰：「谽呀豁閜。」火下切。六書象形會意也。

耳部

耳：，主聽者也。六書象形也。

耴：，埀耳也。埀，垂也。象形。陟業切。《春秋傳》曰：「秦公子耴者，其耳埀也，因以為名。」今按《左氏傳》秦無公子耴，惟鄭七穆子良之子公孫輒字子耳。以許訂之。

飛部

飛：，鳥翥也。翥者飛舉也。六書象形也。

卂部

卂：，疾飛也。从飛而羽不見也。飛而羽不見者疾之甚也。六書象形會意也。

門部

門：，聞也。謂外可聞於內，內可聞於外也。六書象形也。

闈：，宮中之門也。《周禮・保氏》「使其屬守王闈。宮中之巷門。」羽非切。六書象形也。

閨：，特立之户，宮中之門謂閨，小者謂之閨。上圜下方，有似圭。六書象形會意也。

闥：，樓上户。《齊風傳》曰：「闥，門內也。」徒盇切。六書象形會意也。

閭：，里門也。《周禮》：「五家為比，五比為閭。」閭，侶也，二十五家相羣侶

《尚書大傳》曰：「散宜生得大貝，如車渠。車渠，車网也。」古郎切。六書象形會意也。

鮚：，蚌也。長一寸，廣二分，有一小蟹寄居其腹中。注引《南越志》曰：「瑣鮚長寸餘，大者長二三寸，中有蟹子，合体共生，皆為蛣取食。」巨一切。六書象形也。

燕部

燕：，燕燕，玄鳥也。枝尾似魚尾。六書象形也。

龍部

龍：，鱗蟲之長，能幽能明，能細能巨，能短能長。春分而登天，秋分而潛淵。《毛詩·蓼蕭傳》曰：「龍，寵也。」寵即龍之假借也。《勺傳》曰：「龍，和也。」謂龍為邕和之假借字也。从飛謂飛，力鍾切。六書象形會意假借三兼之也

石。出薉邪頭國者。亡辨切。六書象形也。

魵：，魵魚也。出薉邪頭國。班魚即魵魚也。符分切。六書象形也。

䱡：，䱡魚也。出樂浪潘國。居六切。六書象形也。

鰅：，鰅魚也。皮有文，出樂浪東暆。神爵四年（漢宣帝，前五十八年）初捕收輸考工。用其皮飾器也。周成王時揚州獻鰅。魚容切。六書象形也包會意也。

鮫：，海魚也。皮可飾刀。鮫沙魚也，子朝出求食，暮返入母腹中者也。《淮南子》：「鮫革犀兕為甲胄。」《中庸》：「黿鼉蛟龍。」古肴切。六書象形會意也。

鱷：，海大魚也。字亦作鯨。《羽獵賦》作京。京，大也。雄曰鯨，雌曰鯢。六書象形會意也。

鰕：，鰕魚也。出穢邪頭國。大者曰鎬。乎加切。六書象形也。

鰝：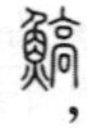，大鰕也。《釋鱼》：「大鰕出海中，體長者二三尺，鬚長數丈。」胡倒切。象形也。

魧：，大貝也。貝，海介蟲也。居陸名猋，在水名函。《釋魚》曰：「大者魧。」

大者不過七八尺，為王鮪。亦名鮥。即今之鱘魚也。《周禮》：「春獻王鮪。」六書象形也。

鯉：鯉，鱣也。鯉者俗通行之語不待注也。俗鯉魚跳龍門。六書象形也。

鱣：鱣，籀文。鱣，鯉也。蓋鯉與鱣同類而別異，猶鮥與鮪同類而別異。六書象形也。

鮦：鮦，鮦魚。一曰鱶也。俗所謂烏魚，或曰烏鯉，頭有七星之魚也。鮦即今頭有七星之魚也。許慎謂之鱶魚。直隴切。六書象形也。

鱏：鱏，鱏魚也。鮪即鱏也。《蜀都賦》曰：「鱏魚出江中，伯牙鼓琴，鱏魚出听。」六書象形也。

鯢：鯢，剌魚也。乖剌之魚也。如小兒能緣木。《史》《漢》謂之人魚。鯢魚似鮎，四脚，前似獮猴，後似狗，聲如小兒啼。此魚見書傳者不下數十處。而人不之信。余在雅州親見之。形與聲皆如小兒，形聲闔合意也。

鮆：鮆，刀魚也。飲而不食，故其形纖削而味清雋。春出江中，人多食之。鮆狹薄而長頭，大者尺餘，太湖中今饒之。徂礼切。六書象形會意也。

鮸：鮸，鮸鱼也。隋煬貢四方，今江浙人所食海中黃花魚是也。一名石首魚。首中有二當以四月。許獨言赤帝者，以其為夏祭而言也。以祈甘雨也。」羽俱切。六書象形會意也。

需：，頚也。頚者，待也。《易・象傳》曰：「需，須也。」須即頚之假借也。《左傳》曰：「需，事之賊也。」又曰：「需，事之下也。」皆待之義也。凡相待而成曰需。遇雨不進止頚也。从雨而。而者，頚之意。相俞切。六書會意也。

雲：，山川气也。天降時雨，山川出雲。从雨，雲象回轉之形。，古文雲也。象回轉之形者，其字引而上行，王分切。六書象形會意也。

黔：，雲覆日也。昜者，旗开間日。引申為兩儀之用。黔字今僅見《大戴禮記・官人篇》《素问・五帝政大論》。从雲今聲。於今切。，亦古文黔。六書象形會意也。

魚部

魚：，水蟲也。象形。鱼尾與燕尾相似。語居切。六書象形也。

鱒：，赤目魚也。鱒似鱓，赤眼。慈損切。六書象形也。

鮪：，鮥也。鮪鱼形似鱣而青黑，頭小而尖，似鐵兜鍪，口在頷下，其甲可以摩薑，

霣：霣，齊人謂靁為霣。于敏切。六書形聲也。

霆：霆，靁餘聲鈴鈴。所以挺出萬物。《禮記》曰：「地載神氣風霆，風霆流形，庶物露生。」特丁切。六書形聲會意也。

雩：雩，雩雩，靁電貌。雩雩，聲光襍沓之貌。雩尤指雯時間。大甲切。形聲會意。

電：電，昜激耀也。孔仲遠引《河圖》云：「陰陽相迫為靁。陰激陽為電。」电是靁光。按：《易》震為靁，離為電。《月令》：「靁乃發聲，始電。」靁電者，一而二者也。堂練切。六書形聲會意也。

震：震，劈歷振物者。劈歷，疾靁之名。章刃切。六書形聲會意也。

霜：霜，喪也。成物者。白露為霜。斂萬物。所推切。六書會意也。

霓：霓，屈虹青赤或白色，屈者曲也。《釋天》曰：「螮蝀，虹也。雙出色鮮盛者為雄，曰虹。闇者為雌，曰霓。」據此，似青赤為虹，白色為霓。霓為陰氣，將雨之兆。五雞切。六書象形會意也。

雩：雩，夏祭樂於赤帝以祈甘雨也。雩五精之帝。《春秋傳》曰：「龍見而雩。雩之正

《樂記》：「流以忘本。」具引之義也。弥究切。六書會意也。

淡：淡，薄味也。醲，厚酒也。與淡反也。徒敢切。六書會意也。

淬：淬，滅火器也。以器盛水，濡火使滅，其器淬也。七芮切。六書會意也。

潸：潸，涕流貌。《小雅·大東》曰：「潸焉出涕。」所姦切。六書象形也。

漕：漕，水轉穀也。《漢書》注曰：「水轉曰漕。」在到切。六書指事也。

泮：泮，諸侯饗射之宮。普半切。六書指事也。

漏：漏，以銅受水，刻節，晝夜百節。刻六千分。六書象形會意也。

汩：汩，治水也。引申之凡治皆謂汩。于筆切。六書指事也。

雨部

雨：雨，水从雲下也。一象天，冂象雲，水霝其間也。古文，王短切。六書象形也。

靁：靁，昜薄動生物者也。薄音博，迫也。陰陽迫動，即為靁也。迫動畾轉。所以畾生萬物者也。二月陽盛，靁發聲，魯回切。六書形聲兼會意也。

津：津，水渡也。《商書》微子曰：「若涉大水豈無津。」将鄰切。六書指事也。

濻：濻，小津也。謂渡之小者也，非地大人眾之所。戸孟切。六書指事也。

渡：渡，濟也。《邶風》傳曰：「濟，渡也。」徒故切。六書指事也。

泝：泝，逆流而上曰，曰泝洄。順流而涉曰溯游。桑故切。六書指事也。

砅：砅，履石渡水也。水之至小至淺者也。力制切。六書指事包會意也。

淒：淒，雨雲起也。風雨淒淒。七稽切。六書會意也。

澍：澍，時雨也，所以樹生萬物者也。當句切。六書會意也。

泐：泐，水之理也。地理木理各有其从。水理亦然。《周禮》曰：「石有時而泐。」《考工記》文：「石随其理而解散。」盧則切。六書會意也。

準：準，平也。天下莫平於水，水平謂之準，因之製平物之器亦謂之準。繩直生準。揆平取正本也。凡平均皆謂之準。《考工記》：「準之然後量之」。《易繫辞》：「易與天地準。」之累切。六書會意也。

湎：湎，湛於酒也。湛，沈也。沈休于酒，《周易》所謂「飲酒濡首，亦不知節也。」

也。」分弗切。六書象形也。

潨：潨，小水入大水曰潨。《大雅》傳曰：「潀，水會也。」徂紅切。六書形聲包會意也。

派：派，別水也。《吴都賦》：「百川派別。」水別流為派。匹賣切。六書象形包會意也。

滎：滎，滎濘，絕小水也。絕者，極也極小水也。戶扃切。六書形聲包會意也。

洼：洼，深池也。一佳切。六書象形也。

池：池，陂也。許云：「川澤所仰以灌溉者也。」六書象形也。

湖：湖，大陂也。汪汪若千頃。戶吳切。六書象形也。

汥：汥，水都也。章行切。六書象形也。

洫：洫，十里為成。成間廣八尺，深八尺謂之洫。況逼切。六書指事也。

溝：溝，水瀆也。廣四尺，深四尺。古候切。六書指事也。

渠：渠，水所居也。强魚切。六書指事也。

澗：澗，山夾水也。古莧切。六書指事也。

澩：澩，夏有水，冬無水，曰澩。胡角切。六書指事也。

六書象形也。

激：激，水礙衺疾波也。水流不礙邪急曰激。吉歷切。六書象形也。

洌：洌，水清也。洌寒也。清澄貌。《易》曰：「井洌，寒泉食。」六書會意也。

湜：湜，水清見底也。常職切。六書會意也。

溷：溷，亂也。《離騷》：「世溷濁而不分兮。」溷，亂也。濁，貪也。胡困切。六書象形也。

淵：淵，回水也。左右川謂岸也。中𡿺謂回水貌。乌懸切。六書會意也。

淫：淫，浸淫隨理也。以漸而入也。六合之內，八荒之外，浸淫衍溢。余箴切。六書會意也。

潰：潰，漏也。屋穿水下也。凡民逃其上曰潰。此引申之義也。胡對切。六書象形會意也。

溽：溽，溽暑，溼暑也。塗溼而暑上烝也。暑言下溼也。而蜀切。六書象形也。

濆：濆，水厓也。《詩》曰：「敦彼淮濆。」符分切。六書指事也。

沸：沸，畢沸，濫泉也。《釋水》曰：「濫泉涌出。」《上林賦》曰：「畢弗，盛貌切。六書形聲也。

潏：潏，涌出也。《上林賦》：「潏潏淈淈。」潏潏出聲也。古穴切。六書形聲也。

洸：洸，水涌光也。《江賦》曰：「澄澹汪洸。」又曰：「流映揚焆。」古黄切。六書象形也。

波：波，水涌流也。博禾切。六書象形會意也。

澐：澐，江水大波謂之澐。專謂江水也。

瀾：瀾，大波為瀾。風行水成文，則瀾為大可知矣。洛干切。六書象形會意也。

淪：淪，小波為淪。毛傳曰：「小風水成文，轉如輪也。」一曰沒也，淪沒也。力迍切。六書形象會意也。

汜：汜，濫也。汜若水中之梟乎。于汜切。六書會意假借也。

測：測，深所至也。深所至謂之測，度其所至亦謂之測。測，盡也。此本义也。六書會意也。

湍：湍，疾瀨也。瀨，水流沙上也。疾瀨，瀨之急者也。湍者。湍湍縈水也。他耑切。

滔：滔，水漫漫廣大貌。土刀切。六書象形兼形聲也。

汭：汭，水相入貌。汭之本義，水相入也。或云水之隈曲也。六書指事會意也。而銳切。

演：演，長流也。長遠之流也。水土氣通為演。引申之義也。以淺切。六書指事會意也。

活：活，流聲也。引申為凡不死之稱。孟子：「民非水火不生活」是也。古活切。六書指事也。

減：減，疾流也。急疾之流也。《江賦》：「測減濜涓。」是其義也。于逼切。六書象形也。

汪：汪，深廣也。《江賦》：「澄澹汪洸。」烏光切。六書形象也。

浩：浩，澆也。《虞書》曰：「洪水浩浩。」胡老切。六書形象也。

泬：泬，水從孔穴疾出也。呼穴切。六書象形兼會意也。

濞：濞，水暴至聲。《上林賦》：「滂濞沆溉。」司馬彪曰：「滂濞，水聲也。」六書形聲也。

潝：潝，水流疾聲。《上林賦》曰：「汩潝漂疾。」《小雅》：「潝潝訿訿。」許及曰沮水。側加切。六書指事也。

滱：滱，滱水。起北地靈丘，東入河。《水經》曰：「滱水，出代郡靈丘縣高氏山。」苦候切。六書指事也。

泥：泥，泥水。出北地郁郅北蠻中。奴低切。六書指事也。

海：海，天池也。以納百川者。《爾雅》：「九夷八狄七戎六蠻，謂之四海。」凡地大物博者，皆得謂之海。呼改切。六書象形指事會意也。

漠：漠，北方流沙也。慕各切。六書指事也。

水部上二

洪：洪，洚水也。孟子以洪釋洚，許以洚釋洪。六書轉註也。

淖：淖，水朝宗於海也。六書指事也。

演：演，水脉行地中演演也。演演動貌。寅下曰：正月陽氣動，泉欲上出。《淮南・天文訓》曰：「指寅則萬物寅。寅，動生貌。水伏流曰演。」弋刃切。六書指事會意也。

渚：渚，渚水。在常山中丘逢山，東入湡。章與切。六書指事也。

洨：洨，洨水。出常山石邑井陘，東南入於泜。下交切。六書指事也。

濟：濟，濟水。出常山房子赞皇山，東入泜。子禮切。六書指事也。

濡：濡，濡水。出涿郡固安，東入淶。即巨馬河。注巨馬河，淶水是也。《地理志》曰：「易水至范陽入濡。」人朱切。六書指事也。

沽：沽，沽水，出漁陽塞外，東入海。今順天府密雲縣，西南三十里漁陽古城。合諸大川，由直沽入海。古胡切。六書指事也。

沛：沛，沛水。出遼東番汗塞外，西南入海。普蓋切。六書指事也。

浿：浿，浿水。出樂浪鏤方，東入海。《水經曰》：「浿水出樂浪鏤方。」浿水今即之朝鮮國大通江，在平壤城北。平壤城即古王險城，漢之朝鮮縣也。六書指事也。

灅：灅，灅水。出鴈門陰館絫頭山，東入海。鴈門今山西代州絫頭山在今代州朔州之間。古灅水源出山西朔州馬邑縣洪壽山會灰河。力追切。六書指事也。

瀘：瀘，瀘水。出北地直路西，東入洛。洛者，出北地歸德北夷畍東南入渭之水也。俗泡：，泡水，出山陽平樂，東北入泗。《水經注·泗水篇》曰：「黃溝即豐水之上源也。」《地理志》曰：「泡水自平樂東北至沛入泗者也。匹交切。六書指事也。

菏：，菏水。在山陽湖陵南。《禹貢》菏水在南。菏澤在定陶東，禹貢浮于淮泗，達於菏。《尚書古文疏證》曰：「自淮而泗，自泗而菏，然後由菏入沛，以達於河。」古俄切。六書指事也。

泗：，泗水，受沛水，入淮。《地理志》：「泗水東南至睢陵入淮，過郡六，行千一百一十里。」息利切。六書指事也。

洙：，洙水，出泰山蓋臨樂山，北入泗。《水經》曰：「洙水出泰山蓋縣臨樂山，西南至卞縣入于泗。」市珠切。六書指事也。

沂：，沂水。出東海費东東，西入泗。沂山沂水所出也。魚衣切。六書指事也。

濰：，濰水。出琅邪箕屋山，東入海。《夏書》曰：「濰淄其道。」六書指事也。

汶：，汶水。出琅邪朱虛東泰山，東入濰。亡運切。六書指事也。

溈：，溈水。出趙國襄國之西山，東北入㴲。噳俱切。六書指事也。

深：，深水。出桂陽南平，西入營道。式針切。六書指事也。

汨：，長沙汨羅淵也。楚文王徙羅子自枝江居此。《水經注·湘水篇》曰：「湘水，又北，汨水注之。汨水，出豫章艾縣，桓山，西南逕吴昌縣北。又西為屈潭，即汨羅淵也，屈原懷沙自沈於此。」莫狄切。六書指事也。

湘：，湘水。出零陵縣陽海山，北入江。陽海山即陽朔山，流經東安等八縣至喬口與資水相會，入洞庭湖，北入江。息良切。六書指事也。

灌：，灌水。出廬江雩婁，北入淮。古玩切。六書指事也。

淮：，淮水。出南陽平氏桐柏大復山，東南入海。《禹貢》：「桐柏大復山在东南，淮水所出，至淮陵入海，過郡四，行三千二百四十里。入海。」戶乖切。六書指事也。

渧：，渧水。出汝南上蔡黑閭澗，入汝。於力切。六書指事也。

潁：，潁水。出潁川陽城乾山，東入淮。余傾切。六書指事也。

濮：，濮水。出東郡濮陽，南入鉅野。博木切。六書指事也。

濼：，齊魯間水也。小清河之在歷城者，即古濼水。苦郭切。六書指事也。

湟：，湟水出金城臨羌塞外，東入河。乎光切。六書指事也。

汧：，汧水出右扶風汧縣西北。入渭。苦堅切。六書指事也。

滻：，滻水出京兆藍田谷，入霸。所簡切。六書指事也。

洛：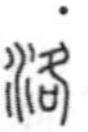，洛水。出左馮翊歸德北夷畍中，東南入渭。盧各切。六書指事也。

汝：，汝水。出弘農盧氏還歸山，東入淮。人渚切。六書指事也。

汾：，汾水出太原晉陽山，西南入河。符分切。六書指事也。

沁：，沁水。出上黨穀遠羊頭山東南入河。七鴆切。六書指事也。

漳：，濁漳，出上黨長子鹿谷山，東入清漳。清漳出沾山大要谷，北入河，南漳。出南郡臨沮。六書指事也。

沇：，沇水。出河東垣東王屋山，《水經》云：「垣縣東王屋山是也。」以轉切。指事也。

溠：，溠水。在漢南荊州浸也。側駕切。六書指事也。

洭：，洭水。出桂陽縣盧聚，南出洭浦關為桂水。去王切。六書指事也。

温：温，温水。出犍為符。南入黔水。烏魂切。六書指事也。

瀶：瀶，瀶水。出巴郡宕渠，西南入江。昨鹽切。六書指事也。

滇：滇，益州池也。都年切。六書指事也。

涂：涂，涂水。出益州牧靡南山。同都切。六書指事也。

淹：淹，淹水。出越巂徼外，東入若水。英廉切。六書指事也。

溺：溺，溺水。自张掖删丹西至酒泉合黎，餘波入于流沙。六書指事也。

洮：洮，洮水。出隴西臨洮，東北入河。土刀切。六書指事也。

涇：涇，涇水。出安定涇陽幵頭山，東南入渭。古灵切。六書指事也。

渭：渭，渭水出隴西首陽渭首亭南谷入河。云貴切。六書指事也。

漾：漾，漾水出隴西豲道，東至武都為漢。徐亮切。六書指事也。

漢：漢，漾也。泉始出山為漾。言其微也，漢言其盛也。呼旰切。六書指事也。

浪：浪，滄浪水也。南入江。来宕切。六書指事也。

沔：沔，沔水。出武都沮縣東狼谷，東南入江。彌兗切。六書指事也。

江：江，江水。出蜀湔氐徼外崏山，入海。蜀郡湔氐道，二志同。前志曰：湔氐道，禹贡崏山在西徼外，江水所出。東南至江都入海，過郡九，行七千二百六十里。九郡為，巴郡、南郡、長沙、江夏、廬江、丹陽、廣陵國也。崏山即禹貢岷山，《封禅書》謂之瀆山。古双切。六書指事象形也。

涑：涑，涑水。出發鳩山，入河。《北山經》曰：「發鳩之山漳水出焉。」許慎曰：「水出發鳩山，入關。」發鳩山位于今山西潞安府長子縣西五十里。六書指事象形也。

涪：涪，涪水。出廣漢剛邑道徼外南，入漢。六書指事象形也。

潼：潼，潼水。出廣漢梓潼北眗，南入墊江。六書指事也。

沱：沱，江別流也。出岷山東，別為河。六書指事也。

浙：浙，江水東至會稽山陰為浙江。六書指事也。

涐：涐，涐水。出蜀汶江徼外，東南入江。从水我聲。祖才切。六書指事也。

湔：湔，湔水。出蜀郡緜虒玉壘山，東南入江。子先切。六書指事也。

沫：沫，沫水。出蜀西南徼外，東南入江。莫割切。六書指事也。

切。」六書會意也。

水部上一

水：，準也。《釋名》曰：「水，準也。準，平也。天下莫平於水，故匠人建國必水地。北方之行。」《月令》曰：「大史謁之天子曰：某日立冬，盛德在水。象眾水竝流，中有微陽之氣也。」火，外陽内陰。水，外陰内陽。中畫象其陽。云微陽者，陽在内也，微猶隱也。水之文與☵卦略同。式軌切。六書象形形聲會意也。

汃：，西極之水也。从水八聲。府巾切。《爾雅》曰：「西至於汃国，謂之四極。」六書指事象形也。

河：，河水。出敦煌塞外昆侖山發原注海。唐朝乃作燉煌，見元和郡縣志。河源出于寘，其山多玉石。西域以孝武时始通。本三十六國，東則接阨以玉門、陽關，西則以葱嶺，其南山東出金城，与漢南山屬焉。其河有兩源，一出葱嶺，一出于闐，于闐在南山下，其河北流，與葱嶺河合。東注蒲昌海。一名鹽澤者也。南出於積石為中國河云。呼歌切。六書指事。

于切。六書假借會意假借也。

忡：，憂也。《釋訓》曰：「忡忡，憂也。」敇中切。毛傳曰：「忡忡，猶衝衝也。」《詩》曰：「憂心忡忡」《召南·草蟲》文。六書會意也。

悄：，㥑也。《釋訓》曰：「悄悄，憂皃。」毛傳曰：「悄悄憂皃。」《詩》曰：「憂心悄悄。」親小切。六書會意也。

慽：，㥑也。《小明》曰：「政事愈戚。」傳曰：「戚，迫也。」又曰：「自詒伊戚。」傳曰：「戚，憂也。」戚即慽之假借字也。倉歷切。六書會意假借也。

㥑：，愁也。㥑心行於顏面，故从頁。於求切。六書會意也。

患：，㥑也。《春秋繁露》曰：「心止於一中者謂之忠，持二中者謂之患。患，人之中不一者也。」胡丱切。六書會意也。

忍：，能也。能者，熊屬。能獸堅中，故賢者稱能，而强壯稱能傑。凡敢於行曰能。而軫切。六書會意也。

惢：，心疑也。今俗謂疑為多心。會意。《魏都賦》曰：「神惢形茹。才規、才惢二

感：，動人心也。許書有感無憾。《漢書》多作感。葢憾浅于怨怒，才有動于心而已。古禫切。六書會意也。

忧：，心動也。《玉篇》曰：「心動也。」《廣韵》曰：「動也。」于救切。六書會意也。

惌：，怨惌也。謂怨惡之意也。其九切。六書會意也。

慎：，惪貌。憂者，和行也。王分切。六書會意也。

怮：，惪貌。从心幼声。於虯切。六書會意也。

惴：，惪懼也。惴惴，懼也。《詩》曰：「惴惴其慄。」之瑞切。六書會意也。

惔：，惪也。从心炎聲。此以形聲晐會意。徒甘切。《詩》曰：「憂心如炎。」《節南山》引之以明會意也。炎者，火光上也。憂心如之，六書會意也。

悠：，惪也。《釋訓》曰：「悠悠、洋洋，思也。」《小雅》：「悠悠我里。」傳曰：「悠悠，憂也。」按：此傳乃悠之本義。以周切。六書會意也。

忏：，惪也。《卷耳》：「云何忏矣。」傳曰：「忏，惪也。」此即忏之假借也。況

恫：，痛也。《大雅・思齊》傳曰：「恫，痛也。」《康誥》曰：「恫鰥乃身。」从心同聲。他紅切。一曰呻吟也。六書會意也。

悲：，痛也。按憯者，痛之深者也。恫者，痛之專者也。悲者，痛之上騰者也。各从其聲而得之。从心非聲。府眉切。六書會意也。

惻：，痛也。从心則聲。初力切。六書會意也。

惜：，痛也。从心昔聲。思積切。六書會意也。

愍：，痛也。與閔義殊。从心愍聲。眉殞切。六書會意也。

㥢：，痛聲也。《閒傳》：「斬衰之哭。齊衰之哭，大功之哭，三曲偯。」注曰：「氣竭而息聲。」依豈切。六書會意也。

簡：，簡簡，在也。《釋訓》曰：「存存簡簡，在也。」《論語》：「簡在帝心。」即簡字之假借。古限切。六書會意兼轉借也。

慅：，動也。《月出》：「勞心慅兮。」《常武》：「釋騷。」傳曰：「騷，動也。」此謂騷即慅之叚借字也。穌遭切。六書會意假借也。

愾：，大息皃。大息者，呼吸之大者也。呼，外出也。吸，内息也。《曹風·下泉》：「愾我寤嘆」，嘆謂愾也。《祭義》曰：「入戶而聽，愾然必有聞乎？」其嘆息之聲是也。若哀公問則愾乎天下矣。」注云：「愾，至也。」司既切。六書會意也。

懆：，愁不安也。懆訓愁。毛傳曰：「懆懆，憂不樂也。懆懆，猶慼慼也。」七早切。《詩》曰：「念子懆懆。」（《小雅·白華》）六書會意轉註也。

愴：，傷也。愴訓傷。猶創訓傷也。《祭義》曰：「必有凄愴之心。」从心倉聲。初亮切。六書會意假借也。

怛：，憯也。《匪風》：「中心怛兮。」傳曰：「怛，傷也。」《甫田》：「勞心怛怛。」傳曰：「怛怛猶忉忉也。忉忉，猶勞也。」，怛或从心在旦下。《詩》曰：「信誓旦旦。」《衛風·氓》傳文。按《詩》曰：「信誓旦旦」旦即悬之假借字。言其懇惻款誠是也。得案切。六書會意也。

憯：，痛也。从心朁聲。七咸切。六書會意也。

慘：，毒也。毒，害也。从心參聲。七感切。六書會意也。

毛而不廢三家詩。蒲味切。六書會意假借也。

忍：，怒也。从心刀，謂心中懷怒如懷刃也。讀若纇。鱼既切。六書會意也。

憏：，怨恨也。《廣雅》：「憏，恨也。」从心彖聲，讀若膎。戸佳切。六書會意也。

恨：，怨也。从心㫐聲。胡艮切。六書會意假借也。

懟：，怨也。从心對聲。大淚切。六書會意假借也。

悔：，悔恨也。悔者，自恨之意。从心每聲。六書會意也。

怏：，不服懟也。怏蓋倔强之意。怏然，自大之意。考王逸少《蘭亭序》曰：「怏然自足。」自来石刻如是。本非快字，而學者尠知之。从心央聲。於亮切。六書會意也。

懣：，煩也。煩者，熱頭痛也。引申之，凡心悶皆為煩。莫旱切。六書會意也。

憒：，懣也。从心賁聲。房吻切。六書會意也。

悶：，懣也。从心門声。莫困切。六書會意也

惆：，失意也。《荀卿子》：「惆然不嗛。」陸機《歎逝賦》：「心惆焉而自傷。」《廣雅》曰：「惆，痛也。」从心周聲。敕鳩切。六書會意也。

氣：，癡皃。癡，不慧也。許即切。六書會意也。

忌：，憎惡也。渠記切。六書會意也。

恚：，怒也。於避切。六書會意也。

怨：，恚也。於願切。六書會意也。

怒：，恚也。从心怒聲。乃故切。六書會意假借也。

憝：，怨也。从心敦聲。徒對切。《周書》曰：「凡民罔不憝。」六書會意也。

慍：，怨也。恚也。从心昷声。於問切。六書會意假借也。

惡：，過也。人有過曰惡，有過而人憎之亦曰惡。本無去入之別，後人强分之。烏各切。六書會意假借轉註也。

憎：，惡也。从心曾聲。作滕切。

怖：，恨怒也。《小雅·白華》：「念子懆懆，視我邁邁。」毛傳曰：「邁邁，不悦也。」《釋文》云：「《韓詩》及《説文》皆作怖怖。」《韓詩》云：「意不悦好也。」許云：「很怒也。」今説文作恨，似宜依很。邁者，怖之假借。非有韓許則毛詩不可通矣。許宗

憧：憧，意不定也。《易・咸・九四》曰：「憧憧往来。」尺容切。六書會意假借也。

悝：悝，啁也。啁即今之嘲字，悝即今之詼字，謂詼諧啁調也。《春秋傳》有孔悝，衛孔圉之子也。苦回切。六書會意假借也。

憰：憰，權詐也。古雪切。六書會意也。

怳：怳，狂之貌。許往切。六書會意也。

恑：恑，變也。過委切。六書會意轉註也。

𢤱：𢤱，有二心也。戶圭切。六書會意假借也。

悸：悸，心動也。《衛風》：「垂带悸兮。」傳曰：「垂其紳带，悸悸然有節度也。」其季切。六書會意也。

懖：懖，距善自用之意也。古活切。六書會意也。

忨：忨，貪也。貪者，欲物也。五換切。六書會意假借也。

惑：惑，亂也。亂者，治也。疑則當治之。胡國切。六書會意也。

惷：惷，亂也。尺允切。《春秋傳》曰：「王室日惷惷焉。」六書會意也。

像：，放也。从心象聲。徒朗切。

慢：，惰也。从心慢聲。謀晏切。一曰慢，不畏也。六書會意假借也。

怠：，慢也。徒害切。六書會意也。

懈：，怠也。古隘切。

惰：，不敬也。《韋玄成傳》：「供事靡惰。」徒果切。六書會意也。

慫：，驚也。从心从聲，讀若悚。息拱切。六書會意也。

怫：，鬱也。鬱鬱也。引申凡抑鬱之称。符弗切。六書會意假借也。

忿：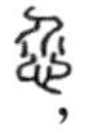，忽也。呼介切。孟子曰：「孝子之心，不若是忿。」六書會意轉註也。

忽：，忘也。勿骨切。六書會意假借也。

慲：，忘也。慲兜也。蓋古語，忘之貌，猶今人之糊塗，不省事。母官切。六書會意轉借也。

恣：，縱也。資四切。六書會意也。

愓：，放也。與音義同。方言婬愓游也。徒朗切。六書會意也。

者喜也。喜者樂也。羊茹切。六書會意轉註也。

忒：忒，更也。凡人有過失改常謂之忒。失常也。他佐切。六書會意假借也。

憪：憪，愉也。心静也。澹怕之樂也。户閒切。六書會意也。

愉：愉，薄也。此薄也當作薄樂也，引申之，凡薄皆云愉。《禮記》曰：「有和氣者，必有愉色。」此愉之本義也。羊朱切。六書會意假借也。

懱：懱，輕易也。懱者，輕易人蔑視之也。莫结切。會意假借也。

愚：愚，戇也。愚者，智之反也。麌俱切。六書會意假借也。

戇：戇，愚也。陟绛切。旧音下紺反，今音竹巷反。六書會意也。

㥌：㥌，姦也。《篇》《韵》皆云：「恨也。」倉宰切。六書會意也。

惷：惷，愚也。懝：懝，騃也。引申之《方言》曰：「癡，騃也。」六書會意也。

忮：忮，很也。很者，不聽从也。雄雉，忮，害也。之義切。六書會意假借也。

悍：悍，勇也。侯旰切。態：態，意態也。有是意因有是狀，故曰意態。意者，識也。从心能。心所能必見於外也。六書會意也。

悥，義略同也。奴歷切。六書會意假借也。

憸：憸，憸詖也。憸利於上，佞人也。息廉切。六書會意也。

思：思，疾利口也。疾，惡也。疾惡利口之人也。六書會意也。

急：急，褊也。褊者，衣小也。凡窄陿謂之褊。居立切。六書會意也。

辯：辯，悥也。一曰急也。方沔切。六書會意也。

極：極，悉性也。《釋言》曰：「悈，褊，急也。」《釋文》：「悈本或作極，又作亟，極與急同義。」《詩經箋》云：「亟，急也是也。」己力切。六書會意假借也。

懁：懁，悉也。一曰急也。此與義音同。懁，疾也。古縣切。六書會意也。

悻：悻，恨也。悻即《孟子》悻字也。「悻悻然見于其面。」胡頂切。六書會意也。

怚：怚，驕也。子去切。六書會意也。

悒：悒，不安也。《倉頡篇》曰：「悒悒，不暢之貌也。」《大戴禮》曰：「君子終身守此悒悒。」謂憂而不得息也。於汲切。六書會意也。

恣：恣，忘也。此義未聞，或有偽也。嘾也。嘾者，含深也。含深者，欲之甚也。又恣忕：，習也。六書會意也。

懋：，勉也。《虞書》曰：「时惟懋哉。」莫候切。六書會意也。

愳：，趣步愳愳也。趣，疾走也。謂疾而舒也。余呂切。六書會意也。

慆：，説也。今之悦字。《尚書大傳》：「師乃慆。慆，喜也。」《東山》傳曰：「慆慆，言久也。」皆引申之義也。土刀切。六書會意也。

懕：，安也。懕懕，安静也。於盐切。六書會意假借也。

憺：，安也。《子虛賦》曰：「澹乎自持。」徒敢切。六書會意也。

怕：，無偽也。《子虛賦》曰：「怕乎無為。」匹白切。六書會意也。

恤：，悳也。各本作憂。《釋詁》等皆曰：「憂也。」六書會意也。

忓：，極也。極者，屋之高處。干者，以下犯上也。

懽，，喜歘也。歘者，意有所欲也。懽與歡音義略同。六書會意也。

惄：，飢餓也。一曰悳也。惄，志而不得之思也。《方言》曰：「惄，濕，憂也。自關而西秦晉之間，凡志而不得，欲而不獲，高而有墜，得而中亡謂之溼或謂之惄。」案：思與

部諶下曰：誠諦也。《詩》曰：「天命匪忱。」詩任切。六書會意假借也。

惟：惟，凡思也。《方言》曰：「惟，思也。」又曰惟凡思也。慮，謀思也。願，欲思也。念，常思也。凡思，謂浮泛之思。《生民》：「載謀載惟。」以追切。會意轉借也。

懷：懷，念思也。念思者，不忘之思也。懷，傷也。户乖切。會意也。

惀：惀，欲知之貌。心思求曉事。盧昆切。六書會意也。

想：，覞思也。覞思者，覞望之思也。息尔切。六書會意也。

㥯：㥯，深也。㥯与邃音義皆同。从邃者，為室之深。从思者為意之深。徐醉切。六書會意也。

恖：恖，自勉彊也。毛傳曰：「亹亹，勉也。」亹即斖之斖，斖即恖恖之假借。武巾切。六書會意兼假借也。

慔：慔，勉也。《釋訓》曰：「懋懋、慔慔，勉彊也。」莫故切。六書會意也。

愐：愐，勉也。《釋詁》曰：「蠠沒、勔，勉也。」《毛詩》「黽勉」亦作「僶俛」。是則説文之愐為正字。彌珍切。六書會意也。

嵽：，高也。岹嵽山形。一曰極也。一曰困劣也。特計切。六書象形會意也。

廳：，闊也。廣大也。毛云：「遠行也。」引申之義也。一曰宽也。《詩》曰：「廳彼淮夷。」苦謗切。可否喻之為心自廣大乎。六書會意也。

悈：，飾也。力部曰：飭，致堅也。悈與戒義同，警也。《司馬法》：「有虞氏悈於中國。」居薤切。六書會意也。

㥯：，謹也。於靳切。

庆：，行賀人也。从心，謂心所喜而行也。吉禮以鹿皮為摯。丘竟切。六書會意也。

愻：，順也。《學記》：「不陵節而施之謂愻。」《論語》：「愻以出之，惡不愻以為勇者。」皆順之假借。蘇困切。六書會意假借也。

寋：，實也。《邶风》：「其心寋淵。」毛傳：「寋，瘗也。」鄭笺云：「寋，充實也。道德純備謂之寋。」先則切。六書會意假借也。

恂：，信心也。《論語》：「恂恂也。」相論切。六書會意假借也。

忱：，誠也。誠者，信也。《詩大明》曰：「天難忱斯。」毛曰：「忱，信也。」言

憖：，肎也。各本作問也，《小爾雅》曰：「憖，願也。」韋注曰：「憖，願也。」用部曰：甯，所願也。《春秋傳》曰：「昊天不憖。」《左氏傳・哀公十六年》文，魯哀公誄孔子曰：「昊天不弔，不憖遺一老。」魚覲反。六書會意也。

愷：，宽閒心腹貌。《詩》曰：「赫兮愃兮。」況晚切。六書會意也。

恕：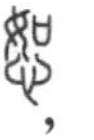，仁也。仁者，親也。孔子曰：「能近取譬，可謂仁之方也矣。」孟子曰：「彊恕而行，求仁莫近焉。」是則為仁不外於恕。仁者，親也。商署切。六書會意也。

怡：，龢也。龢者，調也。怡者，悦也，樂也。與之切。六書會意也。

恢：，大也。苦回切。六書會意也。

恭：，肅也。肅者，持事振敬也。《尚書》曰：「恭作肅。」如「居處恭，執事敬」見於《論語》者也。俱容切。六書會意也。

慈：，㤅也。㤅，愛也。惠也，仁也。親也。疾之切。六書會意也。

憪：，怟憪，不𢝊事也。𢝊，憂也。移尔切。六書會意也。

恮：，謹也。此緣切。，惠也。烏痕切。六書會意也。

憲，猶欣欣也。」皆假借字也。从心目，心目並用，敏之義也。許建切。六書會意兼假借也。

憊：，敬也。敬者，肅也。《商頌》：「不憊不竦」，憊，恐。竦，懼也。女版切。六書會意也。

忻：，闓也。闓者，開也。忻為心之開發，《司馬法》曰：「善者，忻民之善，閉人之惡。」許斤切。六書會意也。

惇：，厚也。都昆切。六書會意也。

忼：，忼慨也。忼慨，狀士不得志於心也。一曰《易》「忼龍有悔」。段氏對此辟之。有悔與不得志反也。苦浪切。六書會意也。

悃：，悃愊，至誠也。苦本切。六書會意也。

愿：，謹也。鱼怨切。六書會意也。

瘱：，靜也。《洞簫賦》曰：「清靜厭瘱。」《神女賦》曰：「澹清靜其愔瘱。」李善引韓詩曰：「瘱，悦也。」引《倉頡篇》曰：「瘱，密也。」曹大家《列女傳》注曰：「瘱，深邃也。」苦叶切。六書會意也。

應：，當也。田相值。引申為凡相对之稱。於陵切。六書會意也。

慎：，謹也。言部曰：謹者慎也。未有不誠而能謹者。《小雅》：「慎尔優游，予慎無罪。」時刃切。六書會意也。

忠：，敬也。敬者，肅也。未有盡心而不敬者。盡心曰忠。六書會意也。

愨：，謹也。《廣韵》曰：「謹也，善也，愿也，誠也。」苦角切。六書會意也。

愷：，樂也。苦亥切。六書會意也。

㥦：，快也。漢文帝《紀》曰：「未有㥦志。」苦叶切。六書會意也。

念：，常思也。《方言》曰：「念，思也。」又曰：「念，常也。」許曰：懷念思也。《書》曰：「念茲在茲，釋茲在茲，名言茲在茲，允出茲在茲，惟帝念功。」奴店切。六書會意也。

怤：，思也。甫無切。六書會意也。

憲：，敏也。敏者，疾也。《謚法》：「博聞多能為憲。」引申之義為法也。《中庸》引《詩》「憲憲令德」憲即顯顯也。《大雅》：「天之方難，無然憲憲。」傳曰：「憲惡喜怒哀樂，生於六氣。」《孝經援神契》曰：「性生於陽以理執，情生於隱以繫念。」七盈切。六書象形兼會意也。

性：，人之易氣性善者也。《論語》曰：「性相近也。」孟子曰：「人性之善也，猶水之就下也。」董仲舒曰：「性者，生之質也。質樸之謂性。」息正切。六書會意也。

志：，意也。从心㞢，㞢亦聲。以意下曰志也。志古文識。識，記也。蓋古文有作志無識，小篆乃有識字，志讀為識。識，知也。古文作志，則志者記也。知也，《尚書》曰：「若射之有志」。《士喪禮・志矢》注云：「志，猶擬也。」《詩序》曰：「詩者，志之所之也，在心為志，發而為詩。」職史切。六書會意也。

意：，志也，志即識，心所識也。意之訓為測度，為記。如《論語》：「毋意毋必」、「不逆詐，不億不信」、「億則屢中」，如今人記憶是也，於記切。六書會意也。

恉：，意也。許《序》曰：「曉學者達神恉」。職雉切。六書會意也。

悳：，外得於人，內得於己也。謂身心所自得也。外得於人，謂惠澤使人得之也。多則切。六書會意也。

黔：，黎也。耇下曰：老人面凍黎若垢，謂凍黑也。秦謂民為黔首，謂黑色。周謂之黎民。黎，衆也。巨淹切。六書會意也。

黨：，不鮮也。王注曰：「日月晻黮而無光也」。多朗切。六書象形也。

黥：，墨刑在面也。先刻其面，以墨窒之。渠京切。六書象形會意也。

黟：，黑木也。《周書・王會》篇：「夷用闖木」，《古今注》：「烏文木，出波斯國，文木樹高七八丈，色正黑，如水牛角。」烏雞切。六書象形也。

心部

心：，人心，土臧也。在身之中。象形。息林切。

息：，喘也。口部曰：喘，疾息也。《詩》曰：「使我不能息兮。」傳曰：「優不能息也。」《黍離》傳曰：「噎，優不能息也。」此息之本義也。六書象形會意也。

情：，人之侌氣有欲者。董仲舒曰：「情者，人之欲也。人欲之謂情，情非制度不節。」《禮記》曰：「何謂人情，喜怒哀懼愛惡欲，七者不學而能。」《左傳》曰：「民有好

爟：，取火於日官名。《周禮》：「夏官司爟掌行火之政令，四時變國火以救時疾。季春出火，季秋納火。」《周禮》曰：「司爟掌行火之政令，舉火曰爟。爟火者，所以祓除其不祥。桓公迎管仲祓以爟火。」古玩切。六書象形兼會意也。

𤇾：，𤇾燧也。候表也。謂伺候之表。邊有警則舉火。孟康曰：「𤇾如覆米籅，縣著挈皋頭，有寇則舉之。燧積薪，有寇則燔然之也。」張揖曰：「晝舉𤇾，夜燔燧。」《廣韵》：「夜曰𤇾。晝曰燧。誤也。燧，塞上亭，守𤇾火者也。」敷容切。六書象形兼會意也。

熭：，熭乾也。《賈誼傳》曰：「日中必熭」。太公《六韜》：「言日中時，必須暴晒，毋失時也。」于歲切。六書象形會意也。

熙：，燥也。又興也。光明也。許其切。六書會意轉註也。

炎：，火光上也。《洪範》曰：「火曰炎上」。其本義也。《雲漢》傳曰：「炎炎，熱氣也。」《大田》傳曰：「炎，火盛陽也。」皆引申之義。于廉切。六書象形會意也。

黑：，北方色也。火所熏之色也。熏者，火烟上出也。从炎，上出囪。囪，古文囱字。在屋曰囪。呼北切。六書會意也。

會意也。

烖：烖，天火曰烖。按：經多反時為烖，地反物為妖，民反德為亂，亂則妖災烖生。祖才切。六書會意也。

熠：熠，盛光貌。《詩》：「熠耀宵行」熠耀，粦也。粦，熒火也。羊入切。六書象形會意也。

輝：輝，光也。輝與光二者互訓，如《易・象傳》曰：「君子之光，其輝吉也。」況味切。六書象形會意也。

爓：爓，火爓也。或曰火門也。《蜀都賦》：「高爓飛煽于天垂。」余廉切。六書象形也。

煌：煌，煌煌，輝也。皇皇猶煌煌也。胡光切。六書象形會意也。

焘：焘，溥覆照也。《中庸》曰：「譬如天地之無不持載，無不覆幬。」幬，覆也。假借字。徒到切。六書象形假借也。

光明之道。」象形。

爚：爚，火光也。雷奔電激，震震為雷，爚爚為電也。以灼切。六書象形會意也。

熛：熛，火飛也。熛，迸火也。甫遥切。六書象形會意也。

熇：熇，火熱也。《大雅・板》傳曰：「熇熇然，熾盛也。」火屋切。六書象形也。

炭：炭，燒木未灰。呼旱切。六書指事也。

煨：煨，盆中火。《玉篇》：「作盆中火熝。熝者，埋物火令熟也。」烏灰切。六書會意也。

炊：炊，爨也。齊謂炊也爨。昌垂切。六書指事也。

熹：熹，炙也。炙者，抗火炙肉也。引申為褺也。許其切。六書會意也。

㷉：㷉，以火乾肉也。周禮飽者于楅室中糗乾之，出于江淮也。符逼切。六書會意也。

𪚺：𪚺，灼龜不兆也。从龜火。《春秋傳》曰：「卜戰，龜，𪚺，不兆。」即悄切。六書會意也。

煉：煉，鑠治金也。鑠而治之，愈消則愈精。金部曰：煉，治金也。郎電切。六書象形焌：焌，然火也。《周禮》曰：「龡遂其焌。」焌讀如戈鐏之鐏，謂之契柱爇火而吹之也。焌火在⿱艹寿，以焞焯龜。焌者謂吹而然之也。六書指事會意也。

然：然，燒也。如延切。六書象形會意也。

燒：燒，爇也。烈：烈，火猛也。《大雅》曰：「載燔載烈。」傳火曰燔，貫之加以火曰烈。《商頌》曰：「如火烈烈。」引申為光也，業也。《方言》曰：「餘也。」按：烈訓餘者，盛則必盡，盡則必有所餘也。良薛切。六書象形會意也。

炪：炪，火光也。《類篇》：「作火不光。」《集韵・六術》曰：「炪爩煙貌。」又《九迄》曰：「炪爩煙出也。煙盛則光微。適與火猛反對照也。」職悅切。六書會意也。

煦：煦，烝也。方言煦煆熱也。《樂記》注曰：「以氣曰煦。一曰溫潤也，一曰赤貌。」一日部曰：昫，日光出温也。昫煦古通用。」香句切。六書象形會意也。

熯：熯，乾貌。乾讀如干。《易說・卦傳》王弼本作：「熯萬物者，莫熯乎火。」人善切。六書象形會意也。

熲：熲，火光也。《小雅》：「不出於熲。」傳曰：「熲，光也。」箋曰：「不得出於如斯矣。一曰偃鼠。

鼫：，五技鼠也。能飛不能過屋，能緣不能窮木，能游不能渡谷，能穴不能掩身，能走不能先人。此之謂五技。常職切。六書象形會意也。

能：，熊屬。《左傳》《國語》皆云：「晉侯夢黃能入於寢門。」韋注曰：「能似熊。足似鹿。能獸堅中，故稱賢能，而彊壯稱能傑也。」

火部

火：，焜也。南方之行，炎而上。六書象形也。

炟：，上諱。漢章帝名炟。炟之字曰著。《玉篇》曰：「爆也。」《廣韵》曰：「火起也。」當割切。六書象形會意也。

焜：，火也。《詩》曰：「王室如焜」，毛傳：「毀，火也。」按：《爾雅》亦作燬。許偉切。六書象形會意也。

猶豫。」正義云：「猶，玃屬；豫，象屬。此二獸皆進退多疑，人多疑惑者似之，故謂之猶豫。」六書象形會義也。

狐：狐，祅獸也。鬼所乘之。有三德：其色中和，小䒤大後，死則丘首。謂之三德。户吳切。六書象形會意也。

猋：猋，犬走貌。引申為凡走之稱。《九歌》：「猋遠舉兮雲中。」猋，去疾貌。《爾雅》：「扶摇謂之猋。」甫遥切。六書象形兼會意也。

鼠部

鼠：鼠，穴蟲之總名也。其類不同而皆謂之鼠。引申之為病也，見《釋詁》。《毛詩》「正月作癙」。象形。上象首，下象足。

鼶：鼶，鼶鼠也。或曰鼠婦。附表切。六書象形會意也。

鼢：鼢，鼢鼠。出胡地，皮可作裘。下各切。六書象形會意也。

鼢：鼢，地中行鼠，伯勞所化也。依許氏説，伯勞化田鼠，田鼠化鴽，物類遞嬗，有意也。

狾：狾，狂犬也。《左傳·哀十二年》：「國之瘈，无不噬也。」瘈，狂也。《春秋傳》曰：「狾犬入華臣氏之門。」一征例切。六書象形會意也。

狂：狂，狾犬也。轉注假借之為人病之稱。

類：類，種類相似，唯犬為甚。説從犬之意也。類本謂犬相似，引申假借為凡相似之稱。毛傳皆曰：類善也。猶释不肖為不善也。六書會意也。力遂切。

狄：狄，北狄也。五狄在北方，一曰月支，二曰穢貊，三曰匈奴，四曰單于，五曰白屋。本犬種。狄之為言淫辟也。其俗父子叔嫂同穴無别。狄者辟也，其行邪辟。其類有五。徒歷切。六書指事會意也。

狻：狻，狻麑，如虦苗，食虎豹。苗貓也，素官切。六書象形也。

玃：玃，大母猴也。似獮猴而大，色蒼黑能玃持人善顧盼。《爾雅》曰：「玃父善顧。」一俱縛切。六書象形會意也。

猶：猶，玃屬。《釋獸》曰：「猶如麂，善登木。」《曲禮》曰：「使民决嫌疑，定獀：，南越名犬獿獀也。獿獀叠韵字。人名犬如是。今江浙尚有此語。所鳩切。六書象形也。

尨：，犬之多毛者。《詩》曰：「無使尨也吠。」莫江切。六書象形也。

狡：，少犬也。《淮南子·俶貞訓》高注：「狡，少也。」引申為狂也，滑也，疾也，健也。古考切。匈奴地有狡犬，巨口而黑身。『四尺果』，大犬也。古考切。六書象形也。

獒：，犬知人心可使者。《释嘼》曰：「犬高四尺為獒。」五牢切。二部。象形會意也。

獨：，犬相得而鬥也。羊為羣，犬為獨。犬好鬥，好鬥則獨而不羣矣。徒谷切。六書象形會意也。

臭：，禽走臭而知其跡者犬也。走臭猶逐氣。犬能行路蹤迹前犬之所至，於其氣知之也，自者鼻也。

獻：，宗廟犬名羹獻。犬肥者以獻。凡祭宗廟之禮，犬曰羹獻。引申之謂凡進獻之偁。如《古文尚書·咎繇謨》：「古文萬邦黎獻。」許建切。六書指事會意也。

豣：，獟犬也。一曰逐虎之犬也。《唐韻》曰：「逐獸犬也。」許建切。劉澍象形會

麀：麀，牝鹿也。《大雅・靈臺》傳曰：「麀，牝也。」《曲禮》：「父子聚麀。」皆取生息蕃多之意。於虬切。六書象形會意也。

麗：麗，鹿之絕有力者。古賢切。六書象形也。

麒：麒，麒麟，仁獸也。《禮運》云：「麟鳳龜龍，謂之四靈。」龍，東方也。虎，西方也。鳳，南方也。龜，北方也。麟，中央也。渠之切。六書象形也。

麤：麤，行超遠也。鹿善驚躍，故从三鹿。引申之為鹵莽之意。不精也大也疏也。今人曰粗也。徂古切。六書象形會意也。

犬部

犬：犬，狗之有縣蹏者也。《莊子》曰：「狗非犬。」司馬彪曰：「同實名。」孔子曰：「視犬之字，如畫狗也。觀孔子言犬即狗矣。」六書象形會意也。

狗：狗，孔子曰：「狗叩也。叩氣吠以守。」叩，觸也。叩氣者，出其氣也。《洪範五行傳》注曰：「犬，畜之以口吠守者也。」古厚切。六書象形形聲也。

駮：駮，駮獸如馬，倨牙，食虎豹。北角切。六書象形也。（以下所舉非真馬也。）

駃：駃，駃騠，馬父贏子也。謂马之騾也。謂馬父者，以別於驢父之騾也。馬父驢母者为驢騾。孟康曰：「駃騠生七日而超其母。」古穴切。六書象形也。

驢：驢，驢獸似马，長耳从馬驢聲。力居切。按：驢騾、駃騠、騊駼、驒騱，大史公皆謂為匈奴奇畜，本中國所不用，故字皆不见經傳。葢秦人造之耳。六書象形也。

⿰馬冡：⿰馬冡，驢子也。莫紅切。六書象形也。

驒：驒，驒騱，野馬屬。依《爾雅》則騊駼为野馬，故許謂驒騱為野馬屬。郭注《子虛賦》曰：「野馬如馬而小，驒騱、駏驉類也。」徒河反。六書象形也。

騊：騊，騊駼，北野之良馬也。出北海中。徒刀切。六書象形也。

鹿部

麚：麚，牡鹿也。《释獸》曰：「鹿，牡麚。」古牙切。以夏至解角。六書象形。

麟：麟，大牡鹿也。力珍切。六書象形也。

騭：騭，牡馬也。《释獸》曰：「牡曰，牝曰騭。」郭云：「今江東呼馬為騭。」六書象形也。

馬：馬，馬一歲也。胡涓切，六書象形也。

駒：駒，馬二歲曰駒，三岁曰駣。鄭司農农云：「馬三歲曰駣，二歲曰驹。」《小雅》：「老馬反為駒。駒言已老矣，孩童慢之也。」舉朱切。六書形象性也。

馴：馴，馬八歲也。博拔切。六書象形也。

驕：驕，馬一目白曰驕，二目白魚。六書象形也。

騏：騏，馬青驪，文如棊也。棊者，青而近黑也。渠之切。六書象形也。

驪：驪，馬深黑色。纯黑曰驪。吕支切。六書象形也。

騅：騅，馬苍黑襍毛。職追切。六書象形也。

駔：駔，壯馬也。士部曰：壯者，大也。子朗切。六書象形也。

駉：駉，牧馬苑也。苑所以養禽獸也。《漢儀》注：「大僕，牧師諸苑三十六所，分布北邊西邊，以郎為苑监官，養馬三十四。」古熒切。六書指事也。

也。

貔：，豹屬，猛獸也。出貘國。《周書》曰：「如虎如貔。」

貘：，似熊而黃黑色，出蜀中，即諸書所謂食鐵之獸也。《後漢書》《爾雅》謂之白豹。《山海經》謂之猛豹。今四川川東有此獸。薪采攜鐵飯甑入山，每为為所齧，其齒則奸民用為偉佛齒。莫白切。六書象形也。

貗：，猛獸也。貗見《上林賦》。郭璞曰：「貗以牛領有肉堆，即犎牛也。」按：即《爾雅》之犦牛也。余封切。六書象形也。

貂：，鼠屬。大而黃黑，出胡丁零國在長城北，去玄兔國千里，出名馬。赤玉、大珠都遼切。六書象形也。

馬部

馬：，怒也。武也。象馬頭髦尾四足之形。六書象形也。

磊：，衆石貌。三石為磊犹三人為眾也。《楚辭》：「石磊磊兮葛蔓蔓。」六書象形會意也。

豕部

豕：，彘也。《小雅》傳曰：「豕，猪也。」式視切。六書象形也。

豝：，牝豕也。《释兽》《召南》傳：「豕，牝曰豝。」伯家切。六書象形也。

豭：，牡豕也。《左傳・野人歌》曰：「既定尔娄猪，盍归吾艾豭」，此豭为牡豕之證也。郭云：「犹云豭斗也。」古牙切。六書象形會意也。

豸部

豸：，獸長膂行豸豸然，欲有所司殺形。凡獸欲有所伺殺，則行步詳宷，其脊若加長。豸豸然，長貌。池尔切。六書象形也。

豹：，似虎，圜文。豹文圜。《易》曰：「君子豹變，其文蔚也。」北教切。象形

則盡出。」《本艸經》曰：「礜石，味辛有毒。」《西山經》曰：「礜可以毒鼠。」郭云：「蠶食之而肥，出漢中。」羊茹切。六書會意兼象形。

碣：，豎石也。特立之石也。東海有碣山，渠列切。六書象形而更會意也。

碑：，豎石也。宮必有碑，所以識日景引陰陽也。象形會意也。

磬：，石樂也。五聲八音總名也。苦定切。六書形聲會意也。

碓：，所以舂也。杵臼所以舂。本斷木掘地為之，師其意者又皆以石為之。不用手而用足不用足而用水，謂之碓。桓譚《新論》：「宓犧制杵臼之利，後世加巧，水碓水磑行焉。」都遂切。六書象形而會意也。

磻：，以石箸雖繳也。雖者，繳射飛鳥也。繳者，生絲縷系繒矢而以雖射也。以石箸於繳謂之磻。博禾切。六書象形會意也。

硯：，石滑也。石性滑利也。五甸切。六書象形會意也。

砭：，以石刺病也。以石刺病曰砭，因之名其石曰砭石。《東山經》：「高氏之山。其下多箴石。可以為砭针治臃腫者。後世乃無此石矣。」方廉切，六書象形會意也。

危部

危：，在高而懼也。《喪大祭》注：「危，棟上也。」魚為切。六書會意也。

攱：，嘔也。《廣韵》云：「攱者，不正也。嘔者，嘔隅不安也。」六書象形也。

石部

石：，山石也。在厂之下，常隻切。六書象形也。

磺：，銅鐵樸石也。銅鐵樸者石與銅鐵之間。可為銅鐵而未成者也。《周禮》𠁥人掌金玉錫石之地，而為之嚴禁以守之也。古猛切。六書象形也。

砮：，砮石，可以為矢鏃。《夏書》曰：「梁州貢砮丹。」《國語》曰：「肅慎氏貢楛矢石砮。」乃都切。六書象形會意也。

礜：，毒石也。《周禮》注曰：「今醫方有五毒之藥，作之。合黃堥，置石膽、丹沙、雄黃、礜石、慈石其中，燒之三日三夜。其烟上箸，以雞羽埽取之。以注創，惡肉破，骨

厂部

厂：，厂山石之厓巖，人可凥。謂巖之下人可居者也。呼旱切。六書象形也。

厜：，㕒，山顛也。顛者，頂也。魚為切。六書象形兼會意也。

厎：，柔石也。柔石，石之精細者。厲摩刀刃石也。六書指事也。

厲：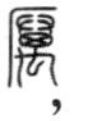，旱石也。剛於柔石者也。《禹貢》：「厲砥砮丹」。力制切。《大雅》：「取厲取鍛」，引申之義为作也。六書指事會意也。

厱：，治玉石也。《淮南子·說山訓》：「玉待礛諸而成器。」高注曰：「礛诸，攻玉之石。」礛即厱字。《廣韵》曰：「礛𥗬，青礪。」魯甘切。六書象形會意也。

厞：，石利也。謂石銳也。石之利如砮砭厎厲厝是也。胥里切。六書會意也。

厝：，厝石也。如今鋼鑽，《小雅·鶴鳴》曰：「他山之石，可以為錯。」傳曰：「錯，錯石也。」可以琢玉，舉賢用滯，則可治國。錯，古作厝。蒼各切，六書象形會意也。

厖：，石大也。《釋詁》曰：「厖，大也。」引申之爲純固敦厚也。莫江切。六書象形兼會意也。

庇：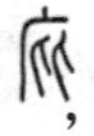，蔭也。引申之為凡覆庇之偁。必至切。六書會意也。

廡：，行屋也。行屋，幄也。王所居之帳也。帳有梁柱可移徙，尤今之蒙古包之类。與職切，六書指事也。

𢉜：，屋從上傾下也。𢉜之下推也。都回切。六書指事會意也。

廢：，屋頓也。頓之言鈍，謂屋鈍置無居之者也。引申之，凡鈍置皆曰廢。《淮南子·冥道訓》：「四極废。」高注：「廢，頓也。」古謂存之為置。棄之為廢，亦为谓存之为废。亦為謂存之謂廢，棄之謂置。亂之為治。去之為藏。」六書會意也。

庮：，久屋朽木。《周禮·內饔》：「牛夜鳴則庮。」鄭云：「庮朽木臭也。」《內則》鄭注云：「庮，惡臭也。」引《春秋傳》：「一熏一庮。」與久切。六書會意也。

廟：，尊先祖貌。尊其先祖，而以是儀貌之，曰宗廟也。宗廟者，先祖之尊貌也。古者宗廟以祀先祖，為神立廟者，始三代。眉召切。六書指事也。

庭，，宮中也。宮之中，廴部曰：廷，中朝也。宮者，室也。室之中曰庭。六書指事也。

廡：，堂周屋也。《释名》曰：「大屋曰廡」，文甫切。六書指事也。

庫：，兵車臧也。引申之，凡貯物舍皆曰库。苦故切。六書指事會意也。

序：，東西墻也。傳曰：「序，绪也。」六書指事假借也。

屛：，蔽也。謂屋之隱蔽者也。必郢切。六書指事會意也。

廛：，二畝半也，一家之凥。《诗经・伐檀》毛傳曰：「一夫之凥曰廛。」里即廛也，凥即居也。直連切。六書指事會意也。

廉：，仄也。偪仄也。與廣為對文，廉之言斂也。賈子曰：「廉，隅也。」引申之為清也，俭也，嚴利。許以仄晐之。仄者，圻堮陖陗之謂。力兼切。六書會意也。

龐：，高屋也。引申之為高大之意。《小雅》：「四牡龐龐。」箋云：「龐龐，充實也。」薄江切。六書會意也。

底：，山凥也。《玉篇》曰：「底，止也，下也。」引申之訓致也。《小雅》云：「伊於胡底」。底，至也。都裡切。六書會意也。

嶢：嶢，焦嶢，山高皃。古僚切。六書象形也。

㟚：㟚，會稽山也。《左傳》：「禹會諸侯涂山，執帛者万國。」《魯語》：「昔禹置羣神於會稽山，防風氏後至，禹殺而戮之。禹葬會稽，前此名㟚山，後此名會稽山。」同都切。六書象形也。

崖：崖，高邊也。五加切。六書象形也。

广部

广：广，因厂為屋也。厂者山石厓巖也。魚儉切。讀若儼。六書象形。

府：府，文書臧也。府治藏，史掌書者。百官所居曰府。六書指事也。

庠：庠，禮官養老。夏曰校，殷曰庠，周曰序。六書指事也。

廬：廬，寄也。秋冬去，春夏居。《小雅》：「中田有盧。」箋云：「中田，田中也。農人作廬以便其田事也。在野曰廬，在邑曰廛。」《周禮》：「十里有廬，廬有飲食。」力居切。六書指事也。

山之下也，一曰嵎銕暘谷也。與章均切。六書指事也。

岨：岨，石戴土也。《釋山》：「石戴土謂之崔嵬，土戴石謂之岨。」七余切。六書指事也。

岡：岡，山脊也。山脊曰岡。古郎切。六書指事也。

岑：岑，山小而高。嶄也，嶄然也。六書象形也。

崟：崟，山之岑崟也。《子虛賦》：「岑崟參差，日月蔽虧。」魚音切。六書象形也。

崒：崒，危高也，言危殆之高也。萃者崔嵬。醉綏切。六書象形也。

巒：巒，山小而鋭。《蜀都賦》：「山長而狹。」洛官切。六書象形也。

密：密，山如堂者。土部曰：堂殿也。美畢切。六書象形也。

岫：岫，山有穴也。有穴之山謂之岫。非山穴謂岫也。似又切。六書象形也。

崇：崇，山大而高也。漢碑曰：「如山如岳，嵩而不傾。」六書象形也。

巖：巖，厓也。岸也。山石之巖厓，人可居也。五緘切。六書象形也。

嵒：嵒，山巖也。五咸切。六書象形也。

魅人面獸身而四足，好惑人，山林異氣所生。」密祕切。六書象形也。

醜：，可惡也。以可惡。故從鬼。昌九切。六書會意也。

山部

山：，宣也。謂能宣散氣，生萬物也。有石而高，六書象形也。

嶽：，東岱，南靃，衡山也。一名霍山，毛傳則曰：「南嶽衡。」西華，北恒，中大室。嵩高為中嶽。王者之所以巡狩所至。五角切。六書象形也。

岱：，大山也。大作太者俗改也。《釋山》曰：「泰山為東嶽。」毛傳曰：「東嶽岱。」《堯典》：「至於岱宗」，在今山東泰安府泰安縣北。徒耐切。六書象形指事也。

嶷：，九嶷山也，舜所葬。在今零陵營道縣南，其山九溪皆相似，故名九疑。唯山海經作嶷。六書指事象形也。

崋：，崋山也，在弘農華陰。今陝西同州府華陰縣。六書指事、象形。

嵎：，首嵎山也，在遼西。遼西郡令支有孤竹城。故伯夷國，許意伯夷叔齊餓於首陽

「秦中最小鬼之神者。」《中山經》：「青要之山魑武羅司之。」郭云：魑即神字。」食鄰切。會意也。

䰟：，陽氣也。《白虎通》曰：「䰟者沄也，猶沄沄行不休也。」《淮南子》曰：「天氣為魂。」《左傳》子產曰：「人生始化曰魄，既生魄，陽曰䰟，用物精多，則䰟魄强。」户昆切。六書會意也。

魄：，陰神也。陽言氣，陰言神者，陰中有陽也。《白虎通》曰：「魄者迫也，猶迫迫然箸於人也。」《淮南子》曰：「地氣謂噓吸出入者也。耳目之聰明魂魄。」《郊特牲》曰：「䰟氣歸於天，形魄於地。」《祭義》曰：「死必歸土，此之謂鬼。其氣發揚於上，神之箸也。是以聖人尊名之曰鬼神。」按：魂魄皆生而有之，而字皆從鬼者，魂魄不離形質，而非形質也。形質亡而魂魄存，是人所歸也，故從鬼。普百切。六書會意也。

魅：，厲鬼也。厲之言烈也。厲鬼謂虐厲之鬼。《月令》注曰：「昴有大陵積尸之氣，氣佚則厲鬼隨而出行。」郭云：「离魅之類也。」丑類切。六書會意也。

鬽：，老物精也。《論衡》曰：「鬼老物之精也。百物之神曰鬽。或云魅怪物，或云

是也。山頂曰塚。」《釋詁》曰：「冢大也。」知隴切。六書象形也。

包：，妊也。女部曰：妊者孕也。子部曰孕者裹子也。象人裹妊，在中，象子未成形也。十月而生。六書象形也。

胞：，兒生裹也。包謂母腹胞謂胎衣。腹中水府也。六書象形也。

苟：，自急敕也。急者褊也，敕者誡也。己力切。六書會意也。

敬：，肅也。聿部曰：肅者持事振敬也。心部曰：忠敬也。戁敬也。憼，敬也。恭肅也，居慶切。六書會意也。

鬼部

鬼：，人所歸為鬼。《釋言》：「鬼之為言歸也。」《尸子》：「古者謂死人為歸人。」《左傳》子產曰：「鬼有所歸，乃不為厲。」《禮運》曰：「魂氣歸於天，形氣歸於地。」从儿，甶，象鬼頭。自儿歸於鬼也。居偉切。六書會意也。

魅：，神也。神鬼者，鬼之神者也。《老子》曰：「其鬼不神」。《封禪書》曰：

勹部

勹：，裹也。象人曲形有所包裹。布交切。六書象形也。

匊：，曲晉也。此鞠躬之正字也。《廣雅》曰：「匔窮，謹敬也。」孔注《論語》曰：斂身，許曰：曲脊。葢未敬謹而不傴僂者也。巨六切。六書象形也。

匍：，手行也。薄呼切。六書象形也。

匐：，伏地也。伏地行也。匍匐小兒時也，蒲北切。六書象形、會意也。

勻：，少也。《廣韵》曰：「勻徧也，齊也。」羊倫切。六書象形兼會意也。

勼：，聚也。《釋詁》曰：「鳩，聚也。」《左傳》作鳩。古文《尚書》作逑。辵部曰：逑，斂聚也。居求切。六書會意也。

旬：，徧也。旬，均也。又日之數十，自甲至癸一徧也。六書會意也。

匈：，膺也。肉部曰：膺，匈也。膺自其外言之，無不當也，匈自其中言之，無不容也。許容切。六書象形兼會意也。

冢：，高墳也。土部曰：墳者，墓也。墓之高者曰冢，《周禮》：「冢人掌公墓之地

符卪。《禮記》：「孝子之有深愛者必有和氣，有和氣者必有愉色，有愉色者必有婉容。」許曰：面顏前也是也。所力切。六書象形兼會意也。

艴：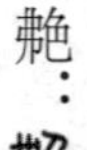，色艴如也。怒色也。蒲沒切。六書象形兼會意也。

絶：，縹色也。縹者，帛靑白色也。李善注《神女賦》：「頩薄怒以自持。」頩，怒色靑貌。普丁切。六書象形兼會意也。

卯：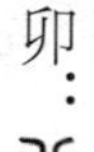，事之制也。从卪。卪，今人讀節奏，合乎節奏，乃為能制事事者也。子兮切。六書會意也。

卿：，章也。《白虎通》曰：「卿之為言章也。」六卿：天官冢宰、地官司徒、春官宗伯、夏官司馬、秋官司寇、冬官司空。去京切。六書指事也。

辟：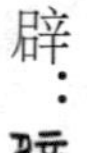，法也。《大雅》：「無自立辟。」傳皆曰：辟，法也。六書會意也。

𨐨：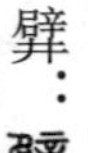，法也。各本作治也。説文法也。必益切。六書會意也。

𢁉：，治也。乂，訓治也。魚廢切。六書會意也。

邲：，宰之也。葢謂主宰之也，主宰之，則制其必然，故從必。六書會意也。

卲：，高也。《法言》曰：「公儀子、董仲舒之才之卲也。」又曰：「賢皆不足卲也。」寔照切。六書會意也。

厄：，科厄。木卪也。牛戈切。六書會意也。

厀：，脛頭卪也。肉部曰：腳，脛也。脛，胻也。厀者在脛之首股與腳間之卪也。息厀切。六書象形與會意也。

卻：，卪卻卪卻也。今依《玉篇》欲為卻，又改節為卪。卻卪者，節制而卻退之也。去約切。六書會意也。

卸：，舍車解馬也。舍，止也。馬以駕車則解馬矣。司夜切。會意也。

卯：，二卪也。義取于形。廣韵亦云具也。士戀切。六書會意也。

印：，執政所持信也。凡有官守者皆曰執政。其所持之卪信曰印。於刃切。六書會意也。

色：，顏氣也。顏者兩眉之間也。心達於氣，氣達於眉間是之謂色。顏氣與心若合六書象形會意也。

鬜：，鬢禿也。顧即鬜也。顧頭鬢少髮也。苦間切六書象形也。

卩部

卩：，瑞信也。瑞者，以玉為信也。《周禮》注曰：「瑞節信也。瑞者，若今之符璽郎。」掌節注曰：「節猶信也。行者所執之信。邦節者珍圭，牙璋、等是也。」引申之，凡使所執以為信，而非用玉者皆曰卪。守邦國者用玉卪。守都鄙者用角卪，使山邦者用虎卪。土邦者用人卪，澤邦者用龍卪。門關者用符卪，貨賄者用璽卪，道路用旌卪。符節者，如今宮中諸官詔符也。璽節者，今之印章也。子結切。六書指事也。

令：，發號也。義相轉注，引申為律令，為時令。力正切，指事也。

𠨘：，輔信也。信者，卪也。輔者，佐之也，毗必切。六書會意也。

卶：，有大慶也。慶者，行賀人也。大慶謂大可賀之事也。凡從多之字訓大。庶，侈也。是其義。充鼓切。六書會意也。

䰈：䰈，髮好也。千可切。六書象形也。

鬈：鬈，髮好也。《齊風・盧令》曰：「其人美且鬈。」衢員切。六書會意也。

髦：髦，髦髮也。髮中之豪者也。莫袍切。六書象形也。

髺：髺，絜髮也。絜髮指束髮也。古活切。六書象形也。

𩯁：𩯁，屈髮也。屈者無尾也。亡媿切。六書會意也。

䯰：䯰，簪結也。簪結者既簪之結也。古拜切。六書會意也。

鬣：鬣，髮鬣鬣也。動而直上貌。所謂頭髮上指，髮上衝冠也。辭賦家言「旌旗獵獵」，是其假借詞也。人部曰：儠者，長壯儠儠也。須下垂不稱，凡上指者稱鬣。良涉切。六書象形兼會意也。

髴：髴，髴，若似也。與人部仿佛之佛義同。敷勿切。六書象形會意也。

髶：髶，亂髮也。此與艸部茸字义略同。而容切。六書象形也。

鬌：鬌，髮墮也。髮落是也。直追切。六書會意也。

鬊：鬊，鬊髮也。《士喪》曰：「鬊，亂髮也。」《漢書》曰：「黑云如猋風亂鬊。」

彰：彰，彣彰也。彣各本作文。《廣雅》：「彰，明也。」諸良切。六書會意也。

彫：彫，琢文也。琢者治玉也。金曰彫，玉曰琢。都僚切。六書會意也。

𢒠：𢒠，清飾也。清素之飾也。疾郢切。六書會意也。

㣎：㣎，細文也。細文，文之細者也。璺之細者也，引申為凡精美之稱。《周頌》曰：「維天之命，於穆不已。」傳曰：「穆，美也。」《大雅》傳曰：「穆穆，美也。」《釋訓》曰：「穆穆，肅肅，敬也。」皆其義也。莫卜切。六書會意也。

髟部

髟：髟，長髮猋猋也。猋，音彪。俗云髮垂曰猋。盛貌。六書象形也。

髮：髮，頭上毛也。方髮切。六書象形也。

鬢：鬢，頰髮也。髮之在面旁者也。鬢髮穎也。必刃切。六書象形也。

鬗：鬗，髮長貌。母官切。六書象形也。

鬛：鬛，髮長也。《廣韵》曰：「鬛鬖髮疎貌。」魯甘切。六書象形也。

䫇：，頰須也。頰，面旁也。《釋名》曰：「隨口動搖，冄冄然也。」《封禅書》：「有龍垂胡髯，下迎黃帝。」泛謂須從須冄。汝鹽切。六書會意也。

顊：，須髮半白也，頭半白斑斑者也。府移切。六書象形會意也。

頾：，短須髮貌。敷悲切。六書象形也。

彡部

彡：，毛飾畫文也。巾部曰：飾者㕞也。飾畫者㕞而畫之，毛筆所以畫者也。其文則為彡，手之列。多略不過三，故以彡象之也。故皆以為彡之屬。所咸切。象形也。

形：，象也。人部曰：像似也，似像也。《易》曰：「在天成像，在地成形。」分稱之，實可互稱也。六書曰象形者謂形其形也。形聲者謂形其聲之形也。户經切。

㐱：，稠髮也。稠者多也。《詩》曰：「㐱髮如雲。」髮稠且黑而甚美也。六書象形也。

修：，飾也。不去其塵垢，不可謂之修。不加以縟采不可謂之飾。引申之，如匡衡曰：治性之道，必審己之所有餘，而强其所不足。」息流切。六書會意也。

顅：，頭鬢少髮也。鬢禿也。苦閑切。六書象形也。

顐：，無髮也。者顛也。顛者禿也。五困切。苦昆切。六書象形也。

頼：，傾首也。頭不正也。匹米切。六書象形也。

顫：，頭不定也。之繕切。六書象形也。

煩：，熱，頭痛也。附袁切。六書會意也。

頪：，難曉也。謂相似難分別也。多如米也，盧對切。會意也。

頦：，醜也。户來切。六書象形兼會意也。

須部

須：，頤下毛也。須在頤下，額在口上，須在頰，其名分别有定。《釋名》亦曰：「口上曰髭，口下曰承漿，頤下曰鬚，在頰耳旁曰髯。」與許説合。六書象形也。

頿：，口上須也。而正名百物則曰額曰。《左傳》曰：「至於靈王。生而有額，是為額王。」《釋名》曰：「髭姿也。為姿容之美也。」即移切。六書象形也。

俛。六書象形也。

頣：，舉目視人貌。舉目揚眉也。式忍切。六書象形也。

顅：，倨視人也。倨者不遜也。旨善切。

頡：，直項也。强項也，耿頪也。《邶風》：「燕燕于飛。頡之頏之。」傳曰：「飛而下曰頡，飛而上曰頏。」六書象形而會意也。

顥：，白貌。景者日光也。日光白也。《楚辭》曰：「天白顥顥」。南山四顥，《高士傳》曰：「四晧皆河内軹人。一曰東園公；二曰角里先生；三曰綺里季；四曰夏黄公。秦始皇時退入藍田山作歌，乃共入商雒。隱地肺山，漢高徵之不至，深自匿終南山，不能屈己。」按曰：藍田山曰商雒地肺山；曰終南山，東西相接八百里。實一山也。六書象形也。

頨：，頨妍也。妍，安也。頨，義如《周易》之「翩翩」。《東都賦》：「翩翩，巍巍，顯顯翼翼。」《廣韻》注云：「孔子頭也。」又附會以為孔子圩頂之圩。六書象形會意。

顗：，謹莊貌。莊者，壯盛字假借也。《釋詁》曰：「顗靜也。」魚豈切。六書象形、假借也。

也。

順：，理也。理者治玉也。玉得其治之方為理；凡物得其治之方皆謂之理。理之而後天理見焉，條理形焉。非謂空中有理，非謂性即理也。順者理也。順之所以理之。未有不順民情而能理者。凡訓詁家曰從，順也。曰：愻，順也。曰馴，順也。此六書之轉注。曰訓順也。人自頂至於踵，順之至也。川之流，順之至也。故字從川會意而取川聲。食閏切。六書形聲會意也。

顓：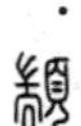，頭顓顓謹貌。此本義也，《白虎通》曰：「謂之顓項何。顓者專也。項者正也，言能正天之道」。謹而言之行之也。職緣切。六書會意也。

項：，頭項項謹貌。此本義也。引申為正，《白虎通》曰：「終其帝顓頊，顓頊者，寒縮也。」許玉切。六書會意也。

頓：，下首也。鄭曰：「稽拜頭至地也。頓首拜頭叩地也。稽首者，吉禮也。頓首者，凶禮也。空首者吉凶所同之禮也。」六書象形也。

頫：，低頭也。《西京賦》：「伏櫺檻而頫聽，開雷霆之相激。」頫古文俯字。音同

頒：，大頭也。孟子曰：「頒白者不負戴於道路矣。」布還切。一曰鬢。《詩》曰：「有頒其首」。六書象形也。

顒：，大頭也。引申之凡大皆有是称。《詩》曰：「其大有顒。」《釋訓》曰：「顒顒卬卬，君之德也。」又其引申之義也。六書象形兼會意也。魚容切。

類：，大頭也。《玉篇》引《蒼頡》頭大也。《廣雅》曰：「類，大也。」口么切。六書象形也。

顝：，大頭也。苦骨切。六書象形也。

頣：，面前岳岳也。岳岳立貌。五角切。六書象形會意也。

頑：，棞頭也。凡物渾淪未破者皆得曰棞。凡物之頭渾全者，棞頭。析者銳，渾者鈍。《左傳》曰：「心不則德義之經為頑。」五還切。六書會意也。

頠：，頭閑習也。伸之曰凡嫻習之稱。語委切。六書會意也。

頷：，面黃也。頷訓為頤，飯不飽則面黃也。胡感切。六書象形、會意也。

顧：，還視也。《檜風》箋云：「迴首曰顧。」引申為臨終之命曰顧命。六書象形

章衽切。六書象形也。

頧：，出頷也。謂頷肤出向前也。今江南謂頧頭肤頷，直追切。六書象形也。

碩：，曲頤也。頤曲而微向前也。曲頤曰碩，頤狀之不同也。《揚雄傳》鎮頤，師古曰：「曲頤也。」薄回切。六書象形也。

顩：，鰜貌也。鰜者，齒差也。《篇》、《韵》皆云：「頩顩，不平也。必形之於外也。」魚檢切。六書象形也。

頩：，面目不正貌。曰面不平、面斜也。余準切。六書象形也。

頵：，頭頵頵大也。春秋楚君，有名頵者。於倫切。六書象形也。

顛：，面色顛顛貌。《康熙字典》：「顛顛面急又面首俱圓之貌。」六書象形也。

顆：，頭頰長也。《玉篇》引《蒼頡》云：「顩，面長銳頤之貌。」五咸切。六書象形也。

頎：，頭大也。引申為凡大之稱。《簡兮》傳曰：「碩人大德也。」六書象形、會意也。

頞：頞，鼻莖也。鼻謂之準，鼻直莖謂之頞。六書象形也。

頯：頯，權也。肉部曰：朒者面頯也。渠追切。漢高祖隆準，準高也。六書象形也。

頰：頰，面旁也。面者顏前也。顏前者，兩眉間兩目間已下至頰間也。其旁曰頰。古叶切。六書象形也。

頣：頣，頰後也。頰後為近耳及耳下也。古恨切。六書象形也。

頜：頜，顄也。《公羊傳》：「呼獒而屬之，獒亦躇階而從之。祁彌明逆而踆之，絕其頷。」遂使獒之頤不能噬也。南楚謂頷，秦晉謂之頜。六書象形也。胡感切。

顄：顄，頤也。胡男切。𦣞者古文頤此為轉注。故六書象形轉注也。

頸：頸，頭莖也。居郢切。六書象形轉注也。

領：領，項也。魚检切。領理也。治也。皆引申之義，六書象形轉注也。

項：項，頭後也。頭後者，在頭之後也。故項槖亦曰後槖也。胡講切。六書象形也。

煩：煩，玉枕也。玉枕皆曰項煩，醫經本作玉枕。許說同。顛之後橫起者曰頭橫骨，曰枕骨，其兩旁尤突起者曰玉枕骨。即偃臥箸枕之處。《玉篇》引《蒼頡》云：「垂頭之貌。」

中謂之顏，旁謂之角，由兩眉間以直上皆得謂之顏。」醫經額曰顏，曰庭是也。《小雅》：「顏之厚矣。」凡憂媿喜羞必形於顏，謂之顏色。故色下曰：顏氣也。六書曰象形兼會意也。

頌：頌，皃也。六詩一曰頌。《周禮》注云：「頌之言誦也，容也。誦今之德，廣以美之。」《詩譜》曰：「頌之言容，天子之德，光被四表，格于上下，無不覆燾，無不持載，此之謂容。於是和樂興焉，頌聲乃作。」此皆以容受釋頌，似頌為容之假借字矣。故六書會兼假借也。

顱：顱，頊顱首骨也。此五字各本作顱也。骨部曰：髑髏，頂也。頊顱即髑髏。語之轉也。徒落切。六書象形兼轉借也。

顛：顛，頂也。《廣雅》曰：「顛末也。」六書象形也。

頂：頂，顛也。都挺切。象形轉注也。

顙：顙，頟也。九拜中頓首必重用其顙。穌朗切。象形會意也。

題：題，頟也。釋言定，題也。引申，居前之稱。杜兮切。

頟：頟，顙也。《釋名》曰：「頟，鄂也，有垠鄂也。」五陌切。六書形声兼轉注。

切。六書形聲兼會意也。

歙：，縮鼻也。式涉切。形聲、兼會意也。

欲：，蹴鼻也。蹴，縮也。於糾切。形聲、兼會意也。

次：，不前不精也，不前不歬也，不歬不精皆居次也。會意也。

歉：，饑虛也，歉者餓腹之虛。形聲而會意也。

欺：，詐也。言部曰：詐者，欺也；此説欺者，詐也。相轉注也。故轉注而會意也。

頁部

頁：，頭也。从从儿。古文䭫首如此。胡結切。

頭：，首也。許造字有定體，下曰頭也。頭下曰也，兩者轉注，《禮記》曰：「頭容直，頭頸必中。」度侯切。六書象形也。

顏：，眉之間也。眉與目之間不名顏。面下曰顔前也。色下曰：顏氣也。是可證顏為眉間。醫經之所謂闕。道書所謂上丹田，相書所謂中正印堂也。毛云：「顏角，蓋全額而言。」

⿰魚欠：，⿰魚欠干，不可知也。古渾切。會意也。

歃：，歠也。歠者歙也。凡盟者歃血。山洽切。指事而象形也。

欶：，吮也。口部曰：吮欶也。二篆為轉注。六書轉注。會意也。

欿：，食不滿也。苦感切。欲：，欲得也。張鎰曰：「欿音坎。內顧不足而有所欲也。」他含切。六書指事、會意也。

欱：，歠也。欱與吸意相近，與歕相反。《東都賦》曰：「欱野歕山」。呼合切。六書象形與會意。

歉：，食不滿也，謂口銜食不滿也。《穀梁傳》曰：「一穀不升謂之歉」。苦簟切。六書會意也。

歖：，咽中息不利也。烏八切。氣息不利，如骨之在咽，又非骨也，故六書屬會意也。

欭：，嚘也。《王風》：「中心如噎。」傳曰：「噎為噎憂，不能息也。」噎憂即為欭憂之假借詞。乙冀切。故六書假借兼會意也。

欬：，逆氣也。嗽，欬也。上氣逆喘也。含吸之欲其下而氣乃逆上，是曰欬。苦蓋歂：歂，歐也。前知切。歐：歐，吐也。《海外經》：「歐絲之野，一女子跪樹歐絲」。烏後切。六書指事兼會意也。

歔：歔，欷也。朽居切。一曰出氣也。六書形聲、會意也。

欷：欷，歔也。欷亦作唏。香衣切。六書形聲、會意也。

歜：歜，盛氣怒也。尺玉切。引申凡氣盛之稱。六書會意也。

𣢟：𣢟，言意也。有所言之意，意內言外之意。與久切。六書會意也。

瀫：瀫，欲歠歠。渴聲。渴者水盡也。人瀫則欲飲，苦葛切。會意也。

敫：敫，所歌也。急風為節，其樂促逝也。古弔切。六書形聲會意也。

歒：歒，悲意。馨叫切。會意也。

𣤹：𣤹，盡酒也。子肖切。會意也。

𣤶：𣤶，堅持意，口閉也。古咸切。形聲兼會意。

𣣪：𣣪，指而笑也。《呂覽》曰：「舜為天子，輷輷𣣪𣣪，莫不載悅」。高注：「𣣪𣣪動而喜也」。時忍切。象形而會意也。

説文曰：「歋廞手相笑也。」六書形聲兼會意也。以支切。

歊：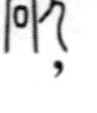，歊歊，氣上出貌。師古曰：歊歊氣盛也。許嬌切。形聲、會意。

欻：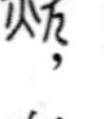，有所吹起。許勿切。欻之言忽也。六書象形會意也。

蚗：，蚗蚗戲笑貌。許其切。李善曰：「蚗，笑也。與嗤同。」六書形聲兼會意也。

歔：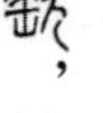，歔歔，氣出貌。余招切。或與《詩》云：「君子陶陶」之意相近；陶陶，和樂也。六書會意也。

歗：，吹也。穌吊切。口部以歗為籀文嘯矣。《詩》曰：「其歗也謌」。今《召南》：「其嘯也歌」。六書形聲、會意也。

歎：，吟也。謂情有所悅吟歎而歌詠。如《樂記》云：「一唱而三歎」，他案切。六書形聲、會意也。

歖：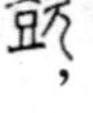，卒喜也。卒，疑為猝。許其切。六書會意也。

欸：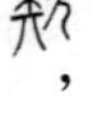，訾也。訾者思稱意也。《項羽本紀》：「亞父受玉斗，拔劍撞而破之曰：唉，孺子不足與謀也。」此正怒聲字，當作欸。六書形聲會意也。

弞：，笑不壞顏曰改。式忍切。六書會意也。

款：，意有所欲也。屈原賦曰：「悃悃款款」。王注：「心志純也。」苦管切，會意。

欯：，㚔也。㚔者，吉而免凶也。居氣切。六書會意也。

欲：，貪欲也。感於物而動，性之欲也。欲而當於理，則為天理；欲而不當於理，則為人欲。欲求適可，斯已矣。非欲之外有理也。古有欲字，無慾字，余蜀切。六書會意也。

歌：，詠也。言部曰：詠歌也。二字相為轉注。六書形聲轉注也。

歂：，口氣引也。市緣切。六書形聲也。

歍：，心有所惡者，吐也。《太玄》曰：「歍歍，逆吐之聲也。」形聲、會意。

歡：，歍歡也。六書會意也。才六切。

欶：，惄然也。心部曰：惄憂也。欶然心口不安之貌也。形聲會意。

欦：，含笑也。丘嚴切。象形、會意也。

歋：，人相笑相歋瘉。《後漢書・王霸傳》：「市人皆大笑，舉手邪揄之。」李注

欽：，欠貌。欽者，倦而張口之貌也。引申之乃歆然如不足謂之欽。《詩晨風》：「憂心欽欽。」傳曰：「思望之心中欽欽然。」《釋詁》曰：「欽，敬也。」六書會意也。

𣤶：，欠貌。《廣韻》曰：「迷惑不理解。」洛官切。

欯：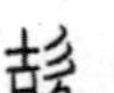，喜也。《廣韻》曰：「笑也。」六書會意也。

吹：，出氣也。六書會意也。

欨：，吹也。一曰笑意。況于切。六書會意也。

歑、歍：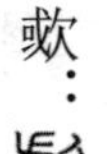，温吹也。與呼音同义。虎烏切。，吹氣也。於六切。六書會意也。

歟：，安氣也。用為語末之詞亦取安舒之意。以都切。六書會意也。

歙：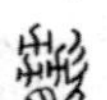，翕氣也。翕，合也。虛業切。六書會意也。

歕：，吹氣也。歙歕與口部之吸噴義相似而異。普魂切。六書會意也。

歇：，息也。息者鼻息也。歇之义引申為止歇。一曰氣越泄。精神越泄，百病咸生。六書會意也。

歡、欣：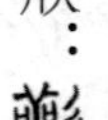，喜樂也。呼官切。，笑喜也。許斤切。六書會意也。

覜：，諸侯三年大相聘曰覜。《王制》曰：「諸侯之於天子也，比年一小聘，三年一大聘，五年一朝。」鄭曰：「此大聘與朝，晉文霸時所制也。」六書指事也。

現：，擇也。《玉篇》引《詩》：「左右現之。」莫袍切。六書會意也。

覞：，蔽不相見也。覞之言閟也，莫結切。六書會意也。

覘：，司人也。司者，《釋訓》曰：「戚施面柔也。」郭云：「戚施之疾，不能仰，面柔之人常俯，似之。」式之切。六書象形也。

覭：，目蔽垢也。當矦切。六書象形也。

覵：，很視也。很者不聽從也。苦閑切。六書會意也。

覷：，見雨而比息。道途遇雨，急行則息必頓喘矣。虛器切。六書形聲也。

欠部

欠：，張口氣悟也。悟覺也，引申為解散之意。張口氣悟也。謂之欠，正義云：志疲則欠，體疲則伸。張口運氣謂之欠故。六書形聲也。

覾：覾，私出頭視也。闖頭門中也。丑林切。六書象形兼會意也。

𡨄：𡨄，突前也。莫紅，莫沃二切。六書象形兼會意也。

覬：覬，钦也。几利切。六書象形兼會意也。

覦：覦，欲也。覬覦欲得也。羊朱切。六書會意也。

䙜：䙜，視不明也。心部：惷，愚也，丑龙切。六書象形兼會意也。

𧢈：𧢈，視誤也。弋笑切。六書會意也。

覺：覺，悟也。心部曰：悟者覺也。二字為轉注。

覹：覹，目赤也。

靚：靚，召也。《廣雅・釋言》曰：「令，召，靚也。」疾正切。六書象形兼會意也。

親：親，至也。至部曰：到者，至也，到其地曰至，情意懇到曰至。父母者情之最至者也。故謂之親。七人切。六書會意也。

覲：覲，諸侯秋朝曰覲，勤勞王事也。《大宗伯》：「以賓禮親邦国，春見曰朝，秋見曰覲。」《古周禮》說：「春曰朝，夏曰宗，秋曰覲，冬曰遇。」渠吝切，六書指事也。

䚈：䚈，䚈覰，闚觀也。闚者，閃也。闚頭於門中也。虞翻曰：「窺觀為闚。」七四切。六書象形兼會意也。

覘：覘，內視也。隸釋，張寿碑：「覘覘虎視，不折其節。」覘與眈音義皆同。眈下曰視近，此曰內視。丁含切。六書象形兼會意也。

覯：覯，遇見也。《召南·草蟲》曰：「亦既見止。亦既覯止。」傳曰：「覯，遇也。」實含會合之意。《易》：「男女覯精，萬物化生。」古后切。六書會意也。

覽：覽，注目視也。專注之視。渠追切。六書象形也。

覘：覘，闚視也。《左傳》：「公使覘之。」覘，視也。敕豔切。六書會意也。

䁖：䁖，司也。司者伺也。無非切。六書會意也。

覢：覢，暫見也。猝乍之見也。《倉頡篇》云：「覢覢，視貌。」六書會意也。

覕：覕，覕覢，暫見也。必刃切。六書會意也。

覞：覞，病人視也。莫兮切。六書會意也。

覭：覭，下視深也。《曲禮》曰：「下視於帶則憂」。以周切。六書會意也。

人見之亦曰視。六書會意也。

覫：覫，旁視也。五計切，目部曰睨衺視也。六書會意也。

䚋：䚋，笑視之。嬉笑之視也。力玉切。六書象形兼會意也。

覝：覝，察視也。密察之視也。力盐切。六書象形兼會意也。

䙺：䙺，外博衆視也。外大通而多所視也。員物數紛乱也。象形之意也。

觀：觀，諦視也。《穀梁傳》曰：「常事曰視，非常曰觀。物多而後可觀，曰觀。」六書會意也。

㝷：㝷，取也。多則切。寸度之，亦手也。六書象形之會意也。

覽：覽，觀也。覽天下賔客，言齊能致天下賢士。六書會意也。

𧡨：𧡨，內視也。《史記》趙良曰：「內視之謂明。」洛代切。六書象形之會意也。

題：題，顯也。杜兮切。顯者衆明也。察及微杪也。六書會意也。

覭：覭，目有察省見也。目偶有所見也。伺者有意，覭者無心。今俗語尚云覭。方小切。六書象形兼會意也。

「律數十二，十二禾秒而當一分，十二分而寸。」《漢志》曰：「九十分黃鐘之長，一為一分，十為寸，寸為尺。十尺為丈，十丈為引。」一而五度審矣。十寸為尺。尺所以指尺規榘事也。尺昌石切。六書會意也。

咫：，中婦人手長八寸，謂之咫，周尺也。諸氏切。六書指事也。

眉：，卧息也。虛器切。六書象形也。

屑：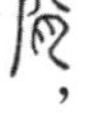，動作切切也。私列切。屑屑不安也。又曰屑勞也。六書會意也。

展：，轉也。展者未轉而將轉也。展布四體之意。六書會意也。

履：，足所依也。力几切引申之訓踐。又訓禄，又訓禮。會意兼轉注也。

見部

見：，視也。古甸切。析言之有視而不見者，聽而不聞者；渾言之則視與見，聞與聽一也。耳部曰：聽聆也。聞知聲也。此析言之。六書會意也。

視：，瞻也。神至切。目部曰：瞻，臨視也，視不必皆臨。引申其義，凡我所為，使

老部

老：，考也。此轉注字也。戴震曰：「老下云考，考下云老，亦同意相受也。」古者七十曰老，言須髮變白也。盧晧切。六書象形兼轉注也。

耋：，年八十曰耋，亦有七十謂耋者。六書象形兼會意也。

薹：，年九十曰薹。莫報切。六書象形兼會意也。

耇：，老人面凍黎若垢。《小雅》毛傳曰：「耇，寿也。」古厚切。凍黎凍而黑色。六書象形而會意也。

考：，老也。凡言壽考者，此字之本義也。苦浩切。六書象形兼轉注也。

孝：，善事父母者。《禮記》：「孝者，畜也。順於道，不逆於倫，是之謂畜。子承老也。」六書會意也。

尺部

尺：，十寸也。寸十分也。禾部曰：「十髮為程，一程為分，十分為寸。」又曰：

裴：，長衣貌引申其義，則縈繞淹留是也。六書象形兼會意也。

襡：，短衣也。都僚切。六書象形也。

衾：，大被也。《釋名》曰：「衾廣也。」去音切。六書象形也。

衵：，日日所常衣也。人質切。六書象形也。

褻：，私服。《論語》曰：「紅紫不以為褻服。」私列切。六書象形兼會意。

衷：，裏褻衣。褻衣有在外者，衷則內者也。六書象形兼會意也。

袾：，好佳也，好者美也，佳者善也。《詩》曰：「靜女其袾。」昌朱切。六書象形兼會意也。

雜：，五彩相合也。《詩》言「雜佩」，謂雜玉與石為佩也。組合切。六書象形兼會意也。

裕：，衣物饒也。引申為凡寬足之稱。《易》曰：「有孚裕，無咎」。六書會意也。

裘：，皮衣也。巨鳩切。裘之制，毛在外。六書象形兼會意也。

褸：褸，衽也。衣襟也。力主切。或曰：裳際也，當雨旁也。凡言者皆謂裳之雨旁。六書象形兼會意也。

袍：袍，襺也。《秦風》「與子同袍。」《玉藻》曰：「纊為繭，縕為袍。」古者袍必有表，後代為外衣之稱。六書象形兼會意也。

衹：衹，衹裯，短衣也。都衣切。六書象形也。

襗：襗，絝也。絝者，脛衣也。六書象形也。

袑：袑，絝上也。衣博大也。六書象形兼會意也。

褒：褒，衣博裾。博裾，大其褒囊也，大其衣絝之上也。六書象形也。

褍：褍，衣正幅。凡衣及裳不衺殺之幅，曰褍。博毛切。六書象形也。

襴：襴，重衣貌。襴，羽非切。《潛夫論》：「佪佪潰潰」。六書象形兼會意也。

複：複，重衣也。一曰褚衣。六書象形也。

襛：襛，衣厚貌。《詩》曰：「何彼襛矣。」六書象形也。

裔：裔，衣裾也。以子孫為苗裔者取下垂義也。六书象形、轉注也。

僥：，南方有焦僥。人長三尺，短之極也。六書象形也。

衣部

褕：，褕翟。羽飾衣。《羽部》曰：「翟山雉，其衣曰褕。」六書象形也。

袗：，禪衣也。一曰盛服。袗亦可訓盛服，六書指事，兼象形也。

袀：玄服也。各本無此篆。《左傳》卜偃曰：「袀服振振。」服虔曰：「袀服黑服也。」《吳都賦》：「六軍袀服。」六書指事兼象形也。

表：，上衣也。孔曰：「加上衣也。」衣之在外者也。古者衣以毛為表，故裘之製，毛在外。六書象形兼會意也。

襋：，衣領也。領者頸項也，因以為衣，在頸之名。《魏風》：「要之襋之」。毛傳曰：「要，要也，裳之上曰要，襋，領也。」六書象形兼會意也。

衽：，衣裣也。《喪服記》曰：「衽二尺五寸。」鄭曰：「衽所以掩裳際也。」六書象形兼會意也。

佰：佰，相什佰也。相什佰，為數以累進也。六書會意也。

侵：侵，漸進也。侵陵漸逼之意。六書會意也。

儉：儉，約也。約者纏束也。儉者不敢放侈也。六書會意也。

俗：俗，習也。習者數飛也，凡相效謂之習。禮俗以馭其民。《大司徒》：「以俗教安。」注：「俗謂土地所生之習也。」隨水土之風氣，所生者謂之風。好惡取捨，動靜無常隨君上之情欲，謂之俗。六書會意也。

倍：倍，反也。《中庸》：「為下不倍」。《緇衣》：「信以結之，則民不倍」。會意也。

伐：伐，擊也。擊之刺之此伐之本義。引申之乃為征伐，黨同伐異。諸侯之於國，如同樹木之有根，斬樹木，壞宮室皆引申之義。六書會意也。

值：值，持也，措也，置也。當也。六書會意也。

佋：佋，廟，佋穆也。父為佋南面，子為穆北面，六書會意也。

倫：倫，輩也。軍事車百兩為輩，引申之，同類之次曰輩。倫猶類。人有倫理，生物亦有倫理。六書會意也。

偕：偕，彊也。《小雅・北山》：「偕偕士子」。傳曰：「偕偕强壯貌。」六書象形兼會意也。

侍：侍，承也。承者奉也，受也。凡言侍者皆敬恭承奉之義。六書會意也。

側：側，旁也。不正曰仄，不中曰旁。六書象形兼會意也。

仰：仰，舉也。六書會意也。

伍：伍，相參伍也。參三也。伍，五也。凡三五者，皆謂錯綜以求之。《易系辭》曰：「參伍以變。」荀卿曰：「窺敵制勝，欲五以三。」韓非曰：「省同異之言，以知朋黨之分；偶參伍之驗，以責陳言之實。」又曰：「參之以比物，伍之以合參也。」《漢書》曰：「三五其價，以利相準。」此皆引申之義也。六書會意也。

什：什，相什保也。保，同保。《族師職》曰：「五家為比，十家為聯。五人為伍，十人為聯。」使之相保相受。保猶任也，什猶十也。六書會意也。

仿：仿，仿佛，相似，視不諟也。諟即諦，審也。六書會意兼轉注也。

佛：佛，仿佛也。髴，若似也。六書會意轉注也。

位：位，列中庭之左右謂之位。凡人之處皆曰位。六書會意也。

儐：儐，導也。導者引也。六書會意也。

偓：偓，佺：佺，偓佺古仙人名也。六書指事兼會意也。

儡：儡，心服也。六書會意也。

儕：儕，等輩也。凡齊皆曰等。六書會意也。

倚：倚，依也。六書會意也。

佽：佽，便利也。六書會意也。

倢：倢，佽也。倢，疾也。斜出也，便也，利也。《詩》云：「征夫捷捷」。捷捷，樂事也。六書會意也。

付：付，予也。《尚書》：「天既孚命正厥德」。孚，孚卵也申其義，付出熱力也。則天既付命正厥德，亦通其意也。六書會意也。

傑：傑，埶也。傑者言其埶傑然也。特立也，材過萬人也。六書會意也。

伯：伯，長也。凡為長者皆曰伯。六書指事也。

仲：仲，中也。《白虎通》：「伯仲叔季為長少之次」。六書指事也。

伃：伃，婦官也。《漢書・外戚傳》：「婦官十四等。」六書指事也。

倨：倨，不遜也。《戰國策》曰：「何前倨而後恭」。六書指事也。

儼：儼，昂頭也。儼矜莊貌。六書象形也。

伾：伾，有力也。《詩》曰：「以車伾伾」。六書象形也。

偲：偲，彊力也。《齊風・盧令》曰：「其人美且偲」。偲，才也。箋云：「才，多才也。」才之本義，草木之初。申之，若《論語》：「朋友之切切偲偲」。六書象形兼會意。

倬：倬，箸大也。箸明之大也。《大雅》：「倬彼雲漢」。六書象形兼會意也。

傓：傓，熾盛也。《小雅・十月之交》：「豔妻煽方處」。六書象形會意也。

俶：俶，善也。俗曰：淑，善也。假借之字。淑者，水之清湛也。俶猶厚也。俶善，則俶之本義歸矣。六書會意兼假借也。

僮：，未冠也。童子之謂。未成人之稱。六書會意也。

保：，養也。賈誼説太師太傳太保曰：「保者，保其身體。」六書會意者也。

仁：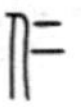，親也。從二人，會意也。《中庸》曰：「仁者，人也」。獨則無偶，偶則相親也。

企：，舉踵也。六書象形兼會意也。

仞：，伸臂一尋八尺。周制：寸尺咫尋常仞諸度量，皆以人之體為法。亦有云仞為七尺者。六書象形也。

儒：，柔也。《儒行》者，以其記有道德所行。儒之言優也，柔也，能安人，能服人。又儒者，濡也，以先王之道能濡其身。《玉藻》注曰：「舒儒者所畏在其前也。」《周禮》：「儒以道得民」。注曰：「儒有六藝以教民者。自真儒不見，而以儒相詬病耳。」六書會意也。

俊：，材過千人也。《尹文子》曰：「千人材曰俊，萬人曰傑」。

帑：帑，金幣所藏也。帑音奴。帑之言囊也。六書象形也。

布：布，枲織也。其艸曰枲，織布之原料也。多矣。《外府注》曰：「布，泉也。泉古之貨幣也。布帛金錢皆是也。」六書象兼轉注也。

㡡：㡡，南郡蠻夷賨布也。貝部曰：南蠻賦也。六書指事也。

帛：帛，繒也。六書指事也。

錦：錦，襄邑織文也。襄邑河南歸州府睢州治即故縣地。司馬彪《輿服志》云：「襄邑歲獻織成虎文。」六書指事兼象形也。

人部

人、心二者发揮之。

人：人，天地之性，最貴者也。《禮運》曰：「人者，其天地之德，陰陽之交，鬼神之會，五行之秀氣也」。又曰：「人者，天地之心也，五行之端也。食味、別聲、被色而生者也。人之所以異於禽獸草木者在此心而已矣。」六書象形兼會意也。

巾部

巾：巾，佩巾也。以巾拭物曰巾，如以帨拭手曰帨。六書象形也。

帶：帶，紳也。男子鞶帶，婦人帶絲。六書象形也。

幘：幘，髮有巾曰幘。覆髻謂之幘巾，古者卑賤執事不冠者之所服也。六書象形兼會意也。

帬：帬，繞領也。今男子婦人之披肩也。六書象形也。

常：常，下帬也。上曰衣，下曰裳，障也。六書象形也。

幔：幔，幎也。以巾覆物曰幎，幕幔屬之。六書象形也。

帷：帷，在旁曰帷。《釋名》曰：「帷，圍也，自障圍也。」六書象形也。

幕：幕，帷在上曰幕。鄭云：「四合象宮室曰幄，王所居之帳也。」運筹帷幄，象之所生也。六書謂象形也。

帙：帙，書衣也。直質切。或曰袟，今人曰函。

网部

网：网，庖犧氏所結繩以田以漁也。六書象形兼形聲也。

罕：罕，网也。謂网之也。

罛：罛，网也。罛，罟也。六書象形也。

罩：罩，捕魚器也。六書象形也。

罾：罾，魚网也。四維而舉之。六書象形也。

罪：罪，捕魚竹网。六書形聲兼會意也。

罟：罟，网也，實魚网，而鳥獸亦用之。六書象形兼會意也。

罧：罧，積柴水中以聚魚也。積柴木於水魚得寒入其裏藏焉，因以薄圍捕取之。六書象形也。

羅：羅，以絲罟鳥也。《王風傳》曰：「鳥网為羅」。六書象形兼會意也。

罟：罟，兔罟也。六書象形也。

瘻：瘻，頸腫也。力豆切。六書象形也。
瘀：瘀，積血也。血瘀中之病也。六書象形兼會意也。
疝：疝，腹痛也。《釋名》曰：「心痛曰疝」。六書象形也。
疛：疛，小腹病也。《玉篇》：「心腹疾也」。六書會意也。
疽：疽，久癰也。癰久而潰。六書象形兼會意也。
瘜：瘜，寄肉也。《廣韻》曰：「惡肉」。六書象形兼會意也。
癉：癉，勞病也。六書會意也。
疸：疸，黃病也。目黃者曰黃疸。六書象形兼會意也。
瘍：瘍，脈瘍也。善驚之病也。今名黠為鬼脈。六書象形兼會意也。
⿸疒朮：⿸疒朮，狂走也。注曰：「怴者，狂也。」（怴與⿸疒朮同。）六書象形也。
⿸疒古：⿸疒古，久病也。生不充其性，有久疾、癈疾。曰痼疾。六書象形也。
癡：癡，不慧也。此非疾也，而亦疾病之類也。六書象形也。

其入小也不塞」。《司法》曰：「凡戰之道，位欲嚴，政欲栗，力欲窕，氣欲閑」。又曰：「擊其勞倦，避其閑窕」。此皆可證窕之訓寬肆也。《毛詩傳》曰：「窈窕幽閒也。其訓亦深契人之性心情三者合一之大義也」。六書會意也。

疒部

疒：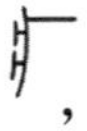，倚也。倚與疒。音相近。人有疾痛也。象倚箸之形。即横者直者相距之狀態也。六書會意也。

疾：，病也。經傳多訓為急也，意疾之来無期無迹也。六書會意也。

病：，疾加也。《論語》曰：「疾甚曰病」。六書指事也。

痒：，寒病也。六書指事也。

瘖：，不能言也。於今切。六書形聲也。

癭：，頸瘤也。《博物志》：「山居多癭」。六書象形也。

窒：，塞也，與塞同。六書會意也。

突：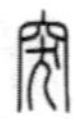，犬從穴中暫出也。引申為凡猝乍之稱。六書會意也。

窘：，迫也，窘困也，仍也。仍其舊而不能變也。六書會意也。

穹：，窮也。

窈：，深遠也。《周南》毛傳曰：「窈窕，幽閒也。」以幽釋窈，以閒釋窕。《方言》曰：「美心曰窈，美狀為窕。」《陳風》傳又曰：「窈糾，舒之姿也。舒遲也。」

窕：，突肆極也。《釋言》曰：「窕，肆也。」《大戴禮・王言》：「七者布諸天下而不窕，內諸尋常之室而不塞」。《淮南子・俶真訓》：「處小隘而不塞，横扃天地之間而不窕」。《要略訓》：「置之尋常而不塞，布之天下而不窕」。《氾論訓》：「舒之天下而不窕，內之尋常而不塞」。《齊俗訓》：「大則塞而不入，小則窕而不周」。《兵略訓》：「入小而不偪，處大而不窕」。《墨子・尚賢中》：「此道也，大用之天下則不窕，小用之則不困」。《尚同下》：「大用之治天下則不窕，小用之治一國一家而不横」。《荀卿子》曰：「充盈大宇而不窕，入郤穴而不偪」。《管子・宙合》曰：「夫成軸之多也，其處大也不窕，察：，覆審也。實也。得實曰核覈也，斤斤察也。形聲包會意者也。

富：，備也。富與福，音義皆同也。形聲兼會意者也。

寶：，珍也。玉貝，意為玉貝在屋下，會意也。

宧：，仕也。學官事也。六書會意也。

宄：，姦也。外為盜，內為宄。六書會意也。

宗：，尊祖廟也。六書會意也。

宮：，室也。宮言其外之圍繞，室言其內之幽深，象形而會意也。

穴部

穴：，土室也。引申之凡空竅皆謂穴。六書象形也。

盜：，北方謂地空，因以為土穴，為户。因地之孔為土屋。六書象形。

突：，深也。六書會意也。

窠：，空也。苦禾切。一曰鳥巢也。在樹曰巢，在穴曰窠。六書會意也。

屋。六書象形也。

家：，凥也。凥處也。處止也。作居也。牖戶之間謂之扆，其內謂之家。引申之，天子諸侯曰國。大夫曰家。六書象形兼會意也。

宅：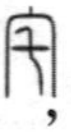，人所託凥也。託寄也，凡物所安皆曰宅。《釋名》曰：「宅，擇也，擇揀吉處而營之。」六書會意也。

室：，實也。古者前堂後室。實者人物滿其室也。《釋宮》曰：「宮謂之室，室謂之宮」是也。六書會意也。

㝉：，養也。室之東北隅，食所居。飲食之所在焉。東北陽氣所始，育養萬物。故曰㝉。六書會意也。

寷：，大屋也。《易》曰：「豐其屋」。六書以形聲包會意也。

宏：，屋突也。屋深者其內深廣也。《法言》曰：「其中弘深，其外肅括。」此宏之義，假弘為宏耳。

定：，安也。本徑切。六書會意也。

記》以醳爲釋，釋之叚借字也。六書會意兼假借也。

糂：糂，以米和羹也。桑感切。凡羹齊宜五味之和。今南人俗語曰米糝飯。六書會意也。

糜：糜，糝糜也。以米和羹謂之糝，專用米粒為之謂之糝，糜謂之鬻，亦謂之饘。食部曰饘糜也。六書會意也。

䊮：䊮，酒母也。作䊮或以米或以麥。六書會意也。

糟：糟，酒滓也。六書指事也。

糧：糧，穀食也。兼居者行者而統言之者也。六書指事也。

粹：粹，不雜也。不變曰醇，不雜曰粹。凡純美之稱也。六書會意也。

粉：粉，所以傳面者也。古傳面亦用米粉。或曰胡粉。六書會意也。

宀部

宀：宀，交覆突屋也。突，深也。古者屋四柱東西與南北皆交覆也。有堂有室，是謂深秳：秳，百二十斤也。（常隻切）六書指事也。

香：香，芳也。（許良切）《春秋傳》曰：「黍稷馨香」，意謂馨香遠聞也。會意。

米部

米：米，粟實也。粟嘉穀實也。嘉穀者禾黍也。實當作仁。如果實之仁也。九穀盡藏焉，以粟為主。粟者食之所貴。六書象形也。

粱：粱，禾米也。《禮經》：「簠陳稻粱，簋陳黍稷」。六書象形也。

粲：粲，稻重一秳，為米六斗大半斗曰粲。六書象形也。

精：精，擇米也。莊子《人間世》曰：「鼓筴取精」。司馬云：「簡米曰精」。簡即揀也。凡取最好之意也。六書會意也。

粗：粗，疏也。謂糲米也。六書象形也。

糱：糱，牙米也，生芽之米也。古者穫稻而漬米麴，至春而為酒。魚列切。會意也。

釋：釋，漬米也。施隻切。漬者初湛諸水，淅則淘汏之。《考工記》以澤爲釋，《史稍：，出物有漸也。稍之言小也，少也。六書象形也。

秋：，禾穀孰也。秋至萬物皆老而莫貴於五穀，六書象形會意也。

秦：，伯益之後所封之國。秦者隴西谷名，於禹貢近雍州鳥鼠之山。堯時有伯翳者，實皋陶之子，佐禹治水。水土既平，舜命作虞官。掌上下草木鳥獸，賜姓曰嬴，今甘肅秦州清水縣有故秦城。六書指事也。

科：，程也。條也，本也，品也。《論語》曰：「為力不同科。」《孟子》曰：「盈科而後進」。趙曰：「科，坎也。」六書屬指事也。

程：，程品也。荀卿曰：「程者，物之準也。」程者，權衡之平法也。十髮為程，一程為分，十分為寸。六書指事也。

稯：，布之八十縷為稯。（子紅切。）六書指事也。

秭：，五稯為秭。（將几切）六書指事也。

秅：，二秭為秅。（宅加切）六書指事也。

秩：秩，積之也。積則必有次序，成文理，故曰秩。秩有常也。《斯干》傳曰：「秩秩，流行也。」《巧言》傳曰：「秩秩進知也。」《賓之初筵》傳曰：「秩秩然肅敬也。」《釋訓》曰：「條條秩秩智也。」六書會意也。

稞：稞，穀之善者，謂凡穀顆粒俱佳者。一曰：無皮穀。六書象形兼會意也。

稭：稭，禾稾去其皮，祭天以為席也。謂禾莖既刈之，上去穗，外去其皮，存其淨莖是曰稭。六書象形兼會意也。

稈：稈，禾莖也。《春秋傳・昭公二十七年》曰：「或取一編菅焉，或取一秉稈焉，國人投之。」六書象形兼會意也。

穀：穀，續也。穀與粟同義，引申為善也。百穀之總名也。象形也。

稔：稔，穀熟也。稔之言飪也。六書會意也。

租：租，田賦也。則五切。六書指事也。

稅：稅，租也。六書指事也。

禾部

禾：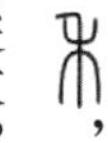，嘉穀也。《魏風》：「無食我黍，無食我麥，無食我苗。」禾以二月始生，八月而孰。從木，象其穗，穗必下垂。意君子之不忘本也。會意兼象形也。

稼：，禾之秀實為稼，莖節為禾。稼家事也。象形兼會意也。

穡：，穀可收曰穡。斂之曰穡。形聲包會意也。

稷：，高粱也。粘者為秫：又謂之蜀黍。五穀之長、象形也。

稻：，稌也。象形也。

稗：，禾别也。草之似穀者。有米似禾可食。象形也。

采：，禾成秀人所收者也。從爪禾，六書會意也。

秒：，禾芒也。亡治切。象形也。

穅：，穀之皮也。苦岡切。象形也。

穫：，刈穀也。六書會意也。

斿：，旗有眾鈴。《爾雅》曰：「有鈴曰斿。又交龍為斿。」《周頌》曰：「龍斿陽陽，和鈴央央」。以令眾也。六書象形也。

旅：，軍之五百人。《大司徒》：「五人為伍，五伍為兩，四兩為卒，五卒為旅，五旅為師，五師為軍。以起軍旅。」此皆先王所因農事而定軍令者也。欲其恩足相恤，義足相救，服容相別，音聲相識。六書指事也。

族：，矢鏠也。束之族族也。五十矢為族。六書象形也。

月部

月：，闕也。大侌之精。象形，象不滿之形。

朔：，月一日始蘇也。晦者月盡也；盡而蘇矣。朔方始萬物者也。

朏：，月未盛之明。會意也。

朙：，照也。火部曰照，明也。《大雅·皇矣》：「照臨四方」。凡明之至，則曰明明。明明德顯明其至德也。六書會意也。

倝：，日始出，光倝倝也。古案切。六書會意也。

朝：，旦也。旦者，朝也。以形聲會意分別。《庸風》：「崇朝其雨」。崇，終也。

㫃部

㫃：，旌旗之游，㫃蹇之皃。从中，曲而下；垂，㫃，相出入也。读若偃。古人名㫃，字子游。凡㫃之属皆从㫃。，古文㫃字，象形。及象旌旗之游。於幰切。

旗：，熊旗五游，以象伐星。以熊虎為旗，象其守猛，莫敢犯也。《周禮》曰：「率都建旗」。率，師也。六書象形兼會意也。

旐：，龜蛇四游，以象營室。畫龜蛇者象其扞難避害也。《周禮》曰：「縣鄙建旐」。六書象形也。

旌：，游車載旌。析羽注旌首也。所以精進士卒也。子盈切。象形。

旟：，錯革鳥其上。錯革鳥者，以革為之，置旐端。所以進士眾也。《周禮》曰：「州里建旟。」六書象形也。

曠：，明也，廣大之明。六書會意兼形聲也。

晉：，進也。日出而萬物進。以日出而作會意也。

暘：，日出也。雨以潤物，暘以乾物。會意兼形聲也。

暘：，日覆雲暫見也，日為雲所覆而倏見也。是會意也。

晏：，天清也。楊雄《羽獵賦》曰：「天清日晏」。六書會意也。

昏：，日冥也。冥者窈也，深遠也。日入三商為昏，六書會意也。

晦：，月盡也。朔者一日，始蘇，望者月滿，與日相望似朝君。晦晝冥也。《爾雅》曰：「晦謂之霧」。六書會意兼形聲也。

曏：，不久也。或曰：向年向時向者等。會意兼形聲也。

曩：，曏也。六書會意也。

昌：，美言也。如《咎繇謨》曰：「禹拜昌言」。六書會意也。

昆：，同也。昆者眾也。如言諸昆弟是也。六書曰會意也。

旦：，明也。旦，日在一上，一地也。日照而明也。象形而會意也。

日部

日：日，實也。《春秋元命苞》云：「日之為言實也」。《釋名》曰：「日，實也，光明盛實也」。大昜之精不虧。六書象形也。

旻：旻，秋天也。《堯典》：「欽若旻天」。《釋天》曰：「春為昊天，夏為蒼天，秋為旻天，冬為上天」。《虞書》曰：「仁覆閔下，則稱旻天。」六書象形兼會意也。

早：早，晨也。晨者早昧爽也。六書會意也。

昧：昧，昧爽也，且明也。且明者，將明未全明也。六書象形兼會意也。

睹：睹，且明也。睹與昧爽同義。六書會意也。

晢：晢，昭晢明也。旦下則明也，明下曰昭也。《陳風》：「明星晢晢」。傳曰：「晢晢，煌煌也」。鄭曰：「君視明則臣昭晢。」六書會意也。

昭：昭，日明也。廟有昭穆，昭取陽明，穆取陰幽。昭穆乃鬼神之稱。父為昭南面，子為穆北面。六書會意者也。

郡：，周制，天子地方千里，分為百縣，縣有四郡。故《春秋傳》曰：「上大夫受縣，下大夫受郡是也。」至秦初，天下置三十六郡以監縣。六書指事兼會意也。

都：，有先君之舊宗廟曰都。《周禮・大司注》曰：「都鄙者，王子弟公卿大夫采邑地也。」《周禮》：「距國五百里為都。」六書指事也。

鄰：，五家為鄰。親密之稱。六書指事也。

酇：，百家為酇，五酇為鄙，五鄙為縣。六書指事也。

鄙：，五酇為鄙。《春秋》經傳鄙多訓為邊。六書會意也。

郊：，距國百里為郊。五十里為近郊，百里為遠郊。六書會意也。

邸：，屬國舍也。郡國朝宿之舍名邸。邸至也歸也。六書曰會意也。

郛：，𩫏也。郛，城外大郭也。甫無切。六書會意也。

鄛：，周封黃帝之後於也。六書指事也。

郢：，故楚都。在南郡江陵北十里。六書指事也。

販：販，買賤賣貴者。販夫販婦朝買夕賣。六書會意也。

買：買，市也。孟子曰：「登壟斷而网市利。」六書會意也。

貪：貪，欲物也。婪，亦訓貪。六書會意也。

貧：貧，財分少也。六書會意也。

賕：賕，以財物枉法相謝也。六書會意也。

賏：賏，頸飾也。烏莖切。六書會意也。

邑部

邑：邑，國也。鄭莊公曰：「吾先君新邑於此。」凡邑有宗廟，先君之主曰都，無曰邑。六書曰會意也。

邦：邦，國也。《周禮注》：「大曰邦，小曰國。統言之。」邦亦國，國亦邦也。六書會意也。

贏：，賈有餘利也。贏者輸之，六書指事兼會意也。

負：，恃也。從人守貝，有所恃也。一曰受貸不償曰負。凡以背任物曰負。因之背德忘恩曰負。六書指事兼轉注也。

貯：，積也。六書指事也。

賓：，所敬也。賓為所敬之人，又主賓也，又君臣也，君為主臣為賓也。六書指事兼轉注也。

貰：，貸也。亦賒也。六書指事也。

贅：，以物質錢也。若今人之抵押也。《淮南子》：「續賣子與人作奴婢，名為贅子。」六書會意也。

質：，以物相贅也。六書曰會意也。

貿：，易財也。《衛風》：「抱布貿絲」是也。

贖：，貿也，亦交換也。《堯典》：「金作贖刑。」六書曰轉注也。

賈：，賈也，市也。六書轉注也。

賄：賄，財也。《周禮》注曰：「金玉曰貨，布帛曰賄。貨賄曰財。」六書指事兼假借也。

財：財，人所寶也。《周禮》注曰：「財，錢穀也」。

貨：貨，財也。六書象形兼假借也。

賀：賀，以禮物相奉慶也。慶與賀互訓，六書轉注也。

貢：貢，獻功也。社而賦事，烝而獻功。社，春分祭社，事農桑之屬也。冬祭曰烝，烝而獻五穀布帛之屬。六書指事也。

貸：貸，施也。謂我施人曰貸。六書指事也。

賂：賂，遺也。貨賂皆謂物，其用之則有公私邪正之分。六書曰指事。

贈：贈，玩好相送也。六書指事也。

贛：贛，賜也。六書指事也。

賚：賚，賜也，予也，六書指事兼假借也。

賞：賞，賜有功也。鍇曰：賞之言尚也，尚其功也。六書指事兼假借也。

饡：饡，以羹澆飯也。六書指事也。

餯：餯，書食也。朝曰饔，夕曰飧。六書曰指事。

饑：饑，穀不熟為饑；蔬不熟為饉。六書指事也。

貝部

員：員，物數也，引申為人數。俗稱官員。《漢百官公卿表》曰：「吏員自佐史至丞相十二萬二百八十五人。」六書指事也。

貝：貝，海介蟲也。居陸名猋（音標），在水名蜬。古者貨貝而寶龜。以其介為貨也。《小雅》曰：「既見君子，錫我百朋」。箋云：「古者貨貝，五貝為朋。《食貨志》：「王莽貝，貨五品：大貝、壯貝、么貝、小貝皆二貝為一朋。不成貝不得為朋。龜貨四品：元龜當大貝十朋，公龜當壯貝十朋，侯龜當么貝十朋，子龜當小貝十朋。此自莽法」。《周禮》：「外府掌布之入出。」注云：「布，泉也。其藏曰泉，其行曰布。取名於水泉，其流布無不偏也。至秦廢布行錢。」六書指事兼假借也。

虐：虐，殘也，虎足反爪人也，向外攫人也。六書象形也。

虎：虎，山獸之君，虎足象人足也。六書象形兼會意也。

虩：虩，白虎也。莫狄切，六書象形也。

虓：虓，虎鳴也。虎之自怒也。許交切。六書象形兼會意也。

食部

食：食，亼米也。亼集也，集眾米而成食也。引申之，人用供口腹、亦謂之食。此其相生之名義也。《周禮・膳夫職》注曰：「食飯也。」六書會意也。

餴：餴，修飯也。饙一蒸米也。眾粒各自分也。六書會意也。

餅：餅，麪餈也。麪，麥末也。麪餈者餅之本義也。六書會意也。

飴：飴，米櫱煎者也。櫱芽米也；煎，熬也。以芽米熬之為飴。《內則》曰：「飴蜜以甘之」。六書會意也。

餱：餱，乾食也，餱食也。凡乾者曰餱。六書象形兼會意也。

笛：，七孔筩也。長一尺四寸。今人長笛是也。羌笛三孔。出於羌。六書形聲也。

箏：，五弦筑身樂也。今并、梁二州箏形如琴，魏晉以後，箏皆十二弦。唐至今十三弦。六書形聲也。

箅：，長六寸，所以計曆數者。《漢志》云：「箅法用竹徑一分，長六寸，二百七十一枚而成六觚，為一握。」此謂箅籌與算字各用。計之曰算。六書會意也。

算：，數也。箅為算之器，算為箅之用，二者音同而義別。六書指事也。

虍部

虍：，虎文也。象形，象其文章屈曲也。荒烏切。六書曰象形也。

虞：，騶虞也。白虎黑文，尾長於身，仁獸也。食自死之肉。《周南》終《麟止》，《召南》終《騶虞》。《詩》曰：「于嗟乎騶虞」。六書象形兼會意也。

虔：，虎行也。虔，固也，敬也；《方言》：「虔，慧也。」堅固者，虎行之貌也。虎行而箸其文，此象形兼會意也。

笙：笙，十三簧。《廣雅》云：「笙十三管，每管有簧，象鳳之身也。笙正月之音。物生故謂之笙。」《白虎通》曰：「八音匏曰笙。匏之為言施也，在十二月萬物始施而牙。笙者大蔟之氣象，萬物以生，故曰笙。」《釋名》曰：「笙，生也。象萬物貫地而生也。」按：《禮經》：「東方鐘磬，謂之笙鐘、笙磬」。笙猶生也。東為陽中，萬物以生。初生之物必細，故《方言》云：「笙細也。」六書形聲兼會意也。

簧：簧，笙中簧也。《小雅》：「吹笙鼓簧。」傳曰：「簧，笙簧也。吹笙則簧鼓矣。」古者女媧作簧，或先作簧而後施於笙，未可知也。六書形聲兼會意也。

簫：簫，參差管樂。《周禮·小師注》：「編小竹管如今賣飴餳所吹者」，《廣雅》云：「大者二十三管，小者十六管。」王逸注《楚辭》云：「參差洞簫也。」六書形聲兼會意也。

筒：筒，通簫也。亦洞簫也。簫之無底者也。六書形聲也。

籟：籟，三孔龠也。龠部曰：管樂也，六孔，以和眾聲。莊子人籟、地籟、天籟，引申之義也。大者謂之笙，中者謂之籟，小者謂之箹。六書形聲也。

貌也。」六書曰象形也。

篆：篆，引書也。引筆而書箸於竹帛也。李斯作曰小篆，史籀所作曰大篆。周禮注五采畫轂約謂之夏篆。六書曰象形也。

籀：籀，讀書也。言部曰：讀籀書也。籀，周宣王太史名，造大篆。曰籀書，即周時教學童書也。學童十七以上始試，諷籀書九千字乃得為吏。六書屬轉注也。

篇：篇，書也。書箸於簡牘者也，亦謂之篇。漢人曰卷。六書會意也。

籍：籍，簿也。凡箸於竹帛皆謂之籍。六書會意也。

簡：簡，牒也。牒札也。簡竹為之。六書會意也。

范：范，法也。《易繫辭》：「範圍天地之化而不過」。六書會意也。

箋：箋，表識書也。六書會意也。

策：策，馬箠也。以箠擊馬曰敕。又計謀曰筹策，策犹筹，筹犹筭，筭所以計曆数，謀而得之。曰筹曰策一也。六書曰會意也。

竽：竽，管三十六簧也。稱管樂。《周禮》：「笙師掌教歙竽。」六書會意也。

觳：觳，盛觶卮也。觶者酒器之大者也。六書象形也。

竹部

竹：竹，冬生艸也。謂竹胎生於冬，且枝葉不凋也。《爾雅》：「竹在釋艸」。《山海經》：「其艸中有艸木竹」。六書象形。

箭：箭，矢竹也。矢竹者，可以為矢之竹也。六書為假借也。

筍：筍，竹胎也，亦謂竹萌。胎言其含苞；萌，言其已擢也。《尚書》云：「敷重筍席」。《禮器》曰：「如竹箭之有筍」。《吳都賦》曰：「苞筍抽節」。其胎在筍也。六書象形也。

笢：笢，竹膚也。竹膚曰笢，亦曰筍，已析可用者曰蔑。象形也。

笨：笨，竹裏也。謂其內質白也。又有白如紙者。六書謂象形也。

䈵：䈵，竹貌。《南都賦》：「其竹阿那䈵茸，風靡雲披」。《吳都賦》云：「䈵茸蕭瑟」。謝靈運《山居賦》自注：「修竦、便娟、蕭森、䈵蔚，皆竹貌也。參差長短不齊，亦竹券：券，契也。聽訟責者以券書決之。書契符書也。六書指事也。

刺：刺，君殺大夫曰刺。刺，直傷也。直傷當為正義，君殺大夫當為別一義。他義尚多，刺繡、刺探均是也。六書可謂指事兼會意也。

角部

角：角，獸角也。人體亦有稱角者如日月角。六書象形是也。

䚡：䚡，角中骨也。骨當作肉。角中䚡觡無肉者，麋鹿是也。牛角䚡下閉血、瘀血、瘀痛，女人带下血可通也，六書會意也。

觭：觭，角一俛一仰也。觭者奇也，異也。六書象形也。

觶：觶，鄉飲酒觶。《禮・特牲篇》云：「舊説：爵一升，觚二升，觶三升，角四升，散五升。六書象形也。

觴：觴，實曰觴，虛曰觶。投壺命曰：「請行觴。」觴者實酒於爵也。六書曰指事也。

觚：觚，鄉飲酒之爵。六書象形兼會意也。

刀部

刀：，兵也。刀者，兵之一也。六書象形也。

㓵：，刀劍刃也。《淮南子・務脩訓》：「靡其鋒㓵」。《漢書》作「越砥斂其㓵」。六書會其意也。

剴：，大鐮也。謂可切地芟刈也。曰摩也。下文云：刀不于瓦石上刏之。唐《魏徵傳》：「二百餘奏，無不剴切當帝心」。六書會意也。

利：，銛也。《玉篇》「利也」。《易》：「利者，義之和也」。六書謂會意也。

刻：，鏤也。金部曰：剛鐵可以刻鏤也。六書會意也。

列：，分解也。列之本義為分解。引申為行列之義，故為假借也。

制：，裁也，止也。裁之本義製裁衣也。引申之。如。《魯論》：「片言可以折獄」。六書會意也。

罰：，辠之小者，犯法而招致罰也。六書會意也。

剄：，刑也：小罪耿，中罪刖，大罪剄。剄謂斷頭也。六書會意也。

朘：，赤子陰也。《老子》：「未知牝牡之合而朘作。」六書象形也。

肓：，心下鬲上也。《左傳》：「疾不可為也。」肺也，心也，肝也，俱在鬲上。六書象形也。

肺：，金臧也。今《尚書》歐陽說：「肝，木也；心，火也；脾，土也；肺，金也；腎，水也。」六書會意也。

臘：，冬至後三戌，臘祭百神。《風俗通》曰：「臘者，接也。新故交接，大祭以報功也。」臘者，獵也。按：獵以祭，故其祀從肉。六書會意也。

膍：，牛百葉也。《周禮注》鄭司農云：「脾析，牛百葉也。謂胃也。」六書象形也。

脂：，戴角者脂，無角者膏。《內則》注曰：「肥凝者脂，釋者為膏。」六書會意也。

脍：，細切肉也。凡細切者必疾速下刀。六書會意也。

骨：，肉之覈也。覈，實也。肉曰肴，骨曰覈。六書象形也。

體：，總十二屬也。首之屬有三：曰頂，曰面，曰頤。身之屬三：曰肩，曰脊，曰屍。手之屬曰厷，曰臂，曰手。足之屬曰股，曰脛，曰足。合說文全書求之，以十二者統之，皆此十二者所分屬也。從骨豊聲。六書曰象形。

骼：，禽獸之骨曰骼。禽者走獸總名。六書曰會意。

肉部

肉：，胾肉。胾犬臠也，謂鳥獸之肉。生民之初，食鳥獸之肉，故肉字最古。人曰肌，鳥獸曰肉。六書曰象形。

腜：，婦孕始兆也。《韓詩》曰：「周原腜腜。」腜腜，美也。《廣雅》曰：「腜腜肥也。」六書歸會意。

胚：，婦孕一月也。《文子》曰：「一月而膏，二月血脈，三月而胚，四月而胎，五月而筋，六月而骨，七月而成形，八月而動，九月而躁，十月而生。」六書曰會意。

殰：殰，胎敗也。《樂記》：「胎生者不殰。」六書會意也。

𣨛：𣨛，大夫死曰𣨛。《曲禮》：「天子死曰崩，諸侯死曰薨，大夫死曰𣨛，士曰不禄，庶人曰死。」六書屬轉注也。

殤：殤，不成人也。人年十九至十六死，為長殤，十五至十二死為中殤；十一至八死為下殤。六書會意也。

殛：殛，殊也，殊謂死也，殺也，誅也。《虞書》曰：「殛鯀于羽山」。此引經文假借也。

殪：殪，死也。六書形聲包會意。

死：死，澌也，索也，盡也，人盡曰死。人所離也。形體與魂魄相離。六書會意也。

殫：殫，極盡也。窮極而盡之也。六書會意也。

冎部

冎：冎，剐人肉置其骨也。象曰形，頭隆骨也。

鷙：鷙，擊殺鳥也。傷其類者也。六書會意也。

鶴：鶴，「鶴鳴九皋，聲聞于天。」皋，澤也。六書形聲也。

鵠：鵠，黃鵠也。《戰國策》：「黃鵠游於江海，淹於大沼，奮其六翮，而臨清風。」賈生《惜誓》曰：「黃鵠一舉兮，知山川之紆曲；再舉兮知天地之圜方。」凡經史言鴻鵠者謂黃鵠。六書象形也。

鴈：鴈，鵝也。《爾雅》：「舒鴈，鵝是也。」李巡云：「野曰鴈，家曰鵝。」六書象形也。

鴆：鴆，毒鳥也，《左傳正義》：「鴆，食蝮。」六書假借也。

烏：烏，孝鳥也。謂其反哺也。六書象形也。

歺（歹）部

歺：歺，列骨之殘也。刀部曰：列分解也。剐人肉，置其骨也。六書會意也。

殘：殘，病也，枯死也。萎也，萎蔫也。六書會意也。

鳥部

鳥：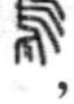，長尾禽總名也。釋鳥二足而羽謂之禽也。短尾名隹，長尾謂鳥。析言則然，渾言則不別也。六書象形也。

鳳：，神鳥也。天老（黃帝臣）曰：「鳳之像也。麐前鹿後，蛇頸、魚尾龍文龜背，燕頷雞喙、五色備舉。出於東方君子之國，翱翔四海之外，過崐崘，飲砥柱，濯羽弱水，莫宿風穴，見則天下大安寧。鳳飛，羣鳥從以萬數。此在六書為假借也。

鸑：，鸑鷟，鳳屬，神鳥也。《春秋》《國語》曰：「周之興也，鸑鷟鳴於岐山」。江中有鸑鷟，似凫而大。六書假借也。

鴿：，鳩屬也。鳩之可畜於家者。六書，象形也。

鴞：，鴟鴞，寧鴂也。

鴛：，鴛鴦也。《小雅》傳曰：「匹鳥也，雌雄未嘗相離。」象形也。

鷸：，知天將雨鳥也。《禮記》曰：「知天文者冠鷸。」會意也。

雁：，雁鳥也。雁从鳥為鵝，雁从隹為鴻。大曰雁，小曰鴻。象形也。

羊部

羊：，祥也。《考工記》注曰：「羊，善也。」，象四足尾之形。孔子曰：「牛羊之字，以形舉也。」六書象形也。

芈：，羊鳴也。六書形聲也。

羔：，羊子也。六書象形也。

羍：，小羊也，小於羔，初生羔也。讀羍如達。六書象形也。

羝：，羒：，牡羊也。六書象形也。

牂：，牝羊也。六書象形也。

羣：，輩也，朋也，類也。六書會意也。

羌：，西戎，氐羌夷狄國，在西方者也。羊穜者也，牧羊人也。孔子曰：「道不行，欲之九夷，乘桴浮於海。」六書轉注也。

翔：翔，回飛也。《淮南》曰：「翼上下曰翱，直刺不動曰翔。」翱翔，統言不別，析言則殊。假借也。

隹部

隹：隹，鳥之短尾總名也。短尾名隹，別於長尾名鳥。職追切讀惟，象形也。

雀：雀，依人小鳥也。俗云麻雀者是也。其色褐，其鳴節節足足。六書象形也。

雉：雉，有十四種：盧諸雉、鷮雉、卜雉、鷂雉、秩秩海雉、翟山雉、韓雉、卓雉、伊雒而南曰翬、江淮而南曰摇、南方曰𠷎、東方曰甾、北方曰稀、西方曰蹲。

雞：雞，知時畜也。六書屬會意也。

離：離，離黃，鳴則蠶生。《月令》：「仲春倉庚鳴。」（即離黃）詔后帥外內命婦，始蠶于北郊。六書會意也。

雕：雕，鷻也，假借為琱琢。

雖：雖，雓也。俗呼鵰鷹，盤旋空中攫雞子食之。六書指事。

翰：翰，天鷄也。訓雉，赤羽。翰，高也。羽長飛高也。周成王時蜀人獻之。六書象形也。

翟：翟，山翟也。尾長為異，六書象形也。

翮：翮，羽莖也。莖，枝柱也。謂眾枝之柱；翮亦謂一羽之柱。象形也。

翕：翕，起也。翕，合也。許云：「起也者，言翕則不見起，言起而合在其中矣。鳥將起必斂翼矣。」六書象形也。

翾：翾，小飛也，《九歌》：「翾飛兮翠曾。」按：《荀子》：「喜則輕而翾」，六書象形也。

翬：翬，大飛也。《釋鳥》曰：「鷹隼醜其飛也。五彩皆備成章曰翬。」又云翬者鳥之奇異者。六書象形也。

翏：翏，高飛也。㐱，新生羽而飛也。羽毛新生而豐滿，可以高飛也。《莊子》：「翏翏謂長風之聲」，乃引申之義。六書象形也。

翱：翱，《釋名》「翱，敖也，言遨遊也。乍高乍下。」假借也。

盲：，目無牟子也。目無眸子謂之盲。無眸子者黑白不分是也。六書會意也。

瞽：，目但有眹也。眹，縫也。瞽者目合而無見也。六書會意也。

瞍：，無目也。無目與無牟子有別。無牟子者黑白不分，無目者，其中空洞無物，故《字林》云：「瞍，目有眹無珠子也」。瞽者才有眹而中有珠子，而者才有眹而中無珠子。六書指事也。

羽部

羽：，鳥長毛也。長毛別於毛之細縟者，引申為五音之羽。《晉書·樂志》云：「羽，舒也。陽氣將覆，孳育而舒生。」《漢志》曰：「羽，宇也。物聚臧而宇覆之。」長毛必有耦，故竝羽。，新生羽而飛也。六書象形。

習：，數飛也。鷹乃學習，引申其義為習熟也。會意也。

翫：，習厭也。厭飽也。《春秋傳》曰：「翫歲而愒日」。六書會意也。

翯：，鳥之彊羽猛者，猛鳥羽必彊。六書會意也。

相：相，省視也。察視也。接物曰相，凡彼此之接，皆曰相。《易》曰：「地可觀者莫可觀于木，目木相接」，六書會意也。

眷：眷，顧也。毛曰：「睠，反顧也。」睠同眷。顧者，還視也。眷者，顧之深也，顧止於側而已，眷則至於反。六書會意也。

督：督，察視也。按：《六經》但言董，董即督，督者以中道察視之。六書會意也。

睎：睎，望也。《方言》：「睎，眄也。」六書會意也。

眙：眙，直視也。郭曰：「眙，住視也。」六書會意也。

睇：睇，小衺視也。鄭、陸同云：「旁視曰睇。或曰睇，傾視也。或謂眄曰睇。眄為衺視，睇為小衺視」。六書會意也。

盻：盻，恨視也。盻盻，勤苦不休之貌。六書會意也。

睡：睡，坐寐也。《左傳》曰：「坐而假寐。」六書會意也。

眛：眛，目不明也，六書會意也。

眯：眯，艸入目中也。《莊子》：「眯物入眼為病」。六書會意也。

而盧，童而子，層層包裹。

盼：，白黑分也。詩曰：「美目盼兮。」（《衛風》）毛曰：「黑白分也。」馬融曰：「動目貌。」六書會意也。

眊：，目少精也。《孟子》：「胷中不正，則眸子眊焉。」趙曰：「眊者，蒙蒙目不明之貌」。《廣雅》：「眊眊思也，謂目勞而思少精也」。象形字也。

眑：，目冥遠視也。冥，瞑也；目雖合而能遠視也。一曰久視也。一曰旦明也。六書指事也。

眕：，目有所恨而止也。《左傳》：「夫寵而不驕，驕而能降，降而不憾，憾而能眕者鮮矣。」《釋言》：「眕，重也。」重亦止意。六書會意也。

眛：，目不明也。六書會意也。

睦：，目順也。一曰敬和也。《孟子》注：「君臣集穆」。《史記》：「旼旼睦睦」。《漢書》作「旼旼穆穆」。

瞀：，氐目謹視也。氐低也，《玉篇》：「目不明貌」。六書會意也。

敕：敕，誡也。誡，敕二字互訓。敕即飭之假借。後人用勑為敕，勞也。會其意也。

敵：敵，仇也。仇者，兼好惡之詞，相等為敵。《文子》曰：「一者，無敵之道也。一者，萬物之本也」，此乃假借轉注之意也。

攸：攸，行水也。唐本「水行攸攸」。行水順其性則安流攸攸而入於海。六書會意也。

教：教，上所施，下所教也。上施故從攵，下教故從孝。六書會意也。

斆：斆，覺悟也。《學記》曰：「學然後知不足，知不足，然後能自反也」。又曰：「教然后知困，然后能自强也；故曰教學相長也」。《説命》曰：「學學半，其此之謂乎」。六書會意者也。

攻：攻，擊也。《考工記》：「攻木、攻皮、攻金」。攻猶治也，此引申之義，六書屬轉注也。

目部

目：目，人眼也。象形。重童子也。釋之曰：重其童子也。或曰眸子。按：人目，由白

革部

革：革，革，獸皮治其毛，曰革。革，更也。恰去其毛是更改之義，故引申為更新之意。《雜卦傳》曰：「革，去故也」。六書假借也。

攴部

啟：啟，教也。《論語》曰：「不憤不啟」。六書屬轉注。

徹：徹，通也。鄭注《論語》曰：「徹，通也。為天下通法也。」六書轉注也。

敏：敏，疾也，《生民》詩：「履帝武敏。」《釋訓》：「敏，拇也。」謂敏為拇之假借，拇，足大拇指也。

孜：孜，孜孜汲汲也。《廣雅》：「孜孜、汲汲，劇也」。按：汲汲與彶彶同，急行也。《周書》曰：「孜孜無怠」。六書與轉借也。

凡右以文為部首之字俱屬之見《說文解字》）

詿：詿，競言也。讀若競。六書會意也。

讟：讟，痛怨也。方言讟謗也。《春秋傳》曰：「民無怨讟。八年，怨動於民。」六書會意也。

音部

音：音，聲生於心有節於外謂之音。《樂記》曰：「聲成文謂之音。」宮商角徵羽聲也。絲竹金石匏土革木音也。从言含一，有節之意也。六書屬形聲也。

響：響，渾言之也。《天文志》曰：「鄉之應聲也。」鄉者假借字。

韶：韶，虞舜樂也。《樂記》曰：「韶，繼也」。《公羊》疏引《樂説》云：「簫之言肅，舜氏民樂，其肅敬而紹堯道，故謂之簫韶」。按：韶字蓋舜時始製。《書》曰：「簫韶九成，鳳皇來儀」。六書假借也。

章：章，樂竟為一章。歌所止也為一章，从音與十，十數之終，會意也。

竟：竟，樂曲盡為竟，凡事之所止，土地之所止皆曰竟。會意也。

謀：謀，慮難曰謀。圖畫計難也。六書轉注也。

詁：詁，訓故言也。故言者舊言也。十口所識前言也。訓者，説教也。漢人多称故者，即詁也；謂取故言為傳，是亦詁也。毛傳曰：「詁言，古之善言也。」屬轉注。

話：話，會合善言也。《大雅》：「慎爾出話」。毛曰：「話，善言也」。《傳》曰：「告之話言」。六書轉注也。

諓：諓，善言也。諓言釋靖言。王逸所据，諓諓靖言之本也。賈逵外傳注曰：「諓諓巧言也」。韋昭注曰：「諓諓巧辨之言」。六書轉注也。

譎：譎，權詐也。益梁曰謬，欺天下曰譎。方言謬，譎詐也。關而東西或曰譎，或曰謬。六書轉注也。

譯：譯，傳四夷之語者，方言譯傳也。《王制》曰：「東方曰寄，南方曰象，西方曰狄，北方曰譯。」六書指事也。

囂：囂，疾言也，讀若沓，《文選琴賦》：「紛囂以流漫」。注：囂，聲多也。《吳都賦》「囂彔㺒，交貿相競」。引《倉頡篇》：「囂言不止也」。六書會意也。

曰：「論，思也。凡言語循其理，得其宜謂之論。故孔門師弟子之言謂之論語」。

議：議，語也。右所述語論議三字為與人言之議。議者，誼也；誼者，人之所宜也。言得其宜之為議。則議之義廣矣、富矣。六書謂之轉注也。

誦：誦，諷也。孟子曰：「誦其詩，讀其書」。則互文見義也。轉注也。

讀：讀，籒書也。竹部曰：籒讀書也。《庸風傳》曰：「讀，抽也。」《方言》曰：「抽，讀也。」蓋籒抽古通用。抽繹其義蘊至於無窮，是之謂讀，故卜筮之辭曰：「籒謂抽繹易義而為之也」。諷謂背其文，籒謂能繹其義。諷籒書九千字，乃得為吏。大史公讀秦記，皆謂抽繹其事，以作表也。易其字以繹其義曰讀。諷誦亦謂讀，而讀之義不止於諷誦。諷誦止得其文辭讀乃得其義蘊。六書轉注也。

訓：訓，説教也。説教者必顺其理也。引申之凡顺皆曰訓，如五品不訓，聞六律五聲八音七始，訓以出內五言是也。六書轉注也。

誨：誨，曉教也。明曉而教之也；訓以柔克，誨以剛克，曉之以破其晦是曰誨。六書為轉注也。

二十五年》傳。）古弔切，讀如噭。六書形聲也。

囂：，嘑也。即呼也，亦號也。《廣雅》：「囂鳴也。」《玉篇》：「囂，荒貫切，與喚同」。讀若讙。六書形聲之屬。

器：，皿部曰：皿，飯食之用器也。木部曰：有所盛曰器，無所盛曰械。象器之口，犬所以守之。會意也。

言部

言：，直言曰言，論難曰語。（見《大雅毛傳》）鄭注《大司樂》曰：「發端曰言，答難曰語」。注《襍記》曰：「言，言已事；為人說為語。語，論也。論，議也。議，語也。」六書指事也。

語：，論也。語者，禦也。如毛說，一人辯論是非謂之語；如鄭說，與人相答問辯難，謂之語。六書指事也。

論：，議也。論以侖會意。侖，思也；理也。思如玉部䚡理，自外可以知中之䚡。毛踣：，僵也。郤偃也。孫炎曰：「前覆曰仆」。《左傳正義》曰：「前覆謂之踣」。《春秋傳》曰：「晉人踣之」。六書屬轉注也。

蹇：，跛也。允部曰：「跛，蹇也」。《易》曰：「蹇，難也。」行難謂之蹇。六書轉注之屬。

跂：，足多指也。《莊子》：「駢拇枝指」。六書象形也。

㗊部

㗊：，眾口也。讀若戢。一曰呶。鍇曰：「呶讙也。」六書會意也。

嚚：，（語巾切）《左傳》曰：「口不道忠恕之言為嚚。」六書會意也。

囂：，聲也。《左傳》：「湫隘囂塵。」杜曰：「囂聲也。」《廣韻》曰：「喧也」。義同《孟子》：「人知之亦囂囂，人不知亦囂」，言人自得無欲，如氣上出悠閒也。六書會意也。

嘂：，高聲也，一曰大嘑也。《春秋公羊傳》曰：「魯昭公嘂然而哭」。（見《昭齘：齘，齒相切也。謂上下齒相摩切也；相切則有聲，齘，鳴齒也。六書形聲也。

齨：齨，老人齒如臼也。一曰馬八歲也。六書象形也。

足部

足：足，人之足也。在體下，從口止。依《玉篇》：「口猶人也。舉口以包足以上者也。」六書象形也。

踽：踽，疏行皃。《唐風》：「獨行踽踽」。毛曰：「踽踽無所親也。」孟子所云：「踽踽涼涼」。同此義也。六書會意也。

踦：踦，一足也。《管子》：「告堯之時，一踦腓，一踦屨，而當死。」引申之凡物單曰踦。凡全物而體不具謂之倚。六書會意也。

跪：跪，拜也。手部曰：首至手也。按：跪與拜二事，不當一之。跪危也。兩膝隐地，體危陧也。六書會意也。

跨：跨，渡也。兩股間謂之跨下，《史記・淮陰矦傳》：「作胯下」。六書象形也。

行、行列、行事、德行。彳小步也；亍步止。六書屬會意也。

徑：，步道也。《周禮》：「夫閑有遂，遂上有徑。」鄭曰：「徑容牛馬，畛容大車，涂容乘車一軌，道容二軌，路容三軌。」此云步道謂人及牛馬可步行，而不容車也。六書屬象形也。

得：，行有所㝵也。㝵，取也。行而有所取，是曰㝵也。《左傳》曰：「凡獲器用曰得。」六書會意也。

齒部

齒：，口断骨也。鄭注《周禮》曰：「人生齒而體備，男八月女七月而生齒。」，古文齒字。六書象形。

断：，齒本肉也。齒根肉也。此骨出外，故肉為骨本。六書指事也。

齔：，毁齒也。男八月生齒，八歲而齔，女七月生齒，七歲而齔。齔，音會。六書指事也。

也。

適：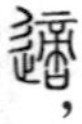，之也。《釋詁》：「適之，往也。逝、徂、往，自發動言之；適自所到言之。女子嫁曰適。」六書謂指事。

造：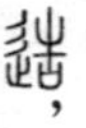，就也。《廣雅》：「造，詣也」。譚長說：「造上士。」造，成也。能習禮則為成士。六書謂指事。

道：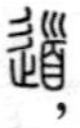，所行道也。《毛傳》云：「所行道也」。一達謂之道。引申為道理。六書屬會意也。

彳部

彳：，小步也。象人脛，三屬相連也。三屬者上為股，中為脛，下為足也。单舉脛者，舉中以該上下也，脛動而股與足隨之。六書象形也。

行：，人之步趨也。步行也。趋，走也。二者一徐一疾也。皆謂行，統言之也。《爾雅》曰：「堂上謂之行，堂下謂之步，門外謂之趋，中庭謂之走，大路謂之奔」。引申为巡

六尺。」《祭義》作頃。《荀卿子》作蹞。六書謂假借。

止部

止：止，下基也。象草木出有阯。故以止為足。六書會意也。

歷：歷，過也。傳也。引申為治曆明時之曆。六書謂會意也。

歲：歲，木星也。五星，水曰辰星，金曰太白，火曰熒惑，木曰歲星，土曰填星。越曆二十八宿，宣徧陰陽。十二月一次。《釋天》云：「載，歲也。夏曰歲，商曰祀，周曰年。」六書謂指事也。

辵部

辵：辵，乍行乍止也。《禮》注曰：「不拾級而下曰辵。」鄭意不拾級而上曰栗階，亦曰曆階。《廣雅》：「辵，奔也」。六書謂會意。

迹：迹，步處也。《莊子》云：「夫迹履之所出，而迹其履也」。六書謂象形、亦會意嚶：，鳥鳴也。《小雅》：「鳥鳴嚶嚶」。毛曰：「嚶嚶，驚懼也」。《詩》曰：「鳥鳴嚶嚶，出自幽谷」。唐试士，「以鷽出谷」命題。鷽，黄鷽也。此在六書謂形聲也。

走部

走：，趨也。《釋名》曰：「徐行曰步，疾行曰趨，疾趨曰走。」象形也。

赴：，趨也。急疾之貌，六書象形也。

趣：，疾也。《大雅》：「來朝趣馬。」又「濟濟辟王，左右趣之。」箋云：「左右諸臣，皆促然於事」。六書謂象形。

赳：，輕勁有才力也。《周南傳》：「赳赳，武貌。」《釋訓》曰：「洸洸赳赳，武也。」武作勇。六書會意也。

起：，能立也，起本發步之意，引申之訓为立。又引申之，凡始事，凡與作之称。六書謂轉注也。

趌：，半步也。今字作跬。《司馬法》曰：「一舉足曰跬，跬三尺。兩举足曰步，步

猪頭。此象形之字。

犧：，宗廟之牲也。《魯頌》：「享以騂犧」。犧，純也，天子犧牲。鄭云：「毛羽完具也。色純曰犧，體完曰牷」。此指事、象形之屬。

口部

口：，人所以言食也。言语、飲食者，口之兩大端；舌下亦曰：口所以言別味也。

名：，自命也。《祭統》曰：「夫鼎有銘，銘者自名也。」此許所本也。銘，名也。《頤象傳》曰：「君子以慎言語，節飲食」。此象形之謂也。記名其功也。銘，又題勒也。从口夕，夕者冥也。冥不相見，冥幽也。故以口自名。从名口，會意也。

哲：，智也。《釋言》曰：「哲，智也」。，或從心。悊，《韵會》引《说文》：「古以此為悊字」。按：心部云：悊，敬也。疑敬為本義，以為哲是假借。古文悊從三吉嚞，或省之作喆。六書謂假借。

卉：卉，艸之總名也。《方言》曰：「卉，艸也。東越楊州之间曰卉。」六書會意也。

牛部

牛：牛，事也，理也。事也者，謂能事其事也。牛任耕理也者，謂其文理可分析也。庖丁解牛，依乎天理。六書象形也。

牡：牡，凡牛之父也，取土為水牡之意。或曰土当作士。士者，夫也。六書會意兼形聲也。

牝：牝，畜母也。《易》曰：「畜牝牛吉」。牝為凡畜母之稱，而牝牛最吉。六書會意兼象形也。

牟：牟，牛鳴也。其声氣從口出也。此合體象形，與芈同意。韓愈詩曰：「椎肥牛呼牟」。柳宗元賦曰：「牟然而鳴」。

牲：牲，牛完全也。《周禮·庖人》注曰：「始養之曰畜，將用之曰牲。」按：如鼷鼠食郊牛角，則非完全也。六書指事兼象形也。

犀：犀，徼外牛。後漢《章帝紀》：「蠻夷獻生犀」，一角在鼻，一角在頂。形同水牛也。六書謂之象形。

蓮：，扶渠之實也。《陳風》：「有蒲與蕑。」箋云：「蕑當作蓮」。六書象形也。

茄：，扶渠莖。謂華與葉之莖皆名茄也。《陳風》：「有蒲與荷。」鄭箋：「扶渠之莖曰荷」。《爾雅》引《诗》：「有蒲与茄。」屈原曰：「制芰荷以为衣，集芙蓉以为裳。」杨雄則曰：「衿芰茄之绿衣，被芙蓉之朱裳。」六書象形也。

莖：，艸木榦也。此言草而兼言木，作枝柱，謂為眾枝之主也。六書屬象形。

苗：，艸生於田者。從艸田。按苗之故训，禾也。禾者，今之小米。《詩》：「誕降嘉穀」。《魏風》：「無食我苗。」何休曰：「苗者禾也，生曰苗，秀曰禾。」《倉頡篇》曰：「苗者禾之未秀者也」。孔子曰：「惡莠恐其乱苗」。魏文侯曰：「幽莠似禾」，明禾與苗同物。凡草木初生曰苗。六書謂象形。

藪：，大澤也。《地官》澤虞曰：「每大澤大藪，中澤中藪，小澤小藪。澤水所鍾也。」藪实兼水锺水希而言。九州之藪：楊州具區、荆州雲夢、豫州甫田、青州孟诸、兖州大野、雝州弦圃、幽州奚養，冀州杨紆、并州，昭餘祁，是也。六書屬象形也。

苦：苦，大苦，苓也。苓，卷耳也。沈括《筆谈》云：「《爾雅》：蘦，大苦。注云：蔓延生葉似荷青，莖赤此乃黄藥也。具味極苦。謂之大苦，苦为五味之一、引申為劳苦。」六書謂會意也。

荷：荷，扶渠葉。高注《淮南》云：「荷，夫渠也。其莖曰茄，其本曰蔤，其根曰藕，其華曰扶容，其秀曰菡萏，其實蓮，蓮之藏者菂，菂的中心曰薏。」六書謂之象形。

菂：菂，音鏑。《爾雅・釋草》菂薂。郭注：「即蓮實」。王延寿《魯靈光殿賦》：「緑房紫菂」。六書謂象形。

蔤：蔤，扶渠本。《釋草》其本蔤。郭云：「莖下白，蒻在泥中者入水深密，言扶渠之根也。」六書象形也。

蕅：蕅，扶渠根。《釋草》：「其根耦。」以其本蔤系于荷扶渠其莖茄之下者，謂此乃全荷之本。今俗所謂耦者是也。蔤之言没滅於泥中也。以其根耦系於其華，菡萏其實蓮之下者，謂此乃花實之根。凡花实之莖，必偕葉一莖同出，似有耦然，故下近蔤，上近花莖之根曰耦。本言其全，根言其偏。本在下，根上於本。下文的薏仍冡花實言之，此作《爾雅》之精意九就珉玉三采。繅斿二就皆五采。繅，雜文之名合五采絲为之繩、垂於延之前後。就成也。繩之每一帀而貫五采玉，十二斿，則十二玉也。三采：朱、白、蒼也。指事也。

屮部

屮：，艸木初生也。象|出形有枝莖也。|读若囟，引而上行也。凡屮之屬皆从屮。

艸部

艸：，百芔也。卉下曰艸之總名也。是謂轉注。

蓏：，在禾曰果，在艸曰蓏。《淮南》：「在樹曰果，在地曰蓏。」應劭、宋衷云：「木實曰果，艸實曰蓏」。張晏云：「有核曰果無核曰蓏」。鄭康成云：「果、桃李屬，蓏、瓜瓠屬。」此會意字也。

蘭：，香艸也。《易》曰：「其臭如蘭」。《左傳》曰：「蘭有國香」。说者謂似澤蘭也。此屬形聲之字；會意亦可。

埒，玉石半相埒也。（《考工記》「玉人曰：天子用全，上公用龍，侯用瓚，伯用埒。全者純色也。」）六書屬指事。

璿：璿，美玉也。《山海經》：「西王母之山有璿瑰，瑶碧。」郭注：「璿瑰，玉名。」《春秋傳》：「璿弁玉纓。」薛敬文解：「弁馬冠也。纓、馬鞅也，以玉飾之。」六書指事。

琥：琥，發兵瑞玉，為虎文。琢虎為文也。六書轉注也。

理：理，治玉也。《戰國策》：「鄭人謂玉之未理者為璞是理為剖析也。玉雖至堅，而治之得其䚡理，以成其器不難，謂之理。凡天下一事一物，必推其情至於無憾而后即安，是之謂天理，是之謂善治」。戴先生《孟子字義疏證》曰：「理者，察之而幾微必區以別之名也。是故謂之分理。在物之質曰肌理。古人之言天理何謂也？曰：理也者情之不爽失也。未有情不得而理得者也。天理云者言乎自然之分理也。自然之分理以我之情絜人之情而無不得其平是也。」六書中會意是也。

瑬：瑬，垂玉也。冕飾也。弁師掌王之五采，繅于有二就皆五采玉，十有二。诸之繅斿道，謂社神」。《春秋傳》曰：「共工之子句龍為社神」，《周禮》：「二十五家为社」。六書指事之意也。

三畫之部

王：王，天下所歸往也。董仲舒曰：「古之造文者，三畫而連其中謂之王。三者，天地人也，而參通之者王也」。孔子曰：「一貫三為王」。古文王。

皇：皇，大也。見《詩》毛傳：「从自王。自，始也。始王者三皇。」《白虎通》曰：「三皇者何？伏羲、神農、燧人。」《春秋緯》：「伏羲、女媧、神農為三皇」。始王天下，是大君也，故號之曰皇。因以爲凡大之稱。六書謂假借。

玉：玉，（注：此玉字在漢字中獨立存在時則為玉石，作為偏旁則為王，但讀音為玉。）石之美有五德者。潤澤以溫，仁之方也；鰓理自外可以知中，義之方也；其聲舒揚，專以遠聞，智之方也；不撓而折，勇之方也；銳廉而不忮，絜之方也。六書會意者也。

瓚：瓚，三玉二石也。「禮：天子用全，純玉也；上公用駹，四玉一石；侯用瓚，伯用雅》曰：「旁，大也。」

示：示，「天垂象，見吉凶。」（見《周易・系辭》）所以示人也。三垂，謂日月星也。「觀乎天文以察時變。」示，神事也。言天懸象箸明以示人。聖人因以神道設教。

禮：禮，履也，足所依也。引申之，凡所依皆曰履，所以事神致福也。禮有五經、莫重於祭。豐者行禮之器。此屬假借之法。

祇：祇，敬也。（見《釋詁》）《商頌》：「上帝是祇」。六書之轉借也。

祇：祇，地祇，提出萬物者也。六書轉借也。

神：神，天神，引出萬物者也。六書屬轉借。

禪：禪，祭天也。从示，單聲。凡封土為壇，除地為墠。古封禪字，祇作墠。項威曰：「除地為禪，神之矣」。服虔曰：「封者增天之高，歸功於天、禪者廣土地。」六書轉注也。

社：社，地主也。五經異義，今《孝經》說曰：「社者土地之主。土地廣博，不可偏敬，封五土以為社，古左氏說共工為后土、為社。许君謹案曰：《春秋》稱公社，今人謂設社神為社公」。故知社是上公，非地祇。鄭駁之云：「社祭上而主阴氣」又云：「社者神地之天：天，顛也。「至高無上，从一大」。凡顛之称，臣於君，子於父，妻于夫民於食，皆曰天。六書會意之屬。

丕：丕，大也，从一，不聲。六書為假借。

吏：吏，治人者也。从一从史。史者，吏必以一為體、以史為用，史者，記事者也；以一為體，則尊道也，事随道而出者也，六書會意。

二畫之部

二：二，二高也。此古文丄。指事也。一之為指事，不待言也；象形者、实有其物，日月是也，指事者，不泥其物，而言其事，上下足也。天地為形，天在上，地在下，皆自然之事也。六書象形也。

帝：帝，諦也。王天下之號，从二。徐鍇曰：「古文上兩畫，上短下長；一二之二則兩畫齊等。」六書之假借也。

旁：旁，溥也。司馬相如《封禪文》曰：「㫄魄四塞。」張揖曰：「㫄，衍也。」《廣

第一章　中華思維之特點

第一節　漢字之獨特性

按偏旁部首之簡繁，循序舉例，以明其義。

一畫之部

一：，《説文》釋之曰：「惟初大極，道立於一。造分天地、化成萬物。」《漢書》曰：「元元本本，數始於一。」凡一之屬，皆從一。「弌」古文一。凡言古文者，謂倉頡所作古文也。稱篆書，六書會意屬之。

元：，始也。見《爾雅·釋詁》：「元者，氣之始也。」從一，兀聲。愚元切。六書會意屬之。老子《道德經》首章「元之又元，眾妙之門」，适此意也。

目録

《中華經史綱要》首版序

余之作《中華經史綱要》也，構思半世紀矣。及初稿始成，年已期頤，不勝感慨。然亦有益焉。年之高也，則資之深，資之深則閱人生之形象者衆，體人生之味厚者深，則反復思考品味之天地寬矣。寬則樂道，樂道則安，安則定，定則能知其本末先後厚薄以及用力之多寡深淺矣。此中華大道有異於西學者之所在也。西學之士，一生全浸入私利競爭之中而不知返矣。中華之道則不然也，中華之道則是「自天子以至於庶人，壹是皆以修身為本」，此乃中學之鐵則也。中學有益於人類者，蓋賴此鐵則之功。此鐵則一動搖，則跌落於謀私之窠臼而不知返矣，此中華聖庶之所分也。此中華希聖希賢之功，歷三千餘年而見其參差也。

何光榮

二〇二〇年十二月二十一日

中華大道　第三卷

治國篇　緒論

治國篇乃儒道篇與一統篇之邏輯結論也。儒道篇明儒道兩家經典之大義，其術雖略有異，而宏旨卒歸於修齊治平，此乃我中華思想之光輝也，亦人類同具之政治理想也。此種思想光輝經歷了中華歷史四千年實踐之檢驗，益見其正確性與蘊有不可征服之生命力；有清一代康雍乾之盛，證明儒家道統之德化威力；鴉片戰爭以後之五十年中，既有宮廷之內慈禧竊權專政，更有內憂外患賡續相乘，而卒未傾覆者，以其保有內蘊之生命力也，亦適在西學西政西教西藝西技東漸之時，儒家道統西對以軍艦大炮為武器的入侵者，甚至是傾西方列强之全力組成八國聯軍攻入北京，搶掠故宮、圓明園，國寶珠玉為之一空；圓明

作者手稿

中華大道

何光榮

圖書在版編目（CIP）數據

中華經史綱要. 文字篇：說文解字入門 / 何光榮著.

— 北京：團結出版社, 2021.5

ISBN 978-7-5126-8503-1

Ⅰ. ①中… Ⅱ. ①何… Ⅲ. ①經學–歷史–中國
②《說文》–研究 Ⅳ. ①Z126 ②H161

中國版本圖書館CIP資料核字（2020）第259416號

出版： 團結出版社

（北京市東城區東皇城根南街84號 郵編：100006）

電話：（010）65228880　65244790（傳真）

網址： www.tjpress.com

Email： zb65244790@vip.163.com

經銷： 全國新華書店

印刷： 大廠回族自治縣德誠印務有限公司

開本： 145×210　1/32

印張： 94.25

字數： 1590千字

版次： 2021年5月 第1版

印次： 2021年5月 第1次印刷

書號： 978-7-5126-8503-1

定價： 598.00元（全八冊）

中華經史綱要

文字篇：說文解字入門

何光榮◎著

團结出版社

論之，更見其具有自覺之深義焉；此自覺之意，驗之當今人類之微微覺醒，更足以見老莊乃人類之先驅也，二曰老莊之政治觀，亦應從積極的意義上理解，如老子之見：「聖人無常心，以百姓心爲心」，（四十九章）莊子之見：「順物自然，而無容私焉，而天下治矣」；（《應帝王》）此「以百姓心爲心」之心，與「無私焉」之心，非僅古昔政治之理性，亦是當今與未來人類政治之理想，其與儒家「天下爲公」之政治理想原本爲一體，今後更當融匯爲一體，使儒道兩家之政治理想益臻完備，以期對人類政治理論有益焉。

後記

我原未運思書此後記，及撰寫儒、道异同辯之際，日益强烈地興感：儒、道本同根同源，有其异者存焉，亦自然然耳，蓋見仁見智之意也；恰正是於此异中，復見其所同者存焉。而二千餘年之歷史中多只見其异而日异之，於其所同者，或以「獨尊儒術」之故而被忽視了，以致同者不見其同，而异者日益相遠焉；崇儒鄙道之風隨時以盛，陋儒滋起，偏見自深，此乃中華學術史上一個值得探討之大問題，因積誤過重，非朝夕之可濟也，亦非淺見之言所可動也；雖然，又不得不抒淺見也。余淺見之所及者有二焉：一曰老莊之言治身也，不可以消極觀視之，老之「爲道日損」，其「損之又損」者，人欲也，此人欲也乃《大禹謨》「人心惟危」之意也，莊之「不開人之天而開天之天」，（《達生》）則比老子之見，更爲完備，「不開人之天者，不啓「惟危之人心」也，「開天之天」者，乃張揚「惟微之道心」，以道心制人心，以道心之正，滅人心之邪；（或曰滅人欲之惡。）此與《易·損象》「君子以懲忿窒欲」之意并身，以修身爲本。）二曰治身與修身乃人人之事而且是爲人之根本大事。尤有更爲相合者「其本亂而末治者否矣，其所厚者薄而其所薄者厚，未之有也；此謂知本，此謂知之至也」，與前述莊子之言一一對照，更見其契合之甚也；益知莊子言儒家爲「内聖外王之道」之高遠而切實也；無内聖之治，何來帝王之功哉！無其内何有其外乎！是故從外而視之，莊氏之政治觀與儒者幾近而同也；自内而審之則知莊氏之政治觀較之於儒者嚴且淳也；由此而知世之曲解莊學乃至鄙視之者，或囿於門户，或貧於識見，或輕浮其言也。

恬澹，寂寞無爲者，天地之平而道德之至，故帝王聖人休焉。休則虛，虛則實，實則倫矣。虛則靜，靜則動，動則得矣。靜則無爲，明此以南鄉，堯之爲君也；明此以北面，舜之爲臣也；以此處上，帝王天子之德也；以此處下玄聖素王之道也；以此退居而閒游，江海山林之士服；以此進而撫世，則功大名顯而天下一也。靜而聖，動而王，無爲也而尊，樸素而天下莫能與之爭美；此謂大本大宗與天和者也；所以均調天下，與人和者也；與人和者謂之人樂，與天和者謂之天樂；天樂者，聖人之心以畜天下也。此之謂大平，治之至也。」人樂與天樂二者融爲一體，（此二者本自然一體者也，唯人欲橫流於其間有以干擾損壞之也。）以濟於大平此乃莊子政治觀之極致也；其與儒之大同觀，可謂殊途而同歸，其旨一也，孰能辨其高下哉？更有甚之者，莊子有言曰：「道之真以治其身，其餘緒以爲國家，其土苴以治天下，由此觀之，帝王之功，聖人之餘事也。今世俗之君子，多爲身棄生以殉物，豈不悲哉！凡聖人之動作也，必察其所以之與其所以爲。」（《讓王》）此道之真以治其身之功，比之於《大學》「物格而後知至，知至而後意誠，意誠而後心正，心正而後身修」之功，猶有過之，其於修身之重，適與「自天子以至於庶人壹是皆以修身爲本」之義相合，其合者二也：一曰真與本，（道之真以治其民缺缺」；（五十八章）「治大國若烹小鮮；以道莅天下，其鬼不神」；（六十章）「大國以下小國，小國以下大國」；（六十章）「以智治國國之賊，不以智治國國之福」；（六十五章）「天之道損有餘以補不足，人之道則不然，損不足以奉有餘，孰能有餘以奉天下，唯有道者，是以聖人爲而不恃，功成而不處，其不欲見賢」；（七十七章）「不尚賢使民不争，不貴難得之貨，使民不爲盜，不見可欲，使民心不亂，是以聖人之治，虛其心，實其腹，弱其志，强其骨，常使民無知無欲，使夫智者不敢爲也，爲無爲則無不治。」（三章）爲無爲，則無不治，此乃老子政治觀之核心也，無爲者，無欲也，無私也，爲無爲者，稟無欲無私以赴公也，以爲政也，以求治也，以無欲之純，無私之誠，致力於爲公之政，是則無不治也必矣。老子此意，爾後爲莊子所闡發：「上必無爲而用天下，下必有爲爲天下用，此不易之理也。」（《天地》）上必無爲而用天下者，必無私而公、無欲而有利於天下，始可言用天下也。莊子之志外尚自然以求自適，實則内思蒼生以期至治，觀其言可窺知其意矣，其於《天道》詳論了聖道與帝道：「明於天，通於聖，六通四辟於帝王之德者，其自爲也，昧然無不静者矣；聖人之静也，萬物無足以鐃心者，水静猶明而况精神；聖人之心静乎天地之監也，萬物之鏡也；夫虛静也，終條理者，聖之事也。」（《孟子·萬章》，《十三經注疏》二七四一頁）而且莊子更有論大聖之治：「大聖之治天下也，搖蕩民心，使之成教易俗，舉滅其賊心，而皆進其獨志，若性之自爲，而民不知其所由然。」（郭象注曰：「舉，皆也。夫志各有趣，不能相效也，故因其自搖而搖之，則雖搖而非爲也；因其自蕩而蕩之，則雖蕩，而非動也；故其賊心自滅，獨志自進，教成俗易，悶然無迹，履性自爲而不知所由，皆云我自然矣。」（《天地》）若將儒、道兩者之聖賢觀融合而行之則至善矣。

八、政治觀

儒家之政治觀：「人道政爲大，古之爲政，愛人爲大，愛與敬其爲政之本歟！」（《禮記·哀公問》）「大道之行也，天下爲公，是謂大同」；（《禮記·禮運》）「政者，正也」；（《論語·顏淵》）「大學之道，在明明德，在親民，在止於至善，在致知格物，在誠意、正心、修身、齊家、治國、平天下」；（《禮記·大學》）「民爲貴，社稷次之，君爲輕。」（《孟子·盡心》）道家之政治觀，老子之言曰：「其政悶悶，其民淳淳；其政察察，乎？故莊之識道觀更近於儒，由此而明，儒道兩家之學，本同根同源，其大同之者，亦自然耳，而其終必融合爲一，亦可預期也。

七、聖賢觀

儒家固尊聖賢而傳三皇五帝禹湯文武周孔之道統，其於政也，則主賢能以治；其所以成爲歷代正統思想而爲朝野所尊奉、黎民百姓所信守之者，以其原本處自人心人性也。老莊雖有絶聖棄智之言，實亦同尊聖賢也。老《經》四十九章直尊稱聖人：「聖人無常心，以百姓心爲心」；又五十七章亦言曰：「聖人云：我無爲而民自化，我無事而民自富，我無欲而民自樸」；老《經》中所言之「王」（「道大天大地大王亦大」）、「王侯」（「道常無爲而無不爲，侯王若能守之，萬物將自賓」），實亦聖賢之意也。莊子則更多聖賢帝王之論：「以天爲宗，以德爲本，以道爲門，兆於變化，謂之聖人」；（《莊子·天下》）此聖人觀與儒家之見完全一致，而且比孟子之言更爲中要：「孟子曰：孔子聖之時者也，孔子之謂集大成，集大成也者，金聲而玉振之也；金聲也者，始條理也，玉振之也者，終條理也；始條理者，智之事能學也，行者，行其所不能行也，辯者，辯其所不能辯也，知止乎其所不能知至矣，若有不即是者，天鈞敗之」；（「不以分内爲是者，斯貶自然之性。」）（《庚桑楚》）「知大一（道也），知大陰，知大目，知大鈞，知大方，知大信，知大定，至矣；大一通之，大陰解之，大目視之，大鈞緣之，大方體之，大信稽之，大定持之。」（《徐無鬼》）莊之識道觀極其精深玄妙，不可粗疏待之，應三復其意，始可見其近易之義，兹述三點以明之。一、其所言知大一、知大陰者，乃指天地而言也；知大目、知大均、知大方、知大信者，言盈天地之間者萬物也；如《易乾彖》所言：「雲行雨施，品物流形，乾道變化，各正性命」；知大定者，堅持天地物人長處於變化中之觀點不動摇，此乃道之爲用也。二、其所言此變化固盡處於自然，然必有其樞也，此樞也，乃變化之契機與原動力也；此力始於何處，不可知也，必有其始，始者則彼出焉，我亦立焉；我欲解之似不解也，我欲知之似不知也，然而，以其「頡滑有實」，（萬物雜陳，萬理紛亂之意）終必解之知之也；然此理也，古今不代，變化長新，不可泥滯焉。三、必須以不惑之態度待之，方可逐步深入以識天地萬物人心人性之大道；此精神與《易・乾坤》「天行健，地載物」、《恒彖》「久於其道」、「天地之道恒久而不已也」之精神有何异之實，或曰實中之虛，或曰虛虛實實，或曰實實虛虛，俱屬道之形態也，此儒、道識道之殊與同也；殊同共處一體之中、互爲參錯轉換也；其同也，同中有异焉，其异也，异中有同焉，异同互見也。儒之識道也，格物以致知，五個而後知至，此知也識道之知也，由學、問、思、辨、行之完備之認識過程而致之者也。知至而窮理、窮理而盡性，此探賾索隱、鉤深致遠也，實以天地人爲整體而觀其變化，此《周易》據陰陽變化而觀其道之至意也。觀之之法，「仰則觀象於天，俯則觀法於地，觀鳥獸之文與地之宜」，從自然變化而思人事之理，此《周易》以八卦爲基，（即以天、地、雷、風、水、火、山、澤八物爲變化之基。）而演繹爲六十四卦，將天地人物與心性道德融爲一體，此孔子作十翼所詳言之者也；《中庸》則爲乾坤二卦詳爲注釋，以明本體及其大用也。由此而明儒家識道觀乃窮理以盡性也，盡人性、盡物性乃我中華民族之至志天職也。道家之識道觀，見於老子者爲「道可道，非常道，常無，欲以觀其妙，常有，欲以觀其徼」；（一章）「致虛極，守靜篤，萬物并作，吾以觀復」；（十六章）「人法地，地法天，天法道，道法自然。」（二十五章）見於莊子者爲：「無思無慮始知道，無處無服始安道，無從無道始得道」；「道不可致，德不可至」；（《知北游》）「學者，學其所不者寡矣。」（《孟子・盡心下》）此存焉者，道心也，人心（實人欲也）熾，則道心寡，人心退則道心彰，人心與道心互爲進退顯隱也，此懲忿窒欲之意也，亦後之董仲舒：「正其誼不謀其利，明其道不計其功之旨也。道家對人欲之見，明之深，行之厲，老氏之「損之又損，以至於無」者，損此人欲也；莊氏之「不開人之天，而開天之天」，亦以道心而窒人欲之意也。蓋人欲者，本原於天也，與生俱生者也，由此而見儒道兩家之人欲觀大同也。唯在行上見其小异焉耳。

六、識道觀

儒家主「一陰一陽之謂道」，道家老曰：「道者萬物之奥」，「元之又元，衆妙之門」；莊曰：「已而不知其然謂之道」，（《齊物論》）由此而知，儒之識道從物而入，道之識道從虛而起。雖然，物（專就陰陽言）亦虛也，唯虛中有實，以其可以實感者也。道家之虛亦有實也，「已而不知其然謂之道」，此道也，虛之者也；已而不知其然者，必有具體之物存焉，言天地一指也，物也；言萬物一馬也，亦物也；然而，唯求其實中之虛耳；此虛與實，或曰虛中

五、人欲觀

儒之人欲觀首見於經典者爲「人心惟危」：《大禹謨》曰：「人心惟危，道心惟微，惟精惟一，允執厥中」。（孔穎達疏曰：「正義曰：居位則治民，治民必須明道，道者，經也，物所從之路也。人心爲萬慮之主，道心爲衆道之本；人心危則難安，道心微則難明；將欲明道，必須精心，將欲安民，必須一意，又當信執其中然後可得明道以安民耳。」《十三經注疏》一三六頁）又有見於《易·損象》者曰：「君子以懲忿窒欲。」（孔穎達疏曰：君子以法此損道，以懲治忿怒，窒塞情慾；夫人之情也，感物而動，境有順逆，故情有忿慾，懲者息其既往，窒者閉其將來，忿慾皆有往來，懲窒互交而相足也。」《十三經注疏》五十二頁）《禮記·禮運》論人心之言曰：「飲食男女，人之大欲存焉，死亡貧苦，人之大惡存焉，故欲惡者，心之大端也，人藏其心不可測度也，美惡皆在其心，不見其色也，欲一以窮之，舍禮何以哉？」（《十三經注疏》一四二三頁）孔子所言：「君子喻於義，小人喻於利」，（《論語·里仁》）喻於義者，以道心窒人欲也；喻於利者，放於利而行，以遂人欲也。孟子則主寡欲以養心：「養心莫善於寡欲，其爲人也寡欲，雖有不存焉者寡矣；其爲人也多欲，雖有存焉

四、善群善己觀

善群必以善己爲基爲先，善己則自以善群爲鵠的，爲歸宿，此不易之理也。就儒家言之，以「朝聞道、夕死可矣」、「三軍可奪帥也，匹夫不可奪志也」、「富貴不能淫，貧賤不能移，威武不能屈」之精神，以赴「修齊治平」之偉業，期以「明明德、親民」二者達於至善之境，此在人類歷史上迄今唯一至爲完備之善己善群而且暗然而日彰之理論，孟子之言「窮則獨善其身，達則兼善天下」，亦此理論之發揮也。唯此理論立基於道心之上，人心之私干擾太甚，未見其完美行諸於世，非其理論之失，乃人欲横流之罪也。道家則於善己上窮致其力，莊子更以「道之真」以治其身，以期歸真返樸，亦未得完美實現；然有道者見之正、行之力，實乃人類未來之比如歸宿也：故將儒、道兩家善群善己之論融合爲一，策其功之趨於一致，則必然在中華大地首見大道之行、天下爲公之花與夫歸真返樸、陶樂自然之果，可期最終有益於人類也。

（六十一章）「江海所以能爲百谷王者，以其善下之」；（六十六章）「不敢爲天下先」；（六十七章）「功遂身退」；（九章）嚴以「爲道日損」自厲，「損之又損，以至於無爲，無爲而無不爲」。莊子則對老子之「爲吾有身」，更往後推退了一步，汝身非汝有也：「舜問丞曰：道可德而有乎！曰：汝身非汝有也，汝何得有夫道？舜曰：吾身非吾有也，孰有之哉？曰：是天地之委形也，生非汝有，是天地之委和也；性命非汝有，是天地之委順也，孫子非汝有，是天地之委蜕也。」（《莊子·知北游》）此形、和、順、蜕四者，既明其物我觀更明其對物我之態度，故其逍遥適性之意，亦非頽靡以待人生也，乃其洞澈天地生物以至於人之至樂之意也；此至樂也，（天樂與人樂）非悟澈天地萬物人類一統化生之和，（此和也至樂之所寓也。）不能領會於萬一也。儒之物我觀，則與此截然而异，以「自昭明德」、「天行健，君子以自强不息」爲勵，以此精神而「致知格物」、而「誠意正心」、而「自明誠」、以求「盡人性、盡物性」，以「成己成物」，遂性之德，合内外之道，以極修齊治平之功，此乃至善至美之物我觀也，有勝於道家者遠矣；然道家日損之功，去欲之厲，特别莊子以「天下盡殉矣」之誠，亦自勝於儒者，此其所長也。

之曰：「身也者，父母之遺體也」。（《禮記·祭義》一五九八頁）由此推而言之，人也天地萬物之子也，以此，物我之位定矣，先物後我，且物我一體也，一如親子也。由此而明，子必善待親也，我（人）必善待物也。由此而有《周禮》之誡：「仲冬斬陽木，仲夏斬陰木；令萬民，時斬材，有期日」；（《十三經注疏》，九四七頁）又《禮記·祭義》曾子曰：「樹木以時代焉，禽獸以時殺焉。」夫子曰：「斷一樹殺一獸，不以其時，非孝也。」（《十三經注疏》一五九八頁）在《中庸》更有「盡人性盡物性」、「贊天地之化育與天地參」之論，尤足以見儒家物我觀之最高境界也。周初至春秋之間，（公元前十一世紀——前四世紀）我中華祖先即有此深邃之尊物之見（「殺一獸，不以其時，非孝也。」）何等輝煌崇高！何等深切人情物理！是乃最早最高之環保理論也，證之近現代工商之逐利，對生態無法恢復之滅絕性之摧毁，益見我先哲睿智之高遠也。道家之物我觀則更重於「我」之秀雅觀，於此深致力焉。老子所慮者「吾所以有大患，爲吾有身」，（《經》十三章）因而主謙卑處下，「處衆人之所惡」；（八章）「知其雄，守其雌，知其白，守其黑，知其榮，守其辱」；（二十八章）「知足不辱，知止不殆」；（四十四章）「塞其兑，閉其門」；（五十二章）「以静爲下」；

僅從有無之外形言之，似覺儒、道有异也，然從其内涵尋索之，則儒道之見一也，老子之「無，名天地之始；有，名萬物之母」，與《易》之「萬物資始、資生」、「天地之大德曰生」，其内涵一也，「資始」可視爲無也，「資生」可視爲有也；天地之大德，可視爲無也，生則可視爲有也；如此論之，則「有無相生」與「資始資生」其義一也。始，即老子所言之無，生即老子所言之有；始者，無形無狀，若老氏所言之「混成」、「寂兮寥兮」之先天地生者也；生則有形有狀、有聲有色、有鱗有毛、有性有命者也。雖未明言無，亦見其有之根乃無也，此其所大同者也，然此大同中亦有异者存焉，儒者於「有」中之變化着意詳論，其見之於《周易》，非僅老莊之所不能及，實人類哲學之絶峰也，其六十四卦之所涵蓋演繹者乃天地物人整體消長之内在信息也，此内在之信息乃决定物性、人性及其生命、智慧之奥秘也。

三、物我觀

儒、道俱認物我爲一體也，儒家之見：「有天地然後萬物生焉，盈天地之間者唯萬物」，「身體髮膚受之父母，不可損傷」，（《孝經》、《十三經注疏》二五四五頁）曾子更重言

二、有無觀

儒家哲學乃立基於有，而未明言無，儒伏犧之畫八卦其爻（圖）之内涵乃天地人三才及其變化也，《周易說卦》曰：「兼三才而兩之，故易六畫而成卦」，又曰：「有天地然後萬物生焉，盈天地之間者唯萬物，屯者，萬物之始生也。」（《十三經注疏》九四-九五頁）《乾象》「萬物資始」，《坤象》「萬物資生」，《周易・繫辭》「天地之大德曰生」，亦僅言始生，未言無也。迄賈誼《論八德》：「德者，離無而之有」，（轉引自曹礎基《莊子淺注》中華書局一九八二年十月第一版三十二頁）儒學文獻中始見無之概念；迨至北宋周濂溪於《太極圖說》中有「無極而太極」之言，朱熹釋之曰：「周子曰無極而太極，蓋云無此形狀，而由此道理耳。」（錢穆：《朱子新學案》一八一頁）可知儒學立論於有也。

道家提出無之見，對有而言，則上遡進了一步，老子曰：「有無相生」，（《道德經》二章）「無，名天地之始；有，名萬物之母」，「天下萬物生於有，有生於無。」莊子對有無觀則持懷疑論辯之見，於《齊物論》中，由其所舉當時論有無之三種見解可知矣，「有無也者，有未始有無也者，有未始有夫未始有無也者；俄而有無矣，而未知有無之果孰有孰無也。」

成；故道之所在聖人尊之。」（《莊子・漁父》）於《齊物論》莊氏又曰：「已而不知其然，謂之道」，「道行之而成，物謂之而然」；於《大宗師》又云：「夫道有情有信，無爲無形，可傳而不可受，可得而不可見；自本自根，未有天地，自古以固存，莫知其始，莫知其終」；於《知北游》又以答東郭子之問而言之曰：道「無所不在：在螻蟻，在稊稗，在瓦甓，在尿溺。道不可聞，聞而非也；道不可見，見而非也；道不可言，言而非也；知形之不形乎，道不當名」；於《在宥》篇又曰：「何謂道？有天道，有人道，無爲而尊者天道也，有爲而累者人道也；天道之與人道相去遠矣，不可不察也。」由此天道人道，莊氏更詳論了君道臣道等。

由前述儒道兩家所見之道，其同者爲此道也，俱出於天也、地也、自然也，且俱認爲天道與地道不同也，由此而明儒、道兩家之道，蓋同源也；然有异者存焉：儒家重於人道之分析與力行，趨向於事功也；老莊則重尚道之自然與個性之修養，趨向於清心寡慾以自守，强於善己而弱於善群；儒家則兼而善之，并求止於至善焉。

六十二章）（王弼注：「奧，猶暖也，可得庇陰之辭，物無有貴於此者。」吴澄曰：「室西南隅之奧，尊者所處，以譬道之最貴也。」轉引自魏源著《老子本義》）余以爲此奧字於此可訓爲二義：曰妙曰尊；妙之義如衆妙之門，尊之義如老之言：「道之尊，德之貴，夫莫之命而常自然。」（五十一章）《經》之首章，可謂道之定義：「道可道，非常道，名可名，非常名」。此言非常道者乃隱而不見、無物不存、無時不在之大道也，老氏於《經》二十五章釋之曰：「有物混成，先天地生，寂兮寥兮獨立而不改，周行而不殆，可以爲天下母，吾不知其名，字之曰道，强爲之名曰大。」（筆者：尊老之本意，此名與字，合而言之曰「大道」，大道二字可視爲老子對此道之定義也。）由是而知，儒、道二家俱以大道稱其所秉之道也。老子又于三十四章稱此道爲大道：「大道氾兮，其可左右，萬物恃之而生而不辭，萬物歸焉而不爲主，可名爲大」；其所以爲大，二十五章釋之曰：「大曰逝，逝曰遠，遠曰反；故道大、天大、地大、王亦大；域中有四大，而王居其一焉；人法地，地法天，天法道，道法自然」，由此可知此大道者，大自然也，王亦大也，其尊王之義亦自明矣。

莊子之大道觀：「道者萬物之所由也，庶物失之者死，得之者生；爲事逆之則敗，順之則本與」；（《十三經注疏》一六一一頁）《禮記·大傳》：「聖人南面而治天下者，必自人道始。」（《十三經注疏》一五〇六頁）細釋此人道之論，則有《禮記·禮運》之人情、人心、人義、人利、人患之論：「何謂人情？喜、怒、哀、懼、愛、惡、欲，七者弗學而能」；「何謂人義？父慈、子孝、兄良、弟弟、夫義、婦聽、長惠、幼順、君仁、臣忠，十者謂之人義」；「講信修睦，謂之人利；爭奪相殺，謂之人患」；「飲食男女，人之大欲存焉，死亡貧苦，人之大患存言；欲惡者，心之大端也，人藏其心，不可測度也。」（《十三經注疏》一四二二頁）又有孔子之論人性，《周易·繫辭》曰：「一陰一陽之謂道，繼之者善也，成之者性也」，（《十三經注疏》七八頁）此「繼善成性」之論，乃人性善論之理論基石也；孟子據以確立人性善論：「人無有不善」，（《孟子·告子》）物性亦善也，此乃徹底之性善論，《中庸》早已明言之曰：「唯天下至誠，爲能盡其性，能盡其性，則能盡人之性，能盡人之性，則能盡物之性，能盡物之性，則可以贊天地之化育，可以贊天地之化育，則可以與天地參矣。」（《十三經注疏》一六三二頁）

道家之大道觀，就老、莊分別而述之。老之大道觀：「道者萬物之奧」，（《道德經》

儒、道篇小結　儒道异同辨

儒、道兩家之异同，擬就大道觀、有無觀、物我觀、善己善群觀、人欲觀、識道觀、聖賢觀與政治觀八者而析辯之。

一、大道觀

儒之大道觀首見於《周禮·大宰》「儒以道得民。」（《十三經注疏》六四八頁）=實則此道也早已爲伏犧氏以《易》之八卦示之矣，孔子於《周易·説卦》言曰：「昔者聖人之作易也，將以順性命之理，是以立天之道曰陰與陽，立地之道曰柔與剛，立人之道曰仁與義。」（《十三經注疏》九五頁）《禮記·禮運》直言：「大道之行也，天下爲公。」（《十三經注疏》）釋此大道之論，尚有孔子爲《易乾》所作文言：「元者，善之長也；亨者，嘉之會也；利者，義之和也；貞者，事之幹也」；《禮記·禮器》：「天道至教」；（《十三經注疏》一四四〇頁）《哀公問》孔子對曰：「人道政爲大，古之爲政，愛人爲大，愛與敬，其政之物之公」；（《則陽》）「道也者，帝之所興，王之所起也」；（《知北游》）由此而推論之，政者亦萬物之一象也，其必爲公也明矣。《天地》篇中，莊氏復言之曰：「天地雖大，其化均也；萬物雖多，其治一也；人卒雖衆，其主君也；君原於德而成於天；玄古之君天下無爲也，天德而已矣。以道觀言，天下之君正；以道觀分，而君臣之義明；以道觀能，而天下之官治。」《讓王》篇中，莊氏又言曰：「道之真，以治其身，其餘緒以爲國家，其土苴以治天下；由此觀之，帝王之功，聖人之餘事也。」治身、治國、治天下，此三者孰輕孰重，可視爲莊氏政治觀之核心也；其深也明也、切也實也，有勝於老子見也遠矣，與儒家之見較之則近矣。老之治身，以謙卑爲上，莊之治身以公爲準，其於君也臣也亦如是，此乃上進之厲也，世之以消極之論視莊子之見者，實未深明莊氏本意也，宜有以清之正之焉。

先」；（六十七章）「功遂身退」；（九章）「寵辱若驚，貴大患若身」；（十三章）「俗人昭昭，我獨昏昏，俗人察察，我獨悶悶。」（二十章）莊氏則主適性，北海之鵾鵬之「搏扶摇羊角而上者九萬里，絶雲氣，負青天，然後圖南，適南冥也」，適其性也；「斥鴳笑之曰：彼且奚適也，我騰躍而上，不過數仞而下，翱翔蓬蒿之間，此飛之至也」，亦適其性也。（見《逍遥游》）欲真適性，莊氏認爲必須「不開人之天，而開天之天」；（《達生》）「物物而不物於物」；（《山木》）「外化而内不化」；（《知北游》）而且要進一步「徹志之勃，解心之繆，去德之累，達道之塞。」（《庚桑楚》）必如此始可「自得其得」，「自適其適也。」莊子認爲「不自適其適，雖盜跖與伯夷同爲淫僻也。」（《駢拇》）

六、政治觀之异同辯

老氏之政治觀其要者爲：「其政悶悶，其民淳淳」；（五十八章）「不欲以静，天下將自定」；（三十七章）「不尚賢，使民不争」；（三章）「治大國若烹小鮮」；（六十章）「域中有四大，而王居其一焉」；（二十五章）「聖人無常心，以百姓心爲心」（四十九章）等。莊氏政治觀之要有：「順物自然，而無容私焉，而天下治矣」；（《應帝王》）「道者萬其或非也邪？其俱是也，其俱非也邪？我與若不能相知也，則人受守其黮暗，吾誰使正之？使同乎若者正之，既與若同矣，惡能正之？使同乎我者正之，既同乎我矣，惡能正之？使異乎我與若者正之，既異乎我與若矣，惡能正之？使同乎我與若者正之，既同乎我與若矣，惡能正之？然則我與若矣，惡能正之？然則我與若與人俱不能相知也，而待彼也邪？化聲之相待，若其不相待；和之以天倪，因之以曼衍，所以窮年也。（郭注：「和之以自然之分，任其無極之化，尋斯以往，則是非之境自泯，而性命之致自窮也。」）忘年忘義，振於無竟，故寓諸無竟。」（郭注：「夫忘年，故玄同死生，忘義，故彌貫是非，是非死生，蕩而爲一，斯至理也，至理蕩於無極，故寄之者，不得有窮也。」）莊氏此相對論也，乃相對之極而至於無辯也；無辯者，則必入與絕對之境矣，此絕對之境乃天倪也，自然也，如郭象之見，「玄同死生，彌貫是非，是非死生蕩而爲一」，夫復何辯，既不辯矣，何相對之可言乎？必歸之於絕對矣。此莊氏之相對觀，其論辯之精密，有遠勝於老子者也。

五、卑守與適性之异同辯

老氏主「知其雄守其雌，知其白守其黑，知其榮守其辱」；（二十八章）「不敢爲天下非馬喻馬之非馬也；天地一指也，萬物一馬也。（郭注：「夫自是而非彼，彼我之常情也，故以我指喻彼指，則彼指於我指，獨爲非指矣，此以指喻指之非指也，若復以彼指還喻我指，則我指於彼指，復爲非指矣，此亦非指喻指之非指也。將明無是無非，莫若反覆相喻，則彼之與我，既同於自是，又均於相非，均於相非，則天下無是，同於自是則天下無非，何以明其然邪？是若果是，則天下不得彼有非之者也，非若果非，亦不得復有是之者也。今是非無主、紛然淆亂，明此區區者，各信其偏見，而同於一致耳。仰觀俯察，莫不皆然；是以至人知天地之一指也，萬物一馬也，故浩然大寧而天地萬物各當其分，同於自得而無是無非也。」）可乎可，不可乎不可，（郭注：「可於己者，即謂之可，不可於己者，即謂之不可。」）道行之而成，物謂之而然；惡乎然，然於然；惡乎不然，不然於不然；物固有所然，物固有所可；無物不然，無物不可；其分也，其成也，（郭注：「夫物或此以爲散，而彼以爲成。」）其成也毁也；（郭注：「我之所謂成，而彼或謂之毁。」）萬物無成與毁，復通爲一，唯達者知通爲一；萬世之後，而一遇大聖，知其解者，是旦暮遇之也。即使我與若辯亦，若勝我，我不若勝，若果是也，我果非也邪？我勝若，若不吾勝，我果是也，而（汝）果非也邪？其或是也，後相隨」；（二章）「重爲輕根，靜爲躁君」；（二十六章）「曲則全，枉則直，窪則盈，敝則新，少則得，多則惑。」（二十二章）此俱相對之論也，此論也悉於一之概念而發之者也，莊子相對之論辯，則浩瀚恣肆，精細入微，則遠勝於是矣。《齊物論》曰：「物無非彼，物無非是，彼出於是，是亦因彼，彼是方生之說也。雖然，方生方死，方死方生；方可方不可，方不可方可；因是因非，因非因是；是以聖人不由，（郭注：「夫懷豁者，因天下之是非而自無是非也，故不由是非之塗，而是非無患不當者，直明其天然而無所奪故也。」）而照之於天，是亦彼也，彼亦是也，（郭注：「我亦爲彼所彼，彼亦自以爲是。」）彼亦一是非，（郭注：「此亦自是而非彼，彼亦自是而非此，此與彼，各有一是一非於體中也。」）果且有彼是乎哉？果且無彼是乎哉？彼是莫得其偶，謂之道樞。（郭注：「偶，對也，彼是相對，而聖人兩順之，故無心者與物冥，而未嘗有對於天下也，此居其樞要而會其玄機，以應夫無方也。」）樞始得其環中，以應無窮；（郭注：「夫是非反覆相尋無窮，故謂之環，環中空矣，今以是非爲環，而得其中者，無是無非也；無是無非，故能應夫是非；是非無窮，故應無窮。」）是亦一無窮，非亦一無窮。以指喻指之非指，不若以非指喻指之非指也；以馬喻馬之非馬，不若以也。

三、見無爲與有爲之异同

老子多言無爲之義，此無爲之内涵，實乃言天也，自然也，無欲也，無私也，無我也，「爲無爲」之義實乃無欲、無私、無我順天、任其自然而爲之者也，是則無不成也，無不遂也，「無不治」也。莊曰：「無爲爲之之謂天。」（郭注：「不爲此爲，而此自爲，乃天道。」）（《天地》）由此而知莊子之意更重天，更重自然也。但對無爲與有爲二者，莊氏有更具體之分析且有更爲切實之見，其言曰：「上必無爲而用天下，下必有爲，爲天下用。」（《天道》）此上必無爲，乃無欲也，無私也，無損於下也；相反，乃稟大公而有利於下也；下必有爲者，乃爲滿足其最低最根本之生存之欲而爲之者也，此欲也不可窒，不可損也，損則傷天矣，蓋求生之欲乃天也。而對於上之欲，則必損之又損，窒之又窒，「塞其兑，閉其門」，始可期收用天下之效焉。

四、相對觀之异同

老之相對觀言之簡括，如「有無相生，難易相成，長短相較，高下相傾，音聲相和，前心。」）此大同之二也，不俱述也。然亦有小异者存焉：老子之言道固深，洞澈無爲，極言爲無爲，莊子則更見「天地與我并生，萬物與我爲一」，（《齊物論》）萬物既與我爲一矣，則我與萬物爲一體矣，既一體矣，萬物有其形我亦自有吾形矣，萬物依自然而自適；與自然爲一而自適矣，我又奚爲之哉？以此而觀之，則對老之爲無爲似後退了一步，而對老之「道法自然」則前進了一步，此老莊大同中之小异也。

二、見物我之异同

老莊物我之見固大同也，老曰：「吾所以有大患者，爲吾有身」，（十三章）莊曰：「人之生也，與憂俱生」；（《至樂》）「無爲而尊者，天道也；有爲而累者，人道也。」（《在宥》）此其大同者也，然亦有异者存焉：「舜問丞曰：（丞，古之得道人，舜之師也。）道可得而有乎？曰：「汝身非汝有也，何得有夫道？舜曰：吾身非吾有也，孰有之哉？曰：是天地之委形也；非生汝有，是天地之委和也；性命非汝有，是天地之委順也；孫子非汝有，是天地之委蛻也；故行不知所往，處不知所持，食不知所味。」（郭注：「皆在自爾中來，故不知也。」）（《知北游》）此非僅异也，更見莊子將人道融入於天道，一之而泯物我，不知其然

本篇小結　老莊异同辨

老莊同爲道家，其説大旨固同，然亦有小异殉焉，當辯明之，兹分下列六端略論之。

一、見道之同异

老莊之見道固大同也，老子有言曰：「元之又元，衆妙之門」，莊子則曰：「天門」、「出無本，入無竅，（郭注：「欻然自生非有本，欻然自死非有根。」）有實而無處，有長而無本剽，有乎生，有乎死，有乎出，有乎入，入出而未見其形，是謂天門。（郭注：「天門者，萬物之都名也，謂之天門，猶云衆妙之門也。」）天門者無有也，萬物出乎無有，有不能以有爲有，必出乎無有，而無有一無有，聖人藏乎是。（郭注：「任其自生而不生生。」）古之人其知有所至矣，將以生爲喪也，以死爲反也，既而有生，生俄而死，以無爲首，以生爲體，以死爲尻，孰知有無死生之一守者，吾與之爲友。」（《庚桑楚》）此老莊見道大同之一也。老子曰：「天地之間其猶橐籥乎，虚而不屈，動而愈出」。莊子曰：「一以天地爲大爐，以造化爲大治，惡乎往而不可哉！成然寐，蘧然覺」，（郭注：「寤寐自若，不以死生累毛」、「雞三足」、「龜長於蛇」、「白狗黑」等等。）於今觀之，惠施、黃繚等人乃是其時之自然萬象之探索者，可視爲古代的科學探求者，其富有想像力和探索物理之精神乃無可非議也；其所求之道與莊氏所求者似有差异，實則一也，俱屬大道也；唯莊氏所求之者人道也，惠子所求之者物道也，就人道而言，莊氏求之於內，惠子求之於外，莊氏知之者深，惠子知之者淺；就物道言，惠子知之者深，莊氏知之者淺；此種深淺，無輕重、是非、貴賤之可言；人道物道既同出之於大道，則自有其相互依存之血緣關係也，未可以言孰輕孰重，何尊何卑也，人物本一體也，不可分也，捨人而言物，物不全矣，捨物而言人，人惡乎而獨立之哉！然而，畢竟有异焉，此异焉者，乃思維創造能力也，唯人獨具焉；由此，而人類獨立於天地之間，也僅僅如此而已，捨此，人類依然與物無异，而且因思維創造力之提高，人類更深明天地物人一體之至義焉；以此而觀莊氏論惠學之見，則知有其言之而當者，如「弱於德，强於物，其塗隩矣」是也，非獨莊子之世是也，其後之史實驗之亦是也，未來之世，亦將證明莊氏此見之深遠也；有其言之不當者，如「其猶一蚉一　之勞者也，其於物也何庸」是也；莊氏重人之不殉於物是也，而輕於物之理則非也，而此非也，實傷道也；蓋物有其物道，薄之即傷之也。

《守白論》見行於世。）與惠施相應，飾人之心，易人之意；（彫飾人心，改易人意。）能勝人之口，不能服人之心，辯者之囿也。南方有倚人焉，曰黄繚，問天地所以不墜不陷，風雷霆之故，惠施不辭而應，不慮而對，偏爲萬物説，説而不休，多而無已，猶以爲寡，益之以怪；以反人爲實，而欲以勝人爲名，是以與衆不適也。惠施不能以此自寧，散於萬物而不厭，逐萬物而不反，是窮響以聲、形與影競走也；由天地之道，觀惠施之能，其猶一蚉一虻之勞者也，其於物也何庸？弱於德，强於物，（王先謙云：「内弱外强。」）其塗隩矣；（王先謙云：「隩，曲而隱也，非大道。」）悲夫！」（郭注：「昔吾未覽莊子，嘗聞論者争乎尺棰，連環之意，而皆云莊生之言，遂以莊生爲辯者之流，案此篇較評諸子，至於此章，則曰其道舛駁，其言不中，乃知道聽途説之傷實也，吾意亦謂，無經國體致，（筆者案：此致自乃政字之誤。）真所謂無用之談也。然膏粱之子，均之戲豫，或倦於典言，而能辯名析理，以宣其氣，以係其思，流於後世，使性不邪淫，不猶賢於博弈者乎！故存而不論，以貽好事也。」）此莊子評惠（施）學之見也，因其與惠子交游甚密，故確保存了惠學之一些深邃而珍貴的思想史料；（除前已引述者外，尚有「一尺之捶，日取其半，萬世不竭」、「輪不碾地」、「卵有厚與有，同一體也，其有厚大者，其無厚亦大，高因廣立，有因無積，則其可積因不可積者，苟其可積，何但千里乎！」）天與地卑，山與澤平；（《釋文》李云：「以地比天，則地卑於天，若宇宙之高，則天地皆卑，天地皆卑，則山與澤平矣。」）日方中方睨，物方生方死；（睨，側視也。）大同而與小同异，此之謂小同异；（同體异分，故曰小同异。）萬物畢同畢异，此之謂大同异。（死生，交謝，寒暑遞遷，形性不同，體理無异，此大同异也。）南方無窮而有窮也；（獨言南方，舉一隅也。）今日適越而昔來；（郭疏：「夫以今望昔，所以有今，以昔望今，所以有昔，而今自非今，何能有昔，昔自非昔，豈有今哉！既其無昔無今，故曰今日適越而昔來可也。」）連環可解也；（郭注：「夫環之相貫與空處，不貫於環也，是以兩環貫空，不相涉入，各自通轉，故可解者也。」）我知天下之中央燕之北越之南是也；（《釋文》司馬云：「燕之去越有數，而南北之遠無窮，由無窮觀有數，則燕越之間，未始有分也，天下無方，所在爲中也。」）汜愛萬物，天下一體也。（郭疏：「萬物與我爲一，故汜愛之，二儀同我并生，故一體也。」）惠施以此爲大觀於天下，而曉辯者，天下之辯者相與樂之，然惠施之口談，自以爲最賢。。桓團、公孫龍辯者之徒，（此二人客游平原君，公孫龍著兩行。」）以與世俗處；（郭注：「形群於物。」）上與造物者游，而下與外死生、無終始者爲友；芴漠無形，變化無常，（郭注：「隨物也。」）死歟生歟！天地并歟！神明往歟！（郭注：「任化也。」）芒乎何之？忽乎何適？（郭注：「無意趣也。」）萬物畢羅，莫足以歸；（郭注：「包羅庶物，囊括宇内，未嘗離道，何處歸根。」）其理不竭，其來不蛻，（蛻，脱捨也。）芒乎昧乎，未之盡者也。」此乃莊學之精要，亦其自況而當者也。

莊子所論之第七學派曰惠施之學，《漢書·藝文志》則將惠施歸入名家：「名家者流，蓋出於禮官，古者名位不同，禮亦异數，孔子曰必也正名乎，名不正則言不順，言不順則事不成，此其所長也；及警（警，音叫，揭短之意也。）者謂之，則苟鉤鈲（鈲，音孤，鐵鈲也，破也。）析，亂而已。」實則惠施所言者，物理之學，變化之象也。莊氏論之曰：「惠施多方，其書五車，其道舛駁（舛，差殊也；駁，雜糅也。）其言也不中。（言其詞辯而不當也。）歷物之（心游萬物，歷覽辯之）意曰：至大無外，謂之太一，至小無内，謂之小一；（郭疏：「囊括無外，謂之大也；入於無間，謂之小也。」）無厚不可積也，其大千里；（《釋文》司馬云：「物言形爲有，形之外爲無，形與有相爲表裏，故形物之厚盡於無厚，無而悦之，建之以常無有，（確立以無有爲常之説。）主之以太一；（太一，曠然大道也，以此爲主。）以濡弱謙下爲表，（表，外也。）以空虚不廢萬物爲實。（實，内也，德也。）關尹曰：在己無居，（郭注：「物來則應，應而不藏，故功隨物去。」）形物自著，（郭注：「不自是而委萬物，故物形各自彰著。」）其動若誰，其静若鏡，其應弱響；芴乎若亡，寂乎若清，同焉者和，得焉者失；未嘗先人，而常隨人。老聃曰：知其雄，守其雌，爲天下溪，知其白，守其辱，爲天下谷；（郭注：「古人不隨無崖之知，守其分内而已，故其性全，其性全然後能及天下，能及天下然後歸之如溪谷也。」）人皆取先，己獨取後；人皆取實，（郭注：「唯知有之以爲利，未知無之以爲用。」）己獨取虚；（郭注：「獨立自足之謂。」）人皆求福，己獨曲全。以深爲根，（郭注：「理根於太初之極。」）以約爲紀，曰堅則毁矣，鋭則挫矣，常寬容於物，不削於人，可謂至極，關尹老聃乎！古之博大真人哉！」莊氏之論可謂得關老之學精要矣。

莊子之自謂可視爲其所論説之第六學派，其言曰：「獨與天地精神往來，而不敖倪於萬物，（郭注：「其言通至理，正當萬物之性命。」）不譴是非，（郭注：「己無是非，故恣物物無擇，與之俱往，古之道術有在於是者，彭蒙、田駢、慎到聞其風而悦之，（此三人俱齊之隱士，著書數篇，性與法合。）齊萬物以爲首，知萬物皆有所可，有所不可，故曰選則不徧，（郭注：「都用乃周。」）教則不至，（郭注：「性其性乃至。」）道則無遺者矣，（郭疏：「异物不同，稟性各异，以此教彼，良非至極，若率至元道，則物皆自得，而無遺失矣。」）慎到、田駢學於彭蒙，得不教焉。（郭注：「得自任之道也。」郭疏：「田駢、慎到稟業彭蒙，縱任放誕，無所教也。」）彭蒙之師曰：古之道人，至於莫之是莫之非而已矣；其所謂道非道，而所言之韙（音偉，是也。）不免於非；謑髁（不定貌）無任，而笑天下之尚賢也，縱脱無行，而非天下之大聖，不師知慮，不知前後，魏然而已矣。」（郭注：「任性獨立。」）觀此派之旨趣，深究之，則近乎莊（近於狀之「此亦一是非，彼亦一是非」也。）也，淺擬之則似老（似老之「無爲」也。）也。

莊子所論之第五學派爲關（尹）老（聃）之學：（關尹，字公度，周平王時函谷關令，貴清高，能相風角，知老子至，爲之著《道德經》而西去。）「以本爲精，以物爲粗，（本，無也；物，有也。）以有積爲不足，澹然獨與神明居，古之道術有在於是者，關尹老聃聞其風止；以此白心，語心之容，命之曰心之行，古之道術有在於是者，宋鈃、尹文聞其風而悅之。（郭疏：「宋、尹并齊宣王時人，同游稷下，宋著書一篇，尹著書二篇，咸師於黔而爲之名也。」）作爲華山之冠以自表（郭疏：「華山其形如削，上下均平，而宋、尹立志清高，故爲冠以表德之异。」）接萬物以別宥爲始，（宥，區域，始，本也，區物以立名，名家之意也。）以聏合驩，以調海内，（郭注：「强以其道，聏令合調，令和也。」）見侮不辱，救民之鬬，以禁攻寢兵爲外，以情欲寡淺爲内，上説下教，雖天下不取，强聒而不舍者也；其爲人太多，其自爲太少，曰：請欲固置五升之飯足矣；先生恐不得飽，弟子雖飢，不忘天下。」（郭注：「宋、尹稱天下爲先生，自稱爲弟子也。」）宋、尹之所言心者，心以區識萬物萬事而又寬容之也；所言心之行者，以心之所至而行不忘天下也，行心之所容緼，而欲致其均平之至願也。

莊子所論之第四學派是見道而難辯之者也，彭蒙、田駢、慎到屬之，「公而不當，易而無私，决然無主，（郭注：「各自任也。」郭疏：「公正而不阿黨，平易而無偏私，依理斷决，無的主宰。」）趣物而不兩，（郭注：「物得所趣，故一。」）不顧於慮，不謀於知，於不堪；墨子獨能任，奈天下何，離於天下，其去王也遠矣。」（郭注：「王者必合天下之歡心，而與物俱佳也。」）墨家秉尚大禹精神，勤儉爲天下，節用而兼愛，非攻以彌兵，忘我以自苦此乃萬古不易之道也，亦莊氏思想之要也，奈何非之若此之甚耶？（非「其道大觳，其去王也遠矣。」）其爲己自苦太甚，或亦有過之者，其「去王也遠矣」則未免言之甚矣。墨與儒，於當世曾爲「顯學」，（韓非子《顯學》：「世之顯學，儒墨也，儒之所至，孔丘也，墨之所至墨翟也。」）其所以成爲顯學者必在諸學之中更近人心、（莊子責之曰「反天下之心」）王道也。更索莊氏之見，通《莊子》一書之大旨，非古之王者之道哉？莊氏反復所言者何其詳且遠也，墨子之大旨，唯尊禹道而已，其行也，離禹固近矣，去古之王者較之莊氏所及者更近也，何言其「去王也遠矣」，吾獨難解莊氏之意也。抑或以爲莊氏乃述世俗之見而爲言也，非有意非之也；是則本以「獨與天地精神往來，不譴是非、以與世俗處」之莊子，亦不免爲世俗之非墨而有所迷者也。

莊氏所論之第三學派是心之行，宋鈃、尹文屬之：「不累於俗，不飾於物，（不自矯飾。）不苟於人，不忮於衆，（忮，違逆也。）願天下之安寧，以活民命，人我之養，畢足而道之自在自運哉；即時世違道千萬年，然道自道也，唯庶物長處劫難中不得解脱而已矣；一旦乾坤際會，道隱而之顯，陰霾自消，則大道之光輝自普照於天下，人之善性良知亦自復蘇於人心也。

莊子於墨家之論爲：「不侈於後世，不明於萬物，不暉於數度，（侈，奢也；靡，淫也；暉，曜也，以勤儉爲德也。）以繩墨自矯（郭注：「矯厲也。」）而備世之急，（郭注：「勤而儉則財有餘，故急有備。」）古之道術有在於是者，墨翟、禽滑釐聞其風而說之，爲之大過，己之大循，（郭注：「不復度衆所能也。」）作爲非樂，命之曰節用，生不歌，死無服，墨子氾愛兼利而非鬭，（郭注：「夫物不足則以鬭爲是，今墨子令百姓皆勤儉，各有餘，故以鬭爲非也。」筆者以爲郭象此注有失墨翟非攻説之原意在消弭當世國際間之戰爭也。）墨子稱道曰昔禹之湮洪水，决江河，腓無胈，脛無毛，沐甚雨，櫛疾風，置萬國，禹大聖也；日夜不休，以自苦爲極，曰不能如此，非禹之道也，不足爲墨。其生也勤，其死也薄，其道大觳。（郭注：「觳，無潤也。」）使人憂，使人悲，其行難爲也，恐其不可以爲聖人之道。（郭注：「夫聖人之道，悦以使民，民得性之所樂則悦，悦則天下無難矣。」）反天下之心，天下物，物各離性，以從其上而性命喪矣。」）莊氏對儒學之見固其獨當而深遠也，於今觀之，猶覺其言之光芒有甚於疇昔也，此亦我中華學術之光也，亦其目光之深邃所照也；其所憂之「道術將爲天下裂」，亦言之是也，且有驗也，然而，亦當有辯者，在莊氏所言道術之内涵也，即道有邪正之分，術有偏全之別也。唯邪道偏術有分裂天下之害；正道之術乃亘古不磨、歷時而新、長葆樸素、而不自傷者也，既不自傷，外力何由奈乎，而道自道也；班固對此言之甚善：「諸子十家，其可觀者，九家而已，皆起於王道既微，諸侯力政、時君世主好惡殊方，是以九家之術蠭出并作，各引一端，崇其所善，以此馳説，取合諸侯，其言雖殊，譬猶水火之相滅亦相生也；仁與義，敬之與和相反皆相成也。易曰：「天下同歸而殊途，一致而百慮」，今异家者，各推其所長，窮知究慮，以明其指，雖有蔽短，合其要歸，亦六經之支流與後裔，方今去聖久遠，道術缺廢，無所更索，若能修六藝之術，而觀此九家言，舍短取長，則可以通萬方之略矣。」（見《漢書・藝文志》，《二十五史》第一册一六七頁，上海古籍出版社縮印本。）揆諸史乘，固去聖久遠，然聖言俱在，何見其道術缺廢哉？缺之者德也，廢之者仁也；原於人之私蔽、形於時世之乖離有以致之也。猶若陰霾之蔽日，無害日光之普照也；世衰道隱，何損不在；百官以此相齒，以事爲常，以衣食爲主，蕃息畜藏，老弱孤寡爲意，皆有以養，民之理也。其在於詩書禮樂者，鄒魯之士，搢紳先生，多能明之；詩以道志，書以道事，禮以道行，樂以道和，易以道陰陽，春秋以道名分。其數散於天下，而設於中國者，百家之學，時或稱而道之。」此莊氏論儒學之大略也。但莊氏目睹當時百家蜂鳴亦有深憂焉，其所憂者乃「內聖外王之道暗而不明，道術將爲天下裂」；故其言曰：「天下大亂，聖賢不明，道德不一，（郭注：「百家穿鑿。」）天下多得一察焉以自好。（郭注：「夫聖人統百姓之大情而因爲之制，故百姓寄情於所統，而自忘其好惡，故與一世而得淡漠焉，亂則反之，人姿其近好，家用典法，故國异政，家殊俗。」）譬如耳目鼻口，皆有所明，不能相通，猶百家衆技也，皆有所長，時有所用；（郭注：「所長不同，不得常用。」）雖然，不該不徧，一曲之士也。叛天地之美，析萬物之理，察古人之全，寡能備於天地之美，稱神明之容；是故內聖外王之道，暗而不明，鬱而不發，天下之人，各爲其所欲焉，以自爲方；悲夫！百家往而不反，必不合矣！後世之學者，不幸不見天地之純，古人之大體，（郭注：「大體各歸根，抱一則天地之純也。」）道術將爲天下裂。哀矣！」（郭注：「裂，分離也，道術流弊，遂各奮其方，或以主之矣。

第五節　學術論

班固撰《漢書》，其《藝文志》有言曰：「諸子十家，其可觀者九家」；莊子《天下》篇則概論了六家，悲「道術將爲天下裂」，其見實深遠矣。茲就其所見論述如次。

莊氏在《天下》篇序言中曰：「天下治方術者多矣，皆以其有爲不可加矣。古之所爲道術者，果惡乎在？曰無乎不在，聖有所生，王有所成，皆原於一。不離於宗，謂之天人；不離於精，謂之神人；不離於真，謂之至人；以德爲本，以道爲門，兆於變化，謂之聖人。（郭注：「凡此四者，一人耳，所自言之异。」）以仁爲恩，以義爲理，以禮爲行，以樂爲和，薰然慈仁，謂之君子。」此五者中之聖人與君子，知莊氏之見近於儒家，故其論諸家之説，亦以儒爲始。

莊氏論儒之言曰：「配神明，醇天地，育萬物，和天下，内聖外王，澤及百姓，明於本數，係於末度，（郭疏：「本數，仁義也，末度名法也。」）六通四辟，小大精粗，其運無乎德，動而與陽同波；故知天樂者，無天怨，無人非，無物累，無鬼責；故曰：「其動也天，其靜也地，（郭注：「動靜雖殊，無心一也。」）一心定而王天下，一心定而萬物服；言以虛靜，推於天地，通於萬物，此之謂天樂；（我心常靜，則萬物之心通矣，通則服，不通則叛。」）天樂者，聖人之心，以畜天下也。」（郭注：「聖人之心以畜天下者，奚爲哉！天樂而已。」）莊氏此天樂人樂一致之至治觀，既深刻而又富於理想，實現此理想之前提是無私無欲，此必待人類之逐步覺醒，方可期有所濟也。

右述莊氏之政治觀，從其始點惡論之，似見其尚泥滯於遠古無爲而治，從其思路之發展歷程細察之則見其重在於治身耳；此治身之義在於去私與欲，不殉於物也；從其終點視之，則足見其理想爲達於聖治也；聖治者，上無爲以用天下，下有爲而爲天下用，是乃至和至樂之政治也，其現實意義，不言自明，唯有待世運所至也。此世運之動與轉，則更有待物極而反也，此物極之反也，則乃爲一利害勝敗以及認識深化、擴大、成熟之漫長過程，可以豫言其必然屆臨，但非意志所可期及者也。蓋今之世，雖其人盡殉於物也，然尚未達於不可自救之絕境；必陷於不反於公即面臨全面生存威脅，始可指望轉入大公之軌道，是則莊氏此見之意可望有所行顧，（郭注：「言其指麾顧眄，而民各至其性也，任其自爲故。」）四方之民，莫不俱至，此之謂聖治。」達於聖治之境，乃與人和者也，莊氏視此謂之人樂，在《天道》篇，莊氏更論發了人樂與天樂，此乃莊子政治觀之最高境界，亦其政治理想也，其言曰：「靜而聖，動而王，無爲也而尊，（郭注：「自然爲物所尊奉。」）樸素而天下莫能與之争美，（郭疏：「夫淳樸素質，無爲虛靜者，實萬物之根本也，故所尊貴，孰能與之争美也。」）夫明白於天地之德者，此之謂大本大宗，與天和者也；（郭注：「天地以無爲爲德，故明其宗本，則與天地無逆也。」）所以均調天下與人和者也。（郭注：「夫順天所以應人也，故天和至而人和盡也。」）與人和者，謂之人樂，與天和者，謂之天樂。（郭注：「天樂適，則人樂足矣。」郭疏：「俯同塵俗，且適人世之歡，仰合自然，方欣天道之樂也。」）莊子曰（此乃莊子有意加重語氣，突顯其意也。）：吾師乎！吾師乎！齏萬物而不爲戾，（郭注：「變而相雜，故曰齏，自齏耳，非吾師之暴戾。」郭疏：「齏，碎也，戾，暴也，莊子以自然至道爲師，齏萬物亦無心。」）澤及萬世而不爲仁，長於上古而不爲壽，覆載天地、刻彫衆形而不爲巧，此之謂天樂。（郭注：「忘樂而樂足。」）故曰：知天樂者，其生也天行，其死也物化；靜而與陰同可治也，以其生機自斷也。由此而明政治之病源不在其自身之内，而根於其是否得道與是否立德。故求政之治者，不當僅從政治之自身求之，當於道與德上求之；端正道德，乃爲政之根本也；特别要嚴審道之邪正，正道乃爲政之首務也，道正則德立，德立則綱紀肅，綱紀肅則吏治嚴，吏治嚴則官廉，官廉始可言治矣。愚者昧於根本，畏於清源，欺世自廢，終至於失道敗德而亡政，悲夫！

此中，亦有一當指明之者，即無爲與有爲也，（此中亦包函公與私也。）在上必無爲，始可以用天下，在下則必有爲，（此有爲亦順自然而爲之者。）則可爲天下用。無爲者公也，有爲者私也，（言下之有爲，必存謀生之私，然此私也，純以無損與公與無損他人之私爲前提，若自恣其私，上以損公，下以害人，則必最終自損矣。）唯在上之公，必有以善導在下之私，使各適其所安，實則上之無爲與下之有爲，相諧而相敬矣。其所以相諧者，乃上下之無爲與有爲實共處於無爲之中也。蓋上之無爲有化下之功，下之有爲具尊上之德也，此乃莊氏至治之意也，其於《天地》篇言曰：「願聞聖治？諄芒曰：聖治乎？官施而不失其宜，拔舉而不失其能，畢見其情事，而行其所爲，（郭注：「皆因而任之。」）行言自爲，而天下化；手撓指臣；下有爲也，上亦有爲也，是上與下同道，上與下同道，則不主。（郭注：「各當其能，則天理自然，非有爲也；若乃主代臣事，則非主矣，臣秉主用，則非臣矣；故各司其任，則上下咸得，而無爲之理至矣。」）上必無爲而用天下，下必有爲爲天下用，此不易之道也。（郭注：「無爲之言不可不察也。夫用天下者，亦有用之爲耳，各用其性，天機玄發，則古今上下無爲，誰有爲也。」）夫古之王天下者不自爲也，帝王無爲而天下功，故曰莫神於天，莫富於地，莫大於帝王；故曰帝王之德配天地，（郭注：「同乎天地之無爲也。」）此乘天地，馳萬物，而用人群之道也。」由此可見莊氏之大平至治，乃在於無爲，善用天下，善人群之道也。

從上所引之幾大段文字，可明知莊氏關於道與德、聖與帝、君與臣、上與下、政與治、有爲與無爲諸多問題的見解，若大樹然，其根幹枝葉乃一體也；其生機，即生命力之源泉乃道也，此道也貫於此大樹之周身內外也；分而言之曰天道，曰帝道，曰聖道，合而言之，乃大道也。如此，不失其道，其機體之任何一處有病，均可調理而自治也；一旦失道，則此大樹從其根本上枯槁矣，得道與失道，此乃觀政之興衰唯一理論依據也。然失道亦有等差，其病此樹之情亦自相應也，大者病其根，中者病其幹，小者病其枝；幹與枝之病猶可自治也，根病則不不知其本也，驟而語賞罰，不知其始也；驟而語形名賞罰，此有知治之具，非知治之道；可用於天下，不足以用天下。禮法數度形名比詳，此下之所以事上，非上之所以畜下也。夫天地者，古之所大也，故古之王天下者，奚爲哉？天地而已矣。」天地者，倫理之本也；萬物有其倫理，人有倫理，政亦有倫理存焉，莊氏於《天道》篇又詳發人倫、政倫一體之見：「本在於上，末在於下，要在於主，詳在於臣；三軍五兵之運，德之末也；賞罰利害五刑之辟，教之末也；禮法度數形名比詳，治之末也；鐘鼓之音，羽旄之容，樂之末也；哭泣衰經，隆殺之服，哀之末也；此五末者，須精神之運，心術之動，然後從之者也。（郭注：「夫精神心術者五末之本也。」）君先而臣從，父先而子從，兄先而弟從，長先而少從，男先而女從，夫先而婦從；夫尊卑先後，天地之行也，故聖人取象焉。（郭注：「言此先後雖是人事，然皆在至理中來，非聖人之所作也。」）夫天地至神，而有尊卑先後之序，而况人道乎！宗廟尚親，朝廷尚尊，鄉黨尚齒，行事尚賢，大道之序也。」就政與治而言，欲真正稟道以行，則必先明「帝王之德，以天地爲宗，以道德爲主，以無爲爲常。無爲也，則用天下而有餘，有爲也，則爲天下用而不足，故古人貴乎無爲也。上無爲也，下亦無爲也，是下與上同德，下與尚同德，則不也，實治心復性之意也，復歸於天也，此之謂「大平」，治之至也。

莊氏於《天道》篇詳論此「大平」之治，其言曰：「古之明大道者，先明天，而道德次之，（郭注：「天者，自然也，自然既明則物得其道也。」）道德已明而仁義次之，（郭疏：「先德後仁，先仁後義，故仁義次之。」）仁義已明，而分守次之，分守已明，而形名次之，（郭注：「得分而物，物之名，各當其形也。」）形名已明，而因任次之，（郭疏：「因其素分，任其天然。」）因任已明，而原省次之，（郭注：「物各自任則罪責除也。」）原省已明，而是非次之，（郭注：「各以得性爲是，失性爲非。」）是非已明，而賞罰次之，（郭注：「賞罰者，失德之報也，夫至治之道本在於天，而末極於斯。」）賞罰已明，而愚知處宜，貴賤履位，（郭注：「官各當其才也。」）仁賢不肖襲情，（襲，用也，用其實能也。）必分其能，（各專其業。）必由其名。（循名而責實。）以此事上，以此畜下，以此治物，以此修身，知謀不用，必歸其天，此之謂大平，治之至也。故書曰有形有名，形名者，古人有之，而非所以先也。古之語大道者，五變而形名可舉，（五變：道–道德–仁義–分守–形名。）九變而賞罰可言也。（九變：上五變之後加因任、原省、是非、賞罰。）驟而語形名，反己者，反於天也，反於本性也；循古者，循古之純樸大道而行也，「外化而內不化」也；不化者，純樸之性也，合於道者也；合道則外形隨物，而內凝靜，靜則明，明則知所守，守者真樸，樸者不爲利所誘，不爲名所遷，四六之所云云者，俱歸之於樸也；名利機巧之來，悉「以天待之，不以人入天」，「以目視目，（不外視。）以耳聽耳，（不外聽。）以心復心，（不外用。）若然者，其平也繩，（無心而正物。）其變也循。」（循，順也。）（見《徐無鬼》篇）與變推移，無適而不自得也；蓋以心復心有所守，則始可保「內不化」，內不化則知全，知全則「大定」矣。莊氏復於《徐無鬼》篇申言之曰：「知大一，（大一，天也。）知大陰，（大陰，地也。）知大目，（大目，綱也。）知大均，（大均，分也。）知大方，（物各有其殊方也。）知大信，（信，實也，物性之所寄也。）知大定至矣。（定者，樸也，本體也，萬性之基也。）大一通之，（郭注：「道也。」）大陰解之，（物形萬化，解之功也。）大目視之，（萬物自見也。）大均緣之，（各稟其性命之分，均其外也。）大方體之，（體之以見其特性也。）大信稽之，（郭注：「命之所期無令越逸，斯大信也。」）大定持之。」（郭注：「真不撓則自定而持之也。」）此持之者，持其真也，亦歸真反樸之意也，足見莊氏之治身適同於莊氏之言也，唯思路與論説有异耳，且莊氏綱目詳密也。

然而，莊氏之治身也如何入手乎？曰先去嗜欲，内淨始可拒外，於《大宗師》篇莊氏有言曰：「其嗜欲深者其天機淺」，天機淺而嗜欲深者必外逐於物也，逐物則失性矣；《天地》篇曰：「失性有五：一曰五色亂目，使目不明；二曰五聲亂耳，使而不聰；三曰五臭薰鼻，困惾中顙；（惾，音俊，困惾，云刻賊不通也。）四曰五味濁口，使口厲爽；（厲，病也，爽，失也。）五曰趣舍滑心，使性飛揚；（滑，亂也，飛揚，馳競也。）此五者皆生之害也。」更是治身之害也。故莊氏又於《在宥》篇詳論此害：「説（悦也）明邪，是淫於色也；説聰邪，是淫於聲也；説仁邪，是亂於德也；説義邪，是悖於理也；説禮也，是相於技也；説樂邪，是相於淫也；説聖邪，是相於藝也；説知邪，是相於疵也。（郭注：「當理無説，説之則致淫悖之患矣。相助也。」）天下將安其性命之情，之八者，存可也，亡可也；天下將不安其性命之情，之八者，乃始臠卷獊囊，而亂天下也。「（郭疏：「臠卷，不舒放之容也，獊囊恖遽之貌也。天下群生唯知分外，不能安任臠卷自拘，夸華人事，獊囊息速，争馳逐物，由八者不忘，致斯弊者也。」）由此外逐之病，莊氏認爲必糾之以「反己」與「循古」，始可有濟於治身。

聖人之餘事也。」治身，治國，治天下，此三者，其本末先後，莊子見之甚真，治身爲本爲先，乃莊氏政治觀之核心也。論者多以莊氏輕於治國治天下，實未察其治身之深意也。不先治身，而妄論治國者，禍蒼生之徒也；《天地》莊氏之言曰：子貢南游於楚，遇一灌畦之丈人，欲教之機巧，爲丈人拒之曰：「汝身之不能治，汝何暇治天下乎？」如何治身，莊子之見有綱焉有目焉：「徹志之勃，解心之繆，去德之累，達道之塞」，此四者（道、德、志、心。）綱也；「去、就、取、與、知、能六者塞道也」；「惡、欲、喜、怒、哀、樂，六者累德也」；「貴、富、顯、嚴、名、利，六者勃志也」；「容、動、色、理、氣、意，六者繆心也。」（見《庚桑楚》篇）此二十四者目也，俱爲私、蔽之具體表現而有害於治身者也，必務盡去之也，盡去之，則身治矣，心齊矣。（《人間世》篇莊氏述顏回問孔子心齋事，「回曰：敢問心齋！仲尼曰：若一志，無聽之以耳，而聽之以心，無聽之以心而聽之以氣，氣也者虛而待物也；唯道集虛，虛者心齋也。」郭注：虛其心，則至道集於懷也。）由此而明，身治必先心治，近於儒經《禮記·大學》之意：「欲修其身者先正其心」，（「欲正其心者，先誠其意；欲誠其意者，先致其知，致知在格物。」致知格物即明道之功也。）此「心正而後身修」之意其大也。）行不崖异之謂寬，（玄同物我，物畛域之隔礙，則寬無垠矣。）有萬不同之謂富，（群性咸得，無所不通，則富有四海。）故執德之謂紀，（郭注：「德者人之綱要。」）德成之謂立，（郭注：「非德而成者不可謂立。」）循於道之謂備，（遵道而行則全而足矣，長而通矣。）不以物挫志之謂完，（内外上下俱各自得也。）君子明於此十者，則韜乎其事心之大也。（韜，包含也，郭注：「心大，故事無不容也。」俞樾曰：「郭注未得事字之義，事心猶立心也，言其立心之大也。」郭注則是心足以容事而非事心矣。」筆者以爲俞言是也。）沛乎其爲萬物逝也，（郭注：「德澤滂沛，任萬物之自往也。」）若然者，藏金於山，藏珠於淵，（郭注：「不貴難得之物。」）不利貨財，（郭注：「乃能忘我，况貨財乎！」）不近富貴，（郭注：「自來寄耳，心常去之遠也。」）不樂壽，不哀夭，不榮通，不醜窮，不拘一世之利，以爲己私分，不以王天下爲己處顯，故其德廣，立德明道，此謂王德之人。」此可見莊氏政治觀之要略矣，亦可明莊氏之於政治也，秉道以公，修德以王，任庶物自化也。

欲致此至公之治，莊氏之見則必於自身之修養求之，如何求之，一於道之真也，《讓王》篇，莊子曰：「道之真以治其身，其餘緒以爲國家，其土苴以治天下，由是觀之，帝王之功爲位下也。」）以道觀能，而天下官治；（郭注：「官各當其所能則治矣。」）以道泛觀，（以無爲泛觀也。）而萬物之應備。（萬物，庶物也；應備，政及庶民俱諧也。）故通於天地者德也，（郭注：「萬物莫不皆得則天地通。」）行於萬物者道也，（郭注：「道不塞其所由，則萬物自得其行矣。」）上治人者事也，（郭注：「使人人自得其事。」）能有所藝者技也，（郭注：「技者萬物之末用。」）技兼於事，（兼，帶也，濟也，歸也。）事兼於義，義兼於德，德兼於道，道兼於天。（郭注：「夫本末之相兼猶一身和則百節皆適，天道順則本末俱暢。」）故曰故之畜天下者，無欲而天下足，無爲而萬物化，（必上無欲，蒼生始可獲足，必上無爲，任下自爲之，庶物自化矣。）淵靜而百姓定，（老子之言：「我好靜而民自正」之意也。）夫道覆載萬物者也，洋洋乎大哉，君子不可以不刳心焉。（刳，剖也，有私心則害自然，必剖私而去之，以見公也。）無爲爲之之謂天，（無爲之原義，無欲也，無欲則天也，道也，無欲而爲之，亦自合天也道也，亦自然而然之意也，老氏之言「爲無爲，則無不治」適此意也。）無爲言之之謂德，（無私欲之言自乃德言也。）愛人利物之謂仁，（率性而行則愛人，稟德而施則利物。）不同同之之謂大（萬物畢同畢异，异之者亦同之，無所不包含，自成及在生存争奪中有見勝敗之利害，私欲始萌矣；此門一開，初則足嗜欲之好，繼而獲財富之積，終則得權貴之榮；於是相互效尤，私欲迷心，欲氛瀰天，欲浪掀地，欲海吞人，無可逃遁者矣；此違天逆性之惡流，唯質樸者不爲所動，唯聖明者，欲爲之言，以力倒狂瀾之勢，以淨天地，以洗乾坤，以正人心，此儒、道之意也，亦孔聖、老、莊之志也。「道者爲之公」，（天地者，形之大者也，陰陽者，氣之大者也，道者爲之公。」郭注：「物得以通，通物無私，而强字之曰道。」郭疏：「天道能通萬物，亭毒蒼生，施化無私，故謂之公也。」見《則陽》篇。）此莊氏政治觀之出發點也，「政者正也」，（见《論語·顏淵》）此孔子之見也，「政者公也」，此莊子之意也；「道者，帝之所興，王之所起也。」（見《知北游》）於《天地》篇莊氏詳論之曰：「天地雖大，其化均也；（郭注：「均於不爲而自化也。」）萬物雖多，其治一也；（郭注：「一以自得爲治、」）人卒雖衆，其主君也；（郭注：「天下异心，無心者主也。」）君原於德而成於天，（以德爲原，以道爲歸。）故曰：玄古之君，天下無爲也，天德而已矣。（郭注：「任自然之運動。」）以道觀言，天下之君正；（郭注：「無爲者，自然爲君非邪也。」）以道觀分，而君臣之義明；（郭注：「各當其分，則無爲位上，有之道不立，跖不得聖人之道不行；天下之善人少，而不善人多，則聖人之利天下也少，而害天下也多。聖人生而大盗起，彼竊鉤者誅，竊國者爲諸侯，諸侯之門仁義存焉，則是非竊仁義聖知邪？故絶聖棄知，大盗乃止。」（郭注：「去其所資，則未施禁而自止。」）於此而知，莊氏所云之絶聖棄知，非真欲絶聖棄知，乃實欲去爲私爲盗，欺世盗名之聖知也，實欲去假仁假義也，去口述仁義而内行詐僞奸盗（盗名盗利盗權盗國盗民盗心）之假仁義也；對於爲民爲公之聖知，合於道和德之仁義、無私無我之仁義，無論老或莊均不欲去之也，蓋老莊之説重在去私也，老之「爲道日損」、莊之「道者爲之公」（見《則陽》篇）俱可見也；故知莊氏絶聖棄知意在去私弘道也；細玩莊子之聖人觀可明矣：「以天爲宗，以德爲本，以道爲門，兆於變化，謂之聖人。」（见《天下》篇）此聖人觀（天、德、道三者爲基且兆於變化。）與儒之聖人觀（如《周易・乾坤》所示者。）有何异哉！曰無以异也，昔之鄙老莊者，實未通徹儒、道之真諦也。

前述去私乃莊氏政治觀之核心也，此私也，於人之原始生存與交流中固無可覓其迹，蓋人與天地物爲一也；天地無私以存，萬物無私以生，人亦不識私爲何意，與物同化而相得也；

盜，此蓋小賊非巨盜者也。此世俗之淺知也。」）然而巨盜至，則負匱揭篋擔箱而趨，惟恐緘縢扃鐍之不固也；然則鄉之所謂知者，不乃爲大盜積者也。世俗之所謂知者，有不爲大盜積者乎？所謂聖者有不爲大盜守者乎！何以知其然邪？昔者齊國鄰邑相望，雞狗之音相聞，網罟之所布，耒耨之所刺，方二千餘里，闔四竟之内，所以立宗廟社稷，治邑屋州里鄉曲者曷嘗不法聖人哉？然田成子一旦殺齊君而盜其國；所盜者豈其國邪，并與其聖知之法而盜之；故田成子有乎盜賊之名，而身處堯舜之安，小國不敢非，大國不敢誅，十二世有齊國，則是不乃竊齊國并與其聖知之法以守其盜賊之身乎！世俗之所謂至知者，有不爲大盜積者乎！所謂至聖者，有不爲大盜守者乎？何以知其然邪？昔者龍逢斬，比干剖，萇弘胣（周靈王賢臣也，胣，刳腸也。）子胥靡，（爛之於江中也。）故四子之賢，而身不免乎戮。（郭注：「言暴亂之君，亦得據君人之威以戮賢人，而莫之敢抗者，皆聖法之由也，向無聖法，則桀紂焉得守斯位而放其毒使天下側目哉。」）故盜跖之徒問於跖曰：盜亦有道乎！跖曰：何適而無有道邪？夫妄意室中之藏，聖也，入先，勇也，出後，義也，知可否，智也，分均，仁也。五者不備，而能成大盜者，天下未之有也，（郭注：「五者所以禁盜，反爲盜資也。」）由是觀之，善人不得聖人也。）由此而明莊子所尊之知，乃深也、幽也、遠也、曠也、徧也、全也、精也、盡也、明也、澈也、微也、辯也，明於道也，盡於德也，由此亦可見，莊氏所鄙之知乃淺也、粗也、偏也、陋也、俗也，有傷於德、有害於道者也。同曰知也，其尊之者若彼，其卑之者如此，是以不得不辯也。

尤有當辨明之者，老、莊所言絶聖棄知之知非此明道全德之知也，乃是彼傷道損德之知之也。歷代儒者多望文生義，以爲老莊所言「絶聖棄知」乃是反心性、反智慧、反前進之保守觀點，即便讚揚莊氏的朱熹（其有言曰：「莊子云：嗜欲深者天機淺，此言最善。」見錢穆著《朱熹新學案》（中册）一一五八頁，巴蜀書社一九八八年版。）也認爲「莊子卻將許多道理掀翻説，不懼繩墨。」（同上頁）錢穆則指評「伊川，一切屏除，雖莊、列亦不看。」（同上書一一五九頁）我認爲莊氏并未「將許多道理掀翻説」，實則也是以正理出而辯論之，唯其立説蓋有在事物之反面者而已，而且是經過正面分析而得之論斷也。且以莊氏《胠篋》中之論見之：「將爲胠篋探囊發匱而爲守備，則必攝緘縢固扃鐍，此世俗之所謂知也；（郭慶藩疏：「胠開，篋箱，囊袋，攝收，緘結，縢繩也。鐍鎖鑰也，夫將爲開箱探囊之竊，發匱取財之不至也。」）聖人故貴一。「知」謂黃帝曰：吾問無爲謂，無爲謂不應我，非不我應，不知應我也。吾問狂屈，狂屈中欲告我，而不我告，非不我告，中欲告而忘之也。今予問乎若，若知之，奚故不近。黃帝曰：彼其真是也，以其不知也；此其似之也，以其忘之也；予與若終不近也，以其知之也。狂屈聞之，以黃帝爲知言。」黃帝豈只知言哉，知道也，莊氏於此所欲闡明之知乃知道之知也，余於此所欲辨明之「知亦此知道之道，以別於「小識傷德」之知也。莊氏在《知北游》篇中所假設之人名「知」，其意求此知也；名「知」者其人本居於黃帝之宮中，何爲而北游耶？爲求知也；爲何不內求於宮中之黃帝而北游以求耶？藉以引出真知者無爲謂其人也，無爲之內核乃無我無欲，唯無我無欲者始可知道、得道，唯得道者始可獲得真知也；故「知」問無爲謂，三問而三不答者，以道不可言不可傳也，黃帝也因而說無爲謂乃真知也，「狂屈似之（實則狂屈亦真知也，云其似之也者，乃狂屈之也；以狂屈名之也，莊之原意在此矣。）我與汝終不近也」者，以黃帝乃得道者，而「知」之所知者，尚屬不全之知，以其尚未得道也，故終不近也，亦此明示道不可言，言之非道也，則其明道之知，亦無可以言言之也，只可以神會心悟而知之而安之而得之也，得之則德也，德者道之華也，道者德之欽也。（欽仰於此二者（知、人心。）中之知，不可不辯也，蓋莊氏於此所言之知，乃屬「小識傷德」之知也，非「心徹爲知，知徹爲德」之知也，（见《外物》篇）心徹爲知之知通於道者也。關於知之問題，莊氏特立《知北游》一篇以專論之（此篇莊氏假立人名，寓以明理，其所名者有：知，無爲謂，狂屈、泰清、無窮等。）其言曰：「知，北游於元水之上，（元者，始也。）登隱弅之丘，（弅，音紛。）而適遭無爲焉。「知」謂無爲謂曰：予欲有問乎若，（若，汝也。）何思何慮則知道，何處何服則安道，何從何道則得道？三問，而無爲謂不答也，非不答，不知答也。

「知」不得問，反於白水之南，登狐闋之上，而睹狂屈焉，「知」與之言也，問乎狂屈，狂屈曰：唉，予知之，將語若，中欲言，而忘其所欲言。「知」不得問，反於帝宮見黄帝而問焉，黄帝曰：無思無慮始知道，無處無服始安道，無從無道始得道。「知」問黄帝曰：我與若知之，彼與彼不知也，其孰是邪？黄帝曰：彼無爲真是也，狂屈似之，我與汝終不近也。夫知者不言，言者不知，故聖人行不言之教。（郭注：「任其自行斯不言之教也。」）道不可致，（郭注：「道在自然，非可言致者也。」）德不可至，（郭注：「不失德故稱德，稱德而澤矣；（郭注：「攻之愈密避之愈巧，則雖禽獸猶不可圖之以知，而況人哉！故治天下者，唯不任知，任知無妙也。」）知詐漸毒頡滑堅白解垢同异之變多，則俗惑於辯矣；（郭疏：「智數、詐僞、漸漬、毒害、頡滑、滑稽也，堅白之智，譎詭同异之談，諒有虧於真理，無益於世教，愚俗惑於小辯。」）故天下每每大亂，罪在於好知，（每每，又昏昏貌也。）故天下皆知求其所不知，而莫知求其所已之者，皆知非其所不善，而莫知非其所已善者，（郭注：「善其所善，争尚之所由生也。」）是以大亂。」莊氏又於《在宥》篇中言曰：「天下好知，而百姓求竭矣，（郭注：「知無涯好之，故無以供其求。」）於是乎釿鋸制焉，繩墨殺焉，椎鑿決焉；（郭注：「雕琢性命，遂至於此。」）天下脊脊大亂，罪在攖人心，（郭注：「攖天下之心，使奔馳而不止。」）僨驕而不可係者，（郭注：「人心之變，靡所不爲，僨驕者，不可禁之勢也。」）其唯人心乎！而佞人之心翦翦者（淺小之貌），奚足以語至道；故賢者伏處大山嵁巖之下，而萬乘之君憂慄乎廟堂之上。」（郭注：「主憂於上民困於下矣。」）由此可見，好知與攖人心二者之交相爲罪，其亂天下之甚者，非莊子所親聞見者爲然也，其後之世，大亂之蔓衍，不勝歷舉矣，唯期崇實尚樸有以救之也，亦唯有稟此而可救也。

傷德，小行傷道，故曰正己而已矣。」最終是正己，正者何謂也，曰去私與僞也；私者，僞之根，僞者，知之形，知者心接於物，接於心而生之者也，「上誠好知而無道，則天下大亂矣」，莊氏之言不易之理也。

莊氏更進一步追尋大亂之源由有二焉，一曰：「天下每每大亂，罪在於好知」；（見《胠篋》篇）二曰：「天下脊脊大亂，罪在攖人心。」（見《在宥》篇）「夫好知之亂天下也，自三代一下者是已，舍夫種種之民，而悦乎役役之佞，（種種，謹慤之貌，役役，狡黠之態。）釋乎恬淡無爲，而悦乎哼哼之意，哼哼已亂天下矣。」（郭注：「哼哼以己誨人也。」）如何亂之？莊氏曰：「昔者容成氏，大庭氏，伯皇氏，栗陸氏，驪畜氏，軒轅氏，赫胥氏，尊盧氏，祝融氏，神農氏，當是時也，民結繩而用之，甘其食，美其服，樂其俗，安其居，鄰國相望，雞犬之聲相聞，民至老死而不相往來，若此之時，則至治矣；今遂至使民延頸舉踵曰：某所有賢者，嬴糧而趣之，則内棄其親，而外棄其主之事，足迹接乎諸侯之境，車軌結乎千里之外，則是上好知之過也；上好知而無道，則天下大亂矣。何以知其然邪？夫弓弩畢弋機變之知多，則鳥亂於上矣；鉤餌網罟罾笱之知多，則魚亂於水矣；削格羅落罝罘之知所，則獸亂於哉！其所言「道喪世矣」者，道本當得時世之順，以其淳樸化育民物以張揚恢弘大道也，詎料由於人欲之私，使天下盡殉也，以致「道喪世矣」，既如此，則世與道交相喪也，而且其交相喪之情狀必愈演愈烈，一世甚於一世，一代甚於一代，一朝甚於一朝，此在中華史上歷歷可考者也。然則道無以興世，世亦無以興道也歟！曰有也，何世也耶？必待物極必反，人類見到私欲之害必致毀滅人類自身生存之際，不稟大道而行，無以自救之世也。）道之人何由興乎世，世之人亦何由興乎道哉？（郭注：「若不貴，乃交相興也。」）道無以興乎世，世無以興乎道，雖聖人不在山林之中，其德隱矣。隱故不自隱。（郭注：「若夫自隱而用物，則道世交相興矣，何隱之有哉。」）故之所謂隱士者，非伏其身而弗見也，非閉其言而不出也，非藏其知而不發也，時命大謬也；當時命而大行乎天下，則反一無迹，（郭注：「反任物性，而物性自一，故無迹。」）不當時命而大窮乎天下，則深根寧極而待，（斯道之所以不喪也。）此存身之道也。古之行身者，不以辯飾知，（郭注：「任其真知而已。」）不以知窮天下，（郭疏：「窮，困累也，不縱知毒害以困苦蒼生也。」）不以知窮德，（郭疏：「知止其分，不以無涯而累其自得也。」）危然處其所，而及其性，又何爲哉！道固不小行，德固不小識；小識始爲天下，興治化之六，澆淳散樸，（郭疏：「夫唐堯虞舜居五帝之末，而興治行化，冠三王之始，是以設五典而綱紀五行置百官而平章百姓，殆枝流分派，迄至於茲，豈非毀淳素以作澆訛，散樸質以爲華僞。」）離道以善，（離於道以企善，善不善也。）險德以行，（險，危也，阻也，危逆德以行，則行不行也。）然後去性而從於心，（去樸質之性而屈從於私僞之心也。」）心與心識，（私僞相競，詐巧橫生。）知（智也）而不足以定天下，（郭注：「忘知任性，斯乃定也。」）然後附之以文，益之以博，文滅質，博溺心，然後民始惑亂，無以反其性情而復其初。（郭注：「初爲性命之本。」）由是觀之，世喪道矣，道喪世矣，世與道交相喪也，（郭注：「夫道以不貴，故能存世，然世存則貴之，貴之，道斯喪矣，道不能使世不貴，而世亦不能不貴於道，故交相喪也。」郭慶藩疏曰：「特世澆浮廢棄無爲之道，亦由無爲之道廢棄淳和之世，是知，世之與道，交相喪也。」郭慶藩又案曰：「文選江文通雜體詩注，引司馬云：「世皆异端喪道，道不好世，故曰喪耳。」王先謙云：「宣云以非道爲道。」筆者以爲以上諸見俱未盡莊氏本意，案右述莊文，尋其旨意，其所言「世喪道矣」者，乃指自燧人以降迄於唐虞「興治化之流，澆淳散樸」也，道本淳樸者也，今既已澆之散之矣，何謂不喪道名，大夫則以身殉家，聖人則以身殉天下；（郭疏：「殉，從也，營也，求也，逐也；四海所殉雖异，易性則同，然聖人與世常冥其迹，則殉固有瘢痍禿脛之變，而未始累其神者也。」）事業不同，名聲异號，其於傷性以身爲殉一也。」由此可見，自三代以下之治，實每況愈下也，其所以如此者，在政之不正也；不正者何謂耶？一曰爲私也，二曰政非由人性而出，乃外加而欲强使民服從也；孔子雖言「政者正也」，（见《論語·顔淵》）然此不正之政，確貫穿於三代以降諸代，唯待具體而論之也。

莊氏專著《繕性》篇以論此傷性之歷史過程，其言曰：「古之人在混芒之中，與一世而得澹泊焉，當是時也，陰陽和静，鬼神不擾，四時得節，萬物不傷，群生不夭，人雖有知，無所用之，（郭注：「任其自然而已。」）此之謂至一；（郭注：「物皆自然，故至一也。」）莫之爲而常自然。逮德下衰，（郭注：「夫德之所以下衰者，由聖人不繼世，則在上者不能無爲而羡無爲之迹故致斯弊也。」）及燧人、伏羲始爲天下，是故順而不一；（燧人變生爲熟，嗜欲興焉，伏羲劃八卦智謀萌焉，不能混同至一也。）德又下衰，及神農黄帝始爲天下，是故安而不順；（神農有共工之伐，黄帝致蚩尤之戰，强安而心不順也。）德又下衰，及唐虞本（實則天地萬物俱無爲也。）無异也，此乃天地萬物人之行一體也，俱無爲也，無不爲也，通天地物也、人也，俱屬自然也，俱屬自然而然者也，和之至也。

遡莊氏政治觀之所由成也，一源於古，二監於今。其源於故者，亦有二焉：一有聞見於太古之世，乃「至德之世，其行填填（重遲厚樸貌），其視顛顛（專一敬飭貌），山無蹊隧，澤無舟梁，萬物群生，連屬其鄉，禽獸成群，草木遂長，同與禽獸居，族與萬物并，惡乎知君子小人哉！」（見《馬蹄》篇）二是有聞見於古之爲治者，如「神農之有天下也，時祀盡敬而不祈喜，其於人也忠信，盡治而無求焉，樂與政爲政，樂與治爲治，不以人之壞自成也，不以人之卑自高也，不以遭時自利也。今周見殷之亂，而遽爲政，上謀而下行貨，阻兵而保威，割牲而盟以爲信，揚行以悦衆，殺伐以要利，是推亂以易暴也。」（見《讓王》篇）更有見於「黄帝之治天下也，使民心一；堯之治天下也，使民心親；舜之治天下也，使民心競；禹之治天下也，使民心變；三王五帝之治天下也，名曰治之，而亂莫甚焉。」（見《天運》篇）由此而知莊子已灼見古之爲治中深藴亂源矣，而且往後愈演愈烈，莊氏所見其今者「天下盡殉矣」，其於《駢拇》篇言曰：「自三代以下者，天下莫不以物易其性矣，小人則以身殉利，士則以身殉自然、民之自喜也；出於性分内在之需求與自願也，而非外施治力、横設制度，使民不得不服從也，對此，莊氏在《應帝王》篇中，又假肩吾與接輿之對話以名之也：「肩吾見狂接輿，狂接輿曰：日中始何以語汝！！（日中始，賢人，狂接輿之師。）肩吾曰：告我君人者，以己出經式義度，人孰敢不聽而化諸。狂接輿曰：是欺德也。（郭注：「以己制物，則物失其真。」）其於治天下也，猶涉海鑿河，而使蚉負山也。（言既物此必要，亦不可能也。）夫聖人之治也，治外乎？（郭注：「全其性分之内而已。」）正而後行，（郭注：「各正性命之分也。」郭疏：「順其正性，而後行化。」）確乎能其事者而已矣。」治内也，非治外也，治心也，化性也，此乃莊氏政治觀之核心内函也。所謂治内也者，非外施治力以制馭之也，乃順其天，正其性，全其德，合其道也；於民之内心所願者，引之發之，導之足之，遂之安之，令其自化自適也，不見治之迹也，此無爲之義也，亦無不爲之義也；在上者無爲也，在下者有無也，自爲也，自願而爲也，喜之樂之也，忘之漠之也，似有爲也，實無爲也，形之於外者有爲也，視之於内者無爲也，唯遂其性而已，稟其德合其道而已，奚見其有爲之迹哉！其所營營者與蜂蟻之所忙碌者奚殊哉！其所爲者純屬自然而然者也，與天之所爲，地之所爲、萬物之所爲名人相遇時之對話而論政治：「天根游於殷陽，至蓼水之上，適遭無名人而問焉，曰：請問爲天下。無名人曰：去，汝鄙人也，何問之不豫也，（郭注：「問爲天下，則非起於太初止於玄冥也。」）予方將與造物者爲人，（郭注：「任人之自爲。」）厭則又乘夫莽眇之鳥，以出六極之外而游無何有之鄉，以處壙埌之野，汝又何帠以治天下感予之心爲。（俞樾曰：「帠，未詳何字，參考諸説，當爲寱（音藝），夢語也，又驚也。）又復問，無名人曰：汝游心於淡，合氣於漠，順物自然，而無容私焉，而天下治矣。」此兩者，（順物自然而無私）可視爲莊子政治觀之核心内函。莊氏又假陽子居見老聃而論其政治觀曰：「陽子居（姓楊，名朱，字子居。）見老聃曰：有人於此，嚮疾强梁物徹疏明，學道不倦，如是者，可比明王乎？老聃曰：是於聖人也，胥易技係，勞形怵心者也，如是者可比明王乎？陽子居蹵然曰：敢問明王之治！老聃曰：明王之治，功蓋天下而似不自已。（郭注：「天下若無明王，則莫能自得，今之自得，實明王之功也；然功在無爲，還任天下，天下皆得自任，故似非明王之功。」）化貸萬物，而民弗恃，有莫舉名，使物自喜，（有善政不張其名，民自從風。）立乎不測，（隨情而變。）而游於無有者也。」此無爲而治之至意也，其治也，非外力所加之而致也，純出於物之就無滯，一任自然，誠能無爲則無不爲矣，無不爲則至樂矣，至樂則無適而不自得，自得之，則自適之，自化矣，自化則與物同化矣，與物同化矣，則忘好惡亦忘死生，生死猶且忘矣，其他何足慮哉！故知莊子之適性觀乃以「死生爲晝夜」爲其最高境界也；以此，則一切形質之异俱滑矣，各以得性爲至，自盡爲極，豈有不適者也；適固自適也，而不覺其自適也，萬物皆自得也，自適也，孰知其自得自適也哉？唯莊子知之。（據《莊子·秋水》篇云：「莊子與惠子游於濠梁之上，莊子曰：儵魚出游從容，適魚之樂也。惠子曰：子非魚，安知魚之樂？莊子曰：子非我，安知我不知魚之樂？惠子曰：我非子，固不知子矣，子固非魚也，子之不知魚之樂全矣。莊子曰：請尋其本，子曰汝安知魚樂云者，既已知吾知之而問我，我知濠上也。」）莊子之所以知之者，以其大通物性人性而且明澈至樂之道也，惠子所以疑而追問之者以其只見物之形態變化而不知物性人性之美也，更不明其樂也，自不知適性之義也。

第四節　政治論

莊子在《應帝王》篇（郭象注曰：「無心而任乎自化者，應爲帝王也。」）假天根與無以感其意，遺忘其業，可謂亂矣；侅溺於馮氣，若負重而上也，可謂苦矣；（郭疏：「馮氣猶憤懣也，夫貪欲既多，勞役困弊，心中侅塞，沈溺憤懣，猶如負重上阪而行也。」）貪財而取慰，貪權而取竭，（竭其情慮。）静居則溺，體澤（悦澤也。）則馮，可謂疾矣；爲欲富就利，故滿若堵耳，（逐利之心若牆堵之堅。）而不知避，且馮而不舍可謂辱矣；財積而無用，服膺而不舍，滿心戚醮，（煩惱也。）求益而不止，可謂憂矣；内則疑刦請（求也。）之賊，外則畏寇盗之害，内周樓疏，（舍院樓門周嚴。）外不敢獨行，可謂畏矣，此六者，（亂、苦、疾、辱、憂、畏。），天下之至害也，皆遺忘而不知察，及其患至，求盡性竭財，單以反一日之無故（故，事也，無事，喻平安也。）而不可得也。故觀之名則不見，求之利則不得，繚意體（繚亂心形也。）而争此，不亦惑乎。」（見《盗跖》篇）莊子舉此六害以證制欲之要，可謂深切矣。

然而，制欲尚屬免强而爲之者，未若無爲之純且真也，莊氏於M至樂》篇言曰：「吾以無爲誠樂矣，至樂活身，唯無爲幾存，天無爲以之清，地無爲以之寧，故兩無爲相合，萬物皆化。」此無爲者無欲也，人若秉此無欲之性以行之，則心志平，神明静，利害清，取舍正，去何代無之，史不絶書衆矣，或有未盡莊子之意也；然其淡泊名利，輕量生死，自逸其志，自適其性則一也。故知此自適之趣，原藴於人之心性之中，無人無之，唯「人之生也與憂俱生」、「有爲而累者人道也」，而其嗜欲深者（莊子有言曰：「其嗜欲深者，其天機淺。」）則憂之尤甚也，則其爲物所役也亦自甚矣，則其傷於自適之情者亦自甚矣，此乃芸芸衆生争扎於名利勢位之間之萬象也，欲求善化此萬象，輕淡人之嗜欲，覺悟人之本性誠心，或可有以救之一二也。此非僅宗教與有力焉，政教更足左右也。莊子有言曰：「無攖人心」，「僨驕而不可係者，其唯人心乎？天下脊脊大亂，罪在攖人心；故賢者處大山嵁巖之下，而萬乘之君憂慄乎廟堂之上，今世殊死者相枕也，（殊，斷决死者。）桁揚者相推也，（桁揚，夾頸及脛也。）刑戮者相望也。」（刑戮，黥劓五刑也。）（見《在宥》篇）由此而知，强制人欲，使其不氾濫爲害，乃爲政者之首務也；又以教而道之以德，其於爲政以治也大矣切矣，不可須臾懈怠玩忽矣，慎之戒之！

强制人欲，唯名與利二者爲首要，「小人殉財，君子殉名」；「平爲福，有餘爲害者，物莫不然，而財其甚者也。今富人耳營鐘鼓筦籥之聲，口嗛（適也，愜也。）於芻豢醪醴之味，而爲此乎？將子有亡國之事、斧樾之誅而爲此乎？將子有不善之行，愧遺父母妻子之醜而爲此乎？將子有凍餒之患而爲此乎？將子之春秋故及此乎？於是語卒，援髑髏枕而臥。夜半髑髏見夢，曰：子之談者，似辯士，視子所言皆生人之累也，死則無此矣，子欲聞死之悦乎？莊子曰：然！髑髏曰：死無君於上，無臣於下，亦無四時之事，從然以天地爲春秋，雖南面王樂不能過也。莊子不信，曰：吾使司命復生子形，爲子骨肉肌膚，反子父母妻子，閭里知識（謂朋友），子欲之乎？髑髏深矉蹙頞曰：吾安能棄南面王樂，而復爲人間之勞乎！」）由此亦可明莊子妻死、「鼓盆而歌」之意也。

雖莊子夢與髑髏之言，不足以爲論理之據，然其出入生死之見，確至今猶未失其理論探索之意義，此非僅宗教家未竟之課題，亦世俗之民具有現實意義之大事也；若能明澈生死出入之奥，如莊氏之所揭示者，則於争讓是非之間諸多問題，必能善處，而人世之間必有多化悲劇爲喜劇而少化喜劇爲悲劇者矣；而人生所累者所憂者，亦必有所轉化，或輕之矣，或幾進於無之矣，以至於可以自適其性矣。今之人有渴求回歸自然之呼聲日漸高揚，亦足以見求自適之願日益熾烈；往史所見者，如嵇、阮之行，陶潛之志乃求自適之尤著者也，實則自適其性者，欲真達自適之境，莊氏以爲必「徹志之勃，解心之繆，去德之累，達道之塞」，必去此四者，始可得入於至樂之地；觀莊子《至樂》篇之旨歸，實歸於「萬物皆出於機皆入於機」也，此何等高之生死境界也歟！對此境界，儒家之見適「萬物資始、品物流形」，（《易乾彖》）「繼之者善也，成之者性也」；（《易繫辭》）老子之見是「無名天地之始，有名萬物之母，元之又元，衆妙之門。」俱未若此機字之富有變化之神秘色彩也，而且其包含出入之義，更爲全面活躍也。故知莊子之適性，非僅適生時之性，亦適死後之情也。由此而明莊氏之見，生固屬生也，死亦生也，是生之形式變換而已；非其由生而死，失去生之意義也，生之義不因死而完結，死亦具有生之一也，蓋「天地與我并生，而萬物與我爲一」（見《齊物論》）此乃莊氏一死生之真諦也，此真諦揭示了生之永存之義，準此而論，死乃生之繼續也，乃生之另一形態也；人所見之死者，實其生命猶存；非人之生也如此，凡生者俱當如此；當其死之時，乃以另一形態而生也；是則生固生也，死亦生也，非一死生也，乃生之義永存也；由此可明，生適其性固樂也，死亦適其性，亦樂也；由此更徹知莊子夢中與髑髏對話之旨趣所寄也。（「莊子之楚，見空髑髏，髐（音囂）然有形，撽（音擊）以馬捶（馬杖），因而問之曰：夫子貪生失理義，小人喻於利；放於利而行多怨；君子固窮，小人窮斯濫矣」；（見《論語》）孟子則言「養心莫善於寡欲。」（見《孟子・盡心下》）唯莊子自適之見最爲徹底，非僅忘私忘己。（「忘己之人，是之謂入於天。」）忘名忘利、忘仁忘義，且忘道忘志、忘是忘非、（「知忘是非，心之適也。」）忘死忘生、忘天忘地，唯知性之所稟，盡其分，合其德，以暢乎天之所造，如萬物然，鴻鵠之飛也，龍蛇之潛也，魚鼈之游也，蟻蜂之營也，孔雀之開屏也，鴛鴦之戲水也，無不其性之使然而又自適之也；性之使然而又自適者也，非性外而加之以自適之意也，非以己養養鳥之意也；（见《至樂》篇：「昔者海鳥止於魯郊，魯侯御而觴之於廟，奏九昭以爲樂，具大牢以爲膳，鳥乃眩視憂悲，不敢食一臠，不敢飲一杯，三日而死，此以己養養鳥也，非以鳥養養鳥也；夫以鳥養養鳥者，宜栖之深林，游之壇陸，浮之江湖，食之鰌鰷，隨行列而止，委蛇而處。」）亦非張咸池九韶之樂於洞庭之野也，以至「鳥聞之而飛，獸聞之而走，魚聞之而下入」也，此非物之性也，乃外加之意也，亦非物所能適之者也，非其本性之所出也，故必然鳥失林而死，魚離淵而亡，人違性而病，天性不同，好惡自殊；故知適性者，適其自性也，人之性亦有等差也，唯自適其適而已，非他力所能爲之者也。

得者也，適人之適而不自適其適者也；（郭注：「此舍己效人者也，雖效之若人，而己已忘矣。」）夫適人之適而不自適其適，雖盜跖與伯夷是同爲淫僻也。」（郭注：「苟以失性爲淫僻，則雖所失之塗异，其於失之一也。」）物莫不自適也，人亦莫不自適也，如莊子之自適者然；然人之自適者鮮矣，以其内困於心外殉於物也；儘管天下皆殉也，未足以掩莊氏適性論之光輝及其唤醒人類之深遠意義也。

人之無以自適也，唯累於人道也，《在宥》篇有言曰：「有天道有人道，無爲而尊者天道也，有爲而累者人道也，天道之與人道相去遠矣，不可不察也」；《至樂》篇又言之曰：「人之生也，與憂俱生。」此累也憂也，乃私欲累之憂之者也。對此累之憂之者，老氏之見曰：「爲道日損，（損私欲也）損之又損，以至於無」，莊氏之見曰：「不開人之天，（人之天，私欲也。）而開天之天」，（見《達生》篇）以天之天而克人之天，或曰「物物而不物於物」，（見《山木》篇）或曰「外化而内不化」，（見《知北游》篇）或曰「執道者德全，德全者形全，形全者神全，神全者聖人之道也。」（见《天地》篇）儒家聖人對此之道則曰「人心惟危，道心惟微，惟精惟一，允執厥中」；（見《尚書・大禹謨》）孔子則言「君子喻於鳥也，海運則徙於南冥，南冥者，天池也，鵬之徙於南冥也，水擊三千里，搏扶摇而上者九萬里，去以六月息者也，窮髪之北有鳥焉，其名爲鵬，背若泰山，翼若垂天之雲，搏扶摇羊角而上者九萬里，（司馬云：「風曲上行曰羊角。」）絶雲氣，負青天，然後圖南，且適南冥也。此大斥鴳笑之曰：彼且奚適也，我騰躍而上，不過數仞而下，翱翔蓬蒿之間，此亦飛之至也。此大小之辯也。」（郭注：「各以得性爲至，自盡爲極也，所至不同，直各稱體而足，不知所以然也，今言小大之辯，各有自然之素，各安其天性，不悲所以异。」）鯤與鵬物之大者也，斥鴳物之小者也，可辨也，然未可相與比擬也，俱盡其性之分，適其性之所適者，至矣一矣，亦自然已矣，未見高下之异也。莊氏并於《逍遥游》同舉「不知晦朔之朝菌，不知春秋之蟪蛄，八千歲爲春，八千歲爲秋之大椿」，其小大可辨也，其性分各自足也，其適性亦一也。由此而明，萬物俱足其性，俱適其性，此乃出之於天者也。故適性之論原於天也，具於道也，充於德也，無所而不適者也。莊氏又於《駢拇》篇言自適之意，「吾所謂聰者，非謂其聞彼也，自聞而已矣；吾所謂明者，非謂其見彼也，自見而已矣；（郭注：「夫絶離棄曠，自任聞見，則萬方之聰明莫不皆全也。」）夫不自見而見彼，不自得而得彼，是得人之得，而不自得其

（郭注：「冥然與變化日新。」）游乎萬物之所終始。（郭注：「終始者，物之極。」）壹其性，（郭注：「萬物皆造於自爾。」）若是者，其天守全，其神無郤，物奚自入焉。」「緣督以爲經，（督，中也，經，常也。）可以保身，可以全生，可以養親，可以盡年。」盡天年也。

天者何謂耶！《秋水》篇曰：「何謂天？何謂人？北海若曰：牛馬四足是謂天，落馬首，穿牛鼻，是謂人；故曰無以人滅天，（郭注：「穿落之可也，若乃走作過分，驅步失節，則天理滅矣。」）無以故滅命，（郭注：「不因其自爲而故爲之者，命其安在乎？」）無以得殉名，（郭注：「所得有常分，殉名則過也。」）謹守而勿失，是謂反其真。（郭注：「真在性分之內。」）天在內，人在外，（郭注：「天然在內，而天然之所順者在外。」）德在乎天，（郭疏：「至德之美，在乎天然。」）知天人之行，本乎天，位乎得」，（郭注：「此天然之知，自行而不出乎分者也，故雖行於外，而常本乎天，位乎得矣。」）則物適其性矣，人亦適其性矣。莊氏之《逍遥游》者乃本乎天，位乎得者也，「北冥有魚，其名爲鯤，鯤之大，不知其幾千里也，化而爲鳥，其名爲鵬，鵬之背不知其幾千里也，怒而飛，其翼若垂天之雲，是身，雖應萬機，泯然不覺事之在己，此養生之主也。」）以有涯隨無涯殆矣，（郭注：「以有限之性，隨無極之知，安得而不困哉？」）已而爲知者，殆而已矣。」（郭注：「已困於知，而不知止，又爲知以救之，斯養而傷之者，真大殆也。」）《天地》篇又言曰：「夫失性有五：一曰五色亂目，二曰五聲亂耳，三曰五臭薰鼻，四曰五味濁口，五曰趣舍滑心，此五者皆生之害也。」故《達生》篇又復言曰：「達生之情者，不務生之所無以爲，（郭注：「生之所無以爲者，分外物也。」）達命之情者，不務知之所無奈何，（郭疏：「一生命之所鍾者，皆知慮之所無奈之何也。」）夫欲免爲形者，莫如棄世，棄世則無累，無累則正平，正平則與彼更生，更生則幾矣。（郭注：「更生者日新之謂也，付之日新，則性命盡矣。」）棄事則神不勞，遺生則精不虧，夫形全精復，與天爲一（郭注：「俱不爲也。」）天地者萬物之父母也，（郭注：「無所偏爲，故能子萬物。」）合則成體，散則成始，（郭注：「所在皆成，無常處。」）神經不虧，是謂能移，（郭注：「與化俱也。」）精而又精，反以相天，（郭注：「還輔其自然也。」）是純氣之守也，夫得是而窮之者，物焉得而止焉，（郭注：「夫至極者，非物所制。」）彼將處乎不淫之度，（郭注：「止於所受之分。」）而藏乎無端之紀，之，是先自窮也，故曰問窮，道無應之，是徇外，故曰無内也。」）以無内待問窮，若是者，外不觀乎宇宙，内不知乎太初。」所言知之淺也者，乃言其知之者，不過知物也，物者可以言致也，乃粗者淺者；不知之者，乃物之精也，即精神與物質同一體也，唯有道者知之明之也。有道者則不言道也，不問道也，亦固不傳之也，若曰傳之者，則唯言道本在人之自身也，道既本存於人之自身矣，則有何言之哉，強言之，非道也，聞之亦非道也，故「黄帝曰：無思無慮始知道，無處無服始安道，無從無道始得道。」（《知北游》）由此而明，莊氏之知也，非知物也，最終乃知道也，乃安道也，乃得道也，舍此而言知者，非真知也。

第三節　適性論

莊氏適性之意何謂乎？曰以人之有生也，有生則有性矣，有性則有分矣，有分則有限矣，有限則有力之所能及者矣，其於《達生》篇言曰：「生之來不能卻，其去不能止。」《養生主》又言曰：「吾生也有涯，（郭注：「所稟之分，各有極也。」）而知也無涯，（郭注：「夫舉重攜輕，而神氣自若，此力之所限也，是故雖負萬鈞，當其所能，則忽然不知重之在獲致真知而得真道也。

莊氏之辨知也，尚有知與不知，知之淺深與內外之見，《知北游》篇：「無始曰：不知深矣，知之淺矣，弗知內矣，知之外矣。（郭疏：「不知合理，故深，元而處內；知之乖道，故淺粗而疏外。」）泰清中而嘆曰：弗知乃知乎，知乃不知乎，孰知不知之知。（郭注：「凡得之不由於知，乃冥也。」）無始曰：道不可聞，聞而非也；道不可見，見而非也；道不可言，言而非也。（郭注：「故默成乎不聞不見之域而後至焉。」郭疏：「道無聲，不可以耳聞，耳聞非道也；道無色，不可以眼見，眼見非道也；道無名，不可以言說，言說非道也。」）知形形之不形乎！（郭注：「形自形耳，形形者竟無物也。」）道不當名。（郭注：「有道名，竟無物，故名之不能當也。」）無始曰：有問道而應之者，不知道也，雖問道者，亦未聞道。（郭注：「不知故問，問之而應，則非道也；不應，則非問者所得，故雖問之，亦終不聞也。」）道無問，問無應，（郭注：「絕學去教，而歸於自然之意也。」）無問問之，是問窮也，（郭注：「所謂責空。」郭疏：「窮，空也，理無可問而強問之，是責空也。」）無應應之是無內也，（郭注：「實無而假有以應者外也。」郭疏：「家世父曰道無問，意揣夫道而問等等，不一而足；如莊氏之馳思於天地、道德、儒墨、關老、宋尹、彭蒙田駢慎到、公孫龍、惠施黃僚之際而不自禁也；獨與天地精神往來而不傲倪於物，亦憂「道術將爲天下裂」者，此俱思之力也、狀也，亦道與德之意也，亦出於天下之常然者，何獨惡其仁義居於道德之間哉！非其仁義居之也，乃其仁義自生之於道、自形之於德也，莊氏亦何嘗不知之哉！唯其莊氏於「常然」者之前止步了也，而徵諸莊氏之馳騁古今，廣論是非，實又非於「常然」之前止步也，唯其獨未自識而已耳；亦唯其自期獨守自然之純以求自適，而對知之之辨亦欲其抵於純之又純、真之又真也，其用心固亦勞矣苦矣，其有啓於後之學者亦深矣遠矣，《中庸》之「學問思辨行」與莊氏之「小惑易方，大惑易性」，其辨之功一也。

不僅此也，莊氏更有「去小知而大知明」之辨，（郭注：「小知自私，大知任物。」）小知所見者囿於感性之隘與夫庸俗之偏者，大知所見者乃大道之真與夫物性人性之全者也。莊氏所言之「小識傷德，小行傷道」者，即喻此小知之有害於識大道也。故知，欲明大知、欲識大道，必先棄小知也。蓋小知所及者，非僅有私欲也，且包含有偏見也，故莊氏有言曰：「曲士不可以語於道者，束於教也」，（見《秋水》篇）欲使大知之合於道，唯在無私而忘我，始可氏，舜也。郭注：「夫與物無傷者，非爲仁也，而仁迹行焉，令萬理皆當者，非爲義也，而義功見焉。故當而無傷者，非仁義之招也，然而天下奔馳，棄我徇彼，以失其常然，故亂心不由於醜而恒在美色，撓世不由於惡而恒由仁義，則仁義者撓天下之具也。」（一）是非以仁義易其性歟！自三代以下者，天下莫不以物易其性矣；小人則以身殉利，士則以身殉名，大夫則以身殉家，聖人則以身殉天下；余愧乎道德，是以上不敢爲仁義之操，下不敢爲淫僻之行也。」（郭注：「愧道德之不爲，謝冥復之無迹，故絶操行，忘名利，從容吹累，遺我忘彼，若斯而已矣。」（二））莊氏之所愧者，以道之爲純道也，德之爲純德也，道與德之間純然無物也，一有物則惑矣亂矣，故有「小惑易方，大惑易性」之懼，殊不知其惑也者，實亦出於其「天下有常然」也，此常然者，既「誘然皆生而不知其所以生，同然皆得而不知其所以得」，則其於人亦猶是也，不知其所生，不知其所得也，然而其生也得也，必然是其目明也，其耳聰也，其口味也，其鼻嗅也，其心思也，此豈不亦常然者乎！其得之於道而形之於德者固亦純然也，其明也、聰也、味也、嗅也、思也，亦自純然也；明則喜於五色，聰則悦於八音，味則嗜於諸味，嗅則辨於清濁，思則馳於是非、有無、生死、真僞、利弊、正邪、遠近、古今、心物、影響也，等等踪，無知無思，無言無辯；而莊氏之論，其卒有所辯者以其起於「天地與我并生、萬物與我爲一」之境也，而消失於無何有之鄉也，莊氏之論也與辯也，亦自立之於千載而不磨，此亦《莊子》一書爲道教尊爲《南華經》之奥秘所在也。

監於前述是非莫辨之義，莊氏持天下「有常」者之見以正之，其於《駢拇》篇有言曰：「天下有常然，常然者，曲者不以鉤，直者不以繩，圓者不以規，方者不以矩，附離不以膠漆，約束不以纆索。（郭慶藩疏曰：「夫天下萬物各有常分，至如蓬曲麻直首圓足方也，水則冬凝惡夏釋，魚則春聚而秋散，斯出自天然，非假諸物，豈有鉤繩規矩膠漆纆索之可加乎！在形既然，於性亦爾，故知禮樂仁義者，亂天之經者也。」）故天下誘然皆生而不知其所以生，同焉皆得而不知其所以得，（郭注：「夫物有常然，任而不明，則泯然自得而不自覺也。」）故古今不二，不可虧也。（郭注：「同物，故與物無二而常全。」）則仁義又奚連連如膠漆纆索，而游乎道德之間爲哉？使天下或也。（郭注：「仁義連連，祇足以惑物，使喪其真。」）夫小惑易方，大惑易性，（郭注：「夫東西易方，於體未虧，矜仁尚義，失其常然，以之死地，乃大惑也。」）何以知其然邪？自虞氏招仁義以撓天下也，天下莫不奔命於仁義，（虞俱是也，其俱非邪？我與若不能相知也，則人固受其黮暗，吾誰使正之。使同乎若者正之，既與若同矣，惡能正之；使同乎我者正之，既同乎我矣，惡能正之；使异乎我與若者正之，既异乎我與若矣，惡能正之；使同乎我與若者正之，既同乎我與若矣，惡能正之；然則，我與若與人，俱不能知也，而待彼也邪！（郭注：「各自正耳，待彼不足以正此，則天下莫能相正也，故付之自正而至矣。」）化聲之相待，若其不相待，（郭注：「是非之辯爲化聲，夫化聲之相待俱不足以相正，故若不相待也。」）和之以天倪，因之以曼衍，所以窮年也，（郭注：「和之以自然之分，任其無極之化，尋斯以往，則是非之境自泯，而性命之致自窮也。」）忘年忘義，振於無竟，故寓諸無竟。（郭注：「夫忘年，夫玄同死生，忘義，故彌貫是非，是非死生，蕩而爲一，斯至理也，至理暢於無極，故寄之者不得有窮也。」）（見《齊物論》）莊氏此無可正之，無可辯之之論，唯有「振於無竟，寓諸無竟」，始可獲致最終安抵於邏輯。蓋自有竟而論之，則彼是也，生死也，是非也，儒墨也，俱當辯而明之也，自其無竟而觀之，則年也，義也，非僅俱忘之也，且不知其所也，無以尋覓也，無所振也，無所寓也，連莊子自身也處於幻幻窈窈之中，不知其形也，不明其性也，不見其所也；混沌空虛，無物無心，無影無之環，環中空矣，今以是非爲環，而得其中者，無是無非也；無是無非，故能應夫是非，是非無窮，故應亦無窮。」）是亦一無窮，非亦一無窮也，故曰莫若以明。」（王先謙曰：「惟本明之照可以應無窮，此言有彼此而是非生，非以明不能見道。」）此明也，乃道也，乃見道也，惟識道明道者，知道樞之意也，明始與終如環也，有始必有終，有終則自有始；上一環之始，固有其終，而其終也，則爲下一環之始矣；終始相承，循環無已，而新新冥化，充於始終；由此而生是彼焉，是亦彼也，彼亦是也；此亦一是非，彼亦一是非，是亦一無窮，非亦一無窮也。而卻無以判定其間之是非者，非無是非可尋也，如順道者是也，逆道者非也，此可視爲是非之最高準則焉。然而莊氏唯見「樂出虛，蒸成菌，日夜相代乎前，而莫知其所萌」，其冥化發展永無窮也，則其是非亦永無窮也，蓋俱處於冥化發展之無窮過程中也，過程無恒定，倏忽是已，倏忽非已，何以言其是非哉！此乃莊氏「此亦一是非，彼亦一是非」之最深邃之理論依據也。而且即便立假說之概念亦判之，亦難定也，故莊氏又曰：「萬世之後，而遇一大聖，知其解者，是旦暮過之也；即使我與若（汝也）辯矣，若勝我，我不勝若，若果是也，我果非也邪？我勝若，若不吾勝，我果是也，而（汝也）果非也邪？其或是也，其或非也邪？其知也。」）然此不知確可據以而知之也，此乃莊氏「不知而後知之」之至意焉，亦以此而「尚大不惑」也，此乃莊氏「知之」與「不知」俱處於相對狀態之見也。

莊氏於《齊物論》中詳發此認識中之相對之論：「道惡乎隱而有眞僞，言惡乎隱而有是非；故有儒墨之是非，以是其所非而非其所是。物無非彼，物無非是，自彼則不見，自知則知之；故曰彼出於是，是亦因彼，彼是，方生之説也；雖然，方生方死，方死方生，方可方不可，方不可方可，因是因非，因非因是，（郭注：「夫死生之變，猶春秋冬夏四時行耳，故死生之狀雖异，其於各安所宜一也。今生者方自謂生爲生，而死者方自謂生爲死，則無生矣，生者方自謂死爲死，而死者方自謂死爲生，則無死矣。無生無死，無可無不可，故儒墨之辨吾所不能同也，至於各冥其分吾所不能异也。」）是以聖人不由而照之於天，亦因是也。（郭注：「夫懷豁者，因天下之是非而自無是非也，故不由是非之塗，而是非無患不當者，直明其天然而無所奪故也。」）是亦彼也，彼亦是也，彼亦一是非，此亦一是非，（郭注：「此亦自是而非彼，彼亦自是而非此，此與彼各有一是一非於體中也。」）果且有彼是乎哉？果且無彼是乎哉？彼是莫得其偶謂之道樞，樞始得其環中以應無窮，（郭注：「夫是非反覆相尋無窮，故謂有崖，（郭注：「應物宜而無方。」）古今不代，（郭注：「各自有故，不可相代。」）而不可以虧，（郭注：「宜各盡其分也。」）則可不謂有大揚搉乎！（郭疏：「如上所問，其道廣大，豈不謂顯揚妙理而搉實論之乎！」）闔不亦問是已，奚惑然爲？（郭注：「若問其大搉，則物有至分，故忘己任物之理，可得而知也，奚爲而惑若此也。」）以不惑解惑，復於不惑，是尚大不惑。」（郭注：「夫惑不可解，故尚大不惑，愚之至也；是以聖人從而任之，所以皇王殊迹，隨世爲名也。」）若明「盡有天，循有照，冥有樞，始有彼」之至道，則必能明「解不解，若知若不知也，亦非其心之不徹也，乃其「樞機」之冥化萬千，無可捉定也。然而其解「其解之也，似不解者，其知之也，似不知之也」者，非其解之知之之未盡明也，非其似解似之也，似不解者，知之也，似不知者」之情狀也；更能明「不知而後知之」之玄妙也。其所謂之者，知之者仍可依據「頡滑有實」以求之索之也，雖此實也古今不代，然必不可虧也，故可以揚搉之而不惑也。即有惑者，亦可以以不惑解之也，既解之，則可底於不惑矣，既不惑矣，是乃知之也；然此「知之也」之於冥樞，實若未知也，非其未知也，蓋以樞機之冥化無定也，無窮也，不可須臾預測也，故可視爲知之之不知也（本亦有知矣，惟相對於冥化，則實不可盡也。」）大目視之，（郭注：「用萬物之自見亦大目也。」王先謙曰：「務見其大。」）大均緣之，（緣，順也，郭注：「因其本性，令各自得則大均也。」）大方體之，（郭注：「體之使得各得其分，則萬方俱得，所以爲大方也。」）大信稽之，（郭注：「命之所斯，無令越逸，斯大信也。」郭疏：「信，實也，稽，至也，循而任之各至其實，斯大信也。」大定持之。」（郭注：「真不撓則自定，持之以大定，斯不持也。」）此七者（一、陰、目、均、方、信、定。）知之要始也、內函也，亦知之領域也。此領域也，莊氏之所見純屬自然而然之者也，故其言曰：「盡有天，（郭注：「夫物，未有無自然者也。」）循有照，（郭注：「循之則明，無所倣也。」郭疏曰：「循順也，但順其天然，知自明照。」）冥有樞，（郭注：「至理有極，但當冥之則得其樞要也。」）始有彼，（郭注：「始有之者彼也，故我述而不作。」王先謙曰：「大始之中，而彼我之端已見。」）則其解之也，似不解之者，（郭注：「夫解任彼，則彼自解，解之無功，故似不解。」）其知之也，似不知之也，（郭注：「明彼知也。」）不知而後知之；（郭注：「我不知，則彼知自用，彼知自用，則天下莫不知也。」）郭疏：「不知而知，知而不知，非知而知，故不知而後知，此是真知。」）其問之也，不可以

三、析知

知，何謂耶？莊氏曰：「心徹爲知。」（見《外物》），其言曰：「目徹爲明，耳徹爲聰，鼻徹爲顫，口徹爲甘，心徹爲知，知徹爲德。凡道不欲壅，壅則哽，哽而不止則跈（跈，塞也。），天之穿之，日夜無降，（降，止也）人則顧塞其竇；胞有重閬，（閬，空曠也。）心有天游。」）心之所以徹者，以其天游也。天游者，馳思之謂也。此思也，若天之穿之，日夜無降，自然而然者也，自然而然者道也；凡道不自壅也，人之顧塞其竇者，非自故塞之也，乃人欲與偏見之爲害也。必「去小知而大知明」也，（郭注：「小知自私，大知任物。」）「知無用而始可與言用」矣，不知無用而務求有用則心不徹矣，心不徹則盲焉，盲則爲私欲所逐，偏見所迷其離真知愈遠矣。

知之内函何耶？《徐無鬼》曰：「人之於知也少，雖少，恃其所不知，而後知天之所謂也。（郭注：「夫忘天地遺萬物，然後蜩翼可得而知也，況欲知天之所謂而可不無其心哉。」）知大一，知大陰，知大目，知大君，知大方，知大信，知大定，至矣。（此知之始要之目也。）大一通之，（郭注：「道也。」）大陰解之，（郭注：「用其分内，則萬事無滯者斬之（兩手曰拱，一手曰把，狙猴，獮猴也，杙，橜也，拱把之木適可斬以爲橜，以擊扞獮猴也。）三圍四圍，求高名之麗者斬之，（麗，屋棟也，高名，榮顯也，求榮華高屋者斬之也。）七圍八圍，貴人富商之家求樿榜者斬之，（樿榜，棺材也。）故未終其天年而中道之夭於斧斤，此材之患也。」此三例也，以生之爲重觀之，見其無用之大用也，與有用之大患也；自其用者而觀之，有用者則遂其用也，無用者遂其生也，遂其生者順其自然之性也，曲於爲用者，傷其自然之性而未能足其性分之常也；此中虧與全亦難細論之矣；窺莊氏之意，自以不材爲上，此亦世間有用與無用之說表裏推移也。

（八）貴賤之辨

在莊氏之眼裏，「勢爲天子未必貴也，窮爲匹夫，未必賤也，貴賤之分，在行之美惡。」（見《盜跖》篇）而判定美惡者，依莊學大旨，唯在得道之真也，而得道之真者唯在治其身也，身不治又何暇治國家天下乎！由此而論，得道之真者，以治其身，雖窮爲匹夫亦純真而高貴也。

則液滿，以爲柱則蠹，是不材之木也，無所可用，故能若是之壽。匠石歸，櫟社見夢曰：汝將惡乎比予哉！若將比予於文木邪！（郭注：「返可用之木爲文木。」）夫柤梨橘柚果蓏之屬，實熟則剝，剝則辱，大枝折，小枝泄，此以其能苦其生者也，故不終其天年而中道夭，自掊擊於世俗者也，物莫不若是。（郭注：「物皆以自用傷。」）且予求無所可用久矣，幾死，乃今得之，爲予大用，（郭注：「積無用乃爲濟生之大用。」）使予也而有用，且得由此大也邪！（郭注：「若有用，必見伐。」）且也，若與予也，皆物也，奈何哉！其相物也，而幾死之散人，又惡知散木。」二曰：「南伯子綦游乎商之丘，見大木焉，有異，結駟千乘，隱將芘其所藾。子綦曰此何木也哉，此必有異材夫！仰而視其細枝，則拳曲而不可以爲棟樑，俯而見其大根，則軸解而不可以爲棺槨，咶其葉，則口爛而爲傷，嗅之則使人狂酲。（病酒曰酲。）子綦曰：此果不材之木也，以至於此其大也。嗟乎神人！以此不材。」（郭注：「夫王不材於百官，故百官御其事，而明者爲之視，聰者爲之聽，知者爲之謀，勇者爲之扞，夫何爲哉！玄默而已，而群材不失其當，則不材乃材之所至賴也。故天下樂推而不厭，乘萬物而無害也。」）莊氏亦舉有用之例曰：「宋有荊氏者，（地名也。）宜楸柏桑，其拱把而上者，求狙猴之杙也，非所以完身養生也。（郭疏：「緒，殘也。土，糞也。苴，草也。」）夫用真道以治身者，必以國家爲殘餘之事，將天下同於草土者也。」）今世俗之君子多危身棄生以殉物，豈不悲哉！今且有人於此，以隨侯之珠，彈千仞之雀，世必笑之，是何也？則其所用重，而所要者輕也，夫生者，豈特隨侯之重哉！」（郭疏：「隨國近濮水，濮水出寶珠，故謂隨侯之珠。」）其重義輕利者，莊氏於《讓王》篇重舉了「楚昭王返國，將賞從者，及屠羊說，延之以三牲之位不受」，復返其屠羊之肆，又舉「舜以天下讓其友北人無擇，北人無擇羞見之，因自投清冷之淵」，其所以如此者，以「養志者忘形，養形者忘利，致道者忘心」故也。

（七）有用無用之辨

莊氏之見以爲「人皆知有用之用，而莫知無用之用」，在《人間世》篇重，莊氏舉例以明之，一曰：「匠石之齊，至於曲轅，見櫟社樹，其大蔽數千牛，絜之百圍，其高臨山十仞，而後有枝，其可以爲舟者旁十數；觀者如市，匠伯不顧（伯，匠石字也。），遂行不輟，弟子厭觀之，走及匠石，曰：自吾執斧斤，以隨夫子，未嘗見材如此其美也，先生不肯視，行不輟何邪？曰：已矣，勿言之矣，散木也，以爲舟則沉，以爲棺槨則使腐，以爲器則速廢，以爲門户地之足以定至大之域？（郭注：「以小求大，理終不得，各安其分，則大小俱足矣。」）河伯曰：世之議者皆曰：至精無形，至大不可圍，是信情乎？北海若曰：夫自細視大者，不盡，自大視細者不明。」一物，量無窮，時無止，分無常，終始無故；小而不寡，大而不多；自細視大者，不盡，自大視小者，不明，此三者構成莊氏辨物之大小觀。在《齊物論》中，莊氏又言：「天下莫大於秋毫之末，而太山爲小」，（郭注：「夫以相對，則太山大於秋毫也，若各據其性分，物冥其極，則形大未爲有餘，形小不爲不足其性；若以性足爲大，則天下之足，未有過於秋毫者也，其性足者，則雖太善亦可稱小矣。故曰天下莫大於秋毫之末，而大山爲小，大山爲小，則天下無大矣，秋毫爲大，則天下無小也。」）郭象於此注中發明莊旨有二焉：一曰性足爲大，二曰天下無大無小也，將大小内在之辯證邏輯揭之深且密也，既見莊氏大小觀之奇特獨具，亦見郭象深得莊學之旨趣焉。

（六）輕重之辨

莊氏之輕重觀，簡言之，生者爲重，義爲重；利爲輕，天下爲輕，其於《讓王》篇言曰：「道之真以治其身，其餘緒以爲國家，其土苴以治天下。由此觀之，帝王之功，聖人之餘事寓於物中，成爲物之變化之動力，但卻不可見者也，可見者唯變化之萬象也，此乃精粗一體也，心物一統也。

（五）大小之辨

莊氏之大小之辨，非指肉眼所見之物形體大小有异也，乃對天地之大而無窮、萬物之性分有常而言者也。莊氏於《秋水》篇假北海若之言曰：「計四海之在天地之間也，不似礨空（蟻穴也）之在大澤乎？計中國之在海内，不似稊米之在大倉乎？號物之數謂之萬，人處其一焉；人卒九州，（卒，衆也。）穀食之所生，舟車之所通，人處一焉，此其比萬物也，不似毫末之在於馬體乎？（郭注：「小大之辨，各有階段，不可相跂。」）河伯曰：然則吾大天地而小毫末可乎？北海若曰：否！夫物，量無窮，（郭注：「物物各有量。」）時無止，（郭注：「死與生皆時行。」郭疏：「新新不住。」）分無常，（郭注：「得與失皆分。」郭疏：「所稟分命，隨時辨易。」）終始無故。（郭注：「日新也。」）是故大知觀於遠近，故小而不寡，（郭注：「各自足也。」）大而不多，（郭注：「亦無餘也。」）知量無窮，（郭注：「攬而觀之，知遠近大小之物各有量。」）由此觀之，又何以知毫末之足以定至細之倪，又何以知天

（四）精粗之辨

莊氏於《天下》篇曰：「以本爲精，亦物爲粗，（郭疏曰：「本、無也；物，有也；用無爲妙道爲精，用有爲事物爲粗。」）以有積爲不足，（郭注：「寄之天下乃有餘也。」）澹然獨與神明居，古之道術有在於是者，關尹、老聃聞其風而悅之。」於《秋水》篇，莊氏假北海若之言曰：「自細視大者不盡，自大視細者不明，（郭注：「目之所見有常極，不能無窮也。」）夫精，小之微也，垺，大之殷也，故异便，（郭注：「大小异，故所便不得同。」）此勢之有也。（郭注：「若無形而不可圍，則無此异便之勢也。」）夫精粗者，期於有形者也，（郭注：「有精粗矣，故不得無形。」）無形者，數之所不能分也；不可圍者，數之所不能窮也，（郭疏曰：「無形不可圍者，道也，至道深玄，絶於心色，故不可以名數分別，亦不可以數量窮盡。」）可以言論者，物之粗也，可以意致者，物之精也；言之所不能論、意之所不察致者，不期精粗焉。」（郭注：「唯無而已，何精粗之有哉！夫言意者，有也；而所言所意者，無也；故求之於言意之表，而入乎無言無意之域而後至焉。」）誠哉是言也，精者，本也道也，粗者物也象也，可求而致者也；不可求而致，但可明而驗者道也，物之精也，此精者民無違心化必至公，故主無所執，所以能合丘里而并天下，一萬物而夷群异也。」）四時殊氣，天不賜而歲成，五官殊職，君不私，故國治，文武，大人不賜，故德稱，（郭注：「文者自文，武者自武，非大人所賜也，若由賜而能則有時而闕矣，豈唯文武，凡性皆然。」）萬物殊理，道不私，故無名，無名故無爲，無爲而無不爲，（郭注：「名止於實，故無爲，甯各自爲，故無不爲。」）時有終始，世有變化，禍福淯淯，（郭注：「流行反覆。」）至有所拂者，而有所宜，（郭注：「於此爲戾，於彼或爲宜。」）自殉殊面，（郭注：「各自信其所是，不能離也。」）有所正者，有所差，（郭注：「正於此者或差於彼。」）比於大澤，百材皆度，（郭注：「無齊材也。」）觀於火山，木石同壇，（郭注：「合异以爲同也。」）此之謂丘里之言。」（郭注：「言之於丘里，則天下可知。」）此莊氏有見於自然、人群、社會結構之异同也，擴而大之，可言於人類、國際，縮而小之，一物之内、一體之中，莫不异同相繆焉，莊氏曰：「自其异者視之，肝膽楚越也，自其同者視之，萬物皆一體也。」萬物之内，人類存焉，則人類亦自一體也，此與吐血之大同天下觀乃殊途而同歸也，於此亦足見儒、道兩家在理論之根本上之一致也，實亦此异同辨之重要内涵也。

也，迄今科學之昌明亦無以言狀也，莊氏以指喻之，非小天地之意也，乃示人之想像力之高也，非無視天地之威也，乃簡化天地之能而更易於洞察天地之奥也，以馬喻萬物，亦非鄙賤萬物之性，以示傲倪之情也，乃高尊物我同體共源，以見其性與質之純且樸也。從此樸質出發，而遍求萬物之性，則雖各异其質，然其質之基悉同也，同於此純樸也，絶無例外也，從此而繼推演之，則通向化學科學之域矣。此乃莊子崇尚自然、逍遥自適理想之根源也；藏身於純樸之質而觀萬化，萬化則萬性見焉，此莊學性質論之深邃也。

（三）异同之辨

莊氏於《則陽》篇假少知問於大公調曰：何謂丘里之言？大公調曰：「丘里者，合十姓百名，而以爲風俗也，合异以爲同，散同以爲异；今指馬之百體，而不得焉，而馬繫於前者，立其百體，而謂之馬也，（郭慶藩疏曰：「如采丘里之言，以爲風俗，斯合异以爲同也；一人設教，隨方順物，斯散同以爲异也。」）是故丘山積卑而爲高，江河合水而爲大，大人合并而爲公，（郭注：「無私於天下，則天下之風一也。」）是以自外入者，有主而不執，由中而出者，有正而不距，（郭注：「自外入者，大人之化也；由中出者民物之性也；性各得正，故言以有爲有，必是無而爲有；有未始有無者也，如萬物之生生不息，何處尋其無之迹乎，必其最初乃出於無也，有未始有夫未始有無也者，如寄生物之由他物所派生之情狀也。

（二）性質之辨

事物之質相异也，則其性亦自异也，《齊物論》曰：「以指喻指之非指也，不若以非指喻指之非指也；以馬喻馬之非馬也，不若以非馬喻馬之非馬也；天地一指也，萬物一馬也。」（王先謙解之曰：「近取諸身，則指是，遠取諸物，則馬是，今曰指非指，馬非馬，人必不信，以指與馬喻之，不能明也；以非指非馬喻之，則指之非指，馬之非馬，可以悟矣，故天地雖大，特一指耳，萬物雖紛，特一馬耳。」郭注擷要：「是以至人知天地一指也，萬物一馬也，故浩然大寧，而天地萬物各當其分，同於自得而無是非也。」郭慶藩疏曰：「天下雖大，一指可以蔽之，萬物雖多一馬可以理盡，今以彼我是非反覆相喻，則所是者非是，所非者非非，故知二儀萬物無是無非者也。」）由以上三人之注解可知其意在明無是無非也，余之取此指馬之見欲求論明之者，乃物之質不同則其性亦异也。遡莊氏「天地一指也，萬物一馬也」之言，乃對天地、萬物二者性質之大辨也，實具大辨不辨之意也。天地本大也，大之無窮無際無矣，而猶未能無知。」）有未始有夫未始有無也者。（筆者：有些事物則從來不知其有無之根也。）俄而有無矣，而未知有無之果孰有孰無也；（即便一旦見其有無，然未知其有之果有果無也。）今我則有謂矣，而不知吾所謂之果有謂乎？其果無謂乎？」（今我有言也，然不知吾所言者當否？）莊子精釋有無，陳述上列假疑之見，尚徘徊於有無之間，反不若老子「天下萬物生於有，有生於無」（四十章）直切了當也。其所以如此者，非莊子於有無之見游移不定也，乃莊氏馳思於有無之際，縝密深邃，而其所及者（如是非、生死）更相繆結而難辨也，實則莊子深藏於無而觀有，立於原而觀象，本於根而觀枝，處於暗而觀明，綜其所觀惡得之者，自全也，自真也，自密也，自清也，故其發而爲論者，亦自婉轉錯折、曲入情理、超乎意表，耐人尋思以求也。

莊氏之意，在求天之所以爲天，地之所以爲地，物之所以爲物，俱各分別歸之爲三類：有有開端者，如天地日月星辰焉；有未見其有開端者，如萬物之生長焉；有雖未見其開端，而實有其開端者，如人類之原於物靈於物高於物也。無，亦以三層次推論之：有無也者，雖不見其無之根，然實有其根也，如天地之形成，宇宙之無垠，誰見其無之根乎？但必其有根也，不可任矯飾、三者一體也；權者，道中之權也，理中之權也，天内之權也，非措之於天理之外而獨運心智之權也；天内人外一體也，内外無間也、無隙也，無所容心智之運也，故其權自然而出之者也。故知莊氏此處所言之「人外」者，非人故爲之也，乃順天而守其性分之全也。

二、辨物

莊子之辨物也，詳矣盡矣，兹分有無、性質、异同、精粗、大小、輕重、有用無用、貴賤八端而具論之。

（一）有無之辨

關於有無之辨，儒、道兩家深致力焉，道家尤甚，老曰：「有無相生」，「無，名天地之始，有，名萬物之母，此兩者同出而异名，同謂之元，元之又元，衆妙之門。」莊説之辨尤爲詳密，《齊物論》曰：「有始也者，（筆者按（下同）：有些事物，本見有其開端。）有未始有始也者，（有些事物從未見其有始也。）有未始有夫未始有始也者；（有些事物雖未見其始，或實有其始也。）有有也者，（郭注：「有有，則美惡是非具也。」）有無也者，（郭注：「有無，而未知無無也，則是非好惡，猶未離懷。」）有未始有無也者，（郭注：「知無無欲也，忘己也，則識道也，達理也，莊氏更益之以明權也，《秋水》篇中，莊子假北海若之言曰：「知道者必達於理，達於理者必明於權，明於權者不以物害己。」（郭注：「知道者，知其無能也，我自然而生耳。達乎斯理者，必能乘變應權，故不以外傷内，不以物害己而常全也。」）蓋道「兼懷萬物，萬物一齊，孰短孰長，（郭注：「莫不皆足。」）道無終始，物有死生，（郭注：「死生者無窮之變耳，非終始也。」）一虚一滿，不位乎其形，（郭注：「不以形爲位，而守之不變。」）消息盈虚，終則有始，時不可止；（郭注：「變化日新，未嘗守故，欲止使停，又不可。」）物之生也，若驟若馳，無動而不變，無時而不移，何爲乎？何不爲乎？夫固將自化。（郭慶藩疏曰：「萬物紛亂，同稟天然，安而任之，必自變化，何勞措意，爲與不爲。」）天在内，人在外，莫之能害也。（郭疏：「天然之性韞之内心，人事所順，涉乎外迹，皆非爲也，任之自然，故物莫之害矣。」）德在乎天，（郭疏：「至德之美，在乎天然，若恣人任知，則流蕩天性矣。」）知天人之行，本乎天，位乎得，（郭注：「此天然之知，自行而不出乎分者也，故雖行於外，而常本乎天，位乎德矣。」）其孰承翼。」（承翼，扶翼也。）莊氏所見之道-理-權者，乃一脈相承之意也，蓋指天内人外、不假扶翼、不假舜之問乎丞（丞，舜師也。）曰：「道可得而有乎？曰：汝身非汝有也，汝何得有夫道？舜曰：吾身非吾有也，孰有之哉！曰：是天地之委形也；生非汝有，是天地之委和也；性命非汝有，是天地之委順也，（郭注：「若身是汝有者，則美惡死生，當制之由汝，今氣聚而生汝不能禁也，氣散而死，汝不能止也，明其委結而自成耳，非汝有也。」）又胡可得而有邪！」此徹底之忘我、忘物、忘天之至論也，亦最深最完美之識道之見也。道者，無也，無物也，無我也，無欲也，無爲也，自爲也，自成也，自生也，自謝也，自然也，自然而然，不知其所以然也，無假外力也，純爲内在之力也，屬内力之外見也，外形也，外化也，是則，此自然有人，自爲也，實無所不爲也，老氏之意，此無也，道之始也，由無而之有，道之運也，「天下萬物生於有，有生於無」，（《道德經》四十章）「有無相生」（二章）；莊子之於此道也，蓋已盡之矣，然而莊氏尤有其獨見者，即上溯此道將其推回入於「無」之境，（莊子之言曰：「無何有之鄉。」）此無者，必以無意之，始可識之也，莊氏之欲人識之者，即於此無中見道，則吾身非吾有也，吾生非吾有也，吾之性命亦非吾有也，吾既一無所有矣，是則，欲又奚生哉？如此，則徹頭徹尾無欲無我矣，此識道之至也。

「古人純樸，合道者多，故能外形隨物，內心凝靜。」）今之人，內化而外不化，（郭注：「以心使形。」）與物化者，一不化者也。（郭注：「常無心，故一不化，一不化，乃能與物化耳。」）聖人處物不傷物，（郭注：「至順也。」）郭慶藩疏曰：「處俗和光，利而不害，故不傷之也。」）不傷物者，物亦不能傷也。」傷者，自傷也，失性則自傷矣，自傷矣，猶不知其傷也，反以爲有所得也，則其所得愈多，所失愈甚也。莊子指明，此所謂得者，恰似「鳩鴞之在於籠也，虎豹之在於囊檻也。」人之靡於俗而失其性者，亦何异於籠中之鳩鴞，檻中之虎豹哉！唯其不自知耳，悲夫！識道之義，唯在明此失而有以自救之也。

人之所以不能去欲者，以不能忘己也，忘己也，又非孤立言之而可致者，必「忘乎物，忘乎天，其名爲忘己，忘己之人，是之謂入於天。」（《莊子·天地》）入於天者，「開天之天也，開天者，德生，開人者，賊生；聖人藏於天，故莫之能傷也。（《莊子·達生》））（郭注：「不闕性分之外，故曰藏。」郭慶藩疏曰：「夫聖人照等三光，智同萬物，藏光塞智於自然之境，故物莫之傷矣。」）衆人守其分，保其天，則物不得入也；物不入，則欲不起，欲不起則漸及於忘我忘物矣，物我皆忘則冥於道而入於天矣；此道也，莊子於《知北游》篇中，趣也。其所异之者乃見莊子之極言自然也，亦其逍遥狂想之所興也，亦其唯性所適之所求也，亦其獨與天地精神往來、上與造物者游、下與外死生、無終始者爲友之所寄也，此莊氏識己之見也。至於衆庶之識己也，在於無欲於忘我焉。「衆人役役」，其所役者物欲也，此物欲固有與生俱來之者，更多則是群居習染所蔽也；故莊子與《繕性》篇詳論了「蔽蒙之民」與「倒置之民」，復於《天地》指出：「失性有五：一曰無色亂目，使目不明，（郭慶藩疏曰：「五色者，青黄赤白黑也，流俗耽貪，以此亂目，不能見理，故曰不明也。」）二曰五聲亂耳，使耳不聰；（郭疏：「五聲謂宫商角徵羽也，淫滯俗聲，不能聞道，故曰不聰。」）五臭薰鼻，因惾中顙；（惾，音俊，。賊不通也，困惾，衝逆人也。）四曰五味濁口，使口厲爽；（厲，病也，爽，失也。）趣舍滑心，使性飛揚，（郭疏：「趣，取也，滑，亂也，順心則取，違情則舍，撓亂其心，使自然之性，馳競不息，輕浮躁動，故曰飛揚。」）此五者，皆生之害也。」（郭疏：「五事皆是伐命之刀，害生之斧，是生民之巨害也。」）其所以能爲害者，在於物誘之於外，欲動之内，内外相接，靡之日久，則本性自喪矣。故莊子更於《知北游》中，假孔子答顔回之問曰：「古之人外化而内不化，（郭注：「以心順形，而形自化。」郭慶藩疏曰：

樂，與天和者謂之天樂。天樂者，聖人之心，以畜天下也。夫帝王之德，以天地爲宗，以道德爲主，以無爲爲常，帝王無爲，而天下功。」（見《天道》篇）此天道、帝道、聖道一體之論也；此論也，終歸之於天樂與人樂，乃道之最高、最完美之體現也；識道者則必識此天、地、人、帝、王、聖之道，始可稱真正識道也，真正極道之真諦也，此亦莊氏獨見道之深也。

夫識道更在識己也，己者，如莊子所言：「天地與我共生，萬物與我爲一。」（《齊物論》）與天地共聖，尊我大我神我聖我之意也，與萬物爲一，卑我小我微我賤我之意也；尊我者，尊道也，道無今古，我無死生也；大我者，大我志也，正我心也；神我者，靈我性也，淨我欲也；聖我者，淳我德也，靜我慮也；卑我者，令我自謙也；小我者，醒我自虛也；微我責我自下也；賤我者，警我守分也，尊之卑之者非外加也，乃吾本性之質使然也，亦莊氏之深見也，質之百家，獨具此見，且形之於言者，唯莊子一人耳。與天地共生者，其義尚內縕精神不死也，心與天地共存也，與萬物爲一也，心與物一體也，心物統一也，心即物物即心也；無離物之心，亦無離心之物也，言物則心無所寓託；獨言心，則心失其生命，獨言物，則物失其聲色，此乃徹底之心物一體論也，完美之心物統一論也，此與儒家之心物統一論同源而微异其因任也，窮，盡也，和以自然之分，所以無是無非，任其無極之化，處順安時盡天年之性命也。」）忘年忘義，振於無竟，故寓諸無竟。」（郭注：「夫忘年，故玄同死生，忘義，故彌貫是非，是非死生蕩而爲一，斯至理暢於無極，故寄之者，不得有窮也。」）此窮年無竟之義，即連天然之分亦泯然不可見矣，（吾與萬物一體也。）實則可見也，自整體而觀之，不可見也，自個別而索之，則萬象森然，歷歷在目矣，故於冥然之中見道，於泯然之際識分，於寂然之處明性，乃識道之前提也，亦梳理之細工也。蓋所言道者虛也，唯於細理中可見大道也；細理者，見之於萬物萬象萬性萬事者也，猶之一葉然，纖微紋理，無非道也，故知，彼紋理密察始可識道也。

莊子之於道也，又分天道、帝道、聖道言之，識道者，首當識天道，此乃道之本也，其有言曰：「天道運而無所積，故萬物成；帝道運而無所積，故天下歸；聖道運而無所積，故海内服，明於天，通於聖，六通四辟於帝王之德者，其自爲也，昧然無不静者矣。夫虛静恬淡寂寞無爲者，萬物之本也。静而聖，動而王，無爲也而尊，樸素而天下莫能與之争美。夫明白於天地之德者，此之謂大本大宗，與天和者也；所以均調天下，與人和者也；與人和者謂之人變化方向或彼是，或是彼，或始卒，或卒始，或正反，或反正，或陰陽，或陽陰，或生死，或死生，等等等等，不可言其狀也；其變化之程度，或曰彼强是弱，或曰陰陽相繆，或曰生死相承，或曰始卒相交，或曰朝暮相代，或曰氣數相替，或曰盛衰相繼，或曰福禍相依，或曰安危相續，或曰榮枯相嬗，不俱舉焉；其變化之過程，一視其性命，任其自然而已矣，對此自然之分，莊氏提出「和之以天倪」，「何謂和之以天倪？（郭注：「天倪者，自然之分也。」）曰：是不是，然不然，是若果是也，則是之異乎不是也，亦無辯；然若果然也，則然之異乎不然也，亦無辯。（郭注：「是非、然否、彼我、更對，故無辯，無辯，故和之以天倪，安其自然之分而已，不待彼以正之。」）惡識所以然，惡識所以不然（郭注：「造物者無主，物各自造，此天地之正也。明乎斯理也，將使萬物各反所宗於體中，而不待乎外，外無所謝，而内無所矜，是以誘然皆生而不知所以生，同焉皆得而不知所以得也。則化與不化，然與不然，從人之與由己，莫不自爾，吾安識其所以哉，故任而不助，則本末内外，暢然俱得，泯然無迹矣。」）和之以天倪，因之以漫衍，所以窮年也，（郭注：「和之以自然之分，任其無極之化，尋斯以往，則是非之境自泯，而性命之致自窮也。」郭慶藩疏曰：「曼衍，猶變化也，

「彼，是莫得其偶，謂之道樞。」偶者，對也，雙也，兩也，彼是莫得其偶，言「彼」「是」既各自獨立成體，似處於對立，實則又非對立之物也，而且乃更相包相容、相推相運、相變相化、相感相應、相長相消、相輔相成者也。故莊子論之曰：「是亦彼也，彼亦是也；彼亦一是非，此亦一是非；果且有彼是乎哉，果且無彼是乎哉！是亦一無窮也，非亦一無窮也。」（郭注：「此亦自是而非彼，彼亦自是而非此，此與彼各有一是一非於體中也，盡欲謂彼爲彼，而彼復自是；欲謂是爲是而是復彼所彼，故彼是有無未果定也。」）此論也，乃彼是一體之論也，陰陽一體之論也，是非一體之論也，正反一體之論也，始卒一體之論也，主客一體之論也，物我一體之論也，死生一體之論也，心物一體之論也，道德一體之論也，等等等等，可如左圖示：

圖。

或以圓圈形式示道樞之内涵，如左圖：

右圖外圈表示無限之宇宙，（《庚桑楚》言宇宙曰：「有實而無乎處者宇也，有長而無本剽者宙也。」）其内之各圓圈，可視爲無數，以示萬物萬象之變化，非以數可計之者也；其

注：「不以物離性。」）以通乎萬物之所造。（郭注：「萬物皆造於自爾。」）夫若是者，其天守全，其神無郤，物奚自入焉。」（郭慶藩疏曰：「若是者其保守自然之道全而不虧其心，神凝照會無間郤，故世俗事物何從而入於靈府哉。」見《達生》篇）唯真也，始可通萬物之所造，始可神凝無郤而守天之全，外誘無以入，内欲無以興，則性恬而静，德全而道淳焉，此莊學道德論之至義也。

第二節　認識論

莊子之認識論深閎奥异，窮理通物，隨時而新，足資發用，兹歸爲識道、辨物、析知、論學四端而述之。

一、識道

識道者，識「道樞」也。樞者，要也，關要也，「樞始得其環中，以應無窮」。（《齊物論》）此中之「環」，以莊子之意，乃爲宇宙之大環也，無窮之變化，奚運乎此環之中。而變化之兩大因素，莊氏以「彼」、「是」名之，猶《周易》之稱「陰」「陽」也。莊氏認爲中，爲人心之放斂所移，受爲政之正邪所驅，亦有稍與道合之際則治世見焉，則道行德彰，人性物性遂也順也，此爲政之正也，正則化，化則淳，此道之所以興乎世，世之所以興乎道也。若遇邪心氾濫，暴政横行，則世與道交相喪也。然細作分析，則見道其所道、德其所德，實未見其喪也，唯見其隱耳，不毁江河萬古流，不毁大道萬古青，此道與世之别也。而且，人心也，人性也，人德也，既受大道之全而形神之者，固有蒙濁世之惡而傷之甚深者，然而，人所稟之神靈終不可掩，其傷痛愈深，其思反愈切，其力愈强，終必反其初，此人之理性所積也，未有可以勝之者；此乃道德之所藴也，唯待時日以見其道與世交相興之也。

爲此，莊氏唯望「開天之天」，（郭注：「不慮而知開天也，知而後感開人也。然則，開天者，性之動也，開人者，知之用也。」）開天者德生，開人者賊生，（筆者：天，自然也，道也，開天則道彰，道彰則性純，性純則德化，故曰德生；開人則用心，用心則運知，運知則戕性，戕性則損德，故曰賊生。）不厭其天，不忽於人，（郭注：「任其天性而動，則人理亦自全矣。」）民幾乎以其真。（郭注：「民之所患，僞之所生，常在於知用，不在於性動也。」）壹其性，（筆者：「率性與道洽，與德融，故曰一也。」）養其氣，合其德，（郭存身之道也。古之行身者，不以辯飾知，（郭注：「任其真知而已。」）不以知窮天下，（郭慶藩疏曰：「窮者，困累之謂也，不縱知毒害以困蒼生也。」）不以知窮德，危然守其所而反其性，己又何爲哉！道固不小行，德固不小識，小識傷德，小行傷道。故曰喪己於物，失性於俗者，謂之倒置之民。（郭注：「營外虧内，甚倒置也。」）繕性於俗，俗學以求復其初，（郭注：「已治性於俗矣，而欲以俗學復性命之本，所以求者愈非其道也。」）滑欲於俗思，以求致其明，（郭注：「已亂其心於欲，而方復役思以求明，思之愈精，失之愈遠。」）謂之蔽蒙之民。」（郭注：「若夫發蒙者必離俗去欲而後幾焉。」）此蔽蒙之民，蔽於俗也，蒙於欲也，俗漸之於外，欲發之於内，内外交接，其性漸靡，終至於喪道虧德也。此倒置之民者以其營外傷内，積之彌深，失其真樸，離道悖德，形若倒置，更有甚於蔽蒙之民也。由此而明，道不可喪，德不可虧，性不可靡。莊氏於《繕性》篇中所發者全道全德全性也，然而，時世有喪之者，因而引出交相喪之論也。余則以爲非交相喪也，唯世喪道耳，此亦僅就物欲横流，性有所靡，德有所虧，道有所傷而言也，亦就外在之形而言也，實則，道自道也，德自德也，性自性也。此三者，唯道爲尊，唯道是從。道依然如初，歷萬古而不變，時世者則處於常變之曰：「《文選》江文通雜詩注，引司馬云：『世皆异端喪道，道不好世，故曰喪耳。』」）道之人何由興乎世，世亦何由興乎道哉！（郭注：「若不貴，乃交相興也。」郭慶藩疏曰：「故懷道聖人，高蹈塵俗，未肯興弘以馭世，而澆僞之世亦何能興感於聖道也。」）道無以興乎世，世無以興乎道，雖聖人不在山林之中，其德隱矣。（郭注：「今所以不隱，由其有情以興也，何由而興，由無貴也。」）隱，故不自隱，（郭注：「若夫自隱而用物，則道世交相興矣，何隱之有哉！」）古之所謂隱士者，非伏其身而不見也，非閉其言而不出也，非藏其知而不發也，時命大謬也，（郭注：「莫知反一以息迹，而逐迹以求一，愈得迹愈失一，斯大謬矣，雖復起身以明之，開言以出之，顯知以發之，何由而交興哉！所以交喪也。」郭慶藩疏曰：「謬，僞妄也，非伏匿其身而不見，雖見而不亂群，非閉其言而不出，雖出而不忤物，非藏其知而不發，雖發而不眩曜，但時逢謬妄，命遇迍邅，故隨時污隆，全身遠害也。」）當時命而大行乎天下，（郭注：「此澹泊之時也。」）則反一無迹，（郭注：「反任物性，而物性自一，故無迹。」）不當時命，而大窮乎天下，（郭注：「此不能澹漠之時也。」）則深根寧極而待，（郭注：「雖有事之世，而聖人未始不澹漠也，故深根甯極，而待其自爲耳。」）此仁迹行焉。」）道無不理，義也；（郭注：「無不理者，非爲義也，而義功著焉。」）古之人在混芒之中與一世而得澹泊焉，莫之爲而常自然。逮德下衰，及燧人、伏羲，始爲天下，是故順而不一；（郭注：「世已失一，惑不可解，順之而已。」）德又下衰，及神農黄帝，始爲天下，是故安而不順；（郭注：「安之於其所，安而已。」）德又下衰，及唐虞，始爲天下，與治化之流，澆淳散樸，離道以善，（郭注：「善者，過於適之稱，故有善而道不全。」）險德以行，（郭注：「行者，違性而行之，故行立而德不夷。」）然後去性而從於心，（郭注：「以心自役，則性去矣。」）心與心識，（郭注：「彼我之心，競爲先識，無復任性也。」）知，而不足以定天下，（郭注：「忘知任性，斯乃定也。」）然後附之以文，益之以博，文滅質，博溺心；（郭注：「文博者，心質之飾也。」）然後民始惑亂，無以反其性情而復其初。（郭注：「初，謂性命之本。」）由是觀之，世喪道矣，道喪世矣，世與道交相喪也。（郭注：「夫道以不貴，故能存世，然世存，則貴之，貴之，道斯喪矣。道不能使世不貴，而世亦不能不貴於道，故交相喪也。」郭慶藩疏曰：「喪，廢也，由是事迹而觀察之，故知時世澆浮，廢棄無爲之道，亦由無爲之道廢變淳和之世，是知世之與道交相喪之也。」郭慶藩又案白虎黑文，尾長於軀，不食生物，不履生草』，謂之義獸。」《十三經注疏》二九四頁，中華書局，一九八〇年版。）純自然也。順人之自然之性而言之者，（如儒之言：「君子所性，仁義禮智根於心。」（《孟子·盡心》）。如莊之言：「夫寂寞恬淡，虛無無爲者，此天地之平而道德之質也。」）乃人之德也，人性之表現也，亦純自然也。自然也，物性也，人性也，物之德也，人之德也，俱出於道也，故由此而見，道性德一體也，或道德性一體也，捨去物性人性而言，則道德一體也。此一體之義，必明大道大德者，始可與之言也，昧於大道大德者而妄與之言，必有以損之也，唯各持所見，亦自任其損之而已，終無虧於大道大德也。

莊氏於《繕性》篇詳論了失卻本性之民爲「蔽蒙之民」、「倒置之民」其言有曰：「古之治道者，以恬養知，（郭注：「恬靜而後知不蕩，知不蕩而性不失也。」）知生而無以知爲也，謂之以知養恬，（郭注：「夫無以知爲，而任其自知則雖知周萬物，而恬然自得也。」）知與恬交相養，而和理出其性。（郭注：「知而非爲則無害於恬，恬而自爲則無傷於知，斯可謂交相養矣。二者交相養，則和理之分，豈出佗哉！」）夫德，和也，道，理也，（郭注：「和，故無不得，道，故無不理。」）德無不容，仁也；（郭注：「無不容者，非爲仁也，而心徹爲知，知徹爲德。」（郭慶藩疏曰：「徹，通也，夫六根無壅，故徹，聰明不蕩於外，故爲德也。」）「心徹爲德」，此與《禮記・大學》之義近焉，（大學之道，在明明德，在致知格物，在誠意正心，其過程爲由知而德，實包含心徹爲德。）莊氏之意亦猶是也，德不可與道離也，故其言曰：「凡道不欲壅，壅之哽，（哽，塞也。）哽而不止則跈，（郭注：「當通而塞，則理有不泄而相騰踐也。」）跈則衆害生。」衆害生則知殘則德滯，德滯則塞其道矣，道本不自塞自壅也，而壅之塞之者乃由「人固塞其竇」也，體道者必有以自知之而內省也，內省則明「心有天游」，開其天，適其性，暢其知，衷其德，樂其道，忘形忘心，與物化矣。

《天地》篇曰：「無爲爲之之謂天，無爲言之之謂德」，此亦莊氏明道德一體之見也，老莊俱以無爲示自然，其見一也。無爲爲之者，一任自然爲之者也；自然爲之者天也，物性天也，人性亦天也；物任其性而行，天也，人率性而爲之，亦天也；食，物之性也，亦人之性也，牝牡之交也，物之性也，亦人之性也；是則率性而爲之者天也，自然而爲之者田野，亦無爲爲之者天也，其義一也明矣。無爲言之之謂德者，此「言」之義乃說明也，即順物自然之性而言之者，乃物之德也，物性之表現也，（如《毛詩・召南・騶虞》疏曰：「陸機云：『騶虞

（郭注：「能還守蟲，即是能天。」）此「能蟲、能天」者實指一也，天也，能蟲，天也，能天，亦天也，俱言稟乎天也，出於自然也，如何順天、遵道、循德而無違失，莊氏提出必去彼「四六」者。四者何耶？曰：「徹志之勃，解心之謬，去德之累，達道之塞。」六者何耶？曰：「貴、富、顯、嚴、名、利，六者勃志也；容、動、色、理、氣、意，六者繆心也；惡、欲、喜、怒、哀、樂，六者累德也；去、就、取、與、知、能，六者塞道也，（郭慶藩疏曰：「榮貴、富贍、高顯、尊嚴、聲名、利祿六者亂情志之具也；容貌、變動、顏色、辭理、氣調、情意六者綢繆繫縛心靈者也；憎惡、愛欲、欣喜、恚怒、悲哀、歡樂，六者德家之患累也；去捨、從就、貪取、施與、知慮、技能，六者蔽真道也。」）此四六者不盪胷中則正，正則靜，靜則明，明則虛，虛則無爲而無不爲也。」（盪，動也。）此之所言正者心正也，心正，則必無私無我、無名無利、無榮無辱、無喜無樂矣，心正則氣平，氣平則意靜，意靜則神明，神明則思清，思清則見遠，見遠則境虛，虛則無適而不順，順則諧於自然，安於至道，同於大德，此莊氏必去彼「四六」者之至意也，亦德之内涵也，道之境界也。

《外物》篇曰：「目徹爲明，耳徹爲聰，鼻徹爲顫，（顫，辛臭之味也。）口徹爲甘，一也，生與死之統一也，新與故之統一也，心與物之統一也。莊氏關於德之論述，兹層陳如次。

《庚桑楚》曰：「道者，德之欽也，（王先謙曰：「道無可見，見其德之流行，則共仰爲有道之人故曰道者，德之欽也。」）生者，德之光也，（郭慶藩疏曰：「天地之大德曰生，故生化萬物者，盛德之光華也。」）性者，生之質也，（郭慶藩疏曰：「質，本也，自然之性者，是稟生之本也。」）性之動，謂之爲，（郭注：「以性自動，故稱爲耳，此乃真爲，非有爲也。」）爲之僞，謂之失。（郭慶藩疏曰：「感物而動，性之欲，僞，情分外有爲，謂之喪道。」）知者，接也；（王先謙曰：「接物而知之，謂之知。」）知者，謨也，（王先謙曰：「知，音智，謨，謀也；見事而處之，故因謨見智。」）知者之所不知，猶睨也。（王先謙曰：「雖智者，有所不知，如目斜視一方，故不能徧，是以用智而徧，不如寂照。」）聖人工乎天而拙乎人，（郭注：「任其自然天也，有心爲之人也。」）夫工乎天而俍（音良，善也。）乎人者，唯全人能之，（郭注：「工於天即俍於人矣，謂之全人，全人則聖人也。」王先謙曰：「全人神人也，案聖人謂堯舜以下，全人謂伏羲以上。」）唯蟲能蟲，唯蟲能天。」

德以匡時，用至道以通物，能如是者，其唯王德乎。」）蕩蕩乎，忽然出，勃然動，而萬物從之乎，此謂王德之人。（郭注：「忽勃皆無心而應之貌，動出無心，故萬物從之，斯蕩蕩矣，故能存性窮生，立德明道而成王德也。」）視乎冥冥，聽乎無聲，冥冥之中獨見曉焉，無聲之中，獨聞和焉，故深之又深，而能物焉；（郭注：「窮其原而後能物物。」）神之又神，而能精焉；（郭注：「極至順而後能盡妙。」）故其與萬物接也，至無而供其求，（郭注：「我確斯而都任彼，則彼求自然。」時騁而要其宿，大小、長短、脩遠。」（郭注：「皆恣而任之，會其所極而已。」）視乎冥冥，聽乎無聲者，俱言道之運、生機之動、德之凝、物之成也。冥冥者，本不可見也，無聲者何由而聽哉！莊氏所以如此言之者，以示道之無聲無嗅、無形無迹也。善觀道德之動靜形神者正是於萬物萬象、萬聲萬色、萬形萬味中獨見曉焉，獨聞和焉者，非實見實聞也，乃意之也，思辨之也，探頤索隱之也，鉤深致遠之也，儘管此道也深之又深，隱之又隱，而終必見之於物也，形之於德也，其所經歷之深之又神，玄之又玄之萬變千化，固難以言狀，然此妙化之中精晶出焉，構成此萬象世界精粗俱存之物類、人類也，其形色萬狀、小大、短長、圓扁、尖方，一稱其宜焉，此乃道與德之統一也，神與形之統一也，力與化之統莊氏在《天地》篇中言曰：「通於天地者德也，行於萬物者道也。」（郭注：「萬物莫不皆德，則天地通；道不塞其所由，則萬物自得其行矣。」郭慶藩疏曰：「至理無塞，恣物往來，同行萬物，故曰道也。」）莊氏之此言「通於天地者德也」，實與《周易繫辭》「天地之大德曰生」近也，所以言近之意，在於儒之言比莊之言更明確天地之本性也，即天地自具生之德，屬於內發之力也，而通於天地者，則似屬於物外之力，非其內具之性也；而且將莊氏之此二言上下連貫而細索其關係，則覺其道與德似可分開者也，實則二者乃一也，道即是德，德即是道，唯見內外神形之差耳；德爲道之形，道爲德之魂，德形之於外者，道活之於內者也。由此而論，道與德可視爲神與形之統一，精神與物質之統一；萬物與人，就其本質而言，乃神與形之統一、精神與物質之統一，生命與軀體之統一，生之力與活之形體之統一，約而言之，乃心與物之統一，乃心物一統也，乃心物一體也，此乃道與德一統之至義也，此乃道德之內涵也，此乃道德內涵之核心也。故老子之言：「道生之，德畜之」，適此意也。莊氏亦於《天地》篇中言曰：「形非道不生，生非德不明，（郭慶藩疏曰：「道能通生萬物，故非道不生，德能監照理原，故非德不明。」）存形窮生，立德明道，非王德者邪。（郭慶藩疏曰：「立盛

「任其自得，故無僞。」）而未始入於非人。」（郭注：「不入乎是非之域，所以絶於有虞之世。」）此莊氏所見之帝王之道，不入是非之域之人，惔然自化之人也。莊氏又舉一故事以明其所見帝王之道：「南海之帝爲儵（音叔），北海之帝爲忽，中央之帝爲渾沌。儵與忽時相遇於渾沌之地，渾沌待之甚善，儵與忽謀報渾沌之德，曰：人皆有七竅，以視聽食息，此獨無有，嘗試鑿之，日鑿一竅，七日而渾沌死。」郭象注之曰：「爲者敗之」，深得莊氏之意，以明帝王之道無爲也；老與莊之旨一也，無欲也，無爲也，真正帝王之道也，不易之理也，乃人之本性所决所定之者也，往者如是來者亦如是也，唯尚須時日耳。

右所述者，乃莊氏所發之道也，有天道焉，有地道焉，有人道焉，而人道之中又有聖道焉，（其中包涵真人、至人、神人之道。）帝王之道焉，（莊氏尤言「莫達於帝王」，見《天道》篇。）然歸結一也，天也，自然也，真也，全也，性命之分也，無始無終也，無是無非也，無欲無求也，無爲也，無不爲也。

二、德之内涵

前已述道之内涵，兹就莊氏所見之德之内涵而述焉。

爲與物同化也。

帝王之道，莊氏專闢《應帝王》以明之，（郭象對此標題《應帝王》注之曰：「夫無心而任自化者，應爲帝王也。」可爲此篇大旨之要。）此篇全文僅一千八十八字，文中所述，參與對話者計有十七人，其中主要者爲蒲衣子、王倪、齧缺（師、徒、孫）三人（此三人在《漢書·古今人表》中列爲仁人。見《二十五史·漢書》八十七頁，上海古籍出版社，一九八六年版。）論帝王之道，其有言曰：「齧缺問於王倪，四問而四不知，齧缺因躍而大喜，行以告蒲衣子。蒲衣子曰：而（汝）乃今知之乎？（郭慶藩疏曰：「蒲衣子堯時賢人，王倪之師也，舜師之，讓以天下不受，是方外之大賢，達忘言之大道。」）有虞氏不及泰氏，（泰氏，及太昊伏羲也，有虞氏，即舜也。）有虞氏其猶藏仁以要人，亦得人矣，而未始出於非人，（郭慶藩疏曰：「夫舜包藏仁義，要求士庶以得百姓之心，未忘懷自合天下，故未出於是非之域。」）泰氏其臥徐徐，其覺于于。（郭慶藩疏曰：「夫伏羲之時，淳風尚存，臥則安閑而徐緩，覺則歡娛而自得。」）一以己爲馬，一以己爲牛，（郭注：「夫如是，又奚是人非人之有哉！斯可謂出於非人之域。」）其知情信，（郭注：「任其自知，故情信。」）其德甚真，（郭注：

而天下足，無爲而萬物化，淵静而百姓定。夫子曰：夫道覆載萬物者也，洋洋乎大哉，君子不可以不刳心焉。（郭注：「有心則累其自然，故當刳而去之。」）無爲爲之之謂天，（郭注：「不爲此爲而此爲自爲乃天道。」）無爲言之之謂德（郭注：「不爲此言而此言自言乃真德。」）愛人利物之謂仁，（郭注：「此任其性命之情也。」）不同同之謂大，（郭注：「萬物萬形各止其分，不引彼以同我，乃成大耳。」）行不崖异之謂寬，（郭注：「玄同彼我，則萬物自容，故有餘。」）有萬不同之謂富，（郭注：「我無不同，故能獨有斯萬。」）故執德之謂紀，（郭注：「德者，人之綱要。」）德成之謂立，（郭注：「非德而成者不可謂立。」）循於道之謂備，（郭注：「夫道非偏物也。」）不以物挫志之謂完。（郭注：「内自得也。」）君子明於此十者，則韜乎事心之大也，（郭注：「心大故事無不容也。」）沛乎其爲萬物逝也，（郭注：「德澤滂沛，任萬物之自往也。」）若然者，藏金於山，藏珠於淵，（郭注：「不貴難得之貨。」）不利貨財，不近富貴，不樂壽，不哀夭，不榮通，不醜窮，不拘一世之利以爲己私分，不以王天下爲己處顯，萬物一府，死生同狀。」（郭注：「蜕然無所在也。」）此莊氏所論君道之大要也，其要之質，在天地物我一體也，道與德一原也，無欲無儒家之見「凡爲天下國家有九經」（曰：「修身也，尊賢也，親親也，敬大臣也，體群臣也，子庶民也，來百工也，柔遠人也，懷諸侯也。」見《中庸》）幾相一致也；但又有异也，儒主仁德，莊則純主自然，以天樂（天道與人道之自然調協也。）爲聖人之心，自然而然之治也，可視爲政治之極，亦可視爲政治理論之極也。

關於君道，《天地》篇曰：「天地雖大，其化均也，（郭注：「均於不爲而自化。」）萬物雖多，其治一也。（郭注：「一以自得爲治。」）人卒雖象，其主君也，（郭注：「天下异心，無心者主也。」）君原於德，而成於天，（郭注：「以德爲原，無物不得，得者自得，故得而不謝，所以成天也。」）故曰：玄（玄，遠也，深也。）古之君天下無爲也，天德而已矣。（此取王先謙《莊子集解》之斷句，郭慶藩《莊子集釋》之斷句爲：「故曰：玄古之君，天下無爲也，天德而已矣。」其義未通，不可取也。）以道觀言，而天下之君正；（郭注：「無爲者，自然爲君非邪也。」）以道觀分，而君臣之義明；以道觀能，而天下之官治；以道泛觀，而萬物之應備。故通於天地者德也；行於萬物者，道也；上治人者事也，能有所藝者，技也。技兼於事，事兼於義，義兼於德，德兼於道，道兼於天。故曰：古之畜天下者，無欲巧。」）此之謂天樂，天樂者，聖人之心，以畜天下也。夫帝王之德以天地爲宗，以道德爲主，以無爲爲常，無爲也，則用天下而有餘，（郭注：「有餘者閒暇之謂也。」）有爲也，則爲天下而不足。」（郭注：「不足者，汲汲然欲爲物用也。」）《在宥》篇曰：「聖人觀於天而不助，（郭注：「順其自爲而已。」）成於德而不累，出於道而不謀，會於仁而不恃，薄於義而不積，（郭注：「率性居遠非積也。」）應於禮而不諱，（郭注：「自然應禮，非由忌諱。」）接於事而不辭，齊於法而不亂，恃於民而不輕，因於物而不去（不去其本也。）物者莫足爲也，而不可不爲。」物者，俱稟於天，自適其性也，皆自爲也，自全其天也，有何爲之？爲之者，則違之也；然而又不可不爲也者，以聖人之欲全物之天而幾於聖治也。《天地》言聖治曰：「官施而不失其宜，拔舉而不失其能，畢見其情事而行其所爲，行言自爲而天下化，（郭注：「使物爲之，則不化也。」郭慶藩疏曰：「所有施行之事，教令之言，咸令物自爲，而不使物從己，如此，則宇内蒼生，自然從化。」）手撓顧指，（郭慶藩疏曰：「撓，動也，言動手指揮，舉目顧眄，則四方欵附，萬國來朝，聖治功能，其義如此。」）四方之民，莫不俱至，此之謂聖治。」莊氏此聖治之要：一君正，二選能，三政宜，四教化，五柔遠，與此處下，玄聖素王之道也。（郭注：「此皆無爲之至也，有其道爲天下所歸而無爵者，所謂素王自貴也。」）以此退居而閒游江海，山林之士服；以此進而撫世，則功大名顯而天下一也。（郭注：「夫無爲之體大矣，天下何所不無爲哉！故主上不爲冢宰之任，則伊呂靜而司尹矣，冢宰不爲百官之所執，則百官靜而御事矣，百官不爲萬民之所務，則萬民靜而安其業矣，萬民不易彼我之所能，則天下之彼我靜，而自得矣，故自天子以下至於庶人下及昆蟲，孰能有爲而成哉！是故彌無爲彌尊也。」）靜而聖，動而王，無爲也而尊。（郭注：「自然爲物所尊奉。」）樸素而天下莫能與之爭美。（郭注：「夫美配天者爲樸素也。」）夫明白於天地之德者，此之謂大本大宗，與天和者也。（郭注：「天地以無爲德，故明其宗本則與天地無逆也。」）所以均調天下與人和者也，（郭注：「天樂適，則人樂足矣。」）莊子曰：「吾師乎吾師乎！齑萬物而不爲戾，（郭慶藩疏曰：「齑，碎也，戾，暴也。莊子以自然至道爲師，亭毒生靈，令齑萬物亦無心暴戾。」）澤及萬世而不爲仁，（郭注：「仁者，兼愛之名耳，無愛，故無所稱仁。」）長於上古而不爲壽，（郭注：「壽者，期之遠耳，無期，故無所稱壽。」）覆載天地，刻彫衆形而不爲巧，（郭注：「巧者爲之妙耳，皆自爾，故無所稱至人包含於其中矣。《漁父》篇又假孔子之言曰：「且道者萬物之所由也，庶物失之者死，得之者生，爲事逆之則敗，順之則成，故道之所在聖人尊之，今漁父之於道，可謂有矣，吾敢不敬乎！」此言也，似近於《周禮·天官冢宰》之言：「儒以道得民」之意也。由此可見儒、道之聖人觀，實相近也，俱本於天道也，故《天道》篇曰：「天道運而無所積，故萬物成；帝道運而無所積，故天下歸；聖道運而無所積，故海内服。明於天，通於聖，六通四辟也帝王之德者，其自爲也，昧然無不静者矣，聖人之静也，非曰静也善，萬物無足以鐃其心者，（鐃，音，擾也。）故静也。水静則明，而况精神，聖人之心，静乎天地之監也，萬物之鏡也，夫虚静恬淡，寂寞無爲者，天地之平而道德之至，（郭注：「凡不平不至者，生於有爲。」）故帝王聖人休焉。休則虚，虚則實，實者倫矣，（郭注：「倫理也。」郭慶藩疏曰：「既休慮息心，乃與虚空合德，會於真實之道，自然之理也。」）虚則静，静則動，動則得矣；静則無爲，無爲也，則任事者責矣。（郭注：「夫無爲也，則群才萬品，各任其事而自當其責矣。」）夫虚静恬淡虚無者，萬物之本也，（郭注：「尋其本，皆在不爲中來。」）明此以南鄉，（鄉，向也。）堯之爲君也，明此以北面，舜之爲臣也；以此處上，帝王天子之德也，以

（凍也）而不能寒，疾雷破山風振海而不能驚，若然者，乘雲氣，騎日月，而游乎四海之外，死生無變於己，而況利害之端乎。」）《應帝王》曰：「至人之用心若鏡。」莊氏釋之曰：「無爲名尸，（郭注曰：「因物則物，各自當其名。」）無爲謀府，（郭注：「使物各自謀也。」）無爲事任，（郭注：「付物使各自任。」）無爲知主，（郭注：「無心，則物各自主其知也。」）體盡無窮，（郭注：「因天下之自爲，故馳萬物而無窮也。」郭慶藩疏曰：「體悟真源，故能以智境冥會，故曰皆無窮也。」）而游無朕，（郭注：「任物，故無迹。」）盡其所受乎天，（郭注：「足則止也。」郭慶藩疏曰：「所稟天性，物物不同，各盡其能，未爲不足者也。」）而無見得，（郭注：「見得則不知止。」郭慶藩疏曰：「於分内之得，雖得不得。」）亦虛而已。」（郭注：「不虛則不能任群實。」）由此而知，至人之所以用心若鏡者以其虛也，虛則寂，寂則静，静則明，明則勝物，勝物則自勝，自勝者無己，故曰「至人無己」。

有關聖人之論，《知北游》之言曰：「聖人者，原天地之美，而達萬物之理，是故至人無爲，大聖不作，（郭注：「唯因任也。」）觀於天地之謂也。」此可視爲莊氏之聖人觀，將一。（郭注：「常以純素，守乎至寂，而不蕩於外，則冥也。」）一之精通，合於天倫，（郭注：「精者，物之真也。」郭慶藩疏曰：「倫理也，既與神爲一，故冥和自然之理。」）循天之理，故無天灾，（郭注：「灾生於違天。」）無物累，（郭注：「累起於逆物。」）無人非，（郭注：「與人同者，衆必是焉。」）無鬼責，（郭注：「同於自得，故無責。」）其生若浮，其死若休，不思慮，不豫謀，其寢不夢，其覺無憂，其神純粹，其魂不罷，（郭注：「有欲乃疲。」）虛無恬淡，乃合天德，心不憂樂，德之至也。（郭注：「至德常適。」）由此而明真人者，合天德者也，合天德則冥於自然，冥於自然則無憂樂焉，此乃德之至也，由此而有：「一而不變，靜之至也，無所於忤，虛之至也，（郭注：「其心豁然確盡乃無纖介之違。」）不與物交，惔之至也，（郭注：「物自來耳，至惔者，無交物之情。」）無所於逆，粹之至也。」（郭注：「若雜乎濁欲，則有所不順。」）虛、靜、惔、粹一於胸中，實人道之平也，人人皆可守而涵養之，積久而漸入於道也。

有關至人之論，《逍遥游》曰：「至人無己」；《齊物論》曰：「至人神矣。」（齧缺曰：「子不知利害，則至人固不知利害乎！」王倪曰：至人神矣。大澤焚而不能熱，河漢冱在《大宗師》中，莊氏論真人之言曰：「且有真人而後有真知，何謂真人？古之真人，不逆寡，（郭注：「凡寡皆不逆，則所順者衆矣。」）不雄成，（郭注：「縱心直前，而群士自合，非謀謨以致之者也。」）過而弗悔，當而不自得也。（郭注：「直自全當而無過耳，非以得失經心者也。」）不知説生，不知惡死（郭注：「與化爲體者也。」郭慶藩疏曰：「氣聚而生，生爲我時，氣散而死，死爲我順，既冥變化，故不悦惡爲懷。」）翛然而往，翛然而來，（翛，音肖，疾也。）不忘其所始，不求其所終，（始，生也；終，死也。）受而喜之，忘而復之，（受生之後常自得，忘其死而復歸於天。）不以心捐道，不以人助天，是之謂真人。」（郭注：「真人知用心則背道，助天則傷生，故不爲也。」）在《刻意》篇中，莊氏又提出能體純、素，謂之真人。」（體，悟解也。）莊氏釋「純、素」之言曰：「素也者，謂其無所雜也，純也者，謂其不虧其神也。」（郭注：「苟以不虧爲純，則雖百行同舉，萬變參備，乃至純也，苟不以雜爲素，則雖龍章鳳姿倩乎有非常之觀，乃至素也；若不保其自然之質，雜乎外飾，則雖犬羊之鞹，庸得謂之純素哉！」）如何不虧其神，莊氏之意以爲：「純粹而不雜，静一而不變，惔而無爲，動而以天行，此養神之道也。純素之道惟神是守，守而勿失，與神爲一層之意爲天與人，第二層之意爲主與臣，而且天與人貫穿於君與臣，關鍵在人道約束着主與臣，而人道則「有爲而累者」也，是則君道亦必受此「累」字之制約也；既然如此則君道亦當「有爲而累者」也。而所以言君道無爲者，以其無欲也無私也，所以君馭百官有司者，非如郭所言之「逸」也，乃是「無欲無私」也，無爲之内涵即無欲無私也，此乃老莊之所同也，所謂君道者非無爲也，乃「爲無爲」也，則「無不治」也。

在《天下》篇莊氏言曰：「聖有所生，王有所成，皆原於一。」（郭注：「使物各復其根，抱一而已，無飾於外，斯聖王所以生成也。」）不離於宗，謂之天人，不離於精謂之神人，不離於真謂之至人，以天爲宗，以德爲本，以道爲門，兆於變化，謂之聖人。」（郭注：「凡四名，一人耳，所自言之异。」）郭之見實愜我心，（莊氏在《大宗師》中還論及真人。）故五者（天、神、至、聖、真）一而論之，但先述神人、至人、真人，而終歸於聖人。至人、神人、聖人之名，首見於《逍遥游》，其言曰：「至人無己，（郭注：「無己，故順物，順物而至矣。」）神人無功，（郭注：「夫物未嘗有謝生於自然者，今順而不助與至理爲一，故無功。」）聖人無名，（郭注：「聖人者，物得性之名耳，未足以名其所以得也。」）

扭曲、殘賊之物也；真道者，自然也，天然也，「聖人藏於天，不開人之天而開天之天，開天者德生，開人者賊生，不厭其天，不忽於人，民幾乎以其真。」（郭注：「民之所患，僞之所生，常在於知用，不在於性動也。」）（《達生》）郭之此注甚善，指明人之所患，僞之所起之根源在知用二字，知則巧，巧則僞，僞則詐騙横生；用則逐利，逐利則私欲暴起，争奪充上下，貪詐滿朝野，盗竊遍國中，欲爲治者，難矣，故必求之於聖道與帝王之道，此於莊氏視之，乃人道之至要者也。

莊氏於《在宥》篇中言曰：「何謂道，有天道，有人道，無爲而尊者天道也，（郭注：「在上而任萬物之自爲也。」）有爲而累者人道也。（郭注：「以有爲爲累者，不能率其自得也。」）主者，天道也，（郭注：「同乎天之任物，則自然居物上。」郭慶藩疏曰：「君在上任物，合天道無爲也。」）臣者，人道也，（郭注：「各當所任。」）天道之與人道也，相去遠矣，（郭注：「君位無爲而委百官，百官有所司，而君不與焉，二者俱以不爲而自得，則君道逸，臣道勞，勞逸之際，不可同日而論之也。」）不可不察也。」（郭注：「不察，則君之位亂矣。」）筆者之意，認爲郭之所注有偏，偏在於只見主與臣而未細及天與人，莊之此論第故此道也，可知也，可安也，可得也，但未可形諸於言而傳諸於人也。《治北游》中，莊氏假無始之言曰：「道不可聞，聞而非也；道不可見，見而非也；道不可言，言而非也。（郭慶藩疏曰：「道無聲，不可以耳聞，耳聞非道也；道無色不可以眼見，見而非道也；道無名，不可以言說，言說非道也。」）知形形之不形乎！道不當名。」在《天運》中，莊氏更假老子之言曰：「使道而可獻，則人莫不獻之於其君，使道而可進，則人莫不進之於其親，使道而可以告人，則人莫不告其兄弟，使道而可以與人，則人莫不與其子孫，然而不可者無佗也，中無主而不止，（郭注：「心中無受道之質，則雖聞道而過去也。」）外無正則不行。」（郭注：「外無正己者，故未嘗通也。」）由此而知，人本出於自然，其本身已天然具道，唯此道之聖靈爲一己之私欲所蔽，不易自明，欲真正明道，亦必中有主而外有正也，而此主與正也，實亦言內具含道之樸質并有求道至願以自啓自悟，外有明道之聖人「行不言之教」，則此正者始可以入焉，內外一通，則可「明道安道得道」矣，此本人人可致之者，亦視其私欲之損及於何等程度而定也。此之所言明、安、得道也，亦惟自明、自安、自得而已也，未可言也、未可傳也、未可與人也，其所欲言之者、欲傳之者、欲與人者俱非真道也，乃因人之言、人之傳而被於黄帝所言之「無思無慮、無處無服、無從無道」之境，常人者則必自求之於内，如莊氏所言「慎汝内，閉汝外，躬身求之」（《在宥》），亦如老氏所言「爲道日損，損之又損，以至於無爲」，始可漸以「知道、安道、得道」達於「無從、無道」之境。《讓王》《養生主》兩篇中，莊氏更細論了内修與外求之利害焉。「道之真以治身，其緒餘以爲國家，其土苴以治天下。由此觀之，帝王之功聖人之餘事也，非所以完身養生也。今世俗之君子，多危身棄生以殉物，豈不悲哉！凡聖人之動作也，必察其所以之與其所以爲。今且有人於此，以隨侯之珠彈千仞之雀，世必笑之，是何也，則其所用者重而所要者輕也，夫生者豈特隨侯之重哉！」（《讓王》）「吾生也有涯，（郭注：「所稟之分，各有極也。」）而知也無涯，以有涯隨無涯，殆已，（郭注：「以有限之性，尋無極之知，安得不困哉。」）已而爲知者，殆而已矣。（郭注：「已困於知而不知止，又爲知以救之，斯養而傷之者，真大治也。」）緣督以爲經，（緣，順也，督，中也，經，常也。）可以保身，可以全生，可以養親，可以盡年。」（郭注：「夫養生非求過分，蓋全理盡年而已矣。」）（《養生主》）此求之於自身之道既出於自然，則其所求者亦唯在盡分全理而已矣，超越此理分而求之則傷及自然而反爲害矣。

似之，我與汝，終不近也。夫知者不言，言者不知，故聖人行不言之教。（郭注：「任其自行，斯不言之教也。」）道不可致，（郭注：「道在自然，非可言致者也。」）德不可至。（郭注：「不失德而稱德，稱德而不至也。」）知謂黃帝曰：吾問無爲謂，無爲謂不應我，非不我應，不知應我也。吾問狂屈，狂屈中欲告我，而不我告，非不我告，中欲告而忘之也。今余問乎若，若知之，是故不近。黃帝曰：彼其真是也，以其不知也；此其似之也，以其忘之也。予與若終不近也，以其知之也。狂屈聞之，以黃帝爲知言。」黃帝所言知之者，知「道不可致」，知所欲求之者，乃「知道、安道、得道」也。故黃帝在告明「知」之後，言及「予與若終不近也」，不近者，在於求與不求之別也，（「知」求之也，黃帝不求也。）不求者，則「自知、自安、自得」也，求之者則不致也。難道世間尚有求而不得之物耶？蓋道者非物也，非人之所能見之物，道者乃自然也，乃自然者也；物者自然也，人者亦自然也，道寓於物性之中矣，亦寓於人性之中矣；物性也，人性也俱屬道也，何用外求哉？求之於內可也；抑何用求之於內哉，不求而自得之也；自得之者也，亦唯有順其自然而已矣。自然者，無欲也，無爲也，順其自然者，亦自無欲也，無爲也。聖人者明自然者也，故自無欲也，無爲也，因而自入則不足。」郭慶藩疏曰：「足，圓徧也，不足，偏滯也，苟能忘言會理，故曰言未嘗言，盡合元道也；如其執言，不能契理，既虛通之道，故盡是滯礙之物也。」筆者按：「盡是滯礙之物也」，應表述爲：「盡滯礙於物也」更切當。）道物之極，言默不足以載，（郭注：「夫道物之極，常莫爲而自爾，不在言與不言。」）非言非默，議有所極。」（郭注：「極於自爾，非言默而議之也。」）郭注甚善，「極於自爾，非言默而議之也」，此「天府」所蘊者唯自然耳，物出於自然，則其性分自足，唯保而不失，奚用語默載！

對此自爾而已之道，莊氏又於《知北游》篇中，假知、無爲謂、狂屈、黄帝四人之對話而闡述焉：「知，北游於元水之上，登隱弅（音紛）之丘，適遭無爲謂焉，知謂無爲謂曰：予欲有問乎若，何思何慮則知道，何處何服則安道，何從何道則得道，三問而無爲謂不答也，非不答，不知答也。知，不得問，反於白水之南，登孤闋之上而睹狂屈焉。知以之言也問乎狂屈，狂屈曰：唉，予知之，將語若（汝），中欲言，而忘其所欲言，知不得問，反於帝宫，見黄帝而問焉。黄帝曰：無思無慮始知道，無處物服始安道，無從無道始得道。知問黄帝曰：我與若知之，彼與彼不知也，（指無爲謂與狂屈。）其孰是邪？黄帝曰：彼無爲謂真是也，狂屈言性分之辯，乃物各有其性分也，此本不辯而自明者也，然亦有辯焉，如言：「大道不稱」，則其他無可稱者矣。大仁自不仁矣，大辯自不言矣，大廉自不嗛矣，大勇自不忮矣。倘非如此，稱之辯之，肆之於外求，則物各失其性分之原矣。此莊氏主順自然，不外求以殉而全其性之原意也。準此而觀老莊，則可明見老之「爲無爲，而無不治」，於莊則唯「順自然」而「適性」，是乃對「爲無爲」後退了一步，而對老之「法自然」則又前進了一步，而且莊之視此爲「天府」、爲「葆光」；「天府」者，萬物萬象所自出之動力之源也；「葆光」者，此原動力之徐徐待發也。於《則陽》篇，莊氏更詳發此義，其言曰：「與物無終無始，無幾無時，日與物化者，一不化者也」；「萬物有乎生，而莫見其根，有乎出而莫見其門」；「萬物殊理，道不私，故無名，無名故無爲，無爲而無不爲，時有終始，世有變化，禍福淳淳，至有所拂者而有所宜」；「有名有實，是物之居，無名無實，在物之虛，吾觀之本，其往無窮，吾求之末，其來無止，道不可有，有不可無，（郭注：「道故不能使有而有者，常自然也。」）道之爲名，所假而行，（郭注：「物所由而行，故假名之曰道。」）言而足，則終日言而盡道，（郭注：「求道於言意之表則足。」）言而不足，則終日言而盡物。（郭注：「不能忘言而存意，也；其又言曰：「今我則已有謂矣，而未知吾所謂之其果有謂乎？其果無謂乎？」此其言辯之無益之嘆也。老子主「有無相生」，又言有無「兩者同出而异名」，以此而見老莊之於有無似形相左；而儒學只言「資始」、「資生」、「乾道變化，各正性命」，却未明言有無，以此而觀莊子則其見近於儒矣。關於大小壽夭之辯，莊氏之言曰：「天下莫大於秋毫之末，而太山爲小，莫壽於殤子，而彭祖爲夭，天地與我并生，萬物與我爲一。」此大小壽夭之見，極富於想像力，而且亦符合宇宙發展之實際，其想像力之所及者，天地之外尚有天地，而且是無窮無極之天地也，故曰：「天下莫大於秋毫之末，而太山爲小」，既然想像中之天外之天無所窮極，則意其所見之天爲秋毫之末亦是矣；而且太山本比視野中之天地更小，其比之於無窮無極之天地，則形同沙粒矣。世云彭祖壽八百，以之與無始無終無古無今之宇宙相比，則視之爲夭亦不爲過矣。天地既與我并生，則我自與天地同壽矣，矣生死視之，我固不免有死有生，從天地視之，則我之死生之形也，倏忽之間耳，何足道哉！直可視爲無死無生也；既無死生，更不見壽夭矣，此乃「天地與我并生，萬物與我爲一」之至義也。此至義可謂之精神不死，實邏輯之結論，無可改易之者也。由此而更明，所謂是非、正邪、成敗、榮辱者也，亦自不見其迹矣。所炫耀於物，此乃淫僞，不是真道。」）言辯而不及，（郭注：「不能及其自分。」）仁常而不成，（郭注：「物無常愛，而常愛必不同。」）廉清而不信，（郭注：「皦然廉清，貪名者耳，非真廉也。」）勇忮而不成，（郭注：「忮逆之勇，天下共疾之。」）五者圓成而幾向方矣。（郭注：「此五者皆以有爲傷當者也，不能止乎本性而求外無已，譬猶以圓學方，以魚慕鳥耳。」）故知止其所不知，至矣，（郭注：「所不知者，皆性分之外也，故止於所知之內至矣。」）孰知不言之辯，不道之道，若有能知，此之謂天府。（郭注：「浩然都任之也。」郭慶藩疏曰：「言不言之言，道不合於自然之府藏也。」）注焉而不滿，酌焉而不竭，（郭注：「至人之心若鏡，應而不藏，故曠然無盈虛之變也。」）而不知其所由來，此之謂葆光。（郭注：「任其自明，故其光不弊也。」）莊氏此一大段在《齊物論》中所發之論道之言，其要義可概略之爲三：一曰有無之辯，二曰大小之辯，三曰性分之辯。對有無問題，莊氏持不定論，其意在辯有無，無重大意義也，身之所處，眼之所見，耳之所聞，心之所思，史之所載，無一不屬實有也，天地物人俱在，史乘思辨均存，宇宙萬象變化依舊，辯之何益，莊之古時如此，今世亦然，故其言曰：「俄而有無矣，而未知有無之果孰有孰無也」，此其言難辯之詞我并生，萬物未足爲异而與我同得，則天地之生，又何不并，萬物之得，又何不一哉！」）既已爲一矣，且得有言乎！既已謂之一矣，且得無言乎！夫道未始有封，（郭注：「冥然無不在也。」）言未始有常，爲是而有畛也。請言其畛：有左有右，（郭注：「各异便也。」）有倫有義，（郭注：「物物有理，事事有宜。」）有分有辨，（郭注：「群分而類别也。」）有競有争，（郭注：「并逐曰競，對辨曰争。」）此之謂八德。（郭注：「略而判之，有此八德。」郭慶藩疏：「德者功用之名也，群生功用轉變無窮。」）六合之外，聖人存而不論，六合之内，聖人論而不議，春秋經世，先王之志，聖人議而不辯。故分也者有不分也，辯也者不辯也。（郭注：「夫物物自分，事事自别，而欲由己以分别之者，不見彼之自别也。」）曰何也？聖人懷之，衆人辯之，以相示也，故曰辯也者，有不見也。（郭注：「不見彼之自辯，故辯己所知以示之。」）夫大道不稱，（郭注：「付之自然，無所稱謂。」）大辯不言，（郭注：「己自别也。」）大仁不仁，（郭注：「無愛而自存也。」）大廉不嗛，（郭注：「夫至足者，物之去來，非我也，故無所容其嗛盈。」）大勇不忮。（郭注：「無往不順，故能無險而不往。」）道昭而不道，（郭注：「以此明彼，彼此俱失矣。」郭慶藩疏曰：「明己功名，始也。）（此三者歸於第一類見解。）有有也者，（郭注：「有有，則美惡是非具矣。」筆者體會：萬物萬象固植根於其有者也。（此「有有也者」，獨爲第二類見解。）有無也者，（郭注：「有無而未知無無也，則是非好惡猶未離懷。」筆者體會：萬物萬象，不能以有生有，必經歷其無之過程，乃從無而之有也。）有未始有無也者，（郭注：「知無無矣，而猶未能無知。」筆者體會：萬物萬象本能已生成如此，不可能有其無也。）有未始有夫未始有無也者。（筆者體會：萬物萬象本如此，從不可能有其無也。）（此三者，可歸之爲第三類見解。）俄而有無矣，而未知有無之果孰有孰無也。今我則已有謂矣，而未知吾所謂之果有謂乎？其果無謂乎？天下莫大於秋毫之末，而泰山爲小，莫壽於殤子，而彭祖爲夭。天地與我并生，而萬物與我爲一。（郭注：「夫以形相對，則大山大於秋毫也，若各據其性分，物冥其極，則形大未爲有餘，形小不爲不足於其性，則秋毫不獨小其小，而大山不獨大其大矣，若以性足爲大，則天下之足未有過於秋毫者。其性足者爲大，雖大山亦可稱小矣，故曰天下莫大於秋毫之末，而大山爲小，大山爲小，則天下無大矣，秋毫爲大，則天下無小也。無小無大，無壽無夭，是以蟪蛄不羨大椿，斥鴳不貴天池，而榮願以足；苟足於天然而安其性命，故雖天地未足爲壽而與之見曰：「古之人其知有所至矣，惡乎至？有以爲未始有物者，至矣盡矣，弗可以加矣；其次，以爲有物矣，將以生爲喪也，（郭注：「喪其散而之乎聚也。」）以死爲反也，（郭注：「還融液也。」）是以分已，（郭注：「雖欲均之，然已分也。」）其次曰：始無有，既而有生，生俄而死；以無有爲首，以生爲體，以死爲尻，（尻，髖也，脊骨盡處，無爲其頭，生爲其形體，死爲其尻，一身而有無死生備矣。）孰知有無死生之一守者，吾與之爲友，是三者（首、體、尻也；或無、生、死也。）雖异，公族也。」（公族，公，同祖，族之祖也。）莊氏之意，無也生也，死也，此三者雖難以界説，實乃一體也，亦必以一體視之，（首、體、尻豈可分視之哉！）始可見無是非之存也；無、生、死三者，亦必以一體視之，始可見其無是非之存，亦自無是非之議也。

莊氏於《齊物論》更舉出其時論有無之三種不同見解：「有始也者，（郭注：「有始則有終。」筆者之體會：僅言有始也。）有未始有始也者，（郭注：「謂無終始而一死生。」筆者體會：萬物萬象本就如此，從未見其有始也。）有未始有夫未始有始也者。（郭注：「夫一之者，未若不一而自齊，斯又忘其一也。」筆者體會：萬物萬象本就如此，根本不可能有其天一氣耳。（郭注：「死生彼我豈殊哉。」）聖人故貴一。」此一者，非指一氣之一也，乃死生彼我無殊、復歸爲一之道也，乃「以天地爲大鑪，以造化爲大冶」，無所不包、無所不熔、無所不化之道也，化而不見其迹之道也，不知其所自來，卻能明其所往之道也。

在《庚桑楚》篇中，莊周又稱此道爲天門，「與物窮者物入焉，出無本，入無竅，（郭注：「欻（音忽，與忽同）然自生非有本，欻然自死非有根。」）有實而無乎處，有長而無本剽，（郭慶藩疏：「剽末也，亦原也。」）有實而無乎處者宇也，有長而無本剽者宙也。有乎生，有乎死，有乎出，有乎入，入出而無見其形，是謂天門。（郭注：「天門者，萬物之都名也，猶云衆妙之門也。」）天門者，無有也，萬物出乎物有，有不能以有爲有，必出乎無有，而無有一無有，（郭注：「無者遂無，則有自欻生明矣。」）聖人藏乎是」（郭注：「任其自生，而不生生。」）。此是者乃「無有一無有」也，乃物之自欻生也；此自欻生者，實介乎無與有之間者也，此無與有之間之狀，老子亦只言「有無相生」，《周易》言之較詳，一曰「萬物資始」，「生生之謂易」，二曰「乾道變化，各正性命」，但亦未説清如何資始資生，只可會其意，生乃由無而起；即現代科學之成就亦未徹底論證生命如何開始。莊氏則舉出其時古人其倫之天鈞之見，《莊子・知北游》更有發之：「東郭子問於莊子曰：所謂道惡乎在？莊子曰無所不在。東郭子曰：期而後可。（欲期莊子指明所在。）莊子曰：在螻蟻。曰：何其下邪！曰：在稊稗。曰：何其愈下邪！曰：在瓦甓。曰：何其愈甚邪！曰：在尿溺。東郭子不應。莊子曰：夫子之問也，固不及質，（質，實也。）汝唯莫必，無乎逃物，（王先謙曰：「汝莫期必道在何處，無逃於物之外也。」）至道若是，大言亦然，周、徧、咸三者异名同實，其指一也」；「物物者，與物無際，（郭注：「明物物者無物，而物自物耳，物自物耳，故冥也。」）而物有際者所謂物際者也。（郭注：「物有際，故相與不能冥然，真所謂際者也。」）不際之際，際之不際者也。（郭注：「物物者竟無物也，際其安在乎！」）謂盈虛衰殺，彼爲盈虛非盈虛，彼爲衰殺非衰殺。」（郭注：「既明物物者無物，又明物之不能自物，則爲之者誰乎哉？皆忽然而自爾也。」筆者按：此忽然而爾者道也。）此忽然而爾者之道，此無所不在之道，不論其形爲何物，或爲何人，抑不論其爲盈虛、消長、榮枯、生死、陰陽，一處於變化無窮之中，「生也死之徒，死也生之始，孰知其紀；人之生，氣之聚也，聚則爲生，散則爲死，若死生爲徒，吾又何患，故萬物一也。是其所美者爲神奇，所惡者爲腐臭，故曰通繼，（郭慶藩疏：「潤氣生物，從無生有，更相繼續也。」）得水土之際，則爲。蠙之衣，（郭疏：「青苔也。」）生於陵屯，則爲陵舄，（郭疏：「車前草也。」）陵舄得鬱栖，則爲烏足，（郭疏：「鬱栖，糞土也；烏足，草根也。」）烏足之根爲蠐螬，（又云蝤蠐蝎。）其葉爲蝴蝶，蝴蝶胥也，化而爲蟲，生於。下，其狀若脱（脱同蜕），其名爲鴝掇，鴝掇千日爲鳥，其名曰乾餘骨，乾餘骨之沫爲斯彌，斯彌爲食醯，頤輅生乎食醯，黄軦生乎九猷，瞀芮生乎腐蠸，（腐蠸，螢火蟲也。）羊奚比乎不箰，久竹生青寧，青寧生程，（郭疏：「亦蟲名也。」）程生馬，馬生人，（郭疏：「未詳所據。」）人又反入於機，萬物皆出於機，皆入於機。」（郭注：「此言一氣而萬形，有變化而無死生也。」）此機也，即前述之樞要，陰陽消長之契機也。《莊子·寓言》又曰：「萬物皆種也，以不同形相禪，始卒若環，（郭注：「於今爲始者，於昨已復爲卒也。」）莫得其倫，（郭疏：「倫，理也，索變化之道，竟無理之可致也。」筆者按：《説文》倫，輩也，又曰道也，據上下文解之，倫，迹也，適合輩與道之意。）是謂天鈞，天鈞者，天倪也。」（郭注：「夫鈞齊者豈妄哉，皆天然之分。」郭慶藩引其父言曰：「萬物有種生發，至於無窮，始卒無有端倪，是之爲天鈞。」）此始卒若環，莫得之環，環中空矣，今以是非爲環，而得其中者，無是無非也，故能應夫是非，是非無窮，故應亦無窮。」）（著《莊子集釋》之郭慶藩引其父之言曰：「是非兩化而道存焉。」筆者按：此言甚得莊學之要，道無是非，故能應化無窮。）是亦一無窮，非亦一無窮，（郭注：「天下莫不自是，莫不相非，故一是一非，兩行無窮。」）故曰莫若以明。」

此明也，窺莊之意，實指明如中天之大道，王先謙（著《莊子集解》）則曰：「惟本明之照可以應無窮」，此本明之照，可引伸爲本明之道，亦幾近莊之意矣。一言以蔽之，莊氏之意在以道平天下之是非也，是非一平，則物我齊矣，主客齊矣，彼是齊矣，庶物化矣，爭奪息矣，和平見矣，樂其生而遂其性矣，此《齊物論》作之至義所在也。

此「以天地爲大鑪，以造化爲大冶」之道，在《至樂》篇中可見到記述生命發展之素材：「列子行食於道，從見百歲髑髏，攓蓬（攓，拔也，取也。）而指之曰：唯予與汝知，而未嘗死（而，汝也。）未嘗生也。若果養乎（俞樾曰：「養讀爲恙，《爾雅・釋詁》恙，憂也。」）予果歡乎？（言汝之死非憂，我之生非樂也。）種有幾，（郭注：「變化種數不可勝計。」筆者按：郭之此注或亦可解，《説文》幾，微也，種之生機微妙也。）得水則爲莊子續論之曰：「物無非彼，物無非是，（郭注：「物皆自是，故無非是；物皆相彼、故無非彼，無非彼，則天下無是矣；無非是，則天下無彼矣；無彼無是，所以玄同也。」）自彼則不見，自知則知之，（觀人則昧，反觀即明。）故曰彼出於是，是亦因彼，（有此而後有彼，因彼而亦有此，彼此相因而生。）彼是，方生之說也。（方生，初生之意也。）雖然，方生方死，方死方生（生滅浮游無定也。）；方可方不可，方不可方可，（可，不可，即是非也。）因是因非，因非因是，（有因而是者，即有因而非者，既有彼此，則是非之生無窮矣。）是以聖人不由，（不由是非之途也。）而照之於天，亦因是也。（天，自然也，因是，職是故也。）是亦彼也，彼亦是也；（郭注：「我亦爲彼所彼，彼亦自以爲是。」）彼亦一是非，此亦一是非；（郭注：「此亦自是而非彼，彼亦自是而非此，此與彼各有一是一非於體中也。」）果且有彼是乎哉？果且無彼是乎哉？（郭注：「今欲謂彼爲彼，而彼復自是，欲謂是爲是，而是復爲彼所彼，故彼是有無果定也。」）彼是莫得其偶，謂之道樞。（郭注：「偶，對也，彼是相對，而聖人兩順之，故無心者與物冥，而未嘗有對於天下也，此居其樞要而會其玄極，亦應夫無方也。」）樞始得其環中，亦應無窮。（郭注：「復是非反復相尋無窮，故謂之可言也，其於《齊物論》終愷然而嘆曰：「道惡乎隱而有真僞，言惡乎隱而有是非，（郭象注曰：「道焉不在，言何隱蔽而有真僞，是非之名紛然而起。」）道惡乎往而不存，（郭注：「皆存。」）言惡乎存而不可，（郭注：「皆可。」國慶藩疏曰：「玄道真言，隨物生殺，何往不可，而言隱邪故，可是可非，而非非非是者也。」）道隱於小成，言隱於榮華，（郭注：「夫小成榮華自隱於道，而道不可隱，則真僞是非者行於榮華而止於實當，見於小成而滅於大全也。」筆者按：郭注大全之見，深發莊氏本意，道者，全也，真也，是也，無偏也，無僞也，亦無自隱也，所見隱者乃偏見遮蔽而不見其全也。）故有儒墨之是非，以是其所非，而非其所是；欲是其所非，而非其所是，莫若以明。（郭注：「夫有是有非者，儒墨之所是也，無是無非者，儒墨之所非也。今欲是儒墨之所非，而非儒墨之所是者乃欲明無是無非也；欲明無是無非，則莫若還以儒墨，反復相明，則所是者非是，而所是者非非矣。非非則無非，非是則無是。」）筆者以爲郭氏此注「莫若以明」之義，實有欠安。莊氏之原意，非令儒墨反復相明，乃是以道之全見儒墨之偏也，亦以見諸家之偏也，觀莊氏隨後之論可知矣，而且在大論之後其結語又重說一遍：「莫若以明」，亦足以見其以大道明儒墨之是非也。

者，唯在莊子重道之體而輕其用也，是則必然上遡而求死生之祕，以至於專求自適也；儒則明其體用之一致，循體以爲用，則必下學而上達，慮及萬物衆庶而有以引導之，明之覺之，以蘄達於修齊治平，盡人性，盡物性，贊天地之化育，無窮無極，亦如莊子之言此道也「莫知其始莫知其終」也。

此道之所以無始無終者，以其「一以天地爲大鑪，以造化爲大冶，惡乎往而不可哉！（大鑪達治陶鑄群物，錘鍛蒼生，所遇所適，何惡何欣，無往不可也。）成然寐，蘧然覺。」（《莊子·大宗師》郭象注曰：「寤寐自若，不以死生累心。」）萬物閒適而寐，蘧爾而寤，人亦如之，此正反相續、輪迴相繼之寤寐，不知其始，亦自無其終。自其內者（指寤寐本身也。）而省之，則寤寐一也，一也者，不可見其异也，自其外者（之鑪治之功。）而觀之，則見其有物類之殊與人物之异，更見其有自然與人爲之别，尤見其有是非、和争之利害也。此是非和争於人而言固寓與寤寐之中，於鑪治言之則不可尋其迹矣，而人之斤斤然計其是非、和争之義者，亦暗然失色也，唯莊氏所言之默默沉沉、無聲無嗅、澹然自若、冥然自化之長青也。

故莊氏認爲道就是道，獨立自存，無所不在，無所不入，無所不化，其本身無真僞、是非爲高，在六合之下而不爲深，先天地而不爲久，長於上古而不爲老，狶韋氏得之以挈（契也）天地；伏戲氏得之以襲氣母；（襲，合也，氣母，元氣之母。）維斗得之，終古不忒，（維斗，北斗也，爲衆星綱維，歷終始無差忒。）日月得之，終古不息；黄帝得之，以登雲天；傅説得之，以相武丁；莫知其始，莫知其終。」於此而明，此道也，包含有天道、地道、人道焉。而天地之先，此道即已存焉，是以天得之而爲天，地得之而爲地，物得之以成物，人得之而爲人，且爲萬物之靈；由此而往下推，老子得之而著書五千言，孔子得之而集儒學之大成，張良得之以謀暴秦，李世民得之以成貞觀之治，由此而推之萬世，其道不竭，得之者亦自繼起而有其人，其爲聖爲賢，爲智爲愚，爲壽爲夭，爲曾（參）史（鰌）爲盜跖，亦在其自得之也，此莊子之意也；而道之所存，復有儒、墨之异，名、法之殊，其所見之分，亦有偏全、深淺、明昧之差，而其爲言也，亦有詳約違晦之等；其得民心也亦有多寡厚薄之不同，取捨辨擇，亦自待世人決之也。且世殊時移，人情人心，莫不隨而遷之；思之者行之者，亦自生新見新求，其虧道乎成道乎，未可預知也，是則莊子所慮之成與虧者，亦唯聽任道之所至，人之所取也，由此而可見道之隱顯也，由此而亦如莊子所見之道與儒家所見之道乃一道也；其所异果且有成與虧乎哉？果且無成與虧乎哉？」由此可明，莊子所見之道，自然也，自然而然者也，完整而一體者也，全然而不可虧者也，純真而無是非者也；一也，全也，本不知成與虧也，成之者亦自然而然也，虧則無與語焉，其言曰：「有成與虧，故昭氏之鼓琴也，（故，古也，昭氏，姓昭，名文，古善琴者，鼓商則喪角，揮宮則失徵，鼓商揮宮成也，喪角失徵虧也，不若置而不鼓，五音自全。）無成無虧，故昭氏之不鼓琴也。」引申莊子此意，則有爲而成者虧道也，損全也，莊子於此將道之純真推之至極之境矣；無爲而不求有成者乃合道也，全道也。就此而與老子之「爲無爲，則無不治」相較而觀之，莊子之見，則向後退了一步矣。此或爲魏源之論：「晉人以老爲莊，漢人以老爲老」（魏源《論老子》）之理論依據也。

莊子所見之道，雖純自然者也，亦有可徵也，其可徵者，情信也，（情，實也。）在《大宗師》言之曰：「夫道有情有信，無爲無形，可傳而不可受，（可傳而宅之，莫能受而有之。）可得而不可見，（獨悟可得也。）自本自根，（道爲事物之根本。）未有天地，自古以固存，（意近老子之言：「有物混成，先天地生。」）神鬼神帝，生天生地，在太極之先而不聖人尊之，今漁父之道可謂有矣，吾敢不敬乎！」此言也，與其在《齊物論》中所發者：「已而不知其然謂之道」乃相一致也，此與老子之意「人法地，地法天，天法道，道法自然」，實可見其一脈相承也。唯莊子之思也，更密而辯，細而察，微而遠，晦而明，如在《齊物論》中，他論辨「天地一指也，萬物一馬也」之後，緊接而言之曰：「可乎可，不可乎不可，道行之而成，物謂之而然。惡乎然，然於然；惡乎不然，不然於不然；物固有所然，物固有所可；無物不然，無物不可，道通爲一，唯達者，知通爲一，通也者，得也，適得而幾矣。」此言也，將「已而不知其然謂之道」這個簡單的概念，賦予其豐富的内涵，且進一步將此内涵更爲充實之曰：「是以聖人和之以是非而休乎天鈞，是之謂兩行。（王先謙案曰：「言聖人和通是非，共休息於自然均平之地，物與我各得其所是兩行也。」）古之人其知有所至矣，（至，造極也。）惡乎至，有以爲未始有物者，至矣盡矣，不可以加矣。（郭象云：「此忘天地，遺萬物，外不察乎宇宙，内不覺乎一身，曠然無累，與物俱往，而無所不應。」）其次，以爲有物矣，而未始有封也；（封，界域也，見爲有物，尚無彼此。）其次，以爲有封焉，而未始有是非也；是非之彰也，道之所以虧也。（見有是非，則道之渾然者傷矣。）道之所以虧，愛之來，而不敖倪與萬物；（未嘗鄙棄萬物，存驕亢之見。）不譴是非而與世俗處，其書雖瓌瑋，而連犿無傷也；（連犿，與物混和而無傷也。）其辭雖參差，而諔詭可觀也。（參差，謂不唯應當時之務，諔詭，謂滑稽可觀也。）彼其充實不可以已，上與造物者游，而下與外死生無終始者爲友，（與自然爲友也。）其於本也，宏大而辟，深閎而肆，其於宗也，可謂稠適而上遂矣。（上遂，謂上達與元道也。）雖然，其應於化，其解於物也，其理不竭，其來不蛻。（蛻，不蛻捨也，與無窮竭之妙理應於化而解於物也。）芒乎昧乎，未之盡者。」（《莊子·天下篇》）今就其說之應於化而解於物者，求其不竭之理，追其不蛻之來，以見其說之全貌與體夫其生命力，以啓人之良知而彰人之天性也。

第一節 道德論

一、道之内涵

莊子所見之道乃自然也，或曰自然而然也，其於《漁父》篇假孔子之言述說其所見之道：「道者，萬物之所由也，庶物失之者死，得之者生，爲事逆之則敗，順之則成，故道之所在，

第五章　莊學要義

莊子（約前三六九－二四八年），名周，宋國蒙人，（今河南商丘）戰國時期哲學家，著有《莊子》，繼老子而成爲道家學派。其學大旨，章明大道，崇尚自然，純真人性，不殉於物，其爲言也，曠閎恣肆，繪影象形，忘乎形骸，虛幻而實；對後世學術影響極深，尤以魏晋爲最；（魏源《論老子》有言曰：「晋人以莊爲老。」）迄大宋蘇軾讀其書猶嘆曰：「吾昔有見，口未能言，今見是書得吾心矣。」（《蘇東坡全集·宋史本傳》）概其學之要，還是其自言者，足以見其底崖也：「芴漠無形，變化無常，死歟勝歟！天地并歟！神明往歟！芒乎何之！忽乎何適！萬物畢羅，莫足以歸；古之道有在於是者，莊周聞其風而悦之。以謬悠之説，荒唐之言，無端崖之辭，時恣縱惡不儻，不以觭見之也，（不以一端自見。）以天下爲沈濁，不可與莊語，（莊語，大言也，正論也，天下溺於小辯，未可與説大言也。）以卮言爲曼衍，（卮言，不定之言也；曼衍，無心也，無常也，日心也。）以重言爲真，（重言，述尊老之言，使人聽之而以爲真。）以寓言爲廣。（以寓言而廣其所欲發之意也。）獨與天地精神往者也；利器有用有不用，此聖人智勇深沈之機，而慎於臨時者也，非明不能見，非微明不能守。聖人待小人，因天道自然而不費人力。故有權宜以待小人，如有網罟以待禽獸，天之道，人之理，物之勢未有不如此者，與易之消息盈虛一理也。」蘇轍曰：「聖人乘理而世俗用智也，乘理而醫藥巧於應病，則智如商賈巧於射利，知勢之自然而居其自然耳。」（俱見《老子本義》）老子此意，亦與《中庸》之言「君子之道暗然而日彰，小人之道的然而日亡」與《周易・雜卦》之言「君子道長，小人道憂」相近也。老子於書之將終之際猶懇切叮嚀：「天下莫柔弱於水，而攻堅强者莫之能勝，以其無以易之。弱之勝强，柔之勝剛，天下莫不知，莫能行，是以聖人云：受國之垢，是謂社稷主，受國不祥，是爲天下王，正言若反。」正言若反，意謂此言似反乎俗情，實合乎正道也。俗以受垢受不祥爲殃，正道則是爲主爲王；世俗不明此正道，故對「弱之勝强，柔之勝剛，天下莫不知，莫能行」。其所以知而不能行者，以其不明老學之本末體用也，老學之本在無欲、無爲、無我、守下也；柔弱其體，則明其用也。

此漢人之意也；物有固然，不可强爲，事有適當，不可復過，此老子之本意也。」（《老子本義》）由此而知魏源所言，「漢人以老爲老」之見亦近之耳，非老之原意也。溯老之原意，唯稟無欲無爲之道，可以御器也，凡私欲充其内，誑言飾其外者，則必不逃老氏之言「爲者敗之，執者失之」，此不易之理也。

老子之政治觀深察自然之理，痛切人欲之害，以爲當以大道遠慮以待之，《經》三十六章曰：「時欲歙之，必固張之；將欲弱之，必固强之；將欲廢之，固必興之；將欲奪之，必固與之；是謂微明。（王弼注曰：「將欲除强梁，去暴亂，當以此四者，因物之性，令其自戮，不大假行爲以除將物也，故曰微明。足其張，令之足，而又求其張，則衆所歙也，與其張之不足而改，其求張者愈益，而己反危。」）柔弱勝剛强，魚不可脱於淵，國之利器不可以示人。」（王注：「利器，利國之器也，唯因物之性，不假刑以理物，器不可覩，而物各得其所，則國之利器也。示人者，任刑也，刑以利國則失矣。魚脱於淵則必見失矣。利國器而立刑以示人，亦必失也。」）魏源釋之曰：「此言君子待小人之術也，柔勝剛，弱勝强，是其本旨，魚與利器皆喻也，柔弱者其體，剛明者其用，然魚無一時可離於水，此聖人柔道藏身之固而守以終身化、自正、自富、自樸」矣。如此，則既不知何謂善行，亦自不可覓其迹矣；善閉者，外力不可開而自開矣，善結者外力不可解而自解矣，此中之妙，即「衆妙」之妙也，「以道莅天下」之妙也，「爲無爲，而無不爲」之妙也。此要妙之全義也，自然也，道也，勿以人欲害其義也。

因此，老氏認爲「天下神器，（王弼注曰：「神，無形無方也，器，合成也，無形以合，故謂之神器也。」焦竑曰：「神器者，天命人心，去就靡常，不可人力争，故神之也。」轉引自《老子本義》）不可爲也；爲者敗之，執者失之，（王注：「萬物以自然爲性，故可因而不可爲也，可通而不可執也；物有常性而造爲之，故必敗也；物有往來而執之，故必失矣。」）故物或行或隨，或歔或吹，或强或羸，或挫或隳，是以聖人去甚去奢去泰。」（王注：「凡此諸或，言物事逆順反覆，不施爲執割也。聖人達自然之至，暢萬物之情，故因而不爲，順而不施，除其所以惑，故心不亂，而物性自得之也。」）（《經》二十九章）薛蕙曰：「物各有自然之性，豈可作爲以害之，是以聖人去甚去奢去泰，惟因其自然而已。《漢書·黄霸傳》曰：「凡治道去其太甚者耳，其言本此，而意實不同，事有太過者去之，小而無害，則不必改作，然，不設不施，故不用關楗繩約而不可開解也。此五者皆言不以形制物也。」）是以聖人常善救人，故無棄人，（王注：「輔萬物之自然而不爲始，常使民心無欲無感，則無棄人矣。」）常善救物，故無棄物，是謂襲明，故善人者，不善人之師，不善人者，善人之資。不貴其師，不愛其資，雖智大迷，是謂要妙。」吴澄釋之曰：「善行、善言、善計、善閉、善結、善救人、善救物，此七者，聖人不可名之善也。善人不善人二者，此常人兩可名之善不善也，不彰，其不可名之名者，是謂襲明，不分其兩可名之名者，是謂要妙。蓋善行者，以不行爲行，善言者以不言爲言，善計、善閉、善結者以不用爲用，則聖人之救人救物以不救爲救，既以不救爲救，則無救之迹，常若什襲掩蔽而莫能知者，故曰襲明。」此言得老氏之意焉，無迹者，自然也，或曰任其自然而然者也，恰似自然之生養萬物與人類，固無迹也，亦無迹可尋也。聖人之爲治也，循自然之道，無所施爲，令各遂其生、適其性，無治之迹，自無棄物，亦無棄人，悉處大化之中，全不知其化也，此乃「要妙」所在也。要者，秉大道也，政也、治也，本由人之群居生活自然而生之者，亦當稟自然之道以求治，不應施以外力以害自治，更不應注入物欲以亂其心，此「要妙」二字中之「要」義也；妙者，只要無欲無爲，任其自然，則「自聖也。夫恃威網以使物者，治之衰也，使不知神聖之爲神聖，道之極也。」）夫兩不相傷，故德交歸焉。」（王注：「神聖兩不傷人，故曰兩不相傷也，神聖合道，交歸之也。」）韓非《解老篇》曰：「凡法令更，則利害易，利害易，則民變業，故事大衆則數搖之而少成功，藏大器而數徙之，則敗傷，烹小鮮而數撓之，則賊其澤，治大國而數變法，則民苦之，是以有道之君，貴清靜而重變法也。」老氏之以烹小鮮喻治大國，其用心亦良苦矣。蓋小鮮之爲物，乃嬌弱細嫩，易受傷害者也，國之民也亦若是也，不可撓之顛之以傷其性也，唯有扶之撫之以安其心順其意也；安順之猶恐不足，唯有尊之敬之以崇其權而申其志也；猶有不足，則唯有無私無我無欲爲，以洽於道而純於德，此乃老氏「以道莅天下，德交歸焉」之至義也，亦道洽神聖之大治也。

此道洽神聖之大治乃無迹可尋者也，老氏於《經》二十七章專論了無迹之道，其言曰：「善行無轍迹，（王弼注曰：「順自然而行，不造不始，故物得至而無轍迹也。」）善言無瑕讁，（王注：「順物之性，不別不析，故無瑕讁可得其門也。」）善事不用籌策，（王注：「因物之數，不假形也。」）善閉無關楗而不可開，善結無繩約而不可解，（王注：「因物自者也，其中無欲，更是本中之本也，此老氏以本息末（以正治國末也）之至意也，此意也，與儒家之見亦幾相近也。仲尼曰：「道之以政，齊之以刑，民免而無恥；道之以德，齊之以禮，有恥且格。」（《論語・爲政》）孟軻曰：「善政不如善教之得民也；善政民畏之，善政得民財」，適如老子本章所言「以正治國」之意也，亦如六十五章所言：「以智治國國之賊」之意也；同樣，孔孟之言：「道之以德，齊之以禮」，「善教民愛之，善教得民心」，適如老子本章所言之「民自化、民自正、民自富、民自樸」之意也，亦如三章所言「爲無爲，則無不治」，六十六章所言「以其不爭，故天下莫能與之爭」之意也。於此可見儒、道之政同者有二：一曰以道德爲基，二曰以教化爲本。

以正治國傷民，故老子貴不傷之法，《經》六十章曰：「治大國若烹孝鮮，（王弼注曰：「不擾也，躁則多害，静則全真，故其國彌大，而其主彌静，然後乃能廣得衆心矣。」）以道莅天下，其鬼不神，非其鬼不神，其神不傷人，（王注：「神不害自然也，物守自然，則神無所加，神無所加，則不知神之爲神也。」）非其神不傷人，聖人亦不傷人，（王注：「道治則神不傷人，神不傷人，則不知神之爲神；道治則聖人亦不傷人，聖人亦不傷人則不知聖人之爲同，（回歸尚純樸之世）雖言中世代之病根，却昧於救治之方略。爭盜之總根曰欲，治之之方一曰道德之化，二曰人性之覺，三曰自我之約。此三者亦在啓之發之，道之教之耳。

此啓之發之道之教之者令其自醒自悟自知自明也，《經》三十三章曰：「知人者智，自知者明，勝人者有力，自勝者强。」所謂自勝，勝己私也，勝己欲也；所謂自知，知自己之私欲所在也，知自己體道之深淺也，知自己德性之純疵也；唯自知自勝者方可内明於心，外洽於政，欲下則下，欲守則守，進可「不爭而善勝」，退可「不言而善應」，「以處無爲之事，以行不言之教」，此乃老子政治觀之核心内函也。

前所述者，乃明老子之意：治國必以道也；而於《經》五十七章，老子直砭以正治國」之病，其言曰：「以正治國，以奇用兵，以無事取天下。（王弼注曰：「以道治國則國平，以正治國則奇正起也。夫以道治國，崇本以息末，以正治國立辟以攻末。本不立而末淺，民無所及，故必至於以奇用兵也。」）吾何以知其然哉？以此。天下多忌諱，而民彌貧；民多利器，國家滋昏；人多伎巧，奇物滋起；法令滋張，盜賊多有。故聖人云：我無爲而民自化，我好静而民自正，我無事而民自富，我無欲而民自樸。」無爲、好静、無事、無欲，此四者崇本民不害，是以天下樂推而民不厭；以其不爭，故天下莫能與之爭。」此旨也，在教誡爲政者下於民，後於民而不與民爭利也。魏源釋之曰：「惟下乃大，此老氏之宗旨也。天下歸往之謂之王，百川歸會謂之海。人知王之至尊，而不知所以尊者，由其至大；所以能成其大者，由其能下而無不容也。」（《老子本義》）金人銘曰：「君子知天下之不可上也，故下之；知衆人之不可先也，故後之」。揚雄曰：「下者，人高之，自後者，人先之。」（《老子本義》）爲上者既下之，不與民爭利，則民從之，如水之就下也，孰能御之，此乃「以其不爭，天下莫能與之爭」之境地也。

欲天下莫能與之爭，必先不爭，《經》三章曰：「不尚賢，使民不爭；不貴難得之貨，使民不爲盜；不見可欲，使民心不亂。是以聖人之治，虛其心，實其腹，弱其志，强其骨，常使民無知無欲，使夫智者不敢爲也，爲無爲，則無不治。」魏源釋之曰：「老子救世之書也，此遂以太古之治，矯末世之弊。夫世之不治，以有爲亂之也；有爲由於有欲；有欲由於有知；日啓其無涯之知，而後節其無涯之欲，是濫觴江河而以一葦障之也。治世之人尚純樸，賢與不賢同用，難得與易得同視，民不致見之以亂其心，而爭盜之原絶矣。」魏氏息爭盜之見與老氏僞益滋，故曰以智治國國之賊也。」）不以智治國國之福，知此兩者亦稽式，常知稽式，是謂元德，元德深矣遠矣，（王注：「稽，同也，今古之所同，則不可廢，能知稽式，是謂元德。」）與物反矣，（王注：「反其真也。」）然後乃至大順。」細思此「古之善爲道者，非以明民，將以愚之」之言，亦覺其有病焉。愚之者，固非欺詐愚弄之意，乃守真順自然也，與其愚之孰若以明之哉！明之者，使民去私與妄，明辨巧樸真僞而知所棄守，豈不益善乎？使民知大道之尊、元德之厚，自覺塞内閉門，不競不爭，避巧拒僞，唯樸是守，恬澹其性，相習成風，俗以大淳，自致大順，不亦宜乎！此大順自是大順自然也，自是無爲而大治之意也；以此而論古人（老子猶曰「古之善爲道者。」），亦知其所見之有偏也。其所偏者在於對私欲横溢之滔滔濁流，不思明以導之疏之，淨之收之，而唯知愚以堵之，自不免望洋興嘆，無以救治也。愚以爲疏導淨化之法在喚醒人之良知與理性，使之自明；私欲乃一切禍惡之根，内以禍己，外以害人；唯卑退不爭可以自救；如此，則自約其私欲，漸而争心日損而自泯焉。

老子於《經》之六十六章，詳發「善下」之旨，「江海所以能爲百谷王者，以其善下之，故能爲百谷王，是以欲上民必以言下之，欲先民必以身後之；是以聖人處上而民不重，處前而老子認爲善爲政者應是「其政悶悶，其民淳淳」，（王弼注曰：「言善治政者，無形無名，無事無政可舉，悶悶然，卒至於大治，其民無争競，寬大淳淳。」）而不是「其政察察，其民缺缺。」（王注：「立刑名，明賞罰，以檢姦僞，故曰察察也；殊類分析，民懷争競，故曰其民缺缺。」）此兩者孰善孰惡，孰禍孰福，本亦昭然判已，惟「人之迷，其日固久」，好利之欲，迷妄其心，不能明辨，且欲明辨之亦難矣，蓋善中緼惡，惡内存善，禍中有福，福内蓄禍，孰知其極，連老子亦只能無可奈何回答「其無正」。王弼雖强爲之言曰：「悶悶然而天下大化是其極也」，只見政之終，而未見政之始，始者在導民去私息争也；唯無私者能洞燭善惡禍福相繆及轉化之幾而知所棄守也。必先教民明其棄守，繼之以悶悶之政，始可見「其民淳淳」之風矣。

由此而明老子「以智治國國之賊」之旨意矣，《經》六十五章曰：「古之善爲道者，非以明民，將以愚之；（王弼注曰：「明謂多見巧詐，蔽其樸也；愚謂無知守真，順其自然也。」）民之難治，以其智多，（王注：「多智巧詐，故難治也。」）故以智治國國之賊，（王注：「以智術動民，邪心既動，復以巧術防民之僞，民知其術防隨而避之，思惟巧密，奸老子認爲「不欲以靜，天下將自定」，《經》三十七章曰：「道常無爲，（王弼注曰：「順自然也。」）而無不爲，（王注：「萬物無不由爲以治以成之也。」）侯王若能守之，萬物將自化，化而欲作，吾將鎮之以無名之樸；無名之樸，夫亦將無欲，不欲以靜，天下將自定。」蘇轍釋之曰：「道常者，無所不爲而無爲之之意耳。聖人以無爲化物，萬物化之，始於無爲而漸至於作，日以滋甚，天下皆靡，終以無名之樸鎮之，庶幾可得而止也。」魏源曰：「無名之樸者，以靜制動，以質止文，以淳化巧，使其欲心雖將作焉而不得，將釋然自反而無欲矣；無欲則靜，靜則正，而反於無名之樸矣。」魏氏之見猶未盡老子之意也，蓋不欲以靜者乃侯王守之之前提也；必侯王無欲、無妄作以安其志，則百姓自樸實以守，唯知日出而作，日入而息，不知帝力之所在，此萬物自化之意也；然此自化中亦有巧慧相伴而出焉，此實化而欲作之意也，何以待之哉？曰鎮之以無名之樸，使其私欲不起，百慮不發也；此中實富有「道之以德」之意。蓋人之欲也，屬於動而向外也，然人之心亦有思靜向內之志；就動靜而論，靜本也，動末也，靜以制動，本以治末也；以內外言，其義亦然。故曰「無欲以靜，天下將自正」，庶幾盡老氏之意矣。

余甚贊賞此域中五大之見，而且王以一之也，此乃老子政治觀之最高境界也。

老子於《經》四十九章言曰：「聖人無常心，以百姓心爲心，善者吾善之，不善者吾亦善之，（王弼注曰：「各因其用，則善不失也。」）信者吾信之，不信者吾亦信之，德信。聖人在天下，歙歙爲天下，渾其心，（王注：「各用聰明。」）聖人皆孩之。」（王注：「皆使和而無欲，如嬰兒也。夫以明察物，物亦競以其明應之，以不信察物，物亦競以不信應之，害之大也，莫大於用其明矣。是以聖人之於天下歙歙焉，心無所主也，爲天下渾心焉，意無所適莫也。無所察焉，百姓何避，無所求焉，百姓何應；無避無應，則莫不用其情矣。百姓各皆注其耳目焉，吾皆孩之而已。」）呂惠卿釋之曰：「聖人先得我心之盡者也，故無常心，而以百姓心爲心，猶之監無常形，以所應之形爲形也。聖人之視己心如此，則其視百姓心亦若是而已，知其心之善不善，信不信無常，而以德善之，德信之故也，物得以生謂之德，則德者，物性之所自出，而無不善不信明矣。」王、呂二人之注釋俱稱善矣，然本章要旨在渾百姓之心，而孩之也。所謂渾百姓之心，是使百姓察察其欲、斤斤其利之心渾化而不明也，使之復歸於樸、無欲無爲，如嬰兒之無所求，唯知饑而號食、寒而啼衣也。

第八節　政治觀

《經》二十五章有言曰：「域中有四大，（王弼注曰：「四大：道、天、地、王也。」）而王居其一焉。（王注：「處人主之大也。」）人法地，地法天，天法道，道法自然。」（王注：「法，法則也，人不違地，乃得全安，法地也；地不違天乃得全載，法天也；天不違道，乃得全覆，法道也；道不違自然，乃得其性；法自然者，在方而法方，在圓而法圓，於自然無所違也。自然者，無稱之言，窮極之辭也。用智不及無知，而形魄不及精象，精象不及無形，有儀不及無儀，故轉相法也。道順自然，天故資焉，天法於道，地故則焉，地法於天，人故象焉。所以爲主，其一之者，王也。」）先立王之地位，與天、地、道并稱，按其順序，王者，上承天地道之尊，下「以百姓心爲心」者也，亦王弼之注所焉：「所以爲主，其一之者王也」；竊老子之意，可明見其域中四大中之王乃實現其政治主張者也。魏源釋之曰：「蓋人性之大與天地參，王者人道之盡，而與天地同者也，道本自然，自然者，性之謂也，人如復性，則道之量無不全矣。而以道爲天地之父，自然之子，并王爲域中五大也。」（《老子本義》）

者，即本體也；其體也，寂然不動，其用也，則衆妙變化莫測矣。

自然爲體，無爲爲用，此老氏體用觀體系中之主幹也。「人法地，地法天，天法道，道法自然」，此自然者非自然界之意也，乃言自然而然之力也，此力也，乃一抽象之自動之力也，賴有此力，萬物自然而成，人類亦自然而見，物也人也，俱出自然之天工，妙之又妙、神之又神者也，衆妙之門者，即指物之妙、人之靈與其變化之神而言也。

静爲體、動爲用，虛爲體、實爲用，柔爲體、剛爲用，此三者，乃自然爲體、無爲爲用之主幹上構成三杈并出之體用體系之枝幹也。「致虛極，守静篤」，「重爲輕根，静爲躁君」，「虛其心，實其腹」，「反者道之動，弱者道之用」，「天下莫柔弱於誰，而攻堅强者，莫之能勝」，皆此三者綜合爲體用之論也。静、虛、柔三者，又不可截然分而言之，虛中静、静中虛，柔中静、虛中柔，互爲包容表裏，未可分也。水，柔也，氣亦柔也；有形者、無形者，可見者、不可見者，亦具有柔性也。其他爲體爲用者，俱爲此三枝幹之枝葉也，不及細論矣。由此而明老子之體用體系，乃一生命不息之長青樹也；此樹也，與時而榮，同世而盛也，無衰老之性，有顯陰之幾也，以其所明之者道也。

第七節 體用觀

體者，本體也，用者，發用也；萬物發生於本體，萬事隨物而起，亦自發用於本體，本體者，道之根，理之根也，自然之根也，亦萬物萬事之根也。故知體用觀所涉及之者，本末先後之序，長幼尊卑之倫也。就老子五千言之論，其所述及之體用諸形態，可歸結之爲：無爲體，有爲用；道爲體，德爲用；自然爲體，無爲爲用；虛爲體，實爲用；靜爲體，動爲用；柔弱爲體，剛明爲用；愚爲體，知爲用；音爲體聲爲用；樸爲體，巧爲用；神爲體，形爲用；母爲體，子爲用；明爲體，光爲用等等構成老子之體用觀，亦一體用觀體系也，此體系乃由無與有所衍發之者，有本有根，有幹有枝，有條有葉，有脈有倫，道精理密，源遠流長，生機無窮，光華無際，兹就其大旨論之如次。

無爲體有爲用，此老子體用觀之基石也，根也，本也。《經》首章所言：「無，名天地之始，有，名萬物之母；此兩者，同出而异名，同謂之元，元之又元，衆妙之門。」元之又元者，乃此「無」也；「天下萬物生於有，有生於無」（四十章），亦此「無」也。此「無」

細而終大，若不早圖而亟爲之，以至易者漸難，細者漸大，無爲豈可得乎。」由此而明大小、難易者俱隨時空條件轉化而隱顯之也；此中，難而易、易而難、大而小、小而大，長處變化，逆之則難也；故知難易者形也外也，順逆者質也内也，内本外末也，不可奪之者也，乃道也。

禍福觀

禍福之中藴函有美惡、貧富、寵辱、智愚、善妖、陰陽、盈虧、損益、利害等等相反相成之因素，《經》五十八章曰：「禍兮福之所倚，福兮禍之所伏，孰知其極，其無正，正復爲奇，善復爲妖，人之迷，其日固久，是以聖人方而不割，廉而不劌，直而不肆，光而不耀。」細味老子禍福之論，乃互爲依伏，相爲包含，不斷轉化者也。「反者道之動」，禍與福、倚與伏，俱向其反面轉化，且始卒若環，未有窮極也。禍福如是，他如盈虧、榮枯、盛衰、死生亦莫不如是。老子曰：「孰知其極」，實不可知其極也。唯一任其自然而已；人順其道，欲有所棄，欲有所守（如知其雄守其雌，守其下等等。）亦相對而言之也，孰能守住其轉變者哉！終如杜甫《戲爲六絶句》所嘆：「爾曹身與名俱裂，不廢江河萬古流。」（《杜詩詳注》第二册，八九九頁。）

雄以剛柔言，白黑以明晦言，榮辱以貴賤言，嬰兒言其知也，無極言其虛也，樸言其質也，皆指常德而言。」（《老子本義》）余以爲魏、李、王三人之見雖俱合老氏之旨，但未及《經》六章所言「元牝之門，是謂天地根」之深邃也；蓋天下之物唯牝能受能生，故爲天地根，然則，無牝以倡之授之，則萬物之生也不遂矣；故知牝牡者乃黑白、榮辱之本也，守之者，守其本也，守其本則能制末矣；能守本且制其末，則可長保矣。

難易觀

《經》六十三章曰：「爲無爲，（無爲，自然也，爲無爲順其自然而爲之也。）事無事，（任其自然，觀其趨向，欲有以助之也。）味無味，（靜觀其變也。）大小、多少，報怨以德，（德者，合道也，示之以柔弱，無往而不順（勝）也。）國難於其易，爲大於其細；天下難事必作於易，天下大事必作於細，是以聖人終不爲大，故能成其大。夫輕諾必寡信，多易必多難，（輕諾者，無實也；事之易中必有難，不可輕忽也。）是以聖人猶難之，（言聖人重視易中之難事也。）故終無難矣。」（以其對易者以難待之，對小者以大待之也。）吴澄曰：「凡以無爲而爲者，此老氏宗旨也；無事、無味，皆演無爲之旨。天下之事，始易而終難，始慈、儉修之於内，不敢爲天下先形之於外者也；謙卑也，退讓也，息争之良策也，救世之正道也；此中先後、進退、上下，亦在運用之妙也。

牝牡觀

此乃先後觀之另一表現形式也，唯其更具獨特意義焉。《經》二十八章曰：「知其雄，守其雌，爲天下溪；爲天下溪，常德不離，復歸於嬰兒。（王弼注曰：「雄先雌後也，溪者，不求物，而物自歸之；嬰兒不用智，而合自然之智。」）知其白，守其黑，爲天下式，爲天下式，常德不忒（忒，差也。），復歸於無極。（不可窮也。）知其榮，守其辱，爲天下谷，常德乃足，復歸於樸。樸散則爲器，聖人用之則爲官長，（樸，真也。）故大制不割。」（大制者，以天下之心爲心，故無割也。）魏源釋之曰：「守雌不求勝也，守黑不分别也，守辱無歆豔也；以道制器，則器反爲樸；道可君器，器不可宰道，言聖人執本御末之道也。」（《老子本義》）李嘉謨曰：「雄動而倡，雌静而處，動必歸静，道之常，豈有所謂雌雄、黑白、榮辱者哉？曰知曰守者，謂常德也。道散而爲德，以德自處，而必知所守，以復歸於嬰兒，無極與樸者，謂復歸於真常也，真常者，道也。」王道曰：「此言聖人以無御有，微妙玄同之道。雌雖有其理，但未盡老氏之大旨。此大旨在「重爲輕根」之函義也；一曰自然現象之輕重，老子雖不知「萬有引力」，但「重爲輕根」之此一根字，適言中之矣；且此輕根之輕之含義，非指某一輕物也，乃言萬物之輕重也，而所有輕重之萬物，均有其不可見之「重」爲其總根也，此「重爲輕根」之含義一也。二曰以萬民比之於君位，其輕重亦有辯焉；從君所秉之權力言之，則君重而民輕，上重而下輕；從君權之來源而論，則民重（貴）而君輕。由此而大明：「重爲輕根」，當其喻諸於人事時，萬民之重，乃一切權力之總根，此萬古不磨之理也，老氏之言大旨所蘊也，後人未及昌明之者也。

先後觀

老子自謂有三寶，「一曰慈，二曰儉，三曰不敢爲天下先」；（六十七章）「聖人後其身而身先」；（七章）（魏源釋之曰：「聖人處柔處下，本以先人而後其身也，而人愈貴之。」）「大者宜爲下」；（六十一章）（林希逸曰：「知道者常以謙下爲宜，强者須能弱，有者須能無，始爲知道也。」《老子本義》）「江海所以能爲百谷王者，以其善下之，欲先民必以身後之，是以聖人處上而民不重，處前而民不害，故天下莫能與之争。」三寶者，德也、所不通，無有不可窮，至柔不可折，以此推之，故知無爲之有益也。」）《經》七十六章又曰：「堅强者死之徒，柔弱者生之徒，是以兵强則不勝。」吕惠卿曰：「柔弱勝剛强之理，非但兵驕則敗，木强則伐爲然也，凡物之理，莫不然也；然則，體道之貴柔明矣。」（《老子本義》）誠哉是言也！道本剛柔并濟也，剛以克柔，柔以克剛，此本自然之理，未可以厚薄論之也；唯喻諸人事，則確見以柔弱勝剛强者多矣，其故何耶？一在於柔弱處下，無爲也，且具有韌性，能持久以待也；二在於剛强自恃有力，有爲躁進，鋒芒四出，鋭而必折，乏韌性以應變，是以終必敗也。慎矣！體道之貴柔也。

輕重觀

《經》二十六章曰：「重爲輕根，静爲躁君；輕則失本，躁則失君。」魏源釋之曰：「根本必重於枝葉，君上必静於臣下，君子於天下事，必持重以主静。韓非子云：『制在己曰重，不離位曰静，重則能使輕，静則能制躁，此之謂也。』」（《老子本義》）吕惠卿曰：「凡物輕者先感，重者後應，故本能制末，静者御物，躁者御於物；故静能君躁，雖行動居處之間，猶不能離此理，况任重道遠以觀天下者而不静且重乎！」（《老子本義》）余以爲魏、吕之見，

柔剛觀

柔以克剛，乃老學之精髓也，故曰柔剛觀。《經》八章曰：「上善若水，水善利萬物而不爭，處衆人之所惡，（王弼注曰：「人惡卑也。」）故幾於道。居善地，心善淵，與善仁，言善信，正善治，事善能，動善時；夫唯不爭，故無尤。」李贄釋之曰：「凡利物之謂善，而利物者，又不能不爭，非上善也；惟水不然，衆人處上，彼獨處下；衆人處易，彼獨處險；衆人處潔，彼獨處穢，所處盡衆人之所惡，夫誰與之爭乎？此所以爲上善也。」（《老子本義》）蘇轍曰：「道無所不在，水無所不利，避高就下，未嘗有所逆，善地也；空處湛靜，深不可測，善淵也；挹而不竭，施不求報，善仁也；圓必旋，方必折，塞必止，決必流，善信也；洗滌群穢，平準高下，善治也；以載則浮，以監則清，以攻則堅，强莫能敵，善能也；不舍晝夜，盈科後進，善時也。水唯兼此七善而不爭，故無尤矣。」（《老子本義》）由此可明老子所論水之七善中，唯柔唯淵最善，柔則仁，無所不至；淵則容，無所不納；唯有容德乃大，唯至柔乃能克剛，《經》四十三章之言曰：「天下之至柔，馳騁天下之至堅，（王弼注曰：「氣無所不入，水無所不出。」）無有入無間，吾是以知無爲之有益。」（王注：「虛無柔弱，無觀見之於治國之效也。

靜用之以正天下，見於《經》四十五章之論，其言曰：「大成若缺，其用不弊，（王弼注曰：「隨物而成，不爲一象，故若缺也。」）大盈若冲，其用不窮，（王注：「大盈充足，隨物而興，無所愛矜，故若冲也。」）大直若屈，（王注：「隨物而直，直不在一，故若屈也。」）大巧若拙，（王注：「大巧因自然以成器，不造爲异端，故若拙也。」）大辯若訥，（王注：「大辯因物而言，已無所造，故若訥也。」）躁勝寒，靜勝熱，清靜爲天下正。」（王注：「躁罷然後勝寒，靜無爲以勝熱，以此推之，則清靜爲天下正也，靜則全物之真，躁則犯物之性，故惟清靜乃得如上諸大也。」）夫道全而周被也，然而，亦全與缺、周與偏、直與屈、盈與虧同時并存，且相反而相爲用也；於物也，莫不皆然，此老子之言「大成若缺，大盈若冲，大直若屈，大巧若拙，大辯若訥」之理之所自出也。蘇轍亦言之曰：「直而不屈，其屈必折，循理而行，雖屈亦宜；巧而不拙，其巧必勞，付物自然，雖拙而巧；辯而不訥，雖辯必窮，因理而言，雖訥而辯。」（《老子本義》）由此而明老子之意，清靜以正天下者，乃以不勝勝之也；此不勝勝之者道也，無欲也，無爲也。

因而，静可用之以修身，以治國，以正天下也。《經》三十三章所論者，用静以見修身之效也：「知人者智，自知者明，勝人者有力，自勝者强，知足者富，强行者有志，不失其所者久，死而不亡者壽。」《經》五十七章所言，乃静之用於治國之論也：「以正治國，以奇用兵，以無事取天下。吾何以知其然哉？以此。天下多忌諱，而民彌貧；民多利器，國家滋昏；人多伎巧，奇物滋起；法令滋彰，盜賊多有。故聖人云：我無爲而民自化，我好静而民自正，我無事而民自富，我無欲而民自樸。」（王弼注曰：「以道治國則國平，以正治國則奇正起也。以道治國，則崇本以息末；以正治國，則立辟以攻末，本不立而末淺，民無所及，故必至於以奇用兵也。」）治國必首以崇本爲務，本章所言之四者（無爲、好静、無事、無欲。）乃崇本之正道也；本一立，則末自息矣，於此四者，好静又居其首也。静者，前已言之，乃本體也，是則自無欲也，自無爲也，自無事也，可見好静乃此四者之本也；以此四者根本之道，用之於治國，則民自化矣，自正矣，自富矣，自樸矣；較之以正治國自善矣。正必有對，邪乃正之對也，王弼言之曰：「以正治國，立辟以攻末」，（辟，邪也，偏也。）立辟以攻末，乃以邪攻末也；以邪攻邪，則必奸邪滋生，無以爲治矣。欲爲治者，舍正道無他途矣，此老子動静

注：「天下所歸會也。」）天下之牝，（王注：「靜而不求物，自歸之也。」）牝常以靜勝牡，以靜爲下。（王注：「以其靜，故能爲下也；牝，雌也；雄躁動貪欲，雌常以靜，故能勝雄也。以其靜，復能爲下，故物歸之也。」）故大國以下小國，大者宜爲下。」（王注：「小國修下，自全而已，不能令天下歸之，大國修下，則天下歸之，故曰大者亦爲下。」）此乃以靜制動，以牝勝牡，以逸待勞，以卑敵强，有若無，實若虛，大若小，衆若寡之大容懷也，亦真能體道之實者也。蓋事物之盛衰、榮枯、生死、存謝、聚散、變化、相克、相生、相忌、相發，莫不相互轉換而易其位也。欲處於不敗之地者，唯見守下持謙、棄尊就卑者可求而致，可獲而安也。强者失之，弱者得之；貴者驕之，賤者安之；高者危之，低者守之；益者損之，損者益之，此自然之理，無可逃遁之者，亦非假人力所可倖免者，唯明道去欲、甘居卑下者可長保安樂也。故老子在本章中誡之曰：「大國以下小國，則取小國；小國以下大國，則取大國；（王注：「大國納之也。」）故或下以取，或下而取，（王注：「言唯修卑下，然後乃各得其所。」）大國不過欲兼畜人，小國不過欲入事人，夫兩者各得其所欲，大者宜爲下。」故知此大者宜爲下之理，則貴者長思賤，富者永知貧，則安而可應變矣。

根，静必爲躁君也。」）（筆者案：「重爲輕根」一語，以近代物理學視之乃萬有引力也，老子言之之時，雖未及此意，然一根字，足以證其所見之深且邃也，王注「輕不能載重」之言，適亦是也，但未及老子之深邃者遠矣。）是以聖人終日行不離輜重，（王注：「以重爲本，故不離。」）雖有榮觀，燕處超然。奈何萬乘之主，而以身輕天下，輕則失本，躁則失君。」（王注：「輕不鎮中也，失本爲喪身也，失君爲失君位也。」）此處王注之言：「失本爲喪身也」，則謬矣，本者民也，此在老子之時已成公論，遠在《夏書·五子之歌》已明示：「民惟邦本，本固邦寧」，晚於老子近二百年之孟軻更公然宣稱「民貴君輕」，於此可明老子「輕則失本」之本意在失民也，而非王弼之意「失本爲喪身也」。索老子本章大旨，其所言重者，爲本體也，輕者爲萬物也：「静爲躁君」，乃明静爲動之主宰，静可制動，且以静制動也；以静制動，此老氏之本義也，期君子持重以主静，處弱以制强，運柔以克剛，上重下輕，百廢可興；君静民正，教化以行；德重官肅，政通人和；民淳而俗美，欺詐無由而生矣。

此静之另一含義，如《經》六十一章所明者：「大國者下流，（王弼注曰：「江河居大而處下，則百川流之，大國居大而處下則天下流之，故曰大國下流也。」）天下之交，（王公，（王注：「無所不包通，則乃至於蕩然公平也。」）公乃王，（王注：「蕩然公平則乃至於無所不周普也。」）王乃天，（王注：「無所不周普，則乃至於同乎天也。」）天乃道，（王注：「與天合德，體道大通，則乃至於極虛無也。」）道乃久，（王注：「窮極虛無，得道之常，則乃至於不窮極也。」）没身不殆。」此公、王乃人事者，天、道，則人事之所稟也。一切皆發之於靜，靜，本體也，萬物芸芸之根也。蘇轍曰：「萬物作於性，皆復於性，猶華葉之生於根而歸於根，性命者萬物之根也。」（《老子本義》）蘇氏此見，或有未安也，蓋萬物之根，非性命也，乃常也，乃本體也，性者乃萬物各所具之特性也，命者，乃其生命之長短有异也，萬物不應以自己之性命爲根，當以性命所賴以發生之本體爲根也。《周易・乾象》：「乾道變化，各正性命」，可資之以爲參證焉。儒之乾（道）坤（道）（陰與陽），即老之虛靜，乾坤之變化，即老之動（動而愈出）也；儒之陰陽，即老之靜動也；且陰中有陽，陽中有陰，陰陽消長，一如靜中藴動，動中藴靜，靜動相推相發也。

老子在《經》二十六章，又進一步闡明以靜制動，且喻之於人事者：「重爲輕根，靜爲躁君。（王弼注：「凡物，輕不能載重，小不能鎮大，行者使行，不動者制動，是以重必爲輕其宇宙觀之内外及形式也。《經》十六章曰：「致虛極，守靜篤，（王弼注曰：「言致虛物之極篤，守靜物之真正也。」）萬物并作，吾以觀復。（王注：「凡有起於虛，動起於靜，故萬物雖并動作，卒復歸於虛靜，是物之極篤也。」）夫物芸芸，各復歸其根（王注：「各返其所始。」）；歸根曰靜，是謂復命，復命曰常。」（王注：「復命則得性命之常。」）余以爲王注雖合老氏自旨，唯猶有可發之者。通觀老氏之有無觀、宇宙觀，所見者，一切物形，長處於動態，索其動力，實蘊藏於虛靜之中，適如老氏二十六章所言「靜爲躁君」，君者制動之力也，亦使動之力也；而且此動也靜也，必爲一體也，是動而有靜，靜而有動也；兩者同時并存，非動之後見靜，靜之後見動也；必於動中觀靜，靜中觀動，方可得動靜之全也，而且此靜中蘊藏之力，既極活躍，更不可窮盡也，適如《經》五章所言「動而愈出」之意，動而愈出，則其力源泉滚滚，永無止息矣。故知，此虛靜者，乃老學之基石也，核心也，其所言道也德也，乃發之於虛靜也，此自然之義也。但索其全者，則猶有喻諸於人事者也，《經》十六章即已明示之矣，其言曰：「知常曰明，不知常，妄作凶。（王注：「常之爲物，不偏不彰，無皦昧之狀，温涼之象，故曰知常曰明也。」）知常容，（王注：「無所不包通也。」），容乃

（王注：「虛無柔弱，無所不通，無有不可窮至。柔不可折，以此推之，故知無爲之有益也。」）不言之教，無爲之益，天下希及之。」（四十三章）物之有堅有柔，有精有粗，有密有疏，乃其性使然也，相剋相生，授受之際，亦物之性也；柔者不折，且無所不入，本自然之道也，以之喻於人事，則柔、弱、謙下，俱可向其反面轉變，此亦自然之理。（「反者道之動，弱者道之用。」）無有入無見，無爲之益，不言之教，俱自然而言之者；唯世人希及之，以其未及於無欲無妄也。若能無欲無妄，順物之性，則無爲之益、不言之教，自在其中矣。

第六節　相對觀

老子相對之見，於《道德經》中提及者，有如下列之有無、難易、曲全、雌雄、柔剛等不下四十項，兹就其靜動、柔剛、輕重、先後、牝牡、難易、禍福七者而論之，此七者，固獨立爲對，然亦相互聯屬，構成其整體也。

靜動觀

靜爲本體，動爲發用；靜爲質，動爲形；靜爲虛，動爲實，此乃老學靜動觀之内涵，亦至，巧利之極也。」（《老子本義》）李嘉謨曰：「老子教以絶利一源，返本救末之要，惟以樸素先民，而不欲以私欲示民，民見其如此，故不敢以文欺物，而不以文自欺。」（《老子本義》）此三家（王、陸、李）之注釋，俱得老氏之旨，非老之真欲絶聖智、仁義、利巧也，乃欲以素樸示人，使之少私寡欲，返本以治末也。返本者，少私寡欲也，治末者，揭示假聖智、仁義以欺世之實，其反之者假仁義也，此乃老子救世之真意所在也；由此而知，老氏之救世與儒家之經世，乃相輔相成之者也，老子之見適有利於救儒家經綸天下之弊者也；使儒、道兩者合而用之不亦善乎！而且從老氏之五千言中，亦可見其贊聖智、稱仁義、重利巧之言也。如「域中有四大，而王居其一焉」；「聖人常善救人，故無棄人；常善救物，故無棄物」；「樸散則爲器，聖人用之則爲官長，故大制不割」，此非老子贊聖智之言乎！「聖人去甚去奢去泰」；「我有三寶，持而保之，一曰慈，二曰儉，三曰不敢爲天下先」，此非老子稱仁義之言乎！「有之以爲利，無之以爲用」，此非老子重利巧之言乎！

對此無爲之益，天下希及之，老子猶喻之曰：「天下至柔（氣與水），馳騁天下之至堅（王弼注曰：「氣，無所不入，水無所不出於經。」）無有入無間，吾是以知無爲之有益，之以「爲無爲，則無不治」矣。如何「使民無知無欲」，曰：「不尚賢，使民不争；不貴難得之貨，使民不爲盜；不見可欲，使民心不亂。」本此情况，施之以聖人之治，實乃老氏所意之治：「虛其心，實其腹，弱其志，强其骨」；如此，則一，可「使民無知無欲」；二，「使夫智者不敢爲也。」最終則使老氏之所期待者：「爲無爲，則無不治。」余以爲，老子之此意，乃從民心之外而慮之者，不若從民心之内唤醒其理性與良知，使之視賢能如庶民，見富貴而思禍福，值貨財若糞土，處貧窮如甘飴，唯知明道修德以利天下，則有勝於「虛其心，弱其志」遠矣；若使篤其志於明道修德，豈不益善乎！

爲致「爲無爲而無不治」，老子於《經》之十九章强調「少私寡欲」，其言曰：「絶聖棄知，民利百倍；絶仁棄義，民復孝慈；絶巧棄利，盜賊無有。此三者以爲文不足，故令有所屬，見素抱樸，少私寡欲。」（王弼注曰：「聖智，才之善也；仁義，人之善也；巧利，用之善也，而直云絶，文甚不足，不令之有所屬，無以見其指，故曰此三者以爲文而不足，故令有所屬，屬之於樸素寡欲。」）陸希聲曰：「真仁義者，無仁義之迹；真聖智者，無聖智之名；亦若是而已。見素抱樸，少私寡欲，則我無爲而民自化；我無欲而民自樸。此聖之大，仁義之内函之無爲之教也；如羅什所言，一旦善惡不分，是非俱忘，德與道不合矣；特別是具有人欲（人欲只可損而不能滅。）德與道，不可合矣。故余以爲老氏之一個「損」字（「爲道日損」）就將其道與德賦予活潑豐富之内容，正確理解此「損」字，乃是通老學之關鍵所在也。

老氏之無爲乃其本根也（「道法自然」），然其旨趣，則在有爲，蓋以自然之無爲以喻諸人事，必有爲也，老子言之曰「爲無爲」。（見六十三章）爲無爲者，遵循自然法則而爲，不妄加人之主觀之念（欲與妄），適順水推舟然，此爲之之力，即退舟之力也，此爲之者之爲字中，若雜以欲、妄之成分（即使輕且微者），亦非老氏「爲無爲」之本義，且必致敗事也。

吴澄曰：「凡以無爲而爲者，老氏宗旨也。」（《老子本義》）此言是也，可謂真解老氏也。王道曰：「人皆有所爲，聖人亦人耳，獨無所爲乎？但衆人所爲者，有爲之事，聖人所爲者，無爲之道，此其所以异也。」（《老子本義》）异之者，衆人之爲也，計利程功，必有成敗也；聖人之爲也，秉無私之道，「正其誼不謀其利，明其道不計其功」；亦見衆人在利害成敗中掙扎而無止息，寵辱禍福若影之隨形，聲之應響也。

爲救民出於成敗禍福之自役之中，并以治力以資推動，老子認爲「常使民無知無欲」，益吾以觀復。」），但老氏并未孤守此而不出也，他適出於虛無，縱橫捭闔，以論道德，欲以救世；而「爲道日損」一言，雖僅四字，實乃老氏全經五千言之核心也，其所損者欲也，適救世之要也，王注未發此義，有失老氏大旨也。

李嘉謨亦只見妄而不見欲，其言曰：「爲學所以求知，故曰益，爲道所以去妄，故曰日損，損不極，則知不全，故曰日損者，所以爲日益也。若損之又損，妄去真全，則無爲矣。」（《老子本義》）不見欲而論妄，乃失其主也；老氏之所損者首爲欲也，妄亦其所損者也，只言損妄而不及欲，有失老氏之旨大矣深矣。

羅什之見則又損之過矣，其言曰：「損之者無粗而不遺，遺之至於忘惡，然後無細而不去，去之至於忘善，惡者非也，善者是也，既損其非，又損其是，情欲既斷，是非俱忘，德與道，至於無爲矣；已雖無爲，任萬物之自爲，故無不爲也。」（《老子本義》）

羅什此見，實有違老子「爲無爲」之旨，老子思想之核心，非無爲也，乃爲無爲也。（六十三章言曰：「爲無爲，事無事，味無味，圖難於其易，爲大於其細，是以聖人終不爲大，故能成其大。」）欲以「爲無爲」救世，上反之三代乃至太古之治也，下而啓以損欲爲貫徹《道德經》全書，審視每一章要旨無不有之。理性愈高、私欲愈淺者，此對自然規律之領悟、洞悉必愈深且全也，則其御之也必愈善且達也，此老氏「無爲」之至義也，明此義者則知無爲者乃順水張帆以馭舟也；反之者，則以其不識無爲之真諦也。

二，無爲而無不爲之要義：前已論明無爲者乃無欲與順自然也，無爲包函有爲也，實則於人事而言乃是有爲也，而且此有爲也，乃若順水張帆以馭舟也；順水又張帆者，乃言於有爲中充分利用諸多條件也，是則，能利用諸多條件之有爲，乃無不順也，無不善也，無不遂也，無不成也，由此，自然而易明無爲而無不爲之要義也，此無不爲者以其深發於無爲之胚胎也，無爲中已孕育了無不爲之種子，待其成長、開花、結果也。

老氏此無欲無爲之道，其無欲如何致之乎？曰：「爲道日損」。《經》四十八章云：「爲學日益，（王弼注曰：「務欲進其所能，益其所習。」）爲道日損，（王注：「務欲反虛無也。」）損之又損，以至於無爲，無爲而無不爲。」（王注：「有爲則有所失，無爲乃無所不爲也。」）就本章王弼所注論之（其注「爲道日損」曰：「務欲反虛無也。」），欲反虛無，固亦是也，加一務字，則過矣；虛無固是老氏所守之境界（如「致虛極，守靜篤，萬物并作，人道者，不僅有欲焉，更有理性焉，自不得無爲也，無爲則不僅有窒人性，更有喪理性。就以老子自己之主旨而論，亦未反對有爲，如「治大國若烹小鮮」，（六十章）「治人事莫若嗇」（五十九章）「圖難於其易，爲大於其細」，（六十三章）「善行無轍迹」，（二十七章）「將欲奪之，必固與之」，（三十六章）等等，都是有爲之屬，而且其有爲還深藏智慧與謀略。

老子「道常無爲」之言以一常字表明有爲之意，即此無爲之道中包函了有爲之意，或曰有爲之道包函於無爲之道中，無函有，無爲函有爲，有爲之根在無爲中，有爲孕於無爲，有爲之胚胎是無爲，此點極其重要，無爲與有爲乃母子也，有爲之臍帶還活存於母體（無爲）之中；所謂有爲者乃受無爲（無欲）制约之有爲也，乃少私寡欲之有爲也，乃損之又損（以其有欲焉，故必損之又損也。）之有爲也，乃理性指導之有爲也；而且此損之功愈深，其理性亦必自高自明，其所指導之有爲也，亦必自正自淳矣，此道常無爲之義也。

老氏之無爲也，還有另一方面之含義，用今之語言釋述之，就是遵循自然規律，此規律蓋由「道法自然」而毓出之者也，實亦近代科學之原始理論基石也。此遵循自然規律之思想，也，乃無欲無我之道也。

《經》三十七章曰：「道常無爲而無不爲；（王弼注曰：「無爲，順自然也。無不爲，萬物莫不由爲以治以成之也。」）侯王若能守之，萬物將自化，化而欲作，吾將鎭之以無名之樸。（王注：「化而欲作，作，欲成也。吾將鎭之以無名之樸，不爲主也。」）無名之樸，夫亦將無欲。（王注：「無欲競也。」）不欲以靜，天下將自定。」

本章大旨乃言道，總是自然之意，是則，自然者乃無爲之道也；王弼對「無爲」注之曰：「順自然也」，得老子之旨也；對「無不爲」注之曰：「萬物莫不由爲以治以成之也」，亦得老子之旨也，但未盡善也，蓋老子之原話是：「道常無爲而無不爲」，此語當一氣貫之，不可點斷，此中含有二要義焉：一曰道常無爲，（此常之義，言常是如此，但非絶對也。）二曰無爲而無不爲。

玆申此二義：一曰道常無爲者，其内函之義，謂道本無爲也，但應作分析，蓋道也，有天道焉，有地道焉，有人道焉，而且更有此數者之間相互影響之道存焉。此中天道地道自然無爲也（無爲則無欲也，或正言之，無欲則無爲也。），但物道中有欲存焉者，則不能無爲也；

之，此從形式而言也；實則深究其底蘊，將萬物也列入此序中，則人、物、地、天、道、自然六者乃一體也，悉由自然而物化之者也；而老子之所以提出道之概念（老子於《經》之二十五章已詳論之曰：「吾不知其名，字之曰道。」），乃有見於「有物混成先天地生，寂兮寥兮，獨立不改，周行而不殆，可以爲天下母。」此母也，無以名之，字之曰道。由此可見，道者乃自然之所出也。推而及之於地、天、物、人，無一不由自然而出之者也，亦無一不屬於自然也，亦無一不獨立而爲自然也，亦僅僅就其各自自然之性而言之也，實則其各自者相互影響構成一體、不可須臾相離也。由老子之道（無欲、無爲、謙卑）而推論之（天地固無欲無爲也。），則人（王），亦當無欲無爲謙卑者也，由道而體現之德亦當如是也，是則王之德亦當如是也，此乃老子政治觀中之重要内函，待論及時詳發之。

第五節　無爲觀

無爲觀乃老學之脊樑骨也，亦老學之大門也；入其門，升堂而入室，習之研之，咀之嚼之，思之索之，探之辨之，味之忖之，體之驗之，明無爲之道乃自然之道也，乃主客一體之道有善性善德，以喚醒人之理性，自甘處下，本於謙卑，庶幾可免於争而趨近欲無欲無爲矣。

老子又每以嬰兒比常德之厚以明道之全，《經》二十八章曰：「知其雄守其雌，爲天下溪，常德不離，復歸於嬰兒。（王注：「溪不求物，而物自歸之，嬰兒不用智而合自然之智。」）王注此處用智以狀嬰兒之自然，余以爲欠安，應曰嬰兒無欲無妄，全合自然，則全合道矣。《經》五十五章又曰：「含德之厚，比於赤子，精之至也。」吕惠卿釋之曰：「人之生初，德性至厚，比其長也，耳目交於外，心識受於内，而益生者日益多，則其厚者薄矣。爲道者損其所益生，修性反德，德同於初，故曰含德之厚，比於赤子。」（《老子本義》）德同於初，即同於道也，同於老子不敢爲天下先之謙卑之道也，謙卑則「知雄守雌，知白守黑，知榮守辱，復歸於樸。」樸者本也，守本以去末，則知足矣，不知足者，乃取禍之由也，此天道喻諸於人事而絶不誣者也。

老子在論大道運行與物化中曾指明：「道大、天大、地大、王亦大，域中有四大，而王居其一焉。人法地，地法天，天法道，道法自然。」（王注：「天地之性，人爲貴，而王是人之主也。」）是則人（王）、地、天、道、自然五者之序定焉；而自然居此序中最初最高之謂之。是以聖人處上而民不重，處前而民不害，是以樂推而不厭，以其不争，故天下莫能與之争。」（《經》六十六章）此俱不敢爲天下先之至道，老子三復示之不倦者，欲以有所警世也。

老子對於天道又進一步闡明之曰：「天之道其猶張弓歟？高者抑之，下者舉之，有餘者損之，不足者補之，天之道損有餘補不足，人之道則不然，損不足以奉有餘，孰能有餘以奉天下，唯有道者，是以聖人爲而不恃，功成而不處，其不欲見賢。」（王弼注曰：「言唯能處盈而全虛，損有以補無，和光同塵，蕩而均者，唯其道也；是以聖人不欲示其賢以均天下。」）老子於《經》之九章更揭明天道曰：「持而盈之，不如其已；揣而棁之，不可長保；金玉滿堂，莫之能守；富貴而驕，自遺其咎；功遂身退，天之道也。」（天之道，日中則是，月滿則虧，四時運行，一無所違，省之法之，功遂身退，無憂傾危。」）人道之所以异於天道者，以人道有欲有爲也。索物之行，蓋凡有血氣者，莫不有欲焉，欲則爲之，爲之則競，競則争，争則鬭，鬭則損人以利己，損人必智詐，利己則多敗，敗而復争，詐詭尤甚，終至於無所不用其極。由此而見人之私欲乃争鬭之源，欲息争而使大道行之於世，舍少私寡欲無他途矣。或曰唯唯大，故不肖，若肖久矣，其細也夫。」（《經》六十七章）老子之意在向世人昭告，本來易知易行之大道，固不可不肖於任何一物（任何一物又俱爲大道之所體現者也。），肖之者，則細也，細則有失大道之全也，失其全則失大道矣。故老子於六十七章續言之曰：「我有三寶，持而寶之，一曰慈，二曰儉，三曰不敢爲天下先。慈故能勇，儉固能廣，不敢爲天下先，故能成器長。夫慈以戰則勝，以守則固，天將救之，以慈衛之。」如此，老子將其大道之内函，明示天下矣。天下大道，顧不與曲物相肖也，肖則不成其爲大也。江海如何肖於百川乎！肖於百川則不成其爲江海矣。老子之道大道也，豈可獨有於一物哉！三寶者乃整體之三寶也，不可孤言之也；曰慈曰儉，必歸之以不敢爲天下先。慈者，仁也，儉者，嗇也，有餘不盡用之意也，「治人事莫若嗇」，（《經》五十九章）然必歸於不敢爲天下先，則「大國者下流，（王注：「大國居大而處下，則天下流之。」）天下之交（王注：「天下所歸會也。」），天下之牝（王注：「靜而不求物，自歸之也。」，牝常以靜勝牡，以靜爲下，（王注：「牝雌，靜也，雄躁動貪欲，故能勝之，以其靜居下也。」）故大國以下小國。」（《經》六十一章）又「江海所以能爲百谷王者，以其善下之，故能爲百谷王。是以欲上民必以言下之，欲先民必以身後故以智治國，國之賊，（王注：「以智術動民，邪術既動，復以巧術防民之僞，民知其術防，隨而避之，思惟密巧，奸僞益滋，故曰以智治國國之賊也。」）不以智治國，國之福，知此兩者亦稽式，（稽式，即楷式，古今所同不可廢也。）常知稽式，是謂元德；元德深矣遠矣，與物反矣，（王注：「反其真也」。）然後乃至大順。」司馬光申之曰：「物情莫不貴智，而有德者獨賤之，雖反於物乃順於道，是智之所順者小，而德之所順者大也。」（《老子本義》）由此亦可證王注（反其真也。）之誣也。索老子論此之思路，「與物反矣」之意乃指元德與世俗相迕，世俗用智逐利，而元德乃賤智保真，此乃深矣遠矣之意也；然老子「不以智治國，國之福」之至義，必待世俗政治經歷大劫難之後，知非由樸真之道不足以爲治，始可期大順之實現。聖哉老子！救世之意，如此深且遠矣！醒人之心，如此憂且勞矣！

老子猶指明「大道甚夷，而民好徑」。（王弼注曰：「言大道蕩然正平，而民猶尚舍之而不由，好從邪徑。」）又曰：「吾言甚易知，甚易行，天下莫能知，莫能行。（王注：「可不出户窺牖而知，故曰甚易知也；無爲而成，故曰甚易行。惑於躁欲，故曰莫能知也，迷於榮利，故曰莫之能行也。」）（《經》七十章）老子因而抱怨曰：「天下皆謂我道大似不肖，夫此而論及其他，則是非也、正邪也、得失也、成敗也、榮枯也、消長也，等等等等，無不可以此推論而見其「元同」也。由是而明，元同者，無欲無爲、無内無外、無我無物、同道同德也，萬象萬物、萬形萬性，俱歸一也，不見其异也。與物同出入，自尊道也，亦自貴德也。道之尊，德之貴，夫莫之命而常自然。

自然者道也，老子於經之二十三章言曰：「故從事於道者，道者同於道，德者同於德，失者同於失；同於道者，道亦樂得之，同於德者，德亦樂得之，同於失者，失亦樂得之，信不足，焉有不信焉。」魏源釋之曰：「道者，德者，失者，統言世上從事於學之人有此三等也。全其自然之謂道，有得於自然之謂德，失其自然之謂失。」（魏源《老子本義》）同於道者，樂得其道也，洽於自然，不知自得其道也。遵守自然修其德者，德亦樂德之，其所得者道也，不知自己得道也。同於失者失德之，不知自失其道也。一視其私欲之損除與功之淺深而定也，得之者固有偏全之差，失之者亦有復得之望，在其志道之勤也。

老子對古之善爲道者以之用於治國，認爲「古之善爲道者，非以明民，將以愚之，（王弼注曰：「明，謂多見巧詐，蔽其樸也；愚，謂無知守真，順自然也。」）民之難治以其智多，德乃真，修之於家，其德乃餘，修之於鄉，其德乃長，修之於國，其德乃豐，修之於天下，其德乃普。故以身觀身，以家觀家，以鄉觀鄉，以國觀國，以天下觀天下，（王弼注曰：「以天下百姓心觀天下之道也。」）吾何以知天下然哉，以此。」（王注：「言吾何以得知天下乎！察己以知之，不求於外也。」）此德真、德餘、德長、德豐、德普五者，誠其本也，蓋一人之身，乃一家、一鄉、一國、一天下之所繫也，千萬人之心性，實一人之心性也，取人之所同者而獨修之，可致道也，可全德也，可及於仁義禮智諸德而不知自力者何在也。由是而知，求之於內，則外誘無由而入矣，善建者，求之於内也，内凝力强也，故不拔。内凝重，乃尊道也，貴德也，始可入於「元同」也。（老子經無十六章言曰：「知者不言，言者不知，塞其兌，閉其門，挫其鋭，解其紛，和其光，同其塵，是謂元同。不可得而親，不可得而疏，不可得而利，不可得而害，不可得而貴，不可得而賤，故爲天下貴。」）

推論老子所示「元同」之至意，乃言事物之异，元同本一者也。此章所例言之親疏、利害、貴賤，原本同一者也，不可視之有异，是則細而析之，疏亦親，親亦疏，親疏互相包函與轉化；利亦害，害亦利，利害互相轉化；貴可賤，賤可貴，貴賤不恒，相互包函與轉變也。由君失其爲君之道，或臣失其爲臣之道，或兩者交相失也，爲君者暴虐荒淫，爲臣者貪讒奸佞；然猶有忠臣在，以道德仁義禮智猶存人間也，（雖然道德仁義禮智爲暴君奸臣踐踏殆盡。）忠臣者稟道德仁義禮智可拯救國家於危亡也。

由此而明，孝慈也，忠臣也，俱稟道德仁義禮智者也，此中唯見其相互含義之契合，而不見其有等第之差，更不見其失道而後德，失德而後仁，失仁而後義，失義而後禮之每况愈下之迹；此中唯一昭示於人者私欲違道敗德，傷仁害義，損禮昧智。

救之之法，唯一者，在少私寡欲，而不是絶聖棄智，絶仁棄義。相反，民智益開，則其理性愈明，覺性愈高，但此必以少私寡欲爲前提。是以欲「尊道而貴德」，則必「爲道日損」。所損者二，曰欲曰妄。損欲乃老子之原意，妄則爲後人李嘉謨所提出者，欲者難損，妄亦不易除也。何謂妄？曰偏見也。如莊子所云：「曲士不可與語於道，以其束於教也。」必尊道而始可漸損其欲，必貴德而方能正其妄。損欲之功深，有助於除妄。兩者互爲損除，則可入於無欲無爲之境矣，以此修身則身修，以此治國則國治。

故老子經之五十四章言曰：「善建者不拔，善抱者不脱，子孫以祭祀不輟；修之於身，其世之盛衰、道之顯隱、德之明晦，三者固互相關聯，亦在世運之自然而形成焉，其迹可遵老子之言「反者道之動，弱者道之用」而尋求之也。唯其動其用，其反其正，其曲其全，悉無定數，一視人事之順逆通滯而見也。

正是此救世之見，使老子發出「大道廢而有仁義」之浩嘆，余以爲非大道有廢也，大道自然存在，其自固不廢傷也，又孰能廢之邪！大道之於世也，唯有顯隱、彰微之迹，而無廢傷之虞也。上古之治也，樸實無華，民安其分，樂其生，及智巧漸出，私欲横流，爭奪四起，善惡忠奸見焉，仁義亦隨之而著焉；非仁義之有僞也，仁義乃從人之心性上自然流出之者也，亦上古時期大道之内函所固有之者也。且人群生活愈尚於文明，則仁義之爲用也必愈爲突顯而迫切，非仁義可廢也，孰能廢之？唯私欲横流，求名忘仁，見利忘義，但仁義依然存人間；只那些名利熏心者無仁無義，天良喪盡而已，老子所見之「六親不和有孝慈，國家昏亂有忠臣」，適足以説明道存人間，德存人心，仁義禮智俱存人心。

六親不和，人之天良有所喪也；孝慈，見之於爲人子者，乃子道也，亦德也，亦仁義禮智也；見之於爲人父母者，其慈也，乃父母之道也，亦德也，亦仁義禮智也。國家昏亂之由，或百倍；絶仁棄義，民復孝慈；絶巧棄利，盜賊無有，此三者以爲文不足，故令有所屬，見素抱樸，少私寡欲。」

正是持此思慮以觀道德，才使老子在下篇之德論中形成「上德不德，是以有德，下德不失德，是以無德，失道而後德，失德而後仁，失仁爾後義，失義而後禮，禮者，忠信之薄而亂之首」之思路，以至於導致其道與德之間出現了邏輯推理的矛盾，致此矛盾之由，即在其欲救世病而引起之者也。

據其無爲無欲之道而推論，則其德亦自無爲無欲矣，德既無爲無欲矣，則其内函之仁、義、禮三者亦自無爲無欲矣，既如此，則雖有名稱之異，卻不可有上下之分，更不應有失德而後仁，失仁而後義，失義而後禮之等第之差也。道深者則德全，德全則仁義禮智備矣；道淺者，則德殘，仁義禮智俱殘矣；且道失則德失，仁義禮智俱失矣。兹乃就道德與仁義禮智之關係而言之者也。

然就道之存在及其顯隱之情狀而論，不管體認之深淺如何，道固其道也，德固其德也，何言失之者哉！老子之所以卒發此論者，固有監世衰道微，有急切救治之心所致也。揆諸史實，此也。然則太古之道徒無用於世乎？抑世可太古而人不之用乎？曰聖人經世之書，老子救世書也。時不同，無爲亦不同，而太古心未嘗一日廢。老氏書賅古今通上下；上焉者羲皇關尹治之亦明道；中焉者，良、參、文、景治之亦濟世；下焉者，明太祖誦民不畏死而心減，宋太祖聞佳兵不祥之戒而動色是也。儒者自益亦然，深見深，淺見淺，余不能有得於道而使氣焉，故貪其對治而三復也。」

魏源之論有啓於予者，乃言老子之爲五千言者，意在救世也，此救世之慮，乃其上以精思墳索之戒，中以親察周政盛衰之故，下以憂及後世之運而有以致之者也。古之爲治之戒何在耶？「三皇五帝之治天下，名曰治之而亂莫甚焉；黄帝之治天下，使民心一；堯之治天下，使民心親；舜之治天下，使民心競；禹之治天下，使民心變。」（《莊子·天運》）

此言雖出自於老子的莊周之口，實早契於老子之心，正是此心競心變江河日下之勢，老子欲以挽救之，才使老子産生「不尚賢，使民不争；不貴難得之貨，使民不爲盜；不見可欲，使民心不亂。是以聖人之治，虚其心，實其腹，弱其志，强其骨，常使民無知無欲，使夫智者不敢爲也；爲無爲，則無不治。」正是此砭弊救世思慮，才使老子有見：「絶聖棄智，民利

《老子本義》）

綜觀王、魏、吴三氏之論，亦見得老之旨要矣。然余以爲從老子道之真諦（萬物之所由者道也，此道也，無爲之道也，無爲之道，必自無欲始也；德者得也，德由乎道也，亦必無欲也，此乃道德一體之大義也。）而推論之，德既爲道之體現，道無欲矣，則其德亦自無欲矣，無欲則德淳，既淳矣，又何言上德與下德，以示其有别乎！此乃邏輯推論而得之者，不可誣也，然老子已以上德之言立其説，必獨有其所見之理存焉。吾意以爲其所見者在無爲欲有爲也。無爲者，無欲無我也；有爲者，則己與欲并存也；而且老子亦持此論以非儒家禮治之説也。

魏源《論老子》一文有可供參考者：「老子道，太古道，書，太古書也。曷徵乎！徵諸柱下史也，國史掌三皇五帝之書，故左史在楚，能讀墳索；尼山適周，亦問老聃。班固謂道家出古史官，莊周亦謂古之道術有在於是者，關尹、老聃聞其風而悦之，斯述而不作之明徵哉！深疾末世勇禮之失，疾之甚則思古亦篤，思之篤則求之益深；懷德抱道，白首而後著書，其意不返斯世於太古淳樸，不止也。老子專述皇墳以上，故論常過高，乃其學固然，非故激而出於爲，母在無名，夫大之極也，其唯道乎！所謂失道而後德也，以無爲用德其母，故能己不勞焉而物無不理。下此以往，則失用之母，不能無爲而貴博施，不能博施而貴正直，不能正直而貴飾敬，所謂失德而後仁，失仁而後義，失義而後禮也。夫禮所始，首於忠信不篤，故禮者忠信之薄而亂之首也。前識者，前人而識也，即下德之倫也，竭其聰明以爲前識，役其智力以營庶事，雖德其情，姦巧彌密，竭聖智而民愈害。故仁德之厚，非用仁之所能也，行義之正，非用義之所成也。故母不可遠，本不可失，仁義所生，非可以爲母，守母以存其子，崇本以舉其末，則形名俱有而邪不生。」

魏源對此章德論亦有注釋，兹略引如次：「上德近乎道，故無爲而無不爲，上仁近乎德，故爲之而無以爲，至義，則雖其上者亦下德矣，故爲之而有以爲；禮則又德之下者，故爲之而莫應，又推讓而就之，此不失德而無德之極也。」

吴澄（宋元之際）則曰：「蓋道猶木之實，生理在中，胚胎未露，既生之後，則德其根，仁其幹，義其枝，禮其葉，而智其華也。道實智華，實實而華虛，德根禮葉，根厚而葉薄，故曰禮者忠信之薄，前識者道之華，而大丈夫實處道德之厚實，而去彼禮智之華薄也。」（俱見篇則專論德矣。（亦同時兼論道也。）

三十八章可謂德之專論，其言曰：「上德不德，是以有德；下德不失德，是以無德。上德無爲而無以爲；下德爲之，而有以爲。上仁爲之，而無以爲；上義爲之，而有以爲。上禮爲之而莫之應，則攘臂而扔之。故失道而厚德，失德而後仁，失仁而後義，失義而後禮。夫禮者，忠信之薄，而亂之首。前識者，道之華，而愚之始。是以大丈夫處其厚不居其薄，處其實不居其華，故去彼取此。」

玆將王弼之注輯録如次：「德者，得也，常得而無喪，利而無害，故以德爲名焉。何以得德由乎道也；何以盡德，以無爲用；以無爲用，則莫不載也。天地雖廣，以無爲心；聖王雖大，以虛爲主，滅其私而無其身，則四海莫不瞻，遠近莫不至；殊其己而有其心，則一體不能自全，肌骨不能相融。是以上德之人，唯道是用，不德其德，無執無用，故能有德，而無不爲，不求而得，不爲而成，故雖有德而無德名也。下德求而得之，爲而成之，則立善而治物，故德有名焉；求而得之，必有失焉，爲而成之必有敗焉，善名生則有不善應焉，故下德爲之而有以爲也。無以爲者，無所偏也；凡不能無爲而爲之者，皆下德也，仁義禮節是也。本在無或謂即老子所言之精歟，此精也，即元始之生命力也，又曰樸、曰一、曰母，均言此生命力也，老子之時，其爲言也，或未意識此義，今視之，實一大發現也（恍兮惚兮，其中有物，窈兮冥兮，其中有精，其精甚真，其中有信。」）物中有精，而且驗證其真，此乃心物一統論之胚胎也，老子之見深矣遠矣，其所蘊藏之哲理無窮矣。

儒經《周易》以陰陽爲變，陽主健，牡也，陰主受，牝也，乾以「資始」，坤以「資生」，「乾道變化，各正性命」，「坤厚載物，德合無疆」，（「牝馬地類，行地無疆。」）萬物以生以衍，與老子之意，其旨一也。乾之健（牡）坤之物（牝）所蘊藏之哲理（心物一統之胚胎）與老子物中之精所蘊函之哲理乃同一也，無窮盡也。余之所以引儒典以論證之者，一在使老子之道内函之生機更爲突顯於其道德之間，二在以見儒道兩家之道實從同一思想根源而發展之者，有待詳爲論説耳。

王弼爲之注有言曰：「道者，物之所由也，德者，物之所得也，由之乃得」。（五十一章注）由之乃得，不由何得，由此而明道之發用，必體現爲德，老子於《經》之上篇已論明「生之畜之，生而不有，爲而不恃，長而不宰，是謂元德。」元德者，德之由乎道也。《經》之下矣，何則無知之者，無表現之者也。賴有人類，認識了宇宙，知曉了萬物，明澈了大道，洞悉了人類本身，而且創造了人類文明，就道家老子之理論而言，發現了物中之精用以說明道之內函，乃老子睿哲之光照所致也。

此精之義，見之於《道德經》者有三十二章「道常無名，樸雖小，天下莫能臣也。」（王注：「樸之爲物以無爲心也。」）余以爲王之言「以無爲心」甚善，既得老之意，亦合樸之爲物含有活躍之精神，唯對「天下莫能臣」之義未予揭明。臣之之義，乃約束、控制、駕馭、臣服之意也。

道之自身所具有之活躍運動之力，孰能御之？此天地之間唯一活躍之力，無有御之者，故曰「樸雖小，天下莫能臣也」，老子又在三十九章將此力名之曰一：「昔之得一者，天得一以清，地得一以寧，神得一以靈，谷得一以盈，萬物得一以生，侯王得一以爲天下貞。」此力也，生命之力也，貞正之威也，神明之靈也。

於五十二章，老子又將此力名之曰母：「天下有始，以爲天下母；既得其母，以知其子，既知其子，復守其母。」始者，母也，牝也，必有牝焉，以爲生之元也；此牝牡也，雌雄也，兮恍兮，其中有象，（此象也，非已形之象也，乃未形之象也。）恍兮惚兮，其中有物，（迷惘隱約，似有物存之狀。王充《論衡・知實》曰：「神者渺茫恍惚，無形之實」，亦言此狀也。）窈窕兮冥兮，其中有精，（王注：「窈冥深遠之嘆，深遠不可得而見，然而萬物由之，其可得見以定其真，故曰窈兮冥兮，其中有精也。」）其精甚真，其中有信，自古及今，其名不去（王注：「至真之極，不可得名，無名則是其名也，自古及今無不由此而成也，故曰其名不去。」）以閲衆甫，（王注：「衆甫物之始也。」）吾何以知衆甫之狀哉以此。（王注：「言吾何以知萬物之始於無哉，以此知之也。」）

此章中所言之精乃道之要害所在，亦老子之睿智發明所在也；所謂道之要害所在者乃言道中必然有物存焉，此物也，非一般概念之物也，老子曰精，此精也有神焉，乃是最活躍之元素，賴之以生變和化，其在變和化中，先生萬物，而後靈化爲人類。賴有此最活躍之元素，使道形諸於德（老子之見：「道生之德畜之。」儒家之見：「天地之大德曰生。」）舍此元素，或曰舍此精，無生機可言矣，無生機可尋矣，何有道之體現者乎！何有德之體現者乎！何有萬物乎！何有人類乎！何有古之文明乎！何有今之文明乎！宇宙之爲何物，道之爲何義，不可知大，而王居其一焉，人法地，地法天，天法道，道法自然。」（王注：「自然者無稱之言，窮極之辭也。」）

余以爲王之注釋自然之見，乃從外觀之者也，未深及自然內蘊之力而明發之也，蓋自然者生機之源也泉也，此源也泉也所緼畜之生機即道也。老子在首章中所言之元即此之謂也。「元之又元，衆妙之門」者，乃生機激發，由無而之有，由混而致清，由微而逐顯，以晦而漸明也，悉此自然之生機運動所致也；其動所形之者曰道也，形之於天者曰天道也，形之於地者曰地道也，形之於物者曰物道也，形之於人者曰人道也，悉歸之於道法自然之大道也。縱觀古今，道之所形自然之所在也，道存於自然之中，或直言道即自然，道即自然之動力也。老子所言之「衆妙之門」，其所妙者即此動力也，即此動力中之生機也。老子之欲觀其妙者，即此生機所緼顯之變與話，妙不可言其狀，幻無以圖其形也，神奇化腐朽，腐朽復化爲神奇，孰能言其妙哉！

老子對此元之又元之妙化，亦只作了推測式之論述，二十一章言曰：「孔德之容，惟道是從，（王注：「孔，空也，惟以空爲德，然後乃能動作從道。」）道之爲物，惟恍惟惚，惚也，（可道者，非常道也。），以其無聲無色無嗅也，欲視之而弗見，欲聽之而無聲，欲聞之而無味也；然而究之萬命生成之根，推之天人之際，思之冥冥之中，索之動靜消長之交，確見無形之力存焉，且無所不在也。此力也，無以名之，老子亦只能說：「無名天地之始，有名萬物之母。」

二十五章則言曰：「有物混成，先天地生（王弼注曰：「混然不可得而知，而萬物由之以成，故曰混成也；不知誰之子，故曰先天地生。」）寂兮寥兮，獨立而不改，（王弼注曰：「寂寥，無形體也，無物之匹，故曰獨立也，返化終始，不失其常，故曰不改也。」）周行而不殆，可以爲天下母。（王注：「周行無所不至，始能生全大形也，故可以爲天下母也。」）吾不知其名（王注：「名以定形，混成無形，故曰不知其名也。」）字之曰道，（王注：「字以稱可，言道取於無物而不由也，是混成之中可言之稱最大也。」）强爲之名曰大，大曰逝（王注：「逝，行也，周行無所不至，故曰逝也。」）逝曰遠，遠曰反（「遠，極也，周無所不窮極，不偏於一逝，故曰遠。不隨於所適，其體獨立，故曰反也。」）故道大、天大、地大、王亦大，（王注：「天地之性，人爲貴，而王是人之主也，故曰王亦大。」）域中有四老子所見之道，乃無爲無私之意也，非儒家所言「形而上者謂之道」也。（雖老子之道亦可視爲「形而上者」也。）上士聞道勤而行之，爲道日損之謂也；善下謙卑之謂也，知雄守雌，知白守黑之謂也；塞兌閉門之謂也；知禍而守福之謂也，勤而行之亦行三寶也。（六十七章言曰：「我有三寶，持而保之：一曰慈，二曰儉，三曰不敢爲天下先。」）

由此而見，老氏之物我觀，就體而論，則物我一致也，就用而析之，則少私寡欲未可遽言盡善也，但又必盡善也，始可與言道也。

第四節 道德觀

道德觀乃老學理論體系之精髓與主幹也，其書名《道德經》，實乃道經與德經之合也。（上篇一至三十七章爲道經，下篇三十八至八十一章爲德經。）亦道經統德經之謂也；實則道與德相表裏又相錯繆也。

經之首章闡言之曰：「道，可道，非常道，名，可名，非常名。」（王弼注曰：「可道之道，可名之名，指事道形，非其常也，故不可道、不可名也。」）其至意謂，道者，不可道

（五）上士聞道勤而行之

四十一章言曰：「上士聞道勤而行之（王弼注曰：「有志也。」）；中士聞道，若存若亡；下士聞道，大笑之，不笑不足以爲道。」何謂上士？王弼之見是「有志也」，固亦是也，但未及本也，本者何耶？少私寡欲者也；必少私寡欲者始可有志於道也，始可勤而行之也。中士者，有向道之意，但爲私欲所礙也，故其聞道若存若亡也（向之甚，若存也，礙之勝，若亡也。）。下士者，借用莊子之言，「其嗜欲深者其天機淺」，（《莊子·大宗師》）嗜欲者，五官之好也，私心之貪也，情欲之亂也，且好之貪之亂之深也，則其天機自淺也，其離道自遠也，其聞道之言也，與其貪欲相背，必大笑之也，而且不笑不足以爲道也。上士勤行於道，必無我，必與物俱化，物我一體也，此老子所篤求之者也，亦老子物我觀之旨歸所在也。魏源在《老子本義》釋本章之義時因陸希聲之言：「形而上者謂之道，形而下者謂之器，道也者，通乎形外者也。上士知微知彰，故聞道而信，則勤行之，中士在微彰之際，故聞道疑信相半，下士知彰而不知微，止乎形内，故聞道大笑之，則非之矣。」此乃儒家之見釋老子之道也，自不免差謬矣；雖儒與道有殊途同歸之妙，但畢竟殊途也，余所指之差謬，實由殊途而生之者也。

（三）善下之

六十六章言曰：「江海所以能爲百谷王者，以其善下之，故能爲百谷王。是以欲上民，必以言下之，欲先民，必以身後之。是以聖人處上而民不重，處前而民不害，是以天下樂推而不厭。以其不爭，故天下莫能與之爭。」必善下之，始能身後之，必身後之，始見不爭也，不爭之者，則天下莫能與之爭矣。二十八章又言曰：「知其雄，守其雌，知其白守其黑，知其榮守其辱，復歸於樸。」樸者，質也，道也，自然之狀也，無爭之境地也。二十九章之言「天下神器，不可爲也，爲者敗之，執者失之」，以「善下之」之反例誡爭也，必「去甚、去奢、去泰」始可與言善下之也。

（四）自勝者强

三十三章言曰：「知人者智，自知者明，勝人者有力，自勝者强。知足者富，强行者有志，不失其所者久，死而不亡者壽。」（王弼注曰：「身没而道猶存。」）此章大旨爲稟道以行，去私、去蔽、去甚、去奢、去泰，心地湛然晶明，則其自知也澈，必能自勝，自勝者其知人也深，必智也仁也，不殉於物而性自全也，道與德亦自全也，自全者久，雖身没而道自存也。

不自見，故明；不自是，故彰；不自伐，故有功；不自矜，故長。夫唯不争，故天下莫能與之争。」水之性向下，人之欲向上而惡下，既處衆人之所惡，故無争者，亦自無争矣；又心善淵，與善仁，言善信，正善治，事善能，動善時，不僅無尤，且孰能與之争歟！至於曲則終全，枉則必直，窪則固盈，敝而後新，乃事物之恒理，守其下必得其上，明其曲必致其全，聖人抱一以待以式足矣，不與争，又孰能與之争。四十四章所言：「名與身孰親，身與貨孰多，得與亡孰病，是故甚愛必大費，多藏必厚亡，知足不辱，知止不殆，可與長久。」是乃明我以權衡利弊之論也，名與身相衡，則身親且重也；身與貨相較，則貨輕且外也，此二者之利弊，内重外輕也。得與亡孰病，此可兩解焉：一曰得之者道也，亡之者欲也；二曰得之者物也，亡之者性也，自是後者病也，知足不辱，知止不殆，則久而不敗也。五十八章所言禍福之相乘互轉乃重身者所當深慮也。「禍兮福所倚，福兮禍所伏，孰知其極，其無正。正復爲奇，善復爲妖，人之迷，其日固久，是以聖人方而不割，廉而不劌，直而不肆，光而不耀。」禍福既互向其反面轉化，唯卑謙自守，則遇禍不憂，處福自安矣，此不争之效也，亦自然之道也。

亦自高與切也，但必以寡欲爲前提，（人欲之爲害於華夏者長且深也）不如此，縱令人欲横流，則人之智巧奪良知以逞，此乃今之人類文明所深藏之最大隱憂也。於此足見老氏憂患之深也。如何可致少私寡欲，老氏於五十二章言曰：「塞其兑，閉其門」，（王弼注曰：「兑，事欲之所由聖，門，事欲之所由從也。」吕惠卿釋之曰：「塞兑閉門，守其母之謂也，有門則物入而擾心，閉之則物不入矣。内不出，外不入，雖外物紛紜於前而不知也。」）塞閉之法，固不失爲寡欲之道，然不免於强制之患，唯四十八章所言「爲道日損」，（王弼注曰：「務欲反虚」，羅什曰：「既損其非又損其是，情欲既斷，是非俱忘，德與道合，至於無爲矣。」）則明道而自入於虚無，私欲幾盡矣，可消此患；然羅什之見似猶過也，損之者，非斷情欲也，乃限制其不使氾濫爲害於群我也。

（二）不争

八章之言曰：「上善若水，水善利萬物而不争，處衆人之所惡，（人惡卑也）故幾於道。居善地，心善淵，與善仁，言善信，正善治，事善能，動善時，夫唯不争，故無尤。」二十二章又言曰：「曲則全，枉則直，窪則盈，敝則新，少則得，多則惑，是以聖人抱一爲天下式。

也，亦非儒家聖人之義也，乃老子所見太古之聖人也；太古之世，聖人與百姓無异，無欲也，無爲也，其行徐徐，其樂迂迂，與鳥獸爲朋，同麋鹿爲友，基於此自然狀態之物我，乃老子物我觀之原型，此乃無欲無爲之真義所在也，無欲無私無爲之我，乃老子之真我也，迨至伋伋为名，營營爲利，詐僞横生，殺伐四起，此有欲有私有爲之我，乃老子之所深憂者也。

查《道德經》全書，共爲八十一章，其中有十八章（幾近全書之四分之一）之論涉與我有關之諸問題，兹歸納如次：（一）不見可欲，使民心不亂，（二）不争，（三）善下之，（四）自勝者强，（五）上士聞道勤而行之。

（一）不見可欲使民心不亂

老氏於第三章言曰：「不尚賢，使民不争；不貴難得之貨，使民不爲盗，不見可欲，使民心不亂。是以聖人之治，虚其心，實其腹，弱其志，强其骨，常使民無知無欲，使夫智者不敢爲也。爲無爲，則不治。」十九章又曰：「絶聖棄智，民利百倍；絶仁棄義，民復孝慈；絶巧棄利，盗賊無有。此三者以爲文不足，故令有所屬，見素抱樸，少私寡慾。」關鍵在少私寡欲，「絶聖棄智，絶仁棄義，絶巧棄利」，則誣矣。相反，民智愈開，則其覺醒於利害中者流形也，其間不存施化造作，何所容之哉！施化造作於物則害物，施化造作於人，則傷性，唯純自然者，無欲也，無私也，無爲也，固無造作之迹也，乃天工也，天成之者也，自不許人之意識加之於自然也，此乃老子物我觀之至意也。既如此，則聖人之於百姓也，亦自如是焉，此乃老之徹底之自然觀形之於物與人者也。故其言「聖人不仁，以百姓爲芻狗」，上下兩句乃一體之意也，其間無仁義容身之地矣。唯後之解老者，以悲天憫人之意加之於其間，魏源對此章之見，可資佐證也，其言曰：「此老子知己道不行，憫世亂之不救，而思遺世隱處，獨善其身之言也。聖人斥當世之君，予聖自雄者，結芻爲狗，用之祭祀，既畢事則棄而踐之，老子見亂世民命如寄，故感而言曰：『悲哉！天地有時而不仁乎！乃視萬物如土苴而聽其生死乎！聖人而不重仁乎！乃視斯民如草芥而無所顧惜乎！夫天地無心而成化，聖人則有心而無爲，百姓萬物之責任在於聖人，則非天地之能芻狗之，而人之芻狗之矣。』」（魏源《老子本義》四頁。）魏氏此見，對照五章全文：「天地不仁以萬物爲芻狗，聖人不仁，以百姓爲芻狗；天地之間其猶橐籥乎，虛而不屈，動而愈出，多言數窮，不如守中。」細爲析之，足見老子所欲明示之者乃「動而愈出」之自然之狀，在此自然面前天地無以施其巧，聖人無以惠其仁；而且此聖人然也；「人法地，地法天，天法道，道法自然」，（二十五章），此自然者萬物及人之所由生者也。此生也由德而體現之也，「道生之，德畜之，物形之，勢成之，是以萬物莫不尊道而貴德，道之尊、德之貴，夫莫之命而常自然。故道生之，德畜之，長之育之，亭之毒之，養之覆之，生而不有，爲而不恃，長而不宰，是謂元德。」（五十一章）元德者，生之謂也，此道家之見也，儒家之見，亦猶是也，《周易・繫辭》所言「天地之大德曰生」，亦同言生之意也。道而德，德而物，物而人，人爲萬物之靈，其所經歷之者，悉爲長之育之，亭之毒之，養之覆之，唯萬物之靈之人，則更須教之覺之，損之益之，束之約之，困之塑之。

於《道德經》之第五章，老子又往古推進一步，述此自然生物之狀：「天地不仁以萬物爲芻狗」，不仁者，完全出於自然之情，非施之以仁義也，孰施之哉，天不施也，地不惠也，唯自然而已。自然之生物者（人自包函於其中矣。）一任自然，其中物任何施爲，更無仁義之意函於其中焉，王弼之注實得老之意焉，言曰：「天地任自然無爲無造，萬物自相治理，故不仁也。仁者，必造立施化，有恩有爲；造立施化，則物失其真；有恩有爲，則物不具存，物不具存，則不足以備載矣。」就自然整體言，其運行也，其生物也，其生人也，乃自然本身之德之病」，言不洞燭大理，深明大道，乃知之病也。唯有明此大病之人，才可避免此缺陷；聖人之所以不患此病者，乃因其明大理、體大道，而不爲小知所蔽也。由此而知，欲明大道，須去二病：私也，蔽也。去私者，以大道無私也，有私者，不可與語大道也。除蔽者，一曰小知之蔽心，二曰偏見之蔽目。此「曲士不可與語於道者，束於教也。」老子因有知我者希之嘆：「吾言甚易知，甚易行，天下莫能知，莫能行，（無私無蔽，甚易知，甚易行也，反之，則莫能知，莫能行也。）言有宗，事有君（宗，大道也，君，本末也。），夫唯無知（無通大道之知），是以不我知。知我者希，則我者貴，是以聖人被褐懷玉。」（《道德經》七十章）

老子之宇宙觀一以道貫之者也。

第三節　物我觀

物我觀者，明人與物之關係也，依老子之見，更重我之一端也，因以物我觀名之，此中亦自含有群我之關係，重在自求善我之道。

老氏之物我觀出之於自然也，「天下萬物生於有，有生於無」，（四十章）此有與無俱自難易相成，長短相較，高下相傾，音聲相和，前後相隨，盈虧相補者也，此皆自然之理，以其無私，故均也，平也。人之道本稟之於自然，亦猶是也（以有餘奉天下），唯有道者能之，此乃真正之人道也，此真正之人道必當見之行於世，固有待也，但必行也。老子所言之「人之道則不然，損不足以奉有餘」者，唯見人欲之私，世俗之實，而未見人道固含之質，此質者，人之理性及其自覺也，此乃潛藏之漸化人欲之無窮活力也。二曰不爭而善勝，如七十三章所言「天之道，不爭而善勝，不言而善應，不召而自來，繟然而善謀，天網恢恢疏而不失」。爭者處上，不爭居下，處上必敗，居下則安，此善勝之義也。善者，自然也，不言無失，無失之正，正則自有應者，是不召而自來也，固處下之利也。繟然，寬綽從容也，外勢不迫，内慮周密，謀在其中矣。此四者俱屬處下居安之勢，故無不通也，無不適也，無不成也，順自然而合於道也，無往而不勝也。

凡合於道者，皆可知之也，《道德經》七十一章言聖人之所以知大道者，以「知，不知，上；不知，知病。夫唯病病，是以不病。聖人不病，以其病病，是以不病。」此章大旨應爲：「知，不知，上」，言能知其所不知者（非日常之知，有見大道也。），則上矣。「不知，知者也。）故道生之，德畜之，長之育之，亭之毒之，養之覆之，（陸希聲曰：「稟其精謂之生，含其熟謂之畜，遂其形謂之長，字其材謂之育，權其成謂之亭，量其用謂之毒，保其和謂之養，護其傷謂之覆，此之謂大道。」《老子本義》）生而不有，爲而不恃，長而不宰，是謂元德。」（王弼注曰：「有德而不知其主也，出於幽冥，是以謂之元德。」）余以爲德者道之華，元德者道之顯也，由幽而之顯，王之意可取也。老之此章大旨：一明道德乃物之形與勢之原；二明道德俱出於自然；三明道尊德貴不恃不宰；四明元德與元道同體，充宇宙之間者此原道原德也，實則唯道也，一而已矣，此乃老子之至意也。

此道也，尚有二義當予以發之者：一曰損有餘以補不足；二曰不爭而善勝。前者，如《道德經》七十七章之言：「天之道其猶張弓歟，高者抑之，下者舉之，有餘者損之，不足者補之，天之道損有餘而補不足，人之道則不然，損不足以奉有餘，孰能有餘以奉天下，唯有道者，是以聖人爲而不恃，功成而不處，其不欲見賢。」老子所見之天道，乃惡盈而好謙者也，乃處上而自卑者也，乃本柔以克剛者也；故猶張弓也，張者必馳，高者必下，下者必舉也，此乃「反者道之動，弱者道之用」使然也。由此而推知有餘者損之，不足者補之，若有無相生，地亦平等也，而且相互依存也，無天地固無由以生萬物，無萬物亦失卻天地存在之意義矣。由此而見，天地、萬物、人類，雖其生成有先後，終成一體也；人類在此一體中，特别要謹記天地者萬物之父母也，萬物者人類之兄弟姐妹也，人類不僅當敬重天地，更當善待萬物。天地者，固大也，萬物者則小也，（人類亦在此中），此大小尊卑之辨，自當明之也；人類者，固小也，但人類當自明也，自尊也，自愛也，自謙卑也，自約束也，自求多福也，蓋人來有其理性也，必以此理性自束私欲泛濫，以免危及人類本身并傷害物類也。必須以老氏宇宙觀之宏觀與微觀之統一觀審視大小宇宙（人也，物也，俱各爲小宇宙也。）之正確關係，辨明先後本末，以求互通也，互化也，互榮也，互久也。

不論其爲大宇宙、小宇宙，悉乃道生之者也。《道德經》五十一章言曰：「道生之，德畜之，物形之，勢成之。（王弼注曰：「物生而後畜，畜而後形，形而後成，何由而生，道也；何得而畜，德也；何由而形，物也；何使而成，勢也。唯因也，固能無物而不形，唯勢也，固能無物而不成，皆由乎道也。」）是以萬物莫不尊道而貴德，（「道者，物之所由也，德者，物之所得也。」）道之尊，德之貴，夫莫之命而常自然，（其尊其貴，自然而然之者，非命之大道通，捨去私，無他途矣。老子主無爲者，一在去私而已矣。蓋無爲者，其內函本無私也，言無爲之真諦者，已函有去私、無私之意也。唯人者，必有爲也，有爲而知去私，則近欲無爲矣；有爲而不去私，必傷物害己，久而行之，則暝天喪道，禍及於身而延殃子孫，此老子以無爲之說，發救世之心之立意所在也。向之論者或曰：「唯王輔嗣妙得虛無之旨」，（唐陸德明語，見《老子道經音義》）或曰：「王弼所注言簡意深，真得老氏清淨之旨」，（宋熊克語見《諸子集成》（三）《道德經》下篇，四九頁。）實俱未得老之真義（老子無爲之道乃無欲之道也。），待本章第五節無爲觀中詳發此義。

萬物各得其生之意，老子以一之數發揮之，《道德經》三十九章言曰：「昔之得一者，（王弼注曰：「一數之始而物之極也，物皆各得此一以成。」）天得一以清，地得一以寧，神得一以靈，谷得一以盈，萬物各得一以生，侯王得一以爲天下貞，其致之。」（各以其一致此也。）細玩此一之數，實乃無與有之間變化之函數也。萬物各得一以生者，乃各得其一份也，不可分割之此一之函數之一小份也，極小之一份也，凡物皆得也，不論其形體之大小、生命之成短，均得此一份也，均得其平等之一份也，均享有其生命之權利也，萬物平等也，萬物與天能長生。」（王弼注曰：「自生則與物爭，不自生則物歸也。」）王之此言也欠安矣，是將天地外於生滅之道，則物何歸乎，以稟生滅之道之萬物（人類亦如是也），實入不知生滅之道的天地之中，豈能共化乎？豈能合一乎？老子所言之「不自生」者，極言其自然而然，自然而然之者，其本身即稟生滅之道也，唯其大至於無垠，其生之也滅之也，新之也，自全之也，悉没於自然而然之中，無迹可尋也，實則亦自生也，而且隨時自新也自全也，故能長生也，一言以蔽之，亦自然而然耳，故知不自生者有其生之原，老子視此原者無也，無爲有之根，有爲生之象，萬象森然，生之盛者也。故《道德經》三十四章言曰：「大道氾兮，其可左右，（氾兮，氾濫；左右，無所不適也。）萬物恃之而生而不辭，功成不名有，衣養萬物而不爲主，可名爲大，（萬物歸焉，則無所不函包也，盡之於宇宙也，故名大也。）以其終不自爲大，故能成其大。（終不，從來不之意也，自爲大者，自欲爲大也。大道者，無爲也，無欲也，何曾欲爲大乎？）故知大道者，無爲也，爲欲也，蓋其出於自然而然者也；自然而然者，長自新也，自全也，不知其大也，而自成其大也；不知其久也，而自成其久也，此老子之宇宙觀也，生長觀也，萬物觀也，人類觀也，俱屬於自然也，俱無私也，唯人類有私焉，人類欲與萬物合，欲與也，性亦此也，心亦此也，此乃老氏動而愈出之大義也；然此義也，亦有其反面之病同時而生焉，即動而愈明則愈文，愈文而質偷，質偷而心蕩，心蕩則僞起，僞甚則純失，淳失則真敗，真敗則詐行，詭譎戕性殘心，人非其人矣。質之歷史，其驗如此，老子見之時弊，有憤及此，欲以匡之，故有「見素抱樸，少私寡慾」之論，非其「動而愈出」之大義有疵也。

此「動而愈出」之力，依老子之見，可名之曰「樸」，《道德經》三十二章言：「道常無名，樸雖小，天下莫能臣也。侯王若能守之，萬物將自賓。天地相合以降甘露，民莫之令而自均。譬道之在天下，猶川谷之於江海。」王弼注曰：「樸之爲物，以無爲心，亦無名，故得道莫若守樸。」樸者雖小，天下莫能臣也，莫能臣之義何耶？莫能御之也，彼自運動之者也，王弼言之以無爲心，即此意也。於此而知，老子所見之無，非虛空之意也，乃目之所不能見，耳之所不能聞，捕之而無所獲之無形之力也；此力也，可使天地相合（合者，相作用，相感應也。），以降甘露，以發雷電，以施風雨，以滋萬物，以養人類，此無形之樸確如老子所言，「譬道之在天下，猶川谷之於江海」；而且此川谷之愈江海，雖不無有形之變遷，然於其道，乃天長地久者也，《道德經》七章言曰：「天長地久，天地所以能長且久者，以其不自生，故神不死，是謂元牝，元牝之門，是謂天地根。」牝者，雌也，雄雌之合，則物生焉，其交其合，乃生生不息之元也，元牝者蓋指此也。世間萬物無不有牝，牝者亦生而有之也，唯原始之牝，乃生機之根也。由此根而生萬物，是以萬物之牝，不論其爲何類，俱有受生之功，此其所以妙也，以其有谷神在焉。谷者深也，含也，受也，神者，生機也。谷神不死者，乃生生之謂也，乃生機獨具也，是之謂天地根，唯一生機耳，此實老學之精髓也，有此精髓，則老子之宇宙觀就天機活潑，衆妙之妙亦愈出愈妙矣。

於《道德經》五章，老子專發了前述之生命原子運動觀，其言曰：「天地之間其猶橐籥乎，虛而不屈，動而愈出。」（王弼注曰：「橐，排橐也，籥，樂籥也。橐籥之中，空洞無情，無爲，故虛而不得窮屈，動而不可竭盡也，天地之中，蕩然任自然，故不可得而窮。」）王弼之言（「動而不可竭盡也，不可得而窮。」）有未盡老子之意者也，「動而愈出」，非竭盡與窮之意也，乃向外開拓，愈開而愈新也，而愈廣也，而愈富也，而愈榮也，而愈殖也，而愈健也，此乃老之本意也。且動而愈出者，微而言之，愈出愈明，愈明愈精，愈精愈靈，愈靈愈巧，愈巧愈微，愈微愈妙，愈妙愈著，愈著愈顯，愈顯愈全，愈全愈真，物固此也，人亦此妙，在元之又元也；元之者，求事物之根也，索有無之幾也，探變化之妙也，尋人性之正也，元之又元者，意謂將此尋求探索之工，一步一步深入，一層一層遞進，窮極底蘊，洞明精微，乃見元子（原子），乃道之始，物之精，心之原，人之根，性之體，人心之正，事之因，數之函，幾之神，變之巧，化之妙，此乃衆妙之門也，出入之户牖也。萬物（人類亦函於此萬物大概念之中）之出也由此門，入也由此門；變也由此門，化也由此門；興也由此門，亡也由此門。莊周則曰：「萬物皆出於機，皆入於機」，（《莊子·至樂》）亦此意也。隨此而起者有人焉，有人性人心人情之發焉，有事焉，有教焉，有政焉，有争焉，有和焉，有好焉，有興焉，有亡焉，有進焉，有退焉，有忠焉，有奸焉，有正焉，有邪焉，有道焉，有德焉，有知焉，有愚焉，有有爲焉，有無爲焉，凡此種種，俱出之於宇宙也，物也，人也，人事也，以老子之宇宙觀觀之，則悉歸之於道也，悉由「元之又元，衆妙之門」而出之者，宇宙之精微者也，亦老子宇宙觀之宏觀與微觀一統之體現也。宏觀大至於無限、無極、無窮、無終始，微觀小至於入物之精，求衆妙之門，乃生機也。

老子之宇宙觀乃生生不息之生機也，此生機即見之於《道德經》六章所言之元牝也。「谷

第二節　宇宙觀

四方八面曰宇，上下古今曰宙（莊子則曰：「有實而無乎處者宇也，有長而無本剽者宙也。」—《莊子·庚桑楚》），宇宙者，時空交織而成之動態也，此動態也，唯以時空交織成之歷史内函爲其前進運動之基礎，此基礎隨時空前進之歷程，日益豐富其内函；持此以觀宇宙，則曰宇宙觀；此宇宙觀又必須以歷史之發展觀爲其核心，居於此核心中，而且成爲此核心之核心者，則爲心物一統觀也。（縱觀宇宙之發展，實乃物質之運動與發展，遡源其動力，必於物質之内有精神存焉，此心物一統之象，乃宇宙中之生命原始細胞，此實爲萬物與人類所賴以生成之生命原子，此原子所發揮之推動作用，即爲心物統一觀所賴以立論之基石。余在拙著《中國古代教育哲學》中曾首次運用此心物一統觀，曰心物一統論。）今研析老子之宇宙觀，見其核心即在此，故闡發如次。

老子在《道德經》首章所示「元之又元，衆妙之門」者，昭教世人，深藏之衆妙（衆妙者，萬象、萬物、萬性、萬心、萬事、萬變、萬化、萬闢、萬闔、萬消、萬長之意也。）之如《道德經》四十一章之言：「明道若昧（道本明也，明者見之自明，昧而清者，以見之有蔽也。），進道若退，（進者自進也，以體道之深也，愈深而愈進，愈進而愈謙卑，故若退也。）夷道若類，（類，纳、瑕、病之意也，言夷道不平也，亦體之淺深而已。）上德若谷，（上德不德，谷者，虚也，無所懷也。）大白若辱，（大白不污，辱，污也，自視污者謙卑也。）廣德若不足，（廣大無涯，自若不足也。）建德若偷，（建德必内立自性，因而外接物必簡，故似惰也。）質真若渝，（質真守樸，則不循於外，惟己所適，故若渝。）大方無隅，（方而不割，故無隅。）大器晚成，（大器者，有見天下之全精者也，必去畛域之見，淳化其氣，故必晚成也。）大音希聲，（聽之不聞名曰希，不可得聞之音也，聲則有其分，可入宫商者也，其分所限，不可以統衆，故知聲者，非大音也。）大象無形，（象者，萬形之總稱也，非曲於某形之謂也，大者無所不函蓋也，故大象無形也。）

合此十二者言之，俱道之所形也，但又若不見道也。故知，道隱顯於有無之際，有無則變化於隱顯之交，此乃老子「道者萬物之奥」與夫「元之又元，衆妙之門」之旨歸也；有無觀與顯隱觀合而爲一，老之至意盡矣。

輻共一轂，當其無，有車之用，埏埴以爲器，當其無有器之用；鑿户牖以爲室，當其無有室之用。」（十一章）此三無俱指空間也，其意謂空即無也，殊於有無之無之原義也，以此而推論其他事物，利有而用無，則無有不通順者也。

「道者，萬物之奥，善人之寶，不善人之所保，古之所以貴此道者何，不曰以求得，有罪以免邪，故爲天下貴。」（六十二章）

奥者，吴澄釋之曰：「室西南隅之奥，尊者所處，故以譬道之最貴也，有道之人，命以君師之位，使爲天子三公，皆以道貴也。」通觀本章全文，亦知老子明示道尊之意也。道之所以尊者，以其不可違也，違者必敗，失者必傾；縱觀古今成敗安危之迹，無不順之者昌，逆之者亡，尊之者旺，卑之者荒，未有逃脱之者也。此奥之含義中尊之大義也。

然此奥之含義亦有深妙之一面，可視爲對「元之又元，衆妙之門」之最精要之注釋。一奥一妙，奥妙相交相發、有無相幻相變，倏忽其形，萬千其狀，須臾其象，盈虚曲全，縱横交網，影響亂錯，駕御惟罔，其顯無形，其隱無迹，故老子有「道之爲物，惟恍惟惚，惚兮恍兮，其中有象，恍兮惚兮，其中有物」之言亦近奥之意也。

希，博之不得名曰微，此三者不可致詰，故混而爲一。（王弼注曰：「無狀無象無聲無響，故能無所不通，無所不往，不得而知，故不可致詰，混而爲一也。」）其上不皦，其下不昧，繩繩不可名，復歸於無物，是謂無狀之狀，無物之象，（王弼注曰：「欲言無邪，而物有以成，欲言有邪而不見其形。」）是謂恍惚，迎之不見其首，隨之不見其後。執古之道，以御今之有（今之時空所顯示之物象），能知古始，是謂道紀」，（無形無名者萬物之宗也，上古雖遠其道存焉，雖今可知古始也。）

道紀者，道之迹也，道隨時空而隱顯，其迹自存，唯時空有异，而迹自殊；道則自道也；然其所歷之時空恰似江河所流經之地勢，地勢有异，江河之形態隨之，峽谷懸空，則奔湍直下，砯崖雷鳴，若群馬狂飆，不可控御；平坦之區，則緩流百利，其隱其顯，或利或弊，古之道與今之道一也，唯時空有异也。故執古之道以御今之有能知古始者，以道一也；而古道之能御今者，以不泥滯於物也。能如是者，則道亦無所壅塞也，由此而明，老子所云之道紀者，須以變化觀觀之，始克無病也。

老子之有無觀還包含利與用之義，「有之以爲利，無之以爲用」，其舉例言曰：「三十於胎生而有人類。王弼注曰：「萬物之生，吾知其主，雖有萬形沖氣一焉」，其意亦視此沖氣而爲生物之主，生命之源也。儒家則視此源在陰陽，老子則視「萬物負陰而抱陽」，兩者相若也，通天地之間者陰陽也，即道也，道者，生機之謂也，儒、道兩家所言之道，俱如是也，生機，一也。

此生機也存於有無之間，老子對有無之間生生之萬象，思尋出了元牝之門：「穀神不死，是謂元牝，元牝之門，是謂天地根，緜緜若存，用之不勤。」（六章）王弼注曰：「門，元牝之所由也，本其所由，與極同體，故謂之天地根也。欲言存邪，則不見其形，欲言亡邪，萬物與之生，故緜緜若存也。」余以爲元牝者乃介於有無之際之生機也，此生機源於穀神也。穀神之義，吴澄（一二四九-一三三三，字幼清）之見可取，其言曰：「穀虛則神存於中，若存即神之存。」（魏源《老子本義》）此神也，無與有之際之生機也，萬物賴之以生、賴之以長也，此生長也，蘊於有無之中，循環往復，無窮盡焉，此穀神不死之意也，此天地之根也，亦無之所以轉化爲有之天機也。

老子於《道德經》十四章具體描繪了有無之際諸象：「視之不見名曰夷，聽之不聞名曰化，其妙其玄，純出自然，此自然中無有一毫之私，故能出神入化，妙不可狀，此老氏常無欲之至意所在也，亦有無之間，玄機所繫也。

在《道德經》二章中，老子有見事物相爲依存而明言「有無相生」之意（同時亦言及「難易相成，長短相較，高下相傾，音聲相和，前後相隨」等自然現象，以明相對之意。），既屬相生，則有無之間，非絶對也，乃相對也。相生之義何耶？有以無爲先，因無而生有；無以有爲依，因有而無存，此乃事物先後之序，亦邏輯思維之序也，此序一立，則思維順矣，推理安矣，而其結論亦自定當而無疑惑之病矣。故有無相生實將有無之間之變化萬象盡括於其中矣。

此有無相生之具體形式，老子在《道德經》四十二章言曰：「道生一，一生二，二生三，三生萬物，萬物負陰而抱陽，冲氣以爲和。」張爾歧（明末經學家）釋之曰：「一爲元氣也，二謂陰氣也，三謂陰與陽會和之氣，即所謂冲氣也；萬物負陰而抱陽，冲氣以爲和，即申説三生萬物也。」

余以爲此冲和之氣即是化生萬物之「原生質」，先經複雜而反復之物理與化學之交相變化，而且經歷漫長的自然選擇過程，而産生單細胞生物，而産生多細胞生物，而進化卵生以至然亦即道也；道存自然之中，非自然之外另有道存焉者，求道者，求之於自然也，明道者，明之於自然也。有物混成，先天地生者，自然也，先之者自然也，後之者亦自然也，俱屬道也，俱屬有無也，無，無以言之，有，則萬物皆出於自然，各得其性矣。

《道德經》一章言曰：「道可道，非常道，名可名，非常名；無名，天地之始，有名，萬物之母。故常無欲，以觀其妙，常有欲，以觀其徼；（前已論及，道者，無也，視之不見，聽之不聞，言之無形，捉之不得；道者，亦有也，形之於萬物與倫理也，無始無處不在也，不可須臾離之者，可離非道也。老子之言道也，猶有加焉，必無欲也，始可與觀道體之真，以見其變化之妙。若有欲焉，則墮入應事之域，只能觀其道俗之徼，徼者，邊也，以其人欲而塞道也。亦有以「故常無，欲以觀其妙；常有，欲以觀其徼」而斷句者，是乃不明老學大旨之在無欲，而錯以有無爲重也。而老子在本章之結尾恰恰明確指明了有與無之關係，故此斷句之意未盡善也。）此兩者同出而异名，同謂之元，元之又元，衆妙之門。」

兩者，言始與母也，始與母既同謂之元，則此元也，可視爲有之範疇，必其元之又元，將此有之範疇往前推進一步，求其無之範疇，觀變觀化與有無之間，自見衆妙畢陳；亦識其變其其無、其先其後、其本其末、其根其枝、其源其流、其微其著、其虛其象、其質其華、其曲其全、其盈其虧，言之雖殊，實則一也，難言其狀也，不可辨其畛也。故此而明，有無非二也，乃一也，一以道貫之，乃道之影與響也，俱爲道之表現也，言有，道也，言無，亦道也，合有無言之，亦道也，道之全者也。

《道德經》有言曰：「有物混成，先天地生（王弼注曰：「混然不可得而知，而萬物由之以成，故曰混成。」）；寂兮寥兮，獨立而不改（寂寥無形體也，無物之匹，故曰獨立也；返化始終，不失其常，故曰不改也。），周行而不殆，可以爲天下母（周行無所不至而免，始能生全大形也。）；吾不知其名，字之曰道，强爲之名曰大（最大也），大曰逝（不可見也），逝曰遠（極也），遠曰反（歸也，復可見也。）。人法地，地法天，天法道，道法自然。」（二十五章）

道法自然，道者，有無也，出於自然也，無者，自然也，有者，亦自然也，有無之間，無非自然也；無者，無形也，自然也；有者，有形也，亦自然也；有形與無形，俱自然也；可見可聞者，自然也；視之不見其形，聽之不聞其聲者，亦自然也；道法自然者，道即自然也，自二〇〇一年三月十一日第四版。），則無法推斷；同樣，據此而論，其爲有變爲無之過程，亦將無法推斷。蓋有無之間既有無化爲有之象，亦有有化爲無之迹（如物種之滅絶、瑪雅文化之消失。），兩者交相生滅现象，既已見之於前矣，又孰能止之於後乎？是則今之所形之於有者，在經歷億萬年之後，安知其必有必無之情狀哉！由此而論，則此疑難似已失去了産生和不解之理由了。而且，不論任何變化形式及其過程，其反向之動，并非直綫而行，其間必曲折與反曲折，必正反或反反，形式與内容，千變萬化、消長陳新，不可預測也。以無變爲有而論，其間新物種之出現與舊物種之消失等等，以及其同化异化現象，唯生物學家知其詳耳。復以前述之盛衰論之，其反方向之動也，亦非直綫而進也，其間之曲折、正反、正正、反反，倏忽而變，亦難言之矣，其正其反，或正或反，卒正卒反，隨正隨反，孰正孰反，未可遽言也，悉視時空内外條件而定也。

由此而知，有無者之爲狀也，既含有漫長之時空概念，亦包函有無兩者之間界限難分之虛實概念，言其虛，則有實存焉，核其實，則不見其迹矣。故對老學之有無觀不可泥滯一隅，言有，則絶對爲有，言無，則絶對爲無，界限刀切，不可逾越，絶不可作如是觀。實則，其有長處於動中。

儒學視此基因曰陰與陽，（《易》之爲書也，其六十四卦俱言陰陽變化消長之迹也。）而老子之説則僅見「萬物負陰而抱陽」之言（四十二章），未有詳論，但動静變化則明言之矣，「反者道之動」，就是明示道之動總是反方向也，以生死言之，如以生爲正（以死爲正亦可），則死爲反，即生者向其反面死之方向動也，但并非言向死之方向動者，即等同死也，而是言其經歷由生而死之漸變過程也，此過程之長短，視其生命之長短而定也。以盛衰言之，若以盛爲正（以衰爲正亦然），則衰而反，其動向之變化亦如前述者也，是則盛可漸變爲衰，衰亦可漸變爲盛也。循此而論有無，亦猶是也。若以無爲正，則依反者道之動之原理，無必向其有之方向轉化而見萬物矣；反之，若以有爲正，則曾經形之於有之萬物萬象必向無之方漸變而歸之於無；唯此無也，非原始之無也，乃是曾經變爲有之後而不知經歷了多少億年之無也。此向反方向之動，在論理之邏輯上固暢通無礙，唯就眼前萬物萬象而言，自不免會有疑惑存焉，唯有洞悉無與有之間時空無窮無限者，始可冰釋，即無變爲有之過程，不參考宇宙之年齡（天文科學家提出，宇宙年齡新見解：「宇宙年齡至少在一二五億年以上」。見《北京日報》

奥」，（六十二章）「元之又元，衆妙之門」，（一章）「道生之，德畜之，物形之，勢成之，是以萬物莫不尊道而貴德，道之尊，德之貴，夫莫之命而常自然。」（五十一章）可視爲貫穿全經之血脈也。

第一節　有無觀

《道德經》第一章言曰：「無，名天地之始；有，名萬物之母」；四十章又言曰：「反者道之動，弱者道之用，天下萬物生於有，有生於無。」（王弼注曰：「天下之物皆以有爲生，有之始，以無爲本，將欲全有必反於無」。）無爲有之根（或曰基，或曰始。），此乃邏輯之必然，萬物生成如是，思維之邏輯亦如是。蓋思維之於事物也，必窮其根究其底，其過程則是不斷追問爲什麼，直至無可發問乃止。萬物之生成，目所見，乃有生之也；心所思者，則必追問，此有之萬象，又從何而生也，只有待回答了以無而生有，始可使追問終止；若再問因何而無能生有，則問之本身亦失卻意義矣；故不能設問無生無，更不可言有生無。於此無也，亦只可視之爲不可言狀之渾沌狀態，而且視此狀態有變化之基因存焉，而此基因具有動靜之性，且民心競，禹之治天下使民心變」。（《莊子·天運》）余以爲此乃是影響老子之最深邃之歷史文化思想根源；由於老子於五千言中，只言道與德之至意未可細述其思想醞釀之文化史料，但不難窺知其心路之所由出，如「不尚賢，使民不争，不貴難得之貨，使民不爲盜，不見可欲，使民心不亂。是以聖人之治，虛其心，實其腹，弱其志，强其骨，常使民無知無欲」。（《道德經》三章）此言也，乃原於其見之歷史文獻及其目睹之現實而發之者也。儒家亦有依據歷史文獻與現實而有舜傳之禹之十六字箴言：「人心惟危，道心惟微，惟精惟一，允執厥中。」（《尚書·大禹謨》）將此惟危之人心與《道德經》三章并列而細味其深意，則可見其言异而旨同矣，其俱出於其前代得失成敗之歷史背景亦一矣；而其所异者乃心路之殊也；而致此之由，亦有個人氣質之异也，而氣質所賴以養成之者，則内稟天賦以識大道，外接文史以啓良知也；可知老子五千言之道德大意，乃其心靈獨語也，其有异於儒家之諸經典亦自然耳。近人魏源稱「聖人經世之書，而老子救世書也。」（《論老子》）言之甚當。

兹將老子之《道德經》析爲八大觀（有無觀、宇宙觀、物我觀、道德觀、無爲觀、相對觀、體用觀、政治觀。）而論述之；唯其道觀和德觀乃其本也，其有言曰：「道者萬物之

「老子者，楚苦縣厲鄉曲仁里人也，名耳，字聃，姓李氏（河上公曰字伯陽，聃者，耳曼無輪也，故名耳，字聃。），周守藏室之史也。

孔子適周，將問禮於老子，老子曰：「子所言者，其人與骨皆已朽矣，獨其言在耳；且君子得其時則駕，不得其時則蓬累而行；吾聞之良賈深藏若虛，盛德容貌若愚，去子之驕氣與多欲，態色與淫志，是皆無益於子之身，吾所以告子者若是而已。」孔子去謂弟子曰：「鳥吾知其能飛，魚吾知其能游，獸吾知其能走，走者可以爲網，游者可以爲綸，飛者可以爲矰，至於龍吾不知其乘風雲而上天，吾今日見老子其猶龍邪！」

老子修道德，其學以自隱無名爲務，居周久之，見周之衰，乃遂去至關，關令尹喜曰：子將隱矣，强爲我著書，於是老子乃著書上下篇，言道德之意，五千餘言而去，莫知所終。」

老子既爲周之守藏室史，熟悉周及其前代之歷史檔案文獻，其胸次所蘊固爲歷代盛衰存亡之迹，其目中所見又爲周之式微諸侯爭霸之亂，兩者凝思，遂發而爲《道德經》，其「大道廢有仁義，智慧出有大僞」之浩嘆，亦如莊子做言「世喪道矣，道喪世矣，世與道交相喪也」，（《莊子·繕性》）「黃帝之治天下也，使民心一，堯之治天下也，使民心親，舜之治天下使

第二篇　道家之理論體系

班固《漢書·藝文志》曰：「道家者流，蓋出於史官，歷記成敗存亡禍福，古今之道，然後知秉要，執本清虛以自守，卑弱以自持，此君人南面之術也，合於堯之克讓，易之嗛嗛，一謙而四益（嗛，與謙同。四益，《易謙》象辭曰：「天道虧盈而益謙，地道變盈而流謙，鬼神害盈而福謙，人道惡盈而好謙。」）此其所長也，及放者爲之，則欲絶去禮學兼棄仁義（放，蕩也。），曰獨任清虛可以爲治。」其中最著者爲老、莊，今就此分别論之。

第四章　老學之理論體系

任何事物莫不有生成之歷史根源，老子之思想亦自有其深遠之文化歷史根源，老子之《道德經》乃對其前人思想含英咀華而出之者，自當用心以深求焉。據《史記·老莊申韓傳》云：

十成己成物一統觀。成己成物（或曰善己善群。）乃儒學終極目的，《中庸》曰：「誠者，物之終始，不誠無物，是故君子誠之爲貴，誠者非自成己而已也，所以成物也，成己仁也，成物知也，性之德也，合内外之道也，故時措之宜也。」可知成己成物乃性之德也，而且以誠爲前提也。性之德也者，乃言成己成物爲人性之内在要求亦其必然結果也；因人性本身包函有仁，具有仁民愛物之大義，故必然形諸於外也。以誠爲前提者，蓋誠者乃物之終始，不誠則無物焉。物之終始者，言本體發用而成萬物也（人亦包函其中矣。）。不誠無物則有二義焉：一曰若無本體之根，不可以言萬物之生成也；二曰不誠之人，則百事無成也。成己仁也，人道以立也，「立人之道曰仁與義」之仁也，此仁民而愛物之至義也。成物知也，此知之義，乃「知周乎萬物而道濟天下，範圍天地之化而不過，曲成萬物而不遺」也；亦《中庸》之言「唯天下至誠，爲能盡其性，盡人性盡物性」之意也；亦孔子「修己以安人，修己以安百姓」之意也；亦《大學》「誠、正、修、齊、治、平」之意也。中華文化歷五千年而愈見其光輝者，賴有此成己成物，修己以安百姓之道統也，亦有賴於此，可預見中華文化將爲人類文明融入新觀念、新理性而日顯其生命力也。

知行工夫本不可離，只爲後世學者，分作兩截用功，失卻知行本體，故有合一并進之説」，「某嘗説，知是行之主意，行是知之工夫；知是行之始，行是知之成，若會得時，只説一個知，已自有行在，只説一個行，已自有知在。」（《王陽明全集》四二頁）可見王陽明之論知行是從本體上着眼也，亦從完備之認識論上着眼也。知之中即有行，行之中更有知，有原知以外之知，或在行中開闢新知之途徑，或於行中驗其知。王陽明又曰：「就如稱某人知孝，某人知弟，必是其人已曾行其孝和弟，方可稱他知孝知弟。」此言更進一步明確知行二者之内在聯繫，此内在聯繫即知行之本體也，欲見此本體必淨去私與蔽也，無私蔽，則知行一統自見矣。然於此一統中，知行二者之關係猶有可論者存焉，就儒學之理論體系而言必先知之以求通也，此學、問、思、辨之工夫，此工夫之深淺，既直接關乎通之明暗，更長遠關乎行之成敗，此時也，知重於行，此《大學》「明明德」之意也（此時之明明德乃自明，自昭明德也，成己之事也。）待至「親民」則重於行，即行重於知，乃明明德於天下也，此重之義大矣，非僅以驗知之之通塞，以明儒道之正大，更可於行中獲新知、得啓迪、嚴篤行，以弘大道。以知行弘儒道，此余認爲知行乃儒學之關鍵所在，以其見諸於實也，而且行爲體、知爲用也。

天下，範圍天地之化而不過，曲成萬物而不遺」。至孟子則舉良知之說：「人之所不學而能者其良能也，所不慮而知者，其良知也。」（《孟子·盡心上》）持此德性而格物，則自然知至而意誠、意誠而心正，而身修而家齊而國治而天下平矣。由此而窺知，德性之知誠乃德化、深化、廣化、活化了格物之知，而此中德化誠爲主導者也，王陽明之見更足以深發此義也，其言曰：「致良知，是學問大頭腦，是聖人教人第一義」，「良知即是天植靈根，自生生不息，但著了私累，把此根戕賊蔽塞，不得發生耳。」（《王陽明全集》一〇一頁）可知德性之知乃不負私累者也，欲求真知必去私除蔽。儒學之知，盡發自人性人心人情之誠，以誠爲本，自無私蔽，德化爲主導者即無私蔽之意也。歷代儒者多矣，而鮮見真儒者其故在此。格物之知與德性之知一統矣，則真儒見於世矣。此「苟不至德，至道不凝焉」之深義所在也。

九知行一統觀。知行問題是儒學之關鍵問題，首言知行關係者爲商高宗之宰輔傅說，他板築於傅巖，深明爲事之艱，故曰：「非知之艱，行之惟艱」，此知易行難之說也。其後，《中庸》闡明「學、問、思、辨、行」之大義，此完備之認識論也。學問思辨，知也，行則知之驗也。王陽明發「知行合一」之說：「知之真切篤實處，即是行，行之明覺精察處，即是知。

七道與德一統觀。道與德二者之關係，前之詳論已可見其一統矣，玆欲申之者，乃道在其運動中外顯之於德也，德則爲道之内函所發華者，「天地之大德曰生」，此大德即道之自見也，自顯也，其生者物也人也，無不被賦予其德也，物之德也，蓮理枝者、鴛鴦者，愛之意也；烏雛反哺，親之意也。於人者，則更具德性焉，孝德乃人之最直接形之於雙親者也，孔子視之爲「天之經也，地之義也」，「孝者，德之本也」，此德也，乃道之體現於人者也。人之其他德性亦基於人之良知而自出之者也。《易乾》「元、亨、利、貞」四德出於道也，孟子之言：「君子所性仁義禮智根於心」，此性此心也，俱出於道也，而形諸德者也，故而道與德一統者也。

八格物之知與德性之知一統觀。格物之知指《大學》所言「致知在格物」之知也，此知也，可使人意誠、心正、身修、家齊，以至於國治、天下平：此知也，必與德行之知相通相合，而且自然相通相合，相得益彰，以臻於完備至善之知也。此德性之知首見於《易・乾》卦詞：「元亨利貞」，《乾象》「天行健，君子以自强不息」、《坤象》「地勢坤，君子以厚德載物」，此三義，合而言之君子之德也。此君子之德再見於《周易繫辭》「知周乎萬物而道濟令可考者也。《大學》則就認識與修養而論内外一統也。其所言之誠、正、修、齊、治、平，全繫於格物致知也。此物也、此知也，俱可見其内外也，接於物之知，外也，本性天良之知，内也。孟子之言：「君子所性，仁義禮智根於心」，内也。程頤之言，則指明内外焉：「聞見之知，非德性之知，物交物則知之，非内也，盡之所謂博物多能者是也。德性之知，不假見聞。」（《二程集》卷二十五，三一七—三一九頁）王陽明之言，則詳論無内外：「夫理無内外，性無内外，故學無内外，講習討論，未嘗非内也，反觀内省，未嘗遺外也。夫謂學必資於外求，是以己性爲有外也，是義外也，用智者也。謂反觀内省爲求之於内，是以己性爲有内也，是有我也，自私者也，是皆不知性之無内外也。故曰精義入神以致用也，利用安身以崇德也，性之德也，合内外之道也，此可以知格物之學矣。」（《王陽明全集》七六頁）天地物人本一體也，無内外之可言也，欲尋之亦不可得也，此所言之内外，乃大内之中類與類之間的關係也，即人類與物類之异而又一統者，更欲明人類之理性應當成爲此内外關係善之又善之動力也，即人類之善己善群，尤當及於物也，此乃人類生存發展之前提條件，亦《中庸》所示成己成物、盡人性、盡物性、贊天地化育之境界也。

也，索我中華文明貢獻於人類文明，其最大而其意義深遠，有待發之不盡者，即此澈底之性善論也，唯期我中華學人不倦彰顯之，使之日漸大明於世也。

六内外一統觀。天地物人既一統矣，何言内外耶？此處所言之内外者，以人爲内，而以天地物爲外之意也，亦以個體以外者爲外之意也，此則，前者爲物我，後者爲群己也，余之於此所欲論者，物我也。以天地物爲外，以人爲内者，意在正確認識内外之生生不息之血緣關係（人與物之親緣關係。）、依存條件，以及人之本身固有之獨立性、尊嚴性、思維性等所集中表現之理性。人爲萬物之靈，其所靈之之亦有正邪之辨也；靈之以謙卑，則與物平等矣；靈之以恭謹，於天地協和，與物遂生，則物界繁茂，人亦豐其生矣；靈之以泛愛，則情通萬物，而物性可盡矣；靈之以尊敬，則物可感而其德可興矣。此靈之正者也，反之，暴殄天物，人亦亟可危矣。中華祖先明察此理，深知「仁民愛物」之義，見之於法令者，有《周禮》之記載：「牧人掌六牲而阜蕃其物」，「虞衡作山澤之材，藪牧，養蕃鳥獸」，「凡過而殺傷人者，以民成之，鳥獸亦如之」，「仲春斲陽木，仲夏斬陰木，凡竊木者有刑罰」，「若斬木材，受法於虞」。（《十三經注疏》七二三、六四七、七三二、七四六頁。）此乃靈之於恭謹而著之法爲祖先，人其後裔也，此乃相繼不絕之過程也，「繼之者，善也」，人與物俱善也，「成之者，性也」，人與物，各稟其性也，而且，物稟其性於先，是則物性善於前而人性善於後也，兩者同處於同一發展過程中，則物性善人性善之一統觀，不言而自明矣。然亦當有所指明之者，此善也，非善惡之善也（非與惡對立而言之善也），溯其原義，乃力、和、生、靈四者綜合之涵義也。力者，宇宙起原，萬物生成之唯一動力也，和者，種種因素之間和諧協調之狀，力之作用所濟也，生者，生生相激、變化無窮之意也，靈者，生機之至高至精至微至妙之表現也。此四者之綜合表現，求之物（即便低等之物）可得之，求之人，更明矣，其見等差，未可一言而盡也。唯人爲萬物之靈，是則爲善中之善者，亦自不待言也，此乃「元者，善之長也」之至義焉。准此而論人之食物鏈與物之食物鏈，則無論其爲食者或被食者，悉不可以善惡之見視之，蓋被食者亦是食者，同處於食物鏈之中，唯其所出之位置不同而已矣。此中唯有人，既爲萬物之靈，則此靈，必隨人之自覺而日益豐富其內涵，亦日益靈之而又靈也，此靈之而又靈者，即善之而又善也，此乃最澈底之性善論也，《中庸》所言之盡人性盡物性，即此澈底性善論之體現也，約而言之，成己成物也，性之德也，合內外之道也，此亦中華理性之核心內函命，壽夭有別。）此中「大明終始，保合大和」兩句將萬物資始、乾道之化之唯一力量表明得最爲準確精全，大明終始者，言此唯一之力貫穿於宇宙源起、萬物生成、人類出現之全過程，見其作用之光輝，日益光大、顯明，此從縱而言之者也。保合大和者言此唯一之力，乃天地六合、物物縱横：人物交錯、人際相繆之大和諧之力也，必有賴於此力，方可保天地物人之利貞也（利者，義之和也，天地物人大一統之宜也，此宜也必以和始可得而宜也，和者，内緼親近也。貞者，正也，有大和瀰於天地物人之間，則正常之關係立矣，和平相處無虞矣。）此乃縱横而言之者也。此力也，於天地言之，則天地之心也，於物言之，則物之心也，於人言之，則人之心也，綜合天地物人言之，則天地物人之心也。此力也，此心也，從其發展歷程言之，自始至終與物共變共化，同呼吸、同死生，不可割裂分離也，乃一體也，故曰心物同體也，心物一統也，無先後、無主次、無始終也，此心物一統觀之至義也。

五人性善、物性善一統觀。此一統觀，前已略有論及，兹欲更爲申論之者，乃其一統之義也。此一統之義已深蘊於「乾道變化，各正性命」之中矣，亦已深蘊於「繼之者善，成之者性」之中矣，乾道變化者，物之變化也，人之變化也，此變化者，物領其先，人出其後也，物會，五行之秀氣也」，「故人者天地之心也，五行之端也，食味、別聲、被色而生者也。」（《十三經注疏》一四二三—一四二四頁）據此而論，「天地之大德曰生」，「人者，天地之心也」，天地者，物也，人者天地之所生也，實亦物也，然物之所以生之者必有其原故也，即有一力焉爲之推動者也，此力者，無以名之，曰心可也。故有「人者，天地之心也」之見出焉。此心物一統之論見之於儒學經典者也。更有《乾彖》曰：「大哉乾元，萬物資始，乃統天，雲行雨施，品物流形，大明終始，六位時成，時乘六龍以御天，乾道變化，各正性命，保合大和，乃利貞。」此象辭中每一句，無不包有一個中心思想，這就是推動其變化的唯一力量（唯一者，無其他也，即絕無并存者也；但此唯一者，可散殊於萬物萬形中，無所不存，無時不在，無空不入，無微不襲，大如日月普照，山岳呈形，小如一蚊一虻之生死轉化，無不此力之運也。）大哉乾元，贊此力作用之大也，此大也，無邊無際、無極無止、無終無始、無喻無比。萬物資始，乃統天，此始也，亦推論之也，不知始於何時何處何物何狀也，乃統天之力也，乃統地之力也，亦統物統人之力也；力之所呈，雲行雨施，品物流形，乾道變化，各正性命（物物各有其性，千殊萬异，亦各有其命，千差萬別；人人各有其性，殊异自見，亦各有其

「君子尊德性而道問學，致廣大而盡精微，極高明而道中庸」，「誠者天之道也，誠之者人之道也」，「誠者，自成也，而道自道也；誠者，物之終始，不誠無物，是故君子誠之爲貴，誠者，非自成己而已也，所以成物也，成己仁也，成物知也，性之德也，合內外之道也，故時措之宜也」，「唯天下至誠，爲能經綸天下之大經，立天下之大本，知天地之化育」，「唯天下至誠爲能盡其性，能盡其性，則能盡人之性，能盡人之性，則能盡物之性，能盡物之性，則可以贊天地之化育，可以贊天地之化育，則可以與天地參矣。」（《十三經注疏》一六三三—一六三四頁）此乃最完備、最具有生命力、最高理性之天地物人之一統觀，光大此理性以贊天地之化育則一必淨欲棄蔽（不言窒而言淨者，以理性之自覺而能清而淨之也。），二必息争一和，三必正德、利用、厚生（正人性之尊嚴，正物性之尊嚴；利於人用，利於物需，利於再生；厚人之生、厚物之生。），四必行天下爲公之大道。由此可明，儒家天地物人之一統觀，必然引導出中華之大道——天下爲公。此亦自然與人事內蘊之邏輯也，其在發展中自身力量所開闢之途程與所展現之面貌非他力所可干擾之者也，唯視其內外形勢、條件而定也。

四心物一統觀。《禮記・禮運》有言曰：「故人者，其天地之德，陰陽之交，鬼神之人一統觀日臻美善矣。考儒學經典，《周書·秦誓》有言曰：「惟天地萬物父母，惟人萬物之靈」。（《十三經注疏》一八〇頁）《周易說卦》曰：「有天地然萬物生焉，盈天地之間者，唯萬物」。（《十三經注疏》九五頁）《禮記·禮運》曰：「人者，天地之心也，五行之端也，食味、別聲、被色而生者也。」（《十三經注疏》一四二四頁）通觀上舉之三義可明人亦物也，此人之爲物、與物之爲物、與天地之爲天地，俱屬自然而出之者，唯其出之過程有先後也，亦於此先後順序中見其發展之精且靈也，人居其後，適當其最靈者也。亦因具有此靈，誤使人自以爲貴於物也，從天地演生萬物與人之過程視之何貴賤之有哉？！唯確見其一體、且其相互依存日益顯其密切、血脈相承、息息相爲呼吸也。更因人有此靈，近五千年來，我中華創造了中華文明（人類亦創造了全球文明。），似乎擡高了人之地位，遠離物了，反有主宰物界、予取予奪、不可遏制之勢，不僅破壞了天地物人之一統，更危及人類本身之生存，此乃物慾驅使使然也，深傷人之靈氣理性也，儒家對此，「人心惟危」，早就有「窒欲」之誡（見《易·損象》，其言曰：「君子亦懲忿窒欲。」），二千餘年論「懲忿窒欲」之文，無代不有，可見儒學之醇也。《中庸》更詳論了成己成物、盡人性盡物性、贊天地之化育之美德：

行，以生長收藏，以生寒暑燥濕。人有五藏，有五氣，以喜怒悲憂恐。故喜怒傷氣，寒暑傷形，故曰喜怒不節，寒暑過度，生乃不固」。（《黄帝内經·卷第三》，人民衛生出版社，一九六五年二月第一版，二五－二六頁）若以陰陽喻諸於人際五倫之中，則君爲陽臣爲陰，夫爲陽妻爲陰，父爲陽子爲陰，此中既表示一統之意，亦包函統率之義也，如《乾坤》既一統，又復有乾統坤之義也。若以陰陽喻諸於人事，則唯見事物總是向其反面轉化，如陽之向陰、陰之向陽轉化者然也，物極必反，即此意也。静中寓動，動中存静，静極必動，盛極必衰，衰極必興，但其復興者，或變其故而新，或僞飾而敗，不可豫爲之言也，一視其誠僞而定也。蓋人事不可與自然等同齊觀也，人事中雜有私、蔽、正、邪、忠、奸、善、惡，往往干擾乃至改變事物正常進程也，然此亦不過暫時之現象耳，人事中陰陽總是朝其反面轉化，最終必然正邪忠奸自辨焉，陰陽一統、乾坤正氣，無可損之者也。

三天地物人一統觀。此觀之要者在明人之與物也孰貴；在明人之生存條件取之於天地物者果無限乎；在明人之靈也，理性也，如何能從物慾中解脱出來，并光大之也；在明人與物，人與人之相處，争與和孰爲本也。明乎此四者，則天地人物一統觀之義盡矣，亦可有見天地物也，乃於推移替代中相與包函也。其消其長，長中函消，消中緼長也，唯見其漸與錯也；漸，言其變化日漸而進也，錯，言其形式交錯而性也。陰消而陽長，漸錯而進之也，陰消一份則陽長一分，及漸而極，則持平矣，則互易其位矣，其變其化，無有始終窮極也；但見日新不已也，新景常開也；唯見榮枯中之新象也，人與物俱皆如此也。李白之詩曰：「草不謝榮於春風，木不怨落於秋天，誰揮鞭策逐大運，萬物興歇皆自然。」萬物興歇皆自然，此形之外者也，其内則陰陽運轉變化不息也，人亦在萬物中也，一物一陰陽，一人一陰陽，大如巨象，小如螻蟻，其陰陽變化一也。就人而論，《黄帝内經太素》言之備切矣，黄帝曰：「陰陽者，天地之道也，萬物之紀綱，變化之父母，生殺之本始，神明之府也，治病必求於本。故積陽爲天，積陰爲地，陰静陽躁，陽生陰長，陽殺陰藏。陽化氣，陰成形。寒極生熱，熱極生寒。寒氣生濁，熱氣生清。清氣在下，則生飧泄，濁氣在上，則生䐜脹。此陰陽反作，病之逆從也。故清陽爲天，濁陰爲地；地氣上爲雲，天氣下爲雨，雨出地氣，雲出天氣，故清陽出上竅，濁陰出下竅；清陽發腠理，濁陰走五臟；清陽實四支，濁陰歸六腑。水爲陰，火爲陽，陽爲氣，陰爲味。味歸形，形歸氣，氣歸精，精歸化；精食氣，形食味，化生精，氣生形；天有四時五名，同謂之元，即有無同元，而且云：元之又元衆妙之門，此與周子所言，無極而太極，太極本無極，有何异也，何「正南北矣」哉！二是朱熹晚年定論「太極者，本然之妙也，動静者所乘之機也」，何機也？動静不是自運於本然之妙中嗎？難道在大化之外還能獨尋得動静之機乎！此朱子之用心過甚也。此有無一統觀乃其他一統觀之根基也。

二陰陽一統觀。《周易繫辭》「易有太極，是生兩儀，兩儀生四象，四象生八卦，八卦定吉凶，吉凶生大業」，《周易説卦》曰：「立天之道曰陰與陽」，此陰與陽，以乾坤二卦體現之，以示無始無終之陰陽變化也。《乾》、元、亨、利、貞。孔穎達《正義》曰：「乾卦本以象天，天乃積諸陽氣而成，天者，定體之名，乾者體用之稱；乾，健也，天之體以健爲用，運行不息，應化無窮，此天之自然之理，聖人當法自然之象而施人事，亦當應物成務，云爲不已，終日乾乾，無時懈倦。元亨利貞者，是乾之四德也，子夏傳云：「元，始也，亨，通也，利，和也，貞，正也。言此卦之德有純陽之性，自然以陽氣始生萬物；但陰陽二氣，共成歲功，陰興之時仍有陽在，陽生之月，尚有陰存。」（《十三經注疏》十三頁）由此而知，陰陽二氣互爲消長轉化，陰盛而陽衰，陽進則陰退，此盛衰進退又互爲包函者也，非僅推移替代者。迨迄北宋，周濂溪提出《太極圖説》，首言「無極而太極」，前者可視爲「無」，後者可視爲「有」。朱熹據而發之，其義大明：「周子曰：無極而太極，蓋云無此形狀而有此道理耳。所謂太極者，只二氣五行之理，非别有物爲太極也。周子恐人於太極之外更尋太極，故以無極言之。聖人謂之太極者，所以指夫天地萬物之根也，周子因之而謂之無極者，所以著乎無聲無嗅之妙也。然曰無極而太極，太極本無極，則非無極之後别生太極，而太極之上先有一個無極也。又曰五行陰陽，陰陽太極，則非太極之後别生二五，而二五之上先有太極也。此一圖之綱領，大易之遺意，與老子所謂物生於有，有生於無，而以造化爲真有始終者，正南北矣。熹向以太極爲體，動静爲用，其言固有病，後已改之曰太極者，本然之妙也，動静者，所乘之機也，則庶幾近之。」（錢穆：《朱子新學案》，巴蜀書社，一八一—一九〇頁。）朱熹此論，可謂已辨明了無與有，無極而太極原爲統一體也，不可分割者也，（分别言之則可也。）但細玩其意，則覺有欠安者存焉。一所朱之指斥「老子所謂物生於有，有生於無，而以造化爲真有始終者，正南北矣」，按老子在《道德經》四十章之全文細爲推敲辨析，老子之原意并未將有無割裂爲二之嫌，而且，老子在《道德經》一章中，對有無明確言之曰「此兩者同出而异又非假設與推論也，而確反映了宇宙生成與發展之真實過程，其時空之曠遠至於不知所始所極而引發之哲學四維也，無乃本體之實也，有則化生之象也。此有無觀始見於老子《道德經》，其四十章曰：「反者道之動，弱者道之用，天下萬物生於有，有生於無。」其第一章則曰：「無，名天地之始，有，名萬物之母。此兩者，同出而异名，同謂之元，元之又元，衆妙之門。」儒學經典未直言無與有，但確包函了有無觀。《易乾》卦辭「元亨利貞」中之元，恰與老子所言之元相契合（又，《乾彖》中之「萬物資始」之始，亦與老子「無，名天地之始」之始相契合。），孔子所作之《文言》曰：「元者，善之長也」，（長，應讀如掌。）孔穎達正義曰：「元者善之長者，謂天之體性，生養萬物，善之大者，莫善施生，元爲施生之宗，故曰元者善之長也。」又《乾彖》之「萬物資始」、《坤彖》之「萬物資生」，此始之義，可上溯至無極，此生之義，則視爲「萬物之母」可也。《周易序卦》亦言曰：「有天地，然後萬物生焉」，有天地之前可視之爲「無」，其後則可視之爲「有」。《周易繫辭》則提出了「形而上」、「形而下」之論，「形而上」者可視之爲「無」，「形而下」者，則可視之爲「有」。《中庸》所言之「自誠明」可視爲「無」「有」之際之變化過程。此乃就儒學經典所考明之八曰恥。「子貢問曰：何如斯可謂之士矣？子曰：行己有恥。」（《論語・子路》）行己有恥，君子之行也，然其繫于國家之安危存亡也，管仲嘗論之曰：「國有四維，一維絶則傾，二維絶則危，三維絶則覆，四維絶則滅；傾可正也，危可安也，覆可起也，滅不可復錯也。何謂四維，一曰禮，二曰義，三曰廉，四曰恥。」由此可見，四維中恥最關重要者也，守之者亦當自明工夫之厚而篤行之也。

本篇小結　儒家哲學十統觀

前已對儒家哲學分作了八論，綜合觀之，實可見其内藴十大一統觀：一曰有無一統觀，二曰陰陽一統觀，三曰天地物人一統觀，四曰心物一統觀，五曰人性善物性善一統觀，六曰内外一統觀，七曰道德一統觀，八曰接物之知與德性之知一統觀，九曰知行一統觀，十曰成己成物一統觀。

一有無一統觀。有與無乃哲學上之一對範疇，其所言之無，其有假設與推論之意，但實朝廷正，逆之則紀綱廢、政教煩。」此乃就禮之於治國安民而言者也。若就個人之修養而論，則如孔子所示：「不學禮無以立，不學詩無以言」，「興於詩，立於禮，成於樂」，「顔淵問仁，子曰克己復禮爲仁，一日克己復禮，天下歸仁焉」。君子所守者禮也，所約者身也，所求者仁也，進可以事君，退可以修身，安貧樂道也。

六曰義。義者，宜也，此意前已詳論之矣，兹所重者仁義之意也。《周易說卦》曰：「立人之道曰仁與義。」孔穎達撰正義曰：「天地既立，立人之道有二種之性，曰愛惠之仁與斷刮之義也。」孟子則言：「君子所性，仁義禮智根於心」，此義也，乃以仁爲其核心者也，君子之所守者，既當重宜者之義，更當重以仁爲内在核心之義，或曰根於心之義也，根於心者則仁在其中矣，守此義也，進則可利萬物，仁澤於民，退則可渥仁行義，以潤身也。

七曰廉。廉者前已詳論之矣，此處所重者廉隅之意也。《禮記・儒行》曰：「儒有上不臣天子，下不事諸侯，静而尚寬，强毅以與仁，博學以知服，近文章，砥礪廉隅，雖分國如錙銖。」孔穎達疏曰：「雖分國以禄之，視之輕如錙銖。」《管子・牧民》曰：「廉不蔽惡，不蔽惡，則行自全。」君子所守者德自全、行自全也。

而生萬物，可視爲物之始也，然萬物亦固有其終也，終則復歸于本體焉。第二層不誠無物，亦內函兩義：一謂没有本體就没有萬物，二謂不誠實之人，成就不了任何事業。二曰君子誠之爲貴，若做到了真誠，則既可以成己，亦可以成物，成己，乃格致、誠意、正心、修身之事也；成物，乃齊家、治國、平天下之事也，此乃性之德也，合內外之道也。三曰唯至誠者能盡人性盡物性，此與成己成物合而言之，乃互爲表裏也，成己成物則自人性物性俱盡矣，反之亦如是也。故君子之所守者誠，乃性之德也，內外之道也，守之者，實如孟子之言「理義之悦我心，猶芻豢之悦我口」也。

四曰信。信者，誠也，實也，不欺也。《國語・周語》「禮所以觀忠、信、仁、義也，……信所以守也。」《論語・學而》言曰：「與朋友交而不信乎」、「敬事而信」、「謹而信」。《孟子・盡心》曰：「可欲之謂善，有諸己之謂信。」《周易繫辭》「天之所助者順也，人之所助者信也，履信思乎順」。由此而知信之內函實也，君子之所守者實也。

五曰禮。禮者，理也，體也，履也，《禮記》論之詳矣，《禮記正義序》曰：「夫禮者經天緯地，本之則太一之初，原始要終，體之乃人情之欲，順之則宗祐固、社稷寧、君臣序、謹度，滿而不溢，然後能保其社稷，和其人民，蓋諸侯之孝也。」）、卿大夫之孝（「非法不言，非道不行，口無擇言，身無擇行，言滿天下無口過，行滿天下無怨惡，三者備矣，然後能守其宗廟，蓋卿大夫之孝也。」）、士之孝（「以孝事君則忠，以敬事長則順，忠順不失，以事其上，然後能保其祿位而守其祭祀，蓋士之孝也。」以及庶人之孝（「用天之道，分地之利，謹身節用，以養父母，此庶人之孝也。」）。其結論是：「自天子至於庶人，孝無終始，而患不及者，未之有也。」故此可明古之以孝治天下之大義所在也，於此亦可明孟子之言：「堯舜之道，孝悌而已矣。」（《孟子·告子下》）故孔子在《孝經·開宗明義》就明示曾子曰：「夫孝，德之本也，教之所由生也。」君子自當尊之而謹守也。

三曰誠。《中庸》言：「誠者，物之終始，不誠無物。是故君子誠之爲貴。誠者，非自成己而已也，所以成物也；成己仁也，成物知也，性之德也，合内外之道也，時措之宜也」，「唯天下至誠爲能盡其性，能盡其性，則能盡人之性，能盡人之性，則能盡物之性，能盡物之性，則可以贊天地之化育，可以贊天地之化育，則可以與天地參矣。」此兩段文，指明了三個問題：一曰誠者物之終始，不誠無物，此中又内函兩重深義：第一層，誠者，本體也，由本體二曰孝。《説文》「孝，善事父母者，從老省，從子，子承老也。」《書・堯典》「克諧以孝」。《禮記・祭統》「孝者，畜也，順於道，不逆於倫，是之謂畜」，「忠臣以事其君，孝子以事其親，其本一也。」（《十三經注疏》一六〇二頁）《禮記・祭義》「曾子曰：身也者，父母之遺體也，行父母之遺體，敢不敬乎！居處不莊非孝也，事君不忠非孝也，莅官不敬非孝也，朋友不信非孝也，戰陣無勇非孝也，五者不遂，烖及於親，敢不敬乎！夫孝，置之而塞乎天地，溥之而横乎四海，施諸後世而無朝夕，推而放之東海而準，推而放諸西海而準，推而放諸南海而準，推而放諸北海而準。曾子曰：樹木以時伐焉，禽獸以時殺焉。夫子曰：斷一樹，殺一獸，非以其時不孝也。」（《十三經注疏》一五九八頁）《孝經・聖治》「曾子曰：敢問聖人之德，無以加於孝乎？子曰：天地之性人爲貴，人之行，莫大於孝。」又《孝經・三才》「曾子曰：甚哉！孝之大也。子曰：夫孝天之經也，地之義也，民之行也；天地之經而民是則之，則天之明，因地之利，以順天下，是以其教不肅而成，其政不嚴而治。」《孝經》更分别論述了天子之孝（「子曰：愛親者不敢惡於人，敬親者不敢慢於人，愛敬盡於事親，而德教加於百姓，刑于四海，蓋天子之孝也。」）、諸侯之孝（「在上不驕，高而不危，制節非、正邪諸辨乃一脈相承者也，亦貫於十辨之中，不可不作整體觀也。此十辨一清，則一生之中，無論爲士居官，或窮居陋巷林石，必然心輕性靈，道洽德醇，言樸行質，無計損礙矣，對人生哲理之領會，至此境地，亦足以言用工矣，然尚有所當守者以全之焉。

四、君子之所守八德

予遡思儒學經典，見於君子之所守者有八德應予章明之者，此八德爲：忠、孝、誠、信、禮、義、廉、恥，兹分述如次。

一曰忠。忠者，《説文》「忠，敬也」，《玉篇》直也，《增韵》内盡其心而不欺也。《周禮地官》「一曰六德，智、仁、信、義、忠、和」。《賈疏》「中心曰忠，中下從心，謂言出於心，皆有忠實也」。《六經藴義》「忠，竭誠也。」《書・伊訓》「爲下克忠，事上竭誠也，又不貳也，無私也，厚也。」《孝經》「君子之事上，進思盡忠，退思補過，匡救其惡，故上下能相親也」，「君子之事親孝，故忠可移於君」。故知，忠者，竭誠也，由孝而出之者也，上則忠君、忠國，下則忠於友朋兄弟，且忠於事業、職守與人民，此乃爲士爲官所當守者也。

剛終，或柔始柔終，或時剛時柔，或時柔時剛，一視情勢而定。與此剛柔相彷彿者，猶有方圓之義可與之相爲表裏也，剛柔内也質也，方圓外也形也，益之以相互爲用，則其内外愈爲充實豐富，亦在用之妙也，如外圓内方，自其形者而觀之，則自是柔中有剛也，而從其内者而析之，則亦可見其剛中之柔，剛中之剛也，外方内圓亦復克作如是觀也。至於在實際運用中，不論是外圓内方（外柔内剛），或外方内圓（外剛内柔），均須視情勢而定。而且，一般多取以柔克剛、以圓待方；蓋柔圓具有彈韌之性，可資以伸縮迴旋，而方剛缺乏靈活性，無以應付瞬息萬變之勢，易於坐失時機，導致失敗。更有，方剛相對立者，必因争而鬭，而圓柔相周旋者，其核心所在固亦有争，此争也於和中能探索出互爲有利之條件，其遠勝於因争鬭而兩傷者，自不待言也。自此方圓剛柔之外尚有時空、人事、形勢、順逆等因素，幾宜（「幾者，動之微，知幾其神乎，窮神知化，德之盛也。」）存焉，直接影響方圓剛柔之爲用也。故在個人修養中無論是出處語默或處理公私事務，對上述内外因素均必須瞭然於心，善爲取舍，此乃關係道德、事業、人生意義之大事，不可不縝思竭慮者也。

右列十辨，雖可獨立而論，實爲相互聯繫，不可孤立理解者也，其中尤以理欲、義利、是僅恥也，乃深罪也。

十曰辨剛柔。孔子於《周易説卦》言曰：「昔者聖人之作易也，將以順性命之理，是以立天之道曰陰與陽，立地之道曰柔與剛，立人之道曰仁與義。」（韓康伯注曰：「在天成象，在地成形，陰陽者言其氣，剛柔者言其形，萬物資始乎天，成形乎地，故天曰陰陽，地曰剛柔也。」孔穎達正義曰：「其立地之道有兩種之形，曰順承之柔與特載之剛，在形而言陰陽者，即坤象辭云：履霜堅冰，陰始凝是也，在氣而言柔與剛者，即商書云高明柔克及左傳云天爲剛德是也。」）剛柔之義，《周書·洪範》亦有發之，其言曰：「天乃錫禹洪範九疇」，九疇，治國安民之九項大法也，其六曰：「又用三德」，此三德：「一曰正直，二曰剛克，三曰柔克，平康正直，强弗友（友，順也。）剛克，爕友柔克（爕，和也）」，沈潛剛克（沈潛者地也，能出金石，須剛克。），高明柔克。」（高明言天，天謂剛德，亦有柔克。）此三德之要義，正直爲第一大德，君正而直，則臣必隨而正直矣，以剛爲政，爲第二大德，濟之以柔，爲第三大德，亦剛柔并用、寬猛相濟之意也。然剛柔如何運用，以極於妙，亦難言矣。或先柔後剛，或先剛後柔，或剛柔并施，或剛中有柔，或柔中藴剛，或剛多柔少，或柔盛剛弱，或剛始力行以待取。」（《禮記・儒行》）孔子亦有欲出之言：「子貢曰：有美玉於斯，韞匵而藏诸，求善贾而沽诸？子曰：沽之哉！沽之哉！我待賈者也。」（《論語・子罕》）孔子雖有待賈之念，同時又有「君子不器」之志，所謂器者，器用也，物之爲用也，不器者，謂君子之德不守一用也，欲見幾而作，無所不施，道濟天下，以圖大展也，此實爲儒者出處所遵之大原則也。孟子之見則是：「得志則加於民，不得志則修身見于世，窮則獨善其身，達則兼善天下」，（《孟子・盡心上》）更有進者，孟子曰：「予天民之先覺者也，予將以斯道覺斯民也，非予覺之而誰也」，（《孟子・萬章》）「夫天未欲平治天下也，如欲平治天下，當今之世，舍我其誰也，吾何爲不豫哉？」（《孟子・公孫丑》）此乃大氣磅礴、欲利天下而爲之之浩然正氣也，偉哉孟子！壯哉孟子！周孔以降，第一人也！雖未得其位以恢弘其道德，然其浩然正氣歷二千餘年，猶遺響於華夏太空，依稀可聞。於兹可明出處者非僅個人窮達、浮沉之意，實關乎社稷世運之興衰隆替也，亦關乎大道之恢蹇式微也，於個人事小，於世道事大，士之重出處之義見矣。故孔子言曰：「邦有道，穀（禄也），邦無道，穀，恥也。」（《論語・憲問》）其意謂君子於有道時則見，無道時則隱，無道時仍食禄者，無异助桀爲虐也，不九曰辨出處。「子夏曰：仕而優則學，學而優則仕」，（《論語·子張》）可視爲對儒家出處觀最得其要之理論注解，其要者在一個「優」字。學之優者之義，在於明道也，修德也，志存親民治平也，《禮記·儒行》言之曰：「博學而不窮，篤行而不倦，幽居而不淫，多文以爲富，難得而易禄也，易禄而難畜也，非時不見，非義不合，抱義而處，不忘百姓之病也。」（《十三經注疏》一六六九—一六七〇頁）仕之優者之義在於先之勞之而無倦也（「子路問政，子曰：先之勞之。請益。曰：無倦。」《論語·子路》），在於「臣爲上爲德，爲下爲民，其難其慎，惟和惟一」（《商書·咸有一德》），「慮善以動，動惟厥時」（《商書·説命》），「道洽政治，澤潤生民」（《周書·畢命》），「德威惟畏，德明惟明」（《周書·吕刑》）。此兩優合而言之，其内函一也（一致也），俱致力於道、德、政、義、勞、慎、和、民八者也。若具體以言出處，則處爲出之備也，出爲處之行也，處爲明德也（《易·晋象》曰：「君子以自昭明德。」），出爲親民也，亦以更明明德也；處爲格物致知、誠意、正心、修身、齊家也，出爲治國、平天下，更於治、平中以驗格物致知、誠、正、修、齊之效也。儒者欲出之言有：「儒有席上之珍以待聘，夙夜强學以待問，懷忠信以待舉，縱索史迹，未有能逃遁之者也。特別當貪風糜爛上下之季，私慾氾濫之烈唯洪水猛獸之言可資以狀其大惡也，古之仕者之人生哲學，多重廉清，視貪爲身敗名毀之大患也，故章此廉貪之辨以爲仕者之戒，亦人生自守之大義也。

八曰辨貧富。孔子主張「貧而樂」，（子貢曰：貧而無諂，富而無驕，何如？子曰：可也，未若貧而樂，富而好禮者也」；「子曰：賢哉回也，一簞食，一瓢飲，在陋巷，人不堪其憂，回也不改其樂」；「君子固窮，小人窮斯濫矣」；「士志於道，而恥惡衣惡食者，未足與議也」。）對於富與貴（「富而可求也，雖執鞭之士，吾亦爲之，如不可求，從吾所好」；「多文以爲富，不隕獲于貧賤，不充絀于富貴。」），則曰：「不義而富與貴，於我如浮雲」。此種貧富觀，不僅直接教育其弟子，二千餘年對後賢之影響亦極深遠，歷代士人未有不以安貧樂道自勵者。由此而明，其富在道在德，而不以貧於財貨爲窮也，若「德之不修，學之不講，聞義不能徙，不善不能改」，是乃真貧也，此儒者之貧富觀也，以此而辨世俗之貧富觀，則其趨舍愛惡立判矣，以此而辨仕與士之貧富觀，則其高低尊卑自明矣。故知辨貧富，從而守之，乃儒家人生哲學之要義也。

主戰者亦有與敵陰謀而主和者，此中取捨損益，既有以見君之昏明，亦有以察臣之忠奸，忠者唯公是慮，奸者則從中取利，取之之法，唯假公以掩其私，或直接奪之，或間接竊之，或罪忠以自逞，或樹黨以伺機，不可一言而盡也。辨而明之，則忠奸自形，僞裝自揭，功罪自見矣。此就大者而言之也，若夫小者，則友朋之間、親情之際，亦復有忠奸之辨，明者則免禍，昏者則受殃，欲爲正人君子，在人生道路中，少有其失，當於此種慎爲擇處。

七曰辨廉貪。廉則清也安也，貪則亂也敗也，此間界綫絶然分明，有何可辨，誠然是也，予之所欲辨者，乃廉貪之根，公私之心也，廉者必具有公心，唯知尚義也，貪者則私慾日烈，時思逐利也，亦可見時代之官風士習之清濁也，此乃貪廉之内外條件也，然决定廉貪者還在大公與私欲之异也，唯此大公與私欲不爲官階高低所限也，高者可廉亦可成爲巨貪國賊，低者可貪亦有清貧自守者，唯視其人心之邪正與道德修養之厚薄而定也。故士而仕者，其德其行，最足以見其品質優劣高下者，唯一廉字而已，唯一貪字而已。唯聞道正、行之端而體之切者能謹守此廉德，此守字極爲吃緊，唯德醇道深者能守之，一有私慾雜於其心者，在財利面前未有不動摇者，初則小貪，繼而大索，終則慾壑難填，天良喪盡，玩法自毁，此乃私欲爲禍之鐵則，廷之上，則亂綱傾邦，不辨於吏治之中則仕風以靡，貪賄公行。歷代之衰傾，初多起於正邪不辨，積靡以敗；個人之忠奸成敗，亦多緣於不辨正邪，漸取其禍，可不深戒之哉！

六曰辨忠奸。君臣也，朋友也，官僚之上下左右也，人際之交往也，無不有忠奸存焉，然以君臣間之忠奸關乎國家存亡、個人安危最切緊要也。君臣間之正確關係，孔子之間是：「君君、臣臣」，「君使臣以禮，臣事君以忠」，「所謂大臣者，以道事君，不可則止」，（見《論語》）可知君君臣臣者在禮與中也，（爲君者應有尊賢之禮度，爲臣孝應有勤勞王事之精誠。）在道與德也；故此道之義指王道也，仁政也；此德之義意在致君堯舜上也。然此忠亦有其度也，忠之極至乃愚忠也，則有害忠之本義焉，故孔子教以「不可則止」。且細析愚忠之病，則可見其非大公也，乃有僞（有爲私之意也）有私也，僞則有謀，私則期以自安自保也。故辨忠必辨愚忠之内核也，愚忠之辨既明，則忠奸之辨易爲焉。然奸者亦非以赤裸裸之奸象露於衆目之前，必有其僞裝也，而且，飾奸爲忠，更足以迷亂視聽，玩弄權術，以售其奸也，唯秉道蓄德、慮遠深謀者能洞燭其奸也。蓋國之大政有利遠而弊近者，有利淺而弊深者，有遠關乎國之安危而爲近利所蔽者，有易舉而難爲功者，有難施而可收長效者，有在外敵入侵之際而即使在判斷是非道德標準遭受扭曲與破壞之際，更須堅定把捉，此唯賴道德修養純正，節操剛直貞固有以爲之也，此乃富貴不能淫、貧賤不能移、威武不能屈之精神也。從儒學本身之發展論，亦必視時代之异而有以發展之，不如此，不足以弘其道也，孔子有言「人能弘道」，孟子褒孔子爲「聖之時者」，故在新之時代，儒學必有新觀點、新意識、新主張出現，其是非觀亦自隨之而新，此乃儒學本身之生命所決定之者（「生生之謂易，日新之謂盛德。」），非人之所能臆之者也。實乃儒學之道之所在，德之所明，仁之所歸，義之所止也，亦人性之所發，人心之所求也；故當是吾所是，非吾所非，不計榮辱毁譽也。

五曰辨正邪。就大道而言有正邪之辨，就德而言，有貞僞之辨，就學術而言有正學與异端之辨，就人品而言有君子小人之辨，就爲政而言有仁政與暴政之异，就仕而言有廉貪之殊，貫穿于其中者，實正邪而已矣，充人之一生，無時而不遇也，當隨時以辨之。辨之之法唯在警悚私、蔽之萌，一有私必則昧於大道，虧於大德，惛於良知，迷於小利，遂至於是非不明，正邪不辨；具體言之，或爲世俗所困，或爲偏見所囿，或爲功名所誘，或爲聲色所淫，或爲權勢所逼，以至於無以自解，此中禍害，殊難盡言，大則亡身敗家，小則喪德毁譽，正邪不辨於朝準繩立焉，始資爲用矣。此尺度、準繩乃儒家之大道也。准此，則王道與霸道可辨矣，道心與人心可辨矣，仁政與暴政可辨矣，乃至蘇秦、張儀縱横論之是非、商鞅、李斯之功罪亦可明辨矣；此固就大道大德大政而言之也，即人生品行之小節亦莫不與此相關也。子夏雖有「大德不逾閑（閑，法也。），小德出入可也」之言，然出入間，是非猶存也，故是非之辨關係人生大矣，不可不慎也。就儒家人生哲學論之，在道德修養内涵上，何者爲大是大非，何者屬小是小非，必秉大道矣嚴區分之，此乃識大體、顧大局、當大任、建大業、立大功、全大節之所關者也，然于小是小非亦不宜玩忽，正是在小是小非上見大義大節，必於大小之間，辨明界限、尺度，但多不能截然劃分，常于大中見小，小中亦寓大，或大小交錯，或是非相繆；天地之間，人事之際，萬物萬理，其倫其類，交織成體，互相依存制約，運動迅速，轉化瞬生，萬變無迹，是其是，非其非，各持所見；非其是，是其非，亦隨境遷；似其是，似其非，相與滲透，不似其是，不似其非，相與轉化而未化；亦是亦非，亦非亦是，瞬而起之，瞬而逝之，長處於動、移、變、幻，日新月异之中，長處於歷史之流中，是非或移其位，或异其貌，一切隨時間、條件、人物、形勢、觀點而變化，似不可把捉，但又必須把捉住，以定是非，以正視聽；

《禮記·祭法》「黄帝正名百物」。實，富也，從貫，貫，貨貝也；《廣韵》誠也，滿也；《增韵》充也，虛之對也。名實二者合而言之，乃中華古代哲學中之一對範疇，指辭、概念（或名稱）與事實、實在之間的關係。各家對此皆异其説，孔子主正名：「名不正則言不順，言不順則事不成；君子名之必可言也，言之必可行也，君子於其言，無所苟而已矣。」（《論語·子路》）墨子主「以名舉實，非以其名也，以其取也。」（《墨子·貴義》）莊子言：「名者，實之賓也。」公孫龍子言：「夫名，實謂也。」荀子曰：「制名以指實，名聞而實喻。」韓非子曰：「循名責實。」予之所以舉此數子者，以明證孔子之言與行、名與實、無所苟也。例如，就道與德論之，所秉之道爲何，所修之德如何，所發之心性如何，必嚴以責實，使其知也、言也、行也，出處語默也，見之於事功、學術也，必合乎道也德也，合於人心之天、人性之尊也，是乃人生真諦之旨也，人生哲學之正者也。他如對是非、忠奸、正邪、廉貪之判明，俱從此出也，俱必須核其名實也，否則，徒有忠正之名，而無其實，或反相爲惡，流爲僞也，故知名實須明辨之也。

四曰辨是非。世間事物、人情、政理、官德、士習，其是非亦難言矣，然必有一尺度、地爲義者，易之，則不義也（宜也），形與勢有不同也。故知審察形勢，洞燭私蔽，乃義與利一統之關鍵也；而且使義與利二者本末之辨不可因之而有失也。經《春秋》紛爭中之齊國大夫晏平仲（嬰）灼見「義爲利之本」；「凡有血氣，皆有争心，故利不可强，思義爲愈，義，利之本也，藴利生孽，姑使無藴乎！」（《左傳·魯昭公》，《十三經注疏》二〇五六—二〇五九頁）必須見得思義，「違義禍也」，（此乃趙文子語，又曰：「君子弗知實難，知而弗從，禍莫大焉。」）（《十三經注疏》二〇三二頁）由此而明，義者本也、先也、根也，違義而言利禍也。「孟子見梁惠王，王曰：叟，不遠千里而來，亦將有以利吾國乎？孟子對曰：王何必曰利，亦有仁義而已矣。王曰何以利吾國，大夫曰何以利吾家，士庶人曰何以利吾身，上下交征利，而國危矣。」孟子之言是也，比孔子所言之「放於利而行，所怨」要警悚多矣：上下交征利，不僅國危矣、家危矣、身危矣，而且仁義喪盡，人性淪失，人不成爲人，何以言家國乎！欲復爲治，不可得也。可知，亡義逐利乃大禍之源也，大亂之源也，身、家、國悉無可逃避者也。

三曰辨名實。《説文》名，自命也，從口從夕，夕者冥也，冥不相見，故以口自名也。

生耳。」（《王陽明全集》一〇一頁）故良知之明監，須常爲拂拭，以去其私累（人欲）、此天植靈根，亦須常爲檢視，防其戕賊閉塞，則人欲可制耳；予認爲此「制」字之義，較之《易・損象》之言：「君子以懲忿窒欲」之「窒」字，更妥。（《十三經注疏》五三頁）

二曰辨義利。此處所言之義，有二義焉：一曰事之宜也，如《中庸》「義者宜也」；韓愈《原道》「行而宜之之謂義」；《易乾》「利物足以和義」。二曰依正道曰義，《周易説卦》「立天之道曰仁與義」。此義利之辨乃由天理人欲之辨而引申之者也。即凡合于天理者爲義也，善利物者爲利也。《易乾・文言》「利者義之和也」，孔穎達疏之曰：「利者，義之和也，言天能利益庶物，使物各得其宜而和同也。」《周書・洪範》曰：「正德、利用、厚生、惟和」者，切合義利之本義也，正德者，仁義之道也，利用者，利萬物萬事而厚民之生也。孔子所言「君子喻於義，小人喻於利」，亦含有正德利用厚生之意，非謂褒君子而貶小人也。何晏《集解》「孔曰喻，猶曉也」，邢昺疏曰：「君子曉於仁義，小人曉於財利」，此亦僅就君子小人嚴格的意義上言之也。若君子唯知仁義之義而不明利物之義（宜），亦乃腐陋之君子也。故義利者，可用以區別君子小人，不可以此框死君子小人也。蓋義利常處於變中，此時此鑠我也，我固有之也，弗思耳矣，求則得之，舍則失之」，并提出「良知良能」以自醒警，長以寡欲自制也。然亦必有爲政之自外調濟者，此乃「惟精惟一，允執厥中」之大義也。孟子以爲「行仁政而王，莫之能禦也」，而仁政最要者在取於民有制，此理欲之分界也：「夫仁政必自經界始，經界不正，井地不均，穀禄不平，是故暴君汙吏，必慢其經界。方里而井，井九百畝，其中爲公田，八家皆私百畝，同養公田，公事畢，然後敢治私事；鄉田同井，出入相友，守望相助，疾病相扶持，則百姓親睦」；「夏后氏五十而貢，殷人七十而助，周人百畝而徹，其實皆什一也。」（《孟子·滕文公上》）此乃古之辨理欲而措諸於政者也。然時勢長處變遷之中，理欲自亦隨之，不管其變化損益如何，天理終歸天理，人欲自是人欲，兩者判然不同，此乃人之天良所可監別界定之者，其所見之損益者實未損益也，唯人欲放縱欲以欺天良也。故知時勢之變，政事之變，乃至人心之變，實乃人欲放縱所造成之迷霧也，天良之光，若太陽之透穿雲霧，足以灼見天理、人欲之原貌也。由此而知，天良乃照澈人欲之寶監也，故長發天良之光，以照人欲之迷霧，可長制人欲之放縱矣。王陽明之所言：「致良知是學問大頭腦，是聖人教人第一義」；「良知即是天植靈根，自生生不息，但著了私累，把此根戕賊閉塞，不得發居的社會生活、道德觀念、政治法度等亦自然凝淀爲風俗習慣，此中就包函了判定理、欲之尺度、準繩，成爲人之行爲規範，循之適之，則理欲俱全，違之過之，則理欲皆傷，（此之傷者，言欲之過其分而自傷并傷理也。）而且人欲愈甚，則理愈傷，人欲縱極，天理滅矣，唯見人欲横流而不復覩天理之存焉。（實則天理存焉，存于人心之中。）是則陷入大悲劇矣，人類淪爲禽獸矣；而其爲害之深有甚于禽獸者烈矣，堯舜見之深邃，以十六字（「人心惟危，道心惟微，惟精惟一，允執厥中。」）治世真經，傳之禹湯文武，至孔子則「罕言利」，以爲「小人喻于利」，「放於利而行，多怨」；孟子則認爲「養生莫善於寡欲」，主張「收放心」、「存夜氣」、「不失赤子之心」、「人之异於禽獸者幾希，庶民去之，君子存之」；至董仲舒則提出：「正其誼不謀其利，明其道不計其功」，「懲忿窒欲」，此亦有監於春秋戰國之混争以及秦政之暴虐，有以爲之言也。然真正辨明理與欲，亦唯有求之於己、反之於内也，故孔子主「克己」、「安貧」、「均無貧」、（「丘也聞，有國有家者，不患寡而患不均，不患貧而患不安，蓋均無貧、和無寡、安無傾。」《論語》）「行己有恥」、「邦有道穀，邦無道穀，恥也」、「内省不疚，夫何憂何懼」。孟子則揭櫫「君子所性，仁義禮智根于心」，「非由外蔽於物、褊於見、泥於俗、浮於利之病也；此私蔽二者，相互爲病，習久以爲正，循至不辨真僞、邪正、是非，此獨立人格之大患也。兹舉理欲、義利、名實、是非、忠奸、廉貪、貧富、正邪、出處、剛柔十辨，以正心端行，使獨立人格，藴之於個人修養之中，昭之於天下。

一曰辨理欲。理者，天理也，欲者，人欲也；或曰天理者，道心也，人欲者，人心也，此二者乃同出於道也，同根同源也。朔生命之出現，乃天理也，既生之矣，則自有欲，是乃求生之欲隨之而生焉，亦生命之遺傳也，此乃從生之初就已具有，非假外力也，乃與生俱生也，實乃與生同義也，不可視爲私欲而非之者也，乃與生同爲神聖而不可厚薄之者也；非之也，厚薄之也，乃直接非天道、厚薄天道也，是乃非人物所賴以生存之道也，是乃非天非地非物非人，荒謬至極，無以自存者也。然則又必須辨而明之以灼見人欲之禍害者，乃有監于此欲中雜有違背天理之私欲也，而此私欲之禍之深又因時因境而异也。而此私欲與隨生而起之欲，如何劃分其界綫，實亦難定也，亦只可因時因境而异也。此時境之義，廣矣深矣、繁矣奥矣，未可一言而盡也；舉凡生存條件之豐嗇，文明程度之差异，道德觀念、認識論上之殊見等，無不包函于其中，是則欲立一尺度、準繩，依以衡量，乃至難也，蓋一切長處于變中也；儘管如此，然群下》）此種大丈夫精神還表現爲：「天將降大任於斯人也，必先苦其心志，勞其筋骨，餓其體膚，空乏其身，行拂亂其所爲，所以動心忍性，增益其所不能」，此種大丈夫之代表人物，在孟子的眼裏，是發於畎畝中之舜，悪於版築之傅説；其大任，乃「天之生此民也，使先知覺後知，使先覺覺後覺也，予天民之先覺者也，予將以斯道覺斯民也，非予覺之而誰也。」（《孟子・萬章上》）而且此先覺者更必須以平治天下爲己任：「夫天未欲平治天下也，如欲平治天下，當今之世舍我其誰也，吾何爲不豫哉。」（《孟子・公孫丑下》）由此可見孟子之獨立人格，非限于獨善其身，而必志在兼善天下；以天下爲己任，當今之世舍我其誰，此乃儒家獨立人格之至義也。此精神唯見孟子以其浩然之正氣發揮至極，後之儒者未見有孟子之氣派者，其故安在哉？就其外在言之，有歷代統治者之高壓鉗制，就其内在言之，則爲儒者自身囿於學術之困，唯求精微而失之致用，復有名利之誘，而忘大任之寄，悲夫！今而後，應極力恢宏此獨立人格之精神，其天下興亡爲己任，恢復儒學本來面目，浚發其生命力源泉，復蘇士氣，鼓舞群倫，開闢儒學研究之大道。

爲保此獨立人格之純貞，須去私除蔽，私者，重利害、榮辱、浮沉、窮達之慮也；蔽者，吟於積垢之下，其聲日微，其原貌日敗，幾不復爲人所識矣。孔子所希望之「窮理盡性」、「人能弘道」，乃欲人之去私去蔽，自求解脱，以復見人心之原，人性之純，據此以開闢人生意義，以正人生道路，從而培養獨立人格，以無愧於所稟於天地者也。

三、獨立之人格

《乾象》曰：「天行健，君子以自强不息，」《晉象》曰：「明出地上，君子以自昭明德」，乃獨立人格所賴以建立之理論基礎及思想動力之源也。在《論語》中，孔子又詳爲闡發獨立人格之内函：「三軍可奪帥也，匹夫不可奪志也」，「智者不惑，仁者不憂，勇者不懼」，「君子和而不同」，「君子易事而難説」，「君子矜而不争，群而不黨」，「已所不欲，勿施於人」。孟子更發獨立人格之論：「夫志，氣之帥也，氣，體之充也；夫志，至焉，氣，次焉，持其志，無暴其氣；志壹則動氣，氣壹則動志；我知言，我善養吾浩然之氣，其爲氣也，至大至剛，以直養而無害，則塞乎天地之間，其爲氣也，配義與道，無是餒也。」（《孟子・公孫丑上》）「居天下之廣居，立天下之正位，行天下之大道，得志與民由之，不得志獨行其道，富貴不能淫，貧賤不能移，威武不能屈，此之謂大丈夫。」（《孟子・滕文公地也，窮之盡之者，一在以弘道、明理、達事、識心、知性、適情也；一在以知天揚善，一在以養心寡欲，存天理淨（或曰清）人欲也。（此處用淨、清二字，乃有見於人欲隨天理而生也，是不可去之者也，曰去之窒之者，則違天理矣。人心惟危，其危者在人心之雜也，擴張而失控制也；淨之清之者在去其雜亂存其合理者，與天理融爲一體也；如食色性也，食色俱不可去也，但淨之而制其濫者狂者則可歸於正也。）使理可窮、性可盡也，盡人性也，盡物性也，兩相盡之，人物相安相平也，以達於《中庸》所言之境地也。（《中庸》曰：「惟天下至誠爲能盡其性，能盡其性，則能盡人之性，能盡人之性，則能盡物之性，能盡物之性，則可以贊天地之化育，可以贊天地之化育，則可以與天地參矣。」）此境地高也醇也，自然者也；窮理盡性之功在於修明物之所以爲物、人之所以爲人之道，此道也，自然者也；人本當安於自然，與物之安於自然無异也，而且人既爲萬物之靈矣，就當以其靈，具有深邃之見，以求同物安於自然之道；然人自以爲高，自以爲勝，玩忽天理，放縱人欲，役物以足其欲，役人以取其禍，上欺天理，下困物類，中敗人之自身，在權、錢、名、位、利、色之淫威之下，人心被扭曲，人性被蹂躪，歷史所加於人心人性之傷害與污垢，下如海洋之深，高如山積之厚，人心人性之呻道變化，各正性命」，乾，健也，剛健中正，不知止息也，此健也，天行之也，天行健，君子以自强不息，此君子見天道而喻諸於人事也。乾道變化各正性命之各，其義指萬物也，亦指人類也；萬物之性與命，人類之性與命，俱爲乾坤大道所賦予之者，或曰俱爲乾坤大道之體現也。萬物也，人類也，各稟其性之正而不相混也。物之性，如柳柔而松柏剛也，牛性韌而馬性躍也；人性善，物性亦善也，人與物一體，相依爲生，互爲協進，且互盡其性也。人之心性也，物之心性也，俱由道而生之者也，欲求人心人性之理乃至萬事之理，必於此道内而求之也明矣，外此道而求之者不可得也，蓋無道外之理也，此王陽明言之剴切矣：「天下無性外之理，無性外之物，學之不明皆由儒者認理爲外，認物爲外，而不知義外之説，孟子蓋嘗闢之。夫理無内外，性無内外，故學無内外，講習討論未嘗非内也，反觀内省未嘗遺外也；夫謂學必資於外求，是以性爲有外也，是義外也，用智者也；謂反觀内省爲求之於内，是以己性爲有内也，是有我也，是皆不知性之無内外也，故曰精義入神以致用也，利用安身以崇德也，性之德也，合内外之道也。」（《王陽明全集》七八－七九頁）由此而辨明，道也、理也、物也、人也、心也、性也，實則一體也，無内外之分也。既然如此，則窮理者也，盡性者也，無外求之蘊之生機之源，把做學問僅限於讀聖賢書，孤守善道，而未從聖賢書中汲取力量以喚起心性之覺醒，如孟軻之志，以斯道覺斯民，啓心性之靈，發心性之純，使人心之活力，源泉滚滚，使人生之意義日日長新，此乃窮理盡性之本義也。道遇境而新，理因人而明，心澈理而活，性由心而善，情緣性而淳，相與融爲一體之中，渾然察然湛然躍然，發故啓新，開源闢徑，道無窮，理無窮，心無窮，性無窮，情無窮，此窮理盡性之大體也。道欲體之而道無窮，理欲窮之而理無窮，道理長處於自身發展之中，長處於自新之中，此自然而然之者也，非他力所可干與於萬一，唯人之心可以意會而言述之者也，此窮理之深意焉。此窮之也，唯聽命於心與良知矣，而此心也，又非孤立之物也，乃性之所靈，集前聖之言而有以感於新事物，而思有以索之求之，以期有所得於心、動於情、見於性也。故道理長處於新境之中，并長遇新之事物，心亦長有新感與新識，其源也滚滚，其感也汩汩，其識也熾熾，活水長流，動力長新，窮之固無盡也，索之固無極也，此窮理之景象大略也。窮理本爲心之求，亦爲性之所發也；是則，窮理乃爲盡性也明矣。

抑尤有進而辨之者，曰此心也，此性也，俱從道而出之者也，《乾彖》已明言之矣：「乾私之態度，自求之於心性即得矣，宋儒陸象山之言「六經注我，我注六經」，既説明六經本是人性人心之大道，亦指明以心性而讀六經，則無不自得而通達也。王陽明則歸結之曰：「聖人之學心學也，堯舜禹之相授受曰：『人心惟危，道心惟微，惟精惟一，允執厥中。』此心學之源也。」（《王陽明全集·象山文集序》）心學也，言儒學乃人性人心之學也，以一心字概括之，實得儒學之精髓也；細玩此心學之大義，推而廣之，一切學問無非心之學也，是則心學之大義超出儒學者遠矣，此有待於後賢而發之也。然王之所言心學蓋指源於道心與人心之得其中者也；求此中者，乃儒學之正者也，失此中者則流爲异端邪説、或淪爲俗儒腐儒而有害於大道也，有害於窮理盡性也，亦不可得人生之真諦也。於此而知，余之於此而欲析而明之者乃去人心之私欲而存道心之純正者也；此道心之純正者，乃心性之活力之源，此源也，若爲人心之私欲所蔽，則其淳樸心性所蒙之蔽，不論其輕重，不能復歸爲一體，則失卻生機矣。故知聖學之不明，儒道之衰微者，在於此道心爲人心之私欲所蔽也；蔽之輕，則其衰之也亦輕，蔽之重則衰之也益甚矣；然人生意義之寄者唯在淨去人欲之私而有見道心之正，而保此人生意義不隨儒道盛衰隆污而升降浮沉也。儒學不明、大道衰微之故，在於學者不識此人欲之蔽，未見心性所之成分多寡而觀其效也。由此，則其不可逃脱之結論乃是：認識合於自然者、合於道者、合於人事之理者，則其變爲獨立之意識，而此獨立之意識，有助於人之窮理，亦有益於盡性，但此助也益也，又視其是否能契合於自然之情狀與形勢，且契合得神妙而時宜也，其契合之者，則與自然歸於一體矣，此可視爲窮理盡性之至美至和者也，其契合之有缺陷者可視爲美中不足或和而不協、協而不足也。其不能復與自然歸之一體者，猶以一種外在之意志，加諸於自然，其不聽令也可知矣，則其不爲功也，乃預見之者也。由此而知成敗之异有若此者在於此獨立於自然之意識能否復歸於自然以吸取自生之力而變爲自己之生機且豐富、更新自己之内函也。由此可見，源於自然而上升爲意識之物（或曰理論，或曰學説，或曰信念。），其不能與自然復相契合者，則必然失去生機而漸趨於枯死也。蓋自然（物、人、道、理俱自然之屬也。）乃生命力之原，其表現爲心性者，亦自生機活潑，力量之原也；由此生機凝成之理論亦自生機活潑，唯必須以心性理解之始可復其生機，且此心性也，必誠而無私始可得其正也，一或不誠，或以求利之心待之，則其生機頓失，不與相通矣，其所得者，或曰俗儒腐儒之見，其必陷於俗儒腐儒乃至於離經害道（或叛道）者可知矣。由此而明，道在心也性也，理在心也性也，以誠而無哲學亦於此區別忠見其高下淺深也。

二、窮理盡性開闢人生意義

人之生也、長也、成也、事功也、經濟也、農耕也、學問也、藝術也、百工也，俱可見其人生意義之體現也，此中莫不有其道也；然道有大小，理有淺深，見有偏全，功有隱顯，此有求索之程，此窮理之義也。又人性也，物性也，均稟依大道也，畢其生，必隨時求以遂其性也，小至蟲蟻，靈至聖賢，凡生命之屬，無不如是也，此盡性之義也。此窮理與盡性者乃人生之意義所寄也；然此二者（理與性）俱出於道也，故窮之者盡之者，必合之於道也；然觀之與歷史、察之現實，其窮之盡之也者未可全合於道也。（然而，已窮之盡之者道之所至者也，唯未盡善也。）探求其故，蓋見其意志未合於自然而然，有悖於理與性者也，其故在私與蔽也。從古見之於人之所窮理盡性者，莫不受其心之力量所驅動也，殫精竭力，畢其生期以有成，持以目的爲之不懈也；其終也，則見其成之有殊而功之有等差也。然則其殊差之所以有此异者，因緣固多矣，諸如稟賦之厚薄，意志之强弱，毅力之久暫，用心之精粗，興趣之濃淡，條件與機遇之契違等，不可勝舉矣，然而，其最要者，則視其所求之者是否合之於自然而然，或曰合也；見諸於朋友者，則誠信也。此慈、孝、友、恭、仁、義、忠、信、誠諸德，《禮記·禮運》歸之爲十義，其言曰：「何謂人情？喜、怒、哀、懼、愛、惡、欲，七者弗學而能；何謂人義？父慈、子孝、兄良、弟弟、夫義、婦聽、長惠、幼順、君仁、臣忠，十者謂之人義。」（《十三經注疏》一四二二頁）此人義乃出之於人情也，亦人之心性之所發而行之於人倫之際者也；其間偏全、厚薄、輕重、多寡，不可單一而論，必以相互中之情狀見之；慈之厚者，孝之必深也，孝之切者，慈之必重也；仁之全者，忠之必誠也，忠之誠者，信之必深而仁之必厚也；反之，仁之不敷，則何求忠之效、義之報也；信之不誠，何冀忠之全也；此俱從人之心性情上而發之者，亦爲人之心性情所受之者也，發受之際感應若影響然，真僞厚薄悉銘之於心，其所應之者，必親其所發之者而有所定也，蓋人之心性之靈如秤然，必厚之者以益厚，薄之者而愈薄，多則見多，寡則見寡，此唯從心性情之常理而言之者也，然亦有以厚待薄，以重應輕，以德報怨者，如舜之孝悌之行（事見《史記·五帝本紀》，舜之父瞽叟與其弟象謀害舜，「舜復事瞽叟愛弟彌謹。」），此乃道通天地、德并日月、無私無我、聖者之睿智也，非常人之所可期及之者也。由此而明，見道之深，修德之謹，乃聖賢君子與常人之區別所在也；人生人與自然之親密臍帶關係，乃人群自身建立群我關係之理論基礎也。儒家所見之人與群之關係，始自一家之内，《尚書·舜典》：「帝曰：契，百姓不親，五品不遜，汝作司徒，敬敷五教，在寬。」（孔穎達疏曰：「品謂品秩，一家之内尊卑之差，即父、母、兄、弟、子是也，教之義、慈、友、恭、孝，此事可常行，乃爲五常耳。」）歷夏商周之後，君臣關係之正邪於治亂、盛衰，日益顯其重要，《尚書》、《禮記》、《周禮》、《孝經》、《論語》蓋詳論之矣，孔子明確提出君君、臣臣，（齊景公問政，孔子對曰：「君君臣臣，父父子子。」《論語·顔淵》）曾子則提出朋友，（曾子曰：「爲人謀而不忠乎，與朋友交而不信乎，傳不習乎。」《論語·學而》）至孟軻更剴切言之：「人之有道也，飽食暖衣，逸居而無教，則近於禽獸，聖人有憂之，使契爲司徒，教以人倫，父子有親，君臣有義，夫婦有別，長幼有序，朋友有信。」（《孟子·滕文公上》）人與群之關係，已由一家之内而擴及於鄉黨邦國矣，由父母兄弟子五常而擴變爲夫妻、父子、兄弟、朋友、君臣五常（倫）矣，人生之意義亦在於善處五倫中之德行以及個人之言行功業。此中父子有親者，見之父慈子孝也；君臣有義者，見之於君仁臣忠也；夫婦有別者，見諸於夫倡婦隨，此乃義（宜）也；見諸於兄弟者，則兄友弟恭之始生也，物生必蒙，故受之以蒙，蒙者蒙也，物之穉也」，（《十三經注疏》九五頁）再就《易·屯·彖·象》以觀之，其彖文曰：「屯，剛柔始交而難生，動乎險中，雷雨之動滿盈」，（孔穎達正義曰：「雷雨二氣初相交動，以養萬物，故得滿盈。」），其象詞曰：「雷雨屯，君子以經綸」。（「經謂經緯，言君子法此屯象，有爲之時經綸天下。」）由此而明，乾道變化，各正性命者，乃正物之性命與人之性命也；細察人與物，可見者固有异也，然究其根源言之，則同也，物，物也，人亦物也，人與物無异也；萬物自生自息（息者，喘也，一呼一息也，生死猶呼吸也。），人亦自生自息，其義一也，人與物同等也；就其生息不止言之，物與人均可貴也，就二者自生自息之義言之，生息乃自然之永不終止之進程，物之生也死也，此進程中之現象也，人之生也死也，亦此進程中現象也，冷静思之，處此自然現象之中亦不覺其何貴之有也；其唯一覺之可貴者乃在「人爲萬物之靈」這個靈字上，賴此靈也，人得以認識自己，得以認識群我内外之道，而稟承此道，我中華已創立了五千年之獨特文明史，其异於物者固遠矣，其异於他民族之文明者益彌覺珍貴也，今言人生哲學亦本此道之獨特珍貴所在處審爲探討而發揚之也。

力、起死回生之效也，唯世人明此力效者蓋寡也，以其迷於形與勢之無力回天，而不識人性人心之所至可以化腐朽爲神奇也。察歷代安危之際卒歸於安者，其力安在耶？在人性人心之存正氣也，守正道也，出智慧也；無正教，則人性人心何由而正，正氣何由而存，正道何由而守，智慧何由而出？教之爲用大矣哉！教育哲學之爲用大矣哉！人性人心之正大矣哉！

第八節　人生哲學

儒家之人生哲學，應從人之所生之根源上求之，始可得其正而大明也，儒家哲學已昭示之矣，故可見儒學經典中有關人生哲學之論，悉由人生之根源上而發之者也，今之論此人生哲學，亦遵此旨而探索焉。

一、人與物、人與人群之關係

盈天地之間者萬物也，「惟天地萬物父母，惟人萬物之靈」，（《周書·泰誓》）人類之生也成也，基於萬物、出於萬物者也，《周易·乾彖》曰：「乾道變化，各正性命」。孔子《周易序卦》曰：「有天地然後萬物生焉，盈天地之間者惟萬物，故受之以屯，屯者盈也，物

「明明德、親民」必有賴於教也，教之以「致知格物」，始可收誠意、正心、修齊之功以達於治平之境也。治平之境、大道之行，乃儒家最高之政治理想，必賴教有以成達之也，三公論道經邦、所教者是儲君也，教之以明大道、以修至德、以守綱紀、以立法度、以御君臣、以足百姓、以敷教化、以美風俗；民間之所教者士也，此士也，進則爲仕，退則爲君子。孟子則曰：「窮則獨善其身，達則兼善天下」，此窮達之功俱在教也，或曰自我之教也，自我修養也，可見，儒學之所存，教之所存也，儒學之所明教有以明之也，儒學之所行，教有以行之也，故孔子言曰：「政之不行，教之不成也」，教之不成者，多由政乖而害教乃至於廢教也；但教又有獨立之特性，非乖政所能盡發之者也，其所廢者一時耳，教有其辨別是非正邪之明，與威武不屈之自奮自生之力，此故最終之結局不是政廢教而是教正政，此恢復之力，即人性人心；世有見政摇教頹者，而人性雖傷、人心雖敗，其生機長存，必有以圖再復者，而教育之根基即立於此活生生之人性人心之上也。由此而明教育在儒學中之地位矣，教育理論在儒學中之地位矣；教育哲學者乃教育理論中之首腦部位也，核心與靈魂也，活力之精鋭也，决定教育方向之指導理論也，其於教育之功，非僅教民也、教士也、教官也，乃至於教君也，而且具有救危扶傾之

五、教育哲學在儒學中之地位

首先必須闡明教育在儒學中之地位，則教育哲學在教育中之地位自明矣，從而教育哲學在儒學中之地位亦易明矣。

儒學大義，閎博精深，天道、地道、人道一以道貫之，不可孤立以言道，儒學所稟承之道，固天地（物）人合一之道也，天地（物）人合一統之道也；此道也，於人而言，固人道也，然不可孤立以言人道也，人道與天道、地（物）道不可分也；即欲獨言人道，究其實，人亦天也，實則，人道亦天道也；誠然如是，然儒者之道、儒學之道，畢竟人道也；中華立國五千年所行之者此道也，堯舜禹湯文武所繼承之者此道也，周公孔孟集大成而發揚之者亦此道也；此道之行也，必有其正途焉，此正途者何？曰政也教也。

政與教二者，孰爲體孰爲用，孰爲本孰爲末，孰爲重孰爲輕，前已辨明之矣，兹欲强調以符其實者，乃教爲政之本，是則儒道之行也，唯教是賴焉。孔子一生以教育爲正業，其意在培育君子，在培育君子儒（子謂子夏曰：「女爲君子儒，無爲小人儒。」《論語・雍也》）。君子儒者，以之守道則弘道，以之爲政則政清刑省而治，成己成物者賴教也；《大學》之大旨端而利，知之淺浮邪歧，其行必乖以戾，有害於群我，甚而有傷大德至道；故知，知爲道德之凝，行爲道德之驗，知以弘道明德，行以開物成務，善群善我，其終極一也。故知教育哲學以道德爲核心，以知行爲準衡也；儒家之道德與教育，見諸知行之效驗者，已歷二千餘年矣，其内含之豐富切要，乃發之不盡、窮之愈新也。

在教育哲學之此十二要素中，可見其彼此、相互之間内在邏輯之密切及其互爲表裏，相得益彰。如師者尊之以道，教之以知，啓之以德，導之以行，學者則以思以問以辨於師，教與學一體也，教與學相長也，道愈明矣、德愈彰矣，行愈效矣，其間相互促進、補益、影響者粲然可見，隱然無迹，遡而有道可據，玩而其樂無窮；教中有學，學而廣知，知而入德，德而形行，行而見功，功以明道，道以歸德，其間若網絡然，千絲萬縷，不可言以盡也；思之尋之，玩之吟之，浩浩乎天地之大，渺渺乎道理之微，仰仰乎師道之尊，莘莘乎學子之勤，怡怡乎師友之樂，勉勉乎德行之勵，悠悠乎氣質之化，肅肅乎治平之功，盡發乎教育哲學之中，不可盡言之矣；富哉！儒家之教育哲學也夫！勃勃焉，儒家之教育哲學也夫！

具體之德行表現也，欲使自己之德行達於完善之域，固亦難矣，唯在積之靡之，掃淨功利之念則自及矣。

行

學、問、思、辨、行，學至於行盡矣，而此更深更切實之學問思辨，乃爲更高更完備之行動動力也。學問思辨固屬於知之範疇，行則驗知於事功之效者也，然究之於知行之内函，則學問思辨中固已有行之因素存焉，豈有純知而獨無行之踪迹存於其中者乎？曰未之有也，蓋知行本爲一體，不可予以分割也。傅説之言：「非知之艱，行之惟艱」，（《十三經注疏》一七五頁。）細玩其意，知之者，在行之也。道可遵，理易明，惟驗之於事而求實效則難矣；此中遵道明理，既學之知之又行之實之者也，故知行實爲一體也。王陽明發「知行合一」之論：「知之真切篤實處即是行，行之明覺精察處即是知。」（《王陽明全集》，上海古籍出版社，一九九二年第一版，四二頁。）指明知行一體，但當辨明行爲體，知爲用，一切知之真僞、正邪、偏全、源流，悉以行作試金石；固不可離行以言知，亦不可輕知而獨言行，言知時已有行活躍於其中，言行時亦有知指導於其内，無無知之行，亦無無行之知，知之深正切實，其行必動於中，積久而成之者也；亦乃道之透澈於心，動乎性情而形諸於外者也。《大學》所言「物格而後知至」，此知之中已緼有德也；「知至而後意誠」，則其德化爲理性而使意念誠之也；「意誠而後心正」，則其德性之發揮使其心感而正之也；「心正而後身修」，乃德性之發矣導其行日久而驗諸於其心者也；「身修而後家齊」，乃德性之發有感於家人宗族，率以德性見諸於孝悌也；「家齊而後國治」，乃德性之發而及於事功之成也；「國治而後天下平」，則德性之發揮至於極致，有乎天下之人心，盛德大業見於天下也，此乃德成而教尊，教尊而民知敬學，敬學以求知，知至而道明而德修之大效也；固知、德在教育哲學中乃居核心地位者也；成己成物均賴此德也。孔子有言曰：「德之不修，學之不講，聞義不能徒，不善不能改，是吾憂也」，皋陶則示九德：「寬而栗，柔而立，愿而恭，亂（治也）而敬，擾而毅（擾，順也。），直而温，簡而廉，剛而塞（塞，實也。），强而義。」（《十三經注疏》一三八頁。）《周禮》大司徒之職以鄉三物教萬民：「一曰六德：知、仁、聖、義、忠、和」；大司徒之下又設「師氏，掌以　詔王，以三德教國子：一曰至德，以爲道本；二曰敏德，以爲行本；三曰孝德，以知逆惡。」（《十三經注疏》七三〇頁。）此九德與三德乃德之普遍含義與也」；《易繫辭》「神以知來，知以藏往」。（韓康伯注曰：「明蓍卦之用，同神知也，蓍定數於始，於卦爲來，卦成象於終，於蓍爲往，往來之用相成，猶神知也。」）（《十三經注疏》八二頁）由此而明，知之内函有三：一曰識，識於心也，此爲物之接於五官之感知也；二曰覺，覺於心之德性之知也，三曰往來，有監於事物之卦象而明其發展歷程之知也。由此三者之匯會而思維馳騁於其中，德性緼發於其内，則其知日新而德日進矣，於此而明，知德渾而爲一矣。故《易繫辭》言之曰：「窮神知化，德之盛也」，「知周乎萬物而道濟天下」，「知幾其神乎」，「君子知微知彰，知柔知剛」；《大學》則更具體言之曰：「知至而後意誠，意誠而後心正，心正而後身修，身修而後家齊，家齊而後國治，國治而後天下平」，知之爲用大矣哉！知者，德之基也，通理達道之橋樑也，或曰進德體道之麯糵也，知之寖潤於心，久之則德化焉，德積而久，則自明道矣，道既明矣，則豁然内外無所不至矣，知也，德也，道也，行也，已不復尋其迹矣。

德

德者，乃道之形諸於外者也，人之德也，物之接於外，心之應於内，性之感於理，情之

（見《呻吟語譯注》，北京燕山出版社，一九九六年版，五三、五七頁。）「道無二也」，「一毫邪氣不得」，至哉斯言！道唯一也，儒家所見者此道也，道家所見者亦此道也，唯其所見有偏全之异與旨歸之殊也；儒者之所見是上學下達也，道者之所見唯知上通而不及下也，是則儒者全而道者偏矣；道者非儒者之論，正是發之其自身之偏以攻儒之全，非儒有失也，亦非儒行效於世者有闕焉。至於儒與墨、法諸家之异不俱論矣；唯有所指明之者，即自根與源而觀之，則儒、道、墨、法，俱從中華思想之根源而出之者，然析其源流、根枝、先後，儒、道兩家源也、根也；然儒、道之歧，猶一樹而二主幹者；然驗之歷史，唯見儒學獨家愈驗而愈效，可見，唯儒學正也全也；正學既立，則他學之地位亦自定矣，此《中庸》「道并行而不相悖」之大義所在也，無害於正道之大行，但有累於正道之不得不常爲明辨，此乃守正道者所當清明以省察者也。

知

知，《説文》「知，詞也，從口從矢，喻知理之速，如矢之疾也」；《玉篇》「識也，覺也」；《大學》「致知格物」，朱熹注曰：「致，推及也，推及吾之知識，欲其所知無不盡離道本」，其言曰：「儒家者流，蓋出於司徒之官，助人君，順陰陽，明教化者也，游文於六經之中，留意於仁義之際，祖述堯舜，憲章文武，宗師仲尼，以重其言，於道最爲高，孔子曰：如有所譽，其有所試，唐虞之世，殷周之盛，已試之效者也，然惑者既失精微，而辟者又隨時抑揚，違離道本，苟以譁衆取寵，後進循之，是以五經乖離，儒學寖衰，此辟儒之患。」（《前漢書·藝文志》，《二十五史》，上海古籍出版社縮印本，一六五頁。）此正道者，儒家之道也，儒者所見之道，乃試之而見堯舜禹湯文武之治者也，歷經漢武之「獨尊儒術」，越二千餘年，成爲中華立國，保持大一統政局之道也。此道也，在其發展途程中，既遭外來諸子百家相辟之言，亦有內在惑者不得精微之論，故而知明辨之功甚艱；唯明大道之根本者，於雜言異説洞察而不惑也，明吕坤之言可資辨道之大監也，其言曰：「漢唐而下議論駁而至理雜，吾師宋儒，宋儒求以明道而多穿鑿附會之談，失平正通達之旨；吾師先聖之言，先聖之言煨於秦火，雜於百家，莠苗朱紫，使後學尊信之而不敢异同；吾師道，苟協諸道而協，則千聖萬世，無不吻合，何則？道無二也」；「正學不明，聰明才辨之士各枝葉其一隅之見以成一家之説，而道遂千歧百徑矣；豈無各得，終是偏術；到孔門，只如枉木著繩，一毫邪氣不得。」

偏全、長短、旨歸、源流立可見矣。故知所辨者諸家之學，若無此明辨之功，則儒學自身亦有流爲邪説之虞也，其淪爲俗儒、腐儒、陋儒、小人儒則更不待言也。由此而明，明辨之功，實乃淨化淳化思想、以見正道、從而正確體道修德之功也，此功也，唯至誠者，可及之也。

道

道者，正道也；乃立人立國之本也，乃爲政爲學之本也，乃教與學之本也；知由道起，德從道出，此二者，乃教與學始終所講求之者也。考春秋戰國之際，諸子百家之言，雖亦從此正道而發之者，實有愈發而離正道愈遠者也。莊子之見可爲此狀也，其有言曰：「天下大亂，賢聖不明，道德不一，天下多得一察焉以自好，譬如耳目口鼻皆有所明，不能相通，猶百家衆技也，皆有所長時有所用，雖然，不該不徧一曲之士也；判天地之美，析萬物之理，察古人之全，寡能備於天地之美，稱神明之容；是故内聖外王之道，暗而不明，鬱而不發，天下之人各爲其所欲焉以自方，悲夫！百家往而不反，必不合矣。後世之學者，不幸！不見天地之純，古人之大體，道術將爲天下裂。」（《莊子·天下篇》，《諸子集成·莊子集解》二一六頁。）《漢書·藝文志》歸結爲九流十家，評其短長，得其要焉，但班固同時指出了「辟儒之患，違淆亂、本末倒置、綱目錯雜、先後無序矣。然辨之者，首爲道也，此中有儒、道之辨，儒、墨之辨，儒、法之辨等；即就儒道自身論之，亦有王、霸之辨，仁政與暴政之辨，人心與道心、天理與人欲、義與利之辨，君仁臣忠之辨，父慈子孝之辨，知行關係之辨等等。辨之精，則是非、邪正、真僞自明矣。此精之工夫最吃緊，首對大道理解正全周遠，絕無偏頗臆斷之病，對所辨之者，不持門户之見，更無吹毛求疵之嫌，一以正道爲準繩。自儒道之立，二千餘年以降，是之者，非之者不知凡幾矣，有是之而是者，有是之而不全者，有是之而有偏者；有非之者，有非之而失之淺粗也，有非之恰是其是之者，所以辨之爲難也，非長積浸潤之功洽於心性之深，不足以有爲也，非驗之歷史、證之人心，不足以有言也，非明儒道之源流、體系，觀其發展，扼其要歸，（歸之於人倫心性、發之於哲理光輝。）不足以言之中規矩也；必有規矩，且正之校之，以爲準繩，用以辨物衡理也。在中華思想史中，儒道成爲準繩者，非臆之也，乃有驗於人心人性、政教得失者也，非始於漢武獨尊儒術也，乃始自三皇五帝、中經禹湯文武、歷於戰國諸説并起而成爲顯學之際也。「儒以道得民者」，《周禮》所言者公論也，此論一立，準繩自立矣，校之繩之，析之索之，辨之琢之，則諸學（也包括儒學内部諸家之學。）之啓之，隨遇而出也，難尋二者之迹也，此亦善教善學之藝，教與學之勝境也。啓之發之，悉道之所至，心靈之所契默而燭照之者也。由此而明，啓與發之中，道與心二者必相契合也。考古之爲教爲學者，莫不以經文爲本而研究之也，然歷代通儒鮮見者何耶，以其未能透澈通曉儒之大道，不識義理之精，僅望文生義，而不與自性自心自情相爲血肉，其間無道德之血液流通，無氣質之滲入，無人心與道心之消長，無天理人欲之損益，無義利本末之界限，其無補於教化人心亦自明矣，在啓之之功不深而發之力不切也。故發之者非在於聞一以知十、聞一以知二之异也，而在於成己成物之功有以見之也，見性之德也，見内外之道也；啓於性之德，發於性之德，啓於内外之道，發於内外之道，則啓發之功遂成矣，人之善性善心與形之於文之道遂通矣，啓之大義、發之大義遂盡矣。

辨

辨者，辨是非也、正邪也、王霸也、真僞也、善惡也、源流也、本末也、綱目也、先後也；教之之道，學之之道，俱有此辨也。故辨之之功遍及於教、學、道、德、知、行各領域，無時而不存，無時而不行也。疎於辨析，則是非難明、正邪難分、真僞不清、善惡相混、源流必起於學，非學之思，濫思也，無所據也，或流於邪矣。

問

問者，有所思也，思而不得其解則問焉，有所疑焉，疑而無釋則問焉；或有見於事理之不明者而問焉，或有見於經史之未通者而問焉。就問者而言，宜於問之先，思之再三，慎之又慎，使問之者得其要，使解之者明其樞，發其源流微義，啓之導之，疏之教之，理有所據，意有所終，趣有所誘，志有所勵，行有所止，使教與學、問與答，其樂道也融融，其進德也風風，探索討論，忘我忘功。

啓

啓者開也，《説文解字》：「啓，教也」；孔子則曰：「不憤不啓，不悱不發，舉一隅不以三隅反，則不復也」，（《論語·述而》）啓與發在教與學中甚是重要。啓而後始可發，啓者開其思路，發者明其旨歸。《學記》所云：「道而弗牽，强而弗抑，開而弗達」，可視之爲啓也，「開而弗達則思」，是啓而誘其思，發者，待其思馳而有發也。啓發固對學者而言，亦可對教者而焉也，是則問中有啓，啓中有發，發中復有啓，啓發互進，啓以發之，發以疏》二七五三也）由此而知思有賴於心，心之所思者既有心與物結合之知，更有德性之知；孟子所言先立其大者乃指擯其利慾而見道義也，小者不能奪也，乃言利慾之私，無可奪道義之正也。《中庸》則詳論「學、問、思、辨、行」，究其實，應是思居先而始發問也；無論其所學之者爲義理或爲技藝，或其所問之者淺簡，亦莫不思而後問也；即以幼兒之問，細爲析之，亦見其思而後問也。蓋思之起也，乃思之官接於物之本能反應也，如耳之於聲，目之於色，亦有思在其中矣，以其歷經腦之司聲色之神經也，唯未細析而覺之耳。至於體認義理，則其爲思也隨義理之深廣而俱進矣，其所歷之反復、深化、辨正、貫通、探索、創新，各有其异，言人人殊，「回也聞一以知十，賜也聞一以知二」，非僅其思之有异也，亦且天賦有殊也，悟道之功不同也。故思者與思之者，主客因素繁矣遠矣，形矣隱矣，故知因材施教之原由蓋藏此也。由此而知，其初也，思之者，與見聞相近，繼之或與個性相發，及其深也，則與志趣相得矣。教之思、或學之思，固與大道、專業、志趣三者相爲表裏也，思之者，與爲學爲人俱進而渾爲一體也。學原於思，思富於學，學積於思，學成於思，非師之力也，悉學者之自勤也。孔子有言曰：「學而不思則罔，思而不學則殆」，（《論語·爲政》）是言學思并進，不宜偏廢也；思自其大者而觀之，吾與造化歸一也，自其小者而審之，則群我俱在也；尤願爲善群盡一己之力也，此儒學成己成物之意也，性之德也，合内外之道也，此乃爲儒學之最高境地也。儒學之道，既求上達，達於至道至德，又必下達，溶小我於大群之中而不知其止也，亦不知其迹也，求止者，非真儒也，求迹者俗儒也，乃功利之徒也。真儒之學也，既求大道之行也，功利之立也，更期大道之淳己化物，并功利一概而化之而上達於大道之源頭安其心性也。此儒學之出發點與歸宿點之統一也，亦儒學上達與下達之内緼邏輯也，亦中華大道之終極也。儒學之精髓在於藉明道修德，開通理性，淨化争鬥而極終達於中和也。學者，學此也，學之不以其道，則不得也；學之以其道，則自得之也，此道者何？曰訴之心性也，歸之善群也；訴之心性則善我，善群於善我，乃《大學》所明言之者也，其要在致知格物，而其終在修齊治平，此爲學之出發點與歸宿點之統一也。

思

程頤言曰：「學原於思」；孟子言曰「心之官則思，思則得之，不思則不得也，此天之所與我者，先立其大者，則其小者不能奪也。（大者，謂生而有善性也。）」（《十三經注學之義，仿傚也，猶之進入智慧殿堂之學步也，隨師所導，視焉聽焉，步焉趨焉，習焉游焉，及知有所進，智有所開，思有所曠，志有所立，則疑而生焉，問而發焉，言而辯焉，學而積焉，德而淳焉，行而篤焉，則漸入於明道宏志之域，其兢進精神益迫，其業日精，則其自奮之力長焉，自知（自知者明）自勝（自勝者强。）之志高焉，自誠自正之工勤焉；大道浩蕩於胸中，大德自溢於行表，大智緼發於遠慮，此時之學也，譬游泳者之由江河而入大海也，見海之無涯際，明學之無涯際也，其所當致力者，非「日知其所無，月毋忘其所能」者也，亦非「爲學日益」之所求者也，乃「爲道日損」之務也，（老子《道德經》四十八章：「爲學日益，爲道日損，損之又損以至於無爲，無爲而無不爲。」）乃下學而上達境界也，乃若大海之波平如鏡，無所不容、無所不納之景觀也，不知其大，亦不知其小，不知其深，亦不知其淺，其所見唯汪洋恣肆，若心之馳騁六合之外，若意之橫薄八荒之表，人也、物也、天也、地也，均不識其別也，唯見海與天同，其高也，其平也，其遠也，其邇也，悉渾函爲一。道也、德也、心也、性也、情也、知也、行也、事功也、名位也，俱與宇宙渾然，不見其迹也；其意識之所醒者唯有心存焉，存之者此心也，忘之者亦此心也，歸於造物之初，還於人性物性之中，教則必有師，「師者所以傳道、授業、解惑也」，此傳、授、解三者，行之實難也。以道而論，所傳之者，初非經籍所載之道也，乃教師心靈體驗於經籍所領會之者也，以此而傳之於學者，其間必有志焉心焉情焉識焉技焉術焉，《學記》對教之之道論之切要：「大學之法，禁於未發之謂豫，當其可之謂時，不陵節而施之謂孫（孫，遜也，順也。），相觀而善之謂摩，此四者，教之所由興也。發然後禁，則扞格而不勝；時過然後學，則勤苦而難成；雜施而不遜，則壞亂而不修；獨學而無友，則孤陋而寡聞；燕朋逆其師，燕辟廢其學，此六者，教之所由廢也。君子既知教之所由興，又知教之所由廢，然後可以爲人師也，故君子之教喻也。道而弗牽，强而弗抑，開而弗達，道而弗牽則和，開而弗達則思，和易以思，可謂善喻矣。學者有四失，教者必知之，人之學也，或失則多，或失則寡，或失則易，或失則止，此四者，心之莫同也；知其心，然後能救其失也；教也者，長善而救其失者也。善歌者，使人繼其聲，善教者，使人繼其志，其言也，約而達，微而藏，罕譬而喻，可謂繼志矣。」（《十三經注疏》一五三三頁）此志也，適如孔子所言「志於道，據於德，依於仁，游於藝」也。

學

列傳》所載：孔子弟子，雖多爲齊魯之士，然亦有遠自秦、楚、吴諸國者，將各國之政教、風俗、人情，集於一堂，一貫之以道，一通之以德，一明之以知，一著之以行，其相互啓發者亦遠矣；《論語》中就不乏師友論道啓發之例：如「子夏問曰：巧笑倩兮，美目盼兮，素以爲絢兮，何謂也？子曰繪事後素。曰：禮後乎？子曰：起予者商也，始可與言詩矣。」（《八佾》）又「子謂子貢曰：汝與回也孰愈？對曰：賜也何敢望回，回也聞一以知十，賜也聞一以知二。子曰：弗如也，吾與汝弗如也。」；「顔淵季路侍，子曰：盍各言爾志。子路曰：願車馬衣輕裘與朋友共，敝之而無憾。顔淵曰：願無伐善，無施勞。子路曰：願聞子之志。子曰：老者安之，朋友信之，少者懷之。」（《公冶長》）在《論語》中孔子更教之以「益者三友，損者三友；友直，友諒，友多聞，益矣；友便辟，友善柔，友便佞，損矣。」（《季氏》）《學記》論友之損益亦甚深切，「獨學而無友，則孤陋而寡聞」，「安其學而親其師，樂其友而信其道，是以雖離師輔而不反」；但此友也，亦有損之病焉，其病爲「燕朋逆其師，燕辟廢其學。」（《十三經注疏》一五二二—一五二三頁）

教

知師也者必備道與德也，此道也，言明天地陰陽之道，明人倫政事之道；明修己正人之道，明端士習、美風俗之道，此德也，言能感人肺腑，發人善心，公而忘私，義而棄利，上則可保天子德義、綱常，下則可導民以忠孝廉恥，使身修而家齊也；必具有此道德之師，始可言師嚴也，師嚴矣，道自尊也；後之韓愈釋師曰：「古之學者必有師，師者，所以傳導、授業、解惑也」，其意亦本於此也。孔子在《論語》中更多有發明此道之言，如「朝聞道，夕死可矣」，（《里仁》）「志於道，據於德，依於仁，游於藝」，（《述而》）「士志於道而恥惡衣惡食者，未足與議也」，（《里仁》）此道也，乃天道也，地道也，人道也，歸結之，則曰爲人之道，爲政之道，此二者，爲師者必先明之，始可以言教也，師事之者始可有所遵循之者也。然聖人無常師，「孔子之所嚴事，於周則老子，於衛蘧伯玉，於齊晏仲平，於楚老萊子，於鄭子產，於魯孟公綽，數稱藏文仲，柳下惠。」（《史記·仲尼弟子列傳》）有道者爲師，有德者爲師，有能者爲師，有一技一藝之長者爲師，此乃亘古不易之理也。

友

友者，「有朋自遠方來，不亦樂乎」，孔子弟子三千，遍及各國，據《史記·仲尼弟子

四、教育哲學內在之諸要素

教育哲學內在之諸要素如次：師－友－教－學－思－問－啓－辨－道－知－德－行等十二大端，構成一個相互聯繫，不斷加深與完善之循環整體，若一年之有十二月分然，周而復始，無窮遞進開闢焉。

師

《禮記·學記》有言：「凡學之道，嚴師爲難，師嚴然後道尊，道尊然後民知敬學，是故君之所不臣於其臣者二：當其爲尸，則弗臣也；當其爲師，則弗臣也；大學之道，雖昭於天子無北面，所以尊師也」；荀子亦有言：「求賢師而事之，擇良友而友之，得賢師而事之，則所聞者堯舜禹湯之道也，得良友而友之，則所見者忠信敬讓之行也，身日進於仁義而不自知也，靡使然也。」（《荀子集解·性惡篇》二九九－三〇〇頁）《周書·周官》更言：「立太師、太傅、太保，兹惟三公，論道經邦，爕理陰陽，（師，天子所師法；傅，傅相天子；保，保安天子於德義者。此惟三公之任，佐王論道，以經緯國事，和理陰陽，言有德者乃堪之。」）少師、少傅、少保曰三孤（「孤，特也，言卑於公，尊於卿。」）。」此乃天子之師也，由此而故此可見教之大義大矣哉！發於其心，善於其性，美於其情，廣於其知，厚於其德，篤於其行，上自天子，下及庶民，其教興，其政舉，大道明於朝，美俗播於野，政教之體用不可尋其迹矣

然教與政亦有背道而馳之情狀存焉，當政之荒墮，君失其道，臣敗其綱，教則必與政相悖也，蓋教之所稟者心也性也，其所宗者道也德也，其所求者知也達也，（此達者，下學上達之意也。）其所明者，歷代政教得失之監也，其所作育之者乃一國之俊彥、社稷之英才也，其所終極之者，乃修齊治平、成己成物也；故教之所育人才，或上據庭闈要津，深察政失原由，熟審駕御大運、救危扶傾之謀猷，其所散居市井山野者，亦明察時代之弊端，深知民心之向背；其思也慮也，言也行也，必然有忤於荒政敗綱，形諸清議，漫流朝野，喚醒人心，張揚正氣，雖政乖教馳，而清議正氣，長留人間；教之形固廢，而教之魂依然活躍，蓋正道正氣、至德美行，根之於人之善性也，發諸於人之良心也，合諸於人之至情、事之大理也，此乃永不衰敗褪色者也；此時之教魂也，有利於保持人心之正，而與政之所失者絕然對立之者也，此乃政教相離、乃至於相反而不可逃脱之法則也，爲政者豈可不慎哉！爲教者更當深明之而有所長守也。

也；於此可知，《易乾》所以舉龍以喻大人之德而詳其修化者，乃有見於道德之與政治內涵之一致，必賴此修化以去其私也，道德本無私，政治亦必無私，二者始可一致也，爲政者始可御民使之安於其生焉。不達道德之極致，則無以盡爲政之本，無以體現愛民敬政之意，亦無以補「政者，蒲蘆也」之闕也。蓋「人道敏政，地道敏樹」，（敏者，言反應敏捷，人之於政之治亂，猶地之肥瘠於樹之生長，其反應立見。）無厚德者主政，則政自輕矣；政輕則官玩權弄術，肆虐黎庶，民陷於飢寒流離，不知所終矣，故知教之爲用重大也，爲政者之無德輕教，則必然「教之不成也，政之不行也」；故必崇德重教，德盛而教尊，教尊而學風純，學風純而士習端，士習端而官正，官正則政清，政清則風俗美矣。

由此辨析，則知教者，政之本，政者，教之末；教者，政之體，政者，教之用；教之盛衰乃政之成敗，國之存亡所繫也，爲政者豈可有以玩忽之者乎！故《禮記·學記》之言「是故古之王者，建國君民，教學爲先」，正寓此意也。《禮記·經解》更有言曰：「入其國，其教可知也，其爲人也，溫柔敦厚，詩教也；疏通知遠，書教也；廣博易良，樂教也；絜靜精微，易教也；恭儉莊敬，禮教也；屬辭比事，春秋教也。」人之此知德之修養，捨教育何以致之哉，子以至庶人壹是皆以修身爲本也；天子修身則道立，德孚四海，以安百姓；君子修身，則進可以兼善天下，退可以獨善其身；庶民修身則可安其業齊其家。

而《易乾》引龍之變化闡明天子之修身與當政之關係：「初九，潛龍勿用」，（九，天德也，初九，乃始知天德也，屬於修德之初，故潛而隱也。）「九二，見龍在田，利見大人」，（有所修成而可利見大人也。大人者，與天地合其德，與日月合其明，與四時合其序，與鬼神合其吉凶。）「九三，君子終日乾乾，夕惕若厲，無咎」，（既有所修，益見修德之艱，故必長保終日健健，始可無過失也。）「九四，或躍在淵，無咎」，（德已有所備，可以御物，并有躍然之態。）「九五，飛龍在天，利見大人」，（德已大備，翼羽豐滿，可以騰雲太空翱翔如意，充分具有擔當大仁之德能也。）「上九，亢龍有悔」，（亢之爲言，知進而不知退，知存而不知亡，知得而不知喪，其唯聖人乎？知進退存亡而不失其正者，其唯聖人乎？亢奮激進之大人，回視未臻盡善盡美，故有悔也。）

此乃以修德得民，進而逐漸取得政權之變化過程也。此變化過程，究而言之，實德化與聖化也；由此而明聖人亦乃修此而致之者也，神化聖人之見，實未深察《易乾》龍德之大義之，螟蛉乃桑蟲也，蒲蘆取桑蟲之子去，而變化之，以爲己子，政之于百姓若蒲蘆之於桑蟲也。」）

由此而明，政也者，乃外加之於民者也，案物之本性、人之本性，唯知自生自長而已，初民唯知日出而作，日入而息，而不知有政也，更不知須有人以治之也；《易乾》「用九，見群龍無首，吉。」（「用九，九，天之德也，能用天德，乃見群龍之義焉；以剛健而居人之首，則物之所不與也，群龍之義無首爲吉，故曰：用九，見群龍無首，吉。」）亦足以旁證初民不知政之爲何物也。然人之群居生活發展到一定程度又不能無政無治（政者正也，治者理也，政治者以正道管理衆人之事也。），故《商書·仲虺之誥》言之曰：「惟天生民有欲，無主乃亂」，（《十三經注疏》一六一頁）《周書·多方》則曰：「天惟時求民主，簡代夏作民主」，（《十三經注疏》二二八也）此民主唯有德者能居之，此乃中華之民主思想。此有德者，其德爲何？儒學謂之：「儒以道得民」，（《十三經注疏》六四八頁）此道曰王道，曰「大道之行也，天下爲公」，具體言之，則「正德、利用、厚生」也，「明明德、親民、止於至善也」，修齊治平也，成己成物也，惟精惟一，允執厥中也，在不患寡而患不均也，在自天者，教之以事而喻諸德者也；君子曰：德，德成而教尊，教尊而官正，官正而國治，君子之謂也。」（《禮記・文王世子》）由此可見，愛與敬必化成爲德，德形之於教，教施之於官，敷之於民，悦之於民心，官正而民心悦乃可爲治矣。

「子曰：政之不行也，教之不成也；爵禄不足勸也，刑罰不足恥也。」（《禮記・緇衣》）唯教可以知啓其智，覺其心，善其性，藴其德，而見其行，恥刑罰，重爵禄，則官正而民勸矣。由此而見，政與教之關係如此其密也；由此更可知，政失而教正，則政猶可救也；政失教亦跌，（政教一跌，百年不復。《後漢書・李固傳》）則政不可救也；教之爲用大矣哉！教重於政可知矣，教爲體政爲用亦明矣。蓋教者出於心性，誘導其接物之知，激發其德性之知，使二者結合，成爲知德一體，又從而發之，使見之於行，則知德行一體矣；而政者，僅見功用，名之曰治也，其治之所及，未合人之心性者遠矣，不若教之爲化根於心性而歸於心性，不容許雜於私蔽也，適如孟子之言曰：「善政不如善教之得民也，善政民畏之，善教民愛之，善政得民財，善教得民心。」（《孟子・盡心上》）故《中庸》有言曰：「政也者，蒲蘆也。」（《十三經注疏》一六二九頁。蒲蘆，蜾蠃，謂土蜂也，《詩》曰：「螟蛉有子蜾蠃負大道所賦予之人之善性也，絶不可雜以他見而混亂其質之純，以曲解其大義也。

前述教之起源與發展之過程，已見其與政之密切關係矣，索此關係之源，亦道也，性也，同出于人道、人性也；如孔子之所云：「人道政爲大」，實乃深辨了人道中之諸要素（如人倫中諸方面），特别詳辨了群居生活中之諸關係而提出之者也，此見源於人心與道心也。故知政治之起源乃人類群居生活之發展至於有教有德有賞有罰之際，適如《商書·仲虺之誥》所言「唯天生民有欲，無主乃亂」，此必以治，始可保證全民之正常生活，於是政治出焉，黄帝之際已經有了簡明之政治紀録，此乃中華最早之政治理論也：「軒轅之時，神農世衰，諸侯相侵伐，暴虐百姓，而蚩尤最爲暴，軒轅乃修德振兵，教熊羆貔貅貙虎，以與炎帝戰於阪泉之野，與蚩尤戰於涿鹿之野，而諸侯咸尊軒轅爲天子，伐神農氏，是爲黄帝，天下有不順者，黄帝從而征之。」（《史記五帝本紀》）可見政治者，最初乃除暴安良也；此除暴安良之動機，乃如孔子所言「古之爲政，愛人爲大；所以治愛人，禮爲大；（孔子又有言：「安上治民，莫善於禮。」）所以治禮，敬爲大，愛與敬，其爲政之本歟。」（《禮記·哀公問》）由此而知，爲政之本，有愛與敬兩大端焉：愛而生敬，敬而益愛，愛敬日厚，則「教喻而德成也，師也

《中庸》言曰：「天命之謂性，率性之謂道，修道之謂教；自誠明謂之性，自明誠謂之教」，此乃儒學中教之初義、原義、本義、定義也；「修道之謂教」、「自明誠，謂之教」，言之有異，其旨一也；俱在明道修德、體道成己而兼成物也。但於此對「自誠明」與「自明誠」必須指明其原義：自誠明者，其誠之義爲實在、本體、天道也，天道自行運動，自形其德，（天地之大德曰生。）賦與物性、人性以自明，故曰自誠明；自明誠者，言人自求明達本體天道，以知物之性、人之性而求完善之也，故曰自明誠謂之教，意謂自我教育與完善之過程也。由此而明率性修道，乃儒家自尊之見，明達之學也。唯必須指明儒者之修道，乃自覺體認物我、群獨之大道，以求有所完善之者也，純屬理性之發揚，乃窮理盡性之天職也，志在開物（亦開智也）成務，成己成物，無半纖半塵之宗教色彩之痕迹，無一絲一毫宗教戒律之約束，乃自求明達之學也。此明達之義，明者，取《易・晉》「自昭明德」之義；達者，取孔子「君子上達」之義。此道也，乃天道（陰陽）也，地道（剛柔）也，人道（仁義）也；更進一步具體言之，乃孔子所言之「人道政爲大」（《禮記・哀公問》）也；乃程子（顥）所言之「道孰爲大，性爲大」（《河南程氏遺書》第三十五卷）也。由此而明儒學論教之本質乃在於發揚由姓昭明，協和萬邦，黎民於變時雍。」（民風淳和也。）舜之令后稷教民「播時百穀」，令契爲司徒「敬敷五教」，命夔爲典樂，「教胄子，直而温，寬而栗，剛而無虐，簡而無傲，詩言志，歌永言，聲依永，律和聲，八音克諧，無相奪倫，神人以和」，夔曰：「於予擊石拊石，百獸率舞。」禹之設教更爲周密，而其大旨在修身善政，「帝德廣遠，乃聖乃神，乃武乃文，儆戒無虞，罔失法度，罔游於逸，罔淫於樂；任賢勿貳，去邪勿疑，君子在野，小人在位，民棄不保；疑謀勿成，百志惟熙，罔違道，以干百姓之譽，罔咈百姓，以從己之欲；德惟善政，政在養民，正德、利用、厚生；臨下以簡，御衆以寬；罰弗及嗣，賞延于世，罪疑惟輕，功疑惟重，與其殺不辜，寧失不經；克勤于邦，克儉于家；人心惟危，道心惟微，惟精惟一，允執厥中；惟德動天，無遠弗屆，滿招損，謙受益，侮慢自賢，反道敗德，至誠感神，誕敷文德。」（見《尚書·堯典·舜典·大禹謨》，《十三經注疏》一一九—一三七頁。）

由上述黄帝以至於大禹之設教中，可以明見其政教二者日益密切，内含亦日益豐富。而且從此政教關係中更可看出教之起源及其發展中所表現出之本質和功用，對此，再進一步論明之。

篷之卷舒（篷，折扇也。），蓋之張馳，網之綱紀，機之經綸（整理絲縷曰經，編絲成繩曰綸，喻經綸政事也。），則觀雜物而得吾師矣。嗟夫，能自得師，則盈天地間皆師也。」（見《呻吟語譯注》，明，吕坤著，王國軒、王秀梅譯注，北京燕山出版社，一九九六年第一版，一五七-一五八頁。）

吕坤此見所啓示之者乃學之與生俱生、教之同學并進與類同存，隨境應變，與物同競而善者也，此乃其性之表現、心之靈覺也，及于人類，則其學之也，教之也，更爲自覺而完善，文啓德化，仁和中正，利群及物，兼治心與治國，既成己又成物，其道遠矣深矣繆矣繁矣，物我窮達，實難辨矣。

我中華祖先首崇教化，最早明見於經典者，有黄帝之「修德整兵，藝五種，時播百穀草木，淳化鳥獸蟲蛾，土石金玉，勞動心力耳目，節用水火材物。」有顓頊之「治氣以教化（謂理四時五行之氣以教化萬人也。），絜誠以祭祀。」有帝嚳之「順天之義，知民之急，仁而威，惠而信，修身而天下服，取地之財而節用之，撫教萬民而利誨之。」（《史記·五帝本紀》）有帝堯之「克明峻德，以親九族，九族既親，平章百姓（平，和也，章，嗚咽。），百也。

茲引作啓示：「師，無往而不在也，鄉國天下，古人善師人也，三人行，則師惡人矣（「三人行，語出《論語·述而》，朱熹注：三人同行，其一我也，彼二人者一善一惡，則我從其善而改其惡焉，是二人者皆我師也。」），予師不止此也，鶴之父子，蟻之君臣，鴛鴦之夫婦，果然之朋友，（果然，亦作猓然，即長尾猿，《太平御覽》卷九一〇《山海經》：「果然獸，似獼猴，以名自呼，色蒼黑、群行，老者在前，少者在後，得果實則與老者，似有義焉」。）鳥之孝，騶虞之仁，（騶虞，亦作騶吾，獸名，《詩·召南·騶虞》：彼茁者葭，壹发五豝，于嗟乎驺虞。傳曰：騶虞，義獸也，白虎黑文，長尾於軀，不食生物，不履生草，有至信之德，鄭玄箋云：「仁如騶虞，則王道成矣。」）雉之耿介，鳩之守拙，則觀禽獸而得吾師矣。松栢之孤立，蘭芷之清芳，蘋藻之潔，桐之高秀，蓮之淄泥不染，菊之晚節愈芳，梅之貞白，竹之内虚外直，圓通有節，則觀草木而得吾師矣。山之鎮重，川之委曲而直，石之堅貞，淵之含蓄，土之渾厚，火之光明，金之剛健，則觀五行而得吾師矣。監之明，衡之直，權之通變，量之有容，概之平（概，古代量米、麥時括平斗斛的器具。），度之能較長短，之體，心曰性之用；循此而進，以辨心性與政、教，則心性乃政、教之體也，政、教乃心性之用也；再進而辨政、教，則教爲體，政爲用也，其故安在耶，兹就政、教之起源、本質、功用三者詳爲辨析。

遡觀萬物起源，人類出現，及物、人兩者進化之關係，足以見教與學（或学與教）之現象，於物類同時存在，唯其目的有異而已。此教與學之共同過程，可舉一習字以明之。習之原義，《説文》曰：「習，數飛也，從羽，從白。」羽，《説文》曰：「羽，鳥之長毛也，象形。」白，《説文》曰：「白，此亦自字也，省，自者，詞言之氣，從鼻出與口，相助也。」由此而明習之原義，乃指生有長羽毛之鳥，數飛不息，有若氣從鼻出，與口相助而成爲呼吸之狀者也。教之義，前已有述已，學之義，《説文》曰：「學，覺悟也，從教，從冂，冂，尚矇也。」《康熙字典》亦引《説文》曰：「覺悟也，本作斆，篆作學，《增韵》受教傳業作學。」朱熹曰：「學之爲言，效也。」但細玩此效與覺悟之義，則知效乃始學之工也，覺悟，則乃有啓于矇，有開于智，有得于心，而期有成德也；此乃由物而人所得之物性、人性之迹也。實則詳考物性，其爲學爲教之義，亦甚相近也；考之諸子之見，以明朝吕坤言之更詳切之誠之；師之義大矣哉！尊師之義深矣哉！此《學記》之大旨也。

合《中庸》、《大學》、《學記》三者觀之，儒家之教育理論備矣深矣，高矣遠矣，本矣源矣，人之一生不可須臾離矣，國之隆、政之清，亦全賴於教矣；政教二者之關係極爲密切，亦有待於詳辯矣。

於此，更欲有辯者，乃善群善我之先後，輕重何若也？依前所言，固知善我居先，善我爲重也；其先者，乃因我群之分子，必有分子個體之善，始可以言群體之善也；而且，其所以重者，亦因有個體之善，則群體自善也，然亦僅限於此義也；蓋個體之善又以群體爲其基也，孤言個體之善，則其善必不得全備也，據此而論則群體之善居先爲重也。由此而明，於群中善己又於群中善群，群己相爲促進，善己善群相得益彰，於此中所見者，乃教育之作用也；教育施之於個體則個體善也，施之於群體則群體善也；然群體先於個體而存在，故知群體本身，實爲教育之源也，唯此源也，須常注入新之教育思想使之常新，更有利於個體完善。

三、政教關係之辨

考辨儒學之精髓，歸之曰心性之學，或曰心學，此王陽明之功也，然心、性二者，性曰心授受之間，亦自心性與知德行一體也；即學之者，發其心性之善，致其良知，以完善其德行，教之者，亦自以誘導學之者，發揚其心之靈，以啓其性之善，明之事理，形之於知、見之於德而驗之於行也。此中既有宗旨目標導之於前（如「建國君民，教學爲先」），又有大志貫之於始終（「君子大德不官，大道不器，大信不約，大時不齊，察於此四者，可以有志於學矣。三王之祭川也，先河而後海，或源也，或委也，此之謂務本。」），更有方法隨而施之（「君子之於學也，藏焉修焉息焉游焉」；「知其心然後能救其失，教也者，長善而救其失者也。善歌者，使人繼其聲，善教者，使人繼其志，其言也約而達，微而藏，罕譬而喻；導而弗牽則和，强而弗抑則易，開而弗達則思，和易以思，可謂善喻矣。」）。此悉學、教之道也。然學教之中，師之作用尤爲重要，必「師嚴然後道尊，道尊然後民知敬學，故擇師不可不慎也。記問之學，不足以爲人師。是故君之所不臣於其臣者二，當其爲尸（爲祭主也。），則弗臣也，當其爲師，則弗臣也；大學之禮，雖召於天子無北面，所以尊師也。」（上列引語俱見《十三經注疏》一五二一－一五二五頁。）由此而知師之大義之重也：一見之於啓蒙，二見之於開智，三見之於明道成德。人之育也長也，廣知也修德也成才也濟世也，莫不賴於有師，誘之掖之，扶一個總道（理）也，萬殊者，此總道（理）之枝葉也。此總道（理）如前示，乃宇宙、萬物、人心、人性之統一體之所以形成及其表現也，至此，王陽明心外無物、性外無物之説明矣；（王陽明有言曰：「夫在物爲理，處物爲義，在性爲善，因所指而异其名，實皆吾之心也，心外無物，心外無事，心外無理，心外無義，心外無善；聖人之學，心學也；天下無性外之理，無性外之物，學之不明，皆由世之儒者，認理爲外，而不知義外之説，孟子蓋常闢之。」《王文成公全書》，《答羅整庵》，《與王純甫》卷之二，二十頁。）《大學》格物致知之大義，經王陽明之此一發明，則道-知-德-行一體之緼大明矣；而修齊治平之知-德-行一體之大道，亦大明矣。聖人之學心學，驗之於《大學》之道，無一不洽當也；合《中庸》、大學》之大旨而觀之，則心性之學立焉，王陽明於中華學術之功大矣哉！尚有待而發兮！

《學記》之義，陸德明曰：「鄭云：學記者，以其記人學、教之義。」由此而知，學與教必有其大旨，此大旨乃道也；而且又以學名其記，更知其以學爲主也；而教之者，則對學之者，予以誘之導之啓之發之也，學與教，受授之間，主客一體也，而且相融相促相長相化也；前述《大學》《中庸》之大旨，已明心性與知德行之一體；此《學記》中之學與教、師與生、本基乃爲「致良知」也。故知，其所謂「知之至也」之言，賦之以「致良知」之大義，則其義始全而正矣，由此而通觀《大學》之義，則豁然大通矣，湛然而大明矣；不如此，將其「知之至也」之義，曲限於修身之説，實於義未安，敬期後之賢哲有以明正之焉。然尤有進者，此致良知之知乃知之至也之義，尚有以明之者，此知者何耶？乃心性一體也，内外一體也，主客一體也，人物一體也，自然一體也，即宇宙、萬物、人類、心性一體也。（萬物亦有其心性，宇宙亦有其心性，其滋生萬物之動力，即其心和性也，其可見者心也，不可見者性也。）一言以蔽之，此乃道之體現也。既知此，則此知也，實乃心性之自我表現也，道之自我表現也；渾而言之，知之者，知此心也，知此性也，知此道也，知此理也；析而言之，知之者，知天道也，知地道也，知人道也，知天地萬物人類一統之道也；更析而言之，天道也，有日月星辰、風雨雷電，古有以星象推算吉凶者，《漢書》始有《天文志》；地道也，則有山川河流，物性變化，《漢書》又有《五行志》；草木苔蘚，覆之於地表，禽獸龜鱗，飛翔游弋，地震有時而發，洪水隨季而至，分門别類，其知繁矣；人道也，有人倫政教，有生老病死，其道其理，悉形之於學，不知凡幾，綜合言之，此悉爲知也。然可以一言概括之曰：一理萬殊也。一理者，

（《中國古代教育哲學》，北京師大出版社，一九九七年版，一一〇-一一一頁。）可資參考，此處不擬詳論矣。

《大學》之本義，表面視之，似在修齊治平，將「明明德、親民」兩件大事底於至善之域，然細辨之，適如王陽明所見「致良知」也。（此源於孟軻良知之説與格物致知融爲一體，故出「致良知」之説。）所言致良知者，乃有見於「萬物皆備於我」，（《孟子・盡心上》）故擴而充之，內則反求諸于身，外則及之於物，則物我一源，內外同體，是則，知物我之知全矣，洞徹內外之德彰矣，知德一統之認識論立矣，成己成物之道明矣；如此，則意自誠矣，心自正矣，身自修矣，家自齊矣，國自治矣，天下自平矣，明德自明矣，親民自善矣。故予以爲《大學》之言「自天子以至於庶人，一是皆以修身爲本，其本亂而末治者，否矣，其所厚者薄，而其所薄者厚，未之有也，此謂知本，此謂知之至也」，如不細作分析，不深入作推理之辯證，則對此言，確不可置一詞矣；然詳爲辨之，則知修身乃是認識過程中之中間環節，即知-德-行三者中之德也，此種，知之環節乃是基也，本也；而且此知也，非一般之知也，乃是良知之知也，即「致良知」乃是本也；用此觀之，則此言之意，實未達於認識之本基也，此道心本也，原也，人心末也，流也；性善論與性惡論亦猶是也，前者本也原也，後者末也流也。准此而論，則知其他論人性之説，如王充之有善有惡論，亦可與性善論想爲補充，唯其所見未及人性之原也天也，可視之爲支流也。

予於拙著《中國古代教育哲學》之《人性論》中曾指明性惡論者等之所見俱爲「人性之表也，非底也；人性之一個方面也，而且是非主要之方面也；人性之流也，非人性之源也；人性之習染也，非人性之本也質也。」（見該書七七頁）并同時懇切陳詞曰：「予之欲立此意者（指性與教一體之大義），蓋有見於中外教育之説雖繁，惟性教同體之論爲貴，故不憚煩詳引各家論性之要，以敬陳於讀者賢達之前，期有以賜教，亦期有以喚醒注意，以明斯説於國際思想界和人類至善至美之心靈；故予捧出此性教一體、緼藏萬理、窮之不盡之書，而且認爲欲窮此理此書，舍教育無他途矣，舍誘發于性善之教育無他途矣，舍尊重人性無他途矣，舍重人之善性之政無他途矣。説到底，離開人性之善、人性之尊則無教矣，亦無政矣；此乃中華哲理之深邃所在，中華人理之深邃所在，中華人性之深邃所在，中華之教之深邃所在，吾儕自知有責向國人、同時也向人類打開中華哲理和教理之這一頁乃至這一本書，期以有惠於人類。」

可變也，故《中庸》論盡人性、盡物性爲一體，可以贊天地之化育，并指明「誠者，物之終始，不誠無物，成己仁也，成物知也，性之德也，合内外之道也。」至此，則「天命之謂性，率性之謂道，修道之謂教；自誠明謂之性，自明誠（自求以明誠之爲道也。）謂之教」，其義大明矣；儒學立基於人性善之教，其義亦大明矣。

但孟軻所闡明之人性善論爲比他晚生五十九年的荀况所創立之人性惡論相對立；實則并非出自兩端之對立之論也，乃是一端之所歧之論也；孟軻站在人性之源頭上（元者善之長也）立論，故見其善也；荀况則站在人性之流上（習染也，或孟軻所言之「放心」也）立論，故見其惡也，實則孟子亦見其不善也，但未以惡論之，孟子對此曾指明：「養心莫善於寡欲，其爲人也寡欲，雖有不存焉者寡矣，其爲人也多欲，雖有存焉者寡矣。」（《十三經注疏》二七七九頁）荀况之性惡論正是在孟軻所見之「多欲」、「存焉者寡矣」上立論者也，此多欲可視之爲前所引論之「人心惟危」之人心，此「存焉者」寡矣，可視之爲「道心惟微」之道心。由此而知荀况之性惡論，非與性善論相對立而不可調和者也，研究其所指，乃人性善之另一方面，可與人性善論相爲補充且同處於一體者也，其情狀恰如道心之與人心爲孿生物者也，但必須指明

「天命之謂性，自誠明謂之性」，二者言之若异，其旨一也，俱言性（人性、物性）之發展之過程也。誠者，本體也，無物無象之謂也，天命者，本體經歷了發展而成爲有物有象更有命也，此發展過程，就誠（本體）言之謂「自誠明」，或者更確切地謂之「誠自明」，即誠經過自然的本體運動而日益開明，以至於有物有人而有其命與性也，此「天命之謂性、自誠明謂之性」二者旨一之内涵也。

又《易乾》文言曰：「元者，善之長也」，《乾彖》曰：「乾道變化，各正性命」；又《易・繫辭》曰：「繼之者，善也，成之者，性也。」綜合此二者觀之，則知元者，乾道，繼之者與夫前述之本體之運動過程實乃一旨也、一事也。三者所言雖异，確言一事也，即天也、天道也、天命也，同一發展過程也；而且此發展過程永無窮止也，非僅見諸於往昔伏犧、文王、孔子肇此觀念之時，亦且見諸於今日及延續於往後無窮無盡之時；繼之者既善也，成之者既性也，則繼善成性之説立焉；性既成矣而復善也，則性善之論立矣；唯論辨則有待於孟軻，最終建立了儒學之性善論。（詳見《孟子・告子上》）人性善之論既立，物性善之論亦自立矣，蓋人出自物也，人亦物也。人雖具有理性，出於物而又似高於物，然與物同根之本質絶不語》、《經解》亦詳論教育，此外，尚有《儒行》、《文王世子》、《緇衣》及《周易》論卦之象、象中亦多緼有教育思想。）此三經構成爲儒學之教育理論，《中庸》爲基，（此基也，所言者心性也，此乃教育之終始也，源泉也，根本也。）《大學》爲旨，（其旨之核心有一焉，曰格物致知，此乃知物我之認識論也。）《學記》爲法，（法者，方法論也。）由此而構成三位一體，即本體論、認識論、方法論三者統一於體也，此中深緼善己善群之大奧，發之行之，則灼見其效明於世矣。

心性之爲人之所自具，覺之發之，固爲人安身立命之本，亦爲教育之本根也；其所昭示者，教育之爲事也，乃誘發人之心性之善，使之美於內，揚於外，形之爲德行者也，非外加之以求鑠之於我也；且教育之途，固有若外施而內誘之者，更有内省而覺之者，外内結合，啓之誘之，覺之明之，則當益善也，此迄今人類所最完備之教育理論，亦爲世之所僅見者也，蓋教育論者亦或有淺及心性者，未聞有以發心性之善爲其旨歸之終始者也。

《中庸》開宗明義即曰：「天命之謂性，率性之謂道，修道之謂教；道也者，不可須臾離也，可離非道也」；又曰：「自誠明，謂之性；自明誠，謂之教；誠則明矣，明則誠矣」。

《禮記・學記》全面闡明了古之小學教育之宗旨、教師之地位和作用，施教之方法，以及學生智力發展之特點等，可謂中華古代第一本教育學。

迨入大學，則明之以大道，此大道也，源之於天人之際，泛之於物我之間，繫之群己之要，緼之於理欲之中，明之於公私之微，貫之於政教之終始，決之於人生宇宙觀、世界觀、社會政治觀、人生意義觀之整體，窮達語默、進退出處，一以大道爲命。此道也，儒之所見爲儒道、道家之所見爲道者之道，墨者之所見爲墨道，各依其所是而稱焉。古者有九流十家之歧，《漢書藝文志》詳記其事，并指明儒、道兩家爲顯學，蓋以其所見深且全也，尤以儒家平正，嚴肅對待人生、物我，惟敬惟勤，謙躬自卑，探賾索隱，範圍天地，窮理盡性，曲成萬物，弘揚大道（大道之行也，天下爲公。），自强不息，歷三千餘年，而益見其光芒；在西學東漸之後，一百餘年來，更見其光芒所緼之無窮生命力，此力者，人性之靈也，人性之善也，人心之良知良能也；此心性者乃人類升華之動力也，亦教育之大道，教育哲學之源泉也，發揚和完善此心性乃完善群我之至要者也。

儒學經典中，專論教育之經典有三：曰《學記》，曰《大學》，曰《中庸》。（《論歷代教育家對古代小學教育思想多有發明，朱熹將歷代蒙學之見輯爲《小學·嘉言》，以明立教、明人倫兩大端，明儒方孝孺著《幼儀雜箴》，對小學生之坐、立、行、寢、揖、拜、食、飲、言、動、笑、喜、怒、憂、好、取、與、誦書諸事，一一詳明定之。明清學者討論小學之教尤詳，元之許衡曰：「當其幼時，若不習之小學，則無以收其放心，養其德性，及其年長，若不進之於大學，則無以察夫義理，措諸事業。」明王陽明曰：「今教童子，唯當以孝弟忠信、禮義廉恥爲專務，其栽培涵養之方，則宜誘之以歌詩，以發其志意，導之以習禮，以肅其威儀，諷之讀書，以開其知覺，譬之時雨春風，沾被卉木，莫不萌動發越，自然日長月化。」（《訓蒙教約》）明呂坤著《蒙養禮》，就「知覺、運動、兒食、兒衣、情竇、童學、磨墨、膏筆、簡册、寫字、讀書、展書、講書、行文、群居、歌舞」諸端，詳予條定。清陸世儀曰：「予以爲古人之意，小學之設，是教人由之，大學之教，乃使知之。」（《論小學》）清張伯行引宋人呂大臨之言曰：「古之學者有小學有大學，小學藝也行也，大學之教，道的德也；禮樂射御書數，藝也，孝友睦姻任恤，行也，自致知至於修身，德也，所以治天下國家，道也。」（俱見《蒙學輯要》，山西教育出版社，一九九二年第一版。）

注》）由此而知古之小學與大學粗分爲兩段也，以明小學基礎之要與其特性也。茲略舉例以明之。

《禮記・曲禮》曰：「毋不敬，儼若思（端莊貌），安定辭（慎言語也），安民哉！若夫（言若欲爲丈夫也。），坐如尸（正也），立而齊」；「從於先生，不越路而與人言，遭（遇也）先生於道，趨而敬，正立拱手，先生與之言則對，不與之言，則趨而退。」（《十三經注疏》一二二九－一二三八頁）

《禮記・內則》曰：「凡內外，雞初鳴，咸盥漱，衣服，斂枕簟，灑掃室堂及庭，各從其事，六年教之以數與方名，七年男女不同席，不共食，十有三年學樂誦詩，舞勺，成童舞象，學射御。」（《十三經注疏》一四六二－一四七一頁）

又《管子・弟子職》言曰：「先生施教，弟子是則，溫恭自虛，所受是極；見善從之，聞義則服，溫柔孝悌，毋驕恃力；赤毋虛邪（虛，謂僞也。），行必正直，游居有常，必就有德；顏色整齊，中心必式（式，法也。）；夙興夜寐，衣帶必飾，朝益暮習，小心翼翼，一此不解，是謂學則。」（《諸子集成》（五），《管子校正》三一五頁）

此聖功悉見之於《大學》（大學者，大人之學也，其主旨在明明德、親民，以見修齊治平之效也。），此學也，專發善我善群之論，期及於至善者也；故宋朱熹以之列爲四書之一，在其前更有程頤序《大學》之言曰：「大學孔氏之遺書，而初學入德之門也。」朱熹序《大學》之言則更爲詳密：「大學之書，古之大學所以教人之法也。蓋自天降生民，則既莫不與之以仁義禮智爲性矣，然其氣質之稟，或不能齊，是以不能皆有以知其性之所有而全之也；一有聰明睿智能盡其性者出於其間，則天必命之以爲億兆之君師，使之治而教之，以復其性。三代之隆，其法寖備，然後王宮、國都以及閭巷，莫不有學。人生八歲，則自王公以下，至於庶人之子弟，皆入小學，教之以灑掃、應對、進退之節，禮樂射御書數之文；及其十有五歲，則自天子之元子、衆子，以致公、卿、大夫、元士之適子，與凡民之俊秀，皆入大學，教之以窮理、正心、修己、治人之道，不待求之民生日用彝倫之外，是以當世之人無不學，其學焉者無不有以知其性分之所有，職分之所當爲，而各俛焉以盡其力；此古昔盛時所以治隆於上，俗美於下，而非後世之所能及也。宋德隆盛，政教休明，於是河南程氏兩夫子出，而有以接乎孟氏之傳，尊信此篇而表章之，然後古者大學教人之法，聖經賢傳之指，粲然復明於世。」（見《四書章句集

「自誠明，謂之性，自明誠，謂之教」。此教也，悉以道爲其内含也。育之原義，《説文》「育，養子使作善也。」段注：「不從子，而從倒子，正謂不善可使作善也。」《爾雅釋詁》「育，長也。」從教與育之本義可知，從其初始，即有教、學兩面融洽相濟，更有學者之腦體共長，故教學相長，道德同進，知行相發，教育一體；具體言之，教中學，學中教；道以養德，德以體道；知以修德，行以踐道，其内在之道理，悉賴教育以明之也。

二、教育在完善群我中之作用

人之生也，内緼無窮之生命力及無以估量之智慧與靈性，然此生命力之發與靈智之啓，唯賴教育焉。教育之施諸于人生也，先我而後群，先知能之開，德行之成而後始益利於群倫也。此有如孟子所言獨善和兼善之意也。（唯孟子于此加窮達二字，實則儒學之言群我完善，成己成物，本不計窮達也。）但人之生也，養也，育也，長也，成也，莫不隨之以教也，學也；故教育之爲務也，乃貫之於人之終生者也。

古之小學以啓蒙，大學以成教，論之詳矣。《易·蒙象》曰：「蒙以養正，聖功也」，師，其明道修德之積漸一也。文明愈進，則愈益日顯學與師之作用也。賢者益有賴於教也，故知儒學政治哲學中，教育佔有極重之地位，已有所辨明，當於教育哲學中詳論之也。

第七節　教育哲學

教育哲學在儒學理論體系中居於特殊地位，且於全局中起統攝作用者也，宜有以深辨之，以彰其大義焉。玆就教育之定義、教育在完善群我中之作用、政教之辨、教育哲學內在之諸要素及教育哲學在儒學中之地位五大端分論之。

一、教育之定義

教之原義，據《説文解字》：「教，上所施，下所效也」，「從孝，善事父母者」，「從攴，小擊也」，意謂施教中之情狀也。又據《釋名、釋言語》「教，效也，下所法效也」。《廣韵》「天垂文象，人行其事，謂之教，教之爲言傚也」。《白虎通》「教，上爲之，下效之。」《管子弟子職》「先生施之，弟子是則。」《荀子·修身》「以善先人者謂之教」。《淮南子·主術訓》「行不言之教」。《中庸》「天命之謂性，率性之謂道，修道之謂教」；

《商書·說命》：「高宗夢得說（盤庚弟，小乙子，武丁，以其德高，故號高宗，於夢中得賢相，名曰說。）使百工營求諸野，得諸巖（使百官以所夢之形象求之于野，得之於傅巖之溪，名曰傅說。）。說築傅巖之野，惟肖（說板築于傅巖，其相貌酷似高宗夢中所見者。），爰立作相，置諸其左右，命之曰：（當衆宣佈）朝夕納誨，以輔台德；若金，用汝作礪，若濟巨川，以汝作舟楫，若歲大旱，用汝作霖雨，啓乃心，沃朕心，以康兆民。說復于王曰：惟木從繩則正，后（指高宗也。）從諫則聖，后克聖，臣不命其承，疇敢不祇若王之休命。明王奉若天道，承以大夫師長，不惟逸豫，惟以亂民（亂，治也。）。惟治亂在庶官，官不及私，昵惟其能（昵，親也，近賢也。）；爵罔及惡，德惟其賢，慮善以動，動惟厥時；惟事，乃其有備，有備無患，政事惟醇；非知之艱，行之惟艱；時惟建事，學於古訓，乃有獲，事不師古，以克永世，匪說攸聞。」（《十三經注疏》一七四－一七五頁）此乃中華史上思賢形夢、求賢以禮、尊賢以道、任賢以德、用賢以誠之典範也。

然賢者之成也，無論其先隱后顯，或先卑後尊，或因勢而名而建功立業，俱有其明道修德之積漸也，此積也漸也，或自覺於其心（如舜之至孝），或自明於大道，或求之學，或遇之於承而下施，德澤潤於民。德之内函，則是無私、忘我、愛民、敬慎、勤政、謙卑、責己、寬人、抑惡、揚善、剛柔相濟、始終如一。公之内函惟滅私，官階愈高滅私愈淨，以至於無。廉則不貪，不貪則正，正則清矣。賢者德高而度廣，行修而品端，智遠而才曠。能者，則矢忠矢勤，惟精惟敏，是韌是毅，不苟不浮，盡心盡力，見微知著，見利防弊。和則稟中稟平，求均求安，協上協下，衡左權右，宜内適外，慎名審利，克己寬衆，循理蹈矩，精一息争。賞功罰罪，務求精當，不俱詳論矣。總之，吏治之要，首重道德，次繩紀法。

任賢，乃爲政之核心問題，亦政治成敗、國家興亡之關鍵所繫者也。質諸史籍，見任賢之論，斑斑可考也，核其要，曰有三焉：一曰政賴賢以治，二曰知賢、求賢，三曰任之弗疑。黄帝之時，「修德整兵，藝五種，撫萬民，度四方，時播百穀草木，淳化鳥獸蟲蛾」，此明賴賢以治之情也。「舉風后、力牧、常先、大鴻以治民」，此求賢用賢之例也。《舜典》：「虞舜側微，堯聞之聰明，將使嗣位歷試之難；重華協于帝，濬德文明，温恭允塞，玄德升聞，納于百揆，詢事考言，乃命以位。」（《十三經注疏》一二五-一二六頁）此知賢、任賢、嚴考之于百揆之中，而卒禪之以帝位之例也。

知之艱，行之惟艱；慮善以動，動惟厥時，一夫不穫，則曰時予之辜。」（《十三經注疏》一六一—一七五頁）

見於周者：「予有臣三千、惟一心，予有亂臣十人（亂，治也。十人，周公旦、召公奭、太公望、畢公、榮公、太顛、閎夭、散宜生、南宮适及文母。），同心同德；樹德務滋，除惡務本，建官惟賢，位事惟能；無偏無黨，王道蕩蕩，無黨無偏，王道平平，無反無側，王道正直；皇天無親，惟德是輔，爲善不同，同歸於治，爲惡不同，同歸於亂；三公論道經邦，燮理陰陽，以公滅私，民其允懷；學古官議事以制，政乃不迷，無以利口亂厥官，恭儉惟德，無載爾僞，作德，心逸日休，作僞，心勞日拙，居寵思危；惟文王武王敷大德於天下，道有升降，政由俗革，世祿之家，鮮克由禮，以蕩陵德，實悖天道；敝化奢麗，萬世同流，道洽政治，澤潤生民；繩愆糾謬，格其非心，德威惟威，德明惟明，惟察惟法，其審克之。」（《十三經注疏》一八一—二五〇頁）

上列自五帝迄夏商周之吏治思想，綜其内含：一曰道，二曰德，三曰公，四曰廉，五曰賢，六曰能，七曰和，八曰平，九曰賞，十曰罰。道之内函主要爲王道蕩蕩，仁政洋洋，官上古之吏治尚矣，自三皇五帝迄於三代，史乘備矣，「黄帝之置左右大監於方國，舉風后、力牧、常先、大鴻以治民」，此見之于文字之吏治也，堯之四岳亦吏治也，其嚴憂舜之德能而禪讓其位，乃最高最明之吏治思想也。此吏治之效至夏商周則漸成爲吏治哲理矣。

見於夏者有：「帝德廣運，乃聖乃神，乃文乃武，惠廸吉，從逆凶，惟影響，戒哉！儆戒無虞，罔失法度，罔游於逸，罔淫於樂，罔違道，以干百姓之譽，罔咈百姓以從己之欲；無怠無荒，四夷來王，德惟善政，政在養民；帝德罔愆，臨下以簡，御衆以寬，罰弗及嗣，賞延於世，宥過無大，刑故無小，罪疑惟輕，功疑惟重，股肱喜哉！元首起哉！百工熙哉！元首明哉！股肱良哉！庶事康哉！火炎崐岡，玉石俱焚，天吏逸德，烈於猛火，殲厥渠魁，脅從罔治。」（《十三經注疏》一三五一—一五八頁）

見於商者：「惟天生民有欲，無主乃亂；居上克名，居下克惠，與人不求備，檢身若不及，巫風、淫風、亂風，家必喪，國必亡；君罔以辯言亂舊政，臣罔以寵利倶成功；有言逆於汝心，必求諸道，有言遜於汝心，必求諸非道；民歸於一德，德惟一，動罔不吉，德二三，動罔不凶；惟新厥德，終始爲一，時乃日新；德無常師，主善爲師，善無常主，協於克一；非思想之核心，應予以闡明之者也。《周禮》於天官、地官分掌政教之外，更設春（宗伯）、夏（司馬）、秋（司寇）、冬（考工）四官，分掌邦禮（大宗伯之職，建邦之天、神、人、鬼、地示之禮。）、邦政（大司馬之職，掌建邦之九法。）、邦禁（大司寇之職，掌三典、五刑。），冬官佚文，補以《考工記》：「坐而論道，謂之三公，作而行之，謂之士大夫，審曲面執，以飭五材，以辨民器，謂之百工，通四方之珍异，以資之，謂之商旅，飭力以長地材，謂之農夫，治絲麻以成之謂之婦功，知者創物，巧者述之，守之世，謂之工，百工之事皆聖人之作也。」（《十三經注疏》九〇五-九〇六頁）此乃分掌職分之至要者，在其下則有更爲細密之分工與職守，而且上下左右具有相互監督職能，實爲一部指導思想正確、權力集中與分散合理、組織結構嚴整、分工職能縝密之政府管理學。

官制乃建國分官、各司其職，以實現其建國之指導思想也（有王道與霸道之异。），吏治乃嚴束百官，親民廉正，以勤政也。無官制則職司不明，推動不力，無吏治，則政令不行；推動，就政權權威之整體而言之也，政令就道德仁政而言之也，換言之，仁政中飽含道德之大義也。兩者（官制、吏治）俱善，則王道行而仁政施，民樂其業而得其所矣。

百政皆統之於王也；以爲民極者乃爲民立根本大法，爲民之最高保障也。按陸德明釋文：「極者，中也，令天下之民各得其中，不失其所也。」

二是此立國之指導思想必須具體體現於官制之中，其見於天官大宰之職者：「掌建邦之六典，以佐王治國：一曰治典，以經邦國，以治官府，以紀萬民；二曰教典，以安邦國，以教官府，以擾（遜也）萬民；三曰禮典，以和邦國，以統百官，以諧萬民；四曰政典，以平邦國，以正百官，以均萬民；五曰刑典，以詰（禁）邦國，以刑百官，以糾萬民；六曰事典，以富邦國，以任百官，以生萬民」。（《十三經注疏》六四五頁）見之於地官司徒者：「掌邦教，以佐王安擾（遜也）邦國」，大司徒之職，「施十有二教焉」。

三是政與教（特別是教。）乃立國之本也，由此而明治典於教典居首要者，治者，治官府也，教者，教官府也，官清正，則政清正矣，故知政與教乃立國之本也，於此二者辨析之，則灼見教尤爲立國之本也。此非空言之者也，乃於天官大宰、地官司徒之職中有以見之也，教官教民爲政之首務也，治百官、統百官、正百官，俱屬教也，舍教，則無以治、無以統、無以正矣。十二教之中似以教民爲主，亦同時教官也，故予以爲，教爲立國之本，乃《周禮》指導平則民安，物遂其生，民樂其業矣。

右述爲政之八綱，乃於儒學十三經中抽繹而出之者也，八者爲一整體，其相互包函、相輔相成、相得益彰之義大矣，尤以德教二者，乃八綱之靈魂也。

四、官制、吏治與任賢

善美之政治思想，必有賴賢德之官吏，依嚴密之政治組織以推行實現之，（此實現二字，言其推行中之改進過程也。）稽研文獻，其中有三個重要之關聯環節，即官制、吏治與任賢，兹分論如次。

古之官制，言之最詳盡者爲《周禮》，論者多以其未見諸實行，亦徒託空言而已，予則以爲，即此空文亦適足以見周之官制思想之成熟，觀其文可深知矣。其中第六篇（冬官）考工記，爲後人所補，然其成書亦在秦前也。故知官制之立，乃因時勢而爲之者，非一官制可資長久也。任何政治制度之立，必有適應於其時勢之官制以保證實現其所稟承政治思想也。

《周禮》所體現之政治哲學有三：一是立國之指導思想：「惟王建國，辨方正位，體國經野，設官分職，以爲民極。」王者，王道也，此乃建國之最高指導思想也，明王者臨統無，更合於爲政之要，故其開宗明義直揭「建國君民，教學爲先」之至理，「君子如欲化民成俗，其必由學乎」，此中教與學二者，教尤居先也。在《學記》中，師道、教道、學道三者闡述詳備，實乃中華古代之教育學也。其言師道曰：「師也者，所以學爲君也；凡學之道，嚴師爲難，師嚴然後道尊，大學之理，雖詔於天子無北面，所以尊師也。」其言教道曰：「善歌者，使人繼其聲，善教者，使人繼其志，其言也，約而達，微而藏，罕譬而喻，可謂繼志矣。故君子之教喻也，道而弗牽，强而弗抑，開而弗達。」其言學之之道曰：「凡學，官先事，士先志，時教必有正業，退息必有居學，不興其藝，不能樂學，故君子之於學也，藏焉修焉，息焉游焉。」（《十三經注疏》一五二二－一五二三頁）《易·蒙象》：「蒙以養正，聖功也」，則教童子之道也。《大學》之道，乃教官之學也，大學者，大人之學也，大人者，即古之仕也，學而優則仕，《大學》可視爲初學者入德之門也，仕而優則學，又可視之爲仕與士之明明德與親民之終身修養之理論。

綜合論之，儒學之教以修身爲本，以齊家治國平天下爲務，自童蒙以迄於終身，理論完備，實爲政八綱中之根基也，亦修齊治平之本也，教正則心正，心正則官正，官正則政平，政魂亡矣，存之者亂也，輾轉相因，禍亂相乘，不知其所矣，人性人心悉於此亂中屈曲而呻吟矣。必待正教之立、仁政之施有以匡復也。此在中華史上常見教不屈於乖道之政之原由所在也。

中華古之爲政者本深明此義，知政之不行乃教之不成也，是以《周官》「立太師、太傅、太保三公，論道經邦，董正管治。」（《十三經注疏》二三五頁）《周禮》則言之更詳：「惟王建國，設官分職，立地官司徒掌教，施十有二教焉：一曰以祀禮教敬，則民不苟；二曰以陽禮（陽禮謂鄉射飲酒之禮。）教讓，則民不爭；三曰以陰禮教親（陰禮謂男女之禮，婚姻以時則男不曠女不怨。），則民不怨；四曰以樂禮教和，則民不乖；五曰以義辨等，則民不越；六曰以俗教安，則民不偷；七曰以刑教中（中，正也。），則民不虣（虣，亂也。）；八曰以誓教恤（誓，約信也。），則民不怠；九曰以度教節，則民知足；十曰以事教能，則民不失職；十有一曰以賢制爵，則民慎德；十有二曰以庸（庸，功也。）制祿，則民興功。」（《十三經注疏》七〇三頁）此教民之大要也，可謂詳實矣。

《禮記・學記》所發之者專爲赤子之教也，此中教與學之道固適於赤子之生理、心理，

教

《禮記·禮器》之言「天道至教，聖人至德」，乃爲教之至高原則與始終也。由此而復有「天命之謂性，率性之謂道，修道之謂教」，「自誠明謂之性，自明誠謂之教」出焉。合此三者而言之，則教之最高旨歸乃明道率性也。

《臨象》曰：「君子以教思無窮，容保民無疆。」（象地之闊遠，時之無限，故云無疆也。）（《十三經注疏》三六頁）欲盡此明道率性之教，則教思必永無窮盡也，此乃儒學之大教育思想也。而且此大教育思想必賴政以施行之，始足全臻其效也；而理想政治之實現亦全賴教也，全賴此大教育思想之真正實現也。此乃儒學政教一體之大思想也。政有賴於教，教有依於政；政實施教，教指引政；政在教中，教居政首；政由教出，教因政成；政教相得益彰，相映益輝，相輔相成，相明相高，此乃就政與教俱符合於道（天地物人一體之道。）而言之者也；若二者有失，則相乖離矣。政乖於道，則教不聽令於政，唯尊道而獨行；則教離政而去，或與政相對立、相悖違矣。蓋教原生於道，固稟直道而獨行者也，故知教乃永不乖於道者也；然有時受制於政而屈己也，若教屈於政而乖道，則教不教矣，政不政矣，兩者同離道，形存而量、七曰數、八曰制。）；一道德以同俗，養耆老以致孝，恤孤獨以逮不足，上賢以崇德，簡不肖以絀惡。」（《十三經注疏》一三四二頁）《文王世子》：「師也者，教之以事而喻諸德者也，德成而教尊，教尊而官正，官正而國治。」（《十三經注疏》一四〇七頁）《禮記・禮器》：「天道至教，聖人至德。」《禮記・樂記》：「德者，性之端也，德盛而教尊。」（《十三經注疏》一四三六也，一五四〇頁）《左傳》「皇天無親，惟德是輔，黍稷非馨，明德惟馨，民不易物，惟德緊物。（黍稷牲玉，無德則不見饗，有德則見饗，言物不易而异用也。）」（《十三經注疏》一七九五頁）

《禮記・大學》乃專爲發明德而著者也，「大學之道，在明明德，在親民，在止於至善」，明明德、親民二者，乃大學一文之綱也，若於此二者中，辨其本末，則明德不明，無以親民矣，故明明德乃其本也；然明德必賴親民而愈明，此又本末相得而益彰也。遡求明此明德之道，唯在格物致知而已，舍此而他求勿得也。如何格物致知，則唯學問思辨行也，舍此而他求亦勿得也；唯學問思辨行五者成一體，貫之於始終，徹之於內外，彌之於知德，則內外圓通，無所不至，而德自明矣。此固成己成物之要，更爲爲政之基也。

商代，伊尹將告歸，還政太甲，作《咸有一德》以陳戒曰：「嗚呼！天難諶（諶，信也。），命靡常，常厥德，保厥位；厥德非常，九有以亡。非天私我有商，惟天佑于一德，非商求於下民，惟民歸於一德；德惟一，動罔不吉，德二三，動罔不凶。今嗣王新服厥命，終始惟一，時乃日新，任官惟賢材，左右惟其人，臣爲上爲德，爲下爲民，其難甚慎，惟和惟一，德無常師，主善爲師，善無常主，協于克一。」（《十三經注疏》一六五－一六六頁）

《周禮・地官大司徒》：「師氏掌以媺詔王（媺，音美，美善也。），以三德教國子，一曰至德，以道爲本，二曰敏德，以行爲本，三曰孝德，以知逆惡；教三行，一曰孝行，以親父母，二曰友行，以尊賢良，三曰順行，以事師長。」（《十三經注疏》七三〇頁）又「以鄉三物教萬民而賓興之：一曰六德，：知、仁、聖、義、忠、和；二曰六行：孝、友、睦、婣、任、恤；三曰六藝：禮、樂、射、御、書、數。」（《十三經注疏》七〇七頁）

《禮記・王制》：「司徒，修六禮以節民性（六禮：一冠、二婚、三喪、四祭、五鄉、六相見。）；明七教以興民德（七教：一父子、二兄弟、三夫婦、四君臣、五長幼、六朋友、七賓客。）；齊八政以防淫（八政：一曰飲食、二曰衣服、三曰事爲、四曰異別、五曰度、六曰

（《井象》曰：「井，養而不窮也，改邑不改井，乃以剛中也。（井德，愈汲愈生，給養于人，無有窮也。）；《井象》曰：「君子以勞民勸相。（君子以勞來之恩，勤恤民隱，勸百姓，使有成功也。）」）。巽，德之制也（《巽象》曰：「重巽以申命，剛巽乎中正而志行，柔皆順乎剛，是以小亨」；《巽象》曰：「隨風，君子以申命行事。」）。

此舉九卦之德，其爲基也，本也，柄也，固也，修也，裕也，辨也，地也，制也，亦分述其用之殊也，細研六十四卦，實寓自然之意，以爲修德防患之所寄也，唯以此九卦爲例耳。故知易之爲變也，乃統自然與人事爲一體，德在自然亦在人事，而且以人事爲用也。故《易・繫辭》曰：「窮神知化，德之盛也。」（《十三經注疏》八七頁）德之爲用大矣哉！其在窮神知化也。其於爲政也，乃其本者也；言政而離乎德，不知其爲何政也。

「后克艱厥后，臣克艱厥臣，黎民敏德。」（《十三經注疏》一三四頁）黎民敏德者，其義有二焉：一曰黎民敏於自修其德，二曰黎民敏於闕監爲上之德，而有以向背之也；其意有如「人道敏政，地道敏樹。」（《中庸》），《十三經注疏》一六二九頁）故「益（稷）贊於禹曰：惟德動天，無遠弗屆，滿招損，謙受益，時乃天道。」（《十三經注疏》一三七頁）至卑而上行，天道虧盈而益謙，地道變盈而流謙，鬼神害盈而福謙，人道惡盈而好謙，謙尊而光，卑而不可逾，君子之終也。」《謙象》曰：「謙謙君子，卑以自牧。」）。復，德之本也（《復象》曰：「復亨，剛反動而以順行，是以出入無疾，朋來無疚，反復其道，七日來復，天行也，復，其見天地之心乎！」《履象》曰：「不遠之復，以修身也。」）。恒，德之固也（固，不傾移也。《恒象》曰：「恒，久也，剛上而柔下，巽而動，剛柔皆應，天地之道，恒久而不已也，日月得天而能久照，四時變化而能久成，聖人久於其道而天下化成」，《恒象》曰：「君子以立不易方，不恒其德，無所容也。」）。損，德之修也（《損象》曰：「損，損下益上，其道上行，損益盈虛，與道偕行」；《損象》曰：「君子以懲忿窒欲」。）。益，德之裕也（《益象》曰：「益，損上益下，民說（悦也）無疆，自上下下，其道大光，益動而巽，日進無疆，天施地生，其益無方」；《益象》曰：「君子以見善則遷，有過則改。」）。困，德之辨也（《困象》曰：「困，剛揜也，險以説（悦），困而不失其所，亨。有言不信，尚口乃窮也（處困求通，在於修德，徒尚口説，更致困窮。）；《困象》曰：「君子以致命遂志。（君子之守道不移，雖遭困厄，必致命以遂其高志而不屈撓也。）」）。井，德之地也功，其次有立言。」《左傳》，見《十三經注疏》一九七九頁）「德法者，御民之本也。」（古之御政以治天下者，冢宰之官以成道，司徒之官以成德，宗伯之官以成仁，司馬之官以成聖，司寇之官以成義，司空之官以成禮，六官亦六轡也，天子三公，合以執六官，均五政，齊五法，以御四者（天地人事），故亦爲其所引而之，以之道、則國治，以之德，則國安，以之人則國和，以之聖則國平，以之義則國成，以之禮則國定，此御政之體也。」《孝經正義注》，見《十三經注疏》二五三九頁）故孔子有言曰：「爲政以德，譬如北辰，居其所，而衆星共之」；「道之以政，齊之以刑，民免而無恥，道之以德，齊之以禮，有恥且格。」（《論語・爲政》，《十三經注疏》二四六一頁）此德也，本於人性，蘊於人心，人固有之者也，故能道（導）之而出也。

《易・晉象》曰：「君子以自昭明德」；《易・繫辭》曰：「日新之謂盛德」；「夫易，聖人之所以崇德而廣業也」；「易之興也，其於中古乎！作易者，其有憂患乎！是故，履德之基也（《履象》曰：「履，柔履剛也，剛中正，履帝位而不疚，光明也。」《履象》曰：「履道坦坦，幽人貞吉。」）。謙，德之柄也（《謙象》曰：「謙亨，天道下濟而光明，地道

書》。」（《二十五史》七頁）

堯之時，命義和定曆象（三百有六旬有六日，以閏月定四時成歲。），命義仲爲東方之長，命義叔爲南方之長，命和仲爲西方之長，命和叔爲北方之長，亦賞德與能也。至禹之時，始見賞功德之理論：「罰弗及嗣，賞延於世，罪疑惟輕，功疑惟重（功有疑而不决者，仍予重賞，以勵忠厚也。）。」《周禮》規定小宰之職：「以聽官府之六計（聽，平治也，計，事也。），弊群吏之治（弊，斷也。）：一曰廉善（以廉爲本善，善其事，有辭譽也。），二曰廉能（能，政令行也。），三曰廉敬（敬，不懈于位也。），四曰廉正（正，行無傾邪也。），五曰廉法（法，守法不失也。），六曰廉辨（辨而不疑惑也。）。」此乃賞廉之具體條件也，可謂嚴密完備矣；由此而知刑賞并用，乃爲政之要也，刑賞不正，則邪正顛倒，其政必亂，故刑賞之用，宜審之又審也。

德

「德者，國家之基也。」（「夫令名，德之興也，德，國家之基也，有基無壞，無亦是務乎！有德則樂，樂則久，詩云：樂只君子，邦家之基，有令德也夫。大上有立德，其次有立糾孝（德，六德也，善事父母者爲孝。），四曰官刑，上能糾職（能，能其事也，職，職事修理。），五曰國刑，上愿糾恭（愿，愼也。），以圜土聚教罷民（圜土，獄城也，罷，敝也，聚敝民於其中，困苦教之爲善也。）。」（《十三經注疏》八七〇頁）此五刑更是儒學人性善（惡）論之體現，困苦教之爲善者，實復善也，回歸人性之本原也。由此而明儒學刑賞之至義，在刑之使棄惡歸善，而其所以刑之者，正如禹之意所云：「刑，期於無刑」也。

賞

賞者，賞有功、有德、有能者也，黄帝之「舉風后、力牧、常先、大鴻以治民」者，俱屬有德有能有功者也。據《史記》裴駰集解曰：「帝王世紀云：黄帝夢大風吹天下之塵垢皆去，又夢人執千鈞之弩，驅羊萬群，帝寤而嘆曰：風力號令執政者也，垢去，土后在也，天下豈有姓風后者哉？夫千鈞之弩，异力者也，驅羊數萬群，能牧民爲善者也，天下豈有姓力名牧者也！於是依二占二求之，得風后於海隅，登以爲相，得力牧於大澤，進以爲將。黄帝因著《占夢經》十一卷，《藝文志》云：《風后兵法》十三篇，《圖》三卷，《孤虛》二十卷，《力牧兵法》十五篇。鄭玄云：風后，黄帝三公也。班固曰：力牧，黄帝相也。大鴻見《封禪此旨發展至商湯，則其言曰：「萬方有罪，在予一人，予一人有罪，無以爾萬方。（爾，近也。）」（《商書・湯誥》，見《十三經注疏》一六二頁）可以認爲將儒學之善惡觀，提高到極限了；其極限者何？人性皆善也，人心皆善也，人德皆善也，而其所以有惡者，乃政之未善也，教之未善也，乃爲上者（主要指帝王）之心未正，身不修，德未洽於天地，未足以化民也；由此亦可窺知，重刑者，非王道也，實霸道也，觀《周禮》可知矣：「大司寇之職，掌建邦之三典：一曰刑新國用輕典（新闢地，立君之國，用輕典者，以其民未習于教也）；二曰刑平國用中典（承平守成之國也，中典者，常行之法也。）；三曰刑亂國用重典（亂國，篡弒叛逆之國，用重典以其化惡伐滅之。）。」（《十三經注疏》八七〇頁）刑亂國用重典者，乃在除暴也，非除暴無以安良，亦無從施仁政也，故知，不可將除暴之大義混同於霸道也，宜當精辨之者也。

《周禮》還記了古之五刑：「墨、劓、宮、刖、殺。」（《十三經注疏》八八〇頁）又記載了以「五刑糾萬民（糾，察异之也。），一曰野刑（野，國都之外也。）上功糾力（功，農功，力，勤力。），二曰軍刑，上命糾守（命，將命也，守不失部伍。），三曰鄉刑，上德之刑。），扑作教刑（扑，撻也，不勤道業則扑之。），金作贖刑（金，黄金，出金以贖罪。），眚灾肆赦（眚，過也，灾，害也，肆，緩也，過而有害，當緩赦之。），怙終賊刑（怙，恃也，怙惡不改，終必刑殺也。）；流共工於幽州，放驩兜於崇山，竄三苗於三危，殛鯀於羽山（殛，極刑也。），四罪而天下咸服。」（《十三經注疏》一二八頁）此乃辨善惡論功罪以有益於政治之至意也。

夏禹之時，刑賞始形之於理論：「帝曰：皋陶，汝作士，明於五刑，以弼五教，期於予治；刑期於無刑（期於無所刑。），民協于中（中者大中之道也。），時乃功懋哉！皋陶曰：帝德罔愆（愆，過失也。），臨下以簡，御衆以寬，罰弗及嗣，賞延於世，宥過無大（過誤所犯，雖大必宥。），刑故無小（不忌故犯，雖小必刑。），罪疑惟輕，功疑惟重，與其殺不辜，寧失不經（經，常也。），好生之德，洽於民心。」（《十三經注疏》一三五頁）「刑期於無刑，罰弗及嗣，罪疑惟輕，與其殺不辜，寧失不經，好生之德洽於民心」此乃最早見於史乘之刑罰思想，内涵洽於民心之好生之德，此乃儒家善惡觀形之於刑法者也，惡雖極於大罪，未離善也，「刑期於無刑」，足見其刑法之旨歸在返善也，此爲王道仁政之始終大旨也。

星辰水波、土石金玉；勞動心力耳目，節用水火材物，有土德之瑞，故號黃帝（炎帝火，黃帝土代之，即黃龍地螾見是也；螾土精，大五六圍，長十餘丈。），黃帝居軒轅之丘。」（《史記》，見《二十五史》六-七頁）

此黃帝之用征戰刑服炎帝、蚩尤，開闢中華基業之史例也，亦用刑以致治之最原始史料也，距今約四千餘年矣。但黃帝之所以勝炎帝、蚩尤者，見之於外武力也，刑罰也，藏之於內，則修德以服民也；振兵也，必修其德而兵始强矣；撫民也，必修其德，而民始心悅而臣服也；而且此修德也，又必順天地之紀，探幽明之占，尊死生之說，明存亡之難，而有以通人心、達民志，故其終有以成之也。此亦余之所見有以辨王霸、分仁暴賴以據之者也。質諸黃帝以降之中華史，凡能致力修德以爲政者必王道仁政也，必無往而不勝也。於此更當指明王道仁政亦須用刑罰也，後之孟軻就明確指出：「徒善不足以爲政，徒法不能以自行。」（《孟子·離婁上》）

至於刑法正式記入典籍，則始於舜在位之時，《尚書·舜典》曰：「象以典刑（象，法也，法用常刑。），流宥五刑（宥，寬也，以流放之法寬五刑。），鞭作官刑（治官事少典之子也，有熊國，今河南新鄭是也。），姓公孫，名曰軒轅，生而神靈，弱而能言，幼而徇齊（徇，疾也，齊，速也，本作叡慧，皆智也。），長而敦敏，成而聰明。軒轅之時，神農氏世衰，諸侯相侵伐，暴虐百姓，而神農氏不能征，於是軒轅乃習用干戈，以征不享（以征諸侯之不朝享者。），諸侯咸來賓從，而蚩尤最爲暴，莫能伐。炎帝欲侵諸侯，諸侯歸軒轅，軒轅乃修德振兵，治五氣（即五行之氣），藝五種（即五穀也。），撫萬民，度四方，教熊羆貔貅豹虎（此六者猛獸，可以教戰。），以與炎帝戰於阪泉之野（阪泉，在涿鹿。），三戰然後得其志。蚩尤作亂，不用帝命，於是黄帝乃徵師諸侯，與蚩尤戰於涿鹿之野，遂禽殺蚩尤，而諸侯咸尊軒轅爲天子，代神農氏，是爲黄帝，天下有不順者，黄帝從而征之，平者去之，披山通道，未嘗寧居；東至於海，登丸山（在琅琊朱虛縣）及岱宗（泰山東岳也。）；西至於崆峒，登雞頭（在隴西，一曰崆峒）；南至於江，登熊湘（長沙益陽縣）；北逐葷粥（匈奴別名也）。合符釜山，而邑於涿鹿之阿（阿，山下平地也。）。置左右大監，監萬國；舉風后、力牧、常先、大鴻以治民；順天地之紀（四時陰陽之紀），死生之説（制禮以祭祀也），存亡之難（凡事是非未盡，假以往來之詞，則曰難。），時播百穀草木、淳化鳥獸蟲蛾，旁羅日月政以行之，刑以防之，禮樂刑政，四達而不悖，則王道備矣。凡音者，生於人心者也，樂者通倫理者也，是故審聲以知音，審音以知樂，審樂以知政，而治道備矣。樂者，音之所由生也，其本在人心之感於物也，情動於中，故形於聲，是故治世之音，安以樂，其政和，亂世之音，怨以怒，其政乖，亡國之音哀以思，其民困，音之道與政通矣，禮樂刑政，其極一也，所以同民心而出治道也。禮樂不可斯須去身，致樂以治心者也。故樂也者，動於内者也，禮也者，動於外者也，樂極和，禮極順，内和而外順，則民瞻其顔色而弗與争也。」（《十三經注疏》一五二八—一五四四頁）由此而明，樂者起於人心，動於人情，備於王化，終於爲治，其與禮内外相成，同工而异曲者也。

刑

刑，《説文》剄也，《玉篇》以刀割頸也，罰之總名也；又《爾雅釋詁》常也，法也，此常法之本意在於論功罪、明忠奸、審貪廉、判是非、衡利害、權成敗、救存亡、辨善惡、分仁暴、别王霸，使之歸於正而利於治也，故其常與賞并用而兼存也。

據正史所載，分仁暴、别王霸之舉，首見於《史記》：「黄帝者，少典之子（有熊國君，

《十三經注疏》二〇〇六—二〇〇八頁）

樂者，樂其所成也，但實又未限於此，乃發諸心而形諸聲音舞蹈者也，故孔子言曰：「移風易俗，莫善於樂也」，《樂記》對此論之詳備矣。（陸德明曰：鄭云：「名樂記者，以其記樂之義」，孔穎達疏曰：按鄭目録云：「名曰樂記者，以其記樂之義，蓋十一篇合爲一篇，謂有樂本，有樂論，有樂施，有樂言，有樂理，有樂情，有樂化，有樂象，有賓牟賈，有師乙、有魏文侯。」）茲引述其要者如次：「樂者，天地之和也，禮者，天地之序也，和，故百物皆化，序，故群物皆別；樂由天作，禮以地制，過制則亂，過作則暴，明於天地，然後能興禮樂也，樂也者，聖人之所樂也，而可以善民心，其感人深，其移風易俗，故先王著其教焉。是故君子反情以和其志，廣樂以成其教，樂行而民鄉方（鄉，向也，方，猶道也。）可以觀德矣。德者，性之端也，樂者，德之華也，詩言志也，歌咏其聲也，舞動其容也，三者本於心，然後樂器從之，是故情深而文明，氣盛而化神，和順積中而英華發外，唯樂不可以爲僞。樂也者，情之不可變者也，禮也者，理之不可易者也；樂統同，禮辨异，故曰樂者樂也，君子樂得其道，小人樂得其欲；以道制欲，則樂而不亂，以欲忘道，則惑而不樂；禮節民心，樂和民聲，

（魯以周公，故有天子禮樂。）使工爲之歌周南、召南，曰：美哉，始基之矣，（周南、召南，王化之基也。）猶未也，（未盡善也。）然勤而不怨矣；爲之歌大雅，（大雅陳文王之德，以正天下。）曰：廣哉！熙熙乎！曲而有直體，其文王之德乎！（毛詩《大雅》：「文王在上，於昭於天，周雖舊邦，其命維新，濟濟多士，文王以寧，穆穆文王，於緝熙敬止，聿修厥德，自求多福，上天之載，無聲無臭，儀刑（型也）文王，萬邦作孚。」）爲之歌頌，曰：至至哉！直而不倨（倨，傲也。）曲而不屈，邇而不偪（謙退），遠而不攜（攜貳），遷而不淫，復而不厭（常日新），哀而不愁，樂而不荒，用而不匱（德弘大），廣而不宣（不自顯），施而不費（因民所利而利之），取而不貪（義然後取），處而不底（守之以道），行而不流（制之以義），五聲和（宮商角徵羽，謂之五聲），八風平，（八方之氣謂之八風。）節有度，守有序（八音克諧，節有度也，無相奪倫，守有序也。），盛德之所同也！見舞大武者，曰美哉周之盛也，其若此乎！見舞大夏者，（禹之樂）曰美哉！勤而不德，（不自以爲德）非禹其誰能修之，見舞韶箾者，（舜樂）曰德至矣哉！大矣！如天之無不幬也，如地之無不載也，雖甚盛德，其蔑以加於此矣，觀止矣，若有他樂，吾不敢請矣。」（《春秋左傳》

先者五，民不與焉。一曰治親，二曰報功，三曰舉賢，四曰使能，五曰存愛，五者一得於天下，民無不足，無不贍者，五者一物紕繆，民莫得其死，聖人南面而治天下，必自人道始。」（《十三經注疏》一五〇六頁）又《禮記·祭統》曰：「凡治人之道，莫急於禮，禮有五經，莫重於祭。夫祭者，非物自外至者也，自中出生於心也。心怵而奉之以禮，是故唯賢者能盡祭之義。夫祭之爲物大矣，其教之本歟！是故君子之教也，外則教之以尊其君長，內則教之以孝於其親。是故君子之教也，必由其本，順之至也。祭其是歟！故曰祭者教之本也。」（《十三經注疏》一六〇二－一六〇四頁）就個人之立身處世而言，孔子更認爲「不學禮無以立」，則知禮之爲用之大矣。但須知，禮之所重者，非其節文也，乃其大義也，節文每因時异世殊而變，而大義則隨時世而見新矣。

樂

「禮也者，反其所自生，樂其所自成，是故先王之制禮也，以節事，修樂以道志，故觀其禮樂，而治亂可知也。」（《禮記·禮器》），見《十三經注疏》一四四一頁）

修樂以道志，周之治，可於《周南》、《召南》見之矣，「吴公子札來聘，請觀於周樂，攝。」（《十三經注疏》一二三一頁）故知禮之所由起，不論其原於道，根於人心人性，或出於人倫，別於尊卑，俱歸於理也，亦俱爲人之所當履者也。

關於禮之大目，《禮記・曲禮》言之曰：「道德仁義非禮不成；教訓正俗，非禮不備；分爭辨訟，非禮不決；君臣上下、父子兄弟，非禮不定；宦學事師，非禮不親；班朝治軍，涖官行法，非禮威嚴不行；禱祠祭祀，供給鬼神，非禮不誠不莊。」（《十三經注疏》一二三一頁）此七項，可謂禮之大目也，細節繁甚，不詳列矣。

夫禮之爲用，其義大矣，《禮運》記孔子之言曰：「夫禮，先王以承天之道，以治人之情，故失之者死，得之者生；故聖人以禮示之，天下國家可得而正也；是故禮者，君之大柄也，所以別明微，儐鬼神，考制度，別仁義，所以治政安君也。故政不正，則君位危，君位危，則大臣信，小臣竊，刑肅而俗敝，則法無常，法無常而禮無列，禮無列，則士不事也，刑肅而俗敝，則民弗歸也，是謂疵國。」（《十三經注疏》一四一四-一四一八頁）又《禮器》有言曰：「禮也者，物之致也，天道至教，聖人至德，君子欲親仁義之道，禮其本也。」（《十三經注疏》一四四〇-一四四二頁）又《禮記・大傳》曰：「聖人南面而聽天下，所且知禮之所由生也。」（《十三經注疏》一六九四頁）《禮器》論之曰：「先王之立禮也，有本有文，忠信，禮之本也，義理，禮之文也；無本不立，無文不行。禮也者，合於天時，設於地財，順於鬼神，合於人心，理萬物者也。人官有能也，物曲有利也，居山以魚鼈爲禮，居澤以鹿豕爲禮，君子謂之不知禮。」（《十三經注疏》一四三〇–一四三一頁）此禮之起於天地、陰陽、人情、萬物、自然之論也。

然禮之所起亦有出於爲政之要者，《祭義》論之曰：「先王之所以治天下者五：貴有德，貴貴，貴老，敬長，慈幼，此五者，先王之所以定天下也。貴有德何爲也，爲其近於道也；貴貴，爲其近於君也；貴老，爲其近於親也；敬長，爲其近於兄也；慈幼，爲其近於子也。子曰：立愛自親始，教民睦也；立教自長始，教民順也；教以慈睦，而民貴有親；教民敬長，而民貴用命；孝以事親，順以聽命，錯諸天下，無所不行。」（《十三經注疏》一五九四頁）

禮之所起亦有出於爲個人修養之需者，《禮記·曲禮》論曰：「禮尚往來，往而不來非禮也，來而不往亦非禮也。人有禮則安，無禮則危，故曰禮者不可不學也。夫禮者，自卑而尊人，遂負販者必有尊也，而況富貴乎！富貴而知好禮，則不驕不淫，貧賤而知好禮，則志不己也，成物也，無一不以敬而可致之者也。

禮

「夫禮者經天緯地，本之則大一之初，原始要終，體之乃人情之欲；禮者，理也，履也，（統之於心曰體，踐而行之曰履。）禮有三起：禮理起於大一，禮事起於遂皇，禮名起於黃帝」。（參考《禮記正義》《禮記正義序》，見《十三經注疏》一二二一—一二二五頁。）可知禮者植根於天地之道，人倫之序，人情之欲也。（「人生而靜，天地之性也，感物而動性之欲也；飛走之倫皆有懷於嗜慾，則鴻荒之世非無心於性情。」）故儒家禮之爲用，形諸於經典者有三焉：曰《周禮》，（《周禮》作於周初，周公居攝六年之後，書成歸豐，而實未嘗行，而周事之可考者，不過春秋以後，其東遷以前，三百餘年官制之沿革，政典之損益，除舊布新，不知凡幾，其書遂雜。）曰《儀禮》，（周禮、儀禮發源是一，理有終始，分爲二部。）曰《禮記》，（陸德明曰：「此記二禮之遺缺，故名禮記」。）其中唯《禮記》發揮禮之大理最爲詳備，綜論其要，有如次三端：一曰禮之所由起；二曰禮之大目；三曰禮之作用。《喪服四制》論之曰：「凡禮之大體，體天地，法四時，則陰陽，順人情，故謂之禮，訾之者，是不書·五子之歌》，其一曰：「皇祖有訓，民可近，不可下，民爲邦本，本固邦寧，予視天下愚夫愚婦，一能勝予；予臨兆民，懍乎若朽索之馭六馬，爲人上者，奈何不敬」，此敬者，敬政事也，亦敬黎民佔有國家安危之地位也，更敬民智民志也。孔子在《論語》又言：「君子有三畏，畏天命，（順吉逆凶，自然之道，此天命之謂也。）畏大人，（聖人與天地合其德，謂大人。）畏聖人之言」，此三畏者，實三敬也，敬天命，敬大人，敬聖人之言。孔子晚年學易，其所著十翼，具體詳發了天命、大人、聖人之言，敬之爲義還貫徹於「禮」中，《禮記·曲禮》曰：「毋不敬，儼若思（儼，莊嚴也。），安定辭（審言語也。），安民哉！傲不可長，欲不可從（從，縱也。），志不可滿，樂不可極，賢者狎而敬之，畏而愛之，愛而知其惡，憎而知其善，積而能散，安安而能遷，臨難毋苟免，很毋求勝（很，鬩也，謂爭訟也。），分毋求多（分，分額也。），疑事毋質（質，成也。），直而勿有（直，正也。）」。（《十三經注疏》一二二九-一二三〇頁）此敬者，敬於禮也，敬於律己也，孔子對於禮之論述詳矣盡矣，一以敬貫之，亦可知敬之於爲政也，其深切蓋如此者也。綜合言之，敬之爲義，一曰敬長也，二曰敬事也，三曰敬業也，四曰敬神也，《曲禮》所言「毋不敬」者，實敬之至義也，成在臣也，再次親也；三者之愛，言之雖同，其内涵則别也。愛之於民者，乃公愛也，博愛也，非出於情也，乃出於理性也，出於爲政之慮也，洞悉民爲政之基，明人心之向背，决定政之生死存亡也。欲使民心悦而向之，一在養也，二在教也；養之者，一曰輕傜薄賦，二曰爲民興利，其效易見者也；教之者，導之以道，修之以德，齊之以禮，和之以樂，其效見之於知行之中，非一朝一夕可立而就者也，此中尤以道德爲難成也，蓋其既有知之者以動於内，更有聞見以影響於外，此「君子之德風，小人之德操，草上之風必偃」之義所在也，此亦正德、利用、厚生之義所在也。必道純德正，始足以利用庶物，而愛澤萬民之效見矣。愛臣者則有殊於愛民者也，愛民以利，則民心向焉；愛臣必以德，德高則心純於内，行肅於外，肅則威，威則正，正則廉，廉則公，公則上下一體，而政通人和，盛世可致矣。愛於親者，則在敬，敬則禮，禮則長幼有序，父父子子，兄友弟恭，血肉長親，倫理昭然。

敬

前引孔子之言曰：「愛與敬，其爲政之本歟」，可知敬之爲義大矣。孔子在《論語》中又言：「道千乘之國，敬事而信，節用而愛人，使民以時」，此敬事者，政事也，對政，《夏

愛

愛者，仁愛也，仁民而愛物也，據《禮記・哀公問》所記：「孔子侍坐於哀公，哀公問：敢問人道誰爲大？孔子愀然作色而對曰：君之及此言也，百姓之德也，固臣敢無辭而對，人道政爲大。公曰：敢問何謂爲政？孔子對曰：政者，正也，君爲正，則百姓從政矣；君之所爲，百姓之所從也；君所不爲，百姓何從？公曰：敢問爲政如之何？孔子對曰：夫婦別，父子親，君臣嚴，三者正，則庶物從之矣。公曰：寡人雖無似也，願聞所以行三言之道，可得聞乎？孔子對曰：古之爲政，愛人爲大，所以治愛人，禮爲大，所以治禮，敬爲大。弗愛不親，弗敬不正，愛與敬，其政之本歟」。（《十三經注疏》一六一一頁）

誠哉！夫子之言也，弗愛不親，弗敬不正，「夫婦別，父子親，君臣嚴」，此別中、親中、嚴中必有深愛焉；近者如是，遠者，對天下百姓，更當有厚愛矣。蓋「民爲邦本」，「民以君爲心，君以民爲體」也。（子曰：「民以君爲心，君以民爲體也，心莊則體舒，心肅則容敬，心好之，身必安之，君好之，民必欲之，心以體全，亦以體傷，君以民存，亦以民亡。」—《禮記・緇衣》，《十三經注疏》一六五〇頁。）由此可知，君所愛者，首在民也，次在於良臣名將之作爲中，存在於學者之著述中，唯其表現不一，或爲置之千古而不褪色之政論，或爲微弱無力之政見而已，這些，將隨本作之進展有所論列。正是這些，乃中華之大道所存，正氣所存，衆所周知者有文天祥之《正氣歌》，其實歷代均有其正氣歌，而且有不成文之乃至無聲之正氣歌，此種正氣歌可概括爲兩句話：大道存人心，正氣在民間。正是賴有此大道所緼發之正氣，使中華大道在其所經歷之歷史長河中，無時無地不表現其作用，正是此作用推動中華歷史前進，激勵中華民族日新。

三、爲政八綱

《中庸》有言曰：「凡爲天下國家有九經，曰修身也，尊賢也，親親也，敬大臣也，體群臣也，子庶民也，來百工也，柔遠人也，懷諸侯也。」（《十三經注釋》一六二九－一六三〇頁）九經者，大政之九端也，然予於儒學《十三經》及《二十五史》中灼見政務千頭萬緒，必綱舉而目張，因而理出八綱：曰愛，曰敬，曰禮，曰樂，曰刑，曰賞，曰德，曰教。茲分論如次。

病，亦無人專發孔子此大道與小康之見。至唐韓愈著有《原道》，意在發道之原，觀其所論，意在黜佛，其所及之儒道亦只限於仁義道德四端而已，其所言「堯以是傳之舜，舜以是傳之禹，禹以是傳之湯，湯以是傳之文武周公，文武周公傳之孔子，孔子傳之孟軻，軻之死，不得其傳焉」，以予所論衡之，亦非真正之原道也，實乃雜有私之道也。而歷史之真實是：「堯以是傳之舜，舜以是傳之禹」，禹則變之爲家天下，改變了政權之性質，此孔子所以讚大道而鄙小康也，讚公而鄙私也，此乃孔子對大道與小康之見之真意所在也。以此真意而繩秦漢以下（實亦應上溯至禹）歷代爲政之道，則洞悉其皆爲私也，且無一例外也，無論其爲秦也、漢也、唐也、宋也，悉爲家天下之私也；即間或曾出現大治之迹，盛世之象，亦未改變其爲私之本質也。由此而判定，在中華史上，政權之興亡、朝代之更替，無論其由殺人盈野而奪得，或因黄袍加身而幸致，或以血洗宫廷而登基，然其爲私一也，此大道所以隱之如此長久者之原因所在也，亦因其爲私，在政權淫威之下，無人敢揭當政者爲私之病也；故爲私之政權更替，在中華大地上延續長達四千年（從夏之家天下起），無人敢置一詞，唯孔子指出「今大道既隱，天下爲家」。但隱爲義，只言其缺乏顯現之條件而已，大道依然存在，存在於百姓之心中，存公（共）也，乃同日月共星辰，同太空共氣層，同呼吸共命運，同榮枯共盛衰，同損益共利害者也；損公實害私，竊公必毀己，雖不見立驗，其終必如是也，未聞五帝之際有何榮枯盛衰之迹，以其與天下共之，行禪讓之仁政也，迨及夏商周三代以降，以其私天下以爲家有而傳之於其子孫，則不可逃脱衰敗與异姓取而代之之命運矣。故予之所言大道，乃五帝爲公之大道，乃孔子所言「今大道既隱」之大道，一言以蔽之，乃大同之大道。而非「天下爲家，各親其親，各子其子，貨力爲己」之假大道，是乃私道也，是乃假大道之名以營其私也，而且以其政權營大私舞大弊也。叙論至此，似乎儒學理論在其發展途程中遇到了由其自身産生之不可逾越亦無法克服之矛盾矣。表面視之，似屬矛盾，實則并非如是：竊孔子之意，其所論述之主題爲禮運，「禮運者，以其記五帝三王相變易及陰陽轉旋之道」，禮之運轉之道，此運轉之道者何？就禮而言，其運轉自是由簡而繁，（《禮運》全文詳述了禮之生於人性、人心、人情以及其化民成俗之作用等。）就大道而言，初則應是由隱而顯，繼則由顯而隱（事物向其反面轉化，恰如孔子所言「今大道既隱」。），反映在爲政上，則自是由公而私（由天下爲公，轉而至於私有天下。）。遺憾的是自秦漢以降之二千餘年間，未見有人專論此由公變私（成爲家天下）之一千八年矣，以之言之於今世，唯見此思想，光芒四射，亦足以照耀人類文明也。所謂鄙小康者，以其爲私也，而且在文中將禹、湯、文、武、成王、周公六大聖君賢相置於被評判之地位，於此既可明孔子唯知大道之公，亦可見孔子在公私是非問題上絕無苟同阿諱，唯稟諸天地正氣，直道良知，是其所是，非其所非，一以大道爲準。《禮運》篇文中自「大道既隱，天下爲家」至「是謂小康」，此一大段悉爲指斥政權爲私之言，此在儒學經典中乃唯一之一大疑案。迴避大道小康質辨，歷二千五百年，所以避而不辨者，乃懾於皇權之威以苟且自保也。當稟學問思辨行之教，予以精辨之，不如此，不足以明大道，不如此，則予之撰此文之題目《中華大道》必從根基上失其主旨矣。予之所意之大道，乃天地物人一統之大道，人本之於物，又靈之於物，且其理性日益自覺自明自珍自尊之大道，其用之於爲政則唯知有公之大道，是公天下之大道（而非私天下者，竊公以營私，而託言爲公之所云云者也。），此公也，出之於天地（天無私覆，地無私載，天地萬物人類者，唯廓然大公之存在也，何私之有哉？），出於宇宙萬物人類之自然存在也，其間無私可尋，唯見其整體之存在而不可施之以分割者也，公者，存於此一體關係中也，至於爲政應精辨人心與道心，則更是爲了此公之關係和諧發展也。故知此也，大道之人，以禮於忠信爲薄言，小安者失之，則賊亂將作矣。」孔穎達疏曰：「是謂小康者，康，安也，行禮自衛，乃得不去執位，及不爲衆所殃而比大道爲劣，故曰小安也。」）（《十三經注疏》一四一三—一四一四頁）

右録《禮運》論大道與小康之全文，可明見孔子之意在頌大道而鄙小康也。所謂頌大道者，蓋大道乃天也，自然也，物也，人也，人性也，人心也，人之良知良能也，人之所以异於禽獸者，人之所以爲萬物之靈者，人之所特具之理性也，此理性爲人之所共有，大道之所行者即此共有之理性也。「大道之行也，天下爲公」，此公也，鄭玄注之曰：「公猶共也」，五帝之政（黄帝、顓頊、帝嚳、堯、舜）即行此公也，孔子所言之大道即指五帝所行之公道也，共道也，因其公矣，故必然導致大同，鄭元注之曰：「同，猶和也平也」；孔穎達疏之曰：「率土皆然故大同」，細辨此二義，鄭之言更切要焉。蓋大公之前則私退，私退則無争，争息則和致，和則公私明辨矣，公私既明，則公自立，公立則平，故公者和與平之基也，和平同致，則大同矣。既大同矣，則小异雖存，亦無不平無不和也。四千年前，中華祖先即緼發以和、平二者爲其核心内函之大同思想，至孔子成文時亦二千五百餘年，即以鄭玄之注言之，亦距今

（志，謂識也。）」「大道之行也，天下爲公。（公猶共也，禪位授聖，不家之睦親也。）選賢與能，講信修睦，故人不獨親其親，子其子，使老有所終，壯有所用，幼有所長，矜寡孤獨廢疾者，皆有所養。男有分，女有歸，貨惡其棄於地也，不必藏於己，力惡其不出於身也，不必爲己。是故謀閉而不興，盜竊亂賊而不作，故外户而不閉，是謂大同。（率上皆然，故曰大同。）

今大道既隱，（隱，去也，不行大道也。）天下爲家，（父傳位於子，禹其始也。）各親其親，各子其子，貨力爲己，大人世及以爲禮，城郭溝池以爲固，禮義以爲紀，（五帝以大道爲紀，三王以禮義爲紀也。）以正君臣，以篤父子，以睦兄弟，以和夫婦，以設制度，以立田里，以賢勇智，以功爲己，（立功啓事，不爲他人，全爲己也。）故謀用是作，而兵由此起，禹、湯、文、武、成王、周公，由此其選也。（選，英選也。）此六君子者，未有不謹於禮者也，以著其義，以考其信，著有過，（著，明也。）刑仁講讓，（刑，則也，型之也，民有仁者，以禮義賞之，樹爲楷模也。）示民有常，如有不由此者，在執者去，（執，勢也，位也，去，罪退之也。）衆以爲殃，（殃，猶禍惡也。）是謂小康。」（鄭元注曰：「康，安至，適人心之所舒。人心道心，原本自然，經仁政之教，修齊之功，盡人性盡物性之訓，而達於人心不違道心，道心適足以遂人心，使二者合於仁政之施，協於公私之利，此乃允執厥中之意也，及其進而利於人之善性之發，促於物性之美，贊於天地之化，則人心道心之發更常處於中和矣，是乃道心之化，人心之覺也，人類高度文明之所及，亦有待於是也，此精辨之者三也。

四曰大道之行也，天下爲公。理性之最高境界是行天下爲公之大道，此大道以公爲其主旨和歸宿，實乃道心之完美體現也。值得我中華民族、炎黄子孫自豪與自勵者，乃我中華祖先在二千年前已留下了實現此大道之完備文獻，有待發明；今將此文獻全文抄録如次，供世之學者評論。

昔者仲尼與於蜡賓，（蜡者索也，歲十二月，索萬物以聚宗廟，蜡賓者參與祭祀宗廟之人也。）事畢，出游於觀之上，喟然而嘆。仲尼之嘆，蓋嘆魯也。言偃在側（言偃，吴人，字子游，少孔子四十五歲，長於文學。）曰：「君子何嘆？」孔子曰：「大道之行也，（大道謂五帝時也。）與三代之英，（三代指夏、商、周）丘未之逮也，（逮，及也。）而有志焉。

脊脊大亂，（脊脊，相殘藉也）罪在於攖人心，（攖，掂也，觸也。）故賢者伏於大山嵁巖之下，而萬乘之君，憂慄乎廟堂之上，今世殊死者相枕也。」（《莊子·在宥》）絶不應小視也；而且人心既與道心并存，且人心又聽令於道心，則消極防之，亦非所宜也，應積極導之引之覺之養之，使自知放縱人欲之禍患，而生自我約束克制之德，且使此日益純厚，則爲政也，適如行船之順水又順風也，如何導之引之，舍教無他途矣。教之之法何在？曰格物致知也，曰學問思辨行也。使之明天地、陰陽、物我變化之大道，群己相依互利之關係，明人之明德、善性、良知、良能之尊嚴、明人心之危、道心之微之大旨，嚴以檢束人心，廣以弘揚道心，使天道、地道、物道、人道湛然明暢於胸中，使人之七情、六欲、私、蔽之偏惕然窒之於腦際，致知者，致此知也，學問思辨行者，亦此知也。更進而言之，誠意也，正心也，修身也，齊家也，治國也，平天下也，悉有見於所尊者道心也，悉有見於所抑者人心也；尊之抑之揚之斥之，其工悉見於日常之言行也，見於政務也，見於人性之舒、物性之遂也，此乃真正之道心人心之内函大要也，此精爲之辨者二也。道心人心之真正内函既已明矣，則爲政之道唯在於調協二者之微危，使其微而日顯，晦而日彰；危而以夷，夷而以安；人心之發，適道心之所裕，道心之所心惟危，道心惟微，惟精惟一，允執厥中」，此十六字經者，乃堯傳之舜，舜傳之禹之治道。何謂人心？何謂道心？此當首先予以界明之者：人心者，此處特指人欲也，特指未以理性自制之人欲也，或曰人性之粗糲者之形諸於外，且與流俗合而放恣者也。道心者，乃人之心靈之純者，不受人心之污染者也，深藏於人性之中而主導人之善言、善行者也，人稟大道以生，固萬物中之最精晶者，必然具此道心；然道心非孤立而存焉者，必有賴生命與之共存也，是則人心（求生之心也）隨之而生焉，（嚴格言之，道心與人心二者，實同時而出也，如孿生之兄弟姐妹也，如血液中含有水，血與水同是生命之所需也。）故知道心與人心同時而生也，亦同時而運動而發展也；人心包含於道心之中，蓋追索其原始，初亦只有道心也，道心者，物之最精晶者、最純樸者也；隨之於道心而起者乃求生之欲與繁衍之願也，此亦物之最精最化者，無此精化之本性，則物既不會生亦不可蕃也。由此而見，人心之所指者，亦物之本也，亦人之本也；而道心者乃此本性中最虛靈、最理覺者也；人之理性之發而爲用者，全賴此道心之靈覺也；故知理性出自道心者也，此精謂之辨者一也。爲政者，固當稟道心、施仁政，以成天下之務，然亦應防人心泛濫之禍患，以免敗事也。人心不可放也，人欲不可縱也，（莊子有言曰：「天下也，其史觀蓋在太史公之下矣。（太史公曰：「秦之先伯翳嘗有勳於唐虞之際，受土賜姓於殷夏之間，微散至周之衰，秦興邑於西垂，自繆公以來，稍蠶食諸侯，竟成始皇，始皇自以爲功過五帝，地廣三王而羞與之侔，善哉賈生推言之也。曰秦併兼諸侯，山東三十餘郡，繕津關，據險塞，修甲兵而守之，然陳涉以戍卒散亂之衆數百，奮臂大呼，不用弓　之兵，鉏擾百梃，望屋而食，横行天下，秦人阻險不守，關梁不闔，長　不刺，强弩不射，楚師深入，戰於鴻門，曾無藩籬之艱，於是山東大擾，諸侯并起，豪俊相立，群臣不信，可見於此矣。一夫作難而七廟墮，身死人手而爲天下笑者何也，仁義不施而攻守勢异也；秦王之懷貪鄙之心，行自奮之智，廢王道，立私權，禁文書而酷刑法，先詐力而後仁義，以暴虐爲天下始，刑戮相望於道，天下苦之，自君卿以下，咸不安其位，故易動也。先王見始終之變，知存亡之幾，是以牧民之道，務在安之而已。」一《二十五史·史記·秦始皇紀》）於兹可明，安之之道在王道，在仁政，在理性，在崇德廣業，唯崇德始可一萬民之心，始可通天下之志，始可廣天下之業，始可措天下而無不遂者也，此亦經、史所驗之者也。

三曰精辨人心與道心，允執厥中，此乃爲政稟於理性之核心内函也。《大禹謨》曰：「人自然之力，乃千變萬化之總規律，無有能逃脱此律而外之者也。就陰陽本身之消長而論，亦猶有當指明其要者，不論其陰向陽之轉化、或陽向陰之轉化，其消其長，必是漸進的，相互的（此消則彼長，此長則彼消。）達於臨界點始可見其突變，互換其位，進入新之消長過程，雖其形式未變（依然向其反方向變化），然其内函已是新舊交錯了，故其反復消長過程不是限於舊之反復，而是常新之無窮進程，由此而知，儒家以《周易》爲代表之哲學（以陰陽消長爲其變化形式。），乃是常新（或曰長新）之哲學，以此而觀萬物萬事則得其正矣，而必如此，始可正見事物之本質，人亦自是如此。就開物成務言之，則知每一個新之歷史時代均有其開物，自均有其成務，其開物也新，其成務也亦新矣。然就其向反向轉化論之，則其開之愈新，則其成之豈不愈敝乎？此亦理之常也；但人之理性，具有修正、完善之自覺性，則其物愈開愈新，而成其務者亦自愈高愈廣矣，德愈淳愈厚矣，天下之志亦愈達愈明矣，此乃指在理性之軌道上之正常運動也。然則，亦有非理性軌道之運動乎？亦有之；其表現於政治者，儒學名之曰霸。故在儒學中就政治觀而論，辨王霸乃首要之義也。在中華史上，秦之開物成務就是在霸業之軌道推進者，其爲禍之烈已詳之愈史乘；唯後之史家多見秦之統一之功，而不識經義中王霸之辨之通，見乃謂象，（兆見曰象）形乃謂之器，制而用之謂之法，利用出入，民咸用之，謂之神」；「備物致用，立成器以爲天下利，莫大乎聖人。」（《十三經注疏》八一－八二頁）聖人者，明道、修德、利物、利人之人也，因明道，故能開物，因利物利人，故能成務，因成務，故能通天下之志，因通天下之志，故能廣業，因廣業故能厚生，因厚生故能德乎天下，故能成天下之化：化人也，化物也，化形也，化勢也，化利弊也，化禍福也，化吉凶也，化矛盾也，化貧富也，化公私也，化理欲也，化干戈爲玉帛也，一言以蔽之，「神而化之，使民宜之。」（《十三經注疏》八六頁）此化之力非外加之也，乃物固有之，人固有之者也。其存於何處？存於物性之中，存於人性之中，存於人心之中，存於人事之中，存於形勢之中，存於吉凶禍福之中，故「易窮則變，變則通，通則久」，久則復窮，變化復起，此復起者，非原形之重復，乃在新之條件、因素、形勢、内外影響等複雜之綜合情況下，新起之變化也。其内函，大變乎，小變乎，全變乎，局部變乎，外變其形内不變其質乎，文變乎，武變乎，未可一言而盡也，其同其异，難言之矣。然而有一點可斷言者，任何變化，絶無例外，總是向其反方向轉化，若盛之轉爲衰、弱之變爲强是也。此乃陰陽消長之自然變化所决定之者也，此陰陽消長之成己也，親民成物也，誠意、正心、修身三者，成己之行也，齊家、治國、平天下三者成物之行也，一言以蔽之，其行也，以「範圍天地、知周萬物、道濟天下」爲目標也，此乃盡人性、盡物性之大道大德也，亦理性之至高至純之境界也。

二曰開物成務，崇德廣業，通天下之志，成天下之化也。子曰：「夫易何爲者也，夫易開物成務，冒天下之道，（冒者覆也，言易通萬物之志，成天下之務，其道覆冒天下也。）如斯而已者也。是故聖人以通天下之志，以定天下之業，以端天下之疑；是故蓍之德圓而神，卦之德方以知，（圓者運而不窮，方者止而有分，言蓍以圓象神，卦以方象知也，惟變所適，無數不周，故曰圓，卦列爻分各以其體，故曰方。）六爻之義，易以貢，（貢，告也，六爻有見吉凶，以告人也。）聖人以此洗心，（洗盪惡念，以求吉避凶也。）退藏於密，（言道深微，退藏於密，以觀其用也。）吉凶與民同患，神以知來，知以藏往，其孰能以此哉！古之聰明睿知，神而不殺者夫！（神武以服，萬物而不以威形也。）是以明於天之道，而察於民之故，是興神物，以前民用，（前者，定吉凶於前，以爲民用也。）聖人以此齋戒，以神明其德夫！（洗心曰齋，防患曰戒。）是故闔户謂之坤，闢户謂之乾，一闔一闢謂之變，往來不窮謂之精髓，其最高境界爲「知幾其神乎！」知大道之幾，知物化之幾，知人事之幾，始可與言範圍天地，知周萬物，曲成萬物，此則必須經歷一完備之知行過程，《中庸》對此論之周密，其言曰：「博學之，審問之，愼思之，明辨之，篤行之；有弗學，學之弗能，弗措也；有弗問，問之弗知，弗措也；有弗思，思之弗得，弗措也；有弗辨，辨之弗明，弗措也；有弗行，行之弗篤，弗措也。人一能之己百之，人十能之己千之。果能此道矣，雖愚必明，雖柔必强。」（《十三經注釋》一六三二頁）此學－問－思－辨－行五者構成統一之過程，乃是一完備之認識論，每個環節皆重要，各有其位置，不可或缺，又相互促進，其中尤以辨、行二者更爲吃緊。辨者何耶？辨正邪也，辨眞僞也，辨源流也，辨王霸也，辨儒、道也（道，指道家。），辨主客也，辨内外也，辨性善性惡也，辨道心人心也，辨義利也，辨公私也，辨綱目也。行者何耶？行其學、問、思、辨之知也，此行也，發自知，發自心，發自情也，且行之篤也。《大學》經文，對學、知、行三者論之甚精，其核心在致知，知至而后意誠，意誠即行之始也，心正、身修、家齊、國治、天下平，俱屬行也；此行也，乃以認識、知、理性作爲推動力而行之者也；是理性之行也，是理智之行也，是明内外、識群我之行也，是成己成物之行也；明明德體而行之，無有過愆也。）曲成萬物而不遺，（此盡人性、盡物性之一體大義，能盡人性者，必能曲盡物性，此處所言之物更包含人事之意。）故神無方，易無體。」（「陰陽不測之謂神，唯變所適之謂易，合而言之，人能識此神化之幾而形諸於理性也。」）（《十三經注疏》七七頁）此理性乃於識物我之大義獲致之者也。欲識物我，則必須知陰陽，陰陽者太極也，天地一太極，宇宙一太極，（此太極由無極而生者也。）人亦一太極，物亦一太極；整體爲大宇宙，個體爲小宇宙，人如此，物亦如此，任何個體（不問人或物）無不具有大道之整體，此整體由個體而體現，見物即見道，見人即見道，此道者，大道也；體現於物者則物道也，體現於人者則人道也；更細析而言之，物物各有其道，人人亦各有其道，物物各有其特性，人人亦各有其特性，以相异也，此异者同中之异也，而其大同則道也；物性出之於道也，人性亦出之於道也；人性既善，物性亦善，此儒道徹底性善論之大觀也，孔子在《周易繫辭》中之言：「一陰一陽之謂道，繼之者善也，成之者性也」，即此之謂也。由人性而知物性，而知大道，而「知微知彰，知柔知剛」，「君子之道，淡而不厭，簡而文，温而理，知遠之近，知風之自，知微之顯，可與入德矣。」（《十三經注疏》一六三五頁）此入德之道，乃中華理性之認識論物，性之德也，合内外之道也，時措之宜也；盡人性，盡物性，贊天地之化育與天地參。」（《十三經注疏》一六三二—一六三三頁）此理性之根源及其内涵，揆諸全球文化史，乃人類理性之最高最完善者也；中華立國一統、歷二千餘年而不褪光輝者，完全有賴此理性之力，内凝外化而日新也：一範圍天地，知周萬物；二開物成務，崇德廣業；三精辨人心道心，允執厥中；四天下爲公，世界大同。

一曰範圍天地，知周萬物，此理性之表現於認識論者也，其氣派宏大，無所不包，孔子於《周易繫辭》詳發其義，其言曰：「精氣爲物，游魂爲變，（精氣氤氳，聚而成物，此萬物之由生也。游魂爲變者，乃洞察物之生滅必有精神駐散於其中，無以名之曰魂，物成則魂聚，物滅則魂散，人亦如此。）於天地相似，故不違，（德合天地，故不違，此乃聖人窮理盡性之工也。）知周乎萬物而道濟天下，故不過，（所行皆得其宜，不有愆過，使不失分也。）旁行而不流，（旁行者，與萬物并行之者也，流者，淫也，不流則不淫也。）樂天知命，故不憂，（識順天之化，知命之自，故樂而無憂也。）安土敦仁，故能愛，（安於生活之自然環境，充滿人與人之間之情誼，故相愛也。）範圍天地之化而不過，（法則天地之化而明人物之一體，

（《十三經注疏》一六一一頁）愛，仁也，仁政之基也；敬，謹也，謹於政事，慎於時宜，嚴於法令，肅於吏治，上施下行，澤及萬民也。此權力之源，其效必驗之於仁政也。仁政者，人道之政也，人性之政也，人心之政也，其生命力愈發愈强，愈强愈全，即偶有暴政出於其間，然仁政之生命力，必使之歸於正；故知仁政者，正道也，直道也，永遠不違其道也，若日月之光華，永久不息，照明太空也。暴政者，邪道也，殄人悖性，偶有見於世，終不可持久也，仁政德合天地，暴政乖離人心，二者若水火，然史有偶見水火成灾者，其中正邪之辨，唯仁者識之。

二、理性乃爲政之本

理性者，乃有識於大道之微（道體無形，自然使物開通，謂之爲道；天道、地道、物道、人道，俱從此而出之者也。），有見於萬理之密，有覺於人性之善，（物性亦善）有察於人心之靈，有感於人情之真，理性緼之於内，自然不假外求，唯知盡此理性以完善主客與群我也。此理性，《易乾》謂之：「元亨利貞，乾道變化，各正性命；大哉乾乎剛健中正，純粹精也，天行健，君子以自强不息。」（《十三經注疏》十三—十七頁）《中庸》謂之：「成己成深察歷代盛衰興敗之迹及其政權轉換替代之原，無不含有此生生不息之生命力，唯其因時而异耳。具體言之，政權形式有因時就勢而變者，非其力之制也，乃適時宜也，此適宜者，實此生命力有以形之者也，非人力有以創造也；人之智與力，僅於此轉替中發揮其受時空限制之作用而已，超越其時空，則唯見此生命力之表現而微見人之智力矣。此非有貶明君、忠臣良將之功績，乃有見於此功績後面隱約而難尋之此仁之生命力也。

二曰「仁也者，人也，合而言之道也。」（《孟子·盡心》）「人，人心也，義，人路也。」（《孟子·告子》）仁，人也，道也，生命力也，實乃一義也，孟軻之所言者，乃此生命之表現爲人也，人心也；表現爲義也，人路也。究其實，政之所施者固必以人、人心爲出發點與歸宿點，然施之必以義爲上，義者宜也，正德、利用、厚生三者之中必有其宜也，此内之宜也，故須有内在之度，更有其外之形也、勢也、時也、地也、私也、蔽也，如何令政、教於此諸端中暢而行之，利而用之，以濟斯民，以宣正德，以盡人性物性，以成己成物，固非易也，然亦非難也，唯在於合人道、得人心、適時宜也。故孔子在答魯哀公問時言之曰：「人道政爲大，古之爲政愛人爲大；所以治愛人禮爲大，所以治禮敬爲大，愛與敬，其政之本歟！」

冀方，今失厥道，亂其紀綱，乃底滅亡。」其五曰：「嗚呼！曷歸，予懷之悲，萬姓仇予，予將疇依，鬱陶乎予心，顔厚有忸怩，弗慎厥德，雖悔可追。」

上引之言，雖多悔怨之詞，實亦平心之思，真切道出了爲政成敗之至理，不得不將人民視爲邦國之本，不敢罔忽；然推究其實質，骨子裏仍是天子乃民之主也，故知中華古代在孟軻之前，未見有明確的民主思想，只見有帝王意識到了民乃爲政者存亡之懍然恐懼之心理狀態，故有「民爲邦本，本固邦寧」之言，此爲公元前二千年之際出現之政論，去孟軻時代約有一千六百年，實則可視爲《孟子》民貴君輕論之思想淵源；孟軻又親身經歷了群雄相争之戰國時代，目睹决定各國命運、政治成敗、戰争勝負之關鍵，全在於民心之向背，故而將三者（人民、社稷、君主）各佔何位，言之貼切透澈，以此而論，足見孟子在中華史上高呼民貴君輕之第一人，自是擎舉中華民主思想之旗手，其所以尊爲亞聖，亦自當之無愧矣。

右述權力之源，更深涵仁之大義，儒學所言之仁，内函二焉：一曰生命之種子，如桃仁、杏仁、穀仁、棗仁，俱涵有其物種生生不息之生命力，權力之源，自外而視之，原於人民，自内而求之，實原於此生命力；其爲政也，仁政則興，暴政則亡者，乃此生命力之表現也；

六卿分職，阜成萬民，董正管治。」（《十三經注疏》一八一—二三五頁）

上述商周二代所積累之爲政之道，其源固遠，然其要可綜歸爲五：一曰尊民，二曰萬方有過，歸於一君，三曰違道悖德必敗，四曰勤政，五曰敷求哲人俊彦。五者備之則政治，損一則本摇，失二則政亂，誤三則鮮有救矣，即欲依哲人俊彦，求爲之治，人心喪盡而無濟矣。爲民之主者爲民所棄，而民則成爲政治成敗興亡之決定力量矣。

三是民貴君輕之民主思想，此論首見於《孟子》：「孟子曰：民爲貴，社稷次之，君爲輕。」（《十三經注疏》二七七四頁）孟子此見嚴正深澈，而且具有大仁大勇之精神，乃三皇五帝以降，中華「民主」思想之正確總結，其實，乃建立於其前之歷代史料文獻之上，索之歷歷在目。

如《夏書·五子之歌》（唐孔穎達疏曰：「啓子太康，以游畋棄民，爲羿所逐，失其邦國，其弟五人，并怨太康，各自作歌，歌分五章。」），其一曰：「皇祖有訓：民可近，不可下；民爲邦本，本固邦寧；予是天下愚夫愚婦，一能勝予；予臨兆民（十萬曰億，十億曰兆，兆民即萬民。），懍乎若朽索之馭六馬，爲人上者，奈何不敬。」其三曰：「惟彼陶唐，有此故《周書・多方》有「天惟時求民主」之誡。天惟時求民主者何謂也？簡言之，天惟以其時，求有道有德者爲民之主也，爲民之君也，帝也，以保護黎元，安其生，樂其業，守其道，修其德，敬其公，養其私，遵其禮，崇其法，盡其孝，效其忠。此種以天子（天子者，天之驕子也，又託之以龍，更自命真龍天子。）作爲民主之政治概念，從中華先祖開闢中華文化，即以此作爲理性内緼於政治哲學之中，迄商、周二代，此内緼之義，始見發揮，此亦政治成敗興亡之迹也。

如《湯誥》曰：「萬方有罪，在予一人」；《太甲》曰：「旁求俊彦，啓迪後人；無輕民事，惟難；無安其位，惟危；有言逆於汝心，必求諸道，有言遜於汝心，必求諸非道」；《咸有一德》曰：「非商求於下民，惟民歸於一德」（《十三經注疏》一六二—一六六頁）；《周書・泰誓》曰：「天矜於民，民之所欲，天必從之；天視自我民視，天聽自我民聽，百姓有過，在予一人」；《無逸》曰：「治民祗懼，不敢荒寧，自朝至於日中昃，不遑暇食」；《仲蔡之命》曰：「皇天無親，惟德是輔」；《立政》曰：「繼自今立政，其勿與憸人，其惟吉士，用勱相我國家」；《周官》曰：「三公論道，經邦，燮理陰陽，其危也，爲君之道，亦在治此欲也，唯德、教、法三大端而已。觀《仲虺之語》可詳見矣：「夏王有罪，矯誣上天，以布命於下（言託天以肆虐于民，乃桀之大罪。），惟王不邇（近也）聲色，不殖貨利，德懋懋官，功懋懋賞（懋，茂也，德懋者，勉之以官，功高者，賜之以賞。），改過不吝，克寬克仁，彰信兆民；佑賢輔德，顯忠逐良（賢則助之，德則輔之，忠則顯之，良則進之，明王之道也。），兼弱攻昧，取亂侮亡（弱則兼之，暗則攻之，亂則取之，有亡形則侮之。），推亡固存，邦乃其昌；德日新，萬邦惟懷，志自滿，九族乃離，王懋昭大德，建中於民（立大中之道於民。），以義制事，以禮制心，垂裕後昆（裕者優足之道也，以之示後世。）。予聞曰：「能自得師者王，謂人莫若己者亡，好問則裕，自用則小，欽崇天道，永保天命。」（《十三經注疏》一六一－一六二頁）此《仲虺之誥》，雖出左相仲虺之手，實乃湯王得國開基之詔書也。其内涵之核心爲天道、明德、賢良、禮樂，此夏桀失政之要害所在也。失其道，悖其德，暴政虐民，怨聲載道，哀號邊國：「時日曷喪，予及汝偕亡。」（見《湯誓》）伊尹加之師，與桀戰於鳴條之野，夏祚移湯矣。由此可見，爲政得失所關者大矣，有國者可不慎之哉！

先、大鴻以治民，順天地之紀，幽明之占，死生之説，存亡之難，時播百穀草木，淳化鳥獸蟲蟻，旁羅日月星辰水波，土石金玉，勞動心力耳目，節用水火材物，有土德之瑞，故號黄帝。」（《五帝本紀》）此黄帝之德，可視之爲龍德（或曰君德）之具體化者也。又記帝堯之德曰：「帝堯者，放勳，其仁如天，其知如神，就之如日，望之如雲，富而不驕，貴而不舒，以親九族，九族既睦，便章百姓，百姓昭明，合乎萬邦。」此帝堯之德，乃孔子之言「夫大人者，與天地合其德，與日月合其明」之所指者也。於此可見《易乾》以龍託君，以龍德喻君德者，乃中華祖先爲政致治，作之君，作之師之大道也，孔子對此之言，實乃三皇五帝君德之寫實也，聖帝賢君内稟之道與德，外見於爲政之深仁博愛也；由此可明君德帝道之正邪純疵，乃社稷之存亡、邦國之治亂、黎民之安危所深繫者也，此乃儒家政治哲學之核心所在也。

二是「無主乃亂」與「天惟時求民主」：「無主乃亂」一語，出自《商書·仲虺之誥》（虺，音卉。），其言曰：「惟天生民有欲，無主乃亂」；（仲虺爲湯左相，乃奚仲之後，誥者言成湯放夏桀於南巢以告民也。）此無主乃亂之言，非真無主也，實指夏桀失德，敗壞綱紀，民墜塗炭，乃致亂之源也；天生民有欲者，乃與生俱來者也，「人心惟危」即據此欲以見有之，（言若不古有龍物，周易無緣有龍。）在乾圖曰潛龍勿用，其同人圖曰見龍在田，其大有圖曰飛龍在天，其夬圖曰亢龍有悔，其坤圖曰見群龍無首吉，坤之剥圖見龍戰於野。若不朝夕見，誰能物之。」（《十三經注疏》二一二三—二一二四頁。）

由此而知《易乾》以龍爲君之象，非臆之也，實有所據於物也。（若不朝夕見，誰能物之。）而且據此物以建立起君主之權威，亦勢使然也，作爲政權之雛形，亦乃不可避免之過程，唯後之君長，無德無才者，亦盜用龍威以欺世殘民，實全喪龍德之初意也；蓋權力之源，來自於德也；易之假龍以喻君之本意，在其修德、持重、善處政務以利民也；後之爲君者，挾權以肆威，以真龍天子自命者，俱誑民者也，爲害之烈有甚於猛獸者也。此權之爲害也，其本原於民，又反害於民，如何免此權之害，就故儒者之見，唯德也。但爲政之道，固以德爲本，政令之施行，必以德化爲先，此不易之理也；但僅此亦不足以言爲政之充足條件，孟子亦認爲「徒善不足以爲政，徒法不能以自行」，亦須權威以震之，更須通變以濟之，而龍之性正有適於此者，故孔子爲《易乾》所做之文言，厚讚「龍德而正中者也」，「知進退存亡而不失其正者也」。中華祖先，三皇五帝之德，適如此也。《史記》記黄帝之德曰：「舉風后、力牧、常莫知於龍，以其不生得也，謂之知，信乎？對曰：人實不知，非龍實知。（孔穎達疏之曰：言龍可生得，非是不生得也。）古者畜龍，故國有豢龍氏，有御龍氏。（孔穎達疏曰：養龍猶養馬，故稱御，蓋龍亦食穀。）獻子曰：是二氏者，吾亦聞之，而知其故，是何謂也？對曰：昔有飂叔安（飂，古國也，叔安其君名。），有裔子，曰董父，（裔，遠也，玄孫之後爲裔。）實甚好龍，能求其耆欲以飲食之，龍多歸之，乃擾畜龍以服事帝舜，帝賜之姓曰董（擾，順也。），氏曰豢龍，封諸鬷川，鬷夷氏其後也。故帝舜氏世有畜龍，及有夏孔甲，擾於有帝（孔甲少康之後，九世君也。），帝賜之乘龍，河漢各二，各有雌雄，孔甲不能食，而未獲豢龍氏，有陶唐氏既衰，其後有劉累學擾龍於豢龍氏，以事孔甲，能飲食之，夏后嘉之，賜氏曰御龍，以更豕韋之後（更，代也。豕韋至商始滅。），龍一雌死，潛醢以食夏后（潛，藏也，醢，音海。），夏后饗之（以酒勞人曰饗。），既而使求之，懼而遷於魯縣，范氏其後也。獻子曰：今何故無之？對曰：夫物，物有其官，官修其方，朝夕思之，一日失之，則死及之，失官不食（不食祿也），官宿其業（宿，安也。），其物乃至（設水官修則龍至。），若泯棄之，物乃坻伏（坻，止也。），鬱湮不育。龍，水物也，水官棄矣，故龍不生的。不然，周易華歷史上之所謂之真龍天子，其源蓋出此也。今推論其故，龍之爲物也，其特性有三焉：一曰可騰淩於萬物之上，有上通天而下御物（民）之能；二曰善變，可大可小，能剛能柔，亦卑亦高，宜貴宜賤；三曰其性若水，激之可上，引之可下，止之可潤，久之可浸，無隙不入，無入不化（令幹者爲之濕，令固者爲之腐，令堅者爲之柔，令柔者爲之化。）。龍之此三特性非臆之者，乃應人事之所興而發之者；此人事爲政也。蓋政之所治者，人也，心也，情也，性也，私欲也，利害也，事勢也，人事之間、勢態之際之關係也；公心與私心之調節也；公利與私利之平衡也；權勢之間、權利之間、勢利之際、位勢之際，種種盤根錯節之關係之調濟、制衡、倒置、順理、平分、側重、損益（或損上而益下，或益權而損勢，或損私以益公，或益利而損權。），無不需權與威也，此龍之第一義所在而顯其威也；權與位、形與勢、心與事等等常處於變動之中，此龍之第二義以適變也；政之亂與治也，利與害之權也，損與益之分也，俱於剛柔中見之，此龍之第三義以用其屈伸也。

而且龍之爲物，亦實有之也，《春秋左傳》有翔實之記載，魯昭公二十九年（公元前五一二年）秋，「龍見絳郊（絳，晋國都。）魏獻子問於蔡墨（墨爲晋太史）曰：吾聞之，蟲無常，非爲邪也，（上而欲躍，下而欲退，是無常也，但意在於公，非爲邪也。）進退無恒，非離群也，君子進德修業，欲及時也，故無咎。九五曰：飛龍在天，利見大人，何謂也？子曰：同聲相應，同氣相求，水流濕，火就燥；雲從龍，風從虎，聖人作而萬物覩，本乎天者親上，本乎地者親下（言物性感應也。），則各從其類也。上九曰：亢龍有悔，何謂也？子曰：貴而無位，高而無名，賢人在下位而無輔，是以動而有悔也。潛龍勿用，下也；見龍在田，時舍也；終日乾乾，行事也；或躍在淵，自試也；飛龍在天，上治也；亢龍有悔，窮之灾也；乾元用九，天下治也。潛龍勿用，陽氣潛藏；見龍在田，天下文明；終日乾乾，與時偕行；或躍在淵，乾道乃革；飛龍在天，乃位乎天德；亢龍有悔，與時偕極；乾元用九，乃見天則。夫大人者，與天地合其德，與日月合其明，與四時合其序，與鬼神合其吉凶，先天而天弗違，後天而奉天時，天且弗違，而况於人乎？况於鬼神乎？亢之爲言也，知進而不知退，知存而不知亡，知得而不知喪，其唯聖人乎！知進退存亡而不失其正者，其唯聖人乎！」（《十三經注疏》十四至十七頁。）

此一大段《易乾》關於龍之閎旨之闡明，其内涵之核心，乃謂龍者君也，君之象徵也；中

一、權力之源

權力之源之論理，見於經典者，其要有三焉。

一是龍爲政治權力之象征，龍之政治函義，首見於《易乾》者爲爻辭：「初九，潛龍勿用；九二，見龍在田；九三，君子終日乾乾，夕惕若厲；九四，或躍在淵；九五，飛龍在天；用九，群龍無首」諸語，孔子對此一一予以闡釋：「初九，曰：潛龍勿用，何謂也？子曰：龍德而隱者也，（潛之爲焉，隱而未見，行而未成，此夫子以人事釋潛龍之義。）不易乎世，（言於世俗雖逢險難，不移本志也。）不成乎名，遯世無悶，不見是而無悶，樂則行之，憂則違之，確乎其不可拔，潛龍也。九二曰：見龍在田，利見大人，何謂也？子曰：龍德而正中者也，庸言之信，庸行之謹，閑邪存其誠，善世而不伐，德薄而化，君德也。九三曰：君子終日乾乾，夕惕若厲，無咎，何謂也？子曰：君子進德修業，忠信，所以進德也；修辭，立其誠，所以居業也，知至至之，可與幾也；知終終之，可與存義也。（知至至之，意知理欲到，識幾而善營運之也；知終終之，識終盡之勢善保全其位，適得所宜也。）是故居上位而不驕，在下位而不憂，故乾乾因其時而惕，雖危無咎矣。九四曰：或躍在淵，無咎，何謂也？子曰：上下程，伴之而起者必然有私欲之擴張與生産方式之轉變，此乃自然而然者也，不可以人智抗拒之者；以此，富貧不均出焉，治亂相乘見焉，朝代更替興焉，損益相背行焉，協理之道，亦唯「人心惟危，道心惟微，惟精惟一，允執厥中」而已，故均貧富之觀念形焉，曰：「不患寡而患不均，不患貧而患不安；蓋均亡貧，和亡寡，安亡傾；是以聖王域民，築城郭以居之，制廬井以均之，開市肆以通之，設庠序以教之，士農工商四民有業。」（《前漢書食貨志》）此種均安之經濟哲學，生長於中華大地、植根於儒家思想（大道之行也，天下爲公。）之沃土，乃萬世不磨之至論，人類文明之發展，終必驗證其不誣也。

第六節　政治哲學

政治哲學在儒學理論體系中居於中心地位，蓋儒學以人爲本，其歸旨必體現於政，觀孔子「人道政爲大」（《禮記・哀公問》）之言可明矣。政治哲學之要義，兹擬就下列四端論述之：一曰權力之源；二曰理性乃爲政之本；三曰爲政八綱；四曰官制、吏治與任賢。

力以致之者，形似權也，實乃鴆也，於君爲鴆，於民爲禍，禍國殃民形之於外者，弄權謀私也，隱之於内者，亦弄權謀私也，無有不亡身廢國而告終者；唯有德者，不争而權自歸之，不奪而政自與之，不濫而權自行之，民自化而俗自美也；蓋其德入人心有以感召之者也，故其仁德之聲歷萬世而不敗也；若堯舜禹湯文武之德，非惟載諸史册，實活之於人心也。故知以德而王者，萬世思之懷之、頌之企之，以力而霸者，無論其雄極何時，莫不終以臭名遺爲後世之戒也。儘管争權奪位者不絶於史，泛起於累朝，俱難逃脱後世之罵名也。德者以仁聲傳世，權者以罵名遺臭，此乃於今人人共見之史實也。文學面對大夫之論：「秦任商君，國以富强，其後卒併六國而成帝業」，能正確闡明德與權、王與霸之分野，亦其宜也。（文學曰：「商鞅棄道而用權，廢德而任力，峭法盛刑，以權數危秦國，秦怨毒商鞅之法，甚於私仇，舉國而攻之，東西南北，卒車裂族夷爲天下笑。」）

由此而知，中華經濟哲學乃以謀民之富有、國之泰平爲出發點，又以提高和完善人之德義與國家之文治遠播爲歸宿；其間所經之營之、謀之劃之者，悉以備物利用爲上，以利物利人，而不顧及私利；但其開物成務、道濟天下之過程，又必然是一個生産繼長增高與不斷豐富之過年。），崇文修德，天下乂安，其後邪臣各以伎藝，虧亂至治，外障山海，内興諸利，百官尚有殘賊之政，而强宰尚有强奪之心，大臣擅權而斷擊，豪猾多黨而侵陵，富貴奢侈，貧賤篡殺，秉耒抱插，躬耕身織者寡；貧即寡恥，乏即少廉，刑非誅惡，而姦猶不止也」；（《鹽鐵論·國疾》）在《刑德》中，文學又言曰：「故治民之道，務篤其教而已，德教廢而詐僞行，禮義壞而姦邪興」；在《繇役》中又言：「以義取之，以德守之」（秦以力取之，以法守之，故亡。）；在《險固》中言曰：「行善則昌，行惡則亡」；在《論勇》中言曰：「以道德爲城，以仁義爲郭」；在《周秦》中：「刑重德薄，何以服民，何以爲治」；在《錯幣》中：「古者貴德而賤利，重義而輕財，救僞以質，防失以禮，教與俗改，弊興世易」；在《非鞅》中「商鞅以權數危秦國，棄道而用權，廢德而任力，峭法盛刑，以虐戾爲俗，欺舊交以爲功，刑公族以立威，無恩於百姓，無信於諸侯，人與之爲怨，家與之爲仇，雖以獲功見封，猶食毒肉，愉飽而罹其咎。」（此實秦孝公之罪也，鞅之爲惡，蓋孝公縱之也，根源在孝公之罔民也。）文學之論，上合史實，下切其所親歷之現狀，蓋自周文武以後，歷幽厲而逮於戰國，爲政者，唯知肆力於權位，擁之以自固，濫之以恣虐，罔知權位本原於德，非强力所可致者；肆精慮「道心惟微」之章顯；文學有言：「嗜欲躁民，是以王者崇本退末，以禮義防民」；「高帝禁商賈不得仕宦，所以遏貪鄙之俗，而醇至誠之風也」；「諸侯好利則大夫鄙，大夫鄙則士貪，士貪則庶人盜，是開利孔爲民罪梯也」；文學此言，實得爲政之要，事實確是「商則長詐，工則飾罵，内懷窺窬而心不怍（怍，動聲色也。），是以薄夫欺而敦夫薄」；是以官争利於朝，民争利於野，上下交征利，而國危矣，此乃爲政者之所當深慮者也。爲政者之務，一要在施政中精辨義利之微、不與民争利，更應防以義害利、以利損義，尤應注意，杜絕官吏以其權位，上謀利於宫府，下奪利於民間；一要秉義爲利之本，施政萬民，使人人有見利思義之德，又繩之以禮，更刑之以法；不如此，則施政興利之舉，不可得見其效矣；人心惟危者，危在一私利也，乃至於以利吞義，文學之言：「禮義者，國之基也，權利者，政之殘也；諸侯莫能以德，而争於公私，故以權相傾，各以鋒鋭，言利末之事析秋毫，然而國家衰耗，城郭空虚，故非崇仁義，無以化民，非力本農，無以富國」，詳審義利之辨，亦見其言之切要也。

五曰德與權：孔子有言：「爲政以德，譬如北辰，居其所，而衆星拱之。」（《論語爲政》）文學在辯論中對此論述頗得其要，其言曰：「建元（武帝登基年號，公元前一三九人，嘉會足以合禮，利物足以合義，貞固足以幹事；君子行此四德者，故曰元亨利貞。」由此而知「利者，義之和也；利物足以和義」；孔穎達疏之曰：「義者利之和者，言天能利益庶物，使物各得其宜而和同也；君子利益萬物，使物各得其宜，足以和合於義，法天之利也。」（《十三經注疏》十五頁）由此而明，義者，利物之宜也；利者，利益萬物（事）各得其宜而和同也；簡言之，義者宜也，利者，合於義而無不和同也，是則，義與利一也，義中深函利，利則體現義。然孔子在《論語》中所言「君子喻於義，小人喻於利」，則又指明義與利二者相對立之義，故義與利相函相對之義備矣；唯當有所指明者，即君子所喻之義乃義利和同之義，而暗於大道之小人所喻之利，亦非絕然排除義之所函者也，考之自然現象及社會事物，利之所形者，即義之所在也。以此而觀農商、而觀食貨、而觀朝政乃至於個人之言行，則亦確然而見君子與小人之分野矣。故知爲政者必須慎於義利之辨，有察利慮害之明，具見微知著之識，以確保仁政之施，《易·泰象》曰：「天地交泰，后（君也）以財成天地之道，輔相天地之宜，以左右民」（左右，助也。）；《易·繫辭》：「開物成務，備物致用，立成器以爲天下利，莫大乎聖人」；《洪範》曰：「正德、利用、厚生、唯和」；更當細察「人心惟危」之長患，利而推動也，益之以經營之智巧而逐利，則其利之者，固有利於農與各業之發展，然其弊之所及或有損於國庫之收入，或加劇貧富之不公，以有害於政治也，此中利弊，唯爲政者有以權宜之也；高祖所以「禁商賈不得仕宦」者，以商賈見利忘義，有損爲政之大體，助長官吏之貪風，文學在辯論中固知爲政之本在農，却不明儒家經濟哲學并無抑商之病，更不識商之於農、於各業、於國計民生之利，不知「正德、利用、厚生、唯和」之真諦（此真諦在和，和者諧也，協理也，即將正德、利用、厚生三者各得其所，又和諧發展也。），故其言不免有失空泛，未有既重農而又促商以及各業協和發展之謀劃建言，實有愧儒者弘道之重任，有失當時賢良文學之使命也；温習孔子之遺教可知也：《易繫辭》有言「道濟天下，開物成務，富有之謂大業，日新之謂盛德，生生之謂易」；可見儒學之内在生命力乃隨時隨處而自開發者也，（所謂自開發者，非僅本於自然，見於自然者也；他如心性、道德、社會、經濟亦如之也。）永無窮竭、亦無任何力量可爲之阻礙者也，此乃儒學之精髓所在，唯通儒、明大道者能識之也。

四曰義與利：義、利之説，首見於《易乾文言》（此文言乃孔子所作之第七翼也）：「元者，善之長也；亨者，嘉之會也；利者，義之和也；貞者，事之幹也。君子體仁，足以長貨之情可得見矣；故旱則資舟（資者，預蓄也。），水則資車，物之理也。（旱極則水，水極則旱，預蓄舟車，以待貴而修其利也。）推此類而修之，十年國富，厚賂戰士，遂報强吴，刷會稽之恥。」）。范蠡運用此經於私利，十九年間，三致千金，晚年更至鉅萬，言富者稱陶朱。（范蠡嘆曰：計然之策，十用其五，而得意，既以施國，吾欲施之家，迺乘扁舟，適齊，之陶，爲朱公，以陶爲天下之中貨物所交易也，迺治産業，居與時逐，十九年之間三致千金而再散，分與貧友昆弟，後年衰老，聽子孫修業而息之，遂至鉅萬。）秉此理而致巨富者，尚有秦末任氏（秦之敗也，豪傑争取金玉，任氏獨窖倉粟，楚漢相距滎陽，民不得耕種，米石至萬，而豪傑金玉盡歸任氏。），於此可見，農業發展之同時，必有諸業隨之而起，亦有經營思想隨之而生，周之白圭可謂經營思想之祖也。（白圭，周人也，當魏文侯時，李克務盡地力，白圭樂觀時變，故人棄我取，人取我予，能薄飲食、忍嗜欲、節衣服與用事，僮僕同苦樂，趨時若猛獸鷙鳥之發，故曰吾治生猶伊尹、吕尚之謀，孫吴用兵，商鞅行法是也。故智不足以權變，勇不足以決斷，仁不足以取予，强不能以有守，雖欲學吾術，終不告也，蓋天下言治生者祖白圭。」《前漢書貨殖傳》）由此而知農之與商、農之與各業乃自形成而爲一整體，且互爲律，更有人之智巧之發揮以及追求財富之貪心之驅動；生產發展之水平，可於貨幣之品類及其總量觀之，僅以前漢而言，據《前漢書食貨志》記：「自孝武元狩五年（公元前一一八年）至平帝元始中（取其二年，即公元二年，一二〇年間。），成錢二百八十億萬餘云」；「王莽居攝，變漢制，以周錢有子母權，於是更造大錢，徑寸二分，重十二銖，文曰大錢五十；又造契刀、錯刀，契刀及五銖錢，而更作金銀龜貝錢布之品，名曰寶貨；銀貨二品，金貨一品，錢貨六品，值各如其文；凡寶貨五物六名二十八品。」俱流通於市，其市場規模之大可以想見矣。

另一可證生產發展水平者，乃貨幣作爲財富集中於公私兩者之狀況與數量，公者曰國庫，「都鄙廩庾盡滿，而府庫餘財，京師之錢，累百鉅萬，貫朽而不可校，大倉之粟，陳陳相因，充溢積露於外，腐敗不可食。」私者，「民富役財驕溢，或至併兼，豪黨之徒，以武斷於鄉曲，爭於奢侈，室廬車服，僭上亡限」，此種農商發展過程中有利可取，財富必然集中於官府與商家之見，早在春秋之季已有人洞徹於胸中而成熟爲攫利經矣（「昔越王勾踐困於會稽之上，廼用范蠡、計然。（計然者，濮上人也，博學無所不通，嘗南游越，范蠡卑身事之，其書則有萬物錄著，五方所出，皆直述之，尤喜計算；其有言曰：知鬥則修備，時用則知物，二者形，則萬巧成器曰工，通財鬻貨曰商；聖王量能授事，民陳力受職，故朝亡廢官，邑亡敖民，地亡曠土，理民之道，地著爲本。（著者，令民勤於土地，發揮地力也。）故必建步立晦（畝），正其經界。步百爲畝，畝百爲夫，夫三爲屋，屋三爲井，井方一里，是爲九夫，八家共之，各授私田百畝，公田十畝，爲八百八十畝，餘二十畝以廬舍；出入相友，守望相助，疾病相救，民是以和睦而教化齊同，力役生産可得而平也。民年二十受田，六十歸田，七十以上，上所養也。十歲以下，上所長也，十一歲以上，上所强也。田中不得樹，用妨五穀，菜茹有畦，瓜瓠果蓏，殖於疆易（邊角地也）；雞豚狗彘，毋失其時；女修蠶織，則五十可以衣帛，七十可以食肉，士壄曰盧，在邑曰里；五家爲鄰，五鄰爲里，四里爲族，五族爲黨；五黨爲州，五州爲鄉，鄉萬二千五百户，鄰長爲下士，自此以上稍登一級，至鄉而爲卿也；於里有序，鄉有庠，序明教，庠則行禮，而視化焉。」此《食貨志》之所述，可謂殷周迄漢，二千年間，以農業爲主體之經濟發展之總結，亦乃此一時期經濟哲學付諸實踐之總結。由於以農業爲主體之諸業（林、牧、漁、鹽、冶煉、工、商等。）之發展，必然産生交换過程，隨之而有貨幣業之發展，而有貨幣積累、而有商業規模之擴大，而有生産内部結構之改變，此中固有經濟之内在規

（一種以農民并耕公田與私田之土地公有制度，因以土地畫爲井字形而得名，《孟子・滕文公》有記載：「方里而井，并九百畝，其中爲公田，八家皆私百畝，同養公田，公事畢，然後敢治私事。」《十三經注疏》二七〇三頁），此種土地制度，寓税賦與教育爲一體，《漢書食貨志》詳有記述：「洪範八政，一曰食，二曰貨，食謂農殖嘉穀可食之物，貨謂布帛可衣，及金刀龜貝，所以分財布利、通有無者也；二者生民之本，興自神農之世，斲木爲耜，煣木爲耒，耒耨之利以教天下而足食；日中爲市，致天下之民，聚天下之貨，交易而退，各得其所而貨通，食足貨通，然後國實民富而教化成。黄帝以下通其變，使民不倦。堯命四子（義仲、義叔、和仲、和叔。），敬授民時，是爲政首。禹平洪水，定九州，制土田，各因所生，遠近賦入貢棐（棐，橢圓形之竹筐，用盛貢物者也。），楙遷有無，萬國作乂（乂，治也。）殷周之盛，要在安民，富而教之，故易稱天地大德曰生，聖人之大寶曰位，何以守位曰仁，何以聚人曰財，財者，帝王所以聚人守位、養成群生、奉順天德、治國安民之本也。故曰不患寡而患不均，不患貧而患不安；蓋均亡貧、和亡寡、安亡順；是以聖王域民，築城郭以居之，制廬井以均之，開市肆以通之，設庠序以教之；士農工商四民有業，學以居位曰士，闢土殖穀曰農，作矣；若乃征伐之功，秦漢行事，嚴尤之論當矣。夷狄之人貪而好利，辟居北陲塞露之野，逐草隨畜，射獵爲生，隔以山谷，雍以沙漠，天地所以絶外内也；是故聖王不與約誓，不就攻伐，約之則費賂而見欺，攻之則勞師而招寇，其地不可耕而食也，其民不可臣而畜也，是以外而不内，疎而不戚（戚，近也。），政教不及其人，正朔不加其國，來則懲而御之，去則備而守之，其慕義而貢獻，則接之以禮讓，羈靡不絶，使曲在彼，蓋聖王制御蠻夷之常道也。」似班固之見，則大夫憂邊所持之論「功臣者用大」失其立腳之根基矣。此聖王制御蠻夷之常道雖出自文學參與闕庭辯論一百年後之班固之筆，但御邊之史料和思路之門，早在文學之前即已敞開，唯文學重於誦六經之文，疎於儒者弘道之責，輕於隨時宜而通變，迂於善謀御夷之長策，如班固所論，對匈奴之患，取「來則懲而御之，去則備而守之，其慕義而貢獻，則接之以禮讓」之策，則邊防之費，不過一年之常費（數）而已，其較之於傾國庫、困民財亦無以應付者，不知勝什佰仟萬倍矣，以此而論，足見文學之暗於與時宜通權達變，故不免陷於枯陋也。

三曰農與商：中華古代經濟之發展，自禹治水，道河入海，水淹九州之患告終，平原露出，丘陵草木蕃茂，爲農業生産提供了良好之耕作條件，殷之井田制因以産生，周繼而行之奴之邊患而論，除有賈誼、鼂錯、韓安國、朱買臣、公孫弘、董仲舒等人理論謀劃於前，更有侯應（元帝時之郎中）、揚雄（成帝時之黃門郎）、嚴尤（王莽時之大將）三人謀策建言於後；侯應之陳「十不可」（一不可罷備塞戍卒，二不可罷外城省亭等。）；揚雄之奏言「六經之治貴於未亂，兵家之勝貴於未戰，明者觀於無形，聰者聽於無聲，夫百年勞之，一日失之，費十而愛一，臣竊爲國不安也」，使哀帝「寤焉」，解救了一場危機，使單于「上書，言蒙天子神靈，願從五百人入朝，以明天子盛德」；嚴尤之諫，更指明對匈奴歷代政策之失，其言曰：「匈奴爲害，所從來久矣，未聞上世有必征之者也；後世三家，周、秦、漢征之，然皆未有得上策者也，周得中策，漢得下策，秦無策焉。」（當周宣王時，玁允內侵，至於涇陽，命將征之，盡境而還，其視戎狄之侵，譬猶蝨虫之螫，驅之而已，故天下稱明，是爲中策；漢武帝選將練兵，約齎輕糧，深入遠戍，天下稱武，是爲下策；秦始皇不忍小恥，而輕民力，築長城之固，延袤萬里，轉輪之行，起於負海，疆境既定，中國內竭，以喪社稷，是爲無策。」）其所論之對匈奴用兵之「五難」主要指「大用民力，功不可必立」之病也。對以上諸論，班固之見是矣：「孝元時議罷守塞之備，侯應以爲不可，可謂盛不忘衰，安必思危，遠見識微之明增厚其賂，歲與千金，而匈奴數背約束，邊境屢被其害，是以文帝中年，赫然發憤，遂躬戎服，親御鞍馬，從六郡良家材力之士，馳射上林，講習戰陣，聚天下精兵，軍於廣武，顧問馮唐，與論將帥，喟然嘆息，思古名臣，此則和親無益已然之明效也。仲舒親見四世之事，復欲頗增其約，以爲義動君子，利動貪人，如匈奴者，非可以仁義説也；故與之厚利以没其意（溺其志也），與盟於天以堅其約，質其愛子以累其心，察仲舒之論，考諸行事，乃知其未合於當時而有闕於後世也。」此乃昭帝之前北防匈奴方策（歷史）之大略，文學賢良自當知之，且匈奴本夏后氏之苗裔，乃一家兄弟，本亦可以仁義説之，以遠柔其内化，此亦文學賢良之所知也；本當據此詳籌密劃靖邊安奴之長策，以資朝廷裁決施行，然文學慮不及此，謀乏大圖，唯知誦六經之文，而不通儒道之真諦（在《易·繫辭》中，孔子揭示三義：一曰「知周乎萬物而道濟天下，範圍天地之化而不過，曲成萬物而不遺，夫易何爲者也，夫易開物成務，冒天下之道，而斯而已者也」；二曰：「功業見乎變，易窮則變，變則通，通則久」；三曰：「知幾其神乎，神而化之，使民宜之，窮神知化，德之盛也。」可謂儒道之真諦也。），唯知儒道已形於文者之可尊，而不明儒道之適於時變者之可貴，泥於經文，不識枯漏，亦可悲也矣。專以匈孫；夫蠻貊之人，不食之地，何足以煩慮，而有戰國之憂哉！若陛下不棄，加之以德，施之以惠，北夷必内向，款塞自至，然後以爲胡制於外臣，即匈奴没齒，不食其所用矣」；「夫欲安民富國之道，在於反本；治亂之端在於本末而已」；文學之此二言也，前者，實諂諛之詞，空泛無旨，後者旨在張本，固儒學治國之要，亦經濟哲學之心，然其病在於未能秉本以崇實，固本以慮末；本末兼利，内安外寧，此乃儒學尊體致用、尋道應變之至義也，舍用而不適變，徒託空言，乃腐且陋也。蓋自漢得國，歷文、景至武帝即位，爲期不過四十年（公元前一七九年-公元前一四〇年），國力初盛，唯邊患頻仍，乃内安之深憂也，非文學之「加德施惠」可致北夷之内向也，詳考班固所書之《匈奴傳》可明矣。「匈奴，其先夏后氏之苗裔，曰淳維（師古曰：以殷氏，始奔北邊。），其俗，寬則隨畜田獵禽獸爲生業，急則人習戰攻以侵伐，其天性也。武王伐紂，而營雒邑，復居於酆鎬，放逐戎夷涇洛之北，以時入貢，名曰荒服。秦穆公得由余，西戎八國服於秦。」漢興，「高祖使劉敬結和親之約，約爲兄弟」；高后時欲發兵擊之，樊噲曰：「臣願得十萬衆横行匈奴」，季布指其爲面謾曰：「噲可斬也」，并陳言「且夷狄譬如禽獸，得其善言不足喜、惡言不足怒也」；「逮至孝文，與通關市，妻以漢女，興迄於昭帝始元六年已歷一百二十五年矣，漢之爲治者，其表爲先黄老而儒術，其裏爲外王而内霸也。其所以致此者，一因高祖早年之鄙儒，二因漢承戰國、暴秦之遺緒，儒者不醇，士多以申韓之説矯世，漢武帝繼位之初，建元元年（公元前一四〇年）「詔丞相、御史、列侯，相舉賢良方正、直言極諫之士，丞相綰（衛綰也）奏：所舉賢良，或治申商、韓非、蘇秦、張儀之言，亂國政，請皆罷，奏可。」（《前漢書・武帝紀》）由此而知當時之士習所向，其所影響於朝廷者，故可推知也；由此亦可見，此次參與闕庭之辯之諸文學賢良其學有不純，論有不精，未能據實以謀可行之方略爲當局所嘉納之者，亦其固漏而不識變幾之所在，使自宜之也。

二曰邊防與財源，此乃其時迫切要務，亦引起此次闕庭之辯之直接原因，在《憂邊》一論中，大夫曰：「文學言天下不平，庶國不寧，明王之憂也；國家有難而不憂，非忠臣也；今子弟遠於勞外，人主爲之夙夜不寧，群臣盡力畢議，册滋國用，故少府丞令請建酒榷（榷，獨專利也）以贍邊給戰士，拯救民於難也，爲人父兄者，豈可以已乎！内省衣食，以邮在外者猶未足，今又欲罷諸用，減奉邊之費，未可爲慈父賢兄也。」文學曰：「今九州同域，天下一統，陛下優游巖廊，覽群臣極言，至内論雅頌，外鳴和鑾，純德粲然，并於唐虞，功烈流於子民愨（愨，謹也，善也，誠也。），民愨則財用足，民侈則饑寒生」；（《鹽鐵論本議》）「安民富國之道，在於反本，本立而道生，順天之理，因地之利，即不勞而功成；夫不修其源而事其流，無本以統之，雖竭精神，盡思慮，無益於治，欲安之，適足以危之，欲救之，適足以敗之；夫治亂之端，在於本末而已」；（《鹽鐵論・論儒》）「夫禮義者國之基也，而權利者政之殘也；非崇仁義，無以化民；非力本農，無以富邦也」；（《鹽鐵論・輕重》）「三代之盛，無亂萌，教也，是以王者設庠序，明教化，以防道其民，及政教之洽，性仁而喻善；故禮義立，則耕者讓於野，禮義壞，則君子爭於朝，人爭則亂，亂則天下不均；易其田疇，薄其賦税，則民富矣，上以奉君親，下無饑寒之憂，則教可成也」；（《鹽鐵論・授時》）「不治其本而事其末，古之所謂愚，今之所謂智；以箠楚正亂，以刀筆正文，古之所謂賊，今之所謂賢也」；（《鹽鐵論・大論》）「故治民之道，務篤其教而已」。（《鹽鐵論・刑德》）由上引諸論，可見文學之言，實得儒家治國之本，明此本爲教者，實乃本中之本、要中之要也。此亦有監於秦之失政以暴，而漢之得民以德而爲言也。然文學之言本，亦有未及於至義者，則在未指明漢歷萬世而不可變者也。但治國非僅經濟爲重也，人之需求亦非限於衣食也，尚有發自於人心、人性之理性而求有以滿足與發展也；秉此理性，則王道興焉，仁政行焉；則必有綱、常、政、教、禮、樂、法、刑諸大端以資保之也；此諸大端中又有本末之辨，爲國爲治者所必須審察明辨而牢固把握、不可動摇者也。固其本則百政順，操其末則綱常亂、政教乖、而國危民困矣。

此中本者何耶？必細爲推論、權衡，乃可明此中本者教也。蓋仁政所稟者道也，此道也雖存於人性人心，然必賴教有以啓之，以明明德，以知物我，以叙人倫，以崇綱常，以張政令，以察正邪，以辨賢佞，以章賞罰，以治百官，以正朝廷，以興禮樂，以慎刑罰，以勸農桑，以勵勤勞，以戒游惰，以醇風俗，此之爲治也，上尊下利，無不順也。此教之效也，教君也，教官也，教民也，一以明明德爲務、修身爲本也；可見仁政之施，以德爲本也，故《大學》有「德者本也，財者末也」之論，此本末之見，在此次鬬庭之辯論中，文學多有及之，如辯論伊始，文學對曰：「竊聞治人之道，防淫佚之原，廣道德之端，抑末利而開仁義，毋示以利，然後教化可興，而風俗可移也。今郡國有鹽鐵酒榷均輸，與民爭利，散敦厚之樸，成貪鄙之化，是以百姓就本者寡，趨末者衆；夫文繁則質衰，末盛則本虧，末修則民淫（淫於利也。），本修則策建樹，不識儒學應時而宜之本質，亦其泥也。（余於此用此泥字，意謂其有泥古之病，唯知道之形（形於心、性、修、齊、治、平者），而昧於道之質（常變、常新也。）然其所涉及之問題，實乃儒家經濟哲學之要，有如下列：一曰治國之本末，二曰邊防與財源，三曰農與商，四曰義與利，五曰德與權，兹分述如次。

一曰治國之本末：治國之道，經緯萬千，首當辨其本末，本末一立，則綱目自現，舉措有序，施政有方，功效隨見矣。儒家之政，首辨王霸，王道以德爲本，霸道以力爲上，儒之所本者，王道也，儒之所棄者，霸道也。孟子曰：「以力假仁者霸，霸必有大國；以德行仁者王，王不待大，湯以七十里，文王以百里；以力服人者，非心服也，力不贍也；以德服人者，中心悅而誠服也，如七十子之服孔子也。」（《孟子·公孫丑》）可見辨王霸，乃爲政之本中之本也，此乃王政、暴政之分野，屬於取舍，不可與言本末也；然本末之際，亦有可能雜入取舍之微，雖取王道、施仁政，一有不純之病，自不免陷於霸道暴政也，爲防此患，則更須先正取舍而繼立本末也。以經濟哲學觀之，則更足以見其同爲政之本末血脈相關也；食與衣、住與行，乃人之生存之首要，亦爲政者之首務；農桑者，衣食之源也，此乃中華立國之本也，此本也，然蔽於雲霧，終廢而不行，悲夫！公卿知任武可以辟地，而不知廣德可以附遠；知權利可以廣用，而不知稼穡可以富國也；近者親附，遠者說德，則何爲而不成，何求而不得；不出於斯路，而務畜利長威，豈不謬哉！中山劉子雍言王道，矯當世，復諸正，務在乎反本，直而不徼，切而不火索，斌斌然斯可謂弘博君子矣。九江祝生，奮由路之意，推史魚之節，發憤懣，刺譏公卿，介然直而不撓，可謂不畏强禦矣。桑大夫據當世，合時變，推道術，尚權利，辟略小辯，雖非正法，然巨儒宿學，惡然不能自解，可謂博物通士矣。然攝卿相之位，不引準繩，以道化下，放於利末，不師始古。易曰：焚如棄如。處非其位，行非其道，果隕其性，以及厥宗。車丞相即周、吕之列，當軸處中，括囊不言，容身而去，彼哉彼哉！若夫群丞相御史，不能正議以輔宰相，成同類，長同行，阿意苟合，以說其上，斗筲之人，道諛之徒，何足算哉。」）（《鹽鐵論・雜論》）

至漢宣帝時，廬江太守丞桓寬（字次公，西漢汝南人，今河南上蔡縣。）將此次闕庭辯論之文集成一書，名《鹽鐵論》（計六十篇），可謂儒家經濟哲學二千年之實踐總結，亦可謂儒家經濟哲學面臨新之經濟結構和形式，必須靈活回答之經濟問題，然而賢良文學未能應對以良石。）萬錢，馬至匹百金，官富貴而末民困；入物者補官，出貨者除罪，選舉陵夷，廉恥相冒，善人怵而爲姦邪，愿民陷而之刑戮，銅布於天下，其爲禍博矣。」（《食貨志》）加之文帝之時曾有「除盜鑄錢令」（《前漢書文帝紀》），實則「縱民得鑄錢、冶鐵、煮鹽，吴王擅鄣海澤，鄧通專西山，山東姦滑，咸聚吴國，吴、鄧錢布天下，故有鑄錢之禁。」（《鹽鐵論·錯幣》）至漢昭帝始元六年，「春正月上耕於上林，二月詔有司，問郡國所舉賢良文學，民所疾苦，議罷鹽鐵榷酤」（榷酤，本征税之法，漢武帝「初榷酒酤」，獨專其利；昭帝「務本抑末，不與天下争利，故罷之。」），引發了一場丞相、御史大夫（丞相車千秋、史進，御史大夫桑弘羊）與賢良文學（賢良茂陵唐生，文學魯萬生之倫，六十餘人。）之間就是否罷鹽榷酤、涉及經濟哲學之大辯論，而鹽鐵卒不果罷。觀者吁嘘。（客曰：「余睹鹽鐵之義，觀乎公卿文學賢良之論，意指殊路，各有所出，或上仁義，或務權利，畢哉吾所聞，周秦粲然，皆有天下而南面焉。然安危長久殊世，始汝南朱子伯爲予言：當此之時，豪俊并進，四方輻湊，賢良茂陵唐生，文學魯萬生之倫，六十餘人，咸聚闕庭，舒六藝之諷，論太平之原，智者贊其慮，仁者明其施，勇者見其斷，辯者陳其辭，誾誾焉，侃侃焉，雖未能詳備，斯可略觀矣。

邦本，本固邦寧」；「予臨兆民，懍乎若朽索之馭六馬，爲人上者，奈何不敬」；《商書·太甲》曰：「慎乃儉德（尚儉則遏慾），惟懷永圖（永圖，長世之謀也。）」；「有言逆於爾心，必求諸道（以道義求其意，勿逆拒之也。）」；《周書·蔡仲之命》曰：「皇天無親，惟德是輔，民心無常，惟惠之懷」（天之於人，無有親疏，惟有德者則輔佑之，民之於上，無有常主，惟惠己者，則懷歸之。），故知儒之爲政理財，乃以民之利爲利，而不與民争利；取於民有制，此乃發展生産之關鍵要素，亦儒家經濟哲學之要義也。

三、二千年間儒家經濟哲學之效驗

中華古代之農業經濟，在上述儒家經濟哲學之推動下獲得了巨大發展，締造了以儒家哲學爲靈魂之燦爛文化，至今光輝湛然；此發展歷程，自夏、商、周迄西漢昭帝（公元前二十一世紀至公元前八十一年，即昭帝始元六年），以《鹽鐵論》爲據，又以班固《漢書食貨志》、《貨殖傳》爲監，可以闚見此二千年間農業經濟之變化，及隨此變化而起之其他各業之發展，最突出者爲冶鐵、鑄錢、鹽、酒四業，以致於有害農業，「農事捐棄，而采銅者日蕃，釋其耒耨，冶鎔炊炭，姦錢日多，五穀不爲多，米至石（音担，量名，十斗曰石，衡名百二十斤爲故財聚則民散（言爲政者斂財，民散而之四方也。），財散則民聚（散者，散財於民，令民儲財也。）；是故言悖而出者，亦悖而入，貨悖而入者，亦悖而出，長國家而務財用者，必自小人矣，此謂國不以利爲利，以義爲利也。」正如孔子所言「君子喻於義，小人喻於利」，爲國者，當以德義爲本，以長保國泰民安也，此乃儒家經濟哲學之要義也。經堯、舜、禹、湯傳之不絕者也；舜已見「人心惟危」而有訓於禹曰：「人心惟危，道心惟微，惟精惟一，允執厥中」，所見人心惟危者，一曰人之與生俱來之食、色之求，二曰人之七情六欲，隨人文之進化而有增無已者也；道心惟微者，一曰人之良知良能也，二曰人之善性之自尊，隨道德之完善而日益提高者也；惟精惟一、允執厥中者，乃言精心審察人心、道心之適度界限，允執其中正也（中也者，言既要在道心指導下滿足人之最低限度之需，又不激發其不可遏制之慾。）；舜於此言之後復訓之曰：「可愛非君，可畏非民，衆非元后（君也）何戴，后非衆，罔（無也）與守邦」，其大義謂：「民以君爲命，故可愛，君失道，民叛之，故可畏，衆戴君以自存，君持衆以守國，相須而立也。」此後，夏、商、周，歷代莫不以此爲監，勿敢與民争利，并盡最大可能滿足人文之需，於下列諸訓可爲之證：《夏書·五子之歌》曰：「民可近，不可下，民惟徹者，徹也（徹，通也，謂通法也。），助者藉也；國中什一使自賦；方里而井，井九百畝，其中爲公田，八家皆私百畝，同養公田，公事畢，然後敢治私事，所以別野人也。鄉田同井，出入相友，守望相助，則百姓親睦；夫仁政，必自經界始，經界既正，分田制祿，可坐而定也。」（見《十三經注疏》二七〇二—二七〇三頁）此井田制也，集經濟、政治、人倫、教育於一體之理想社會之雛形也，故孟子曰：「設爲庠序學校以教之，皆所以明人倫也，人倫明於上，小民親於下，有王者起，必來取法，是爲王者師也。」此種深寓政教大義之賦稅制度，歷周秦而解體，漢興監於春秋戰國之灾禍，「易子而食，析骨以爨」，以及暴秦之吞併六國，肆虐黎庶，取輕徭薄賦，與民休養生息，民有以蘇，歷文、景而武帝（文帝即位之次年，詔開籍四千畝，天子躬耕，以示農爲天下之本，其在位二十三年，兩次詔減田租之半；景帝在位十六年，亦詔減田租之半。）爲時八十年，民富國强（「網疏而民富，太倉之粟，陳陳相因，充溢露積於外，腐敗不可食，衆庶街巷有焉，阡陌之間成群，守閭閻者食粱肉；都鄙廩庾盡滿，而府庫餘財，京師之錢，累百鉅萬，貫朽而不可校。」），此取於民有制之大驗也。

六曰不與民爭利，如《大學》所示：「德者本也，財者末也，外本内末，爭民施奪，是政治哲學，而政治哲學亦必以經濟哲學爲其主要内函；凡慮及經濟發展，則必權衡是否有利於政治，而且以長遠之目光審視兩者利弊得失之數（數者，度也，變也，含有近功遠謀之效也。），使之處於互爲促進、和諧發展之中，以此推之於其他領域，亦如是也。

五曰取於民有制，此乃制約生産與流通之重大因素也，故稱徭役（其名稱亦因時而异也。）今日税制者也。如「初税畝」，見於魯宣公十五年（公元前五九四年），《春秋公羊傳》曰：「初税畝，初者何？始也；税畝何？履畝而税也；初税畝何以書？譏；何譏爾？譏始履畝而税也。古者什一而藉，古者曷爲什一而藉（藉，借也，什一以借民力，以什與民，自取其一爲公田。），什一者，天下之中正也；多乎什一，大桀小桀（奢泰多取於民，比於桀也。），寡乎什一，大貉小貉（蠻貉無社稷宗廟百官制度之費，税薄。）；什一者，天下之中正也，什一行而頌聲作矣。」（見《十三經注疏》二二八六—二二八七頁）由此而知，初税畝者於什一之外多取於民也，《公羊傳》之所譏者此也，實征伐戰亂加之於民之灾禍也。孟軻對古之税制亦有述焉：「夏后氏五十而貢（民耕五十畝，貢上五畝。），殷人七十而助（耕七十畝者，以七畝助公家。），周人百畝而徹（耕百畝者，徹取十畝以爲賦。），其實皆什一也，府空食俸禄者少也。）爲之者疾（謂百姓急營農桑也。），用之者舒（舒，緩也，謂朝廷緩於營造宫殿，以舒民困也。）」。此思者，乃經濟發展之要素也，亦相互制約之經濟哲理也；同時也指斥了經濟發展之蟊賊，即長國家而務財用者之小人，而且此類蟊賊既亂經濟、更敗政治也。

四曰有恒産者有恒心，此乃孟子之獨見也，孟子答齊宣王問曰：「無恒産而有恒心者，惟士爲能；若民，則無恒産因無恒心，苟無恒心，放僻邪侈，無不爲己；及陷於罪，又從而刑之，是罔民也（罔，網也，猶張羅網以網民也。）；焉有仁人在位，網民而可爲也。是故明君制民之産，必使仰足以事父母，俯足以畜妻子，樂歲終身飽，凶年免於死亡，然後驅而之善，故民之從之也輕；王欲行之，則盍反其本矣（本，指王政之本也。）；五畝之宅，樹之以桑，五十者可以衣帛矣，雞豚狗彘之畜，無失其時，七十者可以食肉矣，百畝之田，勿奪其時，八口之家可以無饑矣；謹庠序之教，申之以孝悌之義，頒白者不負戴於道路矣；老者衣帛食肉，黎民不饑不寒，然後不王者，未之有也」。（見《十三經注疏》二六七一頁）可知此恒産者有恒心之論，非僅經濟發展之思想前提，亦乃政治安定之思想條件，於此而明經濟哲學緼藏矣，百畝之田，勿奪其時（不因徭役而奪其時也），八口之家，可以無饑矣；黎民不饑不寒，然而不王者，未之有也」。可知衣食之給，乃關乎政治之大事也，經濟哲學已深緼政治哲學矣。

三曰德本財末，《大學》詳論之曰：「道得衆則得國，失衆則失國，是故君子先慎乎德，有德此有人，有人此有土，有土此有財，有財此有用，德者本也，財者末也，外本内末，争民施奪；是故財聚則民散，財散則民聚；是故言悖而出者亦悖而入，貨悖而入者亦悖而出；是故君子有大道，必忠信以得之，驕泰以失之；生財有大道，生之者衆，食之者寡，爲之者疾，用之者舒，則財恒足矣；仁者以財發身，不仁者以身發財；長國家而務財用者，必自小人矣；彼爲善之（彼，指爲君者，欲以仁義善其政。），小人之使爲國家（使小人治其國），灾害并至，雖有善者，亦無如之何矣；此謂國不以利爲利，以義爲利也」。（見《十三經注疏》一六七五頁）在利面前，必以義爲先，始可真正達於以義爲利，此乃德之内函也；就連春秋混争之際，晋將趙衰也能明見「德義，利之本也」。（見《十三經注疏》一六七五頁）此段論文，指明了生財之大道：「生之者衆（謂爲農桑者衆，野無閒人也。），食之者寡（謂朝廷官勵，代代相傳，奮進不息，促其最終實現；因其爲人類之大道，必爲人類所歸宿也。

二曰民以食爲天，早在舜時，就咨十二牧曰：「食哉惟時」，意謂民食大如天，應重農時，又令后稷，「播時百穀」，以柔遠人，使「蠻夷率服」；大禹亦曰：「帝念哉（謂舜帝所念念不忘者也。）！德惟善政（謂德應體現於善政。），政在養民，水、火、金、木、土穀，惟修；正德、利用、厚生、惟和」。（正德，正身之德也；利用，利民之用；厚生，豐富民生也；惟和，惟此三事當使之諧和以行也。）迨及周代，箕子歸鎬京，作《洪範》（洪，大也，範，法也，言天地之大法也。）曰：「天乃錫洪範九疇（九疇，九類也。），彝倫攸叙」；「初一曰五行，次二曰敬用五事（一曰貌，二曰言，三曰視，四曰聽，五曰思。），次三曰農用八政（一曰食，二曰貨。）」，此八政之中，民食爲首，貨居其次，食與貨，乃厚生之首要也。《周禮》「大宰之職，掌建邦之六典，以九職任萬民，一曰三農（平地、山、澤也。），生九穀（黍、稷、秫、稻、麻、大豆、小豆、大麥、小麥。），二曰園圃，毓草木」；又《周禮》「大司徒之職，頒職事十有二於邦國都鄙，使以登萬民，一曰稼穡，二曰樹藝，三曰作材，思曰阜蕃」，亦以食貨置之首要也。孟子言曰：「五畝之宅，樹之以桑，五十者可以衣帛産者有恒心，五曰取於民有制，六曰不與民争利，兹論之如次。

道濟天下者，秉於大道，以天下之民爲慮而務求以濟之也，禹之治水，實救天下之溺也，其時「洪水滔天，浩浩懷山襄陵，下民昏墊」（言天下之民昏瞀墊溺，困於水災。），是禹發其仁睿，「决九川，距四海（距，使也，驅之入海也。），暨稷播（稷，益稷，水退，教民播種五穀。），烝民乃粒，萬邦作乂（乂，芟草也，言萬邦以治。）」，發展農業，變水患爲水利也，此乃「智者創物」（見《周禮冬官考工記》）之盛舉，發之於「禹思天下有溺者如己溺之，稷思天下有飢者，如己飢」之大仁大德之心也。故孔子於《周易繫辭》曰：「知周乎萬物而道濟天下，範圍天地之化而不過，曲成萬物而不遺」，「夫易，開物成務，冒天下之道，而斯而已者也（冒，覆也，通天下之道也。）」；此胸懷天地之化、志在曲成萬物而道濟天下之遠慮，既是我中華民族大氣磅礴之本性，亦是經濟哲學之生命力與推動經濟發展之内在動力，此動力有别於爲私利而驅動之者，其最初之思慮在民之平、國之安、天下之公，此大同目標之所寄也（如《禮記·禮運》所示：「大道之行也，天下爲公」。），視發展經濟爲達於大同世界之必構條件之一，於今觀之，乃迄今人類最早最完善之經濟與政治哲學；中華子孫應以此爲一，故曰經濟哲學立基於自然哲學者以此也。

經濟哲學立基於人性哲學之論有：《舜典》「帝曰：黎民阻飢，汝后稷，播時百穀」；《大禹謨》「人心惟危，道心惟微，惟精惟一，允執厥中」；《周書洪範》「農用八政：一曰食，二曰貨」。此俱由人性之第一需要（食色性也。）出發而深慮之者也。

經濟哲學立基於道德哲學之論，於下列經文可以明見也，《大禹謨》「德惟善政，政在養民，水、火、金、木、土、穀惟修；正德、利用、厚生、惟和」；《禮記大學》「君子慎乎德，德者，本也；財者，末也」。由此可見，經濟哲學與自然哲學、人性哲學、道德哲學自成邏輯，而且賦予經濟哲學以無窮之生命力。

二、經濟哲學以人爲本

儒家哲學以道爲基，則其經濟哲學，自亦以道爲基；道常處於變中，經濟哲學亦自隨之，然其變也必有其中心焉，此中心乃人也，故必以人爲本，此乃其變中之不變者也；人既爲經濟哲學之本矣，則人之生命及其成己成物之需求，必然構成此中心之重大要素，此乃儒家經濟哲學之核心，當首先有以明之者也：一曰道濟天下，二曰民以食爲天，三曰德本財末，四曰有恒在諸哲學之生命力也。），特別是道德哲學中之道與德，斯二者，無論就其道德概念而言，或就其自然概念而言，俱爲經濟哲學之骨髓與準繩也，此乃儒家經濟哲學所獨具之特點而爲二千餘年之中華歷史所[illegible]之者也。

具體論之，就經濟哲學與自然哲學而言，則必以自然哲學爲基，即經濟建立於自然條件之上，如《周禮》「大司徒之職，掌建邦之土地之圖，與其人民之數，以佐王安擾邦國（擾，安也，順也，馴也。）。以土會之法，辨五地之物生，一曰山林，其動物宜毛物，其植物宜皁物（柞栗之屬），其民毛而方；二曰川澤，其動物宜鱗物，其植物宜膏物（言脂膏之物），其民黑而津；三曰丘陵，其動物宜羽物，其植物宜覈物（指李梅棗杏之屬），其民專而長；四曰墳衍，其動物宜介物（黿鼈之屬），其植物宜莢物（薺莢之屬），其民晳而瘠；五曰原隰（原，指高而平之地，隰，下隰也，高原之地洼而下隰者也，《禹貢》注曰幽地，西陲者也。），其動物宜蠃物（虎豹貔豸禽之屬），其植物宜丛物（藺葦之屬），其民丰肉而庳（庳，短也。）」。（見《十三經注疏》七〇二頁）由此可知古人早已明察自然條件決定物種（動植物之品類），同時影響人之體質，於此，自然哲理、物性、人性哲理、經濟哲理，三者繆合爲然亦賴物阜財充以資保障也。張騫之通西域，絲綢之路以開，原於華夏之絲綢歷周秦至漢已貨源充實、工藝精巧矣，其他手工製品之技藝亦極精美矣，故爲西域諸國所驚慕也。故文化者，非言孤立之文有以化之也，乃經濟發展體現文化之内緼之綜合表現也；此中尤以人性、人情、人心、人道、人德爲其精髓也，而此精髓則原於中華民族之特性以爲中華文化之獨有内函也；内以發諸心性，外以形諸經濟形態及國力，遠懷四海，視四海之民爲兄弟，此人性善、物性善之理論體現於經濟活動之全過程，其哲理亦自藴於其中矣。

一、經濟哲學立基於自然、人性、道德諸哲學

細審前此諸論，實乃經濟哲學之理論根基也，蓋自然者，乃物與人之所出而且爲人之生存所直接依賴之者也；人性者，乃人之所以异於物者也（出於物而异於物，但仍同於物，而且不可離於物，既同根同原，則自無外力所可分割之者也。），亦人之一切活動之根基也；道德者，正確引導人之一切活動使之合於自然、人倫之要求而長有利於物、人之和諧發展也。人之社會性之經濟活動，乃人之生存所依、人之自我完善所必備之條件也，故必有正確之哲學思想爲指導，而且其本身也必然産生哲學思想，此哲學與前言之諸哲學又息息相關（言息息者，重

也。

第五節　經濟哲學

釋經濟：經，《說文》織也；《易屯卦》「君子以經綸」；《詩大雅》經之營之；《周禮天官冢宰》「惟王建國，體國經野」，「以經邦國」；《周書酒誥》「經德秉哲」；《左傳》（昭公二十五年）「子産曰：夫禮者，天之經也，地之義也，民之行也」（注曰：「經者，道之常。」）；《中庸》「凡爲天下國家有九經」。濟，利用也，《易繫辭》「刳木爲舟，剡木爲楫，舟楫之利，以濟不通」；又賙救也，《易繫辭》「知周乎萬物，而道濟天下」；又相助也，《易謙彖》「天道下濟而光明」；又成也，《易序卦》「有過物者必濟（「行過於恭，禮過於儉，可以矯世厲俗，有所濟也。」），故受之以既濟；物不可窮也，故受之以未濟。」由此而知，中華之經濟有其獨特之函義，則其經濟哲學亦自有其獨見，非以謀利爲務之經濟哲學可與之同日而語者也。

中華古代文化所以光照人類之心，中華古代國威所以遠懾歐亞之域，其中固有精神存焉，子適周，將問禮於老子，老子曰：「子所言者，其人與骨皆已朽矣，獨其言在耳；且君子得其時則駕，不得其時，則蓬累而行，吾聞之，良賈深藏若虛，君子盛德容貌若愚，去子之驕氣與多欲，態色與淫志，是皆無益於子之身，吾所以告子者是而已。」《二十五史・史記》二四七頁），蓋亦過耳，實則可行之者，乃調節公與私之中庸之道也，此道之至義，全包涵於「人心惟危，道心惟微，惟精惟一，允執厥中」十六字中矣。由此而明，道德哲學者乃認識公私關係及去私存公、損人心益道心、養之修之、知之行之之學也。

唯聖人爲能純無私也，《中庸》形之曰：「誠者，不勉而中，不思而得，從容中道，聖人也」；賢者、君子則能「擇善而固執之者」，即能去私立公，以修道立德者也；庶民之衆，唯知勤勞爲主，工耕力作，深明輸捐、以利邦國之大義，私心最輕，乃中流砥柱，《夏書・五子之歌》贊頌「民惟邦本，本固邦寧」者，蓋有見於此也，此乃我中華精神之基石、力量之源泉也。唯當權者私心最重，欲壑難填，權力難制，一切禍亂皆由此而作也；由此而知，道德哲學不僅内藴教與修之大義，更延伸有政與法之大義，前者以格物致知之方，啓迪人之性靈，使之自覺體道修德，後者則以政與法之治器，調節公私之度數，最終導入於道德，收殊途同歸之效之行也，天下爲公」，此公者，乃淨除其私之謂也，乃道與德體用一致之表現也。（於此《禮運》篇中，仲尼浩嘆爲私之害，指出「今大道既隱，天下爲家（傳位於子，家天下也。），各親其親，各子其子，貨力爲己，大人世及以爲禮，城郭溝池以爲固，禮義以爲紀，以正君臣，以篤父子，以睦兄弟，以和夫婦，以設制度，以立田里，以賢勇智，以功爲己，故謀用是作，而兵由此起。禹、湯、文、武、成王、周公，由此其選也；此六君子者，未有不謹於禮者也；以著其義，以考其信，著有過，刑仁講讓，示民有常，如有不由此者，在執者去（執，執位也。），衆以爲殃，是謂小康。」）（《十三經注疏》一四一四頁）由此可知，仲尼之見，道也無私，德也無私；體也無私，用也無私；知也無私，行也無私；此至道之道，上德之德也，純於理論之言也；然施之於現實，用之於治國安民，則必在此無私與彼有私之間，即道心與人心之間，尋求相宜之道，此則中庸思想之所自出者也。故知中華大道者，乃大公之道也，秉於天無私以覆、地無私以載之道也，淨去其私之道也，仲尼所集大成者，即此道也。然而，指斥了禹、湯、文、武、成王、周公爲私之道，而又尊重其（六君子）爲政之功者，亦乃仲尼尊重歷史之至德表現也；考仲尼之言與行，從未見其有私意也；老子卑孔子有「驕氣與多欲」（孔也，即韓愈所言之「行而宜之之謂義」。合仁義二者析而言之，仁者，愛人也，仁義者，此親愛節義之情，行之必得其宜，此中既有親疏之別，又有深淺之等，不執其宜而有過之者，必亂人倫也，爲防其亂，則禮節出焉，導之以禮，尊之以節，示之以行爲之規範，此乃德之爲用也，其體乃道也；通言道德者，首先意其體用一致也，亦包函其表裏如一、根華一體之義也。至此，道與德，其體用之義明矣。由此可見，道德哲學者，本於自然，發用於人事，其間所貫穿之者，唯見其自然之公，而不見有人性人心之私，亦不見其有任何弊病也，此仁義之純者也。

由此而知，本道以修德，乃去私與蔽之工夫也，老子《道德經》所言「爲道日損」者，曰損其私與蔽也；仲尼之言：「士志於道而恥惡衣惡食者，未足與議也。」「君子謀道不謀食，憂道不憂貧」者，亦戒私與蔽之言也；孟軻之言「養心莫善於寡欲」，寡欲者，損欲也，又曰「人之异於禽獸者幾希，庶民去之，君子存之」，去之者，人之异於禽獸者也，存之者，亦此异也；具體言之，仁義也，人之靈性也、尊嚴也。《大學》更深發此義，教人「格物致知」，去私立公，以誠意正心，以修齊治平，此乃儒家所見之大道也；故《禮記·禮運》曰：「大道親爲大」。反觀於物，此親愛之力，相依相戀之性，亦隨處可見；物相偶而不離，喪偶則哀嚎徘徊不已，乃至於悲極而殉者亦有之；故知，仁之爲義，原起於物，更明於人物，其尊嚴仁澤自見，此仁民愛物之至意存焉。於兹可見，人道蓋原於物道，仁本原於物；在物而言，仁者，雌雄兩性相親相悦、相吸相感、相互繁衍之自然之力，自然之性，自然而然之發展也；於人而言，在此發展過程中，則具有遠超异於物之靈性與尊嚴，此人道之异於天道、地道者也，此亦人道之高於天道、地道者也；此儒家對此三道一脈相承之論理也。

由陰陽而剛柔而仁義，其名之殊，蓋緣於天、地、物、人之殊而有以致之也；此乃道與德表裏一致之情狀也，道爲本，德爲華也。然德者，非僅限於道之自然表現也，非僅爲道之華也，其必發爲人事之用也，而此發之者乃人心人性之表現也；皋陶言之於前「行有九德」，仲尼發之於後「君子有九思」（《論語》），孟軻又從而證之曰：「惻隱之心，仁之端也；羞惡之心，義之端也；辭讓之心，禮之端也；是非之心，智之端也，人之有是四端也，猶其有四體也。」（《孟子·公孫丑》）此乃人道之發而爲用者也，可知道與的，其體用一致也。但於此當指明義之内含有二焉：一曰羞惡心之表現也，循此而有義節、義氣等意出焉；二曰事之宜然後物生。」），五行之秀氣也；故天秉陽，垂日星，地秉陰，竅於山川（竅，孔也，言地持陰氣，出内於山川，以舒五行於四時），播五行於四時，五行之動，迭相竭也，五行四時十二月，還相爲本也，五味、六和、十二食，還相爲質也。故人者，天地之心也，五行之端也，食味、別聲、被色而生者也；故聖人作則，必以天地爲本，以陰陽爲端，以四時爲柄，以日星爲紀，月以爲量，鬼神以爲徒，五行以爲質，禮義以爲器，人情以爲田，四靈以爲畜。」（見《十三經注疏》，一四二三—一四二四頁）由此可知，立人之道曰仁與義者，蓋本之於天地之道而又异於天地之道者也，細爲析之則明矣。

蓋仁之爲義，《説文》：「仁，親也，從人，從二（仁者兼愛，故從二）；古文仁，（從千心）忎；（從尸）𡰥。」又《康熙字典》引《六書正訛》「元，從二從人，仁則從人從二，在天爲元，在人爲仁，靈於萬物，則异於天也；仁，親也，愛也，從二，推其原意，此二者，乃二人之間之愛也，此二人者，最初爲陰陽之自然結合，繼而爲雌雄之求偶相與，終則爲男女之相愛成親；從天而言之，此乃爲出於天性之親愛之力，人與物同具，唯其有高低尊卑之別耳。《中庸》有言：「君子之道，造端乎夫婦，及其至也，察乎天地」，「仁者，人也，親對於天地之見，荀況有言曰：「列星隨旋，日月遞炤，四時代御，陰陽大化，風雨博施；萬物各得其和以生，各得其養以成，不見其事而見其功，夫是之謂神；皆知其所以成，莫知其無形，夫是之謂天。」（《荀子·天論》，見《諸子集成》（二），二〇六頁。）《幼學故事瓊林》又曰：「混沌初開，乾坤始奠，氣之輕清，上浮者爲天，氣之重濁，下凝者爲地；日爲衆陽之宗，月乃太陰之象。」可知中華古代之天文成就很高，歷代史籍均有天文志，司馬遷之《史記·曆書》有言：「神農以前尚矣，黄帝考定星曆，建立五行，起消息（皇侃注曰：「乾者陽生爲息，坤者陰死爲消也。」），正閏餘（一歲之餘爲閏，故曰閏餘）。」由此可明，「立天之道曰陰與陽，立地之道曰柔與剛」，蓋有自來矣，陰與陽者乾坤運行之道也，消息之幾也，死生之象也，天地之道所推動之者也，隱於萬物而不見其形迹者也；唯見萬物剛柔其性，隨宜而遷，轉化不息，互換其形，嬗遞推進，新陳交錯，性質漸化，不離其宗，不見其竟也；此乃儒家之天道觀與地道觀也，在此二者綜合作用之下，始出現萬物之靈之人。

《禮記·禮運》對此言之甚爲周備：「故人者，其天地之德，陰陽之交，鬼神之會（鬼爲興替，神爲精靈，《祭義》云：「氣也者，神之盛也，魄也者，鬼之盛也，必形體精靈相會，知之明（明於至德要道），而致修、齊之效，最終達於治、平之境，此儒家之大道觀也；此儒家之道與德之體用觀而有待於闡明之者也。

三、道與德，表裏、體用一也

道者德之裏，德者道之表，道者德之根，德者道之華，道者德之體，德者道之用；「德者，離無而之有」（賈誼《道德論》），此意謂道者無形也，德者可見也，道貫於有無之域，德形於有之境地；其故在於道隨宇宙（四方八面曰宇，古今上下曰宙。）之存在而存在，隨宇宙之發展而發展，存在與道并存，存在與道共生；尋索存在運動、發展之力，則道之作用明矣；是道隱於存在之中、隱於宇宙之中，推動宇宙之發展，化醇萬物，生成人類（《周易繫辭》有言曰：「天地絪緼，萬物化醇；男女構精，萬物化生。」）。在人類出現之前，此道推動宇宙、萬物發展，固迄未止息，然其情狀處於自然之中，未有人類文明爲之記述，逮乎神州大地出現炎黄祖先，産生了基於此道之中華文明，儒、道兩家爲此文明之顯學；儒家之見（道家之見，待另立篇目論述。），此道也，「順性命之理，是以立天之道，曰陰與陽；立地之道，曰柔與剛；立人之道，曰仁與義。」（見《周易説卦》）

治人者食於人，天下之通義也」，農家者流不識此義，乃蔽於眼前之物而不明治道之深遠也。

最後，觀其對小説家之論：「小説家者流，蓋出於稗官（細米爲稗，喻街談巷説，細碎之言也），街談巷語，道聽塗説者之所造也，孔子曰：雖小道必有可觀者焉，致遠恐泥，是以君子弗爲也；然亦弗滅也，閭里小知者之所及，亦使綴而不忘，如或一言可采，亦芻蕘狂夫之議也。」孔子之言是也，沙粒見太陽，人性人心之真純，長在市井閭巷之中，正氣長存民間矣。

綜觀上述對儒、道、法、名、墨、縱横、雜、農、小説等九家之論，可見「苟不至德，至道不凝焉」者之具體内容也，除儒家者外，俱可見其蔽也，而其蔽之所生又多受所見之曲限，可證其無至德不達於至道，考各家之所自出及其所見，即可大明之也。折其鄙者爲之之患，又可於其蔽中灼見其私也，由此而知，私與蔽，乃交相爲患者也，察其私與蔽之厚薄，可知其禍患之輕重矣。私者蔽之根，蔽者私之表，私藏於内，蔽形於外，無私則蔽不存，無蔽則私無遯；私與蔽交相爲害於知（使至道不凝），更交相爲害於行（使至德不達），二者之害，可於中華文明興衰隆替之史實中見之，當深引爲監戒；或曰亦有無私之蔽（設有純屬於認識範疇之病），索之於中華經、史，不可得而見也。儒家唯知淨除私、蔽，始可誠意、正心，以格物致子貢一使，使勢相破，十年之中，五國各有變。」）亦仁義也，存魯興越仁也，使吳齊相破義（宜）也。迨及戰國，縱横家出，棄仁義，背正道，獨逞權術，巧施詭辯，詐取名利，蘇張之徒，其心尤劣，斥之爲邪人，亦其宜也。

再觀其對雜家之論：「雜家者流，蓋出於議官，兼儒墨，合名法，知國體之有此，見王治之無不貫，此其所長也，及盪者爲之，則漫羨無所歸心。」雜家之病在於其漫無中心，不知所主也；各家固有其所同者，更有相補益者，然必有其爲主、爲幹、爲根、爲本者存焉，不立此本根，則失王治之道矣，不僅盪者爲之之禍也。

再觀其對農家之論：「農家者流，蓋出於農稷之官，播百穀，勸耕桑，以足衣食，故八政一曰食，二曰貨，孔子曰所重民食，此其所長也；及鄙者爲之，以爲無所事聖王，欲使君臣并耕，誖（亂也）上下之序。」此農家者，孟軻於其《孟子·滕文公》篇中，詳記了「有爲神農之言者許行」之言，并斥其言爲「亂天下」者也，「烏能治國家」；聖王之憂民也，「勞之來之，匡之直之，輔之翼之，又從而振德之；教以人倫，父子有親，君臣有義，夫婦有別，長幼有叙，朋友有信」，并指明「或勞心，或勞力，勞心者治人，勞力者治於人，治於人者食人，以兼愛；選士大射，是以上賢；宗祀嚴父，是以右鬼（右，尊尚也）；順四時而行，是以非命（言無吉凶之命，但有善惡、賢不肖）；以孝視天下，是以上同，此其所長也，及蔽者爲之，見儉之利，因以非禮；推兼愛之意，而不知別親疏。」此論固當，然亦有欠安者存焉，墨子之儉，主「去無用之費」，以利天下國家，此與孔子之意：「禮與其奢也，寧儉」，實相契合也；又墨子兼愛之旨，實乃儒之仁愛之道所包含之者，推此兼愛及於人類和物類，是乃儒道所亟亟以求之者也。

再觀對縱横家之論：「縱横家者流，蓋出於行人之官，孔子曰：誦詩三百，使於四方，不能顓對，雖多亦奚以爲；又曰：使乎使乎（孔子嘆使者難得其人也），言其當權事制宜，受命而不受辭，此其所長也，及邪人爲之，則上詐諼（諼，詐言也），而棄其信。」儒家爲宣揚其道，本重使者之才，孔孟游説諸侯，雄辯卓越，其所言者正道、仁義也；孔子高弟子貢存魯之言（詳見《史記·仲尼弟子傳》：「田常欲作亂於齊，憚高國鮑晏，故移其兵欲伐魯，孔子聞之，謂門弟子曰：夫魯墳墓所處，父母之國，國危如此，二三子何爲莫出。子路請出，孔子止之，子張子石請行，孔子弗許，子貢請行，孔子許之。子貢一出，存魯亂齊破吴强晋而霸越，刑獄之官，稽之《尚書·舜典》，有「象以典刑」之言，象者，法也；《周禮》之六典中，第五典曰刑典，「以詰邦國，以刑百官，以糾萬民」；《周易·噬嗑》卦辭曰：「利用獄」（凡上下之間，有物間隔，當須用刑法去之，乃得亨通），象曰：「先王以明罰敕法」；《論語·爲政》有：「子曰：爲政以德」，「道（導也）之以政（法教也），齊（整飭也）之以刑，民免而無恥（免，苟免也），道之以德，齊之以禮，有恥且格（格，正也）。」由此可見，孔子認爲最理想之政，是德治，并不反對齊之以刑；孟軻有見於春秋戰國之際，邪説暴行有作，孔子之道不著，更認爲「徒善不足以爲政，徒法不能以自行。」（見《孟子·離婁上》）於兹可見，法家者，乃儒家之支流也；儒者之法意，本於仁愛，出於教化，旨在改惡從善，置刑法於德治之中，刻者爲之者，實閹割儒之法意，是其自棄於法治也。

再觀名家之旨趣：「名家者流，蓋出於禮官，故者名位不同，禮亦异數，孔子曰：必也正名乎，名不正則言不順，言不順則事不成，此其所長也，及警（音叫，訐也，詐也）者爲之則苟鈲析亂而已。」

再觀對墨家之論：「墨家者流，蓋出於清廟之守，茅屋采椽，是以貴儉；養三老五更，是游文於六經之意也。

次觀對道家之論：「道家者流，蓋出於史官，歷記成敗、存亡、禍福、古今之道，然後知秉要執本，清虛以自守，卑弱以自持，此君人南面之術也，合於堯之克攘（攘，讓也，堯之德允恭克讓），易之嗛嗛，一謙而四益（嗛與謙同，易謙彖曰：「天道虧盈而益謙，地道變盈而流謙，鬼神害盈而福謙，人道惡盈而好謙。」），此其所長也；及放者（放，蕩也）爲之，則欲絶去禮學，兼棄仁義，曰獨任清虛，可以爲治。」此論甚得道家之要，道家之見深遠，其秉要執本、清虛自守、卑弱自持，不僅爲個人之修養有益，而且爲人類共同之美德，指明了方向；其所憂懼之存亡禍福之道，亦從一己之私，通向人類全體之運，唯爲人欲所蔽，知其所見之極者尚鮮耳。道家之論，長於律己而短於治人，用其所長，與儒家結合，斯相得益彰矣，此亦儒、道成爲顯學之至義也。

再觀法家，其論曰：「法家者流，蓋出於理官（古掌獄訟之官），信賞必罰，以補禮制，《易》曰：「先王以明罰飭法」（易噬嗑之象辭），此其所長也；及刻者爲之，則無教化，去仁愛，專任刑法，而欲以致治，至於殘害至親，傷恩薄厚。」（博厚，變厚爲薄也）法家本掌也；是則儒者之務，必致力於發揚人道，其游文於六經，留意於仁義，助人君、順陰陽、明教化者，乃其務之最要者，於道最爲高，亦自然之理也；其道之興衰，關乎國運之隆替，乃千古不易之理也。明其患者，不論惑者之失其精微，或辟者（辟，又有另一義，邪也，不正也。）之違離道本，必致於儒道衰微，見之於班固之前者，有春秋戰國之處士横議，見諸於班固之後者，有魏晋南北朝之釋、老盛行，然而，此亦短暫之象，儒學終必復興，其所以然者，在於儒道之契合人心人性，大之於治國安邦，小之安身立命，俱不可離開儒道也。唐太宗之言：「梁武帝君臣，惟談苦空，侯景之亂，百官不能乘馬，元帝爲周師所圍，猶講老子，百官戎服以聽，此深足爲戒。朕所好者，爲堯、舜、周、孔之道，以爲如鳥有翼，如魚有水，失之則死，不可暫無耳。」（《資治通鑑》一九二卷，六〇五四頁，中華書局，一九五六年第一版）足以啓示天下後人，儒道之於爲政也，修身也，有若鳥之有翼可展之以翱翔太空，魚之隨水可乘之以潛游海底，亦自然者也，《中庸》亦已言之矣，「道也者，不可須臾離也，可離非道也」，「子曰：道不遠人，人之爲道而遠人，不可以爲道」，既如此，何憂道之不行也哉！然聖人之常有憂者，以其見道之明，知道之行也艱，又以弘道爲己任，故不憚言之諄諄也，此乃儒家者和，皆相反而相成也。易曰：天下同歸而殊塗，一致而百慮，今异家者，各推所長，窮知究慮，以明其指，雖有蔽短，合其要歸，亦六經之支與流裔，使其人遭明王聖主，得其所折中，皆股肱之材已。仲尼有言：禮失而求諸野。方今取聖久遠，道術缺廢，無所更索，彼九家者，不猶瘉（愈也，勝也）於野乎！若能修六藝之術而觀此九家之言，舍短取長，則可以通萬方之略矣。」此論甚爲公允，各家之言，雖有短蔽，究其要歸，亦六經之支與流也；要在於舍長取短，得其折中之善，以通萬方之略也。

且先觀《藝文志》對儒家之見：「儒家者流，蓋出於司徒之官，助人君、順陰陽、明教化者也。游文於六經之中，留意於仁義之際，祖述堯舜，憲章文武，宗師仲尼，以重其言，於道最爲高；孔子曰：如有所譽，其有所試（試之以事，以見實效也。）；唐虞之隆，殷周之盛，仲尼之業，已試之效者也。然惑者既失精微，而辟者（辟，明也，闡明之也）又隨時抑揚，違離道本，苟以譁衆取寵，後進循之，是以五經乖析，儒學寖衰，此辟儒之患。」此論既得其要又指明其患，得其要者，以一道字貫穿全文，此道也，乃《周禮》所示，「儒以道得民」之道也，亦三皇五帝、文、武、周、孔之道也，中華之大道也，亦仲尼所言「人道政爲大」之大道

（《諸子集成》（二）《荀子集解》，二五八頁）私與蔽二者，交相爲禍，心術既邪，則何以識道，亦無以修德矣，故苟不至德至道不凝焉者，在私與蔽之害也；去私與蔽，始可與言識道以修德矣；然而，古來聖賢之言，有醇有疵者，其故何耶？亦其私與蔽之有輕重、德之有厚薄、道之有偏全也。

考之中華思想發展史，其根其本在中華民族之特性，具體言之，則爲心、性也。三皇五帝之作，即爲此特性之發，此心性之凝，凝之爲儒、道者（歷史證明儒、道爲顯學），此特性、此心、性也，凝之爲其他各家者（《漢書·藝文志》有九流十家之説），亦此特性、此心、性也；唯其德之有厚薄、道之有偏全之异也；就其思想之旨趣而言之，悉爲中華文化之光華也，應以「小德川流，大德敦化，萬物并育而不相害，道并行而不相悖」之包容大度善待之，視爲他山之石，或視爲智慧之光，或視爲照耀夜空之群星也。兹就《漢書·藝文志》所述「九流十家」之言，一一舉而論之，以明此「苟不至德，至道不凝焉」之意。「諸子十家，其可觀者九家而已，皆起於王道既微，諸侯力政，時君世主好惡殊方，是以九家之術，蠭出并作，各引一端，崇其所善，以此馳説，取合諸侯，其言雖殊，譬猶水火相滅亦相生也；仁之與義，敬之與終日乾乾，修其德行爲要務也，此德者，合於道也，若無至德，至道不凝焉，若無至德，至位不與焉，此乃理之極致，其義一也。此例舉《周易》，以明伏犧之至德至道也。周公之作《周禮》亦其至德至道之凝也，仲尼之集儒家經典之大成，亦爲其至德至道之凝也；前聖之作，固如是也，後賢之發，亦如是也；若司馬遷之史，董仲舒之論，俱如是也。

質諸經史，深索道德之緼，其苟不至德，至道不凝者，蓋溺於私與蔽也，此中，尤以私之患爲烈；其爲私也者，則以名、位、權、利、色五患爲最；管仲有言曰「私者，亂天子者也」，實則，私者亂德亂道於先，使人喪失理智、天良，繼而亂人之行爲於後，令其所行所爲者，所爭所奪者，必至於綱紀、墜毀，人倫盡喪，其亂之深，詎有甚於此哉！蔽者，隨私而起之者也，荀況著《解蔽篇》有言曰：「凡人之患，蔽於一曲而暗於大理，治則復經，兩疑則惑矣。天下無二道，聖人無兩心；今諸侯异政，百家异說，則必或是或非，或治或亂」，「私其所積，唯恐聞其惡也，倚其所私，以觀异術，唯恐聞其美也」，「心不使焉，則白黑在前而目不見，雷鼓在側而耳不聞」，「故爲蔽，欲爲蔽，惡爲蔽，始爲蔽，終爲蔽，遠爲蔽，近爲蔽，博爲蔽，淺爲蔽，古爲蔽，今爲蔽；凡萬物异，則莫不相爲蔽，此心術之公患也。」

往後莫有例外也。有見歷史之迹，有德者必有言，有言者不必有德，唯德者之言可歷萬世而不失其大義，以其言契於道也；無德雖亦偶見其言，亦其言不及道，多自消其迹，即有存者，亦見其曲於一隅，未洽大道也。而至德之言凝之爲至道者，則其色澤光照人之心靈永無窮竭也。若伏犧之八卦，至德之言，至道之極也，文王演之，成爲六十四卦，仲尼作十翼，其文其義大備矣。今研之玩之、磨之琢之、探之索之、體之博之，唯見其光芒四射，照澈心性，其義隨時而新，其道因人而明。以《乾卦》文言言之，舉龍以喻變化之大義，其變之過程固漸也，但此漸中緼有其幾，此幾不熟，則突變不生；促其幾之發，唯在修德而已，詳釋其文可見也。「初九，潛龍勿用」，喻潛伏隱晦、初生幼穉之狀，處漸長壯大之勢；「九二，見龍在田」，初露頭角，羽翼未豐之態，但出潛離隱也；「九三，君子終日乾乾（健也），夕惕若厲，無咎」，言處憂危之地，唯終日健健自强，敬慎其志，不懈其德，始可自保無咎；「九四，或躍在淵，無咎」，或之義，疑也，雖羽翼漸見豐滿，猶遲疑未敢務進也，但已成躍躍可試之勢矣；「九五，飛龍在天」，幾已成熟，突變遂成，德洽其位，「位以德興，德以位叙」，志以位舒，位以志顯，以至德而居盛位，道之所安，順理成章，無復疑遲也。揆此變化之幾，實以道，修道之謂教」，「自誠明謂之性，自明誠謂之教」，此「誠」者，乃道也；「自誠明」者，乃道之動、變、神化之爲物與人，使各具其性也；「自明誠」者，乃人之明道修德之化也，此化名之曰教，蓋其間有先覺覺後覺之异也。至此，道與德與教之關係明矣。

二、苟不至德至道不凝焉

「苟不至德，至道不凝焉」，此語出自《中庸》，至者，極致也，至德者，至高無上之德也，此德也，非僅限於個人之德行修養，更深契於大道也；至道者，自然而拒矯飾、真誠而無僞裝、正而不邪、直而不曲、晦而明、隱而顯、無有壅塞、不可抗禦、永遠自新之大道也，原力也，原泉也，生命也；凝者，凝澱也，結晶也；苟無至德，則此道不凝焉者，喻不具深識此道之睿智，不能正體此道而見諸於濟世利物也，見諸於成己成物也。在此語之前，猶有言曰：「大哉聖人之道，洋洋乎，發育萬物，峻極於天，優優大哉，禮儀三百，威儀三千，待其人然後行。」由此可知，此洋洋乎發育萬物之道，必待其人而後行；其人者，至德者也，往聖前賢，至德者也，來聖後賢，亦至德者也；能行此道者，即至德者也；既往者，苟不至德，至道不凝焉，未來者亦是也；考之史實，亦復如是，春秋上遡如是也，春秋以降亦如是也，即今乃善也，對物性之見亦善也，是乃徹底的性善論者，《中庸》詳爲論之矣，《孟子》亦詳爲論之矣；此處所當指明者，心、性、仁、義、禮、智等實乃道與德之内緼也，辨其體用，則道爲體，德爲用；性爲體，心爲用；仁爲體，義禮爲用。明乎此，則知「窮神知化，德之盛也」之所旨也。孔子在闡明此盛德之大業時有言曰：「天下何思何慮，天下同歸而殊途，一致而百慮，天下何思何慮。日往則月來，月往則日來，日月相推而明生焉；寒往則暑來，暑往則寒來，寒暑相推而歲成焉；往者屈也，來者信也，屈信相感，而利生焉。尺蠖之屈，以求信也；龍蛇之蟄，以存身也；精義入神，以致用也；利用安身，以崇德也；過此以往，未之或知也；窮神知化，德之盛也。」盛者，高也，聖也，完備也，醇純也，唯德之醇純者，始可與明窮神而知化也，亦猶《中庸》所言「唯天下至誠，可以贊天地之化育」之意也；於此可知，孔子所見之盛德，實乃至道之境界也；老子之言「上德不德，是以有德」（《道德經》三十八章），亦此境界也，上德者不知其德之爲德也，亦猶道之不知其爲道也，俱屬自然而然者也；道有其德，德有其道；道以德而顯，德以道而尊；兩者同元同體，互爲表裏；然道與德非其自身所可顯明之者，必假人之體道修德有以致之者也，故《中庸》有言曰：「天命之謂性，率性之謂

記》

「小德川流，大德敦化，此天地之所以爲大也。」《中庸》

「大德不逾閑（閑，猶法也），小德出入可也。」《論語・子張》

「君子之德風，小人之德草，草上之風必偃。」《論語・顏淵》

「德者，道之舍也，故道與德無間，言之者不別也；毋以物亂官，毋以官亂心，此之謂內德。聖人若天然，無私覆也；若地然，無私載也；私者，亂天下者也；聖人裁物，不爲物使，心安是國安也，心治是國治也，治也者心也，安也者心也。」（《管子・心術》，見《諸子集成》（五）二二〇—二二三頁。）

「苟非至德，至道不凝焉。」《中庸》

德之內緼有四焉：一曰生，二曰性之端，三曰窮神治化，四曰德與道與教之關係。生者，廣生萬物之意也，德之具有此性者，蓋原於道也，德乃道之表現也，賈誼《道德論》之言「德者，離無而之有」（轉引自曹礎基《莊子淺注》，中華書局，一九八二年版，三二一頁），適說明此無中生有之緼也，此緼者，即道也；此道形之於人者，必賦之以人之性，儒家對人性之見

「顯諸仁，藏諸用，鼓萬物而不與聖人同憂，盛德大業，至矣哉！富有之謂大業，日新之謂盛德，生生之謂易。」（同右）

「窮神知化，德之盛也。」《周易繫辭》

「皋陶曰：行有就德：寬而栗（莊栗），柔而立（立事），愿而恭（愿，謹也。），亂而敬（亂，治也。），擾而毅（擾，順也。），直而温，簡而廉（大而有廉隅），剛而塞（塞，實也。），强而義（强，無屈撓也。）。」《尚書·皋陶謨》

「德無常師，主善爲師；善無常主，協于克一；德惟一，動罔不吉，德二三，動罔不凶。」《商書·感有一德》

「以鄉三物教萬民而賓興之，一曰六德：知、仁、聖（通也）、義、忠、和；二曰六行：孝、友、睦、婣（姻也）、任、恤（振憂貧）；三曰六藝：禮、樂、射、御、書、數。」《周禮·地官》

「德成而教尊，教尊而官正，官正而國治，君之謂也。」《禮記·文王世子》

「德者，性之端也，樂者，德之華也；禮樂皆得，謂之有德，德者，得也。」《禮記·樂此道也，不過若烏雲之遮月，重霧之蔽日，亦暫時現象耳，君子道長，小人道憂，終必日月湛明，普照寰宇；當日月被遮蔽之際，非日月之光明有絲毫損微也，故知邪説盈天下，并無損於道也，楊墨之言，并無傷於仁義也，（但確有誣於私欲熏心、本缺乏仁義之民也），余以爲孟子之言道微而不盡然者，於此可明所旨也矣。三曰道微者誠有之也，其所微者，原於其内之私也，此又非力所可救之者也。何以言之？此當析其兩層之意，始可明之矣。一爲自道之道，或曰自然狀態之道，或曰自在之道，此則無外力可損益之者，二爲已凝成爲《六經》之道，或曰見之於儒家經典之道，遵此道而行之，則天下可致太平，人民可享盛世也；然或由於私欲所驅，或爲偏見所蔽，不識大道之公，遑論推而行之於天下以體現其公也哉！故知道之明晦顯微，取决於公私之進退消長也；公進則私退，道明而顯矣，反之，私張公消，道晦而微矣；此公私進退行消長之迹，隱藏中華歷史興衰治亂之祕，循此而求中華大道之明晦顯微，乃正途也；孟子之言是也。

德之論述，選引如次：

「天地之大德曰生。」《周易繫辭》

勝其文。」（見《十三經注疏》一六四一－一六四二頁）由質而文，本屬於文明有進，然而隨
之而生者，則其敝也；夏之敝，驕而野；殷之敝，勝而無恥；周之敝，利而巧。合而言之，其
通病在私也；見於上者，争名於朝，見於下者，争利於市，此乃篡弑頻仍，征戰相繼之根本原
因也，此亦世衰日岌之根本原因也，對此，孔子明言之曰：「君天下，生無私，死不厚其子
（意不傳位于其子），子民如父母，不敢以其私褻事上帝。」余之以爲世衰有之者，蓋有見私
之難去也，蔽之難除也；私與蔽，不僅見於夏、商、周，春秋戰國尤甚，即秦漢以後，亦莫不
代代相甚；孟子言世衰者，其義深遠也矣，尚有待依據史實，逐代論其情狀也。至於孟子所言
之道微，余以爲不盡然者，其故有三焉：一曰道者，自然者也，即《中庸》所言之「誠者，自
成也，而道，自道也」；此處，「誠者，自成也」，言識道之深淺和體道之厚薄也；「而道，
自道也」，乃言不論識之精粗、體之厚薄，悉無損益於道也，因而亦無影響於道之毫釐也，道
依然是其道之本質也，其運動，其變化，依然緣其道也，不見其顯微明晦之异也。二曰邪説之
於道也，猶重霧之於日光也；蓋道者（不論其爲自道也者，或已凝之成爲《六經》者也。），
俱若日月之經天，江河之行地焉；孟子所言之邪説誣民、楊墨之言盈天下、充塞仁義者，其於

矣。

然而，孟軻於其時曾大發世衰道微之浩嘆，其言曰：「世衰道微，邪説暴行有作，臣弑其君者有之，子弑其父者有之；聖王不作，處士横議，楊朱墨翟之言盈天下，天下之言，不歸楊則歸墨；楊氏爲我，是無君也，墨氏兼愛，是無父也，無父無君，是禽獸也。楊墨之道不息，孔子之道不著，是邪説誣民，充塞仁義也，仁義充塞，是率獸食人，人將相食，吾爲此懼，閑先聖之道，距楊墨，放淫辭，邪説者不得作；能言距楊墨者，聖人之徒也。」（《孟子·滕文公》）

余以爲，世衰者有之，道微者，則不盡然而有待論説也。據《禮記·表記》所記：「子曰夏道尊命，事鬼敬神而遠之，近人而忠焉，先禄而後威，先賞而後罰，親而不尊；其民之敝，惷而愚，喬而野（喬，驕也），樸而不文。殷人尊神，率民以事神，先鬼而後禮，先罰而後賞，尊而不親；其民之敝，蕩而不静，勝而無恥。周人尊禮尚施，事鬼敬神而遠之，近人而忠焉，其賞罰用爵列，親而不尊；其民之敝，利而巧，文而不慙，賊而蔽。虞夏之道，寡怨於民；殷周之道，不勝其敝；虞夏之質，殷周之文，至矣；虞夏之文，不勝其質，殷周之質，不人；君子之道費而隱；君子道長，小人道消，等屬之。）；在此人道之下又有君道也（聖人南面而治天下者，必自人道始；君使臣以禮；無偏無黨，王道蕩蕩；得天下有道；罔違道，以干百姓之譽，罔咈百姓，以從己欲；有言逆於爾心，必求諸道；至道以王，義道以霸；民以君爲心，君以民爲體，等屬之。）；有君子修身之道也（大學之道，在明明德，在親民，在止於至善；天命之謂性，率性之謂道，修道之謂教；取人以身，修身以道，修道以仁；君子之道，闇然而日彰，的然而日亡；君子之道，淡而不厭，簡而文，温而理，知遠之近，知風之自，知微之顯，可以與入德矣，等屬之。）。

除上述層次，道之内緼中，變與神（非神也，妙其變化之美而言也。）乃道之靈魂也，唯其具有變與神之質，乃使道生機活潑，内緼外發，永無止竭，而且長處於自新之中；子曰：「知變化之道者，其知神之所爲乎！神而化之，使民宜之；易，窮則變，變則通，通則久；易之爲書也，不可遠，爲道也屢遷，變動不居，周流六虛，上下無常，剛柔相易，不可爲典要，唯變所適。」（《周易·繫辭》）故明乎此義，并於長變常新之條件下，探頤索隱，開物成務，道濟天下，曲成萬物，乃大道之活力生機所在也，由此而知，德之大義，亦隨之躍然而現

也。」《中庸》

「凡國之政事，國子使之修德學道。」《禮記・射藝》

「先王有至德要道，以順天下。」《孝經》

「聖人南面而治天下，必自人道始。」《禮記・大傳》

「得天下有道，得其民，斯得天下矣；得其民有道，得其心，斯得民矣；得其心有道，所欲與之聚之，所惡勿施爾也。民之歸仁也，猶水之就下，獸之走壙也。」《孟子・離婁》

「堯舜之道，孝悌而已矣。」《孟子・告子》

「所謂大臣者，以道事君，不可則止。」《論語・先進》

右爲選列之論道之言，顯然可見其層次焉：曰天道也（一陰一陽之謂道；形而上者謂之道；天地之道，貞觀者也；易之爲書也，廣大悉備，有天道焉，有地道焉，有人道焉；天道至教，等屬之。）；曰地道也（立地之道，曰柔與剛；天地絪緼，萬物化醇，男女構精，萬物化生；古者包犧氏之王天下也，仰則觀象於天，俯則觀法於地，觀鳥獸之文，與地之宜，等屬之。）；曰人道也（立人之道，曰仁與義；誠之者，人道也；人道政爲大；人能弘道；道不遠

「形而上者謂之道，形而下者謂之器。」《周易·繫辭》

「天道至教，聖人至德。」《禮記·禮器》

「儒以道得民者。」《周禮·天官》

「天命之謂性，率性之謂道，修道之謂教。道也者，不可須臾離也，可離非道也。君子之道費而隱，夫婦之愚，可以與知焉，及其至也，雖聖人亦有所不知焉。道不遠人，人之爲道而遠人，不可以爲道。」《中庸》

「人能弘道，非道弘人。」《論語·衛靈公》

「天下莫不貴者，道也。」《禮記·聘義》

「天下有道，小德役大德，小賢役大賢；天下無道，小役大，弱役强。斯二者天也，順天者存，逆天者亡。」《孟子·離婁》

「子曰：仁也者，人也，合而言之，道也。」《孟子·盡心》

「大學之道，在明明德，在親民，在止於至善。」《大學》

「誠者，非自誠而已也，所以成物也；成己，仁也，成物，知也；性之德也，合内外之道生」者，乃老子之「有名萬物之母」也，資始資生二者，乃老之所云「此二者，同出而异名，同謂之元」者之意也；老之所云「元之又元，衆妙之門」者，乃《乾彖》所言「乾道變化，各正性命」及《坤彖》所言「坤厚載物，德合無疆」之意也。此乃儒、道所見之道之大同處也；然儒自有其獨見，則非老子之所可及也，如《乾卦》之「初九，潛龍勿用」、「九二，見龍在田」、「九三，君子終日乾乾，夕惕若厲」、「九四，或躍在淵」、「九五，飛龍在天」，其所見之者，乃大道之由隱而顯、自微之彰之變化也，在此變化中之君子，唯有終日乾乾，夕惕若厲，秉大道以修德，促進此變化，以期有利於濟世，而收成己成物之效；此乃老氏所卑之者，亦適足以見其偏陋也。

其次，就散見於儒學經典之道與德之論，擇其要者，分引如次。

「立天之道，曰陰與陽；立地之道，曰柔與剛；立人之道，曰仁與義。」《周易·說卦》

「一陰一陽之謂道，繼之者善也，成之者性也。」《周易·繫辭》

「誠者，天之道也；誠之者，人之道也；誠者，自誠也；而道，自道也；誠者物之終始，不誠無物。」《中庸》

道也，道有變動，故曰爻；彖者，材也，言成卦之材，以統卦義也；象者，像也，立象以盡意，觀象而知吉凶悔吝），以示變化，以見吉凶；唯其變化吉凶，受諸多因素、條件及其相互制約之影響，故必須默察陰陽消長之迹，體認剛柔隆替之勢，覃思動静交易之節，求索顯幽晦明之兆，審視悔吝隱現之徵，孤守仁義屈伸之貞，慎於進退出處，依違語默，一以神幾爲上（此處所言之神，取知幾其神乎之意，妙萬變之美也），見幾而作，窺神而止；作之者，本於道、立於德也；止之者，亦無損於道、無虧於德也，此乃易之所以爲大道，體而行之，以成大德也。

《周易·乾卦》之大義，適與老子《道德經》首章之義相類也。老子之言「道可道，非常道」者，其所言之「道」，即《周易》所緼之大道也；其所明言「非常道」者，乃有意强調其所言之道與五典之「常道」有异也，此亦正是儒家與道家分道揚鑣之出發點，致力於儒、道兩家之學者，不可不察也；然儒與道畢竟同原也，此原即三墳所緼之大道也，儒家繼之，發展爲《周易》，道家承之，成書爲《道德經》，此亦致力於儒、道兩家之學者，所當重視者也。《乾彖》所言之「萬物資始」者，乃老子之「無名天地之始」也；《坤彖》所言之「萬物資端人之行爲；《周禮・天官》有言：「儒以道得民」，可知道者，乃儒之命脈也；然儒之道，又非孤立以存之者也，必見諸於德也，故必先究其道德之内緼，始足以窺道德哲學之堂奥焉。

一、道德哲學之内涵

老聃以道德二者之内緼，著《道德經》五千言，儒學亦自有其道德經，《周易》即此經也；而且，儒學以道和德，論述各類問題，獨有其緼，散見於儒學經典，兹就此二者分述如次。

首先，《周易》所論者乃大道也，大德也（或曰上德也），大道大德融爲一體也；「伏犧、神農、黄帝之書，謂之三墳，言大道也；少昊、顓頊、高辛、唐、虞之書，謂之五典，言常道也」（唐孔穎達：《尚書序》），此大道首見於伏犧之八卦、文王演爲六十四卦，孔子作《序卦》，闡明此大道之發展變化、永無終竭之過程，卦卦連續無間，步步轉化有序，若水流之奔前，似山勢之騰越，自闢其徑，無有抗拒之力，一往無前，不知所止；即以今之人類文明成就觀之，亦知此大道本之於天，成之於人，唯其以一種獨特之方式，卦、爻、彖、象（卦者，觀變於陰陽而立之者也，八卦成列，象在其中矣；爻者，言乎變者也，六爻之動，三極之者本也，内含也；禮也者，情義之文也，表現形式也；教與學也者，明理達用而得其正也；故知此三義中教與學最爲緊要，故孟子有言：「設爲庠序學校以教之，學則三代共之，皆所以明人倫也；人倫明於上，小民親於下，有王者起，必來取法，是爲王者師也。」（《孟子·滕文公》）人倫明於上，小民親於下，君子之德風，小人之德草，故知宫廷中之教與學，尤爲關鍵所在，「凡三王教世子，必以禮樂；樂所以修内也，禮所以修外也；禮樂交錯於中，發形於外，是故成也懌，恭敬而温文；立大傅少傅以養之，欲其知父子君臣之道也。」（《禮記·文王世子》）其故在於宫廷之中，權、位、名、利、色五者交相爲禍，以致情不足以感骨肉，禮不足以辨長幼，學不足以明義理，教之諄諄，聽之渺渺，唯隨權位所趨，色利所迷，骨肉殘焉，篡弒生焉，色慾肆焉，亂端頻焉；故必崇禮以臨之，嚴教以導之，使知道之尊，德之貴，心之明，情之天，私之禍，而有取捨防範焉。

第四節　道德哲學

由人倫哲學之利弊而知必有道德哲學，以啓人之良知，以發人之善性，以明人之明德，以簡不肖以絀惡。」（《十三經注疏》，一三四二也）「故君子欲觀仁義之道，禮其本也。」（《禮記·禮器》）「治國而無禮，譬猶瞽之無相與，倀倀乎其何之，譬如終夜有求于幽室之中，非燭何見；若無禮，則手足無所錯，耳目無所知，進退揖讓無所制。」（《禮記·仲尼燕居》）「禮之於正果也，猶衡之於輕重也，繩墨之於曲直也，規矩之於方圓也，安上治民，莫善於禮。」（《禮記·經解》）「禮之所興，衆之所治也；禮之所廢，衆之所亂也。」（《禮記·仲尼燕居》）「故禮義者，人之大端也，唯聖人爲知禮之不可以已也；故壞國、喪家、亡人，必先去其禮。故聖王修義之柄，禮之序，以治人情。故人情者，聖王之田也，修禮以耕之，陳義以種之，講學以耨之，本仁以聚之，播樂以安之。」（《禮記·禮運》）於此可見，禮之爲用大矣，耕之、種之、耨之、聚之、樂之、安之，俱乃學之明之知之行之、涵養自省也，實則，「學之爲父子焉，學之爲君臣焉，學之爲長幼焉；父子、君臣、長幼之道也，而國治。」（《禮記·文王世子》）教之學之之重要意義，於兹可明矣。

由此而知，人倫哲學中，有三相爲影響之要義存焉：一曰五倫中之情義也，二曰此情義賴有禮以規範之也，三曰欲使此禮見之於行，必有賴於教與學也。此三義構成一整體焉，情義

序》）

案《左傳》所載，自公元前七一九年至公元前四八〇年間，弑君二十，遍及衛、宋、晋、齊、陳、蔡、楚、莒、鄭、吴等十國，其中齊、晋兩國各爲六次和三次，尤以齊爲甚，先後於公元前六一三—六〇九年、公元前四八八—四八〇年四弑其君；弑篡之故，固多爲權、位，然亦不乏出於色通者，如「陳夏徵舒弑其君平國」（見《十三經注疏》一八七六頁），乃其君與其母通也；「蔡世子般弑其君固」，亦因色通也，（「蔡景侯爲大子般娶于楚，通焉，大子弑景侯。」《十三經注疏》二〇一二頁）春秋之監，可知五倫之中，因權、位、名、利、色，而致于君不君、臣不臣、父不父、子不子者多矣；秦漢以降，五倫之中因此而篡逆者，亦無代無之。由此可知，爲消弭禍患、防姦止邪，必正五倫，欲正五倫，必自禮始。夫禮者，理也，本于天者也，出于人性人心，入于人性人心也，切于五倫者也。故《禮記·主制》有言曰：「司徒，修六禮以節民性，明七教以興民德（六禮：冠、婚、喪、祭、鄉、相見；七教：父子、兄弟、夫婦、君臣、長幼、朋友、賓客。），齊八政以防淫（八政：飲食、衣服、事爲、异別、度、量、數、制。），一道德以同俗，養耆老以致孝，恤孤獨以逮不足，上賢以崇德，也，有二義當予以指明焉：一乃《周易説卦》中「立人之道，曰仁與義」之義，二乃義者，事之宜也之義。在五倫中，無論其爲夫婦、父子、兄弟、朋友、君臣，固首重仁義；父子有親，親以仁義爲内含也；夫婦相敬，敬以仁義爲核心也；兄友弟恭，恭友以仁義爲前提也；朋友有信，信亦以仁義爲準繩也，君仁臣忠，固以仁義爲守也。但仁義之授受亦有其度也，此中既有主客體驗之差，又有過與不及之病，更有私欲雜入之患；授受必以義（宜）爲准，始可於五倫之中，十義適如其份。具體言之，父仁也，夫仁也，君仁也，俱必得其宜也；過之，則子賴婦驕臣怨矣；不及，則子僻婦怨臣遠矣，此仁義施之於五倫中之分寸也。然此分寸亦難持平也，雖秉之以仁義，出之以至誠，依之以親愛，憑之以骨肉手足；授受之間，其爲父子也，兄弟也，君臣也，俱不可免私與蔽二大禍害也，尤以私之爲禍最烈，蓋欲壑難填也，争奪無已也；無論其表現爲争利也、奪權也、圖位也、沽名也、貪色也，莫不以仁義爲辭而賊害仁義也；於此可見，私欲也，權、利、名、位、色五者，乃仁義之賊也，亦五倫之禍也；其賊人之深，爲禍之烈，於春秋二百四十二年之歷史中，司馬遷即曾言之已：「春秋之中，弑君三十六，亡國五十二，諸侯奔走，不得保其社稷者，不可勝數，察其所以，皆失其本已。」（《太史公自見得思義」（《論語・季氏》）之義也；更若孟軻所言「操則存，舍則亡，出入無時，莫知其鄉，惟心之謂歟」（《孟子・告子》）、「禮義之悦我心，猶芻豢之悦我口也」（同上）、「人之所不學而能者，其良能也；所不慮而知者，其良知也」（《孟子・盡心》）、「萬物皆備於我矣」（同上）之義也。於此可明，余之所欲言之心，乃人之正確認識物我之心也，特別是體道修德之心也；是在此心、性之基礎上，體現人倫之道與德也。

人倫之道與德，固緼於性也，發于心也，而形于情者也；「人生而靜，天之性也，感于物而動，性之欲也，物至知知（言見物物，則欲益衆），然後好惡形焉。」（《禮記・樂記》）此蓋言人之七情六欲因物而起也，雖緼之于善性之中、良心之内，亦必有以善導之、善教之也；《禮運》有言：「故人情者，聖王之田也」；「何謂人情？喜、怒、哀、懼、愛、惡、欲，七者弗學而能；何謂人義？父慈、子孝、兄良、弟弟、夫義、婦聽、長惠、幼順、君仁、臣忠，十者，謂之人義」；「人藏其心，不可測度也；美惡皆在其心，不見其色也，欲一以窮之，舍禮何以哉！」此七情中之愛，乃具血緣關係、五倫中之三倫、天然之情也，即夫婦、父子、兄弟之間，天然之情也，弗學而能之者也。此處所言之人義十者，則五倫全及之矣；此義人性善論從此以確立矣。孟軻之後六十年，有荀況者出，持性惡論（「人之性惡，其善者僞也。」《荀子》，二八九頁），以非孟子性善論，詎不知，其所非之者，乃孟子所言「寡欲」也（孟子曰：「養心莫善於寡欲。」）「放心」也（孟子有言曰：「人有雞犬放，則知求之，有放心而不知求；學問之道無他，求其放心而已矣。」）。由此可見，孟子之性善論於天理上立論也，荀子之性惡論於人欲上立論也；孟子所見者，性之原也，荀子所見者，性之流也；孟子論其本而荀子論其枝也；清戴震之見：「性，譬則水也；欲，譬則流也。」（《孟子字義疏證》一〇頁）可于此作最明澈之疏證。蓋性與欲，俱出於天，乃孿生之者也；見其全者原者，則主性善；見其偏者流者，則主性無善無不善、或可善可惡、或性三品等；二千五百年以降論性之見，俱在性原與欲流上反復，唯其趨向愈論愈清，愈辯愈明，王陽明「性本於天」以後，論性之見趨近于一致矣。拙著《中國古代教育哲學》一書立有專篇論人性論之發展脈絡，可供參考。

人心者，非指其思維功能之義也，乃欲發其揚性之善、啓心之德之大義也；是乃如仲尼所言「君子有九思：視思明、聽思聰、色思温、貌思恭、言思忠、事思敬、疑思問、忿思難、

「所謂大臣者，以道事君，不可則止」；《論語·顏淵》中孔子答齊景公問政曰「君君臣臣，父父子子」等，乃孔子對君臣一倫之論也，此外尚有散見於儒學其他經典之君臣之論，不俱述矣。唯孟軻之言：「人之有道也，飽食煖衣，逸居而無教，則近於禽獸，聖人有憂之，使契爲司徒，教以人倫，父子有親，君臣有義，夫婦有別，長幼有叙，朋友有信。」可視爲自堯舜以降，對五倫施教之結論也。

三、人倫哲學之内涵

人倫哲學原於人性、人心；人性者，人之善性也，人性本善也；人心者，非僅言其思維之功能也，乃有見其天良之德也；故必先對此二者有以明之，乃可以論人倫哲學之内涵也。

人性善論，在儒家哲學中，居於基石之地位，儒家之其他理論，概立於此基石之上。然細察儒家理論之發展史，性善論之立也，《周易·乾坤》啓其始（《乾彖》：「乾道變化，各正性命」；《坤彖》：「坤厚載物，德合無疆。」）；孔子之言立其旨（「一陰一陽之謂道，繼之者善也，成之者性也。」《周易·繫辭》）；《中庸》之論得其要（「天命之謂性」，「自誠明謂之性」），孟子之論成其説（孟軻與告不害之辯論中有言曰：「人無有不善。」），

《釋親》中，尚詳列了以妻爲主體之垂直血統體系，屬本血統體系之旁系，不俱引入。

在本血統體系中，以人倫之親密言之，則以夫婦、父子、兄弟三者爲最，分析言之，乃父、母、兄、弟、子（男、女）五者之品秩不同，此五者，乃《尚書・舜典》所言之「百姓不親，五品不遜，敬敷五教在寬」之五品也，或曰五常：「品謂品秩也，一家之內，尊卑之差，即父、母、兄、弟、子是也，教之義、慈、友、恭、孝，此事可常行，乃謂五常耳。」（見《十三經注疏》一三〇頁）義者，夫妻之間以義爲德也；慈者，父母慈愛子女也；友者，兄友愛弟也；恭者，弟恭敬兄也；孝者，子女孝敬父母也。但就人倫縱橫關係之要而言之，此縱行之血統中所及之者實僅夫婦、父子、兄弟三者而已，或曰此處只講了五倫中之三倫，餘二倫賴孔子有以發明之也。

孔子所發明之者，何耶？曰朋友也，曰君臣也。與前三倫合而言之，謂之五倫也。唯後二倫，非縱向之血統繼承關係，乃橫向之人際、尊卑關係也。《論語・學而》中之「有朋自遠方來，不亦樂乎」；「爲人謀而不忠乎，與朋友交而不信乎？」可視爲孔子與弟子對朋友一倫之言論也。《論語・八佾》中之孔子答定公問「君使臣以禮，臣事君以忠」；《論語・先進》中雅·釋親》則將此縱行之血統人倫大序，詳列如次：「父爲考，母爲妣（生曰父母，死曰考妣）；父之考爲王父，父之妣爲王母；王父之考爲曾祖王父，王父之妣爲曾祖王母；曾祖王父之考爲高祖王父，曾祖王父之妣爲高祖王母；父之世父叔父爲從祖祖父，父之世母叔母爲從祖祖母；父之晜（音昆）弟，先生爲世父，後生爲叔父；男子先生爲兄，後生爲弟；謂女子，先生爲姊，後生爲妹；父之姊妹爲姑；父之從父晜弟爲從祖父，父之從祖晜弟爲族父，族父之子相謂族晜弟，族晜弟之子相謂親同姓。兄之子、弟之子，相謂從父晜弟。子之子爲孫，孫之子爲曾孫，曾孫之子爲玄孫，玄孫之子爲來孫（言有往來之親），來孫之子爲晜孫（晜後也），晜孫之子爲仍孫（仍重也），仍孫之子爲雲孫（言清遠如浮雲也）。王父之姊妹爲王姑，曾祖王父之姊妹爲增祖王姑，高祖王父之姊妹爲高祖王姑；父之從父姊妹爲從祖姑，父之從祖姊妹爲族祖姑；父之從父晜弟之母，爲從祖王母；父之從祖晜弟之母，爲族祖王母；父之兄妻爲世母，父之弟妻爲叔母，父之從父晜弟之妻，爲從祖母；父之從祖晜弟之其，爲族祖母；父之從祖祖父，爲族曾王父；父之從祖母母，爲族曾王母；父之妾，爲庶母。祖，王父也；晜，兄也。」（見《十三經注疏》二五九一頁）此乃以夫爲主體之垂直血統體（譜）系也，此外，在

二、人倫之序

人倫之序，含有縱橫二義焉，縱者爲親緣關係，此血脈相繼、垂直遺傳、成扇形擴張之義也，由此而構成彼此聯結、無限擴散、永無窮極之大網絡；而此大網絡中之因子，由於嫁娶（我國古代即已明同姓不婚、异姓而娶［嫁］之優生理論。），與异姓網絡中之因子結合，交相擴散發展，構成網網相結、脈絡相交、垂直發散、包有縱横之義之更爲複雜之大網絡，此序中之縱之含義大略也，即親緣血脈關係所及之者也，實亦自然之表現也，是乃人倫之自然本質也。然人類之社會性，必隨人倫之發展而日益見其複雜化，縱向之擴大，益之以横向之産生，前者爲血緣，後者爲爵禄，縱横交錯，構成人倫之大網絡，此亦人倫之自然表現也，此亦人倫本質而兼具社會性也，此二者乃孿生之者也；蓋其人倫之始，即已見其社會性存焉，血緣之中已緼含社會性矣，兹循縱横之序而述焉。

《中庸》有言曰：「君子之道，造端乎夫婦，及其至也，察乎天地」；《禮記・郊特牲》又言曰：「天地合而后萬物興焉，夫昏（婚）禮，萬世之始也，取（娶）于异姓，所以附遠厚别也。」故知夫婦乃人倫之始，有夫婦而后有父（母）子，血脈之垂直發展由此興矣。《爾人倫哲學還立基於人性哲學，人倫生於人性，人性之貫穿於人倫者，乃人性之善也，由此善而表現於人心、人情者也；人性、人心、人情三者人倫之骨髓也、脊梁也、活力與生命也。如人倫中之孝，乃德之本也（《説文》，「孝，善事父母者也」；《祭統》曰，「孝者，畜也，順於道，不逆於倫之爲畜（養也）」；《孝經》孔子曰，「夫孝，德之本也，教之所由生也」；「夫孝，天之經也，地之義也，民之行也。」）此乃人性善所決定之也，亦人之本於善性之心所自發之者也，亦人情之常也；由此孝擴而充之以治國家天下，（《孝經》：子曰：「昔者明王以孝治天下也，不敢遺小國之臣，而況於公侯伯子男乎？故得萬國之歡心，以事其先王。」）則其意義就更深遠而終至於無極矣。（《祭義》曾子曰：「身也者，父母之遺體也，行父母之遺體敢不敬乎？居處不莊，非孝也；蒞官不敬，非孝也；事君不忠，非孝也；朋友不信，非孝也；戰陣無勇，非孝也；五者不遂，裁及於親，敢不敬乎？」）故知孝者，乃人倫中諸德之基礎，孝立則弟行，忠信亦隨之而彰矣，故曾子曰：「夫孝置之而塞乎天地，溥之而横乎四海，施之後世而無朝夕，推而放諸四海而皆準。」（見《祭義》）

第三節　人倫哲學

人倫而形之以哲學者，既欲明人倫之序，復可辨人倫內在之表裏聯屬也，闡發人倫之根基，而求人倫中諸相關問題，彰明顯著，以有弘於儒學之理論體系，有啓於人之本有之明德，有補於世道人心之純正，而期善教美俗於人間也。

一、人倫哲學立基於自然哲學和人性哲學

言自然哲學，則必及於物也，物既生矣，則自有哲理存於其間，故有生物倫理學立焉（又名生命倫理學，或曰生物倫理哲學，以人和生物關係爲其研究對象者也）；人倫哲學自立基於自然哲學，更具體言之，則實脱胎於生物倫理學；生物之繁衍固與人之繁衍有异，然就胎生者言之，實無异也，而其親子之遺傳關係，連綿不斷，乃异類而同系也（就同一生命系統而言之也）；故可知人倫哲學，乃生命倫理哲學之最高最完備之表現形式也；就其倫理之發展言之，則不可脱離最初之倫理胚胎，以其最初之胚胎發展至最高最完備之形態乃是一系統而完全之體系，不容有絲毫忽視或割斷也，而其哲理更是一以貫之，而足見其發展之粗精與夫突變之過程也；以此而益見人之尊貴，但必須謙恭而不忘其本，珍重其精靈之性，修明其尊嚴之德也。

物我一體也；格物者，乃格心内外、性内外一體之物也；但必假之以誠意、正心之功，此功，自屬有爲者也，而且此有爲非外求之者，乃出於自見良知，發於心性，而自求完善之者也。有此發之於内之自求完善、不可動摇之意志，以之修身則身修矣，以之齊家則家齊矣，以之治國則國治矣，以之平天下則天下平矣；因其所修者，修自身發於心性之良知也，其所齊、所治、所平者，悉爲發於自身心性之良知也，悉爲此心内外一體之物也，悉爲此性内外一體之物也；是則心、性、治、物同體矣，明德與親民同體矣，致知與格物同體矣，何謂而不修齊治平之也哉！修齊治平者，爲之者也，不爲何以致之哉？其所遵者道也，其所爲者德也，此道與德積之既久，始可臻於博也厚也高也明也，與天地之覆載合德也；天地之所覆載者，物也、人也、性也、心也，俱出於無爲也；道德之所覆載者修齊治平也，俱屬於有爲也，其所爲者道與德也，唯道與德可致修齊治平也，此儒家有爲之至義也。此有爲者，乃於繼無爲之後於無爲（此處所言之無爲與道家之無爲旨趣略有异也）之根基上而爲之者也，由此而明，儒家在哲理上遠勝於道家也，此亦可窺知二千餘年來儒、道兩家影響人心、政教之根由也；道家專意於成己，儒家則并重成己成物，而且視成己爲成物之基礎；獨成己而不成物則其所成之者，未止於至善也。

家，此偏激之見也；儒家包容道家偏激之見，以德行之純而達於無爲之域，以求成己成物，此儒家之雍容大度也，此亦儒家在二千餘年之修齊治平之歷史中所以如此深入人心而不衰者之原因也。儒、道曾同爲顯學，以其元同根正，有爲無爲相得益彰也；默察人心之所向，人性之所求，超然於利，脱然於蔽，尋歸自然之本，乃未來將要興起之思想大潮也；人心人性所求之更爲完善之發展，必賴無爲有爲此一正確之途以導之，此儒、道共同之大任也。

成己成物既不見而彰，不動而變，無爲而成，其道德之覆載恰如天地之覆載，自然而然之者也，其切必臻於博也厚也高也明也悠也久也之完善境地，不高不明無以覆，不博不厚無以載，不悠不久無以成，亦無以博厚、無以高明也；天地之覆載如此，道德之覆載亦如此；《大學》對此發之完備深極，其開宗明義曰：「大學之道，在明明德，在親民，在止於至善」，明明德，成己也；親民，成物也，誠意、正心、修身，成己也；齊家、治國、平天下，成物也；止於至善，成己成物達於最完善之境界，達於由有爲而入於無爲之自然境界，達於道與德一體，及於高明博厚、足以覆載之境域也。然其關鍵在「格物致知」。致知者，還是以王陽明之見，致良知爲是，良知者，發之於人之善性也，致此良知，乃識自我之善，識物我之善，識爲也，唯其爲於内、變於内、化於内、外視之，似無爲也；究其實，無時無處、萬物萬象，無不在爲也；唯其爲之與無爲之境界同一也，無爲與有爲之間未有痕迹亦不可尋求其痕迹也，此其無爲而成之在本體上之統一也，此亦儒、道兩家哲學思想同原、而且在本體上統一也，此乃《中庸》所發有爲與無爲之一統觀也。其成己者，固有爲也，不爲何以成之耶？然其所爲之者，是在無爲之基礎上，順天道地道人道而爲之也，此道也，誠也，唯誠者而爲之，其所爲適與無爲者，一脈相承也（對此一脈相承，務須理解爲道，脈者，道脈也），一理而通也（此理亦道也，亦誠也），始可言成己也，以此故知，儒、道兩家之有爲與無爲，其本體一也，即道也，誠也，儒、道之分道揚鑣，其出發點在此也。若以成己之修養而論，即從道家言之，其言無爲者，非其不爲也，而是不倦爲之也；唯其秉無爲之道，爲之日勤也，舍爲之何以達道耶？爲之而且日勤者，此儒、道兩家之所同也，爲之以道，此亦儒、道兩家之所同也；唯儒家爲之者，乃遵循道德之旨歸，以「正德、利用、厚生」（《大禹謨》）爲務，以「範圍天地之化，曲成萬物而道濟天下」（《周易・繫辭》上）爲己任；道家所爲之者，則遵循無爲之道而上溯，以求歸其真而返其樸，此乃儒道兩家同中之异也。道家以「絶聖去智、絶仁棄義」非儒下」，此言有欠當處，外有上下，或意指外有位居上下者乎？內則無上下也，其所以言上下者，顯見其意有尊上也；實則性之德也，合內外之道也，乃性內外一致也，一統觀也；王陽明所言之「無性外之理，無性外之物」，其深意所在是此也。是則，性物一也，性理一也，內外一也；天、地、物、人、性、德，一道而貫，一脈而通，無有違礙矣。

如前所論，既天、地、物、人、性、德一脈而通、無所礙違矣，則無爲與有爲亦自然一脈而通成爲一體也。何則？蓋天之所以爲天，地之所以爲地，物之所以爲物，人之所以爲人，性之所以爲性，德之所以爲德，俱自然然耳，俱屬於無爲之範疇，俱無爲而成之者也，悉爲道之表現也；此種獨德一項，具有自然與修養之雙重性，因而，由德而行，則受人性、人心、人情之使也，而此使也，因其性、德既屬無爲之域，已入於體道之境，已與天地物人性爲一矣，則其行亦自稟其性、率其德而出之者矣；而且，更經歷「至誠無息、不息則久、久則徵（徵驗也），徵則悠遠」之積累工夫，自然而形之德，彰之行，故其言曰：「如此者，不見而章，不動而變，無爲而成。」此中之不見者，實見之，以道之化物，由隱而顯也；不動者實動之，以道恒處動靜之中也；無爲者實爲之，以道長自爲也；由此而知，合於道者，悉自爲也，實有知也，實則此知亦仁也，於此可見仁與知一體也。仁者，孔子視之「仁者安仁，知者利仁」；孟子予以明之，曰「人皆有不忍人之心」，仁爲諸德之本，成己者仁也，即成此本也；成物者知也，此知之義，鄭玄注之曰「彌博」，此彌博之意，似就外而言之也，實則此彌博更應包函仁之至義，仁民而愛物，若無此愛物之仁，則其知不全矣，不可能真正成物也。故成己成物也者，性之德也，合内外之道也；性之德，除前述之仁爲德本，更當包含人性善、物性善一體之義；此二善也，其根乃一善也，一善以貫人與物也，物性善被忽略了，唯《中庸》明確闡述盡人性與盡物性之統一，但未被發揚；《乾卦》對物性善固有明示，更不爲注意；二千餘年間，中華學界唯知「人爲萬物之靈」，不見「惟天地萬物父母」之物；於成己，肆力以赴，於成物，唯知求事功之物，而忘卻人類所賴以脱胎而出之物；面對此經文成己成物一統之教而靜思之，不禁愧悚不已；子思著《中庸》明示「盡人性、盡物性、成己成物、贊天地之化育與天地參」（與天地參）之神聖大任，已沉睡二千餘年，當予以宣揚，使成己成物，真正成爲性之德也，合内外之道也。性之德也，内也，亦外也；就我而言，内也，就我與物而言，則有外也；反之亦如是；就人際而言，則亦有内外也，唯此内外悉相通也。鄭元注之曰：「外内猶上植飛潛、卵生胎生、鳥獸龜蛇，凡生命之屬，各有其道者，此道也；緼之於人者曰人道也，天理人欲、道心人心，與生俱生者人道也，仁義禮智、孝悌忠信人道也，人倫、家國、政教、風俗人道也；此道也，原之於天、原之於地，亦原之於物，然與天、地、物有异也，异之者，在道之内也，而其表現形態（觀念形態）却在道之外也，其名曰德，道其内也，德其外也，道其實也，德其華也；「天地之大德曰生」，其言之者德也，實則乃道也，道與德本一體也，本一原也，不可分而言之也，但又必須分而言之者，以其内外有异也；合而言之則其全也，分而言之，則言其异也，凡言道與德者必如是也。「誠者，自成也」，自成者，明其道，端其行，成其德也；但必以誠爲先，蓋道者，雖無聲無嗅，視之不見，聽之不聞，感之不覺，然乃實實真真而存在者也，不以至誠，則不可體道，更無以言修德，故至誠之願、至誠之心乃自成之前提也，切不可玩忽；蓋儒家所言之道，出於天，入於人心，此中之誠（真也實也），一以貫之於天地物人（心性），一脈而徹，一理而通，間無隔髮之礙，不出以真心真情、至誠之精，則不能見人性人心之純，無以言體道修德矣，不誠無物之大義蓋指一無所成而言之也。

成己也，内也，成物也，外也；成己必成物也，道之所至，德之所至也；成己仁也，成物者，乃萬物之本體也，故自成其萬物也（或曰：萬物因以自誠也，亦可。），此天道之自行也，自成也；人能至誠，方可體道修德以自成也，此人道之所致也；然而，道，依然是其本來之道，不因識道者之致力而有絲毫改變也。故於此語（誠者自誠也）之後而有「誠者，物之終始，不誠無物。」一出焉，以加深前一句之意，而引出後面以一誠字貫之之整段經文，上下語氣緊扣，理論邏輯嚴密。在此，當順便指明「不誠無物」一語含有二義焉：一曰無本體之存在則無萬物之生長；二曰若求道態度不誠，則不能識物我、盡人性、盡物性矣，故順之而出曰：「是故君子誠之爲貴。」

此一大段經文，主旨有三：一爲道與德之一統觀（性之德也，合內外之道也之一統觀），二爲有爲與無爲之一統觀，三爲天地之覆載與道德之覆載之一統觀，兹分别論述如次。

所謂道與德之一統觀者，此處所言「誠者，自成也，而道，自道也」，已將道與德之内在一統觀説清楚了。道，自道也，存於天地之間，形於人物之際；人也物也，莫非此道之體現者也；見於天者曰天道，日月星辰、四時寒暑、風雲雷電、運行不息者此道也；存於地者曰地道，山川河岳、海洋森林、五行九州、萬物賴以生長栖息者，此道也；形於物者曰物道，動道政爲大」之義詎可窮盡之哉！

五、成己成物之一體觀

《中庸》闡明了盡人性、盡物性、成己成物之一體觀，此乃人性善哲學中修養之至高境界，其言曰：「誠者，自誠也，而道自道也；誠者，物之終始，不誠無物，是故君子誠之爲貴。誠者，非自誠己而已也，所以成物也；成己仁也，成物知也；性之德也，合内外之道也，故時措之宜也。故至誠無息，不息則久，久則徵，徵則悠遠，悠遠則博厚，博厚則高明；博厚所以載物也，高明所以覆物也，悠久所以成物也；博厚配地，高明配天，悠久無疆；如此者，不見而章（見讀如現），不動而變，無爲而成，天地之道可壹言而盡也，其爲物不貳（言至誠無貳），則其生物不測，天地之道，博也，厚也，高也，明也，悠也，久也。」此段經文中有必須疏正之者，如「誠者，自成也，而道自道也」，漢鄭玄注之曰：「言人能至誠，所以自成也；有道藝，所以自道達」，前一句（「言人能至誠，所以自成也。」）注對了一半，還有一半是言天道者則未及注明也；後一句（「有道藝，所以自道達。」）則與「而道，自道也」之原意不合，蓋「而道，自道也」乃承上句「誠者，自成也」而出之者也；全句之原意應爲：誠然後好惡形焉，好惡無節於内，知誘於外，不能反躬，天理滅矣」；「樂者，樂也，君子樂得其道，小人樂得其欲，以道制欲，則樂而不亂，以欲忘道，則惑而不樂；德者，性之端也，樂者，德之華也。」（此數言《樂記》之論，本當於《禮記》中行之，爲慮禮、樂并列爲《六經》，故述於《禮》後。）

善性之大義見於《春秋》者，有「善人，國之主也」；「天生民而立之君，使司牧之，勿使失性；使一人肆於民上，以從（讀如縱）其淫而棄天地之性，必不然矣」；「詩書，義之府也，禮樂，德之則也，德義，利之本也」；「春秋之稱，微而顯，志而晦，婉而成章，盡而不汙，懲惡而勸善，非聖人誰能修之」等。

綜觀上述性善之大義，形之於六經者，可灼見其在六經完備理論中之地位和作用，一以性善大義貫之，乃精髓也，麯蘖也，無精髓則無以立，亦無有生機也；無麯蘖則無以化，亦無以見人性之德澤也。由此可明宋儒陸九淵之言（六經注我，我注六經。），誠深諳心性之大義也；亦可知《六經》者，善性（物性、人性）體用一元之表現（理論體系）也，其中最爲核心者，乃教與政也，亦自然然耳；蓋人之生也長也，非教無以立，家也業也，非政無以安，「人兆民」；「欽崇天道，永保天命。」《商書・湯誥》曰：「慄慄危懼，若將隕於深淵，萬方有罪，在予一人；予一人有罪，無以爾萬方。」《周書・洪範》曰：「無偏無黨，王道蕩蕩，無黨無偏，王道平平，無反無側，王道正直。」

善性形之於《易》者，則六十四卦之内函乃自然界、人事、道德之消長榮枯之過程也，孔子視此過程爲人性善、物性善之統一也，其所撰之《周易序卦》全文，意在説明心物辯證與歷史辯證永無終極之軌迹，而且以未濟卦結束，爲物性與人性之發展，開闢了永無終極之大道。

善性之形於《禮》者（僅就《禮記》而論，《周禮》《儀禮》略之也。），《禮記》四十九篇中，言及性善之義者就有《禮運》、《學記》、《樂記》、《經解》、《哀公問》、《仲尼燕居》、《孔子閒居》、《中庸》、《儒行》、《大學》等十篇，其餘諸篇，亦多有論之，如《三年問》有言曰：「凡生天地之間者，有血氣之屬，必有知，有知之屬，莫不知愛其類，小者至於燕雀，猶有啁噍之頃焉，故有血氣之屬者，莫知於人（人之靈知最高），故人於其親也，至死不窮。」

善性之形於《樂記》者，「人生而靜，天之性也，感於物而動，性之欲也，物至知知，德，洽此四國」，天子之所明明者，明「人道政爲大，爲政愛民爲大，仁民而愛物」，此性善論之精髓也，文德布於四方者，善性之化爲政治也。

善性形之於《書》者，《堯典》曰：「克明峻德，以親九族，九族既睦，平章（平和章明也）百姓，百姓昭明，協和萬邦，黎民於變時雍（變，化也，時雍，風俗雍和也）。」《舜典》曰：「契，百姓不親，五品（五常也，此處指父母兄弟子）不遜，汝作司徒，敬敷五教（五教：父義、母慈、兄友、弟恭、子孝）在寬」，「神人以和，百獸率舞」。《大禹謨》曰：「德惟善政，政在養民，水、火、金、木、土、穀，惟修；正德、利用、厚生、惟和」；「人心惟危，道心惟微，惟精惟一，允執厥中」；「惟德動天，無遠弗屆，滿招損，謙受益」；「罰弗及嗣，賞延於世」；「罪疑惟輕，功疑惟重，與其殺不辜，寧失不經，好生之德，洽於民心」。《皋陶謨》曰：「在知人，在安民，知人則哲，能官人；安民則惠，黎民懷之」；「天聰明，自我民聰明，天明畏，自我民明畏。」《夏書·五子之歌》曰：「皇祖有訓，民可近不可下，民惟邦本，本固邦寧」；「予臨兆民，懔乎若朽索之馭六馬，爲人上者，奈何不敬。」《商書·仲虺之誥》曰：「惟天生民有欲，無主乃亂」；「克寬克仁，彰信兩情相許，等而視之，若大旱之望雲霓也，俱發之於情也性也，自然而然者也；其輾轉反側，求之不得，又苦求之，乃雙方個性之投合也，無此個性之投合，則不起寤寐思服，亦無輾轉反側，此人之异於禽獸者也；至琴瑟友之，鐘鼓樂之，已屬禮儀範疇矣，固亦人之善性之表現也。

唐孔穎達所撰之《周南關雎訓詁傳》云：「關雎樂得淑女以配君子，愛在進賢，不淫其色，哀窈窕思賢才，而無傷善之心焉，是關雎之義也。」實牽强其意焉。後漢鄭玄之注云：「言后妃有關雎之德，幽閒處深宮，貞專之善女，能爲君子和好衆妾之怨。」亦有違孔子删詩時將《關雎》置於篇首之原意也。竊孔子之意「君子之道，造端乎夫婦」（《中庸》），「夫昏禮，萬世之始也」（《禮記・郊特牲》），亦以夫婦之道爲人生第一義，其以此篇置之卷首之意不辯自明矣。

又如《大雅・江漢》，乃美周宣王承厲王衰亂之餘，撥亂復興，「以定淮夷」（即江淮地區）之政績也，此乃儒家布德四方、大一統之政治思想之體現：「江漢湯湯，武夫洸洸，經營四方，告成於王；四方既平，王國庶定，時靡有争，王心載寧；明明天子，令聞不已，矢其文也，此乃萬世不磨者也。然而，秉於大道，極於鴻旨之教，不可以自行也，必有賴於政以全面推行之；政諧則教正，政乖則教偏，此政影響教也；反之，政乖而教直，政亂而教正，則教與政相悖，民心向背易位，則政必摇，而變革相乘矣，此乃政與教依違之辯證關係，爲政者爲教者不可不明辨者也；明辨之唯一準則乃人之善性也。

質諸史乘，性與教、性與政、教與政三者一體之大義，固藴之甚厚，然發之不力，未濟於彰明也；余之欲鳴此道於天下者，蓋有監於中外教育之説，唯性教同體之論（唯儒學之見如此。）爲貴，隨之而發性政一體之論，以此敬陳於讀者賢達之前，期有以明斯道於海内外，引起人類至善至美心靈之共鳴，將有以立而揚之也，亦將有惠於人類也。

然則，性善大義又是如何體現於儒家經典乎？兹分别而求之。

形之於《詩》者，如《周南·關雎》，其所描繪者，實乃物性善、人性善二者完美統一之、自然畫面與人性善所産生之道德品質中之、男女相戀之、情景交融之美妙畫卷。表現於物性善者，有雎鳩之鳴也，有若窈窕淑女之低唱激起其戀人之熱烈情感也，有參差荇菜和水流交融而出之柔情似水之美景恰如戀人雙方之似水柔情，融合爲一，是君子好逑，亦淑女傾心，政立，政以教成，然俱必發人之善性，此本公認而鮮爲詳發之者；教發人之善性則良知出而德行立矣，政發人之善性則善政性、美俗化而民心悦矣，從體用上觀之，於教而言，則性爲體教爲用；同樣，於政而言，則性爲體政爲用；政和教俱爲性之用，政教同體明矣。然於施行之際，政與教又非處於同等地位，此中既有其歷史發展之先後之序，復有其本末源流之辨，不可不辨也。索其先後，則教在政先，辨其本末，則教本政末、教源政流、教主政從、教久政暫、教秉之以大道、政御之以權術；教施之者，全也（全民也，全道也，全德也）、一也（一以修身爲本也，自君王、官員，以至於庶民無别也。），政行之者，利也（急功近利）、私也（執政者之私也），由此觀之，教正而政邪也，教直而政曲也，教公而政私也，教秉天理而政遂人欲也；於此而論，教與政，其本末、源流、主從之關係明矣。

考之儒學經典，六經之爲教也，乃純道也，純理也，廓然大公也；其施教之方，有《學記》之論，有《大學》之論，有《中庸》之論，可謂詳矣備矣，歷萬世而不磨矣；其形之於政者，「人道政爲大」，「政者，正也」，「大道之行也，天下爲公」，「古之爲政，愛人爲大」，由此益可明教爲政本，申言之，教爲立政之本；就儒學經典之鴻旨而論，教乃立國之本前後輝映也。

其餘各家論性之見不擬備述矣，但綜前所論，尚有須待指明者有二：一性善論之爲説，愈辯而愈明，愈明而愈博，若百川之歸海，不可窮其涯際，前述各家之論，形似有异，亦自然然耳（如有主性惡論者等等），但析其源流，尋其旨歸，可必歸性善論也；凡於流、欲、習染而言性者，必歧爲各异説也（用此异字非寓貶意也），然各异説亦與性善論相連相通、同同异异也；如不應視性惡論爲獨立的、不可調和之説，其終旨必歸之於善，必融入於性善論，此乃論性諸説之內在邏輯結論：形异而質同，論別而旨一；不作如此觀者，則未明性善論之本質，以及人心隨道心同時而出之奥義也。二善性和政教在本體上之一致，此三者（性、政、教）在本體上之統一以及其在體用上相得益彰，乃是一本蘊藏萬理之天書（天者，自然也，自成邏輯體系也。），窮之不盡，迄今尚未爲世人所深識也。

中華古代教育理論本立於性善論之基礎上，同樣，中華古代政治理論亦立基於性善論之上（「道孰爲大，性爲大。」（見《河南程氏遺書》第二十五卷）「人道本於性，而性原於天道。」（見戴東原《孟子字義疏正》）「人道政爲大。」（見《禮記・哀公問》），故知教賴云「窮理盡性」者，亦乃隨文明之進步而日漸深化也；故知儒家之人性論實乃一本蘊藏萬理而又窮之不盡的書，也是一本通達人類本性而且必須全人類通力合作以窮之、始可期及大效之書，也是一本喚醒人類尊嚴、誘發人類精神、必爲人類接受而卻尚未被理解之書；故此，可以論知，中華文化對人類文明所作之貢獻中以人性善論之意義遠大深邃；王陽明論性之見直指性天，彰揚善性與良知，明體達用，爲人類認識道路上廓清了迷霧和開闢了新視野，實與有力焉。

又從性與教之一體而論，王陽明闡發了《中庸》大義，其識見有勝於其前人者遠矣，於其論子思之見中可得之矣，其言曰：「子思性、道、教皆從本原上說，天命於人則命便謂之性，率性而行，則性便謂之道，修道而學，則道便謂之教。率誠是誠者事，所謂自誠明謂之性也，修道是誠之者事，所謂自明誠謂之教也。」於此可明王陽明之心路，教由性出，性自道成，道-性-教三者，其本原一體也；唯其如此，教始可入人心也，覺人性也；教始可有補於人道治道也。王臨川之《原教》發「善教者藏其用，民化上而不知所以教之之原」、「自然然耳」之論（《王文公文集》），深諳道-性-教一體之蘊，其言早出四百五十年，適與王陽明之論之原，尤以王陽明論性之見爲純高，拔若高峰，燦如明星，乃孔孟之後論性之异彩也，兹録其言以見其正：「性是天之體，天是性之原」；「至善者，性也；性原無一毫之惡，故曰至善」；「緣天地之間，原只有此性，只有此理，只有此良知，只有此一件事耳」；「天下無性外之理，無性外之物；學之不明皆由世之儒者，認理爲外，認物爲外，而不知義外之説，孟子嘗闢之」；「夫理無内外，性無内外，故學無内外，講習討論未嘗非内也，反觀内省未嘗遺外也」；「良知之外，别無知矣，故致良知是學問大頭腦，是聖人教人第一義，某於此良知之説，從百死千難中得來，此良知二字，實千古聖聖相傳一點滴骨血也」；「性無不善，故知無不良，良知即是未發之中，即是廓然大公，寂然不動之本，人人之所同具者也。」（見《王文成公全書》卷三十三。）

綜觀王陽明論性之見，知其將性原與良知、與仁義禮智根於心、與學與教統洽爲一；是則，在論性之發展史中，曾經出現過之一切模糊觀念就幾乎澄清無遺矣。從體到用、從原到流、從外到内、從性到心、從心到知，一體而道，一脈相承，一目瞭然，燦然於胸次矣。

性出於天，一個性字包含宇宙，人性大矣尊矣奥矣妙矣，不可窮盡矣，《周易説卦》所之膚淺而未能致其深幽也，僅知孔子之言「中人以上可以語上也，中人以下不可以語上也」，而未識孔子之言「繼之者善也，成之者性也」之微旨也。然對孔孟之論性大旨，韓愈亦有得之者，但非立足於本原而得之者也，而且得之少而失之多；而其性三品之説，既與孔子之意相悖，又與孟子「人無有不善」之義相違。蓋孔孟之言性，直指人性之天也，全也，純也，一無例外也，何云三品乎？可見韓愈之論性是站在孔子早年論性之立足點上（多從教育角度、人之智力高下而論之者，非性也。），而不識孔子晚年學易濬哲通天之見（近代哲人熊十力有言：「孔子之學，不妨總分爲兩方面，兩方面者，十五至四十，孔子用力處大概屬於人生論方面；從五十學易而知天道，則由人生論而進入宇宙論，窮大極深，沛然充實不由己，窮徹乾元性海，即於小體而識大體，乃更進而主張成人之能，以弘揚天道，此孔子所獨超越千聖而獨尊也。」見熊十力著《原儒》上），其所著文雖名曰《原性》，而其所得者實不過孔孟論性之見之模糊折光而已，未窮及性原之底蘊，非性原也，亦非原性也，乃韓愈前賢論性之雜什也。

韓愈以後，諸儒之論性卓著者，有二程（顥、頤）、張（載）、朱（熹）、陸（象山）、王（陽明）、王（船山）、戴（震）諸賢，其間雖未免有瑕疵者，可謂俱得天道之要，性本而分之，是其蔽於不識性之本原，而暗於六經之真諦也。

韓愈著《原性》，主性三品論，實則其所言者，并非原性也，非性之原也，觀其言可知矣，「性也者，與人俱生也，情也者，接於物而生也；性之品有善，而其所以爲性者五；情之品有三，而其所以爲情者七也。曰何也？曰性之品有上、中、下三，上焉者，善焉而已矣，中焉者，可導而上也，下焉者，惡焉而已矣；其所爲性者五：曰仁，曰禮，曰信，曰義，曰智。上焉者之於五也，主於一而行於四，中焉者之於五也，一不少有焉，則少反焉，其於四也混，下焉者之於五也，反於一而悖於四。性之情視其品，情之品有上、中、下三，其所以爲情者七：曰喜，曰怒，曰哀，曰懼，曰愛，曰惡，曰欲。上焉者之於七也，動而處其中；中焉者之於七也，有所甚，有所亡，然而求合其中也；下焉者之於七也，亡與甚，直情而行之者也，上之性，就學而愈明，下之性畏威而寡罪，是故上者可教而下者可制也。」（見《韓昌黎全集》一七五頁。）

由此可見，韓愈之論性乃雜孔孟之意（指孔子早年論性之見）而出之者，又雜性與情而論之者也；「性也者，與生俱生也」，此雜孔孟之意而出之者，然其於孔孟之論性，僅見其及質之樸也」，實相悖違，按「性者，天質之樸也」推論之，則無論聖人之性、斗屑之性、中民之性俱屬天之樸也，應悉可名性，何謂只有中民之性可名性哉？猶有當指明之者，其有言曰：「性者，天質之樸也；善者，王教之化也」，一則將性與王教割裂爲二，而則視王教爲外加之也；極究儒學之性與王教觀，二者乃互爲表裏也；王教者何耶？六經之爲教也；六經者何耶？詩、書、易、禮、樂、春秋是也，悉爲人性、人心之最高、最精微之表現也；宋儒陸九淵對此曾爲之言曰：「六經注我，我注六經」，是深得儒學之真諦也。故知《易》者，言變也，言天也，言道也，言體道而修德也；《詩》者，言性也，言情也，言心也，言志也，言民心之向背也；《書》者，言政事也，言道心與人心也，言道德、知行也；《禮》者，言天也、性也、情也、理也、履也，言道德行爲之規範也；《春秋》者，言事也、行也、德也、政也，成敗得失之幾也，言褒善而貶惡也；《樂》者，言性也、情也、心也，言人之好惡也，言同民心而出治道也。合而言之，六經者，天道、地道、人道（人性、人心、人情、人德、人行）之最高、最精微之表現，王教之内函也；其爲教也，立足於人之善性，旨在啓發人之善性、啓迪人之良知而自醒於向善也；故六經之教，出於人性而歸於人性者也，性與教乃一也，非二也，董仲舒割爲，有所至而止，止之内謂天，止之外謂之王教；王教在性外，而性不得遂，故曰人有善質，而未能爲善也。以性爲善，此皆聖人繼天而進也，非性情質樸之能至也，故不可謂性。使萬民之性皆已能善，善人者，何爲不見也。觀孔子言此之意，以善難當甚，而孟子謂萬民之性皆能當之，過矣。聖人之性不可以名性，斗屑之性又不可以名性，名性者，中民之性。性待漸於教訓，而後能爲善，教訓之使然也。性者，天質之樸也，善者，王教之化也；無其質，則王教不能化，無其王教，則質樸不能善。」（見《春秋繁露·實性》）

細析其言，則見其論性之概念混亂，蓋未得人性之天也，亦見其未通徹儒之大道也，儒之大道，就論性而言，見之《易》者，《乾彖》曰：「乾道變化，各正性命」；《易繫辭》曰：「繼之者善也，成之者性也」，此乃儒家人性善論之理論基石也；仲舒不明此大義，不徹了物我之成性乃善之善者，此善曰元，孔子《乾卦文言》曰：「元者，善之長也」，即此意也；董仲舒獨未識此意，故其論性之見不免流於瑜瑕間雜，其離孔孟遠矣；瑜者，指其「性者，質也」之言，瑕者，謂其「善出於性中，而性未可全爲善也」之見，其概念混亂者，指其「聖人之性，不可以名性，斗屑之性又不可以名性，名性者，中人之性也」，此言與其「性者，天況。），此在人性論上之一「混」字，竟將大明「真儒」、光照前漢、名垂後世之揚雄，不免攪得有點暗然失色，亦乃儒學認識論上之一憾事也，讀其《法言》可知矣。其有言曰：「通天地人曰儒」（《法言・君子》），「如用真儒，無敵於天下」（《法言・寡見》），「道也者，通也，無不通也」，「匪伏匪堯，禮義哨哨，聖人不取也」，「道以導之，德以得之，仁以人之，義以宜之，禮以體之，天也」（《法言・問道》），「人心其神乎！操則存，舍則亡，聖人存，神索至」（《法言・問神》），「大人之學也，爲道，小人之學也，爲利」，「學者，所以修性也，視聽言貌思，性所有也，學則正，否則邪，師哉師哉，桐子（桐，洞也，洞然無所知之狀也。）之命也」（《法言・學行》）；從上引論點，只當出性善論，不應出性善惡混論，然既出之矣，故不覺憾之也。

董仲舒主性禾善米論，其言曰：「性者，質也，故性譬於禾，善譬於米，米出於禾中，而禾未可全爲米也；善出於性中，而性未可全爲善也；身之有性情也，若天之有陰陽也；言人之質而無其情，猶言天已陽而無其陰也。性如繭如卵，卵在覆而爲雛，繭在繅而爲絲，性待教而爲善。……民受未能善之性於天，而退受成性之教於王，王承天命以成民之性爲任者也。天所可善可惡論者。王充持有善有惡論，實則其言亦包涵有無善無惡論，分析其言可知矣：「論人之性，定有善有惡，其善者固自善矣，其惡者固可教高率勉，使之爲善」，「人之性善可變爲惡，惡可變爲善，蓬乘麻間，不扶自直，白紗入緇，不練自黑；夫人之性猶蓬紗也，在所漸染而善惡變矣。」（見《諸子集成》（七）王充《本性篇》二八頁。）人之性既如蓬紗也，在所漸染而善惡變矣，若不予漸染，則無善惡可言也，故曰王充之論性已包涵無善無惡之意也；綜觀王充之論性，其立足點明矣；其所見者非人性之本也，故不明人性之善，惟見人性之因「漸染」可變爲善惡，此乃教育與社會環境之影響也，而人性善論，則視教育以發其善性而使其行益善矣；即於惡境之中，亦自知寡其欲而從善避惡焉；然亦有不寡欲、不收其放心終致流爲惡者，此乃非其本性不善，是物欲驅其向惡也；王充未識達人性善之本原，故其論淪入善惡兩論之間，甚至更近于性惡論，是邏輯之必然也。

揚雄則主善惡混，其言曰：「人之性也善惡混，修其善則爲善人，修其惡則爲惡人。」（《揚子法言·修身》）析其言，則知其未能徹識人性之原，而將道心與人心，天理與人欲，等量齊觀，其必然由可善可惡論（似王充，但遜於王充。）滑向性惡論（不像荀況，卻更近荀也，孟子正是有見於四心（仁、義、禮、智。）非外鑠我者，我固有之也，故駁斥了告不害仁內義外之謬，闡明了人之有四心，猶人之有四體也；荀子爲人欲所蔽，只見人性之本之表，而不知人性之原，道心也；由此，亦可見其疏於儒學經典之要，未明「人心惟危，道心惟微」之大旨也，即以此道心反照荀論之謬，亦足以見其性惡論之理論邏輯之大失也，此乃二者之异者二也。

然此二論亦有其同者存焉，如「師法之化，禮義之道，塗之人皆可以爲禹」，「人皆可以爲堯舜」，是其同也；然此同中又有异者存之，即此師法之化、禮義之道，在孟軻是順人之性、覺而化之；在荀況則是逆人之性，强而化之；在孟軻是禮義生於心（君子所性，仁義禮智根於心。），在荀況則爲禮義加諸身（「今人之性固無禮義，强學而求有之也」。）；「人皆可以爲堯舜」，孔孟之見是善性之發，力而行之可致也，荀況之見則是積而致之，靡使之然也（靡謂相順從，磨切之也。）此中同同异异者，既出於論性之立足點之异及其所見之深淺之殊，亦出於所論者乃同一人性也，其歸宿必同於重教化，此乃同中之同者也。

居於此善惡兩論之間者，有可善可惡論，有善有惡論，無善無惡論，前述之告不害屬於也；性惡論立論於欲，亦未必惡也，亦有其理也；由此分析，則視性善論與性惡論爲相輔相成之論，亦其宜也。

惟二者，既在立論上有异，則其結論自殊矣。一曰性惡論視善者爲僞也，僞有二義焉，一曰僞者假也；二曰僞者，人爲之也。性善論者，其見异於此也，視善者爲發展之過程也，其含義有親善、親和之力也，包有仁愛之意也；善者，天也，性之自然表現也，無一絲人爲之迹也，非「化性而起僞」，是乃人性之自然流露也（惻隱之心人皆有之。）禮義者，非「聖人之所生」，乃本於天也（孔子曰：「夫禮者，先王以承天之道，以治人之情，故失者死，得之者生。」見《禮記・禮運》）；「禮也者，反其所自生。」（見《禮記・禮器》）；「明於天地，然後能興禮樂也。」（見《禮記・樂記》）；「凡禮之大體，體天地，法四時，則陰陽，順人情，故謂之禮，訾之者，不知禮之所由生也。」（見《禮記・喪服四制》）。由此可知，荀况之非禮義之論，乃其立足點出於好利之心所致也；故其唯見争利之惡而不明天道之善，此善惡二論之异者一也。正因荀况站在好利之心上，故其對性、僞之分，所見不明也；按荀况之言：「不可學、不可事而在人者謂之性，可學而能、可事而成之在人者謂之僞」，此言本無病所以爲禹者，以其爲仁義法正也，而塗之人也，皆有可以知仁義法正之質，皆有可以能仁義法正之具，則其可以爲禹明矣」；「故聖人者，人之所積而致矣」；「求賢師而事之，擇良友而友之，所聞者，堯舜禹湯之道也，身日進於仁義而不自知也者，靡使之然也」。（《諸子集成·荀子集解》二八九－三〇〇頁。）

由右引文，可之荀子之性惡論，乃立論於人之好利之心上，此好利之心，即舜所訓示於禹之人心也；遡其所言道心與人心之内函及此二者之間之關係，則道心本於天，人心乃隨道心而出之者也，究其質，亦自本於天；唯須辨明此二者之關係，以正其源流、主從、統屬也，不如此，則必導致理論上之混亂。蓋此二者之出也，固同時而出之者也，若陰陽之同時而存，乾坤之一體而運，實則陽以啓陰，乾以導坤也；道心與人心者，亦猶是也，道心者，本也，源也；人心者，末也，流也；道心者，主也，統也；人心者，從也，屬也。由此而觀性善論與性惡論，則知二者非對立之論也，非發自對立兩極之論也；實則二者乃源與流之關係也，善爲源，惡爲流，善爲本，惡爲末，善爲統帥，惡爲從屬者也；是則，性善論立論於天，固善也，固正之原也。明此道心、人心，天理、人欲，「庶民去之，君子存之」之理論發展之歷史脈絡，則知孔孟性善論立説之全貌矣；所謂全貌者，既有見其源，亦有見其流也；由此更可預見，在此源流之中所賴以立説之諸人性論之立足點所在焉。

由上所述，則可明性惡論之理論適於人性之流也，即立論於人心之上，立論於放心之上，立論於庶民去之者也；而道心、君子之所存者，則從其視野、思維中消失矣。兹引荀況《性惡論》之見以觀之：「人之性惡，其善者僞也。今人之性，生而好利焉，順是，故争奪生而辭讓亡焉；生而有疾惡焉，順是，故殘賊生而忠信亡焉；生而有耳目之欲，有好聲色焉，順是，故淫亂生而禮義文理亡焉；然則，從人之性，順人之情，必出於争奪，合於犯分亂理，而歸於暴，故必將有師法之化，禮義之道，然後出於辭讓，合於文理，而歸於治，用此官制，然則人之性惡明矣，其善者僞也」；「凡性者，天之就也，不可學，不可事；禮義者，聖人之所生也，人之所學而能，所事而成者也；不可學、不可事而在人者，謂之性，可學而能、可事而成之在人者，謂之僞，是性、僞之分也」；「禮義法度者，是生於聖人之僞，非故生於人之性也」；「聖人化性而起僞，僞起而生禮義，人無禮義則亂，不知禮義則悖；今人之性，固無禮論，性禾善米論，性三品論，性同氣异論，性水欲流論等。）而言，見仁見智，各肆其説；余於拙著《中國古代教育哲學》一書曾有論述，可供參考；兹所欲言者，爲詳辯諸論之源流，并考察性善論在儒家經典中之具體體現，以明其在儒家理論體系中之重要地位及其作用也。

關於人性善、人性惡諸論之源流問題，擬逐一而論之；人性善論，固立論於人性之原，前已論之矣，唯有一點未述及者，即主人性善之孟軻，已明確論及了人性之流的問題，其有言曰：「養心莫善於寡欲，其爲人也寡欲，雖有不存焉者寡矣，其爲人也多欲，雖有存焉者寡矣」；（《孟子·盡心》）「人之异於禽獸者幾希，庶民去之，君子存之」；（《孟子·離婁》）「學問之道無他，求其放心而已矣。」（《孟子·告子》）此處所言之「欲、放心、去之」者，俱爲人性之流也；所言之「寡欲、存之」者，則指人性之原也；對此人性之原，仲尼於《周易·繫辭》言之曰：「成性存存，道義之門」；於《周易雜卦》又言之曰：「君子道長，小人道消」，長者，人性之原也，消者，人性之流也。早在仲尼之前，即舜禹之際，此天理、人欲，道心、人心之大問題已有明示且著爲律令矣，據《虞書·大禹謨》記：舜面訓禹曰：「人心惟危，道心惟微，惟精惟一，允執厥中。」此人心者，人性之流也；道心者，人性於東西，無分於上下乎？人性知善也，猶水之就下也，人無有不善，水無有不下。今夫水，搏而躍之，可使過顙，激而行之，可使在山，是豈水之性哉？其勢則然也，人之可使爲不善，其性亦猶是也。」辯至此，人性之善大明矣，人性善論亦以確立矣，告子再提出「生之謂性」，其實生之謂性是對的，「乾道變化，各正性命」，即生之謂性之意也；唯各正性命，其差别在各，告子不識此各字之真義，故孟子辯之曰：「生之謂性也，猶白之謂白歟？」告子曰：「然。」孟子駁之曰：「然則犬之性，猶牛之性，猶人之性歟？」告子無言以對，於此可見孟子之言是也，指明論各正性命之「各」之真義，而且經此對人性之一大辯論，便奠定了性善論之基礎，後之論性者莫不以此爲中心矣。

四、對儒家各論性説之辨析

人性善論一立，人之精神便欣然振奮，仰觀儒家經典，頓覺其光芒四射，洋溢人性善之馨香，彷彿遥見性善之靈魂在歌之吟之，手之舞之，足之蹈之也；性善論賦以儒家理論體系以奥義，以生命，以愈發愈新之力之源泉；俯察萬物民情，更覺涇渭有源，清濁雜而不混；物我异同，善惡繆而可辨；論見紛呈，瑜瑕自存。就人性之諸論（有性惡論，有善有惡論，可善可惡爲盡之也；四曰能盡人性物性者，則通澈天地物人性心一體之大道，融物我爲一體，視死生無异途，與天地合德，同造化俱存，故曰可以贊天地之化育，可以與天地參矣。此處所言之至誠者，指能明物我一體、主客一道之聖人也（「誠者不勉而中，不思而得，從容中道，聖人也。」）；然辯明并論證人性善之道者，則有賴亞聖孟軻之出也。

孟子首立人有四心之論，其言曰：「惻隱之心，仁之端也；羞惡之心，義之端也；辭讓之心，禮之端也；是非之心，智之端也；人之有是四端也，猶人之有四體也。」（《孟子·公孫丑上》）又在與告子辯論後而論之曰：「仁、義、禮、智，非由外鑠我也，我固有之也，弗思耳矣。」然則，孟子與告子如何辯論而確立性善之論乎？告子者，名不害，兼治儒墨之道，嘗學於孟子而不能純徹性命之理，認爲「人性無分於善不善」，故問孟子曰：「性猶杞柳也，義，猶桮棬也；以人性爲仁義，猶以杞柳爲桮棬。」孟子辯之曰：「子能順杞柳之性，而以爲桮棬乎？將戕賊杞柳，而後以爲桮棬也。如將賊杞柳而以爲桮棬，則亦將戕賊人以爲仁義與！率天下之人而禍仁義者，必子之言夫。」告子復提出：「性，猶湍水也，决諸東方則東流，决諸西方則西流；人性之無分於善不善也，猶水之無分於東西也。」孟子辯之曰：「水信無分

《釋鳥》、《釋獸》、《釋畜》諸篇，其所言者，固是動、植之屬，以及其依以生存之外内環境；如《釋蟲》篇有言曰：「食苗心，螟，食葉，蟘；食節，賊；食根，蟊」，乃言草類爲蟲之食物也；《釋魚》篇云龜有十種：「一曰神龜，二曰靈龜，三曰攝龜，四曰寶龜，五曰文龜」等，其注曰：「此經十龜者，所以釋易也，神龜者，龜之最神明者也；雒書曰：靈龜者，玄文五色，神靈之精也；書曰：遺我大寶龜。」（見《十三經注疏》二六四〇－二六四一頁）此靈性者實與人之靈性相通并通人性人事也，不可以迷信視之，唯其靈性未達於意識與思維之境界也。仲尼在《周易繫辭》中所示「繼善成性」之説，其所善者，非僅人性也，亦物性也；觀其「天地之大德曰生」（亦《繫辭》之言）之意，可明其同指人性、物性之無誣也。

又《中庸》有言曰：「惟天下至誠爲能盡其性；能盡其性，則能盡人之性；能盡人之性，則能盡物之性；能盡物之性，則可以贊天地之化育，可以贊天地之化育，則可以與天地參矣。」此段經文包含四層相連屬之義，一曰盡其性，此「盡」字之義可訓爲明也，識也，體也，此「性」字，泛指物性人性也，即唯至誠者方可明人性物性之一體而且俱善也；二曰唯明人性物性俱善者，方知盡人性之道而曲爲盡之也；三曰唯能盡人之性者，方知盡物性之道而曲發揚此性善論，即從萬物本原到人性人心之靈之一門大學問，此門大學問，在儒學發展史上，有過光輝之辯論，亦有明確而光芒四射之結論（指其理論認識所達到之高度），然因其所及者乃全球之人類與物界也，就此而言，則此性善學說，尚處於啓蒙之初，其前程固是光輝，畢竟有待拓荒，或歷五百至一千年始可見其光芒初露也夫！

三、人性善物性亦善

人性善、物性亦善，其立論之基蓋在《易》乾坤二彖，《乾彖》言：「大哉乾元，萬物資始，乃統天；雲行雨施，品物流形，大明終始，……乾道變化，各正性命」；又《坤彖》曰：「至哉坤元，萬物資生，乃承順天，坤厚載物，德合無疆，含弘光大，品物咸亨」，萬物資始、資生，此由無而有之狀態，鴻荒時代之景象也；品物流形，大明終始，德合無疆，含弘光大，此物人雜處之時代也；各正性命者，正物之性、正人之性也；品物咸亨者，各遂其性，各順其生也；遂性必繁，順生必食，食則必仰求他類，此今之生物學所言之食物鏈也。儒家經典《爾雅》雖不具今之食物鏈之見，然其爲書也，實具今之生物學分類之雛形，觀其《釋天》、《釋地》、《釋丘》、《釋山》、《釋水》、《釋草》、《釋木》、《釋蟲》、《釋魚》、足以長人；嘉會，足以合禮；利物，足以和義；貞固，足以幹事；君子行此四德者，故曰：乾：元、亨、利、貞。」（《十三經注疏》十五頁）元者，善之長也，乃善中之最高者，或曰善中之善者，其意與「繼之者善也」，實乃一也，同出於仲尼之見也。此爲仲尼五十以學易後之見，顯然與其早年論性之言「性相近也，習相遠也」，大异其趣，與「天子之言性與天道，不可得而聞也」之景况，迥然不同；學易後之仲尼已是「彰往察來，窮神知化」矣，「孔子既作十翼，易道大明」，此易道大明之功，可謂其集大成之首要者也。而在此首要之功中，尤以「元者，善之長也」一語高於他論，其緼藏之奥理永無窮盡也；其所以永無窮盡者，不僅爲人性善、物性善提供了直接之立論之基，而且爲中華文化指明了理性之根元，并爲此根元作出了唯一正確之結論，此結論將由中華文化之發華予以證實，以至於影響全人類之心靈；一言以蔽之，人類之文化實踐將證明，世間一切有關人之主客認識之科學成就，必以性善哲學爲其靈魂，或爲其最高最核心之指導思想，包括各種宗教所賴以建立之理論（不管其立足於原罪論或真主論），最終必歸於性善論之旨歸；而其他實證、實用科學就更顯而易見其立基於性善論之上。

一陽之謂道，此道内之陰陽，就含有相親相和、相吸相引、相化相成之力；二是在長期物與人之發展過程中，無時無處不存在陰陽、雌雄、牝牡、男女相交相合、精卵授受之繁衍過程，視此爲善，實亦生之含義緼于其中矣；三是此生之之義，經繼之又繼，精而復精，靈以愈靈之自然進化，由物而人，索宇宙、世間，萬事萬象，就其善者而孰有愈于此乎；四是人從物脱穎而出，天賦予認識主客之思維能力（此能力亦經歷漫長的成熟與完善），此乃善中之善者也，此善一立，人類就開闢自己的道路。經歷五十萬年之意識拓荒，又經歷五千年有文字記載之文明化之物我認識，就建立起了今之足以引導人類走上理性發展之途之文明基礎，此文明基礎啓示人類：「大道之行也，天下爲公。」一切爲私之政治悉必須轉向爲公，此乃我中華人性善、物性善之大道所昭示於人類而不可逆轉之大道也。此人性善、物性善之理論基石，即曾引述過之「乾道變化，各正性命」，「一陰一陽之謂道，繼之者善也，成之者性也。」此中尤以《易乾》大義，乃我中華理性之基石也。

兹舉乾元之四德以明之：「乾：元、亨、利、貞。」仲尼撰《文言》釋之曰：「元者，善之長也（長，讀音如掌）；亨者，嘉之會也；利者，義之和也；貞者，事之幹也。君子體仁，之善者也。惟此善說，經歷中華二千餘年（指其完成了理論而言）之磨難，未能完卻實現（但積累了精粹之經驗），亦乃其發展途程上不可避免之曲折也。

二、人性是一個發展過程

《易乾彖》曰：「大哉乾元，萬物資始，品物流形，大明終始，乾道變化，各正性命。」《易坤彖》曰：「至哉坤元，萬物資生，坤厚載物，德合無疆，含弘光大，品物咸亨。」《易繫辭》曰：「一陰一陽之謂道，繼之者善也，成之者性也」；合此三者而言之，乾元資始，坤元資生，始與生，俱言發展之初也；品物流形，大明終始，乃言群生并競，萬物呈性之世界了，此乃一陰一陽二者結合之道，長期變化，繼之又繼，成之復呈，各正其性，此一發展過程（包含人與物之整體而言），賦予其理念曰善，此仲尼之睿智，於今益見其光輝也。

《禮記·禮運》有言曰：「故人者天地之心也，五行之端也，食味、別聲、被色而生者也。」此天地之心，可理解爲天地之精，天地之靈（王肅注云：「人于天地之間，如五臟之有心矣，人乃生之最靈，其心五臟之最聖也。」），恰與善之哲學概念相契合，由此而追索之，則可見善者，乃由下列四因素所構成之也。一是善之原意本有親善、吉利、佳良等義，一陰植兩大類之异也，更言動物界之卵生、胎生與毛羽鱗介之殊也；「惟天地萬物父母，惟人萬物之靈」，此靈者，出脱於非靈也；是知靈者有其性，萬物亦有其性，唯人性以萬物爲其基也；人性哲學立於自然哲學基礎之上、而高於精於自然哲學者也；自然哲學中具有之特點，人性哲學中悉有之，此立基於其上之意也，自然哲學未具之特點，人性哲學獨有之，此人性哲學高於自然哲學、人性高於精於美於靈於物性之意也。自然哲學者，萬物萬象固處於變化不居之過程中，然其變也化也，純屬於無意識之狀態，此今之人類所已認識之者也；若無此人類之認識能力，則萬物雖各具其性，然其尚處於自然狀態，無有反映之物以反映之，則其性、其變化，誰與知之，何以知之，此余之用一純字以况之者也。然人之性若無此純無意識之狀態爲基礎，則失其發展前提矣，此乃一完整之發展過程，不可大人而小物也，不可卑物以自高，而忘卻人之性不可離物，更不可忘卻人性中尚存有物性，而此物性還將隨人之靈性而長期存在；而且由於人性之靈、更使人性中之物性粉飾得貌美而質醜焉。人性之靈善，創造了人類文明，此乃生物進化之最精品之産物，然此文明伴隨有其虚僞性，足以欺騙人類自身，不辨美醜、善惡，違反其天性，此亦人性之大悲也。唯儒家明澈此心性，主人性善、物性善之説，是乃人類理性中之善

可與入德矣；苟不至德，至道不凝焉。」（見《十三經注疏》一六二五－一六三五頁）

由此而明，見物象而知敬人事，敬人事則必修德行，修德行乃益明大道，體大道則知天地之化育，此一認識之深化，溶知、德、道、行爲一體，化物、我爲一元，《周易》以立之，《中庸》以發之，《大學》以行之，儒家哲學之嚴密完備，於此可知矣，此乃於其自然哲學之闡述中，而初見之者也。

第二節　人性哲學

儒家之人性哲學，在探討人之本原、本質，用以建立起中華理性、以及爲發展此理性之理論體系，故而人性哲學，可視爲儒學理論體系之基石，此基石上鐫有三個大字：人性善。推而及於物，物性亦善，此乃中華文明之靈魂，舉凡中華文明之形態，悉爲此靈魂之具體而微者也。

一、人性哲學立基於自然哲學

《易乾彖》曰：「乾道變化，各正性命」，此「各」者，言物與人之別也，亦言物之動、之差，非在天性也，在其體道之誠與不誠也，故周濂溪有言，「誠者，聖人之本，大哉乾元，萬物資始，誠之源也」，（見《宋元學案》，中華書局，一九八六年版，四八二頁。）誠者，雖愚夫愚婦，亦能得道之正，此人皆可以爲堯舜之至意也，亦人之所以希聖希賢之可期及之者也。

故《中庸》闡發誠之大義極爲深邃詳明：「誠者，自誠也，而道，自道也（自然開闢道路也），誠者，物之終始，不誠無物。是故君子誠之爲貴，誠者，非自成而已也，所以成物也；成己，仁也，成物，知也（知，智也。），性之德也，合内外之道也，故時措之宜也。故至誠無息，不息則久，久則徵（徵，效驗也），徵則悠遠，悠遠則博厚，博厚則高明，博厚所以載物也，高明所以覆物也，悠久所以成物也；博厚配地，高明配天，悠久無疆。如此者，不見而章，不動而變，無爲而成，天地之道，可壹言而盡也。其爲物不貳（至誠無二），則其生物不測（種類數量繁多，不可測度也），天地之道，博也厚也，高也明也，悠也久也。唯天下至誠，爲能經綸天下之大經，立天下之大本，知天地之化育。故君子之道，暗然而日彰，小人之道，的然而日亡；君子之道，淡而不厭，簡而文，温而理，知遠之近，知風之自，知微之顯，至也，乃言此知根植於天道、完成於天道人道之際、而行之於人道之中而不謬者也，是乃完備之知也，於此可見，凡言格物致知而不及《周易》之義者，則不識德性之知之源也，先儒多有此病，乃未識《大學》精嚴之所在也。（前述引語見《十三經注疏》一六七三頁）

《中庸》亦爲《禮記》中之一篇，子思所作，亦爲朱熹編入《四書》，其主旨實乃《周易》最精闢之注釋與最富有創見之發揮，乃儒家哲學之精華。其所言之「天命之謂性，率性之謂道，修道之謂教」，「自誠明，謂之性，自明誠，謂之教；誠則明矣，明則誠矣」，適乃《乾》、《蒙》、《蠱》、《臨》、《觀》、《大畜》、《坎》、《蹇》諸卦之注述。「誠者，天之道也；誠之者，人之道也；誠者，不勉而中，不思而得，從容中道，聖人也；誠之者，擇善而固執之者也。」此處所言之誠，其本義乃乾道變化之意，物之本體也，天之道也；誠之者，人本天道以求之而識人道也，此「自明誠」之意也；唯誠者（誠實不妄，因天道而識人道而敬人事而自明明德者），能從容中道，聖人也，堯、舜、禹、湯、文、武、周、孔是也，此乃二千餘年之定論也，依據文獻史料而定之論也，無非之者，亦無增益之論也。對此段經文，漢鄭玄注之曰：「言誠者，天性也；誠之者，學而誠之者也。」顯有不當，蓋人之聖愚七日。），天行也；利有攸往，剛長也；復，其見天地之心乎！」（復者，反本之謂也，天地以本爲心也，寂然至無，是其本矣。然天地無主宰，其化萬生物之心，託之於人事始見之矣。）故《復象》曰：「不遠之復，以修身也。」綜觀《剥》、《復》二卦之大義，君子貴尚天行之消息盈虛爲基也。

《大學》原爲《禮記》中之一篇，傳爲曾子所撰，宋朱熹編入《四書》，爲士子必讀之教材，蓋取其修齊治平之義也。然今日觀之，大學之道，固具有「博學可以爲政」之意；細析其内蘊之理，根核還在於「格物致知」。物者，物也，事也，人也，性也，情也，心也，德也，才也，氣也，度也，萬物之理也，自然之質也，修行之功也；天道也，人道也，天道與人道之結合也；陰陽、剛柔、消長、盈虛之察也審也，明也晦也，潛也顯也，進也退也，俱在見幾而作也，屬於格物之工也，無此格物之工，則不可期致知之效，無此致知之效，則誠意正心從何言哉，修身亦徒託空言耳。故《大學》經文言之曰：「自天子以至於庶人，壹是皆以修身爲本，其本亂而末治者否矣，其所厚者薄而其所薄者厚，未之有也；此謂知本，此謂知之至也。」知本者何耶？此處所指，謂在誠意、正心、修、齊、治、平中，以修身爲本；所謂知之正反，則永遠相交爲用也，而且永遠向其反面發展也；除天地在其形態保持不變外，其間之變化，瞬息而生；他如陰陽消長、正反替興、盛衰易位、進退失得，無不變化莫測，表現於象者依然是陰陽同體，正反其形，盛衰如故，進退均勢，一旦條件具備、時機成熟、操作得當、形勢適宜，則變化遽起，須臾之際，主客易位，正反易形矣。此種否泰轉化復轉化、陰陽消長再消長之象，自然與人事一道以貫之，唯人事中主觀影響之因素，表面言之，似覺複雜，實則道不可違，君子道長、小人道消乃是永恒之真理，反此，不過偶發之象，終必歸於正，此乃敬人事而修德行之正道也。

又《剥》《復》二卦之義，亦足觀之，《剥彖》曰：「剥，剥也（剥落也），柔變剛也，不利有攸王，小人長也，順而止之，觀象也；君子尚消息盈虛，天行也」（案剥卦圖坤下艮上，坤下，柔變剛，小人長之義也；艮在上，艮者，止而不相交通之義也；君子通達物理，貴尚消息盈虛，道消之時，潛而處之，明消息盈虛乃天道所行也，必有所待，始可成己成物也。）；《復彖》曰：「復亨（陽氣反復，得亨通也。），剛反動而以順行（入則爲反，出則剛長，順也。），是以出入無疾，朋來無咎，反復其道，七日來復（陽氣始剥盡，至來復時凡詳矣，無卦無之；見之於《大學》者，嚴矣精矣，終身行之，無止境矣；見之於《中庸》者，廣矣深矣，窮之索之，無涯際矣。茲略分述之。

《易・乾》釋上九之文曰：「亢之爲言也，知進而不知退，知存而不知亡，知得而不知喪，其唯聖人乎！知進退存亡而不失其正者，其唯聖人乎！」前者之言，敬人事之胸臆也，後者之言，修德行之氣度也；故知敬人事乃修德行之出發點也，而且唯有依據此前提而修之德而作之行，才可適得其正，始足以言敬人事之效，完善其知行過程也。

《泰》、《否》兩卦之義，更足洛以深省，《泰象》曰：「天地交而萬物通也，上下交而其志同也，內陽而外陰（圖），內健而外順，內君子而外小人，君子道長，小人道消也」；《泰象》曰：「天地交，泰，后（君也）以財（剪裁也）成天地之道，輔相天地之宜，以左右民。」（左右，助也。）《否象》曰：「天地不交而萬物不通也，上下不交而天下無邦也，內陰而外陽（圖），內柔而外剛，內小人而外君子，小人道長，君子道消。」《否象》曰：「天地不交，否，君子以儉德辟難（辟，避也），不可榮以祿。」

此兩卦對照而言之，初見其處於對立之勢也，相反之狀也，然察其本原，天地、陰陽、省方觀民設教（省方，省視萬方也。）」；

《蹇象》曰：「山上有水（山上有水，蹇難之象。），蹇，君子以反身修德」；

《升象》曰：「地中生木（地中生木，始於細微以至於高大，其象升也。），升，君子以順德，積小以高大」；

《困象》曰：「澤無水，困（澤無水，困之象也，困而屈其志者，小人也），君子以致命遂志（志者，守道也，致命，喪身也。）」；

《井象》曰：「木上有水，井（木上有水，井之象也，井之爲義，汲養而不窮也。），君子以勞民勸相（以不辭勞苦之親，勸助百姓，以濟其功也。）；

《兑象》曰：「麗澤，兑（麗猶連也，兩澤相連，悦之盛也。），君子以朋友講習（同門曰朋，同志曰友，聚居講習道義，相悦之盛，莫過於此也。）」。

上舉十六卦象以喻人事者，莫不在於嚴修己德，以善處人事也。

六、敬人事而修德行

敬人事而修德行，此乃儒學從自然哲學中引發之大道也，此大道見之於《周易》者，盡矣德」；

《訟象》曰：「天與水違（天道兩轉，水流東注，乖離之象也。），訟，君子以作事謀始（謀始者，明訟與之源。）」；

《師象》曰：「地中有水（水可容物），師（衆也），君子以容民畜衆」；

《大有象》曰：「火在天上，大有，君子以遏惡揚善，順天休命（火在天上，火性炎上，照耀之物，天體高明，則無所不照，揚善之義也）」；

《謙象》曰：「地中有山（意取其多之與少皆得其益），謙，君子以裒多益寡，稱物平施（聚物愈多曰裒）；謙謙君子，卑以自牧也（牧，養也）」；

《蠱象》曰：「山下有風，蠱（蠱者，事也，有事而待能之時也），君子以振民育德」（風能耐播散潤澤，振民象山下有風，育德象山在上也。）；

《臨象》曰：「澤上有地（地臨於澤，取在上臨下之義），臨，君子以教思無窮，容保民無疆」；

《觀象》曰：「風行地上（喻風生號令，行於地上也。），觀（觀王道之化也），先王以焉。」此終焉者，乃孔子序卦之言而告終也；而孔子序卦之意，實在「物不可窮」也，更確切言之，乃人不可窮也，乃人道之不可窮也，此爲伏羲睿智之光，文王因於羑里而明發之者，孔子復彰顯之，在中華民族面前，打開一本「物不可窮」之書，寄希望於後賢，唯有竭力以赴之，以期有益於廣大中華理性焉。

五、因象以喻人事

《易》之爲變也，因事物之象以觀之，見其變而思及人事以及其有影響於人事者，此乃見之於六十四卦之普遍思路也，兹試舉若干卦象以明之。

如《乾卦》：「天行健，君子以自强不息」；

《坤象》曰：「地勢坤（坤，承也，順也），君子以厚德載物（載者，包涵融納之義也）」；

《屯象》曰：「雷雹屯（剛柔始交，屯，難也。），君子以經綸（經綸天下，約束於物，以濟難也。）」；

《蒙象》曰：「山下出泉（未知所之也），蒙（蒙以養正，聖功也），君子以果行育人道之始、其所以异於物道者，乃有「聖人感人心而天下和平」，此感人心者，乃聖人本良知以設教，以發人之善性，以明人之明德。唐孔穎達《疏》曰：「聖人設教，感動人心，使變惡從善，然後天下和平。」此乃性惡論者荀卿之徒之言也，非孔孟性善論之真諦也，其不可謂之醇儒也明矣。）「夫婦之道，不可以不久也，故受之以恒，恒者，久也（王弼注曰：『夫婦之道，以恒爲貴，而物之所居，不可以恒，宜與時升降，有時而遷也。』《恒象》曰：『恒，久也，剛上而柔下（巽下，震上）』，王弼注曰：『剛尊柔卑，得其序也。』），天地之道（恒久而不已也，日月得天而能久照，四時變化而能久成，聖人久於其道而天下化成。《恒象》雷風，恒，君子以立，不易方。不恒其德，無所容也。」）。」由此可知，人道之與天道有异也，天道常變，人道常新，然人道中之夫婦之道，喻之以恒者，固聖人之設教有以察人心之善，人情之常，人心之正也。此乃人之所以异於物者，亦人之尊嚴所在者也，亦人欲之所當聽令於理性而純其德者也。

故知《易》之爲變也，天道人道渾爲一體也，有迹可尋，以道爲則也。孔子是六十四卦之序，亦本此而作也；「有過物者，必濟，故受之以既濟；物不可窮也，故受之以未濟，終兹引孔子之言，以見其意焉。「有天地，然後萬物生焉，盈天地之間者唯萬物，故受之以屯，屯者，盈也；屯者，物之始生也（韓康伯云：「屯，剛柔始交，故爲物之始生也。」），物生必蒙，故受之以蒙，物之穉（稚）也。」（《蒙象》曰：「非我求童蒙，童蒙求我，志應也，瀆，蒙也，蒙以養正，聖功也。」《蒙象》曰：「山下出泉，蒙，君子以果行育德。」）；於此可見，萬物始生也，則蒙（昧也）；人之始生也，則稚，稚則需教，此蒙以養正之義也，故知蒙稚之教也有別焉；在物在人者不同也，在物者應生之道也，在人者啓蒙去昧、育德希聖、自明自尊之道也，此乃人是所以爲人之道也，人物自此拜別矣；但人須自知，依然處於物中，人不過是具有思考能力之特殊之物，其與物之親緣關係乃永遠血脈相連而不可割斷者也。

「有天地，然後有萬物，有萬物然後有男女，有男女然後有夫婦，有夫婦然後有父子，有父子然後有君臣，有君臣然後有上下，有上下然後禮義有所錯。」（此言《咸卦》之義，亦有以見人道之始也，《咸象》「咸，感也，柔上而剛下（艮下，兑上），二氣感應以相與；天地感而萬物化生；聖人感人心而天下和平，觀其所感，而天地萬物之情可見矣。」於此可知，序，亦有見人事變化之因，二者相互影響。孔穎達於《序卦疏》中言之曰：「序卦者，文王既由六十四卦分爲上下兩篇（「案乾鑿度云：孔子曰陽三陰四位之正也，故易卦六十四，分爲上下而象陰陽也。夫陽道純而奇，故上篇三十，所以象陽也，陰道不純而偶，故下篇三十四，所以法陰也。乾坤者，陰陽之本始，萬物之祖宗，故爲上篇之始而尊之也；離爲日，坎爲月，日月之道，陰陽之經，所以始終萬物，故以坎、離爲上篇之終也。恒咸者，男女之始，夫婦之道也，人道之興，必由夫婦，所以奉承祖宗爲天地之主，故爲下篇之始而貴之也；既濟、未濟爲最終者，所以明戒慎而全王道也。』見《周易正義卷首》八段中之第五，《十三經注疏》十頁），故孔子就上下二經，各序其相次之義，故謂之序卦焉。其周氏，就序卦六門往攝，第一天道門，第二人事門，第三相因門，第四相反門，第五相須門，第六相病門。如乾之次坤，泰之次否等第，是天道運數門也；如訟必有師，師必有比等，是人事門也；如因小畜生履，因履故通等，是相因門也；如遯極反壯、動竟歸止等，是相反門也；如大有須謙、蒙稚待養等，是相須門也；如賁盡致剥、進極致傷，是相病門也」。（見《周易序卦疏》，《十三經注疏》九十五頁。）

可潛淵；人爲萬物之靈，其善變之性，有過於龍者遠矣高矣，難以盡言之也，其理亦自明矣；藉龍以喻變，於變中而見人事，於人事中而啓人智，於人智中唯見人德，於人德中而悟修行之功，於修行中以見陰陽消長之幾、剛柔相濟之效、仁義互彰之光，因而明知庶人之位，亦若龍之潛於深淵者，可變爲「在田」、「躍淵」、「飛天」，以至於九五之尊，稱天子、號帝王，主宰天下。

考之中華開國史，三皇五帝本庶人之身也，後之劉邦、朱元璋亦庶人之身也，其所以能叱咤風雲、卒成帝業者，亦乃與天地合德、解民於倒懸也，善於駕馭主客諸多條件而促其有利之變化也；此乃龍之自然變化與託之於人事之至義也。

四、六十四卦之序

《周易》初爲八卦，文王演繹爲六十四卦，孔子爲之作《序卦》，以明其變化之次第與相互之依反關係；此序卦之主要內涵有四：一曰宇宙、萬物、人類發展之序，此乃無所不包之大序也；二曰物自體發展之序，此各個獨立之小序也；三曰大小序之間與獨立小序之間之相互關係（相因、相反、相須、相病等形式。）；四曰於此發展之序中，非僅有見其自然變化之亢龍有悔之道者鮮矣，明之而復知預防之者，唯老子之見爲是：「知其雄，守其雌。」（《道德經》二十八章）儒學雖有終日乾乾、夕惕若厲、臨深履薄之戒，然既有其進，則不免有其亢也；唯守其雌者，不越其極限也，是則可冀不盈亦不虧焉。）

「用九，見群龍無首，吉」，「九，天之德也」，剛健之義也，不可獨以剛健而成變而穫位而濟事也，必有柔和相諧於下，此乃陰陽合德之意也，孔子釋之曰：「用九，天德不可爲首也」，「群龍無首」，即此義也。由此而申其義，若剛健、柔和適得其中，則物必與之焉，物與之，是乃物望所歸之意也，物望既歸矣，則群龍有首矣。首者，至尊之位，聖王之位也（王，往也，天下所歸往也），帝者之位也（《白虎通》云：「德合天地者，稱帝，帝者諦也，象可永也。」見《爾雅·釋詁》，《十三經注疏》二五六八頁），群龍既有首矣，則群龍自各安其位矣；然此時之群龍也，不應爲天子、帝王，只當視爲天人、君子，即可以已矣。

於此可見，龍之見於自然形態者，變之義也；見之於人事者，則其義多矣；當其位尊九五，曰天子，曰帝，曰王；當其位列群龍之中，則曰臣，曰公，曰侯，曰大人；當其居無位，則爲君子、士、庶矣。追龍之初義，其爲物也，蟲之具有鱗者，善變之者，上可登天，下也，利見者，有利於出現也。）「九三，君子終日乾乾，夕惕若厲，無咎。」（以陽居三位，故稱九三，比九二又上升一位；託之人事，不言大人而君子者，以其處憂危之地，唯終日健健以修其德，朝勤夕惕，時以傾危爲戒，故得無咎也。）「九四，或躍在淵，無咎。」（比九三又上升一位，言陽氣漸進，龍欲飛而又疑止也，故狀之以躍，躍，進也，跳也，未敢飛也，以其翼羽未豐也，衡之人事，猶言其德高而位亦漸尊，然不敢遽進，尚須待之，自無咎也，是乃戒貪利務進，欲速而不達也。）「九五，飛龍在天，利見大人。」（九五之際，陽盛於極，至於天矣，故云飛龍在天，以人事言之，則聖、帝以龍德而居天位，此九五之尊也。夫位以德興，德以位叙，以致德而處盛位，萬物之覩，不亦宜乎！此利見大人之義也，自萬事亨通矣。）「上九，亢龍有悔。」（上九者，九之至極也，故曰上，即陽之亢盛至於極限也，是則物極必反矣；亢龍有悔者，悔其亢進必有失也，孔子言之曰「亢龍有悔，盈不可久也」，盈則虧，自然之道也，人事亦如之，或不自明，或則失察，悔之，亦無濟於事也；德已失，弊已積，敗已見，必危且傾也，救之之道，唯有重修其德，始可期撥亂而反之正；但史實所見者，多爲一蹶不振，禍亂相乘，終至於敗亡，必待革新而替之以開闢新之發展過程焉，可見世之明長；春分而登天，秋分而潛淵。」孔子於《乾・文言》中有「雲從龍」之言，唐韓昌黎據之以作《雜説》，申龍使雲靈之義，雲既靈矣，則龍叱咤風雲之本能張矣。此種變化，初視之，似純屬自然之象，即龍能呼風喚雨；其本身又能幽能明、能細能巨、能短能長，《乾卦》以龍性示變化之意，適乃最爲得宜之事例也。

《乾・文言》：「初九，潛龍勿用。」（九者，老陽之數也，蓋乾體三畫，陰體六畫，陽得兼陰，故其數爲九；初者，始也，變之始也，言萬物積漸，由無入有也，即言天之自然之氣，起於建子之月，陰氣始盛，陽氣尚潛在於地下，故言初九；潛龍，潛龍即代表陽也；此處潛龍既屬自然之氣，同時亦具有託於人事之意，即於此時也，小人道盛，聖人雖具龍德，唯宜潛藏勿用，免遭傷害，此乃潛龍勿用之義也。）「九二，見龍在田，利見大人。」（陽處二位，即陽氣上升一位，故曰九二，隨之，龍不潛於地下而轉居於地上矣，故曰見龍在田，亦自然之象也；此自然之象，若以自然變化之實際歷程衡之，不知經歷多少物種之蛻嬗，亦不知經歷多少億年也。託之於人事，則由潛之於地下而見之在田，其地位全然變之矣，故王輔嗣云：「雖非君位，君之德也」；有德無位，亦大人矣，故曰利見大人；見者，讀如現，現也，顯示形、其勢其數、其動其靜、其消其長，悉受制於內外諸因素，俱見之於自然而然之者也，心力無所加焉，吉凶無所避焉，純聽於自然之力也，自然之變化也；其陰陽相善也、相惡也、相諧也、相背也、相生也、相尅也、相病也、相濟也，亦視內外諸條件而定也，其間情狀萬千，變化莫測，既有陰陽本身之動力作用於內，亦有萬千因素制約於外，然其爲陰陽，長處於變化之中而不息者乃絶對之現象也。

考此陰陽之特性，陰靜陽躁、陰定陽暴，實亦當注意以發之者也；陰在內，陽爲之守，陽者衛外而爲固也，亦其特性之表現也；此中內外、動靜、消長、包容、混同、生尅諸象，俱見於六十四卦運行之中，亦見於人事道德之際，得失成敗相表裏者，此乃八卦之基、要義之全也。

三　龍之涵義

《易・乾》引龍以喻變，因變而託人事，敬人事而修德，踐德體道而濟天下，其義大焉，兹分述如次。

龍，古文龖、龔、䶬等，《説文》：「鱗蟲之長。能幽，能明，能細，能巨，能短，能腑中陰陽，則臟者爲陰，腑者爲陽，肝、心、脾、肺、腎五者爲陰，膽、胃、大腸、小腸、膀胱、三焦六腑皆爲陽。」故知人之生也，有男女之別，根於陰陽也；動物之衍也，有牝牡之分，原於陰陽也；植物之蕃也，有雌雄之辨，亦根於陰陽也。

由此可見陰陽充塞於宇宙之中，化成於人物之間，大小陰陽一體也，然其作用於人與物者各异也；以物言之，即同類之物，其功能亦异也；以人言之，其五臟六腑雖同，其陰陽之運作，亦有异也，然其爲陰陽一體者，則無异也，而且永遠充塞於宇宙、作用於萬物和人類；其爲陰陽充塞於宇宙者，歷萬世而不變，與宇宙同終始也；宇宙無終無始，陰陽亦無終無始也；然而，作用於萬物和人類之陰陽，或曰此無終無始之陰陽，唯作用於萬物和人類始可見之者，却因人、物之生命有限數，長隨生命形式之轉化而改變其作用之形態；唯其陰陽之本質不變也，總處於一體之中也。

是則，大、小陰陽長處於渾然莫辨之狀也，或陰中有陽，或陽中有陰；或因陽長而陰退，或因陰升而陽降，或盛者至於極，衰者至於竭，或兩者隆替相嬗，消長相悖而無定數也；或陽盛至於極而爲純陽，或陰衰至於極而向陽轉化，或兩相互易其性，或兩相互换其形；其性其坤其易之緼邪，乾坤成列，而易立乎其中矣」，易者，變也，此變緼於陰陽之中，緼於乾坤之中，可知乾坤乃變化之力，乃變化之始，乃變化之不可已也，乃變化之不可窮盡也。子曰：「乾坤其易之門也，乾，陽物也，坤，陰物也，陰陽合德，而剛柔有體，以體天地之撰，以通神明之德。」此神明之德：一曰「天地絪緼，萬物化醇」；二曰「危者使平，易者（慢易違道也）使傾」；三曰「幾者，動之微，吉之先見者也；君子知微知彰，知柔知剛，見幾而作，不俟終日。」故知陰陽者，其變化之迹可尋也，其幾可識也，可明也，可「備物致用，以爲天下利也，神而化之，使民宜之也；窮神知化，德之盛也。」（《十三經注疏》七八頁-九〇頁）

可見，知陰陽之化者，必具窮神之功也。此神者何？乃陰陽變化之消息也，徵兆也。蓋陰陽充於天地之間、宇宙之內，無形無聲無味，目不可見，耳不可聞，鼻不可嗅，然作用於宇宙，是大陰陽、大宇宙也；此大陰陽化生萬物，是則萬物莫不具此陰陽，可謂之小陰陽，小宇宙，乃大宇宙之具體而微者也。此小陰陽充流各萬物之中，使之具有生命，具有内在變化之力；人爲萬物之靈，自具有此小陰陽，自是一小宇宙，故《黄帝内經》云：「陰陽者，血氣之男女也」，「言人之陰陽，則外爲陽，内爲陰；言人身之陰陽，則背爲陽，腹爲陰；言人身臟雅·釋天》，《十三經注疏》二六〇三也）此皆與萬物生長成熟、與物類、人類資以繁衍發展息息相關者也。復以水、火、山、澤言之，水者，生命之源也，火者，熟食之需也，山者，林、菓、羽、毛繁殖之所也，澤者，鱗、甲、黿、蛇藏聚之藪也；故此可明，八卦者，物之象（取八物以象萬物）而變化之基也，物類、人類賴以資生繁衍者也，伏羲所見之深邃精微，豈可遽言以盡之哉！

推動事物變化之力，蘊之於其內，而表現爲八卦（天、地、雷、風、水、火、山、澤）之變化者，曰陰陽也；陰陽者，相反而相成之力之表現形式也（易以黑白兩魚之形態示之，曰兩儀）。《周易·繫辭》有言曰：「一陰一陽之謂道。」此道者，宇宙元始之力也，無以名之，曰「太極」也，「是故易有太極，是生兩儀，兩儀生四象，四象生八卦，八卦定吉凶，吉凶生大業；是故法象莫大乎天地，變通莫大乎四時，懸縣象著明莫大乎日月，崇高莫大乎富貴。」《黃帝内經》則曰：「陰陽者，天地之道也，萬物之綱紀，變化之父母，生殺之本始，神明之府也。」

此陰陽，在八卦中居其首位，名之曰乾坤，推動八卦之變化，推動萬事萬物之變化，「乾

二、八卦之基

伏羲之作八卦也，「仰則觀象於天，俯則觀法於地，觀鳥獸之文，與地之宜，近取諸身，遠取諸物，以通神明之德，以利萬物之情」，故知其八卦，立基於八大物象也（乾天、坤地、震雷、巽風、坎水、離火、艮山、兑澤），而且有見於物之本身及其相互影響之變化也；變，乃八卦之所以立者也。此中又以乾坤爲變化之首，爲推動之力，可知天地乃變化之始也，亦萬物之母也；其他六物象乃變化之基也，然就六十四卦在其變化過程中之位置言之，乾坤居其首，坎爲第二九，離爲第三十，震爲第五十一，艮爲第五十二，巽爲第五十七，兑爲第五十八，此乃《周易》有見事物變化之歷程而擬意之順序也，實則背之越之者，莫不有之，此乃其變與化之至義也。

細求伏羲以此八物象爲立卦之基，蓋有深意焉；如以雷風言之，春之至也，温帶地區，常見電閃雷鳴，風雨驟作，此乃萬物生機萌發、變化競進之象也；即獨以風言之，「南風謂之凱風（凱，樂也，南風長養萬物，萬物喜樂也），東風謂之谷風（谷風，利穀物生長之風也），北風謂之涼風（言北方寒涼之風也），西風謂之泰風（西風成物，物豐泰也）。」（見《爾也，有待時日，可爲人類所認同而探究之者也。上帝創世説者，其力來之於外而欲决物之變化於内，乃謬説也；或曰非來之於外，實視此内之力爲上帝，亦畫蛇添足之類也，其有傷自然也明矣，其假僞裝以自然明矣，孰若儒家之論純真樸、生機活潑者哉！

九州四海大一統之政治觀，乃從天地物人一體之自然觀而出之者也。天地物人既一統焉，則天地之整體觀、特别是人類賴以生存之地之整體觀，隨之而立矣；人之爲治也，必外有疆界焉，内有區域焉，《書·禹貢》劃分天下爲九州（冀、兖、青、徐、揚、荊、豫、梁、雍。），此既爲陸地之外部疆界，又是其内部之行政區劃，然陸地臨海，實視四海爲外部疆界也。此大一統之政治觀，經夏、商、周而益固。東周至秦統一（公元前七七〇－二五六年），歷春秋、戰國五百餘年之痛苦教訓，此大一統之政治觀便牢固樹於中華民族之心中而不可拔矣。漢以後之二千餘年間，朝代更替相續，唯東晋十六國（公元三一七－四二〇年）、南北朝（公元四二〇－五八九）、五代十國（公元九〇七－九六〇年）分裂割據計三百二十五年，中華政權始終保持大一統之局面，其思想之根蓋出於天地物人一體觀也。

此觀點以觀之，故名之曰歷史發展觀。

在此繁衍發展中，任何物或人，無不傳祖育幼，繼發其父母之遺傳基因。探本索源，窮至人物原始之初，中華儒家與世間之宗教，必相逢一共同點上（物之初），依以爲自己立論之出發點，觀點之殊，可謂差以毫釐，謬以萬里。基督教奉上帝爲創造者，在儒家則曰陰陽、乾坤，因陰陽變化、乾坤旋轉之自身而「品物流形」，而「各正性命」；此中之性（物性與人性），貫穿於物之本末、始終，矣貫穿於人之本末、始終，無有窮盡也；此中之命，乃指物之個體、人之個體而言之者，則僅有暫短之始終也，始者，生命之始也，終者，生命之終也，此僅就短暫之生命個體而言之者；若細察其生命中函藏有其祖先之遺傳基因，由此而見其生命之實質，上索其本源，下尋其流脈，亦足以見其生命源流脈絡延續不斷之迹，依此而論，則遺傳不息、生命不止、精神不死矣。此乃儒學之生物發展觀之邏輯結論，於物於人，俱如此也。此不死之精神，存於生物内部，存於人之自身，實乃純真、純善、純精、純美之物，純真、純善、純精、純美之德；（《周易·繫辭》有言：「天地之大德曰生。」）此亦自然之物，自然之德也，與立基於自然之現代科學正同根同源也，絶無絲毫神祕色彩雜於其間，可論之證之者最集中之表現，心存則物活矣；心亡則物無生機矣；若無人心之反映與思考，即使充天地之間者爲萬物，亦不知其何所狀也。唯有人之心，更唯有蘇東坡之神筆，始可寫出「水清出石魚可數，林深無人鳥相呼」（《臘日游孤山訪惠勤惠思二僧》，《蘇東坡全集》，中國書店，六三頁）如此絶妙之詩句，令人神往，頓覺入於鴻荒静境，與水石魚鳥爲友，歸化於自然也。然則，其間亦必一以大道貫之，此大道，在儒家謂之：「立天之道曰陰與陽，立地之道曰柔與剛，立人之道曰仁與義」；在《莊子》謂之：「有天道，有人道；無爲而尊者，天道也；有爲而累者，人道也。」（見《莊子·在宥》）而且人類文明之發展證明，人之認識兩大主體，永遠處於窮理盡性之中，故人類永遠應以謙虚謹慎之品德，以善待天地萬物以至於人類自己。心之作用大矣哉！在有爲中，善盡人道也。

事物本末、始終之歷史發展觀者，言事物（人）之有所本，有其根、源也；本者，根也；末者，繼也，尾也，繼則反其本，并賦予本以新義也；始也者，初發者也，始祖之謂也，終也者，終端之謂也，新之始也。此繼也，此新之始也，既縱行亦横出，縱横相推，但終歸於縱行也。萬物繁衍發展如此，人之繁衍相繼亦如此。其所經歴者乃一永無止息之歴史發展過程，持驅役下，不僅忘卻其本身之天地物人之一體之臍帶尚存，更不識此臍帶猶時時刻刻、分分秒秒牽繫人類不使其脱然而離母體之至愛深情，故此可知，人類應頭腦冷静，善處於此天地物人一體之中，時刻以人類之理智良知，駕馭科技，長依正道而進；力制利慾，恒遵公德而行；以無損於人類，無傷於資源，無悖於天理，無違於物性。恒思生存之難，人本崇尚節儉；展望未來之艱，更當理解奢侈；呼喚節儉回歸，回歸於天地物人一體之中，此乃今人認識古之天地物人一體之意義所在也。

由上述天地萬物人之一體觀而内緼之者，尚有整體與個體并存、個體依存於整體之主體觀；事物本末始終之歷史發展觀；九州四海歸於一統之政治觀。兹分述之。

主體觀者，其義有二焉：一曰天地化生萬物、人類，天地乃主體也；二曰人具有思考能力，其在天地萬物中之地位，應視爲主體，《禮記・禮運》有言「人者，天地之心也」（見《十三經注疏》一四二四頁），宜爲立論之依據。天地爲主體者，以其爲萬物人類之父母也；無天地，則萬物不出焉，人類不生焉，此主體之義也；然天地萬物人類，又構成一整體，無主體，萬物人類何所依附哉！主從之義昭昭矣。人既爲天地之心，心乃爲最活躍之因素、生命力保證萬物、人類之融諧而貞正也。首出庶物者，首出於庶物（庶物，民衆也）之上，即作之君、作之師以正治之謂也，是則萬國咸寧矣。如此，則人與物各遂其性，豈不大爲光明乎！

抑有進者，天、地、物、人一體觀之義，不僅如前所述之源之同體也，處之亦必同體而融諧之也；融諧，則可盡人性盡物性，《中庸》固言詳切（「唯天下至誠爲能盡其性，能盡其性，則能盡人之性；能盡人之性，則能盡物之性；能盡物之性，則可以贊天地之化育，可以贊天地之化育，則可以與天地參矣。」見《十三經注疏》一六三二頁。），《周禮》更言之具體（「大司徒之職，以土會之法，辨五地之物生（五地：山林、川澤、丘陵、墳衍、原隰。物生，適宜之生物也），一曰山林，其動物宜毛，其植物宜皁（柞栗之屬）物。」餘不俱引，見《十三經注疏》七〇二頁），此載之法典者，將理論推之於行政矣，今觀之，尤覺其知行之義深遠，適符合今之人類與天地、萬物相處之現實要求（生態平衡）也（此處所言之天地、萬物、人類一體，多少億年［現公認地球之年齡爲四十六億年］所變化、積聚、儲藏之地上地下水中之資源也。）；以心物一統、心主物之義言之，近五百年（特別是近二三百年）來，西方實證哲學所推動之科技發展，心凌駕於物之狀態，簡直達於瘋狂之得意忘形，人類，在利慾之之精神存在形式也，最爲精密之心之存在形式也，最爲完備之精神、物質統一也，最爲精密之心物統一也。就人而言，心主宰人之機體活動，亦主人之思維（考）活動以及一切社會活動；就物而言，自然亦是心主物，精神主物，精神與物同住，物自具有活力；心在思考，人亦自是活人；當今，科學界，對人死之概念已由心臟停止跳動，轉變爲思考停止活動，亦可佐證心物一統之義也。

由此可以推知，宇宙、萬物、人類之起源與發展，上推至於極限，即可確認其心物一統、精神物質同原；此一統同原，即爲宇宙起源之動力，藏之於物之内部者也。即使從外部觀之，雖先見物之存在之外殼，自當思及其生命存在之理，是則心物一統、精神與物質同原之活力，躍然可見矣，分言心物（精神與物質）之理頓失矣。考之實踐，在人世間，在認識及歷史範圍内，絕無心物分離之現象；言物則心隨之，言精神則物質存焉。乾坤二象所言之者，即此心物一統、精神物同原之最初和發展了之變化也，乃歌頌萬物、人類一統之光明也，「保合太和，乃利貞，首出庶物，萬國咸寧」即此之謂也。保合太和，乃利貞者，保，保安也；合，合會也；大，無所不包、無所不及也；和，諧、協、調、融之義也；大和，利萬物、人類之道也，由此可明，乾坤二象所言者，乃精神（《增韵》「凡物之純至者，皆曰精。」《廣韵》「熟也，細也，皆曰精。」《易繫辭》「精氣爲物」，《疏》「陰陽精靈之氣，氤氳積聚而爲萬物也」。《左傳昭七年》子産曰：「用物精多，則魂魄强，是以有精爽至於神明。」神，《説文》：「天神引出萬物者也。」《易繫辭》「陰陽不測之謂神」，王弼注曰：「神也者，變化之極，妙萬物而爲言，不可以形詰。」《十三經注疏》七八頁。）與物質（或曰心與物）一統，而化生萬物、而進化爲人類者也。於此而言物，則有心存於物中，言心，亦有物相隨而存焉，非有一孤立之心離物而存者也，亦未有無心而在之物也；猶之言陰，必陰中有陽存焉（《乾卦・疏》曰：「陰陽二氣，共成歲功，故陰與之時仍有陽在，陽生之月，尚有陰存。」見《十三經注疏》十三頁。），言陽，則陽中有陰隨也，只是其盛衰消長之數有差耳；言乾坤亦如此，只是其主客授受之勢有异耳；由是而知，心物統、陰陽和、乾坤協，則萬物生，生則各稟其性，此《乾彖》所云「乾道變化、各正性命」之大義也。故物者，心物一統之謂也，人者，亦心物一統之謂也；是心物一統貫徹於天、地、萬物與人也。是則，物固其物之存在形式，然同時有精神存焉，有心存焉，此乃心物一統之表現形式也，人亦如此，而且是最爲高超現生命，經漫漫長夜之繁衍、發展，而有物類，而有人類。人類之出現，實屬生物演化中突變現象，應視爲具有神化之奇迹（神化，非謂有神也，取孔子在《易繫辭》之言：「知變化之道者，其知神之所爲乎」及王弼所注：「言神化亦不爲而自然也」之至意），而事實上，在本太陽系中唯地球上出現了萬物、人類，就是一大奇迹。

《周易》乾坤兩象之文，實則表述了此具有神化之奇迹。其剴示變化之力，存於陰陽之中，乾爲陽，爲力之主動者（發動者），坤爲陰，爲力之被動者（受動者），乾坤旋轉，陰陽消長，變化生於其中，萬物發於其外，人類出於其上，「乾道變化，各正性命」，於是物有其性其命，人有其性其命，此過程所經歷之漫長歲月，今之生命科學研究成果表明，大約五十四億年（可名之曰宙，上下古今之謂也），是則乾坤二象所言之者，實乃最元始之生命科學之表述也，是宇宙發展中出現生命現象以及生物、人類之合乎科學之灼見也。此中所言，推動變化之力，固存於物之中，與物同體，又與物對立而統一，若陰陽之對立而統一者然；因與力相對立，故可名此力爲精神，或曰心，以構成哲學中之精神與物質（或物質與精神）、心與物（或物與心）相對立而又統一於一體之概念，便於哲理之陳述也。

天」者，被動、受動之義也；「載物」，亦被動、受動之義也，「德合無疆」者，德在此應詮釋爲事物之本性，即坤德之表現，德合乃具有主動吸收、融合之義，非僅被動、受動也，既具有此主動跟順承之勢，則德合自無疆矣（疆者，無物不入，無遠不屆，無時不及也。）。

就今之科學成就言之，天者，太陽系之義也，地者，乃人類萬物所賴以生存之地球也（今之太陽系九大行星上，除地球外，尚未發現生命存在之條件），實今之天文學成就所指之本太陽系之太空（或曰宇，四方八面之意），是則中華古代所言之天（氣之輕輕，上浮者爲天），實今之地球也。乾之力，即天之力也；天之力，即太陽之力也；乾主陽，適與太陽之性（陽也、剛也、健也）偶合，其成爲生命力之源，固無疑也；今之生物學原理表明，無太陽光之照射，則無生物存在之可能，反言之，則有太陽光照射，即有生物存在，然則，爲何太陽光普照之九大行星之上，尚未發現生命迹象乎？可知除太陽光之照射外，還必有生命所賴以存在與發展之其他條件，如水，就是不可或缺之首要條件；今之生命起源之研究證明，生命源於水；於此可知，生命之起源及其繁衍發展，需有主客條件，即外在之陽光，內在之水中之生機（即生命之原），外力與內原結合，始可引起變化，出

《周易·乾彖》云：「大哉乾元，萬物資始，乃統天；雲行雨施，品物流形，大明終始」，此「萬物資始」者，言發展之初始也，或曰天文之初肇也，「乃統天」者，言無所不包、無所不屈、無所不覆、無所不載也；「雲行雨施」者，言萬物滋生繁衍中各具雛形也，此雛形乃自然變化、自然而然地流出之者也，似假天工，實非天工，非外之力也，乃内之自在之力也；「大明終始」者，物之生也，有所自，物之形也，有所稟，物之成也，有所性也。人之生也，乃於萬物發展日益精巧完善之最高層面上，所出現之最爲靈敏、而且具有最爲完善之思考器官而形成之者也（通稱思維器官，維者繫也，綱也，思維之自然狀態也；此處替之以考者，取其思慮、研求之義，彰其能動之性也），此乃《乾彖》所言「乾道變化，各正性命」之至義也。但乾不能孤力而行，必有坤合力，始可行焉；必是陰陽相合，乃可成變，乃可促化，故《坤象》云：「至哉坤元，萬物資生，乃順承天，坤厚載物，德合無疆，含弘光大，品物咸亨。」此中之「萬物資生」與《乾彖》中之「萬物資始」，本應視爲同步之進程；但一曰資始，一曰滋生，始與生，其异何在？其异在於始之含義，主動、發動之力也；生之含義，被動、受動之狀也，此《坤象》所言「乃順承天，坤厚載物，德合無疆」之大義也；「乃順承

第一節 自然哲學

自然哲學者，乃儒學所言之大道，見之於自然領域（實非純自然也）之諸觀點體系也，其要如次：一、天地物人一體觀；二、八卦之基；三、龍之至義；四、六十四卦之序；五、因象以託人事；六、敬人事而修德行。

一、天、地、物、人一體觀

儒學乃我中華人文發軔之學，認定人爲萬物之靈，足見其視人與物同體同源，視人出之於物而又歸之於物者也；視人在宇宙發展進化中，屬於物類之最高層、居於頂峰，乃俗諺所云人爲高等動物者也，是乃純粹之心物統一史觀（西方哲學有唯心、唯物之歧見，我中華哲學，則主心物統一，儒家如此（乾坤一體，陰陽一元），道家亦如此（萬物負陰而抱陽）；益之以史觀者，蓋有見其着眼於歷史發展也），絕不容絲毫神祕觀點雜於歧見，亦不應貶之曰樸素唯物論，實乃光明燦爛、貫之於天、地、人之最具智慧之心物辯證史觀（此處又加辯證二字者，以其辯陰陽、剛柔、仁義、變化之諸多要素而證之泰否、通塞、禍福、吉凶之幾也）；此乃言儒學者，言儒學理論體系者，所必具之哲學觀，不可不直言之，而有所判明者也。

（一九九四年曾撰《試論儒學理論體系》一文，一萬二千言。），近年來，經史綜觀，更覺儒學理論體系，不僅燦見於《十三經》，更流光於《二十五史》，誠若日月之經天，仰之星河燦爛；江河之行地，俯之文采畢張；大之於政教禮樂，小之於民俗人心，無不猶見三皇五帝之仁德未墜，文武周孔之聖教尚存，其故何耶？蓋出之於人性人心者，必入之於人性人心也，必歸之於人性人心也；且人性人心愈明，儒學理論體系益彰，其道益弘，其光輝有若旭日東升，其普照天下，亦自然而然之者也，唯待時勢推移而已耳。

儒學之理論體系可歸之爲八綱目：一曰自然哲學，二曰人性哲學，三曰人倫哲學，四曰道德哲學，五曰經濟哲學，六曰政治哲學，七曰教育哲學，八曰人生哲學。（哲學者，源出希臘文Philosophia意即「愛智慧」，十九世紀七十年代，日本最早的西方哲學傳播者西周，因取古漢語之義（《爾雅》，「哲，智也」，《書舜典》「濬哲文明」。）譯作哲學。哲學乃對世界（自然、社會）根本觀點之體系。）此八綱目，一以大道貫之，以觀其通一，闡其聯殊，而發其奧義，是乃儒學理論體系之樞紐所繫者也。

一身浩然正氣，「其爲氣也，至大至剛，直養而無害，則塞於天地之間；其爲氣也，配義與道，是集義所生者。」（言此浩然之氣與義同生，從内而出，人生受氣，所自有者。《十三經注疏》二六八五也）此孟子所善養之浩然正氣對中華士人影響極深，無不以浩然正氣自勵者；而孟子自己更以此浩然正氣，以覺斯民，距邪説爲己任，且有當今之世舍我其誰之大無畏精神，此在中華史上乃第一人也，微赤子之心者（孟子曰：「大人者，不失其赤子之心者也。」《十三經注疏》二七二六也），其孰能與於此哉！

第三章　儒學之理論體系

世間所存之諸大學説，莫不有其理論體系，儒學如此博大精深，具有十三經之典籍，其理論體系之完備，更無疑焉。然自周孔孟集大成，二千五百年以降，學者輩出，燦若明星，專通經義發其微旨者，代不乏人；北宋諸儒，倡明儒道，泰斗相繼，程朱造極，儒道大義，彰之無所不及；獨於儒學理論體系之論究，少留意焉。余於此義思之久矣，嘗爲文試作論述自伏犧氏之畫八卦、周文王之演易、至孔子之作十翼，《周易》固已日臻完善矣，實則尚局限於人之主體之外之探求，《周易・説卦》雖有立人之道曰仁與義之言，但對仁義之探求，其注意力尚滯於其外在條件，如陰與陽、柔與剛、變與化、幾與微等等；是孟子將探求之注意力轉向於主體，先闡發仁義禮智，我固有之也，非由外鑠之者也，此乃有見於心之内涵者也；繼又揭明心之能動力，指出「心之官則思，思則得之，不思則不得也，此天之所與我者；先立其大者，則其小者不能奪也」。（大者謂生而有善性也，小者，情慾也，小不奪大也。」見《十三經注疏》二七五三頁）由於思則得之，故「萬物皆備於我矣」。（「備知天下萬物也。」見《十三經注疏》二七六四頁）此乃儒家哲學發展歷程中一聲具有劃時代意義之破曉雞鳴，惜爲權、利之惡欲所蒙蔽，使此光輝之哲學思想，幾乎沉睡了一千五百年，始爲南宋陸象山所發揮（陸有言曰：「吾心即宇宙，宇宙即吾心」；「六經注我，我注六經。」），再歷三百年，又爲明儒王陽明所發展，成爲心性之學（其有言曰：「心外無物，心外無理；性外無物，性外無理。」），使儒學哲理之闡發達於前所未有之高峰，孟子倡言之功，不亦大哉！

再就孟子個人之修養言之，因先立其大者，就使得他「四十歲不動心」矣，故孟子具有告子曰：「生之謂性。」

孟子曰：「生之謂性也，猶白之謂白與？」

告子曰：「然。」

孟子曰：「白羽之白也，猶白雪之白，白雪之白，猶白玉之白與？」

告子曰：「然。」

孟子曰：「然則犬之性，猶牛之性，猶人之性與？」（見《十三經注疏》二七四七—二七四八頁）

孟子在此辯論中之結論是「人性之善也，猶水之就下也；人無有不善，水無有不下」，使孔子「繼善成性」之內涵，明白曉暢，儒學之性善論，於此而確立焉。而且孟子又進一步由人性而人心以論證之，指明「仁義禮智，非由外鑠我也，我固有之也，弗思耳矣，故曰求則得之，舍則失之。」後之荀況（比孟子小五十九歲），正是在孟子所言「舍則失之」處立論，建立其性惡論，以攻擊性善論。待儒學理論體系章，予以詳論之。

四曰萬物皆備於我，儒家哲學初向主體。《周易》乃儒家哲學之源，然以主、客體觀之，而性具焉；天命之謂性，自誠明謂之性，悉此意也。

孟子亦嘗言之：「誠者，天之道也；思誠者，人之道也；至誠而不動者，未之有也；不誠未有能動者也。」（見《十三經注疏》二七二一頁）可知孟子就人性善問題與告子（名不害，兼治儒墨之道，嘗學於孟子而不純者也。）辯論前已深契孔子晚年論性之旨歸也，兹引孟、告論辨之全文，以見孟子雄辯之直切明快也。

告子曰：「性猶杞柳也，義，猶桮棬也；以人性爲仁義，猶以杞柳爲桮棬」。

孟子曰：「子能順杞柳之性，而以爲桮棬乎？將戕賊杞柳，而後以爲桮棬也。如將賊杞柳而以爲桮棬，則亦將戕賊人以爲仁義與？率天下之人而禍仁義者，必子之言夫！」

告子曰：「性，猶湍水也，决諸東方則東流，决諸西方則西流；人性之無分於善不善也，猶水之無分於東西也。」

孟子曰：「水信無分於東西，無分於上下乎？人性之善也，猶水之就下也，人無有不善，水無有不下。今夫水，搏而躍之，可使過顙，激而行之，可使在山，是豈水之性哉？其勢則然也；人之可使爲不善，其性亦猶是也。」

易、韋編三絶以後之見也，站在性之本源上之論見也，得性之正、得性之天者也。

據唐孔穎達疏云：「繼之者善也，道是生物開通，成就此道者，是人之本性；若性仁者，成就此道爲仁性；知者成就此道爲知也。故云仁者見之謂之仁，知者見之謂之知；是仁之與知，皆資道而得成仁知也。」魏王輔嗣注曰：「仁者資道以見其仁，知者資道以見其知，各盡其分。」合王注孔疏而思之，雖已指明「人之本性」，「各盡其分」，然猶有未盡孔子之本意者存焉，索繼善之意，謂此陰陽大道之繼續不斷發展之過程爲善也，是則此善之意爲自然而然，爲天然也，待其成性，則各盡其分矣。以人性言之，就其整體而論，本於天也，善也；就其個體言之，則各盡其天之分、善之分也。以物性言之，亦復如是。是則人性本於天，人性善也；物性亦本於天，物性亦善也；是乃徹底之性善論也，是乃孔子論性之原意也；《中庸》對此原意發揮得準確深刻，兹引論之。

「天命之謂性，率性之謂道，修道之謂教」；「自誠明，謂之性，自明誠，謂之教；誠則明矣，明則誠矣。」此處「天命之謂性；自誠明，謂之性」，實乃孔子繼善成性説之正確注釋。誠者，真也，天也，道也；誠明者，天道變化、繼續不斷發展而最終出現萬物與人類也，究孟子「以斯道覺斯民」之大旨，亦自然含有以斯道覺斯君之意，其一曰意在格君心之非；其二曰使君主明「民、社稷、君」三者之間之正確關係；就前者言之，「君仁莫不仁，君義莫不義，君正莫不正，一正君，而國定矣。」（見《十三經注疏》二七二二頁）；此就君主執神器之重、居域中之大而言之也；就後者言之，「民爲貴，社稷次之，君爲輕」（見《十三經注疏》二七七四也），此乃中華思想史上最明確之民主思想；君爲輕者，是就此三者而言之正確關係也，并非輕視君之政治作用也；此乃孟子對君之辯證觀點也，亦孟子覺斯民之大義所至也。

三曰完善孔子言性之見，確立性善論。在中華學術史上，二千五百年間，儒家諸子之言性者，首推孔子（雖子貢曾言：「夫子之言性與天道，不可得而聞也。」），在《論語・陽貨》中，孔子首言：「性相近也，習相遠也；唯上智與下愚不移」；在《周易繫辭》中，孔子又言：「一陰一陽之謂道，繼之者善也，成之者性也；仁者見之謂之仁，知者見之謂之知，百姓日用而不知，故君子之道鮮矣。」（見《十三經注疏》七八頁）性近習遠，此孔子早年論性之見也，站在人性之流上而言之者也，只見到近而未見其同也。繼善成性之論，乃孔子晚年學此，則大道與小道、大德與小德，俱不明矣，此亂之源也，孟子正有見於此，故大聲疾呼以斯道覺斯民：「天之生此民也，使先知覺後知，使先覺覺後覺也，予天民之先覺者也，予將以斯道覺斯民也，非予覺之而誰也。」（見《十三經注疏》二七三八頁）

於此可見，孟子自視爲先覺者，而且認定非予覺之而誰也，足見孟子見道之真，故其操心也危，其慮患也深，其以天下爲己任也切，實大丈夫之氣度也，他猶有言曰：「夫天未欲平治天下也，如欲平治天下，當今之世，舍我其誰也，吾何爲不豫哉！」（此孟子去齊，於途中回答充虞之問也，孟子尚有言曰：「彼一時，此一時也，五百年必有王者興，其間必有名世者，由周而來，七百有余歲矣，以其數則過矣，以其時考之，則可矣。」詳見《十三經注疏》二六九九頁）孟子更認爲：「居天下之廣居，立天下之正位，行天下之大道，得志與民由之，不得志獨行其道；富貴不能淫，貧賤不能移，威武不能屈，此之謂大丈夫。」此乃孟子志趣之真實寫照，其氣派如此雄渾，二千餘載，一人而已，非聖人之徒，孰能與於此，是乃天下有溺者如己溺之者也，其所覺之者，實欲「勞之來之，匡之直之，輔之翼之，使自得之，又從而振德之」者也。

聖人之道，洋洋乎！發育萬物，峻極于天；萬物并育而不相害，道并行而不相悖；小德川流，大德敦化，此天地之所以爲大也。」孟子即於此小德川流、邪説暴作之際，起而維護儒家大道，既厲其鋒芒、直指楊墨，斥其無父無君之謬；又馳其精思細析許行之言（許行，楚人，《漢書藝文志》歸之於農家者也，有徒數十人，皆衣褐、捆屨、織席，以爲食。自楚之滕，滕文公與之處，主張賢者與民并耕而食，饔飧而治。有陳相者，見許行而大悦，盡棄其學而學焉。陳相見孟子，道許行之言。孟子詰之，指出：百工之事，固不可耕且爲也；然則治天下獨可耕且爲與？故曰或勞心，或勞力；勞心者治人，勞力者，治於人；治於人者食人，治人者食於人，天下之通義也。夫物之不齊，物之情也，或相倍蓰，或相什百，或相千萬，子比而同之是能亂天下也。從許子之道相率而爲僞者也，惡能治國家。」詳見《孟子·滕文公》，《十三經注疏》二七〇五—二七〇六頁），責其不辨勞力勞心之愚。其意在廓清思想，爲以斯道覺斯民掃淨道路也。

史實證明，正邪常互出，真僞本時見，小德川流之際，正是大德敦化之時；有流必有化，有化則必促流；流化之際，界限難辨，但流化之間，源流必辨，主次必分，本末必明，不明朱熹讚之曰：「有功於社稷」，誠哉！是言也；於今觀之，則更有善於人心焉。

二曰距邪説（距，取其抗之意），覺斯民。春秋，戰國，乃諸侯放恣、處士横議、權謀相乘之秋，莊子（比孟子小三歲）謂之：「内聖外王之道（此爲莊子對儒道之評論），暗而不明，郁而不發，天下之人，各爲其所欲焉以自爲方，悲夫！百家往而不反，必不合矣。」（見《莊子・天下》）孟子在回答「好辯」時説：「世衰道微，邪説暴行有作，臣弑其君者有之，子弑其父者有之，聖王不作，諸侯放恣，處士横議，楊朱墨翟之言盈天下；天下之言，不歸楊則歸墨；楊氏爲我，是無君也；墨氏兼愛，是無父也；無父無君，是禽獸也。楊墨之道不息，孔子之道不著，是邪説誣民，充塞仁義也；仁義充塞，則率獸食人；人將相食，吾爲此懼，閑先聖之道，距楊墨，放淫辭，邪説者不得作。孔子成春秋，而亂臣賊子懼。我亦欲正人心，息邪説，距詖行（詖，險也），放淫辭，以承三聖者（此指大禹、周公、孔子也），豈好辯哉！予不得已也。能言距楊墨者，聖人之徒也。」（見《十三經注疏》二七一四—二七一五頁）

歷史證明，正道必行，邪説必退，其故何耶？蓋正道者，出於人性、人心、人德之正者也；邪説者，譁衆取悦之短見也。在中華學術史上，唯儒道爲大，《中庸》有言曰：「大哉！

未幾，惠王卒，其子襄王立，孟子見之，出語人曰：「望之不似人君，就之而不見所畏焉，卒然問曰：天下惡乎定？吾對曰：定於一。孰能一之？對曰：不嗜殺人者能一之。孰能與之？對曰：天下莫不與也（天下皆苦虐政，如有行仁，天下莫不與之。）。誠如是也，民歸之，由水之就下，沛然誰能禦之。」（見《十三經注疏》二六七〇頁）

由春秋至戰國，各國内外，争奪頻仍，殺伐相續，吞併時現，暴政虐民已數百年矣，民之望仁政，猶大旱之望雲霓也，孰能禦之，故曰仁者無敵，不嗜殺人者能一之也，此足證孟子之見理之深，論事之切，何迂闊之有哉！譏其迂闊者，非其迂闊也，乃當時爲政者之爲私利所趨，喪失人性，忘卻仁義，而不行仁政也，其必蹈覆亡，固可知也。

當此之時，孟子猶以彰揚人道、恢宏人性爲己任；他一方面指出：「無惻隱之心，非人也；無羞惡之心，非人也；無辭讓之心，非人也；無是非之心，非人也」；此種飽含有憤世疾時之意焉；另一方面，又從人性之本上闡明：「惻隱之心，仁之端也；羞惡之心，義之端也；辭讓之心，禮之端也；是非之心，智之端也」；并提出：「君子所性，仁義禮智根於心」之創見，發展了孔子「立人之道曰仁與義」之大義，完成了仁義禮智之根基之理論論證，南宋大儒見之。

一曰「仁者無敵」，「定於一」。此二語，乃孟軻先後見梁惠王、梁襄王所言之者也。梁惠王者，本魏惠王也，因都大梁，故曰梁惠王。據《史記・魏世家》云：「惠王數敗於軍旅，卑禮厚幣以招賢者，鄒衍、淳于髡、孟軻皆至，梁惠王曰：『寡人不佞，兵三折於外，太子虜，上將死，國以空虛，以羞宗廟社稷，寡人不甚醜之，叟不遠千里，辱幸至弊邑之廷，將何以利吾國。』孟軻曰：『君不可以言利，若是夫君欲利，則大夫欲利；大夫欲利，則庶人欲利；上下爭利，國則危矣；爲人君，仁義而已矣，何以利爲！』」

又據《孟子》所載：「晉國天下莫强焉，叟之所知也，及寡人之身，東敗於齊，長子死焉；西喪地於秦，南辱於楚，寡人恥之，如之何則可？」孟子對曰：「地方百里而可以王。王如施仁政於民，修其孝悌忠信，入以事其父兄，出以事其長上，可使制梃以撻秦楚之堅甲利兵矣，夫誰與王敵，故曰仁者無敵，王請勿疑。」（見《十三經注疏》二六六七頁）所謂仁者無敵，乃施仁政於暴虐之際，教民以德，使民崇仁尚義，爲仁義而戰，其勇其力，詎可估量之哉！

門人，紹六經之教，尤長於詩書，遭戰國縱横，專事權謀，大道陵滯隳廢，异端邪説并作；「儀、衍肆其詭説，楊、墨飾其淫辭，遂致王公納其謀，以紛亂於上，學者循其踵，以蔽惑於下，孟子挺名世之才，秉先覺之志，拔邪樹正，高行厲辭；導王化之源，以救時弊；開聖人之道，以斷群疑；其言精而贍，其旨淵而通；致仲尼之教，獨尊於千古。」（孫奭：《孟子正義序》）「帝王公侯遵之，則可以致隆平，頌清廟；卿大夫蹈之，則可以尊君父，立忠信；守志厲操者儀之，則可以崇高節，抗浮雲，命世亞聖之大才者也。」（趙岐：《孟子注疏題辭解》）孟軻則慕仲尼，周游諸侯，思濟斯民，以迂闊見棄，退自齊梁，與弟子公孫丑、萬章之徒，難疑答問，著書七篇，二百六十一章，三萬四千六百八十五字，稱之曰《孟子》。

秦焚書坑儒，孟子之徒黨盡矣；漢興，開延道德，孝文皇帝欲廣游學之路，《論語》、《孝經》、《爾雅》、《孟子》皆置博士；東漢桓帝永興、延熹年間，趙岐（字邠卿，京兆長陵人）避禍北海，於孫賓家夾柱中注《孟子》，皓首睉瘁，歷時十餘載。至宋列爲儒學十三經之一，南宋朱熹又以之與《大學》、《中庸》、《論語》合編爲《四書》，爲學子啓蒙必讀教材，歷元、明、清不衰，於此亦可知其大義所在矣。余以爲《孟子》之大旨，可於下述四端禹之遺教：「德惟善政，政在養民」之精髓也。「道之以政，（孔曰：政謂法教。），齊之以刑（馬曰：齊，整之以刑罰。），民免而無恥（孔曰：免，苟免。）；道之以德（包曰：德謂道德），齊之以禮，有恥且格（格，正也。）。」此言政刑、德禮之迥異，而終必歸正於德禮也。「政者，正也，子帥以正，孰敢不正」，此言不正之政，必歸於正，不歸於正者，其必或敗或亡也。

綜觀《論語》之旨要，孔子之施教也，在學、在道、在德、在政；教以啓之，學以明之，道以導之，德以善之，政以成之，是乃千古不磨之教學理論也，可以預見，人類愈自覺，則愈需以斯道覺斯民也。

總觀孔子經緯《六經》，發前哲之光，啓後賢之志，大道昭然，正邪自明，中華歷史雖見曲折，然終未離大道者，賴孔聖之德也，微夫子，中華不知其所矣，吾儕無所往矣。

第四節　孟軻之亞聖憲言

孟軻（約公元前三七二—二九八年），字子輿，騶人（春秋邾子之國），受業於子思之弘《詩》、《書》、《禮》、《樂》之道，曾子以孝道著稱，子夏以《春秋》傳世（傳與公羊高、穀梁子）；甚至孔子之孫子思（曾子之弟子）也著《中庸》大弘儒家哲學。故知弘道乃中華士人之本分，其根蓋處於中華民族之特性，非限於孔子之言人能弘道也。

修德，乃《論語》一書之大旨，而且以此作爲君子之必備品質，此在中華文明史上成爲極其光輝燦爛之篇章，爲中華民族之脊樑，是乃天地正氣所寄，大道之體現也；子曰：「德之不修，學之不講，聞義不能徙，不善不能改，是吾憂也」，此數語道出了孔子憂患之深，是乃憂民憂國憂天下之本也。「司馬牛問君子，子曰：君子不憂不懼，曰：不憂不懼，斯謂之君子已乎？子曰：內省不疚，夫何憂何懼！」「君子坦蕩蕩；君子矜而不爭，群而不黨；君子易事而難説也（説，音悦，悦也。），説之不以道，不説也」；「君子有九思（思以合乎禮義也。）：視思明，聽思聰，色思温，貌思恭，言思忠，事思敬，疑思問，忿思難（思忿怒後之患難也。），見得思義。」此修德之大略也，然其極終目的，還在於善政，此「人道政爲大」之至義也。

善政，於孔子之見，其要旨在「爲政以德」。（見《十三經注疏》二四六一頁）此乃大道焉；《論語》記述弟子之問爲政，有子路焉（子路問爲政，子曰：「先之勞之。」請益，曰「無倦」。）；有仲弓焉（仲弓爲季氏宰，問政。子曰：「先有司，赦小過，舉賢才。」）；有子張焉（子張問於孔子曰：「何如斯可以從政矣？」子曰：「尊五美：惠而不費，勞而不怨，欲而不貪，泰而不驕，威而不猛；屏四惡：虐、暴、賊、吝，斯可以從政矣。」）在其弟子中運用政治理論於解決春秋時期國際間之爭端最爲出色者莫如子貢（衛人，端木賜，字子貢），《史記·仲尼弟子傳》詳記其事，其有言曰：「子貢一出，存魯、亂齊、破吳、强晋、而霸越；子貢一使（孔子選派之使者-何注），使勢相破，十年之中，五國各有變。」在《論語》一書中，論及學習態度者甚詳，此乃爲其學習目的所决定之者也；其所求者愈高，則其態度必愈正；其發之於内者必切：「見賢思齊焉，見不賢而内自省也」，「士志於道，而恥惡衣惡食者，未足以議也」，「我非生而知之者，好古敏以求之者也」，等等。

弘道，乃孔子畢生之大志與不倦之事業，「人能弘道，非道弘人」，此孔子對弟子殷切之期望也；「君子上達，下學而上達」，此孔子對弟子因人而异之期望也；「汝爲君子儒，無爲小人儒」，此孔子對子夏之具體期望也；歷史證明，孔子及其高弟子多有弘道之功，孔子大

「夫子之不可及也，猶天之不可階而升也」，（見《十三經注疏》二五三三頁）或亦其平日侍夫子於堂上習聞夫子欲論二篇之意旨（《漢書藝文志》云：問王、知道皆篇名。）而發之者也。今《論語》雖缺此二篇，亦不掩孔子之聖哲皇皇也。其皇皇者何？其教之道也，其學之道也，其爲人之道也，其爲政之道也，其德也，其仁也，其藝也，其行也，非僅昔日中華理性之光，亦且未來人類德行之歸；茲就爲學、弘道、修德、善政四端述而觀之。

爲學，首要者在知道，此道也，在《周易說卦》中，孔子曰：「立天之道，曰陰與陽；立地之道，曰柔與剛；立人之道，曰仁與義」；在《論語》則曰：「吾道一以貫之，忠恕而已矣」；恕者，「己所不欲，勿施於人」；「君子務本，本立而道生，孝弟也者，其爲人之本歟！」孔子在《論語》所言：「志於道」、「憂道不憂貧」、「文武之道」、「人能弘道」、「朝聞道夕死可矣」之道，俱言此道也。必明此大道，始知爲人之道：爲子之道，則孝；爲弟之道，則恭，等等；以道律己，「修己以敬，修己以安人，修己以安百姓」；修己以勵氣節，「三軍可奪帥也，匹夫不可奪志也」；修己以廣胸懷，「智者不惑，仁者不憂，勇者不懼。」修己固在於自我完善，更在於擴而充之以完善社會國家也，是則學之者，必有爲政之傳齊論者昌邑中尉王吉、少府宋畸、御史大夫貢禹、尚書令五鹿充宗、膠東庸生，唯王陽名家（王吉字子陽，故謂之王陽）。傳魯論語者，常山都尉龔奮、長信少府夏侯勝、丞相韋賢、魯扶卿前將軍蕭望之、安昌侯張禹，皆名家，張氏最後而行於世。」現行之《論語》，乃魏何晏注，宋邢昺疏；何晏在《序解》云：「齊論有問王、知道，多於魯論二篇；魯共王時，嘗欲以孔子宅爲宮，壞得古文論語，亦無此二篇，篇次不與齊魯論同。安昌侯張禹，本受魯論，兼講齊說，善者從之，號曰張侯論，爲世所貴，包氏周氏章句出焉（包氏者，名咸，字子良，會稽曲阿人也，建武中入授皇太子論語，又爲其章句；周氏不詳。）；古論，唯博士孔安國爲之訓解，而世不傳，至順帝時南郡太守馬融，亦爲之訓說；漢末大司農鄭玄，就魯論篇章，考之齊古，爲之注；近故司空陳群、太常王肅、博士周生烈，皆爲義說；所見不同，互有得失；今集諸家之善，名曰論語集解。」（見《十三經注疏》二四五四-二四五六頁）正如注解《孟子》之趙岐所言「論語者五經之錧鎋，六藝之唯矜也」，是則論語必全面準確傳載孔子之思想光輝，蓋人之思想光輝，常於與人接談辯論中自然閃現，教育者之思想光輝，自於與弟子論道探索中邏輯陳現；「齊論有問王、知道二篇」，足以見孔子之思想光輝或在於此；子貢之言：

之正道以襲利，謂之盜。」（見《十三經注疏》二四四九頁）

魯襄公三十年，「楚公子圍殺大司馬蔿掩而取其室；申無宇曰：善人，國之主也，王子相楚國，將善是封，殖而虐之，是禍國也。」（見《十三經注疏》二〇一三頁）「春秋之義，用貴治賤，用賢治不肖，不以亂治亂也。孔子曰：懷惡而討，雖死不服。」（見《十三經注疏》二四三四頁）「國家之敗，由官邪也，官之失德，寵賂章也。」（見《十三經注疏》一七四三頁）於此可見，《商書・説命》之義「治亂在庶官，德惟其賢，股肱惟人，良臣惟聖」，未墜；《周書・立政》之訓「繼自今立政，其勿義憸人（不訓於德者），其惟吉士，用勱相我國家」，其義猶存。

綜觀春秋之亂，於征伐簒弑之刀光劍影之中，於禮崩樂壞之宮毀鼎遷之際，在中華文化之廢墟上，仍殘有寶藏，此處所述及者，惟民、德、義、賢四者而已；此四者，亦足以啓後人也。

論語者，據《漢書・藝文志》云：「孔子應答弟子時人及弟子相與言而接聞於夫子之語也。當時弟子各有所記，夫子既卒，門人相與輯而論纂，故謂之《論語》。漢興有齊魯之説，鼎之大小輕重焉，對曰：「在德不在鼎；昔夏之方有德也，遠方圖物，貢金九牧，鑄鼎象物，百物而爲之備，使民知神姦，故民入川澤山林，不逢不若（若，順也。），螭魅罔兩，莫能逢之，用能協于上下，以承天休（休，佑也）；桀有昏德，鼎遷于商，載祀六百（載祀皆年，《爾雅》云：商曰祀，唐虞曰載，周曰年，夏曰歲。）商紂暴虐，鼎遷于周，德之休明，雖小，重也；其姦回昏亂，雖大，輕也；天祚明德，有所底止，成王定鼎于郟鄏（今河南也），卜世三十，卜年七百，天所命也；周德雖衰，天命未改，鼎之輕重，未可問也。」（見《十三經注疏》一八六八頁）有德則鼎，無德則遷；興德始可得國，敗德則必喪邦；史監遠近，其迹則一；天道古今，不改其徹；春秋亂世，遺人以德，其義之所止，盍可言之哉！

魯昭公十年，齊欒高敗，晏平仲言曰：「凡有血氣，皆有争心，故利不可强，思義爲愈，義，利之本也，蘊利生孽（妖害也），姑使無蘊乎。」（見《十三經注疏》二〇五八－二〇五九頁）義爲利本，此義利之辨之新解也，孔子之言：「君子喻於義，小人喻於利」，蓋君子務本，小人務末也。務本則道立，務末則禍生，故趙文子有「違義禍也」之懼，事見魯昭公之三年。不義則貶之謂盗「春秋有三盗，微殺大夫謂之盗；非所取而取之，謂之盗；辟中國貳），遷而不淫，復而不厭（常日新），哀而不愁，樂而不荒，用而不匱，廣而不宣（不自顯），施而不費（因民所利而利之），取而不貪，處而不底（守之以道），行而不流（制之以義），五聲和，八風平（八方之氣），節有度，守有序，盛德之所同也；德至矣哉，大矣，如天之無不幬也，如地之無不載也。」（見《十三經注疏》二〇〇六—二〇〇八頁）對樂之欣賞之澈，對德之理會之正，對德樂二者融爲一體見解之深，固中華哲理之深邃所在，亦吴公子札之天才所至，謂之絶唱不爲過也。

魯僖公十九年，「宋人圍曹，討不服也；子魚言於宋公曰：文王聞崇德亂而伐之，因壘而降；今君德無乃猶有所闕，而以伐人，盍姑内省德乎，無闕而後動。」（見《十三經注疏》一八一〇頁）可明無德而動干戈，乃取敗之道也；德被天下，恩惠於民，不兵而心嚮往之也，此乃「有德不可敵」（見《十三經注疏》一八二四頁）之理也。夫「踐修舊好，要結外援，好事鄰國，以衛社稷；忠信卑讓之道也，忠，德之正也；信，德之固也；卑讓，德之基也。」（見《十三經注疏》一八三七頁）

魯宣公三年，楚子伐陸渾之戎，遂至於雒，觀兵于周疆，定王使王孫滿勞楚子；楚子問高祖，下則子、孫、曾孫、玄孫；妻族亦如之。），以致其禋祀，於是乎民和而神降之福，故動則有成，君姑脩政而親兄弟之國，庶免於難，隨侯懼而脩政，楚不敢伐。」此魯桓公六年之事也。

於茲可見，雖處戰亂頻仍生命如草芥之際，有國猶不敢忘懷民爲邦本，可知《夏書・五子之歌》大義猶存，其言曰：「皇祖有訓：民可近不可下，民惟邦本，本固邦寧，予視天下愚夫愚婦，一能勝予；予臨兆民，懔乎若朽索之馭六馬，爲民上者，奈何不敬。」（見《十三經注疏》一五六頁）此亦孔子「古之爲政，愛人爲大」之至意也。

「德，國家之基也，有基無壞，無亦是務乎！有德則樂，樂則能久。」（《十三經注疏》一九七九頁）此魯襄公二十四年，鄭子産寓書於子西告晉范宣子爲政輕幣重德之言也。

越五年，魯襄公二十九年「吳公子札來聘，請觀於周樂，使工爲之歌周南召南，曰美哉！始基之矣（王化之始基也），猶未也（未盡善也）；爲之歌齊，曰美哉！泱泱乎！大風也哉！表東海者，其大公乎！國未可量也；爲之歌大雅，曰廣哉！熙熙乎！曲而有直體，其文王之德乎！爲之歌頌，曰至矣哉！直而不倨（倨傲），曲而不屈，邇而不偪（謙退），遠而不携（携樹之君，以利之也，民既利矣孤必興焉；左右曰：命可長也，君何弗爲？邾子曰：命在養民，死之短長，時也，民苟利矣，遷也，吉莫如之。遂遷於繹。五月，邾文公卒，君子曰知命。」此魯文公十三年之事也。

魯僖公二十七年，「晋侯始入而教其民，二年欲用之，子犯曰：民未知義，未安其居，入務利民，民懷生矣；將用之，子犯曰：民未知信，未宣其用，於是乎伐原以示之信；公曰：可矣乎？子犯曰：民未知禮，未生其共，於是乎大蒐以示之禮（蒐，順少長明貴賤），作執秩以正其官（執秩主爵秩之官），民聽不惑，而後用之，一戰而霸，文而教也。」（文德教民而後用之也。）

魯壯公三十二年，有虢國者，「虢公使祝應、宗區、史嚚享焉，神賜之土田，史嚚曰：虢其亡乎！吾聞之，國將興，聽於民（政順民心）；將亡，聽於神；神聰明正直而壹者也，依人而行（唯德是與）；虢多凉德（凉，薄也），其何土之能得？」

「夫民，神之主也，是以聖王先成民，而後致力於神；故務其三時（春夏秋，耕種收也。）脩其五教（父義、母慈、兄友、弟恭、子孝。）親其九族（自身，上則父、祖、曾祖、穀梁傳序》有言：「左氏豔而富，其失也巫；穀梁清而婉，其失也短；公羊辯而裁，其失也俗。」）豈武帝溺於「讖」、宣帝崇於「經」而俱惡於「禮」也哉！（唐楊士勛疏《春秋穀梁傳序》有言：鄭玄《六藝論》云：「左氏善於禮，公羊善於讖，穀梁善於經，是先儒同遵之義也。」）由此亦可知，「春秋之傳有三，而其爲經之旨一，臧否不同，褒貶殊致，蓋九流分而微言隱，异端作而大義乖」，范子（甯）之言是也。

然則，孔子於《春秋》中留有之微言大義何在耶？余縱觀三傳之迹，所見者雖盡屬周綱失墜，大道隱晦，禮崩樂廢，德義陵滯，諸侯征伐，君臣相弑，暴骨荒野，殘民以逞，易子而食，析骸以爨，滿目瘡痍，生機幾息；於此時也，猶赫然以見天地之正氣仍在，孔子之微言尚存，是乃人性之光輝所照也；此光輝者何耶？要而言之，曰民也，曰德也，曰義也，曰善人也。兹據三傳以觀之。

「民者，君之本也，使民以其死，非其正也」，（《春秋穀梁傳》，見《十三經注疏》二四〇一頁）此魯僖公二十六年冬之事也。

「邾文公卜遷于繹，史曰：利於民而不利於君，邾子曰：苟利於民，孤之利也；天生民而母子都，著於竹帛。」（《春秋公羊傳注疏》）「漢武帝好公羊，治其學者胡母子都、董膠西最爲著。膠西下帷講誦，著書十餘萬言，皆明經術之意，至於今傳焉。子都爲景帝時博士，後年老歸教於齊，齊之言春秋者，莫不宗之。何休爲膠西四傳弟子。」（清阮元：《春秋公羊傳注疏校勘記序》）何休《春秋公羊傳序》有言：「傳春秋者非一，其中多非常异義可怪之論，至有倍經任意反傳違戾者，以無爲有，甚可閔笑者，不可勝記也。」（《十三經注疏》二一九〇-二一九一頁）於兹可見西漢春秋公羊學傳講之一斑焉。

穀梁傳者，受經於子夏之穀梁子（名俶，一名赤，字元始）所作之傳也。「穀梁傳孫卿，孫卿傳魯人申公，申公傳博士江翁，其後魯人榮廣大善穀梁，又傳蔡千秋；漢宣帝好穀梁，擢千秋爲郎，由是穀梁之傳大行於世。」（《春秋穀梁傳序》疏，見《十三經注疏》二三五八頁）

由此可知，春秋三傳，左傳爲孔子親授，余二傳俱出子夏之門，而且先後爲武帝、宣帝所好，唯左傳受冷遇（漢武帝置五經博士，左氏不得立於學官，至平帝時王莽輔政方始得立。），豈武帝喜「清而婉」、宣帝好「辯而裁」而俱厭「豔而富」哉！（晋范甯：《春秋明三王之道，下辨人事之紀，别嫌疑，明是非，定猶豫，善善惡惡，賢賢賤不肖，存亡國，繼絶世，補敝起廢，王道之大者也。撥亂世反之正，莫近於春秋，春秋之中，弑君三十六，亡國五十二，諸侯奔走，不得保其社稷者，不可勝數，察其所以，皆失其本已。故有國者，不可以不知春秋，爲人臣者，不可以不知春秋。故春秋者，禮義之大宗也。」

今所傳春秋有三傳焉：曰左傳，曰公羊傳，曰穀梁傳。

左傳者，周之左丘明傳是也，「左丘明受經於孔子；魯恭王壞孔子宅，得禮記、尚書、春秋、論語、孝經；又北平侯張倉獻春秋左氏傳，然後左氏經傳所自出，始大白於世。左氏傳之學，興於賈逵、服虔、董遇、鄭衆、頴容諸家，杜預因之，分經比傳，爲之集解」，（清阮元：《春秋左傳注疏校勘記序》）「專取丘明之傳，以釋孔氏之經，所謂子應乎母，以膠投漆，今校先儒優劣，杜爲甲矣。」（唐孔穎達：《春秋正義序》）

公羊傳者，漢公羊壽傳，何休解詁，唐徐彦疏之者也。案《漢書藝文志》，公羊傳十一卷，班固自注曰：「公羊子齊人。顔師古注曰名高。」徐彦疏引戴宏序曰：「子夏傳與公羊高，高傳其子平，平傳與其子地，地傳與其子敢，敢傳與其子壽，至漢景帝時，壽乃與齊人胡臣悦；敬一人，而千萬人悦；所敬者寡，而悦者衆，此之謂要道也」；在《廣至德章》之言曰：「君子教之以孝也，非家至而日見之也；教以孝，所以敬天下之爲人父者也；教以悌，所以敬天下之爲人兄者也；教以臣，所以敬天下之爲人君者也；非至德，其孰能順民如此其大者乎！」在《廣揚名章》之言曰：「君子之事親孝，故忠可移於君；事兄悌，故順可移於長；居家理，故治可移於官；是以行成於内，而名立於後世矣。」（引文俱見《十三經注疏》二五四五—二五五八頁）

此乃孔子論孝道之精要者也，其他諸章不及俱述矣。

昔孔子曾自云「吾志在春秋，行在孝經」，爲春秋公羊注疏作序之漢司空掾任城樊何休則指明：「此二學者，聖人之極致，治世之要務也。」

漢司馬遷在《史記自序》中假回答大夫壺遂之問（孔子何爲而作春秋？）曰：「余聞董生（仲舒也。）曰：周道衰廢，孔子爲司寇，諸侯害之，大夫壅之，孔子知言之不用，道之不行也，是非二百四十二年之中（是非謂褒貶諸侯之得失也。），以爲天下儀表，貶天子、退諸侯、討大夫，以達王事而已矣。子曰我欲載之空言，不如見諸於行事之深切著明也。春秋上經，而民是則之；則天之明，因地之利，以順天下，是以其教不肅而成，其政不嚴而治。先王見教之可以化民也，是故先之以博愛，而民莫遺其親；陳之於德義，而民興行；先之以敬讓，而民不爭；導之以禮樂，而民和睦；視之以好惡，而民知禁。」

在《聖治章》中，孔子更進一步闡發人性之本和孝之根：「天地之性，人爲貴；人之行，莫大於孝；孝莫大於嚴父；嚴父莫大於配天（萬物資始於乾，人倫資父爲天，故孝行之大，莫過尊嚴其父也。）。故親生之膝下，以養父母日嚴（親猶愛也，言親愛之心生於膝下之時，年長漸知義方，能日加尊嚴，致敬於父母也。）；聖人因嚴以教敬，因親以教愛，聖人之教不肅而成，不嚴而治。父子之道，天性也；故不愛其親而愛他人者，謂之悖德；不敬其親而敬他人者，謂之悖禮。君子言思可道，行思可樂，德義可尊，作事可法，容止可觀，進退可度，以臨其民，是以其民畏而愛之，則而象之，故能成其德義，而行其政令。」

此兩章（開宗明義章與聖治章）所論者，乃人性與孝道之根也源也，孔子更廣其義，在《廣要道章》之言曰：「教民親愛，莫善於孝；教民禮順，莫善於悌；移風易俗，莫善於樂；安上治民，莫善於禮；禮者，敬而已矣；故敬其父，則子悦；敬其兄，則弟悦；敬其君，則臣，而况於公侯伯子男乎！朕嘗三復斯言，景行先哲，雖無德教加於百姓，庶幾廣愛形於四海。嗟乎！夫子没而微言絶，异端起而大義乖；去聖逾遠，源流益别；近觀孝經舊注，踳駁尤甚（踳，乖也；駁，錯也），希升堂者，必自開户牖；攀逸駕者，必馳殊軌轍；是以道隱小成，言隱浮僞（道，聖人之大道也；隱，蔽而不見也；小成，謂行小道亦有成德者也。言者，夫子之至言也；浮僞，浮華僞辯也）且傳以通經爲義，義以必當爲主。夫子談經，志取垂訓；雖五孝之用則别（此處指天子、諸侯、卿大夫、士、庶人之孝也），而百行之源不殊。」（見《十三經注疏》二五四〇—二五四一頁。）

孝者德之本、孝可以教人、可以理天下、移順以爲忠、百行之源不殊，此乃玄宗爲《孝經》製序并詔頒行天下之至意，其所以生此意者，乃有感於《孝經》化人之深與政教所需之切也，此乃孔子至聖之光，發之於孝道者也，可於《孝經》本文中見之。

在《開宗明義章》，孔子首先指明：「夫孝，德之本也，教之所由生也；夫孝，始於事親，中於事君，終於立身。」

在《三才章》孔子更指明孝道之根源：「夫孝，天之經也，地之義也，民之行也。天地之頌者，有周頌，有魯頌，有商頌；俱是祭祀之文，祀天地祖廟明堂者也。

綜觀全詩之內容梗概及孔子對伯魚及門人所言「詩可以興，可以觀，可以群，可以怨」，既是此編詩指導思想之體現，亦足以證是在其删定詩之後而言之者也。

孝經者，百行之宗，五教之要，乃孔子之所述作也；對此，孔子自云「欲觀我褒貶諸侯之志在春秋，崇人倫之行在孝經」，是知孝經雖居六籍之外，乃與春秋爲表裏矣。

暴秦焚書，孝經并爲煨燼；漢興搜尋遺書，孝經爲河間顔芝所藏，因始傳之于世。自西漢歷魏晋宋齊梁隋迄於唐，九百年間，注解者迨及百家，傳行者唯孔安國、鄭康成兩家之注；至唐玄宗李隆基乃詔群儒學官集議，采摭菁英，芟去煩亂，撮取義允當者，用爲注解，并自製序言，於開元十年六月頒行天下；天寶二年又重注之頒行天下，并勒於石碑，史稱石臺孝經是也。

索唐玄宗所以親注《孝經》頒行天下之意，可於其所制序言中見之：「聖人知孝之可以教人也，故因嚴以教敬，因親以教愛；於是以順移忠之道昭矣，立身揚名之義彰矣。子曰：吾志在春秋，行在孝經；是知孝者德之本歟！敬曰：昔者明王之以孝理天下也，不敢遺小國之立周，此乃周之鼎盛也。

至成王求賢用吉士則守成而已，詩有《卷阿》以美之：「有卷者阿，飄風自南，凱弟君子，來游來歌，以矢其音（矢，陳也）。顒顒卬卬（温盛貌），如圭如璋，令聞令望，凱弟君子，四方爲綱。鳳皇于飛，翽翽其羽，亦集爰止，藹藹王多吉士，維君子使，媚于天子」。

厲王無道，周運始衰，諫言頻起，置若罔聞，見之於《大雅》者，有《民勞》、《板》、《蕩》、《抑》、《桑柔》諸篇，無不言之切切，「靡哲不愚」（國有道則智，國無道則愚。），「亂生不夷（夷，平也。）」，民靡有黎（黎，不齊也。），具禍以燼（具，俱也。），靡國不泯（泯，滅也。）」。厲王之暴戾，觀此可知矣。

周宣王承厲王之烈，鋭志撥亂，修德王化，任賢使能，卒以中興，美其功德者，在《大雅》中，有《雲漢》、《崧高》、《烝民》、《韓奕》、《江漢》、《常武》等六篇，其詩有云：「倬彼雲漢，昭回於天，兢兢業業，如霆如雷；江漢湯湯，武夫洸洸；王國庶定，王心載寧；矢其文德，洽此四國。」文以治國，德以化民，中興者，亦必本此；觀政觀教觀化者，亦必本此。

則不可制矣。有爲者乎？無爲者乎？其間似留有論辯之幾，然實難言之矣。然則，無救之之道乎？曰有也。或以日新其道，曰隆其德，曰除其弊，曰興其義，漸而復蘇；或以之爲新之發展力量（人物、過程）所取代；此乃周雖舊邦，其命維新之至義也。具體觀之於史實，則可見其述，明其意矣。

《大雅》諸篇記其事，其中《文王》篇之詩曰：「文王在上，於昭于天，周雖舊邦，其命維新；聿修厥德，峻命不易；濟濟多士，文王以寧。」可知文王之興也，以修德尊賢。然此修德尊賢，尤有其根也源也。

《大雅・緜》篇中詩云：「古公亶父，來朝走馬，率西水滸，至於岐下；曰止曰時，築室於兹，廼慰廼止，廼疆廼理，乃召司空，乃召司徒，俾立室家，其繩則直，縮版以載，作廟翼翼。」此古公亶父爲西周開闢之業績也，古公乃文王之曾祖父也，古公之上，猶有十代公劉者，「周道之興，自此始，故詩人歌樂思其德。」（《史記・周紀》）故余曰其根源深且遠也。

《大雅・下武》篇，美武王有聖德，又「世有哲王，繩其祖武」，能昭先人之功業，滅商之輝皇肅穆而祭告於祖廟明堂者也。

如風之中，計國風二十五篇，邶風十九篇，鄘風十篇，衛風十篇，王風十篇，鄭風二十一篇，齊風十一篇，魏風七篇，唐風十二篇，秦風十篇，陳風十篇，檜風四篇，曹風四篇，豳風七篇，共一百五十篇，其中除有三十七篇美后妃之德、美周公、齊桓公、衛文公等外，餘一百一十三篇，悉屬刺時怨政之詩，於中可見政道之興衰、風俗之美惡、道德之明晦、人心之向背。

雅分小雅、大雅，小雅八十篇，除燕群臣嘉賓故舊兄弟、樂與賢、樂育才、澤及四海、萬物得由其道及美、規、戒、刺宣王等詩外，竟有三十三篇刺幽王者也，刺之者，有諸侯、諸公、大夫、卿士、寺人、矜寡、父兄等，尤以大夫、卿士爲多，三十三篇刺詩中，大夫爲者十篇。

大雅三十一篇，記周之興、盛、衰、敗之迹也，蓋有自焉，其根其源，深也遠也；其承其繼，勞也頓也；其衰其敗，漸也積也；亦自然而然者也；蓋物穉必興，興則壯，壯則衰，衰則腐；事蔓則弊生，弊生則積，積則亂，亂則無以治矣；道滯則失，失則德離，離則欲滋，滋大，此乃天道地道之極，而人道之始也，而人倫之始也，而「正始之道，王化之基」也，「樂得淑女，以配君子」，亦樂得君子，以逑淑女；琴瑟友之，鐘鼓樂之，以結伉儷，以成夫婦，此乃孔子以《關雎》爲篇首之原意也；此原意表達了最原始樸質之男女相互傾愛追逑之情，而經孔子之筆一刪削潤色，就使得人物之形象、音聲與恬靜之自然景色，交融爲一體，其善其美，遠勝於原胎之民歌（自然是一首美妙之民歌）形態。

後之論者，多不察此男女戀情之原始之美純，而一以后妃之德頌之，實乃諂諛之念而矯飾之詞也，無顧於人倫之次第，先有夫婦而後有君后，不可隨意顛倒混亂者也；蓋夫婦可以包函君妃，而君妃則不能包函夫婦也，故知孔子之意在於彰人倫之始，而非僅美后妃也，然自兼有美后妃之意也。

從孔子編排《詩經》之順序言之：風（國風）－雅（大雅、小雅）－頌（周頌、魯頌、商頌），亦可闚知其以風觀政、以政觀德之大旨。蓋風者風也，教也，先聖往哲治道之遺化也；雅者正也，言王政之所由廢興，足爲後世垂監取法也，然政有小大（賓客賞勞群臣燕賜，政之小者；能官用士，澤被黎庶，仁及草木，政之大者），故有小雅焉，有大雅焉；頌者，美盛德商爲之序，以授魯人曾申，申授魏人李克，克授魯人孟仲子，仲子授根牟子，根牟子授趙人荀卿，荀卿授魯國毛亨，毛亨作訓詁傳，以授趙國毛萇，時人謂亨爲大毛公，萇爲小毛公。」（《毛詩正義》）

今所傳之《毛詩正義》，實乃由大毛公作傳由小毛公而題之者也，漢鄭元箋之矣。按鄭氏所箋，其大旨不虧，然不無小疵焉。小疵者何？曰「關雎，后妃之德也」。此「后妃之德」之意，并非全謬，但不可以后妃之德概全婦德也；深追孔子編詩之原意，以《關雎》爲首篇，隨其後者有《葛覃》（箋云：后妃之本也）、《卷耳》（箋云：后妃之志也）等周南之國十一篇、召南之國十四篇，共二十五篇，其中只有《廣漢》（箋云：德廣所及也）。《甘棠》（美召伯也）、《羔羊》（箋云：召南之國化文王之政，在位皆節儉正直，德如羔羊也）三篇，未言婦德，此實足以闡孔子之原意在於藉詩以明「君子之道，造端乎夫婦，及其至也，察乎天地」（《中庸》，箋《十三經注疏》一六二六頁）、「夫婦別、父子親、君臣嚴，三者正，則庶物從之矣」；「古之爲政，愛人爲大；所以治愛人，禮爲大；所以治禮，敬爲大；敬之至矣，大昏爲大」（《哀公問》，《十三經注疏》一六一一頁）之至意也。造端乎夫婦，大昏爲律和聲（律，謂六律，泛指音律，樂律也），八音克諧，神人以和」，可知詩乃是富有音樂節奏、充滿意志感情、最爲簡潔動人之語言，「感天地，動鬼神，莫近於詩」。（《毛詩正義序》）

《史記·孔子世家》言「孔子不仕，退而修詩書禮樂」；「古者詩三千餘篇，及至孔子，去其重，取可施於禮義，上采契、后稷，中述殷周之盛，至幽厲之缺，始於衽席，故曰關雎之亂（亂，理也），以爲風始；鹿鳴爲小雅始；文王爲大雅始。三百五篇，孔子皆弦歌之，以求合韶武雅頌之音，禮樂自此可得而述，以備王道，成六藝。」

在《論語·陽貨》中「子曰：小子何莫學乎詩，詩可以興，可以觀（觀風俗之盛衰），可以群（群相切磋），可以怨（怨刺上政）。邇之事父，遠之事君，多識於鳥獸草木之名。子謂伯魚曰：女爲周南召南矣乎（周南召南國風之始，樂得淑女以配君子，三綱之首，王教之端）？人而不爲周南召南，其猶正牆面而立也與？」

在《論語·八佾》中，孔子與子夏論繪事時曰：「起予者商也，始可與言詩矣。」遂傳詩於子夏，正如三國吴人陸璣《毛氏草木蟲魚疏》所言：「孔子删詩，授卜商（卜商字子夏），愛百姓」；「民以君爲心，君以民爲體，心莊則體舒，心肅則容敬；心好之，身必安之；君好之，民必欲之；心以體全，亦以體傷；君以民存，亦以民亡」。（《十三經注疏》一六四七—一六五〇頁）教之德、禮，民有格心者（格者本也），以德、禮本縕於民心之内也；施之以政、刑，民有遯心者（遯，逃也），以政、刑從外而加之，非民心所願也；於玆可明，施政以德，則民悦服；唯教可以啓發明德，德化人心；爲政者，不可不深致力於教也；蓋教爲政本，違本則政失，政失則教滯，民溺於利、弱於德、忘於義，欲求其治，豈可得哉？故爲政者，必須「章志（明己志也）、貞教、尊仁，子愛百姓」，始可觀化矣。

故孔子在《禮記·經解》中言道：「入其國，其教可知也；其爲人也，温柔敦厚，詩教也；疏通知遠，書教也；廣博易良，樂教也；絜静精微，易教也；恭儉莊敬，禮教也；屬辭比事，春秋教也。」此乃孔子論六經之教也，於此可明孔子所見之教，乃大教也，所謂大者，人道也，政道也，德也，仁也，移風易俗也，廣志敬業也，斂己絜静也。通而觀之，禮樂政教一體也；而教爲其本，此大之之義也。

《虞書》曰：「詩言志，歌永言，（永，咏也）聲依永（聲，謂五聲，宫商角徵羽），三者正，則庶物從之矣。公曰：寡人雖無似也，願聞所以行三言之道，可得聞乎？孔子對曰：古之爲政，愛人爲大，所以治愛人，禮爲大；所以治禮，敬爲大，敬之至矣，大昏爲大，愛與敬，其政之本與！」（《哀公聞》，《十三經注疏》，一六二頁。）

人道政爲大、君正則民從、愛人爲大、愛與敬爲爲政之本，此四者乃孔子在《禮記》中論政之光輝思想也。儒家經典，今共爲十三經（《孟子》雖晚出，深發仁義與人性善之大旨，與孔子後先輝映。），各有其旨歸，然索其旨歸之共同點，實乃人道也；細爲思辨之，在此人道中，實以政爲大，此誠千古不渝之論也。此人道政爲大之論，不僅照明了中華歷史，也照明了人類之心靈；不僅是中華政治理論之基石，而且是人類政治理論之絕唱。而由此四者構成一體觀之，實乃中華學人論政之要，見之於簡牘者，代不乏人。

孔子在《禮記》中所闡發之教育觀，乃從政治觀而出之者也。在《緇衣》中，子曰：「政之不行也，教之不成也」，此言之至意，在指明政令之行有賴於教育，實乃教爲政之本也。還是在《緇衣》中，孔子又言：「夫民教之以德，齊之以禮，則民有格心；教之以政，齊之以刑，則民有遯心」；「上好仁，則下之爲仁争先人；故長民者，章志、貞教、尊仁，以子也；諒，誠信也。），油然生矣；易直子諒之心生則樂，樂則安，安則久，久則天，天則神；天則不言而信，神則不怒而威，致樂以治心者也」；「先王之爲樂也，以法治也」；「故天子之爲樂也，以賞諸侯之有德者也，德盛而教尊」。（引文俱見《十三經注疏》，一五三四－一五四五頁）

樂其道、樂以治心、樂以法治、德盛而教尊，此四者，乃孔子樂觀之大義也；知此四者，則可以觀樂矣，可以明禮樂之道矣。此四者中，道爲本也體也，治心與法治乃其用也，德盛而教尊乃體用所生之善果也。治心則心正，心正則去欲，欲去則心純，心純則德明，明則久，久則積，積則惇，惇則厚，厚則盛，盛則教生，教生則尊；尊之以道也，尊之以德也，尊之以道德也；古之教以道德爲本也，禮樂之教亦以道德爲本也。

在《禮記》中，孔子所發論政之見，極爲高遠，「孔子侍坐於哀公，哀公曰：敢問人道誰爲大？孔子愀然作色而對曰：君之及此言也，百姓之德也，固臣敢無辭而對，人道政爲大。公曰：敢問何謂爲政？孔子對曰：政者正也，君爲正，則百姓從政矣，君之所爲，百姓之所從也，君所不爲，百姓何從？公曰：敢問爲政如之何？孔子對曰：夫婦別，父子親，君臣嚴，樂者，其義大矣，在《論語》中孔子有言：「興於詩，立於禮，成於樂。」成於樂之意，言修身美性賴學樂以完成之也。完成到何等程度爲美耶？孔子在《經解》中又明言之矣，「廣博易良，樂教也。」《禮記・樂記》則詳論之矣。樂記本有十一篇，合爲一篇，詳論樂本、樂論、樂施、樂言、樂情、樂禮、樂化、樂象諸大端，多爲孔門弟子之言，乃光輝燦爛之文，體現了孔子之言「移風易俗，莫善於樂也」之至意焉。茲擇《樂記》中孔子之言而論之，以發其大義也。

「樂者，天地之命，中和之紀，人性之所不能免也」；「樂也者，動於內者也；禮也者，動於外者也；樂極和（極者，感動人心至極也。），禮極順（尊禮而行，至於至善之域，則無不順也。），內和而外順，則民瞻其顏色，而勿與争也」；「樂也者，樂也，君子樂得其道，小人樂得其欲；以道制欲，則樂而不亂；以欲忘道，則惑而不樂」；「獨樂其志，不忘其道，備舉其道，不私其欲，是故情見（現也）而義立，樂終而德尊。君子以好善，小人以聽過，故曰生民之道，樂爲大焉」；「德者，性之端也；樂者，德之華也，唯樂不可以爲僞」；「禮樂不可以斯須去身，致樂以治心，則易直子諒之心（易，和也；直，正也；子，赤也，愛依據右引《禮記》之言，可見禮之體用之大義，深且明矣：所謂深者，其體也，植根於生物倫理之中，發用於人情美惡之際；所謂明者，其體其用，皆生機活潑也；生物倫理，故生機活潑也；人心人情，更生機活潑也；其表現爲仁義，尤煥然多彩也；其潤澤膏沃於夫妻、父子、兄弟、朋友、君臣之間，自是悠然陶然，樂然化然，不知其然而然，其爲大順之意者此也。所謂大順者，人性、人情、人心、人德之順於天而洽於事也；禮樂之下和於人心而上美於政教也；政教之上符人道仁德而下惠萬物黎庶也。而此大順中，尤以政教之協調爲關鍵所在，政失則教離，教失則政乖；政教二者，又以教爲重，教正則政理，教晦則政暗；教可扶政，使歸於正；政可廢教，使大道不明，明德不彰，是乃大逆。大逆則政亂，政亂則教滯，教滯則禮崩樂壞，人性喪、人心散矣。重者，國傾邦隳，輕者，綱紀廢馳，政令不行，生靈無託。此順逆之逆轉，有賴於教，蓋教者，以道以德教人也，撥亂而反諸正者，人也；理順萬類惡歸於正者，亦人也；人之所以正者，以道以德正其心也，心正則萬事正，此《禮運》所云「故欲惡者，心之大端也，人藏其心，不可測度也，美惡皆在其心，不見其色也，欲一以窮之，舍禮何以哉」之至意也，禮之於人心人情也，其義明矣。

君也。故政者，君之所以藏身也。故唯聖人爲知禮之不可以已也；故壞國、喪家、亡人，必先去其禮。故聖王脩義之柄、禮之序，以治人情。何謂人情？喜怒哀懼愛惡欲七者弗學而能；何謂人義？父慈、子孝、兄良、弟弟、夫義、婦聽、長惠、幼順、君仁、臣忠，十者謂之人義；講信修睦，謂之人利；爭奪相殺，謂之人患。故聖人之所以治人七情，修十義，講信修睦，尚辭讓，去爭奪，舍禮何以治之。飲食男女，人之大欲存焉，死亡貧苦，人之大惡存焉，故欲惡者，心之大端也，人藏其心，不可測度也；美惡皆在其心，不見其色也，欲一以窮之，舍禮何以哉！故聖王修義之柄，禮之序，以治人情。故人情者，聖王之田也，修禮以耕之，陳義以種之，講學以耨之，本仁以聚之，播樂以安之，故禮也者，義之實也。故治國不以禮，猶無耜而耕也，爲禮不本於義，猶耕而弗種也，爲義而不講之以學，猶種而弗耨也，講之於學而不合之以仁，猶耨而弗穫也，合之以仁而不安之以樂，猶穫而弗食也，安之以樂而不達於順，猶食而弗肥也。四體既正，膚革充盈，人之肥也；父子篤、兄弟睦、夫婦和，家之肥也；大臣法、小臣廉、官職相序、君臣相正，國之肥也；天子以德爲車，以樂爲御，諸侯以禮相與，大夫以法相序、士以信相考，百姓以睦相守，天下之肥也，是謂大順。」一（見《禮記・禮運》）

觀之，此生機活潑者，乃禮之體也，而禮之爲用，孔子在《禮記》中所闡發之者，可謂詳矣盡矣，深矣遠矣，無以復加矣，用之而不窮矣。

茲略述如次：「凡治人之道，莫急於禮，禮有五經（謂吉禮凶禮賓禮軍禮嘉禮也。）。言内盡於己，而外順於道也。忠臣以事其君，孝子以事其親，其本一也。」（見《禮記·祭統》）「子曰：禮者，何也，即事之治也；君子有其事，必有其治。治國而無禮，譬猶瞽之無相與，倀倀乎其何之。譬如夜有求於幽室之中，非燭何見；若無禮，則手足無所錯，耳目無所知，進退揖讓無所制。禮之所興，衆之所治也；禮之所廢，衆之所亂也。」（見《禮記·仲尼燕居》）「禮也者，物之致也，天道至教；聖人至德。禮也者，治亂可知也。故君子欲觀仁義之道，禮其本也。」（見《禮記·禮器》）「自仁率親，等而上之至於祖，自義率祖，等而下之至於禰，（父故入於廟曰禰。）是故人道親親也，親親故尊祖，尊祖故敬宗，敬宗故收族，收族故宗廟嚴，宗廟嚴故重社稷，重社稷故愛百姓，愛百姓故刑罰中，刑罰中故庶民安，庶民安故財用足，財用足故百志成，百志成故禮俗刑（刑者成也），禮俗刑然後樂。」（見《禮記·大傳》）「是故禮者君之大柄也，所以別嫌明微、儐鬼神、考制度、別仁義，所以治政安時，設於地財，順於鬼神，合於人心，理萬物者也。是故天時有生也，地理有宜也，人官有能也，物曲有利也。故天不生，地不養，君子不以爲禮。居山以魚鼈爲禮，居澤以鹿豕爲禮，君子謂之不知禮。」「儗人必於其倫」（凡欲比方於人，當以類相并。見《曲禮下》）。「大公封於營丘，比及五世，皆反葬於周。君子曰：樂，樂其所自生；禮，不忘其本。古之人有言曰：狐死正丘首，仁也。」（狐死正首而嚮丘者，以丘乃狐窟穴根本所在也。見《檀弓上》）「夫禮，必本於大一，分而爲天地，轉而爲陰陽，變而爲四時，故自郊社、祖廟、山川、五祀，義之修而禮之藏也」；「故人者，天地之心也，五行之端也，食味、别聲、被色而生者也。故禮義者，人之大端也，所以達天道、順人情之大竇也。故禮之於人也，猶酒之有糵也，君子以厚，小人以薄」。（見《禮運》）由此可見，禮之根源在天地萬物之中，在天地萬物生起之處，亦自是在人類本身生起之處；生之爲義活潑也，物之生也活潑不已，人之生也更是活潑創造不已；其爲理也，自是生生不息，其爲倫理也（生物倫理與人之倫理），亦自生生不息，其生之義，活於理中，活於倫理之中，活於禮儀之中。於兹可知，禮者儀者，乃活生生之物，踐之履之者，復是活活潑潑之人，具有活活潑潑之心，其爲活潑生動自無疑也。若以體用規律，假物以託人，言事以喻德，此易卦之要也，亦自然辯證與人事辯證結合交融之妙也；其變其化，在物在事；其悟其用，在心在人；謹尊仲尼之教，飭然自處，則可長警長安矣。

下列仲尼之言，俱述事物向反之道，實光輝之哲理，無可抗拒者也。「泰者，通也，物不可以終通，故受之以否，物不可以終否，故受之以同人。剥者，剥也，物不可以終盡，剥窮上反下，故受之以復。恒者，久也，物不可以久居其所，故受之以遯。損而不已必益，益而不已必決，升而不已必困，物不可窮也，故受之以未濟。」物不可窮而窮之，常處於日新之中也；事不可以終泰而守之以否，則危者安、損者益矣，此不敗之道也，仲尼之啓人者深矣，可不慎乎！可不懼乎！可不戒乎！

仲尼聖哲之光，發煌於《禮記》而彰明著要者，有四焉：曰禮，曰樂，曰政，曰教。

禮也者，理也，倫理也；物之倫理也，人之倫理也，人物倫理之一統也；生物倫理乃人之倫理之基礎也，此乃爲生物倫理與人之倫理之本體；因而《禮記》中蘊藏着豐富的生物倫理的史料，足以證明儒學倫理觀之深邃，天地物人一體也。《禮記·禮器》有言：「先王之立禮也，有本有文；忠信，禮之本也；義理，禮之文也。無本不立，無文不行。禮也者，合於天嚮，不知所以然而然也。），參天兩地而倚數，觀變於陰陽而立卦，發揮於剛柔而生爻，和順於道德而理於義，窮理盡性以至於命。昔者聖人之作易也，將以順性命之理，是以立天之道，曰陰與陽；立地之道，曰柔曰剛；立人之道，曰仁與義。」陰陽、剛柔、仁義，此乃天地（宇宙）、物、人之理也、性也；窮之者，窮此理也；盡之者，盡此性也；然而，宇宙、物、人，三者之變化，乃無窮無止也，是則窮之盡之者，亦無窮無止也；然而，面對此無窮無止之理和性，還必須終日不倦以窮之，不如此，則物無以安，人無以立矣；而且更必須誠敬慎審以窮之盡之，毋有絲毫悖其理、背其性，否則，無以立無以安矣。窮索天下物損人擾之最深根由，在於理性之未得彰明也。於兹可知，窮理盡性之深淺，乃人類文明之明晦所繫也，余之以此仲尼窮理盡性之言奉爲中華理性之所在者，以此也；而且在本書之第一章第一節，以伏羲之八卦標明爲中華理性之泉源，又從而論之者亦以此也；蓋從哲學觀點言之，唯有認識論之正確，始可引導正確思想之産生，完備理論之發展，而在此基礎上建立起來之文化，始可長葆青春，具有自我日新之能力。

《序卦》中所言之卦序，既是物之發生、發展、衰老之轉化規律，亦是人事盛衰、興替之德之辨也（遭困猶守操不移，其德益明。）；井，德之地也（井爲所居之常地，守德不移必成大功。）；巽，德之制也（巽申明法令制度，意有制可遵也。）履以和行，謙以制禮，復以自知，恒以益德，損以遠害，益以興利，困以寡怨，井以辯義，巽以行權。易之興也，其當殷之末世，周之盛德邪？當文王與紂之事邪？」

孔子之言是也，文王爲紂囚於羑里，演繹周易，藉天道地道以述人道，以廣人德，以開物成務，完成了《周易》。孔子又爲之作十翼，闡之拓之，文之發之，富之益之，潤之膏之，融天道地道人道爲一體，明天德地德人德爲一原；總覽六十四卦悉爲修德防患之事，其慮也遠，其思也深，其志也大，其求也切，唯其如此，故其德也厲，其言也慎，其行也端；其爲教也，自絜靜而精微矣。

在十翼中，尚有《說卦》、《序卦》、《雜卦》三者，孔子於其中多有闡發也。如在《說卦》中，孔子提出了「窮理盡性」這個關係於中華理性以至於人類理性之根本理論問題；中華文化是中華理性之表現，西方文化是西方理性之表現，俱屬理性表現之特殊形態，中華理性之特殊內涵，可於仲尼之言見之：「昔者聖人之作易也，幽贊於神明而生蓍（蓍者，受命如也，以期避凶就吉或化凶爲吉也。即以現代科學之觀點視之，亦不可輕言其屬於迷信也，蓋其綜合考察内外條件而言變化之「幾」也。仲尼之後，智謀之士，運用其説，識天地、人事變化之幾，在軍事、政治等方面建功立業者，代不乏人，其故何耶？蓋「幾」者，興亡之兆，盛衰之迹，安危之象，成敗之徵，運用之妙，存乎其心。知幾其神乎，此神者，非神靈之謂也，乃大仁大智大勇大哲之謂也。

復有進者，孔子在《周易·繫辭》中闡發易道最爲深切著名者，莫如下述之言也：「子曰：夫易何爲者也，夫易開物成務，冒天下之道，如斯而已者也。」（冒者，覆也。言易能開通萬物之志，成就天下之務，具有覆冒天下之道。）子曰：「易其至矣乎？夫易，聖人所以崇德而廣業也。成性存存，道義之門。範圍天地之化而不過；曲成萬物而不遺；知周乎萬物而道濟天下；其道甚大，百物不廢。窮神知化，德之盛也。是故，履，德之基也（憂患其心，踐履其禮，敬事於上，立德之基也。）；謙，德之柄也（言修德以謙爲用，猶斧斤之柯柄也。）；復，德之本也（言爲德之時以静默爲本。）；恒，德之固也（恒守其操，德乃可固。）；損，德之脩也（恒自降損，其德自益。）；益，德之裕也（以利益物，則德自寬大也。）；困，成之者性也；仁者見之謂之仁，智者見之謂之智，百姓日用而不知，故君子之道鮮矣。」繼善成性，乃爲儒學之性善説，奠定了理論基礎，更是其早年論性（性相近也，習相遠也；唯上智與下愚不移。《論語・陽貨》）之理論發展。其影響之深遠，非僅開闢了性善論者（指中華學術史言之。）之思路，更爲人類提供了人性善、物性善之完備理論資料，其義之所止，非今日所可預言之也。

又，其言易道變化之深不可測、動而難禦，然而却可識而利用之者，有：「易之爲書也不可遠，爲道也屢遷，變動不居，周流六虚，上下無常，剛柔相易，不可爲典要，唯變所適。通其變，神而化之，使民宜之。易窮則變，變則通，通則久。幾者動之微，吉之先見者也。君子見幾而作，不俟終日；君子知微知彰，知柔知剛，彰往而察來，神以知來，知以藏往；微顯闡幽。其旨遠，其辭文，其言曲而中，其事肆而隱，因貳（謂吉凶二理）以濟民行，以明失得之報。」此論實闡明易之深奥大義，變也，依條件、因素而變也；在諸條件、因素中，又有主次之分，内外之别，本末之辨，先後之序，時空之差，認識之异；然而，其變其化，畢竟有可窺知者，曰「幾」也。幾者，動之微，吉凶之先兆也；易之最初爲卜筮之學者，意在知此先兆又，「易有太極，是生兩儀，兩儀生四象，四象生八卦，八卦定吉凶，吉凶生大業。是夫，法象莫大乎天地，變通莫大乎四時，懸象著明莫大乎日月，崇高莫大乎富貴，（以王者居九五富貴之位，力能齊天下之動，而道濟萬物，是崇高之極。）備物致用，立成器以爲天下利，莫大乎聖人。探賾索隱，鉤深致遠，以定天下之吉凶，成天下之亹亹者，莫大乎蓍龟。（亹亹勉也，言天下亹亹也。）是故天生神物，聖人則之；天地變化，聖人效之；天垂象，見吉凶，聖人象之；河出圖，洛出書，聖人則之」，此亦孔子言之具體者也。

更有，孔子發明易道，託之於人事而言之具體者：「天地之道，貞觀者也（貞正得一，故其功可爲物之所觀也。），日月之道，貞明者也，天地之動，貞夫一者也。夫乾確然，示人易矣；夫坤隤然，示人簡矣（確然剛也，隤然柔也。得一於天地之道，則萬物遂其生矣）。爻也者，效此者；象也者，像此者也；爻象動乎內，吉凶見乎外；功業見乎變，聖人之情見乎辭。天地之大德曰生，聖人之大寶曰位，何以守位曰仁，何以聚人曰財，理財正辭、禁民爲非曰義。」

在《周易・繫辭》中，孔子闡發易道，其論深遠者有：「一陰一陽之謂道，繼之者善也，也；命者，感於天而自然獲致之生命也。性命者，天地生養之本性、具體化爲人和物之生命過程也。依據此生生不息（仲尼在《周易・繫辭》中有言：「生生之謂易」。）之理而推論之，則物之生命無息也，人之生命無息也；死亡者，只改變了人或物之生命形式，而生命無息之本質則依然如故也。此可孔子在乾坤彖辭中所蘊含之要義也。

此要義以人事託之，在乾卦文言中，孔子又有發揮焉，其言曰：「元者，善之長也；亨者，嘉之會也；利者，義之和也；貞者，事之幹也。君子體仁，足以長人，嘉會足以合禮，利物足以和義，貞固足以幹事。君子行此四德者，故曰乾，元亨利貞。」此四德者，乃仁義禮信也。

十翼之中，發明易道最爲具體而深遠者，莫如上下兩繫辭，如《繫辭上》云：「彖者，言乎象者也。爻者，言乎變者也。吉凶者，言乎其失得也。悔吝者，言乎其小疵也。無咎者，善補過也。是故，列貴賤者，存乎位；齊小大者，存乎卦；辯吉凶者，存乎辭；憂悔吝者，存乎介；震無咎者，存乎悔。是故，卦有大小，辭有險易；辭也者，各指其所之，易以天地準。」（《十三經注疏》，七七頁）此言之具體者也。

有應動、被動、受動之意，前者力之原，後者力之受，原與受、動與靜、變與化、陰與陽，仍歸一體也；分而言之者，非其一體可分也，乃窺此陰陽一體之內、宇宙一體之內、萬物一體之內、人類一體之內、以至於各個小機體一體之內，莫不具有此發動與應動、主動與被動、原動與受動之力，以此而有陰陽之變化、宇宙之發展、萬物之滋生、人類之出現，據以剖明此過程中之變化之力也；從而彰明乾坤兩彖資始資生之大義也。

其大義何在？曰「大明終始、含弘光大」也；曰「乾道變化、各正性命；牝馬地類，行地無疆」也。大明者，於資始資生（言萬物資地而生，初稟其氣謂之始，成形謂之生）之後，既有形矣性矣，則乾之德大明於物之終始矣，大明於人之終始矣；物之終始所緼者，是絕無窮盡之生長繁衍之力也；人之終始所稟之於內而發之於外者，乃與日俱新之道德仁義也；含弘光大者，含弘，無所不包、無所不容之謂也；光大者，啓其光明、美而大之也。乾道變化之時實已有坤道伴之而變、隨之而化，此乃乾坤一體也；故應曰「乾道變化、各正性命」也；其所以獨言「乾道變化、各正性命」者，極力强調變化之主動力也。各正性命者，大而言之，物類人類之分也；細而言之，萬物與人類之個體，俱各正其性命也。性者，稟於天而生、獨具有之特性則孔子之大聖，乃充實而富有光輝矣。其光輝所照，在於集中華文化之大成也，借用孟軻之言：「孔子聖之時者也，孔子之謂集大成，集大成也者，金聲而玉振之也；金聲也者，始條理也；玉振之也者，終條理也；始條理者，智之事也；終條理者，聖之事也。」

孔子聖明之光所照於《周易》者，曰十翼。據《周易卷首八論》之第六論所述：「其彖象等十翼之辭，以爲孔子所作，先儒更無异論」；十翼者，上彖下彖、上象下象、上繫下繫、文言、説卦、序卦、雜卦是也。

以卦彖而論，乾彖曰：「大哉乾元，萬物資始，乃統天；雲行雨施，品物流形，大明終始，六位時成，時乘六龍以御天；乾道變化，各正性命。」坤彖曰：「至哉坤元，萬物資生，乃承順天；坤厚載物，德合無疆；含弘光大，品物咸亨；牝馬行地，行地無疆。」乾坤二彖所言資始資生，其形（始也、生也）似有不同，而其實則一也，俱言始生之過程也；在此過程中，有始而後有生，有生則自其有始；始者乃生之基（或曰根），生者乃始之發（或曰葉）。然細思之，始與生，實不可分也，蓋乾坤一體也，始與生亦自一體也，始與生所經歷之變與化之過程，亦自一體也。揆仲尼之意，其言始者，含有發動、主動、原動之意，其言生者，含安危、禍福、善惡、成敗、順逆之謂也，施之以道德仁義，運之以權衡損益，適其度，當其時，俟其幾，待其變，則陰陽協調，上下和諧，政教一體，朝野和通；利者益利，弊者亦利；安而更安，危而後安；敗以轉成，逆化爲順矣；此在道正心誠、權衡得宜，燮理以時以度也。然而，道之善、君之正、三公之明、權衡之當、燮理之宜，更有賴百官之賢，推而行之，行而成之。《周官》有言：「明王立政，不惟其官，惟其人」；「推賢讓能，庶官乃和」，官唯其人、唯其賢、唯其能，任官唯賢能，此乃周公之官道也，周公之政道也。自五帝以降，禪讓之風，至周公當政之際而醞釀成賢能之論，其政道亦已成熟矣；故儒家賢能政治（或曰賢人政治）之論，因周公之明哲，而得以確立，其影響之深遠，非今日依據史料所可淺論之者，必放眼人類之覺醒、人性人德之完善而見其大義也。

第三節 孔子之大聖皇皇

聖者，於事無不通之謂也，《洪範》：「思曰睿（通於微），睿作聖」，《孟子・盡心下》：「大而化之之謂聖」，又云：「充實之謂美，充實而有光輝之謂大」，取此義以況聖，爲周公所作。），尤有可發者有二焉：一曰三公六卿，二曰任官惟賢，此俱爲政之要中之要者也。夫「三公論道經邦，燮理陰陽」，此爲政之首要也。三公者，太師、太傅、太保也。師者，天子（亦包括太子、儲君也）之師也，師法其道、師法其德、師法其行也，唯有道有德有行者，堪居此任也。傅者，傅相天子也，唯有道德才行者，堪當此任也。保者，保安天子於德義也，唯道德高義者，堪匹此任也。此三公之職，在論道經邦，燮理陰陽；是則經邦必先論道。此道也，有天道，有地道，有人道；有政道，有教道，有君道，有臣道；有父子之道，有夫婦之道，有兄弟之道，有朋友之道；此外，尚有生産之道，商賈之道，等等，構成大道和小道之相關聯、相制約之邏輯體系；但於經邦而言，最要者爲人道；蓋人道，從上而言之，乃天道、地道之體現，乃宇宙發展之道之中心；從下而言之，「人道政爲大」（《哀公問》），由政道，而生教道（或曰由人道而生教道而生政道亦可），而生君道，而生臣道。此三公論道之大旨也。於兹可明，經邦治國，立道爲本；中華歷史更證明，儒道乃立國之本；周公當政之日已書於《周禮》矣，此「儒以道得民，養國子以道」（《十三經注疏》，六四八頁，七三〇頁）之至意也。爲政經邦之大道既明，則燮理陰陽，有章可繩，有理可據矣。陰陽者，利弊、之；成王年幼踐祚，周公攝政，一生參與政事，稱爲周初之大政治家；由於其明哲勤政，「一沐三握髮，一飯三吐哺，起以待士，恐失天下之賢人」（《史記・魯周公世家》），其流風遺韻，稱爲歷代帝王宰輔之風範，影響最爲深遠之政治理論家，其道其德、其養其度，爲後之可稱道者秦皇漢武、唐宗宋祖所遠不及，於其著述中可歷歷見之。

《周禮》，爲周公最大之著作，最完備之理論成就；然周禮非僅周之禮教與行之迹，溯其源流，亦有自矣；近紹夏商，遠秉唐虞，周自酌損益而禮大備而官制大全矣。考古之官制，堯之祖顓頊所行之官制，「春官爲木正，夏官爲火正，秋官爲金正，冬官爲水正，中官爲土正」；「唐虞之官，惟四岳百揆與六卿」，殷有「三公九卿」；周監前代，「郁郁乎文，象天立官，而官益備」。（《周禮正義序》）益有進者，周官之職，明也詳也；其考績也，嚴也審也；其爲教也，切也要也，深也遠也，周也全也；其防姦止邪也，嚴也密也，勤也盡也；故其全盤運作，捷也效也；實古代最爲嚴密之政治管理制度，最周備之官制也。

周公之明哲見諸於其他著述（如《尚書・周書》中之《金縢》、《大誥》、《康誥》、《酒誥》、《梓材》、《多士》、《無逸》、《君奭》、《立政》、《周官》、《洛誥》等俱也；化謂一有一無，忽然而改，謂之爲化。）（《周易・乾卦》疏）；其幾，則自然與人志、人力，合而言之者也，此《周易》之要也。其成，政也，此《尚書》、《周禮》之要也。其途，教也，教君也，教官也，教民也；教之以道，教之以德，教之以行，教之以禮，教之以智，此《禮記》、《儀禮》、《論語》、《孝經》、《春秋》、《孟子》之旨歸也。其安，情也，志也，歌之咏之、手之蹈之、足之舞之，此《詩經》之旨趣所寄也。於兹可見此理論邏輯之自生自長自美自善之力，永無窮竭，蓋其根源於人心人性人情人德也；此乃陸象山所言「六經注我，我注六經」之至意也。

余之以理論殿堂名此節者，蓋取孔子之言升堂入室之意，期來者之升堂入室也，由是而觀之摩之、探之索之、刮之拂之、傳之播之、弘之博之，以使儒學大道，金聲玉振，悦世人之心，怡世人之情，覺醒人類，使其生活於理性之中，猶空氣之於人與物，不可須臾離也。

第二節　周公之明哲貞勤

周公，姬姓，名旦，周文王之子，武王之弟，因采邑在周，稱爲周公。武王伐紂，周公佐國順、天下安矣。

《爾雅》，乃訓詁注釋之書，經書中所涉及之者，無論其爲政教之辭，帝王之尊，宫室之麗，道德之美，器物之用，乃至於山川草木、蟲魚鳥獸之名，悉予詁釋，故又可視之爲中華古代之生物百科全書。據傳「周公著爾雅一篇，今俗所傳三篇，或言仲尼所增，或言子夏所益」，然其爲經書所不可或缺者，乃古今一致之見也，故列爲十三經之一，舍爾雅，則不能見諸經大義之全矣。

《孟子》，鄒人孟軻之作也。軻生有淑質，幼被慈母三遷之教，長師子思（孔子之孫），治儒術之道，遭戰國縱横，權謀馳騁，大道陵遲，仁義荒怠；遂慕仲尼，周流憂世，以儒道游諸侯，思覺斯民於邪説，期拯亂世於紛争，時君視爲迂闊，莫納其説；乃退而與弟子公孫丑、萬章之徒，難疑答問，自撰法度之言，著書七篇，以聞於世，其大旨在闡明仁義、恢弘至道，多有創見，故史以亞聖之作，尊爲經典。

從上述理論殿堂整體架構各有機組成部分之内涵中，可以概見其内在之理論邏輯：其源（元也，原也），力也，自然之力也；其始，變也，化也（變謂後來改前，以漸移改，謂之變是所宜也。其所廣發二禮之所不可盡者，蓋亦周詳深遠矣，光輝燦爛矣。至其作者，云「仲尼弟子及後學者」，亦可信也。

《春秋》者，「魯史記之名也，仲尼修魯史所記也」，《春秋》有三傳焉，曰左傳，左丘明所作也；曰公羊傳，公羊高所作也；曰穀梁傳，穀梁俶（一名赤，字元始）所作也。三傳所記，文有繁簡，言有詳略，然其爲褒貶、別善惡則一也。論者對三傳之見不一，以爲「左氏豔而富，其失也巫；穀梁清而婉，其失也短；公羊辯而裁，其失也俗」，（《春秋穀梁傳序》）亦自逞其所見耳。

《論語》，乃「孔子應答弟子、時人及弟子相與言而接聞於夫子之語也」。（《漢書藝文志》）因其爲論説之語，隨問而答，即感而發，言之自然，一無矯飾；思辯隨之以起，感嘆由之而生，師生之情，敬愛交融；義理之探，辯難相進，誠爲人物活潑、語言生動、鉤深致遠、砥礪德行之教科書，朱熹以之定爲四書之一者，蓋有見於此也。

《孝經》，孔子之所述作也。夫孝者，百行之宗，五教之要，章明孝道，可正人倫之本，可明君臣上下之義，大以治國，中以齊家，小以修身；上以敬長，下以慈幼；孝道大行，則萬

《詩經》，言志、訴情、刺政、歌咏者也。蓋其感諸於物，發諸於情，銘諸於心，凝諸於志，形諸於言，放諸於聲，則無論其爲歌功頌德，或寄託哀思、或深懷情人、或傷刺失政，以其爲内心情志之宣洩，其感人也必深；故《詩經》所記者，實乃春秋以前政治得失之直接應響也；《毛詩正義序》之言：「作之者所以暢懷舒憤，聞之者足以塞違從正」，實得詩經之要旨也。

《周禮》，周朝之官制也，政治經驗之總結也，管理國家權力集中而完備之表現也，是周之治國權力職能之整體結構，具有獨創性，亦承襲了歷代官制之宜而臻於大備，此周公之德也。

《儀禮》，儀者，威儀也，容也，度也，宜也；天子所具者曰威儀，士大夫所秉者曰容止氣度，庶人所習者曰禮之宜也。考《儀禮》之所規範者，實朝廷上下、朝野内外、一切公私活動、個人行爲之禮節準則也。

《禮記》，「記二禮之遺闕，故名禮記。」（陸德明語）二禮者，周禮、儀禮也。遺闕者，二禮之所未盡也，考其篇目，亦二禮之所不能書也，其於二禮之外獨立成篇，名曰禮記，則無怨，禮至則不争；樂者動於内者也，禮者動於外者也；樂極和，禮極順；揖讓而治天下者，禮樂之謂也」之意。（《禮記・樂記》）至五代，「後唐長興三年（公元九三二年）始依石經文字刻九經印板，經書之刻木板，實始於此。」（阮元：重刻宋板十三經注疏總目録記）迄清乾隆三十八年（公元一七七六年）開館纂修四庫全書，其中始用十三經之名；清嘉慶二十一年（一八一六年），又有重刊宋本十三經注疏之舉，現行之十三經注疏，蓋本於此也。

其架構如次：

《周易》，言哲理者也，主陰陽之説，闡心物一體之變，窮天理而及人事，察事機以運神智，明大道以修德行，見乾健而厲志氣，剛以强内，柔以遜外，無往不適，幽人貞吉，乃我中華思想之根、理性之源也。

《尚書》，論政事也者，述爲政之要，探人欲之奥；政之本在民，民之本在食；政之道在教，教之重在德；行政在官，任官惟賢；一之以法制，賞之以爵禄，奬善罰惡，進君子，遠小人；君正官自正，官清民志安；上下一體，稟於道，崇於德，施於仁，審於義，立於誠，守於信，則國治而天下平，可期於大同矣。

及萬年之民族大實踐，才逐步形成，積累了政治、經濟、文教、禮樂以至於修身等諸方面之豐富經驗和理論成果；又經歷自周公、孔子以迄於孟軻幾近五六百年之理論創造，始建立起儒學之理論殿堂，於此可知物生之難，成之之艱；而意識形態之欲使其理彰明於世，洽於人心人性，永不褪其色者，非僅有賴歷史淨化結晶之功，更有賴聖德睿知之精誠洞察之力。故此理論殿堂一立，就使我中華大地金壁輝煌，光芒四射，宇宙爲之生色，山河爲之同光；政有所本，教有所立，言有所出，行有所據，道有所終，德有所歸。

此理論殿堂立基何處？曰立基於人也，立基於人之善性也，立基於人心人情人德也，立基於良知良能也，立基於人之理性也，中華之理性也，自具中華之特性也。此特性者何？曰「成己成物」也；曰「範圍天地之化而不過」也，「知成萬物而不遺」也，「知周乎萬物而道濟天下」也（《周易繫辭上》）；曰「大道之行也，天下爲公，是謂大同」也（《禮記·禮運》）。

此理論殿堂之架構如何耶？曰五經也，即《周易》、《尚書》、《禮記》、《詩經》、《春秋》是也；又有言六經者，即以五經之外，益之以樂，以與禮并稱之曰禮樂，蓋取「樂至

第二章　周孔孟集大成之聖哲皇皇

我中華立國之理論，經三皇五帝、發展至周公、孔子、以迄於孟軻之際，已臻於成熟，適值周孔聖哲，前紹遠古，垂監萬世，堪當此集大成之重任；孟軻承之，亦有所發，儒學理論殿堂之建造，源泉浚發，與日俱新，無有已時。

第一節　儒學理論殿堂之輝煌

儒學理論體系之形成、發展以迄於完備，乃我中華民族之特性及其思維特點之主要表現，蓋尚有其他思想表現形態而以之名家者存焉（《漢書藝文志》詳論其事。）。以儒家而論，亦由來尚矣。《漢書藝文志》論易道時有言曰：「易道深矣，人更三聖（更，經也；三聖伏羲、文王、孔子也），世歷三古。」伏羲居上古，文王處中古，孔子爲近古；以處公元前二千五百年之黃帝，上溯而推算之，伏羲畫八卦之年代，最少也應在公元前五千年以上；是則我中華民族之思想光輝，從那時起已照亮自己前進之道路，指導着一切政治、經濟、文化活動。經歷幾

第八節　心繫教化、志存褒貶——詩經之旨趣

虞書曰：「詩言志，歌永言」，「詩者，志之所之也，在心爲志，發言爲詩」，「情動於中，而形於言，言之不足，故嗟嘆之，嗟嘆之不足，故永歌之，永歌之不足，不知手之舞之足之蹈之也」，「情發於聲，聲成文謂之音；治世之音安以樂，其政和；亂世之音怨以怒，其政乖；亡國之音哀以思，其民困」，「故正得失，動天地，感鬼神，莫近於詩」，「風，風也，教也，風以動之，教以化之」，「上以風化下，下以風刺上，主文而譎諫」。（《周南關雎訓詁傳》）特此以觀詩經之文，則知其旨趣，蓋有「論功頌德、止僻防邪」之意，亦有「暢懷舒憤、塞違從正」之功；然此，亦適似一龜監，正反映出我中華理性之所從出，以及稟於此理性所施行之政教，其正邪廉貪、成敗得失所引起之反應；歌頌哀怨、悲樂風刺，悉形之於詩。遍觀詩三百，其風其賦其比其興其雅其頌，其淑其妒，其責其刺，其奔其誓，其思其戒，無一不發自人心之真、人情之美、人性之善。故知詩不僅可以觀政，更可以觀人；不僅可以觀道，更可以觀德；不僅可以觀教，更可以觀俗。由此言之，詩者，鏡也；詩經者，春秋以前，我中華政教之鏡監也。

之討論，其著者有朱熹之知行并到論，王陽明之知行合一論，及近代孫中山之知難行易論，構成知行學説發展史，有待於專爲論説。

首次提出知行關係之論見者，乃商之傅説（音悦）也，約當公元前十二世紀。據《商書·説命》所記：「高宗夢得説，使百工營求諸野，得諸傅巖。爰立作相，置諸其左右。命之曰：朝夕納誨，以輔台德。若金，用汝作礪；若濟巨川，用汝作舟楫；若歲大旱，用汝作霖雨；啓乃心，沃朕心，若藥弗瞑眩（切病也），厥疾弗瘳。」高宗求傅説之言，極其懇誠，説以「慮善以動，動惟厥時；事事有備無患；政事惟醇；禮煩則亂；治亂在庶官」等言進之，并稽首曰「非知之艱，行之惟艱」，意在説明，欲明治道，本亦不難，然付之實施，以見大治之效，則實亦難矣。蓋一國之政，一代之治，一善之舉，一德之敷，一教之施，實乃涉及諸方關係、多種因素，千頭萬緒，相爲牽制；即便推行順利，非假之以時日，亦不易見效也。一國之大政如此，一家之小康亦如此，一人之小行小節亦莫不如此，其所言之知之非艱、行之惟艱，非獨古代言之，今世亦然，今人亦然，常言「説來容易做來難」，即此意也。然從認識之過程論之，其知之非艱之言，即在古代言之，亦有其局限性，蓋古代欲知之真，更爲艱難也。

「志以道寧，言以道接；所寶惟賢，則邇人安。」（《周書・旅獒》）

「繼自今立政，其勿以憸人（小人），其惟吉士，用勱相我國家，以克俊有德。」（《周書・立政》）

「繩衍糾謬，格其非心，俾克紹先烈；無昵於憸人，以充耳目之官。」（《周書・冏命》）

右引諸文，大義在於秉政以道，修道以德，用人惟賢，無昵憸人；然更有要者，乃元首與股肱之諧協，《夏書・益稷》載言曰：「元首明哉！股肱良哉！庶事康哉！元首叢脞哉！股肱惰哉！萬事墮哉！」（叢脞無遠謀大略也）元首之明與股肱之良，乃同等重要，然元首之明，尤爲重要；只有元首明哲，才可真正懂得「民爲邦本，民可近不可下」（《夏書・五子之歌》），而且纔會時日警飭，御臨兆民「懍乎若朽索之馭六馬」，兢兢然無所懈怠矣。

第七節　知行關係之初説——知易行難

余之所言初説者，以知行關係之提出，此乃爲首次也。在中華哲學發展史上，對知行關係歌》載有「滅厥德，黎民咸貳」之言以降，歷商而周，記述甚詳，兹略引如次：

「弗慎厥德，雖悔可追。」（言人君不慎其德而亡，豈可追乎？見《夏書・五子之歌》）

「火焰崑岡，玉石俱焚，天吏逸德，烈於猛火。」（見《夏书・胤征》）

「先王昧爽丕顯，坐以待旦（昧明思，大明其德也），旁求俊彦，啓迪後人；無越厥命以自覆。」（無墜祖而不勤德以自甫也。見《商書・太甲》）

「德惟治，否德亂。有言逆於汝心，必求之道（求其道義所在），有言遜於汝志，必求諸非道。」（必以非道察之，勿以自臧。見《商書・太甲》）

「德惟一，動罔不吉；德二三，動罔不凶。惟新厥德，終始惟一，時乃日新。德無常師，主善爲師；善無常主，協於克一。任官惟賢材，左右惟其人。」（見《商書・咸有一德》）

「惟治亂在庶官，官不及私，昵惟其能；爵罔及惡，德惟其賢。事不師古，以克永世，匪説攸聞。惟學遜志，務時敏，厥修乃來；永懷於兹，道積於厥躬。」（見《商書・説命》）

「天有顯道，厥類（明道之類）惟彰。樹德務滋，除惡務本。」（《商書・泰誓》）

「建官惟賢，位事惟能；惇信明義，崇德報功。」（《周書・武成》）

第六節 賢能政治，唯德惟馨

我中華之政治，始自五帝（帝者，宋裴駰集解五帝本紀云：德合五帝坐星者稱帝，德配天地，在正不在私曰帝。見《二十五史》《史記》），然帝之爲義，一曰天賜，二曰正德。天賜則不敢自擅，正德則不敢自專；不自擅者畏天命也，不自專者尊有德也，合而言之，懼有私以害天下也。是以禪讓之風興焉。《尚書·堯典》記載，堯咨四岳繼其位者，悉謙讓之，俱舉父頑母嚚（音銀，愚也）弟傲，一家三惡，而克諧以孝之虞舜，堯妻之以二女，以觀其德，遂禪之以位。於茲可窺知，上溯五帝之政，乃賢能之德政也，亦中華政治之模範也，亦後人論說中華歷代政治之準繩也。

賢能之德政，其核心問題，自是以德爲本，然必以賢能體現之。賢之義有善行而多才也，能之義堅中骨節實也、勝任也。德之義則微矣妙矣，廣矣深矣，因道而化矣，隨時而新矣；然總一以言之，德者道之體現也，散而言之，德者物性之表現也；《易繫辭》之言：「天地之大德曰生」，「日新之謂盛德」，足以況味其義矣。故知賢能之德政者，雖爲中華政治樸實表現、雛形結晶，適爲中華政治奠定了理想的理論基礎。根據《尚書》所記，自《夏書·五子之官考工記，以代司空篇，「時衆儒并出，共排以爲非」（見《序周禮廢興》）。據《冬官考工記》云：「國有六職，百工與居一焉。坐而論道，謂之王公；作而行之，謂之士大夫；審曲面埶以飭五材，以辨民器，謂之百工；通四方之珍异以資之，謂之商旅；飭力以長地財，謂之農夫；治絲麻以成之，謂之婦工」；「知者創物，巧者述之，守之世，謂之工，百工之事，皆聖人之作也。」

余之不避抄書之譏，於此詳引《周禮》之長文者，意在向世人展示，我中華古代政治制度之早熟而完備也，深邃而切合於人心人性也，發於大道而歸於實用也，具有上令下行之權威，而實爲黎民百姓安身立命之德行表現也，既是功能周密之政治法典，又是百物畢陳之百科全書，是乃成己成物之要也。揆索歷史，自五帝以降，即具邦國雛形，至周初而邦國之規模結構大備矣，其間經歷約五千年，適當公曆紀元前十世季之世，我中華先哲，以其睿智，上悟天道之周徧，下察地理之恒利，中審人物之協和，創建了如此周全縝密之治邦安國之理論，實人類之所僅見者也；其對後世政教影響之深，自有待精而發之，使大道昭明於天下也。

夏官司馬，掌邦政，分大司馬與小司馬，大司馬之職，掌建邦國之九法：「制畿封國，以正邦國；設儀辨位，以等邦國；進賢興功，以作邦國；建牧立監，以維邦國；制軍詰禁，以糾邦國；施貢分職，以任邦國；簡稽鄉民，以用邦國；均守平則，以安邦國；比小事大，以和邦國」。小司馬之職掌（文脱滅不可考），兹録司勳之職，以資參考：「掌六鄉賞地之法，以等其功；王功曰勳，國功曰功，民功曰庸，事功曰勞，治功曰力，戰功曰多。」「凡有功者，銘書於王之大常，祭於大烝，司勳詔之。」

秋官司寇，掌邦禁，分大司寇與小司寇，大司寇之職，「掌建邦之三典：一曰刑，新國用輕典；二曰刑，平國用中典；三曰刑，亂國用重典。以五刑糾萬民：一曰野（畿外也）刑，上功糾力；二曰軍刑，上命糾守；三曰鄉刑，上德糾孝；四曰宫刑，上能糾職；五曰國刑，上愿（慤慎也）糾泰。」小司寇之職，「掌外朝之政，以致萬民而詢焉，一曰詢國危，二曰詢國遷，三曰詢立君。以五聲聽獄訟，求民情，一曰辭聽，二曰色聽，三曰氣聽，四曰耳聽，五曰目聽。」

冬官，本爲司空之官，司空篇亡，漢興購千金不得，此世識其事者，記録以大數，曰冬節，則民知足；十曰以世事教能，則民不失職；十有一曰以賢制爵，則民慎德；十有二曰以庸（功也）制祿，則民興功」。其爲教也，則「以鄉三物教萬名而賓興之，一曰六德：知、仁、聖、義、忠、和；二曰六行：孝、友、睦、婣、任（信，則人任焉）、恤；三曰六藝：禮、樂、射、御、書、數」。小司徒之職，掌建邦之教法，以稽國中，言其具體職務則有：「以三德教國子，一曰至德（至極之德），以爲道本；二曰敏德（敏達之德），以爲行本；三曰孝德，以知逆惡。教三行：一曰孝行，以親父母；二曰友行，以尊賢長；三曰順行，以事師長」。

春官宗伯，掌邦禮，分大宗伯與小宗伯，大宗伯之職，「掌建邦之天神人鬼地示之禮（地示，地祇也），以吉禮事邦國之鬼神示，以禋祀祀昊天上帝，以實柴（積柴，實牲也）祀日月星辰，以槱燎（煙也）祀司中司命飌师雨師；以血祭祭社稷五祀五岳，以貍沈祭山林川澤，以疈（牲胷也）辜（磔也）祭四方百物。」「小宗伯之職，掌建國之神位，右社稷，左宗廟。兆五帝於四郊；兆山川丘陵墳衍，各因其方；辨廟祧之昭穆；辨六齍之名物與其用；辨六彝之名物，以待果將；辨六尊之名物，以待祭祀賓客。」

友，以任得民；九曰薮，以富得民」。小宰之職：「掌邦建之宮刑，以治王宮之政令」。具體言之，其要者有：「以官府之六職，辨邦治，一曰治職，以平邦國，以均萬民，以節財用；二曰教職，以安邦國，以寧萬民，以懷賓客；三曰禮職，以和邦國，以諧萬民，以事鬼神；四曰政職，以服邦國，以正萬民，以聚百物；五曰刑職，以詰邦國，以糾萬民，以除盜賊；六曰事職，以富邦國，以養萬民，以生百物」；「以聽官府之六計（計其功也），弊（斷也）群吏之知，一曰廉善（善其事也），二曰廉能，三曰廉敬，四曰廉正，五曰廉法（守法不失也），六曰廉辨（辨則不惑也）。」於玆可見，古之考察官吏政績之嚴，至周而以一廉字衡之，實得其要，此千古不渝之準繩也。

地官司徒，掌邦教，分大司徒與小司徒：大司徒之職，「掌建邦之土地之圖與其人民之數，以佐王安擾邦國」，具體言其要者，「十有二教焉：一曰以記禮、教敬，則民不苟；二曰以陽禮（鄉飲酒之禮，酒入人身，隨散支體，熱喚陽氣也）教讓，則民不爭；三曰以陰禮教親，則民不怨；四曰以樂禮教和，則民不乖；五曰以儀辨等，則民不越；六曰以俗教安，則民不偷；七曰以刑教中（正也），則民不虣（作亂也）；八曰以誓教恤，則民不怠；九曰以度教此處所言之道，揆其意，固在於治道也；然治道不可孤而言之，必與天道、地道、物道、人道統一而通觀言之也；而且檢之經書，「論道經邦，燮理陰陽」之言，實首次見之，其欲燮理陰陽，置經邦大政於和諧興隆之境，則必通觀此道之大義也。六卿之職，重在經邦，然必在明道下之經邦，必遵循此大道之經邦，始可致大治，見太平，兆民以阜，人物以和。

復索《周禮》之文以詳觀之，則更知其六卿之職務所在之意義也。如天官冢宰，「惟王建國，辨方正位，體國經野，設官分職，以爲民極，乃立天官冢宰，使帥其屬，而掌邦治，以佐王均邦國」；分大宰與小宰之職；大宰之職：「掌建邦之六典，以佐王治國。一曰治典，以經邦國，以治官府，以紀萬民；二曰教典，以安邦國，以教官府，以擾（順也）萬民；三曰禮典，以和邦國，以統百官，以諧萬民；四曰政典，以平邦國，以正百官，以均萬民；五曰刑典，以詰邦國，以刑百官，以糾萬民；六曰事典，以富邦國，以任百官，以生萬民。」大宰之職中還有更爲具體者，如「以九兩（兩者耦也，合也，王者於邦國中立法務使與民相聯合而不分離也）繫邦國之民，一曰牧，以地得民；二曰長，以貴得民；三曰師，以賢得民；四曰儒，以道得民；五曰宗，以族得民；六曰主（指大夫也），以利得民；七曰吏，以治得民；八曰

第五節　論道經邦之善政——周之三公六卿

前述惟精惟一、允執厥中之施政經驗結晶，發展至周成王時，周公攝政，東滅淮夷，天下抵定，鎮撫萬邦，綏靖兆民，始作《周禮》（《尚書》記其事，曰作周官，董正官治。），使此施政之大道，具體化爲政治制度，使君臣上下、朝野內外、官胥百姓，一無例外，有章可循，有法可依。故《周禮》者，乃周之治國大法典也，其詳備周密之情，可謂古今管理國家制度之一大傑作，永不失其龜監之義，茲就其要者論述之。

據《周書·周官》之言：「若昔大猷，制治於未亂，保邦於未危，唐虞稽古，建官惟百，內有百揆四岳，外有州牧侯伯，今予小子，祇勤於德，夙夜不逮，仰惟前代時若，訓迪厥官。立太師、太傅、太保，茲惟三公，論道經邦，燮理陰陽。少師、少傅、少保，曰三孤，貳公弘化，寅亮天地，弼予一人。冢宰掌邦治，統百官，均四海；司徒掌邦教，敷五典，擾（協睦也）兆民；宗伯掌邦禮，治神人，和上下；司馬掌邦政，統六師，平邦國；司寇掌邦禁，詰姦慝，刑暴亂；司空掌邦土，居四民，時地利；六卿分職，各率其屬，以倡九牧，阜成兆民。」可知其三公六卿之意，在論道經邦。三公（三孤副之）之任，重在論道，明道始可燮理陰陽。

也，簡言之，人性之公也。人心者，人性之私也，私心之發而無以自省自節自戒自制之明，精於利私而泯滅公心也。然而，人心者亦宇宙大道之體現也，未可與道心分割而言之也，若陰陽之一體然，道心人心乃同時而生之者，同居一體也，同時而存在也，有道心即有人心，有生命即存有生命之靈，此道心也，理性也；同時，有生命即有求生之需，即有利私之欲，此欲之發而厲者必爭奪無已，此乃禹之所言人心惟危之至意也。歷史證實此説之精當也，僅僅一部《春秋》史所記載者，足以見人心惟危之深也。道心惟微者，其微之義有二焉：一曰微妙難明，言其體也；二曰微妙難言，言其用也。窺禹之意，此處所言微者，蓋更重在用也；其言惟精惟一、允執厥中者，實著意於用也。精一之意何耶？精者，精察道心人心和諧之狀也，既無損於道心亦無違於人心；一者，一其度、定其常，惟中爲然，故曰允執厥中也，是乃中庸之道之先聲也。迨至孔子侍坐哀公，論斷「人道政爲大」、「古之爲政，愛人爲大」，實亦意在惟精惟一，以體道心之微，以彰人性之善也。於兹可明允執厥中者，非謂道心與人心二者之折中也，調和也，乃道心統率人心、處於和諧狀態、以利於政教之施行也。

帝紀》」，黄帝「舉風后、力牧、常先、大鴻以治民，勞動心力耳目，節用水火材物」；顓頊「静淵以有謀，疏通而知事，養材以任地」；帝嚳「普施利物不於其身，聰以知遠，明以察微，順天之義，知民之急，仁而威，惠而信，修身而天下服」；帝堯「其仁如天，其知如神，就之如日，望之如雲，富而不驕，貴而不舒；以親九族，九族既睦，便章百姓，百姓昭明，合乎萬國」；虞舜「在璇璣玉衡以齊七政，敬敷五教在寬，四海之内，致异物鳳凰來翔，天下明德皆自虞帝始」。有上述五帝治民之經驗積而化之而至大禹，又自省爲政之道「罔失法度，罔游於逸；任賢勿貳，去邪勿疑，罔違道以干百姓之譽，罔咈百姓以從己之欲；德惟善政，政在養民，正德利用厚生惟和，好生之德，洽於民心，克勤於邦，克儉於家」（見《尚書·大禹謨》）；歷堯舜禹三代相爲授受，而確立「人心惟危，道心惟微，惟精惟一，允執厥中」十六字爲政之經，是乃精心於治道之結晶，歷三皇五帝而穫之者也，其來蓋有自矣，非舜一人之智也。然舜之所見，實遠矣深矣，有過於其前人矣，有大功於治道矣，有待於闡發而明之者矣，有待於歷史證之其不謬者矣。其所謂道心者，乃宇宙大道體現之於人者也，固亦自然之理也，乃人之理性也，人之所以异於禽獸者也，人之向善明德之心也，人性之自覺自尊自廣自制者從，卿士從，庶民從，是之謂大同；身其康强，子孫其逢吉。

八、庶徵（庶者衆也，徵，驗也，衆事之驗也）：曰雨、曰暘、曰燠、曰寒、曰風、曰時。（雨以潤物，暘以乾物，燠以長物，寒以成物，風以動物，五者各以其時，所以爲衆驗。）五者來備，各以其叙，庶草蕃廡。一極備凶，一極無凶。王者惟歲，卿士惟月，師尹惟日；歲月日無易，百穀用成，乂用明（政治明），俊民用章，家用平康。

九、五福：一曰壽，二曰富，三曰康寧，四曰攸好德，五曰考終命。六極：一曰凶短折，二曰疾，三曰憂，四曰貧，五曰惡，六曰弱（指筋力弱，志氣弱也）。

右録九疇之文，推其原要，實構成一完整之政治理論與施政綱目，就其要者而言之，亦惟心仁德和、思明洽物、政順令行三者而已。心仁德和則得衆，萬民從之；思明洽物則適時，百物生焉；政順令行，則綱舉目張，百利以興，百弊以廢矣。

第四節　允執厥中之治道——十六字心經

質諸文獻，可以窺知，我中華祖先既以愛民爲本，悉精心於治民之道。依據司馬氏之《五

三、八政：一曰食，二曰貨，三曰祀，四曰司空，五曰司徒，六曰司寇，七曰賓，八曰師。

四、五紀：一曰歲，二曰月，三曰日，四曰星辰，五曰曆數。

五、皇極（皇大極中也，凡立事當用大中之道）：皇建其有極，斂時五福，用敷錫厥庶民（斂是五福之道，以爲教，用布與衆民，使慕之），惟時厥庶民于汝極，錫汝保極；凡厥庶民，無有淫朋，人無有比德，惟皇作極（民有安中之善，則無淫過朋黨之惡，比周之德爲天下皆大爲中正。）。凡厥庶民，有猷有爲有守，汝則念之；不協于極，不罹于咎，皇則受之，而康而色，曰予攸欲好德，汝則錫之福，時人斯其惟皇之極，無虐煢獨，而畏高明。無偏無陂，遵王之義；無有作好，遵王之道；無有作惡，遵王之路；無偏無黨，王道蕩蕩；無黨無偏，王道平平；無反無側，王道正直。會其有極，歸其有極。

六、三德：一曰正直，二曰剛克，三曰柔克。平康正直，强弗友剛克（友，順也。强而弗順者，以剛治之），燮友柔克；沈潛剛克，高明柔克。惟辟作福，惟辟作威，惟辟玉食。

七、稽疑：汝則有大疑，謀及乃心，謀及卿士，謀及庶人，謀及卜筮。汝則從，龜從，筮者，常倫也，常道也，管理社會、治理國家之常道也；彝倫攸叙者，此常道得以彰明也；即治國之憲章法典賴以確立昭著也。天錫禹洪範九疇者，實則禹治水之時歷三山五岳、九河大川，受神龜之啓示，既劃分神州大地爲九州，因而釋洪範爲九疇，亦乃順理成章之事也；孔安國之曰：「天與禹洛出書，神龜負文而出，列於背，有數至於九，禹遂因而第之，以成九類常道」（見《十三經注疏》，一八七頁），實依據歷史文獻而言之者也。

九疇者，實我中華祖先，在公元前三千餘年爲政之要也，爲使讀者詳知其實，兹將全文抄録如左：

初一曰五行；次二曰敬用五事；次三曰農用八政；次四曰協用五紀；次五曰建用皇極；次六曰乂用三德；次七曰明用稽疑；次八曰念用庶徵；次九曰嚮用五福，威用六極。

一、五行：一曰水，二曰火，三曰木，四曰金，五曰土。水曰潤下，火曰炎上，木曰曲直，金曰從革，土爰稼穡。

二、五事：一曰貌，二曰言，三曰視，四曰聽，五曰思。貌曰恭，言曰從，視曰明，聽曰聰，思曰睿；恭作肅，從作乂，明作晢，聰作謀，睿作聖。

者，乃人倫之大備也，故稱之曰五常，見之于《舜典》曰五品：「帝曰：契，百姓不親，五品不遜，汝作司徒，敬敷五教，在寬。」孔穎達疏之曰：「品謂品秩，一家之內，尊卑之差，即父母兄弟子是也，教之義、慈、友、恭、孝，此事可常行，乃爲五常耳。」蓋其時社會、政治結構和組織等尚屬簡樸，朋友、君臣此二者，在五倫中之地位尚未突顯，故帝舜所言之五教，父義、母慈、兄友、弟恭、子孝，僅限於家庭之內；其所示在寬者，如《論語》所言寬則得衆也。於兹可見五教之施，實教民之始也；而其父義、母慈、兄友、弟恭、子孝諸義，適契合人性、人情、人心之正者也。

第三節　天文地理之啓示——洪範九疇

洪範者，國之大法也；九疇者，九類也，九章也；洪範九疇者，治國之大法典分爲九章也。《尚書》記載，《洪範九疇》爲殷箕子所作，（亦有以爲「出於後人擬作」者，見《辭海》）編入《周書》。箕子者，殷紂王之父輩，官居太師，熟知歷史掌故，武王滅紂，箕子來朝，武王問之箕子，箕子對曰：「天錫禹洪範九疇，彝倫攸叙。」彝者，宗廟常器也，彝倫睿智獨高，其畫八卦之至意，在於窺天道之奧以啓人道之尊，故文言曰：「元者，善之長也；亨者，嘉之會也；利者，義之和也；貞者，事之幹也。君子體仁，足以長人，嘉會足以合禮，利物足以和義，貞固足以幹事，君子行此四德者，故曰乾元亨利貞」。二是乾，健也，象曰：「天行健，君子以自强不息」。又「君子終日乾乾，夕惕若厲」。又「子曰君子進德修業；忠信，所以進德也；修辭立其誠，所以居業也。知至至之，可與幾矣；知終終之，可與存義矣」。又「君子學以聚之，問以辯之，寬以居之，仁以行之」。此數義，乃我中華之精神所在，賴有此精神，我中華立國得以分而復合、危而後安。

第二節　契合人心之倫理——帝舜之五教

倫理者，自然之理也；就人道言之，亦自然之理也。此自然之理，具有二義，一是生物遺傳之義，縱向而言者也；二是群體聯屬之義，横向而言者也；縱横結合而交錯，便構成倫理，謂之人倫。人倫之始曰夫婦，然後有父（母）子，有兄弟，在此一家之内之倫理也；擴而充之於社會，則有朋友也；尊之於邦國朝廷，則有君臣也。此夫婦、父子、兄弟、朋友、君臣五説》，成爲儒學復興之先導，先有程門二哲（程顥、程頤）之闡發心性，繼有朱（晦庵）陸（九淵）之辨明知行，迨至王陽明倡言心學，提出「人者，天地之心」、「良知在人心，無間於聖愚，天下古今之所同」、「致良知，是學問大頭腦，是聖人教人第一義」諸論（俱見《王陽明全集·傳習録》），遂使中華理性之根和源發揚光大及於晝時代之高峰，此光輝之出現，乃宋儒理學滋蘊了長達五百年的必然碩果和結論，王陽明出而言之，適乃乾象「大明終始」、坤象「含弘光大」之至意也。

八卦之乾卦，其大義猶有言明者有二焉，一是其卦名元亨利貞之要義乃渾合爲一，不可孤而言者也。言元則有亨，言亨則有利，言利則有貞，言一義，則其他三義隨之，悉含於其中矣，互爲關聯表裏也。索其原義，元者始也，亨者通也，利者和也，貞者正也。言元，始也，則通、和、正隨之，其至義必是：一有其始（萬物資始），必通暢、和諧以抵於真正，此宇宙、物種、人類之起源和發展之全過程所已證明之者也，隨其間經歷了重重障礙、層層阻力，然其大勢必是通暢直前，若江河之水流、騰越障礙、滔滔直奔，此乃自然之力也，宇宙發展過程中所具有之自然之力也；人類也是此自然力之具體化者也。然而人類畢竟具有理性，伏羲之曰：「至哉坤元，萬物資生，乃順承天」，資始資生，人物之發展過程也；此發展過程本不知其始，但必有其始，乾卦稱之曰元。此元也，老子則更往上推進了一步，曰：「元之又元，衆妙之門。」（見《道德經》第一章）此元也，更包含着時空一統之概念，上下四方曰宇，古往今來曰宙，人物居於其中，與宇宙一統，成爲宇宙人物一統之四維思維方法，而人獨爲萬物之靈，乾象所言「大明終始，六位時成，時乘六龍以御天，乾道變化，各正性命」者，即指人性之靈，足以御天與自御也。此處「天之義」，宜訓之曰自然，天自然也，物自然也，人亦自然也。乾道變化，各正性命者，既正人之性命，亦正物之性命，令各得其所也，各安其理也，各順其性、遂其性也，各盡其性也。故《中庸》發展了乾道正性命之説：「唯天下至誠爲能盡其性，能盡其性，則能盡人之性，能盡人之性，則能盡物之性，能盡物之性，則可以贊天地之化育，可以贊天地之化育，則可以與天地參矣。」於兹可明《易》者乃我中華理性之光輝也，賴有此光輝，照明了我中華前進的道路；特别自周-春秋-秦以降之近三千年期間，因《易》之爲用，不僅昌明了學術、治道，更完善了成己成物之理論認識，積累了豐富的文獻資料，并出現了儒、道一身之大哲，光於前者有魏王輔嗣之注《易》，顯於後者有北宋周濂溪之《太極圖我中華思想之源，伏羲之畫八卦，適此思想發展及於成熟之際，恰與伏羲之睿智契合，是乃有蘊而生者也。

伏羲之畫八卦，原依其觀察所得（「古者庖犧氏之王天下也，仰則觀象於天，俯則觀法於地，觀鳥獸之文與地之宜，近取諸身，遠取諸物，於是始作八卦，以通神明之德，以類萬物之情。」見《周易・繫辭》下。），觀天地人之三元，而以三爻示之；察陰陽之變（「昔者聖人之作易也，將以順性命之理，是以立天之道，曰陰與陽；立地之道，曰柔與剛；立人之道，曰仁與義。兼三才而兩之，故易六畫而成卦。分陰分陽，迭用柔剛，故易六位而成章。」（見《周易・説卦》），「闢户謂之乾」，「闔户謂之坤」，「一闔一闢謂之變，往來不窮謂之通」。（見《周易・繫辭》）而以六爻代表乾，以示陽也；以代表坤，以示陰也。陰陽一立，變在其中矣；乾坤一定，卦在其中矣。有乾坤而有八卦，有八卦而有六十四卦，天地之變化，萬物之嬗蜕，人事之廢興，率存於其中矣。

故知《周易》乃「探頤索隱」（見《繫辭》上）之學，「窮理盡性」（見《説卦》）之學，中華理性之根和源蓋出於此矣。乾卦象曰：「大哉乾元，萬物資始，乃統天」；坤卦象

第一篇　儒學理論體系及其發展軌迹

第一章　人文之曙光及理性之結晶

揆諸史料文獻，我中華祖先一邁上文字記載之臺階，即以其睿智之光芒照明自己前進之道路。史載三皇：燧人氏鑽木取火，授人熟食，生理以日善，智力以日開；伏羲氏仰觀於天之無限，俯察於地之無垠，反窺於人之無窮，始畫八卦，以卜以索，以啓以博，其光輝之所照，因人類智慧之日開而愈明；神農氏教民稼穡，樹藝五穀，民食以富，文賴以華。

第一節　中華理性之泉源——伏羲之八卦

史載伏羲首畫八卦，周文王爲殷紂囚於羑里演繹爲六十四卦，稱之爲《周易》（或言「周易者，言易道周普，無所不備」。《周易正義》）夫《周易》者，非僅爲伏羲睿智之光，實乃也，及放者爲之，則欲絶去禮學，兼棄仁義，曰獨任清虚，可以爲治」。觀班固所言，儒道兩家之長，俱爲君人南面之術，儒家經周孔集大成而有《六經》（現擴充爲《十三經》），成爲修齊治平之嚴密理論，道家則有老（聃）莊（周）二人先後各著《道德經》、《莊子》，建立其寡欲無爲之峻極操守，觀其同（儒、道同爲中華思想之根和源，同肆力善己與善群），析其异（儒者戮力於濟世，道家則清澈於世弊；儒主上學下達，道者則專注於上達），可見其道其學，乃相輔而相成者也。似相反實相趨者也，形相對而神一致者也。昔之崇儒卑道者，實欠察老莊之真意也。余以爲當盡儒、道之同而彌其异，浚其源而清其流，使二者彌合爲一（去欲處卑則合矣），同爲之用，以弘揚儒、道之光，振奮炎黄子孫之志，以廣中華大道也。

緒論

儒，言儒家之學也，道，言道家之學也；儒道篇者，言儒、道兩家之理論异同及其對中華哲學、文化、政教等之影響也。班固《漢書·藝文志》曰「諸子十家，其可觀者九家」，何獨言儒道兩家耶？蓋以儒道之影響於後世者深且遠也，而其理論之精髓及活躍之生機更有待發揚廣大，以昭示我中華大道之正且明也。其他諸家於二千餘年之歷史中日見其式微矣。兹引班固論儒道之言以觀其意：「儒家者流，蓋出於司徒之官，助人君順陰陽，明教化者也；游文於六經之中，留意於仁義之際，祖述堯舜，憲章文武，宗師仲尼，以重其言，於道最爲高；孔子曰如有所譽，其有所試，唐虞之隆，殷周之盛，仲尼之業，已試之效者也。然惑者既失精微，而辟者又隨時抑揚，違離道本，苟以譁衆取寵，後進循之，是以五經乖析，儒道寖衰，此辟儒之患」；「道家者流，蓋出於史官，歷記成敗存亡禍福，古今之道，然後知秉要，執本清虚以自守，卑弱以自持，此君人南面之術也，合於堯舜之克攘，易之謙謙，一謙而四益，此其所長

目録

正氣篇，論正氣充天地，亘古今，發人性，鎮邪惡也；奸邪雖偶有作，形同魑魅魍魎，終見遺臭也；正氣長存人心，長存民間，如日月之經天，光明普照，此大道之精髓靈魂也。且吾中華民族所稟之大道，於今全球大通，當以全人類視之也，唯往昔吾民所獨得於此大道者爲特色獨具之耳；而此大道原於天地物人一體之至義，實全人類之所同也，此同也，乃大同也；大同之義，早已見之二千年前儒家經典《禮記·禮運》篇矣；據此而明，我中華大道以獨有之特色融入於人類大道乃自然而然者也；其特色之可供人類借監者亦自有其分也，吾人當盡此分，以全大道之真，以奉獻於人類也。

自序

余之命此作爲《中華大道》者，以吾中華民族稟天地物人合一之大道而生、而靈、而文、而哲、而教、而政、而化、而一統，於今巋立於世界民族之林而獨顯其文化光輝者，以炎黄祖先及歷代聖哲以弘道爲己任之功也。班固《漢書·藝文志》曰：「諸子十家，其可觀者九家而已，其要歸亦六經之支與流裔，若能修六藝之術而觀此九家之言，舍長取短，則可以通萬方之略矣。」深哉！班固之言！遠哉！班固之志！而此九家之中，獨以儒、道兩家影響於中華歷史與文化最爲深遠，以其兩家之學，博大精深而切要也；故余之此作即以儒、道兩家經典爲經，以二十五史爲緯，以經觀史，以史效經，經史互驗，以弘大道，欲以張民族之靈魂，振中華之正氣，求以揚人性之善，通萬方之略。全書結構，擬分上、中、下三卷，上卷爲儒、道篇，言儒、道之學同根同本也，體用同异也，窮理盡性也，不竭之生命力也；中卷爲一統篇，明一統之理論基礎也，内聚力之源泉也，同化與异化也，興亡盛衰之幾也，大道隱顯之迹也；下卷爲還原其最原始的形態，回復到事物最根本的精髓，然後再前進，「被它重新燃起火焰」。例如歐洲文明重新燃起新的光輝，而對世界產生重大影響。在某種意義上説，當今世界多種文化的發展，正是對二千五百年前的「軸心時代」的一次新的飛躍，據此我們也可以説，將有一個新的「軸心時代」出現，在可以預見的一段時間里，各民族、各國家在其經濟發展的同時，一定會要求發展其自身的優秀文化；因而經濟全球化將有利于文化多元的發展。所以從這個視角出發，《中華大道》的寫作出版發行，將有利於我們承接文化，開啓生命，尋回民族智慧，重植文化之根。讓我們以滿腔的熱情，迎接新的「軸心時代」的到來，迎接我們中華民族的偉大復興！是爲序。

郭齊家

甲申年立春于北京師大

中外對比，表現出作者豐富的學識和深厚的工力。文筆清新，説理透徹，可讀性强，對廣大讀者乃至海内外炎黄子孫都是會有吸引力的，對外國朋友研究中華文化與世界文明亦有益處。作者還是一位書法家，他親自撰寫的墨寶工力不淺，更增添了大作的魅力。

德國哲學家雅思貝爾斯（Karl Jaspers 一八八三—一九六九）曾提出過「軸心時代」的觀念，認爲公元前五百年前後，在古希臘、以色列、印度和中國幾乎同時出現了偉大的思想家，他們都對人類關切的問題，提出了獨到的看法。古希臘有蘇格拉底、柏拉圖，中國有孔子、老子，印度有釋迦牟尼，以色列有猶太教的先知們，形成了不同的文化傳統。這些文化傳統經過兩三千年的發展，已經成爲人類文化的主要精神財富；而且這些地域的不同文化，原來都是獨立發展出來的，并没有互相影響。「人類一直靠軸心時代所産生的思考和創造的一切而生存，每一次新的飛躍，都回顧這一時期，并被它重新燃起火焰」；「軸心期潛力之蘇醒和對軸心期潛力的回歸，或者説是復興，總是提供了精神的動力」。（《歷史的起源與目標》，十四頁，華夏出版社，一九八九年版）聯合國教科文組織在《學會生存》一書中也指出：「人類要發展，一方面要面向未來，另一方面要回到人類的源頭，向我們的先輩汲取智慧。」回溯源頭，新，是各國弘揚本民族優秀文化的明智選擇。」

在此背景下，我尊敬的學長、八十高齡的何光榮先生窮年累月，殫精竭誠，孜孜不倦，寫作「弘揚與培育民族精神」的《中華大道》，「以吾中華民族稟天地物人合一之道而生、而靈、而文、而哲、而教、而政、而化、而一統，於今巋然而立于世界民族之林而獨顯其文化光輝者，以炎黄祖先及歷代聖哲以弘道爲己任之功也。」

《中華大道》全書分爲上中下三卷，上卷爲《儒道篇》，即「言儒、道之學同根同本也、體用同异也，窮理盡性也，不竭之生命力也」。中卷爲《一統篇》，即「明一統之理論基礎也，内聚力之源泉也，同化與异化也，興亡盛衰之幾也，大道隱顯之迹也」。下卷爲《正氣篇》，即「論正氣充天地、亘古今、鎮邪惡也，正氣長存人心、長存民間，如日月之經天，光明普照此大道之精髓靈魂也」。

《中華大道》全書以中華民族優秀傳統經典爲經，以二十五史爲緯，以經觀史，以史效經，經史互驗，以弘大道；欲以張民族之靈魂，振中華之正氣，求以揚人性之善，通萬方之略。全書除用了傳統的古文獻研究方法外，還采用了比較研究方法，如儒道對比，古今對比，團結奮鬥，越是困難的時候，越是要大力弘揚民族精神，越是要大力增强中華民族的民族凝聚力。」

温家寶總理二零零三年十二月十日在美國哈佛大學發表了題爲《把目光投向中國》的演講，他説：「中華文明以其頑强的凝聚力和雋永的魅力，歷經滄桑而完整地延續了下來，擁有五千年的文明史，這是我們中國人的驕傲。中華民族傳統文化博大精深，源遠流長。早在兩千多年前，就産生了以孔孟爲代表的儒家學説和以老莊爲代表的道家學説，以及其他許多也在中國思想史上有地位的學説流派，這就是有名的「諸子百家」。從孔夫子到孫中山，中華民族傳統文化有它的許多珍貴品，許多人民性和民主性的好東西。譬如强調仁愛，强調群體，强調和而不同，强調天下爲公，特别是「天下興亡，匹夫有責」的愛國情操，「民爲邦本」、「民貴君輕」的民本思想，「已所不欲，勿施於人」的待人之道，吃苦耐勞、勤儉持家、尊師重教的傳統美德，世代相傳。所有這些，對家庭、國家和社會起到了巨大的維繫與調節作用。中華民族的祖先曾追求這樣一種境界：「爲天地立心，爲生民立命，爲往聖繼絶學，爲萬世開太平。」今天，人類正處在社會急劇大變動的時代，回溯源頭，傳承命脈，相互學習，開拓創

原序三

中國共産黨《十六大報告》中，把「弘揚民族精神」的習慣提法，變爲「弘揚和培育民族精神」，新增加「培育」二字，標志着對民族精神的認識進入了一個嶄新的境界。報告説：「民族精神是一個民族賴以生存和發展的精神支撑。一個民族，没有振奮的精神和高尚的品格，不可能自立于世界民族之林。在五千多年的發展中，中華民族形成了以愛國主義爲核心的團結統一、愛好和平、勤勞勇敢、自强不息的偉大民族精神。」「面對世界範圍内各種思想文化的相互激盪，必須把弘揚和培育民族精神作爲文化建設的極爲重要的任務，納入國民教育全過程，納入精神文明建設全過程，使全體人民始終保持昂揚向上的精神狀態。」

胡錦濤總書記在二零零三年四月二十八日中央政治局第四次集體學習時進一步强調：「中華民族是具有偉大民族精神的民族，千百年來，中華民族之所以能夠經歷磨難而不衰，飽嘗艱辛而不屈，千錘百煉而愈加堅强，靠的就是這種威力無比的民族精神，靠的就是各民族的鍥而不捨，通古今，貫中西，實證研究，敏而有爲，曉得失，解難題，則學院學術繁榮，聲譽日隆，指日可待矣。

俞家慶謹識

歲在乙酉春日

炎黃子孫的實踐爲流，一脈相承，源遠流長，歷久彌新，其視野開闊，論點深中肯綮。中華民族去千年創造、積淀的思想文化是開放的，與時俱進的，也是與世界文明相互學習、借監、相通相融的。當今世界科技進步日新月异，綜合國力競争，日趨激烈，經濟全球化、政治多極化、文化多元化的發展，使每一位有愛國心的人都要認真思考如何提高民族凝聚力和民族自信心，使中國走向世界。對中華民族五千年優秀民族文化傳統，珍視之，寶貴之，總結弘揚之，是建設小康社會，實現中華民族偉大復興的重要的奠基工程。何光榮先生以耄耋之年筆耕不輟，爲這一奠基工程辛勤勞作，善莫大焉。

乙酉秋日，將迎來國家教育行政學院五十華誕，何光榮先生的大作《中華大道》出版，爲院慶獻上一份厚禮。國家教育行政學院五十年風雨兼程，改革開放，春風化雨，學院各項事業蓬勃發展。回顧學院教學、科研工作，篳路藍縷，艱苦奮鬥，開拓創新，日臻完善，完全有賴於何光榮先生這樣一批業精行成的教師薪火相傳，努力工作。何光榮先生離休以後，身居陋室，堅持科研，心系學院發展，積極參加學術活動，不斷有大作面世，實爲學院的光榮，也是我輩在職教師治學、爲人的楷模。學院教師以先生爲榜樣，潛心治學，關心世事，探究學理，

原序二

何光榮先生的力作《中華大道》氣勢恢宏，全書以中華民族優秀傳統經典爲經，以史爲緯，以經觀史，以史效經，經史互驗，以弘大道。欲以張民族靈魂，振中華之正氣，求以揚人性之善，通萬方之略。這是先生繼《中國古代教育哲學》大作出版數年之後又一力作。先生以豐富的學識和人生經驗，憑深厚的學術功力，認真梳理中國傳統的古文獻，深究學理，創見頗豐；尤爲可貴的是古今中外貫通，總結經世、治學、治政、爲人之規律，總結中華文明的輝煌道統，爲培育和弘揚偉大的中華民族精神提供了寶貴的精神財富。無論其真知灼見的論點，還是其爬梳探究的治學之道，都給人以深刻的啓迪。

中華民族歷經五千年的興衰榮辱而永遠立於世界民族之林，其精神支柱，其凝聚民族之力，蓋源於中華民族五千年創造和積淀的思想文化道統，誠如何先生書中所言，乃我中華先哲垂訓於前，而炎黃子孫實踐迄今猶未已之中華大道也。何先生將先哲思想視之爲源，歷代迄今一個國家、民族，正氣不可或缺，此乃精神支柱也。過去我們提倡全心全意爲人民服務，固亦是也，然而未在道德修養方面打下堅實基礎，不免抽象，摸不着看不見，無以驗證，以後又以階級鬥争爲綱，人際關係緊張，更須劃清界綫，人人自危。現在依法治國，以德治國，人們或有感茫然者，未見有修德立行之系統教材，以資誘掖也，歷來提關羽爲正氣典型，以其厲稟《春秋》大義也。故知孔門未見之剛者，孟氏難言其浩然矣。彰揚中華浩然正氣，是乃民族之魂所寄也，亦卓立於人類之所賴也，中華大道之作也，蓋有益焉。

于北辰

甲申年六月於内蒙古大學

（注）本册曾以《中华大道》之名单独刊行，今次收入《中华经史纲要》，保留原推荐序三篇。文中书名不变，特此说明。）

原序一（注）

大道者，一也，日月經天，江河行地，人物繁衍者也，固有生物倫理存焉，更有人倫之理燦然而日彰焉。

伏羲之八卦示此大道也，文王衍之六十四卦，探頤索隱，鉤深致遠也，周孔發之，儒家修齊治平之道備矣至矣。

道家成於春秋之際，而其理論之源深蘊於伏羲、黄帝、堯、舜之中，其最著者，如姜尚之於周，張良之於漢，諸葛亮之於蜀漢，尤以諸葛亮最爲典型，外道内儒也。

漢唐初期，道家曾興盛一時，宋元以後，道家老莊之學，僅作哲學來研究，且多以遯世之目光卑視之也。

秦漢以來，大一統之思想深入人心，蓋王業不偏安也，歷代朝野莫不以此相勵，是以南宋岳飛書出師表、賦滿江紅者，期在恢復一統江山也。

圖書在版編目（CIP）數據

中華經史綱要. 儒道篇 : 中華儒道哲學淺述 / 何光榮著.
— 北京 : 團結出版社, 2021.5

ISBN 978-7-5126-8503-1

Ⅰ. ①中… Ⅱ. ①何… Ⅲ. ①經學—歷史—中國②儒家
—哲學思想—研究 Ⅳ. ①Z126②B222.05

中國版本圖書館CIP資料核字（2020）第259417號

出版: 團結出版社
（北京市東城區東皇城根南街84號 郵編: 100006）

電話:（010）65228880　65244790（傳真）

網址: www.tjpress.com

Email: zb65244790@vip.163.com

經銷: 全國新華書店

印刷: 大廠回族自治縣德誠印務有限公司

開本: 145×210　1/32

印張: 94.25

字數: 1590千字

版次: 2021年5月 第1版

印次: 2021年5月 第1次印刷

書號: 978-7-5126-8503-1

定價: 598.00元（全八册）

儒道篇：中華儒道哲學淺述

中華經史綱要

何光榮◎著

團結出版社